GERO VON WILPERT UND ADOLF GÜHRING

ERSTAUSGABEN DEUTSCHER DICHTUNG

EINE BIBLIOGRAPHIE
ZUR DEUTSCHEN LITERATUR
1600–1960

ALFRED KRÖNER VERLAG STUTTGART

© 1967 by Alfred Kröner Verlag in Stuttgart
Printed in Germany. Alle Rechte vorbehalten
Druck: Friedrich Pustet, Graphischer Großbetrieb Regensburg
Dünndruckpapier: Schoeller & Hoesch GmbH, Gernsbach

VORWORT DES HERAUSGEBERS

Der vorliegende Band stellt sich die Aufgabe, das literarische Werk von rund 1360 bedeutenden Dichtern und schöngeistigen Schriftstellern deutscher Sprache von der Barockzeit bis 1960, soweit es in selbständigen Buchpublikationen erschienen ist, bibliographisch in den rund 47000 Erstausgaben mit der größtmöglichen Vollständigkeit und Genauigkeit zu erfassen. Er dient der schnellen Orientierung über Umfang, Artung und Chronologie eines dichterischen Werkes ebenso wie der Identifizierung eines vorliegenden Exemplars als Erstausgabe, vor allem in den Fällen, wo größere Handbücher und Spezialbibliographien nicht zur Hand sind, und ist bestrebt, den Bedürfnissen sowohl von buchhändlerischer und bibliophiler als auch von literaturwissenschaftlicher Seite zu entsprechen.

Für die Auswahl der Namen wurde die Wertung der Literaturgeschichte insofern zugrunde gelegt, als von den heute längst vergessenen und unwichtigen Autoren dritten und vierten Ranges zugunsten der Vollständigkeit bedeutenderer Autoren abgesehen werden durfte. Andererseits aber konnte auf manchen in seinem Werk leicht überschaubaren augenblicklich aktuellen Autor verzichtet werden zugunsten älterer Autoren, deren Schaffen nicht in gleicher Übersichtlichkeit überschaubar ist und hier erstmals erfaßt wurde. Nur mit Einschränkungen berücksichtigt wurden ferner auch solche Autoren, deren wesentliches Schaffen nicht auf schöngeistigem, sondern auf essayistischem oder herausgeberischem bzw. übersetzerischem Gebiet liegt, und solche jungen Autoren, deren Hauptwerk schwerpunktmäßig in die Zeit nach dem Berichtszeitraum, also nach 1960, fällt, weil für sie die Erstausgaben z.Zt. vielfach die einzigen Ausgaben sind.

Herausgeber und Mitarbeiter bekennen dankbar ihre Benutzung aller einschlägigen bibliographischen Standardwerke und Spezialbibliographien zu einzelnen Autoren, deren sorgfältige Vorarbeiten erst diese Kurzfassung ermöglichten, haben jedoch nicht die Mühe gescheut, in allen notwendigen und erreichbaren Fällen die Autopsie der Originalausgaben anzustreben. Daß in einer Reihe von Fällen die bezeugten Erstausgaben in keiner der öffentlichen deutschen Bibliotheken aufzufinden waren, war dabei eine durchaus überraschende Erfahrung, die manche leider durch größte Mühe nicht zu schließende Lücke bei der Kollation erklärt. Daß auch angesichts der Verschiedenartigkeit der benutzten Quellen hinsichtlich Zuverlässigkeit und Zitierweise letzte Sicherheit und Einheitlichkeit der Titelaufnahme nur angestrebt, nicht aber gewährleistet werden konnte, wird jeder Kenner der bibliographischen Situation verstehen. Wenn sich daher bei der praktischen Benutzung dieses Versuches Irrtümer oder Lücken herausstellen sollten, so bitten wir, dies zum Anlaß für Verbesserungsvorschläge an den Verlag zu nehmen.

Der Verlag und der Herausgeber hoffen, in dieser Zusammenstellung ein Werk geschaffen zu haben, das dem Sammler, dem Buchhändler und Antiquar, aber auch dem Germanisten und dem Literaturfreund überhaupt ein wertvoller und verläßlicher Begleiter durch die neuere deutsche Literatur ist.

Unser Dank gilt vor allem Herrn Dr. Adolf Gühring, der in jahrelanger, mühevoller Sucharbeit das Gros der Einzelbibliographien selbständig erarbeitet hat, er geht aber auch an zahlreiche Bibliotheken und Institute des In- und Auslandes, die bereitwillig Auskünfte gaben, die Bibliographien durchsahen und Ergänzungen mitteilten: an die Deutsche Bibliothek in Frankfurt/M., die Deutsche Bücherei in Leipzig, die Österreichische Nationalbibliothek in Wien, die Zentralbibliothek Zürich, die Library of Congress in Washington, die Königliche Bibliothek in Kopenhagen und die Bibliothèque Nationale in Luxemburg, an die Staats-, Landes- und Stadtbibliotheken in Aarau, Ansbach, Augsburg, Bamberg, Berlin, Bonn, Braunschweig, Bremen, Colmar, Dortmund, Detmold, Dresden, Düsseldorf, Gotha, Hanau, Hannover, Helmstedt, Itzehoe, Karlsruhe, Kassel, Kiel, Mannheim, Marburg, München, Nürnberg, Oldenburg, Siegen, Schweinfurt, Stuttgart, Ulm, Weimar und Wolfenbüttel, an die Universitätsbibliotheken in Amsterdam, Basel, Bonn, Erlangen, Frankfurt/M., Freiburg i.Br., Göttingen, Greifswald, Halle, Hamburg, Heidelberg, Innsbruck, Jena, Kopenhagen, Leipzig, Mainz, Marburg, München, Münster, Rostock, Straßburg, Tübingen und Würzburg, an die Bibliothek des Germanischen Nationalmuseums Nürnberg, die Fürstlich Fürstenbergische Hofbibliothek Donaueschingen, an die Akademie der Künste Berlin, das Freie Deutsche Hochstift in Frankfurt/M., das Deutsche Literaturarchiv und Schiller-Nationalmuseum Marbach, die Nationalen Forschungs- und Gedenkstätten der Klassischen Deutschen Literatur in Weimar, das Gleimhaus Halberstadt und das Archiv für Arbeiterdichtung und soziale Literatur in Dortmund, an die Bibliothek des Vereins für Geschichte und Landeskunde in Osnabrück und die Bibliothek des Evangelischen Predigerseminars Wittenberg u.a.m., ferner an zahlreiche Dichter-Gesellschaften, Archive, Privatsammlungen, Nachlaßverwalter, Antiquare und Verlage und nicht zuletzt an die lebenden Dichter selbst für ihre liebenswürdige Unterstützung und Mitarbeit.

Dem Verlag schließlich gebührt Anerkennung für die Ausdauer, mit der er fast ein Jahrzehnt lang aus eigenen Mitteln ein Unternehmen finanziert hat, wie es üblicherweise heute nur von staatlich geförderten Institutionen getragen wird.

Stuttgart, Oktober 1967

Gero von Wilpert

BENUTZUNGSHINWEISE

I. Als *Erstausgaben* im Sinne dieses Buches gelten:
   1. jede erste selbständige Ausgabe eines literarischen Werkes in Buchform (bei Malerdichtern also keine reinen Bildbände oder Illustrationen zu fremden Werken)
   2. erstmals erschienene Privat-, Einblatt- und Sonderdrucke, soweit letztere einzeln käuflich waren oder sind
   3. jede Neuausgabe eines Werkes zu Lebzeiten des Autors in neuer, wesentlich veränderter Fassung (Erweiterung oder Kürzung) oder unter neuem Titel, wobei ein Hinweis auf die frühere eigentliche Erstausgabe erfolgt
   4. jede zu Lebzeiten des Autors erschienene Einzelausgabe eines bereits in größerem Zusammenhang publizierten Werkes (Auszug) unter neuem Einzeltitel, mit Verweis auf die Herkunft des Auszugs
   5. Werke, an deren Zustandekommen der Autor als maßgeblicher Mitverfasser beteiligt ist
   6. Übersetzungen fremdsprachiger Werke
   7. Bearbeitungen fremder oder ausländischer Werke
   8. fremde Werke, zu denen der betreffende Autor ein Vorwort oder Nachwort verfaßt hat
   9. fremde Werke, Sammelbände, Anthologien und Zeitschriften, die der betreffende Autor als maßgeblicher Herausgeber oder Mitherausgeber ediert hat.

   Anmerkung: Auf die Kennzeichnung der Gruppen 3 und 4 als keine Erstausgaben im eigentlichen Sinne, sondern erstmals erscheinende Titel wurde besonderer Wert gelegt.
   Die Titel der Gruppen 5–9 werden durch Voranstellung einer diesbezüglichen Abkürzung vor den Titel als nichteigene Werke von den eigentlichen Werken abgehoben.

II. Die *Titelaufnahme* erfolgt im allgemeinen nach den Instruktionen für die Preußischen Bibliotheken, jedoch mit folgenden durch den Zweck dieses Buches bedingten Änderungen:
   1. Die Titel einschließlich evtl. Untertitel werden mit größter Genauigkeit auch der Orthographie wiedergegeben, nur allzulange, etwa barocke Titel mußten aus Raumgründen gelegentlich an den durch Punkte bezeichneten Stellen gekürzt werden.
   2. Da aus Gründen der Übersichtlichkeit für das schnellere Auffinden eines Titels die Jahreszahl am Schluß der Titelaufnahme stehen mußte, wurden die Angaben über Seitenzahlen, Abbildungen usw. vor den Verlagsort gestellt. Der eilige Benutzer wird für diese Maßnahme dankbar sein.
   3. Die Jahreszahl wurde nur dort in runde Klammern gesetzt, wo sie aus dem Werk selbst (Titel, Vorwort, Copyright und Impressum) nicht hervorgeht.
   4. Auf die Angabe des Formats wurde bei allen Bänden in Oktav verzichtet.
   5. Die Aufnahme der Titel erfolgt chronologisch, innerhalb der Jahre nach dem Stichwortalphabet.
   6. Vom Verlagsnamen wurde aus Raumgründen nur die Kurzfassung gegeben, die für die Identifizierung ausreicht.

III. Dem Interesse des *Sammlers* dienen vor allem die folgenden zusätzlichen Angaben:
   1. Bei seltenen bibliophilen oder Privat-Drucken wurde nach Möglichkeit die Höhe der Erstauflage angegeben.
   2. Auflagen, die vor bzw. kurz nach Auslieferung zurückgezogen, durch äußere Umstände vernichtet oder staatlich verboten wurden, werden nach Möglichkeit als solche gekennzeichnet.
   3. Bei Sammelbänden (außer Gesamtausgaben) folgt nach Möglichkeit die Angabe der enthaltenen, jedoch bereits früher einzeln erschienenen Titel.
   4. Die fortlaufende Numerierung innerhalb des einzelnen Oeuvres.

V. *Ferner:*
   1. Schriftsteller, die nur oder fast ausschließlich unter ihrem Pseudonym bekannt geworden sind, werden im Alphabet unter diesem aufgeführt. Γ Pseudonymzeichen (⁺) entfällt in solchen Fällen; evtl. nicht unter dem Pseudonym, sondern unter dem eigentlichen Namen erschienene Werke erhalten dann das Zeichen °.
   2. Die Werkliste wird in allen möglichen Fällen bis zur ersten umfassenden Gesamtausgabe des betreffenden Autors durchgeführt; nach der Gesamtausgabe folgen nur noch Erstausgaben solcher Werke, die in dieser nicht enthalten sind.
   3. Von der Anführung von unrechtmäßigen Drucken und von Briefpublikationen wurde – mit bedeutsamen Ausnahmen – zugunsten des eigentlichen dichterischen Werkes in seiner vom Autor gewollten Form abgesehen.

ABKÜRZUNGEN

+ = Pseudonym
° = nicht unter Pseudonym
* = anonym
Abb. = Abbildung(en)
Abh. = Abhandlung
Akad. = Akademie
Anm. = Anmerkung
Aufl. = Auflage
Ausz. = Auszug
Bd. = Band
Bde. = Bände
Bearb. = Bearbeiter
Beil. = Beilage(n)
Bg. = Bogen
Bh. = Buchhandlung
Bibl. = Bibliographie
Bildn. = Bildnis(se)
Bl. = Blatt (Blätter)
Bln = Berlin
bzw. = beziehungsweise
d.i. = das ist
Dr. = Druck
Dramat. = Dramatisierung
dt. = deutsch
e. = ein, eine, eines
Ed. = Edition
eig. = eigentlich
Einf. = Einführung
Einl. = Einleitung
enth. = enthält
erw. = erweitert
Ex. = Exemplar(e)
Faks. = Faksimile
f. = folgendes
ff. = folgende
Ffm = Frankfurt/Main
Frh. = Freiherr
gedr. = gedruckt
gen. = genannt
Ges. = Gesellschaft
Gem. = Gemeinschaft
H. = Heft(e)
Hbg = Hamburg
Hg. = Herausgeber
Hs. = Handschrift
J. = Jahr
Jg. = Jahrgang
Kl. = Klasse

Komm. = Kommentar
Kt. = Karte
Ku. = Kupfer
Lpz = Leipzig
liter. = literarisch
Liter. = Literatur
m. = mit
MBearb. = Mitbearbeiter
Mchn = München
MH = Mitherausgeber
Ms. = Manuskript
MÜbs. = Mitübersetzer
MV = Mitverfasser
Nachw. = Nachwort
Neuaufl. = Neuauflage
Neuausg. = Neuausgabe
Neudr. = Neudruck
N. F. = Neue Folge
num. = numeriert(e)
o.J. = ohne Jahr
o.O. = ohne Ort
o. Pag. = ohne Paginierung
Priv.-Dr. = Privatdruck
qu. = quer
r. = richtig
Reg. = Register
S. = Seite(n)
S.-A. = Sonderabdruck
Schr. = Schrift
sign. = signiert(e)
Sk. = Skizze(n)
Sp. = Spalte(n)
Stg = Stuttgart
Taf. = Tafel(n)
Titelb. = Titelbild(er)
Titelku. = Titelkupfer
Tüb = Tübingen
Übs. = Übersetzer
V. = Verlag
verb. = verbessert
verh. = verheiratete
Verl. = Verlag
verm. = vermehrt
Vorw. = Vorwort
wiss. = wissenschaftlich
Wiss. = Wissenschaft
Zt. = Zeitung (Zeitschrift)
zusgest. = zusammengestellt (von)

AUTOREN
A–Z

ABEL, Hans Karl (1876–1951)

1. Im Herbschtnawel. E Stück in drei Akt. 87 S. u. Musikbeil. Straßburg: Beust 1901
2. (MV) H. K. A. u. R. Prévôt: D'Waldmühl. E-n-elsassisch Volksstück in 3 Akt. 104 S. m. Abb. Straßburg: Beust 1901
3. Unseri schöne Rawe. E Schoispeel in 3 Akt. 101 S. Straßburg: Beust 1902
4. Conceptio divina. Festspiel zur Einweihung des Goethedenkmals in Straßburg. 24 S. Straßburg: Trübner 1904
5. In Halm und Feder. Idylle. 72 S. Straßburg: Beust 1904
6. (MH) Im Reich der Spitzköpfe. Hg. H. K. A. u. G. Ritleng. 3 Bde. m. Abb. Straßburg: Schlesier 1906
7. Michelangelo. Historie in 5 Aufzügen. 131 S. Stg: Cotta 1908
8. Die elsässische Tragödie. Ein Volksroman. 475 S. Bln: Meyer & Jessen 1911
9. Die silbernen Glocken vom Ilienkopf. Elsässische Bauerntragödie in 3 Aufzügen. 118 S. Stg: Greiner & Pfeiffer 1914
10. Was mein einst war. VIII, 135 S. 8 Taf. Stg: Greiner & Pfeiffer (1916)
11. Nach Mariä Lichtmeß. Ein Totentanz in 3 Folgen. 87 S. Stg: Greiner & Pfeiffer 1918
12. Die Melker im tauben Klang. Schauspiel in 3 Aufzügen. 84 S. Stg: Greiner & Pfeiffer 1918
13. Ruf in die Nacht. Ein Elsaß-Roman. 238 S. Stg: Greiner & Pfeiffer (1918) (Neuaufl. v. Nr. 8)
14. (Hg.) Briefe eines elsässischen Bauernburschen aus dem Weltkriege an einen Freund 1914–1918. 139 S. Stg: Dt. Verl.-Anst. 1922
15. Die Forellen. Schauspiel in 4 Akten. Als Ms. gedr. 79 S. Stg: Bonz (1927)
16. Veits Aufstieg und Liebe. 352 S. Reutlingen: Enßlin & Laiblin (= Enßlins neue Romane 56) 1931
17. Liebe und Verhängnis. 320 S. Reutlingen: Enßlin & Laiblin (= Enßlins neue Romane 91) 1934
18. Do lacht mi Elsaß. E Gschichtele vo Mensche un vo Dierle in Elsasserditsch. Lyrisches Epos. 84 S. m. Abb. Kolmar: Alsatia 1941
19. Der Heimat Wiegenlied. Gedichte in elsässischer Mundart. 55 S. m. Abb. Straßburg: Hünenburg-V. 1942
20. Morgensonne im Herbst. Elsässische Erinnerungsbilder. 226 S. Kolmar: Alsatia (1942)

ABEL, Kaspar (1676–1763)

1. (Übs.) Publii Ovidii Nasonis Des Berühmten Römischen Poeten Brieffe der Heldinnen. 4 Bl. 264 S. Lpz 1704
2. Disertatio historica de clade Serachi Cuschaei. Halberstadt 1705
3. Preußische und brandenburgische Reichs- und Staats-Geographie. 2 Bde. Lpz, Stendhal 1711
4. Auserlesene satirische Gedichte. 12 Bl. 224 S. Quedlinburg, Aschersleben: Struntze 1714
5. Historia monarchiarum orbis antiqui... 819 S. Lpz, Stendhal: Campe 1715
6. Teutsche und sächsische Alterthümer. Der Teutschen und Sachsen alte Geschichte und Vorfahren... 3 Bde. Braunschweig 1720
7. Sciagraphia historiae orientalis, in primis Persicae. 16 S. Halberstadt: Lange 1722
8. (Übs.) Des berühmten Poeten Nicolai d'Esperaux Boileau, Satyrische Gedichte... 2 Bde. 8 Bl., 528 S.; 8 Bl., 272 S. Goßlar: König 1729–1732
9. Hebräische Alterthümer. Lpz, Gardelegen: Campe 1736
10. Griechische Alterthümer. Samt einem Anh. vom jetzigen Zustande der Griechischen Kirchen in den Morgenlanden. 2 Tle. Lpz, Gardelegen 1738–1739

11 *Geschichte der alten teutschen Völcker, vornehmlich der Sachsen aus glaubwürdigen Urkunden und bewährten Autoribus... Braunschweig: Schröder 1741
12 (Hg.) Sammlung rarer Chronicken zur Erleuterung der teutschen Geschichte. Braunschweig 1741
13 (Hg.) H. Meibom d. Ä.: Walbeckische Chronike 1749
14 Stiffts-, Stadt- und Land-Chronick des jetzigen Fürstenthums Halberstadt. 626 S. Bernburg: Cörner 1754

ABELE VON UND ZU LILIENBERG, Matthias (1616–1677)

1 Sterbebüchlein, 1650
2 Metamorphosis telae judiciariae,... 3 Bde. Lintz: Kürner 1651–1652
3 *Asmodaei, teufflischen Anklagers bey dem göttlichen Gericht, wider eine arme ihme mit Leib und Blut verschriebene Seel abgeführtes Rechts-Proceßl. 82 S. Lintz: Kürner 1658
4 Artliche Gerichts-Verfahrung zwischen den armen Bawern und Weinhawern oder Weizierl deß Dorffs Limmelsöckh... 38 S. Lintz: Kürner 1659
5 Zwey wunderseltzambe Gerichts-Verfahrung. 120 S. Steyr 1666
   (Enth. Nr. 3 u. 4)
6 Vivat Unordnung! 5 Bde. Sultzbach (später Nürnberg): Endter 1669–1675
7 Fiscologia oder Communitätscasse zu Grillenberg. Nürnberg 1672
8 (Übs.) Adam Contzen: Methodus doctrinae civilis. Sultzbach: Endter 1672

ABRAHAM A SANTA CLARA (eig. Ulrich Megerle) (1644–1709)

1 Epitome Elogiorum... 12 S. 12⁰ Wien: Hacque (1670)
2 Astriacus Austriacus. Himmelreichischer Oesterreicher. 17 Bl. m. Titelku. 4⁰ Wien: Thurnmayer 1673
3 Neuerwöhlte Paradeiß-Blum... 21 Bl. m. Titelku. 4⁰ Wien: Hacque (1675)
4 Soldaten Glory, Das ist: Von dem Heiligen Ritter Vnd Heylsamen Vorbitter Georgio Schuldige Lob-Red... 22 Bl. m. Titelku. 4⁰ Wien: Thurnmayer 1676
5 Prophetischer Wilkomm... 32 S. m. Titelku. Wien: Vivian (1676)
6 Der glückliche Fisch-Zug. In Anz-Bach... 18 Bl. m. Titelku. 4⁰ Wien: Vivian 1677
7 Die Heilige Hof-Art... 14 Bl. 4⁰ Wien: Vivian 1677
8 Novenaria Septennii transactio... 7 Bl. m. Titelku. 4⁰ Wien: Vivian 1678
9 Mercks wol Soldat! Das ist: Die Glory von dem Heiligen Ritter Georgio, Schuldige Lob-Red... 56 S. m. Titelku. Wien: Vivian 1680
   (Neuaufl. v. Nr. 4)
10 Corona gloriae... 27 S. m. Titelku. 4⁰ Wien: Cosmerovius (1680)
11 Danck- und Denck-Zahl... 30 S. m. Titelku. 4⁰ Wien: Vivian 1680
12 Oesterreichisches Deo Gratias... 45 S., 2 Bl. m. Titelku. 4⁰ Wien: Vivian 1680
13 Lösch Wienn, Das ist: Eine Bewögliche Anmahnung zu der Kaiserl. Residentz-Stadt Wienn in Oesterreich. 6 Bl., 89 S. Wien: Vivian 1680
14 Mercks Oesterreichische Burgerschaft Zu Einem Deo Gratias... 30 S. m Titelku. Wien: Vivian 1680
   (Nachdr. v. Nr. 13)
15 Mercks Wienn, Das ist: Desz wütenden Todts ein umständige Beschreibung ... 3 Bl., 192 S., 8 Abb. m. Titelku. Wien: Vivian 1680
16 °Große Todten-Bruderschaft, Das ist: Ein kurtzer Entwurff Des Sterblichen Lebens... 60 S., 5 Bl. m. Titelku. Wien: Cosmerovius 1680
17 Zeugnuß und Verzeichnuß eines lobwürdigsten Tugend-Wandels... 25 Bl. m. Titelku. 4⁰ Wien: Vivian 1680
18 Auff auff, Ihr Christen... 8 Bl., 329 S., 2 Bl. Salzburg: Haan 1683
19 Epitaphium... Georgii Sigfridi... 4 Bl. 1683
20 Wohlriechender Spica-Nardt... 42 S. m. Titelku. 4⁰ Graz: Widmantetterische Erben 1683

21 Reimb Dich Oder Ich Liß Dich. 16. Tle. in 1 Bd. m. Titelku. 4⁰ Salzburg: Haan 1684
    (Enth., einzeln paginiert, Nr. 2, 3, 4, 5, 6, 7, 11, 12, 13, 15, 16, 17, 18, 20, 22)
22 Der klare Sonnen-Schein ... 25 S. 4⁰ Salzburg: Haan 1684
23 Stella ex Jacob orta Maria ... 112 S. m. Titelku. Wien: Vogt & Groner 1684
24 Stern So auß Jacob auffgangen Maria ... 142 S. m. Titelku. Wien: Vivian 1684
25 Gack, Gack, Gack, Gack à Ga Einer Wunderseltzsamen Hennen in Bayern. 7 Bl. 271 S. m. Titelku. Mchn: Straub 1685
26 Judas Der Ertz-Schelm Für ehrliche Leuth... 4 Bde. 12 Bl. 708 S. m. Titelku.; 5 Bll., 636 S., 17 Bl. m. Titelku.; 11 Bll., 576 S., 8 Bl. m. Titelku.; 5 Bll., 572 S., 10 Bl., 1 S. m. Titelku. 4⁰ Salzburg: Haan (1686–1695)
27 Applausus Sine Grano Salis Ausus ... 4 Bl. 4⁰ Graz: Widmanstad (1687)
28 Divinae sapientae domus ... sive universa Theologia ... 21 Bl. 2⁰ Wien: van Gehlen 1690
29 Grammatica Religiosa ... 6 Bll., 528 S., 15 Bl. 4⁰ Salzburg: Haan 1691
30 Augustini Feurigs Hertz ... 98 S. m. Titelku. Wien: Heyinger 1693
31 Kurtze Lob-Verfassung ... 12 Bl. 4⁰ Wien: van Gehlen 1695
32 Lob und Prob Der Herrlichen Tugenden So Auch bey dem Weiblichen Geschlecht zu finden. 14 Bl. 4⁰ Wien: van Gehlen 1696
33 Baare Bezahlung ... 12 Bl. 4⁰ Wien: van Gehlen 1697
34 Brunnst Der Wien von Wasser ... 8 Bl. Wien: van Gehlen 1697
35 Frag und Antwortt Mit Ja und Nein ... 14 Bl. 4⁰ Wien: Schlegel 1697
36 Die verblümblete Wahrtt ... 7 Bl. 4⁰ Linz: Rädlmayr (1697)
37 Aller Freud und Fried ... ist Ursach Maria ... 62 S. m. Titelku. Wien: Schlegel 1698
38 Etwas für Alle, Das ist: Eine kurtze Beschreibung allerley Stands-, Ambts- und Gewerbs-Persohnen ... 3 Bde. 7 Bll., 717 S. m. Titelku.; 5 Bl. 753 S. 49 Bl., 77 Ku.; 7 Bll., 974 S. 102 Ku. Nürnberg: Weigel 1699.
39 Patrocinium ... 8 Bl. 4⁰ Wien: van Gehlen 1699
40 °Geflügelter Mercurius. 94 S. Wien 1701
41 Klägliches Auff und Ab Dann die Teutsche Auffrichtigkeit ist kommen hin Ab unter die Erden ... 16 Bl. 4⁰ Wien: Schlegel 1702
42 (Übs., Einl.) de Chertablon: Sterben und Erben. 13 Bl., 108 S. m. Titelku. 4⁰ Amsterdam: Gallet 1702
43 Continuation Des Geflügleten Mercurii ... 91 S. Salzburg: Haan 1702
44 Drey Buchstaben W. W. W. ... 10 Bl. 4⁰ Prag: Labaum 1703
45 Wunderlicher Traum Von einem großen Narren-Nest ... 91 S. m. Titelku. Salzburg: Haan 1703
46 (Einl.) Neu – eröffnete Welt-Galleria ... 2 Bll., 100 Ku. 2⁰ Nürnberg: Weigel 1703
47 Heilsames Gemisch Gemasch, Das ist: Allerley seltsame und verwunderliche Geschichten ... 6 Bll., 538 S., 4 Bl. m. Titelku., 50 Abb. 4⁰ Nürnberg: Weigel 1704
48 Ein Karn Voller Narrn, Das ist: Etliche Blättl Ohne Blat fürs Maul ... 78, 1 S. Salzburg: Haan 1704
49 Ein Redliche Red Für die Löbliche Crainerische Nation In Wienn... 14 Bl. 4⁰ Wien: Schlegel (1705)
50 Huy! und Pfuy! Der Welt ... 6 Bll., 200 S. m. Titelku. u. 100 Ku. 2⁰ Nürnberg: Weigel 1707
51 Kurtze Lob-Verfassung Deß Heiligen Ignatii, Loyolae ... 14 Bl. 4⁰ Wien: Schönwetter 1707
52 Der Nahmhaffte, Und Mannhaffte Held ... 10 Bl. Wien: Schönwetter (1707)
53 Geistlicher Schutz-Mantel Wider die ... Ungewitter ... Wien: Schönwetter (1707)
54 °Centifolium Stultorum In Quarto. Oder Hundert Ausbündige Narren, In Folio ... 3 Bll., 404 S., 2 Bl. m. Titelku. u. 100 Ku. 4⁰ Nürnberg: Weigel (1709)
55 Kurtze Lebens-Beschreibung dess ... Heil. Ulrich, 42 S. Wien: Schlegl 1709
56 Geistlicher Kramer-Laden Voller Apostolischen Wahren und Wahrheiten ... 3 Bde. 4 Bll., 632 S., 4 Bl. m. Titelku. u. 8 Ku.; 714 S.; 738 S. 4⁰ Nürnberg: Weigel 1710-1719
    (Enth. Nr. 7, 31, 39, 41, 44, 49, 51, 52 u. Ausz. a. Nr. 21)

57 Besonders meublirt – und gezierte Todten-Capelle, Oder Allgemeiner Todten-Spiegel ... 1 Taf., 21 Bl., 316 S., 10 Bl., 68 Ku. Nürnberg: Weigel 1710
58 Wohl angefüllter Wein-Keller ... 1 Taf., 6 Bl., 521 S. m. Abb., 12 Bl. 4⁰ Nürnberg: Weigel 1710
59 Mala Gallina, Malum Ovum, Das ist: ... Im Zweyhten Centi-Folio Hundert Ausbündige Närrinnen ... 3 Bl., 452 S. m. Titelku., 100 Ku. 4⁰ Nürnberg: Weigel 1713
60 Abrahamisches Bescheid-Essen ... 11 Bl., 616 S. m. Titelku. 4⁰ Wien, Brünn: Lehmann 1717
61 Abrahamische Lauber-Hütt ... 3 Bde. 7 Bl., 474 S., 18 Bl. m. Titelku.; 10 Bl., 458 S., 18 Bl. m. Titelku.; 10 Bl., 419 S., 25 Bl. m. Titelku. 4⁰ Wien, Nürnberg: Lehmann 1721–1723
62 Abrahamisches Gehab dich wohl! ... 9 Bl., 505 S., 18 Bl. m. Titelku. 4⁰ Nürnberg, Wien: Lehmann 1729
63 Mercurialis Oder Winter-Grün ... 3 Bl., 492 S., 19 Bl. m. Titelku. u. Ku. 4⁰ Nürnberg: Riegel 1733
 (Echtheit umstritten)

ABSCHATZ, Hans Erasmus Assmann Frh. von (1646–1699)

1 (Übs.) G. B. Guarini: Der treue Schäfer. (um 1678)
2 Poetische Übersetzungen und Gedichte. 8 Bl., 160, 192, 320, 80 S. Lpz, Breßlau: Bauch 1704

ADLER, Friedrich (1857–1938)

1 (Übs.) T. de Iriarte: Litterarische Fabeln. 110 S. Lpz: Reclam (= Reclam's UB. 2344) 1888
2 (Übs.) T. Breton: Die Liebenden von Teruel. Romantische Oper. 43 S. Wien: Künast 1891
3 (Übs.) A. Fusinato: Der Student von Padua. Die Promotion. Eine gute Haut. 51 S. Halle: Hendel (= Bibliothek der Gesamt-Litteratur des In- und Auslandes 510) 1891
4 Gedichte. 230 S. Bln: Fontane 1893
5 (Übs.) J. Vrchlický: Gedichte. 216 S., 1 Taf. Lpz: Reclam (= Reclam's UB 3431–3432) 1895
6 Neue Gedichte. 88 S. Lpz, Bln: Meyer 1899
7 Moderne Lyrik. 32 S. Prag: Haepfer (=Sammlung gemeinnütziger Vorträge 254–255 1899
8 Zwei Eisen im Feuer. Lustspiel frei nach Calderón. 120 S. Stg: Cotta 1900
9 Don Gil. Komödie, nach den Motiven des Tirso de Molina. 160 S. Stg: Cotta 1902
10 Freiheit. 3 Einakter: Freiheit. – Der Prophet Elias. – Karneval. 124 S. Stg: Cotta 1904
11 Vom goldenen Kragen. 33 Bl. m. Abb. Prag: Bellmann 1907
12 Proben aus seinen Werken. Einl. M. Fleischer. 42 S. Prag: Calve (= Sammlung gemeinnütziger Vorträge 365–366) 1909
13 Der gläserne Magister. Schauspiel. 148 S. Stg: Cotta 1910

ADOLPH, Karl (1869–1931)

1 Lyrisches. 56 S. m. Abb. Lpz: Lit. Anst. Schulze 1897
2 Haus Nummer 37. Wiener Roman. 423 S. Wien, Bln: Singer 1908
3 Schackerl. Eine Wiener Geschichte. 230 S. Dresden: Reissner 1912
4 Töchter. Ein Wiener Roman. 439 S. Wien: Deutsch-Österreichischer-V. 1914

5 Am 1. Mai. Eine Tragikomödie der Arbeit aus Friedenstagen. 41 S. Wien: Neuer akad. V. (1919)
6 Von früher und heute. Wiener Skizzen. 169 S. Wien: Anzengruber-V. (1924)

AICHINGER, Ilse (*1921)

1 Die größere Hoffnung. Roman. 399 S. Wien, Amsterdam: Bermann-Fischer 1948
2 Rede unter dem Galgen. 82 S. m. Abb. Wien: Jungbrunnen-V. (= Junge österreichische Autoren 6) (1952)
3 Der Gefesselte. Erzählungen. 102 S. Ffm: Fischer 1953 (Neuaufl. v. Nr. 2)
4 Zu keiner Stunde. 99 S. Ffm: Fischer 1957

ALBERT, Heinrich (1604–1651)

1 Arien oder Melodyen Etlicher theils Geistlicher, theils Weltlicher, zu gutten Sitten vnd Lust dienender Lieder. 8 Bde., je 14 Bl. 2⁰ Königsberg: Selbstverl. (Druck: I–IV Segebaden Erben, V–VIII Paschen Mense) 1638–1650
2 Vber dem ... Absterben ... Hn. Michael Adersbachen ... 1 Bl. 2⁰ Königsberg 1640
3 Musicalische Kürbs-Hütte, Welche vns erinnert Menschlicher Hinfälligkeit. 5 Bl. 2⁰ Königsberg 1641
4 Poetisches Lust-Gärtlein. Darinnen anmuthige Gedichten ... 1 Bl., 317, 5 S. (Danzig: Hünefeld) 1645
5 Partitura oder Tabulatur Heinrich Alberts Musicalischer Kürbs-Hütten. o. O. u. J.
6 Poetisch-Musicalisches Lust Wäldlein ... 2⁰ Königsberg (1648) (Unrechtm. Nachdruck v. Nr. 1)
7 Abgenötigte Nachricht und Verwarnung Wegen eines de facto vnd zur ungebühr geschehenen Nachdrucks seiner Arien, vnter dem falschen Titul: Poetisch-Musicalisches Lust-Wäldlein. 2 Bl. 2⁰ Königsberg 1648
8 Arien. 2 Bde. 4 Bl. 248, 15; 272 S. Lpz: Profe 1657

ALBERT, Michael (1836–1893)

1 Die Dorfschule. 80 S. Hermannstadt: Michaelis 1869
2 Die Candidaten. Ein Bild aus dem Leben des siebenbürgisch-sächsischen Volkes. 121 S. Hermannstadt: Michaelis 1872
3 Traugott. Novelle. 102 S. 16⁰. Hermannstadt: Michaelis 1874
4 Die Flandrer am Alt. Historisches Schauspiel in fünf Akten. 120 S. Lpz: Wigand 1883
5 Ohn' Sterben kommt man nicht zum Leben. Novelle. 224 S. Hag: Risel 1884
6 Harteneck. Trauerspiel in fünf Akten. 148 S. Wien: Graeser 1886
7 Altes und Neues. Ges. siebenbürgisch-sächsische Erzählungen. 467 S. Hermannstadt: Krafft 1890
8 Ein Ausflug in das südwestliche Deutschland und in die Schweiz. (Aus meinem Reiseskizzenbuch Sommer 1892). 34 S. Hermannstadt: Krafft 1892
9 Gedichte. XI, 297 S. Hermannstadt: Krafft 1893
10 Ulrich von Hutten. Historisches Drama in fünf Akten. 132 S. Hermannstadt: Krafft 1893

ALBERTI (eig. Sittenfeld), Conrad (1862–1918)

1 Herr L'Arronge und das „Deutsche Theater". Drei Briefe an eine Freundin. 63 S. Lpz: Schlicke 1884

2 Bettina von Arnim. Ein Erinnerungsblatt zu ihrem hundertsten Geburtstage. 135 S. Lpz: Wigand 1885
3 Gustav Freytag. Sein Leben und Schaffen. IV, 236 S., 1 Abb. Lpz: Schloempp (= Deutsche Dichter der Gegenwart 1) 1885
4 Ludwig Börne. Eine biographisch-literarische Studie zur Feier seines hundertsten Geburtstages. 208 S. Lpz: Wigand 1886
5 Gustav Freytag. 72 S. m. Abb. Lpz: Freund 1886
6 Riesen und Zwerge. Zwei Novellen. 270 S. Lpz: Friedrich (1886)
7 Ohne Schminke! Wahrheiten über das moderne Theater. 119 S. Dresden, Lpz: Pierson 1887
8 Plebs. Novellen aus dem Volke. Nebst einem offenen Briefe an die „Kölnische Zeitung". XVI, 324 S. Lpz: Friedrich 1887
9 „Brot"! Ein sociales Schauspiel in fünf Akten. 111 S. Lpz: Friedrich 1888
10 *Was erwartet die deutsche Kunst von Kaiser Wilhelm II? Zeitgemäße Anregungen. II, 120 S. Lpz: Friedrich 1888
11 Der Kampf ums Dasein. Eine Romanreihe. 6 Bde. Lpz: Friedrich 1888–1895
   1. Wer ist der Stärkere? Ein socialer Roman aus dem modernen Berlin. 631 S. 1888
   2. Die Alten und die Jungen. Socialer Roman. 598 S. (1889)
   3. Das Recht auf Liebe. 341 S. (1890)
   4. Mode. Roman. 380 S. (1893)
   5. Schröter & Co. 422 S. (1892)
   6. Maschinen. Roman. 429 S. 1895
12 Eine wie Tausend. Roman nach dem Portugies. d. Eça de Quiroz. 250 S. Bln: Steinitz 1889
13 Der moderne Realismus in der deutschen Literatur und die Grenzen seiner Berechtigung. Vortrag. 36 S. Hbg: Verl.-Anst. und Druckerei (= Deutsche Zeit- und Streitfragen. N. F. 4, 52) 1889
14 Federspiel. Harmlose Geschichten. 367 S. Lpz: Friedrich (1890)
15 Natur und Kunst. Beiträge zur Untersuchung ihres gegenseitigen Verhältnisses. 320 S. Lpz: Friedrich (1890)
16 Die Schule des Redners. Ein praktisches Handbuch der Beredtsamkeit in Musterstücken. 364 S. Lpz: Wigand 1890
17 Im Suff! Naturalistische Spitalkatastrophe in zwei Vorgängen. 56 S. Bln: Cassirer & Danziger 1890
18 Bei Freund und Feind. Kulturbilder. 246 S. Lpz, Bln: Gnadenfeld & Co. 1891
19 Ein Vorurtheil. Schauspiel in 4 Akten. 87 S. Bln: Cassirer & Danziger 1893
20 Fahrende Frau. Roman. 256 S. Bln: Freund & Jeckel 1895
21 Harmlose Geschichten. 367 S. Bln: Steinitz 1896 (Neuaufl. v. Nr. 14)
22 Die Büßerin. Schauspiel in einem Akt. 48 S. Bln: Seydel (1896)
23 Die Rose von Hildesheim. Roman. 287 S. Bln, Lpz: Tiefenbach 1896
24 Die schöne Theotaki. Roman. 305 S. Bln: Bong 1899
25 Groß-Berlin. 76 Bl. Bln: Israel 1904
26 Der eigne Herd. Ein Vagantenstück. 136 S. Köln: Ahn (1905)
27 Der Weg der Menschheit. 4 Bde. 15, 649; 16, 465; 366; 15, 483 S. Bln.-Charlottenburg: Vita 1906–1912
28 Die Eroberung der Erde. Der Weiße als Entdecker, Erforscher und Besiedler fremder Weltteile. Klassische Schilderungen gesammelt von C. A.-S. 557 S. m. Abb. u. Kt. Bln, Wien: Ullstein 1909
29 Ablösung vor! Roman. 388 S. Bln.-Charlottenburg: Vita 1911

ALBERTINUS, Ägidius (1560–1620)

1 (Übs.) F. J. de Cartheny: Deß jrrenden Ritters Reise, der Welt eytelkeit vnd den Weg zu der ewigen Seeligkeit begreiffend. Mchn: Berg 1594
2 (Übs.) A. de Guevara: De Conuiuijs et Compotationibus. 12° Mchn: Berg 1598
3 (Übs.) A. de Guevara: Der güldenen Sendbriefen. Erster bis dritter Theil aus dem Spanischen verteutscht. 3 Bde. 4° Mchn 1598–1600

ALBERTINUS 7

4 (Übs.) A. de Guevara: Zwey schöne Tractätl, ... 2 Thle. 6, 144, 3; 2, 102 Bl., 8 S. Mchn 1598
    1. Contemptvs vitae avlicae et Laus Ruris ...
    2. De conviviis et compotationibus.
    (Enth. u. a. Nr. 2)
5 (Übs.) A. de Guevara: Von der Beschwerligkeit vnd verdruß deß Hoflebens, vnd lob deß Feldbawes vnd Landsitzes vnd de conviviis. ... Amberg 1599 (Enth. u. a. Nr. 2)
6 (Übs.) A. de Guevara: Der geistliche Spiegel, darinnen die geistlichen Closter- vnd Ordenspersonen mit Lehren vnd Warnungen erwiesen werden. Mchn 1599
7 (Übs.) A. de Guevara: Der Fürsten vnd Potentaten Sterbkunst. Mchn: Henricus 1599
8 Der geistliche Wettlaufer, wie man lauffen soll, zu erlangung der seligkeit. Mchn: Henricus 1599
9 Berg Caluariae. 2 Thle. 4° Mchn: Henricus 1600
10 Gülden Büchlein der wahren Weißheit. 1600
11 Fons vitae et Consolationis, Der Brunn deß Lebens vnd Trosts. 2 Tle. 4° Mchn: Henricus 1600
12 (Übs.) A. de Guevara: Institutiones Vitae Aulicae oder Hof-Schul. Mchn 1600
13 Triumph vber die Welt, das Fleisch vnd den Teuffel; das ist, wie sich der Mensch in allen Tugenden vnd geistlichen Wercken vnd Gott gefallen möge. 4° Ingolstadt 1600
14 Der Kriegsleut Weckvhr. 2 Thle. Mchn: Henricus 1601
15 (Übs.) Haußpolicey, ... 2 Bde: 4, 234 Bl.; 4, 168 Bl. 4° Mchn: Henricus 1602
16 (Übs.) A. de Guevara: Der Zeitkürtzer. 4, 200 Bl. 4° Mchn: Henricus 1603
17 (Übs.) Petrus de Medina: Das Buech der Warheit. 3 Tle. 12, 207, 4, 2 Bl. Mchn: Berg 1603
18 Spiegel der Reichen, darinnen gehandelt wird von dem ursprung, unnd wirckung der Reichthumb. ... 4, 91 Bl. Mchn: Henricus 1603
19 Büchlein von dem dreyfachen Stand der H. Mariae Magdalenae. Mchn: Willer 1604
20 (Übs.) I. de la Cerda: Weiblicher Lustgarten. 4° Mchn: Henricus 1605
21 Geistliche Vermählung. Mchn: Willer 1605
22 (Übs.) Histori vnd eigentliche Beschreibung was gestalt das Evangelium Christi in China eingeführt, gepflanzt vnd gepredigt wird. 4° Mchn: Willer 1608
23 (Übs.) Der Geistliche Seraphin. 4° Mchn: Berg 1608
24 (Übs.) Historische Relation, ... 3 Bl. 360 S. 4° Mchn: 1609
25 (Übs.) I. Boterus: Allgmeine historische Weltbeschreibung. 2° Köln: Hierat 1611
26 Himmlisch Frawenzimmer. Augsburg: Kruger 1611
27 (Übs.) Histori vnd Leben deß seligen Vatters Philippi Nerij von Florentz, Stifter der congregation deß Oratorij zu Rom. Augsburg: Kruger 1611
28 Der Teutschen Recreation vnd Lusthaus. 1225 (d. i. 1125) S. 4° Mchn 1612
29 (Übs.) F. v. Reymund: Historische Beschreibung vnnd Erzehlung von dem Vrsprung, Auffnemen, vnd erbärmlichen Abfall von der Römischen Kirchen, ... 4° Mchn: Hertzroy 1612
30 Der Welt Tummel: vnd Schaw-Platz. 12 Bl. 1048 S. 4° Augsburg: Kruger 1612
31 Triumph Christi, von seiner Geburt, Leyden, Aufferstehung etc. 393 S. Mchn: Sadeler 1613
32 (Übs.) A. de Guevara: Cortegiano, das ist, der recht wolgezierte Hoffmann. Lpz: Gross 1614
33 Der Welt Thurnierplatz. 4 Bl., 365, 5 S. 4° Mchn: Heinrich 1614
34 (Übs.) M. Alemán: Der Landtstörtzer: Gusman von Alfarche oder Picaro genannt, ... 6 Bl. 723 S. Mchn: 1615
35 (Übs.) P. Bessaeus: Postilla. 2° Mchn: Heinrich 1615
36 Lucifers Königreich vnd Seelengejäidt: Oder Narrenhatz. 4 Bl. 451 S. 4° Mchn: Heinrich 1616
37 (Übs.) Petrus Bessaeus: Der Seelen Compaß. 4 Bl., 600 S. Mchn: Heinrich 1617
38 Vnser lieben Frawen Triumph. Ingolstadt: Hertzroy 1617

39 Christi vnsers HErrn Königreich vnd Seelengejaidt. 4 Bl. 619 S. Mchn 1618
40 Newes zuuor vnerhörtes Closter- vnd Hofleben, ... 4 Bl., 451 S. 4⁰ Mchn Heinrich 1618
41 Hirnschleiffer. 704 S. Mchn 1618
42 (Übs.) A. de Guevara: Fürstlicher Lustgarten vnd Weckuhr, ... 4⁰ Lpz: Lamb und Kloßmann 1619
43 Der Teutschen recreation oder Lusthauß. 3 Bl., 1225 (d. i. 1125) S. 4⁰ Rottweil: Hemlin 1619
   (Veränd. Neuaufl. v. Nr. 27)
44 Hortus Muliebris Quadripartitus. Weiblicher Lustgarten. Lpz: Gross 1620
45 Emblemata hieropolitica. 144 S. 12⁰ Köln: Münich 1647
46 (Übs.) A. de Guevara: Opera Omnia Historico-Politica. 3 Bde. 7 Bl., 750 S.; 2, 3, 388; 159 S. 4⁰ Ffm 1660–1661
   (Enth. Nr. 3 u. 5)

Albinus (Albini), Johann Georg (1624–1679)

1 Trauriger Cypressen Krantz, Auß den heiligen Fünff Wunden Jesus gebunden. 12 Bl. 4⁰ o. O. 1650
2 (Übs.) Cat: Des Königlichen Printzens Erofilos Hirten-Liebe. 16 Bl. 4⁰ Lpz: Fuhrmann 1652
3 Immer grünendes Lob der Christlichen Kaufmannschaft. 4⁰ Lpz 1652
4 (Übs.) Salomon: Engeddisches-Gartenlied. 10 Bl. 4⁰ Lpz: Fuhrmann 1652
5 Freude Des Ewigen Lebens. 10 Bl. 4⁰ Lpz: Fuhrmann 1653
6 A & Ω. Jüngstes Gerichte. In Gebundener Rede vorgestellet. 12 Bl. 4⁰ Lpz: Fuhrmann 1653
7 A & Ω. Quaal der Verdammten. 7 Bl. 4⁰ Lpz: Fuhrmann 1653
8 Der Jungfern und Junggesellen Erquickstunden. 12⁰ Zeitz 1655
9 Churfürstliche Venus. 12⁰ Zeitz 1656
10 Eumelio. Ein dramatisches Gedicht. 24 Bl. Naumburg: Müller 1657
11 Geistliche und Weltliche Gedichte. 4⁰ Lpz: Fuhrmann 1659
12 (Übs.) H. Hugon: Himmelflammende Seelen Lust. (Oder H. Hugons Pia Desideria) 12⁰ Ffm 1675
13 Geistlich geharnischter Krieges-Held oder Soldaten-Lieder und Gebethe. Lpz 1695

Alexis, Willibald
(eig. Heinrich Georg Wilhelm Häring) (1798–1871)

1 Die Treibjagd. Ein scherzhaft idyllisches Epos in vier Gesängen ... IV, 191 S. 12⁰ Bln: Dümmler 1820
2 (Übs.) W. Scott: Die Jungfrau vom See. Ein Gedicht in sechs Gesängen. 2 Bde. 16⁰ Zwickau: Schumann (= Poetische Werke 1–2) 1822
3 Die Schlacht bei Torgau und der Schatz der Tempelherren. Zwei Novellen. XII S., 1 Bl., 271 S., 1 Bl. Bln: Herbig 1823
4 (Übs.) Heer- und Querstraßen oder Erzählungen, gesammelt auf einer Wanderung durch Frankreich, von einem fußreisenden Gentleman. 5 Bde. Bln: Duncker & Humblot 1824–1828
5 *(Übs.) Königsmark, der lange Finne, ein Roman aus der neuen Welt. 2 Bde. Bln: Herbig 1824
6 (Übs.) W. Scott: Das Lied des letzten Minstrels. Ein Gedicht in sechs Gesängen. 2 Bde. Zwickau: Schumann (= Poetische Werke 8–14) 1824
7 *(Übs.) Walladmor. Frei nach dem Englischen des Walter Scott. 3 Bde. 328, 245, 310 S. Bln: Herbig 1824
8 Die Geächteten. Novelle. 1 Bl,. 352 S. Bln: Duncker & Humblot 1825
9 (Übs.) W. Scott: Historische und romantische Balladen der schottischen Gränzlande Zwickau: Schumann (= Poetische Werke 10–12; = Taschenbibliothek der ausländischen Klassiker 178–183) 1826

10 (Übs.) Schloß Avalon. Frei nach dem Englischen des Walter Scott. 3 Bde. LXII S., 1 Bl., 302 S., 1 Bl.; 2 Bl., 294, VI S.; 2 Bl., 364 S. Lpz: Brockhaus 1827
11 Die Sonette. Lustspiel in einem Akt. (S.-A.) 45 S. o. O. (1827)
12 Herbstreise durch Scandinavien. 2 Bde. VI, 332 S., 1 Bl.; 384 S., 1 Bl. Bln: Schlesinger 1828
13 Wanderungen im Süden. XVI, 256 S. Bln: Schlesinger 1828
14 Gesammelte Novellen. 4 Bde. XXVI, 229; 283; VI, 313; 280 S. Bln: Duncker & Humblot 1830–1831
15 Cabanis. Roman in sechs Büchern. 6 Bde. Bln: Fincke 1832
16 Wiener Bilder. VI, 453 S. Lpz: Brockhaus 1833
17 Schattenrisse aus Süddeutschland. VI, 207, 3 S. Bln: Schlesinger 1834
18 Das Haus Düsterweg. Eine Geschichte aus der Gegenwart. 2 Bde. X, 385; VI, 349 S. Lpz: Brockhaus 1835
19 Balladen. 3 Bl., 136 S. Bln: Dümmler 1836
20 Neue Novellen. 2 Bde. 2 Bl., 408 S.; 2 Bl., 376 S. Bln: Duncker & Humblot 1836
21 (MV) W. A., E. Ferrand u. A. Mueller: Babiolen. Novellen und Novelletten. Nebst polemischen Papierstreifen. XV, 262 S., 1 Bl.; VI, 288 S. Lpz: Focke 1837
22 Zwölf Nächte. Ein Roman in sechs Büchern. 3 Bde. 390, 342, 377 S. Bln: Duncker & Humblot 1838
23 Shakespeare und seine Freunde oder Das goldene Zeitalter des lustigen Englands. 3 Bde. IV, 312; 316; 278 S. Bln: Duncker & Humblot 1839
24 Der Roland von Berlin. Roman. 3 Bde. 2 Bl., 483 S.; 2 Bl., 1 Bl., 399 S.; 2 Bl., 470 S. Lpz: Brockhaus 1840
25 Andalusien. Spiegelbilder aus dem südspanischen Leben. Aus den Briefen eines jungen Deutschen. XIV, 297 S. Bln: Buchh. d. Lesekabinets 1842
26 (MH) J. E. Hitzig u. W. H.: Der neue Pitaval. Eine Sammlung der interessantesten Criminalgeschichten. 30 Bde. Lpz: Brockhaus 1842–1862
27 Der falsche Woldemar. Roman. 3 Bde. 340, 489, 365 S. Bln: Buchh. d. Lesekabinets 1842
28 Urban Grandier oder die Besessenen von Loudun. 2 Bde. VIII, 391; 415 S. Bln: Buchh. d. Lesekabinets 1843
29 Warren Hastings. Ein Vortrag, gehalten am 9. März im wissenschaftlichen Vereine in Berlin. 31 S. Bln: Buchh. d. Lesekabinets 1844
30 Die Hosen des Herrn von Bredow. Vaterländischer Roman. 2 Bde. XX, 340; 404 S. Bln: Adolf 1846–1848
31 (Hg.) H. Martineau: Die Ansiedler im eigenen Hause. 2 Bl., 288 S. Bln: Buchh. d. Lesekabinets 1847
32 (Hg.) H. Martineau: Rolf und Erika, oder Der Aberglaube des Nordens. 307 S. Bln: Adolf 1847
33 Eczellenz! Als Manuskript gedruckt. Bln: Gubitz 1848
34 Der Wärwolf. Vaterländischer Roman in drei Büchern. 3 Bde. 204, 319, 323 S. Bln: Adolf 1848
35 (Einl.) K. Diez: Frühlings-Märchen. 164 S. 16⁰ Bln: Krüger 1851
36 Der Zauberer Virgilius. Ein Märchen aus der Gegenwart. 2 Bl., 162 S. 16⁰ Bln: Adolf 1851
37 Ruhe ist die erste Bürgerpflicht, oder Vor funfzig Jahren. Vaterländischer Roman. 5 Bde. Bln: Barthol 1852
38 Isegrimm. Vaterländischer Roman. 3 Bde. 3 Bl., 324 S.; 346 S.; 2 Bl., 360 S. Bln: Barthol 1854
39 (Hg.) Volks-Kalender für 1854 (1855 ... – 1857). 4 Bde. m. Abb. Bln: Barthol 1854–1857
40 Friedrich Perthes. 49 S. Bln: Barthol 1855
41 Dorothe. Ein Roman aus der Brandenburgschen Geschichte. 3 Bde., 296, 250, 329 S. Bln: Barthol 1856
42 Nettelbeck. 48 S. Bln: Barthol 1856
43 Reise-Pitaval. 173 S. Lpz: Brockhaus 1856
44 Oberpräsident Vincke. 47 S. Bln: Barthol 1856
45 Vaterländische Romane. 8 Bde. Bln: Barthol 1857
46 (Einl.) C. Ernst: Feldblumen. 93 S. 16⁰ Bln: Grieben 1860
47 Ja, in Neapel. Novelle. (S.-A.) VIII, 147 S. Bln: Janke (= Dt. Unterhaltungs-Bibliothek, 1. Serie, Bd. 1) 1860
48 Gesammelte Werke. 18 Bde. Bln: Janke 1861–1866

Allmers, Hermann (1821–1902)

1 Reisebriefe. 40 S. Bremen: Strack (Privat-Dr.) 1856
2 Marschenbuch. Land- und Volksbilder aus den Marschen der Weser und Elbe. IV, 354 S. Gotha: Scheube 1858
3 Dichtungen. 118 S. 16° Bremen: Heyse 1860
4 Unsere Kirche, ihr Zustand und Ziel. Ein Wort an die Gemeinden. 19 S. Hannover: Krüger 1865
5 Römische Schlendertage. VII, 349 S. Oldenburg: Schulze 1869
6 Die altchristliche Basilika als Vorbild des protestantischen Kirchenbaues. Eine Studie. 35 S. Oldenburg: Schulze 1870
7 Prolog zur Eröffnung der Theatervorstellung in Dedesdorf zum Besten der Verwundeten. 3 S. Oldenburg: Schulze 1871
8 Elektra. Drama in einem Akt. 42 S. Oldenburg: Schulze 1872
9 Der Altarschrein der Kirche zu Altenbruch im Lande Hadeln. 15 S. 2 Taf. 2° Stade: Pockwitz 1873
10 Die Pflege des Volksgesangs im deutschen Nordwesten. 23 S., Bremen: Hunckel 1878
11 (MV) H. v. Dörnberg: Kulturgeschichtliche Bilder aus den Nordsee-Marschen. Mit Dichtungen von H. A. 6 Taf. Oldenburg: Schulze 1882
12 Hauptmann Böse. Ein deutsches Zeit- und Menschenbild für das deutsche Volk. VIII, 110 S. Bremen: Schünemann 1882
13 (Einl.) A. v. Elbe: Lüneburger Geschichten. 204 S. Bln, Lpz: Spemann (= Collection Spemann) (1883)
14 (MV) Römischer Wandkalender deutscher Nation für das Jahr 1884. Eine Weihnachts- und Neujahrsgabe deutscher Dichter der Gegenwart. 4° Rom: Libreria Centrale Müller 1883
15 Die Zeitepochen, Richtungen und Schulen der italienischen Malerei. Für die Mitglieder des Kunstvereines in Bremerhaven-Geestemünde. 16 S. Geestemünde: Rommler & v. Vangerow 1887
16 Fromm und Frei. Eine Ostergabe in religiösen Dichtungen. 62 S. Oldenburg, Lpz: Schulze (1889)
17 Sämtliche Werke. 6 in 4 Bdn. Oldenburg: Schulze 1891–96 (Enth. Nr. 2, 3, 5, 21)
18 Friesensang! Worte und Weise v. H. A. 3 S. 4° Bremerhaven: Tienken 1893
19 (Hg.) Gedenkblätter zur 70. Geburtstagsfeier des Bremer Bildhauers D. Kropp. 22 S., 1 Abb., 12 Taf. Bremen: Hampe 1894
20 Herz und Politik. Dramatisches Zeitidyll. 35 S. Oldenburg: Schulze 1895
21 Aus längst und jüngst vergangener Zeit. 279 S. Oldenburg, Lpz: Schulze (1896) (= Bd. 6 v. Nr. 17, enth. Nr. 8, 12, 20)

Alscher, Otto (1880–1946)

1 Ich bin ein Flüchtling. Roman. 251 S. Bln: Fleischel 1909
2 Mühselige und Beladene. Novellen. 5, 221 S. Bln: Fleischel 1910
3 Gogan und das Tier. Roman. 208 S. Bln: Fischer 1912
4 Zigeuner. Novellen. 163 S. Mchn: Langen 1914
5 Wie wir lebten und lebten. Erzählungen. III, 91 S. Temesvar: Südung. Buchdruckerei (= Deutschbanater Volksbücher Nr. 12) (1915)
6 Die Kluft. Rufe von Menschen und Tieren. 117 S. Mchn: Langen (= Langen's Mark-Bücher, Bd. 20) (1917)
7 Tier und Mensch. Geschichten. 136 S. Mchn: Langen 1928
8 (MV) O. A., F. Arenhövel, O. Aslagsson (u. a.): Hunde und Katzen. 24 Tiernovellen. 245 S., 24 Taf. Bln: Frundsberg-V. 1930
9 (MV) Bruder Tier. Das Hausbuch der Tierfreunde. Hg. H. Zimmermann. 291 S., 80 Taf. 4° Bln, Zürich: Eigenbrödler-V. 1930

Altenberg, Peter (eig. Richard Engländer) (1859–1919)

1 Wie ich es sehe. 246 S. Bln: Fischer 1896
2 Ashantee. 204 S. Bln: Fischer (= Collection Fischer 2) 1897

3 Was der Tag mir zuträgt. Fünfundfünfzig neue Studien. XIV, 250 S., 1 Abb. Bln: Fischer 1901
4 Prodromos. 204 S. Bln: Fischer 1906
5 Die Auswahl aus meinen Büchern. 147 S., 1 Abb. Bln: Fischer 1908
6 Märchen des Lebens. 213 S. Bln: Fischer 1908
7 Bilderbögen des kleinen Lebens. 221 S. Bln: Reiss 1909
8 Neues Altes. 214 S., 1 Abb. Bln: Fischer 1911
9 Semmering 1912. 217 S., 1 Abb. Bln: Fischer 1913
10 Fechsung. 280 S., 1 Abb. Bln: Fischer 1915
11 Nachfechsung. 351 S., 1 Abb. Bln: Fischer 1916
12 Vita ipsa. 317 S., 1 Abb. Bln: Fischer 1918
13 Mein Lebensabend. 364 S., 1 Abb. Bln: Fischer 1919
14 Das Altenbergbuch. Hg. E. Friedell. 425 S., 23 Taf., 4 Faks. Lpz, Wien, Zürich: Wiener Graph. Werkstätte 1921
15 Der Nachlaß. Hg. A. Polgar. 158 S., 1 Titelb. Bln: Fischer 1925
16 (MV) Adolf Loos zum sechzigsten Geburtstag am 10. XII. 1930. Beitr. v. P. A. H. Bahr, A. B. Mildenburg (u. a.) 68 S., 2 Taf. Wien: Lányi 1930
17 Nachlese. M. Einl. Dem Andenken meines Bruders (v.) Marie M(authner). 67 S. m. Taf. Wien: Lányi 1930

ALTENDORF, Wolfgang (*1921)

1 Die Fenstersprünge. Schwank in einem Akt. (Bühnen-Ms.) 4 Bl. Bad Godesberg: Selbstverl. (1948)
2 (MV) W. u. H. Altendorf: Kasperl befreit die Prinzessin. Ein lustiges Kasperlstück für Kinder. (Bühnen-Ms.) 4 Bl. Bad Godesberg: Selbstverlag (1948)
3 Der Drache des Herrn Spiering. 15 S. m. Abb. Gütersloh: Rufer-V. (= Dein Leseheft 122) 1955
4 Fahrerflucht. 15 S. m. Abb. Gütersloh: Rufer-V. (= Dein Leseheft 97) 1955
5 Jean Merlin und sein Mädchen. 15 S. m. Abb. Gütersloh: Rufer-V. (= Dein Leseheft 115) 1955
6 Landhausberichte. 27 ungez. Bl. m. Abb. Krefeld, Baden-Baden: Agis-V. 1955
7 Leichtbau. 59 S. m. Abb. Krefeld: Agis-V. 1956
8 Landhausnovelle. 79 S. Gütersloh: Bertelsmann (= Das kleine Buch 98) 1957
9 Odyssee zu zweit. Roman. 262 S. Braunschweig: Westermann 1957
10 (Bearb.) H. Gross: Der Sergeant von Köpenick. Nach den Unterlagen des Autors bearb. 319 S. Gütersloh: Bertelsmann 1958
11 Spiel im Herbst. 4 Bl. Gütersloh: Rufer-V. (= Acht Seiten, Freude zu bereiten 122) 1958
12 Der Transport. Roman. 306 S. Braunschweig: Westermann 1959
13 Das dunkle Wasser. Tanzstundengeschichte, Erzählungen. Mit e. autobiograph. Notiz. 71 S. Stg: Reclam (= Reclam's UB. 8288) 1959
14 Die Brille. 4 Bl. Gütersloh: Rufer-V. (= Acht Seiten Freude 163) 1960
15 Merlin und sein Mädchen. 4 Bl. Gütersloh: Rufer-V. (= Acht Seiten Freude 162) 1960
(Veränd. Neuaufl. v. Nr. 5)

ALTHAUS, Peter Paul (1892–1965)

1 (Hg.) Das Reagenzglas. Münster/Westf.: Verl. Der weiße Rabe 1919
2 (Hg.) Send. Zs. für die spanischen Dörfer. Münster/Westf.: Verl. Der weiße Rabe 1920
3 (Übs.) Mystische Lyrik aus dem indischen Mittelalter. In Nachdichtungen. Mit e. Einl. v. St. Schayer u. mit Anm. v. W. Theilkuhl. XXXI, 156 S. Mchn: Recht 1923
4 Jack, der Aufschlitzer. Rund zwei Dutzend Lieder. 31 S., 5 Taf. Bln: Gottschalk (= Die tollen Bücher 3) 1924

5 (Hg.) Lebensgeschichten großer Menschen. Eine Volks- und Jugendbücherei. Bln: Reiß 1924 ff
 6 (Übs.) Voltaire: Geschichte Karls XII., Königs von Schweden. Einf. M. J. Wolff. VII, 218 S.. 18 Taf. Gotha: Der Flamberg – V. 1924
 7 (Übs.) Altrussische Kirchenlieder. In Nachdichtungen. 76 S. Jena: Diederichs 1927
 8 Das Vierte Reich. Eine Symphonie. 29 S. Mchn: Dornverlag, Ullmann (1930)
 9 Speisenfolge bei der Eröffnung der Bibliothek des Deutschen Museums am 7. Mai 1932. 4 Bl. (Mchn: Bruckmann 1932)
10 Liebe, Musik und der Tod des J. S. Bach. Ein Hörspiel. 64 S. Mchn: Batschari (1933)
11 Der Zauber der Stimme. Eine groteske Komödie in 4 Aufzügen. 144 S. Mchn: Höfling (= Spiel und sing! 8091) 1935
12 Schaut her, ich bins ... 16 S. Mchn: Buchner (= Spiel und sing! 8114) (1936)
13 In der Traumstadt. 75 S. Karlsruhe: Stahlberg 1951
14 Dr. Enzian. 67 S. Karlsruhe: Stahlberg 1952
15 Laßt Blumen sprechen. Flower Tales. 65 S. Karlsruhe: Stahlberg 1953
16 (Hg.) Von der gelassenen Heiterkeit. 90 S. m. Abb., 8 Taf. Freiburg i. Br.: Klemm (= Die Seemännchen 8) 1953
17 (Hg.) Das Lichtenberg-Seemännchen. 89 S. m. Abb. Freiburg i. Br.: Klemm (= Die Seemännchen 12) 1955
18 (MH) Das Nestroy-Seemännchen. 92 S. m. Abb. Freiburg i. Br.: Klemm (= Die Seemännchen 10) 1955
19 (MV) Das Buch der guten Wünsche. Ein Glückwunschsammelsurium für passende und unpassende Gelegenheiten. 77 S. m. Abb. Ffm: Bärmeier und Nikel (= Die Schmunzelbücher) 1956
20 Wir sanften Irren. Gedichte. 71 S. Karlsruhe: Stahlberg 1956
21 (Hg.) Wunderseltsame, abenteuerliche, unerhörte Geschichten und Taten der Lalen zu Laleburg. 78 S. m. Abb. Baden-Baden: Klein 1956
22 (MV) 18–20 passe. Ein Skatbuch mit Contra und Re. Einl. Th. Troll. 78 S. Ffm: Bärmeier & Nikel (= Die Schmunzelbücher) 1957
23 (Einl.) P. Koch: Schwabing. 4 Bl., 30 S. Abb. 4°. Mchn: Südt. Verl. 1958
24 (MV) P. P. A. und K. Winkler: Der richtige Benimm. Der heitere Revue-Quiz für alle Situationen. 88 S. Mchn: Kindler 1959

Alverdes, Paul (*1897)

 1 Der mystische Eros in der geistlichen Lyrik des Pietismus. 3 S. (Teildr.) 1922
 2 Kilian. Novelle. 71 S. Bln: Der Weiße Ritter 1922
 3 Die Nördlichen. Gedichte. 64 S. Bln: Der Weiße Ritter 1922
 4 (MV) P. A. u. A. Happ: Die ewige Weihnacht, Spiel. 111 S. Regensburg: Habbel 1922
 5 Die feindlichen Brüder. Trauerspiel in fünf Akten. 119 S. Bln: Der Weiße Ritter 1923
 6 Novellen. 88 S. Bln: Der Weiße Ritter 1923
 7 Die Flucht. Erlösung. 63 S. Regensburg: Habbel & Naumann (= Neue deutsche Erzähler, Bd. 2) 1924
 8 Über Rudolf G. Binding. 15 S. Ffm: Rütten & Loening 1925
 9 (Nachw.) A. Schaeffer: Die tanzenden Füsse. 123 S. Lpz: Reclam (=Reclam's UB. 6631–6632) 1926
10 (MH) Deutsches Anekdotenbuch. Eine Sammlung von Kurzgeschichten aus vier Jahrhunderten. Hg. P. A. u. H. Rinn. 315 S. Mchn: Callwey 1927
11 (Übs.) J. F. Cooper: Der Wildtöter. 264 S. m. Abb. Potsdam: Voggenreiter (= Spurbücherei, Bd. 3) 1928
12 Die Pfeiferstube. Erzählung. 85 S. Ffm: Rütten & Loening 1929
13 (Übs.) J. Kessel: Die Gefangenen. Roman. 270 S. Mchn: Piper 1930
14 Reinhold oder die Verwandelten. 207 S. Mchn: Müller 1931

15 Der Kriegsfreiwillige Reinhold. Hg. H. Langenbucher. 38 S. Mchn: Müller (= Die deutsche Folge, Bd. 5) (1933) (Ausz. a. Nr. 14)
16 Kleine Reise. Aus einem Tagebuch. 61 S. Mchn: Langen-Müller (= Die kleine Bücherei 9) 1933
17 Die Freiwilligen. Hörspiel. 52 S. 6 Abb. Mchn: Langen-Müller (= Die kleine Bücherei 35) 1934
18 (MH) Das Innere Reich. Zeitschrift für Dichtung, Kunst und deutsches Leben. Hg. P. A. u. B. v. Mechow. Mchn: Langen-Müller 1934–1943
19 Die Flucht. Novellen. 125 S. Potsdam: Voggenreiter 1935 (Erw. Neuaufl. v. Nr. 6)
20 Das Winterlager. Hörspiel. 53 S. Mchn: Langen-Müller 1935
21 Reinhold im Dienst. 115 S. Mchn: Langen-Müller 1936 (Ausz. a. Nr. 14)
22 Vergeblicher Fischzug. Erlebnisse und Begegnungen. 57 S. Mchn: Langen-Müller (= Die kleine Bücherei 84) 1937
23 Das Männlein Mittenzwei. Märchen für Kinder. 22 S. m. Abb. Mchn: Langen-Müller 1937
24 Das Zwiegesicht. Erzählung. 112 S. Mchn: Langen-Müller 1937
25 Gespräch über Goethes Harzreise im Winter. 22 S. Hbg: Ellermann 1938
26 Das Schlaftürlein. 20 S. m. Abb. Mchn: Langen-Müller (1938)
27 Die Verwandelten. 131 S. Mchn: Langen-Müller 1938 (Erw. Ausz. a. Nr. 14)
28 (Nachw.) R. G. Binding: Unvergängliche Erinnerung. Auswahl aus der Autobiographie „Erlebtes Leben". 75 S. Lpz: Reclam (= Reclam's UB. 7423) 1939
29 Dank und Dienst. Reden und Aufsätze. 292 S. Mchn: Langen-Müller 1939
30 (Hg.) Deutsche Märchen. Hbg: Zigaretten-Bilderdienst 1939
31 Dem Andenken Mozarts. (S.-A.) Mchn: Kulturamt der Stadt München 1941
32 Jette im Wald. 15 S. Mchn: Münchner Buch-V. (= Münchner Lesebogen 82) 1942
33 Eine Infanterie-Division bricht durch. Hg. E. Gehring. 217 S. m. Abb. Mchn: Ehler (1943)
34 Mauz, die verlorene Katze. Ein Kinderbilderbuch. Hg. K. Hobrecker. Text nach alten Vorlagen v. P. A. 22 Bl. m. Abb. Potsdam: Rütten & Loening (1943)
35 Schlupp, der böse Hund. Ein Kinderbilderbuch. Hg. K. Hobrecker. Text nach alten Vorlagen v. P. A. 19 Bl. m. Abb. Potsdam: Rütten & Loening (1943)
36 Amundsens Fahrt an den Südpol. 31 S. m. Abb. Hannover: Nannen (= Die bunten Hefte 6) (1949)
37 Grimbarts Haus. Erzählung. 76 S. Konstanz: Südverlag 1949
38 (Hg., Nachw.) J. P. Hebel: Alemanische Gedichte. – Schatzkästlein des Rheinländischen Hausfreundes. 523 S. m. Abb. Mchn: Hanser (1949)
39 Mozart. 51 S. Olten: Vereinigung Oltner Bücherfreunde 1949 (Neuaufl. v. Nr. 31)
40 (Einl.) W. Schneditz: Alfred Kubin und seine magische Welt. 55 S., 30 Abb. Salzburg: Galerie Welz 1949
41 Stiefelmanns Kinder. 23 S. m. Abb. Konstanz: Südverlag 1949
42 Die Grotte der Egeria. Tage in Rom und Oberitalien. 236 S. m. Abb. Konstanz: Südverlag 1950
43 Die Geleitsbriefe. Erlebnisse und Begegnungen. 59 S. Düsseldorf, Köln: Diederichs (= Deutsche Reihe 158) 1951 (Neuaufl. v. Nr. 22)
44 Das Zirflein. 37 S. Darmstadt, Ffm: Rütten & Loening 1951
45 Vom Unzerstörbaren. Aufzeichnungen in Salzburg. 63 S. Stg: Deutsche Verl.-Anst. 1952
46 Legende vom Christ-Esel. 26 S. m. Abb. Hbg: Dulk 1953
47 Die Hirtin auf dem Felde. 28 S. m. Abb. Ffm: Rütten & Loening 1954
48 Die dritte Kerze. 4 Bl. Gütersloh: Rufer-V. (1955)
49 Timpu. Die Geschichte eines kleinen Elefanten. 111 S. m. Abb. Mchn: Schneider (1955)
50 (Hg.) Der Widerhall. Ein Lesebuch aus unseren Tagen. 320 S. Gütersloh: Rufer-V. 1955

51 Die Traum-Pferdchen. Ein Märchen für Kinder. 31 S. m. Abb. 4⁰ Stg: Herold-V. 1957
52 (Hg.) J. P. Hebel: Werke in einem Band. 524 S. m. Abb. Mchn: Hanser 1960

ALXINGER, Johann Baptist Edler von (1755–1797)

1 Die Friedensfeyer besungen im Mayen 1779. 4⁰ Wien: Kurzböck 1779
2 Gedichte. Hg. F. J. Riedel. 112 S. Halle: Gebauer 1780
3 Mein Dank an den Kaiser. Wien 1782
4 Eduard der Dritte. Ein Trauerspiel in fünf Aufzügen nach Gresset. Wien: Gaßler 1784
5 Sämmtliche poetische Schriften. 3 Bl., 311, 32 S. Lpz: Zum Vortheile des wienerischen Armeninstitutes 1784
6 Doolin von Maynz. Ein Rittergedicht. 192 (r. 392) S., 1 Bl. Wien, Lpz 1787
7 Sämmtliche Gedichte. 2 Bde. 388 S., 4 Bl. Klagenfurt, Laibach: Kleinmayer (1788)
   (Bd. 1 Neuaufl. v. Nr. 5)
8 Über eine höchst elende Recension des Doolin von Mainz. Wien: Stahel 1788
9 Bei Laudons Tode. 4⁰ Wien 1790
10 Bliomberis. Ein Rittergedicht in zwölf Gesängen. 3 Bl., VI, 482 S. Lpz: Göschen 1791
11 Anti-Hoffmann. Wien: Stahel (1792)
12 Über Leopold den Zweyten. 29 S., 1 Ku. Braunschweig: Vieweg 1792
13 Numa Pompilius. Mit einem historischen Anhange. 2 Bde. 5 Bl., 314; 142 S. Wien bzw. Lpz, Klagenfurt: Kleinmayer (1792)
14 (MH) Österreichische Monathsschrift. Hg. J. B. v. A., J. Schreyvogel, J. v. Ehrenberg, G. Leon u. J. v. Schwandner. Wien 1793–1794
15 Neueste Gedichte. 2 Bl., 334 S., 3 Bl. Wien: Camesina 1794
16 An Deutschland bey Gelegenheit der letzten österreichischen Siege. 2 Bl. Wien: Camesina 1795
17 An den Erzherzog Carl. 3 Bl. Wien: Schrämbl 1796
18 Doolin von Maynz. XXVIII, 378 S. Lpz: Göschen 1797
   (Verb. Neuaufl. v. Nr. 6)
19 Auf Zinzendorfs Tod. 3 Bl. o. O. u. J.
20 Sämmtliche Werke. 10 Bde., 10 Ku. Wien: Haase 1812
21 Prosaische Aufsätze. XVI, 230 S. Wien: Haase (= Sämmtliche Werke, Bd. 10) 1812
   (Bd. 10 v. Nr. 20)
22 Vermischte Schriften. 219 S. Wien: Haase (= Sämmtliche Werke, Bd. 9) 1812
   (Bd. 9 v. Nr. 20)

ANDERSCH, Alfred (*1914)

1 (MH) Der Ruf. Unabhängige Blätter der jungen Generation. Mchn: Nymphenburger Verlh. (1946–1948) bzw. Mannheim: Der Ruf (1949) 1946–1949
2 Deutsche Literatur in der Entscheidung. Ein Beitrag zur Analyseder literarischen Situation. 32 S. Karlsruhe: Volk und Zeit 1948
3 (Hg.) Europäische Avantgarde. 167 S. Ffm: Frankfurter Hefte 1949
4 (Übs.) J. Wechsberg: Ein Musikant spinnt sein Garn. 220 S. Karlsruhe: Stahlberg 1949
5 Die Kirschen der Freiheit. Ein Bericht. 130 S. Ffm: Frankfurter Verlagsanst. 1952
6 (Hg.) studio frankfurt. Eine Buchreihe der Frankfurter Verlagsanstalt. Ffm: Frankfurter Verlagsanst. 1952ff
7 (Hg.) Texte und Zeichen. Eine literarische Zeitschrift. 16 H. Darmstadt, Berlin, Neuwied: Luchterhand 1955–1957
8 Piazza San Gaetano. Suite. 88 S. m. Abb. Olten, Freiburg i. Br.: Walter 1957
9 Sansibar oder der letzte Grund. Roman. 212 S. Olten, Freiburg i. Br.: Walter 1957

10 Fahrerflucht. 40 S. Hamburg: Bredow-Institut 1958
11 Geister und Leute. Zehn Geschichten. 205 S. Olten, Freiburg i. Br.: Walter 1958
12 (Einl.) H. W. Henze: Undine. Tagebuch eines Balletts. 85 S., 12 Taf. m. Abb. Mchn: Piper 1959
13 (Einl.) E. Vittorini: Offenes Tagebuch 1929–1959. 472 S. Freiburg, Olten: Walter 1959
14 (Bearb.) Der Tod des James Dean. Eine Funkmontage. Texte v. J. Dos Passos (u. a.) 51 S., 9 Abb. St. Gallen: Tschudy (= Die Quadrat-Bücher 12) 1960

ANDREAE, Illa (eig. Aloysia Elisabeth Lackmann) (*1902)

1 Hellerinkloh. Roman. 355 S. Mchn: Alber 1942
2 Der sterbende Kurfürst. Erzählungen. 152 S. Mchn: Alber 1942
3 Der griechische Traum. Roman einer Studentin. 239 S. Hbg: Hammerich & Lesser 1943
  (Neuaufl. v. Nr. 1)
4 Die Väter. Roman. 318 S. Hbg: Hammerich & Lesser 1944
5 Das Geheimnis der Unruhe. Geschichte eines westfälischen Geschclehts. 893 S. Mchn: Alber 1947
6 Elisabeth Telgenbroock. 340 S. Hbg: Hammerich & Lesser 1947
7 Das Friedensmahl. Erzählung. 51 S. Mchn: Alber 1948
8 Die Hamerincks. 320 S. Horstmar, Münster: Montanus-V. 1950
9 Das goldene Haus. Novelle. 152 S. Heidelberg: Kerle 1951
10 Wo aber Gefahr ist ... Roman. 383 S. Heidelberg: Kerle 1951
11 Das versunkene Reich ... Vier historische Erzählungen. 168 S. Heidelberg: Kerle (1952)
  (Erw. Neuaufl. v. Nr. 2)
12 Mein ist die Rache. Ein Roman aus unseren Tagen. 255 S. Köln: Bachem 1953
13 Unstet und flüchtig. Ein Roman. 220 S. Köln: Bachem 1954
14 Eva und Elisabeth. Ein Roman. 292 S. Mchn: Alber 1955
15 Nelly. Ein Mädchen zwischen dem wilden Harro und den zahmen Indianern. 138 S. m. Abb. Freiburg i. Br.: Herder 1958
16 Glück und Verhängnis der Hamerincks. Roman. 557 S. Heidelberg: Kerle 1959
  (Erw. Neuaufl. v. Nr. 8 u. 10)

ANDREAE, Johann Valentin (1586–1654)

1 Geistliche Gemähl. 4⁰ Tüb 1612
2 Collectaneorum mathematicorum decades XI. 6 Bg. Tüb: Cellius 1614
3 Vom Besten vnd Edelsten Beruff. Des wahren Diensts Gottes. Wider der Welt verkehrtes vnd vnbesonnenes Urtheil. 2 Bl., 54 S., 1 Bl. 12⁰ Straßburg: Zetzner 1615
4 Christianismus genuinus. 53 S. Straßburg: Ledertz 1615
5 Fama fraternitatis. Das ist Gerücht der Brüderschafft des hochlöblichen Ordens R.C. ... 111 S. Kassel: Wessel 1615
6 Fama Fraternitatis Oder Entdeckung der Brüderschafft des löblichen Ordens deß RosenCreutzes, Beneben der Confession Oder Bekanntnus derselben Fraternitet, an alle Gelehrte und Häupter in Europa geschrieben ... 129 S., 7 Bl. 12⁰ Danzig: Hünefeldt 1615
  (Verm. Neuaufl. s. Nr. 5)
7 Herculis Christiani luctae XXIV. 61 S. Straßburg: Zetzner 1615
8 Chymische Hochzeit: Christiani Rosencreutz. 146 S. 12⁰ Straßburg: Zetzner 1616
9 Turbo sive moleste et frustra per cuncta divagans ingenium. 188 S. (Straßburg) 1616
10 Menippus sive dialogorum satyricorum centuria ... 284 S. (Straßburg) 1617

11 Veri Christianismi solidaeque Philosophiae libertas. 275 S. Straßburg: Zetzner 1618
12 Civis christianus, sive peregrini quondam errantis restitutiones. 235 S. Straßburg: Zetzner 1619
13 Geistliche Kurtzweil. Zu Ergetzlichkeit einfältiger Christen mitgetheilt. 170 S. 12° Straßburg: Zetzner 1619
14 Mythologia christiana. 352 S. Straßburg: Zetzner (1619)
15 Reipublicae Christianopolitanae descriptio. 220 S. Straßburg: Zetzner 1619
16 Turris Babel ... 72 S. Straßburg: Zetzner 1619
17 Christenburger Schlacht. Straßburg: Zetzner 1620
18 (Übs.) J.Lipsius: Admiranda Oder Wundergeschichten, von der vnaussprächlichen Macht, Herrlich- vnd Großmächtigkeit der Stadt Rom, und Römischen Monarchey ... 365 S. Straßburg: Zetzner 1620
19 Evangelische Kinderlehr. 12° Tüb 1621
20 Ehrenrici Hohenfelderi equitis Austrii Flos virtutum. 162 S. Straßburg: Zetzner 1623
21 Adenlicher Zucht Ehrenspiegel. Nach dem Leben deß Weyland recht Edlen und Gottseligen Jünglings Herrn Ehrenreichs Hohenfelders von Aistersheimb, Allmeck, ... 86 S. 12° Straßburg: Zetzner 1623
   (Sondertitel v. Nr. 20)
22 Christenburg, Das ist: Ein schön geistlich Gedicht. 12° Freiburg 1626
23 (Hg.) C. Vischer: Kinder-Postill. 12° Straßburg 1626
24 (Übs.) W.v.Barta: Glaubenstriumph. 4° Straßburg 1627
25 (Hg.) Teutsche Handbibel, nach D. Luthers Uebersezung. Tüb: Wild 1627
26 (Übs.) J. L. Vives: Von Versorgung der Armen. 12° Durlach 1627
27 Christliche Leichpredig, bey der Begräbnus, deß Weilund Ehrwürdigen, Hochgelehrten Herren, Pauli Ruckheri, Fürstlichen Württembergischen Raths vnd Prälaten deß Closters Hirsaw ... 36 S. 4° Tüb: Werlin 1627
28 Peregrinatio Ecclesiae. Das ist: Biblische Kirchen-Historien. 460 S., 1 Ku. 12° Straßburg: Zetzner 1628
29 Ecclesia militans das ist Kurtze Kirchen Hystori. von den H. Aposteln an. biß auff gegenwartige Zeit. 423 S., 1 Ku. 12° Straßburg: Zetzner 1630
30 Kinderspiel auf das Jahr 1630. 12 Bl. Nürnberg: Fulde 1630
31 (MV) J. V. A. u. J. B. Wagner: Kurtze Kirchen Historia. 423 S. Straßburg: Zetzner 1630
32 (Bearb.) Die Augspurgische Confession auff das einfältigste in ein Kinderspiel gebracht. 12° Straßburg 1631
33 Das Leben, Lehr und Leiden Christi. Sambt Summarischem Lauff der Christlichen Kirchen. Auch andern geistlichen Stücken. Zu einer Kinderkurtzweil zugericht. 74 S. Straßburg: Repp 1632
34 (Hg.) Testimonium zu Joh. Sauberti Zuchtbüchlein der Evangelischen Kirchen, darinn von der Nothwendigkeit der Kirchenzucht gehandelt wird. 15 S. Nürnberg 1633
35 Klaglied, Vber der Stadt Calw laidigem Vntergang. 17 S. 12° (Straßburg) 1635
   (Anh. zu Nr. 36)
36 Threni Calvenses. 140 S. Straßburg: Zetzner 1635
37 (Hg.) Cynosura oeconomiae ecclesiasticae Wirtembergicae: oder: Summarischer Extract deren in dem Herzogthum Würtemberg zu Erhaltung Evangelischer Kirchenzucht und Ordnungen nach und nach ausgeschriebener Hochfürstlichen Rescripten, Decreten und Resolutionen. 181 S. Stg: Rößlin 1639
38 J.V.A., T.D. Vnd Agnes Elisabeth, geborner Grüningerin. Eheleut, Geschlecht-Register. 10 S., 48 S. 22 Tab. 12° Stg: Rößlin 1644,
39 (Hg.) (J. Schübel:) Ehrengedächtnuß Deß Christlichen Lebens, gedultigen Leidens, vnd seligen Sterbens Deß weilund WolEhrwürdig: vnd Hochgelehrten Herren, M. Johann. Cunradi Goebelii, geweßnen Pfarrers zu St. Anna, vnd des Ministerii Senioris in deß H. Röm. Reichs-Statt Augspurg. 46 S. 12° Stg: Rößlin 1644
40 (Vorw.) P. Jenisch: Des Seelenschatzes fünffter und letzter Theil. 12° Ulm: Kühn 1645
41 Theophilus ... 219 (r. 209) S. Stg: Kauttius 1649
42 (Hg., Vorw.) Teutsche Bibel. Lüneburg: J. u. H. den Sternen 1653
43 Vita ab ipso conscripta. XVIII, IX, 392 S. Winterthur: Steiner 1799

Andreas-Salomé, Lou (⁺Henry Lou) (1861–1937)

1 ⁺Im Kampf um Gott. Roman. 317 S. Lpz, Bln: Friedrich 1885
2 Henrik Ibsen's Frauen-Gestalten nach seinen sechs Familien-Dramen. 238 S. Bln: Bloch 1892
3 Friedrich Nietzsche in seinen Werken. 263 S., 2 Abb., 3 Faks. Wien: Konegen 1894
4 Ruth. Erzählung. 302 S. Stg: Cotta 1895
5 Aus fremder Seele. Eine Spätherbstgeschichte. 154 S. Stg: Cotta 1896
6 Fenitschka. Eine Ausschweifung. Zwei Erzählungen. 178 S. Stg: Cotta 1898
7 Menschenkinder. Novellenzyklus. 364 S. Stg: Cotta 1899
8 Ma. Ein Porträt. 202 S. Stg: Cotta 1901
9 Im Zwischenland. Fünf Geschichten aus dem Seelenleben halbwüchsiger Mädchen. 412 S. Stg, Bln: Cotta 1902
10 Die Erotik. 69 S. Ffm: Rütten & Loening (=Die Gesellschaft, Bd. 33) 1910
11 ⁺Drei Briefe an einen Knaben. 77 S. Lpz, Mchn: Wolff 1917
12 Das Haus. Familiengeschichte vom Ende vorigen Jahrhunderts. 314 S. Bln: Ullstein 1921
13 Der Teufel und seine Großmutter. 59 S. Jena: Diederichs 1922
14 Die Stunde ohne Gott und andere Kindergeschichten. 164 S. Jena: Diederichs 1922
15 Rodinka. Russische Erinnerung. 259 S. Jena: Diederichs 1923
16 Rainer Maria Rilke. 123 S., 8 Taf. Lpz: Insel 1928
17 Mein Dank an Freud. Offener Brief an Prof. Sigmund Freud zu seinem 75. Geburtstag. 109 S. Wien: Internat. Psychoanalyt. Verl. 1931
18 Lebensrückblick. Grundriß einiger Lebenserinnerungen. A. d. Nachlaß. Hg. E. Pfeiffer. II, 386 S., 17 Abb. Zürich: Niehans 1952
19 (MV) R. M. Rilke, L. A.-S.: Briefwechsel. Hg. E. Pfeiffer. 651 S., 6 Taf. Zürich: Niehans 1952
20 In der Schule bei Freud. Tagebuch eines Jahres, 1912–13. Hg. E. Pfeiffer. 284 S., 5 Taf. Zürich: Niehans 1958

Andres, Stefan (⁎1906)

1 Bruder Luzifer. 187 S. Jena: Diederichs (1932)
2 Eberhard im Kontrapunkt. Ein Roman. 333 S. Köln: Staufen 1933
3 Die Löwenkanzel. Gedichte. 60 S. Köln: Staufen 1933
4 Die unsichtbare Mauer. Roman. 241 S. Jena: Diederichs 1934
5 Der ewige Strom, Oratorium. Musik v. W. Maler. 24 S. Mainz, Lpz: Schott 1935
6 El Greco malt den Großinquisitor. 59 S. Lpz: List (=Lebendiges Wort 20) 1936
7 Vom heiligen Pfäfflein Domenico. 105 S. Lpz: List 1936
8 Utz, der Nachfahr. Novelle. 80 S. Saarlautern: Hausen (=Dichtung der Gegenwart) 1936
9 Moselländische Novellen. 297 S. Lpz: List 1937
10 Der Mann von Asteri. Roman. 613 S. Bln: Riemerschmidt 1939
11 Das Grab des Neides. Novellen. 267 S. Bln: Riemerschmidt 1940
12 Der gefrorene Dionysos. Erzählung. 239 S. Bln: Riemerschmidt (1943)
13 Der Olympische Frieden. Erzählung. 54 S. Lpz: Reclam (=Reclam's UB. 7585) 1943
    (Ausz. a. Nr. 11)
14 Das goldene Gitter. 68 S., 4 Abb. Bln: Lüttke (1943)
15 Italiener. 52 S. Bln: Luken & Luken (= Umgang mit Völkern 14) 1943
16 Wir sind Utopia. Novelle. 91 S. Bln: Riemerschmidt 1943
17 Wirtshaus zur weiten Welt. Erzählungen. 78 S. Jena: Diederichs (= Deutsche Reihe 123) 1943
18 (MV) Ein Briefwechsel um Trier. Geführt zwischen S. A. und W. Bracht. 16 S. Trier: Trevirensia 1946
19 Die Hochzeit der Feinde. Roman. 382 S. Zürich: Scientia-V. 1947
20 Requiem für ein Kind. XXII S. Hbg: Ellermann (= Das Gedicht, 1948) 1948
21 Ritter der Gerechtigkeit. Roman. 366 S. Zürich: Scientia-V. 1948

22 Gäste im Paradies. Moselländische Novellen. 299 S. Mchn, Lpz, Freiburg i. Br.: List 1949
   (Neuaufl. v. Nr. 9)
23 Die Sintflut. 3 Bde. Mchn: Piper 1949–1959
   1. Das Tier aus der Tiefe. 817 S. 1949
   2. Die Arche. Roman. 679 S. 1951
   3. Der graue Regenbogen. 493 S. 1959
24 Tanz durchs Labyrinth. Dramatische Dichtung. 132 S. Mchn: Piper (1949)
25 Der Granatapfel. Oden, Gedichte, Sonette. 125 S. Mchn: Piper 1950
26 Die Häuser auf der Wolke. 36 S. m. Abb. Opladen: Middelhauve 1950
27 Das Antlitz. Erzählung. 65 S. Mchn: Piper (= Piper-Bücherei 41) 1951
28 Die Liebesschaukel. Roman 249 S. Mohn: Piper 1951
   (Neuaufl. v. Nr. 12)
29 Die Vermummten. Novelle. Mit e. biograph. Nachw. 144 S. Stg: Reclam (= Reclam's UB. 7703–7704) 1951
   (Ausz. a. Nr. 9)
30 Main nahezu rhein-ahrisches saar-pfalz-mosel-lahnisches Weinpilgerbuch. 105 S. m. Abb. Neuwied: Strüder 1951
31 (Übs.) R. Bacchelli: Die Mühle am Po. Roman. 837 S. Mchn: List 1952
32 Der Reporter Gottes. Eine Hörfolge in zehn Kapiteln. 219 S. Ffm: Knecht-Carolusdruckerei 1952
33 Der Knabe im Brunnen. Roman 352 S. Mchn: Piper 1953
34 Die Rache der Schmetterlinge. Eine Legende. 90 S. m. Abb., 8 Taf. Freiburg i. Br.: Klemm (= Seemännchen 6) 1953
35 (MV) Th. Heuss, R. Hagelstange, W. Brandt, E. Lüth, S. A.: Wider den Antisemitismus. 31 S. Bln: Kongress für Kultrelle Freiheit, Dt. Ausschuss (1953)
36 Die Reise nach Portiuncula. Roman. 276 S. Mchn: Piper 1954
37 (Einl.) H. Domke: Rheinland-Pfalz und Saar, 16 S., 88 Abb. 40 Ffm; Umschau-V. (= Die deutschen Lande, Bd. 6) (1954)
38 (Einl.) Felder und Wiesen. Ein Bildwerk. 86 S., 43 Abb. Bonn: Athenäum-V. (= Deutsche Heimat 1) (1956)
39 Der kleine Steff. Kindheitserinnerungen. 60 S. Ffm: Hirschgraben-V. (= Hirschgraben-Lesereihe Reihe 1, Bd. 4) 1956.
   (Ausz. a. Nr. 33)
40 Positano. Geschichten aus einer Stadt am Meer. 188 S., 16 Abb., 16 Taf. Mchn: Piper 1957
41 Toleranz. Die Brücke zwischen Wahrheit und Freiheit. Vortrag. 15 S. Oldenburg 1958

ANDRIAN-WERBURG, Leopold Frh. von   (1875–1951)

1 Der Garten der Erkenntnis. 61 S. Bln: Fischer 1895
2 Das Fest der Jugend. Des Gartens der Erkenntnis erster Teil und die Jugendgedichte. 76 S. Bln: Fischer 1919
   (Enth. u. a. Ausz. a. Nr. 1)
3 Die Ständeordnung des Alls. Rationales Weltbild eines katholischen Dichters. 263 S. Mchn: Kösel & Pustet 1930
4 Österreich im Prisma der Idee. Katechismus der Fuehrenden. 423 S. Graz: Schmidt-Dengler 1937

ANGELUS SILESIUS (eig. Johann Scheffler)   (1624–1677)

1 °Kristliches Ehrengedachtniß des ... Herrn Abraham von Franckenberg ... 4° Öls: Seyffert 1652
2 Heilige Seelen-Lust Oder Geistliche Hirten-Lieder Der in jhren Jesum verliebten Psyche. 8 Bl., 402 S., 3 Bl. Breslau: Baumann 1657
3 Geistreiche Sinn- und Schlussreime. 1 Bl., 198 S., 1 Bl. 12° Wien: Kürner 1657
4 Vierdter Theil Der Geistlichen Hirten-Lieder zu der verliebten Psyche gehörig. 1 Bl., 124 S. Breslau: Baumann 1657
   (Forts. z. Nr. 3)

5 °Abdruck Eines Sendschreibens D. J. S's der Heil: Röm: Kirchen Pristers, Die verläumbderische Schmäh-karte betreffende, Welche Johann Adam Schertzer ... Wieder dessen Türkenschrifft auszgeworffen hat ... 4 Bl. Neisse 1664
6 °D. J. S's Der Heiligen Römischen Kirchen Priesters Kehr-Wisch Zu abkehrung desz Ungeziefers mit welchem Seine wolgemeinte Türkenschrifft Christianus Chemnitius ... hat wollen verhasst machen ... 76 S. Neisse 1664
7 °Der Lutheraner und Calvinisten Abgott der Vernunfft entblösset dargestellt ... Worinnen auch zugleich der Wiedersacher Anfechtungen wiederleget werden ... An alle hohe Schuelen ... 155 S. Neisse: Schubart 1665
8 °J. S's Fürstl: Breszlauisches Bischofflichen Raths I. Zerblasung des Schertzerischen so viel als nichts, Welches er wieder die Schutzrede der Christen-Schrifft herausgegeben. II. Eigentliche Darstellung des dritten Elie und Propheten des Deutschlands, des so vermeinten theuren Mannes Lutheri, Von Oleario abgezwungen ... 77 S. Neisse: Schubart 1665
9 Heilige Seelen Lust ... auffs neue übersehn und mit dem Fünfften Theil vermehrt. 8 Bl., 695 S., 5 Bl. Breslau: Baumann 1668
  (Verm. Neuaufl. v. Nr. 3)
10 Sinnliche Beschreibung Der Vier Letzten Dinge. Schweidnitz: Jon 1675
11 °Concilium Tridentinum ante Tridentinum, Exquisitissimis orthodoxorum Patrum testimoniis in ipso fonte visi comprobatum ... 216 Bl. Neisse: Schubart 1675
12 Cherubinischer Wanders-Mann Oder Geist-reiche Sinn- und Schlussreime zur Göttlichen Beschaulighkeit anleitende. Von dem Urheber aufs neue übersehen, und mit dem Sechsten Band vermehrt. 254 S. Glatz: Schubart 1675
  (Verm. Neuaufl. v. Nr. 2)
13 (Übs.) Köstliche Evangelische Perle Zur Vollkommenen ausschmuckung der Brautt Christi. Glatz: Schubart 1676
14 °D. J. S's Der H. Römischen Kirche Pristers Ecclesiologia Oder Kirche-Beschreibung. Bestehende in Neun und dreyssig unterschiedenen auszerlesenen Tractätlein von der Catholischen Kirche und dero wahren Glauben. 2 Bde. I, 8 Bl., 1247 Sp.; 1 Bl., 930 Sp., 24 Bl. Neisse, Glatz: Schubart 1677
  (Enth. u. a. Nr. 8)

Anton Ulrich,
Herzog zu Braunschweig-Lüneburg (1633–1714)

1 Christ Fürstliches Davids-Harpfen-Spiel: zum Spiegel und Fürbild Himmelflammender Andacht. 16 Bl., 265, 5 S. Nürnberg: Gerhard (1665)
2 ★Die Durchleuchtige Syrerinn Aramena. 5 Bde. Nürnberg: Hofmann 1669 bis 1673
3 ★Octavia. Römische Geschichte. 6 Bde. Nürnberg: Hofmann 1677–1679
4 ★Zugabe zum Beschluß der Römischen Octavia. 5 Bl., 1029 S; 9 Ku. Nürnberg: Hofmann & Stedl 1707
5 ★Die Römische Octavia. 6 Bde. Nürnberg: Hofmann & Steck 1711
  (Titelausg. v. Nr. 3)
6 ★Die Römische Octavia ... Nach dem ehmahligen Entwurff geändert und durchgehends vermehret. 6 Bde. Braunschweig: Zilliger 1712
  (Verm. Neuaufl. v. Nr. 3)

Anzengruber, Ludwig
(+Ludwig Gruber; Momus) (1839–1889)

1 +Der Meineidbauer. Volksstück mit Gesang in drei Akten. Musik A. Müller. 50 S., 1 Bl. Wien: Sachse (Als Ms. gedr.) (1871)
2 +Der Pfarrer von Kirchfeld. Volksstück mit Gesang in vier Akten. Nebst einem dramaturgischen Berichte v. H. Laube. 82 S. Wien: Rosner (= Neues Wiener Theater 2) 1871
3 +Die Kreuzelschreiber. Bauernkomödie mit Gesang in drei Akten. 69 S. Wien: Rosner (= Neues Wiener Theater 20) 1872

4 Elfriede. Schauspiel in drei Akten. 41 S. Wien: Rosner (= Neues Wiener Theater 26) 1873
5 Die Tochter des Wucherers. Schauspiel mit Gesang in fünf Akten. 67 S. Wien: Rosner (= Neues Wiener Theater 30) 1873
6 Der G'wissenswurm. Bauernkomödie mit Gesang in drei Akten. 63 S. Wien: Rosner (= Neues Wiener Theater 41) 1874
7 Hand und Herz. Trauerspiel in vier Akten. 58 S. Wien: Rosner (= Neues Wiener Theater 45) 1875
8 Doppelselbstmord. Bauernposse mit Gesang in drei Akten. 70 S. Wien: Rosner (= Neues Wiener Theater 51) 1876
9 Der ledige Hof. Schauspiel in vier Akten. 64 S. Wien: Rosner (= Neues Wiener Theater 70) 1877
10 Der Schandfleck. Roman. 370 S. Wien: Rosner 1877
11 Ein Faustschlag. Schauspiel in drei Akten. 70 S. Wien: Rosner (= Neues Wiener Theater 86) 1878
12 Das vierte Gebot. Volksstück in vier Akten. 74 S. Wien: Rosner (= Neues Wiener Theater 84) 1878
13 's Jungferngift. Bauernkomödie mit Gesang in fünf Abtheilungen. 80 S. Wien: Rosner (= Neues Wiener Theater 91) 1878
14 Dorfgänge. Gesammelte Bauerngeschichten. Mit einer Plauderei als Vorrede. 2 Bdchen. XV, 165; XXIII, 143 S. Wien: Rosner 1879
15 Die umgekehrte Freit'. Ländliches Gemälde. 10 S. Graz 1879
16 Die Trutzige. Bauernkomödie mit Gesang in drei Akten. 71 S. Wien: Rosner (= Neues Wiener Theater 96) 1879
17 Alte Wiener. Volksstück mit Gesang in vier Akten. 78 S. Wien: Rosner (= Neues Wiener Theater 94) 1879
18 Aus'm gewohntem G'leis. Posse mit Gesang in fünf Abtheilungen. 83 S. Wien: Rosner (= Neues Wiener Theater 100) 1880
19 Bekannte von der Straße. Genrebilder. VI, 151 S. 12° Lpz: Albrecht 1881
20 (Hg.) Die Heimat. Illustriertes Familienblatt. Wien: Jasper (Jg. 7–10) bzw. Breslau: Schottländer (Jg. 11) Jg. 7–11 1881–1886
21 Feldrain und Waldweg. Einl. J. Kürschner. 246 S. Stg: Spemann (= Collection Spemann 21) 1882
22 Launiger Zuspruch und ernste Red'. Kalender-Geschichten. IX, 231 S. Lahr: Schauenburg 1882
23 Allerhand Humore. Kleinbürgerliches, Großstädtisches und Gefabeltes. IV, 204 S. Lpz: Breitkopf & Härtel 1883
24 Die Kameradin. Eine Erzählung. VIII, 246 S. Dresden: Minden 1883
 (Ausz. a. Nr. 10)
25 Kleiner Markt. Studien, Erzählungen, Märchen und Gedichte. VII, 172 S. 16° Breslau: Schottländer 1883
26 Dorf-Romane. 4 Bde. Lpz: Breitkopf & Härtel 1884–1885
27 (MH) Figaro. Humoristisches Wochenblatt. Mit Beiblatt „Wiener Luft". Hg. L. A. u. V. K. Schembera. Jg. 28–33 je 52 Nrn. à 1 1/2 Bg. m. Abb. Wien: Waldheim 1884–1889
28 Zu fromm. 35 S. Lahr: Schauenburg (= Volks-Bibliothek des Lahrer Hinkenden Boten 34–37) 1884
 (Ausz. a. Nr. 22)
29 Der Hoisel-Loisel. Eine Räubergeschichte. 32 S. Lahr: Schauenburg (= Volks-Bibliothek des Lahrer Hinkenden Boten 54–56) 1884
 (Ausz. a. Nr. 22)
30 Die Märchen des Steinklopferhanns. 63 S. Lahr: Schauenburg (= Volks-Bibliothek des Lahrer Hinkenden Boten 95–98) 1884
 (Ausz. a. Nr. 22)
31 Die drei Prinzen. Ein Märchen. – Das Wünschen. Eine nachdenkliche Geschichte. – Der Weib-Fromme. – Über die Freiheit des menschlichen Willens. Gespräch zweier Spitzbuben. 44 S. Lahr: Schauenburg (= Volks-Bibliothek des Lahrer Hinkenden Boten) 1884
 (Enth. u. a. Ausz. a. Nr. 21 u. 22)
32 Der Schandfleck. Eine Dorfgeschichte. 2 Tle. 422 S. Lpz: Breitkopf & Härtel 1884
 (Bd. 1 u. 2 v. Nr. 26; = Veränd. Neuausg. v. Nr. 10)

33 Treff-Aß. Eine Geschichte. Pfahlbaute mit Nutzanwendung. Skizze. 25 S. Lahr: Schauenburg (= Volks-Bibliothek des Lahrer Hinkenden Boten) 1884 (Ausz. a. Nr. 21 u. 22)
34 Der Verschollene. 29 S. Lahr: Schauenburg (= Volks-Bibliothek des Lahrer Hinkenden Boten) 1884 (Ausz. a. Nr. 22)
35 Wie mit dem Herrgott umgegangen wird. Eine Geschichte mit einigen „Merks". 14 S. Lahr: Schauenburg (= Volks-Bibliothek des Lahrer Hinkenden Boten) 1884 (Ausz. a. Nr. 22)
36 Heimg'funden. Wiener Weihnachts-Comödie mit Gesang in 3 Akt. Musik A. Müller. 85 S. Wien: Eirich (Als Ms. gedr.) 1885
37 Der Sternsteinhof. Eine Dorfgeschichte. 2 Tle. 376 S. Lpz: Breitkopf & Härtel 1885 (Bd. 3 u. 4 v. Nr. 26)
38 Stahl und Stein. Volksstück mit Gesang in drei Akten. 127 S. Dresden: Pierson 1886
39 Wolken und Sunn'schein. Gesammelte Dorfgeschichten. 380 S. Bln, Stg: Spemann 1888
40 Der Fleck auf der Ehr'. Volksstück mit Gesang in drei Akten. 8 Bl., 137 S. Dresden: Pierson 1889
41 Gesammelte Werke. Hg. A. Bettelheim, V. Chiavacci u. V. K. Schembera. 10 Bde. Stg: Cotta 1890
42 Brave Leut' vom Grund. Volksstück mit Gesang in drei Abtheilungen. 119 S. Stg: Cotta 1892
43 Letzte Dorfgänge. Kalendergeschichten und Skizzen aus dem Nachlaß. VIII. 487 S. Stg: Cotta 1894
44 Ein Geschworener. Bilder aus dem Wiener Leben mit Gesang in drei Akten. Einr. u. Bearb. K. A. Musik J. Reiter. 55 S. Wien: Eirich (Als Ms. gedr.) 1918
45 Sämtliche Werke. Unt. Mitw. v. K. A. hg. R. Latzke u. O. Rommel. Kritisch durchges. Gesamtausg. in 15 Bdn. Wien: Schroll 1920–1922

APEL, Johann August (1771–1816)

1 *Polyidos. Tragödie. VIII, 410 S., 1 Ku. 12° Lpz: Fleischer 1805
2 *Die Aitolier. Tragödie. 188 S. m. Ku. Lpz: Weigel 1806
3 *Kallirhoë. Tragödie. 83 S. m. Ku. Lpz: Breitkopf & Härtel 1806
4 Kunz von Kauffungen. Trauerspiel in fünf Akten. 186 S. Lpz: Weigel 1809
5 Cicaden. 3 Bde. m. Ku. Bln: Kunst- u. Industrie-Comptoir 1810–1811
6 (MV) J. A. A. u. F. Laun: Gespensterbuch. 4 Bde. m. Ku. Lpz: Göschen 1810–1812
7 (MV) J. A. A., F. Laun u. F. Kind: Agrionien. Taschenbuch für das Jahr 1811. M. Ku. Lpz 1811
8 Metrik. 2 Bde. XVI S., 2 Bl., 540 S., 1 Musikbeil.; XLVIII, 692 S., 1 Bl. Lpz: Weygand 1814–1816
9 (MV) Wunderbuch. 3 Bde. (Bd. 1 u. 2 v. A. u. Laun; Bd. 3 v. Laun u. Fouqué) Lpz: Göschen 1815–1817 (Forts. v. Nr. 6)
10 Zeitlosen. IV, 292 S. Bln: Schüppel 1817
11 Der Freischütz. Eine Volkssage. (S.-A.) 65 S. Lpz: Fleischer 1823 (Ausz. a. Bd. 1 v. Nr. 6)

APEL, Paul (1872–1946)

1 Geist und Materie. Allgemein-verständliche Einführung in die Probleme der Philosophie. Mit einem Anhang: Haeckels Welträtsel. Kritik. 133 S. Bln-Zehlendorf: Skopnik 1904
2 Der Materialismus. Sechs Gespräche zwischen Philosoph und Laie. 53 S. Bln-Zehlendorf: Skopnik 1906

3 Ich und das All. 333 S. Bln-Zehlendorf: Skopnik (= Geist und Materie, Bd. 2) 1907
4 Wie adeln wir unsere Seele? Briefe. 260 S. Bln-Zehlendorf: Skopnik 1907
5 Liebe. Tragikomische Groteske. 78 S. Bln: Oesterheld 1908
6 Das innere Glück. Nachdenkliche Plaudereien. 366 S. Bln-Zehlendorf: Skopnik 1909
(Neuaufl. v. Nr. 4)
7 Die Überwindung des Materialismus. Sechs Gespräche zwischen Philosoph und Laie. 201 S. Bln-Zehlendorf: Skopnik (1910)
(Neuaufl. v. Nr. 2)
8 Hans Sonnenstössers Höllenfahrt. Traumspiel. (Mit Regie-Anmerkungen des Verfassers). 121 S. Bln: Oesterheld 1911
9 Gertrud. Tragödie des Herzens. Drei Akte. 98 S. Bln: Oesterheld 1913
10 Der Häuptling. Satirspiel in drei Akten. 110 S. Bln: Oesterheld 1917
11 Hansjörgs Erwachen. Romantisches Spiel in drei Akten. 108 S. Bln: Oesterheld 1918
12 Zwei Spiele. Hans Sonnenstössers Höllenfahrt. Komödie. Der goldene Dolch. Schauspiel. 195 S. Wien: Andermann 1944
(Enth. Neuaufl. v. Nr. 8)

ARENT (Arendt), Wilhelm (1864–? verschollen)

1 Lieder des Leids. Zerstreute Blätter. 2 Folgen. Bln: Kamlah 1882–1883
2 Gedichte. 123 S. 16° Bln: Kamlah 1884
3 Reinhold Lenz. Lyrisches a. d. Nachlaß, aufgefunden v. W. A. XV, 139 S. Bln: Kamlah 1884
4 (Hg.) Moderne Dichter-Charaktere. Einl. H. Conradi u. K. Henckell. 320 S. Bln: Kamlah 1885
5 Aus tiefster Seele. Geleitw. H. Conradi. 126 S. Bln: Kamlah 1885
6 (Hg.) Jungdeutschland. 312 S. Lpz: Friedrich 1886
(Neuaufl. v. Nr. 4)
7 Kunterbunt. Lyrische Federzeichnungen. Mit einem offenen Briefe an C. Bleibtreu. 126 S. Bln: Thiel 1886
8 (MV) (W. A. u. H. Hart): Verschollene Dichter. Biographisch-Kritische Aphorismen. Hg. H. Walter. IV, 28 S. Bln: (Nauck) 1887
9 Kopenhagen – Elsa – Faust-Stimmungen und Anderes. Eine Reihe cycl. Dichtungen. 145 S. 12° Dresden: Pierson 1889
10 Lebensphasen. Phantasus. Mit Vorwort und biogr.-kritischen Notizen. 341 S. m. Bildn. Dresden: Pierson 1890
11 (MV, Hg., Einl.) W. A., H. Koniecki, A. v. Sommerfeld: Modernes Trio. Ein realistisches Versbuch. Mit Einl. v. A. S. u. orientirendem Geleitswort hg. 79 S. 4° Dresden: Pierson 1890
12 Aus dem Großstadtbrodem. 204 S. 12° Zürich: Verl.-Mag. 1891
13 Durchs Kaleidoskop. Mit einem Epilog des Autors. 172 S. Dresden: Pierson 1891
14 Drei Weiber. 60 S. 12° Zürich: Verl.-Mag. 1891
15 Violen der Nacht. Ein Liederbuch. 2 Bde. 63, 71 S. Bln: Conrad 1892
16 Irrflammen. Stimmungs-Nervosimen, lyrische Sensationen und Tagebuchblätter. 112 S. Mchn: Poessl 1893
17 (Hg.) F. Schwab: Fata Morgana. Dichtungen. 160 S. Mchn: Poessl 1894
18 (Hg.) Die Musen. Zwanglose Hefte für Produktion und Kritik. 6 H. Bln: Conrad 1895–1896
19 Auf neuen Bahnen. 92 S. Bln: Deubner 1897
20 (Hg.) Deutscher Musenalmanach für 1897. Blätter neuer deutscher Litteratur und Kunst. 320 S. m. Abb., 12 Taf. Wien, Bln: Nauck 1897

ARNDT, Ernst Moritz (1769–1860)

1 Seinem Freunde Johann Bernhard Cummerow am Vermählungstage mit seiner Lotte von E. M. A. zu Löbnitz den 7. September 1796. 2 Bl. 4° Stralsund 1796

2 Seinen Jugendgespielen Johann Heinrich Israel und Friedericke Stenzler am Tage ihrer Verbindung von E. M. A. Den 2. November 1797. Stralsund: Struck 1797
3 Dissertatio historico-philosophica, sistens momenta quaedam, quibus status civilis contra Russovii et aliorum commenta defendi posse videtur, quam ampl. ord. phil. gryph. consensu publico examini subjiciunt praeses Mag. E. M. A., Rugius, respondens A. J. Winter. Die 19. April 1800. 26 S. Gryphiae: Eckhardt 1800
4 Ein menschliches Wort über die Freiheit der alten Republiken. 74 S. Greifswald: Eckhardt 1800
5 Bruchstücke aus einer Reise von Baireuth bis Wien im Sommer 1798. 397 S. Lpz: Gräff 1801
6 Bruchstücke einer Reise durch einen Theil Italiens im Herbst und Winter 1798 und 1799. 2 Bde. 370, 356 S. Lpz: Gräff 1801
7 Bruchstücke einer Reise durch Frankreich im Frühling und Sommer 1799 3 Bde. 354, 460, 396 S. Lpz: Gräff 1802–1803
8 Gedichte. 16, 335, 1 S. Rostock, Lpz: Stiller 1803
9 Germanien und Europa. 434, 1 S. Altona: Hammerich 1803
10 Versuch einer Geschichte der Leibeigenschaft in Pommern und Rügen. Nebst einer Einleitung in die alte teutsche Leibeigenschaft. 277 S. Bln: 1803
11 Ideen über die höchste historische Ansicht der Sprache. Eine Rede, gehalten bei der Geburtstagsfeier Gustav IV. Adolfs am 1. November 1804. Im Anhange vier Gedichte. 45 S. Greifswald: Eckhardt 1804
12 Ernst Moritz Arndts Reisen durch einen Theil Teutschlands, Ungarns, Italiens und Frankreichs in den Jahren 1798 und 1799. 4 Bde. Lpz: Gräff 1804 (Neuaufl. v. Nr. 5, 6, 7)
13 Der Storch und seine Familie. Eine Tragödie in drei Aufzügen. Nebst einer Zugabe. 347 S. Greifswald: Auf Kosten des Verfassers 1804
14 Fragmente über Menschenbildung. 3 Bde. 286; 285 S.; 2 Bl., 261 S. (Bd. 3 a. u. d. T.: Briefe an Psychidion oder Ueber weibliche Erziehung) Altona: Hammerich 1805–1819
15 Geist der Zeit. 4 Bde. 1806–1818
   1. 4 Bl., 462 S. (Altona: Hammerich) 1806
   ★2. 441 S. London: Boosey 1809
   ★3. 450 S. o. O. 1813
   ★4. VII, 606 S. Bln: Reimer 1818
16 Reise durch Schweden im Jahr 1804. 303, 322, 295, 279 S. Bln: Lange 1806
17 Briefe an Freunde. 300 S. Altona: Hammerich 1810
18 Einleitung zu historischen Karakterschilderungen. VIII, 250 S. Bln: Realschulbuchh. 1810
19 Gedichte. VI, 374, 24 S. Greifswald: Eckhardt 1811
20 Die Glocke der Stunde in drei Zügen. 3 Bl., 313 S. St. Petersburg: Iversen 1812
21 Kurzer Katechismus für teutsche Soldaten nebst einem Anhang von Liedern. 48 Bl. (St. Petersburg) 1812
22 Bannergesänge und Wehrlieder. Lpz 1813
23 Zur Befreiung Deutschlands. Deutschland, im März 1813.
   (Enth. Nr. 32 u. 35)
24 Blicke in die Zukunft. Fortsetzung zu der Schrift Landsturm und Landwehr. 16 S. o. O. (1813)
   (Forts. v. Nr. 32)
25 Entwurf der Erziehung und Unterweisung eines Fürsten. 63 S. Bln: Realschulbuchh. 1813
26 Kurze und wahrhaftige Erzählung von Napoleon Bonapartens verderblichen Anschlägen, von seinen Kriegen in Spanien und Rußland, von der Zerstörung seiner Heeresmacht, und der Bedeutung des gegenwärtigen teutschen Krieges: ... 125 S. Germanien 1813
27 ★Ueber den kriegerischen Geist der Böhmen, so wie er sich in verschiedenen Epochen wirksam bewiesen hat. Ein Beitrag zur Kriegsgeschichte der Nation. 40 S. Prag: Enders 1813
28 Grundlinien einer teutschen Kriegsordnung. VIII, 64 S. (Lpz: Fischer) 1813
29 Katechismus für den teutschen Kriegs- und Wehrmann, worin gelehret

wird, wie ein christlicher Wehrmann seyn und mit Gott in den Streit gehen soll. 6, 39, 2 S. o. O. 1813
(Neudr. v. Nr. 21)
30 Katechismus für christliche Soldaten. Bln: Reimer 1813
(Neuaufl. v. Nr. 29)
31 Kern- und Kraftworte für Deutsche. Lpz 1813
32 Was bedeutet Landsturm und Landwehr? 16 S. Königsberg: auf öffentliche Kosten gedr. 1813
33 Fünf Lieder für deutsche Soldaten. 8 S. o. O. (1813)
34 Lieder für Teutsche. 144 S. (Lpz: Fischer) 1813
35 An die Preußen. 2 Bl. 2° (Königsberg) 1813
36 Der Rhein. Teutschlands Strom, aber nicht Teutschlands Gränze. 92 S. o. O. 1813
37 Historisches Taschenbuch für das Jahr 1813. St. Petersburg: Lissner 1813
38 Ueber den großen Tyrannen. Bruchstücke aus E. M. A.s Schriften. Lpz 1813
39 Ueber das Verhältniß Englands und Frankreichs zu Europa. 110 S. o. O. 1813
40 Das preußische Volk und Heer im Jahr 1813. 52 S. o. O 1813
41 Ueber Volkshaß und über den Gebrauch einer fremden Sprache. 93 S. (Lpz: Fischer) 1813
42 *Zwei Worte über die Entstehung und Bestimmung der Teutschen Legion. 30 S. (Dresden) 1813
43 Ansichten und Aussichten der Teutschen Geschichte. Erster Theil. IV, 510 S. Lpz: Rein 1814
(Enth. u. a. Ausz. a. Nr. 37)
44 *Beherzigungen vor dem Wiener Kongreß ... Von X. Y. Z. 186 S. o. O. 1814
45 Blick aus der Zeit auf die Zeit. VI, 282 S. Germanien (Ffm) 1814
46 Entwurf einer teutschen Gesellschaft. 40 S. Ffm: Eichenberg 1814
47 Friedrich August, König von Sachsen, und sein Volk, im Jahr 1813. VIII, 70 S. (Ffm: Eichenberg) 1814
48 (MV) E. M. A. u. Th. Körner: Lob teutscher Helden. 31 S. o. O. 1814
49 (MV) Rede des französischen Senators Grafen von Fontanes. Gehalten in der Senatssitzung am 22. Dezember 1813. Erläutert und durch einige historische Belege beleuchtet v. E. M. A. 80 S. o. O. 1814
50 *Die Regenten und die Regierten. Dem Kongresse zu Wien gewidmet. 47 S. o. O. 1814
51 Über Sitte, Mode und Kleidertracht. Ein Wort aus der Zeit. 83 S. Ffm: Körner 1814
52 Historisches Taschenbuch für das Jahr 1814. XXVIII, 256 S. Braunschweig: Plüchart 1814
(Mit gleichem Inhalt wie Nr. 37)
53 Über künftige ständische Verfassungen in Teutschland. 88 S. (Ffm: Körner) 1814
54 (MV) Teutsche Wehrlieder von E. M. A. und anderen Verfassern. 24 S. (Ffm) 1814
55 Ein Wort über die Feier der Leipziger Schlacht. 22 S. Ffm: Eichenberg 1814
56 Noch ein Wort über die Franzosen und über uns. 46 S. (Lpz: Rein) 1814
57 Über den Bauerstand und über seine Stellvertretung im Staate. 64 S. Bln: Realschulbuchh. 1815
58 (Vorw.) Des Teutschen Volkes feuriger Dank und Ehrentempel. Gesammelt u. hg. K. Hoffmann. X, 1146 S. Offenbach: Brede 1815
59 (Hg.) Fantasien für ein künftiges Teutschland. IV, 246 S. Ffm: Eichenberg 1815
60 Ueber Preußens Rheinische Mark und über Bundesfestungen. 106 S. (Ffm: Eichenberg) 1815
(Ausz. a. Nr. 61 u. 63)
61 (MH) Tagesblatt der Geschichte, als Fortsetzung des Preußischen Correspondenten. Hg. E. M. A. u. F. Lange. 4° Bln: Reimer 1815
62 (Vorw.) Deutsche Trachten. Erstes Heft. 2° Bln: Wittich 1815
63 (Hg.) Der Wächter, eine Zeitschrift in zwanglosen Heften. 3 Bde. 412 S.; 408 S., 1 Bl.; 408 S., 2 Bl. Köln: Rommerskirchen 1815-1817
64 Das Wort von 1815 und das Wort von 1815 über die Franzosen. 118 S. 4° (Ffm: Eichenberg) 1815
65 Zum Neuen Jahr 1816. 2 Bl., 206 S. Köln: Rommerskirchen (1816)

66 Geschichte der Veränderungen der bäuerlichen und herrschaftlichen Verhältnisse in dem vormaligen Schwedischen Pommern und Rügen vom Jahre 1806 bis 1816. 112 S. Bln: Reimer 1817
(Anh. z. Nr. 10)
67 Erinnerungen aus Schweden. Eine Weihnachtgabe. 401 S. Bln: Realschulbuchh. 1818
68 Gedichte. 2 Bde. VII, 408; VIII, 438 S. Ffm: Eichenberg 1818
69 Mährchen und Jugenderinnerungen. 2 Bde. VIII, 479; XII, 372 S., 6 Ku. Bln: Reimer 1818–1843
70 Von dem Wort und dem Kirchenliede, nebst geistlichen Liedern. 4 Bl., 156 S. Bonn: Weber 1819
71 Ein Wort über die Pflegung und Erhaltung der Forsten und der Bauern im Sinne einer höheren, d. h. menschlichen Gesetzgebung. 147 S., Schleswig: Kgl. Taubstummen-Institut 1820
72 Ein abgenöthigtes Wort aus seiner Sache, zur Beurtheilung derselben. 43 S. Altenburg, Lpz: Verl. d. literar. Comptoirs 1821
73 Nebenstunden. VIII, 474 S. Lpz: Hartknoch 1826
74 Christliches und Türkisches. 357 S. Stg: Franckh 1828
75 Die Frage über die Niederlande und die Rheinlande. 92 S. Lpz: Weidmann 1831
76 Mehrere Ueberschriften, nebst einer Zugabe zum Wendtschen Musenalmanach für 1832. 95 S. Lpz: Weidmann 1831
77 Belgien und was dran hängt. X, 153 S. Lpz: Weidmann 1834
78 (Hg.) Das Leben eines evangelischen Predigers, des Christian Gottfried Aßmann, Pastors zu Hagen in Vorpommern. XVI, 350 S. Bln: Dümmler 1834
79 Schwedische Geschichten unter Gustav dem Dritten, vorzüglich aber unter Gustav dem Vierten Adolph. X, 598,1 S. Lpz: Weidmann 1839
80 Erinnerungen aus dem äußeren Leben. VI, 381 S. Lpz: Weidmann 1840
81 Gedichte. Neue verbeßerte verminderte und doch vermehrte Ausgabe. XI, 599 S. 12° Lpz: Weidmann 1840
(Veränd. Neuausg. v. Nr. 68)
82 Das Turnwesen nebst einem Anhange. 92 S. 12° Lpz: Weidmann 1842
(Ausz. a. Bd. 4 v. Nr. 15)
83 Versuch in vergleichender Völkergeschichte. X, 436, 1 S. Lpz: Weidmann 1843
84 Die Rheinischen ritterbürtigen Autonomen. IV, 89 S. 12° Lpz: Weidmann 1844
85 Wanderungen aus und um Godesberg. VIII, 431 S. 12° Bonn: Weber 1844
86 Schriften für und an seine lieben Deutschen. Zum ersten Mal gesammelt und durch Neues vermehrt. 4 Bde. XIV, 522; 498; 654 S.; 4 Bl., 404 S Lpz, Bln: Weidmann 1845–1855
(Enth. u. a. Nr. 21, 32, 36, 39, 40, 41, 51, 53, 55, 75, 82, 96 u. Ausz. a. Nr. 63, 74, 97)
87 (MV) Diderot: Grundgesetz der Natur. Nebst einer Zugabe v. E. M. A. XII, 403 S. 12° Lpz: Weidmann 1846
88 Nothgedrungener Bericht aus seinem Leben und aus und mit Urkunden der demagogischen und antidemagogischen Umtriebe. 2 Bde. XXI, 429, 1; IV, 374, 1 S. Lpz: Weidmann 1847
89 Bilder kriegerischer Spiele und Vorübungen. XIV, 47 S. 12° Bonn 1848
(Vorrede u. Wiederabdr. v. Nr. 28)
90 Das verjüngte, oder vielmehr das zu verjüngende Deutschland, ein Büchlein für den lieben Bürgers- und Bauers-Mann. 59 S. Bonn: Marcus 1848
91 Noch eine kleine Ausgießung in die Sündfluth. 3 S. 2° Bln: Decker (1848)
92 Polenlärm und Polenbegeisterung. 2 S. 2° Bln: Decker (1848)
93 Reden und Glossen. IV, 78 S. Lpz: Weidmann 1848
94 Blätter der Erinnerung, meistens um und aus der Paulskirche in Frankfurt. 75 S. Lpz: Weidmann 1849
95 Gedichte. Neue Auswahl. IV, 314 S. m. Titelb. Lpz: Weidmann 1850
(Veränd. Neuausg. v. Nr. 81)
96 Anklage einer Majestätsbeleidigung des großen dänischen Volkes aus dem Jahre 1845, begangen von E. M. A. VI, 65 S. Lpz: Weidmann 1851
97 (Einl., MV) Germania. Die Vergangenheit, Gegenwart und Zukunft der

	deutschen Nation. Hg. von einem Verein von Freunden des Volkes und Vaterlandes. 2 Bde. 1398 S. Lpz: Avenarius & Mendelssohn 1851–1852
98	Pro Populo germanico. III, 334 S. Bln: Reimer 1853
99	Geistliche Lieder. 98 S. 12⁰ Bln: Weidmann 1855
100	Blütenlese aus Altem und Neuem. XVI, 258 S. Lpz: Brockhaus 1857
101	Vom nordischen Hausbau und Hausgeiste. 14 S. Jena: Frommann 1857
102	(Vorw.) (F. H. J. Reiche:) Holsteins Rechte in Schleswig. 23 S. Ffm: Sauerländer 1858
103	Meine Wanderungen und Wandelungen mit dem Reichsfreiherrn Heinrich Karl Friedrich von Stein. IV, 313 S. Bln: Weidmann 1858
104	Kriegslied gegen die Wälschen, vom Jahr 1840, jetzt brauchbar. 1 Bl. 2⁰ Lahr: Schauenburg 1859
105	Gedichte. Vollständige Sammlung. Mit einer Handschrift des Dichters aus seinem neunzigsten Jahre. 672 S. Bln: Weidmann 1860
106	(MV) A. Mahlmann u. E. M. A.: Zwei deutsche Siegeslieder des Jahres Dreizehn. Nach einem halben Jahrhundert vereint ans Licht gestellt von einem Augenzeugen des verwüsteten Völkerschlachtfeldes. Zum Gedächtniß des in den Feldern und Schlachten bei Leipzig heldenmüthig errungenen und von Gott geschenkten Sieges am 18. Oktober 1813. 7 S. Bln: Stuhr 1863
107	Spät erblüht! Aufgefundene Gedichte. Hg. A. v. Freydorf. 105 S. Lpz: Knaur 1889
108	Werke. Erste einheitliche Ausgabe seiner Hauptschriften. 6 Bde. 344, 311, 342, 310, 355, 272 S. Lpz: Pfau 1892–1895

ARNIM, Achim (Ludwig Joachim) von   (1781–1831)

1	Versuch einer Theorie der elektrischen Erscheinungen. II, 146 S., 1 Ku.-Taf. Halle: Gebauer 1799
2	Ideen zu einer Theorie des Magneten. (S.-A.) Halle: Renger 1800
3	Bemerkungen über Volta's Säule. (S.-A.) Halle: Renger 1801
4	*Hollin's Liebeleben. Roman. 150 S. Göttingen: Dieterich 1802
5	Ariel's Offenbarungen. Roman. Erstes Buch. 1, 276 S. Göttingen: Dieterich 1804
6	(MH) Des Knaben Wunderhorn. Alte deutsche Lieder. Ges. A. v. A. u. C. Brentano. 3 Bde. m. Anh. „Kinderlieder". VIII, 480; IV, 448; IV, 253; 103 S. m. Abb. Heidelberg: Mohr & Zimmer 1806–1808
7	*Kriegslieder. Erste Sammlung. 16 S. (Göttingen 1806)
8	(Hg., MV) Tröst Einsamkeit, alte und neue Sagen und Wahrsagungen, Geschichten und Gedichte. XIV, 294, 40 Spalten, 10 Ku.-Taf. 4⁰ Heidelberg: Mohr & Zimmer 1808 (Buchausg. v. Nr. 9)
9	(Hg., MV) Zeitung für Einsiedler. 37 Nummern. Heidelberg: Mohr & Zimmer 1. April–30. August 1808
10	Der Wintergarten. Novellen. XVI, 488 S. Bln: Realschulbuchh. 1809
11	Armuth, Reichthum, Schuld und Buße der Gräfin Dolores. Eine wahre Geschichte zur lehrreichen Unterhaltung armer Fräulein aufgeschrieben. Mit Melodien. 2 Bde. 1 Bl., 348 S.; 1 Bl., 416, 8 S. Bln: Realschulbuchh. (1810)
12	Nachtfeier nach der Einholung der hohen Leiche Ihrer Majestät der Königin. Eine Kantate. Musik G. A. Schneider. 16 S. Bln: Gedruckt zum Besten der Armen 1810
13	Nachtfeier nach der Einholung der hohen Leiche Ihrer Majestät der Königin. Eine Kantate. Verbesserte Auflage. 32 S. Bln: Realschulbuchh. 1810 (Verb. Neuaufl. v. Nr. 12)
14	Halle und Jerusalem. Studentenspiel und Pilgerabentheuer. 436 S. Heidelberg: Mohr & Zimmer 1811
15	Stiftungslied der deutschen Tisch-Gesellschaft am Krönungstage, dem 18ten Januar 1811 vom Stifter L. A. v. A. 2 Bl. 4⁰ Bln: Petsch 1811
16	Isabella von Aegypten, Kaiser Karl des Fünften erste Jugendliebe. Eine Erzählung. Melück Maria Blainville, die Hausprophetin aus Arabien. Eine Anekdote. Die drei liebreichen Schwestern und der glückliche Färber. Ein Sittengemälde. Angelika, die Genueserin, und Cosmus, der Seilspringer.

Eine Novelle. Nebst einem Musikblatte. XVIII, 390 S. Bln: Realschulbuchh. 1812
17 Schaubühne. Erster Band. 308 S. Bln: Realschulbuchh. 1813
18 Die Kronenwächter. Erster Band: Berthold's erstes und zweites Leben. 441 S. Bln: Maurer 1817
19 (Hg., Vorr.) Predigten des alten Herrn Magister Mathesius über die Historien von des ehrwürdigen, in Gott seligen, theuren Manns Gottes, Doktor Martin Luthers Anfang, Lehre, Leben und Sterben. Mit einer Vorrede hg. 3 Bl., VIII, 71 S. m. Abb. 4° Bln: Maurer 1817
20 (Vorr.) C. Marlowe: Doktor Faustus. Aus dem Englischen übs. W. Müller 2 Bl., XVIII S., 2 Bl., 147 S., 1 Abb. Bln: Maurer 1818
21 Die Gleichen. Schauspiel. 190 S. Bln: Maurer 1819
22 Landhausleben. Erzählungen. Erster Band. 522 S. Lpz: Hartmann 1826
23 Sechs Erzählungen. Nachlaß. 140 S. Bln, Königsberg i. d. Neumark: Vereins-Buchh. 1835
24 Sämmtliche Werke. Hg. W. Grimm. Bd. 1-3 u. 5-20 Bln: Veit (1-8) bzw. Grünberg, Lpz: Levysohn (9-12) bzw. Charlottenburg: Bauer (13) bzw. Expedition d. Arnim'schen Verl. (14-20) 1839-1848
25 Sämmtliche Werke. Hg. W. Grimm. Neue Ausgabe. 22 Bde. Bln: Expedition d. Arnim'schen Verl. (1-21) bzw. Weimar: Kühn (22) 1853-1856
26 Unbekannte Aufsätze und Gedichte. Mit e. Anh. v. C. Brentano. Hg. L. Geiger. 151 S. Bln: Paetel (= Berliner Neudrucke 1) 1892

ARNIM, Bettina (Elisabeth) von (+St. Albin)   (1785–1859)

1 *Goethe's Briefwechsel mit einem Kinde. Seinem Denkmal. 3 Bde. X, IV, 356; 324; 243 S. m. Abb. Bln: Dümmler 1835
2 Tagebuch. 243 S., 1 Titelku. Bln: Dümmler 1835
   (Tl. 3 v. Nr. 1)
3 *Die Günderode. Den Studenten. 2 Bde. VIII, 440; VIII, 306 S. Grünberg, Lpz: Levysohn 1840
4 *Dies Buch gehört dem König. 2 Bde. VIII, 598 S. Bln: Schroeder 1843
5 *Reichsgräfin Gütte von Rattenzuhausbeiuns. Bln: Trowitzsch 1843
6 Dedié à Spontini. 14 S. quer 2° Lpz: Breitkopf & Härtel (1843)
7 *(Hg.) Clemens Brentano's Frühlingskranz, aus Jugendbriefen ihm geflochten, wie er selbst schriftlich verlangte. Erster Band. 4 Bl., 473 S. Charlottenburg: Bauer 1844
8 Ilius Pamphilius und die Ambrosia. 2 Bde. 363, 384 S. Lpz bzw. Bln: Volckmar 1848
9 +An die aufgelöste Preussische National-Versammlung. 4 Bl., 75 S. Paris: Massue, Bln: Reuter & Stargardt (1849)
10 Gespräche mit Dämonen. Des Königsbuch zweiter Band. VIII, 371 S. Bln: Arnim 1852
    (Forts. v. Nr. 4)
11 Sämmtliche Schriften. 11 Bde. m. Abb. Bln: Arnim 1853
12 Sämmtliche Schriften. Neue Ausg. 10 Bde. Bln: Arnim 1857
    (Neuausg. v. Nr. 11)
13 Sämtliche Werke. Hg. mit Benutzung ungedruckten Materials W. Oehlke. 4 Kompositionen hg. M. Friedländer. 7 Bde. LXXI, 389 S., Taf.; 603 S., Taf.; 557 S., Taf.; 306 S., Taf.; 505 S., Taf.; 565 S., Taf.; 563 S., Taf. Bln: Propyläen-V. 1920
14 Briefwechsel mit Goethe. Auf Grund ihres handschriftlichen Nachlasses nebst zeitgenössischen Dokumenten über ihr persönliches Verhältnis zu Goethe. Zum ersten Mal hg. R. Steig. 456 S., 5 Taf., 2 Faks.-Taf. Lpz: Insel 1922

ARNOLD, Gottfried   (1666–1714)

1 Fratrum Sororumq; Appellatio Inter Christianos maxime et alios usitata tum et Cognatio Christianorum spiritualis. Ex Antiquitatum Monimentis Commentatione illustrata ... 26 Bl., 600 S., 1 Bl. Ffm: König 1696

2 Die erste Liebe, das ist die wahre Abbildung der ersten Christen nach ihrem lebendigen Glauben und heiligen Leben. Ffm: Friedeburg 1696
3 Göttliche Liebesfuncken. 2 Bde. 305 S. 12° Ffm: Zunner 1698
4 Die unpartheyische Kirchen- und Ketzerhistorie. 3 Bde. Ffm: Fritsch 1699–1715
5 Das Geheimniß Der Göttlichen Sophia oder Weißheit, Beschrieben und Besungen. 8 Bl., 188 S., 2 Bl. Lpz: Fritsch 1700
6 Neue Göttliche Liebes-Funcken und Ausbrechende Liebes-Flammen ... o. O. (1700)
7 Poëtische Lob- und Liebes-Sprüche von der ewigen Weißheit, nach Anleitung des Hohenliedes Salomonis: Nebenst dessen Uebersetzung und Beystimmung der Alten. 8 Bl., 351 S. o. O. (1700)
8 Der richtigste Weg Durch Christum zu Gott ... 8 Bl., 111 S. Ffm: Fritsch 1700
9 Fernere Erläuterung seines sinnes und verhaltens beym Kirchen- und Abendmalgehen ... 12 Bl., 70 S. Ffm: Fritsch 1701
10 Jesus und die Seelen mit 40 anmuthigen Sinnbildern. 12° Ffm: 1701
11 Das Leben Der Gläubigen ... 8 Bl., 198 S. Halle: Verl. d. Waisenh. 1701
12 Endliche Vorstellung Seiner Lehre und Bekänntniß auf Hrn. D. Veiels ... Anklagen: ... 2 Bl., 52 S. Ffm: Fritsch 1701
13 Die geistliche Gestalt Eines Evangelischen Lehrers Nach dem Sinn und Exempel der Alten ... 8 Bl., 648, 38 S. Halle: Verl. d. Waisenh. 1704
14 (Vorw.) P. Allix: Ausspruch der alten Jüdischen Kirchen, wider die Unitarios ... 3, 372 S., 10 Bl. Bln: Rüdiger 1707
15 Die Abwege oder Irrungen und Versuchungen gutwilliger und frommer Menschen ... 8 Bl., 610 S., 7 Bl. Ffm: Fritsch 1708
16 Wahre Abbildung Des Inwendigen Christenthums ... 10 Bl., 511, 9 S. Ffm, Lpz 1723
17 Das wahre Christenthum Altes Testaments im heilsamen Gebrauch der vornehmsten Sprüche aus dem ersten Buch Mosis: ... 8 Bl., 1136 S., 8 Bl. Altona: Korte 1730
18 Historie und Beschreibung Der Mystischen Theologie ... 6 Bl., 474 S., 3 Bl., 272 S., 2 Bl. Lpz: Walther (1738)

Arnold, (Johann) Georg Daniel (1780–1829)

1 Tagebuch seiner italienischen Reise. o. O. 1804
2 Notice littéraire et historique sur les poètes alsaciens. 41 S. Paris, Straßburg: Delance 1806
3 Idées sur les ameliorations dont serait susceptible le plan d'enseignement suivi par les facultés de droit. Als Ms. gedr. 1809
4 Idées sur l'enseignement approfondi de la science des lois. Paris 1809
5 Elementa juris civilis Justiniani cum codice civili et reliquis qui in Franco-Gallia obtinent legum codicibus juxta ordinem institutionum collati. XXVIII, 476 S. Paris: Lenormant; Straßburg: Levrault 1812
6 Wehrlied für die beiden Regimenter der elsässischen Lanzenträger zu Pferd 1815. Straßburg (1815)
7 *Blessigs Todtenfeyer. Klassische Elegie. 4 Bl. 4° Straßburg: Pfähler 1816
8 *Der Pfingstmontag. Lustspiel in Straßburger Mundart, in fünf Aufzügen und in Versen. Nebst einem die eigenthümlichen einheimischen Ausdrücke erklärenden Wörterbuche. 4 Bl., 199 S. Straßburg: Treuttel & Würtz 1816
9 Der Pfingstmontag. Lustspiel in Straßburger Mundart, in fünf Aufzügen und in Versen. Zweite, nach den Noten des Dichters verbesserte Auflage, ausgestattet mit einer Auswahl aus A.s hinterlassenen Gedichten, ... XVIII, 270 S. m. e. Anh. v. 40 Abb. Straßburg: Treuttel & Würtz 1850
(Verb. u. verm. Neuaufl. v. Nr. 8)

Arp, Hans (1887–1966)

1 (Hg.) Neue französische Malerei. Einl. L. H. Neitzel. 10 S., 15 Taf. Lpz: Verl. der weissen Bücher 1913

2 Der Vogel Selbdritt. 32 S. Bln: v. Holten (Priv.-Dr.) 1920
3 Die Wolkenpumpe. 22 S. Hannover: Steegemann (= Die Silbergäule 50–51) 1920
4 Der Pyramidenrock. 70 S., 1 Abb. 4⁰ Erlenbach-Zürich, Mchn: Rentsch (1924)
5 (MV) E. Lissitzky u. H. A.: Die Kunstismen. Les Ismes de l'art. The Isms of art. XI S., 48 S. Abb. 4⁰ Erlenbach-Zürich: Rentsch 1925
6 weisst du schwarzt du. Gedichte. 12 Bl., 5 Taf. Zürich: Pra-V. 1930
7 Muscheln und Schirme. 36 S. m. Abb. Meudon-Val-Fleury (Priv.-Dr.) 1939
8 Gedichte 1924–1925–1926–1943. 28 S., 1 Abb. Bern: Benteli 1944
9 Le Siège de l'air. Poèmes 1915–1945. 140 S. Paris: Vrille 1946
10 On my Way. Poetry and essays 1912–1947. 147 S. m. Abb. 4⁰ New York: Wittenborn, Schultz (= The Documents of modern art 6) 1948
11 Onze peintres vus par Arp. 44 S. Zürich: Girsberger (1500 Ex.) 1949
12 Auch das ist nur eine Wolke. Prosastücke. Aus den Jahren 1920–1950. 81 S. m. Abb. Basel, Lausanne, Paris: Vineta-V. 1951
13 Dreams and Projects. 28 Holzschnitte. New York: Valentin (320 Ex.) 1952
14 Behaarte Herzen. 1923–1926. Könige vor der Sintflut. 1952–1953. 52 S. Ffm: Meta-Verl. 1953
15 wortträume und schwarze sterne. auswahl aus den gedichten der jahre 1911–1952. 94 S., 4 Taf. Wiesbaden: Limes-V. (1954)
   (Ausz. a. Nr. 2, 3, 4, 8)
16 Auf einem Bein. 26 S. Wiesbaden: Limes-V. (= Dichtung unserer Zeit 1) 1955
17 Unsern täglichen Traum. Erinnerungen, Dichtungen und Betrachtungen aus den Jahren 1914–1954. 128 S. m. Abb. Zürich: Arche 1955
18 (MV) H. A., R. Hülsenbeck, T. Tzara: Die Geburt des Dada. Dichtung und Chronik der Gründer 191 S. m. Abb. Zürich: Arche (= Sammlung Horizont) 1957
19 Worte mit und ohne Anker. 100 S., 9 Taf., 1 Titelb. Wiesbaden: Limes-V. 1957
20 Mondsand. Gedichte. 37 ungez. Bl., 7 Abb. 4⁰ Pfullingen: Neske (333 num. Ex.) 1959
21 (MV) S. Taeuber-Arp u. H. A.: Zweiklang. Der Weg des Künstlerehepaars in Selbstzeugnissen. Hg. E. Scheidegger. 104 S. m. Abb. Zürich: Arche (= Sammlung Horizont) 1960

Arx, Cäsar von (1895–1949)

1 Laupen. Bühnenspiel aus der Schweizer Geschichte. 61 S. Basel: Schweizer Verl. 1914
2 Die Rot Schwizerin. Volksstück in fünf Akten. 79 S. Lpz: Schunke 1921
3 Die Schweizer. Historisches Festspiel. IV, 74 S. Aarau: Meißner 1924
4 Die Geschichte vom General Johann August Suter. Stück in zwei Teilen. 96 S. Mchn: Müller 1929
5 Hörspiel zum Jubiläum der Gotthardbahn. 1882–1932. 32 S. Bern: SBB-Revue 1932
6 Opernball 13. (Spionage.) Schauspiel. 90 S. Zürich: Rascher (= Schweizer Theater) 1932
7 Vogel friß oder stirb. Komodie. 100 S. Aarau: Sauerländer (1932)
8 Von fünferlei Betrachtnis. Ein Totentanzspiel nach Johannes Kolros. 34 S. Glarus: Tschudy (= Reihe schweiz. Volksspiele 5) 1934
9 Das Drama vom verlornen Sohn. Nach Hans Salat. 36 S. Glarus: Tschudy (= Reihe schweiz. Volksspiele 3) 1934
10 Der Verrat von Novara. Schauspiel. 129 S. Erlenbach: Rentsch 1934
11 Der heilige Held. Schauspiel. 159 S. Zürich: Rascher 1936
12 Dreikampf. Schauspiel. 64 S. Basel: Art. Inst. Grafica 1937
13 Der kleine Sündenfall. Schauspiel. 112 S. Aarau: Sauerländer 1939
14 Romanze in Plüsch. Schauspiel. 128 S. Elgg: Volksverl. 1940
15 Das Bundesfeierspiel zum Fest des 650-jährigen Bestehens der Schweizerischen Eidgenossenschaft. 100 S. Schwyz: Verl. d. Bundesfeier-Komitees 1941

16 Land ohne Himmel. Schauspiel in drei Akten. 156 S. Aarau: Sauerländer 1943
17 (Einl.) A. Ott: Dichtungen. Gesamtausgabe. Band 1: Dramatische Dichtungen. XII, 368 S., 1 Abb. Bern-Bümpliz: Benteli 1945
18 Brüder in Christo. Schauspiel in drei Akten. 74 S. Zürich, New York: Oprecht (= Schriftenreihe des Schauspielhauses Zürich 10) 1947
19 (Nachw.) G. Kaiser: Griechische Dramen. Pygmalion. Zweimal Amphitryon. Bellerophon. Erstveröffentlichung aus dem Nachlaß. 383 S., 2 Taf. Zürich: Artemis-V. 1948
20 Festakt zur Enthüllung des Schlachtdenkmals in Dornach. Musik A. Jenny. (Textbuch.) 31 S. Solothurn: Staatskanzlei 1949
21 Das Solothurner Gedenkspiel. Musik A. Jenny. (Textbuch.) 48 S. Solothurn: Staatskanzlei 1949

AUBURTIN, Victor (1870–1928)

1 Das Ende. Ein Schauspiel in drei Akten und einer Schlußszene. 126 S. Mchn: Langen 1910
2 Die goldene Kette und anderes. 159 S. Mchn: Langen (= Kleine Bibliothek Langen, Bd. 101) (1910)
3 Der Ring der Wahrheit. Ein Märchenspiel in drei Akten. 123 S. Mchn: Langen 1910
4 Die Kunst stirbt. 72 S. Mchn: Langen 1911
5 Die Onyxschale. 112 S. Mchn: Langen 1911
6 Was ich in Frankreich erlebte. 140 S. Bln: Mosse (1918)
7 Pfauenfedern. 98 S. Mchn: Langen 1921
8 Ein Glas mit Goldfischen. 179 S. Mchn: Langen 1922
9 (Übs.) P. Benoît: Königsmark. Roman. 237 S. Bln: Ehrlich (= Der moderne Roman) 1924
10 Nach Delphi. Reisebilder. 81 S. Mchn: Langen 1924
11 Einer bläst die Hirtenflöte. 158 S. Mchn: Langen 1928
12 Kristalle und Kiesel. Auf Reisen gesammelt. 155 S. Mchn: Langen 1930
13 Schalmei. Aus dem Nachlaß hg. W. Haacke. 284 S. Hbg: v. Hugo 1948
14 Federleichtes. Hg. W. Haacke. 106 S. m. Abb. Mchn: Langen-Müller 1953
15 Seifenblasen. Hg. E. Zeise. 106 S. m. Abb. Mchn: Langen-Müller (1956)
16 Von der Seite gesehen. Eine Auswahl für alte und neue Auburtinisten. Hg. W. Kiaulehn. 150 S. Hbg: Rowohlt (= rororo-Taschenbuch, Bd. 244) (1957)

AUERBACH, Berthold (+Theobald Chauber) (1812–1882)

1 +Friedrich der Große, König von Preußen. Sein Leben und Wirken; nebst einer Geschichte des siebenjährigen Krieges. Für Leser aller Stände nach den besten Quellen historisch-biographisch bearb. VI, 586 S., 29 Abb. Stg: Scheible 1834
2 Das Judenthum und die neueste Literatur. Kritischer Versuch. 68 S. Stg: Brodhag 1836
3 Spinoza. Ein historischer Roman. 2 Tle. 24 2/3 Bg. 12⁰ Stg: Scheible 1837
4 Dichter und Kaufmann. Ein Lebensgemälde. 2 Bde. 31 3/4 Bg. Stg: Krabbe 1840
5 (Übs.) B. Spinoza: Sämmtliche Werke. Aus dem Lateinischen mit dem Leben Spinozas. 5 Bde. 133 3/4 Bg. m. Abb. Stg: (Scheible, Rieger & Sattler) 1841
6 Der gebildete Bürger. Buch für den denkenden Mittelstand. 108 S. Karlsruhe: Bielefeld 1843
7 Schwarzwälder Dorfgeschichten. 4 Bde. 1658 S. Mannheim: Bassermann 1843–1853
8 Der Gevattersmann. Neuer Kalender für den Stadt- und Landbürger auf 1845. (1846–1848). 4 Jge. 7, 5 3/4, 5 1/8, 5 Bg. Karlsruhe: Gutsch & Rupp 1844–1847

9 Schrift und Volk. Schriftzüge der volksthümlichen Literatur, angeschlossen an eine Charakteristik J. P. Hebels. X, 408 S. Lpz: Brockhaus 1846
10 Tagebuch aus Wien. Von Latour bis auf Windischgrätz. VI, 227 S. Breslau: Schletter 1849
11 Epilog zur Lessing-Feier. Nach der Aufführung von „Emilia Galotti" im Königl. Hoftheater zu Dresden gesprochen v. E. Devrient. 10 S. Dresden: Arnold (1850)
12 Andree Hofer. Geschichtliches Trauerspiel in fünf Aufzügen. 165 S. Lpz: Wigand 1850
13 Deutsche Abende. VI, 257 S. Mannheim: Bassermann 1851
14 Neues Leben. Eine Erzählung. 3 Bde. 1070 S. Mannheim: Bassermann 1852
15 Der Wahlbruder. Trauerspiel in fünf Aufzügen. 68 S. Dresden: Teubner (Bühnenms.) 1855
16 Barfüßele. 262 S. Stg: Cotta (1856)
17 Schatzkästlein des Gevattersmanns. 546 S. Stg: Cotta 1856
   (Ausz. a. Nr. 8)
18 Gesammelte Schriften. 20 Bde. Stg: Cotta 1857–1859
19 Deutscher Familienkalender auf 1858. 1859. 174, 174 S. Stg: Cotta 1858–1859
20 Der Wahrspruch. Schauspiel. 149 S. Lpz: Weber 1859
21 Joseph im Schnee. 239 S. Stg: Cotta 1860
22 Edelweiß. Eine Erzählung. 409 S. Stg: Cotta 1861
23 Goethe und die Erzählungskunst. 64 S. Stg: Cotta 1861
24 Volkskalender auf das Jahr 1861. 1862–1865. 5 Jge. Je 160 S. Lpz: Keil 1861–1865
25 Gesammelte Schriften. Zweite Ausgabe. 22 Bde. 5683 S. Stg: Cotta 1863–1864 (Verm. Neuausg. v. Nr. 18)
26 Auf der Höhe. 3 Bde. 1180 S. Stg: Cotta 1865
27 Der Kuß des Kaisers. Mit einem kleinen Vorwort als Spende zum Passa-Fest der Israeliten 1866. Allen wohlwollenden Gönnern und wahren Freunden hochachtungsvollst gewidmet v. F. M. Friedmann. 12 S. Mchn: Deschler 1866
28 Volkskalender auf das Jahr 1866. 195 S. Bln: Dümmler 1866
   (Forts. v. Nr. 24)
29 Deutsche Abende. Neue Folge. 352 S. Stg: Cotta 1867
   (Forts. v. Nr. 13)
30 Rede auf Ferdinand Freiligrath. 28 S. Darmstadt: Zernin 1867
31 Deutscher Volkskalender auf das Jahr 1867. 1868. 1869. 3 Jge. Je 200 S. Bln: Dümmler 1867–1869
   (Forts. v. Nr. 28)
32 Das Landhaus am Rhein. Roman. 5 Bde. 1429 S. Stg: Cotta 1869
33 Sämtliche Schwarzwälder Dorfgeschichten. Volksausg. 8 Bde. 2033 S. 16⁰ Stg: Cotta 1871
34 Zur guten Stunde. 2 Bde. 936 S. m. Abb. Stg: Hoffmann 1871–1872
35 Wieder unser! Gedenkblätter zur Geschichte dieser Tage. 208 S. Stg: Cotta (1871)
36 Romane. Volksausg. 12 Bde. 2784 S. 16⁰ Stg: Cotta 1872
37 (Hg.) (E. Lasker:) Erlebnisse einer Mannes-Seele. 120 S. 16⁰ Stg: Cotta 1873
38 Lorle, die Frau Professorin. Min.-Ausg. 212 S. 16⁰ Stg: Cotta 1874
   (Ausz. a. Nr. 33)
39 Waldfried. 3 Bde. 823 S. Stg: Cotta 1874
40 Drei einzige Töchter. Novellen. 195 S. Stg: Cotta (1875)
41 Tausend Gedanken des Collaborators. 287 S. Bln: Hofmann (= Allgem. Verein f. deutsche Literatur) 1876
42 Nach dreißig Jahren. Neue Dorfgeschichten. 3 Bde. 654 S. Stg: Cotta 1876
   (Forts. v. Nr. 33)
43 Nicolaus Lenau. Erinnerung und Betrachtung. 31 S. Wien: Gerold 1876
44 Riegel vor! Stimmungsbild. 6 S. Bln: Mosse 1877
45 Landolin von Reutershöfen. Erzählung. 332 S. Bln: Paetel (1878)
46 Der Forstmeister. Roman. 2 Bde. 450 S. Bln: Paetel (1879)
47 Unterwegs. Kleine Geschichten und Lustspiele. 5 Bl. 197 S. Bln: Paetel (1879)
48 Brigitta. Erzählung. 1 Bl., 235 S. Stg: Cotta 1880
49 Die neue Genesis des Nathan. 24 S. Bln, Lpz: Unflad 1881

50 Berthold Auerbach. Ein Gedenkblatt zum 28. Februar 1882. 104 S., 6 Abb. Bln, Lpz: Unflad 1882
51 Briefe an seinen Freund Jakob Auerbach. Ein biographisches Denkmal. Mit Vorbemerkungen v. F. Spielhagen. 2 Bde. 895 S. Ffm: Literar. Anst. 1884
52 Dramatische Eindrücke. Aus dem Nachlaß. 326 S. Stg: Cotta 1893
53 Schriften. 18 Bde. 4039 S. m. Bildn. Stg: Cotta 1893-1895

AUERNHEIMER, Raoul (1876–1948)

1 Rosen, die wir nicht erreichen. Geschichtenband. 251 S. Wien: Wiener Verl. 1901
2 Renée. Sieben Capitel eines Frauenlebens. 116 S. Wien: Wiener Verl. 1902
3 Lebemänner. Novelle. 88 S. Wien: Wiener Verl. 1903
4 Die Verliebten. 216 S. Wien, Bln: Singer 1903
5 Die Dame mit der Maske. 287 S. Wien: Wiener Verl. 1905
6 Die große Leidenschaft. Lustspiel. 157 S. Wien, Bln: Singer 1905
7 Die ängstliche Dodo. Novellen. 192 S. Bln: Fleischel 1907
8 Der gute König. Lustspiel. 108 S. Stg: Cotta 1908
9 Die man nicht heiratet. Novelle. 199 S. Bln: Fleischel 1909
10 Die glücklichste Zeit. Lustspiel. 122 S. Bln-Charlottenburg: Vita 1909
11 Gesellschaft. Moderne Silhouetten. 5, 180 S. Bln: Fleischel 1910
12 Renée und die Männer. V, 169 S. Bln: Fleischel 1910 (Neuaufl. v. Nr. 2)
13 Der gußeiserne Herrgott. 229 S. Bln: Fleischel 1911
14 Das Paar nach der Mode. Wiener Lustspiel. 163 S. Bln: Fischer 1913
15 Laurenz Hallers Praterfahrt. Erzählung. 121 S. Bln: Fischer 1913
16 Die verbündeten Mächte. Lustspiel aus der Wiener Kongreßzeit in drei Akten. 128 S. Bln: Fischer 1915
17 Das wahre Gesicht. Novellen. 205 S. Bln: Fleischel 1916
18 Herzen in Schwebe. VIII, 172 S. Bln, Stg: Dt. Verl.-Anst. (= Die Feldbücher) (1916)
19 Der Geheimniskrämer. Novelle. 177 S. Bln: Fischer 1919
20 Frau Magda im Schnee. Eine Erzählung. 28 S. 16° Wien: Lyra-Verl. (= Molitors Novellenschatz 1) 1919
21 Das ältere Wien. Schatten und Bilder. 168 S. m. Abb. Wien: Tal 1919
22 Maskenball. Novellen im Kostüm. III, 155 S. Bln: Fleischel 1920
23 Lustspielnovellen. 181 S. Stg: Dt. Verl.-Anst. 1922
24 Das Kapital. Roman aus der jüngsten Vergangenheit. 237 S. Bln: Ullstein 1923
25 Casanova in Wien. Komödie. Drei Akte in Versen. 151 S. Mchn: Drei Masken-V. 1924
26 Die linke und die rechte Hand. Roman. 197 S. Bln: Fischer 1927
27 (Hg., Einl.) Die Wienerin im Spiegel der Jahrhunderte. 239 S., 10 Abb. Wien: Amalthea-V. (1927)
28 Evarist und Leander oder Die Damenwahl. Novelle. 131 S. Lpz: Staackmann 1931
29 Der gefährliche Augenblick. Abenteuer und Verwandlungen. 175 S. m. Abb. Lpz: Staackmann 1932
30 Geist und Gemeinschaft. Zwei Reden. 69 S. Wien: Zsolnay 1932
31 Gottlieb Weniger dient der Gerechtigkeit. Ein kleiner Roman. 191 S. Wien: Tal 1934
32 Wien. Bild und Schicksal. 264 S., 16 Bildtaf. Wien: Lorenz 1938
33 Metternich. Staatsmann und Kavalier. 334 S., 1 Abb. Wien: Ullstein 1947
34 Franz Grillparzer. Der Dichter Österreichs. 316 S., 17 Taf. Wien: Ullstein 1948
35 Das Wirtshaus zur verlorenen Zeit. Erlebnisse und Bekenntnisse. 374 S., 1 Abb. Wien: Ullstein 1948

AUFFENBERG, Joseph von (1798–1857)

1 Die Bartholomäus-Nacht. Ein Trauerspiel in fünf Akten. 134 S., 1 Ku, Bamberg, Würzburg: Goebhardt 1819

2   (MV) Berthold der Zähringer. Eine heroische Oper in zwei Akten. In Musik gesetzt v. Weixelbaum. 52 S. Karlsruhe: Macklot 1819
3   Die Flibustier oder Die Eroberung von Panama. Ein romantisches Trauerspiel in vier Akten. 132 S. Bamberg, Würzburg: Goebhardt 1819
4   Wallas. Heroisches Trauerspiel in fünf Aufzügen. 4 Bl., 192 S. Bamberg, Würzburg: Goebhardt 1819
5   König Erich. Trauerspiel in fünf Akten. 234 S. Bamberg, Würzburg: Goebhardt 1820
6   Die Syrakuser. Trauerspiel in fünf Akten. 158 S., 1 Ku. Bamberg, Würzburg: Goebhardt 1820
7   Das Opfer des Themistokles. Ein Trauerspiel in fünf Akten. 135 S. Bamberg, Würzburg: Goebhardt 1821
8   Die Verbannten. Drama in vier Akten und einem Nachspiel. 153 S., 1 Ku. Bamberg, Würzburg: Goebhardt 1821
9   Victorin und Luitgarde. Ein romantisches Trauerspiel in fünf Akten. 136 S., 1 Ku. Bamberg, Würzburg: Goebhardt 1821
10 Pizarro. Ein Trauerspiel in fünf Akten. 108 S. Bamberg, Würzburg: Goebhardt 1822
11 Dramatische Werke. 4 Bde, 1 Abb., 8 Ku. u. Musikbeil. Bamberg, Würzburg: Goebhardt 1822
12 Viola. Ein romantisches Trauerspiel in fünf Akten. Nach einer Volkssage. 138 S., 1 Ku. Bamberg: Wesché 1824
13 Fergus Mac Ivor. Ein Schauspiel in fünf Aufzügen nach Scott. 158 S. m. Musikbeil. Würzburg: Ettlinger 1827
14 Ludwig der Eilfte in Peronne. Schauspiel in fünf Aufzügen. 187 S. Karlsruhe: Braun 1827
15 Die Schwestern von Amiens. Trauerspiel in fünf Aufzügen. 163 S. 12° Karlsruhe: Braun 1827
16 Der Löwe von Kurdistan. Ein romantisches Schauspiel in fünf Akten. Musik v. Strauß. 155 S. Würzburg: Ettlinger 1828
17 Das Nordlicht von Kasan. Trauerspiel in fünf Aufzügen. 104 S. Karlsruhe: (Braun) (Als Ms. gedr.) 1828
18 Alhambra. Dramatisches Gedicht in drei Theilen. 1511 S. Karlsruhe: Groos 1829–1830
    1. Boabdil in Cordova. Vorspiel. – Abenhamet und Alfaima. Trauerspiel in vier Aufzügen. XXIV, 490 S. 1829
    2. Die Gründung von Santa Fé. Heroisches Schauspiel in fünf Aufzügen. 411 S. 1829
    3. Die Eroberung von Granada. Heroisches Schauspiel in sechs Akten. 610 S. 1830
19 Der Renegat von Granada. Dramatisches Nachtgemälde in fünf Abtheilungen. 540 S. Ffm: Sauerländer 1830
20 Die Furie von Toledo. Roman aus den Zeiten der westgothischen Herrschaft in Spanien. 2 Bde. 284, 288 S. Karlsruhe: Marx 1832
21 Das böse Haus. Schauspiel in fünf Aufzügen. 156 S. Karlsruhe: Groos 1834.
22 Humoristische Pilgerfahrt nach Granada und Cordova im Jahre 1832. 2 Tle. in 1 Bde. 25 1/2 Bg. Lpz, Stg: Scheible 1835
23 Trauerspiele. 324 S., 1 Abb. Karlsruhe: Müller 1838
24 Sämtliche Werke. Erste, von der Hand des Verfassers sorgfältig revidierte, vollständige, rechtmäßige Gesamtausgabe. 22 Bde. 12° Siegen, Wiesbaden: Friedrich 1843–1847
25 Schriften. Auswahl in sieben Bänden. 2488 S. 16° Wiesbaden, Lpz: Herbig 1851

Augustiny, Waldemar (*1897)

1   Die Fischer von Jarsholm. Roman. 359 S. Breslau: Korn (1934)
2   Dronning Marie. Roman. 362 S. Breslau: Korn (1935)
3   Der Ring aus Jade. Erzählung. 123 S. Bremen: Schünemann 1936
4   Die Tochter Tromsees. Roman. 262 S. Hbg: Hanseat. Verl.-Anst. 1938
5   Die schwarze Gret. Erzählungen. 85 S. Hbg: Hanseat. Verl.-Anst. (= Hanseaten-Bücherei) 1941

6 Die Braut des Admirals. Liebesgeschichte aus Friesland. 63 S. Gütersloh: Bertelsmann (= Kleine Feldpost-Reihe) 1942
7 Die große Flut. Chronik der Insel Strand. 643 S. Hbg: Hanseat. Verl.-Anst. 1943
8 Bei Nacht erzählt. 124 S. Gütersloh: Bertelsmann 1947
9 Die Wiederkehr des Novalis. Roman. Bericht des Ratsdieners Johann Christoph Böttcher aus dem Jahre 1945. 269 S. Gütersloh: Bertelsmann 1948
10 Tod und Wiedergeburt des Dichters. Ein Versuch über Novalis. 39 S. Gütersloh: Bertelsmann 1949
11 Aber es bleibet die Liebe. Roman. 255 S. Mchn: Langen-Müller 1952
12 (Hg., Nachw.) H. v. Kleist: Michael Kohlhaas und die anderen Erzählungen. 312 S. Hbg u. Bln: Deutsche Hausbücherei 1954
13 Albert Schweitzer und Du. 224 S., 6 Taf., 1 Abb. Witten/Ruhr: Luther-V. 1954
14 Der Glanz Gottes. Des Malers Johan Liß letzte Tage in Venedig. 77 S. Witten, Bln: Eckart-V. (= Der Eckart-Kreis, Bd. 12) 1956
15 Paula Modersohn-Becker. Ein Gedenkblatt. 17 S., 2 Taf. (Bremen: Schünemann) (Priv.-Dr.) (1958)
16 Staat und Wirtschaft. Jubiläumsschrift der Staatlichen Kreditanstalt Oldenburg-Bremen. 134 S., 21 Taf. o. O. (Priv.-Dr.) 1958
17 Die Frauen von La Rochelle und andere Erzählungen. 212 S. Bremen: Schünemann 1959
18 (Hg.) Gesicht und Gleichnis. Niederdeutscher Almanach. 320 S. 24 Abb. Oldenburg: Stalling 1959

Aurbacher, Ludwig (1784–1847)

1 *Briefsteller, zunächst für studierende Jünglinge zum Privat- und Schulgebrauche. Mchn: Lentner 1810
2 Vertraute Briefe aus dem Lustlager des baierischen Cadettencorps. Mchn 1811
3 *Mein Ausflug an den Ammersee und dessen Umgebung. In Briefen an einen Freund. Mchn 1813
4 System der deutschen Orthographie mit besonderer Hinsicht auf das Adelungsche Wörterbuch. VIII, 158 S. Nürnberg: Stein 1813
5 *Über Tagebücher zur Beförderung der Kenntniß und Bildung des Herzens und Verstandes. Für die Jugend. Mit auserlesenen Beyspielen und Lehren berühmter Männer. 112 S. Mchn: Lentner 1813
6 *Erinnerungen aus dem Leben einer frommen Mutter. Augsburg: Doll 1816
7 Handbuch zur intellectuellen und moralischen Bildung für angehende Officiers. Eine Chrestomathie. 2 Bde. 2 Bl., 164 S.; 2 Bl., 160 S. Mchn: Lindauer 1816
8 Theorie des Geschäfts-Styles mit besonderer Hinsicht auf Militär-Dienst-Schreiber. Zunächst für angehende Officiers. 103 S. Mchn: Lindauer 1816
9 Lehrbuch des deutschen Styles nach einem neuen und einfachen Systeme entworfen. Zum Gebrauche in Gymnasien. 2 Bde. Mchn: Lindauer 1817–1818
10 *Studien. Ein Beytrag zur neuesten Dramaturgie. 1 Bl., 92 S. Mchn: Lentner 1818
11 Andeutungen zu einem neuen und einfachen Entwurfe der Psychologie. 96 S. 12° Mchn: Lindauer 1819
12 Grundlinien der Rhetorik nach einem neuen und einfachen Systeme. 174 S. Mchn: Lindauer 1819
13 Soldatenspiegel. Ein Lesebuch für Unterofficiers und Gemeine, wie auch zum Gebrauche in Garnisonsschulen. 2 Bl., 211 S. Mchn: Lindauer 1820
14 *Grundlinien der Poetik nach einem neuen und einfachen Systeme. XII, 145 S. Mchn: Lindauer 1821
15 Über die Methode des rhetorischen Unterrichts. 83 S. Mchn: Lindauer 1821
16 Grundlinien der Stilistik. 160 S. Mchn: Lindauer 1822
17 *Allerley. Lustige und lehrreiche Historien, aus alten Büchern ... zusammengetragen. Mchn: Lentner 1823

18 *Perlenschnüre. Sprüche nach Angelus Silesius. 96 S. 12° Luzern: Anich 1823
19 Wo steckt die Wurzel des Ungehorsams? Eine nothgedrungene Antwort eines Kandidaten der Philosophie auf eine überflüssige Frage eines Doctors der Philosophie. 16 S. Mchn, Landshut 1823
20 *Philologische Belustigungen. Aus der Brieftasche eines oberdeutschen Schulmeisters. 2 Bde. 96, 94 S. Mchn: Lindauer 1824
21 Erinnerungen an Gastein. Gedichte. 35 S. 12° Mchn: Lentner 1824
22 Das Fest aller Bayern. Gedichte zur Feyer der 25-jährigen Regierung S. M. des Königs Maximilian Joseph. 16 S. Mchn: Fleischmann 1824
23 Grundlinien der Psychologie. Als Propädeutik zum Unterricht in der Rhetorik und Poetik. IV, 72 S. Mchn: Lindauer 1824
24 *(Hg.) Angelus Silesius: Geistliche Hirten-Lieder. 12° Mchn: Lindauer 1826
25 *(Hg.) Angelus Silesius: Heilige Seelen-Lust oder geistliche Hirten-Lieder der in ihren Jesum verliebten Psyche. VIII, 220 S. 12° Mchn: Lindauer 1826 (Neuausg. v. Nr. 24)
26 Dramatische Versuche. Fürstenweihe. Fürstenkampf. Fürstensieg. 288 S. Mchn: Lindauer 1826
27 *(Hg.) Angelus Silesius: Cherubinischer Wanders-Mann, oder Geistreiche Sinn- und Schluß-Reime zur Göttlichen Beschaulichkeit anleitende. XVI, 184 S. 12° Mchn: Lindauer 1827
28 *Ein Volksbüchlein. 2 Bde. 6, 187 S., 1 Abb.; 2 Bl., 192 S. Mchn: Lindauer 1827–1829
29 *(Hg.) Kleines Wörterbuch der deutschen Sprache nach Joh. Christ. Adelungs größerm Wörterbuche mit besonderer Rücksicht auf die oberdeutsche Mundart. VIII, 464 S. Sulzbach: Seidel 1828
30 *(Hg.) Abraham a Sancta Clara: Große Todtenbruderschaft. Nebst Fabeln. Aufs Neue ans Licht gestellt durch einen aufrichtigen Verehrer desselben. Mchn: Lindauer 1829
31 *(Hg.) Schulblätter. Zeitschrift für Unterricht und Erziehung, zunächst mit Rücksicht auf die Volksschulen Baierns. 5 Hefte. Mchn. 1829–1833
32 *Berlenburger Fibel. Oder Literarische Leiden und Freuden des Schulmeisters Mägerl. Von deßen Dutzbruder an das Licht gestellt. 72 S. Mchn: Giel 1830
33 *(Hg.) Anthologie deutscher katholischer Gesänge aus älterer Zeit. XXIV, 257 S. Landshut: Krüll 1831
34 *Marienkind. Erzählung für die Jugend. 46 S. Mchn: Giel 1831
35 *Die Geschichte von den Sieben Schwaben. 56 S., 8 Taf. 4° Stg: Brodhag 1832
 (Ausz. a. Nr. 28)
36 *Ein Büchlein für die Jugend. IV, 314 S. Stg: Cotta 1834
 (Enth. u. a. Nr. 34)
37 *Ein Volksbüchlein. 2 Bde. 2. vermehrte und verbesserte Aufl. f. Volksfreunde. IV, 312 S.; IV, 348 S. Mchn: Literar.-artist. Anst. 1835–1839
 (Verm. Neuaufl. v. Nr. 28)
38 Vorschule zur Geschichte und Kritik der deutschen Prosa und Poesie. 114 S. Kaufbeuren: Dorn (Als Hs. gedr.) 1837
39 Pädagogische Phantasien. Blätter für Erziehung und Unterricht, zunächst in Volksschulen. IV, 336 S. Mchn: Literar.-artist. Anst. 1838
40 *Kunz von der Rosen, Kaiser Maximilian I. lustiger Rath. Ein Beitrag zur Geschichte der Hofnarren. 42 S., 1 Abb. 12° Mchn: Lentner 1841
41 *Schriftproben in oberschwäbischer Mundart. 36 S. Mchn: Fleischmann 1841
42 *Aus dem Leben und den Schriften des Magisters Herle und seines Freundes Mänle. 139 S. Landshut: Vogel 1842
43 Gesammelte größere Erzählungen. Aus dem Nachlaß und den Schriften des Autors mit einem Vorwort hg. J. Sarreiter. VII S., 1 Bl., 223 S. Freiburg i. Br.: Herder 1881
44 Historia von den Lalenbürgern und anderes Volkstümliches. A. d. Nachl. hg. J. Sarreiter. 111 S., 1 Abb. Lpz: Reclam (= Reclam's UB. 3780) 1889
45 Kleine Erzählungen und Schwänke. A. d. Schriften u. d. Nachl. d. Autors zusgest. u. mit e. Vorw. hg. J. Sarreiter. VIII, 126 S. Halle: Hendel (= Bibliothek der Gesamt-Literatur 1708–1709) 1903

Avenarius, Ferdinand (1856–1923)

1 Wandern und Werden. Erste Gedichte. 184 S. m. Abb. Lpz: Diederichs 1881
2 (Hg.) Deutsche Lyrik der Gegenwart seit 1850. Eine Anthologie mit biograph. und bibliograph. Notizen. 341 S. Dresden: Ehlermann 1882
3 Die Kinder von Wohldorf. 62 S. Dresden: Ehlermann 1887
4 (Hg., später MH) Der Kunstwart. Rundschau über alle Gebiete des Schönen. (ab Jg. 26, 1912: Kunstwart und Kulturwart. Halbmonatsschau für Ausdruckskultur auf allen Lebensgebieten). Jg. 1–37 Dresden: Kunstwart-Verl. (später Mchn: Callwey) 1887–1923
5 Lebe! Dichtung. 100 S. Lpz: Reisland 1893
6 Max Klingers Griffelkunst. Ein Begleiter durch ihre Phantasiewelt 64 S. m. Abb. Bln: Amsler 1895
7 Stimmen und Bilder. Neue Gedichte. 170 S. m. Abb. Florenz, Lpz: Diederichs 1898
8 (MV) O. Speckter: Der gestiefelte Kater. Bilder v. O. S., neuer Text v. F. A. 12 Taf., 24 S. Text. Mchn: Callwey 1900
9 (Hg.) Hausbuch deutscher Lyrik. 305 S. m. Abb. Mchn: Callwey 1902
10 (MV) Ludwig-Richter-Gabe. Auslese aus den Werken des Meisters, mit Text v. F. A. Hg. Lehrer-Ver., Lpz. 16 Bl., 7 S. Text. 4⁰ Lpz: Dürr 1903
11 (Hg.) Balladenbuch. 338 S., 16 Abb. Mchn: Callwey 1907
12 (Hg.) Das fröhliche Buch. Aus deutscher Dichter und Maler Kunst gesammelt. 9, 424 S. m. Abb. Mchn: Callwey 1909
13 Das Bild als Verleumder. Beispiele und Bemerkungen zur Technik der Völker-Verhetzung. 78 S., 72 Abb. Mchn: Callwey (= Flugschrift des Dürerbundes 151) (1915)
14 Denknebel. 8 S. Mchn: Callwey (= Flugschrift des Dürerbundes 134) (1915)
15 (Hg.) Kriegs-Ratgeber über deutsches Schrifttum. III, 91 S. Mchn: Callwey 1915
16 Avenarius-Buch. Ein Bild des Mannes aus seinen Gedichten und Aufsätzen v. W. Stapel. 265 S., 1 Abb. Mchn: Callwey 1916
17 (Hg.) Das vergnügte Büchel. Des „Fröhlichen Buches" v. F. A. 61.–70.Tsd. als bedenklich verkleinerte Taschenausgabe. III, 368 S. m. Abb. Mchn: Callwey (1916)
  (Ausz. a. Nr. 12)
18 (Hg.) Max Klinger als Poet. Mit e. Briefe M. Klingers u. e. Beitr. v. H. W. Singer. 154 S. m. Abb. Mchn: Callwey (1917)
19 Das Bild als Narr. Die Karikatur in der Völkerverhetzung, was sie aussagt – und was sie verrät. Hg. vom Kunstwart. 254 S., 338 Abb. Mchn: Callwey 1918
20 Faust. Ein Spiel. Hg. Kunstwart. 133 S. Mchn: Callwey 1919
21 (MV) P. Konewka: Kinder und Tiere. Schattenbilder. Mit neuen Versen v. F. A. Neu hg. Kunstwart. 4 S., 20 Bl. Mchn: Callwey 1919
22 (MV) P. Konewka: Schattenbilder. Mit neuen Versen v. F. A., neu hg. Kunstwart. 20 Bl. m. Abb. Mchn: Callwey 1919
23 (MV) P. Konewka: Spaß auf der Straß. Schattenbilder. Mit Versen v. F. A. Hg. Kunstwart. 23 Bl. Mchn: Callwey (1919)
24 Baal. Ein Spiel. Hg. Kunstwart. 61 S. Mchn: Callwey (1920)
25 Der wachsende Gott. 2. Spiel: Jesus. Ein Spiel. Hg. Kunstwart. 57 S. Mchn: Callwey 1921
26 Die Weltkarikatur in der Völkerverhetzung. Was sie aussagt – und was sie verrät. 3. Ausgabe vom „Bild als Narr". Hg. Kunstwart. 254 S., 338 Abb. Mchn., Bln: Hobbing 1921
  (Neuaufl. v. Nr. 19)
27 Die Macht im Weltwahn. Schriften für echten Frieden. Doppelheft 1–2. 96 S. m. Abb. Bln: Hobbing (1922)
28 Gedichte. 67 S. Mchn: Callwey (= Kunstwart-Bücherei 10) 1923
29 (MV) M. Grünewald: Grünewald-Mappe. Text F. A. u. P. Schubring. Hg. Kunstwart. 8 S. m. Abb., 6 Taf. Mchn: Callwey (1923)
30 (MH) Arno Holz und sein Werk. Deutsche Stimmen zu seinem sechzigsten Geburtstage. Hg. F. A., M. Liebermann u. M. v. Schillings. 65 S., 7 Taf. 4⁰ Bln: Werk-Verl. (= Druck d. Werk-Verl. 2) (125 num. u. 400 unn. Ex.) 1923

AYRENHOFF, Cornelius Hermann von (1733–1819)

1. *Aurelius oder Wettstreit der Großmuth. Trauerspiel in fünf Aufzügen. 88 S. Wien: Krauß 1766
2. *Hermann und Thusnelde. Ein Trauerspiel in Versen. 95 S. Wien: v. Gehlen 1768
3. *Hermanns Tod. Ein Trauerspiel in Versen. 84 S. (Wien) 1769
   (Veränd. Neuaufl. v. Nr. 2)
4. *Der Postzug oder die nobeln Passionen. Lustspiel in [zwei Aufzügen. 87 S. Wien: beym Logenmeister 1769
5. *Die große Batterie. 46 S. Wien: Kurtzböck 1770
6. *Tumelicus oder der gerächte Hermann. 149 S. o. O. (1770)
7. *Antiope. Trauerspiel in 4 Aufzügen. 112 S. Wien: 1772
8. *Der Postzug oder die nobeln Passionen. Lustspiel in zwei Aufzügen 80 S. Ffm, Lpz: 1772
   (Verb. Neuaufl. v. Nr. 4)
9. *Dramatische Unterhaltungen eines k. k. Offiziers. 388 S. Wien: v. Gehlen 1772
   (Enth. u. a. Nr. 1, 2, 4, 7)
10. *Die gelehrte Frau. Ein Lustspiel in fünf Aufzügen. 155 S. Wien: bey dem Logenmeister 1775
11. *Die Liebe in Pannonien oder der Sieg der Pflichten. Ein Trauerspiel in drey Aufzügen von einem k. k. Offizier. 54 S. Wie: v. Gehlen 1777
12. *Hermanns Traum. Ein Trauerspiel in fünf Abtheilungen mit Chören. 60 S. Preßburg: Landerer (1778)
13. *Alte Liebe rostet wohl! Ein Lustspiel in fünf Aufzügen. 80 S. Wien: beym Logenmeister 1780
14. *Irene. Ein christliches Trauerspiel in drei Aufzügen. 72 S. Wien: beym Logenmeister 1781
15. *Das Reich der Mode, oder das künftige Jahrhundert. Ein allegorisches Lustspiel in drei Aufzügen. 134 S. o. O. 1781
16. *Schreiben eines aufrichtigen Mannes an seinen Freund über das berühmte Werk De la littérature allemande etc. 32 S. Ffm, Lpz 1781
17. *(Übs.) Aristophanes: Alceste. Ein Lustspiel. Aus dem Griechischen. 100 S. Wien, Lpz: Gräffer 1782
18. *Die Freundschaft der Weiber. Ein Lustspiel in zwei Aufzügen. 61 S. Wien: beym Logenmeister 1782
19. *Kleopatra und Antonius. Ein Trauerspiel in Versen von vier Aufzügen. 100 S. Wien: beym Logenmeister 1783
20. *Hermann und Thusnelde. Ein Trauerspiel in Versen von fünf Aufzügen. 125 S. Wien: Gräffer 1784
    (Verb. Neuaufl. v. Nr. 2)
21. *Erziehung macht den Menschen. Ein Lustspiel in fünf Aufzügen. 114 S. Wien: Kurzbek 1785
22. Sämmtliche Werke. 4 Bde. Wien, Lpz: Gräffer 1789
23. *Das neue Theater der Deutschen. Eine lustige Komödie in zwei Aufzügen. 71 S. Preßburg: Belnay 1804
24. *Der Fasching-Sonntag. Ein Lustspiel in drei Aufzügen. 68 S. o. O. 1807
25. Kleine Gedichte. Nebst metrischer Uebersetzung der Art poétique des Boileau-Despréaux. 119 S. o. O. 1810
26. Kleinere Gedichte, nebst metrischer Uebersetzung der Art poétique von Boileau-Despréaux. 152 S. Wien 1812
    (Verb. Neuaufl. v. Nr. 25)
27. Sämmtliche Werke. 6 Bde. Wien: Schmidt 1814

Babo, Joseph Marius von (1756–1822)

1 Arno. Ein militärisches Drama in zwei Aufzügen. 62 S. Ffm, Lpz 1776
2 Das Winterquartier in Amerika. Ein Original-Lustspiel in einem Aufzug. 50 S. Wien: beym Logenmeister 1778
3 Antwort des Verfassers der Römer in Teutschland auf den Theaterartikel im 10ten Heft der Baierischen Beiträge. 20 S. Ffm 1779
4 Dagobert der Franken König. Ein Trauerspiel in fünf Akten. 111 S. Mchn: Lindauer 1779
5 Cora und Alonzo. Melodrama, componirt v. Winter. Mchn 1780
6 Reinold und Armida. Oper, componirt v. Winter. Mchn 1780
7 Die Römer in Teutschland. Ein dramatisches Heldengedicht in fünf Akten. 132 S. Frankenthal: Geyel 1780
8 Die Maler. Ein Lustspiel. 62 S. Mchn: Strobl 1782
9 Oda, die Frau von zween Männern. Trauerspiel in fünf Aufzügen. 95 S. Mchn: Fleischmann 1782
10 Otto von Wittelsbach. Pfalzgraf in Bayern. Ein vaterländisches Trauerspiel in fünf Aufzügen. 216 S. Mchn: Strobl 1782
11 *Das Fräulein Wohlerzogen. Ein Lustspiel. 71 S. Mchn: Strobl 1783
12 Ueber Freymaurer. Erste Warnung. 64 S. Mchn: Strobl 1784
13 Gemälde aus dem Leben der Menschen. 340 S. Mchn: Strobl 1784
14 Vollständiges Tagebuch der merkwürdigen Begebenheiten und Revolutionen in Paris ... Nebst dem Entwurf der neuen Staatsverfassung von Frankreich. 88 S. Mchn: Strobl 1789
15 Die Strelitzen. Ein heroisches Schauspiel in vier Aufzügen. 110 S. Ffm (d. i. Mannheim: Schwan & Götz) 1790
16 Anleitung zur Himmelskunde in leicht faßlichen astronomischen Unterhaltungen. XII, 158 S. Mchn: Strobl 1792
17 Bürgerglück. Lustspiel in drey Aufzügen. 107 S. Bln: Voß 1792
18 Schauspiele. Erster Band. VI, 438 S., 4 Ku. Bln: Voß 1793
   (Enth. Nr. 8, 10, 15, 17)
19 Der Puls. Ein Lustspiel. 63 S. Bln: Unger 1804
   (Ausz. a. Nr. 20)
20 Neue Schauspiele. 63, 188 S., 1 Ku. Bln: Unger 1804
21 Genua und Rache. 144 S. o. O. 1805
   (Ausz. a. Nr. 20)
22 Albrechts Rache für Agnes. Ein historisches Schauspiel in vier Aufzügen. 79 S. Wien: Wallishausser 1808
23 Vollständige Darstellung der Gebräuche, Vorschriften und Ceremonien der Israeliten und der Meinungen der Rabbinen ... VIII, 99 S. Straßburg: Heintz 1824

Bach, Rudolf (1901–1957)

1 Aufbruch. Sprech- und Bewegungschor. Für die Hannoverische Musterturnschule zur Uraufführung beim Deutschen Turnfest in Stuttgart 1933. 15 S. m. Fig. Bln: Limpert 1933
2 Das Mary Wigman-Werk. Mit Beiträgen v. M. Wigman. 62 S. m. Abb., Fig. u. Taf. 4° Dresden: Reißner 1933
3 Reich der Kindheit. Roman. 257 S. Tüb: Wunderlich 1936
4 Die Frau als Schauspielerin. 109 S. m. Abb. Tüb: Wunderlich 1937
5 Bogen des Jahres. Sechs Gedichte in Prosa. 15 S. Murnau: Verl. Die Wage (= Des Bücherfreundes Fahrten ins Blaue 1,20) (1938)
6 (Hg.) W. H. Wackenroder u. L. Tieck: Herzensergießungen eines kunstliebenden Klosterbruders. 114 S. Lpz: Insel (= Insel-Bücherei 534) (1938)

7 Tragik und Größe der deutschen Romantik. Ein Umriß. 142 S. Mchn: Duncker & Humblot 1938
8 Der Aufbruch des deutschen Geistes. Lessing, Klopstock, Herder. 96 S. Markkleeberg: Rauch 1939
9 (Hg.) (K. E. Goethe): Briefe der Frau Rat Goethe. 93 S. Lpz: Insel (= Insel-Bücherei 544) 1939
10 (Hg.) L. v. Beethoven: An die unsterbliche Geliebte. 11 S. Mchn: Münchner Buchverl. Hohenester (= Münchner Lesebogen 12) 1940
11 (Hg.) J. v. Eichendorff: Werke. 2 Bde. 44, 639; 795 S. Lpz: Insel 1940
12 (Hg.) F. Grillparzer: Ein Bruderzwist in Habsburg. Trauerspiel in fünf Aufzügen. 107 S. Lpz: Insel (= Insel-Bücherei 417) 1941
13 Ein Jahreskreis. Gedicht-Zyklus. 28 S. Hbg: Dulk 1942
14 (Hg.) Novalis: Werke und Briefe. 767 S., 1 Titelb. Lpz: Insel 1942
15 Odysseus. Oper. Musik H. Reutter. 64 S. Mainz: Schott 1942
16 Sizilische Tage. 39 S. m. Abb. Hbg: Dulk (1946)
17 (MV) P. Verhoeven u. R. B.: Aufgaben und Ziele des heutigen Theaters. Zwei Ansprachen. 32 S. Mchn: Drei Fichten-V. (= Geistiges München 6) 1946
18 Bild und Gedanke. Gedichte und Prosa. 76 S., 1 Titelb. Bad Wörishofen: Drei Säulen-V. (= Das kleine Säulenbuch 5) 1947
19 (Nachw.) H. Grimm: Goethe und Suleika. (S.-A.) 56 S. Hbg: Dulk 1947
20 Deutsche Romantik. Ein geistesgeschichtlicher Umriß. 154 S. Hbg: Claassen & Goverts 1948
(Neuaufl. v. Nr. 7)
21 (Hg.) F. v. Schiller: Kabale und Liebe. Ein bürgerliches Trauerspiel in fünf Aufzügen. 123 S. Bergen/Obb.: Müller & Kiepenheuer (= Die Weltliteratur. Deutschland. Bd. 17–20) 1948
22 (Hg.) F. Hölderlin: Gesammelte Werke. 2. Bde. XXV, 219; 367 S., je ein Titelb. Heidelberg: Pfeffer 1949
23 (Hg.) J. W. v. Goethe: Briefe. Nachw. H. Borcherdt. 1301 S. Mchn: Hanser 1958
24 Klage und Lob. Gedichte. 95 S., 1 Titelb. Mchn: Hanser 1958
25 Leben mit Goethe. Gesammelte Essays. Faust-Tagebuch. Hg. Thea Bach. 350 S. Mchn: Hanser 1960

BACHMANN, Ingeborg (*1926)

1 Die gestundete zeit. Gedichte. 60 S. Ffm: Frankfurter Verl.-Anst. (= studio frankfurt 12) 1953
2 Anrufung des Großen Bären. Gedichte. 87 S. Mchn: Piper 1956
3 Der gute Gott von Manhattan. Hörspiel. 72 S. Mchn: Piper (= Piper-Bücherei, Bd. 127) 1958
4 (Bearb.) Der Prinz von Homburg. Oper in drei Akten nach dem Schauspiel v. Heinrich v. Kleist. Musik H. W. Henze, 32 S. Mainz: Schott 1960

BACHMANN, Luise George (*1903)

1 Meister, Bürger und Rebell. Das Lebensbild Tilman Riemenschneiders. 405 S., 8 Taf. Paderborn: Schöningh (1937)
2 Der Thomaskantor. Introduktion, Toccata und Fuga über B-A-C-H. 461 S. Paderborn: Schöningh (1937)
3 Bruckner. Der Roman der Sinfonie. 480 S. Paderborn: Schöningh (1938)
4 Musikantengeschichten. Kleine Geschichten aus sieben Jahrhunderten um unsere großen deutschen Meister. 135 S. Paderborn: Schöningh 1939
5 Die andere Schöpfung. Ein Baumeister-Roman. 403 S., 8 Taf. Paderborn: Schöningh 1940
6 Der beste, liebste Papa. Eine Leopold Mozart-Geschichte. 127 S. Paderborn: Schöningh 1941
7 Wirrwarr in Weimar. Eine Johann Sebastian Bach-Novelle. 178 S. Paderborn: Schöningh 1941

8 Das Wasser rauscht. Franz Schuberts selige Sommerreise ins Gebirge. 133 S. Linz: Muck 1946
9 Anton Bruckners Schweizerreise. 52 S. Luzern: Rex-V. (= Rex-Kleinbücherei 14) 1947
10 Drei Kronen eines Lebens. Das Schicksalslied Clara Schumanns. 336 S., 1 Titelb. Wien: Pustet (1947)
11 Singen und Sagen. Roman des Minnesangs. 615 S. m. Abb. Wien: Österr. Bundesverl. 1948
12 Weihnachten 1194 in Palermo. 9 Bl. Wien: Österr. Bundesverl. 1949 (Ausz. a. Nr. 11)
13 Wilbing. Das Leben eines Einsamen. Nach einer Handschrift des dreizehnten Jahrhunderts. 439 S. Linz: Muck 1948
14 Goldsucher. Roman. 671 S. Wien: Schöningh 1951
15 Der sechsfarbige Strahl. Malerroman der Donau-Schule. 426 S., 3 Taf. Graz, Wien, Köln: Styria Verl.-Ges. 1953
16 Historie einer schönen Frau. Mörikes Mergentheimer Liebeslied. 136 S. m. Abb. Bad Mergentheim: Kling (1954)
17 Das Experiment. Eine heitere Sängerknaben-Geschichte. 166 S. m. Abb. Paderborn: Schöningh 1957
18 Die Siegerin. Das Leben der Viktoria Rasoamanarivo. 206 S., 4 S. Abb. Mödling b. Wien: St. Gabriel-V. (= Stirb und werde 2) (1958)
19 Liebe und Leid. Zum Gedenken an Josef Russmann, 1906–1958. 32 S. m. Abb. Linz: Verl. Veritas (1959)

BACMEISTER, Ernst (+Felix Montanus) (*1874)

1 Die Rheintochter. Dramatisches Märchen. 115 S. Wiesbaden: Bacmeister 1897
2 Der Graf von Gleichen. Tragödie. 110 S. Wiesbaden: Bacmeister 1898
3 Der Primus. Schülerdrama. 54 S. Konstanz: Reuß & Itta (Priv.-Dr.) 1903
4 Des Fliegers Traum. Lustspiel in einem Aufzug. 31 S. Bln: Bloch (= Vereins-Bühne Nr. 28) 1912
5 +Der Phantast. Tragödie. Bln: Fischer (Bühnen-Ms.) 1913
6 Barbara Stoßin. Komödie in vier Aufzügen. 56 S. Konstanz: Reuß & Itta (Bühnen-Ms.) 1917
7 Gudulinde. Tragische Legende in einem Aufzug. 9 S. Sonderdruck 1918
8 Innenmächte. Vier Schauspiele. 297 S., 1 Taf. Mchn: Müller 1922 (Enth. u. a. Nr. 5, 6, 9)
9 Lazarus Schwendi. Drama in fünf Aufzügen. 58 S. Mchn: Müller (Bühnen-Ms.) 1922
10 Überstandene Probleme. Essays. 260 S. Mchn: Müller 1923
11 Arete. Tragödie in fünf Aufzügen. 62 S. Mchn: Müller 1925
12 Erlebnisse der Stille. 240 S. Mchn: Müller (= Georg Müllers Zwei-Mark-Bücher 77) 1927
13 (Einl.) H. Boeschenstein: Stein am Rhein. Holzschnitte. 2 Bl., 10 Taf. Wangen am Bodensee: Selbstverl. 1932
14 Maheli wider Moses. Tragödie. 56 S. Bln: Theaterverl. Langen-Müller 1932
15 Die Schlange. Lustspiel. 48 S. Bln: Bühnenvolksbund 1932
16 Hauptmann Geutebrück. Ein Drama im Nachhall des Krieges. 76 S. Stg: Das Werk 1933
17 Der Kaiser und sein Antichrist. Tragödie. 67 S. Bln: Langen-Müller (1934)
18 Kaiser Konstantins Taufe. Religionstragödie. 98 S. Bln: Theaterverl. Langen-Müller 1937
19 Der Größere. Tragödie. 21 Bl. Bln: Theaterverl. Langen-Müller (1938)
20 Schöpferische Weltbetrachtung. 168 S. Dessau: Rauch (1938)
21 Wuchs und Werk. Die Gestalt meines Lebens. 294 S. Dessau: Rauch 1939
22 Der teure Tanz. Lustspiel. 143 S. Bln: Theaterverl. Langen-Müller (= Bücherei der dramatischen Dichtung 11) 1940
23 Theseus. Tragödie. 109 S. Bln: Theaterverl. Langen-Müller 1940
24 Die Tragödie ohne Schuld und Sühne. 30 S. Wolfshagen-Scharbeutz: Westphal 1940

25 Die dunkle Stadt. Tragödie. 59 S. Bln: Theaterverl. Langen-Müller (Bühnen-Ms.) (1941)
   (Ausz. a. Nr. 8)
26 Die Spur. Gesammelte Gedichte. 184 S. Dessau: Rauch (1942)
27 Lyrik im Lichte. 123 S. Dessau: Rauch 1943
28 Schau und Gedanke in Baden-Baden. Skizzen. 61 S.,4 Abb. Dessau: Rauch 1943
29 Vom Naturgöttlichen zum Geistgöttlichen. Vortrag. 35 S. Mainzer Presse 1943
30 Der deutsche Typus der Tragödie. Dramatisches Fundament. 122 S. Bln: Theaterverl. Langen-Müller (1943)
31 Der indische Kaiser. Tragödie. 86 S. Bln: Theaterverl. Langen-Müller 1944
32 Intuitionen. 183 S. Lorch, Stg: Bürger (= Das Gesamtwerk, Bd. 7) 1947
33 Essays. 242 S. Lorch, Stg: Bürger (= Das Gesamtwerk, Bd. 8) 1948
34 Die Bewertung der Maschine in der Weltschau des Geistes. Vortrag. 35 S. Mainz: Mainzer Presse 1950
35 Lionardo da Vinci. Tragödie. 75 S. Mainz: Eggebrecht-Presse 1950
36 Innenernte des Lebens. 110 S. Stg: Kleine Verl.-Ges. 1952

Bächler, Wolfgang (*1925)

1 Der nächtliche Gast. Roman. 200 S. Ffm: Eremitenpresse 1950
2 Die Zisterne. Gedichte. 77 S. Eßlingen: Bechtle 1950
3 Lichtwechsel. Neue Gedichte. 53 S., 8 Abb. Eßlingen: Bechtle 1955
4 (MÜbs.) A. Morriën: Ein unordentlicher Mensch. Erzählungen. Aus d. Holländ. übs. G. Goyert, W. B. u. H. Böll. 216 S. Mchn: Biederstein 1955

Bäte, Ludwig (*1892)

1 Weisen im Walkranz. Gedichte. 30 S. Hannover: Grote 1915
2 Sommerfahrten. Gedichte. 23 S. Lpz: Volger 1916
3 Feldeinsamkeit. Gedichte aus Niedersachsen. 30 S. Weimar: Weckruf-V. 1917
4 Mondschein und Giebeldächer. Gedichte und Prosa. 78 S. Osnabrück: Kisling 1919
5 Friedrich Leopold von Stolberg. 20 S. m. Abb. Bad Rothenfelde: Holzwarth (= Osningschriften, H. 1) 1919
6 Bei uns im Winter. 32 S. m. Abb. Bad Rothenfelde: Holzwarth (= Osningschriften H. 2) 1919
7 (MH) L. B. und K. Meyer-Rotermund: Das Buch der deutschen Kleinstadt. 139 S. m. Abb. Bad Rothenfelde: Holzwarth 1920
8 (MH) Das Buch vom deutschen Pfarrhaus. Hg. L. B. u. K. Meyer-Rotermund. 137 S. m. Abb. Bad Rothenfelde: Holzwarth 1920
9 (Hg.) Der Mond ist aufgegangen. Deutsche Abendlieder. Gesammelt. 47 S. m. Abb., 12 Taf. Mchn: Wiechmann 1921
10 Rast auf Wanderung. Eine Sommergabe deutscher Dichter. 29 S. m. Abb. Bad Rothenfelde: Holzwarth 1921
11 (Hg.) Aus Theodor Storms Lebensgarten. Ein Bild seiner Tochter Gertrud. Mit unveröffentlichten Gedichten Th. Storms und zwei Aufsätzen seiner Tochter. 114 S., 2 Taf. Bad Rothenfelde: Holzwarth 1921
12 Die Amsel. Gedichte. 120 S. Warendorf: Schnell 1922
13 Die Reise nach Göttingen. Eine Geschichte. 132 S. Göttingen: Turm-V. (1922)
14 (MH) Das Johannes-Schlaf-Buch. Zu seinem 60. Geburtstage hg. L. B., K. Meyer-Rotermund und R. Borch. 105 S., 1 Taf. Rudolstadt: Greifen-V. 1922
15 Das ewige Vaterland. Geschichten und Bilder. 91 S., 5 Taf. Rudolstadt: Greifen-V. 1922
16 (Hg., Einl.) J. H. Voss: Mitteilungen aus seinem Leben. 125 S. Göttingen: Turm-V. 1922

17 (MH) Das Nachtwächterbüchlein. Hg. L. B. u. K. Meyer-Rotermund. 102 S. m. Abb. Göttingen: Turm-V. 1923
18 Im alten Zimmer. Geschichten. 85 S. Mchn: Parcus (= Romantische Bücherei Bd. 39/40) 1923
19 Mond über Nippenburg. Ein deutscher Idyllenkranz. 140 S. Bremen: Schünemann (1924)
20 Wittekindsland. Ein Buch der Heimat. 48 S. Osnabrück: Kisling 1924
21 Aus goldenen Gassen. Geschichten um deutsche Dichter. 50 S. m. Abb. Frankfurt: Diesterweg (= Kranz-Bücherei, H. 58–59) (1925)
22 (Hg., Einl.) Vossische Hausidylle. Briefe von Ernestine Voss an Heinrich Christian und Sara Boie (1794–1820). 222 S. m. Abb. Bremen: Schünemann 1925
23 (Hg.) Kranz um Jean Paul. Briefe von H. Voß. 69 S., 3 Taf. Heidelberg: Hörning 1925
24 Melle. Eine deutsche Kleinstadt. 70 S. m. Abb. Melle: Selige 1925
25 (Hg.) Der Friedenssaal. Eine Monatsschrift. Paderborn, Osnabrück: Schöningh 1926–1928
26 Jenny von Voigts. Eine vergessene Freundin Goethes. 57 S., 3 Taf. Warendorf: Selige 1926
27 Weg durch Wiesen. Neue Gedichte. 111 S. Warendorf: Schnell 1926
28 Gang ins Gestern. Eine Novelle. 77 S. Lpz: Reclam (= Reclam's UB. 6781) 1927
29 Verschollenes Schicksal. Geschichten aus dem Harz. 66 S. Wernigerode: Paulmann (= Die bunten Harzbücher Bd. 5) 1927
30 Johannes Schlaf. Eine Rede. 16 S. Querfurt: Burg-V. 1927
31 Tilman Riemenschneider. Novelle. 82 S. Wernigerode: Paulmann (1928)
32 Verklungene Stunden. Geschichten und Gedichte. 64 S. Halle: Schroedel (= Schroedels Jugendbücher. Abt. 1, Bd. 103) (1928)
33 Novellen um Osnabrück. 160 S. Langensalza: Beltz (= Aus deutschem Schrifttum und deutscher Kultur, Bd. 243–245) (1930)
34 Osnabrücker Theater im achtzehnten Jahrhundert. 56 S. m. Abb. Osnabrück: Meinders & Elstermann 1930
35 Lied nach Süden. Neue Gedichte. 70 S. Warendorf: Schnell 1931
36 Der Brand in Berka und andere Geschichten um Goethe. 32 S. m. Abb. Breslau: Hirt (1932)
37 Osnabrücker Theater zwischen Empire und Biedermeier. 52 S. m. Abb. Osnabrück: Meinders & Elstermann 1932
38 Danzig und der deutsche Westen. 31 S., 1 Taf. Danzig: Kafemann (= Heimatblätter des Deutschen Heimatbundes Danzig. Jg. 10, H. 3) 1933
39 (MH) L. B. und K. Meyer-Rotermund: Johannes Schlaf. Leben und Werk. 93 S. Querfurt: Jaeckel (1933)
40 Der Friede. Roman. 210 S. Bln: Brunnen-V. 1934
41 Lessings Schauspieler in Osnabrück. 16 S. m. Abb. Osnabrück: Meinders & Elstermann 1934
42 Worpswede. Gedichte. 54 S. Warendorf: Schnell 1934
43 Herz in Holland. 71 S. m. Abb. Ratingen: Holzwarth 1936
44 Der Schoner „Johanna". Roman. 207 S. Ratingen: Holzwarth 1936
45 Annette am Bodensee. 63 S., 3 Taf. Borna: Noske 1937
46 Die Blume von Isenheim und andere Novellen. 104 S. Borna: Noske 1937
47 Bühne im Morgenrot. Roman des Schauspielers Conrad Ekhof. 240 S. Saarlautern: Hausen 1938
48 Chronik der Stadt Osnabrück. 80 S. m. Abb. Bln: Weise (= Chroniken deutscher Städte 18) 1938
49 Das schöne Münster. 37 Bilder mit Einführung und Deutung. 39 S. Oldenburg: Schulze (= Ziehbrunnen-Bildreihe 11) (1938)
50 Urdeutsches Niedersachsen. 47 S. m. Abb. 4° Bln: Simon (= Die deutschen Bücher) (1938)
51 Alte Niedersachsen-Städte. 47 S. m. Abb. 4° Bln: Simon (= Die deutschen Bücher) (1938)
52 Das ehrenreiche Soest. 39 S., 37 Abb. Oldenburg: Schulze (= Ziehbrunnen-Bildreihe 10) (1938)
53 Fenster nach Norden. Ein Geschichtenbuch. 207 S. Osnabrück: Fromm (1939)

54 Osnabrück. 39 S., 37 Abb. Oldenburg: Schulze (= Ziehbrunnen-Bildreihe 13) (1939)
55 Münchhausen und Eulenspiegel. Niederdeutscher Humor. Gesammelt und erzählt. 294 S. m. Abb. Essen: Industriedruck 1940
56 Osnabrück und der Westfälische Friede. 23 S., 24 Bl. Abb. Essen: Industriedruck 1940
57 (Hg.) Der goldene Wagen. Ein Buch zum Vorlesen. 259 S. Osnabrück: Fromm (= Niederdeutsche Reihe 2) (1940)
58 Eine Frau besiegt den Ozean. 31 S. m. Abb. Bln: Junge Generation (= Die Mädelbücherei 18) (1941)
59 Herman Anders Krüger. Bild eines Dichters. 39 S. m. Abb. Bln: Preuss 1941
60 Vergiss nicht, daß du Flügel hast! Gedichte. 109 S. Essen: Spael 1941
61 Legende von den vier Frauen. Erzählung. 88 S. Oldenburg: Stalling 1944
62 Justus Möser. 30 S. m. Abb. Osnabrück: Meinders & Elstermann 1944
63 Justus Möser. Gedächtnisrede an seinem Grabe in St. Marien. 10 S. Osnabrück: Meinders & Elstermann 1944
64 Rede auf Franz Hecker. 10 S. Osnabrück: Meinders & Elstermann 1944
65 Schwegerhoff. Erzählung. 128 S. Oldenburg: Stalling 1944
66 Niederdeutsche Anekdoten. 123 S. Oldenburg: Stalling 1945
67 (Hg., Nachw.) Theodor Storm. Sämtliche Novellen. 3 Bde. Gütersloh: Bertelsmann 1946
68 Der Weg zu ihr. Ein Leben. 179 S. Gütersloh: Bertelsmann 1946
69 (Hg., Nachw.) A. v. Arnim u. C. Brentano: Des Knaben Wunderhorn. 320 S. Gütersloh: Bertelsmann 1947
70 Begegnungen. Erinnerungen aus meinem Leben. 88 S. Essen: v. Chamier 1947
71 Johanneslegende. 86 S. Heidelberg-Waibstadt: Kemper 1947
72 Der trunkene Tod. Eine Grabbe-Novelle. 63 S. Goslar: Deutsche Volksbücherei (= Die Bücher des Volkes) 1947
73 Weg und Ziel. Gedichte. 16 S. Hbg: Liebhaberdruck der Hamburger Landeskunstschule 1947
74 Amore Pacis. Dichtung um den Westfälischen Frieden. 48 S. Warendorf: Schnell 1948
75 Der Friede in Osnabrück 1648. 208 S. m. Abb. Oldenburg: Stalling 1948
76 Der Friedensreiter. Erzählung. 93 S. Oldenburg. Niederdeutsches Verlagshaus 1948
77 Johann Gottfried Herder. Der Weg, das Werk, die Zeit. 174 S. Stg: Hirzel 1948
78 Der Morgenstern. Gedichte. 86 S. Gütersloh: Bertelsmann 1948
79 Tilman Riemenschneider kehrt heim. Erzählung. 77 S. m. Abb. Freiburg i. Br., Bln, Düsseldorf: Christophorus-V. 1948 (Neuaufl. v. Nr. 31)
80 (Übs.) Göttliches Schattenspiel. Wayang-Lieder von Raden Mas Noto Soeroto. Übs. u. kommentiert. 64 S. m. Abb. Heidelberg: Kemper 1948
81 Johann Carl Bertram Stüve. 36 S. 7 Abb. Paderborn, Osnabrück: Schöningh 1948
82 Herrn Lichtenbergs Irrtum. Eine Geschichte aus dem Rokoko. 60 S. Rinteln: Bösendahl 1950
83 Jenny von Voigts. 33 S. m. Abb. Olten: Vereinigung Oltner Bücherfreunde 1951
84 Alles ist Wiederkehr. Gedichte. 62 S. Warendorf: Schnell 1952
85 Osnabrück. Bild einer alten Stadt. 64 S. m. Abb. Worms: Norberg 1952
86 Der Dichter in dieser Zeit. Rede. 14 S. Minden: Köhler 1953
87 Johann Nikolaus Götz. 28 S. Worms: Norberg 1954
88 (Übs.) A. Rodin: Testament. 32 S. Mainz: Mainzer Drucke 1954
89 (Nachw.) St. Streuvels: Martje Maartens. 73 S. Stg: Reclam 1954
90 Der Kurier der Königin. Erzählung. 106 S. Bln: Verlag der Nation 1955
91 Johann Gottfried Herder. 232 S. Bln: Union 1956
92 Johanneslegende. Erzählung. 102 S. Bln: Union 1956
93 Rosen nach Lidice. Erzählung. 48 S. Bln: Union 1956
94 Weimar. Antlitz einer Stadt. 230 S. m. Abb., 9 Taf. Weimar: Kiepenheuer 1956
95 Flechte enger den Ring. Gedichte. 56 S. Warendorf: Schnell 1957

96 Herman Anders Krüger. 19 S. m. Abb. Gotha: Veröffentlichungen der Landesbibliothek 1958
97 Meisenheimer Novelle und andere Dichtungen. 156 S. m. Abb. Bln: Union (= Die Perlenkette, Bd. 28) 1958
98 (Nachw.) H. Franck: Gesammelte Werke. 2 Bde. 766 S., 1 Titelb.; 725 S. Bln: Union 1959
99 (Einl.) Heidelberg. Zwölf Pastelle von Professor Franz Huth. 30 S. Heidelberg: Schmitt 1959
100 Franz Huths Bilder der Schillerstätten. Rede. 30 S. m. Abb. Gotha: Veröffentlichungen der Landesbibliothek 1959

BÄUMER, Gertrud (1873–1954)

1 (MH) Handbuch der Frauenbewegung. Hg. G. B. u. H. Lange. 5 Tle. Bln: Moeser 1901–1906
2 Die Frau in der Kulturbewegung der Gegenwart. Auseinandersetzung mit Hochschulfragen. XIII, 49 S. Wiesbaden: Bergmann (= Grenzfragen des Nerven- und Seelenlebens 32) 1904
3 (MV) C. Rethwisch, R. Lehmann u. G. B.: Die höheren Lehranstalten und das Mädchenschulwesen im Deutschen Reich. 426 S. Bln: Behrend (= Das Unterrichtswesen im Deutschen Reich 2) 1904
4 Goethes Satyros. 126 S. Lpz: Teubner 1905
5 (MV) J. Wychgram, H. Lange u. G. B.: Schiller und die Seinen. 159 S. m. Abb. Bln: Oehmigke 1905
6 (Hg., MV) Neue Lebensziele. Ansprachen an junge Mädchen. 5 H. Lpz: Voigtländer 1907–1909
7 (MV) (H. Lange: Soziale Arbeit, eine Lebensaufgabe unserer Zeit. – G. B.:) Was sind wir unserem geistigen Ich schuldig? 15 S. Lpz: Voigtländer (= Neue Lebensziele 2) 1907 (H. 2 v. Nr. 6)
8 (MH) Von der Kindesseele. Beiträge zur Kinderpsychologie aus Dichtung und Biographie. Hg. G. B. u. L. Droescher. 429 S. Lpz: Voigtländer 1908
9 Die Frauenbewegung und die Zukunft unserer Kultur. 20 S. Bln: Moeser 1909
10 (Hg., Einl.) Goethe's Freundinnen. Briefe zu ihrer Charakteristik. 320 S., 12 Bildn. Lpz: Teubner (= Deutsche Charakterköpfe 5–6) 1909
11 Die soziale Idee in den Weltanschauungen des neunzehnten Jahrhunderts. Die Grundzüge der modernen Sozialphilosophie. 375 S. Heilbronn: Salzer 1910
12 Die Frau und das geistige Leben. IX, 392 S. Lpz: Amelang (= Die Kulturaufgaben der Frau) 1911
13 (Hg.) Die Religion und die Frau. Sieben Vorträge. 66 S. Bln-Schöneberg: Protest. Schriftenvetrieb 1911
14 Der Wandel des Frauenideals in der modernen Kultur. Eine Jugendansprache. 24 S. Mchn: Nationalver. 1911
15 Entwicklung und Stand des Frauenstudiums und der höheren Frauenberufe. (S.-A.) 22 S. Bln: Moeser 1912
16 (Hg.) Der deutsche Frauenkongreß Berlin 1912. Sämtliche Vorträge. VII, 312 S. Lpz: Teubner 1912
17 Ika Freudenberg†. Ansprache bei der Trauerfeier. (S.-A.) 15 S., 1 Bildn. Bln: Moeser 1912
18 Die Frau in Volkswirtschaft und Staatsleben der Gegenwart. VIII, 328 S. Stg: Dt. Verl.-Anst. (= Das Weltbild der Gegenwart 5) 1914
19 Der Krieg und die Frau. 30 S. Stg: Dt. Verl.-Anst. (= Der deutsche Krieg, H. 15) 1914
20 (MH) Die Hilfe. Zeitschrift für Politik, Literatur und Kunst. Begr. F. Naumann. Unter Mitwirkung v. A. Erkelenz ... hg. W. Heile u. G. B. (ab 1932: hg. Th. Heuß, G. B. u. W. Goetz). 26 Jge. m. Sonderh. 4° Bln-Schöneberg: Verl. d. „Hilfe" (später Bln: Herbig bzw. Bln: Lichtfaß bzw. Bln: Sieben Stäbe-Verl. bzw. Bln: Bott) 1915–1940
21 Die Lehren des Weltkrieges für die deutsche Pädagogik. Vortrag. 12 S. Lpz: Teubner 1915

22 (Hg.) Die deutsche Frau in der sozialen Kriegsfürsorge. VII, 61 S. Gotha: Perthes (= Perthes' Schriften zum Weltkrieg 12) 1916
23 (MV) F. Naumann u. G. B.: Kriegs- und Heimat-Chronik. Bd. 1. August 1914 – Juli 1915. VII, 345 S. Bln: Reimer 1916
24 Weit hinter den Schützengräben. Aufsätze aus dem Weltkrieg. VI, 231 S. Jena: Diederichs 1916
25 Helene Lange. Zu ihrem siebzigsten Geburtstage. 51 S. Bln: Moeser 1918
26 Soziale Erneuerung. Amtliches Stenogramm der Rede in der Nationalversammlung vom 21. II. 1919. 16 S. Bln: Fortschritt (= Demokratische Reden 3) 1919
27 Zwischen Gräbern und Sternen. August 1916 bis August 1918. 124 S. Jena: Diederichs 1919
28 (MH. bzw. Hg.) Die Frau. Monatsschrift für das gesamte Frauenleben unserer Zeit. Hg. H. Lange u. G. B. (ab Jg. 34 Hg. G. B.; ab Jg. 42 Hg. G. B. u. F. Magnus-v. Hausen). Jg. 28–51. Bln: Herbig 1920–1944
29 Studien über Frauen. 176 S. Bln: Herbig 1920
30 Fichte und sein Werk. 142 S. Bln: Herbig 1921
31 (MH) Das Reichsgesetz für Jugendwohlfahrt. Auf Grund amtlichen Materials hg. G. B., R. Hartmann, H. Becker. VII, 301 S. Bln: Herbig 1923
32 Die seelische Krisis. 267 S. Bln: Herbig 1924
33 Studien über Frauen. 192 S. Bln: Herbig 1924 (Verm. Neuaufl. v. Nr. 29)
34 Die Frau in der Krisis der Kultur. 39 S. Bln: Herbig (= Schriftenreihe der Deutschen Akademie für soziale und pädagogische Frauenarbeit in Berlin, H. 1) (1926)
35 (MH) Teubners Handbuch der Staats- und Wirtschaftskunde. Unter Mitwirkung v. G. B., O. Baumgarten, A. Dominicus (u. a.) 2 Reihen Lpz: Teubner 1926-1928
36 Europäische Kulturpolitik. 51 S. Bln: Herbig 1926
37 (MV) Die politische Machtbildung der Frauen. Umfang und Grenzen überparteilicher Frauenarbeit. (– E. Lürßen: Die Arbeit der Frau in den politischen Parteien.) 20 S. Mannheim: Bund dt. Frauenvereine (1927)
38 Die Frauengestalt der deutschen Frühe. 39 S. m. Taf. 4° Bln: Herbig (1928)
39 Grundlagen demokratischer Politik. 95 S. Karlsruhe: Braun (= Politische Sonderreihe, Bd. 1; = Wissen und Wirken, Bd. 52) 1928
40 Deutsche Schulpolitik. 223 S. Karlsruhe: Braun (= Wissen und Wirken, Bd. 53) 1928
41 Nationale und internationale Erziehung in der Schule. 28 S. Bln: Herbig (= A. D. L. V.; Pädagogisch-psychologische Schriftenreihe des Allg. Dt. Lehrerinnenvereins, H. 5) 1929
42 Grundsätzliches und Tatsächliches zur Bevölkerungsfrage. (S.-A.) 16 S. 4° Bln: Herbig 1929 (Ausz. a. Nr. 28)
43 Heimatchronik während des Weltkrieges. 224 S. Bln: Herbig 1930 (Ausz. a. Nr. 20 u. 28)
44 Neuer Humanismus. VII, 80 S. Lpz: Quelle & Meyer 1930
45 Schulaufbau, Berufsauslese, Berechtigungswesen. III, 77 S. Bln: Heymann 1930
46 Schulaufbau, Berufsauslese, Berechtigungswesen. III, 85 S. Bln: Heymann 1930 (Erw. Neuaufl. v. Nr. 45)
47 Sinn und Form geistiger Führung. 159 S. Bln: Herbig 1930
48 Die Frau im neuen Lebensraum. 285 S. Bln: Herbig 1931
49 Die Frau im deutschen Staat. 78 S. Bln: Junker & Dünnhaupt (= Fachschriften zur Politik und staatsbürgerlichen Erziehung) 1932
50 Goethe – überzeitlich. 91 S, 1 Titelb. Bln: Herbig 1932
51 Krisis des Frauenstudiums. 31 S. Lpz: Voigtländer (1932)
52 Der freiwillige Arbeitsdienst der Frauen. M. Anh.: Der freiwillige Arbeitsdienst für Mädchen. Denkschrift. 35 S. Lpz: Voigtländer (= Die Frau auf dem Schicksalswege der Nation) 1933
53 Familienpolitik. 77 S. Bln: Verl. f. Standesamtswesen 1933
54 Helene Lange. 54 S. Lübeck: Coleman (= Colemans kleine Biographien 22) 1933

55 Lebensweg durch eine Zeitenwende. 446 S. Tüb: Wunderlich (1933)
56 Sonntag mit Silvia Monika. 30 S. Bln: Herbig 1933
57 (Hg.) Eine Hand voll Jubel. Aus dem Leben von Kindern in Familie und sozialen Erziehungsstätten. Mitgeteilt von jungen Müttern und Berufserzieherinnen. 240 S. m. Abb. Bln: Bott 1934
58 Männer und Frauen im geistigen Werden des deutschen Volkes. 395 S. Tüb: Wunderlich 1934
59 „Ich kreise um Gott". Der Beter Rainer Maria Rilke. 190 S., 1 Titelb. Bln: Herbig 1935
60 Adelheid, Mutter der Königreiche. 639 S. Tüb: Wunderlich 1936
61 Der Park. Geschichte eines Sommers. 229 S. Bln: Herbig 1937
62 Der Berg des Königs. Das Epos des langobardischen Volkes. 365 S., 1 Kt. Mchn: Bruckmann (1938)
63 Krone und Kreuz. 24 S., 10 Taf. Tüb: Wunderlich (1938)
64 Wolfram von Eschenbach. 97 S. Stg: Cotta (= Die Dichter der Deutschen 2) 1938
65 Die Frauengestalt der deutschen Frühe. 157 S., 40 Taf. Bln: Herbig 1939 (Verb. u. verm. Neuaufl. v. Nr. 38)
66 Gestalt und Wandel. Frauenbildnisse. XV, 719 S., 16 Bl. Abb. Bln: Herbig 1939
67 (Einl.) Das Antlitz der Mutter. 31 S., 32 Abb. B ln: Genius-Verl. 1941
68 Der ritterliche Mensch. Die Naumburger Stifterfiguren. 156 S., 16 Taf. Bln: Herbig 1941
69 Die Macht der Liebe. Der Weg des Dante A lighieri. 826 S. Mchn: Bruckmann (1942)
70 Das hohe Mittelalter als christliche Schöpfun g. 28 S. Mchn: Kaiser (= Traktate vom wirklichen Leben 6) 1946
71 Die Reichsidee bei den Ottonen. Heinrich I. und Otto der Große, Otto III. und Heinrich II. 32 S. Nürnberg, Bamberg, Passau: Glock & Lutz (1946)
72 Der neue Weg der deutschen Frau. 50 S. Stg: Dt. Verl.-Anst. (= Der Deutschenspiegel 1) 1946
73 Der Dichter Fritz Usinger. 173 S. Stg, Tüb: Wunderlich 1947
74 Der Jüngling im Sternenmantel. Größe und Tragik Ottos III. 565 S. Mchn: Münchner Verl. 1947
75 Eine Woche im May. Sieben Tage des jungen Goethe. 423 S. Tüb: Wunderlich (1947)
76 Die christliche Barmherzigkeit als geschichtliche Macht. 11 S. Stg: Quell-Verl. (= Schriftenreihe der Evang. Frauenarbeit in Deutschland 1) 1948
77 Helene Lange. Zum hundertsten Geburtstag. 29 S. Stg: Bolten 1948
78 Frau Rath Goethe. Die Mutter der Weisheit. 107 S. Tüb, Stg: Wunderlich 1949
79 Ricarda Huch. 71 S. Tüb, Stg: Wunderlich 1949
80 Die drei göttlichen Komödien des Abendlandes. Wolframs Parsifal, Dantes Divina Commedia, Goethes Faust. 198 S. Münster: Regensberg 1949
81 Das geistige Bild Goethes im Lichte seiner Werke. 285 S., 1 Taf. Mchn: Bruckmann 1950
82 (Hg.) Der Denker. 22 S., 25 Taf. Freiburg i. Br.: Herder (= Der Bilderkreis 30) 1950
83 (Nachw.) R. Huch: Der neue Heilige. Novellen. 79 S. Stg: Reclam (= Reclam's UB. 6481) 1950
84 Das königliche Haupt. Eine Erzählung. 47 S. m. Abb. Tüb, Stg: Wunderlich 1951
85 Otto I. und Adelheid. 90 S. Tüb: Wunderlich 1951
86 Im Licht der Erinnerung. 163 S. Tüb: Wunderlich 1953
87 Der Traum vom Reich. Eine Auswahl. Hg. A. Hölscher. 62 S. Bielefeld, Bln, Hbg: Velhagen & Klasing (= Velhagen & Klasing's dt. Lesebogen 16) (1955)
88 Des Lebens wie der Liebe Band. Briefe. Hg. E. Beckmann. 381 S. Tüb: Wunderlich 1956
89 (MV) H. Lange: Was ich hier geliebt. Briefe. Hg. E. Beckmann. Mit e. Lebensbild v. G. B. 366 S. Tüb: Wunderlich 1957
90 Eleonora Duse. 54 S. Tüb: Wunderlich 1958
(Ausz. a. Bd. 1 v. Nr. 91)

91 Gestalt und Wandel. 2 Bde. Tüb: Wunderlich 1958–1959
  1. Bildnis der Liebenden. Gestalt und Wandel der Frau. 358 S., 8 Taf. 1958
  2. Frauen der Tat. Gestalt und Wandel. 422 S. m. Abb. 1959
  (Verm. Neuaufl. v. Nr. 66)
92 Wahrzeichen deutscher Geschichte. Heinrich I. und Otto der Große. Otto III. und Heinrich II. 34 S. Nürnberg: Glock & Lutz (= Nürnberger Liebhaberausgaben) 1958
  (Veränd. Neuaufl. v. Nr. 71)

BAGGESEN, Jens Immanuel (1764–1826)

1 Holger Danske, oder Oberon. Eine Oper in drey Acten. Hg. C. F. Cramer. 1 Bl., 152 S. Kopenhagen: Sönnichsen 1790
2 Comische Erzählungen oder Scenen aus dem menschlichen Leben alter und neuerer Zeiten. X, 459 S. Kopenhagen, Lpz: Proft 1792
3 Baggesen oder Das Labyrinth. Eine Reise durch Deutschland, die Schweiz und Frankreich. Übs. C. F. Cramer. 5 Bde. Altona, Lpz: Kavensche Bh. 1793–1795
4 A Bonaparte. Ode sapphique composée à l'hospice du Grand St. Bernhard 1798 par J. B. Traduite du Danois en françois par lui-mème. 4 Bl. Copenhague 1800
5 Humoristische Reisen durch Dänemark, Deutschland und die Schweiz. 5 Bde. Hbg, Mainz: Vollmer 1801
  (Neuaufl. v. Nr. 3)
6 Gedichte. 2 Bde. Hbg: Perthes 1803
  1. Oden und Elegieen. 8 Bl., 209 S.
  2. Lieder und vermischte Gedichte. VIII, 232 S.
7 Parthenaïs oder Die Alpenreise. Ein idyllisches Epos in neun Gesängen. 364 S. 16⁰ Hbg, Mainz: Vollmer (1804)
8 *Heideblumen. Vom Verfasser der Parthenaïs. Nebst einigen Proben der Oceania. 335 S. Amsterdam: Kunst- u. Industrie-Comptoir 1808
9 *(Hg.) Der Karfunkel oder Klingklingel-Almanach. Ein Taschenbuch für vollendete Romantiker und angehende Mystiker. Auf das Jahr der Gnade 1810. XII, 186 S. Tüb: Cotta 1809
10 (Hg.) Taschenbuch für Liebende. Aufs Jahr 1810. 236 S. 16⁰ Tüb: Cotta 1810
11 Parthenaïs oder Die Alpenreise. Ein idyllisches Epos in zwölf Gesängen. Gänzlich umgearbeitete und mit drei Gesängen vermehrte Aufl. 222 S. 12⁰ Amsterdam: Kunst- u. Industrie-Comptoir 1812
  (Umarb. v. Nr. 7)
12 Adam und Eva, oder Die Geschichte des Sündenfalls. Ein humoristisches Epos in zwölf Büchern. Vorw G. J. Göschen. 436 S. Lpz: Göschen 1826
13 Der Himmelruf an die Griechen in ihrem Todeskampfe für die Freiheit. (S.-A.) Zum Besten der vielleicht noch lebenden. 10 S. Breslau: Max 1826
14 (MV) Aus Jens Baggesen's Briefwechsel mit Karl Leonhard Reinhold und Friedrich Heinrich Jacobi. 2 Bde. XII, 470; XII, 440 S., 28 Abb. Lpz: Brockhaus 1831
15 Poetische Werke in deutscher Sprache. Hg. v. d. Söhnen des Verf., Carl u. August Baggesen. 5 Bde. 12⁰ Lpz: Brockhaus 1836
16 Fragmente. Aus dem literarischen Nachlaß des Verf. Hg. August Baggesen. X, 270 S. Kopenhagen, Lpz: Brockhaus 1855
17 Philosophischer Nachlaß. Hg. Carl A. R. Baggesen. 2 Bde. 870 S. Zürich: Schulthess 1858–1863

BAHR, Hermann (1863–1934)

1 Über Rodbertus Vortrag (S.-A.) 27 S. Wien 1884
2 Rodbertus' Theorie der Absatzkrisen. Ein Vortrag. 33 S. Wien: Konegen 1884
3 Die Einsichtslosigkeit des Herrn Schäffle. Drei Briefe an einen Volksmann als Antwort auf „Die Aussichtslosigkeit der Sozialdemokratie". 95 S. Zürich: Schabelitz 1886

4 Individualism och Socialism. 31 S. Stockholm: Suneson 1886
5 Henrik Ibsen. (S.-A.) 18 S. Wien: Vlg. der „Deutschen Worte" 1887
6 Die neuen Menschen. Ein Schauspiel. 65 S. Zürich: Schabelitz 1887
7 La Marquesa d'Amaëgui. Eine Plauderei. 34 S. Zürich: Schabelitz 1888
8 Die große Sünde. Ein bürgerliches Trauerspiel. 120 S. Zürich: Schabelitz 1888
9 Die gute Schule. Seelenzustände. 225 S. Bln: Fischer 1890
10 Zur Kritik der Moderne. Gesammelte Aufsätze. Erste Reihe. 268 S. Zürich: Schabelitz 1890
11 Fin de siècle. 192 S. Bln: Zoberbier 1890
12 Russische Reise. 185 S. Dresden: Pierson 1891
13 Die Überwindung des Naturalismus. Als zweite Reihe von „Die Kritik der Moderne". 322 S. Dresden: Pierson 1891
14 Die Mutter. Drama in drei Akten. 64 S. Bln: Sallis 1891
   (Forts. v. Nr. 10)
15 (Einl.) Führer durch das Gastspiel von Eleonore Duse. 124 S., 1 Abb. Bln: Fried 1892
16 Neben der Liebe. Wiener Roman. 231 S. Bln: Fischer 1893
17 Dora. 146 S. Bln: Fischer 1893
18 (MV) H. B. u. C. Karlweis: Aus der Vorstadt. Volksstück in drei Akten. Wien: Konegen (Bühnen-Ms.) 1893
19 Die häusliche Frau. Ein Lustspiel. 66 S. Bln: Fischer 1893
20 Caph. 186 S., 1 Abb. Bln: Fischer 1894
21 Studien zur Kritik der Moderne. 325 S., 1 Taf. Ffm: Rütten & Loening 1894
22 Der neue Stil. Dritte Folge zur „Kritik der Moderne". Ffm: Rütten & Loening 1894
   (Ausz. aus Nr. 21)
23 Der Antisemitismus. Ein internationales Interview. 215 S. Bln: Fischer 1894
24 (Einl.) V. Leon: Režie. 50 S. Praha: Krapp (1896)
25 Die Nixe. Drama in vier Akten. Nach dem Russischen des Spashinskij. 93 S. Mchn: Rubin-V. (Bühnen-Ms.) (1896)
26 Juana. Drama. Mchn: Rubin-V. (Bühnen-Ms.) 1896
27 Theater. Ein Wiener Roman. 224 S. Bln: Fischer 1897
28 Renaissance. Neue Studien zur Kritik der Moderne. 244 S. Bln: Fischer 1897
29 (Einl.) Gesammelte Aufsätze über Hugo Wolf. XII, 98 S. Bln: Fischer 1898
30 Das Tschaperl. Ein Wiener Stück in vier Aufzügen. VIII, 170 S. Bln: Fischer 1898
31 Josephine. Ein Spiel in vier Akten. XIII, 211 S. Bln: Fischer 1899
32 Der Star. Ein Wiener Stück in vier Akten. 279 S. Bln: Fischer 1899
33 H. B. und C. Karlweis: Wenn es euch gefällt. Wiener Revue in drei Bildern und einem Vorspiel. 135 S. Wien: Konegen 1899
34 Die schöne Frau – Leander. 143 S. Bln: Fischer 1899
35 Wiener Theater. (1892–1898). 509 S. Bln: Fischer 1899
36 Der Athlet. Schauspiel in drei Akten. 148 S. Bln: Ahn 1900
37 Der Franzl. Fünf Bilder eines guten Mannes. 375 S. Wien: Wiener V. 1900
38 Secession. VIII, S. Wien: Wiener V. 1900
39 Bildung. Essays. XII, 225 S. Bln: Schuster & Loeffler 1900
40 Der Apostel. Schauspiel in drei Aufzügen. 232 S. Mchn: Langen 1901
41 Rede über Klimt. 25 S. Wien: Wiener V. 1901
42 Premieren. Winter 1900 bis Sommer 1901. 286 S. Mchn: Langen 1902
43 Der liebe Augustin. Pantomime. Bln: Fischer (Bühnen-Ms.) 1902
44 Der Krampus. Lustspiel in drei Aufzügen. 229 S. Mchn: Langen 1902
45 Wirkung in die Ferne und anderes. 141 S. Wien: Wiener V. 1902
46 Rezensionen. Wiener Theater 1901–1903. 479 S. Bln: Fischer 1903
47 (Einl.) Carl Karlweis: Wien das bist du! XXVIII, 192 S. Stgt: Bonz 1903
48 (Einl.) Gegen Klimt. Historisches-Philosophie-Medizin-Goldfische-Fries. 76 S. Wien: Eisenstein 1903
49 Der Meister. Komödie in drei Akten. 108 S. Bln: Fischer 1904
50 Unter sich. Ein Arme-Leut'-Stück. 73 S. Wien: Wiener V. 1904
51 Dialog vom Tragischen. 151 S. Bln: Fischer 1904
52 Sanna. Schauspiel in fünf Akten. 124 S. Bln: Fischer 1905
53 Dialog vom Marsyas. 73 S., 16 Abb. Bln: Bard-Marquardt (1905)
54 Josef Kainz. 53 S., 2 Abb. Wien: Wiener V. 1906

55　Die Andere. 139 S. Bln: Fischer 1906
56　Der arme Narr. Lustspiel in einem Akt. 92 S. Wien: Konegen 1906
57　Glossen zum Wiener Theater. (1903 bis 1906) 487 S. Bln: Fischer 1907
58　Grotesken: Der Klub der Erlöser. Der Faun. – Die tiefe Natur. 264 S. – Wien: Konegen 1907
59　Die gelbe Nachtigall. 193 S. Bln: Fischer 1907
60　Ringelspiel. In drei Akten. 127 S. Bln: Fischer 1907
61　Wien. 136 S., 8 Abb. Stgt: Krabbe-Gußmann (1907)
62　Die Rahl. Roman. 306 S. Bln: Fischer 1908
63　Buch der Jugend. 152 S., 1 Taf. Wien: Heller 1908
64　(Einl.) M. v. Schuch-Mankiewicz: Mein Skizzenbuch. Gedichte. 84 S. Wien: Fromme 1908
65　(Einl.) Die Bücher zum wirklichen Leben. Eine Rundfrage. 16 S. Wien: Buchhandlung H. Heller 1908
66　Das Konzert. Lustspiel in drei Akten. 154 S. Bln: Reiss (1909)
67　Stimmen des Blutes. Novellen. 140 S. Bln: Fischer 1909
68　Drut. Roman. 532 S. Bln: Fischer 1909
69　Dalmatinische Reise. 162 S. Bln: Fischer 1909
70　Tagebuch. 268 S. Bln: Cassirer 1909
71　(MV) Der Roman der Zwölf. Von H. B. – O. J. Bierbaum – O. Ernst – H. Eulenberg – H. H. Evers – G. Falke – G. Hirschfeld – F. Holländer – G. Meyrink – G. Reuter – O. Wohlbrück -- E. v. Wolzogen. 431 S. Bln: Mecklenburg 1909
72　O Mensch. Roman. 316 S. Bln: Fischer 1910
73　Wienerinnen. Lustspiel in drei Akten. 196 S. Bonn: Ahn (1910)
74　Austriaca. 201 S. Bln: Fischer 1911
75　Die Kinder. Komödie. 140 S. Bln: Fischer 1911
76　Das Tänzchen. Lustspiel in drei Akten. 129 S. Bln: Fischer 1911
77　Das Prinzip. Lustspiel. 155 S. m. Abb. Bln: Fischer 1912
78　(Einl.) Burckhards Bücher. Auktionskatalog. XII, 111 S. Wien: Buchhandlung H. Heller (= ,,Wiener Kunst- und Bücherschau", 7. Jg. 1912. Sonderh. Okt.) 1912
79　Inventur. 169 S. Bln: Fischer (1912)
80　Parsifalschutz ohne Ausnahmegesetz. 44 S. Bln: Schuster & Loeffler 1912
81　Essays. 255 S. Lpz: Insel 1912
82　(MV) Anna Bahr-Mildenburg, H. B.: Bayreuth. 114 S. Lpz: Rowohlt 1912
83　Erinnerung an Burckhard. 136 S., 3 Abb. Bln: Fischer 1913
84　Das Hermann Bahr-Buch. 318 S., 21 Abb. Bln: Fischer (1913)
85　Das Phantom. Komödie in drei Akten. 153 S. m. Abb. Bln: Fischer 1913
86　Salzburg. XII S., 48 Abb. Bln: Bard (1914)
87　(MV) H. B., D. Mereschkowski u. O. J. Bierbaum: Dostojewski. Drei Essays. 105 S., 4 Abb. Mchn: Piper 1914
88　Der Querulant. Komödie in vier Akten. 163 S. Bln: Fischer 1914
89　Der muntere Seifensieder. Ein Schwank aus der deutschen Mobilmachung. 151 S. Bln: Fischer 1915
90　Kriegssegen. 71 S., 1 Taf. Mchn: Delphin-V. 1915
91　Das österreichische Wunder. Einladung nach Salzburg. 47 S. Stgt: Die Lese (1915)
92　Expressionismus. 170 S., 19 Taf. Mchn: Delphin-V. (1916)
93　Rudigier. 61 S. Kempten u. Mchn: Kösel (1916)
94　Himmelfahrt. Roman. 400 S. Bln: Fischer 1916
95　Die Stimme. Schauspiel in drei Aufzügen. 140 S. Bln: Fischer 1916
96　Der Augenblick. Lustspiel in fünf Aufzügen nach Goethe. 58 S. Bln: Ahn & Simrock (Bühnen-Ms.) 1917
97　Um Goethe. 90 S. Wien: Urania (= Urania-Bücherei, Bd. 9) 1917
98　Schwarzgelb. 216 S. Bln: Fischer 1917
99　Vernunft und Wissenschaft. (S.-A.) 46 S. Innsbruck: Tyrolia 1917
100　(Einl.) F. Marc: Stella peregrina. 18 Taf. m. je 1 Bl., VIII S. Text. 2° Mchn: Hanfstaengl 1917
101　Der Augenblick Österreichs. 16 S. München-Gladbach: Volksvereins-Druckerei (= Der Weltkrieg, H. 77) 1918
102　Tagebuch. 252 S. Innsbruck: Tyrolia 1918
103　(Einl.) Das Werk von Gustav Klimt. 50 Taf. 2° Wien. Lpz: Heller 1918

104 Adalbert Stifter. Eine Entdeckung. 48 S. Wien: Amalthea (= Amalthea-Bücherei, Bd. 1) (1919)
105 Tagebücher. 305 S. Innsbruck: Tyrolia 1919
106 (Einl.) W. Whitman: Ich singe das Leben. 93 S. Lpz: Tal 1919
107 Spielerei. 1. Landpartie – 2. Der Selige – 3. Der Umsturz. 75 S. Bln: Ahn & Simrock (Bühnen-Ms.) (1919)
108 Die Rotte Korahs. Roman. 489 S. Bln: Fischer 1919
109 Der Unmensch. Lustspiel in drei Aufzügen. 115 S. Bln: Reiss (1920)
110 Ehelei. Lustspiel in drei Akten. 94 S. Bln: Reiss 1920
111 Burgtheater. 86 S. Wien: Wiener Literarische Anstalt (= Theater und Kultur, Bd. 1) 1920
112 1919. 326 S. Lpz: Tal 1920
113 Summula. 221 S. Lpz: Insel 1921
114 Bilderbuch. 213 S. Wien: Wiener Liter. Anst. 1921
115 (Hg.) J. Kainz: Briefe. 204 S. m. Abb. Wien: Rikola 1921
116 (Einl.) K. Chr. Reh: Traum im Tag. 66 S. Lpz: Reclam (= Reclam's UB. 6270) (1921)
117 (Einl.) E. Friedell: Das Jesusproblem. 85 S. Wien: Rikola 1921
118 Kritik der Gegenwart. 308 S. Augsburg: Haas & Grabherr 1922
119 (Einl.) G. Klimt: Fünfzig Handzeichnungen. 8 S., 50 Bl. Wien: Thyrsos 1922
120 Selbstbildnis. 310 S., 1 Abb. Bln: Fischer 1923
121 Sendung des Künstlers. 202 S. Lpz: Insel 1923
122 Schauspielkunst. 80 S. Lpz: Dürer & Weber 1923
123 Liebe der Lebenden. 3 Bde. 408, 317, 344 S. Hildesheim: Borgmeyer (1924)
124 (Einl.) J. W. v. Goethe: Sämtliche Werke. Bd. 10: Jugendprosa. Kleine Romane und Novellen. M. Einl. v. H. B. u. J. Wassermann, 905 S. Bln: Ullstein (= Pandora-Klassiker) (1923)
125 Die schöne Frau. Novellen. Mit Nachwort v. St. Zweig. 77 S. Lpz: Reclam (= Reclam's UB. 6451)
    (z. T. Ausz. a. Nr. 34 u. 45)
126 Altweibersommer. Ein Liebesschwank in drei Aufzügen. 53 S. Bln: Ahn & Simrock (Bühnen-Ms.) 1924
127 (Einl.) M. Berger: Das Leben einer Frau. 603 S. Wien: Rikola (1925)
128 (Einl.) S. Löwy: Das Burgtheater im Wandel der Zeiten. Kleine Bausteine zur Geschichte dieser Kunststätte. 153 S. Wien: Knepler (1926)
129 Notizen zur neueren spanischen Literatur. 57 S. Bln: Stilke (= Schriftenreihe der „Preußischen Jahrbücher", Nr. 20) 1926
130 Der Zauberstab. Tagebücher 1924 bis 1926. 388 S. Hildesheim: Borgmeyer 1926
131 Der inwendige Garten. Roman. 194 S. Hildesheim: Borgmeyer (1927)
132 (Nachw.) E. Hello: Ludovik. Erzählung. Übs. H. Kauders. 62 S. Lpz: Insel (= Inselbücherei, Bd. 264) (1927)
133 Die Tante. Ein Lustspiel in drei Aufzügen. 31 S. Bln: Ahn & Simrock (Bühnen-Ms.) 1928
134 Adalbert Stifters Witiko. 28 S. St. Gallen: Tschudy & Co (1928)
135 Himmel auf Erden. Ein Zwiegespräch. 45 S., 13 Abb. Mchn: Ars Sacra (= Kleine Bücherei für besinnliche Menschen, Bd. 1) 1928
136 Tagebuch 1928. Hildesheim: Borgmeyer 1928
137 Die Hexe Drut. 438 S. Bln: Sieben Stäbe-V. 1929
    (Neuaufl. v. Nr. 68)
138 Österreich in Ewigkeit. Roman. 164 S. Hildesheim: Borgmeyer (1929)
139 Labyrinth der Gegenwart. 183 S. Hildesheim: Borgmeyer (1929)
140 Tagebuch 1929. Hildesheim: Borgmeyer 1929
141 Mensch, werde wesentlich. Gedanken aus seinen Werken in einer Auswahl v. A. Bahr-Mildenburg. Anordnung v. P. Graf Thun-Hohenstein. Vorw. Dr. J. Nadler. 208 S., 1 Taf. Graz: Styria 1934
142 Salzburger Landschaft. Aus Briefen an seine Frau A. Bahr-Mildenburg und aus seinen Tagebüchern. 54 S. m. Abb. Innsbruck: Rauch (1937)
143 Meister und Meisterbriefe um Hermann Bahr. Aus seinen Entwürfen, Tagebüchern und seinem Briefwechsel mit R. Strauss, H. v. Hofmannsthal, M. Reinhardt, J. Kainz, E. Duse und A. v. Mildenburg. Ausw. u. Einl. v. J. Gregor. 231 S., 16 Abb., 9 Faks. Wien: Bauer (= Museion, Reihe 1, Bd. 1) 1947

BALDE, Jakob (1604–1668)

1. Batracho-Myomachia. 5 Bl., 94 S., 57 Bl. 12° Ingolstadt: Haenlin 1637
2. Agathyrsus encomium ethicarum. 19 Bl. 4° Mchn: Leysser 1638
3. Poema de Vanitate Mundi. 11 Bl., 208 S., 10 Bl. m. Titelku., 6 Ku. 12° Mchn: Leysser 1638
4. Ehrenpreiß der Allerseeligisten Jungkfrawen vnd Mutter Gottes Mariae. 15 S. o. O. 1640
5. Opera poetica. 2 Bde. 12° Köln 1640
6. Sylvae lyricae. 221 gez. S. 12° Mchn: Leysser 1643
7. Agathyrsus Teutsch. Teutscher Poeten Eyferig: vnd lustiges nachsinnen vber das Trostreiche ehren Lied, Agathyrs genannt, Vom Lob vnd Wolstandt der Dürr oder Mageren Gesellschaft. Anfänglich Lateinisch beschriben. 176 S. m. Ku. u. Titelku. 12° Mchn: Wagner 1647 (Übs. v. Nr. 2)
8. Medicinae Gloria Per Satyras XXII. Asserta. 4 Bl., 73 S. 12° Mchn: Wagner 1651
9. Jephtiqs. Tragoedia. 165 S. Amberg: Hargenhofer 1654
10. Antagathyrsus sive Apologia pingvium adversus Agathyrsum. 12 Bl., 52 S., 4 Bl. Mchn: Wagner 1658
11. Vultuosae Torvitatis Encomium ... 36 Bl., 48 S. Mchn: Wagner 1658
12. Poëmata. 4 Tle. in 3 Bdn. 12° Coloniae Ubiorum: Busaeus 1660
13. Solatium Podagricorum ... Libri Duo. 12 Bl., 248 (r. 148) S. 12° Mchn: Wagner 1661
14. De Eclipsi Solari Anno 1654. Die XII. Augusti, In Europa A pluribus spectata Tubo Optico ... Libri Duo. 2 Bl., 232 S., 1 Bl. m. Titelku., 2 Ku. Mchn: Wagner 1662
15. Urania victrix. 8 Bl., 329, 2 S. m. Titelku. u. Ku. Mchn: Wagner 1663
16. Expeditio polemica-poëtica. 130 S. Mchn: Wagner 1664
17. Opera poetica omnia nunc primum collecta. 8 Bde. Mchn (:Happach & Schlütter) 1729
18. Medizinische Satyren, urschriftlich, übs. u. erl. J. Neubig. 2 Thle. XXXVI, 200; 199 S. m. Bildn. Mchn: Giel 1833
19. Carmina lyrica. Hg. F. Hippler. 384 S. 16° Münster: Theissing 1856

BALL, Hugo (1886–1927)

1. Die Nase des Michelangelo. Tragikomödie. 71 S. Lpz: Wolff 1911
2. Der Henker von Brescia. Drei Akte der Not und Ekstase. Mchn: Bachmair 1914
3. (Hg.) Cabaret Voltaire. Eine Sammlung künstlerischer und literarischer Beiträge. 32 S. Zürich 1916
4. (Hg.) Almanach der Freien Zeitung 1917–1918. XIV, 305 S. Bern: Der Freie Verl. 1918
5. Flametti oder Vom Dandysmus der Armen. Roman. 224 S. Bln: Reiß 1918
6. Zur Kritik der deutschen Intelligenz. 327 S. Bern: Der Freie Verl. 1919
7. Byzantinisches Christentum. Drei Heiligenleben. V, 291 S. Mchn: Duncker & Humblot 1923
8. Die Folgen der Reformation. 158 S. Mchn: Duncker & Humblot 1924 (Veränd. Neuaufl. Nr. 6)
9. Die Flucht aus der Zeit. V, 330 S. Mchn: Duncker & Humblot 1927
10. Hermann Hesse. Sein Leben und sein Werk. 243 S., 14 Taf. Bln: Fischer 1927
11. Hugo Ball. Sein Leben in Briefen und Gedichten. Von E. Ball-Hennings. Vorw. H. Hesse. 313 S., 4 Taf. Bln: Fischer (1929)

BALL-HENNINGS, Emmy (1885–1948)

1. Die letzte Freude. Gedichte. 15 S. Lpz: Wolff (= Der jüngste Tag 5) 1913
2. Gefängnis. Roman. 178 S. Bln: Reiß 1919

3   Das Brandmal. Ein Tagebuch. 327 S. Bln: Reiß (1920)
4   Helle Nacht. Gedichte. 75 S. Bln: Reiß 1922
5   Das ewige Lied. 86 S. Bln: Reiß (1923)
6   Der Gang zur Liebe. Ein Buch von Städten, Kirchen und Heiligen. 311 S. Mchn: Kösel & Pustet 1926
7   Hugo Ball. Sein Leben in Briefen und Gedichten. Vorw. H. Hesse. 313 S., 4 Abb. Bln: Fischer 1929
8   Hugo Balls Weg zu Gott. Buch der Erinnerung. 189 S. Mchn: Kösel & Pustet 1931
9   Die Geburt Jesu. Für Kinder erzählt. 56 S., 1 Abb. Nürnberg: Glock & Lutz. 1932
10 Blume und Flamme. Geschichte einer Jugend. 320 S., 1 Abb. Einsiedeln: Benziger 1938
11 Der Kranz. Gedichte. 32 S. Einsiedeln: Benziger 1939
12 Das flüchtige Spiel. Wege und Umwege einer Frau. 288 S., 1 Abb. Einsiedeln: Benziger 1940
13 Märchen am Kamin. 275 S. Einsiedeln, Köln: Benziger 1943
14 Das irdische Paradies und andere Legenden. 214 S., Luzern: Stocker 1945
15 Ruf und Echo. Mein Leben mit Hugo Ball. 291 S., 1 Abb. Einsiedeln, Zürich, Köln: Benziger 1953

BAMM, Peter (eig. Curt Emmrich) (*1897)

1   Die kleine Weltlaterne. 254 S. m. Abb. Stg: Dt. Verl.-Anst. 1935
2° (Hg., Einl.) P. de Kruif: Kinder rufen nach uns. A. d. Amerik. v. P. Fohr. 302 S. Bln: Dt. Verl. 1936
3   Der i-Punkt. Die Ausw. d. Aufs. bes. F. Fünfstetten. 271 S. Stg: Dt. Verl.-Anst. (1937)
    (Bd. 2 v. Nr. 1)
4   (Einl.) O. Gulbransson: Sprüche und Wahrheiten. Gezeichnet 24 Bl. m. Abb. 4° Lpz: Reclam (1939)
5   Der Hahnenschwanz. 222 S. m. Abb. Stg: Dt. Verl.-Anst. 1939
6   Ex ovo. Essays über die Medizin. 373 S. Hbg: Mölich (1948)
7   Feuilletons. Ausw. F. Fünfstetten. 278 S. m. Abb. Stg: Dt. Verl.-Anst. 1949
    (Ausz. a. Nr. 1, 3, 4)
8° (MV) H. Conrad-Martius u. C. E.: Das Lebendige. Die Endlichkeit der Welt. Der Mensch. Drei Disputen. 170 S. Mchn: Kösel (= Hochland-Bücherei) 1951
9   Die unsichtbare Flagge. Ein Bericht. 373 S. Mchn: Kösel 1952
10 (Übs.) E. Wheeler: Theobald. Das Buch vom dicken Mann. 183 S. Zürich: Europa-Verl. (1952)
11 Frühe Stätten der Christenheit. 372 S., 1 Kt. Mchn: Kösel (1955)
12 (Einl.) O. Gulbransson: Ach wüsstest du – Sprüche und Wahrheiten. 3 Bl., 75 Taf. Hannover: Fackelträger-V. 1956
13 (Hg., Bearb.) Wiege unserer Welt. Stätten aller Kulturen am Mittelmeer. 181 S., 182 Abb., 54 Bl. Abb. 4° Mchn, Zürich: Droemer 1958
14 Welten des Glaubens. Aus den Frühzeiten des Christentums. 368 S., 365 Abb., 18 Taf. Mchn, Zürich: Droemersche Verl.-Anst. Knaur 1959

BARLACH, Ernst (1870–1938)

1   Figuren-Zeichnen. 97 S. m. Abb. Strelitz: Hittenkofer (,Unterrichtswerke für Selbstunterricht, Bureau und Schule, Bd. 102) 1895
2   Der tote Tag. Drama in fünf Akten. 75 S., 2 Abb. 4° Bln: Cassirer 1912
3   Der arme Vetter. Drama. 127 S. 4° Bln: Cassirer 1918
4   Die echten Sedemunds. Drama. 111 S. 4° Bln: Cassirer 1920
5   Der Findling. Ein Spiel in drei Stücken. 77 S. m. Abb. Bln: Cassirer 1922
6   Die Sündflut. Drama in fünf Teilen. 114 S., 2 Abb. 4° Bln: Cassirer 1924
7   Der blaue Boll. Drama. 124 S. 4° Bln: Cassirer 1926

8 Ein selbsterzähltes Leben. 73 S. m. Abb. LXXXIII S. Abb., 6 S., 1 Titelb. 4° Bln: Cassirer 1928
9 Die gute Zeit. Zehn Akte. 100 S., 1 Abb. Bln: Cassirer 1929
10 Fragmente aus sehr früher Zeit. 175 S. Bln: Riemerschmidt 1939
11 Aus seinen Briefen. 94 S. Mchn: Piper 1947
12 Rundfunkrede in der Vortragsreihe „Künstler zur Zeit" im Deutschlandsender am 25. Januar 1933. 14 S. (= Gabe der Ernst Barlach-Gesellschaft 1) 1947
13 Sechs frühe Fragmente. 17 S. (= Gabe der Ernst Barlach-Gesellschaft 2) 1948
14 Der gestohlene Mond. Nach E. B.s nachgelassener Handschrift hg. F. Dross. 270 S. Bln, Ffm: Suhrkamp 1948
15 Seespeck. Nach E. B.s nachgelassener Handschrift hg. F. Dross. 198 S. Bln, Ffm: Suhrkamp 1948
16 In eigener Sache. Hg. F. Schult. 20 S. (= Jahresgabe der Ernst Barlach-Gesellschaft 4) 1949
17 Fragmente. 2 Bl. (Güstrow: Schult) (1950)
18 Sechs kleine Schriften zu besonderen Gelegenheiten. Hg. F. Schult. 21 S. (= Jahresgabe der Ernst Barlach-Gesellschaft 8) 1950
19 Güstrower Fragmente. Hg. F. Dross. 39 S. (= Jahresgabe der Ernst Barlach-Gesellschaft 10) 1951
20 Der Graf von Ratzeburg. 94 S. 4° Hbg: Grillen-Presse 1951
21 Drei Pariser Fragmente. Hg. F. Dross. 13 S. (= Jahresgabe der Ernst Barlach-Gesellschaft 12) 1952
22 Leben und Werk in seinen Briefen. Hg. F. Dross. 268 S., 25 Abb. Mchn: Piper 1952
23 Kunst im Krieg. Hg. F. Dross. 31 S. (Bremen: Ernst Barlach-Ges.) (= Ernst Barlach-Gesellschaft 14) 1953
24 Zehn Briefe an einen jungen Dichter. Hg. F. Dross. 23 S. (= Mitgliedergabe der Ernst Barlach-Gesellschaft 16) 1954
25 Das dichterische Werk. 3 Bde. Mchn: Piper 1956-1959

BARTELS, Adolf (1862-1945)

1 Ausgewählte Dichtungen. VI, 56 S. Wesselburen: Groth 1887
2 Gedichte. 223 S. Lpz: Reißner 1889
3 Johann Christian Günther. Trauerspiel in fünf Akten. 120 S. Lpz: Reißner 1889
4 Dichterleben. Dramatische Dichtungen. V, 208 S. 12° Lahr: Schauenburg 1890
(Enth. u. a. Nr. 2)
5 Heinzelmännchen und Kobolde. Lahr: Schauenburg 1890
6 Große Männer in Wort und Bild. Zwanzig weltgeschichtliche Gestalten, für die reifere Jugend geschildert. 82 S. m. Abb. Lahr: Schauenburg 1890
7 Friedrich Geßler. Sein Leben und seine Werke. Vortrag. 130 S. m. Abb. 12° Lahr: Schauenburg 1892
8 (Hg.) Aus tiefster Seele. Eine Blütenlese deutscher Lyrik. 288 S., 30 Abb. Lahr: Schauenburg (1895)
9 Aus der meerumschlungenen Heimat. Geschichten in Versen. 119 S. Wesselburen: Schulz 1896
10 Der dumme Teufel oder die Geniesuche. Komisches Epos in zwölf Gesängen. 169 S. Dresden: Dresdner Verl.-Anst. 1896
11 Die deutsche Dichtung der Gegenwart. Die Alten und die Jungen. 119 S. Lpz: Avenarius 1897
12 Gerhart Hauptmann. 256 S. Weimar: Felber 1897
13 (Einl.) A. v. Chamisso: Sämtliche Werke in 4 Bänden. Lpz: Hesse 1898
14 Die Dithmarscher. Historischer Roman in 4 Büchern. 2 Bde. in 1 Bd. 347, 299 S. Kiel: Lipsius & Tischer 1898
15 Klaus Groth. Zu seinem achtzigsten Geburtstage. 145 S., 1 Taf., 1 Faks. Lpz: Avenarius 1899
16 Christian Friedrich Hebbel. 128 S., 1 Abb. Lpz: Reclam (= Reclam's UB. 3998) 1899

17 Dietrich Sebrandt. Roman aus der Zeit der Schleswig-holsteinischen Erhebung. 2 Bde. in 1 Bd. 289, 285 S. Kiel: Lipsius & Tischer 1899
18 Der dumme Teufel. Ein satirisch-komisches Epos. 200 S., 45 Abb. Lpz: Diederichs 1899
(Neuaufl. v. Nr. 10)
19 Der Bauer in der deutschen Vergangenheit. 142 S. Lpz: Diederichs (= Monographien zur deutschen Kulturgeschichte 6) 1900
20 Konservativ, nicht reaktionär! Eine Art Glaubensbekenntnis. 8 S. Lpz: Meyer 1900
21 Ein Berliner Litteraturhistoriker. Dr. Richard M. Meyer und seine „Deutsche Literatur". 40 S. (= Flugschriften der „Heimat", H. 1) Bln: Meyer 1900
22 Der junge Luther. (Luther in Erfurt). Drama in fünf Akten. 117 S. Lpz: Avenarius 1900
23 (Einl.) O. Ludwig: Werke in sechs Bänden. Lpz: Hesse 1900
24 Die fröhliche Wiederkunft. Festspiel zum vierhundertjährigen Jubiläum der Stadtkirche in Weimar. 36 S. Weimar: Böhlau 1900
25 Geschichte der deutschen Literatur. In zwei Bdn. 510, 850 S. Lpz: Avenarius 1901–1902
26 Dürer in Venedig. Oper. Dichtung v. A. B. nach der gleichnamigen Novelle von A. Stern. Musik v. W. v. Baußnern. 44 S. Dresden: Brunner (Priv.-Dr.) (1901)
27 (Einl.) Eckermanns Gespräche mit Goethe in den letzten Jahren seines Lebens. 2 Bde. 24, 490; 568 S. Lpz: Diederichs 1901
28 Wilhelm Raabe. Vortrag. 21 S. Lpz u. Bln: Meyer (= Grüne Blätter für Kunst und Volkstum, H. 2) 1901
29 Jeremias Gotthelf. 225 S. Lpz, Bln: Meyer (1902)
30 (Hg.) H. Nordheim: Geschichten aus Franken. 2 Bde. 304, 306 S. Bln: Meyer 1902
31 Kritiker und Kritikaster. Pro domo et pro arte. Mit e. Anh.: Das Judentum in der deutschen Literatur. VII, 124 S. Lpz: Avenarius 1903
32 Martin Luther. Eine dramatische Trilogie. 335 S. Mchn: Callwey (= Gesammelte Dichtungen, Bd. 6) 1903
(Enth. u. a. Nr. 22)
33 Lyrische Gedichte. 203 S., 1 Taf. Mchn: Callwey (= Gesammelte Dichtungen, Bd. 1) 1904
34 Heimatkunst. Ein Wort zur Verständigung. 20 S. Lpz, Bln: Meyer (= Grüne Blätter für Kunst und Volkstum, H. 8) 1904
35 (Hg.) F. Hebbel: Sämtliche Werke. 32, 1023 S., 1 Taf. Stg, Lpz: Dt. Verl.-Anst. 1904
36 (Einl.) F. v. Saar: Ginevra. Die Troglodytin. Zwei Novellen. 104 S. Lpz: Reclam (= Reclam's UB. 4600) 1904
37 Das Weimarische Hoftheater als Nationalbühne für die deutsche Jugend. Eine Denkschrift. 60 S. Weimar: Böhlau 1905
38 Adolf Stern. Der Dichter und Literaturhistoriker. Zu seinem siebzigsten Geburtstage. 115 S., 1 Abb. Dresden: Koch 1905
39 Römische Tragödien. 505 S. Mchn: Callwey (= Gesammelte Dichtungen, Bd. 5) 1905
40 Wilde Zeiten. (Rolves Karsten). Eine Erzählung aus der Dithmarscher Ge-, schichte. 204 S., 1 Kt. Wiesbaden: Staadt (= Wiesbadener Volksbücher, Bd. 78) 1905
41 Die schöne Ballade von des blutigen Oskars schrecklichem Ausgang nebst dessen letzter Heldentat. Für die wenigen Edlen als Manuskript gedruckt. 8 S. Judenburg 1906
42 Geschlechtsleben und Dichtung. Vortrag. 27 S. Lpz: Wallmann 1906
43 Handbuch zur Geschichte der deutschen Literatur. XV, 789 S. Lpz: Avenarius 1906
44 Heinrich Heine. Auch ein Denkmal. XVI, 375 S. Dresden: Koch 1906
45 (MH) Neue Christoterpe. Ein Jahrbuch. Hg. A. B. u. O. H. Frommel Halle: Müller 1907–1925
46 Heine-Genossen. Zur Charakteristik der deutschen Presse und der deutschen Parteien. 130 S. Dresden: Koch 1907
47 Deutsche Literatur. Einsichten und Aussichten. (S.-A.) 18 S. Lpz: Avenarius 1907

48 (Einl.) D. Merkens: Aus Dorf und Flur. Gedichte. 8, 135 S. Glückstadt: Hansen 1907
49 Fritz Stavenhagen. Eine ästhetische Würdigung. 108 S. Dresden: Koch 1907
50 Chronik des Weimarischen Hoftheaters 1817–1907. Festschrift zur Einweihung des neuen Hoftheater-Gebäudes. 36, 375 S. Weimar: Böhlau 1908
51 (Einl.) J. Gotthelf: Ausgewählte Werke in 10 Bänden. Lpz: Hesse 1908
52 Jeremias Gotthelfs Leben und Schaffen. (S.-A.) 121 S., 3 Abb., 1 Faks. Lpz: Hesse 1908
   (Ausz. a. Nr. 51)
53 (Einl.) H. G. Hebbel: Kriegserinnerungen eines Achtundvierzigers. 111 S. Glückstadt: Hansen 1908
54 Prediger-Geschichten. (S.-A.) 40 S. Halle: Müller 1908
55 (Hg.) J. Grosse: Ausgewählte Werke. 3 Bde. Weimar: Duncker 1909
56 (Hg.) Die ersten Weimarer Nationalfestspiele für die deutsche Jugend. Berichte der führenden Lehrer. 126 S. Weimar: Huschke 1909
57 Wilhelm von Polenz. 140 S. Dresden: Koch 1909
58 (Einl.) W. v. Polenz: Gesammelte Werke. 10 Bde. Bln: Fontane 1909
59 Rasse. Sechzehn Aufsätze zur nationalen Weltanschauung. 199 S. Hbg: Hanseatische Druck- u. Verl.-Anst. 1909
60 Weimar-Führer. Weimar: Verlag der Geschäftsstelle des Deutschen Schillerbundes 1909
61 (Hg.) Deutsches Schrifttum. Betrachtungen und Bemerkungen. Vierteljahrsschrift. Weimar: Selbstverlag (später Duncker) 1909–1917
62 Ernst Moritz Arndt. (S.-A.) 42 S. Halle: Müller 1910
63 (Nachw.) S. Dethleffs: Gedichte in platt- und hochdeutscher Mundart. XLVII, 319 S., 1 Taf. Heide: Heider Anzeiger 1910
64 (Hg.) Der Väter Erbe. Ältere deutsche Prosa ausgewählt. 159 S. Stg: Verl. d. evang. Ges. (= Aus klaren Quellen) 1910
65 Der Literaturhistoriker und die Gegenwart. 17 S. Lpz: Avenarius 1910
66 Weimar. Die klassische Literaturperiode in ihrer nationalen Bedeutung. 108 S. m. Abb. Hbg: Schloessmann (= Als Deutschland erwachte, H. 7) 1910
67 Judentum und deutsche Literatur. Vortrag. 24 S. Bln: Volkstümliche Bücherei 1912
68 Shakespeare und das englische Drama im sechzehnten und siebzehnten Jahrhundert. (S.-A.) 104 S. Mchn: Callwey 1912
   (Ausz. a. Nr. 70)
69 Werbeheft des deutschen Schiller-Bundes. 32 S. Weimar: Deutscher Schiller-Bund 1912
70 Einführung in die Weltliteratur (von den ältesten Zeiten bis zur Gegenwart) im Anschluß an das Leben und Schaffen Goethes. 3 Bde. X, 916; V, 815; IV, 890 S. Mchn: Callwey 1913
71 (Einl.) B. Jessen: Gedichte und Prosa. VII, 80 S. Marne: Altmüller 1913
72 Der deutsche Verfall. Vortrag. III, 47 S. Lpz: Armanen-V. 1913
73 Deutschvölkische Gedichte aus dem Jubeljahr der Befreiungskriege 1913. VIII, 174 S. Lpz: Armanen-V. 1914
74 Kinderland. Erinnerungen aus Hebbels Heimat. XII, 473 S., 2 Abb. Lpz: Armanen-V. 1914
75 Der Siegespreis. (Westrußland deutsch.) Eine politische Denkschrift. III, 41 S. Weimar: Roltsch 1914
76 Der deutsche Verfall. Vortrag. Mit e. Anh.: Friedrich Naumann und der Liberalismus. IV, 80 S. Lpz: Armanen-V. 1914
   (Erw. Aufl. v. Nr. 72)
77 Bismarck der Deutsche. 77 S., 1 Abb. Düsseldorf: Lesch & Irmer 1915
78 Die deutschvölkischen Forderungen. 4 S. Weimar: Roltsch (Priv.-Dr.) 1915
79 Nationale oder universale Literaturwissenschaft? Eine Kampfschrift gegen H. M. Elster und R. M. Meyer. II, 140 S. Mchn: Callwey 1915
80 (Hg.) Ein feste Burg ist unser Gott. Deutsch-christliches Dichterbuch. LVI, 682 S. Halle: Mühlmann 1916
81 Eins ist not. 4 S. Weimar: Roltsch (Priv.-Dr.) 1916
82 Die Notwendigkeit einer deutschvölkischen Zeitung. 15 S. Selbstverl. 1916
83 Die besten deutschen Romane. 12 Listen zur Auswahl. Mit einer geschichtlichen Einleitung: Welche Romane muß man als Deutscher lesen? V, 138 S. Lpz: Koehler (= Koehlers Kleine Literatur-Führer, Bd. 1) 1916

84 Christentum und deutsche Literatur. (S.-A.) 25 S. Halle: Müller 1917
85 (MV) F. Andersen, A. B., E. Katzer, H. v. Wolzogen: Deutschchristentum auf rein-evangelischer Grundlage. 95 Leitsätze zum Reformationsfest 1917. 34 S. Lpz: Weicher 1917
86 (Hg.) Volk und Vaterland. Deutsch-völkisches Dichterbuch. 2 Bde. XCI, 527; VII, 484 S. Halle: Mühlmann 1917
87 Deutschsein ist alles! Eine Laienpredigt. 36 S. Zeitz: Sis-V. 1918
88 Leitsätze der großen Deutschvölkischen Partei. Vorschläge. 3 S. Weimar: Roltsch (Priv.-Dr.) 1918
89 Lessing und die Juden. Eine Untersuchung. III, 380 S. Dresden: Koch 1918
90 Die deutsche Not. Vortrag. 40 S. Bonn: Falkenroth 1918
91 Weltliteratur. Eine Übersicht, zugleich ein Führer durch Reclams Universalbibliothek. 3 Bde. 463; 344; 174 S. Lpz: Reclam (= Reclam's UB. Nr. 5997–5999, 6008–6010, 6011–6012) (1918–1919)
92 (Hg.) Die deutsche Not. Monatsblätter. 24 Nrn. Weimar: Roltsch 1919 (Forts. v. Nr. 61)
93 Ditmarsia cantat. Festspiel zu Klaus Groths hundertstem Geburtstag. 22 S. Heide: Heider Anzeiger 1919
94 Politische Kriegsgedichte von Ernst Moritz Arndt dem Jüngeren (Ernst Göttling) Hg. Ph. Wahrmund. (S.-A.) V, 34 S. 16⁰ Lpz: Thomas 1919
95 Der deutscher Verfall. Vortrag. Mit e. Nachw.: Der Zusammenbruch. 47 S. Zeitz: Sis-V. 1919
96 Was ich von einem deutschen Staat verlange. Eine deutliche Auskunft. 12 S. Hbg: Deutschvölk. Verl.-Anst. (= Hammer-Schläge, H. 10) 1919
97 Was nun? Gedanken über Deutschlands nächste Zukunft. 60 S. Zeitz: Sis-V. 1919
98 (Einl.) L. Anzengruber: Meister-Erzählungen. XII, 360 S. Lpz: Voigtländer (1920)
99 (Einl.) M. v. Bülow: Jonas Briccius. XI, 372 S. Lpz: Voigtländer 1920
100 (Einl.) M. v. Bülow: Aus der Chronik derer von Riffelshausen. Erzählung. XI, 352 S. Lpz: Voigtländer 1920
101 (Einl.) M. v. Bülow: Die „Novellen einer Frühvollendeten" XII, 383 S. Lpz: Voigtländer (1920)
102 (Einl.) Altösterreichische Erzähler. 332 S. m. Abb. u. Titelb. Lpz: Voigtländer 1920
103 Führer durch Wesselburen. Von einem Einheimischen. Zugleich Festschrift zum Dithmarscher Heimatfeste in Wesselburen. 16 S. Wesselburen: Dithmarscher Bote (1920)
104 (Hg.) G. Keller: Ausgewählte Novellen. 2 Bde. Lpz: Voigtländer 1920
105 Rasse und Volkstum. Gesammelte Aufsätze zur nationalen Weltanschauung. VII, 320 S. Weimar: Duncker 1920 (Erw. Neuaufl. v. Nr. 59)
106 (Einl.) Schiller als Erzähler. 366 S. Lpz: Voigtländer (1920)
107 (Hg.) Deutsches Schrifttum. Betrachtungen und Bemerkungen. Monatsschrift. Lpz: Thomas (später Weicher, Weimar: Fink) 1920–1933 (Forts. v. Nr. 61 u. 92)
108 Der Stand der Judenfrage. (S.-A.) 20 S. Hbg: Deutschvölk. Verl.-Anst. (1920)
109 (Einl.) Th. Storm: Am grauen Strand, am grünen Meer. Heimaterzählungen. 299 S. Lpz: Voigtländer (1920)
110 Weshalb ich die Juden bekämpfe. Eine deutliche Auskunft. 13 S. Hbg: Deutschvölk. Verl.-Anst. 1920
111 Die Berechtigung des Antisemitismus. Eine Widerlegung der Schrift von Herrn v. Oppeln-Bronikowski „Antisemitismus?" 52 S. Lpz: Weicher 1921
112 Neue Gedichte. 124 S. Mchn: Callwey 1921
113 (Hg.) J. Gotthelf: Elsi, die seltsame Magd und andere Erzählungen. 119 S. Wien: Österreichischer Schulbücher-V. (= Deutsche Hausbücherei, Bd. 16) 1921
114 (Hg.) J. Gotthelf: Hans Berner und seine Söhne. Die schwarze Spinne. 130 S. Wien: Österreichischer Schulbücher-V. (= Deutsche Hausbücherei, Bd. 17) 1921
115 (Einl.) F. Hebbel: Erzählungen und Schilderungen. 137 S. Wien: Bundesverlag (= Deutsche Hausbücherei, Bd. 32) 1921

116 Hebbels Herkunft und andere Hebbel-Fragen. 126 S. Bln u. Lpz: Behr (= Hebbel-Forschungen, Bd. 9) 1921
117 (Einl.) V. v. Scheffel: Novellen und Episteln. 311 S. Lpz: Voigtländer (= Deutsche Erzähler) 1921
118 Gesundes deutsches Schrifttum. Ein Wegweiser. 62 S. Bremen: Friedrich 1921
119 Die besten geharnischten Sonette. Mit e. Einf. in die „Deutschvölkischen Gedichte". Hg. W. Loose. 31 S. Lpz: Weicher 1921
120 Weimar und die deutsche Kultur. 79 S. Weimar: Fink 1921
121 Die deutsche Dichtung von Hebbel bis zur Gegenwart. Ein Grundriß. 3Bde. 360; 278; 260 S. Lpz: Hesse 1922
(Erw. Neuaufl. v. Nr. 11)
122 Feste. 20 S. Mchn: Callwey (= Der Schatzgräber, Bd. 114) 1922
(Ausz. a. Nr. 74)
123 Der völkische Gedanke. Ein Wegweiser. 64 S. Weimar: Fink 1922
124 Friedrich Hebbel und die Juden. Das literarische Judentum seiner Zeit. 64 S. Mchn: Boepple (= Deutschlands führende Männer und das Judentum, Bd. 5) 1922
125 Geschichte der deutschen Literatur. Große Ausgabe in drei Bänden. 661; 820; 1308 S. Lpz: Haessel 1924-1928
126 Heimatkultur, Heimatdichtung, Heimatkunst. 11 S. Lpz: Völker-V. 1924
127 Der Nationalsozialismus, Deutschlands Rettung. 38 S. Lpz: Weicher 1924
128 (Hg.) J. Gotthelf: Uli der Knecht. Eine Erzählung. 420 S. Lpz: Hesse (= Romane der Weltliteratur) (1925)
129 Jüdische Herkunft und Literaturwissenschaft. Eine gründliche Erörterung. 231 S. Lpz: Bartels-Bund 1925
130 Feinde ringsum. Eine Abwehrschrift. 120 S. Mchn: Callwey 1926
131 Freimaurerei und deutsche Literatur. Feststellungen und Vermutungen. 160 S. Mchn: Eher 1929
132 Der letzte Obervollmacht. Roman aus der Bismarckzeit. 223 S. Weimar: Borkmann 1931
133 Einführung in das deutsche Schrifttum für junge Buchhändler und andere junge Deutsche. In 52 Briefen. 614 S. Lpz: Klein 1932
134 Goethe der Deutsche. 192 S. Ffm: Diesterweg 1932
135 Meine Lebensarbeit. Mit Anh. 48 S. 1 Taf. Wesselburen: Bartels-Bund (= Veröffentlichungen des A. Bartels-Bundes, 1) 1932
136 (MV) (A. B.:) Hebbel und Shakespeare. Vortrag. (J. Krumm: Friedrich Hebbel ein nordischer Dichter.) Heide: Heider Anzeiger (= Jahresgabe der Hebbelgemeinde 1932) (1933)
137 Johann Fehring der Volksbetrüger. Erzählung. 127 S. Lpz: Weber (= Weberschiffchen-Bücherei, Bd. 7) (1935)
138 Leben, Wesen und Werk. Hg. D. Cölln. VIII, 96 S., 8 Abb. Heide: Westholst. V.-Anst. (= Veröffentlichungen des A. Bartels-Bundes. 2) 1935
139 Editha. Eine Geschichte aus Dithmarschens Vergangenheit. Hg. K. Plenzat. 127 S. Lpz: Eichblatt (= Eichblatt's Deutsche Heimatbücherei, Bd. 108–111) (1936)
140 Mit der Flut. Erzählung. Hg. K. Plenzat. 31 S. Lpz: Eichblatt (= Eichblatt's Deutsche Heimatbücherei, Bd. 148) (1940)
141 Geschichte der thüringischen Literatur. VII, 427 S. Jena: Frommann 1938
142 Die Schlacht bei Hemmingstedt. 95 S. Hbg: Hanseat. Verlagsanst. 1940
(Ausz. a. Nr. 14)
143 Deutsche Dichter. Charakteristiken. Hg. R. Schlösser. 395 S., 1 Taf. Lpz: Haessel 1943
(Ausz. a. Nr. 125)

Barth, Emil (1900–1958)

1 (MV) E. B. u. C. M. Freund: Das Erbauungsbuch des guten Handwerkers. 63 S. Mchn: Deukula 1927
2 Totenfeier. Für meine Mutter. 43 S. Mchn: Tukan 1928
3 Ex voto. Sonette. 25 S. Mchn: Tukan 1933
4 Das verlorene Haus. Eine Kindheit. 221 S. Hbg: Goverts 1936

5 Georg Trakl. Zum Gedächtnis seines fünfzigsten Geburtstages am 3. II. 1937. 41 S. Mainz: Werkstatt für Buchdruck 1937
6 Gedichte. 63 S. Mainz: Werkstatt für Buchdruck (500 Ex.) 1938
7 Lebensabriß des Uhrmachers Hieronymus Rauch. 31 S. Hbg: Ellermann 1938
8 Der Wandelstern. Roman. 370 S. Hbg: Goverts 1939
9 Gedichte. 69 S. Hbg: Goverts 1942
(Erw. Neuaufl. v. Nr. 6)
10 Das Lorbeerufer. Roman. 239 S. Hbg: Goverts 1943
11 Gruß an Theo Champion. 1 Bl. Düsseldorf: Galerie Alex Vömi, Kunstkabinett H. Trojanski 1947
12 Lemuria. Aufzeichnungen und Meditationen. 320 S. Hbg: Claassen & Goverts 1947
13 Xantener Hymnen. 29 S. Hbg: Claassen & Goverts 1948
14 Verzauberungen. Drei Prosastücke. 29 S. Duisburg: Verein für Literatur und Kunst. (Als Ms. gedr.) 1948
15 Gedichte und Gedichte in Prosa. Dem Dichter zu seinem fünfzigsten Geburtstag ... 20 Bl. 4⁰ Hattingen: Westd. Bibliophilen-Ges. 1950
16 Enkel des Odysseus. 73 S. Hbg: Claassen 1951
17 Nachtschatten. Dichtungen in Prosa. 66 S. Bonn: Auer 1952
18 Linien des Lebens. Erzählungen. 167 S. Bonn: Auer 1953
(Enth. u. a. Nr. 7 u. 14)
19 Bei den Tempeln von Paestum. 8 Bl. Offenbach/M.: Post 1955
20 Im Zauber von Paris. 157 S. m. Abb. Mchn: List 1955
21 Tigermuschel. Gedichte. 63 S. Hbg: Claassen 1956

BARTHEL, Ludwig Friedrich (1898–1962)

1 Verklärter Leib. Sonette. 18 S. Würzburg: Verl. d. Ges. f. Literatur und Bühnenkunst 1926
2 (Übs.) Sophokles: Antigone. Griech. u. Dt. VII S., 55 Doppel-S. Mchn: Heimeran (= Tusculum-Bücher 10) 1926
3 (Hg., MV) Würzburg eine Provinzstadt oder die kulturelle Sendung Würzburgs. 60 S. Würzburg: Verl. d. Kulturellen Arbeitsgemeinschaft 1927
4 Gedichte der Landschaft. 61 S. Dresden: Jess 1931
5 Gedichte der Versöhnung. 76 S. Tüb: Wunderlich (1932)
6 Der Knabe Reim. 47 S. Mchn: Kösel & Pustet (= Dichter der Gegenwart 10) 1933
7 Dem inneren Vaterlande. 44 S. Tüb: Wunderlich 1933
8 Tannenberg. Ruf und Requiem. 37 S. Jena: Diederichs 1934
9 Ausgewählte Gedichte. 8 Bl. Hbg: Ellermann (= Das Gedicht. Jg. 2, Folge 5) 1935
10 Das Leben ruft. Erzählungen. 153 S. Jena: Diederichs 1935
(Enth. u. a. Nr. 6)
11 Die goldenen Spiele. Roman in Briefen. 171 S. Jena: Diederichs 1936
12 Strandgedichte. 10 Bl. Hbg: Ellermann (= Das Gedicht. Jg. 2, Folge 21–22) 1936
13 Der Kampf um das Reich. 48 S., 2 Bl. Bln: Junge Generation (1937)
14 Komme, o Tag! Gedichte. 77 S. Jena: Diederichs (= Deutsche Reihe 49) 1937
15 Dom aller Deutschen. Gesänge. 56 S. Jena: Diederichs (= Deutsche Reihe 69) 1938
16 Neun Gedichte. Nebst einer kleinen Betrachtung über das, was ein Gedicht sei. 19 S. Hbg: Ellermann (= Das Gedicht. Jg. 4, Folge 7) 1938
17 (Einl.) E. Mörike: Werke. 2 Bde. 629, 671 S. Lpz: Insel (1938)
18 Schi-Novelle. 53 S. Jena: Diederichs (= Deutsche Reihe 76) 1938
(Ausz. a. Nr. 9)
19 Inmitten. Gedichte. 108 S. Jena: Diederichs 1939
(Enth. Ausz. a. Nr. 4 u. 5)
20 Das Mädchen Phöbe. Erzählung. 70 S. Jena: Diederichs (= Deutsche Reihe 104) 1940

21 Vom Eigentum der Seele. 246 S. Jena: Diederichs 1941
22 Komm, o Knabenherrlichkeit. Zwölf Gedichte um einen Neugeborenen. 18 S. Hbg: Ellermann (= Das Gedicht. Jg. 7, Folge 6) 1941
23 Rede vom inneren Vaterland. 15 S. Mchn: Münchner Buchverl. (= Münchner Lesebogen 62) (1941) (Ausz. a. Nr. 21)
24 (Übs.) Sophokles: Antigone. Griech. u. dt. 2. Aufl. Neufassg. 115 S. Mchn: Heimeran (= Tusculum-Bücher) 1941 (Neufassg. v. Nr. 2)
25 Eines nur rettet noch, Liebe! 14 S. Hbg: Ellermann (= Das Gedicht. Jg. 9, Folge 3) 1942
26 (Hg.) Pfarrbücherverzeichnis für das Bistum Würzburg. XIV, 121 S. Mchn: Ackermann (= Pfarrbücherverzeichnisse für das rechtsrheinische Bayern 7) 1943
27 Zwischen Krieg und Frieden. 68 S. Jena: Diederichs 1943
28 (Hg.) F. Hölderlin: Der Seher des Vaterlandes. Die Welt Hölderlins. Eine Auswahl. 149 S. Mchn: Münchner Buchverl. 1944
29 Kameraden. Zwei Erzählungen. 66 S. Jena: Diederichs (= Deutsche Reihe 148) 1944
30 Liebe, du große Gefährtin. Neue Gedichte. 102 S. Jena: Diederichs 1944
31 Alte und neue Wege zur Heimatkultur. 124 S. Kempten: Schwabenverl. (= Schwäbische Heimatkunde 4) 1950
32 Blumen. Gedichte. 19 S. Hbg: Kühne (Priv.-Dr.) 1951
33 Kleine Danksagung. Ein Bogen Gedichte. Ausw. R. Ibel. 15 S. Düsseldorf, Köln: Diederichs 1951
34 Kelter des Friedens. 28 S. (Düsseldorf, Köln:) Diederichs 1952
35 (MV, MH) Heimatgeschichtlicher Ratgeber. 279 S. Mchn-Pasing: Verl. Bayer. Heimatforschung (= Bayer. Heimatforschung 6) 1952
36 Runkula. Tagebuch eines Karnickels. 133 S. Mchn: Heimeran 1954
37 (MV, Hg., Einl.) Das war Binding. Ein Buch der Erinnerung. 307 S., 4 Bl. Abb. Wien, Bln, Stg: Neff 1955
38 (Hg., Einl.) R. G. Binding: Die Briefe. 415 S. Hbg: Dulk 1957
39 In die Weite. 64 S. Düsseldorf, Köln: Diederichs 1957
40 Die Auferstandenen. 55 S. Düsseldorf, Köln: Diederichs 1958
41 Das Frühlingsgedicht. 47 S. Düsseldorf, Köln: Diederichs 1960

Barthel, Max (*1893)

1 Verse aus den Argonnen. 73 S. Jena: Diederichs 1916
2 Freiheit! Neue Gedichte aus dem Kriege. 83 S. Jena: Diederichs 1917
3 Revolutionäre Gedichte. 24 S. Stg: Internat. Sozialist. Jugend-V. (= Internationale Sozialistische Jugendbibliothek 1) 1919
4 Arbeiterseele. Verse von Fabrik, Landstraße, Wanderschaft, Krieg und Revolution. 152 S. Jena: Diederichs 1920
5 Die Faust. Dichtung. 98 S. Potsdam: Kiepenheuer 1920
6 Das Herz in erhobener Faust. Balladen aus dem Gefängnis. 19 S. Potsdam: Kiepenheuer 1920
7 Lasset uns die Welt gewinnen. 46 S. Bln: Hoffmann & Campe (= Die junge Welt 2) 1920
8 Utopia. Gedichte. 32 S. Jena: Diederichs 1920
9 Vom roten Moskau bis zum Schwarzen Meer. 61 S. Bln-Schöneberg: Internat. Jugend-V. (= Internationale Jugendbibliothek 20) 1921
10 Die Reise nach Rußland. 47 S. m. Abb. Bln-Schöneberg: Internat. Jugend-V. (= Internationale Jugendbibliothek 21) 1921
11 Der Rote Ural. 75 S. m. Abb. Bln-Schöneberg: Internat. Jugend-V. (= Internationale Jugendbibliothek 22) 1921
12 Das vergitterte Land. Novellen. 211 S. Bln: Hoffmann & Campe 1922
13 Die Knochenmühle. Erzählungen. 55 S. Bln: Neuer Deutscher Verl. 1924
14 Der eiserne Mann. Tragisches Lustspiel in einem Vorspiel und sechs Aufzügen. 47 S. Lpz: Verl. Die Wölfe 1924

15 Der Platz der Volksrache. Erzählungen. 56 S. m. Abb. Bln: Neuer Deutscher Verl. 1924
16 Überfluß des Herzens. Gedichte. 86 S. Bln: Arbeiterjugend-V. 1924
17 Der Weg ins Freie. Eine Erzählung. 31 S. Wien: Argis-V. 1924
18 Das Spiel mit der Puppe. Roman. 263 S. Bln: Büchergilde Gutenberg 1925
19 Botschaft und Befehl. Gedichte. 140 S. Bln: Buchmeister-V. 1926
20 Deutschland. Lichtbilder und Schattenrisse einer Reise. 248 S. Bln: Büchergilde Gutenberg 1926
21 Jugend und erste Wanderschaft des Thomas Quast. 32 S. Langensalza: Betz (= Lesebogen der Freien Schule 3 a u. b) 1927 (Ausz. a. Nr. 18)
22 Licht- und Schattenspiele. Drei Jugendspiele. 29 S. Bln: Arbeiterjugend-V. 1927
23 Der Mensch am Kreuz. Roman. 208 S. Bln: Der Bücherkreis 1927
24 Die Mühle zum toten Mann. Erzählung. 85 S. Bln: Arbeiterjugend-V. 1927
25 Der Putsch. 199 S. m. Abb. Bln: Der Bücherkreis 1927
26 Der Ausgleich. Drei Szenen proletarischer Gerechtigkeit. 27 S. Lpz: Arbeiter-Theater-V. Jahn (= Revolutionsbühne 18) 1928
27 Aufstieg der Begabten. Roman. 272 S. Bln: Der Bücherkreis 1929
28 Blockhaus an der Wolga. Roman. 247 S. Bln: Der Freidenker 1929
29 Erde unter den Füßen. Eine neue Deutschlandreise. 232 S. m. Abb. Bln: Büchergilde Gutenberg 1929
30 Ins Leben hinein. Sprechchorspiel für eine Jugendweihe. Mit Weiherede v. M. Westphal. 27 S. Bln: Arbeiterjugend-V. 1929
31 Das Revolverblatt. Zeitungskomödie in vier Aufzügen. 27 S. Lpz: Arbeiter-Theater-V. (= Possen. Schwänke. Satiren 6) 1929
32 Drei kleine Sprechchöre. 20 S. Bln: Arbeiterjugend-V. 1930
33 Die Verschwörung in der Heide. 207 S. m. Abb. Bln: Universitas 1930
34 Das Gesicht der Medusa. Landstraßenroman. 247 S. Lpz: Hesse & Becker 1931
35 Der große Fischzug. Erlebnisroman aus Sowjet-Rußland. 229 S. Stg: Strecker & Schröder 1931
36 Wettrennen nach dem Glück. Erzählungen. 197 S. Bln: Büchergilde Gutenberg 1931
37 Sonne, Mond und Sterne. Kindergedichte. 18 ungez. S. Bln-Steglitz: Steinklopfer-V. 1933
38 Das unsterbliche Volk. Roman. 254 S. Bln: Buchmeister-V. 1933
39 Das goldene Panzerhemd. 166 S. m. Abb. Bln: Junge Generation 1934
40 (MV) M. B., K. Bröger, H. Lersch: Schulter an Schulter. Gedichte. 95 S. Bln: Volkschaft-V. 1934
41 Sturm im Argonner Wald. Erzählung aus dem Weltkrieg. 77 S. Lpz: Reclam (= Reclam's UB. 7335) 1936
42 Im Land der sieben Krater. 303 S. Niedersedlitz: Das Vaterhaus (= Der gute Abenteuerroman 1) 1937
43 Argonnerwald. Balladen und Gedichte. 70 S. Bln: Limpert 1938
44 Aufstand im Kaukasus. Erzählung. 48 S. Dresden: Neuer Buchv. (= Deutsche in aller Welt 22) (1938)
45 Der Bund der Drei, ein Hund ist auch dabei. Eine lustige Abenteuer-Erzählung. 183 S. m. Abb. Reutlingen: Ensslin & Laiblin 1938
46 Danksagung. Gedichte. 61 S. Bln: Propyläen-V. 1938
47 Hochzeit in Peschawar. 63 S. Dresden: Neuer Buchv. (= Piraten, Entdecker 29) (1938)
48 Kornsucher und Schädelmesser. 63 S. Dresden: Neuer Buchv. (= Piraten, Entdecker 21) (1938)
49 Deutsche Männer im roten Ural. Roman. 405 S. Salzburg: Pustet (1938)
50 Der schwarze Sahib. Abenteuerroman aus Indien. 302 S. Dresden: Neuer Buchv. 1938
51 Die Sonne Indiens. 63 S. Dresden: Neuer Buchv. (= Piraten, Entdecker 25) (1938)
52 Überfall am Khyber-Pass. 63 S. Dresden: Neuer Buchv. (= Piraten, Entdecker 17) (1938)
53 Wettrennen um den zerfallenen Tempel. 63 S. Dresden: Neuer Buchv. (= Piraten, Entdecker 30) (1938)

54 Das Land auf den Bergen. Roman. 291 S. Lpz: Janke 1939
55 Der Flüchtling von Turkestan. Nach den Aufzeichnungen des Sergeanten Horjak. 159 S. Köln, Lpz: Volker-V. 1940
56 Die Straße der ewigen Sehnsucht. Roman. 335 S. Braunschweig: Vieweg 1941
57 Kaukasisches Abenteuer. Deutsche Bauern in Rußland. Nachw. H. F. Zeck. 158 S. m. Abb. Köln, Lpz: Volker-V. (1942)
58 Das Haus an der Landstraße. Ein Roman. 271 S. Bln: Verl. Die Heimbücherei 1942
59 Hutzlibum. Kindliche Verse mit Bildern. v. G. Voh. 10 Bl. Mainz: Scholz (= Scholz-Künstler-Bilderbücher) (1943)
60 Dreizehn Indianer. Erzählung. 111 S. m. Abb. Dresden: Dt. Literatur-V. 1943
61 Ins Feld ziehn die Soldaten. Neue Soldatenlieder und Gedichte. 85 S., 29 S. Notenbeil. Bayreuth: Gauverl. (= Die kleine Glockenbücherei 16) 1943
62 Die Lachparade. Sinn- und Unsinngedichte. 45 S. m. Abb. Dresden: Dt. Literatur-V. 1943
63 (MV) L. Baumann: Fünf Zwerglein. Mit Versen v. M. B. 12 Bl. m. Abb. Hbg: Dt. Literatur-V. (= Buxtehuder Märchenbücher) 1948
64 Kein Bedarf an Weltgeschichte. Geschichte eines Lebens. 311 S. Wiesbaden: Limes-V. 1950
65 (Bearb.) J. London: Die Insel Berande. Autor. dt. Übers.; bearb. v. M. B. 306 S. m. Abb. Bln, Hbg: Dt. Buchgemeinschaft 1950

Bartsch, Rudolf Hans (1873–1953)

1 *Als Österreich zerfiel ... 1848. 337 S. Wien: Stern 1905
2 Der Volkskrieg in Tirol. 117 S. m. Abb., 1 Kt. Wien: Stern (= Das Kriegsjahr 1809 in Einzeldarstellungen 2) 1905
3 Haynau. Psychologische Studie. (S.-A.) 17 S. Wien: Konegen 1907
4 Die Haindlkinder. Roman. 334 S. Lpz: Staackmann 1908
5 Zwölf aus der Steiermark. Roman. 383 S. Lpz: Staackmann 1908
6 Elisabeth Kött. Roman. 312 S. Lpz: Staackmann 1909
7 Vom sterbenden Rokoko. 251 S. Lpz: Staackmann 1909
8 Die Schill'schen Offiziere. 88 S. m. Abb., 2 Faks. Wien: Stern (= Das Kriegsjahr 1809 in Einzeldarstellungen 7) 1909
9 Bittersüße Liebesgeschichten. 340 S. Lpz: Staackmann 1910
10 Novellen. Einf. A. Nathansky. 84 S. Wien: Manz (= Neuere Dichter für die studierende Jugend) 1911
11 (MV) B. Reiffenstein: Die Wachau. 78 Orig.-Aufnahmen. Text R. H. B. 17, 78 S. Wien: Ges. f. graph. Industrie (= Kunst und Natur in Bildern) 1911
12 Das grüne Wien. 84 S. m. Abb. Wien: Ges. f. graph. Industrie 1911
13 Das deutsche Leid. Landschafts-Roman. 434 S. Lpz: Staackmann 1912
14 Der Schatz. Der steirische Weinfuhrmann. 48 S. Wiesbaden: Staadt (= Wiesbadener Volksbücher 154) 1912 (Ausz. a. Nr. 9)
15 „Schwammerl". Ein Schubert-Roman. 308 S. Lpz: Staackmann 1912
16 Die Geschichte von der Hannerl und ihren Liebhabern. 392 S. Lpz: Staackmann 1913
17 Der letzte Student. Roman. 318 S. Bln: Ullstein (= Ullstein-Bücher) 1913 (Neuaufl. v. Nr. 1)
18 (MV) B. Reiffenstein: Die steirische Landschaft. 64 Orig.-Aufnahmen von Graz und Umgebung. Text R. H. B. 14 S. Text, 32 Taf. Wien: Ges. f. graph. Industrie (= Kunst und Natur in Bildern) 1914
19 Frau Utta und der Jäger. Roman. 313 S. Lpz: Staackmann 1914
20 ER. Ein Buch der Andacht. 182 S. Lpz: Staackmann 1915
21 Der Flieger. Ein Roman aus dem Serbenkrieg. 252 S. Bln: Ullstein (= Ullstein-Bücher 63) (1915)
22 Ohne Gott. Die Tragödie einer Mutter. Drei Akte. 99 S. Lpz: Staackmann 1915
23 Unerfüllte Geschichten. 333 S. Lpz: Staackmann 1916

24 Das deutsche Volk in schwerer Zeit. 250 S. Bln: Ullstein (= Ullstein-Kriegs-Bücher 13) 1916
25 Der junge Dichter. Erzählung. 335 S. Lpz: Staackmann 1918
26 (MV) R. H. B., J. F. Schütz, F. K. Ginzkey: Frauen. Drei Novellen. 199 S. Graz: Kienreich (= Bücherei österr. Schriftsteller 1) (1918)
27 Lukas Rabesam. 359 S. Lpz: Staackmann (1918)
28 Heidentum. Die Geschichte eines Vereinsamten. 364 S. Lpz: Staackmann 1919
29 Ewiges Arkadien. Roman. 275 S. Lpz: Staackmann 1920
30 (Vorw.) Bayros-Mappe. 50 Taf., 11 S. Text. 2⁰ Wien: Strache 1920
31 Der Geiger von Salzburg. 69 S. m. Abb. 4⁰ Wien: Liter. Anst. (1921)
32 Seine Jüdin oder Jakob Böhmes Schusterkugel. Roman. 256 S. Lpz: Staackmann 1921
33 Ein Landstreicher. Roman. 198 S. Wien: Rikola-V. 1921
34 Wald- und Feldbrevier. Jugendlieder. 71 S., 1 Taf. Wien: Amalthea-V. 1921
35 Frohe Botschaft des Weltkindes. Eine selbstbiographische Anleitung zum Glück. 190 S. Stg: Union (1922)
36 Eine Altwiener Geschichte von der verdammten armen Seele des Herrn Kläuser. 55 S., 3 Abb. 16⁰ Lpz: Kistner & Siegel (= Musikalische Novellen und Erzählungen m. mehrf. Orig.-Lith.) 1922
  (Ausz. a. Nr. 9)
37 Mozarts Faschingsoper. 166 S. m. Taf. Lpz: Staackmann 1922
38 Das Tierchen. Die Geschichte einer kleinen Grisette. 250 S. Lpz: Staackmann 1922
39 Grenzen der Menschheit. 3 Bde. Lpz: Staackmann 1923
  1. Der Königsgedanke. 213 S.
  2. Der Satansgedanke. 215 S.
  3. Erlösung. 191 S.
  (Bd. 3 Neuaufl. v. Nr. 20)
40 Meister. Novelle. Festgabe zu R. H. B's 50. Geburtstag. 74 S. m. Abb. Wien: Staatsdr. Österr. Verl. (= Liebhaberausgaben der österr. Staatsdr. 6) 1923
41 Musik. Drei Novellen. 328 S. m. Abb. Lpz: Staackmann 1923
42 Pfingstküsse. Novellen. 78 S. Lpz: Reclam (= Reclam's UB. 6452) 1924
43 Die Salige. Roman. 383 S. Lpz: Staackmann 1924
44 Im Südhauch. Kleine Geschichten. 216 S. Zürich: Orell Füßli 1924
45 Erzählungen. 140 S. m. Abb. Wien: Deutscher Verl. f. Jugend und Volk 1925
46 Eigener Herd für kleine Leute. Erfahrungen und Ratschläge. 8 S. (Bln: Sieben Stäbe-Verl. u. Dr.-Ges.) (= Dürer-Bund, Flugschriften zur Ausdruckskultur 198) 1925
47 Histörchen. 293 S., 12 Abb. Lpz: Staackmann (1100 Ex.) 1925
48 Nur ein Lied und der Ritt in die Ewigkeit. Zwei Novellen. 92 S. Lpz: Köhler & Amelang (= Amelangs Taschenbücherei 7) (1925)
49 Die kleine Blanchefleure. 63 S., 5 Abb. Wien: Wolf 1926
  (Ausz. a. Nr. 7)
50 Venus und das Mädchengrab. Liebesgeschichten eines Sonderlings. 272 S. Lpz: Staackmann 1926
51 Das Glück des deutschen Menschen. 113 S. Lpz: Staackmann 1927
52 (Einl.) Das malerische Graz. Festgabe in Bildern. Hg. Deutschösterr. Reisevereinigung Nord-Süd. 5 Bl., 43 Taf. Graz: Dt. Vereinsdr. 1928
53 Die Verliebten und ihre Stadt. Roman. 276 S., 62 Abb. Lpz: Staackmann (1928)
54 Wild und frei. Thema mit Variationen. 312 S. m. Abb. Lpz: Staackmann 1928
55 Die Apotheke zur blauen Gans. Roman aus seltsamem Grenzland. 288 S. Bln: Grenzland-V. (1929)
56 Der große alte Kater. Eine Schopenhauer-Geschichte. 343 S. Lpz: Staackmann 1929
57 Der Falke von Mons Regius. Gedichte einer Jagd- und Liebesleidenschaft. 254 S. Bln: Deutsche Buchgemeinschaft 1930
58 Die Schauer im Don Giovanni. Beethovens Gang zum Glück? Hg., Einl.

H. Röhl. 49 S. Lpz: Quelle & Meyer (= Deutsche Novellen des 19. und 20. Jahrhunderts 2) (1930)
(Ausz. a. Nr. 7 u. 23)
59 Die Verführerin. Eine Wiener Geschichte. 200 S. Lpz: Staackmann 1930
60 Der große und der kleine Klaus. Roman. 244 S. Lpz: Staackmann 1931
61 Das Rakoczilied. Novelle aus dem Österreich der Napoleonischen Zeit. Mit Einl. u. Anm. hg. K. Plenzat. 40 S. Lpz: Eichblatt (= Eichblatt's deutsche Heimatbücher 60) (1931)
(Ausz. a. Nr. 23)
63 Wie wir unsere Armut tragen ... Ein tröstliches Buch. 145 S. Lpz: Staackmann 1932
64 Beethovens Gang ins Glück. Schubert und Beethoven. Erzählungen. 32 S. m. Abb. Reutlingen: Enßlin & Laiblin (= Bunte Bühne 215) (1932)
(Ausz. a. Nr. 15 u. 23)
65 Das Lächeln der Marie Antoinette. Roman. 238 S. Lpz: Staackmann 1932
66 Ein Deutscher. Roman. Zusammengestellt aus Fragmenten der Erinnerungen des Christoph Magnus von Raithenau. 235 S. Lpz: Staackmann 1933
67 Ausgewählte Prosa in sechs Bänden. 2063 S. Lpz: Staackmann (1933)
(Enth. Nr. 4, 7, 13, 16, 27, 47)
68 Besonntes Philisterium. Kleine Geschichte aus Mozarts Freundeskreis in Salzburg. 179 S., 9 Abb. Wien: Zsolnay 1934
69 Lumpazivagabundus. Johann Nestroys Sprünge und Seitensprünge. 299 S. Salzburg: Das Bergland-Buch 1936
70 Der große Traum der kleinen Wienerin. Eine heitere Staatsaktion. 290 S. Salzburg: Das Bergland-Buch (= Bergland-Bücherei) 1936
71 (Einl.) Unser Österreich. Landschaft, Städtebilder, Volkstrachten, Kunst, Architektur. Ein Bilderwerk. 14 S., 256 S. Abb., 1 Kt. 4° Bielefeld: Velhagen & Klasing 1938
72 Der steirische Weinfuhrmann. Die schönsten Novellen. 146 S. Lpz: Staackmann 1938
(Enth. u. a. Ausz. a. Nr. 9)
73 Jost Winges Heiratsweg. 71 S. Lpz: Widder-V. (= Echo der Landschaft 1) 1938
74 Brüder im Sturm. Roman. 400 S. Graz: Stocker 1940
75 Bittersüße Liebesgeschichten. 400 S. Graz, Wien, Lpz: Stocker 1941
(Erw. Neuaufl. v. Nr. 9)
76 Musikanten des Herzens. Novellen. 385 S. Graz, Wien, Lpz: Stocker 1943
77 Wenn Majestäten lieben. 298 S. Graz, Wien, Lpz: Stocker 1949
78 René's Carrière. Frauengröße und ein Backfisch. Eine Geschichte. 138 S. Mchn: Münchner Buchverl. 1950

Basil, Otto (*1901)

1 Zynische Sonette. 44 S. Wien: Verl. des „Ver" 1919
2 Sonette an einen Freund. 64 S. Wien: Verl. d. Johannes-Presse 1925
3 (Übs.) M. Craig Sinclair: Sonette. Vorw. U. Sinclair. 32 S. Wien: Geist 1927
4 (Übs.) F. Harris: Bildnisse und Begegnungen. 366 S. Heilbronn: Internat. Buchpresse 1928
5 Benja. Erzählung. 196 S. Wien: Krystall-V. 1930
6 Der Umkreis. Roman. 342 S. Wien (Als Ms. vervielf.) 1933
7 (Hg., Nachw.) R. Geist: Das schöne Gleichnis. Ausgewählte Lyrik. 96 S. Wien: Krystall-V. 1935
8 (Hg.) Plan. Eine Zeitschrift für Literatur, Kunst, Kulturpolitik. 3 H. m. Abb. Wien: Verl. d. Ringbuchh. 1938
9 Freund des Orients. Gedichte. 20 S. m. Abb. Wien: Juraschek (Priv.-Dr.; 300 num. Ex.) 1940
10 (Übs.) Die Erleuchtungen des Jean-Arthur Rimbaud. 36 S. m. Abb. Wien: Juraschek (Priv.-Dr.; 300 num. Ex.) 1943
11 (Hg., Einl.) E. Jené: Zeichnungen. 32 S. m. Abb. 4° Wien: Müller 1945
12 (Hg.) Plan. Literatur, Kunst, Kultur. Wien: Müller 1945–1948
Jg. 1. 12 H, VIII, 991 S. 1945–1946

Jg. 2. 6 H. 424 S. 1947–1948
(Forts. v. Nr. 8)
13 Sternbild der Waage. Gedichte aus zwei Zyklen. 47 S. Wien: Müller (= Stimme aus Österreich) 1945
14 (Nachw.) R. Müller: Das Inselmädchen. Novelle. 64 S. Wien: Müller 1946
15 (MV, Einl.) E. Jené u. P. Celan: Der Traum vom Traume. 70 S., 30 Abb. Wien: Agathon-V. (700 num. Ex.) 1948
16 Apokalyptischer Vers. 23 S. Wien: Müller 1948

BAUER, Ludwig (1803–1846)

1 Der heimliche Maluff. Drama. 167 S. 12⁰ Stg: Franckh 1828
2 Alexander der Große. Karaktergemälde in drei Abtheilungen. 383 S. Stg: Hallberger 1836
3 Rede am Schiller-Feste (den 7. Mai 1836) gehalten. 16 S. 12⁰ Stg: Zumsteeg (1836)
4 Die Überschwänglichen. Komischer Roman. 2 Bde. 271, 427 S. Stg: Hallberger 1836
5 Allgemeine Weltgeschichte für alle Stände. 6 Bde. Stg: Belser 1836–1839
6 Der Prolog und die zwei ersten Satyren des Aulus Persius Flaccus, metrisch übs. u. mit einigen Anmerkungen begleitet. 22 S. 4⁰ Stg: Mäntler 1839
7 Auswahl römischer Satyren und Epigramme, oder Horaz, Persius, Juvenal und Martial, für reifere Schüler bearb. IV, 298 S. Stg: Krabbe 1841
8 Kaiser Barbarossa. Dichtergabe zum Kölner Dombau. 120 S. Stg, Tüb: Cotta 1842
9 (Hg.) Schwaben, wie es war und ist. Dargestellt in einer freien Folge von Aufsätzen in Schwaben geborener oder doch einheimisch gewordener Schriftsteller. VIII, 439 S. Karlsruhe: Macklot 1842
10 (Hg.) Panorama der deutschen Klassiker. Gallerie der interessantesten Szenen aus den Meisterwerken deutscher Poesie und Prosa. 2 Bde. 384, 382 S. 4⁰ Stg: Göpel (1844–1847)
11 Schriften. Nach seinem Tode in einer Auswahl hg. v. seinen Freunden LXIV, 480 S. Stg: (Blum & Vogel) 1847

BAUERNFELD, Eduard von (+ Rusticocampius) (1802–1890)

1 Der Magnetiseur. Ein Lustspiel. 7 S. Wien: Mausberger 1823
2 (Übs.) W. Shakespeare: Sämmtliche Gedichte. Übs. E. v. B. u. A. Schumacher. 2 Thle. 1827
3 Lustspiele. 282 S. Wien, Lpz: Sollinger 1833
4 Das letzte Abenteuer. Lustspiel in fünf Aufzügen. 118 S. Wien: Wallishauser 1834
5 Bürgerlich und romantisch. Lustspiel in vier Akten. (S.-A.) S. 17–191. Stg: Hallberg 1839
6 Die schöne Literatur in Österreich. Historische Skizze. (S.-A.) 32 S. Wien 1835
7 Theater. 2 Bde. 286, 298 S. Mannheim: Hoff 1835–1837
8 Helene. Charaktergemälde in vier Akten. 166 S. (Mannheim: Hoff) (1837) (Ausz. a. Nr. 7)
9 Ein Besuch in St. Cyr. Komische Oper in drei Akten. Musik J. Dessauer. 60 S. 12⁰ Wien: Mausberger 1840
10 Zwei Familien. Schauspiel in vier Aufzügen. 126 S. Wien: Mausberger 1840
11 Die Geschwister von Nürnberg. Lustspiel. 136 S. Wien: Doll 1840
12 Der Selbstquäler. Charakter-Gemälde. 122 S. Wien: Mausberger 1840
13 Der Vater. Lustspiel. 134 S. Wien: Mausberger 1840
14 Industrie und Herz. Lustspiel in vier Aufzügen. 24 S. o. O. (1842)
15 *Pia Desideria eines österreichischen Schriftstellers. 93 S. Lpz: Wigand 1842
16 Ernst und Humor. Lustspiel. 27 S. (Wien) 1842
17 Großjährig. Lustspiel. 29 S. o. O. (1846)

18 Ein deutscher Krieger. Schauspiel. 150 S. Wien: Doll (1846)
19 *Schreiben eines Privilegierten aus Österreich. Zur Beleuchtung der merkwürdigen Broschüre: Ueber Denk-, Rede-, Schrift- und Preßfreiheit. 37 S. Wien, Lpz: Grunow 1847
20 *Manifest der Schriftsteller Wiens. 1 Bl. 2⁰ Wien 1848
21 Die Republik der Thiere. Phantastisches Drama sammt Epilog. 95 S. m. Abb. Wien: Seidel 1848
22 Wien an die Provinzen. 2 Bl. 4⁰ Wien: Braumüller & Seidel 1848
23 Franz von Sickingen. Schauspiel in vier Aufzügen. 52 S. o. O. (1849)
24 Flüchtige Gedanken über das deutsche Theater. 38 S. Wien: Klang 1849
25 Genesis der Revolution. Die Bekenntnisse. Die Kriegslustigen. Politische Zeitgedichte. 36 S. Wien: Jasper, Hügel & Manz 1850
26 Die Virtuosen. Lustspiel. 37 S. (Wien:) Klopf & Eurich (1850)
27 Der kategorische Imperativ. Lustspiel. 51 S. Wien: Keck & Pierer 1851
28 Wiener Einfälle und Ausfälle. 1. Heft. 52 S. Wien: Manz 1852
29 Gedichte. XIV, 344 S. Lpz: Brockhaus 1852
30 Vermischte Gedichte. XIV, 344 S. Lpz: Brockhaus 1852 (Titelaufl. v. Nr. 29)
31 Zu Hause. Familien-Scenen. 48 S. Wien: Ullrich 1852
32 Krisen. Charaktergemälde. 55 S. (Wien:) Klopf & Eurich (1852)
33 Aus Versailles. Schauspiel. 40 S. (Wien:) Klopf & Eurich (1852)
34 Im Alter. Häusliche Scenen nach Octave Feuillet. 22 S. (Wien:) Klopf & Eurich 1853
35 Welt und Theater. Lustspiel. 54 S. (Wien:) Klopf & Eurich (1853)
36 Fata Morgana. Lustspiel. 61 S. Wien: Klopf & Eurich (1855)
37 Die Zugvögel. Lustspiel in einem Aufzug. 27 S. (Wien:) Klopf & Eurich (1855)
38 +Ein Buch von uns Wienern in lustig-gemüthlichen Reimlein. XVI, 220 S. Lpz: Hirschfeld 1858
39 Die Bauern von Weinsberg. Schauspiel in drei Akten. VI, 92 S. Wien: Selbstverl. 1864
40 Zum Abschied von Carl Fichtner. 7 S. Wien: Seidel 1865
41 Excellenz, oder Der Backfisch. Lustspiel in einem Akt. 22 S. Wien: Selbstverl. 1865
42 Frauenfreundschaft. Lustspiel in einem Akt. 22 S. Wien: Selbstverl. 1865
43 An eine Mutter. 10 S. Wien: Seidel 1866
44 Aus der Gesellschaft. Schauspiel in vier Akten. 44 S. Wien: Schweiger 1867
45 Moderne Jugend. Lustspiel. VI, 98 S. Wien: Selbstverl. 1869
46 Landfrieden. Deutsche Komödie. 102 S. Wien: Selbstverl. 1870
47 Gesammelte Schriften. 12 Bde. 3057 S. Wien: Braumüller 1871–1873
48 Der Alte vom Berge. Schauspiel. 48 S. Wiesbaden: Schellenberg 1873
49 Muntere Beiträge zum La Roche-Bankett am 15. März 1873. 29 S. Wien: Rosner 1873
50 Aus Alt- und Neu-Wien. Erinnerungen. V, 325 S. Wien: Braumüller (= Gesammelte Schriften 12) 1873 (Bd. 12 v. Nr. 47)
51 Die Freigelassenen. Bildungsgeschichte aus Oesterreich. 2 Bde. 331, 267 S. Bln: Janke 1875
52 Die reiche Erbin. Lustspiel. 37 S. Lpz: Mutze 1876
53 Das Herrenrecht. Komödie. 41 S. Lpz: Mutze 1876
54 Meister Favilla. Zur Erinnerung an Josef Dessauer. 16 S. Wien: Selbstverl. 1877
55 Die Verlassenen. Lustspiel. 31 S. Wien: Rosner (= Neues Wiener Theater) 1878
56 Aus der Mappe des alten Fabulisten. VIII, 341 S. Wien: Rosner 1879
57 Mädchenrache, oder Die Studenten von Salamanca. Komödie. 82 S. Wien: Selbstverl. 1882
58 Novellenkranz. 244 S. Wien: Engel (= Bibliothek für Ost und West) 1884
59 Poetisches Tagebuch. In zahmen Xenien von 1870 bis Ende 1886. 178 S. Bln: Freund 1887
60 Alkibiades. Drama. 93 S. Dresden: Ehlermann 1889
61 Dramatischer Nachlaß. Hg. F. v. Saar. 280 S. Stg: Cotta 1893

62 Aus Bauernfelds Tagebüchern. 1819-1879. 2 Bde. 217, 194 S. Wien: Konegen (= Jahrbuch der Grillparzer-Gesellschaft 5-6) 1895-1896
63 Gesammelte Aufsätze. In Auswahl hg. S. Hock. 23, 392 S. Wien: Fromme (= Schriften des literarischen Vereins in Wien 4) 1905
64 Der Graf von Gleichen. Romantische Oper in zwei Akten. Musik F. Schubert, A. d. Ms. zum erstenmal hg. u. eingel. A. Nathansky. 86 S. Wien: Fromme 1907

BAUMBACH, Rudolf (1840-1905)

1 Samiel hilf! Erinnerungen eines alten Studenten an die Rudelsburg und von der Saale hellem Strande. 86 S. 16° Jena: Hermsdorf (1867)
2 Zlatorog, eine Alpensage. 96 S. Lpz: Liebeskind 1877
3 Lieder eines fahrenden Gesellen. VIII, 93 S. Lpz: Liebeskind 1878
4 Horand und Hilde. Gedicht. 146 S. Lpz: Breitkopf & Härtel 1878
5 Trug-Gold. Erzählung aus dem siebzehnten Jahrhundert. 316 S. Bln: Goldschmidt (1878)
6 Frau Holde. Gedicht. 90 S. Lpz: Liebeskind 1880
7 Neue Lieder eines fahrenden Gesellen. IV, 100 S. Lpz: Liebeskind 1880
8 Sommermärchen. VIII, 280 S. Lpz: Liebeskind 1881
9 Mein Frühjahr. Gesammelte Gedichte aus Enzian. Ein Gaudeamus für Bergsteiger. VIII, 185, IX S. Lpz: Liebeskind 1882
10 Von der Landstraße. Lieder. IV, 107 S. Lpz: Liebeskind 1882
11 Schildereien aus dem Alpenlande. Dreißig Lichtdruckbilder nach Gemälden v. K. E. Heyn. Gedichte v. R. B. Randzeichnungen v. J. Stauffacher. 2° Lpz: Liebeskind 1882
12 Spielmannslieder. 83 S. Lpz: Liebeskind 1882
13 Abenteuer und Schwänke alten Meistern nacherzählt. 165 S. Lpz: Liebeskind 1883
14 Das Lied vom Hütes. 3 Bl. Meiningen: Löffler 1883
15 Wanderlieder aus den Alpen. 65 Bl. 4° Lpz: Liebeskind 1883
16 Der Pathe des Todes. Dichtung. 120 S. Lpz: Liebeskind 1884
17 Erzählungen und Märchen. 188 S. Lpz: Liebeskind 1885
18 Krug und Tintenfaß. Gedichte. V, 128 S. Lpz: Liebeskind 1887
19 Kaiser Max und seine Jäger. Dichtung. 130 S. Lpz: Liebeskind 1888
20 Es war einmal. Märchen. 157 S. Lpz: Liebeskind 1889
21 Thüringer Lieder. V, 142 S. Lpz: Liebeskind 1891
22 Der Gesangverein Brüllaria und sein Stiftungsfest. Ein lustiges Bilderwerk für Groß und Klein. 17 Bl., 15 Taf. quer 4° Mchn: Ackermann 1893
23 Neue Märchen. VI, 197 S. 16° Lpz: Liebeskind 1894
24 Aus der Jugendzeit. 445 S. Lpz: Liebeskind 1895
25 Bunte Blätter. Gelegenheitsgedichte. VII, 126 S. 12° Stg: Cotta 1897
26 Das Wasser des Vergessens und andere Erzählungen. 62 S. Stg: Cotta (= Cotta'sche Handbibliothek, Bd. 84) (1904)

BAYR, Rudolf (*1919)

1 Zur Psychologie des dichterischen Schaffens. 14 S. Linz: Muck 1945
2 Das ungewisse Haus. Erzählungen. 72 S. Linz: Muck 1946
3 (Übs.) Sophokles: Oedipus auf Kolonos. 105 S. Krefeld: Scherpe 1946
4 Essays über Dichtung. 95 S. Wien: Sexl 1947
5 Karl Heinrich Waggerl. Der Dichter und sein Werk. 92 S., 3 Taf. Salzburg: Müller 1947
6 Agamemnon. Die aischyleische Tragödie. Frei nachgebildet. 40 S. Wien: Sexl 1948
7 O Attika. Gesänge der Hellenen. Nachdichtungen. Hg. H. Tieck. 73 S. 4 Abb. Wien: Scheuermann (= Die Tieck-Bücher) 1948
8 (Hg.) Wiener literarisches Echo. Vierteljahresschrift für Dichtung und Geistesgeschichte. Jg. 1-4 4° Wien: Sexl 1948-1951
9 Der Dekalog. Zehn Oden. Wien: Borotha-Schoeler 1951

Becher, Johannes R. (1891–1958)

1. Der Ringende. Kleist-Hymne. 6 Bl. Bln: Bachmair (510 Ex.) 1911
2. Die Gnade eines Frühlings. Dichtungen. 70 S. Bln: Bachmair (500 Ex.) 1912
3. Erde. Ein Roman. 149 S. Bln: Bachmair 1912
4. De Profundis Domine. 51 S. Mchn: Bachmair (500 Ex.) 1913
5. Verfall und Triumph. 2 Bde. 201, 118 S. Bln: Hyperion-V. 1914 (z. T. Ausw. früherer Bde)
6. An Europa. Neue Gedichte. 130 S. Lpz: Wolff 1916
7. Verbrüderung. Gedichte. 45 S. Lpz: Wolff (= Der jüngste Tag, Bd. 25) 1916
8. Das neue Gedicht. Auswahl 1912–1918. 191 S. Lpz: Insel 1918 (Ausw. a. Nr. 5, 6, 7, 9, 13)
9. Päan gegen die Zeit. Gedichte. 143 S. Lpz: Wolff 1918
10. Die heilige Schar. Gedichte. 25 S. 4° Lpz: Insel 1918
11. An Alle! Neue Gedichte. 38 S. Bln-Wilmersdorf: Vlg. ,,Die Aktion" (= Der rote Hahn, Bd. 41–43) 1919
12. Gedichte um Lotte. 51 S. Lpz: Insel 1919
13. Gedichte für ein Volk. 107 S. Lpz: Insel 1919
14. Ewig im Aufruhr. 46 S. Bln: Rowohlt (= Umsturz und Aufbau, 7. Flugschrift) 1920
15. (Vorw.) U. Schwimmer: Abenteuer. Fünf Kaltnadelradierungen. 6 Bl. 4° Lpz: Dehne (1920)
16. Zion. Gedichte. 27 S. Mchn: Wolff (= Der jüngste Tag, Bd. 82) (1920)
17. Arbeiter, Bauern, Soldaten. Der Aufbruch eines Volks zu Gott. Ein Festspiel. S. 131–232 Lpz: Insel 1921 (Ausz. a. Nr. 19)
18. Der Gestorbene. 44 S. Regensburg: Habbel 1921
19. Um Gott. 329 S. Lpz: Insel 1921
20. Verklärung. Hymne. 59 S. Bln: Die Schmiede 1922
21. Vernichtung. An die Deutschen. Mord. Drei Hymnen. 90 S. Konstanz: Wöhrle 1923
22. Arbeiter, Bauern, Soldaten. Entwurf zu einem revolutionären Kampfdrama. 128 S. Ffm: Der Taifun-V. (= Die Signale 20–30) 1924 (Veränd. Neuausg. v. Nr. 17)
23. (Übs.) Bjedny: Die Hauptstraße. Aus d. Russ. nachgedichtet. Nachw. L. Trotzki. 29 S. Wien: V. f. Literatur u. Politik 1924
24. Am Grabe Lenins. 39 S. Wien: Malik (1924)
25. Hymnen. 127 S. Lpz: Insel 1924
26. Vorwärts, du rote Front! Prosastücke. 125 S. Ffm: Der Taifun-V. (= Die Signale 9–12) 1924
27. Roter Marsch. Der Leichnam auf dem Thron. Die Bombenflieger. 125 S. Bln: Vereinigg. internat. Verl.-Anst. 1925
28. (Übs.) Majakowski: 150 Millionen. Nachdichtung. 60 S. Bln: Malik-V. (= Malik-Bücherei 5) 1925
29. (Ch Cl-Ch)z As ⟨Levisite⟩ oder Der einzig gerechte Krieg. Roman. 374 S. Wien: Agis-V. 1926
30. Der Bankier reitet über das Schlachtfeld. Erzählung. 91 S. Wien: Agis-V. 1926
31. Maschinenrhythmen. X, 158 S. Bln: Die Schmiede 1926
32. Die hungrige Stadt. 56 S. Wien: Agis-V. 1927
33. (MH) Kampfgenoss. Ein Buch für die proletarische Jugend. 144 S. m. Abb. Bln: Verl. d. Jugendinternationale 1928
34. Im Schatten der Berge. 33 S. Bln: Fechner (= Lyrik-Bücherei 3) 1928
35. (Vorw.) K. Grünberg: Brennende Ruhr. Roman aus d. Kapp-Putsch. 409 S. Rudolstadt: Greifen-V. 1929
36. (MH) Die Linkskurve. Jg. 1–4. Bln: Internationaler Arbeiter-V. 1929 bis 1932
37. Ein Mensch unserer Zeit. Gesammelte Gedichte. 188 S. Rudolstadt 1929 (Ausw. früherer Gedd.)
38. Graue Kolonnen, 24 neue Gedichte. 80 S. Bln: Internationaler Arbeiter-V. (= Neue proletarische Dichtung 4) 1930
39. Der große Plan. Epos des sozialistischen Aufbaus. 190 S. Bln: Agis-V. (1931)

40 Der Mann, der in der Reihe geht. Neue Gedichte und Balladen. 152 S. Bln: Universum-Bücherei f. Alle (= Universum-Bücherei 124) 1932
41 Neue Gedichte. 189 S. Moskau-Leningrad: Verl.-Genossenschaft ausländischer Arbeiter in der UdSSR 1933
(Enth. Nr. 42, 43, 44)
42 Deutscher Totentanz 1933. 50 S. Moskau-Leningrad: Verl.-Genossenschaft ausländischer Arbeiter in der UdSSR 1933
43 An die Wand zu kleben. 63 S. Moskau-Leningrad: Verl.-Genossenschaft ausländischer Arbeiter in der UdSSR 1933
44 Es wird Zeit. 77 S. Moskau-Leningrad: Verl.-Genossenschaft ausländischer Arbeiter in der UdSSR 1933
45 Deutschland. Ein Lied vom Köpferollen und von den „nützlichen Gliedern". 191 S. Moskau-Leningrad: Verl.-Genossenschaft ausländischer Arbeiter in der UdSSR 1934
46 Der verwandelte Platz. Erzählungen und Gedichte. 133 S. Zürich: Ring-V. (1934)
47 Ausgewählte Gedichte. 125 S. Kiew: Staats-V. der nationalen Minderheiten in der UdSSR 1935
48 Der Mann, der alles glaubte. Dichtungen. 166 S. Moskau–Leningrad: Verl.-Genossenschaft ausländischer Arbeiter in der UdSSR 1935
49 Die Bauern von Unterpeißenberg und andere Gedichte aus dem bäuerlichen Leben. 104 S. Engels.: Deutscher Staatsverl. 1938
50 Der Glücksucher und Die sieben Lasten. Ein Hohes Lied. 149 S. Moskau: Verl.-Genossenschaft ausländischer Arbeiter in der UdSSR 1938
51 Der Welt-Entdecker. Ausgewählte Gedichte 1912–1937. 207 S. Kiew: Staats-V. d. nationalen Minderheiten in der UdSSR 1938
52 Gesammelte epische Dichtungen. 281 S. Kiew: Staats-V. d. nationalen Minderheiten in der UdSSR 1939
(Enth. u. a. Nr. 45, 48, 49)
53 Gewißheit des Siegs und Sicht auf große Tage. Gesammelte Sonette 1935–1938. 151 S. Moskau: Das internationale Buch 1939
54 Abschied. Einer deutschen Tragödie erster Teil. 1900–1914. Roman. 451 S. Moskau: Das internationale Buch 1940
55 Die sieben Jahre. 25 ausgew. Gedichte aus den Jahren 1933–1940. 61 S. Moskau: Das internationale Buch (= Kleine Bibliothek) 1940
56 Wiedergeburt. Dichtungen. 188 S. Moskau: Das internationale Buch 1940
57 Deutschland ruft. Gedichte. 72 S. Moskau: Verl. f. fremdsprachige Literatur 1942
58 Dank an Stalingrad. Dichtungen 119 S. Moskau: Verl. f. fremdsprachige Literatur 1943
59 Deutsche Sendung. Ein Ruf an die deutsche Nation. 59 S. Moskau: Verl. f. fremdsprachige Literatur 1943
60 Dichtung. Auswahl aus den Jahren 1939–1943. 88 S. Moskau: Das internationale Buch 1944
61 Deutsche Lehre. 27 S. London: Free German League of Culture in Great Britain (1944)
62 Die Hohe Warte. Deutschland – Dichtung. 91 S. Moskau: Verl. f. fremdsprachige Literatur 1944
63 Deutsches Bekenntnis. Drei Reden zu Deutschlands Erneuerung. 45 S. Bln: Aufbau-V. (1945)
64 Ausgewählte Dichtung aus der Zeit der Verbannung. 1933–1945. 281 S. Bln: Aufbau-V. (1945)
65 Deutsches Bekenntnis. Fünf Reden zu Deutschlands Erneuerung. 95 S. Bln: Aufbau-V. 1946
(Erw. Neuaufl. v. Nr. 63)
66 Erziehung zur Freiheit. Gedanken und Betrachtungen. 181 S. Bln, Lpz: Volk und Wissen 1946
67 Heimkehr. Neue Gedichte. 165 S. Bln: Aufbau-V. 1946
68 München in meinem Gedicht. 79 S. Starnberg: Bachmair 1946
69 Romane in Versen. 163 S. Bln: Aufbau-V. 1946
(Enth. z. T. Nr. 49, 52)
70 Die Hohe Warte. Deutschland-Dichtung. 1933–1945. 196 S. Bln: Aufbau-V. 1946

71 Deutsches Bekenntnis. Sieben Reden zu Deutschlands Erneuerung. 116 S. Bln: Aufbau-V. 1947
(Erw. Neuaufl. v. Nr. 65)
72 Lob des Schwabenlandes. Schwaben in meinem Gedicht. Konstanz u. Lpz: Asmus-V. 1947
73 Uns ist bange, aber wir verzagen nicht. Ansprache auf der zweiten Landestagung des Kulturbundes zur demokratischen Erneuerung Deutschlands, Landesleitung Brandenburg am 1. III. 1947, Kulturhaus Potsdam. 15 S. Potsdam: Kulturbund z. demokr. Erneuerung Deutschlands, Landesleitung Brandenburg (1947)
74 Wiedergeburt. Buch der Sonette. 87 S. Lpz: Insel 1947
(z. T. Ausz. a. Nr. 53)
75 Vom Willen zum Frieden. Zwei Reden. 110 S. Bln: Aufbau-V. 1947
(Enth. u. a. Nr. 76)
76 Wir, Volk der Deutschen. Rede auf der ersten Bundes-Konferenz d. Kulturbundes z. demokr. Erneuerung Deutschlands (21. V. 1947). 82 S. Bln: Aufbau-V. 1947
77 Wir – unsere Zeit. 305 S., 1 Titelb. Einf. P. Wiegler. Mchn: Desch 1947
78 Volk im Dunkel wandelnd. Gedichte. 216 S. Bln: Der Neue Geist 1948
79 Auswahl in vier Bänden. 447, 410, 421, 382 S. Bln: Aufbau-V. 1949
80 Der Befreier. Rede, gehalten am 28. VIII. 1949 im Nationaltheater Weimar zur 200. Wiederkehr d. Geburtstages von Johann Wolfgang Goethe. 55 S. Bln: Aufbau-V. 1949
81 Befreiung. Deutsche Kultur und nationale Einheit. Rede, geh. am 24. XI. 1949 in Berlin auf den zweiten Bundeskongreß des Kulturbundes zur demokratischen Erneuerung Deutschlands. 71 S. Bln: Kulturbund zur demokratischen Erneuerung Deutschlands (1949)
82 Die Faust. Zwölf ausgewählte Gedichte. 47 S. Bukarest: Staatsverl. 1949
83 Von Deutschlands Jugend. Tragische Jugend – lernende Jugend. 8 Bl. Lpz: Akademie f. Grafik u. Buchkunst 1949
84 National-Hymne der Deutschen Demokratischen Republik. Musik v. Hanns Eisler. 2 Bl. Lpz: Peters 1949
85 (MH) Sinn und Form. Beiträge zur Literatur. Jg. 1 ff. Potsdam: Rütten & Loening 1949 ff.
86 Wir wollen Frieden. 15 S. m. Abb. Bln: Kongreß-V. (= Nationale Front, Bd. 7) 1949
87 Korea liegt mitten unter uns! Ein Antwortbrief an westdeutsche Freunde. 2 Bl. 4°. Bln: Kongreß-V. 1950
88 Macht den Frieden stark! Drei Briefe, den Frieden betreffend. 36 S. Bln: Kulturbund zur demokratischen Erneuerung Deutschlands 1950
89 Vollendung träumend. Ausgewählte Gedichte aus dem frühen Werk. 127 S. Lpz: Insel 1950
90 Auf andere Art so große Hoffnung. Tagebuch 1950. 697 S. Bln: Aufbau-V. 1951
91 Dona nobis pacem. Gib uns den Frieden. Ein Friedensbrevier. 15 S. Bln: Kulturbund zur demokratischen Erneuerung Deutschlands 1951
92 Forum der Nation. Dt. Kulturgespräch. Leipzig 1951. Rede. 38 S. Lpz: Offizin Haag-Drugulin 1951
93 Glück der Ferne – leuchtend nah. Neue Gedichte. 83 S. Bln: Aufbau-V. 1951.
94 Ein Mensch unsrer Zeit in seinen Gedichten. 1911–1951. Nachw. A. Abusch. 555 S., 1 Titelb. Bln: Aufbau-V. (= Bibliothek fortschrittl. dt. Schriftsteller) 1951
95 Sterne unendliches Glühen. Die Sowjetunion in meinem Gedicht. 1917–1951. 310 S. Lpz: Rütten & Loening (= Sinn und Form, Sonderheft) 1951
96 Die deutsche Verantwortung für den Frieden. Rede. 55 S. Bln: Dt. Komitee d. Kämpfer für den Frieden 1951
97 Auswahl in sechs Bänden. Bln: Aufbau-V. 1952
1. Vollendung träumend. Dichtungen. Einf. P. Rilla. 365 S., 1 Titelb.
2. Als ich wiederkam. Dichtungen. Nachw. G. Lukács. 353 S.
3. Sternbilder auf Erden. Dichtungen. 681 S.
4. Abschied. Roman. Nachw. G. Lukács. 429 S.
5. Vom Anderswerden. Reden, Aufsätze, Briefe. Nachw. A. Abusch. 505 S.

	6. Auf andere Art so große Hoffnung. Tagebuch 1950 mit Eintragungen 1951. 691 S.
98	Glück der Ferne – leuchtend nah. Neue Gedichte. 226 S. Bln: Aufbau-V. 1952
99	(Einl.) O. Grotewohl: Deutsche Kulturpolitik. XIV, 185 S. 1 Titelb. 4°. Dresden: Verlag d. Kunst 1952
100	Schöne deutsche Heimat. 171 S. Bln: Aufbau-V. 1952
101	(Hg.) F. Hölderlin: Dichtungen. Einf. G. Lukács. 170 S. Bln: Rütten & Loening 1952
102	Deutsche Sonette 1952. 33 S. Bln: Aufbau-V. (= Schriften a. d. dt. Nation) 1952
103	Verteidigung der Poesie. Vom Neuen in der Literatur. 431 S. Bln: Rütten & Loening 1952
104	Worin wir Deutschen alle eins sind. Rede auf dem Deutschen Kongreß für Verständigung und Frieden. 31 S. Bln: Dt. Friedenskomitee (1952)
105	Dreimal bebende Erde. Ausgewählte Prosa. 59 S. Lpz: Insel 1953
106	Drei Romane in Versen. 62 S. Lpz: Reclam (= Reclam's UB. 7917) 1953 (Ausz. a. Nr. 69)
107	Der Weg nach Füssen. Schauspiel in fünf Akten. 130 S. Bln: Rütten & Loening 1953
108	Winterschlacht. (Schlacht um Moskau.) Eine deutsche Tragödie in fünf Akten mit einem Vorspiel. 123 S. Bln: Aufbau-V. 1953
109	Ein Deutschland ist, soll sein und bleiben! Rede gehalten bei der Wiedereröffnung der Wartburg am 22. Mai 1954. 24 S. Bln: Aufbau-V. (= Schriften a. d. dt. Nation) 1954
110	Poetische Konfession. 192 S. Bln: Aufbau-V. 1954
111	Die Kulturpolitik der Deutschen Demokratischen Republik. Vortrag. 21 S. Lpz, Jena: Urania-V. 1954
112	(Hg.) Tränen des Vaterlandes. Deutsche Dichtung aus dem 16. u. 17. Jahrhundert. Eine Auswahl. 680 S. Bln: Rütten & Loening 1954
113	Zur Verteidigung der Einheit der deutschen Kultur. 79 S. Bln: Ministerium für Kultur der DDR. 1954
114	Denn er ist unser: Friedrich Schiller, der Dichter der Freiheit. 31 S. Bln: Aufbau-V. (= Schriften a. d. dt. Nation) 1955
115	Für ein Deutschland – schön wie nie! Rede, gehalten auf d. Festveranstaltung zum zehnten Jahrestag der Gründung des Kulturbundes zur demokratischen Erneuerung Deutschlands, Berlin, 2. Juli 1955. 34 S. Bln: Aufbau-V. 1955
116	Grundstein zu einer deutschen Nationaloper. Festrede a. d. Anlaß der Wiedereröffnung der Deutschen Staatsoper. 3 S. Bln: Ministerium f. Kultur 1955
117	Macht der Poesie. Poetische Konfession. 2. Teil. 277 S. Bln: Aufbau-V. 1955
118	Von der Größe unserer Literatur. 53 S. Bln: Aufbau-V. 1956
119	Sonett-Werk. 1913–1955. 623 S. Bln: Aufbau-V. 1956
120	Wir, unsere Zeit, das Zwanzigste Jahrhundert. 353 S. Bln: Aufbau-V. (= Deutsche Volksbibliothek) 1956
121	Liebe ohne Ruh. Liebesgedichte 1913–1956. 238 S. Bln: Aufbau-V. 1957
122	Das poetische Prinzip. Mit e. Anh.: Philosophie des Sonetts oder Kleine Sonettlehre und „Ein wenig über vier Seiten." 462 S. Bln: Aufbau-V. 1957
123	Die sozialistische Kultur und ihre nationale Bedeutung. Ansprache. 57 S. Bln: Aufbau-V. 1958
124	Als namenloses Lied. Gedichte. Vorw. E. Stein. 279 S. Lpz: Reclam (= Reclam's UB. 8523–8525) (1958)
125	Schritt der Jahrhundertmitte. Neue Dichtungen. 196 S. Bln: Aufbau-V. 1958
126	Walter Ulbricht. Ein deutscher Arbeitersohn. 227 S., 10 Bl. m. Abb. Bln: Dietz 1958
127	Gerichtstag über sich selbst. Vorw. St. Hermlin. 364 S. Lpz: Reclam (= Reclam's UB. 8528–8531) 1959 (Ausw. a. Nr. 90, 103, 110, 117)
128	Vom Mut des Künstlers. Nachw. A. Dymschitz. 185 S. Lpz: Reclam (= Reclam's UB. 8526–8527) 1959 (Ausw. a. Nr. 103, 110, 117, 122)

Becher, Ulrich (*1910)

1 Männer machen Fehler. 247 S. Bln: Rowohlt 1932
2 Niemand. 137 S. Mähr. Ostrau: Kittl 1934
3 Die Eroberer. Geschichten aus Europa. Geleitw. E. Gläser. 228 S. Zürich: Oprecht 1936
4 Das Märchen vom Räuber, der Schutzmann wurde. 22. S. m. Abb. Rio de Janeiro: Notbücherei dt. Antifaschisten (= Notbücherei dt. Antifaschisten, H. 1; 200 Ex.) (1943)
5 Reise zum blauen Tag. Verse. 80 S. m. Abb. St. Gallen: Volksstimme 1946
6 (MV) U. B. u. P. Preses: Der Bockerer. Dramatisches Possenspiel in drei Akten. 154 S., 24 S. Wien: Sexl 1946
7 Die Frau und der Tod. Novelle. 135 S. Bln: Aufbau-Verl. 1949
8 (MV) U. B. u. P. Preses: Der Pfeifer von Wien. Tragische Posse in drei Akten und einem Epilog. 200 S. Wien: Universal-Ed. 1949
9 Brasilianischer Romanzero. 111 S. m. Abb. Zürich: Classen; Wien: Frick 1950
10 Nachtigall will zum Vater fliegen. Ein Zyklus Newyorker Novellen in vier Nächten. 395 S. Wien: Continental-Ed.; Mchn: Weismann 1950
11 Samba. Schauspiel. 199 S. Wien: Universal-Ed. 1950
12 Feuerwasser. Deutsch amerikanische Tragödie in drei Akten (fünf Bildern) und einem Epilog. VI, 209 S. Wien: Universal-Ed. 1951
13 Mademoiselle Löwenzorn. Fatale Komödie in drei Akten (acht Bildern). IV, 183 S. quer 8° Bln: Bloch 1953
14 Die ganze Nacht. zwei Erzählungen. 184 S. Hbg: Rowohlt (= rororo-Taschenbuch 155) 1955
 (Ausz. a. Nr. 10)
15 Die Kleinen und die Großen. 100 S. München: Desch 1955
16 Der schwarze Hut. 101 S. Halle/Saale: Mitteldt. V. 1957
17 Kurz nach 4. Roman. 179 S. Hbg: Rowohlt 1957
18 Spiele der Zeit. 404 S. Hbg: Rowohlt 1957
 (enth. u.a. Nr. 11, 12, 15)
19 Männer machen Fehler. Geschichten der Windrose. 453 S. Hbg: Rowohlt 1959
 (erw. Neuaufl. v. Nr. 1)
20 Das Herz des Hais. Roman. 145 S. Reinbek b. Hbg: Rowohlt (= rororo-Taschenbuch 387) 1960

Becker, Julius Maria (1887–1949)

1 Julfest. Gedichte. 88 S. Aschaffenburg: Walter 1908
2 Im Ring des Jahres. Ein Zyklus in Versen. 47 S. Aschaffenburg: Wailandt 1911
3 Die Blendung. Dramatische Skizze. 30 S. Aschaffenburg: Romberger 1913
4 Von dir zu mir. Gedichte. 48 S. Aschaffenburg: Romberger 1913
5 Der pädagogische Impressionismus. 57 S. Aschaffenburg: Romberger 1913
6 Der Stil moderner Bauwerke. Aus einer Essaysammlung. 11 S. Paris 1913
7 Eine Sylvesternacht. Drama in einem Aufzug. 67 S. Aschaffenburg: Romberger 1913
8 Syrinx. Roman. 156 S. Aschaffenburg: Viertürme 1914
9 Ein paar neue Verse. 10 S. Aschaffenburg: Romberger 1913
10 Gedichte. 46 S. Lpz: Wolff (= Der jüngste Tag, Bd. 72) (1919)
11 Das letzte Gericht. Eine Passion in vierzehn Stationen. 131 S. Bln: Fischer 1919
12 Kaiser Jovinianus. Ein Spiel in sechs Bildern. 60 S. Potsdam: Kiepenheuer (1923)
13 Nachtwächter Kronos. 83 S. Nürnberg: Der Bund 1923
14 Der Schächer zur Linken. Schauspiel. 16 S. 4°. Aschaffenburg: Wailandt (1923)
15 Ewige Zeit. Zweimal zwölf Lieder. 32 S. Aschaffenburg: Becker (1923)

16 Der Wundermann. Komödie. 132 S. Potsdam: Kiepenheuer (1923)
17 Gestürzte Cherubim. Erzählungen. 111 S. Aschaffenburg: Wailandt (1924)
18 (MH) Das Gegenspiel. Monatsblätter für neue Dichtung. Mchn: Bayern-Verl. 1925 ff.
19 Das Friedensschiff. Schauspiel. 110 S. Aschaffenburg: Wailandt 1926
20 Dies Gesetz stammt nicht von Gott. 24 S. Würzburg: Gesellschaft für Literatur u. Bühnenkunst 1928
21 Gilgamesch. Komödie in fünf Aufzügen. 92 S. Würzburg: Gesellschaft für Literatur und Bühnenkunst (= Junge deutsche Bühne) 1928
22 Der Brückengeist. Ein Spiel vom Tode. 52 S. Bln: Bühnenvolksbundverl. 1929
23 Asyl. Dramatische Szene. 24 S. Mchn: Höfling (= Spiel und sing! 8007) (1931)
24 Die Nacht der Könige. Schauspiel in drei Aufzügen. 36 S. Bln: Bühnenvolksbundverl. 1931
25 Dreikönigsspiel. Als Vorspiel zu einer Weihnachtsfeier gedacht. 14 S. Mchn: Höfling (= Spiel und sing! 8047) (1933)
26 Deutsche Notwende. 27 S. Mchn: Höfling (1933)
27 Feuerspruch zum Sonnwendfest. 10 S. Mchn: Höfling (1934)
28 Nacht ohne Morgen. Schauspiel in 3 Aufzügen. 68 S. Mchn: Höfling (= Spiel und sing! 8059) (1934)
29 (Nachw.) Goethe: Pandora. Ein Festspiel. 74 S. Lpz: Insel (= Inselbücherei 411) (1938)
30 Aschaffenburg, die Stadt Matthias Grünewalds. Hg. W. Wohlgemuth. 103 S. m. Abb. 4° Aschaffenburg: Gauverl. Mainfranken (1940)
31 (Hg.) Mainfranken. Zeitschrift für heimatliche Kultur und Wirtschaft im Gau Mainfranken. 4° Aschaffenburg: Gauverl. Mainfranken 1942
32 Das Mahl des Herrn. Schauspiel in zwölf Bildern. 212 S. Angermund: Der Pflug 1947
33 Die Welt ohne Christus? 92 S. Angermund: Der Pflug 1947
34 (Hg.) J. M. Becker und F. Wolbert: Welt im Abglanz. 53 Bl. mit Abb. 2° Aschaffenburg: Pattloch 1948
35 Gedichte. 93 S. Aschaffenburg: Romberger 1950

Beer, Johann (+Jan Rebhu u. a.) (1655–1700)

1 +Der Symplicianische Welt-Kucker Oder Abentheuerliche Jan Rebhu. 4 Tle. 796 S., 12 Ku. 12° Halle: Hübner 1677–1679
2 +Printz Adimantus und der Königlichen Prinzeßin Ormizella Liebes-Geschicht. 10 Bl., 96 S., 1 Abb. 12° Halle: Hübner 1678
3 +Der Abentheuerliche wunderbare und unerhörte Ritter Hopffen-Sack von der Speckseiten. 48 Bl., 12° Halle: Hübner 1678
4 +Die vollkommene Comische Geschicht Des Corylo. 2 Tle. 11 Bl., 263 S.; 11 Bl., 286 S. 12° Nürnberg: Hofmann 1679–1680
5 +Des Abentheuerlichen Jan Rebhu Artlicher Pokazi. 2 Tle. 84 Bl.; 4 Bl., 134 S. 12° Halle: Hübner 1679–1680
6 +Des Abentheuerlichen Jan Rebhu Ritter Spiridon aus Perusina. 15 Bl., 252 S. 12° Halle: Hübner 1679
7 +Des Symplicianischen Welt-Kuckers oder Abentheuerlichen Jan Rebhu Erster Theil. 7 Bl., 192 S. m. 3 Ku. 12° Halle: Hübner 1679
(Verm. Neuaufl. d. 1. Bds. v. Nr. 1)
8 +Jucundi Jucundissimi Wunderliche Lebens-Beschreibung. 212 S., 6 Ku. 12° Nürnberg: Hofmann 1680
9 +Des berühmten Spaniers Francisci Sambelle wolausgepolirte Weiber-Hächel. 136 S., 1 Abb. 12° Dresden, Wolfenbüttel 1680
10 +Die Mit kurtzen Umständen entworffene Bestia Civitatis. 130 S. 12° o. O. 1681
11 +Der neuausgefertigte Jungfer-Hobel. 132 S. 12° o. O. 1681
12 +Der Berühmte Narren-Spital. 2 Bl., 182 S. 12° o. O. 1681
13 +Der Politische Bratenwender. 250 S., 1 Abb. 12° Lpz: Weidmann 1682
14 +Der verliebte Europeer. 7 Bl., 351 S., 7 Bl. 12° Gotha: Boetius 1682

15 +Der Politische Feuermäuerkehrer. 9 Bl., 369 S., 5 Bl., 1 Abb. 12° Lpz: Weidmann 1682
16 +Zendorii à Zendoriis Teutsche Winternächte. 6 Bl., 780 S., 4 Bl., 13 Ku. 12° Nürnberg: Hofmann 1682
17 +Die Andere Ausfertigung Neu-gefangener Politischer Maul-Affen. 9 Bl., 379 S., 1 Abb. 12° Ffm, Lpz: Weidmann 1683
18 +Die kurtzweilige Sommer-Täge. 8 Bl., 822 S., 5 Bl., 11 Ku. 12° o. O. 1683
19 +Der Deutsche Kleider-Affe. 6 Bl., 272 S., 1 Abb. 12° Lpz: Gleditsch 1685
20 Deutsche Epigrammata. 32 S. 12° Weissenfels: Brühl 1691
21 Das bittere Leiden und Sterben unseres Herrn und Heylandes Jesu Christi. 24 Bl. Weissenfels: Brühl 1695
22 Ursus Murmurat ... 32 S. Weissenfels (= Selbstverl.) 1697
23 Ursus Vulpinatur ... 96 S. Weissenfels: Beer (1697)
24 +Der kurzweilige Bruder Blaumantel. 12° o. O. 1700
25 +Der verkehrte Staats-Mann Oder Nasen-weise Secretarius. 258 S., 1 Bl., 1 Abb. 12° Köln: Martenau 1700
26 Bellum musicum oder musicalischer Krieg ... 38 S. 4° o. O 1701
27 +Der Verliebte Österreicher. 236 S. 12° o. O. 1704
28 Musicalische Discurse, durch die Principia der Philosophie deducirt. Nebst einem Anhang ..., genannt der Musicalische Krieg zwischen der Composition und der Harmonie. 202, 14 S. 12° Nürnberg: Monath 1719

BEER-HOFMANN, Richard (1866–1945)

1 Novellen. 112 S. Bln: Freund & Jäckel 1893
2 Der Tod Georgs. 221 S. Bln: Fischer 1900
3 Der Graf von Charolais. Ein Trauerspiel. 264 S. Bln: Fischer (1904)
4 Gedenkrede auf Wolfgang Amadé Mozart. 16 S. Bln: Fischer 1906
5 Jaákobs Traum. Ein Vorspiel. 170 S. Bln: Fischer 1918
6 Schlaflied für Mirjam. 3 S. Bln: Fischer (1919)
7 Die Historie von König David. Ein Zyklus. Bln: Fischer 1920–1933
  Jaákobs Traum. Ein Vorspiel. 170 S. 1920
  Der junge David. Sieben Bilder. 278 S. 1933
  (Enth. u. a. Neuaufl. v. Nr. 5)
8 Vorspiel auf dem Theater zu König David. 30 S. Wien: Johannes-Presse 1936
  (zu Nr. 7)
9 Verse. 51 S., 2 Bl. Stockholm, New York: Bermann-Fischer 1941
10 Herbstmorgen in Österreich. 61 S. New York: Johannes-Presse 1944
11 Paula. Ein Fragment. 247 S. New York: Johannes-Presse 1949
   (Enth. u.a. Nr.10)

BEHEIM-SCHWARZBACH, Martin (*1900)

1 Die Runen Gottes. Novellen. 299 S. Lpz: Reclam (= Junge Deutsche) (1927)
2 Lorenz Schaarmanns unzulängliche Buße. Nachw. M. Sidow. 72 S. Lpz: Reclam (= Reclam's UB. 6906) 1928
3 Der kleine Moltke und die Rapierkunst. 69 S. Lpz: Reclam (= Reclam's UB. 7040) 1929
4 Die Michaelskinder. Roman. 342 S. Lpz: Insel 1930
5 Die Herren der Erde. 309 S. Lpz: Insel 1931
6 Das verschlossene Land. Erzählung. 69 S. Hbg: Agentur des Rauhen Hauses (= Junge RH-Bücher) 1932
7 Das Buch vom Schach. Darstellung und Anweisung für die Freunde des Spiels. 90 S. m. Diagr. Lpz: Insel (= Insel-Bücherei 460) (1934)
8 Der Gläubiger. Roman. 239 S. Lpz: Insel 1934
9 (MV) M. B.-Sch. u. J. Maaß: Wesen und Aufgabe der Dichtung. 14 S. Hbg: Ges. der Bücherfreunde (= Hamburger Beiträge zur Buchkunde 3) 1934
10 Die Krypta. Gedichte. 45 S. (Lokstedt:) Dulk (1935)

11 (MV) M. B.-Sch., F. Diettrich (u. a.): Licht und Schatten. 79 S., 1 Titelb. Bln: Eckart-Verl. (= Eckart-Kreis 15) 1935
12 Die Todestrommel. Novelle. 75 S. Lpz: Reclam (= Reclam's UB. 7306) (1935)
13 (Übs.) M. Mitchell: Vom Winde verweht. Roman. 1007 S. Hbg: Goverts (1937)
14 Der Schwerttanz. 31 S. Hbg: Ellermann (= Prosa der Gegenwart 2) 1938
15 Die Verstoßene. Roman. 415 S., 1 Titelb. Hbg: Goverts 1938
16 Das verliehene Buch. Versuch einer Typologie des Bücherschnorrers. 15 S. Bln: Warneck (1939)
17 Novalis (Friedrich von Hardenberg). 89 S., 1 Titelb. Stg: Cotta (= Die Dichter der Deutschen, Folge 3) 1939
18 (Übs.) A. J. Cronin: Die Dame mit den Nelken. Roman. 304 S. Bern: Scherz 1940
19 Der magische Kreis. Erzählungen. 338 S. Stockholm: Bermann-Fischer 1940
20 Paulus. Der Weg des Apostels. 168 S. Bln: Eckart-Verl. 1940
21 (Übs.) C. S. Forester: Das verlorene Paradies. Roman. 343 S. Bern: Scherz 1941
22 Von den Büchern. 25 S. Hbg: Dulk (1946)
23 Der deutsche Krieg. 27 S. Hbg: Dulk (1946)
24 Vom leibhaftigen Schmerz. 95 S. Hbg: Dulk 1946
25 Herz von Glas. Heart of glass. Ins Engl. übs. C. van OBruyn. 43 S. Hbg: Dulk (1947)
26 Gleichnisse. Erzählungen. 130 S., 1 Titelb. Bad Wörishofen: Drei Säulen-Verl. (= Das kleine Säulenbuch 11) 1948
27 39/45. Eine Chronik. 94 S. Stg: Müller 1948
28 Novalis. Friedrich von Hardenberg. 85 S. Stg: Cotta (= Die Dichter der Deutschen); Hbg: v. Schröder 1948 (Verm. Neuaufl. v. Nr. 17)
29 Der Unheilige oder Die diebischen Freuden des Herrn von Bißwange-Haschezeck. Ein Schelmenroman. 148 S. Hbg: Dulk 1948
30 Knut Hamsun zum neunzigsten Geburtstag. 22 S. Hbg: Dulk 1949
31 Ich lerne Schach. Ein Lehrbuch. 79 S., 17 Abb., 37 Diagr. Hbg: v. Schröder 1949
32 Die Geschichten der Bibel. 394 S. Hbg: Claassen 1952
33 Der geölte Blitz. Aus den Aufzeichnungen eines Volkswagens. 74 S. Hbg: Dulk 1953
34 (Einl.) R. Ohnesorge: Hamburg in Licht und Schatten. Vorw. u. Bildtexte M. B.-Sch. XV S., 112 Taf. 4° Hbg: Wegner 1953
35 Knaurs Schachbuch. Ein Jahrhundert Schach in Meisterpartien. 263 S. Mchn: Droemer 1953
36 Das Bild des Widersachers. 15 S. m. Abb. Gütersloh: Rufer-Verl. (= Dein Leseheft 63) 1954
37 (Übs.) Ch. Dickens: Oliver Twist. Roman. Vollständige Ausg. 339 S. Mchn: Droemer 1955
38 Der magische Kreis. Zehn Erzählungen. 311 S. Hbg: v. Schröder 1955 (Veränd. Neuaufl. v. Nr. 19)
39 Die Insel Matupi. Roman. 234 S. Mchn: List 1955
40 (Übs.) W. Disney: Rätsel der Natur. Nach dem Film beschrieben v. J. Huxley. 73 S., 46 Taf. Hbg: Blüchert (= Entdeckungsreisen im Reiche der Natur) 1957
41 Die Sagen der Griechen. 295 S. m. Abb. Hbg: Blüchert 1957
42 Knut Hamsun in Selbstzeugnissen und Bilddokumenten. Den dokumentar. u. bibl. Anh. bearb. P. Raabe. 165 S. m. Abb. Hbg: Rowohlt (= rowohlts monographien 3) 1958
43 Die großen Hirten der Menschheit. Moses, Buddha, Jesus, Mohammed. 151 S. m. Abb. u. Kt. 4° Hbg: Blüchert 1958
44 Das kleine Fabulatorium. Fünfzig Geschichten. 320 S. Hbg: Broscheck 1959
45 (Übs.) R. Ferguson: Glorreiche Verwandtschaft. Roman. 418 S. Hbg: Dulk 1959
46 Das Gnadengesuch. 65 S. Hbg: Freie Akad. d. Künste 1960
47 Schirasades Nächte. 375 S. m. Abb. Hannover: Fackelträger-V. Schmidt-Küster 1960

Belzner, Emil (*1901)

1 Die Hörner des Potiphar. Groteskes Mysterium. 85 S. Bln: Steegemann 1924
2 Iwan der Pelzhändler oder Die Melancholie der Liebe. 168 S. Ffm: Rütten & Loening 1929
3 Marschieren – nicht träumen! Zerstörte Erinnerung. Roman. 238 S. Hbg: Enoch 1931
4 Kolumbus vor der Landung. Eine Legende. 241 S. Ffm: Rütten & Loening 1934
5 Ich bin der König. Roman. 314 S. Bln: Buchwarte-Verl. 1940
6 Der Safranfresser. 230 S. Hbg: Rowohlt (= rororo-Taschenbuch-Ausgabe 95) 1953
7 Juanas großer Seemann. Roman. 315 S. Mchn, Wien, Basel: Desch (= Welt im Buch) 1956

Bender, Hans (*1919)

1 (Hg.) Konturen. Blätter für junge Dichtung. Jg. 1–3. Ffm: Verl. Eremiten-Presse 1952–1954
2 (MH) Akzente. Zweimonatsschrift für deutschsprachige Dichtung. Hg. W. Höllerer u. H. B. Jg. 1 ff. Mchn: Hanser 1954 ff.
3 (Nachw.) I. Goll: Abendgesang. (Neila). Letzte Gedichte. A. d. Nachlaß hg. Claire Goll. 58 S., 3 Abb. Heidelberg: Rothe 1954
4 Eine Sache wie viele Liebe. Roman. 223 S. Hbg: Zsolnay 1954
5 Mein Gedicht ist mein Messer. Lyriker in ihren Gedichten. 148 S. Heidelberg: Rothe 1955
6 (Hg.) Junge Lyrik. 1956. (1957. 1958. 1960). Eine Auslese. 4 Bde. 62, 62, 63, 63 S. Mchn: Hanser 1956–1960
7 Der Brotholer. 16 S. m. Abb. Hbg: Agentur des Rauhen Hauses (= Am Lagerfeuer, H. 23) (1957)
8 Wölfe und Tauben. Erzählungen. 151 S. Mchn: Hanser 1957
9 Wunschkost. Roman. 159 S. Mchn: Hanser 1959

Benn, Gottfried (1886–1956)

1 Morgue und andere Gedichte. 21. Flugblatt. 15 S. Bln-Wilmersdorf: Meyer 1912
2 Söhne. Neue Gedichte. 16 S. m. Titelb. Bln-Wilmersdorf: Meyer 1913 (Enth. u. a. Ausz. a. Nr. 1)
3 Gehirne. Novellen. 55 S. Mchn: Wolff (= Der jüngste Tag 25) 1916
4 Fleisch. Gesammelte Lyrik. 87 S. m. Titelb., 2 Abb. Bln-Wilmersdorf: Die Aktion (= Aktions-Lyrik 3) 1917 (Enth. u. a. Ausz. a. Nr. 1 u. 2)
5 Diesterweg. Eine Novelle. 28 S. Bln-Wilmersdorf: Die Aktion (= Der rote Hahn 8) 1918
6 Etappe. 26 S. Bln-Wilmersdorf: Die Aktion (= Der rote Hahn 50) 1919
7 Ithaka. Dramatische Szene. Bln-Wilmersdorf: Die Aktion 1919
8 Der Vermessungsdirigent. Erkenntnistheoretisches Drama. 60 S. Bln-Wilmersdorf: Die Aktion (= Aktions-Bücher d. Aeternisten 9) 1919
9 Das moderne Ich. 56 S. Bln: Reiss (= Tribüne d. Kunst u. Zeit 12) 1920
10 Die gesammelten Schriften. IV, 214 S. Bln: Reiss 2. Aufl. 1922 (1. Aufl. nicht ausgegeben)
11 Schutt. 16 S. Bln-Wilmersdorf: Meyer 1924
12 Betäubung. 8 S. Bln-Wilmersdorf: Meyer 1925
13 Die Dänin. Ein Gedicht. 3 S. Potsdam, Hbg: Weitbrecht (= Einblatt-Dr., Neue Reihe 1) 1925 (Ausz. a. Nr. 11)
14 Spaltung. Neue Gedichte. 38 S. Bln: Meyer 1925 (Enth. u. a. Ausz. a. Nr. 11)

15 Gesammelte Gedichte. 188 S. Bln: Kiepenheuer 1927
 (Enth. Nr. 1, 2, 4, 11, 14)
16 Gesammelte Prosa. 228 S. Bln: Kiepenheuer 1928
 (Enth. u. a. Nr. 3 u. 5)
17 Fazit der Perspektiven. 141 S. Bln: Kiepenheuer 1930
18 (MV) P. Hindemith: Das Unaufhörliche. Oratorium. Text v. G. B. 27 S. Mainz: Schott 1931
19 (MV) H. Mann: Fünf Reden und eine Entgegnung zum sechzigsten Geburtstag. 57 S. Bln: Kiepenheuer 1931
20 Nach dem Nihilismus. 163 S. Bln: Kiepenheuer 1932
21 Der neue Staat und die Intellektuellen. 172 S. Stg: Dt. Verl.-Anst. 1933
22 Kunst und Macht. 171 S. Stg: Dt. Verl.-Anst. 1934
23 Ausgewählte Gedichte 1911–1936. 104 S. Stg: Dt. Verl.-Anst. 1936
 (Enth. u. a. Ausz. a. Nr. 1, 2, 4, 11)
24 Zweiundzwanzig Gedichte. 1936–1943. Priv.-Dr. 1943
25 Statische Gedichte. 80 S. Zürich: Arche 1948
 (Enth. u. a. Ausz. a. Nr. 24)
26 Ausdruckswelt. Essays und Aphorismen. 112 S. Wiesbaden: Limes 1949
27 Trunkene Flut. Ausgewählte Gedichte. 111 S. Wiesbaden: Limes 1949
 (Verm. Neuaufl. v. Nr. 23)
28 Goethe und die Naturwissenschaften. 62 S. Zürich: Arche 1949
 (Ausz. a. Nr. 20)
29 Drei alte Männer. Gespräche. 48 S. Wiesbaden: Limes 1949
30 Der Ptolemäer. 139 S. Wiesbaden: Limes 1949
31 Doppelleben. Zwei Selbstdarstellungen. 213 S. Wiesbaden: Limes 1950
32 Frühe Prosa und Reden. Einl. M. Bense. 268 S. Wiesbaden: Limes 1950
 (Enth. u. a. Nr. 3, 5, 19)
33 Essays. 184 S. Wiesbaden: Limes 1951
 (Enth. u. a. Ausz. a. Nr. 26)
34 Fragmente. Neue Gedichte. 32 S. Wiesbaden: Limes 1951
35 Probleme der Lyrik. Vortrag in der Universität Marburg am 21. August 1951. 48 S. Wiesbaden: Limes 1951
36 Frühe Lyrik und Dramen. 160 S. Wiesbaden: Limes 1952
37 Die Stimme hinter dem Vorhang. 48 S. Wiesbaden: Limes 1952
38 (Einl.) W. H. Auden: Das Zeitalter der Angst. Ein barockes Hirtengedicht. A. d. Engl. 116 S. Wiesbaden: Limes 1953
39 Destillationen. Neue Gedichte. 37 S. Wiesbaden: Limes 1953
40 (MV) Monologische Kunst. Ein Briefwechsel zwischen A. Lernet-Holenia u. G. B. – Nietzsche nach fünfzig Jahren. 44 S. Wiesbaden: Limes 1953
41 Altern als Problem für Künstler. Vortrag im Süddeutschen Rundfunk am 7. März 1954 und in der Bayerischen Akademie der Schönen Künste am 8. März 1954. 46 S. Wiesbaden: Limes 1954
42 Aprèslude. 40 S. Wiesbaden: Limes 1955
43 Provoziertes Leben. Eine Auswahl aus den Prosaschriften. 180 S. Ffm: Verl. Das goldene Vlies (= Ullstein-Bücher 54) 1955
 (Enth. u. a. Nr. 3, 19, 20 u. Ausz. a. Nr. 26)
44 (Einl.) Lyrik des expressionistischen Jahrzehnts. Von den Wegbereitern bis zum Dada. 320 S. Wiesbaden: Limes 1955
45 Reden. 63 S. Mchn: Langen-Müller (= Langen-Müllers kleine Geschenkbücher 29) 1955
 (z. T. Ausz. a. Nr. 16, 22, 32)
46 Gesammelte Gedichte 1912–1956. 369 S. Wiesbaden: Limes 1956
47 (MV) Soll die Dichtung das Leben bessern? Zwei Reden, gehalten von G. B. u. R. Schneider am 15. November im Kölner Funkhaus. 39 S. Wiesbaden: Limes 1956
48 Über mich selbst. 1886–1956. 66 S. Mchn: Langen-Müller (= Langen-Müllers kleine Geschenkbücher 55) 1956
 (z. T. Ausz. a. Nr. 16, 33, 45)
49 Ausgewählte Briefe. Nachw. M. Rychner. 400 S. m. Faks. Wiesbaden: Limes 1957
50 Dr. Rönne. Frühe Prosa. Mit Anm. v. E. Neff. 71 S. Zürich: Arche (= Die kleinen Bücher der Arche 240–241) (1957)
 (Ausz. a. Nr. 3)

51 Primäre Tage. Gedichte und Fragmente aus dem Nachlass. 95 S., 1 Titelb. Wiesbaden: Limes 1958
52 Gesammelte Werke in vier Bänden. 3 Bde. Hg. D. Wellershoff. Wiesbaden: Limes 1958–1960

Benrath, Henry (eig. Albert H. Rausch) (1882–1949)

1° Flutungen. Novellen. 9, 216 S. Bln: Fleischel 1910
2° Die Jugend unserer Zeit. 30 S. Ffm: Schirmer 1910
3° Nachklänge, Inschriften, Botschaften. Gedichte. 111 S. Bln: Fleischel 1910
4° (Hg.) A. Graf v. Platen: Gedichte. 7, 192 S. Ffm: Schirmer 1910
5° Das Buch der Trauer. Gedichte aus den Jahren 1902–1907. 159 S. Ffm: Schirmer 1911
6° Vigilien. 99 S. Bln: Fleischel 1911
7° In Memoriam. Hymnen auf das Leben und den Tod des ewigen Freundes. 130 S. Ffm: Schirmer 1912
8° Sonette. Die toskanischen Sonette. Die hessischen Sonette. 112 S. Bln: Fleischel 1912
9° Südliche Reise. III, 219 S. Bln: Fleischel 1914
10° Jonathan, Patroklos. 176 S. Bln, Stg: Dt. Verl.-Anst. 1916
11° Die Seele Lothringens. 45 S. Bern: Wyss-V. 1918
12° Kassiopeia. Hymnen, Elegien, Oden aus den Jahren 1909–1919. 212 S. Bln, Stg: Dt. Verl.-Anst. 1919
13° Die Träume von Siena. 42 S. 4° Potsdam: Tillgner 1920
14° Pirol oder Die heimlichen Freuden des Lebens. 268 S. Bln, Stg: Dt. Verl.-Anst. 1921
15° Ephebische Trilogie. 159 S. Bln: Verl. Landsberg 1924
16° Tessin. 56 S. 4° Ffm: Naumann 1925
17° Vorspiel und Fuge. „Les préludes", 160 S. Stg: Dt. Verl.-Anst. 1925
18° Eros Anadyomenos. 132 S. Stg: Dt. Verl.-Anst. 1927
19° Patroklos. Novelle. Nachw. F. Usinger. 47 S. Lpz: Reclam (= Reclam's UB. 6814) 1927
20° Jonathan. Novelle. 69 S. Lpz: Reclam (= Reclam's UB. 6870) 1928 (Ausz. a. Nr. 10)
21° Märchen unter Palmen. 71 S. Lpz: Reclam (= Reclam's UB. 6932) 1928
22° Die Welt der Rose. 204 S. m. Abb. 4° Steinfurth: Schultheis (1928)
23° Das Land um Friedberg und Bad Nauheim. 42 S. m. Abb., 1 Titelb. Friedberg: Verkehrsverein; Bad Nauheim: Verkehrsverein u. Bad- u. Kurverwaltung (1930)
24 Ball auf Schloß Kobolnow. 298 S. Stg: Dt. Verl.-Anst. 1932
25 Die Mutter der Weisheit. Roman eines Jahres. 344 S. Stg: Dt. Verl.-Anst. (1933)
26 Die Kaiserin Konstanze. 372 S., 1 Stammtaf. Stg: Dt. Verl.-Anst. 1935
27 Stefan George. Évocation d'un poète par un poète. 171 S. Paris: Stock 1936
28 Dank an Apollon. Ausg. d. Gedichte aus d. J. 1902–1920. 199 S. Stg: Dt. Verl.-Anst. 1937
(Enth. Nr. 3, 5, 6, 8, 12)
29 Die Kaiserin Galla Placidia. 513 S., 1 Taf. Stg: Dt. Verl.-Anst. (1937)
30 Welt in Bläue. 165 S. Stg: Dt. Verl.-Anst. 1938
31 Carmen Helveticum. 45 S. Zürich: Ges. zur Förderung kulturellen Lebens (= Veröffentlichung der Ges. zur Förderung kulturellen Lebens) 1939
32 Paris. 163 S. Zürich: Scientia 1939
33 Die Stimme Delphis. Sappho, Platen, George. 89 S. Zürich: Scientia 1939
34 Erinnerung an Frauen. 337 S. Zürich: Scientia 1940
35 Die Kaiserin Theophano. 570 S., 1 Stammtaf. Stg: Dt. Verl.-Anst. 1940
36 Requiem. 40 S. Stg: Dt. Verl.-Anst. (Als Ms. gedr.) 1941
37 Vorarbeiten zu „Die Kaiserin Theophano", 129 S., 2 Taf. Stg, Bln: Dt. Verl.-Anst. 1941
(zu Nr. 35)
38 Der Gong. 91 S. Stg: Dt. Verl.-Anst. 1949
39 Stoa. 185 S. Stg: Dt. Verl.-Anst. 1949

40 Unendlichkeit. 141 S. Stg: Dt. Verl.-Anst. 1949
41 Der Kaiser Otto III. 370 S. Stg: Dt. Verl.-Anst. 1951
42 Die Geschenke der Liebe. 360 S. Stg: Dt. Verl.-Anst. 1952
43 Geschichten vom Mittelmeer. 196 S. Bln: Nauck 1952
44 Im Schatten von Notre Dame. 115 S. Bln: Nauck 1952
45 Traum der Landschaft. 182 S. Bln: Nauck 1952
46 Erinnerung an die Erde. Mnemosyne. A. d. Nachl. hg. F. Usinger. 205 S. Stg: Dt. Verl.-Anst. 1953
47 Henry Benrath in memoriam. Hg. R. Italiaander. 199 S. Stg: Dt. Verl.-Anst. 1954
48 Liebe. 69 S. Stg: Dt. Verl.-Anst. 1955
49 Die Reise. Nach einer alten umbrischen Novelle. 22 S. Friedberg: Henry-Benrath-Archiv 1956
50 Moira. 23 S. (Friedberg: Henry Benrath-Archiv) (1958)
51 Im Schatten. 177 S. Bln: Nauck (= Bleibendes Gut) 1958
52 Vermächtnis. 57 S. Friedberg: Henry Benrath-Archiv 1958
53 Anmerkungen. 20 S. Friedberg: Henry Benrath-Archiv 1959

BERENS-TOTENOHL, Josefa (eig. Josefa Berens) (*1891)

1 Aus der Götteredda. 15 S. Paderborn: Schöningh (= Schöninghs Arbeitsbogen für den Deutschen Gesamtunterricht. Reihe Germanentum, Nr. 1) 1933
2 Aus der Heldenedda. 15 S. Paderborn: Schöningh (= Schöninghs Arbeitsbogen für den Deutschen Gesamtunterricht. Reihe Germanentum, Nr. 2) 1933
3 Mutzpeter, Neue Märchen. 15 S. Paderborn: Schöningh (= Schöninghs Arbeitsbogen für den Deutschen Gesamtunterricht. Reihe Dt. Märchen, Nr. 1) 1933
4 Der Femhof. Roman. 285 S. Jena: Diederichs 1934
5 Frau Magdlene. Roman. 278 S. Jena: Diederichs (1935) (Forts. v. Nr. 4)
6 Das schlafende Brot. Gedichte. 67 S. Jena: Diederichs (1936)
7 Eine Dichterstunde. Ausz. a. d. Werken. Zusgest. K. Ziesel. 24 S. Hbg: Hanseat. Verl.-Anst. 1937
8 Die Frau als Schöpferin und Erhalterin des Volkstums. 26 S. Jena: Diederichs 1938
9 Einer Sippe Gesicht. 104 S. Jena: Diederichs 1941
10 Der Fels. Roman. 272 S. Jena: Diederichs 1943
11 Heimaterde. Ausz. a. d. Werken. 76 S. Jena: Diederichs (= Deutsche Reihe 138) 1944
12 Im Moor. Roman. 286 S. Jena: Diederichs 1944
13 Der Alte hinterm Turm. Dorfgeschichten. 214 S. Essen: Spael 1949
14 Die Stumme. Roman. 297 S. Essen: Spael 1949
15 Die goldenen Eier. Kindermärchen. 76 S. m. Abb. 4⁰ Essen: Spael (1950)
16 Die Liebe des Michael Rother. 85 S. Bonn, Antwerpen, Tilburg: Vink 1953
17 Das Gesicht. 24 S. m. Abb. Münster i. W.: Aschendorff; Bielefeld-Bethel: Dt. Heimatverl. (= Kleine westfälische Reihe. Gruppe 6, Nr. 5) 1955
18 (Einl.) Westfalen, Land der roten Erde. Erl. H. Domke. Zusstellg. u. Bildunterschriften H. Busch. Bildred. H. Busch u. H. Breidenstein. 80 S., davon S. 17–80 Abb. 4⁰ Ffm: Umschau-Verl. (= Die deutschen Lande, Bd. 9) (1956)
19 Die heimliche Schuld. Roman. 287 S. Balve/Westf.: Zimmermann 1960

BERGENGRUEN, Werner (1892–1963)

1 (Hg.) Ost-Information. Jg. 1–3. Bln: Winser 1920–1922
2 Das Gesetz des Atum. Roman. 301 S., 21 Abb. Mchn: Drei Masken-V. (= Sindbad-Bücher) 1923

3 Rosen am Galgenholz. Geschichten vom anderen Ufer. 180 S. Bln: Dom-V. 1923
4 Schimmelreuter hat mich gossen. Drei Erzählungen. 200 S. Mchn: Drei Masken-V. 1923
5 (Hg.) Baltisches Dichterbrevier. 126 S. Bln: Neuner 1924
6 (Übs.) L. Tolstoj: Chadshi-Murat. Ein Roman aus den Kaukasuskämpfen. 253 S. Bln: Loewenbuck 1924
7 (Übs.) L. Tolstoj: Die Kosaken. Ein Roman aus dem Kaukasus. 270 S. Bln: Loewenbuck 1924
8 (Hg.) Baltische Blätter, vereinigt mit den Baltischen Nachrichten. Bln: Baltischer Verl. 1925
9 Das Brauthemd. Drei Novellen. 98 S. Ffm: Iris-V. (= Iris-Bücherei 2) 1925
10 (Nachw.) F. M. Dostojewski: Der Idiot. Eine Erzählung. A. d. Russ. v. H. v. Hoerschelmann. 983 S. Lpz: List (= Epikon) 1925
11 (MV) W. B. u. W. Meyer-Förster: Der Retter des Zaren. Komödie. Bln: Vertriebsstelle d. Verbandes Dt. Bühnenschriftsteller 1925
12 (Übs.) L. Turgenjew: Väter und Söhne. 288 S. Lpz: List (= Epikon) (1925)
13 Das große Alkahest. Roman. 371 S. Bln: Wegweiser-V. (= Volksverband d. Bücherfreunde. Jahresreihe 7, Bd. 3) 1926
14 Das Kaiserreich in Trümmern. Roman. 408 S. Lpz: Koehler 1927
15 Das Buch Rodenstein. 263 S., 24 Abb. Ffm: Iris-V. 1927
16 (Übs.) F. M. Dostojewski: Schuld und Sühne. Roman. Vollst. Ausg. 731 S. Bln: Knaur 1928
17 Capri. 15 S. Bln: Meyer (= Die Anthologie, Flugbl. 10) 1930
18 Herzog Karl der Kühne oder Gemüt und Schicksal. Roman. 403 S. Mchn: Drei Masken-V. 1930
19 Der tolle Mönch. Zwanzig Novellen. 255 S. Bln: Frundsberg-V. 1930
20 Die Woche im Labyrinth. Roman. 284 S. Stg: Engelhorns Nf. (= Engelhorns Romanbibliothek 1036–1037) 1930
21 Der goldene Griffel. Roman. 296 S. Mchn: Müller 1931
22 Zwieselchen im Warenhaus. 64 S. m. Abb. Stg: Thienemann 1931
23 Zwieselchen im Zoo. 61 S. m. Abb. Stg: Thienemann 1931
24 Baedeker des Herzens. Ein Reiseverführer. 256 S. Bln: Verl. Tradition 1932
25 Der Wanderbaum. Gedichte. 27 S. Bln: Die Rabenpresse (= Die blaue Reihe 19–20) 1932
26 Zwieselchen und der Osterhas. 63 S. m. Abb. Stg: Thienemann 1932
27 Zwieselchen und Turu-Me. 48 S. m. Abb. Stg: Thienemann 1932
28 Badekur des Herzens. Reiseverführer. 256 S. Lpz: Breitkopf & Haertel 1933 (Neuaufl. v. Nr. 24)
29 Die Feuerprobe. Novelle. 65 S. Mit e. autobiogr. Nachw. Lpz: Reclam (= Reclam's UB. 7214) 1933
30 Die Ostergnade. Novellen. 74 S. Bln: Die Rabenpresse 1933
31 (Übs.) S. Rosenfeld: Rußland vor dem Sturm. Roman. 228 S. Bln: Der Bücherkreis 1933
32 Der Teufel im Winterpalais und andere Erzählungen. 233 S. Lpz: Hesse & Becker 1933
33 Zwieselchens große Reise. 60 S. m. Abb. Stg: Thienemann 1933
34 Des Knaben Plunderhorn. 175 S. Bln: Vorhut-V. 1934
35 Deutsche Reise. 199 S., 144 Abb. Bln: Drei Masken-V. 1934
36 Begebenheiten. Geschichten aus einem Jahrtausend. 142 S. Bln: Eckart-V. (= Der Eckart-Kreis 23) 1935 (z. T. Ausz. a. Nr. 3, 19, 32)
37 Der Großtyrann und das Gericht. 304 S. Hbg: Hanseat. Verl.-Anst. 1935
38 Die Schnur um den Hals. Novellen. 235 S. Bln: Buch- u. Tiefdruck-Ges. 1935
39 Die Rose von Jericho. Gedichte. 45 S. Bln: Die Rabenpresse 1936
40 Die drei Falken. Novelle. 60 S. Dresden: Heyne 1937
41 Das Haus der sieben Rosen. 48 S. Bln: Weichert (= Neue Rekord-Bibliothek 48) 1937
(Ausz. a. Nr. 4)
42 *Der ewige Kaiser. Gedichte. 76 S. Graz: Schmidt-Dengler 1937
43 Die Wölfin. 48 S. Bln: Weichert (= Neue Rekord-Bibliothek 49) 1937 (Ausz. a. Nr. 4)

44 Die verborgene Frucht. Gedichte. 74 S. Bln: Die Rabenpresse 1938
(Enth. u. a. Nr. 17, 25)
45 Der Starost. Roman. 249 S. Hbg: Hanseat. Verl.-Anst. 1938
(Neufassg. v. Nr. 13)
46 Zwieselchen. 175 S. m. Abb. Stg: Thienemann 1938
(Enth. Nr. 23, 26, 27, 33)
47 E. T. A. Hoffmann. 92 S. Stg: Cotta (= Die Dichter der Deutschen 3) 1939
48 Die Leidenschaftlichen. Novellen. 83 S. Hbg: Hanseat. Verl.-Anst. 1939
(Ausz. a. Nr. 19)
49 Der Tod von Reval. Kuriose Geschichten aus einer alten Stadt. 167 S., 16 Abb. Hbg: Hanseat. Verl.-Anst. 1939
50 Die Heiraten von Parma. Novellen. 235 S. m. Abb. Hbg: Hanseat. Verl.-Anst. 1940
(Neuaufl. v. Nr. 38)
51 Am Himmel wie auf Erden. Roman. 623 S. Hbg: Hanseat. Verl.-Anst. 1940
52 Der spanische Rosenstock. Novelle. 62 S. Tüb: Wunderlich 1941
53 Das Hornunger Heimweh. Erzählung. 78 S. Lpz: Reclam (= Reclam's UB. 7530) 1942
54 Schatzgräbergeschichte. 31 S. Gütersloh: Bertelsmann 1942
55 Herzog Karl der Kühne oder Gemüt und Schicksal. 343 S. Hbg: Dt. Hausbücherei 1943
(Neufassg. v. Nr. 18)
56 Lebensgeschichte Pfeffermanns des Jüngeren. 31 S. Gütersloh: Bertelsmann 1944
(Ges. Auflage durch Luftangriff vernichtet)
57 Dies irae. Gedichte. Nachw. P. Schifferli. 30 S. Zürich: Arche 1945
58 Ballade vom Wind. Die Geisse Gaugeloren. 25 S. Olten: Vereinigung Oltner Bücherfreunde (= Priv.-Dr. d. Vereinigung Oltner Bücherfreunde) 1946
59 Das Beichtsiegel. Novelle. 63 S. Innsbruck: Tyrolia (= Tyrolia-Bibliothek 2) 1946
60 Lobgesang. 19 S. Basel: Linder (= Papillons-Handdrucke d. Gryff-Presse 5) 1946
61 Der hohe Sommer. Gedichte. 21 S. Olten: Vereinigung Oltner Bücherfreunde (= Priv.-Dr. d. Vereinigung Oltner Bücherfreunde 32) 1946
62 Die Sultansrose und andere Erzählungen. 173 S. Basel: Schwabe (= Sammlung Klosterberg, Europäische Reihe) 1946
63 Zauber- und Segenssprüche. Gedichte. 31 S. Zürich: Arche 1946
64 (Übs.) F. M. Dostojewski: Der Traum eines lächerlichen Menschen. Phantastische Geschichte. 62 S. Horgen-Zürich: Holunderpresse 1947
65 (Hg., Nachw.) E. T. A. Hoffmann: Märchen. 432 S. m. Abb. Vaduz: Liechtenstein-V. 1947
66 Jungfräulichkeit. Novelle. 61 S. Olten: Vereinigung Oltner Bücherfreunde. (= Veröffentlichungen der Vereinigung Oltner Bücherfreunde 33) 1947
67 Pelageja. Erzählung. 197 S. Zürich: Arche 1947
68 Sternenstand. Novellen. 162 S. Zürich: Arche 1947
(z. T. Ausz. a. Nr. 19, 32, 38)
69 Im Anfang war das Wort. Vortrag. 23 S. Freiburg: Alber 1948
70 Die Hände am Mast. Erzählung. 63 S. Zürich: Arche (= Die kleinen Bücher der Arche 65–66) 1948
71 (Einl.) R. Pechel: Zwischen den Zeilen. 348 S. Wiesentheid: Droemer 1948
72 Dir zu gutem Jahrgeleit. Eine Glückwunschgabe. 31 S. Zürich: Arche 1949
73 Römisches Erinnerungsbuch. 134 S. m. Abb. Freiburg: Herder 1949
74 Das Feuerzeichen. Roman. 259 S. Zürich: Arche 1949
75 (Einl.) B. Goetz: Der Gott und die Schlange. Balladen. 80 S. Zürich: Bellerive-V. 1949
76 (Hg., Nachw.) E. T. A. Hoffmann: Die Elixiere des Teufels. Nachgelassene Papiere des Bruders Medardus, eines Kapuziners. 428 S. m. Abb. Vaduz: Liechtenstein-V. 1949
77 Rede über Goethe. 23 S. Marburg: Simons-V. (= Marburger Reihe 4) 1949
78 Der Teufel im Winterpalais. Erzählung. 95 S. Zürich: Arche 1949
(Ausz. a. Nr. 32)
79 Drei Novellen. Schatzgräbergeschichte. Die Hände am Mast. Die wunder-

bare Schreibmaschine. Hg., Einl. u. Vokabular S. P. Wolfs. 118 S. Amsterdam: Meulenhoff (= Meulenhoffs Sammlung deutscher Schriftsteller 99) 1950
  (Enth. u. a. Nr. 54 u. Nr. 70)
80 Die letzte Reise. Novelle. 55 S. Zürich: Arche (= Die kleinen Bücher der Arche 104) 1950
81 Das Buch Rodenstein. Neue erw. Fassg. 366 S. Zürich: Arche 1950
  (Erw. Neufassg. v. Nr. 15)
82 Das Tempelchen. Erzählung. 55 S. Zürich: Arche (= Die kleinen Bücher der Arche 90) 1950
83 Die heile Welt. Gedichte. 279 S. Zürich: Arche 1950
  (Enth. u. a. Nr. 72)
84 Zwieselchen. 254 S. m. Abb. Stg: Thienemann 1950
  (Um Nr. 22 verm. Neuaufl. v. Nr. 46)
85 Lombardische Elegie. 64 S. Zürich: Arche 1951
86 Der ewige Kaiser. Gedichte. Mit Nennung des Verf.-Namens u. neuem Nachw. 77 S. Graz: Schmidt-Dengler 1951
  (Neuaufl. v. Nr. 42)
87 Erlebnis auf einer Insel. Eine Novelle. 47 S. Zürich: Arche (= Die kleinen Bücher der Arche 128) 1952
88 Das Geheimnis verbleibt. Geleitw. I. F. Görres. 158 S., 1 Abb. Zürich: Arche 1952
89 Nachricht vom Vogel Phönix. Novelle. 64 S. m. Abb. Zürich: Sanssouci 1952
  (Ausz. a. Nr. 30)
90 Der Pfauenstrauch. Eine Novelle. 56 S. Zürich: Arche (= Die kleinen Bücher der Arche 161) 1952
91 Der letzte Rittmeister. 367 S. Zürich: Arche 1952
  (z. T. Ausz. a. Nr. 19, 32, 38)
92 Die Flamme im Säulenholz. Novellen. 176 S. m. Abb. Passau: Passavia-Dr. (Priv.-Dr.) 1953
  (z. T. Ausz. a. Nr. 38)
93 Die Sterntaler. Eine Novelle. 60 S. Zürich: Arche (= Die kleinen Bücher der Arche 152-153) 1953
94 (Übs.) L. Tolstoj: Die Kosaken. Hadschi Murat. 577 S. Zürich: Manesse-V. (= Manesse-Bibliothek der Weltliteratur) 1953
  (Enth. Nr. 6 u. 7)
95 (Übs.) L. Tolstoj: Krieg und Frieden. 1400 S. Mchn: List 1953
96 Der Kaiser im Elend. 15 S. m. Abb. Gütersloh: Rufer-V. (= Dein Leseheft 45) 1954
  (Ausz. a. Nr. 30)
97 Die Rittmeisterin. Wenn man so will, ein Roman. 449 S. Zürich: Arche 1954
98 (Einl.) R. Schneider: Der christliche Protest. 148 S. Zürich: Arche 1954
99 (Hg., Nachw.) J. v. Eichendorff: Erzählungen. 668 S. Zürich: Manesse-V. (= Manesse-Bibliothek der Weltliteratur) 1955
100 (Hg., Nachw.) J. v. Eichendorff: Gedichte. – Ahnung und Gegenwart. 659 S. Zürich: Manesse-V. (= Manesse-Bibliothek der Weltliteratur) 1955
101 Die Flamme im Säulenholz. Novellen. 238 S. Zürich: Arche 1955
  (Erw. Fassg. v. Nr. 92)
102 Die Heiraten von Parma. Novelle. 63 S. Zürich: Arche (= Die kleinen Bücher der Arche 198-199) 1955
  (Ausz. a. Nr. 50)
103 Nie noch sang ich ein Lied, das die Heimkehr priese. 8 Bl. Offenbach a. M.: Kumm 1955
  (Ausz. a. Nr. 83)
104 Die Zwillinge aus Frankreich. Erzählungen. Nachw. R. Schneider. 193 S. Ffm: Verl. Das goldene Vlies (= Ullstein-Bücher 63) 1955
  (z. T. Ausz. a. Nr. 36, 38, 68, 81, 91 92)
105 Badekur des Herzens. Ein Reiseverführer. 256 S. m. Abb. Zürich: Arche 1956
  (Erw. Neufassg. v. Nr. 28)
106 Die Kunst, sich zu vereinigen. Erzählung. 48 S. m. Abb. Zürich: Arche 1956
107 Das Netz. Novelle. 45 S. m. Abb. Zürich: Arche 1956

108 Privilegien des Dichters. 17 S. Mainz: Verl. d. Akad. d. Wiss. u. d. Literatur (= Abhandlungen. Akademie d. Wiss. u. d. Literatur. Klasse d. Literatur. Jg. 1956, Nr. 1) 1956
109 Mit tausend Ranken. Gedichte. 88 S. Zürich: Arche 1956
110 Die Zigeuner und das Wiesel. Geschichten. 145 S. Freiburg/Br.: Herder (= Herder-Buchgemeinde f. Jugend u. Haus) 1956
(Ausz. a. Nr. 81)
111 Das Höchste kann nur absichtslos geschehen. Freundesgabe. 12 S. Karlsruhe: Werkstätte für deutsche Buchkunst Häss (Priv.-Dr.) 1957
(Ausz. a. Nr. 113)
112 Hubertusnacht. Erzählung. Bibliophile Ausg. d. Vereinigung Oltner Bücherfreunde. Olten 1957
113 Privilegien des Dichters. Vorw. R. Schneider. 96 S. m. Abb. Zürich: Arche (= Sammlung Horizont) 1957
(Enth. u. a. Nr. 108)
114 Suati. Novelle. Einm. Sonderausg. d. Buchh. Feldt, Flensburg 1957
115 Figur und Schatten. Gedichte. 299 S. Zürich: Arche 1959
(Enth. Nr. 39, 44, 57, 63, 85, 109)
116 Glückwunschgabe. Gedichte. Mit einem Zuspruch auf alle Fest-, Pest-, Jahres- und Wochentage. 59 S. m. Abb. Zürich: Arche (= Die kleinen Bücher der Arche 259–260) 1958
(Ausz. a. Nr. 83)
117 (MV) H. Kunisch: Der andere Bergengruen. Rede v. H. K., Antwort v. W. B. Zürich: Arche 1958
118 Zur heiligen Nacht. 66 S. m. Abb. Zürich: Arche (= Die kleinen Bücher der Arche 265–266) 1958
(z. T. Ausz. a. Nr. 44 u. 83)
119 (Einl.) R. Schneider: Pfeiler im Strom. 414 S. Wiesbaden: Insel 1958
120 (MV) R. Schneider: Winter in Wien. Aus meinen Notizbüchern 1957/58. Mit d. Grabrede f. R. Schneider, gehalten a. d. Baden-Badener Friedhof v. W. B. 300 S. m. Abb. Freiburg i. Br.: Herder 1958
121 Bärengeschichten. 62 S. m. Abb. Zürich: Arche (= Die kleinen Bücher der Arche 274–275) 1959
(z. T. Ausz. a. Nr. 38)
122 (Einl.) O. Gillen: Alles Schöne ist ein Gleichnis. 46 S. m. Abb. Zürich: Aldus Manutius-V. 1959
123 Deutsche Reise. 244 S., 107 Abb., Ortsverz. u. Nachw. Zürich: Arche 1959
(Neubearb. v. Nr. 35)
124 Otto von Taube. Rede zu seinem achtzigsten Geburtstag. 15 S. Mchn: Lucas Cranach-V. 1959
125 Zorn, Zeit und Ewigkeit. Erzählungen. 237 S. Zürich: Arche 1959
126 Titulus. Das ist: Miszellen, Kollektanea und fragmentarische, mit gelegentlichen Irrtümern durchsetzte Gedanken zur Naturgeschichte des deutschen Buchtitels oder Unbetitelter Lebensroman eines Bibliotheksbeamten. 248 S. m. Abb. Zürich: Arche 1960

BERNUS, Alexander von (1880–1965)

1 (MH) Freistatt. Kritische Wochenschrift für Politik, Literatur und Kunst. Hg. A. v. B. u. A. Danegger. Jg. 4–7. Mchn: Freistatt-V. 1902–1905
2 Aus Rauch und Raum. Gedichtbuch. 993 S. Bln: Schuster & Loeffler 1903
3 Leben, Traum und Tod. Gedichtbuch. 171 S. Bln: Schuster & Loeffler 1904
4 (Hg., Einl.) C. Brentano: Gedichte. Pantheon-Ausgabe. 191 S. m. Abb. 16° Bln: Fischer 1907
5 (Übs.) Die Fragmente des Petronius und vier Liebeselegien des Ovid in Umdichtung. 40 Bl. Mchn: Müller 1908
6 (MH) C. Brentano u. E. v. Steinle: Dichtungen und Bilder. Hg. A. v. B. u. A. M. v. Steinle. 219 S. m. Abb. Kempten: Kösel 1909
7 Maria im Rosenhag. 86 S., 1 Abb. Mchn: Müller 1909
8 Sieben Schattenspiele mit vierzehn Schattenbildern. 7, 132 S. Mchn: Müller 1910

9   Vorabend. 27 S. Darmstadt: Hohmann 1910
10 An Caroline Günderode. Hymnen. 53 S. Darmstadt: Hohmann 1911
11 (MV) R. v. Hoerschelmann: Das schwarze Bilderbuch. Mit Versen von A. v. B. 33 S. 22x28 cm. Mchn: Mörike 1911
12 (Übs.) J. Keats: Gedichte. 117 S., 1 Abb. Karlsruhe, Durlach: Dreililien-V. (= Englische Dichter des 18. u. 19. Jahrhunderts) 1911
13 Der Tod des Jason. 38 S. Karlsruhe, Durlach: Ihringer 1912
14 Liebesgarten. Gedichte und Spiele. 109 S. Mchn: Müller 1913
15 Gesang zum Krieg 1914. 26 S. Weimar: Kiepenheuer 1914
16 (MH) Das Reich. Zweimonatsschrift (bzw. bis 1918 Vierteljahresschrift) Jg. 1–5. Mchn: Dreiländer-V. (ab 1920 Stg: Verl. Der kommende Tag) 1916–1921
17 Die gesammelten Gedichte 1900–1915. VIII, 226 S. Mchn: Musarion (1918)
18 Guingamor. Der getreue Eckart. Zwei Dramen. V, 190 S. Mchn: Musarion (1918)
19 Gesang an Luzifer. 28 S. Weimar: Lichtenstein (1923)
20 (Hg.) Stift Neuburg. Eine Gedichtfolge. 33 Bl., 6 S. m. Abb. Mannheim: Gengenbach & Hahn (= Bücher der Heimat 2) 1926
21 Christspiel. 37 S. Weimar: Lichtenstein (1929)
22 Gold um Mitternacht. Gesammelte Gedichte. 287 S. Weimar: Lichtenstein 1930
23 (Übs.) Das irdische Paradies. Englische Lyriker des XVIII. und XIX. Jahrhunderts. In Umdichtung. 249 S. Weimar: Lichtenstein 1930
24 Versspiele. 287 S. Weimar: Lichtenstein 1930
25 Ewige Ausfahrt. Ein Gedichtbuch. 110 S. Mchn: Piper 1934
26 (MH) L. Fuchs: Alt-Kräuterbüchlein. Von der Kraft und Wirkung der Kräuter. Nach dem „New-Kreüterbüchlein" des L. Fuchs. Hg. A. v. B. u. H. Franke. 143 S. m. Abb. Heilbronn: Salzer (= Salzers Volksbücher 8–9) 1935
27 Alchymie und Heilkunst. 102 S. m. Abb. Stg: Laboratorium Soluna (Priv.-Dr.) 1936
28 (Hg., Vorw.) Goldmachen. Wahre alchymistische Begebenheiten. (Geschichte der Alchymie v. K. Ch. Schmieder; Ausz.) 105 S., 4 Taf. Heilbronn: Salzer (= Salzers Volksbücher 20–21) (1936)
29 (Hg., Einl.) S. Schlosser: Urgroßmutters Kochbuch. Auszüge aus dem Kochbuch der Frau Rat Schlosser. 157 S. m. Abb. Heilbronn: Salzer (= Salzers Volksbücher 17–18) (1936)
30 Von Fahrt zu Fahrt. Gedichte in Auswahl. 32 S. Bln: Rabenpresse (= Die Kunst des Wortes 3) (1938)
31 Ländliches Kalendarium. M. Abb. Ffm: Hauserpresse, Schaefer (Priv.-Dr.) 1938
32 Mythos der Menschheit. Ein Weltgesang. 148 S. Bln: Rabenpresse 1938
33 (Hg., Einl.) S. Schlosser: Urgroßmutters Hausmittel. Auszüge aus dem Hausbuch der Frau Rat Schlosser. 89 S. Heilbronn: Salzer (= Salzers Volksbücher 26–27) (1938)
34 Spiel um Till Eulenspiegel. 260 S. Gelnhausen-Gettenbach: Pfister & Schwab 1941
35 Wachsen am Wunder. Kindheit und Jugend. 336 S. Gelnhausen-Gettenbach: Pfister & Schwab 1943
36 (Übs.) Der Garten der Liebe. Englische Lyrik des 19. Jahrhunderts in Umdichtung. 77 S. Heidelberg: Meister (= Die kleinen Bücher 43) 1946
37 Gesang an Luzifer. 33 S. Heidelberg: Meister 1946
    (Veränd. Neuaufl. v. Nr. 19)
38 Maria im Rosenhag. Liebesgarten. Volker der Spielmann. Gedichte. 81 S. Heidelberg: Meister 1947
    (Enth. u. a. Neuaufl. v. Nr. 7 u. 14)
39 Gold um Mitternacht. Die Gedichte in Auswahl. 1902 bis 1947. 248 S. Nürnberg: Carl 1948
    (Verm. Neuausg. v. Nr. 22)
40 Weltgesang. Ein Gedichtwerk. 164 S. Nürnberg: Carl 1948
41 Schloßlegende. Eine ungewöhnliche Begebenheit. 79 S. m. Abb. Nürnberg: Carl 1949
42 Die Blumen des Magiers. 104 S. m. Abb. Nürnberg: Carl 1950

43 Nächtlicher Besuch. – Hexenfieber. Zwei magische Begebenheiten. 81 S. Nürnberg: Carl 1951
44 Allerseelen. Erzählung. 142 S. m. Abb. Mannheim: Kessler 1952
45 (Übs.) Die latinischen Gärten. Umdichtungen römischer Lyrik. 80 S. Nürnberg: Carl 1955
46 Der Gartengott. 41 S. Heidelberg: Meister 1955
47 Das Geheimnis der Adepten. Aufschlüsse über das Magisterium der Alchymie, die Bereitung der großen Arkana und den Weg zum lapis philosophorum. 67 S., 7 Bl., 7 Taf. Sersheim/Württ.: Osiris-V. 1955
48 (Übs.) Traumfahrt im Zwielicht. Schottische Volkslieder der Vorzeit in Nachdichtung. 55 S. Nürnberg: Carl 1955
49 (Hg., Nachw.) A. Paquet: Gedichte 89 S. Heidelberg, Darmstadt: Schneider (= Veröff. d. Dt. Akad. f. Sprache u. Dichtung. Darmstadt) 1956
50 Sieben Mysterienspiele. 196 S. Büdingen-Gettenbach: Avalun-V. 1957
51 (MÜbs.) W. Blake: Gedichte. Übertr. A. v. B. u. W. Schmiele. Nach der textkritischen Ausgabe, London 1874. 121 S. Heidelberg: Schneider (= Englische Lyriker) 1958
52 (Übs.) G. G. Byron: Gedichte. 135 S. Heidelberg: Schneider (= Englische Lyriker) 1958
53 (Übs.) J. Keats: Gedichte. – Sankt Agnes-Abend. – Hyperion. 242 S. Heidelberg: Schneider (= Englische Lyriker) 1958
54 (MÜbs.) P. B. Shelley: Gedichte. Übertr. A. v. B., W. Schmiele u. a. 121 S. Heidelberg: Schneider (= Englische Lyriker) 1958
55 In der Zahl der Tage. Gedichte, Szenen und Prosa aus sechs Jahrzehnten. Alexander von Bernus zum achtzigsten Geburtstag. 180 S., 1 Titelb. Heidelberg: Schneider 1960

BERTRAM, Ernst (1884–1957)

1 Studien zu Adalbert Stifters Novellentechnik. 160 S. Dortmund: Ruhfus (= Schriften d. literar-hist. Ges. Bonn 3) 1907
2 Zur sprachlichen Technik der Novellen Stifters. 66 S. Bonn: Georgi 1907 (Ausz. a. Nr. 1)
3 Gedichte. 74 S. Lpz: Insel 1913
4 Nietzsche. Versuch einer Mythologie. VIII, 368 S. Bln: Bondi 1918
5 Georg Christoph Lichtenberg, Adalbert Stifter. Zwei Vorträge. 72 S. Bonn: Cohen 1919
6 Gedichte. 109 S. Lpz: Insel 1920
 (Verm. Neuaufl. v. Nr. 3)
7 Straßburg. Ein Kreis. 79 S. Lpz: Insel 1920
8 Das Gedichtwerk. 3 Bde. 96, 73, 128 S. Mchn: Verl. d. Nietzsche-Ges. 1922 (Enth. Neuaufl. v. Nr. 3 u. Nr. 7; Nr. 9)
9 Der Rhein. Ein Gedenkbuch. 128 S. Mchn: Georg-V. 1922
 (Bd. 1 v. Nr. 8)
10 Rheingenius und Génie du Rhin. 115 S. Bonn: Cohen 1922
11 Gedichte. 112 S. Lpz: Insel 1924
 (Verm. Neuaufl. v. Nr. 6)
12 Heinrich von Kleist. Eine Rede. 32 S. Bonn: Cohen 1925
13 Das Nornenbuch. 121 S. Lpz: Insel 1925
14 (MV) E. B.: Beethovens Bild. – E. Bücken: Die Wandlungen in der musikalischen Beurteilung Beethovens. 2 Reden. 21 S. Köln: Müller (= Kölner Universitätsreden 17) 1927
15 Nietzsche. Versuch einer Mythologie. 400 S. Bln: Bondi 1929
 (Verm. Neuaufl. v. Nr. 4)
16 Goethe, Gesang und Gesetz. Eine Rede. 23 S. Köln: Müller (= Kölner Universitätsreden 29) 1932
17 Von deutschem Schicksal. Gedichte. 77 S. Lpz: Insel (1933)
 (Ausz. a. Nr. 3, 7, 8, 12)
18 Wartburg. Spruchgedichte. 106 S. Lpz: Insel 1933
19 Deutsche Gestalten. Fest- und Gedenkreden. 281 S. Lpz: Insel 1934
 (Enth. u. a. Nr. 5, 11, 14, 15)

20 Griecheneiland. 146 S. Lpz: Insel 1934
21 Deutsche Gestalten. Fest- und Gedenkreden. 325 S. Lpz: Insel 1935
 (Verm. Neuaufl. v. Nr. 19)
22 (Einl.) F. Hölderlin: Gesammelte Briefe. 451 S. Lpz: Insel (1935)
23 Michaelsberg. 128 S. Lpz: Insel 1935
24 Von der Freiheit des Wortes. 54 S. Lpz: Insel 1936
25 Das weiße Pferd. 131 S. Lpz: Spamer (Priv.-Dr.; 120 Ex.) 1936
26 Von den Möglichkeiten. 32 S. Bln: Die Rabenpresse (= Die Kunst des Wortes 1) 1938
27 Schwarze Sonette. (Auswahl). 20 S. o. O. (Priv.-Dr.) 1938
28 Sprüche aus dem Buche Arja. 63 S. Lpz: Insel 1938
29 Spruchgedichte. 21 S. Hbg: Ellermann 1938
 (Ausz. a. Nr. 25)
30 Worte in einer Werkstatt. Von Wesen und Zukunft unseres Gedichts. 38 S. Mainz: Eggebrecht-Presse 1938
31 (MH, Einl.) Das Buch deutscher Dichtung. Bd. 5: Die Zeit der Romantik. 500 S. Lpz: Insel 1939
32 Hrabanus. Aus der Michaelsberger Handschrift. 91 S. Lpz: Insel 1939
33 (Hg.) Vom Künftigen – Ahnung und Bereitung. 111 S. Bln: Bondi 1939
34 (MH) J. v. Müller: Lebendige Geschichte. Ausw. E. Glöckner. 88 S. Bln: Bondi 1939
35 (Hg.) Wort und Verantwortung im deutschen Schrifttum. Eine Auswahl. 55 S. Mchn: Langen-Müller 1939
36 Aus den Deichgrafensprüchen. 20 S. o. O. (Priv.-Dr.) 1940
37 Die Fenster von Chartres. Spruchgedichte. o. S. Köln (Priv.-Dr.) 1940
38 (Hg., Nachw.) A. v. Platen: Gedichte. 87 S. Lpz: Insel 1940
39 (Hg.) Persische Spruchgedichte. Ausw. u. Fassg. v. E. B. 66 S. Lpz: Insel (= Insel-Bücherei 87) 1944
40 Patenkinderbuch. 120 S. Wiesbaden: Insel 1949
41 (Hg.) Worte Meister Leonardos. 45 S. Wiesbaden: Insel 1950
42 Aus den Aufzeichnungen des Herzogs von Malebolge. 56 S. Wiesbaden: Insel (Priv.-Dr. f. d. Verf. in 500 Ex.) 1950
43 Der Atlant. 13 S. Donauwörth: Auer (Priv.-Dr. f. d. Verf. in 1000 Ex.) 1951
44 Begegnungen. 103 S. Donauwörth: Auer (Priv.-Dr. f. d. Verf. in 1000 Ex.) 1951
45 Till Eulenspiegel in Magdeburg. Puppenspielgespräche. 80 S. Donauwörth: Auer (Priv.-Dr. f. d. Verf. in 1000 Ex.) 1951
46 Der Gang auf den Hohen Hagen. 79 S. Donauwörth: Auer (Priv.-Dr. f. d. Verf. in 1000 Ex.) 1951
47 Gedichte und Sprüche (In Auswahl). 78 S. Wiesbaden: Insel (= Insel-Bücherei 154) 1951
48 Konradstein. Eine Erzählung. 119 S. Wiesbaden: Insel 1951
49 (Hg.) Nikolaus Lenau, Dichtung und Selbstbildnis. 71 S. Wiesbaden: Insel 1951
50 Moselvilla. Flavus an Veranius. 37 S. Donauwörth: Auer (Priv.-Dr. f. d. Verf. in 1000 Ex.) 1951
51 Nardone. Aus der Saga Meister Nardos, eine Gedenkmusik für 1952. 261 S. Donauwörth: Auer (Priv.-Dr. f. d. Verf. in 1000 Ex.) 1951
52 Prosperos Heimkehr. Eine Gedenkmusik zur Wiederkehr von Shakespeares Todestag. 116 S. Donauwörth: Auer (Priv.-Dr. f. d. Verf. in 1000 Ex.) 1951
53 Radierungen. 21 S. Donauwörth: Auer (Priv.-Dr. f. d. Verf. in 1000 Ex.) 1951
54 Die Sprüche von den Edlen Steinen. 21 S. Donauwörth: Auer (Priv.-Dr. f. d. Verf. in 1000 Ex.) 1951
55 (Hg., Nachw.) Fr. Rückert: Gedichte und Sprüche. 59 S. Wiesbaden: Insel (= Insel-Bücherei 342) 1952
56 Dankrede bei der Verleihung des Wuppertaler Kunstpreises 1953. 15 S. Wuppertal-Elb.: Lucas 1953
57 (Hg., Nachw.) Jean Paul: Horn und Flöte. 54 S. Wiesbaden: Insel (= Insel-Bücherei 579) 1953
58 Michaelsberg. 200 S. Wiesbaden: Insel 1954
 (Neuaufl. v. Nr. 23; enth. außerdem Nr. 31)

59 Gedenkrede bei der Einweihung des Goethe-Museums in Düsseldorf am 30. Juni 1956. 18 S. Ffm: Oehms-Druck (Priv.-Dr.) (1956)
60 Der Wanderer von Milet. 70 S. Wiesbaden: Insel (650 Ex.) 1956
61 Das Zedernzimmer. Weimarer Erinnerungen. 102 S. Wiesbaden: Insel 1957
62 Möglichkeiten. Ein Vermächtnis. Hg. H. Buchner. 282 S. Pfullingen: Neske 1958

BIERBAUM, Otto Julius (+Martin Möbius) (1865–1910)

1 (MV) A. Böcklin: Fünfzehn Heliogravüren nach den Originalen. Mit begleitendem Text v. O. J. B. 8 S. m. Abb. 2⁰ Mchn: Photograph Union 1890
2 (MV) Münchener Jahresausstellung von Kunstwerken aller Nationen. Jg. 2, 1890. Text O. J. B. 48 S. m. Abb., 42 Taf. Mchn: Münchener Kunst- u. Verl.-Anst. Albert (1890)
3 Deutsche Lyrik von heute. Vortrag. Mit e. Anh.: Über die von der Gesellschaft für modernes Leben geplanten Sonderausstellungen von Werken der bildenden Kunst. 14 S. Mchn: Poessl (= Münchener Flugschriften I, 2) 1891
4 Erlebte Gedichte. 217 S. Bln: Schuhr (1892)
5 Fünfundzwanzig Jahre Münchener Hoftheater-Geschichte. Ein Rückblick auf die fünfundzwanzigjährige Amtsführung des Freiherrn Karl von Perfall als Leiter der Münchener Hofbühne. 67 S. m. Abb. Mchn, Bln: Schuster & Loeffler 1892
6 Freiherr Detlev von Liliencron. 111 S. m. Bildn. Lpz: Friedrich (= Die moderne Litteratur in Einzeldarstellungen 5) 1892
7 Studenten-Beichten. 2 Bde. 136, 162 S. Mchn, Bln: Schuster & Loeffler 1892–1897
8 Aus beiden Lagern. Betrachtungen, Karakteristiken und Stimmungen aus dem ersten Doppel-Ausstellungsjahre in München. 75 S., 8 Bildn. 16⁰ Mchn: Ackermann 1893
9 (Hg.) Moderner Musenalmanach für 1893 (1894). Sammelbuch deutscher Kunst. 2 Jge. 430, 317 S. m. Abb. Mchn, Bln: Schuster & Loeffler 1893–1894
10 (MV) F. Stuck: Über hundert Reproduktionen nach Gemälden und plastischen Werken, Handzeichnungen und Studien. Text O. J. B. 84 S. m. Abb. u. Bildn., 48 Taf. Mchn: Münchener Kunst- u. Verl.-Anst. Albert 1893
11 Fritz von Uhde. 80 S. m. Bildn. Mchn: Münchener Kunst- u. Verl.-Anst. Albert 1893
12 Nemt, Frouwe, disen Kranz. Ausgewählte Gedichte. XX, 108 S. m. Titelb. 16⁰ Bln: Schuhr 1894
13 Lobetanz. Ein Singspiel. 61 S. Bln: Genossenschaft Pan 1895
14 Die Freiersfahrten und Freiersmeinungen des weiberfeindlichen Herrn Pankrazius Graunzer, der Schönen Wissenschaften Doktor, nebst einem Anhang, wie schließlich alles ausgelaufen. 310 S. Bln: Storm (= Veröffentlichungen des Vereins für deutsches Schriftthum II, 3) 1896
15 Die Schlangendame. 146 S. m. Abb. Bln: Schuster & Loeffler (1896)
16 Der bunte Vogel von 1897 (1899). Ein Kalenderbuch. 2 Bde. 279, 208 S. m. Abb. 4⁰ Bln: Schuster & Loeffler 1896–1898
17 Stilpe. Ein Roman aus der Froschperspektive. 415 S. m. Bildn. Bln: Schuster & Loeffler (1897)
18 Kaktus und andere Künstlergeschichten. XVIII, 210 S. Bln: Schuster & Loeffler (1898)
19 Gugeline. Ein Bühnenspiel in fünf Aufzügen 107 S. Bln: Schuster & Loeffler 1899
20 (MH, später Hg.) Die Insel. Monatsschrift (Jg. 3: Aesthetisch-belletristische Monatsschrift.) Hg. O. J. B., A. W. Heymel u. R. A. Schröder. (Jg. 3: Hg. O. J. B.). 3 Jge. m. Abb., je 12 H. Bln: Schuster & Loeffler (1–2) bzw. Lpz: Insel (3) 1899–1902
21 Das schöne Mädchen von Pao. Ein chinesischer Roman. XIV. 222 S., 1 Abb. Bln: Schuster & Loeffler 1899
22 Pan im Busch. Ein Tanzspiel. Musik F. Mottl. 44 S. 12⁰ Bln: Schuster & Loeffler 1900
23 +Steckbriefe, erlassen hinter dreißig literarischen Übelthätern gemeingefähr-

licher Natur mit den getreuen Bildnissen der Dreißig. 132 S. m. Bildn. Bln: Schuster & Loeffler 1900
24 (Einl.) Deutsche Chansons (Brettl-Lieder). XXX, 225 S. m. Bildn. 16⁰ Bln, Lpz: Insel (1901)
25 Irrgarten der Liebe. Verliebte, launenhafte und moralische Lieder, Gedichte und Sprüche aus den Jahren 1885–1900. XXXI, 475 S. 16⁰ Lpz: Insel (1901)
26 Annemargreth und die drei Junggesellen. Eine Raubrittergeschichte. – Der Messner-Michel. Eine Profanlegende aus Tirol. 91 S. 16⁰ Lpz: Insel 1902
27 (Vorw.) Das Insel-Buch. 4 Bl. 200 S. m. Abb. 12⁰ Lpz: Insel 1902
28 Stella und Antonie. Schauspiel. 92 S. Lpz: Drugulin 1902
29 (MH) Die Zeit. Wiener Wochenschrift für Politik, Volkswirtschaft, Wissenschaft und Kunst. Hg. J. Singer, O. J. B. u. H. Kanner. 3 Jge. Wien: Konegen 1902–1904
30 Eine empfindsame Reise im Automobil. Von Berlin nach Sorrent und zurück an den Rhein, in Briefen an Freunde geschildert. 273 S. m. Abb. Bln: Bard & Marquardt 1903
31 Das seidene Buch. Eine lyrische Damenspende. 246 S., 12 Abb. Stg: Dt. Verl.-Anst. (1904)
32 Zwei Münchener Faschingsspiele. 76 S. 16⁰ Mchn: Langen 1904
33 Die Haare der heiligen Fringilla und andere Geschichten. 121 S. Mchn: Langen (= Kleine Bibliothek Langen 66) 1904
34 Die vernarrte Prinzessin. Fabelspiel. Mit e. Vorrede über das musikalische Bühnenspiel. 36, 56 S. Mchn: Langen 1904
35 Hans Thoma. 63 S., 13 Taf. Bln: Bard & Marquardt (= Die Kunst 27) 1904
36 Das höllische Automobil. Novellen. 156 S. Wien: Wiener Verl. (= Bibliothek moderner deutscher Autoren 6) 1905
37 (Hg.) Goethe-Kalender für 1906. Zu Weihnachten 1905 hg. 112 S. m. Abb. Lpz: Dieterich (1905)
38 Zwei Stilpe-Komödien. Das Cenacle der Maulesel. Die Schlangendame. 189 S. Mchn: Müller 1905 (Enth. u. a. Nr. 15)
39 Zäpfel Kerns Abenteuer. Eine deutsche Kasperlegeschichte in dreiundvierzig Kapiteln. Frei nach Collodis italienischer Puppenhistorie Pinocchio. 280 S. m. Abb. Mchn: Müller 1905
40 Der Bräutigam wider Willen. Komödie. Nach einer Erzählung Dostojewskis. 205 S. Wien, Bln: Singer 1906
41 Der neubestellte Irrgarten der Liebe. Um etliche Gänge und Lauben vermehrt. Verliebte, launenhafte, moralische und andere Lieder, Gedichte und Sprüche aus den Jahren 1885–1905. XVIII, 438 S. Lpz: Insel 1906 (Erw. Neuaufl. v. Nr. 25)
42 Mit der Kraft. Automobilia. 350 S. Bln: Marquardt 1906 (Neuaufl. v. Nr. 30)
43 Maultrommel und Flöte. Neue Verse. 87 S., 1 Abb. Mchn: Müller 1907
44 Der Musenkrieg. Eine Studentenkomödie in vier Aufzügen für die Opernbühne. 153 S. Bln: Borngräber 1907
45 Prinz Kuckuck. Leben, Taten, Meinungen und Höllenfahrt eines Wollüstlings. In einem Zeitroman. 3 Bde. 529, 436, 576 S. m. Bildn. Mchn: Müller 1907-1908
46 (Einl.) Felix Schnabels Universitätsjahre oder Der deutsche Student. Von A. v. S. XXXVI, 600 S. Bln: Curtius 1907
47 Sonderbare Geschichten. 3 Abth. 252, 273, 227 S. Mchn: Müller 1908
48 (MV) O. J. B. u. F. v. Königsburn-Schaup: Fortuna. Abenteuer in fünf Aufzügen. 168 S. Mchn: Müller (1909)
49 Die Yankeedoodle-Fahrt und andere Reisegeschichten. Neue Beiträge zur Kunst des Reisens. 521 S. m. Bildn. u. Taf. Mchn: Müller (1909)
50 (MH) Pro Italia. Eine deutsche Kunstspende. Hg. O. J. B., F. Mottl u. F. r. Stuck. VII, 320, XXXXV S. m. Musikbeil. v. 41 Taf. Lpz: Müller (1909)
51 Dostojewski. 26 S. Mchn: Piper (1910)
52 Die Schatulle des Grafen Thrümmel und andere nachgelassene Gedichte. 108 S. Mchn: Müller 1910
53 Samalio Pardulus. 44 S., 20 Abb. Mchn: Müller 1911
54 Otto Julius Bierbaum. 93 S. m. Bildn. Bln-Charlottenburg: Lissner (= Literarische Leckerbissen 1) 1912

55 Hans Wurst und andere Grotesken. VII, 128 S. Mchn, Stg: Die Lese (= Die lustigen Bücher 1) 1912
56 Gesammelte Werke in zehn Bänden. Hg. M. G. Conrad u. H. Brandenburg. 7 Bde. Mchn: Müller 1912–1921
57 Die Leiden des jungen Bierbaum. Ein Gymnasiastentagebuch 1881. 30 S. Lpz: Haschke (Priv.-Dr.) 1925

BILLINGER, Richard (1893–1965)

1 Über die Äcker. Gedichte. 58 S. Bln: Rowohlt 1923
2 (MV) Grete Wiesenthal und ihrer Schule. Gedichte v. R. B., Litographien v. E. Lang. 4 S., 12 Taf. 48 × 34 cm. Wien: Maybach-V. 1923
3 Das Perchtenspiel. Tanz- und Zauberspiel vom törichten Bauern, von der Windsbraut und den Heiligen, in einem Akte. 168 S. Lpz: Insel 1928
4 Gedichte. 127 S. Lpz: Insel 1929
5 Die Asche des Fegefeuers. Eine Dorfkindheit. 193 S. Mchn: Müller 1931
6 Rosse. Rauhnacht. Zwei Dramen. 134 S. Lpz: Insel 1931
7 Sichel am Himmel. 166 S. Lpz: Insel 1931
    (Verm. Neuaufl. v. Nr. 4)
8 Zwei Spiele. Spiel vom Knechte. Reise nach Ursprung. 199 S. Mchn: Langen-Müller 1932
9 Lob des Landes. Komödie. 104 S. Mchn: Langen-Müller 1933
10 Der Pfeil im Wappen. Gedichte. 62 S. Mchn: Langen-Müller (= Die kleine Bücherei 10) 1933
11 Das Verlöbnis. Schauspiel 56 S. Mchn: Langen-Müller 1933
12 Stille Gäste. Komödie. 132 S. Bln: S. Fischer 1934
13 (MV) A. Piechler: Das Tagewerk. Chorzyklus mit Soli und Orchester. Werk 43. Worte v. R. B. 14 S. Bln: Transmare-V. 1934
14 Das Schutzengelhaus. Roman. 309 S., 16 Abb. Bln: S. Fischer 1934
15 Die Hexe von Passau. Schauspiel. 105 S. Bln: S. Fischer 1935
16 Lehen aus Gottes Hand. Roman. 259 S. Bln: Keil-V. 1935
17 Nachtwache. Lieder und Gedichte. 39 S. Bln: S. Fischer 1935
18 Der Gigant. Schauspiel. 93 S. Bln: S. Fischer 1937
19 Das verschenkte Leben. 284 S. Bln: S. Fischer 1937
20 Triumph des Gottes. 157 S. Bln: P. Francke (= Erzähler unserer Zeit, Taschenausg. 10) 1940
21 (MV) W. Zillig: Die Windsbraut. Oper. Text v. R·B. 30 S. Mainz: Schott 1941
22 Drei Dramen. Gabriele Dambrone. Melusine. Die Fuchsfalle. 270 S. Wien: Andermann 1942
23 Holder Morgen. Lieder und Gedichte. 66 S. Wien: Andermann 1942
24 Paracelsus. Ein Salzburger Festspiel. 95 S. Wien: Andermann 1943
25 Das Spiel vom Erasmus Grasser. Eine Münchener Legende. 77 S. m. Abb. Wien: Andermann 1943
26 (Einl.) A. Kubin: Schemen. Sechzig Köpfe aus einer verklungenen Zeit. 32 Bl. Königsberg: Kanter-V. (= Kanter-Bücher 54) 1944
27 Das nackte Leben. Schauspiel in vier Aufzügen. 58 S. Wien: Braumüller (= Stifterbibliothek. Dichtung der Zeit 50) 1953
28 Lobgesang. Gedichte. 38 S. Linz: Kulturamt d. Stadt Linz 1953
29 Ein Strauß Rosen. Erzählung. 126 S. Wien, Stg: Wancura 1954
30 Das Augsburger Jahrtausendspiel. 82 S. Augsburg: Industrie- u. Handelskammer 1955
31 Gesammelte Werke. Romane. Bd. 1–5. Dramen Bd. 1–6. Lyrik. Bd. 1. Graz, Wien: Stiasny 1955–1960
32 Würfelspiel. Eingel., ausgew. V. Suchy. 127 S. Graz, Wien: Stiasny (= Stiasny-Bücherei, Bd. 69) 1960

BINDING, Rudolf Georg (1867–1938)

1 In memoriam W. E. Seiner Mutter zugeeignet. 4 Bl. 4⁰ Heidelberg (Als Ms. gedr.) 1908

2 (Übs.) G. d'Annunzio: Die Auferstehung des Kentauren. V, 30 S. Lpz: Insel 1909
 3 Legenden der Zeit. 124 S. Lpz: Grunow 1909
 4 (MÜbs.) G. d'Annunzio: Phädra. Tragödie. A. d. Ital. v. R. G. B. unter Mitw. v. K. Vollmoeller. 178 S. Lpz: Insel 1910
 5 (Übs.) G. d'Annunzio: Das Schiff. Tragödie. 226 S. Lpz: Insel 1910
 6 (Übs.) J. Bédier: Der Roman von Tristan und Isolde. 227 S. Lpz: Insel 1911
 7 (Übs.) Die Blümlein des heiligen Franziskus von Assisi. 236 S. Lpz: Insel 1911
 8 Die Geige. Vier Novellen. 207 S. Lpz: Insel 1911
 9 Der Opfergang. Novelle. 54 S. Lpz: Insel (= Insel-Bücherei 23) 1912
    (Ausz. a. Nr. 8)
10 C. Tillier: Mein Onkel Benjamin. 301 S. Lpz: Insel (= Bibliothek der Romane 16) 1912
11 Gedichte. 146 S. 4° Darmstadt: Ernst-Ludwig-Presse 1913
12 (Übs.) Die schönsten Legenden des Heiligen Franz. 74 S. Lpz: Insel (= Insel-Bücherei 70) 1913
13 Taufspruch für einen jungen Eichbaum nach der Erinnerungsfeier der Schlacht bei Leipzig am 18. Oktober, gepflanzt von den Kindern Buchschlags am 19. Oktober 1913. 3 S. Darmstadt: Ernst-Ludwig-Presse 1913
14 Keuschheitslegende. 50 S. Darmstadt: Ernst-Ludwig-Presse 1919
15 (Übs.) Abbé Prévost: Die Geschichte der Manon Lescaut und des Chevalier des Grieux. 232 S. Lpz: Insel 1919
16 ★Traurede, einer Freundschaft gehalten. 15 S. 4° Ffm: Kleukens-Presse (= Druck der Kleukens-Presse 3) 1919
17 Legende von der Keuschheit. 42 S. Lpz: Insel (= Insel-Bücherei 302) 1920 (Neuaufl. v. Nr. 14)
18 (Übs.) Thukydides: Rede des Perikles für die Gefallenen. Ffm, Bln: Tiedemann (= Druck der Ernst-Ludwig-Presse) 1920
19 Geist des Menschen. Als Eingeleit für das am 8. Dezember 1921 veranstaltete Künstler- und Gesellschaftsfest. 4 S. Darmstadt: Ernst-Ludwig-Presse 1921
20 (MV) Die Frankfurter Goethe-Woche. 27. II.-3. III. 1922. 42 S. Ffm: Englert & Schlosser 1922
21 Stolz und Trauer. 59 S. Darmstadt: Ernst-Ludwig-Presse 1922
22 Unsterblichkeit. 66 S. Ffm: Rütten & Loening 1922
23 Weih-Nacht. 4 S. Darmstadt: Ernst-Ludwig-Presse 1922
24 Das schöne Gesicht von Frankfurt am Main. Lob Frankfurts. 136 S. m. Abb. 4° Ffm: Frankfurter Kunstverein, Abt. Verl. 1924
25 Deutsche Jugend vor den Toten des Krieges. 19 S. Dessau: Rauch 1924
26 Ein Kind. Der Frankfurter Bibliophilen-Gesellschaft anläßlich ihrer Tagung am 24. Februar 1924 dargereicht. 9 S. Darmstadt: Ernst-Ludwig-Presse 1924 (Vorabdruck a. Nr. 37)
27 Reitvorschrift für eine Geliebte. 46 S. Chemnitz: Gesellschaft der Bücherfreunde (= 15. Veröffentlichung) 1924
28 Tage. Neue Gedichte. 103 S. Ffm: Rütten & Loening 1924
29 Das Chile-Haus in Hamburg. 8 S., 1 Taf. 4° Hbg: Werkstatt Lerchenfeld 1925
30 Aus dem Kriege. 358 S. Ffm: Rütten & Loening 1925
31 (MV) Nähe der Antike. (- W. F. Otto: Zeit und Antike.) Zwei Ansprachen zur Eröffnung der Ortsgruppe Frankfurt am Main der Gesellschaft für antike Kultur am 9. XII. 1925. 14 S. Ffm: Englert & Schlosser (= Frankfurter gelehrte Reden und Abhandlungen 8) 1926
32 Reitvorschrift für eine Geliebte. 67 S. Ffm: Rütten & Loening 1926 (Erw. Neuaufl. v. Nr. 27)
33 Weihnachtslegende vom Peitschchen. 15 S. m. Abb. 4° Kunstgewerbeschule München 1926
    (Ausz. a. Nr. 3)
34 Über Zeichensetzung. 4 S. 16° Ffm: Rütten & Loening 1926
35 (Einl.) M. Schwerdtfeger. Reitvorschrift für meine Geliebte. 16 S. m. Abb. Ffm: Rütten & Loening 1927
36 Gesammeltes Werk. 4 Bde. 379, 334, 363, 298 S. Ffm: Rütten & Loening 1927
37 Erlebtes Leben. 298 S. Ffm: Rütten & Loening 1928

38 Rufe und Reden. Führungen und Betrachtungen. 247 S. Ffm: Rütten & Loening 1928
39 (Einl.) Anthologie jüngster Lyrik. Neue Folge. Hg. W. R. Fehse u. K. Mann. 170 S. Hbg: Gebr. Enoch 1929
40 Seele der Zeit. 8 S. Hbg: Presse O. Weitbrecht 1929
41 Die Vogelscheuche. 61 S. Hbg: Deutsche Dichter-Gedächtnis-Stiftung. (= Der junge Tag 8) 1929
  (Ausz. a. Nr. 8)
42 Ausgewählte und neue Gedichte. 212 S. Ffm: Rütten & Loening 1930
43 Das Peitschchen. Eine Weihnachtsgeschichte. Drei Kindern erzählt. 22 S. m. Abb. Ffm: Rütten & Loening 1930
  (Ausz. a. Nr. 3, vgl. Nr. 34)
44 Sankt Georgs Stellvertreter. Legende. 50 S. Lpz: Quelle & Meyer (= Deutsche Novellen des 19. u. 20. Jahrhunderts) 1930
  (Ausz. a. Nr. 3)
45 Größe der Natur. Ruf freien Landes. Vom Inhalt des Lebens. 55 S. Lpz: Gesellschaft d. Freunde d. Deutschen Bücherei (= 13. Jahresgabe) 1931
46 (Einl.) K. Rauch: Der Lyrik eine Bresche. 83 S. Bln: Rauch 1931
47 Moselfahrt aus Liebeskummer. Novelle in einer Landschaft. 44 S. m. Abb. Ffm: Rütten & Loening 1932
48 Die Spiegelgespräche. Festgabe der Frankfurter Bibliophilen-Gesellschaft im Jahr des großen Gedächtnisses an Goethe für die am 11. September in Frankfurt a. M. versammelten Mitglieder der Gesellschaft d. Bibliophilen u. d. eigenen. 81 S. Ffm: Bibliophilen-Gesellschaft 1932
49 Antwort eines Deutschen an die Welt. 11 Bl. Ffm: Rütten & Loening 1933
50 Von der Kraft deutschen Worts als Ausdruck der Nation. Rede, gehalten in der Preuß. Akademie d. Künste zu Berlin am 28. April 1933. 16 S. Bln: S. Fischer 1933
51 Vom Leben der Plastik. Inhalt und Schönheit des Werkes von G. Kolbe. 105 S. m. 90 Abb. 4° Bln: Rembrandt-V. (= Zeichner des Volkes 2) 1933
52 Der goldene Schrein. Bilder deutscher Meister auf Goldgrund. Worte von R. G. B. 10 S., 18 Bl. m. Abb. Lpz: Seemann 1934
53 Die Geliebten. Gedichte. 87 S. Lpz: Insel (= Insel-Bücherei 475) 1935
54 Das Heiligtum der Pferde. 107 S. m. 69 Abb. 4° Königsberg: Gräfe & Unzer 1935
55 Nordische Kalypso. 24 S. Lpz: Insel 1935
  (Teildr. a. Nr. 53)
56 (Einl.) Lord Mottistone: Mein Pferd Warrior. A. d. Engl. v. F. v. Bothmer. 132 S., 3 Abb. Stg: Dt. Verl.-Ges. 1935
57 Die Waffenbrüder. 68 S. Ffm: Rütten & Loening 1935
  (Ausz. a. Nr. 8)
58 Wir fordern Reims zur Übergabe auf. Anekdote aus dem Großen Krieg. 99 S. Ffm: Rütten & Loening 1935
59 (Einl.) Zauber des Schmucks. Hg. Dt. Ges. f. Goldschmiedekunst, Berlin. 3 Bl., 2 Tf., 26 S. Abb. 4° Bln: Propyläen-V. 1935
60 Liebeskalender. 16 S. Mchn: Oldenbourg (= Schriften d. Corona 15) 1936
61 Angelucia. 68 S. Ffm: Rütten & Loening 1937
  (Ausz. a. Nr. 8)
62 Der deutsche und der humanistische Gedanke im Angesicht der Zukunft. Rede. 16 Bl. Potsdam: Rütten & Loening 1937
63 Die Gedichte. Gesamtausgabe. 288 S. Potsdam: Rütten & Loening 1937
64 Sieg des Herzens. Gedichte. 92 S. Potsdam: Rütten & Loening 1937
65 Gesammeltes Werk. 5 Bde. 396, 326, 374, 321, 395 S. Potsdam: Rütten & Loening 1937
66 Coelestina. Märchenlegende. 73 S. Ffm: Rütten & Loening 1938
  (Ausz. a. Nr. 3)
67 Die Perle und andere Erzählungen. 83 S. Potsdam: Rütten & Loening 1938
68 Vom Wunder der Sprache. 8 Bl. Ebenhausen: Langewiesche-Brandt 1938
69 Der Wingult. Der Durchlöcherte. 64 S. Lpz: Quelle & Meyer 1938
70 Ad se ipsum. Aus einem Tagebuch. 113 S. Ffm: Rütten & Loening 1939
71 Unvergängliche Erinnerung. Nachw. v. P. Alverdes. 75 S. Lpz: Reclam (= Reclam's UB. 7423) 1939
  (Ausz. a. Nr. 37)

72 Von Freiheit und Vaterland. 29 S. Mchn: Röhrig 1939
73 Vier Jahre an der Front. Aus den Kriegstagebüchern. Hg. m. Nachw. v. K. Nussbächer. 77 S. Lpz: Reclam (= Reclam's UB. 7443) 1939 (Ausz. a. Nr. 30)
74 Dies war das Maß. Die gesammelten Kriegsdichtungen und Tagebücher. 583 S. Ffm: Rütten & Loening 1939 (Enth. u. a. Nr. 30)
75 Natur und Kunst. Führungen und Betrachtungen. 98 S. Ffm: Rütten & Loening 1939
76 Immerwährender Liebeskalender. 14 Bl. m. Abb. Hbg: Dulk 1949 (Neuaufl. v. Nr. 60)
77 Pferde. Eine Bildfolge. With a commentary in German, English and French. 14 S., 16 Taf. Zürich: Verl. d. Arche (= Die kleinen Bücher der Arche 71–72) 1949
78 An eine Geliebte. Briefe für Joie. 215 S. Mchn, Lpz u. Freiburg i. Br.: List 1950
79 Ein Märchen. 8 Bl. m Abb. Hbg: Dulk 1950
80 Das Märchen vom Walfisch. 38 S. m. Abb. Hbg: Dulk 1951
81 Die Geschichte vom Zopf in Rothenburg. 19 S. m. Abb. Hbg: Dulk 1952
82 Marmor, Sonne und Wein. Briefe einer Griechenlandreise. 34 S. m. Abb. Hbg: Dulk 1953
83 Gesammeltes Werk. 2 Bde. Geleitwort v. R. Bach. 664, 629 S. Hbg: Dulk 1954

BIRKEN, Siegmund von
(eig. Betulius; + Floridan) (1626–1681)

1 +(MV) Fortsetzung der Pegnitz-Schäferey ... abgefasset und besungen durch Floridan und Klajus ... 4 Bl., 104 S. Nürnberg: Endter 1645
2 (MV) (G. Ph. Harsdörffer, J. Klaj u. S. v. B.:) Der Pegnitz Hirten Frülings Freude, Herrn M. Andre Janens und Jungfer Marien Simons Myrtenfeste gewidmet ... 4 Bl. o. O. 1645
3 (MV) (G. Ph. Harsdörffer, J. Klaj u. S. v. B.:) Lustgedicht Zu hochzeitlichem Ehrenbegängniß Herrn D. Johann Röders, und Jungfer Maria Rosina Schmidin ... 2 Bl. m. Titelku. Nürnberg: Endter 1645
4 Dannebergische Helden-Beut in den Jetzischen Blum-Feldern beglorwürdiget. 14 Bl. 4⁰ Hbg: Rebenlein 1648
5 +Floridans Des Pegnitzschäfers Niedersächsische Letze ... 10 Bl. 4⁰ Hbg: Rebenlein 1648
6 Kurtze Beschreibung Deß Schwedischen Friedensmahls, gehalten in Nürnberg den 25. Herbstmonats Anno 1649. 8 Bl. (Nürnberg:) Dümler 1649
7 °Diß ist Das Grabmahl Rahel Bis gegenwärtigen Tag. 12 Bl. 4⁰ o. O. 1649
8 °Kriegs- und Friedensbildung ... 6 Bl., 82 S. m. Titelb. 4⁰ Nürnberg: Endter 1649
9 Teutscher Kriegs Ab- und Friedens Einzug In etlichen Aufzügen ... vorgestellt. 1 Bl., 40 S. 4⁰ Nürnberg (o. Verl.) 1650
10 +Teutschlands Kriegs-Beschluß und FriedensKuß beklungen und besungen in den Pegnitzgefilden von dem Schäfer Floridan. Eigentliche Beschreibung des Fried- und Freudenmahles, Schauspiel und Feuerwercks ... 2 Bl., 68 S. 4⁰ Nürnberg: Dümler 1650
11 Teutscher Olivenberg. 4⁰ Nürnberg 1650
12 °Die Fried-erfreuete Teutonie. Eine Geschichtschrifft von dem Teutschen Friedensvergleich ... 21 Bl., 148 S. m. Titelku. u. Ku. Nürnberg: Dümler 1652
13 Geistlicher Weihrauchkörner Oder Andachtslieder I. Dutzet, Samt einer Zugabe XII Dutzet Kurzer Tagseufzer. 2 Bl., 163 S. 12⁰ Nürnberg: Dümler 1652
14 (Übs., MV) Neues Schauspiel, Betitelt Androfilo Oder die WunderLiebe. Von dem H. H. P.P. Soc. Jesu erfunden ... anitzt aber verdeutschet und Nebenst einem Nachspiel, Betitelt Silvia Oder Die Wunderthätige Schön-

heit, In Nürnberg auf den Schauplatz gebracht. 8 Bl., 96, 102 S. Lüneburg: Cubach 1656
15 Klag-Lied, über der Allerglorwürdigsten Röm: Keys. auch zu Hung: und Beheim Kön: May: Ferdinand III. ... Todes-Hintritt ... 6 Bl. 12° o. O. 1657
16 Ostländischer Lorbeerhayn, Ein Ehrengedicht, Von dem höchstlöbl. Erzhaus Oesterreich ... 12 Bl., 463 S. m. Titelku. 12° Nürnberg: Endter 1657
17 (Übs., MV) (J. Balde:) Die truckene Trunckenheit. 256 S. 12° Nürnberg: Endter 1658
18 (Übs.) J. A. Comenius: Die sichtbare Welt, Das ist aller vornemsten Welt-Dinge und Lebens-Verrichtungen Vorbild und Benahmung. 8 ungez. Bl., 309 S., 5 ungez. Bl. m. Titelb., 53 Abb. Nürnberg: Endter 1658
19 (Übs.) J. A. Comenius: Orbis sensualium pictus ... Die sichtbare Welt ... geendert und verbessert. 8 ungez. Bl., 309 S., 5 ungez. Bl. m. Titelb. 53 Abb. (Verb. Neuaufl. v. Nr. 18)
20 Ein Weg zum Tod ist dieses todte Leben ... Bei Ch. Althofers Leichenpr. auf Mar. Margar. Dobenecker ... 4° Bayreuth 1660
21 *Pegnesische Lämmer-Vereinbarung, Zwischen dem Höchstpreißwürdigen Hirten Luzidor und der unvergleichlichen Schäferinn Luziana. 6 Bl. Nürnberg: Felßecker 1661
(Autorschaft fraglich!)
22 Ballet der Natur ... bey ... Heimführung ... Fr. Erdmuth-Sophien, Geborner Prinzessin zu Sachsen ... 18 Bl. 2° Bayreuth: Gebhardt 1662
23 Singspiel, betitelt Sophia, ... 16 Bl., 1 Stammtaf. 2° Bayreuth: Gebhardt 1662
24 Mausoleum der Hungarischen Könige. 2° o. O. (1664)
25 Pegnesische Gesprächspiel-Gesellschaft von Nymfen und Hirten ... 2 Bl., 136 S. 16° Nürnberg: Endter 1665
26 Abgebrochner Hochfürstlich Oesterreichischer Regentenzweig ... 20 S. 4° Nürnberg: Felßecker 1665
27 (Bearb.) Spiegel der Ehren des Höchstlöblichsten Kayser- und Königlichen Erzhauses Oesterreich ... Erstlich vor mehr als C Jahren verfasset, Durch Den Wohlgebornen Herrn Herrn Johann Jacob Fugger ... 20 Bl., 1416 S., 17 Bl. m. Titelku. u. Ku. 2° Nürnberg: Endter 1668
28 (MV) (S. v. B., M. Limburger u. J. Sechst:) Beglückwünschung Des ... Herrn Johann Paul Ebners ... mit Der ... Jfr. Maria Magdalenen ... Voyten ... Hochzeit-Feyer, angestimmet von etlichen Pegnitz-Schäfern. 4 Bl. o. O. 1666
29 Guelfis oder NiderSächsischer Lorbeerhayn ... 28 Bl., 405 S. 12° Nürnberg: Hofmann 1669
30 Himmel-klingendes Schaeferspiel dem Nachruhme deß HochEhrwürdigen ... Herrn Johann Michael Dilherrns ... 36 S. o. O. 1669
31 HochFürstl. Brandenburgischer Ulysses: oder Verlauf der Länder-Reise, welche Der Durchleuchtigste Fürst und Herr, Herr Christian Ernst Marggraf zu Brandenburg ... verrichtet ... 11 Bl., 132 (r. 232) S. m. Titelku. 4° Bayreuth: Gebhard 1669
32 Todes Gedanken und Todten Andenken, vorstellend eine Tägliche Sterb-Bereitschaft. 15 Bl., 492 S., 1 Bl. m. Titelku. Nürnberg: Kramer 1670
33 †Floridans Lieb- und Lob-Andenken seiner seeligentseelten Margaris. 288 S. 12° o. O. (1670)
34 †(MV) Pegnesis: oder der Pegnitz Blumengenoß-Schäfere FeldGedichte in neun Tagzeiten, meist verfasset durch Floridan. 2 Bde. 512; 252, 298 S., je 1 Titelku. 12° Nürnberg: Felßecker 1673–1679
35 *Der Norische Metellus oder Löffelholzisches Ehrengedächtnis ... 24 Bl. Nürnberg (o. Verl.) (1676)
36 (MV) Trauer- und Trost-Gedanken Dem Andenken der Frauen Maria Helena Tetzlin, geb. Behaimin, gewidmet von Etlichen Mitgliedern des Pegnesischen Blum-Ordens. 8 Bl. 4° o. O. 1676
37 Chur- und Fürstlicher Sächsischer Helden-Saal; Oder Kurze, jedoch ausführliche Beschreibung der Ankunft, Aufnahme, Fortpflanzung und vornemster Geschichten Dieses Höchstlöblichen Hauses ... 4 Bl., 674 S. u. Reg. 12° Nürnberg: Hofmann 1677
38 †Der Norische Parnaß und Irdische HimmelGarten: welchen der Norische Föbus, als deren Besitzer, verwechslet mit dem Himmelischen Sion und Ewigem Paradeis: bewandlet und behandlet von Floridan, in geleitschaft seiner Weidgenoßen. 42 S. 4° Nürnberg: Gerhard 1677

39 Margenis, das vergnügte, bekriegte und wieder befriedigte Teutschland. 231 S. m. Titelku. 12° Nürnberg: Scherrer 1679
40 Teutsche Rede- bind- und Dicht-Kunst. 34 Bl., 530 S. 12° Nürnberg: Riegel 1679
41 Heiliger Sonntags-Handel und Kirchen-Wandel ... Samt dem gewöhnlichen Kirchen-Lieder-Büchlein. Nürnberg 1681
42 Der Vermehrte Donau-Strand, Mit Allen seinen Ein- und Zuflüssen, angelegenen Königreichen, Provintzen, Herrschaften und Städten ... 4 Bl., 231 S. m. Ku. 12° Nürnberg: Sandrart 1684
43 Neu-vermehrter Donau-Strand, Mit allen seinen Ein- und Zuflüssen ... 367 S. m. Ku. 12° Nürnberg: Sandrart 1690
(Verm. Neuaufl. v. Nr. 42)

BISCHOFF, Friedrich (*1896)

1 Gottwandrer. Gedichte. 58 S. Mchn: Allgem. Verl.-Anst. (1921)
2 Ohnegesicht. 168 S. Trier: Lintz (= Der deutsche Roman) 1922
3 Alter. Roman. 219 S. Trier: Lintz 1925
4 Die Gezeiten. Gedichte. 85 S. Trier: Lintz 1925
5 Die goldenen Schlösser. Roman. 560 S. Bln: Propyläen-V. 1935
6 Schlesischer Psalter. Ein Dank- und Lobgesang mit einem Epilog: Werkstatt zwischen Himmel und Erde. 106 S. m. Abb. Bln: Propyläen-V. 1936
7 Der Wassermann. Roman. 405 S. Bln: Propyläen-V. 1937
8 Rübezahls Grab. Erzählungen. 73 S. Lpz: Reclam (= Reclam's UB. 7377) 1937
9 Himmel und Hölle. Ein Geschichtenbuch. 218 S. m. Abb. Bln: Propyläen-V. 1938
10 Das Füllhorn. Lieder und Balladen der Kindheit. Mit einem Nachgesang. 116 S. m. Abb. Bln: Propyläen-V. 1939
11 Im Morgenrot. Erzählung. 19 S. Lpz: Reclam (= Reclam's Reihenbändchen 15) 1943
(Ausz. a. Nr. 8)
12 Sternbild der Heimat. Geschichten und Gedichte. 145 S. Breslau: Schlesien-V. 1943
13 Gold über Danae. Erzählungen. 93 S. Bremen: Schünemann 1953
14 (Einl.) Schlesien. Unvergessene Heimat in 114 Bildern. Hg. H. Hupka. 60 S. m. Abb. 4° Mchn: Gräfe & Unzer 1954
15 Sei uns, Erde, wohlgesinnt. Neue Gedichte mit den Liedern und Balladen der Kindheit und die ausgewählten Gedichte des Schlesischen Psalters. 162 S. m. Abb. Tüb: Schlichtenmayer 1955
(Enth. u. a. Nr. 10 u. Ausz. a. Nr. 6)
16 (Einl.) C. Elwenspoek: Hauspostille des Herzens. IX, 227 S. Freiburg/Br.: Herder 1956

BLEIBTREU, Karl (1859–1928)

1 Gunnlaug Schlangenzunge. Eine Inselmär. 271 S. Bln: Schleiermacher 1879
2 Der Traum. Aus dem Leben des Dichterlords. 446 S. 16° Bln: Schleiermacher 1880
3 Dies irae. Erinnerungen eines französischen Offiziers an Sedan. 120 S. Stg: Krabbe 1882
4 Aus Norwegens Hochlanden. Drei Novellen. Auch ein Culturkämpfer. Wie's im Liede heißt. Unter den Gletschern. 150 S. Lpz: Unflad 1883
5 Der Nibelunge Not. Eine Aventiure. 246 S. Jena: Costenoble 1884
6 Wer weiß es? Erinnerungen eines französischen Offiziers unter Napoleon I. 136 S. Bln: Eisenschmidt 1884
7 Schlechte Gesellschaft. Realistische Novellen. 496 S. Lpz: Friedrich 1885
8 Kraftkuren. Realistische Novellen. 378 S. Lpz: Friedrich 1885
9 Lieder aus Tirol. 56 S. 12° Bln: Steinitz 1885

10 Napoleon bei Leipzig. Nebst e. Anh.: Ideen zur Entwicklung des europäischen Gleichgewichts. 158 S. Bln: Luckhardt 1885
11 Lyrisches Tagebuch. 165 S. Bln: Steinitz 1885
12 Deutsche Waffen in Spanien. 307 S. Bln: Eisenschmidt 1885
13 Lord Byron. Lord Byrons letzte Liebe. Seine Tochter. Dramen. 249 S. Lpz: Friedrich 1886
14 Revolution der Litteratur. 101 S. Lpz: Friedrich 1886
15 Welt und Wille. Gedichte. 241 S. Dessau: Baumann 1886
16 Das Geheimnis von Wagram und andere Studien. 241 S. Dresden: Pierson 1887
17 Geschichte der englischen Litteratur. 2 Bde. 367, 584 S. Lpz: Friedrich 1887–1888
18 Götzen. Parodieen. 54 S. Lpz: Friedrich 1887
19 Vaterland. Drei Dramen. 417 S. Lpz: Friedrich 1887
20 Die Entscheidungsschlachten des europäischen Krieges 1870/71. 3 Bde. Lpz: Friedrich 1888
   1. Die Schlacht bei Bochnia. 64 S. m. Kt.
   2. Die Schlacht bei Belfort. 44 S. m. Kt.
   3. Die Schlacht bei Chalons. 101 S. m. 2 Ktn.
21 Friedrich der Große bei Collin. (18. Juni 1757.) 186 S. Bln: Luckhardt 1888
22 Größenwahn. Pathologischer Roman. 3 Teile in 2 Bdn. 1149 S. Lpz: Friedrich 1888
23 Der Kampf um's Dasein der Literatur. 137 S. Lpz: Friedrich 1888
24 Paradoxe der conventionellen Lügen. 104 S. Bln: Steinitz 1888
25 Schicksal. Schauspiel. 112 S. Lpz: Friedrich 1888
26 Weltgericht. Tragödie. 199 S. Lpz: Friedrich 1888
27 Cromwell bei Marston Moor. Schlachtbild. 98 S. Lpz: Friedrich 1889
28 Der Erbe. Soziales Schauspiel. 70 S. Lpz: Friedrich 1889
29 Ein Faust der That. Tragödie. 159 S. Lpz: Friedrich 1889
30 Zur Jahrhundertfeier der großen Revolution. 71 S. Bln: Fischer 1889
31 Napoleon I. 245 S. Dresden: Pierson 1889
32 Schlachtenbilder. 209 S., 4 Ktn. Lpz: Friedrich 1889
33 Dramatische Werke. 3 Bde. 850 S. Lpz: Friedrich 1889
34 Feldherrnbilder. 211 S. Lpz: Friedrich 1890
35 Das Halsband der Königin. Tragikomödie. 152 S. Lpz: Friedrich 1890
36 Heroica. 139 S. Lpz: Friedrich 1890
37 Kosmische Lieder. 60 S. 12⁰ Lpz: Friedrich 1890
38 Die Propaganda der That. Sozialer Roman. 125 S. Lpz: Friedrich 1890
39 Zur Psychologie der Zukunft. 292 S. Jena: Costenoble 1890
40 Rache. Auferstanden. Zwei Dramen. 94 S. Lpz: Friedrich 1890
41 Der Imperator. 452 S., 1 Kt. Jena: Costenoble 1891
42 Geschichte und Geist der napoleonischen Kriege unter Friedrich dem Großen und Napoleon. Kritische Historie. 4 Bde. Jena: Costenoble 1892
   1. Friedrich der Große und die Revolution. 167 S.
   2. Die napoleonischen Kriege um die Weltherrschaft. 208 S.
   3. Die Befreiungskriege. 228 S.
   4. Wellington. 104 S.
43 Kriegstheorie und Praxis. Studien. 99 S. Jena: Costenoble 1892
44 Letzte Wahrheiten. 204 S. Jena: Costenoble 1892
45 Christentum und Staat. 44 S. Jena: Costenoble 1893
46 Der russische Feldzug 1812. Studie. 143 S., 2 Ktn. Jena: Costenoble 1893
47 Massenmord. Eine Zukunftsschlacht. 48 S. 16⁰ Jena: Costenoble 1893
48 Die Schlacht von Bochnia. Ein Zukunftsbild. 64 S., 1 Kt. Jena: Costenoble 1894
   (Neue Aufl. v. Nr. 20, Bd. 1)
49 Erbrecht. Psychologischer Roman. 209 S. Jena: Costenoble 1895
50 Die Weltbefreier. Schweizer Schauspiel. 168 S. Zürich: Verl.-Mag. 1895
51 Kritische Beiträge zur Geschichte des Krieges 1870–1871. 418 S. Jena: Costenoble 1896
52 Ein Freiheitskampf in Siebenbürgen. Kulturhistorischer Roman. 269 S. Jena: Costenoble 1896
53 Byron der Übermensch, sein Leben und seine Dichtungen. 263 S. Jena: Costenoble 1897

54 Freie Liebe. 422 S. Lpz: Tiefenbach 1897
55 Der Kampf bei Mars-la-Tour. 120 S. 12° Bln: Schall 1897
56 Zur Geschichte der Taktik und Strategie. 495 S., 11 Ktn. Bln: Schall 1897
57 „Der Zar-Befreier". Ein Wort für Volkswehr gegen stehendes Heer. 154 S. Stg: Dietz 1898
58 Der große Dreyfus-Schwindel. 136 S. Bln: Schwetschke 1899
59 Gedankenübertragung beim großen Generalstabe. 51 S., 1 Sk. Lpz: Friedrich 1899
60 Gravelotte. Die Kämpfe um Metz. 119 S. m. Abb. Stg: Krabbe 1899
61 Marschälle, Generale, Soldaten Napoleons I. 464 S. Bln: Schall (= Veröffentlichungen des Vereins der Bücherfreunde VIII, 4) 1899
62 Paris 1870–71. 196 S. m. Abb. Lpz: Friedrich 1899
63 Von Robespierre zu Buddha. 301 S. Lpz: Friedrich 1899
64 Der böse Wille des Militarismus. 112 S. Lpz: Friedrich 1899
65 Bur und Lord. Tagebuch eines englischen Offiziers aus dem Transvaalkrieg. 150 S. Heilbronn: Salzer 1900
66 Byrons Geheimnis. Drama. 103 S. Lpz: Schröter 1900
67 Orleans. 100 S. m. Abb. Stg: Krabbe 1900
68 Strategische Taktik der Schlachten. Mit Berücksichtigung des Burenkrieges. 109 S. Lpz: Schröter 1900
69 Woerth. 96 S. m. Abb. Stg: Krabbe 1900
70 Belfort. Die Kämpfe von Dijon bis Pontarlier. 88 S. m. Abb. Stg: Krabbe 1901
71 Die Edelsten der Nation. Komödie. 203 S. Mchn: Langen 1901
72 Karma. Schauspiel. Bühneneinrichtung. 106 S. Lpz: Reclam (= Reclam's UB. 4166) 1901
73 Geschichte der Kriegskunst im 19. Jahrhundert. 114 S. Bln: Schneider (= Das deutsche Jahrhundert in Einzelschriften 8) 1901
74 Der Militarismus im 19. Jahrhundert. 60 S. Bln: Verl. d. sozialistischen Monatshefte (= Am Anfang des Jahrhunderts 4) 1901
75 Der Verrath von Metz. 109 S. m. Abb. Stg: Krabbe 1901
76 Die Wahrheit über 1870. 76 S. Lpz: Dege 1901
77 Amiens – St. Quentin. 111 S. m. Abb. Stg: Krabbe 1902
78 Aspern. Eine Schlachtdichtung. 229 S. m. Abb. Mchn: Langen 1902
79 Aspern und Wagram in neuer Beleuchtung, nebst neuen Verlustdetails der Napoleonischen Kriege. 42 S. Wien: Seidel 1902
80 (Bearb.) V. Hugo: Ruy Blas. Drama. Für die Bühne eingerichtet und in Prosa frei bearb. v. K. B. 62 S. Wien: Verl.-Anst. Neue Literatur und Kunst 1902
81 Le Mans. 110 S. m. Abb. Stg: Krabbe 1902
82 Marschall Soult, Napoleons größter Schüler. 193 S. m. Sk., 1 Bildn. Bln: Schall 1902
83 Napoleon'sche und Moltke'sche Strategie. 35 S. Wien: Seidel 1902
84 Waterloo. Schlachtdichtung. 458 S., 1 Kt. Mchn: Langen 1902
85 Kritische Beiträge zu Napoleon's Feldzügen. Nochmals Napoleon'sche und Moltke'sche Strategie. Stärken und Verluste in Napoleon'schen Feldzügen. Nochmals Aspern und Wagram. 40 S. Wien: Seidel 1903
86 Der Heilskönig. Schauspiel. 200 S. Lpz: Luckhardt 1903
87 Königgrätz. 189 S. m. Abb. Stg: Krabbe 1903
88 Spicheren. 109 S. m. Abb. Stg: Krabbe 1903
89 Die Verrohung der Literatur. Beitrag zur Haupt- und Sudermännerei. 108 S. Bln: Schall & Rentel 1903
90 Weissenburg. 88 S. m. Abb. Stg: Krabbe 1903
91 Die Vertreter des Jahrhunderts. 3 Bde. 359, 343, 141 S. Lpz: Luckhardt 1904
92 H. P. Blavatzky und die Geheimlehre. 141 S. Lpz: Luckhardt 1904 (Separatausg. d. 3. Bds. v. Nr. 91)
93 Colombey. 99 S. m. Abb. 1 Kt. Stg: Krabbe 1904
94 Mars-la-Tour – Vionville. 127 S. m. Abb. Stg: Krabbe 1904
95 St. Privat. 123 S. m. Abb., 2 Ktn. Stg: Krabbe 1904
96 Wellington bei Talavera. (27./28. VII. 1809). 187 S. Bln: Eckstein 1904
97 Beaumont. 106 S. m. Abb., 1 Kt. Stg: Krabbe 1905
98 Der Genie-Kaiser und die Welt. Zur Centenarfeier der Krönung Napoleons. 224 S. Bln: Eckstein 1905

99 Kaiser und Dichter. Eine Aventüre. 224 S. Lpz: Reclam (= Reclam's UB. 4701–4702) 1905
   (Neuaufl. v. Nr. 5)
100 Die Kommune. 287 S. m. Abb., 1 Pl. Stg: Krabbe 1905
101 Der deutsch-französische Krieg in Schlachtenschilderungen. 3 Bde. m. Abb. Stg: Krabbe 1905
   1. Bis zur Krisis. 640 S., 6 Kartentaf.
   2. Die Katastrophe. 627 S., 5 Kartentaf.
   3. Frankreichs Todeskampf. 623 S., 5 Kartentaf.
102 Sedan. 185 S. m. Abb., 2 Ktn. Stg: Krabbe 1905
103 Vivat Fridericus! Psychologische Schlachtdichtungen. 2 Bde. Bln: Schall 1905
   1. Von Lowositz bis Leuthen. 307 S.
   2. Von Zorndorf bis Torgau. 326 S.
104 Die Wahrheit über „Mars-la-Tour". Mit Berücksichtigung des neuen französischen Generalstabswerks. Anhang: Neues über Wörth, Spichern, Sedan. 153 S. Bln: Schall 1905
105 Die große Armee. Zu ihrer Jahrhundertfeier. 4 Bde. Stg: Krabbe 1906–1909
   1. 1805–6–7. Austerlitz – Jena – Friedland. 236 S.
   2. 1809. Regensburg – Aspern – Wagram. 302 S.
   3. 1812. Smolensk – Moskau – Beresina. 224 S.
   4. 1808 – 14. 13 – 15. Talavera – Lützen – Leipzig – Waterloo. 368 S.
106 Düppel – Alsen. 160 S. m. Abb., 1 Kte. Stg: Krabbe 1906
107 Geist. Geschichte einer Mannheit. 618 S. Mchn: Müller 1906
108 Bei Jena und andere Novellen. 87 S. Lpz: Reclam (= Reclam's UB. 4840) 1906
109 Langensalza und der Mainfeldzug. 172 S. m. Abb., 1 Kte. Stg: Krabbe 1906
110 Ein Lied von der deutschen Treue. Beitrag zum komm. Jubiläum der Befreiungskriege. Ist das Desertieren der Sachsen bei Leipzig zu rechtfertigen? Die angeblichen Opfer des Rheinbundes für Napoleon. Die „Patriotischen" Ausreden über den Sachsenverrat bei Leipzig. 49 S. m. Abb. Lpz: Deutscher Kampf-V. 1906
111 *Völker Europas! Der Krieg der Zukunft. 664 S. Bln: Bong 1906
112 Friedrich der Große im Lichte seiner Werke. Ein Seelenbild von K. B. 330 S. Stg: Lutz (= Aus der Gedankenwelt großer Geister 8) 1907
113 Die „Offensiv-Invasion" gegen England. Eine Phantasie. 70 S. Bln: Schall 1907
114 Preußen gegen England. Friedrich der Große 1757. 226 S. Bln: Stilke 1907
115 Die Lösung der Shakespeare-Frage. Eine neue Theorie. 174 S. Lpz: Thomas 1907
116 Der wahre Shakespeare. „Das neue Shakespeare-Evangelium". „Shakespeare". Tragikomödie. 176 S. Mchn: Müller 1907
117 Die Völkerschlacht bei Leipzig. Gedenkbuch zu den Jahrestagen der Völkerschlachten bei Leipzig vom 16.–18. X. 1813. 287 S. m. 1 Kartensk. Lpz: Thomas 1907
   (Neuaufl. v. Nr. 11)
118 Deutschland und England. 239 S. Bln: Curtius 1909
119 Das Ende. Erinnerungen eines französischen Generalstabs-Offiziers an die Armee v. Chalons. 91 S. m. Abb., 1 Kte. Stg: Krabbe 1909
120 Die Vielzuvielen. Roman. 436 S. Mchn: Müller 1909
121 Die Auskunftei. Roman. 472 S. Mchn: Müller 1910
122 Heldenringen. Die Schlachten des 19. Jahrhunderts. 144 S. Stg: Krabbe 1910
   (Neuaufl. v. Nr. 36)
123 Die Schlachten um Metz 1870. 138 S. Metz: Metzer Stadt- u. Schlachtfelder-V. 1910
124 Straßburg. Ein Tagebuch der Belagerung. 90 S. m. Abb., 1 Kte. Stg: Krabbe 1910
125 Kein Glück. Romantische Liebe. Zwei Erzählungen aus napoleonischer Zeit. 96 S. m. Abb. Stg: Krabbe 1911
126 Das Heer. 188 S. Ffm: Rütten & Loening (= Die Gesellschaft 37–38) 1911
127 Vor fünfzig Jahren. Das Volksheer im amerikanischen Bürgerkrieg. Eine zeitgemäße Historie. XI, 223 S., 1 Kt. Basel: Schwab 1911
128 Geschichte der Reiterattacken. 449 S. Bln: Schall 1911

129 Das Byron-Geheimnis. 182 S. Mchn: Müller 1912
130 Die Entscheidungsschlacht und andere Kriegsnovellen. 91 S. Stg: Die Lese (= Die Bücher der Lese) (1912)
131 Geschichte der deutschen National-Literatur von Goethes Tode bis zur Gegenwart. Hg. G. Gellert. 2 Tle. in 1 Bde. 192 u. 197 S. m. Abb. Bln: Herlet 1912
132 Napoleon, der Tyrann der Welt. 31 S. Bln: Adlerbibliothek (= Adlerbibliothek 76) 1912
133 Weltbrand. Roman. 219 S. Bln: Schwetschke 1912
134 Zwei wackere Helden. Ein satirischer Roman. 251 S. Lpz: Grethlein 1913
135 Die Herzogin. Renaissancedrama. 72 S., 1 Titelb. Zürich: Verl. „Die Ähre" 1913
136 Preußens Heeresruhm. Heldentaten der preußischen Regimenter. 116 S. Bln: Verl.-Haus f. Volksliteratur u. Kunst 1913
137 Belle Alliance. 92 S. m. Abb. Stg: Krabbe 1914
138 Unter Preußens Adler. Schilderung der Schlachten bei Lützen, Dennewitz, Hochkirch, Zorndorf. Je 32 S. Bln: Verl.-Haus f. Volksliteratur u. Kunst (= Unter Fahnen und Standarten, H. 45, 51, 77, 80) 1914
139 Bismarck. Ein Weltroman in 4 Bdn. Bln: Bismarck-V. 1915
140 Englands große Waterloo-Lüge. Zu den Jahrhunderttagen von 1815. V, 529 S., 1 Orientierungskt. Bln: Bismarck-V. 1915
141 Bismarcks Werden. Roman. Wohlf. Ausg. 519 S. Bln: Bismarck-V. 1917 (Einzelausg. d. 1 Bds. v. Nr. 139)
142 Des Reiches Schmied. Aus Bismarcks Schicksalsjahren. Roman. Wohlf. Ausg. 511 S. Bln: Bismarck-V. 1917 (Einzelausg. d. 3. Bds. v. Nr. 139)
143 Stegemanns Weltkrieg und die Marne-Schlacht. 22 S. Zürich: Schweizer Druck- u. Verlagshaus 1917
144 In der deutschen Werkstatt. Aus Bismarcks Lehrjahren. Roman. Wohlf. Ausg. 554 S. Bln: Bismarck-V. 1917 (Einzelausg. d. 2. Bds. v. Nr. 139)
145 Geschichte der englischen Literatur mit Einschluß der amerikanischen. 390 S. Bern: Bircher 1923
146 Shakespeares Geheimnis. III, 157 S. Bern: Bircher 1923
147 (Bearb.) Th. Rehtwisch: 1812–1815. Geschichte der Freiheitskriege. 2. Aufl. Im kriegshistorischen Teil neubearb. v. K. B. 2 Bde. 574, 613 S. m. Abb. Lpz: Lippold (1926)

BLOEM, Walter (1868–1951)

1 Caub. Schauspiel. 179 S. Elberfeld: Baedeker 1897
2 Heinrich von Plauen. Tragödie. 107 S. Elberfeld: Martini 1902
3 Religion und Kunst. Eine Abwehr gegen die Schrift: „Noch einmal der Neptunbrunnen auf dem Neumarkt zu Elberfeld. Einige Zwischenbemerkungen von O. Stoltenhoff". 16 S. Elberfeld: Martini 1902
4 Schnapphähne. Sommerspiel vom Rhein. 109 S. Elberfeld: Martini 1902
5 Es werde Recht. Drama. 100 S. Elberfeld: Martini 1903
6 Der Jubiläumsbrunnen. Drama. 169 S. Bln: Vita 1905
7 Der krasse Fuchs. Roman. 350 S. Bln: Vita 1906
8 Der Paragraphenlehrling. Roman. 396 S. Bln: Vita 1907
9 Der neue Wille. Drama. 208 S. Bln: Vita 1907
10 Das lockende Spiel. Roman. 401 S. Bln: Vita 1908
11 Sonnenland. Roman. 328 S. Lpz: Grethlein 1909
12 Sommerleutnants. Die Geschichte einer achtwöchigen Übung. 294 S. Lpz: Grethlein 1910
13 Vergeltung. Schauspiel in drei Akten. 120 S. Lpz: Grethlein (1910)
14 Der Väter Not. Bühnenfestspiel zur Feier der 300jährigen Wiederkehr des Tages der Verleihung der Stadtrechte a. d. Freih. Elverfeldt (10. 8. 1610). 142 S. Elberfeld: Martini 1910
15 Das eiserne Jahr. Roman. 501 S. Lpz: Grethlein 1911

16 Das jüngste Gericht. Roman. 270 S. Bln: Vita (= Aus Zeit und Leben, Bd. 2) 1912
   (Neuaufl. v. Nr. 8)
17 An heimischen Ufern. 112 S. m. Abb. Bln: Mittler (= Leuchtende Stunden, Bd. 4) 1912
18 Volk wider Volk. Roman. 514 S. Lpz: Grethlein 1912
19 1813. Geschichte eines Jungen Freiheitshelden. 150 S. m. Abb. Bln: Ullstein (= Ullstein-Jugend-Bücher, Bd. 13) 1913
20 Das Ende der großen Armee. 134 S. m. Abb. Bln: Ullstein (= Ullstein-Jugend-Bücher, Bd. 11) 1913
21 Die Schmiede der Zukunft. Roman. 514 S. Lpz: Grethlein 1913
22 1814/15. Geschichte eines Jungen Freiheitshelden. 154 S. m. Abb. Bln: Ullstein (= Ullstein-Jugend-Bücher, Bd. 16) 1914
23 Komödiantinnen. Roman. 317 S. Bln: Ullstein (= Ullstein-Bücher) 1914
24 Das verlorene Vaterland. Roman. 456 S. Lpz: Grethlein 1914
25 Weltensturm. Musik v. P. Schramm. 3 S. Bln: Continental-V. (= Vaterländische Flugblätter Nr. 2) 1914
26 (MV) Deutsche Volkskraft nach zwei Kriegsjahren. Vier Vorträge hg. v. Bund dt. Gelehrter u. Künstler (Kulturbund). 41 S. Lpz: Teubner 1916
27 Vormarsch. 373 S. Lpz: Grethlein (1916)
28 Dreiklang des Krieges. Szenen aus der Zeit. 120 S. Lpz: Grethlein (1918)
29 Sturmsignal! 378 S. Lpz: Grethlein (1919)
30 Gottesferne. Roman in zwei Bänden. 460, 504 S. Lpz: Grethlein (1920)
31 Heimkehr. Szene aus der Zeit. 24 S. Lpz: Grethlein (1920)
32 Helden von gestern. Schauspiel in drei Akten. 118 S. Lpz: Grethlein (1921)
33 Herrin. Roman. 435 S. Lpz: Grethlein (1921)
34 Brüderlichkeit. Roman. 380 S. Lpz: Grethlein 1922
35 Der Weltbrand. Deutschlands Tragödie 1914–1918. 2 Bde. VIII, 298; X, 312 S., 16 Taf., 26 Einschaltbilder, 35 Abb. s. Ktn. Bln: Hobbing 1922
36 (Vorw.) Deutschland. Ein Buch der Größe und der Hoffnung in Bildern 1914–1924. Hg. in Verb. m. d. Reichsarchiv. 95 S. m. Abb. 4° Bln: Dt. Verlagsges. 1924
37 Der Kurfürst. Schauspiel in drei Akten. 149 S. Lpz: Grethlein 1924
38 Das Land unserer Liebe. Roman. 358 S. Lpz: Grethlein 1924
39 Mörderin?! Der Roman eines Verteidigers. 341 S. Bln: Liebmann (= Schattenbilder des Lebens) 1924
40 Die Schlacht von Bergtheim. 31 S. Bln: Hillger (= Deutsche Jugendbücherei, Nr. 166) 1924
   (Ausz. a. Nr. 30)
41 Teutonen. Roman. 358 S. Lpz: Koehler 1927
42 Sohn seines Landes. Roman. 420 S. Lpz: Koehler 1928
43 Verse. 126 S. Lpz: Grethlein 1928
44 Weltgesicht. Ein Buch von heutiger und kommender Menschheit. 367 S. m. Abb. Lpz: Grethlein 1928
45 Wir werden ein Volk. Roman. 333 S. Bln: Franke 1929
46 Held seines Landes. Roman. 438 S., 1 Kte. Lpz: Koehler 1929
47 Frontsoldaten. Roman. 302 S. Lpz: Grethlein 1930
48 Faust in Monbijou. Roman. 226 S. Lpz: Koehler 1931
49 Hindenburg der Deutsche. VII, 380 S. m. Abb. Bln: Hobbing 1932
50 Unvergängliches Deutschland. Ein Buch von Volk und Heimat. 128 S. m. Abb. 4° Bln: Janke 1933
51 Heiliger Frühling. Roman junger Deutscher im Kriege. 219 S. Bln: Neufeld & Henius 1933
52 Hindenburg als Reichspräsident. 183 S. m. Abb. Bln: Vaterländ. V. Weller 1934
53 Kriegserlebnis. Ein Bericht in drei Bänden. Lpz: Grethlein 1934
   (Enth. u. a. Nr. 27, 29)
54 (MV) W. B. u. R. Presber: Revolte in der Mottenkiste. Festspiel zur Feier des 75jährigen Bestehens des Vereins Berl. Buchhändler 20. I. 1934. 56 S. Bln: Elsner-Verl.-Ges. 1934
55 (MV) C. v. Brandis: Die Stürmer vom Douaumont. M. e. Beitr. v. W. B., 154 S. m. Abb., 4 Ktn. Bln: Traditions-V. (= Unter dem Stahlhelm 7 a) 1934

56 Die große Liebe. Roman. 303 S. Lpz: Grunow 1935
57 Amateur-Detektive. Kriminal-Roman. 93 S. Bln: Aufwärts-V. (= Dreißig-Pfennig-Roman) (1936)
58 Faust und Gretchen auf dem Römerberg. Roman. 292 S. Bln: Scherl 1937
59 Der Volkstribun. Roman. 425 S. Bln: Mehden-V. 1937
60 Die Geschichte eines jungen Freiheitshelden. 189 S. Lpz: Anton 1939 (Neuaufl. v. Nr. 19, 22)
61 (Bearb.) Das Grenadier-Regiment Prinz Carl v. Preussen (2. Brandenburg.) Nr. 12. Nach d. Erinnerungsblättern d. Majors v. Schönfeldt sowie d. Aufzeichnungen anderer Mitkämpfer. Hg. v. Reichsverband ehem. 12er. 386 S. m. Abb. u. Ktn. Bln: Bernhard & Graefe (= Dt. Tat im Weltkrieg 1914/18) 1940
62 Der Vater ... 156 S. Bln: Franke (= Erzähler unserer Zeit, Taschenausgabe) 1940
63 Plettenberg. Schauspiel. 92 S. Tilsit, Lpz: Holzner-V. (1943)
64 Brautnacht mit der Kaiserin. Der Vater. Zwei Novellen. 63 S. Prag, Bln, Lpz: Noebe (= Feldpostreihe Noebe, 13) 1944
65 Geliebte Frau – geliebte Stadt. Roman. 207 S. Zürich: Scientia-V. Bln, Köln: Nauck, Wien: Gallus 1954

BLUMAUER, Johannes Aloys (+Obermayer; Auer) (1755–1798)

1 *Erwine von Steinheim. Ein Trauerspiel in fünf Aufzügen. 78 S. Wien 1780
2 (MH, später Hg.) Wienerischer (seit 1786: Wiener) Musenalmanach. Hg. J. F. Ratschky u. J. A. B. (ab 1793: J. A. B.) Wien: Gräffer (bzw. Wucherer bzw. Wappler bzw. Blumauer) 1781–1794
3 Die Abentheuer des frommen Helden Aeneas oder Das zweyte Buch von Virgils Aeneis. Travestiert. 30 S., 1 Abb. 12° Wien: Gerold 1782
4 Beobachtung über Österreichs Aufklärung und Literatur. 68 S. Wien: Schönfeld (1782)
5 Epilog auf die Abreise Pius des VI. von Wien, den 22sten April 1782. 4 Bl. 4° Wien 1782
6 Gedichte. 7, 1 Bl., 224 S. Wien, Prag: Schönfeld 1782
7 *Glaubensbekenntniß eines nach Wahrheit Ringenden. Herrnhuth (Wien) 1782
8 Prophetischer Prolog an das Publikum auf die Ankunft Pius des VI. in Wien. 8 S. 4° Wien 1782
9 (Hg.) Realzeitung oder Beiträge und Anzeigen von gelehrten und Kunstsachen. 5 Bde. Wien: Kurzbeck 1782–1784
10 Virgils Aeneis. Erstes Buch. Travestirt. 44 S. 12° Wien: Kurzbek 1783
11 Anhang zu Blumauers sämmtlichen Gedichten. 72 S. Wien, Prag: Schönfeld 1783
12 +Der Bock und die Ziege. Keine Fabel. Seinem Freunde P. P. P. Pelliceus gewidmet von Obermayer. Wien 1783
13 *Die Wiener Büchl-schreiber nach dem Leben geschildert von einem Wiener. 16 S. o. O. 1783
14 Lob- und Ehrengedicht auf die sämmtlichen neuen schreibseligen wiener Autoren. 16 S. Wien 1783
 (Ausz. a. Nr. 6)
15 *Proceß zwischen Herrn Friedrich Nicolai, Buchhändlern in Berlin, an einem, dann denen 797 Pränumeranten ... Erster Theil. Leipziger Michaelismesse. 48 S. Zweyter Theil. Leipziger Ostermesse. 72 S. 1783–1784
16 +Prolog zu Herrn Nicolai's neuester Reisebeschreibung, von Obermayer. ... 25 S. Wien 1783
17 Abenteuer des frommen Helden Aeneas oder Virgils Aeneis travestirt. 3 Bde. 179, 168, 180 S. Wien: Gräffer 1784–1788
 (Enth. Nr. 3 u. 10)
18 Die Buchdruckerkunst, bei Gelegenheit einer durch Herrn von Kurzbeck und Mansfeld in Wien neu errichteten Schriftgießerei. 8 S. 4° Wien: Camesina 1786
19 Mein Dank an Stoll. 8 S. Wien, Nürnberg 1786

20 Freymaurergedichte. 169 S., 1 Bl. Wien: Gräffer 1786
21 Glaubensbekenntniss eines nach Wahrheit ringenden catholicken. 15 S. Wien 1786
22 Joseph der Zweyte Beschützer des Freymaurerordens. 2 Bl. (Wien, Salzburg: Mayr 1786
23 Gedichte. 2 Bde. 14 Bl., 202 S.; 222 S. Wien: Gräffer 1787 (Enth. u. a. Nr 6)
24 Das Lied von Belgrad. 4 Bl. o. O. 1789
25 Catalogue raisonné des livres rares et prétieux. Wien 1791–1795
26 Sämmtliche Werke. Hg. K. L. M. Müller. 8 Bde. m. Ku. Lpz: Lincke 1801–1803
27 Gesammelte Schriften. Neue Ausgabe. 3 Theile. 762 S. m. Bildn., 9 Abb. 16° Stg: Rieger 1862

BLUNCK, Hans Friedrich (1888–1961)

1 Nordmark. Balladen. 78 S., 3 Taf. Hbg: Hermes 1912
2 Die Zukunft Mazedoniens. Ein Handbuch für Kaufleute, Journalisten und Reisende. 52 S. Hbg: Hermes 1912
3 Feuer im Nebel. Novellen. 159 S. Hbg: Janssen 1913
4 Der Ritt gen Morgen. Roman. 265 S. Hbg: Janssen 1914
5 Belgien und die niederdeutsche Frage. 32 S., 1 Kt. Jena: Diederichs (= Tat-Flugschriften 9) 1915
6 Sturm überm Land. Gedichte der Kriegszeit. 83 S. Jena: Diederichs 1916
7 Totentanz. Roman. 361 S. Hbg: Janssen 1916
8 Ut Krieg und Heimat. Vertelln un Gedichte. 43 S. Garding: Lühr & Dircks (= Plattduetsche Volksböker 11) 1916
9 Jan Günt. Eine frohe Brüsseler Ehegeschichte. 203 S. Braunschweig: Westermann 1918
10 Peter Ohles Schatten. Roman. 169 S. Bln: Scherl 1919
11 Die Frau im Tal. Von Träumern ein altes Widerspiel. 160 S. Hbg: Hanf 1920
12 De hillige Hannes. Een Komedi in veer Optög. III, 144 S. Hbg: Hanf 1920
13 Hart, warr ni möd. Nederdütsche Gedichten. V, 63 S. Hbg: Hanf 1920
14 Köst bi Wessels. Speeldeel in dree Optög. III, 112 S. Hbg: Hanf 1920
15 Der Wanderer. Gedichte. 48 S. Hbg: Hanf 1920
16 Hein Hoyer. Ein Roman von Herren, Hansen und Hagestolzen. 287 S. m. Abb. Mchn: Müller 1922
17 Berend Fock. Die Mär vom gottabtrünnigen Schiffer. 312 S. m. Abb. Mchn: Müller 1923
18 Märchen von der Niederelbe. 263 S. m. Abb. Jena: Diederichs 1923
19 Stelling Rotkinnsohn. Die Geschichte eines Verkünders und seines Volkes. 303 S. m. Abb. Mchn: Müller 1924
20 Peter Ohles Schatten. Roman. 225 S. Mchn: Müller 1925 (Neuausg. v. Nr. 10; enth. außerdem Ausz. a. Nr. 16, 18)
21 Streit mit den Göttern. Die Geschichte Welands des Fliegers. 283 S. Mchn: Müller 1925
22 Der Wanderer. Gedichte. Der hoch- und niederdeutschen Gedichte neue Ausgabe. 259 S. Mchn: Müller 1925 (Erw. Ausg. v. Nr. 15, enth. außerdem Nr. 1, 6, 13)
23 Kampf der Gestirne. 273 S. Jena: Diederichs 1926
24 Bootsmann Uhl und andere Erzählungen. 32 S. Langensalza: Beltz (= Heimaterde 29) 1926
25 Von Klabautern und Rullerpuckern. Märchen von der Niederelbe. 263 S. Jena: Diederichs 1926 (Neuaufl. v. Nr. 18)
26 Von klugen Frauen und Füchsen. Märchen von der Niederelbe, Neue Folge. 261 S. m. Abb. Jena: Diederichs 1926
27 Vun wilde Keerls in'n Brook. Neue plattdeutsche Märchen. Vertelt. 79 S. m. Abb. Jena: Diederichs (= Deutsche Volkheit 14) 1926
28 (MV) H. F. B. u. H. Pagés: Ahoi! 60 S. m. Abb Mchn: Kösel & Pustet (= Münchner Jugendbücher 10) 1927

29 Aus der brasilianischen Reise. 100 S. Bln: Weltgeist-Bücher (= Weltgeist-Bücher 157–158) 1927
30 Die Weibsmühle. Ein Roman aus Brasilien. 291 S. Jena: Diederichs 1927
31 Wiedewitte. Erzählung. 150 S. Chemnitz: Gesellschaft der Bücherfreunde 1927
32 Bruder und Schwester. Novelle. Nachw. P. Wittko. 75 S. Lpz: Reclam (= Reclam's UB. 6831) 1928
33 Gewalt über das Feuer. Eine Sage von Gott und Mensch. 226 S. Jena: Diederichs 1928
34 Kindermärchen. 78 S. m. Abb. Köln: Schaffstein (= Blaue Bändchen 190) 1929
35 Land der Vulkane. Eine Geschichte von drüben. 181 S. Jena: Diederichs 1929
36 Unruhe. 136 S. Bln: Vaterl. Verl.- u. Kunstanst. (= Unsere deutschen Erzähler. Reihe 4, Gabe 2) 1929
37 Erwartung. Neue Gedichte. 113 S. Jena: Diederichs 1930
38 Allerlei Gelichter. Märchen. Einl. u. hg. K. Plenzat. 39 S. m. Abb. Lpz: Eichblatt (= Eichblatts deutsche Heimatbücher 55) 1930
39 Hein Oi und das Böse. Ein Märchenspiel. 25 S. Bln: Bloch (= Norddeutsche Laienspiele, H. 16) 1930
40 Über allem das Reich! Hansadeutsche Aufgaben. Eine Rede an die niederdeutsche Jugend. 39 S. Hbg: Quickborn-V. 1930
41 Volkswende. Ein Roman dieser zwei Jahrzehnte, zugleich Versuch einer Chronik. 549 S., 1 Stammtaf. Bremen: Schünemann 1930
42 Neue Balladen. 68 S. Jena: Diederichs 1931
43 Menschen aus der Marsch. 31 S. Bln: Hillger (= Deutsche Jugendbücherei 396) (1931)
 (Ausz. a. Nr. 3, 29)
44 Vom Muckerpucker und anderem Geistervolk. Märchen. 40 S. m. Abb. Ffm: Diesterweg (= Kranz-Bücherei 183) 1931
45 Pappenpuck und Poggenschluck. Märchenspiel. 26 S. Bln: Bloch (= Norddeutsche Kinderspiele 11) 1931
46 Sprung über die Schwelle. Allerlei Spukgeschichten. Märchen von der Niederelbe, 3. Folge. 234 S., 11 Abb. Jena: Diederichs 1931
47 Drolliges Volk. Märchen. 31 S. Bln: Hillger (= Deutsche Jugendbücherei 401) 1931
48 Die blaue Erde. Roman. 395 S. Gütersloh: Bertelsmann (1932)
49 Von Fuchs und Dachs. Vier Tiergeschichten. 36 S. Bln: Verl.-Anst. Klemm (= Klemms Einzelschriften) (1932)
50 „Weihnacht". Fünf Geschichten von holden und unholden Geistern. 38 S. Bln: Verl.-Anst. Klemm (= Klemms Einzelschriften) (1932)
51 Bruder und Schwester. Novelle. Neue Fassung. Nachw. P. Wittko. 77 S. Lpz: Reclam (= Reclam's UB. 6831) (1933)
 (Neufassg. v. Nr. 32)
52 Das Feuerhorn. 62 S. Oldenburg: Stalling (= Stalling-Bücherei „Schriften an die Nation" 5) 1933
53 Die Mär vom gottabtrünnigen Schiffer. Aus dem Roman „Berend Fock". Bes. C. Jenssen. 65 S. Mchn: Langen-Müller (= Die deutsche Folge 15) 1933
 (Ausz. a. Nr. 17)
54 Muckerpucker und Kolbenknecht. Geschichten von Maschinen- und Hausgeistern. 32 S. m. Abb. Reutlingen: Enßlin & Laiblin (= Bunte Jugendbücher 169) 1933
 (Ausz. a. Nr. 46)
55 Deutsche Schicksalsgedichte. 87 S. Oldenburg: Stalling (= Stalling-Bücherei „Schriften an die Nation" 57–57a) 1933
56 Spuk und Lügen. Glaubhafte und unglaubhafte Geschichten. 57 S. Mchn: Langen-Müller 1933
57 Jung Stelling. Aus dem Roman „Stelling Rotkinnsohn". Bes. C. Jenssen. 75 S. Mchn: Langen-Müller (= Die deutsche Folge 13) 1933
 (Ausz. a. Nr. 19)
58 Von Tieren und sonderbaren Käuzen unter und über der Erde. Legenden und Spukgeschichten. Hg. E. A. Dreyer. 38 S. Bielefeld: Velhagen & Klasing (= Velhagen & Klasings deutsche Lesebogen 157) (1933)

59 Der Trost der Wittenfru. Ein Märchenbuch. 76 S. Lpz: Insel (= Insel-Bücherei 110) (1933)
60 Der Feuerberg. Erzählung von deutschen Siedlern in Amerika. 72 S. Jena: Diederichs (= Deutsche Reihe 15) 1934
61 Die Frau auf dem Holm. Ballade in 18 Holzschnitten v. K. Wrage. 9 S., 18 Bl. Abb. Bln: Propyläen-V. 1934
62 Von Füchsen, Krähen und anderem Getier. Tiermärchen. Aus den Märchenbüchern ausgew. W. Laubenthal. 31 S. Saarlautern: Hausen V.-Ges. (= Erbgut deutschen Schrifttums 131-132) (1934)
63 Geschichten in der Dämmerung. Neue Märchen. 62 S. m. Abb. Wiesbaden: Volksbildungsver. (= Wiesbadener Volksbücher 259) (1934)
64 (Hg.) K. Groth: Quickborn. 95 S. Lpz: Insel (= Insel-Bücherei 451) (1934)
65 Fru Holle un de Mönk. Ungelehrte hoch- und plattdeutsche Ballade 53 S. Mchn: Langen-Müller 1934
66 Deutsche Kulturpolitik. 41 S. Mchn: Langen-Müller 1934
67 (Einl.) Ländliches Leben. Zehn Bilder von Bauer, Hof und Acker. 4 Bl., 10 Taf. 4° Lpz: Seemann (= Seemanns farbige Künstlermappen, N. R. 104) 1934
68 Mein Leben. Einige Aufzeichnungen. 75 S. Bln: Junker & Dünnhaupt (= Die Lebenden) 1934
69 Mär vom Leben. 31 S. Lpz: Strauch (= Sprechchor 3) (1934)
70 Niederdeutsche Märchen. 46 S. Hbg: Meißner (= Nordmark-Bücherei 8) (1934)
71 (Hg.) Das Nibelungenlied. Mit Bildern aus der Hundeshagenschen Handschrift erzählt und begleitet v. H. F. B. Nachw. H. Wegener. 56 S. m. Abb. Lpz: Bibliogr. Inst. (= Meyers buntes Bändchen) 1934
72 Notflagge und andere Novellen, Balladen und Gedichte. Hg. E. A. Dreyer. 58 S. Langensalza: Beltz (= Aus deutschem Schrifttum und deutscher Kultur 150) (1934)
73 Zwiefaches Schauen. Novellen. 86 S. Wiesbaden: Volksbildungsverein = Wiesbadener Volksbücher 258) (1934)
74 Die Schlacht in der Hamme. Aus dem Roman „Hein Hoyer". Bes. C. Jenssen. 52 S. Mchn: Langen-Müller (= Die deutsche Folge 14) (1934) (Ausz. a. Nr. 16)
75 (Einl.) H. Thierbach: Deutsches Schaffen, deutsches Land. 475 S., 305 Abb. 4° Bln: Schmidt 1934
76 Die Urvätersaga. 363 S. Jena: Diederichs 1934
    (Enth. Nr. 21, 23, 33)
77 Neues Volk auf der Heide und andere Märchen. Hg. E. A. Dreyer. 48 S. Langensalza: Beltz (= Aus deutschem Schrifttum und deutscher Kultur 449) (1934)
78 Werdendes Volk. Die Romane der niederdeutschen Trilogie Stelling Rotkinnsohn, Hein Foyer, Berend Fock. 563 S. Mchn: Langen-Müller 1934
    (Enth. Nr. 16, 17, 19)
79 (Hg.) Deutschland-Buch. 307 S., 392 Abb. Bln: Franke 1935
80 Die große Fahrt. Roman von Seefahrern, Entdeckern, Bauern und Gottesmännern. 318 S. Mchn: Langen-Müller 1935
81 Der Flammenbaum. Balladen. 49 S. Mchn: Langen-Müller (= Kleine Bücherei 46) 1935
    (Veränd. u. erw. Neuaufl. v. Nr. 42)
82 Von Geistern unter und über der Erde. Märchen und Lügengeschichten. 236 S. m. Abb. Jena: Diederichs 1935
83 Die Lügenwette. Schelmenspiel. 138 S. Bln: Theaterverl. Langen-Müller (1935)
84 Weland Wehträger, der Flieger. Hg. u. Einl. K. Schrey: 51 S. Lpz: Quelle & Meyer (= Deutsche Novellen des 19. u. 20. Jahrhunderts 54) (1935)
    (Ausz. a. Nr. 76)
85 Dammbruch. Novellen. Mit e. autobiogr. Nachw. 77 S. Lpz: Reclam (= Reclam's UB. 7327) (1936)
86 Eine Dichterstunde. (Ausz. a. d. Werken). Zusgest. C. Jenssen. 24 S. Hbg: Hanseat. Verl.-Anst. 1936
87 Eulenspiegel verliert sein Gebetbuch. Schelmenmärchen und Tiergeschichten. 61 S. Karlsbad: Kraft (= Volksdeutsche Reihe 14) 1936

88 Erstaunliche Geschichten. 76 S. Lpz: Insel (= Insel-Bücherei 497) (1936)
89 König Geiserich. Erzählung von Geiserich und dem Zug der Wandalen. 399 S. Hbg: Hanseat. Verl.-Anst. 1936
90 Aufbruch der Streitwagen. Eine Geschichte aus der Neusteinzeit. 31 S. Bln: Hillger (= Hillgers Deutsche Bücherei 604) (1937)
91 Balladen und Gedichte. 366 S. Hbg: Hanseat. Verl.-Anst. (1937)
92 Fährgespräch. Auslanddeutsche Erzählungen. 59 S. Karlsbad: Kraft (= Volksdeutsche Reihe 20) 1937
93 Quell der Goden. Eine Geschichte aus der Bronzezeit. 37 S. Bln: Hillger (= Hillgers Deutsche Bücherei 605) (1937)
94 Die Renntierhirten. Eine Geschichte aus der mittleren Steinzeit. 31 S. Bln: Hillger (= Hillgers Deutsche Bücherei 603) (1937)
95 (MH) Die nordische Welt. Geschichte, Wesen und Bedeutung der nordischen Völker. Unter Mitw. v. F. J. Domes hg. H. F. B. XVIII, 651 S. m. Abb., 28 Taf., 1 Kt. 4° Bln: Propyläen-V. 1937
96 Gesammelte Werke. 10 Bde. Hbg: Hanseat. Verl.-Anst. (1937)
97 Italienisches Abenteuer. Erzählung. 55 S. Mchn: Langen-Müller (= Die kleine Bücherei 92) 1938
98 Börr der Jäger. Erzählung aus der Urzeit der Nordländer. 56 S. Jena: Diederichs (= Deutsche Reihe 74) 1938 (Ausz. a. Nr. 33)
99 Deutsche Heldensagen. Neuerzählt. 426 S., 80 Abb. Bln: Knaur 1938
100 Wolter von Plettenberg, Deutschordensmeister in Livland. 284 S. Hbg: Hanseat. Verl.-Anst. 1938
101 Seltsame Begegnungen. Acht Mären und Geschichten. 70 S. m. Abb. Goslar: Ährenlese-V. (= Die Bücher der Ährenlese 4) (1939)
102 Frauen im Garten. Erzählung. 240 S. Hbg: Hanseat. Verl.-Anst. 1939
103 Der fremde Garten. Sagen- und Märchenbuch. 255 S. Bln: Verl. Die Heimbücherei 1939
104 Gestühl der Alten. 78 S. Lpz: Insel (= Insel-Bücherei 538) 1939
105 Brüder. Gedichte um Österreich. 87 S. Wien: Frick (= Wiener Bücherei 11) 1940
106 Feuer im Nebel. Geschichten und Novellen. 411 S. Hbg: Hanseat. Verl.-Anst. 1940 (Enth. u. a. Nr. 3)
107 Gedichte. 44 S. Mchn: Langen-Müller (= Die kleine Bücherei 112) 1940
108 Heinrich von Lützelburg. Dramatische Dichtung. 133 S. Hbg: Hanseat. Verl.-Anst. 1940
109 Hüben und drüben. Novellen. 118 S. Bremen: Schünemann 1940
110 Die Jägerin. 245 S. Hbg: Hanseat. Verl.-Anst. 1940
111 Der Kamerad. 95 S. m. Abb. Reichenau: Schneider (= Reichenauer Jugendbücher) 1940
112 Kampf um New-York. Jakob Leisler. Ein dramatisches Spiel. 90 S. Hbg: Hanseat. Verl.-Anst. 1940
113 Mahnsprüche. 62 S. Jena: Diederichs (= Deutsche Reihe 108) 1940
114 Schiffermär. Ein neuer Geschichtenkreis. 68 S. Köln: Staufen-V. (= Staufen-Bücherei 8) (1940)
115 Die kleine ferne Stadt. 104 S. Hbg: Hanseat. Verl.-Anst. (= Hanseaten-Bücherei) (1940)
116 Die ewige Unruhe. 15 S. Mchn: Münchner Buchverl. (= Münchner Lesebogen 40) (1940)
117 Rund um den Hof. 81 S. m. Abb. Bln: Verl. Engelhard, Abt. Ährenlese-V. (= Die Bücher der Ährenlese 16) 1941
118 Die Sage vom Reich. 496 S. Hbg: Hanseat. Verl.-Anst. 1941
119 Trauer um Jakob Leisler. Aus den letzten Tagen des Guvernörs und obersten Befehlshabers von Neu-York. 31 S. m. Abb. Bln: Steiniger (= Erlebnisbücherei) (S) (1941)
120 Ausgewählte Werke. 4 Bde. Hbg: Hanseat. Verl.-Anst. 1941
121 Ein Winterlager. 79 S. Hbg: Hanseat. Verl.-Anst. (= Hanseaten-Bücherei) 1941
122 Wünsche, Zauber, Abenteuer. Mären und Sagen. Ausgew. K. Zepf. 232 S. Graz: Steirische Verl.-Anst. 1941
123 Das Andachtsbüchlein. 64 S. Jena: Diederichs (= Deutsche Reihe 118) 1942

124 Bergenfahrt. 47 S. Mchn: Langen-Müller (= Die kleine Bücherei 146) 1942
125 Glückliche Insel. Erzählungen. 112 S. m. Abb. Bayreuth: Gauverl. Bayreuth (= Die kleine Glockenbücherei 2) 1942
126 Kindermärchen. 78 S. m. Abb. Köln: Schaffstein (= Schaffsteins blaue Bdchen. 190) (1942)
127 Märchen. 429 S., 100 Abb. Bln: Knaur (1942)
128 Wieder fährt Sturm über das Land. 91 S. Hbg: Hanseat. Verl.-Anst. 1942
129 Auf dem Babenhof. Novelle. 19 S. Lpz: Reclam (= Reclam's Reihenbändchen 3) 1943
130 Bootsmann Elbing. 75 S. m. Abb. Wien: Frick (= Wiener Bücherei 23) 1943
131 Das Brautboot und andere erste frohe Geschichten aus aller Welt. Ausw. P. M. E. Behrens. 112 S. Bln: Grote (= Grotes Soldaten-Ausg. 27) 1943
132 Allerhand schrullige Gäste. Schelmengeschichten, Tier- und Kindermären. 95 S. Straßburg: Hünenburg-V. 1943
133 Märchen und Sagen. 3 Bde. 379, 404, 414 S. Hbg: Hanseat. Verl.-Anst. 1943
134 Die Reise nach Amerika. 31 S. Bielefeld: Velhagen & Klasing (Velhagen & Klasings Feldpost-Lesebogen) 1943
135 Sommer im Holmenland. Roman. 365 S. Hbg: Hanseat. Verl.-Anst. 1943
136 Abenteuer im Vordämmern. Erzählungen. 66 S. m. Abb. Bln: Ährenlese-V. (= Die Bücher der Ährenlese 26) 1944
137 Begegnung im Schnee. 69 S. Jena: Diederichs (= Deutsche Reihe 150) 1944
138 Vom Igel Stickelpickel. Schelmengeschichten. 68 S. Köln: Staufen-V. (= Staufen-Bücherei 35) (1944)
139 Jungfern im Nebel und andere lügenhafte Geschichten. 61 S. Prag: Noebe (= Feldpostreihe Noebe 22) 1944
140 Kämpfer auf fremdem Boden. Jakob Leisler. 77 S. Mchn: Zinnen-V. (1944)
141 Möwen hinterm Pflug. Erzählungen. Nachw. H. Arens. 175 S. m. Abb. Graz: Steirische Verl.-Anst. 1944
142 Morgenstern und Abendstern. 256 S. Bln: Die Heimbücherei 1944
143 Die Schlacht von Pleskau und andere Geschichten vom Reich. Einl. u. hg. K. Plenzat. 55 S. Lpz: Eichblatt (= Eichblatts deutsche Heimatbücher 173-174) 1944
144 Vom überlisteten Teufel und andere Schelmengeschichten. 127 S. Bln: Grote (= Grotes Soldaten-Ausgaben 30) 1944
145 Volksbuch der Sage vom Reich. 348 S. Bln, Prag, Lpz: Noebe 1944 (Veränd. Neuausg. v. Nr. 118)
146 Die Windhunde und siebzehn andere Kurzgeschichten. Feldpostausg. 86 S. Breslau: Hirt (= Hirts deutsche Sammlung, Liter. Abt., Gruppe L 2, 68) 1944
147 Der Wundervogel. 396 S. Hbg: Hanseat. Verl.-Anst. (= Novellen 2) 1944
148 Buch der Balladen. 269 S. Flensburg, Hbg: Wolff 1950
149 Gedichte von Gott, weiter Welt, und dir Herz, tiefinnen. 268 S., 1 Abb. Flensburg, Hbg: Wolff 1950
150 Junge Liebe. Zwei Novellen. 198 S. Augsburg: Kraft 1950
151 Mississippi. Novelle. 182 S. Bonn: Vink 1950
152 Spiel um Christi Geburt. 55 S. Rotenburg a. d. Fulda: Deutscher Laienspiel-V. (= Spiele der Jugend 22) 1950
153 Kampf um Neu-York. Die Geschichte des Pfälzers Jakob Leislers. 545 S. Flensburg, Hbg: Wolff 1951 (Epische Form von Nr. 112)
154 Neue Märchen. Von Blumen und Tieren, vom Zauberer Truhoved und vom Igel Stickelpickel. 432 S. Flensburg, Hbg: Wolff (1951) (Enth. u. a. Nr. 138)
155 Die Springwurzel und andere Märchen. 179 S. m. Abb. Reutlingen: Ensslin & Laiblin 1951
156 Verfassung und Untergang der altsächsischen Republik. 32 S. Wolfshagen, Scharbeutz: Westphal (= Europa und die niederdeutsche Welt) 1951
157 Bramm und die schönen Hollentöchter. Ein tänzerisches Spiel. 31 S. Weinheim/Bergstr.: Deutscher Laienspiel-V. (= Münchener Laienspiele 5) 1952
158 Deutsche Heldensagen. Neuerzählt. 382 S., 60 Abb. Mchn: Droemer 1952 (Neuausg. v. Nr. 99)
159 Märchen. Von Liebe, Heimweh und mancherlei Schelmen. 427 S. Flensburg, Hbg: Wolff (1952)

160 Sagen vom Reich. Band 1: Von der Schöpfung bis zum Ende des Mittelalters. 602 S. Flensburg: Wolff (1952)
161 Die Sardens und die Besessene. 525 S. Flensburg, Hbg: Wolff (1952)
162 Weihnachtsmärchen. Sonderausgabe der Gesellschaft zur Förderung des Märchenwerkes und der Gesamtausgabe von H. F. B. e. V. 62 S. Schloß Bentlage b. Rheine i. Westf.: Ges. z. Förderung d. Märchenwerks u. d. Gesamtausg. v. H. F. B. 1952
163 Wundermärchen. Von klugen Frauen und Füchsen und allerlei Schalksvolk. 394 S. Flensburg, Hbg: Wolff (1952) (Enth. u. a. Nr. 26)
164 Unwegsame Zeiten. 602 S., 1 Abb. Mannheim: Kessler (= Lebensbericht, Bd. 2) 1952 (Forts. v. Nr. 169)
165 Neue Blumenmärchen. 2. Sondergabe der Gesellschaft zur Förderung des Märchenwerkes und der Gesamtausgabe von H. F. B. e. V. 78 S. Schloß Bentlage b. Rheine i. Westf.: Ges. z. Förderung d. Märchenwerks u. d. Gesamtausg. v. H. F. B. (1953)
166 Die Geschichte des Pfälzers Jakob Leisler. 545 S. Flensburg, Hbg: Wolff 1953 (Neuausg. v. Nr. 153)
167 Von der schönen Gräfin Doge. 74 S. Stg: Loewe (= Pro vita 5) 1953
168 Der Jahreskranz. 452 S. m. Abb. Graz: Leykam 1953
169 Licht auf den Zügeln. 468 S. 1 Abb. Mannheim: Kessler (= Lebensbericht, Bd. 1) 1953
170 Das Mägdespiel. Eine lustige Mär von den standhaften und getreuen Jungfern Else und Ine und von der glücklichen Erlösung der schönen Traude. 55 S. Weinheim/Bergstr.: Deutscher Laienspiel-V. (= Spiele der Jugend 35) (1953)
171 Novellen. 3 Bde. 479, 531, 495 S. Graz: Leykam 1953–1954
172 Buch der Sprüche. 176 S. Flensburg, Hbg: Wolff (1953)
173 Frau Holle und die Kiebitze. Märchen der vier Jahreszeiten. Hg. H. V. H. Tschipke. 169 S. m. Abb. Ffm, Tüb: Internat. Universitätsv. (= Europäische Kunstmärchen des 20. Jahrhunderts 1) 1954
174 (Bearb.) G. Schwab: Die schönsten Sagen des klassischen Altertums. 3 Bde. 172, 192, 199 S. m. Abb. Stg: Loewe 1955
175 Dramen und Lustspiele. 2 Bde. 913 S. Flensburg, Hbg: Wolff 1956 (Enth. u. a. Nr. 83, 108, 152, 170)
176 Sagen vom Rhein. 326 S. m. Abb. Stg: Loewe 1957
177 Elbsagen. 335 S. m. Abb. Stg: Loewe 1958
178 Donausagen. 283 S. m. Abb. Stg: Loewe 1959
179 Märchen von der Unterelbe. Bearb. I. Braak. 31 S. Flensburg: Schmidt (= Flensburger Ganzschriften 30) (1959) (Ausz. a. Nr. 18)
180 Nordseesagen. 319 S., 36 Abb. Stg: Loewe 1960

BOCKEMÜHL, Erich (*1885)

1 Soldatenspielen. Ein kleines Spiel für Kinder. 8 S. Lpz: Scheffer 1910
2 So still in mir. Gedichte. 144 S. Bln: Charon 1911
3 Aus dem Kindheitsland. Erinnerungen, Geschichten, Märchen und Gedichte von den Kindern einer Volksschulklasse. VII, 139 S. Osterwieck: Zickfeldt 1912
4 Worte mit Gott. Gedichte. 99 S. Bln: Charon 1913
5 Deutsche Tage. Zwei Kriegsvorträge. 20 S. Kettwig: Flothmann 1915
6 Volkspoesie. 16 S. Wesel: Fincke & Malinckrodt 1916
7 Paul Wolf. Gedächtnisrede. 16 S. Wesel: Fincke & Malinckrodt 1917
8 Mutter. 56 S. Lpz: Matthes (= Zweifäusterdruck 71) 1920
9 Die Jahreszeiten. Stimmen der Landschaftsseele. VI, 95 S. Lpz: Matthes (= Zweifäusterdruck 82) 1921
10 Jesus. Acht Legenden vom guten Menschentum und vom wahren Glück der guten Seelen. 50 S. Lpz: Matthes 1921
11 Musik der Träume. Gedichte. 99 S. Lpz: Matthes 1922

12 Weihnachtsspiele für Kinder in Schule und Haus. X, 106 S. Gotha: Perthes 1924
13 Der Leser und die dichterische Prosa. Einiges zur Klärung des Problems der Dichtung und des rechten Lesens. 22 S. Kettwig: Lichtkampf (= Bücher der Bewegung 4) 1925
14 Lesebüchlein vom Kreise Rees, für Kinder erzählt. 39 S. Wesel: Kühler 1926
15 Aus der niederrheinischen Vergangenheit, für Kinder erzählt. 51 S. Wesel: Kühler 1926
16 Weihnachtsspiele für Kinder in Schule und Haus. XI, 116 S. Gotha: Perthes 1926
 (Verm. Neuaufl. v. Nr. 12)
17 Wir wollen spielen. Sieben kleine Spielszenen für kleine Kinder. 26 S. Neuwied a. Rh.: Heuser 1926
18 Das kleine Bienenbuch. Für Kinder erzählt. 47 S., 3 Abb. Halle: Marhold (= Marholds Jugendbücher, Bd. 17) 1927
19 (MH) Das rheinische Heimatland. Ein heimatkundliches Lesebuch. Hg. E. B. u. H. Burhenne. 176 S. Wesel: Kühler 1927
20 Das Kindergärtchen. Geschichten aus der Kinderzeit, den Kindern erzählt. IV, 72 S., 42 Abb. Stg: Perthes 1927
21 (Hg.) Die moderne Mariendichtung. Eine Anthologie. XXIII, 146 S., 6 Beil. Gotha: Klotz 1927
22 Von allerlei Tieren. Kleine Geschichten für Kinder. 46 S. Halle: Marhold (= Marholds Jugendbücher, Bd. 14) 1927
23 Die stille Nacht von Bethlehem. Ein neues Krippenspiel. 24 S. Mchn: Callwey (= Die Schatzgräber-Bühne 48) 1928
24 Das Büchlein vom Walde. 47 S. Halle: Marhold (= Marholds Jugendbücher, Bd. 18) 1928
25 Um das Kindlein Jesu. Zwei Weihnachtsspiele für Kinder. 24 S. Mchn: Callwey (= Die Schatzgräber-Bühne 49) 1928
26 Lesebüchlein vom unteren Niederrhein. 44 S. Wesel: Kühler 1928
 (Neuaufl. v. Nr. 14)
27 Die heilige Nacht. Zwei Weihnachtsspiele für Kinder. 32 S. Mchn: Callwey (= Die Schatzgräber-Bühne 50) 1928
28 Ostern. Drei Szenen von Tod und Auferstehung. 18 S. Mchn: Callwey (= Die Schatzgräber-Bühne 51) 1928
29 Sonnenkringel. Kleine Geschichten von Blumen und Bäumen, Tieren und kleinen Kindern. 48 S. Halle: Marhold (= Marholds Jugendbücher, Bd. 20) 1928
30 Im Spiegel der Heimat. Aus der Kriegschronik des Dorfes. 136 S. m. Abb. Wesel: Kühler 1928
31 Die unvergängliche Weihnacht. Erzählungen. 69 S. Lpz: Klein 1928
32 Benjamin Franklin. 31 S. Stg: Perthes (= Aus eigener Kraft 3) 1929
33 Vom Leid des Kindes. Erinnerungen aus der Kindheit und Beiträge zu ihrer Problematik. 70 S. Lpz: Klein 1929
34 (Einl.) R. Schiedel: Kennt ihr Puti Gehne? 18 S. Weimar: Fink 1929
35 Ferienzeit. Eine Geschichte vom Lande. Für Kinder erzählt. 48 S. Halle: Marhold (= Marholds Jugendbücher, Bd. 27) 1930
36 Das ewige Rauschen. Stimmen und Gesänge des Waldes. 44 S. m. Abb. Querfurt: Burgverlag Jaeckel 1930
37 Niederrheinisches Sagenbuch. Sagen und wunderliche Geschichten vom Niederrhein, und seinen Grenzgebieten. Dem Volk und der Jugend dargebracht. 286 S. m. Abb. Moers: Steiger 1930
38 Sei uns willkommen, Kindelein zart. Spiele von der Krippe und vom Christkind. 24 S. Lpz: Strauch (= Jugend- und Volksbühne, H. 662) 1930
39 Wiesen und Wege im Kinderland. Erinnerungen. V, 80 S. Lpz: Klein 1930
40 (MH) Drinnen und draußen. Kleine Geschichten für Kinder, die schon lesen können. Hg. E. B. u. F. Lichtenberger. 47 S. Halle: Marhold (= Marholds Jugendbücher, Bd. 29) 1931
41 So durch das Jahr. Sprech- und Spielszenen für Kinder. 36 S. Lpz: Strauch (= Zur Pflege der Schulgemeinschaft, H. 9) 1931
42 Der Freiherr vom Stein. Sein Leben und sein Werk. 71 S. m. Abb. Köln: Schaffstein (= Grüne Bändchen 106) 1931
43 Und den Menschen ein Wohlgefallen. Weihnachtsspiel für Kinder. 36 S. Bln: Bloch (= Norddeutsche Kinderspiele, H. 12) 1931

44 Wandern und Reisen in Großvaters und Urgroßvaters Zeit. Für Kinder. 64 S. Bln: Bloch 1931
45 Die Ebene. Gedichte. 114 S. Querfurt: Jaeckel 1932
46 Goethe. Sein Leben und sein Werk. Der Jugend erzählt. 80 S. Köln: Schaffstein (= Grüne Bändchen 109) 1932
47 Schiller. Ein Dichterleben. 84 S. m. Abb. Langensalza: Beltz (=Aus deutschem Schrifttum und deutscher Kultur 316–317) 1932
48 Wunder der Weihnacht. 77 S. Hbg: Agentur des Rauhen Hauses 1932
49 Des laßt uns alle fröhlich sein. Ein Liederspiel um das Kindlein Jesu. 23 S. Lpz: Strauch (= Jugend- und Volksbühne, H. 705) 1933
50 (Einf., Erl.) Die Edda. Auswahl aus ihrer Vers- und Prosadichtung. 88 S. Langensalza: Beltz (= Aus deutschem Schrifttum und deutscher Kultur 450–451) 1933
51 (MV) H. Kauder: Nun singet und seid froh! Kleine Weihnachtskantate nach alten deutschen Volksliedern und Worten von E. B. 15 S. Bln: Bloch (= Norddeutsche Laienspiele, H. 21) 1933
52 Odin und seine Welt. Die Sagen der Edda. 48 S. Halle: Marhold (= Marholds Jugendbücher, H. 38) 1933
53 Erntedank. Deutsche Erntefeier in Dichtung und Sprechchor. 48 S. Bln: Bloch (= Das Jahr entlang, H. 6) 1934
54 (MV) G. Blumensaat: Lieder um den Erntekranz für Gesang, 2 Geigen, Cello und Klavier, ges. u. bearb. 15 S. 12,5 × 18,5 cm. Bln: Bloch 1934 (Liederheft zu Nr. 53)
55 Flamme empor! Vaterländisches Festspiel. 27 S. Dresden: Ungelenk. (= Neue Volks- und Laienspiele 36) 1934
56 (Einl.) Werke des Malers August Oppenberg. 6 Bl., 35 S. Abb. Wesel: Kühler 1934
57 Wir feiern Weihnacht. Erzählungen und Spiele für Kinder. 63 S. Langensalza: Beltz 1934
58 Das bäuerliche Jahr. Lebende Bilder zum Erntedankfest. 4 Bl. Lpz: Strauch 1935
59 Die Kinder vom Lande. 16 S. Bochum: Verlags- u. Lehrmittelanst. (= Deutsches Volkstum, H. 143) 1935
60 Die Kinder im Walde. 16 S. Bochum: Verlags- u. Lehrmittelanst. (= Deutsches Lesegut, H 220) 1935
61 Muttertag. Feierstunde in Dichtung und Sprechchor. 48 S. Bln: Bloch (= Das Jahr entlang, H. 10) 1935
62 (MV) G. Blumensaat: Lieder für die Mutter für Gesang, 2 Geigen, Cello und Klavier, ges. u. bearb. 15 S. 12,5 × 18,5 cm. Bln: Bloch 1935 (Liederheft zu Nr. 61)
63 Aus deinen Tiefen. Gedichte. 123 S. Querfurt: Jaeckel 1935
64 Volksgemeinschaft der Tat. Geschichten vom Hilfswerk ,,Mutter und Kind'', vom ,,Winterhilfswerk'' und von ,,Kraft durch Freude''. 46 S. Halle: Marhold (= Marholds Jugendbücher, Bd. 44) 1935
65 (Hg.) M. Boelitz: Gedichte. 84 S. Wesel: Kühler 1936
66 Jahr des Sommers. Gedichte. 68 S. Querfurt: Jaeckel 1937
67 Der alte Lindenbaum und andere Erzählungen. 82 S. m. Abb. Duisburg: Rheinische National-Dr. (= Niederrheinische Schriften 3) 1937
68 Sagen links und rechts der Lippe. Gesammelt und erzählt. 95 S. Duisburg: Rheinische National-Dr. (= Der Niederrhein 2) 1938
69 Hundert Jahre – und noch mehr ... 24 S. Saarlautern: Hausen (= Erbgut deutschen Schrifttums 231–232) 1941
70 Dies ist das Land. Bilder vom Niederrhein. 78 S. Köln: Staufen-Verl. 1942
71 Es wird kein Ende sein. Ein Jahresring. 154 S. Kevelaer: Butzon & Bercker 1942
72 Die Stadt im Tale. Erzählung. 36 S. Kettwig: Flothmann 1945
73 (Bearb.) O. Kampe: Ein Korb voll Kirschen. Kleine Geschichten. 31 S. m. Abb. Halle: Marhold (= Marholds illustrierte Jugendbücher, Bd. 1) (1947)
74 (Hg.) Ein Englein blies auf der Harfe. Weihnachtsgedichte für Kinder. 78 S. m. Abb. Rotenburg a. d. Fulda: Dt. Laienspiel-V. 1949
75 Schulentlassung. Gedichte. Sprüche, Sprechszenen, Lesestücke, Lieder. 95 S., mehr. Bl. m. Noten. Rotenburg a. d. Fulda: Dt. Laienspiel-V. 1950
76 Stille Stadt im Kranz der Wälder. 52 S. m. Abb. Kettwig: Flothmann 1950

77 Vorweihnachtsschnack vom Nikolaus und seinem Sack. Vier kleine Spiele. 22 S. Rotenburg a. d. Fulda: Dt. Laienspiel-V. (= Die Schulreihe 37) 1950
78 Wenn Weihnachten ist! Drei kleine Spiele. 26 S. Rotenburg a. d. Fulda: Dt. Laienspiel-V. (= Die Schulreihe 49) 1950
79 Die Weihnachtsstrophen. 16 S. Kettwig: Flothmann 1951
80 Die Amsel sang. 23 S. Kettwig: Flothmann 1952
81 (MH) O. zur Linde: Charon. Auswahl aus seinen Gedichten. Einf. H. Hennecke. Ausw. E. B. u. R. Piper. 219 S. 1 Abb. Mchn: Piper 1952
82 (Bearb.) O. Kampe: Robinson. 62 S. Bln-Charlottenburg: Marhold (= Marholds Jugendbücher, Bd. 1) (1952)
83 (Bearb.) O. Kampe: Schelmenstreiche. Lustige Geschichten von Eulenspiegel, Münchhausen und den Schildbürgern. 48 S. Bln-Charlottenburg: Marhold (= Marholds Jugendbücher, Bd. 9) (1953)
84 (Hg.) Deutsche Sagen. Nach den Brüdern Grimm und anderen in Anlehnung an F. Lichtenberger neu erzählt. 47 S. Bln-Charlottenburg: Marhold (= Marholds Jugendbücher, Bd. 4) 1953
85 Das Buch der Waldblumen. Blumen, kleine Sträucher und ihre Früchte. Geschichten und Darstellungen. 71 S. m. Abb. Rheinhausen: Verl.-Anst. Rheinhausen 1954
86 Vom unteren Niederrhein. Gedichte und Prosa. 107 S. m. Abb. Wesel: Kühler 1954
87 In der Stadt und auf dem Lande. Kleine Geschichten. 48 S. m. Abb. Bln-Charlottenburg: Marhold (= Marholds Jugendbücher, Bd. 15) (1954)
88 Gedichte. Ausgew. u. eingel. C. Jenssen. 104 S. Kettwig: Flothmann 1955
89 (Bearb.) H. Burhenne: Das Erfinderbüchlein. 48 S. m. Abb. Bln-Charlottenburg: Marhold (= Marholds Jugendbücher, Bd. 8) (1956)
90 (MV) E. B. u. H. Teggers: Land um den Rhein. Von Bonn bis Emmerich. Ein Heimatbuch. 320 S., 6 Bl. Abb. Braunschweig: Westermann 1956
91 (Bearb.) F. Lichtenberger: Reineke Fuchs. Den Kindern neu erzählt. 47 S. Bln-Charlottenburg: Marhold (= Marholds Jugendbücher. Reihe A, Bd. 3) [1956)
92 Es ist dennoch die Liebe. Gedichte. 22 S. Wesel: Peitsch 1957
93 (Bearb.) F. Lichtenberger: Nibelungen-Sage. Der Jugend erzählt. 2 Bde. Bln-Charlottenburg: Marhold (= Marholds Jugendbücher. Reihe A, Bd. 10-11) (1957-1959)
   1. Held Siegfried. 47 S. (1959)
   2. Kriemhilds Rache. 47 S. (1957)
94 (Bearb.) F. Lichtenberger: Was wir uns von den Pflanzen erzählt haben. Gespräche mit meinen Schülern. 47 S. m. Abb. Bln-Charlottenburg: Marhold (= Marholds Jugendbücher. Reihe A, Bd. 23) (1958)
95 Das goldene Spinnrad. Sagen, Märchen, Legenden vom Niederrhein. 112 S. m. Abb. Duisburg: Lange 1960

BODENSTEDT, Friedrich von (+M. Reckenlob)   (1819–1892)

1 (Übs.) Kaslow, A. Puschkin, M. Lermontow. Eine Sammlung aus ihren Gedichten. A. d. Russ. 12° Lpz: Kollmann 1843
2 (Übs.) Die poetische Ukraine. Eine Sammlung kleinrussischer Volkslieder. XII, 132 S. Stg: Cotta 1845
3 Die Völker des Kaukasus und ihre Freiheitskämpfe gegen die Russen. Ein Beitrag zur neuesten Geschichte des Orients. XVI, 572 S. m. Abb. Ffm: Keßler 1848
4 Tausend und Ein Tag im Orient. 2 Bde. XVI, 376; XVI, 402 S. m. Abb. Bln: Decker 1849-1850
5 Die Einführung des Christenthums in Armenien. Eine Vorlesung, gehalten am 2. März 1850 im wissenschaftlichen Verein zu Berlin. 34 S. Bln: Decker 1850
6 Die Lieder des Mirza Schaffy, mit einem Prolog. XXIV, 168 S. 12° Bln: Decker 1851
   (Neufassg. e. Ausz. a. Nr. 4)
7 +Die neuen Nibelungen, oder Der auferstandene Sigfried. 1. Heft. 46 S. 16° Lpz: Haessel 1851

8   Gedichte. XVI, 329 S., 1 Abb. 16° Bremen: Schlodtmann 1852
9   (Übs.) M. Lermontoff: Poetischer Nachlaß. 2 Bde. 680 S. 16° Bln: Decker 1852
10 Ada die Lesghierin. 334 S. 16° Bln: Decker 1853
11 (Übs.) A. Puschkin: Poetische Werke. Gedichte. Eugen Onägin. Dramatische Werke. 3 Bde. 318, 312, 328 S. 16° Bln: Decker 1854–1855
12 Demetrius. Historische Tragödie in fünf Aufzügen. 222 S. 16° Bln: Decker 1856
13 Aus der Heimat und Fremde. 1. Neue Gedichte. 220 S. Bln: Decker (= Gedichte, Bd. 1) 1857
14 (MH) Jahrbuch deutscher Belletristik. Des Albums der Erinnerungen 3. (4., 5.) Jahrgang. 16° Prag: Bellmann 1857–1859
15 (Übs.) Shakespeares Zeitgenossen und ihre Werke. 3 Bde. Bln: Decker 1858–1860
16 (Übs.) J. Webster: Dramatische Dichtungen. Nebst Stücken von Marston, Dekker und Rowley. 392 S. Bln: Decker 1858
    (Bd. 1 v. Nr. 15)
17 Aus der Heimat und Fremde. 2. Altes und Neues. 302 S. Bln: Decker (= Gedichte, Bd. 2) 1859
18 Festspiel zur Jubelfeier des hundertjährigen Geburtstages Schiller's in München. 31 S. Bln: Decker 1860
19 (Übs.) J. Ford: Dramatische Dichtungen. Nebst Stücken von Dekker und Rowley. 389 S. Bln: Decker 1860
    (Bd. 2 v. Nr. 15)
20 König Authari's Brautfahrt. 112 S. 16° Bln: Decker 1860
21 (Übs.) J. Lilly, R. Greene u. Ch. Marlowe. 373 S. Bln: Decker 1860
    (Bd. 3 v. Nr. 15)
22 Aus Ost und West. 204 S. Bln: Decker 1861
23 Epische Dichtungen. 159 S. 16° Bln: Decker 1862
24 (Hg.) Russische Fragmente. 2 Bde. 704 S. Lpz: Brockhaus 1862
25 (Übs.) W. Shakespeare: Sonette. 246 S. Bln: Decker 1862
26 Ernst Bleibtreu. 336 S. Mchn: Rieger 1863
    (Bd. 2 v. Nr. 27)
27 Erzählungen. 2 Bde. Mchn: Rieger 1863
28 Kleinere Erzählungen. 309 S. Mchn: Rieger 1863
    (Bd. 1 v. Nr. 27)
29 Ausgewählte Dichtungen. 312 S. Bln: Decker 1864
30 (Übs.) J. Turgeneff: Erzählungen. 2 Bde. 638 S. Mchn: Rieger 1864–1865
31 (Übs.) W. Shakespeare: König Lear. 164 S. Bln: Decker 1865
32 Gesammelte Schriften. 12 Bde. Bln: Decker 1865–1869
33 (MH) Jahrbuch der deutschen Shakespeare-Gesellschaft. Jg. 1–3 Bln: Asher 1866–1868
34 (Hg.) Album deutscher Kunst und Dichtung. 199 S. m. H. 4° Bln: Grote 1867
35 (Hg., Mübs.) W. Shakespeare: Dramatische Werke. Mit Einleitungen und Anmerkungen. 38 Bde. Lpz: Brockhaus 1867–1872
36 Neun Kriegslieder. 27 S. 16° Bielefeld: Velhagen & Klasing 1870
37 Zeitgedichte. 36 S. 16° Bln: Lipperheide 1870
38 Erzählungen und Romane. 7 Bde. Jena: Costenoble 1871–1872
39 Aus deutschen Gauen. 2 Bde. 367 S. Jena: Costenoble 1871
    (Bd. 1 u. 2 v. Nr. 38)
40 Vom Hofe Elisabeth's und Jakob's. 2 Bde. 418 S. Jena: Costenoble 1871
    (Bd. 3 u. 4 v. Nr. 38)
41 Kleine Geschichten aus fernem Land. 164 S. Jena: Costenoble (= Unterhaltungsbibliothek für Reise und Haus) 1872
42 Das Herrenhaus im Eschenwalde. Ein Roman. 3 Bde. 954 S. Jena: Costenoble 1872
    (Bd. 5–7 v. Nr. 38)
43 Aus dem Nachlasse Mirza Schaffy's. Neues Liederbuch. 223 S. Bln: Hofmann (= Allgemeiner Verein für deutsche Literatur) 1874
44 Shakespeares Frauencharaktere. 354 S. Bln: Hofmann (= Allgemeiner Verein für deutsche Literatur) 1875
45 Alexander in Korinth. Schauspiel. 118 S. 16° Hannover: Helwing 1876

46 Einkehr und Umschau. Neueste Dichtungen. 247 S. Jena: Costenoble 1876
47 Theater. (Kaiser Paul. – Wandlungen). 234 S. Bln: Grote 1876
48 (Hg.) Kunst und Leben. Ein neuer Almanach für das deutsche Haus. 3 Bde. Stg: Spemann 1877–1880
49 (Übs.) Der Sänger von Schiras. Hafisische Lieder, verdeutscht. 211 S. Bln: Hofmann (= Allgemeiner Verein für deutsche Literatur) 1877
50 (Hg.) Verschollenes und Neues. Ein Dichterbuch aus Deutschland und Oesterreich. 320 S. Hannover: Helwing 1878
51 Aus meinem Leben. Erinnerungsblätter. Bd. 1: Eines Königs Reise. Erinnerungsblätter an König Max. 295 S. Lpz: Albrecht 1879
52 Szegedin. Prolog zu der Sonntag, 30. März stattfindenden Matinée zum Besten Szegedins. 4 S. Wiesbaden: Jurany 1879
53 Gräfin Helene. Novelle. 126 S. 16° Stg: Richter 1880
54 (Übs.) Die Lieder und Sprüche des Omar Chajjâm, verdeutscht. 217 S. Breslau: Schletter 1881
55 Aus Morgenland und Abendland. Neue Gedichte und Sprüche. 284 S. Lpz: Brockhaus 1882
56 Vom Atlantischen zum Stillen Ozean. 426 S. Lpz: Brockhaus 1882
57 Eine Königsreise. 296 S. Lpz: Lehmann 1883 (Neuaufl. v. Nr. 52)
58 Neues Leben. Gedichte und Sprüche. 202 S. Breslau: Schles. Verl.-Anst. 1886
59 Die letzten Falkenburger. Roman. 269 S. Bln: Janke 1887
60 Eine Mönchsliebe. Das Mädchen von Liebenstein. 128 S. Bln: Janke 1887
61 Lady Penelope. Erzählung. 131 S. Bln: Janke 1887
62 Sakuntala. Dichtung in fünf Gesängen. 135 S. m. Abb. 4° Lpz: Titze 1887
63 Erinnerungen aus meinem Leben. 2 Bde. 893 S. Bln: Allgemeiner Verein für deutsche Literatur 1888–1890
64 Feona. Ein Mißverständnis. Zwei Erzählungen. 138 S. Bln: Janke 1889
65 Priuthina. Hugo und Hulda. Zwei Erzählungen. 235 S. Bln: Janke 1889
66 Thamar und ihr Kind. Die geheimnisvolle Sängerin. Oheim und Neffe. Drei Erzählungen. 128 S. Bln: Janke 1889
67 Die Zigeunerherberge. Die feindlichen Nachbarn. Zwei Erzählungen. 140 S. Bln: Janke 1889
68 Theodora. Ein Sang aus dem Harzwald. 111 S. 4° Lpz: Fischer 1891
69 (Hg.) Liebe und Leben. Sammlung deutscher Lyrik. 150 S. m. Abb. 4° Lpz: Fischer 1892
70 (Bearb.) C. Coutelle: Pharus am Meere des Lebens. Anthologie für Geist und Herz aus den Werken der Dichter und Denker aller Zeiten und Völker. Bd. 1. 761 S. m. Abb. 12° Lpz: Baedeker 1894

BODMAN, Emanuel von (1874–1946)

1 Stufen. Lyrisches und Satirisches. 65 S. 12°. Zürich: V. v. „Stern's literar. Bulletin d. Schweiz". 1894
2 Erde. Ein Gedichtband. 108 S. Mchn: Langen 1896
3 Jakob Schläpfle und andere Geschichten. 156 S. Mchn: Langen (= Kleine Bibliothek 37) 1901
4 Neue Lieder. 102 S. Mchn: Langen 1902
5 Die Krone. Schauspiel. 131 S. Mchn: Langen 1904
6 Erwachen. Novelle. 163 S. Stg: Dt. Verl.-Anst. 1906
7 Donatello. Tragödie. 135 S. Stg: Dt. Verl.-Anst. 1907
8 Der Fremdling von Murten. Tragödie. 92 S. Bln: Bard 1907
9 Der Wanderer und der Weg. 191 S. Bln: Bard 1907
10 Die heimliche Krone. Tragödie. 143 S. Bln: Bard 1909
11 Mein Vaterland. Lieder für die Kriegszeit. 16 S. Mannheim: Hahn 1914
12 Das hohe Seil. Novellen. 284 S. Lpz: Staackmann 1915
13 (MV) Paul Ernst. Zu seinem 50. Geburtstag hg. v. W. Mahrholz. VII, 131 S., 1 Abb. Mchn: Müller 1916
14 Schicksal und Seele. Rede in die Zeit. 23 S. Stg: Engelhorns Nachf. 1918
15 (MV) Des Reiches Sonnenwende. Ein Mahnruf schwäbischer Dichter. 94 S. Stg: Engelhorns Nachf. (= Das neue Geschlecht 1) 1919

16 Gesammelte Werke. 5 Bde. Konstanz: See-V. 1923-1924
17 Blumen. 21 S. Olten: Vereinigung Oltner Bücherfreunde (= Privatdrucke d. Oltner Bücherfreunde) 1947
18 Aus seinen Werken. Einf. R. Faesi. 275 S., 1 Titelb. Stg: Reclam 1949
19 Die gesamten Werke. Im Auftrage von C. v. Bodman hg. v. K. Preisendanz. Bd 2-9. Stg: Reclam 1951-1957

BODMER, Johann Jakob (1698-1783)

1 *(MV) Die Discourse der Mahlern. 4 Tle. Zürich: Lindinner (1-3) bzw. Bodmerische Druckerey (4) 1721-1723
2 *Der gestäupte Diogenes. Zürich 1723
3 (MV) Von dem Einfluss und Gebrauche Der Einbildungs-Krafft; Zur Ausbesserung des Geschmackes: XII, 246 S. Ffm., Lpz. 1727
4 *Anklagung Des verderbten Geschmackes. VIII, 152 S. Ffm., Lpz 1728
5 *(Hg.) P. Conti di Calepio: Paragone della poesia tragica d'Italia con quella di Francia. IV, 214 S. Zürich: Rordorf 1732
6 *(Hg.) Gotthard Heideggers kleinere deutsche Schrifften. VII, 337 S. Zürich: Rordorf 1732
7 *(Übs.) Johann Miltons Verlust des Paradieses. Ein Helden-Gedicht. In ungebundener Rede übersetzet. 2 Bde. XVI, 240, 240 S. Zürich: Rordorf 1732
8 Evergetae. Die Wohlthäter des Stands Zürich. 5 Bl. 2º o. O. (1733)
9 *Charakter der Teutschen Gedichte. 2 Bg. o. O. (1734)
10 (MV) J. J. B. u. J. J. Breitinger: Helvetische Bibliotheck, Bestehend In Historischen, Politischen und Critischen Beyträgen Zu den Geschichten Des Schweitzerlands. 6 Stücke. Zürich: Orell 1735-1745
11 *(MV) Brief-Wechsel Von der Natur Des Poetischen Geschmackes. IV, 115 S. Zürich: Orell 1736
12 *(Hg.) Des Freiherrn von Canitz satirische und sämmtliche übrige Gedichte. VIII, 138 S. Zürich: Däntzler 1737
13 Elegie an Herren Doctor Haller, Auf Das Absterben Seiner Mariane. 8 S. o. O. (1737)
14 *(Übs.) Versuch einer Deutschen Uebersetzung von Samuel Butlers Hudibras. XVI, 79 S. Ffm., Lpz 1737
15 *(MV) Historische und Critische Beyträge Zu der Historie Der Eidgenossen ... 1.-4.Theil. Zürich: Orell 1739
16 (MV) Critische Abhandlung von dem Wunderbaren in der Poesie und dessen Verbindung mit dem Wahrscheinlichen. 440 S. Zürich: Orell 1740
17 (Hg.) Joh. Jac. Breitingers Critische Abhandlung von der Natur den Absichten und dem Gebrauche der Gleichnisse. 506 S. Zürich: Orell 1740
18 (Hg., Einl.) Johann Jacob Breitingers Critische Dichtkunst. 2 Bde. 519, 472 S. Zürich: Orell 1740
19 Critische Betrachtungen über die Poetischen Gemählde Der Dichter. Vorw. J. J. Breitinger. XVI, 640 S. Zürich: Orell (bzw. Lpz: Gleditsch) 1741
20 *(MV) Sammlung Critischer, Poetischer, und andrer geistvollen Schriften, Zur Verbesserung des Urtheils und des Wizes in den Wercken der Wolredenheit und der Poesie. 13 Stücke. Zürich: Orell 1741-1744
21 *(Übs.) Johann Miltons Episches Gedichte von dem Verlohrnen Paradiese. 576 S. Zürich: Orell 1742
    (Neue Ausg. in Versform v. Nr. 7)
22 *Schreiben an die Critickverständige Gesellschaft zu Zürich, über die Critischen Beyträge Hrn. Prof. Gottscheds. 92 S. Zürich: Heidegger 1742
23 *Critische Betrachtungen und freye Untersuchungen zum Aufnehmen und zur Verbesserung der deutschen Schau-Bühne. 13 S. Bern 1743
24 *(Hg., Vorr.) Ein halbes Hundert Neuer Fabeln. Durch L. M. v. K. Mit einer Critischen Vorrede des Verfassers der Betrachtungen über die Poetischen Gemählde. XVI, 128 S. Zürich: Orell 1744
25 *(MH) Martin Opitzens Von Boberfeld Gedichte. Von J. J. B. u. J. J. B. besorget. Erster Theil. 16 Bl., 692, 87 S. Zürich: Orell 1745
26 *(Hg.) (S. G. Lange u. I. J. Pyra:) Thirsis und Damons freundschaftliche Lieder. V, 72 S. Zürich: Orell 1745

27 +Aufrichtiger Unterricht von den geheimsten Handgriffen in der Kunst Fabeln zu verfertigen. Dem Hr. Johann Wursten von Königsberg mitgetheilt von Hr. Daniel Stoppen aus Hirschberg in Schlesien, und Mitgliede der deutschen Gesellschaft in Leipzig. 24 S. Breslau: Korn 1745
28 ★(MV) Critische Briefe. 218 S. Zürich: Heidegger 1746
29 ★(MV) Der Mahler Der Sitten. Von neuem übersehen und starck vermehret. 2 Bde. 611, 674 S. Zürich: Orell 1746
   (Verm. Neuaufl. v. Nr. 1)
30 ★(Hg.) (J. A. Schlegel:) Vom Natürlichen in Schäfergedichten, wider die Verfasser der Bremischen neuen Beyträge verfertigt vom Nisus einem Schäfer in den Kohlgärten einem Dorfe vor Leipzig. 160 S. Zürich: Heidegger 1746
31 ★Critische Lobgedichte und Elegien. Von J. G. S. besorgt. XXIV, 136 S. Zürich: Orell 1747
32 ★(Übs.) Alexander Popens Duncias mit Historischen Noten und einem Schreiben des Uebersezers an die Obotriten. 44 S. Zürich: Orell 1747
33 ★Pigmalion, Oder die belebte Statüe. 45 S. Hbg: Martini 1748
34 ★(MH) Proben der alten schwäbischen Poesie des Dreyzehnten Jahrhunderts. Aus der Maneßischen Sammlung. LVI, 296 S. Zürich: Heidegger 1748
35 ★(MV) Neue Critische Briefe über gantz verschiedene Sachen, von verschiedenen Verfassern. 543 S. Zürich: Orell 1749
36 ★Pygmalion und Elise. 105 S. Bln 1749
   (Neuaufl. v. Nr. 33)
37 ★(Hg.) (S. G. Lange u. I. J. Pyra:) Thirsis und Damons freundschaftliche Lieder XVI, 209 S. Zürich: Orell 1749
   (Verm. Neuaufl. v. Nr. 26)
38 (Hg.) N. Wernike: Poetische Versuche in Ueberschriften; Wie auch in Helden- und Schäfergedichten. XXXI, 336 S. Zürich: Gessner 1749
39 ★Die Unschuldige Liebe. 26 S. o. O. 1750
   (Enth. d. 3. u. 4. Gesang von Nr. 48)
40 ★Noah ein Heldengedicht. 118 S. Ffm, Lpz 1750
   (Enth. d. 1. u. 2. Gesang von Nr. 48)
41 ★Der Land-Busem. 4 S. o. O. u. J.
42 ★(Hg.) Crito. Eine Monat-Schrift. Erster Band. Zürich: Gessner (= Sechs Stücke) 1751
   (Stück 4 enth. u. a. Nr. 41)
43 ★Jacob und Joseph: Ein Gedicht in drei Gesaengen. 102 S. Zürich: Orell 1751
44 ★Die Synd-Flut. Ein Gedicht. Erster und zweyter Gesang. 20 Bl. 4° Zürich: Heidegger 1751
   (Enth. d. 1. u. 2. Gesang von Nr. 55)
45 ★(Übs.) Der Eremite, von Dr. T. P. 1 Bg. 4° Hbg: Geisler 1752
46 ★(Hg.) E. v. Gemmingen: Poetische Blicke in das Landleben. 23 S. Zürich: Geßner 1752
47 ★Jacob und Rachel: Ein Gedicht in zween Gesaengen. 60 S. 4° Zürich: Orell 1725
48 ★Der Noah. In Zwölf Gesängen. 414 S. 4° Zürich: Geßner 1752
   (Enth. u. a. Nr. 39 u. 40)
49 ★ Die Colombona. Ein Gedicht in fynf Gesaengen. 83 S. 4° Zürich: Orell 1753
50 ★Dina und Sichem, in zween Gesaengen. 48 S. 4° Trosberg (= Zürich): Wachsmuth (= Orell) 1753
51 ★(Übs.) Die geraubte Europa, von Moschus. Dieselbe von Nonnus. 16 S. (Zürich 1753)
52 ★(Übs.) Die geraubte Helena von Coluthus ... VI, 16 S. Zürich: Orell (1753)
53 ★Joseph und Zulika in zween Gesaengen. 52 S. 4° Zürich: Orell 1753
54 ★(Hg.) Der Parcival ein Gedicht in Wolframs von Eschilbach Denckart. 48 S. 4° Zürich: Heidegger (1753)
55 ★Die Synd-Flut. Ein Gedicht. In fynf Gesängen. 108 S. 4° Zürich: Heidegger 1753
   (Enth. u.a. Nr. 44)
56 ★Jacobs Wiederkunft von Haran; ein Gedicht. 28 S. 4° Trosberg (= Zürich): Wachsmuth (= Orell) 1753
57 ★(Hg., Vorw.) Ein halbes Hundert neuer Fabeln. M. Illustr. d. Verf. m Abb. Zürich 1754
   (Verm. Neuausg. v. Nr. 24)

58 *Jacob und Joseph: Ein Gedicht in vier Gesaengen. II, 75 S. Zürich: Orell 1754
    (Verm. Neuausg. v. Nr. 43)
59 *Der erkannte Joseph, und der keusche Joseph. Zwei Tragische Stücke in fynf Aufzygen. VI, 132 S. Zürich: Orell 1754
60 *(MV) Fragmente in der erzaehlenden Dichtart; Von verschiedenem Innhalte. Mit einigen andern Gedichten. 2 Bl., 132 S. Zürich: Orell 1754
    (Enth. u. a. Nr. 45)
61 *Edward Grandisons Geschichte in Görlitz. 124 S. Bln: Voß 1755
62 *Die gefallene Zilla. In drei Gesaengen. 52 S. Amsterdam: Sinwel (= Zürich: Orell) 1755
63 Arminius-Schönaich, ein episches Werk von Hermanfried. 16 S. o. O. 1756
64 *Inkel und Yariko. 2 Tle. 6, 6 S. o. O. 1756
65 *(Hg.) Fabeln aus den Zeiten der Minnesinger. 8 Bl., 350 S. Zürich: Orell 1757
66 *(Hg.)Chriemhilden Rache, und die Klage; Zwey Helden Gedichte aus dem Schwaebischen Zeitpuncte. Samt Fragmenten aus dem Gedichte von den Nibelungen und aus dem Josaphat. Darzu kommt ein Glossarium. XVI, S., 286, 63 Sp. Zürich: Orell 1757
67 *Das Banket der Dunse. 8 S. o. O. 1758
68 * Die Larve, ein Comisches Gedicht. 8 S. o. O. 1758
69 *(MH) Sammlung von Minnesingern aus dem Schwaebischen Zeitpuncte CXL Dichter enthaltend; Durch Ruedger Manessen, weiland des Rathes des uralten Zyrich. 2 Tle. XX, 204; VII, 262 S. Zürich: Orell 1758–1759
70 *(Übs.) Vierter Gesang; und Sechster Gesang der Ilias. In Hexametern übersetzt. 44 S. Zürich: Orell 1760
71 *Electra oder die gerechte Uebelthat. Ein Trauerspiel. Nach einem neuen Grundrisse. Zürich: Orell 1760
72 *Lessingische unäsopische Fabeln. Enthaltend die sinnreichen Einfälle und weisen Sprüche der Thiere. Nebst damit einschlagender Untersuchung der Abhandlung Leßings von der Kunst Fabeln zu verfertigen. XIV, 360 S. Zürich: Orell 1760
73 *Polytimet. Ein Trauerspiel. Durch Lessings Philotas, oder ungerathenen Helden veranlasset. XVI, 58 S. Zürich: Orell 1760
74 *Ulysses, Telemachs Sohn. Ein Trauerspiel. Nach einer neuen Ausbildung. 128 S. Zürich: Geßner 1760
75 *Drey neue Trauerspiele. Nämlich: Johanna Gray. Friederich von Tokenburg. Oedipus. 320 S. Zürich: Heidegger 1761
76 *Gespräche im Elysium und am Acheron. 56 S. o. O. (1762)
77 *(MV) Neue Critische Briefe über gantz verschiedene Sachen, von verschiedenen Verfassern. Neue mit einigen Gesprächen im Elysium und am Acheron vermehrte Auflage. VIII, 597 S. Zürich: Orell 1763
    (Neuaufl. v. Nr. 35, enth. außerdem Ausz. a. Nr. 76)
78 *Julius Cäsar, ein Trauerspiel; herausgegeben von dem Verfasser der Anmerkungen zum Gebrauche der Kunstrichter. 78 S. Lpz: Weidmann 1763
79 *Marcus Tullius Cicero. Ein Trauerspiel. IV, 75 S. Zürich: Orell 1764
80 *Gottsched, ein Trauerspiel, oder: Der parodirte Cato. 48 S. Zürich: Orell 1765
81 *Die Noachide in Zwölf Gesängen. 362 S., 12 Ku. Bln: Voß 1765
    (Vermehrte Neuaufl. v. Nr. 48)
82 *Die Töchter des Paradieses. 16 S. Zürich: Orell, Gessner & Co. 1766
    (Ausz. a. Nr. 81)
83 Calliope. 2 Bde. 508, 386 S. Zürich: Orell, Geßner & Co. 1767
    (Bd. 1 enth.: Nr. 45, 51, 52, 53, 54, 55, 58;
    Bd. 2 enth.: Nr. 48, 49, 60, 64, 69, z.T. 50)
84 *Archiv der schweitzerischen Krittik von der Mitte des Jahrhunderts bis auf gegenwärtige Zeiten. Erstes Bändchen. XIV, 270 S. Zürich: Orell 1768
85 *Die Grundsätze der deutschen Sprache. Oder: Von den Bestandteilen derselben und von dem Redesatze. 133 S. Zürich: Orell, Geßner & Co. 1768
86 Politische Schauspiele. 3 Bde. Zürich: Orell, Geßner & Co (Bd. 1) bzw. Lindau, Chur: Typograph. Anstalt (Bd. 2 u. 3) 1768–1769
87 Neue theatralische Werke. Erster Band. 332 S. Lindau: Otto 1768
88 *Historische Erzählungen zur Denkungsart und Sitten der Alten zu entdecken. XXIV, 262 S. Zürich: Orell, Gessner & Co. 1769
89 *Von den Grazien des Kleinen. 22 S. In der Schweiz (Biel) 1769

90 ★Der Hungerthurm in Pisa. ein Trauerspiel. 77 S. Chur, Lindau: Typograph. Gesellsch. 1769
91 ★(Übs.) Johann Miltons verlohrnes Paradies. Ein Episches Gedicht in zwölf Gesängen. Verbesserte Uebersetzung. VIII, 567 S. Zürich: Orell, Gessner & Co. 1769
   (Verb. Neuausg. v. Nr. 21)
92 ★Der neue Romeo. Eine Tragicomödie. VI, 56 S. Ffm., Lpz 1769
93 ★Der neue Adam. 19 S. Bern 1771
94 ★Die Botschaft des Lebens. In einem Aufzuge. Der zärtlichen Unschuld gewiedmet. 52 S. Zürich: Bürgkli 1771
95 ★Conradin von Schwaben, ein Gedicht mit einem historischen Vorberichte 23 S. Karlsruhe: Macklot 1771
96 ★Die Gräfinn von Gleichen ein Gedicht mit einem historischen Vorberichte. 16 S. 4° Karlsruhe: Macklot 1771
97 ★Karl von Burgund ein Trauerspiel. 49 S. o. O. (1771)
98 ★Die Noachide in Zwölf Gesängen. Neueste von dem Verfasser verbesserte Auflage. 296 S. Zürich: Bürgkli 1772
   (Verb. Neuaufl. v. Nr. 81)
99 ★Anleitung zur Erlernung der deutschen Sprache. 51 S. Zürich: Bürgkli 1773
100 ★Die Biegungen und Ausbildungen der deutschen Wörter. Für Real-Schulen. 24 S. Zürich: Bürgkli 1773
101 ★Sittliche und gefühlreiche Erzählungen. Für die Real-Schulen. 112 S. Zürich: Bürgkli 1773
102 ★Der Fußfall vor dem Bruder. Ein Trauerspiel. In drey Aufzügen. Der blühenden Unschuld gewiedmet. 120 S. Zürich: Bürgkli 1773
103 ★Cajus Gracchus, ein politisches Schauspiel. 96 S. Zürich: Bürgkli 1773.
104 ★Unterredung von den Geschichten der Stadt Zürich. Für die Real-Schulen. 16 S. Zürich: Bürgkli 1773
105 ★Geschichte der Stadt Zürich. Für die Real-Schulen. 51 S. Zürich: Bürgkli. 1773
106 ★Wilhelm von Oranse in zwey Gesängen. 44 S. Ffm, Lpz 1774
107 ★Arnold von Brescia in Zürich. Ein religiöses Schauspiel. 47 S. Ffm 1775
108 ★Das Begräbniß und die Auferstehung des Messias, Fragmente. Mit Vorbericht und Anmerkungen des Herausgebers. XVI, 60 S. Ffm, Lpz 1775
109 ★Der Haß der Tyranney und nicht der Person, Oder: Sarne durch List eingenommen. 24 S. o. O. 1775
110 ★Schweizerische Schauspiele. Wilhelm Tell; oder: der gefährliche Schuß. Geßlers Tod; oder: das erlegte Raubthier. Der alte Heinrich von Melchthal; oder: die ausgetretenen Augen. 47 S. o. O. 1775
111 ★Arnold von Brescia in Rom; samt Ueberbleibseln von seiner Geschichte. 62 S. o. O. 1776

BODMERSHOF, Imma von (★1895)

1 Der zweite Sommer. Roman. 330 S. Bln: S. Fischer 1937
2 (MV) Das Buch der Erzählungen. 914 S. Bln: S. Fischer (1938)
3 Die Stadt in Flandern. 189 S. Bln: S. Fischer 1939
4 (MV) Die Jahreszeiten. Fünfundzwanzig Meisterwerke alter Buchmalerei. Mit Beitr. v. I. v. B. u. a. Einf. F. E. Hellwag. 108 S. 4° Bln: Krüger 1943
5 Die Rosse des Urban Roithner. 392 S. Innsbruck: Österr. Verl.-Anst. 1950
6 Das verlorene Meer. 195 S. Wien: Herold-V. 1952
   (Neuaufl. v. Nr. 3)
7 Solange es Tag ist. 118 S. Innsbruck: Österr. Verl.-Anst. 1953
8 Sieben Handvoll Salz. 301 S. Gütersloh: Bertelsmann 1958

BÖHLAU, Helene (1856–1940)

1 Novellen. 309 S. Bln: Hertz 1882
2 Der schöne Valentin. Die alten Leutchen. Zwei Novellen. 286 S. Bln: Paetel 1886

3 Reines Herzens schuldig. Roman. 378 S. Minden: Bruns 1888
4 Herzenswahn. Roman. 180 S. Minden: Bruns 1888
5 Rathsmädelgeschichten. 188 S. Minden: Bruns 1888
6 Im Trosse der Kunst und andere Novellen. 240 S. Minden: Bruns 1889
7 In frischem Wasser. Roman. 2 Bde. 286 S. Stg: Engelhorn (= Engelhorns allgemeine Romanbibliothek VIII, 5. 6.) 1891
8 Der Rangierbahnhof. Roman. 318 S. Bln: Fontane 1895
9 Das Recht der Mutter. Roman. 377 S., 1 Abb. Bln: Fontane 1896
10 Altweimarische Liebes- und Ehegeschichten. 158 S. Stg: Engelhorn (= Engelhorns allgemeine Romanbibliothek XIV, 3.) 1897
11 Neue Ratsmädel- und Altweimarische Geschichten. 159 S. Stg: Engelhorn (= Engelhorns allgemeine Romanbibliothek XIII, 12.) 1897
12 Schlimme Flitterwochen. Novellen. 223 S. Bln: Fontane 1898
13 Verspielte Leute. 159 S. Stg: Engelhorn (= Engelhorns allgemeine Romanbibliothek XIV, 15.) 1898
14 Halbtier! Roman. 360 S. Bln: Fontane 1899
15 Die Kristallkugel. Eine Altweimarische Geschichte. 135 S. Bln: Fleischel 1903
16 Sommerbuch. Neue Altweimarische Geschichten. 224 S. Bln: Fleischel 1903
17 Sommerseele. Muttersehnsucht. Zwei Novellen. Einl. P. Legband. 136 S. m. Abb. u. Faks. Lpz: Hesse (= Hesse's Volksbücherei 161. 162) 1904
18 Das Haus zur Flamm'. Roman. 373 S. Bln: Fleischel 1907
19 Isebies. Roman. 9, 502 S. m. Abb. Mchn: Langen 1911
20 (Hg.) Omar al Raschid Bey: Das hohe Ziel der Erkenntnis. Aranada Upanishad. XV, 173 S. m. Abb. Mchn: Piper 1912
21 Gudrun. 167 S. m. Abb. Bln: Ullstein (= Ullstein-Jugend-Bücher 15) 1913
22 Der gewürzige Hund. Roman. 394 S. Bln: Ullstein 1916
23 (MV) (H. B.:) Ein dummer Streich. (-H. Kurz: Das gepaarte Heiratsgesuch.) 31 S. Graz: Styria (= Jugendbücherei 131) (1919)
24 Im Garten der Frau Maria Strom. Roman. 330 S. Stg: Dt. Verl.-Anst. 1922
25 Die leichtsinnige Eheliebste. Ein Liebeswirrwarr. Roman. 261 S. Stg: Dt. Verl.-Anst. 1925
26 (MV) Die Teufelsmauer. Heitere Geschichten v. H. Hoffmann, O. Ernst, M. Eyth, H. B. 208 S. Hbg, Dresden: Limpert (= Dt. Humoristen, Folge 2; = Die Hausbücher d. Dt. Dichter-Gedächtnis-Stiftung, Bd. 5) 1927
27 Die kleine Goethemutter. Roman. 215 S. Stg: Dt. Verl.-Anst. (1928)
28 Kristine. Roman. 291 S. Weimar: Böhlau (1929)
29 Gesammelte Werke. 9 Bde. Weimar: Böhlau (1929)
30 Eine zärtliche Seele. Roman. 247 S. Stg: Dt. Verl.-Anst. 1930
31 Föhn. Roman. 217 S. Stg: Dt. Verl.-Anst. 1931
32 Spuk in Alt-Weimar. 63 S. Basel: „Gute Schriften" (= Gute Schriften 186) 1935
(Ausz. a. Nr. 11)
33 Die drei Herrinnen. Roman. 229 S. Mchn: Piper 1937
34 Goldvogel. 60 S. Weimar: Böhlau (= Feldpost. Rote Reihe; Bd. 7) (1939)
35 Jugend zu Goethes Zeit. 30 S. Bln: Hillger (= Hillgers dt. Bücherei 131) (1939)

BÖLL, Heinrich (*1917)

1 Der Zug war pünktlich. 145 S. Opladen: Middelhauve 1949
2 Wanderer, kommst du nach Spa... 227 S. Opladen: Middelhauve 1950
3 Die schwarzen Schafe. 20 S. m. Abb. Opladen: Middelhauve 1951
4 Wo warst du, Adam? 210 S. Opladen: Middelhauve 1951
5 nicht nur zur weihnachtszeit. 57 S. m. Abb. Ffm: Frankfurter Verl.-Anst. (= studio frankfurt 5) 1952
6 (MÜbs.) K. Cicellis: Kein Name bei den Leuten. Roman. Übs. Annemarie u. H. Böll. 256 S. Köln, Bln: Kiepenheuer & Witsch 1953
7 Und sagte kein einziges Wort. Roman. 214 S. Köln, Bln: Kiepenheuer & Witsch 1953
8 Haus ohne Hüter. Roman. 320 S. Köln, Bln: Kiepenheuer & Witsch 1954
9 Das Brot der frühen Jahre. Erzählung. 140 S. Köln, Bln: Kiepenheuer & Witsch 1955

10 (MÜbs.) A. Morriën: Ein unordentlicher Mensch. Aus d. Holl. übs. G. Goyert, W. Bächler u. H. B. 217 S. Mchn: Biederstein 1955
11 So ward Abend und Morgen. Erzählungen. 57 S. Zürich: Arche (= Die kleinen Bücher d. Arche 200) 1955
12 (MÜbs.) K. Cicellis: Tod einer Stadt. Erzählung. Übs. Annemarie u. H. Böll. 115 S. Köln, Bln: Kiepenheuer & Witsch 1956
13 Unberechenbare Gäste. Heitere Erzählungen. 70 S. m. Abb. Zürich: Arche (= Die kleinen Bücher d. Arche 219-220) 1956
14 (MÜbs.) P. Horgan: Weihnachtsabend in San Cristobal. Übs. Annemarie u. H. Böll. 108 S. m. Abb. Olten, Freiburg i. Br.: Walter 1956
15 Die Spurlosen. Hörspiel. Nachw. v. R. W. Leonhard. 32 S. Hbg: V. Hans Bredow-Institut (= Hörwerke der Zeit 9) 1957
16 Irisches Tagebuch. 155 S. Köln: Kiepenheuer & Witsch 1957
17 Im Tal der donnernden Hufe. Erzählung. 63 S. Wiesbaden: Insel (= Insel-Bücherei 647) 1957
18 (MÜbs.) P. White: Zur Ruhe kam der Baum des Menschen nie. Roman. Aus d. Engl. v. Annemarie u. H. Böll. 535 S. Köln: Kiepenheuer & Witsch 1957
19 Erzählungen. 292 S. Opladen: Middelhauve 1958
20 Die ungezählte Geliebte. 8 S. Zollikofen: de Quervain (Priv.-Dr.) 1958
21 (MÜbs.) P. Horgan: Der Teufel in der Wüste. Aus d. Amerikan. übs. Annemarie u. H. Böll. 71 S. m. Abb. Olten u. Freiburg i. Br.: Walter (= Kleine literarische Reihe) 1958
22 Doktor Murkes gesammeltes Schweigen und andere Satiren. 157 S. Köln, Bln: Kiepenheuer & Witsch 1958 (Enth. u. a. Nr. 5)
23 (MV) Im Ruhrgebiet. Bildteil: Chargesheimer. Text H. B. 28 S., 88 Bl. Abb., 1 Falttaf. 4°. Köln, Bln: Kiepenheuer & Witsch 1958
24 (Nachw.) J. Cayrol: Der Umzug. Roman. A. d. Französ. v. G. G. Meister 228 S. Olten u. Freiburg i. Br.: Walter 1958
25 Der Wegwerfer. 38 S. m. Abb. Alfeld-Gronau: Hannoversche Papierfabriken 1958 (Ausz. a. Nr. 22)
26 Billard um halbzehn. Roman. 304 S. Bln, Köln: Kiepenheuer & Witsch 1959
27 Der Bahnhof von Zimpren. Erzählungen. 152 S. Mchn: List (= List-Bücher 138) 1959 (Ausz. a. Nr. 19)
28 Der Mann mit den Messern. Erzählungen. Mit e. autobiogr. Nachwort. 77 S. Stg: Reclam (= Reclam's UB. 8287) (1959) (Ausz. a. Nr. 19)
29 Die Waage der Baleks und andere Erzählungen. 142 S. m. Abb. Bln: Union-Verl. 1959

BÖLSCHE, Wilhelm (1861-1939)

1 Paulus. Roman aus der Zeit des Kaisers Marcus Aurelius. 2 Bde. 502 S. Lpz: Reissner 1885
2 Die naturwissenschaftlichen Grundlagen der Poesie. Prolegomena einer realistischen Aesthetik. 93 S. Lpz: Reissner 1887
3 Der Zauber des Königs Arpus. Humoristischer Roman aus dem römischen Kaiserzeit. 280 S. Lpz: Reissner 1887
4 Heinrich Heine. Versuch einer ästhetisch-kritischen Analyse seiner Werke und seiner Weltanschauung. 1., selbst. Abt. 196 S. Lpz: Trenkel 1888
5 Alexander von Humboldt. Vortrag. 14 S. Bln: Rubenow 1891
6 Die Mittagsgöttin. Roman aus dem Geisteskampfe der Gegenwart. 3 Bde. 887 S. Stg: Dt. Verl.-Anst. 1891
7 (MH) Freie Bühne für den Entwickelungskampf der Zeit. Hg. O. Brahm. Red. W. B. Jg. 3-4. 1892-1893
8 (Einl.) W. Hauff: Sämtliche Werke. Mit einer Biographie des Dichters und Einleitungen von W. B. 5 Bde. 1569 S. Bln: Trenkel 1892

9 Freireligiöse Neujahrsgedanken. Festvortrag. 14 S. Bln: Rubenow 1893
10 (Hg.) L. Uhland: Gedichte und Dramen. Mit e. Biographie v. W. B. Ausg, in 1 Bd. 470 S. Bln: Trenkel 1893
11 Entwickelungsgeschichte der Natur. 2 Bde. 806, 839 S. Bln: Neumann (= Hausschatz des Wissens 1–2) 1894–1895
12 Charles Darwin. 111 S., 1 Abb. Lpz: Voigtländer (= Biographische Volksbücher 32–35) 1898
13 Vom Bazillus zum Affenmenschen. Naturwissenschaftliche Plaudereien. 341 S. Lpz: Diederichs 1900
14 Ernst Haeckel. 259 S., 1 Abb. Dresden, Lpz: Seemann (= Männer der Zeit 8) 1900
15 Das Liebesleben in der Natur. Eine Entwickelungsgeschichte der Liebe. 3 Folgen. 402, 394, 373 S. m. Abb. Lpz: Diederichs 1900–1903
16 Die Entwicklungslehre im neunzehnten Jahrhundert. 67 S. m. Abb. Bln: Verl. d. soz. Monatshefte (= Am Anfang des Jahrhunderts 2) 1901
17 Die Eroberung des Menschen. 52 S. 4° Bln: Akadem. Verl. f. soc. Wiss. 1901
18 Die neuen Gebote. Ein Traum. 1 Bl. 2° Lpz., Jena: Diederichs 1901
19 Goethe im zwanzigsten Jahrhundert. Vortrag. 57 S. 4° Bln: Akadem. Verl. f. soc. Wiss. 1901
20 (Vorw.) L. Büchner: Kaleidoskop. Skizzen und Aufsätze aus Natur und Menschenleben. 32, 407 S. Giessen: Roth 1901
21 Hinter der Weltstadt. Friedrichshagener Gedanken zur ästhetischen Kultur. 348 S. Jena: Diederichs 1901
22 (Hg., Einl.) Novalis: Ausgewählte Werke in 3 Bänden. 48, 168, 159, 216 S. m. Abb. Lpz: Hesse 1903
23 Aus der Schneegrube. Gedanken zur Naturforschung. 346 S. Dresden: Reissner 1903
24 Von Sonnen und Sonnenstäubchen. Kosmische Wanderungen. 422 S., 8 Abb. Bln: Bondi 1903
25 Die Abstammung des Menschen. 99 S. m. Abb. Stg: Franckh 1904
26 Weltblick. Gedanken zu Natur und Kunst. 351 S. Dresden: Reissner 1904
27 Naturgeheimnis. 311 S. Jena: Diederichs 1905
28 Der Stammbaum der Tiere. 93 S. m. Abb. Stg: Franckh 1905
29 Der Sieg des Lebens. 95 S. Stg: Franckh 1905
30 (Hg.) C. Sterne: Werden und Vergehen. Eine Entwickelungsgeschichte des Naturganzen in gemeinverständlicher Fassung. 2 Bde. 24, 551, 592 S. m. Abb. Bln: Borntraeger (1905–1906)
31 Die Schöpfungstage. Umrisse zu einer Entwickelungsgeschichte der Natur. 88 S. m. Abb. Dresden: Reissner 1906
32 Im Steinkohlenwald. 96 S. m. Abb. Stg: Franckh 1906
33 (Bearb.) J. W. v. Goethe: Schriften zur Naturwissenschaft. Auswahl. 2 Bde. 483, 506 S. Lpz: Bibliogr. Inst. (=. J. W. v. G., Werke. Hg. K. Heinemann. Bd. 29–30) 1907–1908
34 (Hg.) K. Grottewitz: Unser Wald. Ein Volksbuch. 160 S. m. Abb. Bln: Bh. Vorwärts 1907
35 Was ist die Natur? 138 S. Bln: Bondi 1907
36 Tierbuch. Eine volkstümliche Naturgeschichte. 3 Bde. 12, 312; 12, 132; 12, 155 S. m. Abb. Bln: Bondi 1907–1911
37 Der Mensch der Vorzeit. 2 Tle. 96, 96 S. m. Abb. Stg: Franckh 1909 bis 1911
38 Auf dem Menschenstern. Gedanken zu Natur und Kunst. 16, 344 S. Dresden: Reissner 1909
39 Stunden im All. Naturwissenschaftliche Plaudereien. 517 S. Stg: Dt. Verl.-Anst. 1909
40 Komet und Weltuntergang. 80 S. Jena: Diederichs 1910
41 Festländer und Meere im Wechsel der Zeiten. 103 S. m. Abb. Stg: Franckh 1913
42 Stirb und werde! Naturwissenschaftliche und kulturelle Plaudereien. VI, 253 S. Jena: Diederichs 1913
43 Tierwanderungen in der Urwelt. 96 S. m. Abb. Stg: Franckh 1914
44 Die deutsche Landschaft in Vergangenheit und Gegenwart. Hg. F. Goerke. 112 S. m. Abb. Charlottenburg: Vita (= Leuchtende Stunden 8) (1915)

45 Der Mensch der Zukunft. 90 S. Stg: Franckh 1915
46 Von Wundern und Tieren. Neue naturwissenschaftliche Plaudereien VIII., 276 S. Stg: Dt. Verl.-Anst. 1915
47 Schutz- und Trutzbündnisse in der Natur. 77 S. m. Abb. Stg: Franckh (1916)
48 Der Stammbaum der Insekten. 92 S. m. Abb. Stg: Franckh (1916)
49 (Hg., Einl.) Neue Welten. Die Eroberung der Erde in Darstellungen großer Naturforscher. XXIV, 644 S. m. Abb. Bln: Dt. Bibliothek (1916)
50 Eiszeit und Klimawechsel. 77 S. Stg: Franckh 1919
51 (Hg., Einl.) C. T. Fechner: Die Tagesansicht gegenüber der Nachtansicht. Das Büchlein vom Leben nach dem Tode. 300 S. Bln: Dt. Bibliothek (= Deutsche Bibliothek 124) (1919)
52 (Hg.) A. v. Humboldt: Ansichten der Natur. Mit wissenschaftl. Erläuterungen. 435 S., 1 Abb. Lpz: Reclam (= Reclam's UB. 2948-2950 a. b) (1920)
53 (Hg., Einl.) F. A. Lange: Geschichte des Materialismus und Kritik seiner Bedeutung in der Gegenwart. 426 S. Bln: Dt. Bibliothek (= Deutsche Bibliothek 138) (1920)
54 Naturphilosophische Plaudereien. 39 S. Charlottenburg: Volkshochschul-V. (= Lehr- und Lernbücher, H. 5) 1920
55 (Hg., Einl.) Angelus Silesius: Cherubinischer Wandersmann. Nach der Ausgabe letzter Hand von 1675 vollständig hg. und mit einer Studie „Über den Wert der Mystik für unsere Zeit" eingel. v. W. B. LXXXVIII, 248 S. Jena: Diederichs 1921
56 Ausgewählte Schriften. Abt. 2: Natur und Kunst. 2 Bde. XV, 344; 333 S. Dresden: Reissner 1922
    (Enth. Nr. 26, 38)
57 Aus Urtagen der Tierwelt. Stunden im Zoologischen Garten. 186 S. Dresden: Reissner (= Das Leben der Tiere in Einzeldarstellungen) 1922
58 Der Liebesroman des Hirsches. 155 S. m. Abb. Dresden: Reissner (= Das Leben der Tiere in Einzeldarstellungen) 1923
    (Neuausg. d. 3. Bandes v. Nr. 36)
59 Der singende Baum. Neue Geschichten aus dem Paradiese. 316 S. Dresden: Reissner 1924
60 Tierseele und Menschenseele. 76 S. m. Abb. Stg: Franckh (1924)
61 (Hg.) C. M. Wieland: Ausgewählte Werke in vier Teilen. Lpz: Hesse & Becker (= Deutsche Klassiker-Bibliothek) (1924)
62 Von Drachen und Zauberkünsten. Abenteuer aus dem Kampf mit dem Unbekannten in der Natur. Jugend- und Volksausg. 192 S. m. Abb. Jena: Diederichs 1925
63 Erwanderte deutsche Geologie: Die Sächsische Schweiz. 64 S., 5 Taf. Bln: Dietz Nachf. 1925
64 (Hg.) K. Grottewitz: Sonntag eines Großstädters in der Natur. 117 S. m. Abb. Bln: Dietz Nachf. 1925
65 Die Abstammung der Kunst. 64 S. m. Abb. Stg: Franckh 1926
66 Im Bernsteinwald. 78 S., 41 Abb. Stg: Franckh 1927
67 Lichtglaube. Stunden eines Naturforschers. 321 S., 1 Abb. Lpz: Reclam (= Reclam's UB. 6761–6764) 1927
68 Naturwende. Tagebuchblätter. Ausgewählte Abschnitte des Werkes „Aus der Schneegrube" in neuer zeitgemäßer Bearbeitung und Erweiterung. 314 S. Bln: Dt. Buch-Gemeinschaft (1927)
    (Ausz. a. Nr. 23)
69 Drachen. Sage und Naturwissenschaft. 80 S. m. Abb. Stg: Franckh (= Kosmos-Bändchen) 1929
70 Ausgewählte Werke. Neubearbeitete und illustrierte Ausgabe. 6 Bde. Lpz: Haberland 1930
    (Enth. Nr. 17, 23, 26, 31, 38, 57, 59)
71 Das Leben der Urwelt. Aus den Tagen der großen Saurier. 348 S., 141 Abb., 40 Taf. Lpz: Dollheimer 1931
72 Der Termitenstaat. Schilderung eines geheimnisvollen Volkes. 79 S., 21 Abb. Stg: Franckh (= Kosmos-Bändchen) 1931
73 Was muß der neue deutsche Mensch von Naturwissenschaft und Religion fordern? Ein Vortrag. 61 S. Bln: Buchholz & Weißwange 1934

BÖRNE, Ludwig (eig. Löb Baruch) (1786–1837)

1. (Hg.) Die Wage. Eine Zeitschrift für Bürgerleben, Wissenschaft und Kunst. 2 Bde. 8, 5 Hefte. Ffm: Hermann (1818–20); Ffm, Tüb: Laupp (1820–21) 1818–1821
2. (Hg.) Zeitung der freien Stadt Frankfurt. Ffm 1819
3. (Hg.) Zeitschwingen oder Des deutschen Volkes fliegende Blätter. Ffm: Wilmanns 1819
4. (Vorw.) Die Spende. Eine Auswahl von Aphorismen, Epigrammen, Anekdoten, Bemerkungen usw. Hg. B. Reinwald. 460 S. Offenbach 1823
5. Denkrede auf Jean Paul. 16 S. Ffm (Erfurt) 1826
6. Einige Worte über die angekündigten Jahrbücher für wissenschaftliche Kritik, herausgegeben von der Societät für wissenschaftliche Kritik zu Berlin. 20 S. Heidelberg: Winter 1827
7. Gesammelte Schriften. 8 Bde. Hbg: Hoffmann & Campe 1829–1834
8. Briefe aus Paris. 1830 bis 1831. 2 Bde. VIII, 319; VIII, 316 S. Hbg: Hoffmann & Campe 1832
    (Mit dem besonderen Titel als Bd. 9 u. 10 zu Nr. 7)
9. Briefe aus Paris. 1831 bis 1832. 2 Bde. VIII, 326; VII, 372 S. Paris: Brunet 1833
    (Mit dem besonderen Titel als Band 3 u. 4 zu Nr. 8; ebenso als Band 11 u. 12 zu Nr. 7)
10. Briefe aus Paris. 1832 bis 1834. 2 Bde. VI, 312; VI, 319 S. Paris: Brunet 1834
    (Mit dem besonderen Titel als Band 5 u. 6 zu Nr. 8; ebenso als Band 13 u. 14 zu Nr. 7)
11. (Übs.) Worte des Glaubens von Abbé de Lamennais. A. d. Franz. 183 S. Paris bzw. 96 S. Herisau 1834
12. Gesammelte Schriften. 17 Bde. Hbg: Hoffmann & Campe 1835–1847
13. Menzel der Franzosenfresser. 160 S. Paris: Barrois 1837
    (Auch als Bd. 15 zu Nr. 12)
14. Gesammelte Schriften. Dritte vermehrte und rechtmäßige Ausgabe. 5 Bde. 16° Stg: Brodhag 1840
    (Verm. Neuausg. v. Nr. 7)
15. Ludwig Börne's Urtheil über H. Heine. Ungedruckte Stellen aus den Pariser Briefen. 80 S. Ffm: Sauerländer 1840
16. Nachgelassene Schriften. Hg. Erben des literarischen Nachlasses. 6 Bde. Mannheim: Bassermann 1844–1850
17. Moderne Reliquien. Hg. A. Mueller. 2. Band. Bln 1845
    (Enth. u. a. Ausz. a. Nr. 7)
18. Französische Schriften. Hg. Cormenin, übs. E. Weller. 208 S. Bern: Jenni 1847
19. Gesammelte Schriften. Neue vollständige Ausgabe. Mit Biogr. v. M. Reinganum. 12 Bde. Hbg: Hoffmann & Campe u. Ffm: Lit. Anst. 1862
20. Gesammelte Schriften. Vollständige Ausgabe. Mit Biogr. v. K. Grün. 12 Bde. 16° Wien: Tendler 1868
21. Gesammelte Schriften. Vollständigste Ausgabe. 12 Bde. Nürnberg, Bln: Wörlein 1880
22. Études sur l'histoire et les hommes de la révolution française, ed. J. Dresch. 152 S. Lyon: J. A. C. (Bibl. de la Soc. des études germ. 6) 1952

BOHSE, August (+Talander) (1661–1730)

1. +Der Liebe Irregarten. 4 Bl., 417 S. Lpz: Meyer 1684
2. +Liebes-Cabinet der Damen. 10 Bl., 624 S., 1 Ku. 12° Lpz: Weidmann 1685
3. +Unglückselige Prinzessin Arsinoe. 7 Bl., 814 S., 1 Ku. 12° Ffm, Lpz: Weidmann 1687
4. +Die Durchlauchtigste Alcestis aus Persien. 6 Bl., 526 S., 1 Ku. Lpz: Günther 1689
5. +Amor An Hofe. 7 Bl., 464 S. Dresden: Mathesius 1689
6. +Die Eiffersucht der Verliebten. 511 S., 1 Ku., 12° Lpz: Lanckisch 1689

7 +(Übs.) Le Mary jaloux Oder der Eyfersüchtige Mann. 4 Bl., 273 S., 1 Ku. Dresden: Kettner 1689
8 +Der allzeitfertige Briefsteller. 3 Tle. Ffm, Lpz: Boëtius 1960–1694
9 +Das Durchlauchtige Archiv. 3 Tle. Ffm, Lpz: Boëtius 1691–1693
10 +Der durchlauchtigste Arsaces aus Persien. 6 Bl., 544 S., 1 Ku. Ffm, Lpz: Boëtius 1691
11 +Der getreuen Bellamira wohlbelohnte Liebes-Probe. 6 Bl., 653 S., 1 Ku. Lpz: Gleditsch u. Weidmann 1692
12 +Des Galanten Frauenzimmers Secretariat-Kunst oder Liebes- und Freundschaffts-Brieffe. 8 Bl., 1206 S., 11 Bl. Lpz: Gleditsch 1692
13 +Getreuer Wegweiser zur Teutschen Redekunst und Briefverfassung. 6 Bl., 1954 S., 1 Ku. Lpz: Weidmann 1692
14 +Schauplatz der Unglückselig-Verliebten. 6 Bl., 1263 S., 1 Ku. Lpz: Gleditsch u. Weidmann 1693
15 +Die Versteckte Liebe im Kloster. 456 S., 1 Ku. 12° Ffm: Wohlfart 1694
16 +Neu-eröffnetes Liebes-Cabinet des galanten Frauenzimmers. 12 Bl., 624 S., 1 Ku. Ffm, Lpz: Groschuff 1694
17 +(MV) Die Durchlauchtigste Olorena Oder Wahrhafftige Staats- und Liebes-Geschichte dieser Zeit. 5 Bl., 575 S., 1 Ku. Lpz: Weidmann 1694
18 +Aurorens Königlicher Princeßin aus Creta Staats- und Liebes-Geschichte. 860 S., 1 Ku. Lpz: Gleditsch u. Weidmann 1695
19 +Die Amazoninnen aus dem Kloster in einer angenehmen Liebes-Geschichte. 5 Bl., 319 S., 1 Ku. Köln: Gleditsch u. Weidmann 1696
20 +Die getreue Sclavin Doris in einem annehmlichen Liebes- und Helden-Roman. 6 Bl., 704 S., 1 Ku. Lpz: Gleditsch 1696
21 +(Übs.) Des Französischen Helicons Monatfrüchte oder getreue Übersetzungen und Auszüge allerhand curieuser und auserlesener Französischer Schrifften. 3 Bl., 1034 S., 12 Ku. Lpz: Gleditsch 1696
22 +Neu-Erleuterter Briefsteller. 5 Bl., 1056, 706 S. 1 Ku. Lpz: Gleditsch 1697
23 +(Übs.) Des sinnreichen und berühmten Baptista Guarini Pastor Fido Oder Getreue Schäfer. 6 Bl., 392 S., 8 Ku. 12° Erfurt: Birckner (1697)
24 +Des curieuß-beqwemen Hand-Buchs allerhand auserlesener Send-Schreiben und mündlicher Complimenten vom allerneusten Stylo ... 2 Tle. 6 Bl., 641 S.; 3 Bl., 646 S. Lpz: Gleditsch u. Weidmann 1697–1704
25 +(Übs.) Academische Sendschreiben von allerhand Materia nach der neuesten Manier und Schreib-Art. 279 S. 12° Lpz: Bailliar 1697
26 +(Einl.) Wettstreit Der Liebe der Tugend und der Eyfersucht Oder Don Pedro, Krohn-Printzens von Portugal und Agnes von Castro Liebes-Geschichte. Aus dem Frantzösischen übersetzet. Nebst einem artigen und curieusen Tractätlein genannt die Weiber-List. Aus dem Italienischen übersetzt mit einer Vorrede. 5 Bl., 269 S., 1 Ku. 12° (Lpz:) Gleditsch 1697
27 +(MV) Die liebenswürdige Europäerin Constantine. 6 Bl., 612 S. 1 Ku. Ffm, Lpz: Hülße 1698
28 +Curieuse und Historische Reisen durch Europa. 2 Tle. 6 Bl., 1056 S., 1 Ku.; 6 Bl., 968 S., 1 Ku. Lpz: Gleditsch 1698–1699
29 +Die Albanische Sulima in einer wohlanständigen und reinen Liebes-Geschichte samt anderen mit einlauffenden artigen Begebenheiten und beygefügten Brieffen. 481 S. Köln: Marteau 1698
30 +Die Lebenden Todten welche in dem Herrn entschlaffen durch unterschiedene Trauer-Reden Leich-Abdanckungen und Begräbniß-Gedichte beehret. 6 Bl., 788 S., 1 Ku. Lpz: Gleditsch 1698
31 +Ariadnens Königlicher Printzeßin von Toledo Staats- und Liebes-Geschichte. 6 Bl., 892 S., 1 Ku. Lpz: Gleditsch 1699
32 +(Übs.) Gemüths-Spiegel Durch die köstlichen moralischen Betrachtungen Lehrsprüche und Maximen die Erkäntniß seiner selbst und anderer Leute zeigend aus dem Frantzösischen in unserer teutschen Sprache vorgestellet. 4 Bl., 305 S., 1 Ku. 12° Lpz: Gleditsch 1699
33 +Tugend und Laster Comödie. 1 Bl., 105 S. Quedlinburg, Aschersleben: Struntz 1699
34 +Historischer Welt-Spiegel. 1204 S., 1 Ku. Lpz: Gleditsch u. Weidmann 1699
35 Dissertatio Inauguralis Iuridica De Iure Posthumorum ... Praeside ... Dr. Christiano Wildvogel ... Mense Iunio Anno 1700 ...
36 +Gründliche Einleitung zu Teutschen Briefen. 2 Bl., 351 S. Jena: Bailliar 1700

37 +Neuerleuterte Teutsche Redekunst und Briefverfassung. 5 Bl., 1368 S. Lpz: Gleditsch 1700
   (Umarb. v. Nr. 13)
38 +(Übs.) Staats-Roman, welcher ... vorstellet, Wie die Königl. und Fürstlichen Printzen ... anzuführen durch Franciscum de Salignac de la Mothe Fenelon Ertz-Bischoffen zu Cambray. In Frantzösischer Sprache beschrieben und aus derselben ins Deutsche übersetzet. 6 Bl., 461 S., 1 Ku. Breslau: Bauch 1700
39 +(Übs.) Die Durchlauchtigste Argenis einer von den vortrefflichsten Staats-Romanen dieser und voriger Zeiten von dem berühmten Jo. Barclajo in Lateinischer Sprache beschrieben und aus solcher in unsere Hochteutsche mit Fleiß übersetzet. 5 Bl., 1182 S., 5 Ku. Lpz: Gleditsch 1701
40 +Schertz- und Ernsthaffte Historische Erquickstunden. 6 Bl., 1022 S. Lpz: Gleditsch 1702
41 +Gründliche Einleitung zur Teutschen Oratoria. 6 Bl., 428 S. Jena: Bailliar 1702
42 +(Übs.) Der Marquisin von Fresne seltzame Liebes- und Lebens-Geschichte von ihr selbst beschrieben und nebst einem anderen curieusen Tractätlein Der Adeliche Bauer genannt. Aus dem Frantzösischen übersetzet. M. 1 Ku. Lpz: Gleditsch 1703
43 +Der getreue Hoffmeister adelicher und bürgerlicher Jugend. 6 Bl., 532 S., 1 Ku. Lpz: Gleditsch 1703
44 +(Übs.) Des Frantzösischen Helicons auserlesene Winter-Früchte. 4 Bl., 502 S. Lpz: Gleditsch 1703
45 +Letztes Liebes- und Helden-Gedicht. 6 Bl., 880 S., 1 Ku. Lpz: Gleditsch 1706
46 +(Übs.) Der schönen Ariana Staats- und Liebesgeschichte. M. 18 Ku. Ffm: Sand 1708
47 +Neuvermehrte gründliche Einleitung zur teutschen Oratoria. 566 S. Jena: Bailliar 1708
   (Verm. Neuaufl. v. Nr. 41)
48 +Curieuse und deutliche Vorstellung unterschiedlicher Politic und Affecten. 7 Bl., 893 S. Liebenthal: v. d. Linden 1708
49 +Antonia de Palma in einer angenehmen Staats- und Liebesgeschichte oder der letzten Helden- und Liebesgeschichte Anderer Teil. 3 Bl., 576 S., 1 Ku. Lpz: Gleditsch u. Weidmann 1709
   (2. Teil zu Nr. 31)
50 Die von Ihrer Röm. Kayserl. auch zu Hungarn und Boheim Königl. Mayestät Josephi I. Allergnädigst auffgerichtete Ritter-Academie zu Liegnitz in Schlesien. 40 S. 2° Jena: Rohrlach 1709
51 +(Einl.) Die Tausend und Eine Nacht ... Erstlich vom Herrn Galland ... aus der Arabischen Sprache in die Frantzösische und aus selbiger anitzo ins Teutsche übersetzt. Erster und Anderer Theil. 2 Bl., 344 S., 1 Ku. Lpz: Gleditsch u. Weidmann 1710
   (Neuaufl. v. Nr. 45 u. 49)
52 +Die Verliebten Verwirrungen der Sicilianischen Höfe. 2 Bde. 2 Bl., 880 S., 4 Ku.; 576 S., 4 Ku. Lpz: Weidmann 1725
53 +(Übs.) Der Neue Frantzösische Briefsteller oder Auserlesene Schreiben von allerhand Materien verfasset von Carl Ludwig de Merville. Und ins Teutsche übersetzet. 511 S. Breslau: Rohrlach 1730
54 (Einl.) Tausend und ein Tag, Das ist: Persianische Historien und allerlei Liebesbegebenheiten. Anfangs aus der Persianischen Sprache in die Frantzösische übersetzet von Herrn Petit de la Croix, ..., und anjitzo ins Hochdeutsche gebracht. 928 S. Lpz: Weidmann 1730
55 +Wohlangerichtete und neu-erfundene Tugend-Schul. Erster Theil. 288 S. m. Ku. Ffm., Lpz: Albrecht 1740
56 +(Einl.) Der neue Französische Briefsteller oder Auserlesene Schreiben von allerhand Materien, verfasset von Carl Ludwig de Merville und durch einen Liebhaber dieser beyden Sprachen ins Teutsche übersetzet nebst Talanders besonderer Vorrede. 6 Bl., 574 S. Breslau: Pietsch 1742

BOIE, Heinrich Christian (1744–1806)

1 (MH, ab 1771 Hg.) Göttinger Musenalmanach. Göttingen: Dieterich 1770–1775

2 (Hg.) R. Chandler: Reisen in Kleinasien. 396 S. Lpz: Weygand 1776
3 (MH, ab 1778 Hg.) Deutsches Museum. Lpz: Weygand 1776-1788
4 (Hg.) R. Chandler: Reisen in Griechenland. 432 S. Lpz: Weygand 1777
5 (Hg.) Ch. u. F. L. Grafen zu Stolberg: Gedichte. 3 Bl., 318 S. m. Ku. Lpz: Weygand 1779
6 (Hg.) Neues Deutsches Museum. Lpz: Göschen 1789-1791
  (Forts. v. Nr. 3)
7 Lieder der Freude. Gesungen zu Meldorf. 13 S. Friedrichstadt: Bade 1804

Bonsels, Waldemar (1880–1952)

1 Mein Austritt aus der Baseler Missions-Industrie und seine Gründe. Offener Brief an die Baseler Missions-Gemeinde in Württemberg und der Schweiz. 24 S. Mchn: Bonsels 1904
2 Madame Potiphar. Eine Badereise. 46 S. m. Abb. Mchn: Bonsels 1904
3 (MV) W. B., H. Brandenburg, B. Isemann, W. Vesper: Die Erde. Neue Dichtungen. 74 S. Mchn: Bonsels 1905
4 Ave vita, morituri te salutant. 103 S. Mchn: Bonsels 1906
5 Mare. Die Jugend eines Mädchens. Roman. 171 S. Bln: Fontane 1907
6 Frühling. Schauspiel. 140 S. Bln: Fontane 1908
7 Kyrie Eleison. 36 S., 6 Abb. Mchn: Bonsels 1908
8 (MV) W. B. u. H. Hahn: Aimée. Die Abenteuer einer Tänzerin. Ein phantastischer Roman in einer Weltreise. 253 S. Mchn: Strauss 1908
9 Rote Nacht. Ballade für Detlev v. Liliencron. 8 S. Bln-Wilmersdorf 1908
10 Blut. Roman. 199 S. Hbg: Janssen 1909
11 Don Juans Tod. Epos. 48 S., 5 Abb. 4°. Mchn: Strauss 1909
12 Das Feuer. Dichtungen. 74 S. Mchn: Strauss 1910
13 Die Toten des ewigen Kriegs. Roman. 351 S. Bln: Schuster & Loeffler 1911
14 Der tiefste Traum. Eine Erzählung. 151 S. Bln: Schuster & Loeffler 1911
15 Die Biene Maja und ihre Abenteuer. Ein Roman für Kinder. 178 S. Bln: Schuster & Loeffler 1912
16 Märztage. Ein Schauspiel. 81 S. Bln: Schuster & Loeffler 1912
17 Das Anjekind. Roman. 177 S. Bln: Schuster & Loeffler 1913
18 Das junge Deutschland und der große Krieg. Aus Anlaß des Briefwechsels Romain Rolland mit Gerhart Hauptmann über den Krieg und die Kultur. 33 S. Mchn: Schmidkunz 1914
19 Kanonier Grimbarts Kriegsberichte. 64 S. m. Abb. Bln: Schuster & Loeffler (1915)
20 Himmelsvolk. Ein Buch von Blumen, Tieren und Gott. 215 S. Bln: Schuster & Loeffler 1915
21 Die Heimat des Todes. Empfindsame Kriegsberichte. 126 S. Mchn: Schmidkunz 1916
22 Indienfahrt. 259 S. Ffm: Rütten & Loening 1916
23 Der Pfarrer von Norby. Drama. Mchn 1916
24 Leben, ich grüße dich. Erzählung. 186 S. Bln: Janke (= Sammlung Janke) (1918)
  (Neuaufl. v. Nr. 5)
25 Menschenwege. Aus den Notizen eines Vagabunden. 268 S. Ffm: Rütten & Loening. 1918
26 Don Juan. Eine epische Dichtung. 150 S. Bln: Schuster & Loeffler 1919
  (Vollst. Ausg. v. Nr. 11)
27 Wartalun. Eine Schloßgeschichte. 304 S. Bln: Schuster & Loeffler 1920
  (Neuaufl. v. Nr. 14)
28 Eros und die Evangelien. Aus den Notizen eines Vagabunden. 214 S. Ffm: Rütten & Loening 1921
29 Norby. Eine dramatische Dichtung. 130 S. Bln: Schuster & Loeffler (1921)
30 Weihnachtsspiel. Eine Dichtung. 73 S. Ffm: Rütten & Loening 1922
31 Jugendnovellen. 421 S. Stg: Dt. Verl.-Anst. 1923
  (Enth. Nr. 3, 11, 15, 24)
32 Narren und Helden. Aus den Notizen eines Vagabunden. 263 S. Ffm: Rütten & Loening 1923

33 In den Bergen und Am Thron der Sonne. 32 S. Bln: Hillger (= Deutsche Jugendbücherei 162) 1924
(Ausz. a. Nr. 23)
34 Scholander. 86 S. Stg: Fleischhauer & Spohn (= Kristall-Bücher) (1924)
(Ausz. a. Nr. 25)
35 Tiergeschichten. 64 S. Wien, Österr. Jugendrotkreuz (= Jugendrotkreuzbücher, Bd. 2) 1924
(Ausz. a. Nr. 21)
36 Vagabunden-Brevier. Gedanken und Betrachtungen. Aus Werken ausgewählt u. zu einem Bilde seiner Weltanschauung zusgest. v. R. Bulgrin. XI, 134 S., 1 Titelb. Ffm: Rütten & Loening 1924
37 Notizen eines Vagabunden. 3 Bde. 268, 214, 263 S. Ffm: Rütten & Loening 1925
(Enth. Nr. 25, 28, 33)
38 Die Flamme von Arzla. Ein Schauspiel in vier Aufzügen 131 S. Stg: Dt. Verl.-Anst. 1925
39 Die Mundharmonika. Erzählungen. 159 S. Lpz: Koehler & Amelang 1925
40 Das dichterische Werk. 3 Bde. 100, 99, 159 S. Dresden: Reißner 1926
(Enth. Nr. 12, 13, 29, 30)
41 Der Wanderer zwischen Staub und Sternen. Vorw. H. M. Elster. 371 S. Dt. Buchgemeinschaft 1926
42 Mario und die Tiere. 325 S. Stg: Dt. Verl.-Anst. (1927)
43 (Hg.) Tausend und eine Nacht. Arabische Erzählungen, zum ersten Male aus dem Urtext übs. F. Weil. Hg. u. bearb. W. B. u. P. Weiglin. 2 Bde. XI, 378; IV, 492 S., 20 Taf. 4⁰ Bln: Neufeld & Henius (1928)
44 Tiergeschichten. 127 S. Bln: Verl. d. Brücke (= Unsere deutschen Erzähler. Reihe 3, Gabe 1) 1928
45 Naemi. 251 S. m. Abb. Wien: Glöckner-V. (= Glöckner-Bücher 34) 1929
46 Waldtiere. 30 S. m. Abb. Ffm: Diesterweg (= Kranz-Bücherei 158) 1929
(Ausz. a. Nr. 42)
47 Mario und Gisela. 247 S. Stg: Dt. Verl.-Anst. 1930
48 (MV) W. B. u. Frh. A. v. Dungern: Brasilianische Tage und Nächte. 188 S., 52 Abb. Bln, Lpz: Nothung-V. 1931
49 Tage der Kindheit. 225 S. Bln: Ullstein 1931
50 Die Nachtwache. Roman. 347 S. Stg: Dt. Verl.-Anst. 1933
51 Der ewige Weg. Ein Weihnachtsspiel. 65 S. Mchn: Piper 1934
(Neuaufl. v. Nr. 30)
52 Der Reiter in der Wüste. Eine Amerikafahrt. 322 S. Stg: Dt. Verl.-Ants. 1935
53 Der nichtgespielte Film. 157 S. m. Abb. Mchn: Bruckmann 1936
54 Marios Heimkehr. 334 S. Stg: Dt. Verl.-Anst. 1937
55 Die Reise um das Herz. 263 S. Stg: Cotta 1938
56 Mario. Ein Leben im Walde. 477 S. Stg: Dt. Verl.-Anst. 1939
57 Begegnungen. Erzählungen. 85 S. Bln: West-Ost-V. 1940
58 Die klingende Schale. Märchenbilder und Traumgestalten. 231 S. Stg: Dt. Verl.-Anst. 1940
59 (Hg.) Novalis. Der Hüter der Schwelle. Von Weisheit und Liebe in der Geisteswelt d. Novalis. Ausgew. u. eingel. W. B. 141 S. Mchn: Münchner Buchverlag 1941
60 Zwischen Traum und Tat. Dichtungen und Lieder. 85 S., 1 Titelb. Bln: West-Ost-V. 1941
(Erw. Aufl. v. Nr. 13)
61 (Bearb.) Knorrherz und Ermelinde. Ein Märchenbuch. F. d. Jugend neu bearb. 38 S. m. Abb. 4⁰. Bln: West-Ost-V. (1944)
(Ausz. a. Nr. 58)
62 Mortimer. Der Getriebene der dunklen Pflicht. 295 S. Hbg: Mölich 1946
63 Kaja. Novelle. 93 S. Düsseldorf: Vier Falken-V. 1947
(Ausz. a. Nr. 31)
64 Runen und Wahrzeichen. 148 S. Wuppertal: Abendland- V. 1947
65 Wahrzeichen und Lieder. 16 S. Iserlohn: Holzwarth (1948)
66 Dositos. Ein mythischer Bericht aus der Zeitwende. Roman. 343 S. Neustadt (Haardt): Corona-V. 1949
67 Die Herrschaft des Tieres. Gestalten und Visionen. 198 S. Bln: Spielberg Chronos-V. 1949

68 Freundschaften. Kämpfe und Jagden. Eine Auswahl der schönsten Tiergeschichten. Zusget. v. R.-M. Bachofen. 78 S. Düsseldorf: Hoch (= Düsseldorfer Jugendbücher) 1951
69 Das vergessene Licht. Roman des Griechen Dositos zur Zeit Christi. 343 S. Stg: Dt. Verl.-Anst. 1951
(Neuaufl. v. Nr. 66)
70 Efeu. Erzählungen und Begegnungen. 96 S. Bln: West-Ost-V. 1953
(Erw. Neuausg. v. Nr. 57)
71 (Vorw.) Hans Christian Andersen. Für die Jugend ausgew. und neu bearb. 300 S. m. Abb. Wien, Heidelberg: Ueberreuter 1955

BORCHARDT, Georg Hermann
(+Georg Hermann) (1871–1943)

1 +Modelle. Ein Skizzenbuch. 89 S. Bln: Fontane 1897
2 +Spielkinder. Roman. 309 S. Bln: Fontane 1897
3 +Die Zukunftsfrohen. Neue Skizzen. 179 S. Bln: Fontane 1898
4 +Aus dem letzten Hause. Ein neues Skizzenbuch. 249 S. Bln: Fontane 1900
5 +Der Simplicissimus und seine Zeichner. 32 S. Bln: Die Welt am Montag 1900
6 +Die deutsche Karikatur im neunzehnten Jahrhundert. 132 S., 6 Kunstbeil. Bielefeld: Velhagen & Klasing (= Sammlung illustrierter Monographien 2) 1901
7 +Wilhelm Busch. 47 S., 1 Bildn. Bln: Gose (= Moderne Essays zur Kunst und Literatur 17) 1902
8 +Skizzen und Silhouetten. Essays. 216 S. 4° Darmstadt: Roether 1902
9 +Jettchen Geberts Geschichte. 2 Bde. Bln: Fleischel 1906–1909
   1. Jettchen Gebert. 474 S. 1906
   2. Henriette Jacoby. 370 S. 1909
10 +Rudyard Kipling. 31 S. Bln: Vita 1909
11 +Sehnsucht. Ernste Plaudereien. 161 S. Bln: Fleischel 1909
12 +Kubinke. Roman. 356 S. Bln: Fleischel 1910
13 +Der Wüstling oder Die Reise nach Breslau. Lustspiel. 90 S. Bln: Fleischel 1911
14 +Aus guter alter Zeit. Malerische Winkel aus deutschen Städten. 112 S. m. Abb. Bln: Vita (= Leuchtende Stunden 2) 1911
15 +Um Berlin. Zehn Original-Lithographien. Text v. G. H. 10 Taf. m. 7 S. illustr. Text. 53×68,5 cm. Bln: Cassirer (= 9. Werk der Pan-Presse) 1912
16 +Die Nacht des Doktors Herzfeld. Roman. 297 S. Bln: Fleischel 1912
17 +(Hg.) Das Biedermaier im Spiegel seiner Zeit. Briefe, Tagebücher, Memoiren, Volksszenen und ähnliche Dokumente, gesammelt. IV, 416 S. 4 Taf. Bln: Dt. Verlh. Bong (= Bong's Schön-Bücherei) 1913
18 +Jettchen Gebert. Schauspiel in fünf Akten. 122 S. Bln: Fleischel 1913
19 +Henriette Jacoby. Drama 104 S. Bln, Stg: Dt. Verl.-Anst. 1915
20 +Vom gesicherten und ungesicherten Leben. Ernste Plaudereien. VII, 246 S. Bln, Stg: Dt. Verl.-Anst. 1915
21 +Heinrich Schön jun. Roman. IV, 392 S. Bln, Stg: Dt. Verl.-Anst. 1915
22 +Der Guckkasten. VII, 175 S. Bln, Stg: Dt. Verl.-Anst. (= Die Feldbücher) (1916)
23 +Mein Nachbar Ameise. Spiel in drei Akten. VIII, 119 S. Bln, Stg: Dt. Verl.-Anst. 1917
24 +Einen Sommer lang. Roman. 315 S. Bln: Ullstein 1917
25 +Kleine Erlebnisse. 206 S. Bln, Stg: Dt. Verl.-Anst. 1919
26 +Randbemerkungen (1914–1917). V, 169 S. Stg: Dt. Verl.-Anst. 1919
27 +(Einl.) Das Berliner Lokalstück. 188 S. Bln: Ullstein (= Die fünfzig Bücher, Bd. 20) 1920
28 +(MV) Meister-Novellen neuerer Erzähler. Bd. 1. M. Beitr. v. G. H. u. a. 208 S. Lpz: Hesse & Becker (= Hesse's Volksbücherei 1338–1340) (1920)
29 +Doktor Herzfeld. Roman in 2 Bdn. Stg: Dt. Verl.-Anst.
   1. Die Nacht. 297 S. (1922)
   2. Schnee. 350 S. 1921
   (Bd. 1 Neuaufl. v. Nr. 16)

30 +Gesammelte Werke. 5 Bde. 363 S., 1 Titelb.; 362; 276; 333; VII, 677 S. Bln: Dt. Verl.-Anst. 1922
31 +Frau Antonie. Schauspiel in fünf Akten. 118 S. Stg: Dt. Verl.-Anst. 1923
32 +Der kleine Gast. Roman. 601 S. Stg: Dt. Verl.-Anst. 1925
33 +Die steile Treppe. Roman in zwei Bdn. 276, 601 S. Stg: Dt. Verl.-Anst. 1925 (Neuaufl. v. Nr. 24 u. Nr. 32)
34 +Holland, Rembrandt und Amsterdam. 97 S. m. Taf. 4⁰ Heidelberg, Baden-Baden: Merlin-V. 1926
35 +Spaziergang in Potsdam. 148 S., 16 S. Abb. Bln: Rembrandt-V. (1926)
36 +Der doppelte Spiegel. 91 S. Bln: Alweiss 1926
37 +Aus sorglosen Tagen. Ein Album. Texte v. G. H., R. Schanzer, H. Brennert, K. Ettlinger u. a. 111 S. m. Abb. 2⁰ Bln: Ullstein 1926
38 +Tränen um Modesta Zamboni. Roman. 265 S. Stg: Dt. Verl.-Anst. (1928)
39 +Die Zeitlupe und andere Betrachtungen über Menschen und Dinge. 201 S. Stg: Dt. Verl.-Anst. 1928
40 +Träume der Ellen Stein. Roman. 251 S. Stg: Dt. Verl.-Anst. 1929
41 +Vorschläge eines Schriftstellers. 251 S. Baden-Baden: Merlin-V. 1929
42 +Grenadier Wordelmann. Ein Roman aus friderizianischer Zeit. 362 S. Bln: Ullstein 1930
43 +November achtzehn. Roman. 340 S. Stg: Dt. Verl.-Anst. 1930
44 +Ruth's schwere Stunde. 320 S. Amsterdam: de Lange 1934
45 +B. M. Der unbekannte Fußgänger. 160 S. Amsterdam: Hertzberger 1935
46 +Der etruskische Spiegel. 309 S. m. Abb. Amsterdam: Hertzberger 1936

BORCHARDT, Rudolf (1877–1945)

1 Zehn Gedichte. 15 S. Bonn: Priv.-Dr. 1896
2 Heroische Elegie. Göttingen: Priv.-Dr. 1900
3 Pathetische Elegie. Göttingen: Priv.-Dr. 1901
4 Saturnische Elegie. Göttingen: Priv.-Dr. 1901
5 Geschichte des Heimkehrenden. (Das Buch Joram). 29 S. Basel: Priv.-Dr. (15 Ex.) 1905
6 (Übs.) Das Gespräch über Formen und Platons Lysis deutsch. 79 S. Lpz: Zeitler 1905
7 Rede über Hofmannsthal. 65 S. Lpz: Zeitler (600 num. u. sign. Ex.) 1905
8 Das Buch Joram. 51 S. Lpz: Insel 1907 (Neuaufl. v. Nr. 5)
9 Villa. 43 S. Lpz: Priv.-Dr. i. A. v. A. W. v. Heymel (100 num. Ex.) 1908
10 (MH) Hesperus. Ein Jahrbuch v. H. v. Hofmannsthal, R. A. Schröder u. R. B. 9, 181 S. Lpz: Insel 1909
11 Jugendgedichte. 121 S. Lpz: Priv.-Dr. i. A. v. A. W. v. Heymel (100 Ex.) 1913
12 (Übs.) Cornelius Tacitus: De situ moribus et populis Germaniae qui fertur libellus / Deutschland. XXVIII, 33 S. Mchn: Bremer Presse (250 Ex.) 1914
13 Der Krieg und die deutsche Selbsteinkehr. Rede. 54 S. Heidelberg: Weissbach 1915
14 Der Krieg und die deutsche Verantwortung. 51 S. Bln: Fischer 1916
15 Rede am Grab Eberhard von Bodenhausens. 8 unpag. S. o. O. Priv.-Dr. 1918
16 (Übs.) Swinburne. Deutsch v. R. B. 51 S. Bln: Rowohlt (600 num. Ex.) 1919
17 Der Durant. Ein Gedicht aus dem männlichen Zeitalter. IV, 65 S. Bln: Rowohlt (680 Ex.) (1920)
18 Die Päpstin Jutta. Ein dramatisches Gedicht. Tl. 1: Verkündigung. 77 S. Bln: Rowohlt 1920
19 Schriften. Prosa I. 295 S. Bln: Rowohlt 1920 (Enth. u. a. Nr. 9)
20 Die halbgerettete Seele. Ein Gedicht. 15 S. Bln: Rowohlt 1920
21 (Übs.) Dante: Divina commedia. 159 S. Mchn: Bremer Presse (153 num. Ex.) 1922
22 (Übs.) Dante: Vita nova. 83 S. Bln: Rowohlt (= Schriften in 12 Bänden) 1922
23 Krippenspiel. 28 S., 1 Abb. Bln: Rowohlt (650 num. Ex.) 1922

24 (Übs.) Dante: Hölle, Fegefeuer. 312 S. Mchn: Bremer Presse 1923 (Forts. v. Nr. 21)
25 Epilegomena zu Dante. 1. Einleitung in die Vita nova. 105 S. Bln: Rowohlt (= Schriften in 12 Bänden) 1923
26 Poetische Erzählungen. 148 S. Bln: Rowohlt (= Schriften in 12 Bänden) 1923
27 Die geliebte Kleinigkeit. Ein Schäferspiel in einem Akte und in Alexandrinern. 63 S. Bln: Rowohlt 1923
28 (Übs.) W. S. Landor: Imaginäre Unterhaltungen. 127 S. Bln: Rowohlt (= Schriften in 12 Bänden) 1923
29 Die Schöpfung aus Liebe. 62 S. Bln: Rowohlt (1000 Ex.) 1923
30 Über den Dichter und das Dichterische. Rede. Nach d. Stenogr. gedr. 31 S. 4° Mchn: Bremer Presse (= Veröffentlichung der Gesellschaft der Münchner Bücherfreunde 1; 160 num. Ex. f. d. Mitgl. d. Ges.) 1924
31 Vermischte Gedichte. 1906–1916. 111 S. Bln: Rowohlt (= Schriften in 12 Bänden) 1924
32 (Übs.) Altionische Götterlieder unter dem Namen Homers. 88 S. Mchn: Bremer Presse (200 num. Ex.) 1924
33 Der ruhende Herakles. (S.-A.) 22 S. Mchn: Bremer Presse (= 170 num. u. sign. Ex.) 1924
34 Klage der Daphne. 7 S. Bln: Priv.-Dr. E. Rowohlt (300 Ex.) 1924
35 (Übs.) Die großen Trobadors. 78 S. Mchn: Bremer Presse 1924
36 (Hg.) Deutsche Denkreden. 478 S. Mchn: Bremer Presse 1925
37 Gartenphantasie. 36 S. m. Abb. 4° Mchn: Bremer Presse (300 num. Ex.) 1925
38 (Übs.) Hartmann von Aue: Der arme Heinrich. 88 S. Mchn: Bremer Presse (200 num. Ex.) 1925
39 Ausgewählte Werke. 1900–1918. 144 S. Bln: Rowohlt 1925
40 (Hg.) Ewiger Vorrat deutscher Poesie. 509 S. Mchn: Bremer Presse 1926
41 (Hg.) Der Deutsche in der Landschaft. 524 S. Mchn: Bremer Presse 1927
42 Handlungen und Abhandlungen. 283 S. Bln, Lpz: Horen-V. 1928
43 Die Aufgaben der Zeit gegenüber der Literatur. Rede. 64 S. Bremen: Halem 1929
44 (Übs.) Pindarische Gedichte. 153 S. Mchn: Priv.-Dr. Bodmer 1929
45 Das hoffnungslose Geschlecht. Vier zeitgenössische Erzählungen. 379 S. Bln, Lpz: Horen-V. 1929
46 (Übs.) Dante. 523 S. Mchn: Bremer Presse 1930 (Enth. Nr. 21 u. 22)
47 Führung. Rede. 34 S. Mchn: Langen-Müller 1931
48 Deutsche Literatur im Kampfe um ihr Recht. 48 S. Mchn: Langen-Müller 1931
49 Deutsche Reisende-Deutsches Schicksal. (S.-A.) 33 S. Bln: Atlantis-V. (500 Ex.) (1932)
50 Pamela. Komödie in drei Akten. Neu erfunden. 216 S. Mchn: Priv.-Dr. Bodmer (100 num. Ex.) 1934
51 Schriften. 2 Bde. 61, 73 S. Bremen: Priv.-Dr. i. A. v. Voigt (250 Ex.) 1934–1935
52 (Übs.) Englische Dichter. 74 S. Wien: Phaidon-V. 1936
53 Staufer. Tragische Pentalogie I: Alpenübergang. 76 S. Mchn: Priv.-Dr. Bodmer (100 num. Ex.) 1936
54 Vereinigung durch den Feind hindurch. 332 S. Wien: Bermann-Fischer 1937
55 Pisa. Ein Versuch. 166 S. Zürich: Verl. d. Corona 1938
56 Der leidenschaftliche Gärtner. Ein Gartenbuch. 252 S. Zürich: Arche 1951
57 Gesammelte Werke in Einzelbänden. 8 Bde. Stg: Klett (1955)–1962

BORCHERT, Wolfgang (1921–1947)

1 Laterne, Nacht und Sterne. Gedichte um Hamburg. Hbg: V. Hamburgische Bücherei, 1946
2 An diesem Dienstag. Neunzehn Geschichten. 122 S. Hbg, Stg: Rowohlt 1947
3 Die Hundeblume. Erzählungen aus unseren Tagen. 132 S. Hbg: V. Hamburgische Bücherei 1947

4 Draussen vor der Tür. Ein Stück, das kein Theater spielen und kein Publikum sehen will. 61 S. Hbg, Stg: Rowohlt 1947
5 Das Gesamtwerk. Nachw. B. Meyer-Marwitz, 419 S., 1 Titelb. Hbg: Rowohlt 1949

BORCK, Caspar Wilhelm von (1704–1747)

1 (Übs.) Versuch einer gebundenen Übersetzung des Trauer-Spiels von dem Tode des Julius Caesar. Aus dem englischen Werke des Shakespear. Hg. J. F. Lamprecht. 193 S. Bln: Haude 1741
2 *Der Teufel ist los. Bln 1743
 (Autorschaft fraglich)
3 *(Übs.) Versuch einer gebundenen Übersetzung des Marcus Annäus Lucanus vom Bürgerlichen oder Pharsalischen Kriege. 5 Bl., 356 S. Halle: Gebauer 1749
 (Autorschaft fraglich)

BORÉE, Karl Friedrich (1886–1964)

1 Dor und der September. 310 S. Ffm: Rütten & Loening 1930
2 Quartier an der Mosel. 325 S. Ffm: Rütten & Loening 1936
3 Kurze Reise auf einen anderen Stern. 194 S., 6 Abb. Bln: Krüger 1937
4 Die Geschichte eines Unbekannten. 380 S. Bln: Krüger 1938
5 Maria Nehls. Erzählung. 157 S. Bln: Krüger 1939
6 Diesseits von Gott. 226 S. Mchn: Piper 1941
7 Die Brieftasche. Erzählung. 75 S. Mchn: Piper (= Piper-Bücherei 4) 1946
8 Der Efeu der Güte. 4 Bl. Jena: Wissenschaftl. Buchdr. (Priv.-Dr.: 300 Ex.) 1947
9 Federübungen. 110 S. m. Abb. Hbg-Bergedorf: Strom-V. 1948
10 Heilung. Erzählung. 72 S., 1 Titelb. Bad Wörishofen: Drei-Säulen-V. (= Das kleine Säulenbuch 13) 1948
11 Die halbvollendete Schöpfung. Gespräche über ein Thema der Natur. 259 S. Mchn: Piper 1948
12 Ein Abschied. Roman. 207 S. Wiesbaden: Verl. d. Greif 1951
13 Ich fahre in ein anderes Land. 226 S. m. Abb. Wiesbaden: Verl. d. Greif (= Greif-Bücherei) 1952
14 Frühling 45. Chronik einer Berliner Familie. 462 S. Darmstadt: Schneekluth 1954
15 (MV) Heimweh nach der Ferne. Feriengeschichten v. K. F. Borée (u. a.) 107 S. Bln: Argon-V. (= Kleine Argon-Geschenke, Bd. 10) (1955)
16 Belehrendes und ergötzliches Büchlein von der Darmstädter Straßenbahn. Überreicht zur Erinnerung an ihr 60jähriges Bestehen v. d. HEAG. 75 S., 6 Falttaf. Darmstadt: Roether (1957)
17 Semiten und Antisemiten. Begegnungen und Erfahrungen. 115 S. Ffm: Europ. Verl.-Anst. 1960

BORKENSTEIN, Hinrich (1705–1777)

1 *Der Bookesbeutel. Ein Lustspiel von Drey Aufzügen 104 S. Ffm, Lpz 1742
2 Der Bocksbeutel auf dem Lande oder der adeliche Knicker. III, 104 S. Hbg: Martini 1746

BORNEMANN, Johann Wilhelm Jacob (1766–1851)

1 Plattdeutsche Gedichte. IV, 131 S. Bln: Decker 1810
2 Ueber die gymnastischen Uebungen in der Hasenheide. Bln 1811

3 An miene Landslüd', de trüen Ollmärker. 2 Bl. 4° o. O. (1813)
4 (Hg.) Lehrbuch der von Friedrich Ludwig Jahn, unter dem Namen der Turnkunst, wieder erweckten Gymnastik. Zur allgemeinen Verbreitung jugendlicher Leibesübungen. M. Kv. Bln: Mittler 1814
5 Der erste Ostertag in Berlin. 4 Bl. Bln: Mittler 1814
6 Zwei plattdeutsche Gedichte. 1. Der erste Ostertag in Berlin, 1814. 2. Erzählungen des Dorfschulzen zu B. ... von seiner Weihnachtsfahrt, um die Ausstellung des Turnplatzes zu sehen. Bln: Mittler 1814
  (Enth. u. a. Nr. 5)
7 Plattdeutsche Gedichte. 2 Bde. VI, 169 S., 1 Titelku.; VIII, 168 S. Bln: Decker 1816
  (Bd. 1 verm. Neuaufl. v. Nr. 1)
8 Einblicke in England und London im Jahre 1818. 243 S. Bln: Mittler (1819)
9 Natur- und Jagdgemälde, mit natur- und jagdgeschichtlichen Bemerkungen. XVI, 485 S., 1 Titelku. Lpz: Decker 1827
10 Gedichte in plattdeutscher Mundart. VIII, 341 S. m. 1 Abb. Bln: Decker 1827
   (Verm. Neuausg. v. Nr. 7)
11 Das Waidmännische St. Hubertusfest... VII, 146 S. Bln: Decker 1829
12 (MV) Hymens Jubelklänge. Original-Dichtungen zur Feier silberner und goldener Hochzeitsfeste. Von J. W. J. B. u. a. Erster Band. 18 Bg., 1 Titelku. Bln: Fernbach 1841
13 Gedichte in plattdeutscher Mundart. XII, 356 S. m. Abb. Bln: Decker 1843
   (Verm. Neuaufl. v. Nr. 10)
14 Die Zeltersche Liedertafel in Berlin, ihre Entstehung, Stiftung und Fortgang, nebst einer Auswahl von Liedertafel-Gesängen und Liedern. XXXII, 183 S. 12° Bln: Decker 1851
15 (MV) Plattdeutsche Gedichte, meistens altmärkischer Mundart. Eine Volksausgabe für Dorf und Stadt. 80 S. Neuhaldensleben: Eyraud (1851)
16 Humoristische Jagdgedichte. Aus den hinterlassenen Handschriften des verstorbenen Dichters gesammelt u. hg. C. Bornemann. XIV, 314 S. 16° Bln: Decker 1855

BOSSDORF, Hermann (1877–1921)

1 Bahnmeester Dod. En nedderdütsch Drama in fief Akten. 84 S. Hbg: Hermes-V. (= Niederdeutsche Bücherei 79) 1919
2 Eichen im Sturm. Balladen. 65 S. Hbg: Hermes-V. (= Niederdeutsche Bücherei 71) 1919
3 De Fährkrog. En dramatisch Gliknis in dre Akten. 70 S. Hbg: Hermes-V. (= Niederdeutsche Bücherei 63) 1919
4 De verhexte Karnickelbuck un anner dulle Dingen. Twolf nedderdütsche Humoresken. 94 S. Hbg: Hermes 1919
5 Ole Klocken. Nedderdütsche Balladen. 48 S. Hbg: Hermes-V. (= Niederdeutsche Bücherei 69) 1919
6 Kramer Kray. Nedderdütsche Komeedie in fief Akten. 89 S. Hbg: Hermes-V. (= Niederdeutsche Bücherei 93) 1920
7 Der Postinspektor und andere Humoresken. 188 S. Hbg: Hermes-V. (= Niederdeutsche Bücherei 95) 1920
8 Der Schädel vom Grasbrook und andere kuriose Geschichten. 152 S. Hbg: Hermes-V. (= Niederdeutsche Bücherei 95) 1920
9 Dat Schattenspel. Plattdütsche Komeedie in een Akt. 38 S. Hbg: Quickborn (= Quickborn-Bücher 25) (1920)
10 Simson und die Philister. Tragödie in fünf Akten. 115 S. Hbg: Hermes 1920
11 Rode Ucht un anner Geschichten. 149 S. m. Abb. Hbg: Hermes (= Niederdeutsche Bücherei 97) 1921
12 De rode Ünnerrock. Nedderdütsche Volkskomeedie in fief Akten. 123 S. Hbg: Hermes (= Niederdeutsche Bücherei 98) 1921
13 Letzte Ernte. Aus dem Nachlaß hg. u. eingel. A. Janssen. 177 S., 1 Abb., 2 Faks. Hbg: Hermes (= Niederdeutsche Bücherei 100) 1922
14 De swarte Mann. Eine Selbstbiographie. 12 S. Hbg: Hermes 1922
   (Ausz. a. Nr. 11)

15 Bahnmeister Tod. Drama in fünf Akten. 74 S. Hbg: Hermes 1922
   (Hochdt. Fassg. v. Nr. 1)
16 Hermann Boßdorf-Buch. Auswahl aus seinen Werken. Hg. A. Janssen.
   130 S. m. Abb. u. Hs.-Probe. Hbg: Hermes (= Niederdeutsche Bücherei
   105) 1924
17 Gesammelte Werke. Im Auftr. v. A. Janssen u. A. Hermes krit. hg. W. Krogmann. 11 Bde. Hbg: Hermes 1952-1957

Bosshart, Jakob (1862–1924)

1 Im Nebel. Erzählungen aus den Schweizer Bergen. 403 S. Lpz: Haessel 1898
2 Das Bergdorf. Erzählung. 216 S. Lpz: Haessel 1900
3 Die Barettlitochter. Novelle. 235 S. Lpz: Haessel 1902
4 (Übs.) R. Morax: Die Quaternbernacht. Drama aus dem schweizerischen Hochgebirge. 147 S. Zürich: Verl. d. Lesezirkels Hottingen 1903
5 Durch Schmerzen empor. Novellen. 267 S. Lpz: Haessel 1903
6 Vom Golde. Erzählung. 100 S. Wiesbaden: Volksbildungsverein (= Wiesbadener Volksbücher 94) 1907
7 Die alte Salome. Sittenbild aus dem Bauernleben. 76 S. Bern: Verein für Verbreitung guter Schriften (= Verein für Verbreitung guter Schriften, Bd. 65) 1907
8 Früh vollendet. Novellen. V, 234 S. Lpz: Haessel 1910
9 Von Jagdlust, Krieg und Übermut. Erzählungen. 134 S. Basel: Verein für Verbreitung guter Schriften (= Verein für Verbreitung guter Schriften, Bd. 11) 1912
10 Von der Beurteilung der Schüler durch den Lehrer. Rede. (S.-A.) 26 S. Zürich: Orell 1913
12 Erzählungen. 6 Bde. Lpz: Haessel 1913-1921
   (Enth. u. a. Nr. 1, 5, 8 ,10)
13 (MV) Wir Schweizer, unsere Neutralität und der Krieg. Eine nationale Kundgebung. 248 S. Zürich: Rascher 1915
14 Ein Erbteil. Novelle. 57 S. Zürich: Rascher (= Schriften für Schweizer Art und Kunst 50) 1917
15 Irrlichter. Drei Novellen. 93 S. Frauenfeld: Huber (= Schweizerische Erzähler 14) 1918
16 Träume der Wüste. Orientalische Novelletten und Märchen. 233 S. Frauenfeld: Huber 1918
17 Nimrod. 212 S. Bln: Verein der Bücherfreunde (1919)
18 Opfer. Novellen. 420 S. Lpz: Haessel 1920
   (= Bd. 6 v. Nr. 12)
19 Vor dem Umsturz. Erzählungen aus dem alten Bern. 395 S. Lpz: Grethlein 1921
   (= Bd. 2 v. Nr. 12)
20 Wenn's lenzt. Erzählung. 63 S. Zürich: Verein für Verbreitung guter Schriften (= Verein für Verbreitung guter Schriften, Bd. 121) 1921
21 Zwei Erzählungen. Ausw. u. Einl. H. Jeß. 105 S. Lpz, Frauenfeld: Huber (= Die Schweiz im deutschen Geistesleben, Bd. 6) 1922
22 Richter Dâmigh und andere orientalische Novelletten. 77 S. Lpz: Reclam (= Reclam's UB. 6331) (1922)
   (Ausz. a. Nr. 16)
23 Bundesrat Ludwig Forrer. Ein Lebensbild. 44 S., 1 Abb. Winterthur: Vogel 1923
24 Neben der Heerstraße. Erzählungen. 495 S. m. Abb. Lpz: Grethlein 1923
25 Ein Rufer in der Wüste. Roman. 413 S. Lpz: Grethlein 1923
26 Die Schwarzmattleute. Erzählung. 32 S. m. Abb. Bern: Schweiz. Agentur des Blauen Kreuzes (1923)
27 Altwinkel. Eine Erzählung. 61 S. Zürich: Verein für Verbreitung guter Schriften (= Verein für Verbreitung guter Schriften, Bd. 136) 1924
28 Der Festbauer. Novelle. 48 S. m. Abb. Basel: Verein für Verbreitung guter Schriften (= Verein für Verbreitung guter Schriften, Bd. 142) 1934
29 Gedichte. X, 168 S. Lpz: Grethlein 1924

30 Salto mortale. 101 S. Stg: Fleischhauer & Spohn (= Kristall-Bücher) 1924
    (Ausz. a. Nr. 8)
31 Schaniggel. 31 S. Saarlouis: Ver.-Ges. Hausen (= Erbgut deutschen Schrifttums 7-8) (1924)
32 Die Entscheidung und andere nachgelassene Erzählungen. Mit e. Begleitwort v. E. Boßhart-Forrer. 347 S. Lpz: Grethlein 1925
33 Besinnung. Erzählungen. 99 S. Zürich, Lpz: Grethlein (= Seldwyla-Bücherei 17) 1926
    (Ausz. a. Nr. 11, 18)
34 Auf der Römerstraße. Nachgelassene Jugenderinnerungen und Erzählungen. 243 S. Lpz: Grethlein 1926
35 Bausteine zu Leben und Zeit. Zsgest. u. hg. E. Bosshart-Forrer. 293 S. Lpz: Grethlein 1929
36 Der Briggel. Erzählung. 46 S. Basel: Gute Schriften (= Gute Schriften 179) 1933
    (Ausz. a. Nr. 24)
37 Christoph. Erzählung. 58 S. m. Abb. Basel: Gute Schriften (= Gute Schriften 53) 1934
38 Die Jugendkönigin. Der Festbauer. 94 S. Basel: Gute Schriften (= Gute Schriften 194) 1937
    (Enth. u. a. Nr. 28)
39 Der Richter. Der Kuhhandel. 64 S. Zürich: Gute Schriften (= Gute Schriften 195) 1939
40 Werke in 6 Bänden. Frauenfeld: Huber 1950–1951
    (Enth. u. a. Nr. 5, 10, 16, 24, 26)
41 Jugend und Heimat. 347 S. Frauenfeld: Huber 1951
    (= Bd. 4 v. Nr. 40)
42 Die Schützenbecher und andere Erzählungen. 71 S. Zürich: Gute Schriften (= Gute Schriften 88) (1952)

BRACHMANN, Karoline Marie Louise (1777–1822)

1 Lyrische Gedichte. Lpz: Dessau 1800
2 Eudora. 1. Bändchen. Lpz: 1804
3 Gedichte. 2 Bl., 184 S. Dessau, Lpz: Voß 1808
4 Romantische Blüthen. Erstes Bändchen. 168 S. Wien: Gerold 1817
5 Das Gottesurteil. Rittergedicht in fünf Gesängen. 106 S. Lpz: Hinrichs 1818
6 (MV) Gesänge deutscher Frauen, comp. H. G. Nägeli. H. 1. Zürich: Nägeli (1810)
7 Novellen. 252 S. Lpz: Hinrichs 1819
8 Schilderungen aus der Wirklichkeit. 240 S. Lpz: Voß 1820
9 Novellen und kleine Romane. 244 S. Nürnberg: Schrag 1822
10 Romantische Blätter. Als zweiter Theil der romantischen Blüthen. VI, 136 S. Wien: Gerold 1823
    (2. Teil zu Nr. 4)
11 (Hg.) Verirrungen oder die Macht der Verhältnisse. Ein Roman. IV, 252 S. Lpz: Lauffer 1823
12 Auserlesene Dichtungen. 6 Bde. Hg. F. K. J. Schütz (Bd. 1 u. 2) bzw. K. L. M. Müller (Bd. 3–6) Lpz: Weygand 1824–1826
    (Enth. u. a. Ausz. a. Nr. 4, 7, 8, 9, 10)
13 Auserlesene Erzählungen und Novellen. 4 Bde. Hg. K. L. M. Müller. Lpz: Weygand 1825–1826
    (= Bd. 3–6 v. Nr. 12)

BRACHVOGEL, Albert Emil (1824–1878)

1 Die Frösche der Latona. Bln (1849)
2 Seelenwanderung. Epische Gedichte. 94 S. 16° Bln: Lassar 1854
3 Narciß. Trauerspiel. 156 S. 16° Jena: Costenoble 1857

4 Der Sohn des Wucherers. Drama in vier Aufzügen. 40 S. Bln: Heinrich 1857
5 Adelbert vom Babanberge. Trauerspiel. 172 S. 16⁰ Jena: Costenoble 1858
6 Friedemann Bach. 3 Bde. 1002 S. Bln: Janke 1858
7 Benoni. 3 Bde. 1063 S. Jena: Costenoble 1860
8 Der Usurpator. Dramatisches Gedicht. 178 S. 16⁰ Jena: Costenoble 1860
9 Bianca Cenci. Schauspiel in vier Aufzügen. 48 S. Bln: Kolbe 1861
10 Lieder und lyrische Dichtungen. 235 S. 16⁰ Bln: Vogel 1861
11 Ein Trödler. Bürgerliches Schauspiel in fünf Aufzügen. 76 S. Bln: Kolbe 1861
12 Aus dem Mittelalter. 2 Bde. 418 S. Jena: Costenoble 1862
13 Der Trödler. Roman. 2 Bde. 461 S. Jena: Costenoble 1862
14 Ein neuer Falstaff. 3 Bde. 782 S. Jena: Costenoble 1863
15 Historische Novellen. 4 Bde. 1251 S. Jena: Costenoble 1863–1864
16 Theatralische Studien. 173 S. Jena: Costenoble 1863
17 Schubart und seine Zeitgenossen. 4 Bde. 1188 S. Jena: Costenoble 1864
18 Beaumarchais. Roman. 4 Bde. 1074 S. Jena: Costenoble 1865
19 William Hogarth. Roman. 3 Bde. 987 S. Bln: Janke 1866
20 Hamlet. Roman. 3 Bde. 1003 S. Breslau: Trewendt 1867
21 Neue Novellen. 2 Bde. 592 S. Breslau: Trewendt 1867
22 Der blaue Cavalier. Roman. 3 Bde. 594 S. Breslau: Trewendt 1868
23 Der Deutsche Michael. Roman. 4 Bde. 1198 S. Bln: Janke 1868
24 Dichtungen. 231 S. 16⁰ Lpz: Dürr 1869
   (Neuaufl. v. Nr. 11)
25 Die Grafen Barfus. Roman. 4 Bde. 1050 S. Lpz: Dürr 1869
26 Aus drei Jahrhunderten. Novellen. 2 Bde. 417 S. Schwerin: Hildebrand 1870
27 Ludwig XIV. oder die Komödie des Lebens. Roman. 4 Bde. 1282 S. Bln: Janke 1870
28 Der fliegende Holländer. Roman. 4 Bde. 1168 S. Bln: Janke 1871
29 Glancarty. Roman. 4 Bde. 1220 S. Hannover: Rümpler 1871
30 Das Räthsel von Hildburghausen. Roman. 4 Bde. 1005 S. Hannover: Rümpler 1871
31 Die Männer der neuen deutschen Zeit. Biographien deutscher Fürsten, Staatsmänner und Helden. 20 Bde. Hannover: Rümpler 1872–1875
32 Der Fels von Erz. Roman. 4 Bde. 1059 S. Bln: Janke 1872
33 Fürst Bismarck, deutscher Reichskanzler. 234 S. Hannover: Rümpler 1873
34 Friedrich Carl, Prinz von Preussen und General-Feldmarschall. 58 S. Hannover: Rümpler 1873
35 Friedrich Wilhelm, Kronprinz des deutschen Reichs und von Preussen, General-Feldmarschall. 95 S. Hannover: Rümpler 1873
36 Ludwig II., König von Bayern. 70 S. Hannover: Rümpler 1873
37 Graf von Moltke, General-Feldmarschall und Chef des großen Generalstabs der preussischen Armee. 71 S. Hannover: Rümpler 1873
38 Graf von Roon, königlich preussischer Minister-Präsident und General-Feldmarschall. 70 S. Hannover: Rümpler 1873
39 Wilhelm I., deutscher Kaiser und König von Preussen. 105 S. Hannover: Rümpler 1873
40 Ausgewählte Werke. 22 Bde. Bln: Janke 1873–1876
41 Albert, Kronprinz von Sachsen, General-Feldmarschall. 75 S. Hannover: Rümpler 1874
42 Die Harfenschule und andere dramatische Werke. 518 S. Bln: Janke 1874
43 Johann, König von Sachsen. 32 S. Hannover: Rümpler 1874
44 Ritter Lupold von Wedel's Abenteuer. Historischer Roman. 3 Bde. 1120 S. Bln: Janke 1874
45 Des großen Friedrich Adjutant. Historischer Roman. 4 Bde. 1034 S. Bln: Janke 1875
46 Der Schlüssel. Roman. 3 Bde. 882 S. Hannover: Rümpler 1875
47 Alte Schweden. Schauspiel. 116 S. Bln: Janke 1875
48 Des Mißtrauens Opfer. Roman. 3 Bde. 748 S. Bln: Janke 1876
49 Simon Spira und sein Sohn. Erzählung. 238 S. Bln: Janke 1876
50 Geschichte des königlichen Theaters zu Berlin. 2 Bde. 356, 459 S. Bln: Janke 1877–1878
51 Parcival. Roman. 3 Bde. 963 S. Bln: Janke 1878
52 Gesammelte Romane, Novellen und Dramen. Volks- und Familien-Ausg. Einl. u. Biographie M. Ring. 10 Bde. Jena: Costenoble 1879–1883

53 El Dorado. Historischer Roman. 2 Bde. 496 S. Bln: Janke 1880
54 Der Kampf der Dämonen. Historischer Roman. 4 Bde. 1182 S. Bln: Janke 1880
55 Der Bruderstreit. Historisches Schauspiel. 1875. 131 S. Charlottenburg: Kortkampf 1896
56 Die Gesellschafterin. Schauspiel. 1878. 95 S. Charlottenburg: Kortkampf 1896
57 Die bösen Schwestern. Die Grenzfeve. Zwei Erzählungen. 148 S. Bln: Janke 1907
58 Malcolm Sinclair. Historische Erzählung. 146 S. Bln: Janke 1907
59 Maria Stuart. Historischer Roman. 218 S. m. Abb. Halle: Hendel (= Bibliothek der Gesamtliteratur des In- und Auslandes 2130-2132) 1909

BRÄKER, Ulrich (1735-1798)

1 *Lebensgeschichte und natürliche Ebentheuer des Armen Mannes im Tockenburg. Hg. H. H. Füßli. VII, 300 S. m. Ku. Zürich: Orell, Geßner & Füßli 1789
2 *Sämmtliche Schriften des armen Mannes im Tockenburg, ges. v. H. H. Füßli. 2 Bde. I. Theil: Lebensgeschichte. II. Theil: Tagebuch. X, 300; 287 S., m. 8 Ku. Zürich: Orell, Geßner & Füßli (1789-1792)
3 Der arme Mann im Tockenburg. Nach den Originalhandschriften hg. E. v. Bülow. X, 411 S. 16° Lpz: Wigand 1852

BRANDENBURG, Hans (*1885)

1 Münchener Blätter. 28 S. 4° Mchn: Jaffe 1903
2 Lieder vom Weibe. (Priv.-Dr. d. Autors) 1903
3 In Jugend und Sonne. Gedichte. 1901 und 1902. 112 S. Mchn: Bonsels 1904
4 Vom „neuen Weibe". 20 S. Mchn: Bonsels 1904
5 (MV) Die Erde. Neue Dichtungen von W. Bonsels, H. B., B. Isemann u. W. Vesper. 74 S. Mchn: Bonsels 1905
6 Einsamkeiten. Gedichte. 1903, 1904, 1905. 69 S. Mchn: Bonsels 1906
7 (Hg.) Vorgoethische Lyriker. 133 S. Mchn: Beck (= Statuen deutscher Kultur 5) 1906
8 Hanns von Gumppenberg muß entfernt werden. 16 S. Mchn: Bonsels 1907
9 (Hg.) Der heilige Krieg. Friedrich Hebbel in seinen Briefen, Tagebüchern, Gedichten. 415 S. Ebenhausen: Langewiesche-Brandt (= Die Bücher der Rose 5) 1907
10 Erich Westenkott. Roman einer Jugend. 440 S. Mchn: Bonsels 1907
11 Ästhetische Aufsätze. 1903-1907. 109 S. Mchn: Bonsels 1908
12 Lieder eines Knaben. 7 S. Bln: Meyer 1908
13 Chloë oder die Liebenden. Roman. 224 S. Mchn: Müller 1909
14 (Hg.) Feuertrunken. Eine Dichterjugend. Schillers Briefe bis zu seiner Verlobung. 496 S. Ebenhausen: Langewiesche-Brandt (= Die Bücher der Rose 11) 1909
15 (Hg.) O. J. Bierbaum: Die Schatulle des Grafen Thrümmel und andere nachgelassene Gedichte. 108 S. Mchn: Müller 1910
16 Hymne an den Grafen Zeppelin. 21 S. Mchn: Müller 1910
17 (Hg.) O. J. Bierbaum: Das seidene Buch. Eine lyrische Damenspende. 222 S. Mchn: Müller 1911
18 (Nachw.) O. J. Bierbaum: Gedichte. 176 S. Mchn: Müller 1912
19 (Hg., Einl., MV) Otto Julius Bierbaum zum Gedächtnis. XIII, 269 S. Mchn: Müller 1912
20 (MH) O. J. Bierbaum: Gesammelte Werke. 10 Bde. Hg. M. G. Conrad u. H. B. Mchn: Müller 1912-1921
21 (Hg.) Das Denkmal. Heinrich Heine. Denkwürdigkeiten, Briefe, Reisebilder, Aufsätze und Gedichte. 512 S., 1 Abb. Ebenhausen: Langewiesche-Brandt (= Die Bücher der Rose 16) 1912

22 Gesang über den Saaten. Gedichte. 79 S. Mchn: Müller 1912
23 Italische Elegien. 85 S. Mchn: Müller 1913
24 Der moderne Tanz. 164 S. m. Abb. Mchn: Müller 1913
25 Gedichte. 2 Bde. 73, 50 S. Mchn: Müller 1917
(Enth. Neuaufl. v. Nr. 3 u. 6)
26 Das Theater und das neue Deutschland. Ein Aufruf. 41 S. Jena: Diederichs 1919
27 Das Zimmer der Jugend. Roman. 358 S. Heilbronn: Seifert 1920
28 Der Sieg des Opfers. Ein tragisches Wort- und Tanzspiel. 32 S. Heilbronn: Seifert 1921
29 Die ewigen Stimmen. Gedichte. 111 S. Heilbronn: Seifert 1921
30 Der moderne Tanz. VIII, 247 S. m. Abb. 4° Mchn: Müller 1921
(Verm. Neuaufl. v. Nr. 24)
31 Joseph von Eichendorff. Sein Leben und sein Werk. XIII, 531 S. Mchn: Beck 1922
32 Graf Gleichen. Tragödie. 104 S. Heilbronn: Seifert 1924
33 Friedrich Hölderlin. Sein Leben und sein Werk. 221 S. Lpz: Haessel 1924
34 (Hg.) F. Hölderlin: Werke. Kritisch durchges. u. erl. Ausg. 2 Bde. 526, 543 S. Lpz: Bibliogr. Inst. (= Meyers Klassiker-Ausgaben) 1924
(Enth. als Einl. Nr. 33)
35 Vom schaffenden Leben. Gesammelte Aufsätze. 2 Bde. Heilbronn: Seifert 1924–1925
1. Landschaften und Menschen. 265 S. 1924
2. Kunst und Künstler. 294 S. 1925
36 Legende des heiligen Rochus. 111 S., 1 Abb. Lpz: Haessel (= Die Haessel-Reihe 6) 1924
37 Pankraz der Hirtenbub. Ein Idyll für Jung und Alt. 193 S. m. Abb. Lpz: Haessel 1924
38 Sommer-Sonette. 54 S. Lpz: Haessel 1926
39 Das neue Theater. Erlebnisse, Forschungen, Forderungen. III, 588 S. Lpz: Haessel 1926
40 Traumroman. 76 S. Lpz: Haessel 1926
41 Festliches Land. Durch München zum Hochgebirge. 218 S., 16 Taf. Mchn: Knorr & Hirth 1930
42 Weihe des Hauses. 16 S. Bln: Schutzverband Deutscher Schriftsteller (= Die Anthologie, Flugblatt Nr. 6) 1930
43 (Einl.) München und Umgebung. XXIV, 164 S. Lpz: Bibliogr. Inst. (= Meyers Reisebücher) 1931
44 Bauernleben in Oberbayern. Schilderungen. Hg. W. Fronemann. 35 S. Langensalza: Beltz (= Aus deutschem Schrifttum und deutscher Kultur, H. 291) 1933
(Ausz. a. Nr. 40)
45 Drei Legenden. 135 S. m. Abb. Mchn: Kösel & Pustet 1933
(Enth. u. a. Nr. 36)
46 Schicksalsreigen. Geschichtenkreis von Liebe und Ehe. 497 S. Mchn: Piper 1933
47 Die Schiffbrüchigen. Erzählung. 47 S. Mchn: Kösel & Pustet (= Dichter der Gegenwart 1) 1933
48 Schöpfung nah um uns. Landschaft, Tier und Pflanze. 199 S. m. Abb. Mchn: Knorr & Hirth 1933
49 Fahrten und Gefährten. 78 S. Heilbronn: Salzer (= Sämann-Bücherei 4) 1934
50 Schiller. Leben, Gedanken, Bildnisse. 48 S. m. Abb. Königstein: Der Eiserne Hammer 1934
51 Gedichte. Gesamtausgabe der sieben Bücher. 321 S. Mchn: Piper 1935
(Enth. u. a. Nr. 3, 6, 22, 23, 29, 38, 42)
52 Deutsche Heimat. Landschaften und Städte. Hg. F. Denk. 51 S., 11 Abb. Bielefeld: Velhagen & Klasing (= Deutsche Lesebogen 209) 1935
53 Goethe und wir. 49 S. Weimar: Böhlau 1937
54 Die schöpferische Frau. 27 S. Weimar: Böhlau 1938
55 Vater Öllendahl. Roman einer Familie. 696 S. Stg: Dt. Verl.-Anst. 1938
56 Die Kunst der Erzählung. 30 S. Bln: Die Rabenpresse (= Die Kunst des Worts 11) 1939

57 Das Zaubernetz. Der Liebesroman des jungen Eichendorff. 232 S. m. Abb. Stg: Dt. Verl.-Anst. 1939 (Neuausg. e. Ausz. a. Nr. 46)
58 Jahr der Sinne, Jahr der Seele. Naturbilder und Laienpredigten. 89 S. Böhm.-Leipa: Kaiser (= Kleine Reihe) 1940
59 Von deutscher Lebenskunst. 15 S. Mchn: Münchner Buchverl. Hohenester (= Münchner Lesebogen 18) 1940
60 Der armen Schönheit Lebenslauf. Roman. 329 S. Düsseldorf: Bagel 1942 (Ausz. a. Nr. 46)
61 Im Herzen der Schöpfung. Ein Jahresring von Blumen, Tieren und Landschaften. 234 S. m. Abb. Stg: Dt. Verl.-Anst. 1942
62 Gipfelrast. Alte und neue Gedichte. 151 S. Mchn: Piper 1947
63 Vom reichen Herbst. Bekenntnisse zu europäischer Kunst. 91 S. Stg: Dt. Verl.-Anst. 1950
64 (Einl.) Deutsches Hochgebirge. 111 S., 110 Abb. 4° Königstein/T.: Langewiesche (= Die blauen Bücher) 1951
65 Was die Elmau war. 15 S. Augsburg: Himmer 1953
66 München leuchtete. Jugenderinnerungen. 494 S. Mchn: Neuner 1953
67 Trost in Tränen. Gedichte. 99 S., 1 Abb. Mchn: Piper 1955
68 Im Feuer unserer Liebe. Erlebtes Schicksal einer Stadt. 415 S. Mchn: Neuner 1956
69 Eichendorff. 63 S. Bayreuth: Baumann (= Die kleine Biographie 3) 1957
70 Weihe des Hauses. Gedichte. 96 S. Mchn: Piper 1960 (Verm. Neuaufl. v. Nr. 42)

BRANDES, Johann Christian (1735-1799)

1 Der Zweifler. Lustspiel. o. O. 1760
2 Die Entführung. Lustspiel in einem Aufzug. o. O. 1761
3 Die Folgen der Großmuth und Redlichkeit. Ein Roman. 222 S. m. Titelb. Breslau, Lpz: Pietsch 1762
4 Der Gasthof, oder: Trau', schau' wem! Lustspiel in fünf Aufzügen. 152 S. Braunschweig: Waysenhaus-Buchh. 1769
5 Lustspiele. 2 Bde. 13 Bl., 424; 382 S. Lpz: Dyk 1774-1776 (Enth. u. a. Nr. 4)
6 Olivie. Ein Trauerspiel in fünf Aufzügen. 121 S. Lpz: Dyk 1774
7 *Ariadne auf Naxos. Ein Duodrama mit Musick. 12 S. 4° Gotha (o. Verl.) 1775
8 Ottilie. Ein Trauerspiel in fünf Aufzügen. 107 S. Wien: beym Logenmeister 1780
9 Hans von Zanow oder: Der Landjunker in Berlin. 136 S. Hbg: Bohn 1785
10 Alderson. Trauerspiel in fünf Aufzügen. 261 S. (Lpz: o. Verl.) 1790
11 Sämmtliche dramatische Schriften. 8 Bde. Lpz: Dyk 1790-1791
12 Meine Lebensgeschichte. 3 Bde. VI, 308; 352; 367 S. Bln: Maurer 1799-1800

BRAUN, Felix (*1885)

1 Gedichte. 67 S. Lpz: Haupt & Hammon 1909
2 Novellen und Legenden. 171 S. Bln: Reiß 1910
3 Der Schatten des Todes. Roman. 293 S. Bln: Schles. Verl.-Anst. 1910
4 Till Eulenspiegels Kaisertum. Eine Komödie in vier Akten. 111 S. Bln: Reiß 1911
5 Das neue Leben. Gedichte. 78 S. Bln: Reiß 1913
6 Exlibris. 13 S. m. Abb. 4° Wien: Ges. f. vervielfält. Kunst 1914
7 (Hg., Nachw.) Audienzen bei Kaiser Joseph. Nach zeitgenöss. Dokumenten zusgest. 79 S. Lpz: Insel (= Österreichische Bibliothek 5) 1915
8 (Hg., Nachw.) Beethoven im Gespräch. 104 S. Lpz: Insel (= Österreichische Bibliothek 9) 1915
9 (MV) Requiem für die Untergegangenen des deutschen Auslandgeschwaders. Dichtung. Musik K. Pembaur. 12 S. Dresden: Niescher 1917

10 (Hg.) Schubert im Freundeskreis. Ein Lebensbild aus Briefen, Erinnerungen Tagebuchblättern, Gedichten. 88 S. Lpz: Insel (= Österreichische Bibliothek 26) 1917
11 Tantalos. Tragödie in fünf Erscheinungen. 144 S. Lpz: Insel 1917
12 Verklärungen. Ausgewählte Aufsätze. VII, 92 S. Wien: Volksbildungshaus Wiener Urania (= Urania-Bücherei 5) 1917
13 Das Haar der Berenike. Gedichte. 51 S. Mchn: Musarion (= Die Einsiedelei) 1919
14 Hyazinth und Ismene. Ein dramatisches Gedicht in fünf Aufzügen. 176 S. 4⁰ Mchn: Musarion 1919
15 (Hg.) Novalis: Fragmente. 75 S. Lpz: Insel (= Insel-Bücherei 257) 1919
16 Die Träume in Vineta. Legenden. 227 S. Mchn: Musarion 1919
17 (Einl.) Ambrosi-Mappe. o. S. 2⁰ Wien: Strache 1920
18 Attila. 44 S., 10 Taf. Mchn: Musarion (= Musarion-Bücher) 1920
19 (Hg.) J. J. Rousseau: Die neue Heloise. Nach einer zeitgenöss. Übertr. 382 S. Potsdam: Kiepenheuer 1920
20 Aktaion. Tragödie. 96 S. Wien: Wiener Liter. Anst. 1921
21 (Nachw.) B. v. Arnim: Das Liebestagebuch. 172 S. Wien: Rikola 1921
22 Die Taten des Herakles. Roman. 491 S. Wien: Rikola 1921
23 (Übs.) V. Eftimiu: Prometheus. Tragödie in fünf Akten. In deutsche Verse gebracht. Geleitw. H. v. Hofmannsthal. 105 S. Lpz: Insel 1923
24 Wunderstunden. Drei Erzählungen. 83 S. Ffm: Rütten & Loening 1923
25 Der unsichtbare Gast. Roman. 373 S. Bln: Wegweiser-V. 1924
26 (Vorw.) A. Petzold: Gedichte und Erzählungen. Hg. H. Sauer. 60 S. Wien: Dt. Verl. f. Jugend und Volk 1924
27 Deutsche Geister. Aufsätze. XI, 269 S. Wien: Rikola 1925
28 (Nachw.) E. Lucka: Thule. Eine Sommerfahrt. 76 S. Lpz: Reclam (= Reclam's UB. 6534) 1925
29 Die vergessene Mutter. Drei Erzählungen. Nachw. E. Antonie. 79 S. Lpz: Reclam (= Reclam's UB. 6532) 1925
30 Der Schneeregenbogen. Erzählungen. 87 S. Hildesheim: Borgmeyer (= Der Rosenstock 1) 1925
31 (Einl.) A. Stifter: Erzählungen. 303 S. Lpz: Insel 1925
32 (Einl.) A. Stifter: Studien. 2 Bde. 680, 652 S. Lpz: Insel 1925
33 (Nachw.) A. Wildgans: In Ewigkeit Amen. Ein Gerichtsstück in einem Akt. 74 S. Lpz: Reclam (= Reclam's UB. 6539) 1925
34 Esther. Ein Schauspiel in fünf Aufzügen. 172 S. Wien: Hartleben (= Österreichische Bücherei 20/21) 1926
35 Das innere Leben. Gedichte. 115 S. Lpz: Insel 1926
36 Agnes Altkirchner. Roman in sieben Büchern. 998 S. Lpz: Insel 1927
37 Die Heilung der Kinder. Drei Erzählungen. 258 S. Wien: Speidel 1929
38 Laterna magica. Ausgewählte Erzählungen und Legenden. 325 S., 1 Abb. Salzburg: Verl. Das Berglandbuch (= Das Berglandbuch) 1932
39 (Übs.) Thomas v. Kempen: Die Nachfolge Christi. XXIV, 301 S. Lpz: Kröner (= Kröners Taschenausg. 126) 1935
40 Ein indisches Märchenspiel. In einem Prolog und fünf Szenen. 70 S. Darmstadt: Darmstädter V. 1935
41 Ausgewählte Gedichte. 83 S. Wien, Lpz: Reichner (= Zeitgenöss. Dichtung 3) 1936
42 Kaiser Karl der Fünfte. Tragödie. 157 S. Wien: Zsolnay 1936
43 (Übs.) Thomas v. Kempen: Das Rosengärtlein. Von guten Worten, Briefe, Geistliche Lieder. 107 S. Graz: Moser (= Der neue Mensch) 1937
44 Der Stachel in der Seele. Roman. 430 S. (= Ges. Werke 1) Wien: Amandus-Ed. 1948
45 Das Licht der Welt. Geschichte eines Versuches, als Dichter zu leben. 751 S. Wien: Herder 1949
46 (Hg.) Der tausendjährige Rosenstrauch. Deutsche Gedichte aus tausend Jahren. 679 S. Wien: Zsolnay 1949
47 Die Tochter des Jairus. Ein Spiel. 61 S. Wien: Fährmann-V. (= Spielreihen der katholischen Jugend Österreichs 3, Bühnenspiele 4) 1950
48 (Übs., Einl.) Bruder Lorenz: Im Angesicht Gottes. Aufzeichnungen und Briefe über das Leben in der Gegenwart Gottes. A. d. Franz. 99 S. Olten: Walter (= Kleine Bücher christlicher Weisheit aus zwei Jahrtausenden) 1951

49 Briefe in das Jenseits. Erzählung. 174 S. Salzburg: Müller 1952
50 (Übs., Einl.) Johannes vom Kreuz: Die dunkle Nacht der Seele. Sämtliche Dichtungen. A. d. Span. 87 S. Salzburg: Müller 1952
51 Das musische Land. Versuche über Österreichs Landschaft und Dichtung. 235 S. Innsbruck: Österr. Verl.-Anst. 1952
52 (Hg., Einl.) Die Lyra des Orpheus. Lyrik der Völker in deutscher Nachdichtung. 984 S. Wien: Zsolnay 1952
53 Aischylos. Zwei Dialoge. 60 S. Wien: Braumüller (= Stifterbibliothek Dichtung der Zeit 19) 1953
54 Du und ich. Seltsame Geschichten von Liebe. 320 S. Wien: Amandus-V. 1953
55 Viola d'amore. Ausgewählte Gedichte aus den Jahren 1903 bis 1953. 279 S. Salzburg: Müller 1953
56 (MH, Einl.) Das Buch der Mütter. Vorbilder tätiger Liebe. 435 S. Wien, Hbg: Zsolnay 1955
57 Ausgewählte Dramen. 2 Bde. 376, 408 S. Salzburg: Müller 1955–1960 (Enth. u. a. Nr. 11, 20, 40, 42, 47, 61)
58 Die Eisblume. Ausgewählte Essays. 337 S. Salzburg: Müller 1955
59 Irina und der Zar. Ein Schauspiel in fünf Aufzügen. 131 S. Wien: Bergland-V. (= Neue Dichtung aus Österreich 25) 1956
60 Joseph und Maria. 26 S. Wien: Fährmann-V. (= Spielreihe der katholischen Jugend Österreichs. Laienspiel 36) 1956
61 Rudolf der Stifter. 164 S. Salzburg: Stifter-Bibliothek (= Stifter-Bibliothek 60) 1956
62 Herbst des Reiches. Roman. Nachw. J. v. Guenther. 677 S. Olten: Walter 1957 (Neufassg. v. Nr. 36)
63 Laterna Magica. Gesammelte Erzählungen. 421 S. Wien: Amandus 1957 (Verm. Neuaufl. v. Nr. 38)
64 „Unerbittbar bleibt Vergangenheit". Einl. u. Ausw. W. Ehlers. 127 S. Graz, Wien: Stiasny (= Stiasny-Bücherei 21) 1957
65 Gespräch über Stifters Mappe meines Urgroßvaters. 27 S. Linz: A. Stifter-Inst. d. Landes Oberösterreich (= Schriftenreihe des Adalbert-Stifter-Instituts des Landes Oberösterreich 11) 1958
66 (Hg.) Der tausendjährige Rosenstrauch. Deutsche Gedichte aus tausend Jahren. Jubiläumsausg. 742 S. Wien, Hbg: Zsolnay 1958 (Verm. Neuausg. v. Nr. 46)
67 Der Liebeshimmel. 161 S. Wien: Amandus-V. 1959
68 Imaginäre Gespräche. 114 S. Wien: Verl. f. Jugend u. Volk 1960

BRAUN, Lily
(geb. von Kretschman, verw. von Gizycki), (1865–1916)

1 (Hg.) J. v. Gustedt: Aus Goethes Freundeskreise. Erinnerungen. Hg. v. L. v. Kretschman. 510 S., 9 Abb. Braunschweig: Westermann 1892
2 (Übs.) W. K. Clifford: Wahrhaftigkeit. 34 S. Bln: Dümmler 1893
3 Deutsche Fürstinnen. III, 285 S. Bln: Paetel 1893
4 Die Bürgerpflicht der Frau. Vortrag. 24 S. Bln: Dümmler 1895
5 (MH) Die Frauenbewegung. Revue für die Interessen der Frauen. Hg. M. Cauer und L. v. Gizycki. 1. Jg., 24 Nrn. Bln: Dümmler 1895
6 (MH) Brüder Grimm: Kinder- und Hausmärchen. Nach ethischen Gesichtspunkten ausgew. u. bearb. L. v. Gizycki und G. Gizycki. 280 S. m. Abb. Bln: Dümmler 1895
7 Die Stellung der Frau in der Gegenwart. Vortrag. 24 S. Bln: Dümmler 1895
8 Zur Beurteilung der Frauenbewegung in England und Deutschland. (S.-A.) 47 S. 12° Bln: Heymann 1896
9 Die neue Frau in der Dichtung. 40 S. Stg: Dietz 1896
10 Frauenfrage und Sozialdemokratie. Reden anlässlich d. internat. Frauenkongresses zu Berlin. 20 S. Bln: Vorwärts 1896

11 (Hg.) H. v. Kretschman: Kriegsbriefe aus den Jahren 1870–71. 57, 315 S., 1 Abb. Bln: Reimer 1903
12 (MH) Die neue Gesellschaft. Sozialist. Wochenschrift. Hg. H. u. L. B. 39 Nrn. 4⁰ Bln-Wilmersdorf: Verl. d. Neuen Gesellschaft 1906
13 Die Mutterschaftsversicherung. 28 S. Bln: Vorwärts 1906
14 Im Schatten der Titanen. Erinnerungsbuch an Jenny von Gustedt. 412 S., 4 Abb., 2 Faks. Braunschweig: Westermann 1908
15 Memoiren einer Sozialistin. Roman. 2 Bde. Mchn: Langen 1909–1911
   1. Lehrjahre. 657 S. 1909
   2. Kampfjahre. 657 S. 1911
16 Die Emanzipation der Kinder. Rede an die Schuljugend. 28 S. Mchn: Langen 1911
17 Die Liebesbriefe der Marquise. 12, 466 S. Mchn: Langen 1912
18 Mutter Maria. Eine Tragödie in fünf Akten. 127 S. Mchn: Langen 1913
19 Die Frauen und der Krieg. 54 S. Lpz: Hirzel (= Zwischen Krieg und Frieden 17) 1915
20 Lebenssucher. Roman. 443 S. Mchn: Langen (1915)
21 Gesammelte Werke. 5 Bde. CXXXVI, 435 S., 9 Taf., 3 Faks.; 544; 538; 543; 415 S. Bln: Klemm (1923)

BRAUTLACHT, Erich (1902–1957)

1 Der Werkstudent. Eine Erlebnis-Dichtung. 78 S. M.-Gladbach: Volksverein-V. 1924
2 Die Pöppelswycker. Novellen. Bd. 1. 160 S. Rudolstadt: Greifen-V. 1928
3 Einsaat. Roman. 265 S. Bln: Grote (= Grote'sche Sammlung v. Werken zeitgenöss. Schriftsteller 201) 1933
4 Das Testament einer Liebe. Ein Roman vom Niederrhein. 343 S. Bln: Franke 1936
5 Kalkar. 30 S. m. Abb. Kleve: Boss (= Land am Niederrhein) (1937)
6 Magda und Michael. Roman. 305 S. Mchn: Piper 1937
7 Meister Schure. Ein fröhlicher Roman. 274 S. Mchn: Piper 1939
8 Verirrungen in Pöppelswyck. 150 S. Bln: Franke (= Erzähler unserer Zeit 2) (1940)
   (Neufassg. v. Nr. 2)
9 Das Vermächtnis einer Liebe. 333 S. Mchn: Piper 1940
10 Land am Niederrhein. 47 Bilder mit einführ. Text. 47 S. mit Abb. Königstein: Langewiesche (= Der Eiserne Hammer) (1941)
11 Der Spiegel der Gerechtigkeit. Ein Richter-Buch. 472 S. Mchn: Piper 1942
12 Die Tafelrunde. Erzählungen. 112 S. m. Abb. Bayreuth: Gauverl. (= Die kleine Glockenbücherei 3) 1942
13 Ignoto. Erzählungen. 104 S. Kempen: Thomas-V. 1947
14 Die Entführung. Novelle. 81 S. Mchn: Piper (= Die Piper-Bücherei 33) 1949
15 (Hg., Einl.) Der Pitaval. Sammlung berühmter Kriminalberichte. Ausgew. u. eingel. v. E. B. 289 S. Schloß Bleckede: Meissmer (1949)
16 Der Sohn. Roman. 385 S. Mchn: Piper 1949
17 Der Wettkampf. Erzählung. 85 S. Rottenburg/Neckar: Verl. Dt. Volksbücher (= Wiesbadener Volksbücher 286) 1949
   (Ausz. a. Nr. 2)
18 Das Beichtgeheimnis. Roman. 202 S. Hbg, Wien: Zsolnay 1956
19 Versuchung in Indien. Der Fall Warren Hastings. Roman. 304 S. Hbg, Wien: Zsolnay 1958

BRAWE, Joachim Wilhelm von (1738–1758)

1 *Der Freygeist. Bln 1759
2 Trauerspiele. Hg. K. G. Lessing u. Ramler. VI, 248 S. Bln: Winter 1768
   (Enth. u. a. Nr. 1)

BRECHT, Bertolt (1898–1956)

1 Baal. 113 S. Mchn: Müller 1920
2 Trommeln in der Nacht. Drama. 99 S. Mchn: Drei Masken-V. (1923)
3 (MV) B. B. u. L. Feuchtwanger: Leben Eduards des Zweiten von England. Historie. 121, 3 S., 4 Taf. Potsdam: Kiepenheuer 1924
4 Taschenpostille. Mit Anleitungen, Gesangsnoten und einem Anhange. VIII, 48 S. Potsdam: Kiepenheuer (Priv.-Dr. in 25 Ex.) 1926
5 Im Dickicht der Städte. Der Kampf zweier Männer in der Riesenstadt Chikago. Schauspiel. 120 S., 4 Taf. Bln: Propyläen-V. 1927
6 Hauspostille. Mit Anleitungen, Gesangsnoten und einem Anhang. XII, 156 S., 1 Taf. Bln: Propyläen-V. 1927
7 Mahagonny. Songspiel nach Texten von Bert Brecht. Musik v. K. Weill. Gesangstexte, entnommen aus Brechts „Hauspostille". 11,1 S. Bln: Propyläen-V. 1927
  (Ausz. a. Nr. 6)
8 Mann ist Mann. Die Verwandlung des Packers Galy Gay in den Militärbaracken von Kilkoa im Jahre 1925. Lustspiel. 159 S. Bln: Propyläen-V. (1927)
9 (MV) L. Feuchtwanger u. B. B.: Drei angelsächsische Stücke. 309, 3 S. Bln: Propyläen-V. 1927
10 Aufstieg und Fall der Stadt Mahagonny. Oper in drei Akten. Musik v. K. Weill. 60 S. Wien: Cop. Universal-Edition Leipzig 1929
  (zu Nr. 7)
11 Die Dreigroschenoper. 80 S. Wien: Universal-Edition 1929
12 Die Songs der Dreigroschenoper. 26 S. Potsdam, Bln: Kiepenheuer (1929)
  (aus Nr. 11)
13 Versuche. 16 Bde., 1 Sonderh. Bln: Kiepenheuer (bzw. Suhrkamp bzw. Aufbau-V. bzw. Henschel 1930–1953)
  1– 3. Der Flug der Lindberghs. Radiotheorie. Geschichten vom Herrn Keuner. Fatzer, 3. 44 S. Bln: Kiepenheuer 1930
  4– 7. Aufstieg und Fall der Stadt Mahagonny. Über die Oper. Aus dem Lesebuch für Städtebewohner. Das Badener Lehrstück. S. 45–148. Bln: Kiepenheuer 1930
    (Enth. u. a. Nr. 7)
  8–10. Die Dreigroschenoper. Der Dreigroschenfilm. Der Dreigroschenprozeß. S. 149–306. Bln: Kiepenheuer (1931)
    (Enth. u. a. Nr. 11)
  11–12. Der Jasager und der Neinsager. Schulopern. Die Maßnahme. Lehrstück. S. 307–361. Bln: Kiepenheuer (1931)
  13. Die heilige Johanna der Schlachthöfe. Schauspiel. Geschichten vom Herrn Keuner. S. 361–459. Bln: Kiepenheuer (1932)
  14. Die drei Soldaten. Ein Kinderbuch. 59 S. m. Abb. Bln: Kiepenheuer (1932)
  15–16. Die Mutter. Nach Gorki. 81 S., 4 Abb. Bln: Kiepenheuer 1933
  17–18. Die Spitzköpfe und die Rundköpfe: enthalten in „Versuche 13–19". 370 S. Bln: Suhrkamp 1959
    (Enth. Neuaufl. v. Nr. 22)
  19. Leben des Galilei. Gedichte aus dem Messingkauf. Die Horatier und die Kuratier. Red. E. Hauptmann. 149 S. Bln: Suhrkamp (gleichzeit. Bln: Aufbau-V.) 1955
    (Enth. u. a. Ausz. a. Bd. 2 v. Nr. 23 u. a. Nr. 46)
  20–21. Mutter Courage und ihre Kinder. Eine Chronik aus dem Dreißigjährigen Krieg. Inh.: Mutter Courage und ihre Kinder. Anm. Fünf Schwierigkeiten beim Schreiben der Wahrheit. 95 S. Ffm: Suhrkamp 1949
    (Enth. u. a. Nr. 18)
  22–24. Herr Puntila und sein Knecht Matti. Chinesische Gedichte. Die Ausnahme und die Regel. Red. E. Hauptmann. 171 S. Bln: Suhrkamp 1950
    (Enth. u. a. Neufassg. v. Nr. 28 u. Ausz. a. Nr. 11)
  25, 26, 35. Der Hofmeister, v. J. M. R. Lenz (Bearb.). Studien. Neue Technik

der Schauspielkunst. Übungsstücke für Schauspieler. Das Verhör des Lukullus (m. M. Steffin). Anmerkungen über die Oper „Die Verurteilung des Lukullus" (m. P. Dessau). 159 S. m. Abb. Bln: Suhrkamp 1951

27, 32. Der gute Mensch von Sezuan. Kleines Organon für das Theater. Über reimlose Lyrik mit unregelmäßigen Rhythmen. Geschichten vom Herrn Keuner. 153 S., 2 Bl. Abb. Bln: Suhrkamp (gleichzeit. Bln: Aufbau-V.) 1953
(Enth. u. a. Ausz. a. Nr. 34)

29, 37. Die Tage der Commune. Die Dialektik auf dem Theater. Zu „Leben des Galilei". Drei Reden. Zwei Briefe. Red. E. Hauptmann. Als Ms. gedr. 148 S. Bln: Suhrkamp (gleichzeit. Bln: Aufbau-V.) 1957

31. Der kaukasische Kreidekreis (m. R. Berlau). Weite und Vielfalt der realistischen Schreibweise. Buckower Elegien. Red. E. Hauptmann. 113 S., 1 Bl. Abb. Bln: Suhrkamp (gleichzeit. Bln: Aufbau-V.) 1953
(Enth. u. a. Ausz. a. Nr. 34)

34. (Vorw., Bearb.) Antigonemodell 1948. Mit Beih.: Die Antigone des Sophokles. Nach der Hölderlinschen Übertragung f. d. Bühne bearb. B. B. 168 S. m. Abb.; 48 S. Bln: Henschel (=Modellbücher d. Berliner Ensemble 1) 1955
(Veränd. Neuausg. v. Nr. 29)

Sonderh. Die Gewehre der Frau Carrar. Der Augsburger Kreidekreis. Neue Kinderlieder. 57, 3 S. Bln: Aufbau-V. 1953
(Enth. u. a. Nr. 20 u. Ausz. a. Nr. 31)

14 Die Seeräuberjenny. Ballade aus der Dreigroschenoper. 6 Bl. m. Abb. Lpz: Staatl. Akad. f. graph. Künste u. Buchgewerbe (1932)
(Ausz. a. Nr. 11)

15 Ballade vom armen Stabschef +30. Juni 1934. 7 Bl. m. Abb. o. O. (1934)

16 Dreigroschenroman. 492, 4 S. Amsterdam: de Lange (1934)
(Veränd. Neuaufl. e. Ausz. a. Nr. 13, Bd. 8-10)

17 Lieder Gedichte Chöre. Musik H. Eisler. 115, 37 S., 32 S. Notenbeil. Paris: Editions du Carrefour 1934

18 Satzungen des Reichsverbandes Deutscher Schriftsteller (= Fünf Schwierigkeiten beim Schreiben der Wahrheit. Tarnausg.) 11, 1 S. Paris: Imp. „Coopérative Etoile" (1935)

19 (MH) Das Wort. Literarische Monatsschrift. Red. B. B., L. Feuchtwanger, W. Bredel. Jg. 1-4. Moskau: Verl. Meshdunarodnaja Kniga 1936-1939

20 Die Gewehre der Frau Carrar. 31, 1 S. London: Malik-V. (1937)
(Sonderdr. a. Bd. 2 v. Nr. 23)

21 Furcht und Elend des Dritten Reiches, 112 S. London: Malik-V. 1938

22 Die Rundköpfe und die Spitzköpfe. London: Malik-V. 1938

23 Gesammelte Werke. 2 Bde. 334, 396 S. London: Malik-V. (1938)

24 Svendborger Gedichte. Deutsche Kriegsfibel. Chroniken. Deutsche Satiren für den deutschen Freiheitssender. 87, 1 S. London: Malik-V. 1939

25 Furcht und Elend des Dritten Reiches. Dreizehn Szenen. 51, 1 S. Moskau: Verl. Meshdunarodnaja Kniga 1941
(Übs. e. Ausz. v. Nr. 21)

26 (MÜbs.) M. Andersen-Nexö: Die Kindheit. Erinnerungen. Mit einem Widmungsgedicht v. B. B. 405, 3 S., 1 Taf. Zürich: Vereinigung „Kultur und Volk" (= Erbe und Gegenwart 22) (1945)

27 Furcht und Elend des Dritten Reiches. Vierundzwanzig Szenen. 111, 1 S. New York: Aurora-V. 1945
(Verm. Ausg. v. Nr. 25)

28 Herr Puntila und sein Knecht. Nach Erzählungen der Hella Wuolijoki. Komödie in neun Bildern. 94, 4 S. Mchn: Desch (1948)

29 (Vorw., Bearb.) Antigonemodell 1948. Redig. R. Berlau. Inh.: Vorw. B. B. Neher. Antigonemodell 1948 R. Berlau. Die Antigone des Sophokles. Nach der Hölderlinschen Übertr. f. d. Bühne bearb. B. B. 159, 1 S. m. Abb. Bln: Weiß (1949)

30 (MV) L. Feuchtwanger: Auswahl. Mit Beitr. v. B. B. 361 S., 1 Abb. Rudolstadt: Greifen-V. 1949

31 Kalendergeschichten. 183, 5 S. Bln: Weiß 1949

32 Neun Lieder Mutter Courage und ihre Kinder. Text B. B., Musik P. Dessau. 32 S. Weimar: Thüring. Volksverl. 1949
(Ausz. a. Nr. 13, Bd. 20–21)
33 Sieben Lieder zu Mutter Courage und ihre Kinder. Text B. B., Musik P. Dessau. 32 S. Bln: Verl.-Ges. Lied der Zeit 1949
(Ausz. a. Nr. 13, Bd. 20–21)
34 Sinn und Form. Beiträge zur Literatur. Hg. J. R. Becher u. P. Wiegler. Sonderheft Bertolt Brecht. Inh.: Kleines Organon für das Theater. Der kaukasische Kreidekreis. Gedichte. Die Geschäfte des Herrn Julius Cäsar. 264, 4 S. Potsdam: Rütten & Loening (1949)
35 Der verwundete Sokrates. 26, 2 S. m. Abb. Bln, Dresden: Der Kinderbuchverl. (= Unsere Welt. Gruppe 1: Dichtung und Wahrheit) (1949)
(Ausz. a. Nr. 31)
36 Songs aus der Dreigroschenoper. 63, 1 S. m. Abb. Bln: Weiß (1949)
(Veränd. Neuausg. v. Nr. 12)
37 Das Zukunftslied. Aufbaulied der FDJ. Musik P. Dessau. 5 S. 4° Weimar: Thüring. Volksverl. 1949
38 (Vorw.) T. Otto: Nie wieder. Tagebuch in Bildern. 78 Bl., 74 Abb. 4° Bln: Verl. Volk u. Welt (1950)
39 Offener Brief an die deutschen Künstler und Schriftsteller. 1 Bl. 4° Bln 1951
40 Die Erziehung der Hirse. Nach dem Bericht von G. Fisch: Der Mann, der das Unmögliche wahr gemacht hat. 52 S. Bln: Aufbau-V. 1951
41 Hundert Gedichte. 1918–1950. 310, 2 S. Bln: Aufbau-V. 1951
42 An meine Landsleute. 1 Bl. 2° Lpz: VEB Offizin Haag-Drugulin (1951)
43 (MH) Wir singen zu den Weltfestspielen. Herrnburger Bericht. Textausg. B. B. u. P. Dessau. 31, 1 S. Bln: Hg. Zentralrat d. FDJ über Verl. Neues Leben (1951)
44 (MV) Das Verhör des Lukullus. Oper in zwölf Bildern v. P. Dessau. Text. B. B. 35, 1 S. Bln: Aufbau-V. 1951
45 (MV) Die Verurteilung des Lukullus. Oper v. P. Dessau. Text B. B. 39, 1 S. Bln: Aufbau-V. 1951
46 (MH) Theaterarbeit. Sechs Aufführungen des Berliner Ensembles. Red. R. Berlau, B. B., C. Hubalek (u. a.). 434, 2 S. m. Abb. Dresden: VVV Dresdner Verl. (1952)
47 Gedichte und Prosa. (Auswahl). 365 S. Moskau: Verl. f. fremdsprachige Literatur (= Lesestoff für den Deutschunterricht) 1953
(Enth. u. a. Nr. 20 u. Ausz. a. Nr. 8; 13, Bd. 20–21; 16; 25; 31)
48 Stücke. 12 Bde. Ffm: Suhrkamp 1953–1959
Erste Stücke. 2 Bde. 1953
(1) 1. Baal. Trommeln in der Nacht. Im Dickicht der Städte. 302, 2 S.
(Enth. Nr. 1, 2, 5)
(2) 2. Leben Eduards des Zweiten von England. Mann ist Mann. 327, 5 S.
(Enth. Nr. 3, 8)
Stücke für das Theater am Schiffbauerdamm. 3 Bde. (gleichzeit. Bln: Aufbau-V.) 1955–1957
(3) 1. (1927–1933). Die Dreigroschenoper. Aufstieg und Fall der Stadt Mahagonny. Das Badener Lehrstück vom Einverständnis. 317, 3 S. 1955
(Enth. Nr. 10 u. Ausz. a. Nr. 13, Bd. 4–7, 8–10)
(4) 2. (1927–1933). Die heilige Johanna der Schlachthöfe. Der Jasager–Der Neinsager. Die Maßnahme. 315, 5 S. 1955
(Enth. Ausz. a. Nr. 13, Bd. 11–12, 13)
(5) 3. (1928–1933). Die Mutter. Die Ausnahme und die Regel. Die Horatier und die Kuratier. 275 S. 1957
(Enth. Ausz. a. Nr. 13, Bd. 15–16, 19, 22–24)
Stücke aus dem Exil. 5 Bde. (gleichzeit. Bln: Aufbau-V.) 1957
(6) 1. Die Rundköpfe und die Spitzköpfe. Furcht und Elend des Dritten Reiches. 416 S.
(Enth. Nr. 22 u. 27)
(7) 2. Die Gewehre der Frau Carrar. Mutter Courage und ihre Kinder. Das Verhör des Lukullus. 273 S.
(Enth. Nr. 20, 44 u. Ausz. a. Nr. 13, Bd. 20–21)

(8) 3. Leben des Galilei. Der gute Mensch von Sezuan. 407 S.
    (Enth. Ausz. a. Nr. 13, Bd. 19; 27, 32)
(9) 4. Herr Puntila und sein Knecht Matti. Der aufhaltsame Aufstieg des
    Arturo Ui. Die Gesichte der Simone Machard. 485 S.
    (Enth. u. a. Ausz. a. Nr. 13, Bd. 22–24)
(10) 5. Schweyk im zweiten Weltkrieg. Der kaukasische Kreidekreis. Die
    Tage der Commune. 436 S.
    (Enth. u. a. Ausz. a. Nr. 13, Bd. 29, 37; 31)
(Bearb.) Bearbeitungen. 2 Bde. (gleichzeit. Bln: Aufbau-V.) 1959
(11) 1. Die Antigone des Sophokles. Der Hofmeister. Coriolan. 406 S.
    (Enth. u. a. Ausz. a. Nr. 13, Bd. 25, 26, 35; 34)
(12) 2. Der Prozeß der Jeanne d'Arc zu Rouen 1431. Don Juan. Pauken und
    Trompeten. 344 S.
49 Gedichte. Ausw. u. Nachw. S. Streller. 129, 3 S. Lpz: Reclam (= Reclam's UB. 7996–7997) (1955)
50 Kriegsfibel. Hg. R. Berlau. 70 Bl. m. Abb. 4° Bln: Eulenspiegel-V. 1955
51 Gedichte und Lieder. Ausw. P. Suhrkamp. 163, 1 S. Bln, Ffm: Suhrkamp (= Bibliothek Suhrkamp 33) (1956)
52 Leben des Galilei. Text u. 2 Beil. 90; 65 S.; 37 S. Abb. m. Text. Bln: Henschel (= Modellbücher d. Berliner Ensemble 2) 1956–1959
    (Modellb. zu e. Ausz. a. Nr. 13, Bd. 19)
53 Die Geschäfte des Herrn Julius Cäsar. Romanfragment. 271 S. Bln: Schöneberg: Weiß (gleichzeit. Bln: Aufbau-V.) 1957
    (Ausz. a. Nr. 34)
54 Lieder und Gesänge. 129 S. m. Abb. u. Noten, 1 Titelb. Bln: Henschel (= Veröffentlichung d. Dt. Akad. d. Künste) 1957
55 Schriften zum Theater. Über eine nicht-aristotelische Dramatik. Zsgest. S. Unseld. 291 S. Bln, Ffm: Suhrkamp (= Bibliothek Suhrkamp 41) 1957
56 Sinn und Form. Beiträge zur Literatur. Hg. Dt. Akad. d. Künste. 2. Sonderheft Bertolt Brecht. 628 S. Bln: Rütten & Loening (1957)
57 Geschichten vom Herrn Keuner. 67 S. Bln: Aufbau-Verl. 1958
    (Ausz. a. Nr. 13, Bd. 1–3)
58 Mutter Courage und ihre Kinder. Text. Aufführung. Anmerkungen. 96 S., 177 S. Abb. m. Text, 60 S. Bln: Henschel (= Modellbücher d. Berliner Ensemble 3) 1958
    (Modellb. zu e. Ausz. a. Nr. 13, Bd. 20–21)
59 (MV) Der kaukasische Kreidekreis. Mitarb. R. Berlau. 140 S. Bln, Ffm: Suhrkamp 1959
    (Ausz. a. Nr. 34)
60 (MV) Der gute Mensch von Sezuan. Parabelstück. Mitarb. R. Berlau u. M. Steffin. Musik P. Dessau. 158 S. Ffm, Bln: Suhrkamp 1959
    (Vertonung e. Ausz. a. Nr. 43)
61 (MV) Schweyk im Zweiten Weltkrieg. Musik H. Eisler. 105 S. Ffm, Bln: Suhrkamp 1959
    (Vertonung e. Ausz. a. Nr. 48, Bd. 10)
62 Die sieben Todsünden der Kleinbürger. 34 S. Ffm: Suhrkamp 1959
63 Kleines Organon für das Theater. Mit einem „Nachtrag zum Kleinen Organon". 57 S. Ffm: Suhrkamp (= suhrkamp-texte 4) 1960
    (Enth. u. a. Ausz. a. Nr. 34)

BREDEL, Willi (1901–1964)

1 Maschinenfabrik N. & K. Ein Roman aus dem proletarischen Alltag. 128 S. Bln: Intern. Arbeiter-V. (= Der rote Eine-Mark-Roman 4) (1930)
2 Rosenhofstrasse. Roman einer Hamburger Arbeiterstraße. 158 S. Bln: Intern. Arbeiter-V. (= Der rote Eine-Mark-Roman 6) 1931
3 Edgar André. Ein deutscher Antifaschist vom Tode bedroht. 22 S. Moskau: Verl.-Gen. ausländ. Arbeiter in der UdSSR 1936
4 Vor den Kulissen. [Aus einem noch unvollendeten Roman. Zeit der Handlung Dez. 1934]. 36 S. Moskau: Verl.-Gen. ausländ. Arbeiter in der UdSSR (= Vegaar- Bücherei 4) 1936

5   Die Prüfung. 385 S. London: Malik 1934
6   Nikolai Schtschors. Ein Held im Kampfe gegen deutsche Okkupanten. Eine Reportage. 45 S. Engels: Dt. Staats-V. 1936
7   Der Spitzel und andere Erzählungen. 152 S. London: Malik-V. 1936
8   Dein unbekannter Bruder. Roman aus dem Dritten Reich. 37 S. London: Malik-V. 1937
9   Begegnung am Ebro. Aufzeichnungen eines Kriegskommissars. 268 S. Paris: Edition du 10 Mai 1939
10 Nach dem Sieg. 92 S. Moskau: Meshdunarodnaja Kniga – Das intern. Buch (= Kleine Volksbibliothek) 1939
11 Pater Brakel und andere Erzählungen. 155 S. Kiew: Staatsv. d. nat. Minderheiten der UdSSR 1940
12 Der Kommissar am Rhein und andere historische Erzählungen. Moskau 1940
13 (Hg.) Päpste, Pfaffen und Mönche im Spiegel der Literatur. Ausgew. u. mit Anm. versehen. 359 S. Kiew: Staatsv. d. nat. Minderheiten d. UdSSR 1940
14 Scharnhorst, Gneisenau, Clausewitz und die bürgerliche Revolution von 1789. 46 S. Moskau: Meshdunarodnaja Kniga (= Kleine Bibliothek) 1940
15 Kurzgeschichten aus Hitlerdeutschland. 81 S. Moskau: Verl. f. fremdsprachige Literatur 1942
16 Das Vermächtnis des Frontsoldaten. Novelle. 114 S. Moskau: Verl. f. fremdsprachige Literatur 1942
17 Verwandte und Bekannte. Roman. 1. Bd. 449 S. Moskau: Verl. f. fremdsprachige Literatur 1943
18 Der Sonderführer. Erzählung. 94 S. Moskau: Verl. f. fremdsprachige Literatur. 1944
19 Demokratische Erneuerung. Red. W. B. 10 H. 4°. Schwerin: Kulturbund f. Mecklenburg-Vorpommern 1945
20 Um Deutschlands Zukunft. (Rede über d. Nürnberger Prozeß). 16 S. Schwerin: V. demokrat. Erneuerung (= Kleine Schriftenreihe d. Kulturbundes Mecklenburg-Vorpommern 2) (1946)
21 (Hg.) Heute und Morgen. Literar. Monatszeitschr. 1947. 8 H. Schwerin, Mecklenburg: Heimatverlag (ab Jh. 1948, H. 8: Petermänken-V.) 1947–1948
22 Ernst Thälmann. Beitrag zu einem politischen Lebensbild. 165 S., 1 Titelb. Bln: Dietz 1948
23 Verwandte und Bekannte. 3 Bde. Bln: Aufbau-V. 1948–1953
    1. Die Väter. Roman. 427 S. 1948
    2. Die Söhne. Roman. 371 S. 1949
    3. Die Enkel. Roman. 681 S. 1953
    (Bd. 1 Neuaufl. v. Nr. 17)
24 (Einl.) Ch. Dickens: Oliver Twist. 468 S. Potsdam: Märkische Druck- u. Verlags GmbH 1949
25 Das schweigende Dorf und andere Erzählungen. 182 S. Rostock: Hinstorff 1949
26 (MV) Die kulturelle Verantwortung der Arbeiterklasse. Vier Referate von W. B., W. Girnus, S. Heymann, W. Maschke aus Anlaß d. Weimartage der Aktivisten vom 9.–12. VI. 1949. 60 S. m. Abb. Bln: Die freie Gewerkschaft Verl.-Ges. 1949
27 (Hg.) Bibliothek fortschrittlicher deutscher Schriftsteller. Red. Leitg: W. B. Bln, Lpz: Volk und Wissen 1950
28 Sieben Dichter. 128 S. Schwerin: Petermänken 1950
29 Fünfzig Tage. 166 S. m. Abb. Bln: Verl. Neues Leben 1950
30 Die Vitalien-Brüder. Historischer Roman für die Jugend. 220 S. m. Abb. Schwerin: Petermänken 1950
31 (Einl.) S. Wygodski: Im Kessel. 190 S. Bln: Lied der Zeit 1950
32 Über die Aufgaben der Literatur und Literaturkritik. Vortrag auf d. 3. Dt. Schriftstellerkongress in Berlin Mai 1952. 39 S., 1 Titelb. Bln: Dt. Schriftstellerverband 1952
33 Sieben Dichter. 142 S. Schwerin: Petermänken 1952 (Neuaufl. v. Nr. 30)
34 (Einl.) J. Izcaray: Casto Garcia Roza. Geschichte eines spanischen Helden. A. d. Span. v. E. Klemperer. 143 S. Bln: Dietz 1952
35 (Nachw.) M. Andersen-Nexö: Erinnerungen. (Aus d. Dän. v. E. Harthern),

685 S. Bln: Aufbau-V. (= Bibliothek fortschrittlicher deutscher Schriftsteller) 1953
36 Sieger ohne Sieg. Eine Erzählung um Gneisenau. 87 S. m. Abb. Weimar: Thüringer Volksv. 1953 (Neuaufl. v. Nr. 11)
37 Ernst Thälmann. Literar. Szenarium v. W. B. u. M. Tschesno-Hell. 2 Bde. 154, 168 S. Bln: Henschel 1953–55
38 Vom Ebro zur Wolga. 3 Begegnungen. 387 S. Bln: Aufbau-V. 1954
39 Here is the „Lincoln". 45 S. Bln: V. d. Ministeriums d. Innern (= Für Volk und Vaterland 25) (1955)
40 Marcel, der junge Sansculotte. 46 S. m. Abb. Bln: V. d. Ministeriums d. Innern (= Zur Abwehr bereit) 1955
41 Das Gastmahl im Dattelgarten. 258 S. Bln: Aufbau-V. 1956
42 Auf den Heerstrassen der Zeit. Erzählungen. 571 S. Bln: Aufbau-V. 1957 (Enth. u. a. Nr. 5, 12, 25, 28, 38, 41)
43 (Hg.) E. Weinert: Memento Stalingrad. Frontnotizbuch. Worte als Partisanen. Aus d. Bericht über d. Nationalkomitee „Freies Deutschland". 269 S. Bln: Volk und Welt 1957
44 (Hg.) E. Weinert. Ein Dichter unserer Zeit. Aufsätze aus drei Jahrzehnten. Mit Zwischentexten v. W. B. 271 S. m. Abb. Bln: Volk u. Welt 1958
45 (Hg. Einl.) E. Weinert. Eine Auswahl. Gedichte. Erzählungen, Skizzen, Reden. 162 S. Berlin: V. d. Ministeriums für nationale Verteidigung (= Kämpfende Kunst) (1958)
46 Ein neues Kapitel. 400 S. Bln: Aufbau-V. 1959
47 (Vorw.) Neunhundert Tage. Zeugnisse von der heldenhaften Verteidigung Leningrads im Großen Vaterländischen Krieg. 483 S. m. Abb. Bln: Dietz 1959

BREHM, Bruno (+Bruno Clemens) (*1892)

1 +Der Sturm auf den Verlag. 144 S. m. Abb. Wien: Burgverl. 1925
2 (Einl.) Alte Tore aus Österreich. 12 S., 8 Taf. Wien: Staatsdruckerei, Österr. Verl. 1926
3 Der lachende Gott. Roman. 309 S. Mchn: Piper 1928
4 Susanne und Marie. Roman. 257 S. Mchn: Piper 1929
5 Ein Graf spielt Theater. Roman. 256 S. Karlsbad: Kraft 1930
6 Wir alle wollen zur Opernredoute. Ein humoristischer Roman. 222 S. m. Abb. Mchn: Piper 1930
7 Das gelbe Ahornblatt. Ein Leben in Geschichten. Geleitw. E. E. Dwinger. 301 S. Karlsbad: Kraft 1931
8 Apis und Este. Ein Franz-Ferdinand-Roman. 556 S. Mchn: Piper 1931
9 Das war das Ende. Von Brest-Litowsk bis Versailles. 500 S. Mchn: Piper 1932
10 Denksäulen aus Österreich. Eine Studie. 47 S. m. Abb. Wien: Graph. Lehru. Vers.-Anst. 1932
11 Weder Kaiser noch König. Der Untergang der Habsburgischen Monarchie. 590 S. Mchn: Piper 1933
12 Britta. Erzählung. 135 S. Mchn: Piper 1934
13 Heimat ist Arbeit. Ein Hausbuch deutscher Geschichten. 289 S. Karlsbad: Kraft 1934
14 Die größere Heimat. Auslanddeutsche Erzählungen. 77 S. Karlsbad: Kraft 1934 (Enth. Ausz. a. Nr. 7 u. 13)
15 Die schrecklichen Pferde. Der Welserzug nach Eldorado. 252 S. m. Abb. Bln: Neff 1934
16 Vom Waffenstillstand zum Friedensdiktat. Ausw., Durchs. u. Erg. E. Löffler. 32 S. Ffm: Diesterweg (= Kranz-Bücherei 188) 1934 (Ausz. a. Nr. 9)
17 Zu früh und zu spät. Das große Vorspiel der Befreiungskriege. 606 S., 1 Kt. Mchn: Piper 1936
18 Das wunderschöne Spiel. Kindergeschichten. 61 S. Karlsbad: Kraft (= Volksdeutsche Reihe 11) 1936 (Enth. Ausz. a. Nr. 7 u. 13)

19 Die weiße Adlerfeder. Geschichten aus meinem Leben. 256 S. Mchn: Piper 1937
20 (Hg.) Soldatenbrevier. 162 S. Wien: Scheuermann (= Tieck-Bücher) 1937
21 Wien. Die Grenzstadt im deutschen Osten. 47 S. Jena: Diederichs (= Österreich-deutsche Schriften) 1937
22 (Hg.) Der getreue Eckart. Monatsschrift der Ostmark. Kultur, Kunst, Politik, Wirtschaft. Jg. 16–20. Wien: Wiener Verl.-Ges. 1938–1942
23 Die Grenze mitten durch das Herz. 122 S. Mchn: Piper 1938
24 Glückliches Österreich. 204 S., 32 Abb. Jena: Diederichs 1938
25 Der dümmste Sibiriak. Erzählung. Nachw. H. Günther. 76 S. Lpz: Reclam (= Reclam's UB. 7444) 1939
26 (MV) Eine deutsche Studentenbude in Prag. 23 S. m. Abb. Prag: Calve 1939
27 Tag der Erfüllung. 391 S. Wien: Luser 1939
28 Auf Wiedersehn, Susanne! Roman. 297 S. Mchn: Piper 1939 (Neufassg. v. Nr. 4)
29 Die sanfte Gewalt. Roman. 422 S. Mchn: Piper 1940
30 (Einl.) A. Kraft: Großdeutschland. Die Städte. XIV, 255 S. Abb. 4° Karlsbad: Kraft 1940
31 Deutsche Haltung vor Fremden. Ein Kameradenwort an unsere Soldaten. 70 S. Bln: Oberkommando der Wehrmacht, Allgem. Wehrmachtamt, Abt. Inland (= Tornisterschrift des Oberkommandos der Wehrmacht) 1940
32 Der König von Rücken. Geschichte und Geschautes. 270 S. Karlsbad: Kraft 1940
33 Der liebe Leser. 15 S. Bln: Warneck 1940
34 Im Großdeutschen Reich. 72 S., 1 Abb. Wien: Luser (= Reihe Süd-Ost 1, 32) 1940
35 Über die Tapferkeit. Brevier für junge Deutsche. 65 S., 1 Abb. Wien: Luser (= Reihe Süd-Ost 1, 28) 1940 (Ausz. a. Nr. 27)
36 Der Abend ohne Gefolge. Eine Pratergeschichte. 61 S. Stg: Dt. Volksbücher-Verl. (= Wiesbadener Volksbücher 292) 1942 (Ausz. a. Nr. 29)
37 Ein Schloß in Böhmen. Roman. 277 S. Karlsbad: Kraft 1942 (Neufassg. v. Nr. 5)
38 Das Erwachen des Brevadiers. Kindergeschichten. 29 S. Karlsbad: Kraft (= Karlsbader Feldposthefte) 1944 (Ausz. a. Nr. 7 u. 13)
39 Künstler. Vier Geschichten. 31 S. Karlsbad: Kraft (= Karlsbader Feldposthefte) 1944 (Ausz. a. Nr. 7 u. 13)
40 Männerscherze. Vier Geschichten. 31 S. Karlsbad: Kraft (= Karlsbader Feldposthefte) 1944 (Ausz. a. Nr. 13 u. 32)
41 Der Strohhalm. Kleine Geschichten. 48 S. Bln: Oberkommando der Wehrmacht, Allgem. Wehrmachtamt, Abt. Inland (= Wiener Brevier; = Soldatenbücherei 79, 5) 1944 (Ausz. a. Nr. 7 u. 13)
42 Der fremde Gott. Roman. 343 S. Graz: Stocker 1948 (Neufassg. v. Nr. 3)
43 (Einl.) H. Eibl: Delphi und Sokrates. Eine Deutung für unsere Zeit. XIX, 366 S. Salzburg: Akadem. Gemeinschaftsv. (= Stimmen des Abendlandes) 1949
44 (Einl.) G. Hauser: Herzklang der Völker. Lateinische Dichtungen des Mittelalters. Deutsche Nachdichtung. XVII, 176 S. Salzburg: Akadem. Gemeinschaftsv. (= Stimmen des Abendlandes) 1949
45 Der Lügner. Roman. 316 S. Wien, Linz, Zürich: Pilgram 1949
46 Schatten der Macht. Von den Pharaonen bis zum letzten Zaren. 559 S. Graz: Stocker 1949
47 (Einl.) L. A. Seneca: Von wahren Leben. Ein Buch der Weisheit. Ausw. u. Übertr. A. Lang. XX, 303 S. Salzburg: Akadem. Gemeinschafts-V. (= Stimmen des Abendlandes) 1949
48 Am Rande des Abgrunds. Von Lenin bis Truman. 650 S. Graz: Stocker 1950
49 Heimat in Böhmen. 114 S., 6 Bl. Abb. Salzburg: Pilgram 1951

50 Ein Leben in Geschichten. 381 S. Augsburg: Kraft (1951)
(Ausz. a. Nr. 7, 13, 32)
51 Aus der Reitschul! Roman. 390 S. Graz: Stocker 1951
52 Die Throne stürzen. 872 S. Mchn: Piper 1951
(Enth. Neufassgn. v. Nr. 8, 9, 11)
53 Die vier Temperamente. Erzählungen. 82 S. Graz: Stocker 1952
54 Der kleine Mozart ist krank. 38 S. Kassel: Bärenreiter-V. (= Bärenreiter-Laienspiele 223) 1953
55 Das Ebenbild. Menschen, Tiere, Träume und Maschinen. 339 S., 147 Abb., 40 Taf. Mchn: Piper 1954
56 Die sieghaften Pferde. Der Welserzug nach Eldorado. Roman. 261 S., 35 Abb. Salzburg: Pilgram 1956
(Neuaufl. v. Nr. 15)
57 Dann müssen Frauen streiken. Roman. 317 S. Graz: Stocker 1957
58 1809. Zu früh und zu spät. Das große Vorspiel der Befreiungskriege. 358 S. m. Abb. Salzburg: Stg: Verl. „Das Berglandbuch" (= Österreich-Bibliothek) 1958
(Neuaufl. v. Nr. 17)
59 Die sanfte Gewalt. 360 S. Salzburg: Verl. Das Berglandbuch (= Österreichische Bibliothek) 1958
(Neuaufl. v. Nr. 29)
60 Der Traum vom gerechten Regiment. Erzählungen. 199 S. Augsburg: Kraft 1959
61 (Einl.) Schönes Westböhmen, Egerland, Erzgebirge, Saazerland. XXIV, 176 Bl. Augsburg: Kraft 1959
62 K. u. k. Anekdoten aus dem alten Österreich. 79 S. m. Abb. Mchn, Eßlingen: Bechtle 1960
63 Das zwölfjährige Reich. 2 Bde. Graz, Wien, Köln: Styria 1960
1. Der Trommler. 362 S.
2. Der böhmische Gefreite. 467 S.

BREHME, Christian (1613–1667)

1 Allerhandt Lustige, Trawrige, vnd nach Gelegenheit der Zeit vorgekommene Gedichte. Zur Passierung der Weyle mit dero Melodeyen mehrentheils auffgesetzt. 74 Bl. 4° Lpz: Lanckisch Erben 1637
2 Die Vier Tage Einer Newen und Lustigen Schäfferey, Von der Schönen Coelinden Vnd Deroselben ergebenen Schäffer Corimbo. Dresden: Bergens Erben 1647

BREITBACH, Joseph (*1903)

1 Rot gegen Rot. Erzählungen. 259 S. Stg: Dt. Verl.-Anst. 1929
2 Die Wandlung der Susanne Dasseldorf. Roman. 596 S. Bln: Kiepenheuer 1933
3 Le liftier amoureux. 247 S. Paris: Gallimard 1948
(Franz. Neubearb. v. Nr. 1)
4 (Einl.) L. Guilloux: Die Gefährten. Erzählung. A. d. Franz. v. M. Becker. 58 S. Zürich: Europa-Verl. Oprecht 1950
5 Das Jubiläum. Komödie in drei Akten. 220 S. Zürich: Oprecht 1960

BREITINGER, Johann Jakob (1701–1776)

1 *(MV) Die Discourse der Mahlern. 4 Tle. Zürich: Lindinner (1–3) bzw. Bodmerische Druckerey (4) 1721–1723
2 (MV) Von dem Einfluß und Gebrauche Der Einbildungs-Krafft; Zur Ausbesserung des Geschmackes ... XII, 246 S. Ffm, Lpz 1737

3 ★(MV) Historische und Critische Beyträge Zu der Historie Der Eidsgenossen ... 1.-4. Theil Zürich: Orell 1739
4 Critische Abhandlung Von der Natur den Absichten und dem Gebrauche der Gleichnisse. Mit Beispielen aus den Schriften der berühmtesten alten und neuen Scribenten erläutert. Durch J. J. Bodmer besorget und zum Drucke befördert. 506 S. Zürich: Orell 1740
5 Critische Dichtkunst Worinnen die Poetische Mahlerey in Absicht auf die Erfindung Im Grunde untersucht und mit Beyspielen aus den berühmtesten Alten und Neuen erläutert wird. Mit einer Vorrede eingeführet von J. J. Bodmer. 2 Bde. 519, 472 S. Lpz, Zürich: Orell 1740
6 (Vorw.) J. J. Bodmer: Critische Betrachtungen über die Poetischen Gemählde der Dichter. XVI, 640 S. Zürich: Orell 1741 (bzw. Lpz: Gleditsch) 1741
7 ★(MV) Sammlung Critischer, Poetischer, und andrer geistvollen Schriften, Zur Verbesserung des Urtheils und des Wizes in den Wercken der Wolredenheit und der Poesie. 13 Stücke. Zürich: Orell 1741-1744
8 ★Vertheidigung der Schweizerischen Muse, Herrn D. Albrecht Hallers. 109 S. Zürich: Heidegger 1744
9 ★(MH) Martin Opitzens Von Boberfeld Gedichte. Von J. J. B. u. J. J. B. besorget. Erster Theil. 16 Bl., 692, 87 S. Zürich: Orell 1745
10 ★(MV) (J. J. B. u. J. J. Bodmer:) Beurtheilung der Panthea, eines so genannten Trauerspiels, nebst einer Vorlesung für die Nachkommen und einer Ode auf den Nahmen Gottsched. Zürich 1746
11 ★(MH) Critische Briefe. 218 S. Zürich: Heidegger 1746
12 ★(MV) Der Mahler Der Sitten. Von neuem übersehen und starck vermehret. 2 Bde. Zürich: Orell 1746
   (Verm. Neuaufl. v. Nr. 1)
13 ★Die Mütze. Eine französische Erzählung aus dem Lande der Freien. S. 16 o. O. (1746)
14 ★Der gemißhandelte Opitz in der Trillerschen Ausfertigung seiner Gedichte. X, 84 S. Zürich 1747
15 ★(MH) Proben der alten schwäbischen Poesie des Dreyzehnten Jahrhunderts. Aus der Maneßischen Sammlung. LVI, 296 S. Zürich: Heidegger 1748
16 ★(MH) Sammlung von Minnesingern aus dem Schwäbischen Zeitpuncte CXL Dichter enthaltend: Durch Ruedger Manessen, weiland des Rathes der uralten Zyrich. 2 Tle. XX, 204; VII, 262 S. 4° Zürich: Orell 1758-1759

BRENNER, Hans Georg (+Reinhold Th. Grabe) (1903-1961)

1 Fahrt über den See. Roman. 276 S. Bln: Cassirer 1934
2 +Das Geheimnis des Adolph Freiherrn von Knigge. Die Wege eines Menschenkenners. 1752-1796. 280 S. m. Abb. Hbg: Goverts 1936
3 +Das Lebenswerk des Freiherrn vom Stein. Ein politisches Testament. 60 S. Bln: Hobbing (= Kleine Geschichtsbücherei 3) 1936
4 Der Hundertguldentanz. Erzählung. 62 S. Lpz: List (= Lebendiges Wort 33) 1939
5 Nachtwachen. Die Aufzeichnungen eines jungen Mannes. 269 S. Bln: Universitas 1940
6 Drei Abenteuer Don Juans. 108 S. m. Abb. Bln: Universitas 1941
7 Sonette eines Sommers. 47 S. Hbg: v. Schröder 1943
8 (Hg.) Alte Kalendergeschichten. 174 S. m. Abb. Bln: Kiepenheuer 1944
9 (Übs.) H. de Balzac: Die rote Herberge. Meister Cornelius. 130 S. Wildbad: Edition-Pan-GmbH. 1949
10 (Übs.) J. P. Sartre: Die Wege der Freiheit. Roman. 3 Bde. 324, 388, 323 S. Hbg: Rowohlt 1949-1951
11 (MÜbs.) A. Camus: Der Mythos von Sisyphos. Ein Versuch über das Absurde. A. d. Franz. v. H. G. B. u. W. Rasch. 180 S. Bad Salzig, Düsseldorf: Rauch 1950
12 (Übs.) J. P. Sartre: Was ist Literatur? Ein Essay. 273 S. Hbg: Rowohlt 1950
13 Das ehrsame Sodom. Roman. 437 S. Hbg: Claassen 1950
14 (Übs.) L. Armstrong: Mein Leben. Mein New Orleans. 193 S. Hbg: Rowohlt 1953

15 (Übs.) A. Blondin: Die Kinder des lieben Gottes. Roman. 226 S. Bln: Blanvalet 1955
16 (MÜbs.) J. P. Sartre: Situationen. Essays. Ber. Übertr. v. H. G. B. u. G. Scheel. 198 S. Hbg: Rowohlt 1956

Brentano, Bernard von (1901–1964)

1 Gedichte. 48 S. Freiburg i. Br.: Urban-V. 1923
2 Geld. Komödie in fünf Aufzügen. 90 S. Freiburg i. Br.: Urban-V. 1924
3 Die Gedichte an Ophelia. 66 S. Paderborn: Schöningh 1925
4 (Vorw.) Weg mit dem Schmutz- und Schundgesetz! Protestkundgebung gegen den Gesetzentwurf zur Bewahrung der Jugend vor Schmutz- und Schundschriften am 10.IX.1926 im Plenarsaal des ehemal. Herrenhauses Berlin. 76 S., 2 Abb. Bln: Vereinigung linksgerichteter Verleger 1926
5 Über den Ernst des Lebens. 48 S. Bln: Rowohlt 1929
6 Kapitalismus und schöne Literatur. 113 S. Bln: Rowohlt 1930
7 Der Beginn der Barbarei in Deutschland. 217 S. Bln: Rowohlt 1932
8 Berliner Novellen. 98 S. m. Abb. Zürich: Oprecht & Helbling 1934
9 Theodor Chindler. Roman einer deutschen Familie. 568 S. Zürich: Oprecht 1396
10 Prozeß ohne Richter. Roman. 201 S. Amsterdam: Querido-V. 1937
11 (MH) G. Keller: Die schönsten Gedichte. Ausw. M. Gasser u. B. v. B. 104 S. Zürich: Manuel 1938
12 Die ewigen Gefühle. Roman. 339 S. Amsterdam: Querido-V. 1939
13 Phädra. Schauspiel in fünf Aufzügen. 99 S. Zürich, New York: Oprecht 1939
14 August Wilhelm Schlegel. Geschichte eines romantischen Geistes. 246 S. Stg: Cotta 1943
15 Tagebuch mit Büchern. 217 S. Zürich: Atlantis-V. 1943
16 Goethe und Marianne von Willemer. Die Geschichte einer Liebe. 100 S. Zürich: Classen (= Vom Dauernden in der Zeit 16) 1945
17 Franziska Scheler. Roman einer deutschen Familie. 464 S. Zürich: Atlantis-V. 1945
18 (Hg., Nachw.) Das Schönste von Matthias Claudius. 87 S. Zürich: Scientia (= Vom Dauernden in der Zeit 4) 1945
19 Das unerforschliche Gefecht. Erzählung in Versen. 92 S. Zürich: Classen 1946
20 Streifzüge. Tagebuch mit Büchern. N. F. 159 S. Zürich: Classen 1947 (Forts. v. Nr. 15)
21 Die Schwestern Usedom. Roman. 336 S. Zürich: Classen 1948
22 Martha und Maria. Eine Erzählung in Versen. 111 S. Wiesbaden: Limes 1949 (Neuausg. v. Nr. 19)
23 August Wilhelm Schlegel. Geschichte eines romantischen Geistes. 293 S. Stg: Cotta 1949
(Erw. Neuaufl. v. Nr. 14)
24 Sophie Charlotte und Danckelmann. Eine preussische Historie. 224 S. Wiesbaden: Limes 1949
25 Bücher unserer Zeit. Festvortrag, gehalten auf der Morgenfeier des Burgvereins 1952, veranstaltet am 10. August vom Burgverein Eltville, Gutenberg-Gedenkstätte, für seine Mitglieder und Freunde. 21 S. m. Abb. Eltville: Burgverein (= Eltviller Druck 6) 1952
26 Du Land der Liebe. Bericht von Abschied und Heimkehr eines Deutschen. 284 S. Stg, Tüb: Wunderlich 1952
27 Die geistige Situation der Kunst in der Gesellschaft der Jahre 1900–1950. 16 S. Bad Homburg: Gehlen 1954
28 Das Menschenbild in der modernen Literatur. Vortrag, gehalten auf der Tagung der hessischen Hochschulwochen in Bad Wildungen. 15 S. Bad Homburg: Gehlen 1958

Brentano, Clemens (+Maria) (1778–1842)

1 Ehe Du scheidest, Freund Büschler, auch eine Thräne von Deinem Brentano. 2 Bl. Ffm: Priv.-Dr. 1795

2 +Satiren und poetische Spiele. Erstes Bändchen: Gustav Wasa. VIII, 186 S. Lpz: Rein 1800
3 +Godwi oder Das steinerne Bild der Mutter. Ein verwilderter Roman. 2 Bde. II, 400; XXXII, 456 S., 2 Titelku. Bremen: Wilmans 1801–1802
4 Claudia. Am Geburtstage einer Freundin. 4 Bl. o. O. (1803)
5 Die lustigen Musikanten. Singspiel. 78 S. Ffm: Körner 1803
   (z. T. Ausz. a. Nr. 3)
6 (Übs., Hg.) Spanische und italienische Novellen. Hg. S. B. 2 Bde. 280, 333 S. Penig: Dienemann 1804–1806
7 Ponce de Leon. Ein Lustspiel. XVI, 280 S. Göttingen: Dieterich 1804
8 (MV) Bunte Reihe kleiner Schriften von Sophie B. VII, 387 S. Ffm: Wilmans 1805
9 (MH) Des Knaben Wunderhorn. Alte deutsche Lieder. Ges. L. A. v. Arnim u. C. B. 3 Bde. m. Anh. „Kinderlieder". VIII, 480; IV, 448; IV, 253; 103 S. m. Ku. Heidelberg: Mohr & Zimmer 1806–1808
10 *(MV) Entweder wunderbare Geschichte von BOGS dem Uhrmacher ... 2 Bl., 52 S., 1 Ku. (Heidelberg: Mohr & Zimmer) 1807
11 (Hg.) (J. Wickram:) Der Goldfaden. Eine schöne alte Geschichte wieder herausgegeben. 1 Bl., 371 S., 1 Bl. m. Abb. Heidelberg: Mohr & Zimmer 1809
12 Universitati Litterariae. Kantate auf den 15. Oktober 1810. 1 Bl., 16 S., 1 Ku. 4° Bln: Hitzig (1810)
13 *Der Philister, vor, in und nach der Geschichte. Scherzhafte Abhandlung. 5 Bl., 30 S., 1 Ku. 4° Bln 1811
14 Rheinübergang. Kriegsrundgesang. 1 Bl., 13 S. Wien 1814
15 Die Gründung Prags. Ein historisch-romantisches Drama. 3 Bl., 450 S., 1 Ku. Pest: Hartleben 1815
16 Das Lied vom Korporal. 2 Bl. 4° o. O. (1815)
17 (Hg., Vorw.) Trutz Nachtigal, ein geistlich poetisches Lustwäldlein ... Durch den ehrwürdigen Pater Friedrich Spee, Priester der Gesellschaft Jesu. Wörtlich treue Ausgabe vermehrt mit den Liedern aus dem güldenen Tugendbuch desselben Dichters. XXXII, 458 S., 1 Ku. 12° Bln: Dümmler 1817
18 Victoria und ihre Geschwister mit fliegenden Fahnen und brennender Lunte. Ein klingendes Spiel. XVI, 223, 1 S., 1 Ku., 3 Musikbeil. Bln: Maurer 1817
19 (Vorw.) Fenelon's Leben, aus dem Französischen des Ritters von Ramsay übersetzt und mit einigen Anmerkungen und Beilagen begleitet. XVI, 279 S. Koblenz: Hölscher 1826
20 (Hg.) F. Spee: Goldnes Tugendbuch. 2 Tle. XXII, 312; 2 Bl., 386 S. Koblenz: Hölscher 1829
   (Enth. u. a. Ausz. a. Nr. 17)
21 Das Mosel-Eisgangs-Lied von einer wunderbaren erhaltenen Familie und einem traurig untergegangenen Mägdlein in dem Dorfe Lay bey Coblenz am 10. Februar 1830. 12 Bl. o. O. (1830)
22 Die Barmherzigen Schwestern in Bezug auf Armen- und Krankenpflege. Nebst einem Bericht über das Bürgerhospital in Coblenz und erläuternden Beilagen. 4 Bl., 485 S., 3 Abb. Koblenz: Hölscher 1831
23 (MV) Viel Lärmen um Nichts. Von J. Frh. v. Eichendorff; und: Die mehreren Wehmüller und ungarischen Nationalgesichter, von C. B. Zwei Novellen. Hg. F. W. Gubitz. 2 Bl., 148 S. Bln: Vereins-Buchh. 1833
24 Das bittere Leiden unseres Herrn Jesu Christi. Nach den Betrachtungen der gottseligen Anna Katharina Emmerich, Augustinerin des Klosters Agnetenberg zu Dülmen. (†9. Febr. 1824) nebst dem Lebensumriß dieser Begnadigten. XLVIII, 360 S. m. Titelku. Sulzbach: Seidel 1833
25 (MV) Varinka, oder: Die rothe Schenke. Von Dr. Schiff. Und: Die drei Nüsse, von C. B. Zwei Volkserzählungen. 2 Bl., 110 S. Bln, Königsberg i. d. Neumark: Vereins-Buchh. 1834
26 Gockel Hinkel Gakeleia. Mährchen, wieder erzählt von C. B. XIV, 346 S., 15 Taf. Ffm: Schmerber 1838
27 Bei dem Hingang der lieben Freundin und Mutter an die Hinterlassenen. Vom 29. November bis 1. December 1838. 1 Bl., 16 S. o. O. (1838)
28 Geschichte vom braven Kasperl und dem schönen Annerl. Mit Darstellung der Schluß-Scene. 3 Bl., 67 S., 1 Ku. Bln: Vereins-Buchh. 1838

29 Legende von der heiligen Marina, ein Gedicht. 1 Bl., 31 S. Mchn: Cotta'sche Buchh. (1841)
30 Rotkehlchens, Liebseelchens Ermordung und Begräbniß. 16 Bl., 16 Abb. Zürich: Veith (1843)
31 Die Märchen des Clemens Brentano. Zum Besten der Armen nach dem letzten Willen des Verfassers hg. G. Görres. 2 Bde. LVIII, 495 S.; 3 Bl., 608 S. Stg., Tüb: Cotta 1846–1847
32 Leben der heil. Jungfrau Maria. Nach den Betrachtungen der gottseligen Anna Katharina Emmerich, Augustinerin des Klosters Agnetenberg zu Dülmen († 9. Februar 1824). Aufgeschrieben von C. B. VIII, 462 S. m. Titelb. Mchn: Liter.-artist. Anst. 1852
33 Gesammelte Schriften. 9 Bde. (Bd. 1–7: Hg. Christian B.) Ffm: Sauerländer 1852–1855
34 Gedichte. In neuer Auswahl. VIII, 548 S., 1 Abb. Ffm: Sauerländer 1854
35 Kleine prosaische Schriften. Hg. Christian B. 2 Bde. 515, 479 S. m. Ku. Ffm: Sauerländer 1862
(= Bd. 4 u. 5 v. Nr. 33)
36 Sämtliche Werke. Unter Mitw. v. H. Amelung, V. Michels, J. Petersen u. a. hg. C. Schüddekopf. 9 Bde. Mchn: Müller 1909–1917 (unvollst.)
37 Romanzen vom Rosenkranz. Unter erstmaliger Benutzung des gesamten handschriftl. Materials hg. u. eingel. A. M. v. Steinle. LXVI, 408 S., 4 Beil. Trier: Petrus-V. 1912
38 Die Schachtel mit der Friedenspuppe. Hg., Nachw. J. Körner. 67 S. m. Abb. Wien: Strache 1922

BRINCKEN, Gertrud von den
(verh. Schmied-Kowarzik) (*1892)

1 Wer nicht das Dunkel kennt. Gedichte. 75 S. Riga: Jonck & Poliewsky 1911
2 Lieder und Balladen. 73 S. Bln-Steglitz: Würtz (= Baltische Bücherei 6) (1918)
3 Aus Tag und Traum. Balladen und Lieder. 191 S. Riga: Jonck & Poliewsky 1920
4 Schritte ... Neue Lieder und Balladen. 122 S. Bln: Neuner 1924
5 Das Heimwehbuch. Blätter vom Baltischen Baum. Gedichte. 73 S. m Abb. Bln: Neuner 1926
6 März. Roman. 277 S. Wien: Zinnen-V. 1937
7 Herbst auf Herrenhöfen. Ein balt. Roman. 295 S. Bielefeld: Velhagen & Klasing (1939)
8 Unsterbliche Wälder. Roman. 285 S. Stg: Franck (1941)
9 Unterwegs ... Gedichte. 95 S. Stg: Franck 1942
10 Niemand. Roman. 635 S. Stg: Franck 1943
11 Helmut sucht einen Freund. 176 S. m. Abb. Lüneburg: Heliand-V. 1949
12 Stimme im Dunkel. 63 S. Mchn: Neubau-V. 1949
13 Aina. Erzählung. 91 S. (Honnef: Lepper) (1959)

BRINCKMAN, John (1814–1870)

1 Der heilige Damm. Legende. 8 Bg. 12° Rostock: Oeberg 1839
2 Aus dem Volk für das Volk. Plattdeutsche Stadt- und Dorfgeschichten. 2 Tle. Güstrow: Opitz 1854–1855
   1. Dat Brüden geiht üm. 36 S. 16° 1854
   2. Kasper-Ohm un ick. 71 S. 16° 1855
3 Festrede zu Schillers Säcularfeier. 16 S. Güstrow: Opitz 1859
4 Vagel Grip. Doenkenbok. 246 S. Güstrow: Opitz 1859
5 Kasper-Ohm un ick. Schiemannsgoarn. 385 S. 16° Rostock: Kuhn 1868 (Verm. Neuaufl. d. 2. Tls. v. Nr. 2)
6 Peter Lurenz bi Abukir. 71 S. 16° Rostock: Kuhn 1869

7 Uns' Herrgott up Reisen. 248 S. 16° Rostock: Kuhn 1870
8 Ausgewählte plattdeutsche Erzählungen. 2 Bde. 315, 302, 242 S. 16° Rostock: Werther 1877–1886
 (Enth. u. a. Nr. 5, 6, 7, 9)
9 Voss un Swinegel odder dat Brüden geiht üm. 25 S. 16° Rostock: Werther 1877
 (Neuaufl. d. 1. Tls. v. Nr. 2)
10 Die Tochter Shakespeares. Eine Dichtung. 117 S. Rostock: Werther 1881
11 Ausgewählte plattdeutsche Schriften. 2 Bde. 347, 242 S. Rostock: Werther 1890
12 Kleinere Erzählungen. 352 S. 16° Bln, Düsseldorf: Werther 1901
 (Enth. Ausz. a. Nr. 8)
13 Sämmtliche Werke in plattdeutscher Sprache. 4 Bde. 16° Bln, Düsseldorf: Werther 1901
14 Sämtliche Werke in fünf Bänden. Mit Einl. u. Anm. hg. O. Weltzien. Mit e. niederdt. Wörterverz. Lpz: Hesse 1903
15 Nachlaß. Hg. a. Römer. Plattdeutscher Teil I–IV. 152, 291, 293, 122 S., 1 Abb. Bln: Süsserott bzw. Bln, Potsdam: Stein 1904–1906
16 Hochdeutscher Nachlaß. Hg. A. Römer. 2 Bde. 16, 216; 27, 315 S. Bln, Potsdam: Stein 1908

BRITTING, Georg (1891–1964)

1 (MH) Die Sichel. Hg. J. Achmann u. G. B. Jg. 1–3. Regensburg bzw. Mchn: Verl. Die Sichel 1919–1921
2 (MV) J. Achmann: Die kleine Stadt. Sechs Holzschnitte vom Stock gedr. Mit e. Text v. G. B. 5 Bl., 2 S. Text. Kiel: November 1918-Verl. (= Der schwarze Turm 7) (1920)
3 Der Mann im Mond. Ein Schattenspiel. 15 S. Heidelberg: Meister (= Die kleinen Saturnbücher 41) 1920
4 Der verlachte Hiob. 51 S. Traisa-Darmstadt: Arkaden-V. (= Druck der Ernst-Ludwig-Presse) 1921
5 Das Storchennest. Ein Akt einer Komödie. 14 S., 1 Abb. 4° Hbg: Harms (= Druck der Tafel-Runde 3) 1921
6 Das Storchennest. Vollständig. 71 S. Traisa-Darmstadt: Arkaden-V. 1922 (Erw. Ausg. v. Nr. 5)
7 Michael und das Fräulein und andere Geschichten. 124 S. Heidelberg: Iris-V. 1927
8 Gedichte. 30 Bl. Dresden: Jeß 1931
9 Lebenslauf eines dicken Mannes, der Hamlet hieß. Roman. 261 S. Mchn: Langen-Müller 1932
10 Das treue Eheweib. Erzählungen. 214 S. Mchn: Langen-Müller 1933
 (Enth. u. a. Ausz. a. Nr. 7)
11 Die kleine Welt am Strom. 58 S. Mchn: Langen-Müller (= Die kleine Bücherei 15) 1933
 (Enth. u. a. Ausz. a. Nr. 7)
12 Die Feldschlacht. Das Waldhorn. Bes. H. Sauter. 45 S. Mchn: Langen-Müller (= Die deutsche Folge 20) 1934
 (Ausz. a. Nr. 9 u. 11)
13 Der irdische Tag. Gedichte. 133 S. Mchn: Langen-Müller 1935
14 Der bekränzte Weiher. Erzählungen. 106 S. Mchn: Langen-Müller 1937
15 Das gerettete Bild. Erzählungen. 103 S. Mchn: Langen-Müller 1938
16 Rabe, Roß und Hahn. Gedichte. 89 S. Mchn: Langen-Müller 1939
17 Jugend an der Donau. 15 S. Mchn: Münchner Buchv. (= Münchner Lesebogen 37) 1940
18 Der alte Mond. 8 Bl. m. Abb. Mchn: Münchner Buchv. (= Münchner Lesebogen 66) 1941
19 Der Schneckenweg. Erzählungen. 193 S. Mchn: Langen-Müller 1941
20 Anfang und Ende. Gedichte. 16 S. Hbg: Ellermann (= Das Gedicht, Jg. 10, Folge 4) 1944
21 Lob des Weines. Gedichte. 30 S. Hbg: Dulk (1944)

22 Das Fliederbäumchen. Eine Erzählung. 24 S. Iserlohn: Holzwarth-V. 1946 (Ausz. a. Nr. 15)
23 (Hg., Nachw.) E. Mörike: Eine Auswahl. 2 Bde. 244, 255 S. Mchn: Hanser 1946
24 Die Begegnung. Gedichte. 76 S. Mchn: Nymphenburger Verlh. 1947
25 Der Eisläufer. Erzählungen und Gedichte. 76 S., 1 Abb. Bad Wörishofen: Drei-Säulen-V. (= Das kleine Säulenbuch 12) 1948 (z. T. Ausz. a. Nr. 19)
26 (MH) Lyrik des Abendlandes. 686 S. Mchn: Hanser 1948
27 Valentin und Veronika. Drei Erzählungen. 93 S. Düsseldorf: Merkur-V. 1948 (Ausz. a. Nr. 19)
28 Das Waldhorn. Erzählungen. 87 S. Dortmund: Schwalvenberg (= Stunden-Bücher 10) 1948 (Enth. u. a. Ausz. a. Nr. 11)
29 Lob des Weines. 67 S. m. Abb. Mchn: Hanser 1950 (Erw. Neuaufl. v. Nr. 21)
30 Unter hohen Bäumen. Gedichte. 95 S. Mchn: Nymphenburger Verlh. 1951
31 Afrikanische Elegie. Erzählung. 45 S. Mchn: Nymphenburger Verlh. 1953
32 Geschichten und Gedichte. Nachw. W. Lauterbach. 327 S. Mchn: Nymphenburger Verlh. 1956
33 Gesamtausgabe in Einzelbänden. 5 Bde. Mchn: Nymphenburger Verlh. 1957–1960
   1. Gedichte 1919–1939. 218 S. 1957
   2. Gedichte 1940–1951. 229 S. 1957
   3. Erzählungen 1920–1936. 239 S. 1958
   4. Erzählungen 1937–1940. 240 S. 1959
   5. Erzählungen 1941–1960. 226 S. 1960
34 Will der Winter kommen? Weihnachts- und Neujahrsgabe. 6 Bl. Mchn: Nymphenburger Verlh. (1960)

Broch, Hermann (1886–1951)

1 Die unbekannte Größe. Roman. 231 S. Bln: Fischer 1931
2 Die Schlafwandler. 3 Bde. Zürich: Rhein-V. 1931–1932
   1. Pasenow oder Die Romantik 1888. Roman. 275 S. 1931
   2. Esch oder Die Anarchie 1903. Roman. 325 S. 1931
   3. Huguenau oder Die Sachlichkeit 1918. Roman. 545 S. 1932
3 (MV) F. Thieß: Wiedergeburt der Liebe. Die unsichtbare Revolution. Mitarb. H. Blüher (u. a.) 379 S. Wien: Zsolnay 1931
4 (MV) Patmos. Zwölf Lyriker. F. Bergammer (u. a.) Hg. E. Schönwiese. 223 S. Wien: Johannes-Presse (50 num. u. sign. Ex.) 1935
5 James Joyce und die Gegenwart. Rede zu Joyce's fünfzigstem Geburtstag. 32 S. Wien: Reichner 1936
6 Der Tod des Vergil. 522 S. New York: Pantheon Books 1945
7 Der Tod des Vergil. Romandichtung. 467 S. Zürich: Rhein-V. 1947 (Dt. Ausg. v. Nr. 6)
8 Die Schuldlosen. Roman in elf Erzählungen. 402 S. Zürich: Rhein-V. 1950
9 Gesammelte Werke. 9 Bde. Zürich: Rhein-V. 1952–1959
   1. Gedichte. Hg., Einl. E. Kahler. 262 S. m. Abb. 1953
   2. Die Schlafwandler. Eine Romantrilogie. 686 S. (1952)
   3. Der Tod des Vergil. 540 S. (1952)
   4. Der Versucher. Roman. A. d. Nachl. hg. u. Nachw. F. Stössinger. 598 S. 1953
   5. Die Schuldlosen. Roman in elf Erzählungen. Einf. H. J. Weigand. 367 S. 1954
   6. Dichten und Erkennen. Essays 1. Hg., Einl. H. Arendt. 361 S. 1955
   7. Erkennen und Handeln. Essays 2. Hg., Einl. H. Arendt. 298 S. 1955
   8. Briefe von 1929–1951. Hg., Einl. R. Pick. 459 S. 1957
   9. Massenpsychologie. Schriften aus dem Nachlaß. Hg., Einl. W. Rothe. 443 S. 1959

Brockes, Barthold Hinrich (1680–1747)

1 *Der für die Sünden der Welt gemarterte und sterbende Jesus aus den vier Evangelisten in gebundener Rede vorgestellt. 4° Hbg 1712
2 (Übs.) Verteutschter Bethlehemischer Kinder-Mord des Ritters Marino. Nebst etlichen von des Herrn Übersetzers Eigenen Gedichten ... ans Licht gestellet, sammt Einer Vorrede, Leben des Marino, und einigen Anmerckungen von König. 22 Bl., XL S., 3 Bl., 360 S. Köln, Hbg: B. Schillers Wwe. 1715
3 Irdisches Vergnügen in Gott. 9 Bde. Hbg: Kißner (Bd. 1-2) bzw. Hbg: König & Richter (3-5) bzw. Hbg: Herold (6-8) bzw. Hbg: Grund u. Lpz: Hölle (9) 1721–1748
4 (MV) Ueber den Sarg eines Tugendbegabten Jünglings ausgestreuete Cypressen. 4 Bl., 199 S. Hbg: Kißner 1732
5 Daphnis. Ein Hirtengedicht. 6 Bl. m. Titelb. 2° Hbg: König 1733
6 (MV) J. E. Ridinger: Betrachtung der wilden Thiere mit beygefügter vortrefflicher Poesie des hochberühmten Herrn B. H. B. 40 Taf. m. Text 2° Augsburg 1736
7 Auszug der vornehmsten Gedichte, aus dem von Herrn B. H. B. in fünf Theilen herausgegebenen Irdischen Vergnügen in Gott, mit Genehmhaltung des Herrn Verfassers gesammelt und mit ... Kupfern ans Licht gestellet. 4 Bl., 712 S. m. Ku. Hbg: Herold 1738
   (Ausz. a. Bd. 1–5 v. Nr. 3)
8 (MV) Irdisches Vergnügen in Gott, bestehend in Physicalisch- und Moralischen Gedichten, Mit Musicalischen Compositionen begleitet v. J. C. Bachofen ... Privilegirt und mit Kupfern gezieret. 4 Bl., 1000 S. m. Ku. Zürich: Bürckli 1740
   (Enth. Ausz. a. Nr. 3)
9 (Übs.) Aus dem Englischen übersetzter Versuch vom Menschen des Herrn Alexander Pope, Esqu., nebst verschiedenen andern Uebersetzungen und einigen eigenen Gedichten. 11 Bl., 318 S. Hbg: Herold 1740
10 Harmonische Himmels-Lust im Irdischen, oder auserlesene, theils neue, theils aus dem Irdischen Vergnügen genommene, und nach den vier Jahres-Zeiten eingerichtete Musicalische Gedichte und Cantaten. Mit einer Vorrede zum Druck befördert v. B. H. B., Jun. 7 Bl., 236 S. 2 Bl. Hbg: König 1741
    (Enth. u. a. Ausz. a. Nr. 3)
11 (Übs.) Aus dem Englischen übersetzte Jahres-Zeiten des Herrn Thomson, Zum Anhange des Irdischen Vergnügens in Gott. 15 Bl., 543 S. m.Ku. Hbg: Herold 1745
12 Des Seligen Herrn B. H. B. Schwanen-Gesang in einer Anleitung zum vergnügten und gelassenen Sterben. 4 Bl., 40 S. 4° Hbg: Herold 1747
13 Werke. Hg. J. J. Eschenburg. 5 Bde. Hbg 1800

Brod, Max (*1884)

1 Tod den Toten! 198 S. Stg, Bln-Charlottenburg: Juncker 1906
2 Experimente. Vier Geschichten. 129 S. Stg, Bln-Charlottenburg: Juncker 1907
3 Der Weg des Verliebten. Gedichte. 87 S. Stg, Bln-Charlottenburg: Juncker 1907
4 Schloß Nornepygge. Der Roman des Indifferenten. 511 S. Stg, Bln-Charlottenburg: Juncker 1908
5 Ein tschechisches Dienstmädchen. Kleiner Roman. 124 S. Stg, Bln-Charlottenburg: Juncker 1909
6 Die Erziehung zur Hetäre. Ausflüge ins Dunkelrote. 153 S.Bln-Charlottenburg: Juncker 1909
7 (MH) J. Laforgue: Pierrot der Spaßvogel. Ausw. F. Blei u. M. B. 118 S., 1 Abb. Stg, Bln-Charlottenburg: Juncker 1909
8 Tagebuch in Versen. 92 S. Bln-Charlottenburg: Juncker 1910
9 Jüdinnen. Roman. 270 S. Bln-Charlottenburg: Juncker 1911

10 Abschied von der Jugend. Ein romantisches Lustspiel in drei Akten. 113 S. Bln-Charlottenburg: Juncker 1912
11 Arnold Beer. Schicksal eines Juden. Roman. 176 S. Bln-Charlottenburg: Juncker 1912
12 Der Bräutigam. Erzählung. 102 S. Bln-Charlottenburg: Juncker (= Orplidbücher 4) 1912
13 (MV) M. B. u. F. Weltsch: Anschauung und Begriff. Grundzüge eines Systems der Begriffsbildung. XV, 247 S. Lpz: Wolff 1913
14 (Hg.) Arkadia. Ein Jahrbuch für Dichtkunst. 241 S. Lpz: Wolff 1913
15 Die Höhe des Gefühls. Szenen, Verse, Tröstungen. 119 S. Lpz: Rowohlt 1913
16 Über die Schönheit häßlicher Bilder. Ein Vademecum für Romantiker unserer Zeit. 213 S. Lpz: Wolff 1913
17 Weiberwirtschaft. Drei Erzählungen. 261 S. Bln: Juncker 1913
18 (Übs.) C. V. Catullus: Gedichte. Vollständige Ausgabe. 180 S. Mchn: Müller (= Klassiker des Altertums II, 12) 1914
19 (Übs.) A. Dvořák: Der Volkskönig. Drama in fünf Akten. 127 S. Lpz: Wolff 1914
20 (MV) Das Kinobuch. Kinodramen v. A. Bermann, M. B. (u. a.) III, 162 S. Lpz: Wolff 1914
21 Die Retterin. Schauspiel in vier Akten. 102 S. Lpz: Wolff 1914
22 Tycho Brahes Weg zu Gott. Ein Roman. III, 426 S. Lpz, Mchn: Wolff 1916
23 Die erste Stunde nach dem Tode. Eine Gespenstergeschichte. 47 S., 3 Abb. Lpz, Mchn: Wolff (= Der jüngste Tag 32) 1916
24 Eine Königin Esther. Drama in einem Vorspiel und drei Akten. 139 S. Lpz, Mchn: Wolff 1918
25 (Übs.) Leoš Janáček: Jenufa. Oper aus dem mährischen Bauernleben in drei Akten. Text v. G. Preiß. 62 S. Wien: Universal-Edition (1918)
26 Das gelobte Land. Ein Buch der Schmerzen und Hoffnungen. 85 S. Lpz, Mchn: Wolff (1918)
27 Höhe des Gefühls. Ein Akt. 42 S. Lpz: Wolff 1918
 (Ausz. a. Nr. 15)
28 Ausgewählte Romane und Novellen. 6 Bde. Lpz, Mchn: Wolff (1919)
29 Die Einsamen. 362 S. Lpz, Mchn: Wolff (1919)
 (Bd. 1 v. Nr. 28)
30 Das große Wagnis. 329 S. Lpz, Mchn: Wolff (1919)
 (Bd. 6 v. Nr. 28)
31 Die Fälscher. Schauspiel in vier Akten. 111 S. Mchn: Wolff 1920
32 Im Kampf um das Judentum. 133 S. Wien: Löwit 1920
33 Sozialismus im Zionismus. 109 S. Wien: Löwit 1920
34 Erlöserin. Ein Hetärengespräch. 44 S. Bln: Rowohlt 1921
35 Heidentum, Christentum, Judentum. Ein Bekenntnisbuch. 2 Bde. 319, 359 S. Mchn: Wolff 1921
36 Das Buch der Liebe. Gedichte. 128 S. Mchn: Wolff 1921
37 (Übs.) Das Lied der Lieder. Neu übertr. a. d. Hebr. 67 S. Mchn: Hyperion (1921)
38 August Nachreiters Attentat. 42 S. Hannover: Banas & Dette 1921
 (Ausz. a. Nr. 17)
39 Adolf Schreiber. Ein Musikerschicksal. 77 S. Bln: Welt-V. 1921
40 Franzi oder Eine Liebe zweiten Ranges. Ein Roman. 345 S. Mchn: Wolff 1922
41 Klarissas halbes Herz. Lustspiel in drei Akten. 80 S. Mchn: Wolff 1923
42 Leben mit einer Göttin. Roman. 225 S. Mchn: Wolff (= Der neue Roman) 1923
43 Sternenhimmel. Musik- und Theatererlebnisse. 263 S. Prag: Orbis-V.; Mchn: Wolff 1923
44 Leoš Janáček. Leben und Werk. 67 S., 1 Abb. Wien: Wiener philharm. Verl. 1925
45 Rëubēni, Fürst der Juden. Ein Renaissanceroman. 524 S. Mchn: Wolff 1925
46 (MV) M. B. u. F. Weltsch: Zionismus als Weltanschauung. 185 S. MährischOstrau: Verlbh. Färber 1925
47 Die Frau, nach der man sich sehnt. Roman. 400 S. Wien: Zsolnay 1927
48 David Rëubēni in Portugal. 40 S. Ffm: Kauffmann (= Jüdische Jugendbücherei 2, 1) 1927
 (Ausz. a. Nr. 45)

49 (Übs., Bearb.) J. Weinberger: Schwanda, der Dudelsackpfeifer. Volksoper in zwei Akten. Text von Miloš Kareš. Übs. u. freie Bearb. M. B. 55 S. Wien: Universal-Edition (= Universal-Edition 8968) 1928
50 Das Zauberreich der Liebe. Roman. 445 S. Bln: Zsolnay 1928
51 (MH) M. B., A. Bronnen, A. Eggebrecht (u. a.): Die Frau von Morgen, wie wir sie wünschen. Hg. F. M. Huebner. IV, 182 S. Lpz: Seemann 1929
52 Lord Byron kommt aus der Mode. Schauspiel in drei Akten. 175 S. Wien: Zsolnay 1929
53 Eine Liebe zweiten Ranges. Roman. 358 S. Wien: Zsolnay 1929 (Neuaufl. v. Nr. 40)
54 (MV) M. B. u. R. Thomas: Liebe im Film. 31 S. m. Taf. Giessen: Kindt & Bucher 1930
55 (MH) F. Kafka: Beim Bau der chinesischen Mauer. Ungedruckte Erzählungen und Prosa aus dem Nachlaß hg. M. B. u. H. J. Schoeps. 266 S. Bln: Kiepenheuer 1931
56 (Bearb.) J. Křička: Spuk im Schloß. Komische Oper. Text nach einem Motiv O. Wildes v. J. Löwenbach Budín. Übs. P. Eisner. 44 S. Wien: Universal-Edition (= Universal-Edition 1073) 1931
57 Stefan Rott oder Das Jahr der Entscheidung. Roman. 590 S. Wien: Zsolnay 1931
58 Die Frau, die nicht enttäuscht. Roman. 370 S. Wien: Tal 1933
59 Heinrich Heine. 496 S., 10 Taf. Wien: Tal 1934
60 Rassentheorie und Judentum. 62 S. Prag: Barissia 1934
61 (MH) F. Kafka: Gesammelte Schriften. Hg. M. B. u. H. Politzer. 6 Bde. Bln: Schocken (1-4) bzw. Prag: Mercy (5-6) 1935-1937
62 Novellen aus Böhmen. 249 S. Wien: Tal 1936
63 Annerl. Roman. 337 S. Amsterdam: de Lange 1937
64 Franz Kafka. Eine Biographie. 287 S., 4 Bl. Abb. Prag: Mercy 1937
65 (Übs.) J.Weinberger: Wallenstein. Musikalische Tragödie in sechs Bildern. Text nach Schillers dramatischem Gedicht v. Miloš Kareš. 48 S. Wien: Universal-Edition 1937
66 (MV) Max u. Otto B.: Abenteuer in Japan. Roman. 232 S. Amsterdam: de Lange 1938
67 Das Diesseitswunder oder Die jüdische Idee und ihre Verwirklichung. 92 S. Tel-Aviv: Goldstein 1939
68 Diesseits und Jenseits. 2 Bde. 355, 367 S. Winterthur: Mondial-V. 1947
69 Be-terem mabul. 227 S. m. Abb. Tel-Aviv: Am Owed 1947
70 Galilei in Gefangenschaft. Roman. 783 S. Winterthur: Mondial-V. 1948
71 Franz Kafkas Glauben und Lehre. Kafka und Tolstoi. Eine Studie. Mit e. Anh.: F.Weltsch: Relig. Humor bei Franz Kafka. 195 S. m. Taf. Mchn: Desch 1948
72 Unambo. Roman aus dem jüdisch-arabischen Krieg. 302 S. Zürich: Steinberg 1949
73 (Hg.) F. Kafka: Gesammelte Werke. 5 Bde. Bln: Fischer 1950-1953
74 Franz Kafka als wegweisende Gestalt. 83 S. St. Gallen: Tschudy 1951
75 The Master. Transl. by H. Norden. 426 S. New York: McLeod (= Philosoph. libr.) 1951
76 Die Musik Israels. 66 S., VIII S. Noten. Tel-Aviv: Sefer 1951
77 Der Meister. Roman. 487 S. Gütersloh: Bertelsmann 1952 (Dt. Ausg. v. Nr. 76)
78 Der Sommer, den man zurückwünscht. Roman aus jungen Jahren. 275 S. Zürich: Manesse-V. 1952 (Dt. Ausg. v. Nr. 69)
79 Beinahe ein Vorzugsschüler oder Pièce touchée. Roman eines unauffälligen Menschen. 165 S. Zürich: Manesse-V. 1952
80 Franz Kafka. Eine Biographie. 357 S., 4 Bl. Abb. Bln, Ffm: Fischer 1954 (Erw. Neuaufl. v. Nr. 64)
81 Ein Abenteuer Napoleons und andere Novellen. 95 S. Zürich: Classen (= Vom Dauernden in der Zeit 69) 1954
82 Armer Cicero. Roman. 297 S. Bln-Grunewald: Herbig 1955
83 Leoš Janáček. Leben und Werk. Rev. u. erw. Ausg. 74 S., 1 Abb. Wien: Universal-Edition 1956 (Erw. Neuaufl. v. Nr. 44)

84 (MV) E. W. Klimowsky: Geschlecht und Geschichte. Sexualität im Wandel von Kultur und Kunst. Mit einem Essay v. M. B.: Über die Unsicherheit der Geschlechtsdeutung. 208 S., 4 Taf. Teufen: Niggli & Verkauf 1956
85 Rebellische Herzen. Roman. 367 S. Bln-Grunewald: Herbig 1957
86 Mira. Ein Roman um Hofmannsthal. 299 S. Mchn: Kindler 1958
87 Jugend im Nebel. 97 S. Witten, Bln: Eckart-V. 1959
88 Verzweiflung und Erlösung im Werk Franz Kafkas. 88 S. Ffm: Fischer 1959
89 Die verbotene Frau. Eingel., ausgew. J. Mager. 127 S. Graz, Wien: Stiasny (= Stiasny-Bücherei, Bd. 74) 1960
90 Streitbares Leben. Autobiographie. 543 S., 1 Titelb. Mchn: Kindler 1960

BRÖGER, Karl (1886–1944)

1 Gedichte. 89 S. Mchn: Hans Sachs-V. 1912
2 Die singende Stadt. 32 S. Nürnberg: Fränkische Verl.-Anst. u. Buchdr. 1914
3 Aus meiner Kriegszeit. Gedichte. 35 S. Nürnberg: Fränkische Verl.-Anst. u. Buchdr. (1915)
4 Kamerad, als wir marschierten. Kriegsgedichte. 47 S. Jena: Diederichs 1916
5 Der unbekannte Soldat. Kriegstaten und Schicksale des kleinen Mannes. 95 S. Lpz: Reclam (= Reclam's UB. 5954) (1917)
6 Soldaten der Erde. Neue Kriegsgedichte. 58 S. Jena: Diederichs 1918
7 Der Held im Schatten. 205 S. Jena: Diederichs 1919
8 Vom neuen Sinn der Arbeit. 11 S. Jena: Diederichs 1919
9 Flamme. Gedichte. 96 S. Jena: Diederichs 1920
10 Die vierzehn Nothelfer. Ein Buch Legenden. 57 S. m. Abb. Bln-Zehlendorf: Heyder (1920)
11 Phallos. Gesänge um den Mann. (S.-A.) Vorw. E. Diederichs. 6 S. Jena: Diederichs (Priv.-Dr.) 1920
12 Gesänge um den Mann. 16 S. Lpz: Staatl. Akademie f. graphische Künste und Buchgewerbe (= Werkstätten-Druck 10) 1922 (Neudr. v. Nr. 11)
13 Der Vierkindermann. Ein Sang von Sommer, Sonne und Söhnen. 23 S. m. Abb. Bln-Zehlendorf: Heyder (1922)
14 Deutschland. Ein lyrischer Gang in drei Kreisen. 46 S. Rudolstadt: Greifen-V. 1923
15 Phantasie und Erziehung. Ein Versuch zur Besinnung auf Grundlagen der Pädagogik. 46 S. Lpz: Oldenburg (= Entschiedene Schulreform 9) 1923
16 Tod an der Wolga. 26 S. Konstanz: Wöhrle 1923
17 Der blühende Hammer. Gedichte. 53 S. Bln: Arbeiterjugend-V. 1924
18 (Hg., Nachw.) F. Hebbel: Steigendes, neigendes Leben. Gedichte. 40 S., 1 Bild. Bln-Zehlendorf: Heyder (1924)
19 (Hg.) F. v. Schiller: Alles ist der Freude offen. Balladen und Parabeln. 95 S. Bln-Zehlendorf: Heyder (=Wandersmann-Bücherei 25–26) (1924)
20 (Hg., Nachw.) F. v. Schiller: Wir, wir leben! Unser sind die Stunden. Lieder und Gesänge. 47 S. Bln-Zehlendorf: Heyder (= Wandersmann-Bücherei 24) (1924)
21 (Hg.) Jüngste Arbeiterdichtung. 89 S. Bln: Arbeiterjugend-V. 1925
22 Jakob auf der Himmelsleiter. 103 S. Bln: Dietz 1925
23 Der Morgen. Ein Werk für den proletarischen Sprachchor. 15 S. Bln: Arbeiterjugend-V. 1925
24 Unsere Straßen klingen. Neue Gedichte. 123 S. Rudolstadt: Greifen-V. 1925
25 Das Buch vom Eppele. Eine Schelmen- und Räuberchronik aus Franken 196 S. Bln: Dietz 1926
26 Deutsche Republik. Betrachtungen und Bekenntnis zum Werke von Weimar. 48 S. Bln: Dietz (= Schriften zur Zeit) (1926)
27 Rote Erde. Ein Spiel für den Sprech- und Bewegungschor. 20 S. Bln: Arbeiterjugend-V. 1928
28 Bunker siebzehn. Geschichte einer Kameradschaft. 188 S. Jena: Diederichs 1929
29 Versailles! Eine Schrift für die Schuljugend. 20 S. m. Abb., 1 Kt. Bln: Hensel (1929)

30 Guldenschuh. Roman. 237 S. m. Abb. Bln: Buchmeister-V. 1934
31 (MV) M. Barthel, K. B., H. Lersch: Schulter an Schulter. Gedichte. 95 S. Bln: Volkschaft-V. 1934
32 Im Bunker. 31 S. Köln: Schaffstein (1935)
    (Ausz. a. Nr. 28)
33 Nürnberg. Der Roman einer Stadt. 353 S. Bln: Franke 1935
34 Reta und Marie. 76 S. m. Abb. Lpz: Schneider 1935
35 Die Benzinschule. Ein kleiner Jungensroman. Hg. R. Italiaander. 120 S. m. Abb. Lpz: Weise 1936
36 Die Ferienmühle. 79 S. m. Abb. Köln: Schaffstein (= Schaffsteins blaue Bändchen 226) 1936
37 Volk, ich leb aus dir. Gedichte. Nachw. W. G. Oschilewski. 65 S. Jena: Diederichs (= Deutsche Reihe 41) 1936
38 Licht auf Lindenfeld. Geschichte eines Suchers. 235 S. Lpz: Amthorsche Verlbh. 1937
39 Vier und ihr Vater. 113 S. m. Abb. Lpz: Amthorsche Verlbh. (= Bücher der Besinnung 8) 1937
40 Geschichten vom Reservisten Anzinger. 71 S. Jena: Diederichs 1939
41 Schicksal aus dem Hut. Geschichten aus dem Volk für das Volk. 109 S. m. Abb. Bayreuth: Gauverl. (= Die kleine Glockenbücherei 4) 1941
42 Der Ritter Eppelein. Eine Räuber- und Ritterchronik aus Franken. 159 S. m. Abb. Bayreuth: Gauverl. 1942
    (Neuaufl. v. Nr. 25)
43 Sturz und Erhebung. Gesamtausgabe der Gedichte. 243 S. Jena: Diederichs (1944)
44 Bekenntnis. Eine Auswahl der Gedichte. Gedenkausgabe mit Unterstützung der Stadt Nürnberg. Hg. L. Baer u. F. Bröger. 155 S., 1 Abb. Nürnberg: Verl. Nürnberger Presse 1954

BRONNEN, Arnolt (+A. H. Schelle-Noetzel) (1895–1959)

1 Vatermord. Schauspiel. 79 S. Bln: Fischer 1920
2 Die Geburt der Jugend. 68 S. Bln: Rowohlt 1922
3 Die Exzesse. Lustspiel. 89 S. Bln: Rowohlt 1923
4 Die Septembernovelle. 54 S. Bln: Rowohlt 1923
5 Anarchie in Sillian. Schauspiel. 112 S. Bln: Rowohlt 1924
6 Napoleons Fall. 84 S. Bln: Rowohlt 1924
7 Katalaunische Schlacht. Schauspiel. 121 S. Bln: Rowohlt 1924
8 Rheinische Rebellen. Schauspiel. 119 S. Bln: Rowohlt 1925
9 Ostpolzug. Schauspiel. 81 S. Bln: Rowohlt 1926
10 Reparationen. Lustspiel. 107 S. Bln: Rowohlt 1926
11 Film und Leben Barbara La Marr. Roman. 320 S. Bln: Rowohlt 1928
12 (MV) M. Brod, A. B., A. Eggebrecht (u. a.): Die Frau von Morgen, wie wir sie wünschen. Hg. F. M. Huebner. IV, 182 S. Lpz: Seemann 1929
13 H. v. Kleist: Michael Kohlhaas. Für Funk und Bühne bearb. 70 S. Bln: Rowohlt 1929
14 O. S. Roman. VI, 410 S. Bln: Rowohlt 1929
15 Roßbach. 176 S. Bln: Rowohlt 1930
16 Erinnerung an eine Liebe. 195 S. Bln: Rowohlt 1933
17 Sonnenberg. Hörspiel. 62 S. Bln: Hobbing 1934
18 +Kampf im Äther oder die Unsichtbaren. Roman. 490 S. Bln: Rowohlt 1935
19 Michael Kohlhaas. Schauspiel nach der Novelle H. v. Kleists. 96 S. Salzburg, Wien: Pallas-V. 1948
20 arnolt bronnen gibt zu protokoll. beiträge zur geschichte des modernen schriftstellers. 493 S. Hbg: rowohlt 1954
31 Aisopos. Sieben Berichte aus Hellas. Der antike Aisopos-Roman neu übersetzt und nach den dokumentarischen Quellen ergänzt. 387 S., 1 Kt. Hbg: Rowohlt 1956
22 Deutschland – kein Wintermärchen. Eine Entdeckungsfahrt durch die Deutsche Demokratische Republik. 176 S. Bln: Verl. der Nation 1956

23 Viergespann. (Gloriana. – "N". – Die Kette Kolin. – Die jüngste Nacht.) 491 S. Bln: Aufbau-V. 1958
24 Tage mit Bertolt Brecht. Geschichte einer unvollendeten Freundschaft. 167 S., 40 Abb. Mchn, Wien, Basel: Desch 1960

BRONNER, Ferdinand (+Franz Adamus) (1867–1948)

1 +Aus Zeit und Ewigkeit. Liederbuch. 80 S. Lpz: Naumann 1893
2 +Jahrhundertwende. Dramenzyklus. 3 Bde. 1899–1905
   1. Familie Wawroch. Ein österreichisches Drama in vier Akten. XI, 178 S. Mchn: Langen 1899
   2. Schmelz, der Nibelunge. Komödie. 243 S. Wien: Wiener Verl. 1905
   3. Neues Leben. Drama in vier Akten. VII, 175 S. Wien: Stern 1902
3 +Vaterland. Drama aus Tirols Heldenzeit. 83 S. Wien: Fromme 1811
4 (Hg.) Mitteilungen des Bundes der Freunde Skandinaviens in Wien. Jg. 1 ff. Wien: Geschäftsstelle des Bundes der Freunde Skandinaviens 1921 ff.
5 (Hg.) Mitteilungen des Skandinavischen Klubs in Wien. 6 Jge. Wien 1933–1938

BRONNER, Franz Xaver (1758–1850)

1 Fischergedichte und Erzählungen. 2 Bde. 174 S. Zürich: Orell, Geßner & Füssli 1787
2 Neue Fischergedichte und Erzählungen. 2 Bde. 248; 310 S. Zürich: Orell & Füssli 1794
3 Schriften. 3 Bde. m. Abb. Zürich: Orell & Füssli 1794 (Enth. Nr. 1 u. 2)
4 Leben von ihm selbst beschrieben. 3 Bde. 580, 504, 560 S. m. Titelku. u. Taf. Zürich: Orell, Geßner & Füßli 1795–1797
5 Der erste Krieg, oder sechzig metrische Dichtungen. 2 Bde. VI, 396; 432 S. m. Abb. Aarau: Sauerländer 1810
6 Frühere Fischergedichte und Erzählungen. 1 Bl., 209 S., 1 Bl. Wien: Bauer 1812
7 Neue Fischergedichte und Erzählungen. 2 Bde. 1 Bl., 203 S., 1 Bl.; 1 Bl., 238 S., 1 Bl. Wien: Bauer 1812
8 Kurze Uebersicht der einfachen Mineralien des Kantons Aargau. Aarau: Sauerländer 1819
9 Abentheuerliche Geschichte Herzog Werners von Urslingen. XVIII, 299 S. Aarau: Sauerländer 1828
10 Lustfahrten ins Idyllenland. Gemütliche Erzählungen und neue Fischergedichte. 2 Bde. 262, 286 S. 12° Aarau: Sauerländer 1833
11 Der Kanton Aargau, historisch-geographisch-statistisch geschildert. Ein Hand- und Hausbuch für Kantonsbürger und Reisende. 2 Bde. 524, 430 S. St. Gallen, Bern: Huber (= Historisch-geographisch-statistische Gemälde der Schweiz 16) 1844–1845

BRUCKNER, Ferdinand (eig. Theodor Tagger) (1891–1958)

1 Von der Verheißung des Krieges und den Forderungen an den Frieden. Morgenröte der Sozialität. 111 S. Mchn: Müller 1915
2 Das neue Geschlecht. Programmschrift gegen die Metapher. 36 S. Bln: Hochstim 1917
3 Der Herr in den Nebeln. Gedichte. 91 S. m. Abb. Bln: Hochstim (1917)
4 (Hg.) Marsyas. Eine Zweimonatsschrift. 1. Jg. Bln: Hochstim 1917–1918
5 Über einen Tod. (S.-A.: Noten und Traktate über ein Thema) 98 S. Bln: Hochstim 1917
6 Die Vollendung eines Herzens. Eine Novelle. 79 S., 6 Abb. Bln: Hochstim 1917

7 °(Hg.) Psalmen Davids. Ausgewählte Übertragungen. 131 S. Bln: Hochstim 1918
8 °Der zerstörte Tasso. Ausgewählte Gedichte. 86 S. Lpz, Mchn: Wolff (= Der jüngste Tag 62–63) (1919)
9 °1920 oder Die Komödie vom Untergang der Welt. Ein Zyklus. 2 Tle. Bln: Oesterheld 1920
   1. Harry. Eine Komödie in fünf Akten. 106 S.
   2. Annette. Komödie in drei Akten. 87 S.
10 °Auf der Straße. 43 S. Wien: Strache (= Die Erzählung) 1920
11 Krankheit der Jugend. Schauspiel in drei Akten. 102 S. Bln: Fischer (1928)
12 Die Verbrecher. Schauspiel in drei Akten. 142 S. Bln: Fischer 1929
13 Elisabeth von England. Schauspiel. 179 S. Bln: Fischer 1930
14 Die Kreatur. Schauspiel in drei Akten. 136 S. Bln: Fischer 1930
15 Timon. Tragödie. 138 S. Bln: Fischer 1932
16 Die Marquise von O. Schauspiel. 111 S. Bln: Fischer 1933
17 Die Rassen. Schauspiel. 72 S. Paris: Selbstverl. (Als Ms. gedr.) 1933
18 Mussia. Erzählung eines frühen Lebens. 204 S. Amsterdam: de Lange 1935
19 Simon Bolivar. 157 S. New York: Aurora-V. 1945
20 Dramen unserer Zeit. 2 Bde. Zürich: Steinberg-V. 1945
   1. Die Befreiten. Schauspiel in zwei Teilen. 112 S.
   2. Denn seine Zeit ist kurz. Schauspiel. 96 S.
21 (MH) Morgenröte. Ein Lesebuch. Hg. v. d. Gründern des Aurora-Verl. New York. Einf. H. Mann. 351 S. New York: Aurora-V. 1947
22 Dramatische Werke: Jugend zweier Kriege. Ein Dramenzyklus. 256 S. Wien: Continental Edition, Verl. Sexl 1947
23 Fährten. Schauspiel in drei Akten. 91 S. Wien: Schönbrunn-V. 1948
24 Dramatische Werke. 2 Bde. Bln: Aufbau-V. 1948
   1. Jugend zweier Kriege. 338 S.
   2. Historische Dramen. 366 S.
25 Heroische Komödie. In drei Akten. 114 S. Emsdetten (Westf.): Lechte (= Dramen der Zeit 17) 1955
   (Ausz. a. Bd. 2 v. Nr. 24)
26 Schauspiele. Nach historischen Stoffen. 499 S. Köln, Bln: Kiepenheuer & Witsch 1956
   (Enth. u. a. Nr. 13, 14, 25)
27 Zwei Tragödien. Der Tod einer Puppe. Der Kampf mit dem Engel. 226 S. Bln, Köln: Kiepenheuer & Witsch 1956

BRÜES, Otto (1897–1967)

1 Die deutsche Jugend und der liberale und nationale Gedanke. 16 S. Bln: Staatspolit. Verl. 1919
2 Walter Flex und seine Dichtung in unserer Zeit. 65 S. Bln: Staatspolit. Verl. 1920
3 Grundlagen des Liberalismus. 16 S. Bln: Staatspolit. Verl. 1920
4 Student, Liberalismus und Hochschulreform. 18 S. Bln: Staatspolit. Verl. 1920
5 Hans Franck, Godiva. 13 S. Themar: Adler (= Neue Opern- und Schauspielführer 31) 1921
6 Neue deutsche Jugend. Eine Sammlung von vier Aufsätzen. Bln: Staatspolit. Verl. 1921
   1. Die toten Freunde. Zeugnis, Aufbau. 40 S.
   2. Gorch Fock. 27 S.
   3. Rheinisches Schicksal, deutsches Schicksal. 21 S.
   4. Der Wald. 14 S.
7 (MV) O. B. u. P. J. Cremers: Walter Hasenclever. 77 S. Köln: Rheinland-V. (= RHEinische Sammlung 2) 1922
8 Die Füchse Gottes. Schauspiel. 70 S. Bln: Bühnenvolksbund 1923
9 Die Heilandsflur. Eine Tragödie deutscher Landfahrer. 58 S. Bln: Bühnenvolksbund (= Die neuen Dramen) 1923
10 Heilige, Helden, Narren und Musikanten. Kurze Erzählungen. 102 S. Bln: Mosaik-V. (= Mosaik-Bücher 32) 1923

11 Der Prophet von Lochau. Schauspiel. 61 S. Bln: Bühnenvolksbund (= Die neuen Dramen) 1923
12 Stab und Stein. Ein Kölner Domspiel. 80 S. Bln: Bühnenvolksbund (= Die neuen Dramen) 1923
13 Das Albrecht-Dürer-Spiel. 57 S. 16⁰ Bln: Bühnenvolksbund (= Spiele deutscher Jugend) 1924
14 Zwei Novellen. Klas Pottbäcker. Michael Brausewetter. 114 S. Bonn: Klopp (= Saaleck-Bücher 8) 1924
15 Rheinische Sonette. 54 S. m. Abb. Bln: Bühnenvolksbund 1924
16 (MH) Rheinischer Almanach. Hg. anläßlich der Tausendjahrfeier der Rheinlande H. Stephan u. O. B. X, 152 S. Bonn: Klopp 1925
17 Der Farbkasten. Novellen. 161 S. Rudolstadt: Greifen-V. 1925
18 (Hg.) Der Rhein in Vergangenheit und Gegenwart. XII, 378 S. Stg: Union 1925
19 Seydlitz in Kalkar. Ein kleines Spiel. 92 S. 16⁰ Bln: Bühnenvolksbund (= Vaterländische Festspiele) 1925
20 Gedichte. 235 S. 16⁰ Bln: Bühnenvolksbund 1926
21 Jupp Brand. Roman. VI, 392 S. Bln: Bühnenvolksbund 1927
22 Die Jugendburg. Ein Spiel. 51 Bl. Bln: Bühnenvolksbund 1930
23 Die Probe und andere Erzählungen. 62 S. Bln: Weltgeist-Bücher (= Weltgeist-Bücher 387) 1930
24 Die Weihe der Knaben. Chorisches Spiel zum Gedächtnis der Gefallenen. 6 Bl. 4⁰ Bln: Bühnenvolksbund 1930
25 Matthys und Emilie. Eine alphabetische Liebesgeschichte. 75 S. m. Abb. 4⁰ Koblenz: Rheinische Verl.-Ges. 1931
    (Unberechtigter Druck v. Nr. 28)
26 Der Walfisch im Rhein. Roman. 259 S. Lpz: Horen-V. 1931
27 Die Wiederkehr. Roman. 376 S. Bln: Grote (= Grote'sche Sammlung von Werken zeitgenössischer Schriftsteller 194) 1932
28 Das Mädchen von Utrecht. Erzählung. 238 S. Bln: Grote (= Grote'sche Sammlung von Werken zeitgenössischer Schriftsteller 202) 1933
29 Die Fahrt zu den Vätern. Roman. 372 S. Bln: Grote (= Grote'sche Sammlung von Werken zeitgenössischer Schriftsteller 207) 1934
30 Vor dem Sturm. Kleine Geschichten aus meiner Jugend. 89 S. Bln: Rabenpresse 1934
31 Fliegt der Blaufuß? Roman aus der flämischen Bewegung unserer Tage. 220 S. Bln: Grote (= Grote'sche Sammlung von Werken zeitgenössischer Schriftsteller 216) 1935
32 Nansens schwerste Stunde. 69 S. Bln: Grote (= Grotes Aussaat-Bücher 6) 1935
    (Ausz. a. Nr. 29)
33 Der alte Wrangel. Bühnen-Manuskript. 108 S. Bln: Theaterverl. Langen-Müller 1935.
34 Licht vom Thule. Reisen nach Norden und Süden. 277 S. Breslau: Bergstadt-V. 1936
35 Heiterkeit des Herzens. Erlebnisse zwischen Alltag und Sonntag. 119 S. m. Abb. Lpz: Amthor'sche Verlbh. (= Bücher der Besinnung 5) 1937
36 Der schlaue Herr Vaz. Roman. 292 S. Bln: Grote (= Grote'sche Sammlung von Werken zeitgenössischer Schriftsteller 231) 1937
37 Zarte Weisen von bunten Reisen. Fahrtenbuch. 118 S. Lpz: Hesse & Becker (1937)
38 Marie im neuen Land. Roman. 243 S. Bln: Grote (= Grote'sche Sammlung von Werken zeitgenössischer Schriftsteller 206) 1938
39 Das Rheinbuch. 176 S., 164 Abb., 1 Kt. 4⁰ Bln: Verlh. Bong (1938)
40 Die Affen des großen Friedrich oder eine Geschichte von Handel und Fahne. 260 S. Bln: Grote (= Grote'sche Sammlung von Werken zeitgenössischer Schriftsteller) 1939
    (Forts. zu Nr. 28)
41 Das Gauklerzelt. Roman. 224 S. Gütersloh: Bertelsmann 1939
42 Was der Pütt seinem Jüngsten mitbrachte. Erzählung. 16 S. Saarlautern: Hausen Verl.-Ges. (= Erbgut deutschen Schrifttums 206) 1939
43 Mein Weihnachtsbuch für Euch. 94 S. m. Abb. Bln: Eckart-V. (= Der Eckart-Kreis 42) 1939

44 An den vier Wällen. Jugendtage am Niederrhein. 78 S. Köln: Staufen-V. (1940)
45 (Einl.) J. Arens: Männer und Waffen des deutschen Heeres. Vierzig Steinzeichnungen in Kupfertiefdruck und ein Titelbild in Vierfarbendruck. Mit einem Geleitwort von Generalfeldmarschall List. 45 S., 40 Bl. Abb. 4⁰. Bln: Grote 1941
46 (MV) Otto von Bismarck, gesehen von drei Dichtern. Mit Beiträgen v. O. B., R. Euringer u. W. Schäfer. 64 S. Köln: Staufen-V. (= Staufen-Bücherei 16) (1941)
47 Die Sonate. Eine Novelle. 76 S. Bln: Grote (= Grotes Aussaat-Bücher 29) 1941
48 Weites Feld der Liebe. Heitere Geschichten. 58 S. Gütersloh: Bertelsmann (= Kleine Feldpost-Reihe) (1942)
49 Die goldenen Schwingen. G. D. Tiepolos Radierungen „Die Flucht nach Ägypten". Verse und Prosa. 118 S. m. Abb. Mchn: Alber 1942
50 Wir müssen ja bestehen. Gedichte aus zwei Kriegen. 79 S. Bln: Grote (= Grotes Aussaat-Bücher 30) 1942
51 Schloß Moyland. 74 S. Stg: Verl. Dt. Volksbücher (= Wiesbadener Volksbücher 304) 1943
52 Nordische Symphonie. 175 S. Köln: Staufen-V. 1943
53 Von der Volkstümlichkeit. Rede. 13 S. Köln: Staufen-V. 1943
54 Braune Spindeln. Erzählung. 19 S. Lpz: Reclam (= Reclam's Reihenbändchen 32) 1944
55 Das vergessene Lied. 331 S. Gütersloh: Bertelsmann 1947
56 Wippsteert. Erzählung. 140 S. Kempen: Thomas-V. 1947
57 Mutter Annens Sohn. Roman. 491 S. Gütersloh: Bertelsmann 1948
58 Die Brunnenstube. Gedichte. 149 S. Gütersloh: Bertelsmann 1948
59 (Hg.) L. Dumont: Lebensfeiertag. Briefe an Gustav Lindemann. 153 S. m. Taf. Mchn: Alber 1948
60 Der Silberkelch. Roman. 2 Bde. 495, 444 S. Kempen: Thomas-V. 1948
61 Simon im Glück. Ein Roman. 601 S. Gütersloh: Bertelsmann 1949
62 Sturm und Stille. 734 S. Gütersloh: Bertelsmann ... (= Gesammelte Dramen 1) 1949
63 (Vorw.) R. v. Endt: Was dem einen seine Amsel ... Gedichte in Worten, Linien, Strichen und Gedankenstrichen über das seltsame Sein. Düsseldorf: Droste-V. 1951
64 Das Gastmahl am Wapper. Novelle. Mit e. autobiograph. Nachw. 92 S. Stg: Reclam (= Reclam's UB. 7705) 1951
65 Mozart und das Fräulein von Paradis. 61 S. Tüb, Stg: Wunderlich 1952
66 Der Schirm und die Maler. Divertimento zu dreißig Reproduktionen von Darstellungen des Schirms in der Kunst. Hg. K. Schmidt. 32 Bl. m. Abb. 4⁰ Köln: Schmidt 1952
67 Die Höhle Tubuk. Novelle. 72 S. Gütersloh: Bertelsmann (= Das kleine Buch 38) 1952
68 Das wiedergewonnene Antlitz. Fünf Novellen. 100 S. Witten/Ruhr: Luther-V. (1953)
69 (Vorw.) R. Gessner: Ein Maler sieht das Ruhrgebiet. Ein Skizzenbuch. 86 ungez. Bl. quer 4⁰ Düsseldorf: Bagel 1953
70 Bully und Bordur. 1874–1954. Chronik der Frankenwerk Maschinenfabrik GmbH, Marktredwitz (Fichtelgebirge). 28 S. m. Abb., 1 Titelb. qu. 8⁰ Bochum: Flottmann 1954
71 (Hg., Einl.) L. Dumont-Lindemann: Für zwei in einem Topf. Küchenpraxis und Philosophie. 264 S. Düsseldorf: Droste (1954)
72 (Vorw.) F. Reusing: Bedeutende Männer – schöne Frauen. 6 Bl. m. Abb., 44 Taf. 4⁰ Düsseldorf: Bagel (1954)
73 (Einl.) Nordrhein-Westfalen. Landschaft, Mensch, Kultur und Arbeit. Bd. 1: Land am Rhein und Ruhr. Erl. H. Domke. 104 S., davon 88 Bilds. Ffm: Umschau-V. (= Die deutschen Lande 8) 1955
74 Louise Dumont. Umriß von Leben und Werk. IX, 161 S., 4 Bl. Abb. Emsdetten: Lechte (= Die Schaubühne 47) 1956
75 Rudi vom Endt. Maler, Moralist, Menschenfreund. Ein Traktat. 72 S. m. Abb. Essen-Krey: Engelmann (1956)
76 Herbert Eulenberg. Ansprache zu seinem Gedächtnis. 27 S. Düsseldorf:

Gesellschaft v. Freunden u. Förderern d. Staatl. Kunstakademie (= Schriften der Gesellschaft von Freunden und Förderern der Staatlichen Kunstakademie Düsseldorf) 1956
77 (MBearb.) Das neue Düsseldorf. Stationen einer Wandlung. Hg. Stadt Düsseldorf. Bearb. F. Tamms u. O. B. 231 S. m. Abb. Düsseldorf: Droste 1957
78 Das Haupt der Ecke. 4 ungez. Bl. Gütersloh: Rufer-V. (= Acht Seiten, Freude zu bereiten, Nr. 100) 1957 (Ausz. a. Nr. 17)
79 Don Juan und der Abt. 116 S. Rothenburg o. d. T.: Hegereiter-V. (= Die Hegereiter-Novellen-Reihe 11–12) 1957
80 Jan Loon erhält Antwort. 4 ungez. Bl. Gütersloh: Rufer-V. (= Acht Seiten, Freude zu bereiten, Nr. 86) 1957
81 (Einl.) Wilhelm Schmurr. 48 S., 26 Abb. Köln: Seemann (= Monographien zur rheinisch-westfälischen Kunst der Gegenwart 7) 1957
82 Geheimnis der Heimat. Gefährdung und Rettung. Vortrag auf der Hauptversammlung des Rheinischen Heimatbundes im Künstlerverein Malkasten in Düsseldorf am 10. Dezember 1958. 16 S. Neuß: Rhein. Heimatbund (= Schriftenreihe des Rheinischen Heimatbundes 7) (1959)
83 Das Gold der drei Könige. Eine Weihnachtsgabe. 79 S. m. Abb. Zürich: Arche (= Die kleinen Bücher der Arche 285–286) 1959
84 Der Krippenschnitzer. Weihnachtserzählungen. 64 S., 1 Titelb. Zürich: Arche (= Die kleinen Bücher der Arche 313–314) 1960

BRUNNGRABER, Rudolf (1901–1960)

1 Karl und das zwanzigste Jahrhundert. Roman. 289 S. Ffm: Societäts-V. 1933
2 Radium. Roman eines Elementes. 294 S. Stg: Rowohlt 1936
3 Die Engel in Atlantis. Roman. 527 S. Stg: Rowohlt 1938
4 Opiumkrieg. Roman. 326 S. Stg: Rowohlt 1939
5 Zucker aus Cuba. Roman eines Goldrausches. 399 S. Stg, Bln: Rowohlt 1941
6 Der Tierkreis. Erzählungen. 131 S. Wien: Fromme 1946
7 Wie es kam. Psychologie des Dritten Reichs. 54 S. Wien: „Neues Österreich" (= Schriftenreihe „Neues Österreich" 4) 1946
8 Irrelohe. Erzählung. 189 S. Wien: Fromme 1947
9 Was zu kommen hat. Von Nietzsche zur Technokratie. 109 S. Wien: „Neues Österreich" 1947
10 Progrom. Roman. 265 S. Ffm: Büchergilde Gutenberg 1948 (Neuausg. v. Nr. 11)
11 Prozeß auf Leben und Tod. Roman. 265 S. Bln, Lpz, Wien: Zsolnay 1948
12 Überwindung des Nihilismus. Betrachtungen eines Aktivisten. 261 S. Wien: Wiener Volksbuchverl. 1949
13 Der Weg durch das Labyrinth. Roman. 325 S. Wien: Zsolnay 1949
14 Der tönende Erdkreis. Roman der Funktechnik. 574 S. Hbg: Rowohlt 1951
15 Heroin. Roman der Rauschgifte. 302 S. Wien: Wiener Volksbuchv. 1951
16 Karl und das zwanzigste Jahrhundert oder Die Zeitlawine. Vorw. K. Edschmid. 306 S. Ffm, Wien: Forum-V. (1952) (Neuaufl. v. Nr. 1)
17 Fegefeuer. 234 S. Hbg: Rowohlt 1955
18 Die Schlange im Paradies. Roman. 408 S. Mchn, Wien, Basel: Desch 1958

BRUST, Alfred (1891–1934)

1 Das Spiel Christa vom Schmerz der Schönheit des Weibes. 45 S. m. Abb. Bln: Die Aktion (= Der rote Hahn 29–30) 1918
2 Der ewige Mensch. Drama in Christo. 48 S. Mchn: Wolff (= Der jüngste Tag 78) (1919)
3 Die Schlacht der Heilande. Schauspiel. 59 S. Mchn: Wolff 1920

4 Spiele. 161 S. Mchn: Wolff 1920
 5 Der Tag des Zorns. Tragödie für das große Theater. 38 S. Mchn: Wolff 1921
 6 Tolkening. Trilogie. Mchn: Wolff 1921–1924
   1. Die Wölfe. Ein Winterstück. 48 S. 1921
   2. Die Würmer. Tragödie im Feuerofen. 32 S. 1924
   3. Der Phönix. Ein Märchenstück. 32 S. 1924
 7 Himmelsstraßen. 147 S. Mchn: Wolff 1923
 8 Selbstbild. 9 S. Chemnitz: Gesellschaft der Bücherfreunde (= Schriftenfolge von Lebens- und Seelenbildern heutiger Dichter 6) 1923
 9 Die verlorene Erde. Roman. 373 S. Lpz: Horen-V. 1926
10 Cordatus. Ein dramatisches Bekenntnis. 232 S. Lpz: Horen-V. 1927 (Enth. u. a. Nr. 2)
11 Jutt und Jula. Geschichte einer jungen Liebe. 167 S. Lpz: Horen-V. 1928
12 Ich bin. Gedichte. 67 S. Lpz: Horen-V. 1929
13 Festliche Ehe. Aufzeichnungen eines Gewandelten. 216 S. Lpz: Horen-V. 1930
14 Der Lächler von Dunnersholm. Erzählungen. 95 S. Königsberg: Gräfe & Unzer (= Ostpreußen-Bücher 9) 1931
15 Eisbrand. Die Kinder der Allmacht. Roman. 346 S. Bln: Grote (= Grote'sche Sammlung von Werken zeitgenössischer Schriftsteller 199) 1933

BUCHHOLTZ, Andreas Heinrich (1607–1671)

 1 (Übs.) Erstes verteutschtes ... Odenbuch Des vortreflichen Römischen Poeten Q. Horatius Flaccus. 121, 7 S. Rinteln: Lucius 1639
 2 (Übs.) Verteutschte und mit kurtzen Noten erklärte Poetereikunst des Poeten Q. Horatius Flaccus. 121, 7 S. Rinteln: Lucius 1639
 3 Weihnachtsfreude. 4⁰ Rinteln 1639
 4 Adventsgesang. 4⁰ Rinteln 1640
 5 (Übs.) Teutscher Poetischer Psalter Davids. 30 Bl., 394 S. 12⁰ Rinteln: Lucius 1640
 6 Seiner Betrübten vnd Getrösteten Sion, Ander Theil, Ist eine Sünden-Erinnerung Vnd erquicklicher Trost Gottes Auff die Klage Der Nothleidenden Christlichen Kirchen ... 8 Bl. 4⁰ Rinteln: Lucius 1640
 7 Hochzeit Getichl Auff Fürstliches Beylager Des ... Herrn Friederichs Fürsten zu Anhalt ... Vnd der Gräfin Fräwlein Joanna Elisabeth, Gräfin zu Nassaw ... auff Gräflicher Holstein. Schawenburgischer Festung Bückeburg am 9. Aug. 1642 gehalten ward ... auffgesetzet v. A. H. B. 15 S. 4⁰ Rinteln 1642
 8 Schawenburgische Trawer Clage vnd Grabe-Lied, Vber das HochBetrübte Ableiben, Des ... Herrn Otten des Letzten, Grafen zu Holstein-Schawenburg und Sternberg ... 1. Julij gehaltenen LeichBegängniß ... Gehalten v. A. H. B. ... 28 S. 4⁰ Rinteln 1642
 9 Braunschweig-Lüneburgisches LobGedicht vnd Klage Lied Vber ... Herrn Georgen, Hertzogen zu Braunschweig vnd Lüneburg ... Begräbniß zu Zelle ... Gehalten v. A. H. B. ... 16 Bl. 4⁰ Rinteln a. d. Weser: Lucius 1643
10 Trawrige Clage-Thränen, Des Herrn ... Leichbegängniß Des ... Herrn Friederich von Zabelnitz ... 8 S. 4⁰ Rinteln 1644
11 Rühmliches Ehren-Gedächtniß, Des Herrn Friederich von Zabelnitz ... vbergeben von A. H. B. 7 Bl. 4⁰ Rinteln 1644
12 Geistliche Teutsche Poëmata in zween Theile gefasset. Vor diesem absonderlich herauszgegeben, jetzo von neuem übersehen, verbessert und theils vermehret. 624 S. 12⁰ Braunschweig: Zilliger 1651
13 So muß ein Christ in dieser Welt sich leyden, A. H. B., bei seiner Leichenrede auf Margar. Daetrius, geb. Hackmann, beigesetzt 6. Nov. 1654. 4⁰ Braunschweig 1654
14 (Übs.) Lucians satyrische Geschichte! und Wunder-Reisen in's Hochteutsche übersetzt. o. O. 1659
15 Des Christlichen Teutschen Groß-Fürsten Herkules Und Der Böhmischen Königlichen Fräulein Valiska Wunder-Geschichte. In acht Bücher und zween Teile abgefasset Vnd allen Gott- und Tugend- liebenden Seelen zur

Christ- und ehrlichen Ergetzlichkeit ans Licht gestellet. 2 Tle. 3 Bl., 912; 881 S. m. Titelb., 8 Ku. 4⁰ Braunschweig: Zilliger 1659-1660
16 Christliche Gottselige Hauß-Andachten ... 12 Bl., 954 S. Braunschweig: Zilliger 1663
17 Der Christlichen Königlichen Fürsten Herkuliskus Vnd Herkuladisla Auch Ihrer Hochfürstlichen Gesellschaft anmuthige Wunder-Geschichte. In sechs Bücher abgefasset Vnd allen Gott- und Tugendergebenen Seelen zur anfrischung der Gottesfurcht, und ehrliebenden Ergetzlichkeit auffgesetzet. 14 Bl., 1460 S. m. Taf. 4⁰ Braunschweig: Zilliger & Gruber 1665
18 Häusliche Sabbaths-Andachten ... 8 Bl., 1182 S., 1 Bl. m. Titelku. 4⁰ Braunschweig: Duncker 1665

BUCHNER, August (1591–1661)

1 Auf die Hochzeit des Candidaten der Rechte Christian Findekeller und Margarete Friesin. 1 Bl. 2⁰ Wittenberg: Hake 1624
2 Herrn Bernhardt Wilhelm Nüßlers Vndt Jungfrawen Justinen Gierlachin Hochzeitlieder. 8 Bl. 4⁰ o.O. 1625
3 Auf die Hochzeit Zacharias Schürern und Margariten Blumin. 1 Bl. 2⁰ Wittenberg: Tham 1625
4 Gedächtnüs, Herrn Paul Buchnern, Weyland Churf. Durchlauchtigkeit zu Sachssen Bestelleten Ober Zeugk- und Baumeister zu ehren auffgerichtet. Grabschrift. – Trostgesang. 4 Bl. 4⁰ Wittenberg: Boreck 1627
5 Ehren Gedicht, An den Wolweisen und Achtbarn Herrn, Michael Hornenn, Bißhero gewesenen Stadtrichter, Nunmehr aber rechtmessig erwehleten und bestättigten Bürgermeister zu Witberg. 6 Bl. 4⁰ (Wittenberg:) Fincelius 1628
6 Grabgedicht im Ehrengedächtnis der Frau Ursula Magnusin, Herrn Philipp Milckäus, Handelßmanns in Hamburg Haußfrawen. 4⁰ Bln: Runge 1628
7 Nachtmal des Herrn. Nebenst etlichen andern Christlichen Getichten. 4 Bl. 4⁰ Wittenberg 1628
8 Ode an die Hochbetrübte Fraw Wittib. Gedr. b. P. Röbers Leichenpredigt auf Erasmus Unruh. 4 Bl. (Wittenberg) (1628)
9 Ode bei Paul Röber's Leichenpredigt auf Barbara Wust, geb. Schürerin, gest. 7. Mai 1629. 4 Bl. Wittenberg: Hake 1629
10 Trostlied bei Paul Röbers Leichenpredigt auf Marie Schneider, geb. Reuter, gest. 19. April 1634. 4⁰ Wittenberg: Hake 1634
11 Trostschrifft An Die WohlEdele Fraw, Barbaren, Gebornen Goldochsin, anjetzo Deß WohlEdlen Gestrengen und Vesten Hanßen Wolffen von Schleinitz, etc. Ehgemahl ... 15 S. 4⁰ Wittenberg: Hake 1635
12 Ballet bei Churf. Johann Georgen des Andern gehaltenem Beylager, von dem Orpheo und der Eurydice, 20. Nov. 1638 zu Gotha gehalten. Von Herrn B. zu Wittenberg (1638)
13 Trostschrift an Heinrich Schützen, sächs. Capellmeister zu Dresden, über den Tod seiner Tochter. Aii-Eiii. Wittenberg: Mevius (1638)
14 Weynacht-Gedanken. 7 ungez. Bl. o.O. (1638)
15 Auf Absterben des Herrn Hansen Lösers vff Pretsch, Salitz, Hünichen und Nenckersdorff. 4 Bl. 4⁰ o.O. (1644)
16 Zwei Trostschriften an vnterschiedene Personen. 84 S. Wittenberg: Mevius 1644
17 (Übs.) Eine gedoppelte Rede, welche K. Carl I. von England hätte halten können, verdeutscht. 4⁰ o.O. u. J.
18 Dissertationem academicarum sive Programmatum ... 2 Bde. 646, 1048 S. Wittenberg: Seelfisch 1650-1651
19 Oratio Panegyrica Memoriae Pauli Roberi ... dicta publice XXI. M. Aprilis hoc est quarto ab exequiis die A. C. MDCLI ab A. B. 16 Bl. 4⁰ Wittenberg: Rohner (1651)
20 Panegyricus. Memoriae Danielis Sennerti, dicatus et dictus publice in Acad. Wittenberg. 20 Bl. 4⁰ Wittenberg: Wend 1655
21 Kurzer Weg-Weiser zur Deutschen Tichtkunst. Aus ezzlichen geschriebenen Exemplaren ergänzet, mit einem Register vermehret, und auff vielfältiges

Ansuchen der Studierenden Jugend izo zum ersten mahl hervorgegeben durch M. Georg Gözen, Kais. gekr. Poeten, der Philos. Fac. zu Jehn Adjunctum 8 Bl., 166 S., 1 Bl. Jena: Sengenwald 1663

22 De commutata Ratione dicendi Libri duo . . . 683 S. Wittenberg: Henckel 1664
23 Poet aus dessen nachgelassener Bibliothek hg. O. Praetorius. In Verlegung der Erben. 42 S. Wittenberg: Wend 1665
24 Anleitung zur deutschen Poeterey, wie er selbige kurtz vor seinem Ende selbsten übersehen, an unterschiedenen Orten geändert und verbessert hat, hg. O. Praetorius. 182 S. Wittenberg: Wend 1665
25 Orationes panegyricae et funebres. Ed. O. Praetorius. 352 S. Kleve: Mauritius (1668)
26 Orationes Panegyricae . . . 481 S. Wittenberg: Went 1669 (Verm. Neuaufl. v. Nr. 25)
27 Dissertationes academicae sive Programmata . . . 1008 S. Ffm. Lpz: Hübner 1679
28 Epistolae. Opus posthumum. 2 Bde. 464, 494 S. Dresden: Hübner 1680
29 Poemata selectiora, nunc primumedita . . . 638 S. Ffm, Lpz: Hübner 1694

BÜCHNER, Georg (1813–1837)

1 Der Hessische Landbote. 8 S. Offenbach 1834
2 Dantons Tod. Dramatische Bilder aus Frankreichs Schreckensherrschaft 10 Bg. Ffm: Sauerländer 1835
3 (Übs.) V. Hugo: Sämmtliche Werke. Bd. 6: Lucretia Borgia. Maria Tudor. 229 S. 16° Ffm: Sauerländer 1835
4 Mémoire sur le système nerveux du barbeau. 57 S. Straßburg (o. Verl.) 1836
5 Nachgelassene Schriften. Hg. L. Büchner. IV, 302 S. 16° Ffm: Sauerländer 1850
6 Sämmtliche Werke und handschriftlicher Nachlass. Erste kritische Gesammt-Ausgabe. Hg. E. K. Franzos. 652 S. Ffm: Sauerländer 1879

BÜRGER, Gottfried August (+Jocosus Hilarius) (1747–1794)

1 Zum Gedächtniß meines guten Großvaters, Jakob Philipp Bauers, Hofesherrn zu St. Elisabeth in Aschersleben. 4° Göttingen 1773
2 ★Das Lob Helenens. An dem Tage ihrer Hochzeit gesungen. Sennickerode 1773
3 ★(Übs.) Anthia und Abrokomas. Aus dem Griechischen des Xenophon von Ephesus. 111 S. Lpz: Weygand 1775
4 +Neue weltliche hochteutsche Reime enthaltend die ebentheyerische doch wahrhaftige Historiam von der wunderschönen Durchlauchtigen Kaiserlichen Prinzessin Europa und einem uralten heidnischen Gözen Jupiter item Zeus genannt, . . . 31 S. (Göttingen: Dieterich) 1777
5 Gedichte. 15 Bl., XXII S., 2 Bl., 328 S., 8 Ku. Göttingen: Dieterich 1778
6 (Hg.) Musenalmanach. Göttingen: Dieterich 1779–1794
7 Geweihtes Angebinde, zu Louisens Geburtstage. Göttingen: Dieterich (Einzeldr.) 1783
8 (Übs.) Macbeth ein Schauspiel in fünf Aufzügen nach Shakespear. 104 S. Göttingen: Dieterich 1783
9 (Übs.) (R. E. Raspe:) Wunderbare Reisen zu Wasser und Lande, Feldzüge und lustige Abentheuer des Freyherrn von Münchhausen, wie er dieselbe bey der Flasche im Cirkel seiner Freunde selbst zu erzählen pflegt. Aus dem Englischen nach der neuesten Ausgabe übersetzt, hier und da erweitert und mit noch mehr Kupfer gezieret. 114 S., 3 Bl., m. Ku. London (Göttingen: Dieterich) 1786
10 Über Anweisung zur deutschen Sprache und Schreibart auf Universitäten. Einladungsblätter zu seinen Vorlesungen von G. A. B. Erstes Blatt. 48 S. Göttingen: Dieterich 1787

11 Gesang am heiligen Vorabend des funfzigjährigen Jubelfestes der Georgia Augusta. 6 Bl. 2⁰ Göttingen: Dieterich 1787
12 Ode der funfzigjährigen Jubelfeier der Georgia Augusta am 17. September 1787 gewidmet von nachbenannten zu Göttingen Studierenden. 6 Bl. 2⁰ Göttingen: Dieterich 1787
13 An den Apollo. Zur Vermählung meines Freundes, des Herrn Doctor Althof mit der Demoiselle Kuchel. Am 17ten Mai (1789)
14 Gedichte. 2 Bde. 43, 272 S.; 10 S., 7 Bl., 296 S. m. Ku. Göttingen: Dieterich 1789
15 (Übs.) (R. E. Raspe:) Wunderbare Reisen zu Wasser und Lande, Feldzüge und lustige Abentheuer des Freyherrn von Münchhausen, ... 176 S. London (Göttingen: Dieterich) 1789
(Verm. Neuausg. v. Nr. 9)
16 (Hg.) Akademie der schönen Redekünste. Ersten Bandes erstes (bis drittes) Stück. 342 S. (Bln: Kgl. preuss. akad. Kunst- und Buchh.) 1790–1791
17 (Vorw.) Des Publius Virgilius Maro Lehrgedicht vom Landbau, übersetzt v. C. G. Bock. 12, 168 S. Lpz: Benth 1790
18 (Übs.) Benjamin Franklin's Jugendjahre, von ihm selbst für seinen Sohn beschrieben. 214 S. Bln: Rottmann 1729
19 *Actenstücke über einen poetischen Wettstreit, geschlichtet auf dem deutschen Parnaß. IV, 44 S. Bln: Maurer 1793
20 Sämmtliche Schriften. Hg. K. Reinhard. 4 Bde. Göttingen: Reinhard 1796–1802
1. 2. Gedichte. 2 Bde. XX, 276; X, 296 S, 1796
3. 4. Vermischte Schriften. 2 Bde. XV, 454; VII, 644 S. 1797–1802
21 Hauptmomente der kritischen Philosophie. Eine Reihe von Vorlesungen, vor gebildeten Zuhörern gehalten von G. A. B. VIII, 366 S. Münster: Waldeck 1803
22 (Übs.) Heloise an Abelard. Nach Pope frey übersetzt, von G. A. B. 25, 37 S. 4⁰ Zürich: Orell, Füssli & Co. 1803
23 *Gedichte von Schofelschreck, Menschenschreck und Frau. Als Anhang zu den Gedichten von G. A. B. XIV, 94 S. 16⁰ Germanien (Delmenhorst: Jöntzen) 1808
24 Bürgers Ehestands-Geschichte. 258 S. Bln, Lpz: Schulz 1812
(Autorschaft fraglich)
25 Lehrbuch der Aesthetik. Hg. K. v. Reinhard. 2 Bde. VIII, 376; VIII, 300 S. Bln: Schüppel 1825
26 Lehrbuch des Deutschen Styles. Hg. K. v. Reinhard. XII, 572 S. Bln: Schüppel 1826
27 Aesthetische Schriften. Hg. K. v. Reinhard. Ein Supplement zu allen Ausgaben von B's Werken. VIII, 192 S. Bln: Bechtold & Hartje 1832

BURTE, Hermann (eig. Hermann Strübe) (1879–1960)

1 Drei Einakter. Der kranke König. Königsdrama. – Donna Ines. Liebes-Tragödie. – Das neue Haus. Lustspiel in Versen. 150 S. Bln: Wiegandt & Grieben 1907
2 Patricia. Sonette. 168 S. Bln: Wiegandt & Grieben 1910
3 Wiltfeber der ewige Deutsche. Die Geschichte eines Heimatsuchers. 353 S. Lpz: Sarasin 1912
4 Die Flügelspielerin. Sonette. 102 S. Lpz: Sarasin 1913
5 Herzog Utz. Ein Schauspiel. 202 S. Lpz: Sarasin 1913
6 Katte. Ein Schauspiel in fünf Aufzügen. 133 S. Lpz: Sarasin 1914
7 Simson. Ein Schauspiel. V, 277 S. Lpz: Sarasin 1917
8 Die Flügelspielerin und ihr Tod. 150 S. Lpz: Sarasin 1921
(Verm. Neuaufl. v. Nr. 4)
9 Der letzte Zeuge. Bühnenstück. VII, 133 S. Lpz: Sarasin 1921
10 Vom Hofe, welcher unterging. Ein Abschnitt aus dem Roman „Wiltfeber". 31 S. Hbg: Dt. Verl. 1922
(Ausz. a. Nr. 3)
11 Madlee. Alemannische Gedichte. 452 S. Lpz: Sarasin 1923

12 (MV) H. B., J. Fränkel, R. Rolland, A. Steffen: In memoriam Carl Spitteler. 35 S. Jena: Diederichs 1925
13 Mit Rathenau am Oberrhein. Fragment aus dem Buche „Weg und Wahl". 30 S. 4° Lörrach: Auer-Presse (Als Handschrift gedr.) 1925
14 Apollon und Kassandra. Dramatische Dichtung in Versen. 116 S. 4° Lörrach: Auer-Presse (Als Handschrift gedr.) 1926
15 Krist vor Gericht. Drama. 58 S. Lpz: Haessel 1930
16 Ursula. Gedichte. 319 S. Lpz: Haessel 1930
17 Prometheus. Dichtung für die Bühne. 156 S. Lpz: Haessel 1932
18 Stadt im Thal. Elegie auf Lörrach. 13 S. Lörrach (: Poltier-Weeber) 1932
19 Der besiegte Lurch. Ein Gleichnis des Kampfes gegen das Leiden. 77 S. Lpz: Reclam (= Reclam's UB. 7210) (1933)
20 Volk und Kunst. Eine Auswahl. Hg. H. Knudsen. 32 S. Bielefeld: Velhagen & Klasing (= Velhagen & Klasings deutsche Lesebogen 195) (1935)
21 (Übs.) F. M. A. d. Voltaire: Gedichte. 69 S. Zürich: Verl. d. Corona (= Schriften der Corona 10) (1935)
22 Warbeck. Ein Schauspiel. 161 S. Lpz: Haessel 1935
23 Gruß an Lörrach. 4 Bl. Lörrach: Poltier-Weeber 1937
24 Anker am Rhein. Auswahl neuer Gedichte. 110 S. Lpz: Haessel 1938
25 Deutsche Sendung des Wortes und der Letter. Vortrag. Weihnachtsgabe des NS-Lehrerbundes Mainz. 53 S. Mainz: Mainzer Presse 1942
26 Sieben Reden. 188 S. Straßburg: Hünenburg-V. 1943
27 (MV) O. Schoeck: Das Schloß Dürande. Oper in vier Akten. Dichtung nach der Eichendorffschen Novelle von H. B. (Textbuch) 96 S. Wien, Lpz: Universal-Edition 1943
28 Hermann Burte gegen John Masefield. Deutsche Antwort auf englische Verse. 8 Bl. Freiburg i. Br.: Der Alemanne (1944)
29 Mit Rathenau am Oberrhein. 47 S., 1 Faks. Heidelberg: Pfeffer (= Die gelben Bücher) 1948
    (Erw. Neuaufl. v. Nr. 13)
30 (Übs.) Adler und Rose. Französische Gedichte. 209 S. Heidelberg: Pfeffer 1949
31 Die Seele des Maien. Gedichte um Hebel. 67 S. Schopfheim: Uehlin 1950
32 Das Heil im Geiste. Gedichte. 319 S. Offenburg/Baden: Burda 1953
33 Psalter um Krist. Geistliche Strophen. 62 S. Lahr/Schwarzwald: Schauenburg (= Silberdistel-Reihe 3) 1953
34 Stirn unter Sternen. Gedichte. 246 S. Offenburg/Baden: Burda 1957

Busch, Wilhelm (1832–1908)

1 A-B-C-Buch aus dem Thierreich in Reimen und Bildern. 1, 12 Bl. m. Abb. qu. 4° Mchn: Braun & Schneider (= Münchener Bilderbücher 28) (1862)
2 Gefährliches Abentheuer mit einem Bären. Der kleine Pepi mit der neuen Hose. – Zwei lustige Erzählungen für Kinder. 1, 18 Bl. m. Abb. qu. 4° Mchn: Braun & Schneider (= Münchener Bilderbücher 19) (1862)
3 Der Bauer und der Windmüller oder die bestrafte Schadenfreude. 1, 10 Bl. m. Abb. qu. 4° Mchn: Braun & Schneider (= Münchener Bilderbücher 16) (1862)
4 Die Maus. Die kleinen Honigdiebe. – Zwei Geschichten für Kinder, welche gerne lachen. 1, 12 Bl. m. Abb. 4° Mchn: Braun & Schneider (= Münchener Bilderbücher 10) (1862)
5 Bilderpossen. 57 Bl. Abb. m. Text. qu. 4° Dresden: Richter 1864
    (Enth. Nr. 6, 7, 8, 9)
6 Der Eispeter. Eine Bilderposse. 1, 16 Bl. m. Abb. qu. 4° Dresden: Richter (1864)
    (Ausz. a. Nr. 5)
7 Hänsel und Grethel. Eine Bilderposse. 1, 13 Bl. m. Abb. qu. 4° Dresden: Richter (1864)
    (Ausz. a. Nr. 5)
8 Katze und Maus. Eine Bilderposse. 1, 12 Bl. m. Abb. qu. 4° Dresden: Richter (1864)
    (Ausz. a. Nr. 5)

9 Krischan mit der Piepe. Eine Rauchphantasie. 1, 12 Bl. m. Abb. qu. 4⁰ Dresden: Richter (1864)
   (Ausz. a. Nr. 5)
10 Max und Moritz. Eine Bubengeschichte in sieben Streichen. 2, 53 Bl. m. Abb. Mchn: Braun & Schneider (1865)
11 Schnaken und Schnurren. Eine Sammlung humoristischer kleiner Erzählungen in Bildern. 3 Bde. 1, 31; 1, 33; 1, 31 Bl. m. Abb. 4⁰ Mchn: Braun & Schneider (1866–1872)
12 Schnurrdiburr oder Die Bienen. 2, 72 Bl. m. Abb. Mchn: Braun & Schneider (1869)
13 Der Heilige Antonius von Padua. 1 Bl., 69 S. m. Abb. Lahr: Schauenburg (1870)
14 Hans Huckebein, der Unglücksrabe. Das Pusterohr. Das Bad am Samstag Abend. 1, 29 Bl. m. Abb. 4⁰ Stg: Hallberger (1870)
15 Pater Filucius. 1 Bl., 40 S. m. Abb. Heidelberg: Bassermann 1872
16 Die Fromme Helene. 1 Bl., 113 S. m. Abb. Heidelberg: Bassermann 1872
17 Bilder zur Jobsiade. 1 Bl., 67 S. m. Abb. Heidelberg: Bassermann (1872)
18 Kunterbunt. 3 Bde. 1, 59; 1, 59; 119, 1 Bl. m. Abb. 4⁰ Mchn: Braun & Schneider (1872)
19 Die kühne Müllerstochter. Der Schreihals. Die Prise. 1, 21 Bl. m. Abb. 4⁰ Stg: Hallberger (1872)
20 Der Geburtstag oder Die Partikularisten. Schwank in hundert Bildern. 1 Bl., 62 S. m. Abb. Heidelberg: Bassermann 1873
21 Dideldum! 1 Bl., 64 S. m. Abb. Heidelberg: Bassermann 1874
22 Kritik des Herzens. 2 Bl., 84 S. 12⁰ Heidelberg: Bassermann 1874
23 Abenteuer eines Junggesellen. 1 Bl., 88 S. m. Abb. Heidelberg: Bassermann 1875
24 Bilderbogen. 50 Bl. m. Abb. 2⁰ Mchn: Braun & Schneider 1875
25 Herr und Frau Knopp. 1 Bl., 72 S. m. Abb. Heidelberg: Bassermann 1876
26 Julchen. 1 Bl., 65 S. m. Abb. Heidelberg: Bassermann 1877
27 Die Haarbeutel. 1 Bl., 66 S. m. Abb. Heidelberg: Bassermann 1878
28 Fipps der Affe. 1 Bl., 89 S. m Abb. Mchn: Bassermann 1879
29 Der Fuchs. Die Drachen. Zwei lustige Sachen. 1, 38 Bl. m. Abb. Mchn: Bassermann (1881)
30 Stippstörchen für Aeuglein und Oehrchen. 1, 48 Bl. m. Abb. 4⁰ Mchn: Bassermann (1881)
31 Plisch und Plum. 1 Bl., 65 S. m. Abb. Mchn: Bassermann 1882
32 Balduin Bählmann, der verhinderte Dichter. 1 Bl., 74 S. m. Abb. Mchn: Bassermann 1883
33 Wilhelm Busch-Album. Humoristischer Hausschatz. Sammlung der beliebtesten Schriften mit 1500 Bildern. 22 Lfgn. 4⁰ Mchn: Bassermann 1884–1885
34 Maler Klecksel. 1 Bl., 66 S. m. Abb. Mchn: Bassermann 1884
35 Eduards Traum. 2 Bl., 85, 2 S. Mchn: Bassermann 1891
36 Der Schmetterling. 2 Bl., 95 S. m. Abb. 12⁰ Mchn: Bassermann 1895
37 Sechs Geschichten für Neffen und Nichten. 48 Bl. m. Abb. 4⁰ Mchn: Bassermann 1900
   (Neuausg. v. Nr. 30)
38 Zu guter Letzt. 136 S. 12⁰ Mchn: Bassermann 1904
39 An Maria Anderson. Siebzig Briefe. 116 S., 1 Abb., 1 Faks. Rostock: Volckmann 1908
40 Hernach. 3, 62 Bl. m. Abb. Mchn: Joachim 1908
41 Schein und Sein. Nachgelassene Gedichte. 96 S. Mchn: Joachim 1909
42 Ut ôler Welt. Volksmärchen, Sagen, Volkslieder und Reime ges. W. B. 1 Bl., 170 S., 1 Bl. m. Abb. Mchn: Joachim 1910
43 Verstreute Blätter. 2 Bl., 92 S., 1 Bl. Lpz: Poeschel & Trepte (66 num. Ex.) 1912
44 Ist mir mein Leben geträumet? Briefe eines Einsiedlers, ges. u. hg. O. Nöldeke. 237 S. m. Abb., Faks. u. Taf. 4⁰ Lpz: Weise 1935
45 Sämtliche Werke. Hg. O. Nöldeke. 8 Bde. Mchn: Braun & Schneider 1943

Busse, Carl (+Fritz Döring) (1872–1918)

1 Gedichte. 162 S. Großenhain: Baumert 1892
2 Ich weiß es nicht. Die Geschichte einer Jugend. 224 S. Großenhain: Baumert 1892
3 In junger Sonne. Novellen und Skizzen. 286 S. Mchn: Poessl 1892
4 (MV) C. B., F. Evers (u. a.): Symphonie. Ein Gedichtbuch. 199 S. Mchn: Poessl 1892
5 Stille Geschichten. 232 S. Mchn, Bln: Schuster 1894
6 (Hg., Einl.) Neuere deutsche Lyrik. Mit einer litterar-historischen Einleitung. 487 S. Halle: Hendel (= Bibliothek der Gesamt-Litteratur des In- und Auslandes 879–885) 1895
7 Träume. 157 S. m. Abb. Lpz: Liebeskind 1895
8 Neue Gedichte. 144 S. 12° Stg: Cotta 1896
9 Jugendstürme. 160 S. Stg: Engelhorn (= Engelhorn's allgemeine Romanbibliothek. Jg. XII, Nr. 20) 1896
10 Höhenfrost. Roman. 3 Bde. 229, 242, 246 S. Bln: Janke 1897
11 Novalis' Lyrik. 160 S. Oppeln: Maske 1898
12 +Jadwiga. Roman aus dem Osten des Reiches. 2 Bde. 159, 157 S. Stg: Engelhorn (= Engelhorn's allgemeine Romanbibliothek. Jg. XVI, Nr. 9–10) 1899
13 (MH) Deutsches Wochenblatt. Zeitschrift für nationale Politik, für Kunst und Litteratur. Hg. H. Rippler u. C. B. 12. Jg. Bln: Gose & Tetzlaff 1899
14 Geschichte der deutschen Dichtung im neunzehnten Jahrhundert. 162 S. Bln: Schneider (= Das deutsche Jahrhundert in Einzelschriften 1) 1901
15 In der Grenzschenke. Lena Sieg. 119 S. Bln: Goldschmidt 1901
16 Röschen Rhode. Eine Sommergeschichte. 142 S. Stg: Engelhorn (= Engelhorn's allgemeine Romanbibliothek. Jg. XVII, Nr. 12) 1901
17 Die Schüler von Polajewo. Novellen aus Heimat und Kleinstadt. 223 S. Stg: Cotta 1901
18 Vagabunden. Neue Lieder und Gedichte. 180 S. 12° Stg: Cotta 1901
19 +Der Förster. Heinrich Timm. Erzählungen. 160 S. Stg: Engelhorn (= Engelhorn's allgemeine Romanbibliothek. Jg. XVIII, Nr. 20) 1902
20 (Hg., Einl.) Neue deutsche Lyriker. 4 Bde. Bln: Grote 1902–1908
21 Annette von Droste-Hülshoff. 193 S. Bielefeld: Velhagen & Klasing (= Frauenleben 4) 1903
22 +Deutsche und polnische Liebe. 148 S. Stg: Engelhorn (= Engelhorn's allgemeine Romanbibliothek. Jg. XIX, Nr. 15) 1903
23 Federspiel. Westliche und östliche Geschichten. 395 S. Bln: Goldschmidt 1904
24 +Kleinstädtische Herzen. Ruth von Bergen. Die Geschichte einer jungen Frau. 106 S. Bln: Hillger (= Kürschner's Bücherschatz 408) 1904
25 +Die Hexe. Eine Geschichte aus Posen. 106 S. m. Abb. Stg: Union 1905
26 +Königsträume. Roman. 387 S. Bln: Goldschmidt 1905
27 +Licht am Berge und andere Novellen. 314 S. Bln: Schall 1905
28 +Schimmelchen und andere Novellen. 257 S. Bln: Concordia 1905
29 +Die Wette. Eine Geschichte aus Russisch-Polen. 108 S. m. Abb. Stg: Union 1906
30 Conrad Ferdinand Meyer als Lyriker. 32 S. Lpz: Verl. f. Literatur, Kunst und Musik (= Beiträge zur Literaturgeschichte 8) 1906
31 Die Referendarin. 2 Bde. 144, 140 S. Stg: Engelhorn (= Engelhorn's allgemeine Romanbibliothek. Jg. XXII, Nr. 17–18) 1906
32 Im polnischen Wind. Ostmärkische Geschichten. 307 S. Stg: Cotta 1906
33 Das Gymnasium zu Lengowo. Schulroman aus der Ostmark. 2 Bde. 160, 144 S. Stg: Engelhorn (= Engelhorn's allgemeine Romanbibliothek. Jg. XXIII, Nr. 21–22) 1907
34 +Zertretene Saat. Novelle. 83 S. Wiesbaden: Volksbildungsverein (= Wiesbadener Volksbücher 104) 1907
35 +Die Stenographin. Zwei Küsse. 112 S. Bln: Hillger (= Kürschner's Bücherschatz 608) 1908
36 Die Hoermanns. 2 Bde. 151, 136 S. Stg: Engelhorn (= Engelhorn's allgemeine Romanbibliothek. Jg. XXV, Nr. 17–18) 1909

37 Geschichte der Weltliteratur. 2 Bde. 415 S. m. Abb., 22 Taf.; V, 779 S. 464 Abb. Bielefeld: Velhagen & Klasing 1910-1913
38 Lena Küppers. Roman. 2 Bde. 144, 157 S. Stg: Engelhorn (= Engelhorn's allgemeine Romanbibliothek. Jg. XXVI, Nr. 25-26) 1910
39 +Lachtauben. Heitere Geschichte. 112 S. Bln: Hillger (= Kürschner's Bücherschatz 742) 1910
40 Heilige Not. Gedichte. 149 S. Stg: Cotta 1910
41 Die rote Julka. Das Opfer. 61 S. Wiesbaden: Volksbildungsver. (= Wiesbadener Volksbücher 177) 1911
42 Schuld und andere Novellen. 111 S. Bln: Hillger (= Kürschner's Bücherschatz 762) 1911
43 +Der Weiberschreck. Die beiden Wolges. 187 S. m. Abb. u. Taf. Stg: Union 1911
44 Der dankbare Heilige und andere Novellen. Einl. G. Schulz-Labischin. 103 S., 1 Abb. Lpz: Reclam (= Reclam's Novellenbibliothek 156; = Reclam's UB. 5500) 1913
45 Flugbeute. Neue Erzählungen. 373 S. Stg: Cotta 1914
46 +(Hg., MV) Heiliges Brausen. Geschichten und Skizzen. Von C. Busse, L. Weichert, M. v. Berlin, F. Döring (u. a.) Hg. F. Döring. 104 S. Bln: Vaterl. Verl.- u. Kunstanst. (1915)
47 Feuerschein. Novellen und Skizzen aus dem Weltkrieg. 120 S. Heilbronn: Salzer 1915
48 (Hg., Einl.) Deutsche Kriegslieder 1914/15. XXVI, 171 S. Bielefeld: Velhagen & Klasing (= Aus den Tagen des großen Krieges) 1915
49 (Hg.) Klar Schiff! Seekriegsnovellen 1914/15. Gesammelt v. C. B. 112 S. Heilbronn: Salzer 1915
50 Über Zeit und Dichtung. Aufsätze zur Literatur. 80 S. Konstanz, Lpz: Hesse & Becker (= Die Zeitbücher 16) (1915)
51 (Hg., Einl.) Deutsche Kriegslieder 1914/16. XXIII, 181 S., 4 Abb. Bielefeld: Velhagen & Klasing 1916
   (Verm. u. veränd. Neuaufl. v. Nr. 48)
52 (Hg.) Tröst-Einsamkeit. Eine Folge neuer deutscher Novellen und Erzählungen. 1. Bd. 174 S. Heilbronn: Salzer 1916
53 Winkelglück. Ein fröhlich Buch in ernster Zeit. XI, 227 S. Lpz: Quelle & Meyer (1916)
54 Aus Krieg und Frieden. Drei Erzählungen. 65 S. Wiesbaden: Volksbildungsverein (= Wiesbadener Volksbücher 188) 1917
55 Sturmvogel. Kriegsnovellen. VIII, 250 S. Lpz: Quelle & Meyer 1917
56 Aus verklungenen Stunden. Skizzenbuch. VII, 295 S. Lpz: Quelle & Meyer (1920)

BUSSE, Hermann Eris (1891–1947)

1 Lieder für Buben und Mädel. Vertont von H. E. B. 8 S. 4⁰ Freiburg i. Br.: Paulus 1921
2 Der Schwarzwaldmaler Wilhelm Hasemann. 60 S. m. Abb. Bühl: Konkordia (= Lug ins Land 1) 1921
3 (MH, später Hg.) Vom Bodensee bis zum Main. Heimatblätter. Karlsruhe: Müller 1922-1941
4 (Hg.) Mein Heimatland. Badische Blätter für Volkskunde, ländliche Wohlfahrtspflege, Denkmal- und Heimatschutz. Jg. 9-28. Karlsruhe: Braun 1922-1941
5 Hans Thoma. 75,7 S. Bühl: Konkordia (= Lug ins Land 7) 1922
6 (Hg.) Ekkhart. Jahrbuch für das Badner Land. Jg. 4-23. Karlsruhe: Braun 1923-1942
7 (Hg.) Badische Heimat. Zeitschrift für Volkskunde, Heimat- und Denkmalschutz. Jg. 10-28. Karlsruhe: Braun 1923-1941
8 Hermann Daur. 80 S., 89 Abb. 2 Taf. Karlsruhe: Müller (= Vom Bodensee zum Main 26) 1924
9 (Einl.) Baden. Achtzig Naturaufnahmen. VIII S., 80 S. Abb. Karlsruhe: Müller 1925

10 Opfer der Liebe. Erzählungen. 180 S. Karlsruhe: Müller 1926
11 (Bearb.) B. Auerbach: Das Barfüßele. Für die Jugend bearb. H. E. B. 127 S. Bühl: Konkordia (= Lug ins Land 6) 1927
12 Peter Brunnkant. Roman. Vorw. H. Stehr. 285 S. Lpz: List 1927
13 Hermann Daur. 111 S., 89 Abb., 2 Taf. Karlsruhe: Müller (= Vom Bodensee zum Main 26) 1927
    (Erw. Neuaufl. v. Nr. 8)
14 Tulipan und die Frauen. Roman. 328 S. Bln: Horen-V. 1927
15 (MH) Der Landwirt. Kalender des Badischen Landwirt-Vereins. Hg. A. Wachs u. H. E. B. Jg. 50–56. Karlsruhe: Braun 1928-1934
16 Die kleine Frau Welt. Roman. 231 S. Bln: Horen-V. 1928
17 Das schlafende Feuer. Schwarzwaldroman. 283 S. Bln: Horen-V. 1929
18 Markus und Sixta. Schwarzwaldroman. 307 S. Bln: Horen-V. 1929
19 (Einl.) Baden. Große Ausgabe. 140 Naturaufn. 40, 32, 22, II, 32, 32 S. m. Abb. 4° Karlsruhe: Müller 1930
    (Erw. Neuaufl. v. Nr. 9)
20 Der letzte Bauer. Schwarzwaldroman. 318 S. Bln: Horen-V. 1930
21 Hans Adolf Bühler. 180 S., 72 Abb., 2 Taf. Karlsruhe: Müller (= Vom Bodensee zum Main 38) 1931
22 Hans Fram. Das deutsche Gesicht. Roman. 353 S. Lpz: List 1932
23 Das Jahr der Seele. Gedichte. 14 Bl. Freiburg i. Br.: Priv.-Dr. 1932
24 Das große Los. 45 S. Bln: Düwell & Franke (= ABC-Bücher 4) 1932
25 Baden. 48 S. m. Abb., 76 S. Abb. 4° Mchn: Delphin-V. (= Deutsche Volkskunst 13) 1933
26 Bauernadel. Roman-Trilogie aus dem Schwarzwald. 186, 187, 195 S. Lpz: List 1933
    (Neuaufl. v. Nr. 17, 18, 20)
27 (Nachw.) K. Berner: Bunte Fenster. Gedichte und Erzählungen. 95 S. Karlsruhe: Müller 1933
28 Das Münster zu Freiburg im Breisgau. 8 S. Freiburg i. Br.: Priv.-Dr. 1933
29 Bauer, Städter, Tracht. Grundsätzliches zum Trachtenwesen und Trachtenunwesen. (S. A.) 7 S., 66 Abb. Freiburg i. Br.: Braun 1934
30 (Einl.) S. Federle: Familienkunde. Mit Geleitw. „Sippe und Volk" v. H. E. B. 142 S. Karlsruhe: Müller (= Vom Bodensee zum Main 42) 1934
31 Die Leute von Burgstetten. Ein Roman von Liebe und Not. 287 S. Lpz: List 1934
32 Sonderlinge. Erzählungen. 75 S. Heilbronn: Salzer (= Sämann-Bücherei 3) 1934
33 Der Vogt von Schiltebach. Erzählung. 105 S. Gütersloh: Bertelsmann (= Das kleine Buch 20) 1934
    (Ausz. a. Nr. 17)
34 Mein Leben. 83 S. Bln: Junker & Dünnhaupt (= Die Lebenden) 1935
35 Tulipan und die Frauen. Roman. 344 S. Lpz: List 1935
    (Erw. Neudr. v. Nr. 14)
36 Das Tulpenwunder. Erzählung. 67 S. Mchn- Solln: Kürzl 1935
37 Alemannische Volksfastnacht. (S. A.) 22 S., 38 S. Abb. Freiburg i. Br.: Braun 1935
38 Fegfeuer. Roman. 346 S. Stg: Cotta 1936
39 Glorian und die Frevlerin. 15 S. Hannover: Feesche (= Gute Weggesellen 21) (1936)
40 Heiner und Barbara. Roman. 303 S. m. Abb. Lpz: List 1936
41 Hans Thoma. Leben und Werk. 119 S., 100 Abb. 4° Bln: Rembrandt-V. (= Die Zeichner des Volkes 10) (1936)
42 Der Tautträger. Roman. 334 S. Lpz: List 1938
43 Der Erdgeist. Saga vom Oberrhein. 626 S. Lpz: List 1939
44 Grimmelshausen. 87 S. Stg: Cotta (= Die Dichter der Deutschen) 1939
45 Zum silbernen Stern. Eine Grimmelshausen-Erzählung. Mit e. autobiogr. Nachw. d. Verf. 79 S. Lpz: Reclam (= Reclam's UB. 7472) 1940
46 Alemannische Geschichten. 181 S. Ratingen: Henn (= Rheinische Bücherei 8) 1941
47 Girlegig. Roman. 192 S. Ludwigshafen: Westmark-V. 1941
48 Liebe, Tanz und Tod. Gesammelte Novellen. 374 S. Ludwigshafen: Westmark-V. 1941

49 Hauptmann Behr. Erzählungen. 112 S. Bayreuth: Gau-Verl. (= Die kleine Glockenbücherei 5) 1942
50 Fides. 64 S. Gütersloh: Bertelsmann (= Kleine Feldpost-Reihe) 1942
51 Die Heimkehr. 75 S. m. Abb. Wien: Frick (= Wiener Bücherei 22) 1942
52 (Hg.) Hans Thoma. Sein Leben in Selbstzeugnissen, Briefen und Berichten. 312 S., 58 Abb., 1 Stammtaf. Bln: Propyläen-V. 1942
53 Bäuerliches Gleichnis vom Weizen, Wein und Lebenstag. 31 S. Bielefeld, Lpz: Velhagen & Klasing (= Velhagen & Klasings Feldpost-Lesebogen) 1943
54 Badische Sagen. 48 S. Bln, Lpz: Schneider (1943)
55 Johann Peter Hebel. 95 S., 1 Abb. Stg: Cotta (= Die Dichter der Deutschen) 1944
56 Spiel des Lebens. 93 S. Lpz: List 1944

BUSTA, Christine (eig. Christine Dimt) (*1915)

1 Jahr um Jahr. Gedichte. 8 Bl. Wien: Herder 1950
2 Der Regenbaum. Gedichte. 132 S. Wien: Herder 1951
3 Die bethlehemitische Legende. 4 Bl. Wien: Herder 1954
4 Lampe und Delphin. Gedichte. 96 S. Salzburg: Müller 1955
5 Die Scheune der Vögel. Gedichte. 128 S. Salzburg: Müller 1958
6 Drei Gedichte. 3 Bl., 1 Faks. 4° Dortmund: Vereinigung von Freunden der Stadt- u. Landesbibliothek Dortmund (= Jahresgabe der Vereinigung von Freunden der Stadt- u. Landesbibliothek Dortmund 10) 1959
7 Das andere Schaf. Eingel., ausgew. V. Suchy. 128 S. Graz, Wien: Stiasny (= Stiasny-Bücherei, Bd. 43) 1959
8 Die Sternenmühle. Gedichte für Kinder und ihre Freunde. 16 Bl. m. Abb. Salzburg: Müller 1959

CALÉ, Walter (1881–1904)

1 Nachgelassene Schriften. Vorw. F. Mauthner. Eingel., hg. A. Brückmann. 16, 397 S. m. Abb. Bln: Fischer 1907

CAMENZIND, Josef Maria (*1904)

1 Mein Dorf am See. Erzählungen aus der Innerschweiz. 198 S. Freiburg: Herder 1934
2 Die Stimme des Berges. Eine Erzählung vom Rigi und seinen Menschen. 523 S. Freiburg: Herder 1936
3 Ein Schützenfest. Erzählung aus der Innerschweiz. 30 S. m. Abb. Zürich: Schweiz. Jugendschriftenwerk (= Schweiz. Jugendschriftenwerk 64) 1937
   (Ausz. a. Nr. 1)
4 (MV) Als ich noch ein Bub war. Jugenderlebnisse schweizer Dichter und Schriftsteller. 337 S. Zürich: Rascher 1938
5 (MV) Weihnachtsgeschichten und Legenden von Schweizerdichtern. 96 S. Zürich: „Gute Schriften" (= Gute Schriften 192) 1938
6 Ein Stubenhocker fährt nach Asien. Erlebtes und Erlauschtes auf einer Reise in den Fernen Osten. XI, 587 S. Freiburg: Herder 1939
7 Jugend am See. 228 S. Freiburg: Herder 1940
   (Forts. z. Nr. 1)
8 Schiffmeister Balz. Roman. 371 S. Freiburg: Herder 1941
9 (MV) Lebende Dichter um den Oberrhein. Lyrik und Erzählung. Im Auftr. d. Dt. Scheffel-Bundes im Reichswerk Buch und Volk hg. R. Siegrist. 803 S. m. Taf. Bühl: Konkordia 1942
10 Der „liebe Gott" aus Irland. 31 S. m. Abb. Zürich: Schweiz. Jugendschriftenwerk (= Schweiz. Jugendschriftenwerk 140) (1942)
   (Ausz. a. Nr. 7)
11 Die Brüder Sagenmatt. Erzählung. 215 S. Einsiedeln: Benziger 1943
12 Zwischen Amur und Sungari. Reiseerlebnisse eines Schweizers in der Mandschurei. 64 S. Zürich: Gute Schriften (= Gute Schriften 8) 1948
   (Ausz. a. Nr. 6)
13 Europa im Dorf. Von Kurgästen, Soldaten und Arbeitersleuten. 351 S. Freiburg: Herder 1951
14 Der Sohn des Vagabunden. Erzählung. 132 S. Basel: Reinhardt (= Stab-Bücher) (1951)
15 Majestäten und Vaganten. Erzählungen. 336 S. Freiburg: Herder 1953
16 Der Marzelli und die Königin von Holland. 32 S. m. Abb. Zürich: Schweiz. Jugendschriftenwerk (= Schweiz. Jugendschriftenwerk 468) 1953
17 Der Allora. Erzählung. 80 S. Basel: Gute Schriften (= Gute Schriften 160) 1956
   (Ausz. a. Nr. 15)
18 Mein Dorf am See. Roman einer Jugend, 376 S. Freiburg: Herder 1956
   (Neubearb. v. Nr. 1 u. 7)
19 Das Jahr ohne Mutter. Erzählung. 184 S. Mchn: Rex-V. 1958
   (Neubearb. v. Nr. 11)
20 Da-Kai. Roman aus d. Mandschurei. 383 S. Freiburg, Basel, Wien: Herder 1959
21 Marcel und Michael. Erzählung aus der Innerschweiz. 172 S. Basel: Reinhardt (= Stab-Bücher) (1959)

CANETTI, Elias (*1905)

1 Die Blendung. Roman. 560 S. Wien: Reichner 1936
2 Komödie der Eitelkeit. Drama in drei Teilen. 128 S. Mchn: Weismann 1950
3 (Hg.) Fritz Wotruba. 63 S. m. Abb. 4° Wien: Rosenbaum 1955
4 Masse und Macht. 568 S. Hbg: Claassen 1960

Canitz, Friedrich Rudolf Ludwig von (1654–1699)

1 Neben-Stunden unterschiedener Gedichte. Hg. J. Lange. 104 S. Bln 1700
2 Gedichte. m. Ku. Lpz, Bln 1717

Carmen Sylva
(eig. Elisabeth, Königin von Rumänien) (1843–1910)

1 Hammerstein. 104 S. Lpz, Bukarest: Sotschek 1880
2 Sappho. 73 S. Lpz, Bukarest: Sotschek 1880
3 (Übs.) Rumänische Dichtungen. Hg. M. Kremnitz. 214 S. Lpz: Friedrich 1881
4 Stürme. 195 S. Bonn: Strauß 1881
5 Ein Gebet. 80 S. Bln: Duncker 1882
6 Die Hexe. Zu der Statue von C. Cauer. 72 S. Bln: Duncker 1882
7 Jehovah. 77 S. Lpz, Bonn: Strauß 1882
8 Leidens Erdengang. Ein Märchenkreis. 169 S. Bln: Duncker 1882
9 Aus Carmen Sylva's Königreich. 2 Bde. Lpz, Bonn: Strauß 1883–1887
   1. Pelesch-Märchen. 224 S., 3 Abb. 1883
   2. Durch die Jahrhunderte. 360 S. 1887
10 Handzeichnungen. 274 S. Bln: Duncker 1884
11 Mein Rhein. Dichtungen. 64 S. m. Abb. Lpz: Titze 1884
12 Meine Ruh'. 447 S. Bln: Duncker 1884
13 Aus zwei Welten. 360 S. Lpz, Bonn: Strauß 1884
14 (MV) Astra. Roman. 385 S. Bonn: Strauß 1886
15 (MV) Anna Boleyn. Historisches Trauerspiel. 111 S. Bonn: Strauß 1886
16 (MV) Feldpost. Roman. 432 S. Bonn: Strauß 1886
17 Es klopft. 117 S. Regensburg: Wunderling 1887
18 (Übs.) P. Loti: Islandfischer. 333 S. Bonn: Strauß 1887
19 Gedanken aus Carmen Sylva's Werken. Hg. A. Lewin. 272 S. 16° Barmen: Hyll 1888
20 (MV) In der Irre. Novellen. 371 S. Bonn: Strauß 1888
21 Pelesch im Dienst. Ein sehr langes Märchen für den Prinzen Heinrich XXXII. von Reuß. 103 S. 12° Bonn: Strauß 1888
22 (MV) Rache und andere Novellen. 336 S. Bonn: Strauß 1888
23 Vom Amboß. 122 S. 12° Bonn: Strauß 1889
24 (Übs.) H. Vacaresco: Lieder aus dem Dimbovitzathal. Aus dem Volksmunde gesammelt. 414 S. Bonn: Strauß 1889
25 Deficit. Roman. 541 S. Bonn: Strauß 1890
26 Frauenmuth. Sechs Theaterstücke. 292 S. Bonn: Strauß 1890
27 (MV) Die Sphinx. Gedichtet, geschrieben und gemalt v. C. S. Musik v. A. Bungert. Prachtausg. 15 S. m. Abb. 4° Bln: Luckhardt 1890
28 Handwerkerlieder. 144 S. 12° Bonn: Strauß 1891
29 Heimath! Gedichte. 83 S. 12° Bonn: Strauß 1891
30 Meerlieder. 121 S. 12° Bonn: Strauß 1891
31 Meister Manole. Trauerspiel. 110 S. Bonn: Strauß 1892
32 (Übs.) P. de Saint-Victor: Die beiden Masken Tragödie – Komödie. 3 Bde. 510, 544, 601 S. Bln: Duncker 1899–1900
33 Seelen-Gespräch. 136 S. 12° Bonn: Strauß 1900
34 Thau. 192 S. 4° Bonn: Strauß 1900
35 Märchen einer Königin. 341 S. m. Abb. Bonn, Stg: Kröner 1901
36 Es ist vollbracht! Das Leben meines Bruders Otto Nicolaus Prinz zu Wied. 72 S., 6 Taf., 1 Faks. 4° Bln: Duncker 1902
37 Unter der Blume. 79 S. 16° Regensburg: Wunderling 1903
38 Geflüsterte Worte. 5 Bde. 215; 315; 210; VII, 143; 54 S. 16° Regensburg: Wunderling 1903–1912
39 In der Lunca. Rumänische Idylle. 66 S. m. Abb. 4° Regensburg: Wunderling 1904
40 Rheintochters Donaufahrt. 72 S. m. Abb. Regensburg: Wunderling 1904

41 Das Sonnenkind und andere Märchen. 55 S. Wiesbaden: Volksbildungsver. (= Wiesbadener Volksbücher 80) 1906
42 Mein Penatenwinkel. 1. Bd. 352 S. Ffm: Minjon 1908
43 (MV) J. Gratz: So sollt Ihr Euch kleiden! Ratgeber für die Frauen des Mittelstandes. Anschließend eine Betrachtung über die Frauenmode v. C. S. 93 S. m. Abb. Dresden: Internat. Schnittmanufaktur 1910
44 Aus dem Leben. Zwei Novellen. 103 S. m. Abb. 16° Lpz: Reclam (= Reclam's UB. 5400) 1912

Carossa, Hans (1878–1956)

1 Stella mystica. Traum eines Toren. 6 S. Bln: Meyer 1907
2 Gedichte. 48 S. Lpz: Insel 1910
3 Doktor Bürgers Ende. Letzte Blätter eines Tagebuchs. 117 S. Lpz: Insel 1913
4 Die Flucht. Ein Gedicht aus Doktor Bürgers Nachlaß. 37 S. Lpz: Insel 1916
5 Ostern. Gedichte. 15 S. Bln: Meyer 1920
6 Eine Kindheit. 122 S. Lpz: Insel 1922
7 Rumänisches Tagebuch. 229 S. Lpz: Insel 1924
8 Verwandlungen einer Jugend. 259 S. Lpz: Insel 1928
  (Forts. v. Nr. 6)
9 Die Schicksale Doktor Bürgers. 76 S. Lpz: Insel (= Insel-Bücherei 334) 1930
  (Neufassg. v. Nr. 3 u. 4)
10 Der Arzt Gion. Eine Erzählung. 292 S. Lpz: Insel 1931
11 Gedichte. 115 S. Lpz: Insel 1932
  (Verm. Neuaufl. v. Nr. 2)
12 Führung und Geleit. Ein Lebensgedenkbuch. 190 S. Lpz: Insel 1933
13 Eine Kindheit und Verwandlungen einer Jugend. 384 S. Lpz: Insel 1933
  (Enth. Nr. 6 u. 8)
14 Tagebuch im Kriege. Rumänisches Tagebuch. 165 S. Lpz: Insel 1934
  (Neuaufl. v. Nr. 7)
15 Geheimnisse des reifen Lebens. Aus den Aufzeichnungen Angermanns. 237 S. Lpz: Insel 1936
16 Gedichte. Vom Dichter ausgew. 62 S. Lpz: Insel (= Insel-Bücherei 500) (1937)
  (Ausz. a. Nr. 11)
17 Gesammelte Gedichte. 144 S. Lpz: Insel 1938
  (Neuaufl. v. Nr. 11)
18 Wirkungen Goethes in der Gegenwart. Rede. 33 S. Lpz: Insel 1938
19 Ferientage. Aus der Geschichte einer Jugend. 18 S. Lpz: Ges. d. Freunde d. Dt. Bücherei (= 19. Jahresausgabe d. Ges. d. Freunde d. Dt. Bücherei) 1939
20 An das Ungeborene. 12 S. Lpz: Insel 1940
  (Ausz. a. Nr. 15)
21 Der Dichterabend. Aus der Geschichte einer Jugend. 27 S. Hameln: Seifert (1941)
22 Das Jahr der schönen Täuschungen. 319 S. Lpz: Insel 1941
  (Forts. v. Nr. 13)
23 Tag in der Terracina. 28 S. Hameln: Seifert (1942)
24 Abendländische Elegie. 13 S. 4° (Wiesbaden: Insel) (300 Ex.; nicht i. Hdl.) 1946
25 Aufzeichnungen aus Italien. 147 S. Olten: Vereinigung Oltner Bücherfreunde (= Veröffentlichungen der Vereinigung Oltner Bücherfreunde 31) 1946
26 Winterliches Rom. 50 S. Hameln: Seifert (1946)
27 Stern über der Lichtung. Neue Gedichte. 39 S. Hameln: Seifert 1946
28 Aufzeichnungen aus Italien. 204 S. Wiesbaden: Insel 1948
  (Enth. u. a. Nr. 23, 25, 26)
29 Worte zu einem antiken Grabrelief. 2 Bl. 4° Hameln: Seifert (= Hamelner Druck 7) (1948)
  (Ausz. a. Nr. 27)
30 Worte, gesprochen anläßlich der Verleihung der Ehrendoktorwürde seitens der philosophischen Fakultät der Universität München am 8. XII. 1948. 21 S. Olten: Vereinigung Oltner Bücherfreunde 1949

31 Gesammelte Werke. 2 Bde. 1500 S. Lpz: Insel 1949–1950
32 Ungleiche Welten. 339 S. Wiesbaden: Insel 1951
33 Der Gang zum grünen Schuh. 78 S. Olten: Vereinigung Oltner Bücherfreunde (= Veröffentlichung der Vereinigung Oltner Bücherfreunde 54) 1952
34 Reise zu den elf Scharfrichtern. 44 S. Ffm: Trajanus-Presse (= Druck d. Trajanus-Presse 6) 1953
35 Der Tag des jungen Arztes. Aus dem Schlußband einer Jugendgeschichte. 17 S. Offenbach/M.: Post-Presse (1953)
36 Stufen der inneren Entwicklung. Aus einer Jugendgeschichte. 66 S. m. Abb. 4⁰ Passau: Passavia 1954
37 Der Tag des jungen Arztes. 237 S. Wiesbaden: Insel 1955
(Enth. u. a. Nr. 34, 35, 36)
38 Die Frau vom guten Rat. Eine Erzählung aus dem Spätsommer 1947. 70 S. Wiesbaden: Insel (= Insel-Bücherei 640) 1956
39 Der alte Taschenspieler. Bruchstück aus einem weltlichen Mysterium. 37 S. Wiesbaden: Insel 1956
40 Geschichte einer Jugend. 593 S. Wiesbaden: Insel (= Die Bücher der Neunzehn 29) 1957
(Enth. Nr. 6, 8, 22, 37)

CASTELLE, Friedrich (1879–1954)

1 Vom Leben und Lieben. Gedichte. 48 S. Köln: Schmitz 1903
2 (Hg.) (J. v. Eichendorff:) Ungedruckte Dichtungen Eichendorffs. 137 S., 1 Abb. Münster: Aschendorff 1907
3 (Hg.) Unsere Erzähler. Sammlung volkstümlicher Novellen und Romane. 88 Bde. Münster: Aschendorff 1909–1925
4 Gustav Falke. 125 S., 1 Abb. Lpz: Hesse (= M. Hesse's Volksbücherei 538–539) 1909
5 Charlotte Niese. Eine literarische Studie. 29 S., 1 Abb. Lpz: Grunow 1914
6 Späte Lerchen in der Luft. Neue Gedichte. 14 S. Köln: Salm-V. (= Die westfälische Dichtung in Flugblättern 1,1) 1917
7 Das Haus in der Dreizehnmännergasse. 175 S. Hannover, Bad Pyrmont: Gersbach (1919)
8 (MV) K. Boblenz: In und um Recklinghausen. Acht Blätter mit der Feder gezeichnet v. K. B. u. e. Begleitwort v. F. C. 4 S. Text, 8 Taf. 4⁰ Recklinghausen: Visarius (1920)
9 (Hg.) A. v. Droste-Hülshoff: Dichtungen der Droste. Eine Auswahl. 286 S. m. Abb. M.-Gladbach: Volksvereins-Verl. 1920
10 (MH) Heimatblätter der Roten Erde. Zeitschrift des westfälischen Heimatbundes. Hg. F. C. u. K. Wagenfeld. 2. Jg. Münster: Aschendorff 1920–1921
11 (Hg.) L. Schücking: Paul Bronckhorst oder Die neuen Herren. Roman. 488 S. Münster: Aschendorff (1920)
12 Charon. Eine Dichtung. 46 S. m. Abb. Hannover: Hahn (50 num. Ex.) (1921)
13 Hermann Löns. 47 S., 1 Abb. Hannover, Bad Pyrmont: Gersbach (1921)
14 Wanderer im Weltall. Dichtungen. 200 S. Warendorf: Schnell 1921
15 (Hg.) F. Zumbroock: Ausgewählte plattdeutsche Gedichte. 256 S. Münster: Aschendorff 1921
16 Heilige Erde. Roman. 535 S. Breslau: Bergstadt-V. 1922
17 Die schöne Bibernell. Erzählung. 101 S. Breslau: Bergstadt-V. 1923
18 Löns-Gedenkbuch. 228 S. m. Abb. Bad Pyrmont: Gersbach (1923)
19 (Hg.) H. Löns: Sämtliche Werke in acht Bänden. Lpz: Hesse & Becker 1923
20 (MV) H. Hoevelmeyer: Münster in Westfalen. Fünf Orig.-Radierungen. Text v. F. C. 4 S., 5 Taf. Münster: Frye (1924)
21 (Hg.) Hermann Löns und seine Heide. Eine Wanderung in Bildern durch die Stätten seiner Werke v. E. L. v. Aster, E. Barkemeyer (u. a.) 212 S. m. Abb. u. Taf. Bln: Zillessen 1924
22 (Einl.) H. Rothgaengel: Hermann Löns' „Wehrwolf" in Bildern. 95 S. m. Abb. Bln: Zillessen 1924

23 Die Wächter der Stadt Münster in Westfalen. 6 S., 7 Abb. 4⁰ Münster: Frye (1924)
24 (MH) Die Bergstadt. Monatsblätter. Hg. P. Keller, Schriftl. F. C. Jg. 14. Breslau: Bergstadt-V. 1925–1926
25 Das Heuscheuer-Gebirge. Eine Wanderung. 16 S., 19 Abb. 4⁰ Breslau: Bergstadt-V. 1925
26 (Hg., Einl.) H. Löns: Junglaub. Lieder und Gedichte. XIII, 90 S. 1 Faks. Bad Pyrmont: Gersbach (1925)
27 (Hg.) Hermann-Löns-Kalender. Ein Jahrbuch deutscher Heimaterzähler. 121 S., 3 Taf. Warendorf: Schnell 1925
28 (MH) Markwart. Blätter für die Verwirklichung des deutschen Volksliteratur-Gedankens. Hg. v. d. Löns-Gedächtnis-Stiftung, unt. Mitw. v. F. C. (u. a.) Jg. 1. Hannover: Sponholtz 1925
29 Der Vogel Holdermund. 132 S. Hildesheim: Borgmeyer (= Der Rosenstock 14) (1925)
30 (MV) Von Freundeshand Hermann Löns nachgesandt. III, 209 S., 1 Abb. Bad Pyrmont: Gersbach (1926)
   (Enth. u. a. Nr. 13)
31 (Hg.) Der Türmer. Deutsche Monatshefte. Jg. 29–38. Bln: Beenken 1926–1935
32 (Hg.) H. Löns: Einsame Heidfahrt. – Löns-Gedenkbuch v. F. C. 298 S., 1 Faks., 1 Plan. (= H.-Löns-Kassette, Bd. 3) Bad Pyrmont: Gersbach 1927
33 Annette von Droste-Hülshoff – Hermann Löns. 136 S. Recklinghausen: Visarius (= Westfalens Dichter 1) (1929)
34 Volk, das ich liebe ... Deutsches Vortragsbuch. 159 S. Hannover: Sponholtz 1934
35 Löns-Gedenkbuch. Neue Bearbeitung. 242 S., 7 Abb. Bad Pyrmont: Gersbach (1935)
   (Neubearb. v. Nr. 18)
36 (Hg.) A. v. Droste-Hülshoff: Denn von den Sternen grüß' ich euch. XV, 293 S., 4 Bl. Abb. u. Taf. Münster: Coppenrath (= Auswahlband 2) 1938
37 (Hg.) M. v. Spießen: Geschichten aus dem „Schneckenhaus". Aus „Tante Kläres Raritäten". 206 S. Dülmen: Laumann 1940
38 Jeremias Gotteswürmchen. Die Geschichte eines fröhlichen Toten. 104 S. m. Abb. Essen: Spael 1941
39 Min Mönsterland. 48 S., 1 Abb. Münster: Aschendorff 1949
40 Heidideldum. Das fröhliche Dorf. 112 S. Horstmar, Münster: Montanus-V. 1950
41 (MH) K. Wagenfeld: Gesammelte Werke. Hg. F. C. u. A. Aulke. 2 Bde. 461 S., 1 Abb.; 384 S. Münster: Aschendorff 1954–1956

CASTELLI, Ignaz Vincenz Franz (1781–1862)
(+Bruder Fatalis, Kosmas, Rosenfeld, C.A. Stille u.a.)

1 (Übs.) Die Scheidewand. Oper in einem Akt, nach dem franz. Lustspiel La Cloison. Musik A. Fischer. 42 S. Wien: Wallishausser 1804
2 (Übs.) Domestikenstreiche, oder: Fünf sind zwei. Lustspiel in einem Akt nach dem Franz. 38 S. Wien: Wallishausser 1805
3 (Übs.) Die Familie auf Isle de France. Oper in drei Akten nach dem Franz. übers. Musik K. Kreutzer. 70 S. Wien: Wallishausser 1805
4 (Übs.) Die Minengräber in Schweden. Schauspiel in fünf Akten nach dem Franz. Wien: Wallishausser 1805
5 +Poetische Versuche. 131 S. Wien: Wallishausser 1805
6 (Übs., Bearb.) Die Festung an der Elbe. Oper in drei Akten, nach dem Franz. frei bearb. Musik A. Fischer. 96 S. Wien: Strauß 1806
7 (Übs.) Semiramis. Große heroische Oper in drei Aufzügen nach dem Trauerspiel gleichen Namens, bearb. n. Voltaire v. Desriaux, aus dem Franz. übs. Musik C. S. Catel. 52 S. Wien: Strauß (1806)
8 (Übs.) Alamar, der Maure. Oper in drei Akten, nach dem Franz. des Cuvier. Musik I. v. Seyfried. 93 S. Wien: Strauß (1807)

9 (Übs.) Das Frühstück. Ein Burschenstreich in einem Akt. Frei nach dem Franz. d. Auguste. Wien: Wallishausser 1807
10 (Übs.) Roderich und Kunigunde, oder: Der Eremit auf dem Berge Prazzo, oder ... oder ... Dramatischer Galimathias ... in vier Aufzügen ... Musik I. v. Seyfried. 48 S. Wien: Schmidt 1807
11 (Übs.) Alle fürchten sich. Eine komische Operette in einem Akt, nach dem Franz. d. Hoffmann. Musik N. Isouard. 52 S. Wien: Wallishausser 1808
12 (Übs.) Demophoon. Große heroische Oper in drei Akten, nach dem Franz. d. Desriaux. Musik J. C. Vogel. 66 S. Wien: Wallishausser 1808
13 Der Ehedoktor. Posse mit Gesang in drei Akten. Musik I. v. Seyfried. Wien: Wallishausser 1808
14 (Übs.) Das Testament des Onkels. Schauspiel in drei Aufzügen. Nach d. Franz. d. Pelletier-Volmeranges. 91 S. Wien: Wallishausser 1808
15 Kriegslied für die österreichische Armee. In Musik ges. J. Weigl. 4 Bl. Wien: Strauß (1809)
16 (Hg.) Der Sammler. Ein Unterhaltungsblatt. 4⁰ Wien: Strauß 1809 – 1810
17 (Hg.) Dramatisches Sträußchen. 20 Bde. Wien: Wallishausser 1809. 1817 – 1835
18 (MH) Sträußchen für Gebildete. Hg. I. C. u. F. Hassaureck. Wien 1809
19 Volksstimme. Ein Lied mit Chor. 4 Bl. Wien 1809
20 Raphael. Lustspiel in Alexandrinern u. einem Aufzug. 67 S. Wien: Strauß 1810
21 (Übs.) Die rote und die weiße Rose. Historische Oper in drei Akten. Frei nach dem Franz. Musik I. v. Seyfried. 80 S. Wien: Wallishausser 1810
22 (MV) Die Schweizerfamilie. Lyrische Oper in drei Aufzügen. Musik J. Weigl. 76 S. Wien: Wallishausser 1810
23 Der Sieg der Eintracht. Eine allegorische Cantate in einer Abtheilung nach der Musik des ... J. Weigl. 21 S. Wien 1810
24 (Hg.) Thalia. Ein Abendblatt. Den Freunden der dramatischen Muse geweiht. 4 Bde. 208 S., 25 Taf.; 416 S., 53 Taf.; 218 S., 20 Taf., 1 Pl.; 308 S., 19 Taf. Wien, Triest: Geistinger 1810–1813
25 Sechs Lieder nach der Musik beliebter französischer Componisten. Franz. u. dt. Wien: Steiner (1811)
26 (Übs.) Ferdinand Cortez, oder: Die Eroberung von Mexiko. Heroische Oper mit Ballett in drei Akten nach dem Franz. Musik L. Spontini. 44 S., 2 Bl. Wien: Wallishausser 1812
27 (Übs.) Franziska von Foix. Heroisch-komische Oper in drei Aufzügen nach dem Franz. Musik J. Weigl. 72 S. Wien: Wallishausser 1812
28 (Hg.) Selam. Ein Almanach für Freunde des Mannigfaltigen auf das Jahr 1812 (–1817). 6 Bde. 12⁰ Wien: Strauß 1812–1817
29 (Übs.) David, oder: Goliaths Tod. Biblische Oper in zwei Akten a. dem Ital. d. Antoni. Musik Liverati. Wien: Pichler 1813
30 (Hg.) Wiener Hof-Theater-Taschenbuch auf das Jahr 1813 (–1815). Jg. 10–12. 3 Bde. 12⁰ Wien: Wallishausser 1813–1815
31 (MV) Salem Lyrische Tragödie in vier Aufzügen. Musik J. F. Mosel. 54 S. Wien: Wallishausser 1813
32 Selbstgespräch eines Bauernmädchens nach der Schlacht bey Leipzig ... 2 Bl. 4⁰ Wien: Strauß (1813)
33 Poetische Kleinigkeiten. 5 Bde. Wien: Strauß (1–3) bzw. Wallishausser (4–5) 1816–1826
34 (Übs.) Abraham. Melodram mit Chören in vier Akten, nach dem Franz. Musik I. v. Seyfried. Wien: Wallishausser 1818
35 (Übs.) Salmonea und ihre Söhne. Drama in vier Akten, nach dem Franz. Les Maccabées, Musik I. v. Seyfried. 86 S. Wien: Pichler 1818
36 +(MV) J. V. F. C. u. A Jeitteles: Der Schicksalsstrumpf. Lpz: Brockhaus 1818
37 (MV) Zerrbilder menschlicher Thorheiten und Schwächen. Erfunden u. gez. M. Loder. Gestoch. J. Stöber. Mit epigrammatischen Erklärungen v. J. F. V. C. 66 S., 30 Taf. 4⁰ Wien: Härter 1818
38 (Übs.) Die Waise und der Mörder. Drama in drei Akten nach dem Franz. d. Frédéric. Musik I. v. Seyfried. 92 S. m. Ku. Augsburg, Lpz: Jenisch & Staege (= Deutsches Theater für das Jahr 1819, Bd. 3, 1) (1819)
39 (Hg.) Conversationsblatt. Zeitschrift für wissenschaftliche Unterhaltung Wien: Gerold 1821

40 (Übs.) Diana von Poitiers. Historisches Lustspiel in zwei Akten nach dem Franz. Augsburg: Jenisch & Staege 1821
41 Hundert Vierversige Fabeln. 9 Bl., 199 S. 16⁰ Wien: Armbruster 1822
42 Huldigung dem Verdienste. Eine Cantate zur feyerlichen Gelegenheit ... Gedichtet v. J. C., Musik ... Riotte. 7 S. 4⁰ (Wien:) Strauß (1822)
43 (MV) Sechs deutsche Lieder von Burdach, C., Contessa, Louise Brachmann und Reinhardt, mit Begleitung des Pianoforte v. C G. Reißiger. Lpz: Breitkopf & Härtel (1822)
44 (Hg.) Huldigung den Frauen. Taschenbuch für das Jahr 1823 (- 1848) 26 Bde. m. Ku. Lpz: Industrie Comptoir (ab 1827 Wien: Tendler) 1823-1848
45 Lebensklugheit in Haselnüssen. Eine Sammlung von tausend Sprichwörtern, in ein neues Gewand gehüllt. 215 S. 16⁰ Wien: Tendler & v. Manstein (1824)
46 Bären. Eine Sammlung von Wiener Anekdoten, aus dem Leben gegriffen und nacherzählt ... 12 H. 16⁰ Wien: Tendler & v. Manstein 1825 - 1832
47 (Hg.) Wische. Zs. (1825)
48 Da Baua bai'n Koasa saina Granghaid. Ein Gemählde in Niederösterreichscher Mundart. 23 S. Wien: Tendler & v. Manstein 1826
49 Gedichte in niederösterreichischer Mundart. 4 Bl., 248 S., 1 Bl. m. Titelku. Wien: Tendler 1828
50 Wiener Lebensbilder. Skizzen aus dem Leben und Treiben in dieser Hauptstadt. 2 Bl., 202 S., 1 Bl. Wien: Tendler 1828
51 (Hg.) Allgemeiner Musikalischer Anzeiger. Jg. 1–12. 12 Bde. Wien: Haslinger 1829–1840
52 Logogryphen-Ungeheuer, oder Vierhundert Räthsel in Einem. Ein Zeitvertreib. 4 Bl., 151 S. u.,,Auflösungen" 11 S., 1 Bl. 16⁰ Wien: Tendler 1829
53 (MV) Festgesang zur glücklichen Entbindung I. K. H. der durchl. Frau Erzherzogin Sophie. Comp. C Kreutzer. Wien: Haslinger (1830)
54 Über die Cholera. 31 S. Wien 1831
55 (Übs.) Haß allen Weibern! Lustspiel in einem Akt. Frei nach dem Franz. d. Bouilly. 48 S. Wien: Wallishausser 1834
56 Gedichte. Einzige, vollständige Sammlung. 6 Bde. Bln: Duncker & Humblot 1835
    (Neuaufl. v. Nr. 33)
57 Ausführliche Beschreibung der Erbhuldigung, welche ... Ferdinand dem Ersten, Kaiser von Österreich ... am 14. Juny 1835 geleistet ward ... 2 Bl., 128 S., 9 Bl. Abb. 4⁰ Wien: Strauß 1837
58 Zu der am 19. Juni 1839 abgehaltenen feierlichen Eröffnung des Hauses, welches der Verein zur Versorgung erwachsener Blinder gekauft und neu gebaut hat ... 2 Bl. 4⁰ Wien: Strauß (1839)
59 Erzählungen von allen Farben. 6 Bdchen. Wien: Tendler & Schaefer 1839–1840
60 Fünfhundert Wiener Anecdoten. 398 S. Wien: Tendler & Schaefer (1840) (Ausz. a. Nr. 46)
61 (Vorw.) Beschreibung der feierlichen Uebergabe der großen goldenen Verdienst-Medaille sammt Kette an Herrn Johann Wilhelm Klein ... am 3. December 1840. 22 S., 1 Bl. 4⁰ Wien: Strauß (1840)
62 Neue Wiener Bären, zusammengetrieben von dem alten Bärentreiber. 10 S. Wien: Tendler & Schaefer 1844
63 Sämmtliche Werke. Vollständige Ausgabe letzter Hand, in strenger Auswahl. 15 Bde. m. Ku. 16⁰ Wien: Pichler 1844–1846
64 (Übs.) Das lebende Porträt. Lustspiel in drei Akten. Wien (Ms.-Dr.) 1846
65 Wörterbuch der Mundart in Oesterreich unter der Enns ... 1 Bl., VII, 281 S. 16⁰ Wien: Tendler 1847
66 Offener Brief über eine unnöthige Furcht. Wien (1848)
67 Gehst denn nit dani von Wagen! Ein wienerisches Sprichwort mit Variationen. 1 Bl. 4⁰ Wien: Grund 1848
68 Lied für die National-Garde. 1 Bl. Wien: Klopf & Eurich 1848
69 Was ist denn jetzt g'schehn in Wien? 2 Bl. 2⁰ Wien 1848
70 Was ich jetzt sein möcht? Populäres Lied in Wiener Mundart. 1 Bl. (Wien 1848)
71 Sämmtliche Werke. Vollständige ... Auswahl. 16 Bdchen. 16⁰ Wien: Mayer 1848
    (Verm. Neuaufl. v. Nr. 63)

72 Wie weit geht denn die neue Freiheit die wir erst kriegt haben? 1 Bl. 4⁰ (Wien:) Tendler (1848)
73 Populäre Erklärung der Verfassungs-Urkunde. 90 S. Wien: Grund 1849
74 Kleines politisches Wörter-Büchlein. 2 Bl., 35 S. 16⁰ Bozen: Eberle 1849
75 Zeitklänge. Sammlung von Gedichten politischer Färbung. Verfaßt vom 13. März 1848 bis Ende Februar 1850. 2 Bl., 100 S., 2 Bl. Wien: Grund 1850
76 Poetischer Anhang zum Conversations-Lexikon für Geist, Witz und Humor. Hg. M. G. Saphir. 15 S. Dresden: Schäfer 1852
77 Orientalische Granaten. XV, 240 S. 16⁰ Dresden: Schäfer 1852
78 (Hg.) Der Thierfreund. Zeitschrift des Thierschutzvereins. Wien: Grund 1852–1853
79 Der 18te Februari 1853, oder: Der junge Bachhueber bai'n Koasa saina Verwundung. Ein Gemälde in niederösterreichischer Mundart. 16 S. Wien: Gerold 1853
80 Zu Haspinger's Fünfzigjähriger Jubelmesse in Salzburg ... 2 Bl. 4⁰ (Wien:) Zaunrith (1855)
81 (Hg.) Oesterreichisch-katholischer Volks-Kalender zur Verbreitung von Religiosität und Vaterlandskenntniß und zum Nutzen der Haus- und Landwirtschaft. Für das Jahr 1855–1856. 2 Bde. 220 S.; 194 S., 1 Bl. Wien: Grund 1855–1856
82 Zuruf an die im September 1856 in Wien versammelten Naturforscher und Ärzte im Namen seiner Mitbürger. 1 Bl. 4⁰ (Wien: K. K. Hof- u. Staatsdruckerei) (1856)
83 (Übs.) Die Hugenotten. Oper in fünf Akten. Musik G. Meyerbeer. Wien: Pichler 1857
84 Marienbads gute und schlimme Seite. Scherz und Wahrheit. 4 Bl. o. O. 1857
85 Die Wohltätigkeit, eine Allegorie. 2 Bl. (Wien:) Pichler 1857
86 Sämmtliche Werke 17.–22. Bdchen.: Vermischte Schriften, N. F. 6 Bde. 1911 S. Wien: Gerold 1858–1859
87 Zur Schiller-Feier gedichtet und bei dem Fest-Mahle am 12. November 1859 vorgetragen v. I. C. 2 Bl. (Wien: K. K. Hof- und Staatsdruckerei) (1859)
88 Zu meinem 80ten Geburtstage am 6. März 1860 ... 2 Bl. (Wien:) Auer 1860
89 Zu meinem 81ten Geburtstage am 6. März 1861. 1 Bl. Wien: Grund (1861)
90 Memoiren meines Lebens. Gefundenes und Empfundenes, Erlebtes und Erstrebtes ... 4 Bde. 1094 S. Wien, Prag: Kober & Markgraf (1–2) bzw. Wien: Markgraf (3–4) 1861
91 Zu meinem 82. Geburtstage am 6. März 1862. 1 Bl. Wien 1862
92 (MV) Die Verschworenen. (Der häusliche Krieg). Oper in einem Aufzug. Musik F. Schubert. 43 S. Wien: Wallishausser 1862
93 (Übs.) Die Schwäbin. Lustspiel in einem Akt. Nach dem Franz. Wien: Wallishausser (= Wiener Theater-Repertoir) 1866

CELAN, Paul (*1920)

1 Der Sand aus den Urnen. Gedichte. 61 S. m. Abb. Wien: Sexl 1948
2 (Übs.) J. Cocteau: Der goldene Vorhang. Brief an die Amerikaner. 53 S. Bad Salzig, Düsseldorf: Rauch 1949
3 Mohn und Gedächtnis. Gedichte. 75 S. Stg.: Dt. Verl.-Anst. 1952
4 Von Schwelle zu Schwelle. Gedichte. 65 S. Stg: Dt. Verl.-Anst. 1955
5 (Übs.) A. Block: Die Zwölf. A. d. Russ. 23 S. Ffm: Fischer 1958
6 (Übs.) A. Rimbaud: Bateau ivre. Das trunkene Schiff. (franz. u. dt.) Übertr. P. C. 11 ungez. Bl. Wiesbaden: Insel 1958
7 (Übs.) J. Bazaine: Notizen zur Malerei der Gegenwart. 60 S., 4 Bl. Abb. Ffm: Fischer 1959
8 (MÜbs.) R. Char: Poésies/Dichtungen. (franz. u. dt.) Hg. J. P. Wilhelm. Vorw. A. Camus. 384 S. Ffm: Fischer 1959
9 (Übs.) O. Mandelstamm: Gedichte. A. d. Russ. 68 S. Ffm: Fischer 1959
10 Sprachgitter. 66 S. Ffm: Fischer 1959
11 (Übs.) P. Valéry: Die junge Parze. A. d. Franz. 34 S. Wiesbaden: Insel 1960

Chamisso, Adalbert von (1781–1838)

1. (MH) Musenalmanach auf das Jahr 1804–1806. Hg. A. v. C. u. K. A. Varnhagen. Jg. 1–3. 3 Bde. VI, 221 S.; 227 S.; 220 S. 12⁰ Lpz: Schmidt (1804) bzw. Bln: Frölich (1805–1806) 1804–1806
2. (Übs.) (Baumann:) De l'administration Prussienne dans les ci-devant provinces polonaises. (Bln) 1808
3. Peter Schlemihl's wundersame Geschichte mitgetheilt von A. v. C. und hg. F. de la Motte Fouqué. XII, 126 S. m. Ku. Nürnberg: Schrag 1814
4. Bemerkungen und Ansichten auf einer Entdeckungs-Reise, unternommen in den Jahren 1815–1818 auf Kosten Sr. Erlaucht des Herrn Reichs-Kanzlers Grafen Romanzoff, auf dem Schiffe Rurick, unter dem Befehle des Lieutenants der Russisch-Kaiserlichen Marine Otto von Kotzebue. (= Bd. 3 v. O. v. Kotzebue: Entdeckungsreise in die Süd-See und nach der Berings-Straße ... 3 Bde.). 240 S. 2 Bl. 4⁰ Weimar: Hoffmann 1821
5. Peter Schlemihl's wundersame Geschichte, mitgetheilt von A. v. C. Zweite mit den Liedern und Balladen des Verfassers vermehrte Ausgabe. XVI, 213 S., 7 Ku. Nürnberg: Schrag 1827
   (Verm. Neuausg. v. Nr. 3)
6. Uebersicht der nutzbarsten und der schädlichsten Gewächse, welche wild oder angebaut in Norddeutschland vorkommen. Nebst Ansichten von der Pflanzenkunde und dem Pflanzenreiche. 528 S. Bln: Dümmler 1827
7. Gedichte. VI, 413 S. 12⁰ Lpz: Weidmann 1831
8. (MH, 1837 Hg.) Deutscher Musenalmanach für das Jahr 1833–1839. Hg. 1833–1836, 1838 A. v. C. u. G. Schwab; 1837 A. v. C.; 1839 A. v. C. u. F. Gaudy. Jg. 4–10.7 Bde. 12⁰ Lpz: Weidmann 1833–1839
9. Werke. 6 Bde. Lpz: Weidmann 1836–1839
10. Ueber die Hawaiische Sprache. 4⁰ Lpz: Weidmann (= Abhandlung der Kgl. Akad. d. Wiss. zu Bln. Phil.-hist. Klasse) 1837
11. (MBearb.) Bérangers Lieder. Auswahl in freier Bearbeitung v. A. v. C. u. F. Gaudy. XIX, 310 S. Lpz: Weidmann 1838
12. Zwei Gedichte (ein altes und ein neues) von A. v. C. Zum Besten der alten Waschfrau. 4 S. Bln: Sittenfeld (1838)
13. Fortunati Glückseckel und Wunschhütlein. Ein Spiel von A. v. C. (1806), aus der Hs. z. ersten Male hg. v. E. F. Koßmann. XXXVI, 68 S. Stg: Göschen (= Dt. Literaturdenkmale d. 18. u. 19. Jh. 54–55) 1895

Chezy, Helmina von
(+Enkelin der Karschin u. a.) (1783–1856)

1. (Hg.) Französische Miscellen. 18 Bde. Tüb: Cotta 1803–1807
2. +(Übs.) F. v. Genlis: Die Herzogin v. Lavallière. 492 S.m. Ku. Ffm: Wilmans 1804
3. Geschichte der schönen und tugendsamen Euryanthe. (= F. Schlegel: Sammlung romantischer Dichtungen des Mittelalters, Bd. 2) Lpz 1804
4. Leben und romantische Dichtungen der Tochter der Karschin. Ffm: Wilmans 1805
5. Leben und Kunst in Paris seit Napoleon dem Ersten. 2 Bde. Weimar: Verl. d. Landes-Industrie-Comptoirs 1805–1806
6. +Gedichte der Enkelin der Karschin. 2 Bde. XX, 120; 128 S. Aschaffenburg: Wailandt 1812
7. Blume in den Lorbeern von Deutschlands Rettern gewunden. Zur Erinnerung des Deklamatoriums. 46 S. Heidelberg: Mohr 1813
8. Gemälde von Heidelberg, Mannheim, Schwetzingen, dem Odenwalde und dem Neckarthale. Ein Wegweiser für Reisende und Freunde dieser Gegenden. XII, 162, 32, 40, 56 S. m. Kt. Heidelberg: Engelmann (1816)
9. Emma. Eine Geschichte. Heidelberg 1817
10. +Neue Auserlesene Schriften der Enkelin der Karschin. Vorw. O. H. v. Loeben. 2 Bde. XXXII, 218; 207 S. Heidelberg: Engelmann 1817

11 (Hg.) Aurikeln. Eine Blumengabe von deutschen Händen. Mit Selbstbiographie. VI, 376 S. 12° Bln: Duncker & Humblot 1818
12 Blumen der Liebe auf den Sarg der früh verklärten Lodoiska Freyin von Oelsen. Dresden 1818
13 (Hg.) Altschottische Romanzen. o. O. 1818
14 (MH) Iduna. Schriften deutscher Frauen gewidmet den Frauen, hg. v. einem Verein deutscher Schriftstellerinnen. 2 Bde. VI, 312 m. Titelb.; VI, 314 S. Chemnitz: Kretschmar 1820
15 Erzählungen und Novellen. 2 Bde. Lpz: Rein 1822
16 (Übs.) Euryanthe von Savoyen. Aus dem Manuscript der K. Bibliothek zu Paris: „Histoire de Gerard de Nevers et de la belle et vertueuse Euryant de Savoye" übertragen. XII, 116 S. m. Ku. Bln: Vereinsbuchh. 1823
17 Esslair in Wien. 24 S. Wien: Wallishausser 1824
18 (MV) Euryanthe. Große romantische Oper in drey Aufzügen. Musik C. M. v. Weber. 47 S. Wien: Wallishausser 1824
19 Stundenblumen. Eine Sammlung von Erzählungen und Novellen. 4 Bde. 12° Wien: Tendler 1824–1827
20 Der Wunderquell. Eine dramatische Kleinigkeit in einem Aufzuge. Wien 1824
21 †Jugendgeschichte, Leben und Ansichten eines papiernen Kragens, von ihm selbst erzählt. Seitenstück zu der Novelle: Die Zeit ist hin, wo Bertha spann. 64 S. m. Ku. 12° Wien: Adolph 1829
22 (MV) Novellenkranz deutscher Dichterinnen. Erster Kranz, aus Beiträgen v. H. v. C., E. v. Hohenhausen, S. May u. H. v. Montenglaut gewunden v. C. Niedmann. Wolfenbüttel 1829
23 Herzenstöne auf Pilgerwegen. Gedichte. XII, 384 S. 12° Sulzbach (:v. Seide) 1833
24 Norika. Neues ausführliches Handbuch für Alpenwanderer und Reisende durch das Hochland in Österreich ob der Enns. Salzburg, die Gastein, die Kammergüter, Lilienfeld, Mariazell, St. Florian und die obere Steyermark. XXII, 1, 278 S. m. Abb. Mchn: Fleischmann 1833
25 Unvergessenes. Denkwürdigkeiten aus dem Leben von Helmina von Chézy. Von ihr selbst erzählt. Hg. H. Borngräber. 2 Bde. 788 S. 12° Lpz: Brockhaus 1858

CHIAVACCI, Vinzenz (1847–1916)

1 Aus dem Kleinleben der Großstadt. Wiener Genrebilder. 1. Bd. 240 S. Wien: Engel (= Bibliothek für Ost und West) 1884
2 Wiener vom Grund. Bilder aus dem Kleinleben der Großstadt. 209 S. Teschen: Prochaska 1887
3 Bei uns z'Haus. Genrebilder aus dem Wiener Leben. 256 S. m. Abb. Teschen: Prochaska 1888
4 Wo die alten Häuser steh'n. Bilder und Humoresken aus dem Wiener Volksleben. 245 S. Teschen: Prochaska 1889
5 (MH) C. Anzengruber: Gesammelte Werke. Hg. A. Bettelheim u. V. C. 10 Bde. Stg: Cotta 1890
6 (MH) J. Nestroy: Gesammelte Werke. Hg. V. C. u. L. Ganghofer. 12 Bde. Stg: Bonz 1890–1891
7 Klein-Bürger von Groß-Wien. Ernstes und Heiteres aus dem Wiener Volks-Leben. 327 S. Stg: Bonz 1893
8 Wiener Typen. Humoristische Bilder aus dem Wiener Leben. 342 S. Stg: Bonz 1894
9 Wiener vom alten Schlag. Heitere und ernste Bilder aus dem Volksleben der Kaiserstadt. 353 S. Stg: Bonz 1895
10 (Hg., ab 1901 MH) Wiener Bilder. Illustriertes Sonntagsblatt. Jg. 1–8, je 52 Nrn. 2° Wien: Bergmann 1896–1903
11 Eine, die's versteht. Lokal-politische Standreden der Frau Sopherl vom Naschmarkt. 248 S. 12° Stg: Bonz 1896
12 Der Weltuntergang. Phantasie aus dem Jahre 1900. 93 S. m. Abb. 12° Stg: Bonz 1897

13 Moloch. 29 S. 12⁰ Wien: Selbstverl. 1898
14 Wiener Bilder. Ernstes und Heiteres aus dem Wiener Volksleben. 208 S. 16⁰ Lpz: Reclam (= Reclam's UB. 4101-4102) 1900
15 Wiener Leut' von gestern und heut'. 162 S. 16⁰ Wien: Mohr 1901
16 Ludwig Ganghofer. Ein Bild seines Lebens und Schaffens. 152 S., 11 Taf. Stg: Bonz 1905
17 Seltsame Reisen des Herrn Adabei und Anderes. 152 S. 16⁰ Wien: Mohr 1908
18 Aus Alt- und Neu-Wien. Skizzen aus dem Wiener Volksleben. 226 S. Stg: Bonz 1910
19 Die Frau Sopherl vom Naschmarkt. Die Weltanschauung einer „Standels-Person". 5, 151 S. 16⁰ Wien: Mohr 1911
20 Aus kleinen Fenstern. Ernste und heitere Skizzen aus dem Wiener Volksleben. 160 S. 16⁰ Wien: Mohr 1914
21 (Hg.) „Wiener Bilder"-Kalender für das Jahr 1915. 12. Jg. 64 S. Wien: Verl. Wiener Bilder 1915
22 Aus der stillen Zeit. Wiener Roman aus den Fünfzigerjahren des vorigen Jahrhunderts. 328 S. Stg: Bonz 1916

CHLUMBERG, Hans von (1897–1930)

1 Wunder um Verdun. Dreizehn Bilder. 121 S. Bln: Fischer 1931

CHRIST, Lena (1881–1920)

1 Erinnerungen einer Überflüssigen. 301 S. Mchn: Langen 1912
2 Lausdirndlgeschichten. 156 S. Mchn, Straßburg: Singer 1913
3 Unsere Bayern anno 14/15. 3 Tle. 120, 124, 105 S. Mchn: Langen (= Langen's Kriegsbücher 1. 7. 15.) 1914–(1915)
4 Mathias Bichler. Roman. 334 S. Mchn.: Langen 1914
5 Die Rumplhanni. Eine Erzählung. 280 S. Mchn: Langen (1916)
6 Bauern. Bayerische Geschichten. 244 S. Lpz: Bücherlese-Verl. (= Die Bücherlese 2) (1919)
7 Madam Bäuerin. Roman. 282 S. Lpz: Bücherlese-Verl. (= Die Bücherlese 7) (1920)
8 Aus meiner Kindheit. 56 S. Mchn: Langen-Müller (= Die kleinen Bücher 102) 1938
  (Ausz. a. Nr. 1)

CHRISTALLER, Helene (1872–1953)

1 Weihnachten in den Bergen. Weihnachtsspiel für zehn Mädchen und acht Knaben für Schulen und Sonntagsschulen. 20 S. 12⁰ Darmstadt: Waitz 1902
2 Frauen. Novellen. 119 S. Jugenheim: Suevia-V. 1904
3 Magda. Geschichte einer Seele. 144 S. m. Abb. Jugenheim, Basel: Reinhardt 1905
4 Meine Waldhäuser. Bilder aus einem Dorfe. 147 S. Heilbronn: Salzer 1906
5 „Wer aber nicht hat . . ." Novelle. 140 S. Jugenheim, Basel: Reinhardt 1906
6 Gottfried Erdmann und seine Frau. Roman. 345 S. Basel: Reinhardt 1907
7 Aus niederen Hütten. Geschichten aus dem Schwarzwald. 161 S. Heilbronn: Salzer 1908
8 Kinder und Helden. Geschichten. 156 S. m. Abb. Lpz: Ungleich 1909
9 Schiffe im Sturm. 164 S. Lpz: Ungleich 1909
10 Das Gotteskind. 180 S. Basel: Reinhardt 1910
11 Junge Helden. Erzählungen aus dem Kinderleben. 29 S. Ffm: Grieser (= Aufwärts! 2) 1910
12 Ruths Ehe. Roman. 388 S. Basel: Reinhardt 1910

13 Wie die Träumenden ... Tagebuchblätter. 211 S. Lpz: Ungleich 1910
14 Heilige Liebe. Eine Geschichte aus Assisis alten Tagen. 372 S. m. Abb. Basel: Reinhardt 1911
15 Lichter im Strom. Erzählungen und Legenden. 198 S. Basel: Reinhardt 1912
16 Die Wege des Willfried Holm. Roman. 410 S. Basel: Reinhardt 1913
17 Von Liebe. Novellen und Skizzen. 258 S. Basel: Reinhardt 1915
18 (MV) H. C., A. Harder, S. C. v. Sell, A. Supper: Stille Opfer. Den deutschen Frauen und Jungfrauen in großer Zeit. 97 S. Hagen: Rippel 1915
19 Wir daheim. 123 S. Hagen: Rippel 1915
20 Der Himmelsbrief. Erzählung. 17 S. Bln: Warneck (= Für Heer und Flotte 2) (1916)
21 Die unsere Hoffnung sind. Ein Buch von jungen Menschen, die den Krieg erlebten. 216 S. Stg: Thienemann (1916)
22 Und Marmorbilder stehn und sehn mich an. Erzählungen. 109 S. Hagen: Rippel (1916)
23 Aus ernster Zeit. Erzählungen. 94 S. Hagen: Rippel 1916
24 Berty, der Schornsteinfegerlehrling. 15 S. Gütersloh: Bertelsmann (= Schneeflocken 106) (1917) (Ausz. a. Nr. 8)
25 Fürchte dich nicht. Eine Erzählung für junge Mädchen. 100 S. m. Abb. Gotha: Perthes (1917)
26 Mutter Maria. Roman. 280 S. Basel: Reinhardt (1917)
27 Das Geheimnis. Novellen. 90 S. Lpz: Ungleich (1918)
28 Drei Schicksale. Novellen. 196 S. Basel: Reinhardt (1918)
29 Die Liebe und der Tod. Novellenkranz. III, 138 S. Gotha: Perthes 1919
30 UnserFreundHannes.16S.Gütersloh: Bertelsmann(=Schneeflocken 120)(1920)
31 Verborgenheit. Roman. 251 S., 1 Taf. Stg: Strecker & Schröder 1922
32 Das Reich des Markus Neander. Roman. 331 S. Basel: Reinhardt (1924)
33 Der Spielmann Gottes. 166 S. Basel: Reinhardt (1925)
34 Aus Assisis großen Tagen. Legenden vom hl. Franziskus. 72 S., 1 Abb. Basel: Reinhardt (1926)
35 Das Tagebuch der Annette. Ein Stück aus dem verborgenen Leben der Annette von Droste-Hülshoff. 286 S., 1 Abb. Basel: Reinhardt 1926
36 Die dankbare Erde und andere Erzählungen. IV, 69 S., 1 Abb. Bielefeld: Velhagen & Klasing (= Velhagen & Klasings Jugendbücherei 33) 1927
37 Als Mutter ein Kind war. Eine Geschichte aus dem Leben. 296 S. m. Abb. u. Taf. Basel: Reinhardt 1927
38 Der Weg ins Leben. Drei Erzählungen. 159 S. Basel: Majer 1927
39 Berufung. Roman. 394 S. Basel: Reinhardt (1928)
40 Geheimnisse des Lebens. Erzählungen und Legenden. 64 S., 1 Abb. Basel: Reinhardt (1928)
41 Das vierblättrige Kleeblatt. Aufzeichnungen eines Kindes. Mit einer Einführung. 158 S. Basel: Majer (1928)
42 Meine erste Reise und andere Erzählungen für die Jugend. 110 S. Basel: Majer 1928
43 Der Ruf des Herzens. Eine Auswahl heimatlicher Erzählungen. 72 S., 1 Abb. Basel: Reinhardt (1928)
44 Im Zeichen des Wassermanns. Die Geschichte einer Jugend. 332 S. Basel: Reinhardt (1929)
45 Von Mutterglück und Kinderfreude. 24 S., 25 Abb. Gießen: Kindt & Bucher 1930
46 Peterchen. Eine Geschichte für Kinderfreunde. 285 S. Basel: Reinhardt (1930)
47 (Übs.) L. Clerici: Märchen vom Lago Maggiore. 112 S. Basel: Reinhardt (= Stab-Bücher) (1931)
48 Kennst du das Land ... ? Eine abenteuerliche Reisegeschichte. 221 S. Reutlingen: Enßlin & Laiblin 1931
49 Der Menschenbruder. 271 S. Basel: Reinhardt 1931
50 Hier darf gebettelt werden. Roman. 308 S. Basel: Reinhardt (1932)
51 Albert Schweitzer. Ein Leben für andere. 46 S. Bln: Acker-Verl. (= Führer und Freunde 1) 1932
52 (Bearb.) J. Spyri: Heidi. 159 S. m. Abb. Hbg: Agentur des Rauhen Hauses (1932)

53 Wenn die Lichter verlöschen. Der Alte. Zwei Erzählungen. 15 S. Hbg: Agentur des Rauhen Hauses (= Zehn neue Weihnachtshefte 7) (1932)
54 Weihnachtsgeschichten. 83 S. Basel: Reinhardt
55 Die Weihnachtspredigt. 15 S. Hannover: Feesche (= Gute Weggesellen 1) (1932)
56 Die Beichte der Königin. Geschichtliche Erzählung. 87 S., 1 Taf. Basel: Reinhardt (1933)
57 Das blaue Haus. Eine Geschichte aus dem Leben. 297 S. Basel: Reinhardt (1934)
  (Bd. 2 zu Nr. 37)
58 (Einl.) Junges Leben. Bilder aus dem Kinderland. Hg. F. Lometsch. 3 Bl., 26 S. Abb. Kassel: Lometsch (1934)
59 Aus Wanderjahren. Ein Zwischenstück in Einzelbildern aus „Das Reich des Markus Neander". 80 S. Gütersloh: Bertelsmann (= Schmuckbuch 15) 1934
  (Ausz. a. Nr. 32)
60 Stephan und Claudia. Geschichte einer Liebe. 290 S. Basel: Reinhardt (1935)
61 Adam geht auf Wanderschaft. Ein Lebenslauf. 276 S. Basel: Reinhardt (1936)
62 Gottes Hammer. Erzählung. 15 S. Hbg: Agentur des Rauhen Hauses (= Für den Feierabend 8) (1936)
63 Aus meinem Leben. 36 S., 12 Abb. Basel: Reinhardt (1937)
64 Die Brücke. Roman. 236 S. Basel: Reinhardt (1938)
65 Meine Mutter. Ein erfülltes Leben. 321 S., 3 Taf. Basel: Reinhardt (1939)
66 „Der Bien schwärmt" und andere Erzählungen. 85 S. Konstanz: Christl. Verl.-Anst. 1940
67 Von großen und kleinen Leuten. Erzählungen. 78 S. Konstanz: Christl. Verl.-Anst. 1940
68 Christine. Eine Lebensgeschichte. 235 S. Basel: Reinhardt (1942)
69 Fenella. Wie der hl. Antonius den Fischen predigte. Aus der Schulzeit. 15 S. Basel: Majer (= Goldregen 5) 1942
70 Was Marie wollte. Die Vogelmamsell. 15 S. Basel: Majer (= Goldregen 6) 1942
71 Kurze Geschichten. 101 S. Basel: Reinhardt (1944)
72 Meine Freundin aus China und andere Erzählungen. 15 S. Gießen: Schmitz (= Sternschnuppen 1, 4) 1947
73 Eine kleine Heldin. Der lebende Stoff. 2 Erzählungen. 14 S. m. Abb. Kassel: Oncken (= Silberstern 5) 1948
74 Die neue Mutter. Eine Weihnachtsgeschichte. 16 S. Möckmühl: Aue-Verl. (1950)
75 Aus einem fröhlichen Pfarrhaus. 14 S. m. Abb. Gütersloh: Rufer-Verl. (= Schneeflocken 49) 1954
  (Ausz. a. Nr. 37)

CHRISTEN, Ada (eig. Christiane von Breden) (1844–1901)

1 Lieder einer Verlorenen. 85 S. Hbg: Hoffmann & Campe 1868
2 Aus der Asche. Neue Gedichte. 87 S. 16° Hbg: Hoffmann & Campe 1870
3 Schatten. Gedichte. 96 S. 16° Hbg: Hoffmann & Campe 1873
4 Vom Wege. Skizzen. 151 S. 16° Hbg: Hoffmann & Campe 1874
5 Aus dem Leben. Skizzen. 198 S. 16° Lpz, Bln: Nicolai 1876
6 Aus der Tiefe. Neue Gedichte. 119 S. 16° Lpz, Bln: Nicolai 1878
7 Unsere Nachbarn. Neue Skizzen. 223 S. Dresden: Minden 1884
8 Jungfer Mutter. Eine Wiener Vorstadtgeschichte. 272 S. Dresden: Minden 1892
9 Ausgewählte Werke. Hg., Einl. W. A. Hammer. 24, 192 S. Teschen: Prochaska (= Deutsch-österreichische Klassiker-Bibliothek 29) 1911

CISEK, Oskar Walter (1897–1966)

1 Die Tatarin. Erzählungen. 259 S. Hbg: Enoch 1929
2 Unbequeme Liebe. Roman. 302 S. Hbg: Enoch 1932

3 Die andere Stimme. Gedichte. 55 S. Dresden: Jeß 1934
4 Der Strom ohne Ende. Roman. 592 S. Bln: Fischer 1937
5 (MV) Das Buch der Erzählungen. 914 S. Bln: Fischer (1938)
6 Vor den Toren. Roman. 401 S. Ffm: Suhrkamp 1950
7 (Übs.) Z. Stancu: Die Blumen der Erde. 189 S. Bukarest: Staatsverl. f. Kunst u. Literatur 1955
8 (MV) Deutsche Erzähler aus der Rumänischen Volksrepublik. 424 S. Bukarest: Verl. f. Fremdsprachige Literatur 1956
9 Am neuen Ufer. Erzählungen. Begleitw. A. Kittner. 279 S., 1 Titelb. Bukarest: Staatsverl. f. Kunst u. Literatur 1956
10 Reisigfeuer. Roman. Buch 1: Crișan. 679 S. Bukarest: Staatsverl. f. Kunst u. Literatur 1960

CLAUDIUS, Eduard (*1911)

1 Grüne Oliven und nackte Berge. Roman. 346 S. Zürich: Steinberg 1945
2 Haß. 84 S. Bln: Verl. Volk und Welt 1947
3 Gewitter. Erzählungen. 102 S. Potsdam: Rütten & Loening 1948
4 Notizen nebenbei. 72 S. Bln: Verl. Kultur und Fortschritt (= Deutsche sehen die Sowjetunion) 1948
5 Salz der Erde. 179 S. Bln: Verl. Volk und Welt 1948
6 Zu Anbeginn. 150 S. Bln: Verl. Volk und Welt 1950
7 Vom schweren Anfang. 211 S. Bln: Verl. Neues Leben 1950
8 Erzählungen. 593 S., 1 Abb. Bln: Verl. Volk und Welt (= Bibliothek fortschrittlicher deutscher Schriftsteller) 1951
9 Menschen an unserer Seite. 398 S. Bln: Verl. Volk und Welt 1951
10 Früchte der harten Zeit. 614 S. Bln: Verl. Tribüne 1953
11 Seemannsgarn, neu gesponnen. Heringsflotte auf großer Fahrt. 90 S. Bln: Aufbau-Verl. 1954
12 (MV) Über unsere Literatur und die jungen Autoren. Diskussionsmaterial zur Vorbereitung des vierten Deutschen Schriftstellerkongresses. Beitr. v. E. C. (u. a.) 44 S. Bln: Dt. Schriftstellerverband (= Beiträge zur deutschen Gegenwartsliteratur 6) (1955)
13 Die Nacht des Käuzchens. 31 S. Bln: Verl. Neues Leben (= Das neue Abenteuer 61) 1955
14 Paradies ohne Seligkeit. 175 S., 16 Bl. Abb. Bln: Aufbau-Verl. 1955
15 Von der Liebe soll man nicht nur sprechen. Roman. 513 S. Bln: Verl. Volk und Welt 1957
16 Ausgewählte Werke. 4 Bde. Bln: Verl. Volk und Welt 1959–1960
(Enth. Nr. 1, 9, 10, 15)

CLAUDIUS, Hermann (*1878)

1 Mank Muern. 104 S. Hbg: Janssen 1912
2 Hörst Du nicht den Eisenschritt. Zeitgedichte. 2 Tle. 31, 30 S. Hbg: Janssen 1914
3 Licht muß wieder werden. Lieder. 48 S. Hbg, Braunschweig: Westermann 1916
4 Menschen! Gesichte und Geschichten hinterm philosophischen Vorhang. 64 S. Hbg, Braunschweig: Westermann 1916
5 Hamborger Kinnerbok. Twee Dutz Rimels. Welk Biller hett min Dochter tekont Ilse Claudius. 34 S. m. Abb. Hbg: Hanf 1920
6 Licht. Ein Sonnenwendspiel. 19 S. m. Abb. Bln: Arbeiterjugend-V. 1920
7 Lieder der Unruh. VI, 60 S., 1 Abb. Hbg: Hanf 1920
8 Sonnenwende. Licht. Ein Sonnenwendspiel. 16 S. Bln: Hauptvorst. d. Verb. d. Arbeiterjugendvereine Deutschlands 1921
9 Brücke in die Zeit. Selbstauswahl aus meinen Zeitgedichten seit 1914. 79 S. Braunschweig: Westermann 1922
10 Krup ünner. Kinnerriemels. 32 S. m. Abb. (Bremen: Schünemann) (1923)

11 Lieder der Unruh. 75 S. Lübeck, Bln: Arbeiterjugend-V. (= Bücherei dt. Arbeiterdichter, Bd. 3) 1923
(Verm. Neuaufl. v. Nr. 7)
12 Das Silberschiff. Die Geschichte einer Sehnsucht. 226 S. Lübeck: Antäus-V. 1923
13 Bodderlicker, sett di! Kinnerriemels. 48 S. m. Abb. Bremen: Nordwestdt. Dürerhaus (= Uns' Modersprak, Bok 4) (1924)
14 Heimkehr. Lieder von Gott, Ehe und Armut. 118 S. Braunschweig: Westermann 1925
15 Stummel. En Vertelln. 104 S. Hbg: Hermes (= Niederdeutsche Bücherei 109) 1925
16 Vörsmack. Oles un Nies. 53 S. Hbg: Quickborn-V. (= Quickborn-Bücher 33) 1926
17 Meister Bertram van Mynden, Maler zu Hamburg. Ein hansisch Tagebuch um 1400 quasi gesetzet. Mit elf Bildwiedergaben des Meisters. 108 S. m. Taf. Hbg: Hanseat. Verl.-Anst. 1927
18 Menschheitswille. Dramatisches Spiel für großen Bewegungs-Sprechchor samt dem Lied um die Erde für Sprechchor. 25 S. Bln: Arbeiterjugend-V. 1927
19 Rumpelstilzchen. Ein Märchenspiel. 8 S. Langensalza: Beltz 1928
20 Der ewige Tor. Neue Gedichte. 96 S. Hbg: Quickborn-V. 1928
21 (MV) Der Vagabund. Ein Sommernachtsspiel. Musik F. Weigmann. 23 S., 2 Abb. Bln: Bloch (= Norddeutsche Laienspiele 8) (1928)
22 „Waterkant". Hoch- und Plattdeutsches. 53 S. Langensalza: Beltz (= Heimaterde 34; = Aus deutschem Schrifttum und deutscher Kultur 180) 1928
23 Seid gegrüßt! Zwei Sprechchorspiele für Jugendweihen „Seid gegrüßt!" und „Kommt!" 15 S. m. Abb. Bln: Arbeiterjugend-V. 1929
24 Speeldeel för Jungs un Deerns. Dree Speelstücken. Bd. 1: För Jungs un Deerns von twölf Johrn an. 48 S. m. Abb. Hbg: Quickborn-V. (= Uns' Modersprak 5) (1930)
25 Meine geliebten Claudius-Gedichte. Ausw. a. d. Versbüchern v. H. C. v. H. Grimm. 106 S. Mchn: Langen-Müller 1933
26 Der Vogel Wunderbar. 46 S. Hbg: Meißner (= Nordmark-Bücherei 7) (1934)
27 Armantje. Geschichten aus meiner Kindheit. 61 S. Mchn: Langen-Müller (= Die kleine Bücherei 38) 1935
28 (Hg.) Das Buch Ehrfurcht oder Auswahl aus den Werken des Wandsbecker Boten Matthias Claudius, besorgt durch H. C. 86 S. Oldenburg: Stalling (= Stalling-Bücherei „Schriften an die Nation" 67–68) 1935
29 Daß dein Herz fest sei. Neue Gedichte. 117 S. Mchn: Langen-Müller 1935
30 (Hg.) O heilig Herz der Völker, o Vaterland! Hymnen v. Hölderlin, Novalis, Nietzsche. 78 S. m. Abb. Ebenhausen: Langewiesche-Brandt (= Die Bücher der Rose) 1935
31 Wie ich den lieben Gott suchte und andere Erzählungen von Armantje. 65 S. Mchn: Langen-Müller (= Die kleine Bücherei 55) 1935
32 Und weiter wachsen Gott und Welt. Neue Gedichte. 63 S. Mchn: Langen-Müller (= Die kleine Bücherei 68) 1936
33 Matthias Claudius. 94 S., 1 Abb. Stg: Cotta (= Die Dichter der Deutschen) 1938
34 (Einf.) M. Claudius: Werke. 2 Bde. 578, 512 S. m. Abb. Dresden: Günther (1938)
35 Jeden Morgen geht die Sonne auf. 131 S., 1 Abb. Mchn: Langen-Müller 1938
36 Mein Vetter Emil und andere Geschichten. 50 S. Mchn: Langen-Müller (= Die kleine Bücherei 93) 1938
37 Wann wir schreiten. Gedichte aus den „Liedern der Unruh" und dem „Ewigen Toren". 129 S. Mchn: Langen-Müller 1939
(Ausz. a. Nr. 11 u. 20)
38 Hamborger Kinnerbok. Lustige Rimels for Grot un Lütt. 64 S. m. Abb. Göttingen: Deuerlich (1940)
(Verm. Neudr. v. Nr. 5)
39 (MH) Was wir dem Vaterunser verdanken. Hg. H. C. u. A. Winnig, 15 S. Bln: Eckart-V. (1940)

40 De Wegg na Hus. 12 S. Hbg: Ellermann (= Das Gedicht. Jg. 6, Folge 4) 1940
41 Zuhause. Neue Gedichte. 172 S. Mchn: Langen-Müller 1940
42 Eschenhuser Elegie. 31 S. Mchn: Langen-Müller 1942
43 Das Silberschiff. Die Geschichte einer Sehnsucht. 225 S. Lpz, Lübeck: Antäus-V. 1942
   (Veränd. Neuaufl. v. Nr. 12)
44 Aldebaran. Sonette. 127 S. Mchn: Langen-Müller 1944
45 (MV) Th. Storm u. H. C.: Sneewittchen. Musik A. Knab. 36 S., 2 Bl. Abb. Potsdam: Voggenreiter (= Das deutsche Märchenspiel 1) 1944
46 Der Garten Lusam. Gedichte. 76 S. Gütersloh: Bertelsmann 1947
47 Nur die Seele. Sieben mal sieben deutsche Gedichte. 77 S. m. Abb. Gütersloh: Bertelsmann 1947
48 (Hg.) Das Lied Sulamit. 43 S. Gütersloh: Bertelsmann 1947
49 (Hg.) M. Claudius: Der Wandsbecker Bote. Eine Auswahl aus sämtlichen Werken des Wandsbecker Boten. 79 S. Schloß Bleckede a. d. Elbe: Meißner 1948
50 Ulenbütteler Idylle. 94 S. Gütersloh: Bertelsmann 1948
51 (Übs.) Der Ackermann und der Tod. Nach des Johannes von Saaz Ackermann aus Böhmen, Anno 1400. 71 S., 3 Abb. Gütersloh: Bertelsmann 1948
52 Das Wolkenbüchlein. 62 S. Gütersloh: Bertelsmann (= Das kleine Buch, N. F. 12) 1948
53 Sünn, Sünn schiene! Vörjahrsdichtung. Tohopbröcht. 15 S. Braunschweig: Meyer (= Von Dichterslüd un Land un Tied) 1949
54 (MV) Gisela. Zum 29. Mai 1950. Armantje. Liebesgedichte. Aus d. Ms. V. H. u. G. C. 9 Bl. Offenbach: Offenbacher Werkkunstschule (= Offenbacher Druck 1) 1950
55 Das Kain-und-Abel-Spiel. 18 S. Kassel, Basel: Bärenreiter-V. (= Bärenreiter-Laienspiel 151) 1951
56 (MÜbs.) R. Frost: Gesammelte Gedichte. Übertr. A. v. Bernus, H. C. (u. a.). 430 S., 1 Abb. Mannheim: Kessler (1952)
57 In meiner Mutter Garten. Gedichte. 67 S. Gütersloh: Bertelsmann (= Das kleine Buch 57) 1953
58 Mein kleines Gedicht. 62 S. Hbg: Dulk 1953
59 (Einl.) Lüneburg. 64 S., 48 Taf. 4° Stg: Verl. Die Schönen Bücher (= Die Schönen Bücher. Reihe D, Bd. 12) 1954
60 Und dennoch Melodie. Neue Sonette. 96 S. Wolfshagen, Scharbeutz Lübecker Bucht): Westphal 1955
61 Das kleine Krippenspiel für die Gemeinde. 20 S. Kassel, Basel: Bärenreiter-V. (= Bärenreiter-Laienspiele 294) 1956
62 Gesammelte Werke in zwei Bänden. Hg., Einl. C. Jenssen. 2 Bde. 255, 255 S. Hbg: Wegner 1957
63 (MV) Mein Lied für die Jugend. Gedichte. In Singweisen seiner Zeitgenossen. Hg. F. Jöde. 61 S. Wolfenbüttel: Möseler 1958
64 Mien Weg na Huus. 47 S., 1 Abb. Hbg-Wellingsbüttel: Verl. d. Fehrs-Gilde 1958
65 Wupp Windvogel. Eine muntere Geschichte für Jungs und Mädels. 78 S. m. Abb. Bochum: Kamp (= Deutsche Gaben, H. 54) (1958)
66 Peter Arp und ich. 56 S. m. Abb. Hbg: Baken-V. 1959
67 Karge reiche Kinderzeit. Geschichten vom Armantje. 76 S. m. Abb. Heilbronn: Salzer (= Salzers Volksbücher 65) 1960
   (Ausz. a. Nr. 27 u. 31)

Claudius, Matthias (+Asmus)   (1740–1815)

1 Ob und wie weit Gott den Tod der Menschen bestimme, bey der Gruft seines geliebtesten Bruders Herrn Josias C. ... 24 S. 4° Jena: Marggraf (1760)
2 *(MV) An unsere Schwester bei ihrer Verbindung mit dem Herrn Pastor Müller, im November 1762. 4 Bl. Lübeck: Fuchs 1762
3 *Tändeleyen und Erzählungen. 64 S. Jena: Marggraf 1763
4 +(Hg.) Der Wandsbecker Bothe. Hbg: Bode 1771–1772

5 +(Hg.) Der Deutsche, sonst Wandsbecker Bothe. Hbg: Bode 1773–1775 (Forts. v. Nr. 4)
 6 *Eine Disputation zwischen den Herren W. und X. und einem Fremden über Herrn Pastor Alberti ‚Anleitung zum Gespräch über die Religion' und über Herrn Pastor Goeze ‚Text am 5ten Sonntage nach Epiphanias' unter Vorsitz des Herrn Lars Hochedeln. 1 Bg., 1 Ku. 4⁰ o. O. 1772
 7 +Wandsbeck, Eine Art von Romanze, von Asmus pro tempore Bote daselbst. Mit einer Zuschrift an den Kaiser von Japan. 1 Bg. o. O. 1773
 8 +Asmus omnia sua secum portans, oder Sämmtliche Werke des Wandsbecker Bothen. 8 Tle. Hbg: Bode (bzw. Bohn oder Perthes) bzw. Breslau: Löwe 1775–1812
 9 *(Übs.) Twiß's Reise nach Spanien und Portugal, übersetzt. Lpz 1776
10 (Hg.) Hessen-Darmstädtische privilegirte Land-Zeitung. 33 Nrn. Darmstadt: Verl. d. Fürstl. Invaliden-Instituts 1777
11 *(Übs.) (J. Terrasson:) Geschichte des egyptischen Königs Sethos. A. d. Franz. 2 Bde. 12 Bl., 464 S.; 494 S. m. Abb. Breslau: Löwe 1777–1778
12 *Ein Lied, nach dem Frieden Anno 1779. 2 Bl. Wandsbeck: Wörmer (1779)
13 +(Übs. Vorw.) Die Reisen des Cyrus eine moralische Geschichte. Nebst einer Abhandlung über die Mythologie und alte Theologie, von dem Ritter von Ramsay Doctor der Universität zu Oxford. A. d. Franz. 445, VIII S. Breslau: Löwe 1780
14 *Ein Lied vom Reiffen d. d. den 7. December 1780. 1/4 Bg. (Wandsbeck:) Wörmer (1780)
15 (Übs.) L. C. de Saint Martin: Irrthümer und Wahrheit, oder Rückweiß für die Menschen auf das allgemeine Principium aller Erkenntniß. A. d. Franz. XVI, 614 S. Breslau: Löwe 1782
16 (MV) Weyhnacht-Cantilene. In Musik gesetzt v. J. F. Reichardt. 8 S. Kopenhagen: Thiele 1784
17 Zwey Recensionen in Sachen der Herren Lessing, M. Mendelssohn, und Jacobi. 29 S. Hbg: Bohn 1786
18 *Wir Wandsbecker an den Cronprinzen den 10ten Julius 1787. 1/4 Bg. o. O. 1787
19 *Der Küster Christen Ahrendt, in der Gegend von Husum, an seinen Pastor, betreffend die Einführung der Speciesmünze in den Herzogthümern Schleswig und Holstein. 20 S. Husum: Küster 1788
20 *Politische Correspondenz zwischen dem Küster Ahrendt und dem Verwalter Olufsen, insonderheit die Kriegssteuer betreffend. 40 S. Kopenhagen: Profti 1789
21 +Auch ein Beytrag über die Neue Politick, hg. Asmus. 74 S. (Hbg 1794)
22 *Von und Mit dem ungenannten Verfasser der ‚Bemerkungen' über des H. O. C. R. und G. S. Callisen Versuch den Werth der Aufklährung unsrer Zeit betreffend. 112 S. Hbg: Wörmer (1796)
23 An Frau Rebecca, bey der silbernen Hochzeit, den 15. März 1797. 4 Bl. Hbg: Meyn 1797
24 +Urians Nachricht von der neuen Aufklärung, nebst einigen andern Kleinigkeiten. Von dem Wandsbecker Bothen. 24 S. Hbg: Perthes 1797
25 *Nachricht von der Neuen Aufklärung. Zweite Pause, die Philosophie betreffend. 1/4 Bg. Hbg: Perthes (1799)
26 *An meinen Sohn H-. 16 S. Hbg: Perthes 1799
27 (Übs.) Anzeige von Fenelon's Werken religiösen Inhalts. A. d. Franz. 1 Bl. 4⁰ Wandsbeck, 24. Juni 1800
28 (Übs.) Fenelon's Werke religiösen Inhalts. A. d. Franz. 3 Bde. XII, 250; XL, 316; XVI, 342 S. Hbg: Perthes 1800–1811
29 Bey der Einweihung unsrer neuen Kirche. 1/4 Bg. Wandsbeck, den 30. November 1800
30 +Einfältiger Hausvater-Bericht über die Christliche Religion an seine Kinder ... Nach der heiligen Schrift. 66 S. Hbg: Perthes 1804
31 *An den Naber mith Radt: ‚Sendschreiben an ... Den Herrn Grafen Friedrich von Reventlau ...' Van enen Holstener. 32 S. o. O. 1805
32 *(Übs.) An den Herrn Nachbar mit Rath: ‚Sendschreiben ...'. Aus dem Plattdeutschen ins Hochdeutsche übersetzt von einem Freunde alter deutscher Art. 16 S. o. O. 1805
 (Hochdt. Übertr. v. Nr. 31)

33 *Schreiben eines Dänen, an seinen Freund. 16 S. Altona, den 17. August 1807
34 Lied, gesungen in Wandsbeck, als in der Gesellschaft an des Königs Geburhtstag für die Armen gesammelt werden sollte. Wandsbeck den 28. Januar 1809
35 Das heilige Abendmahl. 37 S. Hbg: Perthes 1809
36 Predigt eines Laienbruders zu Neujahr 1814. 28 S. Lübeck: Michelsen 1814
37 Die zurückgekehrten Vaterlandskämpfer. (o.O.) 30. Juni 1814
38 Werke. 4 Bde. m. Ku. Hbg: Perthes 1819

Clauren, Heinrich (eig. Karl Gottlieb Heun) (1771–1854)

1 °(MV) Advmbratio qvaestionis an Pyrrhonis doctrina omnis tollatvr virtvs? Qvam ad disceptandvm proponvnt d. III. octobr. MDCCLXXXIX M. Christ. Vict. Kindervater ... et Carol. Theophil. Sam. Hevn Dobrilvcensis. 36 S. 4⁰ Lpz. 1789
2 °De commercio externo et interno Dissertatio. 4⁰ Lpz 1790
3 *Gustav Adolph. Ein Familiengemälde aus zwei Jahrhunderten. Lpz: Beygang 1791
4 °Vertraute Briefe an alle edelgesinnte Jünglinge die auf Universitäten gehen wollen. 2 Bde. Lpz: Heinsius 1792
5 *Carls vaterländische Reisen, in Briefen an Eduard. VIII, 567 S. Lpz 1793
6 °(Hg.) Feldzeitung im preußischen Hauptquartier 1813–1814
7 Kurze Bemerkungen auf langen Berufswegen ... 170 S. Dinkelsbühl 1815
8 Mimili. Eine Erzählung. 2 Bl., 138 S., 1 Bl., 1 Abb. Dresden: Hilscher 1816
9 Lustspiele. 2 Bde. 148, 64; 128, 127 S. Dresden: Arnold 1817
10 Meine Ausflucht in die Welt. Eine Erzählung. 2 Bde. 184, 200 S. Dresden: Hilscher 1817
11 (Hg.) Vergißmeinnicht, ein Taschenbuch für 1818 (–1831. 1832/33. 1834) 16 Bde. 16⁰ Lpz: Leo 1818–1834
12 Erzählungen. 6 Bde. Dresden: Hilscher 1818–1820
13 Scherz und Ernst. 40 Bde. Dresden: Arnold 1818–1828
14 °(Hg.) Allgemeine Preußische Staatszeitung. Bln 1820–1823
15 Das Pfänderspiel. 248 S. Dresden: Arnold 1820
16 Der Liebe reinstes Opfer. 156 S. Dresden: Arnold 1821
 (Ausz. a. Nr. 11, Jg. 1819)
17 Das Schlachtschwert. 146 S. Dresden: Arnold 1821
18 Rangsucht und Wahnglaube ... 184 S. Dresden: Arnold 1821
 (Ausz. a. Nr. 13)
19 Liesli und Elsi, zwei Schweizergeschichten. 163 S. Dresden: Arnold 1821
 (Enth. Ausz. a. Nr. 11, Jg. 1819 u. 1820)
20 Der Vorposten. Schauspiel in fünf Aufzügen. 127 S. Dresden: Arnold 1821
21 Des Lebens Höchstes ist die Liebe. 2 Bde. 184, 190 S. Dresden: Arnold 1822
 (Ausz. a. Nr. 11, Jg. 1820)
22 Das Vogelschießen. Lustspiel in fünf Aufzügen. 168 S. Dresden: Arnold 1822
23 Der Bräutigam aus Mexico. Schauspiel in fünf Abtheilungen. 271 S. Dresden: Arnold 1824
24 Der Sylvesterabend und der Doppelschuß. Zwei Erzählungen. Dresden: Hilscher 1825
25 Der Wollmarkt, oder das Hôtel de Wibourg. Lustspiel in vier Aufzügen. 160 S. Dresden, Lpz: Arnold 1826
26 °Sämmtliche Werke. 25 Bde. Cannstatt: Rupp 1826–1829
27 Schriften 80 Bde. Stg: Macklot 1827–1829
28 Ernst und Scherz. 1. Bändchen. 276 S. Bln: Hayn 1834
 (Forts. z. Nr. 13; Ausz. a. Nr. 11, Jg. 1829)
29 Gesammelte Schriften. 25 Bde. 4 642 S. Lpz: Arnold 1851

Colerus (von Geldern), Egmont (1888–1939)

1 Antarktis. Roman. 346 S. Wien: Rikola-V. 1920
2 Sodom. Roman. 287 S. Wien: Rikola-V. 1920

3 Der dritte Weg. Roman. 385 S. Lpz („Wien: Rikola-V.) 1921
4 Weiße Magier. Roman. 453 S. Wien: Rikola-V. 1922
5 Pythagoras. Roman. 544 S. Wien: Zsolnay 1924
6 Zwei Welten. Ein Marco-Polo-Roman. 708 S. Wien: Zsolnay 1926
7 Politik. Drama in sechs Bildern. 181 S. Wien: Zsolnay 1927
8 Die neue Rasse. Roman. 378 S. Wien: Zsolnay 1928
9 Kaufherr und Krämer. Roman. 430 S. Wien: Zsolnay 1929
10 Tiberius auf Capri. Novelle. 197 S. Wien: Speidel (1929)
11 Weiße Magier. Roman. Umarbeitung. Einl. M. Brod. 335 S., 1 Abb. Graz „Das Bergland-Buch" Deutsche Vereins-Druckerei (= Das Bergland-Buch) (1930)
   (Veränd. Neuausg. v. Nr. 4)
12 Matthias Werner oder die Zeitkrankheit. Roman. 531 S. Wien: Zsolnay 1932
13 Vom Einmaleins zum Integral. Mathematik für Jedermann. 403 S. m. Fig. Wien: Zsolnay 1934
14 Leibniz. Lebensroman eines weltumspannenden Geistes. 626 S., 1 Abb. Wien: Zsolnay 1934
15 Marco Polo. Der Roman zweier Welten. 707 S. Wien: Zsolnay 1935
   (Neuausg. v. Nr. 6)
16 Vom Punkt zur vierten Dimension. Geometrie für Jedermann. 444 S. m. Fig. Wien: Zsolnay 1935
17 Geheimnis um Casanova. Novelle. 211 S. Wien: Zsolnay 1936
18 Von Pythagoras bis Hilbert. Epochen der Mathematik und ihre Baumeister. Geschichte der Mathematik für Jedermann. 362 S. Wien: Zsolnay 1937
19 Archimedes in Alexandrien. Erzählung. 196 S. Wien: Zsolnay 1939

COLLIN, Heinrich Joseph von (1772–1811)

1 Scheinverbrechen. Ein Schauspiel in fünf Aufzügen. Für das k.k. National-Hoftheater. 99 S. Wien: Wallishausser 1794
2 Regulus. Eine Tragödie in fünf Aufzügen. 184 S., 1 Taf. Bln: Unger 1802
3 Coriolan. Ein Trauerspiel in fünf Aufzügen. 148 S. Bln: Unger 1804
4 Polyxena. Ein Trauerspiel in fünf Abtheilungen. 158 S. Bln: Unger 1804
5 Balboa. Ein Trauerspiel in fünf Aufzügen. 131 S. Bln: Unger 1806
6 Künstler-Entzückung. Eine Ode. 1 Bl., 12 S. 2° Wien (o. Verl.) 1807
7 Bianca della Porta. Ein Trauerspiel in fünf Aufzügen. 150 S. Bln: Unger 1808
8 Lieder Oesterreichischer Wehrmänner. Erste Abtheilung. 32 S. Wien: Strauß 1809
9 Mäon. Ein Trauerspiel in fünf Aufzügen. 136 S. Bln: Unger (1808)
10 (Übs.) A. W. Schlegel: Vergleichung der Phädra des Racine mit der des Euripides. Uebersetzt, und mit Anmerkungen und einem Anhange begleitet v. H. J. v. C. XVI, 192 S. Wien: Pichler 1808
11 (MV) Die Befreyung von Jerusalem. Oratorium, gedichtet v. H. J. u. M. C. v. C. Musik M. Stadler. 36 S. Wien: Strauß (1812)
12 Gedichte. 4 Bl., 288 S. Wien: Strauß 1812
13 Sämmtliche Werke. Hg. m. Biographie M. C. v. C. 6 Bde. Wien: Strauß 1812–1814
14 Trauerspiele. 3 Bde. Bln: Herbig 1828

COLLIN, Matthäus Casimir von (1779–1824)

1 Belas Krieg mit dem Vater. Ein historisches Schauspiel. 136 S. Tüb: Cotta 1808
2 (MV) Die Befreyung von Jerusalem. Oratorium, gedichtet v. H. J. u. M. C. v. C. Musik M. Stadler. 36 S. Wien: Strauß (1812)
3 (Hg.) H. J. v. C.: Sämmtliche Werke. Hg. m. Biographie M. C. v. C. 6 Bde. Wien: Strauß 1812–1814
4 Dramatische Dichtungen. 4 Bde., 4 Ku. Pest: Hartleben 1813–1817

5 (MV) Die Rückkehr. Ein musikalisches Schauspiel. Musik J. F. Mosel. 16 S. Wien: Strauß 1814
6 (Hg.) Wiener allgemeine Litteratur-Zeitung. Wien: Camesina 1813–1816
7 Cyrus und Astyages. Oper in drei Aufzügen nach Metastasio. 48 S. Wien: Wallishausser 1818
8 (Hg.) Wiener Jahrbücher der Litteratur. Wien: Gerold 1818ff.
9 Nachgelassene Gedichte. Ausgewählt und mit einem biographischen Vorworte begleitet v. J. v. Hammer. 2 Bde. Wien: Gerold 1827

CONRAD, Michael Georg (1846–1927)

1 Erziehung des Volkes zur Freiheit. Eine Serie sozial-pädagogischer Briefe zur Aufklärung und Mahnung für das Volk und seine Freunde. 66 S. Lpz: Findel 1870
2 Zur Volksbildungsfrage im deutschen Reich. 48 S. Nürnberg: Korn 1871
3 Pestalozzi. Rede. 21 S. Lpz: Findel 1873
4 Humanitas! Kritische Betrachtungen über Christenthum, Wunder und Kernlied. 128 S. Zürich: Verl.-Mag. 1875
5 Die Loge im Kulturkampf. Kritische Analyse der Étude sur la Franc-Maçonnerie des Bischofs von Orleans. 46 S. Zürich: Verl.-Mag. 1875
6 Vom Reißbrett. Freimaurerische Ansprachen und Skizzen. 64 S. Zürich: Verl.-Mag. 1875
7 „Mehr Licht". Kritische Betrachtungen über die Freimaurerei. 32 S. Zürich: Verl.-Mag. 1877
8 Spanisches und Römisches. Kritische Plaudereien über Don Emilio Castelar, Pio Nono, den vaticanischen Gott, und andere curiose Zeitgenossen. 256 S. Breslau: Schottländer 1877
9 (Übs., Einl.) Die religiöse Krisis. Ein atheistischer Versuch. A. d. Ital. übs., eingel. u. glossiert M. G. C. 228 S. Breslau: Schottländer 1878
10 Die letzten Päpste. Ketzerbriefe aus Rom. 182 S. Breslau: Schottländer 1878
11 Die clericale Schilderhebung. Aus italienisch-deutschen Gesichtspunkten betrachtet. 190 S. Breslau: Schottländer 1878
12 Die Musik im heutigen Italien. 75 S. Breslau: Schottländer 1879
13 Pariser Kirchenlichter. Dydon. Loyson. Skizzen. 48 S. Zürich: Verl.-Mag. 1880
14 Parisiana. Plaudereien über die neueste Literatur nnd Kunst der Franzosen. Bd. 1. 356 S. Breslau: Schottländer 1880
15 Französische Charakterköpfe. Serie 2. Studien nach der Natur. 206 S. Lpz: Reißner 1881
16 Flammen! Für freie Geister. 290 S. Lpz: Friedrich 1882
17 Madame Lutetia! Neue Pariser Studien. 465 S. Lpz: Friedrich 1883
18 Lutetias Töchter. Pariser-deutsche Liebesgeschichten. 313 S. Lpz: Friedrich 1883
19 Die Freimaurer! Neue Beiträge zur Kritik des Logenlebens, seiner Freunde und Feinde. 191 S. Mchn: Heinrichs 1885
20 (Hg., später MH) Die Gesellschaft. Realistische Wochenschrift für Litteratur, Kunst und öffentliches Leben. Jg. 1–17. Mchn: Franz 1885–1901
21 Totentanz der Liebe. Münchener Novellen. 363 S. Lpz: Friedrich 1885
22 (Hg.) M. Schleich: Der Einsiedler. Nachgelassener humoristischer Roman. 314 S. Mchn: Franz 1886
23 (MV) M. G. C. u. L. Willfried: Die Emanzipirten. Lustspiel. 174 S. Lpz:. Friedrich 1888
24 (Hg.) C. v. Gagern: Schwert und Kelle. Aus dem Nachlasse des Verfassers. 215 S. Lpz: Friedrich 1888
25 Was die Isar rauscht. Münchener Roman. 2 Bde. 787 S. Lpz: Friedrich 1888
26 Fantasio. Geschichten und Lebensbilder. 329 S. Lpz: Friedrich 1889
27 (MV) M. G. C. u. L. Willfried: Firma Goldberg. Schauspiel. 110 S. Lpz: Friedrich 1889
28 Die klugen Jungfrauen. Roman in drei Bänden. 832 S. Lpz: Friedrich 1889
29 Pumpanella. Ein Buch für geistreiche Leute, die abseits gehen. 251 S. Lpz: Friedrich 1889

30 Gelüftete Masken. Allerlei Charakterköpfe. 312 S. Lpz: Friedrich 1890
31 Deutsche Weckrufe. 178 S. Lpz: Friedrich 1890
32 Erlösung. Drei Novellen. 186 S. Lpz, Bln: Steinitz 1891
33 (Hg.) Münchener Flugschriften. Serie 1. 8 Bdchen. Mchn: Poessl 1891
34 Die Moderne. Vortrag. 15 S. Mchn: Poessl (= Münchener Flugschriften I, 1) 1891
35 Das Recht, der Staat, die Moderne. Vortrag. 16 S. Mchn: Poessl (= Münchener Flugschriften I, 7) 1891
36 Ketzerblut. Sozialpolitische Stimmungen und kritische Abschlüsse. 273 S. Mchn: Poessl 1892
37 Die Beichte des Narren. (= Was die Isar rauscht. Münchener Roman-Cyklus, Bd. 3) 368 S. Lpz, Bln: Steinitz 1893 (Forts. z. Nr. 25)
38 Bergfeuer. Evangelische Erzählungen. Reihe 1. 103 S. Mchn, Bln: Schuster 1893
39 Raubzeug. Novellen und Lebensbilder. 223 S. Lpz, Bln: Steinitz 1893
40 Die Sozialdemokratie und die Moderne. Münchener Flugschrift. 37 S. Mchn: Votsch 1893
41 (Hg., Einl.) Zur Wiedergeburt der Kulturmenschheit. Zwei preisgekrönte Arbeiten. (– H. Solger: Was ist zur Verbesserung unserer Rasse zu thun? – M. Seiling: Die Regeneration des Menschengeschlechts) 44 S. Mchn, Bamberg: Handelsdr. 1893
42 Wahl-Fahrten. Erinnerungen aus meiner Reichstags-Kandidatenzeit. 64 S., 1 Abb. Mchn, Bln: Schuster 1894
43 In purpurner Finsterniß. Roman-Improvisation aus dem dreißigsten Jahrhundert. 359 S. Bln: Storm (= Veröffentlichungen des Vereins für freies Schriftthum 6) 1895
44 (MV) O. Panizza: Meine Verteidigung in Sachen „Das Liebeskonzil". Nebst dem Sachverständigen-Gutachten v. M. G. C. und dem Urteil des Königl. Landgerichts München I. 38 S. Zürich: Verl.-Mag. 1895
45 (MV) L. Quidde u. M. G. C.: Wetterleuchten der Reaction. Zwei Betrachtungen über die Umsturzvorlage. Mit einem Bericht über die Münchener Volksversammlung vom 4. Januar 1895. 52 S. Mchn: Staegmeyr 1895
46 Der Übermensch in der Politik. Betrachtungen über die Reichs-Zustände am Ausgange des Jahrhunderts. 84 S. Stg: Lutz 1895
47 Wirtschaftliche Kämpfe um höhere Kultur! Zeit- und Reichsbetrachtung. 31 S. Bamberg: Handelsdr. u. Verlh. 1897
48 Salve Regina. Lyrischer Cyklus. 160 S. Bln: Schuster & Loeffler 1899
49 Majestät. Ein Königsroman. 2 Tle. in 1 Bde. 227 S. Bln: Janke 1902
50 Von Emile Zola bis Gerhart Hauptmann. 154 S. Lpz, Bln: Seemann 1902
51 Der Herrgott am Grenzstein. Fränkischer Dorfroman. 2 Tle. in 1 Bde. 216, 220 S. Bln: Janke 1904
52 Pariser Liebesgeschichten. 190 S. Bln: Steinitz 1905 (Neuaufl. v. Nr. 18)
53 Wagners Geist und Kunst in Bayreuth. 99 S. Mchn: Bonsels 1906
54 Emile Zola. 100 S. m. Taf., 2 Faks. Bln: Brandus (= Die Literatur 28) 1906
55 (Hg.) H. Conradi: Liebes-Beichte. Zwölf Briefe und zwei Postkarten an Margarete Halm. 51 S., 2 Abb. Eisenach: Jacobi 1909
56 Bismarck der Künstler. 27 S. Lpz: Eckardt (= Wertung. Schriften des Werdandibundes 1) 1910
57 (Hg.) Deutsches Literatur-Blatt. Monatsschrift. 3 Jge. zu 12 Nrn., je 16 S. Würzburg: Memminger 1911–1913
58 Am hohen Mittag. Stimmen aus dem Lebenstraum. 84 S., 1 Abb. Mchn: Müller & Fröhlich 1916
59 Die goldene Schmiede. Rotes Blut. Zwei Geschichten. Einl. E. Luther. 112 S., 1 Abb. Lpz: Reclam (= Reclam's UB. 5850) (1916)
60 Der Protestantismus in Bayern. Erinnerungen und Gedanken zur vierhundertjährigen Jubelfeier der Reformation. II, 76 S. Mchn: Müller & Fröhlich (= Deutsch-evangelische Friedensschriften 1) 1917
61 Rettende Politik. Aufgaben eines Volksbunds für evangelisch-kirchliches Leben im deutschen Volksstaat. 77 S. Mchn: Müller & Fröhlich (= Deutsch-evangelische Friedensschriften 2) 1919

62 Deutsches Blut in Paris. Roman der ewigen Täuschung in kurzweiligen Geschichten aus den achtziger Jahren des vorigen Jahrhunderts 239 S. Würzburg: R. Pfeiffers Deutscher Verl. 1921
63 (Einl.) F. Hass: Bildermappe. 4 S., 7 Taf. 2⁰ Mchn: Barth (1922)
64 Franziska Hager. Ein Lebensbild der Frau und Künstlerin. 99 S., 2 Taf. Mchn: Kellerer 1924

CONRADI, Hermann (1862–1890)

1 (Einl.) W. Arent: Moderne Dichter-Charaktere. Mit Einleitungen v. H. C. u. K. Henckell. 320 S. Bln: Kamlah 1885
2 (Einl.) W. Arent: Aus tiefster Seele. 126 S. Bln: Kamlah 1885
3 (Hg.) D. Leßmann: Wanderbuch eines Schwermüthigen. Neu hg. H. C. 403 S. Bln: Nauck 1885
4 Brutalitäten. Skizzen und Studien. 88 S. Zürich: Verl.-Mag. 1886
5 (MH) Faschings-Brevier für 1886. Hg. J. Bohne u. H. C. 150 S. Zürich: Verl.-Mag. 1886
6 Lieder eines Sünders. 150 S. Lpz: Friedrich 1887
7 Phrasen. Roman. 378 S. Lpz: Friedrich 1887
8 Adam Mensch. Roman. 378 S. Lpz: Friedrich 1889
9 Wilhelm II. und die junge Generation. Eine zeitpsychologische Betrachtung. 82 S. Lpz: Friedrich 1889
10 Friedrich Hebbel in seinen Tagebüchern. Hg., eingel. C. F. Schulz-Euler. 36 S. Ffm: Schulz 1908
11 Gesammelte Schriften. Hg. P. Ssymank u. G. W. Peters. 3 Bde. 254, 255; 13, 471; 10, 484 S., 1 Abb., 1 Faks. Mchn: Müller 1911

(Salice-) CONTESSA, Christian Jacob (1767–1825)

1 Das Grabmahl der Freundschaft und Liebe. Ein Roman. Breslau, Hirschberg 1792
2 Hermann von Hartenstein. Scenen aus dem Mittelalter. 1 Bl., IV, 159 S. Breslau, Lpz: Korn 1793
3 Dramatische Scenen und historisch-romantische Gemälde. Breslau 1794
4 Hedwig von Wolfstein. Trauerspiel in fünf Akten. Breslau, Lpz: Somma 1794
 (Ausz. a. Nr. 3)
5 Almanzor. Novelle. Lpz: Gleditsch 1808
6 Alfred. Historisches Schauspiel in fünf Aufzügen. Hirschberg: Thomas 1809
7 (MV) C. J. u. Karl Wilhelm Contessa: Dramatische Spiele und Erzählungen. 2 Bde. Hirschberg: Thomas 1812–1814
8 Des Dichters Ahnungen und Die Leipziger Völkerschlacht. Zwei Gedichte. Hirschberg: Nesener 1815
9 (MV) Karl Wilhelm Contessa: Das Bild der Mutter. – C. J. C.: Das blonde Kind. Zwei Erzählungen. 270 S. Bln: Realschulbuchh. 1818
10 Drei Erzählungen. 195 S. Ffm: Brönner 1823
11 Der Freiherr und sein Neffe. 256 S. Breslau: Max 1824
12 Gedichte aus dem Nachlaß. Hg. W. L. Schmidt. Hirschberg: Krahn 1826

(Salice-) CONTESSA, Karl Wilhelm (1777–1825)

1 Das Räthsel und Der unterbrochene Schwätzer. Zwei Lustspiele. Bln: Reimer 1808
2 Der Fündling, oder die moderne Kunstapotheose. Lustspiel in zwei Aufzügen und Der Talismann, eine Kleinigkeit. Fortsetzung des Räthsels. 16⁰ Bln: Reimer 1810
3 (MH) Maculatur, oder Zeitung für Narren und ihre Freunde. (Hg. Sessa, Müchler u. C.) Erstes Heft. 7 Bg. 4⁰ Breslau: Max 1811

4 (MV) Christian Jacob Contessa u. K. W. C.: Dramatische Spiele und Erzählungen. 2 Bde. Hirschberg: Thomas 1812–1814
5 Zwei Erzählungen. 223 S. Bln: Dümmler 1815
6 (MV) V. C., de la Motte Fouqué u. E. T. A. Hoffmann: Kinder-Mährchen. 2 Bde. Bln: Reimer 1816–1817
7 (Hg.) E. v. Houwald: Romantische Akkorde. Bln 1817
8 (MV) Das Bild der Mutter (– C. J. C.: Das blonde Kind). Zwei Erzählungen. Bln: Reimer 1818
9 Erzählungen. 2 Bde. Dresden: Arnold 1819
10 Sämmtliche Schriften. Hg. E. v. Houwald. 9 Bde. Lpz: Göschen 1826

Conz, Karl Philipp (1762–1827)

1 Conradin von Schwaben. Drama in fünf Akten. 148 S. Ffm, Lpz (o. Verl.) 1782
2 Seinem lieben theuren Freunde, M. Carl Friedrich Reinhardt, zum Abschied. 4 ungez. Bl. Tüb: Sigmund 1783
3 *(MÜbs.) K. v. Reinhardt: Albius Tibullus. Nebst einer Probe aus dem Properz und den (v. C. übs.) Kriegsliedern des Tyrtaeus. In der Versart der Urschrift übs. Mit einem Anhang von eigenen Elegien. Zürich: Orell, Gessner, Füssli 1783
4 *(MV) (K. v. Reinhardt u. K. P. C.:) Episteln. K. F. Göckingk u. K. Schmidt gewidmet. VI, 218 S. Zürich: Orell, Gessner, Füssli 1785
5 *Schildereien aus Griechenland. 182 S. Reutlingen: Fleischhauer 1785
6 (Hg.) Beyträge für Philosophie, Geschmack und Litteratur. Reutlingen 1786
7 *Ueber den Geist und die Geschichte des Ritterwesens älterer Zeit. Vorzüglich in Rücksicht auf Deutschland. 144 S. Gotha: Ettinger 1786
8 Moses Mendelssohn, der Weise und der Mensch. Ein lyrisch-didaktisches Gedicht in vier Gesängen. 85 S. Stg: Metzler 1787
9 Nicodem Frischlin der unglückliche Wirtembergische Gelehrte und Dichter. 68 S. Ffm, Lpz 1791
10 *Schicksale der Seelenwanderungshypothese unter verschiedenen Völkern und in verschiedenen Zeiten. 169 S. Königsberg: Nicolovius 1791
11 (Übs.) Seneca: Ueber das glückliche Leben, von der Kürze des Lebens und von der Muße des Weisen. 194 S. Stg 1791
12 Gedichte. Erste Sammlung. 7 Bl., 284 S. Tüb: Balz 1792
13 (Übs.) Seneca an Helvia und Marzia. XII, 251 S. Tüb: Heerbrandt 1792
14 Analekten oder Blumen, Phantasien und Gemälde aus Griechenland. 243 S. Lpz: Kummer 1793
15 Abhandlungen für die Geschichte und das Eigenthümliche der späteren stoischen Philosophie. Tüb: Osiander 1794
16 (Hg.) Museum für die griechische und römische Litteratur. 3 Stücke. 181 S., 1 Bl.; 200 S., 2 Bl.; 132 S. Zürich, Lpz: Ziegler 1794–1795
17 Timoleons Rückkehr nach Korinth. Ein dramatisches Gedicht. 38 S. Ludwigsburg: Cotta 1801
18 Morgenländische Apologen, oder Lehrweisheit Jesu in Parabeln und Sentenzen. XCII, 262 S. Heilbronn: Weisert 1803
19 Nachrichten von dem Leben und den Schriften R. Weckherlins. Ein Beytrag zur Literaturgeschichte des siebzehnten Jahrhunderts. VIII, 176 S. Ludwigsburg: Cotta 1803
20 (Übs.) Die Stufen des Menschen. Ein Gemälde aus dem Lucrez V. B. von 923 bis 1456. 32 S. Tüb: Hopffer 1805
21 (Übs.) Aristophanes: Plutos. Eine Komödie, metrisch verdeutscht und mit Anmerkungen begleitet. 2 Bl., 139, 1 S. Tüb: Heerbrandt 1807
22 Poesien. Ffm 1809
23 (Übs.) Aeschylos: Agamemnon. Ein Trauerspiel. In der Versart der Urschrift verdeutscht. IX, 109 S. Tüb: Osiander 1815
24 (Übs.) Aeschylos: Die Eumeniden. XIV, 120 S. Tüb: Osiander 1816
25 Worte der Weihe. Öffentlich gesprochen am dritten Jubelfeste der Reformation. 34 S., 1 Bl. Tüb: Osiander 1817
26 Biblische Gemählde und Gedichte. XVI, 318 S. m. Ku. Ffm: Hermann 1818

27 Laudatio Wielandii. Oratio. VI, 72 S. Tüb: Laupp 1818
28 Gedächtnißrede auf den Tod der Königin Katharina von Württemberg, gehalten den 7. März. 31 S. Tüb: Laupp 1819
29 (Übs.) Aeschylos: Die Schutzflehenden. XLX, 106 S. Tüb: Laupp 1820
30 Kleinere prosaische Schriften vermischten Inhalts. 2 Bde. VIII, 276; X, 346 S. Tüb: Laupp 1821
31 (Übs.) Aristophanes: Vespae. Comoedia. VIII, 256 S. Tüb: Laupp 1824
32 Gedichte. Neueste Sammlung. X, 390 S. Ulm: Stettin 1824
33 (Übs.) Racine: Britannicus. Ein Trauerspiel. Metrisch verdeutscht. VII, 143 S. Tüb: Osiander 1825
34 Kleine prosaische Schriften oder Miscellen für Literatur und Geschichte. Neue Sammlung. IV, 441 S. Ulm: Stettin 1825

CORRINTH, Curt (1894–1960)

1 Tat, Tod, Liebe. Gedichte aus dem Krieg. 44 S. Lpz: Xenien-Verl. (1915)
2 Troubadour auf Feldwacht. 32 S. Jena: Diederichs 1917
3 Der König von Trinador. Ein Menschenspiel. 126 S. Bln: Oesterheld (= Dramatische Bibliothek, Unsere Jüngsten, Bd. 2) 1918
4 Auferstehung. Roman. 278 S. Bln: Oesterheld 1919
5 Das große Gebet. Neue Gedichte. 62 S. 4° Bln: Oesterheld 1919
6 Potsdamer Platz oder Die Nächte des neuen Messias. Ekstatische Visionen. 90 S. Mchn: Müller (= Bücher der Zeit) 1919
7 Trieb. Ein Roman. 125 S. Mchn: Müller (= Bücher der Zeit) 1919
8 Bordell. Ein infernalischer Roman in fünf Sprüngen. 250 S. Bln: Kronos (1920)
9 Die Leichenschändung. Ein Buch vom wollüstigen Tod. 16 S. Bln: Meyer (1920)
10 Liljol. Die Geschichte vom Unverwundbaren. 216 S. Bln: Voegel 1921
11 Mo Marova. Ein Legendenbuch aus dem Jahr 2020. 96 S. m. Abb. 4° Wien: Strache 1921
12 Mord. Ein Roman. 165 S. Wien: Strache 1922
13 Gift. Roman. 32 S. 4° Bln: Budeju 1923
14 Grauen. Ein Pariser Roman. 170 S. Bln: Werk-V. 1926
15 Hellmann der Führer. 318 S. Lpz: Payne 1934
16 Die Schicksalsmelodie. Roman. 351 S. Salzburg: „Das Bergland-Buch" (= Das Bergland-Buch) 1938
17 Das Zimmer der Vergangenheit. 40 S. Bln: Aufwärts-V. (= Jede Woche ein Roman!, 361) (1939)
18 Die unheimliche Wandlung des Alex Roscher. Kriminalroman. 247 S. Bln: Dt. Verl. (= Uhlenbücher 186) 1941
19 Bande des Blutes. Roman. 96 S. Bln: Aufwärts-V. (= Der Dreißig-Pfennig-Roman 295) (1943)
20 Der Schatzgräber von Troja. Triumph und Lebenshöhe des deutschen Forschers Heinrich Schliemann. 32 S. m. Abb. Bln: Steiniger (= Erlebnis-Bücherei 95) (1943)
21 Die Sache mit Päker. Roman. 263 S. Bln: „Junges Leben" 1956
22 Die Getreuen von Berneburg. Roman. 322 S. Bln: „Die Nation" 1957

CORRODI, August (1826–1885)

1 Ferientage auf Onkels Schloß. 142 S., 4 Abb. Glogau: Flemming 1853
2 Lieder. 236 S. 16° Kassel, Ffm: Goar 1853
3 Ein Buch ohne Titel, aber für Kinder von sieben bis siebenmal sieben Jahren. 175 S. 16° St. Gallen: Scheitlin 1855
4 Dur und Moll. Aus Natur und Leben. 158 S. 16° St. Gallen: Scheitlin 1855
5 Für mein kleines Völklein. 138 S. Stg: Schmidt 1856
6 Waldleben. 289 S. 32° St. Gallen: Scheitlin 1856
7 Reisebriefe aus der Schweiz und Mailand. 223 S. Luzern: Gebhardt 1857

8 Sommerblumen für die Winterzeit. 84 S., 7 Abb. 16⁰ Stg: Nitzschke 1857
9 Sonne und Wolken. 84 S., 7 Abb. 16⁰ Stg: Nitzschke 1857
10 Aus jungen Tagen. 134 S. Stg: Schmidt 1857
11 Aus Wald und Feld. 147 S., 8 Abb. Stg: Schmidt 1858
12 Dorfgeschichten für die Jugend. 83 S., 6 Abb. 16⁰ Stg: Nitzschke 1858
13 Feldblumen. Erzählungen. 95 S., 6 Abb. 16⁰ Stg: Nitzschke 1858
14 De Herr Professer. Idyll usem Züripiet. 212 S. 16⁰ Winterthur: Steiner 1858
15 De Herr Vikari. Winteridyll usem Züripiet. 207 S. 16⁰ Winterthur: Steiner 1858
16 Für die Kinder. Erzählungen und Märchen. 118 S., 5 Abb. 16⁰ Stg: Nitzschke 1859
17 Ernste Absichten. Ein Frühlingsbuch. 185 S. Winterthur: Steiner 1860
18 De Herr Dokter. Herbstidyll usem Züripiet. 311 S. 16⁰ Winterthur: Steiner 1860
19 Deutsche Kindersprüche mit Bildern. 11 Bl. m. Abb. Stg: Schmidt 1860
20 Schloß Waldegg und seine Bewohner. 126 S., 8 Abb. Stg: Schmidt 1860
21 Deutsche Reime und Räthsel. 36 Bl. 4⁰ Stg: Nitzschke 1861
22 (Hg.) W. Shakespeare: Lebensweisheit aus seinen Werken. 145 S. 16⁰ Winterthur: Steiner 1864
23 Geschichtenbuch für Kinder. 44 S., 12 Abb. quer 4⁰ Stg: Nitzschke 1865
24 (Übs.) R. Burns: Lieder. In das Schweizerdeutsche übertr. A. C. 103 S. 16⁰ Winterthur: Bleuler 1870
25 Blühendes Leben. Roman. 408 S. Bern: Haller 1870
26 De Herr Dokter. Familienbild. 114 S. 16⁰ Winterthur: Steiner 1872
(Dramat. v. Nr. 18)
27 Robert Burns und Peter Hebel. Eine literar-historische Parallele. 43 S. Bln: Habel (= Gemeinverständliche wissenschaftliche Vorträge 182) 1873
28 De Ritchnecht. Lustspiel. 100 S. 16⁰ Zürich: Schmidt 1873
29 Immergrün in Gedichten und Geschichten. 40 S. m. Abb. 4⁰ Lpz: Wigand 1874
30 Alemannisches Kindertheater. 3 Bde. 35, 54, 54 S. 16⁰ Aarau: Sauerländer 1874–1875
31 Deutsches Kindertheater. 3 Bde. 35, 51, 55 S. 16⁰ Aarau:Sauerländer 1874–1875
(Hochdt. Fassg. v. Nr. 30)
32 De Maler. Familienbild. 95 S. Zürich: Schmidt 1875
33 Studien zur Pflanzenornamentik. 16 Taf. u. Text. 4⁰ Lpz: Barth 1876
34 Eine Pfarrwahl. Zeitbild. 84 S. Aarau: Sauerländer 1877
35 D' Bademerfahrt. Lustspiel in Zürcher Mundart. 102 S. 16⁰ Zürich: Schmidt 1879
36 Leitfaden zur Darstellung der geometrischen Figuren. 66 S. m. Fig. Zürich: Schulthess 1879
37 Geschichten. Bd. 1. 221 S. Zürich: Schröter 1881
38 Der Sang vom Ärger. 102 S. 12⁰ Zürich: Schröter 1881
39 Wörtliche Bilder zu bildlichen Worten. 15 S. 4⁰ Zürich: Meyer 1883
40 Das Festspiel der Japanesen in Schwyz. Kulturhistorische Studie. 6 S. 4⁰ Zürich: Schröter 1883
41 Wie d'Warret würkt. Zürcher Lustspiel. 37 S. Zürich: Schröter 1884
42 ,,De Gast". Lustspiel. Für die Jugend bestimmt. 28 S. Zürich: Schmidt (= Schweizer Dialektstücke 6) 1885
43 Drei dramatische Stücke. 48 S. Zürich: Schmidt (= Schweizer Dialektstücke 7) 1885
44 Die Alte-n- und die Junge. Züritütsches Familienbild. 68 S. Zürich: Schmidt (= Schweizer Dialektstücke) 1887

Corti, Egon Caesar Conte (1886–1953)

1 Alexander von Battenberg, sein Kampf mit dem Zaren und Bismarck. 351 S., 5 Abb., 3 Faks., 8 Ktn. Wien: Seidel 1920
2 Leopold I. von Belgien. Sein Weltgebäude Koburger Familienmacht. XV, 281 S., 8 Taf. 4⁰ Wien: Rikola 1922

3 Maximilian und Charlotte von Mexiko. 2 Bde. m. Abb., Faks. u. Kt. 330, 36; 436, 87 S. Wien: Amalthea-V. 1924
4 Das Haus Rothschild. 2 Bde. m. Abb., Faks. u. Stammtaf. Lpz: Insel 1927–1928
   1. Der Aufstieg des Hauses Rothschild. 1770–1830. 459 S. 1927
   2. Das Haus Rothschild in seiner Blüte. 1830–1871. 511 S. 1928
5 Die trockene Trunkenheit. Ursprung, Kampf und Triumph des Rauchens 343 S., 64 Taf. Lpz: Insel 1930
6 Der Zauberer von Homburg und Monte Carlo. 345 S., 16 Taf. Lpz: Insel 1932
7 Die Tragödie eines Kaisers. 447 S., 4 Taf., 1 Kt. Lpz: Insel 1933 (Gekürzte Ausg. v. Nr. 3)
8 Elisabeth, „die seltsame Frau". XXIV, 542 S., 77 Taf. Salzburg: Pustet 1934
9 Chinesisches Bilderbuch. 55 S. m. Abb. Lpz: Bibliogr. Inst. (= Meyers bunte Bändchen) 1935
10 Die Entdeckung Amerikas. 56 S. m. Abb. Lpz: Bibliogr. Inst. (= Meyers bunte Bändchen) 1936
11 Roß und Reiter. 54 S. m. Abb. Lpz: Bibliogr. Inst. (= Meyers bunte Bändchen 27) 1936
12 Unter Zaren und gekrönten Frauen. Schicksal und Tragik europäischer Kaiserreiche. XXIII, 448 S., 36 Taf. Salzburg: Pustet 1936
13 Ludwig I. von Bayern. Ein Ringen um Freiheit, Schönheit und Liebe. XIII, 698 S., 69 Taf., 1 Stammtaf. Mchn: Bruckmann 1937
14 (Einl., Erl.) Zeitglöcklein. Ein Kalender. 35 Bl. m. Abb. Lpz: Bibliogr. Inst. 1938
15 Anonyme Briefe an drei Kaiser. Unveröffentlichte Dokumente aus den geheimen Staatsarchiven. 199 S., 12 Taf. Salzburg: Pustet 1939
16 Die Kaiserin. Anekdoten um Maria Theresia. Gesammelt, ausgewählt und neu erzählt. 137 S., 8 Taf. Bln: Frundsberg-V. 1940
17 Untergang und Auferstehung von Pompeji und Herculanum. XIV, 302 S., 42 Bl. Abb. Mchn: Bruckmann 1940
18 Der edle Ritter. Anekdoten um den Prinzen Eugen. Gesammelt, ausgewählt und neu erzählt. 142 S., 8 Taf. Bln: Frundsberg-V. 1941
19 Beethoven. Anekdoten. Gesammelt, ausgewählt und neu erzählt. 117 S. m. Abb. Bln, Wien: Frundsberg-V. 1943
20 Ein Korb an einen Königssohn. Ein Kulturbild höfischer Sitten des 19. Jahrhunderts. Nach den unveröffentlichten Geheimakten des Ministeriums des kaiserlichen Hauses zu Wien. 199 S. m. Taf. Bln, Lpz, Wien: Menge 1944
21 Das aller edlest und bewährtest Regiment der Gesundheit und des Glücks. Auch von allen verborgenen Künsten sie zu erhalten aus der Erfahrung alter Weiser und auf Grund eigener Unklugheiten zu Papier gebracht. 96 S. m. Abb. Bln, Lpz, Wien: Menge 1944
22 Hundert kleine Geschichten von unseren lieben Frauen. Gesammelt, ausgewählt und neu erzählt. 95 S. m. Abb. Wien: Amandus-V. 1947
23 Nelsons Kampf um Lady Hamilton. Eine historisch-psychologische Studie. 186 S. Graz: Querschnitt-V. 1947
24 Metternich und die Frauen. 2 Bde. m. Abb. u. Ktn. Wien, Zürich: Europa-V. 1948–1949
   1. Von der französischen Revolution bis zum Wiener Kongress. 1789–1815. 543 S. 1948
   2. Vom Sturze Napoleons bis zu des Kanzlers Lebensende. 1815–1859. 487 S. 1949
25 Ich, die Tochter Maria Theresias. Ein Lebensbild der Königin Marie Karoline von Neapel. XIII, 810 S., 104 Abb., 1 Taf. Mchn: Bruckmann 1950
26 Leben und Liebe Alexanders von Battenberg. XV, 448 S., 13 Taf. Graz, Salzburg, Wien: Pustet 1950 (Neuaufl. v. Nr. 1)
27 Vom Kind zum Kaiser. Kindheit und erste Jugend Kaiser Franz Josephs I. und seiner Geschwister. XV, 351 S. m. Taf. Graz, Salzburg, Wien: Pustet 1950
28 Mensch und Herrscher. Wege und Schicksale Kaiser Franz Josephs I. zwischen Thronbesteigung und Berliner Kongress. XIX, 584 S. m. Abb. Graz, Wien; Altötting: Styria 1952
   (Forts. v. Nr. 27)

29 Wenn ... Sendung und Schicksal einer Kaiserin. XXIV, 655 S., 26 Bl. Abb. Graz, Wien, Köln: Styria 1954
30 (MV) E. C. C. C. u. H. Sokol: Der alte Kaiser. Franz Joseph I. vom Berliner Kongress bis zu seinem Tode. XVI, 491 S. m. Abb. Graz, Wien, Köln: Styria 1955
(Forts. v. Nr. 28)

COSTENOBLE, Carl Ludwig (1769–1837)

1 Dramatische Spiele. Ein Taschenbuch für 1810 (1811. 1816). 3 Bde. Hbg: Perthes (bzw. Schmidt bzw. Hoffmann) 1809–1816
2 Fehlgeschossen! Posse in einem Aufzug. 39 S. Wien: Wallishausser 1813 (Ausz. a. Nr. 1)
3 Lustspiele. 1 Bl., 289 S. Wien: Tendler 1830
4 Aus dem Burgtheater 1818–1837. Tagebuchblätter. Hg. K. Glossy u. J. Zeidler. 2 Bde. VIII, 347; 376 S. Wien: Konegen 1889
5 Tagebücher von seiner Jugend bis zur Übersiedlung nach Wien. Auf Grund der Originalhandschr. m. Einl. u. Anm. hg. A. v. Weilen. 2 Bde. XVI, 272; 2 Bl. 265 S. Bln: Gesellschaft für Theatergeschichte (= Schriften der Gesellschaft für Theatergeschichte 18–19) 1912
6 Costenoble über Grillparzer. Ungedruckte Notizen aus seinen Tagebüchern. August Sauer zum 12. Oktober 1915 dargebracht von Alexander (weil. Ritter) von Weilen. 8 S. Wien: Selbstverl. 1915

COUBIER, Heinz (eig. Heinz Kuhbier; Ps. H. Legendre) (*1905)

1 Aimée oder Der gesunde Menschenverstand. Komödie. 64 S. Lpz: Dietzmann 1938
2 Die Nacht in San Raffaele. 78 S. Mchn: Dt. Volksverl. 1940
3 Piratenkomödie. 64 S. Lpz: Dietzmann 1940
4 Die Schiffe brennen. Schauspiel. 60 S. Mchn: Dt. Volksverl. 1938
5 (Übs.) Floretum Sancti Francisci. Blümlein vom Heiligen Franziskus. Ital. u. dt. 141 S. Ebenhausen b. Mchn: Langewiesche-Brandt 1955
6 (MH) Psalter und Harfe. Lyrik der Christenheit. Hg. H. C. u. M. Langewiesche. 258 S. Ebenhausen b. Mchn: Langewiesche-Brandt 1955
7 †Belle-Mère oder Lob der Schwiegermutter. 131 S. Mchn: Heimeran 1958
8 Ein Kommandant. Ein Schauspiel. 55 S. Weinheim/Bergstr.: Dt. Laienspiel-Verl. (1959)
9 Der falsche Zar. Die Geschichte des Mönches Trofym. 342 S. Köln, Bln: Kiepenheuer & Witsch 1959

CRAMER, Heinz Tilden von (*1924)

1 Swing-Sonette. 47 S. Bln, Bielefeld: Cornelsen 1949
2 (MV) B. Blacher: Preußisches Märchen. Ballettoper in fünf Bildern. Op. 30. Text H. T. v. C. 88 S. Bln, Wiesbaden: Bote & Bock (1950)
3 (MV) Der Prozeß. Nach d. Roman v. F. Kafka. Neun Bilder in zwei Teilen v. B. Blacher u. H. T. v. C. Musik: G. v. Einem. 48 S. Mainz: Schott 1953
4 San Silverio. Roman. 349 S. Köln, Bln: Kiepenheuer & Witsch 1955
5 (MV) H. W. Henze: König Hirsch. Oper in drei Akten. Text H. T. v. C. 76 S. Mainz: Schott 1956
6 Die Kunstfigur. Roman. 703 S. Köln, Bln: Kiepenheuer & Witsch 1958

CRAMER, Johann Andreas (1723–1788)

1 (MH) Bemühungen zur Beförderung der Critik und des guten Geschmacks. Hg. J. A. C. u. C. Mylius. Halle 1743–1747

2 (MH) Neue Beiträge zum Vergnügen des Verstandes und Witzes. Bremen 1744
3 (Hg.) Der Schutzgeist. Ein moralisches und satyrisches Wochenblatt. Hbg 1746–1747
4 (MH) Der Jüngling. Hg. J. A. C., Ebert, Giseke, Rabener. Lpz 1747
5 Die Auferstehung. Eine Ode. Lpz 1748
6 Poetische Uebersetzung der Psalmen mit Abhandlungen über dieselben. 4 Bde. Lpz 1755–1764
7 Vermischte Schriften. 3 Bl., 440 S. Kopenhagen, Lpz: Ackermann 1757
8 (Hg.) Der Nordische Aufseher. 3 Bde. 4° Lpz, Kopenhagen 1758–1761
9 Andachten in Gebeten, Betrachtungen und Liedern. 2 Bde. 1764–1765
10 Neue geistliche Oden und Lieder. Lübeck 1766–1775
11 Evangelische Nachahmung der Psalmen Davids und andere geistliche Lieder. Kopenhagen 1769
12 Luther, eine Ode. 4° Kopenhagen 1771
13 Melanchthon. Eine Ode. 4° Lübeck: Donatius 1772
14 Christian Fürchtegott Gellerts Leben. 230 S. Lpz: Weidmanns Erben & Reich 1774
15 Sämmtliche Gedichte. 3 Bde. Lpz: Breitkopf 1782–1783
16 Hinterlassene Gedichte. Hg. C. F. Cramer 3 St. Lpz 1791

CRAMER, Karl Friedrich (1752–1807)

1 Von den Barden. Nebst etlichen Bardenliedern aus dem Englischen (v. C. F. Weiße). 86 S. Lpz: Dyck 1770
2 Bey der Froriepschen und Beckerschen Verbindung. 4° Lübeck 1771
3 Bey Bernstorffs Tode, an seinen Vater. 1 Bg. 4° Lübeck: Green 1772
4 (Übs.) J. Ewald: Rolf Krage. Ein Trauerspiel. A. d. Dän. Hbg: Bode 1772
5 Beym Abschiede von C. u. F. L. Gr. zu St(olberg). 4 S. o. O. (1773)
6 Von der Erinnerung an die vergangenen Handlungen unseres Lebens. Eine Predigt. 31 S. Göttingen: Barmeier 1773
7 Die Freuden der Ewigkeit als eine reiche Vergeltung der irrdischen Leiden eines Christen. Eine Predigt. 50 S. Lübeck: Iversen 1774
8 Vier Predigten. Lpz: Dyk 1775
9 Ueber den Prolog. 56 S. Lpz: Schwickert 1776
10 Scythische Denkmähler in Palästina. 316 S. Kiel, Hbg: Bohn 1777
11 Klopstock. In Fragmenten aus Briefen von Tellow an Elisa. 226 S. Hbg: Schniebes 1777
12 (Übs.) J. Ewald: Die Fischer. Ein Singspiel in drei Handlungen. 128 S. Kopenhagen: Proft 1780
13 Klopstock. Er; und über ihn. 3 Tle. Hbg: Schniebes (Tl. 1) bzw. Dessau: Gelehrte Buchh. (Tl. 2–3) 1780–1782
14 (Übs.) Rétif de la Bretonne: Das Leben meines Vaters. 2 Bde. 220, 192 S. Lübeck: Iversen 1780
15 (Übs.) M. de Fourcroy: Die Erziehung der Kinder in der Ordnung der Natur, oder kurzer Inbegriff der natürlichen Geschichte der Kinder in ihrem jüngern Alter, zum Gebrauch für Hausväter und Hausmütter. 2 Bde. 343 S. Lübeck: Iversen 1781
16 Klopstock. Er; und über ihn. 6 Tle. Lpz, Altona: Kaven 1782–1793 (Veränd. u. verm. Neudr. v. Nr. 13)
17 (Hg.) Magazin der Musik. 4 Jge. Hbg: Westphal 1783–1787 (Enth. u. a. Ausz. a. Nr. 18)
18 (Hg.) Polyhimnia. 8 Bde. qu. 2° Hbg: Hohmann; Kiel: Cramer; Lpz: Breitkopf 1783–1792
19 (Übs.) Salz und Scherz vor Gericht. Eine Sammlung ironischer und unterhaltender Memoires aus dem Französischen. VIII, 499 S. Lpz, Dessau: Gelehrte Buchh. (1783)
20 (Übs.) J. J. Rousseau: Die neue Heloise, oder Briefe zweyer Liebenden. 4 Bde. Bln: Rellstab 1785–1786
21 (Bearb.) Athalia. Ein Trauerspiel mit Chören. Nach Racine. Musik Schulz. XXVIII, 179, 1 S. Kiel: K. F. C. u. Hbg: Hoffmann (1786)

22 Kurze Uebersicht der Geschichte der französischen Musik. 24 S. Bln: Rellstab 1786
23 (Übs.) (C. D. Biehl:) Orpheus und Euridice. Eine tragische Oper. Musik Naumann. XXXII, 54 S. Kiel, Hbg: K. F. C. u. Hoffmann (1787)
24 (Hg.) Flora. Erste Sammlung. XXII, 76 S. Kiel: K. F. C. u. Hbg: Hoffmann 1787
25 (Übs.) J. J. Rousseau: Politik. 2 Bde. Bln 1787
26 Hwiids Reise durch Teutschland. Ein Tournier zwischen Heinze und C. in Kiel, gehalten vor dem plain good sense og good humor des Copenhagener Publicum. 88 S. Kiel: Mohr 1788
27 Baggesen. Kiel 1789
28 (Übs.) (J. Baggesen:) Holger Danske. Musik (F. L. A.) Kunzen. 106 S. Kiel (1789)
(Ausz. a. Nr. 29)
29 (Hg.) Musik. 1. Vierteljahr. 346 S. Kopenhagen: Sönnichsen 1789
30 (Übs.) J. J. Rousseau: Emil, oder über die Erziehung. Mit ... Anmerk. ... bes. abgedr. u. hg. J. H. Campe. 4 Bde. Braunschweig: Schulbuchh. (= Allgemeine Revision des gesammten Schul- und Erziehungswesens von einer Gesellschaft praktischer Erzieher, Th. 12–15) 1789–1791
31 (Übs.) Bouffleur u. Sedaine: Aline, Königin von Golkonda. Eine Oper in drey Acten. Kopenhagen: Sönnichsen 1790
(Ausz. a. Nr. 29)
32 (Hg.) Chöre und Gesänge zu Klopstocks Hermann und die Fürsten. Komp. F. L. A. Kunzen. 125 S. Kiel, Altona: Kaven 1790
33 (Hg.) Menschliches Leben. 20 Stücke. Altona, Lpz: Kaven 1791–1797
34 Ueber die Kieler Universitätsbibliothek. 66 S. Kiel: Schulbuchh. 1791
35 (Bearb.) D. Diderot: Die Verräther. 2 Bde. 3 Bl., 270 S.; 1 Bl., 343 S. 16⁰ (Braunschweig: Vieweg) 1793
36 (Übs.) Vollständige Acten des Processes der gerichtlichen Untersuchung Ex officio durch des Königs General-Fiscal anhängig gemacht gegen Thomas Paine ... vor dem Gerichtshofe von Kingsbench in Guildhall, Donnerstag, den 18. Decbr. 1792 ... Aus dem Engl. 286 S. Kopenhagen: Proft 1794
37 Ueber mein Schicksal. XVI, 159 S. Kiel: Mohr 1794
38 (Übs.) A. Lafontaine: Claire Duplesses et Clairant, ou Histoire des deux Amans emigrés. 2 Bde. Braunschweig, Paris: 1796
39 (Übs.) D. Diderot: Die Nonne. Riga: Hartknoch 1797
40 (Übs.) D. Diderot: Sämmtliche Werke. Th. 1: Versuch über die Mahlerey. XIV, 536 S. Riga: Hartknoch 1797
41 Vertraulichkeiten aus dem Lande der Gleichheit. Paris 1797
42 (Übs.) F. Bouterwek: Le comte de Donamar. Paris 1798
43 (Übs.) Mercier: Das neue Paris. 2 Bde. 220, 264 S. Braunschweig: Vieweg 1799
44 Tagebuch aus Paris. 2 Bde. 260 S. Paris: Cramer u. Braunschweig: Vieweg 1799–1800
45 (Hg.) F. G. Klopstock: La bataille d'Herman. Paris 1800
46 (Übs.) J. Baggesen: Humoristische Reisen durch Dänemark, Deutschland und die Schweiz. 5 Bde. Hbg, Mainz: Vollmer 1801
(Ausz. a. Nr. 33)
47 (Übs.) F. A. Chateaubriand: Atala, oder die Liebe zweyer Wilden in der Wüste. 174 S. Lpz: Voß 1801
48 (Übs.) F. Schiller: Jeanne d'Arc, ou la Pucelle d'Orleans. Tragédie en cinq actes. XVI, 196 S. Paris: Mercier 1802
49 (Übs.) K. Villers: Versuch über den Geist und den Einfluß der Reformation Luthers. Eine gekrönte Preisschrift. Mit e. Vorr. u. Beil. einiger Abhandlungen v. D. H. P. K. Henke. Hbg: Hoffmann 1805
50 (Übs.) J. Baillie: Die Leidenschaften. Eine Reihe dramatischer Gemälde. 3 Bde. Amsterdam, Lpz: Industrie-Comptoir 1806
51 (Übs.) P. Grouvelle: Memoiren über die Tempelherren, oder Neue Aufklärungen über ihre Geschichte, ihren Process, die gegen sie vorgebrachten Beschuldigungen, und die geheimen Ursachen ihres Untergangs ... Lpz: Voß 1806
52 Individualitäten aus und über Paris. In freyen Heften. 3 H. 16⁰ Amsterdam: Kunst- u. Industrie-Comptoir 1806

53 (Übs.) Raynouard: Die Tempelherren. Trauerspiel in Jamben in fünf Aufzügen. CXIX S., 1 Bl., 153 S. Lpz: Voß 1806
54 (MV) Pinkerton, Mercier u. K. F. C.: Ansichten der Hauptstadt des französischen Kaiserreichs vom Jahre 1806 an. 2 Bde. 3 Bl., 488 S.; VI, 404 S. Amsterdam: Kunst- u. Industrie-Comptoir 1807–1808

Croissant(-Rust), Anna (1860–1943)

1 (MH) Modernes Leben. Sammlung der Münchner Modernen. Reihe 1. 175 S. Mchn: Poessl 1891
2 Feierabend und andere Münchener Geschichten. 146 S. Mchn, Bln: Schuster 1893
3 Gedichte in Prosa. 106 S. Mchn, Bln: Schuster 1893
4 Lebensstücke. Novellen- und Skizzenbuch. 188 S. Mchn, Bln: Schuster 1893
5 Der Kakadu und Prinzessin auf der Erbse. Zwei Novellen. 139 S. Lpz, Mchn: Schupp 1896
6 Der standhafte Zinnsoldat. Drama. 94 S. Bln: Schuster & Loeffler 1896
7 Der Bua. Oberbayrisches Volksdrama. 102 S. Mchn: Schuster & Loeffler 1897
8 Pimpernellche. Pfälzer Geschichten. 205 S. Bln: Schuster & Loeffler 1901
9 Aus unseres Herrgotts Tiergarten. Geschichten von sonderbaren Menschen und verwunderlichem Getier. 254 S. Stg: Dt. Verl.-Anst. 1906
10 Die Nann. Ein Volks-Roman. 358 S. Stg: Dt. Verl.-Ges. 1906
11 Winkelquartett. Eine komische Kleinstadtgeschichte. 286 S. Mchn: Müller 1908
12 Felsenbrunnerhof. Eine Gutsgeschichte. 389 S. Mchn: Müller 1910
13 Arche Noah. Erzählungen. 5, 393 S. Mchn: Müller 1911
14 (Hg.) O. J. Bierbaum zum Gedächtnis. 16, 269 S. m. Taf. Mchn: Müller 1912
15 Nikolaus Nägele und andere Novellen. 94 S. Lpz: Reclam (= Reclam's UB. 5653) 1914
16 Der Tod. Ein Zyklus von siebzehn Bildern. V, 116 S., 12 Abb. Mchn: Müller 1914
17 Die alte Wirtin. 11 S. Mchn: Callwey (= Der Schatzgräber 96) (1916) (Ausz. a. Nr. 13)
18 Kaleidoskop. 289 S. Mchn: Müller 1921
19 Unkebunk. Ein Roman aus den achtziger Jahren. 398 S. Mchn: Müller (1921)
20 Antonius der Held. Vorw. F. Denk. 86 S. Mchn: Kösel & Pustet (= Dichter der Gegenwart 12–13) 1933 (Ausz. a. Nr. 18)

Cronegk, Johann Friedrich von (1731–1758)

1 ★(MH) Der Freund. Wochenschrift. Ansbach 1754–1756
2 ★Der Krieg. Ode. 4⁰ o.O. 1756
3 ★Einsamkeiten. Ein Gedicht. 46 S. Zürich: Gessner 1758
4 Codrus. Ein Trauerspiel in fünf Aufzügen. 86 S. Bln: Decker 1760
5 Schriften. Hg. J. P. Uz. 2 Bde. 400, 346 S. Ansbach, Lpz: Posch 1760–1761
6 Der Mistrauische. Ein Lustspiel in fünf Aufzügen. 111 S. Wien: Krauß (1762)
7 Olint und Sophronia. Ein christliches Trauerspiel in Versen und fünf Aufzügen. 114 S. Wien: Krauß 1764
8 Blüthen des Geistes. In Zweyen von seinen bisher nie gedruckten Schriften. 111 S. Straßburg 1775

Csokor, Franz Theodor (★1885)

1 Die Gewalten. Ein Band Balladen. 71 S. Bln: Juncker 1912
2 Der große Kampf. Ein Mysterienspiel in acht Bildern. 127 S. Bln: Fischer 1915

3 Der Dolch und die Wunde. Gedichte. 103 S. Wien: Deutschösterr. Verl. 1918
4 Die rote Straße. Ein dramatisches Werk in vierzehn Bildern. 134 S. Weimar, Potsdam: Kiepenheuer 1918
5 Die Sünde wider den Geist. Eine Tragödie. 64 S. Wien: Amalthea-Verl. 1918
6 Der Baum der Erkenntnis. Ein Mythos. 35 S. m. Abb. 4° Wien: Amalthea-Verl. 1919
7 (Übs.) N. N. Evreinoff: Die Kulissen der Seele. Monodrama. 22 S. Wien: Verl. d. Wiener graph. Werkstätte (= Die Bücher der Zeit 2) (1919)
8 Schuß in's Geschäft. (Der Fall Otto Eisler.) 105 S. Bln: Singer (= Aussenseiter der Gesellschaft 10) (1925)
9 Ewiger Aufbruch. Gesammelte Balladen. 142 S. Lpz: Wolkenwanderer-V. 1926
10 Ballade von der Stadt. Ein dramat. Fresko. 84 S. Wien: Zsolnay 1928
11 Gesellschaft der Menschenrechte. Stück um Georg Büchner. 180 S. Wien: Zsolnay 1929
12 Besetztes Gebiet. Historisches Stück aus der Gegenwart mit einem Vorspiel und vier Akten. 160 S. Wien: Zsolnay 1930
13 Gewesene Menschen. Stück in drei Akten. 147 S. Wien: Zsolnay 1932
14 Die Weibermühle. Zauberstück in fünf Vorgängen. 143 S. Wien: Zsolnay 1932
15 (Bearb.) Das Thüringer Spiel von den zehn Jungfrauen. Erneuert und erweitert. 59 S. Bln: Volkschaft-Verl. (= Aufbruch zur Volksgemeinschaft 5) 1933
16 (Bearb.) Z. Krasiński: Die ungöttliche Komödie. Dramatisches Gedicht. A. d. Poln. Fassg. f. d. Bühne v. F. T. C. 142 S., 1 Taf. Wien: Zsolnay 1936
17 Dritter November 1918. Ende der Armee Österreich-Ungarns. Drei Akte. 84 S. Wien: Zsolnay 1936
18 Über die Schwelle. Erzählungen aus zwei Jahrzehnten. 202 S. Wien: Passer 1937
19 Gottes General. Drama in sieben Stationen. Bilthoven: De Gemeenschap 1939
20 Als Zivilist im polnischen Krieg. 124 S. Amsterdam: de Lange 1940
21 Kalypso. Schauspiel in sieben Vorgängen. 63 S. Wien: Selbstverl. 1944
22 Das schwarze Schiff. Gedichte. 32 S. Jerusalem 1946
23 Der verlorene Sohn. Tragödie in vier Akten. 92 S. Wien: Ullstein 1947
24 (Hg.) A. Wildgans: Späte Ernte. Auswahl der Gedichte. 94 S. Wien: Globus-Verl. 1947
25 Als Zivilist im Balkankrieg. 290 S. Wien: Ullstein 1947
26 Immer ist Anfang. Gedichte von 1912 bis 1952. 157 S. Innsbruck: Österr. Verl.-Anst. 1952
27 Europäische Trilogie. 244 S. Wien: Zsolnay 1952
   1. Stück: Dritter November 1918.
   2. Stück: Besetztes Gebiet.
   3. Stück: Der verlorene Sohn.
   (Enth. Nr. 12, 17, 23)
28 Olymp und Golgatha. Trilogie einer Weltwende. 3 Tle. Hbg: Zsolnay 1954
   1. Stück: Kalypso. 61 S.
   2. Stück: Caesars Witwe. 74 S.
   3. Stück: Pilatus. 67 S.
   (Enth. u. a. Nr. 21)
29 Der Schlüssel zum Abgrund. Roman einer Zeit. 361 S. Hbg, Wien: Zsolnay 1955
30 Auf fremden Straßen. 1939–1945. 319 S. Mchn, Wien, Basel: Desch 1955 (Enth. Nr. 20 u. 25)
31 Hebt den Stein ab! Komödie um die letzten Dinge in drei Akten. 67 S. Hbg, Wien: Zsolnay 1957
32 (Einl.) Die schönsten Erzählungen aus Österreich. Hausbuch unvergänglicher Prosa. 846 S. Wien: Desch (1958)
33 Du bist gemeint! Einl. E. Buschbeck. 126 S. Graz, Wien: Stiasny (= Stiasny-Bücherei 41; = Das österr. Wort 41) 1959

34 Der zweite Hahnenschrei. Sechs Erzählungen. 150 S. Hbg, Wien: Zsolnay 1959
35 Da hat der Teufel gelacht. Roman einer Zeit. 361 S. Wien: Buchgem. Donauland (1959)
(Neuaufl. v. Nr. 29)
36 Treibholz. Stück in drei Akten. 62 S. Hbg, Wien: Zsolnay 1959
37 Die Erweckung des Zosimir. Drei Akte. 79 S. Wien: Berglend-Verl.
(= Neue Dichtung aus Österreich, Bd. 75) 1960

CUBE, Hellmut von (*1907)

1 Tierskizzenbüchlein. 106 S. Bln: Fischer 1935
2 Das Spiegelbild. 264 S. Bln: Fischer 1936
3 (MV) L. M. Beck u. H. v. C.: Bestiarium humanum oder Spiegelkabinett des Allzumenschlichen. 54 S. m. Abb. Mchn: Alber 1948
4 Der Lebenskrug. Gedichte. 83 S. Mchn: Alber 1948
5 Das Pferdchenbuch. Die Geschichte eines Schimmels, der davonlief und wiederkam. Zu Bildern v. L. M. Beck erzählt. 16 Bl. m. Abb. 4° Mchn: Alber (= Gautinger Kinderbücher 3) 1948
6 (Hg.) Th. Storm: Der Schimmelreiter. 130 S. Bergen/Obb.: Müller & Kiepenheuer (= Die Weltliteratur. Deutschland. Bd. 10–13) 1948
7 Reisen auf dem Atlas. Ein Steckenpferd. 52 S. (Mchn:) Heimeran (= Steckenpferd-Sammlung) 1950
8 Seemännchen für Damen. 92 S., 8 Taf. Freiburg i. Br.: Klemm (= Die Seemännchen 13) 1955
9 Flügel trugen uns davon. Eine Romanze. 148 S. Stg: Goverts 1957
10 Seemännchen für Herren. 87 S. m. Abb. Freiburg i. Br.: Klemm (= Die Seemännchen 19) 1957
11 Bratäpfel-Dezember, leb wohl! Zum Jahreswechsel 1957/58. 3 ungez. Bl. Stg: Goverts 1958
12 Pilzsammelsurium. Sorgfältige Beobachtungen und Aufzeichnungen eines leidenschaftlichen Pilzsammlers und Pilzkochs. 120 S. Mchn: Heimeran 1960

CZEPKO, Daniel von (1605–1660)

1 (MV) Viro Reverendo Et Clarissimo Dn. Danieli Czepkio Ecclesiae Marian. apud Svid. pastor ... 8 Bl. Schweidnitz: Venator 1622
2 Threnus auf frauen Marien, geb. Rhenischen, Herrn David Müllers Bürgers und Buchhändlers zu Breslau ehelichen gel. Hausfrauen seligen Abschied. 4° (Breslau 1628)
3 Danckgedichte an Herren Friedrich Echarden, der Artzney Doctorn und der fürstl. Stadt Brieg wolverordneten Physicum. als er ihn in einer gefehrlichen Kranckheit glücklich curiret. Sambt andern zwo Oden. 4° Brieg 1630
4 Trophaeum Bibranum De Pace Imperatoriae Domus Austr. 16 Bl. 4° Breslau 1635
5 Pierie. 46 S. Breslau 1636
6 Auff Deß Wolgebohrnen Herren Herren Hans Georg Czigan ... in Gott seligen Abschied. ... 4 Bl. Breslau: Baumann 1640
7 Triumph Bogen Ferdinand dem Dritten. 12 Bl. 2° Breslau 1641
8 Rede auß seinem Grabe ... 4 Bl. 2° Breslau: Baumann 1660
9 Sieben-Gestirne Königlicher Busse, das ist, Die Sieben Buß-Psalmen Des Königes und Propheten Davids. 32 Bl. Brieg: Tschorn 1671

CZIBULKA, Alfons von (*1888)

1 (Schriftl.) Der Orchideengarten. Phantastische Blätter. Hg. K. H. Strobl. Jg. 1–4. Mchn: Dreiländer-Verl. 1919–1923

CZIBULKA

2 (Übs.) Ch. Nodier: Inès de Las Sierras. Eine Erzählung aus Spanien. 137 S. m. Abb. Mchn: Dreiländer-Verl. 1922
3 (Übs.) J. H. Rosny: Die geheimnisvolle Kraft. Roman. 198 S. m. Abb. Mchn: Drei Masken-V. (= Sindbad-Bücher) 1922
4 (Übs.) H. de Balzac: Die letzte Fee. Ein Märchen. 248 S. Mchn: Rösl 1923
5 (Hg.) Franzosenzeiten. Nach geschichtlichen Quellen. 173 S., 22 Abb. Mchn: (Allgem. Verl.-Anst.) 1923
6 (Hg.) Der Hundespiegel. Eine Auswahl. 318 S. m. Abb., 1 Taf. Mchn: Drei Masken-V. 1923
7 (Hg., MV) Die großen Kapitäne. Ihre und ihrer Gefährten Berichte. XI, 542 S., 32 Taf. Mchn: Drei Masken-V. 1923
8 (Übs.) H. de Balzac: Tobias Guarnerius. Der rote Gasthof. 147 S., 12 Abb. Wien: Schroll (1924)
9 Andrea Doria, der Freibeuter und Held. 196 S., 1 Abb. Mchn: Beck (= Stern und Unstern 3) (1924)
10 (Übs.) F. M. A. de Voltaire: Die Prinzessin von Babylon. Novellen. 321 S. Mchn: Drei Eulen-V. Haas 1925
11 Der Rosenschelm. Eine Hexengeschichte aus dem siebzehnten Jahrhundert. 122 S. Mchn: Drei Eulen-V. 1926
12 Berühmte Weltfahrer. Von Marco Polo bis Sven Hedin. Mit ihren Reiseberichten. VII, 485 S., 28 Taf. Mchn: Drei Masken-V. 1926
13 Prinz Eugen von Savoyen. 270 S. m. Abb. Stg: Union (1927)
14 Die Handschuhe der Kaiserin. Novellen. 72 S. Lpz: Reclam (= Reclam's UB. 7156) 1931
15 Große deutsche Soldaten. 286 S. Bln: Drei Masken-V. 1933
16 Cortez. 46 S. Lübeck: Colemann (= Colemanns kleine Biographien 50) 1934
17 Der Tanz vor dem Buddha. Roman. 242 S. Bremen: Burmester (= Burmester's gute Buchreihe) 1934
18 Husarenstreiche. 159 S., 8 Taf. Stg: Herold-V. (= Heroldbücher) (1935)
19 (Übs.) P. Reboux: Joséphine. Leben und Liebe einer Kaiserin. A. d. Franz. 387 S. m. Taf. Mchn: Hugendubel 1935
20 (Übs.) B. Dussane: Ein Komödiant, genannt Molière. Roman eines Lebens. A. d. Franz. 270 S., 8 Taf. Mchn: Hugendubel 1936
21 Der Münzturm. Roman. 335 S., 16 Taf. Bln: Neff 1936
22 (MV) H. A. Thies u. A. v. C.: Der deutsche Soldat in der Anekdote. 115 S. Mchn: Braun & Schneider 1936
23 Das Volksbuch vom Prinzen Eugen. 281 S., 31 Taf. Mchn: Hugendubel 1936 (Neudr. v. Nr. 13)
24 Der Henker von Bernau. 145 S. Stg: Cotta 1937
25 Der Kerzelmacher von Sankt Stephan. Heiterer Liebesroman. 341 S. Stg: Cotta 1937
26 Prinz Eugen und das Reich. 66 S., 1 Abb. Wien: Luser (= Reihe Süd-Ost 1, 2) 1938
27 Deutsche Gaue. 191 S., 200 Abb. 4° Diessen: Raumbild-V. 1938
28 Würfelspiel. Novellen. 226 S., 21 Abb. Stg: Cotta (1938)
29 Kampf in den Bergen. Heldentaten unserer Soldaten an der Alpenfront. 143 S., 12 Abb. Stg: Herold-V. (= Die Heroldbücher) 1939
30 Die österreichisch-ungarische Kriegsmarine im Weltkrieg. 87 S. m. Abb. Bln: Schneider 1939
31 Zwischen Königgrätz und Nikolsburg. 60 S., 1 Abb. Wien: Luser (= Reihe Süd-Ost 1, 24) 1940
32 Das Lied der Standarte Caraffa. Einf. F. Hammer. 60 S. Verl. Dt. Volksbücher (= Wiesbadener Volksbücher 288) 1943 (z. T. Ausz. a. Nr. 28)
33 Die drei Siege des Kanzlers. Anekdote. 19 S. Lpz: Reclam (= Reclam's Reihenbändchen 10) 1943 (Ausz. a. Nr. 14)
34 (MV) H. A. Thies u. A. v. C.: Die Sonne des Soldaten. Soldaten-Anekdoten aus 4 Jahrhunderten. 117 S. m. Abb. Mchn: Eher (= Soldaten, Kameraden! 60–61) 1943
35 Das Abschiedskonzert. Roman. 257 S. Stg: Cotta 1944

36 Die heilig-unheiligen Frauen vom Berge Ventoux. Zwei Erzählungen. 149 S. Gütersloh: Bertelsmann 1948
37 Die Brautfahrt nach Ungarn. Ein heiterer Roman. 350 S. Gütersloh: Bertelsmann 1953
38 Der Tod des Kaisers. 15 S. Gütersloh: Rufer-V. (= Dein Leseheft 35) 1953
39 Das Kronenwunder. 15 S. Gütersloh: Rufer-V. (= Dein Leseheft 77) 1954
40 Der Türmer des Daniel. 15 S. Gütersloh: Rufer-V. (= Dein Leseheft 53) 1954
   (Ausz. a. Nr. 28)
41 Reich mir die Hand, mein Leben. Ein Mozart-Roman. 320 S. Gütersloh: Bertelsmann 1956
42 Prinz Eugen, Retter des Abendlandes. 356 S., 8 Bl. Abb. Wien, Bln, Stg: Neff 1958
   (Erw. Neufassg. v. Nr. 13)
43 Der Tanz ums Leben. Erzählungen. 230 S. Gütersloh: Bertelsmann 1958
   (z. T. Ausz. a. Nr. 28)

DACH, Simon (1605–1659)

1 Auff Herrn Hans-Ernst Adersbachen kläglichen und frühzeitigen zwar jedoch seeligen Abschied. 4 Bl. Königsberg 1632
2 Musicalisches Ehrengedechtniß Des Hiobi Lepneri Bürgermeister der Altstadt seines Patron und alten Freund ... 2 Bl. qu. 4° Danzig: Rhete 1635
3 Uber J. Elisabeth Reimerinnen seligen Abschied. 2 Bl. o.O. 1638
4 Sterb-Lied bey seligem Ableiben Fr. Annä Gebohrnen von Weinbeer Hr. Christoff Schimmelfennigs vielgeliebten Hauszfrawen, Gesungen. 2 Bl. Königsberg 1639
6 Denckmal, H. Michael Adersbachen auffgerichtet. 2 Bl. 4° o.O. 1640
7 Vber dem seligen Ableiben Frawen Agnes Möllerin, des Weiland Herrn Georg Weissels, Pfarrers auff dem Roßgarten Hinterlassenen Witwen. 4 Bl. 4° Königsberg: Reusner 1641
8 Denckmal Dem Weyland Durchleuchtigsten Hochgebohrnen Fürsten vnd Herren Georg Wilhelmen, Marggraffen zu Brandenburg, ... Bey dessen Churfürstliche Leichen höchstfeyerlichen Beysetzung zu Königsberg. 4 Bl. 2° Königsberg: Reusner 1642
9 Christliches Trawer-Lied. Mit Fünff Stimmen gesetzet Durch Iohannem Stobaeum. 2 Bl. qu. 4° Elbing: Bodenhausen 1642
10 Auf Baltzer von Brunnen, gest. 20. Juli 1643 in Königsberg. 4 Bl. 4° Bln 1644
11 Auff die Glückseelige Heyrath Des ... Hn. Johan von Höverbecken ... Und der Hoch Edlen ... Jungfrawen Annen Sophien, Des ... Herren Wolff Dieterich von Rochawen des Eltern ... Tochter. 4 Bl. Königsberg: Reusner 1644
12 Schuldiges Danck- und Denck-Mahl, welches Hn. Johanni Stobaeo ... außgefertigt. 2 Bl. qu. 4° Königsberg: Reusner 1646
13 Glückwüntzschung An Herrn Heinrich Schützen. 4 Bl. 4° Dresden: Bergens Erben 1648
14 Christliche Todes Erinnerung Des Robert Roberthins ... In fünf Stimmen gesetzt von Heinrich Alberten. 2 Bl. 4° Königsberg: Mense 1648
15 Christliche Trost-Schrifft Bey Christlicher und ansehnlicher Leich-Bestatung Der ... Fr. Maria, gebohrnen Ridelinn ... An dero Hochbetrübten hinterlassen Witwer ... Hn. Johann Schmeissen ... 4 Bl. (Königsberg:) Reusner (1648)
16 Hirten-Liedchen Zu vermehrung der Hochzeitlichen Ehren-Frewden Herrn Johann Fauljochs ... Fünffstimmig componiret Von Heinrich Alberten. 2 Bl. 2° Königsberg: Mense 1649
17 Rechte Heyrats-Kunst, in fünf Stimmen gesetzt Von Heinrich Alberten. 2 Bl. 2° Königsberg: Mense 1650
18 Sanfftmuth der Männer ihren EheFrawen zu erweisen. 2 Bl. 4° Königsberg: Reusner 1651
19 Einfältige Hochzeit-Reimchen, Der Heyrath des Hn. Johann Sanden Vnd Der Jungfrawen Sophien, Joachim Babaten Tochter 1654. 4 Bl. 4° Königsberg: Reusner 1654
20 Einfältiger Trost Bey Ableiben Des Hn. Johann Sanden 1654. 4 Bl. 4° Königsberg: Reusner 1654
21 Mors est sine conjuge vita Das ist einfältige Reime der liebreichen Heyrath Des ... Hn. Christoff Göbels ... und der ... Jungfr. Barbaren Herrn Heinrich Dewii ... hinterlassenen Ehleiblichen Tochter, Welcher Hochtzeitlicher Ehren-Tag 1655. 2 Bl. Königsberg: Reusner (1655)
22 Omnia possideat non possidet aethera Mundus Oder Die Selige Ewigkeit, Welche Der ... Frawen Sophien gebohrnen Schwartzin, Des ... Herrn Johann Schimmelpfennings ... Hertzliebsten Hauszfrawen ... Welche 1656 ... im 39. Jahr ihres Alters ... selig eingeschlaffen ... 2 Bl. Königsberg: Reusner (1656)
23 Letztes Ehren-Gedächtniß ... Joachim Bellach, Churfl. Brand ... Kammer-Diener, Welcher 1656. 13. Herbstmon. ... eingeschlaffen ... 4 Bl. Königsberg: Reusner (1656)

24 Unterricht des Schawspiels Prussiarchus, Welches zum Beschlusz des Jubelfests der löblichen hohen Schul zu Königsberg in Preussen 1644 gespielet worden, auch nachmahln im jetztlauffenden 1656. Jahr ... wiederholet ... ward. 6 Bl. 4° Königsberg: Reusner 1656
25 Chur-Brandenburgische Rose, Adler, Löw und Scepter. 131 Bl. 4° Königsberg: Reusners Erben (1661)
26 Freudigmachender Trost der Wunden Jesu; welchen kurtz vor seinem Ende S. D. dem Johann Reusner Buchdr. Auffgesetzt, Und J. Weichmann sel. in eine Melodey gebracht, itzo aber mit mehr Stimmen bekleidet, nebst einer Sinfoni von Joh. Sebastiani. 2° Königsberg: Reusner 1666
27 Poetische Werke, Bestehend in Heroischen Gedichten, Denen beygefüget zwey seiner verfertigten Poetischen Schau-Spiele. 94 Bl. Königsberg: Boyer 1696

DÄUBLER, Theodor (1876–1934)

1 Das Nordlicht. 3 Bde. 7, 420; 7, 602; 7, 151 S. Mchn, Lpz: Müller (700 num. Ex.) 1910
 (sog. Florentiner Ausg.)
2 Ode und Gesänge. 80 S. Hellerau, Bln: Verl. d. Neuen Blätter (120 handschr. sign. Ex.) 1913
3 Wir wollen nicht verweilen. Autobiographische Fragmente. 167 S. Mchn: Müller 1914
4 Hesperien. Eine Symphonie I. VI, 55 S. Mchn, Bln: Müller (200 num. Ex.) 1915
5 César Klein. Mit e. Selbstbiographie des Künstlers. 13, 32 S., 32 Abb. Lpz: Klinkhard & Biermann (= Junge Kunst 5) 1915
6 Der sternhelle Weg. Gedichte. 91 S. Dresden-Hellerau: Hellerauer Verl. 1915
7 Hymne an Italien. V, 149 S. Mchn: Müller (250 num. Ex.) 1916
8 Hymne an Venedig. 20 S. 4° Bln-Charlottenburg: Barger (1916)
 (Ausz. a. Nr. 7)
9 Mit silberner Sichel. 129 S. Dresden-Hellerau: Hellerauer Verl. 1916
10 Der neue Standpunkt. 201 S. Hellerau: Hellerauer Verl. 1916
11 Das Sternenkind. 62 S. Lpz: Insel (= Insel-Bücherei 188) (1916)
 (Enth. Ausz. a. Nr. 1, 6, 7)
12 (Übs.) Der Hahn. Übertragungen aus dem Französischen. 64 S. m. Abb. Bln-Wilmersdorf: Verl. Die Aktion (= Aktions-Lyrik 5) 1917
13 Lucidarium in arte musicae des Ricciotto Canudo aus Gioja del Colle. 125 S. Hellerau: Hellerauer Verl. 1917
14 (MV) G. Felixmüller: Katalog seiner Holzschnitte, Lithographien, Radierungen. Nebst Beiträgen von ihm selbst, Th. D. u. H. Z. Bearb. u. hg. F. Boettger. 24 S., 4 Abb. Dresden: Richter (1919)
15 Hymne an Italien. 169 S. Lpz: Insel 1919
 (Überarb. Neuausg. v. Nr. 7)
16 Im Kampf um die moderne Kunst. 75 S. Bln: Reiss (= Tribüne der Kunst und Zeit 3) 1919
17 (MV) Das Kestnerbuch. Original-Graphik von Barlach, Klee, Unold u. a. Beiträge von Th. D., Mombert, Th. Mann u. a. Hg. E. Küppers. 158 S., 12 Taf. Hannover: Böhme (1919)
18 Der sternhelle Weg. 150 S. Lpz: Insel 1919
 (Verm. Neudr. v. Nr. 6)
19 (MV) Lasar Segall: Katalog. Mit Beiträgen von Th. D. u. W. Grohmann. Anläßlich der Ausstellung im Folkwang-Museum, Hagen i. W. 14 S., Abb., 11 S. Text m. Abb., 1 Taf. 4° Dresden, Bln: Wostok (1920)
20 Die Treppe zum Nordlicht. Eine Symphonie II. 53 S. Lpz: Insel 1920
21 (Einf.) Archipenko-Album. Einführungen Th. D. u. I. Goll. Mit e. Dichtung v. B. Cendrars. 16 S., 30 S. Abb. 4° Potsdam: Kiepenheuer 1921
22 Der unheimliche Graf. Der Werwolf. Die fliegen-Lichter. 75 S. Hannover: Banas & Dette 1921
23 (Einf.) O. Hettner: Zehn Akte. Orig.-Lithographien u. lithogr. Innentitel. 1 Bl. Text, 10 farb. Taf. 2° Lpz: Dehne 1921

24 Das Nordlicht. 2 Bde. 615, 622 S. Lpz: Insel 1921
   (sog. Genfer Ausg.; veränd. v. Nr. 1)
25 Perlen von Venedig. 66 S. Lpz: Insel 1921
   (Ausz. a. Nr. 1)
26 Der heilige Berg Athos. Eine Symphonie III. 56 S. Lpz: Insel 1923
27 (Bearb.) G. d. Boccaccio: Das Dekameron. Übertr. A. Wesselski. Nachschöpfung der Gedichte von Th. D. Einl. A. Jolles. XCVI, 1027 S. Lpz: Insel 1923
28 Sparta. Ein Versuch. 63 S. Lpz: Insel 1923
29 Päan und Dithyrambos. Eine Phantasmagorie. 69 S. Lpz: Insel (1924)
30 Attische Sonette. 66 S. Lpz: Insel 1924
31 Der Schatz der Insel. 141 S. Wien: Zsolnay 1925
32 Aufforderung zur Sonne. o. S. Chemnitz: Bücherfreunde Chemnitz (= Veröffentlichungen der Bücherfreunde Chemnitz in 500 Ex.) 1926
33 (MV) Erinnerungen an Georg Trakl. Beiträge v. Th. D., K. Kraus, R. M. Rilke. Innsbruck: Brenner-V. 1926
34 Bestrickungen. Novellen. 149 S. Lpz: Horen-V. 1927
35 L'Africana. Roman. 200 S. Bln, Lpz: Horen-V. 1928
36 (Einl.) Heilige Stätten der Bibel. Erl. v. A. Gsell. 24 S., 64 S. Abb. Zürich: Orell Füssli (= Schaubücher 13) 1929
37 Der Fischzug. 222 S. Hellerau: Hegner 1930
38 Der Marmorbruch. Erzählung. 66 S. Lpz: Reclam (= Reclam's UB. 7075) 1930
39 Die Göttin mit der Fackel. Roman einer kleinen Reise. Nachw. H. M. Elster. 250 S., 13 Abb. Bln: Dt. Buch-Gemeinschaft 1931
40 Can Grande della Scala. Ein Fragment. 45 S. Lpz: Hegner 1932
41 Griechenland. A. d. Nachl. hg. M. Sidow. 330 S. Bln: Henssel 1946
42 Dichtungen und Schriften. Hg. F. Kemp. 921 S., 4 Bl. Abb. Mchn: Kösel 1956

Dahn, Felix (1834–1912)

1 Entgegnung auf die Schrift „Das anthropologische System der Philosophie von C. Prantl". 59 S. Mchn: Kaiser 1852
2 Harald und Theano. 113 S. 16° Bln: Herbig 1855
3 Über die Wirkung der Klagverjährung bei Obligationen. 52 S. Mchn: Kaiser 1855
4 Gedichte. 347 S. 16° Lpz: Grunow 1857
5 Studien zur Geschichte der germanischen Gottes-Urtheile. 69 S. Mchn: Kaiser 1857
6 Fest-Hymne zur Feier der Gründung Münchens. 5 S. Mchn: Franz 1858
7 Die Könige der Germanen. Bd. 1–12. 20 Abth. Mchn: Merhoff (1–2) bzw. Würzburg: Stuber (3–6) bzw. Lpz: Breitkopf & Härtel (7–12) 1861–1909
   1. 2. Die Könige der Germanen. Abth. 1 u. 2. 552 S. 1861
   3. Verfassung des ostgothischen Reiches in Italien. 319 S. 1866
   4. Die Edicte der Könige Theoderich und Athalarich und das gothische Recht im gothischen Reich. 190 S. 1866
   5. Die politische Geschichte der Westgothen. 246 S. 1870
   6. Die Verfassung der Westgothen. – Das Reich der Sueven in Spanien. 631 S. 1870
   7. Die Franken unter den Merovingern. 3 Abth. 479; 273; 581 S., 1 Stammtaf. 1894–1895
   8. Die Franken unter den Karolingern. 6 Abth. 108; 266; 296; 260; 359; 374 S. 1897–1900
   9. Abth. 1: Die Alamannen. LII, 752 S. 1902
   Abth. 2: Die Bayern. XLVI, 639 S., 1 Taf. 1905
   10. Die Thüringe. XXIV, 180 S. 1907
   11. Die Burgunden. XXI, 258 S. 1908
   12. Die Langobarden. X, 271 S. 1909
8 (Bearb.) J. C. Bluntschli: Deutsches Privatrecht. 776 S. Mchn (,Stg: Cotta) 1864
9 Prokopius von Cäsarea. 594 S. Bln: Mittler 1865

10 Das Kriegsrecht. 62 S. Würzburg: Stuber 1870
11 Macte Imperator! Heil dem Kaiser. Gedicht. 25 S. 32° Bln: Mittler 1871
12 Die Schlacht von Sedan. Gedicht. 8 S. 16° Würzburg: Stahel 1871
13 Deutsche Treue. Ein vaterländisches Schauspiel. 186 S., 5 Abb. Lpz: Breitkopf & Härtel 1871
14 Alma mater! Gedicht zum vierhundertjährigen Jubilaeum der Hochschule München. Lat. u. dt. 5 S. 16° Mchn: Kaiser 1872
15 Gedichte. Zweite Sammlung. 2 Abth. 408, 584 S. Stg: Cotta 1873
16 Sind Götter? Die Halfred Sigskaldsaga. 200 S. Stg: Cotta 1874
17 Westgothische Studien. Entstehungsgeschichte, Privatrecht, Strafrecht, Civil- und Straf-Process und Gesammtkritik der Lex Visigothorum. 321 S. 4° Würzburg: Stahel 1874
18 Zwölf Balladen. 66 S. 16° Lpz: Breitkopf & Härtel 1875
19 König Roderich. Ein Trauerspiel. 216 S. Lpz: Hartknoch 1875
20 Markgraf Rüdeger von Bechelaren. Ein Trauerspiel. 160 S., 3 Abb. Lpz: Breitkopf & Härtel 1875
21 Handelsrechtliche Vorträge. 198 S. Lpz: Breitkopf & Härtel 1875
22 Die Amalungen. Ein Gedicht. 69 S. Lpz: Breitkopf & Härtel 1875
23 Ein Kampf um Rom. Historischer Roman. 4 Bde. 1801 S. m. Kt. u. Plänen. Lpz: Breitkopf & Härtel 1876
24 Langobardische Studien. Bd. 1: Paulus Diaconus. Abth. 1: Des Paulus Diaconus Leben und Schriften. 160 S. Lpz: Breitkopf & Härtel 1876
25 Fehde-Gang und Rechts-Gang der Germanen. 53 S. Bln: Habel 1877
26 Deutsches Rechtsbuch. Ein Spiegel des heutigen bürgerlichen Rechts in Deutschland. 466 S. Nördlingen: Beck 1877
27 Die Staatskunst der Frau'n. Ein Lustspiel. 202 S. Lpz: Breitkopf & Härtel 1877
28 Balladen und Lieder. 378 S. Lpz: Breitkopf & Härtel 1878
29 Kämpfende Herzen. Drei Erzählungen. 275 S. Bln: Janke 1878
30 Deutsches Privatrecht. Grundriß. Abth. 1: Privatrecht und Lehenrecht. 350 S. Lpz: Breitkopf & Härtel 1878
31 Bausteine. Gesammelte kleine Schriften. 6 Reihen. 2987 S. Bln: Janke 1879–1884
32 Sühne. Schauspiel. 142 S. Lpz: Breitkopf & Härtel 1879
33 Die Vernunft im Recht. Grundlagen der Rechtsphilosophie. 220 S. Bln: Janke 1879
34 Die Alamannenschlacht bei Straßburg. (357 n. Chr.) 96 S. Braunschweig: Westermann 1880
35 Armin. Operndichtung. Musik H. Hofmann. 70 S. Lpz: Breitkopf & Härtel 1880
36 Der Fremdling. Operndichtung. 87 S. Lpz: Breitkopf & Härtel 1880
37 Odhin's Trost. Ein nordischer Roman aus dem elften Jahrhundert. 520 S. Lpz: Breitkopf & Härtel (1880)
38 Der Schmidt von Gretna-Green. Operndichtung. 71 S. Lpz: Breitkopf & Härtel 1880
39 Urgeschichte der germanischen und romanischen Völker. 4 Bde. m. Abb. u. Kt. Bln: Grote (= Allgemeine Geschichte in Einzeldarstellungen) (1880–1889)
40 (Bearb.) E. v. Wietersheim: Geschichte der Völkerwanderung. 2 Bde. 637 S., 1 Kt.; 532 S. Lpz: Weigel 1880–1881
41 Kleine Romane aus der Völkerwanderung. 13 Bde. Lpz: Breitkopf & Härtel (1882)–1901
    1. Felicitas. Historischer Roman. 274 S. (1882)
    2. Bissula. Historischer Roman. 568 S. (1883)
    3. Gelimer. Historischer Roman. 630 S. (1883)
    4. Die schlimmen Nonnen von Poitiers. 308 S. (1885)
    5. Fredigundis. 714 S. 1886
    6. Attila. 478 S. (1886)
    7. Die Bataver. 606 S. (1887)
    8. Chlodowech. 383 S. 1895
    9. Vom Chiemgau. 395 S., 1 Kt. (1896)
   10. Ebroin. 2 Abth. in 1 Bd. 331, 297 S., 1 Kt. (1896)
   11. Am Hof Herrn Karls. Vier Erzählungen. 330 S. (1900)

12. Stilicho. 357 S. (1900)
13. Der Vater und die Söhne. 128 S. 1901
42 Skalden-Kunst. Schauspiel. 90 S. Lpz: Breitkopf & Härtel 1882
43 Das Weib im altgermanischen Recht und Leben. 14 S. Prag: Dt. Verein (= Sammlung gemeinnütziger Vorträge 71) 1882
44 Deutsche Geschichte. 2 Bde. 614, 805 S. Gotha: Perthes (= Geschichte der europäischen Staaten) 1883–1888
45 Der Kurier nach Paris. Lustspiel. 202 S. Lpz: Breitkopf & Härtel 1883
46 Eine Lanze für Rumänien. Eine völkerrechtliche und geschichtliche Betrachtung. 123 S. Lpz: Breitkopf & Härtel 1883
47 (Nachw.) L. Steub: Mein Leben. 57 S. Breslau: Schottländer (= Deutsche Bücherei) 1883
48 Die Kreuzfahrer. Erzählung aus dem dreizehnten Jahrhundert. 2 Bde. 567 S. Bln: Janke (1884)
49 (MV) Felix u. Therese Dahn: Walhall. Germanische Götter- und Heldensagen. 665 S. m. Abb. Kreuznach: Voigtländer (1884)
50 (Einl.) Therese Dahn: Kaiser Karl und seine Paladine. 473 S., 1 Kt. Lpz: Breitkopf & Härtel 1887
51 Was ist die Liebe? Erzählung. 87 S. 16° Lpz: Breitkopf & Härtel (1887)
52 Bis zum Tod getreu. Erzählung aus der Zeit Karls des Großen. 515 S. Lpz: Breitkopf & Härtel (1887)
53 Frigga's Ja. Erzählung. 147 S. 12° Lpz: Breitkopf & Härtel 1888
54 Vale Imperator! Leb wohl nun, Kaiser Wilhelm! und Heil dir, mein Kaiser Friederich! Zwei Gedichte. Lat. u. dt. 20 S. 16° Lpz: Breitkopf & Härtel 1888
55 Die Landnot der Germanen. 51 S. Lpz: Duncker & Humblot 1889
56 Prüfungsaufgaben aus dem deutschen Privatrecht, Handels-, See- und Wechselrecht. 31 S. Lpz: Breitkopf & Härtel 1889
57 Skirnir. Erzählung. 176 S. 12° Lpz: Breitkopf & Härtel 1889
58 Welt-Untergang. Geschichtliche Erzählung aus dem Jahr 1000 n. Chr. 508 S. Lpz: Breitkopf & Härtel (1889)
59 Erinnerungen. 5 Bde. m. Abb., Bildn. u. Kt. Lpz: Breitkopf & Härtel (1890)–1895
60 Moltkelied. Deutsch-patriotisches Volkslied. Musik N. Hoft. 1 S. Mchn: Hoft 1890
61 Jugend-Gedichte. 210 S. Lpz: Breitkopf & Härtel 1891 (Neuaufl. v. Nr. 4)
62 Odhins Rache. Erzählung. 142 S. Lpz: Breitkopf & Härtel (1891)
63 Rolandin. Erzählung in Versen. 123 S. 16° Lpz: Breitkopf & Härtel 1891
64 Fürst Bismarck. Rede. 59 S. 16° Lpz: Breitkopf & Härtel 1892
65 Der Entwurf eines Gesetzes über die Volksschule in Preußen. Betrachtungen. 53 S. 16° Bln: Schles. Buchdr. 1892
66 (MV) Felix u. Therese Dahn: Gedichte. Vierte Sammlung. 564 S. Lpz: Breitkopf & Härtel 1892
67 Gedichte. Fünfte Sammlung: Vaterland. 119 S. Lpz: Breitkopf & Härtel 1892
68 Moltke als Erzieher. Allerlei Betrachtungen. Nebst Anh.: Betrachtungen über den Entwurf eines Volksschulgesetzes in Preußen. 285 S. 12° Breslau: Schles. Buchdr. (1892) (Enth. u. a. Nr. 65)
69 Die Finnin. Erzählung. 142 S. 12° Lpz: Breitkopf & Härtel 1893
70 Julian der Abtrünnige. Geschichtlicher Roman. 3 Bde. 1376 S. Lpz: Breitkopf & Härtel (1893)
71 (MV) F. D., E. Wichert u. L. Goldoni: Gratulationsgedichte gelegentlich der fünfzigjährigen Jubelfeier der Althertums-Gesellschaft Prussia 1844–1894. 8 S. Königsberg (: Beyer) 1894
72 Macte senex consiliator! Heil Dir, alter Rathschlag-Finder! Gedicht. 9 S. 16° Lpz: Breitkopf & Härtel 1894
73 Über den Begriff des Rechts. 18 S. Lpz: Breitkopf & Härtel 1895
74 Zum achtzigsten Geburtstag des Fürsten Bismarck. 84 S. 12° Breslau: Schles. Buchdr. 1895
75 (MH) Allgemeines Reichs-Commersbuch für deutsche Studenten. Begründet v. Müller v. d. Werra. Neu hg. F. D., M. Rauprich u. C. Reinecke. 628 S. m. Titelb. Lpz: Breitkopf & Härtel 1895

76 Gedichte. Dritte Sammlung. Balladen und Lieder. 308 S. Lpz: Breitkopf & Härtel 1896
(Neuaufl. v. Nr. 28)
77 (Einl.) B. Garlepp: Unseres Bismarcks Heimgang. Ein Trauertag All-Deutschlands. 71 S. m. Abb. Bln: Werner (1898)
78 Sigwalt und Sigridh. Eine nordische Erzählung (frei erfunden). 104 S. 12° Lpz: Breitkopf & Härtel (1898)
79 Sämtliche Werke poetischen Inhalts. 21 Bde. Lpz: Breitkopf & Härtel 1898-1899
80 Herzog Ernst von Schwaben. Erzählung aus dem elften Jahrhundert. 264 S. Lpz: Breitkopf & Härtel 1902
81 Fünfzig Jahre. Festspiel. 28 S. 12° Lpz: Breitkopf & Härtel 1902
82 Meine wälschen Ahnen. Kleine Erzählungen. 77 S. Lpz: Breitkopf & Härtel 1903
83 Sämtliche Werke poetischen Inhalts. Neue Folge. 4 Bde. 294, 366, 629, 487 S. m. Stammtaf. u. Kt. Lpz: Breitkopf & Härtel 1903
(N. F. zu Nr. 79)
84 Die Germanen. Volkstümliche Darstellungen aus Geschichte, Recht, Wirtschaft und Kultur. 116 S. Lpz: Breitkopf & Härtel 1905
85 Armin der Cherusker. Erinnerungen an die Varusschlacht im Jahre 9 n. Chr. 44 S. m. Abb. Mchn: Lehmann 1909
86 Die Könige der Germanen. 2 Bde. Lpz: Breitkopf & Härtel 1910-1911
1. Die Zeit vor der Wanderung. – Die Vandalen. XX, 256 S. 1910
2. Die kleineren gotischen Völker. – Die äußere Geschichte der Ostgoten. XII, 271 S. 1911
(Neuaufl. d. 1. u. 2. Bds. v. Nr. 7)
87 Die Könige der Germanen. Gesamt-Register zu beiden Auflagen. Zusgest. Friedel Dahn. 159 S. Lpz: Breitkopf & Härtel 1911
(zu Nr. 7 u. 86)
88 Gesammelte Werke. Erzählende und poetische Schriften. Neue Gesamtausg. 2 Serien. 16 Bde. m. Abb. Lpz: Breitkopf & Härtel; Bln-Grunewald: Verl.-Anst. f. Literatur u. Kunst 1912
(Neuaufl. v. Nr. 79 u. 83)
89 Gesammelte Werke. Erzählende und poetische Schriften. Neue Gesamtausg. 2 Serien, je 5 Bde. M. Bildn. Lpz: Breitkopf & Härtel; Bln-Grunewald: Klemm (1921-1924)
(Veränd. Neuaufl. v. Nr. 88)

Dalberg, Wolfgang Heribert von (1750–1806)

1 Walwais und Adelaide. 157 S. Mannheim: Schwan 1778
2 Elektra, eine musikalische Declamation. 14 S. Mannheim: Schwan 1780
3 Kora. Ein musikalisches Drama. 32 S. Mannheim: Schwan 1780
4 (Bearb.) Julius Cäsar oder Die Verschwörung des Brutus. Ein Trauerspiel in sechs Handlungen von Shakespear. 3 Bl., 122 S. Mannheim: Schwan 1785
5 (Bearb.) Der Kolerische. Ein Lustspiel in fünf Aufzügen. Aus dem Englischen des Cumberland. 144 S. Mannheim: Schwan 1785
6 Die Brüder. Ein Schauspiel in fünf Aufzügen. 125 S. Mannheim: Schwan 1786
7 Der weibliche Ehescheue. Lustspiel in zwei Aufzügen. Augsburg: Stage 1786
8 (Bearb.) Oronooko. Ein Trauerspiel in fünf Handlungen nach dem Englischen des Southern. 137 S. Mannheim: Schwan 1786
9 (Bearb.) Der Mönch vom Carmel. Ein dramatisches Gedicht in fünf Aufzügen. (Bearb. v. Cumberlands ‚Carmelite'.) XIV, 2 Bl., 136 S. m. Ku. Bln, Lpz: Decker 1787
10 Montesquieu, oder die unbekannte Wohlthat. Ein Schauspiel in drei Handlungen. XII, 95 S. Mannheim: Schwan 1787

Danszky, Eduard (*1884)

1 Die neue Judith. Roman. 474 S. Bln: Fischer 1919
2 Verkleidungen und Visionen. Gedichte. 63 S. Wien: Strache 1920

3 Gottlieb Straube und die Jugend. Roman. 293 S. Wien: Zsolnay 1935
4 Frau Chef. Roman aus der Porzellan-Industrie. 408 S. Wien: Zsolnay 1936
5 Des Herrn Geheimrats letzte Liebe. Goethe und Ulrike. Novelle. 228 S. Wien: Zsolnay 1937
6 „Da leg' ich meinen Hobel hin ..." Der Roman Raimunds. 288 S. Wien: Zsolnay 1939
7 Trabant der großen Sterne. Ein Ferdinand Sauter-Roman. 297 S. Wien: Schmeidel 1948
8 Pater Fabelhans. Der Lebensroman Abrahams a Sancta Clara. 414 S. m. Titelb., 16 S. Abb. Mödling b. Wien: Missionsdruckerei St. Gabriel (1950)
9 Flitterwochen der Madame Schröder. Roman. 277 S. Wien: Zsolnay 1951
10 Krone und Herz. Ein Roman um Franz Ferdinand und Sophie von Hohenberg. 2 Bde. 342 S., 16 Bl. Abb.; 392 S., 4 Bl. Abb. Mödling b. Wien: St. Gabriel-V. (1952–1953)
11 Die Gallmeyer. Der Roman ihres Lebens. 386 S., 16 Bl. Abb. Wien, Stg: Wancura 1953
12 Der Schatz im Sessel. 32 S. Wien-Mödling: St. Gabriel-V.; Kaldenkirchen: Steyler (= Frische Saat 54) (1955)
13 Sternkreuz. Das Schicksal der Isabella von Parma. 406 S., 10 Bl. Abb. Mödling b. Wien: St. Gabriel-V. (1957)

DAUMANN, Rudolf (1896–1957)

1 Dünn wie eine Eierschale. Utopistischer Roman. 362 S. Bln: Schützen-V. 1936
2 Macht aus der Sonne. Ein utopischer Roman. 330 S. Bln: Schützen-V. 1937
3 Das Ende des Goldes. Utopischer Roman. 277 S. Bln: Schützen-V. 1938
4 Gefahr aus dem Weltall. Utopischer Roman. 301 S. Bln: Schützen-V. 1938
5 Patrouille gegen den Tod. Utopischer Roman. 308 S. Bln: Schützen-V. 1939
6 Abenteuer mit der Venus. Ein utopischer Roman. 320 S. Bln: Schützen-V. 1940
7 Die Insel der tausend Wunder. Ein utopistischer Roman. 211 S. Bln: Schützen-V. 1940
8 Protuberanzen. Utopischer Roman. 284 S. Bln: Schützen-V. 1940
9 (MV) R. D. u. A. Gaisswinkler: Sprung in die Freiheit. 468 S. Wien, Salzburg: Ried-V. 1947
10 Das schwarze Jahr. 238 S. Bln: Zech (1949)
11 Alarm im Salzberg. 59 S. m. Abb. Bln: Verl. Kultur und Fortschritt (= Kleine Jugendreihe. Jg. 5, 20) 1954
12 Der Andenwolf. 63 S. m. Abb. Bln: Verl. Kultur und Fortschritt (= Kleine Jugendreihe. Jg. 5, 5) 1954
13 Freiheit oder Bananen. 31 S. Bln: Verl. Neues Leben (= Das neue Abenteuer 39) 1954
14 Herzen im Sturm. 239 S. Bln: Verl. Neues Leben 1954
15 Die Marwitz-Kosaken. Ein historischer Roman. 499 S. m. Abb. (Bln:) Verl. Neues Leben 1954
16 Die Räuber von Raue. 53 S. m. Abb. Bln: Verl. Kultur und Fortschritt (= Kleine Jugendreihe. Jg. 5, 15) 1954
17 Kiwi-Kiwi-Diamanten. 78 S. m. Abb. Bln: Verl. Neues Leben (= Abenteuer aus weiter Welt 8) 1955
18 Mauki, der Buschmann. 31 S. Bln: Verl. Neues Leben (= Das neue Abenteuer 73) 1955
19 Schildkröten am Orinoco. 31 S. Bln: Verl. Neues Leben (= Das neue Abenteuer 57) 1955
20 Stürmische Tage am Rhein. 246 S. Bln: Verl. Neues Leben 1955 (Forts. v. Nr. 14)
21 Tatanka – Yotanka. Ein Roman um Sitting Bull, den großen Häuptling der Sioux. 336 S. (Bln:) Verl. Neues Leben 1955
22 Der Todesritt der Dakota. 58 S. m. Abb. Bln: Verl. Kultur und Fortschritt (= Kleine Jugendreihe. Jg. 6, 12) 1955

23 Beinahe Anno Tobak. 133 S. m. Abb. Bln: Verl. Neues Leben 1956
24 Die Drachen leben. 29 S. m. Abb. Bln: Verl. Neues Leben (= Das neue Abenteuer 100) 1956
25 Okapi, das falsche Johnstonpferd. 30 S. Bln: Verl. Neues Leben (= Das neue Abenteuer 94) 1956
26 Die vier Pfeile der Cheyenne. 250 S. m. Abb. Bln: Verl. Neues Leben. (= Spannend erzählt 22) 1957
27 Sitting Bull. Großer Häuptling der Sioux. 362 S. m. Abb. Wien: Verl. f. Jugend und Volk; Bln: Weiß (1958) (Lizenzausg. v. Nr. 21)
28 Der Untergang der Dakota. 287 S. m. Abb. Wien: Verl. f. Jugend und Volk; Bln: Weiß (1958) (Forts. v. Nr. 21)

DAUMER, Georg Friedrich (+Eusebius Emmeran) (1800–1875)

1 Auswahl des Besten, was die ... Schriftsteller ... gedacht haben. 160 S. Nürnberg: Bieling 1818
2 Über den Gang und die Fortschritte unserer geistigen Entwicklung seit der Reformation. 32 S. 4° Nürnberg: Riegel 1826
3 Grundriß der griechischen Formenlehre. 126 S. qu. 4° Nürnberg: Riegel 1826
4 Urgeschichte des Menschengeistes. X, 98 S. Bln: Reuner 1827
5 Andeutung eines Systems speculativer Philosophie. VIII, 116 S. Nürnberg: Campe 1831
6 Ist die Cholera Morbus ein Strafgericht Gottes? 2½ Bg. Nürnberg: Stein 1832
7 Mittheilungen über Kaspar Hauser. 2 Bde. VIII, 104; IV, 76 S. Nürnberg: Haubenstricker 1832
8 Über die Entwendung ägyptischen Eigenthums. IV, 39 S. Nürnberg: Campe 1833
9 Philosophie, Religion und Alterthum. 2 Bde. IV, 78; 56 S. Nürnberg: Campe 1833
10 Polemische Blätter. 2 Bde. XII, 122; 140 S. Nürnberg: Campe 1834
11 Züge zu einer neuen Philosophie der Religion und Religionsgeschichte. 9¼ Bg. Nürnberg: Schneider & Weigel 1835
12 Darlegung des ... Charakters ... der Herren Gutzkow und Menzel. Nürnberg 1836
13 Bettina. Gedichte aus Goethes Briefwechsel mit einem Kinde. 24¾ Bg. Nürnberg: Bauer & Raspe 1837
14 +Entdeckung eines Complots wider ... 36 S. Nürnberg: Bauer & Raspe 1837
15 +Antisatan. Nürnberg 1838
16 Sabbath, Moloch und Tabu. 2 Bg. Nürnberg: Bauer & Raspe 1839
17 Über Thierquälerei ... 24 S. Nürnberg: Riegel & Wiessner 1840
18 +Die Glorie der heiligen Jungfrau Maria. 11 Bg. m. Ku. 16° Nürnberg: Bauer & Raspe 1841
19 Der Feuer- und Molochdienst der alten Hebräer. VI, 320 S. Braunschweig, Lpz: Wigand 1842
20 Der Anthropologismus und Kriticismus der Gegenwart. 126 S. Nürnberg: Bauer & Raspe 1844
21 Die Stimme der Wahrheit in den religiösen und confessionellen Kämpffen der Gegenwart. 70 S. Nürnberg: Bauer & Raspe 1845
22 Hafis. Eine Sammlung persischer Gedichte. X, 318 S. Hbg: Hoffmann & Campe 1846
23 Die Geheimnisse des christlichen Alterthums. 2 Bde. VIII, 572 S. Hbg: Hoffmann & Campe 1847
24 Mahomed und sein Werk. Eine Sammlung orientalischer Gedichte. 370, 1 S. Hbg: Hoffmann & Campe 1848
25 Die Religion des neuen Weltalters. 3 Bde. XXIV, 332, IV; VI, 332; VIII, 310 S. Hbg: Hoffmann & Campe 1850
26 Prolog zur Festvorstellung am 30. September 1851 im Stadttheater zu Er-

langen die Philologenversammlung betreffend. 8 S. Nürnberg: Stein 1851
27 Hafis. Neue Sammlung. 224 S. 16° Nürnberg: Bauer 1852
28 Frauenbilder und Huldigungen. 3 Teile. 809 S. 16° Lpz: Wigand 1853
29 Polydora. Ein weltpoetisches Liederbuch. 2 Bde. 570 S. Ffm: Liter. Anst. 1855
30 (MV) Mythoterpe. Mythen-, Sagen- und Legendenbuch. Dichtungen von A. George, G. F. D. u. A. Kaufmann. 408 S. Lpz: Brockhaus 1858
31 Meine Conversion. 255 S. Mainz: Kirchheim 1859
32 Enthüllungen über Kaspar Hauser. 336 S. Ffm: Meidinger 1859
33 Die dreifache Krone Rom's. 128 S. Münster: Aschendorff 1859
34 Marianische Legenden und Gedichte. 192 S. 16° Münster: Aschendorff 1859
35 Aus der Mansarde. Streitschriften, Kritiken, Studien und Gedichte. 6 H. 1693 S. Mainz: Kirchheim 1860–1862
36 Schiller und sein Verhältnis zu den politischen und religiösen Fragen der Gegenwart. 148 S. Mainz: Kirchheim 1862
37 Schöne Seelen. Ein Legenden- und Novellensträußchen. 135 S. Mainz: Kirchheim 1862
38 Blumen und Früchte aus dem Garten christlicher Weltanschauung und Lebensentwicklung. 408 S. 16° Mainz: Kirchheim 1863
39 Das Christenthum und seine Urheber. 142 S. Mainz: Kirchheim 1864
40 Christina mirabilis und der heilige Joseph von Copertino. 102 S. 12° Paderborn: Junfermann 1864
41 Der Tod des Leibes – kein Tod der Seele. 280 S. 16° Dresden: Türk 1865
42 Das Geisterreich in Glauben, Vorstellung, Sage und Wirklichkeit. 2 Bde. 677 S. Dresden: Türk 1867
43 Charakteristiken und Kritiken betr. die wissenschaftlichen, religiösen und socialen Einbarten, Systeme, Projecte etc. 128 S. Hannover: Rümpler 1870
44 Das Reich des Wundersamen und Geheimnissvollen. Thatsache und Theorie. 305 S. Regensburg: Coppenrath 1872
45 Kaspar Hauser. Sein Wesen, seine Unschuld, seine Erduldungen und sein Ursprung in neuer, gründlicher Erörterung und Nachweisung. 463 S. Regensburg: Coppenrath 1873
46 Das Wunder. Seine Bedeutung, Wahrheit und Nothwendigkeit den Herren Strauss, Frohschammer, Lang, Renan, Reinkens etc. gegenüber in's Licht gesetzt. 151 S. Regensburg: Coppenrath 1874
47 Der Zukunftsidealismus der Vorwelt, namentlich was die auf die christlichen Dinge bezüglichen Ahnungen, Seherblicke, ... betrifft. 84 S. Regensburg: Coppenrath 1874
48 Gesammelte poetische Werke. Hg. L. Hirschberg. Bd. 1. XV, 469 S. Bln: Trowitzsch 1924

DAUTHENDEY, Max (1867–1918)

1 Josa Gerth. Roman. 185 S. Dresden: Pierson 1893
2 Ultra-Violett. Einsame Poesien. 325 S. Bln: Haase 1893
3 Das Kind. Drama in zwei Teilen. Glück. Drama in vier Szenen. 159 S. Bln: Haase 1895
4 Sun. Drama. Sehnsucht. Drama. 60 S. Bln: Haase 1895
5 Reliquien. Mexico: Jens 1877
6 Schwarze Sonne. Phallus. Mexico: Jens 1897
7 Reliquien. Gedichte. 116 S. Minden: Bruns 1900 (Neuaufl. v. Nr. 5; Erstdr. in Deutschl.)
8 (Übs.) S. Kierkegaard: Das Tagebuch des Verführers. 218 S. Lpz: Insel 1903
9 Bänkelsang vom Balzer auf der Balz. 193 S. Stg: Juncker 1905
10 Die ewige Hochzeit. Der brennende Kalender. Liebeslieder. 142 S. Stg: Juncker (= A. Juncker's Sammlung moderner deutscher Lyrik 1) 1905
11 Die Ammenballade. Acht Liebes-Abenteuer, gedichtet von acht Ammen am Sarge des Herrn Heinz. – Neun Pariser Moritaten. 179 S. Mchn: Bonsels 1907
12 Singsangbuch. Liebeslieder. 108 S. Mchn: Bonsels 1907
13 In sich versunkene Lieder im Laub. Ein Sommerbuch. 130 S. Stg, Bln: Juncker 1908

DAUTHENDEY 215

14 Der weiße Schlaf. Lieder der langen Nächte. 96 S. Stg, Bln: Juncker 1908
15 Lingam. Zwölf asiatische Novellen. 200 S. Mchn: Langen 1909
16 Lusamgärtlein. Frühlingslieder aus Franken. 163 S. Stg, Bln: Juncker 1909
17 Die geflügelte Erde. Ein Lied der Liebe und der Wunder um sieben Meere. 476 S. Mchn: Langen 1910
18 Schwarze Sonne. Phallus. 41 S. 4° Lpz: Rowohlt 1910
(Neuaufl. v. Nr. 6; Erstdr. in Deutschld.)
19 Die Spielereien einer Kaiserin. Drama. 235 S. Mchn: Langen 1910
20 Weltspuk. Lieder der Vergänglichkeit. 154 S. Mchn: Langen 1910
21 Der Drache Grauli. Drama in drei Akten. 139 S. Mchn: Langen 1911
22 Die acht Gesichter am Biwasee. Japanische Liebesgeschichten. 277 S. Mchn: Langen 1911
23 Lachen und Sterben. Fünfuhrtee. Zwei tragische Akte. 56 S. Lpz: Rowohlt 1911
24 Madame Null. Schwank in drei Akten. 88 S. Lpz: Rowohlt 1911
25 Maja. Skandinavische Bohème-Komödie in drei Akten. 5, 116 S. Lpz: Rowohlt 1911
26 Menagerie Krummholz. Jahrmarktskomödie in drei Akten. 76 S. Lpz: Rowohlt 1911
27 Raubmenschen. Einer von Rennewarts Romanen. 518 S. Mchn: Langen 1911
28 Frau Raufenbarth. Bürgerliche Tragödie in drei Akten. 82 S. Lpz: Rowohlt 1911
29 Ein Schatten fiel über den Tisch. Schauspiel in drei Akten. 72 S. Lpz: Rowohlt 1911
30 Der Venusinenreim. Auszug der Frau Venusine aus dem Hörselberg und Venusinens Abenteuer. Eine schalkhaft heroische Liebesmär in zwölf Reimen. 6, 128 S. Lpz: Rowohlt (600 Ex.) 1911
31 Die Heidin Geilane. Die Kilianstragödie. 197 S. Mchn: Langen 1912
32 Der Geist meines Vaters. Aufzeichnungen aus einem begrabenen Jahrhundert. 376 S. Mchn: Langen 1912
33 Gedankengut aus meinen Wanderjahren. 2 Bde. 352, 362 S. Mchn: Langen 1913
34 Die Untergangsstunde der ,,Titanic". 16. 4. 1913. 15 S. Bln-Wilmersdorf: Meyer 1913
35 Der Garten ohne Jahreszeiten. Ausgewählte asiatische Novellen. 106 S. Mchn: Langen (= Langen's Mark-Bücher 2) 1914
(Enth. Ausz. a. Nr. 15 u. 22)
36 Ausgewählte Lieder aus sieben Büchern. 164 S., 1 Bildn. Mchn: Langen 1914
37 Des großen Krieges Not. 104 S. Medan/Sumatra: Dt. Verein (500 Ex.) 1914
38 Geschichten aus den vier Winden. 359 S. Mchn: Langen (1915)
39 Des großen Krieges Not. 104 S. Mchn: Langen (1915)
(Neuaufl. v. Nr. 37; Erstdr. in Deutschld.)
40 Das Lied der Weltfestlichkeit. 3 Bl., 117 S. Tosari 1918
41 Das Märchenbriefbuch der heiligen Nächte im Javanerlande. 250 S. m. Abb. Mchn: Langen 1921
42 Erlebnisse auf Java. Aus Tagebüchern. 256 S. Mchn: Langen 1924
43 Letzte Reise. Aus Tagebüchern, Briefen und Aufzeichnungen. 584 S. Mchn: Langen 1925
44 Gesammelte Werke. 6 Bde. 819 S., 1 Titelb.; 863; 952; 751; 655; 897 S. Mchn: Langen 1925
45 Gesammelte Gedichte und kleinere Versdichtungen. 751 S. Mchn: Langen 1930
46 Aus meinem Leben. Die autobiographischen Schriften. 817 S. Mchn: Langen 1930
47 Mich ruft Dein Bild. Briefe an seine Frau. 447 S. Mchn: Langen 1930
48 Gesammelte Novellen und Romane. 952 S. Mchn: Langen 1930
49 Ein Herz im Lärm der Welt. Briefe an Freunde. 228 S. Mchn: Langen-Müller 1933
50 Sieben Meere nahmen mich auf. Ein Lebensbild mit unveröffentlichten Dokumenten aus dem Nachlaß. Eingel. u. hg. H. Gerstner. 358 S., 1 Abb. Mchn: Langen-Müller 1957

David, Jakob Julius (1859–1906)

1 Das Höfe-Recht. Eine Erzählung. 203 S. Dresden: Minden 1890
2 Die Wiedergeborenen. Erzählung. 244 S. Dresden: Minden 1890
3 Das Blut. Roman. 251 S. Dresden: Minden 1891
4 Hagars Sohn. Schauspiel. 91 S. 12° Wien: Weiß 1891
5 Gedichte. 128 S. 12° Dresden: Minden 1892
6 Probleme. Erzählungen. 268 S. Dresden: Minden 1892
7 Frühschein. Geschichten vom Ausgang des großen Krieges. 194 S. Lpz, Bln: Meyer 1896
8 Ein Regentag. Drama. 111 S. Lpz, Bln: Meyer 1896
9 Neigung. Schauspiel. 128 S. Lpz, Bln: Meyer 1898
10 Vier Geschichten. 133 S. Lpz, Bln: Meyer 1899
11 Am Wege sterben. Roman. 269 S. Bln: Schuster & Loeffler 1900
12 Die Troika. Erzählungen. 237 S. Bln: Schuster & Loeffler 1901
13 Der getreue Eckardt. Schauspiel. 183 S. Bln: Schuster & Loeffler 1902
14 Stromabwärts. 102 S. Wien: Wiener Verl. (= Bibliothek berühmter Autoren 6) 1903
15 Der Übergang. Wiener Roman. 275 S. Bln: Schuster & Loeffler 1903
16 Ludwig Anzengruber. 73 S., 5 Taf., 2 Faks. Bln: Schuster & Loeffler (= Die Dichtung 2) 1904
17 Die Hanna. Erzählungen aus Mähren. 258 S. Bln: Schuster & Loeffler 1904
18 Mitterwurzer. 76 S., 8 Taf. Bln: Schuster & Loeffler (= Das Theater 13) 1905
19 Wunderliche Heilige. Erzählungen. 109 S. Wien: Wiener Verl. (= Bibliothek moderner deutscher Autoren 17) 1906
20 Vom Schaffen und seinen Bedingungen. Essays. 166 S. 4° Jena: Diederichs 1906
21 Stimmen der Dämmerung und andere Erzählungen. Mit e. Einl. u. D.-Bibliographie v. J. Berstl, sowie persönl. Erinnerungen v. R. Reinhard. 171 S., 1 Abb. Lpz: Hesse (= Max Hesse's Volksbücherei 483–484) 1908
22 Gesammelte Werke. Hg. E. Heilborn u. E. Schmidt. 7 Bde. Mchn: Piper 1908–1909
23 Der Bettelvogt. Novellen. 304 S. Bln: Buchverl. fürs deutsche Haus (= Die Bücher des deutschen Hauses 71) 1909
24 Essays. 434 S. m. Abb. Mchn: Piper 1909
25 Mährische Dorfgeschichten. Einl. A. v. Weilen. 146 S. m. Abb. Hbg: Dt. Dichter-Gedächtnis-Stiftung (= Hausbücherei der deutschen Dichter-Gedächtnis-Stiftung 34) 1910
26 Ein Poet und andere Erzählungen. 99 S. m. Abb. 16° Lpz: Reclam (= Reclam's Novellenbibliothek 60; = Reclam's UB. 5154) 1910

Dehmel, Richard (1863–1920)

1 Erlösungen. Eine Seelenwandlung in Gedichten und Sprüchen. VIII, 210 S. Stg, Lpz: Göschen 1891
2 Aber die Liebe. Ein Ehemanns- und Menschenbuch. 242 S. m. Abb. Mchn: Albert 1893
3 Lebensblätter. Gedichte und Anderes. 172 S. m. Abb. Bln: Genossensch. Pan 1895
4 Der Mitmensch. Drama. 103 S., 1 Abb. Bln: Storm 1895
5 Weib und Welt. Gedichte mit einem Sinnbild. 149 S. 12° Bln: Schuster & Loeffler 1896
6 Zwanzig Gedichte. Mit einem Geleitbrief von W. Schäfer. 89 S., 1 Abb. 12° Bln: Schuster & Loeffler 1897
7 Erlösungen. Gedichte und Sprüche. 318 S. 12° Bln: Schuster & Loeffler 1898 (Veränd. u. verm. Neuausg. v. Nr. 1)
8 Lucifer. Ein Tanz- und Glanzspiel. 126 S. 12° Bln: Schuster & Loeffler 1899
9 (MV) Paula u. R. D.: Fitzebutze. Allerhand Schnickschnack für Kinder. 39 S. m. Abb. 4° Lpz: Insel 1900

DEHMEL 217

10 Ausgewählte Gedichte nach dem Inhalt geordnet. 154 S., 1 Abb. 16° Bln: Schuster & Loeffler 1901
11 Zwei Menschen. Roman in Romanzen. 236 S. Bln: Schuster & Loeffler 1903
12 Der Buntscheck. Ein Sammelbuch herzhafter Kunst für Ohr und Auge deutscher Kinder. 55 S. m. Abb. 4° Köln: Schaffstein 1904
13 Gesammelte Werke. 10 Bde. Bln: Fischer 1906–1909
14 Fitzebutze. Traumspiel in fünf Aufzügen. In Musik gesetzt v. H. Zilcher. 53 S. Bln: Fischer 1907
   (zu Nr. 9)
15 Die Verwandlungen der Venus. Erotische Rhapsodie mit einer moralischen Ouvertüre. 111 S. o. O. (Priv.-Dr.; 150 Ex.) 1907
   (Enth. u. a. Ausz. a. Nr. 2)
16 Hundert ausgewählte Gedichte. 200 S. m. Abb. Bln: Fischer 1908
17 Der Kindergarten. Gedichte, Spiele und Geschichten für Kinder und Eltern jeder Art. 191 S. Bln: Fischer 1908
18 Betrachtungen über Kunst, Gott und die Welt. 218 S. Bln: Fischer 1909
19 (MV) J. v. Gilse: Eine Lebensmesse. Dichtung v. R. D., komp. f. Solostimmen, Chor u. Orchester. 11 S. Lpz: Kistner 1909
20 Lebensblätter. Novellen in Prosa. 188 S. Bln: Fischer 1909
21 (Hg.) D. v. Liliencron: Ausgewählte Briefe. 2 Bde. XXV, 299; 347 S.; je 3 Bildn. u. 2 Faks. Bln: Schuster & Loeffler 1910
22 Die Gottesnacht. Ein Erlebnis in Träumen. 92 S. Mchn: Hyperion-Verl. (= Druck für die Hundert 7) 1910
23 Michel Michael. Komödie in fünf Akten. 152 S. Bln: Fischer 1911
24 Preislied auf den gnadenreichen hochgehäupteten Haus- und Herdherrn des Festes der 1002. Nacht. 5 Bl. Lpz: Priv.-Dr. (1911)
25 (Übs.) L. Housman: Blinde Liebe. Eine Geschichte aus den höchsten Kreisen, sehr frei nach dem Englischen. 58 S. m. Abb., 5 Taf. Bln: Lehmann 1912
26 Jesus und Psyche. Phantasie bei Klinger. 13 S. Lpz: (Priv.-Dr.) 1912
27 Schöne wilde Welt. Neue Gedichte und Sprüche. 125 S. Bln: Fischer 1913
28 Gesammelte Werke. 3 Bde. 359, 383, 381 S. m. Abb. Bln: Fischer 1913
29 Vier Kriegslieder. 8 S., 3 Abb. 4° Mchn: v. Weber (= Münchner Kriegsblätter 3) 1914
30 Volksstimme – Gottesstimme. Kriegsgedichte. 12 S. Hbg: Herold 1914
31 Kriegs-Brevier. 51 S. Lpz: Insel (= Insel-Bücherei 229) (1917)
32 Die Menschenfreunde. Drama in drei Akten. 101 S. Bln: Fischer 1917
33 Deutsche Einheit. Prolog. 2 Bl. Bln: Arbeitsgemeinsch. f. staatsbürg. u. wirtschaftl. Bildung 1918
34 (Hg.) D. v. Liliencron: Gesammelte Werke. 3 Bde. Bln: Schuster & Loeffler 1918
35 Schöne wilde Welt. Gedichte und Sprüche. 187 S. Bln: Fischer 1918
   (Erw. Neuausg. v. Nr. 27)
36 (Hg.) Paula Dehmel: Das liebe Nest. Gesammelte Kindergedichte. 215 S. m. Abb. Lpz: Seemann 1919
37 Empörung. Rede bei der Revolutionsfeier der Arbeitsgemeinsch. f. staatsbürg. u. wirtschaftl. Bildung in Berlin am 5. Januar 1919. 2 Bl. Bln: Arbeitsgemeinsch. f. staatsbürg. u. wirtschaftl. Bildung 1919
38 Zwischen Volk und Menschheit. Kriegstagebuch. 494 S. Bln: Fischer (1919)
39 (Hg.) Paula Dehmel: Singinsens Geschichten. 71 S. Lpz: Seemann 1921
40 Die Götterfamilie. Kosmopolitische Komödie. 108 S. Bln: Fischer 1921
41 Tagebuch 1893–94. Hg. G. Kirstein, W. Tiemann, E. R. Weiß. 84 S. 4° Lpz: Dehmel-Gesellschaft (= Drucke der Dehmel-Gesellsch. 1) (Als Hs. gedr.) 1921
42 Ausgewählte Briefe. 2 Bde. Bln: Fischer (1922–) 1923
   1. Aus den Jahren 1883–1902. XI, 470 S., 6 Abb. (1922–) 1923
   2. Aus den Jahren 1902–1920. 529 S., 6 Abb., 1 Faks. 1923
43 Mein Leben. Hg. G. Kirstein, A. Mombert, R. Petsch. 45 S. 4° Lpz: Dehmel-Gesellschaft (= Drucke der Dehmel-Gesellschaft 2). Als Hs. gedr. 1922
44 Dehmel-Lieder. Eine Auswahl. 45 S. 16° Bln: Fischer 1923
45 Lieder der Bilitis. Freie Nachdichtung nach P. Louys. 36 S. Bln: Euphorion-V. 1923
46 Der Vogel Wandelbar. Ein Märchen. 17 S. m. Abb. 4° Wiesbaden: Pestalozzi-Verl.-Anst. (1923)

47 Der kleine Held. Eine Dichtung für wohlgeratene Bengels und für Jedermann aus dem Volk. 26 S. m. Abb. 4° Wiesbaden: Pestalozzi-Verl.-Anst. (1924)
48 Bekenntnisse. Nachw. Ida Dehmel. 206 S. Bln: Fischer (= Gesammelte Werke in Einzelausgaben) 1926
49 Kindergeschichten. 24 S. m. Abb. Lpz: Eichblatt (= Eichblatts deutsche Heimatbücher 9) (1926)

DEINHARDSTEIN, Johann Ludwig Ferdinand
(+Dr. Römer) (1794–1859)

1 (Hg.) Dichtungen für Kunstredner. 514 S., 1 Abb. Wien, Triest: Geistinger 1815
2 Dramatische Dichtungen. 225 S. Wien: Wallishausser 1816
3 Ehstands-Qualen. Ein Lustspiel in einem Act und in Alexandrinern. 48 S. Wien: Wallishausser 1820
4 Prolog vor einer zum Besten der durch Feuer verunglückten Einwohner von Maria Zell im k. k. Redoutensaale am 8. Dec. 1827 abgehaltenen musikalischen Akademie. 2 Bl. Wien: Grund 1827
5 Theater. 2 Bde. 5 Bl., 277 S.; XX, 300 S. Wien: Armbruster 1827–1833
6 *Stradella. Drama in drei Akten, nach D.'s gleichnamiger Novelle von Dr. Römer. 83 S. Prag: Buchler, Stephani & Schlosser 1828
7 (Hg.) Jahrbücher der Literatur. 21 Jge. Wien 1829–1849
8 Hans Sachs. Dramatisches Gedicht in vier Acten. XVI, 140 S. Wien: Armbruster 1829
9 Der Streitsüchtige. Charakter-Lustspiel in zwei Aufzügen. 127 S. 16° Prag: Enders 1829
10 Worte des Dankes der durch den Eisgang der Donau in der Nacht vom 28. Februar auf den 1. März Verunglückten an ihre Wohlthäter. Gedichtet v. D., in Musik gesetzt v. ... C. Kreuzer ... 2 Bl. 4° (Wien: Grund 1830)
11 Skizzen einer Reise von Wien über Prag, Teplitz, Dresden, Berlin, Leipzig, Weimar, Frankfurt am Main, Darmstadt, Heidelberg, Mannheim, Karlsruhe, Stuttgardt, München, Salzburg, Linz, und von dort nach Wien zurück, in (11) Briefen an einen Freund ... 2 Bl., 192 S. Wien: Gerold 1831
12 Erzherzog Maximilians Brautzug. Dramatisches Gedicht in fünf Abtheilungen. Nach dem Teuerdanck. 5 Bl., 114 S. Wien: Gerold 1832
13 Garrick in Bristol. Lustspiel in vier Aufzügen und in Versen ... 4 Bl., 139 S. Wien: Wallishausser 1834
14 *Theater von Dr. Römer. 3 Bde. 3 Bl., 228 S.; 3 Bl., 180 S.; 2 Bl., 154 S., 1 Bl. Wien: Mausberger (Bd. 1) bzw. Lpz: Magazin für Industrie u. Literatur (Bd. 2) bzw. Lpz: Hunger (Bd. 3) 1837–1841
   (Enth. u. a. Nr. 6)
15 (Übs.) Die Widerspänstige. Lustspiel in vier Aufzügen von Shakspeare. Mit Benützung einiger Theile der Übersetzung des Grafen Baudissin ... 3 Bl., 112 S. Wien: Wallishausser 1839
16 (Bearb.) Viola. Lustspiel in fünf Aufzügen. Nach Shakespeare's: Was Ihr wollt. Für die Bühne bearbeitet. 123 S. Wien: Wallishausser 1841
17 Gedichte. 244 S. Bln: Duncker & Humblot 1844
18 Künstlerdramen. 2 Bde. IX S., 1 Bl., 271 S.; 3 Bl., 258 S. Lpz: Brockhaus 1845
   (Enth. u. a. Nr. 8 u. 13)
19 Pigault Lebrun. Lustspiel in fünf Acten. 1 Bl., 149 S. Lpz: Brockhaus 1845
   (Ausz. a. Nr. 1)
20 Erzählungen und Novellen. 4 Bl., 274 S. Pest: Heckenast u. Lpz: Wigand 1846
21 Fürst und Dichter. 46 S. Wien: Wallishausser (1847)
22 Gesammelte dramatische Werke. 7 Bde. Lpz: Weber 1848–1857
23 Ein deutscher Schullehrer. Lebensbild mit Gesang und Tanz in drei Akten. 39 S. (Wien:) Klopf & Eurich (1855)
24 Classisches Theater des Auslandes. 2 Bde. 1 Bl., 255 S.; 263 S. Pest, Wien, Lpz: Hartleben 1856–1857

Deissinger, Hans (*1890)

1. Ferdinand Sauter. Sein Leben und Dichten. Auf Grund einer Diss. v. H. D. Hg., erg. v. O. Pfeiffer. VIII, 327 S. m. Abb., 12 Taf. Wien: Gerold 1926
2. Erde wir lassen dich nicht! Ein Jahreskreis. 145 S. Graz, Salzburg: V. Das Bergland-Buch (= Das Bergland-Buch) 1932
3. Geschwister. Schauspiel in drei Akten. 63 S. Wien: Volkskunstverlag (Bühnen-Ms.) 1936
4. Das ewige Antlitz. Roman. 242 S. Wien: Luser 1937
5. Alpennovelle. Mit e. Nachw. v. A. Schmidt. 72 S. Lpz: Reclam (= Reclam's UB. 7425) 1939
6. Der Menschenhai. Ein kleiner Roman. 172 S. Reichenberg: Kraus 1939
7. (Hg.) Salzburger Sagen. Ausgew. u. neu erz. 48 S. Bln, Augsburg: Schneider 1944
8. Das Zaubermal. Roman eines Urskindes. 420 S. Salzburg: V. Das Bergland-Buch (= Das Bergland Buch) 1952

Denis, Johann Nepomuk Cosmas Michael (+ Sined der Barde) (1729–1800)

1. *Empfindungen bei Betrachtung des Werkes des Schöpfers. 15 S. Zürich: Orell 1751
2. Poetische Bilder der meisten kriegerischen Vorgänge in Europa seit 1756. 77 S. Wien: Kurzböck 1760
3. Das Meisterstück der Vorsicht in dem Beilager des Erb- und Kronprinzen Joseph und der Infantin Elisabeth von Parma. 4° Wien 1760
4. Poetisches Sendschreiben an Herrn Klopstock. 4° Wien 1764
5. Der Donaustrom an Josepha von Bayern auf ihrer Hochzeitsreise nach Wien. 4 Bl. Wien (o. Verl.) 1765
6. Der Heldentempel Österreichs zum Nachruhme des k. k. Feldmarschalls Grafen Leopold v. Daun. 7 ungez. Bl. 4° Wien: Trattner 1766
7. (Hg.) Sammlung kürzerer Gedichte aus den neuern Dichtern Deutschlands für die Jugend. 266 S. Wien: Kurzböck 1766
8. Schreiben an einen Freund über Herrn Klopstocks Messiade. 4° Hbg 1766
9. Ode auf die Genesung Marien Theresiens. 4 Bl. Wien: Trattner 1767
10. (Übs.) Die Gedichte Ossian's, eines alten celtischen Dichters, aus dem Englischen übersetzt. 3 Bde. m. Titelku. Wien: Trattner 1768–1769
11. Auf die Reise Josephs des Zweyten. Gesungen im Mayen, in einer Ode. 4 ungez. Bl. Wien: Trattner 1769
12. Auf Gellerts Tod. Gesungen im Winter 1769. 8 S. 4° Wien: Trattner 1770
13. Bardenfeyer am Tage Theresiens. 82 S. Wien: Trattner 1770
14. Die Säule des Pflügers besungen. 5 Bl. Wien: Trattner 1771
15. +Der Gesang Sineds des Barden an einem heitern Herbstabend. Prag 1772
16. +Die Lieder Sineds des Barden. Mit Vorbericht und Anmerkungen von M. D. 46 Bl., 289 S. Wien: Trattner 1772
17. (HM) Jugendfrüchte des k. k. Theresianums. Hg. M. D. u. J. Burkard. 3 Bde. Wien 1772–1775
18. Geistliche Lieder zum Gebrauche der hohen Metropolitankirche bei St. Stephan in Wien und des ganzen Wienerischen Erzbisthums. Wien 1774
19. Der Blumenstrauß am Penklerisch-Toussäntischen Brauttage. 4° Wien 1774
20. +Die Stimme des Volkes, als Haddik Kriegspräsident ward, nachgesungen von Sined dem Barden. 4 ungez. Bl. Wien: Trattner 1774
21. +Sineds Empfindung, als ihm des Fürsten von Kaunitz Gruß und Geschenk kam. Wien 1776
22. +Sineds Lied an Wien, als am Theresienvorabende die neue Beleuchtung der Vorstädte begann. 3 Bl. Wien: Trattner 1776
23. Grundriß der Literaturgeschichte. Wien 1776
24. Auf Wiens Befreiung. Wien 1776
25. Einleitung in die Bücherkunde. 2 Bde. 277, 423 S. Wien: Trattner 1777 bis 1778

26 Grundriß der Bibliographie und Bücherkunde. 11 S. Wien: Trattner 1777
27 +Der Zwist der Fürsten, besungen von Sined dem Barden: 11 ungez. Bl. Wien: Bernard 1778
28 Die Heimkunft der Kroaten 1779, ein Lied nach dem Kroatischen. Wien 1779
29 Merkwürdigkeiten der Garellischen Bibliothek. 4 Bl. 760 S., 11 Bl. 4° Wien: Bernard 1770
30 Zwo Oden, auf die Geburt Jesu, auf den Tod Jesu. 31 S. Augsburg 1780
31 Auf den Tod M. Theresiens. 7 ungez. Bl. Wien: Krauß & Schmidt 1780
32 Gibraltar, vom 11.–18. Weinmondes. Ein Bardengesang Sineds, des Oberbarden der Donau. Von einer Ungarischen Dame zum Druck gefördert. Wien 1782
33 Ode, Seiner päpstlichen Heiligkeit bei Ihrem Hiersein überreicht, lateinisch und welsch. Wien 1782
34 Wiens Buchdruckergeschichte bis 1560. 2 Bde. XXIV, 694 S., 23 Bl. 4° Wien: Wappler 1782–1793
35 +Ossians und Sineds Lieder. 5 Bde. Wien: Wappler 1784 (Enth. Nr. 10 u. 16)
36 +Nachlese zu Sineds Liedern. Aufgesammelt u. hg. J. v. Retzer. 4 Bl., 214 S., 30 S. 4° Wien: Wappler 1784
37 An das feyernde Wien am Brauttage Franzens mit Elisabeth. 2° Wien 1788
38 Ueber Laudons Tod. Der Barde und das Vaterland. 3 Bl. Wien: Kurzbeck 1790
39 Codices mss. theol. bibliothecae Palatinae Vindob. latini aliarumque occidentis linguarum. 6 Bde. Wien: Trattner 1793–1802
40 Carmina quaedam. 185 S. 4° Wien: Albertus 1794
41 Zurückerinnerungen. 7 Bl., 155 S. 4° Wien: Albertus 1794
42 Dec. Junius Juvenalis von dem wahren Adel; mit den nötigsten Erläuterungen. 36 S. 4° Wien: Albertus 1796
43 Protrepticon inclitae nationi Hungaricae. 4° Wien 1796
44 An Seine Majestät Franz II., Wiederhersteller des adeligen Theresianums. 4° Wien: Kaulfuß 1797
45 Lesefrüchte. 2 Bde. 259, 278 S. Wien: Rötzel 1797
46 Clypei Heroum. Elegidion. Carolo Austrio ... victori. 4° Wien. 1799
47 Mantua. M. Aug. A. 4 S. 2° (Wien) 1799
48 In Tumulum Pii VI. Pont. Max. A. MDCCIC. XIV. Kal Sept. ... extincti. Wien 1799
49 Fatum societatis Jesu, carmen in scriptis posthumis celeberrimi M. D. repertum. 2 Bl. Wien (o. Verl.) 1800
50 +Sineds letztes Gedicht. Hg. L. L. Haschka. 19 S. Wien: Pichler 1801
51 Literarischer Nachlaß. Hg. J. F. v. Retzer. 2 Bde. XI, 176 S.; 4 Bl., 206 S. 4° Wien: Pichler 1801–1802
52 Jugendgeschichte, von ihm selbst beschrieben. 152 S. Winterthur: Steiner 1802

DERLETH, Ludwig (1870–1948)

1 Proklamationen. 83 S. Lpz: Insel 1904
2 Proklamationen. 132 S. Mchn: Musarion 1919 (Erw. Neudr. v. Nr. 1)
3 Der Fränkische Koran. 1. Teil. VII, 506 S. Kassel: Bärenreiter-V. 1933
4 Die Lebensalter. 112 S. Kassel: Bärenreiter-V. 1937 (Ausz. a. Nr. 3)
5 Seraphinische Hochzeit. Legenden und Hymnen des Bruders Immernach 172 S. Salzburg: Müller 1939
6 Der Tod des Thanatos. 128 S. Luzern: Stocker 1945
7 Ludwig Derleth. Gedenkbuch. Hg. L. Helbling u. D. Jost. 230 S., 4 Taf. Amsterdam: Castrum Peregrini-Presse 1958

DESTOUCHES, Joseph Anton von (1767–1832)

1 Schauspiele. Sammt einer Vorrede über das Theater der Alten, der Neueren und der Deutschen. 3 Bl., 96 S. Mchn: Strobl 1791

2 Alix, Gräfin von Toulouse. Ein Trauerspiel in fünf Aufzügen. Sulzbach 1795
3 *Friedrich der Vierte, oder: Der Fanatismus in der Oberpfalz. Ein oberpfälzisches Nationalschauspiel in vier Handlungen. Mit einer Vorrede von den Religionsveränderungen in der Oberpfalz. 112 S. Regensburg: Montag & Weiß 1795
4 Ueber die Verbindung eines guten Kopfes mit einem guten Herzen bey einem Geschäftsmanne. Eine Rede bey der Vorstellung des Hofkammervicedirektors Anton von Schenkl, zu Amberg gehalten. 20 S. 4° Sulzbach: v. Seidel 1795
5 *Der Bürgerfreund, ein Familiengemälde in fünf Handlungen. 5 Bl., 190 S. Amberg u. Sulzbach: v. Seidel 1800
6 Denkmahl des Kriegsschauplatzes in der Oberpfalz im Jahr 1796. Amberg 1802
7 Ueber den Verfall der Städte und Märkte und die Mittel, ihnen wieder aufzuhelfen. 4 Bl., 480 S. Ulm: Stettin 1803
8 *Die Rache Alberts des Dritten, Herzogs in Baiern. Ein Pendant zu Agnes Bernauerin in fünf Handlungen. 195 S. Augsburg 1804
9 *Arco. Ein Bayrisches vaterländisches Trauerspiel in fünf Handlungen; aus den Zeiten des Spanischen Successionskrieges ... 2 Bl., 188 S. Nürnberg u. Sulzbach: v. Seidel 1806
10 Statistische Darstellung der Oberpfalz und ihrer Hauptstadt Amberg – vor und nach der Organisation von 1802. Mit einem tabellarisch-statistischen Überblick des dermahlen organisirten Naabkreises. 3 Bde. Sulzbach: v. Seidel 1809
(Auch u. d. T.: Statistische Beschreibung der Oberpfalz ...)
11 Arnulf, König von Baiern. Ein baierisches vaterländisches Schauspiel in fünf Aufzügen mit geschichtlichen Noten. Nebst einem allegorischen Vorspiele: Thaliens Pilgerschaft. XVI, 16, 94 S. Mchn: Lentner 1820
12 Zenger. Ein vaterländisches Schauspiel in fünf Aufzügen. XX, 154 S. Sulzbach: v. Seidel 1822
13 Die Haupt- und Residenz-Stadt München und ihre Umgebungen. Ein Wegweiser für Fremde und Einheimische. XX, 480 S. Mchn: Michaelis 1827

Devrient, Otto (1838–1894)

1 Zwei Shakespeare-Vorträge. 160 S. 16° Karlsruhe: Braun 1869
2 Kaiser Rothbart. Phantastisches Volksschauspiel. 109 S. 16° Karlsruhe: Braun 1871
3 Tiberius Gracchus. Geschichtliches Trauerspiel. 153 S. Karlsruhe: Braun 1871
4 (MH) Eduard u. O. D.: Deutscher Bühnen- und Familien-Shakespeare. 6 Bde. 2323 S. Lpz: Weber 1873–1876
5 Was wir bieten. Festspiel am 8. September 1873. 32 S. Weimar: Kühn 1873
6 (Bearb.) J. W. v. Goethe: Faust. Für die Aufführung als Mysterium in zwei Tagewerken eingerichtet. 275 S. 12° Karlsruhe: Braun 1877
7 (Hg.) A. W. Iffland u. F. L. Schröder: Briefe an den Schauspieler Werdy. 149 S. Ffm: Rommel 1881
8 Luther. Historisches Charakterbild in sieben Abtheilungen. Ein Festspiel. 133 S. Jena: Mauke 1883
9 Gustav Adolf. Historisches Charakterbild. 125 S. 12° Lpz: Breitkopf & Härtel 1891

Devrient, Philipp Eduard (1801–1877)

1 Die Kirmess. 31 S. Bln: Trowitzsch 1832
2 Arien ... aus: Der Zigeuner ... 72 S. Bln (o. Verl.) 1834
3 Die Gunst des Augenblicks. 77 S. Bln: Sittenfeld 1836
4 Herbstespreis bei Beschorts Jubelfeier ... 1 Bl. 4° Bln: Krause 1836
5 Verirrungen. Ein bürgerliches Schauspiel in fünf Akten. 104 S. o. O. (1837)

6 Briefe aus Paris. IX, 299 S. 12⁰ Bln: Jonas 1840
7 Über Theaterschule. 58 S. 12⁰ Bln: Jonas 1840
8 Treue Liebe. 104 S. Bln: Reichardt 1841
9 Herr Baron! Lustspiel in drei Akten. 111 S. Bln 1843
10 Dramatische und dramaturgische Schriften. 10 Bde. m. Abb. Lpz: Weber 1846–1874
11 Wer bin ich? Lpz 1846
12 Geschichte der deutschen Schauspielkunst. 5 Bde. Lpz: Weber 1848–1874 (Bd. 5–9 v. Nr. 10)
13 Das Nationaltheater des neuen Deutschland. 95 S. Lpz: Weber 1849
14 Das Passionsspiel in Oberammergau. 43 S. 4⁰ Lpz: Weber 1851
15 Meine Erinnerungen an Felix Mendelssohn-Bartholdy und seine Briefe an mich. 290 S. Lpz: Weber 1869 (Bd. 10 v. Nr. 10)
16 (MH) E. u. Otto D.: Deutscher Bühnen- und Familien-Shakespeare. 6 Bde. 2323 S. Lpz: Weber 1873–1876

Diehl, Ludwig (1866–1947)

1 Acht Soldatengeschichten. 99 S. Stg: Strecker & Schröder 1897
2 Einquartierung im Pensionat. Lustspiel. 34 S. Bln: Bloch (= E. Bloch's Theater-Korrespondenz 300) 1898
3 Der Altertümer-Sammler. Handbuch zum Nachschlagen. 328 S. m. Abb. Stg: Spemann 1909
4 Wilphilde. Eine Erzählung aus Oberschwabens Vergangenheit. 329 S. Stg: Strecker & Schröder (1918)
5 Suso. Der Roman eines deutschen Seelenmenschen. 353 S. Stg: Strecker & Schröder (1921)
6 Ahasver. Roman. 318 S. Hbg: Enoch 1924
7 Alt-Lindau. Ein Stadtbild. 79 S., 40 Abb. Tüb: Fischer (= Alt-Städtebilder) 1924
8 Erlebtes und Erlauschtes aus Alt-Mergentheim. 62 S., 25 Abb. Stg: Belser 1925
9 Wildbad. Eine Schilderung. 59 S., 31 Abb. 4⁰ Tüb: Fischer (= Schwäbische Bilderhefte 13) 1925
10 Sphinx. Erlebnisse, Studien und Gedanken aus meinem Aufenthalt im Land der Wunder. 202 S. Hbg: Enoch 1926
11 Arische Springflut am Nil. 28 S. Stg-Zuffenhausen: Allgeist-Verl. Scheuch (= Salmannsbuch 3) 1927 (Ausz. a. Nr. 10)
12 Aton. Roman aus dem alten Ägypten. 341 S. Stg: Strecker & Schröder 1929
13 Diether und Wilfhilde. Roman aus einer Zeit ohne Haupt und Führer. 230 S. Nürnberg: Sebaldus-V. 1937 (zu Nr. 4)
14 Der Meister und die Mütter. Roman um das Leben eines Einsamen. 332 S. Lpz: Kreisel 1941
15 Ägyptische Miniaturen. Reiseskizzen. Einf. C. Sangiorgio. 63 S. Stg: Verl. Dt. Volksbücher (= Wiesbadener Volksbücher 287) 1942 (Ausz. a. Nr. 10)

Diesel, Eugen (*1889)

1 Pan im Geist. Die Krise junger Deutscher. 184 S. Lpz: Hillmann 1922
2 Die Söhne Fortunats. Tragödie in fünf Akten. 115 S. Stg: Cotta 1925
3 Der Weg durch das Wirrsal. Das Erlebnis unserer Zeit. XIV, 285 S. Stg: Cotta 1926
4 Die deutsche Wandlung. Das Bild eines Volks. XII, 374 S. Stg: Cotta 1929
5 Völkerschicksal und Technik. 138 S. m. Taf. Stg: Cotta (= Wege der Technik) 1930

6   Das Land der Deutschen. 259 S., 481 Abb., 2 Kt. 4° Lpz: Bibliogr. Inst. 1931
7   Die Umgestaltung der Welt. Zur Frage unseres technischen Schicksals. 33 S. Stg: Cotta 1931
8   (Vorw.) Das Werk. Technische Lichtbildstudien. 78 S. m. Abb. 4° Königstein: Langewiesche (= Die Blauen Bücher) 1931
9   (Hg.) Deutschland heute und gestern. Kalenderband. 2 Bde. Stg: Franckh 1932–1933
    1. 1933. Ost- und Westpreußen. 32 Bl. m. Abb. 1932
    2. 1934. Die Rheinprovinz. 58 S. Abb. 1933
10 Die Neugestaltung der Welt. Zur Frage unseres technischen Schicksals. 32 S. Stg: Cotta 1932
    (Neuaufl. v. Nr. 7)
11 Wir und das Auto. Denkmal einer Maschine. IX, 160 S. 239 Abb. 4° Lpz: Bibliogr. Inst. 1933
12 Deutschland arbeitet. Bilderband zum Kampf um die Arbeit. 123 S. m. Abb. Bln: Eckart-V. 1934
13 Technik, Nation und Welt. 47 S. Ffm: Diesterweg (= Das Reich im Werden, Reihe Deutsches Schrifttum 13) 1934
14 Vom Verhängnis der Völker. Das Gegenteil einer Utopie. XV, 269 S. Stg: Cotta 1934
15 Ringen um Europa. 90 S. Lpz: Bibliogr. Inst. 1935
16 (Bearb.) Die deutsche Kulturgeschichte. 1. Geschichte der Kultur v. G. Steinhausen. 4. Aufl. Neubearb. u. erw. E. D. 557 S. m. Abb. 4° Lpz: Bibliogr. Inst. 1936
17 Die Stellung des Geistes im Weltbild der Gegenwart. 43 S. Potsdam: Protte 1936
18 Diesel. Der Mensch, das Werk, das Schicksal. 520 S., 21 Abb. Hbg: Hanseat. Verl.-Anst. 1937
19 Das Phänomen der Technik. Zeugnisse, Deutung und Wirklichkeit. 259 S., 20 Bl. Abb. Lpz: Reclam u. Bln: VDI-Verl. 1939
20 Die erste Zündung. Wie der Dieselmotor entstand. 105 S. Potsdam: Protte (= Hanseaten-Bücherei) (1939)
    (Ausz. a. Nr. 18)
21 Autoreise 1905. 207 S. Lpz: Reclam 1941
22 (Einl.) W. v. Siemens: Lebenserinnerungen. 444 S. Lpz: Reclam (= Reclam's UB. 7545–7547) 1943
23 Die Macht des Vertrauens. 79 S. Mchn: Rinn 1946
24 Das Schicksal der Menschheit im Zeitalter der Technik. 10 Bl. Bln: Schmidt 1948
25 Jahrhundertwende. Gesehen im Schicksal meines Vaters. 304 S. m. Abb., 1 Faks. Lpz: Reclam 1949
26 Das gefährliche Jahrhundert. 142 S. Bln, Bielefeld, Mchn: Schmidt 1950
27 (MV) E. D. u. G. Strössner: Kampf um eine Maschine. Die ersten Dieselmotoren in Amerika. 157 S. m. Abb. Bln, Bielefeld, Mchn: Schmidt 1950
28 Philosophie am Steuer. 254 S., 46 Abb. Stg: Reclam 1952
29 Schweizer Streiflichter. 163 S. m. Abb. Zürich: Rotapfel-V. 1953
30 Die Geschichte des Diesel-Personenwagens. 123 S., 16 Abb., 1 Taf. Stg: Dt. Verl.-Anst. 1955
31 Wir und das Auto. Der Motor verwandte die Welt. 2., völlig neu bearb. u. neu ill. Aufl. XXXI S. Text, 173 Abb. m. Text. 4° Mannheim: Bibliogr. Inst. 1956
    (Umgearb. Neuaufl. v. Nr. 11)
32 (MV) E. D., G. Goldbeck u. F. Schildberger: Vom Motor zum Auto. Fünf Männer und ihr Werk. 339 S. m. Abb. Stg: Dt. Verl.-Anst. 1957
33 1880–1958. 75 Bände Das neue Universum. Würdigung einer Epoche und eines Buches. 50 S. m. Abb. Stg: Union 1958

DIETTRICH, Fritz (*1902)

1   Jugendbrände. 56 S. Dresden: Minden 1920
2   (Hg.) Die Gandhi-Revolution. Ein Aussprache-Buch. 215 S. Dresden: Jess 1930

3   Gedichte. 30 S. Dresden: Jess (Vorzugsausg.: 100 Ex.) 1930
4   Stern überm Haus. Gedichte und Legenden. 104 S. Dresden: Jess 1932
5   Paris. Ein Zeitgedicht. 29 S. Dresden: Jess (300 sign. Ex.) 1933
6   Der attische Bogen. Dichtungen. 53 S. Dresden: Jess 1934
7   Gedichte. 8 Bl. Hbg: (Verl. d.) Blätter f. d. Dichtung (= Das Gedicht. Jg. 1. 1934, Folge 4) 1934
8   Ausgewählte Gedichte. 11 Bl. Hbg: Verl. d. Blätter f. d. Dichtung (= Das Gedicht. Jg. 2. 1936, Folge 13) 1936 (Ausz. a. Nr. 4)
9   Mythische Landschaft. Hymnen. 42 S. Hbg: Verl. d. Blätter f. d. Dichtung 1936
10 Das Gastgeschenk. Ausgewählte Gedichte. 63 S. Lpz: List (= Lebendiges Wort 29) 1937
11 (MV) Winterliche Strophen. 11 Bl. Hbg: Verl. d. Blätter f. d. Dichtung (= Das Gedicht. Jg. 3. 1937, Folge 10) 1937
12 Reigen des Jahres. 19 S. Hbg: Ellermann (= Das Gedicht. Jg. 4. 1937, Folge 8) 1938
13 Epiphanias. 2 Bl. Kassel: Stauda (= Blätter der Einkehr 8) 1939
14 Der attische Bogen. 156 S. Kassel: Bärenreiter-V. 1940 (Verm. Neuaufl. v. Nr. 6)
15 Güter der Erde. 88 S. Kassel: Bärenreiter-V. 1940 (Enth. Nr. 5)
16 Hirtenflöte. 88 S. Kassel: Bärenreiter-V. 1940 (Verm. Neuaufl. v. Nr. 3)
17 Stern überm Haus. Gedichte und Legenden. 132 S. Kassel: Bärenreiter-V. 1940 (Verm. Neuaufl. v. Nr. 4)
18 Die Vögel des Aristophanes in der Nachdichtung. (Hg. aus Anlaß d. 500. Jahres d. Erfindung d. Buchdruckerkunst) 119 S., 11 Taf. 4° Ffm: Bauersche Gießerei (Priv.-Dr.; 125 Ex.) 1940
19 Die Flügel des Daidalos. Tragödie. 109 S. Kassel: Bärenreiter-V. 1941
20 Zwei deutsche Spiele. Beowulf. Der Schmied von Gent. 153 S. Kassel: Bärenreiter-V. 1941
21 Gesänge. 15 S. Hbg: Ellermann (= Das Gedicht. Jg. 9. 1943, Folge 5) 1943
22 Aus wachsamem Herzen. Gedichte. 51 S. Kassel: Bärenreiter-V. 1948
23 Sonette. 61 S. Kassel: Bärenreiter-V. (1948)
24 Zug der Musen. 30 S. Kassel: Bärenreiter-V. 1948
25 Die Frösche des Aristophanes. Komödie in zwei Akten mit einem Vorspiel. 119 S. Kassel, Basel: Bärenreiter-V. 1949
26 Gesänge der Einkehr. 123 S. Kassel, Basel: Bärenreiter-V. 1949
27 Mit fremdem Saitenspiel. Nachdichtungen. 144 S. Kassel, Basel: Bärenreiter-V. 1949
28 Philemon und Baucis. Episches Gedicht in sechs Gesängen. 34 S. 4° Basel: Bärenreiter-V. (300 num. u. sign. Ex.) (1950)
29 Der Lichtgott singt. Ein Bogen Gedichte. 15 S. Düsseldorf, Köln: Diederichs 1951
30 Denkzettel. 163 S. Kassel, Basel: Bärenreiter-V. 1953
31 Fünf Nachdichtungen. R. A. Schröder zum 26. Januar 1953. 20 S. 4° Ffm: V. Der Goldene Brunnen 1953
32 Jocosa. 10 ungez. Bl. 4° (Priv.-Dr.) (1958)
33 (Übs.) Properz: Die Liebesgedichte. Aus d. Latein. 170 S. Düsseldorf, Köln: Diederichs (= Diederichs Taschenausgabe, Bd. 12) 1958
34 Adams Nachfahr. Geistliche Gedichte. 79 S. Bln: Evang. Verl.-Anst. 1959

Dietzenschmidt, Anton
(+Peter Thomas Bundtschuch)   (1893–1955)

1   Kleine Sklavin. Eine Tragikomödie in vier Aufzügen. 135 S. Bln: Oesterheld (= Dramatische Bibliothek. Unsere Jüngsten. Bd. 4) 1918
2   König Tod. Novellen und Legenden. 156 S., 8 Abb. Bln: Oesterheld 1918

3 Jeruschalajims Königin. Eine Tragödie. 134 S. Bln: Oesterheld (= Dramatische Bibliothek. Unsere Jüngsten. Bd. 5) 1919
 4 Die Sanct Jacobsfahrt. Eyn Legendenspiel in drey Aufzügen. 102 S. Bln: Oesterheld 1920
 5 Die Nächte des Bruder Vitalis. Drama in drei Akten. 78 S. Bln: Oesterheld 1922
 6 Regiswindis. Ein Spiel in drei Aufzügen. Musik E. Viebig. 63 S. Ffm, Bln: Verl. d. Bühnenvolksbundes 1924
 7 Verfolgung. Ein Alpdruck in sieben Stationen. Stg, Bln: Oesterheld 1924
 8 Vom lieben Augustin. Volkskomödie mit Musik, Gesang und Tanz in drei Akten. Musik E. Viebig. 148 S. Bln: Oesterheld 1925
 9 †Der dumme Teufel Poltrioh. Ein lustiges Spiel in Holterdiepolter- und Stolperversen. 87 S. Bln: Bühnenvolksbundverl. (=Wir Rüpelspieler 5) 1928
10 Das Stegreifspiel vom Narren Tuvielgut. 82 S. m. Abb. Bln: Bühnenvolksbundverl. (= Unser Festabend 6) 1928
11 Die Flucht. Kinderkreuzzug. 44 S. Bln: Düwell & Franke (= ABC-Bücher 3) 1932
12 Hodie scietis, quia veniet Dominus! 60 S. Bln: Volkschaft-V. (= Religiöse Spiele der katholischen Jugend 1, 3) 1934

Dilherr, Johann Michael (1604–1669)

 1 Göttliche Liebesflamme: Das ist, Christliche Andachten, Gebet und Sueffzter über das königliche Braut-Lied Salomonis. Jena 1640
 2 Sündenleid und Friedesfreud. 5 Bl., 199 S., 14 Bl., 1 Titelku. 16° Nürnberg: Endter 1649
 3 Buß- und Passions-Betrachtungen, So in etlichen Predigen vorgestellet worden. 3 Bl., 550 S., 7 Bl. 16° Nürnberg: Endter 1650
 4 Der Starckgläubige Hiob, dargestellet in Dreyen Predigen. 11 Bl. 310 S., 6 Bl., 1 Titelku. 16° Nürnberg: Pillenhofer 1651
 5 Heilige Sonntagsfeier. 20 Bl., 415 S., 8 Bl., 1 Titelku. 16° Nürnberg: Endter 1652
 6 Es ist droben. In der Sittenlehre des Zuchtlehrers Jesu, des Sohns Sirachs. 62 S., 15 Bl. 16° Nürnberg: Endter 1653
 7 Frommer Christen Täglicher Geleitsmann. 8 Bl., 411 S. 16° Nürnberg: Endter 1653
 8 Die Himmelische Gluck-Hänne und Gott-mit-uns. 16 Bl., 95 S., 12 Bl., 1 Titelku. 16° Nürnberg: Endter 1653
 9 Heilige Karwochen. 13 Bl., 434 S., 14 Bl. m. Ku. 16° Nürnberg: Endter 1653
10 Kurtze Beschreibung der Biblischen Geschichten. 4 Bl., 745 S., 81 Bl. Nürnberg: Endter 1654
11 Himmlisches Freüdenmahl auf Erden. 34 Bl., 611 S., 31 Bl., 1 Titelku. 32° Nürnberg: Endter 1654
12 Hertzens-Gespräch oder Betrachtungen und Seufzer eines Christen Menschen. 13 Bl., 546 S., 11 Bl. 16° Nürnberg: Endter 1654
13 Vergiß Mein nicht, Das ist: Kurtze und andächtige Betrachtung des schmertzlichen Leidens und blutigen Sterbens des Herrn Jesu Christi. 1 Bl., 47 S., 1 Titelku. 32° Nürnberg: Endter 1654
14 Christliche Gedächtnis-Münze. 20 Bl., 507 S., 11 Bl., 1 Titelku. 16° Nürnberg: Endter 1655
15 Geistliches Klaghaus, Oder Christliche Leichpredigten. 11 Bl., 441 S., 7 Bl., 1 Titelku. 16° Nürnberg: Endter 1655
16 Neujahrs-Segen. 323 S., 7 Bl., 1 Titelku. 16° Nürnberg: Endter 1655
17 Der Tröstende Jeremias: fürgestellet in Drey Predigten, über die schöne Wort: Die Güte deß Herrn ists ... Denen beygefügt Drey andere Predigten, von der Providentz ... 12 Bl., 257, 7 S. 16° Nürnberg: Endter 1657
18 Zeit-Predigten, gerichtet auf das Advent, Weihenachten, Neujahr, Fest der Weisen ... Samt beygefügten dazu gehörigen Gebeten. 12 Bl., 791 S., 12 Bl. 16° Nürnberg: Endter 1657
19 Tugendschatz und Lasterplatz. 6 Bl., 694 S. m. Ku. Nürnberg: Fürst 1659

20 Augen- und Hertzens-Lust. Das ist, Emblematische Fürstellung der Sonn- und Festtäglichen Evangelien. 14 Bl., 365, 33 S. 4⁰ Nürnberg: Endter 1661
21 Hertz- und Seelen-Speise, Oder Emblematische Haus- und Reis-Postill. 17 Bl., 1160 S., 27 Bl. m. Ku. Nürnberg: Endter 1661
22 Ehre der Ehe. Das ist, Wolgemeinte Anweisung: Wie man den Ehestand vernünftig und Christlich anfangen, und fortsetzen solle ... 4 Bl., 572 S. 16⁰ Nürnberg: Endter 1662
23 Propheten-Schul. Das ist, Christliche Anweisung zu Gottseliger Betrachtung Des Lebens und der Lehre Heiliger Propheten Mit Anhang: Von dem hochverderblichen Zustand der Hohen Schulen. 7 Bl., 841 S., 35 Bl., 132 S. Nürnberg: Fürst (1662)
24 Heilig-Epistolischer Bericht, Licht, Geleit und Freud. Das ist: Emblematische Fürstellung, Der Heiligen Sonn- und Festtäglichen Episteln ... 16 Bl., 631, 33 S. 4⁰ Nürnberg: Endter 1663
25 Das in den leidenden Herrn Jesum Verliebte Christenherz. 7 Bl., 382 S., 12 Bl., 35 S. m. Ku. 32⁰ Nürnberg: Gerhard 1665
26 (Vorw.) J. Kissling: Christlicher Hertzen Geheime Bet-Kammer ... 14 Bl., 870 S., 7 Bl. 12⁰ Nürnberg: Endter 1665
27 Himmel und Erden. Das ist: Ungleiches Sinnen und Beginnen Deren so Gott, und auch Derer, so die Welt lieben ... 12 Bl., 444 S., 17 Bl. 16⁰ Nürnberg: Fürst (1667)
28 Christliche Betrachtungen Deß Gläntzenden Himmels, flüchtigen Zeit- und nichtigen Weltlauffs. 2 Bl., 731 S., 4 Bl., 3 S. 12⁰ Nürnberg: Endter 1670
29 Geistreiche Andachts-Arien. Nürnberg 1692
   (Ausz. a. Nr. 24)
30 De Historia Priscae Germaniae commentatio posthuma, Nunc demum cum observationibus selectis edita. 10 Bl., 196 S., 2 Bl. 12⁰ Ffm, Lpz: Stockius 1718

DINCKLAGE(-Campe), Emmy Amalie von   (1825–1891)

1 Hochgeboren. Roman. 294 S. Lpz: Schlicke 1869
2 Tolle Geschichten. Roman. 2 Bde. 712 S. Lpz: Schlicke 1870
3 Neue Novellen. 2 Bde. 303, 316 S. Lpz: Schlicke 1870
4 Sara. Roman. 2 Bde. 397 S. Lpz: Schlicke 1871
5 Durch die Zeitung. Roman. 2 Bde. 523 S. Lpz: Schlicke 1871
6 Geschichten aus dem Emsland. 2 Bde. 360, 372 S. Lpz: Schlicke 1872–1873
7 Die fünfte Frau. Roman. 2 Bde. 455 S. Stg: Simon 1873
8 Heimath-Geschichten. 283 S. Paderborn: Schöningh 1873
9 Kinder des Südens. Novellen. 2 Bde. 389 S. Stg: Simon 1873
10 Emsland-Bilder. 144 S. 16⁰ Stg: Simon 1874
11 (MV) E. A. u. C. v. D.: Geschichtenbuch für die Jugend. Wahre Erzählungen. 255 S. Stg: Kunstverl. 1875
12 Nordlands-Geschichten. Bd. 1. 348 S. Jena: Costenoble 1875
13 Der Erb-Onkel. Erzählung. 40 S. 4⁰ Stg: Kröner (= Reiselectüre) 1876
14 Die Schule des Herzens. Roman. 2 Bde. 581 S. Jena: Costenoble 1876
15 Im Sirocco. Neue Novellen. 186 S. Breslau: Schottländer 1877
16 (MV) (H. v. Hülsen: Aus eigener Wahl. Novelle. – E. A. v. D.:) Il Gobbo und sein Liebesleid und Glück. 2 Bde. 4⁰ Stg: Kröner (= Erholungsstunden; = Reiselectüre 99) 1878
17 (MV) E. A. v. D. u. A. Wilbrandt: Erich Lennep. Der Lootsenkommandeur. Zwei Erzählungen. 117 S. Bremen: Nordwestdt. Volksschriftenverl. 1878
18 Aus zwei Welttheilen. Novellen. 205 S. Lingen: Weldmann 1882
19 Wir. Emsland-Geschichten. 290 S. Lpz: Friedrich 1882
20 Die Amsivarier. Heimat-Geschichten. 318 S. Lpz: Friedrich 1883
21 (MV) Fürstliches Blut. (H. v. Veltheim: Napoleon Potée). 205 S. Köln: Bachem (= Bachem's Novellen-Sammlung) 1883
22 (MV) Die echten Abbergs. (– M. v. Roskowska: Die Grafenbraut). 208 S. Köln: Bachem (= Bachem's Novellen-Sammlung) 1884
23 Lieb' und Länder. Nationale Erzählungen. 195 S. m. Abb. Düsseldorf: Bagel 1885
24 Blutjung und andere Erzählungen. 244 S. Bln: Stilke 1886

25 (MV) Das Comtessel. (– M. Berger: Dolores. – A. Haupt: Haideröslein). 214 S. Köln: Bachem (= Bachem's Novellen-Sammlung) 1886
26 (MV) Die Seelen der Hallas. (– G. v. Oosten: Ein Sohn Polens). 401 S. Köln: Bachem (= Bachem's Roman-Sammlung) 1886
27 Kurze Erzählungen. 213 S. Lpz: Meyer 1889
28 Jung Alarichs Braut. Roman. 119 S. Bln: Eckstein (= Eckstein's Reisebibliothek) 1890
29 Die Dorf-Nihilistin. Novelle. Nebst sieben anderen Novellen. 380 S. Köln: Bachem 1893
30 Gedichte. 128 S., 1 Abb. 12° Paderborn: Schöningh 1893
31 Flachland. Novellen. 236 S. Paderborn: Junfermann 1894
32 (MV) P. M. Lacroma: Dosta von Dostheim. Eine wundersame Geschichte. 3. Aufl. Mit der Biographie d. Verf. v. E. A. v. D. 126 S., 1 Abb. Dresden: Pierson 1896
33 Haide-Imme. Erzählung. 140 S. m. Abb. 12° Lpz: Müller-Mann (= Eckstein's Miniaturbibliothek 40) 1899
34 Letzte Novellen. 299 S. Dresden: Pierson 1899

Dingelstedt, Franz von (1814–1881)

1 (Hg.) Hessisches Album. 23 1/4 Bg. Kassel: Bohné 1838
2 Frauenspiegel. 12 Bg., 6 Ku., 11 Musikbeil. Nürnberg: Schrag 1838
3 Gedichte. 8½ Bg. 12° Kassel (: Fischer) 1838
4 Licht und Schatten in der Liebe. Novellen, 15$^1/_8$ Bg. Kassel: Fischer 1838
5 Die neuen Argonauten. Ein Komischer Roman. 18 Bg. Fulda: Müller 1839
6 Wanderbuch. 2 Bde. 19½, 21 ½ Bg. Lpz: Einhorn (1) bzw. Lpz (:Brandstetter) 1839–1843
7 Das Weserthal von Münden bis Minden. 11 Bg., 25 Abb. Kassel: Fischer 1839
8 Das Gespenst der Ehre. 61 S., 1 Bl. (Fulda: Selbstverl.) 1840
9 Sechs Jahrhundert aus Gutenbergs Leben. Kleine Gabe zum großen Feste. 25 Bl., 6 Abb. Kassel: Hotop 1840
10 *Lieder eines kosmopolitischen Nachtwächters. 173 S. Hbg: Hoffmann & Campe 1840
11 Eine stille Novelle. Kassel 1840
12 Unter der Erde. Ein Denkmal für die Lebendigen. Roman. 2 Bde. 23$^1/_8$ Bg. Lpz: Einhorn 1840
13 Heptameron. Gesammelte Novellen. 2 Bde. 26½ Bg. 12° Magdeburg: Baensch 1841
14 Sieben friedliche Erzählungen. 2 Bde. 27½ Bg. Stg: Krabbe 1844
15 Gedichte. 30½ Bg. Stg, Tüb: Cotta 1845
16 Lichtenstein. Oper in fünf Aufzügen. Text nach W. Hauff. Musik v. P. Lindpaintner. 3 Bg. Stg (: Beck & Fränkel) (1846)
17 Jusqu'à la mer. Erinnerungen an Holland. 286 S. Lpz: Weber 1847
18 (MV) F. v. D. u. S. Jordan: Zeitstimmen aus Hessen. 1840–1848. Gedichte. 24 S. Kassel: Hotop 1848
19 Gedenkblatt ... von Goethe's Geburtstag ... Ffm 1849
20 (Übs.) W. Shakespeare: Antonius und Cleopatra. 4 Bl., 157 S. Wien: Gerold 1849
21 Das Haus der Barneveldt. 158 S. Dresden 1850
22 Prolog bei der ersten Aufführung des Lohengrin ... 2 Bl. Weimar: Urf-Druckerei 1850
23 Nacht und Morgen. 221 S. Stg: Cotta 1851
24 Novellen-Buch. 256 S. Lpz: Wien: Hartleben 1856
25 Der Aerntekranz. 66 S. Weimar: Böhlau 1857
26 (Übs.) Molière: Der Geizige. 1 Bl., 43 S. Weimar: Hofdruckerei 1858
27 Studien und Copien nach Shakespeare. 276 S. Wien: Hartleben 1858
28 (Übs.) W. Shakespeare: Ein Wintermärchen. 76 S. Bln: Heinrich & Michaelson 1859
29 Frühlings-Anfang. Prolog ... Bln 1861
30 (Übs.) P. A. C. de Beaumarchais: Ein toller Tag oder Figaros Hochzeit. Lustspiel in fünf Aufzügen. 79 S. Weimar: Tartz 1862

31 (Übs.) P. A. C. de Beaumarchais: Figaro's Hochzeit. Bln, Wien (1865) (Neuaufl. v. Nr. 30)
32 (Übs.) P. A. C. de Beaumarchais: Ein toller Tag. 127 S. Hildburghausen: Bibl. Inst. (= Bibliothek ausländischer Klassiker in deutscher Übertragung) 1866 (Neuaufl. v. Nr. 31)
33 (Übs.) W. Shakespeare: Sturm. 93 S. Hildburghausen: Bibl. Inst. (= Bibliothek ausländischer Klassiker in deutscher Übertragung) 1866
34 (Bearb.) W. Shakespeare: Historien. 3 Bde. 469 S. Bln: Reimer 1867
35 Die Amazone. Novellen 2 Bde. 385 S. Stg: Hallberger 1868
36 (Übs.) W. Shakespeare: Komödie der Irrungen. 82 S. Hildburghausen: Bibl. Inst. (= Bibliothek ausländischer Klassiker in deutscher Übertragung) 1868
37 (Übs.) W. Shakespeare: Was ihr wollt. 110 S. Hildburghausen: Bibl. Inst. (= Bibliothek ausländischer Klassiker in deutscher Übertragung) 1869
38 (Übs.) W. Shakespeare: Wie es euch gefällt. 114 S. Hildburghausen: Bibl. Inst. (= Bibliothek ausländischer Klassiker in deutscher Übertragung) 1869
39 Eine Faust-Trilogie. Dramaturgische Studie. 162 S. Bln: Paetel 1876
40 Sämtliche Werke. Erste Gesammt-Ausg. in zwölf Bänden. 3 Abth., 12 Bde. Bln: Paetel 1877
41 Münchener Bilderbogen. 199 S. Bln: Paetel 1879
42 Literarisches Bilderbuch. 337 S. Bln: Hofmann (= Allgemeiner Verein für deutsche Literatur) 1880
43 Blätter aus seinem Nachlaß. Mit Randbemerkungen v. J. Rodenberg. 2 Bde. 457 S. Bln: Paetel 1891

DODERER, Heimito von (1896–1966)

1 Gassen und Landschaft. 36 S. Wien: Haybach 1923
2 Die Bresche. Ein Vorgang in 24 Stunden. 107 S. Wien: Haybach 1924
3 Das Geheimnis des Reichs. Roman aus dem russischen Bürgerkrieg. 251 S. Wien: Saturn-Verl. 1930
4 Der Fall Gütersloh. Ein Schicksal und seine Deutung. 228 S., 48 Abb. Wien: Haybach 1930
5 Ein Mord, den jeder begeht. Roman. 445 S. Mchn: Beck 1938
6 Ein Umweg. Roman. 248 S. Mchn: Beck 1940
7 Die erleuchteten Fenster oder Die Menschwerdung des Amtsrates Julius Zihal. Roman. 190 S. Mchn: Biederstein 1950
8 Die Strudlhofstiege oder Melzer und die Tiefe der Jahre. 908 S. Mchn: Biederstein 1951
9 Das letzte Abenteuer. Erzählung. Mit e. autobiogr. Nachw. 125 S. Stg: Reclam (= Reclam's UB. 7806–7807) 1953
10 Die Dämonen. Nach der Chronik des Sektionsrates Geyrenhoff. 1344 S. Mchn: Biederstein 1956
11 Ein Weg im Dunkeln. Gedichte und epigrammatische Verse. 99 S. Mchn: Biederstein (1957)
12 (Einl.) Österreich. Bilder seiner Landschaft und Kultur. 220 S., 8 Taf., 193 Abb. Freiburg: Atlantis (= Orbis Terrarum) 1958
13 Die Posaunen von Jericho. Neues Divertimento. 62 S. Zürich: Arche (Die kleinen Bücher der Arche 268–269) 1958
14 Grundlagen und Funktion des Romans. 51 S. Nürnberg: Glock & Lutz (= Nürnberger Liebhaberausgaben) 1959
15 Die Peinigung der Lederbeutelchen. Erzählungen. 231 S. Mchn: Biederstein 1959
16 Wege und Umwege. Eingel., ausgew. H. Eisenreich. 128 S. Graz, Wien: Stiasny (= Stiasny-Bücherei 65) 1960

DÖBLIN, Alfred (+Linke-Poot) (1878–1957)

1 Lydia und Mäxchen. Tiefe Verbeugung in einem Akt. 52 S. Straßburg: Singer 1906

DÖBLIN

2 Die Ermordung einer Butterblume und andere Erzählungen. 211 S. Mchn: Müller 1913
3 Das Stiftsfräulein und der Tod. Eine Novelle. 15 S. m. Abb. Bln-Wilmersdorf: Meyer 1913
4 Die drei Sprünge des Wang-lun. Chinesischer Roman. 511 S. Bln: Fischer 1915
5 Die Lobensteiner reisen nach Böhmen. Zwölf Novellen und Geschichten. 305 S. Mchn: Müller 1917
6 Wadzeks Kampf mit der Dampfturbine. Roman. 414 S. Bln: Fischer 1918
7 Der schwarze Vorhang. Roman von den Worten und Zufällen. 163 S. Bln: Fischer 1919
8 Das verwerfliche Schwein. Novelle. Lydia und Mäxchen. Tiefe Verbeugung in einem Akt. Lusitania. Drei Szenen. 59 S. Wien: Waldheim-Eberle (= Die Gefährten. Jg. 3, H. 4) 1920
   (Enth. u. a. Nr. 1)
9 Wallenstein. Roman. 2 Bde. 386, 490 S. Bln: Fischer 1920
10 +Der deutsche Maskenball. 143 S. Bln: Fischer 1921
11 Staat und Schriftsteller. 12 S. Bln: Verl. f. Sozialwissenschaft (1921)
12 Blaubart und Miß Ilsebill. 87 S. m. Abb. 4° Bln: Voegel (= Das Prisma 10) 1923
13 Die Nonnen von Kemnade. Schauspiel in vier Akten. 90 S. Bln: Fischer 1923
14 Berge, Meere und Giganten. Roman. 589 S. Bln: Fischer 1924
15 Die beiden Freundinnen und ihr Giftmord. 117 S., 2 Taf. Faks. Bln: Verl. Die Schmiede (= Aussenseiter der Gesellschaft 1) (1925)
16 Feldzeugmeister Cratz. Der Kaplan. Zwei Erzählungen. 51 S. Bln: Weltgeist-Bücher (= Weltgeist-Bücher 141) (1926)
17 Reise in Polen. 369 S. Bln: Fischer 1926
18 Das Ich über der Natur. 247 S. Bln: Fischer 1927
19 Manas. Epische Dichtung. 421 S. Bln: Fischer 1927
20 (MV) Im Buch – Zu Haus – Auf der Straße. Vorgestellt v. A. D. u. O. Loerke. 179 S., 11 Abb. Bln: Fischer 1928
21 Berlin Alexanderplatz. Die Geschichte vom Franz Biberkopf. 529 S. Bln: Fischer (1929)
22 Lusitania. Drei Szenen. 82 S. (Hbg:) Presse Oda Weitbrecht (220 Ex.) 1929
   (Ausz. a. Nr. 8)
23 Die Ehe. Drei Szenen und ein Vorspiel. 106 S. Bln: Fischer 1931
24 Wissen und Verändern! Offene Briefe an einen jungen Menschen. 169 S. Bln: Fischer 1931
25 Giganten. Ein Abenteuerbuch. 376 S. Bln: Fischer 1932
   (Neufassg. v. Nr. 14)
26 Unser Dasein. 475 S. m. Abb. Bln: Fischer 1933
   (Forts. v. Nr. 18)
27 Jüdische Erneuerung. 98 S. Amsterdam: Querido-Verl. 1933
28 Babylonische Wandrung oder Hochmut kommt vor dem Fall. Roman. 694 S. Amsterdam: Querido-Verl. 1934
29 Flucht und Sammlung des Judenvolkes. Aufsätze und Erzählungen. 232 S. Amsterdam: Querido-Verl. 1935
30 Pardon wird nicht gegeben. Roman. 454 S. Amsterdam: Querido-Verl. 1935
31 Das Land ohne Tod. 3 Bde. Amsterdam: Querido-Verl. (1-2) bzw. Baden-Baden: Keppler (3) 1937–1948
   1. Die Fahrt ins Land ohne Tod. Roman. 357 S. 1937
   2. Der blaue Tiger. Roman. 559 S. 1938
   3. Der neue Urwald. Roman. 193 S. 1948
32 Die deutsche Literatur. Ein Dialog zwischen Politik und Kunst. 62 S. Paris: Science et Littérature (= Schriften zu dieser Zeit 1) 1938
33 Eine deutsche Revolution. Erzählwerk in drei Bänden. Bd. 1: Bürger und Soldaten 1918. Roman. 435 S. Stockholm: Bermann-Fischer u. Amsterdam: Querido-Verl. 1939
34 (Einl.) Confucius. Translation of the introduct. essay by D. A. Infield. 182 S. New York: Longmans & Green 1940
35 *(Vorw.) J. W. v. Goethe: Belagerung von Mainz 1793. XVIII, 48 S. m. Taf., 1 Titelb. Offenburg, Mainz: Lehrmittel-Verl. (= Klassiker der Weltliteratur) (1946)

36 Der unsterbliche Mensch. Ein Religionsgespräch. 279 S. (Freiburg,) Mchn: Alber (1946)
37 Der Oberst und der Dichter oder Das menschliche Herz. 195 S. Freiburg: Alber 1946
38 Sieger und Besiegte. Eine wahre Geschichte. 109 S. New York: Aurora-Verl. 1946
39 (Hg.) Das goldene Tor. Monatsschrift für Literatur und Kunst. 6 Jge. Lahr: Schauinburg (ab Jg. 5: Baden-Baden: Verl. f. Kunst u. Wissenschaft) 1946–1951
40 Die literarische Situation. 62 S. Baden-Baden: Keppler 1947
41 Auswahl aus dem erzählenden Werk. Einl. E. H. P. Lüth. 404 S. Wiesbaden: Limes-Verl. 1948
42 (Vorw.) Ch. de Coster: Ulenspiegel. Aus dem Flämischen v. K. Wolfskehl. 390 S. Bln: Ulenspiegel-Verl. (1948)
43 Heitere Magie. Zwei Erzählungen. 127 S. Baden-Baden: Keppler 1948
44 November 1918. Eine deutsche Revolution. Erzählwerk. Mchn: Alber 1948–1950
    Vorspiel u. Bd. 1. Verratenes Volk. 471 S. 1948
    Bd. 2. Heimkehr der Fronttruppen. 497 S. 1949
    Bd. 3. Karl und Rosa. 682 S. 1950
    (Bd. 1 erw. Umarb. v. Nr. 33)
45 Unsere Sorge der Mensch. 65 S. Mchn: Alber 1948
46 Schicksalsreise. Bericht und Bekenntnis. 479 S. Ffm: Verl. Knecht-Carolus-dr. 1949
47 Die Dichtung, ihre Natur und ihre Rolle. 49 S. 4° Mainz: Verl. d. Akad. d. Wiss. u. d. Literatur (= Abhandlungen d. Akad. d. Wiss. u. d. Literatur, Klasse d. Literatur, Jg. 1950, Nr. 1) 1950
48 (Hg.) A. Holz: Die Revolution der Lyrik. Eine Einführung in sein Werk und eine Auswahl. 133 S., 2 Taf. Wiesbaden: Steiner (= Akad. d. Wiss. u. d. Literatur. Schriftenreihe d. Klasse d. Literatur. Verschollene u. Vergessene) 1951
49 (Hg.) Minotaurus. Dichtung unter den Hufen von Staat und Industrie. 320 S. Wiesbaden: Steiner 1953
50 Hamlet oder Die lange Nacht nimmt ein Ende. 494 S. Bln: Rütten & Loening (1956)
51 Märchen vom Materialismus. Erzählung. Mit e. Nachw. v. H. Daiber. 71 S. Stg: Reclam (= Reclam's UB. 8261) 1959
    (Ausz. a. Nr. 43)
52 Ausgewählte Werke in Einzelbänden. In Verbindung mit den Söhnen des Dichters hg. W. Muschg. 10 Bde. Olten und Freiburg i. Br.: Walter 1960 ff.

DÖRFLER, Anton (*1890)

1 Deutsche Geschichten aus drei Welten. 171 S. Lpz: Matthes (= Das neue Spiel 31) 1918
2 Die letzten Zwerge von Hörnleinsburg. Drei Märchen. 31 S. 16° Lpz: Matthes 1918
3 Erdlieb. Eine Legende. 45 S. m. Abb. Lpz: Matthes (= Zweifäusterdruck 56) 1920
4 (Hg.) Die Lese. Aus Dichtung, Wissen und Leben. Zur Unterhaltung und Bildung. Jg. 11. Stg: Verl. Die Lese 1920
5 Einige Wunder und Feste aus der Schule zu Wunnentor. 128 S. m. Abb. Lpz: Matthes (= Zweifäusterdruck 36) 1920
6 Heinz. Roman für die deutsche Jugend. 108 S. m. Taf. Lpz: Matthes (= Zweifäusterdruck 68) 1921
7 Anton Wildgans und seine besten Bühnenwerke. 56 S. Bln: Schneider (= Schneiders Bühnenführer) 1922
8 Auf den unsichtbaren Brücken. Absonderliche Geschichten. 154 S. Nürnberg: Verl. Der Bund 1923
9 Richterin Mutter. Drama. 52 S. Nürnberg: Verl. Der Bund 1924

10 Botschaft aus dem neuen Wunnentor. 61 S. 16⁰ Lpz: Matthes 1925
11 Gedichte. 48 S. Nürnberg: Verl. Der Bund 1925
12 Der Weg aus der Brunnenstube. Roman. 264 S. Bln: Volksverband der Bücherfreunde (1927)
13 (MV) E. Dauthenday, A.D. (u. a.): Für die Dämmerstunde. Neue Märchen und Geschichten. 129 S. m. Abb. Fürth: Löwensohn 1928
14 Theater der Vierziger. Ehekomödie in drei Akten. 58 S. Schweinfurt: Hitz 1928
15 Der tausendjährige Krug. Roman. 293 S. Jena: Diederichs 1935
16 Der Ruf aus dem Garten. Erzählung. 80 S. Jena: Diederichs (= Deutsche Reihe 43) 1936
17 Die ewige Brücke. Roman. 445 S. Jena: Diederichs 1937
18 Sieben Spiegel der Liebe. Erzählungen. 77 S. Jena: Diederichs (= Deutsche Reihe 70) 1938
19 Preh. 1919–1939. Festschrift anläßlich des zwanzigjährigen Bestehens der Preh-Werke, Bad Neustadt/Saale. 21 S. m. Abb., 12 Bl. m. Abb. 4⁰ Erfurt: Mitteldt. Verl.-AG. 1939
20 Wendelin. Roman. 293 S. Jena: Diederichs 1939
21 Würzburg, Deinem Lächeln auf die Spur zu kommen ... 6 Bl. m. Abb. Würzburg: Städt. Verkehrsamt 1940
22 Würzburg, die sonntägliche Stadt. 72 S., 66 Abb. Bayreuth: Gauverl. Bayerische Ostmark 1940
23 Regine Amthor. Roman. 240 S. Düsseldorf: Bagel 1941
24 Das neue Heiligtum. Zwei Novellen. 95 S. Bielefeld: Velhagen & Klasing 1941
25 Straße, Wall und Waffe. Erzählung. 62 S. 4⁰ Bln: Presseabt. d. Reichsministers Dr. Todt. (= Schriftenreihe d. Presseabteilung d. Reichsministers Dr. Todt 16) (100 num. Ex.) 1941
26 Die schöne Würzburgerin. Roman. 192 S. Braunschweig: Westermann 1941
27 Herz im Spiegel. Heiter besinnliche Verse. 79 S. Nürnberg: Willmy 1942
28 Musik einer hellen Nacht. 16 S. Braunschweig: Appelhans (= Der Burglöwe 1,5) 1942
29 Das Rosenwunder. Erzählungen. 62 S. Karlsbad, Lpz: Kraft (= Volksdeutsche Reihe 44) 1942
30 (Hg., Einl.) H. Dikreiter: Sechzig Bilder. 32 Bl. Königsberg: Kanter-V. (= Kanter-Bücher 45) 1943
31 Musik in heller Nacht. Besinnliche und auch heitere Geschichten. 92 S. Bln: Fackelträger-V. (= Fackel-Träger-Bücher-Lese) 1943
32 (Hg., Einl.) L. v. König: Sechzig Bilder. 32 Bl. Königsberg: Kanter-V. (= Kanter-Bücher 56) 1944
33 Morgenwind rüttelt am Fenster. 134 S. m. Abb. Karlsbad, Lpz: Kraft 1944
34 Rast und Gnade. Gedichte. 40 S. Braunschweig: Westermann 1947
35 Das Christusbild. Erzählung. 74 S. Aschaffenburg: Pattloch 1948
36 Die Stunde der frühen Sterne. Erzählungen. 137 S. m. Abb. Düsseldorf: Vier Falken-V. 1948
37 Geheimnis der Myrte. Roman. 477 S. Überlingen a. B.: Dikreiter 1949
38 Niemandsland der Ehe. Roman. 361 S. Düsseldorf: Vier Falken-V. 1949

Dörfler, Peter (1878–1955)

1 Der Kinderkreuzzug. Historisches Schauspiel. VIII, 88, 3 S. Kempten: Kösel (= Katholische Dilettantenbühne 187) 1905
2 Heimkehr. Weihnachtsmärchen. 18 S. Kempten: Kösel (= Katholische Dilettantenbühne 212) 1906
3 Im Hungerjahr. Volksstück aus dem Jahr 1816/17. 40 S. Mchn: Höfling 1909
4 Es war einmal Krieg. Volksstück für die Weihnachtszeit. 22 S. Mchn: Höfling 1910
5 's Christkindl. Weihnachtshumoreske. 30 S. Mchn: Höfling (= Höfling's Vereins- und Dilettantenbühne 43) 1911
6 Ein Herz für die Kinder. Gedichte und Prologe zu lebenden Bildern für Jugendfürsorgevereine und Veranstaltungen zugunsten armer Kinder. 6 S., 2 Abb. Mchn: Höfling (= Höfling's lebende Bilder 4) 1911

7 An der Gnadenstätte. Schauspiel. 77 S. Mchn: Höfling (= Höfling's Mädchenbühne 22) 1912
8 Als Mutter noch lebte. Aus einer Kindheit. VI, 285 S. Freiburg i. Br.: Herder 1912
9 Die Anfänge der Heiligenverehrung nach den römischen Inschriften und Bildwerken. VII, 210 S., 5 Abb. Mchn: Lentner (= Veröffentlichungen aus dem kirchenhistorischen Seminar, München, Reihe 4, Nr. 2) 1913
10 La Perniziosa. Roman aus der römischen Campagna. 279 S. Kempten: Kösel 1914
11 Das Sonnwendfest. Erzählung. 100 S. Saarlouis: Hausen (= Hausen's Fünfzig Pfennig-Bücherei 6) 1914
12 Der krause Ulrich und andere Kriegsgeschichten. 128 S. Saarlouis: Hausen (= Hausen's Bücherei 14) 1915
13 Der Weltkrieg im schwäbischen Himmelreich. Erzählung. III, 265 S. Mchn: Kösel & Pustet 1915
14 Dämmerstunden. Erzählungen. V, 202 S. Freiburg i. Br.: Herder 1916
15 Judith Finsterwalderin. Roman. 501 S. Mchn: Kösel & Pustet 1916
16 Erwachte Steine. Was sie uns von deutscher Not erzählen. Novellen. VIII, 184 S. Mchn: Kösel & Pustet 1916
17 Onkel Christophs Geschichten. Heitere Erzählungen. 80 S. Lpz: Hesse & Becker (= Hesse's Volksbücherei 1139) 1917
18 Es war einmal Krieg. Volksstück für die Weihnachtszeit. 32 S. Mchn: Höfling (= Höfling's Volks- und Jungmännerbühne 29a) 1917
(Verbess. Neuaufl. v. Nr. 4)
19 Der Roßbub. Erzählung. 336 S. Mchn: Kösel & Pustet 1917
20 Das Geheimnis des Fisches. Eine frühchristliche Erzählung. 81 S. Freiburg i. Br.: Herder 1918
21 Die Verderberin. Roman aus der römischen Campagna. 279 S. Mchn: Kösel & Pustet 1919
(Neuaufl. v. Nr. 10)
22 An der Gnadenstätte. Schauspiel. 71 S. Mchn: Höfling 1920
(Umgearb. Neuaufl. v. Nr. 7)
23 Neue Götter. Roman. 2 Bde. 795 S. Mchn: Kösel & Pustet 1920
24 Der Rätsellöser. Erzählungen und Legenden. III, 156 S. Freiburg i. Br.: Herder 1920
25 (Hg.) Bayerischer Volks- und Haus-Kalender für das Jahr 1921. 105 S. m. Abb. Augsburg: Haas & Grabherr 1921
26 Peter Farne, ein Abenteurer wider Willen. 146 S. Augsburg: Haas & Grabherr 1922
27 Das Glück im Winkel. 28 S. Mchn: Callwey (= Der Schatzgräber 113) 1922
(Ausz. a. Nr. 8)
28 Der ungerechte Heller. Roman. 502 S. Mchn: Kösel & Pustet 1922
29 Stumme Sünde. Erzählung. 147 S. Mchn: Kösel & Pustet 1922
30 (Hg.) Westfälischer Volks- und Haus-Kalender für 1922. 109 S. m. Abb. 4° Köln: Gonski 1922
31 Die Papstfahrt durch Schwaben. Erzählung. 355 S. Mchn: Kösel & Pustet 1923
32 Regine und Mang. Erzählung. 52 S. Stg: Dt. Verl.-Anst. (= Der Falke 3) 1923
33 (Einf.) R. Schaumann: Werkblätter. IX S., 16 Taf. 4° Burg Rothenfels a. M.: Verl. Deutsches Quickbornhaus 1924
34 Siegfried im Allgäu. Eine alamannische Mär. V, 160 S. Mchn: Kösel & Pustet 1924
35 Am Hunnenstein. Geschichtliche Erzählung. 29 S. m. Abb. Ffm: Diesterweg (= Kranz-Bücherei 60) 1925
(z. T. Ausz. a. Nr. 16)
36 Im Jahre des Herrn 1705. 16 S. Saarlouis: Hausen (= Erbgut deutschen Schrifttums, Heft 27) 1925
(Ausz. a. Nr. 16)
37 Pepele. Eine tragikomische Geschichte. 16 S. 16° Limburg: Limburger Vereinsdruckerei (= Erzählungen für Schulkinder, Serie 8, Heft 10) 1925
38 (Hg.) Regensburger Marien-Kalender. Jg. 60–61. 2 Bde. 80, 112 S. m. Abb. 4° Mchn: Kösel & Pustet 1925–1926
39 Die Braut des Alexius. Novelle. 70 S. Mchn: Kösel & Pustet 1926

40 Neue Götter. Roman. 2 Bde. 603 S. Mchn: Kösel & Pustet 1926 (Neufassg. v. Nr. 23)
41 Ich will dem Kindlein schenken. Weihnachtsspiel. 16 S. 16° Mchn: Höfling (= Höfling's Kinderbühne 1265) 1926
42 Lechrain. 48 S. m. Abb. Mchn: Oldenbourg (= Bayernheft 3) 1926
43 Am Eichentisch. Erzählungen. 255 S. Mchn: Kösel & Pustet 1927
44 Die Schmach des Kreuzes. Roman. 2 Bde. 327, 461 S. Mchn: Kösel & Pustet 1927–1928
45 Ihr Fest. Erzählung. Geleitw. W. Schinhofen. 31 S. Saarlouis: Hausen (= Erbgut deutschen Schrifttums 77–78) 1928 (Ausz. a. Nr. 14)
46 Predigt bei der Feier des silbernen Priesterjubiläums der Priester aus der Diözese Augsburg im Kloster St. Ottilien am 31. VII. 1928. 7 S. St. Ottilien: Missionsverl. 1928
47 Abenteuer des Peter Farde. Roman. 414 S. Freiburg i. Br.: Herder 1929 (Veränd. Neuaufl. v. Nr. 26)
48 Marienseele. 67 S. Hbg: Dt. Dichter-Gedächtnis-Stiftung (= Der junge Tag 5) 1929 (Ausz. a. Nr. 43)
49 Der junge Don Bosco. V, 117 S. m. Abb. Freiburg i. Br.: Herder 1930
50 Die heilige Elisabeth. 61 S. m. Taf. Mchn: Ars sacra (= Von Himmel und Erde) 1930
51 Die Lampe der törichten Jungfrau. Roman. 392 S. Bln: Grote (= Sammlung von Werken zeitgenössischer Schriftsteller 186) 1930
52 Apollonias Sommer. Roman. 449 S. Bln: Grote (= Sammlung von Werken zeitgenössischer Schriftsteller 192) 1931
53 Der Bubenkönig. Don Bosco und seine Schlingel. 205 S. m. Abb. Freiburg i. Br.: Herder 1931
54 Des Vaters Hände. Erzählungen. 275 S. Mchn: Kösel & Pustet 1931 (Verm. Neuaufl. v. Nr. 43)
55 Ewige Weihnacht. Spiel in sechs Bildern. 25 S. m. Abb. Mchn: Höfling (= Spiel' und sing! 8013) 1931
56 Um das kommende Geschlecht. Roman. 427 S., 1 Stammtaf. Bln: Grote (= Sammlung von Werken zeitgenössischer Schriftsteller 196) 1932
57 Die Apollonia-Trilogie. Der Roman eines Geschlechtes. 3 Bde. 392, 449, 427 S. Bln: Grote 1932–1933 (Enth. Nr. 51, 52, 56)
58 Bucklige Welt. 63 S. m. Abb. Essen. Fredebeul & Koenen (= Deutsches Gut 1,97) 1932
59 Von Sitte und Sprache. 103 S. Oldenburg: Stalling (= Schriften an die Nation 59–60) 1933
60 Jakobäas Sühne. Zwei Erzählungen aus den Bergen. 70 S. Lpz: Insel (= Insel-Bücherei 431) 1933 (Enth. u. a. Nr. 32)
61 Feiertagsgeschichten im Jahresring. 279 S. Bonn: Die Buchgemeinde (= Jahresreihe 1934, Bd. 1) 1934
62 Der Notwender. Roman. 248 S. Bln: Grote (= Sammlung von Werken zeitgenössischer Schriftsteller 206) 1934 (Bd. 1 der Allgäu-Trilogie)
63 Dichtung und Geschichte. Vortrag. 20 S. Köln: Bachem 1935
64 (MV) W. Schmidt: Unvollendete Symphonie. Gedanken und Dichtung. Vitae curriculum: P. D. Gedicht und Brief: O. Spengler. 296 S., 1 Abb., 2 Faks. Mchn: Oldenbourg 1935
65 Der Zwingherr. Roman. 297 S. Bln: Grote (= Sammlung von Werken zeitgenössischer Schriftsteller 213) 1935 (Bd. 2 der Allgäu-Trilogie)
66 Der Alpkönig. Roman. 416 S., 1 Kt. Bln: Grote (= Sammlung von Werken zeitgenössischer Schriftsteller 222) 1936 (Bd. 3 der Allgäu-Trilogie)
67 Das Gesicht im Nebel. Erzählung. 77 S. Lpz: Reclam (= Reclam's UB. 7313) (1936)
68 Auferstehung. Roman. 387 S. Bln: Grote (= Sammlung von Werken zeitgenössischer Schriftsteller 235) 1938

69 Albertus Magnus. 54, 24 S. m. Abb. Mchn: Schnell & Steiner (= Träger des Auftrags 2) (1940)
70 Die Wessobrunner. Roman um ein deutsches Künstlerdorf. 404 S. Bln: Grote (= Sammlung von Werken zeitgenössischer Schriftsteller 247) 1941
71 Zusann und der Trompeter. Erzählung. 60 S., 17 Abb. Lpz: Reclam (= Reclam's UB. 7505) 1942
72 Das feldgraue Buch. 19 S. Lpz: Reclam (= Reclam's Reihenbändchen 12) 1943
    (Ausz. a. Nr. 17)
73 Die gute Heirat. Eine Erzählung. 98 S. Bln: Grote (= Grote's Soldaten-Ausgaben 25) 1943
74 Die alte Heimat. Erzählung. 111 S. Bln-Schildow: Sicker 1944
75 Das Osterlamm. Erzählung. 73 S. Mchn: Schnell & Steiner 1946
76 Die Begegnung. Erzählung. 45 S. Mchn: Alber 1947
77 Severin, der Seher von Norikum. Dichtung und Geschichte. 327 S., 1 Kt. Freiburg: Herder 1947
78 Der Sohn des Malefizschenk. 326 S. Mchn: Kempten, Kösel 1947
79 Der Urmeier. Roman. 391 S. Mchn: Alber 1948
80 Die Allgäu-Trilogie. Roman. 3 Tle. 172, 207, 287 S. Hamm: Grote 1949 (Neudr. v. Nr. 62, 65 u. 66)
81 Heraklius. Roman. 545 S. Mchn, Kempten: Kösel 1950
    (Neubearb. v. Nr. 44)
82 Minne dem heiligen Mang. Eine festliche Mär. 192 S. Mchn: Kösel 1950
    (Neufassg. v. Nr. 34)
83 Die Wallfahrtskirche Wies. 108 S., 8 Taf., 30 Raumb., 1 opt. Raumbildbetrachter. Oberaudorf am Inn: Raumbild-Verl. (= Schönstein-Raumbildwerk) 1950
84 Vinzenz von Paul. Ein Bildnis. 139 S., 2 Taf. Mchn: Kösel 1951
85 Philipp Neri. Ein Bildnis. 138 S., 1 Abb. Mchn: Kösel 1952
86 Der Abenteurer wider willen. Roman. 324 S. Freiburg i. Br.: Herder 1953
    (Verb. Neuaufl. v. Nr. 47)
87 Die Gesellen der Jungfer Michline. 400 S. Freiburg i. Br.: Herder 1953
88 Niklaus von Flüe. Ein Bildnis. 135 S., 1 Abb. Mchn: Kösel 1953
89 St. Ulrichspiel. Der Klosterschüler von St. Gallen. 47 S. Augsburg: Verl. Winfried-Werk (1953)
90 Erzählungen. 112 S. m .Abb. Lpz: St. Benno-Verl. (= Benno-Bücher 2) 1954
91 Die tüchtige Person und andere Erzählungen. 191 S. Freiburg i. Br.: Herder 1954
    (Neuaufl. v. Nr. 14)
92 St. Ulrich, der große Bischof und Reichsfürst. 235 S., 6 Bl. Abb. Augsburg: Winfried-Werk 1955
93 Hubertus. Eine Legende. 16 Bl. m. Abb. (Mchn:) Kösel 1960

Dörmann, Felix (eig. Felix Biedermann) (1870–1928)

1   Neurotica. 122 S., 1 Abb. Dresden: Pierson 1891
2   Sensationen. 99 S. Wien: Weiß 1892
3   Dramen. I. Hanna. 39 S. Lpz: Lit. Anst. Schulze 1893
4   Gelächter. 95 S. Dresden: Pierson 1895
5   Ledige Leute. Komödie. 143 S. Lpz, Gotha: Schmidt 1898
6   Warum der schöne Fritz verstimmt war. 162 S. Wien: Wiener Verl. 1900
7   Zimmerherren. Komödie. 135 S. Wien: Wiener Verl. 1900
8   Die Krannerbuben. Komödie. 160 S. Wien: Wiener Verl. 1901
9   Der Herr von Abadessa. Abenteuerstück. 103 S. Wien: Wiener Verl. 1902
10 Das Unverzeihliche. Novellen. 114 S. Lpz: Fock (= Bibliothek Bard 14) 1904
11 Die Liebesmüden. Lustspiel. 74 S. Wien: Knepler 1905
12 Der stumme Sieger. Schauspiel. 125 S. Wien: Bln, Singer 1905
13 Alle guten Dinge. Novellen. 131 S. Wien: Wiener Verl. (= Bibliothek moderner deutscher Autoren 19) 1906

14 Der köstliche Rudi und andere Geschichten. 113 S. Wien: Knepler 1906
15 Das stärkere Geschlecht. Hagith. Die Überflüssigen. Der Mäcen. Der schlaue Jaromir. Einakter-Cyklus. 87 S. Bln: Wedekind 1907
16 (MV) F. D. u. L. Jacobsen: Ein Walzertraum. Operette in drei Akten. Musik O. Straus. Lpz, Wien: Doblinger (1907)
17 Flora-Bella. Operette in drei Akten. Musik Ch. Cuvillier. Lpz: Schultz 1913
18 (MV) F. D. u. A. Engel: Tripelentente. Komödie in drei Aufzügen. 75 S. 16° Lpz: Reclam (= Reclam's UB. 5724) 1914
19 Die Frau Baronin! Komödie in drei Akten. V, 93 S. Wien: Strache 1919
20 Frühlingsopfer. Dramatisches Gedicht in einem Akt. 29 S. Warnsdorf: Strache 1919
21 Die galante Markgräfin. Spieloper in drei Akten. Musik O. Straus. 62 S. Wien: Doblinger (1919)
22 Tuberosen. Ausgewählte Verse. 111 S. Wien: Wiener Lit. Anst. Wila 1920
23 Der platonische Wüstling. Novellen. 115 S. Wien: Tal 1920
24 (Einl.) R. Keller: Chrysaliden. Zehn Original-Radierungen. 3 S., 10 Taf. 4° Wien: Wolf 1922
25 Dirnen- und Gaunerlieder. Aus der Spitzbubenkomödie „Der Liebling von London". Diebsmusik nach berühmten Mustern v. H. E. Heller. 70 S. m. Abb. Wien: Edition Bristol 1924
26 Hoheit Franzl. Operette in drei Akten. Musik E. Steffan. 39 S. Wien: Doblinger 1924
27 Fritzi Massary. 38 S. Wien: Pegasus-Verl. (= Künstlerbildnisse) (1924)
28 Jazz. Wiener Roman. 325 S. Warnsdorf: Strache 1925
29 Sentimentale Novellen. 93 S. Wien: Steyrermühl-Verl. (= Tagblatt-Bibliothek 401-402) (1927)
30 Machen Sie mich zu Ihrer Geliebten! 350 S. Bln: Drei Kegel-Verl. 1928
31 (MV) F. D., B. Jenbach u. E. Steffan: Münchhausen. Operette in drei Akten. 40 S. Wien: Doblinger 1928

DOMANIG, Karl (1851–1913)

1 Parzival-Studien. 2 Bde. 64, 106 S. Paderborn: Schöningh 1878–1880
2 Der Tyroler Freiheitskampf. Dramatische Trilogie mit einem Vor- und Nachspiele. 3 Bde. 147, 136, 166 S. 12° Innsbruck: Wagner 1885–1897
3 Der Abt von Fiecht. Poetische Erzählung. 88 S. Innsbruck: Wagner 1887
4 Der „Klösenaere" Walther's von der Vogelweide. Seine Bedeutung für die Heimatfrage des Dichters. 45 S. Paderborn: Schöningh 1889
5 Der Gutsverkauf. Schauspiel aus der Gegenwart. 140 S. 12° Innsbruck: Wagner 1890
6 Kleine Erzählungen. 133 S. m. Abb. 16° Innsbruck: Wagner 1893
7 Die deutsche Privatmedaille der älteren Zeit. Vortrag. 42 S. m. Abb. Wien: Braumüller 1893
8 Anton Scharff, k. und k. Kammermedailleur. (1845–1895). Sein Bildungsgang und sein Schaffen. 54 S., 12 Taf. Wien: Manz 1895
9 Porträtmedaillen der Erzhauses Österreich von Kaiser Friedrich III. bis Kaiser Franz II. 40 S., 50 Abb. 2° Wien: Gilhofer & Ranschburg 1896
10 Die Fremden. Roman aus der Gegenwart. 258 S. Stg: Roth 1898
11 Opus Sancti Lucae. Sammlung klassischer Andachtsbilder. Hg. v. d. österreichischen Leo-Gesellschaft. 6 Lfgn., 60 Bl. 4° Stg: Roth 1900
12 Der Idealist. Schauspiel. 100 S. Mchn: Allgem. Verl.-Ges. 1902
13 Die deutsche Medaille in kunst- und kulturhistorischer Hinsicht. Nach dem Bestande der Medaillensammlung des Allerhöchsten Kaiserhauses. 167 S. m. Abb., 100 Taf. 4° Wien: Schroll 1907
14 Die liebe Not. Schauspiel in fünf Akten. 149 S. Kempten: Kösel 1907
15 Wanderbüchlein. 57 S. Kempten: Kösel 1907
16 Hausgärtlein. Volksbuch. 192 S. m. Abb. Klagenfurt: Buch- u. Kunsthandlg. d. St. Josefs-Vereins (= Bunte Geschichten 14) 1908
17 Anton Obrist, Stögerbauer in Stans. – Elias Domanig, Postmeister in Schönberg. – Die Kronenwirtsleute von Hall. Ein Briefwechsel. 81 S. m. Abb.

Innsbruck: Vereinsbuchh. u. Buchdr. (= „Anno Neun". Geschichtliche Bilder aus der Ruhmeszeit Tirols 21–22) 1909
18 Um Pulver und Blei. Eine epische Dichtung. 80 S., 1 Kt. Kempten: Kösel 1909
19 Zum Frieden. Kempten 1911
20 Gesammelte Werke. 5 Bde. Kempten: Kösel 1914
21 Vom Segen Gottes. 1 Bl. a. d. Rückseite e. Doppelpostkarte. Köln: Verl. d. St. Josephs-Vereins (1916)

DOMINIK, Hans (1872–1945)

1 Was muß man von der Dampfmaschine wissen? 127 S. m. Abb. Bln: Steinitz 1902
2 Technische Märchen. 156 S. Bln: Steinitz 1903
3 Wissenschaftliche Plaudereien. Entdeckungen und Erfindungen, Fortschritte der Wissenschaft und Industrie. 190 S. Bln: Steinitz 1903
4 Was muß man von der Dynamomaschine wissen? 111 S. m. Abb. Bln: Steinitz 1903
5 Was muß man von der Naturlehre wissen? 64 S. Bln: Steinitz 1903
6 Was muß man von der organischen Chemie wissen? 80 S. m. Fig. Bln: Steinitz 1904
7 (Hg.) Kalender für Ingenieure des Maschinenbaus. 6. Jg. 1906. 396 S. u. Notiz-Kalender m. Abb. Bln: Loewenthal 1906
8 (Hg.) Kalender für Maschinenbautechniker. 6. Jg. 1906. 396 S. u. Notiz-Kalender m. Abb. Bln: Loewenthal 1906
9 Das Wernerwerk von Siemens & Halske A.-G., Berlin-Nonnendamm. 202 S. m. Abb. Bln: Springer 1906
10 Amüsante Wissenschaft. Belehrungen und unterhaltende Experimente für jung und alt. 288 S. m. Abb. Stg: Union 1908
11 (MV) H. D. u. K. Matull: John Workmann der Zeitungsboy. Erzählung aus der amerikanischen Groß-Industrie. Bd. 1: Im Reiche des Zeitungsriesen. 190 S., 4 Abb. Bln: Steinitz 1909
12 Unter Tage verschüttet. 48 S. m. Abb. Bln: Verlh. f. Volksliteratur und Kunst. (= Aus 1001 Gefahr 1) 1910
13 Glück auf! Roman. 308 S. Bln: Duncker 1912
14 Der Sieger. Automobilroman. 278 S. Bln: Duncker 1913
15 Der eiserne Weg. Roman. 312 S. Bln: Duncker 1913
16 Das Zeitalter der Elektrizität. Bd. 1: Die Kräfte der Natur, ihre Hebung und Verwertung. 28 S., 29 Abb. Charlottenburg: Volckmann 1914
17 Klar zum Gefecht. Roman. 353 S. Bln: Duncker (1915)
18 Der Kreiselkompaß. Der Roman einer technischen Sensation. 280 S. Bln: Duncker (1915)
19 Unsere Luftflotte und Flieger. 48 S. Lpz: Arnd (= Deutschlands Heer und Marine) 1915
20 Das Eiserne Kreuz. Kriegsroman. 269 S. Bln: Duncker (1916)
21 Die Madonna mit den Perlen. Roman. 296 S. Bln: Duncker (1916)
22 Der „eiserne Halbmond". Kriegsmarineroman. 336 S. Bln: Duncker (1917)
23 Versunkenes Land. Roman. 301 S. Bln: Duncker (1918)
24 Alpenglühen. Roman. 309 S. Bln: Duncker (1919)
25 Hochströme. Roman aus der Elektrizitäts-Industrie. 322 S. Bln: Duncker (1919)
26 John Workmann, der Zeitungsboy. Eine Erzählung aus der amerikanischen Großindustrie. 3 Bde. Bln, Lpz: Koehler & Amelang (1921)
  1. Im Reiche des Zeitungsriesen. 190 S., 1 Abb.
  2. Wanderjahre im Westen. 144 S., 1 Abb.
  3. Neue Wunder der Großindustrie. 156 S., 1 Abb.
  (Neuaufl. u. Forts. v. Nr. 11)
27 Die Macht der Drei. Ein Roman aus dem Jahr 1955. 359 S. Lpz: Keil 1922
28 Im Wunderland der Technik. Meisterstücke und neue Errungenschaften, die unsere Jugend kennen sollte. 365 S. m. Abb. u. Skizzen. Bln: Bong (= Bong's Jugendbücherei 7) 1922

29 Die Spur des Dschingis-Kahn. Ein Roman aus dem 21. Jahrhundert. 313 S. Lpz: Keil 1923
30 Atlantis. Roman. 317 S. Lpz: Keil 1925
31 Das Buch der Chemie: Errungenschaften der Naturerkenntnis. 370 S. m. Abb. u. Tab. Bln: Bong (= Bong's Jugendbücherei 13) (1925)
32 Das Buch der Physik: Errungenschaften der Naturerkenntnis. 369 S. m. Abb., Tab. u. Skizzen. Bln: Bong (= Bong's Jugendbücherei 12) 1925
33 Der Brand der Cheopspyramide. Roman. 295 S. Bln: Keil 1926
34 (Hg.) Welten, Wunder, Werke. Ein Buch des Wissens für das deutsche Haus. 638 S. m. Abb., 48 Taf. 4° Bln, Nordhausen: Killinger 1926
35 Triumphe der Technik. 389 S., 203 Abb. Bln: Bong (= Bong's Jugendbücherei 15) (1927)
36 Klaus vom Glück. Vom Hirtenjungen zum Diamantenkönig. Eine Erzählung. 231 S. m. Abb. Lpz: Koehler & Amelang 1928
37 König Laurins Mantel. Roman. 304 S. Bln: Keil (1928)
38 Das Erbe der Uraniden. Roman. 321 S. Bln: Keil 1928
39 Das Schaltwerk – Fabrikhochhaus und Hallenbau – der Siemens-Schuckertwerke A.-G. Berlin. 86 S. m. Abb. u. Taf. Bln: Organisation Verl.-Ges. (= Musterbetriebe deutscher Wirtschaft 11) 1929
40 Über und unter der Erde. Technische Rekorde. 347 S., 169 Abb. Bln: Bong (= Bong's Jugendbücherei) 1929
41 Kautschuk. Ein Roman aus der Industrie. 284 S. Bln: Keil 1930
42 Fritz Werner, Aktiengesellschaft Berlin. 80 S. m. Abb. u. Taf. Bln: Organisation Verl.-Ges. (= Musterbetriebe deutscher Wirtschaft, Der Werkzeugmaschinen- und Werkzeugbau 17) 1930
43 Moderne Piraten. 262 S., 42 Abb. Stg: Union 1931
44 Befehl aus dem Dunkel. Roman. 376 S. Bln: Scherl 1933
45 Der Wettflug der Nationen. 281 S., 1 Kt. Lpz: Koehler & Amelang 1933
46 Das stählerne Geheimnis. Roman. 325 S. Bln: Scherl 1934
47 Ein Stern fiel vom Himmel. 247 S., Lpz: Koehler & Amelang 1934
48 Atomgewicht fünfhundert. Roman. 317 S. Bln: Scherl 1935
49 Vistra, das weiße Gold Deutschlands. Die Geschichte einer weltbewegenden Erfindung. 250 S. m. Abb., 12 Bl. Abb. Lpz (: v. Hase & Koehler) 1936
50 Himmelskraft. Roman. 305 S. Bln: Scherl 1937
51 Lebensstrahlen. Roman. 330 S. Bln: Scherl 1938
52 Land aus Feuer und Wasser. 335 S. Lpz: v. Hase & Koehler 1939
53 Treibstoff SR. Roman. 309 S. Bln: Scherl 1940
54 Geballte Kraft. Werner von Siemens' Dynamomaschine leitet ein neues Zeitalter ein. 154 S. m. Abb., 4 Bl. Abb. Bln: Limpert (= Bücher deutscher Kultur) 1941
55 Das ewige Herz. Meister Peter Henleins Nürnberger Oerlein. 152 S. m. Abb. Bln: Limpert (= Bücher deutscher Kultur) 1942
56 Vom Schraubstock zum Schreibtisch. Lebenserinnerungen. 291 S., 1 Abb. Bln: Scherl 1942
57 Wunder des Schmelztiegels. Johann Friedrich Boettger erfindet das europäische Porzellan. 142 S. Bln: Wigankow 1948

DOR, Milo (eig. Milutin Doroslovac) (*1923)

1 Unterwegs. 133 S. m. Abb. Wien: Müller (= Publikationen „Die Rodung") 1947
2 Tote auf Urlaub. Roman. 482 S. Stg: Dt. Verl.-Anst. 1952
3 (MV) Der unterirdische strom. träume in der mitte des jahrhunderts, ein versuch v. m. d. u. r. federmann. 53 S. Ffm: Frankfurter Verl.-Anst. (= studio frankfurt 9) 1953
4 (MV) M. D. u. R. Federmann: Und einer folgt dem andern. 236 S. Nürnberg: Nest-V. (= Krähen-Bücher) 1953
5 (MV) M. D. u. R. Federmann: Internationale Zone. Roman. 167 S. Ffm, Wien: Forum-V. (= Forum-Taschenbücher 1) 1953
6 (MV) M. D. u. R. Federmann: Romeo und Julia in Wien. 224 S. (Bad Wörishofen:) Kindler & Schiermeyer 1954

7 (MÜbs) St. Crane: The red Badge of courage. Die Flagge des Mutes. Roman. Übs. M. D. u. E. Moltkau. 170 S. Ffm, Wien: Forum-V. (= Forum-Taschenbücher 9) (1955)
8 Es ist nicht leicht, ein Mann zu sein. Ein Brevier voll nützlicher und unnützer Ratschläge für den Herrn von heute. 340 S. m. Abb. Mchn: Heyne 1955
9 (MV) M. D. u. R. Federmann: Othello von Salerno. Roman. 298 S. Mchn: Kindler 1956
10 (MÜbs) I. Andrić: Der verdammte Hof. Erzählung. Autor. Übs. a. d. Serb. v. M. D. u. R. Federmann. 173 S. Bln, Ffm: Suhrkamp (= Bibliothek Suhrkamp, Bd. 38) 1957
11 (MÜbs) I. Andrić: Die Geliebte des Veli Pascha. Siebzehn Novellen. A. d. Serb. v. M. D., R. Federmann u. A. Schmaus. 350 S. Stg: Steingrüben 1959
12 (MÜbs) Mond überm Zigeunerwagen. Zigeunerlieder. A. d. Serb. v. M. D. u. R. Federmann. 59 S. Mchn: Langen-Müller (= Langen-Müller's kleine Geschenkbücher 85) (1959)
13 Nichts als Erinnerung. Roman. 284 S. Stg: Goverts 1959
14 (MV) M. D. u. R. Federmann: Das Gesicht unseres Jahrhunderts. Sechzig Jahre Zeitgeschehen in mehr als sechshundert Bildern. 326 S. m. Abb. 4° Wien: Forum-Verl.; Europa-Verl. 1960
15 Salto mortale. Erzählungen. 63 S. Zürich: Arche (= Die kleinen Bücher der Arche 315–316) 1960

DRAWS-TYCHSEN, Hellmut (*1904)

1 Mein Westpreußenland. Ein Zyklus Heimatlieder. 43 S. Danzig: Danziger Verl.-Ges. 1929
2 Requiem und Hymnen für Cecilie Tychsen. 45 S. Danzig: Danziger Verl.-Ges. 1930
3 Nordische Gedichte. Auslese eines Jahrzehntes. 62 S. Danzig: Danziger Verl.-Ges. 1932
4 Westpreußische Originale. Eine schwippe Mandel heiterer heimatlicher Erlebnisse. 154 S., 18 Abb. Pillkallen: Grenzlandverl. G. Boettcher 1936
5 (Hg.) F. v. Sonnenberg: Frankreich und Deutschland. Aufzeichnungen und Oden. Erl. u. hg. H. D. - T. 91 S., 1 Taf. Wien: Zsolnay (= Die hundert kleinen Bücher 12) 1940
6 Sprenkeln auf der Iris. Eine Mozart-Geschichte. 50 S. Wien: Wiener Verl.-Ges. (= Kleinbuchreihe Südost 38) 1942
7 Meer-Gedichte. 26 S. Hbg: Ellermann (= Das Gedicht. Jg. 1948, Nr. 5) 1948
8 (Übs.) P. A. de Alarcón: Spanische Liebesgeschichten. 62 S. Bern: Scherz (= Parnass-Bücherei 90) 1952
9 (Übs., Nachw.) P. A. de Alarcón: Drei spanische Liebesgeschichten. 270 S. Zürich: Classen 1954
10 Calabobos. Jahrzeit- und Uhrenlieder. 80 S. Diessen vor Mchn: Huber 1954
11 (Hg.) Ernst Wilhelm Lotz: Prosaversuche und Feldpostbriefe. A. d. bisher unveröffentl. Nachlaß. 90 S., 2 Taf. Diessen vor Mchn: Huber (1955)
12 (Hg.) H. Schlüter: Signor Anselmo. Drei Erzählungen. Zum 50. Geburtstage d. Novellisten hg. 114 S., 1 Taf. Diessen vor Mchn: Huber 1957
13 Drei polynesische Protagonistenprofile. 32 S. m. Abb. Basel: Verl. f. Recht u. Gesellschaft 1958
14 Gesammelte kleine Studien zur neuen spanischen Kulturkunde. 279 S., 12 Abb. Diessen vor Mchn: Huber (1960)

DREYER, Max (1862–1946)

1 Ein Liebestraum und eine Ehegeschichte. Zwei Skizzen. 95 S. Dresden: Pierson 1891
2 Drei. Drama. 71 S. Bln: Fischer 1894
3 Frauenwille. Erzählungen. 384 S. Stg: Frommann 1894

DREYER 239

4 Eine. Historischer Schwank. 91 S. Lpz, Bln: Meyer 1896
5 Winterschlaf. Drama in drei Aufzügen. 128 S. Bln: Fischer 1896
6 In Behandlung. Komödie. 135 S. Lpz, Bln: Meyer 1897
7 Großmama. Junggesellenschwank. 158 S. Lpz, Bln: Meyer 1897
8 Hans. Drama. 144 S. Lpz, Bln: Meyer 1898
9 Lautes und Leises. Ein Geschichtenbuch. 196 S. Bln: Meyer 1898
10 Liebesträume. Komödie. 40 S. Lpz, Bln: Meyer 1898
11 Unter blonden Bestien. Komödie. 43 S. Lpz, Bln: Meyer 1899
12 Der Probekandidat. Drama. 184 S. Bln: Meyer 1899
13 Der Sieger. Drama. 199 S. Bln, Stg: Dt. Verl.-Anst. 1901
14 Schelmenspiele. 136 S. Bln, Stg: Dt. Verl.-Anst. 1902
15 Stichwahl. Burleske. 56 S. Bln, Stg: Dt. Verl.-Anst. 1902
16 Das Tal des Lebens. Historischer Schwank. 155 S. m. Abb. Bln: Dt. Verl.-Anst. 1902
17 Nah Huus. Plattdütsche Gedichte. 104 S. Stg: Dt. Verl.-Anst. 1904
18 Die Siebzehnjährigen. Schauspiel. 119 S. Stg: Dt. Verl.-Anst. 1904
19 Vater und Sohn. (S.-A.) 57 S. 12° Wiesbaden: Staadt (= Wiesbadener Volksbücher 64) 1905
20 Venus Amathusia. Drei Szenen. 81 S. Stg: Dt. Verl.-Anst. 1906
21 Die Hochzeitsfackel. Spiel einer Maiennacht. 123 S. Stg: Dt. Verl.-Anst. 1907
22 Ohm Peter. 332 S. Stg: Dt. Verl.-Anst. 1908
23 Des Pfarrers Tochter von Streladorf. Komödie. 156 S. Stg: Dt. Verl.-Anst. 1910
24 Strand. Ein Geschichtenbuch. 246 S. Stg: Dt. Verl.-Anst. 1910
25 Auf eigener Erde. 460 S. Bln: Ullstein 1911
26 Der lächelnde Knabe. Scherzspiel aus alten Tagen. 164 S. Bln: Meyer & Jessen 1912
27 Die Frau des Kommandeurs. Schauspiel in drei Akten. 179 S. Bln: Meyer & Jessen 1913
28 Der deutsche Morgen. Das Leben eines Mannes. 426 S. Lpz: Staackmann 1915
29 Die reiche Frau. Lustspiel in drei Aufzügen. 91 S. Lpz: Staackmann 1917
30 Nachwuchs. Roman. 336 S. Lpz: Staackmann 1918
31 Der Unbestechliche. Komödie in fünf Akten. 94 S. Bln: Vertriebsst. d. Verbands dt. Bühnenschriftsteller 1918
32 Klaas Korl, der Mörder. 79 S. Bln: Hillger (= Kürschner's Bücherschatz 1250) (1919)
33 Die Insel. Geschichten aus dem Winkel. 205 S. Lpz: Staackmann 1920
34 Die Ecke der Welt. Erzählung. 186 S. Lpz: Staackmann 1921
35 Die Siedler von Hohenmoor. Ein Buch des Zornes und der Zuversicht. 301 S. Lpz: Staackmann 1922
36 Mein Drachenhaus und was es sich mit mir erzählt. 173 S. Lpz: Staackmann 1924
37 Die Sturmfahne mit dem Greif. 153 S. m. Abb. Bln: Flemming & Wiskott (= Flemmings Bücher für jung und alt. Große Reihe 14) 1924
38 Altersschwach. Erzählung. 43 S. Hbg-Altona: Ruhe (= Der Brunnen 5) (1925)
39 Das Gymnasium von St. Jürgen. Roman. 287 S. Lpz: Staackmann 1925
40 Müte und sein Freund. Sein Ufer. Zwei Novellen. 31 S. Bln: Hillger (= Deutsche Jugendbücherei 211) (1925)
41 Pastor Helms. Mecklenburgische Erzählung. 34 S. Lahr/Baden: Schauenburg (= Schauenburgs Volksbücherei 6–7) (1926)
42 Das Riesenspielzeug. 150 S. Lpz: Staackmann 1926
43 Der siegende Wald. Roman. 385 S. Bln: Dt. Verlh. Bong 1926
44 Das Sympathiemittel. Eine niederdeutsche Geschichte. 106 S. Lpz: Staackmann 1927
45 Das Himmelbett von Hilgenhöh. Ein leichtherziger Roman. 258 S. Lpz: Staackmann 1928
46 König Kandaules. Roman. 319 S. Lpz: Staackmann 1929
47 Der Weg durchs Feuer. Roman. 299 S. Lpz: Staackmann 1930
48 Die Ehepause. Roman. 271 S. Lpz: Staackmann 1931
49 Tapfere kleine Renate. Roman. 240 S. Lpz: Staackmann 1932

50 Der Heerbann ruft. Roman. 219 S. Lpz: Staackmann 1933
51 Zwei Mütter und ein Kind. Erzählung. 63 S. Dresden: Limpert (= Volkstümliche 25-Pfennig-Bücherei 24) 1936 (Ausz. a. Nr. 33)
52 Urlaub nach Europa. Roman. 257 S. Lpz: Payne 1936
53 Das Sonnenkind. Novellen. 110 S. Bln: Nicolai (1938)
54 Dat Sympathiemiddel. Komödie. 71 S. Hbg: Quickborn-V. 1938
55 Erdkraft. Roman. 301 S. Bln: Eher (= Deutsche Kulturbuchreihe 58) 1941
56 Zwei kehren heim. Roman. 239 S. Lpz: Janke 1942
57 Lott Erkendieks Heimweh. 31 S. Bielefeld, Lpz: Velhagen & Klasing (= Velhagen & Klasings Feldpost-Lesebogen) 1943
58 Das Kentaurengeschlecht. Geschichte eines pommerschen Fräuleins. 61 S. Greifswald: Abel 1943
59 Die Löwenbraut. Roman. 205 S. Lpz: Rothbarth 1943
60 Spuk. Ein fröhlicher Roman. 158 S. Greifswald: Abel 1943
61 Der Kopf. Eine Studentengeschichte aus alten Tagen. 87 S. Wismar: Hinstorff (1945)

DROSTE-HÜLSHOFF, Annette (Anna Elisabeth) von (1797–1848)

1 *Gedichte. 220 S. Münster: Aschendorff 1838
2 Gedichte. VIII, 575 S. Stg, Tüb: Cotta 1844 (Verm. Neudruck v. Nr. 1)
3 Das geistliche Jahr. Nebst einem Anhang religiöser Gedichte. VIII, 286 S. Stg: Cotta 1851
4 Letzte Gaben. Nachgelassene Blätter. VIII, 292 S. Hannover: Rümpler 1860
5 Lieder mit Pianoforte-Begleitung. 39 S. 4° Münster: Russell (1877)
6 Gesammelte Schriften. Hg. L. Schücking. 3 Bde. VI, 432; IV, 380; X, 222 S. m. Bildn. Stg: Cotta 1878–1879
7 Ungedrucktes. Hg. K. Schulte-Kemminghausen. 59 S. m. Taf. 4° Münster: Regensberg 1925
8 Sämtliche Werke. In Verbindung mit B. Badt u. K. Pinthus hg. K. Schulte-Kemminghausen. 4 Bde. XXV, 533; XXV, 569; XXXII, 341; XXIV, 431 S. Mchn: Müller 1925–1930
9 Nachlese. Ungedruckte Verse und Briefe. In Gemeinschaft mit E. Arens u. E. Schulte hg. K. Schulte-Kemminghausen. 74 S. Bochum: Kamp (= Veröffentlichungen der Annette v. Droste-Gesellschaft 3) 1934

DÜLBERG, Franz (1873–1934)

1 Die Leydener Malerschule. 2 Bde. 1899
2 Die Frühholländer. 2 Bde. 24 Abb., 122 S. Text; 25 Abb., 19 S. Text 2° Haarlem: Kleinmann 1903–1905
3 König Schrei. Drama. 185 S. Mchn: Piper 1905
4 Frühholländer in Italien. 50 Taf., 26 S. Text 2° Haarlem: Kleinmann (= Die Frühholländer, Bd. 3) 1906 (zu Nr. 2)
5 Die deutsche Jahrhundert-Ausstellung zu Berlin 1906. 70 S. m. Abb. 4° Lpz: Seemann 1906
6 Korallenkettlin. Drama. 150 S. Bln: Fleischel 1906
7 Stefan George. Ein Führer zu seinem Werke. 68 S., 4 Taf. Mchn: Müller 1908
8 (Hg., Einl.) Die deutsche Malerei des neunzehnten Jahrhunderts. 100 Taf., 88 Text-S. 4° Lpz: Seemann 1909
9 Cardenio. Drama. 7, 170 S. Bln: Fleischel 1912
10 Karinta von Orrelanden. Drama in drei Akten. VIII, 138 S. Bln, Stg: Dt. Verl.-Anst. 1915
11 Ein Bekenntnis zu Zeit und Volk. Vortrag. 46 S. Bln, Stg: Dt. Verl.-Anst. 1919
12 Schellenkönig Kaspar. Drama in fünf Akten. IX, 131 S. Bln, Stg: Dt. Verl.-Anst. 1919

13 (Hg., MV) P. Cronheim, F. D. (u. a.): Die Nachbarn. Bücher offenherziger Aussprache. Bd. 1: Holland. 159 S. m. Abb. Lpz: Seemann 1919
14 Drama und Reichsgedanke. 24 S. Bln-Pankow: Zwilling-Verl. (1920)
15 Claes Corneliszoon Moeyaert. Die Wahl des Freiers. 8 S., 2 Abb. Wien: Filser (= Meisterwerke der Kunst in Holland) (1920)
16 Vom Geiste der deutschen Malerei. 24 Bilder besprochen. 127 S. m. Taf. (Bln:) Wegweiser-V. (= Volksverband der Bücherfreunde, Jahresreihe 4, Bd. 2) 1922
17 (Einl.) Rembrandt. Vierzig Gemäldewiedergaben in den Farben der Originale. 32 S. m. Abb., 40 Taf. Lpz: Seemann (1922)
18 (Einl.) Die drei Ruisdael. Acht farbige Nachbildungen von Gemälden. 12 S., 1 Abb., 8 Taf. Lpz: Seemann (= E. A. Seemanns Künstlermappen 53) (1922)
19 Das holländische Porträt des siebzehnten Jahrhunderts. 12 S., 10 Taf. Lpz: Seemann (= Bibliothek der Kunstgeschichte 66) 1923
20 (Hg.) J. M. Simons-Mees: Sankt Elisabeth. Schauspiel in drei Akten. Aus dem Holländischen v. H. Hoerschelmann. 74 S. Lpz: Weicher 1923
21 (Einl.) P. P. Rubens: Gemäldewiedergaben in den Farben der Originale. 24 S., 36 farb. Taf. Lpz: Seemann (1924)
22 (Einl.) Tizian. Dreißig Gemäldewiedergaben in den Farben der Originale 46 S. m. Abb., 30 Taf. Lpz: Seemann (1924)
23 (Übs.) J. van Ammers-Küller: Jenny Heystens Blütenweg. Roman. 355 S. Lpz: Kuner (1925)
24 (Übs.) J. van Ammers-Küller: Die Frauen der Coornvelts. 2 Bde. Bremen: Schünemann 1926–1930
    1. Die Frauen der Coornvelts. 453 S., 1 Tab. 1926
    2. Frauenkreuzzug. 397 S. 1930
25 (Einl.) Rembrandt. Acht Gemäldewiedergaben. VIII S. m. Abb., 8 Taf. Lpz: Seemann (= E. A. Seemanns Künstlermappen 87, 3) (1926)
26 (Übs.) J. van Ammers-Küller: Der Kuß des Erlösers. Novelle. 94 S. Lpz: Reclam (= Reclam's UB. 6800) (1927)
27 (Bearb.) W. P. F. van Deventer: Führer durch den Haag und seine Umgebung. 112 S. m. Abb., 2 Kt. Haag: van Stockum 1927
28 Soll man oder soll man nicht? Ein Geständnis. 38 S. Bln: Reiß (= Beiträge zur Prohibitionsfrage 2, 9) 1927
29 (Übs.) J. van Ammers-Küller: Tantalus. Ein Eheroman. 414 S. Lpz, Bremen: Schünemann 1928
30 Albrecht Dürer und sein Werk. 128 S. m. Abb. Bln: Reichsdruckerei (= Deutsche Kunstbücher) 1928
31 Holland. Ein Land, das lohnt. 178 S. m. Abb. Haag: van Stockum 1928
32 Marianne Strehla. Eine Lebensgeschichte. 118 S. Bln: Weltgeist-Bücher Verl.-Ges. (= Weltgeist-Bücher 336–337) (1928)
33 Niederländische Malerei der Spätgotik und Renaissance. 177 S. m. Abb., 11 Taf. 4° Wildpark-Potsdam: Athenaion (= Handbuch der Kunstwissenschaft) 1929
34 (Übs.) J. van Ammers-Küller: Jenny spielt Komödie. Roman. 355 S. Lpz, Bremen: Schünemann (1930)
    (zu Nr. 23)
35 Frans Hals. Ein Leben und ein Werk. 224 S., 94 Abb. 4° Stg, Bln: Neff 1930
36 (Übs.) J. van Ammers-Küller: Jenny versucht die Ehe. 295 S. Bremen: Schünemann 1931
    (zu Nr. 34)
37 Rembrandt Harmensz van Rijn und sein Werk. 119 S., 66 Abb. Bln: Reichsdruckerei (= Deutsche Kunstbücher) 1931
38 Deutsche Bildnisse. 126 S. m. Abb. Bln: Reichsdruckerei (= Deutsche Kunstbücher) 1932
39 Kunst in Berlin. 135 S. Bln: Reichsdruckerei (= Deutsche Kunstbücher) (1934)

DÜRRENMATT, Friedrich (*1921)

1 Es steht geschrieben. 158 S., 6 Abb. Basel: Schwabe (= Sammlung Klosterberg, Schweizer. Reihe) 1947

2 Pilatus. 47 S. Olten: Vereinigung Oltner Bücherfreunde (= Veröffentlichungen der Vereinigung Oltner Bücherfreunde 42) 1949
3 Der Nihilist. 60 S. m. Abb. Horgen-Zürich: Holunderpresse (1950)
4 Die Ehe des Herrn Mississippi. Eine Komödie in zwei Teilen. 91 S. Zürich: Oprecht 1952
5 Der Richter und sein Henker. 144 S. Einsiedeln, Zürich, Köln:B enziger 1952
6 (Vorw.) R. Searle: Weil noch das Lämpchen glüht. 99 boshafte Zeichnungen. 96 S. m. Abb. Zürich: Diogenes-V. 1952
7 Die Stadt. Prosa 1–4. 183 S. Zürich: Arche 1952
8 Der Verdacht. 155 S. Einsiedeln, Zürich, Köln: Benziger 1953
9 Ein Engel kommt nach Babylon. Eine Komödie in drei Akten. 92 S. Zürich: Arche 1954
10 Herkules und der Stall des Augias. Mit Randnotizen eines Kugelschreibers. 66 S. m. Abb. Zürich: Arche (= Herkules-Bücherei) 1954
11 Grieche sucht Griechin. Eine Prosakomödie. 200 S. Zürich: Arche 1955
12 Theaterprobleme. Nach dem Manuskript eines Vortrags. 60 S. Zürich: Arche 1955
13 Der Besuch der alten Dame. Eine tragische Komödie. Mit e. Nachw. 103 S. Zürich: Arche 1956
14 Die Panne. Eine noch mögliche Geschichte. 120 S. m. Abb. Zürich: Die Arche 1956
15 Die Ehe des Herrn Mississippi. Eine Komödie. Zweite Fassung. 86 S. Zürich: Arche 1957
   (Neufassg. v. Nr. 4)
16 Ein Engel kommt nach Babylon. Eine fragmentarische Komödie in drei Akten. 95 S. Zürich: Arche 1957
   (Neufassg. v. Nr. 9)
17 Nächtliches Gespräch mit einem verachteten Menschen. (Ein Kurs für Zeitgenossen). 46 S. Zürich: Arche (= Die kleinen Bücher der Arche 237) 1957
18 Komödien I. 359 S. Zürich: Arche 1957
   (Enth. Nr. 4, 9, 13, 20)
19 Der Prozeß um des Esels Schatten. Ein Hörspiel. (Nach Wieland – aber nicht sehr.) 51 S. Zürich: Arche (= Die kleinen Bücher der Arche 267) 1958
20 Romulus der Große. Eine ungeschichtliche historische Komödie in vier Akten. 186 S. Zürich: Arche 1958
21 Das Versprechen. Requiem auf den Kriminalroman. 244 S. Zürich: Arche 9158
22 Das Unternehmen der Wega. Ein Hörspiel. 45 S. Zürich: Arche (= Die kleinen Bücher der Arche 264) 1958
23 Abendstunde im Spätherbst. Ein Hörspiel. 43 S. m. Abb. Zürich: Arche (= Die kleinen Bücher der Arche 276–277) 1959
24 Stranitzki und der Nationalheld. Ein Hörspiel. 48 S. m. Abb. Zürich: Arche (= Die kleinen Bücher der Arche 289) 1959
25 Der Blinde. Ein Drama. 77 S. Zürich: Arche 1960
26 Der Doppelgänger. Ein Spiel. 79 S. m. Abb. Zürich: Arche 1960
27 Frank der Fünfte. Oper einer Privatbank. Musik P. Burkhard. 93 S. Zürich: Arche 1960
28 Friedrich Schiller. Eine Rede am 9. November 1959 im Nationaltheater in Mannheim anläßlich der Übergabe des Schillerpreises. 48 S. Zürich: Arche (= Die kleinen Bücher der Arche 303) 1960

Dulk, Albert Friedrich Benno (+Rübezahl)   (1819–1884)

1 Orla. Dramatische Dichtung. X, 318 S. Zürich, Winterthur: Liter. Comptoir 1844
2 Lea. Drama in fünf Akten nach W. Hauff's Novelle. „Jud Süß". 92 S. Königsberg 1848
3 Simson. Stg 1859
4 +Das Bergwerk im Königsbau. Ein Festspiel. 19 S. Stg: Hallberger 1861
5 Enzio von Hohenstaufen. Große Oper in vier Akten. Musik v. Abert. Stg: Mäntler (1862)

6 Der Tod des Bewußtseins und die Unsterblichkeit. 191 S. Lpz: Wigand 1863
7 Die Gemsjagd. Lustspiel in zwei Akten. 28 S. Lpz: Leiner (1864)
8 (Hg.) A. Wolf: Gesammelte und nachgelassene Schriften. 260 S. Dresden: Kuntze 1864
9 Jesus, der Christ. Ein Stück für die Volksbühne in neun Handlungen. 280 S. Stg: Moser 1865
10 Das Mädchenkleeblatt. Lustspiel in drei Akten. 96 S. Stg: Blum & Vogel 1865
11 Konrad II. Schauspiel. 2 Thle. 156, 184 S. Lpz: Brockhaus 1867
12 (Hg.) Patriotismus und Frömmigkeit. 53 S. Kaiserslautern: Rohr 1872
13 Thier oder Mensch? Ein Wort über Wesen und Bestimmung der Menschheit. 240 S. Lpz: Wigand 1872
14 Stimme der Menschheit. Kritische Glaubenslehre. 2 Bde. 547, 275 S. Lpz: Findel 1875–1880
15 Willa. Schauspiel. 87 S. Wien: Rosner 1875
16 (MV) A. D. u. G. Hartung: Fahrten durch Norwegen und durch Lappmark. 342 S. Stg: Kröner 1877
17 Was ist von der christlichen Kirche zu halten? Eine gedrängte Darstellung der Quellen und der Geschichte des Christenthums. 156 S. Zürich: Schmidt 1877
18 Der Schuster von Heilbronn. Ein Lied im neuen Deutschen Reich. 3 S. Stg: Loebell 1880
19 Brauchen wir Religion? Vortrag gehalten im September 1884 in der Freidenkergemeinde Stuttgart. 12 S. Stg: Freidenkergemeinde (1884)
20 Der Irrgang des Lebens Jesu. In geschichtlicher Auffassung dargestellt. 2 Bde. 359, 302 S. Stg: Dietz 1884–1885
21 Gedichte. Ausgewählt aus seinem Nachlaß. 96 S. 12° Stg: Dietz 1887
22 Reise-Erinnerungen an Egypten und Arabia Petrea. 93 S. Lpz: Thiele (1888)
23 Entwurf einer Gesellschaftslehre. 100 S. Lpz: Findel 1889
24 Sämmtliche Dramen. Erste Gesamtausgabe. Hg. E. Ziel. 3 Bde. 488, 388, 292 S. m. Abb. Stg: Dietz 1893–1894

DUSCH, Johann Jakob (1725–1787)

1 Die unschuldigen Diebe. Ein Schäferspiel in einem Aufzuge. 48 S. Hannover: Förster 1749
2 Tolk-Schuby. Ein Gedicht. S. 12–78. Altona: Iversen 1751
3 Das Toppé. Ein Heldengedicht. 86 S. Göttingen, Lpz 1751.
4 Die Wissenschaften. 80 S. Göttingen: Boßiegel 1752
5 Vermischte Werke in verschiedenen Arten der Dichtkunst. 16 Bl., 572 S., 1 Bl. Jena: Cuno 1754
(Enth. u. a. Nr. 1 u. Auz. a. Nr. 3 u. 4)
6 *Drey Gedichte in verschiedenen Arten der Dichtkunst. 78 S. 4° Altona, Lpz: Iversen 1756
(Enth. u. a. Nr. 2)
7 Der Schooßhund. Ein komisches Heldengedicht in neun Büchern. 4 Bl., 91 S. 4° Altona: Iversen 1756
8 Schilderungen aus dem Reiche der Natur und der Sittenlehre durch alle Monate des Jahrs. 4 Bde. Hbg, Lpz 1757–1760
9 *Der Tempel der Liebe. Ein Gedicht in zwölf Büchern. 8 Bl., 120 S. Hbg, Lpz: Grund u Holle 1757
10 (Übs.) A. Pope: Werke. 5 Bde. Altona: Iversen 1758–1763
11 Vermischte Kritische und Satyrische Schriften, nebst einigen Oden auf gegenwärtige Zeiten. 308 S. Altona: Iversen 1758
12 Briefe an Freunde und Freundinnen über verschiedene kritische, freundschaftliche und andere vermischte Materien. 10 Bl., 422 S. Altona: Iversen 1759
13 Moralische Briefe zur Bildung des Herzens. 2 Bde. Lpz: Breitkopf & Härtel 1759
14 Das Dorf. Ein Gedicht. 44 S. Altona: Iversen 1760
15 *(Übs.) Orest und Hermione, oder die Stärke der edlen und reinen Liebe in vierzehn Büchern geschildert. 432 S. Altona: Iversen 1762
16 Der Bankerot. Ein Bürgerliches Trauerspiel. XVI, 111 S. Hbg: Harmsen 1763

17 Glückseligkeit des Tugendhaften. Epistel an den Kammerherrn Freiherrn von Bernstorf. 48 S. Altona: Iversen 1763
18 Briefe zur Bildung des Geschmacks an einen jungen Herrn von Stande. 6 Bde. Lpz, Breslau: Gosohorsky 1764-1773
19 Briefe über Theodosius an den Constantin. Bln: Rüdiger 1764
20 Sämtliche Poetische Werke. 2 Bde. Altona: Iversen 1765-1767
    1. Teil: XXXXVIII, 208 S. 1765
    (2. Teil: nicht erschienen!)
    3. Teil: XXIV, 240 S. 1767
21 Die gelehrten Mikrologen. Gespräch in Versen. 38 S. 4° Altona (: Iversen) 1769
22 Rede in Versen von den Belohnungen guter Regenten auf den Geburtstag Christian des Siebenten. 4 Bl., 32 S. Altona: Spieringk 1769
23 Briefe zur Bildung des Geschmacks an einen jungen Herrn von Stande. Gänzlich umgearbeitete Auflage. 3 Bde. Lpz, Breslau: Meyen 1773-1779 (Veränd. Neuaufl. v. Nr. 18)
24 Sympathie. Ein Gedicht zur Unterstützung einer unglücklichen Familie. 24 S. 4° Altona: Bülow 1774
25 Geschichte Karl Ferdiners. Aus Originalbriefen. 6 Bde. Breslau: Gosohorsky 1776-1780
26 Die Stärke der edlen und reinen Liebe, in vierzehn Büchern geschildert. 432 S. Karlsruhe: Schmieder (= Sammlung der besten deutschen prosaischen Schriftsteller und Dichter 95) 1780
27 Vermischte Werke in der Dichtkunst. m. Ku. Jena: Boßiger 1784
28 Der Verlobte zweier Bräute. Eine völlig neu gearbeitete Geschichte Karl Ferdiners. 3 Tle. i. 6 Bdn. Breslau, Lpz 1785 (Neubearb. v. Nr. 25)
29 Die Pupille. Eine Geschichte in Briefen. Aus dem literarischen Nachlasse des Verfassers hg. u. ergänzt vom Verfasser des Siegfried von Lindenberg. 2 Bde. 271, 384 S. Altona: Hammerich 1798

Duysen, Paul (+Tyll Uller) (*1896)

1 Das Brausen des Blutes. Ein Kammerspiel für junge Menschen in fünf Akten. VII, 125 S. Hbg: Hanf (1919)
2 Das Leben, die Lüge und die Menschheit! Eine Tragödie in fünf Bildern. 138 S. Hbg: Hanf (1919)
3 Der Mann, das Weib und die Ehe! Ein Kammerspiel in drei Aufzügen. 123 S. Hbg: Hanf (1919)
4 Das Martyrium eines Geistigen! Ein kleiner Roman. 182 S., 1 Abb. Hbg: Hanf (1919)
5 Der geniale Mensch! Ein Spiel von seinem Sein in vier Aufzügen. IV, 138 S. Hbg: Hanf (1919)
6 Mephistopheles, Strindberg und der Krieg! Ein dramatisches Gedicht als Zeitenspiegel in fünf Akten. 168 S. Hbg: Hanf (1919)
7 Der geborene Verbrecher. Tragödie in vier Aufzügen. V, 119 S. Hbg: Hanf (1920)
8 Blutschande (Not). Eine soziale Tragödie in drei Aufzügen. III, 62 S. Hbg: Hanf (1921)
9 Jedermann, der viehische Mensch. Ein Schrei in d. Zeit. Psycho-analytischer Roman. 358 S. m. Abb. Hbg: Hanf 1921
10 Weltbeste Fussballer der Olympischen Spiele zu Berlin. Hervorragende Einzelkönner aus den besten Mannschaften. 64 S. Altona: Köbner (= Köbners Volks-Sportbuch 1) 1936
11 Olympische Fussballsieger. Wesens- und Leistungscharakteristik der hervorragendsten Mannschaften des Berliner Fussballturniers. Ein Wertungsversuch. 64 S. Altona: Köbner (= Köbners Volks-Sportn. 3) 1936
12 +Friedrich List. Ein Künder deutscher Einheit. 363 S. m. Taf., 1 Faks., 1 Kte. Reutlingen: Enßlin & Laiblin 1942
13 +Semmelweis. Der Roman seines heroischen Wirkens. 421 S., 4 Abb. Bln: Hanseat. Rechts- u. Wirtschaftsverl. 1943

14 +Pascal, der ewige Jüngling. Roman um einen großen Europäer, der das Genie des Herzens war. 484 S. Iserlohn: Silva-V. 1947
15 +Was ihr mir zuwider getan ... Drei Novellen um Beethoven, Rembrandt, Semmelweis. 182 S. m. Abb. Emsdetten: Lechte 1950

DWINGER, Edwin Erich (*1898)

1 Das große Grab. Sibirischer Roman. 264 S. Bln: Schneider 1920
2 Korsakoff. Die Geschichte eines Heimatlosen. 260 S. Lübeck: Quitzow 1926
3 Das letzte Opfer. Roman. 195 S. Lübeck: Quitzow 1928
4 Die Armee hinter Stacheldraht. Das Sibirische Tagebuch. 306 S. Jena: Diederichs 1929
5 (Vorw.) F. Reck-Malleczewen: Des Tieres Fall. Das Schicksal einer Maschinerie. Roman. VII, 269 S. Mchn: Müller 1930
6 Zwischen Weiß und Rot. Die russische Tragödie 1919–1920. 503 S., 1 Kt. Jena: Diederichs 1930
   (Forts. v. Nr. 4)
7 (Vorw.) B. Brehm: Das gelbe Ahornblatt. Ein Leben in Geschicklichkeit. 301 S. Karlsbad: Kraft 1931
8 (MV) Unsere Pferde. Ein Buch von Roß und Reiter. 186 S. m. Taf. Bln: Safari-V. 1931
9 Die zwölf Räuber. 227 S. Jena: Diederichs 1931
10 Wir rufen Deutschland. Heimkehr und Vermächtnis. 557 S. Jena: Diederichs 1932
   (Forts. v. Nr. 6)
11 Zug durch Sibirien. 69 S., 1 Kt. Jena: Diederichs (= Deutsche Reihe 2) 1933
    (Ausz. a. Nr. 6)
12 Die Namenlosen. Schauspiel. 87 S. Jena: Diederichs 1934
    (Dramat. v. Nr. 4)
13 Der letzte Traum. Eine deutsche Tragödie. 99 S. Jena: Diederichs 1934
14 Wo ist Deutschland? Schauspiel. 96 S. Jena: Diederichs 1934
    (Dramat. v. Nr. 10)
15 Das namenlose Heer. Erlebnisse in russischer Kriegsgefangenschaft. 67 S., 1 Abb. Jena: Diederichs (= Deutsche Reihe 35) 1935
    (Ausz. a. Nr. 4)
16 Die letzten Reiter. 450 S. Jena: Diederichs 1935
17 Und Gott schweigt ...? Bericht und Aufruf. 153 S. Jena: Diederichs 1936
18 Ein Erbhof im Allgäu. 143 S. m. Abb. Mchn: Bruckmann 1937
19 Spanische Silhouetten. Tagebuch einer Frontreise. 101 S. Jena: Diederichs 1937
20 Auf halbem Wege. 571 S. Jena: Diederichs 1939
    (Forts. v. Nr. 16)
21 Der Tod in Polen. Die volksdeutsche Passion. 172 S. Jena: Diederichs 1940
22 Panzerführer. Tagebuchblätter vom Frankreichfeldzug. 76 S., 1 Abb. Jena: Diederichs (= Deutsche Reihe 112) 1941
23 Wiedersehen mit Sowjetrußland. Tagebuch vom Ostfeldzug. 237 S. Jena: Diederichs 1942
24 Wenn die Dämme brechen ... 610 S. Freiburg i. Br., Ffm: Dikreiter 1950
25 General Wlassow. Eine Tragödie unserer Zeit. 416 S. Ffm, Überlingen am Bodensee, Bln: Dikreiter 1951
26 Sie suchten die Freiheit ... Schicksalsweg eines Reitervolkes. 383 S. Freiburg i. Br., Ffm: Dikreiter 1952
27 Hanka. Roman eines Jägers. 213 S. Freiburg i. Br., Ffm: Dikreiter 1953
    (Neuausg. v. Nr. 2)
28 Marita. Roman. 227 S. Freiburg i. Br.: Dikreiter 1954
    (Neudr. v. Nr. 9)
29 Die verlorenen Söhne. Eine Odyssee unserer Zeit. 649 S. Salzburg, Mchn: Pilgram 1956
30 Es geschah im Jahre 1965. 312 S. Salzburg, Mchn: Pilgram 1957
31 Das Glück der Erde. Ein Reitbrevier für Pferdefreunde. 212 S. m. Abb. Salzburg, Mchn: Pilgram 1957

EBERLE, Josef (+Sebastian Blau; Tyll) (*1901)

1 (MV) Vorträge über die Presse. Von F. Hardt, J. Rist, J. E. (u. a.) 160 S. Wiesbaden: Rauch (= Predigten und Vorträge bei außerordentl. Seelsorgsgelegenheiten, H. 11) 1926
2 +Mild und bekömmlich. Verse. 48 S. Stg: Verl. Dießblende 1928
3 +Kugelfuhr. Gedichte in schwäbischer Mundart. 62 S. Stg: Verl. Silberburg 1933
4 +Feierobed. Gedichte in schwäbischer Mundart. 87 S. Stg: Verl. Silberburg 1934
5 Gold am Pazifik. Erzählungen aus Kaliforniens großen Tagen. 214 S. Stg: Verl. Silberburg 1935
6 +(Hg.) Melpomene oder die höchst merkwürdigen Grabgesänge des Herrn Michael Jung. (S.-A.) 87 S. Zürich (o. Verl.) 1935
7 +Schwäbisch. 223 S. m. Abb. Mchn: Piper (= Was nicht im Wörterbuch steht 6) 1936
8 +Niedernauer Idylle. 4 Bl. o. O. (Als Ms. gedr.) (1941)
9 Rottenburger Bilderbogen. Gedichte. Hg. v. d. Stadt Rottenburg (S.-A.) 46 S. m. Abb. Tüb: Tübinger Chronik 1943
10 +Die schwäbischen Gedichte des Sebastian Blau. Ges., befürwortet u. hg. J. E. 147 S. Stg: Dt. Verl.-Anst. (1946)
11 +Rottenburger Hauspostille oder anmutiger Blick durch des Verfassers Brille auf die löbliche schwäb. Neckarstadt, die in einem Alter von mehr als zweitausend Jahren hat, die merkwürdigen Schicksale, die sie erlitten, und ihrer Bewohner Wesen und Sitten ... getreulich beschrieben, wahr und genau durch ihren Bürger Sebastian Blau. 369 S. Tüb, Stg: Wunderlich 1946
12 Das goldene Tor. Eine Erzählung aus Kaliforniens großen Tagen. 191 S. m. Abb. Stg: Gundert 1946
 (Neuaufl. v. Nr. 5)
13 +(MV) S. B. u. G. Ruth: Wir reisen. Eine Fahrt durchs Schwabenländle. 12 Bl. m. Abb. Stg: Verl. Solitude 1946
14 +s' Weihnachtskripple. 8 Bl. m. Abb. Stg: Verl. Solitude (1948)
 (Ausz. a. Nr. 10)
15 Die Reise nach Amerika. Eindrücke, Beobachtungen, Erlebnisse. (S.-A.) 119 S. m. Abb. Stg: Verl. d. Turmhaus-Druckerei (= Kleine Turmhausbücher 1) 1949
16 (Einl.) Mit spitzer Feder. Karikaturen aus der „Stuttgarter Zeitung". 136 S. (Stg:) Verl d. Turmhaus-Druckerei 1950
17 +Ob denn die Schwaben nicht auch Leut' wären ...? 196 S. Tüb, Stg: Wunderlich 1951
 (Neuausg. v. Nr. 7)
18 Johann Friedrich Cotta. (S.-A.) 15 S., 1 Abb. (Marbach a. N.: Schillermuseum) 1952
19 +(Hg.) M. v. Jung: Fröhliche Himmelfahrt oder Die höchst merkwürdigen Grablieder des Ritters Michael von Jung weiland Pfarrer zu Kirchdorf in Schwaben. 85 S. Tüb: Wunderlich 1953
 (Neubearb. v. Nr. 6)
20 Horae. 36 S. (Priv.-Dr.) 1954
21 Imagines. 35 S. (Priv.-Dr.) 1955
22 Maecenas, der Etrusker. (S.-A.) 20 S. o. O. 1955
23 +(MH, Nachw.) Dr. Owlglass: Des Leib- und Seelenarztes Dr. Owlglass Rezeptbuch. Gereimtes und Erzähltes. Hg. S. B. u. E. Schairer. 382 S. Mchn: Nymphenburger Verlh. 1955
24 Interview mit Cicero. Gestalten und Profile. 158 S. Stg: Dt. Verl.-Anst. 1956
25 August Lämmle zum 80. Geburtstag. Eine Würdigung. Rede, gehalten am 1. Dezember 1956 im Roten Saal des Stuttgarter Ratskellers. 8 S. o. O. (1956)
26 +(Nachw.) S. Sailer: Die Schöpfung des ersten Menschen, der Sündenfall und

dessen Strafe. In drei Aufzügen. 84 S. Marbach a. N.: Schiller- Nationalmuseum (= Turmhahn-Bücherei 23–24) 1956
27 (MH) L. Uhland: Bilder aus meinem Leben. Text des Lebensgangs: J. E. Auswahl u. Aufbau der Bilderfolge, sowie Text der Erläuterungen: P. Harden-Rauch. 63 S. Stg: Schreiber 1956
28 ★Von des ehrbarn Schäffer-Pahrs Phyliss und Philander Tächtel-Mächtel, ... Coll. und an Tag bracht durch einen ohngenannten Freund des Auctoris und der Poesie. 42 S. Stg (: Priv.-Dr.) 1957
29 Der Archipoeta. Ein Klassiker des Mittellateins. Vortrag. 16 S. o.O. 1959
30 Laudes. Carmina Latina. 75 S. Tüb: Wunderlich 1959
31 (Übs., Einl., Anm.) P. Ovidius Naso: Heilmittel gegen die Liebe. Gesichtspflege. 63 S. Zürich, Stg: Artemis (= Lebendige Antike) 1959
32 Stunden mit Ovid. 86 S. Zürich, Stg: Artemis (Priv.-Dr.) 1959

EBERMAYER, Erich (★1900)

1 Schuld und Gefährlichkeit im Entwurf zu einem italienischen Strafgesetzbuch. VI, 118 S. Bln: de Gruyter 1923
2 Doktor Angelo. Drei Novellen. 271 S. Lpz: Oldenburg (1924)
3 Brüder. Schauspiel in drei Aufzügen. 80 S. Lpz: Oldenburg 1925
4 Der Letzte. Novelle. 41 S., 5 Taf. 4⁰ Lpz: Oldenburg (200 num. Ex.) 1925
5 Sieg des Lebens. Roman. 308 S. Lpz, Bln: Spaeth 1925
6 Kaspar Hauser. Dramatische Legende in zehn Bildern. 148 S. Lpz: Schauspiel-V. (1926)
7 (Bearb.) K. Heinemann: Die deutsche Dichtung. Grundriß der deutschen Literaturgeschichte. Bis zur neuesten Zeit ergänzte Aufl. XI, 366 S., 7 Abb., 1 Zeittaf. Lpz: Kröner (= Kröners Taschenausgabe 10) 1927
8 (MH) E. E., K. Mann, H. Rosenkranz: Anthologie jüngster Prosa. 283 S. Bln: Spaeth 1928
9 (Bearb.) R. Solger: Anton in Amerika. Roman. 314 S. Bln: Spaeth 1928
10 Das Tier. Novelle. 134 S. Bln, Lpz: Arnst 1928
11 Kampf um Odilienberg. Roman. 438 S. Wien: Zsolnay 1929
12 Nacht in Warschau. Novelle. 141 S. Lpz: Reclam (= Junge Deutsche) 1929
13 (Bearb.) Deutscher Almanach auf 1930. (Jg. 1). 198 S. m. Taf. Lpz: Reclam 1930
14 Die große Kluft. Roman. 278 S. Wien: Zsolnay 1931
15 Jürgen Ried oder die tiefe Kluft. Roman. 278 S. Wien: Zsolnay 1931 (Neuausg. v. Nr. 14)
16 Der Schritt ins Freie. Erzählung. Mit e. autobiogr. Nachw. 67 S. Lpz: Reclam (= Reclam's UB. 7192) (1932)
17 Werkzeug in Gottes Hand. Roman. 443 S. Wien: Zsolnay 1933
18 Fall Claasen. Roman. 292 S. Wien: Zsolnay 1935
19 Romanze. Schauspiel. 131 S. Wien: Zsolnay 1936
20 Befreite Hände. Roman. 334 S. Wien: Zsolnay 1938
21 Unter anderem Himmel. Roman. 424 S. Wien, Bln, Lpz: Bischoff 1941
22 Der Schrei der Hirsche. Roman. 2 Bde. Wien: Zsolnay 1944–1949
   1. Torheit der Jugend. 441 S. 1944
   2. Gefährliches Wunderland. 455 S. 1949
23 Der Traum des Krösus. Novellen. 254 S. Bln, Wien, Lpz: Bischoff 1944
24 Hubertus. Novelle. 90 S. Hbg: Springer 1946
25 Auferstanden. Novelle. 106 S. Überlingen: Wulff 1948
26 (Hg.) J. P. Eckermann: Ewige Gespräche. Johann Wolfgang v. Goethe. Aus Eckermanns Aufzeichnungen. 401 S. Mchn: Desch 1948
27 Verteidigernovellen. 171 S. Hbg: Springer 1948
28 Meister Sebastian. Roman. 195 S. Wien: Zsolnay 1950
29 Magisches Bayreuth. Legende und Wirklichkeit. 226 S., 8 Bl. Abb. Stg: Steingrüben-V. (1951)
30 (MV) E. E. u. H. Roos: Gefährtin des Teufels. Leben und Tod der Magda Goebbels. 360 S., 5 Bl. Abb. Hbg: Hoffmann & Campe 1952
31 Der letzte Sommer. Roman. 395 S. Wien, Bln, Stg: Neff 1952
   (Forts. v. Nr. 22)

32 Das ungewöhnliche Leben des Oscar Wilde. 324 S., 4 Bl. Abb. Bonn: Athenäum-V. 1954
33 Verirrte Liebe. Roman. 319 S. Freiburg i. Br.: Dikreiter 1955
34 Odilienberg. Roman. Jubiläumsausg. 323 S. Hbg, Wien: Zsolnay 1956 (Neuaufl. v. Nr. 11)
35 Kathrin braucht Sonne. Roman. 222 S. Mchn: Awa-V. (= Bücher für dich) (1957)
36 Morgen mittag zwölf Uhr. Roman eines Justizirrtums. 223 S. Hbg, Wien: Zsolnay 1957
37 Später Frühling. Roman. 680 S. Mchn: Awa-V. (1958)
38 Ohne Ansehen der Person ... Roman eines Arztes. 271 S. Hbg, Wien: Zsolnay 1958
39 Die goldene Stimme. Roman. 342 S. Hbg, Wien: Zsolnay 1958
40 Denn heute gehört uns Deutschland ... Persönliches und politisches Tagebuch. Von der Machtergreifung bis zum 31. Dezember 1935. 655 S. Hbg, Wien: Zsolnay 1959
41 Schloß Egers. Roman. 301 S. Hbg, Wien: Zsolnay 1959 (Neubearb. v. Nr. 17)
42 Unter anderem Himmel. Roman. 320 S. Mchn: Awa-V. (1959) (Neufassg. v. Nr. 21)
43 (Hg.) W. Schaeffers: Tingeltangel. Ein Leben für die Kleinkunst. Aufgezeichnet v. E. E. 208 S. m. Abb., 1 Titelb. Hbg: Broschek 1959
44 Erich Ebermayer. Buch der Freunde. Hg. P. Baedeker u. K. Lemke. 70 S. m. Abb., 1 Titelb. Lohhof b. Mchn: Lemke 1960
45 Der Knabe und die Schaukel. Roman. 270 S. Hbg, Wien: Zsolnay 1960
46 Der blaue Nachtfalter. Roman. 270 S. Hbg, Wien: Zsolnay 1960

EBERS, Georg (1837–1898)

1 Eine ägyptische Königstochter. Roman. 3 Bde. 757 S. Stg: Hallberger 1864
2 Aegypten und die Bücher Mose's. Bd. 1. 360 S. Lpz: Engelmann 1868
3 Über das hieroglyphische Schriftsystem. 36 S. Bln: Habel (= Sammlung gemeinverständlicher wissenschaftlicher Vorträge 131) 1871
4 Durch Gosen zum Sinai. Aus dem Wanderbuche und der Bibliothek. 608 S. Lpz: Engelmann 1872
5 Papyros Ebers. Das hermetische Buch über die Arzneimittel der alten Aegypter in hieratischer Schrift. Mit hieroglyphisch-lateinischem Glossar v. L. Stern. 2 Bde. 36 S., 69 Taf.; 63 S., 41 Taf. 2° Lpz: Engelmann 1875
6 Uarda. Roman aus dem alten Aegypten. 3 Bde. 761 S. Stg: Hallberger 1877
7 Aegypten in Bild und Wort. 2 Bde. 819 S. m. Abb. 2° Stg: Hallberger 1878–1879
8 Homo sum. Roman. 376 S. Stg: Hallberger 1878
9 Die Schwestern. Roman. 432 S. Stg: Hallberger 1880
10 Eine Frage. Idyll, zu einem Gemälde seines Freundes Alma Tadema erzählt. 134 S. Stg: Dt. Verl.-Anst. 1881
11 Der Kaiser. Roman. 2 Bde. 815 S. Stg: Dt. Verl.-Anst. 1881
12 Die Frau Bürgermeisterin. Roman. 459 S. Stg: Dt. Verl.-Anst. 1882
13 Mein Grab in Theben. 23 S. Breslau: Schottländer (= Deutsche Bücherei) 1882
14 Das Alte in Kairo und in der arabischen Cultur seiner Bewohner. 33 S. Breslau: Schottländer (= Deutsche Bücherei) 1883
15 Ein Wort. Roman. 410 S. Stg: Dt. Verl.-Anst. 1883
16 Der geschnitzte Holzsarg des Hatbastru im ägyptologischen Apparat der Universität zu Leipzig. 62 S. m. Abb. Lpz: Hirzel 1884
17 Richard Lepsius. Ein Lebensbild. 390 S. Lpz: Engelmann 1885
18 Serapis. Historischer Roman. 450 S. Stg: Dt. Verl.-Anst. 1885
19 Cicerone durch das alte und neue Aegypten. 2 Bde. 631 S. m. Abb., 2 Kt. Stg: Dt. Verl.-Anst. 1886
(Enth. d. Text v. Nr. 7)
20 (MV) G. E. u. H. Guthe: Palästina in Bild und Wort. 2 Bde. 994 S. 2° Stg: Dt. Verl.-Anst. 1886–1887

21 Elifên. Ein Wüstentraum. Eoetische Erzählung. 161 S. Stg: Dt. Verl.-Anst. 1887
22 Die Nilbraut. Roman. 3 Bde. 880 S. Stg: Dt. Verl.-Anst. 1887
23 Die Gred. Roman aus dem alten Nürnberg. 2 Bde. 599 S. Stg: Dt. Verl.-Anst. 1889
24 Josua. Erzählung aus biblischer Zeit. 426 S. Stg: Dt. Verl.-Anst. (1889)
25 Papyrus Ebers. Die Maasse und das Kapitel über die Augenkrankheiten. 2 Bde. 204 S. Lpz: Hirzel 1889
    (Enth. u. a. Nr. 5)
26 (MV) Eine Gallerie antiker Portraits. Erster Bericht über eine jüngst entdeckte Denkmäler-Gruppe. (O. Donner – v. Richter: Die enkaustische Malerei der Alten.) 41 S. Bln, Wien: Graf 1890
27 Die hieroglyphischen Schriftzeichen der Aegypter im Besitze der Firma Breitkopf & Härtel in Leipzig. 55 S. m. Abb., 2 Taf. 4° Lpz: Breitkopf & Härtel 1890
28 Drei Märchen für Alt und Jung. Die Nüsse, ein Weihnachtsmärchen. Das Elixir. Die graue Locke. 242 S., 3 Abb. 12° Stg: Dt. Verl.-Anst. 1891
29 Per aspera. Historischer Roman. 2 Bde. 850 S. Stg: Dt. Verl.-Anst. 1892
30 Sinnbildliches. Die koptische Kunst, ein neues Gebiet der altchristlichen Sculptur, und ihre Symbole. 61 S. m. Abb. Lpz: Engelmann 1892
31 Die Geschichte meines Lebens. Vom Kind bis zum Manne. 522 S., 1 Abb. Stg: Dt. Verl.-Anst. 1893
32 Antike Portraits. Die hellenistischen Bildnisse aus dem Fajjûm, untersucht und gewürdigt. 73 S. m. Abb., 1 Taf. Lpz: Engelmann 1893
33 Gesammelte Werke. 32 Bde. Stg: Dt. Verl.-Anst. 1893–1897
34 (MV) G. E. u. M. Junghändel: Aegypten. Heliogravuren nach Original-Aufnahmen. 25 Taf., 3 S., 25 Bl. Text. 2° Bln: Cosmos-V. 1894
35 Kleopatra. Historischer Roman. 572 S. Stg: Dt. Verl.-Anst. 1894
36 Im blauen Hecht. Roman aus dem deutschen Kulturleben im Anfang des 16. Jahrhunderts. 206 S. Stg: Dt. Verl.-Anst. 1895
37 Im Schmiedefeuer. Roman aus dem alten Nürnberg. 2 Bde. 631 S. Stg: Dt. Verl.-Anst. 1895
38 Die Unersetzlichen. Ein Märchen. 61 S. m. Abb. 4° Stg: Dt. Verl.-Anst. 1895
39 Barbara Blomberg. Historischer Roman. 2 Bde. 437, 364 S. Stg: Dt. Verl.-Anst. 1896
40 Rudolf C. Huber. 23 S. Wien: Lit. Anst. Schulze 1897
41 Die Körpertheile, ihre Bedeutung und Namen im Altägyptischen. 96 S. 4° Mchn: Franz 1897
42 Arachne. Historischer Roman. 502 S. Stg: Dt. Verl.-Anst. 1898
43 Das Wanderbuch. Dramatische Erzählung aus dem Nachlaß und gesammelte kleine Schriften. 317 S. Stg: Dt. Verl.-Anst. 1899
44 Aegyptische Studien und Verwandtes. Zu seinem Andenken gesammelt. 517 S., 1 Abb. Stg: Dt. Verl.-Anst. 1900

EBERT, Johann Arnold (1723–1795)

1 *Christliche Gedanken über das Leiden und Sterben des Erlösers, von einem Freunde der Wahrheit nebst einer Vorrede zum Druck befördert. Hbg 1742
2 *Das Vergnügen, eine Serenate, welche 1743. 21. Apr. im Hamb. Drillhause von Görner musikalisch aufgeführt wurde. 4° Hbg 1743
3 (MH) Der Jüngling. Hg. J. A. Cramer, J. A. E., N. D. Giseke u. G. W. Rabener. Lpz 1747
4 (Übs.) R. Glover: Leonidas. Aus dem Englischen übs. Hbg: Bohn 1749
5 (Übs.) E. Young: Klagen, oder Nachtgedanken über Leben, Tod und Unsterblichkeit, in vier Abschnitten oder Nächten. 10 Bg. Braunschweig, Hildesheim: Schröders Erben 1751
6 (Übs.) Übersetzungen einiger poetischen und prosaischen Werke der besten englischen Schriftsteller. 2 Bde. Braunschweig 1752–1753
    (Enth. u. a. Nr. 6)

7 (Übs.) E. Young: Die Gelassenheit im Leiden. An die Frau B*******. Ein Gedicht. 8 Bl., 86 S. Braunschweig: Verl. d. Fürstl. Waisenbuchhandlg. 1763
8 (Übs.) J. Jortin: Abhandlungen über die Wahrheiten der christlichen Religion. Hbg: Bohn 1769
9 An den Herrn Conrad Arnold Schmid. 47 S. Braunschweig: Fürstl. Waisenhausbuchhandlg. 1772
10 Epistel an C. A. Schmidt. Braunschweig: Schulbuchh. 1772
11 Der Achtzehnte May 1774. Seiner geliebten Ehegattinn, Louise Antoinette Henriette, geb. Gräfe, gewidmet. 32 S. Braunschweig: Fürstl. Waisenhausbuchhandlg. 1774
12 (Übs.) E. Young: Einige Werke. 3 Bde. Braunschweig, Hildesheim: Schröders Erben 1777
13 An seine geliebte Ehegattin...16 S. o. O. 1782
14 Episteln und vermischte Gedichte. 2 Bde. Bd. 2 hg. J. J. Eschenburg. LXXII, 374; LXXIV, 104 S. Hbg: Bohn 1789–1795 (Enth. u. a. Nr. 2 u. 11)
15 Auf Sr. Hochfürstlichen Durchlaucht, Carl Wilhelm Ferdinand...Zurückkunft. 8 S. Braunschweig (o. Verl.) 1794

EBERT, Karl Egon Ritter von (+Franta Wokrauliczek) (1801–1882)

1 Gedichte. 3 Bl., 209, 3 S. Prag: Kronenberger 1824
2 Dichtungen. 2 Bde. XII, 243 S. ; 1 Bl., IV, 253 S. Prag: Calve 1828 (Verm. Neuaufl. v. Nr. 1)
3 Wlasta. Böhmisch-nationales Heldengedicht in drei Büchern. 6 Bl., 322 S. Prag: Calve 1829
4 Das Kloster. Idyllische Erzählung in fünf Gesängen. 275 S. 16⁰ Stg: Brodhag 1833
5 +Böhmische Kolatschen. Eine Sammlung böhmischer Charakterzüge und belustigender Anekdoten. 4 Bl., 124 S. Lpz: Wigand 1833
6 Bretislaw und Jutta. Dramatisches Gedicht. 128 S. Prag: Enders 1835
7 Lidwinna. Romantische Oper in drei Abtheilungen. Musik J. Dessauer. 87 S. Prag: Haase 1836
8 Gedichte. Vollständige Ausgabe in drei Büchern. XVI, 620 S. Stg, Tüb: Cotta 1845 (Verm. Neuaufl. v. Nr. 2)
9 Ein Denkmal für Carl Egon Fürsten zu Fürstenberg. 31 S. Prag: Ehrlich 1855
10 Fromme Gedanken eines weltlichen Mannes. Dichtungen. 1 Bl., X, 242 S., 1 Bl. Lpz: Brockhaus 1859
11 Das kaiserliche Manifest vom 15. Juli 1859. Gedicht. 4 Bl. Prag: Mercy 1859
12 Prolog für das Concert zur hundertjährigen Geburtsfeier Schillers gedichtet. Prag 1859
13 Der Frauen Lieb' und Haß. Tragödie in vier Acten. 37 S. 4⁰ Prag: Mercy 1862
14 Ein Gelübde. Trauerspiel in vier Acten. 36 S. 4⁰ Prag: Mercy 1863
15 Eine Magyarenfrau. Poetische Erzählung. 2 Bl., 46 S., 1 Bl. 16⁰ Wien: Czermak 1865
16 Nachruf an Ihre großherzogliche Hoheit Amalie verwittwete Fürstin zu Fürstenberg, geborene Prinzessin zu Baden. 2 Bl. 4⁰ (Selbstverl. 1869)
17 Poetische Werke. Gesammtausgabe. 7 Bde. Prag: Verl. d. Bohemia 1877–1878
18 An die deutschen Dichter die mich zu meinem achtzigsten Geburtstage begrüßten. 2 Bl. 4⁰ Prag: Haase (1881)

EBNER, Ferdinand (1882–1931)

1 Das Wort und die geistigen Realitäten. Pneumatologische Fragmente. 245 S. Innsbruck: Brenner-V. 1921

2 Wort und Liebe. 290 S., 1 Titelb. Regensburg: Pustet 1935
3 Das Wort ist der Weg. Aus den Tagebüchern. Ausgew. u. eingel. H. Jone. XVII, 242 S. Wien: Herder 1949

EBNER, Jeannie (*1918)

1 Gesang an das Heute. Gedichte, Gesichte, Geschichten. 76 S. m. Abb. Wien: Jungbrunnen-V. (= Junge österreichische Autoren 9) (1952)
2 Sie warten auf Antwort. Roman. 402 S. Wien, Mchn: Herold-V. 1954
3 (Übs.) H. V. Morton: Spanische Reise. 383 S. m. Abb. Bln: Ullstein 1957
4 (Übs.) L. Bemelmans: Die Frau meines Lebens. Roman. Aus dem Amerikanischen. 181 S. Köln: Kiepenheuer & Witsch 1958
5 (Übs.) N. Hallinan: Kleine Lampe im großen Wind. Roman. 470 S. Ffm: Fischer 1958
6 Die Wildnis früher Sommer. Roman. 321 S. Köln, Bln: Kiepenheuer & Witsch 1958
7 Der Königstiger. Erzählung. 78 S. Gütersloh: Mohn (= Das kleine Buch 125) 1959

EBNER-ESCHENBACH, Marie Freifrau von (1830–1916)

1 *Aus Franzensbad. Sechs Episteln von keinem Propheten. 158 S. 16⁰ Lpz: Theile 1858
2 Maria Stuart in Schottland. Trauerspiel. 64 S. Wien: Mayer 1860
3 Die Veilchen. Lustspiel. 15 S. Wien: Wallishausser 1862
4 Marie Roland. Trauerspiel. Wien: Wallishausser 1867
5 Doctor Ritter. Dramatisches Gedicht. 28 S. Wien: Jasper 1869
6 Die Prinzessin von Banalien. Ein Märchen. 63 S. Wien: Rosner 1872
7 Männertreue. Lustspiel. 50 S. Wien Wallishausser 1874
8 Erzählungen. 345 S. Stg: Cotta 1875
9 Božena. Erzählung. 368 S. Stg: Cotta 1876
10 Aphorismen. 158 S. 16⁰ Bln: Ebhardt 1880
11 Neue Erzählungen. 414 S. Bln: Ebhardt 1881
12 Dorf- und Schloßgeschichten. 204 S. Bln: Paetel 1883
13 Zwei Comtessen. 277 S. Bln: Ebhardt 1885
14 Neue Dorf- und Schloßgeschichten. 208 S. Bln: Paetel 1886
15 Die Unverstandene auf dem Dorfe. Erzählung. 134 S. 12⁰ Bln: Paetel (1886) (Ausz. a. Nr. 14)
16 Das Gemeindekind. Erzählung. 2 Bde. 385 S. Bln: Paetel 1887
17 Lotti, die Uhrmacherin. Erzählung. 217 S. Bln: Paetel 1889 (Ausz. a. Nr. 11)
18 Margarete. 144 S. Stg: Cotta (1889)
19 Miterlebtes. Erzählungen. 261 S. Bln: Paetel 1889
20 Ein kleiner Roman. Erzählung. 158 S. Bln: Paetel 1889
21 Unsühnbar. Erzählung. 390 S. Bln: Paetel 1890
22 Ohne Liebe. Lustspiel. 39 S. Bln: Bloch (= E. Bloch's Theater-Korrespondenz 246) 1891
23 Drei Novellen. 174 S. Bln: Paetel 1892
24 Parabeln, Märchen und Gedichte. 190 S. 12⁰ Bln: Paetel 1892
25 Glaubenslos? Erzählung. 221 S. Bln: Paetel 1893
26 Gesammelte Schriften. 10 Bde. Bln: Paetel 1893–1911
27 Das Schädliche. Die Todtenwacht. 255 S. Bln: Paetel 1894
28 Rittmeister Brand. Bertram Vogelweid. Zwei Erzählungen. 454 S. Bln: Paetel 1896
29 Am Ende. Scene. 23 S. Bln: Bloch 1897
30 Alte Schule. Erzählungen. 208 S. Bln: Paetel 1897
31 Bettelbriefe. Novelle. 28 S. Wien: Daberkow (= National-Bibliothek 200) 1898

32 Oversberg. Aus dem Tagebuch des Volontärs Ferdinand Binder. Novelle. 54 S. Wien: Daberkow (= National-Bibliothek 198–199) 1898 (Ausz. a. Nr. 23)
33 Hirzepinzchen. Märchen. 24 S., 6 Abb. Stg: Union 1900
34 Aus Spätherbsttagen. Erzählungen. 2 Bde. 285, 309 S. Bln: Paetel 1901
35 Agave. 343 S. Bln: Paetel 1903
36 Die arme Kleine. Erzählung. 387 S. m. Abb. Bln: Paetel 1903
37 Ein Spätgeborner. Erzählung. 85 S. Stg: Cotta (= Cotta'sche Handbibliothek 68) 1903 (Ausz. a. Nr. 7)
38 Die unbesiegbare Macht. Zwei Erzählungen. 339 S. Bln: Paetel 1905
39 (MV) Uneröffnet zu verbrennen. (– O. Scubin: Blanche. – Wichert: Ein Wohltäter). 91 S. Bln: Exp. d. dt. Bücherei (= Deutsche Bücherei 25) 1905 (Enth. Ausz. a. Nr. 34)
40 Meine Kinderjahre. Biographische Skizzen. 311 S. Bln: Paetel 1906
41 Altweibersommer. 171 S. Bln: Paetel 1909 (Enth. u. a. Ausz. a. Nr. 34)
42 Die erste Beichte. Miniatur-Ausgabe. 58 S. m. Abb. Stg: Cotta 1910 (Ausz. a. Nr. 7)
43 Ausgewählte Erzählungen. 3 Bde. 247, 281, 180 S. Bln: Paetel 1910
44 Genrebilder. Erzählungen. 403 S. Bln: Paetel 1910
45 Stille Welt. Erzählungen. 175 S. Bln: Paetel (1915)
46 Meine Erinnerungen an Grillparzer. Aus einem zeitlosen Tagebuch. 190 S. Bln: Paetel 1916
47 Letzte Worte. Aus dem Nachlaß hg. H. Bucher, mit einem Bilde der Dichterin aus ihren letzten Lebensjahren. 297 S., 1 Abb. Wien: Rikola-V. 1923
48 Sämtliche Werke. 12 Bde. Lpz: Schmidt & Günther (1928)

ECKART, Dietrich (1868–1923)

1 In der Fremde. Gedichte. 97 S. 12⁰ Lpz, Baden-Baden: Wild 1893
2 (Hg.) H. Heine: Auswahl aus sämmtlichen Gedichten, für deutsche Frauen und deutsche Jugend zusammengestellt und mit Biographie versehen v. D. E. 270 S. m. Abb. 12⁰ Lpz, Baden-Baden: Wild 1893
3 Tannhäuser auf Urlaub. Ein Sommermärchen. 107 S. Lpz: Friedrich 1895
4 Parsifal. Zur Einführung in Richard Wagners Dramen. (S.-A.) 18 S. 12⁰ Lpz: Wild 1899
5 Familienväter. Tragische Komödie. 162 S. Lpz: Modernes Verl.-Bureau 1904
6 Der Froschkönig. Romantische Komödie. 200 S. Lpz: Modernes Verl.-Bureau 1904
7 Der Erbgraf. Schauspiel. 91 S. Bln: Bloch 1907
8 (Bearb.) H. Ibsen: Peer Gynt. In freier Übertragung für die deutsche Bühne gestaltet, mit Epilog und Randbemerkungen v. D. E. 278 S. Bln: Verl. Herold 1912
9 Ibsens, Peer Gynt, der große Krumme und ich. 104 S. Bln: Herold 1914
10 Abermals vor der Höhle des großen Krummen. Erneute Aussprache über Theaterkritik. 28 S. Bln, Mchn: Hoheneichen-V. 1915
11 Heinrich der Hohenstaufe. Deutsche Historie in vier Vorgängen. 98 S. Bln, Mchn: Hoheneichen-V. 1915
12 Lorenzaccio. Tragödie in fünf Aufzügen. 148 S. Mchn: Hoheneichen-V. (1915)
13 (Hg.) Auf gut Deutsch. Wochenschrift für Ordnung und Recht. 3 Jge. à 52 Hefte. Wolfratshausen b. Mchn: Hoheneichen-V. 1919–1921
14 Einführung in Ibsens „Peer Gynt" und in Griegs Musik zu der Dichtung. 15 S. Wolfratshausen b. Mchn: Hoheneichen-V. 1919
15 Totengräber Rußlands. 31 S. m. Abb., Taf. 4⁰ Mchn: Dt. Volksverl. Dr. Boepple 1921

16 Der Bolschewismus von Moses bis Lenin. Zwiegespräch zwischen Adolf Hitler und mir. 57 S. Mchn: Eher (1925)
17 Dietrich Eckart. Ein Vermächtnis. Hg., eingel. A. Rosenberg. 253 S., 3 Taf. Mchn: Eher 1928

ECKERMANN, Johann Peter (1792–1854)

1 Gedichte. 4 Bl., 186 S. Hannover (o. Verl.) 1821
2 Beyträge zur Poesie mit besonderer Hinweisung auf Goethe. IV, 305 S. Stg: Cotta 1824
3 (MV) (Riemer, Schütze, E. u. a.:) Zu Goethes Geburtstagsfeier. Weimar, 28. August 1824. 8 Bl. Weimar (o. Verl.) 1824
4 Cantate zur fünfzigjährigen Regierungs Feyer Sr. Königl. Hoheit des Großherzogs Carl August von Sachsen-Weimar-Eisenach, gedichtet v. J. P. E., in Musik gesetzt v. C. Eberwein, aufgeführt in der Haupt- und Stadtkirche zu Weimar am 4. Sept. 1825. 48 S. 2⁰ Weimar: Wentzel 1825
5 *Zu Goethe's Jubelfeyer am siebenten November 1825. 13 Bl. Weimar (o. Verl.) (1825)
6 *An Goethe. Am Abend des Siebenten Novembers 1825 nach Aufführung Seiner Iphigenie. 2 Bl. 4⁰ Weimar (o. Verl.) (1825)
7 *Weimars Jubelfest am 3ten September 1825. 2 Tle. 114, 62; 320, 116 S.; 8 Taf. Weimar: Hoffmann 1825 (–1826)
8 (MV) (Schütze, Eckermann u. a.:) Zu Goethe's Geburtstage. Weimar, 28. August 1831, 16 Bl. Weimar (o. Verl.) 1831
9 Gespräche mit Goethe in den letzten Jahren seines Lebens 1823–1832. 3 Bde. XVI, 386; XVI, 360; XX, 375 S. (Bd. 1 u. 2:) Lpz: Brockhaus bzw. (Bd. 3, MH: Soret) Magdeburg: Heinrichshofen 1836–1848
10 Gedichte. X, 290 S. Lpz: Brockhaus 1838
11 Einige Worte ... gegen Brockhaus ... 16 S. Weimar: Landes-Industrie-Comptoir 1846
12 Aus Goethes Lebenskreise. J. P. E.'s Nachlaß. Hg. F. Tewes. 1. Bd. 404 S. Bln: Reimer 1905

ECKMANN, Heinrich (1893–1940)

1 Der Lebensweg. Een nedderdütschen Dodendanz. 16 S. Verden: (Mahnke) (= Niederdeutsche Jugend- und Volksbühne 5) 1922
2 Twee Minschen. 51 S. Hbg: Wilkens 1924
3 Der Weg ins Blau. Ein Buch der Sehnsucht. 160 S. Hbg: Hermes 1924
4 Haus in Blumen. Gedichte. 79 S. Hbg: Hermes 1925
5 Toslaten Döern. Vertelln. 63 S. Glückstadt: Verl. „De Eeckboom" (= Eeckboom-Böker 5) 1926
6 Das Weib und die Mutter. Erzählung. 27 S. Itzehoe: Martin 1927
7 Die Königin. 193 S. Itzehoe: Martin 1928
8 (MV) Störmloop. Plattdütsche Kriegsvertelln vun H. E. (u. a.) 56 S. Garding: Lühr & Dircks (= Plattdütsche Volksböker 35) (1934)
9 Eira und der Gefangene. Roman. 272 S. Braunschweig: Westermann 1935
10 Gefangene in England. Geschichten von Soldaten und Bauern. Hg., eingel. H. Plenzat. 95 S. Lpz: Eichblatt (= Eichblatts deutsche Heimatbücher 112–114) (1936)
11 Die rote Katze. Erzählungen. 71 S. Braunschweig: Westermann 1936
12 Das ferne Saitenspiel. Erzählungen. 63 S. Jena: Diederichs (= Deutsche Reihe 54) 1937
13 Der Stein im Acker. Roman. 325 S. Braunschweig: Westermann 1937
14 Bunter Bauerngarten. Erzählungen. 133 S. Lpz: Widder-V. 1938
15 Das blühende Leben. Roman. 349 S. Braunschweig: Westermann 1939

ECKSTEIN, Ernst (1845–1900)

1 Die Gespenster von Varzin. 31 S. 16⁰ Halle: Heynemann 1870
2 Schach der Königin! Epos. 416 S. Stg: Kröner 1870
3 Die Stumme von Sevilla. Komisches Epos. 170 S. Stg: Kröner 1871
4 Venus Urania. Satyr-Epos. 214 S. 16⁰ Stg: Kröner 1872
5 Pariser Silhouetten. Heitere und düstre Bilder aus der Weltstadt. 207 S. Lpz: Hartknoch 1873
6 Die rothe Jula. 28 S. 4⁰ Stg: Kröner (= Reiselectüre 7) 1874
7 Novellen. 2 Bde. 457 S. Lpz: Günther 1874
8 Leichte Waare. Literarische Skizzen. 295 S. Lpz: Hartknoch 1874
9 Aus Secunda und Prima. Humoresken. 79 S. Lpz: Exped. d. liter. Wochenber. 1875
10 Der Besuch im Carcer. Humoreske. 53 S. m. Abb. Lpz: Hartknoch 1875 (Ausz. a. Nr.9)
11 Flatternde Blätter. Satirische und humoristische Skizzen. 186 S. Lpz: Hartknoch 1875
12 (Hg.) Deutsche Dichterhalle. Jg. 4–11. Lpz: Hartknoch 1875–1882
13 Humoresken. 2 Bde. 82, 102 S. 16⁰ Lpz: Reclam (= Universal-Bibliothek 621, 1640) 1875–1882 (Enth. u. a. Nr. 6)
14 Maria la Brusca. 40 S. 4⁰ Stg: Kröner (= Reiselectüre 18) 1875
15 Melanie. Paula. Zwei Novellen. 36 S. 4⁰ Stg: Kröner (= Reiselectüre 35) 1875
16 Stimmungsbilder aus dem Gymnasium. 74 S. Lpz: Exped. d. liter. Wochenber. 1875
17 Der Besuch im Carcer. Humoreske in einem Akt. 39 S. Bln: Lassar 1876 (Dramat. v. Nr. 10)
18 Der russische Diplomat. Lustspiel. 134 S. Lpz: Hartknoch 1876
19 Exercitium Salamandris! Neue humoristische Gedichte. 100 S. 16⁰ Lpz: Eckstein 1876
20 Beiträge zur Geschichte des Feuilletons. 2 Bde. 365 S. Lpz: Eckstein 1876
21 (MV) (A. Godin: Auf einer Karte. Novelle. –) Aus der spanischen Hauptstadt. 32 S. 4⁰ Stg: Kröner (= Reiselectüre 39) 1876
22 (MV) (J. Schwerin: Stephan Lorenzen. Erzählung. –) Samuel Heinzerling's Besuch bei dem großherzoglich badischen Gesandten. 32 S. 4⁰ Stg: Kröner (= Reiselectüre 57) (1876)
23 Samuel Heinzerling's Tagebuch und andere Geschichten. Neue Gymnasial-Humoresken. 92 S. Lpz: Eckstein (1876)
24 Initium fidelitatis! Humoristische Gedichte. 96 S. 16⁰ Lpz: Eckstein 1876
25 (MV) Italiens Kunstschätze. Eine Sammlung der hervorragendsten Bilder und Statuen der Galerien von Rom, Neapel, Florenz, Mailand, Bologna, Venedig etc., sowie eine Sammlung der hervorragendsten Architecturen. Mit erl. Text v. E. E. 2 Bde. 200 S., 104 Taf.; 232 S., 114 Taf. 4⁰ Lpz: Payne 1876–1880
26 Katheder und Schulbank. Neue Gymnasialhumoresken. 97 S. m. Abb. Lpz: Eckstein 1876
27 Lisa Toscanella. Novelle. 111 S. 16⁰ Stg: Richter (1876)
28 Die Mädchen des Pensionats. Humoreske. 56 S. m. Abb. 12⁰ Lpz: Eckstein (1876)
29 Pariser Leben. Heitere und düstere Bilder aus der Weltstadt. 4 Bde. 304 S. 16⁰ Lpz: Reclam (= Universal-Bibliothek) 1876–1877
30 Satirische Zeitbilder. 112 S. Lpz: Eckstein (1876)
31 Die Feuerspritze. Humoreske. 63 S. m. Abb. Lpz: Eckstein 1877 (Ausz. a. Bd. 2 v. Nr. 13)
32 (MV) (E. Norden: Dr. Kräutlein und seine zweite Frau. Humoreske. –) Lose Blätter aus Florenz. (– E. M. Vacano: La Siora Ammalata.) 24 S. 4⁰ Stg: Kröner (= Reiselectüre 84) (1877)
33 Madeleine. Gedicht. 66 S. 12⁰ Lpz: Eckstein 1877
34 Miniatur-Humoresken. 1. Bändchen. 103 S. 12⁰ Lpz: Eckstein 1877
35 In Moll und Dur. Gedichte. 203 S. 16⁰ Lpz: Eckstein 1877
36 Ein Pessimist. Lustspiel. 87 S. Lpz: Eckstein 1877

37 Schul-Mysterien. Gymnasialhumoresken. 98 S. Lpz: Wölfert (1877)
38 (MV) (A. Godin: Geschichte eines Briefes. Novelle. –) Stimmungsbilder aus Rom. 32 S. 4° Stg: Kröner (= Reiselectüre 61) 1877
39 Das Hohelied vom deutschen Professor oder Des berühmten Archäologen Balthasar Schwennecke Meinungen, Wünsche, Ungebührlichkeiten und Irrwege, sowie endgültige Läuterung durch die Weihe einer großen wissenschaftlichen That. Humoristische Blätter. 71 S. Lpz: Eckstein 1878
40 Sturmnacht. Neue Novellen. 2 Bde. 663 S. Lpz: Eckstein 1878
41 Die Zwillinge. Humoreske. 65 S. m. Abb. Lpz: Eckstein 1878
42 Guttae in lapidem. Das ist: Tropfen auf die Steinblöcke menschlicher Vorurtheile und Irrthümer. 209 S. Lpz: Eckstein 1879
43 (MH) Schalk. Blätter für deutschen Humor. Hg. E. E. u. M. Reymond. Jg. 2–5. Bln: Thiel 1879–1882
44 Murillo. Ein Lied vom Guadalquivir. 156 S. Lpz: Eckstein 1880
45 Die Claudier. Roman aus der römischen Kaiserzeit. 3 Bde. 803 S. Wien: Steyrermühl (1881)
46 Glück und Erkenntniss. Studienblätter und Skizzen. 174 S. Bln: Eckstein 1881
47 Der Leuchtturm von Livorno. Novellen. 318 S. Lpz: Thiel (1881)
48 Herr Braubach. Humoreske. 61 S. m. Abb. Lpz: Reissner 1883
49 's schöne Lorche. Aus 'em Abbedheker Braubach seine Erinnerunge. Humoreske. 91 S. m. Abb. Bln: Thiel 1883
50 Eingeschneit. Novelle. 167 S. Teschen: Prochaska 1884
51 Prusias. Roman aus den letzten Jahren der römischen Republik. 3 Bde. 1020 S. Lpz: Reissner 1884
52 Das Vermächtnis. Roman aus der Gegenwart. 3 Bde. 726 S. Lpz: Reissner (1885)
53 Aphrodite. Roman aus Alt-Hellas. 309 S. Lpz: Reissner 1886
54 Doña Lucrecia. Gustava. Die Sturmnacht. Maria la Brusca. 274 S. Lpz: Reissner 1886
(Enth. u. a. Nr. 14 u. Ausz. a. Nr. 40)
55 Ringkämpfe. Kleine Essays. 250 S. Lpz: Friedrich 1886
56 Die vier Lebensalter. Studien und Beiträge zu ihrer Charakteristik. 140 S. Lpz: Reissner 1887
57 Pia. Roman aus dem dreizehnten Jahrhundert. 331 S. Lpz: Reissner 1887
58 Aus dem Tagebuche einer jungen Frau. 74 S. Bln: Eckstein (= Eckstein's humoristische Bibliothek) 1887
59 Jorinde. Roman. 320 S. Lpz: Reissner 1888
60 Nervös. Eine Alltagsgeschichte. 74 S. Lpz: Reissner 1888
61 Salvatore. Napoletanisches Sittenbild. 299 S. Lpz: Reissner 1888
62 Violanta. 291 S. Lpz: Reissner 1888
63 Camilla. Roman. 292 S. Lpz: Reissner 1888
64 Nero. Ein Roman. 3 Bde. 704 S. Lpz: Reissner 1889
65 Der Referendar. Novelle. 176 S. Lpz: Reissner 1889
66 Hertha. Roman. 411 S. Bln: Grote 1890
67 Die Numidierin. Novelle aus dem altrömischen Afrika. 165 S. Lpz: Reissner 1890
68 Preisgekrönt. Eine heitere Geschichte. 81 S. Lpz: Reissner 1890
69 Decius, der Flötenspieler. Eine lustige Musikantengeschichte aus dem alten Rom. 133 S. Lpz, Dresden: Reissner 1891
70 Dombrowsky. Roman. 596 S. Dresden: Universum 1892
71 (Hg.) Humoristischer Hausschatz für das deutsche Volk. Neue Ausg. 6 Bde. 1829 S. Bln: Eckstein 1892
72 Themis. Roman. 2 Bde. 549 S. Bln: Grote 1892
73 (Hg.) Humoristische Erzählungen deutscher Autoren. 306 S. Bln: Eckstein (= Eckstein's humoristische Bibliothek 66–67) 1893
(Neuausg. v. Nr. 71, Bd. 1)
74 Jucunda juventus! Neues humoristisches Liederbuch. 90 S. Lpz, Dresden: Reissner 1893
75 Das Kind. Novelle. 158 S. Stg: Engelhorn (= Engelhorn's allgemeine Roman-Bibliothek. Jg. IX, Nr. 22) 1893
76 Der Mönch vom Aventin. Novelle. 176 S. Bln: Grote 1893
77 Familie Hartwig. Roman. 523 S. Bln: Grote 1894

78 (Übs.) Lyra germano-latina. Auswahl der berühmtesten deutschen Gedichte, ins Lateinische übertragen. 51 S. 16⁰ Dresden: Reissner 1894
79 Schulhumor. Ausgewählte Skizzen und Studien. 126 S. Bln: Eckstein 1894
80 Verstehen wir Deutsch? Volkstümliche Sprachuntersuchungen. 163 S. Lpz, Dresden: Reissner 1894
81 Kyparissos. 381 S., 1 Titelb. Bln: Grote 1895
82 Nora. Novelle. 256 S. Dresden: Reissner 1895
83 Die Spanierin. Karnevalsgeschichte. 113 S. m. Abb. 12⁰ Bln: Eckstein 1895
84 Der chaldäische Zauberer. Ein Abenteuer aus dem Rom des Kaisers Diokletian. 96 S. 12⁰ Gera: Köhler (= Köhler's Novellenbibliothek 1) 1895
85 Roderich Löhr. Roman. 411 S. Bln: Grote 1896
86 Acca Sempronia. Novelle. 129 S. Breslau: Schles. Buchdr. (= Unterwegs und Daheim. Serie 1, Bd. 8) 1896
87 Adotja. Novellen. 400 S. Bln: Grote 1897
88 Ebbe und Flut. Gedichte. 138 S. Dresden: Reissner 1897
89 Roland. Erzählung. 158 S. Lpz: List 1897
90 Die Hexe von Glaustädt. Roman. 354 S. Bln: Grote 1898
91 Willibald Menz. – Lavafluten. 159 S. Stg: Engelhorn (= Engelhorn's allgemeine Romanbibliothek. Jg. XV, Bd. 4) 1898
92 Vielliebchen. 126 S. m. Abb. Lpz, Bln: Müller-Mann (= Eckstein's Miniaturbibliothek 38) 1898
93 Falsche Diplomatie. Eine moderne Liebesgeschichte. 158 S. Lpz: List 1899 (Neuausg. v. Nr. 89)
94 Die Klosterschülerin. Roman aus der Gegenwart. 206 S. Dresden: Reissner 1899
95 Der Bildschnitzer von Weilburg. Roman. 366 S. Bln: Janke 1900
96 Rauhreif. Neue Novellen. 350 S. m. Abb. 12⁰ Stg: Bonz (1900)
97 Die Märchenprinzessin. Roman. 196 S. Dresden: Reissner 1901
98 Elma's Bräutigam. Novelle. 96 S. Lpz: Schumann (= Eckstein's moderne Bibliothek 23) 1902
99 Der Pfarrer von Alsberg. Roman. 246 S. m. Abb. 12⁰ Stg: Bonz 1902
100 Die Königin der Geselligkeit. Erzählung. 152 S. m. Abb. 12⁰ Stg: Bonz 1903
101 Philosoph und Poet. 125 S. 12⁰ Lpz: Müller-Mann (= Eckstein's Miniaturbibliothek 80) 1903
102 Der schwarze Engel. Novellen. 265 S. 12⁰ Stg: Bonz 1904
103 Lorbeer und Myrte. Novellen. 232 S. 12⁰ Stg: Bonz 1905
104 Die Muse von Alexandria. Geschichten. 211 S. Stg: Bonz 1907
105 Gesammelte Schulhumoresken, enthaltend die früheren Sammlungen: Besuch im Karzer, Katheder und Schulbank, Schulmysterien, Stimmungsbilder aus dem Gymnasium, Samuel Heinzerlings Tagebuch und eine Anzahl in Buchform noch nicht veröffentlichter Geschichten. 224 S. Neudamm: Neumann 1907
(Enth. u. a. Nr. 10, 16, 23, 26, 37)

EDSCHMID, Kasimir (eig. Eduard Schmid)   (1890–1966)

1⁰ Verse, Hymnen, Gesänge. 123 S. Mchn: Bonsels 1911
2 Bilder. Lyrische Projektionen. Darmstadt: Hohmann 1913
3 Die sechs Mündungen. Novellen. III, 219 S. Lpz, Mchn: Wolff 1915
4 (Einl.) Galerie Erich Cüpper – Aachen. Die Sammlung der Werke von Bernhard Hoetger. 29 S., 16 S. Abb. Lpz, Mchn: Wolff 1916
5 Das rasende Leben. Zwei Novellen. 42 S. Mchn, Lpz: Wolff (= Der jüngste Tag 20) 1916
6 Timur. Novellen. V, 222 S. Lpz, Mchn: Wolff 1916
7 Die Karlsreis. 27 S., 7 Abb. Darmstadt: Die Dachstube (= Die kleine Republik 3) 1918
8 Über den Expressionismus in der Literatur und die neue Dichtung. 79 S. Bln: Reiss (= Tribüne der Kunst und Zeit 1) (1919)
9 Die Fürstin. 82 S. m. Abb. Weimar, Potsdam: Kiepenheuer 1919
10 Stehe von Lichtern gestreichelt. Gedichte. 23 S. Hannover: Steegemann (= Die Silbergäule 10–11) 1919

11 (Hg.) Tribüne der Kunst und Zeit. Eine Schriftensammlung. 29 Bde. Bln: Reiss 1919–1922 (Enth. u. a. Nr. 8)
12 Die achatnen Kugeln. Roman. 336 S. Bln: Cassirer 1920
13 Die doppelköpfige Nymphe. Aufsätze über die Literatur und die Gegenwart. 239 S. Bln: Cassirer 1920
14 In memoriam Lisl Steinrück. 9 S. Darmstadt: Die Dachstube. (350 num. Ex.) 1920
15 Kean. Schauspiel in fünf Akten nach Alexander Dumas. 75 S. Bln: Reiss 1921
16 (Einl.) B. Hoetger: Erster Mappe. 1 Bl., 6 Taf. 2⁰ (Düsseldorf:) Flechtheim (= Ausgaben der Galerie Flechtheim 16) 1921
17 Flaubert, Hamsun. Zwei Reden. 70 S. Hannover: Adam (= Die Schwarzen Bücher 2–3) 1922
18 Frauen. 267 S. Bln: Cassirer (1922)
19 Rede an einen Dichter. 15 S. m. Abb. 4⁰ Hbg: Harms (= Die Drucke der schönen Rarität 5) (200 Ex.) 1922
20 Das Bücher-Dekameron. Eine Zehn-Nächte-Tour durch die europäische Gesellschaft und Literatur. 333 S. Bln: Reiss 1923
21 Die Engel mit dem Spleen. 115 S. m. Abb. 4⁰ Bln: Voegels (= Das Prisma 14–15) Bln: Tillgner 1923
22 Zur Naturgeschichte der Antilopen. 14 S. m. Abb. Darmstadt: Die Dachstube (100 Ex.) 1923
23 Yousouf. – Über die dichterische deutsche Jugend. Vorw. A. Happ. 63 S. Mchn, Regensburg: Habbel & Naumann (= Neue deutsche Erzähler 1; = Die Weltliteratur 1924, 3) 1924
24 Bullis und Pekingesen. 18 S. m. Abb. 4⁰ Darmstadt: Die Dachstube (100 num. Ex.) 1925
25 Die gespenstigen Abenteuer des Hofrats Brüstlein. Roman. 241 S. Wien: Zsolnay 1926
26 Basken, Stiere, Araber. Ein Buch über Spanien und Marokko. 235 S., 46 Abb. Ffm: Frankfurter Verl.-Anst. 1926
27 Der Russen-Zoo. 17 S., 8 Abb. Darmstadt: (Darmstädter V.) (100 num. u. sign. Ex.) 1926
28 Die neue Frau. 79 S., 7 Abb. Bln: Deutsche Buchgemeinschaft 1927
29 Luxus-Hunde. 21 Bl. m. Abb. 4⁰ Darmstadt: Darmstädter V. (125 num. u. sign. Ex.) 1927
30 Das große Reisebuch. Von Stockholm bis Korsika, von Monte Carlo bis Assisi. 331 S., 15 Abb. Bln: Deutsche Buchgemeinschaft 1927
31 Sport um Gagaly. Roman. 358 S. Wien: Zsolnay 1927
32 Tiere, Mädchen und Antilopenjagd am Nil. 29 S., 10 Abb. 4⁰ Darmstadt: Darmstädter V. 1928
33 Afrika nackt und angezogen. 281 S. m. Abb. Ffm: Societäts-V. 1929
34 Lord Byron. Roman einer Leidenschaft. 442 S. Wien: Zsolnay (1929)
35 Geschichte von den Suahelimädchen und den schwarzen Kriegern. 50 S., 6 Abb. 4 Darmstadt: Darmstädter V. (125 num. u. sign. Ex.) 1929
36 (MV) G. Biermann, K. E. (u. a.): Bildhauer Bernhard Hoetger. Hg. A. Theile. 31 S., 40 Taf. 4⁰ Bremen: Angelsachsen-V. 1930
37 Hallo Welt! Sechzehn Erzählungen. 376 S. Wien: Zsolnay 1930
38 Indianer. 67 S., 16 Abb. 4⁰ Darmstadt: Darmstädter V. (125 num. Ex.) 1931
39 Glanz und Elend Süd-Amerikas. Roman eines Erdteils. 479 S. m. Kt., Taf. Ffm: Societäts-V. 1931
40 Feine Leute oder Die Großen dieser Erde. Roman. 425 S. Wien: Zsolnay 1931
41 Exotische Tiergeschichten. 72 S., 16 Abb. 4⁰ Darmstadt: Darmstädter V. (125 num. u. sign. Ex.) (1931)
42 (Einl.) W. Kern: Davos, die Sonnenstadt im Hochgebirge. 16 S., 56 S. Abb. Zürich: Orell Füssli (= Schaubücher 18) 1932
43 Zauber und Größe des Mittelmeers. 387 S., 16 Abb. Ffm: Societäts-V. 1932 (Enth. Ausz. a. Nr. 26 u. 30)
44 Deutsches Schicksal. Roman. 439 S. Wien: Zsolnay 1932
45 Südamerika wird photographiert. 31, 64 S., 74 Abb., 1 Kt. 4⁰ Bielefeld: Velhagen & Klasing 1932
46 Im Spiegel des Rheins. Westdeutsche Fahrten. 233 S., 16 S. Abb. Ffm: Societäts-V. 1933

47 Das Südreich. Roman der Germanenzüge. 435 S., 10 Taf. Wien: Zsolnay 1933
48 Italien. Lorbeer, Leid und Ruhm. 335 S. m. Abb. u. Kt. Ffm: Societäts-V. 1935
49 Das Drama von Panama. 103 S. m. Abb. Darmstadt: Darmstädter V. (1500 Ex.) 1936
50 Italien. Gärten, Männer und Geschicke. 379 S., 24 S. Abb. Ffm: Societäts-V. 1937
51 Der Liebesengel. Roman einer Leidenschaft. 438 S. Wien: Zsolnay 1937
52 Auto-Reisebuch. Fünfzehn Ferienreisen durch deutsche Flußtäler und Gebirge. 253 S. m. Kt. 12 Bl. Abb. Darmstadt: Wittich 1938
53 Erika. Erzählung. 149 S. Wien: Zsolnay 1938
54 Italien. Inseln, Römer und Cäsaren. 469 S. m. Kt., 16 Bl. Abb. Ffm: Societäts-V. 1939
55 (Einl.) J. H. Riedesel Freiherr zu Eisenbach: Reise nach Italien und Großgriechenland. Bd. 1: Sendschreiben über seine Reise nach Sizilien und Großgriechenland. 141 S. m. Abb., 1 Kt. 4° Darmstadt: Ges. Hessischer Bücherfreunde (= Jahresgabe d. Ges. Hessischer Bücherfreunde 22) 1939
56 Italien. Hirten, Helden und Jahrtausende. 554 S., 24 Bl. Abb. Ffm: Societäts-V. 1941
57 Das gute Recht. Roman. 1089 S. Mchn: Desch 1946
58 Italienische Gesänge. 38 S. 4° Darmstadt: Darmstädter V. 1947
59 Lesseps. Das Drama von Panama. 90 S. m. Abb. Wiesbaden: Verl. Der Greif 1947
   (Neuausg. v. Nr. 49)
60 Pourtalès Abenteuer. Roman. 215 S. Mchn: Desch 1947
   (Neufassg. v. Nr. 25)
61 (Hg., Einl.) G. Büchner: Gesammelte Werke. 442 S., 14 Bl., 1 Titelb. Mchn: Desch (= Klassiker-Ausgaben) 1948
62 Bunte Erde. Gewesenes und Gewandeltes. 341 S., 24 S. Abb. Kassel: Schleber 1948
63 Italien. Seefahrt, Palmen und Unsterblichkeit. 427 S. m. Abb., 1 Kt. Düsseldorf: Bagel 1948
64 Italien. 5 Bde. Düsseldorf: Bagel 1948–1949
   (Enth. Nr. 48, 50, 54, 56, 63)
65 Denkwürdiges Darmstadt. Ein Bildband mit einem Bekenntnis zu Darmstadt v. K. E. und Anmerkungen zu den Bildern v. M. Frölich. 87 S. m. Abb. Darmstadt: Justus v. Liebig-Verl. 1949
66 Im Diamantental. Vier Erzählungen. 359 S. Mchn: Desch 1949
67 Albert Schweitzer. 70 S. Düsseldorf: Bagel 1949
68 Der Zauberfaden. Roman einer Industrie. 1107 S. Mchn: Desch 1949
69 Wenn es Rosen sind, werden sie blühen. Roman. 557 S. Mchn: Desch 1950
70 Afrika nackt und angezogen. Neue und erweiterte Ausg. 315 S. m. Abb., 8 Bl. Abb. Mchn: Desch 1951
   (Erw. Neuausg. v. Nr. 33)
71 Der Bauchtanz. Exotische Novellen. 409 S. Hbg: Zsolnay 1952
72 Der Hauptmann und die Furt. 95 S. m. Abb. Freiburg i. Br.: Klemm (= Die Seemännchen 7) 1953
73 Europäisches Reisebuch. 349 S., 24 S. Abb. Hbg: Zsolnay 1953
   (Neuausg. v. Nr. 62)
74 Der Zauberfaden. Roman. Neufassung. 333 S. Wien, Mchn, Basel: Desch 1953
   (Neufassg. v. Nr. 68)
75 (MV) K. E. (u. a.): Vom Feinpapier. Hg. i. Auftr. d. Gütezeichengem. Feinpapier e. V., Stuttgart. 62 S., 18 Bl. Abb. Stg: Daco 1954
76 Italien. Von Verona bis Palermo. Eine Auswahl aus dem sechsbändigen Italienwerk. 423 S. m. Abb., 20 Taf. Stg: Kohlhammer 1954
   (Enth. Ausz. a. Nr. 64)
77 Der Marschall und die Gnade. Der Roman des Simon Bolivar. 546 S. Wien, Mchn, Basel: Desch 1954
78 (Hg., Nachw.) J. v. Eichendorff: Werke. 1199 S. Mchn, Wien, Basel: Desch (= Welt im Buch – Klassiker 4) 1955
79 Italien. Neue Ausgabe in drei Bänden. Stg: Kohlhammer 1955–1957

1. Zwischen Alpen und Apennin. 567 S., 10 Bl. Abb. 1955
2. Zwischen Apennin und Abruzzen. 565 S., 8 Bl. Abb. 1956
3. Rom und der Süden. 728 S. 16 S. Abb. 1957
   (Gekürzte Neuausg. v. Nr. 64)
80 (MV, Einl.) René-Jacques u. E. K.: Côte d'Azur. Sonnenland am Mittelmeer. 62 S., 30 Farbaufn. Mchn, Wien: Andermann (= Panorama-Bücher) 1957
81 (Einl.) Europa. Das Gesicht seiner Städte und Landschaften. Erläut. Text W. Lenz. 243 S., 192 Abb., 1 Kt. Gütersloh: Bertelsmann 1957
82 Frühe Manifeste. Epochen des Expressionismus. 138 S. Hbg: Wegner (= die mainzer reihe 9) 1957
   (Enth. u. a. Anz. u. Nr. 8)
83 (MV) K. E. u. H. Müller-Brunke: Die italienische Riviera. Mit 32 Aufnahmen v. H. M.-B. 15 S. Abb. Mchn, Ahrbeck: Knorr & Hirth (= Das kleine Kunstbuch) 1957
84 In memoriam Dr. Otto Röhm. Zum 50jährigen Bestehen der chemischen Fabrik Röhm & Haas, Darmstadt. 75 S. m. Abb. Darmstadt: Hoppenstedts Wirtschaftsarchiv (1957)
85 (Einl.) K. Sardemann: Wie sie entkamen. Abenteuerliche und denkwürdige Fluchten. 275 S. Düsseldorf, Köln: Diederichs 1957
86 (MV) Zauber der Ferne. 130 internationale Fotos illustrieren eine Weltreise. Hg. E. G. Schleinitz. Text K. E. XII, 138 S. Abb., 17 ungez. Bl. 4° Stg: Belser 1957
87 Drei Häuser am Meer. Roman. 401 S. Mchn, Wien, Basel: Desch 1958
88 Drei Kronen für Rico. Ein Staufer-Roman. 287 S. Gütersloh: Bertelsmann 1958
89 (Einl.) Odenwald. Landschaft und Städte. 72 S. m. Abb. Ffm: Weidlich 1958
90 (Einl.) D. Ogrizek: Die heiligen Stätten. Jordanien – Syrien – Libanon – Israel, 240 S. Abb. Mchn: Desch (= Die bunte Welt) 1958
91 Kleines europäisches Reisebuch. 218 S. Ffm: Ullstein (= Ullstein-Bücher 192) 1958
   (Ausz. a. Nr. 73)
92 (Einl.) A. Wrubel: Capri. 61 S. m. Abb. Mchn, Wien: Andermann (= Panorama-Bücher) 1958
93 (Einl.) Vom Main zum Bodensee. Die Landschaft Badens. Bearb. G. Richter. 20, 236 S. m. Abb. u. Taf. Karlsruhe: Braun 1959
94 Stürme und Stille am Mittelmeer. Ein Rundblick. 373 S., 10 Bl. Abb., 1 Faltk. Stg: Goverts 1959
   (Neuf. v. Nr. 43)
95 (Einl.) A. v. Sydow: Gabriele von Bülow, Tochter Wilhelm von Humboldts Ein Lebensbild aus den Familienpapieren Wilhelm von Humboldts und seiner Kinder 1791–1887. Neue Ausg. XV, 480 S., 3 Taf., 1 Titelb. Darmstadt: Toeche-Mittler 1959
96 Tagebuch 1958–1960. 412 S. Mchn: Desch 1960

EGGEBRECHT, Axel (*1899)

1 Katzen. 120 S. m. Abb. Bln: Stuffer (1927)
2 (MV) M. Brod, A. Bronnen, A. E. (u. a.): Die Frau von Morgen, wie wir sie wünschen. Hg. F. M. Huebner. IV, 182 S. Lpz: Seemann 1929
3 Leben einer Prinzessin. Amor vacui. Roman. 287 S. Lpz: List (= Der heutige Roman) 1929
4 Junge Mädchen. 151 S., 32 Bl. Abb. Bln: Reimer 1932
5 (MH) Nordwestdeutsche Hefte. Hg. A. E. u. P. Zahn. Jg. 1–2. Hbg: Hammerich & Lesser 1946–1947
6 Was wäre, wenn ... Ein Rückblick auf die Zukunft der Welt. Hörspiel. 39 S. Hbg: Hammerich & Lesser 1947
7 (Einl.) O. Gollin: Welt ohne Krieg. Ein Lese- und Volksbuch für junge Europäer. 207 S. m. Abb. Düsseldorf: Komet-V. 1948
8 Weltliteratur. Ein Überblick. 320 S. Hbg: Springer 1948

9 (Hg.) J. W. v. Goethe u. F. v. Schiller: Über das Theater. Eine Auswahl aus ihren Schriften. VII, 495 S. Bln: Henschel 1949
10 Katzen. 104 S. m. Abb. Baden-Baden: Stuffer 1955
    (Veränd. Neuausg. v. Nr. 1)
11 Volk ans Gewehr. Chronik eines Berliner Hauses 1930-34. 299 S., 48 Taf. Ffm: Europ. Verl.-Anst. 1959

Eggers, Friedrich (1819–1873)

1 (Hg.) Deutsches Kunstblatt. Zeitschrift für bildende Kunst, Baukunst und Kunstgewerbe. Jg. 1–9. Bln: Schindler (bzw. Stg: Ebner) 1850–1858
2 (Hg.) Literaturblatt des Deutschen Kunstblatts. Jg. 1–5 Bln: Schindler 1854–1858
    (zu Nr. 1)
3 Der Altarschrein der Domkirche in Schleswig. 2 Lfg. 30 S., 17 Abb. Flensburg: Westphalen 1866–1867
4 Zweckmäßigkeit und Schönheit. Rede. Bln: Ernst & Korn 1866
5 Vier Vorträge aus der neueren Kunstgeschichte. 107 S. Bln: Duncker 1867
6 Blick auf die Kunstrichtung der Gegenwart. 31 S. Bln: Hoffmann 1870
7 (MV) F. u. Karl Eggers: Christian Daniel Rauch. 5 Bde. Bln: Duncker (bzw. Bln: Fontane) 1873–1891
8 Gedichte. 277 S. Breslau: Hoffmann 1874
9 (MV) F. u. Karl Eggers: Tremsen. Plattdeutsche Dichtungen in mecklenburger Mundart. Hg. K. Nerger. 386 S. Breslau: Hoffmann 1875

Ehmer, Wilhelm (*1896)

1 (Hg.) Hofgeismar. Ein politischer Versuch in der Jugendbewegung 1920. 75 S. Jena: Diederichs 1921
2 Peter reist um die Welt. Erlebnisse eines kleinen Jungen. 142 S., 33 Abb., 1 Titelb. Stg: Herold-V. (= Heroldbücher) (1935)
3 Um den Gipfel der Welt. Bekenntnisse des Bergsteigers Mallory. 185 S., 2 Abb., 1 Kt. Stg: Engelhorn (= Lebendige Welt) 1936
4 Das Ringen um den Himalaya. Kurze Geschichte der Kämpfe um den höchsten Gipfel der Erde. 32 S. m. Abb. Gütersloh: Bertelsmann (= Spannende Geschichten 20) (1937)
5 Der flammende Pfeil. Novelle. 103 S. Stg: Engelhorn 1939
6 Die Kraft der Seele. Gedanken eines Deutschen im Kriege. 78 S. Stg: Engelhorn 1940
7 Die Nacht vor Paris. Erzählung. 162 S. Stg: Engelhorn 1942
8 Der Bombenkrieg der Briten. Amtliche Feststellungen zur Schuldfrage. (S.-A.) 31 S. Bln: Oberkommando der Wehrmacht, Allg. Wehrmachtamt (= Tornisterschrift des Oberkommandos der Wehrmacht 88) 1943

Ehrenstein, Albert (1886–1950)

1 Tubutsch. 67 S., 12 Abb. Wien: Jahoda & Siegel 1911
2 Der Selbstmord eines Katers. 220 S. Mchn: Müller 1912
3 Die weiße Zeit. 87 S. 4° Mchn: Müller (300 Ex.) 1914
4 Der Mensch schreit. 61 S., 1 Abb. 4° Lpz: Wolff (300 Ex.) 1916
5 Nicht da – nicht dort. 76 S. Mchn, Lpz: Wolff (= Der jüngste Tag 27–28) 1916
6 Die rote Zeit. 91 S. Bln: Fischer 1917
7 (Hg.) Sophokles: Trauerspiele. Übs. F. Hölderlin. XV, 95, 84 S. Potsdam: Kiepenheuer (= Liebhaber-Bibliothek 51) 1918
8 Bericht aus einem Tollhaus. 156 S. Lpz: Insel 1919
    (Veränd. Neuaufl. v. Nr. 2)
9 Den ermordeten Brüdern. 32 S. Zürich: Rascher 1919
10 Zaubermärchen. 83 S. Bln: Fischer 1919
    (Veränd. Neuaufl. v. Nr. 5)

11 Die Gedichte. 215 S. Lpz, Wien: Strache (1920) (Enth. Nr. 3, 4, 6)
12 (Hg., MV) Die Gefährten. 3. Jg. Wien: Waldheim-Eberle 1920
13 Karl Kraus. 22 S., 1 Taf. Wien: Waldheim-Eberle (= Die Gefährten. Jg. 3, H. 7) 1920 (H. 7 v. Nr. 12)
14 Die Nacht wird. 36 S. Wien: Waldheim-Eberle (= Die Gefährten. Jg. 3, Sonderausg.; = Der neue Daimon, Sonderheft) 1920 (Sonderausg. z. Nr. 12)
15 Dem ewigen Olymp. Novellen und Gedichte. Nachw. W. Schmidtbonn. 62 S., 1 Titelb. Lpz: Reclam (= Reclam's UB. 6235) 1921
16 Wien. 46 S. Bln: Rowohlt 1921
17 Briefe an Gott. 161 S. Wien: Waldheim-Eberle (= Die Gefährten 13) 1922
18 (Übs.) Kung-Fu-Tse: Schi-king. Das Liederbuch Chinas. Gesammelt v. K.-F.-T. Dem Deutschen angeeignet. Nach F. Rückert v. A. E. 148 S. Wien: Tal 1922
19 (Nachw.) Ch. M. Wieland: Dschinnistan oder Auserlesene Feen- und Geistermärchen. 273 S. Lpz, Wien: Verl. d. Wiener Graph. Werkstätte 1922
20 Herbst. 28 S. Bln: Rowohlt 1923
21 (Übs.) Pe-Lo-Thien. 80 S., XVII Bl. m. Abb. Bln: Rowohlt 1923
22 (Übs.) China klagt. Nachdichtungen revolutionärer chinesischer Lyrik aus drei Jahrtausenden. 48 S. Bln: Malik-V. (= Malik-Bücherei 8) (1924)
23 (Übs.) Po-Chü-I. Bln 1924
24 (Hg.) Longus: Daphnis und Chloë. Aus dem Griechischen v. F. Jacobs. Nachw. J. W. v. Goethe. 112 S. Mchn, Regensburg: Habbel & Naumann (= Die Weltliteratur 1924, 2) 1924
25 +(Übs.) Lukian: Die wahre Geschichte. Der magische Esel. Hetärengespräche. 270 S. Bln: Rowohlt (1925)
26 Menschen und Affen. 164 S. Bln: Rowohlt (1926)
27 Ritter des Todes. 308 S. Bln: Rowohlt 1926
28 (Übs.) Räuber und Soldaten. Roman frei nach dem Chinesischen. 293 S. Bln: Ullstein 1927
29 (Nachw.) H. Flesch: Die beiden Wege. Ein Buch der Jugend. 254 S. Baden-Baden: Merlin-V. 1928
30 (Hg., Einl.) J. G. Droysen: Geschichte Alexanders des Großen. 471 S., 1 Titelb., 1 Kt. Bln: Dt. Buchgemeinschaft (1930)
31 (Übs.) Mörder aus Gerechtigkeit. Roman frei aus dem Chinesischen. 416 S. Bln: Dt. Buchgemeinschaft (1931)
32 (MÜbs.) E. A. Poe: Die denkwürdigen Erlebnisse des Gordon Pym. Übs. A. E. u. Th. Schramek. 383 S. Bln: Dt. Buchgemeinschaft 1931
33 Mein Lied. 1900–1931. 344 S., 8 Abb. Bln: Rowohlt 1932

EHRISMANN, Albert (*1908)

1 Lächeln auf dem Asphalt. 54 S. Zürich: Orell Füssli 1930
2 Lächeln auf dem Asphalt. 2. veränderte Aufl. 54 S. Zürich: Orell Füssli 1931 (Veränd. Neuaufl. v. Nr. 1)
3 Schiffern und Kapitänen. 23 Bl. m. Abb. Zürich: Oprecht & Helbling 1932
4 (MV) P. Campell: Chant rumantsch. Alte und neue Lieder der Rätoromanen für gemischten Chor. Nachdichtungen von A. E. 75 S. Zürich: Musikverl. Helbling 1939
5 (MV) A. E. u. K. Früh: Der neue Kolumbus. Eine dramatische Erzählung. 86 S. Zürich, New York: Oprecht 1939
6 Sterne von unten. Gedichte. 43 S. m. Abb. Zürich: Oprecht 1939
7 In dieser Nacht. Gedichte. 15 S. Herrliberg-Zürich: Bühl (= Bühl-Verlag-Blätter 6) 1946
8 Der letzte Brief. Erzählungen. 83 S. Zürich: Classen (= Vom Dauernden in der Zeit 44) 1948
9 Kolumbus kehrt zurück. Eine dramatische Legende. 79 S. m. Abb. Zürich: Büchergilde Gutenberg (1948)

10 Das Stundenglas. Gedichte. 63 S. Zürich: Fretz & Wasmuth 1948
11 (MV) R. Groebli: Magie der Schiene. Fotos. Text: A. E. Nachw.: A. U. Gasser. 22 S. m. Abb. Zürich: Kubus-V. 1949
12 Das Traubenjahr. 38 S. (Zürich:) Schweizer Schillerstiftung (= Geschenk der Schweizer Schillerstiftung an ihre Mitglieder 4) 1950
13 (MV) E. A. Heiniger: Das Jahr des Photographen. 52 Photos. Text: A. E. IV, 52 S. m. Abb., 1 Taf. Zürich: Fretz & Wasmuth 1952
14 Tag- und Nachtgleiche. Gedichte. 83 S. Zürich: Fretz & Wasmuth 1952
15 Das Wunderbare. Ein Märchen. 23 S. m. Abb. Zürich: Alpha-Presse (= Handdruck der Alpha-Presse 2) 1952
16 Mein kleines Spittelbuch. Gedichte. 56 S. Zürich: Fretz & Wasmuth 1953
17 Ein ganz gewöhnlicher Tag. Gedichte. 80 S. Zürich: Fretz & Wasmuth 1954
18 Die Himmelspost. Weihnachts- und Neujahrsgedichte. 63 S. Zürich: Arche (= Die kleinen Bücher der Arche 222–223) 1956
19 Das Kirschenläuten. Gedichte. 80 S. Zürich: Fretz & Wasmuth 1956
20 Der wunderbare Brotbaum. Poetisches Spazierbüchlein. 99 S. Stg: Artemis-V. 1958
21 Nein, die Nacht ist nicht das Ende. Gedichte. 59 S. m. Abb. Zürich: Oprecht 1958
22 (MV) E. Arnet. A. E. u. K. Guggenheim: Das Wort als Gabe. Kleine Anthologie der Dankbarkeit. Als Ehrung der Schweizerfrau hg. 12 Bl. Zürich: Artemis-V. 1958
23 Riesenrad der Sterne. Gedichte. 64 S. Zürich: Stg: Artemis-V. 1960

EHRLER, Hans Heinrich (1872–1951)

1 Briefe vom Land. Ein Roman. 213 S. Mchn: Langen 1911
2 Lieder an ein Mädchen. 74 S. Mchn: Langen 1912
3 Frühlingslieder. 85 S. Mchn: Langen 1913
4 Die Reise ins Pfarrhaus. Roman. 339 S. Mchn: Langen 1913
5 Die Liebe leidet keinen Tod. Gedichte. 73 S. Stg: Strecker & Schröder 1915
6 Der Hof des Patrizierhauses und andere Erzählungen. VII, 198 S. Stg: Strecker & Schröder 1918
7 (Hg.) Das schwäbische Liederbuch. Eine Auswahl aus der klassischen schwäbischen Lyrik. VIII, 328 S. Stg: Strecker & Schröder (1918)
8 (Hg.) Wenn alle Brünnlein fließen ... Deutsche Liebeslieder. Ausgewählte deutsche Volkslieder. 132 S. Stg: Strecker & Schröder (1918)
9 Gedichte. XVI, 140 S. m. Titelb. Stg: Strecker & Schröder 1920
10 (MH) H. H. E. u. H. Missenharter: Das neue schwäbische Liederbuch. Eine Auswahl aus der zeitgenössischen schwäbischen Lyrik. VIII, 294 S. Stg: Strecker & Schröder (1920)
11 (Hg.) E. Mörike: Gedichte. XII, 178 S., 9 Taf. Stg: Strecker & Schröder (1920)
12 Briefe aus meinem Kloster. 206 S. Stg: Greiner & Pfeiffer (1922)
13 Elisabeths Opferung. Novellen. 125 S. Stg: Greiner & Pfeiffer (1924)
14 (Vorw.) Ehrenbuch der Gefallenen Stuttgarts 1914–1918. Hg. Wohlfahrtsamt Stg: Abb. Stg: Wohlfahrtsamt 1925
15 Kloster Maulbronn mit 16 Steindrucken v. A. Hildebrand. 51 S., 16 Taf. Landschacht: Hoenn (1925)
16 Wolfgang. Das Jahr eines Jünglings. Roman. 205 S. Stg: Greiner & Pfeiffer 1925
17 Die Reise in die Heimat. 199 S. Mchn: Kösel & Pustet 1926
18 Der Spiegel des Hoch- und Deutschmeisters Maximilian Franz. Ein Spiel. 35 S. Bad Mergentheim: Thomm 1926
19 Bruder Hermans Reise. 80 S. Stg: Fleischhauer & Spohn (= Kristall-Bücher) 1927
20 Das Gesetz der Liebe. VII. 315 S. Gotha: Klotz 1928
21 Gesicht und Antlitz. Neue Gedichte. 162 S. Gotha: Klotz 1928
22 Meine Fahrt nach Berlin. Erlebnisse eines Provinzmanns. VII, 175 S. Stg, Mchn: Müller (1929)
23 Die Frist. 200 S. Mchn: Müller (1930)

24 Die Lichter schwinden im Licht. Neue Gedichte. 79 S. Mchn: Langen-Müller 1932
25 Das Jahr eines Jünglings. Aus dem Roman „Wolfgang". Bes. v. A. Lorenz. 63 S. Mchn: Langen-Müller (= Die deutsche Folge 19) (1934) (Ausz. a. Nr. 16)
26 Die drei Begegnungen des Baumeisters Wilhelm. Roman. 255 S. Mchn: Langen-Müller (1935)
27 Unter dem Abendstern. Neue Gedichte. 98 S. Mchn: Langen-Müller 1937
28 Mit dem Herzen gedacht. Betrachtungen. 161 S. Mchn: Langen-Müller 1938
29 Der Vierröhrenbrunnen. Vier Erzählungen. 56 S. Mchn: Langen-Müller (= Die kleine Bücherei 122) 1941
30 Neuer cherubinischer Wandersmann. Gedichte. 67 S. Paderborn: Bonifacius-Druckerei 1941
31 Der Morgen. Erzählungen. 137 S. Paderborn: Bonifacius-Druckerei (1942)
32 Charlotte. Roman. 413 S. Tüb, Stg: Wunderlich 1946
33 Frauen und Mädchen. Erzählungen. 190 S. Kempen: Thomas-V. 1948
34 Unsre Uhr hat einen Zauberschlag. Gedichte. 92 S. Tüb, Stg: Wunderlich (1950)
35 Wanderer und Pilger. Erzählungen. 149 S. Paderborn: Bonifacius-Druckerei 1950
36 Das Unvergängliche. 80 S. Friedberg: Pallotti-V. 1958

Eich, Günter (*1907)

1 Gedichte. 23 Bl. Dresden: Jess (100 num. u. sign. Ex.) 1930
2 (MV) G. E. u. M. Raschke: Das festliche Jahr. Lesebüchlein vom Königswusterhäuser Landboten. 108 S. m. Abb. Oldenburg: Stalling 1936
3 Katharina. 62 S. Lpz: List (= Lebendiges Wort 28) 1936
4 Abgelegene Gehöfte. 110 S., 4 Abb. Ffm: Schauer 1948
5 Untergrundbahn. 22 S. Hbg: Ellermann (= Das Gedicht 1949) 1949
6 Träume. Vier Spiele. 186 S. Ffm: Suhrkamp (= Bibliothek Suhrkamp 16) 1953
7 Botschaften des Regens. Gedichte. 63 S. Ffm: Suhrkamp 1955
8 Zinngeschrei. Hörspiel. Nachw. H. Schwitzke. 36 S. Hbg: Hans-Bredow-Institut (= Hörwerke der Zeit 1) (1955)
9 Die Brandung vor Setúbal. 39 S. Hbg: Hans-Bredow-Institut (= Hörwerke der Zeit 8) 1957
10 Allah hat hundert Namen. Ein Hörspiel. 61 S. Wiesbaden: Insel (= Insel-Bücherei 667) 1958
11 Stimmen. Sieben Hörspiele. 373 S. Ffm: Suhrkamp 1958 (Enth. u. a. Nr. 8, 9, 10)
12 Ausgewählte Gedichte. Ausw. u. Nachw. W. Höllerer. 57 S. Ffm: Suhrkamp (= suhrkamp texte 1) 1960
13 Die Mädchen aus Viterbo. Hörspiel. Nachw. W. Jens. 59 S. Ffm: Suhrkamp (= suhrkamp texte 2) 1960
14 Der Stelzengänger. 16 S. m. Abb. 2° Zürich: Spektrum 1960

Eichendorff, Joseph Frh. von (1788–1857)

1 Ahnung und Gegenwart. Ein Roman. Mit einem Vorwort v. F. de la Motte-Fouqué. VI, 476 S. Nürnberg: Schrag 1815
2 Krieg den Philistern! Dramatisches Mährchen in fünf Abentheuern. 226 S. Bln: Dümmler 1824
3 Aus dem Leben eines Taugenichts und Das Marmorbild. Zwei Novellen nebst einem Anhang von Liedern und Romanzen. VI, 278 S. Bln: Vereinsbuchh. 1826
4 Ezelin von Romano. Trauerspiel in fünf Aufzügen. 2 Bl., 260 S. Königsberg: Bornträger 1828
5 Meierbeths Glück und Ende. Tragödie mit Gesang und Tanz. 4 Bg. 16° Bln: Vereinsbuchh. 1828

6 Der letzte Held von Marienburg. Trauerspiel. 158 S. Königsberg: Bornträger 1830
7 Die Freier. Lustspiel in drei Aufzügen. 99 S. 12⁰ Stg: Brodhag 1833
8 (MV) Viel Lärmen um nichts. (– C. Brentano: Die mehreren Wehmüller und ungarischen Nationalgesichter.) Zwei Novellen. Hg. F. W· Gubitz. 2 Bl. 148 S. Bln: Vereinsbuchh. 1833
9 Dichter und ihre Gesellen. Novelle. 320 S. Bln: Duncker & Humblot 1834
10 Gedichte. XII, 483 S. Bln: Duncker & Humblot 1837
11 (Übs.) J. Manuel: Der Graf Lucanor. VIII, 180 S. Bln: Simion 1840
12 Werke. 4 Bde. 514, 382, 443, 396 S. Bln: Simion 1841
13 Die Wiederherstellung des Schlosses der deutschen Ordensritter zu Marienburg. Mit einem Grundriß der alten Marienburg. 153 S. Königsberg, Bln: Duncker 1844
14 (Übs.) P. Calderón de la Barca: Geistliche Schauspiele. 2 Bde. 346, 363 S. Stg, Tüb: Cotta 1846–1853
15 Ueber die ethische und religiöse Bedeutung der neueren romantischen Poesie in Deutschland. VI, 296 S. Lpz: Liebeskind 1847
16 (Hg.) L. Dreves: Gedichte. XVI, 558 S. 16⁰ Bln: Duncker 1849
17 Der deutsche Roman des achtzehnten Jahrhunderts in seinem Verhältnis zum Christentum. 310 S. 12⁰ Lpz: Brockhaus 1851
18 Julian. 74 S. 16⁰ Lpz: Günther 1853
19 Zur Geschichte des Dramas. 3 Bl., 215 S. Lpz: Brockhaus 1854
20 Robert und Guiscard. 1 Bl., 47 S. 12⁰ Lpz: Voigt & Günther 1855
21 Geschichte der poetischen Literatur Deutschlands. 2 Bde. 2 Bl., 303 S.; 288 S. Paderborn: Schöningh 1857
22 Lucius. 1 Bl., 54 S. 12⁰ Lpz: Voigt & Günther 1857
23 Sämmtliche Werke. 6 Bde. 3825 S. 16⁰ Lpz: Voigt & Günther 1863
24 Aus dem literarischen Nachlasse. 330 S. 16⁰ Paderborn: Schöningh (= Vermischte Schriften 5) 1866
25 Vermischte Schriften. 5 Bde. 1328 S. 16⁰ Paderborn: Schöningh 1866–1867 (Enth. Nr. 17, 19, 21, 24)
26 Gedichte aus dem Nachlaß. Den Freunden des Dichters als Erinnerungsgabe bei der hundertjährigen Wiederkehr des Geburtstages Eichendorffs. Hg. H. Meisner. XV, 63 S., 1 Abb. Lpz: Amelang 1888
27 Das Incognito. Ein Puppenspiel. Mit Fragmenten und Entwürfen anderer Dichtungen nach den Handschriften. Hg. K. Weichberger. 109 S. Oppeln: Maske 1901
28 (MV) J. u. Wilhelm v. E.: Jugendgedichte. Vermehrt durch ungedruckte Gedichte aus den handschriftlichen Nachlaß. Hg., eingel. R.Pissin. 16, 180 S. Bln: Frensdorff (= Neudrucke literarhistorischer Seltenheiten 9) 1906
29 Aus dem Nachlaß. Briefe und Dichtungen. Im Auftrage seines Enkels, Karl Frh. v. E., Hg., eingel. u. erl. W. Kosch. 111 S. Köln: Bachem 1906
30 (MV) J. u. Wilhelm Frh. v. E.: Fahrten und Wanderungen. 1802–1814. Nach ungedruckten Tagebuchaufzeichnungen mit Erläuterungen hg. A. Nowack. 60 S. Oppeln: Wilpert 1907
31 Lubowitzer Tagebuchblätter. Mit Erläuterungen hg. A. Nowack. 162 S. m. Abb. Groß-Strehlitz: Wilpert 1907
32 Sämtliche Werke. Historisch-kritische Ausgabe. In Verbindung mit P. A. Becker hg. W. Kosch u. A. Sauer. (25 Bde.) Regensburg: Habbel 1908 ff.
33 (MV) J. Frh. v. E. u. L. Schneider: Hermann und Thusnelda. Schauspiel. 1. Aufz. v. J. Frh. v. E., 2.–5. Aufz. v. L. Kosch. 38 S. Lpz: Volger 1909

EICHRODT, Ludwig (+Rudolf Rodt) (1827–1892)

1 +Gedichte in allerlei Humoren. 210 S. 16⁰ Stg: Schober (1853)
2 *(MV) (L. E. u. H. Goll:) Schneiderbüchlein. 159 S. 16⁰ Stg: Schober 1853
3 Leben und Liebe. 356 S. Ffm: Keller 1857
4 Die Pfalzgrafen oder Eine Nacht auf Heidelbergs Gassen. 79 S. Straßburg: Schauenburg 1859
5 Deutsches Knabenbuch. Hundert Gestalten in Wort und Bild. 36 Bl., 34 Taf. 4⁰ Straßburg: Schauenburg 1864

6 Reinschwäbische Gedichte in mittelbadischer Sprechweise. 212 S. 16⁰ Karlsruhe: Braun (1869)
7 Lyrische Karrikaturen. 147 S. 16⁰ Lahr: Schauenburg 1869
8 Lyrischer Kehraus. 2 Bde. 160, 202 S. 16⁰ Lahr: Schauenburg 1869
9 Melodieen. 264 S. Stg: Metzler 1875
10 (Hg.) Hortus deliciarum, für deutschen Humor gepflanzt. 1.–6. Spaziergang. 6 Bde. m. Abb. Lahr: Schauenburg 1877–1879
11 (Hg.) Gold. Sammlung des Ursprünglichen und Genialen in deutscher Lyrik. Verse, die Musik in sich tragen. 476 S. 12⁰ Bln: Thiel 1882
12 Gesammelte Dichtungen. 2 Bde. 440, 512 S. m. Abb. Stg: Bonz 1890

Eichthal, Rudolf von (*1877)

1 Der Kreuzberg. Roman. 355 S. Wien: Strache 1928
2 Miczike. Novellen aus der alten Armee. 327 S. m. Abb. Graz, Salzburg: Verl. Das Bergland-Buch (= Das Bergland-Buch) 1931
3 Die Burg Durana. Roman aus dem Mittelalter. 303 S. m. Abb. Graz, Salzburg: Verl. Das Bergland-Buch (= Das Bergland-Buch) 1934
4 Gloria Viktoria. Altösterreichische Soldatengeschichten. 328 S. Mchn: Piper 1935
5 Die Teufelsfuge. Altösterreichische Liebesgeschichten. 361 S. m. Abb. Graz (: NS-Gauverl. u. Druck, Steiermark) 1936
6 Der göttliche Funke. Altösterreichischer Soldatenroman. 291 S., 1 Titelb. Salzburg: Das Bergland-Buch (= Bergland-Bücherei) 1937
7 Die goldene Spange. Ein Roman aus Altösterreich. 366 S. Wien: Speidel 1941 (Forts. v. Nr. 6)
8 Sibylle. Der Roman einer unsterblichen Liebe. 368 S. m. Abb. Lpz: Strache 1942 (Neuaufl. v. Nr. 1)
9 Die Wunderkur. Altösterreichische Soldatengeschichten. 221 S. Wien, Lpz: Speidel 1943
10 Pförtnerin Maria. Ein Roman aus dem babenbergischen Österreich. 323 S. m. Abb. Wien: Scholle-V. 1946
11 Die große Schweigerin. Geschichten aus Altösterreich. 486 S. m. Abb. Wien: Scholle-V. 1949
12 Die Husarenprobe. Geschichten aus Altösterreich. 214 S. Wien: Prachner 1950
13 Der grüne Federbusch. Ein Roman aus Altösterreich. 438 S. Wien: Speidel 1951
14 Der Marschallstab. Ein Roman aus Altösterreich. 499 S. Wien: Speidel 1952
15 Die Patin. Altösterreichische Soldatengeschichten. 255 S. Wien: Albrecht 1953
16 Der Steinadler. Geschichten aus Österreich. 254 S. Wien: Albrecht 1954
17 Er ging an meiner Seite. Geschichten aus Altösterreich. 238 S. Wien: Albrecht 1955
18 „Lang, lang ist's her . . ." Geschichten aus Altösterreich. 240 S. Wien: Albrecht 1956
19 Der ersten Liebe goldne Zeit. Altösterreichische Liebesgeschichten. 319 S. m. Abb. Wien: Speidel 1956 (Neuaufl. v. Nr. 5)
20 Das Ehrenwort. Roman einer kleinen k. und k. Garnison. 230 S. Wien: Albrecht 1957
21 K. und K. Heitere Geschichten aus Österreich. 224 S. Wien: Albrecht 1958
22 In gleichem Schritt und Tritt. Geschichten aus dem alten Österreich. 224 S. Wien: Albrecht 1959
23 Zapfenstreich. Geschichten aus Alt-Österreich. 204 S. Wien: Albrecht 1960

Eidlitz, Walther (*1892)

1 Hölderlin. Szenen aus einem Schicksal. 69 S. Bln: Reiß 1917
2 Die junge Gina. Geschichten. 140 S. Bln: Reiß (1919)

3   Der goldene Wind. Gedichte. 79 S. Bln: Reiß (1919)
4   Die Herbstvögel. Schauspiel. 94 S. Bln: Rowohlt 1921
5   Der Berg in der Wüste. Drama. 63 S. Wien: Tal 1923
6   Die Laufbahn der jungen Clothilde. Roman. 185 S. Wien: Zsolnay 1924
7   Die Gewaltigen. Novellen. Aus drei Jahrtausenden. 203 S. Wien: Zsolnay 1926
8   Kampf im Zwielicht. Eine Dichtung. 55 S. Wien: Zsolnay 1928
9   Zodiak. Roman. 384 S. Wien: Zsolnay 1930
10 Das Licht der Welt. Roman. 271 S. Wien: Zsolnay 1932 (Forts. v. Nr. 9)
11 Reise nach den vier Winden. Auf den Spuren der Weltgeschichte. 216 S. Braunschweig: Wollermann 1935
12 Der Mantel der großen Mutter. Eine Wanderung durch die nordische Welt. 141 S. m. Abb. Braunschweig: Wollermann (1936)
13 Bhakta. Eine indische Odyssee. 266 S., 3 Bl. Abb. Hbg: Claassen 1951
14 Die indische Gottesliebe. 340 S., 8 Bl. Abb. Olten, Freiburg i. Br.: Walter 1955
15 Der Glaube und die heiligen Schriften der Inder. 307 S., 10 Bl. Abb. Olten, Freiburg i. Br.: Walter 1957

EINSIEDEL, Friedrich Hildebrand Frh. von   (1750–1828)

1   *Ceres. Ein Vorspiel. 16 S. Weimar (o. Verl.) 1773
2   *(Übs.) Die eifersüchtige Mutter. Lustspiel aus dem Französischen. Weimar 1774
3   *Das Buch vom schönen Wedel. 13 S., 1 Ku. Fulda: Weiß 1779
4   *Neueste vermischte Schriften. 2 Bde. Dessau, Lpz: Buchh. d. Gelehrten 1783–1784
5   *Grundlinien zu einer Theorie der Schauspielkunst. 134 S. Lpz: Göschen 1797
6   (Übs.) Terenz: Die Brüder. Lustspiel. 131 S. Lpz: Göschen 1802
7   (Übs.) Terenz: Lustspiele. 2 Bde. 131, 136, 142; 138, 151, 92 S. m. Ku. Lpz: Göschen (= Bibliothek der Komischen Dichter Roms in freyen metrischen Uebersetzungen, Bd. 1–2) 1806 (Enth. u. a. Nr. 6)

EINSTEIN, Carl   (1855–1940)

1   Bebuquin oder Die Dilettanten des Wunders. Ein Roman. 108 S. m. Bildn. Bln-Wilmersdorf: Verl. d. Wochenschr. „Die Aktion" 1912
2   (MÜbs.) V. v. Gogh: Briefe an seinen Bruder. Zusgest. v. s. Schwägerin J. v. Gogh-Bonger. Übs. L. Klein-Diepold. Übs. d. französischen Briefe bes. C. E. 2 Bde. XLIX, 673 S. Bln: Cassirer 1914
3   Negerplastik. XXVII, 111 S., 119 Abb. Lpz, Mchn: Verl. d. weißen Bücher 1915
4   Anmerkungen. 62 S. Bln-Wilmersdorf: Verl. d. Wochenschr. „Die Aktion" (= Aktions-Bücher der Aeternisten 2) 1916
5   Der unentwegte Platoniker. 177 S. Lpz, Mchn: Wolff (1918)
6   (MH) Der blutige Ernst. Satirische Wochenschrift. Hg. C. E. u. E. Groß. Jg. 1. 52 Nrn. m. Abb. 2° Bln: Trianon-Verl. 1920
7   Die schlimme Botschaft. Zwanzig Szenen. 66 S. Bln: Rowohlt 1921
8   M. Kisling. 16, 31 S., 31 Abb., 1 Taf. Lpz: Klinkhardt & Biermann (= Junge Kunst 31) 1922
9   Afrikanische Plastik. 32 S., 48 S. Abb. 4° Bln: Wasmuth (= Orbis pictus 7) (1922)
10 Der frühere japanische Holzschnitt. 24 S., 48 S. Abb. 4° Bln: Wasmuth (= Orbis pictus 16) (1923)
11 (MH) Europa-Almanach. Malerei, Literatur, Musik, Architektur, Plastik, Bühne, Film, Mode, außerdem nicht unwichtige Nebenbemerkungen. Jg. 1. 1925. Hg. C. E. u. P. Westheim. 282 S. m. Abb. u. Musikbeil. 4° Potsdam: Kiepenheuer (1924)
12 Entwurf einer Landschaft. M. Abb. Paris: Editions de la Galerie Simon 1930

Einstein, Siegfried (*1919)

1. Melodien in Dur und Moll. Gedichte. 46 S. Zürich: Posen 1946
2. (Übs.) F. M. Dostojewskij: Die Frau eines Anderen oder der Mann unter dem Bett. 76 S. Bern: Scherz (= Parnass-Bücherei 75) 1947
3. Sirda. Novelle. 55 S. m. Abb. Zürich: Speer-V. 1948
4. Das Schilfbuch. 57 S. m. Abb. Thal – St. Gallen: Pflug-V. (= Bücher der Ernte 6) 1949
5. Thomas und Angelina. Erzählung. 67 S. m. Abb. Thal – St. Gallen: Pflug-V. (= Bücher der Ernte 2) 1949
6. Das Wolkenschiff. Gedichte. 148 S. Zürich: Beer 1950
7. Legenden. 80 S. m. Abb. Basel, Lausanne, Paris: Vineta-V. 1951
8. Eichmann. Chefbuchhalter des Todes. 184 S., 16 Bl. Abb., 1 Kt. Ffm: Röderberg (1960)

Eisenreich, Herbert (*1925)

1. Einladung, deutlich zu leben. 68 S. m. Abb. Wien: Verl. Jungbrunnen (= Junge österreichische Autoren 11) (1951)
2. Auch in ihrer Sünde. Roman. 253 S. Hbg: v. Schröder 1953
3. Böse schöne Welt. Erzählungen. 172 S. Stg: Scherz & Goverts 1957
4. Wovon wir leben und woran wir sterben. Ein Hörspiel. (S.-A.) 35 S. Ffm: Europäische Verl.-Anst. (1958)
5. Carnuntum. Geist und Fleisch. Ein Essay. 61 S., 12 Abb. Wien: Verl. f. Jugend und Volk 1960
6. (Hg., Einl.) H. v. Doderer: Wege und Umwege. Eine Auswahl. 128 S. Graz: Stiasny (= Stiasny-Bücherei 65) 1960

Elbertzhagen, Theodor Walter (*1888)

1. Elias. Ein Schauspiel für die Gegenwart. 64 S. Bln-Tempelhof: Birnbach 1916
2. Der Pflummern. Historischer Roman aus Alt-Überlingen. 418 S., 8 Taf. Überlingen a. B.: Feyel 1924
3. Der Rosenkranz. Margot-Maria. Zwei Novellen. V, 68 S. Bln-Tempelhof: Eberbeck 1926
4. Briefe über Reinhold Conrad Muschler. Novelle. 96 S. Lpz: Grunow 1929
5. Theodor Trinast. Roman. 291 S. Lpz: Grunow 1930
6. Amfortas. Roman. 365 S. Braunschweig: Westermann 1932
7. Die Neunte. Eine Beethoven-Legende. 105 S., 1 Titelb. Braunschweig: Westermann 1933
8. Die große Kraft. Roman. 406 S. Braunschweig: Westermann 1934
9. Der wehrhafte Ratsherr Pflummern. Historischer Roman. 415 S., 1 Pl. Braunschweig: Westermann (1934) (Neuaufl. v. Nr. 2)
10. Der Rattenfänger von Hameln. Die alte Sage im neuen Gewand. 112 S. m. Abb. Braunschweig: Westermann (= Bücher der Jugend 56) (1934)
11. Barbarossa und sein Waffenschmied. Festspiel. 39 S. Altenburg: Geibel 1935
12. Sein graues Buch. Roman. 205 S. Karlsruhe: Müller 1935
13. Der Jörg von Altenburg. Roman. 290 S. Altenburg: Geibel 1935
14. Trotz Tod und Teufel immer treu. Schauspiel. 56 S. Überlingen: Verl. „Seebote" (1935)
15. (MH) Th. W. E. u. M. Wegner: Pflicht. Ein Ring Erzählungen. 99 S. Stg: Truckenmüller (= Deutsches Wesen 16–17) 1939
16. Die Brückensymphonie. Roman. 350 S. Bln: Limpert 1941
17. Der Pfeifenlöter. Roman. 584 S. Bln: Limpert 1943
18. Göttliche Stunden. Ein musikalischer Novellenkranz. 203 S. Düsseldorf: Vier Falken-V. 1947

19 Tränen wurden Klang. Vom Werden des Kindes Beethoven. 217 S. Düsseldorf: Vier Falken-V. 1949
20 Tu, wozu dein Herz dich treibt. Legende und Gleichnis. 650 S. Ffm, Überlingen a. B., Bln: Dikreiter 1950
21 Wunder, o Wunder! Vom Werden des Kindes Beethoven. 157 S. m. Abb. Bln, Bielefeld, Mchn: Schmidt 1954
22 Johann Sebastian Bach. 31 S. m. Abb. Konstanz: Christl. Verl.-Anst. (= Christliche Lebensbilder 16) 1956
23 Albrecht Dürer. Ein deutscher Meister aus Nürnberg. 31 S. m. Abb. Konstanz: Christl. Verl.-Anst. (= Christliche Lebensbilder 21) 1957
24 Henri Dunant. Rotes Kreuz, Macht ohne Waffen. 31 S. m. Abb. Konstanz: Christliche Verl.-Anst. (= Christliche Lebensbilder 24) 1958

ELLERT, Gerhart (eig. Gertrud Schmirger) (*1900)

1 Der Zauberer. Roman. 385 S. Wien: Speidel 1933
2 Attila. Roman. 362 S. Wien: Speidel 1934
3 Karl V. Roman. 378 S., 4 Taf. Wien: Speidel (1935)
4 Der Doge Foscari. Schauspiel. 141 S. Wien: Speidel 1936
5 Der König. Erzählung. 184 S. Wien: Speidel 1936
6 (Übs.) D. Dunois: Armer kleiner Prosper. Roman. 246 S. Wien: Speidel 1937
7 Wallenstein. Roman. 350 S., 1 Titelb. Wien: Speidel 1937
8 Mohammed. Roman. 359 S. Wien: Scheuermann 1938
9 Nach der Sühne. Roman. 288 S. Wien: Speidel 1940
10 Michelangelo. Roman. 389 S., 3 Taf. Wien: Speidel 1942
11 Das Licht. Roman. 242 S. Wien, Lpz: Speidel (1945)
12 Es war Ihr Wunsch, Majestät. Komödie in sechs Bildern. 122 S. Wien: Speidel 1946
13 Die Johanniter. Roman. 598 S., 16 Taf. Wien: Speidel 1947
14 (Übs.) M. Ostenso: Vorspiel zur Liebe. Roman. 326 S. Wien: Speidel 1948
15 Richelieu. Roman. 447 S. Wien: Speidel 1948
16 Paulus aus Tarsos. Roman. 450 S., 1 Kt. Wien: Speidel 1951
17 Ich, Judith, bekenne. Roman. 302 S. Wien: Speidel 1952
18 Kreuzritter. Der Heldenkampf des Malteserordens. 61 Bl. m. Abb. Opladen: Verl. Junge Welt 1953
19 Das Tor ist nie verschlossen. Das Schicksal des Sankt Bernhard-Passes. 386 S. Wien: Speidel 1954
20 Mauern um Rom. Roman. 367 S. Wien: Speidel 1955
21 Der Goldschatz. 213 S. m. Abb. Wien: Österr. Bundesverl. 1956
22 Jacobe Oderkamp. Ein Frauenroman aus der Hansezeit. 317 S. Gütersloh: Bertelsmann 1958
23 Das blaue Pferd. Erzählungen zu Kunstwerken. 189 S., 8 Taf. Wien, Mchn: Österr. Bundesverl. 1958
24 Alexander der Große. 288 S., 1 Kt. Düsseldorf: Hoch 1959
25 Auf endlosen Straßen. Abenteuer der Menschheit. 188 S. m. Abb. u. Kt. Wien: Österr. Bundesverl. 1959
26 Propheten, Könige und Kalifen. Alter Orient – neu geschaut. 250 S. m. Abb. Wien, Mchn: Österr. Bundesverl. 1960

ELMENHORST, Heinrich (1632–1704)

1 Rosetta Schaefferey. 43 Bl. Lpz 1653
2 Orontes, der verlohrne und wieder gefundene Königliche Printz aus Candia. Singe-Spiel. Musik J. Theile. 32 Bl. 4° (Hbg 1678)
3 Die wol und beständig-liebende Michal oder Der siegende und fliehende David. Sing-Spiel. Musik J. W. Franck. 24 Bl. 4° Hbg (1679)
4 Charitine, Oder Göttliche Geliebte. Musik J. W. Franck. 28 Bl. 4° (Hbg 1681)

5 I. J. N. Geistliche Lieder ... mit J. W. Franken anmuthigen Melodeyen. 3 Abt. 3 Bl., 28, 28, 30 S. Hbg: Rebenlein 1681
6 Ferner besungene Vorfallungen im Christenthum. Die Melodeyen setzte J.W. Frank. 157 S. Hbg: Rebenlein 1682
7 Dramatologia antiquo-hodierna, Das ist: Bericht von denen Oper-Spielen ... 6 Bl., 186 S. Hbg: Rebenlein 1688
8 (Übs.) Der im Christenthum biß in den Todt beständige Märterer Polyeuct. Ein Singspiel. Aus dem Französischen. Musik J. Ph. Förtsch. 30 Bl. 4° (Hbg 1688)

ELWENSPOEK, Curt (+Christoph Erik Ganter) (1884–1959)

1 (Hg.) Das Ernst Moritz Arndt-Buch. Eine Auswahl der Werke. 292 S. Stg: Hädecke (= Die Pegasusbücher) 1925
2 Christkindleins Hampelmann oder Prinz Bosnickel und der Zauberer Griesegram. Weihnachtsmärchen für Groß und Klein in acht gar lustigen Bilderlein. 72 S. Stg: Chronos-V. 1925
3 Schinderhannes. Der rheinische Rebell. Erste kritische Darstellung nach Akten, Dokumenten und Überlieferungen. 255 S. m. Abb., 6 Taf., 1 Faks. Stg: Süddt. Verl.-Hs. (= Zeiten und Schicksale) 1925
4 Hans Unverzagt oder Prinzessin Eigensinn und die Bremer Stadtmusikanten. Ein Weihnachtsspiel für kleine und] große Kinder. 79 S. Stg: Chronos-V. 1925
5 Jud Süß Oppenheimer. Der große Finanzier und galante Abenteurer des achtzehnten Jahrhunderts. 192 S., zahlr. Abb. u. Faks. Stg: Süddt. Verl.-Hs. (= Zeiten und Schicksale) 1926
6 Charlotte von Mexiko. Der Leidensweg einer Kaiserin. 272 S. m. Taf. Stg: Hädecke 1927
7 (MBearb.) J. Gay u. J. C. Pepusch: Die Bettler-Oper. Wie sie aufgefunden wurde in dem Kgl. Theater in Lincoln's-Inn Fields (1728). Für den praktischen Bühnengebrauch eingerichtet v. N. Playfair, musikalisch revidiert und ergänzt v. F. Austin. Mit autor. Benutzung der Übersetzung v. G. Calmus für die deutsche Bühne bearb. v. O. Erhardt u. C. E. 61 S. Mainz: Schott 1928
8 Rinaldo Rinaldini, der romantische Räuberfürst. Das wahre Gesicht des geheimnisvollen Räuber-„Don Juan", durch erstmalige Quellenforschungen enthüllt. 198 S. m. Abb. u. Faks. Stg: Süddt. Verl.-Hs. (= Zeiten und Schicksale) 1929
9 Drama und Bühne. 35 S. Stg: Fromann (= Zeichen der Zeit 2) (1931)
10 Mord und Totschlag. Polizei greift ein! Buch vom Kampf der Kriminalpolizei. 271 S. Abb. Stg: Franckh 1931
11 Ein Mädchen ohne Mutter. Roman. 286 S. Bln: Krüger 1935
12 Der rechte Brief zur rechten Zeit. Fibel des schriftlichen Verkehrs für jedermann. 174 S., 23 Abb., 2 Schriftproben, 1 Faks. Lpz: Hesse & Becker 1936
13 Der höllische Krischan. Roman des Dichters Chr. D. Grabbe. 351 S. Bln: Dom-V. 1936
14 Die Glückssträhne. Abenteuerlicher Roman um Liebe, Scheintod und Juwelen. 287 S. Lpz: Bohn 1937
15 Mensch, – benimm dich! Eine Fibel des guten Benehmens für jedermann. 117 S., 28 Abb. Lpz: Hesse & Becker (1937)
16 Die Kunst der Unterhaltung. Auch ein Weg zum Erfolg. 150 S., 28 Abb. Lpz: Hesse & Becker (1938)
17 (Hg.) J. Schall: Suez, Pforte der Völker. Roman eines Kanals. 321 S. Stg: Rowohlt 1940
18 +Die roten Lotosblüten. Roman des indischen Aufstandes unter Nana Sahib. 443 S. Stg, Bln: Rowohlt 1941
19 +Panama. Roman um einen Kanal. 405 S. Stg, Bln: Rowohlt 1942
20 Mehr Freude am Leben. Für alt und jung. 126 S., 40 Abb. Lpz: Hesse & Becker 1943
21 +Du und die Frauen. Worte an junge Männer. 56 S. Potsdam: Voggenreiter 1944
22 +Dynamit. Roman einer Erfindung. 302 S. Stg: Dt. Verl.-Anst. 1946

23 Arme kleine Iphigenie. Novelle. 115 S. m. Abb. Reutlingen: Oertel & Spoerer 1951
24 Betragen – sehr gut. Ein Brevier der echten Höflichkeit. 204 S. m. Abb. Stg: Verl. Dt. Volksbücher 1952
25 Der Gutenachtliedonkel erzählt ... Ein Märchen von heute für große und kleine Leute. 2 Bde. 126, 132 S. m. Abb. Stg: Herget 1952-1953
26 Aber die Liebe ... 198 S. m. Abb. Stg: Victoria-V. 1953
27 Pflücke die Rose. Eine kleine Fibel der Lebenskunst. 236 S. m. Abb. Stg: Verl. Dt. Volksbücher (1954)
28 Briefe schreiben? – kinderleicht! Kleiner Ratgeber für den Schriftverkehr mit Menschen, Firmen und Behörden. 207 S., 10 Bl. Abb. Stg: Verl. Dt. Volksbücher 1956
29 Hauspostille des Herzens. Vorw. F. Bischoff. IX, 227 S. Freiburg i. Br.: Herder 1956
30 ... und nichts ist ihm geblieben. Ein Grabbe-Roman. 275 S. Essen: Dom-V. 1956
(Neuaufl. v. Nr. 13)
31 Neue Hauspostille des Herzens. Geleit durch das Jahr. Auswahl aus den Sendungen des Südwestfunks „Unsere Hauspostille ..." 1956/58. VI, 210 S. Freiburg i. Br.: Herder 1958
32 (Vorw.) Wilhelm-Busch-Album. Ein heiteres Hausbuch. 400 S., 2400 Abb. Mchn: Süd-West-V. (1959)
33 Meine letzte Hauspostille des Herzens. Auswahl aus den Sendungen des Südwestfunks „Unsere Hauspostille ..." 1958/59. 220 S., 1 Bildn. d. Verf. Freiburg i. Br.. Basel, Wien: Herder 1959
34 Die Schwalbe und die Nachtigall. Roman. 166 S. Mühlacker: Stieglitz-V. 1959

ENDRIKAT, Fred (1890-1942)

1 Die lustige Arche. Tierfibel für Jung und Alt. 54 S. Mchn: Hirth 1935
2 Liederliches und Lyrisches. Verse vom vergnüglichen Leben. 90 S. Bln: Buchwarte-V. 1940
3 Höchst weltliche Sündenfibel. Moralische und „unmoralische" Verse. 77 S. Bln: Buchwarte-V. 1940

ENGASSER, Quirin (*1907)

1 Wambi, der Zauberer. Missionsdrama. 78 S. Aachen: Xaverius-Verl.-Buchh. 1925
2 Die erste Linie. Drama. 99 S. Mchn: Neuzeit-Verl. 1936
3 Das böse ABC. Lustspiel. 110 S. Mchn: Neuzeit-Verl. 1937
4 Stephan Fadinger. Drama. 83 S. Mchn: Neuzeit-Verl. 1937
5 Moosbart und Sternenkind. Weihnachtsmärchen. 48 S. Mchn: Buchner (1938)
6 Schabernack. Märchenspiel. 60 S. Mchn: Buchner 1939
7 Der Ursächer. Geschichtlicher Roman. 613 S. Mchn: Beck 1939
8 Offene Schleusen. Staufer-Drama. 103 S. Mchn: Buchner 1940
9 Francesco Borri. Novellen. 56 S. Straßburg: Hünenburg-V. 1941
10 Fallende Würfel: Entscheidungsstunden der Weltgeschichte. 254 S. Straßburg: Hünenburg-V. 1943
11 Auf der Brücke. Roman. 347 S. Rosenheim: Inngau-Verl. Lang 1949
12 Der faustische Mythos. Ist „Faust" das heilige Buch der Deutschen? 62 S. Rosenheim: Inngau-Verl. Lang 1949
13 Dennoch läuten die Glocken. Ein Volksstück in drei Akten. 88 S. Mchn: Buchner (= Für die Volksbühne 507) 1953
14 Die unantastbare Flagge. Henri Dunant. 104 S. Kiel: Neumann & Wolff (= Taschengeld-Taschenbücher 8) 1955
15 Das Steinhuber-Marterl. Roman. 255 S. Mchn: Berg 1956
16 Suez. 208 S., 6 Bl. Abb., 2 Taf. Kiel: Neumann & Wolff 1956

17 Stille Nacht, heilige Nacht. Ein Weihnachtspiel. 56 S. Mchn: Buchner 1957
18 (MH) Die Großen der Welt. Tausend berühmte Männer und Frauen in Wort und Bild. Hg. Qu. E. (u. a.) 512 S. m. Abb. Basel: Lux (1960)
19 Der Engel und sein Knecht. Bauern-Roman. 256 S. Wuppertal-Küllenhahn: Pfriem 1960
20 Gegen die Stimme des Herzens. Bauern-Roman. 256 S. Wuppertal-Küllenhahn: Pfriem 1960

ENGEL, Georg (1866–1931)

1 Ahnen und Engel. Roman. 2 Bde. 479 S. Jena: Costenoble 1892
2 Das Hungerdorf und andere Novellen. 155 S. Bln: Freund 1893
3 Des Nächsten Weib. 487 S. Bln: Freund 1893
4 Blind und andere Novellen. 54 S. Bln: Freund (1894)
5 Der Hexenkessel. Schauspiel. 87 S. Bln: Freund 1894
6 Zauberin Circe. Berliner Liebesroman. 276 S. Bln: Freund 1894
7 Hadasa. Dramatisches Gedicht. 110 S. Bln: Freund 1895
8 Abschied. Schauspiel. 137 S. Bln: Vita 1898
9 Die Last. Roman. 258 S. Bln: Vita 1898
10 Ein Schäferstündchen. Spiel. 32 S. Bln: Vita 1899
11 Die keusche Susanna. Comödie. 130 S. Bln: Vita 1899
12 Der Ausflug ins Sittliche. Komödie. 142 S. Bln: Concordia 1900
13 (MV) (E. Wichert: Weimar. – J. Lauff: Vorwärts. – G. E.:) Sturmglocken. (– G. v. Ompteda: Wörth. – L. Jacobowski: Arbeit. Fünf Einakter aus dem 19. Jahrhundert). 125 S. 16° Lpz: Reclam (= Das deutsche Jahrhundert; = Universal-Bibliothek 4030) 1900
14 Die Furcht vor dem Weibe. Roman. 255 S. Bln: Vita 1901
15 Im Hafen. Drama. 125 S. Bln: Vita 1905
16 Hann Klüth, der Philosoph. Roman. 442 S. Bln: Vita (1905)
17 Über den Wassern. Drama. 116 S. Bln: Vita 1905
18 Die Hochzeit von Poël. Komödie. 115 S. Bln: Concordia 1906
19 Das lachende Mirakel. Romantisches Schauspiel in drei Akten. 142 S. Bln, Lpz: Grethlein 1906
20 Der Reiter auf dem Regenbogen. Roman. 555 S. Bln: Concordia 1908
21 Der verbotene Rausch. 193 S. Bln: Concordia 1909
22 Der scharfe Junker. Komödie. 180 S. Bln: Concordia 1910
23 Die Leute von Moorluke. Novellen. 245 S. Bln: Concordia 1910
24 Die verirrte Magd. Roman. 575 S. Bln: Concordia 1911
25 Kapitän Spieker und sein Schiffsjunge. 126 S. m. Abb. Bln: Ullstein (= Ullstein-Jugend-Bücher 9) 1912
26 Die vier Könige. Roman. 441 S. Lpz: Grethlein 1913
27 Auf hoher See. Hg. F. Goerke. 112 S., 146 Abb. Bln-Charlottenburg: Vita (= Leuchtende Stunden 5) 1913
28 Der Fahnenträger. Roman. 440 S. Lpz: Grethlein 1914
29 Die heitere Residenz. Lustspiel in drei Akten. 139 S. Lpz: Grethlein 1914
30 Die Herrin und ihr Knecht. Roman. 436 S. Lpz: Grethlein (1917)
31 Kathrin. Roman. 420 S. Lpz: Grethlein (1918)
32 Claus Störtebecker. Roman in zwei Bänden. 255, 230 S. Lpz: Grethlein (1920)
33 Die Unsichtbaren. Schauspiel in vier Akten. 80 S. Lpz: Grethlein (1920)
34 Die Prinzessin und die Heilige. Roman. 256 S. Stg: Union (= Meister-Romane des Union-Verlags) (1922)
35 Erlebtes und Erträumtes. 99 S. Bln: Mosaik-V. (= Mosaik-Bücher 31) 1923
36 Die Mauer. Roman. 387 S. Stg: Union 1923
37 Ausgewählte Romane. 5 Bde. 485, 239, 256, 377, 193 S. Stg: Union (1923) (Enth. Nr. 9, 21, 24, 32, 34)
38 Die Diplomaten. Lustspiel in vier Akten. 140 S. Stg: Union 1925
39 Die Liebe durch die Luft. Ein Roman. 112 S. Bln: Trowitzsch (= Trowitzsch's Romane) 1925
40 Uhlenspiegel. Roman. 480 S. Bln: Dt. Verl.-Ges. (1927)
41 Des Äthers und der Liebe Wellen. Roman. 142 S. Bln: Bibliothek-Ges. 1929
42 Das Gericht. Roman. 371 S. Bln: Franke 1931

Engel, Johann Jakob (1741–1802)

1 Der dankbare Sohn. Ein ländliches Lustspiel in einem Aufzuge. 48 S. Lpz: Dyck 1771
2 Die Apotheke. Eine komische Oper in zwei Aufzügen. XV, 96 S. Lpz: Dyck 1772
3 Der Diamant. Lustspiel in einem Aufzug nach dem Französischen des Collé. 52 S. Lpz: Dyck 1772
4 *(Übs.) Batteux: Geschichte der Meynungen der Philosophen von den ersten Grundursachen der Dinge. XII, 346 S. Lpz: Dyck 1773
5 *Briefe über die Thiere und den Menschen. 7 Bl., 221 S. Lpz: Dyck 1775
6 Der Edelknabe. Ein Schauspiel. 63 S. Lpz: Dyck 1775
7 Der Philosoph für die Welt. 4 Bde. 187, 191, 236, 234 S. Lpz: Dyck (Bd. 1–2) Bln: Mylius (Bd. 3–4) 1775–1803
8 Die sanfte Frau. Lustspiel in drei Aufzügen nach Goldoni. 158 S. Lpz: Dyck 1779
9 Titus. Ein Vorspiel zur Feier des Geburtsfestes des Prinzen von Preußen. 38 S. Bln: Mylius 1779
10 Ueber die musikalische Mahlerey. 48 S. Bln: Voß 1780
11 Versuch einer Methode die Vernunftlehre aus platonischen Dialogen zu entwickeln. 158 S. Bln: Voß 1780
12 Lobrede auf König Friedrich II. 56 S. Bln: Voß 1781
13 Anfangsgründe einer Theorie der Dichtungsarten, aus teutschen Mustern entwickelt. 350 S. Bln: Nicolai 1783
14 (Hg.) Magazin der Philosophie und schönen Wissenschaften. 4 Tle. Lpz: Göschen 1785–1786
15 Kleine Schriften. 3 Bl., 512 S. Bln: Voß 1785
16 Ideen zu einer Mimik. 2 Bde. 381, 314 S., 60 Ku. Bln: Mylius 1785–1786
17 Rede am Geburtstage des Königs Friedrich Wilhelms II. am 25. September 1786. 61 S. Bln: Voß (1786)
18 Der Fürstenspiegel. VI S., 1 Bl., 300 S. Bln: Unger 1798
19 Versuch über das Licht. IV, 125 S. Bln: Mylius 1800
20 Sämtliche Schriften. 12 Bde. m. Ku. Bln: Mylius 1801–1806
21 Herr Lorenz Stark. Ein Charaktergemälde. 1 Bl., 416 S. Bln: Mylius 1801
22 Eid und Pflicht. Ein bürgerliches Trauerspiel in fünf Aufzügen. 160 S. Bln: Mylius 1803
23 Schauspiele. 2 Bde. Bln: Mylius 1803

Engelke, Gerrit (1890–1918)

1 (MV) G. E., H. Lersch, K. Zielke: Schulter an Schulter. Gedichte von drei Arbeitern. 47 S. Jena: Vopelius 1916
2 Rhythmus des neuen Europa. Gedichte. Nachw. J. Kneip. 117 S. Jena: Diederichs (1921)
3 Briefe der Liebe. Einf. J. Kneip. 160 S., 1 Abb., 1 Faks. M.-Gladbach: Orplid-V. 1926
4 Gesang der Welt. Gedichte, Tagebuchblätter und Briefe. 45 S. 16⁰ Bln: Arbeiter-Jugendverl. (1927)
5 Vermächtnis. Aus dem Nachlaß hg. J. Kneip. 399 S., 1 Titelbl., 2 Faks. Lpz: List 1937
   (Enth. u. a. Nr. 3)
6 Das Gesamtwerk. Rhythmus des neuen Europa. Hg. H. Blome. 606 S., 1 Titelb. Mchn: List 1960

Enk von der Burg, Michael Leopold (1788–1843)

1 Die Blumen. Lehrgedicht in drei Gesängen. 86 S., 1 Bl. Wien: Gerold 1822
2 Eudoxia, oder die Quellen der Seelenruhe. 1 Bl., 131 S. Wien: Gerold 1824

3   Das Bild der Nemesis. IV, 194 S. 12⁰ Wien: Gerold 1825
4   Melpomene oder Über das tragische Interesse. VI, 425 S. Wien: Gerold 1827
5   Über den Umgang mit uns selbst. 272 S. Wien: Gerold 1829
6   Don Tiburzio. 259 S. Wien: Gerold 1831
7   Dorat's Tod. 2 Bl., 228 S. Wien: Gerold 1833
8   Charaden. 1 Bl., 238 S., 1 Bl. Wien: Gerold 1834
9   Briefe über Goethe's Faust. 3 Bl., 80 S. Wien: Beck 1834
10 Von der Beurtheilung Anderer. In sechs Büchern. VI, 294 S. Wien: Gerold 1835
11 Hermes und Sophrosyne. 282 S. Wien: Gerold 1838
12 Studien über Lope de Vega Carpio. IV, 251 S. Wien: Gerold 1839
13 Über die Freundschaft. 202 S. Wien: Gerold 1840
14 (Übs.) Qu. Horatius Flaccus: Die Epistel über die Dichtkunst. Für Dichter und Dichterlinge gedolmetscht. 106 S. Wien: Gerold 1841
15 Über Bildung und Selbstbildung. 226 S. Wien: Gerold 1842

ENKING, Ottomar (1867–1945)

1   Schlanksch'lena. Erzählung. 101 S. Köln: Ahn 1895
2   Ragna Svanoe. Erzählung. 181 S. Köln: Ahn 1895
3   Vereinsamt. Erzählung. 98 S. Köln: Ahn 1895
4   Nis Nielsen. Roman. 184 S. Köln: Ahn 1898
5   Johann Rolfs. Eine Geschichte. 272 S. Dresden: Reissner 1899
6   Ikariden. Roman. 2 Tle. in 1 Bd. 279, 239 S. Dresden: Reissner 1900
7   Familie P. C. Behm. Roman. 324 S. Dresden: Reissner (= Leute von Koggenstedt 1) 1903
8   Patriarch Mahnke. 267 S. Dresden: Reissner (= Leute von Koggenstedt 2) 1905
9   Die Darnekower. Roman. 442 S. Bln: Cassirer 1906
10 Nelde Thorstens Sanduhr. Roman. 380 S. Bln: Schall 1907
11 Das Sofa auf Nummer sechs. Ein Kleinstadtidyll. 155 S. Mchn: Müller 1908
12 Wie Truges seine Mutter suchte. Roman. 396 S. Bln: Schuster & Loeffler 1908
13 Das Kind. Eine Koggenstedter Komödie. 191 S. Dresden: Reissner 1909
14 Die Schwester. 113 S. Dresden: Reissner (= Deutsche Novellen 2) 1909
15 Kantor Liebe. Roman. 357 S. Bln: Cassirer 1910
16 Momm Lebensknecht. Roman. 343 S. Bln: Cassirer 1911
17 Die Siegerin. 40 S. Ffm: Schulz 1911
18 Otto Ernst und sein Schaffen. Zum fünfzigsten Geburtstage des Dichters. 98 S., 8 Taf. Lpz: Staackmann 1912
19 Peter Luth von Altenhagen. Trauerspiel. 194 S. Bonn: Ahn 1912
20 Heine Stölting und andere Erzählungen. 111 S. m. Abb. 16⁰ Lpz: Reclam (= Reclam's UB. 5401) 1912
21 Ach ja, in Altenhagen … Roman. V, 312 S. Dresden: Reissner 1913
22 Matthias Tedebus, der Wandersmann. Ein Roman. 366 S. Dresden: Reissner 1913
23 Ein Helfer seines Gottes. Ein Roman. 327 S. Bln, Dresden: Reissner 1915
24 (Hg.) Kriegsdichtungen aus dem Sachsenlande. 1914–1917. 37 Bde. Dresden: Sächsischer Heimatdichter-V. (1916–1918)
25 Vaterländische Gedichte. 15 S. Dresden: Sächsischer Heimatdichter-V. (= Kriegsdichtungen aus dem Sachsenlande 1) (1916) (Bd. 1 v. Nr. 24)
26 Monegund. Roman. 410 S. Dresden: Reissner 1916
27 Erika Svanoes Recht. Erzählung. 66 S. Dresden: Reissner 1916 (Neuaufl. v. Nr. 2)
28 Auch eine Mutter. Roman. 292 S. Dresden: Reissner 1917
29 Dämon Mutter. Roman. 223 S. Dresden: Reissner 1917 (Neuaufl. v. Nr. 4)
30 Warum schwieg sie nicht? Roman. 308 S. Dresden: Reissner 1917
31 Das Pünktlein auf der Welle. Roman. Einl. F. Gregori. 397 S. m. Abb., 1 Bildn. Hbg: Deutsche Dichter-Gedächtnis-Stiftung (= Kleinod-Romane) 1918

32 Der Tor am Tore. Roman. 233 S. Dresden: Reissner (1918)
33 Die Drogerie zum goldenen Stern. 253 S. Bln: Ullstein (= Ullstein-Bücher 114) (1919)
34 Claus Jesup. Eine Erzählung aus dem alten Wismar. VIII, 430 S. Dresden: Reissner 1919
35 Auferstehung. Ein Osterspiel in sechs Vorgängen. 48 S., 1 Abb. 16° Dresden: Ungelenk (= Dresdner Vereins-Bühne 114–116) 1920
36 Drei Leben im Ich. Roman. 255 S. Dresden, Bremen: Schünemann (= Der Gesellschaftsroman) 1922
37 Seelenfalter. Novellen. 125 S. Dresden: Verl. Dt. Buchwerkstätten (= Novellenband) 1922
38 Sterben. Weltbrand. Weltgericht. Eine Nachdichtung des althochdeutschen Muspilli-Liedes. 10 S., 4 Taf. Görlitz: Verl.-Anst. Görlitzer Nachrichten und Anzeiger 1922
39 Wagnesrott. Roman. 464 S. Bielefeld: Velhagen & Klasing 1923
40 Der Pfingstmarkt und andere heitere Stücke. 117 S., 10 Taf. Bremen: Schünemann (1924)
41 Abel Woldersen. Roman. Hg. vom Dürerbund. 108 S. Bln: Hendel (= Hendel-Bücher 2551–2552) (1924)
42 (Übs.) J. P. Jacobsen: Niels Lyhne. Roman. Nachw. S. Zweig. 266 S. Lpz: List (= Epikon) (1925)
43 In der grünen Lage. Roman. 246 S. (Bln:) Wegweiser-V. (= Volksverband der Bücherfreunde, Auswahlreihe) 1925
44 Mensch und Schrift. 148 S. m. Faks. Bremen: Schünemann (1925)
45 Der Wassermedicus von Schaddeby. Eine Erzählung aus dem achtzehnten Jahrhundert. 326 S. Bremen: Schünemann 1925
46 Georg von der Gabelentz. Zum sechzigsten Geburtstag des Dichters. 32 S., 1 Titelb. Lpz: Staackmann 1928
47 Gerhart Hauptmanns Till Eulenspiegel. Eine Studie. 125 S. Bln: Fischer (1929)
48 Im blauen Kittel. 91 S. m. Abb. Lpz (: Abel & Müller) (= Neudeutsche Jugendbücherei 4) (1934)
49 Frowin und Ulla, Erzählung aus der Urzeit. 62 S. Bln: Moewig & Höfner (= Volkstümliche 25-Pfennig-Bücherei 13) 1935
50 Tilsche Schellwegen, die Hexe von Fischland. Roman. 317 S. Wismar: Winstorffsche Verlbh. 1936
51 Der Blick über den Brunnen. Roman. 235 S. Lpz: Payne 1937
52 Es ward ein Ring zerbrochen. Erzählung. 48 S. Bln: Weichert (= Neue Rekord-Bibliothek 15) (1937)
53 Semiramis. Der Roman einer großen Herrscherin. 252 S. Lpz: Payne 1938
54 (Übs.) Platon: Die schönsten Mythen. 46 S. Bln: Böhm (1939)
55 Erleben und Schauen. Gedichte. 85 S. Schwarzenberg: Glückauf-V. 1940
56 (Hg.) Der neue Moewig-Roman. 6 Bde., je 64 S. Dresden: Moewig Bd. 103–108 (1941)
57 Wanderer kamen nach Widoe. Roman. 242 S. Düsseldorf: Hoch 1941

ENZENSBERGER, Hans Magnus (*1929)

1 Verteidigung der Wölfe. 91 S. Ffm: Suhrkamp 1957
2 (Hg.) C. v. Brentano: Gedichte, Erzählungen, Briefe. 205 S. Ffm, Hbg: Fischer (= Fischer-Bücherei 231) 1958
3 Zupp. Eine Geschichte von H. M. E., in der sehr viel vorkommt, mit Bildern von G. Andersch, auf denen sehr viel drauf ist, nämlich ... 16 ungez. Bl. 4° Olten, Freiburg i. Br.: Walter 1959
4 Landessprache. 104 S. Ffm: Suhrkamp 1960
5 (Hg.) Museum der modernen Poesie. 421 S. Bln: Ffm, Suhrkamp 1960

ERATH, Vinzenz (*1906)

1 Größer als des Menschen Herz. Ein Buch vom wahren Leben. 458 S. Tüb Stg: Wunderlich 1951

2 Das blinde Spiel. Roman. 456 S. Tüb: Wunderlich 1954
  (Forts. v. Nr. 1)
3 So zünden die Väter das Feuer an. Roman. 416 S. Tüb: Wunderlich 1956

ERDMANN (verh. Czapski), Veronika (*1894)

1 Die Gedichte vom fremden Leben. 46 S. Jena, Weimar: Lichtenstein 1921
2 Hölderlins ästhetische Theorie im Zusammenhang seiner Weltanschauung. VII, 96 S. Jena: Frommann (= Jenaer germanistische Forschungen 2) 1923
3 Die Auseinandersetzung des gotischen Weltgefühls mit dem antiken bei Rainer Maria Rilke. (S.-A.) 16 S. Jena: Frommann 1927
4 Lieder vom Fern- und Nahesein. 75 S. Weimar: Lichtenstein (1927)
  (Verm. Neuaufl. v. Nr. 1)
5 Cantaten. 96 S. 4° Lorch, Stg: Bürger 1946
6 (Übs.) Frauenlieder aus drei Jahrtausenden. 207 S. m. Abb. Lorch: Bürger 1947
7 Caroline im Regenbogen. Suite in verschiedenen Tonarten. 195 S. Eßlingen: Bechtle 1954

ERLER, Otto Max (1873–1943)

1 Verse. 40 S. Dresden: Pierson 1899
2 Giganten. Künstlertragödie. 83 S. 4° Lpz.: Breitkopf & Härtel 1901
3 Der Bundschuh. Drama aus den Bauernkriegen. Musik W. v. Baußnern. 71 S. Lpz: Breitkopf & Härtel 1904
4 Die Ehekünstler. Tragikomödie. 143 S. Dresden: Koch 1904
5 Zar Peter. Drama. 229 S. Dresden: Koch 1904
6 Die Reliquie oder Die Hosen des heiligen Bartolus. Komödie. 90 S. Dresden: Koch 1910
7 Der Engel aus Engelland. Drama. VII, 234 S. Lpz: Haessel 1916
8 Die tragischen Probleme des Struensee-Stoffes. Eine Betrachtung der Hebbelschen Abhandlung. 18 S. Lpz: Haessel 1916
9 Struensee. Drama. VII, 234 S. Lpz: Haessel 1916
  (Neuaufl. v. Nr. 7)
10 Amerongen. Eine Dichtung. 61 S. Lpz: Matthes & Thost 1922
11 Der Galgenstrick. Eine Komödie. 198 S. Lpz: Haessel 1924
12 Marfa. Drama. 184 S. Lpz: Haessel 1930
13 Marfa-Demetrius. Eine Studie. 38 S. Lpz: Haessel 1930
14 Thors Gast. Bühnenwerk. 147 S. Lpz: Haessel 1936
15 Die Gewissenhaften. Eine Komödie. 66 S. Weimar: Fink 1938
16 Thor und der Krist. Eine Trilogie. 3 Bde. Erfurt: Verl. Sigrune 1942–1944
  1. Thors Gast. Bühnenwerk in drei Aufzügen. 158 S. 1944
  2. Not Gottes. Bühnenwerk in drei Aufzügen. 163 S. 1942
  3. Die Blutsfreunde. Bühnenwerk in sechs Aufzügen und einem Vorspiel. 191 S. 1943
  (Bd. 1 Neuaufl. v. Nr. 14)

ERNÉ, Nino (*1921)

1 Der sinnende Bettler. 94 S. Karlsruhe: Stahlberg-V. (= Ruf der Jugend 3) 1946
2 (Hg.) K. Prager: Der junge Kreis. Seine Dichtungen aus dem Nachlaß. 62 S. Karlsruhe: Stahlberg-V. (= Ruf der Jugend 4) 1946
3 (Übs.) H. d. Balzac: Tolldreiste Geschichten. Aus dem Französischen frei übertragen. 542 S., 100 Abb. Mchn: Droemer 1955
4 (Übs.) C. Collodi: Pinocchios Abenteuer. Aus dem Italienischen übs. Vollständige Ausg. 154 S., 29 Abb. Mchn: Droemer 1955

5 (Übs.) V. Larbaud: Glückliche Liebende ... 262 S. Wiesbaden: Limes-V. 1955
6 (Übs.) E. Roblès: Federica. Roman. Aus dem Französischen übertragen. 240 S. Ffm: Europ. Verl.-Anst. 1955
7 Kunst der Novelle. 127 S. Wiesbaden: Limes-V. 1956
8 (Hg.) D. Buzzati: Die sieben Boten. Elf Stories. Übertragen aus dem Italienischen. 155 S. Mchn: Nymphenburger Verl.-Handl. (= story-bibliothek 2) 1957
9 (Hg.) A. Maurois: Jahrmarkt in Neuilly. Übertragen aus dem Französischen. 142 S. Mchn: Nymphenburger Verl.-Handl. (= story-bibliothek 3) 1957
10 (Hg.) A. Loria: Hinter den Kulissen. Sechs stories. Übertragen aus dem Italienischen. 158 S. Mchn: Nymphenburger Verl.-Handl. (= story-bibliothek 6) 1958
11 (Hg.) R. Bacchelli: Die Achterbahn. Sechs stories. Übertragen aus dem Italienischen. 136 S. Mchn: Nymphenburger Verl.-Handl. (= story-bibliothek 13) 1959
12 Junger Mann in der Stadtbahn. Dreizehn stories. 142 S. Mchn: Nymphenburger Verl.-Handl. (= story-bibliothek 18) 1959
13 Das Ideal und das Leben. Dichterschicksale. 180 S., 82 Abb. Hbg: Blüchert 1960
14 Die großen Dichter des Abendlandes. 197 S. m. Abb. 4⁰ (Gütersloh:) Bertelsmann-Lesering 1960 (Liz.-Ausg. v. Nr. 13)

ERNST, Otto (eig. Otto Ernst Schmidt) (1862–1926)

1 Gedichte. 200 S. 16⁰ Norden: Fischer 1889
2 Offenes Visier. Gesammelte Essays aus Litteratur, Pädagogik und öffentlichem Leben. 280 S. Hbg: Kloss 1890
3 Aus verborgenen Tiefen. Novellen und Skizzen. 244 S. Hbg: Kloss 1891
4 Neue Gedichte. 158 S. Hbg: Kloss 1892
5 Narrenfest. Satiren und Burlesken. 162 S. Hbg: Kloss 1895
6 Die größte Sünde. Drama. 116 S. Hbg: Kloss 1895
7 Der süße Willy. Humoristisches Erziehungsidyll. 56 S. Hbg: Kloss 1895
8 Buch der Hoffnung. Neue Folge der gesammelten Essays aus Litteratur, Pädagogik und öffentlichem Leben. 2 Bde. 308, 456 S. Hbg: Kloss 1896 bis 1897
(Forts. v. Nr. 2)
9 Karthäusergeschichten. Novellen und Skizzen. 226 S. Hbg: Kloss 1896
10 (Übs.) H. Drachmann: Hamborger Schippergeschichten. In plattdeutscher Art und Sprache. Übertr. O. E. 156 S. Hbg: Glogau 1899
11 Jugend von heute. Eine deutsche Komödie. 142 S. Hbg: Kloss 1899
12 Ein frohes Farbenspiel. Humoristische Plaudereien. 191 S. Lpz: Staackmann 1900
13 Flachsmann als Erzieher. Komödie. 132 S. Lpz: Staackmann 1901
14 Stimmen des Mittags. Neue Dichtungen. 147 S. Lpz: Staackmann 1901
15 Die größte Sünde. Drama. Neubearbeitung. 133 S. Lpz: Staackmann 1901 (Neubearb. v. Nr. 6)
16 Gedichte. 183 S. Lpz: Staackmann 1902 (Enth. Nr. 1 u. 4)
17 Die Gerechtigkeit. Kömodie. 135 S. Lpz: Staackmann 1902
18 Vom geruhigen Leben. Humoristische Plaudereien über große und kleine Kinder. 175 S. Lpz: Staackmann 1903
19 Bannermann. Schauspiel. 159 S. Lpz: Staackmann 1905
20 Die Kunstreise nach Hümpeldorf. Humoreske. 163 S. Wien: Wiener Verl. (= Bibliothek moderner deutscher Autoren 4) 1905
21 Lessing. 79 S., 7 Taf., 1 Faks. Bln: Schuster & Loeffler (= Die Dichtung 35) 1905
22 Von kleinen und großen Leuten. 158 S. Stg: Engelhorn (= Engelhorn's allgemeine Roman-Bibliothek. 22. Jg., Nr. 7) 1905
23 Asmus Semper's Jugendland. Der Roman einer Kindheit. 358 S. Lpz: Staackmann 1905

24 Der süße Willy, oder Die Geschichte einer netten Erziehung. 56 S. Lpz: Staackmann 1905 (Veränd. Neuaufl. v. Nr. 7)
25 (Hg., Einl.) Heinebuch. Auswahl aus Heinrich Heines Dichtungen. 203 S. m. Abb. Hbg: Deutsche Dichter-Gedächtnis-Stiftung (= Hausbücherei der Deutschen Dichter-Gedächtnis-Stiftung 17) 1906
26 Das Jubiläum. Schulmeisteridyll in einem Aufzuge. 32 S. Lpz: Staackmann 1906
27 Ortrun und Ilsebill. Märchenkomödie. 152 S. Lpz: Staackmann 1906
28 Besiegte Sieger. Novellen und Skizzen. 282 S. Lpz: Staackmann 1906 (Neuaufl. v. Nr. 3)
29 Appelschnut. Neues und Altes von ihren Taten, Abenteuern und Meinungen. 147 S. m. Abb. Lpz: Staackmann 1907
30 Einsam unter Menschen. Zwei Erzählungen. 111 S. Bln: Concordia (= Kleine Concordia-Bibliothek 4) 1907
31 Siebzig Gedichte. Neue und alte Verse. 135 S. Lpz: Staackmann 1907
32 Des Kindes Freiheit und Freude. 50 S. Lpz: Haessel 1907
33 Semper der Jüngling. Bildungsroman. 452 S. Lpz: Staackmann 1908 (Forts. v. Nr. 23)
34 Vom Strande des Lebens. Novellen und Skizzen. Einl. H. Diez. 115 S. m. Abb. 16° Lpz: Reclam (= Universal-Bibliothek 5000) 1908
35 Im Wunderwald. Ein Märchen. 15 Bl. m. Abb. 4° Mchn: Etzold 1909
36 Tartüff, der Patriot. Satirisches Komödienspiel. 127 S. Lpz: Staackmann 1909
37 Arbeit und Freude. Novellen und Skizzen. Einl. J. Martin. 120 S. Wien: Manz (= Neuere Dichter für die studierende Jugend) 1910
38 Vom grün-goldnen Baum. Humoristische Plaudereien. 190 S. Lpz: Staackmann 1910
39 Gesund und frohen Mutes. Auswahl aus den Werken. Hg. G. Höller. 145 S. Lpz: Staackmann 1910
40 Laßt die Sonne herein! Heitere Geschichten und Plaudereien. 301 S. Bln: Ullstein (= Ullstein-Bücher) 1910
41 Blühender Lorbeer. Plaudereien und Andachten über deutsche Dichter. 318 S. Lpz: Staackmann 1910
42 Hinaus ins Freie. Heiteres Bilderbuch. 29 S. m. Abb. Mchn: Dietrich 1910
43 Der Kinder Schlaraffenland. Lustiger Schwank. 55 S., 10 Abb. Mainz: Scholz 1910
44 (Hg.) D. Defoe: Robinson Crusoe. Der deutschen Jugend neu erzählt. 8, 208 S. m. Abb., 1 Kt. Stg: Union 1911
45 Aus Herkules Meiers Traumwinkel. Drei Erzählungen. Einl. A. Latwesen. 151 S. Lpz: Hesse & Becker (= Hesse's Volksbücherei 631-632) 1911
46 Die Liebe höret nimmer auf. Tragikomödie. 127 S. Lpz: Staackmann 1911
47 Der Einzug. Festspiel zur Einweihung des neuen Thalia-Theaters in Hamburg. 20 S. Hbg: Glogau 1912
48 Gulliver in Liliput. Nach J. Swift neu und frei erzählt. 142 S. m. Abb. Bln: Ullstein (= Ullstein-Jugend-Bücher 2) 1912
49 Laßt uns unsern Kindern leben! Buch für Eltern und Erzieher. 229 S. Lpz: Staackmann 1912
50 Aus meinem Sommergarten. Humoristische Plaudereien. 195 S. Lpz: Staackmann 1913
51 Deutschland an England. Kriegsgedichte. 5 S. Hbg: Glogau 1914
52 Nietzsche, der falsche Prophet. IV, 135 S. Lpz: Staackmann 1914
53 Sankt Yoricks Glockenspiel. Satiren, Humoresken, Fabeln, Schwänke usw. 237 S. Lpz: Staackmann 1914
54 Gewittersegen. Ein Kriegsbuch. III, 118 S. 16° Lpz: Staackmann 1915
55 Semper der Mann. Eine Künstler- und Kämpfergeschichte. 516 S. Lpz: Staackmann 1916 (Forts. v. Nr. 33)
56 Stillvergnügte Geschichten. 95 S. Bln: Hillger (= Kürschner's Bücherschatz 1100) (1917)
57 Das Glück ist immer da! Heitere Geschichten und Plaudereien. 283 S. Bln: Ullstein (= Ullstein-Bücher 82) (1917)
58 (Hg.) Garten unterm Regenbogen. Ein Sammelbuch deutschen Humors.

Neuere und neueste Zeit. 318 S. Bln: Bong (= Bong's Schön-Bücherei 9) (1918)
59 August Gutbier oder Die sieben Weisen im Franziskaner-Bräu. 212 S. Lpz: Staackmann 1918
60 (Hg.) Sterntaler und Sonnengulden. Ein Sammelbuch deutschen Humors. Vom Mittelalter bis zur Romantik. 390 S. Bln: Bong (= Bong's Schön-Bücherei 8) (1918)
61 Wer tötet seine Mutter? Geschichten und Geschichte, erzählt. 46 S. Bln: (= Flugschriften d. ,,Tag" 1) (1918)
62 Humoristische Plaudereien. 4 Bde. 190; VII, 191; 179; 195 S. Lpz: Staackmann (1919)
(Enth. Nr. 12, 18, 38, 50)
63 Mann der Arbeit, aufgewacht! Ein Weckruf. 63 S. Bln: Scherl (= Flugschriften d. ,,Tag" 3) (1919)
64 Ein Ausflug mit allerlei Kleinzeug. 28 S. Bln-Steglitz: Heimat-Verl. Hiemesch (= Neuzeit-Büchlein 4) (1920)
65 (Bearb.) Herr Bummerlunder. Volkskomödie in vier Akten, nach Niebergalls ,,Datterich" für die niederdeutsche Bühne bearbeitet. 81 S. Hbg: Glogau 1920
66 Frieden und Freude. Humoristische Plaudereien. 188 S. m. Abb. Lpz: Staackmann 1920
67 (MV) (L. Richter): Kinderleben. Mit vier Gedichten v. O. E. 6 Taf. 4 S. Text. Bln-Steglitz: Heimat-Verl. Hiemesch (= Wanderungen durch die heimische Kunst, 1. Mappe) (1920)
68 Vom geruhigen Leben. Humoristische Plaudereien. Neue, durchges. u. verm. Aufl. 179 S. m. Abb. Lpz: Staackmann (1920)
(Verm. Neuaufl. v. Nr. 18)
69 Der wildgewordene Pädagoge. 63 S. Lpz: Dürr & Weber (= Zellenbücherei 3) (1920)
70 Offener Brief an einen Franzosen. 2 S. 4° Bln: v. d. Mülbe (1921)
71 Hermannsland. Ein Roman aus der Kindheit des Jahrhunderts. 395 S. Lpz: Staackmann (1921)
72 (Hg.) Internationales Arbeiterlesebuch. Kommunismus in Südamerika. 94 S. Hbg: Arbeitgeberverband Unterelbe (1922)
73 Aristophanes der Kleine: Die hohe Menagerie. Eine politische Komödie, hg. O. E. 72 S. Lpz: Staackmann (1922)
74 Gesammelte Werke. 12 Bde. 4129 S., 1 Titelb. Lpz: Staackmann (1922–1923)
75 Heidede! Eine neue Liebe. 207 S. m. Abb. Lpz: Staackmann (1923)
76 Himmel voller Geigen. Novellen. 111 S. Bln: Mosaik-V. (= Mosaik-Bücher 25) 1923
77 Buzi oder Morgenstunden einer Menschenseele. 207 S. m. Abb. Lpz: Staackmann 1925
78 Gottes rechte Gunst. Geschichten vom Wandern und Reisen. 120 S. Bln: Vaterl. Verl.- u. Kunst-Anst. (= Unsere Erzähler. Reihe 1, Gabe 1) (1925)
79 Aus der Welt des Menschen. Erzählungen. 160 S. Wien: Österr. Bundes-Verl. (= Deutsche Hausbücherei 139) 1925
80 Niederdeutsche Miniaturen. Vertellt! Vertellt! Schwänke und Schnurren von der Waterkante, neu erzählt. 169 S., 15 Abb. Hannover: Steegemann 1925
81 Appelschnut und Sohn. 3 Bde. 179, 207, 207 S. m. Abb. Lpz: Staackmann 1926
(Enth. Nr. 29, 75, 77)
82 Erzählungen und Dichtungen. 128 S., 1 Titelb. Dresden: Schriftenhauptstelle d. Sächs. Pestalozzi-Vereins (= Aus deutscher Heimat 6) 1926
83 Der deutsche Schulmeister und sein Werk. Gesammelte pädagogische Aufsätze und Reden. 350 S. Lpz: Staackmann 1926

Ernst, Paul (1866–1933)

1 Leo Tolstoi und Der slavische Roman. 32 S. Bln: Brachvogel (= Deutsche Litterarische Volkshefte 32) 1889
2 Die Arbeiterschutzgesetzgebung und ihre internationale Regelung. 36 S. Bln: Buchh. ,,Vorwärts" (= Berliner Arbeiter-Bibliothek 1, 12) 1890

3   Pêle Mêle. Bln 1892
    (Verschollen!)
4   (MV) R. Meyer u. P. E.: Der Capitalismus fin de siècle. 487 S. Wien: Austria 1894
5   Die gesellschaftliche Reproduktion des Kapitals bei gesteigerter Produktivität der Arbeit. 48 S. Bln-Wilmersdorf: Teistler 1894
6   Lumpenbagasch. Im chambre séparée. Zwei Schauspiele. 79 S. Bln: Sassenbach 1898
7   Polymeter. 110 S. Bln: Sassenbach 1898
8   Die schnelle Verlobung. Lustspiel in einem Akt. 18 S. Bln: Entsch 1899
9   Sechs Geschichten. 100 S. Lpz: Insel 1900
10 Friedrich Nietzsche. 38 S. Bln: Gose & Tetzlaff (= Moderne Essays zur Kunst und Literatur 1) 1900
11 Wenn die Blätter fallen. Der Tod. Zwei Trauerspiele. 72 S. Bln: Sassenbach 1900
12 (Hg., Übs.) Altitaliänische Novellen. 2 Bde. 304, 296 S. m. Abb. Lpz: Insel 1902
13 (Hg., Vorw.) A. v. Arnim: Isabella von Aegypten. 184 S. m. Musikbeil. Lpz: Insel 1903
14 Die Prinzessin des Ostens und andere Novellen. 298 S. Lpz: Insel 1903
15 (Hg.) Des Knaben Wunderhorn. Alte deutsche Lieder, gesammelt v. A. v. Arnim u. C. Brentano. 599 S. Lpz, Bln: Meyer 1903
16 (Einl.) B. v. Arnim: Die Günderode. 2 Bde. 385, 271 S. Lpz: Insel 1904
17 Beatrice und Deflores. Trauerspiel in vier Aufzügen. 107 S. Bln: Dt. Bühne (Ms.) (1904)
18 (Nachw.) A. v. Droste-Hülshoff: Die Judenbuche. 122 S. Lpz: Insel 1904
19 Henrik Ibsen. 90 S., 5 Taf., 2 Faks. Bln: Schuster & Loeffler (= Die Dichtung 1) 1904
20 Der schmale Weg zum Glück. Roman. 367 S. Stg: Dt. Verl-Anst. 1904
21 Demetrios. Tragödie in fünf Akten. 97 S. Lpz: Insel 1905
22 (Hg.) F. Hölderlin: Gedichte. 318 S. Jena: Diederichs (= Gesammelte Werke 2) 1905
23 Eine Nacht in Florenz. Lustspiel in vier Aufzügen. 76 S. Lpz: Insel 1905
24 (Übs.) S. Phillips: Paolo und Francesca. Trauerspiel in vier Akten. 44 S. Düsseldorf: Düsseldorfer Schauspielhaus (1905)
25 Sophokles. 76 S. m. Taf. Bln: Schuster & Loeffler (= Die Dichtung 37) 1905
26 (Hg., Einl.) J. Wickram: Der Goldfaden. XX, 272 S. Mchn: Piper (= Die Fruchtschale 6) 1905
27 Das Gold. Trauerspiel in vier Aufzügen. 84 S. Bln: Bard 1906
28 (MV) P. W. Spaßmöller (d. i. P. E. u. W. v. Scholz): Der Hauptmann von Köpenick. Olympische Komödie. 30 S. Bln-Steglitz: Quehl 1906
    (Nach dem Tod des Verlegers eingestampft)
29 Der Hulla. Lustspiel in vier Aufzügen. 94 S. Bln: Bard 1906
30 Ritter Lanval. Lustspiel in drei Aufzügen. 82 S. Lpz: Insel 1906
31 Merope oder Vom Wesen des Tragischen. Eine Abhandlung. (S.-A.) 32 S. Bln: Bard 1906
32 Der Weg zur Form. Ästhetische Abhandlungen vornehmlich zur Tragödie und Novelle. 219 S. Lpz: Insel 1906
33 (Einl.) B. v. Arnim: Clemens Brentanos Frühlingskranz. 2 Bde. 226, 197 S. Lpz: Insel 1907
34 (Nachw.) H. J. Ch. v. Grimmelshausen: Simplicianische Schriften. 443 S., 12 Ku., 20 Abb. Lpz: Insel (400 num. Ex.) (1907)
35 Der Harz. 112 S., 8 Abb. Stg: Krabbe (= Städte und Landschaften 4) 1907
36 (Hg., Einl.) J. G. Schnabel: Der im Irrgarten der Liebe herumtaumelnde Cavalier. LXXX, 569 S. Mchn: Müller (750 num. Ex.) 1907
37 Canossa. Ein Trauerspiel in fünf Aufzügen. 118 S. Lpz: Insel 1908
38 (Hg., Nachw.) W. Meinhold: Maria Schweidler, die Bernsteinhexe. Historischer Roman. 298 S. Lpz: Insel (1908)
39 (Hg., Nachw.) M. J. Praetorius: Rübezahlgeschichten. 118 S. m. Abb. Lpz: Insel (800 num. Ex.) 1908
40 Brunhild. Trauerspiel in drei Aufzügen. 86 S. Lpz: Insel 1909
41 (Hg., Einl.) J. v. Eichendorff: Gesammelte Werke. Bd. 1: Der Gedichte erster Band. 355 S. Mchn, Lpz: Müller 1909

42 Die selige Insel. Ein Roman. 169 S. Lpz: Insel 1909
43 Über alle Narrheit Liebe. Lustspiel in drei Aufzügen. III, 100 S. Lpz: Insel 1909
44 (Hg., Einl.) Altfranzösische Novellen. Übs. P. Hansmann. 2 Bde. VII, 395; 413 S. Lpz: Insel 1909
45 (Hg.,Einl.) Tausend und ein Tag. Orientalische Erzählungen. Übs. F. P. Greve u. P. Hansmann. 4 Bde. XIV, 358; 370; 423 S. Lpz: Insel 1909
46 (Hg., Einl.) J. C. Biernatzki: Die Hallig. 274 S. Bln: Meyer & Jessen 191;
47 (Hg., Nachw.) Brüder Grimm: Kinder- und Hausmärchen. 3 Bde. 31, 4120 7, 336; 8, 314 S. Mchn: Müller 1910
48 Ninon de Lenclos. Trauerspiel in drei Aufzügen. V, 66 S. Lpz: Insel 1910
49 (Hg.) Geschichten aus dem alten Pitaval. Hg. nach der von Schiller getroffenen Auswahl und um weitere Stücke vermehrt. 3 Bde. XI, 435; 415; 429 S. Lpz: Insel 1910
50 (Hg.) Spielmanns-Geschichten. 309 S. Mchn: Müller (1910)
51 (Hg., Einl.) H. Ch. Andersen: Märchen und Geschichten. 2 Bde. VII, 625; VII, 576 S. Weimar: Kiepenheuer 1911
52 (Hg., z. T. Nachw.) Bibliothek der Romane. 10 Bde. Lpz: Insel 1911
53 (Hg.) Das Buch der Liebe. 2 Bde. XV, 357; 319 S. Mchn: Müller (= Die deutschen Volksbücher 1–2) 1911
54 (MH) J. v. Eichendorff: Gesammelte Werke. Hg. P. E. u. H. Amelung. 6 Bde. Mchn: Müller 1911–1913
 (Verm. Neuaufl. v. Nr. 41)
55 (Hg., Nachw.) W. Meinhold: Sidonia von Bork, die Klosterhexe. 2 Bde. 391, 418 S. Lpz: Insel (1911)
56 (Hg., Nachw.) 1001 Nacht. Auswahl in vier Bänden. 494, 469, 446, 497 S. Lpz: Insel 1911
57 Ariadne auf Naxos. Ein Schauspiel in drei Aufzügen. 94 S. Weimar: Gesellschaft d. Bibliophilen (= Veröffentlichung d. Ges. d. Bibliophilen 17) 1912
58 Ein Credo. 2 Bde. VIII, 225; 221 S. Bln: Meyer & Jessen 1912
59 Der Hulla. Lustspiel in vier Aufzügen. 142 S. Bln: Meyer & Jessen 1912
 (Veränd. Neuaufl. v. Nr. 29)
60 (MH) Des Herrn von Münchhausen Tischgespräche. Hg. P. E. u. P. Hansmann. XIX, 252 S. Mchn: Müller 1912
61 Der Tod des Cosimo. 227 S. Bln: Meyer & Jessen 1912
62 Der heilige Crispin. Lustspiel in fünf Aufzügen. 125 S. Bln: Meyer & Jessen 1913
63 (MÜbs., Vorw.) G. P. de Hita: Die Geschichte der Bürgerkriege von Granada. Deutsch v. P. Weiland u. P. E. 2 Bde. XI, 301; V, 278 S. m. Abb Mchn, Lpz: Müller (= Perlen älterer romanischer Prosa 19 u. 20) 1913
64 Die Hochzeit. Ein Novellenbuch. 381 S. Bln, Wien: Meyer & Jessen 1913
65 (Hg.) Altdeutsche Mären und Schwänke. Nachged. P. Hansmann. Bd. 1 VIII, 511 S. Mchn, Lpz: Müller (75 num. Ex.) 1913
66 (Hg.) J. G. Lichtenberg: Sittenbilder. 2 Bde. 102 Bl. Abb., 196 S. Text Weimar: Kiepenheuer (= Weimarer Liebhaberdrucke) 1913
76 Manfred und Beatrice. Schauspiel in drei Aufzügen. 98 S. Bln: Verl. d Neuen Blätter (= Neue Blätter. Folge 3, Nr. 6–7) 1913
68 (Hg.) Erzählungen aus Tausendundeine Nacht. IV, 378 S., 24 Abb. Weimar Kiepenheuer 1913
69 (Nachw.) W. M. Thackeray: Die Geschichte des Henry Esmond. Übs. E. v Schorn. 541 S. Lpz: Insel (= Bibliothek der Romane 18) 1913
70 (Vorw.) J. W. v. Goethe: Novellen und Märchen. XVIII, 599 S. Bln: Cassirer 1914
71 Preußengeist. Schauspiel in drei Aufzügen. 40 S. Lpz: Reclam (= Reclam'; UB. 5796) (1915)
72 Der Weg zur Form. Ästhetische Abhandlungen vornehmlich zur Tragödi und Novelle. VII, 227 S. Bln: Hyperion-Verl. 1915
 (Veränd. Neuaufl. v. Nr. 32)
73 (Einl.) Herodot: Orientalische Königsgeschichten. 189 S. Bln, Wien: Ullstein (= Die fünfzig Bücher 6) 1916
74 Saat auf Hoffnung. Roman. 319 S. Bln: Hyperion-Verl. 1916
75 Die Taufe. Novellen. VI, 316 S. Mchn: Müller 1916
76 Gesammelte Werke. Bd. 2–4. 7–13. Mchn: Müller 1916–1922
77 Die Zerstörung der Ehe. 88 S. Darmstadt: Falken-Verl. 1917

78 (Einl.) Longos: Daphnis und Chloë. Aus dem Griechischen v. F. Jakobs. 139 S., 4 Abb. Weimar: Kiepenheuer 1917
79 (Vorw.) Griechische und albanesische Märchen. Ges. u. übs. J. G. v. Hahn. 2 Bde. CII, 306; VIII, 516 S. Mchn: Müller 1918
80 Der sittliche Mut. (Dabei: W. Schäfer: An mein Volk) 4 S. Jena: Diederichs (= Blätter zur neuen Zeit 2) (1918)
81 Der Nobelpreis. Eine Novellensammlung. 306 S. Mchn: Müller (= Gesammelte Werke 8) 1919
    (Bd. 8 v. Nr. 76)
82 Der Zusammenbruch des Idealismus. Essays. 428 S. Mchn: Müller 1919
    (Bd. 13 v. Nr. 76)
83 Der Zusammenbruch des Marxismus. 208 S. Mchn: Müller 1919
84 Komödiantengeschichten. VIII, 236 S. Mchn: Müller 1920
85 (Hg.) Sindbad der Seefahrer. Die Geschichte der Prinzessin von Deryabar. 134 S. m. Abb. Potsdam: Müller (1920)
    (Ausz. a. Nr. 68)
86 Spitzbubengeschichten. 221 S. Mchn: Müller 1920
87 Die Venus. Novellen. 31 S. Heidelberg: Meister (= Die kleinen Saturnbücher 28–29) (1920)
    (Ausz. a. Nr. 61)
88 Wendunmuth. Komödianten- und Spitzbubengeschichten. XII, 452 S. Mchn: Müller (= Gesammelte Werke 9) 1920
    (Bd. 9 v. Nr. 76; enth. Nr. 84 u. 86)
89 Geist, werde wach! Ein Aufruf zur Revolution. 107 S. Mchn: Müller 1921
90 Erdachte Gespräche. VII, 365 S. Mchn: Müller 1921
    (Bd. 12. v. Nr. 76)
91 Fünf Novellen. 71 S. Lpz: Insel (= Insel-Bücherei 338) 1921
92 (Hg., Einl.) L. Tieck: Märchen und Geschichten. 2 Bde. 491, 495 S. Bln: Propyläen (1921)
93 Canossa. Trauerspiel in fünf Aufzügen. 89 S. Mchn: Müller 1922
    (Neubearb. v. Nr. 37)
94 Der Ahn. Der Tod der Ahnfrau. Ottos Tod. Drei Gesänge aus dem Kaiserbuche mit einem Vorw. V, 110 S. Chemnitz: Ges. d. Bücherfreunde (= Ordentliche Veröffentlichung d. Ges. d. Bücherfreunde 1) 1922
    (Ausz. a. Nr. 181)
95 Bemerkungen über mein Leben. 17 S. Chemnitz: Ges. d. Bücherfreunde (= Bekenntnisse 3; = Außerordentliche Veröffentlichung d. Ges. d. Bücherfreunde 4) 1922
96 Chriemhild. Trauerspiel in drei Aufzügen. 61 S. Mchn: Müller 1922
97 Occultistische Novellen. 185 S. Mchn: Müller 1922
98 Lange Rübe und Genossen. VII, 153 S. Bln: Flemming & Wiskott (= Flemmings Bücher für jung und alt. Große Reihe, Bd. 3) 1922
    (Ausz. a. Nr. 86)
99 Zusammenbruch und Glaube. V, 109 S. Mchn: Beck 1922
100 (Einl.) J. W. v. Goethe: Dramen der Mannesjahre. 600 S. Bln: Ullstein (= Sämtliche Werke, Pandora-Ausg., Bd. 6) (1923)
101 Das Kaiserbuch. Ein Epos in drei Teilen. Tl. 1: Der Sachsenkaiser. 363 S. Mchn: Hueber 1923
102 (Nachw.) H. Fielding: Tom Jones. Die Geschichte eines Findlings. Deutsch v. P. Baudisch. 1296 S. Lpz: List (1925)
103 Geschichten aus dem Süden. 312 S. Bln: Deutsche Buchgemeinschaft 1925
104 (Hg., Einl.) Tausendundein Tag. Orientalische Erzählungen. 4 Bde. 1490 S. Lpz: Insel 1925
    (Verm. Neuaufl. v. Nr. 45)
105 Das Kaiserbuch. Die Sachsenkaiser II. 352 S. Ebersberg: Vereinigung für die Paul-Ernst-Spende 1926
    (zu Nr. 181)
106 Das Kaiserbuch. Die Frankenkaiser. 2 Bde. 331, 318 S. Ebersberg: Vereinigung für die Paul-Ernst-Spende 1927
    (zu Nr. 101)
107 Der Scharfrichter. (Ausw.) 228 S. Mchn: Müller (= Georg Müller's Zwei-Mark-Bücher) 1927
    (Ausz. a. Nr. 14, 61, 64, 75, 81, 84, 86, 97)

108 (Hg.) Die deutschen Volksbücher. 395 S. Bln: Dt. Buchgem. (1927)
(Veränd. Neuaufl. v. Nr. 53)
109 Geschichten von deutscher Art. 324 S. Mchn: Müller (= Gesammelte Werke. Abt. 1, Bd. 8) 1928
(Abt. 1, Bd. 8 v. Nr. 110)
110 Das Kaiserbuch. Die Schwabenkaiser. 2 Bde. 459, 401 S. Ebersperg: Paul-Ernst-Spende 1928
111 Der Schatz im Morgenbrotstal. Roman. 202 S. Lpz: Horen-Verl. 1926
112 Gesammelte Werke. 21 Bde. Mchn: Müller 1928–(1942)
113 (Vorw.) L. Hohenstein: Das Kind und die Wundmale. Roman. 445 S. Bln: Dt. Buchgem. (1929)
114 Die Troubadourgeschichten. Das Liebesabenteuer der beiden Frauen. 114 S. Bln: Dt. Buchgem. 1929
115 Lustige Geschichten. 301 S. Mchn: Müller (= Gesammelte Werke. Abt. 1, Bd. 9) 1930
(Abt. 1, Bd. 9 v. Nr. 112)
116 Romantische Geschichten. 335 S. Mchn: Müller (= Gesammelte Werke. Abt. 1, Bd. 4) 1930
(Abt. 1, Bd. 4 v. Nr. 112)
117 Geschichten zwischen Traum und Tag. 276 S. Mchn: Müller (= Gesammelte Werke. Abt. 1, Bd. 6) 1930
(Abt. 1, Bd. 6 v. Nr. 112)
118 Grundlagen der neuen Gesellschaft. 602 S. Mchn: Müller (= Gesammelte Werke. Abt. 2, Bd. 5) 1930
(Abt. 2, Bd. 5 v. Nr. 112; erw. Neuaufl. v. Nr. 83)
117 Der Heiland. Ein Epos in Versen. 148 S. 4° Mchn: Müller 1930
120 Jugenderinnerungen. 344 S. Mchn: Müller 1930
121 Liebesgeschichten. 308 S. Mchn: Müller (= Gesammelte Werke. Abt. 1, Bd. 7) 1930
(Abt. 1, Bd. 7 v. Nr. 112)
122 Frühe Geschichten. 373 S. Mchn: Langen-Müller (= Gesammelte Werke. Abt. 1, Bd. 9) 1931
(Abt. 1, Bd. 9 v. Nr. 112)
123 Jünglingsjahre. 407 S. Mchn: Müller 1931
(Forts. v. Nr. 120)
124 Die Kraft zum Leben. 9 S. 4° Chemnitz: Ges. d. Bücherfreunde (200 num. Ex.) 1931
125 Beten und Arbeiten. Gedichte. 124 S. Mchn: Müller (1932)
126 (MV) H. Arens: Befreiung der Jugend. Mit e. Brief v. P. E. 16 S. Lörrach, Rheinfelden: Raith (= Schriftenreihe der Breisgauer Zeitung) 1933
127 Mein dichterisches Erlebnis. 29 S. Bln: Buchholz & Weißwange 1933
128 Das Glück von Lauthenthal. Roman. 240 S. Mchn: Langen-Müller 1933
129 Religion. 27 S. Bln: Buchholz & Weißwange 1933
130 Drei kleine Romane. 396 S. Mchn: Langen-Müller (= Gesammelte Werke. Abt. 1, Bd. 3) (1933)
(Abt. 1, Bd. 3 v. Nr. 112; enth. Nr. 42, 109, 142)
131 Deutsche Geschichten. 308 S. Mchn: Langen-Müller 1934
132 Tagebuch eines Dichters. Hg., Nachw. K. A. Kutzbach. 352 S., 1 Titelb. Mchn: Langen-Müller (= Gesammelte Werke. Abt. 2, Bd. 3) 1934
(Abt. 2, Bd. 3 v. Nr. 112)
133 Yorck. Schauspiel. Bes. A. Potthoff. 45 S. Mchn: Langen-Müller (1934)
134 Ein Credo. 348 S. Mchn: Langen-Müller (= Gesammelte Werke, Abt. 2, Bd. 2) 1935
(Ausz. a. Nr. 58, 95, 127, 129)
135 Gedichte und Sprüche. 52 S. Mchn: Langen-Müller (= Die kleine Bücherei 39) 1935
136 Das Kaiserbuch. 3 Bde. Mchn: Langen-Müller 1935–1936
  1. Die Sachsenkaiser. 721 S. 1935
  2. Die Frankenkaiser. 718 S. 1936
  3. Die Schwabenkaiser. 870 S. 1936
  (Enth. u. a. Nr. 101, 105, 106, 110)
137 Aus dem Nachlaß. 125 S., 1 Abb. Chemnitz: Ges. d. Bücherferunde zu

Chemnitz (= Ordentliche Veröffentlichung d. Ges. d. Bücherfreunde 25; 380 num. Ex.) 1935
138 Der unvollendete letzte Roman. 89 S. Langensalza: Beltz (= Jahrbuch der Paul-Ernst-Gesellschaft 1934/35) (1935)
(Teilabdr. v. Nr. 137)
139 Verfall und Neuordnung. Hg. K. A. Kutzbach. 141 S. Mchn: Langen-Müller 1935
(Enth. u. a. Ausz. a. Nr. 89, 99, 118, 132)
140 (MV) Beiträge zum Kaiserbuch. 149 S. m. Titelb. Langensalza: Beltz (= Jahrbuch der Paul-Ernst-Gesellschaft 1936) (1936)
(zu Nr. 136)
141 Pantalon und seine Söhne. Lustspiel. 71 S. Mchn: Langen-Müller 1936
142 Heitere Welt. Sieben Geschichten. 58 S. Mchn: Langen-Müller (= Die kleine Bücherei 64) 1936
(Ausz. a. Nr. 84, 85, 115)
143 Grün aus Trümmern. Roman. 160 S. Mchn: Langen-Müller (1937)
(Ausz. a. Nr. 130)
144 Politische Studien und Kritiken. Aufsätze aus den Jahren 1894–1902. 248 S. Langensalza: Beltz (= Jahrbuch der Paul-Ernst-Gesellschaft 1938) (1938)
145 Völker und Zeiten im Spiegel ihrer Dichtung. 2 Bde. Mchn: Langen-Müller 1940–1942
1. Aufsätze zur Weltliteratur. 407 S. 1940
2. Aufsätze zur deutschen Literatur. 399 S.
146 Luther. Sechs Gesänge. Aus dem Nachlaß. 15 Bl. Graz, Innsbruck, Wien: Akad. Druck- u. Verl-Anst. (= Schriftenreihe Paul Ernst und seine Zeit 2) 1949
(Ausz. a. Nr. 137)
147 Childerich. Trauerspiel in drei Akten. 48 S. Düsseldorf: Paul-Ernst-Ges. (= Der Wille zur Form 3) 1959
148 Gedanken zur Weltliteratur. Aufsätze. Mit Nachw., Zeittafel u. Anm. v. K. A. Kutzbach. 430 S. Gütersloh: Bertelsmann 1959
(Veränd. u. verm. Neuaufl. v. Nr. 142, Bd. 1)

ERTL, Emil (1860–1935)

1 Abdêwa. Ein Märchen. 72 S. Lpz, Dresden: Höckner 1884
2 Liebesmärchen. 180 S. m. Abb. Lpz: Liebeskind 1886
3 Opfer der Zeit. Zwei Novellen aus dem Wiener Leben. 262 S. Jena: Costenoble 1895
4 Miß Grant und andere Novellen. 262 S. 16º Lpz: Liebeskind 1896
5 Die Perlenschnur. Renaissance-Novelle. 138 S. Lpz: Meyer (= Deutsche Novellen-Bibliothek aus Oesterreich 5) 1896
6 Mistral. Novellen. 250 S. Stg: Cotta 1901
7 Feuertaufe. Neues Novellenbuch. 344 S. Lpz: Staackmann 1905
8 Die Leute vom blauen Guguckshaus. Roman. 423 S. Lpz: Staackmann 1906
9 Freiheit, die ich meine. Roman aus dem Sturmjahr. 582 S. Lpz: Staackmann 1909
10 Gesprengte Ketten. Novellen. 355 S. Lpz: Staackmann 1909
11 Der tote Punkt und anderes. Erzählungen. 112 S. Bln: Hillger (= Kürschner's Bücherschatz 722) 1910
(z. T. Ausz. a. Nr. 2)
12 Nachdenkliches Bilderbuch. Ernste und heitere Geschichten. 2 Folgen. 352, 356 S. Lpz: Staackmann 1911–1912
13 Der Salto mortale und andere Geschichten. 149 S. m. Abb. Hbg: Dt. Dichter-Gedächtnis-Stiftung (= Hausbücherei der dt. Dichter-Gedächtnis-Stiftung 39) 1911
14 Auf der Wegwacht. Roman. 478 S. Lpz: Staackmann 1911
15 Ein Volk an der Arbeit. Hundert Jahre Deutsch-Österreich im Roman. 3 Bde. 423, 582, 478 S. Lpz: Staackmann 1912
(Enth. Nr. 8, 9, 14)

16 Christl Barbana. 47 S. Wiesbaden: Volksbildungsver. (= Wiesbadener Volksbücher 162) 1913
    (Ausz. a. Nr. 7 u. 12)
17 Der Neuhäuselhof. Roman. 413 S. Lpz: Staackmann 1913
18 Drei Novellen. Mit e. Einf. hg. O. Brandt. 175 S. Wien: Manz (= Neuere Dichter für die studierende Jugend 55) 1913
19 Aus der Bienengasse und andere Geschichten. Einl. K. Ratislav. 211 S. m. Abb. Lpz: Hesse & Becker (= Hesse's Volksbücherei 897–899) 1914
20 Walpurga. Novelle. 82 S. Lpz: Staackmann 1914
21 Das Lächeln Ginevras. 327 S. Lpz: Staackmann 1915
22 Der Antlaßstein. Roman. 468 S. Lpz: Staackmann 1917
23 Das Trauderl. Aus den Papieren eines österreichischen Reserve-Offiziers. Novelle. 76 S. Lpz: Amelang 1918
24 Ziele des Rates für geistige Arbeit in Steiermark. Rede. 17 S. Graz: Leykam (1919)
25 Der Berg der Läuterung. 285 S. Lpz: Staackmann 1922
26 Der Handschuh. Novelle. 86 S. Lpz: Reclam (= Reclam's UB. 6310) 1922
27 Peter Rosegger. Wie ich ihn kannte und liebte. Ein Buch der Erinnerung. 232 S., 1 Titelb. Lpz: Staackmann 1923
28 Sternschnuppen. Novelle. 64 S. Lpz: Reclam (= Reclam's UB. 6404) (1923)
29 Der Halbscheid. Erzählung. 109 S. m. Abb. Lpz: Staackmann 1924
30 Karthago. Kampf und Untergang. Roman. 481 S. Lpz: Staackmann (1924)
31 Der hänfene Strick und andere Erzählungen. Nachw. R. Zauzal. 239 S. Wien: Österr. Bundesverl. (= Deutsche Hausbücherei 141) 1924
32 Teufelchen Kupido. Lachende Liebes- und Ehegeschichten. 228 S. Lpz: Staackmann 1925
33 Im Haus zum Seidenbaum. Roman. XI, 445 S., 1 Stammtaf. Lpz: Staackmann 1926
34 Irrgarten des Lebens. Novellen. 106 S. Wien: Hartleben (= Österreichische Bücherei 4) (1926)
35 Geschichten aus meiner Jugend. 213 S. Lpz: Staackmann 1927
36 Leidenschaft. Zwei Novellen. 129 S. Wien: Iris-V. (= Die Spiegel-Bücher I) 1927
37 Die Maturafeier und andere Novellen. Sieben kleine Novellen. 192 S. m. Abb. Lpz: Staackmann 1927
38 (MV) Frohe Kindheit. Drei Erzählungen v. P. Rosegger. u. E. E. Ausw. u. Durchs. W. Müller-Rüdersdorf. 33 S. Ffm: Diesterweg (= Kranz-Bücherei 152) 1928
    (Enth. u. a. Ausz. a. Nr. 35)
39 Das Lattacherkind. Ein Roman aus der Bergwelt. 277 S. Lpz: Staackmann 1929
40 Meisternovellen. Einl., hg. H. Wastian. 229 S., 1 Titelb. Lpz: Staackmann 1930
41 Eingeschneit auf Korneliagrube. Roman. 323 S. Graz, Salzburg: Verl. Das Bergland-Buch (= Das Bergland-Buch) 1931
42 Kleine Helfer. Erzählungen. 31 S. Bln: Hillger (= Deutsche Jugendbücherei 408) (1932)
    (Enth. u. a. Ausz. a. Nr. 35)
43 Lebensfrühling. Erinnerungen aus dem lieben alten Wien meiner Jugend. 270 S. Lpz: Staackmann 1932
44 Symphonie. Gedichte in Vers und Prosa. 86 S., 1 Titelb. (Graz: Dt. Vereins-Dr.) 1935

ERTLER, Bruno (1889–1927)

1 Der Glücksbecher. Dramatisches Märchen. 48 S. Bln-Friedenau, Kroisbach b. Graz: Selbstverl. 1911
2 (MV) B. E. u. J. F. Schütz: Die tote Frau. Eine Szene aus der Weinlese. 14 S. Graz: Leykam (= Freie Folge 2) 1917
3 Heimkehr. Nokturno in einem Akt. 15 S. Graz: Leykam (= Freie Folge 3) 1917

4 Eva-Lilith. Gedichte. 87 S. Wien: Wila 1919
5 Anna Iwanowna. Schauspiel in drei Akten und einem Vorspiel. Bln: Oesterheld 1920
6 Die Königin von Tasmanien. Novellen. 165 S. 16⁰ Wien: Wila 1921
7 Venus, die Feindin. Novelle. 123 S. 16⁰ Wien: Wiener literar. Anst. 1921
8 Venus im Morgen. Novelle. 83 S. 16⁰ Wien: Wiener literar. Anst. 1921
9 Wenn zwei das gleiche tun... Drei Einakter. 83 S. Wien: Amalthea-V. 1921
10 Das Spiel vom Doktor Faust. Ein deutsches Stück im Volkston in einem Vorspiel und drei Akten. 102 S. Graz: Dt. Vereins-Dr. u. Verl.-Ges. 1923
11 Belian und Marpalye. Ein Traumspiel. 82 S. Graz. Dt: Vereins-Dr. u. Verl.-Ges. 1924
12 Begegnungen im Wald. 92 S. m. Abb. Graz (:Moser) (= Deutsche Bergbücherei 12) 1936
13 Damenspiel. 97 S. m. Abb. Wien: Luser 1940
14 Novellen. 2 Bde. 135, 91 S. Wien: Wiener Verl. (= Kaleidoskop 9–12) 1946
15 Erlebnisse des Herzens. Erzählungen. 189 S. Wien: Verl. Albrecht Dürer 1948
16 Das klingende Fenster. Eingel., ausgew. H. Schwarzbauer. 127 S. Graz, Wien: Stiasny (= Stiasny-Bücherei, Bd. 15) 1957
17 Dramatische Werke. Unter d. Mithilfe v. F. Haus-Ertler, mit e. Vorw. hg. E. Nack. 375 S., 1 Titelb. Wien: Europ. Verl. 1957

Eschelbach, Hans (1868–1948)

1 Drei dramatische Bibelscenen. 24 S. 12⁰ Bonn: Hauptmann 1889
2 Veritas! Dramatische Bibelscene. 62 S. 12⁰ Paderborn: Kleine (= Kleines Theater 162) 1891
3 Wildwuchs. Gedichte. 139 S. m. Abb. Köln: Neubner (1893)
4 Modern! Drama. 105 S. Köln: Neubner 1895
5 Naturbilder aus allen Zonen. 141 S. m. Abb. Münster: Russell 1895
6 Der Wald und seine Bewohner. 144 S. m. Abb. Münster: Russell 1895
7 Antiochus. Drama. 196 S. 12⁰ Kempten: Kösel (= Katholische Dilettantenbühne 54) 1896
8 Lebende Bilder zu religiösen Festen. 198 S. 12⁰ Paderborn: Kleine (= Kleines Theater 230) 1896
9 Leichte Vorträge in Poesie und Prosa. 2 Bde. 191, 182 S. 12⁰ Paderborn: Kleine (= Kleines Theater 226, 279) 1896–1897
10 Über die poetischen Bearbeitungen der Sage vom Ewigen Juden. 24 S. Baden-Baden: Weber 1897
11 Gelegenheitsgedichte. 368 S. 12⁰ Kempten: Kösel (= Katholische Dilettantenbühne 69) 1899
12 Künstler und Herrenkind. 156 S. Mchn: Abt (= Roman- und Novellenschatz II, 1) 1900
13 Sommersänge. Gedichte. 171 S. 12⁰ Paderborn: Schöningh 1900
14 Der Niedergang des Volksgesanges. 14 S. Neuwied: Heuser 1901
15 Rettet das Volkslied! 305 S. Bln: Boll & Pickardt 1901
16 Erzählungen. 391 S. m. Abb. Mchn, Köln: Ahn 1902
17 Die beiden Merks. Eine Schulgeschichte. 90 S. Köln: Ahn 1903
18 Im Moor. Novelle. 151 S. Köln: Ahn 1903
19 Professor Berger. Drama. 133 S. Paderborn: Jungfermann 1904
20 Liebe erlöst. Novelle. 152 S. Köln: Ahn 1904
21 Der Wasserkopf. Leidensgeschichte eines Kindes. 100 S. m. Abb. Köln: Ahn 1904
22 In die Kaserne mit der Frau! Anregungen. 34 S. Köln: Ahn 1905
23 Der Volksverächter. Roman. 680 S. Köln: Ahn 1906
24 Das Tier. Roman. 303 S. Köln: Ahn 1908
25 Der Abtrünnige. Drama. 158 S. Ravensburg: Alber 1909
26 Die Armen und Elenden. Erzählungen. 366 S. Paderborn: Schöningh 1909
27 Neue Gelegenheitsgedichte. 82 S. Köln, Bonn: Ahn 1909
28 Maria Rex. Roman. 340 S. Köln, Bonn: Ahn 1910
29 Ihm nach! Christusroman. 7, 428 S. Bonn: Veritas-V. 1911

30 Lebenslieder. Neue Gedichte. 7, 144 S. Bonn: Veritas-V. 1911
31 Die Lumpenlies. Der Kauert. Zwei Erzählungen. 32 S. m. Abb. Reutlingen: Enßlin & Laiblin (= Bunte Jugendbücher 42) 1911
32 Frühlingsstürme. Roman. 327 S. Regensburg: Pustet (= Hausschatz-Bücher) (1913)
33 Dichterfahrten zu unsern Feldgrauen. 171 S., 1 Abb. Regensburg: Coppenrath 1915
34 Sonnensehnsucht. Roman. 506 S. Bonn: Veritas-V. (1918)
35 Trotz Tod und Teufel! Ein Bühnenspiel. 86 S. Bonn: Veritas-V. 1921
36 Vineta. Erlebtes und Erträumtes. 157 S. Bonn: Veritas-V. 1926
37 Michel Michels. Roman. 334 S. Bonn: Veritas-V. (1931)
38 Der Götterfeind. Roman. 386 S. Bonn: Veritas-V. 1933
39 Der Satansknochen. Je nach Bedarf abschreckende oder aufmunternde Lausbübereien. 2 Bde. 164, 161 S. Bonn: Veritas-V. 1934
40 Der unbekannte Gott. Roman. 385 S. Bonn: Veritas-V. 1936
41 Auf Abbruch. Geschichte aus einer alten Stadt. 73 S. m. Abb. Bonn: Veritas-V. 1938
42 Sturmflut. 170 S. Bonn: Veritas-V. 1938
43 Hexenkampf. Friedrich-Spee-Roman. 564 S. Bonn: Veritas-V. 1939
44 Der Goldkoch. Unkulturhistorischer Roman. 304 S. Bonn: Veritas-Verl. 1940

ESCHENBURG, Johann Joachim
(+August Friedrich Ursinus) (1743–1820)

1 (Hg.) Der Primaner. 13 St. Hbg: Bock 1761
2 Zwey Oden an Herrn Johann Henrich Herold. 8 Bl. Hbg: Piscator 1762
3 Theodorus an seinen Vater Clemens. Eine Heroide. 4 S. 4⁰ Lpz: Böger 1765
4 (Übs.) M. Leprince de Beaumont: Briefe der Emerentia an Lucien von der Frau von Beaumont. 2 Bde. 330, 317 S. Lpz: Weidmann 1766
5 (Hg.) Unterhaltungen. 4 Bde. 2157 S. Hbg: Bock 1766–1767
6 (Übs.) M. J. B. Favart: Lucas und Hannchen. Eine Operette. 44 S. Braunschweig: Waisenhausbuchh. 1768
7 (Übs.) Brown: Betrachtungen über die Poesie und Musik, nach ihrem Ursprunge, ihrer Vereinigung, Gewalt, Wachsthum, Trennung und Verderbniß. Aus dem Englischen. Mit Anmerkungen und zween Anhängen begleitet. 5 Bl., 494 S., 2 Bl. Lpz: Weidmann's Erben & Reich 1769
8 Comala. Ein dramatisches Gedicht. 5 Bl. o.O. 1769
9 An die kleine musikalische Familie des Herrn Schroeter. 2 Bl. Braunschweig: 1771
10 (Übs.) P. A. Monsigny: Der Deserteur. Eine Operette. Aus dem Französischen des M. J. Sedaine. 124 S. Mannheim: Schwan 1771
11 (Übs.) E. Montagu: Versuch über Shakespears Genie und Schriften in Vergleichung mit den dramatischen Dichtern der Griechen und Franzosen. Aus dem Englischen übersetzt und mit einem doppelten Anhange begleitet. XVII, 352 S. Lpz: Schwickert 1771
12 (Übs.) D. Webb: Betrachtungen über die Verwandtschaft der Poesie und Musik, nebst einem Auszuge aus (eben dieses Verfassers) den Anmerkungen über die Schönheiten der Poesie. Aus dem Englischen. 169 S. Lpz: Schwikkert 1771
13 (Übs.) G. F. Händel: Judas Makkabäus. Ein musikalisches Gedicht. 8 Bl. Braunschweig: Waisenhaus-Buchdr. 1772
14 (Übs.) R. Hurd: Horazens Episteln an die Pisonen und an den Augustus. Aus dem Englischen übersetzt und mit eigenen Anmerkungen begleitet. 2 Bde. 418, 321 S. Lpz: Schwickert 1772
15 (Übs.) F. A. D. Philidor: Der Holzhauer oder Die Drey Wünsche. Eine komische Oper in einem Aufzuge. 78 S. Bln: Himburg 1772
16 Die Wahl des Herkules. Ein dramatisches Gedicht. Braunschweig 1773
17 (Hg.) D. Schiebeler: Auserlesene Gedichte. XLVI, 302 S. Hbg: Bode 1773
18 (Übs.) N. Cajmo: Briefe eines Italiäners über eine im Jahre 1755 angestellte

Reise nach Spanien. ... Aus der französischen Übs. d. P. Livoy. 276 S. Lpz: Schwickert 1774
19 (Übs.) C. Avison: Versuch über den musikalischen Ausdruck. 112 S. Lpz: Schwickert 1775
20 (Übs.) W. Shakespeare: Schauspiele. 13 Bde. Zürich: Orell, Gessner, Füessli 1775–1782
21 (Übs.) P. Guglielmi: Robert und Kalliste, oder Triumph der Treue. Eine Operette in drei Aufzügen. 62 S., Breslau, Lpz 1776
22 (Übs.) F. M. A. de Voltaire: Zaijre. Trauerspiel. Neue Übersetzung in Iamben. 103 S. Lpz: Schwickert 1776
23 +(MÜbs.) Balladen und Lieder altenglischer und altschottischer Dichtart. LXXXVI, 354 S. m. Titelku. Bln: Himburg 1777
24 (Bearb.) A. E. M. Grétry: Erast und Lucinde. Eine Operette in einem Aufzuge. Nach dem Silvain d. Herrn Marmontel. Neue, durch Herrn J. J. E. veränd. Aufl. Musik A. E. M. Grétry. 43 S. Münster: Perron 1777
25 (Hg.) Brittisches Museum für die Deutschen. 6 Bde. Lpz: Weygand 1777–bis 1780
26 (Hg.) B. Waldis: Auswahl einiger Fabeln und Erzählungen. Mit kurzen Spracherklärungen v. J. J. E. 1 Bl., 127 S. Braunschweig: Waisenhaus-Buchh. 1777
27 (Übs.) N. Piccini: Das gute Mädchen. Operette in drei Aufzügen. Nach dem Italienischen. 64 S. Lpz: Schneider 1778
28 (Hg.) F. W. Zachariae: Fabeln und Erzählungen in Burkard Waldis Manier. Neue Ausg. mit e. Anh. v. ausgewählten Original-Fabeln des Waldis, und dazu nöthigen Spracherklärungen begleitet v. J. J. E. XL, 246 S. Reutlingen: Fleischhauer 1778
29 (MH) F. W. Zachariae: Auserlesene Stücke der besten deutschen Dichter. Von Martin Opitz bis auf gegenwärtige Zeiten. Nach des sel. Zachariä Tode fortgesetzt ... v. J. J. E. Bd. 3. LXII, 368 S. Braunschweig: Waisenhausbuchh. 1778
30 (Übs.) J. Priestley: Vorlesungen über Redekunst und Kritik. VIII, 333 S. Lpz: Schwickert 1779
31 (Übs.) W. Shakespeare: Schauspiele. 24 Bde. Mannheim: Schwan 1780 bis 1781
(Verb. Neuaufl. v. Nr. 20)
32 (Übs.) Burney: Abhandlung über die Musik der Alten. 216 S. Lpz: Schwikkert 1781
33 (Hg.) Annalen der Brittischen Litteratur vom Jahr 1780. 528 S. Lpz: Weygand 1781
(Forts. v. Nr. 25)
34 Am Sarge meiner früh vollendeten Tochter Johanna Elisabeth. Geboren den 16. Januar 1780, Gestorben den 1. Oktober 1781. 2 Bl. o. O. 1781
35 (Hg.) F. W. Zachariä: Hinterlassene Schriften. XXXII, 110, 28 S. Braunschweig: Waisenhaus-Buchh. 1781
36 (Übs.) W. Hay: Religion des Philosophen; oder Erläuterung der Grundsätze der Sittenlehre und des Christenthums aus Betrachtung der Welt, und der Lage des Menschen in derselben. 4 Bl., 156 S. Braunschweig: Waisenhaus-Buchh. 1782
37 Griechische und römische Alterthümer. 196 S. Bln, Stettin: Nicolai 1783
(Ausz. a. Nr. 40)
38 Archäologie der Literatur und Kunst. 141 S. Bln, Stettin: Nicolai 1783
(Ausz. a. Nr. 40)
39 Grundzüge der griechischen und römischen Fabelgeschichte zum Gebrauch bey Vorlesungen. 64 S., 2 Bl. Bln, Stettin: Nicolai 1783
40 Handbuch der klassischen Litteratur, Altertumskunde und Mythologie. 5 Bl., 559 S. Bln, Stettin: Nicolai 1783
41 Mythologie der Griechen und Römer. 67 S. Bln, Stettin: Nicolai 1783
(Ausz. a. Nr. 40)
42 Übersicht der klassischen Schriftsteller des griechischen und römischen Alterthums. 189 S. Bln, Stettin: Nicolai 1783
(Ausz. a. Nr. 40)
43 Entwurf einer Theorie und Litteratur der schönen Wissenschaften. 6 Bl., 296 S. Bln, Stettin: Nicolai 1783

44 An den Herrn Hofrath von Blum beim Tode seiner verlobten Braut, der Demoiselle Katharine Friederici im November 1784. 2 Bl. o. O. 1784
45 (Übs.) C. Burney: Nachricht von Georg Friedrich Händel's Lebensumständen und der ihm zu London im Mai und Juni 1784 angestellten Gedächtnissfeyer. LII, 102 S. m. Ku. 4° Bln, Stettin: Nicolai 1785
46 Motetten zur Begräbnissfeyer des Höchstseligen Durchlauchtigsten Herzogs. Friedrich von Mecklenburg-Schwerin. 6 S. Schwerin: Bärensprung 1785
47 Hygiea. Seiner hochfürstlichen Durchlaucht dem Herzog Ferdinand zu Braunschweig und Lüneburg den XII. Januar MDCCLXXXVII unterthänigst überreicht. 4 Bl. o. O. 1787
48 Ueber William Shakespeare. 683 S., 1 Bl. Zürich: Orell, Gessner, Füssli 1787
49 Beispielsammlung zur Theorie und Literatur der schönen Wissenschaften. 8 Bde. Bln, Stettin: Nicolai 1788–1795
50 (Hg.) Braunschweigisches Magazin, bestehend aus wöchentlichen gemeinnützigen Beilagen zu ... Braunschweigischen Anzeigen ... 33 Bde. Braunschweig: Fürstl. Intelligenzkomtoir 1788–1820
51 (Hg.) G. E. Lessing: Kollektaneen zur Literatur. 2 Bde. XVI, 608; 478 S. Bln: Voss 1790
52 (Hg.) G. E. Lessing: Leben des Sophokles. VIII, 172 S. Bln: Voss 1790
53 (Übs.) P. Anfossi: Die Eifersucht auf der Probe. 80 S. Gera: Rothe 1791
54 Ueber Johann Friedrich Wilhelm Jerusalem. 39 S. Bln: Vieweg 1791
55 (MH) G. E. Lessing: Sämmtliche Schriften. Teil 5–30. Hg. K. Lessing, J. J. E., F. Nicolai. 26 Bde. Bln: Voss (bzw. Nicolai) 1791–1794
56 (Vorw.) F. Rambach: Theseus auf Kreta. Ein lyrisches Drama. XIV, 215 S. Lpz: Barth 1791
57 (Übs.) E. Gibbon: Versuch über das Studium der Litteratur. XIV, 109 S., 1 Bl. Hbg: Herold 1792
58 Lehrbuch der Wissenschaftskunde. 351 S. Bln, Stettin: Nicolai 1792
59 Dramatische Bibliothek. Eine charakteristische und mit Proben ihrer Schauspiele begleitete Anzeige der vorzüglichsten dramatischen Dichter älterer und neuer Zeit. 732 S. Bln, Stettin: Nicolai 1793
60 (Hg.) J. A. Ebert: Episteln und vermischte Gedichte. 2. Teil. Mit einem Grundrisse seines Lebens und Charakters. LXXIV, 104 S. Hbg: Bohn 1795
61 Über Johann Arnold Ebert. LVIII S. (Hbg: Bohn 1795)
    (Ausz. a. Nr. 60)
62 (Übs.) S. de Meilhan: Vermischte Werke. Aus dem Französischen. 2 Bde. XVI, 412 S., 2 Bl.; 412 S., 1 Bl. Hbg: Hoffmann 1795
63 Der achtzigsten Geburtstagsfeier Ihrer Königlichen Hoheit der Frau Herzogin Mutter zu Braunschweig und Lüneburg. Den 13. März 1796. 3 Bl. 4° Braunschweig: Meyer 1796
64 (Übs.) C. v. Voght: Über Hamburgs Armenwesen. 3 Bl., 56 S. Braunschweig, Hbg: Herold 1796
65 (Hg.) G. A. Bürger: Lenore. Ballade. In drei englischen Übersetzungen. 60 S. Göttingen: Dieterich 1797
66 Über den vorgeblichen Fund Shakespearischer Handschriften. 216 S. Lpz: Sommer 1797
67 (Übs.) W. Shakespeare: Leben und Tod Thomas Cromwell's. Zürich: Orell, Füssli 1798
68 (Übs.) W. Shakespeare: Schauspiele. Neue ganz umgearbeitete Ausgabe 12 Bde. Zürich: Orell, Gessner, Füssli 1798–1806
    (Veränd. Neuaufl. v. Nr. 20)
69 (Übs.) W. Shakespeare: Der Londoner Verschwender. Zürich: Orell, Füssli 1798
70 (Übs.) W. Shakespeare: Ein Trauerspiel in Yorkshire. Zürich: Orell, Füssli 1798
71 (Hg.) Denkmäler altdeutscher Dichtkunst. 3 Bl., 464 S. Bremen: Wilmans 1799
72 (MÜbs.) A. Pope: Eloisa an Abelard. Frey übs. J. J. E. u. G. A. Bürger. 70 S. Wien: Sauner 1799
73 (Vorw.) F. R. Ricklefs: Neues vollständiges Taschenwörterbuch der englischen und deutschen Sprache enthaltend alle Gebräuchlichen Worte und Termen der Künste und Wissenschaften aus den besten englischen und deutschen Wörterbüchern zusammengetragen. 2 Thle. 498, 282 S. Bremen; Wilmans 1799–1800

74 (Hg.) Fr. v. Hagedorn: Poetische Werke. 5 Bde. Hbg: Bohn 1800
75 (Übs.) A. Pope: Versuch über die Kritik des Alexander Pope. Aus dem Englischen metrisch verdeutscht. 83 S. Wien: Sauner 1801
76 (Übs.) H. Füessli: Vorlesungen über die Malerei. 235 S. Braunschweig: Vieweg 1803
77 (Hg.) K. P. Moritz: Vorlesungen über den Styl oder praktische Anweisung zu einer guten Schreibart mit Beispielen aus den vorzüglichsten Schriftstellern. Neue Ausg. Durchges. u. mit e. Anh. begl. J. J. E. XXII, 466 S. Braunschweig: Vieweg 1808
78 (Hg.) U. Boner: Edelstein in hundert Fabeln. XVIII, 325 S. Bln: Unger 1810
79 Entwurf einer Geschichte des Collegii Carolini in Braunschweig. X, 202 S. Bln, Stettin: Nicolai 1812

Eschmann, Ernst Wilhelm (+Severus) (*1904)

1 Der Faschismus in Europa. V, 93 S. Bln: Junker u. Dünnhaupt (= Fachschriften zur Politik und staatsbürgerl. Erziehung) 1930
2 Der faschistische Staat in Italien. 144 S., 16 Abb. Breslau: Hirt (= Jedermanns Bücherei. Abt.: Rechts- und Staatswissenschaft) 1930
3 (Bearb.) Wo findet die deutsche Jugend neuen Lebensraum? Bericht über die Rundfrage des Deutschen Studentenwerkes. Hg. Dt. Studentenwerk e. V. XIV, 181 S. Bln: de Gruyter (= Studentenwerk-Schriften 4) 1932
4 Vom Sinn der Revolution. 98 S. Jena: Diederichs 1933
5 Die Aussenpolitik des Faschismus. 106 S. Bln: Junker u. Dünnhaupt (= Fachschriften zur Politik) 1934 (Neubearb. v. Nr. 1)
6 Griechisches Tagebuch. 310 S. Jena: Diederichs 1936
7 (Hg.) Die Tat. Deutsche Monatsschrift. Jena: Diederichs 1936ff.
8 Erdachte Briefe. 152 S. Jena: Diederichs 1938
9 Ariadne. Trauerspiel. 72 S. Jena: Diederichs 1939
10 +Kriege, die vermieden wurden. 70 S. Lpz: Lühe 1939
11 +Frankreich und England. 57 S. Bln: Junker u. Dünnhaupt (= Das britische Reich in der Weltpolitik 25; = Schriften d. Dt. Inst. f. aussenpolit. Forschung u. d. Hamburger Inst. f. auswärt. Politik 40) 1940
12 Der Aufstieg Italiens zur Großmacht und zum Imperium von 1871 bis zum Kriegseintritt gegen die Westmächte. 104 S. m. Kt. Bln: de Gruyter (= Sammlung Göschen 1143) 1941
13 Gespräch im Garten. 56 S. Jena: Diederichs 1941
14 Aus dem Punktbuch. 42 S. Bln: Riemerschmidt 1942
15 Der andere Sultan. Legenden. 77 S. Jena: Diederichs 1942
16 Die Führungsschichten Frankreichs. Bd. 1: Von den Capetingern bis zum Ende des Grand Siècle. XXII, 272 S. Bln: Junker u. Dünnhaupt (= Forschungen d. Dt. Auslandswiss. Inst., Abt. Reich und Europa 4, 1) 1943
17 (MV) Europa und die Welt. 272 S. Bln: Junker u. Dünnhaupt (= Veröffentlichungen d. Dt. Auslandswiss. Inst. 13) 1944
18 Miniaturen. 69 S. Jena: Diederichs (= Deutsche Reihe 152) (1945)
19 Der Besuch in Fischern und andere Erzählungen. 93 S. Basel: B. Schwabe (= Sammlung Klosterberg. Europ. Reihe) 1948
20 Paul Valéry. Gedenkrede. 55 S. Herrliberg-Zürich: Bühl-V. (= Bühl-V.-Blätter 25) 1948
21 Tessiner Episteln. 42 S. Hbg: Ellermann 1949
22 Alkestis. Schauspiel. 147 S. Tüb: Heliopolis-V. 1950
23 Das Doppelzeichen. Erzählungen. 308 S. Zürich: Origo-V. (1951)
24 Das olympische Fest. Die Geschichte einer großen Idee. 47 S. m. Abb. Mchn: Obpacher Kunstverl. (= Das Kunstbüchlein 1) 1951 (Ausz. a. Nr. 6)
25 Messe für Leopold Bernhardt. 15 S. Karlsruhe: Stahlberg 1951
26 (Übs.) H. Zimmer: Gesammelte Werke. Bd. 1: Mythen und Symbole in indischer Kunst und Kultur. XI, 282 S., 71 Abb. Zürich: Rascher & Cie. 1951
27 Vorstadtecho. 46 S. Karlsruhe: Stahlberg 1952

28 Die Tanne. Roman. 361 S. Karlsruhe: Stahlberg 1953
29 An den Rändern der Wirklichkeit. Moderne Wissenschaften auf dem Wege zur Metaphysik. Vorträge, Radio Bern. 79 S. Zürich, Stg: Rascher 1959

Essig, Hermann (1878–1918)

1 Mariä Heimsuchung. Tragödie. 204 S. Bln: Cassirer 1909
2 Die Weiber von Weinsberg. Lustspiel. 180 S. Bln: Cassirer 1909
3 Die Glückskuh. Lustspiel. 174 S. Bln: Cassirer 1910
4 Furchtlos und treu. Drama. 138 S. Bln: Cassirer 1911
5 Der Frauenmut. Lustspiel. 105 S. Bln-Lichterfelde: Selbstverl. 1912
6 Ihr stilles Glück –! 100 S. Bln-Lichterfelde: Selbstverl. 1912
7 Der Held vom Wald. Schauspiel. 91 S. Bln-Lichterfelde: Selbstverl. 1912
8 Napoleons Aufstieg. Schauspiel. 166 S. Bln-Lichterfelde: Selbstverl. 1912
9 Überteufel. Tragödie in fünf Aufzügen. 99 S. Bln-Lichterfelde: Selbstverl. 1912
10 Ein Taubenschlag. Lustspiel aus dem Leben einer Dienstherrschaft. 92 S. Bln-Lichterfelde: Selbstverl. 1913
11 Der Schweinepriester. Lustspiel in vier Aufzügen. 148 S. Bln, Stg: Dt. Verl.-Anst. 1915
12 Des Kaisers Soldaten. Schauspiel in drei Aufzügen. 175 S. Stg: Cotta 1915
13 Zwölf Novellen. 91 S. Bln: Eckstein 1916
14 Pharaos Traum. Lustspiel in drei Akten. 96 S. Bln-Lichterfelde: Eckstein (1916)
15 Der Wetterfrosch. Erzählung. 100 S. Bln: Verl. Der Sturm 1917
16 Der Taifun. Roman. 367 S. Lpz, Mchn: Wolff (1919)
17 Kätzi. Lustspiel in vier Aufzügen. 87 S. Bln: Oesterheld 1922

Eulenberg, Herbert (1876–1949)

1 Dogenglück. Tragödie. 168 S. Bln: Sassenbach 1899
2 Anna Walewska. Tragödie. 120 S. Bln: Sassenbach 1899
3 Münchhausen. Ein deutsches Schauspiel. 120 S. Bln: Sassenbach 1900
4 Leidenschaft. Ein Trauerspiel. Bühneneinrichtung. 96 S. 12° Lpz: Reclam (= Universal-Bibliothek 4202) 1901
5 Künstler und Katilinarier. Schauspiel. 73 S. Bln: Sassenbach 1902
6 Ein halber Held. Tragödie. 76 S. 12° Lpz: Reclam (= Universal-Bibliothek 4429) 1903
7 Kassandra. Ein Drama. 124 S. Bln: Fontane 1903
8 Ritter Blaubart. Ein Märchenstück in fünf Aufzügen. 115 S. Bln: Fleischer 1905
9 (MV) Neue Theaterkultur. (K. Moritz: Vom modernen Theaterbau. – H. E.:) Zur Theaterreform. (– F. Poppenberg: Die neue Szene.) 49 S., 7 Abb., 3 Taf. Stg: Strecker & Schröder (= Flugblätter für künstlerische Kultur 3) 1906
10 Ulrich, Fürst von Waldeck. Ein Schauspiel. 110 S. Bln: Marquardt 1907
11 (MÜbs.) P. Gauguin: Noa Noa. Deutsche Ausgabe nach dem vollständigen Text. Übs. L. Wolf. Die Gedichte sind von H. E. frei übertragen. 109 S., 8 Taf. Bln: Cassirer 1908
12 Du darfst ehebrechen! Eine moralische Geschichte. 30 S. Bln: Reiß 1909
13 Der natürliche Vater. Ein bürgerliches Lustspiel. 80 S. Bln: Reiß 1909
14 (Hg.) Rund um Düsseldorf. Ein Wanderbuch. Mit Wanderfreunden zusammengestellt u. hg. 126 S., 14 Abb., 1 Kt. Düsseldorf: Bagel 1910
15 *Das keimende Leben. Aus dem Nachlaß eines jungen jüdischen Rechtsanwalts. Hg. von einem Freunde. 78 S. Lpz: Wolff 1910
16 Alles um Liebe. Eine Komödie. 164 S. Lpz: Wolff 1910
17 Schattenbilder. Eine Fibel für Kulturbedürftige in Deutschland. XXIV, 315 S. Bln: Cassirer 1910
18 Schiller. Eine Rede zu seinen Ehren. 28 S. Lpz: Wolff 1910

19 Simson. Eine Tragödie nebst einem Satyrspiel. 31 S. Bln: Reiß (= Moderne Bühne) 1910
20 Deutsche Sonette. 50 S. 4⁰ Lpz: Rowohlt 1910
21 Alles um Geld. Ein Stück. V, 92 S. Lpz: Wolff 1911
22 Sonderbare Geschichten. IV, 223 S. Lpz: Wolff 1911
23 Katinka, die Fliege. Ein zeitgenössischer Roman. 373 S. Lpz: Wolff 1911
24 Die Kunst in unserer Zeit. Eine Trauerrede an die deutsche Nation. 47 S. Lpz: Wolff 1911
25 Neue Bilder. XI, 365 S. Bln: Cassirer 1912
26 Ikarus und Daedalus. Ein Oratorium. 50 S. Lpz: Wolff 1912
27 Belinde. Ein Liebesstück in fünf Aufzügen. 96 S. Lpz: Wolff 1913
28 Drei Einakter. 68 S. Lpz: Rowohlt 1913
29 Der Kampf der Frauen. Eine Ansprache. Hg. vom Frauenstimmrechtverband für Westdeutschland, Ortsgruppe Düsseldorf. 12 S. 16⁰ Düsseldorf: Wörmbcke 1913
30 Der Krieg. Eine bürgerliche Begebenheit in einem Aktus. 30 S. Lpz: Wolff 1913
31 (Hg., Einl.) Jean Paul in einer Auswahl. XVI, 295 S. Bln: Dt. Bibliothek (= Deutsche Bibliothek 66) 1913
32 Ernste Schwänke. Vier Einakter. 103 S. Lpz: Wolff 1913
  (Enth. u. a. Nr. 28)
33 Der Frauentausch. Ein Spiel in fünf Aufzügen. 88 S. Lpz: Wolff 1914
34 Der Krieg und die Kunst. Betrachtungen über die zukünftige Aufgabe deutscher Kunst und des deutschen Theaters. 16 S. Stg: Die Lese 1914
35 Der Morgen nach Kunersdorf. Ein vaterländisches Stückchen. 61 S. Lpz: Wolff 1914
36 Zeitwende. Ein Schauspiel in fünf Akten. 96 S. Lpz: Wolff 1914
37 Letzte Bilder. XIV, 305 S. Bln: Cassirer 1915
38 (Einl.) Der Gespensterkrieg. 110 S. Stg: Die Lese (= Die Bücher der Lese) 1915
39 Messalina. Ein Zwiegespräch über die Ehe (weiland „Sketch" genannt). 24 S. Lpz: Wolff 1915
40 (Einl.) Das Leben Mohammeds nach Ibn Ishak und Abd el Malik Ibn Heischam. Übers. G. Weil. 157 S. Bln: Ullstein (= Die fünfzig Bücher 14) 1916
41 (Einl.) H. H. Schmitz: Buch der Katastrophen. Hg. V. M. Mai. 230 S. Lpz: Wolff 1916
42 (MV) H. Struck u. H. E.: Skizzen aus Litauen, Weißrußland und Kurland. 125 S., 16 Abb. 4⁰ Bln: Stilke 1916
43 Das deutsche Angesicht. Eine Auswahl fürs Feld. V, 189 S. Bln: Cassirer 1917
  (Enth. u. a. Ausz. a. Nr. 17, 25, 37)
44 (Hg., Einl.) Lovis Corinth. Ein Maler unserer Zeit. Sein Lebenswerk. 22 S., 26 Abb. Mchn: Delphin-V. (= Kleine Delphin-Kunstbücher 12) 1917
45 Das Ende der Marienburg. 56 S. Stg: Engelhorn 1918
46 Die Insel. Ein Spiel. 88 S. Stg: Engelhorn 1918
47 Der Irrgarten. Ein Schauspiel. 110 S. Stg: Engelhorn 1918
48 Komödien der Ehe. Zwei Einakter. 109 S. Bln: Gurlitt 1918
  (Enth. u. a. Nr. 39)
49 Krieg dem Kriege. Zwei Einakter. 30 S. Stg: Engelhorn 1918
  (Neuaufl. v. Nr. 30)
50 Die Nachtseite. Drei Aufzüge. 86 S. Stg: Engelhorn 1918
51 Kleinselige Zeiten oder: In Duodezien. Ein Schwank in drei Aufzügen, zwei Zwischenspielen und einem Nachspiel. 70 S. Stg: Engelhorn 1918
52 Der Bankrott Europas. Erzählungen aus unserer Zeit. V, 252 S. Stg: Engelhorn 1919
53 Mein Leben für die Bühne. IX, 403 S. Bln: Cassirer 1919
54 (Vorw.) Ostern 1919. Hg. anläßlich der Wiedereröffnung der Galerie Alfred Flechtheim in Düsseldorf. 88 S. Potsdam: Kiepenheuer 1919
55 Wie Bismarck beinahe seiner Frau untreu wurde. 24 S. Hannover: Banas & Dette 1919
56 Anna Boleyn. 44 Bl. 2⁰ Bln: Gurlitt (= Die neuen Bilderbücher 3, 2) 1920
57 (MV) Die Nase des Herzogs. Rastrelli. Zwei Anekdoten aus Mitau v. H. E. u. a. 84 S. Bln-Steglitz: Würtz 1920

58 (Einl.) Der Anlauf. Zeitschriften der Jahre 1817–1821. Mit den ersten dichterischen Veröffentlichungen von Heinrich Heine in naturgetreuen Wiedergaben. Mit einer epistularen Einleitung in die Briefe Heines. Eine Säkulargabe 1821–1921. XVI, 150 S. 4° Bln: Hoffmann & Campe (= Heine-Gedächtnis-Druck 3) 1921
59 Der Guckkasten. Deutsche Schauspielerbilder. 309 S. Stg: Engelhorn 1921
60 Das grüne Haus. Ein Schauspiel. 75 S. Lpz: Reclam (= Universal-Bibliothek 6215) 1921
61 (Einl.) P. Loti: Die Entzauberten. Roman. Aus dem Französischen. 318 S. 16° Bln: Neufeld & Henius 1921
62 Mächtiger als der Tod. Ein Leiden- und Freudenspiel. 147 S. Stg: Engelhorn 1921
63 Der Spion. Ein Lustspiel in drei Aufzügen. 88 S. Stg: Engelhorn 1921
64 (Einl). H. Teßmer: Profile und Phantasien. 119 S. Stg: Dt. Verl.-Anst. 1921
65 Liebesgeschichten. 222 S. Dresden: Reißner 1922
66 Mückentanz. Ein Spiel. 184 S. Stg: Engelhorn 1922
67 Der Übergang. Eine Tragödie. 131 S. Stg: Engelhorn 1922
68 (MÜbs.) Wak Wak, Die Inseln. Eine Erzählung aus 1001 Nacht. Die dt. Übertr. besorgte F. P. Greve. Die Gedichte sind v. H. E. frei bearb. 146 S., 54 Abb. 2° Bln: Cassirer 1922
69 Auf halbem Wege. Roman. 366 S. Stg: Engelhorn 1922
70 Die Welt ist krank. Ein Stück von heute. 133 S. Stg: Engelhorn 1922
71 Erscheinungen. 300 S. Stg: Engelhorn 1923
72 (Einl.) J. J. C. Grimmelshausen: Der abenteuerliche Simplicissimus. VII, 380 S. m. Abb. Bln: Neufeld & Henius 1923
73 (Einl.) H. Heine: Neue Gedichte. Tragödien. XXVII, 337 S. m. Abb. Bln: Hoffmann & Campe (= Werke in Einzelausgaben) 1923
74 (Hg.) W. Heinse: Ardinghello und die glückseligen Inseln. VIII, 359 S. m. Abb. Bln: Neufeld & Henius 1923
75 (MV) M. Klinger: Zelt. Eine Folge von 46 Radierungen mit Versen v. H. E. 79 S., 46 Abb. 2° Bln: Amsler & Ruthardt 1923
76 (Übs.) A. de Musset: Dichtungen. Aus dem Französischen. 199 S. Bln: Propyläen-V. 1923
77 (Hg.) F. v. Stendhal: Italienische Novellen. In deutscher Sprache v. R. Gerlach. XV, 376 S. Bln: Neufeld & Henius 1923
78 Wir Zugvögel. Roman. 318 S. Stg: Engelhorn 1923
79 Amerikanus. Amerikanische Lichtbilder. 183 S. Wien: Thyrsos-V. 1924
80 Die Familie Feuerbach. In Bildnissen. 206 S. Stg: Engelhorn 1924
81 (Einl.) G. Flaubert: Madame Bovary. Ein Sittenroman aus der Provinz. Neu übers. W. Cremer. XIV, 318 S. m. Abb. Bln: Neufeld & Henius 1924
82 Gestalten und Begebenheiten. 284 S. Dresden: Reißner 1924
83 (Einl.) J. W. v. Goethe: Dramen der Jugend. 725 S. Bln: Ullstein (= Sämtliche Werke 5) 1924
84 (Hg.) W. Hauff: Lichtenstein. XIV, 400 S. m. Abb. Bln: Neufeld & Henius 1924
85 (Hg., Einl.) H. Heine: Ein Liebesspiegel. Aus den Liedern. 165 S. Bln: Propyläen-V. (= Das kleine Propyläen-Buch) 1924
86 (Hg., Einl.) E. T. A. Hoffmann: Nachtstücke. XVI, 380 S. m. Abb. Bln: Neufeld & Henius 1924
87 (MV) L. v. Hofmann: Eros. Lithographien. Verse v. H. E. 4 S., 10 Taf. 2° Mchn: Bavaria-V. 1924
88 (Hg.) K. Immermann: Der Oberhof. XI, 379 S. m. Abb. Bln: Neufeld & Henius 1924
89 (Hg.) G. de Maupassant: Der schöne Freund. Neu übs. W. Cremer. XVI, 336 S. m. Abb. Bln: Neufeld & Henius 1924
90 (Hg., Einl.) H. Sienkiewicz: Quo vadis? Historischer Roman aus der Zeit des Kaisers Nero. Neu bearb. W. Cremer. XI, 318 S. Bln: Neufeld & Henius 1924
91 (Hg.) L. Wallace: Ben Hur. Eine Erzählung aus der Zeit Christi. Neu bearb. W. Cremer. XI, 358 S. Bln: Neufeld & Henius 1924
92 (Hg.) W. Alexis: Die Hosen des Herrn von Bredow. 347 S. m. Abb. Bln: Neufeldt & Henius 1925

93 (Hg.) G. Flaubert: Salambo. Neu übs. R. Gerlach. XV, 295 S. m. Abb. Bln: Neufeld & Henius (= Onyx-Bücher 25) 1925
94 (Hg.) L. v. François: Die letzte Reckenburgerin. XII, 354 S. m. Abb. Bln: Neufeld & Henius (= Onyx-Bücher)1925
95 Freude muß man haben. Ein rheinisches Volksstück mit Gesang und Tanz in zwei Aufzügen. 96 S. Bonn: Klopp (= Saaleck-Bücher) 1925
96 (Hg.) J. W. v. Goethe: Faust. Eine Tragödie. 2 Tle. VII, 374 S. m. Abb. Bln: Neufeld & Henius (= Onyx -Bücher 26) 1925
97 (Einl.) H. v. Kleist: Michael Kohlhaas und andere Erzählungen. X, 315 S. m. Abb. Bln: Neufeld & Henius 1925
98 (Nachw.) Th. Lessing: Hindenburg. Vorw. M. Harden. 38 S. Bln: Hapke & Schmidt 1925
99 Mensch und Meteor. Roman. 324 S. Dresden: Reißner 1925
100 Der rote Mond. Ein Schaustück. 87 S. Stg: Engelhorn 1925
101 (Hg.) H. Murger: Bohème. XV, 308 S. m. Taf. Bln: Neufeld & Henius 1925
102 Gegen Shaw. Eine Streitschrift. Mit einer Shaw-Parodie des Verfassers. 77 S. Dresden: Reißner 1925
103 (Vorw.) F. v. Stendhal: Die Äbtissin von Castro und andere Novellen. Neu übs. R. Gerlach. XV, 376 S. Bln: Verl. d. Schiller-Buchhdlg. (= Die bunten Romane der Weltliteratur) 1925
104 (Hg.) I. S. Turgenjew: Väter und Söhne. XVI, 328 S. Bln: Neufeld & Henius (= Onyx-Bücher 39) 1925
105 (Hg.) F. W. Weber: Dreizehnlinden. Lyrisch-epische Dichtung. XI, 322 S. m. Taf. Bln: Neufeld & Henius 1925
106 Ausgewählte Werke. 5 Bde. 2329 S. Stg: Engelhorn 1925
107 Der Zweifler. Ein kleines Stück in Reimen. Für die Hauptversammlung der Gesellschaft der Bibliophilen in München 1925. 24 S. 4⁰ Lpz: Poeschel & Trepte 1925
108 (Hg.) A. Prévost d'Exiles, gen. Abbé Prévost: Geschichte der Manon Lescaut und des Chevalier des Grieux. Neu übs. W. Cremer. XIX, 281 S. m. Abb. Bln: Neufeld & Henius (= Onyx-Bücher 41) 1926
109 Zwischen zwei Frauen. Eine Schicksalsgeschichte. 198 S. Stg: Engelhorn 1926
110 (Hg.) L. N. Tolstoi: Kreutzer-Sonate und andere Novellen. Übs. A. A. Fiedler. XVI, 279 S. m. Abb. Bln: Neufeld & Henius (= Onyx-Bücher 45) 1926
111 Sterblich Unsterbliche. VII, 294 S. Bln: Cassirer 1926
112 Ein rheinisches Dichterleben. IV, II, 221 S., 1 Titelb. Bonn, Bln: Klopp (= Strom-Bücher 16–17) 1927
(Ausz. a. Nr. 106)
113 Industrie. Eine Bühnenrundschau unserer Zeit. 128 S. 16⁰ Lpz: Schauspielverl. 1927
114 Um den Rhein. Roman. 328 S. Bln: Spaeth 1927
115 Casanovas letztes Abenteuer und andere erotische Begebenheiten. 248 S. Dresden: Reissner 1928
116 Huldigung an Gutenberg. Eine Festdichtung zu seinem Angedenken. 31 S. Mainz: Gutenberg-Gesellschaft (= Kleine Drucke der Gutenberg-Gesellschaft 6) (1928)
117 Die Hohenzollern. 452 S., 1 Abb., 24 Taf. Bln: Cassirer 1928
118 Zwischen zwei Männern. Eine Lebensdichtung. 281 S. Stg: Engelhorn 1928
119 Michel. Ein deutsches Heldengedicht. 156 S. Minden (, Lpz: Grethlein) 1928
120 Schubert und die Frauen. 311 S., 24 Abb. Hellerau: Avalun-V. (1928)
121 (MV) F. A. Breuhaus de Groot, H. E.: Menschliches. M. Osborn: Kritik des Werkes. With 2 essays: Personal impressions of F. A. B., by H. E., a critique by M. Osborn. Engl. Übertr. D. R. Fischer. XXVI, 74 S. m. Abb., m. Taf. 4⁰ Bln: Hübsch (= Neue Werkkunst) 1929
122 Glückliche Frauen. 277 S. Hellerau: Avalun-V. (1929)
123 (Hg.) H. Heine: Memoiren. 675 S. m. Taf. Bln: Rembrandt-V. 1929
124 Palästina. Eine Reise ins gelobte Land. 205 S., 32 Abb. Bln: Rembrandt-V. (1929)
125 Die Windmühle. 63 S. Hbg: Dt. Dichter-Gedächtnis-Stiftung (= Der junge Tag 7) 1929
(Ausz. a. Nr. 106)

126 Die letzten Wittelsbacher. 306 S. m. Taf. Wien: Phaidon-V. 1929
127 (Einl.) Robert Friedmann. IX S., 32 Taf. 4⁰ Bln: Hübsch (= Neue Werkkunst) 1930
128 Menschen an der Grenze. 288 S. Stg, Bln: Maschler (= Engelhorns Romanbibliothek 1032–1033) 1930
129 Der Opfertod. Eine Hoffmann-Erzählung. Mit einem autobiogr. Nachw. 74 S. Lpz: Reclam (= Reclam's UB. 7051) 1930
130 Das Buch vom Rheinland. 212 S. m. Abb. Mchn: Piper (= Was nicht im „Baedeker" steht 12) 1931
131 (Einl.) Hugo Koch. 17 Bl. m. Abb., 19 Taf. 4⁰ Bln: Hübsch (= Neuere Profanbauten 1) (1931)
132 Cicero, der Rechtsanwalt, Redner, Denker und Staatsmann. 203 S., 1 Titelb. Bln: Wolff 1932
133 Deutsche Geister und Meister. 227 S., 6 Abb. Bln: Wolff 1934
134 Selbstbildnis zu meinem 60. Geburtstag. 15 S. Düsseldorf: Die Fähre 1936
135 (MV) Gio Gino. Hg., Einl. E. Waldmann. Begl. Text H. E. u. G. Grunow. 41 S., 23 Abb., 46 Taf. 4⁰ Bln: Gurlitt-V. (= Bücher der Kunst) 1941
136 Glaube, Liebe, Hoffnung. 307 S. Bln: Arnold 1942
137 Nachsommer. 26 Bl. 4⁰ Bln: Gurlitt-V. (= Bücher der Kunst) 1942
138 Nanna und Feuerbach. Wahn und Wirklichkeit. 114 S., 4 Taf. Wiesbaden: Verl. Der Greif 1946
139 Die Prä-Raphaeliten. 48 S. m. Abb. Düsseldorf: Die Fähre 1946
140 (MV, Vorw.) M. Schulz: Humanität und Menschenwürde. 63 S. Düsseldorf: Die Fähre 1946
141 Lyrisches Zwischenspiel. 21 S. Düsseldorf: Die Fähre (1946)
142 Heinrich Heine. 95 S., 1 Abb. Bln: Aufbau-V. 1947
143 (Einl.) H. Heine: Ausgewählte Werke. 3 Bde. 261 S., 1 Titelb.; 365; 373 S. Bln: Aufbau-V. 1947
144 Johannes auf Patmos. Ein christliches Weihespiel. 117 S. Düsseldorf: Die Fähre (1947)
145 Gefährliche Liebschaft. Bekenntnisse einer Herzogin aus dem achtzehnten Jahrhundert. 65 S. m. Abb. Düsseldorf: Die Fähre 1947
146 Allmutter Maria. 50 S. Buxtehude: Hübener (= Kleine Drei Birken-Bücherei 22) 1947
147 Der gute Onkel. Erzählung. 79 S., 1 Titelb. Bad Wörishofen: Drei Säulen-V. (= Das kleine Säulenbuch 7) 1947
148 Ferdinand Freiligrath. 114 S., 1 Abb. Bln: Aufbau-V. 1948
149 (Vorw.) J. W. v. Goethe: Der ewigen Weberin Meisterstück. Ausw. u. Zusammenstellg. M. Schulz. 32 S. Wuppertal-Elberfeld: Putty (1948)
150 So war mein Leben. 300 S. m. Abb. Düsseldorf: Die Fähre 1948 (Neufassg. v. Nr. 112)
151 Meister der Frühe. 213 S. Düsseldorf: Die Fähre (1948)
152 Mungo und Bungalo, die beiden Überaffen. Ein heiterer Roman. 263 S. Bln: Arnold 1948
153 Der Zusammensturz. 175 S. Bln: Aufbau-V. 1948
154 (Einl.) J. W. v. Goethe: Bekenntnisse zum Deutschen Theater. Zusgest. E. Behne. 64 S., 7. Abb. Düsseldorf: Die Fähre (1949)
155 Vom Silberband der Donau rings umwunden. Gestalten aus Alt-Österreich. 347 S. Wien: Österr. Buchgem. 1950

Euringer, Richard (1891–1953)

1 Im Garten blühte Löwenzahn. 80 S., 5 Abb. Heilbronn: Seifert (= Domina-Druck 4) 1920
2 Mata. 24 S. Mchn: Verl. Die Wende (= Der Keim 8) 1920
3 Der neue Midas. 125 S. Heilbronn: Seifert 1920
4 Tummelpack. Ein ganzes Buch Geschichten. 295 S. Heilbronn: Seifert 1920
5 Das Kreuz im Kreise. 179 S. m. Abb. München: Verl. Die Wende (= Bücher der Wende 8) 1921
6 Zehn Landsknecht-Lieder. Klavierbegl. R. Ritter. 31 S. m. Abb. 4⁰ Mchn: Bischoff 1922

7 Pinkepottel und die Seinen. Einzig beglaubigter Bericht über die internationale Expedition zum Nordpol 1921/22, in hundert oder noch mehr Abenteuern, nebst einer Nutzanwendung zum Gebrauch für Morgen-, Mittag- und Abendland. 206 S. Heilbronn: Seifert 1922
8 Gleichnis der Zeit. Besinnliche Geschichten. 120 S. Lpz: Haessel (= Die Haessel-Reihe 1) 1923
9 Pan und die Fliege. Kribblige Geschichten. 118 S. Lpz: Haessel (= Die Haessel-Reihe 2) 1923
10 Plauderbuch für Musik-Freunde. 85 S. m. Abb. Heilbronn: Seifert (= Angebinde 5) 1923
11 Vagel Bunt, das ist fünfzig herzhafte Schwänke. 112 S. Heilbronn: Seifert 1923
12 Das herzhaft Sprüchli-Büchl will sagen Neue An-, Auf- und Überschriften für Häuser, Mauern, Bänk, Tisch, Wänd und allerhand Gerät, demnach Das deutsche Epigramm oder Kreuzfideles Inventarium. 74 S. Heilbronn: Seifert 1925
13 Fleisch und Kleider. Roman. 2 Bde. in 1 Bd. 512 S. Heilbronn: Seifert 1927
14 Fliegerschule 4. Buch der Mannschaft. 304 S. Hbg: Hanseat. Verl.-Anst. 1929
15 Die Arbeitslosen. Roman aus der Gegenwart. 274 S. Hbg: Hanseat. Verl.-Anst. 1930
16 Der deutsche Görres. 94 S. Oldenburg: Stalling (= Stalling-Bücherei „Schriften an die Nation" 14) 1932
17 Die Jobsiade. Luder-, Lust- und Laienspiel nach Dr. Kortums komischem Heldengedicht für den völkischen Funk erneuert. 47 S. Hbg: Hanseat. Verl.-Anst. (= Deutsche Laienspiele) 1933
18 Deutsche Passion 1933. Hörwerk. 46 S. Oldenburg: Stalling (= Stalling-Bücherei „Schriften an die Nation" 24) 1933
19 Drei alte deutsche Reichsstädte. Rothenburg, Dinkelsbühl, Nördlingen. 7 S., 64 S. Abb. 4° Bielefeld: Velhagen & Klasing 1933
20 Im Fliegerlager. Aus dem Roman „Fliegerschule 4". Bes. H. Langenbucher. 50 S. Mchn: Langen-Müller (= Die deutsche Folge 17) (1934) (Ausz. a. Nr. 14)
21 Schlachtruf der Jugend. 20 S. Lpz: Strauch (= Sprechchorspiel 2) (1934)
22 Chor der Fäuste. 4 Bl. Lpz: Glaser (= Deutsche Sprechchöre 8) 1935
23 Dietrich Eckart. Leben eines deutschen Dichters. 35 S. Hbg: Hanseat. Verl.-Anst. 1935
24 Die Fürsten fallen. Roman aus hundert Jahren Anarchie. 755 S. Lpz: Grethlein 1935
25 Ludwigslegende aus hundert Jahren Anarchie. Einmalige Ausgabe. 337 S. Hbg: Dt. Hausbücherei 1935
26 Deutsche Mythe. 4 Bl. Lpz: Glaser (= Deutsche Sprechchöre 7) (1935)
27 Totentanz. Ein Tanz der lebendig Toten und der erweckten Muskoten. 36 S. Hbg: Hanseat. Verl.-Anst. (= Deutsche Spiele) 1935
28 Chronik einer deutschen Wandlung 1925–1935. 304 S. Hbg: Hanseat. Verl.-Anst. 1936
29 Fahrten und Fernen. Landschaften. 236 S. Hbg: Hanseat. Verl.-Anst. 1936
30 Öhme Örgelkösters Kindheit. Neun Kapitel einer Erzählung. 61 S. Bln: Grote (= Grotes Aussaat-Bücher 11) 1936
31 Eine Dichterstunde. Zusgest. K. Ziesel. 24 S. Hbg: Hanseat. Verl.-Anst. 1937
32 Die Gedichte. 176 S. Bln: Grote 1937
33 Vortrupp „Pascha". Roman der ersten Expedition deutscher Flieger in die Wüste. 395 S. Hbg: Hanseat. Verl.-Anst. 1937
34 Der Zug durch die Wüste. Roman der ersten Expedition deutscher Flieger durch die Wüste. 395 S. Hbg: Hanseat. Verl.-Anst. 1938 (Forts. v. Nr. 33)
35 Die letzte Mühle. Westfälische Geschichten. 110 S. Hbg: Hanseat. Verl.-Anst. 1939
36 Der Serasker. Envers Ende. Irrfahrt und Kampf eines kühnen Türken. 344 S. Hbg: Hanseat. Verl.-Anst. 1939
37 Reise zu den Demokraten. Ein Graubündner Tagebuch. 1937. 86 S. Hbg: Hanseat. Verl.-Anst. (= Hanseaten-Bücherei) (1940)
38 Zwiegespräche. 15 S. Mchn: Münchner Buchverl. (= Münchner Lesebogen 42) 1940

39 (MV) O. Brües, R. E., W. Schäfer: Otto von Bismarck, gesehen von drei Dichtern. 64 S. Köln: Staufen-V. (= Staufen-Bücherei 16) (1941)
40 Als Flieger in zwei Kriegen. Erlebnisse. Nachw. K. F. Probst. 78 S. Lpz: Reclam (= Reclam's UB. 7488) 1941
41 Jagd im Schwerpunkt. Gefechtsbericht der vierzig Tage. Hbg: Hanseat. Verl.-Anst. 1941
42 Aphorismen. 104 S. Hbg: Hanseat. Verl.-Anst. 1943
43 Die Verliebten. Nur eine Liebesgeschichte. 79 S. Hamm: Grote (= Grotes Säemann-Bücher) 1951
44 Die Liebe der Lyonna. Roman eines natürlichen Lebens. 484 S. Stg: Verl. Dt. Volksbücher 1952
45 Die Sargbreite Leben. Wir sind Internierte. 371 S. Hamm: Grote 1952
46 Der kostbare Schrein. Mystische Weisheit in neuer Fassung. Ein Brevier. 216 S. Olten, Freiburg i. Br.: Walter (= Bücher christlicher Weisheit) 1953
47 Der Soldat und der Friede. Besinnung und Anruf. Hg. E. v. Loen. 48 S. Bielefeld, Bad Godesberg: Uhlenburg-V. 1954
48 Die Weltreise des Marco Polo. Nach den Original-Berichten seiner Entdeckungsfahrten. 326 S., 3 Kt. Stg: Verl. Dt. Volksbücher (1954)

EVERS, Franz (1871–1947)

1 (MH) Litterarische Blätter. (Jg. 2 m. d. Untertitel: Zeitschrift für moderne Poesie). Hg. F. E. u. A. Kohl. Jg. 1–2, je 12 H. 4° Goslar: Selbstverl. (Jg. 1) bzw. Augsburg: Reichel (Jg. 2) 1889–1891
2 (Hg., MV) C. Busse, F. E. (u. a.): Symphonie. Ein Gedichtbuch. 199 S. Mchn: Poessl 1892
3 Fundamente. Gedichte. 227 S. m. Abb. Lpz: Verl. Kreisende Ringe 1893
4 Sprüche aus der Höhe. 63 S. Lpz: Verl. Kreisende Ringe 1893
5 Eva. Eine Überwindung. 102 S., 1 Abb. Lpz: Verl. Kreisende Ringe 1894
6 Königslieder. 111 S. Lpz: Verl. Kreisende Ringe 1894
7 Die Psalmen. 209 S. Lpz: Verl. Kreisende Ringe 1894
8 Deutsche Lieder. 127 S. 12° Bln: Grote 1895
9 Hohe Lieder. 272 S. m. Abb. Bln: Schuster & Loeffler 1896
  Neuaufl. v. Nr. 7)
10 Paradiese. 63 S. Lpz: Verl. Kreisende Ringe 1897
11 Dramatische Dichtungen. 3 Bde. Lpz: Verl. Kreisende Ringe 1900
   1. Das große Leben. Trauerspiel. 140 S.
   2. Sterbende Helden. Trauerspiel. 124 S.
   3. Freundschaft und Liebe. Tragödie. 124 S.
12 Der Halbgott. Gedichte. 305 S., 1 Abb. Lpz: Verl. Kreisende Ringe 1900
13 Erntelieder. 220 S. Lpz: Verl. Kreisende Ringe 1901
14 Ausgewählte Gedichte. 5, 73 S. Lpz: Verl. Kreisende Ringe 1911
15 Nachtwandel der Liebe. Gedichte. 114 S. Lpz: Verl. Kreisende Ringe 1911

EWERS, Hanns Heinz (1871–1943)

1 (MV) H. H. E. u. T. Etzel: Ein Fabelbuch. 114 S. m. Abb. 4° Mchn: Langen 1901
2 Der gekreuzigte Tannhäuser. 194 S. m. Abb. Bln: Messer 1901
3 Hochnotpeinliche Geschichten. 82 S. 12° Lpz, Bln: Seemann 1902
4 Die Macht der Liebe oder Die traurigen Folgen einer guten Erziehung. 39 S. Bln: Harmonie (= Bunte Brettl- und Theaterbibliothek 10) 1902
5 (MV) H. H. E., M. Ewers, T. Etzel: Märchen und Fabeln für große und kleine Kinder. 68 S. m. Abb. 4° Bln: Harmonie 1902
6 Die verkaufte Großmutter. 76 S. m. Abb. 4° Lpz, Bln: Seemann 1903
7 C 33 und anderes. 194 S. Bln: Eisselt 1904
8 Das Cabaret. 70 S., 12 Taf. Bln: Schuster & Loeffler (= Das Theater 11) 1904

9 Die Ginsterhexe und andere Sommermärchen. 101 S. m. Abb. Lpz: v. Schalscha-Ehrenfeld (1905)
10 Führer durch die moderne Literatur. Dreihundert Würdigungen der hervorragendsten Schriftsteller unserer Zeit. 206 S. m. Abb. Bln: Globus 1906
11 Edgar Allan Poe. 67 S., 6 Taf., 1 Faks. Bln: Schuster & Loeffler (= Die Dichtung 42) 1906
12 Das Grauen. Seltsame Geschichten. 291 S. m. Abb. Mchn: Müller 1908
13 „Mit meinen Augen – – –". Fahrten durch die lateinische Welt. 475 S. Bln: Mecklenburg 1909
14 Die Besessenen. Seltsame Geschichten. 311 S., 1 Titelb. Mchn: Müller (1909)
15 Delphi. Drama in drei Akten. 204 S. Mchn: Müller 1909
16 Der Zauberlehrling oder Die Teufelsjäger. Roman. 517 S. Mchn: Müller 1909
17 Grotesken. 7, 179 S. Mchn: Müller 1910
18 Moganni Nameh. Gesammelte Gedichte. 144 S., 9 Abb. Mchn: Müller 1910
19 (MH) H. H. E. u. H. Conrad: Rara. Bibliothek des Absonderlichen. 6 Bde. Stg: Lutz 1910–1923
20 Alraune. Die Geschichte eines lebendigen Wesens. 460 S. Mchn: Müller 1911
21 Indien und ich. 256 S., 54 Abb. Mchn: Müller 1911
22 (MV) H. H. E. u. M. Henry: Joli tambour. Das französische Volkslied. 270 S., 4 Abb. Bln: Lehmann 1912
23 (MV) E. d'Albert: Die toten Augen. Eine Bühnendichtung v. H. H. E. u. M. Henry. Musik E. d'A. Textbuch. 59 S. Bln: Bote & Bock (1913)
24 (Hg.) Musik im Bild. Text J. E. Poritzky. 128, 5 S., 50 Taf., 73 Abb. 4⁰ Mchn: Müller 1913
25 Das Wundermädchen von Berlin. Drama in vier Akten. 220 S. Mchn: Müller 1913
26 (Hg.) Galerie der Phantasten. 8 Bde. Mchn: Müller 1914–1922
27 Mein Begräbnis und andere seltsame Geschichten. Einl. S. Przybyszewski. XXXIX, 295 S., 8 Abb. Mchn: Müller (= Galerie der Phantasten 6) (1915) (Bd. 6 v. Nr. 26)
28 Deutsche Kriegslieder. 53 S. Mchn: Müller (1915)
29 Warum haßt man die Deutschen? 22 S. Zürich: Altheer (1918)
30 Wir und die Welt. 4 S. Lpz: Wunderlich (= Der deutsche Ernst 9) (1918)
31 Aus dem Tagebuch eines Orangenbaumes. 46 S. 16⁰ Wien: Lyra-V. (= Molitor's Novellenschatz 3) 1919
32 Die blauen Indianer und andere Geschichten. 62 S. Bln: Ullstein (= Die spannenden Bücher) 1921
33 Das Mädchen von Shalott und andere Dramen. Trecento, Delphi, Die toten Augen, Das Wundermädchen von Berlin, Der Weg zum Licht. 423 S. Mchn: Müller 1921
  (Enth. u. a. Nr. 15, 23, 25)
34 Vampir. Ein verwilderter Roman in Fetzen und Farben. 478 S. Mchn: Müller 1921
35 Hanns-Heinz-Ewers-Brevier. Hg. R. Gerstel u. R. Bongs. Vorw. G. Goyert. XIV, 120 S., 9 Taf. Mchn: Müller 1922
36 (MV) F. v. Schiller, H. H. E. Der Geisterseher. Aus den Papieren des Grafen O***. Tl. 1 hg. F. v. S., Tl. 2 hg. H. H. E. 2 Tle. in 1 Bd. 530 S. Mchn: Müller 1922
37 Die Herzen der Könige. 27 S. m. Abb. 4⁰ Wien: Wolf 1922
38 Nachtmahr. Seltsame Geschichten. 363 S. Mchn: Müller (1922)
39 Ameisen. 532 S. Mchn: Müller 1925
40 (Hg.) A. Manzoni: Die Verlobten. 2 Bde. 368, 363 S. Bln: Deutsche Bibliothek (= Deutsche Bibliothek 168–169) (1925)
41 (Hg.) F. W. Weber: Dreizehnlinden. 338 S. Bln: Deutsche Bibliothek (= Deutsche Bibliothek 174) (1925)
42 Die traurige Geschichte meiner Trockenlegung. 68 S. m. Abb. Bln: Landsberg (1927)
43 Absonderliche Geschichten. 121 S. Bln: Weltgeist-Bücher (= Weltgeist-Bücher 222–223) (1927)
44 (MV) H. H. E. (u. a.): Armer Junge und acht andere Freundschaftsnovellen. 146 S. Bln: Verl. Der Eigene 1927

45 Von sieben Meeren. Fahrten und Abenteuer. 351 S. Bln: Sieben Stäbe Verl.- u. Dr.-Ges. 1927
46 Fundvogel. Die Geschichte einer Wandlung. 537 S. Bln: Sieben Stäbe Verl.- u. Dr.-Ges. 1928
47 Eileen Carter. Die Spinne. 199 S. 16° Bln: Sieben Stäbe Verl.- u. Dr.-Ges. (= Bücherei moderner Autoren) (1929)
48 Meine Mutter, die Hex. 54 S., 6 Abb. 4° Bln: Sieben Stäbe Verl.- u. Dr.-Ges. (1930)
49 Der Student von Prag. Eine Idee v. H. H. E. 219 S. Bln: Dom-V. 1930
50 Reiter in deutscher Nacht. 489 S. Stg: Cotta 1932
51 Horst Wessel. Ein deutsches Schicksal. 294 S., 1 Titelb. Stg: Cotta 1932
52 (MV) H. H. E. u. P. Beyer: Stürmer. Ein deutsches Schicksal. Nach dem Buche „Horst Wessel". Für die Bühne bearb. 137 S. Stg: Cotta 1934 (Dramat. v. Nr. 51)
53 (Hg.) O. Wilde: Erzählungen und Märchen. 236 S. Bln: Deutsche Bibliothek (= Deutsche Bibliothek 56) (1936)
54 (Hg.) Dreizehn Gespenstergeschichten. Von Apulejus (u. a.) 289 S. Bln: Siegismund 1941
55 Die schönsten Hände der Welt. Geschichten in der Sonne. 361 S. Mchn, Wien, Lpz: Zinnen-V. 1943

EYTH, Max von (1836–1906)

1 Volkmar. Gedicht. 245 S. Lpz: Grunow (1863)
2 Wanderbuch eines Ingenieurs. In Briefen. 6 Bde. Heidelberg: Winter 1871–1884
   1. 2. Europa. – Afrika und Asien. – Amerika. 594 S. 1871
   3. Novellen. Nebst einem Anhang von Gedichten. 205 S. 1871
   4. Aus drei Welttheilen. 315 S. 1875
   5. Aus Nah und Fern. 271 S. 1879
   6. Fremde und Heimath. 288 S. 1884
3 Der Waldteufel. 182 S. 16° Heilbronn: Henninger 1878
4 Mönch und Landsknecht. Erzählung aus dem Bauernkrieg. 223 S. Heidelberg: Winter (1882)
5 Hinter Pflug und Schraubstock. Skizzen aus dem Taschenbuch eines Ingenieurs. 2 Bde. 306, 237 S. Stg: Dt. Verl.-Anst. (1899)
6 Der Kampf um die Cheopspyramide. Eine Geschichte und Geschichten aus dem Leben eines Ingenieurs. 2 Bde. 441, 440 S. Heidelberg: Winter 1902
7 Feierstunden. 315 S. Heidelberg: Winter 1904 (Neuaufl. d. 3. Bds. v. Nr. 2)
8 Im Strom unserer Zeit. Aus Briefen eines Ingenieurs. 3 Bde. Heidelberg: Winter 1904
   1. Lehrjahre. 418 S. m. Abb., 4 Taf.
   2. Wanderjahre. 470 S. m. Abb., 4 Taf.
   3. Meisterjahre. 527 S. m. Abb., 4 Taf.
   (gekürzte Neuausg. v. Nr. 2)
9 Lebendige Kräfte. Sieben Vorträge aus dem Gebiet der Technik. 284 S. m. Abb. Bln: Springer 1905
10 Der blinde Passagier. (S.-A.) Einl. A. Stern. 68 S., 1 Abb. Hbg: Deutsche Dichter-Gedächtnis-Stiftung (= Volksbücher der deutschen Dichter-Gedächtnis-Stiftung 10) 1905
(Ausz. a. Nr. 55)
11 Der Schneider von Ulm. Geschichte eines zweihundert Jahre zu früh Geborenen. 2 Bde. 399 S., 1 Titelb.; 455 S., 1 Titelb. Stg: Dt. Verl.-Anst. 1906
12 Geld und Erfahrung. Einl. C. Müller. 176 S. m. Abb. Hbg: Deutsche Dichter-Gedächtnis-Stiftung (= Hausbücherei der deutschen Dichter-Gedächtnis-Stiftung 32) 1909
13 Gesammelte Schriften. 6 Bde. Stg: Dt. Verl.-Anst.; Heidelberg: Winter 1909–1910
14 (MV) L. Meyer: Paul Poggendorf. Ein Lebensbild. Mit Freundesbriefen v. M. E. 200 S. Bln: Meyer 1911

FAESI, Robert (*1883)

1. Abraham Emanuel Fröhlich. XII, 178 S. Zürich: Schultheß 1907
2. Zürcher Idylle. III, 131 S. Zürich: Schultheß 1908
3. Odysseus und Nausikaa. Tragödie. 106 S. Zürich: Schultheß 1911
4. Abendlieder. (S.-A.) 2 S. Zürich: Rascher 1912
5. Gerhart Hauptmanns „Emanuel Quint". Eine Studie. 30 S. Zürich: Schultheß 1912
6. Die offenen Türen. Komödie. 87 S. Bln: Oesterheld 1912
7. Paul Ernst und die neuklassischen Bestrebungen im Drama. 158 S. Lpz: Xenien-V. 1913
8. (MV) R. F. u. E. Korrodi: Das poetische Zürich. Miniaturen aus dem achtzehnten Jahrhundert. 168 S. Zürich: Lesezirkel Hottingen 1913
9. (Einl.) Schweizererde. Erzählungen. XII, 260 S. Frauenfeld: Huber 1915
10. Carl Spitteler. Eine Darstellung seiner dichterischen Persönlichkeit. XI, 94 S. Zürich: Rascher (= Schriften für Schweizer Art und Kunst 11–13) 1915
11. (MH) R. F. (u. a.): Paul Ernst zu seinem fünfzigsten Geburtstag. VII, 131 S. Mchn: Müller 1916
12. (MH) R. F., G. de Reynold, Ch. Gos: Soldat und Bürger. Ein Beitrag zur nationalen Erziehung des Schweizers. XV, 407 S. Zürich: Schultheß 1916
13. Aus der Brandung. Zeitgedicht eines Schweizers. 45 S. Frauenfeld: Huber 1917
14. Füsilier Wipf. Eine Geschichte aus dem schweizer Grenzdienst. 86 S. Frauenfeld: Huber (= Schweizerische Erzähler 10) 1917
15. Die Fassade. Lustspiel. 144 S. Bln: Oesterheld 1918
16. Rainer Maria Rilke. 74 S. Wien: Amalthea-V. (= Amalthea-Bücherei 3) 1919
17. (Hg.) Anthologia Helvetica. Deutsche, französische, italienische, rätoromanische und lateinische Gedichte und Volkslieder. 352 S. Lpz: Insel (= Bibliotheca mundi) 1921
18. Dichternöte oder Wahrhaftige Tragikomödia und grausliches Martyrium der schweizerischen Schriftsteller. Ein Kasperlispiel, mit vielem Fleiß erfunden und in Knittelverse gebracht. 31 S., 8 Abb. 4° Zürich: Schultheß 1921
19. Gestalten und Wandlungen der schweizerischen Dichtung. Zehn Essays. 303 S. Wien: Amalthea-V. (= Amalthea-Bücherei 29–30) 1922
20. Rainer Maria Rilke. Mit einer Rilke-Bibliographie v. F. A. Hünich. 87 S. Wien: Amalthea-V. (= Amalthea-Bücherei 3) 1922 (Veränd. Neuausg. v. Nr. 16)
21. Der König von Ste. Pélagie. Novelle. 104 S. Lpz: Haessel (= Die Haessel-Reihe 5) 1924
22. (Einl.) C. F. Meyer: Werke. Die Texte rev. H. Cysarz, J. Fränkel u. F. Michael. Dünndruck-Ausg. in 4 Bdn. CXXXIII, 2298 S. Lpz: Haessel 1924
23. Conrad Ferdinand Meyer. 147 S. Lpz: Haessel (= Die Schweiz im deutschen Geistesleben 36) 1925 (Neuaufl. d. Einl. v. Nr. 22)
24. Opferspiel. Drama. 133 S. Lpz: Grethlein 1925
25. Der brennende Busch. Gedichte. 98 S. Lpz: Grethlein 1926
26. (Einl.) J. Gotthelf: Uli der Knecht. 505 S. Bln: Deutsche Buchgemeinschaft 1927
27. (Hg.) Die Ernte schweizerischer Lyrik. 352 S. Zürich: Rascher 1928 (Neuaufl. v. Nr. 17)
28. Vom Menuett zur Marseillaise. Novelle. 122 S. Lpz: Grethlein (= Seldwyla-Bücherei 21–22) 1930
29. (Hg.) Die Familie Faesi 1532–1932. Zürich: Priv.-Dr. Schultheß 1932
30. Der gegenwärtige Goethe. Rede. 31 S. Frauenfeld: Huber 1932
31. Heimat und Genius. Festblätter zur schweizerischen Geistesgeschichte. 148 S. Frauenfeld: Huber 1933

32 Spittelers Weg und Werk. 308 S., 13 Abb., 2 Faks. Frauenfeld: Huber (= Die Schweiz im deutschen Geistesleben. Die illustrierte Reihe 20) 1933
33 Gedenkrede beim Tode Rainer Maria Rilkes. 13 S. Wien: Reichner (100 Ex.) 1935
34 Das Antlitz der Erde. Gedichte. 110 S. Lpz: Insel 1936
35 Der Magier. Ein Spiel mit Sternen. 121 S. Frauenfeld: Huber 1938
36 Füsilier Wipf. Erzählung aus der schweizerischen Grenzbesetzung. Neue weitergeführte Fassung. 153 S., 16 Taf. Frauenfeld: Huber 1938 (Erw. Neufassg. v. Nr. 14)
37 Tag unsres Volkes. Eine Schweizerdichtung. Entstanden als Festkantate für die schweizerische Landesausstellung 1939 Zürich. 31 S. Frauenfeld: Huber 1939
38 (Einl.) G. Keller: Werke. Bd. 1: Gedichte. IV, IV, LXXIV, 518 S. Zürich, Bln: Atlantis-V. (= Atlantis-Ausgaben) 1941
39 Die Stadt der Väter. Roman. 598 S. Zürich, Bln: Atlantis-V. 1941
40 Gottfried Keller. 77 S. Zürich: Atlantis-V. 1942 (Neuaufl. d. Einl. v. Nr. 38)
41 Die Stadt der Freiheit. Roman. 640 S. Zürich: Atlantis-V. 1944
42 Dichtung und Geschichte. 48 S. Zürich: Beer (= Neujahrsblatt. Zum Besten des Waisenhauses in Zürich. 108) 1945
43 Carl Spitteler als Seher und Zeitgenosse. Rede. 28 S. Zürich: Artemis-V. 1945
44 (MH) C. Spitteler: Gesammelte Werke. Hg. G. Bohnenblust, W. Altwegg, R. F. Bd. 1–10, 2. 11 Bde. Zürich, Stg: Artemis-V. 1945–1958
45 Über den Dächern. Gedichte. 23 S. Herrliberg-Zürich: Bühl-V. (= Bühl-Verlag-Blätter 10) 1946
46 Ungereimte Welt, gereimt. 100 S. m. Abb. Zürich: Atlantis-V. 1946
47 Conrad Ferdinand Meyer. 224 S. Frauenfeld: Huber 1948 (Erw. Neuausg. v. Nr. 23)
48 (Einl.) E. v. Bodmann: Aus seinen Werken. 275 S., 1 Titelb. Stg: Reclam 1949
49 Alfred Kerr. (S.-A.) 11 S. Amsterdam: Berman-Fischer 1949
50 (MV) Die schwarze Spinne. Oper in zwei Akten. Musik W. Burkhard. Bühnendichtung R. F. u. G. Boner nach der Erzählung v. J. Gotthelf. (Textbuch). 54 S. Kassel, Basel: Bärenreiter-V. 1949
51 Zürcher Idylle. 127 S. m. Abb. Zürich: Schultheß 1950 (Neufassg. v. Nr. 2)
52 Die Stadt des Friedens. Roman. 589 S. Zürich: Atlantis-V. 1952
53 Die Gedichte. 115 S. Zürich: Atlantis-V. (1955) (Enth. Nr. 13, 25, 34)
54 Thomas Mann. Ein Meister der Erzählkunst. 193 S., 1 Taf. Zürich: Atlantis-V. 1955
55 (MV) Das Spiel von der schwarzen Spinne. Nach der Erzählung v. J. Gotthelf. Bühnenmusik W. Burkhard. 136 S. m. Abb. Glarus: Tschudy (= Reihe schweizer. Volksspiele 21) 1956 (Neuaufl. v. Nr. 50)

FALCKENBERG, Otto (1873–1947)

1 Modellstudien. 86 S. Dresden: Pierson 1894
2 Morgenlieder. Gedichte. 42 S. Lpz: Diederichs 1899
3 Das Buch von der Lex Heinze. Kulturdokument aus dem Anfange des zwanzigsten Jahrhunderts. 88 S. Lpz: Staackmann 1900
4 Der Sieger. Dramatisches Gedicht. 58 S. Mchn, Lpz: Dege 1901
5 Doktor Eisenbart. Komödie. 238 S. Mchn: Müller 1907
6 Ein deutsches Weihnachtsspiel. Nach alten Weihnachtsspielen und -liedern eingerichtet und ergänzt. Musik B. Stavenhagen. 55 S. Mchn: Müller 1908
7 (Hg.) Schillers Dramaturgie. Drama und Bühne betreffende Schriften, Aufsätze, Bemerkungen Schillers, gesammelt und ausgewählt. 460 S. Mchn: Müller (= Deutsche Dramaturgie 2) 1909
8 (Hg.) Die Fahrt ins Wunderbare. Märchen deutscher Dichter. 468 S. m. Abb. Mchn: Mörike (= Delphin-Bücher 1) 1911
9 Mein Leben, mein Theater. Nach Gesprächen und Dokumenten aufgezeichnet v. W. Petzet. 502 S., 185 Abb., 5 Taf. Mchn, Wien, Lpz: Zinnen-Verl. 1944

Falke, Gustav (1853–1916)

1 Mynheer der Tod und andere Gedichte. 192 S. Dresden: Pierson 1891
2 Aus dem Durchschnitt. Roman. 168 S. Bln: Fischer 1892
3 Tanz und Andacht. Gedichte aus Tag und Traum. 160 S. Mchn, Bln: Schuster & Loeffler 1893
4 Harmlose Humoresken. 85 S. Mchn, Bln: Schuster & Loeffler 1894
5 Der Kuß. Ein Capriccio. 32 S. 16⁰ Mchn, Bln: Schuster & Loeffler 1894
6 Zwischen zwei Nächten. Neue Gedichte. 116 S. 16⁰ Stg: Cotta 1894
7 Landen und Stranden. Hamburger Roman. 2 Bde. 400, 228 S. Bln: Storm (= Veröffentlichungen des Vereins für freies Schriftthum. 1. Jahrgang 1894/95, Bd. 4–5) 1895
8 Neue Fahrt. Gedichte. 154 S. Bln, Hbg: Janssen 1897
9 Sie war reizend! 85 S. Bln, Hbg: Janssen 1897 (Neuaufl. v. Nr. 4)
10 Mit dem Leben. Neue Gedichte. 115 S. Hbg: Janssen 1899
11 Der Mann im Nebel. 215 S. Hbg: Janssen 1899
12 Gustav Falke als Lyriker. Hg., Einl. M. Spanier. 100 S. Hbg: Janssen 1900
13 (MV) O. Speckter: Katzenbuch. Mit Gedichten v. G. F. 22 S. m. Abb. Hbg: Janssen (1900)
14 (MV) O. Speckter: Vogelbuch. Mit Gedichten v. G. F. 47 S. m. Abb. 4⁰ Hbg: Janssen 1901
15 Putzi. Märchen-Komödie. 112 S. Hbg: Janssen 1902
16 Hohe Sommertage. Neue Gedichte. 106 S. Hbg: Janssen 1902
17 Aus Muckimacks Reich. Märchen und Satiren. 94 S. 4⁰ Hbg: Janssen 1903
18 Der gestiefelte Kater. 79 S. Hbg: Janssen 1904
19 Ausgewählte Gedichte. 93 S. Hbg: Janssen 1905
20 (Hg.) Das Büchlein Immergrün. Auswahl deutscher Lyrik für junge Mädchen. 119 S. Köln: Schaffstein 1905
21 Zwei lustige Seeleute. 35 S., 16 Abb. Köln: Schaffstein 1905
22 En Handvull Appeln. Plattdütsche Rimels vor unse Görn. 45 S. m. Abb. Hbg: Janssen 1906
23 Eichendorff. 71 S., 6 Taf., 2 Faks. Bln: Schuster & Loeffler (= Die Dichtung 41) 1906
24 Timm Kröger. 52 S. Hbg: Janssen 1906
25 (MH) G. F. u. J. Loewenberg: Steht auf, ihr lieben Kinderlein. Gedichte aus älterer und neuerer Zeit. 268 S. Köln: Schaffstein 1906
26 Frohe Fracht. Neue Gedichte. 130 S. Hbg: Janssen 1907
27 Heitere Geschichten. 111 S.Bln: Hillger (= Kürschner's Bücherschatz 555) 1907
28 Potts. Harmlose Humoresken. 114 S. Hbg: Janssen 1907
29 Hamburg. 129 S., 8 Taf. Stg: Krabbe (= Städte und Landschaften 7) 1908
30 Drei gute Kameraden. 167 S. Mainz: Scholz (= Mainzer Volks- und Jugendbücher 5) 1908
31 Die Kinder aus Ohlsens Gang. Roman. 331 S. Hbg: Janssen 1908
32 Dörten und andere Erzählungen. Einl. T. Kröger. 138 S. m. Abb. Lpz: Hesse (= Max Hesse's Volksbücherei 526–527) 1909
33 Ein lustig Jahr der Tiere. Ein fröhlich Bilderbuch. In zwölf Monatsbildern gezeichnet. 25 S. m. Abb. Mchn: Dietrich 1909
34 (MV) E. Osswald: Tierbilder. Mit Versen v. G. F. 2 Tle. 15, 15 S. 4⁰ Mainz: Scholz 1909
35 Winter und Frühling. Ein szenisches Scherzchen für Kinder. Musik E. Zingel. 24 S. Lpz: Strauch (= Jugend- und Volksbühne 54–55) 1909
36 Die Auswahl. Gedichte. 217 S. Hbg: Janssen 1910
37 Klaus Bärlappe. Wie einer das Fürchten verlernte. 163 S. m. Abb. Mainz: Scholz (= Mainzer Volks- und Jugendbücher 12) 1910
38 (MV) G. F. u. E. Osswald: Dies und das. Bilderbuch für die Kleinen. Verse G. F., Bilder E. O. 16 S. m. Abb. 4⁰ Mainz: Scholz 1910
39 Geelgösch. Novellen. 241 S. Lpz: Grethlein 1910
40 Der Spanier. Novelle. 126 S. Bln: Grote 1910
41 (MV) G. F. u. A. Schmidhammer: Drei Helden. Lustiges Bilderbuch. (S.-A.) Verse G. F., Bilder A. S. 24 S. m. Abb. 4⁰ Mainz: Scholz (= Das deutsche Bilderbuch) 1911

42 Das Schützenfest. Im Fischerdorf. Erzählungen für die Jugend. 160 S. m. Abb. Reutlingen: Ensslin & Laiblin 1911
43 Unruhig steht die Sehnsucht auf. Auswahl aus den Werken. Hg. G. Höller. 139 S. Hbg: Janssen 1911
44 Gesammelte Dichtungen. 5 Bde. 732 S. Hbg: Janssen 1912
45 Herr Henning oder Die Tönniesfresser von Hildesheim. Geschichtliche Erzählung. 144 S. m. Abb. Lpz: Hahn 1912
46 (Hg.) Die neidischen Schwestern. Märchen aus 1001 Nacht. 141 S. m. Abb. Bln: Ullstein (= Ullstein-Jugend-Bücher 3) 1912
47 Die Stadt mit den goldenen Türmen. Die Geschichte meines Lebens. 479 S. m. Abb. Bln: Grote (= Grote'sche Sammlung von Werken zeitgenössischer Schriftsteller 110) 1912
48 Anna. Verse. 45 S. Hbg: Janssen 1913
49 Herr Purtaller und seine Tochter. 194 S. m. Abb. Mainz: Scholz (= Jungmädchen-Bücher 3) 1913
50 Kriegsdichtungen 1914/17. 8 Hefte. Hbg: Hanseat. Dr.- u. Verl.-Haus 1914–1917
 1. Hoch, Kaiser und Reich! 31 S., 1 Abb. 1914
 2. Unsere Helden. 48 S. 1915
 3. Wir und Österreich. 52 S. (1915)
 4. Zu Wasser und zu Lande. 48 S. 1915
 5. Feinde ringsum. 48 S. 1915
 6. Von Feld zu Feld. 48 S. 1915
 7. Fern vom Krieg. 48 S. 1916
 8. Zum blutig frohen Reigen. 48 S. 1917
51 (MV) E. Osswald: Kunterbunt. Zeichnungen. Verse v. G. F. 9 S. m. Abb. 4° Mainz: Scholz (= Scholz' Künstler-Bilderbücher) 1914
52 Viel Feind, viel Ehr. 223 S., 7 Abb. Lpz: Fock (1915)
53 (MH) G. F., K. König, J. Bode, E. Felden: Für Zeit und Zukunft. Kriegsansprachen. Einf. H. F. Helmolt. 70 S. Stg: Die Lese (1915)
54 Vaterland heilig Land. Kriegslieder. Hg. Reichsverband zur Unterstützung deutscher Veteranen. 47, 10 S. m. Notenbeil. Lpz: Quelle & Meyer 1915
55 Das Leben lebt. Letzte Gedichte. 154 S. Bln: Grote 1916
56 Der Kampf mit den Seeräubern und andere Geschichten. 127 S. m. Abb. Reutlingen: Ensslin & Laiblin (1920)
57 (MV) G. Falke u. A. Schmidhammer: Peters Reise. Verse G. F., Bilder A. S. 15 S. m. Abb. Mainz: Scholz (= Scholz' künstlerische Volksbilderbücher) (1920)

FALKE, Konrad (eig. Karl Frey)   (1880–1942)

1 °Die Meister des Sees. Den Freunden Luganos gewidmet. Vorlesung. 19 S., 3 Taf. Bern: Francke 1903
2 °Aus den Bergen des Sernftales. Alpine Erlebnisse und Erinnerungen 1896–1904. 142 S. m. Abb., 1 Taf. Zürich: Art. Inst. Orell Füssli 1904
3 Dichtungen. 142 S. Aarau: Sauerländer 1904
4 Francesca da Rimini. Tragödie. 31 S. Aarau: Sauerländer 1904
5 °Wilhelm Waiblinger. Sein Leben und seine Werke. 153 S. Aarau: Sauerländer 1904
6 Frau Minne. Ein mittelalterlicher Weltspiegel. 324 S. Aarau: Sauerländer 1905
7 °Wissenschaftliche Behandlung und künstlerische Betrachtung. Mit besonderer Berücksichtigung der akademischen Interpretation literarischer Kunstwerke. 47 S. Zürich: Art. Inst. Orell Füssli 1906
8 °Heimatvolk, Skizzen und Novellen. 201 S. Aarau: Sauerländer 1907
9 (Übs.) Enca Silvio de Piccolomini: Euryalus und Lukrezia. Aus dem Lateinischen. 138 S. Lpz: Insel 1907
10 (MV) G. A. Guyer: Im Ballon über die Jungfrau nach Italien. Naturaufnahmen aus dem Freiballon. Mit einem Anhang: Himmelfahrt. Traversierung der Alpen im Ballon „Cognac" v. K. F. 49 Taf., 46 S. Text, 1 Abb., 1 Kt. Bln: Braunbeck & Gutenberg-Dr. 1908

11 Wenn wir Toten erwachen! Ein Beitrag zur Kenntnis Ibsens. 25 S. Zürich: Rascher 1908
12 Im Banne der Jungfrau. 15, 250 S. m. Abb., 10 Taf. Zürich: Rascher 1909
13 Die ewige Tragödie. Drei Einakterzyklen. I. Träume. Drei Einakter. Dante Alighieri. Michelangelo. Giordano Bruno. 103 S. Zürich: Rascher 1909
14 Carmina Romana. 7, 62 S. Zürich: Rascher 1910
15 (Hg.) Rascher's Jahrbuch. (Bd. 3: Rascher's Jahrbuch für Schweizer Art und Kunst). 3 Bde. Zürich: Rascher Jg. 1–3 1910–1912
16 Caesar Imperator. Tragödie. 71 S. Zürich: Rascher 1911
17 Kainz als Hamlet. Ein Abend im Theater. 16, 276 S., 3 Abb. Zürich: Rascher 1911
18 Astorre. Tragödie. 8, 177; 6 S. Musikbeil. Zürich: Rascher 1912
19 Drei Essays. 23 S. Zürich: Rascher 1912
   (Ausz. a. Bd. 3 v. Nr. 15)
20 Im Reiche des Phlegeton. 28 S. Zürich: Rascher (= Dantes Hölle, Gesang 12–16) 1912
   (Ausz. a. Bd. 3 v. Nr. 15)
21 Die Schweizer. Oper. 55 S. Bln: Theater-Verl. 1913
22 Wengen. Ein Landschaftsbild. V, 88 S., 16 Abb. Zürich: Rascher 1913
23 Der schweizerische Kulturwille. Ein Wort an die Gebildeten des Landes. 58 S. Zürich: Rascher 1914
24 Das demokratische Ideal und unsere nationale Erziehung. 59 S. Zürich: Rascher (= Schriften für Schweizer Art und Kunst 16–17) 1915
25 Von alten und neuen Geigen. Eine Studie. 31 S., 2 Taf. Zürich: Rascher 1916
26 San Salvatore. Novelle. 166 S. Zürich: Rascher 1916
27 (Vorw.) Rascher's Jahrbuch für Schweizer Art und Kunst. Jg. 4–5 2 Bde. Zürich: Rascher 1917–1919
   (Forts. v. Nr. 15)
28 Der Marienmaler. Novelle. 38 S. Zürich: Rascher (= Schriften für Schweizer Art und Kunst 47–48) 1917
29 Die Gefahren der Schweiz. 48 S. Zürich: Rascher (Schriften für Schweizer Art und Kunst 93–94) 1918
30 Die Bakchantinnen des Euripides. Freie Nachdichtung in drei Akten. 101 S. Zürich: Rascher 1919
31 (Einl.) Schweizerisches Künstlerbuch. VIII, 262 S., 45 Taf. Zürich: Rascher 1919
32 (Übs., Einl.) Dante Alighieri: La divina commedia. In deutscher Sprache mit einer Einleitung „Wie sollen wir Dante lesen?" und einem Kommentar. Jubiläumsausg. 1. Aufl. XVI, 560 S. Zürich: Rascher (= Europäische Bücher) 1921
33 (Übs., Nachw.) Vision des irischen Ritters Tundalus. Aus dem Lateinischen. 74 S., 14 Abb. Zürich: Rascher 1921
34 Dante. Seine Zeit. Sein Leben. Seine Werke. Mit alphabetischem Inhalts- und Schriftenverzeichnis. VIII, 760 S., 64 Taf. Abb. Mchn: Beck 1922
35 Der Kinderkreuzzug. Ein Roman der Sehnsucht in vier Büchern. 2 Bde. VI, 440; 472 S. Zürich: Art. Inst. Orell Füssli 1924
36 (MÜbs.) B. Kollbrunner: Taumel. Übs. K. F., R. W. Huber, H. Jelmoli. 94 S., 1 Abb. Zürich: Art. Inst. Orell Füssli (= Orell Füsslis Schweizer Erzähler 16) 1925
37 Marienlegenden. Nach alten Vorlagen erzählt. 103 S., 1 Abb. 4⁰ Zürich: Rascher 1926
38 Machtwille und Menschenwürde. Briefwechsel mit einer Schweizerin über das Problem der Geschlechtsliebe. 559 S. Zürich: Orell Füssli 1927
39 Alpiner Totentanz und zwei Erzählungen aus dem Lauterbrunnental. 64 S. (Bern:) Wyß (= Die Bücher der Heimat 4) (1930)
40 Dramatische Werke. 5 Bde. 2800 S. Zürich: Rascher 1930–1933
41 Pauls Hochzeit. Komödie. 50 S. Zürich: Rascher (= Schweizer Theater) 1932
42 Schicksalswende. Betrachtungen eines Aussenseiters zum Problem der Abrüstung. 62 S. Zürich: Rascher (= Schriften für Schweizer Art und Kunst 122–125) 1932
43 (MH) Maß und Wert. Zweimonatsschrift für freie deutsche Kultur. Jg. 1–4 Zürich: Oprecht 1937–1940

44 Was geht vor in der Welt? 47 S. Zürich, New York: Oprecht 1938
45 Jesus von Nazareth. Roman. 2 Bde. 584, 504 S. Zürich: Fretz & Wasmuth 1950

FALLADA, Hans (eig. Rudolf Ditzen) (1893–1947)

1 Der junge Goedeschal. Ein Pubertäts-Roman. 341 S. Bln: Rowohlt (1920)
2 Anton und Gerda. Ein Roman. 298 S. Bln: Rowohlt 1923
3 Bauern, Bonzen und Bomben. Roman. 565 S. Bln: Rowohlt 1931
4 Kleiner Mann – was nun? Roman. 352 S. Bln: Rowohlt 1932
5 Wer einmal aus dem Blechnapf frißt. Roman. 509 S. Bln: Rowohlt 1934
6 Wir hatten mal ein Kind. Eine Geschichte und Geschichten. 545 S. Bln: Rowohlt 1934
7 Märchen vom Stadtschreiber, der aufs Land flog. 224 S. m. Abb. Bln: Rowohlt 1935
8 (Übs.) C. Day: Unser Herr Vater. 211 S. Stg: Rowohlt (1936)
9 Altes Herz geht auf die Reise. Roman. 252 S. Bln: Rowohlt 1936
10 Hoppelpoppel, wo bist du? Kindergeschichten. 74 S. Lpz: Reclam (= Reclam's UB. 7314) (1936)
11 Wolf unter Wölfen. Roman. 2 Tle. 1155 S. Bln: Rowohlt 1937
12 (Übs.) C. Day: Unsere Frau Mama. 226 S. Stg: Rowohlt (1938)
13 Geschichten aus der Murkelei. 188 S. m. Abb. Bln: Rowohlt 1938
14 Der eiserne Gustav. Roman. 737 S. Bln: Rowohlt 1938
15 Süßmilch spricht. Ein Abenteuer von Murr und Maxe. 44 S. m. Abb. Aalen: Stierlin (= Rakete 4) 1939
16 Kleiner Mann, Großer Mann – alles vertauscht, oder Max Schreyvogels Last und Lust des Geldes. Heiterer Roman. 411 S. Stg: Rowohlt (1940)
17 Der ungeliebte Mann. Roman. 355 S. Stg: Rowohlt 1940
18 Das Abenteuer des Werner Quabs. 108 S. Lpz: Bohn (= Bohn's fröhliche Bücher 5) 1941
19 Damals bei uns daheim. Erlebtes, Erfahrenes und Erfundenes. 329 S. Stg, Bln: Rowohlt 1941
20 Heute bei uns zu Haus. Ein anderes Buch. Erfahrenes und Erfundenes. 272 S. Stg, Bln: Rowohlt 1943
21 Der Alpdruck. Roman. 235 S. Bln: Aufbau-V. 1947
22 Jeder stirbt für sich allein. Hg. P. Wiegler 553 S. Bln: Aufbau-V. (1947)
23 Der Trinker. Roman. 312 S. Hbg: Rowohlt 1950
24 Zwei zarte Lämmchen weiß wie Schnee. Roman. 158 S. Hannover: Fackelträger-V. (= Faro-Bücherei 6) (1953)
25 Ein Mann will hinauf. Die Frauen und der Träumer. Roman. 607 S. Mchn, Konstanz: Südverl. 1953
26 Die Stunde, eh du schlafen gehst. Roman einer Liebe. 190 S. Mchn: Goldmann (= Goldmanns gelbe Taschenbücher 320) 1954
27 Fridolin, der freche Dachs. Eine zwei- und vierbeinige Geschichte. 224 S. m. Abb. Ffm: Scheffler 1955

FALLMERAYER, Jakob Philipp (1790–1861)

1 Geschichte des Kaiserthums von Trapezunt. XX, 356 S. Mchn: Weber 1827
2 Geschichte der Halbinsel Morea während des Mittelalters. Ein historischer Versuch. 2 Bde. XVI, 433; XLIV, 456 S. Stg, Tüb: Cotta 1830–1836
3 Welchen Einfluß hatte die Besetzung Griechenlands durch die Slawen auf das Schicksal der Stadt Athen und die Landschaft Attika? Oder nähere Begründung der im ersten Bande der „Geschichte von Morea während des Mittelalters" aufgestellten Lehre über die Entstehung der heutigen Griechen. 112 S. Stg: Cotta 1835
(zu Nr. 2)
4 Originalfragmente, Chroniken, Inschriften und anderes Material zur Geschichte des Kaiserthums Trapezunt. 2 Bde. 159, 108 S. Mchn: Verl. d.

Bayer. Akad. d. Wissenschaften (= Abhandlungen d. Histor. Klasse d. Bayer. Akad. d. Wissenschaften) 1843-1844
(zu Nr. 1)
5 Fragmente aus dem Orient. 2 Bde. XXXVII, 344 S.; 2 Bl., 512 S. Stg, Tüb: Cotta 1845
6 Denkschrift über Golgatha und das Heilig-Grab. 48 S. 4⁰ Mchn: Franz 1852
7 Das Todte Meer. 104 S. 4⁰ Mchn: Franz 1853
8 Das albanesische Element in Griechenland. 3 Tle. 71, 80, 110 S. 4⁰ Mchn: Franz 1857-1860
9 Neue Fragmente aus dem Orient. XLVIII, 408 S. Lpz: Engelmann (= Gesammelte Werke, Bd. 1) 1861
(Bd. 1 v. Nr. 10; zu Nr. 5)
10 Gesammelte Werke. Hg. G. M. Thomas. 3 Bde. XLVIII, 408; VI, 503; VI, 559 S. Lpz: Engelmann 1861
11 Fragmente aus dem Orient. Durchges. u. eingel. G. M. Thomas. 597 S. Stg, Tüb: Cotta 1877
(Verm. Neuaufl. v. Nr. 5)
12 Schriften und Tagebücher. In Auswahl hg. u. eingel. H. Feigl u. E. Molden. 2 Bde. XXXII, 309; 366 S. Mchn, Lpz: Müller 1913

FASSBIND, Franz (*1919)

1 Gedichte. 32 S. Zug: Kalt-Zehnder 1937
2 Zeitloses Leben. Roman. 474 S. Olten: Walter 1941
3 Dramaturgie des Hörspiels. 133 S. Zürich: Leuen-V. 1943
4 Atombombe. Ein gesprochenes Oratorium. 29 S. Einsiedeln, Zürich: Benziger 1945
5 Eine kleine Schöpfungsgeschichte. 15 S. Einsiedeln, Zürich: Benziger 1945
6 (MV) F. Vitali u. F. F.: Radiohörer, das geht dich an! Ein Radiodirektor und ein Radiokritiker sprechen über Probleme der Programmgestaltung. 138 S. Affoltern a. A.: Aehren-V. 1946
7 Die hohe Messe. Vier Gesänge aus einem Weltgedicht. 31 S. 4⁰ Einsiedeln: Benziger 1948
(Vorabdr. v. Nr. 11)
8 Von aller Welt geehrt. Roman. 392 S. Einsiedeln, Zürich: Benziger 1948
9 Der Mann. Roman. 364 S. Einsiedeln, Zürich, Köln: Benziger 1950
10 (MV) G. Castiglioni: Der Schmerzensreiche. Fünf Linolschnitte. Begleittext F. F. 4 Bl., 5 Taf. 2⁰ Zürich: Selbstverl. 1951
11 Die hohe Messe. Ein Gedicht. 141 S. Einsiedeln: Selbstverl. (1952)
(Enth. u. a. Nr. 7)
12 (Hg.) Das internationale Forum. Berichte und Stellungnahmen. 3 Bde. Zürich: Fontana-V. 1953-1954
13 Das Buch der Geheimnisse. 185 S. m. Abb. Stg: Dt. Verl.-Anst. 1954
14 Valentin. 215 S. Einsiedeln, Zürich, Köln: Benziger 1958
15 Wolfgang Schneiderhan, Irmgard Seefried. Eine Künstler- und Lebensgemeinschaft. 307 S. m. Abb. Bln, Stg, Wien: Scherz 1960

FECHTER, Paul (1880-1958)

1 Grundlagen der Realdialektik. Ein Beitrag zur Kenntnis der Bahnsenschen Willensmetaphysik. 76 S. Mchn: Müller 1906
2 Der Expressionismus. VII, 56 S., 42 Abb. Mchn: Piper 1914
3 ⁺(MV) (P. F. u. Monty Jacobs) Paul Monty: Wanderstunden in Wilna. 116 S., 8 Abb. Wilna: Verl. d. Wilnaer Zeitung 1916
4 Wilna 1812. 63 S. Wilna: Verl. d. Wilnaer Zeitung 1917
5 (Vorw.) F. Boettger: Otto Fischer. Verzeichnis seiner graphischen Arbeiten. 7 Bl., 5 Taf. 4⁰ Dresden: Richter 1919
6 Frank Wedekind. Der Mensch und das Werk. 174 S. Jena: Lichtenstein 1920
7 Die Tragödie der Architektur. 128 S., 9 Taf. 4⁰ Jena: Lichtenstein 1921

8 (MV) P. F. u. W. Vesper: Lob der Armut. 111 S., 52 Abb. Bln: Furche-V. (= Werk und Feier 1) 1921
9 (Einl.) H. M. Pechstein und Rolf Belling. Einl. H. Geier u. P. F. 60 S. m. Abb. Köln: Goyert 1921
10 Das graphische Werk Max Pechsteins. XIV, 179 S. m. Abb. 4° Bln: Gurlitt 1921
11 Gerhart Hauptmann. 160 S. Dresden: Sibyllen-V. 1922
12 (Einl.) W. Preißer. Neun Holzschnitte. Die große Stadt. 8 S., 9 Taf. 4° Bln: v. Holten 1923
13 Die Kletterstange. Roman. 331 S. Stg: Dt. Verl.-Anst. (1924)
14 (Nachw.) A. Feuerbach: Ein Vermächtnis. 167 S., 8 Abb. Bln: Volksverb. d. Bücherfreunde 1926
15 Der Ruck im Fahrstuhl. Roman. 495 S. Stg: Dt. Verl.-Anst. (1926)
16 (Nachw.) W. Hegeler: Goya und der Bucklige. Novelle. 76 S. Lpz: Reclam (= Reclam's UB. 6871) 1928
17 (Einl.) M. Wasservogel: Gemälde und Aquarelle ostpreußischer Maler. Ausstellungskatalog. 16 Bl. m. Abb. Bln: Wasservogel 1928
18 Deutsche Dichtung der Gegenwart. Versuch einer Übersicht. 72 S. Lpz: Reclam (= Reclam's UB. 6984) 1929
19 Die Rückkehr zur Natur. Roman. 416 S. Stg: Dt. Verl.-Anst. 1929
20 (Einl.) P. Heyse: L'Arrabiata und andere Novellen. 413 S. Bln: Dt. Buchgemeinschaft 1930
21 Das wartende Land. Roman. 491 S. Stg: Dt. Verl.-Anst. 1931
22 Dichtung der Deutschen. Eine Geschichte der Literatur unseres Volkes von den Anfängen bis zur Gegenwart. 815 S. 4° Bln: Dt. Buchgemeinschaft 1932
23 Agnes Miegel. Eine preußische Frau. 65 S. Bln: Frundsberg-V. (= Die deutsche Innerlichkeit) 1933
24 (MH) Deutsche Rundschau. Hg. R. Pechel u. P. F. Jg. 59–68. Lpz: Bibliogr. Inst. (Jg. 59–62) bzw. Lpz: Reclam (63–65) bzw. Bln: Verl. Dt. Rundschau (66–68). 1933–1942
25 Moeller van den Bruck. Ein politisches Schicksal. 78 S., 1 Taf. Bln: Frundsberg-V. (= Die deutsche Innerlichkeit) 1934
26 (Einf.) E. Barlach: Zeichnungen. 22 S., 56 Abb. 4° Mchn: Piper (1935)
27 Die Fahrt nach der Ahnfrau. Erzählung. 203 S. Stg: Dt. Verl.-Anst. (1935)
28 Das Geheimnis des Beschreibens. 17 S. Bln: Rabenpresse (= Neue Reihe 11) 1935
29 Sechs Wochen Deutschland. 323 S. m. Abb. Lpz: Bibliogr. Inst. 1936
30 Deutsche Backsteingotik. 64 S., 48 Abb. Königsberg: Gräfe & Unzer (= Deutsche Welt 2) 1937
31 Die Frische Nehrung. 48 S., 32 Abb. Königsberg: Gräfe & Unzer (1937)
32 Die Gärten des Lebens. Roman. 480 S. Stg: Dt. Verl.-Anst. (1938)
33 Geschichte der deutschen Literatur vom Naturalismus bis zur Literatur des Unwirklichen. II, 406 S., 113 Abb., 1 Taf., 5 Hs.-Beil. 4° Lpz: Bibliogr. Inst. (= F. Vogt u. M. Koch: Geschichte der deutschen Literatur 3; auch selbständig u. d. T. Die deutsche Literatur vom Naturalismus bis zur Literatur des Unwirklichen) 1938
34 Der Herr Ober. Roman. 332 S. Stg: Dt. Verl.-Anst. 1940
35 Der Zauberer Gottes. Eine Komödie. 136 S. Stg: Dt. Verl.-Anst. 1940
36 Geschichte der deutschen Literatur. Von den Anfängen bis zur Gegenwart. 815 S., 500 Abb., 8 Taf. Bln: Knaur 1941
37 Die Berlinerin. 244 S. m. Abb., 1 Titelb. Stg: Franckh 1943
38 (Nachw.) J. Burckhardt: Weltgeschichtliche Betrachtungen und Briefe. Ausgew. H. Schwanenberg. 283 S. Nürnberg: Mendelsohn (= Die hundert Bücher 63) 1948
39 Menschen und Zeiten. Begegnungen aus fünf Jahrzehnten. 427 S. Gütersloh: Bertelsmann 1948
40 Rudolf Diesels Glück und Ende. 31 S. m. Abb. Hannover: Nannen (= Die bunten Hefte 4) 1949
41 An der Wende der Zeit. Menschen und Begegnungen. Gütersloh: Bertelsmann 1949
   (Forts. v. Nr. 39)
42 Alle Macht den Frauen! Roman. 628 S. Gütersloh: Bertelsmann 1950
43 Kleines Wörterbuch für literarische Gespräche. 348 S. Gütersloh: Bertelsmann 1950

44 Große Zeit des deutschen Theaters. Gestalten und Darsteller. 85 S. Gütersloh: Bertelsmann (= Das kleine Buch, N. F. 4) 1950
45 George Bernard Shaw. Vom neunzehnten zum zwanzigsten Jahrhundert. 77 S. Gütersloh: Bertelsmann (= Das kleine Buch 29) 1951
46 Kleines Wörterbuch für Kunstgespräche. 311 S. Gütersloh: Bertelsmann 1951
47 (Hg., Einl.) Th. Fontane: Wanderungen durch die Mark Brandenburg. Auswahl. 517 S. m. Abb. Hbg: Hoffmann & Campe 1952
48 Knut Hamsun. 69 S. Gütersloh: Bertelsmann (= Das kleine Buch 48) 1952
49 Geschichte der deutschen Literatur. 781 S., 22 Bl. Abb., 1 Titelb. Gütersloh: Bertelsmann 1952
(Veränd. Neuaufl. v. Nr. 36)
50 (MV) R. A. Schröder, F. Thieß, P. F.: Gerhart Hauptmann. Drei Reden. Gehalten im November 1952 im Theater am Goetheplatz, Bremen, anläßlich der Gerhart Hauptmann-Festwoche. 70 S. Gütersloh: Bertelsmann 1953
51 Kleines Wörterbuch für Musikgespräche. 368 S. Gütersloh: Bertelsmann 1953
52 Zwischen Haff und Weichsel. Jahre der Jugend. 375 S. Gütersloh: Bertelsmann 1954
53 (MV) Horst Caspar. Textliche Gestaltung P. F. Bildaufnahmen R. Clausen (u. a.) 18 ungez. Bl., 24 ungez. Bl. Abb. 4° Bln: Daehler (1955)
54 Menschen auf meinem Wege. Begegnungen gestern und heute. 329 S. Gütersloh: Bertelsmann 1955
55 Deutscher Osten. Bilder aus West- und Ostpreußen. 30 S., 20 Bl., Abb. (Gütersloh:) Bertelsmann (= Das kleine Buch 76) 1955
56 (MV) P. F. u. M. Krammer: Berlin im Wandel der Jahrhunderte. Eine Kulturgeschichte der deutschen Hauptstadt. 312 S., 220 Abb. Bln: Rembrandt-V. (1956)
57 (Einl.) Deutschland. Das Gesicht seiner Städte und Landschaften. Erl.Texte: W. Lenz. 240 S., davon S. 19–210 Abb. Gütersloh: Bertelsmann 1956
58 Das europäische Drama. Geist und Kultur im Spiegel des Theaters. 3 Bde. Mannheim: Bibliogr. Inst. 1956-1958
59 Ernst Barlach. 189 S. m. Abb., 40 S. Abb. Gütersloh: Bertelsmann 1957
60 (Hg.) H. Sudermann: Heimat im Osten. Erzählungen und Bilder aus Ostpreußen. Zum hundertsten Geburtstag des Dichters. 239 S. m. Abb. Stg: Cotta 1957
61 (Einl.) Berlin und die Mark. Land zwischen Harz und Oder. Erl. H. Domke. 80 S., 66 Abb. 4° Ffm: Umschau-Verl. (= Die deutschen Lande 13) (1958)
62 (Einl.) K. Hamsun: Sämtliche Romane und Erzählungen. 5 Bde. 5566 S. Mchn: List 1958
63 Dichtung und Gesellschaft. Drei Beiträge zur Zeitkritik. 49 S. Essen: West-V. (= Elbinger Hefte 27) 1959

FEDERER, Heinrich (1866–1928)

1 Der heilige Franz von Assisi. 48 S. m. Abb., 6 Taf. 4° Mchn: Gesellschaft f. christl. Kunst 1908
2 Berge und Menschen. Roman. 654 S. Bln: Grote (= Grote'sche Sammlung von Werken zeitgenössischer Schriftsteller 103) 1911
3 Lachweiler Geschichten. V, 381 S. Bln: Grote (= Grote'sche Sammlnng von Werken zeitgenössischer Schriftsteller 102) 1911
4 Die Manöver. Eine schweizerische Soldatengeschichte. 55 S. Zürich: Verein zur Verbreitung guter Schriften (= Verein zur Verbreitung guter Schriften 86) 1912
(Ausz. a. Nr. 3)
5 Pilatus. Erzählung aus den Bergen. 360 S. Bln: Grote (= Grote'sche Sammlung von Werken zeitgenössischer Schriftsteller 109) 1913
6 Sisto e Sesto. Eine Erzählung aus den Abruzzen. 115 S. Heilbronn: Salzer 1913
7 Jungfer Therese. Eine Erzählung aus Lachweiler. 367 S. Bln: Grote (= Grote'sche Sammlung von Werken zeitgenössischer Schriftsteller 114) 1913

8 Das letzte Stündlein des Papstes. Umbrische Reisegeschichtlein. 96 S. Heilbronn: Salzer 1914
9 Unser Herrgott und der Schweizer. Ein stolz-bescheidenes Geschichtlein. 24 S. 16⁰ Zürich: Rascher (= Schriften für Schweizer Art und Kunst 30) 1916
10 Das Mätteliseppi. Eine Erzählung. 565 S. Bln: Grote (= Grote'sche Sammlung von Werken zeitgenössischer Schriftsteller 125) 1916
11 Eine Nacht in den Abruzzen. Mein Tarcisius-Geschichtlein. IV, 64 S. Freiburg i. Br.: Herder 1916
12 Patria! Eine Erzählung aus der irischen Heldenzeit. 92 S. Freiburg i. Br.: Herder 1916
13 In Franzens Poetenstube. Umbrische Reisekapitel. V, 90 S. Freiburg i. Br.: Herder 1918
14 Gebt mir meine Wildnis wieder! Umbrische Reisekapitel. V, 90 S. Freiburg i. Br.: Herder 1918
15 Der Fürchtemacher. Eine Geschichte aus der Urschweiz. IV, 75 S. Freiburg i. Br.: Herder 1919
16 Das Wunder in Holzschuhen. Geschichten aus der Urschweiz. III, 68 S. Freiburg i. Br.: Herder 1919
17 Spitzbube über Spitzbube. Eine Erzählung. 255 S. Bln: Grote (= Grote'sche Sammlung von Werken zeitgenössischer Schriftsteller 146) 1921
18 Vater und Sohn im Examen. Eine Geschichte aus Lachweiler. 91 S. Bln: Grote (gleichzeitig m. d. Untertitel „Erzählung" in Zürich: Ver. zur Verbreitung guter Schriften, als Nr. 124 der Schriften des Vereins) 1921
(Ausz. a. Nr. 3)
19 Der gestohlene König von Belgien. Eine Geschichte aus Lachweiler. 137 S. m. Abb. Bln: Grote 1922
(Ausz. a. Nr. 3)
20 Unser Nachtwächter Prometheus. Eine Geschichte aus Lachweiler. 109 S. m. Abb. Bln: Grote 1922
(Ausz. a. Nr. 3)
21 Felix Xylanders Leidenschaft. Ein Verlagsalmanach. 111 S. 16⁰ Zürich: Rascher 1922
22 Papst und Kaiser im Dorf. Eine Erzählung. 566 S. Bln: Grote (= Grote'sche Sammlung von Werken zeitgenössischer Schriftsteller 158) 1924
23 Wander- und Wunder-Geschichten aus dem Süden. 321 S. Bln: Grote (= Grote'sche Sammlung von Werken zeitgenössischer Schriftsteller 156) 1924
24 Regina Lob. Aus den Papieren eines Arztes. Eine Erzählung. 322 S. Bln: Grote (= Grote'sche Sammlung von Werken zeitgenössischer Schriftsteller 162) 1925
25 Über Pastors Papstgeschichte. 10 S., 1 Abb. Freiburg i. Br.: Herder 1925
26 Das deutscheste A B C. Ein Volksgeschichtlein. 94 S. Heilbronn: Salzer 1926
27 (MV) Und hat ein Blümlein bracht. Von unserer lieben Frau und ihres zarten Söhnleins gnadenreicher Geburt. Bilder und Geschichtlein. Zeichnet v. A. M. Beckert, geschr. v. H. F. 32 S., 14 Abb. Mchn: Müller 1926
28 Der heilige Habenichts. Zwei, drei Wörtlein. 30 S., 3 Taf. Mchn: Müller 1926
29 Unter südlichen Sonnen und Menschen. Sechs Novellen. 309 S. Bonn: Verl. d. Buchgemeinde (= Buchgemeinde Bonn. Unterhaltende Schriftenreihe 2; = Jahresreihe 1926, Bd. 3) 1926
30 Am Fenster. Jugenderinnerungen. VII, 454 S. Bln: Grote (= Grote'sche Sammlung von Werken zeitgenössischer Schriftsteller 170) (1927)
31 Niklaus von Flüe. Mit einem Nachwort. 144 S., 8 Taf. Frauenfeld: Huber (= Die Schweiz im deutschen Geistesleben. Illustrierte Reihe 14) 1928
32 Aus jungen Tagen. Nachgelassene Kapitel zur Lebensgeschichte. Einf. C. Kindermann-Blumer. XI, 229 S., 1 Faks. Bln: Grote (= Grote'sche Sammlung von Werken zeitgenössischer Schriftsteller 175) 1928
33 Von Heiligen, Räubern und der Gerechtigkeit. III, 182 S., 10 Abb. Freiburg i. Br.: Herder (1929)
34 Ich lösche das Licht. Gedichte. VII, 165 S., 1 Abb. Bln: Grote 1930
35 (Einl.) P. Cuthbert: Der Heilige Franz von Assisi. Aus dem Englischen übertr. J. Widlöcher. Neue Ausg. 404 S., 2 Taf. Stg: Schloz 1931
36 Gesammelte Werke. 9 Bde. (1-4, 7-9, 11-12). Bln: Grote 1931-1934

37 Lob der Heimat. Schilderungen und Plaudereien. 110 S. Basel: Hess 1951
38 Durchs heisseste Italien. Reisebriefe. 125 S. Basel: Hess (= Publikationen des Heinrich Federer-Bundes) 1953
39 Lieber leben als schreiben! Erinnerungen. 51 S. Basel: Hess 1953
40 Vater unser, der du bist im Himmel. Eine Weihnachtsgeschichte aus dem Schneegebirge. 159 S. Basel: Hess (= Publikationen des Heinrich Federer-Bundes) 1955
41 Wanderer in Italien. Durchs heisseste Italien. Der Tod der Renaissance. 263 S. Luzern: Rex 1957
(Enth. u. a. Nr. 38)

FEDERN, Karl (1868–1942)

1 Die Hochzeit zu Barcelona. Wien 1891
2 Gedichte. 103 S. 12° Stg: Neff 1893
3 (Übs., Einl.) R. W. Emerson: Essays. 2 Tle. 135, 194 S., 1 Abb. Halle: Hendel (= Bibliothek der Gesamtlitteratur des In- und Auslandes 821–822; 903–905) 1894–1896
4 König Philipps Frauen. Tragödie. 164 S. Stg: Neff 1894
5 (Übs., Einl.) Dante Alighieri: Das neue Leben. Durch eine Studie über Beatrice eingel. 140 S., 1 Abb. Halle: Hendel (= Bibliothek der Gesamtlitteratur des In- und Auslandes 1095–1097) 1897
6 (MÜbs.) R. W. Emerson: Essays. Übs. K. F. u. T. Weigand. 3. Tl. 110 S., 1 Abb. Halle: Hendel (= Bibliothek der Gesamtlitteratur des In- und Auslandes 1049–1050) 1897
(Forts. v. Nr. 3)
7 Dante. 235 S. m. Abb., 2 Taf., 1 Faks. Lpz: Seemann (= Dichter und Darsteller 3) 1899
8 Essays zur amerikanischen Litteratur. 159 S. Halle: Hendel (=Bibliothek der Gesamtlitteratur des In- und Auslandes 1246–1248) 1899
9 Zwei Novellen. 287 S. Bln: Paetel 1899
10 Neun Essays. 248 S. Bln: Paetel 1900
11 (Übs.) R. W. Emerson: Lebensführung. 271 S. Minden: Bruns 1901
12 Rosa Maria. Roman. 226 S. Bln: Paetel 1901
13 (Übs.) E. Carpenter: Wenn die Menschen reif zur Liebe werden. Eine Reihe von Aufsätzen über das Verhältnis beider Geschlechter. 322 S. Lpz, Bln: Seemann 1902
14 (Übs.) E. Carpenter: Die Civilisation, ihre Ursachen und ihre Heilung. Aufsätze. 306 S. Lpz, Bln: Seemann 1903
15 Essays zur vergleichenden Literaturgeschichte. 188 S. Mchn: Müller 1904
16 Frauenrecht und Logik. 16 S. Schmargendorf-Bln: Renaissance-V. 1904
17 Jahre der Jugend. Roman. 396 S. Bln: Paetel 1904
18 (Übs.) W. Whitman: Grashalme. Auswahl. 28, 192 S., 1 Abb. Minden: Bruns 1904
19 (Übs.) B. Croce: Aesthetik als Wissenschaft des Ausdrucks und allgemeine Linguistik. Theorie und Geschichte. Nach der 2. Aufl. aus dem Italienischen übs. 494 S. Lpz: Seemann 1905
20 Dante. 72 S., 10 Taf. Bln: Brandes (= Die Literatur 27) 1907
(Gek. Ausg. v. Nr. 7)
21 Die Flamme des Lebens. Roman. 259 S. Bln: Fischer 1907
22 Die Wahrheit über den Prozeß gegen die Gräfin Linda Bonmartini-Murri. 191 S., 1 Abb. Mchn: Müller 1907
23 (Übs.) E. Carpenter: Die Schöpfung als Kunstwerk. Abhandlungen über das Ich und seine Kräfte. Aus dem Englischen. 242 S. Jena: Diederichs 1908
24 (Übs., Bearb.) J. F. Cooper: Lederstrumpf-Erzählungen in der ursprünglichen Form. 5 Bde. 1136 S. Bln: Cassirer 1909–1910
25 Der Chevalier von Gramont. Hamiltons Memoiren und die Geschichte. 2 Bde. 30, 340; 4, 287 S., 100 Taf. Mchn: Müller 1911
26 (Hg.) Des Herrn von Saint Evremond Schriften und Briefe und die Memoiren der Herzogin von Mazarin. 2 Bde. 84, 251; 397 S. m. Taf. Mchn: Müller 1912

27 Hundert Novellen. 2 Bde. Mchn: Müller 1912–1913
  1. Masken und Opfer. VII, 319 S. 1912
  2. Abenteuer und Magie. V, 374 S. 1913
28 Die Politik des Dreierverbandes und der Krieg. Legenden und Tatsachen. 212 S. Mchn: Müller (1915)
29 Dante und seine Zeit. VIII, 247 S., 6 Abb. Lpz, Stg: Kröner 1916 (Neubearb. v. Nr. 7)
30 Anklagen gegen Deutschland. Das Buch „J'accuse" und andere Schriften. 360 S. Bern: Wyss 1917
31 (Übs.) H. de Balzac: El Verdugo. 58 S. m. Abb. Bln: Euphorion-V. 1921
32 Dante Alighieri. Hg. im Auftrag eines Ausschusses für eine deutsche Dantefeier. 38 S., 1 Titelb. Jena, Weimar: Lichtenstein 1921
33 (Übs.) Dante Alighieri: Das neue Leben. Aus dem Italienischen neu übertr. Gefolgt von einer Abhandlung über Beatrice und Erläuterungen. 168 S. m. Abb. Bln: Euphorion-V. 1921
  (Veränd. Neuaufl. v. Nr. 5)
34 Dante und seine Zeit. X, 253 S., 26 Abb. Stg, Lpz: Kröner 1921 (Veränd. Neuaufl. v. Nr. 29)
35 Mazarin. IX, 635 S. 16 Taf. 4° Mchn: Müller 1922
36 (Hg.) H. v. Kleist: Werke. 6 Bde. 408 S., 3 Taf.; 397 S., 1 Taf.; 360 S.; 420 S., 3 Taf.; 557 S.; 416 S., 3 Taf. (Bln:) Volksverband der Bücherfreunde, Wegweiser-V. 1923–1924
37 (MH) Deutschland. Vergangenheit und Gegenwart. Bilder zur deutschen Politik und Kulturgeschichte. Hg. unter Mitwirkung von Reichsbehörden und wirtschaftlichen Verbänden v. K. F. u. J. Kühn. XV, 484 S., 30 Taf., 30 Bl. Erkl., 1 Titelb. 4° Bln: Dt. National-Verl. 1925
38 Ein Justizverbrechen in Italien, der Prozeß Murri-Bonmartini. 233 S. Bln: Singer (= Aussenseiter der Gesellschaft 13) 1925 (Neuaufl. v. Nr. 22)
39 (Übs.) F. de Stendhal: Rot oder Schwarz. Ein Bericht aus dem Jahre 1830. 749 S. (Bln:) Volksverband der Bücherfreunde, Wegweiser-V. 1925
40 Das Zeitalter Dantes. 313 S. m. Abb. 8 Taf. (Bln:) Volksverband der Bücherfreunde, Wegweiser-V. 1925 (Neuaufl. v. Nr. 34)
41 Richelieu. 190 S., 30 Abb., 1 Faks. Wien, Nln: Franke (= Menschen, Völker, Zeiten 16) 1926
42 Das ästhetische Problem. 142 S. Hannover: Sponholtz 1928
43 Das Leben Heinrich von Kleists. VI, 372 S. Bln: Brücken-V. 1929
44 Hauptmann Latour. Nach den Aufzeichnungen eines Offiziers. 299 S. Hannover: Sponholtz 1929

FEHRS, Johann Hinrich (1838–1916)

1 Krieg und Hütte. Ein erzählendes Gedicht. 64 S. 16° Hbg: Hoffmann & Campe 1872
2 Eigene Wege. Ein erzählendes Gedicht. 72 S. 16° Hbg: Hoffmann & Campe 1873
3 In der Wurfschaufel. Epische Gedichte. 136 S. Hbg: Richter 1877
4 Lütj Hinnerk. En plattdütsche Geschicht. 98 S. Itzehoe: Nusser 1878
5 Gedichte. 144 S. Itzehoe: Brodersen 1884
6 Zwischen Hecken und Halmen. Gedichte in hochdeutscher und plattdeutscher Sprache. 203 S. Garding: Lühr & Dircks (1886)
7 Allerhand Slag Lüd. Geschichten för de Winterabend. 2 Bde. 203, 176 S. Garding: Lühr & Dircks 1887–1891
8 Ettgrön. Vertelln. 201 S. Garding: Lühr & Dircks (1901)
9 Ut Ilenbeck. Vier Geschichten. 66 S. m. Abb. Garding: Lühr & Dircks 1901
10 Rein Gottes Wort. 20 S. Garding: Lühr & Dircks 1904
11 Maren. En Dörp-Roman ut de Tid von 1848 bis 1851. 472 S. Garding: Lühr & Dircks 1907
12 Gesammelte Dichtungen in vier Bänden. 1449 S. m. Abb. u. Faks. Hbg: Janssen 1913

13 Holstenart. Auswahl aus den Dichtungen. Hg. J. Bödewadt. 77 S. Hbg: Quickborn-V. (= Quickborn-Bücher 1) 1913
14 Kattengold. Vertelln. 42 S. Garding: Lühr & Dircks (= Plattdütsche Volksböker 1) 1915
15 Op Holsten-Eer. Gedichten un Geschichten. 358 S. Garding: Lühr & Dircks 1916
16 Anna Moesch un ik. Vertelln ut de Kinnertied. Ut sien nålåten Papiern, rutgęben v. Karl C. F. 70 S. Braunschweig: Westermann 1921
17 Gesammelte Dichtungen. Im Verein mit J. Bödewadt noch vom Dichter selbst neu geordnet. Die plattdeutsche Rechtschreibung besorgten Karl C. F. u. C. Boeck. 6 Bde. XXXIV, 1573 S. Braunschweig: Westermann 1923 (Veränd. Neuaufl. v. Nr. 12)
18 De blaue Hęben. Vertelln. 102 S. Braunschweig: Westermann (1923)
19 Jehann-Ohm. Novelln. VI, 147 S. Braunschweig: Westermann (1923)
20 Ręgenbågen. Vertelln un Brewen. 163 S. Braunschweig: Westermann (1923)
21 Briefe an Heinrich Hansen. Hg. von der Fehrs-Gilde. 112 S., 1 Titelb. Kiel: Die Fehrs-Gilde 1929

FEIND, Barthold (+Sincerus Wahrmund) (1678–1721)

1 (Übs.) Das Lob Der Geld-Sucht. Satyre. Aus dem Holländischen Des Herrn von Deckers ... 5 Bl., 130 S., 1 Bl.; Anh.: „Bescheidene Anmerckungen" v. G. Ludewig, 10 Bl. Hbg: Schiller u. Lpz: Groschuff 1702
2 Das verwirrte Haus Jakob, und das Gesicht der bestraften Rebellion an Stilcke und Lütze, auf dem Hamburgischen Theatro in der Petri-Paul Messe 1703 aufgeführt. 48 S. 4° (Hbg 1704)
3 Die kleinmüthige Selbst-Mörderin Lucretia, oder: Die Staats-Thorheit des Brutus. Musicalisches Trauer-Spiel, den 29. November 1705 praesentiret. 37 Bl. 4° o. O. 1705
4 Die römische Unruhe, oder: Die edelmüthige Octavia. Musicalisches Schauspiel, zu Hamburg den 5. August 1705 praesentiret. 32 Bl. 4° (Hbg) 1705
5 La Constanza sforzata, die gezwungene Beständigkeit, oder: Die listige Rache des Sueno ... auf dem hamburgischen Schauplatz in einem Sing-Spiel aufgeführet den 11. October 1706. 32 Bl. 4° (Hbg 1706)
6 Il Genio d' Holsatia. Introduzione al fuoco arteficiale ... 6 Bl. Hbg 1706
7 Massagniello furioso, oder: Die neapolitanische Fischer-Empörung. Musicalisches Schau-Spiel, im Junio 1706 praesentiret. 31 Bl. 4° (Hbg) 1706
8 L'Amore ammalato, die krankende Liebe, oder: Antiochus und Stratonica. Musicalisches Schauspiel. 31 Bl. 4° o. O. 1707
9 Der heldenmüthige Monarch von Schweden Carolus XII., in einem Heldengedichte kürzlich beschrieben. 2° Stade 1707
10 *Relationes curiosae, oder Denckwürdigkeiten der Welt, worinnen allerhand remarquable Seltenheiten ... 656 S. Hbg: Reumann 1707
11 Abgenöthigte sanfftmüthige Züchtigung zur Warnung und Besserung des Predigers zu St. Peter in Hamburg, Christian Krumholtzen. 28 S. Lpz: Gleditsch & Groschuft 1707
12 Bellerophon, oder: Das in die preußische Krone verwandelte Wagen-Gestirn ... Operetta auf dem großen hamburgischen Schau-Platz aufgeführet. Im Jahre 1708, den 28. November. 26 Bl. 4° o. O. (1708)
13 Deutsche Gedichte ... Erster Theil. 6 Bl., 678 (,18) S. m. Ku. Stade: Brummer 1708
14 Desiderius König der Langobarden. Musicalisches Schau-Spiel auf den Geburtstag des Kaisers Joseph. 34 Bl. 4° o. O. 1709
15 *Nöthige und auf warhafte Facta beruhende Anmerckungen ... entgegen und wieder Christian Krumbholtz ... 24 S. o. O. 1709
16 Der Fall des großen Richters in Israel, Simson, oder: Die abgekühlte Liebes-Rache der Debora. Musicalisches Trauer-Spiel, auf dem großen hamburgischen Schau-Platz vorgestellet im November des 1709. Jahres. 36 Bl. 4° Hbg (1709)
17 Der durch den Fall des großen Pompejus erhöhete Julius Caesar. Ein musicalisches Schauspiel. 32 Bl. 4° (Hbg:) Spiering 1710

18 Der Geist der Poesie ... 4 Bl. Hbg: Greflinger 1714
19 L'Amore verso la patria, die Liebe gegen das Vaterland, oder: Der sterbende Cato. Musikalisches Schau-Spiel. Auf dem großen hamburger Schau-Platz aufgeführet im Jahre 1715. 26 Bl. 4° Hbg: Greflinger 1715
20 Rinaldo. Musicalisches Schau-Spiel. Auf dem großen hamburger Theater im Monat November 1715 aufgeführet. 22 Bl. 4° Hbg: Greflinger 1715
21 Das römische April-Fest, oder: Opera auf die Geburt des kaiserlichen Prinzen Leopold. Musikalisches Lust- und Tantz-Spiel. 28 Bl. 4° Hbg: Greflinger 1716
22 Das verewigte und triumphierende Ertz-Hauss Oesterreich. Singspiel. Musik v. Keiser. 4 Bl. 4° Hbg: Greflinger 1716

FELDER, Franz Michael (1839–1869)

1 Nümmamüllers und das Schwarzokaspale. 231 S. Lindau: Stettner 1863
2 Sonderlinge. Bregenzerwälder Lebens- und Charakterbilder aus neuester Zeit. 2 Bde. 586 S. Lpz: Hirzel 1867
3 Reich und arm. 503 S. Lpz: Hirzel 1868
4 Aus meinem Leben. Hg., eingel. A. E. Schönbach. 36, 423 S. Wien: Fromme (= Schriften des literarischen Vereins in Wien 2) 1904
5 Sämtliche Werke. Hg. im Auftrag des Franz Michael Felder-Vereins zu Bregenz. Hg., eingel. H. Sander. 4 Bde. XXXV, 330; XVI, 424; XX, 483; XXIX, 443 S. Lpz: Hesse & Becker 1910–1913

FELMAYER, Rudolf (*1897)

1 Die stillen Götter. Gedichte 1929–1935. 45 S. Wien: Anzengruber-Verl. (= Neue Dichtung 1.) 1936
2 Östliche Seele im Tode. Dichtung. 37 S. Wien: Müller (= Stimme aus Österreich) 1945
3 Gesicht des Menschen. Gedichte. 128 S. Wien: Müller 1948
4 (Hg.) Tür an Tür. Gedichte vierzehn junger Autoren. 119 S. Wien: Zwei Berge-Verl. 1950
5 (Hg.) Tür an Tür. Die neue Folge. 223 S. Graz: Leykam-Verl. 1951 (zu Nr. 4)
6 (Hg.) A. Pentz: Die große Mutter. Gedichte aus dem Nachlaß. 93 S. Wien: Amandus-Verl. 1953
7 (Hg.) Neue Dichtung aus Österreich. 75 Bde. Wien: Bergland-Verl. 1955 ff.
8 (Hg.) Dein Herz ist deine Heimat. 400 S. m. Abb. Wien: Amandus-Verl. 1955
9 (Hg.) Tür an Tür. Gedichte von 32 österreichischen Autoren. Dritte Folge. 196 S. Wien: Bergland-Verl. 1955 (zu Nr. 5)
10 Der Spielzeughändler aus dem Osten. Neue Gedichte. 73 S. Wien: Bergland-Verl. (= Neue Dichtung aus Österreich, Bd 48.) 1958

FEUCHTERSLEBEN, Ernst Frh. von (1806–1849)

1 Über das Hippocratische erste Buch von der Diät. 2 1/4 Bg. Wien: Gerold 1835
2 Gedichte. 22 Bg. Stg, Tüb: Cotta 1836
3 Beiträge zur Literatur, Kunst- und Lebenstheorie. 2 Bde. 16 1/2, 11 1/6 Bg. 12° Wien: Stöckholzer & Hirschfeld 1837–1841
4 Zur Diätetik der Seele. 7 1/2 Bg. Wien: Gerold 1838
5 Die Gewißheit und Würde der Heilkunst. Für das nichtärztliche Publikum dargestellt. 7 2/3 Bg. 12° Wien: Gerold 1839
6 Lebensblätter. 11 1/6 Bg. 12° Wien: Stöckholzer & Hirschfeld 1841 (Bd. 2 v. Nr. 3)

7 Zur Diätetik der Seele. Verb. u. verm. Neuaufl. 8 Bg. 12° Wien: Gerold 1842
(Verm. Neuaufl. v. Nr. 4)
8 (Hg., Vorw.) J. Mayrhofer: Gedichte. Neue Sammlung. Aus dessen Nachlasse mit Biographie u. Vorw. hg. 20 Bg. 16° Wien: Klang; Lpz: Herbig 1843
9 (MV) M. v. Schwind: Almanach von Radirungen mit erklärendem Text in Versen v. E. v. F. 1. Jg. 1844. 14 Bg. Text, 42 Abb. Zürich, Karlsruhe: Veith 1843
10 Lehrbuch der ärztlichen Seelenkunde. Als Skizze zu Vorträgen bearb. 28 1/4 Bg. Wien: Gerold 1845
11 Ärzte und Publikum. Skizzen. X, 170 S. 12° Wien: Gerold 1849
(Neuaufl. v. Nr. 5)
12 (Hg.) Geist deutscher Klassiker. Eine Blumenlese ihrer geistreichsten und gemüthlichsten Gedanken, Maximen und Aussprüche. 10 Bde. XVI, 1524 S. Lpz: Hartleben 1851
13 Sämtliche Werke. Mit Ausschluß der rein medizinischen. Hg. F. Hebbel. 7 Bde. 2425 S. Wien: Gerold 1851–1853
14 Ein Naturprincip für die Staatswissenschaft. (S.-A.) 8 S. Wien: Gerold 1852
15 Aus Feuchterslebens Briefen 1826–1832. Hg. A. F. Seligmann. 74 S. m. Abb. 16° Wien: Heller 1909

FEUCHTWANGER, Lion (1884–1958)

1 Die Einsamen. Zwei Skizzen. 40 S. Mchn: Monachia-V. (= Allgemeine Taschenbibliothek 4) 1903
2 Kleine Dramen. 2 Bde. o. O. 1905–1906
3 Der Fetisch. Schauspiel. 175 S. Mchn: Müller 1907
4 Heinrich Heines Fragment: „Rabbi von Bacherach". Eine kritische Studie. 116 S. Mchn: Lindauer 1907
5 (Hg.) Der Spiegel. Blätter für Literatur, Musik und Bühne. 15 Nrn. 497 S. Mchn: Spiegel-V. Jg. 1. April–Oktober 1908
6 Der tönerne Gott. Roman. 271 S. Mchn-Schwabing: Bonsels 1910
7 (Bearb.) A. Müller: Ein' feste Burg ist unser Gott. Volksstück. Für die Bühne bearb. 96 S. Diessen: Huber 1911
8 Julia Farnese. Ein Trauerspiel in drei Akten. 93 S. Mchn: Müller (1915)
9 Warren Hastings, Gouverneur von Indien. Schauspiel in vier Akten und einem Vorspiel. 143 S. Mchn: Müller (1916)
10 Pierrots Herrentraum. Eine Pantomime in fünf Bildern. Musik: A. Hartmann-Trepka. Bln, Mchn: Drei Masken-Verl. 1916
11 Vasantasena. Ein Schauspiel in drei Akten. Nach dem Indischen des Königs Sudraka. 183 S. Mchn: Müller 1916
12 (Übs.) Aischylos: Die Perser. 54 S. Mchn: Müller 1917
13 Der König und die Tänzerin. Ein Spiel in vier Akten. Nach dem Indischen des Kalidasa. 126 S. Mchn: Müller 1917
14 Friede. Ein burleskes Spiel. Nach den „Acharnern" und der „Eirene" des Aristophanes. 72 S. Mchn: Müller 1917
15 Appius und Virginia. Trauerspiel. 132 S. Mchn: Müller 1918
16 Die Kriegsgefangenen. Ein Schauspiel in fünf Akten. 122 S. Mchn: Müller (= Theater der Gegenwart) 1919
17 (MV) (H. Sinsheimer: An den Wassern von Babylon. – L. F.:) Gespräche mit dem ewigen Juden. (– F. Cassirer: Brevarium judaicum – P. Schlesinger: Anekdoten). 155 S. Mchn: Müller (= An den Wassern von Babylon) 1920
18 Thomas Wendt. Ein dramatischer Roman. 252 S. Mchn: Müller 1920
19 Der Amerikaner oder Die entzauberte Stadt. Eine melancholische Komödie in vier Akten. 128 S. Mchn: Drei Masken-V. 1921
20 Der Frauenverkäufer. Ein Spiel in drei Akten nach Calderon. 105 S. Mchn: Drei Masken-V. 1923
21 Die häßliche Herzogin Margarete Maultasch. Roman. 336 S. Bln: Kiepenheuer 1923
22 Der holländische Kaufmann. Schauspiel. 113 S. Mchn: Drei Masken-V. 1923

23 (MV) B. Brecht u. L. F.: Leben Eduards des Zweiten von England. (nach Marlowe). Historie. 121 S., 4 Taf. Potsdam: Kiepenheuer 1924
24 Jud Süß. Roman. 611 S. Mchn: Drei Masken-V. 1925
25 Drei angelsächsische Stücke. 310 S. Bln: Propyläen-V. 1927
   1. Die Petroleuminsel. Ein Stück in drei Akten.
   2. Kalkutta, 4. Mai. Drei Akte Kolonialgeschichte.
   3. Wird Hill amnestiert? Komödie in vier Akten.
   (Nr. 2 Neubearb. v. Nr. 9)
26 *Pep. J. L. Wetcheeks amerikanisches Liederbuch. V, 62 S. m. Abb., 1 Faks. Potsdam: Kiepenheuer 1928
27 Erfolg. Drei Jahre Geschichte einer Provinz. Roman. 2 Bde. 583, 388 S. Bln: Kiepenheuer 1930
28 Der jüdische Krieg. Roman. 477 S. Bln: Propyläen-V. 1932
29 (MV) L. F. u. S. Zweig: Die Aufgabe des Judentums. 62 S. Paris: Europäischer Merkur (= Die Schriften des Europ. Merkur 1) 1933
30 Die Geschwister Oppenheim. Roman. 434 S. Amsterdam: Querido-V. (= Gesammelte Werke 5) 1933
   (Bd. 5 v. Nr. 31)
31 Gesammelte Werke. Bd. 1–6, 8–9, 11, 17–18. 11 Bde. 5813 S. Amsterdam: Querido-V. 1933–1948
32 Marianne in Indien und sieben andere Erzählungen. 123 S. Paris: Europäischer Merkur 1934
33 Die Söhne. Roman. 542 S. Amsterdam: Querido-V. (= Josephus II; = Gesammelte Werke 4) 1935
   (Bd. 4 v. Nr. 31)
34 (Vorw.) Der gelbe Fleck. Die Ausrottung von 500000 deutschen Juden. 287 S. m. Taf. Paris: Editions du Carefour 1936
35 Der falsche Nero. Roman. 422 S. Amsterdam: Querido-V. (= Gesammelte Werke 9) 1936
   (Bd. 9 v. Nr. 31)
36 Stücke in Prosa. 432 S. Amsterdam: Querido-V. (= Gesammelte Werke 11) 1936
   (Bd. 11 v. Nr. 31)
37 (MH) Das Wort. Literarische Monatsschrift. Hg. B. Brecht, W. Bredel u. L. F. 4 Jge. Moskau: Verl. Meshdunarodnaja Kniga Jg. 1–4. 1936–1939
38 Moskau 1937. Ein Reisebericht für meine Freunde. Amsterdam: Querido 1937
39 Zwei Erzählungen. 63 S. (Moskau:) Meshdunarodnaja Kniga – Das internationale Buch (= Kleine Volksbibliothek) 1938
40 Exil. Roman. 988 S. Amsterdam: Querido-V. (=Gesammelte Werke 8) (= Band 3 der Trilogie „Der Wartesaal") 1940
   (Bd. 8 v. Nr. 31)
41 Unholdes Frankreich. Meine Erlebnisse unter der Regierung Pétain. London 1942
42 Josephus and the Emperor. London 1942
43 Die Brüder Lautensack. 304 S. London: Hamilton 1944
44 Simone. Roman. 342 S. Stockholm: Neuer Verl. (1944)
45 Der Tag wird kommen. Roman. 413 S. Stockholm: Bermann-Fischer 1945 (dt. Ausg. von Nr. 41)
46 Venedig (Texas) und vierzehn andere Erzählungen. 175 S. New York: Aurora-V. 1946
47 Waffen für Amerika. 460 S. Amsterdam: Querido-V. 1947 (II 1947–1948)
48 Die Füchse im Weinberg. Roman. 2 Bde. 460, 414 S. Amsterdam: Querido-V. (= Gesammelte Werke 17-18) 1947–1948
   (Bd. 17–18 v. Nr. 31)
   (Erw. Neuaufl. v. Nr. 46)
49 (Vorw.) J. Hay: Haben. Drama in 14 Bildern. 95 S. Bln: Henschel (= Internationale Dramatik 4) 1947
50 Wahn oder Der Teufel in Boston. Ein Stück in drei Akten. Hg. E. Gottlieb u. F. Guggenheim. 108 S. Los Angeles: Pazif. Presse; New York: Rosenberg (250 num. Ex.) (1948)
51 (MV) Friedrich Wolf, ein Dichter seiner Zeit. Mit Beiträgen v. L. F. u. W. Ebel hg. A. Kantorowicz. 142 S., 10 Abb. Rudolstadt: Greifenverl. 1948

52 Auswahl. Mit Beiträgen v. B. Brecht (u. a.) 361 S., 1 Titelb. Rudolstadt: Greifenverl. 1949
53 Odysseus and the Swine, and Other Stories. London 1949
54 Die Geschwister Oppermann. Roman. 333 S. Rudolstadt: Greifenverl. 1949 (Neuaufl. v. Nr. 30)
55 Odysseus und die Schweine und zwölf andere Erzählungen. 166 S. Bln: Aufbau-V. (= Aurora-Bücherei) 1950 (Deutsche Ausg. v. Nr. 53)
56 Goya oder Der arge Weg der Erkenntnis. 686 S. Ffm: Neuer Verl. 1951
57 Josephus. Roman-Trilogie. 3 Bde. 1441 S. Rudolstadt: Greifenverl. 1951 (Enth. Nr. 28, 33, 45)
58 Narrenweisheit oder Tod und Verklärung des Jean-Jacques Rousseau. Roman. 484 S. Ffm: Frankfurter Verl.-Anst. 1952
59 Panzerkreuzer Potemkin und andere Erzählungen. Ausgew. H. Marquardt. 85 S. Lpz: Reclam (= Reclam's UB. 7940) (1954)
60 Stücke in Versen. Vasantasena. Die Perser des Aischylos. Friede. 230 S. Rudolstadt: Greifenverl. 1954 (Enth. Nr. 11, 12, 14)
61 Der Teufel in Frankreich. Erlebnisse. Nachw. A. Kantorowicz. 274 S. Rudolstadt: Greifenverl. 1954 (Neuaufl. v. Nr. 41)
62 Spanische Ballade. Roman. 488 S. Hbg: Rowohlt 1955
63 Die Jüdin von Toledo. Roman. 476 S. Bln: Aufbau-Verl. 1955 (Neuaufl. v. Nr. 62)
64 Die Witwe Capet. Ein Stück in drei Akten. 116 S. Rudolstadt: Greifenverl. 1956
65 Centum opuscula. Eine Auswahl. Zusgest. u. hg. W. Berndt. 633 S. Rudolstadt: Greifenverl. 1956
66 Der Wartesaal. Ein Roman-Zyklus. 3 Bde. 806, 426, 815 S. Bln: Aufbau-Verl. 1956 (Enth. Nr. 27, 30, 40)
67 Jefta und seine Tochter. Roman. 382 S. Bln: Aufbau-Verl. 1957
68 Gesammelte Werke in Einzelausgaben. 4 Bde. 782, 462, 526, 435 S. Bln: Aufbau-Verl. 1959

FINCKELTHAUS, Gottfried
(+Greger Federfechter) (1610–1647)

1 Ein Tetrastichon auf den am 19. November 1633 in Leipzig gestorbenen Paul Wagner. 4° Lpz 1634
2 Herrn Thomas Leonhart Schwendendörffers Letztes Ehren-Gedächtnüs. Welcher den 25.Christ-Monats 1636 zu Lyon selig verblichen. 16 Bl. o. O. (1637)
3 Des weisen Salomons Hohes Lied, Sampt andern Geistlichen Andachten. A-J. 8 Bl. Lpz: Köler 1638
4 Deutsche Gesänge. 88 Bl. quer 4° Hbg: Gundermann (1640)
5 XXX Teutsche Gesänge. Lpz: Nerlich 1642
6 +Deutsche Lieder. Lpz 1644
7 +Von Freyhen: Bey Hochzeitlichen Feste Herrn Gabriel Voigtens Und Jungf. Euphrosinen Köppelin, Beyden Verlobten, Ercläret und vorgetragen. Den 11.Winter-Monaths-tag 1645. 8 Bl. 4° o.O. 1645
8 Le jugement de Paris. Das Urtheil des Schäffers Paris. Lpz 1645
9 *Lustige Lieder. Lübeck: Brehmer 1645
10 Lobspruch des Wunderbaren Heil-Brunnens zu Hornhausen. 4 Bl. 4° Dresden (o. Verl.) 1646
11 Lobspruch von Kayser Carls des Großen Tochter, Nahmens Imma ... 4° Dresden: Neumeister 1646
12 G. F.s J. U. C. Vota Natalitia (Glückswuntsch über die Geburth eines Jungen Herrleins). 4° Dresden 1647
13 Votum devotum Heroinae Virtuti & Festo Illustrium Natalium ... Domini Johannis Georgii Ducis Sax. ... 13 Bl. 4° Lpz: Seyffert 1647

FINCKENSTEIN, Ottfried Graf (*1901)

1. Fünfkirchen. Roman. 257 S. Jena: Diederichs 1936
2. Männer am Brunnen. 56 S. Jena: Diederichs (= Deutsche Reihe 36) 1936 (Teilvorabdr. v. Nr. 3)
3. Das harte Frühjahr. Geschichten um ein Dorf. 161 S. Jena: Diederichs 1937
4. Der Kranichschrei. Novelle. 71 S. Jena: Diederichs (= Deutsche Reihe 45) 1937
5. Die Mutter. Roman. 299 S. Jena: Diederichs 1938
6. Von den Quellen des Lebens. 10 Bl. Mainz: Werkstatt f. Buchdr. u. Verl. 1938
7. Dämmerung. Roman. 322 S. Jena: Diederichs 1942
8. Liebende. Zwei Novellen. 151 S. Mchn: Nymphenburger Verlh. 1949
9. Die Nonne. Novelle. 123 S. Mchn: Nymphenburger Verlh. 1949
10. Schwanengesang. Roman einer versunkenen Heimat. 599 S. Mchn: Nymphenburger Verlh. 1950
11. (Einl.) Ostpreußen und Danzig. Erläut. H. Domke. 16 S., 56 S. Abb. Ffm: Umschau-Verl. (= Die deutschen Lande 16) 1957

FINCKH, Ludwig (1876–1964)

1. Fraue du, du Süße. Lieder. 134 S. Dresden: Pierson 1900
2. Über die Palliativ-Operation, besonders die Trepanation bei Stauungspapille. Dissertation. 48 S. (Universität) Freiburg 1904
3. Biskra. 82 S., 5 Taf. Stg: Dt. Verl.-Anst. 1906
4. (Einl.) M. Bucherer: Exlibris. 15 Bl. Abb., 5 Bl. Text 4⁰ Ffm: Schulz 1906
5. Rosen. Einf. O. J. Bierbaum. XXIV, 107 S., 1 Titelb. Stg: Dt. Verl.-Anst. 1906
6. Der Rosendoktor. 172 S. Stg: Dt. Verl.-Anst. 1906
7. Rapunzel. 162 S. Stg: Dt. Verl.-Anst. 1909
8. Die Reise nach Tripstrill. 187 S. m. Abb. Mchn: Langen (1911)
9. Der Bodenseher. 209 S., 16 Abb. Stg: Dt. Verl.-Anst. 1914
10. Liebe Kameraden. 15 S. 16⁰ Stg: Jung (= Waldorf-Astoria, H. 5) 1915
11. (Vorw.) A. Keller: Schwaben und Schwabenstreiche. VII, 122 S. Stg: Strecker & Schröder 1915
12. Vaterländische Kriegs-Lieder. 1912–1914. 16 S. Feuerbach: Model 1915
13. Seekönig. 82 S. Konstanz: Reuß & Itta (= Zeitbücher 12) 1915
14. Graspfeifer. 74 S. Konstanz: Reuß & Itta (= Zeitbücher 40) 1916
15. Inselfrühling. Neun Erzählungen. 115 S. Stg: Strecker & Schröder 1916
16. Mutter Erde. Gedichte. 139 S., 10 Abb. Stg: Dt. Verl.-Anst. 1917
17. (Hg.) Die Lerche. Auswahl schwäbischer Dichtung von den Anfängen bis auf die Gegenwart. XX, 429 S. Stg: Dt. Verl.-Anst. 1918
18. Brückenbauer. 66 S. Stg: Dt. Verl.-Anst. 1919
19. Hindurch mit Freuden! 72 S. Stg: Dt. Verl.-Anst. 1919
20. Wiederaufbau. 57 S. Konstanz: Reuß & Itta (= Zeitbücher 96) 1919
21. Hinterm Gartenbusch. Geschichten und Skizzen. Einl. K. Neurath. 71 S., 1 Bild A. Verf. Lpz: Reclam (= Reclam's UB. 6141) 1920
22. Die Jakobsleiter. 247 S. Stg: Dt. Verl.-Anst. 1920
23. (Vorw.) P. Jauch: Zwölf Zeichnungen zu Ludwig Finckhs „Jakobsleiter". 2 Bl., 12 Taf. 4⁰ Stg: Dt. Verl.-Anst. 1920 (zu Nr. 22)
24. Sonne, Mond und Sterne. 104 S. Heilbronn: Salzer 1920
25. Ahnenbüchlein. VII, 77 S. Stg: Strecker & Schröder 1921
26. Fraue du. 132 S. Tüb: Fischer 1921 (Neuaufl. v. Nr. 1)
27. Der Ahnengarten. Erzählungen und Gedichte. 111 S. Stg: Dt. Verl.-Anst. 1922
28. Neujahrsgruß 1923. 3 Bl. 4⁰ Stg: Hädecke (= Diotima-Drucke) 1922
29. (Vorw.) M. Richter: Mutter und Kind. VIII, 160 S. Stg: Enke 1922
30. Seekönig und Graspfeifer. Erzählungen. 147 S. Stg: Dt. Verl.-Anst. 1922 (Verm. Neuaufl. v. Nr. 13 u. 14)

31 Der Ahnenhorst. 54 S. Rudolstadt: Greifenverl. 1923
32 Der Vogel Rock. Erzählung. 203 S. Stg: Dt. Verl.-Anst. 1923
33 Sudetendeutsche Streife. 97 S. m. Abb., 1 Kt. Dresden: Falken-V. (= Bücher vom Deutschtum 1) 1924
34 (Vorw.) F. Wecken: Taschenbuch für Familiengeschichtsforschung. 3., verbess. u. erw. Aufl. XV, 237 S. Lpz: Degener 1924
35 Bruder Deutscher. Ein Auslandbüchlein. 96 S. Stg: Dt. Verl.-Anst. 1925
36 Heilige Ahnenschaft. 82 S. Lpz: Degener (= Deutsche Ahnenbücherei 1) 1926
37 Aufruf des Deutschen Sprachvereins. 6 S. 4° Bln: Deutscher Sprachverein 1926
38 Bricklebritt. Roman. 168 S., 2 Abb. Stg: Dt. Verl.-Anst. 1926
39 Ludwig Finckh-Buch. Hg. M. Lang. 146 S. Stg: Dt. Verl.-Anst. 1926
40 Zerstreute Kapitel. 16 S. 16° Stg: Waldorf-Astoria Zigarettenfabrik (= Waldorf-Bücherei. Reihe 3, H. 7) 1926
41 Die Ouled Naïls. 16 S. 16° Stg: Waldorf-Astoria Zigarettenfabrik (= Waldorf-Bücherei. Reihe 6, H. 6) 1926
(Ausz. a. Nr. 3)
42 Das dichterische Werk. 7 Bde. 1308 S. Stg: Dt. Verl.-Anst. 1926
43 (Vorw.) H. Boeschenstein: Die Halbinsel Höri. Zwölf Holzschnitte. 3 S., 12 Bl. 4° Wangen: Selbstverl. 1927
44 Hasenland. Lustiges Ostergedicht. 10 S. m. Abb. Mainz: Scholz 1927
45 (Vorw.) K. A. E. Müller: Ahnenblätter-Büchlein. 88 S. Stg: Müller 1927
46 (MV, Einl.) F. A. Müller: Zehn alte Ansichten und Landschaften vom Bodensee. Text L. F. 4 S., 10 Taf. Stg: Mähler 1927
47 (Vorw.) H. Boeschenstein: Stein am Rhein. Zehn Holzschnitte. 3 S., 10 Bl. 4° Wangen: Selbstverl. 1928
48 Der Bodensee. 64 S., 50 Abb. Bielefeld: Velhagen & Klasing 1928
49 Sonne am Bodensee. Ein Skizzenbuch. 107 S. Stg: Dt. Verl.-Anst. 1928
50 (Vorw.) Stammbuch der Familie .... 56 S. Gießen: Roth 1928
51 Das Vogelnest im Ahnenbaum. Geschichten aus der Ahnenschau. 110 S. Mchn: Franz (= Der Kranz 1) 1928
52 (Vorw.) H. Boeschenstein: Schaffhausen. Zehn Holzschnitte. 2 S., 10 Bl. 2° Wangen: Selbstverl. 1929
53 Haus- und Ahnenbuch. 32 Bl. m. Abb. Görlitz: Starke 1930
54 Urlaub von Gott. Erzählung. 240 S. Stg: Dt. Verl.-Anst. 1930
55 (Vorw.) H. Boeschenstein: Gaienhofen am Bodensee. Zehn Holzschnitte., 2 Bl., 10 Taf. Wangen: Selbstverl. 1931
56 Die Reise an den Bodensee. 110 S. Stg: Bonz 1931
57 Stern und Schicksal. Johann Keplers Lebensroman. 280 S. Stg: Dt. Verl.-Anst. 1931
58 Der göttliche Ruf. Leben und Werk von Robert Mayer. Roman. 248 S. Stg: Dt. Verl.-Anst. 1932
59 (Vorw.) E. Wasmannsdorff: Verzeichnis deutscher Familienverbände und Familienforscher, Familienstiftungen und familienkundlicher Vereinigungen. XXXVI, 488 S. m. Abb. Görlitz: Starke 1932
60 Schmuggler, Schelme, Schabernack. 109 S. Stg: Dt. Verl.-Anst. 1933
61 Das deutsche Ahnenbuch. 134 S. m. Abb. Görlitz: Starke 1934
62 Unser Ahnenhaus. Fröhliche Lesebogen für die deutsche Schule. 16 S. m. Abb. Breslau: Handel (= Schriften zu Deutschlands Erneuerung 22) 1934
63 Der Ahnenring. 134 S. m. Abb. Görlitz: Starke 1934
64 Bodensee und Hegau. 16 S. Langensalza: Beltz (= Badische Heimatbogen 1) 1934
65 (Vorw.) G. Steiner: Lebendige Familienforschung und Familiengeschichte in der Schule. 81 S., 8 Taf. Osterwieck: Zickfeldt 1934
66 Die Ahnenburg. 51 S., 2 Abb. Stg: Union (= Wimpelbücher) 1935
67 Der unbekannte Hegau. 61 S. m. Abb. Bühl: Konkordia 1935
68 Ein starkes Leben. Das Schicksal zwingt, die Treue entscheidet. Roman. 381 S. Tüb: Heine 1936
69 Trommler durch die Welt. Gedichte. 52 S. Tüb: Heine 1936
70 Zaubervogel. Erzählungen. 192 S. Tüb (: Heine 1936)
71 Die Kaiserin, der König und ihr Offizier. Das abenteuerliche Leben des Johann Jakob Wünsch. 250 S. Mchn: Dt. Volksverl. 1939

72 Herzog und Vogt. Roman. 230 S. Mchn: Dt. Volksverl. 1940
73 (MV) Der deutsche Finckh. 3 Bde. Mchn: Dt. Volksverl. 1941
   1. G. Wurster: Leben und Werk. 214 S., 1 Titelb.
   2. Gedichte. Ausw. u. Nachw. K. Seibold. 98 S.
   3. Sprüche. Ausw. u. Nachw. K.-E. Felten. 79 S., mehr. Bl.
74 Kleine Stadt am Bodensee. 83 S., 51 Abb. Bühl: Konkordia (1942)
75 Das goldene Erbe. Roman. 214 S. Mchn: Dt. Volksverl. 1943
76 Das Vogelnest. Geschichten aus der Ahnenschau. 124 S. Görlitz: Starke 1943
   (Neuaufl. v. Nr. 51)
77 Der Wolkenreiter. 229 S. Mchn: Dt. Volksverl. 1943
   (Neufassg. v. Nr. 22)
78 Der Rosengarten. Neue Gedichte. Hg. F. L. Mundi u. A. Huber. 78 S. Öhringen: Wolf (500 num. u. sign. Ex.) 1948
79 Schwäbische Vettern. Hermann Hesse zum 71. Geburtstag am 2. VII. 1948. 15 S. 4° Köln-Lövenich: Westdt. Hermann Hesse-Archiv (= Sonderdruck Westdt. Hermann Hesse-Archiv 1; 100 sign. Ex.) 1948
80 Freundesbriefe. An den Freundeskreis des Dichters. Jährlich 4 Nrn. Gaienhofen: L. F.-Freundeskreis 1950 ff.
81 Verzauberung. 136 S. m. Abb. Ulm: Hess 1950
82 Rapunzel. 2 Tle. 1. Rapunzel. 2. Das Sonnenhaus. 228 S. Ulm: Hess 1951
   (Neuaufl. u. Forts. v. Nr. 7)
83 Der Kampf um den Hohenstoffeln. 1912-1939. Gaienhofen (Priv.-Dr.) 1952
84 Schelmerei am Bodensee. Heiterkeit des Herzens. 203 S. m. Abb. Ulm: Hess 1952
85 Der Goldmacher. 213 S. Ulm: Hess 1953
86 Rosengarten. Gedichte. 181 S. Ulm: Hess 1953
87 Das Hochzeitsbüchlein. 31 S. Glücksburg: Starke 1956
88 Des Herrgotts Kegelspiel. Schönes Land im Hegau. 56 S., 6 Bl. Abb. Ravensburg: Veitsburg-V. (1956)
   (Erw. Ausg. v. Nr. 67)
89 Ausgewählte Werke. Hg. im Auftrag des L. F.-Freundeskreises zum 80. Geburtstag v. L. F. 2 Bde. 386 S., 1 Titelb.; 427 S. Stg: Silberburg-V. 1956
90 Sonne am Bodensee. Mein Herz lacht. 94 S., 4 Bl. Abb. Stg: Silberburg-V. 1957
   (Veränd. Neuaufl. v. Nr. 49)
91 Ludwig Finckh-Brevier. Hg. W. Dürr. 59 S. m. Abb. Stg: Silberburg-V. 1958
92 Konrad Widerholt. Ein Mann im Hegau. 80 S., 4 Taf. Stg: Silberburg-V. 1960

FINDEISEN, Kurt Arnold (+Wendelin Dudelsack) (*1883)

1 Mutterland. Verse und Bilder aus dem Erzgebirge und dem alten Gau der Vögte. Gedichte. Hg. v. d. Heimatzeitschrift „Das Vogtland und seine Nachbargebiete". 62 S. Plauen: Kell 1914
2 Arbeiterbataillone. Gedichte aus den Schicksalstagen 1914/16. 16 S. Mchn-Gladbach: Sekretariat soz. Studentenarbeit (1916)
3 Der selige Soldat. 15 S. Dresden: Sächs. Heimatdichter-Verl. (= Kriegsdichtungen aus dem Sachsenlande 13) (1916)
4 Heimwege. Geschichten aus dem Erzgebirge und dem Vogtland. 74 S. Konstanz, Lpz: Hesse & Becker (= Die Zeitbücher 85) 1918
5 Aus der Armutei. Soziale Gedichte. 135 S. Chemnitz: Focke 1919
6 (Hg.) Die neue Heimat. Monatsschrift für die Sächsischen Lande. Kunst – Literatur – Wissenschaft. Jg. 1919/20. 12 H. IV, 342 S. m. Abb. Chemnitz: Focke 1919-1920
7 (Hg.) Sächsische Heimat. Monatsschrift für volkstümliche Kunst und Wissenschaft in den obersächsischen Landen. Jg. 4-9. Dresden: Laube 1920-1926
   (Forts. v. Nr. 6)
8 Klaviergeschichten. Einführung in ein volkstümliches Verständnis der Musik. 184 S. m. Abb. Lpz: Dürr 1920

FINDEISEN 319

9 (MV) K. A. F. u. F. A. Zimmer: Pestalozzileute. Der Lehrer aller Arten und Zeiten im Gedicht. Eine lyrische Monographie. 111 S. Dresden: Huhle 1920
10 (Hg.) Ameisenkalender. Große Ausgabe. Jg. 80, 1922. 72 S. m. Abb., 1 Taf. Meißen: Schlimpert (1921)
11 Der Davidsbündler. Ein Robert Schumann-Roman. 2 Bde. 363, 281 S. Lpz: Grethlein 1921–1924
12 Herzen und Masken. 363 S. Lpz: Grethlein 1921
 (Bd. 1. v. Nr. 11)
13 Robert Schumanns Kinderszenen auf heimatlichen Grund gelegt. Eine Dichtung. 39 S. m. Noten, 5 Taf. Dresden: Laube 1921
14 Der Tod und das Tödlein. Geschichten. 86 S. Dresden: Laube 1921
 (Verm. Neuaufl. v. Nr. 4)
15 Sachsen. Zwei Bücher Landschaftsgedichte und Balladen. Buch 2: Ahnenland. Balladen, Romanzen, Legenden. 70 S. Dresden: Laube 1922
16 Der Sohn der Wälder. Ein Schicksal. 259 S. Lpz: Grethlein 1922
17 Der Weg in den Aschermittwoch. 281 S. Lpz: Grethlein 1924
 (Bd. 2. v. Nr. 11)
18 Lockung des Lebens. Drei musikalische Geschichten. 56 S., 3 Taf. 16⁰ Lpz: Kistner & Siegel 1924
 (Enth. u. a. Ausz. a. Nr. 8)
19 Der Raubschütz. Eine Erzählung. 45 S. m. Abb. Lpz: Hegel & Schade (= Hainbücher 9) 1924
 (Bearb. v. Nr. 16)
20 Sächsischer Heimatbogen. Bogen 2 a/b, 3 a/b. Je 32 S. m. Abb. (Langensalza: Beltz) (= Beltz' Bogenlesebuch) (1925)
21 Der kleine Kümmerlich und andere Geschichten und Gedichte aus Sachsen. 59 S. m. Abb., 1 Titelb. Lpz: Hegel & Schade (= Hainbücher 8) 1925
22 (Hg., Einl.) J. Mosen: Von Heimat und Heimweh. Ein Julius Mosen-Buch. 325 S., 1 Abb., 1 Faks. Bln: Dt. Landbuchh. 1925
23 (Hg.) Sachsen im Wandel der Zeit. Dichter, Musiker, Land, Leute und Sprache. VII, 128 S. m. Abb. Langensalza: Beltz (= Beltz' Bogenlesebuch) 1925
24 (Vorw.) H. Schaumberger: Bergheimer Musikantengeschichten. Heitere Bilder aus dem oberfränkischen Volksleben. 480 S. Bln: Dt. Landbuchh. (= Deutsche Dorfgeschichten 7) 1925
25 Sächsisches Lachen. Fünfhundert Jahre sächsischen Humors in Vers und Prosa. 157 S., 97 Abb. Lpz: Koch 1926
26 Der kleine Melchior und das Weihnachtskind. Melodramatische Dichtung. Musik K. Kreiser. 4, 8 S Lpz: Strauch (= Melodramen für ernste und heitere Feiern) (1926)
27 Weihnachten bei den Spielzeugmachern. Ein volkstümliches Heimatspiel in drei Szenen. 38 S. Schwarzenberg: Glückauf-V. (= Glückauf-Bücherei 5) 1926
28 Dom zu Naumburg. Ein Zyklus Verse. 21 S. Querfurt: Burgverl. Jaeckel (500 Ex.) (1927)
29 (Hg.) Das lustige Rundfunkbuch. 92 S. m. Abb. Dresden: Limpert (1927)
30 (Einl.) Sachsen im Bilde. 176 Aufnahmen in Kupfertiefdruck. 15 S., 176 Taf. Dresden: Laube 1927
31 (Hg.) Hausbuch sächsischer Dichtung aus zehn Jahrhunderten mitteldeutscher Kultur unter besonderer Berücksichtigung der zeitgenössischen Dichter. Mit Dichterbildnissen, Handschriften und Literaturdokumenten. 367 S. m. Abb. Lpz: (Koch) 1928
32 Der Wunderbaum. Geschichten und Gedichte. Ausgew., eingel. M. Zeibig. 86 S. 16⁰ Bln: Dt. Verein f. ländl. Wohlfahrts- u. Heimatpflege (= Landbücher 11) 1928
33 Dudelsack. Musikalische Balladen, Grotesken und Liebesreime. 111 S. Lpz (:Koch) 1929
34 Das goldene Weihnachtsbuch. Nachw. H. C. Kaergel. 159 S. m. Abb. Lpz: Mitteldt. Verl.-Ges. 1929
35 Das Herz im Walde. Sechs Weihnachtsgeschichten und ein Krippenspiel. Einl. M. Zeibig. 94 S. 16⁰ Bln: Dt. Verein f. ländl. Wohlfahrts- u. Heimatpflege (= Landbücher 18) 1930

36 Engel- und Königschar aus dem Erzgebirge. 24 S. Lpz: Strauch (= Jugend- und Volksbühne 699) 1932
37 Ein Musikant ging durch die Welt. Lebensgeschichte Franz Schuberts in drei Schattenbildern. Eingel., hg. K. Plenzat. 31 S. Lpz: Eichblatt (= Eichblatt's deutsche Heimatbücher 46) (1932)
38 Das Spiel vom Bauer und Bergmann, dem Staatsminister Goethe vorgespielt. 28 S. Lpz: Strauch (= Der Karren 30) (1932)
39 Volksliedgeschichten und Geschichten in Volksliedern. 90 S. Langensalza: Beltz (= Aus deutschem Schrifttum und deutscher Kultur 328–329) (1932)
40 Ännchen von Tharau und andere Volksliedgeschichten. 31 S. Bln: Hillger (= Deutsche Jugendbücherei 426) 1933
(z. T. Ausz. a. Nr. 8)
41 O du lieber Augustin und andere Volksliedgeschichten. 31 S. Bln: Hillger (= Deutsche Jugendbücherei 427) 1933
(Enth. u. a. Nr. 35 u. veränd. Ausz. a. Nr. 8)
42 Deutschland, Deutschland über alles. Wie das Lied der Deutschen entstand. Volksliedgeschichten. 32 S., 1 Abb., 1 Faks. Ffm: Diesterweg (= Kranz-Bücherei 212) (1933)
43 Ein deutsches Herz. Spiel um Ludwig Richter. 111 S. Langensalza: Beltz (= Aus deutschem Schrifttum und deutscher Kultur 421–422) (1933)
44 Land unterm Regenbogen. Gedichte, Balladen und Lieder aus dem Volkstum. Auswahl. Eingel., hg. K. Plenzat. 63 S. Lpz: Eichblatt (= Eichblatt's deutsche Heimatbücher 67–68) 1933
45 Lied des Schicksals. Roman um Johannes Brahms. 331 S. Lpz: Koehler & Amelang 1933
46 (Hg.) Braune Kameraden. Das Buch der deutschen Jugend. 192 S. m. Abb. Dresden (: Püschel) 1934
47 Der Sohn der Wälder. Der Lebensroman des Raubschützen Karl Stülpner. 238 S. Lpz: Koehler & Amelang 1934
(Neubearb. v. Nr. 16)
48 Das Weihnachtsschiff. Eine Volksliedgeschichte. 8 S. m. Notenbeil. Braunschweig: Littolf 1934
49 (Hg.) Sächsische Heimatblätter. Monatsschrift der in der NS.-Kulturgemeinde, Abteilung Volkstum und Heimat, eingegliederten Landsmannschaften aus Sachsen, Thüringen und anderen deutschen Gauen. Jg. 12–14. Dresden: Dresdner Akzidenz-Dr. 1935–1937
50 Gottes Orgel. Roman um Bach und Händel. 323 S., 12 Abb., 4 Faks. Bln: Bong 1935
51 Der Schulmeister von Dröda und andere Erzählungen. 62 S. Bln (: Limpert) (= Volkstümliche 25-Pfennig-Bücherei 5) 1935
52 Der letzte Bergmann und andere Erzählungen. 48 S. Dresden: Limpert (= Kurzgeschichten 10) 1936
53 Vom Himmel hoch, da komm ich her. Weihnachtserzählung. 15 S. Hbg: Agentur des Rauhen Hauses (= Alle Jahre wieder 15) (1936)
54 Es ist ein blonder Schein. Tagebuch aus Kriegsjahren in Frankreich. 226 S. Lpz (: v. Hase & Koehler) 1936
55 Du meine Seele, du mein Herz. Der Roman Robert Schumanns. Mit e. Anh.: 14 Wiedergaben nach zeitgenössischen Bildern. 360 S., 14 Abb., 1 Noten-Hs. Bln: Bong 1936
(Neuaufl. v. Nr. 11)
56 Das goldene Weihnachtsbuch aus dem Erzgebirge. 95 S. m. Abb. Dresden: v. Hase & Koehler 1936
57 Das Herz im Walde. Weihnachtliches Spiel. 15 S. Lpz: Strauch (= Jugend- und Volksbühne 742) (1937)
(Neufassg. e. Ausz. a. Nr. 35)
58 Die Melodie der Freude. 209 S. Bln: Bong 1937
59 Klingende Morgenzeit. Erzählungen aus der Kinderzeit großer deutscher Tondichter. 82 S. Lpz: Hesse & Becker (1937)
60 Das Spiel vom Prinzenraub oder Der Mann aus dem Walde. Volksschauspiel. 90 S. Langensalza: Beltz (= Aus deutschem Schrifttum und deutscher Kultur 545–546) 1937
61 (MH) Stimmen der Landschaft. Hg.: Dichtungen und Kulturbilder in hochdt. Sprache: K. A. F. – Mundartdichtungen: A. Zirkler. – Schriften zur

sächsisch-sudetendt. Volkskunde: E. Lehmann. 28 Bde. Dresden: Bastei-Verl. 1937–1941
62 (Hg.) Handschrift des Pfluges. Ehrenbüchlein für Bruno Tanzmann, den Vorkämpfer, Denker und Dichter zu seinem sechzigsten Geburtstag. 112 S. m. Abb., 3 Bl. Abb. Bln: Limpert 1938
63 Johann Gottfried Seume. Wanderer, Soldat, Patriot. 72 S. Dresden: v. Baensch Dr., Abt. Verl. Heimatwerk Sachsen (= Schriftenreihe Große Sachsen, Diener des Reiches 3) (1938)
64 Der Streit der Landsleute. Lustiges Spiel aus dem sächsischen Volkstum. 19 S. Dresden: v. Baensch Dr., Abt. Verl. Heimatwerk Sachsen (1938)
65 (Hg., Einl.) Sächsische Balladen. 71 S. Dresden: Bastei-V. (= Stimmen der Landschaft 20) 1939 (Bd. 20 v. Nr. 61)
66 Wir zogen in das Feld. Bilder aus der Geschichte des deutschen Soldatenliedes und der deutschen Marschmusik. 163 S. m. Abb. Reutlingen: Ensslin & Laiblin 1939
67 Paul Fleming, Der Dichter und Ostlandfahrer. 79 S. m. Abb. Dresden: v. Baensch Dr. (= Schriftenreihe Große Sachsen, Diener des Reiches 15) 1939
68 Innsbruck ich muß dich lassen. Geschichten um das deutsche Volkslied. 163 S. m. Abb. Reutlingen: Ensslin & Laiblin 1939
69 Das Kleistbild. Heinrich von Kleists Wiederkunft. Ein Spiel in Versen. 26 S. Eisenach: Kühner (Priv.-Dr.) 1939
70 Der Siebenpunkt oder Die Reise ins Elbsandsteingebirge. Kleiner Roman eines heiteren Tages. Mit einer Selbstdarstellung des Dichters „Die Weihnachtspyramide meines Lebens". 72 S. m. Abb. Lpz: Reclam (= Reclam's UB. 7428) 1939
71 (MV) M. Zeibig: Eine Handvoll Erde. Geschichte aus dem Volkstum. Mit einem Lebensbild des Dichters v. K. A. F. 70 S. Dresden: Bastei-V. 1939
72 (Hg.) Der sächsische Kalender. Volkstümliches Jahrbuch für Heimat und Haus. 1941. 1942. 2 Bde. Je 72, VIII S., m. Abb. Kal. Lpz: Strauch (1940–1941)
73 Lied des Schicksals. Roman um Johannes Brahms. 326 S. Lpz: v. Hase & Koehler (1940) (Neubearb. v. Nr. 45)
74 (Hg.) Oskar Seyffert zum Gedächtnis. Gedrängte Auswahl seines Lebensschaffens aus Vorträgen, Aufsätzen und Ansprachen. 127 S. m. Abb. Dresden: Landesverein Sächsischer Heimatschutz 1940
75 Der östliche Traum. Ein Roman von Freundschaft, Liebe und großer Fahrt. 294 S., 4 Bl. Abb. Lpz: v. Hase & Koehler 1940
76 Das Leben ein Tanz, der Tanz ein Leben. Der Walzerkönig Johann Strauß und seine Zeit. Eingel., hg. K. Plenzat. 49 S. Lpz: Eichblatt (= Eichblatt's deutsche Heimatbücher 152–153) 1941
77 Wendelin Dudelsack. Bittersüße Verse. Aus Anlaß des sechzigsten Geburtstags v. K. A. F. am 15. X. 1943 hergest. auf Veranlassg. v. G. Schulze, Leipzig. 27 S. Lpz: Staatl. Akademie 1943
78 Ich blase auf grünen Halmen. Auswahl aus den Werken. Zum sechzigsten Geburtstag des Dichters hg. H. C. Kaergel. 200 S. m. Abb. Bln: Limpert 1943
79 Der Ruf aus den zwölf Nächten. 173 S. Lpz: v. Hase & Koehler 1943
80 Im Narrenhäusel. Heitere Geschichten von sächsischen Schelmen und Käuzen. 104 S. m. Abb. Bln: Kintzel (1944)
81 Wenn Weihnachten ist ... 31 S. m. Abb. Mchn: Münchner Buchverl. (= Münchner Lesebogen 177) (1944)
82 Die Dresdener Kreuzkirchenlegende. Für Freunde des Dichters mit der Hand geschrieben v. J. Wettley. 3 Bl. Dresden: Selbstverl. 1948
83 Wie unsere Weihnachtslieder entstanden sind. Hg. J. Schoeck. 59 S. Biberach/Riss: Koehler & Voigtländer 1949
84 Der Goldschmied Johann Melchior Dinglinger und sein Glück. 101 S., 1 Taf. Biberach/Riss: Biberacher Verl.-Dr. 1951
85 Das Spiel vom Pumphut. Ein fröhliches Spiel für Stadt und Land. 24 S. Kassel, Basel: Bärenreiter-V. (= Bärenreiter-Laienspiele 159) 1951
86 Eisvogel. Der Roman Johann Gottfried Seumes. 479 S. Bln: Verl. d. Nation 1953

87 (Hg.) P. Rosegger u. G. Storm: Stille Nacht, heilige Nacht und andere Weihnachtserzählungen. 32 S. Bln-Grunewald: Verl. Dt. Jugendbücherei (= Deutsche Jugendbücherei 551) (1953)
88 Der goldene Reiter und sein Verhängnis. Glanz und Elend einer unsterblichen Stadt. Roman-Chronik. 327 S. m. Abb. Bln: Verl. d. Nation 1954
89 (MV) K. A. F. u. R. Donnerhack: Hermann Vogel. 96 S. m. Abb. Plauen: Kreismuseum (= Museumsreihe, H. 4) 1954
90 Flügel der Morgenröte. Ein Dresdener Roman. 416 S. (Bln:) Verl. d. Nation (1956)
91 Herzen und Masken. Roman um Robert Schumann. 329 S. Bln: Henschel 1956
(Neufassg. v. Nr. 12)
92 Melodie der Freude und andere Alt-Dresdener Erzählungen. 224 S. m. Abb., 1 Titelb. Bln: Verl. d. Nation 1958
93 Auf meines Vogtlands Hügeln. Eine kleine Auswahl von Gedichten, Erzählungen und Romanausschnitten vom Vogtland. 78 S. m. Abb. Plauen: Vogtländ. Kreismuseum (= Museumsreihe, H. 18) 1959
94 Schatten im Sonnenschein. 80 S. Bln: Union-V. 1960
(Enth. u. a. Nr. 48)

FISCHER, Johann Georg von (1816–1897)

1 Gedichte. XI, 133 S. 16⁰ Münsingen: Hohloch 1838
2 Dichtungen. 4, 280 S. Stg: Cotta 1841
3 Gedichte. 288 S. Stg: Cotta 1854
4 Saul. Drama. 156 S. Stg: Cotta 1862
5 Friedrich II. von Hohenstaufen. Historische Tragödie. 136 S. Stg: Cotta 1863
6 Aus dem Leben der Vögel. 61 S. Lpz: Brandstetter 1863
7 Neue Gedichte. 150 S. Stg: Cotta 1865
8 Florian Geyer, der Volksheld im deutschen Bauernkrieg. Trauerspiel. 92 S. Stg: Cotta 1866
9 Kaiser Maximilian von Mexiko. Trauerspiel. 159 S. 16⁰ Stg: Franckh (1868)
10 Den deutschen Frauen. Gedichte. Neue Folge. 154 S. Stg: Cotta 1869
11 (MH) Drei Kameraden. Zeitlieder. Hg. J. G. u. F., F. Löwe, C. Schönhardt. 84 S. Stg: Kröner 1870
12 Aus frischer Luft. Gedichte. Neue Folge. 198 S. 16⁰ Stg: Grüninger 1872
13 Neue Lieder. 192 S. Stg: Bonz 1876
14 Merlin. Ein Lieder-Cyklus mit einem Anhange. 114 S. 16⁰ Stg: Hallberger 1877
15 Der glückliche Knecht. Ein Idyll. 104 S. Stg: Bonz 1881
16 Gedichte. 271 S. Stg: Cotta 1883
(Verm. Neuaufl. v. Nr. 3)
17 Auf dem Heimweg. Neue Gedichte. 204 S. Stg: Cotta 1891
18 Mit achtzig Jahren. Lieder und Epigramme. 136 S. Stg: Cotta 1896
19 Schiller-Reden 1849–93. Hg. H. Hofmann. 144 S., 1 Taf. Stg: Zimmer 1905

FISCHER, Marthe Renate (1851–1925)

1 Eitel Sonnenschein. Eine lustige, lehrreiche Geschichte aus froher Mädchenzeit. 198 S. m. Abb. Stg: Schmidt & Spring 1888
2 In des Lebens Lenze. 247 S., 4 Abb. Stg: Schmidt & Spring 1890
3 Zur Zeit der Rosenblüte. Der liebenswürdigen Jugend und ihren Freunden erzählt. 262 S. Stg: Schmidt & Spring 1893
4 Die Aufrichtigen. Eine Bauerngeschichte. 306 S. Stg: Bonz 1894
5 Die Jüngste des Kleeblatts. Erzählung für junge Mädchen. 296 S., 6 Abb. Stg: Loewe 1894
6 Auf dem Wege zum Paradies. Thüringische Novellen. 323 S. Lpz: Grunow 1902
7 Toska baut. Thüringer Geschichten. 223 S. Stg: Bonz 1906

8   Das Patenkind. Thüringer Roman. 475 S. Stg: Bonz 1907
9   Die letzte Station. Skizzen aus dem Altersheim. 202 S. Stg: Bonz 1909
10 Die aus dem Drachenhaus. Thüringer Roman. 435 S. Stg: Bonz 1910
11 Aus stillen Winkeln. Novellen. 292 S. Stg: Bonz 1911
12 Die Blöttnertochter. Thüringer Roman. 345 S. Stg: Bonz 1913
13 Herr und Frau von Bosien. Roman 320 S. Reutlingen: Ensslin & Laiblin (= Ensslin's Mark-Bände 44) (1919)
14 Wir ziehen unsere Lebensstraße. Thüringer Roman. 319 S. Stg: Bonz 1920
15 (MV) M. R. F., R. v. Bölow, R. Leander: Thüringer Erzählungen und Märchen. 16 S. m. Abb. Bln: Kranzverl. (= Der Kranz 29) (1921)
16 Die kleine Helma Habermann. Thüringischer Roman. 359 S. Stg: Bonz 1923
17 Paula. Erzählung. 16 S. Bln: Schriftenvertriebsanst. (= Der Kranz 43) 1924
18 Hört, was die Scholle spricht. 324 S. Stg: Bonz 1925
19 Die Liebesüße. Thüringer Novelle. 104 S. Stg: Bonz (= Kleine Erzählungen, Reihe 3) 1925

FISCHER (-Graz), Wilhelm (1846–1932)

1   Atlantis. Ein Epos. 267 S. Lpz: Friedrich 1880
2   Sommernachtserzählungen. 273 S. Lpz: Friedrich 1882
3   Anakreon. Ein Frühlingsidyll. 138 S. 16º Lpz: Friedrich 1883
4   Lieder und Romanzen. 167 S. Lpz: Friedrich 1884
5   Unter altem Himmel. Erzählungen. 192 S. Lpz: Falk 1891
6   Der Mediceer und andere Novellen. 397 S. Lpz: Fock 1894
7   Grazer Novellen. 2 Tle. in 1 Bd. 223, 159 S. Lpz, Bln: Meyer 1898
8   Die Freude am Licht. Roman. 2 Tle. in 1 Bd. 213, 230 S. Bln: Meyer (1902)
9   Das Licht im Elendhaus. (S.-A.) 78 S. Wiesbaden: Staadt (= Wiesbadener Volksbücher 37) 1903
    (Ausz. a. Nr. 7)
10 Poetenphilosophie. Eine Weltanschauung. 346 S. Mchn: Müller 1904
11 Hans Heinzlin. Erzählung. 150 S. Mchn: Müller 1905
12 Königin Hekabe. Trauerspiel. 173 S. Mchn: Müller 1905
13 Lebensmorgen. Erzählungen. 271 S. Mchn: Müller 1906
14 Von der Einfühlung. 25 S. Mchn: Callwey (= Flugschrift des Dürerbundes zur ästhetischen Kultur 27) 1907
15 Sonne und Wolke. Aphorismen. 270 S. Mchn: Müller 1907
16 Amselsang. Das Licht im Elendhaus. 75 S. Zürich: Verein für Verbreitung guter Schriften (= Verein für Verbreitung guter Schriften 72) 1908
    (Enth. u. a. Nr. 9)
17 Der Greifenprinz. Die himmelblaue Stadt. Zwei Novellen. Einl. K. W. Gawalowsky. 125 S. Wiesbaden: Behrend (= Rheinische Hausbücherei 26) 1908
18 Sonnenopfer. Roman. 352 S. Mchn: Müller 1908
19 Der Kaiser von Byzanz. Romanze. 224 S. Mchn: Müller 1909
20 Murwellen. Erzählungen. 415 S. Mchn: Müller 1910
21 Friedrich Nietzsches Bild. 224 S. Mchn: Müller 1910
22 Das Haus der Wichtel und andere Erzählungen. Einl. K. Bienenstein. 172 S. Lpz: Hesse & Becker (= Hesse's Volksbücherei 596-597) 1911
23 Die steiermärkische Landesbibliothek des steiermärkischen Landesmuseums Joanneum. (S.-A.) 32 S. m. Abb., 4 Taf. 4º Graz: Moser 1911
24 Das Regenbogenschüsselchen und andere Märchen. 31 S. m. Abb. Reutlingen: Ensslin & Laiblin (= Bunte Jugendbücher 35) 1911
25 Schicksalsweg. Ein Märchen vom Glück. 32 S. Bln: Hillger (= Deutsche Jugendbücherei 57) 1911
    (Ausz. a. Nr. 5)
26 Aus der Tiefe. Erzählung. 254 S. Mchn: Müller 1912
27 Der Traum vom Golde. Roman. 358 S. Mchn: Müller (1912)
28 Alltagszauber. Novellen. 352 S. Mchn: Müller 1913
29 Die Fahrt der Liebesgöttin. Roman aus dem steirischen Weinlande. 327 S. Mchn: Müller 1914
30 Kriegsbuch. 204 S. Mchn, Wien: Rikola-V. (1915)

31 Wagemut. Erzählung aus dem Kriege. 71 S. m. Abb. Gotha: Perthes (1917)
32 Der König im Bade. Novelle. 64 S. Bln: Hillger (= Kürschner's Bücherschatz 1294) (1920)
33 Das Geheimnis des Weltalls. Erzählungen. III, 165 S. Stg: Strecker & Schroeder 1921
34 Märchen und Geschichten. 106 S. Halle: Schroedel (= Für junge Herzen 7) (1921)
35 Die Hochzeit des Baglionen. Erzählung. 80 S. Zürich: Verein für Verbreitung guter Schriften (= Verein für Verbreitung guter Schriften 127) 1922
36 Tragik des Glücks. Roman. 292 S. Stg: Union (= Meister-Romane des Union-Verlags) (1922)
37 Das alte Stadttor und andere Erzählungen. Ausgew. u. durchges. F. Kuthmayer. 85 S. m. Abb. Wien: Dt. Verl. f. Jugend u. Volk (= Volksschatz 47) 1923 (Neuaufl. v. Nr. 13)
38 Das Burgkleinod. Erzählung. 95 S. Heilbronn: Salzer (= Taschenbücherei deutscher Dichter) 1924
39 Der Stern der Liebe. Erzählungen. 256 S. Mchn: Müller (= Zwei-Mark-Bücher, Serie 2) 1924
40 Das Licht im Schatten. Roman. 339 S. Mchn: Kösel & Pustet 1925
41 Erzählungen aus Kindertagen. Hg. D. Zimmermann. 79 S. Mchn: Verl. d. Jugendblätter; Hbg: Dt. Dichter-Gedächtnis-Stiftung (= Quellen 75) 1926
42 Beethoven als Mensch. 316 S., 1 Taf. Regensburg: Bosse (= Deutsche Musikbücherei 63) 1928
43 Der Wichtelbrunnen. 80 S. Stg: Fleischhauer & Spohn (= Kristall-Bücher) 1929

Fischer-Colbrie, Arthur (*1895)

1 Musik der Jahreszeiten. Gedichte. 44 S. Wien: Speidel 1928
2 (MV) (J. Hanika: Die westböhmischen Volkstrachten. – A. F.-C.:) Das Böhmerwaldmuseum. 42 S. m. Abb. Oberplan: Böhmerwaldmuseum (= Schriften zu Gunsten des Böhmerwaldmuseums in Oberplan 10) 1929
3 Die Wälder atmen und die Sterne leuchten. Natur-Romanzen. 19 S. Hbg: Ellermann (= Das Gedicht. Jg. 5, Nr. 12) 1939
4 Unterm Sternbild der Leier. Gedichte. 80 S. Brünn: Rohrer (= Schriftenreihe der Gauhauptstadt Linz 1) (1941)
5 Der ewige Klang. Ausgewählte Gedichte. 63 S. Linz: Muck 1945
6 (MV) Oberösterreich. Wort: A. F.-C. Bild: H. Wöhrl. 122 S., 52 Bl. Abb. 4° Linz-Urfahr: Orchideen-V. (= Oberösterreich in Wort und Bild) 1948
7 Orgel der Seele. Gedichte. 93 S. Wien: Kremayr & Scheriau 1953
8 Das Haus der hundert Rätsel. Nachw. H. Razinger. 88 S., 1 Titelb. Graz, Wien: Stiasny (= Dichtung der Gegenwart 38) 1955
9 Der Tag ein Leben. Gedichte. 25 S. Linz: Kulturamt der Stadt Linz 1955
10 Zeitgenössisches Schrifttum in Oberösterreich. Ein Wegweiser für Volksbildner und Büchereileiter. 104 S. Graz: Stiasny (= Schriftenreihe des Oberösterr. Volksbildungswerkes 4) 1957
11 (Einl.) M. Denis: Im schweigenden Tale des Mondes. Einl. u. Ausw. A.F.-C. 127 S. Graz, Wien: Stiasny (= Das Österreichische Wort 38) 1958
12 Johannes Kepler. Dramatisches Gedicht. 150 S. Linz: Landesverl. 1960

Fitger, Arthur (1840–1909)

1 Mozart-Album. 1. Serie: Don Juan. 6 Bl. m. Abb. 2° Bln: Grieben 1867
2 Albrecht Dürer in Bologna. Johann Kepler. Zwei Festspiele. 59 S. Bremen: Küthmann 1871
3 Roland und die Rose. Eine Phantasie im Bremer Rathskeller. 27 S. Oldenburg: Schulze (1871)
4 Adalbert von Bremen. Trauerspiel in fünf Aufzügen. III, 96 S. Oldenburg: Schulze 1873

5 Adalbert von Bremen. Trauerspiel. Nebst einem Nachspiel „Hie Reich! Hie Rom!" 122 S. Oldenburg: Schulze 1874 (Erw. Neuaufl. v. Nr. 4)
6 Michelangelo. Ein Festspiel zur Feier des 400. Geburtstages Michelangelos. 27 S. Bremen: Diercksen & Wichlein 1874
7 Fahrendes Volk. Gedichte. 256 S. Oldenburg: Schulze 1875
8 Die Hexe. Trauerspiel in fünf Aufzügen. 103 S. Oldenburg: Schulze 1876
9 Reinekes Brautfahrt. 40 S. Bremen: Schünemann (Als Ms. gedr.) 1880
10 Winternächte. Gedichte. 227 S. Bln: Oppenheim 1881
11 Von Gottes Gnaden. Trauerspiel in fünf Aufzügen. 104 S. Oldenburg: Schulze (1883)
12 (MV) Alarich. Musik G. Vierling. Text A. F. 16 S. Bremen: Geffken (1884)
13 (Übs., Bearb.) E. Augier: Der Schierling. Lustspiel. 62 S. Oldenburg: Schulze 1885
14 (Übs., Bearb.) Lord Byron: Marino Faliero. 84 S. Oldenburg: Schulze 1886
15 (Bearb.) F. Junius: Der Fischer und seine Frau. Ein Kindermärchen in fünf Aufzügen und einem Vorspiel. Bremen: Schünemann 1887
16 Die Rosen von Tyburn. Trauerspiel in fünf Aufzügen. 83 S. Oldenburg: Schulze 1888
17 (Übs., Bearb.) E. Augier: Philiberte. Lustspiel. 93 S. Oldenburg: Schulze 1889
18 *Noch eine Hexe. Ein Apothekermärchen. 13 S. o. O. (Als Ms. gedr.) (1890)
19 (Hg.) Neue Bremer Beiträge. Dichtungen und Übersetzungen aus der literarischen Gesellschaft des Künstlervereins. 114 S. 12° Bremen: Rühle 1892
20 Jean Meslier. Dichtung. 127 S. Lpz: Liebeskind 1892
21 Requiem aeternam dona ei. Gedichte. 219 S. Lpz: Liebeskind 1894
22 San Marcos Tochter. Romantisches Trauerspiel. 104 S. Oldenburg: Schulze 1902
23 Festabende zur Einweihung der Union. 16. und 17. Oktober 1903. Festgedicht. 37 S. Bremen: Schünemann 1903
24 Ein Alexanderlied. 58 S. Bremen: Winter 1908
25 Einsame Wege. Auswahl aus seinen Gedichten. Hg., Einl. G. Hellmers. 39, 173 S., 1 Abb. Bln: Felber 1911

FLAISCHLEN, Cäsar (+C.F. Stuart) (1864–1920)

1 +Nachtschatten. Gedichte. Fragmente. Tagebuchblätter eines Sonderlings. 196 S. Minden: Bruns 1884
2 +Graf Lothar. Dramatische Dichtung. 136 S. Lpz: Wartig 1886
3 Die schwäbische Dialektdichtung. Stg 1890
4 Otto Heinrich von Gemmingen. Mit einer Vorstudie über Diderot als Grammatiker. – „Le père de famille". – „Der deutsche Hausvater". Beitrag zu einer Geschichte des bürgerlichen Schauspiels. 163 S. Stg: Göschen 1890
5 Graphische Litteratur-Tafel. Die deutsche Litteratur und der Einfluß fremder Litteraturen auf ihren Verlauf von Beginn einer schriftlichen Überlieferung an bis heute in graphischer Darstellung. 8 Sp. Text 4° m. Taf. 2° Stg: Göschen 1890
6 Toni Stürmer. Eine Alltagsgeschichte in fünf Scenen. 74 S. Bln: Fontane 1891
7 Vom Haselnußroi, e Zopfete Bloeme-n ond Nüß. 64 S. 16° Stg, Lpz: Göschen 1892
8 (Hg.) W. Hauff: Werke. Illustrierte Prachtausg. 2 Bde. 1016 S. m. Abb. Stg: Dt. Verl.-Anst. 1892
9 (Hg.) Neuland. Ein Sammelbuch moderner Prosadichtung. XI, 488 S. Bln: Verein der Bücherfreunde (= Veröffentlichungen des Vereins der Bücherfreunde. Jg. 3, Nr. 5) 1894
10 Im Schloß der Zeit. Eine Sylvester-Paraphrase in sieben Bildern. 88 S. Bln: Fontane 1894
11 Martin Lehnhardt. Ein Kampf um Gott. Fünf Scenen. 104 S. Bln: Fontane 1895
12 Otto Erich Hartleben. Beitrag zu einer Geschichte der modernen Dichtung. 48 S. m. Abb. Bln: Fischer 1896

13 Professor Hardmuth. Charakterstudie. Flügelmüde. Ein Abschnitt aus dem Leben eines Jeden. 166 S. Bln: Fontane 1897
14 Von Alltag und Sonne. Gedichte in Prosa. Rondos. Lieder und Tagebuchblätter. Mönchguter Skizzenbuch. Lebensidylle. Morgenwanderung. 181 S. Bln: Fontane 1898
15 Aus den Lehr- und Wanderjahren des Lebens. Gesammelte Gedichte, Brief- und Tagebuchblätter aus den Jahren 1884–1899. 179 S., 1 Titelb. Bln: Fontane 1900
16 (Einl.) Almanach für bildende Kunst und Kunstgewerbe. Hg. M. Martersteig. 32 S., 520 Sp. 12° Bln: Stargardt (1901)
17 Mönchguter Skizzenbuch. (S.-A.) 35 S. Bln: Fleischel 1902
  (Ausz. a. Nr. 14)
18 Zweierlei G'wisse. 1 Bl. 4° o. O. (1904)
19 Jost Seyfried. Ein Roman in Brief- und Tagebuchblättern. Aus dem Leben eines Jeden. Sprüche eines Steinklopfers. Sturmbruch. Lieder eines Schwertschmieds. Herzblut. Tor auf! 2 Bde. 516 S., 1 Titelb. Bln: Fleischel (1905)
20 Neujahrsbuch. Spruchblätter. Altes und Neues. 52 Bl. in Faks. m. Abb. Bln: Fleischel 1907
21 Zwischenklänge. Altes und Neues. Stimmungen. Briefblätter. Von Festtagen und Werktagen. Dies und Das. Singlieder. 9, 179 S. Bln: Fleischel 1909
22 Gedenkbuch mit Worten aus den Werken v. C. F. 428 S. Bln: Fleischel 1914
23 Kopf-oben-auf, die Hand am Knauf, mein deutsches Volk . . . Sonn' auf! Stimmen, Gestalten und Gedichte zum Krieg. 150 S., 1 Titelb. Bln, Stg: Dt. Verl.-Anst. 1915
24 Heimat und Welt. 162 S. Stg: Dt. Verl.-Anst. (= Die Feldbücher) 1916
25 Deutscher Weltkrieg. 6 S. Lpz: Wunderlich (= Der deutsche Ernst 7) (1916)
26 Emil Milan als Künstler. Worte bei seiner Gedächtnisfeier. 24 S., 1 Abb. Bln, Stg: Dt. Verl.-Anst. (1917)
27 Rede für ein kleines Mädchen. Noni-Loni zum Fest ihres ersten Geburtstages. 23 S. m. Abb. Bln, Stg: Dt. Verl.-Anst. 1920
28 Gesammelte Dichtungen. 6 Bde. VI, 181 S., 1 Titelb.; VIII, 179; VII, 102; 107; VIII, 195; VI, 155 S. Stg: Dt. Verl.-Anst. 1921
29 Mandolinchen, Leierkastenmann und Kuckuck. Ein Liederbuch von Sehnsucht und Erfüllung. VIII, 155 S., 1 Titelb. Stg: Dt. Verl.-Anst. (1921)
30 Von Derhoim ond Drauße. Dichtungen in schwäbischer Mundart. XII, 103 S., 1 Titelb. Stg: Dt. Verl.-Anst. 1924
31 (Hg.) Das Buch unserer deutschen Dichtung in vier Bänden, umfassend die Zeit von 1500 bis 1870. Bd. 1 u. 2. 2 Bde. VIII, 852 S., 1 Titelb., 40 Taf.; 887 S., 32 Taf. Königstein i. T., Bln: Andermann 1925
32 (Hg.) Die deutsche Dichtung der Frühzeit 1500–1800. 851 S., 40 Taf. 1 Titelb. 4° Bln-Schmargendorf: Andermann 1927
  (Ausz. a. Nr. 31)

FLAKE, Otto (+Leo F. Kotta) (1880–1963)

1 (MH) Der Merker. Halbmonatsschrift. Hg. O. F. u. R. Schickele. Jg. 1. 18 Nrn. Straßburg: Bongard 1903
2 Die Leute vom Simplicissimus. 24 S. Lpz: Püttmann (= Persönlichkeiten 13) 1908
3 Straßburg und das Elsaß. 128 S., 8 Taf. Stg: Krabbe (= Städte und Landschaften 6) 1908
4 Rund um die elsässische Frage. 100 S. Durlach: Dreililienverl. 1911
5 Das Mädchen aus dem Osten. – Der unbedachte Wunsch. Zwei Novellen. 170 S. Ffm: Rütten & Loening 1911
6 Der französische Roman und die Novelle. Ihre Geschichte von den Anfängen bis zur Gegenwart. IV, 130 S. Lpz: Teubner (= Aus Natur und Geisteswelt 377) 1912
7 Schritt für Schritt. Roman. 457 S. Bln: Cassirer 1912
8 Freitagskind. Roman. 294 S. Bln: Fischer 1913
9 (Übs.) Tallemant des Réaux: Geschichten. 2 Bde. XXV, 410; 426 S., 20 Abb. Mchn: Müller 1913

10 Die Prophezeiung und andere Novellen. 229 S. Bln: Fischer 1915
11 Horns Ring. Roman. 373 S. Bln: Fischer 1916
12 Das Logbuch. 410 S. Bln: Fischer 1917
13 Abenteurerin. Im dritten Jahr. Zwei Stücke. 171 S. Bln: Fischer 1918
14 (Übs.) La Bruyere: Charaktere. Neue deutsche Ausgabe in zwei Bänden. XV, 340; V, 303 S. Mchn: Müller 1918
15 (MH) M. de Montaigne: Gesammelte Schriften. Historisch-kritische Ausg. Hg. W. Weigand u. O. F. 8 Bde. Mchn: Müller 1918
16 (Übs.) A. Dumas: Die Kameliendame. 311 S. Mchn: Hyperion-V. (1919)
17 (Übs.) R. de Gourmont: Ein jungfräuliches Herz. Roman. 251 S. Mchn, Potsdam: Kiepenheuer 1919
18 Die Stadt des Hirns. Roman. 567 S. Bln: Fischer 1919
19 Wandlung. Novelle. 16 S. Hannover: Steegemann (= Die Silbergäule 17) 1919
20 (Übs.) H. de Balzac: Die Frau von dreißig Jahren. Einf. R. Schickele. XXXII, 191 S. Lpz: Wigand (= Kulturhistorische Liebhaberbibliothek 26) 1920
21 Das Ende der Revolution. 93 S. Bln: Fischer 1920
22 Die fünf Hefte. Eine Reihe. H. 1–4: II, 238 S. Mchn-Pasing: Roland-V.; H. 5 (46 S.) Bln: Gottschalk 1920
23 Nein und Ja. Roman. 244 S. Bln: Fischer 1920
24 Dinge der Zeit. 240 S. Bln: Gottschalk 1921
    (Buchausg. v. Nr. 22)
25 Die moralische Idee. Eine kritische Untersuchung. 101 S. Mchn: Drei Masken-V. 1921
26 Kaiserin Irene. Vier Aufzüge. 65 S. Mchn: Roland-V. (= Die neue Reihe 23) 1921
27 Das kleine Logbuch. 134 S. Bln: Fischer (= Der wohlfeile gute Roman) 1921
28 Pandämonium. Eine Philosophie des Identischen. 287 S. Mchn: Drei Masken-V. 1921
29 Deutsche Reden. 48 S. Bln: Verl. Die Schmiede 1922
30 Ruland. Roman. 494 S. Bln: Fischer 1922
31 (Übs., Nachw.) A. Suarès: Portraits. 258 S. Mchn: Drei Masken-V. 1922
32 Die Simona. Roman. 157 S. Bln: Fischer (= Der wohlfeile gute Roman) 1922
33 Das neuantike Weltbild. 227 S. Darmstadt: Reichl 1922
34 (Übs.) H. de Balzac: Pariser Novellen. 484 S. Bln: Rowohlt (= Gesammelte Werke) (1923)
35 Erzählungen. 130 S. Bln: Verl. Die Schmiede 1923
    (Enth. u. a. Ausz. a. Nr. 10)
36 Die Unvollendbarkeit der Welt. Eine Chemie Gottes. 286 S. Darmstadt: Reichl 1923
37 (Übs.) H. de Balzac: Verlorene Illusionen. 2 Bde. 451, 348 S. Bln: Rowohlt (= Gesammelte Werke) (1924)
38 (Übs.) H. de Balzac: Ein Prinz der Bohême. Noch ein Gaudissart. 66 S. Regensburg: Habbel & Neumann (= Die französische Novelle 1; = Die Weltliteratur 12) 1924
39 (Übs.) H. de Balzac: Vetter Pons. 451 S. Bln: Rowohlt (= Gesammelte Werke) (1924)
40 Zum guten Europäer. Zwölf Chroniken Werrenwags. V, 151 S. Bln: Gottschalk 1924
41 (Übs.) A. Gobineau: Die Renaissance. Historische Szenen. 475 S., 40 Abb. Bln: Propyläen-V. (= Werke der Weltliteratur) 1924
42 Die zweite Jugend. Erzählung. 67 S. Stg: Dt. Verl.-Anst. (= Der Falke 19) 1924
43 (Einl.) A. Kirkeby: Russisches Tagebuch. Übs. E. Magnus. XII, 171 S. Bln: Gottschalk 1924
44 Der gute Weg. Roman. 344 S. Bln: Fischer 1924
45 (Übs.) F. de Stendhal: Rot und Schwarz. Chronik des neunzehnten Jahrhunderts. 2 Tle. in 1 Bd. 324, 339 S. Lpz: List (= Epikon) (1925)
46 Die Romane um Ruland. 5 Bde. 267, 494, 344, 345, 392 S. Bln: Fischer 1926–1928
    (Enth. Nr. 30, 44, 47, 52, 53)

47 Villa U.S.A. Roman. 345 S. Bln: Fischer (= Die Romane um Ruland 4) 1926 (Bd. 4 v. Nr. 46)
48 Der Erkennende. Philosophie der Freiwerdung. 296 S. Darmstadt: Reichl 1927
49 Sommerroman. 283 S. Bln: Fischer 1927
50 Unsere Zeit. Vier Aufsätze. 73 S. Bln: Fischer 1927
51 Die erotische Freiheit. 115 S. Bln: Fischer 1928
52 Freund aller Welt. Roman. 392 S. Bln: Fischer (= Die Romane um Ruland 5)1928 (Bd. 5 v. Nr. 46)
53 Eine Kindheit. Roman. 267 S. Bln: Fischer (= Die Romane um Ruland 1) 1928 (Bd. 1 v. Nr. 46; Neuaufl. v. Nr. 8)
54 Ulrich von Hutten. 373 S., 8 Taf. Bln: Fischer 1929
55 Die Scheidung. Erzählung. Nachw. E. Belzner. 66 S. Lpz: Reclam (= Reclam's UB. 6981) 1929 (Ausz. a. Nr. 49)
56 Es ist Zeit. Roman. 320 S. Bln: Fischer 1929
57 Marquis de Sade. Mit einem Anhang über Rétif de La Bretonne. 273 S. Bln: Fischer 1930
58 Ausfahrt und Einkehr. Erzählungen und Reiseskizzen. 284 S. Lpz: Hesse & Becker (1931)
59 Bilanz. Versuch einer geistigen Neuordnung. 248 S. Stg, Lpz: Munz 1931
60 Christa. Kinderroman. 183 S. Bln: Fischer 1931
61 (MV) (E. Möwe: O. F. Leben, Werk, Gestalt, Beispiel. – O. F.:) Nationale Erziehung. 205 S. Lpz: Lindner 1931
62 Maria im Dachgarten und andere Märchen. 64 S. m. Abb. u. Taf. 4° Bielefeld: Velhagen & Klasing 1931
63 Die Geschichte Mariettas. 114 S. Bln: Rembrandt-V. (1931)
64 Montijo oder Die Suche nach der Nation. Roman. 511 S. Bln: Fischer 1931
65 Die französische Revolution 1789–1799. 352 S. Lpz: Hesse & Becker (1932)
66 Hortense oder Die Rückkehr nach Baden-Baden. 403 S. Bln: Fischer 1933
67 Der Straßburger Zuckerbeck und andere Märchen. 149 S., 30 Abb. Bln: Stuffer 1933
68 Badische Chronik. 2 Bde. Bln: Fischer 1934–1935
    1. Die junge Monthiver. 507 S. 1934
    2. Anselm und Verena. Roman. 503 S. 1935
69 Die Töchter Noras. Roman. 394 S. Bln: Fischer 1934
70 Scherzo. Roman. 322 S. Bln: Fischer 1936
71 Sternennächte am Bosporus. Roman. 177 S. Bln: Fischer (= S. Fischer-Bücherei) 1936
72 Schön-Bärbel von Ottenheim. 59 S., 2 Taf., 2 Kt. Bln: Rembrandt-V. (1937)
73 Die vier Tage. 354 S. Bln: Fischer 1937
74 Türkenlouis. Gemälde einer Zeit. 445 S., 2 Kt. Bln: Fischer 1937
75 Personen und Persönchen. Roman. 373 S. Bln: Fischer 1938
76 Große Damen des Barock. 365 S., 8 Taf. Bln: Fischer 1939
77 Straßburg. Geschichte einer deutschen Stadt. 68 S. m. Abb. Düsseldorf: Schwann (= Die Rheinbücher, Kleine Reihe 8) 1940
78 Das Quintett. Roman. 361 S. Bln: Suhrkamp 1943
79 Die Deutschen. 126 S. Karlsruhe: Schwerdtfeger 1946
80 Fortunat. 2 Bde. 425, 449 S. Baden-Baden: Keppler 1946
81 Nietzsche. Rückblick auf eine Philosophie. 188 S. Baden-Baden: Keppler 1946
82 Versuch über Stendhal. 79 S. m. Abb. Mchn: Desch 1946
83 Jakob Burckhardt. 26 S. Bad Wörishofen: Drei Säulen-V. (= De Humanitate) 1947
84 Die Erzählungen in zwei Bänden. Kassel: Schieber 1947
    1. Amadeus. Acht Erzählungen. 230 S.
    2. Die Söhne. Sieben Erzählungen. 194 S.
85 (Hg., Einl.) H. Heine: Gedichte, Prosa, Briefe. Ein Brevier. XVII, 270 S. Baden-Baden: Keppler 1947

86 Old Man. Roman. 260 S. Kassel: Schieber (1947)
87 Der Mann im Mond und andere Märchen. 151 S., 29 Abb. Baden-Baden: Stuffer 1947
  (Neuaufl. v. Nr. 67)
88 Ein Mann von Welt. 2 Bde. 485, 475 S. Baden-Baden: Keppler 1947
  (Forts. v. Nr. 80)
89 Nietzsche. Rückblick auf eine Philosophie. 194 S. Baden-Baden: Keppler 1947
  (Verm. Neuaufl. v. Nr. 81)
90 +Vom Pessimismus. 69 S. Überlingen: Wulff 1947
91 Der Reisegefährte. Erzählungen. 79 S., 1 Titelb. Bad Wörishofen: Drei Säulen-V. (= Das kleine Säulenbuch 1) 1947
  (Neuaufl. v. Nr. 49)
92 (Übs., Hg.) Aus dem Süddeutschen Reisetagebuch des Herrn Michel de Montaigne 1580. 87 S. m. Abb. Lindau: Thorbecke (= Die Brüder vom Bodensee) 1947
93 Versuch über Oscar Wilde. 84 S., 10 Abb. Mchn: Desch 1947
94 +Gedankengut. 93 S. Überlingen: Wulff 1948
95 (Vorw.) J. W. v. Goethe: Das ewige Gedicht. 104 S. Baden-Baden: Keppler (1948)
96 Der Handelsherr. 156 S. Flensburg: Wolff 1948
97 Kamilla. 411 S. Hbg: Mölich 1948
  (Neuaufl. v. Nr. 69)
98 Kinderland. Sieben Märchen. 104 S. m. Abb. Mchn: Desch 1948
  (Neuaufl. v. Nr. 62)
99 +Ordo. Die Philosophie im Zeitalter der Massen. 352 S. Hbg: Mölich 1948
100 Die Sichtung. Gesammelte kritische Schriften. 1. Zuweisungen. Essays und Aufsätze. 175 S. Baden-Baden: Kepler 1948
  (Enth. u. a. Nr. 83)
101 +Traktat vom Eros. Essay. 214 S. Mchn: Desch 1948
102 Als die Städte noch standen. Kleine Prosa. 276 S. Flensburg: Wolff 1949
103 Ende gut, alles gut. Märchen. 127 S., 25 Abb. Baden-Baden: Stuffer 1950
  (Neuaufl. v. Nr. 98)
104 Kaspar Hauser. Vorgeschichte, Geschichte, Nachgeschichte. Tatsachenbericht. 160 S. Mannheim: Kessler (1950)
105 Gesammelte Romane. 1. Die Sanduhr. 527 S. Baden-Baden: Keppler 1950
106 +Traktat vom Intensiven. 264 S. Baden-Baden: Keppler (1950)
107 Die Monthivermädchen. Roman. 806 S. Baden-Baden: Keppler 1952
  (Neuaufl. v. Nr. 68)
108 Der Basler Zuckerbeck. Ein Märchenbuch. 29 S. m. Abb. Basel: Hess 1953
109 Schloß Ortenau. Roman. 317 S. Hattingen: Hundt 1955
110 Es wird Abend. Bericht aus einem langen Leben. 631 S. Gütersloh: Mohn 1960
111 Fortunat. Roman in zwei Büchern. Nachw. d. Verf. u. v. M. Rychner. 1. Fortunat. 2. Ein Mann von Welt. 1567 S. Gütersloh: Mohn 1960
  (Enth. Nr. 80 u. 88)
112 Der Pianist. Erzählung. 96 S. Gütersloh: Mohn (= Das kleine Buch 140) 1960

FLASKAMP, Christoph (1880–1950)

1 ... frommer Freude voll. Dichtungen. 80 S. Münster: Alphonsus-Bh. 1904
2 Parzival. Neue Gedichte. 87 S. Münster: Alphonsus-Bh. 1904
3 Die alte Geige. Eine Komposition. 127 S. Münster: Coppenrath 1906
4 Das Sommerbuch. Neue Gedichte. 111 S. Münster: Coppenrath 1909
5 (Hg.) Seele, die du unergründlich. Kleinodien der deutschen Lyrik. 252 S. Kempten: Kösel 1910
6 Martin Greif. Eine Grundlegung zum Verständnis seiner Werke. 63 S. Ravensburg: Alber (= Unsere Dichter 4) 1911
7 (Einl., Hg.) A. v. Droste-Hülshoff: Das geistliche Jahr. 200 S., 1 Bildn. Mchn: Verl. „Ars sacra" J. Müller 1915

8 Von der Freiheit der Kinder Gottes. Weltliche und geistliche Gedichte. 92 S. Warendorf, Lpz: Vier Quellen-V. (1916)
9 Die deutsche Romantik. Ein Vortrag aus dem Jahre 1912. 60 S. Warendorf, Lpz: Vier Quellen-V. (1916)
10 Weltkrieg und Weltreligion. 35 S. Warendorf, Lpz: Vier Quellen-V. 1917
11 (MV) Im Jubel des geschloßnen Rings. Gedichte v. J. Feiten, C. F., R. Knies, I. v. Stach, K. Weiß. Hg. W. E. Thormann. VIII, 96 S. Mainz: Matthias-Grünewald-V. 1920
12 Vom Sabbat und vom Sonntag. 12 S. Paderborn: Jungfermannsche Buchh. (= Flugblätter kath. Erneuerung 1) (1920)
13 Der lange Weg. Gedichte. Auswahl aus den Jahren 1900–1920. 140 S. Paderborn: Schöningh 1933
14 Sigrid Undset. Versuch der Deutung ihres Werkes. Essay. 59 S. Bln (Kevelaer: Bercker) (= Greif-Bücherei 7) (1934)
15 (Einl.) M. Greif: Berggedichte. Auswahl und Geleitwort v. C. F. 68 S. Regensburg: J. Habbel 1948

FLEISSER, Marieluise (eig. M.-L. Haindl)   (*1901)

1 Ein Pfund Orangen und neun andere Geschichten. 207 S. Bln: Kiepenheuer 1929
2 Mehlreisende Frieda Geier. Roman vom Rauchen, Sporteln, Lieben und Verkaufen. 342 S. Bln: Kiepenheuer 1931
3 Andorranische Abenteuer. 189 S. Bln: Kiepenheuer 1932

FLEMING (Flemming), Paul   (1609–1640)

1 Arae Schönburgicae Exstructae. 8 Bl. 4⁰ (Lpz) 1630
2 Als ... Herr Johann Casimir Hertzog zu Sachsen ... Bey dero zu Leipzig nochwärenden ... Reichs-Stände Versamlung seinen ... Namens-Tag begienge. 1 Bl. 2⁰ Lpz: Lamberg's Erben 1631
3 Davids, des Hebreischen Königs vnd Propheten Bußpsalme, Vnd Manasse, des Königs Juda Gebet, als er zu Babel gefangen war. Durch P. F. in deutsche Reyme gebracht. 10 Bl. 4⁰ Lpz: Rehefeld 1631
4 Epicedia Götziana. Oder Trawer-Gedichte Vber das noch frühzeitige, doch selige Absterben Der ... Frawen Catharinen, gebornen Schürerin ... Matthiae Götzens ... Buchführers in Leipzig Haußfrawen, So den 10. September 1631 ... zu Torgaw ... verschieden. 36 Bl. 4⁰ Lpz: Ritzsch 1631
5 Germaniae Exsulis Ad Suos Filios sive Proceres Regni Epistola. 10 Bl. 4⁰ Lpz: Lanckisch Erben 1631
6 Ad Joannem Georgium Electorem Saxonicum ... 1 Bl. 2⁰ 1631
7 Ode Oder Gesang, Auff Herren Damian Glesers vnd Jungfr. Marien Reiminnen Hochzeit. 2 Bl. 4⁰ Lpz 1631
8 Ode, Der ... Frawen Marien Eleonoren, der Schweden ... Königin ... Als Ihre Königliche Majestät glücklichen naher Leipzig sich verfüget, allervnterthänigst vberreichet. 4 Bl. 4⁰ Lpz: Lanckisch 1631
9 Promus miscellaneorum Epigrammatum & Odarum, Omnem nuperorum dierum historiae penum abundanter extradens. 12 Bl. 4⁰ Lpz: Rehefeld 1631
10 Rubella, seu suaviorum Liber I. 26 Bl. m. Titelku. 4⁰ Lpz: Rehefeld 1631
11 Taedae Schönburgicae. 16 Bl. 4⁰ Lpz: Rehfeldt 1631
12 Klagegedichte Vber das unschuldige Leiden vnd Todt vnsers Erlösers Jesu Christi. 8 Bl. 4⁰ Lpz: Rehefeld 1632
13 Ode Auff ... Daniel Dörings ... Vnd ... Rosinen Schwendendörffers Hochzeit. 7. Februar 1632. 4 Bl. 4⁰ Lpz: Ritzsch 1632
14 Ode Über ... Marien Schürerin, Christliches Begräbnüß. 4 Bl. 4⁰ Lpz 1632
15 Epithalamium ... Hieremiae Aeschelio ... et ... Annae Sibyllae Sitsmanae, donatum. 4 Bl. 2⁰ Lpz: Ritzsch 1633
16 Königisches Klaglied, Oder Auffgerichtete Ehrenport, vber den vns gar

frühzeitigen, jedoch seligen Abschied ... Gustavi Adolphi ... den 6. Novemb. 1632 ... 8 Bl. 4° Lpz: Ritzsch 1633
17 New-Jahrs-Ode Darinnen über zweymahlige Verwüstung des Landes, denn auch Königl. Maj. aus Schweden Todesfall geklaget vnd der endliche Friede erseufftzet wird. 4 Bl. 4° Lpz: Ritzsch 1633
18 Ode Germanica ad legatos Germano-Suecos in Russiam Persiamque ituros. 4° Hbg 1633
19 Auf den Tod der Jungfrau Anna Maria Grossen gestorben 3. Juli 1633 in Leipzig bei Christian Lange's Leichpredigt auf die Verstorbene. 4 Bl. Zwickau: Göpner 1633
20 Triumph und Leichengepränge Zu Ehren dem Großmächtigsten vnd vnvberwindlichsten Herrn Herrn Gustav Adolpen, Der Schweden, Gothen vnd Wenden Könige, etc. Aus schuldiger Danckbarkeit, zu hochrühmlichsten Andencken fürgebildet. 1 Bl. 2° o. O. (1633)
21 Ode et Propempticon Georgio Gvilielmo Poemero Donata... 4 Bl. 4° Reval: Reusner 1634
22 Gedichte Auff... Herrn Reineri Brockmanns ... Vnd ... Dorotheen Temme, Hochzeit. 4 Bl. 4° Reval: Reusner 1635
23 Auf Hrn. Timothei Poli neugebornen Töchterleins Christinen Ableben. Ode. Reval 1635
24 Propempticum, Hartmanno Gramanno, Medico. 4 Bl. 4° Reval 1635
25 In nominalem Timothei Poli. Ode germanica. 4° Reval 1636
26 Ode auf die Hochzeit des Professors Arnincks vnd Elsgen van Schoten. 4° Reval 1636
27 Lieffländische Schneegräffinn, auff Andres Rüttings, vnd Annen von Holten Hochzeit. 4 Bl. 4° Reval 1636
28 Ode Auff ... Hrn Hartman Grahmanns ..., Vnd ... Elisabeth Fonnens jhre Hochzeit. 4 Bl. 4° Reval: Westphal 1639
29 Poetische Gedichten So nach seinem Tode haben sollen herauß gegeben werden. Prodromus. 62 Bl. Hbg: Gunderman 1641
30 Teütsche Poemata. XXIII, 670 S., 43 Bl., 2 Ku. Lübeck: Jauch (1642)
31 Nova Epigrammata. Hg. A. Olearius. 146 Bl. Hbg: Naumann 1649
32 Geist- und Weltliche Poëmata. 7 Bl., 670 S. Lübeck: Jauch 1651
(Neuaufl. v. Nr. 36)
33 Lateinische Gedichte. Hg. J. M. Lappenberg. 624 S. Stg: Litterarischer Verein (= Bibliothek des litterarischen Vereins 73) 1863
34 Deutsche Gedichte. Hg. J. M. Lappenberg. 961 S. Stg: Litterarischer Verein (= Bibliothek des litterarischen Vereins 82–83) 1865

FLEX, Walther (1887–1917)

1 Demetrius. Trauerspiel. 147 S. Bln: Fischer 1909
2 Der Schwarmgeist. Novelle. 142 S. Bln: Janke 1910
3 Im Wechsel. Gedichte. 53 S. Straßburg: Singer 1910
4 Klaus von Bismarck. Eine Kanzlertragödie. 136 S. Bln: Janke 1913
5 Zwölf Bismarcks. Sieben Novellen. 278 S. Bln: Janke 1913
6 Der Kanzler Klaus von Bismarck. Eine Erzählung. 196 S. Stg: Quell-Verl. (= Aus klaren Quellen 11) (1914)
7 *Das Volk in Eisen. Kriegsgesänge eines Kriegs-Freiwilligen. 11 S. Lissa: Eulitz 1914
8 *Das Volk in Eisen. Ein Ehrendenkmal für meinen für Kaiser und Reich gefallenen lieben Bruder, den Leutnant Otto Flex, Infanterie-Regiment 160. 20 S. Lissa: Eulitz 1914
(Verm. Neuaufl. v. Nr. 7)
9 Vom großen Abendmahl. Verse und Gedanken aus dem Feld. 46 S. Mchn: Beck (1915)
10 Sonne und Schild. Kriegsgesänge und Gedichte. 124 S. Braunschweig: Westermann 1915
11 Das Volk in Eisen. Ein Ehrendenkmal für meinen gefallenen lieben Bruder, den Leutnant Otto Flex. Infanterie-Regiment 160. Kriegsgesänge eines Kriegs-Freiwilligen. 36 S. m. Bildn. Lissa, Stolp: Eulitz (1915)
(Verm. Neuaufl. v. Nr. 8)

12 Kriegspatenbriefe 1. Leutnantsdienst. Neue Gedichte aus dem Felde. (S.-A.) 28 S., 1 Bildn. d. Verf. Stolp, Lissa: Eulitz (1917)
13 Im Felde zwischen Nacht und Tag. Gedichte. VI, 67 S. Mchn: Beck 1917 (Enth. Nr. 12)
14 Der Wanderer zwischen beiden Welten. Ein Kriegserlebnis. V, 160 S. Mchn: Beck 1917
15 Wallensteins Antlitz. Gesichte und Geschichten vom Dreißigjährigen Krieg. Hg. W. Eggert-Windegg. VII, 122 S. Mchn: Beck 1918
16 Das Weihnachtsmärchen des fünfzigsten Regiments. Gedächtnisausg. 36 S. m. Abb. Mchn: Beck 1918
 (Ausz. a. Nr. 9)
17 Wolf Eschenlohr. Einl. Konrad F. XXVII, 92 S., 1 Bildn. d. Verf. Mchn: Beck 1919
18 Die russische Frühjahrsoffensive 1916. 102 S., 1 Kt., 5 Sk., 1 Textk. Oldenburg: Stalling (= Der große Krieg in Einzeldarstellungen 31) 1919
19 Lothar. Ein deutsches Königsdrama. XI, 100 S. Mchn: Beck 1920
20 Der Bauernführer. Trauerspiel aus dem Bauernkriege in vier Aufzügen. 39 S., 1 Titelb. Bln: Bloch (= Jugend-Bühne 36) 1923
21 Die schwimmende Insel. Ein Kriegs-Märchenspiel. Vorbemerk. Konrad F. VI, 92 S. Mchn: Beck 1925
22 Gesammelte Werke. Einl. Konrad F. 2 Bde. XXXIX, 450; 540 S., 2 Taf. Mchn: Beck 1925
23 Briefe. In Verbindung m. Konrad F. hg. W. Eggert-Windegg. IX, 333 S., 8 Abb. Mchn: Beck 1927

FLÜGEL, Heinz (*1907)

1 Mythen und Mysterien. 48 S. Bln: Holzapfel 1930
2 Verzauberte Welt. Novellen. 155 S. Bln: V. Die Rabenpresse (1937)
3 Wölund. Tragödie. 62 S. Bln: V. Die Rabenpresse (= Die Kunst des Wortes 4–5) 1938
4 Albwin und Rosimund. Tragödie. 61 S. Bln: V. d. Rabenpresse (= Die Kunst des Wortes 15–16) 1939
5 (Bearb.) Kullerwo. Ein finnisches Heldenlied aus der Kalewala. Dt. A. Schiefner. 71 S. Bln: V. Die Rabenpresse (= Die Kunst des Wortes 12–13) 1939
6 Finnische Reise. 108 S. Darmstadt: Wittich 1939
7 Ein Feuer auf Erden. 187 S. Bln: Eckart-V. 1941
 (Auflage fast ganz vernichtet)
8 Tragik und Christentum. 34 S. Bln: Eckart-V. 1941
9 Geschichte und Geschicke. Zwölf Essays. 219 S. Mchn, Kempten: Kösel 1946
10 Mensch und Menschensohn. Vierzehn Essays. 204 S. Mchn, Kempten: Kösel 1947 (Erw. Neuaufl. v. Nr. 7)
11 Dichtung und Frömmigkeit. Eine Rede. 16 S. Mchn: Evang. Presseverband f. Bayern (= Bücherei d. evang. Akademie d. Evang.-luth. Kirche in Bayern 2) 1949
12 Das Zeichen des Jona. 22 S. Mchn: Kaiser (= Traktate vom wirklichen Leben 22) 1949
13 Zweifel, Schwermut, Genialität. 70 S. Witten, Bln: Eckart-V. 1952
14 Schalom. 66 S. Mchn: Kaiser (= Kirche und Theater 2) 1953
15 Zwischen Gott und Gottlosigkeit. 146 S. Stg: Evangel. Verl.-Werk 1957
16 (Hg.) K. v. Schlözer: Briefe eines Diplomaten. Paris, Petersburg, Rom, Mexiko, Washington. 478 S., 4 Taf., 1 Titelb. Stg: Dt. Verl.-Anst. (1957)
17 Gestalten der Passion. 118 S. Stg: Evang. Verl.-Werk 1958
18 Im Vorfeld des Heils. 115 S. Stg: Evang. Verl.-Werk 1960

FOCK, Gorch (eig. Hans Kinau) (1880–1916)

1 Schullengrieper und Tungenknieper. Finkenwärder Fischer- und Seegeschichten. Mit einer Verklarung für unbefahrene Leser. 112 S. Hbg: Glogau 1911

2 (MV) G. F. u. H. Wriede: Woterkant. En Hög in en Hiew. 31 S. Hbg-Finkenwärder: Möhlmann 1911
3 Hein Godewind, de Admirol von Moskitonien. Eine deftige Hamburger Geschichte. 135 S. Hbg: Glogau 1912
4 Seefahrt ist not! Roman. 282 S. Hbg: Glogau 1913
5 Fahrensleute. Neue Seegeschichten. 184 S. Hbg: Glogau 1914
6 Hamborger Janmooten. Een lustig Book. Mit een Wordverklorg for de leben Quiddjes. 181 S. Hbg: Glogau 1914
7 Plattdeutsche Kriegsgedichte. 4 Folgen. Hbg: Glogau 1914–1915
   1. John Bull, John Bull! 7 S. 1914
   2. Uns Mariners. 7 S. 1914
   3. Op em Jungs! 7 S. 1915
   4. Zeppelin kummt! 8 S. 1915
8 (MV) Finkenwarder Speeldeel. (G. F.:) Cili Cohrs. Irnsthaftig Spill in een Törn (– H. Wriede: Leege Lüd. Een lustig Spillwark). 67 S. Hbg: Quickborn-V. (= Quickborn-Bücher 5) 1914
9 Nordsee. Erzählungen. Hg. A. Bußmann. 181 S., 1 Bildn. Hbg: Glogau 1916
10 (MV) G. F., O. Garber, R. Kinau (u. a.): Plattdütsche Jungs in'n Krieg. Kriegsbilder. 62 S., 1 Faks. Hbg: Quickborn-B. (= Quickborn-Bücher 14) 1917
11 Sterne überm Meer. Tagebuchblätter und Gedichte. Aus dem Nachlaß ausgew. u. mit einer Lebensbeschreibung des Dichters hg. A. Bußmann. 184 S., 1 Bildn. Hbg: Glogau 1917
12 Doggerbank. Niederdeutsches Drama in einem Aufzug. 47 S. Hbg: Glogau 1918
13 Hein Koptein. Twelf frische scheune Leeder. No ole leeve Swingwisen sungen. Mit lichten Gitarrensatz rutgeben F. Jöde. 34 S., 12 Abb. Hbg: Hermes (= Niederdeutsche Bücherei 48) (1918)
14 Schiff vor Anker. Erzählungen. Aus dem Nachlaß hg. A. Bußmann. 160 S. m. Abb. Hbg: Glogau 1920
15 Sämtliche Werke in fünf Bänden. Hg. Jakob Kinau. 5 Bde. 323, 329, 365, 315, 325 S. m. Titelb. Hbg: Glogau 1925
16 Ein Schiff! Ein Schwert! Ein Segel! Kriegs- und Bordbuch. Aus dem unveröffentlichten Nachlaß hg. u. bearb. Jakob Kinau u. M. L. Droop. 325 S. m. Taf. Mchn: Lehmann 1934

FÖRSTER, Karl August (1784–1841)

1 (Übs., Erl.) F. Petrarca: Italienische Gedichte. 2 Bde. Lpz, Altenburg: Brockhaus 1818–1819
2 Sammlung auserlesener Gedichte für Gedächtnis- und Redeübungen, nebst einer fünffachen Abstufung vom Leichten zum Schweren, mit erläuternden Anmerkungen. Dresden: Arnold 1819
3 (Übs.) T. Tasso: Lyrische Gedichte. 2 Bde. 16° Zwickau: Schumann (= Taschenbibliothek 9–10) 1821
4 Raphael. Ein Cyklus von Gedichten über Raphaels Gemälde. Lpz: Göschen 1827
5 Abriß der allgemeinen Literaturgeschichte. 4 Bde. in 6 Abth. Dresden: Hilscher 1828–1830
6 (Hg.) Bibliothek deutscher Dichter des siebzehnten Jahrhunderts. Bd. 11–14. 4 Bde. Lpz: Brockhaus 1828–1838
7 (Übs., Erl.) Dante Alighieri: Das Neue Leben. 7¹/₆ Bg. 12° Lpz: Brockhaus (= Ausgewählte Bibliothek der Classiker des Auslandes 4) 1841
8 Gedichte. Hg. L. Tieck. Mit dem Bildnis des Dichters. 2 Bde. 33½ Bg., 1 Bildn. Lpz: Brockhaus 1843
9 Sammlung auserlesener Gedichte für Gedächtnis- und Redeübungen, nebst einer fünffachen Abstufung vom Leichten zum Schweren, mit erläuternden Anmerkungen. 27 ½ Bg. Lpz, Dresden: Arnoldi 1843
   (Verm. Neuaufl. v. Nr. 2)
10 (Übs., Einl.) T. Tasso: Auserlesene Gedichte. 2 Bde. 15 Bg. Lpz: Brockhaus (= Ausgewählte Bibliothek der Classiker des Auslandes 31–32) 1844
11 Biographische und literarische Skizzen aus dem Leben und der Zeit K. Försters. Hg. L. F. 33½ Bg. Dresden: Gottschalck 1846

FOLLEN (Follenius), August (1794–1855)

1. (MÜbs.) Hymnen der Griechen. Übs. v. A. F. u. K. Schwenk. Gießen: Heyer 1814
2. (Übs.) T. Tasso: Das befreite Jerusalem o. O. 1818
3. (Übs.) Alte christliche Lieder und Kirchengesänge. Deutsch und lateinisch. 3 Bl., 138 S. 12°. Elberfeld: Büschler 1819
4. (Hg.) Freye Stimmen frischer Jugend. 96 S. m. Musikbeil. 12°. Jena: Kröker 1819
5. Harfengrüße aus Deutschland und der Schweiz. 182 S. m. Ku. u. Musikbeil. Zürich: Geßner 1823
6. (Hg.) Bildersaal deutscher Dichtung. 2 Bde. 24½; 28 Bg. Winterthur: Steiner 1828–1829
7. Malegys und Vivian. Konstanz 1829
8. Ein schön und kurzweilig Gedicht von einem Riesen, genannt Sigenot. Konstanz 1830
9. Das Nibelungenlied im Tone unserer Volkslieder. Bd. 1: Siegfrieds Tod. 7 ¼ Bg. Zürich, Winterthur: Liter. Comptoir 1843
10. *An die gottlosen Nichts-Würtheriche. 16 S. Herisau 1845
11. *Fliegendes Blatt von einem Verschollenen. 48 S. Zürich: Orell Füßli 1846 (Verm. Neuausg. v. Nr. 10)
12. Tristan's Eltern. Von Reimar dem Alten. Nachgel. Ged. v. A. L. F. 139 S. Gießen: Ricker 1857

FONTANA, Oskar Maurus (*1889)

1. Das Märchen der Stille. 87 S. Bln: Borngräber 1910
2. Die Milchbrüder. Komödie. 100 S. Bln: Reiss (= Moderne Bühne) 1913
3. (Hg.) Aussaat. Prosa und Verse einer neuen Jugend. 76 S. Konstanz, Lpz: Hesse & Becker (= Die Zeitbücher 29) (1916)
4. (MH) Das Flugblatt. Hg. O. M. F. u. A. Wallis. 12 S. 4° Wien: Anzengruber-V. (1917)
5. Erweckung. Ein Roman. 177 S. Lpz, Mchn: Wolff (1918)
6. Marc. Ein Schauspiel. 104 S. Lpz, Mchn: Wolff 1918
7. Empörer. Novellen. 131 S. Wien: Tal 1920
8. Triumph der Freude. Ein Freiheitsspiel. 73 S. m. Taf. Wien: (Rikola-V.) 1920
9. Das Wiener Drama und die Jahrhundertwende. 16 S. Ffm, Bln: Verl. d. Bühnenvolksbundes (= Dichter und Bühne III, 4) 1921
10. Die Dramatiker des Rheinlandes Herbert Eulenberg und Wilhelm Schmidtbonn. 16 S. Ffm, Bln: Verl. d. Bühnenvolksbundes (= Dichter und Bühne III, 5) 1921
11. Der Tribun auf der Flucht. 34 S. Hannover: Banas & Dette 1921
12. (Hg.) Der Garten Immergrün. Deutsche Volkslieder. 309 S. Wien: Tal 1922
13. Insel Elephantine. Roman. 154 S. Mchn: Lange 1924
14. Hiob der Verschwender. Komödie. 109 S. Lpz: Schauspiel-V. 1925
15. Gefangene der Erde. Roman. 316 S. Bln: Knaur (= Romane der Welt) (1928)
16. Der Weg durch den Berg. Ein Gotthard-Roman. 496 S. Bln, Wien, Lpz: Zsolnay 1936
17. Sie suchten den Hafen. Drei Erzählungen. 91 S. Wien: Müller (= Stimme aus Österreich) 1946
18. Die Türme des Beg Begouja. Roman. 102 S. m. Abb. Wien: Frick (1946) (Neuaufl. v. Nr. 5)
19. Katastrophe am Nil. Roman. 324 S. Wien: Müller (= Der Roman deines Jahrhunderts) 1947 (Neuaufl. v. Nr. 13)
20. (Hg.) Der Roman deines Jahrhunderts. 3 Bde. 227; VII, 205; 324 S. Wien: Müller 1947 (Enth. u. a. Nr. 19)

21 Wiener Schauspieler von Mitterwurzer bis Maria Eis. 295 S., 24 Abb. Wien: Amandus-Ed. 1948
22 (Hg., Bearb.) F. M. Felder: Oben und unten. Roman aus dem Bregenzerwalde. 307 S. Wien: Österr. Buchgemeinschaft 1949
23 Der Sommer singt sein Lied. Roman. 383 S. Wien: Österr. Buchgemeinschaft 1949
24 Der Engel der Barmherzigkeit. Roman der Menschenliebe. 468 S. Wien: Zsolnay 1950
25 (Hg., Bearb.) K. E. Franzos: Das schwarze Kreuz im Acker. Der Roman eines Kampfes ums Recht. 309 S., 1 Bildn. Wien: Österr. Buchgemeinschaft 1950
26 Else Wohlgemuth. Ein Leben für das Burgtheater. 84 S., 8 Abb. Wien: Zsolnay 1950
27 Der Atem des Feuers. Roman der Gas-Energie. 527 S. Wien: Zsolnay 1954
28 Mit der Stimme der Sibylle. Erzählungen. 87 S. Wien: Amandus-V. 1958 (Enth. u. a. Nr. 11)
29 (Hg.) Wiener Unsterblichkeiten. 99 S. m. Abb. Mchn: Langen-Müller 1958
30 (Hg.) Österreichische Profile. 66 S., 62 Abb. Mchn: Langen-Müller (= Langen-Müller's kleine Geschenkbücher 82) 1959
31 Paula Wessely. 63 S., 31 S. Abb. Bln: Rembrandt-V. (= Rembrandt-Reihe Bühne und Film 14) 1959
32 Hundert Jahre Hauptverband der österreichischen Buchhändler im Spiegel der Zeit. 1859–1959. 289 S. m. Abb. Wien: Hauptverband d. österr. Buchhändler (1960)

FONTANE, Theodor (1819–1898)

1 Männer und Helden. Acht Preußenlieder. 40 S. 4° Bln: Hayn 1850
2 Von der schönen Rosamunde. Gedicht. 60 S. 12° Dessau: Katz 1850
3 Gedichte. VIII, 296 S. 12° Bln: Reimarus 1851
4 (Hg.) Deutsches Dichter-Album. 448 S. 16° Bln: Bachmann (1852)
5 (MH) Argo. Belletristisches Jahrbuch für 1854. Hg. T. F. u. M. Kugler. VI, 370 S. Dessau: Katz 1854
6 Ein Sommer in London. 281 S. Dessau: Katz 1854
7 Aus England. Studien und Briefe über Londoner Theater, Kunst und Presse. 326 S. Stg: Ebner & Seubert 1860
8 Jenseits des Tweed. Bilder und Briefe. 352 S. Bln: Springer 1860
9 Balladen. 278 S. Bln: Hertz 1861
10 (MV) C. D. Rauch: Denkmal Albrecht Thaer's zu Berlin. Nach dem Entwurfe v. Rauch ausgeführt v. H. Hagen. Mit Text v. T. F. 56 S., 5 Abb. 4° Bln: Wiegandt & Hempel (= Annalen d. Landwirtschaft i. d. königl. Preuß. Staaten. Suppl.-Bd.) (1862)
11 Wanderungen durch die Mark Brandenburg. 4 Tle. XI, 475; V, 548; VIII, 460; IX, 459 S. Bln: Hertz 1862–1882
12 *Deutsche Inschriften an Haus und Gerät. Zur epigrammatischen Volkspoesie. XI, 82 S. 16° Bln: Hertz 1865
13 Der Schleswig-Holsteinische Krieg im Jahre 1864. 376 S. m. Abb. Bln: v. Decker 1866
14 Der deutsche Krieg von 1866. 2 Bde. 735; 396 S. m. Abb. Bln: v. Decker 1870–1871
15 Kriegsgefangen. Erlebtes 1870. VIII, 336 S. Bln: v. Decker 1871
16 Aus den Tagen der Occupation. Eine Osterreise durch Nordfrankreich und Elsaß-Lothringen 1871. 2 Bde. 655 S. Bln: v. Decker 1872
17 Der Krieg gegen Frankreich 1870/71. 2 Bde. 854; 1028 S. m. Abb. Bln: v. Decker 1873–1876
18 Gedichte. 352 S. Bln: Hertz 1875 (Enth. Nr. 1, 2, 3, 9)
19 Vor dem Sturm. Roman aus dem Winter 1812/13. 4 Bde. 62, 220, 244, 285 S. Bln: Hertz 1878
20 Grete Minde. Nach einer altmärkischen Chronik. 156 S. Bln: Hertz 1880
21 Ellernklipp. Nach einem Harzer Kirchenbuch. 177 S. Bln: Hertz 1881

22 L'Adultera. Novelle. 223 S. Breslau: Schottländer 1882
23 Schach von Wuthenow. Erzählung aus der Zeit des Regiments Gensdarmes. 229 S. Lpz: Friedrich 1883
24 Graf Petöfy. Roman. 2 Tle. in 1 Bd. 285 S. Dresden, Lpz: Dürselen 1884
25 Unterm Birnbaum. 156 S. Bln: Grote 1885
26 Christian Friedrich Scherenberg und das literarische Berlin von 1840 bis 1860. 260 S. Bln: Hertz 1885
27 Cécile. Roman. 296 S. Bln: Dominik 1887
28 Irrungen, Wirrungen. Roman. 284 S. Lpz: Steffens 1888
29 Fünf Schlösser. Altes und Neues aus der Mark Brandenburg. 468 S. Bln: Hertz 1889
    (Ergänzg. zu Nr. 11)
30 Gesammelte Romane und Novellen. 12 Bde. 3758 S. m. Bildn. Bln: Dt. Verlh. (1–5) bzw. Bln: Fontane (6–12) 1890–1891
31 Stine. 175 S. Bln: Fontane 1890
32 Quitt. Roman. 338 S. Bln: Besser 1891
33 Unwiederbringlich. Roman. 343 S. Bln: Besser 1891
34 Frau Jenny Treibel oder „Wo sich Herz zum Herzen find't". Roman aus der Berliner Gesellschaft. 336 S. Bln: Fontane 1892
35 Von, vor und nach der Reise. Plaudereien und kleine Geschichten. 238 S. Bln: Fontane 1893
36 Meine Kinderjahre. Autobiographischer Roman. 321 S. Bln: Fontane 1894
37 Effi Briest. Roman. 520 S. Bln: Fontane 1895
38 Die Poggenpuhls. Roman. 176 S. Bln: Fontane 1896
39 Von Zwanzig bis Dreißig. Autobiographisches. 679 S. m. Bildn. Bln: Fontane 1898
40 Der Stechlin. Roman. 517 S. Bln: Fontane 1899
41 Aus England und Schottland. VI, 528 S., 1 Bildn. Bln: Fontane 1900
    (Enth. Nr. 6, 7, 8)
42 Briefe an seine Familie. 2 Bde. 316, 342 S., 2 Taf., 2 Faks. Bln: Fontane 1905
43 Causerien über Theater. Hg. P. Schlenther. XX, 451 S. Bln: Fontane 1905
44 Gesammelte Werke. 3 Serien, 22 Bde. m. Abb., Taf. u. Faks. Bln: Fontane 1905–1911
45 Aus dem Nachlaß. Hg. J. Ettlinger. XVIII, 316 S. m. Abb. Bln: Fontane 1908
46 Briefe. Zweite Sammlung: Briefe an die Freunde. Hg. O. Pniower u. R. Schlenther. 2 Bde. XII, 420; XVI, 499 S., 4 Abb. Bln: Fontane 1910
47 Briefwechsel mit Wilhelm Wolfsohn. Hg. W. Wolters. 136 S., 9 Taf., 1 Faks. Bln: Ladyschnikow 1910
48 Mathilde Möhring. Nachgelassener Roman. 162 S. Bln: Fischer (= Fischer's Bibliothek zeitgenössischer Romane VI, 5) 1914
    (Ausz. a. Nr. 45)
49 Der englische Charakter, heute wie gestern. 160 S. Bln: Fischer (= Sammlung von Schriften zur Zeitgeschichte) 1915
50 Theodor Fontane's engere Welt. A. d. Nachlaß hg. M. Krammer. 99 S. m. Abb. u. Faks. Bln: Collignon (= Liliendrucke 3) 1920
51 Gesamtausgabe der erzählenden Schriften. 9 Bde. LXXII, 5357 S., 1 Titelb. Bln: Fischer 1925
52 Plaudereien über Theater. Bes. v. s. Söhnen Theodor u. Friedrich F. 1. XXIV, 627 S., 13 Taf. Bln: Fontane 1926
53 Allerlei Gereimtes. Hg. W. Rost. XVI, 247 S., 1 Titelb. Dresden: Reißner 1932
54 Kritische Jahre – Kritikerjahre. Autobiographische Bruchstücke aus den Handschriften hg. C. Höfer. 34 S. Eisenach: Kühner 1934
55 Bilderbuch aus England. Hg. Friedrich F. Einf. H. M. Elster. XX, 250 S., 24 Taf. Bln: Grote 1938
56 Aus meiner Werkstatt. Unbekanntes und Unveröffentlichtes. Ges. A. Gaertner. 87 S. m. Abb. Bln: Das Neue Berlin Verl.-Ges. (= Berlinische Miniaturen 8) 1949
57 Schriften zur Literatur. Hg. H. H. Reuter. LXIX, 593 S. Bln: Aufbau-Verl. 1960

Forbes-Mosse, Irene (1864–1946)

1 Mezzavoce. Gedichte. 144 S. Bln: Schuster & Loeffler 1901
2 (Übs.) H. Drachmann: Brav-Karl. Schauspiel. Aus dem Dänischen. 120 S. Mchn: Langen 1902
3 (Übs.) H. Drachmann: Völund der Schmied. Melodrama. Aus dem Dänischen. Mchn: Langen 1904
4 Peregrina's Sommerabende. Lieder für eine Dämmerstunde, sowie dreissig Übersetzungen aus dem Französischen, Englischen und Dänischen. 218 S. m. Abb. Lpz: Insel 1904
5 (Übs.) V. Lee: Genius loci. XV, 139 S. Jena: Diederichs 1905
6 Das Rosenthor. Gedichte. 77 S. m. Abb. Lpz: Insel 1905
7 Berberitzchen und Andere. 189 S. Bln: Fischer 1910
8 Der kleine Tod. 221 S. Bln: Fischer 1912
9 Die Leuchter der Königin. Phantasien. 172 S. Bln: Fischer 1913
10 Laubstreu. Gedichte. 199 S. Stg: Dt. Verl.-Anst. (1923)
11 Gabriele Alweyden oder Geben und Nehmen. Roman. 186 S. Stg: Dt. Verl.-Anst. 1924
12 Ausgewählte alte und neue Gedichte. 142 S. Stg: Dt. Verl.-Anst. 1926
13 Don Juans Töchter. Drei Novellen. 335 S. Stg: Dt. Verl.-Anst. 1928
14 Kathinka Plüsch. Roman. 258 S. Stg: Dt. Verl.-Anst. 1930
15 Das werbende Herz. Novellen. 327 S. Stg: Dt. Verl.-Anst. 1934
16 Ferne Häuser. Erzählungen. Vorw. I. Seidel. 288 S. Stg: Dt. Verl.-Anst. 1953

Forster, Friedrich (eig. Waldfried Burggraf) (1895–1958)

1 °Madeleine und ihr Page Hyazint. Ein Traumspiel in fünf Aufzügen und einem Vorspruch. Musik A. Jung-Clément. 44 S. Bln: Eigenbrödler-V. 1919
2 °Mammon. Ein Mysterium in neun Geschehnissen. 64 S. Bln: Eigenbrödler-V. 1919
3 °Flammen! Patroklos! Eine szenische Dichtung. 8 S. Bln: Brand Der Eigene 1920
4 °Ich und Ich. Theater nach C. Goldoni. Musik G. Pittrich. 91 S. Bln: Oesterheld 1925
5 °Prinzessin Turandot. Eine Schaurette nach C. Gozzi. Musik G. Pittrich. 78 S. Bln: Oesterheld 1925
6 °Weh um Michael. Fünf Akte. 177 S. Lpz: Scholtze 1927
7 °Landschaft und Gesichte. Dichtungen. 79 S. Lpz: Scholtze 1928
8 °(Bearb.) H. Sachs: Äpfel, Keile, Hörner und Xanthippen. Fünf Spiele. 106 S. Lpz: Scholtze 1928
9 °Sermon der alten Weiber. Spiel. 95 S. Lpz: Scholtze 1928
10 °Prinzessin Allerliebst oder Der wundersame Regenschirm. Ein Märchenspiel für Kinder in fünf Bildern nach W. Barths Dichtung „Das singende Königreich". 79 S. Lpz: Scholtze 1929
11 Der Graue. Schauspiel. 94 S. Lpz: Scholtze 1931
12 Robinson soll nicht sterben. Stück in drei Akten. 75 S. Lpz: Scholtze 1932
13 Alle gegen Einen, Einer für alle. Schauspiel. 93 S. Lpz: Scholtze 1933
14 Das dicke Kerbholz und andere Erzählungen von Jungen für Jungen 100 S., 15 Abb., 1 Titelb. Stg: Union (= Union-Jugend-Bücher) (1933)
15 Das weiße Kamel und seine Brüder. 31 S. m. Abb. Köln: Schaffstein 1934
16 Matrosen in Würzburg. Novellen. 93 S. Lpz: Scholtze 1934
17 Der Sieger. Ein deutsches Trauerspiel. 68 S. Lpz: Scholtze 1934
18 Die Weiber von Redditz. Lustspiel. 79 S. Lpz: Scholtze 1935
19 Das goldene Blatt. Ein Spiel. 94 S. Lpz: Haessel 1939 (Neuaufl. v. Nr. 9)
20 Der Prinz im Brunnen. Märchenspiel. 69 S. Lpz: Haessel 1939
21 Rheinsberg. Schauspiel. 54 S. Lpz: Haessel 1939
22 Verschwender. Dramatische Dichtung. 59 S. Lpz: Haessel 1939
23 Ariela. Ein lustiges Spiel. 91 S. Lpz: Haessel 1940
24 Gastspiel in Kopenhagen. Schauspiel. 67 S. Lpz: Haessel 1940

25 Hampelmann und Hampelfrau. Märchenspiel für Kinder. 58 S. (gleichzt. illustr. Ausg. 78 S. 14⁰) Lpz: Haessel 1940
26 Schneewittchen und die sieben Zwerge. Märchenspiel in vier Akten. Musik H. Herold. 55 S. Lpz: Haessel 1941
27 So werden Kinder Freunde. 108 S. m. Abb. Köln: Schaffstein 1942
28 Die Dunkelgräfin. Schauspiel in vier Akten. 63 S. Lpz: Haessel 1944
29 Robinson soll nicht sterben. 136 S. m. Abb. Mchn: Desch 1949 (Nr. 12 als Erzählung)
30 Bergkristall. Ein weihnachtliches Spiel nach A. Stifter. 47 S. Weinheim/Bergstr.: Dt. Laienspiel-Verl. (1955)

FORSTER, Johann George Adam (1754–1794)

1 (Übs.) P. Kalm: Travels into North-America. 3 Bde. Warrington: Eyves (Bd. 1) bzw. London: Printed for the editor (Bd. 2–3) 1770–1771
2 (Übs.) M. Bossu: Travels through that part of North-America formerly called Louisiana. Translated from the French. 2 Bde. London: Davies 1771
3 (Übs.) de Bougainville: Voyage autour du monde par la frégate du roi la Boudeuse et la Flûte, l'Étoile en 1766–1769. 417 S. 4⁰ Paris 1771
4 (MV) Johann Reinhold F.: Characteres generum plantarum, quas in itinere ad insulas maris australis collegit, descripsit, delineavit annis 1772–1775 adjuvante filio Georgio F. 150 S. , 75 Taf. 4⁰ London 1776
5 A voyage towards the South Pole and round the world, perf2rmed in his Majesty's Ships the Resolution and Adventure in the years 1770, 1773, 1774 and 1775. 2 Bde. 4⁰ London 1777
6 A voyage round the world, in His Britannic Majesty's Sloop ... during the years 1772,3,4 and 5. 2 Bde, London: White 1777 (zu Nr. 5)
7 Antwort an die Göttingschen Recensenten. 4⁰ Göttingen: 1778
8 A letter to the right honourable Earl of Sandwich. 25 S. 4⁰ London 1778
9 Johann Reinhold Forster's, Doctor der Rechte und Georg Forsters Reise um die Welt, während den Jahren 1772 bis 1775, in dem von Seiner itzt regierenden Großbrittanischen Majestät auf Entdeckung ausgeschickten und durch den Capitain Cook geführten Schiffe die Resolution unternommen. 2 Bde. 18 Bl., 451 S.; 2 Bl., 467 S., 2 Bl. m. Ku. 4⁰ Bln: Haude & Spener 1778–1780 (Dt. Ausg. v. Nr. 5)
10 Reply to Mr. Wales Remarks ... 53 S. 4⁰ London 1778
11 Beschreibung der Gattungen von Pflanzen auf einer Reise nach den Inseln der Südsee gesammelt. Deutsch v. J. S. Kerner. M. Ku. 4⁰ Stg: Forster 1779 (Dt. Ausg. v. Nr. 4)
12 Leben Dr. Wilhelm Dodds, ehemaligen Königl. Hof-Predigers in London. 134 S. Bln: Haude & Spener 1779
13 (Hg.) (F. A. Wendeborn:) Beiträge zur Kenntniß Großbrittaniens vom Jahr 1779. Aus der Handschrift eines Ungenannten. 342 S. Lemgo: Meyer 1780
14 (MH) Neue Beiträge zur Völker- und Länderkunde, Hg. M. C. Sprengel v. G. F. 13 Thle. Lpz 1780–1793
15 (Übs.) G. L. de Buffon: Naturgeschichte der vierfüßigen Thiere. Mit Anmerkungen und Zusätzen aus dem Französischen übs. Bd. 6. IV, 397 S. Bln: Pauli 1780
16 (MH) Göttingisches Magazin der Wissenschaften und Litteratur. Hg. G. C Lichtenberg u. G. F. Jg. 1–3. Göttingen: Dieterich 1780–1783
17 (Übs.) Johann Reinhold F.: Bemerkungen über Gegenstände der physischen Erdbeschreibung, Naturgeschichte und sittlichen Philosophie auf einer Reise um die Welt gesammelt. Übs. u. mit Anmerkungen vermehrt von dessen Sohn und Reisegefährten G. F. 22, 556 S. m. Ktn. Bln: Haude & Spener 1783
18 Vom Brodbaum. 47 S., 2 Ku. 4⁰ (Kassel) 1784
19 (Übs.) Morozzo: Schreiben an Herrn Macquer über die Zerlegung der fixen und Salpeterluft. Aus dem Französischen. Stendal: Franzen 1784
20 (Vorw.) A. Sparrmann: Reise nach dem Vorgebirge der guten Hoffnung,

den südlichen Polarländern und um die Welt 1772 bis 76. Aus dem Schwedischen übs. C. G. Groskurd. 14 Bl., 626 S. Bln: Haude & Spener 1784
21 (MV) Hessische Beiträge zur Gelehrsamkeit und Kunst. Von G. F., Sömmering, Tiedemann. 2 Bde. 695, 730 S. Ffm: Varrentrapp 1785–1787
22 Florulae insularum australium prodromus. 101 S. Göttingen: Dieterich 1786
23 De plantis esculentis insularum Oceani australis commentatio botanica. 80 S. Bln: Haude & Spener 1786
24 De plantis Magellanicis et Atlanticis commentationes. 4° (London 1786)
25 (Übs.) Des Capitän Jakob Cook dritte Entdeckungsreise in die Südsee und nach dem Nordpol 1776 bis 1780. Aus dem Englischen. Mit Zusätzen und Charten erläutert. 2 Bde. Bln: Haude & Spener 1787–1789
26 (Übs.) Zweifel gegen die Entwicklungstheorie. Ein Brief an Herr Senebier von L(udwig) P(atrin) aus der französischen Handschrift übs. 199 S. Göttingen: Dieterich 1788
27 (MÜbs.) (Dupaty:) Briefe über Italien vom Jahr 1785. Aus dem Französischen. 2 Bde. Mainz: 1789–1790
28 (Übs.) Nachrichten von den Pelewinseln in der Westgegend des stillen Oceans; aus dem Englischen übs. Hbg 1789
29 Kleine Schriften. Ein Beytrag zur Völker- und Länderkunde, Naturgeschichte und Philosophie des Lebens. 6 Bde. Lpz: Kummer (1) bzw. Bln: Voß (2–6) 1789–1797
30 (MH) Neue Beiträge zur Länder- und Völkerkunde. Hg. G. F. u. M. C. Sprengel. 13 Bde. Lpz: Kummer 1790–1793
31 (Übs., Vorw.) Des Grafen M. A. v. Benjowsky Schicksale und Reisen. Aus dem Französischen. 2 Bde. Bln: Voß 1790–1791
32 (Vorw.) Geschichte des Schiffbruchs und der Gefangennahme des Herrn v. Brisson. Aus dem Französischen übs. (D. M. Liebeskind). XVI, 168 S. Ffm: Andrä 1790
33 (Vorw.) E. Lynch Piozzi: Bemerkungen auf der Reise durch Frankreich, Italien und Deutschland. Aus dem Englischen (v. D. M. Liebeskind) 2 Bde. Ffm, Mainz: Varrentrapp 1790
34 (Übs.) W. Forsyth: Über die Krankheiten und Schäden der Obst- und Forstbäume nebst Heilmittel. Aus dem Englischen. 48 S. Mainz: Fischer 1791
35 Ansichten vom Niederrhein, von Brabant, Flandern, Holland, England und Frankreich, im April, Mai und Junius 1790. (Bd. 3 hg. L. F. Huber. 3 Bde.) Bln: Voß 1791–1794
36 (Übs.) Geschichte der Reisen, die seit Cook an der Nordwest- und Nordostküste von Amerika und in dem nördlichsten Amerika selbst von Meares, Dixon, Portlock, Coxe, Long u. a. m. unternommen worden sind. Aus dem Englischen. 3 Bde. m. Ku. u. Kt. Bln: Voß 1791
37 (Übs.) Kalidasa: Sakontala oder der entscheidende Ring. Ein indisches Schauspiel. Aus den Ursprachen Sanskrit und Prakrit ins Englische (v. W. Jones) und aus diesem ins Deutsche übs. mit Erläuterungen. XL, 366 S. Mainz, Lpz: Fischer 1791
38 (Anm.) D. Ramsay: Geschichte der amerikanischen Revolution. (A. u. d. T.: Die Staatsverfassungen der vereinigten Staaten von Nordamerika.) Aus dem Englischen übs. (D. M. Liebeskind) mit Anmerkungen. 4 Bde. Bln: Voß 1791–1795
39 Antwort eines freien Mainzer an den Frankfurter, der mit dem Franken Custine gesprochen hat. 15 S. Mainz (o. Verl.) 1792
40 (Übs.) Reisen eines amerikanischen Dolmetschers und Pelzhändlers. Aus dem Englischen. Nebst einer vorläufigen Schilderung des Nordens von Amerika. Bln: Voß 1792
41 (Vorw.) W. Robertson: Historische Untersuchungen über die Kenntnisse der Alten von Indien. Aus dem Englischen (v. D. M. Liebeskind) Bln: Voß 1792
42 (Vorw.) C. F. v. Volney: Die Ruinen oder Betrachtungen über die Revolutionen der Reiche und das natürliche Gesetz. Aus dem Französischen (v. D. M. Liebeskind) mit einer Vorrede G. F's über den gelehrten Zunftzwang. Bln: Voß 1792
43 Anrede an die Gesellschaft der Freunde der Freiheit und Gleichheit. Mainz 1793

44 Discours adressé aux commissaires de la convention nationale ... 4° Mainz 1793
45 (Hg.) Erinnerungen aus dem Jahr 1790 in historischen Gemälden und Bildnissen von D. Chodowiecki, D. Berger, Cl. Kohl, J. F. Boldt u. J. S. Ringck. 238 S., 1 Bl., 18 Ku. Bln: Voß 1793
46 Über das Verhältnis der Mainzer gegen die Franken. Rede vom 15. November 1792. Mainz 1793
47 Herbarium australe ... Gottingae 1797
48 Sämmtliche Schriften. Hg. v. dessen Tochter u. begleitet mit einer Charakteristik F's v. G. G. Gervinus. 9 Bde. 12° Lpz: Brockhaus 1843
49 Briefe und Tagebücher von seiner Reise am Niederrhein, in England und Frankreich im Frühjahr 1790. Hg. A. Leitzmann. XI, 309 S. Halle: Niemeyer 1893
50 Tagebücher. Hg. P. Zincke u. A. Leitzmann. XLV, 436 S. m. Bildn. Bln-Steglitz: Behr (= Deutsche Literaturdenkmale des 18. und 19. Jahrhunderts 149; 3. Folge, Nr. 29) 1914
51 Sämtliche Schriften, Tagebücher, Briefe. Hg. Deutsche Akademie der Wissenschaften zu Berlin. Bln: Akademie-Verl. 1958 ff.

FOUQUÉ, Friedrich Frh. de la Motte (+Pellegrin) (1777–1843)

1 +Dramatische Spiele. Hg. A. W. Schlegel. 270, 1 S. Bln: Unger 1804
2 *Romanzen vom Thale Ronceval. 1 Bl., 54 S. Bln: Realschulbuchh. 1805
3 +Zwei Schauspiele. 363 S. Bln: Lange 1805
4 +Die Zwerge. Ein dramatisches Spiel. 2 Bl., 98 S. Bln: Quien 1805
5 +Historie vom edlen Ritter Galmy und einer schönen Herzogin aus Bretagne. 2 Tle. 313, 196 S. Bln: Himburg 1806
6 +(MV) Schillers Todtenfeier. Ein Prolog von Bernhardi und Pellegrin. 24 S. Bln: Himburg 1806
7 +Alwin. Ein Roman in 2 Bänden. 349, 299 S. Bln: Braunes 1808
8 Gespräch zweier Preußischen Edelleute über den Adel. 30 S., 1 Bl. Bln: Hitzig 1808
9 Sigurd, der Schlangentödter. Ein Heldenspiel in sechs Abentheuern. 166 S. 4° Bln: Hitzig 1808
10 (Hg.) Taschenbuch für Freunde der Poesie des Südens. 2 Tle. 97, 114 S. Bln: Hitzig 1809
11 Der Held des Nordens. Drei Heldenspiele. 3 Bde. Bln: Hitzig 1810
12 Eginhard und Emma. Ein Schauspiel in drei Aufzügen. 77 S. 12 Bl. Nürnberg: Schrag 1811
13 (Hg.; ab H. 2: MH) Die Jahreszeiten. Eine Vierteljahresschrift für romantische Dichtungen. 4 Hefte. Bln: Hitzig 1811–1814
14 Vaterländische Schauspiele. VI, 202 S. Bln: Hitzig 1811
15 Der Todesbund. Ein Roman. 1 Bl., 286 S. Halle: Schimmelpfennig 1811
16 Undine. Eine Erzählung. 188 S. Bln: Hitzig 1811
17 Über den sogenannten falschen Waldemar. Bln: Hitzig 1811
18 (MH) Die Musen. Eine norddeutsche Zeitschrift. Hg. F. d. l. M. F. u. W. Neumann. 3 Jge. (10 H.) 823; IV, 376; 456 S. Bln: Salfeld (Jg. 1) bzw. Hitzig (Jg. 2–3) 1812–1814
19 (MH) Taschenbuch der Sagen und Legenden. Hg. A. v. Helwig u. F. d. l. M. F. 2 Bde. 6 Bl., 180 S. 16°; 1 Bl., XII, 230 S. Bln: Realschulbuchh. (1812) bis 1817
20 Alboin der Langobardenkönig. Ein Heldenspiel in sechs Abentheuern. 240 S. Lpz: Weygand 1813
21 (MV) J. Kerner, F. d. l. M. F. (u. a.): Deutscher Dichterwald. 4 Bl., 248 S. Tüb: Heerbrandt 1813
22 Dramatische Dichtungen für Deutsche. Mit Musik. 2 Bl., 362 S., 2 Bl. Notenbeil. Bln: Hitzig 1813
23 Gedichte vor und während dem Kriege 1813. Als Manuskript für Freunde. 16 S. Bln: Hitzig (1813)
24 Ruf an die deutschen Frauen. Bln: Dümmler (1813)
25 Der Zauberring. Ein Ritterroman. 3 Bde. VIII, 232; 205; 210 S. Nürnberg: Schrag 1813

26 (Hg.) A. v. Chamisso: Peter Schlemihl's wundersame Geschichte. XII, 126 S. m. Ku. Nürnberg: Schrag 1814
27 Corona. Ein Rittergedicht in drei Büchern. XIV, 386 S. Stg, Tüb: Cotta 1814
28 Kleine Romane. 6 Bde. Bln: Dümmler 1814-1819
29 *Auch ein Wort über die neueste Zeit. Nebst einigen Beilagen. 24 S. Bln: Dümmler 1815
30 (Vorw.) J. Frh. v. Eichendorff: Ahnung und Gegenwart. Ein Roman. XV, 476 S. Nürnberg: Schrag 1815
31 (MH, ab 1816 Hg.) Frauentaschenbuch für das Jahr 1815 (1816. 1817 usw. bis 1831) 17 Bde. Nürnberg: Schrag 1815-1831
32 (MV) H. Löst, F. d. l. M. F. (u. a.): Jahrbüchlein Deutscher Gedichte auf 1815. 4 Bl., 279 S. Bln, Stettin: Nicola 1815
33 Sintram und seine Gefährten. 194 S. Wien: Gräffer & Härter (= Unterhaltungsbibliothek 6) 1815
   (Neuaufl. d. H. 4 v. Nr. 13)
34 An Christian Grafen zu Stolberg. Zum 15. October 1815. 8 S. 4° o. O. (1815)
35 Tassilo. Vorspiel. 16 S. Bln: Duncker & Humblot 1815
36 Die Fahrten Thiodolfs, des Isländers. Ein Ritterroman. 2 Tle. 324, 303 S. Hbg: Campe 1815
37 Gedichte. 5 Bde. Stg, Tüb: Cotta 1816-1827
38 Karls des Großen Geburt und Jugendjahre. Ein Ritterlied. Hg. F. Horn. 186 S. Nürnberg: Schrag 1816
39 (MV) E. W. Contessa, F. d. l. M. F., E. T. A. Hoffmann: Kindermärchen. 2 Bde. Bln: Realschulbuchh. 1816-1817
40 Die Pilgerfahrt. Ein Trauerspiel in fünf Aufzügen. Hg. F. Horn. 208 S. Nürnberg: Schrag 1816
41 Reidmar und Diona. Ein Roman. 211 S. Wien: Haas 1816
42 Sängerliebe. Eine provenzalische Sage in drei Büchern. 1 Bl., 322 S. Stg, Tüb: Cotta 1816
43 (MH) Für müssige Stunden. Vierteljahresschrift. Hg. F. u. Caroline d. l. M. F. (u. a.) 4 Bde. VI, 254; 258; 237; 221 S. Hildburghausen: Comptoir für Literatur (1-2) bzw. Jena: Schmid (3-4) 1816-1820
44 Werke. 3 Bde. Stockholm, Upsala 1816-1818
   (Unrechtm. Dr.)
45 Der Zauberring. Ein Ritterroman. 3 Bde. Nürnberg: Schrag 1816
   (Verb. Neuaufl. v. Nr. 25)
47 Die wunderbaren Begebenheiten des Grafen Alethes von Lindenstein. Ein Roman. 2 Bde. IV, 222; 192 S. Lpz: Fleischer 1817
46 (MV) H. Zschokke, F. d. l. M. F. (u. a.): Abendunterhaltungen zu gemüthlicher Erheiterung des Geistes. 400 S., 6 Bl. Wien: Gerold 1817
48 Die zwei Brüder. Trauerspiel in vier Aufzügen, mit einem Vorspiele. 147 S. Stg, Tüb: Cotta 1817
49 Liebesrache. Ein Trauerspiel in drei Aufzügen VI, 135 S. Lpz: Fleischer 1817
50 (Vorw.) C. v. Wangenheim: Familienleben. Ein moralisches Unterhaltungsbuch für Mädchen von reiferem Alter. 2 Bde. XVI, 144; 156 S. Halle, Bln: Hall. Waisenhaus 1817
51 (MH) Wunderbuch. 3. Bändchen. Hg. F. d. l. M. F. u. F. Laun. 2, 303, 1 S. Lpz: Göschen 1817
52 Altsächsischer Bildersaal. 4 Bde. XIV, 412; 688 S.; 2 Bl., 142 S.; 700 S. Nürnberg: Schrag 1818-1820
53 (MV) F. d. l. M. F., J. P. Hebel, J. Kerner (u. a.): Romantische Dichtungen. 4, 296 S. Karlsruhe: Braun 1818
54 (Hg.) A. Fresenius: Hinterlassene Schriften. Erster Band. 250 S. Ffm: Körner 1818
55 (MH) Aus der Geisterwelt. Geschichten, Sagen und Dichtungen. Hg. F. d. l. M. F. u. F. Laun. 2 Bde. 260, 304 S. m. Titelku. Erfurt: Keyser 1818
56 Heldenspiele. 498 S. Stg, Tüb: Cotta 1818
57 Jäger und Jägerlieder. Ein kriegerisches Idyll. 1 Bl., 79 S. Hbg: Perthes & Besser 1818
58 (MV) F. d. l. M. F. u. F. Perthes: Etwas über den deutschen Adel, über Ritter-Sinn und Militär-Ehre in Briefen von F. d. l. M. F. und F. P. Nebst Bei-

lagen aus Mösers, F. L. v. Hallers u. Rehbergs Schriften. 115, 82, 39 S. Hbg: Perthes & Besser 1819
59 Gefühle, Bilder und Ansichten. Sammlung kleiner prosaischer Schriften. 2 Bde. XII, 276; 281 S. Lpz: Fleischer 1819
60 Hieronymus von Stauf. Trauerspiel in fünf Aufzügen. 200 S.Bln: Schlesinger 1819
61 Der Mord August's von Kotzebue. Freundes Ruf an Deutschlands Jugend. 2 Bl., 12 S. Bln: Maurer 1819
62 (MV) A. v. Blomberg: Hinterlassene poetische Schriften. Mit Lebensbeschreibung und einem Vorspiele v. F. d. l. M. F. Bln: Maurer 1820
63 Der Leibeigene. Schauspiel in fünf Aufzügen. 1 Bl., 222 S. Bln: Schlesinger 1820
64 Wahrheit und Lüge. Eine Reihe politisch-militärischer Betrachtungen in Bezug auf den Wendéekrieg nach dem Werke: „Memoires de Madame la Marquise de Laroche Jaquelin, écrites par elle-même". 472 S. Lpz: Knobloch 1820
65 Bertrand du Guesclin. Ein historisches Rittergedicht in vier Büchern mit erläuternden Anmerkungen. 3 Bde. VI, 573; 466; 358 S. Lpz: Fleischer 1821
66 (Vorw.) S. C. Pape: Gedichte. VI, 146 S. Tüb: Osiander 1821
67 Der Verfolgte. Roman. 3 Bde. Bln: Schlesinger 1821
68 Betrachtungen über Türken, Griechen und Türkenkrieg. Bln: Maurer 1822
69 (Vorw.) C. E. L. Blochmann: Gertha von Stalimene. Danzig 1822
70 Wilde Liebe. Ein Ritterroman. 2 Bde. 1 Bl., 190, 279 S. Lpz: Hartmann 1822
71 (Übs.) Th. Moore: Lalla Rukh, oder die mongolische Prinzessin. Romantische Dichtung. Aus dem Englischen in den Sylbenmaaßen des Originals übs. 483 S. Bln: Schlesinger 1822
72 Don Carlos, Infant von Spanien. Ein Trauerspiel. Mit einer Zueignung an F. v. Schiller. 287 S. Danzig: Alberti 1823
73 Ritter Elidouc. Eine altbretannische Sage. 3 Bde. 228, 181, 235 S. Lpz: Hartleben 1823
74 Feierlieder eines Preußen im Herbste 1823. Bln: Herbig 1823
75 Geistliche Lieder. Erstes Bändchen. Missions-Lieder 44 S. Lpz: Tauchnitz 1823
76 (MV) F. u. Caroline d. l. M. F.: Reiseerinnerungen. 2 Bde. 264, 239 S. Dresden: Arnoldi 1823
77 (MV) (F. d. l. M. F.:) Die Fahrt in die neue Welt. (– Alexis d. Wandrer: Das Grab der Mutter). 230 S., 5 Bl. Quedlinburg, Lpz: Basse 1824
78 Lebensbeschreibung des Königlich Preußischen Generals der Infanterie Heinrich August Baron de la Motte Fouqué. Verfaßt von seinem Enkel ... XII, 507 S. m. Beil. Bln: Schüppel 1824
79 Der Refugié oder Heimat und Fremde. Ein Roman aus der neueren Zeit. 3 Bde. 12⁰ Gotha: Hennings 1824
80 Erdmann und Fiametta. Novelle. 372 S. Bln: Schlesinger 1825
81 (Übs.) Pique-Dame. Berichte aus dem Irrenhause, in Briefen. Nach dem Schwedischen. XVI, 200 S.Bln: Rücker 1825
82 Sophie Ariele. Eine Novelle. 224 S. Bln: Schüppel 1825
83 Die Saga von dem Gunlaugur, genannt Drachenzunge und Rafn dem Skalden. Eine Islandskunde des eilften Jahrhunderts. In drey Büchern wiedererzählt. 640 S. Wien: Pichler 1826
84 (Einl.) B. S. Ingemann: Tasso's Befreiung. Ein dramatisches Gedicht. Aus dem Dänischen übs. H. Gardthausen. 180 S. Lpz: Tauchnitz 1826
85 Geschichte der Jungfrau von Orleans. Nach authentischen Urkunden und dem französischen Werke des Le Brun de Charmettes. 2 Bde. 464, 372 S. Bln: Schlesinger 1826
86 Erhörung. Sechs Psalme. 15 S. Bln: Auf Kosten des Verfassers 1827
87 Mandragora. Eine Novelle. 319 S. Bln: Sander 1827
88 (Vorw.) E. Hoffmann: Wanderlieder. XVI, 200 S. Greiz: Henning 1828
89 (MÜbs.) Der fünfte May. Ode auf Napoleons Tod v. A. Manzoni. In der italienischen Urschrift nebst Uebersetzungen v. Goethe, F. (u.a.) 28 S. Bln: Maurer 1828
90 Ernst Friedrich Wilhelm Philipp von Rüchel, Königlich Preußischer General der Infanterie. Militairische Biographie. 2 Tle. 278, 183 S. m. Portr. Bln: Maurer 1828

FOUQUÉ, F.–FOUQUÉ, K. 343

91 Der Sängerkrieg auf der Wartburg. Ein Dichterspiel. 303 S. Bln: Herbig 1828
92 (MV) F. d. l. M. F., F. W. Gubitz u. W. Alexis: Moritz Gottlieb Saphir und Berlin. 19 S. Bln: Cosmar & Krause 1828
93 (Hg.) Berlinische Blätter für deutsche Frauen. Eine Wochenschrift. 12 Bde. Bln: Maurer 1829–1830
94 Der Jarl der Orkney-Inseln. Trauerspiel in fünf Aufzügen. Prag: (= S. W. Schießler's Neues deutsches Originaltheater. N. F. 3) 1829
95 Der Mensch des Südens und der Mensch des Nordens. Sendschreiben in Bezug auf das gleichnamige Werk des Herrn von Bonstetten an den Freiherrn Alexander von Humboldt. 105 S. Bln: Vereinsbuchh. 1829
96 (Vorw.) J. B. Rousseau: Spiele der Muse. Zweite, stark vermehrte Ausg. 16 1/2 Bg. Ffm: (Brönner) 1829
97 Jacob Böhme. Ein biographischer Denkstein. 9 Bg. Greiz: Henning 1831
98 *Sendschreiben an den Verfasser der Betrachtungen über die neuesten Begebenheiten in Deutschland. 72 S. Bln, Posen, Bromberg: Mittler 1831
99 Erzählungen und Novellen. 11¾ Bg. Danzig: Ewert 1833
100 (Vorw.) F. Tietz: Erzählungen und Phantasiestücke. 15 Bg. Lpz: Böhme 1834
101 Die Welt-Reiche in den Jahren 1835–1840. Eine Bilderreihe. 6 H. Halle: Schwetschke 1835–1840
102 Fata Morgana. Eine Novelle. 107 S. Stg: Weise 1836
103 (Übs.) B. S. Ingemann: Drei Erzählungen. Aus dem Dänischen. 6 Bg. Halle: Kümmel 1837
104 Von der Liebes-Lehre. 3 Bg. Hbg: Perthes 1837
105 Der Geheimrath. Erzählung. 32 S. Wernigerode: Thiele 1838
106 Goethe und Einer seiner Bewunderer. Ein Stück Lebensgeschichte. 70 S. Bln: Duncker 1840
107 Lebensgeschichte. Aufgezeichnet durch ihn selbst. 2 Bl., 368 S. Halle: Schwetschke 1840
108 Preußische Trauersprüche und Huldigungsgrüße für das Jahr 1840. 2½ Bg. Halle: Anton 1840
109 (MH) Zeitung für den deutschen Adel. Hg. F. d. l. M. F. u. L. v. Alvensleben. 3 Jge. Lpz: Franke 1840–1842
110 Ausgewählte Werke. Ausgabe letzter Hand. 12 Bde. 16⁰ Halle: Schwetschke 1841
111 (Übs.) H. C. Andersen: Bilderbuch ohne Bilder. Aus dem Dänischen. 4 Bg. Bln: Besser 1842
112 Denkschrift über Friedrich Wilhelm III., König von Preußen. Eine biographische Mittheilung. 5 Bg. 16⁰ Nordhausen, Lpz: Schmidt 1842
113 Der Pappenheimer Kürassier. Scenen aus der Zeit des dreißigjährigen Krieges. 193 S. 16⁰ Nordhausen, Lpz: Schmidt 1842
114 (MV) F. d. l. M. F., Friedrichsen, F. W. Gubitz (u.a.): Novellen-Mappe. 24¾ Bg. Bln: Vereins-Bh. 1843
115 Abfall und Buße, oder Die Seelenspiegel. Ein Roman aus der Grenzscheide des XVIII. und XIX. Jahrhunderts. 3 Tle. 310, 387, 214 S. Bln: Enslin 1844
116 Joseph und seine Geige. Kaiser Karls V. Angriff auf Algier. Zwei Novellen. 21 Bg. Potsdam: Horvath 1845
117 Geistliche Gedichte. Hg. Albertine d. l. M. F. Vorw. H. Kletke. 12 Bg. 16⁰ Bln: Adolf 1846
118 Aus dem Leben Friedrich Wilhelms III., Königs von Preußen. Biographische Mittheilung. 5½ Bg. 16⁰ Lpz: Berger 1846
   (Neuaufl. v. Nr. 112)
119 Christlicher Liederschatz zur Erbauung von Jung und Alt. Gesammelt aus dem nachgelassenen Tagebuche des Verfassers. Hg. Albertine d. l. M. F. X, 320 S. 16⁰ Bln: Kastner 1862

FOUQUÉ, Karoline Freiin de la Motte (⁺Serena) (1773–1831)

1 *Drei Mährchen. 162 S. 12⁰ Bln: Hitzig 1806
2 *Roderich. Ein Roman in zwei Theilen. Bln: Hitzig 1806

3 Briefe über Zweck und Richtung weiblicher Bildung. Eine Weihnachtsgabe. 117 S. 12° Bln: Hitzig 1810
4 *Die Frau des Falkensteins. Ein Roman von der Verfasserin des Roderich. 2 Bde. 167, 182 S. Bln: Hitzig 1810
5 *Kleine Erzählungen von der Verfasserin des Roderich, der Frau des Falkensteins ... 2 Bl., 234 S. Bln: Hitzig 1811
6 Briefe über die griechische Mythologie für Frauen. 360 S., 4 Taf. Bln: Hitzig 1812
7 Magie der Natur. Eine Revolutions-Geschichte. 2 Bl., 235 S. Bln: Hitzig 1812
8 Ruf an deutsche Frauen. Bln: Dümmler 1812
9 Feodora. Ein Roman. 3 Bde. Lpz 1814
10 Ueber deutsche Geselligkeit in Antwort auf das Urtheil der Frau von Staël. 36 S. Bln: Wittich 1814
11 Die Spanier und der Freiwillige in Paris. Eine Geschichte aus dem heiligen Kriege. 290 S. Bln: Nicolai 1814
12 Edmunds Wege und Irrwege. Ein Roman aus der nächsten Vergangenheit. 3 Bde. Lpz: Fleischer 1815
13 Das Heldenmädchen aus der Vendée. Ein Roman. 2 Bde. Lpz: Fleischer 1816
14 (MH, Bd. 5 Hg.) Für müßige Stunden. Vierteljahrsschrift. Hg. Friedrich u. K. d. l. M. F. (u.a.) (Bd. 1-4) bzw. K. d. l. M. F. (Bd. 5-7). 7 Bde. VI, 254; 258; 237; 221; 250; 255; 257 S. Hildburghausen: Comptoir für Literatur (1-2) bzw. Jena: Schmid (3-7) 1816-1821
15 Neue Erzählungen. 2 Bl., 351 S. Bln: Dümmler 1817
16 Frauenliebe. Ein Roman in drei Büchern. 3 Bde. Nürnberg: Schrag 1818
17 Die früheste Geschichte der Welt. Ein Geschenk für Kinder. 3 Bde. Lpz: Fleischer 1818
18 Fragmente aus dem Leben der heutigen Welt. 222 S. Bln: Schlesinger 1818
19 Ida. Ein Roman. 3 Bde. Bln: Schlesinger 1820
20 Lodoiska und ihre Tochter. Ein Roman. 3 Bde. Lpz: Fleischer 1820
21 Kleine Romane und Erzählungen. Neue Sammlung. 12° Jena: Schmid 1820
22 Die blinde Führerin. Ein Roman. 1 Bl., 278 S. Bln: Schlesinger 1821
23 Heinrich und Marie. Ein Roman. 3 Bde. Jena: Schmid 1821
24 Briefe über Berlin, im Winter 1821. 52 S. Bln: Schlesinger 1822
25 Die Herzogin von Montmorency. Ein Roman. 3 Bde. Lpz: Hartmann 1822
26 Vergangenheit und Gegenwart. Ein Roman in einer Sammlung von Briefen. 1 Bl., 355 S., 1 Bl. Bln: Schlesinger 1822
27 (MV) Friedrich u. K. d. l. M. F.: Reiseerinnerungen. 2 Bde. 264, 239 S. Dresden: Arnoldi 1823
28 Die Vertriebenen. Eine Novelle aus der Zeit der Königin Elisabeth von England. 3 Bde. Lpz: Hartmann 1823
29 Neueste gesammelte Erzählungen. 2 Bde. 284, 317 S. Bln: Schlesinger 1824
30 Die beiden Freunde. 3 Bde. Bln: Schlesinger 1824
31 Aurelio. Eine Novelle. Bln: Schüppel 1825
32 Bodo von Hohenried. Ein Roman neuerer Zeit. 3 Bde. Bln: Schlesinger 1825
33 Die Frauen in der großen Welt. Bildungsbuch beim Eintritt in das gesellige Leben. 272 S. Bln: Schlesinger 1826
34 Valerie. Die Sinnesänderung, und: Der Weihnachtsbaum. Drei Erzählungen. 178 S. Bln: Herbig 1827
35 Weihnachtsgabe. Drei Erzählungen. 178 S. Bln: Herbig 1827 (Titelaufl. v. Nr. 34)
36 Resignation. 2 Bde. 49 Bg. Ffm: Wilmans 1829
37 Der Schreibtisch, oder Alte und neue Zeit. Ein nachgelassenes Werk. 12 Bg. 12° Köln: Bachem 1833

FRANCHY, Franz Karl (*1896)

1 Nero. Wien: Verl. Deutsches Vaterland 1922
2 Die Mafta. Erzählung. 123 S. m. Abb. Bln: Universitas 1940
3 Maurus und sein Turm. Roman. 2 Bde. 661 S. Bln: Universitas 1941
4 Spießer und Spielmann. Roman. 722 S. Zürich: Scientia 1948

5 Abel schlägt Kain. Roman. 610 S. Wien: Kremayr & Scheriau (= Orplid-Reihe) 1951
6 Ankläger Mitmann. Roman. 662 S. Wien: Kremayr & Scheriau (= Orplid-Reihe) 1952
7 Berufene und Verstoßene. Roman. 316 S. Wien: Kremayr & Scheriau (= Orplid-Reihe) 1952
8 Die vielen Tage der Ehe. Roman. 615 S. Wien: Kremayr & Scheriau 1953

FRANCK, Hans (1879–1964)

1 Thieß und Peter. Roman. 306 S. Bln: Oesterheld 1910
2 Herzog Heinrichs Heimkehr. Drama in drei Akten. 145 S. Bln: Oesterheld 1911
3 (Hg.) Masken. Zeitschrift des Düsseldorfer Schauspielhauses. Jg. 10–15. Düsseldorf: Schrobsdorff 1915–1920
4 Glockenfranzl. Märchennovelle. 2 Tle. 151 S. Konstanz: Reuß & Itta (= Die Zeitbücher 52–53) 1916
5 Mein Kriegsbuch. 84 S. Bln: Oesterheld 1916
6 Ein Kriegsrequiem. 16 S. Düsseldorf: Priv.-Dr. 1916
   (Ausz. a. Nr. 5)
7 Godiva. Drama in fünf Akten. 147 S. Mchn: Delphin-V. 1919
8 Freie Knechte. Drama in drei Akten. 110 S. Mchn: Delphin-V. 1919
9 Das Pentagramm der Liebe. Fünf Novellen. 285 S. Mchn: Delphin-V. 1919
10 Das Geheimnis. 33 S. m. Abb. Bln: Hermann (= Der kleine Roman 30) 1920
   (Ausz. a. Nr. 9)
11 Siderische Sonette. 79 S. Mchn: Delphin-V. 1920
12 Das Glockenbuch. 246 S. 4° Mchn: Delphin-V. 1921
   (Enth. u. a. Nr. 4)
13 Machtnix. Märchenerzählung. 94 S. Lpz: Reclam (= Reclam's UB. 6211) 1921
   (Ausz. a. Nr. 12)
14 Opfernacht. Drama. 130 S. Mchn: Delphin-V. 1921
15 Deutsche Erzählkunst. 133 S. Trier: Lintz (= Die deutsche Novelle) 1922
16 Kränze, einem Kind gewunden. Verse. 32 S., 8 Taf. Dortmund: Der Garten Eden 1922
17 Martha und Maria. Eine Liebeskomödie in vier Akten. 91 S. Mchn: Delphin-V. 1922
18 Das dritte Reich. Ein Glaubensbekenntnis. Roman. 187 S. Heilbronn: Seifert 1922
19 Krischan Siems. Novelle. S. 263–306. Reichenberg: Stiepel (= Der neue Roman, H. 7) 1922
20 Der Werwolfgürtel und andere Geschichten. VIII, 162 S. Hamburg: Hermes 1922
21 Geschlagen! Deutsche Tragödie in sieben Stationen. 125 S. Heilbronn: Seifert 1923
22 Das Schwerste. Novelle. 63 S. Bln: Hillger (= Kürschner's Bücherschatz 1360) 1923
   (Ausz. a. Nr. 9)
23 Die Südseeinsel. Novelle. 62 S. Stg: Dt. Verl.-Anst. (= Der Falke 9) 1923
24 Gottgesänge. Zwölf Rhapsodien. 142 S., 12 Taf. 2° Heilbronn: Seifert 1924
25 (Einl.) J. P. Hebel: Anekdoten. 132 S. Reichenberg: Stiepel (= Bücher der Deutschen 39) 1924
26 Heimgekehrt. Erzählung. 123 S. Bremen: Schünemann 1924
27 Meta Koggenpoord. Roman. 536 S. Heilbronn: Seifert 1925
28 Mutter, Tod und Teufel. Fünf legendäre Novellen aus dem deutschen Osten. 165 S. Danzig: Danziger Verl.-Ges. (= Ostdeutsche Heimatbücher 10) 1925
29 Das Seil. Novelle. 53 S. Hildesheim: Borgmeyer (= Der Rosenstock 3) 1925
30 Eberhard Viegener. 27 S., 26 Taf. Essen: Baedeker (= Charakterbilder der neuen Kunst 3) 1925
31 Kanzler und König. Tragödie in drei Akten. 188 S. Lpz: Haessel 1926
32 Klaus Michel. Dramatische Dichtung in fünf Akten. 311 S. Lpz: Haessel 1926

33 Minnermann. Roman. 520 S. Lpz: Haessel 1926
34 Septakkord. Vier Novellen. 203 S. Lpz: Haessel 1926
   (Enth. u. a. Nr. 23 u. 29)
35 (Hg.) M. Claudius: Werke. 392 S. Bln: Dt. Buchgemeinschaft 1927
36 Der Regenbogen. Siebenmalsieben Geschichten. 507 S. Lpz: Haessel 1927
   (Enth. u. a. Nr. 20)
   (Die 7 Hefte ersch. gleichzeitig einzeln)
37 Regenbogengeschichten. 28 Erzählungen aus Tagen deutscher Not und Größe. 299 S. Weimar: Duncker 1927
   (Enth. H. 3–6 v. Nr. 36)
38 Recht ist Unrecht. Neun Novellen um eine Wahrheit. 598 S. Lpz: Haessel 1928
39 Die einsame Kerze. Drei Erzählungen. 98 S. Bln: Bühnenvolksbundv. 1929
40 Mein Leben und Schaffen. 22 S. Chemnitz: Ges. d. Bücherfreunde (= Bekenntnisse 14) 1929
41 Marienburg. Freilicht-Volksspiel. Festspiel-Trilogie. Tl. 1: Volk in Not. 42 S. Marienburg: Verl. d. Marienburg-Bundes 1929
42 Tor der Freundschaft. Roman. 224 S. Lpz: 1929
   (Neubearb. v. Nr. 1)
43 Fridericus. 94 S. Lpz: Haessel 1930
   (Ausz. a. Nr. 36)
44 Jasper und Aline. Die Geschichte einer gefährdeten Ehe. 117 S. Tüb: Wunderlich 1930
45 Tellurische Sonette. 64 S. 4° Chemnitz: Ges. d. Bücherfreunde (= Jahresgabe 1931, I) 1931
46 Der Todstein. Novelle. Mit einem autobiogr. Nachw. d. Dichters. 92 S., 2 Abb. Schwerin i. M.: Mecklenburgische Gesellschaft (= Jahr 2, Veröffentlichung 2 d. Mecklenb. Ges.) 1931
47 Wiedersehen. Novelle. 32 S. Breslau: Hirt 1931
48 Hol über! Geschichten aus Kinderland. Einmalige Ausgabe. 270 S. Hbg: Dt. Hausbücherei 1932
49 Die Waage. Hg. v. d. Lehrervereinigung für Kunstpflege in Berlin. 32 S. m. Abb. Reutlingen: Ensslin & Laiblin (= Bunte Bücher 209) 1932
50 Zeitenprisma. Dreimaldreizehn Geschichten. 353 S. Mchn: Langen-Müller 1932
51 Eigene Erde! Roman. 371 S. Bremen: Schünemann 1933
52 Ewige Ernte. Ein Erntedankfestspiel. 40 S. Hbg: Hanseat. Verl.-Anst. (= Deutsche Laienspiele) 1933
53 Fort damit! Novelle. Mit einem autobiographischen Nachw. 77 S. Lpz: Reclam (= Reclam's UB. 7215) 1933
   (Neuaufl. v. Nr. 46)
54 Kleist. Ein vaterländisches Spiel. 99 S. Bln: Volkschaft-V. (= Spiele aus der deutschen Geschichte 1) 1933
55 Um Liebe. Novelle. 69 S. Wuppertal-Barmen: Plaut 1933
56 Die richtige Mutter. Roman. 276 S. Mchn: Langen-Müller 1933
57 Totaliter aliter. Kurzgeschichten. 57 S. Mchn: Langen-Müller (= Die Kleine Bücherei 16) 1933
58 Hitler. Ein Volks- und Jugendbuch. 32 S. Wiesbaden: Limbarth-Venn (= Brunnen-Bücher 17) 1934
59 Jakob Johannes oder Der Opferweg eines Saardeutschen. Erzählung. 82 S. Bln: Holle 1934
60 Das wiedergefundene Lachen. Norddeutsche Mären und Märchen. 46 S. Hbg: Meißner (= Nordmark-Bücherei 26) 1934
61 Reise in die Ewigkeit. Roman. 417 S. Bln: Holle 1934
62 Der Sieg ist unser! Ein Spiel. 28 S. Mchn: Höfling (= Spiel' und sing! 8051) 1934
   (Ausz. a. Nr. 5)
63 (Einl.) Sturm. Bildfolge von Wind und Wetter. 4 Bl., 10 Taf. 4° Lpz: Seemann (= Seemann's farbige Künstlermappen, N. F. 106) 1934
64 Ernemanns Opfer. Eine Kindergeschichte. 61 S. Bln: Moewig & Höffner 1935
   (Ausz. a. Nr. 39)

65 Der Kreis. Gedichte eines Jahres. 110 S. Bln: Holle 1935
66 Die Pilgerfahrt nach Lübeck. Eine Bachnovelle. 93 S. Bln: Holle 1935
67 Die fremde Braut. Ein Volksspiel. Musik O. Gerster. 31 S. Bln: Bloch (= Deutsche Volksspiele 2) 1936
68 Die Geschichte von den beiden gleichen Brüdern. 414 S. Bln: Holle 1936
69 Die Dschunke. Novelle. 62 S. Dresden: Zwinger-V. 1936
70 Fiedelfite. Novelle. Mit einem Nachw. v. H. Knudsen. 70 S. Lpz: Reclam (= Reclam's UB. 7336) 1936
71 Gerichtet. Novelle. 93 S. Breslau: Heydebrand (= Brückenbücherei 12) 1936
  (Ausz. a. Nr. 38)
72 Karl Ungenannt. 63 S. m. Abb. Bln: Schneider 1936
73 Annette. Droste-Roman. 443 S. Hannover: Sponholtz 1937
74 Nur ein Mädchen. 148 S. m. Abb. Bln: Schneider 1937
75 Der Magus im Norden. 81 S., 4 Taf. Lauf: Zitzmann 1937
  (z. T. Ausz. a. Nr. 61)
76 Die Leverkusener Musiksaalfiguren Erich Sperlings. (S.-A.) 12 S. 4° Köln: NS-Kulturgemeinde 1937
77 Alfred Rethel. 48 S., 22 Abb. Bln: Lautenbach 1937
78 Wippwapp. Erzählung. 285 S. Dresden: Heyne 1937
79 Maiken. Novelle. 78 S. Bln: Holle 1938
80 Die Stadt des Elias Holl. Roman. 213 S. Hannover: Sponholtz 1938
  (Neubearb. v. Nr. 18)
81 Dank des Sechzigers. Sechs Gedichte. 4 Bl. o. O. (Priv.-Dr. f. d. Dichter) 1939
82 Zwei Gedichte. Zu H. F's 60. Geburtstag gedruckt. 2 Bl. Hbg: Ellermann 1939
83 Drei Geschichten. Hg. H. Knudsen. 22 S. Bielefeld: Velhagen & Klasing (= Deutsche Lesebogen 250) 1939
84 Die Krone des Lebens. Roman in zwei Büchern. 656 S. Bln: Keil 1939
85 Wort der Worte. Novelle. 136 S. Bln: Keil 1939
86 Das Königsduell und andere Anekdoten. Einf. H. Knudsen. 67 S. Wiesbaden: Verl. Dt. Volksbücher (= Wiesbadener Volksbücher 281) 1941
87 Das letzte Lied. Novelle. 76 S. m. Abb. Wien: Frick 1941
88 (MV) Drei Meister der Anekdote und der Kurzgeschichte. B. Blunck, H. F., H. Steguweit. 231 S. Wiesbaden: Verl. Dt. Volksbücher 1941
89 Ewige Mutter. Kantate. 13 S. Sonderdruck der Stadt Rostock 1941
90 Der Wald ohne Ende. Roman. 420 S. Bln: Keil 1941
91 Die goldenen Heringsköpfe. Eine Bachlegende. 15 S. m. Abb. Mchn: Münchner Buchverl. (= Münchner Lesebogen 90) (1942)
92 Mecklenburgische Sagen. Bln: Schneider 1942
93 Die Schicksalsuhr. Novelle. 90 S. Dresden: Heyne 1943
94 Umgekippt. Zwei heitere Novellen. 112 S. Bayreuth: Gauverl. (= Die kleine Glockenbücherei 7) (1943)
95 Ein Stück Erde. Roman in zwei Büchern. 529 S. Hannover: Sponholtz 1944
  (Neubearb. v. Nr. 51)
96 (MV) H. F. (u. a.): Schöpfer des deutschen Himmels. Johann Sebastian Bach, Wolfgang Amadeus Mozart, Ludwig van Beethoven, Richard Wagner. 88 S. Mchn: Zinnen-V. (1944)
97 Das Heilmittel. Novelle. 100 S. Hannover: Sponholtz 1947
98 Sebastian. Gottsucher-Roman. 598 S. Gütersloh: Bertelsmann 1949
99 Annelies Angermann. 24 S. Hbg: Agentur des Rauhen Hauses (= Für den Feierabend 2) (1951)
100 (MH) L. E. Grimm: Geschehenes und Gesehenes. Hg. H. F. u. W. Strauß. 64 S. m. Abb. Gütersloh: Bertelsmann (= Das kleine Buch 24) 1951
101 Der rettende Entschluß. Elf Erzählungen. 135 S. m. Abb. Reutlingen: Bardtenschlager 1952
102 Oduscha. Eine Liebesnovelle. 59 S. Gütersloh: Bertelsmann (= Das kleine Buch 43) 1952
  (Neubearb. e. Ausz. a. Nr. 9)
103 Der Tribun. Roman. 465 S. Braunschweig: Kleine 1952
104 Der Trompeter von Pobethen. 15 S. m. Abb. Gütersloh: Rufer-V. (= Dein Leseheft 26) 1952

105 Marianne. Goethe-Roman. 397 S. Darmstadt: Schneekluth 1953
106 Die Frauenbarke. Novelle. 72 S. m. Abb. Hannover: Sponholtz 1954
107 Tiedemann Buthoff. 134 S. Gütersloh: Rufer-V. 1954
108 Gedichte. 223 S. Bln: Union-V. 1954
109 Das Herzgeschenk. H. F. zum 75. Geburtstag. 30. Juli 1954. Zusgest. H. Grothe. 55 S., 2 Bl. Abb. Hannover: Sponholtz 1954
110 Die vier großen B. Musikergeschichten. 127 S. Freiburg/Br.: Dikreiter 1955
111 (Hg.) J. Gotthelf: Uli der Knecht. 398 S. m. Abb. Bln: Union-V. 1955
112 Herbstliches Herz. Zwei Goethe-Novellen. 182 S. Bln: Union-V. 1955
113 (Übs.) (Johannes von Saaz:) Der Ackermann und der Tod. 93 S. 4° Bln: Union-V. 1955
114 Lux und Lukas. Die Geschichte von einem vierbeinigen und einem zweibeinigen Füllen. 148 S. m. Abb. Bln: Union-V. 1955
115 (Hg.) J. Gotthelf: Uli der Pächter. 432 S. m. Abb. Bln: Union-V. 1957
116 Laß Dich trösten. Gedenk-Gedichte. 100 S. Hbg-Bergstedt: Reich 1957
117 Letzte Liebe. Goethe und Ulrike. Roman. 169 S. Bln, Darmstadt: Dt. Buch-Gemeinschaft 1958
118 Die Predigt des Holzes. Eine Novelle. 46 S. Hbg: Furche-V. (= Furche-Bücherei 174) 1959
119 Kaleidoskop. 33 Geschichten. 244 S. m. Abb. Bln: Union-V. 1959
120 Ausgewählte Werke. Nachw. C. Bäte. 2 Bde. Bln: Union-V. 1959
   1. Annette. – Reise in die Ewigkeit. 766 S., 1 Titelb.
   2. Marianne. – Novellen und Erzählungen. – Neue Gedichte. 725 S.
121 Cantate. Das Leben Johann Sebastian Bachs. 543 S. Stg: Kreuz-V. 1960
122 (Hg., Nachw.) (J. P. Hebel:) Die schönsten Geschichten von Johann Peter Hebel. 324 S. Mchn: Nymphenburger Verlh. (= Nymphenburger Volksbücher) 1960

FRANCKENBERG, Abraham von
(+Amadeus von Friedeleben) (1593–1652)

1 Andächtige Beht-Gesänglein. 12° Oels 1633
2 Oculus Sidereus, Neu-eroffnetes Stern-licht und Fern-gesicht ... 37 + 1 Bl. Danzig: Rhete 1644
3 Via Veterum Sapientum. Das ist: Weg der Alten Weisen ... Amsterdam: Betkius 1675
4 Mir Nach. Das ist, Eine ... Ermahnung An alle Christliche Gemainden ... Ffm, Amsterdam: Betkius 1675
5 Raphael, oder Artzt-Engel. Auff ehmaliges Ersuchen eines Gottliebenden Medici Auffgesetzt ... 1 Bl., 46 S., 1 Bl. m. Titelku. 4° Amsterdam: v. Felsen 1676
6 Conclusiones de fundamento sapientiae Theorico-Practicae. 10 S. Amsterdam: Betkius 1677
7 Oculus Aeternitatis Das ist Geistliche Erkäntnůs Gottes. 198 S. 16° Amsterdam: Betkius 1677
8 +Fürstliches Bedencken und Außschreiben Von Nothwendiger Ergreiffung derjenigen Mittel, wodurch Gottes gerechtes Gerichte ... mit rechtem Ansehen erkennet. 72 S. 16° Amsterdam: Betkius 1678
9 Metamorphosis Oder Von Verwandlung des Menschen. 48 S. 16°Amsterdam: Betkius (1678)
10 Jacob Böhmens Lebens-Lauff. o.O. 1682
11 Getrwe Warnung Vor dem Betrug Der Menschlichen Vernunfft. 44 S., 14 Bl. 16° Newhauß: Todt 1684
12 Gemma magica oder Magisches Edelgestein, das ist, eine kürtze Erklärung des Buchs der Natur. Amsterdam 1688
13 Geistliche Seelen-Flucht. 48 S. 12° Amsterdam, Ffm, Lpz: Luppius 1700
14 +(MV) Trium virorum chymicorum ... nehmlich Amadei Friedlibii, D. Rebentrosts und ... G. Keilings Collectanea ... de Bismutho, das ist etliche ... chymische Processe ... Dresden, Lpz 1718

François, Marie Luise von (1817–1893)

1 Ausgewählte Novellen. 2 Bde. 522 S. Bln: Duncker 1868
2 Erzählungen. 2 Bde. 620 S. Braunschweig: Westermann 1871
3 Die letzte Reckenburgerin. Roman. 2 Bde. 537 S. Bln: Janke 1871
4 Geschichte der preußischen Befreiungskriege in den Jahren 1813–1815. Ein Lesebuch für Schule und Haus. 295 S. Bln: Janke 1873
5 Frau Erdmuthens Zwillingssöhne. Roman. 2 Bde. 575 S. Bln: Janke 1873
6 Hellstädt und andere Erzählungen. 3 Bde. 904 S. Bln: Janke 1874
7 Natur und Gnade, nebst andern Erzählungen. 3 Bde. 733 S. Bln: Janke 1876
8 Stufenjahre eines Glücklichen. Roman. 2 Thle. 770 S. Lpz: Breitkopf & Härtel 1877
9 Der Katzenjunker. 212 S. Bln: Paetel 1879
10 Phosphorus Holunder. Zu Füßen des Monarchen. 240 S. Stg: Spemann (= Collection Spemann, Bd. 1) 1881
11 Der Posten der Frau. Lustspiel. 123 S. Stg: Spemann 1882
12 Judith, die Kluswirthin. Novelle. 249 S. Stg: Krabbe 1883
    (Ausz. a. Nr. 1)
13 Eine Formalität. Erzählung. 71 S. Bln: Janke (1884)
    (Ausz. a. Nr. 6)
14 Das Jubiläum und andere Erzählungen. 212 S. Stg: Union (= Collection Spemann) 1886
15 (MV) M. L. v. F. u. C. F. Meyer: Ein Briefwechsel. Hg. A. Bettelheim. 285 S. Bln: Reimer 1905
16 Gesammelte Werke. 5 Bde. 383, 413, 668, 447, 457 S. Lpz: Insel (1918)

Frank, Bruno (1887–1945)

1 Aus der goldenen Schale. Gedichte. 54 S. Heidelberg: Winter 1905
2 Im dunkeln Zimmer. 72 S. Heidelberg: Winter 1906
3 Gedichte. 117 S. Heidelberg: Winter 1907
    (Verm. Neuaufl. v. Nr. 1)
4 Die Nachtwache. Roman. 218 S. Heidelberg: Winter 1909
5 Flüchtlinge. Novellen. VI, 217 S. Mchn: Langen 1911
6 Gustav Pfizers Dichtungen. VII, 143 S. Tüb: Kloeres 1912
7 Die Schatten der Dinge. Gedichte. 108 S. Mchn: Langen 1912
8 Requiem. 23 S. Mchn: Langen 1913
9 Die Fürstin. Roman. 235 S. Mchn: Musarion (1915)
10 Strophen im Krieg. Ein Flugblatt. 12 S. Mchn: Langen (1915)
11 Der Himmel der Enttäuschten. Novellen. 109 S. Mchn: Langen (= Langen's Mark-Bücher 12) (1916)
12 Die treue Magd. Komödie in drei Akten. 117 S. Bln: Drei Masken-V. (1916)
13 Die Schwestern und der Fremde. Schauspiel in zwei Aufzügen und einem Vorspiel. 114 S. Mchn: Müller 1918
14 Ein Abenteuer in Venedig. Novelle. 99 S. Mchn: Musarion 1919
    (Ausz. a. Nr. 5)
15 Die Kelter. Ausgewählte Gedichte. 163 S. Mchn: Musarion (1919)
16 Von der Menschenliebe. Gesprochen im Münchener politischen Rat geistiger Arbeiter. 27 S. Mchn: Musarion 1919
17 Die Trösterin. Schauspiel in drei Akten. 80 S. Mchn: Musarion 1919
18 Gesichter. Gesammelte Novellen. VII, 398 S. Mchn: Musarion 1920
19 Bigram. Neue Erzählungen. 217 S. Mchn, Bln: Rowohlt 1921
20 Leidenschaften und andere Geschichten. 60 S. Bln: Ullstein (= Die spannenden Bücher) 1921
21 Das Weib auf dem Tiere. Ein Drama. 121 S. Mchn: Drei Masken-V. 1921
22 Die Melodie. 99 S. Stg: Fleischhauer & Spohn (= Kristallbücher. Reihe 1) (1924)
23 Schimmelmanns Brautschau. 78 S. Recklinghausen: Iris Musik- u. Theater-V. (= Iris-Mehrakter 21) (1924)
24 Tage des Königs. 163 S. Bln: Rowohlt (1924)

25 Erzählungen. 311 S. Bln: Rowohlt 1926
    (Enth. Ausz. a. Nr. 18 u. 19)
26 Friedrich der Große als Mensch im Spiegel seiner Briefe, seiner Schriften, zeitgenössischer Berichte und Anekdoten. 306 S. Bln: Dt. Buchgemeinschaft (1926)
27 Trenck. Roman eines Günstlings. 329 S. Bln: Rowohlt 1926
28 Ein Konzert. Novellen. 120 S. Potsdam: Kiepenheuer (= Die Liebhaberbibliothek) 1927
29 Zwölftausend. Schauspiel in drei Akten. 122 S. Bln: Rowohlt (1927)
30 Politische Novelle. 180 S. Bln: Rowohlt 1928
31 Perlenkomödie. Ein Spiel in vier Akten. 124 S. Mchn: Drei Masken-V. (1928)
32 Der Magier. Novelle. 91 S. Bln: Rowohlt 1929
33 Alkmene. Eine Erzählung. Hg. M. Roseno. 56 S. Lpz: Quelle & Meyer (= Deutsche Novellen des 19. und 20. Jahrhunderts 46) (1930)
    (Ausz. a. Nr. 24)
34 Gesammelte Erzählungen. 311 S. Bln: Die Buchgemeinde (1930)
    (Neuaufl. v. Nr. 25)
35 Sturm im Wasserglas. Komödie in drei Akten. 158 S. Mchn: Drei Masken-V. 1930
36 Nina. Komödie. 154 S. Bln: Drei Masken-V. 1931
37 Der General und das Gold. Schauspiel. 169 S. Bln: Drei Masken-V. 1932
38 Cervantes. Roman. 367 S. Amsterdam: Querido-V. (1934)
39 Die Monduhr. Amsterdam: Querido-V. 1935
40 Aus vielen Jahren. 399 S. Amsterdam: Querido-V. 1937
41 Der Reisepaß. Roman. 363 S. Amsterdam: Querido-V. 1937
42 Sechzehntausend Francs. 93 S. Amsterdam: Querido-V. 1940
43 Die Tochter. Roman. 374 S. Amsterdam: Querido-V. 1943
44 (Nachw.) I. S. Turgenev: Väter und Söhne. Deutsch v. W. Bergengruen. 300 S. Lpz: List (= Romane der zeitgenössischen Weltliteratur) (1946)
45 Die verbotene Stadt. Drama. Bln: Bloch 1951
46 Ausgewählte Werke. Einl. Th. Mann. 571 S., 1 Titelb. Hbg: Rowohlt (= Die Bücher der Neunzehn 32) 1957

FRANK, Leonhard (1882–1961)

1 Die Räuberbande. Roman. 334 S. Mchn: Müller 1914
2 Die Ursache. Eine Erzählung. 146 S. Mchn: Müller 1916
3 Der Mensch ist gut. 207 S. Zürich: Rascher (= Europäische Bücherei) 1918
4 Der Vater. 16 S. Bln: Schlicke 1918
    (Ausz. a. Nr. 3)
5 Die Mutter. 45 S., 9 Abb. Zürich: Rascher 1919
    (Ausz. a. Nr. 3)
6 Der Bürger. Roman. 350 S. Bln: Malik-V. 1924
7 An der Landstraße. Erzählung. 106 S. Bln: Rowohlt 1925
8 Die Schicksalsbrücke. Drei Erzählungen. 111 S. Bln: Rowohlt 1925
9 Im letzten Wagen. Novelle. 94 S. Bln: Rowohlt 1925
10 Im letzten Wagen. Erzählungen. 94, 106, 109 S. Bln: Rowohlt 1926
    (Enth. Nr. 7, 8, 9)
11 Karl und Anna. Erzählung. 175 S. Bln: Propyläen-V. (= Das kleine Propyläen-Buch) 1927
12 Das Ochsenfurter Männerquartett. Roman. 297 S. Lpz: Insel 1927
13 Der Streber und andere Erzählungen. 79 S. Bln: Dt. Buchgemeinschaft 1928
14 Absturz. Novelle. 63 S. Lpz: Reclam (= Reclam's UB. 7004) 1929
    (Neuaufl. v. Nr. 10)
15 Bruder und Schwester. Roman. 269 S. Lpz: Insel (1929)
16 Die Entgleisten. 95 S., 1 Titelb. Bln: Hobbing (1929)
17 Karl und Anna. Schauspiel in vier Akten. 76 S. Lpz: Insel (1929)
    (Dramat. v. Nr. 11)
18 Die Ursache. Drama in vier Akten. 78 S. Lpz: Insel 1929
    (Dramat. v. Nr. 2)

19 Hufnägel. Schauspiel. 78 S. Lpz: Insel 1930
20 Von drei Millionen Drei. Roman. 224 S. Bln: Fischer 1932
21 Traumgefährten. Roman. 291 S. Amsterdam: Querido-V. 1936
22 Gesammelte Werke in Einzelbänden. 5 Bde. 336, 444, 525, 324, 396 S. Amsterdam: Querido-V. 1936
23 Mathilde. Roman. 446 S. Amsterdam: Bermann-Fischer / Querido-V. 1948
24 Die Jünger Jesu. Roman. 301 S. Amsterdam: Querido-V.; (Wien:) Bermann-Fischer 1949
25 Links, wo das Herz ist. Roman. 259 S. Mchn: Nymphenburger Verlh. 1952
26 Deutsche Novelle. 171 S. Mchn: Nymphenburger Verlh. 1954
27 Gesammelte Werke. 6 Bde. u. Suppl.-Bd. 525 S., 1 Titelb.; 378; 452; 408; 642; 629; 439 S. Bln: Aufbau-Verl. 1957–1959
28 Erzählende Werke in fünf Bänden. 1183 S. Mchn: Nymphenburger Verlh. (1959)
29 Schauspiele. 439 S. Bln: Aufbau-V. 1959
  (= Suppl. zu Nr. 27)

FRANKL, Ritter von Hochwart, Ludwig August (1810–1894)

1 Das Habsburglied. 15 Bg. Wien: Wallishausser 1832
2 Episch-lyrische Dichtungen. 10 Bg. 12⁰ Wien: Sollinger 1834
3 Gedichte. Wien 1834
4 Sagen aus dem Morgenlande. Gedichte. 6¼ Bg. Lpz: Leo 1834
5 (Übs.) (Th. Moore:) Das Paradies und die Peri. Wien 1835
6 (Übs.) Lord Byron: Parisina. 1¼ Bg. 12⁰ Wien: Kupffer & Singer; Lpz: Kummer 1836
7 Christoforo Colombo. Romantisches Gedicht. 7⅛ Bg. m. Abb. Stg: Brodhag 1836
8 Gedichte. VIII, 251 S. Lpz: Brockhaus 1840
9 Rachel. Romantisches Gedicht. 28 S., 3 Bl., 1 Abb. Wien, Lpz: Kummer 1842
10 Don Juan d'Austria. Heldenlied. 9⅝ Bg. Lpz: Weber 1846
11 Zur Geschichte der Juden in Wien. I. Der alte Judenfreithof. 26 S. Wien: Greß 1847
12 *Die Universität. 3 H. Wien: Bermann (1848)
13 (Übs.) Gusle. Serbische Nationallieder. XXIV. 127 S. Wien: Wenedikt 1852
14 Hippokrates und die moderne Medizin. 3 Thle. 16⁰ Wien: Sallmeyer 1853 bis 1854
   1. Die Ärzte. 60 S.
   2. Die Charlatane. 62 S.
   3. Hippokrates und die Cholera. 64 S.
15 Hippokrates und die moderne Schule. Wien: Jasper 1853
16 Zur Geschichte der Juden in Wien. 78 S. Wien: Lit.-art. Anst. 1853
   (Verm. Neuaufl. v. Nr. 11)
17 Zu Lenau's Biographie. 142 S. Wien: Keck 1854
18 Libanon. Ein poetisches Familienbuch. 1 Bl., 299 S. Wien: Zamarski 1855
19 Nach der Zerstörung. Hebräische Elegien. M. Abb. Wien 1856
20 Nach Jerusalem! 3 Bde. IX, 439; VIII, 516; 355 S. Lpz: Baumgärtner (Bd. 1–2) bzw. Wien: Typogr. liter.-art. Anst. (Bd. 3) 1858–1860
21 Aus Egypten. 355 S. Wien: Lit.-art. Anst. 1860
   (Tl. 3 z. Nr. 20)
22 Helden- und Liederbuch. VIII, 416 S. 16⁰ Wien, Prag: Kober & Markgraf 1861
23 Medizin und die Mediziner, in Knittelversen. 122 S. 16⁰ Wien: Hügel 1861
24 Der Primator. Gedicht in sieben Gesängen. 64 S. Prag, Hbg: Richter 1861
25 Festspiel zur Begrüßung der Naturforscher. Wien 1861
26 Die Quellennymphe. Wien 1862
27 Schiller, Beethoven und Goethe in Karlsbad. 16 S., 2 Abb. Karlsbad: Franick 1862
28 Ahnenbilder. 148 S. Lpz: Leiner 1864
29 Nach fünfhundert Jahren. Satire zur Säkularfeier der Wiener Universität. Lpz 1865

30 Tragische Könige. Epische Gesänge. 246 S. Wien: Hölder 1876
31 Gesammelte poetische Werke. 3 Bde. 320, 300, 331 S. Wien: Hartleben 1880
32 Zur Biographie Franz Grillparzer's. 2 Bl., 91 S. m. Bildn. Wien, Pest, Lpz: Hartleben 1883
33 Zur Biographie Friedrich Hebbel's. 76 S. m. Bildn. Wien: Hartleben 1884
34 Andreas Hofer im Liede. Mit Original-Urkunden. 171 S., 1 Abb. Innsbruck: Wagner 1884
35 Zur Biographie Ferdinand Raimund's. 60 S. m. Bildn. Wien, Pest, Lpz: Hartleben 1884
36 Lyrische Gedichte. 320 S. Wien: Hartleben 1885
   (Veränd. Neuaufl. v. Nr. 2)
37 Friedrich von Amerling. Ein Lebensbild. Mit einer Charakteristik des Künstlers v. C. v. Lützow. VIII, 204 S. m. Taf. Wien: Hartleben 1889
38 König Salomo. Epische Dichtung. 56 S. Reichenberg, Wien: Weichelt (= Deutsch-österreichische National-Bibliothek) (1889)
39 Episches und Lyrisches. Neue Sammlung. 227 S. Stg: Bonz 1890
40 (Hg.) Lenau und Sophie Löwenthal. Tagebuch und Briefe des Dichters, nebst Jugendgedichten und Briefen an F. Kleyle. 267 S., 3 Abb. Stg: Cotta 1891
41 Helene Friedländer. Ein Denkmal. 123 S., 2 Abb. Wien: Frick 1892
42 Gmunden im Liede. 108 S. 12° Gmunden: Habacher 1892
43 Erinnerungen. Hg. St. Hock. XVI, 391 S., 4 Abb., 1 Faks. Prag: Calve (= Bibliothek deutscher Schriftsteller aus Böhmen 29) 1910

FRANZOS, Karl Emil (1848–1904)

1 Aus Halb-Asien. Culturbilder aus Galizien, der Bukowina, Südrußland und Rumänien. 2 Bde. 666 S. Lpz: Duncker & Humblot 1876
2 Die Juden von Barnow. Novellen. 253 S. Stg: Hallberger 1877
3 Vom Don zur Donau. Neue Culturbilder aus „Halb-Asien". 2 Bde. 675 S. Lpz: Duncker & Humblot 1878
   (Forts. v. Nr. 1)
4 (Hg.) G. Büchner: Sämmtliche Werke und handschriftlicher Nachlaß. Erste kritische Gesammt-Ausgabe. 652 S. Ffm: Sauerländer 1879
5 Junge Liebe. Zwei Geschichten. 163 S. Breslau: Schottländer 1879
6 Stille Geschichten. 273 S. Dresden: Minden 1880
7 Die Hexe. Novelle. 81 S. Lpz: Reclam (= Universal-Bibliothek 1280) 1880
8 Moschko von Parma. Geschichte eines jüdischen Soldaten. 311 S. Lpz: Duncker & Humblot 1880
9 Ein Kampf um's Recht. Roman. 2 Bde. 759 S. Breslau: Schottländer 1882
10 (Hg.) Deutsches Dichterbuch aus Österreich. 338 S. Lpz: Breitkopf & Härtel 1883
11 Mein Franz. Novelle in Versen. 48 S. 12° Lpz: Breitkopf & Härtel 1883
12 Der Präsident. Erzählung. 363 S. Breslau: Trewendt 1884
13 Die Reise nach dem Schicksal. Erzählung. 293 S. Stg: Bonz 1885
14 (Hg.) Deutsche Dichtung. 35 Bde. Stg: Bonz (Bd. 1–2) bzw. Dresden: Ehlermann (3–8); Bln: Haack (9–12); Bln: Concordia (13–35) 1886–1904
15 Tragische Novellen. 345 S. Stg: Bonz 1886
16 Aus der großen Ebene. Neue Kulturbilder aus Halb-Asien. 2 Bde. 668 S. Stg: Bonz 1888
   (Forts. v. Nr. 3)
17 Halb-Asien. Land und Leute des östlichen Europa. 6 Bde. 2166 S. Stg: Bonz 1888–1890
   (Enth. Nr. 1, 3, 16)
18 Der Schatten. Erzählung. 370 S. Stg: Bonz 1888
19 Judith Trachtenberg. Erzählung. 339 S. Breslau, Bln: Concordia 1891
20 Der Gott des alten Doktors. Erzählung. 186 S. Bln: Fontane 1892
21 (Hg.) Die Suggestion und die Dichtung. Gutachten über Hypnose und Suggestion v. O. Binswanger, E. du Bois-Reymond, A. Eulenburg (u. a.) 159 S. Bln: Fontane 1892
22 Ein Opfer. Erzählung. 158 S. Stg: Engelhorn: (= Engelhorn's allgemeine Roman-Bibliothek. Jg. 10, Bd. 8)|1893

23 Der Wahrheitsucher. Roman. 2 Bde. 686 S. Jena: Costenoble 1893
24 (Hg., Einl.) Die Geschichte des Erstlingswerks. Selbstbiographische Aufsätze v. R. Baumbach. XVIII, 286 S. m. Abb. Lpz, Bln: Concordia 1894
25 Ungeschickte Leute. Geschichten. 256 S. Jena: Costenoble 1894
26 Der kleine Martin. Erzählung. 192 S. Bln: Concordia 1896
27 Leib Weihnachtskuchen und sein Kind. Erzählung. 351 S. Bln: Concordia 1896
28 Allerlei Geister. Geschichten. 147 S. Bln: Concordia 1897
29 (Hg.) Aus dem neunzehnten Jahrhundert. Briefe und Aufzeichnungen. 4 Bde. 402; 272; 248; 42, 388 S. Bln: Concordia 1897–1900
30 Mann und Weib. Novellen. 298 S. Bln: Concordia 1899
31 Conrad Ferdinand Meyer. Vortrag. 44 S., 1 Abb. Bln: Concordia 1899
32 Heines Geburtstag. 32 S. Bln: Concordia 1900
33 Deutsche Fahrten. Reise- und Kulturbilder. 1. u. 2. Reihe. 2 Bde. Bln, bzw. Stg: Cotta 1903–1905
   1. Aus Anhalt und Thüringen. 374 S. 1903
   2. Aus den Vogesen. 172 S. 1905
34 Der alte Damian und andere Geschichten. 76 S. Stg: Cotta (= Cotta'sche Handbibliothek 100) 1905
35 Neue Novellen. 180 S. Stg: Cotta 1905
36 Der Pojaz. Eine Geschichte aus dem Osten. 486 S., 1 Abb. Stg: Cotta 1905

FRAPAN, Ilse (eig. Ilse Akunian, geb. Levien) (1852–1908)

1 Hamburger Novellen. 142 S. Hbg: Meissner 1886
2 Bescheidene Liebesgeschichten. Hamburger Novellen. Neue Folge. 189 S. Hbg: Meissner 1888
3 Vischer-Erinnerungen und -Worte. Ein Beitrag zur Biographie F. T. Vischers. 191 S. Stg: Göschen 1889
4 Zwischen Elbe und Alster. Hamburger Novellen. 248 S. Bln: Paetel 1890
5 Enge Welt. Novellen. 223 S. Bln: Paetel 1890
6 Bittersüß. Novellen. 264 S. Bln: Paetel 1891
7 Gedichte. 216 S. 12° Bln: Paetel 1891
8 Bekannte Gesichter. Novellen. 268 S. Bln: Paetel 1893
9 Zu Wasser und zu Lande. Novellen. 226 S. Bln: Paetel 1894
10 Flügel auf! Novellen. 376 S. Bln: Paetel 1895
11 Querköpfe. Hamburger Novellen. 268 S. Bln: Paetel 1895
12 Vom ewig Neuen. Novellen. 308 S. Bln: Paetel 1896
13 In der Stille. Novellen und Skizzen. 257 S. Bln: Paetel 1897
14 Die Betrogenen. Roman. 284 S. Bln: Paetel 1898
15 Was der Alltag dichtet. Novellen. 419 S. Bln: Paetel 1899
16 Hamburger Bilder für Hamburger Kinder. 159 S. Hbg: Meissner 1899
17 Wir Frauen haben kein Vaterland. Monologe einer Fledermaus. 156 S. Bln: Paetel 1899
18 Wehrlose. Novellen. 299 S. Bln: Paetel 1900
19 Schreie. Novellen und Skizzen. 239 S. Bln: Paetel 1901
20 Altmodische Leute. Erzählung. 46 S. 12° Wiesbaden: Staadt (= Wiesbadener Volksbücher 20) 1902
   (Ausz. aus Nr. 4)
21 Phitje Ohrtens Glück. Eine deutsche Komödie. 110 S. Bln: Paetel 1902
22 Arbeit. Roman. 429 S. Bln: Paetel 1903
23 Wandlung. – Fräulein Doktor. 75 S. Bln, Lpz: Verl. d. Frauen-Rundschau (= Moderne Frauen-Bibliothek 1) 1903
24 Jugendzeit. Ausgewählte Erzählungen. 167 S. Bln: Paetel 1904
25 Die Retter der Moral. Drama. 75 S. 16°. Lpz: Reclam (= Universal-Bibliothek 4664) 1905
26 (MV) Der Sitter. (– A. Meinhardt: Aus dem Kriegsjahr. – J. Petri: Apostata.) 128 S. Bln: Exp. d. deutschen Bücherei (= Deutsche Bücherei 26) 1905
27 Auf der Sonnenseite. Novellen, Erzählungen und Skizzen. 270 S. Bln: Paetel 1906
28 Erich Hetebrink. Hamburger Roman. 2 Bde. 256, 232 S. Bln: Paetel 1907

29 Die Last. (S.-A.) 87 S. m. Bildn. Hbg: Deutsche Dichter-Gedächtnis-Stiftung (= Volksbücher der deutschen Dichter-Gedächtnis-Stiftung 17) 1907 (Ausz. aus Nr. 4)
30 Schönwettermärchen. Märchen, Erzählungen, Skizzen und Novellen. 260 S. Bln: Paetel 1908
31 Milch und Blut. Erzählung. 59 S. m. Bildn. Zürich: Verein für Verbreitung guter Schriften (= Verein für Verbreitung guter Schriften Zürich, Nr. 77) 1910

FRAUNGRUBER, Hans (1863–1933)

1 Gedichte in steirischer Mundart. 151 S. 16° Wien: Hartleben 1893
2 (MV) R. Faust, H. F., J. Meyn, H. Stökl: Theaterstücke. 92 S. Wien: Pichler (= Bücherei für die Jugend 4) 1893
3 Neue Gedichte in steirischer Mundart. 159 S. Wien: Hartleben 1895
4 Unterwegs. Kleine Erzählungen. 67 S. Wien: Pichler (= Jessen's Volks- und Jugendbibliothek 106) 1806
5 (Hg.) Thierfreundliche Jugend. 183 S. m. Abb. Wien: Graeser 1897
6 Aus der Wandermappe. Erzählungen und Gedichte. 86 S. Wien: Pichler (= Jessen's Volks- und Jugendbibliothek 115) 1897
7 (MH) Das deutsche Volkslied. Zeitschrift für seine Kenntnis und Pflege. Hg. H. F. (u. a.) Jg. 1–27. Wien: Hölder 1899–1925
8 Bei uns dahoam. Gedichte in steirischer Mundart. VIII, 144 S. 12° Stg: Bonz 1900
9 Ausser G'schichten. Erzählungen und Schwänke. 161 S. Linz: Österr. Verl.-Anst. 1900
10 Vergnügungsreise der Tiere zur See, in Reimen. 36 S. m. Abb. 4° Nürnberg: Stroefer 1900
11 Neue Ausseer G'schichten. 167 S. Linz, Wien: Deubler 1901 (Forts. v. Nr. 9)
12 (Hg.) Till Eulenspiegel. 96 S. Wien: Gerlach (= M. Gerlach's Jugendbücherei 6) 1902
13 Ein Picknick der Tiere, in Reimen. 55 S. m. Abb. 4° Nürnberg: Stroefer 1902
14 (Hg.) Aus des Knaben Wunderhorn. 96 S. Wien: Gerlach (= M. Gerlach's Jugendbücherei 4) 1902
15 Gott erhalte! Österreichs Herrscher und Helden im Liede. Wien: 1904
16 (MV) H. F. u. C. Lechler: Fröhliche Kinderzeit. 40 S. m. Abb. Eßlingen: Schreiber 1904
17 Der Aufstand der Tiere. In Reimen. 36 S. m. Abb., 8 Taf. Nürnberg: Stroefer 1904
18 (Hg.) Poetische Legenden. Ausgewählt aus dem Schatze deutscher Dichtung. 224 S. Einsiedeln: Benziger 1905
19 Tier-Robinson. Die wunderbaren und erstaunlichen Abenteuer Jumbo Robinsons, von ihm selbst erzählt. 30 S. m. Abb. Nürnberg: Stroefer 1905
20 Der Rattenfänger von Hameln. 26 S. m. Abb. Nürnberg: Stroefer 1906
21 Das lustige Buch. Frohe Gestalten aus Dichtung und Volksleben. 173 S. m. Abb. Wien: Akad. Verl. 1907
22 (Hg.) G. A. Bürger: Fahrten und Abenteuer des Freiherrn von Münchhausen. Dt. v. B. 117 S. m. Abb. Wien: Gerlach (= M. Gerlach's Jugendbücherei 19) 1907
23 Leben und Treiben im Tierland. 52 S. m. Abb. Nürnberg: Stroefer 1907
24 Lug ins Land. Allerlei zum Lesen für die Jugend. 100 S., 3 Taf. Wien: Pichler (= Pichler's Jugendbücherei 41) 1907
25 (Bearb.) J. K. A. Musaeus: Rübezahl, der Herr des Riesengebirges. Deutsche Volkssagen. 219 S. m. Abb. Wien: Gerlach (= M. Gerlach's Jugendbücherei 18) 1907
26 Zeitvertreib. Lesebüchlein für die Jugend. 94 S., 2 Taf. Wien: Pichler (= Pichler's Jugendbücherei 28) 1907
27 Weihnachten im Tierland. 36 S. m. Abb. Nürnberg: Stroefer 1908
28 Hoch Habsburg! Bilder aus Österreichs alten und jungen Tagen. 150 S. m. Abb. Stg: Loewe 1909

29 (Hg.) Deutsche Wiegenlieder. In Wort und Weise ausgewählt. 96 S. m. Abb. Wien: Gerlach: (= M. Gerlach's Jugendbücherei 24) 1909
30 (Bearb.) Österreichs Walhalla. Namhafte Österreicher in Wort und Lied. Für die reifere Jugend ausgew. u. bearb. IV, 156 S. m. Abb. Stg: Loewe 1910
31 (Bearb.) Tausendundeine Nacht. Auswahl morgenländischer Märchen, für die Jugend bearb. 272 S. m. Abb. Stg: Loewe 1911
32 (Bearb.) Österreichisches Sagenkränzlein. Für die Jugend ausgew. u. bearb. IV, 156 S. m. Abb. u. Taf. Stg: Loewe 1911
33 (MH) Deutsches Schul-Liederbuch. Mit besonderer Berücksichtigung des echten deutschen Volksliedes und volkstümlicher Weisen. Hg. H. F. u. J. Pommer. 5 Bde. 47, 65, 87, 138, 157 S. Wien: Schulbücher-Verl. – Dir. 1911–1914
34 Ausseer G'schichten. Erzählungen und Schwänke. 3. Teil. 104 S. 16⁰ Lpz: Reclam (= Universal-Bibliothek 5386) 1912
(Forts. v. Nr. 11)
35 (Hg.) Hundert lustige Geschichten. Für die Jugend hg. 156 S. m. Abb.Stg: Loewe 1912
36 (MBEarb.) G. Ullrich, W. Ernst u. F. Branky: Deutsches Lesebuch für Bürgerschulen. Für Knaben und Mädchen. Nach dem neuen Lehrplan bearb. H. F. (u. a.) 3 Tle. 278, 247, 322 S. m. Abb. Wien: Schulbücher-Verl.-Dir. 1912–1914
37 (MV) H. F. u. H. Sauer: Ehre der Arbeit! Bilder aus Werkstatt und Leben. 206 S. Wien: Schulbücher-Verl.-Dir. 1913
38 (MH) In dá Muattásprach. Eine Auswahl mundartlicher Dichtungen. Hg. H. F. u. H. Sauer. VII, 128 S. Wien: Konegen 1913
39 (MH) Deutsche Dichtung. Eine Auswahl für die Jugend. Hg. H. F. u. H. Zauzal. 255 S., 4 Abb. Saarbrücken, Wien: Jugend-Freund-Verl. 1913
40 (Hg.) Mein Bergland, mein Waldland! Ein Sträußlein aus den Werken österreichischer Schriftsteller. 177 S. m. Abb. Wien: Schulbücher-Verl.-Dir. 1914
41 (Hg.) Kleine Erzählungen. Für die Jugend hg. 96 S., 5 Abb. Stg: Loewe 1914
42 (Hg., MV) Goldener Jugendschatz. Ein neues Buch für die Kinderstube. 2 Tle. in 1 Bde. 160, 159 S. m. Abb. Stg: Loewe 1914
43 (Hg., MV) Ein ganzer Pack voll Kinder-Schnack. Ein neues Buch für die Kinderwelt. 159 S., 18 Abb. Stg: Loewe 1914
44 (Hg.) Für Kaiser und Vaterland! Bilder aus dem Soldatenleben. 303 S. m. Abb., 4 Taf. Wien: Schulbücherverl. (1915)
45 (Bearb.) Aus dem Weltkriege. Ernste und heitere Berichte. 128 S., 5 Taf. Wien: Schulbücherverl. 1916
46 Kunterbunt. Geschichten und Gedichte für die Jugend. 3 Bdchn. 80 S., 4 Taf.; 63 S., 3 Taf.; 72 S., 3 Taf. Wien: Schulbücherverl. (= Deutschösterr. Jugendhefte 19–21) 1917
47 Deutsche Märchenspiele. Nach alten Volksmärchen für die Jugend verfaßt. 3 Bdchn. 46 S., 1 Abb.; 40 S., 3 Taf.; 51 S., 1 Titelb. Wien: Schulbücherverl. (= Deutschösterr. Jugendhefte 25, 26, 50) 1917–1923
48 Deutsche Sagen. 3 Bdchn. 72 S., 4 Taf.; 49 S., 3 Taf.; 60 S., 3 Taf. Wien: Schulbücherverl. (= Deutschösterr. Jugendhefte 7–9) 1918
49 (Hg.) Allerlei Schabernack. Lustige Gedichte und Geschichten. 64 S. m. Abb. Wien: Schulbücherverl. (= Deutschösterr. Jugendhefte 29) 1919
50 Neue Ausseer Geschichten. Erzählungen und Schwänke aus dem Volksleben. 4. Sammlung. 240 S. Wien: Wiener Literar. Anst. 1921
(Forts. v. Nr. 34)
51 (Bearb.) L. Aurbacher: Die Abenteuer der sieben Schwaben. Für die Jugend bearb. 88 S. m. Abb. Taf. Wien: Österr. Bundesverl. (= Deutschösterr. Jugendhefte 46) 1922
52 (Hg.) Feierabend. Eine fromme Anthologie für jung und alt. Aus den Werken deutscher Dichter gesammelt. 146 S. m. Abb. Wien: Österr. Bundesverl. (1923)
53 (Bearb.) E. T. A. Hoffmann: Klein-Zaches. Für die Jugend bearb. 94 S. m. Abb. Wien: Sesam-V. (= Konegens Kinderbücher 114–115) (1923)
54 Kleine Legendenspiele. Zur Lesung mit verteilten Rollen. Für die Jugend verf. 48 S. m. Abb. Wien: Österr. Bundesverl. (= Deutschösterr. Jugendhefte 44) 1923

55 Für Mutter und Kind. Gedichte, Geschichten und dramatische Auftritte für die Kleinen. 56 S. m. Abb. Wien: Österr. Bundesverl. (= Deutschösterr. Jugendhefte 53) 1923
56 Erbarmen. Gedichte und Geschichten aus der Tier- und Pflanzenwelt. 115 S. m. Abb., 1 Titelb. Wien: Österr. Bundesverl. (1924)
57 Gedichte in steirischer Mundart. Umgearb. u. verm. Ausg. 422 S. m. Abb. Graz: Leykam 1924
(Veränd. Neuaufl. v. Nr. 1)
58 (Hg.) Lustige Geschichten. Für die Jugend hg. 5 Bde. Je II, 32 S., 10 Abb., 1 Titelb. Stg: Loewe (= Loewes Jugendbücher) (1924)
59 (Hg.) Ein lustiges Buch. Kurzweilige Geschichten und Gedichte. 39 S. Wien: Sesam-V. (= Bunte Sesam-Bücher 124) 1925
60 Reineke Fuchs. 15 S. m. Abb. Mainz: Scholz (= Scholz' Künstler-Bilderbücher 213) (1926)
61 Aus dem steirischen Salzkammergut. Gedichte und Erzählungen. 91 S. Wien: Hartleben (= Österr. Bücherei 23) (1926)
62 (Hg.) Schützet die Tiere! Geschichten und Gedichte. Vorw. E. Melkus. 16 S. m. Abb. Wien: Österr. Bundesverl. 1927
63 Im Märchenland. Weihnachtsspiel in einem Akt. 20 S., 1 Abb. Mühlhausen: Danner (= Danner's Jugendbühne 116) (1928)
64 Erzherzog Johann und die Postmeisterstochter. Geschichtliches Heimatspiel in sechs Aufzügen. 64 S. Graz: Leuschner & Lubensky (1929)
65 Meine Bergbauern. Ernste und heitere Volksgestalten aus dem Ausseer Landl. 152 S. Wien: Österr. Bundesverl. (= Deutsche Hausbücherei 190) 1930
66 Der sprechende Hund. Ein Schwänklein in zwei Aufzügen. Nach einem alten Volksscherz. 15 S. Graz: Alpenland-Buchh. (= Alpenländische Volksbühne 12) 1947
67 Die Wette. Nach einem Volksscherz. 8 S. Graz: Alpenland-Buchh. (= Alpenländische Volksbühne 11) 1947

FREIBERG, Siegfried (*1901)

1 Die vierte Tafel. Sonette an die Eltern. 34 S. Wien: Höfels 1928
2 Elegien und Oden. 22 Bl. Wien: Gerold 1935
3 Salz und Brot. Roman. 457 S. Wien: Payer 1935
4 Die harte Freude. Roman. 488 S. Salzburg: Pustet (1938)
5 Die Liebe, die nicht brennt. Roman. 451 S. Wien (: Wiener Verl.-Ges.) 1904
6 Nebuk, eine Storchengeschichte. 268 S. Wien: Wiener Verl. 1942
7 Vom Morgen zum Abend. 58 S. Wien: Wiener Verl. (= Kleinbuchreihe Südost 66) (1943)
8 Félice. Schicksal im Biedermeier. 107 S. Wien: Bellaria-V. 1948
9 „Wo der Engel stehen sollte ..." Gleichnis und Bericht. 201 S. Wien: Bauer 1948
10 (Vorw.) (Ausstellungskataloge der Akademie der bildenden Künste Wien. 15 Hefte. Wien 1951–1961)
11 Sage des Herzens. Gesammelte Gedichte. 95 S. Wien, Bln, Stg: Neff 1951
12 Das kleine Weltwirtshaus. Ein Zeitstück. 132 S. Wien: Fährmann-V. (= Spielreihen der katholischen Jugend Österreichs. Bühnenspiele 5) 1951
13 Abseits der großen Straßen. Von der Lust des Reisens. 193 S., 52 Abb., 1 Kt. Wien: Amandus-V. 1954
14 Der Dichter in unserer Zeit. 56 S. Mchn, Salzburg, Zürich: Verl.-Gem. Stifterbibliothek (= Stifterbibliothek. Fragen der Zeit 86) 1955
15 An fremden Küsten. Reisen abseits der großen Straßen. 193 S., 52 Abb., 1 Kt. Wien: Dt. Buchgemeinde (1955)
(Lizenzausg. v. Nr. 13)
16 (Hg., Einl.) J. J. David: Endlos währte die Nacht. 128 S. Graz, Wien: Stiasny (= Stiasny-Bücherei 9) 1957
17 (Einl.) G. Ferrez: O Velho Rio de Janeiro. Atraves das Gravuras de Thomas Ender. 169 S. São Paulo: Edicões Melhoramentos 1957

18   Adieu, Nicolette. Drei Erzählungen. 59 S. Wien: Bergland-V. (= Neue Dichtung aus Österreich 54) 1958
19   (Nachw.) O. Obry: Grüner Purpur. Brasiliens erste Kaiserin Leopoldine. 314 S. Wien, Innsbruck: Wiese 1958
20   Geborgenheit. Roman. 152 S. Wien: Amandus-V. 1960
21   Zur Liebe geschaffen. Eine Begegnung in Briefen. 94 S. Wien, Innsbruck, Wiesbaden: Rohrer 1960
22   Die schöne Wienerin. Bildnis ihres Wesens. 40 S. Darmstadt: Hoppenstedt 1960

Freiligrath, Ferdinand (1810–1876)

1   (Übs.) V. Hugo: Oden und vermischte Gedichte. 22 Bg. 16° Ffm: Sauerländer (= Sämmtliche Werke 9) 1836
2   (MH) Rheinisches Odeon. Hg. F. F., J. Hub, A. Schmezler. 2 Jge. 24 Bg. 8°, 19 Bg. 12° Koblenz: Hölscher 1836–1839
3   (MÜbs.) V. Hugo: (Herbstblätter. Dt. v. H. Fournier. –) Dämmerungsgesänge. Dt. v. F. F. 18 Bg. 16° Ffm: Sauerländer 1837
4   (MÜbs.) J. B. Molière: Sämmtliche Werke. Übs. L. Braunfels, F. Demmler, E. Duller, F. F. (u.a.) Hg. L. Lax. 5 Bde. 177¼ Bg. Aachen: Mayer 1837 bis 1838
5   Gedichte. 12, 446 S., 3 Bl. 16° Stg, Tüb: Cotta 1838
6   (MH) Rheinisches Jahrbuch für Kunst und Poesie. Hg. F. F., K. J. Simrock, C. J. Matzerath. 2 Jge. 21½, 18 Bg. Köln: Du Mont-Schauberg 1840–1841
7   (Hg.) Rolands-Album. Zum Besten der Ruine (Rolandseck). XX, 92 S. Köln: DuMont-Schauberg 1840
8   (MV) F. F. u. L. Schücking: Das malerische und romantische Westphalen. 15 Bg., 30 Abb. Lpz: Volckmar 1841
9   Umrisse zu den Gedichten. 18 Bl. Text, 18 Abb. Karlsruhe: Art. Inst. 1841
10 (MV) F. F. u. E. Duller: 1862. Gedichte zum Besten des Kölner Doms. 1 Bg. Darmstadt: Jonghaus 1842
11 Karl Immermann. Blätter der Erinnerung an ihn. 11¾ Bg., 1 Bildn. Stg: Krabbe 1842
12 Ein Glaubensbekenntniß. Zeitgedichte. XVI, 323 S. Mainz: v. Zabern 1844
13 (Übs.) V. Hugo: Lyrische Gedichte. 26¼ Bg., 1 Bildn. Ffm: Sauerländer 1845
14 Leipzigs Todten. Gedicht. 1 Bg. Bellevue („Zürich: Rothpletz) 1845
15 (Übs.) Englische Gedichte aus unserer Zeit. Nach F. Hemans, L. E. Landon, R. Southey, A. Tennyson, H. W. Longfellow und Anderen. X, 415 S., 1 Abb. Stg, Tüb: Cotta 1846
16 Ça ira! Sechs Gedichte. 53 S., 1 Bl. Herisau: Lit. Institut 1846
17 Februar-Klänge. Gedicht. London, am 25. Februar 1848. 8 S. Bln: Romolini 1848
18 Die neuesten denkwürdigen Ereignisse in Paris, München, Wien und Berlin in den erfolgreichen Monaten Februar und März 1848; nebst dem neuesten Gedichte v. F. F. 31 S. 12° Ulm: Ebner 1848
19 Freie Presse. Bln 1848
20 Schwarz-Roth-Gold. 7 S. London: Eggers 1848
21 Die Todten an die Lebenden. Juli 1848. Gedicht. 3 S. Düsseldorf: Kampmann 1848
22 Blum. Gedicht. 1 Bl. Düsseldorf: Kampmann 1849
23 Neuere politische und soziale Gedichte. 2 H. 84, 84 S. St. Louis: Schuster, Düsseldorf: Schaub (H. 1) bzw. Düsseldorf, Stg: Göschen (H. 2) 1849–1851
24 Die Revolution. Gedicht. 8 S. 16° Lpz: Grunow 1849
25 (Übs.) W. Shakespeare: Venus und Adonis. 73 S. Düsseldorf: Schaub 1849
26 Wien. Gedicht. 1 Bl. Düsseldorf: Kampmann 1849
27 Zwischen den Garben. Eine Nachlese älterer Gedichte. X, 185 S. Stg, Tüb: Cotta 1849
28 The rose, thistle and shamrock. 574 S. 16° Stg: Hallberger (1853)
29 (Hg.) Dichtung und Dichter. Anthologie. 748 S. Dessau, Dresden: Ehlermann 1854

30 (Übs.) H. W. Longfellow: Der Sang von Hiawatha. 316 S. Stg: Cotta 1857
31 Nach Johanna Kinkel's Begräbnis. o. O. 1858
32 Sämmtliche Werke. Vollständige Original-Ausgabe. 6 Bde. 460; II, 346; IV, 340; IV, 326; IV, 361; IV, 346 S. New York: Gerhard 1858–1859 (Unrechtm. Dr.!)
33 Festlied der Deutschen in London zur Feier von Schillers hundertjährigem Geburtstage. 7 S. London: Petsch 1859
34 Nadel und Draht. o. O. (1859)
35 (Hg.) G. T. Coleridge: The poems. 390 S. Lpz: Tauchnitz (= Collection of British Authors) 1860
36 Rose, Distel und Kleeblatt. Hg. H. J. D. A. Seeliger. 2 Bde. XIV, 210; VIII, 274 S. Helmstädt: Seeliger 1863
 (Übers. v. Nr. 28)
37 (MV) Deutsche Dichter-Gaben. Hg. C. Schad u. J. Hub. 435 S. Lpz: Duncker & Humblot 1868
38 Gesammelte Dichtungen. 6 Bde. 1250 S. 16° Stg: Göschen 1870–1871
39 (Übs.) F. Hermans: Das Waldheiligthum. 98 S. 16° Stg: Cotta 1871
40 Zwei Kindtaufen in Neckarsulm. Heilbronn 1871
41 (Hg.) Illustrated Magazine. 2 Bde. 472 S. m Abb., 936 S. Stg: Hallberger 1875–1876
42 Gesammelte Dichtungen. 6 Bde. 1594 S. Stg: Göschen 1877
 (Verm. Neuaufl. v. Nr. 38)
43 Neue Gedichte. 335 S. Stg: Cotta (1877)
44 (Übs.) Der alte Matrose. Nach dem Englischen des Coleridge. 12 S., 38 Abb. Lpz: Amelang 1877
45 Nachgelassenes. Mazeppa nach Lord Byron. Der Eggesterstein. Erzählung VIII, 88 S. 16° Stg: Göschen 1883
46 Sämtliche Werke. Hg. L. Schröder. 10 Bde. 1779 S., 5 Abb., 1 Faks. Lpz: Hesse 1907

FREKSA, Friedrich (eig. Kurt Friedrich-Freksa) (1882–1955)

1 Ninon de l'Enclos. Ein Spiel aus dem Barock. 97 S. Mchn: Müller 1907
2 Das Königreich Epirus. Komödie. 98 S. Mchn: Müller 1908
3 Josef Ruederer und das Wolkenkuckucksheim. Streitschrift. 30 S. Mchn: Müller (= Münchner Broschüren 5) 1908
4 Die Fackel des Eros. Dramencyclus. 150 S. Mchn: Müller 1909
5 Phosphor. Roman. 308 S., 25 Abb. Mchn: Müller (1909)
6 Sumuruñ. Pantomime. Mchn: Müller 1910
7 Der fette Caesar. Tragikomödie. 110 S. Bln: Reiss 1911
8 Das Buch Phosphgar. Roman. 307 S. m. Abb. Mchn: Müller 1911
 (Neuaufl. v. Nr. 5)
9 Histörchen. 163 S. Mchn: Müller 1912
10 Erwin Bernsteins theatralische Sendung. Ein Berliner Theaterroman. 2 Bde. 364, 286 S. Mchn: Müller 1913
11 (MH) Die spanischen Schelmenromane. Hg. H. Floerke, F. F. u. K. T. Senger. 2 Bde. XVI, 331 S., 10 Abb.; XXXII, 210 S. Mchn: Müller 1913
12 Hinter der Rampe. Theaterglossen. 125 S. Mchn: Müller 1913
13 (Hg.) Der Wiener Kongreß. Nach Aufzeichnungen von Teilnehmern und Mitarbeitern. XLII, 367 S. Stg: Lutz (= Memoirenbibliothek. 5. Serie, Bd. 4) 1914
14 Gottes Wiederkehr. Roman. 1. Teil: Brand. VIII, 309 S. Bln, Stg: Dt. Verl.-Anst. 1916
15 Das Urteil des Seleukos. Ein Märchen aus der Griechen-Zeit. Dramatisches Gedicht. 163 S. Mchn: Liecke-V. 1917
16 Ausschweifungen. Der Histörchen zweiter Teil. 151 S. Mchn: Müller 1919
 (Forts. v. Nr. 9)
17 Freiheit. Roman. 382 S. Bln: Ullstein (1919)
18 Notwende. Novellen. 163 S. Mchn: Müller 1919
19 (Bearb.) C. de Coster: Tyll Ulenspiegel. Nach der ältesten Ausg. neu bearb. 178 S., 10 Abb. Mchn: Rösl (= Rösl-Bücher 2) 1920

20 (Hg.) Phosphor. 2 Jge. 4° Mchn: Phosphor-V. 1919–1920
21 Praschnas Geheimnis. Kriminal-Roman. 224 S. Mchn: Rösl 1920
22 Der Wanderer ins Nichts. Roman. 365 S. Mchn: Müller 1920
23 (Hg.) Menschliche Rechtfertigung Wilhelms II. Nach seinen Randbemerkungen in den Akten des Auswärtigen Amtes. Gegen die Kautsky-Mache. III, 75 S. Mchn: Rösl 1920
24 Caesars Stunde. Ein weltlich Spiel. 160 S. Mchn: Müller 1921
25 Neue Histörchen. 214 S. Mchn: Bln: Paetel 1921 (Forts. v. Nr. 16)
26 Das wehrhafte Fräulein. Novelle. 79 S. Bln: Hillger (= Kürschners Bücherschatz 1363) (1923)
27 Li-Tai-Po. Ein Gedicht. 73 S., 21 Abb. 4° Mchn: Müller (= Welttheater) 1923
28 Das Geheimnis des Inders Praschna. Roman. 224 S. Lpz: Keil 1923 (Neuaufl. v. Nr. 21)
29 (Hg.) Kapitän Ehrhardt. Abenteuer und Schicksale. Nacherz. v. ***. 347 S., 1 Titelb. Bln: Scherl 1924
30 Der rote Föhn. Roman. 334 S. Lpz: Grethlein 1925
31 Der Gefreite. 98 S. Magdeburg („Bln:) Stahlhelm-V. (= Die Grauen Bücher) 1925
32 Putsch auf Ithaka. Roman. 299 S. Lpz: Reclam (1926)
33 Ein Mädchen reist ins Glück. 376 S. Bln: Sieben Stäbe-V. 1927
34 Verschwende – und gewinne. 184 S. Bln: Brunnen-V. (1927)
35 Zeit auf Flaschen. Komödie in drei Akten. 70 S. Mchn: Müller 1927
36 Der Husar von Rheinsberg. Eine Erzählung aus fridericianischer Zeit. 112 S., 4 Taf. Bielefeld: Velhagen & Klasing 1930
37 Kaufmannskinder. Roman aus der Wende Berliner Bürgertums. 1895–1925. 547 S. Bln: Sieben Stäbe-V. 1930
38 Druso oder: Die gestohlene Menschenwelt. Roman. 317 S. Bln: Reckendorf 1931
39 Der Kriegskomissar des Königs. Roman. 227 S. Bln: Scherl (= Scherls Zwei Mark-Romane 42) 1931
40 Ein Sommer Schule und Liebe. Roman. 251 S. Bln: Ullstein (= Die gelben Ullstein-Bücher 32) 1931
41 (Bearb.) G. Hacker: Die Männer von Manzell. Erinnerung des ersten Zeppelin-Kapitäns. 199 S. m. Abb., 1 Kt. Ffm: Societäts-V. 1936
42 Ein Mädchen findet seinen Weg. Dresden: Mignon-V. (= Mignon-Romane 48) (1939)
43 Garibaldi, das Schwert Italiens. 224 S. m. Kt.- Skizzen. Bln: Kyffhäuser-V. 1940
44 Krach in Friedhausen. 64 S. Bln: Werner (= Der Neue Roman 7) 1940
45 Wir durchstoßen die Maginotlinie! Eine Infanterie-Kampanie bezwingt wichtige Panzerwerke. 32 S. m. Abb. Bln: Steiniger (= Kriegsbücherei der deutschen Jugend 54) (1940)
46 (Bearb.) A. Pagels: Mein Leben. 159 S., 24 Abb., 1 Kt. Bln: Scherl 1940
47 Ohm Krüger. Sein Leben, ein Kampf gegen England. 272 S., 1 Kt. Bln: Brunnen-V. Bischoff 1941
48 Von gestern – bis morgen. Roman. 222 S. Bln: Verlh. Werner 1941
49 Im Dienste des großen Königs. Roman. 255 S. m. Abb. Bln-Wilmersdorf: Verlh. Werner 1943

FRENSSEN, Gustav (1863–1945)

1 Die Sandgräfin. Roman. 544 S. Bln: Bong 1896
2 Die drei Getreuen. Roman. 479 S. Bln: Grote (= Grote'sche Sammlung von Werken zeitgenössischer Schriftsteller 62) 1898
3 Dorfpredigten. 3 Bde. 190; 184; 169, V S. Göttingen: Vandenhoeck & Ruprecht 1899–1902
4 Eine Hand voll Gold. 18 S. 12° Lpz: Jansa (= Pilgergrüße 4) 1901
5 Jörn Uhl. Roman. 535 S. Bln: Grote (= Grote'sche Sammlung von Werken zeitgenössischer Schriftsteller 73) 1901

6 Das Heimatsfest. Schauspiel. 105 S. Bln: Grote 1903
7 Hilligenlei. Roman. V, 615 S. Bln: Grote (= Grote'sche Sammlung von Werken zeitgenössischer Schriftsteller 86) 1905
8 Peter Moors Fahrt nach Südwest. Ein Feldzugsbericht. 210 S. Bln: Grote (= Grote'sche Sammlung von Werken zeitgenössischer Schriftsteller 89) 1906
9 Schlußwort zu Hilligenlei. 16 S. Bln: Grote 1906
(Zu Nr. 7)
10 Spruchsammlung. Aus G. F.'s Werken zusgest. C. Hahn. 106 S. Dresden: Pierson 1906
11 Das Leben des Heilandes. IV, 109 S. Bln: Grote 1907
12 Klaus Hinrich Baas. Roman. 584 S. Bln: Grote (= Grote'sche Sammlung von Werken zeitgenössischer Schriftsteller 99) 1909
13 Der Untergang der Anna Hollmann. Erzählung. 198 S. Bln: Grote (= Grote'sche Sammlung von Werken zeitgenössischer Schriftsteller 105) 1911
14 Sönke Erichsen. Schauspiel. 104 S. Bln: Grote 1913
(Neuaufl. v. Nr. 6)
15 Bismarck. Epische Erzählung. 452 S. Bln: Grote (= Grote'sche Sammlung von Werken zeitgenössischer Schriftsteller 119) 1914
(Bald nach Erscheinen zurückgezogen)
16 Ein Brief. 64 S. Bln: Grote (= Schriften zur Zeit und Geschichte 1) 1916
17 Die Brüder. Eine Erzählung. V, 558 S. Bln: Grote (= Grote'sche Sammlung von Werken zeitgenössischer Schriftsteller 129) 1917
18 Marie von Ebner-Eschenbach u. G. F. Ein Briefwechsel. Einl. A. Bettelheim. 9 S. 4° Wien: Fromme (Als Hs. gedr.) 1917
19 (Einl.) K. Kuechler: Kriegsflagge am Heck! Seekriegsgeschichten. 194 S. Hbg: Dt. Dichter-Gedächtnis-Stiftung (= Der Eichenkranz 5) 1918
20 (Einl.) A. J. Hammer: Gesetzliche Familienbeihilfe als Forderung einer gesunden Bevölkerungspolitik und als notwendige Voraussetzung für den Aufstieg der Begabten. 24 S. Altona: Hammerich & Lesser 1919
21 (Vorw.) Th. Storm: Bötjer Basch. Eine Geschichte. 112 S. Bln: Grote 1919
22 Jacob Alberts. Ein deutscher Maler. 87 S., 29 Abb., 4 Taf. 4° Bln: Grote (= Monographien zur Kunstgeschichte 1) 1920
23 Grübeleien. V, 359 S. Bln: Grote 1920
24 Ein letztes Wort an die Nordschleswiger. 6 S. o. O. 1920
25 Die Begegnung vorm Skagerrak. Hg. Lehrervereinigung für Kunstpflege, Berlin. 31 S. m. Abb. Reutlingen: Ensslin & Laiblin (= Bunte Bücher 149) 1921
(Ausz. a. Nr. 17)
26 Der Pastor von Poggsee. 632 S. Bln: Grote (= Grote'sche Sammlung von Werken zeitgenössischer Schriftsteller 148) 1921
27 Bismarck. V, 495 S. Bln: Grote (= Grote'sche Sammlung von Werken zeitgenössischer Schriftsteller 119) 1923
(Veränd. Neuausg. v. Nr. 15)
28 Briefe aus Amerika. VII, 187 S. Bln: Grote 1923
29 Lütte Witt. Eine Erzählung. 346 S. Bln: Grote (= Grote'sche Sammlung von Werken zeitgenössischer Schriftsteller 159) 1924
30 Otto Babendiek. Roman. VII, 1291 S. Bln: Grote (= Grote'sche Sammlung von Werken zeitgenössischer Schriftsteller 165) 1926
31 Die Chronik von Barlete. Kulturgeschichte eines niedersächsischen Dorfes. VII, 235 S., 27 Abb., 1 Kt. Bln: Grote 1928
32 (Vorw.) Führer durch die Stadt Meldorf, die alte Landeshauptstadt Dithmarschens. 64 S. m. Abb. Meldorf: Verkehrsverein 1928
33 Möwen und Mäuse. Neue Folge der Grübeleien. VII, 359 S. Bln: Grote 1928
34 Dummhans. Roman. V, 453 S. Bln: Grote (= Grote'sche Sammlung von Werken zeitgenössischer Schriftsteller 181) 1929
35 Der brennende Baum. Eine Erzählung. 153 S., 42 Abb. Bln: Grote (= Grote'sche Sammlung von Werken zeitgenössischer Schriftsteller 189) 1931
36 Meino der Prahler. Roman. 318 S. Bln: Grote (= Grote'sche Sammlung von Werken zeitgenössischer Schriftsteller 200) 1933
37 Von Saat und Ernte. Ein Buch vom Bauernleben. 134 S., 112 Abb. Bln: Safari-V. 1933
38 Geert Brügge. Ein Schauspiel. Bühnen-Ms. 130 S. Mchn: Eher 1934

39 Eine Keimzelle des Deutschen Volkes. 131 S., 11 Abb. Bln: Grote (= Grotes Aussaat-Bücher 2) 1935
  (Ausz. a. Nr. 31)
40 Die Witwe von Husum. Erzählung. 135 S., 14 Abb. Bln: Grote (= Grote'sche Sammlung von Werken zeitgenössischer Schriftsteller 218) 1935
41 Der Glaube der Nordmark. 145 S. Stg: Truckenmüller (1936)
42 Die Seeschlacht vorm Skagerrak. U 233. Mit d. Faks. e. Briefes d. Admirals Scheer a. d. Dichter. 56 S. Bln: Grote (= Grotes Aussaat-Bücher 9) (1936)
  (Ausz. a. Nr. 17)
43 Vorland. Grübeleien. Neue Folge. 3. Band. 226 S. Bln: Grote 1937
44 Land an der Nordsee. Erzählungen. Nachw. N. Numsen. 76 S. Lpz: Reclam (= Reclam's UB. 7389) 1938
45 Der Weg unseres Volkes. 252 S. Bln: Grote (1938)
46 Prinz Wilhelm. Ein Schauspiel. 140 S. Bln: Grote 1938
47 Lebensbericht. 352 S., 24 Taf. Bln: Grote 1940
48 Recht oder Unrecht – mein Land. 57 S. Bln: Grote 1940
49 Jan Guldts Lehre. 112 S. Bln: Franke (= Erzähler unserer Zeit. Feldpostausg., Bd. 4) 1942
  (Ausz. a. Nr. 13)
50 Lebenskunde. 100 S. Bln: Grote (1942)
51 Der Landvogt von Sylt. Erzählung. 80 S. Bln: Grote (= Grotes Aussaat-Bücher 31) 1943
52 Gesammelte Werke. Serie 1. 6 Bde. VII, 2660 S. Bln: Grote 1943

FRENZEL, Karl (1827–1914)

1 Dichter und Frauen. Drei Sammlungen. 1043 S. Hannover: Rümpler 1859–1866
2 Melusine. 308 S. Breslau: Trewendt 1860
3 Novellen. 291 S. Ffm, Bln: Janke 1860
4 Vanitas. Roman. 3 Thle. 865 S. Hannover: Rümpler 1861
5 Die drei Grazien. Roman. 3 Bde. 847 S. Breslau: Trewendt 1862
6 Büsten und Bilder. Studien. 303 S. Hannover: Rümpler 1864
7 Charlotte Corday. Roman. 312 S. Hannover: Rümpler 1864
8 Papst Ganganelli. Roman. 3 Bde. 901 S. Bln: Gerschel 1864
9 Watteau. Roman. 2 Bde. 563 S. Hannover: Rümpler 1864
10 Auf heimischer Erde. Novellen. 2 Bde. 562 S. Hannover: Rümpler 1865
11 (MH) Deutsches Museum. Hg. R. Prutz u. K. F. Jg. 16–17. je 52 Nrn. à 2 Bg. Lpz: Brockhaus 1866–1867
12 Freier Boden. Roman. 3 Bde. 808 S. Hannover: Rümpler 1868
13 Deutsche Fahrten. 186 S. Bln: Lesser 1868
14 Neue Studien. 369 S. Bln: Dümmler 1868
15 Im goldenen Zeitalter. Roman. 4 Bde. 1028 S. Hannover: Rümpler 1870
16 Geheimnisse. Novellen. 2 Bde. 411 S. Lpz: Günther 1871
17 La Pucelle. Roman. 3 Bde. 774 S. Hannover: Rümpler 1871
18 Deutsche Kämpfe. 460 S. Hannover: Rümpler 1873
19 Lucifer. Ein Roman aus der Napoleonischen Zeit. 5 Bde. 1102 S. Lpz: Günther 1873
20 Gefunden. 28 S. Stg: Kröner (= Reiselectüre) 1874
21 Lebensräthsel. Novellen. 2 Bde. 559 S. Lpz: Günther 1874
22 Renaissance und Rococo. 384 S. Bln: Hofmann (= Allgem. Verein für deutsche Literatur) 1876
23 Berliner Dramaturgie. 2 Bde. 912 S. Hannover: Rümpler 1877
24 Frau Venus. Roman. 2 Bde. 361 S. Stg: Hallberger 1880
25 Die Geschwister. Roman. 4 Bde. 800 S. Bln: Paetel 1881
26 Die Uhr. Aufzeichnungen eines Hagestolzen. 100 S. 16° Lpz: Reclam (= Universal-Bibliothek 1435) 1881
27 Das Abenteuer. Erzählung. 118 S. 16° Lpz: Reclam (= Universal-Bibliothek 1601) 1882
28 Chambord. Novelle. 234 S. Bln: Paetel 1883

29 Der Hausfreund. Novelle. 98 S. 16⁰ Lpz: Reclam (= Universal-Bibliothek 1820) 1884
30 Nach der ersten Liebe. Roman. 2 Bde. 418 S. Stg: Dt. Verl.-Anst. 1884
31 Zwei Novellen. 247 S. Lpz: Elischer 1884
32 Die Kunst und das Strafgesetz. 13 S, Bln: Walther (1885)
33 Geld. Novelle. 218 S. Bln: Paetel 1885
34 Neue Novellen. 2 Bde. 603 S. Bln: Waldern 1886
35 Des Lebens Ueberdruß. Eine Berliner Geschichte. 163 S. Minden: Bruns 1886
36 Dunst. Roman. 290 S. Stg: Dt. Verl.-Anst. 1887
37 Schönheit. Novelle. 284 S. Bln: Paetel 1887
38 Wahrheit. Novelle. 359 S. Bln: Paetel 1890
39 Gesammelte Werke. 6 Bde. 3346 S. Lpz: Friedrich 1890–1892
40 Frauenrecht. Novellen. 297 S. Bln: Paetel 1892
41 Rokoko. Büsten und Bilder. 351 S. Bln: Allg. Verein für deutsche Litteratur (1895)
   (Veränd. Neuaufl. v. Nr. 6)
42 Die Berliner Märztage und andere Erinnerungen. 127 S. m. Abb. 16⁰ Lpz: Reclam (= Universal-Bibliothek 5366) 1912

FREUMBICHLER, Johannes (1881–1949)

1 Philomena Ellenhub. Ein Salzburger Bauernroman. 519 S. Wien: Zsolnay 1937
2 Atahuala oder Die Suche nach einem Verschollenen. Roman. 379 S. Wien: Zsolnay 1938
3 Geschichten aus dem Salzburgischen. 249 S. Wien: Zsolnay 1938
4 Auszug und Heimkehr des Jodok Fink. Ein Buch vom Abenteuer des Lebens. 471 S. Stg, Tüb: Wunderlich 1942
5 Die Reise nach Waldprechting. Erzählung. 93 S. Mühlacker: Händle (1942)
6 Rosmarin und Nelken. Mundartgedichte. Hg. v. d. Kulturabt. d. Landesregierung Salzburg. 174 S., 1 Titelb. Salzburg: Salzburger Druckerei u. V. 1952

FREY, Adolf (1855–1920)

1 Albrecht von Haller und seine Bedeutung für die deutsche Literatur. 214 S. Lpz: Haessel 1879
2 Schweizersagen. 79 S. m. H. Lpz: Dürr 1881
3 Erzählungen aus Sage und Geschichte. 145 S. 12⁰ Kreuznach: Voigtländer (= Schmidt's deutsche Jugendbibliothek 1883)
4 (Einl.) J. Frey: Erzählungen aus der Schweiz. 225 S. Stg: Spemann (= Collection Spemann 73) (1884)
5 (Einl.) Albrecht von Haller und Johann Gaudenz von Salis-Seewis. 371 S. Stg: Spemann (= Deutsche National-Litteratur)(1884)
6 (Einl.) S. Geßner: Werke. Auswahl. 299 S. Stg: Spemann (= Deutsche National-Litteratur) (1885)
7 Gedichte. 255 S. Lpz: Haessel 1886
8 Die helvetische Armee und ihr Generalstabschef Johann Gaudenz von Salis-Seewis im Jahre 1799. 97 S. Zürich: Schulthess 1888
9 Johann Gaudenz von Salis-Seewis. 272 S. Frauenfeld: Huber 1889
10 Duss und underm Rafe. Füfzg Schwizerliedli. 64 S. 12⁰ Frauenfeld: Huber 1891
11 Fest-Spiele zur Bundesfeier 1891. 37 S. Aarau: Sauerländer 1891
12 Erinnerungen an Gottfried Keller. 184 S. m. Bildn., 2 Faks. Lpz: Haessel 1892
13 Erni Winkelried. Historisches Trauerspiel. 119 S. Frauenfeld: Huber 1893
14 Totentanz. 84 S. 4⁰ Aarau: Sauerländer 1895

15 (Hg.) E. Frey: Briefe des alten Cordonnier Sebastian Gäuggeli. Mit einem Anhang von Aprilscherzen. 84 S. Aarau: Sauerländer 1896
16 (Hg.) J. Frey: Gesammelte Erzählungen. 5 Bde. Aarau: Sauerländer 1896-1897
17 Jakob Frey. Lebensbild. 140 S., 1 Bildn. Aarau: Sauerländer 1897
18 (Hg.) J. V. v. Scheffel: Briefe an Schweizer Freunde. 223 S. m. Bildn. Zürich: Schulthess 1898
19 Conrad Ferdinand Meyer. Leben und Werke. 384 S. Stg: Cotta 1899
20 Zürcher Festspiel 1901. Zur Erinnerung an Zürichs Eintritt in den Schweizerbund. 1. V. 1351. 195 S. m. Abb. 4⁰ Zürich: Müller 1901
21 Arnold Böcklin in Zürich. 32 S. m. Abb., 2 Taf., 1 Bildn. Zürich: Fäsi (= Neujahrsblatt der Kunstgesellschaft in Zürich für 1901, Nr. 5) 1902
22 Arnold Böcklin. Nach den Erinnerungen seiner Zürcher Freunde. 272 S., 1 Bildn. Stg: Cotta 1903
23 Die Kunstform des Lessingschen Laokoon, mit Beiträgen zu einem Laokoonkommentar. 194 S. Stg: Cotta 1905
24 (Hg., Einl.) G. Keller: Ausgewählte Gedichte. 199 S. Stg: Cotta (= Cotta'sche Handbibliothek 131) (1906)
25 Der Tiermaler Rudolf Koller 1828-1905. 163 S., 15 Taf. Stg: Cotta 1906
(Hg.) C. F. Meyer: Briefe. Nebst seinen Rezensionen und Aufsätzen. 2 Bde. 9, 465; 436 S. 4 Abb., 8 Faks. Lpz: Haessel 1908
26 (Einl., Hg.) G. Keller: Frühlyrik. 60 faks. Gedichte. 54, 128 S. 30,5 × 23 cm Lpz: Haessel 1909
27 Sinn der Weltgeschichte. 28 S. Stg: Kohlhammer 1910
28 Eine Untersuchung über die Bedeutung der empirischen Religions-Psychologie für die Glaubenslehre. 8, 87 S. Leiden: Brill 1911
29 Festspiele. V, 190 S. Aarau: Sauerländer 1912
(Verm. Neuaufl. v. Nr. 11)
30 Die Jungfer von Wattenwil. Historischer Schweizerroman. 391 S. Stg: Cotta 1912
31 Neue Gedichte. 132 S. Stg: Cotta 1913
32 Schweizer Dichter. IV, 168 S. Lpz: Quelle & Meyer (= Wissenschaft und Bildung, Bd. 126) 1914
33 Festkantate zur Universitätsweihe in Zürich 1914. Komponiert von F. Hegar. 35 S. Zürich: Orell Füßli 1914
34 Christoph Willibald Gluck. Prolog. Zürich: Lesezirkel Hottingen 1914
35 Blumen. Ritornelle. 63 S. Zürich: Rascher 1916
36 (Einl., Hg.) Konrad Ferdinand Meyer. Unvollendete Prosadichtungen. 2 Bde. VII, 304; 210 S. m. Faks. Lpz: Haessel 1916
37 (Einl. Hg.) Briefe Albert Weltis. 2 Bde., 330 S., 1 Bildn,; V, 374 S. Zürich: Rascher (1) bzw. Lpz: Haessel (2) 1916-1920
38 Bernhard Hirzel. Zürcher Roman. 207, 187 S. Zürich: Rascher 1918
39 Der Fürst der Hulden. Musikalisches Drama. 82 S. Lpz: Haessel 1919
40 Albert Welti. 47 S., 7 Taf. Zürich: Rascher (= Schriften für Schweizer Art und Kunst 97-100) 1919
41 Adolf Frey-Buch. Hg. C. F. Wiegand. 414 S. m. Taf. Lpz: Grethlein (1920)
42 Stundenschläge. Letzte Gedichte. 75 S. Lpz: Haessel 1920
43 Ferdinand Hodler. 73 S., 3 Abb. Lpz: Haessel 1922
44 Lieder und Gedichte. Ausgew., eingel. Gottfried Bohnenblust. 79 S. Lpz, Frauenfeld: Huber (= Die Schweiz im deutschen Geistesleben, Bd.4) 1922
45 Aus versunknen Gärten. Ritornelle. 33 Bl. m. Abb. 4⁰ Erlenbach: Rotapfel-V. (1932)
46 Aus Literatur und Kunst. Hg. v. L. Frey. 327 S., 1 Titelb. Frauenfeld: Huber 1932

Frey, Alexander Moritz (1881-1956)

1 Dunkle Gänge. Zwölf Geschichten aus Nacht und Schatten. 220 S. Mchn: Delphin-V. 1913
2 Solneman der Unsichtbare. Roman. 193 S. m. Abb. Mchn: Delphin-V. 1914
3 Kastan und die Dirnen. Roman. 283 S. Mchn: Delphin-V. 1918

4 Der Mörder ohne die Tat und andere Erzählungen. 369 S. Mchn: Müller 1918
5 Spuk des Alltags. Elf Geschichten aus Traum und Trubel. 279 S., 12 Abb. Mchn: Delphin-V. 1920
6 Sprünge. Dreizehn Grotesken. 171 S. Stg: Wagner (= Die Spannung 4) 1922
7 Der unheimliche Abend. Erzählungen. 99 S. Mchn: Wolff 1923
8 Phantastische Orgie. 62 S. Ludwigsburg: Dt. Volksverl. (= Welt-Kaleidoskop 2) 1924
9 Phantome. Seltsame Geschichten. 268 S. Grünwald b. Mchn: Haus Lhotzky-Verl. 1925
10 Robinsonade zu Zwölft. Roman. 379 S. Mchn: Drei Masken-V. 1925
11 Viel Lärm um Liebe. Roman. 348 S. Mchn: Drei Masken-V. 1926
12 Außenseiter. Zwölf seltsame Geschichten. 319 S. Mchn: Drei Masken-V. 1927
13 Arabellas Opferung. Erzählung. 96 S. Bln: Horodisch & Marx 1927
14 Gelichter und Gelächter. Erzählungen. 215 S. Göttingen: Häntzschel 1928
15 Missetaten. Achtzehn Ereignisse. IX, 225 S. Mchn: Beck 1928
16 Die Pflasterkästen. Ein Feldsanitätsroman. 351 S. Bln: Kiepenheuer 1929
17 Das abenteuerliche Dasein. Ein biographischer Musterroman. 304 S. Bln: Kiepenheuer 1930
18 Der Mensch. 63 S. Amsterdam: Querido-V. 1940
19 Birl, die kühne Katze. Ein Märchen. 146 S. m. Abb. Basel: Burg-V. 1945
20 Hölle und Himmel. Roman. 496 S. Zürich: Weinberg-V. 1945
21 Spuk auf Isola Rossa. Roman. 299 S. Zürich: Speer-V. 1945
22 Hotel Aquarium. 193 S. m. Abb. Zürich: Steinberg-V. 1946
23 Kleine Menagerie. Einl. Th. Mann. 102 S., 10 Abb. Wiesbaden: Limes-V. 1955
24 Verteufeltes Theater. Roman. 244 S. Wiesbaden: Limes-V. 1957

Frey, Jakob (1824–1875)

1 Zwischen Jura und Alpen. Erzählungen und Lebensbilder. 2 Bde. 568 S. Lpz: Weber 1858
2 (MV) Das Schweizerland in Bild und Wort. Dargestellt in malerischen Original-Ansichten ... Text J. F. 2 Tle. 448 S., 150 Abb. Basel: Krüsi 1862–1868
3 Die Waise von Holligen. Erzählung aus den Tagen des Untergangs der alten Eidgenossenschaft. 343 S. Basel: Krüsi (= Zwischen Jura und Alpen, Bd. 3) 1863
   (Forts. v. Nr. 1)
4 Schweizerbilder. Erzählungen aus der Heimat. 2 Thle. 693 S. Aarau: Sauerländer 1864
5 Beinwyf. Dreißig Jahre aus dem Leben eines Dorfes. Aarau: Martin 1874
6 Die Alpen im Lichte verschiedener Zeitalter. 47 S. Bln: Wabel (= Sammlung gemeinverständlicher wissenschaftlicher Vorträge) 1877
7 Neue Schweizerbilder. Erzählungen. 295 S. Bern: Frobeen 1877
8 Der Alpenwald. Das Vaterhaus. Die Freiämter-Deputirten und General Massena. Kindersegen. 162 S. Aarau: Sauerländer (= National-Bibliothek Schweiz. Dichter und Redner des 18. u. 19. Jahrhunderts) (1885)
9 Erzählungen aus der Schweiz. Hg. A. Frey. 225 S. Stg: Spemann (= Collection Spemann 73) 1885
10 Gesammelte Erzählungen. Hg. u. eingel. Adolf Frey. 5 Bde. 400; 390; 293; 403; 287; 140 S. m. Bildn. Aarau: Sauerländer 1896–1897

Freytag, Gustav (1816–1895)

1 De initiis scenicae poesis apud Germanos. 4 1/2 Bg. Bln, Breslau: Aderholz 1838

2 De Hrosuitha poetria scripsit et comoediam Abraham inscriptam adjecit G. F. 3 Bg. Breslau: Aderholz 1839
3 Die Brautfahrt oder Kunz von der Rosen. Lustspiel. 148 S. Breslau: Schuhmann (= Dichtungen, 1. Bändchen) 1844
4 Der Gelehrte. Trauerspiel. Breslau 1844
5 In Breslau. Gedichte. VI, 171 S. Breslau: Kern 1845
6 Deutsche Geister. Festspiel zur Feier der 9. Versammlung deutscher Land- und Forstwirthe, am 8. September 1845 aufgeführt. 1 1/4 Bg. Breslau: Kern 1845
7 Die Valentine. Schauspiel. 171 S. 12° Lpz: Ruge 1847
8 Dramatische Werke. 2 Bde. Lpz: Herbig 1847–1848
   1. Die Brautfahrt. Lustspiel in fünf Akten. – Der Gelehrte. Trauerspiel in einem Akt. 226 S. 1847
   2. Die Valentine. Schauspiel in fünf Aufzügen. 180 S. 1848
   (Enth. Nr. 3, 4, 7)
9 (MH) Die Grenzboten. Hg. G. F., J. Schmidt, M. Busch. (bis 1865) bzw. G. F. u. J. Eckardt (1866–1870). Jge. 7–29, je 52 Nrn. à 2 1/2 Bg. Lpz: Herbig 1848–1870
10 Graf Waldemar. Schauspiel. VIII, 153 S. Lpz: Verlagsbureau 1850
11 Die Journalisten. Lustspiel. 159 S. Lpz: Hirzel 1854
12 Soll und Haben. Roman. 3 Bde. 453, 422, 333 S. Lpz: Hirzel 1855
13 Dramatische Werke. V, 518 S. Lpz: Hirzel 1858
   (Verm. Neuaufl. v. Nr. 8; enth. Nr. 3, 4, 7, 10, 11)
14 Bilder aus der deutschen Vergangenheit. 2 Thle. XVI, 758 S. Lpz: Hirzel 1859
15 Die Fabier. Trauerspiel. 190 S. Lpz: Hirzel 1859
16 *Ein Haus A.B.C. ... o. O. (1861)
17 Neue Bilder aus dem Leben des deutschen Volkes. 589 S. Lpz: Hirzel 1862
18 Die Technik des Dramas. VIII, 310 S. Lpz: Hirzel 1863
19 Die verlorene Handschrift. Roman in fünf Büchern. 3 Thle. 1275 S. Lpz: Hirzel 1864
20 Bilder aus der deutschen Vergangenheit. 5 Bde. VII, 599; IV, 464; 384; 484; 496 S. Lpz: Hirzel 1867
   (Erw. Neuaufl. v. Nr. 14)
21 Karl Mathy. 420 S. Lpz: Hirzel 1870
22 Die Ahnen. Romane des deutschen Hauses. 6 Bde. Lpz: Hirzel 1873–1881
   1. Ingo und Ingraban. VIII, 514 S. 1873
   2. Das Nest der Zaunkönige. 416 S. (1874)
   3. Die Brüder vom deutschen Hause. 428 S. (1875)
   4. Markus König. 442 S. 1876
   5. Die Geschwister. 436 S. 1879
   6. Aus einer kleinen Stadt. 400 S. 1881
23 Doktor Luther. Eine Schilderung. 159 S. Lpz: Hirzel. (1883)
24 Gesammelte Werke. 22 Bde. 9017 S. m. Bildn. Lpz: Hirzel: 1886–1888
25 Erinnerungen aus meinem Leben. VIII, 377 S. Lpz: Hirzel 1887
   (Ausz. a. Nr. 24)
26 Gesammelte Aufsätze. 2 Bde. 522, 498 S. Lpz: Hirzel 1889
   (Neudr. v. Bd. 15–16 v. Nr. 24)
27 Der Kronprinz und die deutsche Kaiserkrone. Erinnerungsblätter. 126 S. Lpz: Hirzel (1889)
28 G. F. u. H. v. Treitschke im Briefwechsel. Hg. A. Dove 207 S. Lpz: Hirzel 1900
29 Vermischte Aufsätze aus den Jahren 1848–1894. Hg. E. Elster. 2 Bde. 480, 456 S. Lpz: Hirzel 1901–1903
30 An Salomon Hirzel. Lpz 1903
31 Gustav Freytag und Herzog Ernst von Koburg im Briefwechsel. 1853–1893. Hg. E. Tempeltey. 420 S., 2 Abb. Lpz: Hirzel 1904
32 Briefe an seine Gattin. Hg. H. Strakosch-Freytag u. C. L. Walter van der Bleek. Vorw. A. Eloesser. 605 S., 1 Faks. Bln: Lehmann 1912
33 Briefe an Albrecht v. Stosch. Hg., erl. H. F. Hemolt. XI, 338 S. Stg: Dt. Verl.-Anst. 1913
34 Gesammelte Werke. 2 Serien. 16 Bde. Lpz: Hirzel (1920)
35 Gesammelte Werke. Hg. H. M. Elster. 12 Bde. Lpz: Hesse & Becker (1926)

FRIEBERGER, Kurt (+Karl Gustav Ger) (*1883)

1. Barocke Monologe. 85 S. Stg, Bln: Juncker 1907
2. Hendrickje. Schauspiel. 130 S. Stg, Bln: Juncker 1908
3. Gloria. Komödie. 81 S. Lpz, Wien: Heller (1912)
4. Barocke Balladen. 117 S. m. Abb. Wien: „Wila" 1919
5. Sieveringer Sonette. 126 S. Wien: „Wila" 1919
6. Alle Wege zu dir selber. Novellen. 183 S. Wien: Wiener Liter. Anst. 1920
7. Danaë. Roman. 300 S. Wien: Wiener Liter. Anst. 1921
8. Die spanische Hofreitschule. 24 S., 12 Taf. Wien: Österr. Verl.-Ges. (= Österreichische Kunstbücher 28) (1921)
9. +Dr. Ignaz Seipel. 65 S. Wien: Wiener Liter. Anst. 1923
10. Die Scherben des Glücks. 96 S. Reutlingen: Ensslin & Laiblin (= Ensslin's Roman- und Novellenschatz 332) 1928
11. Bahnbrecher. Ein Roman um den Semmering. 261 S. Bln, Wien, Lpz: Zsolnay (1946)
12. Kampf mit dem Jenseits. Roman. 334 S. (Bad Hall/Tirol:) Prinzhorn-V. 1949
13. Montmartre triumphiert. Roman. 309 S. Wien: Zsolnay 1950
14. Der Fischer Simon Petrus. Roman. 522 S. Wien: Zsolnay 1953
15. Spiegel eines Lebens. Gedichte. 87 S. Wien: Rohrer 1960

FRIED, Erich (*1921)

1. Deutschland. Gedichte. 29 S. London: Austrian PEN-Club 1944
2. Österreich. Gedichte. 31 S. Zürich, London: Atrium 1945
3. Genügung. Wien: Plan 1947
4. (Übs.) D. Thomas: Unter dem Milchwald. Ein Spiel für Stimmen. 86 S. Heidelberg: Drei Brücken-Verl. 1954
5. Gedichte. 111 S. Hbg: Claassen 1958
6. (Übs.) T. S. Eliot: Ein verdienter Staatsmann. 104 S. Bln, Ffm: Suhrkamp 1959
7. Ein Soldat und ein Mädchen. Roman. 235 S. Hbg: Claassen 1960

FRIEDENTHAL, Richard (*1896)

1. Tanz und Tod. Gedichte. VIII, 57 S. Bln, Stg: Dt. Verl.-Anst. 1918
2. Demeter. Sonette. 72 S. Bln: Juncker V. (1924)
3. Der Fächer mit der goldenen Schnur. Eine chinesische Novelle. 61 S., 8 Abb. 16° Bln: Juncker V. (= Orplid-Bücher, Bd. 53) (1924)
4. Der Heuschober. Novelle. 55 S. Stg: Dt. Verl.-Anst. (= Der Falke, Bd. 31) 1925
5. Marie Rebscheider. Vier Novellen. 226 S. Lpz: Insel 1927 (Enth. u. a. Nr. 4)
6. Der Eroberer. Ein Cortes-Roman. 469 S. Lpz: Insel 1929
7. (Hg.) J. W. v. Goethe: Werke. Jubiläumsausgabe in zwei Bänden. 1030, 1031 S. Mchn: Droemer (= Knaur-Klassiker) 1932
8. *(Hg.) Knaurs Konversationslexikon A–Z. 1876 Sp. Bln: Knaur 1932
9. (MÜbs.) I. Edman: Ein Schimmer Licht im Dunkel. Übs. S. Zweig u. R. F. 65 S. Stockholm: Bermann-Fischer (= Schriftenreihe Ausblicke) 1940
10. Brot und Salz. Gedichte. 94 S. London: Hegner 1943
11. (Hg., Nachw.) S. Zweig: Zeit und Welt. Ges. Aufsätze und Vorträge, 1904–1940. 401 S. Stockholm: Bermann-Fischer 1943
12. (MH) Die Neue Rundschau. Hg. R. F. u. J. Maass. 6 Jge. Stockholm: Bermann-Fischer 1945–1950
13. Goethe-Chronicle. 68 S. London: Acorn Press 1949
14. Study guide to German Literature. London: Odham 1949

15 Das Erbe des Kolumbus. Fünf Novellen. 238 S. Esslingen: Bechtle V. 1950 (Enth. u. a. Nr. 4 u. Ausz. a. Nr. 5)
16 (Nachw.) S. Zweig: Balzac. Aus dem Nachlaß hg. R. F. 526 S., 9 Taf. Stockholm, Amsterdam: Bermann-Fischer 1950
17 *(Hg.) Knaurs Jugend-Lexikon. 648 S., 600 Abb., 12 Taf. Mchn: Droemer 1953
18 Die englische Kultur. Eine Übersicht. 96 S. m. Abb. 4° Bad Godesberg: Publication Branch, British Information Services (= Englische Rundschau Jg. 3, Beil. 48–51) (1953)
19 Die Welt in der Nußschale. Roman einer Schicksalsgemeinschaft. 424 S. Mchn: Piper 1956
20 Die Party bei Herrn Tokaido. Begegnungen im heutigen Japan. 262 S. Mchn: Piper 1958
21 Georg Friedrich Händel in Selbstzeugnissen und Bilddokumenten. 172 S. m. Abb. Hbg: Rowohlt (= rowohlts monographien 36) 1959
22 Leonardo. Eine Bildbiographie. 144 S., 122 Abb., 4 Taf. Mchn: Kindler 1959
23 London zwischen gestern und morgen. 303 S., 30 Abb., 10 Taf. Mchn, Wien: Andermann (= Weltstädte der Gegenwart) 1960

FRISCH, Max (*1911)

1 Jürg Reinhart. Eine sommerliche Schicksalsfahrt. Roman. 242 S. Stg: Dt. Verl.-Anst. 1934
2 Antwort aus der Stille. Erzählung aus den Bergen. 129 S. Stg: Dt. Verl.-Anst. 1937
3 Blätter aus dem Brotsack. Geschrieben im Grenzdienst 1939. 99 S. Zürich: Atlantis-V. 1940
4 J'adore ce qui me brûle oder Die Schwierigen. Roman. 372 S. Zürich: Atlantis-V. (1943)
5 Bin oder Die Reise nach Peking. 111 S. Zürich: Atlantis-V. 1945
6 Marion und die Marionetten. Ein Fragment. 35 S. m. Abb. Basel: Linder (= Papillons-Handdrucke d. Gryff-Presse 7) 1946
7 Nun singen sie wieder. Versuch eines Requiems. 97 S. Klosterberg, Basel: Schwabe (= Sammlung Klosterberg, Schweizer. Reihe) 1946
8 Santa Cruz. Eine Romanze. 117 S. m. Zeichn. Basel: Schwabe (= Sammlung Klosterberg, Schweizer. Reihe) 1947
9 Die chinesische Mauer. Eine Farce. 132 S. Klosterberg, Basel: Schwabe (= Sammlung Klosterberg, Schweizer. Reihe) 1947
10 Tagebuch mit Marion. 220 S. Zürich: Atlantis-V. 1947
11 Als der Krieg zu Ende war. Schauspiel. 110 S. Klosterberg, Basel: Schwabe (= Sammlung Klosterberg, Schweizer. Reihe) 1949
12 Tagebuch 1946–1949. 464 S. Ffm: Suhrkamp V. 1950 (Enth. Nr. 10)
13 Graf Öderland. Ein Spiel in zehn Bildern. 133 S. Bln: Ffm: Suhrkamp 1951
14 Don Juan oder Die Liebe zur Geometrie. Eine Komödie in fünf Akten. 143 S. Ffm: Suhrkamp 1953
15 Stiller. Roman. 576 S. Ffm: Suhrkamp 1954
16 (MV) Achtung die Schweiz! Ein Gespräch über unsere Lage u. ein Vorschlag zur Tat. Ergebnis einer Diskussion zwischen L. Burckhardt u. a. 54 S. Basel, Zürich: Handschin (= Basler politische Schriften 2) 1955
17 Die chinesische Mauer. Eine Farce. 153 S. Bln, Ffm: Suhrkamp 1955 (Veränd. Neuausg. v. Nr. 9)
18 Herr Biedermann und die Brandstifter. Nachw. v. Ch. E. Lewalter. 36 S. Hbg: V. Hans Bredow-Inst. (= Hörwerke der Zeit 2) 1956
19 (MV) L. Burckhardt, M. F., M. Kutter: Die neue Stadt. Beiträge zur Diskussion. 72 S., 20 S. Abb. Basel: Handschin (= Basler politische Schriften 3) 1956
20 Homo Faber. Ein Bericht. 288 S. Ffm: Suhrkamp 1957
21 Die Schwierigen oder J'adore ce qui me brûle. Roman. 296 S. Zürich, Freiburg i. Br.: Atlantis V. 1957 (Veränd. Neuaufl. v. Nr. 4)

22 Biedermann und die Brandstifter. Ein Lehrstück ohne Lehre. Mit e. Nachspiel. 173 S. Bln, Ffm: Suhrkamp 1958
23 Glossen zu Don Juan. Geschrieben als Nachwort zur Komödie „Don Juan oder Die Liebe zur Geometrie". 18 Bl., 6 Taf. Viernheim, Zürich: Viernheim-V. (1959)
  (zu Nr. 14)
24 Schinz. Skizze. 56 S., 5 Abb. St. Gallen: Tschudy (= Die Quadrat-Bücher 7) 1959
  (Ausz. a. Nr. 12)

FRÖHLICH, Abraham Emanuel (1796–1859)

1 Fabeln. Aarau 1825
2 Hundert neue Fabeln. 104 S. Zürich: Gessner 1825
3 Schweizer-Lieder. 82 S. 12° Aarau: Christen 1827
4 Fabeln. 2. Auflage. 8½ Bg., 10 Abb. 12° Aarau: Sauerländer 1829
  (Verm. Neuaufl. v. Nr. 1)
5 *Niklaus von der Flüh. Ein Friedenswort an die Eidgenossen. 17 S. Aarau: Sauerländer 1830
6 (MH) Alpenrosen. Hg. A. E. F., K. R. Hagenbach (u. a.) 8 Bde. Aarau, Thun: Christen 1831–1851
7 Über die Bildung des Geistes zur Einheit entgegen der Einseitigkeit. Eine Schulrede. 25 S. Aarau: Beck 1832
8 Ueber die Belebung der Kirchlichkeit und der christlichen Erziehung. 51 S. Aarau: Christen 1833
9 *Christliche Kirchenlieder für die reformierte Kirche des Cantons Aargau. 80 S. Aarau: Beck 1834
10 (MH) Weihnachtsgabe zum Besten der Wasserbeschädigten in der Schweiz. 2 Bde. 288, 288 S. Basel: Schweighausen 1834–1839
11 Elegien an Wiege und Sarg. 5⅛ Bg. 12° Lpz: Weidmann 1835
12 Das Evangelium St. Johannis in Liedern. 5⅔ Bg. 12° Lpz: Weidmann 1835
13 Auf den Tod des am 6. September 1839 in Zürich gefallenen Herrn Dr. J. Hegetschweiler. Ein Lied. 2 Bl. Aarau: Christen 1839
14 (MH) Weihnachtsgabe zum Besten der Brandbeschädigten in Ehrikon. 260 S. Zürich: Meier & Zeller 1840
15 Ulrich Zwingli. Einundzwanzig Gesänge. 368 S. Zürich, Frauenfeld: Beyel 1840
16 Das Jubelfest von Georg Gessner. 35 S. Frauenfeld: Beyel 1841
17 Der Apostel Paulus als Vorbild im christlichen Lehramte. 18 S. Aarau: Christen 1841
18 Weihnachtsgabe für Hamburg. 17 Bg. Basel: Schneider 1842
19 Der junge Deutsch-Michel. 110 S., 1,6 Bl. Zürich: Meyer & Zeller 1843
20 Der junge Deutsch-Michel. Anhang zur ersten Auflage. 32 S. Zürich: Meyer & Zeller 1844
  (Anh. z. Nr. 19)
21 Simson. Dramatische Skizze. 63 S. Zürich: Meyer & Zeller 1844
22 Ulrich von Hutten. Siebenzehn Gesänge. 338 S. Zürich: Meyer & Zeller 1845
23 (Hg.) Auserlesene Psalmen und geistliche Lieder. 696 S. Aarau: Albrecht (1845)
24 Gebrauchsanleitung zum neuen Schulgesangbuch für die allgemeinen Volksschulen des Kantons Zürich. 1½ Bg. Zürich: Meyer & Zeller 1846
25 Über den Kirchengesang der Protestanten. 2½ Bg. Zürich: Meyer & Zeller 1846
26 Diebold Baselwind. 30 S. Aarau: Sauerländer 1849
27 Zur Jubelfeier der Pfarrer J. U. Benker und J. M. Schuler. Ein Tafelspruch. 24 S. Aarau: Sauerländer 1849
28 Reimsprüche aus Staat, Kirche, Schule. 300 S. Zürich: Schulthess 1850
29 Trostlieder. 201 S. 16° Zürich: Schulthess 1851
30 Novellen. 298 S. Frauenfeld: Verl. Comptoir 1853
31 Gesammelte Schriften. 6 Bde. Frauenfeld, Stg: Meyer & Zeller (Bd. 1–5) bzw. Zürich: Schulthess (Bd. 6) 1853–1861

32 Winfried, genannt Bonifacius, der Deutschen Apostel. Ein Gesang zu dessen 1100jähriger Todesfeier. 80 S. 12⁰ Ffm: Winter 1856
33 Zum Andenken an Gregor Lützelschwab. 11 S. Aarau: Sauerländer (1857)
34 Die Verschüttung in Hauenstein. 94 S. Zürich: Schulthess 1858
35 Zum Andenken an J. J. Füssli und an seinen Freund H. K. Pestalozzi-Hoffmeister. 14 S. Zürich: Ulrich 1860
36 Lieder und Sprüche zur Einweihung des neuen Brunnens in Aarau. 12 S. Aarau: Sauerländer 1860
37 Zur hundertjährigen Geburtstagsfeier Johann Peter Hebel's. 16 S. 16⁰ Basel: Georg 1861
38 Geistliche Lieder. 266 S. Zürich: Schulthess (= Gesammelte Schriften 6) 1861 (Bd. 6 v. Nr. 31)
39 Der Brand in Glarus. Erzählung. 100 S. Zürich: Schulthess 1862
40 Der ungläubige Pfarrer. Erzählung. 228 S. Zürich: Schulthess 1862
41 Johannes Calvin. Zehn Gesänge zu dessen dreihundertjähriger Todesfeier. 255 S. Zürich: Schulthess 1864
42 Trostlieder. Neue Sammlung. 242 S. Zürich: Schulthess 1864 (zu Nr. 29)

FÜHMANN, Franz (*1922)

1 (Bearb.) Flucht in die Enttäuschung. Aus den Lebenserinnerungen des Deutschamerikaners Carl Schurz. Bearb., mit e. Vor- und Nachw. v. F. F. 304 S. Bln: V. d. Nation 1952
2 Die Wiedergeburt unserer nationalen Kultur. Rede auf dem vierten Parteitag der NDPD, Leipzig, 19. Juni 1952. 34 S., 1 Titelb. Bln: V. d. Nation (= Nationaldemokratische Schriftenreihe 22) 1952
3 Die Fahrt nach Stalingrad. Eine Dichtung. 62 S. Bln: Aufbau-V. (= Schriften an die deutsche Nation) 1953
4 Die Nelke Nikos. Gedichte. 100 S. Bln: V. d. Nation 1953
5 Die Literatur der Kesselrings. Ein Pamphlet. 55 S. Bln: V. d. Nation 1954
6 Kameraden. Novelle. 69 S. Bln: Aufbau-V. 1955
7 Aber die Schöpfung soll dauern. Gedichte. 61 S. Bln: Aufbau-V. 1957
8 (Einl.) Hans-Körnig-Ausstellung Januar 1958. 8 S., 3 Taf. 35×25 cm. Bln: V. d. Nation (= Blätter der Deutschen Bücherstube 1; 150 Ex.) (1958)
9 (Vorw.) Zweimal geboren. Buch der Freundschaft. 316 S. Bln: V. Kultur und Fortschritt 1958
10 Vom Moritz, der kein Schmutzkind mehr sein wollte. Ein Märchen v. F. F. 20 ungez. Bl. m. Abb. 4⁰ Bln: Kinderbuchverl. (1959)
11 Stürzende Schatten. Novellen. 84 S. Bln: V. d. Nation 1959
12 Fronten. Drei Erzählungen und eine Dichtung. 162 S. Bln: Aufbau-V. (= Taschenbuch, Bd. 68) 1960
13 Die Suche nach dem wunderbunten Vögelchen. Kinderbuch. 92 S. m. Abb. Bln: Kinderbuchverl. (= Die Kleinen Trompeterbücher, Bd. 10) (1960)

FÜRNBERG, Louis (1909–1957)

1 Echo von links. Balladen. Lieder. Songs. 32 S. 4⁰ Reichenberg: Vorwärts 1933
2 Lieder, Songs und Moritaten. 30 S. Basel: Universum-Buchgemeinschaft (= Das kleine Universumbuch. Serie 2, Bd. 1) 1936
3 Das Fest des Lebens. 90 S. 4⁰ Zürich, New York: Oprecht 1939
4 Hölle, Haß und Liebe. Gedichte. Vorw. A. Zweig. London: V. Einheit 1943
5 Im Namen der ewigen Menschlichkeit. Eine Kantate auf die Sowjetunion. 13 Bl. Jerusalem: Verkauf 1943
6 Gustav Mahlers Heimkehr. 17 S. Jerusalem: Verkauf 1946
7 Mozart-Novelle. 67 S. m. Abb. Wien: Globusverl. 1947
8 Der Bruder Namenlos. Ein Leben in Versen. Nachw. E. E. Kisch. 119 S. Basel: Mundus-V. (= Erbe und Gegenwart 19) 1947

9 Die spanische Hochzeit. 48 S. Bln: Dietz 1948
10 Wanderer in den Morgen. Ein Gedichtkreis. 107 S. Bln: Dietz 1951
11 Die Begegnung in Weimar. 103 S. Bln: Dietz 1952
12 (Übs.) Aus Böhmens Hain und Flur. Verse tschechischer Dichter in deutscher Übertragung. 108 S. m. Abb. Prag: Artia-V. 1954
13 (Hg.) Kleines Handbuch für Volkskunst-Gruppen. 163 S. m. Noten. Prag: Pracé, V. d. ROH (= Bibliothek der Gewerkschaften 7) 1954
14 (MV) Diskussionsbeiträge über die literarische Gestaltung des neuen Lebens in unserer Republik. Mit e. Beitrag v. L. F. 63 S. Bln: Dt. Schriftstellerverband (= Diskussionsmaterial zur Vorbereitung des vierten Deutschen Schriftstellerkongresses 5 = Beiträge zur deutschen Gegenwartsliteratur 5) 1955
15 (MH) Studien und Mitteilungen zur Theorie und Geschichte der deutschen Literatur. Hg. L. F. u. H.-G. Thalheim. 250 S. Weimar. Böhlau (= Weimarer Beiträge 1–3) 1955
16 (MH) Weimarer Beiträge. Zeitschrift für deutsche Literaturgeschichte. Weimar: Arion-V. 1955 ff.
17 (MH) Bibliothek deutscher Klassiker. Hg. nationale Forschungs- u. Gedenkstätten d. klassischen deutschen Literatur in Weimar u. Mitw. v. R. Buchwald, L. F. (u. a.) Weimar: Volksverl. 1956 ff.
18 Das wunderbare Gesetz. Gedichte. 65 S. Bln: Dietz 1956
19 Pauke, Flöte und Gitarren. Gedichte. 29 S. Bln: V. Volk und Welt (= Antwortet uns 2) 1956
20 (Hg.) Erbe und Gegenwart. Weimar: Volksverl. 1957 ff.
21 (MV) L. F. u. Kuba (d. i. Kurt Bartel): Weltliche Hymne. Ein Poem auf den grossen Oktober. Geschrieben zu Ehren d. Grossen Sozialistischen Oktoberrevolution. 49 S. Bln: Dietz 1958
22 Das Jahr des vierblättrigen Klees. Skizzen, Impressionen, Etüden. 217 S. Bln: Dietz 1959
23 El Shatt. Ein Gedichtzyklus. 103 S., 13 Abb. Bln: Dietz 1960

FULDA, Ludwig (1862–1939)

1 Die Aufrichtigen. Lustspiel in Versen. 61 S. 12° Heidelberg: Weiss 1883
2 (Hg.) Die Gegner der zweiten schlesischen Schule. 2 Bde. 920 S. Stg: Spemann (= Deutsche National-Litteratur) (1883)
3 Ein Meteor. Lustspiel. Bln: Bloch 1884
4 Satura. Grillen und Schwänke. 84 S. Lpz: Reisner 1884
5 (MV) Scheffels Ekkehard. In Bildern v. J. Benczur. Mit begleitendem Text v. L. F. 51 S. m. Abb. 4° Mchn: Verl.-Anst. f. Kunst u. Wissenschaft (Seitz) 1886
6 Unter vier Augen. Lustspiel. 35 S. 16° Lpz: Reclam (= Universal-Bibliothek 2300) 1887
7 Neue Jugend. Novelle in Versen. 113 S. 12° Ffm: Koenitzer 1887
8 Das Recht der Frau. Lustspiel. 72 S. 16° Lpz: Reclam (= Universal-Bibliothek 2358) 1888
9 Sinngedichte. 128 S. Dresden: Minden 1888
10 Frühling im Winter. Lustspiel. 37 S. Bln: Lassar (= E. Bloch's Theaterkorrespondenz) 1889
11 (Übs.) Wernher der Gärtner: Meier Helmbrecht. Eine deutsche Novelle aus dem dreizehnten Jahrhundert. 84 S. Halle: Hendel (= Bibliothek der Gesamt-Litteratur des In- und Auslandes 289) 1889
12 Gedichte. 238 S. Bln: Fontane 1890
13 (Übs.) J. B. Molière: Meisterwerke. 356 S. Stg: Cotta (1892)
14 Das verlorene Paradies. Schauspiel. 156 S. Stg: Cotta 1892
15 Die Sklavin. Schauspiel. 162 S. Stg: Cotta 1892
16 Der Talisman. Dramatisches Märchen. 147 S. Stg: Cotta (1892)
17 Die wilde Jagd. Lustspiel. 96 S. 16° Lpz: Reclam (= Universal-Bibliothek 3044) 1893
18 Lebensfragmente. Zwei Novellen. 184 S. Stg: Cotta 1894
19 Die Kameraden. Lustspiel. 191 S. Stg: Cotta 1895

FULDA 371

20 (Übs.) F. Cavalotti: Das Hohe Lied. Poetischer Scherz in einem Aufzug. 36 S. Bln: Steinitz 1896
21 Robinsons Eiland. Komödie. 188 S. Stg: Cotta (1896)
22 (Übs.) E. Rostand: Die Romantischen. Vers-Lustspiel. 104 S. Stg: Cotta 1896
23 Fräulein Witwe. Dramatischer Scherz. 39 S. Bln: Bloch (= E. Bloch's Theater-Korrespondenz 287) 1896
24 Das Wunderkind. Lustspiel. 35 S. Bln: Bloch (= E. Bloch's Theater-Korrespondenz 286) 1896
25 (Übs., Bearb.) P. A. de Beaumarchais: Figaros Hochzeit oder der tolle Tag. Lustspiel. 87 S. 16° Lpz: Reclam (= Universal-Bibliothek 3704) 1897
26 Der Sohn des Kalifen. Dramatisches Märchen. 150 S. Stg: Cotta (1897)
27 Herostrat. Tragödie. 164 S. Stg: Cotta (1898)
28 Jugendfreunde. Lustspiel. 192 S. Stg: Cotta (1898)
29 (Übs.) E. Rostand: Cyrano von Bergerac. Romantische Komödie. 275 S. Stg: Cotta (1898)
30 Neue Gedichte. 307 S. 12° Stg: Cotta 1900
31 Die Hochzeitsreise nach Rom. Novelle. 107 S. m. Abb. Lpz: Keil 1900 (Ausz. a. Nr. 18)
32 Schlaraffenland. Märchenschwank. 191 S. Stg: Cotta (1900)
33 Die Zwillingsschwester. Lustspiel. 231 S. Stg: Cotta 1901
34 Vorspiel zur Einweihung des neuen Schauspielhauses zu Frankfurt am Main am 1. XI. 1902. 19 S., 2 Taf. Stg: Cotta 1902
35 Kaltwasser. Lustspiel. 208 S. Stg: Cotta 1903
36 Novella d'Andrea. Schauspiel. 168 S. Stg: Cotta (1903)
37 Zufall. Dialog. 23 S. Bln: Mayhofer (= Bunte Theater-Bibliothek 7) 1903
38 Maskerade. Schauspiel. 204 S. Stg: Cotta (1904)
39 Schiller und die neue Generation. Vortrag. 44 S. Stg: Cotta 1904
40 Aus der Werkstatt. Studien und Anregungen. 242 S. Stg: Cotta 1904
41 Amerikanische Eindrücke. 216 S. Stg: Cotta 1906
42 Der heimliche König. Romantische Komödie. 178 S. Stg: Cotta 1906
43 (Hg.) H. Vierordt: Ausgewählte Dichtungen. 152 S. Heidelberg: Winter 1906
44 Der Dummkopf. Lustspiel. 224 S. Stg: Cotta 1907
45 Sieben Einakter. Unter vier Augen. Frühling im Winter. Fräulein Witwe. Lästige Schönheit. Die Zeche. Ein Ehrenhandel. Der Traum des Glücklichen. 296 S. Stg: Cotta 1909
   (Enth. u. a. Nr. 6, 10, 23)
46 Das Exempel. Lustspiel. 180 S. Stg: Cotta 1909
47 Herr und Diener. Schauspiel. Mit Benutzung einer Idee des Bandello. 153 S. Stg: Cotta 1910
48 Melodien. Gedichtbuch. VI, 317 S. Stg: Cotta 1910
   (Neuaufl. v. Nr. 30)
49 Aladdin und die Wunderlampe. Tausend und einer Nacht nacherzählt. 139 S. m. Abb., 3 Taf. Bln: Ullstein (= Ullstein-Jugend-Bücher 8) 1912
50 (Einl.) Die Schule der Zukunft. Acht Vorträge. 102 S. Bln-Schöneberg: Fortschritt 1912
51 Der Seeräuber. Lustspiel. 227 S. Stg: Cotta 1912
52 (Hg.) Tausend und eine Nacht. 4 Bde. 400, 400, 430, 327 S.; 100 Taf. Bln: Neufeld & Henius 1913
   (Enth. u. a. Nr. 49)
53 (Übs.) W. Shakespeare: Sonette. Erl. A. Brandl. LV, 156 S. Sgt: Cotta 1913
54 Amerikanische Eindrücke. 3., umgearbeitete und stark vermehrte Aufl. 320 S. Stg: Cotta 1914
   (Veränd. Neuaufl. v. Nr. 41)
55 Die Rückkehr zur Natur. Ein Spiel in drei Aufzügen. 180 S., Stg: Cotta 1914
56 Amerika und Deutschland während des Weltkrieges. 38 S. Dresden: Globus (= Bibliothek für Volks- und Weltwirtschaft 22) 1916
57 (Übs.) H. Ibsen: Peer Gynt. Ein dramatisches Gedicht. 234 S. Stg: Cotta 1916
58 Deutsche Kultur und Ausländerei. 32 S. Lpz: Hirzel (= Zwischen Krieg und Frieden 31) 1916
59 Der Lebensschüler. Schauspiel in vier Aufzügen. 196 S. Stg: Cotta 1916
60 Die Richtige. Traumschwank in vier Aufzügen. 181 S. Stg: Cotta (1917)
61 Die verlorene Tochter. Lustspiel in drei Aufzügen. 202 S. Stg: Cotta 1917

62 Das Wundermittel. Komödie in drei Aufzügen. 111 S. Stg: Cotta 1920
63 (Hg.) Das Buch der Epigramme. Eine Auswahl deutscher Sinngedichte aus vier Jahrhunderten. VII, 321 S. Bln: Propyläen-V. 1921
64 Des Esels Schatten. Lustspiel in drei Aufzügen. 121 S. Stg: Cotta 1921
65 (Übs.) Die gepuderte Muse. Französische Verserzählungen des Rokoko. 337 S., 34 Taf. Bln: Propyläen-V. 1922
66 Der Vulkan. Lustspiel in vier Aufzügen. 80 S. Lpz: Reclam (= Reclam's UB. 6327) 1922
67 Die Geliebte. Komödie in drei Aufzügen. 99 S. Stg: Cotta 1923
68 Die Gegenkandidaten. Komödie in vier Aufzügen. 105 S. Stg: Cotta 1924
69 Karneval des Lebens. Gesammelte Sinngedichte. 209 S. Stg: Cotta 1925
70 (Übs.) Meisterlustspiele der Spanier. 2 Bde. XL, 372; 356 S.; 2 Titelb. Bln: Propyläen-V. 1925
71 Die Durchgängerin. Lustspiel in drei Aufzügen. 94 S. Lpz: Reclam (= Reclam's UB. 6659) (1926)
72 Bunte Gesellschaft. Ernste und heitere Geschichten. 280 S. Stg: Cotta 1927
73 Höhensonne. Lustspiel in drei Akten. 103 S. Stg: Cotta 1927
74 Filmromantik. Burleske in drei Akten. 136 S. Mühlhausen i. Th: Danner (= Danners Mehrakter 144) (1928)
75 Die Reform des Urheberrechts. 24 S. Bln: Preußische Akademie der Künste (= Veröffentlichungen der Preußischen Akademie der Künste 1) 1928
76 Die verzauberte Prinzessin. Ein Spiel in vier Aufzügen. 86 S. Stg: Cotta 1930
77 Der neue Harem. Komödie. 113 S., 1 Taf. Stg: Cotta 1932
78 (Übs.) J. B. Molière: Dramen. 3 Bde. 239, 231, 241 S. Urach: Port-V. 1947-1948
    (zu Nr. 13)
79 (Übs.) J. B. Molière: Tartüff. Lustspiel in fünf Akten. 103 S. Bln, Bielefeld: Cornelsen (= Europäische Komödien 23) (1948)
    (Ausz. a. Nr. 78)

FUSSENEGGER, Gertrud (eig. Gertrud Dietz) (*1912)

1 Geschlecht im Advent. Roman aus deutscher Frühzeit. 309 S. Potsdam: Rütten & Loening 1937
2 Mohrenlegende. 54 S. Potsdam: Rütten & Loening 1937
3 Der Brautraub. Erzählungen. 202 S. Potsdam: Rütten & Loening 1939
4 Eines Menschen Sohn. Erzählung. Mit e. autobiogr. Skizze d. Verf. 74 S. m. Abb. Lpz: Reclam (= Reclam's UB. 7426) 1939
5 Die Leute auf Falbeson. 163 S. Jena: Diederichs 1940
6 (MV) F. Klazo u. G. F.: Gericht auf Hochlapon. Ein Film. 160 S. m. Abb. Lpz: Reclam 1941
7 Eggebrecht. Erzählungen. 79 S. Jena: Diederichs (= Deutsche Reihe 132) 1943
8 Böhmische Verzauberungen. 91 S., 16 Abb. Jena: Diederichs 1944
9 Die Brüder von Lasawa. Roman. 539 S. Salzburg: Müller 1948
10 ... wie gleichst du dem Wasser. 137 S. Mchn: Hanser 1949
    (Enth. u. a. Nr. 4 u. 7)
11 Das Haus der dunklen Krüge. Roman. 566 S. Salzburg: Müller 1951
12 Die Legende von den drei heiligen Frauen. 53 S. Hbg: Stichnote 1952
13 In deine Hand gegeben. Roman. 297 S. Düsseldorf, Köln: Diederichs 1954
14 Iris und Muschelmund. Gedichte. 95 S. Wien: Wiener Bibliophilen-Ges. (= Jahresgabe der Wiener Bibliophilen-Ges. 1955, 1) 1955
15 Der General. 16 S. Hbg: Agentur des Rauhen Hauses (= Die stille Stunde 5) (1956)
16 (MH) Wort im Gebirge. Schrifttum aus Tirol. Hg. mit Unterstützung der Kulturabteilung der Tiroler Landesregierung G. F., G. Hohenauer, H. Lechner. 7., 8./9. Folge 2 Bde. 215 S.; 304 S., 1 Abb. Innsbruck, Wien, Mchn: Tyrolia-V. 1956-1959
17 Das verschüttete Antlitz. Roman. 342 S. Stg: Dt. Verl.-Anst. 1957
18 Südtirol. 15 S., 32 S. Abb. Mchn, Ahrbeck: Knorr & Hirth (= Das kleine Kunstbuch) 1959
19 Zeit des Raben, Zeit der Taube. Roman. 503 S. Stg: Dt. Verl.-Anst. 1960

GABELE, Anton (1890–1966)

1. (Hg.) Seuse: Deutsche Schriften. Ausgew. u. übertr. 347 S. Lpz: Insel (= Der Dom) 1924
2. Im Schatten des Schicksals. Roman. Geleitwort H. Stehr. 323 S. Bln: Dt. Buch-Gemeinschaft 1930
3. Der arme Mann. Roman. 273 S. m. Abb. Stg: Cotta 1931
4. Talisman. Ein Bericht. 181 S. Regensburg: Manz 1932
5. Der arme Mann. Erzählung aus dem Bauernkriege. Vorw. v. C. Jennsen. 80 S. Köln: Schaffstein (= Schaffsteins Blaue Bändchen 214) (1933) (Ausz. a. Nr. 3)
6. Pfingsten. Roman deutscher Jugend. 176 S. Köln: Staufen-Verl. 1934
7. Ein Bauernjunge. Erzählungen aus der Kindheit. 31 S. Ffm: Diesterweg (= Kranz-Bücherei 209) (1935) (Ausz. a. Nr. 4)
8. Mittsommer. Erzählungen. 207 S. Freiburg: Herder 1935
9. Die Zwillingsbrüder. Roman. 299 S. Lpz: List 1938 (Neuaufl. v. Nr. 2)
10. In einem kühlen Grunde. 322 S. Lpz: List 1939
11. Die Beermännin. Erzählung. 39 S. Stg: Kohlhammer (= Die bunten Hefte für unsere Soldaten 2, H. 20) (1940)
12. Das Nachtlager. Neue Erzählungen. 60 S. Köln: Staufen-V. (= Staufen-Bücherei 10) (1940)
13. Der Freund des Paracelsus. Erzählungen. 112 S. Bayreuth: Gau-V. (= Die kleine Glockenbücherei 8) 1942
14. Chardon & Co. Novelle. 76 S. Ratingen: Henn-V. 1943
15. Durstiges Erdreich. Erzählung. 64 S. Lpz: List (= Lebendiges Wort) 1944 (Neuausg. v. Nr. 11)
16. Eine Mutter. Novelle. Lpz: List (= Lebendiges Wort) 1945 (Durch Kriegseinwirkung vernichtet)
17. Wenn die Wasser verrinnen. Roman. 299 S. Hattingen: Hundt 1949
18. Der Prozeß Sokrates. 31 S. m. Abb. Murnau/Mchn: Lux (= Lux-Lesebogen 66) (1950)
19. Haus zur Sonne. 195 S. Freiburg: Herder 1953 (Erw. Neuaufl. v. Nr. 4)
20. Die Reise nach Bernkastel. Ein heiterer Roman. 199 S. Freiburg: Herder 1954
21. Heiraterei. Lustspiel in vier Akten. 103 S. Koblenz, Münster: Vollmer (1956)
22. Der Wundermann vom Bodensee. Lebensroman des Doktor Franz Anton Mesmer. 238 S. Freiburg: Herder 1956
23. Die kalte Kur. Erzählungen. Vorw. v. J. Kneip. 115 S. m. Abb. Lpz: St. Benno V. (= Benno-Bücher, Bd. 7) 1958
24. Die Prinzessin mit der Geiss. Eine Erzählung. 106 S. m. Abb. Freiburg: Herder 1958
25. Am Strande der Gezeiten. Erzählungen. 252 S. Kreßbronn: Drei-Linden-V. 1960 (Enth. u. a. Nr. 8)
26. Wovor soll mir bangen. Gedichte. 60 S. Kreßbronn: Drei-Linden-V. 1960

GABELENTZ, Georg von der (1868–1940)

1. Das weisse Tier. Novellen. 348 S. Bln: Fleischel 1904
2. Das Glück der Jahnings. Roman. 287 S. Bln: Fleischel 1905
3. Verflogene Vögel. Novellen. 279 S. Bln: Fleischel 1905
4. Gewalten der Liebe. Novellen. 316 S. Bln: Fleischel 1907
5. Um eine Krone. Roman. 302 S. Bln: Fleischel 1908

6 Das Auge des Schlafenden. Roman. 420 S. Lpz: Staackmann 1910
7 Judas. Drama in drei Akten. 96 S. Lpz: Staackmann 1911
8 Tage des Teufels. Phantasien. Novellen. 312 S. Lpz: Staackmann 1911
9 Das glückhafte Schiff. Roman. 351 S. Lpz: Staackmann 1912
10 Der große Kavalier. Roman. 334 S. Lpz: Staackmann 1913
11 Ein Ring. Novelle. 49 S. Lpz: Haberland (= Xenien-Bücher 11) 1913
12 Das heilige Auge. Eine Geschichte aus dem alten Venedig. 234 S. Lpz: Staackmann 1914
13 Der gelbe Schädel. Novelle. 112 S. m. Abb. Bln: Hillger (= Kürschner's Bücherschatz 957) 1914
14 Unsere Brüder da draußen. Ein Gedenkbuch sächsischer Taten. 136 S. Lpz: Staackmann 1916
15 Kriegsdichtungen aus dem Sachsenlande, 1914–17. Hg. O. Enking. H. 5. 15 S. Dresden: Sächs. Heimatdichter-V. (1916)
16 Von Heiligen und Sündern. Erzählungen. 288 S. Lpz: Staackmann 1917
17 Eines Teufels Schwanz. Erzählung. 108 S., 2 Taf. 16⁰ Lpz: Ungleich (= Ungleich. Kleine Bücherei, 5. Bd.) (1920)
18 Die Verführerin. Roman. 314 S. Lpz: Staackmann 1920
19 Das Geheimnisvolle. 156 S. m. Abb. Bln: Flemming & Wiskott (= Flemmings Bücher für jung und alt. Große Reihe, Bd. 8) 1923
20 Geschehen aus jener andern Welt. Erzählungen. 268 S. Lpz: Staackmann 1923
21 Die Nacht des Inquisitors. 52 S. m. Abb. 4⁰ Lpz: Staackmann 1924
22 Masken Satans. Roman. 296 S. Lpz: Staackmann 1925
23 Der Topf der Maulwürfe. 195 S. Lpz: Staackmann 1927
24 Haß, Schelmerei und Liebe. 127 S. Bln: Weltgeist-Bücher Verl.-Ges. (= Weltgeist-Bücher 362–363) (1929)
25 Das Rätsel Choriander. Roman. 205 S. Lpz: Staackmann 1929
26 Das Teufelsei und andere drollige Geschichten. 196 S. Lpz: Staackmann 1931
27 Die Madonna und der Stier. Wirklichkeiten und Visionen. 225 S. Bln: Schlieffen-V. 1935
28 Drei Nächte. Erzählungen. 74 S. Gütersloh: Bertelsmann (= Das kleine Buch 28) 1935
29 Georg von der Gabelentz in memoriam. Gedichte und Sprüche. 57 S. Eisenach: Kühner (Priv.-Dr.) 1941

GÄRTNER, Karl Christian (1712–1791)

1 (Hg.) Neue Beytäge zum Vergnügen des Verstandes und Witzes. 4 Bde. Bremen, Lpz: Saurmann 1744–1748
2 Sammlung einiger Reden. 135 S. Braunschweig: Waisenhaus 1761
3 *Die geprüfte Treue. Schäferspiel. Braunschweig 1768 (Ausz. a. Bd. 1 v. Nr. 1)
4 (MÜbs.) Linguets Beytäge zum spanischen Theater. Übs. K. C. G. u. J. F. W. Zachariä. 3 Bde. Braunschweig (1769–1771)
5 *Die schöne Rosette. Lustspiel in Einem Akt, nach LeGrand. Lpz 1782

GAGERN, Friedrich Frh. von (1882–1947)

1 Im Büchsenlicht. Geschichten eines Jägers. 353 S. Wien: Braumüller 1908
2 Wundfährten. Geschichten von Jägern und Wäldern. Neue Novellen. VII, 254 S. Wien: Braumüller 1910
3 (MV) F. v. G. u. E. v. Kapherr: Kolk der Rabe und andere Tiergeschichten. X, 298 S. m. Abb. Weimar: Duncker 1911
4 Der böse Geist. Roman. 411 S. Lpz: Staackmann 1913
5 Das Geheimnis. Roman. 401 S. Bln: Parey (= Grüne Bücher, Bd. 7) (1919)
6 Die Wundmale. Roman. 2 Bde. 460, 394 S. Lpz: Staackmann 1919
7 Ozean. Drama. 139 S. Lpz: Staackmann 1921

8 Am Kamin. Zwei Novellen. V, 396 S. Bln: Parey (= Grüne Bücher, Bd. 15) 1922
9 Das nackte Leben. Roman. 480 S. Bln: Parey (= Grüne Bücher, Bd. 17) (1923)
10 Von der Strecke. Drei Geschichten von Jägern und Gejagten. 230 S. m. Abb. Lpz: Eckstein (= Die Bücherei von Berg und Wald, von Weidpfad und von Schuppenwild, Bd. 26) 1924
   (Enth. u. a. Ausz. a. Nr. 1)
11 Ein Volk. Roman. 605 S. m. Abb. Lpz: Staackmann 1924
12 Birschen und Böcke. VII, 414 S. Cöthen: Schettler 1925
13 Der Marterpfahl. Novelle. Nachw. H. Schöttler. 78 S. Lpz: Reclam (= Reclam's UB. 6533) 1925
14 Das Grenzerbuch. Von Pfadfindern, Häuptlingen und Lederstrümpfen. XII, 460 S. m. Abb., 1 Kt. Bln: Parey 1927
15 Der tote Mann. Roman der roten Rasse. 183 S. Bln: Parey (= Grüne Bücher, Bd. 20) 1927
16 Die Straße. Roman. 584 S. Lpz: Staackmann 1929
17 (Einl.) E. v. Kapherr: Mit Kreuz und Knute. Das Kosakenbuch. XI, 506 S. Bln: Parey 1931
18 Geister, Gänger, Gesichte, Gewalten. XLIV, 439 S. Lpz: Staackmann (= Die Zwölfnächte, Bd. 1) 1932
19 Der Markt. 15 S. Braunschweig: Westermann (= Wie und Was, Bd. 25) 1932
   (Ausz. a. Nr. 11)
20 Schwerter und Spindeln. Ahnen des Abendlandes. XXXV, 784 S. Bln: Parey 1939
21 Der Jäger und sein Schatten. XV, 302 S., 12 Abb. Bln: Parey 1940
22 Grüne Chronik. 611 S., 1 Titelb. Wien: Österr. Jagd- und Fischereiverl. 1948
23 Der Retter von Mauthausen. 58 S. Wien: Agathonverl. 1948

GAISER, Gerd (*1908)

1 Reiter am Himmel. Gedichte. 66 S. Mchn: Langen-Müller 1941
2 Zwischenland. Erzählungen. 159 S. Mchn: Hanser 1949
3 Eine Stimme hebt an. Roman. 451 S. Mchn: Hanser 1950
4 Die sterbende Jagd. Roman. 292 S. Mchn: Hanser 1953
5 (MV) Reutlingen. 32 Bl. m. Abb. m. Text. Lindau/Bodensee: Thorbecke (= Bildbücherei Süddeutschland, Bd. 10) 1953
6 (Nachw.) A. de Saint-Exupéry: Durst. Übs. H. Becker. 69 S. Stg: Reclam (= Reclam's UB. 7847) 1954
7 Das Schiff im Berg. Aus dem Zettelkasten des Peter Hagmann. 192 S. Mchn: Hanser (1955)
8 Einmal und oft. Erzählungen. 280 S. Mchn: Hanser 1956
9 Ansprache an die Tübinger Jungbürger. 16 S. Tüb (: Stadtverw.) (= Kleine Tübinger Schriften, H. 3) 1957
10 Gianna aus dem Schatten. Novelle. 66 S. Mchn: Hanser 1957
   (Ausz. a. Nr. 8)
11 Aniela. Erzählung. 56 S. Mchn: Hanser 1958
   (Ausz. a. Nr. 8)
12 Moderne Kunst. Eine Einführung. 16 S., 32 Taf. Mchn, Ahrbeck: Knorr & Hirth (= Das kleine Kunstbuch) 1958
13 Schlußball. Aus den schönen Tagen der Stadt Neu-Spuhl. 279 S. Mchn: Hanser 1958
14 Damals in Promischur. Drei Erzählungen. 70 S. Olten: Vereinigung Oltener Bücherfreunde 1959
15 (Einl.) E. Freund: Zeichnungen zum Alten Testament. 30 S. m. Abb. Lahr: Kaufmann (Moderne christliche Kunst) 1959
16 Gib acht in Domokosch. Erzählungen. 337 S. Mchn: Hanser 1959
   (z. T. Ausz. a. Nr. 8)
17 Sizilianische Notizen. 142 S., 18 Abb. Mchn: Hanser 1959

18 Revanche. Erzählungen. Mit einem autobiographischen Nachwort. 85 S. Stg: Reclam (= Reclam's UB. 8270) 1959
19 Am Paß Nascondo. 248 S. Mchn: Hanser 1960 (Enth. Nr. 14)

GAN, Peter (eig. Richard Moering) (*1894)

1 Von Gott und der Welt. Ein Sammelsurium. 292 S. Bln: Atlantis-V. 1935
2 Die Windrose. Gedichte. 171 S. Bln: Atlantis-V. 1935
3 Ausgewählte Gedichte. 14 Bl. Hbg: Ellermann (= Das Gedicht. Jg. 3, Nr. 3) 1936
4 °(Übs.) H. Melville: Billy Budd. Vortoppmann auf der „Indomitable". 151 S. Hbg: Goverts 1938
5 Die Holunderflöte. Gedichte. 221 S. Zürich, Freiburg i. Br.: Atlantis-V. 1949
6 (Übs.) E. Waugh: Tod in Hollywood. Roman. 160 S. Zürich: Arche 1950
7 °(Übs.) D. Cooper: Kennwort Unternehmen Heartbreak. Roman. 205 S. Stg, Hbg: Scherz & Goverts 1951
8 (Übs.) R. Burton: Schwermut der Liebe. Nachw. J. Middleton Murry. 356 S. m. Abb. Zürich: Manesse-V. (= Manesse-Bibliothek der Weltliteratur) 1952
9 (Übs.) L. de Vilmorin: Madame de ... Erzählung. 79 S. m. Abb. Mchn: Biederstein (1953)
10 (Übs.) Ch. Morgan: Morgenbrise. Roman. 243 S. Stg: Dt. Verl.-Anst. 1955
11 Preis der Dinge. Gedichte. Vom Dichter ausgewählt. 79 S. Wiesbaden: Insel (= Insel-Bücherei 628) 1956
   (Ausw. a. Nr. 2 u. 5)
12 Schachmatt. Gedichte. 128 S. Zürich, Freiburg i. Br.: Atlantis-V. 1956
13 °(Übs.) C. McCullers: Der Soldat und die Lady. Roman. 146 S. Stg: Goverts (1958)
14 °(Übs.) R. Vailland: Hart auf hart. Roman. 372 S. Ffm: Fischer 1958

GANGHOFER, Ludwig (1855–1920)

1 Vom Stamme Asra. Ein Gedichtbuch. 92 S. 16° Bremen: Fischer 1879
2 (MV) L. G. u. H. Neuert: Der Herrgottschnitzer von Ammergau. Volksschauspiel. 139 S. Augsburg: Schmid 1880
3 Johannes Fischart und seine Verdeutschung des Rabelais. 89 S. Mchn: Ackermann 1881
4 (MV) L. G. u. H. Neuert: Der Prozeßhansl. Volksschauspiel. 110 S. Stg: Bonz (1881)
5 Der zweite Schatz. Volksschauspiel. 105 S. Stg: Bonz 1882
6 Wege des Herzens. Schauspiel. 107 S. Augsburg: Schmid 1882
7 Bergluft. Hochlands-Geschichten. 368 S. Stg: Bonz 1883
8 Heimkehr. Neue Gedichte. 167 S. Stg: Bonz 1883
9 Der Jäger von Fall. Eine Erzählung aus dem bayerischen Hochlande. 296 S. Stg: Bonz 1883
10 (Übs.) A. d. Musset: Rolla. Eine Dichtung in fünf Gesängen. 48 S. 12° Wien: Konegen 1883
11 Bunte Zeit. 182 S. Stg: Bonz 1883
   (Neuaufl. v. Nr. 1)
12 (MV) L. G. u. H. Neuert: Der Geigenmacher von Mittenwald. Volksschauspiel. 128 S. Stg: Bonz 1884
13 Aus Heimat und Fremde. Novellen. 364 S. Stg: Bonz 1884
14 Dramatische Schriften. 1. Sammlung: Oberbayerische Volksschauspiele. 471 S. Stg: Bonz 1884
15 Almer und Jägerleut'. Neue Hochlands-Geschichten. 328 S. Stg: Bonz 1885
16 Edelweißkönig. Eine Hochlandsgeschichte. 2 Bde. 426 S. Stg: Bonz 1886
17 Die Sünden der Väter. Roman. 2 Bde. 926 S. Stg: Bonz 1886

18 Oberland. Erzählungen aus den Bergen. 312 S. Stg: Bonz 1887
19 Rococo. Gedichte. 30 S. m. Abb. 4° Wien: Bondy 1887
20 Der Unfried. Ein Dorfroman. 390 S. Stg: Bonz 1888
21 Es war einmal ... Moderne Märchen. 371 S. m. Abb. Stg: Bonz 1890
22 Der Herrgottschnitzer von Ammergau. Eine Hochlandsgeschichte. 188 S. m. Abb. Stg: Bonz 1890
  (Ep. Neufassg. v. Nr. 2)
23 (MH) J. Nestroy: Gesammelte Werke. Hg. L. G. u. V. Chiavacci. 12 Bde. 3267 S. Stg: Bonz 1890
24 Die Falle. Lustspiel. 171 S. Stg: Bonz 1891
25 (MV) L. G. u. M. Brociner: Die Hochzeit von Valeni. Schauspiel. 126 S. Stg: Bonz 1891
26 Der Klosterjäger. Roman aus dem vierzehnten Jahrhundert. 554 S. m. Abb. 12° Stg: Bonz (1892)
27 Fliegender Sommer. 404 S. Bln: Verein der Bücherfreunde (= Veröffentlichungen des Vereins der Bücherfreunde. Jg. 1, Bd. 6) 1892
28 Der Besondere. Hochlandsgeschichte. 234 S. m. Abb. 12° Stg: Bonz 1893
29 Doppelte Wahrheit. Neue Novellen. 249 S. Bln: Grote 1893
30 Die Fackeljungfrau. Eine Bergsage. 255 S. m. Abb. 12° Stg: Bonz 1894
31 (MV) R. Heuberger: Mirjam. Oper. Dichtung L. G. Musik R. H. Textbuch. 47 S. Wien: Künast 1894
32 Die Martinsklause. Roman aus dem Anfang des zwölften Jahrhunderts. 2 Bde. 1038 S. m. Abb. Stg: Bonz 1894
33 Schloß Hubertus. Roman in zwei Bänden. 1068 S. m. Abb. 12° Stg: Bonz (1895)
34 Die Bacchantin. Roman in zwei Bänden. 374, 386 S. m. Abb. 12° Stg: Bonz 1897
35 Der laufende Berg. Hochlandsroman. 548 S. m. Abb. 12° Stg: Bonz (1897)
36 (MV) L. G. u. C. W. Allers: Das deutsche Jägerbuch. 180 S. m. Abb. 2° Stg: Union 1897
37 (MV) L. G., F. v. Ostini, E. v. Wolzogen, M. Haushofer: Gevattersprüche vom Wiegenfeste der Münchener Litterarischen Gesellschaft. 19. XII. 1897. 325 S. Mchn: Ackermann 1898
38 Rachele Scarpa. Novelle. 299 S. m. Abb. 12° Stg: Bonz (1898)
39 Tarantella. Novelle. 290 S. m. Abb. 12° Stg: Bonz (1898)
40 Das Gotteslehen. Roman aus dem dreizehnten Jahrhundert. 592 S. m. Abb. 12° Stg: Bonz (1899)
41 Meerleuchten. Schauspiel. 91 S. Stg: Bonz 1899
42 Das Schweigen im Walde. Roman in zwei Bänden. 244, 264 S. Bln: Grote 1899
43 Der Dorfapostel. Hochlandsroman. 667 S. m. Abb. 12° Stg: Bonz (1900)
44 Das Kaser-Mandl. Erzählung. 134 S. m. Abb. 12° Bln: Grote (1900)
45 Der heilige Rat. Ländliches Drama. 138 S. Stg: Bonz 1901
46 Das Grab der Mutter. Hans im Urlaub. (S.-A.) 43 S. Basel: Verein für Verbreitung guter Schriften (= Verein für Verbreitung guter Schriften, Basel. Bd. 55) 1902
47 Das neue Wesen. Roman aus dem sechzehnten Jahrhundert. 658 S. m. Abb. Stg: Bonz 1902
48 Gewitter im Mai. Novelle. 252 S. m. Abb. Stg: Bonz 1904
49 Der Hohe Schein. Roman. 2 Bde. 465, 491 S. m. Abb. Stg: Bonz 1904
50 Die Jäger. 273 S. Stg: Bonz 1905
51 Das Märchen vom Karfunkelstein. Eine wunderliche Geschichte für kleine und große Kinder. 172 S. m. Abb. Stg: Union (1905)
52 Der Mann im Salz. Roman aus dem Anfang des siebzehnten Jahrhunderts. 2 Bde. 390, 367 S. m. Abb. Stg: Bonz 1906
53 Gesammelte Schriften. Volksausg. 4 Serien, je 10 Bde. 10 234 S. m. Abb. Stg: Bonz 1906–(1921)
54 Damian Zagg. 293 S. m. Abb. Stg: Bonz 1906
55 Geisterstunden. Drei Spiele in Versen. 117 S. Stg: Bonz 1907
56 Sommernacht. Schauspiel. 151 S. Stg: Bonz 1907
57 Waldrausch. Roman. 2 Bde. 422, 454 S. Stg: Bonz 1908
58 Lebenslauf eines Optimisten. 3 Bde. Stg: Bonz 1909–1911
  1. Buch der Kindheit. 409 S. 1909

2. Buch der Jugend. 584 S. (1910)
3. Buch der Freiheit. 486 S. 1911
59 Die letzten Dinge. Zwei Komödien aus dem Volksleben. 115 S. Stg: Bonz 1911
60 Dorfkomödien. Der Geigenmacher von Mittenwald. Der heilige Rat. Die letzten Dinge. 94, 122, 115 S. Stg: Bonz 1912
   (Enth. Nr. 12, 45, 59)
61 Hubertusland. 198 S. Stg: Bonz 1912
62 Der Pflaumenhandel. Lustspiel. 150 S. Stg: Bonz 1912
   (Neubearb. v. Nr. 24)
63 Kreaturen. 243 S. Stg: Bonz 1913
64 Der Wille zum Leben. Schauspiel in drei Akten. 100 S. Stg: Bonz 1913
65 Theater in Versen. Der Pflaumenhandel. Sommernacht. Geisterstunden. 150; IV, 151; 117 S. Stg: Bonz 1913
66 Deutsches Flugblatt. 26 Nrn. Mchn: Goltz-V. 1914
67 Der Ochsenkrieg. Roman aus dem fünfzehnten Jahrhundert. 2 Bde. 403, 435 S. Stg: Bonz 1914
68 Eiserne Zither. Kriegslieder 1914. – Neue Kriegslieder. 2 Tle. 94, 94 S. Stg: Bonz 1914
69 Die Front im Osten. 217 S., 1 Kt. Bln: Ullstein (= Ullstein-Kriegsbücher) 1915
70 Der russische Niederbruch. Die Front im Osten. 2. Teil. 248 S., 2 Kt. Bln: Ullstein (= Ullstein-Kriegsbücher) 1915
   (Forts. v. Nr. 69)
71 Die stählerne Mauer. Reise zur deutschen Front 1915, 2. Teil. 174 S., 2 Kt. Bln: Ullstein (= Ullstein-Kriegsbücher) 1915
   (Forts. v. Nr. 72)
72 Reise zur deutschen Front 1915. 221 S. Bln: Ullstein (= Ullstein-Kriegsbücher) 1915
73 Die Trutze von Trutzberg. Eine Geschichte aus anno Domini 1445. IV, 544 S. Bln: Grote (= Grote'sche Sammlung von Werken zeitgenössischer Schriftsteller 123) 1915
74 Bei den Heeresgruppen Hindenburg und Mackensen. 309 S. Stg: Bonz 1916
75 Die letzten Dinge. Zwei Komödien aus dem Volksleben mit einem Zwischenspiel. 141 S. Stg: Bonz 1917
   (Erw. Neuaufl. v. Nr. 59)
76 Der Segen des Irrtums. Drei Einakter. Neue Blüte. Die Depesche. Das falsche Maß. 126 S. Stg: Bonz 1917
77 Das große Jagen. Roman aus dem achtzehnten Jahrhundert. 575 S. Bln: Grote (= Grote'sche Sammlung von Werken zeitgenössischer Schriftsteller 133) 1918
78 Das Kind und die Million. Eine Münchner Geschichte. VI, 480 S. Bln: Grote (= Grote'sche Sammlung von Werken zeitgenössischer Schriftsteller 140) 1919
79 Das wilde Jahr. Fragmente aus dem Nachlaß. Vorw. L. Thoma. XIII, 384 S. Bln: Grote (= Grote'sche Sammlung von Werken zeitgenössischer Schriftsteller 147) 1921
80 Die liebe Kreatur. Geschichten. 206 S. Stg: Bonz (1923)
   (Neuaufl. v. Nr. 63)
81 Dschapei. Hochlandsgeschichte. 145 S. Stg: Bonz (= Kleine Erzählungen 1, 1) 1924

GAUDY, Franz Frh. von (1800–1840)

1 Erato. VI, 220, 1 S. Glogau: Heymann 1829
2 Gedanken-Sprünge eines der Cholera Entronnenen. 119 S. Glogau: Heymann 1832
3 (Übs.) J. U. Niemcewicz: Geschichtliche Gesänge der Polen. Metrisch bearb. 8 Bg. Lpz: Weidmann 1833
4 Desengaño. Novelle. 10 Bg. 12° Lpz: Weidmann 1834
5 Korallen. 192 S. Glogau: Flemming 1834

6 Schild-Sagen. 2 Bl., 68 S. Glogau, Lpz: Heymann 1834
7 Kaiser-Lieder. Mit der Todtenmaske Napoleon's. VI, 198 S. 12° Lpz: Brockhaus 1835
8 (Bearb.) G. Wace: Roman von Rollo und von den Herzögen der Normandie. Glogau: Flemming 1835
9 Mein Römerzug. Federzeichnungen. 3 Thle. in 1 Bde. 56 1/8 Bg. Bln: Enslin 1836
10 Aus dem Tagebuch eines wandernden Schneidergesellen. Die Lebensüberdrüssigen. Zwei Noveletten. 8 Bg. 12° Lpz: Weidmann 1836
11 Berlinisches Bilderbuch. Gedichte nach alten und neueren Gemälden. 2 H. 2 Bg., 6 Abb. Bln: Gropius 1837–1839
12 Lieder und Romanzen. 9 1/2 Bg. Lpz: Weidmann 1837
13 Novelletten. 14 1/2 Bg. Bln: Enslin 1837
14 (Hg.) Clotilde v. Vallon-Chalys, Dichterin des fünfzehnten Jahrhunderts. Auswahl in freier Bearbeitung. 153 S. Bln: Enslin 1837
15 (Übs.) Béranger: Lieder. Auswahl in freier Bearb. A. v. Chamisso u. F. F. v. G. 13 5/6 Bg. Lpz: Weidmann 1838
16 Venetianische Novellen. 2 Bde. 29 1/2 Bg. Bunzlau: Appun 1838
17 (MH) Deutscher Musenalmanach für das Jahr 1839. Hg. A. v. Chamisso u. F. F. v. G. 17 Bg., 1 Bildn. Lpz: Weidmann 1839
18 Novellen und Skizzen. 17 1/4 Bg. Bln: Morin 1839
19 Sämmtliche Werke. Hg. A. Mueller. 24 Bde. Bln: Klemann 1844
20 Gedichte. Hg. A. Mueller. XII, 549 S. Bln: Bethge 1847
21 Poetische und prosaische Werke. Neue Ausg. Hg. A. Mueller. 8 Bde. Bln: Hofmann 1853–1854
22 Karikaturenbuch. Hg. F. v. Zobeltitz. 62 Bl. Abb., 7 S. Text, quer 8° Bln: Frensdorff 1906

GEIBEL, Emanuel (1815–1884)

1 Gedichte. X, 194, 1 S. Bln: Duncker 1840
2 (MV) E. G. u. E. Curtius: Klassische Studien. 107 S. Bonn: Weber 1840
3 Zeitstimmen. Zwölf Gedichte. 3 1/2 Bg. Lübeck: Asschenfeldt 1841
4 (Übs.) F. M. Franzén: Der Rabulist und der Landprediger. 6 1/4 Bg. Lübeck: Rohden 1842
5 (Übs.) Volkslieder und Romanzen der Spanier. Im Versmaß des Originals verdeutscht. 9 1/6 Bg. 12° Bln: Duncker 1843
6 König Roderich. Eine Tragödie in fünf Aufzügen. 13 7/8 Bg. Stg, Tüb: Cotta 1844
7 Ein Ruf von der Trave. Gedicht. 1/2 Bg. Lübeck: Asschenfeldt (1845)
8 König Sigurds Brautfahrt. Eine nordische Sage. 2 Bg. Bln: Besser 1846
9 Zwölf Sonette für Schleswig-Holstein. 14 S. Lübeck: Asschenfeldt 1846
10 Auf Felix Mendelssohn-Bartholdy's Tod. Gedicht. 11 S. Hbg: Perthes, Besser & Maukel 1847
11 Juniuslieder. VIII, 397 S., 24 Bl. Stg, Tüb: Cotta 1848
12 (MÜbs.) Spanisches Liederbuch. Übs. E. G. u. P. Heyse. 295 S. 16° Bln: Hertz 1852
13 Meister Andrea. Lustspiel. 104 S. Stg, Augsburg: Cotta 1855
14 Neue Gedichte. 331 S. Stg: Cotta 1856
15 Brunhild. Eine Tragödie. 167 S. Stg, Augsburg: Cotta 1857
16 (MÜbs.) Romanzero der Spanier und Portugiesen. Übs. E. G. u. A. F. Graf Schack. 418 S. Stg: Cotta 1860
   (Enth. u. a. Ausz. aus Nr. 5)
17 Die Loreley. 116 S. Hannover: Rümpler (1861)
18 (Hg.) Ein Münchener Dichterbuch. 361 S. m. Musikbeil. Stg: Kröner 1862
19 (MÜbs.) Fünf Bücher französischer Lyrik vom Zeitalter der Revolution bis auf unsere Tage in Übersetzungen. Übs. E. G. u. H. Leuthold. VI, 268 S. Stg: Cotta 1862
20 Gedichte und Gedenkblätter. VI, 322 S. Stg: Cotta 1864
21 Morgenländischer Mythus. 15 Chronol. 2° Bln: Behr 1865

22 'Αναμνήσεις έλλαδικαί. 36 S. 16⁰ Neustrelitz: Barnewitz 1867 (Ausz. a. Nr. 20)
23 Sophonisbe. Tragödie in fünf Aufzügen. 149 S. Stg: Cotta 1868
24 Der Admiralstisch im Ratsweinkeller zu Lübeck. Lübeck: Boldemdem (1870)
25 Heroldsrufe. Ältere und neuere Zeitgedichte. 206 S. Stg: Cotta (1871)
26 Am 13. Juli 1874. Ode. (S.-A.) 4 S. 4⁰ Elberfeld: Bädeker 1874
27 (Übs.) Classisches Liederbuch. (Griechen und Römer in deutscher Nachbildung). VIII, 185 S. Bln: Hertz (1875)
28 Spätherbstblätter. Gedichte. 318 S. Stg: Cotta 1877
29 Echtes Gold wird klar im Feuer. Ein Sprichwort. 47 S. Schwerin: Hildebrand (1882)
30 Gesammelte Werke. 8 Bde. Stg: Cotta 1883-1884
31 Briefe an Karl Freiherrn von der Malsburg und Mitglieder seiner Familie. Hg. A. Duncker. 111 S. Bln: Paetel 1885
32 Gedichte. Aus dem Nachlaß. 286 S. Stg: Cotta 1896
   Gedichte. 300 S. Stg: Cotta 1904
33 Jugendbriefe. Bonn, Berlin, Griechenland. 249 S., 2 Bildn. Hg. M. Fehling. Bln: Curtius 1909
34 Der Briefwechsel von E. G. und Paul Heyse. Hg. E. Petzet. XXVIII, 356 S. Mchn: Lehmann 1922
35 (MV) E. G. u. K. Goedecke: Briefwechsel. Hg. G. Struck. VIII, 173 S. 4⁰ Lübeck: Bibliotheken d. Hansestadt Lübeck (= Veröffentlichungen der Bibliotheken der Hansestadt Lübeck, N. R. 1) 1939
36 Bin ich's? Oder: Bin ich's nicht?! Die lustige Seelenwanderung des Meisters Andrea. Nach der ersten Handschrift des Dichters eig. n. f. d. Bühne einger. R. Ludwig. 63 S., 8 Abb. Lübeck: Schmidt-Römhild (1940) (Bearb. d. Urfassg. v. Nr. 13)
37 Gedichte für Cäcilie Wattenbach aus dem Jahre 1835. Erstdruck zum 18. X. 1940, dem 125. Geburtstag des Dichters. 41 S. Lübeck: Colemann 1940
38 Die Truhe. Ein Lübecker Heft mit unveröffentlichten Dichtungen E. G.'s. Hg. R. Ludwig. 8 Bl. Lübeck: Schmidt-Römhild (600 num. Ex.) 1940

GEILINGER, Max (1884–1948)

1 Schwarze Schmetterlinge. Poetisches Tagebuch. 8, 112 S. Zürich: Rascher 1910
2 Der Weg ins Weite. Gedichte. 59 S. Zürich: Rascher 1919
3 Der große Rhythmus. Gedichte. 46 S. Zürich: Grethlein 1923
4 Rauschende Brunnen. Gedichte. 52 S. Zürich: Orell Füßli (= Gedichtbände der „Neuen Schweiz") 1925
5 Träumer zwischen Blüten. Gedichte. 62 S. Horgen-Zürich: Verl. d. Münster-Presse (= Sammlung d. Privatdrucke 5) 1928
6 Sonette der goldenen Rose. 63 S. Zürich: Rascher 1932
7 Klassischer Frühling. Neue Gedichte. 46 S. Zürich: Rascher 1934
8 Heiden und Helden. Schauspiel. 80 S. Elgg: Volksverl. Elgg (1937)
9 Wanderglaube. Gedichte. 52 S. Zürich: Rascher 1937
10 Im Angedenken. Gedichte. 58 S. Zürich: Rascher 1938
11 Das Spiel vom Paracelsus. In drei Akten. 40 S. Zürich: Rascher 1938
12 Süsskind von Trimberg, ein Minnesänger. Dreiakter. 62 S. Zürich: Rascher (1939)
13 Der Weg zur Circe. Phantasiespiel. 97 S. Elgg: Volksverl. (1939)
14 Wir wollen Barabbas. Passionsspiel. 28 S. Zürich: Rascher 1940
15 Der weinende Fels. Ein Märchenspiel vom Genfersee. 64 S. Elgg: Volksverl. 1940
16 Jürgen Wullenwever, Bürgermeister zu Lübeck. Schauspiel. 96 S. Elgg: Volksverl. (1942)
17 Der vergessene Garten. Gedichte. 111 S. Bern: Francke 1943
18 (Übs.) Englische Dichtung. 132 S. Frauenfeld: Huber 1945

19 (Übs.) Chinesische Gedichte in Vierzeilern aus der T'ang-Zeit. Unter Benützung d. franz. Übers. v. Lo Takang übs. u. erw. 296 S. m. Abb. Zürich: Rascher 1945
20 (Hg.) Minnesangs Frühling in der Schweiz. In neuer deutscher Fassung. 119 S. m. Taf., 3 Schriftwiedergaben v. Minneliedern und Manessehandschrift. Zürich: Rascher 1945
21 Vom großen Einklang. Gedichte. 127 S. Zürich: Artemis-V. 1946
22 Wandertage in England. 194 S. m. Abb. Zürich: Büchergilde Gutenberg 1946
23 (Übs.) Manhattan und Illinois. Amerikanische Lyrik von Walt Whitman und Vachel Lindsay. 39 S. Herrliberg-Zürich: Bühl-V. (= Bühl-Verlag-Blätter 14) 1947
24 (MV) M. G. u. P. Roshardt: Das kleine Rosenbuch. 12 S., 12 Taf. Bern: Hallwag (= Orbis pictus 2) 1947
25 Genesung. Gedichte. 60 S. Zürich: Classen 1948
26 Von lyrischer Dichtkunst. Betrachtungen. Geleitwort S. D. Steinberg. Nachw. T. Vogel. 157 S. Zürich: Rascher 1951

GEISSLER, Horst Wolfram (*1893)

1 Grillparzer und Schopenhauer. Inauguraldissertation. Weimar: Uschmann 1915
2 Der letzte Biedermeier. Ein Frankfurter Roman aus dem Vormärz. 376 S. Weimar: Duncker 1916
3 Das Lied vom Wind. Ein Roman aus dem deutschen Rokoko. 339 S. Weimar: Duncker 1916
4 Alarich, der Gotenfürst. 32 S. Straßburg: Imprimerie Strasbourgeoise (= Führer zu Deutschlands Größe 1) 1917
5 Der ewige Hochzeiter. Ein Spitzweg-Roman. 352 S. Weimar: Duncker (1917)
6 Repetitorium der deutschen Literaturgeschichte. Ein chronologischer Grundriß. VI, 201 S. Weimar: Duncker 1917
7 Die Rosen der Gismonda. Novelle. 98 S. Hagen: Rippel (1917)
8 Walther von der Vogelweide. 32 S. Straßburg: Imprimerie Strasbourgeoise (= Führer zu Deutschlands Größe 4) 1917
9 Himmelstoß. Eine ungewöhnliche Alltagsgeschichte. 106 S. Weimar: Duncker 1918
10 Der Zauberlehrling. 75 S. Mchn: Parcus (= Romantische Bücherei 4) (1918)
11 Das Glück. Roman. 313 S. Weimar: Duncker 1919
12 Wer ist der Gral? Roman. 349 S. Mchn: Parcus (1920)
13 Der liebe Augustin. Die Geschichte eines leichten Lebens. 389 S. Mchn: Parcus (1921)
14 Liebesgeschichten aus dem Barock. 239 S. Mchn: Parcus 1923
15 Jungfer Durchlaucht. Eine Spitzweg-Novelle. 106 S., 1 Titelb. Nürnberg: Schrag 1925
16 Entweder – oder. Roman. 242 S. Bln: Scherl (1926)
17 Die sieben Sonderbaren. Roman. 287 S. Mchn: Parcus 1926
18 (Hg.) Gestaltungen des Faust. Die bedeutendsten Werke der Faustdichtung seit 1587. 3 Bde. 631, 555, 553 S. Mchn: Parcus 1927
19 Traum in den Herbst und Anakreons Grab. Zwei Novellen. 80 S. Lpz: Koehler & Amelang (= Amelangs Taschenbücherei 14) 1927
20 (Vorw.) J. Scherr: Menschliche Tragikomödie. Gesammelte Studien, Skizzen und Bilder. Hg. mit e. Einl. u. Anm. M. Mendheim. 3 Bde. 615, 616, 614 S. Mchn: Parcus 1928
21 Der Puppenspieler. Roman. 440 S. m. Abb. Mchn: Parcus 1929
22 Die Schönheit der deutschen Sprache. 123 S. Mchn: Parcus 1929
23 Weiß man denn, wohin man fährt? Roman. 240 S. Bln: Scherl (1930)
24 Die Dame mit dem Samtvisier. Roman. 304 S. Mchn: Hugendubel 1931
25 Sankt Nimmerleins Insel. Roman. 216 S. Bln: Scherl 1931
26 Lilian sorgt für Durcheinander. Roman. 243 S. Bln: Scherl 1932
27 Georgine ganz allein. 245 S. Bln: Scherl 1933

28 Das glückselige Flötenspiel. Vier heitere Novellen aus dem Rokoko. 136 S. Mchn: Hugendubel 1934
29 Kleines Fräulein im Winterparadies. Roman. 249 S. Bln: Scherl 1934
30 Der Weg ins Wunderbare. Roman. 212 S. Mchn: Lhotzky 1934
31 Gondelfahrt. Vier Novellen aus dem Barock. 171 S. Mchn: Hugendubel 1935
32 Der Prinz und sein Schatten. Roman. 269 S. Bln: Scherl 1935
33 Der Sprung über den Schatten. Lustspiel. 96 S. Mchn: Höfling 1935
34 Die Glasharmonika. Roman. 289 S. Bln: Scherl 1936
35 Der unheilige Florian. Roman. 308 S. Bln: Scherl 1939
36 Das Wunschhütlein. Roman. 242 S. Bln: Scherl 1939
37 Menuett im Park. Roman. 291 S. Bln: Scherl 1940
38 Frau Mette. Heiterer Roman. 297 S. Mchn: Hugendubel 1940
39 Karneval in Venedig. Die Wandlung des Antonio. Zwei Novellen. 100 S. Bielefeld, Lpz: Velhagen & Klasing 1942
40 Wovon du träumst. Roman. 278 S. Bln: Scherl 1942
41 Panzer im Osten. Division in Sowjetrußland. Hg. E. Gehring. 96 S. m. Abb. Mchn: Eher 1943
42 Nymphenburg. Roman aus dem Rokoko. 339 S. Donauwörth: Cassianeum 1947
43 Odysseus und die Frauen. 148 S. Wiesbaden: Greif 1947
44 Der Astrolog. Eine Novelle. 87 S. Bln, Buxtehude: Hübener 1948
45 Sie kennen Aphrodite nicht! 86 S. m. Abb. Bln: Hera-V. 1948
46 Begegnung in Venedig. Eine Erzählung. 63 S. Zürich: Arche (= Die kleinen Bücher der Arche 91–92) 1949
   (Ausz. a. Nr. 39)
47 Grillenkonzert. Roman. 446 S. Murnau-Mchn: Lux 1949
48 Der ewige Tempel. Studien zur Geschichte, zur Entwicklung und zu den Grundgedanken der Astrologie. 229 S., 1 Titelb. Mchn-Planegg: Barth 1949
49 Der blaue Traum. Roman. 283 S. Murnau-Mchn: Lux 1949
   (Neuaufl. v. Nr. 23)
50 Das Schiff Mahayana. Roman. 435 S. Murnau-Mchn: Lux 1951
51 Alles kommt zu seiner Zeit. Roman. 790 S. Mchn: Ehrenwirth 1953
52 Die Wandlung des Antonio. 46 S. m. Abb. Zürich: Arche (= Die kleinen Bücher der Arche 134) 1953
   (Ausz. a. Nr. 39)
53 In einer langen Nacht. Roman. 252 S. Zürich: Sanssouci-Verl. (1954)
54 Frag nicht zuviel. Roman. 280 S. Mchn: Ehrenwirth 1955
55 Der seidene Faden. Roman. 263 S. Mchn: Ehrenwirth 1957
56 Das Mädchen im Schnee. Roman. 240 S. Zürich: Sanssouci-V. 1957
   (Neufassg. v. Nr. 29)
57 8×8=64. Kleine Geschichte des Schachspiels nebst einer altmodischen Vorrede und dem unvermeidlichen Anhang. 61 S. m. Abb. Mchn: Ehrenwirth 1959
58 Die Frau, die man liebt. Roman. 300 S. Zürich: Sanssouci-Verl. 1959
   (Neufassg. v. Nr. 50)
59 Lady Margarets Haus. Roman. 230 S. Zürich: Sanssouci-Verl. 1959
60 Schlafittchen. Ein Roman für junge Mädchen. 179 S. Mchn: Ehrenwirth 1959
61 Das Lächeln des Leonardo. 220 S. m. Abb. Zürich: Sanssouci-Verl. 1960

GELLERT, Christian Fürchtegott (1715–1769)

1 Ode auf den heutigen Flor von Rußland ... Lpz: Breitkopf 1739
2 *Lieder. 24 S. 4° Lpz (o. Verl.) (12 Ex.) 1743
3 Das Band. Ein Schäferspiel in einem Aufzuge. 30 S. Lpz (o. Verl.) 1744
4 De poesi apologorvm eorvmque scriptoribvs. 26 Bl. 4° Lpz: Breitkopf (1744)
5 Die Betschwester. Ein Lustspiel in drei Aufzügen. Lpz, Bremen 1745
6 Sylvia, ein Schäferspiel. Lpz 1745

7 Fabeln und Erzählungen. 2 Bde. 24 Bl., 116 S.; 4 Bl., 166 S. Lpz: Wendler 1746–1748
8 *Leben der schwedischen Gräfin von G***. 2 Theile. 219 S. Lpz: Hahn 1746 bis 1748
9 Das Loos in der Lotterie. Lustspiel in fünf Aufzügen. Lpz, Bremen 1746
10 Lustspiele. 8 Bl., 359 S. Lpz: Wendler 1747
(Enth. u. a. Nr. 3, 6, 8)
11 Von den Trostgründen wider ein sieches Leben. 47 S. Lpz: Wendler 1747
12 Briefe, nebst einer Praktischen Abhandlung von dem guten Geschmacke in Briefen. 304 S. Lpz: Wendler 1751
13 Pro comoedia commovente. XXIV S. 4° Lpz: Langenheim 1751
14 Lehrgedichte und Erzählungen. 140 S. Lpz: Wendler 1754
15 Sammlung vermischter Schriften. 2 Bde. VIII, 304 S. Lpz: Weidmann 1756
16 Geistliche Oden und Lieder. XXIV, 160 S. 2 Bl. Lpz: Weidmann 1757
17 Anhang zu der Sammlung vermischter Schriften. 68 S. Lpz: Weidmann & Reich 1759
(zu Nr. 15)
18 Betrachtungen über die Religion. Lpz 1760
19 (MV) Zwey Briefe, der I. von Gellert, der II. von Rabener. 32 S. Lpz, Dresden (o. Verl.) 1761
20 (MV) Vier Briefe, von Gellert und Rabener. S. 36–64 Ffm, Lpz (o. Verl.) 1761
(Forts. v. Nr. 19)
21 (MV) Fünfter und Sechster Brief ... S. 66–94 Lpz, Dresden (o. Verl.) 1761
(Forts. v. Nr. 20)
22 (MV) Sechs Briefe von Gellert und Rabener nebst dem Gespräche Gellerts mit dem Könige Friedrich II. o. O. 1762
(Enth. Nr. 19, 20, 21)
23 (MV) Siebenter bis achtzehnter Brief ... Bln (1762–)1770
24 (Übs.) Jacob Saurins kurzer Begriff der christlichen Glaubens- und Sittenlehre, in Form eines Katechismus. Aus dem Französischen. 598 S. Chemnitz: Stössel 1763
25 Von der Beschaffenheit, dem Umfange und dem Nutzen der Moral. Eine Vorlesung. 40 S. Lpz: Weidmanns Erben & Reich 1766
26 Sämmtliche Schriften. 10 Bde. m. Ku. Lpz: Weidmanns Erben & Reich 1769–1774
27 Freundschaftliche Briefe. 40 S., Anh. 76 S. Ffm, Lpz: Sauer 1770
28 Vermischte Gedichte. 12, 244 S. Lpz: Fritsch 1770
29 Letzte Vorlesungen. Hg. und mit einer Vorrede begleitet von einem seiner Zuhörer. 46 S., 1 Bl. Lpz: Büschel 1770
30 Moralische Vorlesungen. Nach des Verfassers Tode hg. J. A. Schlegel u. G. L. Heyer. 2 Theile. XXXVIII, 650 S. Lpz: Weidmann 1770
31 Sämmtliche Schriften. Neue verbesserte Auflage. 10 Bde. m. Ku. Lpz: Weidmanns Erben & Reich 1775
(Verb. Neuaufl. v. Nr. 26)
32 Nachtrag (Zweiter Nachtrag) zu C. F. Gellerts Freundschaftlichen Briefen. (Bd. 1 hg. J.P. Bamberger.) 2 Bde. 4 Bl., 64, 76 S. Bln: Stahlbauer 1780–1781
33 Sämmtliche Schriften. Hg. J. L. Klee. 10 Bde. 16° Lpz: Weidmann & Hahn 1839
34 Tagebuch aus dem Jahre 1761. 100 S. Lpz: Weigel 1862

GEMMINGEN-HORNBERG, Otto Frh. von (1755–1836)

1 Sidney und Silly. Drama. Augsburg 1777
2 (Übs.) J. J. Rousseau: Pygmalion. Eine lyrische Handlung. Aus dem Französischen. 19 S. Mannheim: Schwan 1778
3 Die Erbschaft. Lustspiel 64 S. Ffm: Eßlinger 1779
4 Mannheimer Dramaturgie. Für das Jahr 1779. 108 S. Mannheim: Schwan 1780
5 Der teutsche Hausvater. 87 S. Mannheim: Schwan 1780
6 Der deutsche Hausvater. 136 S. Mannheim: Schwan 1782
(Umarb. v. Nr. 5)

7 (Übs.) J. Milton: Allegro. Penseroso. 31 S. m. Ku. Mannheim: Schwan 1782
8 (Übs.) W. Shakespeare: Richard der Zweyte. Ein Trauerspiel. 87 S. Mannheim: Schwan 1782
9 (Hg.) Der Weltmann. Eine Wochenschrift. 3 Bde. Wien 1782–1783
10 (Hg.) Magazin für Wissenschaft und Litteratur. 2 Bde. 4⁰ Wien 1784–1785
11 (Hg.) Wiener Ephemeriden. 3 Stücke. Wien 1786

GENÉE, Rudolf (†P. P. Hamlet) (1824–1914)

1 Faustin I., Kaiser von Haiti. Satirische Posse. 8 S. Bln: Hofmann 1850
2 Müller und Schultze oder Die Einquartirung. 32 S. Bln: Lassar 1851
3 Lustspiele. Bd. 1. 103 S. Bln: Lassar 1853
4 Das Wunder. Komödie. 122 S. Bln: Duncker 1854
5 Durch! Lustspiel. 45 S. Bln: Lassar 1855
   (Ausz. aus Nr. 3)
6 Das Kloster von Camenz. Lustspiel. 49 S. Bln: Lassar 1855
   (Ausz. aus Nr. 3)
7 Der Geiger aus Tyrol. Oper. 47 S. Danzig: Bertling 1857
8 Vor den Kanonen. Historisches Lustspiel in drei Aufzügen. 68 S. Bln: Bittner 1857
9 Ein neuer Timon. Lustspiel in fünf Aufzügen. 91 S. Bln: Kolbe 1857
10 Die Geburt des Dichters. Festspiel. 15 S. Danzig: Bertling 1859
11 Das jüngste Gericht. Versuch einer kritischen Erläuterung des Memmlingschen Altarbildes zu Danzig. 24 S., 1 Abb. Danzig: Bertling 1859
12 Ein Narrentraum. Carnevalposse. 63 S. Mainz: Schott 1861
13 Große und kleine Welt. 102 S. Lpz: Pfefferkorn 1861
14 Frauenkranz. Weibliche Charakterbilder aus deutschen dramatischen Dichtungen. 205 S. Bln: Gaertner 1862
15 (MV) J. G. Greth: Danziger Bauwerke. Text: R. G. 32 S., 26 Abb. 2⁰ Danzig: Bertling 1864
16 Stadt und Veste Coburg, nebst Umgegend. 69 S. 16⁰ Coburg: Riemann 1866
17 Geschichte der Shakespeare'schen Dramen in Deutschland. 509 S. Lpz: Engelmann 1870
18 Deutsche Sturm-Lieder gegen die Franzosen. 16 S. Dresden: Schulbuchh. 1870
19 (Bearb.) H. v. Kleist: Die Hermannsschlacht. Drama. 184 S. 16⁰ Bln: Lipperheide 1871
20 (Hg.) G. G. Gervinus: Shakespeare. Mit Anm. hg. 2 Bde. 1206 S. Bln: Duncker (1872)
21 Shakespeare's Leben und Werke. 408 S. Lpz: Bibliogr. Institut (Bibliothek ausländischer Klassiker in deutscher Übersetzung) 1872
22 Poetische Abende. Lehrbuch für deklamatorischen Vortrag rhythmischer Poesien. 439 S. Lpz: Veit 1874
23 Schleicher und Genossen oder Die Lästerschule. 71 S. Bln: Kühling (= Kühling's Volks-Schaubühne) 1875
24 (Bearb.) H. Sachs: Das heiß' Eisen. Ein Nürnberger Fastnachtsspiel. Schwank. 28 S. 16⁰ Wien: Wallishausser 1876
25 Die englischen Mirakelspiele und Moralitäten als Vorläufer des englischen Dramas. 32 S. Bln: Habel (= Sammlung gemeinverständlicher wissenschaftlicher Vorträge) 1878
26 Das deutsche Theater und die Reformfrage. 36 S. Bln: Habel (= Zeit- und Streitfragen) 1878
27 Gesammelte Komödien. 1. Bändchen. 144 S. Bln: Guttentag 1879
28 Lehr- und Wanderjahre des deutschen Schauspiels. Vom Beginn der Reformation bis zur Mitte des achtzehnten Jahrhunderts. 400 S. Bln: Allgem. Verein für deutsche Literatur (= Allgem. Verein für deutsche Literatur) 1882
29 Klassische Frauenbilder. Aus dramatischen Dichtungen von Shakespeare, Lessing, Goethe und Schiller. 223 S. Bln: Gaetner 1884
30 Gastrecht. Dramatisches Gedicht. 31 S. Bln: Deubner 1884

31 Marienburg. Historischer Roman. 291 S. Bln: Deubner 1884
32 Die Klausnerin. Schauspiel. 95 S. Bln: Deubner 1885
33 Hundert Jahre des Königlichen Schauspiels in Berlin. 179 S. m. Abb. Bln, Hbg: Verl.-Anst. u. Dr. 1886
34 (Bearb.) W. Shakespeare: Verlorene Liebesmüh. Bln: Hofmann 1886
35 (Einl.) H. v. Kleist: Sämtliche Werke. 2 Bde. 886 S. Bln: Warschauer 1888
36 Hans Sachs, Leben und ausgewählte Dichtungen – Schwänke und Fasstnachtspiele. 137 S. Bln: Gaertner 1888
37 Die Entwicklung des scenischen Theaters und die Bühnenreform in München. 94 S. Stg: Cotta 1889
38 (MV, Einl.) Bismarck-Album des Kladderadatsch. Verb. u. erl. Text, Einl. R. G. 185 S., 300 Abb., 4 Faks. 4⁰ Bln: Hofmann 1890
39 Die Bismarckiade für's deutsche Volk. 167 S. m. Abb. Bln: Hofmann 1891
40 Bei Roßbach. Vaterländisches Spiel mit Gesang. Musik A. Conradi. 16 S. Braunschweig: Schlegel (= Theaterbibliothek für Vereine 5) 1892
41 Hans Sachs. Ein Nürnberger Fest-Schauspiel zur Feier seines 400. Geburtstags. 2 Tle. 78 S. Nürnberg: Raw 1894
42 (MV) Hans Sachs. Festspiel zur Feier seines 400. Geburtstages. 2 Abth. m. e. Nachspiel „Der Krämerskorb" v. H. Sachs. 46 S. Bln: Entsch 1894
43 Hans Sachs und seine Zeit. Lebens- und Kulturbild aus der Zeit der Reformation. 524 S. m. Notenbeil. von Meisterliedern, Abb. u. Faks. Lpz: Weber 1894
44 (Hg.) Mitteilungen für die Mozart-Gemeinde in Berlin. 3 Folgen. 32 H. Bln: Mittler 1895–1911
45 Der Tod eines Unsterblichen. Zum Todestage Mozarts, dem 5. Dezember. 24 S. Bln: Mittler (1895)
46 Ifflands Berliner Theaterleitung 1796–1814. 50 S. Bln: Bloch 1896
47 *Das Goethe-Geheimnis. Eine sensationelle Enthüllung. 30 S. Bln: Hofmann 1897
48 Zeiten und Menschen. Erlebnisse und Meinungen. 360 S. m. Bildn. Bln: Mittler 1897
49 Heinrich von Kleist. (S.-A.) 59 S. Bln: Weichert 1902
50 A. W. Schlegel und Shakespeare. 43 S., 3 Faks. Bln: Reimer 1903
51 Promemoria für meine Freunde. Verzeichnis meiner seit 53 Jahren im Druck erschienenen Schriften. 21 S. Bln: Amelang 1904
52 William Shakespeare in seinem Werden und Wesen. 472 S., 1 Titelb. Bln: Reimer 1905
  (Neubearb. v. Nr. 21)
53 Gräfin Katharina. 31 S. Bln: Reimer 1906
54 Der Tod eines Unsterblichen. Mit Anhang sachlich erg. Anm. 37 S., 1 Bildn. Bln: Mittler 1911
  (Neubearb. v. Nr. 45)
55 Promemoria. Für mich und Andere. VIII, 90 S. m. Bildn. Bln: Reimer 1913

GEORGE, Stefan (*Edmund Lorm) (1868–1933)

1 Hymnen. 50 S. Bln: Wilhelm & Brasch (100 Ex.) 1890
2 Pilgerfahrten. 50 S. Wien, Lüttich: Vaillant-Carmanne (100 Ex.) 1891
3 Algabal. 50 S. Paris, Lüttich: Vaillant-Carmanne (10 Ex.) 1892
4 Blätter für die Kunst. Begründet v. S. G. Hg. K. A. Klein. 12 Folgen. Bln: Klein 1892–1919
5 Die Bücher der Hirten- und Preisgedichte, der Sagen und Sänge und der hängenden Gärten. 110 S. Bln: Blätter für die Kunst (120 Ex.) 1895
6 Die Bücher der Hirten und Preisgedichte, der Sagen und Sänge und der hängenden Gärten. 110 S. Wien: Weiß 1895
  (Veränd. Neudr. v. Nr. 5; a. d. Handel gezogen)
7 Das Jahr der Seele. 90 S. Bln: Blätter für die Kunst (200 Ex.) 1897
8 Blätter für die Kunst. Eine Auslese aus den Jahren 1892–1898. 172 S. 4⁰ Bln: Bondi 1899
  (Ausz. a. Nr. 4)

9 Hymnen, Pilgerfahrten, Algabal. 127 S. Bln: Bondi 1899
(Enth. erw. Nr. 1 u. Nr. 2, 3)
10 Das Jahr der Seele. 127 S. Bln: Bondi 1899
(Erw. Neuaufl. v. Nr. 7)
11 (MH) Jean Paul. Hg., eingel. S. G. u. H. Wolfskehl. 100 S. Bln: v. Holten 1900
12 Der Teppich des Lebens und die Lieder von Traum und Tod. Mit e. Vorspiel. 48 S. 4° Bln: Blätter für die Kunst 1900
13 (Übs.) C. Baudelaire: Die Blumen des Bösen. Umdichtungen 107 S. o. O. (1901)
14 Die Fibel. Auswahl erster Verse. 126 S. Bln: Bondi 1901
15 (MH) Goethe. Hg., eingel. S. G. u. H. Wolfskehl. 100 S. Bln: v. Holten 1901
16 (MH) Das Jahrhundert Goethes. Hg., eingel. S. G. u. H. Wolfskehl. 181 S. Bln: v. Holten 1902
17 Tage und Thaten. Aufzeichnungen und Skizzen. 56 S. 4° Bln: Blätter für die Kunst (300 Ex.) 1903
18 Blätter für die Kunst. Eine Auslese aus den Jahren 1898–1904. 176 S. Bln: Bondi 1904
(Ausz. a. Nr. 4)
19 (Übs.) A. Verwey: Übertragungen aus den Werken. 73 S. Bln: v. Holten 1904
20 (Übs.) Zeitgenössische Dichter. 2 Bde. 115, 117 S. Bln: Bondi 1905
1. Rossetti. Swinburne. Dawson. Jacobsen. Kloos. Verwey. Verhaeren.
2. Verlaine. Mallarmé. Rimbaud. De Regnier. D'Annunzio. Rolicz-Lieder.
21 (Übs.) S. Mallarmé: Herodias. 16 S. 4° Bln: v. Holten 1905
22 Maximin. Ein Gedenkbuch. 28 S. 4° Bln: Blätter für die Kunst (200 Ex.) 1907
23 Der siebente Ring. 216 S. 4° Bln: Blätter für die Kunst 1907
24 Blätter für die Kunst. Eine Auslese aus den Jahren 1904–1909. 176 S. Bln: Bondi 1909
(Ausz. a. Nr. 4)
25 (Übs.) Dante Alighieri: Übertragungen aus der Göttlichen Komödie. 2 Tle. Bln: Blätter für die Kunst (300 Ex.) 1909
1. Zinkographische Reproduktion der Handschrift. 18 S.
2. Genaue Nachbildung der Urschrift. 40 S.
26 (Übs.) W. Shakespeare: Sonette. Umdichtung. 160 S. Bln: Bondi 1909
27 (MH) Deutsche Dichtung. Hg., eingel. S. G. u. H. Wolfskehl. 3 Bde. Bln: Bondi 1910
1. Jean Paul. 102 S.
2. Goethe. 101 S.
3. Das Jahrhundert Goethes. 189 S.
(Enth. Nr. 11, 15, 16)
28 (Übs.) Dante Alighieri: Göttliche Komödie. Übertragungen. 123 S. Bln: Bondi 1912
(zu Nr. 25)
29 Der Stern des Bundes. 108 S. Bln: Bondi 1914
30 Der Krieg. 8 S. Bln: Bondi 1917
31 (Übs.) Dante Alighieri: Göttliche Komödie. Übertragungen. 159 S. Bln: Bondi 1921
(Erw. Neuaufl. v. Nr. 28)
32 Drei Gesänge. An die Toten. Der Dichter in Zeiten der Wirren. Einem jungen Führer im ersten Weltkriege. 8 S. Bln: Bondi 1921
33 (Übs.) Dante Alighieri: Die Göttliche Komödie. Übertragungen. 219 S. Bln: Bondi 1925
(Erw. Neuaufl. v. Nr. 31)
34 Tage und Taten. Aufzeichnungen und Skizzen. 93 S. Bln: Bondi 1925
(Erw. Neuaufl. v. Nr. 17)
35 Gesamt-Ausgabe der Werke. Endgültige Fassung. 18 in 15 Bdn. Bln: Bondi 1927–1934
36 Das neue Reich. 152 S., 4 Faks. Bln: Bondi (= Gesamt-Ausgabe der Werke 9) 1928
(Bd. 9 v. Nr. 35; enth. u. a. Nr. 30 u. 32)
37 Werke. 2 Bde. 563, 613 S. Düsseldorf: Küpper 1958

GERHARD, Adele (1868–1956)

1 Konsumgenossenschaft und Sozialdemokratie. 56 S. Nürnberg: Wörlein 1895
2 Beichte. Novellen. 125 S. Bln: Rosenbaum 1899
3 (MV) A. G. u. H. Simon: Mutterschaft und geistige Arbeit. Psychologische und soziologische Studie auf Grund einer internationalen Erhebung mit Berücksichtigung der geschichtlichen Entwicklung. 333 S., 1 Tab. Bln: Reimer 1901
4 Pilgerfahrt. Roman. 223 S. Bln: Paetel 1902
5 Die Geschichte der Antonie van Heese. Roman. 313 S. Braunschweig: Westermann 1906
6 Die Familie Vanderhouten. Roman. 511 S. Bln: Concordia 1909
7 Begegnung und andere Novellen. 127 S. Lpz, Bln: Heilbrunn (= Albert Bonnier's Dreißig-Pfennig-Bücherei 10) 1912
8 Vom Sinken und Werden. Zeitbild aus Alt-Köln. 195 S. Bln: Cassirer 1912
9 Magdalis Heimroths Leidensweg. Ein Roman. 215 S. Bln: Cassirer 1913
10 Der Ring des Lebendigen. Aus dem Kriegserleben der Heimat. Novelle. 52 S. Braunschweig: Westermann 1915
11 Am alten Graben. Roman. 197 S. Bln: Morawe (1917)
12 Sprache der Erde. Novellen. 223 S. Bln: Morawe (1918)
13 Lorelyn. Roman. 146 S. Lpz: Grunow 1920
14 Weg und Gesetz. 17 S., Chemnitz: Gesellschaft der Bücherfreunde zu Chemnitz (= Bekenntnisse, H. 8) 1924
15 Pflüger. Roman. 175 S. Lpz: Grunow 1925
16 Via sacra. Eine Romandichtung. 158 S. Bln, Lpz: Horen-V. 1928
17 Die Hand Gottes. Novellen. Nachw. H. M. Elster. 76 S. Lpz: Reclam (= Reclam's UB. 6971) 1929
    (z. T. Ausz. a. Nr. 12)
18 Das Bild meines Lebens. Nachw. C. Enders. 96 S. Wuppertal: Abendland-V. 1948

GERHARDT, Paul (1607–1676)

1 Geistliche Andachten. Bestehend in hundert und zwanzig Liedern auf hoher und vornehmer Herren Anforderung in ein Buch gebracht, ... Also Dutzendweise mit neuen sechstimmigen Melodeyen gezieret ... 10 H. 2° Bln: Ebeling 1667

GEROK, Friedrich Karl von (1815–1890)

1 Das Gebet des Herrn in Morgen- und Abendgebeten. 16 S. Stg: Greiner 1853
2 (MV) Karl Gerok (Vater), Denzel u. Karl Gerok (Sohn): Zum Gedächtnis der Einweihung der neuen Kirche zu Möhringen, den 11. November 1855. 17 S., 2 Abb. Stg: Greiner 1855
3 Predigten auf alle Fest-, Sonn- und Feiertage des Kirchenjahres. 2 Bde. VIII, 944; IV, 907 S. Stg: Oetinger 1855–1857
4 Predigt bei der Jahresversammlung des württembergischen Zweigvereins der Gustav-Adolf-Stiftung, gehalten in der Kapelle zu Cannstadt, den 6. August 1856. 16 S. Stg: Hasselbrink (1856)
5 Palmblätter. VI, 176 S. Stg: Schaber 1857
6 Zeit, Welt und Haus in Christi Licht. 40 S. Stg: Greiner 1859
7 Evangelienpredigten. IV, 830 S. Stg, Lpz: Volckmar (= Predigten auf alle Fest-, Sonn- und Feiertage 1) (1860)
    (Ausz. a. Nr. 3)
8 Predigt am Ernte- und Herbst-Dankfest. 16 S. Stg: Oetinger 1860
9 Wer ist mein Nächster? Predigt. 15 S. Stg: Greiner 1860

10 Worte an den Gräbern der drei Opfer des Brandes zu Stuttgart in der Nacht vom 20.–21. Februar 1860. 8 S. Stg: Oetinger 1860
11 Epistelpredigten. VII, 900 S. Stg, Lpz: Volckmar (= Predigten auf alle Fest-, Sonn- und Feiertage 2) (1861)
    (Ausz. a. Nr. 3)
12 Rede zum Jahresschluß. Am Abend des 31. Dezember 1860 in der Stiftskirche zu Stuttgart gehalten. 14 S. Stg: Greiner (1861)
13 (MV) G. V. Lechler u. K. G.: Der Apostel Geschichten. 396 S. Bielefeld: Velhagen & Klasing (= Bibelwerk) (1862)
14 Predigt am Adventsfest, 30. November 1862, zum Eintritt in die Hospitalkirche in Stuttgart, gehalten. 16 S. Stg: Greiner-Oetinger (1862)
15 Predigt am 23. Sonntag nach Trinitatis, den 23. November 1862, zum Abschied von der Stiftskirche in Stuttgart, gehalten. 15 S. Stg: Greiner-Oetinger (1862)
16 Predigt zur Festfeier des 18. Oktober, am 20. Trinitatis 1863 in der Hospitalkirche zu Stuttgart gehalten. 16 S. Stg: Greiner 1863
17 Predigt zur Konfirmation, am 15. Trinitatis 1863, in der Hospitalkirche zu Stuttgart gehalten. 14 S. Stg: Greiner (1863)
18 Pfingstrosen. 237 S. 16° Stg, Gütersloh: Bertelsmann 1864
19 Vierundsechzig Confirmations-Denksprüche. 64 lose Bl. i. Couvert. 16° Lpz: Volckmar 1865
20 Pilgerbrod. Noch ein Jahrgang Evangelien-Predigten. 13 Liefgn. 919 S. Lpz: Volckmar 1865–1866
21 (MV) J. Müllensiefen, E. V. Kohlschütter, K. G.: Drei Predigten bei der 21. Hauptversammlung des evangelischen Vereins der Gustav-Adolf-Stiftung in Dresden. 36 S. Dresden: Meinhold 1865
22 Die Apostelgeschichte in Bibelstunden ausgelegt. 2 Bde. 940 S. Stg, Gütersloh: Bertelsmann 1868
23 Blumen und Sterne. Gedichte. 307 S. 16° Lpz: Volckmar 1868
24 Predigt auf Helgoland, den 2. August 1868. 17 S. Bremen: Müller (1868)
25 Zum Andenken an die Konfirmations-Feier Ihrer Hoheit der Prinzessin Pauline von Sachsen-Weimar, Herzogin zu Sachsen. 12 S. o. O. (1869)
26 Predigt zur Eröffnung des Kirchentags, den 31. August 1869. In der Stiftskirche zu Stuttgart gehalten. 16 S. Stg: Greiner 1869
27 Predigt zur Feier des fünfzigjährigen Bestehens der württembergischen Landesverfassung, am 18. Sonntag nach Trinitatis, 26. September 1869, in der Königlichen Schloßkapelle zu Stuttgart gehalten. 14 S. Stg: Greiner 1869
28 Zwei Predigten beim Amtswechsel. 32 S. Stg, Gütersloh: Bertelsmann 1869
29 Eichenlaub. Deutsche Gedichte aus dem Jahre 1870. 43 S. 16° Bln: Lipperheide (1870)
30 Kriegspredigt am 8. Sonntag nach Trinitatis, 7. August 1870, in der Königlichen Schloßkapelle zu Stuttgart gehalten. 15 S. Stg: Greiner 1870
31 Predigt am Kriegs-Buß- und Bettag, 7. Trinitatis 1870, in der Königlichen Schloßkapelle zu Stuttgart gehalten. 14 S. Stg: Greiner 1870
32 (Hg.) M. Schneckenburger: Deutsche Lieder. Auswahl aus seinem Nachlaß. 79 S. Stg: Metzler 1870
33 Zum Gedächtniß unserer gefallenen Krieger. Abendgottesdienst. 10 S. Lpz: Amelang 1871
34 Deutsche Ostern. Zeit-Gedichte. 110 S. 16° Lpz: Amelang 1871
35 (MV) K. G. u. J. Friedländer: Erinnerung an Saßnitz und Crampas auf Rügen. 15 S., 1 Titelb., 1 Abb. o. O. (1871)
36 Worte am Grab der Grafen Erich und Axel von Taube. 8 S. Stg: Greiner 1871
37 Predigt bei der 26. Hauptversammlung des evangelischen Vereins der Gustav-Adolf-Stiftung in Speyer am 28. August 1872 gehalten in der Trinitatis-Kirche. 14 S. Lpz: Selbstverlag des Centralvorstandes des ev. Vereins der Gustav-Adolf-Stiftung 1872
38 Predigt zur kirchlichen October-Versammlung am 10. October 1871. 16 S. Bln: Beck 1872
39 Lebensabriß Ihrer Majestät der verewigten Königin Mutter Pauline von Württemberg. 9 S. Stg: Grüninger 1873
40 Rede bei der Vermählungs-Feier des Erbgroßherzogs Karl-August von

Sachsen-Weimar-Eisenach und der Prinzessin Pauline von Sachsen-Weimar-Eisenach, am 26. August 1873. 7 S. Weimar: Kühn 1873
41 Aus ernster Zeit. Neue Evangelienpredigten. 824 S. Lpz: Amelang 1873
42 Ein Friedensgruß unseren heimkehrenden Kriegern. 4 S. Lpz: Amelang (1874)
43 (MV) K. G., R. Kögel u. M. Reichard: Drei Predigten bei der 28. Hauptversammlung des evangelischen Vereins der Gustav-Adolf-Stiftung in Stuttgart am 22., 23. und 24. September 1874. 31 S. Lpz: Hinrichs 1874
44 Ein Aufruf zum Werk der Inneren Mission. Predigt. 15 S. Gotha: Perthes 1876
45 Jugenderinnerungen. 360 S. Bielefeld: Velhagen & Klasing 1876
46 Kinder sind Lieblinge Gottes. Predigt. 15 S. Stg: Steinkopf 1876
47 Der Segen, den Jesus auf die Kinderwelt gelegt hat. Predigt. 12 S. Stg: Greiner 1877
48 Vom christlichen Hausstande. Zwölf Predigten. 117 S. Dieburg, Darmstadt: Würtz 1878
49 (Einl.) Hedwig, die treue Magd des Herrn, eine Tabea im deutschen Norden. 48 S. 12⁰ Stg: Buchh. d. Ev. Gesellsch. (1878)
50 Moses und die Tochter Pharao's. In sieben Bildern. 7 Ku., 8 Bl. Text 2⁰ Bremen: Müller 1878
51 O heil'ger Geist, kehr bei uns ein! Predigt, am Pfingstfest 1878 in der Königlichen Schloßkapelle zu Stuttgart gehalten. 13 S. Stg: Greiner 1878
52 Palmblätter. Neue Folge. IX, 145 S., 2 Abb. Stg: Greiner 1878
53 (Einl.) P. Gerhardt: Geistliche Lieder. Einl. u. Lebensabriß K. G. 424 S. Stg, Lpz: Volckmar 1879
54 Albert Knapp als schwäbischer Dichter. Vortrag. 37 S. Stg: Knapp 1879
55 Hirtenstimmen. Noch ein Jahrgang Epistel-Predigten. 830 S. Stg: Greiner 1880
56 Passion und Ostern. Drei Predigten. 28 S. Stg: Greiner 1880
57 Von Bethlehem nach Golgatha. Das Leben unseres Herrn und Heilandes Jesu, nach den vier Evangelisten. 14 Liefgn. 4⁰ Stg: Kröner 1880
58 Matthias Claudius, der Wandsbecker Bote. Vortrag. 32 S. Darmstadt: Würtz 1881
59 (MV) L. B. Rüling, R. Kögel u. K. v. G.: Drei Predigten, bei der 36. Hauptversammlung des evangelischen Vereins der Gustav-Adolf-Stiftung in Leipzig am 12. und 13. September 1882 und bei der Nachfeier am Gustav-Adolf-Denkmal in Lützen am 15. September 1882. 29 S. Lpz: Hinrichs 1882
60 Von Jerusalem nach Rom. Die Apostelgeschichte in Bibelstunden ausgelegt. 2 Bde. 904 S. Gütersloh: Bertelsmann 1882
(Veränd. Neuaufl. v. Nr. 22)
61 Der Fischzug der Inneren Mission. Predigt. 15 S. Darmstadt: Würtz 1883
62 (Hg.) Die Wittenberger Nachtigall. Martin Luthers geistliche Lieder. 124 S. 16⁰ Stg: Krabbe 1883
63 Rede, beim dritten Landeskirchengesangfest am 14. Juni 1884 in der ev. Stadtkirche in Karlsruhe gehalten. 8 S. Karlsruhe: Reiff 1884
64 (MV) O. Förtsch u. K. v. G.: Zwei Festpredigten, bei der 39. Hauptversammlung des evangelischen Vereins der Gustav-Adolf-Stiftung in Eisenach gehalten. 23 S. Lpz: Hinrichs 1885
65 Auf einsamen Gängen. Gedichte. 320 S. 12⁰ Stg: Greiner (1885)
(Neuaufl. v. Nr. 52)
66 Ein schöner Herbst im Menschenleben. Predigt am 16. Trinitatissonntag, 20. September 1885, in Gegenwart Seiner Majestät des Deutschen Kaisers in der Königlichen Schloßkapelle zu Stuttgart gehalten. 11 S. Stg: Greiner & Pfeiffer 1885
67 Der letzte Strauß. Vermischte Gedichte. Der „Blumen und Sterne" Neue Folge. 200 S. 16⁰ Stg: Greiner 1885
68 Unter dem Abendstern. Gedichte. 152 S. 12⁰ Stg: Greiner 1886
69 Illusionen und Ideale. Ein Vortrag. 32 S. Stg: Krabbe (1886)
70 Zur Konfirmationsfeier Ihrer Hoheit der Prinzessin Olga Maria von Sachsen-Weimar-Eisenach, Herzogin zu Sachsen. 8 S. Stg: Dt. Verl.-Anst. (1886)
71 Brosamen. Noch ein Jahrgang Evangelien-Predigten, nebst einigen Gelegenheitsreden. 692 S. Stg: Greiner (1887)

72 Christkind. Bilder und Lieder. 14 Abb., 13 Bl. Text. 4° Stg: Greiner 1887
73 Predigt am Neujahrsfest 1887 in der Königlichen Schloßkapelle zu Stuttgart gehalten. 12 S. Stg: Greiner & Pfeiffer 1887
74 Der Barmherzige Samariter. Predigt am 13. Sonntag Trinitatis, gehalten in der Königlichen Schloßkapelle zu Stuttgart. 15 S. Stg: Krabbe 1887
75 Predigt zum Trauergottesdienst für Seine Majestät, weiland den Deutschen Kaiser Friedrich. 15 S. Stg: Krabbe 1888
76 Predigt zum Trauergottesdienst für Seine Majestät, weiland den Deutschen Kaiser Wilhelm I. 15 S. Stg: Krabbe 1888
77 Bis hieher hat uns der Herr geholfen! Predigt zum 25-jährigen Regierungsjubiläum Seiner Majestät des Königs Karl, 23. Juni 1889, 1. Sonntag nach Trinitatis in der Königlichen Schloßkapelle zu Stuttgart gehalten. 13 S. Stg: Krabbe 1889
78 (Hg., Einl.) M. Claudius: Der Wandsbecker Bote. Auswahl aus seinen Werken. 268 S. Gotha: Perthes 1889
79 Friede sei mit Euch! Predigt zum Neujahrsfest 1889 in der Königlichen Schloßkapelle zu Stuttgart gehalten. 14 S. Stg: Krabbe 1889
80 (Vorw.) Niemand, denn Jesus allein. Kurze tägliche Andachten, hg. von einem Gliede der evangelischen Kirche Livlands. 329 S. Stg: Greiner (1890)
81 Vor Feierabend. Letzte Predigten. 39 S. Stg: Krabbe 1890
82 Trost und Weihe. Reden und Predigten. 302 S. Stg: Krabbe 1890
83 Die Psalmen in Bibelstunden. 3 Bde. 459, 477, 541 S. Stg: Krabbe 1891
84 (Vorw.) Vergißmeinnicht aus Gottes Wort und dem Glaubensleben treuer Christen. 384 S., 1 Abb. Lpz: Richter (1892)
85 Der Heimat zu! Ein Jahrgang nachgelassene Evangelien-Predigten. 528 S. Stg: Krabbe 1893
86 Vor neunundzwanzig Jahren. Gustav-Adolf-Segen. Festpredigt, am 7. September 1865 beim Gustav-Adolf-Feste in der Frauenkirche zu Dresden gehalten. Aus Anlaß des Dresdner Gustav-Adolf-Jubiläums im Juli 1894 ... wieder aufgelegt. 15 S. Dresden: Sturm 1894 (Ausz. a. Nr. 21)
87 Poesie und Religion. 29 S. Stg: Krabbe 1895
88 (Einl.) Christliches Vergißmeinnicht. Gedenkbüchlein in Spruch und Lied für alle Tage des Jahres. 375 S., 1 Abb. 16° Stg: Greiner 1895
89 Ausgewählte Dichtungen. 395 S. m. Bildn. Stg: Greiner 1907

GERSTÄCKER, Friedrich (1816–1872)

1 (Übs.) C. F. Hoffmann: Wilde Scenen in Wald und Prärie mit Skizzen amerikanischen Lebens. 2 Bde. 17 Bg. 12° Dresden, Lpz: Arnold 1845
2 Streif- und Jagdzüge durch die Vereinigten Staaten Nord-Amerikas. Vorw. T. Braume. 2 Bde. 27 1/2 Bg. Dresden, Lpz: Arnold 1845
3 (Bearb.) Echos aus den Urwäldern oder Skizzen transatlantischen Lebens. Nach englischen Quellen bearb. 17 Bg. Lpz: Gerhard 1846
4 Der Kinderspiegel. 16 Bl. Abb. m. Text. Lpz: Wigand 1846
5 (Übs.) Die Quäkerstadt und ihre Geheimnisse. Amerikanische Nachtseiten. Nach dem hinterlassenen Manuskripte des Herrn K. 4 Bde. 67 1/8 Bg. Lpz: Wigand (1846)
6 Die Regulatoren in Arkansas. Aus dem Waldleben Amerikas. 3 Bde. 55 3/8 Bg. Lpz: Vereins-Buchhdlg. 1846
7 Der deutschen Auswanderer Fahrten und Schicksale. 317 S., 1 Kt. Lpz: Brockhaus (= Volksbibliothek 4) 1847
8 Mississippibilder. Licht- und Schattenseiten transatlantischen Lebens. 3 Bde. 343, 386, 371 S. Lpz: Arnold 1847
9 Reisen um die Welt. 6 Bde. XXVIII, 951 S. Lpz (:Schlicke) (1847)
10 Die Flußpiraten des Mississippi. 3 Bde. 770 S. Lpz (: Costenoble) 1848
11 Schießwaffen. Einige Worte über den Gebrauch und die Behandlung der Büchsen und Flinten. 16 S. Lpz: Wigand 1848
12 Pfarre und Schule. Eine Dorfgeschichte. 3 Bde. XIV, 779 S. Lpz (:Schlicke) 1849
13 Amerikanische Wald- und Strombilder. 2 Bde. VI, 429 S. Lpz: Arnold 1849

14 Wie ist es denn nun eigentlich in Amerika? VIII, 127 S. 16° Lpz (:Schlicke) 1849
15 Reisen. 5 Bde. 2465 S. Stg: Cotta 1853–1854
16 Der Wahnsinnige. Erzählung aus Süd-Amerika. 181 S. Bln: Springer 1853
17 Tahiti. 4 Bde. 1316 S. Jena: Costenoble (1854)
18 Fritz Waldau's Abenteuer zu Wasser und zu Lande. 394 S. Mchn: Braun & Schneider 1854
19 Aus zwei Welten. Gesammelte Erzählungen. 2 Bde. VI, 844 S. Lpz: Arnold 1854
20 Nach Amerika! Volksbuch. 6 Bde. 1603 S., 24 Abb. Jena: Costenoble 1855
21 Aus Nord- und Südamerika. 228 S. Prag, Wien, Lpz: Günther (= Album. Bibliothek deutscher Original-Romane) 1855
22 Aus der See. 287 S. Prag, Wien, Lpz: Günther (= Album. Bibliothek deutscher Original-Romane) 1855
23 Californische Skizzen. 379 S. Lpz: Arnold 1856
24 Die beiden Sträflinge. Australischer Roman. 3 Bde. IX, 889 S. Lpz: Costenoble 1856
25 Eine Gemsjagd in Tyrol. 159 S., 46 Abb. Lpz: Keil 1857
26 Das alte Haus. 345 S. Jena: Costenoble 1857
27 Herrn Mahlhubers Reiseabenteuer. 142 S. Lpz: Brockhaus 1857
28 Aus dem Matrosenleben. 307 S. Lpz: Arnold 1857
29 Waidmanns Heil! 138 S. 4° Mchn: Braun & Schneider 1857
30 Die Welt im Kleinen für die kleine Welt. 7 Bde. 817 S., 9 Abb. Lpz: Schlicke (1857–1861)
31 Der erste Christbaum. 162 S., 6 Abb. Jena: Costenoble 1858
32 Der Flatbootmann. 240 S. Prag, Wien, Lpz: Günther (= Album. Bibliothek deutscher Original-Romane) 1858
33 Gold! Ein californisches Lebensbild. 3 Bde. 980 S. Jena: Costenoble 1858
34 Der kleine Goldgräber in Californien. 346 S., 6 Abb. Jena: Costenoble 1858
35 Blau Wasser. Skizzen aus dem See- und Inselleben. 391 S. Lpz: Arnold 1858
36 Hell und Dunkel. Gesammelte Erzählungen. 2 Bde. 795 S. Lpz: Arnold 1859
37 Inselwelt. 2 Bde. 815 S. Lpz: Arnold 1860
38 Unter dem Äquator. Javanisches Sittenbild. 3 Bde. 1082 S. Jena: Costenoble 1861
39 Der Kunstreiter. 3 Bde. 654 S. Jena: Costenoble 1861
40 Heimliche und unheimliche Geschichten. 2 Bde. 604 S. Lpz: Arnold 1862
41 Achtzehn Monate in Süd-Amerika und dessen Colonien. 3 Bde. 1404 S. Jena: Costenoble 1862
42 Aus meinem Tagebuche. 2 Bde. 482 S. Lpz: Arnold 1863
43 Im Busch. 3 Bde. 384 S. 16° Jena: Costenoble (= Deutsche Romanbibliothek) 1864
44 Die Colonie. Brasilianisches Lebensbild. 3 Bde. 920 S. Jena: Costenoble 1864
45 Das Märchen von dem Schneider, der Bauchschmerzen hatte. 70 S., 3 Abb. 16° Lpz: Schlicke 1864
46 Der kleine Walfischfänger. Erzählung für die Jugend. 371 S. Jena: Costenoble 1864
47 Der Wilderer. Drama. 132 S. 16° Jena: Costenoble 1864
48 Sennor Aguila. Peruanisches Sittenbild. 3 Bde. 949 S. Jena: Costenoble (= Zwei Republiken 2) 1865
49 General Franco. 3 Bde. 793 S. Jena: Costenoble (= Zwei Republiken 1) 1865
50 Unter Palmen und Buchen. 3 Bde. 298, 301, 344 S. Lpz: Arnold 1865–1867
51 „Paetz und Putz" oder die Lebensgeschichte zweier Bären. 76 S., 2 Taf. 16° Lpz: Schlicke 1865
52 Wilde Welt. Erzählungen. 3 Bde. 301, 318, 356 S. Lpz: Arnold 1865–1867
53 Eine Mutter. Roman. 3 Bde. 952 S. Jena: Costenoble (1866)
54 Der Erbe. Roman. 3 Bde. 1041 S. Jena: Costenoble 1867
55 Unter den Penchuenchen. Chilenischer Roman. 3 Bde. 976 S. Jena: Costenoble 1867
56 Hüben und drüben. Erzählungen. 3 Bde. 1007 S. Lpz: Arnold 1868
57 Die Missionäre. Roman. 3 Bde. 1045 S. Jena: Costenoble 1868
58 Neue Reisen durch die Vereinigten Staaten, Mexico, Ecuador, Westindien und Venezuela. 3 Bde. 1279 S. Jena: Costenoble 1868
59 Das sonderbare Duell. 93 S. Bln: Goldschmidt (= Bibliothek für Haus und Reise) 1869

60 Irrfahrten. 141 S. Bln: Goldschmidt (= Bibliothek für Haus und Reise) 1869
61 Kreuz und Quer. Erzählungen. 3 Bde. 1049 S. Lpz: Arnold 1869
62 Ein Parcerie-Vortrag. Erzählung. 148 S. Lpz: Keil 1869
63 Die Blauen und Gelben. Venezuelanisches Charakterbild aus der letzten Revolution von 1868. 3 Bde. 1043 S. Jena: Costenoble 1870
64 Nach dem Schiffbruch. 163 S. 16⁰ Jena: Costenoble (= Unterhaltungs-Bibliothek für Reise und Haus) 1870
65 Buntes Treiben. Erzählungen. 3 Bde. 1070 S. Lpz: Arnold 1870
66 Das Wrack des Piraten. 170 S. 16⁰ Jena: Costenoble (= Unterhaltungs-Bibliothek für Reise und Haus) 1870
67 Die Franctireurs. 219 S. 16⁰ Jena: Costenoble (= Unterhaltungs-Bibliothek für Reise und Haus 9) 1871
68 Kriegsbilder eines Nachzüglers aus dem deutsch-französischen Kriege. 176 S. 16⁰ Jena: Costenoble (= Unterhaltungs-Bibliothek für Reise und Haus 8) 1871
69 In Mexico. 4 Bde. 1526 S. Jena: Costenoble 1871
70 Verhängnisse. 135 S. Bln: Goldschmidt (= Bibliothek für Haus und Reise) 1871
71 In Amerika. Amerikanisches Lebensbild. 3 Bde. 623 S. Jena: Costenoble 1872
72 Im Eckfenster. Roman. 4 Bde. 1105 S. Jena: Costenoble 1872
73 Das Hintergebäude. Eine Erzählung. 213 S. Lpz: Günther 1872
74 Ein Plagiar. Mexicanische Erzählung. 124 S. Bln: Goldschmidt (= Bibliothek für Haus und Reise) 1872
75 Gesammelte Schriften. 44 Bde. Jena: Costenoble 1872–1879
76 Der Tolle. VII, 154 S. 16⁰ Jena: Costenoble (= Unterhaltungs-Bibliothek für Reise und Haus 14) 1872
77 Die Pampas-Indianer. Reise-Abenteuer in den Steppen der Argentinischen Republik von Südamerika. Für die deutsche Jugend. 216 S., 6 Abb. Dresden: Bock 1874
78 Kleine Erzählungen und nachgelassene Schriften. 3 Bde. 882 S. Jena: Costenoble 1879

GERSTENBERG, Heinrich Wilhelm von (1737–1823)

1 ★Prosaische Gedichte. 61 S. Altona: Iversen 1759
2 ★Tändeleyen. 64 S. Lpz: Dyck 1759
3 ★Kriegslieder eines königlichen dänischen Grenadiers bey Eröffnung des Feldzuges. 30 S. 12⁰ o.O. 1762
4 ★(Übs.) J. B. J. Damarzit de Sahuguet, Bon d'Espagnac: Versuch über den großen Krieg... A. d. Franz. 2 Bde. 472, 408 S. Kopenhagen u. Lpz: Ackermann 1763
5 ★Handbuch für einen Reuter, von Ohle Madsen, Reuter. Altona: Linke 1763
6 ★(Übs.) F. Beaumont u. J. Fletcher: Die Braut. Eine Tragödie. Nebst kritischen und biographischen Abhandlungen über die vier größten Dichter des ältern brittischen Theaters und einem Schreiben an Weiße. 294 S. Kopenhagen, Lpz: Roth & Profft 1765
7 (MV) Tragische Kantaten für eine oder zwei Singstimmen und das Klavier. (H. W. v. G.:) Ariadne auf Naxos. Eine tragische Cantate. (– J. E. Schlegel: Prokris und Cephalus.) 6 Bl., 80 S. 2⁰ Kopenhagen, Lpz: Momm 1765
8 ★Briefe über Merkwürdigkeiten der Litteratur. 3 Bde., 1 Forts.-Bd. Schleswig, Lpz: Hansen (1–3) bzw. Hbg, Bremen (Forts.-Bd.) 1766–1770
9 ★Gedicht eines Skalden. 24 S., 1 Ku. 4⁰ Kopenhagen, Odensee, Lpz: Rothens Wwe. & Profft 1766
10 ★Ugolino. Eine Tragödie in fünf Aufzügen. 67 S. 4⁰ Hbg, Bremen: Cramer 1768
11 ★Minona, oder Die Angelsachsen. Ein Tragisches Melodrama in vier Akten. Musik J. A. P. Schulz. 190 S., 1 Bl. Hbg: Hoffmann 1785
12 Sämtliche poetische Schriften. 3 Bde. m. Bildn. u. Ku. Wien: Schraembel 1794
   (Unrechtm. Dr.)

13 Vermischte Schriften von ihm selbst gesammelt u. mit Verbesserungen u. Zusätzen hg. 3 Bde. 526; 288; XVI, 420 S. Altona: Hammerich 1815–1816
14 An Karl von Villers, über ein gemeinschaftliches Princip der theoretischen und praktischen Philosophie. XII, 51 S. Altona: Hammerich 1821

Gessner, Salomon (1730–1788)

1 *Die Nacht. 12 S. 4° o. O. (1753)
2 *Daphnis. 132 S. Zürich: Geßner 1754
3 *Idyllen von dem Verfasser des Daphnis. 134 S. Zürich: Geßner 1756
4 *Inkel und Yariko. 2. Theil. 6 S. 4° Zürich: Orell Füßli 1756
5 *(Hg., Vorw.) J. F. Frh. v. Cronegk: Einsamkeiten. Ein Gedicht in zween Gesängen. 46 S. Zürich: Geßner 1758
6 *Der Tod Abels in fünf Gesängen. 226 S. Zürich: Geßner 1758
7 (Vorw.) Sophokles Elektra ... 4 Bde. Zürich: Geßner 1759(–1760)
8 Gedichte. 260 S. Zürich: Orell & Geßner 1762
9 Schriften. 4 Bde. Zürich: Orell & Geßner 1762
10 (Vorw.) (J. W. L. Gleim:) Der blöde Schäfer. 48 S. Zürich: Orell & Geßner 1767
11 (MV) D. Diderot u. S. G.: Moralische Erzählungen und Idyllen. 273, 1 S. Zürich: Orell, Geßner & Füßli 1772
12 Idyllen. 5 Bde. m. Abb. Zürich: Orell Füßli 1772
13 Schriften. 2 Bde. 307, 304 S. m. Ku. 4° Zürich: Orell Füßli 1777–1778
14 (Vorw.) F. X. Bronner: Fischergedichte und Erzählungen. 2 Bde. 174 S. Zürich: Orell Füßli 1787
15 Briefwechsel mit seinem Sohne ... IV, 233 S. (Frakturschr.); gleichzeitig IV, 332 S. (Antiqua). Bern, Zürich: Geßner 1801
16 (Hg.) J. K. Lavater: Nachgelassene Schriften. 5 Bde. Zürich: Orell Füßli 1801–1802

Gillhof, Johannes (1861–1930)

1 (Hg.) Die mecklenburgischen Volksrätsel. Ges., eingel. u. m. d. Varianten hg. 142 S. Parchim: Wehdamm 1892
2 Bilder aus dem Dorfleben. 314 S. Dresden: Reissner 1905
3 Zur Sprache und Geschichte des kleinen Katechismus. 116 S. Lpz: Dürr 1909
4 Jürnjakob Swehn, der Amerikafahrer. 7, 290 S. Bln: Dom-V. 1917
5 (Hg.) Mecklenburgische Monatshefte. Jg. 2–6, je 12 H. Rostock: Hinstorff 1926–30
6 (Hg.) Singt an! Ein Liederbuch für Jung und Alt im lutherischen Volk. Geistlicher Gesang. VIII, 160 S., 4 S. Noten. Zwickau: Herrmann 1929
7 (MV) J. G. u. T. G.: Möne Markow, der neue Amerikafahrer. Roman. 296 S. Bln-Schöneberg: Weiss (1957)

Gilm zu Rosenegg, Hermann von (1812–1864)

1 Tiroler Schützenleben. 38 S. Innsbruck: Wagner 1863
2 Gedichte. 2 Bde. 320, 302 S. 16° Wien: Gerold 1864–1865
3 Ausgewählte Dichtungen. Hg. A. v. d. Passer. 253 S. Lpz: Liebeskind 1889
4 Gedichte. Gesamtausg. Hg. R. Greinz. 423 S. m. Bildn. u. Faks. 16° Lpz: Reclam (= Universal-Bibliothek 3391–3394) 1895

Ginzkey, Franz Karl (1871–1963)

1 Ergebnisse. Ein Buch Lyrik. 128 S. Wien: Stetter 1901
2 Hatschi-Bratschi's Luftballon. Eine Dichtung für Kinder. 35 Bl. m. Abb. Wien: Wiener Verl. 1904

3   Das heimliche Läuten. Neue Gedichte. 109 S. Lpz: Staackmann 1906
4   Jakobus und die Frauen. Eine Jugend. 248 S. Lpz: Staackmann 1908
5   Geschichten einer stillen Frau. 216 S. Lpz: Staackmann 1909
6   Balladen und neue Lieder. 124 S. Lpz: Staackmann 1910
7   Der von der Vogelweide. Roman. 388 S. Lpz: Staackmann 1912
8   Aus der Werkstatt des Lyrikers. Vortrag. 55 S. Wien: Heller 1913
9   Der Wiesenzaun. Eine Dürer-Novelle. 121 S. m. Abb. Lpz: Staackmann 1913
10 Den Herren Feinden! Ein Trutz- und Mahnlied. 4 Bl. Wien: Heller 1914
11 Die Front in Tirol. 126 S., 8 Taf. Bln: Fischer (= Sammlung von Schriften zur Zeitgeschichte 15) 1916
12 Der Gaukler von Bologna. 278 S. Lpz: Staackmann 1916
13 Helden. Schilderungen ruhmreicher Taten aus dem Weltkrieg 1914/16. Nach amtlichen Quellen und eigenen Wahrnehmungen dargestellt. 148 S., 7 Taf. Wien: K. k. Schulbücherverlag 1916
14 Lieder. 71 S. Konstanz: Reuß & Itta (= Die Zeitbücher 46) 1916
15 Befreite Stunde. Neue Gedichte. 71 S. Lpz: Staackmann 1917
16 (MV) R. H. Bartsch, J. F. Schütz, F. K. G.: Frauen. Drei Novellen. 199 S. Graz: Kienreich (= Bücherei österreichischer Schriftsteller 1) 1918
17 Der Doppelspiegel. Betrachtungen und Erzählungen. 264 S. Wien: Wiener Literar. Anst. 1920
18 Rositta. Novelle. 174 S. Lpz: Staackmann 1920
19 Die einzige Sünde. Novelle. 152 S. Lpz: Staackmann 1920
20 Vom Gastmahl des Lebens. Ausgewählte Gedichte. Festgabe zu G's 50. Geburtstag. 68 S., 1 Titelb. 4° Wien: Staatsdruckerei (= Liebhaberausgaben 3) 1921
21 Der Prinz von Capestrano. Eine Florentiner Novelle. 79 S., 6 Abb. 4° Wien: Wiener Literar. Anst. 1921
22 (Hg.) Romantik der Weltliteratur. 8 Bde. Wien: Rikola-V. (1922: 2 Bde. b. Speidel, Wien) 1921-1925
23 (Einl.) Fahrende Sänger von heute. Erlebnisse deutscher Dichter auf ihren Vortragsreisen. 359 S. Wien: Wiener Literar. Anst. 1921
24 Es war einmal. Alt-Wiener Balladen. 36 S., 12 Taf. 4° Wien: Munk 1922
25 Gedichte. 2 Bde. 174 S., 1 Taf.; 126 S. 16° Lpz: Staackmann 1922-1923 (Verm. Neuaufl. v. Nr. 3 u. 15)
26 (MV) U. Seidl: Alt-Salzburger Bilder, nach zehn Federzeichnungen. Text K. F. G. IV S., 10 Taf. 4° Wien: Würthle 1922
27 Von wunderlichen Wegen. Sieben Erzählungen. 276 S. Lpz: Staackmann 1922
    (Enth. u. a. Nr. 21)
28 Balladen aus dem alten Wien. 91 S. Wien: Wiener Literar. Anst. 1923
29 Brigitte und Regine. Erzählung. 46 S., 7 Abb. 4° Lpz: Staackmann 1923 (Ausz. a. Nr. 27)
30 Die Reise nach Komakuku. Geschichten aus seltsamer Jugend. 327 S. Wien: Rikola-V. 1923
31 (Nachw.) R. H. Bartschi: Pfingstküsse. Novellen. 78 S. Lpz: Reclam (= Reclam's UB. 6452) 1924
32 Brigitte und Regine und andere Dichtungen. Nachw. S. Zweig. 77 S. Lpz: Reclam (= Reclam's UB. 6453) 1924
    (Enth. u. a. Ausz. a. Nr. 27)
33 (Nachw.) A. Petzold: Das letzte Mittel und andere Geschichten. 75 S. Lpz: Reclam (= Reclam's UB. 6457) 1924
34 Der Regenbogen. Ein Buch vom frohgemuten Ich. 193 S. Dresden, Lpz: Falken-V. (= Bücher vom heiteren Herzen 2) 1924
35 Der Weg zu Oswalda. Eine Erzählung. 136 S. 16° Lpz: Staackmann 1924
36 Lieder, Balladen, Erzählungen. 81 S. m. Abb. Wien: Deutscher Verlag für Jugend und Volk 1925
37 Der seltsame Soldat. Erzählungen. 279 S. Lpz: Staackmann 1925
38 Bunte Welt. Erzählungen, Lieder und Balladen. Nachw. F. Trathnigg. 165 S. Wien: Österr. Bundesverl. (= Deutsche Hausbücherei 140) 1925
39 Harfe und Trompete. Geschichte aus seltsamer Jugend. 2 Bde. 327, 279 S. Lpz: Staackmann 1926
    (Neuaufl. v. Nr. 30 u. 37)

40 Der Kater Ypsilon. 153 S. Lpz: Staackmann 1926
41 Der Gott und die Schauspielerin. 195 S. Lpz: Staackmann 1928
42 Florians wundersame Reise über die Tapete. 14 Bl. 4° Graz: Verl. Das Bergland-Buch (1928)
43 (MV) A. Uzarski: Bunt durcheinander. Ein Bilderbuch. Reime v. F. K. G. 15 S. 4° Mainz: Scholz 1928
44 Drei Frauen. Rositta, Agnete, Oswalda. Vorw. K. H. Strobl. 361 S. Graz: Verl. Das Bergland-Buch 1929 (Enth. Nr. 18, 19, 35)
45 (Einl.) B. Ring: Die Jungfrau. 326 S., 1 Titelb. Graz: Verl. Das Bergland-Buch (= Das Bergland-Buch) 1929
46 Der Wundervogel. Roman. 259 S. Lpz: Staackmann 1929
47 (Vorw.) R. Mimra: Batterie vier. 347 S., 1 Titelb. Graz: Verl. Das Bergland-Buch (= Das Bergland-Buch) 1930
48 Befreite Stunde. Neue Gedichte. 169 S. Lpz: Staackmann 1930 (Veränd. Neuaufl. v. Nr. 15; enth. u. a. Ausz. a. Nr. 6)
49 Balladenbuch. 144 S. Lpz: Staackmann 1931
50 Gespenster auf Hirschberg. Aus den hinterlassenen Handschriften des Majors von Baltram. 248 S. Lpz: Staackmann 1931
51 Das Ginzkeybändchen. Von einem Dichter, der Soldat war. Aus F. K. G.s Werken ausgew. u. zsgest. O. Zimmermann. 71 S. Mchn: Verl. d. Jugendblätter 1931
52 Das verlorene Herz. Ein Märchenspiel. Freie Dichtung nach dem norwegischen Spiel von Barbra Ring. 100 S. Lpz: Staackmann 1931
53 Magie des Schicksals. Novelle. 37 S. m. Abb. Lpz: Staackmann 1932
54 (Hg.) Bunte Welt. Eine Jugendbücherei. 3 Bde. 172 S.; 140 S. m. Abb.; 119 S. m. Abb. Salzburg: Pustet 1932-1933
55 Die Raumrakete. Puppenspiel. Salzburg: Aicher 1933
56 Das Antlitz Salzburgs. 57 S. m. Abb. 4° Salzburg: Pustet 1933
57 Salzburg und das Salzkammergut. 49 S., 64 S. m. Abb., 1 Kt. 4° Bielefeld: Velhagen & Klasing (= Monographien zur Erdkunde 48) 1934
58 Prinz Tunora. 245 S. m. Taf. Lpz: Staackmann u. Wien: Zsolnay 1934
59 Liselotte und ihr Ritter oder Warum nicht Romantik? Roman. 219 S. Graz: Stocker 1936
60 Sternengast. Neue Gedichte. 67 S. Wien: Zsolnay 1937
61 (Hg.) Gesänge der Ostmark. Lyrik-Auswahl. 132 S. Lpz: Reclam (= Reclam's UB. 7413-7414) 1938
62 Vom tieferen Leben. Auswahl der Gedichte. 77 S. Lpz: Staackmann 1938
63 (Hg., Einl.) Deutsche Balladen. Auswahl für Schule, Haus und Vortrag. 221 S. Lpz: Reclam (= Reclam's UB. 7429-7431) 1939
64 Der selige Brunnen. Eine Raphael Donner-Novelle. 91 S. Wien: Zsolnay (= Die hundert kleinen Bücher 2) 1940
65 Gedichte. Auswahl. 135 S. Salzburg: Verl. Das Bergland-Buch (= Das Bergland-Buch) 1940
66 Meistererzählungen. 232 S. Wien: Zsolnay 1940
67 Erschaffung der Eva. Ein epischer Gesang. 133 S. Wien: Zsolnay 1941
68 Schatten im Leben. Romanwerk. 348 S. Graz, Wien, Lpz: Stocker (1941) (Überarb. Neuausg. v. Nr. 40, 41, 50)
69 Mozarts unsterbliche Sendung. Festrede. 15 S. Wien: Wiener Bibliophilen-Ges. 1942
70 (Einl.) K. Springenschmid: Sechs gegen Napoleon. Tiroler Buben 1809. 309 S. Wien, Lpz: Frau und Mutter-Verl. (1942)
71 Die dreißig Tänzer. Erzählungen. 95 S. Wien, Bln, Lpz: Bischoff 1942 (Ausz. a. Nr. 66)
72 Zeit und Menschen meiner Jugend. 349 S. Wien: Wiener Verl. 1942 (Neuaufl. v. Nr. 30)
73 Taniwani. Ein fröhliches Fischbuch. 47 S. m. Abb. Wien: Amandus-V. 1947
74 Balladenbuch. 200 S. m. Abb. Wien: Günther 1948 (Erw. Neuaufl. v. Nr. 49)
75 Das Ginzkeybuch. Eine Auswahl. Hg. R. Bamberger. 166 S., 1 Titelb. Wien: Leinmüller 1948
76 Der Heimatsucher. Ein Leben und eine Sehnsucht. 251 S. Graz, Wien: Stocker 1948

77 Genius Mozart. Ein Mozart-Brevier. 195 S., 8 Taf. Wien: Gallus-V. 1949
78 Die Geschichte einer stillen Frau. Roman. 267 S. Wien: Österr. Buchgemeinschaft 1951
(Neufassg. v. Nr. 5)
79 Lebenssprüche. 97 S. Wien: Österr. Bundesverl. 1951
80 Lieder und Balladen. 63 S. Graz, Wien, Mchn: Stiasny (= Dichtung der Gegenwart 2) 1951
81 Nachdenklicher Tierkreis, 57 S., 7 Taf. Wien: Kaltschmid (= Humania-Schriften-Reihe) 1951
82 Der Träumerhansl. Dichtung für Kinder. 26 ungez. Bl. m. Abb. Wien: Verl. Jungbrunnen 1952
83 Seitensprung ins Wunderliche. Grotesk-Gedichte. 46 S., 1 Taf. Wien: Wiener Bibliophilen-Ges. (= Jahresgabe der Wiener Bibliophilen-Ges. 41) 1953
84 Sternengast. Gedichte. 95 S. Wien: Kremayr & Scheriau 1953
(Erw. Neuaufl. v. Nr. 60)
85 (MV) Das verlorene Herz. Dem norwegischen Märchenspiel v. B. Ring nacherzählt v. F. K. u. Stephanie G. 60 S. m. Abb. Wien: Breitschopf (= Die bunten Kinderbücher) 1954
86 Altwiener Balladen. 63 S. m. Abb. Wien: Österr. Bundesverl. 1955
87 Der Tanz auf einem Bein. Ein Seitensprung ins Wunderliche. 30 ungez. Bl. m. Abb. Wien; Stg: Wancura 1956
(Neuaufl. v. Nr. 83)
88 Wege zum Buch. Geschichten um Bücher. Hg. anläßlich der neunten Österreichischen Buchwoche, 10. bis 18. November 1956. 31 S. Wien: Verband der Österr. Buch-, Kunst-, Musikalien-, Zeitungs- und Zeitschriftenhändler 1956
89 Ausgewählte Werke. 4 Bde. Wien: Kremayr & Scheriau 1960

GISEKE, Nikolaus Dietrich (1724–1765)

1 (MH) Der Jüngling. Wochenschrift. Hg. J. A. Cramer. N. D. G., G. W. Rabener u. J. A. Ebert. 2 Bde. Lpz: Wendler 1747
2 Poetische Werke. Hg. C. C. Gärtner. XXVI, 420 S. Braunschweig: Waisenhaus-Buchh. 1767
3 *Das Glück der Liebe, in drey Gesängen. 48 S. Braunschweig: Waisenhaus-Buchh. 1769
4 Predigten in einer neuen Sammlung. Aus seinen Handschriften. Hg. J. A. Schlegel. 7 Bl., 388 S. Flensburg, Lpz: Korten 1780

GLAESER, Ernst (1902–1963)

1 Überwindung der Madonna. Drama. 78 S. Potsdam, Bln: Kiepenheuer 1924
2 Jahrgang 1902. 354 S. Bln: Kiepenheuer (1928)
3 Fazit. Ein Querschnitt durch die deutsche Publizistik. 315 S. Hbg: Enoch 1929
4 Frieden. Roman. 389 S. Bln: Kiepenheuer 1930
5 (MV) E. G. u. F. C. Weiskopf: Der Staat ohne Arbeitslose. Drei Jahre „Fünfjahresplan". VIII, 198 S., 265 Abb. 4° Bln: Kiepenheuer 1931
6 Das Gut im Elsaß. Roman. 288 S. Bln: Kiepenheuer 1932
7 Der letzte Zivilist. Roman. 406 S. Paris: Europ. Merkur 1935
8 Das Unvergängliche. Erzählungen. 120 S. Amsterdam: Querido-V. 1936
9 Das Jahr. 139 S., 50 Abb. Zürich: Weltwoche-V. 1938
10 Wider die Bürokratie. 31 S. Kassel: Schleber (= Streitschriften 2) 1947
11 Frieden 1919. Roman. 182 S. Wiesbaden: Limes-V. 1947
(Neufassung v. Nr. 4)
12 Kreuzweg der Deutschen. Ein Vortrag. 30 S. Wiesbaden: Limes-V. 1947
13 Die deutsche Libertät. Ein dramatisches Testament in zwei Aufzügen und mit einem Nachwort. 47 S. Kassel: Schleber 1948

14 (Hg.) Mit offenen Augen. Ein Reisebuch deutscher Dichter. 255 S., 20 Taf. Stg: Cotta 1951
15 Köpfe und Profile. 177 S., 11 Bl. Abb. Zürich: Scientia-V., Wien: Gallus-V., Bln: Nauck (1952)
16 Das Kirschenfest. Erzählungen. 183 S. m. Abb. Zürich: Scientia-V., Bln: Nauck, Wien: Gallus-V. (1953)
17 Glanz und Elend der Deutschen. Roman. 432 S. Mchn: Desch 1960
18 Die zerstörte Illusion. Roman. 316 S. Mchn, Wien, Basel: Desch 1960

GLASSBRENNER, Adolf (+Adolf Brennglas)   (1810–1876)

1 +Berlin, wie es ist und – trinkt. 32 H., je 1 Titelku. 16° Lpz: Jackowitz 1832 bis 1850
2 +Die politisirenden Eckensteher. Nach dem Leben gezeichnet. 22 S. 16° Bln: Bechtold & Hartje 1833
3 (Hg.) Das Brennglas. Eine humoristische Zeitschrift. 1. Jg. 36 Nrn. 2° Lpz: Wigand 1834
4 Aus den Papieren eines Hingerichteten. 5 Bl., 282 S. Lpz: Vetter & Rostosky 1834
5 Leben und Treiben der feinen Welt. 2 Bl., 212 S. Lpz: Wigand 1834
6 Novellen-Almanach 1835, 1836, 1837. 3 Bde. Lpz: Wigand 1834–1836
7 *Bilder und Träume aus Wien. 2 Bde. XII, 240 S.; 1 Bl., 214 S. 12° Lpz: Volckmar 1836
8 +Der Berliner Guckkastenmann. Scherzhafte Posse in einem Akt. 44 S. m. Titelb. Nordhausen (o. Verl.) 1836
9 Taschenbuch für ernste und heitere Poesie. 6 Bde: Bln: Plahn 1836–1838
10 +Buntes Berlin. Interessante Charakteristiken aus dem Berliner Volksleben. 15 H. Bln: Plahn (1–14) bzw. Lpz: Reclam (15) 1837–1841
11 *Deutsches Liederbuch. Eine Auswahl. 10 1/4 Bg. Bln: Plahn 1837
12 +Herr Buffey in der berliner Kunstausstellung. Ein Lebensbild. 4 Bde. 9 Bg. 12° Bln: Plahn 1838–1839
13 +Berliner Erzählungen und Lebensbilder. 1. Bd. 2 Bl., 191 S., 4 Abb. Bln: Plahn 1838
14 +Aus dem Leben eines Gespenstes. 6 Bl., 390 S. Lpz: Reichenbach 1838
15 +Politisierende berliner Eckensteher. 2 Bg. Lpz: Reclam 1839 (Neuausg. v. Nr. 2)
16 Neue Berliner Guckkastenbilder. 44 S. 16° Mannheim: Wolff 1841
17 Schilderungen aus dem Berliner Volksleben. 2 Bde. 195 S., 12 Abb. Bln: Crantz 1841
18 Antigone in Berlin. Frei nach Sophokles. 3 1/2 Bg. Lpz: Jackwitz (1843)
19 *Die Berliner Gewerbe-Ausstellung. Genrebild. 2 Bde. 48, 70 S. Lpz: Hermann 1844
20 *1843 im Berliner Guckkasten. 3 Bg., 1 Titelb. Lpz (o. Verl.) 1844
21 *Verbotene Lieder. Von einem norddeutschen Poeten. 200 S. Bern: Jenni 1844
22 Die jüngste Walpurgisnacht. 36 S., 1 Titelb. Bern: Jenni 1844
23 *Lieder eines norddeutschen Poeten. 200 S. Bern: Jenni 1845 (Neuaufl. v. Nr. 21)
24 +Herrn Buffey's Wallfahrt nach dem heiligen Rocke. Genrebild. 147 S. Hbg: Verl.-Compt. 1845
25 +1845 im Berliner Guckkasten. 35 S. Hbg: Kaibel 1846
26 Neuer Reineke Fuchs. 392 S. Lpz: Lorck 1846
27 Offenes Sendschreiben an das Ober-Censurgericht in Berlin, in Sachen des Gedichts „Neuer R. Fuchs". 2 Bg. Hbg: Verl.-Compt. 1846
28 Der Staat des deutschen Theaters. Ein Fastnachtsscherz. (S.-A.) 5/8 Bg. Lpz: Keil 1846
29 +Komischer Volkskalender. 17 Bde. m. Abb. Bln, Hbg: Verl.-Compt. 1846–1867
30 April! Ein Gedicht. 58 S. 12° Hbg: Hoffmann & Campe 1847
31 *Hamburg im Berliner Guckkasten. 40 S., 1 Titelb. Lpz: Jackowitz 1847
32 *Dr. Eisele's und Baron Beisele's Landtagsreise. Genrebilder aus der neuesten Zeitgeschichte im April 1847. 32 S. m. Titelb. Lpz: Jackowitz 1847

33 *Nebelbilder aus der neuesten Weltgeschichte des Jahres 1846. 32 S. Lpz: Jackowitz 1847
34 *Schleswig-Holsteinische Nebelbilder ... von Prof. Nante. 22 S. m. Titelb. Lpz: Jackowitz 1847
35 +Berliner Volksleben. 3 Bde. m. Abb. Lpz: Engelmann 1847–1851 (Veränd. Neuausg. v. Nr. 17)
36 (Hg.) Freie Blätter. Illustrierte politisch-humoristische Zeitung. Jg. 48, 56 Nrn. m. Abb. Bln: Simion 1848
37 *Münchener Fliegenblätter. Humoreske aus den Februartagen 1848. 20 S. m. Titelb. Lpz: Jackowitz 1848
38 *Auch eine schöne Gegend! oder Das preußische Echo 1/2 Bl. 2° Bln: Lassar 1848
39 *Nante's Guckkastenbilder ... 8 S. Zürich: Industrie- u. Literatur-Comptoir 1848
40 +März-Almanach. IV, 95 S. m. Abb. Lpz: Mittler 1849
41 +Eine Berliner Urwählerversammlung unter Wrangel. Komisches Genrebild. 47 S. Lpz: Reclam 1849
42 Neue Volkslieder nach alten Melodieen. 1. Heft. 28 S. 16° Bln: Simion (1849)
43 Kaspar der Mensch. VIII, 63 S. Hbg: Verl.-Compt. (= Neue Lustige Komödien, H. 1) 1850
44 *Lachende Kinder. 22 Bl. m. Abb. Hbg: Verl.-Compt. 1850
45 (MV) A. G. u. D. Sanders: Xenien der Gegenwart. IV, 184 S. 12° Hbg: Hoffmann & Campe 1850
46 Gedichte. 164 S. 16° Bln: Simion 1851 (Neuaufl. v. Nr. 23)
47 Die Insel Marzipan, ein Kindermärchen. 40 S. 4° Hbg, Ffm: Liter. Anst. 1851
48 +Pritsche und Knute. Carnevals-Albumchen für 1851. 100 S. m. Abb. Bln: Simion 1851
49 Komische Tausend und Eine Nacht. 254 S. Braunschweig: Verl.-Comptoir 1852
50 *Sprechende Thiere. 18 Bl., 18 Abb. 4° Bln: Hofmann 1854
51 Humoristische Plauderstunden. 136 S., 1 Bl. m. Abb. Wien: Markgraf (= Unterhaltungs-Bibliothek für Eisenbahnreisende, H. 10) (1855)
52 Die verkehrte Welt. Ein komisches Gedicht. 231 S. Ffm: Meidinger 1855
53 Erfrischungen. Gesammelte Humoresken. IV, 96 S. Bln: Hofmann 1856
54 (Hg.) Phosphor. Humoristische illustrierte Wochenschrift. 2 Jge. 26, 52 Nrn. m. Abb. 4° Hbg: Jowien (Jg. 1) bzw. Lpz: Schäfer (Jg. 2) 1857–1858
55 Conversations-Lexicon für Geist, Witz und Humor. 6 Bde. 3456 S. 16° Wien: Müller 1859–1862
56 Humoristische Table d'hôte. 91 S. Bln: Hofmann 1859
57 +Herr Heiter im Coupé. 187 S. 16° Bln: Janke 1862
58 Neue Gedichte. 75 S. 16° Wien: Müller 1866
59 +Herr von Kurzweil im Waggon. 136 S. Wien: Müller 1866
60 +Herr von Lustig auf der Reise. 144 S. Wien: Müller 1866
61 Komisch! Komisch! Sammlung komischer Anzeigen, Ankündigungen etc. 128 S. Bln: Brigl 1868
62 Burleske Novellen. 96 S. Bln: Goldschmidt (= Bibliothek für Haus und Reise) 1869
63 +Humor im Berliner Volksleben. 3 Bde. 283, 274, 352 S. m. Abb. Bln: Patria-V. 1906

GLEICH, Joseph Alois (1772–1841)
(+Adolph Blum, Ludwig Dellarosa, Heinrich Walden)

1 Elisabeth, Gräfin von Hochfeld oder Kabalen der Vorzeit. Schauspiel in fünf Aufzügen. 138 S. Wien 1791
2 Harald oder der Kronenkrieg. 2 Bde. Kaschau 1794
3 Kitschtasp und Isphendiar, Könige von Persien. 2 Bde. Kaschau 1794
4 Runaldo. Skizze der Vorwelt. Wien 1795

GLEICH 399

5 Fridolin von Eichenfels, oder: Die Eulenburg. Kaschau 1796
6 Gemälde für Liebende. Wien 1796
7 Pierre Soucis oder: Die Philosophen im Lande der Freiheit. Wien 1796
8 Rinold, der Maler für menschliche Herzen. Wien 1796
9 Scenen aus dem menschlichen Leben. Wien 1796
10 Die schöne Zauberin Jetta oder Der Wolfsbrunn. Eine Geistergeschichte. 240 S. Wien, Prag: Haas 1797
11 Der schwarze Ritter oder die drei Waisen. Geistergeschichte aus dem zwölften Jahrhundert. Krems 1797
12 Edwin und Blanka, oder Abentheuer eines Schottländers in zweyerley Welttheilen; eine Robinsonade aus der ersten Hälfte dieses Jahrhunderts. Lpz 1798
13 Die Todtenfackel oder die Höhle der Siebenschläfer. Wien 1798
14 Waldraf der Wandler. 271 S., 1 Taf. Wien, Lpz: Doll (1798)
15 *Die Wanderungen des Ritters Eckbert von Klausenthal. Scenen aus der Geister- und Vorwelt. 2 Bde. Krems 1798
16 Wendelin von Höllenstein oder Die Todtenglocke um Mitternacht. 336 S., 1 Taf. Wien, Prag: Haas 1798
17 Der warnende Zaubergürtel oder Das Schauermännchen. Wien, Lpz 1798
18 Der böse Appel von Vitzthum, oder Der Greis Loma. 2 Bde. Wien, Prag 1799
19 Die Brüder von Stauffenberg oder Die Macht der Verborgenen. Wien: Rehm (1799)
20 *Der Geist Gelanors oder Abentheuer des Grafen Ludwig von Edelburg. Eine Wundergeschichte vom Verfasser des schwarzen Ritters. 2 Bde. Krems 1799
21 Jetta, die schöne Zigeunertochter oder Der Wolfsbrunnen. Wien 1799
22 Die Schloßruinen im Walde oder Graf Rinaldo's fürchterliche Gestalt. 200 S., 1 Taf. Wien, Prag: Haas 1799
23 Udo der Stählerne oder Die Ruinen von Drudenstein. 189 S., 1 Taf., 1 Bl., Wien: Rehm 1799
24 Wallrab von Schreckenhorn oder Das Todtenmahl um Mitternacht. 282 S. Lpz 1799
25 Arbiger der graue Wanderer, oder Lasterstrafe und Tugendlohn. 2 Bde. Wien 1800
26 Biandetto, der Bandit von Treviso. Seitenstück zu Rinaldo Rinaldini. Lpz 1800
27 Elisa von Eisenthurm oder Das Georgenhäuschen am Leopoldsberge. 189 S. Lpz: Joachim (1800)
28 Emmerich von Wolfsthal oder Das Schloßgespenst. Lpz 1800
29 Erdmann von Mühlenberg oder Schauerschwur zur Wanderung. Lpz 1800
30 Feinsteins Fall oder Der Geist des Brunnens. Sage aus den Gräuelzeiten der Vorwelt. Wien 1800
31 Idealische Gemälde aus der Phantasien- und Geisterwelt. 134 S., 12 Taf. Wien 1800
32 Guadrino's Schatten um Mitternacht. 231 S., 1 Taf. Wien, Prag (1800)
33 Otfried von Tannenberg, oder Der Fluch der Verführung. Eine Sage aus der Zeit Friedrichs von Hohenstaufen. Wien 1800
34 Sagen der Ungarischen Vorzeit. Ein Gegenstück zu den Sagen der Vorzeit v. V. Weber. Wien 1800
35 Die beiden Spencer oder Die Wunder der Todtengruft. Wien 1800
36 Die dreihundertjährige Wandlerin nach dem Tode. 2 Bde. Wien 1800
37 Winsened der Zwerg im Löwenthale. Wien 1800
38 Die Geisterseherin oder Die Zerstörung von Wolfstein. Ein Geistergemälde aus grauester Vorzeit. 263 S., 1 Taf. Wien: Doll 1800
39 Die Zwillinge vom Wichtsberge. Wien 1800
40 Bodo und seine Brüder, oder Das Schloß der Geheimnisse. 2 Bde. Lpz 1801
41 Edmund Westerholm, der Schwede. Wien 1801
42 Die Familie von Eichwalde, oder Die Witwe von Marsaille. 208 S., 2 Taf. Wien: Rehm 1801
43 Gideon der bedrängte Wanderer oder Die Wunder der Felsenhöhle, eine Robinsonade. 277 S., 1 Taf. Wien: Pichler 1801
44 Lord John Watwort oder Die Mitternachtsstunde an Jenny's Grab. Wien 1801
45 Die Unbekannte im Tannenhain. Eine Geschichte voller natürlicher Wunder. 2 Bde. 147 S., 1 Taf. Lpz: Joachim 1801

46 Der Graf von Varennes oder Der Todtenhügel im Waidenhayne. 272 S., 1 Taf. Wien: Rehm 1801
47 Werno der Kühne. Eine Geschichte aus der Zeit der Belagerung Wiens. Wien 1801
48 Ruthard Arrevalo und das Mädchen vom Libanon. 2 Bde. 215 S., 1 Taf. Lpz: Möstl 1802
49 Die Findlinge. Familiengeschichte des Marquis von Barcas. Lpz 1802
50 Juliette von Lüneville, eine Geschichte aus der Zeit des letzten Friedensschlusses. Lpz 1802
51 Graf Odomar oder Das Hirtenmädchen. Lpz 1802
52 Das Räuber-Mädchen von Baaden und die Teufelsmühle am Wienerberge. Schauerliche Schreckensscenen aus Oesterreichs Vorzeit. 295 S. Wien: Rehm 1802
53 Peter Schwalbe, der lahme Wächter des Beinhauses. Lpz 1802
54 Marno der Schreckenvolle und das Mädchen in der Löwenhöhle. 2 Bde. Krems 1803
55 Bellido Dolfos und seine Familie, oder Das Wiedersehen am Grabe. 2 Bde. Krems 1804
56 Dittmar von Arenstein, oder Der Rächer in der Todtenhalle. 2 Bde. Krems, Wien 1804
57 Die Familie von Peterswaldau oder Die Flüchtlinge. Seitenstück zu Lafontaine's Klara du Plessis. Lpz 1804
58 Der Hungerthurm, oder: Edelsinn und Barbarey der Vorzeit. Original-Schauspiel mit Gesang in drei Aufzügen. Musik J. Haibel. 100 S. Wien: Wallishausser 1805
59 Der Mohr von Semegonda. Original-Schauspiel mit Gesang in drey Aufzügen. Musik F. Kauer. 2 Thle. 105, 88 S. Wien: Wallishausser 1805
60 Odomar von Bärenstamm oder Die unterirdischen Gefängnisse. 2 Bde. Krems 1805
61 Der rothe Thurm in Wien. Vaterländisches Original-Schauspiel mit Gesang in drey Aufzügen. Musik F. Kauer. 91 S. Wien: Wallishausser 1805
62 Albert der Bär, oder: Die Weiber von Weinsberg. Original-Schauspiel mit Gesang in drey Aufzügen. Musik F. Kauer. 112 S. Wien: Wallishausser 1806
63 Es ist Friede, oder: Die Zurückkunft des Fürsten. Vaterländisches Gemählde mit Gesang in drei Aufzügen. Musik F. Kauer, W. Müller, I. Schuster. 100 S. Wien: Wallishausser 1806
64 Heinrich der Stolze, Herzog von Sachsen. Original-Schauspiel mit Gesang in drei Aufzügen. Musik F. Kauer. 110 S. Wien: Wallishausser 1806
65 Hildegunde und Siegbertsky. Altdeutsches Rittergemälde mit Gesang in drei Aufzügen. Musik W. Müller. 90 S. Wien: Wallishausser 1806
66 Hunerich, Beherrscher der Vandalen, und seine Freunde. 2 Bde. 164; 166 S., 1 Taf. Wien: Wallishausser 1806
67 Die eiserne Jungfrau. Vaterländisches Original-Schauspiel mit Gesang in drey Aufzügen, als Fortsetzung des rothen Thurms in Wien. Musik F. Kauer. 104 S. Wien: Wallishausser 1806
(Forts. v. Nr. 61)
68 Die Macht des Schicksals, oder: Männertreue auf der Probe. Romantisch-komisches Feenmärchen mit Gesang in drei Aufzügen. Musik F. Kauer. Wien: Wallishausser 1806
69 Der brave Mann, oder: Die Gefahr am Donaustrome. Komische Oper in drey Aufzügen, nach dem Gedichte von G. A. Bürger. Musik F. Kauer. 98 S. Wien: Wallishausser 1806
70 Die kleinen Milchschwestern von Peterstorf. Romantisch-komisches Volksmärchen mit Gesang in drei Aufzügen für die Schaubühne bearb. Musik W. Müller 83 S. Wien: Wallishausser 1806
71 Aragis von Benevent. Original-Schauspiel mit Gesang in drey Aufzügen. Musik F. Tayber. 104 S. Wien: Wallishausser 1807
72 Die Bedienten in Wien. Gemälde aus der wirklichen Welt in drey Aufzügen. 111 S. Wien: Wallishausser 1807
73 Goda, oder: Männersinn und Weibermuth. Gemälde der grauen Vorzeit mit Gesang in drey Aufzügen nach der wahren Geschichte frey bearb. Musik W. Müller. 88 S. Wien: Wallishausser 1807

74 Inkle und Yariko. Singspiel in einem Aufzug. Musik F. Kauer. 59 S. Wien: Wallishausser 1807
75 Die Löwenritter. Dritter Theil. Schauspiel mit Gesang in vier Aufzügen, nach der Geschichte des Spieß. 98 S. Wien: Wallishausser 1807
76 Der Lohn der Nachwelt. Original-Schauspiel mit Gesang in vier Aufzügen. Musik F. Tayber. 96 S. Wien: Wallishausser 1807
77 ★Wippo von Königstein oder Die Todtenhöhle am Fichtelberge. Geistergeschichte aus den Zeiten Rudolfs von Habsburg. Vom Verfasser Waldrafs des Wandlers. (1807)
78 Kunz von Kauffungen, oder: Der Prinzenraub in Sachsen. Schauspiel mit Gesang in drey Aufzügen. Nach der wahren Geschichte frei bearb. Musik F. Kauer. 112 S. Wien: Wallishausser 1808
79 Die Fürsten der Langobarden. Original-Schauspiel mit Gesang in drei Aufzügen. Nach der wahren Geschichte frey bearb. Musik F. Kauer. Wien: Wallishausser 1808
80 Leopolds Jagd oder Der wiedergefundene Schleier. Kantate in zwei Abtheilungen. 24 S. Wien: Schmidt 1808
81 Die beiden Marillo. Schauspiel mit Gesang in drei Aufzügen. Nach einer Geschichte frey bearb. Musik F. Tayber. 92 S. Wien: Wallishausser 1808
82 Geschichte der Kaiserl. Königl. Stadt Wienerisch-Neustadt, vereinigt mit der Geschichte unseres Vaterlandes. 359 S. Wien: Binz 1808
83 Die Vermählungsfeyer Alberts von Oesterreich. Original-Schauspiel mit Gesang in vier Aufzügen. Als Fortsetzung vom Lohne der Nachwelt. Musik F. Tayber. 96 S. Wien: Wallishausser 1808
   (Forts. v. Nr. 76)
84 Eppo von Gailingen. Gemälde der Vorzeit mit Gesang in drei Aufzügen. Musik F. Tayber. 92 S. Wien: Kupffer & Wimmer 1809
85 Die vier Heymonskinder. Komisches Volksmärchen mit Gesang in vier Aufzügen. Musik V. Tuczek. 92 S. Wien: Kupffer & Wimmer 1809
86 Die bezauberte Leyer, oder: Alarich und Zaide. Komische Zauberoper in drey Aufzügen. Musik F. Tuczek. 83 S. Wien: Wallishausser 1809
87 Unterthanenliebe. Volksstück mit Gesang in drei Aufzügen. Musik F. Kauer. 99 S. Wien: Selbstverl. 1809
88 Mutter Irmentraut. Wien 1810
   (Neuaufl. v. Nr. 6)
89 Moses in Egypten. Historisches Schauspiel mit Gesang in vier Aufzügen. Musik F. Tuczek. 83 S. Wien: Wallishausser 1810
90 Der Fleischhauer von Oedenburg, oder: Die Schlittenfahrt. Lokale Posse in drei Aufzügen. Wien: Schmidt 1812
91 Fiesko der Salamikrämer. Ein musikalisches Quodlibet in zwey Aufzügen. Musik F. Roser. 1 Bl., 87 S., 1 Bl. Wien: Schmidt 1813
92 Johann von Wieselburg. Musikalisches Quodlibet in zwey Aufzügen, als Seitenstück zum Johann von Paris. Musik F. Roser. 80 S. Wien: Schmidt 1813
93 (Übs.) Sydonie oder Leidenschaft und Verhängniss. Aus dem Französischen. Pest 1815
94 Herr Adam Kratzerl von Kratzerlfeld als zweyter und letzter Theil der Musikanten am Hohen Markt. Lokale Posse mit Gesang in drey Aufzügen. Musik F. Kauer. 104 S. Wien: v. Mößle 1816
   (Forts. v. Nr. 95)
95 Die Musikanten am Hohenmarkt. Erster Teil. Lokale Posse mit Gesang in drey Aufzügen. Musik F. Kauer. 130 S. Wien: v. Mößle 1816
96 Mongolf von Rothenburg oder Der Kampf um Mitternacht. Wien 1816
97 Der Berggeist, oder Die drey Wünsche. Komisches Zauberspiel mit Gesang in drey Aufzügen. 100 S. Brünn: Traßler 1820
98 Komische Theaterstücke. 315 S. Brünn: Traßler 1820
   (Ausz. a. Nr. 98)
99 †Der Eheteufel auf Reisen. Komische Novelle aus dem Geisterreiche. Lpz 1821
100 (Bearb.) Der Mantel und die Pelzmütze. Ein militärisches Schauspiel mit Gesang in vier Aufzügen. Nach einer Erzählung des Herrn von Kotzebue bearb. 251 S. Augsburg, Lpz: Jenisch (1821)
101 Adler, Fisch und Bär. Zaubermärchen mit Gesang und Tänzen in zwei Auf-

zügen, nach der Erzählung des Musäus „Die drei Schwestern" frei bearb. Musik W. Müller. Bln (1822)
102 Der Eheteufel auf Reisen. Lokales Zauberspiel mit Gesang in zwei Aufzügen. Musik F. Volkert. 87 S. Brünn: Traßler 1822 (Dramat. v. Nr. 99)
103 Der alte Geist in der modernen Welt. Locales Zauberspiel mit Gesang und Tableaux in zwei Aufzügen. Musik F. Volkert. 78 S. Wien: Mausberger 1822
104 *Drei Nächte außer dem Brautbette, oder Die Töchter der Hexe von Endor. Wundergeschichte vom Verfasser des Eheteufels auf Reisen. Lpz 1822
105 Ydor, der Wanderer aus dem Wasserreiche. Scherz- und Zauberspiel mit Gesang in zwei Aufzügen. Musik J. Drechsler. 84 S. Wien: Mausberger 1822
106 Der schwarze Janosch oder Die geheimen Gewölbe in Venedig. Wien 1829
107 Sylphide das Seefräulein auf ihrer Lustreise. Wien 1829
108 +Zöglinge froher Laune, oder Neueste Märchen, Erzählungen und Schwänke. 3 Bde. Wien 1829–1830
109 Martin Pleyer, der Kreuzfahrer wider Willen. Wien 1830
110 Die Überschwemmung. Dramatische Scene. 30 S. Wien: Adolph (1830)
111 +Wien und seine Bewohner. Humoristisch geschildert auf einem Spaziergange über die ganze Bastey ... 12° Wien 1834
112 Die Räuberbraut oder Felipo, der große Gebirgskönig und edle Räuberhauptmann. Eine wahre Geschichte. 2 Bde. 184, 200 S. Nordhausen 1835
113 Die Zwillinge. Romantisches Ritter- und Räubergemälde. 190 S. Nordhausen 1835
114 Das Blutmahl um Mitternacht oder Das wandernde Gespenst in Wiener-Neustadt. 158 S. Wien: Haas 1836
115 Mathilde von Arnstein, die Löwenbändigerin in Palästina oder Das Todtengericht am Kreuzwege. Wien 1837
116 Amalie von Burgau, oder Schauerscenen in unterirdischen Klüften. Wundergeschichte natürlichen Inhalts aus der Zeit des 30-jährigen Krieges. 158 S. Wien: Bauer & Dirnböck 1838
117 Das Belagerung Wiens durch die Türken. 2 Bde. 252, 214 S. Wien: Haas 1838
118 *Das Blutgericht im Thurme Daliborka am Hradschin zu Prag. Historisch-romantischer Beitrag zu älteren Geschichte Böhmens. Vom Verfasser des Waldraf. VI, 218 S. Wien 1839
119 Guido von Sendenstein oder Die Tempelritter in Mödling. Wien 1839
120 Howora, der Träumer, oder Die Schauernächte im Schlosse Krakow. Historisch-romantischer Beitrag zur Geschichte Böhmens. 239 S. Wien 1839
121 *Die Wellenbraut oder Die gespenstigen Rächer im Riesengebirge. Historisch-romantische Sage aus der Zeit des 30-jährigen Krieges. Vom Verfasser des Waldraf. VI, 218 S. Wien 1839
122 Andreas, der Teppich-Krämer, oder Der wunderbare Doppelgänger. Romantische Geschichte aus dem siebzehnten Jahrhundert. 2 Bde. 259, 168 S. Wien 1840
123 Arnulf Schreckenwald, genannt der Eisenfresser, oder: Die Blutrache auf Burg Aggstein an der Donau. 153 S., 1 Taf. Wien: Singer & Goering 1840
124 Dagobert von Greifenstein oder Das Todtengericht um Mitternacht in den unterirdischen Schauerklüften der Burgfeste Theben in Ungarn. Wien 1840
125 Herr Joseph und Frau Baberl. Posse mit Gesang in drei Aufzügen nach dem Lustspiel: Der Fleischhauer von Oedenburg, frei bearb. Musik W. Müller. 84 S. Wien: Wallishausser 1840 (zu Nr. 90)
126 Die eiserne Jungfrau. Geistergeschichte aus der Vorzeit Böhmens. 211 S. Wien 1840
127 Odomar von Dürrenstein und Bertha von Scharfeneck, oder Die Raubritter an der Donau. 182 S., 1 Taf. Wien: Haas 1840
128 Eugen von Waldenhorst, der lebendig Begrabene, oder: Bruderhaß und Weibertreue. Romantische Räubergeschichte aus dem Anfang dieses Jahrhunderts. 264 S. Nordhausen 1841
129 Liebmundens Riesenburg oder Die eisernen Brüder. Sage aus der Zeit Herzog Lothars von Sachsen. 238 S. o.O. (1841)
130 Mahomed der Eroberer, oder: Die Todtenbrücke in Konstantinopel. Lie-

bes- und Gräuelscenen aus der blutbefleckten Zeit der Zerstörung des griechischen Reiches. 148 S., 1 Taf. Wien: Haas 1841
131 Die Nymphe von Teplitz, oder Die Geisterglocke im Räuberthurm zu Riesenberg. Volkssage aus Böhmens Vorzeit. Wien 1841
132 Reiseabentheuer mit dem Eilwagen. Frei nach dem Französischen. Wien 1841
133 Peter Szapary der Held im Sklavenjoche, oder: Die Rache im unterirdischen Gefängnisse zu Ofen. Historisch-romantische Erzählung aus der Zeit Richards Löwenherz. 172 S. Wien: Haas 1841
134 Der Gottesgerichtskampf um Mitternacht oder: Der wandelnde Geist in den Ruinen von Greifenstein. Eine Ritter- und Geistergeschichte aus den Zeiten Kaiser Rudolphs von Habsburg. 156 S., 1 Titelku. Wien: Singer & Goering 1842
135 Ludmilla von Sternberg, der Geisterliebling, oder Die lebenden Bäume zu Stromka bei Prag. Wien 1842
136 Mirandolo Pisani. Wien 1842
137 Die eiserne Jungfrau im rothen Thurme zu Wien, oder: Das Rachopfer der geheimen Richter ... 179 S., 1 Taf. Wien: Dirnböck 1843 (Veränd. Neuaufl. v. Nr. 67)
138 Markulf der Eisenarm mit dem Riesenschwerte, oder Der Todtentanz um Mitternacht im Schloß Engelhaus bei Carlsbad. Nach einer englischen und böhmischen Volkssage bearb. Wien 1843
139 Das Marmorbild in der Räuberhöhle bei Greifenstein oder Andolien der Löwenbändiger. 186 S. Wien: Bauer & Dirnböck 1843
140 Die Räuber an der Donau, oder: Die Polterhexe von Krems. Scenen aus der grauenvollen Zeit des Mittelalters. 180 S., 1 Taf. Wien: Dirnböck 1844
141 Drahomira mit dem Schlangenringe oder Die nächtlichen Wanderer in den Schreckensgefängnissen von Karlstein bei Prag. Wien 1850

GLEICHEN-RUSSWURM, Carl Alexander Frh. von (1865–1947)

1 Amor und Psyche. Rokoko-Komödie. 75 S. Bln: Bloch 1896
2 Komödie des Gewissens. Schauspiel. 102 S. Würzburg: 1897
3 Vom Einfluß der Frauen. Erinnerungen und Hoffnungen. Vortrag. 38 S. m. Bildn. u. Faks. Wien: Konegen 1899
4 Vergeltung. Roman. 371 S. Stg: Cotta 1902
5 Pfifferlings Reise- und Liebes-Abenteuer. 102 S. m. Abb. Bln: Boll & Pikkardt 1904
6 Keine Zeit und andere Betrachtungen. 244 S. Stg: Cotta 1904
7 Ave Italia! Reisestimmungen und Studien. 335 S., 22 Abb. Bln: Schall 1906
8 (Hg., Einl.) J. Winckelmann u. G. E. Lessing: Klassische Schönheit. 201 S., 2 Bildn. Jena: Diederichs (= Erzieher zur deutschen Bildung 7) 1906
9 Bildungsfragen der Gegenwart. Vortrag. 55 S. Bln: Curtius 1907
10 Emerson. 55 S. Bln: Gose (Moderne Essays zur Kunst, Litteratur, Wissenschaft 58) 1907
11 (Übs., Hg.) Abbé Galiani: Briefe und Dialoge. 342 S. m. Bildn. Bln: Bard (= Hortus deliciarum) 1907
12 Zur Einführung in Georg Christoph Lichtenberg. 15 S. m. Faks. Jena: Diederichs 1907
13 (Übs.) Ovidius Naso: Liebeskunst. 122 S. Bln: Bard (= Hortus deliciarum) 1907
14 Schillers Weltanschauung und seine Zeit. 61 S., 10 Taf. Bln: Brandus (= Die Kultur 12) 1907
15 Die Siegfriedsage. Für die reife Jugend bearb. 240 S. Stg: Levy & Müller 1907
16 Aus den Wanderjahren eines fränkischen Edelmanns. 61 S., 1 Bildn. Würzburg: Stürtz (= Neujahrsblätter 2) 1907
17 (Hg.) Schiller und Lotte, ein Briefwechsel. XVI, 657 S. Jena: Diederichs 1908
18 Die Wartburg und ihre Sänger. 246 S., 6 Abb. Stg: Levy & Müller 1908
19 (Hg., Übs.) Epikur's Lehre. Des T. Lucretius Carus sechs Bücher von der

Natur der Dinge. Im Auszug aus dem Lateinischen übs. 166 S. Jena: Diederichs 1909
20 Geselligkeit, Sitten und Gebräuche der europäischen Welt. 1789–1900. 473 S. Stg: Hoffmann 1909
21 Auf verlorenem Posten. Deutsches Leben zwischen 1880 und 1901. Roman. 348 S. Bln: Schall 1909
22 Schiller als ästhetischer Erzieher. 11 S. Mchn: Callwey (= Flugschrift des Dürer-Bundes zur Ausdruckskultur 57) 1909
23 Shakespeares Frauengestalten. 310 S. m. Abb. u. Taf. Nürnberg: Nister 1909
24 Sieg der Freude. Eine Ästhetik des praktischen Lebens. XI, 387 S. Stg: Hoffmann 1909
25 Weimar, Bayreuth, München. Drei deutsche Kunststätten. 8 S. Lpz: Leipziger Verl.- u. Kommiss.-Buchh. 1909
26 (Hg.) Aeschylos: Die Orestie. Deutsche Nachdichtung. 3 Tle. in 1 Bde. 159 S. Jena: Diederichs 1910
27 Das galante Europa. Geselligkeit der großen Welt. 1600–1789. XIX, 492 S. Stg: Hoffmann 1911
28 (Hg.) Antikes Leben in Briefen. Auswahl aus der römischen Briefliteratur. 330 S., 4 Abb. Bln: Bard (= Hortus deliciarum) 1911
29 (Übs.) Aeschylos: Prometheus. 112 S. Jena: Diederichs 1912
30 Elegantiae. Geschichte der vornehmen Welt im klassischen Altertum. XVI, 526 S. Stg: Hoffmann 1912
31 Freundschaft. Psychologische Forschungsreise. XI, 488 S. Stg: Hoffmann 1912
32 Die Jugend und Schiller. 88 S. Bln: Concordia (= Führer ins Leben) 1912
33 Die Tragödie der Schönheit. Drei Akte. V, 124 S. Stg: Hoffmann 1912
34 (Hg.) A. Brillat-Savarin: Physiologie des Geschmacks oder Betrachtungen über höhere Gastronomie. Den Pariser Feinschmeckern gewidmet von einem Professor, Mitglied vieler gelehrter Gesellschaften. Nach C. Vogts Übs. in 6. Aufl. neu hg. XX, 386 S. Braunschweig: Vieweg 1913
35 Saisonschluß. Roman. 362 S. Hbg: Enoch 1913
36 Schiller. Die Geschichte seines Lebens. 556 S., 52 Abb., 47 Taf. Stg: Hoffmann 1913
37 Feinde ringsum. Ein Spiel für ernste Zeit. VII, 67 S. Stg: Hoffmann 1914
38 Parzival. 161 S. m. Abb. Stg: Levy & Müller 1914
39 Die Macher und die Macht. Roman aus dem Jahre 1914. 396 S. Hbg: Enoch 1915
40 Der Narrenturm. VII, 148 S. Stg: Hoffmann 1915
41 Die gebildete Frau. Ein Berater für den gesellschaftlichen und geistigen Wirkungs- und Pflichtenkreis. VII, 258 S. Stg: Union (= Die Bücher der Frau 6) (1916)
42 Kultur und Aberglaube. 26 S. Mchn, Bln: Forum-V. (= Kleine Schriften des Forum-Verlages 1) 1916
43 Vom Zopf zur Romantik. Beitrag zum Werdegang der modernen Frau. 120 S. Lpz: Seemann (= Bücherei der modernen Frau 3) (1916)
44 Diplomatie. 32 S. Bln, Darmstadt: Reichl (= Reichl's deutsche Schriften 2) 1917
45 (MV) F. W. Förster u. A. v. G.-R.: Das Reichs-Jugendwehr-Gesetz. Unter Mitarbeit v. L. Nelson ... 87 S. Lpz: Der Neue Geist Verl. 1917
46 Fünfhundert Jahre Hackerbräu 1417–1917. Ein Münchener Kulturbild. 88 S. m. Abb. 4° Mchn: Hackerbräu 1917
47 Die Schönheit. Ein Buch der Sehnsucht. VII, 303 S. Stg: Hoffmann (1917)
48 Die Ewigen. Groteske. 154 S. Darmstadt: Reichl 1918
49 Goethe. Lebensaufriß aus Tagebüchern, Briefen, Zeitstimmen, zusammengefügt. 449 S., 16 Abb. Bln: Deutsche Bibliothek (1918)
50 Der freie Mensch. 346 S. Bln, Darmstadt: Reichl 1918
51 Pierrot. Ein Gleichnis in sieben Liedern. 9 Bl. Text, 7 Abb. Lpz: Wunderlich (1918)
52 Der Ritterspiegel. Geschichte der vornehmen Welt im romanischen Mittelalter. XV, 436 S. Stg: Hoffmann 1918
53 Schiller. Lebensaufriß aus Tagebüchern, Briefen, Zeitstimmen, zusammengefügt. 420 S., 16 Abb. Bln: Deutsche Bibliothek (1918)
54 Wenn die Waffen wieder ruhn. 82 S. Halle: Mühlmann 1918

55 Das Ehebuch. Neun Gespräche über praktische Fragen. 127 S. Stg: Hädecke (1919)
56 Das wahre Gesicht. Weltgeschichte des sozialistischen Gedankens. 301 S. Darmstadt: Reichl 1919
57 Die gotische Welt. Sitten und Gebräuche im späten Mittelalter. XVI, 429 S. Stg: Hoffmann (1919)
58 Ersatzmenschen. 80 S. Lpz: Dürr & Weber (= Zellenbücherei 44) 1920
59 Gedichte in Prosa. 3 Bde. VII, 159; VII, 166; VIII, 155 S. Stg: Hoffmann 1920 (Enth. u. a. Nr. 40)
60 Geschichte der europäischen Geselligkeit. 6 Bde. Stg: Hoffmann 1920–1922 (Enth. u. a. Nr. 20, 27, 30, 52, 57, 69)
61 Narrenweisheit. 91 S. Lpz: Dürr & Weber (= Zellenbücherei 29) 1920
62 (Hg.) E. Palleske: Die Kunst des Vortrags. XVI, 248 S. Stg: Krabbe 1920
63 (Hg.) C. v. Stein: Dido. Ein Trauerspiel in fünf Aufzügen. 143 S. Bln: Collignon (= Lilien-Drucke 1) (1920)
64 Flügel der Seele. Ein Weg zur inneren Schönheit. 128 S. Stg: Hädecke (1921)
65 Gesellschaftskunst. Ein Büchlein von Konversation und feiner Sitte. 198 S. m. Abb. Bln: Morawe & Scheffelt 1921
66 Der Herbst, ein Meister der Farbe. Verse und Bilder. Auswahl. 63 S., 4 Abb. Stg: Hädecke (= Farbe und Dichtung) 1921
67 Gottfried Kellers Weltanschauung. 127 S. Mchn: Rösl (= Philosophische Reihe 23) 1921
68 (Hg., Nachw.) C. Schwartze: Wahre und abenteuerliche Lebensgeschichte eines Berliners, der in den Jahren 1807–1815 in Spanien, Frankreich und Italien sich befand. 251 S. m. Taf. Mchn: Drei Masken-V. 1921
69 Die Sonne der Renaissance. Sitten und Gebräuche der europäischen Welt 1450–1600. XV, 593 S. Stg: Hoffmann 1921
70 (Einl.) Schöne Frauen in sechzig Meisterbildern. 64 S., 60 Abb. Stg: Hoffmann 1922
71 Der Karneval. Ein Büchlein zu lustiger Fahrt. 88 S. m. Abb. u. Taf. Mchn: Holbein-V. 1922
72 Von Mannes Wert und Willen. 183 S. Lpz: Koch 1922
73 Schicksale der Völker. IX, 220 S. (Bln:) Volksverband der Bücherfreunde, Wegweiser-V. (= Volksverband der Bücherfreunde. Jahresreihe 3, Bd. 2) 1922
74 (MV) K. Bauer u. A. v. G.-R.: Von festem und gewissem Geist. Köpfe und Bekenntnisse. III S., 6 Taf. 4° Lpz: Koch 1923
75 Tile Kolup. Eine Begebenheit aus dem Interregnum. 94 S. Bln: Mosaik-V. (= Mosaik-Bücher 42) 1923
76 Liebe. Eine Kritik der verliebten Liebe. VII, 392 S. Stg: Hoffmann 1923
77 Philosophische Profile. Erinnerungen und Wertungen. VII, 173 S. Stg: Strecker & Schröder 1923
78 Reichtum, seine Geltung und sein Gesetz. 175 S. Hbg: Enoch 1923
79 Schillers Reise nach Berlin. 46 S. Bln: Runge (= Der Lichtkreis) (1923)
80 Schiller in Mannheim. Novelle. 131 S. Bln: Flemming & Wiskott (= Lebensbilder aus deutscher Vergangenheit) 1923
81 (Hg.) F. v. Schiller: Sämtliche Werke. 14 Bde. Bln, Mchn: Paetel (= Rösl-Klassiker) 1923
82 Welt und Halbwelt. 208 S. Dresden: Reißner (= Der Gesellschaftsroman) 1923
83 Vom gemütvollen Leben. Ein Buch Lebensweisheit. 148 S. Lpz: Koch (= Bücher von Liebe, Sonne und schönem Menschtum) 1924
84 Im Ring der Zeit! Ein Jahresbrevier. 95 S. m. Taf. Dresden, Lpz: Falken-V. (= Bücher vom heiteren Herzen 1) 1924
85 Von Art und Unart. Ein Zeitspiegel des guten Tones. 146 S. Lpz: Merseburger 1925
86 Die Markgräfin von Bayreuth, Friedrich des Großen Lieblingsschwester. VI, 311 S., 18 Abb. Stg: Hoffmann 1925
87 A. v. G.-R. Ein Rückblick an seinem sechzigsten Geburtstag. VIII, 115 S., 7 Abb. Stg: Hoffmann (1925)
88 Mauern der Ehrfurcht und anderes. 78 S. Flarchheim: Urquell-V. (= Die Urquell-Bücher) 1926
89 (Hg., Einl.) Des Freiherrn von Münchhausen wunderbare Reisen und Aben-

teuer zu Wasser und zu Lande, wie er dieselben bei einer Flasche im Zirkel seiner Freunde zu erzählen pflegte. 198 S. Bln: Deutsche Bibliothek (= Deutsche Bibliothek 178) (1926)
90 Gute Geister. Ein Buch vom Trinken. Für und wider. Ja und Amen. 279 S., 16 Taf. Mchn: Piper 1927
91 Könige des Lebens. Von Eleganz und Liebe großer Herren. VII, 495 S. m. Taf. Mchn: Drei Masken-V. 1927
92 Liebesleute. Drei Novellen. 59 S. Ffm: Fravo-Bücherei (= Frankfurter Volksbücherei 1) 1927
93 Die Lust der Welt. Schöne Frauen, Liebe, Macht und Schicksal. VII, 378 S., 13 Taf. Mchn: Drei Masken-V. 1927
94 Der Schwur zu sterben. Tile Kolup. Erzählungen. 227 S. Bln: Die Buchgemeinde 1927
  (Enth. u. a. Nr. 75)
95 Eva mit dem Apfel. Frauenraub, Frauenkauf, Frauenrecht. IX, 416 S. m. Taf. Mchn: Drei Masken-V. 1928
96 Im grünen Salon. Novellen vom Stil in der Liebe. 173 S. Wien: Phaidon-V. 1928
97 Weltgeschichte in Anekdoten und Querschnitten. Ein Versuch. X, 575 S. Bln: Hesse 1929
98 (MH) Kultur- und Sittengeschichte aller Zeiten und Völker. Aus den Meisterwerken der Kulturgeschichtsschreibung ausgew. u. bearb. A. v. G.-R. u. F. Wencker. 24 Tle. in 12 Bdn. Hbg: Gutenberg-V. 1929–(1931)
99 Der gute Ton. Nach I. Harneckers Ausg. neu bearb. 174 S. Lpz: Hachmeister & Thal (= Lehrmeister-Bücherei 955–958) 1932
100 (Hg., Einl.) L. Anzengruber: Der Schandfleck. Eine Dorfgeschichte. 295 S. Bln: Deutsche Bibliothek (= Deutsche Bibliothek 139) (1934)
101 (Hg., Einl.) L. Anzengruber: Der Sternsteinhof. Eine Dorfgeschichte. 264 S. Bln: Deutsche Bibliothek (= Deutsche Bibliothek 140) (1934)
102 (Hg.) W. Hauff: Lichtenstein. Romantische Sage. XIII, 386 S. Bln: Deutsche Bibliothek (= Deutsche Bibliothek 20) (1934)
103 (Hg.) P. D. Stanhope, Earl of Chesterfield: Briefe an seinen Sohn. 307 S. Bln: Deutsche Bibliothek (= Deutsche Bibliothek 17) (1936)
104 (Hg.) W. Hauff: Ausgewählte Novellen. 370 S. Bln: Deutsche Bibliothek (= Deutsche Bibliothek 57) (1936)
105 (Hg.) W. v. Humboldt: Briefe an eine Freundin. 229 S. Bln: Deutsche Bibliothek (= Deutsche Bibliothek 5) (1936)
106 (Hg.) A. Frh. v. Knigge: Über den Umgang mit Menschen. 346 S. Bln: Deutsche Bibliothek (= Deutsche Bibliothek 46) (1936)
107 (Hg.) G. C. Lichtenberg: Aphorismen. 216 S. Bln: Deutsche Bibliothek (= Deutsche Bibliothek 130) (1936)
108 Victoria. Ihr Leben und ihre Zeit. 165 S., 4 Taf. Hbg: Hoffmann & Campe (= Frauen der Geschichte) 1936
109 Der Wunderdoktor. Von der Heilsehnsucht der Jahrhunderte. 262 S., 12 Bl. Abb. Augsburg: Haas 1937
110 Die Schwester des Propheten. Novelle. 64 S. Prag, Bln, Lpz: Noebe (= Feldpost-Reihe Noebe 38) 1944
111 (Einl.) H. van Alphen: Kinderland. Übs. a. d. Holländischen M. H. H. Brauer. 61 S., 22 Abb. Krefeld: Bensemann 1947
112 Die Stadt der Götter. Historischer Roman aus der Zeit des Alkibiades. 510 S. Hbg: Hoffmann & Campe 1947
113 Schiller und der Weimarer Kreis. Reden und Aufsätze. 210 S. Baden-Baden: Büher 1948
114 Das närrische Utrecht und andere historische Novellen. Nachw. A. Clausen. 154 S. m. Abb. Krefeld: Bensemann 1948

GLEIM, Johann Wilhelm Ludwig (1719–1803)

1 *Versuch in Scherzhaften Liedern. 3 Thle. 4 Bl., 88 S.; XXIV, 80 S.; 78 S. Bln: Voss (T. 1–2) bzw. o. O. (T. 3) (1744) – 1758
2 Gedicht über den Tod des Heldenmüthigen Fürsten, Herrn Friderich Wil-

helm, Prinzen in Preußen und Marggrafen von Brandenburg ... 2 Bl. 4° Bln 1744
3 *Lieder. Zürich 1745
4 *Der Blöde Schäfer. Ein Lustspiel. 40 S. 4° Bln: Schütz 1745
5 *Freundschaftliche Briefe. 4 Bl., 151 S. Bln: Schütz 1746
6 *Der Alte Freyer. Eine Erzehlung. 8 S. 4° Köln (o. Verl.) 1747
7 *Der Ursprung des Berlinischen Labyrinths. 4 Bl. 4° Bln (o. Verl.) 1747
8 Gebet bei Erblickung Sr. Königl. Hoheit, des jungen Prinzen Friedrichs von Preußen. 2 Bl. Bln 1748
9 Ode Als der Hochwohlgebohrne Herr, Herr Christoph Ludwig von Stille... Den 18ten October 1752 in die Ewigkeit gegangen war. 4 Bl. 4° Halberstadt: Friderich 1752
10 *Fabeln. 2 Bde. 52; 62 S., 3 Bl. Bln (o. Verl.) 1756-1757
11 *Romanzen. 48 S. Bln, Lpz (o. Verl.) 1756
12 *Sieges-Lied der Preußen, nach der Schlacht bei Roßbach. 12 Bl. 4° Bln: (o. Verl.) 1757
13 *Preußische Kriegslieder in den Feldzügen 1756 und 1757 von einem Grenadier. Mit Melodieen. 8 Bl., 134, 2 S. 16° Bln: Voß (1758)
14 *Kriegs- und Siegeslieder der Preußen von einem Preußischen Grenadier. Nebst einem Anhang einiger an des Königs von Preußen Majestät gerichteter Gedichte. 16 Bl. Bln (o. Verl.) 1758
15 *Fortsetzung der Kriegs- und Sieges-Lieder der Preußen über die Siege bei Lowositz und Lissa. 20 Bl. Bln (o. Verl.) 1758
16 *Lieder, Fabeln und Romanzen. 64 S. Lpz: Iversen 1758 (Enth. Nr. 11)
17 +Sieges-Lied der Preußen nach der Schlacht bey Lissa, den 5. December 1757. 12 Bl. 4° Bln (o. Verl.) 1758
18 *Der Grenadier an die Kriegsmuse nach dem Siege bei Zorndorf, den 25. August 1758. 52 S. 16° o. O. 1759
19 *Sechzig freundschaftliche Briefe von dem Verfasser des Versuchs in scherzhaften Liedern. 4 Bl., 152 S. Bln: Lange 1760
20 *(Bearb.) G. E. Lessing: Philotas. Ein Trauerspiel. 48 S. Bn: Voß 1760
21 Klagen. 16 Bl. Bln: Wever 1762
22 *Petrarchische Gedichte. 32 S. Bln (Priv-Dr.) 1764
23 *Sieben kleine Gedichte, nach Anacreons Manier. 23 S. Bln 1764
24 *Gespräche mit der deutschen Muse. 12 S. Bln 1764
25 *Lob des Landlebens. 13 S. Bln 1764
26 *Sämmtliche poetischen Wercke. 2 Bde. 172 S., 2 Bl. 170 S., 3 Bl. Straßburg: Behn 1765
(Unrechtm. Dr.)
27 *(Bearb.) F. G. Klopstock: Der Tod Adam's, ein Trauerspiel. In Verse gesetzt von dem Verfasser der preußischen Kriegslieder. XXXI, 70 S. Bln (o. Verl.) 1766
28 *Lieder nach dem Anakreon. Von dem Verfasser des Versuchs in scherzhaften Liedern. 96 S. 16° Bln, Braunschweig: Buchh. des Waysenhauses 1766
29 *Neue Lieder. Von dem Verfasser der Lieder nach dem Anakreon. 64 S. Bln: Verl. d. typogr. Gesellsch. 1767
30 (MV) (J. W. L. G. u. J. G. Jacobi:) Briefe von den Herren Gleim und Jacobi. VIII, 366 S. Bln (o. Verl.) 1768
31 An den Herrn Canonicus Jacobi, als ein Criticus wünschte, daß er aus seinen Gedichten den Amor herauslassen möchte. 16 S. Bln 1769
32 Zwey Lieder. 4 Bl. Halberstadt 1769
33 *Oden nach dem Horatz. 2 Bl. 92 S. 1 Bl. Bln (o. Verl.) 1769
34 *Dem Oberburgermeister Schulze zu Neu-Hallensleben. Den 21ten September 1769. 2 Bl. o. O. 1769
35 *Sinngedichte. Als Manuscript für Freunde. 64 S. Bln (o. Verl.) 1769
36 *(Übs.) Der Vater, Nebenbuhler seines Sohns, und Magdalis, die eine Stifts-Dame ward. Zwei Gedichte. Nach dem Französischen des Ranchin und des Moncrif. Als Manuscript für Freunde. 32 S. o. O. (1769)
37 *Der Apfeldieb. Ein dramatisches Sinngedicht. 8 Bl. Bln (o. Verl.) 1770
38 Sämmtliche Schriften. Neue vermehrte Auflage. 5 Bde. Amsterdam (o. Verl.) 1770
(Unrechtm. Dr.)

39 Alexis und Elise, von Amint. 4 Bl. Halberstadt 1771
40 Alexis und Elise. Drey Gesänge. 48 S. Bln (o. Verl.) 1771 (verm. Neuaufl. v. Nr. 39)
41 Der reiche Mann, und Lazarus. Eine Erzählung ... 8 S. Halberstadt 1771
42 An die Musen. 4 Bl. o. O. 1771
43 Zwei Lieder eines armen Arbeitsmannes, zum Neujahrsgeschenk 1772. 16 S. Halberstadt: Groß 1772
44 Lieder für das Volk. 3 Bg. Halberstadt: Strodtmann 1772
45 Lobschrift auf Herrn Noël, nach dem Französischen des Kaisers von China. 29 S. Bln: Lange 1772
46 (MV) (J. W. L. G. u. J. G. Jacobi:) Die beste Welt von Gleim und Jacobi. 16 S. Halberstadt: Groß 1772
47 Gedichte nach den Minnesingern, Dem Kaiser Heinrich, dem König Wenzel von Beheim, dem Marggrafen Otto von Branenburg mit dem Pfile ... 114 S. Bln (o. Verl.) 1773
48 Sämmtliche Schriften. 6 Bde. o. O. 1773 (Unrechtm. Dr.)
49 Halladat oder Das rothe Buch. Zum Vorlesen in den Schulen. 2 Thle. 93 S., 1 Bl. 4° Hbg: Bode 1774
50 *Max, eine Romanze. Als eine Handschrift für Freunde. 16 S. Weimar (o. Verl.) 1774
51 *Der gute Mann. Als dem Vater des Vaterlandes wegen eines Geschenks von dreyßig tausend Thaler ein Fest gefeyret wurde. Zum Besten der Armen. 8 S. Halberstadt (o. Verl.) 1775
52 *(Übs.) Die goldnen Sprüche des Pythagoras. Aus dem Griechischen, nebst Anhang. 1 Bg. Halberstadt (o. Verl.) 1775
53 *Sinngedichte. Dreißig Exemplare für Freunde. 32 S. o. O. 1776
54 *Das schöne Weibchen. Zwanzig Exemplare für Freunde. 1 Bg. o. O. 1776
55 *Romanzen. 94 S., 1 Bl. o. O. 1777
56 *Preußische Kriegslieder, im März und April 1778. Von einem Grenadier. 38 S. 16° Lpz: Weygand (1778)
57 *Kriegeslieder im May, Junius, und Julius 1778. Von einem Grenadier. 33 S. Bln (o. Verl.) 1778
58 *Kriegeslieder im August 1778. Von einem Grenadier. 32 S. Bln (o. Verl.) 1778
59 *Lieder der Liebe. 24 S. o.O. 1778
60 *Der Rosenraub. 32 S. Bln (o. Verl.) 1778
61 *Friedensgesang. Am Friedensfest, zu Halberstadt, den 23. May 1779. 8 Bl. Halberstadt (o. Verl.) 1779
62 *Gedichte nach Walter von der Vogelweide. 56 S. o. O. 1779
63 *Salomo der Prediger. An den Fürsten von Dessau. 6 Bl. 4° Bln: Decker 1780
64 *Lied, zu singen auf den Spiegel-Bergen, bey dem Grüningischen Weinfasse. o. O. 1781
65 (MV) H. B. Oppermann u. J. W. L. G.: Ihro Hochwürden Gnaden den Herrn Dohmdechant Freyherrn Spiegel zum Diesenberg. 4 Bl. 4° o. O 1781
66 An den Herrn Geheimden Rath Freyherrn Spiegel von und zu Pikkelsheim im Oktober 1781. 2 Bl. 4° o.O. 1781
67 Episteln. 1 Bl., 108 S., 2 Bl. Lpz: Breitkopf 1783
68 Erzählungen. 16 S. Halberstadt: Delius 1783
69 Trostgesang am Grabe seines Bruders. 2 Bl. 4° Halberstadt: Mevius 1783
70 *Reisegespräch des Königs im Jahre 1779. ... Vom Verfasser der preußischen Kriegslieder am Geburtstage des Landesvaters im Jahre 1784. 56 S. Halberstadt: Groß, Hartmann 1784
71 *Blumen auf unsers Spiegels Grab. 32 S. Halberstadt (o. Verl.) 1785
72 *Noch Blumen auf das Grab eines Menschenfreundes. 8 S. Halberstadt (Priv.-Dr.) 1785
73 *Epoden. 32 S. o.O. 1785
74 Als mein geliebtester Bruder Daniel Conrad Vollrad Gleim zur Erde bestattet wurde. 2 Bl. Magdeburg (o. Verl.) 1785
75 *Der König und Ziethen. Gesungen zu Halberstadt. 8 S. Halberstadt (Priv.-Dr.) 1785
76 *Blumen auf Leopolds Grab. 32 S. Halberstadt 1785
77 *Lied gesungen am Geburtstage des Königs zu Halberstadt den 24ten Januar 1785. 2 Bl. o.O. (Priv.-Dr.) 1785

78 ★(MV) Blumen auf Spiegels Grab. 98 S., 1 Bl. Bln: Maurer 1786 (Enth. v. a. Nr. 71)
79 An unsere Dichter am Grabe Friedrichs des Einzigen. 4 S. Bln: Maurer 1786
80 Fabeln. 266 S., 3 Bl. Bln: Maurer 1786
81 ★Freudenlied. Gesungen im Lande der Preußen, den 24. Jenner 1786, vom Verfasser der Kriegslieder. 8 Bl. Bln: Maurer 1786
82 ★Friedrich der Zweyte nach Seinem irdischen Leben. Gesungen vom Verfasser der Kriegslieder. 6 Bl. Bln: Maurer 1786
83 ★Gesang der Musen und der Landleuthe ... 8 S. Halberstadt: Mevius 1786
84 ★Grabgesang als Ziethen zur Ruhe gieng. Berlin, den 27. Jenner 1786. 4 Bl. Bln: Maurer 1786
85 ★Grabgesang Friedrichs II. 1 Bg. Bln: Maurer 1786
86 Lied gesungen in der Mitternacht vom Jahr 1785 zum Jahr 1786. 2 Bl. Halberstadt (Priv.-Dr.) 1786
87 Ernst Möring. 8 S. Halberstadt 1786
88 Oden. 8 Bl. Bln: Maurer 1787
89+ Der beste König. Halberstadt, den 4ten Juny 1788. 14 S. Bln: Kgl. Preuß. Akadem. Kunst- u. Buchh. 1788
90 Einige Gedichte für einige Leser auf dem Congreß zu Reichenbach und auf der Kaiserwahl zu Frankfurt am Mayn. 84 S., 1 Bl. Bln: Matzdorff 1790
91 ★Preußische Marschlieder im May 1790. 96 S. Halberstadt: Kämpfer 1790
92 ★Preußische Soldatenlieder in den Jahren von 1778 bis 1790. 187 S., 1 Bl. Bln: Unger 1790
93 ★Kriegslieder. Bey dem Ausmarsch des Halberstädt. Regiments ... 2 Bl. Halberstadt (Priv.-Dr.) 1792
94 ★Lieder, gesungen im Jahre 1792. 64 S. o. O. 1792
95 Sinngedichte. Als Handschrift für Freunde. 96 S. o. O. 1792
96 Zeitgedichte vom alten G. Als Handschrift für Freunde. 96 S. o. O. 1792
97 Siegeslied als Mainz überwunden war. 6 Bl. Bln (Priv.-Dr.) 1793
98 ★Zeitgedichte vor und nach dem Tode des heiligen Ludwigs XVI. 96 S. o. O. 1793
99 Forstenburg beklagt von Gleim. 2 Bl. Halberstadt (Priv.-Dr.) 1794
100 ★Das Hüttchen. 64 S. Halberstadt: Dölle 1794
101 ★Kriegslieder im Jahre 1793. 80 S. o. O. 1794
102 +(MV) J. W. L. G. u. G. E. Lessing: Briefwechsel. 1 Bl., 216 S. Bln: Voß 1794
103 ★Fabeln für das Jahr 1795. o. O. 1795
104 ★Satirische Gedichte. Halberstadt 1795
105 ★Nesseln auf Gräber. 32 S. o. O. 1795
106 ★Amor und Psyche. 68 anakreontische Lieder. 80 S. o. O. 1796
107 ★An Dohm. Am Gedächtnißtage seiner Ankunft zu Halberstadt ... 2 Bl. Halberstadt: Delius & Matthias 1796
108 ★Kraft und Schnelle des alten Peleus. 29 S. o. O. 1797
109 (Übs.) Friedrichs des Einzigen Epistel an seinen Geist. Aus dem Französischen. 71 S. o. O. 1798
110 ★Schweizerische Kriegslieder. 32 S. o. O. 1798
111 +Sämmtliche Schriften. 3 Bde. Altona 1798–1800 (Unrechtm. Dr.)
112 Zeitgedichte vom alten Gleim. Seinen Freunden zum Geschenke. 32 S. Halberstadt (o. Verl.) 1799
113 An Deutschlands Fürsten im Jahr 1800 vom alten Gleim. 8 S. Halberstadt (Priv.-Dr.) 1800
114 ★Dramatische Gedichte. 1 Bl., 107 S. Bln (o. Verl.) 1800
115 Todtenopfer, als Herr Rektor Gottlob Nathanael Fischer ... zur Erde bestattet wurde. 4 Bl. Halberstadt: Dölle 1800
116 Preußische Volkslieder in den Jahren 1772 bis 1800. 110 S. (Halberstadt: o. Verl.) 1800
117 Episteln. Zum Anhange vermischte Gedichte. Abdrücke für Freunde. XII 164 S. Magdeburg 1801 (Verm Neuaufl. v. Nr. 66)
118 ★Lieder zu einem Roman. 64 S. Halberstadt (o. Verl.) 1801
119 ★Zeitgedichte von einem alten Deutschen. Deutschland 1801, 128 S. Halberstadt (o. Verl.) 1801
120 ★Zeitgedichte für einige Leser. 62 S., 1 Bl. Halberstadt (o. Verl.) 1801

121 *Zeitgedichte für wenige Leser. 78 S., 1 Bl. o. O. 1801
122 *Ein kleines Gedicht auf die Vermählung des Herrn Grafen Ferdinand Stolberg mit der lieblichen Gräfin Marie Agnes Stolberg. 2 Bl. Wernigerode (Priv.-Dr.) 1802
123 Lied am Spiegelsfeste zu singen. 2 Bl. Halberstadt (Priv.-Dr.) 1802
124 Nachtgedichte vom alten Gleim. 1 Bl., 94 S.; 1 Bl. o. O. 1802
125 Sämmtliche Werke Hg. W. Körte. 8 Bde. Halberstadt: Bureau f. Liter. u. Kunst (1–7) bzw. Lpz: Brockhaus (8) 1811–1841

GMELIN, Otto (1886–1940)

1 Über vollkommene und befreundete Zahlen. 68 S. Diss. Heidelberg 1917
2 Der Homunkulus. Erzählungen. 264 S. Stg: Dt. Verl.-Anst. 1923
3 Temudschin, der Herr der Erde. Roman. 319 S. Jena: Diederichs 1925
4 Das Angesicht des Kaisers. Ein Hohenstaufen-Roman. 320 S. Jena: Diederichs 1927
5 Naturgeschichte des Bürgers. Beobachtungen und Bemühungen. 107 S. Jena: Diederichs 1929
6 Dschinghis Khan, der Herr der Erde. Roman. 319 S. Jena: Diederichs (1930) (Neuaufl. v. Nr. 3)
7 Das Neue Reich. Roman der Völkerwanderung. 391 S. Jena: Diederichs 1930
8 Das Mädchen von Zacatlan. 206 S. Jena: Diederichs 1931
9 Mahnruf an die Kirche. 53 S. Bln: Runge 1932
10 Sommer mit Cordelia. Erzählung. 168 S. Jena: Diederichs 1932
11 Frühling in Deutschland. 62 S. Oldenburg: Stalling (= Stalling-Bücherei „Schriften an die Nation" 50) 1933
12 Konradin reitet. 73 S. Lpz: Reclam (= Reclam's UB. 7213) 1933
13 Prohn kämpft für sein Volk. 61 S. Jena: Diederichs (= Deutsche Reihe 4) 1933
14 Die Botschaft der Kaiserin. 65 S. Gütersloh: Bertelsmann (= Schmuckbuch 14) 1934
15 Germanenzug. 71 S. Jena: Diederichs (= Deutsche Reihe 19) 1934 (Ausz. a. Nr. 7)
16 Die Gralsburg. Erzählung. 62 S. Lpz: List (= Lebendiges Wort 13) 1935
17 Jugend stürmt Kremzin. Erzählung. 191 S. Jena: Diederichs (1935)
18 Die junge Königin. Erzählung. 60 S. Jena: Diederichs (= Deutsche Reihe 44) 1936
19 Der Ruf zum Reich. Die deutsche Tragödie in Italien. 323 S., 14 Taf., 1 Kt. Mchn: Bruckmann 1936
20 Das Haus der Träume. Roman. 337 S. Jena: Diederichs 1937
21 Die Krone im Süden. Größe und Untergang des ersten Reiches der Deutschen. 323 S., 14 Taf., 1 Kt. Mchn: Bruckmann 1937 (Neuaufl. v. Nr. 19)
22 Das Reich im Süden. 71 S. Jena: Diederichs (= Deutsche Reihe 52) 1937
23 (Hg.) Chor der Freunde. Dichter zeugen für Heinrich Lersch. 111 S., 2 Taf. Köln: Staufen-V. 1939
24 Über das Wesen der Dichtung. 58 S. 4° Mainz: Werkst. f. Buchdr. u. Verl. (1939)
25 Die Fahrt nach Montsalvatsch. 66 S. Jena: Diederichs (= Deutsche Reihe 91) 1939
26 Granada, Jajce, Dublin. Ein Reisetagebuch. 79 S. Köln: Staufen-V. (= Staufen-Bücherei 3) (1940)
27 Wela Holt. Erzählung. 182 S. Jena: Diederichs 1940
28 Italienfahrten. Erlebtes, Geschehenes, Gedachtes. 176 S., 16 Abb. Jena: Diederichs 1940
29 Gespräche am Abend. Aus dem Tagebuch des Andreas Thorstetten. 95 S. Jena: Diederichs 1941
30 Das grüne Glas. 60 S. m. Abb. Köln: Staufen-V. (= Staufen-Bücherei 32) (1942)

GOECKINGK, Leopold Friedrich Günther von (1748–1828)

1 Sinngedichte. 2 Thle. 1. Hundert 44 S., 2 Bl., 2. Hundert 48 S., 2 Bl. Halberstadt (o. Verl.) 1772
2 An die Frau Kammerräthin Holzmann, zu Clettenberg. Halberstadt: Delius 1773
3 An den Herrn Kammerrath Holzmann, zu Clettenberg. Halberstadt: Delius 1773
4 Epistel an Herrn Sekr. Benzler in Lemgo an seinem Hochzeitstage. Halberstadt: Delius (1775)
5 (Hg.) Musen-Almanach. Poetische Blumenlese Auf das Jahr 1776 (1777 bis 1778) 3 Bde. 192 S., 4 Bl.; 208 S., 4 Bl.; 160 S., 4 Bl. 16⁰ Göttingen: Dieterich 1776–1778
6 *Lieder zweier Liebenden. 135 S. Lpz: Weidmann's Erben & Reich 1777
7 Sinngedichte in drei Büchern. 90 S., 3 Bl. Lpz: Weidmann's Erben & Reich 1778
   (Verb. Neuaufl. v. Nr. 1)
8 Lieder zweier Liebenden. 160 S. Lpz: Weidmann's Erben & Reich 1779
   (Verm. Neuaufl. v. Nr. 6)
9 Gedichte. Auf Kosten des Verfassers. 3 Bde. 1, 11, 2 Bl., 288 S.; 1, 2, 1 Bl., 226 S., 1 Bl.; 1, 1, 1 Bl., 303 S. Lpz: Breitkopf 1780–1782
10 (Hg. bzw. MH) Musen-Almanach oder Poetische Blumenlese auf das Jahr 1780 (bis 1788). Hg. L. F. G. v. G. (1780. 1783. 1787) bzw. L. F. G. v. G. u. J. H. Voß (1781. 1782. 1784. 1785. 1786. 1788). 9 Bde. 16⁰ Hbg: Bohn 1780 bis 1788
11 Sämmtliche Gedichte. 3 Bde. Ffm: Hermann 1782
12 Ankündigung eines deutschen Journals, welches mit dem künftigen Jahre seinen Anfang nehmen soll. 4 Bl. 4⁰ Ellrich 1783
13 Plan zur Errichtung einer Erziehungs-Anstalt für junge Frauenzimmer. XVI, 48 S. Ffm: Hermann 1783
14 (Hg., später MH) Journal von und für Deutschland. (Hg. Jan.–Juni 1784 L. F. G. v. G.; Juni-Dez. 1784 L. F. G. v. G. u. S. v. Bibra). 10 Bl., 662 S.‘ 1, 2 Bl., 432 S., 2 Bl., 22 S., 11 Bl. 4⁰ Ellrich (o. Verl.) 1784
15 Prosaische Schriften. Erster Theil. 303 S. Ffm: Hermann 1784
16 (Hg.) K. W. Ramler: Poetische Werke. 2 Bde. 268; VII, 326 S.; 18 Ku. Bln: Sander 1800–1801
17 (Hg.) H. G. v. Bretschneider: Reise nach London und Paris, nebst Auszügen aus seinen Briefen an Herrn Friedrich Nicolai. XII, 324 S. Bln, Stettin: Nicolai 1817
18 Charaden und Logogryphen. 64 S. Ffm: Hermann 1817
19 Lieder zweier Liebenden. 158 S. Lpz: Weidmann 1819
   (Verb. Neuausg. v. Nr. 8)
20 (Hg.) Leben des Dominique Armand Johanns le Bouthillier de Rancé, Abts und Reformators des Klosters la Trappe. Ein Beitrag zur Erfahrungs-Seelenkunde. 2 Bde. VIII, 230; 206 S. Bln 1820
21 (Hg.) Friedrich Nicolai's Leben und literarischer Nachlaß. 202, 1 S. Bln: Nicolai 1820
22 Gedichte. 4 Bde. XXVIII, 290; 231; 288; 311 S., 1 Bl. Ffm: Hermann 1812
   (Verm. Neuaufl. v. Nr. 11)

GOERING, Reinhard (1887–1936)

1 Jung Schuk. 241 S. Mchn: Delphin-V. (1913)
2 Seeschlacht. Tragödie. 130 S. Bln: Fischer 1917
3 Der Erste. Schauspiel. 86 S. Bln: Fischer 1918
4 Dahin? 78 S. Bln: Fischer 1919
   (Neuaufl. v. Nr. 6)
5 Die Retter. Tragisches Spiel. 55 S. Bln: Fischer 1919
6 Scapa Flow. 55 S. Bln: Fischer 1919
7 Der Zweite. Tragödie. 71 S. Bln: Fischer 1919

8   Die Südpolexpedition des Kapitäns Scott. Spiel in drei Teilen. 73 S. Bln: Propyläen (1930)
9   (MV) W. Zillig: Das Opfer. Oper. Text R. G. 27 S. Wien: Universal-Edition (= Universal-Edition 10933) 1937 (Bearb. v. Nr. 8)

GÖRRES, Johann Joseph von (+Peter Hammer)   (1776–1848)

1   (Hg.) Das rothe Blatt. Eine Dekadenschrift. 2 Bde. Koblenz: Lassaulx (1798)
2   Der allgemeine Friede, ein Ideal. Koblenz: Im 6. Jahre der fränkischen Republik (1798)
3   Der Rübezahl. Eine Monathsschrift. 7 H. Koblenz: Lassaulx (1798)
4   Resultate meiner Sendung nach Paris im Brumaire des 8. Jahres. Koblenz, Andernach: Lassaulx (1800)
5   Aphorismen über Kunst, als Einleitung zu künftigen Aphorismen über Organonomie, Physik, Psychologie und Anthropologie. Koblenz: Pauli (1802)
6   (Übs.) A. F. de Fourcroy: Synoptische Tabellen der Chemie. Andernach: Herold 1802
7   Aphorismen über die Organonomie. Erster Band. XIV, 416 S. Koblenz: Lassaulx 1803
8   Glauben und Wissen. 148, 1 S. Mchn: Scherer 1805
9   Exposition der Physiologie. Organologie. XXXII, 344 S. Koblenz: Lassaulx 1805
10 (MV) C. Brentano u. J. v. G.: Des Uhrmachers BOGS wunderbare Geschichte. 2 Bl.; 52 S., 1 Ku. Heidelberg (:Mohr & Zimmer) 1807
11 Die teutschen Volksbücher. Nähere Würdigung der schönen Historien-, Wetter- und Arzneybüchlein, welche theils innerer Werth, theils Zufall, Jahrhunderte hindurch bis auf unsere Zeit erhalten hat. 6 Bl., 311 S. Heidelberg: Mohr & Zimmer 1807
12 +Schriftproben. o. O. 1808
13 Mythengeschichte der asiatischen Welt. 2 Bde. XXXVI, 660 S. Heidelberg: Mohr & Zimmer 1810
14 (Hg.) Lohengrin. Ein altteutsches Gedicht. Nach der Abschrift des Vaticanischen Manuscriptes v. F. Gloekle. 2 Bl, CVI, 192 S., 1 Bl. Heidelberg: Mohr & Zimmer 1813
15 (Hg.) Rheinischer Merkur. 3 Jge. 357 Nrn. 23. Januar 1814 – 10. Januar 1916 Koblenz: Heriot 1814–1816
16 Napoleons Proklamation an die Völker Europas vor seinem Abzuge auf die Insel Elba. Ffm 1814
17 Teutschlands künftige Verfassung. Ffm 1816
18 (Hg.) Altteutsche Volks- und Meisterlieder aus den Handschriften der Heidelberger Bibliothek. LXVII, 336 S., 1 Bl., 1 Ku. Ffm: Wilmans 1817
19 Die Übergabe der Adresse der Stadt Coblenz und der Landschaft an Seine Majestät den König in öffentlicher Audienz bei Seiner Durchlaucht dem Fürsten Staatskanzler am 12. Januar 1818. Als Bericht für die Theilnehmer. 2 Bl., 60 S. o. O. 1818
20 Teutschland und die Revolution. 1 Bl., 212 S. (Koblenz: Hölscher) 1819
21 Die drei Grundwurzeln des celtischen Stammes ... 2 Bde. Bln: (1820)
22 (Hg.) Das Heldenbuch von Iran aus dem Schah Nameh des Firdussi. 2 Bde. XVI, CCXLVII, 271; VI, 467 S. Bln: Reimer 1820
23 Europa und die Revolution. 356 S. Stg: Metzler 1821
24 Die heilige Allianz und die Völker auf dem Congresse von Verona. 168 (eig. 170) S., 2 Bl. Stg: Metzler 1822
25 In Sachen der Rheinprovinzen und in eigener Angelegenheit. 302 S. Stg: Metzler 1822
26 (MH) Altteutsche Zeit und Kunst. Hg. E. v. Groote, v. d. Hagen, J. v. G. (u. a.) Ffm: Körner 1822
27 Der heilige Franciscus von Assisi ein Troubadour. Straßburg, Lpz: Hinrichs 1826

28 Der Kampf der Kirchenfreiheit mit der Staatsgewalt in der katholischen Schweiz am Udligenschwyler Handel im Kanton Luzern. Straßburg, Lpz: Hinrichs 1826
29 Der Kurfürst Maximilian I. an den König Ludwig von Bayern bei seiner Thronbesteigung. Ffm 1826
30 Rom, wie es in Wahrheit ist. Aus den Briefen eines dort lebenden Landmannes. 55 S. Straßburg (, Lpz: Hinrichs) 1826
31 Joh. H. Voß und seine Todesfeier in Heidelberg. Straßburg, Lpz: Hinrichs (1826)
32 Vermischte Schriften. (Speyer,) Lpz: Hinrichs 1827 (Enth. Nr. 27, 28, 29, 30, 31)
33 Emanuel Swedenborg, seine Visionen und sein Verhältniß zur Kirche. 144 S. Straßburg, Mainz, Speyer: Expedition des Katholiken 1827
34 (Einl.) H. Suso: Leben und Schriften. Nach ältesten Handschriften und Drucken hg. M. Diepenbrock. CXLVIII, 651 S. Regensburg: Pustet 1829
35 Über die Grundlage, Gliederung, und Zeitenfolge der Weltgeschichte. Drei Vorträge, gehalten an der Universität in München. 122 S. Breslau: Max 1830
36 Gott in der Geschichte. Mchn 1831
37 Rede ... an seine Zuhörer ... 2 Bl. 4⁰ o. O. (1831)
38 Staat, Kirche und Cholera. Eine Betrachtung. Speyer: 1831
39 Ministerium, Staatszeitung, rechte und unrechte Mitte. Mchn: Giel 1832
40 Die christliche Mystik. 4 Bde. XX, 495; XX, 604; XX, 748; XXXI, 663 S. Regensburg, Landshut: Manz 1836–1842
41 Athanasius. IV, 156 S. Regensburg: Manz 1838
42 (MV) J. v. G. u. Philipps: Historisch-politische Blätter für d. Kath. Deutschlands. Mchn 1838ff.
43 (Vorw.) (L. v. Bornstedt:) Legende von der hl. Jungfrau und Märtyrerin St. Katharina. 13 Bg. m. Bildn. Münster: Deiters 1838
44 Zum Jahresgedächtniß des zwanzigsten Novembers 1837. 46 S. Regensburg: Manz 1838
45 Über Rom. Regensburg (1838)
46 Die Triarier H. Leo, Dr. P. Marheinecke, Dr. K. Bruno. IV, 188 S. Regensburg: Manz 1838
47 Vorreden und Epilog zum Athanasius. 3 Bg. Regensburg: Manz 1838 (Ausz. a. Nr. 41)
48 (Vorw.) P. G. J. Lechleitner: Von dem Urgrunde und letzten Zwecke aller Dinge. Übs. C. Sommerer. 10¾ Bg. Regensburg: Manz 1839
49 Zweites Jahresgedächtniß des zwanzigsten Novembers 1837. 3 Bg. Regensburg: Manz 1840
50 Über das medicinische System von Ringseis. 2½ Bg. Regensburg: Manz 1841
51 Der Dom von Köln und das Münster von Strasburg. 136 S. Regensburg: Manz 1842
52 Kirche und Staat nach Ablauf der Cölner Irrung. 2 Bl., 230 S. Weissenburg a. S.: Meyer 1842
53 Die Japhetiden und ihre gemeinsame Heimat Armenien. 25 Bg., 1 Kt. Mchn: Franz 1844
54 Die Völkertafel des Pentateuch. 1.: Die Japhetiden und ihr Auszug aus Armenien. 25½ Bg., 1 Kt. 4⁰ Regensburg: Manz 1845
55 Die Wallfahrt nach Trier. 208 S. Regensburg: Manz 1845
56 (Vorw.) L. Clarus: Darstellung der spanischen Literatur im Mittelalter. 2 Bde. 65¼ Bg. Mainz, Kirchheim: Schott & Thielmann 1846
57 Spiegel der Zeit. Gesichte des Sehers. 16 S. Aachen: Kaatzer (= Propheteiungen frommer Männer und Seher 2) 1848
58 Gesammelte Schriften. Hg. Marie G. bzw. (Bd. 8 u. 9:) Hg. M. G. u. F. Binder. 2 Abth. 6, 3 Bde. Mchn: Literar.-artist. Anst. 1854–1874
59 Vorträge über Encyclopädie und Methodologie des academischen Unterrichts. 273 S. Mchn: Lit. Inst. Dr. Huttler 1891
60 Charakteristiken und Kritiken aus den Jahren 1804 und 1805. Einl., Hg. F. Schultz. 2 Thle. 88, 106 S. Köln: Bachem 1900–1902
61 Gesammelte Schriften. Hg. i. Auftr. d. Görres-Ges. W. Schellberg, später A. Dyroff. 12 Bde. Köln: Gilde-Verl., ab 1932 Köln: Bachem 1926ff.

Goes, Albrecht (*1908)

1 Der Hirte. Gedichte. 62 S. Lpz: Kulturpolit. V. (= Gegenwart und Zukunft 66) (1934)
2 Die Hirtin. Vorweihnachtliches Spiel. 37 S. Mchn: Kaiser (= Münchener Laienspiele 107) 1934
3 Heimat ist gut. Zehn Gedichte. 13 Bl. Hbg: V. d. Blätter f. d. Dichtg. (= Die Jungen 1) 1935
4 Lob des Lebens. Betrachtungen und Gedichte. 170 S. Stg: Dt. Verl.-Anst. 1936
5 Die Roggenfuhre. Evangelienspiel. 34 S. Mchn (, Lpz: Strauch) (= Münchener Laienspiele 153) 1936
6 Vergebung. Ein Frauenspiel. 38 S. Mchn (:Evang. V. A. Lempp) (= Christliche Gemeindespiele 37) 1937
7 Über das Gespräch. 46 S. Bln: Furche (= Furche-Bücherei 41) 1938
8 Mörike. 94 S., 1 Titelb. Stg: Cotta (= Die Dichter der Deutschen, Folge 2) 1938
9 Der Zaungast. Ein Evangelienspiel. 51 S. Mchn (:Evang. Verl. A. Lempp) (= Christliche Gemeindespiele 63) 1938
10 Begegnungen. 45 S. Bln: Furche-V. (= Furche-Bücherei 63) 1939
11 Leuchter und Laterne. Eine Erzählung auf Christtag. 15 S. Bln: Wichern-V. (1939)
12 Der Nachbar. Gedichte. 38 S. Bln: S. Fischer 1940
13 Der Weg zum Stall. Krippenspiel für Kinder. 19 S. Mchn (:Evang. Verl. A. Lempp) (= Christliche Gemeindespiele 76) 1940
14 Die guten Gefährten. 262 S. Stg: Cotta (1942)
15 (Nachw.) Christian Wagner: Blühender Kirschbaum. Gedichte u. Prosa. 74 S. Mchn: Langen-Müller (= Die kleine Bücherei 121) (1943)
16 Auf der Flucht. Ein Gespräch zu Weihnachten 1945. 16 S. Stg-Botnang: Häbich 1946
17 Goethegedichte – jetzt. Essay. 24 S. Stg: Günther 1946
18 (MV) A. G. (u. a.): Friedrich Gundert. Geboren 14. April 1897, gestorben 14. März 1946. Gedächtnisbuch. 111 S. m. Faks. mehr. Taf. Stg: Scheufele 1946
19 Schwäbische Herzensreise. 66 S. m. Abb. Stg, Calw: Hatje 1946
20 Rede auf Hermann Hesse. 38 S. Bln: Suhrkamp 1946
21 (MV) A. G., H. List u. K. Müller: Ein erster Schritt. 101 S. Stg: Gundert (Wir fangen an 1) 1946
22 Da rang ein Mann mit ihm. Eine Besinnung auf 1. Mose 32, 23-32. 14 S. Mchn: Kaiser (= Traktate vom wirklichen Leben 7) 1947
23 (Hg.) J. W. v. Goethe: Gedichte. Eine Auswahl u. Nachw. v. A. G. 160 S. Stg: Günther (= Die Parthenon-Bücher) 1947
 (Enth. Nr. 17)
24 Die Herberge. 84 S. Bln: Suhrkamp 1947
25 (Hg.) Worte Christi. Ausgew. v. A. G. 72 S. Mchn: Piper (= Piper-Bücherei 30) 1948
26 Die fröhliche Christtagslitanei. 21 S. Mchn: Kaiser (= Christliche Gemeindespiele 101) 1949
27 Von Mensch zu Mensch. Bemühungen. 212 S. Bln: Suhrkamp 1949
 (Enth. Nr. 7)
28 Der Mensch von unterwegs. Ein Gespräch für die Christnacht in unseren Tagen. 12 Bl. Hbg: Wittig 1949
29 Gedichte 1930-1950. 167 S. Ffm: S. Fischer 1950
 (Enth. auch Nr. 1, 3, 12, 24, 26, 28)
30 (Einl.) Jugend unterm Schicksal. Lebensberichte junger Deutscher 1946-49. Hg. K. Hass. 244 S. Hbg: Wegner 1950
31 Unruhige Nacht. 86 S. Hbg: Wittig 1950
32 Christtag. Sieben Betrachtungen. 45 S. Hbg: Furche-V. 1951
33 Unsere letzte Stunde. Eine Besinnung. 39 S. Hbg: Furche-V. (= Furche-Bücherei 78) 1951
34 Freude am Gedicht. Zwölf Deutungen. 91 S. Ffm: S. Fischer 1952
35 Im Dornburger Licht. Rede, gehalten an der Goethe-Feier der Vereinigung

Oltner Bücherfreunde. 35 S. Olten: Vereinigung Oltner Bücherfreunde (Priv.-Dr.) 1952
36 (Einl.) E. Schubert-Christaller: In Deinen Toren, Jerusalem. Jüdische Legenden. Nacherzählt. 110 S. Heilbronn: Salzer (1952)
37 Freundschaft und Entfremdung. 20 S. Mainz: Eggebrecht-Presse (= Sammlung Eggebrecht 5; 150 sign. Ex.) 1953
38 (Nachw.) H. Carossa: Aus den Lebensbüchern. Eine Auswahl. 79 S. Stg: Reclam (= Reclam's UB. 7782) 1953
39 (MV) E. Birrer, A. G. (u. a.): Hermann Hesse. 62 S. m. Abb. 4° Zürich: Conzett & Huber (= Du. 13, 2) 1953
40 Krankenvisite. Sechs Anreden. 45 S. Hbg: Furche-V. (= Furche-Bücherei 91) 1953
41 (Einl.) Neckarland und obere Donau. Zusgest. u. erl. H. Busch. 88 Bildseiten, 103 S. 4° Ffm: Umschau (= Die deutschen Lande. Württemberg-Baden, Bd. 2) 1953
42 Vertrauen in das Wort. Drei Reden. 54 S. Ffm: S. Fischer 1953 (Enth. u. a. Nr. 35)
43 (MH) Evangelische Weihnacht. Die Botschaft Friede auf Erden für unsere Tage. Hg. A. G., F. Wittig (u. a.) Folge 8. 125 S., 4 Bl. Abb. Hbg: Furche-V. 1953
44 Das Brandopfer. Eine Erzählung. 73 S. Ffm: S. Fischer 1954
45 Über das Gespräch. – Du bist nicht allein. Ein Gespräch zu dritt. 45 S. Hbg: Furche-V. (= Furche-Bücherei 41) 1954 (Neubearb. u. erw. Aufl. v. Nr. 7)
46 Der Glöckner Matthäus Armbruster. 4 Bl. Gütersloh: Rufer-V. (= Acht Seiten – Freude zu bereiten. Das Herz froh und stark machende Geschichten, Nr. 37) 1954
47 (Vorw.) Hermann Hesse. Romain Rolland. Briefe. 118 S. m. Abb. Zürich: Fretz & Wasmuth 1954
48 Heilige Unruhe. 19 S. Stg: Evang. Verl.-Werk 1954
49 Erfüllter Augenblick. Eine Auswahl aus dem Werk. 97 S. Ffm: Fischer (= S. Fischer-Schulausgaben moderner Autoren) 1955
50 Worte zum Sonntag. 45 S. Hbg: Furche-V. (= Furche-Bücherei 114) 1955
51 (Hg.) Genesis. Bilder aus der Wiener Genesis. 14 S., 24 Bl. Abb. Hbg: Wittig (= Frühmittelalterliche Buchmalerei) 1956
52 Das dreifache Ja. Rede zum Volkstrauertag, gehalten beim Staatsakt der Hessischen Landesregierung in Wiesbaden. 13. November 1955. 15 S. Ffm: Fischer 1956
53 Ruf und Echo. Aufzeichnungen 1951–55. 217 S. Ffm: Fischer 1956
54 Der Neckar. Text von A. G. 47 S., 48 Abb. Königstein i. T.: Langewiesche (= Langewiesche-Bücherei) (1957)
55 Der Gastfreund. 173 S. Bln: Union-V. 1958
56 Goethes Mutter. Rede zum 150. Todestag von Catharina Elisabeth Goethe auf Einladung des Freien Deutschen Hochstifts in der Johann Wolfgang Goethe-Universität zu Frankfurt a. M. am 13. September 1958. 31 S. Ffm: V. Der Goldene Brunnen (= Freies Dt. Hochstift. Reihe d. Vorträge u. Schriften, Bd. 19) (1958)
57 Hagar am Brunnen. Dreißig Predigten. 191 S. Ffm, Hbg: Fischer-Bücherei (= Fischer-Bücherei 211) 1958
58 Ein überfliessend Mass. Predigt, gehalten beim 35. Deutschen Bachfest in der Leonhardskirche Stuttgart am 29. Juni 1958. 15 S. Hbg: Furch-V. 1958
59 Maria im Rosenhag. Madonnen-Bilder altdeutscher und altniederländischer Maler. Einf. A. G. 79 S. Abb. m. 2 S. Text 4° Königstein i. T.: Langewiesche (= Die blauen Bücher) 1959
60 Das St. Galler Spiel von der Kindheit Jesu. Erneuert. 59 S. Ffm: S. Fischer 1959
61 Stunden mit Bach. 35 S. Hbg: Furche-V. (= Furche-Bücherei 165) 1959
62 Wagnis der Versöhnung. Drei Reden: Hesse, Buber, Bach. 77 S. Lpz: Koehler & Amelang VEB 1959
63 Worte zum Fest. 47 S. Hbg: Furche-V. (= Furche-Bücherei Nr. 173) 1959
64 Ravenna. 48 S., 32 Taf. Mchn, Ahrbeck: Knorr & Hirth (= Das kleine Kunstbuch) 1960

GOETHE, Johann Wolfgang von (1749–1832)

1 Neue Lieder in Melodien gesetzt von B. Th. Breitkopf. 43 S. qu. 2⁰ Lpz: Breitkopf 1770
2 Positiones juris quas auspice deo inclyti jureconsultorum ordinis consensu ... publice defendet J. W. G. 12 S. 4⁰ Argentorati: Heitzius 1771
3 *Von Deutscher Baukunst D.M. ERVINI A STEINBACH. 16 S. o. O. 1773
4 *(Übs.) Brief des Pastors zu *** an den neuen Pastor zu ***. Aus dem Französischen. 26 S. o. O. 1773
5 *Zwo wichtige bisher unerörterte Biblische Fragen zum erstenmal gründlich beantwortet, von einem Landgeistlichen in Schwaben. 16 S. Lindau am Bodensee (d. i. Ffm) 1773
6 *Götz von Berlichingen mit der eisernen Hand. Ein Schauspiel. 206 S. o. O. 1773
7 *(MH) Works of Ossian. (Hg. J. W. G. u. J. H. Merck). 4 Bde. m. Titelku. o. O. (1–2) bzw. Ffm, Lpz: Fleischer (3–4) 1773–1777
8 Clavigo. Ein Trauerspiel. 100 S. Lpz: Weygand 1774
9 *Götter Helden und Wieland. Eine Farce. 18 Bl. Lpz (o. Verl.) 1774
10 *Prolog zu den neuesten Offenbarungen Gottes verdeutscht durch Dr. Carl Friedrich Bahrdt. VII S. Gießen (o. Verl.) 1774
11 *Neueröfnetes moralisch-politisches Puppenspiel. 96 S. Lpz, Ffm (o. Verl.) 1774
12 *Die Leiden des jungen Werthers. 2 Thle. 224 S. Lpz: Weygand 1774
13 *Erwin und Elmire ein Schauspiel mit Gesang. 64 S. 12⁰ Ffm, Lpz (o. Verl.) 1775
14 Rheinischer Most. Erster Herbst. Hg. F. R. Salzmann. 4 Bl., 183 S., 2 Musikbeil. o. O. 1775
15 Nicht ich, sondern Heinrich Leopold Wagner hat den Prometheus gemacht. 1 Bl. qu. 8⁰ Ffm: Goethe 1775
16 Claudine von Villa Bella. Ein Schauspiel mit Gesang. 127 S. Bln: Mylius 1776
17 Stella. Ein Schauspiel für Liebende in fünf Akten. 2 Bl., 115 S. Bln: Mylius 1776
18 (MV) Neuer Versuch über die Schauspielkunst. Aus dem Französischen. Mit einem Anhang aus Goethes Brieftasche. 508 S. Lpz: Schwickert 1776
19 *Gesänge zu dem Feenspiel Lila. 13 S. o. O. (600 Ex.) (1777)
20 *Geheime Nachrichten Von den letzten Stunden Woldemars Eines berüchtigten Freygeistes. Und wie ihn der Satan halb gequetscht, und dann in Gegenwart seiner Geliebten, unter deren Gewinsel zur Hölle gebracht. 19 S. ,,Gedruckt bey dem Nachdrucker Dodsley und Compagnie" 1777 (d. i. 1779)
21 *Proserpina, ein Monodrama. XI S. o. O. (300 Ex.) (1778)
22 Aufzug des Winters mit seinem Gefolge. 1 Bl. 2⁰ o. O. (300 Ex.) (1781)
23 Der regierenden Herzogin von Weimar, zum Geburtstage, 1781. (Druck auf farb. Seidenband oder Papierstreifen) 1781
24 Aufzug der vier Weltalter. 1 Bl. 2⁰ o. O. (1782)
25 *Die Fischerinn ein Singspiel. Auf dem natürlichen Schauplatz zu Tiefurth vorgestellt. 22 Bl. o. O. 1782
26 Der regierenden Herzoginn von Weimar, am 30sten Januar 1782. (Druck auf ein rotes Atlasband oder schmalen Papierstreifen) 1782
27 Die weiblichen Tugenden an die regierende Herzoginn von Weimar zum 30sten Januar 1782. (Druck auf farb. Atlasband oder schmalen Papierstreifen) 1782
28 Feier der Geburtsstunde Carl Friedrichs den 15. Febr. 1783 gen Morgen. 1 Bl. 4⁰ o. O (1783)
29 Zur Feyer des I. XX. XXIII. XXIV. XXX. Novembers MDCCLXXXIII. 2 Bl. 4⁰ o. O. (1783)
30 Der regierenden Herzoginn von Weimar zum XXX. Januar MDCCLXXXIV. 8 Bl. o. O. 1784
31 * Rede bey Eröffnung des neuen Bergbaues zu Ilmenau. 4 Bl. 4⁰ o. O. 1784
32 Erste (Vierte ... usw. – Siebente) Nachricht von dem Fortgang des neuen Bergbaues zu Ilmenau. 7 Tle. Weimar (o. Verl.) 1785–1794

GOETHE

33 Die Geschwister. Ein Schauspiel. 44 S. Lpz: Göschen 1787
34 Iphigenie auf Tauris. Ein Schauspiel. 136 S. Lpz: Göschen 1787
35 Die Mitschuldigen. Ein Lustspiel. 128 S. Lpz: Göschen 1787
36 Schriften. 8 Bde., 12 Ku. Lpz: Göschen 1787–1790
37 Goethes Schriften. 4 Bde. Lpz: Göschen 1787–1791
   (= Nr. 36)
38 Der Triumph der Empfindsamkeit. Eine dramatische Grille. 118 S., 1 Bl. Lpz: Göschen 1787
39 (Übs.) Die Vögel. Nach dem Aristophanes. 64 S. Lpz: Göschen 1787
40 Egmont. Ein Trauerspiel in fünf Aufzügen. 198 S., 1 Bl. Lpz: Göschen 1788
41 *Das Römische Carneval. 69 S., 1 Bl., 20 Taf. 4° Bln: Unger; Weimar, Gotha: Ettinger 1789
42 Faust. Ein Fragment. 168 S. Lpz: Göschen 1790
43 Jery und Bätely. Ein Singspiel. 56 S. Lpz: Göschen 1790
44 Scherz, List und Rache. Ein Singspiel. 96 S. Lpz: Göschen 1790
45 Schriften. 8 Bde., 8 Ku. Lpz: Göschen 1790
   (Titelaufl. v. Nr. 36)
46 Torquato Tasso. Ein Schauspiel. 1 Bl., 222 S. Lpz: Göschen 1790
47 Versuch die Metamorphose der Pflanzen zu erklären. 3 Bl., 86 S. Gotha: Ettinger 1790
48 Beyträge zur Optik. 2 Thle. 62, 1 S., 27 Taf.; 30 S., 1 Taf. 8°, 1 Taf. 2° Weimar: Industrie-Comptoir 1791–1792
49 Der Groß-Cophta. Ein Lustspiel in fünf Aufzügen. 1 Bl., 241 S. Bln: Unger 1792
50 Neue Schriften. 7 Bde., 2 Ku., 8 Musikbeil. Bln: Unger 1792–1800
51 *Der Bürgergeneral. Ein Lustspiel in einem Aufzuge. Zweyte Fortsetzung der beyden Billets. 1 Bl., 138 S. Bln: Unger 1793
52 (Bearb.) Gesänge aus der Oper: Die vereitelten Ränke. Nach dem Italiänischen frei bearbeitt in zwei Aufzügen. Die Musik ist von Cimarosa. 16 Bl. Weimar: Glüsing 1794
53 (Bearb.) Gesänge aus der Oper: Circe, in Einem Aufzuge. Musik von Anfossi. 8 Bl. Weimar: Glüsing 1794
54 Wilhelm Meisters Lehrjahre. Ein Roman. 4 Bde. 8 Musikbeil. Bln: Unger 1795–1796
55 Avertissement. Der zweyte May dieses Jahres ... 1 Bl. qu. 4° Weimar (o. Verl.) 1796
56 Epigramme. Venedig 1790. (S.-A.) 56 S. Bln: Unger (1796)
57 (Bearb.) Gesänge aus der Oper: Theatralische Abentheuer, in zwey Aufzügen. Die Musik ist von Cimarosa und Mozart. 9 Bl. Weimar: Unger 1797
58 Nachdem die mit dem 10ten und 11ten Termin in Rest stehenden Beyträge ... 1 Bl. 4° Weimar 1797
59 Publicandum der Fürstl. Sächs. zur Dirigirung des Ilmenauer Bergwerks gnädigst verordneten Commission. 1 Bl. qu. 4° Weimar 1797
60 Eine mit den Herren Bevollmächtigten der Ilmenauer Bergwerkschaft ... gepflogene Deliberation ... 2 Bl. Weimar 1798
61 Der lang' ersehnte Friede winkt wieder ... 1 Bl. 2° (Weimar) 1798
62 Herrmann und Dorothea. 174 S. Bln: Vieweg 1798
   (Nachdr. v. Nr. 64)
63 (Hg.) Propyläen. Eine periodische Schrifft (Bd. 2 u. 3: Schrift). 3 Bde., 5 Ku. Tüb: Cotta 1798–1800
64 Taschenbuch für 1798. Herrmann und Dorothea. 7 Bl., 174 S., 8 Ku. Bln: Vieweg 1798
65 Neueste Gedichte. 380 S., 2 Ku. Bln: Unger 1800
66 Weimarische Kunstausstellung von 1801 (1802 usw. –1805) 7 Thle. m. Ku. 4° Weimar 1801–1806
67 (Übs.) Mahomet. Trauerspiel in fünf Aufzügen, nach Voltaire. 104 S. Tüb: Cotta 1802
68 (Übs.) Tancred. Trauerspiel in fünf Aufzügen, nach Voltaire. 104 S. Tüb: Cotta 1802
69 Was wir bringen. Vorspiel, bey Eröffnung des neuen Schauspielhauses zu Lauchstädt. 80 S. Tüb: Cotta 1802
70 Zum 30. Januar 1802. 1 Bl. 2° o. O. 1802
71 (Übs., Hg.) Leben des Benvenuto Cellini Florentinischen Goldschmieds und

Bildhauers von ihm selbst beschrieben. Übersezt und mit einem Anhange hg. 2 Bde. 316, 334 S. m. Titelku. Tüb: Cotta 1803
72 Taschenbuch für das Jahr 1804. Die natürliche Tochter. Trauerspiel. 224 S. Tüb: Cotta 1804
73 (MH) Taschenbuch auf das Jahr 1804. Hg. Ch. M. Wieland u. J. W. v. G. 152 S. m. Titelku., 4 Ku. Tüb: Cotta 1804
74 (Übs.) Rameau's Neffe. Ein Dialog von Diderot. Aus dem Manuskript übersetzt u. mit Anmerkungen begleitet. 480 S., 1 Bl. Lpz: Göschen 1805
75 (Hg.) Winkelmann und sein Jahrhundert. In Briefen und Aufsätzen hg. XVI, 496 S. Tüb: Cotta 1805
76 Werke. 13 Bde. Tüb: Cotta 1806–1810
77 Zum dreißigsten Januar 1806. 1 schmaler Streifen 2° o. O. (1806)
78 Sammlung zur Kenntniß der Gebirge von und um Karlsbad ... 32 S. Karlsbad: Franiecki 1807
79 Zum feyerlichen Andenken der Durchlauchtigsten Fürstin und Frau Anna Amalia, verwittweten Herzogin zu Sachsen-Weimar und Eisenach, gebornen Herzogin von Braunschweig und Lüneburg. 4 S. 2° o. O. (1807)
80 Faust. Eine Tragödie. 309 S. (, z. T. 5 Ku.) Tüb: Cotta 1808 (Neubearb. v. Nr. 42)
81 (MV) Maskenzug. Zum 30. Januar 1809. 16 S. o. O. 1809
82 Johanna Sebus. Zum Andenken der Siebzehnjährigen Schönen Guten aus dem Dorfe Brienen die am 13. Januar 1809 bey dem Eisgange des Rheins nach dem großen Bruche des Dammes von Cleverham Hülfe reichend unterging. 2 Bl. o. O. (1809)
83 Die Wahlverwandtschaften. Ein Roman. 2 Thle. 306, 340 S. Tüb: Cotta 1809
84 Erneuerte Bedingungen unter welchen der Besuch ... der ... Bibliothek ... verstattet ist. 1 Bl. 2° Weimar (o. Verl.) 1810
85 *Ihro Majestät der Allerdurchlauchtigsten Frau Frau Maria Ludovica Kaiserinn von Oesterreich am Tage Ihrer höchst beglückenden Ankunft zu Karlsbad allerunterthänigst überreicht von der Karlsbader Jugend den 6. Juny 1810. 2 Bl. 2° o. O. 1810
86 Ihro Majestät der Allerdurchlauchtigsten Frau Frau Maria Ludovica Kaiserin von Österreich bey Ihrer höchst beglückenden Anwesenheit in Karlsbad allerunterthänigst zugeeignete Gedichte. 8 Bl. o. O. (1810) (Enth. u. a. Nr. 85 u. 90)
87 *Maskenzug zum 30. Januar 1810. 16 S. 4° o. O. 1810
88 (MV) Völkerwanderung. Poesieen gesammelt bey einem Maskenzug aufgeführt den sechzehnten Februar. 20 S. qu. 4° Weimar (o. Verl.) 1810
89 Pandora. Ein Taschenbuch für das Jahr 1810. 64 S., 4 Ku. Wien, Triest: Geistinger 1810
90 Der Kaiserinn Platz. Den 19. Juny 1810. 1 Bl. 2° o. O. 1810
91 *Die Romantische Poesie. Stanzen zur Erklärung eines Maskenzugs aufgeführt den dreißigsten Januar. 16 S. 4° Weimar (o. Verl.) 1810
92 Zum sechzehnten Februar 1810. 1 schmaler Streifen 2° Weimar 1810
93 Zur Farbenlehre. 2 Bde. XLVIII, 654; XXVIII, 757 S.; 1 H. m. 16 Ku.-Taf. Tüb: Cotta 1810
94 Autographa. 1 Bl. o. O. (1811)
95 Aus meinem Leben. Dichtung und Wahrheit. 6 Bde. Stg, Tüb: Cotta 1811–1822
96 Philipp Hackert. Biographische Skizze, meist nach dessen eigenen Aufsätzen entworfen. XII, 346 S. Tüb: Cotta 1811
97 *Prolog. Halle, den 6. Aug. 1811. 2 Bl. 4° o. O. 1811
98 Blumen auf den Weg Ihro Majestät der Kaiserinn von Frankreich am Tage der höchst beglückenden Ankunft zu Karlsbad allerunterthänigst gestreut von der Karlsbader Bürgerschaft den (2.) Juli 1812. 3 Bl. 2° o. O. 1812
99 Blumen auf den Weg Ihro des Kaisers Majestät am Tage der höchst beglückenden Ankunft zu Karlsbad allerunterthänigst gestreut von der Karlsbader Bürgerschaft den 2. Juli 1812. 3 Bl. 2° o. O. 1812
100 Der Blumenchor. Zum 30. Januar 1812. 1 Bl. 2° o. O. 1812
101 XVI. Febr. MDCCCXII. Die Blumen in den Wintertagen ... 1 Bl. qu. 2° o. O. 1812
102 Gedichte. 3 Bl., 408 S. Tüb: Cotta 1812

GOETHE 419

103 *An Madame Wolff, zum 10. December 1812. 1 Bl. 2° o.O. 1812
104 *Idyllische Cantate, zum 30. Januar 1813. 4 Bl. Weimar (o. Verl.) (1813)
105 Höhen der alten und neuen Welt bildlich verglichen. (S.-A.) 4 S., 1 Taf. 2° Weimar: Landes-Industrie-Comptoir 1813
106 Wieland's Andenken in der Loge Amalia gefeyert den 18. Februar 1813. Als Manuscript. 28 S. 4° o.O. (1813)
107 Am XVI. Februar MDCCCXIV. (Druck auf rosa Atlas bzw.) 1 Bl. o.O. 1814
108 *(MV) Willkommen! 40 Bl. Weimar 1814
109 Des Epimenides Erwachen. Ein Festspiel. XIV, 66 S. Bln: Duncker & Humblot 1815
110 Gedichte. 2 Thle. VIII, 256; VIII, 207 S. Stg, Tüb: Cotta 1815
111 Werke. 20 Bde. Stg, Tüb: Cotta 1815–1819
112 Bilder-Scenen. Mit musikalischen Zwischenspielen. Den 15. März 1816. 1 Bl. 2° o.O. (1816)
113 (Hg.) Ueber Kunst und Alterthum. 6 Bde., 18 H. m. Ku. Stg: Cotta 1816 bis 1832
114 Bilder-Scenen. Aufgeführt zur Feier des 2ten Februars 1817. 1 Bl. 2° o.O. (1817)
115 Zur Kenntniß der böhmischen Gebirge. 32 S. o.O. (1817) (Neudruck v. Nr. 78; Ausz. a. Nr. 116)
116 Zur Naturwissenschaft überhaupt, besonders zur Morphologie. Erfahrung, Betrachtung, Folgerung, durch Lebensereignisse verbunden. 2 Bde., je 2 H., 8 Ku., 1 Tab. Stg, Tüb: Cotta 1817–1824
117 Zur Morphologie. 2 Bde. XXXII, 368; 160 S., 3 Ku. Stg, Tüb: Cotta 1817 bis 1823 (Ausz. a. Nr. 116)
118 Zur Naturwissenschaft überhaupt. 2 Bde. 384 S., 3 Ku. 1 Taf.; 220 S., 2 Ku., 1 Tab. Stg, Tüb: Cotta 1817–1823 (Ausz. a. Nr. 116)
119 *Bey Allerhöchster Anwesenheit Ihro Majestät der Kaiserin Mutter Maria Feodorowna in Weimar Maskenzug. 80 S. Stg (: Cotta) 1818
120 *Bey Allerhöchster Anwesenheit Ihro der verwittweten Kaiserin aller Reussen Majestät Maskenzug. Im December. Vorläufige Anzeige. 16 S. Weimar (o. Verl.) 1818
121 Gruß aus der Ferne. 1 Bl. qu. 8° o.O. 1818
122 (Nachw.) J. v. Hammer: Die Inschrift von Heilsberg. 7, 1 S. 2° Weimar, Jena: Frommann & Wesselhöft 1818
123 West-oestlicher Divan. 2 Bl., 556 S. m. Titelku. Stg: Cotta 1819
124 Die Feier des achtundzwanzigsten Augusts dankbar zu erwiedern. 1 Bl. o.O. (1819)
125 Goethe's Beurtheilung des Lustspiels in Straßburger Mundart Der Pfingstmontag in fünf Aufzügen und Versen. 19 S. Straßburg: Dahnbach 1820 (Ausz. a. Nr. 113)
126 Carl August Fürst von Hardenberg, Königl. Preuß. Staats Kanzler geboren den 31 ten May 1750 von Goethe zum 31 ten May 1820. 1 Bl. m. Bildn. Bln: Henschel (1820)
127 Der Kammerberg bei Eger. 20 S. o.O. (1820) (Ausz. a. Nr. 116)
128 Herr Nicolai auf Werther's Grabe. 1 Bl. 4° o.O. (1820)
129 Wilhelm Meisters Wanderjahre oder Die Entsagenden. Ein Roman. Erster Theil. 4 Bl., 528 S. Stg, Tüb: Cotta 1821
130 Weimarische Pinacothek. Erstes Heft. 1 Bl., 4 Taf. 2° o.O. 1821
131 (Einl.) Ridel's und der früher heimgegangenen Brüder Kästner, Krumbholz, Slevoigt und Jagemann Todtenfeyer, in der Loge Amalia zu Weimar, am 15. Juni 1821. Gedruckt als Manuscript für Brüder. 34 S. o.O. (1821)
132 Erlauchter Gegner aller Vulkanität! ... 1 Bl. 4° o.O. (1822)
133 (Einl.) Der Deutsche Gilblas oder Leben, Wanderungen und Schicksale Johann Christoph Sachse's, eines Thüringers. Von ihm selbst verfaßt. XIV, 290 S. Stg, Tüb: Cotta 1822
134 Reinecke Fuchs. In zwölf Gesängen. 491 S. Lpz: Brockhaus 1822 (Titeldr. d. 2. Bds. v. Nr. 50)
135 In Hygiea's Form beliebt's Armiden ... 1 Bl. Faks. 4° o.O. (1823)
136 Zum 14. Mai 1824. 1 Bl. 4° o.O. (1824)

137 Am Siebenten November. 1 Bl. Faks. m. Bildn. o.O. 1825
138 Die Feier des siebenten Novembers 1825 dankbar zu erwiedern. 1 Bl. o.O. (1825)
   (Neudr. v. Nr. 124 m. veränd. Titel)
139 (Vorw.) N. A. v. Salvandy: Don Alonso oder Spanien. Eine Geschichte aus der gegenwärtigen Zeit. Aus dem Französischen. Nebst der Vorrede des Verfassers mit einem einleitenden Vorw. v. J. W. v. G. 5. Bde. Breslau: Max 1825–1826
140 Zur Logenfeyer des dritten Septembers 1825. 3 Bl. Weimar 1825
141 Am acht und zwanzigsten August 1826. 1 Bl. o.O. (1826)
142 Anzeige von Goethe's sämmtlichen Werken, vollständige Ausgabe letzter Hand. 12 S., 2 Bl. o.O. 1826
143 Doch was heißt's in solchen Stunden ... 1 Bl. o.O. (1826)
144 (Einl.) Der Junge Feldjäger in französischen und englischen Diensten während des Spanisch-Portugisischen Kriegs von 1806–1816. 6 Bde. Lpz: Fleischer (1–4) bzw. Braunschweig: Verlags-Comptoir (5–6) 1826–1831
145 Liegt dir Gestern klar und offen. 1 Bl. Faks. m. Bildn. 2° Hbg: Commeter 1826
146 Dem glücklich-bereichert Wiederkehrenden. Ihrem Durchlauchtigsten Bruder Herren Carl Bernhard, Herzog von Sachsen-Weimar-Eisenach Hoheit die verbundenen Brüder der Loge Amalia zu Weimar. 2 Bl. 4° o.O. 1826
147 Zum Beginnen, zum Vollenden. 1 Bl. 4° Weimar 1826
148 (Einl.) Memoiren Robert Guillemard's verabschiedetem Sergenten. Begleiten mit historischen, meisten Theils ungedruckten Belegen von 1805 bis 1823. Aus dem Französischen. 2 Thle. XVI, 396; 398, 1 S. Lpz: Weygand 1827
149 (Einl.) A. Manzoni: Opere poetiche. L, 298 S. Jena: Frommann 1827
150 Werke. Vollständige Ausgabe letzter Hand. 60 Bde., 1 Suppl.-Bd. Stg, Tüb: Cotta 1827–1842
151 (MV) Briefwechsel zwischen Schiller und Goethe in den Jahren 1794 bis 1805. 6 Bde. Stg, Tüb: Cotta 1828–1829
152 (MÜbs.) A. Manzoni: Der fünfte May. Ode auf Napoleons Tod. In der It. Urschrift nebst Übs. v. G. Fouqué (u. a.) 28 S. Bln: Maurer 1828
153 Prolog von Göthe, gesprochen im Königl. Schauspielhause vor Darstellung des dramatischen Gedichts Hans Sachs, in vier Abtheilungen von Deinhardstein. 13 S. Bln (o. Verl.) 1828
154 Übermüthig siehts nicht aus... 1 Bl. Faks. m. Abb. qu. 8° Dresden: Morasch & Skerl (1828)
155 Warum stehen sie davor? ... 1 Bl. Faks. m. Abb. qu. 8° Dresden: Morasch & Skerl (1828)
156 Zelters siebzigster Geburtstag, gefeiert von Bauenden, Dichtenden, Singenden am 11ten December 1828. Glückwunsch v. G., in Musik gesetzt v. Rungenhagen. 3 Bl. Bln: Akad. Druckerey (1828)
157 An ... Gesellschaft für ... Literatur in Berlin. 1 Bl. 4° Weimar (o. Verl.) (1829)
158 (Vorw.) K. Osterwald: Das römische Denkmal in Igel und seine Bildwerke, mit Rücksicht auf das von H. Zumpft nach dem Originale ausgeführte 19 Zoll hohe Modell, beschrieben und durch Zeichnungen erläutert. 60 S., 4 Ku. 4° Coblenz: Baedeker 1829
159 Dem würdigen Bruderfeste Johanni 1830. 1 Bl. Faks. 4° o.O. 1830
160 (Einl.) Th. Carlyle's Leben Schillers. Aus dem Englischen. XXIV, 301, 54 S. m. Titelku. Ffm: Wilmans 1830
161 Mittheilungen aus der Pflanzenwelt. (S.-A.) 22 S., 2 Taf. 4° o.O. (Acta Acad. Caes. Leop. Carol. Nat. Cur. Vol. XV, P. II) (1831)
162 Über den Zwischenkiefer des Menschen und der Thiere. (S.-A.) 48 S., 5 Taf. 4° (1831)
   (Ausz. a. Nr. 116)
163 Bedarf's noch ein Diplom besiegelt? Unmögliches hast du uns vorgespiegelt. 1 Bl. Faks. m. Bildn. 2° Bln: Lit. Anst. Kuhr (1832)
164 (Einl.) David Knoll'sche Sammlung von Sprudelsteinen, roh oder geschliffen. 8 S. Prag: Haase 1832
165 Faust. Eine Tragödie. Zweyter Teil in fünf Acten. (Vollendet im Sommer 1831). 344 S. 12° Stg, Tüb: Cotta 1833

166 Werke. 40 Bde. Stg, Tüb: Cotta 1840
167 Nachträge zu Goethe's sämmtlichen Werken. Ges., hg. E. Boas. 3 Bde., 1 Abb., 2 Silh. Lpz: 1841
168 Werke. Hg. im Auftrage der Großherzogin Sophie von Sachsen. 143 Bde. Weimar: Böhlau 1887-1919
169 Wilhelm Meisters theatralische Sendung. 410 S., 5 Bildn., 5 Faks. Stg, Bln: Cotta 1911
170 Amtliche Schriften. Hg. W. Flach. 8 Bde. 1951 ff.
171 Werke. Hg. Dt. Akad. d. Wiss., Berlin. Bln: Akad.-Verl. 1952 ff.

Gött, Emil (1864-1908)

1 Die Koch'sche Heilung der Schwindsucht. Eine ketzerische Betrachtung. 16 S. Freiburg: Mohr (1891)
2 Verbotene Früchte. Lustspiel nach einem Zwischenspiel des Cervantes. Einl. G. Manz. 116 S. Stg: Cotta 1894
3 Edelwild. Dramatisches Gedicht. 149 S. Freiburg: Fehsenfeld 1901
4 Mauserung. Lustspiel. 116, IV S. Freiburg: Zeise-Gött 1908
5 Der Schwarzkünstler. Lustspiel. 146 S. Mchn: Beck 1911 (Neubearb. v. Nr. 2)
6 Gesammelte Werke. Hg. R. Woerner. 3 Bde. 783 S. Mchn: Beck 1911
7 Kalendergeschichten und anderes. Hg. R. Woerner. IV, 106 S. Mchn: Beck 1914
8 Tagebücher und Briefe. Hg. R. Woerner. 3 Bde. XII, 1149 S. Mchn: Beck 1914
9 Briefe an einen Freund. Nebst einer literarischen Nachlese hg. G. Manz. VIII, 184 S. Mchn: Beck 1919
10 Nachdenkliche Geschichten. Einl., hg. G. Manz. 123 S. Rudolstadt: Greifenverl. 1923
11 Die Wallfahrt und andere heitere und nachdenkliche Geschichten 135 S. Straßburg: Hünenburg-V. 1942
12 Tagebücher und Briefe. 679 S., 1 Titelb. Straßburg: Hünenburg-V. 1943 (Erw. Neuaufl. v. Nr. 8)
13 Gesammelte Werke. 720 S., 1 Titelb. Straßburg: Hünenburg-V. 1943 (Verm. Neuaufl. v. Nr. 6)

Goetz, Bruno (1885-1954)

1 (Hg.) Die jungen Balten. Gedichte. XXI, 152 S. Charlottenburg: Lehmann (= Ostsee und Ostland. I: Die baltischen Provinzen, Bd. 4) 1916
2 Gauner und Sklaven. Ein Schauspiel in vier Aufzügen. 102 S. Weinböhla: Aurora 1918
3 Das Reich ohne Raum. Roman. II, 160 S. Potsdam: Kiepenheuer 1919
4 (Übs.) Jakowlew: Sie kommen. 63 S. Bln-Steglitz: Frenkel 1923
5 (Hg.) Überlinger Almanach. (Jg. 1). VIII, 136 S. m. Abb. u. Taf. Überlingen/Bodensee: Benz 1925
6 Das Reich ohne Raum. Eine Chronik wunderlicher Begebenheiten. Neue unverstümmelte Ausgabe. 189 S., 1 Titelb. Konstanz: See-V. 1925 (Erw. Ausg. v. Nr. 3)
7 Der letzte und der erste Tag. Zeitgedichte. 32 S. Überlingen/Bodensee: Benz 1926
8 Das göttliche Gesicht. Roman. 214 S. Wien: Speidel 1927
9 Der Lobgesang. Ein Hymnus mit Sprechchören. 63 S. Wien: Speidel 1927
10 Neuer Adel. VIII, 155 S. Darmstadt: Reichl 1930
11 (MV) B. G. u. B. Sasowski: Nationale Chöre. 60 S. Bln: Theaterverl. Langen-Müller (= Sprechchor. Sammelmappe 2; = 3 Sprechchöre 5) 1932
12 Deutsche Dichtung. Ursprung und Sendung. 99 S. Luzern: Vita Nova 1935
13 Das heile Wort. Gedichte. 229 S. Horb: Christian 1935
14 Das Flügelroß. Gedichte. 82 S. Stg: Silberburg 1938

15 (Einl.) S. Lauterwasser: Überlingen in Lichtbildaufnahmen. 15 S., 24 Bl. Abb. Friedrichshafen: See-V. (1938)
16 Die Pferde gehen durch. Novellen. 216 S. Stg: Silberburg-V. 1938
17 (Übs.) D. A. Sachovskoj: Betrachtung über die Religiosität Puschkins. 55 S. Bln: Die Brücke (1941)
18 Der siebenköpfige Drache. Novellen. 264 S. Baden-Baden: Bühler 1948
19 Der Punkt zwischen den Augen. Novellen. 205 S. Baden-Baden: Bühler 1948
20 (Übs.) N. V. Gogol: Meistererzählungen. 528 S. m. Abb. Zürich: Manesse (= Manesse-Bibliothek der Weltliteratur) 1949
21 Der Gott und die Schlange. Balladen. Mit e. Vorw. v. W. Bergengruen. 80 S. Zürich: Bellerive 1949
22 (Übs.) G. Deledda: Schilf im Wind. Roman. 376 S. Zürich: Manesse (= Manesse-Bibliothek der Weltliteratur) 1951
23 Götterlieder. 89 S. Zürich: Origo-V. 1952
24 (Übs.) L. Tolstoi: Anna Karenina. Roman. 2 Bde. 933, 821 S. Zürich: Manesse (= Manesse-Bibliothek der Weltliteratur) 1952
25 (Übs.) Italienische Gedichte. Von Kaiser Friedrich II. bis Gabriele d'Annunzio. Ital.-dt. Nachw. F. Chiappelli. 395 S. Zürich: Manesse (= Manesse-Bibliothek der Weltliteratur) 1953
26 Der Gefangene und der Flötenbläser. 221 S., 1 Titelb. Heidelberg: Schneider (1960)

GOETZ, Curt (1888–1960)

1 Menagerie. Vier Übungen. 136 S. Bln: Oesterheld 1920
2 Ingeborg. Eine Komödie in drei Akten. 136 S. m. Abb. Rostock: Hinstorff 1921
3 Nachtbeleuchtung. Fünf Grotesken. 160 S. m. Abb. Rostock: Hinstorff 1921
4 Der Lampenschirm. Kein Stück in drei Akten. 99 S. Bln: Oesterheld 1923
5 Die tote Tante und andere Begebenheiten. Groteske. 144 S. Rostock: Hinstorff 1924
6 Hokuspokus. In drei Akten. Mit einem Vor- und Nachspiel. 116 S., 1 Taf. Rostock: Hinstorff 1928
7 Der Lügner und die Nonne. Ein Theaterstück in drei Akten. 136 S. Rostock: Hinstorff (1929)
8 Dr. med. Hiob Prätorius, Facharzt für Chirurgie und Frauenleiden. Eine Geschichte ohne Politik nach alten aber guten Motiven neuerzählt. 128 S. Rostock: Hinstorff (1934)
9 Gesammelte Werke. Bühnen-Ms. 3 Bde. m. Abb. 422 S., 372 S., 251 S. Bln: Sekretariat C. G. 1937
10 Tatjana. Eine Legende. 115 S. m. Abb. Zürich: Artemis 1946
11 Die Tote von Beverly Hills. Roman. 211 S. Bln-Grunewald: Herbig 1951
12 Gesammelte Bühnenwerke. 782 S. Bln-Grunewald: Herbig 1952
13 Das Haus in Montevideo oder Traugotts Versuchung. Eine Komödie im alten Stil über Moral, Versuchung und Belohnung der Tugend in vier Akten frei nach der „Toten Tante". 95 S. Bln-Grunewald: Herbig (1953)
14 Hokuspokus. Komödie in vier Akten. 92 S. Bln-Grunewald: Herbig (1953) (Neufassg. v. Nr. 6)
15 Dr. med. Hiob Prätorius. Facharzt für Chirurgie und Frauenleiden. Eine Geschichte in sieben Kapiteln. 92 S. Bln-Grunewald: Herbig (1953) (Neufassg. v. Nr. 8)
16 Miniaturen. Die Rache. Herbst. Die Kommode. 84 S., 3 Taf. Bln-Grunewald: Herbig 1958
17 Die Memoiren des Peterhans von Binningen. 245 S. Bln-Grunewald: Herbig 1960

Götz, Johann Nikolaus (1721–1781)

1 *Versuch eines Wormsers in Gedichten. 32 S. o. O. 1745
2 *(MÜbs.) Die Oden Anakreons in reimlosen Versen. Nebst einigen andern

Gedichten. (Übs. J. N. G. u. J. P. Uz) 4 Bl., 128 S. Ffm, Lpz: 4 Bl., 128 S. 1746
3 Über den Tod seines Bruders Cornelius Georg Götzens. 6 Bl. 4° o.O. 1747
4 *(Übs.) (J. B. L. Gresset:) Paperle. In vier Gesängen. 53 S. Ffm, Lpz (o. Verl.) 1750
5 *(Übs.) (Montesquieu:) Der Tempel zu Gnidus. A. d. Franz. des Gresset. Karlsruhe 1759
6 (Übs.) Die Gedichte Anakreons und der Sappho Oden. Aus dem Griechischen übs. und mit Anmerkungen begleitet. 228 S. Karlsruhe: Macklot 1760
7 *Die Mädchen-Insel. Eine Elegie. 15 S. o.O. 1773
8 Vermischte Gedichte. Hg. K. W. Ramler. 3 Bde. Mannheim: Schwan 1785

GOETZ, Wolfgang (1885–1955)

1 Kreuzerhöhung. Der böse Herzog. Zwei Einakter. 74 S. Lpz: Wolff 1911
2 Clotilde und ihre Offiziere. 123 S. Bln: Hyperionverl. 1914
3 Die Reise ins Blaue. Eine Erzählung. 221 S., 19 Abb. Mchn: Hyperionverl. (1920)
4 Ernst Stern. 48 S., 39 Abb. Bln: Neue Kunsthandlung (= Graphiker der Gegenwart, Bd. 3) 1920
5 Das wilde Säuseln. 144 S. Dresden: Sibyllen-V. 1921
6 (Hg.) C. L. Schleich: Aus dem Nachlaß. Mit Unterstützung v. Frau H. Schleich. 176 S. Bln: Rowohlt 1924
7 (MH) W. G. u. H. Lebede: Zum Lesen und Lernen. Ein deutsches Buch für Schule und Haus. 6 in 8 Bdn. Lpz: Freytag 1925–1930
8 Neidhardt von Gneisenau. Ein Schauspiel. 248 S. Lpz: Kuner (1925)
9 Das Gralswunder. Ein ganz komischer Roman. 369 S. Bln: Volksverband der Bücherfreunde, Wegweiser-V. 1926
10 Von Zauberern und Soldaten. Geschichten. 164 S. Stg: Bonz 1926
11 Robert Emmet. Ein Schauspiel. 179 S. Stg: Dt. Verl.-Anst. (1928)
12 Muspilli. Erzählung. 255 S. m. Abb. Stg: Bonz 1929
13 Eine deutsche Geschichte. XI, 503 S., 32 Taf. 4° Bln: Ullstein 1931
14 Franz Hofdemel. Mozart-Novelle. 79 S. Lpz: Insel (= Insel-Bücherei 174) 1932
15 Der Mönch von Heisterbach. Roman. 352 S. Stg: Cotta 1935
16 Fünfzig Jahre Goethe-Gesellschaft. VI, 102 S. Weimar: V. d. Goethe-Gesellschaft (= Schriften der Goethe-Gesellschaft, Bd. 49) 1936
17 Im „Grössenwahn" bei Pschorr und anderswo ... (Erinnerungen an Berliner Stammtische) 70 S. Bln: Collignon 1936
18 Der Ministerpräsident. Schauspiel in fünf Akten. 144 S. Bln: Der Neue Bühnenverl. 1936
19 (Hg., Einl.) O. Wilde: Werke in 2 Bdn. 698, 695 S. Bln: Knaur (1937)
20 (Hg.) Goethe. Sein Leben in Selbstzeugnissen, Briefen und Berichten. 330 S., 43 Abb. Bln: Propyläen-V. 1938
21 (Hg.) M. Busch: Bismarck und seine Leute. Nach Tagebuchblättern. gekürzte Neuausg. 417 S., 1 Titelb., 2 Bl. Abb., 2 Bl. Faks. Bln: Frundsberg-V. 1940
22 Ergoetzliches. 215 S. Bln: Frundsberg-V. 1940
23 (Hg.) Mozart. Sein Leben in Selbstzeugnissen, Briefen u. Berichten. 381 S., 62 Abb. Bln: Propyläen-V. 1941
24 Der Herr Geheime Rath. Hundert kleine Geschichten von und um Goethe, erzählt von seinen Zeitgenossen. 162 S. Bln, Wien: Frundsberg-V. 1941
25 Schiller. Anekdoten. Erzählt von seinen Zeitgenossen. 126 S. Bln, Wien: Frundsberg-V. 1943
26 (Hg.) Berliner Hefte für geistiges Leben. Jg. 1–4. Bln: Wedding-V. 1946–1949
27 (Einl.) F. v. Schiller: Briefe über die ästhetische Erziehung des Menschen. 142 S. Bln: Aufbau-V. 1946
28 Du und die Literatur. Eine Einführung in die Kunst des Lesens und in die Weltliteratur. 384 S., 18 Bl. Abb. Bln: V. d. Druckhauses Tempelhof (= Unterhaltsame Wissenschaft) 1951

29 Werner Krauss. 223 S., 13 Bl. Abb., 1 Titelb. Hbg: Hoffmann & Campe 1954
30 Das Glück sitzt an der nächsten Ecke. Zsgest. u. hg. T. G. Mit e. Vorw. v. L. Berger. 91 S., 19 Abb. Bln-Grunewald: Herbig 1958

Goll, Ernst (1887–1912)

1 Im bitteren Menschenland. Nachgelassene Gedichte. Hg. J. F. Schütz. 8, 139 S. Bln: Fleischel 1912
2 Gedichte. XIV, 136 S., 2 Taf. (Graz:) Leykam-V. (= Der Kranz 3) 1943

Goll, Yvan (⁺ Iwan Lazang, Jean Longeville, Tristan Torsi, Tristan Thor) (1891–1950)

1 ⁺Lothringische Volkslieder. Metz: Müller 1912
2 ⁺(Vorw., MV) Films. Vierzehn Gedichte. Bln-Charlottenburg: Verl. d. Expressionistischen Monatshefte (= Expressionistische Lyrik) 1914
3 ⁺Der Panama-Kanal. 14 S. m. Titelb. Bln-Wilmersdorf: Meyer (= Lyrisches Flugblatt) 1914
4 Elégies internationales. Pamphlets contre la guerre. 8 Bl. Lausanne: Cahiers Expressionistes 1915
5 Requiem pour les morts de l'Europe. Genf: Editions de Demain 1916
6 Felix. Eine Dithyrambe. Dresden: Kämmerer 1917
7 Requiem. Für die Gefallenen von Europa. 42 S. Zürich, Lpz: Rascher 1917 (dt. Ausg. v. Nr. 5)
8 Dithyramben. 38 S. Lpz, Mchn: Wolff (= Der jüngste Tag 54) (1918)
9 Der neue Orpheus. Eine Dithyrambe. 29 S. m. Bildn. Bln-Wilmersdorf: Verl. d. Wochenschr. „Die Aktion" (= Der rote Hahn) 1918
10 Der Torso. Stanzen und Dithyramben. 54 S. Mchn: Roland-Verl. Mundt (= Die neue Reihe 4) 1918
11 (Vorw., Übs.) Le cœur de l'ennemi. 32 S. Paris: Les Humbles 1919
12 Die drei guten Geister Frankreichs. 76 S. Bln: Reiß (= Tribüne der Kunst und Zeit 5) 1919
13 Die Unterwelt. Gedichte. 67 S. Bln: Fischer 1919
14 (MÜbs.) W. Whitman: Der Wundarzt. Briefe, Aufzeichnungen und Gedichte aus dem amerikanischen Sezessionskrieg. Übs. f. d. Prosa Y. G., f. d. Gedichte G. Landauer. 71 S. Zürich: Rascher 1919
15 Astral. Ein Gesang. 15 S. Dresden: Dresdner Verl. (= Das neuste Gedicht 30) 1920
16 (Übs.) H. Barbusse: Der Schimmer im Abgrund. Ein Manifest an alle Denkenden. 95 S. Basel, Lpz: Rhein-Verl. (1920)
17 Die Chapliniade. Eine Kinodichtung. 42 S., 4 Abb. Dresden: Kämmerer 1920
18 (MH, MÜbs.) Das Herz Frankreichs. Eine Anthologie französischer Freiheitslyrik. Hg., übs. Y. u. Claire Goll. 61 S. Mchn: Müller 1920 (dt. Ausg. v. Nr. 11)
19 Die Unsterblichen. Zwei Possen. 46 S. Potsdam: Kiepenheuer (= Der dramatische Wille 5) 1920
20 (Einl.) Archipenko-Album. Mit e. Dichtung v. B. Cendrars. Einf. Th. Däubler u. Y. G. 16 S., 30 S. Abb. 4° Potsdam: Kiepenheuer 1921
21 Das Lächeln Voltaires. Ein Buch in diese Zeit. 234 S. Basel: Rhein-Verl. 1921
22 (Hg.) Menschen. Zeitschrift neuer Kunst. Jg. 5. 16 H. Dresden: Dresdner Verl. 1921–1922
23 Paris brennt. Dichtung. 17 S. Zagreb: Verl. Zenit 1921
24 Les cinq continents. Anthologie mondiale de poésie contemporaine. 310 S. Paris: La Renaissance du Livre 1922
25 Methusalem oder Der ewige Bürger. Ein satirisches Drama. 76 S., 3 Taf. Potsdam: Kiepenheuer (= Der dramatische Wille 8) 1922

26 Le nouvel Orphée. 213 S. Paris: La Sirène 1923
27 Der Eiffelturm. Gesammelte Dichtungen. 128 S. m. Abb., 1 Titelb. Bln: Die Schmiede 1924
28 Der Stall des Augias. Tragödie in fünf Akten. 75 S. Bln: Die Schmiede 1924
29 (Hg.) Surréalisme. 1 H. 14 S. Paris 1924
30 Germaine Berton, die rote Jungfrau. 79 S., 1 Bildn., 5 Abb., 1 Faks. Bln: Die Schmiede (= Außenseiter der Gesellschaft 5) 1925
31 (MV) Y. u. Claire Goll: Poèmes d'amour. Collection Surréaliste. 57 S. Paris: Budry 1925
32 (MV) Y. u. Claire Goll: Poèmes de jalousie. 46 S. Paris: Budry 1926
33 (MV) Y. u. Claire Goll: Poèmes de la vie et de la mort. 48 S., 2 Abb. Paris: Budry 1926
34 Le Microbe de l'or. Roman. 198 S. Paris: Emile-Paul 1927
35 Chansons Nègres. Paris: 1928
36 A bas l'Europe. Roman. 215 S. Paris: Emile-Paul 1928
37 Die Eurokokke. 157 S., 9 Abb. Bln: Wasservogel Verl. (900 num. Ex.) (1928)
38 Der Mitropäer. Roman. 243 S. Basel, Zürich: Rhein-Verl. (1928)
39 Die Siebente Rose. 13 S. Paris: Poésie & Co. 1928
40 (Hg.) Die fünf Weltteile. Ein Unidyllisches Verlegerjahrbuch. 150 S. Basel: Rhein-Verl. 1928
41 Agnus Dei. Roman. 246 S. Paris: Emile-Paul 1929
42 (Übs.) A. Londres: Schwarz und weiß. Die Wahrheit über Afrika. 224 S. Wien, Bln: Agis-Verl. 1929
43 Noemi. Dichtung. VI Gesänge. Bln: Aldus Druck 1929
44 Pascin. 45 S. Paris: Crès 1929
45 Royal Palace. Oper. Musik K. Weill. Wien, New York: Universal Edition 1929
46 Sodome et Berlin. Roman. 250 S. Paris: Emile-Paul 1929
47 Deux Chansons de la Seine. 5 S. Paris: Sagesse 1930
48 Gala. Grande nouvelle inédite. Paris: Les Œuvres libres (= Les Œuvres libres 104) 1930
49 Chansons Malaises. 40 S. Paris: Poésie & Co. 1934
50 Lucifer vieillissant. 139 S. Paris: Corréa 1934
51 (Hg.) Apollinaire. Revue. 1 H. Paris: Librairie d'Art Van Den Berg 1935
52 (Hg.) Jeune Europe. 1 H. Paris: Librairie d'Art Van Den Berg 1935
53 La Chanson de Jean sans terre. 3 Tle. Paris: Poésie & Co. 1936–1939
54 Métro de la mort. 51 S. Bruxelles: Journal des Poètes 1936
55 Chansons de France. 12 S. New York: Gotham Book Mart 1940
56 (Hg.) Poet's Messages. 2 H. New York: Jolas 1940
57 (Hg.) Hémisphères. 6 H. New York: Editions de la Maison Française 1943–1946
58 Croix de Lorraine. 1 S. New York: France forever 1944
59 Fruit from Saturn. Poems. 53 S. m. Abb. New York: Hemispheres 1945
60 (Vorw.) The Heart of Europe. Anthology of creative writing in Europe. Hg. K. Mann. New York: 1945
61 Le mythe de la roche percée. 25 S. m. Abb. New York: Hemispheres 1945
62 Atom Elegy. 1 H. New York: Editions de la Maison Française (=Hémisphères. H. 6) 1946 (H. 6 v. Nr. 57)
63 (MV) Y. u. Claire Goll: Love Poems. 70 S. m. Abb. New York: Hemispheres 1947
64 Phèdre. Paris: Editions Françaises de Musique 1948
65 Le Char triomphal de l'Antimoine. M. Abb. Paris: Hémisphères 1949
66 Elégie d'Ihpétonga suivie de Masques de cendre. 28 Bl. m. Abb. Paris: Hémisphères 1949
67 (MV) Y. u. Claire Goll: Dix mille Aubes. 90 S. m. Abb. Paris: Falaize 1951
68 Les Cercles magiques. 61 S. m. Abb. Paris: Falaize 1951
69 Les Géorgiques parisiennes. 32 S. Paris: Seghers 1951
70 Traumkraut. Gedichte aus dem Nachlaß. 62 S. Wiesbaden: Limes Verl. 1951
71 (MV) Y. u. Claire Goll: Neue Blümlein des heiligen Franziskus. 93 S. m. Abb. Thal/St. Gallen: Pflugverl. (= Bücher der Ernte 11) 1952

72 Malaiische Liebeslieder. Übs. Claire Goll. VI, 40 S. Thal/St. Gallen: Pflugverl. (= Bücher der Ernte) 1952
(Übs. v. Nr. 49)
73 Abendgesang (Neila). Letzte Gedichte. Aus dem Nachlaß hg. Claire Goll. Nachw. H. Bender. 58 S., 3 Abb. Heidelberg: Rothe 1954
74 (MV) Y. u. Claire Goll: Zehntausend Morgenröten. Gedichte einer Liebe. 71 S., 4 Abb., 1 Titelb. Wiesbaden: Limes-Verl. 1954
(Übs. v. Nr. 67)
75 Multiple Femme. 38 S. m. Abb. Paris: Editions Caractères 1956
76 Yvan Goll: Collection des Poètes d'Aujourd'hui. 222 S. Paris: Seghers 1956
77 (MV) Y. u. Claire Goll: Duo d'Amour. 108 S., 14 Abb. Paris: Seghers 1959
78 L'Histoire de Parménia, Calle Virtude, de la Havana. 9 S. Paris: Ed. Les Lettres Nouvelles 1959
79 Dichtungen. Lyrik, Prosa, Drama. Hg. Claire Goll. Nachw. H. Uhlig u. R. Exner. 837 S., 1 Titelb. Darmstadt, Bln-Spandau, Neuwied: Luchterhand 1960

Goltz, Bogumil (1801–1870)

1 Buch der Kindheit. XVI, 499 S. Ffm: Zimmer 1847
2 Deutsche Entartung in der lichtfreundlichen und modernen Lebensart. An den modernen Stichwörtern gezeigt. 208 S. Ffm: Zimmer 1847
3 Das Menschen-Dasein in seinen weltewigen Zügen und Zeichen. 2 Bde. VI, 323; VII, 394 S. Erlangen: Heyder & Zimmer 1850
4 Ein Jugendleben. Biographisches Idyll aus Westpreußen. 3 Bde. 1323 S. Lpz: Brockhaus 1852
5 Ein Kleinstädter in Ägypten. 456 S. Bln: Duncker 1853
6 Der Mensch und die Leute. Zur Charakterisierung der barbarischen und der civilisierten Nationen. 5 H. 678 S. Bln: Duncker 1858
7 Exakte Menschenkenntnis in Studien und Stereoskopen. 3 Abth., 4 Bde. Bln: Janke 1859–1860
   1. Zur Charakteristik und Naturgeschichte der Frauen. 234 S. 1859
   2. Zur Physiognomie und Charakteristik des Volkes. 255 S. 1859
   3. 4. Die Deutschen. Ethnographische Studie. 2 Bde. 502 S. 1860
8 Typen der Gesellschaft. Ein Komplimentierbuch ohne Komplimente. 2 Thle. 306 S. Bln: Janke 1860
9 Feigenblätter. Eine Umgangsphilosophie. 3 Bde. 220, 280, 280 S. Bln: Vogel 1861–1864
10 Die Bildung und die Gebildeten. Eine Beleuchtung moderner Zustände. 2 Bde. 605 S. 16° Bln: Janke 1864
11 Zur Geschichte und Charakteristik des deutschen Genius. 2 Thle. 502 S. Bln: Janke 1864
   (Neuaufl. d. 3. u. 4. Bds. v. Nr. 7)
12 Das Kneipen und die Kneipgenies. 60 S. 16° Bln: Janke 1866
13 Vorlesungen. 2 Bde. 542 S. Bln: Janke 1869
14 Die Weltklugheit und die Lebens-Weisheit mit ihren korrespondierenden Studien. 2 Bde. 560 S. 16° Bln: Janke 1869

Goltz, Joachim Frh. von der (*1892)

1 Die Entwicklung der Selbstverwaltung innerhalb der staatlichen Verwaltung der öffentlichen Volksschule in Preußen. (Diss.) 104 S. Bln: Ebering 1914
2 *Eiserne zehn Gebote an die deutschen Krieger. In Worte gebracht von einem Infanterieoffizier. (S.-A.) 21 S. Lpz: Panther-V. 1915
3 Deutsche Sonette. 52 S. Bln: Cassirer 1916
4 Die Leuchtkugel. Schauspiel. 86 S. Bln: Reiss (1920)
5 Vater und Sohn. Ein Drama aus der Jugend Friedrichs des Großen. 121 S. Mchn: Müller 1921
6 (Übs.) Stendhal: Lucien Leeuwen. 2 Bde. 270, 318 S. Mchn: Müller 1922

7 Der Stein im Schwarzwald. Ein Festspiel. 71 S. m. Abb. Mchn: Müller 1924
8 Der Wein ist wahr. Achtzehn Geschichten. 224 S. Mchn: Müller (= Zwei-Mark-Bücher) 1928
9 Der Rattenfänger von Hameln. Schauspiel. 58 S. Bühl/Baden: Konkordia 1932
10 Der Baum von Cléry. Roman. 297 S. Mchn: Langen-Müller 1934
11 Von mancherlei Hölle und Seligkeit. Erzählungen. 58 S. Mchn: Langen-Müller (= Kleine Bücherei 58) 1936
(Enth. Ausz. a. Nr. 8)
12 Ein Tagebuch von der Westfront. Bes. H. Knudsen. 72 S. Mchn: Langen-Müller (= Deutsche Folge 27) 1936
(Ausz. a. Nr. 10)
13 Einst auf der Lorettohöhe. Aufzeichnungen des Leutnants Bruckner. 55 S. Mchn: Langen-Müller (= Kleine Bücherei 76) (1937)
(Ausz. a. Nr. 10)
14 Das Meistermädchen. Komödie. 102 S. Mchn: Langen-Müller 1938
15 Der Steinbruch. Roman. 236 S. Mchn: Langen-Müller 1938
16 Die Marcellusflut. Erzählung. 233 S. Mchn: Langen-Müller 1939
17 Klein Stöffel und die vier Soldatenpferde. Ein Kinderbuch. 29 S. m. Abb. Mchn: Langen-Müller (1940)
18 Ewig wiederkehrt die Freude. Gedichte. 60 S. Mchn: Langen-Müller 1942
19 Die Ergriffenen. Erzählungen. 193 S. Gütersloh: Bertelsmann 1948
20 Junge Freundschaft. 88 S. Gütersloh: Bertelsmann 1948
21 Der Steinbruch. Erzählung. 279 S. Gütersloh: Bertelsmann 1948
(Neubearb. v. Nr. 15)
22 Peter Hunold. Komödie. 135 S. Gütersloh: Bertelsmann 1949
23 Mensch und Widersacher. Ein Spiel vom Armen Heinrich. 105 S. Gütersloh: Bertelsmann 1949
24 Mich hält so viel mit Liebesbanden. Gedichte. 61 S. Gütersloh: Bertelsmann (= Das kleine Buch 30) 1951
25 Gedichte und Erzählungen. Hg. Volksbund f. Dichtung. 187 S. Karlsruhe: Volksbund f. Dichtung (= Gabe an die Mitglieder. Volksbund f. Dichtung 32) 1957

GOTTER, Friedrich Wilhelm (1746–1797)

1 Gedichte. 40 S. Bremen, Lpz: Cramer 1770
2 (MH) Musenalmanach für das Jahr 1770. Hg. H. C. Boie, F. W. G., A. G. Kästner. 19 Bl., 186 S. 16° Göttingen: Dietrich (1770)
3 Orest und Elektra. Trauerspiel in fünf Aufzügen. Gotha: Ettinger 1771
4 Die Dorfgala. Operette in zween Akten. o. O. 1772
5 (Übs.) (Poinsinet:) Tom Jones. Eine komische Oper in drei Aufzügen, aus dem Französischen. 126 S. Mannheim: Schwan 1772
6 Die Maskerade und Die dreyfache Heyrath. Ein Lustspiel in einem Aufzuge nach Destouches. 76 S. Gotha: Ettinger 1773
7 Die Dorfgala. Ein Lustspiel in drei Aufzügen mit Arien und Gesängen. Musik Schweitzer. 136 S. Gotha: Ettinger 1774
(Erw. Neuaufl. v. Nr. 4)
8 Die falschen Entdeckungen. Lustspiel in drei Aufzügen nach Marivaux. 156 S. Gotha: Ettinger 1774
9 Merope. Ein Trauerspiel in fünf Aufzügen. 100 S. Gotha: Ettinger 1774
10 Die unversehene Wette. Lustspiel in einem Akte nach Sedaine. Lpz: Dyck 1774
11 (MV) F. W. G. u. F. U. L. Schröder: Juliane von Lindorak. Schauspiel in fünf Aufzügen. Nach Gozzi's Doride. Hbg 1775
12 Medea. Ein mit Musik vermischtes Drama. Gotha: Ettinger 1775
13 Lucas und Bärbchen oder Der Jahrmarkt. Komisches Schauspiel in einem Aufzug. Lpz: Schwickert 1776
14 Mariane. Ein bürgerliches Trauerspiel in drei Aufzügen. 78 S. Gotha: Ettinger 1776
15 Der Ehescheue. Lustspiel. Lpz: Dyck 1771

16 Jeannette. Lustspiel nach Voltaires Nanine. Hbg: Schröder 1777
17 Der argwöhnische Ehemann. Lustspiel. Hbg, Lpz: Dyck 1778
18 Der Faschingstreich. Posse in fünf Aufzügen. Lpz: Dyck 1778
19 Der Jahrmarkt. Komische Oper in zwey Akten. 102 S. quer 4° Lpz: Dyck 1778
20 Der Kobold. Lustspiel in vier Aufzügen. Lpz: Dyck 1778
21 Walder. Ein ländliches Schauspiel mit Gesang in einem Aufzug. Gotha: Ettinger 1778
22 Das tartarische Gesetz. Schauspiel mit Gesang in zwei Aufzügen. 64 S. Lpz: Dyck 1779
23 Trunkner Mund, wahrer Mund. Lustspiel in einem Akte, nach Collé. Lpz: Dyck 1779
24 Romeo und Julie. Ein Schauspiel. 64 S. Lpz: Dyck 1779
25 Singspiele. Erstes Bändchen. 64, 102, 64 S. Lpz: Dyck 1778/1779 (Enth. Nr. 24, 20, 19)
26 *Versuch über die N. N. oder über die Unbekannten. Bln 1780
27 Adelaide, oder Die Antipathie gegen die Liebe. Ein Lustspiel in zwei Akten nach dem Französischen. Lpz: Dyck 1781
28 Das öffentliche Geheimniß. Lustspiel in fünf Aufzügen nach Gozzi. 215 S. Lpz: Dyck 1781
29 Der Mann, den seine Frau nicht kennt. Ein Lustspiel in zwei Aufzügen nach Boissy. 74 S. Lpz: Dyck 1781
30 Zwei Onkels für Einen. Lustspiel. Lpz 1781
31 Der Weise in der That. Schauspiel in fünf Aufzügen nach Sedaine. 102 S. Lpz: Dyck 1781
32 Alzire. Trauerspiel in fünf Aufzügen. Wien: Kurzbeck 1783
33 *(Übs.) Gesellschaftstheater von der Verfasserin des Erziehungstheater. Aus dem Französischen. Erster Band. 187 S. Lpz: Dyck 1783
34 Die Mutter. Schauspiel in fünf Aufzügen, nach der Marquise Ducrest von Sillery. Wien: Kurzbeck 1783
35 Veit von Solingen. Lustspiel in vier Aufzügen nach Barthe. Wien: Kurzbeck 1784
36 Die Vetterschaft. Nachspiel in einem Akt. Nach Carmontel. Lpz: Dyck 1784
37 Der schwarze Mann. Posse in zwei Aufzügen. Nach dem Französischen. 64 S. Lpz: Dyck 1785
38 Gedichte. 3 Bde. XII, 468 S., 1 Bl.; 12 Bl., 518 S., 2 Ku.; LXXVIII, 576 S., 1 Bildn. Gotha: Ettinger 1787–1802
39 Die Erbschleicher. Lustspiel in fünf Akten. 224 S. Lpz: Dyck 1789
40 Zum Andenken der Frau von Buchwald, nebst zwey ungedruckten Briefen des Herrn v. Voltaire. Gotha: Ettinger 1790
41 *Das Grab ... Regensburg 1793
42 Schauspiele. 301 S. Lpz: Göschen 1795
43 Maria Theresia bey ihrem Abschiede von Frankreich. Kantate. Deutschlands Edlen gewidmet. Musik v. Baumbach. 8 Bl. 4° Lpz: Göschen (1796)
44 Die Geisterinsel. Singspiel in drey Akten. Musik v. Zumsteeg. quer 2° Lpz: 1799
45 Literarischer Nachlaß. LXXVIII, 576 S., 1 Bildn. Gotha: Ettinger (= Gedichte 3) 1802 (Bd. 3 v. Nr. 38)

GOTTHELF, Jeremias (eig. Albert Bitzius) (1797–1854)

1° Rede, den 21. Juli 1834, in Burgdorf, an die Schullehrer gehalten. 16 S. o. O. 1834
2 Der Bauern-Spiegel oder Lebensgeschichte des Jeremias Gotthelf. Von ihm selbst beschrieben. 360 S. Burgdorf: Langlois 1837
3 Leiden und Freuden eines Schulmeisters. 2 Thle. 376, 452 S. Bern: Wagner 1838–1839
4 Wie fünf Mädchen im Branntwein jämmerlich umkommen. Eine merkwürdige Geschichte. 105 S. Bern: Wagner 1838
5 Die Wassernoth im Emmenthal am 13. August 1837. 77,2 S. Burgdorf: Langlois 1838

GOTTHELF 429

6   Der Bauernspiegel oder Lebensgeschichte des Jeremias Gotthelf. Von ihm selbst beschrieben. 16 1/3 Bg. Burgdorf: Langlois 1839
    (Verm. Neuaufl. v. Nr. 2)
7 *Bettagspredigt für die eidgenössischen Regenten. 24 S. Zürich, Frauenfeld: Beyel 1839
8   Dursli der Branntweinsäufer oder Der heilige Weihnachtsabend. 118 S. Burgdorf: Langlois 1839
9   Die Armennoth. 158 S. Zürich, Frauenfeld: Beyel 1840
10 *Bettagspredigt an die Gottlosen im eidgenössischen Volke. 30 S. Zürich, Frauenfeld: Beyel 1840
11 (Hg.) Neuer Berner Kalender für das Jahr 1840 (1841, 1842 usw. bis 1845) 6 Bde. Bern: Rätzer (1840, 1841) bzw. Bern: Jenni (1842–1845) 1840–1845
12 Wie Uli der Knecht glücklich wird. Eine Gabe für Dienstboten und Meisterleute. 356 S. Zürich, Frauenfeld: Beyel 1841
13 Bilder und Sagen aus der Schweiz. 6 Bde. Solothurn: Jent & Gassmann 1842–1846
14 Eines Schweizers Wort an den Schweizerischen Schützenverein. 28 S. 4° Bern: Rätzer 1842
15 Ein Sylvester-Traum. 113 S. Zürich, Frauenfeld: Beyel 1842
16 Wie Anne Bäbi Jowäger haushaltet und wie es ihm mit dem Doktern geht. 2 Thle. 426, 434 S. Solothurn: Jent & Gassmann 1843–1844
17 Geld und Geist oder Die Versöhnung. 3 Thle. in 1 Bde. 11 Bg. Solothurn: Jent & Gassmann 1844
    (Enth. Bd. 2, 4, 5 v. Nr. 13)
18 Wie Christen eine Frau gewinnt. (S.-A.) 59 S. Basel: Schweighauser 1845
19 Der Geldstag oder: Die Wirthschaft nach der neuen Mode. 360 S. Solothurn: Jent & Gassmann 1846
20 Jakobs, des Handwerksgesellen, Wanderungen durch die Schweiz. 2 Abth. 192, 280 S. Zwickau: Verein zur Verbreitung guter und wohlfeiler Volksschriften 1846–1847
21 Der Knabe des Tell. Eine Geschichte für die Jugend. 230, 1 S. Bln: Springer 1846
22 Uli der Knecht. Ein Volksbuch. Bearb. durch den Verfasser für das deutsche Volk. 26 1/4 Bg. Bln: Springer 1846
    (Neufassg. v. Nr. 12)
23 Käthi, die Großmutter, oder: Der wahre Weg durch jede Noth. Eine Erzählung für das Volk. 2 Bde. 165; 158, 2 S. Bln: Verl. d. Volksschriften-Ver. Simion & Springer (= Allgemeine deutsche Volksbibliothek) 1847
24 Hans Joggeli der Erbvetter und Harzer Hans, auch ein Erbvetter. Zwei Erzählungen für das Volk. 140 S. Bln: Simion & Springer 1848
25 Doktor Dorbach, der Wühler, und die Bürglenherren in der heiligen Weihnachtsnacht Anno 1847. 68 S. Lpz: Mayer 1849
26 Uli der Pächter. Ein Volksbuch. 416 S. Bln: Springer (= Uli, der Knecht. Zweiter Theil) 1849
    (Forts. v. Nr. 22)
27 Erzählungen und Bilder aus dem Volksleben der Schweiz. 5 Bde. 1650 S. Bln: Springer 1850–1855
    (Enth. u. a. Nr. 18)
28 Die Käserei in der Vehfreude. Eine Geschichte aus der Schweiz. VI, 462 S. Bln: Springer 1850
29 Die Erbbase. Erzählung. 48 S. Lpz: Wigand (= Neue Volksbücher) 1851
30 *Herbst-Gespräch bei Anlaß der Nationalraths-Wahlen. 30 S. Bern: Rätzer (1851)
31 Hans Jacob und Heiri oder Die beiden Seidenweber. 140 S. Bln: Springer 1851
32 Zeitgeist und Berner Geist. 2 Thle. 222; 224, 2 S. Bln: Springer 1852
33 Erlebnisse eines Schuldenbauers. 408 S. Bln: Springer 1854
34 Gesammelte Schriften. 24 Bde. 9655 S. Bln: Springer 1856–1858
35 Die Frau Pfarrerin. 57 S. Bln: Springer 1857
36 Elsi, die seltsame Magd. 48 S. 16° Bln: Springer 1858
    (Ausz. a. Nr. 27)
37 Das Erdbeeri Mareili. 82 S. 16° Bln: Springer 1858
38 Sämtliche Werke in 24 Bänden + 20 Ergänzungsbänden. In Verbindung mit

der Familie Bitzius hg. R. Hunziker, H. Bloesch, K. Guggisberg, W. Juker u. a. 44 Bde. Mchn: Müller & Rentsch, später Erlenbach-Zürich: Rentsch 1911 ff.

GOTTSCHALL, Carl Rudolf von (+Carl Rudolf) (1823–1909)

1. Heinrich Monte, der Preußen Heerfürst. Rastenburg, Königsberg: Bon 1841
2. *Lieder der Gegenwart. 7½ Bg. Königsberg: Theile (1842)
3. *Censur-Flüchtlinge. Zwölf Freiheitslieder. 51 S. Zürich Winterthur: Liter. Comptoir 1843
4. Ulrich von Hutten. Ein Drama in fünf Aufzügen. 12 Bg. Königsberg: Theile 1843
5. Madonna und Magdalena. Zwei Liebes-Dithyramben. 29 S. Bln: Krause 1845
6. Robespierre. Drama in fünf Aufzügen. 7¾ Bg. Neisse: Burckhardt 1845
7. Barrikaden-Lieder. Zwölf Gedichte. 42 S. Königsberg: Samter 1848
8. Wiener Imortellen. Sechs Gedichte. 55 S. Hbg: Hoffmann & Campe 1848
9. Arnold Ruge. Eine Charakteristik. 24 S. Königsberg: Samter 1848
10. Gedichte. XVI, 299 S. Hbg: Hoffmann & Campe 1849
11. Die Marseillaise. Dramatisches Gedicht in einem Akt. 47 S. Hbg: Hoffmann & Campe 1849
12. Lambertine von Méricourt. Tragödie in fünf Aufzügen. 166 S. Hbg: Hoffmann & Campe 1850
13. Ferdinand von Schill. Tragödie in fünf Aufzügen. 180 S. Hbg: Hoffmann & Campe 1850
14. Die Göttin. Ein Hoheslied vom Weibe. 312 S. 16° Hbg: Hoffmann & Campe 1853
15. Pitt und Fox. Breslau: Trewendt 1854
16. Carlo Zeno. 369 S. Breslau: Trewendt (1854)
17. Die deutsche Nationallitteratur in der ersten Hälfte des neunzehnten Jahrhunderts. 2 Bde. 512, 660 S. Breslau: Trewendt 1855
18. (Hg.) Blüthenkranz neuerer deutscher Dichtung. 576 S. 16° Breslau: Trewendt (1856)
19. Sebastopol. 179 S. Breslau: Trewendt 1856
20. Das Schlesische Gebirge. 145 S. Lpz: Brockhaus 1857
21. Neue Gedichte. Breslau: Trewendt 1858
22. Poetik, die Dichtkunst und ihre Formen. 474 S. Breslau: Trewendt 1858
23. Erdenwallen und Apotheose. 15 S. Breslau: Trewendt 1859
24. Fest-Rede, gehalten zur Säcularfeier Schiller's. 8 S. Breslau: Trewendt 1859
25. Mazeppa. Breslau: Trewendt 1859
26. Kaiser Napoleon III. Eine biographische Studie. 244 S. 16° Liegnitz: Kuhlmey 1859
27. (Hg.) Gedankenharmonie aus Goethe und Schiller. 312 S., 8 Abb. 16° Hbg: Ver.-Buchh. (1863)
28. Maja. Dichtung. 221 S. 16° Breslau: Trewendt 1864
29. Reisebilder aus Italien. 380 S. Breslau: Trewendt 1864
30. (Hg.) Blätter für literarische Unterhaltung. 24 Jge. 4° Lpz: Brockhaus 1865–1888
31. Die Diplomaten. 132 S. 16° Lpz: Brockhaus (= Dramatische Werke 3) 1865 (Bd. 3 v. Nr. 32)
32. Dramatische Werke. 12 Bde. 16° Lpz: Brockhaus 1865–1880 (Enth. u. a. Nr. 15, 25 u. 31)
33. (Hg.) Unsere Zeit. Deutsche Revue der Gegenwart. 24 Jg. Lpz: Brockhaus 1865–1888
34. Katharina Howard. 158 S. 16° Lpz: Brockhaus (= Dramatische Werke 5) 1866 (Bd. 5 v. Nr. 39)
35. König Karl XII. 143 S. 16° Lpz: Brockhaus (= Dramatische Werke 6) 1866 (Bd. 6 v. Nr. 32)
36. Der Nabob. 141 S. 16° Lpz: Brockhaus (= Dramatische Werke 4) 1866 (Bd. 4 v. Nr. 32)

37 (Hg.) L. Schefer: Für Haus und Herz. 339 S. 16⁰ Lpz: Keil 1867
38 (Hg.) C. D. Grabbe: Sämmtliche Werke. 2 Bde. 872 S. 16⁰ Lpz: Reclam 1870
39 Kriegslieder. 42 S. 16⁰ Bln: Lipperheide 1870
40 Porträts und Studien. 4 Thle. Lpz: Brockhaus 1870 (–1871)
   1. 2. Charakterköpfe. 845 S.
   3. 4. Paris unter dem Kaisserreich. Culturbilder. 560 S.
41 Herzog Bernhard von Weimar. 159 S. 16⁰ Lpz: Brockhaus (= Dramatische Werke 7) 1871
42 Die Rose vom Kaukasus. 52 S. 16⁰ Lpz: Reclam (= Universal-Bibliothek 280) 1871
43 Die Welt des Schwindels. Geschichtliches Lustspiel. 156 S. 16⁰ Lpz: Brockhaus (= Dramatische Werke 8) 1871
   (Bd. 8 v. Nr. 32)
44 König Pharao. Ein komisches Epos. 89 S. 16⁰ Lpz: Amelang 1872
45 Janus. Friedens- und Kriegsgedichte. 316 S. 16⁰ Lpz: Keil 1873
46 Erzählende Dichtungen. 3 Bde. 304, 240, 196 S. Breslau: Trewendt (1874 bis 1875)
   (Enth. Nr. 14, 16, 28)
47 (Hg.) Der neue Plutarch. Biographien hervorragender Charaktere der Geschichte, Litteratur und Kunst. 12 Thle. Lpz: Brockhaus 1874–1888
48 †Ein Vater auf Kündigung. Lustspiel. 73 S. 16⁰ Lpz: Reclam (= Universal-Bibliothek 501) 1874
49 Im Banne des Schwarzen Adlers. Geschichtlicher Roman. 3 Bde. 1016 S. Breslau: Trewendt (1876)
50 Welke Blätter. Roman. 3 Bde. 893 S. Breslau: Trewendt 1877
51 Amy Robsart. Trauerspiel. 168 S. 16⁰ Lpz: Brockhaus (= Dramatische Werke 9) 1877
   (Bd. 9 v. Nr. 32)
52 Arabella Stuart. Trauerspiel. 192 S. 16⁰ Lpz: Brockhaus (= Dramatische Werke 10) 1877
   (Bd. 10 v. Nr. 32)
53 Auf rother Erde. Drama. 158 S. 16⁰ Lpz: Brockhaus (= Dramatische Werke 11) 1880
54 Das goldene Kalb. Roman in drei Bänden. 1066 S. Breslau: Trewendt (1880)
55 Der Vermittler. Lustspiel. 149 S. 16⁰ Lpz: Brockhaus (= Dramatische Werke 12) 1880
   (Bd. 12 v. Nr. 32)
56 Das Fräulein von St. Amaranthe. Roman. 3 Bde. 595 S. Bln: Janke 1881
57 Die Erbschaft des Blutes. Roman. 3 Bde. 1055 S. Breslau: Trewendt 1882
58 Die Papierprinzessin. Roman. 3 Bde. 872 S. Breslau: Trewendt 1883
59 (Hg.) Deutsches Frauen-Album in Wort und Bild. 127 S. m. Abb. 4⁰ Lpz: Hoefler (1884)
60 Literarische Todtenklänge und Lebensfragen. 379 S. Bln: Allgem. Verein f. deutsche Literatur (= Allgem. Verein f. deutsche Literatur) (1885)
61 Verschollene Größen. Roman in drei Bänden. 754 S. Breslau: Trewendt 1886
62 Schulröschen. Erzählung. 221 S. Breslau: Trewendt 1886
63 Schulröschen. Lustspiel. 85 S. 16⁰ Lpz: Reclam (= Universal-Bibliothek 2210) 1886
   (Dramat. v. Nr. 62)
64 Der Spion von Rheinsberg. Lustspiel. 82 S. 16⁰ Lpz: Reclam (= Universal-Bibliothek 2187) 1886
65 Merlins Wanderungen. Lpz 1887
66 Das Theater und Drama der Chinesen. 210 S. Breslau: Trewendt 1887
67 Die zehnte Sprache. Der Zeuglieutenant. Zwei Novellen. 102 S. 16⁰ Lpz: Reclam (= Universal-Bibliothek 2474) 1888
68 Die Adlerhexe. Erzählung. 53 S. 16⁰ Lpz: Reclam (= Universal-Bibliothek 2608) 1889
69 Maria de Padilla. Trauerspiel. 112 S. 16⁰ Lpz: Reclam (= Universal-Bibliothek 2550) 1889
70 Die Tochter Rübezahls. Roman in sechs Büchern. 3 Bde. 712 S. Breslau: Schles. Verl.-Anst. 1889
71 Der Verräter. Erzählung. 84 S. 16⁰ Lpz: Reclam (= Universal-Bibliothek 2570) 1889

72 Lesefrüchte. Aus dem Tagebuch eines Musikers. 71 S. 16⁰ Lpz: Reclam (= Universal-Bibliothek 2670) 1890
73 Andenken an Leisnig und seine Umgebung. 1 Bl. 2⁰ m. Taf. Leisnig: Ulrich 1891
74 Bunte Blüthen. Gedichte. 95 S. Breslau: Schles. Buchdr. 1891
75 Der steinerne Gast. Roman. 260 S. Breslau: Schles. Buchdr. 1891
76 Verkümmerte Existenzen. Roman. 2 Bde. 579 S. Breslau: Schles. Buchdr. 1892
77 Romeo und Julia am Pregel. 264 S. Lpz, Dresden: Reissner 1892
78 Studien zur neuen deutschen Litteratur. 383 S. Bln: Allgem. Verein f. deutsche Litteratur 1892
79 Dämmerungen. Roman. 3 Bde. 797 S. Breslau: Trewendt 1893
80 Gutenberg. Drama. 87 S. Lpz: Deutsche Genossenschaft dramat. Autoren u. Componisten 1893
81 Eine Dichterliebe. Erzählung. 208 S. Dresden: Reissner 1894
82 Aretin und sein Haus. Roman. 268 S. Bln: Paetel 1896
83 Moderne Streber. Roman. 2 Bde. 375, 236 S. Jena: Costenoble 1896
84 Georg Ebers. Mit einem Nekrolog. 18 S., 1 Bildn., 1 Faks. 12⁰ Lpz: Baum 1898
85 Aus meiner Jugend. Erinnerungen. 370 S. Bln: Paetel 1898
86 Das Mädchen vom Prohner Wieck. Erzählung. 149 S. Breslau: Schles. Buchdr. 1898
87 Rahab. Drama. 77 S. 16⁰ Lpz: Reclam (= Universal-Bibliothek 3901) 1898
88 Moderne Rothäute. Aus den Papieren eines weißen Mannes. 96 S. Bln: Globus-V. (= Michow-Bücher) 1898
89 Friedrich von Schiller. 174 S., 1 Bildn. 16⁰ Lpz: Reclam (= Dichter-Biographien 1; = Universal-Bibliothek 3879–3880) 1898
90 Das verzauberte Schloß. 128 S. 12⁰ Bln: Hillger (= Kürschner's Bücherschatz 111) 1898
91 Auf freien Bahnen. Roman. 2 Bde. 254, 265 S. Jena: Costenoble 1900
92 Zur Kritik des modernen Dramas. Vergleichende Studien. 310 S. Bln: Allgem. Verein f. deutsche Litteratur (1900)
93 Der Götze von Venedig. Schauspiel. 79 S. 16⁰ Lpz: Reclam (= Universal-Bibliothek 4171) 1901
94 Christian Dietrich Grabbe. 82 S., 1 Bildn. 16⁰ Lpz: Reclam (= Universal-Bibliothek 4247) 1901
95 Ariadne. 179 S. Bln: Paetel 1902
96 Das Häuschen mit den Jalousieen. 123 S. Bln: Hillger (= Kürschner's Bücherschatz 293) 1902
97 Nikolaus Lenau. 100 S., 1 Bildn. 16⁰ Lpz: Reclam (= Dichter-Biographien 8; = Universal-Bibliothek 4330) 1902
98 Neue Erzählungen. 314 S. Bln: Paetel 1904
99 So zahlt man seine Schulden! Verslustspiel nach einer altenglischen Idee. 88 S. 16⁰ Lpz: Reclam (= Universal-Bibliothek 4510) 1904
100 Späte Lieder. 120 S. Breslau: Schles. Buchdr. 1906
101 Parasiten. Roman. 435 S. Bln: Schall 1906
102 Alte Schulden. Lustspiel. 72 S. 16⁰ Lpz: Reclam (= Universal-Bibliothek 4824) 1906
103 Auf dem Kynast. Schauspiel. 54 S. 16⁰ Lpz: Reclam (= Universal-Bibliothek 4952) 1907
104 Adalbert Stifter. 68 S. Lpz: Verl. f. Literatur, Kunst u. Musik (= Beiträge zur Literatur-Geschichte 25) 1907
105 (Hg.) Deutsche Lyrik des neunzehnten Jahrhunderts bis zur modernen Aera. Mit einer literar-geschichtlichen Einl. 627 S. 16⁰ Lpz: Reclam (= Universal-Bibliothek 951–955) 1908
106 Die Madonna von Fiesole. 111 S. Bln: Hillger (= Kürschner's Bücherschatz 593) 1908

GOTTSCHED, Johann Christoph (1700–1766)

1 Schediasma historicum ... Regimont 1720
2 (Hg.) J. V. Pietsch: Gesamlete Poetische Schriften ... a3–d5, 258 S. m. Ku. Lpz: Grossens Erben 1725

3   (Hg.) Die vernünftigen Tadlerinnen. 2 Thle. 426; 416, 80 S. Halle, Lpz: Braun 1725-1726
4   (Übs.) B. Fontenelle: Gespräche von mehr als einer Welt. Lpz 1726
5   (Hg.) Der Biedermann. 2 Bde. Lpz 1727
6   (Übs.) B. Fontenelle: Gespräche der Todten und Plutons Urtheil über dieselben. 6 Bl., 270 S. Lpz: Breitkopf 1727
7   Vindiciarum systematis influxus physici. 3 Tle. 4 Bl., 2 Bl., 74 S. Lpz: Breitkopf 1727-1729
8   (Hg.) Oden der deutschen Gesellschaft in Leipzig. 2 Bde. 8 Bl., XLIX, 400 S. Lpz: Gleditsch 1728-1738
9   Grundriß zu einer Vernunfftmäßigen Redekunst. 12, 74, 320 S., 2 Bl. Hannover: Förster 1729
10 (Übs.) B. Fontenelle: Heidnische Orakel. Lpz 1730
11 Oratio inauguralis de poetis, philosophis, reipublicae generique humano utilissimis. 4° Lpz 1730
12 (Hg.) Schriften der deutschen Gesellschaft in Leipzig. 3 Bde. Lpz 1730-1739
13 Versuch einer Critischen Dichtkunst vor die Deutschen. 11 Bl., 613 S. Lpz: Breitkopf 1730
14 (MH) Beyträge zur Critischen Historie Der Deutschen Sprache, Poesie und Beredsamkeit, hg. von einigen Liebhabern der deutschen Litteratur. 8 Bde. Lpz: Breitkopf 1732-1744
15 Der sterbende Cato. Ein Trauerspiel, nebst einer Critischen Vorrede, darinnen von der Einrichtung desselben Rechenschaft gegeben wird. 16 Bl., 96 S. Lpz: Teubner 1732
16 (Hg.) Der deutschen Gesellschaft in Leipzig gesammelte Reden und Gedichte. 424 S. Lpz: Breitkopf 1732
17 Dissertatio philosophica de regni, ex quo literae exulant, infelicitate ... 28 S. 4° Lpz: Zeidler 1732
18 (Übs.) J. B. Racine: Iphigenia. Ein Trauerspiel. Aus dem Französischen. Lpz 1732
19 Erste Gründe Der gesammten Weltweisheit. 2 Thle. Lpz: Breitkopf 1733-1734
20 De iniquitate exterorum in ferendo de eruditis nostratibus judicio. 4° Lpz 1734
21 Erste Gründe Der gesammten Weltweisheit. 11 Bl., 618 S., 11 Bl. m. Ku. Lpz: Breitkopf 1735
    (Verm. Neuaufl. v. Nr. 19)
22 (Hg.) Der Deutschen Gesellschaft in Leipzig Eigene Schriften und Übersetzungen in gebundener und ungebundener Schreibart. 2 Bde. 8 Bl., 720 S.; 16 Bl., 692 S. Lpz: Breitkopf 1735
    (Enth. verm. Neuaufl. d. 1. Bds. v. Nr. 12)
23 Gedichte, Gesamm., hg. J. J. Schwabe. 15 Bl., 688 S. Lpz: Breitkopf 1736
24 Ausführliche Redekunst, Nach Anleitung der alten Griechen und Römer, wie auch der neueren Ausländer. ... 5 Bl., 3 Bl. 620 S. Lpz: Breitkopf 1736
25 Generosissimos atque nobilissimos commilitones ad praelectiones suas hiemales a. 1737 humanissime invitat ... 8 Bl. Lpz: Breitkopf 1737
26 Lob- und Gedächtnißrede auf den Vater der deutschen Dichtkunst, Martin Opitzen von Boberfeld ... zu Leipzig gehalten ... 48 S. Lpz: Breitkopf 1739
27 (MÜbs.) P. Bayle: Wörterbuch ... Übs. J. C. G., J. E. Schlegel, J. J. Schwabe (u. a.) 4 Bde. 2° Lpz: Breitkopf 1741-1744
28 (Vorw.) M. T. Cicero: Über die Pflichten. o. O. 1742
29 Die deutsche Schaubühne nach den Regeln und Exempeln der Alten. 6 Bde. Lpz: Breitkopf 1741-1745
30 (Hg., Vorw.) J. C. Schwarz: Des Publius Virgilius Maro Aeneis ... 2 Bde. Regensburg 1742-1744
31 Gedächtnißrede auf ... Copernicus ... 48 S. Lpz: Breitkopf 1743
32 (Hg.) G. W. Leibniz: Theodicee, das ist, Versuch von der Güte Gottes, Freyheit des Menschen, und vom Ursprunge des Bösen. 12 Bl., 64, 843 (,53) S. Hannover, Lpz: Förster 1744
33 (Hg.) B. Neukirch: Auserlesene Gedichte. 312 S. m. Reg. u. Bildn. Regensburg: Zunkel 1744
34 (Hg.) De antiquissima Aeneidos versione Germanica auct. Henrici de Veldeck edita. VIII S. 4° Lpz: Breitkopf 1745

35 (Hg.) Neuer Büchersaal der schönen Wissenschaften und freien Künste. 10 Bde. Lpz: Breitkopf 1745-1754
36 (MÜbs.) Lucian von Samosata: Auserlesene Schriften. Lpz 1745
37 De rarioribus nonnullis bibliothecae Paulinae codicibus. XVI S. 4⁰ Lpz: Breitkopf 1746
38 De quibusdam philosophiae moralis apud Germanos antiquiores speciminibus. XII S. 4⁰ Lpz: Breitkopf 1746
39 Grundlegung einer Deutschen Sprachkunst. Nach den Mustern der besten Schriftsteller des vorigen und jetzigen Jahrhunderts abgefasset. 543 S. Lpz: Breitkopf 1748
40 Die Kaiserin am Theresien-Feste 1749. 10 ungez. S. 2⁰ Regensburg: Zunkel (1749)
41 Gesammlete Reden in Dreyen Abtheilungen. 643 S. Lpz: Breitkopf (1749)
42 Neueste Gedichte. Königsberg 1750
43 Klag-Lied des Herrn Professor G. über das rauhe Pfälzer-Land in einer Abschieds-Ode. 10 S. 4⁰ o.O. 1750
44 Das erhöhte Preußen, oder Friedrich der Weise. 24 S. Lpz: Breitkopf 1750
45 De antiqua versione theotisca Magistri Tancredi. XII S. 4⁰ Lpz: Breitkopf 1750
46 (Hg) Das Neueste aus der Anmuthigen Gelehrsamkeit. 12 Bde. Lpz: Breitkopf 1751-1762
47 (Vorw.) C. O. Frh. v. Schönaich: Hermann oder Das befreyte Deutschland. 192 S., 1 Ku. Lpz: Breitkopf 1751
48 (Übs., MV.) Heinrichs von Alkmar Reineke der Fuchs. Nach der Ausgabe von 1498 ins Hochdeutsche übersetzt und mit einer Abhandlung ... versehen. 52, 340, 83 S. m. Ku. 4⁰ Lpz u. Amsterdam: Schenk 1752
49 De temporibus teutonicorum vatum mythicis. XII S. 4⁰ Lpz: Breitkopf 1752
50 Herrn Professor G's Gedicht, so Derselbe am 1ten des Augustmonats 1753 in der Königl. Deutschen Gesellschaft zu Göttingen abgelesen. 8 Bl. Göttingen: Boßiegel (1753)
51 (Übs.) Auszug aus des Herrn Batteux Schönen Künsten aus dem einzigen Grundsatze der Nachahmung hergeleitet. 218 S. Lpz: Breitkopf 1754
52 (Vorr.) Esprit Fleschiers Lob- u. Trauerreden. 6 Tle. Lpz: Liegnitz: Sieger 1754-1759
53 Kern der Deutschen Sprachkunst, aus der ausführlichen Sprachkunst ..., zum Gebrauche der Jugend ... 8 Bl., 252 S., 2 Bl. 2. verb. Aufl. Lpz: Breitkopf 1754
    (1. Aufl. nicht nachweisbar)
54 (Hg.) Sammlung einiger Ausgesuchten Stücke der Gesellschaft der freyen Künste zu Leipzig. 3 Bde. 9 Bl., 498 S.; 4 Bl., 502 S., 1 Bl.; 9 Bl., 478 S. Lpz: Breitkopf 1754-1755
    (Ausz. a. Nr. 16)
55 Vorübungen der Beredsamkeit ... 8 Bl., 238 S., 1 Bl. Lpz: Breitkopf 1754
56 Historische Lobschrift auf Chrn. Frhrn. v. Wolf. 4 Bl., 152, 108 S. 4⁰ Halle: Renger 1755
57 Vorübungen der lateinischen und deutschen Dichtkunst, zum Gebrauch der Schulen entworfen. ... 8 Bl., 240 S. Lpz: Breitkopf 1756
58 (Hg.) Nöthiger Vorrath zur Geschichte der deutschen Dramatischen Dichtkunst oder Verzeichniß aller Deutschen Trauer-, Lust- und Sing-Spiele, die im Druck erschienen, von 1450 bis zur Hälfte des jetzigen Jahrhunderts. 2 Bde. u. G. C. Freieslebens Kleine Nachlese. 18 Bl., 336 S., 6 Bl.; 8 Bl., 303 S.; 1 Bl., 78 S. Lpz: Teubner 1757-1765
59 Vollständigere und neuerläuterte deutsche Sprachkunst, ... 15 Bl., 726 S., 13 Bl. Lpz: Breitkopf 1757
    (verm. Neuaufl. v. Nr. 53)
60 Beobachtungen über den Gebrauch und Misbrauch vieler deutscher Wörter und Redensarten. 6 Bl., 450 S., 5 Bl. Straßburg, Lpz: König 1758
61 (Hg.) Handlexikon oder Kurzgefaßtes Wörterbuch der schönen Wissenschaften und freyen Künste. Zum Gebrauche der Liebhaber derselben. Lpz: Hahn 1760
62 (Übs.) C. A. Helvétius: Discurs über den Geist des Menschen 646 S. Lpz, Liegnitz: Siegerts, David 1760

63 (Hg.) L. A. V. Gottschedin: Sämmtliche Kleinere Gedichte, nebst dem, von vielen vornehmen Standespersonen ... gestifteten Ehrenmaale, hg. v. Ihrem hinterbliebenen Ehegatten. 47 Bl., 532 S., 1 Bildn. Lpz: Breitkopf 1763
64 (Übs.) Thalestris Königinn der Amazonen ... 118 S. Zwickau: Stieler 1766
65 Der Proceß. Ein Scherzgedicht. 68 S. Ffm u. Lpz 1774
66 Gesammelte Schriften. Ausg. d. Gottsched-Gesellschaft. 6 Bde. Bln: Gottsched-Verl. 1903–1906

GOTTSCHEDIN, Luise Adelgunde Victorie (1713–1762)

1 (Übs.) Frau von Lambert: Betrachtungen über das Frauenzimmer. Aus dem Französischen. Lpz 1731
2 (Übs.) J. Addison: Kato. Trauerspiel. Aus dem Englischen. 116 S. Lpz: Breitkopf 1735
3 (Übs.) Frau v. Gomez: Der Sieg der Beredsamkeit. Aus dem Französischen Lpz 1735
4 *Die Pietisterey im Fischbein-Rocke; Oder Die Doctormäßige Frau. In einem Lust-Spiele vorgestellet. 8 Bl., 160 S. Rostock: Auf Kosten guter Freunde 1736
5 *Horatii ... treumender Zuruff an alle Wolfianer ... 16 S. 4° o. O. 1739
6 (Übs.) R. Steele u. J. Addison: Der Zuschauer. Aus dem Englischen. 9 Bde. Lpz: Breitkopf 1739–1743
7 Triumph der Weltweisheit nach Art des französischen Sieges der Beredsamkeit der Frau Gomez. Nebst einem Anhange dreier Reden. 230 S. Lpz: Breitkopf 1739
8 (Übs.) A. Pope: Der Lockenraub. Ein scherzhaftes Heldengedicht. Aus dem Englischen in deutsche Verse übs. 8 Bl., 56 S. Lpz: Breitkopf 1744
9 (Übs.) J. Addison: Der Aufseher oder Vormund. Aus dem Englischen. 2 Bde. Lpz: Breitkopf 1745
10 (Übs.) Die gestürzten Freimäurer. Aus dem Französischen. Bln, Lpz 1747
11 (Übs.) Geschichte der Königlichen Akademie der Aufschriften und schönen Wissenschaften zu Paris. 11 Bde. Lpz: Crauß 1749–1757
12 (Übs. J. Addison:) Der Engländische Guardian oder Aufseher. 2 Theile. 7 Bl., 452 S., 8 Bl.; 2 Bl., 436 S., 8 Bl. Lpz: Breitkopf 1749 (Neuaufl. v. Nr. 9)
13 (Übs.) Neue Sammlung auserlesener Stücke aus Popens, Eachards, Newtons und anderer Schriften übs. Lpz 1749
14 (Übs.) Sammlung aller Streitschriften über das vorgebliche Gesetz der Natur von der kleinsten Kraft in den Wirkungen der Körper. Lpz 1752
15 (Übs.) Der Akademie zu Paris Ausführliche Schriften. Aus dem Französischen. 2 Bde. 7 Bl., 496 S., 11 Bl.; 2 Bl., 514 S., 6 Bl. Lpz: Siegert 1753–1754
16 (Übs.) Frau v. Graphigny: Genie, oder Die Großmuth im Unglücke. Ein moralisches Stück in fünf Aufzügen. Aus dem Französischen. 88 S. Lpz, Wien: Krause 1753
17 Der kleine Prophet von Böhmischbroda oder Weissagung des Gabriel Johannes Nepomucenus Franciscus de Paula Waldstorch, genannt Waldstörchel. 32 S. Prag (o. Verl.) 1753
18 Der beste Fürst. Ein Vorspiel auf das Geburtsfest der verwitweten Fürstin Johanna Elisabeth von Anhalt-Zerbst. 4° Lpz (36 Ex.) 1755
19 (Übs.) Nachrichten zum Leben der Frau von Maintenon gehörig. Erster Band. Lpz: Rüdiger 1757
20 Sämmtliche Kleinere Gedichte, nebst dem, von vielen vornehmen Standespersonen, Gönnern und Freunden beyderley Geschlechtes, Ihr gestifteten Ehrenmaale, und Ihrem Leben, hg. v. Ihrem hinterbliebenen Ehegatten. 47 Bl., 532 S. Lpz: Breitkopf 1763
21 (Übs.) Das Gespenst mit der Trommel. Ein deutsches komisches Singspiel in zwey Aufzügen, nach Goldoni's Conte Caramella frey bearb. Die Musik ist von Herrn von Dittersdorf. 79 S. Oels: Ludwig (1794)
22 Lustspiele der Gottschedin. Hg. R. Buchwald u. A. Köster. 2 Bde. 573, 543 S. Lpz: Leipziger Bibliophilen-Abend. (Priv.-Dr.; 99 Ex.) 1908–1909

Grabbe, Christian Dietrich (1801–1836)

1 Dramatische Dichtungen. Nebst einer Abhandlung über die Shakespeare-Manie. 2 Bde. XVI, 400 S.; 2 Bl., 384 S. Ffm: Hermann 1827
2 Don Juan und Faust. Eine Tragödie. 223 S., 2 Bl. Ffm: Hermann 1829
3 Die Hohenstaufen. Ein Cyclus von Tragödien. 2 Bde. Ffm: Hermann 1829–1830
  1. Kaiser Friedrich Barbarossa. Eine Tragödie in fünf Akten. 2 Bl., 210 S., 5 Bl. 1829
  2. Kaiser Heinrich der Sechste. Eine Tragödie in fünf Akten. 2 Bl., 252 S., 2 Bl. 1830
4 Napoleon oder Die hundert Tage. Ein Drama in fünf Aufzügen. 322 S., 1 Bl. Ffm: Hermann 1831
5 Aschenbrödel. Dramatisches Mährchen. 99, 1 S. Düsseldorf: Schreiner 1835
6 Hannibal. Eine Tragödie. 174 S., 1 Bl. 12⁰ Düsseldorf: Schreiner 1835
7 Das Theater zu Düsseldorf mit Rückblicken auf die übrige deutsche Schaubühne. 212 S. Düsseldorf: Schreiner 1835
8 Die Hermannsschlacht. Drama. Mit G's Leben v. E. Duller. 91, 139 S. Düsseldorf: Schreiner 1838
9 (Vorw.) E. Hartenfels: Grupello. Historische Novelle. VIII, 173 S. 12⁰ Düsseldorf: Forberg 1840
10 Sämmtliche Werke. Erste Gesammtausg. Hg., eingel. R. Gottschall. 2 Bde. 872 S. 16⁰ Lpz: Reclam 1870
11 Sämmtliche Werke und handschriftlicher Nachlaß. Erste kritische Gesammtausg. Hg., erl. O. Blumenthal. 4 Bde. Detmold: Meyer 1874
12 Ein Schulaufsatz. Nachw. A. Bergmann. 16 S. 4⁰ Lpz: Gesellschaft d. Bibliophilen (= Grabbe-Privatdrucke 1) 1926
13 Werke und Briefe. Historisch-kritische Gesamtausgabe in sechs Bänden. Hg. Akademie der Wissenschaften, Göttingen. Bearb. A. Bergmann. 6 Bde. Emsdetten: Lechte 1960 ff.

Grabenhorst, Georg (*1899)

1 Fahnenjunker Volkenborn. Roman. 260 S. Lpz: Koehler & Amelang 1928
2 Die Gestirne wechseln. Roman. 303 S. Lpz: Koehler & Amelang 1929
3 Merve. Der Roman eines jungen Mädchens. 307 S. Breslau: Korn 1932
4 +Der Raum Schaumburg-Lippe. I. Grundlagen und Zusammenhänge. 31 S. (Verl. f. Scherz, Satire, Ironie u. tiefere Bedeutung) 1932
5 Der ferne Ruf. 100 S. Oldenburg: Stalling (= Stalling-Bücherei „Schriften an die Nation" 37–37 a) 1933
6 (Hg.) Niedersächsische Baupflege. 9 Jge. Hannover: Culemann 1934–1942
7 Die Spieluhr. 46 S. Hbg: Meißners V. (= Nordmark-Bücherei 29) (1934)
8 (MH) Niederdeutscher Almanach. Aus Dichtung und Kunst der Gegenwart. Hg. G. G. u. M. Jahn (Jg. 1) 1938. 254 S. m. Abb. Oldenburg: Stalling 1937
9 Unbegreifliches Herz. Erzählung. 234 S. Mchn: Langen-Müller 1937
10 Regimentstag. 62 S. Mchn: Langen-Müller (= Die kleine Bücherei 77) 1937
11 Späte Heimkehr. 74 S. Mchn: Langen-Müller (= Die kleine Bücherei 94) 1938
12 Die Reise nach Luzern. Erzählung. 189 S. Mchn: Langen-Müller 1939
13 Hannover. Bilder aus der Hauptstadt Niedersachsens. 120 S. Hannover: Sponholtz 1941
14 Die Brücke. Erzählungen. 125 S. Stg: Dt. Verl.-Exped. (= Bibliothek d. Unterhaltung u. d. Wissens, Bd. 871) (1943)
   (Ausz. a. Nr. 10, 11)
15 Abschied von Rudolf Huch. Gedenkrede beim Ehrenbegräbnis der Stadt Braunschweig am 16. Januar 1943. Literar. Vereinigung Braunschweig 1944
16 Der erste Kuß und andere Geschichten. 58 S. Kopenhagen: Bruun (1944)
17 *Niedersächsischer Heimatkalender auf das Jahr 1947. 148 S. Hannover: Hahn (1946)

18 *Niedersächsischer Kalender auf das Jahr 1948. 1949. 2 Bde. 184, 194 S. Hannover: Hahn 1948–1949
19 Einkehr am Greifenstein. Erzählung. 227 S. Hameln: Seifert 1949
20 Aus meiner kleinen Welt. 60 S. Rinteln: Bösendahl (= Das kleine Bösendahl-Buch) 1951
21 Neue Land-Baufibel für Niedersachsen. 107 S. Hannover: Culemann 1951
22 Ein Sommer geht zu Ende. Erzählung. 179 S. Augsburg: Kraft 1952
23 Blätter im Wind. Gedichte. 62 S. Hannover: Osterwald 1953
24 Niedersächsische Gaststätten auf dem Lande. 20 S. Hannover: Culemann 1954
25 Von der inneren Heimat. Rede. 16 S. Hannover: NHB 1955
26 Gedenkrede für August Hinrichs am 26. Juni 1956. 4 S. Stader Geschichts- und Heimatverein Stade 1956
27 Georg Grabenhorst. Freundesgabe des Arbeitskreises für deutsche Dichtung zum sechzigsten Geburtstage hg. Dr. h.c. Moritz Jahn. 34 S. Göttingen 1959

GRAEDENER, Hermann (1878–1956)

1 Utz Urbach. Ein Bauernkrieg-Fries. 380 S. Ffm: Rütten & Loening 1913
2 Weltweihe. Ein Weg in Versen. 59 S. Mchn: Die Wende 1921
3 Neues Reich. Sickingen. Eine deutsche Tragödie in sieben Bildern. 111 S. Wien, Lpz, Zürich: Gerstel 1931
4 Innentum der Deutschheit. Wille und Weg unseres blutbestimmten Wesens zur Deutschgestaltung unseres Volksdaseines. 152 S. Wien (,Breslau: Pötsch) 1932
5 Kampf um der deutsche Seele. Vom zweitausendjährigen Ringen um deutsche Geistesfreiheit. 152 S. Wien (,Breslau: Pötsch) 1933
  (Neue Titelausgabe v. Nr. 4)
6 Der Esel. Sancho Pansas letztes Abenteuer. Novelle. 102 S. m. Abb. Wien: Zsolnay 1935
7 Traum von Blücher, Yorck, Stein. Drei Heldenleben. 214 S. Wien: Zsolnay 1936
8 Ein Volk geht zu Gott. Das Wort der neuen Wandlungen. 317 S. Wien: Zsolnay 1936
9 Das Hermann-Graedener-Buch. Ausw. hg. W. Pollak. 202 S., 1 Titelb. Wien (:Wiener Verl.-Ges.) 1938
10 Lenau, ein Dichterbild aus Österreich. 67 S., 1 Titelb. Wien: Wiener Verl.-Ges. (= Reihe Süd-Ost. Folge 1, 7) 1938
11 (Hg.) Die Lenau-Lese. 60 S., 1 Faks. Wien (:Wiener Verl.-Ges.) (= Reihe Süd-Ost. Folge 1, 6) 1938
12 Sickingen. Ein Kampf ins Künftige. Schauspiel in sieben Bildern. 117 S. Wien: Zsolnay 1939
  (Neuausg. v. Nr. 3)
13 Weltschau und Gottkündung. Eine Auslese aus dem ungedruckten und gedruckten Gesamtwerk. Ausgew. auf Anregung von Freunden des Autors. 214 S. Wien, Lpz: Kühne 1941
14 Carl, der Sieger von Aspern. Freie Bühnendichtung in fünf Akten (1940). 127 S. Bln: Arnold 1942
15 Sancho Pansas letztes Abenteuer. Novelle. 74 S. Esslingen: Bechtle (1955)
  (Neuauflage v. Nr. 6)
16 Erzherzog Carl. Sein Weg zum Sieg. 347 S. Wien: Kremayr & Scheriau 1955
17 Wien 1809. Die Briefe der Gabi von Urschendorff. 63 S. Graz, Wien Stiasny (= Dichtung der Gegenwart 40) 1955

GRAF, Oskar Maria (1894–1967)

1 Die Revolutionäre. (S.-A.) 12 S. Dresden: Dresdner Verl. (= Das neuste Gedicht 4) 1918

2   Amen und Anfang. Gedichte. 68 S. Mchn: Bachmair 1919
3   Georg Schrimpf. 6 S., 1 Taf. Konstanz, Mühlheim/Do.: Verl. d. Saturne (= Künstlerheft d. Saturne 1) 1919
4   Ua=Pua...! Indianer-Dichtungen. 61 S., 30 Abb. Regensburg, Lpz: Der Aufmarsch 1921
5   Maria Uhden. Mit einer Erinnerung an Maria Uhden v. G. Schrimpf. 13 S., 1 Titelb., 32 Abb. Lpz: Klinkhardt & Biermann (= Junge Kunst 20) 1921
6   Zur freundlichen Erinnerung. Acht Erzählungen. 128 S. Bln: Malik (= Unten und Oben 1) 1922
7   Frühzeit. Jugenderlebnisse. 147 S. Bln: Malik-V. (= Die rote Roman-Serie 5) 1922
8   (Einl.) W. Maxon: Arbeit am Rhein. Fünf Original-Lithographien. II S. Text, 5 Bl. Abb. 4° Mchn: Steinitz-V. 1922
9   (Einl.) W. Maxon: Tessin. Zwölf Steinzeichnungen. II S. Text, 12 Bl. Abb. Mchn: Steinitz-V. 1922
10 Georg Schrimpf. Mit einer Selbstbiographie des Künstlers. 16 S., 1 Titelb., 32 S. Abb. Lpz: Klinkhardt & Biermann (= Junge Kunst 37) 1923
     (zu Nr. 3)
11 Bayrisches Lesebücherl. Weißblaue Kulturbilder. 124 S. m. Abb. Mchn: Langen 1924
12 Die Traumdeuter. Aus einer alten bayerischen Familienchronik. 70 S. Freiburg i. Br.: Herder (= Der Bienenkorb) 1924
13 Die Chronik von Flechting. Ein Dorfroman. 241 S. Mchn: Drei Masken-V. 1925
14 Finsternis. Sechs Dorfgeschichten. 231 S. Mchn: Drei Masken-V. 1926
15 Licht und Schatten. Eine Sammlung zeitgemäßer Märchen. Einl. M. Georg. 100 S. Bln: Verl. d. Neuen Gesellschaft (= Jugendbücher d. Neuen Gesellschaft 8) 1927
16 Wunderbare Menschen. Heitere Chronik einer Arbeiterbühne nebst meinen drolligen und traurigen Erlebnissen dortselbst. 191 S. Stg: Engelhorn (= Lebendige Welt) 1927
17 Im Winkel des Lebens. Geschichten. 198 S. m. Abb. Bln (:Buchmeister-V.) 1927
18 Wir sind Gefangene. Ein Bekenntnis aus diesem Jahrzehnt. 747 S. Mchn: Drei Masken-V. 1927
     (Enth. Nr. 7)
19 Das bayrische Dekameron. 209 S. m. Abb. Wien: Verl. f. Kulturforschung 1928
20 Die Heimsuchung. Roman. 304 S. Stg: Engelhorn 1928
21 Kalender-Geschichten. 2 Bde. u. Anh. „Kleiner bayerischer Dialektspiegel". 408, 402, 12 S. m. Abb. Mchn: Drei Masken-V. 1929
22 Bolwieser. Roman eines Ehemannes. 359 S. Bln: Drei Masken-V. 1931
23 Dorfbanditen. Erlebnisse aus meinen Schul- und Lehrlingsjahren. 127 S. Bln: Drei Masken-V. 1932
24 Einer gegen Alle. Roman. 222 S. Bln: Universitas 1932
25 Notizbuch des Provinzschriftstellers Oskar Maria Graf. 1932. Erlebnisse, Intimitäten, Meinungen. 236 S. Basel: Zinnen-V. 1932
26 Der harte Handel. Ein bayrischer Bauernroman. 222 S. Amsterdam: Querido-V. 1935
27 Der Abgrund. Ein Zeitroman. Hg. T. Jacoby. 540 S. London: Malik u. Moskau, Leningrad: Verl.-Genossenschaft ausländischer Arbeiter i. d. UdSSR 1936
28 Anton Sittinger. Roman. 387 S. London: Malik-V. 1937
29 Der Quasterl. 63 S. Moskau: Iskra Revoljucii (= Kleine Volksbibliothek) 1938
30 The life of my mother. A biographical novel. 533 S. New York: Howell & Soskin 1940
31 Der Quasterl und andere Erzählungen. 80 S. New York: Aurora-V. 1945
     (Enth. u. a. Nr. 29)
32 Das Leben meiner Mutter. 905 S., 1 Titelb. Mchn: Desch 1946
     (Dt. Übs. v. Nr. 30)
33 Das Aderlassen. Kalendergeschichten. 32 S. m. Abb. Weimar: Verl. Werden und Wirken (= Die Perlenschnur) 1947
     (Ausz. a. Nr. 11 u. Nr. 14)

34 Unruhe um einen Friedfertigen. Roman. 473 S. New York: Aurora-V. 1947
35 Die Eroberung der Welt. Roman einer Zukunft. 583 S. Mchn: Desch 1949
36 Mitmenschen. 231 S. Bln: Aufbau-V. (= Aurora-Bücherei) 1950
37 Das bayrische Dekameron. 251 S. m. Abb. Mchn: Weismann (1951)
 (Verm. Neuaufl. v. Nr. 19)
38 Menschen aus meiner Jugend auf dem Dorfe. Drei Erzählungen. 108 S. Lpz: Reclam (= Reclam's UB. 7914–7915) (1953)
39 Der ewige Kalender. Ein Jahresspiegel. 46 S. m. Abb. 4° New York: O. M. Graf 1954
40 Kalendergeschichten. 466 S. Rudolstadt: Greifenv. 1957
 (Verm. Neuaufl. v. Nr. 21)
41 Die Erben des Untergangs. Roman einer Zukunft. 442 S. Ffm: Nest-V. 1959
 (Neufassg. v. Nr. 35)
42 Die Flucht ins Mittelmäßige. Ein New-Yorker Roman. 504 S. Ffm: Nest-V. 1959

Grass, Günter (*1927)

1 Die Vorzüge der Windhühner. 64 S. m. Abb. Bln-Frohnau u. Neuwied a. Rh.: Luchterhand 1956
2 Die Blechtrommel. Roman. 736 S. Darmstadt, Bln-Spandau, Neuwied a. Rh.: Luchterhand 1959
3 (MV) H. Geldmacher, G. G. u. H. Wilson: O Susanna. Ein Jazzbilderbuch. Blues, Balladen, Spirituals, Jazz. Nachw. J. E. Berendt. 29 ungez. Bl. qu. 8° Köln, Bln: Kiepenheuer & Witsch 1959
4 Gleisdreieck. 107 S. m. Abb. 4° Darmstadt, Bln-Spandau, Neuwied a. Rh.: Luchterhand 1960

Grazie, Marie Eugenie delle (1864–1931)

1 Gedichte. 200 S. 16° Lpz: Simon 1882
2 Hermann. Deutsches Heldengedicht in zwölf Gesängen. 331 S. Wien: Hartleben 1883
3 Saul. 132 S. Wien: Konegen 1885
4 Die Zigeunerin. Eine Erzählung aus dem ungarischen Haidelande. 127 S. Wien: Konegen 1885
5 Italische Vignetten. 132 S. Lpz: Breitkopf & Härtel 1892
6 Der Rebell. Bozi. Zwei Erzählungen. 134 S. Lpz: Breitkopf & Härtel 1893
7 Robespierre. Ein modernes Epos. 2 Thle. 1028 S. Lpz: Breitkopf & Härtel 1894
8 Moralische Walpurgisnacht. Ein Satyrspiel vor der Tragödie. 44 S. Lpz: Breitkopf & Härtel 1896
9 Schlagende Wetter. Drama. 139 S. Lpz: Breitkopf & Härtel (1900)
10 Der Schatten. Drama. 146 S. Lpz: Breitkopf & Härtel (1901)
11 Liebe. Erzählungen. 128 S. Lpz: Breitkopf & Härtel 1902
12 Schwäne am Land. Drama. 110 S. Lpz: Breitkopf & Härtel (1902)
13 Zu spät. Vier Einakter. 154 S. Lpz: Breitkopf & Härtel 1903
14 Sämtliche Werke. 9 Bde. Lpz: Breitkopf & Härtel 1903
15 Narren der Liebe. Lustspiel. 157 S. Lpz: Breitkopf & Härtel (1904)
16 Ver Sacrum. Drama. 80 S. Lpz: Breitkopf & Härtel (1906)
17 Traumwelt. Erzählungen. 104 S. Lpz: Breitkopf & Härtel 1907
18 Vom Wege. Geschichten und Märchen. Zweite Sammlung. 237 S. Lpz: Breitkopf & Härtel 1907
19 Heilige und Menschen. Roman. 416 S. Lpz: Breitkopf & Härtel 1909
20 Vor dem Sturm. Roman. 320 S. Lpz: Breitkopf & Härtel 1910
21 Gottesgericht und andere Erzählungen. 160 S. Lpz, Bln: Heilbrunn (= A. Bonnier's Dreißig-Pfennig-Bücherei 11) 1912
22 Wunder der Seele. Erzählungen. VII, 332 S. Lpz: Breitkopf & Härtel 1913
23 Das Buch des Lebens. Erzählungen und Humoresken. III, 318 S. Lpz: Breitkopf & Härtel 1914

24 Zwei Witwen. Novellen. 112 S. m. Abb. Bln: Hillger (= Kürschner's Bücherschatz 955) 1914
25 Die blonde Frau Fina und andere Erzählungen. 112 S. Bln: Hillger (= Kürschner's Bücherschatz 1026) (1915)
26 Das Buch der Liebe. Roman. 402 S. Bln: Ullstein 1916
27 O Jugend! Roman. 380 S. Bln: Ullstein 1917
28 Donaukind. Roman. 378 S. Bln: Ullstein 1918
29 Homo ... Der Roman einer Zeit. 416 S. Wien: „Wila" (1919)
30 Der frühe Lenz. Eine Erzählung. 27 S. Wien: Lyra-V. (= Molitor's Novellenschatz 4) 1919
31 Die Seele und der Schmetterling. Novelle. 31 S., 2 Abb. Lpz: Reclam (= Kurzweil-Büchel 7) (1919)
32 Eines Lebens Sterne. Roman. 2 Bde. in 1 Bd. VII, 515 S. Lpz: Breitkopf & Härtel 1919
33 Die Blumen der Acazia. 64 S. Bln: Hillger (= Kürschner's Bücherschatz 1309) (1920)
34 Der Liebe und des Ruhmes Kränze. Ein Roman auf d. Viola d'amour. 2 Bde. 362, 290 S. Wien: Wiener literar. Anst. 1920
35 Die weißen Schmetterlinge von Clairvaux. Novelle. 167 S. Freiburg/Br.: Herder 1925
36 (MV) M. E. d. G., E. Gruhner u. J. v. Stockhausen: Heimlich bluten Herzen. Oesterreichische Frauen-Novellen. XI, 313 S. Hochdorf/Schweiz, Mchn: Pfeiffer 1926
37 Unsichtbare Straße. Roman. 425 S. Freiburg/Br.: Herder 1927
38 Sommerheide. Novellen. 87 S. m. Abb. 16° Elberfeld: Bergland-V. (= Elfen-Büchlein. Reihenfolge 4, 1) 1928
39 Titanic. Eine Ozean-Phantasie. 111 S. Elberfeld: Bergland-V. (1928)
40 Das Buch der Heimat. Erzählungen. 80 S. Temesvar (:Dt. Buchh.) (= Deutsch-Banater Volksbücher 53) 1930
41 Die Empörung der Seele. 375 S. Münster: Helios-V. (1930)

GREFLINGER, Georg (+Seladon) (um 1620 – um 1677)

1 David Virtuosus, das ist Hellpolierter Spiegel aller christlichen Tugenden, nach dem ganzten Leben des Königs und Propheten Davids. 85 S. Ffm: Ammon 1643
2 Ferrando Dorinde. Zweyer hochverliebt gewesenen Personen erbärmliches Ende. 32 S. Ffm: Schleich 1644
3 +Seladons Beständige Liebe. 4 Bl., 120 S., 1 Titelku. Ffm: Schleich 1644
4 Zwey Sapphische Oden von Geburt und Leiden Jesu Christi. 4° Ffm: Schleich 1644
5 Ethica complementoria, das ist: Complementier-Büchlein. 12° o. O. 1645
6 Dankgetichte vor die großen ja Väterlichen Gutthaten, welche Herr Gregorius Cammermann, Rathsherr und Richter der alten Stadt Dantzigs mir ... erwiesen hat. o. O. 1645
7 Deutscher Epigrammatvm Erstes Hundert. 16 Bl. 4° Danzig (o. Verl.) 1645
8 Getichte Auf das seelige Absterben ... Johan von Drebbers ... 2 Bl. Hbg (o. Verl.) 1647
9 Wahre Abbildungen der Türckischen Kayser und Persischen Fürsten, so wol auch anderer Helden vnd Heldinnen von dem Osman, biß auf den andern Mahomet ... 16 S., 47 Bl, Abb. 4° Ffm: Ammon 1648
10 Lieder über die jährlichen Evangelien. 4° Hbg 1648
11 (Übs.) (Corneille:) Die Sinnreiche Tragicomoedia, genant Cid, ist ein Streit der Ehre und Liebe verdeutscht v. G. G. Hbg: Pape 1650
12 Getichte Zum Hochzeitlichen Feste ... Frantz Henrich Witzendorfs ... 4 Bl. Hbg: Rebenlein 1651
13 Sapphische Ode von der Geburt Christi. 4° Hbg. 1651
14 +Seladons Weltliche Lieder. Nechst einem Anhang Schimpff- vnd Ernsthaffter Gedichte. 184, 70 S. Ffm: Wächtler 1651
15 Diarium Britannicum von 1639 bis October 1651. Hbg (1652)
16 (Übs.) Lope de Vega: Verwirrter Hof oder König Carl. In eine ungebundene Hochdeutsche Rede gesetzet. 50 ungez. Bl. Hbg: Rebenlein 1652

17 Der zwölff gekröhnten Häupter von dem Hause Stuart unglückselige Herrschaft. In Kurtzem Aus glaubwürdigen Historien-Schreibern zusammen getragen. 24 Bl. 4° o. O. 1652
18 Kurtze Erzählung deutscher Händel. Hbg 1653
19 (Übs.) Der Grund aller Hochzeiten, oder Beschreibung der ersten Hochzeit zwischen Adam und Eva, auß J. Catsii Trauringe verteutscht. 4° Hbg 1653
20 (Übs.) J. U. Straus: Distichorum Centuria prima et secunda cum Versione Germanica G. Greflingeri. 32 Bl. Hbg: Rebenlein 1654
21 (Übs.) P. V. Aengelen: Der verständige Gärtner Uber die zwölff Monaten des Jahres ... Hbg 1655
22 Poetische Rosen und Dörner Hülsen und Körner. 8 Bl., A–E4 u. A–C8. Hbg 1655
23 (Übs.) Schatz über Schatz. Das ist ... Mittel bald reich zu werden ... 12 Bl. Hbg: Rebenlein 1655
24 Inbrünstige Seufzer nach Anleitung der Sontags- und Fest-Evangelien für die Kinder aufgesetzt. 12° Hbg 1655
25 (Übs.) Zweihundert Ausbildungen oder Emblemata von Tugenden, Lastern, menschlichen Begierden vnd vielen andern Arten, aus der Iconologie Caesaris Ripae, eines Perusiners, gezogen und verdeutscht. 12° Hbg 1656
26 +Der Deutschen Dreyßig-Jähriger Krieg, Poetisch erzählet. 2, 72 Bl. o. O. 1657
27 Kurtze Anzeigen der vornehmsten Kriegs Händel und anderer denkwürdigsten Sachen die sich Von Anno 1650 biß 1658 im Römischen Reiche. Von Anno 1655 bis 1658 Zwischen den Schweden, Pohlen, Moßcowittern und derer allijrten. Von Anno 1657 biß 1658 zwischen den Schweden und Dehnen begeben haben. 48 Bl. o. O. 1657
28 Unparteyischer Anweiser Was vor denkwürdigste Sachen Von Anno 1650 biß 1659 im Römischen Reiche. Von Anno 1655 biß 1659 zwischen den Schweden, Pohlen, Moßcowittern und derer allijrten. Und von Anno 1657 biß 1658 zwischen den Nordischen Königen vorgefallen. Zu guter Erinnerung gestället. 52 Bl. o. O. (1660)
(Verm. Neuaufl. v. Nr. 27)
29 Anzeiger Der denkwürdigsten Krieges- und anderer Händel zu unseren Zeiten Im Römischen Reiche ... von 1618. biß Septemb. 1660. Im Königreiche Pohlen ... von 1655. biß Septembr. 1660 und Im Königreiche Dennemark von 1657. biß August. 1660 ... 34 Bl. o.O. (1660)
(zu Nr. 27)
30 (Übs.) (P. Scarron:) Von der Unnötigen Vorsorge Vor Kluges Frauenvolck ... 48 Bl. Hbg: Naumann 1660
31 (Übs.) (P. Scavron) Der unschuldige Ehebruch. Aus dem Frantzösischen und Spanischen übs. 48 Bl. 12° Hbg: Naumann 1662
32 (Übs.) Der Frantzösische Baum- und Stauden-Gärtner. In die deutsche Sprache gebracht. Hbg 1663
33 +Celadonische Musa. Inhaltende Hundert Oden Vnd Etlich Hundert Epigrammata. 12° (Hbg) 1663
34 (Übs.) Der Frantzösische Küchen-Gärtner ... In die Deutsche Sprache gebracht. Hbg 1664
35 (Übs.) (Bonnefons:) Der Frantzösische Becker verdeutscht. 192 S. 12° Hbg (o. Verl.) 1665
36 (Übs.) (Bonnefons:) Der frantzösische Confitirier, welcher handelt: Von der Manier die Früchte in ihrer natürlichen Art zu erhalten. 99 S. Hbg (o.Verl.) 1665
37 (Übs.) Frantzösischer Koch verdeutscht. 12° Hannover 1666
38 (Übs.) Des Hamburgischen Anno 1603 in Niederländischer Sprache verfasseten Stadt-Recesses hochdeutsche Übersetzung den Hamburgischen Statuten und Stadtrechte beigedruckt. 4° o. O. 1667

GREGOROVIUS, Ferdinand
(+Ferdinand Fuchsmund) (1821–1891)

1 +Konrad Siebenhorns Höllenbriefe an seine lieben Freunde in Deutschland. 9 3/4 Bg. Königsberg: Theile 1843

2 Werdomar und Wladislaw. Aus der Wüste der Romantik. 33 Bg. Königsberg: Universitäts-Buchh. 1845
3 Die Idee des Polentums. Zwei Bücher polnischer Leidensgeschichte. Königsberg: Samter (1848)
4 Goethe's Wilhelm Meister in seinen sozialistischen Elementen. V, 238 S. Königsberg: Bornträger 1849
5 Polen- und Magyarenlieder. 81 S. Königsberg: Bornträger 1849
6 Geschichte des römischen Kaisers Hadrian und seiner Zeit. 282 S. Königsberg: Bon 1851
7 Der Tod des Tiberius. Tragödie. 168 S. Hbg: Hoffmann & Campe 1851
8 Corsica. 2 Bde. 537 S. Stg: Cotta (= Reisen und Länderbeschreibungen) 1854
9 Figuren. Geschichte, Leben und Szenerie aus Italien. 388 S. Lpz: Brockhaus 1856 (Bd. 1 v. Nr. 11)
10 (Übs.) G. Meli: Lieder. 320 S. Lpz: Brockhaus 1856
11 Wanderjahre in Italien. 5 Bde. Lpz: Brockhaus (1856–1877)
12 Die Grabmäler der römischen Päpste. 242 S. 16⁰ Lpz: Brockhaus 1857
13 Euphorion. 140 S. Lpz: Brockhaus 1858
14 Geschichte der Stadt Rom im Mittelalter. 8 Bde. Stg: Cotta 1859–1872
15 Siciliana. Wanderungen in Neapel und Sizilien. 396 S. Lpz: Brockhaus 1861 (Bd. 2 v. Nr. 11)
16 Die Insel Capri. 55 S. m. Abb. 2⁰ Lpz: Dürr 1868
17 Lucrezia Borgia. 2 Bde. 470 S., 4 Abb. Stg: Cotta 1874
18 Urban VIII. im Widerspruch zu Spanien und dem Kaiser. Eine Episode des dreißigjährigen Kriegs. 164 S. Stg: Cotta 1879
19 (Hg.) A. Humboldt: Briefe an seinen Bruder Wilhelm. 228 S. Stg: Cotta 1880
20 Athenaïs. Geschichte einer byzantinischen Kaiserin. 287 S. Lpz: Brockhaus 1882
21 Korfu. Eine ionische Idylle. 104 S. Lpz: Brockhaus (1882)
22 Kleine Schriften zur Geschichte und Cultur. 3 Bde. 901 S. Lpz: Brockhaus 1887–1892
23 Geschichte der Stadt Athen im Mittelalter. Von der Zeit Justinians bis zur türkischen Eroberung. 2 Bde. 982 S. Stg: Cotta (1889)
24 Die großen Monarchien oder Die Weltreiche in der Geschichte. Festrede. 26 S. 4⁰ Mchn: Franz 1890
25 Gedichte. Hg. A. F. Graf v. Schack. 223 S. 12⁰ Lpz: Brockhaus 1892
26 Römische Tagebücher. Hg. J. F. Althaus. 649 S. Stg: Cotta 1892

GREIF, Martin (eig. Friedrich Hermann Frey) (1839–1911)

1 °Gedichte. 184 S. 16⁰ Mchn: Franz 1860
2 °Bertha und Ludwig. Trauerspiel. 84 S. Mchn: Finsterlin 1861
3 °Die Schlacht von Leipzig. Eine epische Dichtung. 29 S. Mchn: Fleischmann 1863
4 °Frühlingssturmlieder. 37 S. Mchn: Beck 1864
5 °Hans Sachs. Dramatisches Gedicht. 129 S. 16⁰ Augsburg: Schlosser 1866
6 Gedichte. VIII, 201 S. 16⁰ Stg: Cotta 1868
7 Corfiz Ulfeldt, der Reichshofmeister von Dänemark. Trauerspiel in fünf Acten und einem Vorspiel. 200 S. Mchn: Finsterlin 1873
8 Walther's Rückkehr in die Heimath. Festspiel. 11 S. Innsbruck: Wagner 1874
9 Deutsche Gedenkblätter. 51 S. 4⁰ Stg: Metzler 1875
10 Nero. Trauerspiel. 152 S. 16⁰ Wien: Wallishausser (= Wallishausser'sche Sammlung deutscher Bühnenwerke 19) 1877
11 Marino Falieri, oder Die Verschwörung des Dogen zu Venedig. Trauerspiel. 155 S. 16⁰ Wien: Wallishausser 1879
12 Prinz Eugen. Vaterländisches Schauspiel. 128 S. 12⁰ Kassel: Kay (1880)
13 Heinrich der Löwe. Schauspiel. 159 S. Stg: Cotta 1887
14 Die Pfalz im Rhein. Schauspiel. 117 S. Stg: Cotta 1887
15 Konradin, der letzte Hohenstaufe. Trauerspiel. VI, 138 S. Stg: Cotta 1889

16 (MV) Faust-Album. Dichtungen in Bildern und Worten. 18 Lichtdrucke nach Gemälden v. H. Faust. M. Texten v. M. G. u. O. Eisenmann. 18 Bl. Text, 18 Bl. Abb. 2° Lübeck: Nöhring 1890
17 (MV) M. G., W. Kray, A. Zick: Vom Erdenthal ins Himmelreich. Ein Menschenleben, dargestellt in Wort und Bild. 10 Abb., 11 Bl. Text. Mchn: Verl.-Anst. f. Kunst u. Wissenschaft 1890
18 Ludwig der Bayer oder Der Streit von Mühldorf. Vaterländisches Schauspiel. 142 S. Stg: Dt. Verl.-Anst. 1891
19 Francesca da Rimini. Tragödie. 112 S. Stg: Dt. Verl.-Anst. 1892
20 Agnes Bernauer, der Engel von Augsburg. Vaterländisches Trauerspiel. 81 S. Lpz: Amelang 1894
21 Hans Sachs. Vaterländisches Schauspiel. 86 S. Lpz: Amelang 1894
 (Neubearb. v. Nr. 5)
22 Das erste Blatt zum Helden-Kranz. Dramatische Scene als Festspiel zum achtzigjährigen Geburtstag des Fürsten Bismarck. 27 S. 12° Wittenberg: Wunschmann 1895
23 Gesammelte Werke. 3 Bde. 399, 434, 558 S. Lpz: Amelang 1895-1896
24 General York. Vaterländisches Schauspiel in fünf Akten. 67 S. Lpz: Amelang 1899
25 Neue Lieder und Mären. IX, 299 S. m. Bildn. 12° Lpz: Amelang 1902
26 (MV) F. v. Schiller: Demetrius. Das Fragment. Dazu ein Nachspiel mit Prolog und ... Epilog v. M. G. 60 S. Lpz: Amelang 1902
27 Buch der Lyrik. XIV, 448 S. m. Bildn. Lpz: Amelang 1909
 (Enth. Nr. 6 u. 25)
28 Lyrische und epische Dichtungen. 2 Bde. XIV, 448; 311 S. m. Bildn. Lpz: Amelang 1909
29 Gesammelte Werke. 5 Bde. Lpz: Amelang 1909-1912
 (Verm. Neuaufl. v. Nr. 23)
30 Nachgelassene Schriften. Selbsterlebtes. Novellen – Skizzen. Hg. W. Kosch. XV, 387 S. Lpz: Amelang 1912
 (Bd. 5 v. Nr. 29)

GREIFFENBERG, Freiin von Seyssenegg, Katharina Regina von (1633–1694)

1 Geistliche Sonette, Lieder und Gedichte, zu Gottseeligem Zeitvertreib, erfunden und gesetzet ... zu Druck gefördert, durch ihren Vettern Hanns Rudolf v. G. 24 Bl., 414, 1 S. 12° Nürnberg: Endter 1662
2 Der teutschen Uranie ... himelaufflammender Kunst-Klang und Gesang. 24 Bl., 414, 1 S. 12° Nürnberg: Endter (1662)
 (Titelaufl. v. Nr. 1)
3 Nichts als Jesus: oder zwölff Betrachtungen des allerheiligsten Leidens und Sterbens Jesu Christi. 12° Nürnberg: Hofmann 1672
4 Sieges-Seule der Busse und Glaubens wider den Erb-Feind Christlichen Namens. Nürnberg: Hofmann (1672)
5 Des Allerheiligst- und Allerheilsamsten Leidens und Sterbens Jesu Christi, Zwölf andächtige Betrachtungen: Durch dessen innigste Liebhaberin und eifrigste Verehrerin. 8 Bl., 950 S. Nürnberg: Hofmann 1683
 (Neuaufl. v. Nr. 3)
6 Des allerheiligsten Lebens Jesu Christi sechs andächtige Betrachtungen von dessen Leben und Wunderwerken. Nürnberg: Hofmann 1693
 (Ausz. a. Nr. 5)

GREINER, Leo (1876–1928)

1 Das Jahrtausend. Dichtungen. 91 S. m. Abb. Mchn: V. d. dt.-französ. Rundschau 1900

2 Lenau. 88 S., 7 Taf., 2 Faks. Bln: Schuster & Loeffler (= Die Dichtung, Bd. 16) 1904
3 Der Liebeskönig. Schauspiel. 143 S. Bln: Dr. Wedekind 1906
4 Das Tagebuch. Gedichte. 64 S. Mchn: Müller 1906
5 (Hg.) Städte und Landschaften. 7 Bde. Stg: Krabbe 1907–1908
6 Herzog Boccaneras Ende. Drama. 85 S. Bln: Bard 1908
7 Lysistrata. Komödie frei nach Aristophanes. 110 S. Bln: Bloch 1908
8 Arbaces und Panthea oder Die Geschwister. Schauspiel nach Francis Beaumont. 140 S. Bln: Reiß 1911
9 (Hg.) Ein Kampf ums Licht. Lenau. Leben, Lieben und Leiden. Briefe, Aufzeichnungen, Gedichte, ausgew. u. biograph. verbunden v. L. G. 463 S. Ebenhausen b. Mchn: Langewiesche-Brandt (= Die Bücher der Rose 14) 1911
10 (Hg.) N. Lenau: Gedichte. Pantheon-Ausg. Ausw., Einl. u. Textrevision v. L. G. 17, 379 S. m. Bildn. 16° Bln: S. Fischer 1911
11 (Hg.) Altdeutsche Novellen. Nach dem Mittelhochdeutschen. 2 Bde. 293, 290 S. Bln: Reiß 1912
12 Das kleine alte Novellenbuch. 306 S. Bln: Reiß 1912
(Ausw. a. Nr. 11)
13 Das Tagebuch. Gedichte. 84 S. Mchn: Müller 1912
(Verm. Aufl. v. Nr. 4)
14 (Hg.) A. Kopisch: Allerlei Geister. Gedichte u. Erzählungen. Ausgew. L. G. 285 S. m. Abb. Mchn: Mörike 1913
15 (Mübs.) Chinesische Abende. Novellen und Geschichten. In Gemeinschaft m. Tsou Ping Shou aus d. chines. Ursprache übs. L. G. VII, 245 S. Bln: Reiß 1914

GREINZ, Rudolf (1866–1942)

1 Professor Theophilus Knasterbart. Humoristische Dichtung à la Klapphorn. 60 S. m. Abb. Lpz: Stauffer 1885
2 Die Studenten. Burschikose Strophen à la Klapphorn. 40 S. Lpz, Görlitz: Stauffer (1885)
3 Wer steinigt sie? Eine Geschichte armer Leute. 183 S. Dresden: Pierson 1888
4 Liederfrühling aus Tirol. 230 S. 12° Lpz: Haessel 1889
5 Die tragischen Motive in der deutschen Dichtung seit Goethes Tode. 172 S. Dresden: Pierson 1889
6 (MH) Tiroler Schnadahüpfeln. Hg. R. G. u. J. A. Kapferer. 2 Bde. 139, 141 S. 32° Lpz: Liebeskind 1889–1890
7 (MH) Tiroler Volkslieder. Hg. R. G. u. J. A. Kapferer. 2 Bde. 211, 185 S. m. Titelb. 32° Lpz: Liebeskind 1889–1893
8 Salzburger Spaziergänge. 60 S. 12° Dresden: Pierson 1890
9 Zithaschlag'n. Allahand Gsangaln und Gschicht'n aus Tirol. 106 S. Lpz: Wigand 1890
10 Kultur- und Literatur-Bilder. 3 H. 63, 96, 38 S. Mchn: Schupp 1892–1894
11 Tiroler Leut'. Berggeschichten und Skizzen. 116 S. Erfurt, Mchn: Schupp (1892)
12 Aus'm Landl. Humoresken aus den Tiroler Bergen. 106 S. Bln, Ffm: Jaeger 1893
13 Leni. Eine Tiroler Bauern-Geschichte. 145 S. Stg: Greiner & Pfeiffer 1893
14 Der jüngste Tag. 43 S. Erfurt, Braunschweig: Limbach 1893
15 Der Triumph des Christentums. 2 Bde. Lpz, Wiesbaden: Bacmeister (1893)–1894
1. Das letzte Abendmahl. Erzählung aus der Zeit Christi. 105 S. (1893)
2. Er ist auferstanden. 172 S. 1894
16 (MV) R. G. u. P. Hartl-Mitius: Der goldene Boden. Volksstück. 104 S. 16° Mchn: Rubinverl. 1894
17 Heinrich Heine und das deutsche Volkslied. Kritische Untersuchung nach dem Stoffgebiete der Heine'schen Lyrik. 96 S. Mchn: Schupp (= Kultur- und Literatur-Bilder 2) 1894
(H. 2 v. Nr. 10)

18 Die Kramerin von Weissenbach. Bauernposse mit Gesang und Tanz. 47 S. 16° Mchn: Rubinverl. (1894)
19 (Hg.) Schliersee'r Schnadahüpfeln. 3 Bde. je 32 S. 32° Mchn: Rubinverl. 1894
20 (Hg.) Schnadahüpfeln aus Tirol. 155 S. 12° Lpz: Haessel 1894
21 Meraner Spaziergänge. 54 S. 12° Lpz: Pierer 1894
22 Die Steingruberischen. Der Kooperator. Zwei Tiroler Bauerngeschichten. 115 S. 16° Lpz: Reclam (= Universal-Bibliothek 3187) 1894
23 Der Sündenfall. Volksstück. 81 S. 12° Mchn: Schupp 1894
24 Das Abiturienten-Examen. Gymnasial-Humoreske. 70 S. 12° Mchn: Schupp (1895)
25 Der erste Ball. Schwank. Frei nach dem Englischen. 20 S. 16° Mchn: Rubinverl. (1895)
26 (Hg.) Humoristische Bibliothek. 3 Bde. 272, 192, 219 S. Lpz: Haessel 1895–1897
27 Christus und die Armen. Eine geharnischte Streitschrift. 25 S. Mchn: Schupp (= Deutsche Volksschriften 5) 1895
28 Moderne Erbsünden. Ein Zeitspiegel. 40 S. Mchn: Schupp (= Deutsche Volksschriften 6) 1895
29 (Hg.) Literarische Festgaben. Ein Weihnachtskatalog. 113 S. 12° Lpz: Haessel 1895
30 (Hg.) St. v. Gilm: Gedichte. Gesamtausg. 423 S. m. Bildn. u. Faks. 16° Lpz: Reclam (= Universal-Bibliothek 3391–3394) 1895
31 Das Gymnasium oder Die systematische Verdummung der Jugend. 46 S. Neuwied, Lpz, Mchn: Schupp (= Kleine Studien 14) (1895)
32 Der Herrenschreiber von Hall. Ein Tiroler Geschichte aus dem sechzehnten Jahrhundert. 110 S. 12° Mchn: Galler 1895
33 Ein Hotelgast. Schwank. Frei nach dem Englischen. 20 S. 16° Mchn: Rubinverl. (1895)
34 's Militari! Bauernposse. 18 S. 16° Mchn: Rubinverl. (1895)
35 Die schöne Susi. Humoreske aus den Tiroler Bergen. 79 S. 16° Lpz, Mchn: Schupp (1895)
36 (Hg.) Deutsche Volksschriften. Nr. 4–6. 3 Bde. 16, 25, 40 S. Mchn: Schupp 1895
   (Forts. v. Nr. 10; enth. u. a. Nr. 27 u. 28)
37 (Hg.) Deutscher Frauenkalender für 1896. 146 S., 1 Bildn. 16° Mchn: Schupp (1896)
38 Himmelsphotographie. Humoresken. 135 S. Bln: Schuster & Loeffler 1896
39 Alleweil kreuzfidel! Humoresken aus den Tiroler Bergen. 116 S. Bln: Schuster & Loeffler 1896
40 Das Krippenspiel von der glorreichen Geburt unseres Heilands. Volksspiel. 86 S. m. Titelb. 16° Mchn: Rubinverl. (1896)
41 Zu Olim's Zeiten. Sieben Märchen. 135 S. 16° Ansbach: Brügel 1896
42 Die Rose von Altspaur. Eine Tiroler Geschichte aus dem fünfzehnten Jahrhundert. 221 S. Lpz, Bln: Meyer 1896
43 Bauernbibel. 201 S. Bln: Schuster & Loeffler 1897
44 Das Ei des Columbus. Eine lustige Kleinstadtgeschichte. 201 S. Lpz: Haessel 1897
45 Die Herrgottskinder. Komödie. 107 S. 16° Mchn: Rubinverl. (1897)
46 's Paradachl. Scherzspiel. 17 S. 4° Mchn: Rubinverl. (1897)
47 s' Wetterhäusl. Parodistisches Scherzspiel. 18 S. 4° Mchn: Rubinverl. (1897)
48 Über Berg und Thal. Ernste und heitere Geschichten aus Tirol. 332 S. m. Bildn. Stg: Dt. Verl.-Anst. 1898
49 Assuridilili. Humoresken. 128 S. 12° Bln: Hillger (= Kürschner's Bücherschatz 198) 1900
50 Der Gsöllherr. Eine Geschichte aus den Tiroler Bergen. 103 S. Halle: Hendel (= Bibliothek der Gesamtlitteratur des In- und Auslandes 1487–1488) 1901
51 Das fünfte Rad am Wagen. Eine lustige Geschichte aus Tirol. 51 S. 12° Wiesbaden: Staadt (= Wiesbadener Volksbücher 7) 1901
52 Von Innsbruck nach Kufstein. Wanderung durch das Unterinnthal. 152 S. m. Abb. 4° Stg: Dt. Verl.-Anst. 1902
53 Der Märtyrer. Bühnenspiel aus der Zeit der ersten Christen. 93 S. Bln: Schuster & Loeffler 1902

54 Das goldene Kegelspiel. Neue Tiroler Geschichten. 188 S. Lpz: Staackmann 1905
55 Marterln und Votivtaferln des Tuifelemalers Kassian Kluibenschädel. 98 S. Lpz: Staackmann 1905
56 (MV) C. Lechler, J. Trojan, R. G.: Das Puppenhaus. Sechzehn Farbendruck-Bilder mit Texten. 24 S. m. Abb. Eßlingen: Schreiber 1905
57 Bergbauern. Lustige Tiroler Geschichten. 195 S. Lpz: Staackmann 1906
58 Im Herrgottswinkel. Lustige Tiroler Geschichten. 183 S. Lpz: Staackmann 1906
59 Tiroler Bauernbibel. 201 S. Lpz: Staackmann 1907
60 Das Stadtjubiläum. Schwank. 78 S. 16⁰ Lpz: Reclam (= Universal-Bibliothek 4914) 1907
61 (Hg., Einl.) J. P. Fallmerayer: Der heilige Berg Athos. Schilderung. 107 S. 16⁰ Lpz: Reclam (= Universal-Bibliothek 5048) 1908
62 Das stille Nest. Tiroler Roman. 382 S. Lpz: Staackmann 1908
63 Lustige Tiroler Geschichten. 98 S. m. Bildn. 16⁰ Lpz: Reclam (= Universal-Bibliothek 5100) 1909
64 Das Haus Michael Senn. Ein Tiroler Roman. 436 S. Lpz: Staackmann 1909
65 Aus'm heiligen Landl. Lustige Tiroler Geschichten. 331 S. Lpz: Staackmann 1909
66 Die Thurnbacherin. Ein Tiroler Stück. 112 S. Lpz: Staackmann 1910
67 Allerseelen. Ein Tiroler Roman. 376 S. Lpz: Staackmann 1911
68 Deutscher Literaturspiegel. 2 Bde. 128 S. m. Bildn.; 130 S. Lpz: Staackmann 1911–1912
69 Auf der Sonnseit'n. Lustige Tiroler Geschichten. 333 S. Lpz: Staackmann 1911
70 Hin ist hin. Lustige Tiroler Marterln. 119 S. Lpz: Staackmann 1912
71 Gertraud Sonnweber. Roman. 338 S. Lpz: Staackmann 1912
72 Die Vergangenheit. Schauspiel. 119 S. Lpz: Staackmann 1912
73 Unterm roten Adler. Lustige Tiroler Geschichten. Lpz: Staackmann 1913
74 Tiroler Bergluft. Lustige Geschichten. Einl. J. K. Ratislav. 79 S. Lpz: Hesse & Becker (= Hesse's Volksbücherei 761) 1913
75 (Hg.) Taschenbuch für Bücherfreunde. 8 Bde. Lpz: Staackmann (1913–1926)
76 Die Schellenkappe. Lustige Historien. 140 S. Lpz: Staackmann 1914
77 Äbtissin Verena. Roman. 374 S. Lpz: Staackmann 1915
78 (Hg.) Unter dem Doppelaar. Kriegsnovellen aus Österreich. 127 S. Heilbronn: Salzer 1915
79 Die eiserne Faust. Marterln auf unsere Feinde. 97 S. Lpz: Staackmann 1915
80 Die kleine Welt. Tiroler Dorfgeschichten. 325 S. Lpz: Staackmann (1915)
81 Rund um den Kirchturm. Lustige Tiroler Geschichten. 336 S. Lpz: Staackmann 1916
82 Die Stadt am Inn. Roman. 417 S. Lpz: Staackmann (1917)
83 Krähwinkel. Lustige Kleinstadtgeschichten. 315 S. Lpz: Staackmann (1918)
84 Feierabend. Lustige Geschichten. 108 S. Hagen: Rippel 1919
85 Der Garten Gottes. Roman. 339 S. Lpz: Staackmann 1919
86 Der Jungfernbund. Lustspiel in drei Akten. 128 S. Lpz: Staackmann 1919
87 Der Meisterschütz und andere lustige Tiroler Geschichten. 62 S. Bln: Hillger (= Kürschner's Bücherschatz 1292) (1920)
88 Die Pforten der Ewigkeit. Legenden. 316 S. Lpz: Staackmann 1920
89 Schelmenstücklein. Drei lustige Geschichten aus den Tiroler Bergen. 86 S. m. Abb. Mchn: Phoebus-Verl. (= Phoebus-Bücher 39) (1920)
90 Königin Heimat. Roman. 355 S. Lpz: Staackmann (1921)
91 Der Hirt vom Zenoberg. Roman. 329 S. Lpz: Staackmann (1922)
92 Der heilige Bürokrazius. Eine heitere Legende. 199 S. Lpz: Staackmann 1922
93 Fridolin Kristallers Ehekarren. Roman. 315 S. Lpz: Staackmann (1923)
94 Gordian der Tyrann. Eine lustige Kleinstadtgeschichte. 335 S. Lpz: Staackmann (1924)
95 Der Bratelgeiger. Lustige Tiroler Geschichten. 94 S. Stg: Fleischhauer & Spohn (= Kristall-Bücher) 1925
96 Mysterium der Sebaldusnacht. Roman. 326 S. Lpz: Staackmann 1925
97 Vorfrühling der Liebe. Roman. 320 S. Lpz: Staackmann (1925)
98 Legenden und Geschichten. 78 S. Halle: Schroedel (= Schroedels Jugendbücher 192) (1926)

99 Tiroler Leut. Lustige Geschichten. 215 S. Lpz: Staackmann 1926
100 Die große Sehnsucht. Roman. 349 S. Lpz: Staackmann (1926)
101 (Hg.) Staackmanns Almanach. Jg. 9–15. Lpz: Staackmann (1927–1935) (Forts. v. Nr. 75)
102 Das Paradies der Philister. Roman. 373 S. Lpz: Staackmann (1927)
103 Zauber des Südens. Roman. 328 S. Lpz: Staackmann (1928)
104 Golgatha der Ehe. Roman. 369 S. Lpz: Staackmann (1929)
105 Versunkene Zeit. Romantische Liebesgeschichten aus Tirol. 319 S. Lpz: Staackmann 1929
106 Dämon Weib. Roman. 337 S. Lpz: Staackmann 1931
107 Der Turm des Schweigens. Roman. 327 S. Lpz: Staackmann (1931)
108 Das fröhliche Dorf. Lustige Tiroler Geschichten. 232 S. Lpz: Staackmann 1932
109 Das heimliche Leben. Roman. 311 S. Lpz: Staackmann (1932)
110 Regina Rautenwald. Roman. 308 S. Lpz: Staackmann (1933)
111 Junges Blut. Roman. 307 S. Lpz: Staackmann 1935
112 Die ewige Macht. Roman. 296 S. Lpz: Staackmann 1936
113 Die lieben Nächsten. Roman. 313 S. Lpz: Staackmann 1938
114 Der steile Weg. Roman. 329 S. Lpz: Staackmann (1940)
115 Tiroler Geschichtenbuch. 312 S. m. Abb. Lpz: Staackmann 1942
116 Der Heiligenmaler. Eine lustige Tiroler Geschichte. 18 S. Lpz: Reclam (= Reclam's Reihenbändchen 4) 1943
117 Rudolf Greinz-Gedächtnisausgabe. Zum achtzigsten Geburtstag des Dichters. Einl. S. Ott. 3 Bde. 311, 300, 318 S. Innsbruck: Wagner 1946–1947

GRENGG, Marie (1889–1963)

1 Wie Christkindlein den Kindern half. Weihnachtsmärchen. 26 S. m. Abb. Mainz: Scholz (= Scholz' Künstler-Bilderbücher) (1929)
2 Die Flucht zum grünen Herrgott. Roman. 354 S. Wien: Luser 1930
3 Peterl. Roman aus dem österreichischen Donauland. 446 S. m. Abb. Wien: Luser 1932
4 Edith ganz im Grünen. Roman für die Jugend. 157 S. Stg: Herold-V. (= Heroldbücher) (1934)
5 Die Liebesinsel. Roman. 305 S. Wien: Luser 1934
6 Das Feuermandl. Roman. 381 S. Wien: Luser 1935
7 Der murrende Berg. Erzählung. 151 S. m. Abb. Lpz: Bong 1936
8 Starke Herzen. Novellen. 5 Bde. 394 S. m. Abb. Wien: (Wiener Verl.-Ges.) 1937
9 Niederösterreich, das Land unter der Enns. 70 S., 7 Taf. Graz (: Moser's V.) (= Das österreichische Wanderbuch; Deutsche Bergbücherei 15) 1937
10 Der Nusskern. Erzählung. 103 S. m. Abb. Lpz: Hesse & Becker (1937)
11 Die Kindlmutter. Roman. 452 S. Bln: Bong 1938
12 Nur Mut, Brigitte! Eine Erzählung für junge Mädchen. 157 S. m. Titelb., 30 Abb. Stg: Herold-V. (= Die Heroldbücher) 1938
13 Die Tulipan. Novelle. 69 S. m. Abb. Wien: (Wiener Verl.-Ges.) (= Reihe Süd-Ost. Folge 2, 2) 1938
14 Zeit der Besinnung. Ein deutsches Andachtsbuch. 62 S. m. Abb. Wien: (Wiener Verl.-Ges.) 1939
15 (Hg.) Wie schön blüht uns der Maien. Frühlings- und Liebeslieder der deutschen Dichtung. 76 S., 1 Titelb. Wien: Frick (= Wiener Bücherei 5) 1940
16 Die Siegerin. Novelle. 66 S. m. Abb. Wien: Wiener V. (= Reihe Südost. Folge 2; Stimmen der Lebenden 222) 1941
(Ausz. a. Nr. 8)
17 Die Venus. Novelle. 87 S. m. Abb. Wien: Wiener V. (= Kleinbuchreihe Südost 58) 1943
(Ausz. a. Nr. 8)
18 Lebensbaum. Roman. 565 S. Wien: Wiener V. 1944
19 Die Venus. – Der Flüchtling. 152 S. m. Abb. Wien: Donauverl. (1947)
(Ausz. a. Nr. 8)

20 Das Kathrinl. 160 S. m. Abb. Wien: Breitschopf 1950
21 Das Hanswurstenhaus. Roman. 347 S. Wien: Mont Blanc-V. 1951
22 Der Wunschgarten. 159 S. m. Abb. Wien: Breitschopf 1951
23 Die grosse Begabung. Ein Roman für junge Mädchen. 210 S., 4 Abb. Wien, Heidelberg: Ueberreuter 1954
24 Ein Herz brennt in der Dunkelheit. Mit e. biograph. Nachw. v. E. Brier. 93 S. m. Abb. Wien, Stg: Wancura 1955
25 Begegnung im Grünen. Ein Roman für junge Mädchen. 164 S., 7 Abb. Wien, Heidelberg: Ueberreuter 1957

GRIES, Johann Diederich (1775–1842)

1 Diss. inaug. de litterarum cambialium acceptatione. 4° Jena: Frommann 1800
2 (Übs.) T. Tasso: Befreytes Jerusalem. 4 Bde. 704 S. 4° Jena: Frommann 1800–1803
3 (Übs.) L. Ariosto: Rasender Roland. 4 Bde. 1652 S. Jena: Frommann 1804–1808
4 (Übs.) P. Calderon de la Barca: Schauspiele. 8 Bde. Bln: Nicolai 1815–1842
5 Gedichte und poetische Übersetzungen. 2 Bde. 1 Bl., VI, 218 S.; IX, 271 S. Stg: Löflund 1829
6 (Übs.) N. Fortiguerra: Richardett. Ein Rittergedicht. 3 Bde. Stg: Löflund 1831–1833
7 (Übs.) M. M. Bojardo: Verliebter Roland. Zum ersten Male verdeutscht und mit Anmerkungen versehen. 4 Bde. Stg: Löflund (1) bzw. Stg: Beck & Fränkel (2-4) 1835–1839

GRIESE, Friedrich (*1890)

1 Feuer. Roman. 164 S. Wismar: Hinstorff 1921
2 Ur. Eine deutsche Passion. 204 S. Mchn: Delphin-V. 1922
3 Das Korn rauscht. Erzählungen aus Mecklenburg. 144 S. Trier: Lintz 1923
4 Alte Glocken. Erzählung. 280 S. Trier: Lintz 1925
5 Die letzte Garbe. 163 S. Lübeck: Quitzow 1927
6 Wittvogel. Eine Erzählung. Nachw. H. Knudsen. 79 S. Lpz: Reclam (= Reclam's UB. 6751) 1927
7 Winter. Roman. 404 S. Bremen: Schünemann 1927
8 Die Flucht. Erzählung. 115 S. Bln: Cassirer 1928
9 Sohn seiner Mutter. Die Geschichte eines Kindes. 208 S. Bremen: Schünemann 1929
10 Tal der Armen. 148 S. Lübeck, Bremen: Schünemann 1929
11 Der ewige Acker. Roman. 426 S. Bremen: Schünemann 1930
12 Der Herzog. Biographischer Roman. 284 S. Hbg, Mchn: Langen-Müller 1931
13 Das Dorf der Mädchen. Eine Chronik. 246 S. Mchn: Langen-Müller (1932)
14 Mensch, aus Erde gemacht. Drama. 59 S. Bln: Theaterverl. Langen-Müller 1932
15 Der Saatgang. Erzählungen. 56 S. Mchn: Langen-Müller (= Die kleine Bücherei 11) 1932
16 Der Ruf der Erde. Erzählungen. Bes. H. Langenbucher. 63 S. Mchn: Langen-Müller (= Die deutsche Folge 9) 1933
17 Das letzte Gesicht. Roman. 318 S. Mchn: Langen-Müller 1934 (Forts. v. Nr. 11)
18 Mein Leben. Von der Kraft der Landschaft. 66 S. Bln: Junker & Dünnhaupt (= Die Lebenden) 1934
19 Rede, gehalten bei der Stehr-Feier der Deutschen Akademie der Dichtung. 29 S. o. O. 1934
20 Der Ruf des Schicksals. Erzählungen aus dem alten Mecklenburg. 84 S. Hbg: Meißner (1934)
21 Die Wagenburg. Eine Erzählung. 189 S. Mchn: Langen-Müller 1935

22 Das ebene Land. Mecklenburg. 124 S. m. Abb. Mchn: Bruckmann 1936
23 (Hg.) Monats-Hefte Mecklenburg-Lübeck. Jg. 12. 12 H. m. Abb. u. Taf. Schwerin: Niederdeutscher Beobachter 1936
24 Die Prinzessin von Grabow. Ein Bericht aus dem achtzehnten Jahrhundert. 106 S. Bremen: Schünemann 1936
25 (Einl.) F. Reuter: Werke. Nach der in Gemeinschaft mit C. Borchling u. E. Brandes bes. Ausg. neu bearb. u. erg. W. Seelmann u. H. Brömse. 11 Bde. m. Abb. Lpz: Bibliogr. Inst. 1936–1937
26 Bäume im Wind. Roman. 403 S. Mchn: Langen-Müller 1937
27 Das Kind des Torfmachers. Eine Erzählung. 101 S. Mchn: Langen-Müller 1937
28 Wind im Luch. Lustspiel. 94 S. Bln: Theaterverl. Langen-Müller 1937
29 Im Beektal singt es. 80 S. Eisenach: Röth (= Die Urquell-Bücher) 1938
30 Fritz Reuter. 89 S., 1 Titelb. Stg: Cotta (= Die Dichter der Deutschen) 1938
31 (Hg.) Lebendige Heimat. 219 S. Wismar: Hinstorff (1939)
32 Der heimliche König. Dramatische Dichtung. 118 S. Bln: Theaterverl. Langen-Müller (= Bücherei der dramatischen Dichtung 9) 1939
33 Die Weißköpfe. Roman. 368 S. Mchn: Langen-Müller (1939)
34 Unsere Arbeit ist Glaube. 70 S. Bln: Eher (= Schriftenreihe der NSDAP. Gr. 3, 2) 1940
35 Die Dörfer der Jugend. 256 S. Kempen/Niederrh.: Thomas-Verl. (= Erzähler der Gegenwart) 1947
36 Eine mondhelle Nacht. Erzählungen. 147 S. Kempen/Niederrh.: Thomas-Verl. (= Erzähler der Gegenwart) 1947
37 (MV) G. Kerff: Rügen. Bilder. Text F. G. 47 S. m. Abb. Königstein: Langewiesche (= Der Eiserne Hammer) 1949
38 Der Zug der großen Vögel. Roman. 434 S. Braunschweig: Kleine 1951
39 Erzählungen. 117 S. Hbg: Krüger & Nienstedt 1953
40 (Einl.) Pommern und Mecklenburg. Erl. H. Domke. 16 S., 56 S. Abb. Ffm: Umschau-Verl. (= Die deutschen Lande 15) (1957)
41 Der Wind weht nicht, wohin er will. Roman. 336 S. Düsseldorf: Diederichs 1960

GRILLPARZER, Franz (1791–1872)

1 Die Ahnfrau. Ein Trauerspiel in fünf Aufzügen. 3 Bl., 131 S. Wien: Wallishausser 1817
2 Sappho. Trauerspiel in fünf Aufzügen. 2 Bl., 127 S. 12⁰ Wien: Wallishausser 1819
3 Das goldene Vließ. Dramatisches Gedicht in drei Abtheilungen. Der Gastfreund. Trauerspiel in einem Aufzuge. – Die Argonauten. Trauerspiel in vier Aufzügen. – Medea. Trauerspiel in fünf Aufzügen. 1 Bl., 302 S. Wien: Wallishausser 1822
4 König Ottokar's Glück und Ende. Trauerspiel in fünf Aufzügen. 190 S. Wien: Wallishausser 1825
5 Worte über Beethoven's Grab zu singen. 1 Bl. Wien: Haslinger 1827
6 Mirjams Siegesgesang. Gedicht. Musik F. Schubert. 1 Bl. o. O. (1828)
7 Ein treuer Diener seines Herrn. Trauerspiel in fünf Aufzügen. 147 S. Wien: Wallishausser 1830
8 Weihgesang zur Eröffnung des neuerbauten Saales der Gesellschaft der Musikfreunde des österreichischen Kaiserstaates, am vierten November 1831. Musik F. Lachner. 8 S. Wien: Wallishausser 1831
9 Zur Feier der silbernen Hochzeit des Hoch und wohlgeborenen Freiherrn Vinzenz Augustin ... 4 ungez. Bl. 4⁰ Wiener Neustadt: Fritsch 1832
10 Melusina. Romantische Oper in drei Aufzügen. Musik C. Kreutzer. 70 S. Wien: Wallishausser 1833
11 Clara Wieck und Beethoven. Gedicht. 1 Bl. o. O. (1838)
12 Der Traum ein Leben. Dramatisches Mährchen in vier Aufzügen. 158 S. Wien: Wallishausser 1840
13 Weh' dem, der lügt! Lustspiel in fünf Aufzügen. 144 S. Wien: Wallishausser 1840

14 Des Meeres und der Liebe Wellen. Trauerspiel in fünf Aufzügen. 144 S. Wien: Wallishausser 1840
15 Worte des Abschieds. Dem hochwürdigen Herrn Laurenz Hubert ... dargebracht von seinen dankbaren Schülern. 3 Bl. 4° Wien: Ueberreuter 1843
16 Zur Feier der silbernen Hochzeit. 6. Mai 1853. Musik J. Hellmesberger. 1 Bl. Wien 1853
17 Ein Bruderzwist in Habsburg. Trauerspiel in fünf Aufzügen. 213 S. Stg: Cotta 1872
18 Gedichte. XII, 399 S. 16° Stg: Cotta 1872
19 Libussa. Trauerspiel in fünf Aufzügen. 156 S. Stg: Cotta 1872
20 Sämmtliche Werke. 10 Bde. Stg: Cotta 1872
21 Die Jüdin von Toledo. Historisches Trauerspiel in fünf Aufzügen. 119 S. Stg: Cotta 1873
22 (MV) F. G. u. K. Heigel: Esther. Drama in fünf Aufzügen. 136 S. Mchn: Wolf 1877
23 Sämtliche Werke. Hg., Einl. A Sauer. 20 Bde. Stg: Cotta (1892)
24 Briefe und Tagebücher. Eine Ergänzung zu seinen Werken. Gesammelt und mit Anmerkungen hg. C. Glossy u. A. Sauer. 2 Bde. XIV, 297; 316 S. Stg., Bln: Cotta (1903)
25 Werke. Im Auftrag der Reichshaupt- und Residenzstadt Wien hg. A. Sauer. (Später u. d. T.: Sämtliche Werke. Historisch-kritische Gesamtausg. Hg. A. Sauer, fortgef. R. Backmann). 42 Bde. Wien: Gerlach & Wiedling (bzw. ab 1925: Wien: Schroll) 1909–1948
26 Geheimschriften. Hg. A. Sauer. Mit Handschriften G.'s in getreuer Wiedergabe auf Lichtdrucktafeln. XXII, 88 S., 8 Taf. 4° Wien: Gerlach & Wiedling 1922

GRIMM, Hans (1875–1959)

1 Die Grobbelaars. Trauerspiel. 195 S. Bln: Vita 1907
2 Straßburg – Nancy – Toul – Châlons – Épernay – Paris. Metz – Châlons – Paris. 61 S., 18 Abb., 4 Kt., 1 Streckenprofil. Ffm: Expedition v. Hendschels Telegraph (= Hendschels Luginsland 25) 1911
3 Afrikafahrt West. Von Hamburg, Antwerpen, Boulogne und Southampton nach Madeira-Kanarien, nach Swakopmund, Lüderitzbucht und Kapstadt. Ein Reisebuch und ein Einführungsbuch. 225 S., 56 Abb., 6 Kt. Ffm: Expedition v. Hendschels Telegraph (= Hendschels Luginsland 34) 1913
4 Südafrikanische Novellen. 330 S. Ffm: Rütten & Loening 1913
5 Der Gang durch den Sand und andere Geschichten aus südafrikanischer Not. 338 S. Mchn: Langen 1916
6 Mordenaars Graf. 22 S. Mchn: Callwey (= Der Schatzgräber 97) 1916 (Ausz. a. Nr. 4)
7 Der Ölsucher von Duala. Ein Tagebuch, bearbeitet. 342 S., Bln: Ullstein 1918
8 Die Olewagen-Saga. 180 S. Mchn: Langen 1918
9 Des Elephanten Wiederkehr. 77 S. Stettin Manuskriptdr. d. Stettiner Volkshochschule 1926
10 Der Richter in der Karu. Novelle. Krähenfang. Satire. 99 S. Göttingen: Bibliophilendr. d. Vereinigg. Göttinger Bücherfreunde 1926
11 Volk ohne Raum. Roman. 2 Bde. 683, 673 S. Mchn: Langen 1926
12 Die dreizehn Briefe aus Deutsch-Südwest-Afrika. 104 S. Mchn: Langen (1928)
13 Aus John Nukwas Lehrjahren. 64 S. Hbg: Dt. Dichter-Gedächtnis-Stiftung (= Der junge Tag 8) 1929
 (Ausz. a. Nr. 4)
14 Das deutsche Südwester-Buch. 429 S. Mchn: Langen (1929)
15 Der Richter in der Karu und andere Geschichten. 267 S. Mchn: Langen 1930 (Enth. u. a. Nr. 9 u. Ausz. a. Nr. 10)
16 Utz Himmelreichs Schlüssel. Tod durch Feuer. Zwei Geschichten. 112 S. Heilbronn: Salzer (= Salzers Taschenbücherei 70) 1930

17 Die Geschichte vom alten Blute und von der ungeheuren Verlassenheit. Erzählung. 102 S. Bln: Dt. Buchgemeinsch. (= Die Schatulle 1034) (1931)
18 Der Schriftsteller und die Zeit. Bekenntnis. 187 S., 1 Titelb. Mchn: Langen-Müller 1931
19 Von der bürgerlichen Ehre und bürgerlichen Notwendigkeit. 46 S. Mchn: Langen-Müller 1932
20 (Einl.) Deutsche Jugend und Deutsche Kolonien. Hg. Frauenbund d. Dt. Kolonialges., Bln. 80 S. m. Abb., 1 Kt. Aachen: Aachener Verl.- u. Dr.-Ges. 1932
21 Der Zug des Hauptmanns von Erckert. 67 S. Mchn: Langen-Müller (= Kleine Bücherei 2) 1932
   (Ausz. a. Nr. 11)
22 (MV) Buch und Beruf im neuen Staat. 1: Elf Reden für den deutschen Buchhandel. Buchhändlergautreffen in Bremen. Mit einem Brief v. H. G. Hg. K. H. Bischoff. 62 S. Bremen: Angelsachsen-V. 1933
23 (Hg.) Meine geliebten Claudius-Gedichte. Auswahl aus den Versbüchern v. H. Claudius. 106 S. Mchn: Langen-Müller 1933
24 (Nachw.) Deutschlands Dank an seine gefallenen Reserveoffiziere. 100 S. Bethel b. Bielefeld: Wallmann (1933)
25 Was wir suchen, ist alles. Drei Novellen. 76 S. Bln: Eckart-V. (= Der Eckart-Kreis 3) 1933
26 Lüderitzland. Sieben Begebenheiten. 209 S. Mchn: Langen-Müller 1934
   (Enth. u. a. Nr. 17)
27 Südafrikanische Gestalten. Zwei Erzählungen. 31 S. m. Abb. Ffm: Diesterweg (= Kranz-Bücherei 180) (1935)
28 Amerikanische Rede. 20 S. Mchn: Langen-Müller 1936
29 Glaube und Erfahrung. Sätze aus den Werken v. G. 56 S. Mchn: Langen-Müller (= Die kleine Bücherei 80) 1937
30 Von der deutschen Not. Aus dem Roman „Volk ohne Raum". 56 S. Mchn: Langen-Müller (= Die deutsche Folge 32) 1937
   (Ausz. a. Nr. 11)
31 Englische Rede. Wie ich den Engländer sehe. Deutscher und englischer Wortlaut. 55 S. Gütersloh: Bertelsmann (1938)
32 Die drei lachenden Geschichten. 55 S. Mchn: Langen-Müller (= Die kleine Bücherei 101) (1939)
   (z. T. Ausz. a. Nr. 5)
33 Wie Grete aufhörte, ein Kind zu sein. Erzählung aus Südafrika. Nachw. F. Endres. 75 S. Lpz: Reclam (= Reclam's UB. 7424) 1939
   (Ausz. aus Nr. 4)
34 Vom deutschen Kampf um den Raum. Aus dem Roman „Volk ohne Raum". Bes. F. Endres. 84 S. Mchn: Langen-Müller (= Die deutsche Folge 18) 1940
   (Ausz. a. Nr. 11)
35 Ein englischer Aufsatz, der Geschichte wurde. 8 S. Bln: Oberkommando der Wehrmacht, Allgem. Wehrmachtamt, Abt. Inland. (= Tornisterschrift des Oberkommandos der Wehrmacht, Allgem. Wehrmachtamt) (1941)
36 Südwestafrikanische Geschichten. 158 S. Stg: Dt. Verl.-Exped. (= Bibliothek der Unterhaltung und des Wissens. Jg. 65, Bd. 847) 1941
37 Der Schultheiß. 31 S. Gütersloh: Bertelsmann 1942
   (Ausz. a. Nr. 25)
38 Gustav Voigts. Ein Leben in Deutsch-Südwest. 78 S. Gütersloh: Bertelsmann 1942
   (Ausz. a. Nr. 14)
39 Die Dirne auf dem Felde. 31 S. Gütersloh: Bertelsmann 1943
   (Ausz. a. Nr. 5)
40 Der Pavian und andere Erzählungen. 183 S. m. Abb. Bln, Amsterdam, Prag, Wien: Volk und Reich-Verl. (= Die Bücher der Frontarbeiter 19) 1943
   (Ausz. a. Nr. 10 u. 26)
41 Die Erzbischofschrift. Antwort eines Deutschen. 232 S. Göttingen: Plesse-V. (1950)
42 Rückblick. 37 S., 1 Titelb. Göttingen: Plesse-V. 1950
43 Geschichten aus Südwestafrika. 194 S. Lippoldsberg: Klosterhaus-V. (1951)
   (Neuaufl. v. Nr. 26)

44 Leben in Erwartung. Meine Jugend. 198 S. Lippoldsberg: Klosterhaus-V. (1952)
45 Warum, woher, aber wohin? Vor, unter und nach der geschichtlichen Erscheinung Hitler. 608 S. Lippoldsberg: Klosterhaus-V. 1954
46 Erkenntnisse und Bekenntnisse. 206 S. Göttingen: Göttinger Verl.-Anst. 1955
47 (Hg.) Gedichte vielerlei Herkunft als irdische Losungen für werktätige Menschen. 192 S. Lippoldsberg: Klosterhaus-V. (1955)
48 (Hg., Einl.) U. Peter: Zweiundvierzig Deutsche Gedichte. 62 S., 1 Titelb. Lippoldsberg: Klosterhaus-V. (1960)
49 Suchen und Hoffen. Aus meinem Leben. 1928–1934. 338 S. m. Abb. Lippoldsberg: Klosterhaus-V. 1960

GRIMM, Jacob (1785–1863)

1 Über den altdeutschen Meistergesang. 194 S. Göttingen: Dieterich 1811
2 (MH) Die beiden ältesten deutschen Gedichte, das Lied von Hildebrand und Hadubrand und das Weißenbrunner Gebet. Zum ersten Male hg. J. u. Wilhelm G. 3 Bl., 88 S., 1 Bl. 4° Kassel: Thurneissen 1812
3 (MV) J. u. Wilhelm G.: Kinder- und Haus-Märchen. 2 Bde. XXVIII, 388, LX; XVI, 298, LXX S. Bln: Realschulbuchh. 1812–1815
4 (MH) Altdeutsche Wälder. Hg. v. J. u. Wilhelm G. 3 Bde. 330, 288, 288 S. Kassel: Thurneissen (1) bzw. Ffm: Körner (2–3) 1813–1816
5 (MH) Lieder der alten Edda. Bd. 1. Hg. v. J. u. Wilhelm G. 287, 69 S. Bln: Realschulbuchh. 1815
6 (MH) Hartmann von Aue: Der arme Heinrich. Aus der Straßburgischen und Vatikanischen Handschrift ... erklärt v. J. u. Wilhelm G. 8 Bl., 224 S. Bln: Realschulbuchh. 1815
7 Irmenstraße und Irmensäule. 65 S., 1 Bl. Wien: Mayer 1815
8 (Hg.) Silva de romances viejos. XXVIII, 318 S., 1 Bl. 16° Wien: Mayer 1815
9 (MV) J. u. Wilhelm G.: Deutsche Sagen. 2 Bde. XXXVI, 464; XX, 380 S. Bln: Nicolai 1816–1818
10 Deutsche Grammatik. 4 Tle. 3433 S. Göttingen: Dieterich 1819–1837
11 (MV) J. u. Wilhelm G.: Kinder- und Haus-Märchen. 3 Bde. Bln: Reimer 1819–1822
(Verm. Neuaufl. v. Nr. 3)
12 (Übs., Vorw.) W. Stephanovitsch: Kleine serbische Grammatik. 104 S. Lpz, Bln: Reimer 1824
13 (MÜbs.) (C. Croker:) Irische Elfenmärchen. Übs. J. u. Wilhelm G. CXXVI, 233 S., 2 Bl. Lpz: Fleischer 1826
14 Zur Recension der Deutschen Grammatik. 64 S. Kassel: Bohné 1826
15 Deutsche Rechts-Alterthümer. XX, 490 S. Göttingen: Dieterich 1828
16 Hymnorum veteris ecclesiae XXVI interpretatio Theodisca nunc primum edita. 76 S. 4° Göttingen: Dieterich 1830
17 Reinhart Fuchs. CCXCVI, 254 S. Bln: Reimer 1834
18 Deutsche Mythologie. XXX, 710 CLXXVII S. Göttingen: Dieterich 1835
19 (Hg.) Taciti Germania Edidit et quae ad res Germanorum pertinere videntur e reliquo Tacitino opere excerpsit. J. G. IV, 127 S. Göttingen: Dieterich 1835
20 Über seine Entlassung. 42 S. Basel: Schweighauser 1838
21 (MH) Lateinische Gedichte des X. und XI. Jahrhunderts. Hg. J. G. v. A. Schmeller. LII, 387 S. Bln: Dieterich 1838
22 (Hg.) Andreas und Elene. 181 S., 1 Taf. Kassel: Fischer 1840
23 Sendschreiben an Karl Lachmann über Reinhart Fuchs. 106 S. Lpz: Weidmann 1840
24 (Hg.) Weisthümer. 7 Bde. Göttingen: Dieterich 1840–1878
25 Frau Aventiure klopft an Beneke's Thür. 1 Bl., 29 S. 4° Bln: Besser (1842)
26 Über zwei entdeckte Gedichte aus der Zeit des deutschen Heidenthums. 26 S., 1 Taf. Bln: Akademie 1842
27 (Hg.) Gedichte des Mittelalters auf König Friedrich I., den Staufer, und aus seiner, sowie der nächstfolgenden Zeit. 113 S. 4° Bln: Besser (= Abhandlungen d. Kgl. Akademie d. Wissenschaften zu Berlin) 1844

28 Geschichte der deutschen Sprache. 2 Bde. XVIII, 1035 S. Lpz: Hirzel 1848
29 Über Marcellus Burdigalensis. 32 S. 4⁰ Bln: Dümmler (= Abhandlungen d. Kgl. Akademie d. Wissenschaften zu Berlin) 1849
30 (Vorw.) J. Merkel: Lex salica. CIV, 111 S. Bln: Hertz 1850
31 Über Schule, Universität, Academie. 38 S. 4⁰ Bln: Dümmler (= Abhandlungen d. Kgl. Akademie d. Wissenschaften zu Berlin) 1850
32 Über das Verbrennen der Leichen. Eine ... Vorlesung. 86 S. 4⁰ Bln: Dümmler (= Abhandlungen d. Kgl. Akademie d. Wissenschaften zu Berlin) 1850
33 Das Wort des Besitzes. Eine linguistische Abhandlung. 47 S. Bln: Akad. d. Wiss. 1850
34 Rede auf Lachmann. 16 S. Bln: Akad. d. Wiss. 1851
35 Über den Liebesgott. 16 S. 4⁰ Bln: Dümmler (= Abhandlungen d. Kgl. Akademie d. Wissenschaften zu Berlin) 1851
36 Über den Ursprung der Sprache. (S.-A.) 38 S. 4⁰ Bln: Dümmler (= Abhandlungen d. Kgl. Akademie d. Wissenschaften zu Berlin) 1851
37 Über Frauennamen aus Blumen. 28 S. 4⁰ Bln: Dümmler (= Abhandlungen d. Kgl. Akademie d. Wissenschaften zu Berlin) 1852
38 (MV) Deutsches Wörterbuch. Hg. J. u. Wilhelm G. 32 Bde. Lpz: Hirzel 1852-1961
39 Über die Namen des Donners. 28 S. 4⁰ Bln: Dümmler (= Abhandlungen d. Kgl. Akademie d. Wissenschaften zu Berlin) 1855
40 (MV) J. G. u. A. Pictet: Über die Marcellischen Formeln. 20 S. 4⁰ Bln: Dümmler 1855
41 Über den Personenwechsel in der Rede. 64 S. 4⁰ Bln: Dümmler (= Abhandlungen d. Kgl. Akademie d. Wissenschaften zu Berlin) 1856
42 Über einige Fälle der Attraction. 31 S. 4⁰ Bln: Dümmler (= Abhandlungen d. Kgl. Akademie d. Wissenschaften zu Berlin) 1858
43 Von Vertretung männlicher durch weibliche Namensformen. 56 S. 4⁰ Bln: Dümmler (= Abhandlungen d. Kgl. Akademie d. Wissenschaften zu Berlin) 1858
44 Rede auf Schiller. 23 S. 4⁰ Bln: Dümmler (= Abhandlungen d. Kgl. Akademie d. Wissenschaften zu Berlin) 1859
45 Rede auf Wilhelm Grimm und Rede über das Alter, gehalten in der Königl. Akademie der Wissenschaften zu Berlin, Hg. Herman G. 68 S. Bln: Dümmler 1863
46 Kleinere Schriften. 8 Bde. Bln: Dümmler (1-7) bzw. Gütersloh: Bertelsmann (8) 1864-1890

GRIMM, Wilhelm (1786-1859)

1 (Übs.) Altdänische Heldenlieder, Balladen und Märchen. XL, 545, 1 S. Heidelberg: Mohr & Zimmer 1811
2 (Hg., Übs.) Drei altschottische Lieder in Original und Übersetzung aus den neuen Sammlungen. Nebst einem Sendschreiben an Herrn Professor F. D. Gräter. 56 S. Heidelberg: Mohr & Zimmer 1813
3 Über deutsche Runen. 327 S., 11 Ku. Göttingen: Dieterich 1821
4 (Hg.) Grâve Ruodolf. Ein altdeutsches Gedicht. (IV,) 30 (,22) S. 4⁰ Göttingen: Dieterich 1828
5 Zur Litteratur der Runen. 42 S. Wien 1828
6 Bruchstücke aus einem Gedichte von Assundin. 10 S. (S.-A.) Lemgo 1829
7 Die deutsche Heldensage. VI, 425 S. Göttingen: Dieterich 1829
8 De Hildebrando antiquissimi carminis teutonici fragmentum edidit G. Gr. 6 S., 2 Taf. Göttingen: Selbstverl. 1830
9 (Hg.) Vrîdankes Bescheidenheit. CXXX, 438 S. Göttingen: Dieterich 1834
10 (Hg.) Der Rosengarte. VIII, LXXXIV, 94 S. Göttingen: Dieterich 1836
11 (Hg.) (Konrad, der Pfaffe:) Ruolandes liet. Mit e. Faks. und den Bildern d. pfälzischen Handschrift. 6 Bl., CXXVIII, 346 S., 2 Taf. Göttingen: Dieterich 1838
12 (Hg.) A. v. Arnim: Werke. Bd. 1-3 u. 5-20. Bln: (1-3, 5-8) bzw. Grün-

berg, Lpz: Levysohn (9–12) bzw. Charlottenburg: Bauer (13) bzw. Bln: Expedition d. Armin'schen Verl. (14–20) 1839–1848
13 (Hg.) Wernher vom Niederrhein. VIII, 90 S. Göttingen: Dieterich 1839
14 (Hg.) Konrads von Würzburg Goldene Schmiede. LIII, 172 S. Bln: Baer 1840
15 (Hg.) Konrads von Würzburg Silvester. XX, 169 S. Göttingen: Dieterich 1841
16 Die Sage vom Ursprung der Christusbilder. 55 S., 1 Taf. Bln: Besser 1843
17 (Hg.) Athis und Prophilias. Mit Nachtrag. 2 Bde. 123 u. 16 S. 4° Bln, Göttingen: Dieterich 1846–1852
18 Exhortatio ad plebem christianam Glossae Cassellanae. Über die Bedeutung der deutschen Fingernamen. 87 S., 5 Abb. Bln, Göttingen: Dieterich (1848)
19 (Hg.) Altdeutsche Gespräche. Mit Nachtrag. 2 Tle. 24, 23 S. 4° Bln, Göttingen: Dieterich 1851–1852
20 Über Freidank. Zwei Nachträge. 85, 19 S. 4° Berlin: Akademie, Göttingen: Dieterich 1850–1855.
21 Zur Geschichte des Reims. 193 S. 4° Bln, Göttingen: Dieterich 1852
22 Nachtrag zu den Casseler Glossen. 4 S. 4° Bln: Dümmler 1855 (zu Nr. 18)
23 Thierfabeln bei den Meistersängern. 27 S. 4° Bln: Dümmler 1855
24 Die Sage von Polyphem. 30 S. 4° Bln: Dümmler 1857
25 (Hg.) Bruchstücke aus einem unbekannten Gedicht vom Rosengarten. 20 S. 4° Bln: Dümmler 1860
26 Kleinere Schriften. Hg. G. Hinrichs. 4 Bde. IX, 587; VII, 525; V, 588; VII, 700 S. Bln: Dümmler (1–3) bzw. Gütersloh: Bertelsmann (4) 1881–1887
27 (MV) Wernher von Tegernsee im Briefwechsel zwischen Jenny v. Droste-Hülshoff und W. G. Hg. K. Schulte(-Kemminghausen). VII, 168 S., 2 Abb. 1 Titelbl. Münster: Aschendorff (= Veröffentlichungen d. Annette v. Droste-Gesellschaft 1) 1929

GRIMMELSHAUSEN, Hans Jacob Christoffel von (zahlr. Ps.) (1622–1676)

1 (Übs.) Der fliegende Wandersmañ nach den Mond: Oder ... Beschreibung der Neuen Welt deß Monds, ... 129 S. 12° Wolfenbüttel: Gedruckt bey deñ Sternen 1659
2 Traum-Geschicht, von Dir und Mir. 103 S. 12° o. O. 1660
3 +Satyrischer Pilgram. Das ist: Kalt und Warm, Weiß und Schwartz, Lob und Schand ... 2 Thle. 1 Bl., 166; 152 S., 2 Bl. m. Titelku. 12° Lpz: Frommann 1666 (–1667)
4 +Exempel Der unveränderlichen Vorsehung Gottes. Unter einer anmutigen und ausführlichen Histori vom Keuschen Joseph in Egypten, Jacobs Sohn, Vorgestellt ... 236 S. 12° (Nürnberg 1667)
5 +Der Abentheurliche Simplicissimus Teutsch, Das ist: Die Beschreibung deß Lebens eines seltzamen Vaganten, genannt Melchior Sternfels von Fuchshaim, ... 618 S. 12° Mompelgart: Fillion 1669
6 +Continuatio des abentheuerlichen Simplicissimi Oder der Schluß desselben. 82 Bl. 12° Mompelgart: Fillion 1669 (Forts. v. Nr. 5)
7 +Neueingerichteter und vielverbesserter Abentheurlicher Simplicissimus Das ist: Beschreibung deß Lebens eines seltzamen Vaganten, genant Melchior Sternfels von Fuchshaim ... 772 S. 12° Mompelgart: Fillion 1669 (Verb. Neuausg. v. Nr. 5 u. 6)
8 +Der erste Bärnhäuter ... Samt Simplicissimi Gauckeltasche. o. O. 1670
9 +Des Abentheurlichen Simplicissimi Ewig währender Calender ... 234 Bl., 1 Tab. 4° Nürnberg: Felßecker 1670
10 Dietwalts und Amelinden anmuthige Liebs- und Leidsbeschreibung, ... 226 S. 12° Nürnberg: Felßecker 1670
11 +Des Vortrefflich Keuschen Josephs in Egypten Erbauliche, recht ausführliche und viel- vermehrte Lebensbeschreibung ... samt des unvergleich-

lichen Josephs getreuen Schaffners Musai Lebens-Lauff . . . 245, 89 S., 3 Bl. 12⁰ Nürnberg: Felßecker 1670
(Verm. Neuaufl. v. Nr. 4)
12 +Deß Weltberuffenen Simplicissimi Pralerey und Gepräng mit seinem Teutschen Michel . . . 1 Bl., 119 S. o. O. (1670)
13 Simplicianischer Zweyköpffiger Ratio Status, lustig entworffen Unter der Histori des waidlichen Koenigs Saul . . . 82 S. Nürnberg: Felßecker 1670
14 +Der seltzame Springinsfeld, . . . (249 S.) 12⁰ Gedruckt in Paphlagonia bey Felix Stratiot 1670
15 +Trutz Simplex: Oder Ausführliche und wunderseltzame Lebensbeschreibung Der Ertzbetrügerin und Landstörtzerin Courasche , . . . 264 S. 12⁰ Utopia, bey Felix Stratiot (Nürnberg: Felßecker 1670)
16 +Des Abentheurlichen Simplicissimi Satyrischer Pilgram, Das ist: Kalt und Warm, Weiß und Schwarz, . . . 2 Tle. in 1 Bd. 11 Bl., 166 S., 152 S. 12⁰ Lpz: Frommann 1671
(Veränd. Neuaufl. v. Nr. 3)
17 Der stoltze Melcher, Sambt einer Besprecknuß Von das Frantzoß Krieg Mit der Holland. 4 Bl. 4⁰ (Nürnberg 1672)
18 +Des Durchleuchtigsten Printzen Proximi, und Seiner ohnvergleichlichen Lympidae Liebs- Geschicht-Erzehlung. . . 13 Bl., 280 S. 12⁰ o. O. 1672
19 +Rathstübel Plutonis oder Kunst reich zu werden . . . 1 Bl., 164 S. 12⁰ Samarien 1672
20 +Das wunderbarliche Vogel-Nest. Der Springinsfeldischen Leyrerin, . . . 2 Thle. 201 S. 12⁰; 8 Bl., 340 S. Mompelgart: Fillion (1) bzw. o. O. (2) 1672–(1673)
21 +Simplicissimi Galgen-Männlin, Oder Ausführlicher Bericht, woher man die so genannte Allräungen oder Geldmännlin bekom̅t, . . . 72 S. 12⁰ o. O. (1673)
22 +Des Abenteuerlichen Simplicii Verkehrte Welt . . . 111 Bl. 12⁰ o. O. 1673
23 +Astrologisches Bedencken oder Grosse Practica über des jungen Simplicii Allmanach, darinnen Nebenst der ausführlichen Beschreibung der vier Jahreszeiten . . . auch . . . Historische Zusätze befindlich Auf das Jahr Christi 1676 gerichtet und zum Druck befördert von Simplicio. 12 Bl. Nürnberg: Hoffmann (1676)
24 +Neuer und Alter Des jungen Simplicissimi eigner Kurtzweiliger Geschichten Calender, . . . von ihm selbst gantz lustig entworffen. Als sein erstes Meister-Stuck, gerichtet auf das 419. Kriegerische Schalt Jahr, nach Christi Geburt 1676. 14 Bl. Nürnberg: Hoffmann 1676

GRISEBACH, Eduard Rudolf (1845–1906)

1 *Der Königin Marie. Scheidelied. 8 ungez. S. Göttingen: Rente 1867
2 *Excursionstaschenbuch der Flora von Göttingen, Münden, Heiligenstadt, Allendorf, Gieboldshausen, Northeim, Eimbeck und Urslar. IV, 105 S. Göttingen: Rente 1868
3 *Der neue Tanhäuser. 52 S. Bln: Reichardt & Zander (1869)
4 (Einl.) Lichtenbergs Gedanken und Maximen. Lichtstrahlen aus seinen Werken. Mit e. biogr. Einl. VI, 226 S. Lpz: Brockhaus 1871
5 (Hg., Einl.) C. Brentano: Gockel, Hinkel und Gackeleia. XX, 306, 3 S. m. Abb. Bln: Grote 1872
6 (Hg.) G. A. Bürger: Werke. 2 Theile. VI, LXIV, 134 S., 1 Bl.; XXXVI S., 1 Bl., 172 S. Bln: Grote 1872
7 (Hg., Einl.) Virgil: Aeneis. Übs. A. Blumauer. XXVIII, 200 S. Lpz: Brockhaus 1872
8 (Übs.) C. A. Helvetius: Neunundzwanzig Thesen des Materialismus. Nach dem Französischen. XII, 64 S. Halle: Erlecke 1873
9 Die treulose Witwe. Eine chinesische Novelle und ihre Wanderung durch die Weltlitteratur. 144 S. 16⁰ Wien: Rosner 1874
10 *Tanhäuser in Rom. 115 S. Wien: Rosner 1875
11 Die deutsche Literatur 1770–1870. Beiträge zu ihrer Geschichte mit Benutzung handschriftlicher Quellen. 300 S. 16⁰ Wien: Rosner 1876

12 Die deutsche Literatur seit 1770. Gesammelte Studien. 289 S. 16° Stg: Kröner 1877
 (Neuaufl. v. Nr. 11)
13 (Hg.) W. Waiblinger. Bilder aus Neapel und Sicilien. XII, 128 S. Lpz: Eckstein 1879
14 (Hg.) A. Grisebach: Gesammelte Abhandlungen und kleinere Schriften zur Pflanzengeographie. VIII, 628 S., 1 Bildn. Lpz: Engelmann 1880
15 (Übs.) Kin-ku-ki-kuan. Neue und alte Novellen der Chinesischen 1001 Nacht. 145 S. 12° Stg: Kröner 1880
16 (Hg.) W. Waiblinger: Lieder des römischen Carnevals und andere Gedichte aus Latium und den Sabinerbergen. 91 S. Lpz: Reclam (= Universal-Bibliothek 1470) 1881
17 (Hg.) A. Grisebach: Reliquiae Grisebachianae. Flora europaea. Fragmentum. 58 S. Claudiopolis: Demjén 1882
18 Gesammelte Studien. Die deutsche Literatur seit 1770: G. C. Lichtenberg, Herder, Bürger, Blumauer, Brentano, Heine. 300 S. 12° Lpz: Friedrich 1883
 (Neuaufl. v. Nr. 12)
19 (Hg.) A. Grisebach: Die Vegetation der Erde nach ihrer klimatischen Anordnung. Ein Abriß der vergleichenden Geographie der Pflanzen. 2 Bde. XVI, 568 S., 1 Kt.; XII, 694 S. Lpz: Engelmann 1884
20 (Hg.) H. v. Kleist's sämmtliche Werke in 2 Bdn. 388, 460 S. 12° Lpz: Reclam 1884
21 (Übs.) Chinesische Novellen. Die seltsame Geliebte, das Juwelenkästchen. Dt. mit e. bibliogr. Notiz v. E. G. 121 S. 12° Bln: Lehmann 1885
22 Die Wanderung der Novelle von der treulosen Wittwe durch die Weltlitteratur. XII, 144 S. 4° Bln: Lehmann 1886
 (Ausz. a. Nr. 9)
23 (Hg.) Edita und Inedita Schopenhaueriana. Eine Schopenhauer-Bibliographie, sowie Randschriften und Briefe A. Schopenhauer's mit Portr., Wappen u. Faks. d. Handschrift des Meisters, hg. zu seinem hundertjährigen Geburtstag v. E. G. 224 S. 4° Lpz: Brockhaus 1888
24 (Hg.) G. A. Bürger: Sämmtliche Gedichte. Hundertjahrs-Jubel-Ausg. 2 Bde. XXXVI, 360 S.; XXIV, 244 S.; 1 Bl., 7 Ku. Bln: Grote 1889
25 (Einl.) Wunderbare Reisen zu Wasser und Lande. Feldzüge und lustige Abenteuer des Freyherrn von Münchhausen, wie er dieselben bei der Flasche im Cirkel seiner Freunde selbst zu erzählen pflegt. LXII, 128 S. Stg: Union (= Collection Spemann 292) (1890)
26 Das Goethe'sche Zeitalter der deutschen Dichtung. Mit ungedr. Briefen W. Heinse's u. C. Brentano's. VIII, 200 S. Lpz: Engelmann 1891
27 (Hg.) A. Schopenhauer's handschriftlicher Nachlaß. Aus d. Mscr.-Büchern hg. E. G. 4 Bde. Lpz: Reclam (= Universal-Bibliothek Nr. 2771–2772; 2919–2920; 3002–3003; 3131–3135) 1891–1893
28 (Hg.) A. Schopenhauer's sämmtliche Werke in 6 Bdn. Lpz: Reclam (= Universal-Bibliothek Nr. 2761–2765; 2781–2785; 2801–2805; 2821–2825; 2841–2845; 2861–2865) 1891
29 (Hg.) H. Herrig: Gesammelte Aufsätze über Schopenhauer. Nach dem Tode des Verfassers hg. 116 S. Lpz: Reclam (1894)
30 Katalog der Bücher eines deutschen Bibliophilen mit litterar. u. bibliograph. Anmerkungen. VIII, 288 S. m. Bildn. Lpz: Drugulin 1894
31 (Hg.) A. Schopenhauers Briefe an Becker, Frauenstädt, v. Doss, Lindner u. Asher; sowie andere bisher nicht gesammelte Briefe aus dem Jahre 1813 bis 1860. 504 S. m. Bildn. Lpz: Reclam (=Universal-Bibliothek 3376–3380) 1895
32 Schopenhauer. Geschichte seines Lebens. XII, 336 S. m. Bildn. Bln: Hofmann (= Geisteshelden, Bd. 25–26) 1897
33 (Hg.) G. C. Lichtenberg's Briefe an Dieterich 1770–1798. Zum hundertjährigen Todestage Lichtenberg's hg. XII, 148 S., 1 Bildn., 1 Ku. Lpz: Dieterich 1898
34 (Hg.) A. Schopenhauer's Gespräche und Selbstgespräche nach der Handschrift εἰς ἑαυτίν. VIII, 144 S. Bln: Hofmann 1898
35 Weltlitteratur-Katalog eines Bibliophilen mit litterar. u. bibliograph. Anmerkungen. 2 Bde. 339 S. Bln: Hofmann 1898–1900
36 (Hg., Einl.) E. T. A. Hoffmann: Sämtliche Werke in 15 Bdn. Hg. m. e. biograph. 12° Lpz: Hesse 1900

37 (Hg.) C. D. Grabbe: Sämtliche Werke. In 4 Bdn. hg. m. textkritischen Anhängen u. d. Biographie d. Dichters v. E. G. Bln: Behr 1902
38 Schopenhauer. Neue Beiträge zur Geschichte seines Lebens. Nebst e. Schopenhauer-Bibliographie. 143 S., 1 Bildn., 1 Faks. Bln: Hofmann 1905 (Suppl. zu Nr. 32)
39 (Hg.) Des Knaben Wunderhorn. Alte deutsche Lieder, gesammelt von L. A. v. Arnim u. C. Brentano. Hundertjahrs-Jubelausg. Drei Teile in 1 Bde. XXIV, 888 S. m. Ku. Lpz: Hesse 1906

GROB, Johannes von (1643–1697)
(+Reinhold von Freienthal u. Ernst Warnmund von Freyenthal)

1 Dichterische Versuchgabe. Bestehend In Teutschen und Lateinischen Aufschriften, Wie auch etlichen Stimmgedichten oder Liedern. Den Liebhabern Poetischer Früchte aufgetragen. 203 S. m. Titelku. Basel: Brandmüller 1678
2 +Treu-gemeinter Eydgenösischer Aufwecker. Oder: Wahrhaffte Erzehlung und Betrachtung der Gefahr, mit welcher dißmal die Eydgenössische Republic umbgeben ... 3 Bl., 50 S. 4° o. O. 1689
3 +Warhaffte Beantwortung, Für Ernst Warnmunden von Freyenthal, und seinem Eydgenossischen Auffwecker, auff über ihne übel genandte wahre Nativitet ... 56 S. 4° o. O. 1689
4 +Poetisches Spazierwäldlein, Bestehend in vielerhand Ehren- Lehr- Scherz- und Strafgedichten. 5 Bl., 252 S. o. O. 1700

GROGGER, Paula (*1892)

1 Das Grimmingtor. 571 S. Breslau: Ostdt. Verl.-Anst. 1926
2 Die Sternsinger, eine Legende. 136 S. Breslau: Ostdt. Verl.-Anst. 1927
3 Das Gleichnis von der Weberin. 44 S. Breslau: Ostdt. Verl.-Anst. 1929
4 Die Räuberlegende. 293 S. Breslau: Ostdt. Verl.-Anst. 1929
5 (Vorw.) A. Brunnlechner: Rund um den Grimming. Zwanzig Stimmungsbilder. 3 S., 20 Taf. 4° Salzburg: Zaunrith (1930)
6 Das Röcklein des Jesukindes. 63 S. m. Abb. Mchn: Müller 1932
7 Das Spiel von Sonne, Mond und Sternen. 39 S. Hbg: Hanseat. Verl.-Anst. (= Deutsche Laienspiele) 1933
8 Die Wallfahrt nach Bethlehem. Weihnachtsspiel. 19 S., 1 Taf. Graz: Alpenland-Buchhdlg. Südmark (= Deutsche Volksbühne 4) 1933
9 Das Kind der Saligen. Das Rabenknäblein. Legenden. Eingel., hg. K. Plenzat. 46 S. Lpz: Eichblatt (= Eichblatts deutsche Heimatbücher 80–81) (1935) (Ausz. a. Nr. 4)
10 Der Lobenstock. 111 S. Mchn: Langen-Müller 1935
11 Die Hochzeit. Ein Spiel vom Prinzen Johann. 170 S. Graz (:Moser) (= Die deutsche Bergbücherei 18–19) 1937
12 Unser Herr Pfarrer. Als Ms. gedr. 10 S. (Graz: Styria) 1946
13 Bauernjahr. 63 S. Graz: Styria 1947
14 Der Sternsinger. Neufassg. 169 S. Stg: Brentano-V. 1948
15 Der Antichrist und Unsere liebe Frau. 35 S. m. Abb. Stg: Brentano-V. 1949
16 Das Geheimnis des Schöpferischen. 10 Bl. (Villach:) Hans Leb-Presse (= Reden in d. Zeit) 1949
17 Gedichte. 108 S. Stg: Brentano-V. 1954
18 Die Mutter. 70 S. Stg: Brentano-V. 1958
19 Die Reise nach Salzburg. 23 S., 7 Bl. Abb., 1 Titelb. Stg: Brentano-V. 1958

GROSSE, Julius (1828–1902)

1 Cola di Rienzi. Trauerspiel. 313 S. Lpz: Weber 1851
2 Über die Bedeutung der modernen Romantik mit Rücksicht auf die bildende Kunst. 32 S. Bln: Schindler 1854

3   Gedichte. 284 S. Göttingen: Wigand 1857
4   Die deutsche und allgemeine historische Kunstausstellung zu München 1858. Studien zur Kunstgeschichte des neunzehnten Jahrhunderts. 271 S. Mchn: Stahl 1859
5   Epische Dichtungen. 221 S. 16⁰ Mchn: Merhoff 1861
6   (MV) Kaulbach-Album. Thierfabeln, Geschichten und Märchen in Bildern. Text J. G. 34 S., 12 Abb. 2⁰ Mchn: Bruckmann 1862
7   Novellen. 3 Bde. 1039 S. Mchn: Merhoff 1862–1864
8   (MV) Deutschland vorwärts! Dichterstimmen aus München für Schleswig-Holstein. 41 S. Mchn: Merhoff 1864
9   Gundel vom Königssee. Dichtung. 231 S. Lpz: Weber 1864
10 Der letzte Grieche. Trauerspiel. 127 S. Lpz: Weber 1865
11 Untreu aus Mitleid. Roman. 2 Bde. 440 S. Braunschweig: Westermann 1868
12 Eine alte Liebe. Erzählung. 222 S. Braunschweig: Westermann 1869
13 Maria Mancini. Roman. 2 Bde. 529 S. Stg: Hallberger 1869
14 Ein Revolutionär. Novelle. 255 S. Stg: Hallberger 1869
15 Aus bewegten Tagen. Gedichte. 328 S. Stg: Cotta 1869
16 Vox populi. Phantasiestück aus der Theaterwelt. – Abenteuer einer Seelenwanderung nach den Visionen eines Haschischessers. 291 S. Braunschweig: Westermann 1869
17 Wider Frankreich. Altes und neues. 76 S. 16⁰ Bln: Lipperheide 1870
18 Gesammelte dramatische Werke. 7 Bde. 961 S. Lpz: Weber 1870
19 Der neue Abälard. Roman. 2 Bde. 330 S. Lpz: Günther 1871
20 Erzählende Dichtungen. 6 Bde. Bln: Lipperheide 1871–1873
21 Meister Dürers Erdenwallen. Ein Geburtstag aus seinem Leben. Dramatisches Charakterbild. 63 S. 16⁰ Bln: Lipperheide 1871
22 Pesach Pardel. Ein modernes Epos. – Hilpah und Shalum. Eine vorsündfluthliche Geschichte, gesungen in der langathmigen, geschnörkelten, chinesischen grünen Theeweise. 140 S. Halle, Bln: Grote (= Bibliothek humoristischen Dichtungen) (1871)
23 Gegen den Strom. Ideale und Carricaturen. Roman. 3 Bde. 1220 S. Braunschweig: Westermann 1871
24 Der Wasunger Not. Ein tragikomisches Heldenlied. 123 S. 4⁰ Bln: Lipperheide 1872
25 Abul Kazims Seelenwanderung. Dichtung in zwölf Gesängen. VI, 195 S. Bln: Lipperheide 1873
26 Natürliche Magie. Roman. 2 Bde. 402 S. Stg: Simon 1873
27 Offene Wunden. Novellen. 3 Bde. 698 S. Lpz: Günther 1873
28 Daponte und Mozart. Roman. 3 Bde. 615 S. Jena: Costenoble 1874
29 Der Stadtengel. Ein bürgerlicher Roman. 2 Bde. 414 S. Stg: Hallberger (1874)
30 Die Abenteuer des Kalewiden. Esthnisches Volksmärchen. 221 S. Lpz: Weber 1875
31 Der schöne Camill. Aus dem Tagebuch eines alten Redacteurs. 44 S. Stg: Kröner (= Reiselectüre) 1875
32 Neue Erzählungen. 3 Bde. 878 S. Jena: Costenoble 1875
33 Frau Valeria. 40 S. Stg: Kröner (= Reiselectüre) 1875
34 Sophie Monnier. Roman. 2 Bde. 343 S. Dresden: Baensch 1876
35 Tiberius. Tragödie. 152 S. 12⁰ Wien: Wallishausser 1876
36 Dornröschen. Eine Theaternovelle. 40 S. Stg: Kröner (= Reiselectüre) (1877)
37 Zweierlei Maß. Roman. 230 S. Lpz: Eckstein 1878
38 Gedichte. In neuer, durchgesehener und vermehrter Auswahl. Mit einer Zuschrift v. P. Heyse. 316 S. Bln: Grote 1882
    (Veränd. Neuaufl. v. Nr. 3)
39 (MV) J. G. u. E. Friese: Unter den Linden. Romantisches Volksschauspiel aus der Vorzeit Berlins. 112 S. Dresden: v. Grumbkow 1882
40 Ein bürgerlicher Demetrius. Roman. 206 S. Dresden, Lpz: Dürselen 1884
41 Der getreue Eckart. Roman. 2 Bde. 843 S. Bln: Grote 1885
42 Festspiel zur Vermählungsfeier I. k. H. der Prinzessin Maria Josepha, Herzogin zu Sachsen, und S. k. u. k. H. des Erzherzogs Otto von Oesterreich. 24 S. Dresden: v. Grumbkow 1886
43 Das Bürgerweib von Weimar. Eine Stadtgeschichte aus dem siebzehnten Jahrhundert in fünf Büchern. 2 Bde. 512 S. Breslau: Schles. Verl.-Anst. 1887

44 Der Spion. Historischer Roman aus der Geschichte des heutigen Rußland. 2 Bde. 469 S. Dresden: Pierson 1887
45 (MV) J. G. u. F. Bonn: Haus Turnhill. Drama in vier Aufzügen. 87 S. Mchn: Braun & Schneider 1887
46 Episoden und Epiloge. Kleinere erzählende Dichtungen, nebst einem lyrischen Anhange. 335 S. Mchn: Callwey (1888)
47 Ein Frauenloos. Roman. 257 S. Mchn: Callwey 1888
48 Das Volkramslied. Ein Sang aus unseren Tagen. 292 S. Dresden: Heinze (1889)
49 Tante Carldore. Roman. 2 Bde. 370 S. Dresden: Pierson (= Kleine Zeitromane. 1. 2) 1890
50 Die Gedichte des Großfürsten Constantin in freier Nachbildung. 2 Bde. 175, 117 S. m. Bildn. Bln: Grote 1891 (1) bzw. Grossenhain: Baumert 1895 (2) 1891–1895
51 Heimerich. Festspiel des Thüringer Waldvereins zur Huldigungsfeier der hohen goldenen Hochzeit im Oktober 1892. 24 S. Weimar: Thelemann 1892
52 (Hg., Einl.) E. J. Hähnel: Litterarische Reliquien. 356 S. Bln: Grote 1893
53 Am Walchensee. Roman. 361 S. Dresden: Pierson 1893
54 Fortunat. Volksschauspiel. 144 S. Wien: Breitenstein 1896
55 Der Narr des Glücks. Novelle. 40 S. m. Bildn. Lübeck: Verl. d. Novellenbibliothek (= Bibliothek kleiner Novellen und Erzählungen von Dichtern und Schriftstellern der Gegenwart 35) 1896
56 Aus den Novellen des Architekten. 104 S. 16° Lpz: Reclam (= UniversalBibliothek 3500) 1896
57 Ursachen und Wirkungen. Lebenserinnerungen. 440 S. Braunschweig: Westermann 1896
58 Florentine. Erzählung. 107 S. Zürich: Bollmann (= Verein für Verbreitung guter Schriften Zürich 26) 1897
   (Ausz. a. Nr. 7)
59 Germania. Kriegsbilder mit einem Prolog und Epiloge. Für die Aufführung bei patriotischen Anlässen scenisch verwertet mit Musik, Bildern, Liedern und Apotheosen v. H. Riotte. 20 S. Lpz: Dramaturg. Centralbureau 1897
60 Vetter Isidor. 92 S. Zürich, Basel: Verein für Verbreitung guter Schriften (= Verein für Verbreitung guter Schriften Zürich 42) 1901
   (Ausz. a. Nr. 32)
61 Terka Wissyleni. 126 S. Bln: Hillger (= Kürschner's Bücherschatz 267) 1901
62 Versäumte Jugend. 125 S. Bln: Hillger (= Kürschner's Bücherschatz 316) 1902
63 Ausgewählte Werke. Mit einer Biographie des Dichters v. A. Bartels, unter Mitwirkung und mit Einleitungen v. A. Bartels, J. Ettlinger, H. v. Gumppenberg u. F. Muncker hg. Antonie G. 3 Bde. 1703 S. m. Bildn. u. Faks. Bln-Schöneberg: Duncker (1909)

GROTH, Klaus (1819–1899)

1 Quickborn. Volksleben in plattdeutschen Gedichten dithmarscher Mundart nebst einem Glossar. XIV, 252 S. Hbg: Perthes, Besser & Mauke 1853
2 Hundert Blätter. Paralipomena zum Quickborn. 6 Bl., 134 S. 16° Hbg, Bln: Stilke 1854
3 Quickborn. Volksleben in plattdeutschen Gedichten dithmarscher Mundart. XXII, 332 S. Hbg: Perthes, Besser & Mauke 1854
   (Verm. Neuaufl. v. Nr. 1)
4 Vertelln. 2 Bde. 2 Bl., 155 S.; 243 S. Kiel: Schwers 1855–1859
5 Quickborn. Mit einer wortgetreuen Übersetzung u. e. Vorw. für den hochdeutschen Leser, XVIII, 574 S. m. Abb. 12° Hbg: Perthes, Besser & Mauke 1856
6 Briefe über Hochdeutsch und Plattdeutsch. 171 S. 12° Kiel: Homann 1858
7 Voer de Goern. Kinderreime alt und neu. 2 Bl., 103 S. m. Abb. 4° Lpz: Wigand (1858)
8 Trina. 243 S. Kiel: Homann 1859
   (Bd. 2 v. Nr. 4)

9 (Vorw.) Reineke Voss. Plattdeutsch nach der Lübecker Ausgabe von 1498, bearb. K. Tannen. 281 S. Bremen: Strack 1861
10 (Hg.) F. Weber: Plattdeutsche Gedichte. 100 S. Kiel: Homann 1861
11 Rothgeter Meister Lamp un sin Dochder. Plattdeutsche Gedichte. V, 104 S. 16⁰ Hbg: Mauke 1862
12 En Geschichte vun min Vetter voer min Herzog to sin Geburtsdag. 15 S. Kiel: Schwers 1864
13 Fiv nie Leder ton Singn un Beden voer Schleswig-Holsteen. 15 S. Hbg: Perthes, Besser & Mauke 1864
14 (Hg.) Lieder aus und für Schleswig-Holstein. 170 S. Hbg, Bln: Stilke 1864
15 Quickborn. Zweiter Theil: Volksleben in plattdeutscher Dichtung dithmarscher Mundart. 336 S. Lpz: Engelmann 1871
 (Forts. v. Nr. 5)
16 Ut min Jungsparadies. Dree Vertelln. 184 S. Bln: Stilke 1876
17 Über Mundarten und mundartige Dichtung. 80 S. Bln: Stilke (1876)
18 (Vorw.) Dorr: De lostgen Wiewer von Windsor. Lüneburg 1877
19 Drei plattdeutsche Erzählungen. Zum Theil Erlebtes und Erinnerungen von 1848 aus Schleswig-Holstein. 173 S. Bln: Freund 1881
 (Veränd. Neuaufl. d. 1. Bds. v. Nr. 4)
20 (MV) H. Bulthaupt, F. Dernburg, K. G. (u. a.): Über den Einfluß des Zeitungswesens auf Litteratur und Leben. 56 S. Kiel: Lipsius (= Deutsche Schriften für Litteratur und Kunst I, 3) 1891
21 Lebenserinnerungen. Hg. E. Wolff. 125 S. m. Bildn. u. Faks. Kiel: Lipsius 1891
22 Gesammelte Werke. 4 Bde. 1349 S. m. Bildn. Kiel: Lipsius 1893
23 Sämtliche Werke. Landesausg. Hg. mit Unterstützung der Landesregierung Schleswig-Holstein F. Pauly. Bd. 1: Quickbornlieder. 456 S., 1 Titelb. Flensburg: Wolff (1952)
24 Sämtliche Werke. Mit Einl., Anm. u. Glossar hg. I. Braak u. R. Mehlem. 8 Bde. Flensburg: Wolff (1958ff.)

GRÜBEL, Johannes Konrad (1736–1809)

1 *Die Neufranken 3 Bl. m. Titelku. o. O. 1796
2 *Neujahrsgespräch ... 3 Bl. m. Titelku. o. O. 1797
3 *Die Alte und neue Zeit. 3 Bl. m. Titelku. o. O. 1797
4 *Gedichte in Nürnberger Mundart. 4 Bde. m. Ku. Nürnberg 1798-1812
5 *Neujahrsgespräch ... 3 Bl. m. Titelku. o. O. 1798
6 *Der neunundneunzigste Winter. 3 Bl. m. Titelku. o. O. 1799
7 *Die Einquartierung der Franzosen. Der sechzehnwöchige Aufenthalt der Franzosen in Nürnberg. 46 S. o. O. 1801
8 *Die Bekanntmachung des Friedens am 19. Februar 1801. In Nürnberger Mundart. 16 S. Nürnberg: Bauer & Mann 1802
9 *Die in und um Nürnberg herumziehenden Sternsänger. 3 Bl. m. Ku. o. O. 1803
10 *Das bürgerliche Volontair-Corps in Nürnberg. 4 Bl. m. Titelku. o. O. 1803
11 *Der Kindleinsmarkt am Thomastag. 3 Bl. m. Titelku. o. O. 1805
12 *Das Kränzlein. 4 Bl. m. Titelku. o. O. (1805)
13 *Die alten und die neuen Pumpen. 4 Bl. o. O. 1805
14 *Correspondenz und Briefe in Nürnberger Mundart. 192 S. o. O. 1806
15 Die Auction. 4 Bl. o. O. 1807
16 *Die Steckenpferde. 2 Tle. 3,3 Bl. m. Titelku. o. O. (1807)
17 *Die Veränderung auf dem Markt. 3 Bl. m. Titelku. Nürnberg 1807
18 *Der unterbrochene Spaziergang oder ... o. O. 1808
19 Auswahl von Gedichten in Nürnberger Mundart für den declamatorischen Vortrag zur frohen Unterhaltung freundschaftlicher Zirkel bearb. und mit Erklärungen begl. C. F. Solbrig. 2 Bde. Magdeburg 1809-1811
20 Gedichte in Nürnberger Mundart. 5 Bde. Nürnberg: 1823–1826
 (Veränd. Neuaufl. v. Nr. 4)
21 Sämmtliche Werke. Mit kurzer Lebensbeschreibung G's v. Witschel,

Goethes Beurtheilung der G'schen Gedichte und Wurm's Glossar. 6 Thle. in 3 Bdn. m. Bildn. 12⁰ Nürnberg: Campe 1835
22 Sämmtliche Werke. Neu hg. G. K. Frommann. 3 Thle. 889 S., 7 Ku. 16⁰ Nürnberg: Schmid 1857
(Neuausg. v. Nr. 21)

GRÜN, Anastasius
(eig. Anton Alexander Graf von Auersperg) (1806-1876)

1 Blätter der Liebe. 126 S. Stg: Franckh 1830
2 Der letzte Ritter. Romanzen-Kranz. 212 S., 1 Titelku. 4⁰ Mchn: Franckh 1830
3 *Spaziergänge eines Wiener Poeten. VIII, 106 S. Hbg: Hoffmann u. Campe 1831
4 Schutt. Dichtungen. 12 Bl., 106 S. Lpz: Weidmann 1835
5 Gedichte. XI, 341 S. Lpz: Weidmann 1837
6 Nibelungen im Frack. Ein Gedicht. X, 99 S., 1 Bl. Lpz: Weidmann 1843
7 Der Pfaff vom Kahlenberg. Ein ländliches Gedicht. 307 S. m. Abb. Lpz: Weidmann 1850
8 (Übs.) Volkslieder aus Krain, gesammelt und aus dem Slovenischen übs. XXIV, 168 S. Lpz: Weidmann 1850
9 (Hg.) N. Lenau: Dichterischer Nachlaß. 201 S. Stg: Cotta 1851
10 (Hg.) N. Lenau: Sämmtliche Werke. 4 Bde. 1750 S. Stg: Cotta 1855
11 Robin Hood. Ein Balladenkranz nach altenglischen Volksliedern. VI, 224 S. Stg: Cotta 1864
12 In der Veranda. Eine dichterische Nachlese. X, 315 S. Bln: Grote 1876
13 Gesammelte Werke. Hg. L. A. Frankl. 5 Bde. 1779 S. Bln: Grote 1877
14 Serben-Lieder. Mitgetheilt v. P. v. Radics. 29 S. Lpz: Webel 1879
15 (MV) Briefwechsel zwischen A. G. u. L. A. Frankl. (1845-1876). Hg. B. v. Frankl-Hochwart. 402 S. Bln: Concordia (= Aus dem neunzehnten Jahrhundert 1) 1897
16 ° Politische Reden und Schriften. In Auswahl hg. u. eingel. S. Hock. XXXV, 534 S. Wien: Fromme (= Schriften des literarischen Vereins in Wien 5) 1906
17 Sämtliche Werke in zehn Bänden. Hg. A. Schlossar. 10 Bde. 1678 S. m. Abb. u. Faks. Lpz: Hesse 1907
18 Werke in sechs Teilen. Hg., m. Einl. u. Anmerkungen u. mit einem Lebensbilde vers. E. Castle unter Mitwirkung v. I. Prijatelj. 6 Bde. 1883 S., 1 Bildn., 1 Faks. Bln: Bong (= Goldene Klassiker-Bibliothek) 1909

GRÜNBERG, Karl (*1892)

1 Brennende Ruhr. Roman aus dem Kapp-Putsch. Mit e. Vorw. v. J. R. Becher. 409 S. Rudolstadt: Greifenverl. 1929
2 (Hg.) Feder und Faust. Moskau 1930
3 Hitlerjunge Burscheidt. Die Tragödie einer Jugend unserer Tage. 108 S. Rudolstadt: Greifenverl. (1948)
4 Das Schattenquartett. Roman. Bd. 1. 344 S. Rudolstadt: Greifenverl. (1948)
5 Die Flucht aus dem Eden. Novelle. 85 S. m. Abb. Bln: „Lied der Zeit" (= Kleine LDZ-Bücherei) 1949
6 Es begann im Eden. Drei Novellen aus Deutschlands schwerster Zeit. 222 S., 1 Titelb. Bln: Verl. Das Neue Berlin 1951
7 Es begann im Eden. Vier Novellen aus Deutschlands schwerster Zeit. 250 S., 1 Titelb. Bln: Verl. Neues Leben 1953
(Überarb. u. erw. Neuaufl. v. Nr. 6)
8 Elektroden. Schauspiel in acht Bildern. 67 S. Bln: Henschel (1954)
9 (Hg.) Hammer und Feder. Deutsche Schriftsteller aus ihrem Leben und Schaffen. 595 S. Bln: Verl. Tribüne 1955
10 Episoden. Erlebnisreportagen aus sechs Jahrzehnten Kampf um den Sozialismus. 419 S. Bln: Dietz 1960

11 Gloria Victoria. Roman. 348 S. m. Abb. Bln: Verl. Das Neue Berlin 1960
12 Mit der Zeitlupe durch die Weimarer Republik. Mit e. Nachw. v. I. M. Lange. 236 S. Bln: Dietz (= Rote Dietz-Reihe 12) 1960

GRYPHIUS, Andreas (eig. Greif) (1616–1664)

1 Herodis Furiae et Rachelis lachrymae, Carmine Heroico, Cantatae, Ploratae ... 20 Bl. 4° Glogau: Funck 1634
2 Dei Vindicis Impetus et Herodis Interitus. 2, 20 Bl. 4° Danzig: Rhete 1636
3 Parnassus ... virtute ... domini G. Schönborneri ... renovatus. 8 Bl. 4° Danzig: Rhete 1636
4 Fewrige Freystadt. 2 Bl., 111 S. Lissa: Funck 1637
5 Sonnete. 68 S., 1 Bl. 12° Lissa: Funck (1637)
6 Brunnen Discurs. Bey dem ... Leichbegängnuß Des ... George Schönborners. 9 Bl., 96 S. 12° o. O. (1638)
7 Son- undt Feyrtags-Sonnete. 12° (Leyden) 1639
8 Epigrammata. Das erste Buch. 8 Bl. 4° Leyden 1643
9 Epigrammatum Liber I. 10 Bl. 4° Leiden 1643
10 (MV) Auspicatissimis Nuptiis, ... Bernhardi Hering, ... Et ... Virginis Gertrudis, ... Johannis Wetken, ... filiae ... 4 Bl. 4° Leyden: Heger 1643
11 Oden. Das erste Buch. 8 Bl. 4° Leyden 1643
12 Sonnete. Das erste Buch. 12 Bl. 4° Leyden 1643
13 Olivetum. Libri tres. 2 Bl., 53 S. Florenz: Franceschinia 1646
14 Folter Menschliches Lebens, Der ... Barbarae Gerlachin ... Ehren-Gedächtnüß. 16 Bl. 4° Lissa: Funck 1648
15 (MV) Genio ac Amori Sponsorum ... Adami Henningi ... Ursulae Weberiae ... 2 Bl. 4° Lissa: Funck 1649
16 Schlesiens Stern, in der Nacht, zu Ehren Tit. Herrn Sigismund Müllern Ihr Königl. Maj. und Kron Schweden im Herzogthumb Schlesien verordneten Ober-Kriegs-Commissario, als dessen Cörper den 31. Oct. 1649. zu Großglogau vorgestellet. 108 S. 4° Lissa: Vetter 1649
17 Teutsche Reim-Gedichte. 4 Bl., 240 S. Ffm: Hüttner 1650
18 (MV) Des ... Herrn Hanß Christoffs von Schweinitzes ... Letzte Rede und Gegenantwort des Vaterlandes. 4 Bl. 4° Lissa: Funck 1651
19 Leo Armenius, oder Jämmerlichen Fürsten-Mords Trauer-Spiel, worbey Zwey Bücher seiner Oden zusamt Drey Bücher der Sonneten, auff jetz gebräuchlich teutsche Reim-art auffgesetzt, vnd zum andern mahl getruckt. 4 Bl., 240 S. Straßburg: Fuchs 1652
   (Neuaufl. v. Nr. 17)
20 Hingang durch die Welt Der ... Frawen Ursulae Gebornen Weberin, Des ... Adami Henningi ... seeligsten Ehegeliebten ... 1 Bl., 36 S. 4° o. O. (1652)
21 Thränen über das Leiden Jesu Christi. 6, 30 Bl. o. O. (1652)
22 (Hg.) Glogauisches Fürstenthumbs Landes Privilegia aus denn Originalen an tag gegeben. 3 Bl., 127, 16 S. 4° Lissa: Funck 1653
23 Seelige Unfruchtbarkeit Bey Christlichem Begräbnüß Frawen Dorothea Elisabeth Gebornen Rothin Herrn Gottfried Textors ... Ehgemahles ... 1 Bl., 38 S. 4° o. O. (1653)
24 Wintertag Menschlichen Lebens. Frauen Even Pezeltin: Des ... Herrn Georgen Schönborns ... 48 S. 4° Lissa 1653
25 Überdruß Menschlicher Dinge ... Bey dem traurigen Leichgängnüß ... Herren Adami Hanningi ... 18 Bl. 4° Steinau a. d. Oder: Kuntz (1655)
26 Außländische in dem Vaterland, bey der ... Frauen Barbarae Hoffmannin geborner Johnin kläglicher Abführung zu jhrer erwehlten Ruhe-Stadt ... 4° Breslau: Gründer 1657
27 Deutscher Gedichte Erster Theil. (10 Tle.) Breslau: Lischke 1657
    Leo Armenius, Oder Fürsten-Mord. Trauerspiel. 4 Bl., 83 S.
    Catharina von Georgien. Oder Bewehrte Beständigkeit. Trauerspiel. 4 Bl., 85, 3 S.
    Ermordete Majestät. Oder Carolus Stuardus König von GroßBrittannien. Trauer-Spil. 2 Bl., 57 S.

(Übs.) Beständige Mutter, Oder Die Heilige Felicitas. Aus dem Lateinischen Nicolai Causini übersetztes Trauer-Spiel. 3 Bl., 62 S., 2 Bl.
Cardenio und Celinde, Oder Unglücklich Verliebete. Trauer-Spiel. 7 Bl., 63 S.
Majuma, Freuden-Spiel. Auff dem Schauplatz Gesangsweise vorgestellet. 3 Bl., 16 S.
Kirchhoffs-Gedancken. 3 Bl., 25 S.
Oden. 3 Tle. 1 Bl., 85 S.
Thränen über das Leiden Jesu Christi. Oder seiner Oden, Das Vierdte Buch. 6 Bl., 42 S.
Sonnette. 4 Tle. 2 Bl., 117, 7 S.
(Enth. u. a. Nr. 19 u. 21)

28 Thränen- und Danck-Lied. Der unveränderten Augspurgischen Bekändtnüß zugethanen Gemeine Glogawischen Fürstenthumbs ... 4 Bl. 4° Breslau: Gründer 1657
29 Der Tod als Arzt der Sterblichen bey ... Leich-Begängnüß des ... Herrn Heinrici Firlingii ... 4 Bl. 4° Breslau: Gründer (1657)
30 Absurda Comica. Oder Herr Peter Squentz. Schimpff-Spiel. 2 Bl., 42 S. o. O. (1658)
31 Freuden vnd Trauer-Spiele auch Oden vnd Sonnette sampt Herr Peter Squentz Schimpff-Spiel. 11 Tle. 7 Bl. m. Titelku. Breslau: Lischke & Trescher 1658
(Enth. Nr. 27 u. 30)
32 (Übs.) Beständige Mutter Oder Die Heylige Felicitas auss dem Lateinischen Nicolai Causini ... übersetztes Trauer-Spiel ... 2 Bl. 2° Breslau: Gründer 1658
(Ausz. a. Nr. 27)
33 Großmüttiger Rechts-Gelehrter, Oder Sterbender Aemilius Paulus Papinianus. Trauer-Spiel. 64 Bl., 8 Ku. Breslau: Gründer (1659)
34 Abschids-Worte Der ... Jungfrauen Marianen Gebornen von Popschitz ... An Ihre Höchstbetrübte Fraw Mutter ... 2 Bl. 2° Breslau: Gründer 1660
35 Letzte Ehren-Gedächtnüß der ... Jungfr. Marianen von Popschitz ... 4° Steinau a. d. Oder: Kuntz 1660
36 Verliebtes Gespenste, Gesang-Spil. 20 Bl. Breslau: Gründer (1660)
37 (Übs.) Übersetzte Lob-Gesänge Oder Kirchen-Lieder. 16 Bl. Breslau: Gründer (1660)
38 Magnetische Verbindung des Herren Jesu und der in Ihr verliebten Seelen als ... die Leiche ... der Jungfrauen ... Marianen gebohrnen von Popschitz ... zu Ihrer Beerdigung abgeführet ... 4° Steinau a. d. Oder: Kuntz 1660
39 Verliebtes Gespenste, Gesang-Spil. Die gelibte Dornrose. Schertz-Spill. 2 Bl., 75 S. Breslau: Fellgiebel 1661
(Enth. u. a. Nr. 36)
40 Der Schwermende Schäfer Lysis, Auf Deß Durchlauchten hochgebornen Fürsten und Herren Herren Georg Wilhelm Hertzogens in Schlesien zur Lignitz ... Geburtstag ... vorgestellet in einem Lust-Spiele ... 48 Bl. 4° Brieg: Tschorn (1661)
41 Zwey Leich-Getichte Zu Rühmlichem Andencken Der ... Frauen Marien Hofmannin ... 2 Bl. 2° Breslau: Gründer 1662
42 Mumiae Wratislavienses. 6 Bl., 120 S., 1 Ku. 12° Breslau: Trescher 1662
43 Sonnen-Kreiß Zu Ehren Der ... Jungfrauen Mariae Catharinae gebohrnen Burckhardtin ... Als Selbige Mit ... Hans Joachim von Haunold auf Sacherwitz ... vermählet wurde ... 2 Bl. 2° Breslau: Gründer (1662)
44 Traum-Gesichte zu sondern Ehren Der ... Fräulein Eleonora Constantiae... Als Sie Ihr ... Ehrenfest ... Mit ... Herrn Johann Georgen Freyherren von Kottulinsky ... begangen. Breslau: Gründer (1662)
45 Abend Menschlichen Lebens Bey Christlicher Beerdigung der ... Frauen Annae Knorrin gebohrnen Gertichin. 48 S. 4° Steinau a. d. Oder: Funck (1663)
46 (Übs.) Richard Bakers Engelländischen Ritters Frag-Stück und Betrachtungen über Das Gebett des Herrn. 574 S., 1 Titelku. 12° Breslau: Trescher 1663
47 Epigrammata Oder Bey-Schrifften. 79 S. Jena: Drescher 1663

48 Freuden und Trauer-Spiele auch Oden und Soñette. 6 Bl., 777, 1 S. Breslau: Trescher 1663
    (Enth. z. T. Nr. 31)
49 In funere immaturo Puelli ... Johannis Ferdinandi, ... Dn. Christiani Hofmanni ab Hofmannßwaldau ... 2 Bl. 4⁰ Breslau: Gründer (1663)
50 Hochzeit-Gedichte Zu Ehren Der ... Jungfrauen Anna Susanna ... Als Sie Mit ... Herrn Hans Christoph von Seidlitz und Gohlaw ... vermählet. 4⁰ 2⁰ Breslau: Gründer 1663
51 Horribilicribrifax. Teutsch. 6 Bl., 98 S. Breslau: Trescher (1663)
52 Seugamme oder Untreues Haußgesinde. Lust-Spiel. Deutsch. 154 S., 3 Bl. Breslau: Trescher 1663
53 Himmel Steigente Hertzens Seufftzer ... 4 Bl., 930 S., 1 Titelku. 12⁰ Breslau Trescher 1665
54 Dissertationes Funebres, Oder Leich-Abdanckungen, Bey Vnterschiedlichen hoch- und ansenlichen Leich-Begängnüssen gehalten. Auch Nebenst seinem letzten Ehren-Gedächtnüß und Lebens-Lauff. 5 Bl., 699 S. Breslau: Trescher 1666
    (Enth. u.a. Nr. 6, 14, 16, 20, 23, 24, 25, 26, 29, 34, 38, 45)
55 (Übs.) Richart Bakers Betrachtungen der 1. Sieben Buß-Psalm. 2. Sieben Trost-Psalm. 3. Glückseligkeit des Gerechten. 4. Von der Unsterblichkeit der Seelen ... 6 Bl., 572, 355, 275, 179 S. Ffm, Lpz: Trescher 1688
56 Um ein merckliches vermehrte Teutsche Gedichte. 2 Bde. 3 Bl., 959 S.; 509 S. Breslau, Lpz: Fellgiebel 1698

GÜNDERODE, Karoline von (⁺Tian)   (1780–1806)

1 ⁺Gedichte und Phantasien. 137 S. Hbg, Ffm: Hermann 1804
2 ⁺Poetische Fragmente. 1 Bl., 221 S. Ffm: Wilmans 1805
3 Gesammelte Dichtungen. Zum ersten Male vollständig hg. F. Götz. 78 S., 2 Abb. 4⁰ Mannheim: Notter 1857
4 (MV) F. Creuzer u. K. v. G.: Briefe und Dichtungen. Hg. E. Rohde, XV, 142 S. Heidelberg: Winter 1896
5 ⁺Melete von Ion. Heidelberg 1806. 80 S., 2 Taf. Bln: Harrwitz 1906
6 Gesammelte Werke. Vorw. L. Hirschberg. 3 Bde. XXVIII, 232; 282; 128 S. m. Titelb. Bln: Biblioph. Verl. Goldschmidt-Gabrielli 1920–1922

GÜNTHER, Agnes   (1863–1911)

1 Die Heilige und ihr Narr. 2 Bde. 355, 391 S. Stg: Steinkopf 1913
2 Von der Hexe, die eine Heilige war. IV, 63 S. Marburg: Verl. d. christl. Welt 1913

GÜNTHER, Johann Christian   (1695–1723)

1 Die von Theodosio bereuete Eifersucht. Ein Trauerspiel. Schweidnitz 1715
2 Auf den zwischen Ihro Kayserl.Majestät und der Pforte An. 1718 geschloßenen Frieden. Ode an den Prinzen Eugen. 2 Bl. 2⁰ o.O. 1718
3 Sammlung von J. C. G's aus Schlesien, theils noch nie gedruckten, theils schon herausgegebenen, Deutschen und Lateinischen Gedichten. 4 Bde. 3 Bl., 528 S.; 3 Bl., 250 S.; 4 Bl., 360 S.; 3 Bl., 436 S. Ffm, Lpz: Hubert (1–3) bzw. Breslau, Lpz: Hubert (4) 1724–1735
4 (MV) J. C. G's aus Schlesien curieuse und merckwürdige Lebens- und Reise-Beschreibung ... Einiger von ihm verfertigten noch ungedruckten Briefe. 128 S. Schweidnitz, Lpz: Böhm 1732
5 *Liebes-Geschichte hoher Personen, in gebundener Rede. Schweidnitz 1732
6 Sammlung von J. C. G's, aus Schlesien, bis anhero edirten deutschen und lateinischen Gedichten, Auf das neue übersehen, wie auch in einer bessern

Wahl und Ordnung an das Licht gestellet. Nebst einer Vorrede von den so nöthigen als nützlichen Eigenschaften der Poesie. 15 Bl., 1102 S., Reg. Breslau, Lpz: Hubert 1735
(Verm. Neuaufl. v. Nr. 3)
7 Nachlese zur Sammlung von J. C. G's ... Deutschen und Lateinischen Gedichten. 7 Bl., 234 S. Breslau: Korn 1742
(zu Nr. 6)
8 Nachlese zur Sammlung von J. C. G's ... Deutschen und Lateinischen Gedichten. Zwete verbesserte und vermehrte Auflage. 282 S., Reg. Breslau: Korn 1745
(Verm. Neuaufl. v. Nr. 6)
9 Gedichte. Sechste verbesserte und geänderte Auflage. 5 Bl., 1006 S., Reg. Breslau, Lpz: Meyer 1764
(Veränd. Neuaufl. v. Nr. 8)
10 Anhang zu der sechsten Auflage der Güntherischen Gedichte. 170 S., Reg. Breslau, Lpz: Meyer 1764
(zu Nr. 9)
11 Sämtliche Werke. Historisch-kritische Gesamtausgabe, hg. W. Krämer. 6 Bde. Lpz: Hiersemann (= Bibliothek des Literarischen Vereins in Stuttgart, Sitz Tübingen) 1930–1937

GÜTERSLOH, Paris Albert von
(eig. Kiehtreiber, Albert Conrad) (*1887)

1 Egon Schiele. Versuch einer Vorrede. 6 S. Text, 9 Taf. Wien: Ges. f. graph. Industrie 1911
2 Die tanzende Törin. 532 S. Mchn: Müller 1913
3 (MH) P. v. G. u. F. Blei: Die Rettung. Blätter zur Erkenntnis der Zeit. 2 Jge., 38 Nrn. Wien: Harbauer bzw. Hellerau: Hegner 1918–1920
4 Die Vision vom Alten und vom Neuen. 92 S. Hellerau: Hegner 1921
5 Innozenz oder Sinn und Fluch der Unschuld. 192 S. Hellerau: Hegner 1922
6 Der Lügner unter Bürgern. 197 S. Hellerau: Hegner 1922
7 Die Rede über Blei oder der Schriftsteller in der Katholizität. 144 S. Hellerau: Hegner 1922
8 Bekenntnisse eines modernen Malers. 162 S. Wien: Zahn & Diamant (= Die Österreichische Reihe, Bd. 2) 1926
9 Der Maler Alexander Gartenberg. 23 S., 20 Taf. Wien: Haybach 1928
10 Eine sagenhafte Figur. Ein platonischer Roman mit einem Nachwort in usum Delphini. 483 S. Wien: Luckmann 1946
11 Die Fabeln vom Eros. 242 S. Wien: Luckmann 1947
12 Musik zu einem Lebenslauf. Gedichte. 78 S. Wien: Bergland V. (= Neue Dichtung aus Österreich, Bd. 29) 1957

GUGGENHEIM, Kurt (*1896)

1 Entfesselung. Roman. 263 S. Zürich: Guggenbühl u. Huber 1935
2 Sieben Tage. Roman. 260 S. Zürich: Schweizer-Spiegel-Verl. (1935)
3 Der heitere Lebensabend. Komödie. Basel: Reiss-Verl. 1938
4 Riedland. Roman. 202 S. Zürich: Schweizer-Spiegel-Verl. 1938
5 Wilder Urlaub. Roman. 174 S. Zürich: Schweizer-Spiegel-Verl. 1941
6 Der sterbende Schwan. (Der Untergang der Zweiten Eskader). Schauspiel in drei Akten. 63 S. Basel: Reiss 1943
7 (Übs.) C. F. Landry: Seeland im Jura. 155 S., 55 Abb. Neuchâtel: Ed. de la Baconnière (1944)
8 Die heimliche Reise. Roman. 213 S. Zürich: Artemis (= Glockenbücher) 1945
9 (Übs.) F. Ody: Im Kampf mit den Kannibalen. Aufzeichnungen eines Arztes. Geleitw. C. Bourquin. 268 S. Genf: Les Éditions du cheval ailé 1947

10 Wir waren unser vier. Roman. 214 S. Zürich: Artemis (= Glockenbücher) 1949
11 Alles in Allem. Roman. 4 Bde. m. Taf. Zürich: Artemis 1952–1955
12 Der Friede des Herzens. Roman. 268 S. Zürich: Artemis 1956
13 Sandkorn für Sandkorn. Die Begegnung mit Jean Henri Fabre. 235 S. Zürich, Stg: Artemis 1959
14 Die Wahrheit unter dem Fließblatt. 63 S. Zürich, Stg: Artemis-Verl. 1960

GUMPERT, Martin (1897–1955)

1 Verkettung. 41 S. Mchn, Lpz: Wolff (= Der jüngste Tag, Bd. 38) 1917
2 Heimkehr des Herzens. Gedichte. 46 S. Potsdam: Kiepenheuer 1921
3 Hahnemann. Die abenteuerlichen Schicksale eines ärztlichen Rebellen und seiner Lehre, der Homöopathie. 256 S., 2 Bildn. Bln: Fleischer 1934
4 Das Leben für die Idee. Neun Forscherschicksale. 283 S., 7 Bildn. Bln: Fischer 1935
5 Berichte aus der Fremde. Zürich, New York: Arche 1937
6 Dunant. Der Roman des Roten Kreuzes. 321 S. Stockholm: Bermann-Fischer 1938
7 Hölle im Paradies. Selbstdarstellung eines Arztes. 280 S. Stockholm: Bermann-Fischer 1939
8 Heil Hunger! Health under Hitler. 128 S. New York, Toronto: Alliance Book Corp. u. Longmans & Green 1940
9 First Papers. XIII, 130 S. New York: Duell, Sloane & Pearce 1941
10 You are younger than you think. IX, 244 S. New York: Duell, Sloane & Pearce 1944
11 Der Geburtstag. 178 S. Amsterdam: Querido-Verl. 1948
12 Die Kunst glücklich zu sein. Übs. M. H. Larsen. 292 S. Bern: Scherz 1952
13 Du bist jünger als du denkst. Übs. G. Beutel u. E. Stohm. 268 S. Stg, Hbg: Scherz & Goverts 1953 (Übs. v. Nr. 10)
14 Patient und Arzt. Übs. W. Seemann. 235 S. Stg: Scherz & Goverts 1954

GUMPPENBERG, Hanns Frh. von
(⁺Jodok, Immanuel Tiefbohrer) (1866–1928)

1 Thorwald. Trauerspiel. 73 S. Mchn: Finsterlin 1888
2 Apollo. Komödie. 41 S. 12⁰ Mchn: Lindauer 1890
3 Der Prophet Jesus Christus, die neue Religion und andere Erläuterungen zum dritten Testament Gottes. 16 S. Mchn: Poessl 1891
4 Deutsche Lyrik von gestern. Vortrag. 16 S. Mchn: Poessl (= Münchener Flugschriften I, 3) 1891
5 Der Messias. Trauerspiel. 169 S. Mchn: Finsterlin 1891
6 Das dritte Testament. Eine Offenbarung Gottes. 41 S. Mchn: Poessl 1891
7 Kritik des Wirklich-Seienden. Grundlagen zu einer Philosophie des Wirklich-Seienden. 120 S. Bln: Dt. Schriftsteller-Genoss. 1892
8 Alles und Nichts. Dichtung. 251 S. Grossenhain: Baumert 1894
9 Die Minnekönigin. Komödie. 31 S. 16⁰ Lpz: Reclam (= Universal-Bibliothek 3198) 1894
10 Der fünfte Prophet. Psychologischer Roman. 349 S. Bln: Storm (= Veröffentlichungen des Vereins für deutsches Schriftthum 1895–1896, Bd. 2) 1895
11 Der erste Hofnarr. Schauspiel. 180 S. Grossenhain: Baumert 1899
12 Das teutsche Dichterroß, in allen Gangarten geritten. 115 S. m. Titelb. Mchn: Callwey 1901
13 Münchhausens Antwort. Komödie. 64 S. Bln: Bloch 1901
14 (MH) Die elf Scharfrichter. Münchner Künstlerbrettl. Hg. H. v. G. u. W. Rath. Bd. 1: Dramatisches. 200 S. 16⁰ Bln: Schuster & Loeffler 1901

15 Die Verdammten. Schauspiel. 40 S. Bln: Bloch 1901
16 +Jodok: Überdramen. 3 Bde. 384 S. m. Bildn. Bln: Mayrhofer 1902
17 (Übs.) Schwedische Lyrik. 285 S. Mchn: Etzold 1903
18 Grundlagen der wissenschaftlichen Philosophie. 56 S. Mchn: Callwey 1903
19 König Heinrich I. Geschichtliches Schauspiel. 209 S. Mchn: Callwey 1904
20 König Konrad I. Geschichtliches Schauspiel. 166 S. Mchn: Callwey 1904
21 Herzog Philipps Brautfahrt. Opernlustspiel. 107 S. Mchn: Callwey 1904
22 Die Einzige. Tragikomödie. 121 S. Mchn: Callwey 1905
23 Aus meinem lyrischen Tagebuch. 118 S. Mchn: Callwey 1906
24 (Übs.) Bellman-Brevier. Aus Fredmans Episteln und Liedern. 186 S. Mchn: Langen 1909
25 (Mübs.) B. Björnson: Legenden. Übs. N. Hoyer u. H. v. G. VII, 133 S. Mchn: Müller 1913
26 (Hg.) Licht und Schatten. Wochenschrift für Schwarzweißkunst und Dichtung. Jg. 1–3. Mchn, später Bln: Verl. „Licht und Schatten" 1910–1913
27 Schauen und Sinnen. Gedichte. 127 S. Mchn: Müller 1913
28 +I. Tiefbohrer: Goethes „Weder – weder" und Schillers „Noch – noch". Zwei Weimarer Vorträge. 16 S. Mchn: Bayer. Verl.-Anst. 1913
29 Der Pinsel Ying's. Komödie in drei Aufzügen mit teilweiser Benützung eines Scherzgedichts v. A. Ellissen (†1872). 160 S. Mchn: Callwey 1914
30 Schaurige Schicksale, fälschende Fama und leere Lorbeeren. Dokumentarisches über meine Bühnenwerke. 64 S. Mchn: Callwey 1914
31 Beweis des großen Fermat'schen Satzes für alle ungeraden Exponenten. 123 S. Mchn: Callwey 1915
32 (Übs.) P. Verlaine: Meine Spitäler. 62 S., 1 Bildn. Lpz: Insel (= Insel-Bücherei 267) (1919)
33 Philosophie und Okkultismus. 138 S. Mchn, Bln: Paetel (= Philosophische Reihe 17) (1921)
34 (Übs.) A. S. M. Hutchinson: Das Kartenhaus. Roman. 499 S. Mchn: Drei Masken-V. 1925
35 Lebenserinnerungen. Aus dem Nachlaß des Dichters. 415 S. Bln, Zürich: Deutsch-Schweizer Verl.-Anst. (1929)

GURK, Paul (+Franz Grau) (1880–1953)

1 Dreifältigkeit. Novellen. 177 S. Trier: Lintz (= Die Novelle) 1922
2 Fabeln. 60 S. Trier: Lintz 1922
3 Thomas Münzer. Eine Tragödie. 91 S. Bln: Oesterheld 1922
4 Die Wege des teelschen Hans. Ein Roman. 153 S. Trier: Lintz (= Der deutsche Roman) 1922
5 Das Lied von der Freundschaft. 31 S. Trier: Lintz 1923
6 Meister Eckehart. 230 S. Trier: Lintz 1925
7 Die Sprüche des Fu-Kiang. 137 ungez. S. Lübeck: Quitzow 1927
8 Wallenstein und Ferdinand II. Tragödie in fünf Akten. 124 S. Lübeck: Quitzow 1927
9 Palang. Roman. 234 S. Stg: Union 1930
10 Judas. 280 S. Stg, Bln: Holle 1931
11 Fabeln, Märchen und Legenden. 54 S. Langensalza: Beltz (= Aus deutschem Schrifttum und deutscher Kultur 441) (1933)
12 Das Fest der letzten und der ersten Garbe. Ein Erntedankspiel. 29 S. Bln: Theaterverl. Langen-Müller 1933
13 Berlin. 362 S. Bln: Holle 1934
14 Der Lockvogel. 30 S. Bln: Theaterverl. Langen-Müller 1935
15 Die bunten Schleier. Fabeln, Märchen und Legenden. 123 S. Bremen: Schünemann 1935
16 Tresoreinbruch. 174 S. Bln: Holle 1935
17 Tuzub 37. Der Mythos von der grauen Menschheit oder von der Zahl eins. 213 S. Bln: Holle 1935
18 Gleichnisse. Gedichte. 30 S. Bln: Verl. Die Rabenpresse (= Die Kunst des Wortes 20) 1939
19 +Wendezeiten. 3 Bde. Essen: Essener Verl.-Anst. 1940–1941

1. Serenissimus. Im Schatten der französischen Revolution. Roman. 297 S. 1940
2. Gapon sucht den Zaren. Die russische Septemberrevolution. Roman. 429 S. 1941
3. Büroassistent Tödtke. Vorspiel einer deutschen Revolution. Roman. 265 S. 1941
20 Skytenzug. Erzählung. 84 S. Dessau: Rauch 1943
21 Die Traumstadt des Kaisers Kieng-lung. Novelle. 63 S. Prag, Bln, Lpz: Noebe (= Feldpostreihe Noebe 4) 1943
22 Iskander. 399 S. Dessau: Rauch 1944
23 Magister Tinius. Ein Drama des Gewissens. 58 S. Bremen: Kasten (= Bremer Liebhaber-Druck 11) 1946
24 Geschichten um Mahgub den Töpfer. 96 S. Köln: Pick 1947
25 Erste Gesichte. Novellen. 109 S., 3 Abb. Ffm: Siegel-V. (= Begegnung der Generationen) 1948
26 Die goldene Barke. Ein Roman aus Venedig. 304 S. Neuwied: Michael-V. (1949)
27 Der Kaiser von Amerika. Roman. 282 S. Essen: v. Chamier 1949
28 Laubenkolonie Schwanensee. Roman. 207 S. Bln: Verl.-Ges. Das Neue Berlin 1949
29 Ein ganz gewöhnlicher Mensch. Roman. 211 S. Bln: Hoffmann (1957)
30 Seltsame Menschen. Erzählungen. 70 S. Bln: Hoffmann 1959

Gutzkow, Karl (+E. L. Bulwer) (1811–1878)

1 (Hg.) Forum der Journal-Litteratur. Eine antikritische Quartalschrift. 3 Hfte. Bln: Logier 1831
2 *Briefe eines Narren an eine Närrin. X, 326 S. Hbg: Hoffmann & Campe 1832
3 *Die Divination auf den ersten Württembergischen Landtag. Stg: König 1833
4 Maha Guru. Geschichte eines Gottes. 2 Bde. 25¹/₄ Bg. Stg, Tüb: Cotta 1833
5 (Vorw.) Sammlung Hogarth'scher Kupferstiche. Text Le Petit. 14. Lieferung. 6¹/₆ Bg. 2⁰ Göttingen: Dieterich 1834
6 Novellen. 2 Bde. 32¹/₂ Bg. Hbg: Hoffmann & Campe 1834
7 Appellation an den gesunden Menschenverstand. Letztes Wort in einer literarischen Streitfrage. 20 S. Ffm: Streng 1835
8 Oeffentliche Charaktere. Erster Theil. XII, 328 S. Hbg: Hoffmann & Campe 1835
9 Nero. Tragödie. 197 S. Stg, Tüb: Cotta 1835
10 (Vorw.) F. Schleiermacher: Vertraute Briefe über Schlegel's Lucinde. XXXVI, 124 S. Stg: Hausmann 1835
11 Soireen. 2 Thle. 33 Bg. Ffm: Sauerländer 1835
12 Vertheidigung gegen Menzel und Berichtigung einiger Urtheile im Publikum. 2 Bg. 12⁰ Mannheim: Loewenthal 1835
13 Wally, die Zweiflerin. Roman. 327 S. Mannheim: Löwenthal 1835
14 Beiträge zur Geschichte der neuesten Literatur. 2 Bde. LXXXII, 359; 379 S. 16⁰ Stg: Balz (1836)
15 Ueber Goethe im Wendepunkte zweier Jahrhunderte. 11¹/₄ Bg. 12⁰ Bln: Plahn 1836
16 Zur Philosophie der Geschichte. 21 Bg. Hbg: Hoffmann & Campe 1836
17 Seraphine. Roman. VIII, 344 S. Hbg: Hoffmann & Campe (1837)
18 (Hg.) Der Telegraph für Deutschland. Eine Zeitschrift. 12 Jge. Hbg: Hoffmann & Campe 1837–1848
19 +Die Zeitgenossen, ihre Schicksale, ihre Tendenzen, ihre großen Charaktere. Aus dem Engl. des E. L. Bulwer. 2 Bde. XXIV, 472; 440 S. 16⁰ Stg, Pforzheim: Dennig & Finck 1837
20 Blasedow und seine Söhne. Komischer Roman. 3 Thle. 503, 462, 336 S. Stg: Scheible, Rieger & Sattler 1838
21 Götter, Helden, Don Quixote. Abstimmungen zur Beurtheilung der literarischen Epoche. VI, 451 S. Hbg: Hoffmann & Campe (1838)
22 Die rothe Mütze und die Kapuze. Zum Verständnis des Görres'schen Athanasius. 140 S. Hbg: Hoffmann & Campe 1838

23 König Saul. Trauerspiel in fünf Aufzügen. 7 Bg. 12⁰ Hbg: Hoffmann & Campe 1839
24 Richard Savage oder Der Sohn einer Mutter. Bürgerliche Tragödie. Als Ms. gedr. (Ffm) (1839)
25 Skizzenbuch. X, 353 S. Kassel, Lpz: Krieger 1839
26 Börne's Leben. XXXVI, 310 S. m. Abb. u. Faks. Hbg: Hoffmann & Campe 1840
27 Schiller und Goethe. Ein psychologisches Fragment. 46 S. Hbg: Hoffmann & Campe 1841
28 Briefe aus Paris. 2 Bde. VI, 291, 260 S. Lpz: Brockhaus 1842
29 Patkul. Ein politisches Trauerspiel in fünf Aufzügen. Als Ms. gedr. Lpz: Lorck (1842)
30 Vermischte Schriften. 4 Bde. Lpz: Lorck (1–3) bzw. Lpz: Brockhaus (4) 1842–1850
31 Dramatische Werke. 9 Bde. Lpz: Weber (1–3) bzw. Lpz: Lorck (4–6) bzw. Lpz: Brockhaus (7–9) 1842–1857
32 Pugatscheff. Als Ms. gedr. o.O. (1844)
33 Das Urbild des Tartüffe. Lustspiel. Als Ms. gedr. 42 S. o.O (1844)
34 Wullenweber. Tragödie. Als Ms. gedr. 92 S. Dresden (1844)
35 Aus der Zeit und dem Leben. 482 S. Lpz: Brockhaus 1844
36 Gesammelte Werke. 13 Bde. Ffm: Literar. Anst. Rütten & Loening 1845 bis 1852
37 Der dreizehnte November. Uriel Acosta. 238 S. Lpz: Brockhaus (1847)
38 *Ansprache an die Berliner. 16 S. Bln: Springer 1848
39 Deutschland am Vorabend seines Falles oder seiner Größe. 235 S. Ffm: Literar. Anst. 1848
40 Neue Novellen. Bd. 10: Imagina Unruh. 159 S. 12⁰ Lpz: Brockhaus 1849
41 Die Ritter vom Geiste. Roman in neun Büchern. 9 Bde. XXIII, 4281 S. Lpz: Brockhaus 1850–1851
42 Aus der Knabenzeit. XII, 305 S., 1 Bl. Ffm: Literar. Anst. 1852
43 Der Königslieutenant. Lustspiel. 182 S. Lpz: Brockhaus 1852
44 (Hg.) Unterhaltungen am häuslichen Herd. 11 Jge. Lpz: Brockhaus 1852–1862
45 Philipp und Perez. Als Ms. gedr. Dresden: 1853
46 Ottfried. Schauspiel in fünf Aufzügen. 192 S. Lpz: Brockhaus 1854
47 Die Diakonissin. Ein Lebensbild. 223 S. Ffm: Literar. Anst. 1855
48 Lenz und Söhne oder Die Komödie der Besserungen. Lustspiel in fünf Aufzügen. X, 190 S. Lpz: Jena: 1855
49 Ein Mädchen aus dem Volke. 192 S. Prag, Wien, Lpz: Günther 1855
50 Die kleine Narrenwelt. 3 Thle. IX, 216; 240; 312 S. Ffm: Literar. Anst. 1856–1857
51 Ella Rose oder Die Rechte des Herzens. Schauspiel in fünf Aufzügen. Als Ms. gedr. 72 S. Dresden: Teubner 1856
52 Die beiden Auswanderer. Als Ms. gedr. o.O. (1857)
53 Anonym oder Die papierene Welt. Als Ms. gedr. Dresden: Teubner (1858)
54 Der Pilger. Als Ms. gedr. Dresden (1858)
55 Der Zauberer von Rom. Roman in neun Büchern. 9 Bde. 3504 S. Lpz: Brockhaus 1858–1861
56 Dramatische Werke. 20 Bde. Lpz: Brockhaus 1862–1863
57 Antonio Perez. Tragödie. 192 S. 16⁰ Lpz, Jena: Costenoble 1863 (Ausz. a. Nr. 45)
58 Die Courstauben. Novelle 63 S. 16⁰ Lpz, Jena: Costenoble 1864
59 Eine Shakespearefeier an der Ilm. 24 S. Lpz, Jena: Costenoble 1864
60 Hohenschwangau. Roman und Geschichte. 5 Bde. 1890 S. Lpz: Brockhaus 1867–1868
61 Vom Baum der Erkenntniß. Denksprüche. 230 S. Stg: Cotta 1868
62 Der westphälische Friede. Lustspiel in vier Aufzügen. Als Ms. gedr. 64 S. Lpz: Teubner (1868)
63 Die schöneren Stunden. Rückblicke. 339 S. Stg, Lpz: Hallberger 1869
64 Das Duell wegen Ems. Gedanken über den Frieden. 15 S. Bln: Puttkammer 1870
65 Der Gefangene von Metz. Festspiel. Als Ms. gedr. 140 S. Bln: Bernstein 1870
66 Lebensbilder. 3 Bde. 318, 364, 325 S. Stg: Hallberger 1870–1871
67 Die Söhne Pestalozzis. Roman. 3 Bde. 1166 S. Bln: Janke 1870

68 Der Wärwolf. Historische Erzählung. 152 S. m. Abb. Wien: Dittmarsch 1871
69 Fritz Ellrodt. Roman. 3 Bde. 356, 390, 306 S. Jena: Costenoble 1872
70 Ein Hollandgang. Novelle. 165 S. 16⁰ Jena: Costenoble (= Unterhaltungs-Bibliothek für Reise und Haus 17) 1872
71 Gesammelte Werke. Erste Gesammt-Ausg. 12 Bde. 5633 S. Jena: Costenoble 1873–1876
72 Rückblicke auf mein Leben. VIII, 358 S. Bln: Hofmann 1875
73 Säkularbilder. Anfänge und Ziele des Jahrhunderts. XV, 479 S. Jena: Costenoble 1875
  (Neuaufl. v. Nr. 19)
74 Zur Geschichte unserer Zeit. VIII, 390 S. Jena: Costenoble 1875
75 Dschingiskhan. Lustspiel. 43 S. 16⁰ Wien: Wallishausser 1876
76 Reiseeindrücke aus Deutschland, der Schweiz, Holland und Italien. 1832 bis 1875. VI, 394 S. Jena: Costenoble 1876
77 In bunter Reihe. Briefe, Skizzen und Novellen. 322 S. Breslau: Schottländer 1877
78 Die neuen Serapionsbrüder. Roman. 3 Bde. 882 S. Breslau: Schottländer 1877
79 Dionysius Longinus, oder: Über den ästhetischen Schwulst in der neueren deutschen Literatur. 106 S. Stg: Gutzkow (1878)
80 Die Paumgärtner von Hohenschwangau. Historischer Roman. 3 Bde. 727 S. Breslau: Schottländer 1879
  (Umarb. v. Nr. 60)

GWERDER, Alexander Xaver (1923–1952)

1 Blauer Eisenhut. Gedichte. 45 S. Zürich: Magnus-V. 1951
2 Dämmerklee. Nachgelassene Gedichte. 43 S. Zürich: Arche (= Die kleinen Bücher der Arche 196–197) 1955
3 Möglich, daß es gewittern wird. Nachgelassene Prosa, in Verb. m. T. Federli-Gwerder aus dem Nachl. ausgew. u. hg. v. H. R. Hilty. 79 S., 4 Abb. Zürich: Arche (= Die kleinen Bücher der Arche 238–239) 1957
4 Land über Dächer. Nachgelassene Gedichte. Mit e. Beitr.: Elegien auf den Tod eines jungen Dichters. Von K. Krolow. In Verb. m. T. Federli-Gwerder aus d. Nachl. ausgew. u. hg. v. H. R. Hilty. 48 S. Zürich: Arche (= Die kleinen Bücher der Arche 278–279) 1959

HABECK, Fritz (+Glenn Gordon) (*1916)

1. Der Scholar vom linken Galgen. Das Schicksal François Villons. 373 S. Wien, Bln, Lpz: Zsolnay 1941
2. Verlorene Wege. Erzählungen. 74 S., 7 Abb. Wien: Fleischmann 1947
3. Der Tanz der sieben Teufel. Roman. 593 S. Wien: Zsolnay 1950
4. Das Boot kommt nach Mitternacht. Roman. 311 S. Wien: Zsolnay 1951
5. (Übs.) F. de La Rochefoucauld: Spiegel des Herzens. Seine sämtlichen Maximen. Hg. W. Kraus. 151 S. Wien, Stg: Prachner 1951
6. Das zerbrochene Dreieck. Roman. 319 S. Wien: Zsolnay 1953
7. +Das Rätsel der müden Kugel. Kriminalroman. 292 S. Wien: Kremayr & Scheriau 1955
8. Ronan Gobain. Die Sage vom großen Wollen. Roman. 310 S. Hbg, Wien: Zsolnay 1956
9. +Das Rätsel des blauen Whisky. Kriminalroman. 275 S. Wien: Kremayr & Scheriau 1956
10. +Das Rätsel der kleinen Ellipsen. 269 S. Wien: Kremayr & Scheriau 1957
11. +Das Rätsel des einarmigen Affen. 268 S. Wien: Kremayr & Scheriau 1958
12. Der Ritt auf dem Tiger. Roman. 610 S. Hbg, Wien: Zsolnay 1958
13. (Hg., MÜbs., Einl.) F. Villon: Gesang unter dem Galgen. Übs. K. L. Ammer, R. Dehmel u. F. H. 149 S. m. Abb. Mchn, Wien, Basel: Desch (= Im Banne des Dionysos) 1958
14. (Übs.) J. Loisy: Das Geheimnis des Don Tiburcio. 157 S. m. Abb .Wien: V. f. Jugend u. Volk 1959
15. (Übs.) V. W. v. Hagen: Das Sonnenkönigreich der Azteken. A. d. Engl. 167 S. Wien: V. f. Jugend u. Volk (1960)
16. Der Kampf um die Barbacane. 287 S. m. Abb. Wien: Verl. f. Jugend u. Volk (1960)

HACKLÄNDER, Friedrich Wilhelm Ritter von (1816–1877)

1. Bilder aus dem Soldatenleben im Frieden. 13 3/4 Bg., 3 Abb. Stg: Krabbe 1841
2. Daguerreotypen. Aufgenommen während einer Reise in den Orient in den Jahren 1840 und 1841. 2 Bde. 56 Bg. Stg: Krabbe 1842
3. Märchen. 19 1/2 Bg., 6 Abb. 16⁰ Stg: Krabbe 1843
4. Das Soldatenleben im Frieden. 12 Bg. Stg: Krabbe 1844
5. Wachtstubenabenteuer. 11 Bg. 16⁰ Stg: Krabbe 1845
6. Reise in den Orient. 2 Bde. 29 1/2 Bg., 1 Bildn. Stg: Krabbe 1846 (Neuaufl. v. Nr. 2)
7. Humoristische Erzählungen. 188 S. Stg: Krabbe 1847
8. Der Pilgerzug nach Mekka. Morgenländische Sagen und Erzählungen. 209 S. Stg: Krabbe 1847
9. Bilder aus dem Soldatenleben im Kriege. 2 Bde. XII, 262; V, 459 S., 1 Abb. Stg, Tüb: Cotta 1849–1850
10. Bilder aus dem Leben. IV, 172 S. m. Abb. Stg: Krabbe 1850
11. Handel und Wandel. 2 Bde. VI, 518 S. Bln: Besser 1850
12. Der geheime Agent. Lustspiel. 157 S. Stg: Kröner (1851)
13. Namenlose Geschichten. 3 Bde. 854 S. Stg: Kröner (1851)
14. Eugen Stillfried. 3 Bde. 921 S. Stg: Kröner 1852
15. Magnetische Kuren. Lustspiel. 170 S. Stg: Kröner 1853
16. Soldatengeschichten für das Militär und seine Freunde. 4 Bde. 766 S. Stg: Hallberger (1853)–1857
17. Europäisches Sclavenleben. 4 Bde. 1430 S. Stg: Kröner 1854
18. Werke. 40 Bde. 13556 S. Stg: Kröner (1–34) bzw. Stg: Krabbe (35–40) 1855–1866

HACKLÄNDER

19 Ein Winter in Spanien. 2 Bde. 822 S. Stg: Kröner 1855
20 Erlebtes. 2 Bde. 526 S. Stg: Kröner 1856
21 Der Augenblick des Glücks. 2 Bde. 472 S. Stg: Kröner (1857)
22 Zur Ruhe setzen. Lustspiel. 166 S. Stg: Kröner 1857
23 Der neue Don Quixote. 5 Bde. 1531 S. Stg: Kröner 1858
24 Krieg und Frieden. 2 Bde. 592 S. Stg: Kröner 1859
25 Tag und Nacht. 2 Bde. 599 S. m. Abb. Stg: Hallberger 1860
26 Der Tannhäuser. 2 Bde. 474 S. Stg: Kröner 1860
27 Werke. 4 Serien. 60 Bde. Stg: Kröner (1860)–1873
28 Der verlorene Sohn. Lustspiel. 168 S. Stg: Kröner (1861)
29 Tagebuch-Blätter. 2 Bde. 530 S. Stg: Kröner 1861
30 Der Wechsel des Lebens. 3 Bde. 618 S. Stg: Hallberger 1861
31 Die dunkle Stunde. 5 Bde. 1375 S. Stg: Kröner 1863
32 Fürst und Kavalier. 272 S. Stg: Hallberger 1865
33 Vom Haidehaus. Das Loos der Wittwe. Der Blaubart. Knospenstudie. Londoner Ausstellungsfahrt. 248 S. Stg: Hallberger (1866)
34 Künstlerroman. 5 Bde. 1793 S. Stg: Krabbe (1866)
35 Neue Geschichten. 2 Bde. 380 S. Stg: Hallberger (1867)
36 Das Geheimniß der Stadt. 3 Bde. 778 S. 16° Stg: Krabbe 1868
37 Marionetten. Lustspiel. 131 S. Stg: Krabbe 1868
38 Eigne und fremde Welt. 2 Bde. 624 S. Stg: Krabbe 1868
39 Zwölf Zettel. 2 Bde. 408 S. Stg: Hallberger (1868)
40 Hinter blauen Brillen. Novelle. 191 S. Wien: Liter.-art. Anst. 1869
41 Der letzte Bombardier. 4 Bde. 1081 S. Stg: Krabbe 1870
42 Nahes und Fernes. – Die Spuren eines Romans. – Unter den päpstlichen Zuaven. 348 S. Stg: Hallberger 1870
43 Geschichten im Zick-Zack. 4 Bde. 968 S. Stg: Hallberger (1871)
44 Sorgenlose Stunden in heitern Geschichten. 2 Bde. 450 S. Stg: Kröner 1871
45 Der Sturmvogel. Ein Seeroman. 4 Bde. 982 S. Stg: Hallberger (1871)
46 Humoristische Schriften. 6 Bde. 1106 S. Stg: Kröner 1872
47 Kainszeichen. Roman. 4 Bde. 1032 S. Stg: Hallberger 1874
48 (MV) In den Katakomben. (– A. Lienhardt: Van Dyk's Meisterstück.) 40 S. 4° Stg: Kröner (= Reiselectüre) 1874
49 Lohengrin. Novelle. 208 S. 16° Wien: Liter.-art. Anst. 1874
50 Nullen. Roman mit Randverzierungen. – Geschichten im Zick-Zack. 3 Bde. 774 S. Stg: Hallberger 1874
   (Enth. u. a. Ausz. a. Nr. 43)
51 Falsches Spiel. 34 S. 4° Stg: Kröner (= Reiselectüre) 1874
52 Die Valencianerin. 44 S. 4° Stg: Kröner (= Reiselectüre) 1874
53 Zur Weltausstellung verurtheilt. 40 S. 4° Stg: Kröner (= Reiselectüre) 1874
54 Geschichtenbuch. 3 Bde. 939 S. Stg: Kröner 1875
   (Enth. u. a. Nr. 40, 51, 52, 53)
55 La Gitana. 40 S. 4° Stg: Kröner (= Reiselectüre) 1875
56 Komödien im Zwischenakt. 42 S. 4° Stg: Kröner (= Reiselectüre) 1875
57 Eine Viertelstunde Vater. 88 S. 4° Stg: Kröner (= Reiselectüre) 1875
58 (MV) Gemeinschaftliche Arbeit. Erzählung. (– K. Heigel: Arion. Erzählung) 32 S. 4° Stg: Kröner (= Reiselectüre) (1876)
59 FraDiavolo. Eine Künstlergeschichte. 40 S. 4° Stg: Kröner (= Reiselectüre)(1876)
60 (MV) Das Märchen von der Eisfee. (– K. Heigel: Sie spekuliert. Humoreske.) 32 S. 4° Stg: Kröner (= Reiselectüre) (1876)
61 (MV) (K. v. Hülsen: Ebba. Eine Erzählung. – F. W. v. H.) Variationen über die Hugenotten. 31 S. 4° Stg: Kröner (Reiselectüre) (1876)
62 Sternschnuppen. Erzählung. 32 S. 4° Stg: Kröner (= Reiselectüre) (1876)
63 Das Ende der Gräfin Patatzky. Roman. 2 Bde. 581 S. Stg: Hallberger 1877
64 Reisenovellen. 234 S. Stg: Krabbe 1877
   (Enth. Nr. 59 u. 62)
65 Residenzgeschichten. 244 S. Stg: Krabbe 1877
   (Enth. Nr. 56, 57 u. Ausz. a. Nr. 61)
66 Verbotene Früchte. Roman. 2 Bde. 395 S. Stg: Hallberger (1878)
67 Der Roman meines Lebens. 2 Bde. 728 S. Stg: Krabbe 1878
68 Der alte Lehnstuhl. Gemeinschaftliche Arbeit. Madame Lohengrin. Erzählungen. 272 S. Stg: Krabbe 1879
   (Enth. u. a. Ausz. a. Nr. 58)

69 Letzte Novellen. Mit seinem ersten literarischen Versuch. 299 S. Stg: Krabbe 1879
70 Ausgewählte Werke. 20 Bde. 4971 S. 12° Stg: Krabbe 1881–1882
71 Feuerwerker Wortmann und andere Soldatengeschichten. 206 S. m. Abb. Stg: Krabbe 1884

HACKS, Peter (*1928)

1 Das Windloch. Geschichten von Henriette und Onkel Titus. 143 S. m. Abb. Gütersloh: Bertelsmann 1956
2 Theaterstücke. Das Volksbuch vom Herzog Ernst oder Der Held und sein Gefolge. – Eröffnung des indischen Zeitalters. – Die Schlacht bei Lobositz. 305 S. Bln: Aufbau-V. 1957

HAECKER, Hans Joachim (*1910)

1 Hiob. Spiel von Adams und Evas Schuld, von Hiobs Heimsuchung und der Auferstehung des Herrn. 47 S. Bln: Furche-V. (= Furche-Bücherei 34) 1937
2 Segler gegen Westen. Schauspiel. 123 S. Bln: Theater-Verl. Langen-Müller (= Bücherei der dramatischen Dichtung 17) 1941
3 Die Insel Leben. 64 S. Bln: Hugo 1943
4 Teppich der Gesichte. Sonette. 68 S. Hbg: Hugo (= Europäische Stimmen) 1947
5 Der Tod des Odysseus. Tragödie. 74 S. m. Abb. Hbg-Bergedorf: Stromverl. 1948

HAENSEL, Carl (*1889)

1 Die Eintragbarkeit als Warenzeichen. XII, 102 S. Marburg: Elwert (= Arbeiten zum Handels-, Gewerbe- und Landwirtschaftsrecht 13) 1912
2 Das Grauen. 79 S. Ffm: Reitz & Koehler 1919
3 Der Sieg. Dramatische Dichtung in fünf Bildern. 49 S. Bln: Juncker 1920
4 Meister Mariae. Ein Drama in Vorspiel und fünf Akten. 73 S. Mchn: Müller 1921
5 Tanz. 100 S. Mchn: Müller 1922
6 Zur Rettung unserer Wirtschaft und Finanzen. Grundzüge einer Steuerreform. 22 S. Ansbach: Brügel 1923
7 Macht der Erde. Roman. 225 S. (Bln:) Volksverband der Bücherfreunde, Wegweiser-Verl. (1925)
8 Der Kampf ums Matterhorn. Tatsachenroman. 275, 2 S., 1 Titelb., 16 Taf. Stg: Engelhorn (= Lebendige Welt) (1928)
9 Die letzten Hunde Dschingis Khans. Roman aus der Türkei. 317 S. Stg: Engelhorn 1929
10 Zwiemann. Roman. 271 S. Jena: Diederichs 1930
11 (MV) C. H. u. R. Strahl: Politisches ABC des neuen Reichs. Schlag- und Stichwörterbuch. 88 S. Stg: Engelhorn 1933
12 Das war Münchhausen. Roman aus Tatsachen. 221 S., 10 Taf. Stg: Engelhorn 1933
13 (MV) C. H. u. R. Strahl: Politisches ABC des Saar-, Grenz- und Auslandsdeutschtums. Zweites Schlag- und Stichwörterbuch. 94 S., 2 Kt. Stg: Engelhorn 1934
14 (MV) C. H. u. R. Strahl: Außenpolitisches ABC. Stichwörterbuch. 222 S. Stg: Engelhorn 1935
15 Echo des Herzens. Bericht und Deutung einer Tat. 218 S. Stg: Engelhorn 1935
16 Der Silberpage. Fuge und Schlußakkord aus dem Leben Augusts des Starken. Roman. 254 S. Bln: Holle 1936

17 Der Mann, der den Berg verschenkte. Novelle. 93 S. m. Abb. Bln: Holle (1937)
18 Der Bankherr und die Genien der Liebe. Roman. 414 S., 1 Stammtaf. Bln: Fischer 1938
19 Der letzte Grad. Novelle. 127 S. Bln: Fischer (= Fischer-Bücherei) 1939
20 Das Haus mit dem Schaukelpferd. Eine Geschichte. 107 S. Bln: Fischer 1939
21 Franz Anton Mesmer. Leben und Lehre. 238 S. Bln: Fischer 1940
22 Über den Irrtum. Eine Kritik unserer Anschauungen. 249 S. Bln: Suhrkamp 1941
23 Die Ablösung. Novelle. 30 S. m. Abb. Bln: Limpert (1942)
24 Wetterleuchten. Wien im Frühjahr 1913. Roman. 375 S. Bln: Suhrkamp 1943
25 Das Wesen der Gefühle. Essay. 394 S., 1 Bl. Überlingen: Wulff 1946
26 Das Organisationsverbrechen. Nürnberger Betrachtungen zum Kontrollratsgesetz Nr. 10. 61 S. Mchn; Bln: Biederstein 1947
27 Der Doppelgänger. Die Ablösung. 60 S. Überlingen: Wulff 1948 (Enth. u. a. Nr. 23)
28 Der Kantor vom Montblanc. Franz.-dt. Konstanz: Weller 1948 (Neufassg. v. Nr. 17)
29 Das Gericht vertagt sich. Aus dem Tagebuch eines Nürnberger Verteidigers. 346 S. Hbg: Claassen 1950
30 (Einl.) Das Urteil im Wilhelmstraßen-Prozeß. Der amtliche Wortlaut der Entscheidung im Fall Nr. 11 des Nürnberger Militärtribunals gegen v. Weizsäcker und andere ... Einf. R. W. M. Kempner u. C. H. Hg. unter Mitwirkung v. C. H. Tuerck. XXXIII, 346 S. 4° Schwäbisch Gmünd: Bürger 1950
31 Fernsehen – nahe gesehen. Technische Fibel, Dramaturgie, organisatorischer Aufbau. 225 S. m. Abb., 4 Bl. Abb. Ffm, Bln: Metzner 1952
32 Kennwort Opernball dreizehn. Die letzten zwölf Stunden des Obersten Redl. Roman. 317 S. Bremen: Schünemann (1953) (Neubearb. v. Nr. 24)
33 Leistungsschutz oder Normalvertrag. Bemerkungen zur Urheberrechtsreform. 151 S. Hbg: Verl. Hans Bredow-Inst. (= Schriftenreihe für Rundfunk und Fernsehen 2) 1954
34 (Einl.) Deutsche Berge. Ein Bildwerk. Bildausw. P. Juncker. Textanh. F. Henrich. 84 S., 46 Abb. 4° Bonn: Athenäum-V. (= Deutsche Heimat 4) 1956
35 Professoren. Roman. 446 S. Gütersloh: Bertelsmann 1957
36 Aufführung, Vortrag, Rundfunkweitergabe. VIII, 91 S. Mchn, Bln: Beck 1959

HÄRTLING, Peter (*1933)

1 Poeme und Songs. Gedichte. 16 S. Eßlingen: Bechtle 1953
2 Yamins Stationen. Gedichte. 70 S. Eßlingen: Bechtle 1955
3 In Zeilen zuhaus. Vom Abenteuer des Gedichts, des Gedichteschreibens und Gedichtelesens. 81 S. Pfullingen: Neske 1957
4 Unter den Brunnen. Neue Gedichte. 55 S. Eßlingen: Bechtle 1958
5 Im Schein des Kometen. Roman. 242 S. Stg: Goverts 1959

HAFNER, Philipp (1731–1764)

1 Die Bürgerliche Dame, oder Die Ausschweifungen eines zügellosen Eheweibes, mit Hanswurst und Kolombina. 50 Bl. Wien: Kurzböck 1763
2 Scherz und Ernst in Liedern. 2 Bde. 86, 87 S. Wien: Kurzböck 1763–1764
3 Dramatische Unterhaltungen unter guten Freunden. 25 Bl. Wien: Kurzböck 1763
4 Neue Bourlesque betitelt: Etwas zum Lachen im Fasching oder Burlins und Hanswursts seltsame Carnevals-Zufälle. 25 Bl. Wien: Kurzböck 1764

5 Der Furchtsame. Lustspiel in drey Aufzügen. 11 S. Wien: Kurzböck 1764
6 Poetische und prosaische Werke. 173 S. Wien: Kurzböck 1764
7 Ein neues Zauberlustspiel, betitelt: Megära, die förchterliche Hexe, oder Das bezauberte Schloß des Herrn von Einhorn. 2 Thle. 117 S., 106 S. Wien: Kurzböck (1764) – 1765
8 Evakathel und Schnudi. Ein lustiges Trauerspiel von zwey Aufzügen. 38 S. Wien: Kraus 1765
9 Der beschäftigte Hausregent, oder das ... Beylager der Fräule Fanille. 72 S. o. O. (1765)
10 Die in eine dauerhafte Freundschaft sich verwandelnde Rache. 106 S. Wien: Kurzböck 1765 (Teil 2 v. Nr. 7)
11 Der von dreyen Schwiegersöhnen geplagte Odoardo, oder Hannswurst und Crispin die lächerlichen Schwestern von Prag. Ein Lustspiel von zweyen Abhandlungen. 80 S. Wien (o. Verl.) (1766)
12 Die reisenden Comödianten oder der gescheite und dämische Impressario. Lustspiel. Wien 1774
13 Sammlung aller von ihm verfaßten Lustspiele. Wien 1782
14 Songes Hanswurstiques, oder auf gut Chinesisch, es könnte einem nicht närrischer träumen. 134 S. o. O. (1800)
15 Gesammelte Schriften. Mit einer Vorrede und Anmerkungen, vorzüglich über österreichische Mundart. 3 Bde. XII, 198; 298; 385 S. Wien: Wallishausser 1812
16 Gesammelte Werke. Eingel., hg. E. Baum. 2 Bde. 161, 247; 386 S. Wien: Literar. Verein (= Schriften des literar. Vereins in Wien 19, 21) 1914–1915

HAGEDORN, Friedrich von (1708–1754)

1 Des Zwölff-Jährigen F. v. H. Gedancken über den jetzigen Nordischen Frieden bey Gelegenheit des am 14. Nov. 1720 celebrirten Danckfestes ... 2 Bl. 4° Altona: Baak 1720
2 Poetische Unterredung zwischen dem Marti, dem Gott des Krieges, und der Irene, der Göttin des Friedens. 1 Bg. 4° Altona: Baak 1720
3 Das sein Glück vorhersehende Dännemark in der höchsten Vermählung des Cron-Printzens Christians VI. mit ... Sophien Magdalenen Mary Gräfinn zu Brandenburg-Bayreuth-Culmbach ... 1 Bg. 2° Altona 1721
4 Als der Wohl-Ehrwürdige ... Herr Johann Jacob Wetken ... am 25. April 1721 ordiniret und introduciret wurde ... 1 Bg. 2° Altona 1721
5 Glückwünschender Zuruff bey Ihr Königl. Hoheit des Durchlauchtigsten Cron-Printzens Christians zu Dännemark, Norwegen etc. ... Ankunft zu Altona ... o. O. 1721
6 Das durch Ehr-Furcht unterbrochene Jauchzen der frolockenden Cimbrier wollte Sr. Königl. Hoheit ... Christian dem VI. ... bei der allerhöchsten Geburt eines durchlauchtigsten Printzen ... in einem Gedicht ... vorstellen ... F. v. H. 1 Bg. 2° Hbg 1723
7 Frolockender Zuruf an ... Herr Joh. Albertum Fabricium, ... bei der glücklichen Vermählung Seiner Jungfer Tochter ... Catharine Dorothea Fabricius mit ... Herrn Joach. Diederich Evers ... 1 Bg. 2° Hbg 1723
8 *(MV) (O. Heins, F. v. H., C. F. Schnell:) Als der Hoch-Edle ... Herr Johann Christian Wolf zum Professore Physices et Poesos ... introduciret ward, wollten Ihm ... gratuliren drey Gymnasii cives. 1 Bg. 2° Hbg 1723
9 *Versuch einiger Gedichte, oder Erlesene Proben Poetischer Neben-Stunden. XXII, 120 S. Hbg: König & Richter 1729
10 Bei dem am 4. Jan. 1730 in Hamburg feyerlichst zu vollziehenden Lastrop-Beselerischen Ehe-Verbündniß ... 1 Bg. 2° o. O. 1730
11 *Versuch in poetischen Fabeln und Erzehlungen. 4 Bl., 210 S., 7 Bl. Hbg: König 1738
12 An Herrn Michael Richey, öffentlichen Lehrer am Gymnasio über den ... Hintritt seines geliebten Sohnes, Herrn Johann Richeys. ... 1 Bg. 2° Hbg (1738)

13 *Der Gelehrte. 4 Bl. 4⁰ o. O. 1740
14 *Der Weise. 1 Bg. 4⁰ Hbg 1741
15 *Sammlung Neuer Oden und Lieder. 3 Tle. 56; 40, 72; 32 S. Hbg: Bohn 1742-1752
16 *Die Glückseligkeit. 32 S. Hbg (o. Verl.) 1743
17 *Die Glückseligkeit, die Wünsche und der Weise. 24 S. 4⁰ Hbg 1743
18 *Die Wünsche. 1 Bg. 4⁰ Hbg 1743
    (Veränd. Neuaufl. v. Nr. 14, 16, 18)
19 *Schriftmäßige Betrachtungen über einige Eigenschaften Gottes in einer Ode. 1 Bg. 4⁰ Hbg 1744
20 *(Übs.) Der Schwätzer. Aus dem Horaz. 1 Bg. 4⁰ Hbg (o. Verl.) 1744
21 *Bei der Lake- und Campbellschen ... Eheverbindung ... 2 Bl. 2⁰ Aumühlen, Hbg (1745)
22 *Schreiben einer Hamburgischen, unverheiratheten Frauenzimmer-Gesellschaft an Mademoiselle Mariane Brockes, über Ihre hochzeitliche Verbindung. 2 Bl. 2⁰ o. O. 1745
23 *Der Wein. 24 S. 4⁰ Hbg: Bohn 1745
    (Umarb. e. Ausz. a. Nr. 9)
24 *Adelheid und Henrich, oder Die neue Eva und der neue Adam. 24 S. 4⁰ Hbg: Bohn 1747
25 *Oden und Lieder in fünf Büchern. XLI, 3, 276 S. Hbg: Bohn 1747
26 *Schreiben an einen Freund. 8 S. 4⁰ Hbg 1747
27 *Die Freundschaft. 30 S. 4⁰ Hbg: Bohn 1748
28 *Moralische Gedichte. 12 Bl., 208 S. Hbg: Bohn 1750
    (Enth. u. a. Nr. 13, 14, 17, 19, 20, 26, 27 u. Forts. v. Nr. 11)
29 *Horaz. 16 S. Hbg: Bohn 1751
30 Moralische Gedichte. XXXII, 334, 10 S. Hbg: Bonn 1753
    (Verm. Neuaufl. v. Nr. 28)
31 Poetische Werke. 3 Bde. XL, 212 S., 2 Bl.; 304 S., 5 Bl.; XLIV, 276 S. m. Bildn. Hbg: Bohn 1757
32 Poetische Werke. Mit seiner Lebensbeschreibung und Charakteristik und mit Auszügen seines Briefwechsels begl. J. J. Eschenburg. 5 Bde. Hbg: Bohn 1800

Hagelstange, Rudolf (*1912)

1 Ich bin die Mutter Cornelias. 35 S. m. Abb. Nordhausen: Haacke 1939
2 Es spannt sich der Bogen. Gedichte. 53 S. Lpz: Rupert-V. 1943
3 Allegro. Heitere Verse zu Zeichnungen v. H. Bibow. Verona: Mondadori 1944
4 Venezianisches Credo. Verona: Officina Bodoni (Priv.-Dr.; 155 Ex.) 1945
5 Venezianisches Credo. 42 S. (Wiesbaden:) Insel 1946
    (Dt. Ausg. v. Nr. 4)
6 (MV) R. H., C. G. Heise u. P. Appel: Renée Sintenis. 139 S. Bln: Aufbau-V. 1947
7 Strom der Zeit. Gedichte. 72 S. Wiesbaden: Insel 1948
8 Mein Blumen-ABC. 26 S. m. Abb. Bln, Rastatt: Eos-V. 1949
9 Meersburger Elegie. 15 Bl. St. Gallen: Tschudy-Verl. 1950
10 Die Elemente. Gedichte zu den Mosaiken von Frans Masereel. 21 Bl. m. Abb. 4⁰ (Winterthur:) Reinhart 1950
11 Das Vergängliche. Für Harald Kreutzberg. 11 S. 4⁰ Burgdorf: Berner Handpresse 1950
12 Balthasar. Eine Erzählung. 29 S. m. Abb. 4⁰ (Wiesbaden:) Insel; St. Gallen: Tschudy 1951
13 Ewiger Atem. 13 Bl., 1 Bildn. Olten: Vereinigung Oltner Bücherfreunde 1952
14 Ballade vom verschütteten Leben. 70 S. Wiesbaden: Insel 1952
15 Der Streit der Hirsche. Festgabe für Emil Junker, Riehen, zum sechzigsten Geburtstag. 21 S. (Olten:) Vereinigung Oltner Bücherfreunde 1952
16 (MV) T. Heuss, R. H., W. Brandt, E. Lüth, S. Andres: Wider den Anti-

semitismus. 31 S. Bln: Kongreß f. kulturelle Freiheit, Deutscher Ausschuß (1953)
17 (MH) Freier Geist zwischen Oder und Elbe. Dokumente des Widerstandes seit 1945 in Vers und Prosa. Hg. Kongress für die Freiheit der Kultur. Der Deutsche Ausschuß. Sammlung u. Reden: R. H., G. Birkenfeld, H. W. Sabais. 172 S. Darmstadt, Zürich: Montana-V. (1953)
18 Es steht in unserer Macht. Gedachtes und Erlebtes. 230 S. Mchn: Piper 1953
19 Zwischen Stern und Staub. Gedichte. 74 S. Wiesbaden: Insel 1953
20 Die Beichte des Don Juan. Dichtung. 49 S. m. Abb. Olten: Vereinigung Oltner Bücherfreunde (= Veröffentlichungen für die Vereinigung Oltner Bücherfreunde 64) 1954
21 Politik und Persönlichkeit Ernst Reuters. Gedenkrede zur ersten Wiederkehr seines Todestages. 10 Bl. Bln-Friedenau: Bürgermeister Reuter-Stiftung (1954)
22 (Einl.) Deutschland. Mitteldeutschland und der Osten, wie er war. Ein Bildband von deutscher Landschaft, ihren Städten, Dörfern und Menschen. Textl. Erl. H. Domke. Zusammenst. u. Bildunterschr. H. Busch. 160 S., 136 Abb. 4⁰ Ffm: Umschau-Verl. 1955
23 Die Nacht. 80 S. m. Abb. Zürich: Europa-V. 1955
24 (Einl.) Land der Mitte. Sachsen und Thüringen. Erl. H. Domke. 9 S., 63 S. Abb. Ffm: Umschau-V. (= Die deutschen Lande 12) 1956
25 (Übs.) A. Poliziano: Die Tragödie des Orpheus. Italienischer Text mit deutscher Versübertragung. 56 S. 4⁰ Wiesbaden: Insel 1956
26 How do you like America? Impressionen eines Zaungastes. 142 S. Mchn: Piper 1957
27 (Übs.) G. Boccaccio: Die Nymphe von Fiesole. 176 S. Wiesbaden: Insel 1957
28 (Einl.) Gesang des Lebens. Das Werk Frans Masereels. 140 S. m. Abb. Hannover: Fackelträger-V. 1957
29 (Einl.) Kleinodien. Auserlesene Kunstwerke in Deutschland. Bilderl. H. Domke. Hg. B. Lohse u. H. Busch. 256 S., 230 Abb. 4⁰ Ffm: Umschau-V. 1957
30 (Einl.) D. M. Noack: Griechenland. Vorw. K. Adenauer u. H. Hesse. 135 S., 130 Abb. Bln: Rembrandt-V. 1957
31 (Einl.) Verona. 15 S. Text m. Taf., 1 Kt., Mchn, Ahrbeck: Knorr & Hirth (= Das kleine Kunstbuch) 1957
32 (Hg.) Ein Licht scheint in die Finsternis. Ein Weihnachtsbuch. 310 S. m. Abb. Gütersloh: Rufer-V. 1958
33 Das Lied der Muschel. 82 S. Mchn: Piper 1958
34 Offen gesagt. Aufsätze und Reden. Nachw. E. Johann. 171 S. Ffm: Ullstein Taschenbücher-Verl. (= Ullstein-Bücher 212) 1958
35 Wo bleibst du, Trost ... Eine Weihnachtserzählung. 59 S. m. Abb. Köln, Olten: Hegner 1958
36 Literatur als Provokation. Drei Reden anläßlich der Überreichung des Campe-Preises an R. H. 44 S. Hbg: Hoffmann & Campe 1959
37 Die Nacht Mariens. Weihnachtsbuch. 62 S. m. Abb. Zürich: Arche (= Die kleinen Bücher der Arche 292–293) 1959
38 Spielball der Götter. Aufzeichnungen eines trojanischen Prinzen. Roman. 340 S. Hbg: Hoffmann & Campe 1959
39 (Einl.) Römische Brunnen. 16 S., 32 Taf. Ahrbeck: Knorr & Hirth (= Das kleine Kunstbuch) 1960
40 (Einl.) Die schönsten Gedichte aus acht Jahrhunderten. Hg. C. Stephenson. 528 S. Bln: Weiss 1960
41 Huldigung. Droste, Eichendorff, Schiller. 62 S. Wiesbaden: Insel (= Insel-Bücherei 719) 1960
42 (Übs.) J. W. Johnson: Gib mein Volk frei. Acht Negerpredigten. 88 S., 13 Abb. Gütersloh: Gütersloher Verl.-Hs. 1960
43 (MV) Die Olympischen Spiele 1960. Squaw Valley – Rom. Das Olympiabuch in Farbe. Hg. Dt. Olympische Gesellschaft. 464 S., 240 S. Abb., 100 Taf. Stg: Olymp. Sportverl. 1960
44 Viel Vergnügen ... 61 S. m. Abb. Hannover: Fackelträger-V. (= Kleine Reihe) 1960

Hahn Hahn, Ida Gräfin von (1805–1880)

1 Gedichte. 320 S. Lpz: Brockhaus 1835
2 Neue Gedichte. 248 S. Lpz: Brockhaus 1836
3 Venezianische Nächte. VI, 192 S. Lpz: Brockhaus 1836
4 Lieder und Gedichte. 184 S. Bln, Posen, Bromberg: Mittler 1837
5 Aus der Gesellschaft. Novelle. 288 S. Bln: Duncker u. Humblot 1838
6 Astralion. Eine Arabeske. 112 S. Bln: Duncker 1839
7 Der Rechte. 372 S. Bln: Duncker 1839
8 Jenseits der Berge. 2 Thle. 800 S. Lpz: Brockhaus 1840
9 Gräfin Faustine. 368 S. Bln: Duncker 1841
10 Reisebriefe. 2 Bde. 864 S. Bln: Duncker 1841
11 Ulrich. 2 Bde. 708 S. Bln: Duncker 1841
12 Erinnerungen aus und einer Reise nach Frankreich. 2 Bde. 540 S. Bln: Duncker 1842
13 Sigismund Forster. 592 S. Bln: Duncker 1843
14 Die Kinder auf dem Abendberg. Eine Weihnachtsgabe. 24 S. Bln: Duncker 1843
15 Ein Reiseversuch im Norden. 256 S. Bln: Duncker 1843
16 Orientalische Briefe. 3 Bde. Bln: Duncker 1844
17 Cecil. 2 Bde. 744 S. Bln: Duncker 1844
18 Aus der Gesellschaft. Ges.-Ausg. der Romane. 8 Bde. Bln: Duncker 1845 (Enth. Nr. 5, 7, 9, 11, 13 u. 17)
19 Die Brüder. Bln (: Duncker) 1845
20 Zwei Frauen. 2 Bde. 458 S. Bln: Duncker 1845
21 Jenseits der Berge. 2 Thle. 872 S. Lpz: Brockhaus 1845 (Verm. Neuaufl. v. Nr. 8)
22 (Vorw.) Lichtstrahlen aus der Gemüthswelt. Zur Erweckung und Erquikkung für Blinde. Gesammelt v. A. Lindau. 258 S. Dresden, Lpz: Arnold 1845
23 Ilda Schönholm. Bln: Duncker 1845 (Neuaufl. v. Nr. 5)
24 Clelia Conti. 352 S. Bln: Duncker 1846
25 Sibylle. Eine Selbstbiographie. 2 Bde. 610 S. Bln: Duncker 1846
26 Levin. 2 Thle. VIII, 320; 341 S. Bln: Duncker 1848
27 Von Babylon nach Jerusalem. 247 S. Mainz (: Kirchheim & Schott) 1851
28 Unsrer Lieben Frau. VIII, 142 S. Mainz (: Kirchheim & Schott) 1851
29 Aus Jerusalem. 179 S. Mainz (: Kirchheim & Schott) 1851
30 Gesammelte Schriften. 21 Thle. Bln: Duncker 1851
31 Die Liebhaber des Kreuzes. 2 Bde. 211, 244 S. Mainz: (Kirchheim & Schott) 1852
32 Ein Büchlein vom guten Hirten. Eine Weihnachtsgabe. VIII, 156 S. Mainz: Kirchheim 1853
33 Das Jahr der Kirche. In Gedichten. XVI, 303 S. 16° Mainz: Kirchheim 1854
34 (MH) Legende der Heiligen. Im Vereine mit Anderen hg. J. Laicus. (Bdch. 3: Fortges. v. J. H. H.) 3 Bde., 12 H. m. Abb. Mainz: Kirchheim 1854–56
35 Bilder aus der Geschichte der Kirche. 4 Bde. Mainz: Kirchheim 1856–1866
36 Maria Regina. Eine Erzählung aus der Gegenwart. 2 Bde. X, 1122 S. Mainz: Kirchheim 1860
37 Doralice. Ein Familiengemälde aus der Gegenwart. 2 Bde. X, 614 S. Mainz: Kirchheim 1861
38 Vier Lebensbilder. Ein Papst, ein Bischof, ein Priester, ein Jesuit. XII, 332 S. Mainz: Kirchheim 1861
39 Zwei Schwestern. Eine Erzählung aus der Gegenwart. 2 Bde. VI, 790 S. Mainz: Kirchheim 1863
40 Ben-David. Ein Phantasiegemälde von Ernest Renan. 60 S. 16° Mainz: Kirchheim 1864
41 Peregrin. Ein Roman. 2 Bde. VI, 823 S. Mainz: Kirchheim 1864
42 Eudoxia, die Kaiserin. Ein Zeitgemälde aus dem fünften Jahrhundert. 2 Bde. X, 523 S. Mainz: Kirchheim 1867
43 (Übs.) Das Leben der heiligen Teresa von Jesus. A. d. Span. 463 S. Mainz: Kirchheim 1867
44 Die Erbin von Cronenstein. 2 Bde. III, 424; III, 371 S. Mainz: Kirchheim 1869

45   Die Geschichte eines armen Fräuleins. 2 Bde. VI, 255; VI, 212 S. Mainz: Kirchheim 1869
46   Die Glöcknerstochter. 2 Bde. III, 443; III, 443 S. Mainz: Kirchheim 1871
47   Die Erzählung des Hofraths. 2 Bde. III, 334; III, 367 S. Mainz: Kirchheim 1872
48   Vergieb uns unsere Schuld. Eine Erzählung. 2 Bde. 246, 284 S. Mainz: Kirchheim 1874
49   Nirwana. 2 Bde. VIII, 376; VIII, 422 S. Mainz: Kirchheim 1875
50   Das Leben des heiligen Wendelinus. 16 S. Aachen: Schweitzer 1876 (Ausz. a. Nr. 35)
51   Eine reiche Frau. 2 Bde. 228, 291 S. Mainz: Kirchheim 1877
52   Der breite Weg und die enge Straße. Eine Familiengeschichte. 2 Bde. IV, 340; III, 320 S. Mainz: Kirchheim 1877
53   Wahl und Führung. Ein Roman. 2 Bde. 283, 276 S. Mainz: Kirchheim 1878
54   Die heilige Zita, Dienstmagd zu Lucca im dreizehnten Jahrhundert. 144 S. m. Abb. Mainz: Kirchheim 1878
55   Gesammelte Werke. Mit e. biograph. literar. Einl. v. O. v. Schaching. 2 Serien und 45 Bde. Regensburg: Habbel 1902–1905

HALBE, Max (1865–1944)

1   Die Beziehungen zwischen Friedrich II. und dem päpstlichen Stuhl vom Tode Innocenz III. bis zum Goslarer Tage. 45 S. Bln: Cynamon 1888
2   Friedrich II. und der päpstliche Stuhl. Bis zur Kaiserkrönung. 96 S. 8° Bln: Mayer & Müller 1888
3   Ein Emporkömmling. Sociales Trauerspiel. 175 S. Norden: Fischer 1889
4   Freie Liebe. Modernes Drama. 121 S. Guben: Krollmann 1890
5   Eisgang. Modernes Schauspiel. 89 S. Bln: Fischer 1892
6   Jugend. Ein Liebesdrama in drei Aufzügen. 111 S. Bln: Fischer 1893
7   Der Amerikafahrer. Scherzspiel. 183 S. Bln: Fischer 1894
8   Lebenswende. Eine Komödie. VII, 147 S. Dresden: Bondi 1896
9   Mutter Erde. Drama. 246 S. Bln: Bondi 1897
10 Frau Meseck. Eine Dorfgeschichte. 74 S. Bln: Bondi 1897
11 Der Eroberer. Tragödie in fünf Aufzügen. 168 S., 1 Notenbeil. Bln: Bondi 1899
12 Die Heimatlosen. Drama in fünf Aufzügen. 141 S. Bln: Bondi 1899
13 Das tausendjährige Reich. Drama. 150 S. Bln: Bondi 1900
14 Ein Meteor. Eine Künstlergeschichte. 92 S. Bln: Bondi 1901
15 Haus Rosenhagen. Schauspiel. 156 S. Bln: Bondi 1901
16 Walpurgistag. Eine Dichter-Komödie. 187 S. Bln: Bondi 1903
17 Der Strom. Drama. 114 S. Bln: Bondi 1904
18 Die Insel der Seligen. Komödie. 157 S. Mchn: Langen 1906
19 Das wahre Gesicht. Drama. VII, 222 S. Mchn: Langen 1907
20 Blaue Berge. Komödie. 181 S. Mchn: Langen 1909
21 Der Ring des Lebens. Ein Novellenbuch. 242 S. Mchn: Langen 1909
22 Der Ring des Gauklers. Ein Spiel. 247 S. Mchn: Langen 1911
23 Die Tat des Dietrich Stobäus. Roman. 584 S. Mchn: Langen 1911
24 Freiheit. Ein Schauspiel von 1812. 181 S. Mchn: Langen 1913
25 Jo. Roman. 412 S. Bln: Ullstein 1917
26 Hortense Ruland. Tragödie. 184 S. Mchn: Langen (1917)
27 Schloß Zeitvorbei. Dramatische Legende. 179 S. Mchn: Langen 1917
28 Gesammelte Werke. 7 Bde. V, 2439 S. Mchn: Langen 1917–1923
29 Kikeriki. Eine barocke Komödie. 165 S. Mchn: Langen 1921
30 Der Frühlingsgarten. 94 S. Bln: Mosaik-V. (= Mosaik-Bücher 14) 1922
31 Die Auferstehungsnacht des Doktor Adalbert. Osternovelle. 88 S. m. Abb. Lpz: Gesellschaft der Freunde der Deutschen Bücherei (= Jahresgabe 10) 1928
32 Meister Jörg und seine Gesellen. Festspiel aus Anlaß der Grundsteinlegung zum Studienbau des Deutschen Museums. 28 S. Mchn: Bruckmann 1928
33 Präsidentenwahl. Schauspiel. 96 S. Bln: Vertriebsstelle und Verl. Dt. Bühnenschriftsteller (Bühnen-Ms.) 1929

34 Die Traumgesichte des Adam Thor. Schauspiel. 110 S. Lpz: Horen-V. 1929
35 Ginevra oder Der Ziegelstein. Komödie. 127 S. Bln: Vertriebstelle und Verl. Dt. Bühnenschriftsteller (Bühnen-Ms.) 1931
36 Generalkonsul Stenzel und sein gefährliches Ich. Roman. 246 S. Mchn: Langen 1931
37 Heinrich von Plauen. Schauspiel. 103 S. Marienburg: Großnick 1933
38 Scholle und Schicksal. Geschichte meines Lebens. 438 S. Mchn: Knorr & Hirth 1933
39 Jahrhundertwende. Geschichte meines Lebens. 1893–1914. 431 S. Danzig: Kafemann 1935
40 Die Elixiere des Glücks. Roman. 309 S. Lpz: Payne 1936
41 Erntefest. Schauspiel. 109 S. Bln: Vertriebstelle und Verl. Dt. Bühnenschriftsteller (Bühnen-Ms.) 1936
42 Kaiser Friedrich II. Schauspiel. 155 S. Salzburg: Verl. „Das Bergland-Buch" 1940
43 (MV) H. Kindermann: Max Halbe und der deutsche Osten. Mit einer Selbstbiographie v. M. H. Geleitw. H. Strohmenger. 40 S., 11 Bl. Abb. Danzig: Rosenberg (= Danzig in Geschichte und Gegenwart 4) 1941
44 Sämtliche Werke. 14 Bde. Salzburg: Verl. „Das Bergland-Buch" 1945–1950
45 Durch die Jahrhunderte. Festspiel zur Siebenhundert-Jahrfeier der Stadt Elbing. Mit einer Vorbetrachtung v. Luise H.: Elbinger Jubiläumstage 1937. 64 S., 1 Titelb. Essen-Bredeney: West-V. (= Elbinger Hefte 10) 1952

Haller, Albrecht von (1708–1777)

1 *Versuch Schweizerischer Gedichten ... 3 Bl., 103 S. Bern: Haller 1732
2 Versuch von Schweizerischen Gedichten. 5 Bl., 138 S. Bern: Haller 1734 (Verm. Neuaufl. v. Nr. 1)
3 Beym Beylager Dess Wohlgebornen Gnädigen Herrn, Isaac Steiger, Dess Standes Bern Schuldtheissen ... 2 Bl. 2⁰ o. O. 1735
4 De methodico studio botanices absque praeceptore ... 32 S. Göttingen: Vandenhoeck 1736
5 Ode über das Einweihungsfest der Göttingischen hohen Schule ... 4 S. 2⁰ o. O. 1737
6 Kommentare zu den „Institutiones" Boerhaaves. 7 Bde. Göttingen: Vandenhoeck 1739–1744
7 Iter helveticum. 120 S. Göttingen: Reg. Univ. Offic. Libr. 1740
8 Enumeratio stirpium Helveticarum. 56 S. Göttingen: Vandenhoeck 1742
9 Iconum anatomicarum fasciculi. 8 Hefte. m. Abb. 2⁰ Göttingen: Vandenhoeck 1743–1752
10 De respiratione experimenta anatomica. 24 S. Göttingen: Vandenhoeck 1746
11 Primae lineae physiologiae. 480 S. Göttingen: Vandenhoeck 1747
12 Cantate. Die in der Allerhöchsten Gegenwart Sr. Königlichen Majestät Georg des Andern ... In der Göttingischen Universitäts-Kirche mit Music aufgeführet worden ... 4 S. o. O. 1748
13 Disputationes anatomicae selectae. 7 Bde. 4⁰ Göttingen: Schmidt 1751
14 Kommentare zu Boerhaaves „Methodus studii medici". 2 Bde. XX, 572; IV, 573 S. Amsterdam: Wettstein 1751
15 Opuscula botanica. 396 S. m. Abb. Göttingen: Schmidt 1751
16 Disputationes chirurgicae selectae. 5 Bde. 4⁰ Lausanne: Bousquet 1755–1756
17 Opuscula pathologica. 304 S. Lausanne: Bousquet 1755
18 Sammlung kleiner Hallerischer Schriften. X, 391 S. Biel u. Bern: Haller 1756
19 Disputationes ad morborum historiam et curationem facientes. 7 Bde. 4⁰ Lausanne: Bousquet 1757–1760
20 Elementa physiologiae corporis humani. 8 Bde. m. Abb. 4⁰ Lausanne: Bousquet 1757–1766 (Erw. Neuaufl. v. Nr. 11)
21 Opuscula anatomica minora. 3 Bde. 4⁰ Lausanne: Grasset 1763–1768
22 Historia stirpium indigenarum Helvetiae inchoata. 3 Tle. in 2 Bdn. m. Abb. 2⁰ Bern: Soc. Typogr. 1768
23 Bibliotheca botanica. 2 Bde. 654, 785 S. 4⁰ Zürich: Orell 1771–1772

24 *Usong. Eine Morgenländische Geschichte in vier Büchern. 10, 420, 1 S. Bern: Haller 1771
25 Briefe über die wichtigsten Wahrheiten der Offenbarung. 8, 224 S. Bern: Verl. d. neuen Buchhandlung 1772
26 Sammlung kleiner Hallerischer Schriften. 3 Bde. X, 348; 360; 374, 8 S. Bern: Haller 1772
(Verm. Neuaufl. v. Nr. 18)
27 *Alfred König der Angelsachsen. 8 Bl., 277 S. Göttingen: Vandenhoeck; Bern: Haller 1773
28 Gedicht von der Schönheit und dem Nuzen der Schweizerischen Alpen ... 76 S. m. Ku. Bern: Brunner & Haller 1773
29 Bibliotheca anatomica. 2 Bde. 816, 870 S. 4° Zürich: Orell 1774–1777
30 Bibliotheca chirurgica. 2 Bde. 593, 695 S. 4° Basel: Schweighauser 1774–1775
31 *Fabius und Cato, ein Stück der Römischen Geschichte. XVI, 288, 2 S. Göttingen, Bern: Haller 1774
32 Briefe über einige Entwürfe nochlebender Freygeister wieder die Offenbarung. 3 Tle. Bern: Typogr. Gesellschaft 1775–1777
33 Operum Alberti v. Haller Catalogus. 20 S. o. O. 1775
34 Bibliotheca medicinae practicae. 4 Bde. 4° Bern: Haller (1–3) bzw. Basel: Schweighauser (4) 1776–1788
35 De partium corporis humani praecipuarum fabrica et functionibus. 8 Bde. Bern: Soc. Typogr. 1777–1778
36 Artis medicae principes. 11 Bde. Lausanne: Grasset (1784–1787)
37 Tagebuch seiner Beobachtungen über Schriftsteller und über sich selbst Hg. J. G. Heinzmann. 2 Bde. XXIV, 384; 366 S. Bern: Haller 1787
38 Icones plantarum Helvetiae denuo recusae cum descript. et praef. auctoris. XXXVIII, 68 S. m. Abb. 2° Bern: Soc. Typogr. 1795
39 Gedichte. Hg., Einl. L. Hirzel. 959 S. Frauenfeld: Huber (= Bibliothek älterer Schriftwerke der deutschen Schweiz und ihres Grenzgebietes 3) 1882
40 Tagebücher seiner Reisen nach Deutschland, Holland und England 1723–1727. Mit Anm. hg. L. Hirzel. Anhang: Ein bisher unbekanntes Gedicht H's aus dem Jahre 1721. 146 S. Lpz: Hirzel 1883
41 Gedichte. Kritisch durchges. Ausg. nebst e. Anh. „Haller als Dichter". Hg. H. Maync. 235 S. Lpz, Frauenfeld: Huber (= Die Schweiz im deutschen Geistesleben 23–24) 1923
42 Tagebuch der Studienreise nach London, Paris, Straßburg und Basel 1727 bis 1728. Mit Anm. hg. E. Hintzsche. 47 S. Bern: Haupt (= Berner Beiträge zur Geschichte der Medizin und der Naturwissenschaften 1) 1942

HALLMANN, Johann Christian (um 1640–1704)

1 Pastorella fida oder Sinnreiche Urania ... Breslau 1666
2 Siegsprangende Tugend Oder Getrewe Urania. Lust-Spiel. 14 Bl., 86 S. Breslau: Jonisch 1667
3 Die Himmlische Liebe, oder die beständige Märtyrerin Sophia. Breslau (1670)
4 Die beleidigte Seele oder die großmütige Mariamne. Trauer-Spiel. Breslau 1670
5 Sophia. Trauer-Spiel. 52 Bl. 4° Breslau: Scherff 1671
6 Schlesische Adlers-Flügel ... 8 Bl. 86 S., 1 Taf. Breslau: Fellgiebel 1672
7 Trauer-Freuden- und Schäffer-Spiele, Nebst Einer Beschreibung Aller Obristen Hertzoge über das gantze Land Schlesien. 10 Tle. Breslau: Fellgiebel (1672)
Die sinnreiche Liebe oder der glückselige Adonis und die vergnügte Rosibella. Pastorell. 20 Bl., 93 S.
Die himmlische Liebe oder die beständige Märterin Sophia. 8 Bl., 88 S.
Die triumphirende Keuschheit oder die Getreue Urania. 8 Bl., 80 S.
Die Schaubühne des Glücks oder die unüberwindliche Adelheid. 7 Bl., 120 S.
Die Sterbende Unschuld oder Die durchlauchtigste Catharina Königin in Engeland. Musicalisches Trauerspiel. 8 Bl., 128 S.

Die merckwürdige Vaterliebe, oder Der vor Liebe sterbende Antiochus und die vom Tode errettete Stratonica. 8 Bl., 72 S.
Die göttlich Rache oder der verführte Theodoricus Veronensis. 9 Bl., 42 S.
Die beleidigte Liebe oder Die großmüthige Marianne. 8 Bl., 72 S.
Die listige Rache oder Der tapfere Heraklius. 8 Bl., 72 S.
Beschreibung Aller Obristen Hertzoge über das gantze Land Schlesien. 8 Bl., 86 S.
(Enth. u. a. Nr. 3 u. 4)
8 Die Sinnreiche Liebe Oder Der Glückselige Adonis und Die vergnügte Rosibella, Zu Aller-unterthänigster Bedienung des Aller-Durchläuchtigsten Kaiserlichen Beylagers von J. C. H. erfundenes und In Hoch-Teutscher Poesie gesetztes Pastorell. 41 Bl. 4° Breslau: Jonisch 1673
(Ausz. a. Nr. 7)
9 Leich-Reden ... und ... Grab-Schrifften. Ffm, Lpz 1682
10 Die merkwürdige Vaterliebe. o. O. 1684
(Ausz. a. Nr. 7)
11 Die unüberwindliche Keuschheit, oder ... Breslau 1700

HALM, Friedrich (1806–1871)
(eig. Münch-Bellinghausen, Eligius Franz Joseph Frh. von)

1 Griseldis. Dramatisches Gedicht. 138 S. Wien: Gerold 1837
2 Der Adept. Trauerspiel in fünf Aufzügen. 140 S. Wien: Gerold 1838
3 Camoëns. Dramatisches Gedicht. 44 S. Wien: Gerold 1838
4 *Die Pflegetochter. Dramatische Scene. 22 S. Wien: Strauß 1841
5 König und Bauer. Lustspiel. 148 S. Wien: Gerold 1842
6 Imelda Lambertazzi. Trauerspiel. 128 S. Wien: Gerold 1842
7 Der Sohn der Wildniss. Dramatisches Gedicht. 2 Bl., 160 S. Wien: Gerold 1843
8 Donna Maria de Molina. o. O. (1847)
9 Gedichte. VIII, 316 S. Stg, Tüb: Cotta 1850
10 *Über die älteren Sammlungen spanischer Dramen. 85 S. Wien: K. K. Hof- u. Staatschr. 1852
11 *Der Fechter von Ravenna. Trauerspiel in fünf Acten. 2 Bl., 96 S. Wien: Klopf & Eurich (1854)
12 Werke. 12 Bde. Bd. 9–12 hg. F. Pachler u. E. Kuh. 3895 S. Wien: Gerold 1856–1872
13 Gedichte. 383 S. Wien: Gerold 1857
(Verm. Neuausg. v. Nr. 9)
14 Eine Königin. Dramatisches Gedicht. 168 S. Wien: Gerold 1857
15 Sampiero. Trauerspiel in fünf Akten. 158 S. Wien: Gerold 1857
16 Ein mildes Urtheil. Trauerspiel in fünf Aufzügen. 151 S. Wien: Gerold 1857
17 Verbot und Befehl. Lustspiel. 180 S. Wien: Gerold 1857
18 Vor hundert Jahren. Festspiel. 31 S. Wien: Gerold 1859
19 Charfreitag. Erzählendes Gedicht. 97 S. 16° Wien: Gerold 1864
20 Neue Gedichte. IV, 331 S. Wien: Gerold (=Werke, Bd. 7) 1864
21 Iphigenie in Delphi. Schauspiel. 2 Bl., 110 S. 16° Wien: Gerold 1864
22 Wildfeuer. Dramatisches Gedicht. 149 S. 16° Wien: Gerold 1864
23 Ausgewählte Gedichte. 352 S. 16° Wien: Gerold 1865
24 Bogum Somru. 94 S. Wien: Landvogt 1867
25 Ausgewählte Werke in vier Bänden. Hg., Einl. A. Schlossar. 4 Bde. 852 S. m. Abb. Lpz: Hesse 1904

HAMANN, Johann Georg (1733–1788)

1 *Glückwunsch eines Sohnes am Geburtstage seines Vaters. 2 Bl. 4° (Königsberg) 1749

2 (MV) Commentatio philosophica de somno et somniis. Qvam D. S. A. consensv amplissimi philosophorvm ordinis pvblice defendent praeses Ioannes Gotthelf Lindner, philos. et art. liberal. magister et respondens Ioannes Georgivs Hamann, art. lib. cultor, contra amicvm Ioannem Christophorvm Wolson ... 1 Bl., 20 S., 2 Bl. 4° Königsberg 1751
3 *Freundschaftlicher Gesang auf die Heimkunft des Herrn S. G. H. 2 Bl. 4° (Königsberg) 1751
4 *Auf den Zwey und Zwanzigsten des Christmonats. 2 Bl. 4° (Königsberg) 1751
5 *Trauerschrift auf den Tod der Hochedlen Frau, Catharina Elisabeth Rentzen, gebornen Saturgus. 4 Bl. 4° Königsberg: Hartung 1752
6 *(Übs.) Des Herrn von Dangueil Anmerkungen über die Vortheile und Nachtheile von Frankreich und Großbritannien in Ansehung des Handels und der übrigen Quellen von der Macht der Staaten. Auszug eines Werks über die Wiederherstellung der Manufacturen und des Handels in Spanien. 8 Bl., 407,1 S. Mitau, Lpz: Petersen 1756
7 *Denkmal. 4 Bl. 4° Königsberg 1756
8 *Sokratische Denkwürdigkeiten für die lange Weile des Publicums zusammengetragen von einem Liebhaber der langen Weile. Mit einer doppelten Zuschrift an Niemand und an Zween. 64 S. Amsterdam (, Königsberg: Hartung) 1759
9 *Vermischte Anmerkungen über die Wortfügung in der französischen Sprache, zusammengeworfen, mit patriotischer Freyheit, von einem Hochwohlgelahrten Deutsch-Franzosen. 8 S. 4° (Königsberg: Kanter) 1760
10 *Klaggedicht, in Gestalt eines Sendschreibens über die Kirchenmusick; an ein gistreiches Frauenzimmer außer Landes. ... 4 Bl. 4° o. O. (1760)
11 *Die Magi aus Morgenlande, zu Bethlehem. 2 Bl. 4° (Königsberg: Kanter) 1760
12 *Versuch über eine akademische Frage. Vom Aristobulus. 4 Bl. 4° Königsberg (: Kanter) 1760
13 *Abaelardi Virbii Beylage zum zehnten Theile der Briefe die Neuste Litteratur betreffend. 16 S. o. O. 1761
14 *Lettre neologique et provenciale sur l'inoculation du bon sens. 22 S. 12° o. O. 1761
15 *Französisches Project einer nützlichen, bewährten und neuen Einpfropfung. Oder Beylage zum Magazin für alle; ... Übersetzt nach verjüngtem Maßstab. 4 Bl. 4° Thorn (,Königsberg: Kanter) 1761
16 *Wolken. Ein Nachspiel Sokratischer Denkwürdigkeiten. Cum notis variorum in usum Delphini. 71, 1 S. Altona (,Königsberg: Kanter) 1761
 (zu Nr. 8)
17 *Essais à la mosaique. 66 S. o. O. 1762
 (Enth. u. a. Nr. 14)
18 *Kreuzzüge des Philologen. 8 Bl., 252 S. 2 Bl. (Königsberg: Kanter) 1762
 (Enth. u. a. Nr. 1, 2, 4, 7, 9, 10, 11, 12, 15 u. Ausz. a. Nr. 13)
19 *Leser und Kunstrichter; nach perspectivischem Unebenmaße. Im ersten Viertel des Brachscheins. 8 Bl. (Mitau) 1762
20 *Näschereyen; in die Dreßkammer eines Geistlichen in Oberland. 15 S. o. O. 1762
 (Ausz. a. Nr. 18)
21 *Schriftsteller und Kunstrichter; geschildert in Lebensgröße von einem Lehrer, der keine Lust hat, Kunstrichter und Schriftsteller zu werden, nebst einigen andern Einfällen für den Herrn Verleger, der von nichts wußte. 64 Bl. (Mitau) 1762
22 *Fünf Hirtenbriefe das Schuldrama betreffend. 32 S. o. O. 1763
23 *Hamburgische Nachricht; Göttingische Anzeige; Berlinische Beurtheilung der Kreuzzühe des Philosophen. 86 S., 1 Bl. (Mitau: Hartknoch) 1763
 (zu Nr. 18)
24 (Übs.) Ferdinando Warners vollständige und deutliche Beschreibung der Gicht, aus dem Englischen übersetzt, mit einer Vorrede. 343 S. (Königsberg: Kanter) 1770
25 Beylage zur Warnerschen Übersetzung von der Gicht aus der Königsbergischen gelehrten Zeitung, No. 64, den 10ten August 1770. 8 S. o. O. 1770
 (zu Nr. 24)

26 *Beylage zun Denkwürdigkeiten des seligen Sokrates. Von einem Geistlichen in Schwaben. 28 S. (Halle) 1772 (zu Nr. 8)
27 *Zwo Recensionen nebst einer Beylage, betreffend den Ursprung der Sprache. 16 S. o. O. 1772
28 *Des Ritters von Rosencreuz letzte Willensmeynung über den göttlichen und menschlichen Ursprung der Sprache. 16 S. o. O. 1772
29 *Neue Apologie des Buchstaben h, Oder Außerordentliche Betrachtungen über die Orthographie der Deutschen, von H. S. Schullehrer. 47 S. Pisa 1773
30 *An die Hexe zu Kadmonbor. 11, 1 S. 4⁰ Bln 1773
31 *Lettre perdue d'un sauvage du nord à un financier de Pe-kim. 15, 1 S. 4⁰ o. O. 1773
32 *Selbstgespräch eines Autors. Mit 45 Scholien. 16 S. 4⁰ o. O. 1773
33 (Übs.) Heinrich St. Johann Vitzgraf Bolingbroke und Jacob Hervey; übersetzt von J. G. H. 103 Bl. Mitau: Hinz 1774
34 *Le Kermes du Nord ou la Cochenille de Pologne. 8 S. 4⁰ o. O. 1774
35 *Mancherley, und Etwas zur Bolingbroke-Hervey-Hunterschen Uebersetzung von einem Recensenten trauriger Gestalt. 8 Bl. Mitau (,Hbg: Bode) 1774
36 *Christiani Zacchei Telonarchoe Prolegomena über die neueste Auslegung der ältesten Urkunde des menschlichen Geschlechts. In zweyen Antwortschreiben an Apollonium Philosophum. 6 Bl. 4⁰ o. O. 1774
37 Briefe über Asmus Werke. o. O. 1775
38 *Vetii Epagathi Regiomonticolae hierophantische Briefe. 62 S. 1 Bl. o.O. 1775
39 Freund Hain an alle „belesene und empfindsame Persohnen" in Ost- und West-Preußen, welche „Noch ein Dito beym Mondscheine zu singen" Lust und Gnüge finden. 1 Bl. 4⁰ (Königsberg: Kanter) 1775
40 *Versuch einer Sibylle über die Ehe. 16 S. o. O. 1775
41 *Zweifel und Einfälle über eine vermischte Nachricht der allgemeinen deutschen Bibliothek. 24 S. 4⁰ o. O. 1776
42 *κογξομπα. Fragmente einer apokryphischen Sibylle über apokalyptische Mysterien. 30 S. o. O. 1779
43 *Zwey Scherflein zur neusten Deutschen Litteratur. 31 S. o. O. 1780
44 *Golgatha und Scheblimini! Von einem Prediger in der Wüsten. 79 S. o. O. 1784
45 *A–Ω! Entkleidung und Verklärung. Ein Fliegender Brief an Niemand den Kundbaren. 32 S. 4⁰ o. O. 1786
46 Betrachtungen über die heilige Schrift. Hg. F. Roth. 2 Tle. 24 S., 12 Bl. Altdorf: Hessel bzw. Nürnberg: Lechner 1816
47 Sibyllinische Blätter des Magus im Norden. Nebst mehreren Beilagen hg. F. Cramer. XVIII, 348, 2 S. Lpz: Brockhaus 1819
48 Schriften. Hg. F. Roth. (Teil 1–7) bzw. G. A. Wiener (8). 8 Tle.; 9 Bde. m. Bildn. Bln: Reimer 1821–1843
49 Neue Hamanniana. Briefe und andere Dokumente, erstmals hg. H. Weber. 183 S., 1 Faks. Mchn: Beck 1905
50 Sämtliche Werke. Histor.-krit. Ausg. v. J. Nadler. 6 Bde. XVIII, 2655 S., 1 Taf. Wien: Herder 1949–1957

HAMERLING, Robert
(eig. Hamerling, Rupert Johann) (1830–1889)

1 Ein Sangesgruß vom Strande der Adria. IV, 59 S. 16⁰ Triest: Schimpff 1857
2 Venus im Exil. 142 S. 16⁰ Prag, Hbg: Richter 1858
3 Sinnen und Minnen. Ein Jugendleben in Liedern. 5 Bl., 243 S. Prag: Kober & Markgraf 1859
4 Ein Schwanenlied der Romantik. 96 S. Prag: Hbg: Richter 1862
5 Germanenzug. Canzone. 21 S. Wien: Gerold 1864
6 (Hg.) A. Guzmann: Erinnerungen an den italienischen Feldzug 1859. 320 S. Wien, Troppau: Kolck 1864
7 Ahasverus in Rom. Dichtung. 211 S. Hbg: Richter 1866

8 (Übs.) G. Leopardi: Gedichte. 144 S. Hildburghausen: Bibl. Inst. (= Bibliothek ausländischer Klassiker in deutscher Übertragung) 1866
9 Der König von Sion. Episches Gedicht. 305 S. Hbg: Richter (1869)
10 (Hg.) J. Leitenberger: Efeu. Gedichte. 98 S. Graz, Wien: Lechner 1870
11 (Vorw.) P. Rosegger: Zither und Hackbrett. Gedichte in obersteirischer Mundart. 170 S. 16° Graz: Leykam 1870
12 Danton und Robespierre. Tragödie in fünf Aufzügen. 179 S. Hbg: Richter 1871
13 Gesammelte kleinere Dichtungen. 192 S. Hbg: Richter 1871
14 Teut. Ein Scherzspiel in zwei Akten. 112, 3 S. Hbg: Richter 1872
15 Die sieben Todsünden. Ein Gedicht. 131 S., 2 Bl. Hbg: Richter 1873
16 (MV) L. Mayer: Blätter aus der Mappe des Philosophen von Rumpelsbach. Nebst einer Mittheilung über den Verfasser v. R. H. 77 S. Hbg: Richter 1874
17 Aspasia. Ein Künstler- und Liebesroman aus Alt-Hellas. 3 Bde. VII, 261, 1; 237, 1; 234, 2 S. Hbg: Richter 1876
18 Lord Lucifer. Lustspiel in 5 Aufzügen. 4 Bl. 140 S., Hbg: Richter 1880
19 Die Waldsängerin. Novelle. 90 S. 12° Bln: Janke 1880
20 (Hg.) Das Blumenjahr in Bild und Lied. Eine Blütenlese neuerer deutscher Lyrik. 247 S. m. Abb. Ffm: Waldmann (1881)
21 Amor und Psyche. Eine Dichtung. 133 S., 1 Bl., 1 Titelb. Hbg: Richter (1882)
22 (Übs.) D. Ciampoli: Sylvanus. Novelle aus den Abruzzen. Wien (1882)
23 (Übs.) Hesperische Früchte. Verse und Prosa aus dem modernen Italien. 185 S. Wien, Teschen: Prochaska 1884
25 Blätter im Winde. Neuere Gedichte. XI, 324 S. Hbg: Richter 1887
26 Homunculus. Modernes Epos in zehn Gesängen. 320 S. Hbg, Lpz: Richter 1888
27 Hamerling-Album. Wien 1889
28 Stationen meiner Lebenspilgerschaft. V, 1, 447 S. Hbg: Richter 1889
29 Lehrjahre der Liebe. Tagebuchblätter und Briefe. 288 S., 1 Faks. Hbg, Lpz: Hesse (1890)
30 Die Atomistik des Willens. Beiträge zur Kritik der modernen Erkenntniss. 2 Bde. XIV, 279; 269 S. Hbg: Verl.-Anst. u. Dr. 1891
31 Prosa, Skizzen, Gedenkblätter und Studien. Neue Folge. 2 Bde. 441 S. Hbg: Verl.-Anst. u. Dr. 1891
   (Neue Folge v. Nr. 24)
32 Letzte Grüße aus Stiftinghaus. Lyrischer Nachlaß. XV, 264 S. Hbg: Verl.-Anst. u. Dr. 1894
33 Was man sich in Venedig erzählt. Nach italienischen Quellen. 96 S. Hbg: Verl.-Anst. u. Dr. 1894
34 Ungedruckte Briefe. 4 Thle. 1022 S. m. Abb. Wien: Daberkow (= National-Bibliothek) 1897–1901
35 Eutychia oder Die Wege zur Glückseligkeit. Lyrisch-didaktisches Gedicht. Nach der Widmungs-Handschrift neu hg. u. eingel. M. Vancsa. 48 S. Stg: Roth (= Allgemeine Bücherei, N. F. 1) 1900
36 Werke. Volksausgabe in vier Bänden. Ausgew. u. hg. M. M. Rabenlechner 4 Bde. 2625 S. m. Bildn. Hbg (,Wien): Verl.-Anst. u. Dr. 1900
37 Die Märtyrer. Hg. M. M. Rabenlechner. 160 S. Dresden, Lpz: Pierson (= Litteraturbilder der Gegenwart 7) 1901
38 Gesammelte Erzählungen. Studien und Skizzen. 3 Tle. in 2 Bdn. 893 S. m. Bildn. Lpz: Hesse 1907
   (Neuausg. v. Nr. 31)
39 Ralph und Blanka und andere Erzählungen. Einl. J. Berstl. 127 S. m. Bildn. Lpz: Hesse (= M. Hesse's Volksbücherei 529–530) 1909
40 Sämtliche Werke in sechzehn Bänden. Mit Lebensbild u. Einl. hg. M. Rabenlechner. 16 Bde. 3357 S. m. Abb., 5 Bildn., 1 Faks. Lpz: Hesse & Becker 1911

HAMMER, Friedrich Julius (1810–1862)

1 Leben und Traum. 2 Bde. 27 2/3 Bg. Lpz: Engelmann 1839
2 Stadt- und Landgeschichten. 2 Bde. 15 3/4, 17 1/4 Bg. Altenburg: Pierer 1845
3 Die Familie und ihr Einfluß auf die Gesellschaft. 36 S. Dresden: Türk 1851
4 Schau um dich und schau in dich. Dichtungen. 170 S. 12° Lpz: Brockhaus 1851
5 Zu allen guten Stunden. 195 S. 16° Lpz: Brockhaus (1854)

6 Einkehr und Umkehr. 2 Thle. 527 S. Lpz: Brockhaus 1856
7 Fester Grund. 182 S. 16⁰ Lpz: Brockhaus (1859)
8 Auf stillen Wegen. 190 S. 16⁰ Lpz: Brockhaus (1859)
9 (Hg.) Unter dem Halbmond. 174 S. 16⁰ Lpz: Brockhaus 1860
10 (Hg.) Leben und Heimath in Gott. Eine Sammlung Lieder zur Erbauung und Veredlung. 730 S. Lpz: Amelang 1861
11 (Bearb.) Die Psalmen der heiligen Schrift in Dichtungen. 477 S. Lpz: Brockhaus 1861
12 Lerne, liebe, lebe! 190 S. 16⁰ Lpz: Brockhaus 1862

HAMMER-PURGSTALL, Joseph Frh. von (1774–1856)

1 Kein Glückwunsch zum Namensfeste des Herrn Bernhard von Jenisch* 4⁰ Wien 1795
2 Das Fest des zwölften Februars. 4 Bl. Wien: Kurzbeck 1796
3 Asia, eine Ode zum Namensfeste des Herrn von Jenisch. 9 S. 4⁰ Wien: Kurzbeck 1797
4 *Die Befreyung von Akri. Ein historisches Gedicht mit Noten aus vollgültigen Quellen. 4 Bl., 305 S, 1 Bl. Noten. 4⁰ (Wien: Degen) 1799
5 Die Steyermark. Eine Ode, gewidmet Ihro Hochgeborn der Frau Reichsgräfinn von Saurau, gebornen Gräfinn von Schlick. 4⁰ Grätz 1799
6 *Zeichnungen auf einer Reise von Wien über Triest nach Venedig und von da zurück durch Tyrol und Salzburg. Im Jahre 1798. Bln: Sander 1800
7 *Encyklopädische Übersicht der Wissenschaften des Orients, aus sieben arabischen, persischen und türkischen Werken übersetzt. 2 Bde. XIV, 699, 3 S. Lpz: Breitkopf & Härtel 1804
8 Ancient Alphabets and hieroglyphic characters explained with an account of the Egyptian priests, their classes, initations and sacrifices in the Arabic language by Ahmad Bin Abubekr Bin Wasih. XXI, 54, 136 S. 4⁰ London: Bulmer 1806
9 *Die Posaune des heiligen Krieges aus dem Munde Mohammed Sohns Abdallah des Propheten. Hg., Vorr. J. v. Müller. 88 S. Lpz: Gleditsch 1806
10 Fundgruben des Orients bearbeitet durch eine Gesellschaft von Liebhabern. 6 Bde. 2⁰ Wien: Schmid 1809–1818
11 Schirin. Ein persisches romantisches Gedicht. 2 Tle. XXX, 234; 222 S. Lpz: Fleischer 1890
12 Topographische Ansichten gesammelt auf einer Reise in die Levante. VIII, 189 S. m. Ku. u. Ktn. 4⁰ Wien: Schaumburg 1811
13 (Übs.) Der Diwan von Mohammed Schemsed-Din-Hafis. 2 Tle. 42, 454; 374 S. Stg, Tüb: Cotta 1812–1813
14 (Übs.) Rumeli und Bosna, geographisch beschrieben von Mustapha Ben Abdallah Hadschi Chalfa. A. d. Türk. Übs. 198 S. Wien: Verl. d. Kunst- u. Industrie-Comptoirs 1812
15 Dschafer, oder Der Sturz der Barmegiden. Ein historisches Trauerspiel. 176 S. Wien: Doll 1813
16 *Rosenöl. Erstes Fläschchen; oder Sagen und Kunden des Morgenlandes. 2 Bde. XVI, 335; XVI, 324 S. Stg, Tüb: Cotta 1813
17 (Übs.) E. Spenser: Sonette. 4 Bl., 177 S. 4⁰ Wien: Degen (50 Ex.) 1814
18 Des osmanischen Reichs Staatsverfassung und Staatsverwaltung, dargestellt aus den Quellen seiner Grundgesetze. 2 Bde. XLII, 499; X, 531 S. Wien: Camesina 1815
19 Fug und Wahrheit ... Wien 1816
20 Die Geschichte der Assassinen, aus morgenländischen Quellen. VIII, 342 S., 1 Bl. Stg, Tüb: Cotta 1818
21 Mysterium Baphometis revelatum s. fratres militiae templi, qua Gnostici et quidem ophiani apostasiae, idoloduliae et impuritatis convicti sunt per ipsa eorum monumenta. 2⁰ Wien 1819
    (Ausz. a. Nr. 10)
22 Geschichte der schönen Redekünste Persiens, mit Blüthenlese aus zweyhundert persischen Dichtern. XII, 432 S., 1 Bl. m. Bildn. u. Notenbeil. 4⁰ Wien: Heubner & Volke 1818
23 Umblick auf einer Reise von Constantinopel nach Brussa und dem Olympos,

und von da zurück über Nicaea und Nikomedien. X S., 1 Bl., 200 S. 4⁰ Pesth: Hartleben 1818

24 Morgenländisches Kleeblatt bestehend aus parsischen Hymnen, arabischen Elegien, türkischen Eklogen. 3 Bl., 104 S. m. Ku. Wien: Doll 1819
25 Codices arabicos, persicos, turcicos bibl. ... palat. Vindobonensis. 1 Bl., 68 S. 2⁰ Wien: Schmid 1820
26 Denkmal auf das Grab der beiden letzten Grafen von Purgstall. Gedruckt als Handschrift für Freunde. 2 Bl., LXXVIII, 258 S., 6 Bl. Noten. Wien: Strauß 1821
27 Constantinopolis und der Bosporos, örtlich und geschichtlich beschrieben. 2Bde.XXVIII,LXXII,626S.;2 Bl.,LXXIV, 534 S., 1Bl.Pesth: Hartleben 1822
29 (Übs.) Juwelenschnüre Abul-Maani's. XIX, 196 S. Wien: Doll 1822
30 Memnon's Dreiklang, nachgeklungen. XXI, 319 S. Wien: Wallishausser 1823
31 *Mohammed oder Die Eroberung von Mekka. Ein historisches Schauspiel von dem Verfasser der Schirin und des Rosenöls. XVIII, 138 S. Bln: Schlesinger 1823
32 (Übs.) Der Tausend und Einen Nacht noch nicht übersetzte Mährchen, Erzählungen und Anekdoten zum ersten Male aus dem Arabischen ins Französische übersetzt v. J. v. H., und aus dem Französischen ins Deutsche v. A. E. Zinserling. 3 Bde. LVI, 308; 356; 462 S. Stg, Tüb: Cotta 1823–1824
33 (Übs.) Motenebbi, der größte arabische Dichter. Zum ersten Mahle ganz übs. LVI, 427 S. Wien: Heubner 1824
34 (Übs.) Baki's, des größten türkischen Lyrikers, Diwan. Zum ersten Male ganz verdeutscht. L, 142 S. Wien: Beck 1825
35 Berichtigung der orientalischen Namen Schiltbergers. (S.-A.) S. 217–232. 4⁰ Sulzbach: Seidel 1825
36 (Hg., Vorw.) M. Edler v. Collin: Nachgelassene Gedichte. 2 Bde. Wien: Gerold 1827
37 Geschichte des osmanischen Reiches, großentheils aus bisher unbenützten Handschriften und Archiven. 10 Bde. Pesth: Hartleben 1827–1835
38 Sur les origines Russes. Extraits de man. orientaux adressés à Mr. le Comte N. de Romanzoff, dans une suite de lettres depuis l'an 1816 jusqu'en 1825. VIII, 132 S. 4⁰ St. Petersburg: Impr. de l'acad. imp. des sciences 1827
39 (Vorw.) Der vertraute Gefährte des Einsamen in schlagfertigen Gegenreden, von Abu Manssur Abdu'l melik Ben Mohammed Ben Ismail Ettseâlebi aus Nisabur. Übs. G. Flügel. XXXII, 291, 50 S. 4⁰ Wien: Schmid 1829
40 Wien's erste aufgehobene türkische Belagerung, zur dreyhundertjährigen Jubelfeyer derselben, zum Theil aus bisher unbekannten christlichen und türkischen Quellen erzählt. Mit dreyßig Beylagen ... XX, 174 S., 1 Bl. Pesth: Hartleben 1829
41 *Italia in Hundert und einem Ständchen besungen von einem Morgenländer. 314 S. Lpz, Darmstadt: Leske 1830
42 (Übs.) Markou Antinou Autokratoros ton eis heauton bibloi. Wien 1831
43 Mémoire sur deux coffrets gnostiques du moyen âge, du cabinet de M. le Duc de Blacas. 2 Bl., 33 S., 5 Bl., 1 Taf., 1 Kt. 4⁰ Paris: Dandey-Dupré 1832
44 Mithriaca ou les Mithriaques. Mémoire sur le culte de Mithra ... 196 S. XXIV Bl. avec atlas 4⁰ Caen, Paris: Pinard 1833
45 (Übs.) Wamik und Asra, das ist der Glühende und die Blühende. Das älteste persische romantische Gedicht im Fünftelsaft abgezogen. 40 S. Wien: Wallishausser 1833
46 (Übs.) Gül u. Bülbül, das ist: Rose und Nachtigall, von Fasli. Ein romantisches Gedicht, türkisch hg. und deutsch übs. XVI, 79, 3 S., 67 Bl. Pesth, Lpz: Hartleben 1834
47 Über die Länderverwaltung unter dem Chalifate. 262 S. Bln: Dümmler 1835
48 (Übs.) Samaschari's goldene Halsbänder. Als Neujahrsgeschenk arabisch und deutsch. X, 34 S.; 27 Bl. Wien: Strauß 1835
49 Eine Todtenklage: Siebentönige Lyra, angeklungen zur Vermählungsfeier Fräuleins Pauline Freiinn von Koudelka mit Herrn Anton Ritter von Schmerling im April 1835. o.O. 1835
50 Duftkörner, aus persischenDichtern gesammelt. XVI,191S.Stg: Brodhag1836
51 Geschichte der Osmanischen Dichtkunst bis auf unsere Zeit. Mit einer Blüthenlese aus zweytausend zweyhundert Dichtern. 4 Bde. Pesth: Hartleben 1836–1838

52 Gemäldesaal der Lebensbeschreibungen großer moslimischer Herrscher der ersten sieben Jahrhunderte der Hidschret. 6 Bde. Lpz, Darmstadt: Leske 1837–1839
53 (Übs.) O Kind! Die berühmteste ethische Abhandlung Ghasali's, arabisch und deutsch als Neujahrsgeschenk. 1, 43 S. 4° Pesth: Hartleben 1838
54 (Übs.) Mahmud Schebister: Rosenflor des Geheimnisses, persisch und deutsch hg. VI, 32 S., 29 Bl., 2 Abb. 4° Pesth, Lpz: Hartleben 1838
55 (Übs.) Falknerklee, bestehend in drey ungedruckten Werken über die Falknerey ... Aus dem Türkischen und Griechischen verdeutscht, und in Text und Übs. hg. XXVIII, 48 Bl., 155 S. Wien, Pesth: Hartleben 1840
56 Geschichte der goldnen Horde in Kiptschak. Das ist: der Mongolen in Rußland. Mit neun Beylagen und einer Stammtafel, nebst Verzeichniß von vierhundert Quellen ... L, 683, 3 S. Pesth: Hartleben 1840
57 Rosenkranz arabischen Schönheitslobes, zur Vermählung Ihrer Durchlaucht der Fürstin Rosa Esterhazy-Galantha. 2 Bl. o. O. (nur in wenig Expl. abgez.) 1840
58 Geschichte der Ilchane, das ist der Mongolen in Persien. 2 Bde. 435, 563 S Darmstadt: Leske 1842–1843
59 (Übs.) Zeitwarte des Gebetes in sieben Tageszeiten. Ein Gebetbuch arabisch und deutsch. 56 S., 37 Bl. Wien: Strauß' Wwe. & Sommer 1844
60 *Die Gallerinn auf der Rieggers. Historischer Roman mit Urkunden. Von einem Steiermärker. 3 Bde. XVIII, 531; 319, 292 S., 12 Taf. Darmstadt: Leske 1845
61 Khlesl's, des Cardinals, Directors des geheimen Cabinetes Kaisers Mathias, Leben. Mit der Sammlung von Khlesl's Briefen, Staatsschreiben, Vorträgen, Gutachten, ... 4 Bde. XXX, 2723 S. Wien: Kaulfuß' Wwe. & Prandel 1847 bis 1851
62 Die feierliche Eröffnungs-Sitzung der Kaiserlichen Akademie der Wissenschaften am 2. Feb. 1848. 55 S. (Wien: K. k. Staatsdr.) (1848)
63 Abhandlung über die Siegel der Araber, Perser und Türken. 58 S., 1 Taf. Wien: K. k. Hof- u. Staatsdr. 1850
64 (Übs.) Inschriften zu Hainfeld in Steyermark, in Text und Übersetzung. 12° Wien: K. k. Staatsdr. 1850
65 Literaturgeschichte der Araber. Von ihrem Beginne bis zu Ende des zwölften Jahrhunderts der Hidschret. 7 Bde. Wien: K. k. Hof- und Staatsdruckerei 1850–1856
66 (Übs.) Das arabische Hohe Lied der Liebe, das ist Ibn'ol Faridh's Tâ'ijet in Text und Übersetzung zum ersten male zur ersten Säcular-Feier der k. k. orientalischen Akademie hg. XXIV, 70 S., 27 Bl. 4° Wien: K. k. Hof- und Staatsdruckerei 1854
67 (Hg.) Porträtgallerie des Steiermärkischen Adels aus der Hälfte des achtzehnten Jahrhunderts. 6 Tle. 2° Wien: Gerold 1855
68 Geschichte der Chane der Krim unter osmanischer Herrschaft. Aus türkischen Quellen zusammengetragen mit der Zugabe eines Gasels Schahingerai's. 258 S., 2 Bl. Wien: K. k. Hof- und Staatsdruckerei 1856
69 (Übs., Hg.) Geschichte Wassaf's. Persisch hg. und deutsch übs. 1. Band. 3 Bl., 275, 295 S. 4° Wien: K. k. Hof- und Staatsdruckerei 1856
70 (MH) J. Schiltberger: Reisen in Europa, Asia und Afrika von 1394 bis 1417. Zum erstenmal nach der gleichzeitigen Heidelberger Handschrift hg. u. erl. K. F. Neumann. Mit Zusätzen v. Fallmereyer u. H.-P. XVI, 166 S. Mchn, Bln: Asher 1859
71 (Übs.) Les aventures d'Antar, roman arabe, publié sur l'unique manuscrit de la Bibliothèque imperiale de Vienne. Traduction de M. de H., revue par M. Poujoulat, et précédée d'une préface par le même. 3 Bde. 12° Paris: Amyot 1868–1869
72 Erinnerungen aus meinem Leben 1774–1852. Bearb. R. Bachofen v. Echt. XIV, 592 S., 3 Taf. Wien: Hölder-Pichler-Tempsky (= Fontes rerum Austriacarum. Abt. 2, 70) 1940
73 Erinnerungen aus meinem Leben 1774–1852. Nachträge. Zusgest. A. Popek. (S.-A.) S. 33–42. Wien: Hölder-Pichler-Tempsky. Abt. Akad. d. Wiss. (= Fontes rerum Austriacarum. Abt. 2, 70) 1942
   (zu Nr. 72)

HAMMERSTEIN, Hans August Frh. von (Hammerstein-Equord) (1881–1947)

1. Die blaue Blume. Romantisches Märchen. 131 S. Regensburg: Habbel 1911
2. Roland und Rotraut. III, 243 S. Lpz: Amelang 1913
3. Februar. Roman. 252 S. Lpz: Amelang 1916
4. Walburga. Eine deutsche Legende. 64 S. Lpz: Amelang 1917
5. Schloss Rendezvous. Eine katholische Rokokogeschichte in Versen. 40 S., 6 Taf. Mchn: Parcus 1918
6. Zwischen Traum und Tagen. Lieder, Bilder und Balladen. 94 S. Mchn: Parcus (= Romantische Bücherei, Bd. 9) (1919)
7. Der Glassturz. Ein Salonmärchen. 58 S. Mchn: Parcus (= Die Parkbücher, Bd. 9) 1920
8. Das Tagebuch der Natur. Gedichte. 80 S. m. Abb. Mchn: Parcus (1920)
9. Ritter, Tod und Teufel. Ein Bilderbuch aus dem sechzehnten Jahrhundert. 2 Tle. Lpz: Koehler & Amelang 1921–1922
    1. Ritter, Tod und Teufel. 434 S. 1921
    2. Mangold von Eberstein. 488 S. 1922
10. Wald. Eine Erzählung. 190 S. Lpz: Koehler & Amelang (1923)
11. Die Ungarn. Geschichtliche Novelle. 72 S. 16° Mchn: Kösel & Pustet (= Das Tor) 1925
12. Die Asen. Eine Dichtung. 304 S. Lpz: Koehler & Amelang (1928)
13. Der Waffenstillstand 1918–1919 und Polen. 30 S. 4° Bln: Dt. Verlagsgesellschaft f. Politik u. Geschichte (= Einzelschriften zur Politik u. Geschichte, Schrift 29) 1928
14. Die schöne Akeley. Ein Märchen. 63 S. m. Abb. Linz: Steurer 1932
15. Erlebnis und Persönlichkeit. Gedenkrede zur Goethe-Feier des Landes Oberösterreich und der Landeshauptstadt Linz a.d.D. 17 S. Linz(:Neugebauer)1932
16. Das Tagebuch der Natur. Gedichte. 87 S. Mchn (:Park-V.) (= Schriftenreihe der Innviertler Künstlergilde) (1932)
    (Verm. Aufl. v. Nr. 8)
17. Die finnischen Reiter. Roman vom Ende des Dreißigjährigen Krieges. 336 S. Lpz: Koehler & Amelang 1933
18. Wie der deutsche Kaiser Karl V. im Jahre 1519 gewählt wurde. 32 S. m. Abb. Reutlingen: Enßlin & Laiblin (= Bunte Bücher 240) 1934
    (Ausz. a. Nr. 9)
19. Österreichs kulturelles Antlitz. 19 S. Wien: Österr. Bundesverl. 1935
20. Frauenschuh und andere Märchen für große Kinder. 280 S. m. Abb. Salzburg: „Das Berglandbuch" (= Bergland-Bücherei) 1936
    (Enth. u. a. Nr. 14)
21. Die gelbe Mauer. Urkunde einer Leidenschaft. 218 S. Wien: Bermann-Fischer 1936
22. Der Wanderer im Abend. Alte und neue Gedichte. 76 S. Wien: Reichner (= Zeitgenössische Dichtung 5) 1936
23. Kultur- und Schicksals-Gemeinschaft Europa. Zwei Reden. Den Teilnehmern zur Feier des fünfundzwanzigjährigen Bestandes der Wiener Bibliophilen-Gesellschaft gewidmet. 14 S. (Wien: Wiener Bibliophilen-Ges.) 1937
24. (Einl.) Trachten der Alpenländer. In zehnfarb. Wiedergaben von vierhundert vorbildlichen Trachtenstücken aus privaten u. öffentlichen Sammlungen. 60 S. Wien: Reichner 1937
25. Wald. Roman aus dem alten Österreich. 395 S ·Wien: Bermann-Fischer 1937
    (Neubearb. v. Nr. 10)
26. Wiedergeburt der Menschlichkeit. 55 S. Wien: Bermann-Fischer (= Schriftenreihe Ausblicke) 1937

HANDEL-MAZZETTI, Enrica Freiin von (1871–1955)

1. Nicht umsonst. Ein Schauspiel in fünf Aufzügen. 171 S. Wien: St. Norbertus (1892)

2 Pegasus im Joch oder Die verwunschenen Telegramme. Lustspiel. 72 S. 12⁰ Wien: Kirsch 1895
3 Talitha. Weihnachtsspiel in zwei Aufzügen. Wien: St. Norbertus (1896)
4 In terra pax, hominibus bonae voluntatis! Weihnachtsspiel. 44 S. 12⁰ Essen: Fredebeul (= Neues Vereinstheater 21) 1899
5 Meinrad Helmpergers denkwürdiges Jahr. Erzählung. 610 S., 1 Titelb. Stg: Roth 1900
6 Die wiedereröffnete Himmelsthür. Osterspiel. 19 S. 12⁰ Essen: Fredebeul (= Neues Vereinstheater 22) 1900
7 (MV) Kleine Opfer. (– I. N. Vogel: Der Retter.) 40 S. Wien: Buchh. d. kath. Schulvereins f. Österreich (= Jugend-Bibliothek d. kath. Schulvereins f. Österreich 2) 1901
8 Der Verräter. Novelle. – Fahrlässig getötet. Novelle. 87 S. 12⁰ Stg, Mchn: Roth (= Allgemeine Bücherei 12) 1902
9 Erzählungen. 2 Bde. Frankenstein: Dieter 1903
   1. Des braven Fiakers Osterfreude. Der Stangelberger Poldl. 76 S. m. Abb.
   2. 's Engerl. Dora. 72 S. m. Abb.
10 Ich mag ihn nicht. Erzählung für die Jugend. 31 S. m. Abb. Frankenstein: Dieter 1903
11 Als die Franzosen in St. Pölten waren. Eine Klostergeschichte. 46 S. m. Abb. Frankenstein: Dieter 1904
12 Skizzen aus Österreich. Artstetten, Lambach, Oberkrainerisches. Regatta. 32 S. m. Abb. Frankenstein: Dieter 1904
13 Der letzte Wille des Herrn Egler. Novelle aus Alt-Wien. 63 S. m. Abb. Frankenstein: Dieter 1904
14 Jesse und Maria. Ein Roman aus dem Donaulande. 2 Bde. 403, 345 S. Kempten: Kösel 1906
15 Novellen. Biogr. Einl. J. Ranftl. XXXVI, 152 S. m. Abb. Graz: Styria (= Volksbücherei 165-167) 1907
16 Historische Novellen. 95 S. Kevelaer: Butzon (= Aus Vergangenheit und Gegenwart 85) 1908
17 Deutsches Recht und andere Gedichte. 79 S. Kempten: Kösel 1908
18 Acht geistliche Lieder. Kempten: Kösel 1909
19 Sophie Barat. Gedenkblatt zu ihrer Seligsprechungsfeier. 72 S. Ravensburg, Bln: Mecklenburg 1910
20 Erzählungen und Skizzen. Hg., eingel. J. Eckardt. XV, 308 S. m. Bildn. Kevelaer: Thum (= Die Bücherhalle 4) 1910
21 Imperatori. Fünf Kaiserlieder. 33 S., 5 Abb. Kempten: Kösel 1910
22 Die arme Margaret. Ein Volksroman aus dem alten Steyr. 392 S. Kempten: Kösel 1910
23 Geistige Werdejahre. 2 Bde. Ravensburg, Bln: Mecklenburg 1911-1912. Dramen, Schwänke und religiöse Spiele aus ihrer literarischen Entwicklungszeit. Einl. J. Eckardt. XVI, 376 S., 3 Bildn. 1911. Neue Folge. Historische Dramen, religiöse Spiele, epische Dichtungen. Hg. J. Eckardt. III, 311 S., 1 Taf. 1912
24 Bunte Geschichten. 160 S. m. Abb. Klagenfurt: Buch- und Kunsthandl. d. St. Josef-Vereins (= Bunte Geschichten 18) 1912
25 Napoleon II. und andere Dichtungen. Einl. J. Ranftl. XIV, 145 S. Bln: Mecklenburg 1912
26 Stephana Schwertner. Ein Steyrer Roman. 3 Bde. Kempten: Kösel 1912 bis 1914
   1. Unter dem Richter von Steyr. 468 S. 1912
   2. Das Geheimnis des Königs. 367 S. 1913
   3. Jungfrau und Martyrin. 704 S. 1914
27 Weihnachts- und Krippenspiele. Einl. J. Ranftl. XXXI, 227 S. Bln: Mecklenburg 1912
28 Brüderlein und Schwesterlein. Ein Wiener Roman. 321 S. Kempten: Kösel 1913
29 Gebet um Beendigung des Völkerkrieges. 4 S. 16⁰ Salzburg: Lorenz (= Kriegsflugblätter 2) 1914
30 Ritas Briefe. Einl. J. Mumbauer. 5 Tle. 763 S. Saarlouis: Hausen (= Hausen's Bücherei) 1915-1921
   (Forts. v. Nr. 28)
31 Friedensgebet. 4 S. 16⁰ Kempten: Kösel & Pustet (1915)

32 Der Blumenteufel. Bilder aus dem Reservespital Staatsgymnasium in Linz.Hg. Sekretariat soz. Studentenarbeit. 94 S. M.-Gladbach: Volksvereins-Verl. 1916
33 (MV) Die Liebe ist stärker als der Tod. Novelle. (– Th. Rak: Fäden der Liebe. Roman). 544 S. Neumarkt: Boegl (1916)
34 (MV) E. v. H.-M. u. H. Stiftegger: Unter dem österreichischen Roten Kreuz. Dornbekränztes Heldentum. 172 S. Regensburg: Kösel & Pustet (= Hausschatz-Bücher 14) (1917)
35 Ilko Smutniak, der Ulan. Der Roman eines Ruthenen. 113 S. Kempten: Kösel & Pustet (1917)
36 Der deutsche Held. 547 S. Kempten: Kösel & Pustet 1920
37 Caritas. Die schönsten Erzählungen. Ein deutsches Jugend- und Volksbuch. 167 S. m. Abb. Stg: Thienemann (= Jungmädchen-Bücher) (1922)
38 Ich kauf ein Mohrenkind. Ein Weihnachtsspiel in vier Szenen. (1899). – In terra pax! Ein Weihnachtsspiel in drei Aufzügen. (1890) – Die Leiden eines Kindes. Ein Weihnachtsspiel in drei Aufzügen. (1892) – Des Christen Wunderschau in der heiligen Nacht. Ein Weihnachtsspiel in drei Szenen. Neubearb. (1887) – Talitha. Ein lyrisches Spiel für die Weihnachtszeit. Christkindleins Abschied. Ein Krippenspiel. (1894) 227 S., 11 Abb. Bln: Mecklenburg (1922)
 (Enth. u. a. Nr. 3 u. 4)
39 Ritas Vermächtnis. Roman. 488 S. Hochdorf/Schw.: Buchdr.Hochdorf (1922) (Forts. v. Nr. 30)
40 (MV) König, den Dracheneiern und der Prinzessin Caritas. Ein Märchen. Nebst anderen Märchen deutscher Dichter ausgew. L. Kiesgen. 105 S., 4 Abb. Köln: Bachem (1923)
41 Das Rosenwunder. Ein deutscher Roman. 3 Bde. Mchn: Kösel & Pustet 1924–1926
 1. Das Rosenwunder. Ein deutscher Roman. 419 S. 1924
 2. Deutsche Passion. Ein deutscher Roman. 552 S. 1925
 3. Das Blutzeugnis. Ein deutscher Roman. 617 S. 1926
42 Seine Tochter. 78 S., 2 Abb. 16⁰ Wuppertal-Elberfeld: Bergland-V. (= Elfen-Büchlein 4, 3) (1926)
43 Johann Christian Günther. 363 S. Mchn: Kösel & Pustet (1927)
44 Frau Maria. Ein Roman aus der Zeit August des Starken. 3 Bde. Mchn: Kösel & Pustet (1929)–1931
 1. Das Spiel von den zehn Jungfrauen. 570 S. (1929)
 2. Das Reformationsfest. 465 S. 1930
 3. Die Hochzeit von Quedlinburg. 537 S. 1931
45 (Hg.) L. Arthofer: Zuchthaus. Aufzeichnungen des Seelsorgers einer Strafanstalt. 189 S. Mchn: Kösel & Pustet 1933
46 Die Heimat meiner Kunst. 64 S. Saarlouis: Hausen (= Dichtung der Gegenwart) 1934
47 Christiana Kotzebue. Novelle. Mit einem noch unveröffentlichten Feldbrief Karl Ludwig Sands in Faksimile. Begleitw. u. Texterkl. F. Berger. 78 S., 4 Bildn., m. Faks. Paderborn: Schöningh 1934
48 Sand-Trilogie. 3 Bde. 419, 552, 617 S. Mchn: Kösel & Pustet (1934) (Neuaufl. v. Nr. 41)
49 Die Waxenbergerin. Roman aus dem Kampfjahr 1683. 292 S. Mchn: Kösel & Pustet 1934
50 Das heilige Licht. Mein Dank an die mexikanischen Martyrer. P. Miguel Pro. 104 S., 1 Titelb. Wien: Mayer 1938
51 Graf Reichard. Roman aus dem deutschen Siegesjahr 1691. 2 Bde. Mchn: Kösel & Pustet 1939–1940
 1. Graf Reichard, der Held vom Eisernen Tor. 378 S. 1939
 2. Im stillen Linz. 318 S. 1940
52 Karl von Aspern, Österreichs Held. Roman. Volksausg., bes. F. Berger. 474 S. Linz: Muck (1948)
 (Neuausg. v. Nr. 36)
53 (MH) Kleine Festgabe. Franz Berger zum fünfundsiebzigsten Geburtstag. Mit einer Bibliographie. In Verbindung mit E. v. H.-M. hg. K. Vancsa. 44 S. m. Abb. Linz: Muck 1949
54 Renate von Natzmer. Eine Paralleldichtung zu Schillers „Kindsmörderin". Einl. K. Vancsa. 39 S. Linz: Kling 1951

Hansjakob, Heinrich (+Hans am See) (1837–1916)

1 Die Grafen von Freiburg im Breisgau im Kampfe mit ihrer Stadt. 112 S. Würzburg: Woerl 1867
2 Die Salpeterer, eine politisch-religiöse Secte auf dem südöstlichen Schwarzwald. 98 S. Waldshut: Zimmermann (1867)
3 Der Waldshuter Krieg vom Jahr 1468. 73 S. Waldshut: Zimmermann (1868)
4 Ein Büchlein über das Impfen. Dem badischen Volke vorgelegt. 28 S. Freiburg: Wangler 1869
5 Auf der Festung. Erinnerungen eines badischen Strafgefangenen. 26 S. Würzburg: Woerl 1870
6 +Der Herr und sein Diener. 78 S. Mainz: Kirchheim 1873
7 +Das Narrenschiff unserer Zeit. 70 S. Mainz: Kirchheim (1873)
8 Hermann von Vicari, Erzbischof von Freiburg. 50 S. Würzburg: Woerl (= Deutschlands Episcopat in Lebensbildern 1) 1873
9 In Frankreich. Reise-Erinnerungen. 517 S. Mainz: Kirchheim 1874
10 Im Gefängnisse. Neue Erinnerungen eines badischen Strafgefangenen. 119 S. Mainz: Kirchheim 1874
11 Heriman, der Lahme von der Reichenau. Sein Leben und seine Wissenschaft. 106 S. Mainz: Kirchheim 1875
12 In Italien. Reise-Erinnerungen. 2 Bde. 956 S. Mainz: Kirchheim 1877
13 In der Residenz. Erinnerungen eines badischen Landtagsabgeordneten. 238 S. Heidelberg: Weiß (1878)
14 Aus meiner Jugendzeit. Erinnerungen. 267 S. Heidelberg: Weiß 1880
15 In den Niederlanden. Reise-Erinnerungen. 2 Thle. 565 S. Heidelberg: Weiß 1881
16 Aus meiner Studienzeit. Erinnerungen. 317 S. Heidelberg: Weiß 1885
17 Wilde Kirschen. 362 S. Heidelberg: Weiß 1888
18 Rede über Einführung religiöser Orden in Baden. 12 S. Freiburg: Herder 1888
19 Dürre Blätter. 2 Bde. 254, 298 S. Heidelberg: Weiß 1889–1890
20 Jesus von Nazareth, Gott in der Welt und im Sakrament. Sechs Predigten. 96 S. Freiburg: Herder 1890
21 Die wahre Kirche Jesu Christi. Sechs Predigten. 98 S. Freiburg: Herder 1890
22 St. Martin zu Freiburg als Kloster und Pfarrei. Geschichtlich dargestellt. 206 S. m. Abb. Freiburg: Herder 1890
23 *Der Sozialdemokrat kommt! Ein Warnungsruf an unser Landvolk von einem alten Dorfpfarrer. 24 S. Freiburg: Herder 1890
24 Die Toleranz und die Intoleranz der katholischen Kirche. Sechs Predigten. 87 S. Freiburg: Herder 1890
25 Der schwarze Berthold, der Erfinder des Schießpulvers und der Feuerwaffen. Eine kritische Untersuchung. 91 S., 1 Titelb. Freiburg: Herder 1891
26 Meßopfer, Beichte und Communion. Sechs Predigten. 113 S. Freiburg: Herder 1891
27 Schneeballen. 3 Reihen. 213, 264, 315 S. Heidelberg: Weiß 1892–1894
28 Unsere Volkstrachten. Ein Wort zu ihrer Erhaltung. 24 S. Freiburg: Herder (1892)
29 Die Wunden unserer Zeit und ihre Heilung. Sechs Vorträge. 116 S. Freiburg: Herder 1892
30 Sancta Maria. Sechs Vorträge. 121 S. Freiburg: Herder 1893
31 Schneeballen vom Bodensee. 315 S. Heidelberg: Weiß 1894 (Reihe 3 v. Nr. 26)
32 Ausgewählte Schriften. 8 Bde. 2401 S. Heidelberg: Weiß 1895–1896
33 Aus kranken Tagen. Erinnerungen. 279 S. Heidelberg: Weiß 1895
34 Der Vogt auf Mühlstein. Erzählung aus dem Schwarzwald. 59 S., 8 Abb. Freiburg: Herder 1895 (Ausz. a. Nr. 27)
35 Bauernblut. Erzählungen aus dem Schwarzwald. 315 S. Heidelberg: Weiß (1896)
36 Der Leutnant von Hasle. Eine Erzählung aus dem Dreißigjährigen Kriege. 329 S. Heidelberg: Weiß 1896
37 Erinnerungen einer alten Schwarzwälderin. 292 S. m. Abb. 12° Stg: Bonz (1897)
38 Der steinerne Mann von Hasle. Erzählung. 426 S. m. Abb. 12° Stg: Bonz (1897)

39 Im Paradies. Tagebuchblätter. 313 S., 1 Abb. Heidelberg: Weiß 1897
40 Waldleute. Erzählungen. 448 S. m. Abb. 12° Stg: Bonz (1897)
41 (MV) Der Christian. Treu nach dem Leben erzählt. (S.-A.) (– H. Villinger, Mutter Rosin. S.-A.) 55 S. Bern, Basel: Verein für Verbreitung guter Schriften (= Verein für Verbreitung guter Schriften Bern 10) 1898
42 Erzbauern. Erzählungen. 498 S. m. Abb. 12° Stg: Bonz (1898)
43 Abendläuten. Tagebuchblätter. 411 S. m. Abb. 12° Stg: Bonz (1899)
44 Kanzelvorträge für Sonn- und Feiertage. 507 S. Freiburg: Herder 1899
45 Der heilige Geist. Kanzelvorträge. 195 S. Freiburg: Herder 1900
46 In der Karthause. Tagebuchblätter. 415 S. m. Abb. 12° Stg: Bonz (1900)
47 Aus dem Leben eines Unglücklichen. Erzählung. 46 S. 12° Stg: Roth (= Allgemeine Bücherei, N. F. 3) 1900
48 (Vorw.) Volkstrachten aus dem Schwarzwald. Fünfundzwanzig Original-Aquarelle v. Issel. Hg. J. Elchlepp. 8 S. Text, 25 Abb. Freiburg: Elchlepp 1900
49 Aus dem Leben eines Glücklichen. Erzählung. 47 S. Stg, Mchn: Allg. Verl.-Ges. 1901
50 Im Schwarzwald. Erzählungen für die deutsche Jugend, ausgewählt aus den Schriften. 124 S. Heidelberg: Weiß 1901
51 Valentin, der Nagler. Erzählung. 54 S. Wiesbaden: Staadt (= Wiesbadener Volksbücher 2) 1901
   (Ausz. a. Nr. 17)
52 Letzte Fahrten. Erinnerungen. 419 S. m. Abb. Stg: Bonz 1902
53 Der Kapuziner kommt! Ein Schreckensruf im Lande Baden. 24 S. Freiburg: Herder 1902
54 Verlassene Wege. Tagebuchblätter. 412 S. m. Abb. 12° Stg: Bonz 1902
55 Aus dem Leben eines Vielgeprüften. Wahrheit und Dichtung. 64 S. Stg: Bonz 1903
56 Meine Madonna. Eine Familienchronik. 395 S. m. Abb. 12° Stg: Bonz 1903
57 Zeit und Kirche. Kanzelreden für alle Sonntage des Kirchenjahres. 339 S. Freiburg: Herder 1903
58 Die Schöpfung. Sechs Kanzelvorträge. 67 S. Freiburg: Herder 1904
59 Sommerfahrten. Tagebuchblätter. 559 S. m. Abb. 12° Stg: Bonz 1904
60 Stille Stunden. Tagebuchblätter. 375 S. m. Abb. 12° Stg: Bonz 1904
61 Alpenrosen mit Dornen. Reiseerinnerungen. 585 S. m. Abb. Stg: Bonz 1905
62 Mein Grab. Gedanken und Erinnerungen. 167 S. m. Titelb. Stg: Bonz 1905
63 Sonnige Tage. Erinnerungen. 629 S. m. Abb. Stg: Bonz 1906
64 Kleine Geschichten. 3 Tle. in 1 Bde. 167 S. Stg: Bonz 1907
65 Reiseerinnerungen. Volksausgabe. 5 Bde. 1786 S. Stg: Bonz 1908–1909
66 Der Theodor. Ein Lebensbild aus dem Schwarzwald. Einl. H. Bischoff. 144 S. m. Bildn. 16° Lpz: Reclam (= Universal-Bibliothek 4997) 1908
67 Aus dem Leben eines treuen Hausgenossen. 204 S. Stg: Bonz 1909
68 Aus dem Leben eines Vielgeliebten. Nachtgespräche. 152 S. Stg: Bonz 1909
69 Die Gnade. Sechs Fastenvorträge. VIII, 64 S. Freiburg: Herder 1910
70 Allerseelentage. Erinnerungen. 493 S. m. Bildn. Stg: Bonz 1912
71 Allerlei Leute und allerlei Gedanken. Tagebuchblätter. 406 S. Stg: Bonz 1913
72 In Belgien. Reiseerinnerungen aus dem Jahr 1879. Volksausg. 302 S. Stg: Bonz 1915
   (Neuaufl. d. 1. Bds. v. Nr. 15)
73 Zwiegespräche über den Weltkrieg, gehalten mit Fischen auf dem Meeresgrund. 52 S. Stg: Bonz 1916
74 Feierabend. Tagebuchblätter. 274 S. Stg: Bonz (1918)

HAPPEL, Eberhard Werner (1647–1690)

1 Der Asiatische Onogambo Darin Der jetzt-regierende grosse Sinesische Käyser Xunchius. Als ein umbschweiffender Ritter vorgestellet, nächst dessen und anderer Asiatischer Printzen Liebes-Geschichten und ritterlichen Thaten, auch alle in Asien gelegene Königreiche ... 11 Bl., 760 S., 6 Ku., 1 Titelb. Hbg: Naumann & Wolff 1673
2 Der Europaeische Toroan. Ist Eine kurtz-gefassete Beschreibung aller Königreiche und Länder in gantz Europa ... Welches ... In einem Turcki-

schen Roman vorgestellet hat E. G. H. m. Ku. Hbg: Naumann & Wolff 1676
3 (Übs.) Valerius Maximus: Von Denckwürdigen Reden und Thaten Der Römer und Frembden, Ins Teutsche übs. 7 Bl., 599 S., 3 Bl., 1 Titelb. Hbg: Wolff 1678
4 E. G. H. So genanten Christlicher Potentaten Kriegs-Roman..., Vorstellend Eine genaue Beschreibung Aller Blutigen Feldschlachten, Bestürmungen, Massacren... 2 Bde. 4 Bll., 832 S., 8 Bl.; 1 Bl., 608 S., 4 Bl. m. Ku. o. O. 1681
5 Der Insulanische Mandorell, Ist eine Geographische Historische und Politische Beschreibung Aller und jeden Insulen Auff dem gantzen Erd-Boden ... Hbg: Roos 1682
6 Gröste Denckwürdigkeiten der Welt Oder so-genannte Relationes Curiosae Worinnen dargestellet ... die vornehmsten Physicalische, Mathematische, Historische und andere Merckwürdige Seltzahmkeiten ... 5 Bde. 4° Hbg: v. Wiering 1683 (–1691)
7 Der Ungarische Kriegs-Roman, oder Außführliche Beschreibung, Deß jüngsten Türcken-Kriegs ... 6 Bde. m. Ku. Ulm: Wagner 1685–1697
8 Der Italianische Spinelli, Oder So genanter Europaeischer Geschicht-Roman Auff das 1685 Jahr ... 4 Bde. Ulm: Wagner 1685–1686
9 Der Spanische Quintana. Oder So genannter Europaeischer Geschicht-Roman, Auf Das 1686 Jahr ... 4 Bde. Ulm: Wagner 1686–1687
10 Der Frantzösische Cormantin, Oder so genannter Europaeischer Geschicht-Roman, Auf Das 1687. Jahr ... 4 Bde. Ulm: Wagner 1687–1688
11 *Mundus Mirabilis Tripartitus, Oder Wunderbare Welt, in einer kurtzen Cosmographia fürgestellet: ... 3 Bde. 9 Bl., 800 S., 14 Bl.; 6 Bl., 1154 S., 12 Bl.; 7 Bl., 1299, 21 S. m. Titelb. Ulm: Wagner 1687–1689
12 Der Ottomanische Bajazet, Oder so genannter Europaeischer Geschicht-Roman, Auf Das Jahr 1688 ... 4 Bde. Ulm: Wagner 1688–1689
13 *Thesaurus Exoticorum oder eine mit aussländischen Raritäten und Geschichten wohlversehene Schatzkammer, fürstellend die Asiatischen, Africanischen und Americanischen Nationes ... (getr. Pag.) m. Ku. 2° Hbg: v. Wiering; Ffm: Hertel 1688
14 Fortuna Britannica oder Britannischer Glückswechsel, fürstellend eine Beschreibung aller Könige von Engelland und des Hauses Stuart. 220 S. 4° Hbg: v. Wiering; Ffm: Hertel 1689
15 Kroenungs-Actus Wilhelm III. und Mariae. Hbg 1689
16 Africanischer Tarnolast, Das ist: Eine anmuthige Liebes- und Helden-Geschichte, Von Einem Mauritanischen Printzen und Portugallischen Printzessin ... 5 Bl., 1464 S. m. Ku. Ulm: Wagner 1689
17 Der Teutsche Carl, Oder so genannter Europäischer Geschicht-Roman, Auf das 1689. Jahr ... 4 Bde. Ulm: Wagner 1690
18 Der Academische Roman, Worinnen Das Studenten-Leben fürgebildet wird; Zusamt allem, Was auf den Universitäten passiret ... 2 Bl., 1076 S., 6 Bll., 8 Ku. Ulm: Wagner 1690
19 Der Engelländische Eduard ... 4 Bde. Ulm: Wagner 1691
20 Irlanda vindicata. m. Abb. 4° Hbg 1691

HARDEKOPF, Ferdinand (1876–1954)

1 Der Abend. Ein kleines Gespräch. 19 S. Lpz: Wolff (= Der jüngste Tag 4) 1913
2 Lesestücke. 64 S. Bln-Wilmersdorf: Verl. d. Wochenschr. „Die Aktion" (=Aktionsbücher der Aeternisten 1) 1916
3 Privatgedichte. 37 S. Mchn: Wolff (= Der jüngste Tag 85) 1921
4 (Übs.) A. Gide: Retuschen zu meinen Rußlandbuch. 143 S. Zürich: Jean Christophe-Verl. 1937
5 (Übs.) R. Schickele: Heimkehr. 139 S. Strasbourg: Brant 1939
6 (Übs.) Ch.-L. Philippe: Marie Donadieu. 274 S. m. Abb. Zürich: Büchergilde Gutenberg 1942
7 (Übs.) R. de Traz: Die geheime Wunde. Roman. 304 S. Zürich: Büchergilde Gutenberg (= Gildenbibliothek der Schweizer Autoren) 1946

8 (Übs.) A. France: Crainquebille. 125 S. m. Abb. Zürich: Büchergilde Gutenberg 1947
9 (Übs.) A. Gide: Die Falschmünzer. Roman. 543 S. Stg: Dt. Verl.-Anst. 1947
10 (Übs.) A. Gide: Die Verließe des Vatikans. Ein ironischer Roman für Jacques Copeau. 31 S. 2⁰ Hgb, Stg: Rowohlt (= Ro-Ro-Ro. Rowohlt-Rotations-Romane) 1947
11 (MÜbs.) Ch. F. Ramuz: Tagebuch 1896–1942. Übs. E. Ihle u. F. H. 400 S., 1 Titelb. Zürich: Steinberg-Verl. (1947)
12 (Übs.) M. Ponty: Vorsicht, Arlette! Roman. 241 S. Winterthur: Mondial-Verl. 1947
13 (Übs.) E. Zola: Germinal. Roman. 464 S. m. Abb. Zürich: Büchergilde Gutenberg 1947
14 (Übs.) A. Gide: Stirb und werde. 467 S. Stg: Dt. Verl.-Anst. 1948
15 (Übs.) A. Malraux: Conditio humana. Roman. 350 S. Zürich: Büchergilde Gutenberg 1948
16 (MÜbs.) A. Malraux: (Der Kampf mit dem Engel. Übs. H. Kauders. –) Die Zeit der Verachtung. 295 S. Zürich: Büchergilde Gutenberg 1948
17 (Übs.) P. Mérimée: Meisternovellen. Nachw. Th. Spoerri. 660 S. Zürich: Manesse-Verl. Conzett & Huber (= Manesse-Bibliothek der Weltliteratur) (1949)
18 (Übs.) Ch. F. Ramuz: Maß des Menschen. 182 S. Zürich: Büchergilde Gutenberg 1949
19 (Übs.) H. de Balzac: Glanz und Elend der Kurtisanen. 580 S. Zürich: Büchergilde Gutenberg 1950
20 (Übs.) A. Malraux: Die Eroberer. Der Königsweg. Die Lockung des Westens. 413 S. Zürich: Büchergilde Gutenberg 1950
21 (Übs.) P. Mérimée: Carmen. Novelle. 84 S. Aarau: Sauerländer (= Salamander-Bücher 15) 1950
22 (Übs.) A. Gide: Die Heimkehr des verlorenen Sohnes. 49 S. m. Abb. Stg: Dt. Verl.-Anst. 1951
23 (Übs.) Colette: La Vagabonde. 268 S., 34 Abb. Zürich: Büchergilde Gutenberg 1954
24 (Übs.) M. M. de La Fayette: Die Prinzessin von Clèves. 230 S. Zürich: Büchergilde Gutenberg (= Gildenbibliothek der Weltliteratur) 1954
25 (Übs.) A. Malraux: So lebt der Mensch. Conditio humana. 310 S. Stg: Dt. Verl.-Anst. 1955
(Neuaufl. v. Nr. 15)
26 (Übs., Nachw.) G. de Maupassant: Die schönsten Novellen. Hg. L. Erlacher. 2255 S. m. Abb. Zürich: Büchergilde Gutenberg 1955

Harden, Maximilian
(urspr. Maximilian Felix Witkowski) (1861–1927)

1 Berlin als Theaterhauptstadt. 46 S. Bln: Lehmann 1888
2 Apostata. 209 S. Bln: Stilke (1892)
3 Apostata. Neue Folge. 212 S. Bln: Stilke (1892) (Forts. v. Nr. 2)
4 (Hg.) Die Zukunft. 30 Jge. Bln: Verl. d. Zukunft 1892–1922
5 Literatur und Theater. 232 S. Bln: Freund 1896
6 Kampfgenosse Sudermann. 63 S. Bln: Verl. d. Zukunft 1903
7 (MV) P. Hahn: Varzin. Persönliche Erinnerungen an den Fürsten Otto von Bismarck. Mit einem Beitrag „Johanna Bismarck" v. M. H. 293 S., 12 Taf. Bln: Schall 1909
8 Köpfe. 4 Bde. VII, 2063 S. m. Bildn. Bln: Reiß 1910–1924
9 Prozesse. 526 S. Bln: Reiß (= Köpfe 3) 1913 (Bd. 3 v. Nr. 8)
10 (MV) G. Hochstetter: Bismarck. Historische Karikaturen. 150 Bilder mit Textbeitr. v. M. H., A. Moszkowski, R. Presber. 144 S., 150 Abb. Bln: Verl. d. „Lustigen Blätter" 1915
11 Krieg und Friede. 2 Bde. 240, 280 S. Bln: Reiß (1918)

12 Mit eiserner Schaufel. (S.-A.) 41 S. Bln: Verl. d. Zukunft 1919
    (Ausz. a. Jg. 1919 v. Nr. 4)
13 Deutschland, Frankreich, England. 187 S. Bln: Reiß 1923
14 Von Versailles nach Versailles. 640 S. m. Abb. Hellerau: Avalun-V. 1927

Hardt, Ernst (1876–1947)

1   Priester des Todes. Dreizehn Novellen. 205 S. Bln: Fischer 1898
2   Tote Zeit. Drama. 88 S. Bln: Fischer 1898
3   (Übs.) E. Zola: Die Tanzkarte und andere Novellen. 144 S. Mchn: Langen
    (= Kleine Bibliothek Langen 36) 1901
4   Bunt ist das Leben. Novellen. 214 S. Köln: Schaffstein 1902
5   (Übs.) H. Taine: Philosophie der Kunst. 2 Bde. 284, 349 S. Lpz; Jena:
    Diederichs 1902–1903
6   Der Kampf ums Rosenrote. Ein Schauspiel in vier Akten. 110 S. 4° Lpz:
    Insel 1903
7   (Übs.) H. d. Balzac: Das Mädchen mit den Goldaugen. 92 S. m. Abb. Lpz:
    Insel 1904
8   (Übs.) G. Flaubert: Ein schlichtes Herz. 170 S. Lpz: Insel 1904
9   Aus den Tagen des Knaben. 85 S. Lpz: Insel 1904
10 (Übs.) H. Taine: Reise in Italien. 2 Bde. 371, 385 S. Lpz, Jena: Diederichs
    1904
11 An den Toren des Lebens. Eine Novelle. 80 S. 12° Lpz: Insel (800 Ex.) 1904
12 Ninon de Lenclos. Drama. 42 S. m. Titelb. Lpz: Insel 1905
13 (Übs.) La Rochefoucauld: Betrachtungen oder moralische Sentenzen und
    Maximen. 116 S. m. Bildn. Jena: Diederichs 1906
14 (Übs.) H. Taine: Aufzeichnungen über England. 329 S. Jena: Diederichs
    1906
15 (Übs.) Vauvenargues: Betrachtungen und Maximen. 120 S. Jena: Diede-
    richs 1906
16 (Übs.) G. Flaubert: Drei Erzählungen. 170 S. Lpz: Insel 1907
    (Neuaufl. v. Nr. 8)
17 (Übs.) J. J. Rousseau: Bekenntnisse. Ungekürzt aus dem Französischen über-
    tragen. 870 S. m. Bildn. Lpz: Wiegandt 1907
18 Tantris der Narr. Drama in fünf Akten. 134 S. Lpz: Insel 1907
19 (Übs.) Voltaire: Erzählungen. XXVIII, 540 S. m. Bildn. Bln: Wiegandt
    1908
20 (Übs.) H. de Balzac: Die Geschichte der Dreizehn. 447 S. Lpz: Insel 1909
21 Gesammelte Erzählungen. 184 S. Lpz: Insel 1909
22 Joseph Kainz. Verse zu seinem Gedächtnis. 8 S. Lpz: Insel 1910
23 Gudrun. Ein Trauerspiel in fünf Akten. 150 S. Lpz: Insel 1911
24 Der Kampf. Ein Schauspiel in vier Akten. 125 S. Lpz: Insel 1911
    (Neuaufl. v. Nr. 6)
25 Schirin und Gertraude. Ein Scherzspiel. 168 S. Lpz: Insel 1913
26 König Salomo. Ein Drama in drei Akten. 120 S. Lpz: Insel 1915
27 Brief an einen Deutschen ins Feld. 7 S., 1 Abb. 4° (Lpz:) Insel (1917)
28 (Übs.) R. Kipling: Puck vom Buchsberg. 254 S. Lpz: List (= Ausgewählte
    Werke) (1925)
29 (Übs.) E. Zola: Doktor Pascal. 423 S. Lpz: Insel (= Bibliothek der Romane
    94) (1925)
30 (Übs.) E. Zola: Therese Raquin. Roman. 287 S. Mchn: Wolff (= Werke)
    1925
31 (Übs.) G. Flaubert: Die Sage von Sankt Julianus dem Gastfreien. 47 S. Lpz:
    Insel (= Insel-Bücherei 12) (1931)
    (Ausz. a. Nr. 16)
32 (Übs.) P. Claudel: Vom Wesen der holländischen Malerei. 73 S. Wien:
    Bermann-Fischer (= Schriftenreihe Ausblicke) 1937
33 (Übs.) L. van Puyvelde: Skizzen des Peter Paul Rubens. 111 S., 48 Bl. Abb.
    4° Ffm: Prestel-V. 1939
34 (MÜbs.) Sie alle fielen. Gedichte europäischer Soldaten. Hg. W. J. Hart-
    mann. 87 S. Mchn: Oldenbourg 1939

35 Der Ritt nach Kap Spartell und andere Erzählungen. 95 S. Köln: Pick (= Gürzenichbücherei) 1946
36 Abend. 14 S. Iserlohn: Holzwarth 1947
37 Erzählungen. 141 S. Wiesbaden: Insel 1947 (Neuaufl. v. Nr. 21)
38 Don Hjalmar. Bericht über vier Tage und eine Nacht. 174 S. (Wiesbaden:) Insel 1947
39 (Übs.) G. de Maupassant: Bel Ami. 375 S. Hbg: Springer (= Springer-Bücher) 1948
40 Zwei Goethe-Essays. Dramen des Mannes. Dramen des Alters. 64 S. Stg: Klett (= Anker-Bücherei 47) 1949
41 (Übs.) Voltaire: Zadig oder Das Geschick. Eine morgenländische Geschichte. 82 S. Lpz: Insel (= Insel-Bücherei 171) (1949)

HARINGER, Jan Jakob (1883–1948)

1 Hain des Vergessens. 30 S. Dresden: Dresdner V. (= Das neueste Gedicht, H. 24–25) 1919
2 Abendbergwerk. 17 S. Mchn: Die Wende (= Der Keim, Bd. 7) (1920)
3 Die Kammer. 62 S. Regensburg, Lpz: Der Aufmarsch 1921
4 Die Dichtungen. Bd. 1. 241 S. Potsdam: Kiepenheuer 1925
5 (Hg.) Die Einsiedelei. Ein Studentenblatt. Bln: V. Der Strom 1925 ff.
6 Das Räubermärchen. 101 S. Ffm, Treten i. Pomm.: Brundel (= Iris-Bücherei) 1925
7 Weihnacht im Armenhaus. Amsterdam: Brundel 1925
8 Kind im grauen Haar. 150 S. Ffm, Treten i. Pomm.: Brundel (= Iris-Bücherei 5) 1926
9 Heimweh. Gedichte. 206 S. Wien: Zsolnay 1928
10 Leichenhaus der Literatur, oder: Über Goethe. 14 S. Bln: V. Der Strom (= Die Einsiedelei 5–7) 1928 (Bd. 5–7 v. Nr. 5)
11 Abschied. Gedichte. 124 S. Bln: Zsolnay 1930
12 Der Reisende oder Die Träne. 67 S. Ebenau b. Salzburg: Grigat (=Werke, Bd. 10; Denkmäler 48–51) 1932
13 Andenken. 83 S. Amsterdam: Brundel 1934
14 Vermischte Schriften. 255 S. Salzburg: Pustet 1935
15 Das Fenster. Gedichte. 160 S. Zürich: Pegasus-V. 1946
16 (Hg.) Epikur: Fragmente. 96 S. Zürich: Classen (= Vom Dauernden in der Zeit 33) 1947
17 Der Orgelspieler. Gedichte. 17 S., 1 Titelb. Fürstenfeldbruck/Bayern: Steinklopfer-V. (= Die Steinklopfer. Reihe der Außenseiter) 1955

HARSDÖRF(F)ER, Georg Philipp (+Strefon u. a.) (1607–1658)

1 (Übs.) (F. Loredano:) Dianea. Nürnberg: Endter 1634
2 Panegyris Posthuma Magnifico, Nobilissimo & Amplissimo Viro, Dn. Andreae InHoff ... nuncupata. 19 Bl. 4° Nürnberg 1637
3 Memoria Viri ... Nobilissimi, Christophori Füreri ab Haymendorf Et Wolckersdorf ... 80 S. 4° Nürnberg: Endter 1639
4 Cato Noricus ... 33 Bl., 1 Ku. 4° o.O. 1640
5 Frauenzimmer Gesprechspiele, so bey Ehr- und Tugendliebenden Gesellschaften, mit nutzlicher Ergetzlichkeit, beliebet und geübet werden mögen. 8 Bde. Nürnberg: Endter 1641–1649
6 (Hg., Übs.) Gallia Deplorata, sive Relatio de Luctuoso Bello, quod Rex Christianissimus contra Vicinos Populos molitur. 51 S. (Nürnberg: Endter) 1641
7 Germania Deplorata, sive Relatio, qua Pragmatica Momenta Belli Pacisque expenduntur. 1 Bl., 34 S. (Nürnberg: Endter) 1641
8 (Übs.) Peristromata Turcica; sive, Dissertatio Emblematica, praesentem

Europae Statum Ingeniosis Coloribus repraesentans. 46 S., 1 Bl. (Nürnberg: Endter) 1641

9 +(MV) Pegnesisches Schäfergedicht, in den Berinorgischen Gefilden, angestimmt von Strefon und Clajvs. 47 S. 4° Nürnberg: Endter 1641

10 Aulaea Romana, Contra Peristromata Turcica expansa: Sive Dissertatio Emblematica, Concordiae Christianae Omen repraesentans. 64 S. (Nürnberg: Endter) 1642

11 (Übs.) J. Desmarets: Japeta. Das ist ein Heldengedicht, gesungen in dem Holsteinischen Parnasso Durch Die Musam Calliope. o. O. 1643

12 Dianea oder Räthselgedicht in welchem ... hochwichtige Staatssachen denklöbliche Geschichte und klugsinnige Rathschläge ... Kunstzierlich verborgen. 6 Bl., 562 S., 7 Bl. m. Titelku. Nürnberg: Endter 1644

13 *(Übs.) Catechisme Royal. Der Königliche Catechismus ... aus dem Frantzösischen getreulich übersetzet Durch Einen Liebhaber der Teutschen Sprache. 46 S., 1 Bl. 4° Paris 1645

14 (MV) G. P. H., J. Klaj, S. v. Birken: Der Pegnitz Hirten Frülings Freude, Herrn M. Andre Jahnens und Jungfer Marien Simons Myrtenfeste gewidmet, den 6. des Blumen Monats. 4 Bl. o. O. 1645

15 (MV) G. P. H., J. Klaj, S. v. Birken: Lustgedicht Zu hochzeitlichem Ehrenbegängniß Herrn D. Johann Röders, und Jungfer Maria Rosina Schmidin, ... 2 Bl. Nürnberg: Endter 1645

16 *(MV) Fortsetzung Der Pegnitz-Schäferey ... abgefasset und besungen durch Floridan und Klajus, Die Pegnitz-Schäfer. Mit Beystimmung jhrer andern Weidegenossen. 4 Bl., 104 S. Nürnberg: Endter 1645
(Forts. v. Nr. 9)

17 (Bearb.) H. J. de Monte-Major: Diana ... 3 Bde. 12° Nürnberg: Endter 1646

18 Porticus Serenissimo ... Domino Augusto, Brunsvicensium atque Luneburgensium Duci ... 7 Bl., 21 S., 2 Bl. m. Ku. Nürnberg: Endter 1646

19 Specimen Philologiae Germanicae, Continens Disquisitiones XII. De Linguae nostrae vernaculae Historia, Methodo, et Dignitate ... 28, 15 Bl., 361 S. 16° Nürnberg: Endter 1646

20 Sophista, siue Pseudopolitica de Logica, sub schemate Comoedia repraesentata. 72 Bl. 12° Nürnberg: Endter 1647

21 Poetischer Trichter, Die Teutsche Dicht- und Reimkunst, ohne Behuf der Lateinischen Sprache, in VI. Stunden einzugießen. 3 Bde. Nürnberg Endter 1647–1653

22 (Übs.) Der Königliche Catechismus. Aus dem Frantzösischen gedollmetschet. 4° Nürnberg 1648
(Veränd. Neuaufl. v. Nr. 13)

23 Lobgesang Dem Hoch-Wolgebornen Herrn Carl Gvstav Wrangel ... 4 S. 2° Nürnberg: Pillenhofer 1648

24 Hertzbewegliche Sonntagsandachten: Das ist, Bild-Lieder- und Bet-Büchlein, aus den Sprüchen der H. Schrifft, nach den Evangeli- und Festtexten: verfasset ... 14 Bl., 368 S. Nürnberg: Endter 1649

25 (Vorw.) Eromena: Das ist, Liebs- und Heldengedicht ... Von Herrn J. F. Biondi ... 2 Thle. 24 Bl., 513 S.; 10 Bl., 607 S. m. Titelb. u. 14 Ku. 12° Nürnberg: Endter 1650-1651

26 Der Große Schau-Platz Lust- und Lehrreicher Geschichte. 2 Bde. 7 Bl., 367, 17 S.; 7 Bl., 408 S., 8 Bl. 12° Ffm: Rötell; Hbg: Narmann 1650-1651

27 Der Große Schauplatz Jämerlicher Mordgeschichte. 8 Bde. 12° Hbg: Naumann 1650-1652

28 Nathan und Jotham: Das ist Geistliche und Weltliche Lehrgedichte ... 2 Thle. 208, 220 Bl. Nürnberg: Endter 1650-1651

29 Hertzbewegliche Sonntags-Andachten, nach den Sonntäglichen Epistel-Texten ausgemahlet. Nürnberg: Endter 1651

30 Fortpflantzung der Hochlöblichen Fruchtbringenden Gesellschaft ... 1 Bl., 56 S. Nürnberg: Endter 1651

31 (MV) (D. Schwenter: Deliciae Physico-Mathematicae. Oder Mathemat: und Philosophische Erquickstunden. 6 Bl., 574 S. Nürnberg: Dümler 1636.– G. P. H :) Delitiae Mathematicae et Physicae Der Mathematischen und Philosophischen Erquickstunden Zweyter (– Dritter) Theil. 2 Bde. 12 Bl., 620 S., 2 Bl.; 8 Bl., 660 S., 18 Bl. 4° Nürnberg: Dümler bzw. Nürnberg: Endter 1651–1653

32 (Übs.) Heraclitus und Democritos Das ist C. Fröliche und Traurige Geschichte: gedolmetscht ... 22 Bl., 729 S. 12° Nürnberg: Endter 1652
33 (Übs.) Pentagone Historique. Historisches Fünff-Eck des Herrn von Bellay, nebst Joseph Halls Kennzeichen der Tugenden und Laster, aus dem Frantzösischen gedolmetscht. 15 Bl., 272 S., 3 Bl., 125 S., 2 Bl. m. Titelku. Ffm: Naumann 1652
34 *Speculum Solis das ist Sonnenspiegel oder Kunstständiger leichter und grundrichtiger Bericht von den Sonnenuhren ... Durch einen Liebhaber deß Studii Mathematici. 4° Nürnberg: Fürst 1652
35 (Vorw., Nachw.) Ph. Uffenbach: De Quadratura Circuli mechanici, das ist Ein neuer kurtzer hochnützlicher und leichter Mechanischer Bericht Von der Vierung oder Quadratur des Circels. 2. Thle. m. Titelku. Nürnberg: Fürst 1653
36 Der Mäßigkeit Wohlleben und der Trunckenheit Selbstmord. 12° Ulm: Wildeisen 1653
37 (Übs.) A. Novarinus: Die Offenbarung der göttlichen Wohlthaten Gottes. 290, 127 S. 12° Stg, Wolfenbüttel 1653
38 Catoptrica. Nürnberg 1654
39 *Der Geschichtspiegel: Vorweisend Hundert Denckwürdige Begebenheiten, Mit Seltnen Sinnbildern, nutzlichen Lehren, zierlichen Gleichnissen und nachsinnigen Fragen ... 8 Bl., 741 S. Nürnberg: Endter 1654
40 (Übs.) Ars Apopthegmatica, Das ist: Kunstquellen denkwürdiger Lehrsprüche und Ergötzlicher Hofreden ... 2 Bde. 7 Bl., 50, 632, 70 S., 17 Bl., 1 Titelb.; 70 S., 17 Bl., 48, 628, 48 S., 18 Bl., 1 Titelb. 12° Nürnberg: Endter 1655–1656
41 *(Übs.) Monsieur du Refuge Kluger Hofmann, das ist Nachsinnige Vorstellung deß untadeligen Hoflebens ... durch Ein Mitglied der hochlöblichen Fruchtbringenden Gesellschaft. Hbg: Naumann 1655
42 Hundert Andachtsgemählde, in welchen die wahre Gottseligkeit abgemahlet worden. 4° Nürnberg (1656)
43 +Die Hohe Schul Geist- und Sinnreicher Gedancken, in CCCC. Anmuthungen, aus dem Buch Gottes und der Natur vorgestellt, durch Dorotheum Elevtherum Melethepilum. 13 Bl., 385 S., 4 Bl., 155 S. 16° Nürnberg: Endter (1656)
44 Der Teutsche Secretarius: Das ist: Allen Cantzleyen, Studir- und Schreibstuben nutzliches, fast nothwendiges ... Titular- und Formularbuch ... 751 S., 9 Bl. Nürnberg: Endter 1656
45 Parnassi trutina Et in novos animorum motus Censura. Oder Relation Was über den in der Eydgenossenschaft jüngst geführten Krieg ... 34 S. Gedruckt zu Parnassopolis 1656
46 Arcus Triumphalis In honorem invictissimi Romanor. Imperatoris Leopoldi ... A/S. P. Q. Noribergensi humili cultu Adornatus. 12 Bl. 4° (Nürnberg:) Endter (1658)
47 +Mercurius historicus. Der Historische Merkurius. 11 Bl., 408 S., 9 Bl. m. Titelku. Hbg: Pfeiffer u. Naumann 1658
48 (Übs.) Mr. du Refuge: Kluger Hofmann: Das ist, Nachsinnige Vorstellung deß untadelichen hoflebens mit vielen Lehr-reichen Sprüchen und denckwürdigen Exempeln gezieret. 12 Bl., 149 S. 12° Hbg: Naumann 1667 (Veränd. Neuaufl. v. Nr. 41)

Hart, Heinrich (1855–1906)

1 Weltpfingsten. Gedichte eines Idealisten. 71 S. 16° Bremen-Norden: Fischer 1872
2 (MH) Deutsche Monatsblätter. Centralorgan für das litterarische Leben der Gegenwart. Hg. H. u. Julius H. 2 Jge. 12, 6 H. à 110 S. Bremen: Fischer 1878–1879
3 (MH) Allgemeiner deutscher Literaturkalender für 1879 (1880–1882). Hg. H. u. Julius H. 4 Jge. 12° Bremen-Norden: Fischer 1879–1882
4 (MH) Das Buch der Liebe. Eine Blüthenlese aus der gesammten Liebeslyrik aller Zeiten und Völker. In deutschen Übertragungen. Hg. H. u. Julius H. 456 S. 12° Lpz: Wigand 1882

5 (MÜbs.) Italienisches Novellenbuch. Übs. H. u. Julius H., W. Lange u. K. Telman. 340 S. Bln, Lpz: Unflad 1882
6 Sedan. Eine Tragödie. 124 S. Lpz: Wigand 1882
7 (MH) Kritische Waffengänge. Hg. H. u. Julius H. 6 Bde. 388 S. Lpz: Wigand 1882–1884
8 (Hg.) Deutsches Herz und deutscher Geist. Eine Blütenlese aus vier Jahrhunderten deutscher Dichtung von Luther bis auf die jüngste Gegenwart. 560 S. Lpz: Hoffmann (1884)
9 Kinder des Lichts. Novellistische Skizzen. Bln 1884
10 (MV) H. u. Julius H.: Friedrich Spielhagen und der deutsche Roman der Gegenwart. 74 S. Lpz: Wigand (= Kritische Waffengänge 6) 1884 (Bd. 6 v. Nr. 7)
11 Das Lied der Menschheit. Epos in vierundzwanzig Erzählungen. 3 Bde. Grossenhain: Baumert 1888–1896
   1. Tul und Nahila. 118 S. 1888
   2. Nimrod. 170 S. 1888
   3. Mose. Epos. 220 S. 1896
12 (MH) Kritisches Jahrbuch. Beiträge zur Charakteristik der zeitgenössischen Literatur, sowie zur Verständigung über den modernen Realismus. Hg. H. u. Julius H. 2 Bde. 294 S. Hbg: Verl.-Anst. u. Dr. 1889–1890
13 (Hg.) Die deutsche Bühne. Zeitschrift für dramatische Kunst und Litteratur, zugleich Organ der allgemeinen deutschen Bühnengesellschaft. Jg. 4, H. 8–12 4° Zwickau: Förster & Borries Mai–September 1898
14 (MH, MV) Das Reich der Erfüllung. Flugschriften zur Begründung einer neuen Weltanschauung. Hg. H. u. Julius H. 2 Bde. Lpz, Jena: Diederichs 1900–1901
   1. Vom höchsten Wissen. – Vom Leben im Licht. 94 S. 1900
   2. Die neue Gemeinschaft, ein Orden vom wahren Leben. Vorträge und Ansprachen. 88 S. 1901
15 Peter Hille. 79 S., 7 Taf., 2 Faks. Bln: Schuster & Loeffler (= Die Dichtung 14) 1904
16 Gesammelte Werke. Hg. Julius H. unter Mitwirkung v. W. Bölsche, H. Beerli, W. Holzamer, F. H. Meissner. 4 Bde. 1451 S. Bln: Fleischel 1907
17 Vincenz. (S.-A.) 39 S. Wiesbaden: Staadt (= Wiesbadener Volksbücher 138) 1910

Hart, Julius (1859–1930)

1 (MH) Deutsche Monatsblätter. Centralorgan für das litterarische Leben der Gegenwart. Hg. Heinrich u. J. H. 2 Jge. 12, 6 Hefte à 110 S. Bremen: Fischer 1878–1879
2 (MH) Allgemeiner deutscher Literaturkalender für 1879 (1880–1882). Hg. Heinrich u. J. H. 4 Jge. 12° Bremen-Norden: Fischer 1879–1882
3 Sansara. Ein Gedichtbuch. 102 S. 16° Bremen: Fischer 1879
4 Don Juan Tenorio. Eine Tragödie. 63 S. Rostock: Meyer 1881
5 (Hg.) Blütenlese aus spanischen Dichtern aller Zeiten. In deutschen Übertragungen. 212 S. Stg: Spemann (= Collection Spemann 257) 1882
6 (MH) Das Buch der Liebe. Eine Blüthenlese aus der gesammten Liebeslyrik aller Zeiten und Völker. In deutschen Übertragungen. Hg. Heinrich u. J. H. 456 S. 12° Lpz: Wigand 1882
7 (MÜbs.) Italienisches Novellenbuch. Übs. Heinrich u. J. H., W. Lange u. K. Telmann. 340 S. Bln, Lpz: Unflad 1882
8 (MH) Kritische Waffengänge. Hg. Heinrich u. J. H. 6 Bde. 388 S. Lpz: Wigand 1882–1884
9 Der Rächer. Eine Tragödie. 111 S. Lpz: Mutze 1884
10 (MV) Heinrich u. J. H.: Friedrich Spielhagen und der deutsche Roman der Gegenwart. 74 S. Lpz: Wigand (= Kritische Waffengänge 6) 1884 (Bd. 6 v. Nr. 8)
11 (Hg.) England und Amerika. Fünf Bücher englischer und amerikanischer Gedichte von den Anfängen bis auf die Gegenwart. In deutschen Übersetzungen. 436 S. Minden: Bruns 1885

12 (Hg.) Orient und Occident. Eine Blütenlese aus den vorzüglichsten Gedichten der Welt-Litteratur. In deutschen Übersetzungen. 588 Sp. Minden: Bruns: 1885
13 Sumpf. Lpz 1886
14 (Hg.) Diwan der persischen Poesie. Blütenlese aus der persischen Poesie. 270 S. Halle: Hendel (= Bibliothek der Gesamt-Litteratur des In- und Auslandes 143–145) 1887
15 Julius Wolff und die „moderne" Minnepoesie. 47 S. Bln: Eckstein (= Litterarische Volkshefte) 1887
16 Fünf Novellen. 264 S. Grossenhain: Baumert 1888
17 Die Richterin. Grossenhain: Baumert 1888
18 (MH) Kritisches Jahrbuch. Beiträge zur Charakteristik der zeitgenössischen Literatur, sowie zur Verständigung über den modernen Realismus. Hg. Heinrich u. J. H. 2 Bde. 294 S. Hbg: Verl.-Anst. u. Dr. 1889–1890
19 Homo sum! Ein neues Gedichtbuch. Nebst einer Einleitung: Die Lyrik der Zukunft. 139 S. Grossenhain: Baumert 1890
20 Sehnsucht. 118 S. Bln: Fischer 1893
21 Geschichte der Weltliteratur und des Theaters aller Zeiten und Völker. 2 Bde. 847, 1037 S. m. Taf. Neudamm: Neumann (= Hausschatz des Wissens 15–16) 1894–1896
22 Stimmen in der Nacht. Visionen. Das Hünengrab. Media in vita. Mit aesthetischem Nachwort. 169 S. Florenz, Lpz: Diederichs 1898
23 Triumph des Lebens. Gedichte. 223 S. Florenz, Lpz: Diederichs 1898
24 Zukunftsland. Im Kampf um eine Weltanschauung. 2 Bde. Florenz, Lpz: Diederichs 1899–1902
    1. Der neue Gott. Ein Ausblick auf das kommende Jahrhundert. 350 S. 1899
    2. Die neue Welterkenntnis. 324 S. 1902
25 (MH, MV) Das Reich der Erfüllung. Flugschriften zur Begründung einer neuen Weltanschauung. Hg. Heinrich u. J. H. 2 Bde. Lpz, Jena: Diederichs 1900–1901
    1. Vom höchsten Wissen. – Vom Leben im Licht. 94 S. 1900
    2. Die neue Gemeinschaft, ein Orden vom wahren Leben. Vorträge und Ansprachen. 88 S. 1901
26 Leo Tolstoj. 81 S., 6 Taf., 1 Faks. Bln: Schuster & Loeffler (= Die Dichtung 5) (1904)
27 Träume der Mittsommernacht. 195 S. Jena: Diederichs 1905
28 (MH) Heinrich Hart: Gesammelte Werke. Hg. J. H. unter Mitwirkung v. W. Bölsche, H. Beerli, W. Holzamer, F. H. Meissner. 4 Bde. 1451 S. Bln: Fleischel 1907
29 Revolution der Ästhetik als Einleitung zu einer Revolution der Wissenschaft. 1. Buch: Künstler und Ästhetiker. 318 S. Bln: Concordia 1909
30 Das Kleistbuch. 535 S. Bln: Lehmann 1912
31 Kriegs- oder Friedensstaat? 28 S. Bln: Arbeitsgemeinschaft für staatsbürgerliche und wirtschaftliche Bildung (1919)
32 Artur Landsberger. 26 S. Zürich: Altheer (1919)
33 Wie der Staat entstand. 33 S. Bln: Arbeitsgemeinschaft für staatsbürgerliche und wirtschaftliche Bildung (1919)
34 Führer durch die Weltliteratur. 56 S. Bln: Mal- und Zeichen-Unterricht G.m.b.H. 1923

HARTLAUB, Felix (1913–1945)

1 Don Juan d'Austria und die Schlacht bei Lepanto. 186 S. Bln: Junker & Dünnhaupt (= Schriften d. kriegsgeschichtl. Abt. im histor. Seminar d. Friedrich-Wilhelm-Universität Berlin 28) 1940
2 Von innen gesehen. Impressionen und Aufzeichnungen des Obergefreiten F. H. Hg. Geno H. 156 S. Stg: Koehler 1950
3 Parthenope oder Das Abenteuer in Neapel. 92 S. Stg: Dt. Verl.-Anst. 1951
4 Das Gesamtwerk. Dichtungen, Tagebücher. Auf Grund der Original-Handschrift hg. Geno H. 474 S., 2 Bl. Abb., 1 Titelb. Ffm: Fischer 1955

5 Im Sperrkreis. Aufzeichnungen aus dem zweiten Weltkrieg. Hg. Geno H. 175 S. Hbg: Rowohlt (= rororo 152) 1955
   (Erw. Ausg. v. Nr. 2)

Hartlaub, Geno(veva) (*1915)

1 Die Entführung. Eine Geschichte aus Neapel. 96 S. m. Abb. Wien: Frick (= Wiener Bücherei 18) 1941
2 Noch im Traum. Geschichte des jungen Jakob Stellrecht. Roman. 347 S. Hbg: Wegner 1943
3 Anselm, der Lehrling. Ein phantastischer Roman. 331 S. Hbg: Wegner 1947
4 Die Kindsräuberin. Novelle. 153 S. Hbg: Wegner 1947
5 (Ausw., Nachw.) Scheherazade erzählt. Unbekannte Geschichten aus 1001 Nacht. 405 S. m. Abb. Stg: Günther 1949
6 (Hg.) Felix Hartlaub: Von unten gesehen. Impressionen und Aufzeichnungen. 156 S. Stg: Koehler 1950
7 Die Tauben von San Marco. Roman. 242 S. Ffm: Fischer 1953
8 Der grosse Wagen. Roman. 297 S. Ffm: Fischer 1954
9 (Hg.) Felix Hartlaub: Das Gesamtwerk. Dichtungen, Tagebücher. Auf Grund der Original-Handschrift hg. 474 S., 2 Bl. Abb., 1 Titelb. Ffm: Fischer 1955
10 (Hg.) Felix Hartlaub: Im Sperrkreis. Aufzeichnungen aus dem 2. Weltkrieg. 175 S. Hbg: Rowohlt (= rororo 152) 1955
    (Erw. Ausg. v. Nr. 6)
11 Windstille vor Concador. Roman. 269 S. Ffm: Fischer 1958

Hartleben, Otto Erich
(+Erich, Otto; Ipse, Henrik) (1864–1905)

1 +Studenten-Tagebuch 1885–1886. 1 Bl., 89 S. Zürich: Verl.-Mag. 1886
2 Zwei verschiedene Geschichten. IV, 132 S. Lpz, Bln: Fischer 1887
3 +Studenten-Tagebuch. VIII, 119 S. Zürich: Verl.-Mag. 1888
   (Verm. Neuausg. v. Nr. 1)
4 +H. Ipse: Der Frosch. Familiendrama in einem Act. Deutsch v. O. E. 48 S. Lpz: Reissner 1889
5 Angele. Comödie. 47 S. Bln: Fischer 1891
6 Die Serényi. 132 S. Bln: Fischer 1891
   (Neuaufl. v. Nr. 2)
7 Die Erziehung zur Ehe. Eine Satire. 125 S. Bln: Fischer 1893
8 (Übs.) A. Giraud: Pierrot Lunaire. 50 S. 4° Bln: Dt. Schriftsteller-Genossenschaft (1893)
9 Hanna Jagert. Comödie in drei Acten. 110, 1 S. Bln: Fischer 1893
10 Die Geschichte vom abgerissenen Knopfe. 126 S., 2 Bildn. Bln: Fischer 1893
11 Ein Ehrenwort. Schauspiel in vier Akten. 98 S. Bln: Fischer 1894
12 (Hg.) Goethe-Brevier. Goethes Leben in seinen Gedichten. XVI, 408 S. Mchn: Schüler 1895
13 Vom gastfreien Pastor. 142 S. m. Titelb. Bln: Fischer 1895
14 Meine Verse. 214 S. m. Bildn. Bln: Fischer 1895
15 (Hg.) Angelus Silesius. XVI, 61 S. 12° Dresden: Bondi 1896
16 Die sittliche Forderung. Comödie in einem Act. 48 S. Bln: Fischer 1897
17 (Übs.) M. Maeterlinck: Der Ungebetene. 47, 1 S. Bln: Theater-V. Bloch (1898)
18 Der römische Maler. 168 S. m. Titelb. Bln: Fischer (1898)
19 Die Befreiten. Ein Einacter-Cyclus. 184 S. Bln: Fischer 1899
20 Ein wahrhaft guter Mensch. Comödie. 189 S. Bln: Fischer 1899
21 Rosenmontag. Eine Offiziers-Tragödie in fünf Acten. 229 S. Bln: Fischer (1900)

22 Von reifen Früchten. Meiner Verse zweiter Theil. 49 S. 4° Mchn: Langen 1902 (Bd. 2 zu Nr. 14)
23 Meine Verse. Gesammtausgabe. 261 S. m. Bildn. Bln: Fischer 1902 (Enth. Nr. 14 u. 22)
24 (MÜbs.) E. A. Butti: Lucifer. Deutsch v. O. E. H. u. D. Piltz. 187 S. Bln: Fischer 1904
25 Der Halkyonier. Ein Buch Schlußreime. 103 S. 12° Bln: Fischer 1904
26 (Hg.) Logaubüchlein. XLIII, 144 S. Mchn: Langen 1904
27 Liebe kleine Mama. VIII, 188 S. Mchn: Langen 1904
28 Im grünen Baum zur Nachtigall. Ein Studenten-Stück in drei Akten. 160 S. Bln: Fischer 1905
29 Diogenes. Szenen einer Komödie in Versen. 93 S. Bln: Fischer 1905
30 Das Ehefest. Novellen. 97 S. Wien: Wiener Verl. (= Bibliothek moderner deutscher Autoren 11) 1906
31 Tagebuch. – Fragment eines Lebens. VIII, 285 S., 24 Taf. Mchn: Langen 1906
32 Briefe. Hg., eingel. F. F. Heitmüller. 2 Bde. Bln: Fischer 1908–1912
 1. Briefe an seine Frau 1887–1905. XIII, 495 S., 12 Abb. 1908
 2. Briefe an Freunde. VII, 334 S., 9 Abb., 5 Faks. 1912
33 Ausgewählte Werke in drei Bänden. Ausw., Einl. F. F. Heitmüller. XLVI, 231; VIII, 223; VIII, 307 S. m. Bildn. Bln: Fischer 1909
34 Aphorismen. Nach d. Hs. d. Dichters hg. F. R. v. d. Trelde. 9 S. Salzburg: Trelde-V. 1920

HARTMANN, Moritz (+Pfaffe Maurizius) (1821–1872)

1 Kelch und Schwert. Dichtungen. 20 1/2 Bg. Lpz (: Lorck) 1845
2 *Ein Tag aus der böhmischen Geschichte. 6 1/2 Bg. 16° Lpz: Grunow 1845
3 Neuere Gedichte. XIV, 334 S. Lpz: Wigand 1846
4 +Reimchronik des Pfaffen Maurizius. 5 Tle. 248 S. Ffm: Borstell 1849
5 Der Krieg um den Wald. Eine Historie. 387 S. Ffm: Literar. Anst. 1850
6 Adam und Eva. Eine Idylle in sieben Gesängen. VII, 172 S. Lpz: Herbig 1851
7 (MÜbs.) A. Petöfi: Gedichte. Aus dem Ungarischen v. M. H. u. F. Szarvady. 224 S. 16° Darmstadt, Lpz: Heyne 1851
8 Schatten. XI, 283 S. m. Titelb. 16° Darmstadt: Leske 1851
9 Tagebuch aus Languedoc und Provence. 2 Bde. 600 S. Darmstadt: Leske 1853
10 Erzählungen eines Unstäten. 2 Bde. 701 S. Bln: Duncker 1858
11 Mährchen und Geschichten aus Osten und Westen. 216 S. Braunschweig: Westermann 1858
12 Zeitlosen. 336 S. Braunschweig: Vieweg 1858
13 (MÜbs.) Bretonische Volkslieder. Hg. M. H. u. L. Pfau. 479 S. m. Musikbeil. 16° Köln: DuMont-Schauberg 1859
14 Bilder und Büsten. 2 Thle. 375 S. Bln: Janke (1860)
15 Erzählungen meiner Freunde und Novellen. 386 S. Ffm, Bln: Janke 1860
16 Von Frühling zu Frühling. 304 S. Bln: Duncker 1861
17 (MV) Die Katakomben. Ernste Oper in drei Acten. Gedichtet von M. H., Musik F. Hiller. 42 S. Köln: DuMont-Schauberg 1862
18 Novellen. 3 Bde. 1097 S. Hbg: Hoffmann & Campe 1863
19 Nach der Natur. Novellen. 3 Bde. 759 S. Stg: Moser 1866
20 Die letzten Tage eines Königs. Novelle. 272 S. Stg: Hallberger 1866
21 Märchen nach Perrault, neu erzählt. 68 S., 41 Taf. Stg: Hallberger 1867
22 (MV) Die Nacht. Hymne gedichtet von M. H., Musik F. Hiller. 8 S. Lpz: Leuckart (1867)
23 Die Diamanten der Baronin. Roman. 2 Bde. 279 S. Bln: Lesser 1868
24 Gesammelte Werke. Hg. L. Bamberger, W. Vollmer. 10 Bde. 5220 S. m. Bildn. Stg: Cotta 1873–1874
25 Gedichte. Neue Auswahl. 342 S. 16° Stg: Cotta 1874
26 (MV) Weiber von Weinsberg. Gedichtet v. M. H., Musik E. Hille. 25 S. Weinsberg: Kohler 1890

27 Der blinde Wilhelm. Eine Erzählung. Hg. Freie Lehrervereinigung f. Kunstpflege in Berlin. 31 S. Reutlingen: Ensslin & Laiblin (= Bunte Bücher 8–9) (1909)

Hartung, Hugo (*1902)

1 (MÜbs.) H. M. Batten: Wolfstern. Eine Geschichte von Wölfen und Menschen des Nordlandes. A. d. Engl. v. H. u. Sigyn H. 161 S. Bln, Hbg: Hera-V. 1948
2 Ewigkeit. Erzählung. 232 S. Bln, Buxtehude: Hübener 1948
3 Die große belmontische Musik. 71 S. Bln, Buxtehude: Hübener (= Kleine Drei Birken-Bücherei 29) 1948
4 Ein Junitag. Erzählungen. 110 S. Lpz: Reclam 1950
5 Der Deserteur oder Die grosse belmontische Musik. 63 S. Mchn: Bergstadtverl. 1951
    (Neuaufl. v. Nr. 3)
6 Der Himmel war unten. Roman. 450 S. Mchn: Bergstadtverl. 1951
7 Die wundersame Nymphenreise. 77 S. m. Abb. Ravensburg: Maier 1951
8 Aber Anne hieß Marie. Roman. 245 S. Bln: Ullstein 1952
9 Das Feigenblatt der schönen Denise und andere bedenkliche Geschichten. 187 S. m. Abb. Bln: Staneck 1952
10 Gewiegt von Regen und Wind. 291 S. Mchn: Bergstadtverl. 1954
11 Ich denke oft an Piroschka. Eine heitere Sommergeschichte. 225 S. Bln: Ullstein 1954
12 Die Höfe des Paradieses. Novelle. 80 S. Mchn, Wien: Donau-V. 1955
13 Schlesien 1944/45. Aufzeichnungen und Tagebücher. 205 S. Mchn: Bergstadtverl. 1956
14 Wir Wunderkinder. Der dennoch heitere Roman unseres Lebens. 320 S. Düsseldorf: Droste 1957
15 Stern unter Sternen. Roman. 281 S. Wilhelmshaven: Hera-V. 1958
    (Veränd. Neuaufl. v. Nr. 2)
16 Das sarmatische Mädchen. Die galiläische Rosalinde. Erzählungen. 69 S. Gütersloh: Bertelsmann (= Das kleine Buch 121) 1959
17 Die goldenen Gnaden. Festtagsgeschichten. 95 S. Stg: Wancura 1960
18 Ein Prosit der Unsterblichkeit. Kein heiterer Roman. 466 S. Düsseldorf: Droste 1960

Hasenclever, Walter (1890–1940)

1 Nirwana. Eine Kritik des Lebens in Dramaform. 137 S. Lpz: Modernes Verl.-Bureau 1909
2 Städte, Nächte und Menschen. Erlebnisse. 54 S. Mchn: Bonsels 1910
3 Das unendliche Gespräch. Eine nächtliche Szene. 14 S. Lpz: Wolff (= Der jüngste Tag 2) 1913
4 Der Jüngling. Ged. Lpz: Wolff 1913
5 (Hg., Einl.) Dichter und Verleger. Briefe von W. Friedrich an D. v. Liliencron. 124 S. m. Faks., 8 Abb. Mchn: Müller 1914
6 Der Sohn. Ein Drama in fünf Akten. V, 80 S. 4° Lpz: Wolff 1914
7 Der Retter. 47 S. o. O. (Priv.-Dr.; 15 Ex.) (1916)
8 Antigone. Tragödie in fünf Akten. 115 S. Bln: Cassirer 1917
9 Tod und Auferstehung. Neue Gedichte. 93 S. Lpz: Wolff 1917
10 Die Menschen. Schauspiel in fünf Akten. 98 S. 4° Bln: Cassirer 1918
11 Der politische Dichter. 36 S. Bln: Rowohlt (= Umsturz und Aufbau 2) 1919
12 Die Entscheidung. Komödie. 36 S. 4° Bln: Cassirer 1919
13 Jenseits. Drama in fünf Akten. 85 S. Bln: Rowohlt 1920
14 (MH) Menschen. Zeitschrift neuer Kunst. Hg. W. H. u. H. Schilling. Dresden: Dresdner Verl. 1920–1921
15 Die Pest. Ein Film. 53 S. 4° Bln: Cassirer 1920

16 Gedichte an Frauen. 17 S. 4⁰ Bln: Rowohlt 1922
17 Gobseck. Drama in fünf Akten. 79 S. Bln: Verl. Rowohlt 1922
18 Dramen. 292 S. Bln: Verl. Die Schmiede 1924
 (Enth. Nr. 6, 10, 13)
19 (Übs.) E. Swedenborg: Himmel, Hölle, Geisterwelt. 322 S. Bln: Verl. Die Schmiede 1925
20 Mord. Ein Stück in zwei Teilen. 136 S. Bln: Verl. Die Schmiede 1926
21 Ein besserer Herr. Lustspiel in zwei Teilen. 106 S. Bln: Propyläen-V. (1927)
22 Ehen werden im Himmel geschlossen. Komödie in vier Akten. 91 S. Bln: Propyläen-V. (1929)
23 Napoleon greift ein. Ein Abenteuer in sieben Bildern. 110 S. Bln: Propyläen-V. (1930)

HASENKAMP, Gottfried (*1902)

1 Hymnen. 167 S. Ffm, Bln: V. d. Bühnenvolksbundes 1924
2 (Hg.) Das Siegel. Ein Jahrbuch katholischen Lebens. Jg. 1–2. 199, 116 S. Lpz: Vier Quellen-V. (1924–1926)
3 Sponsa Christi. Ein geistliches Spiel. 55 S. Ffm, Bln: V. d. Bühnenvolksbundes 1924
4 Winter-Sonnenwende. Ein geistliches Spiel. 71 S. Ffm, Bln: V. d. Bühnenvolksbundes 1924
5 Religion und Kultur. Bemerkungen zur geistigen Situation des deutschen Katholizismus. 36 S. Münster: Aschendorff (= Aschendorffs zeitgemäße Schriften 8) 1926
6 Salzburger Elegie. 15 S. 4⁰ Salzburg: Pustet (= Veröffentlichung d. kath. Akademiker-Verb.) 1931
7 Der Königsstuhl von Aachen und andere Gedichte. 87 S. Salzburg: Pustet (1932)
8 (Übs.) Das Spiel vom Antichrist. Übertragen, mit einem Nachwort über d. Ludus de Antichristo, seine Aufführung und Übersetzung. 40 S., 1 Abb. Münster: Aschendorff 1933
9 Das Meer. Gedichte. 77 S. Salzburg: Pustet (1938)
10 Carmina in nocte. Gedichte aus den Jahren 1942–1945. 87 S. Köln: Pick (= Gürzenichbücherei) 1946
11 In memoriam Clemens August Kardinal von Galen (u.) Adolf Donders. 16 S. Warendorf: Schnell 1946
12 Gedächtnis aller Gefallenen. Gebete beim hl. Opfer. 15 S. Münster: Aschendorff 1946
13 Heimkehr und Heimgang des Kardinals. 15 S. m. Abb. Münster: Aschendorff 1946
14 Das brennende Licht. Ein kleines Gebetbuch in Versen. 104 S. m. Abb. Münster: Aschendorff 1946
15 Münsterisches Dombauspiel. 56 S. Münster: Aschendorff 1947
16 (Hg.) Die Kathedrale. Blätter zum Wiederaufbau des Domes von Münster und der westdeutschen Kirchen. 1. Folge. 4⁰ Münster: Aschendorff 1947
17 Wie dieser Ring ist ganz in sich vollendet. Sonette der Ehe aus nachgelassenen Briefen eines Kameraden. 63 S. Freiburg: Herder 1947
18 Zwischen Endzeit und Altar. Zwei Schriften zur Zeit. 68 S. Münster: Aschendorff 1947
19 Das Totenopfer. 46 S. qu. 8⁰ Warendorf: Schnell 1948
20 Eine Romfahrt im Heiligen Jahr. 88 S. 9 Abb. Münster: Aschendorff 1950
21 Der Brautbecher. Ein Marienspiel. 58 S. Nürnberg: Glock & Lutz (= Nürnberger Spiele 55) 1952
22 Das Morgentor. Gedichte aus drei Jahrzehnten. 133 S. Graz: Styria 1956
23 Der Kardinal. Taten und Tage des Bischofs von Münster Clemens August Graf von Galen. 40 S. Münster:Aschendorff (= Kleine westfälische Reihe, H. 4) (1957)
24 Römische Pilgerwoche. Ein kleines Buch für Romfahrer dieser Zeit. 145 S., 7 Taf., 1 Titelb. Münster: Aschendorff (1959)
 (Erw. Ausg. v. Nr. 20)

Hatzfeld, Adolf von (1892–1957)

1 Gedichte. 43 S. Lpz: Xenien-V. (1916)
2 Franziskus. 150 S. m. Titelb. Bln: Cassirer 1918
3 Die Liebe. 16 S. Mchn: Stobbe 1918
4 An Gott. Gedichte. 95 S. Bln: Cassirer 1919
5 Sommer. Gedichte. 16 S. m. Abb. Düsseldorf: Flechtheim 1920
6 Liebesgedichte. 16 S., 10 Abb. 4° Ffm: Querschnitt-V. (= Ausg. d. Galerie Alfred Flechtheim, Dr. 21) 1922
7 Aufsätze. 214 S. Hannover: Steegemann 1923
8 Gedichte. 66 S. Hannover: Steegemann 1923
9 Jugendgedichte. 62 S. Köln: Rheinland-V. 1923
10 Die Lemminge. Ein Roman. 189 S. Hannover: Steegemann 1923
11 An die Natur. 25 S. Köln: Saaleck-V. (= Saaleck-Blätter 7–8) 1924
12 Gedichte. 43 S. Freiburg/Br.: Pontos-V. 1925
13 Positano. 67 S. m. Abb. Freiburg, Bln: Pontos-V. (3000 num. Ex.) 1925
14 Das zerbrochene Herz. Nach John Ford. Trauerspiel in drei Akten. 97 S. Stg: Dt. Verl.-Anst. 1926
15 Ländlicher Sommer. 24 S. 4° Jahresgabe f. d. Mitglieder d. Bielefelder Bibliophilen-Vereinigung 1926
16 Gedichte. 20 S. Lpz: Poeschel & Trepte (= Priv.-Dr. v. Ernst Rathenau 2; 120 Ex.) 1927
17 Das glückhafte Schiff. Roman. 282 S. Stg: Dt. Verl.-Anst. 1931
18 Felix Timmermans. Dichter und Zeichner seines Volkes. 108 S., 75 Abb., 1 Titelb. 4° Bln: Rembrandt-V. 1935
19 Gedichte. 10 Bl. Hbg: Ellermann (= Das Gedicht. Jg. 2, F. 17) 1936
20 Gedichte des Landes. 65 S. Potsdam: Rütten & Loening 1936
21 Der Flug nach Moskau. 177 S. Potsdam: Rütten & Loening 1942
22 Melodie des Herzens. Gesammelte Gedichte. 86 S. Hattingen: Hundt 1951
23 Zwischenfälle. Erzählungen. 315 S., 1 Abb. Hattingen: Hundt 1952
   (Enth. Nr. 2, 13, 21)

Hauff, Wilhelm (+H. Clauren) (1802–1827)

1 *Kriegs- und Volks-Lieder. X, 170 S. Stg: Metzler 1824
2 Lichtenstein. Romantische Sage aus der württembergischen Geschichte. 3 Tle. 246 S., 3 Bl.; 252 S.; 256 S., 4 Bl. Stg: Franckh 1826
3 Maehrchenalmanach auf das Jahr 1826, für Söhne und Töchter gebildeter Stände. 1 Bl., 201 S. 12° Stg: Metzler 1826
4 +Der Mann im Mond oder Der Zug des Herzens ist des Schicksals Stimme. Von H. Clauren. 2 Tle. 2 Bl., 235 S.; 2 Bl., 211 S. Stg: Franckh 1826
5 *Mittheilungen aus den Memoiren des Satan. 2 Tle. 2 Bl., 324 S., 1 Bl.; 2 Bl., 312 S., 2 Bl. Stg: Franckh 1826–1827
6 Controvers-Predigt über H. Clauren und den Mann im Monde, gehalten vor dem deutschen Publikum in der Herbstmesse 1827 v. W. H. Text: Ev. Matth. VIII. 31–32. 94 S., 1 Bl. Stg: Franckh 1827
7 Maehrchenalmanach für Söhne und Töchter gebildeter Stände auf das Jahr 1827 (1828). 2 Bde. 2 Bl., 308 S., 3 Ku.; 3 Bl., 248 S. qu. 16° Stg: Franckh 1827–1828
8 Phantasien im Bremer Rathskeller. Ein Herbstgeschenk für Freunde des Weines ... 132 S. Stg: Franckh 1827
9 Novellen. 3 Tle. 335, 263, 335 S. Stg: Franckh 1828
10 Phantasien und Skizzen. 2 Bl., IV, 208 S. Stg: Franckh 1828
11 Sämmtliche Schriften. Geordnet und mit e. Vorw. vers. G. Schwab. 36 Bde. 16° Stg: Brodhag 1830
12 Märchen für Söhne und Töchter gebildeter Stände. 202 S. 16° Stg: Metzler 1832
   (Ausz. a. Nr. 3 u. 7)
13 Sämmtliche Werke. 10 Bde., 1 Bildn., 9 Taf., 1 Abb. Stg: Brodhag 1837–1838

Haug, Johann Christoph Friedrich
(+Frauenlob der jüngere; Fr. Hophthalmos)   (1761–1829)

1   *Sinngedichte. Lpz 1791
2   *Charaden und Logogryphen. o. O. (1795)
3   (Hg.) Für Herz und Geist. Ein Taschenbuch für das Jahr 1801. Mit Musik, größtentheils von Zumsteeg. 237 S., 1 Bl. 16° Ludwigsburg: Cotta (1800)
4   +Hundert Hyperbeln auf Herrn Wahls große Nase von Hophthalmos. o. O. (1804)
5   Epigramme und vermischte Gedichte. 2 Bde. 382, 532 S. Bln: Unger 1805
6   *Hundert Epigramme auf Aerzte, die keine sind. o. O. (1806)
7   (MH) Epigrammatische Anthologie. Hg. F. H. u. F. C. Weisser. 10 Bde. Zürich: Orell Füßli 1807–1809
8   Epigrammatische Spiele. 122 S., 4 Bl. Zürich: Orell Füßli 1807
9   +Taschenbuch dem Bacchus und Jocus geweiht ... 248 S., 5 Bl., 1 Ku. Stg: Steinkopf (1811)
10 +Treue Skizze der Feyer bey dem Einzuge Ihro Königlichen Hoheit des Kronprinzen von Württemberg am 13. Julius 1814. Seinen Landsleuten zum Andenken geweiht von einem Stuttgarter, 6 (ungez.) S. Stg: Hasselbrück (1814)
11 Almanach poetischer Spiele auf das Jahr 1815 (1816) 2 Bde. 302 S., 5 Bl. m. Ku. 16° Ffm: Wilmans 1815–1816
12 (Hg.) +Huldigung, den Würdigsten des schönen Geschlechts in zweihundert Epigrammen geweiht von Frauenlob dem Jüngeren. 233 S. 32° Tüb: Hopfer de l'Orme 1816
13 Sechs Herbstlieder, nach bekannten Melodien. 16 S. Tüb: Hopfer de l'Orme 1818
14 (Hg.) Poetischer Lustwald. Sammlung von Gedichten älterer Dichter. 304 S. Tüb: Osiander 1819
15 Magische Laterne. Kleinere und größere Geschichten und Erzählungen. 2 Bde. 259, 340 S. 12° Brünn: Traßler (1820)
16 Neujahrsbüchlein für die Arbeits-Kästchen holder Frauen und Jungfrauen. 258 S. Brünn: Traßler, Lpz: Hartmann (1820)
17 Panorama des Scherzes. 1200 Anekdoten, Witzantworten, Bulls, Naivetäten, Schwänke. 2 Bde. 372, 358 S. 12° Lpz: Hartmann 1820
18 +Zweihundert Hyperbeln auf Herrn Wahl's ungeheure Nase, in erbauliche hochdeutsche Reime gebracht. 16° Brünn 1822
    (Zu Nr. 4)
19 Bacchus, Antimomus, Jocus und Sphinx. 476 S., 3 Bl. Ulm: Stettin 1823
20 Zweihundert Fabeln für die gebildete Jugend. Großentheils freye Nachbildungen frz., engl., dän. und span. Originale. VIII, 260 S. 1 Bl. Ulm: Stettin 1823
21 Spiele der Laune und des Witzes, in Epigrammen und versificierten Anekdoten. 210 S. Tüb: Osiander 1826
22 Gedichte. Auswahl. 2 Bde. 846 S. Lpz: Göschen, Hbg: Hoffmann & Campe 1827
23 Fabeln für Jung und Alt, in sechs Büchern. 318 S., 1 Titelku. Heidelberg: Engelmann 1828

Haugwitz, August Adolf von   (1645–1706)

1   J. N. J. Schuldige Unschuld, Oder Maria Stuarda, Königin von Schottland. Trauer-Spiel, in gebundener Rede auffgesetzt. 103 S. Dresden (o. Verl.) 1683
2   Prodromus Poeticus, Oder: Poetischer Vortrab, bestehende aus unterschiedenen Trauer- und Lust-Spielen, Sonnetten, Oden, Elegien, Bey- oder Uberschrifften und andern Deutschen Poetischen Gedichten. 12 Bl., 103, 112, 62, 138 S., 3 Bl. Dresden: Bergen 1684
    (Enth. u. a. Nr. 1)

Hauptmann, Carl (1858–1921)

1. Die Bedeutung der Keimblättertheorie für die Individualitätslehre und den Generationswechsel. 41 S. Jena: Dabis 1883
2. Beiträge zu einer dynamischen Theorie der Lebewesen. Teil 1: Die Metaphysik in der modernen Physiologie. Eine kritische Untersuchung. VI, 391 S. Dresden: Ehlermann 1893
3. Marianne. Schauspiel. 97 S. Bln: Fischer 1894
4. Waldleute. Schauspiel. 123 S. Stg: Cotta 1896
5. Sonnenwanderer. Neun Erzählungen. 216 S. Bln: Fischer 1897
6. Ephraims Breite. Schauspiel. 115 S. Bln: Fischer 1900
7. Aus meinem Tagebuch. 231 S. Bln: Fischer 1900
8. Die Bergschmiede. Dramatische Dichtung. 107 S. Mchn: Callwey 1902
9. Aus Hütten am Hange. Kleine Erzählungen. 224 S. Mchn: Callwey 1902
10. Mathilde. Zeichnungen aus dem Leben einer armen Frau. 356 S. Mchn: Callwey 1902
11. Unsere Wirklichkeit. Vortrag. 31 S. Mchn: Callwey 1902
12. Des Königs Harfe. Bühnenspiel. 159 S. Mchn: Callwey 1903
13. Die Austreibung. Tragisches Schauspiel. 156 S. Mchn: Callwey 1905
14. Miniaturen. Erzählungen. 255 S. Mchn: Callwey 1905
15. Einfältige. Eine Studie. 150 S. Wien: Wiener Verl. (= Bibliothek moderner deutscher Autoren 16) 1906
16. Moses. Bühnendichtung in fünf Akten. 234 S. Mchn: Callwey 1906
17. Einhart der Lächler. Roman. 2 Bde. 311, 247 S. Bln: Marquardt 1907
18. Das Geheimnis der Gestalt. Vortrag, gehalten vor der Germanischen Gesellschaft von Amerika am 2. 12. 1908. 25 S. New York: Columbia University 1909
19. Judas. Drei Erzählungen. VII, 340 S. Mchn: Callwey 1909 (Enth. u. a. Nr. 15)
20. Panspiele. VII, 240, 11 S. Mchn: Callwey 1909
21. Der Landstreicher. 12 S. Mchn: Callwey (= Der Schatzgräber 17) 1910 (Ausz. a. Nr. 14)
22. Aus meinem Tagebuch. 308 S. Mchn: Callwey 1910 (Verm. Neuaufl. v. Nr. 7)
23. Napoleon Bonaparte. 2 Bde. 201, 241 S. Mchn: Callwey 1911
24. Der Landstreicher und andere Erzählungen. Einl. G. Muschner. 153 S. m. Abb. Stg: Die Lese (= Die Bücher der Lese) 1912 (Enth. Ausz. a. Nr. 9, 14, 19)
25. Nächte. 247 S. Lpz: Rowohlt 1912
26. Die armseligen Besenbinder. Altes Märchen. 123 S. Lpz: Rowohlt 1913
27. Ismael Friedmann. 399 S. Lpz: Wolff 1913
28. Die lange Jule. Drama. 122 S. Lpz: Wolff 1913
29. Krieg. Ein Tedeum. 103 S. Lpz: Wolff 1914
30. Schicksale. Erzählungen. 289 S. Lpz: Wolff 1914
31. Aus dem großen Kriege. Dramatische Scenen. 160 S. Lpz: Wolff 1915
32. Rübezahlbuch. 190 S. Lpz: Wolff 1915
33. Die uralte Sphinx. Kriegsvortrag. 31 S. Lpz: Wolff 1915
34. Tobias Buntschuh. Eine burleske Tragödie in fünf Akten. 128 S. Lpz: Wolff 1916
35. Dort, wo im Sumpf die Hürde steckt. Sonette. 29 S. Lpz: Wolff 1916
36. Die Rebhühner. Komödie. 146 S. Lpz: Wolff 1916
37. Gaukler, Tod und Juwelier. Spiel. 121 S. Lpz: Wolff 1917
38. Offener Brief an den Präsidenten der Vereinigten Staaten von Amerika, Woodrow Wilson. 8 S. Jena: Diederichs (= Blätter zur neuen Zeit 3–4) 1918
39. Der schwingende Felsen von Tandil. Legende. 20 S. Hannover: Steegemann (= Die Silbergäule 23–24) 1919
40. Des Kaisers Liebkosende. Legende. 20 S. Hannover: Steegemann (= Die Silbergäule 21–22) 1919
41. Lesseps. Legendarisches Porträt. 15 S. Hannover: Steegemann (= Die Silbergäule 20) 1919
42. Musik. Spiel. 59 S. Lpz: Wolff 1919

43 Die goldenen Straßen. Eine Trilogie. 257 S. Mchn: Wolff 1919
   (Enth. Nr. 34, 37, 42)
44 Der abtrünnige Zar. Eine Legende. 89 S. Wien: Tal (= Bücher der Zwölf, Reihe 1) 1919
45 Ephraims Tochter. Schauspiel. 96 S. Mchn: Wolff 1920
   (Neuaufl. v. Nr. 6)
46 Eva-Maria. Eine Legende. Hg. v. Künstlerdank. 16 S., 8 Taf. 4° Bln: Eigenbrödlerverl. 1920
47 Drei Frauen. 50 S. Hannover: Banas & Dette 1920
48 Das Kostümgenie. 27 S. m. Abb. 4° Bln: Collignon (= Lilien-Drucke 2) 1920
49 Der Mörder. 13 S. Dresden: Dresdner Verl. (= Das neueste Gedicht 31–32) 1920
50 Die lilienweiße Stute. Legende. 22 S., 6 Taf. Dresden: Kaemmerer 1920
51 Die arme Maria. Eine Legende. 21 S. Bln: Officina Serpentis (= Schatzbehalter 3) 1922
52 Eine Heimstätte. Erzählung. 51 S. Friedeberg: Iser-V. (= Der Höhentraum 2) 1923
53 Vom neuen Studenten. Rede an die deutschen Studenten. Eingel. durch d. Gedächtnisreden v. W. Sombart, K. Breysig, W.-E. Peuckert. XIV, 31 S. Erfurt: Gotik-V. 1923
54 Die Heilige. Musikalische Legende. Für d. Rundfunk einger. C. Bronsgeest. 36 S. Bln: Funkdienst (= Sendespiele. Jg. 4, H. 11) 1927
55 Tantaliden. Eine Romandichtung. 278 S. Bln: Horen-V. 1927
56 Leben mit Freunden. Gesammelte Briefe. Hg. W.-E. Peuckert. 426 S. Bln: Horen-V. 1928
57 Aus meinem Tagebuch. Hg. W.-E. Peuckert. 283 S. Bln: Horen-V. 1929
   (Verm. Neuaufl. v. Nr. 22)
58 Die seltsamen Freunde. Entwurf eines Romans. Festgabe für die Carl-Hauptmann-Gesellschaft anläßlich des fünfundsiebzigsten Geburtstages v. C. H. 67 S., 4 Abb. 4° Lpz: List 1933
59 Briefe mit Modersohn. 63 S. Lpz: List (= Lebendiges Wort 9) 1935
   (Ausz. a. Nr. 56)

HAUPTMANN, Gerhart (1862–1946)

1 Liebesfrühling. Ein lyrisches Gedicht. 18 S. Salzbrunn (Priv.-Dr.) 1881
2 Promethidenloos. Eine Dichtung. 118 S. Bln: Ißleib 1885
   (Gleich nach Erscheinen zurückgezogen)
3 Das bunte Buch. Gedichte, Sagen & Märchen. 124 S. Lpz, Stg: Meinhard 1888
   (Nicht ausgeliefert)
4 Vor Sonnenaufgang. Soziales Drama. 108 S. Bln: Conrad 1889
5 Das Friedensfest. Eine Familienkatastrophe. Bühnendichtung. 74 S. Bln: Fischer 1890
6 Einsame Menschen. Drama. 112 S. Bln: Fischer 1891
7 Der Apostel. Bahnwärter Thiel. Novellistische Studien. 95 S. Bln: Fischer 1892
8 College Crampton. Komödie. 72 S. Bln: Fischer 1892
9 De Waber (Die Weber). Schauspiel aus den vierziger Jahren. Dialekt-Ausg. 119 S. Bln: Fischer 1892
10 Die Weber. Schauspiel aus den vierziger Jahren. 119 S. Bln: Fischer 1892
   (Hochdt. Fassg. v. Nr. 9)
11 Der Biberpelz. Eine Diebskomödie. 104 S. Bln: Fischer 1893
12 Hannele Matterns Himmelfahrt. Bln: Fischer 1893
13 Hannele. Traumdichtung in zwei Teilen. 75 S. m. Abb. 4° Bln: Fischer 1894
   (Neufassg. v. Nr. 12)
14 Florian Geyer. 304 S. Bln: Fischer 1896
15 Hanneles Himmelfahrt. Traumdichtung. 95 S. Bln: Fischer (1896)
   (Neuaufl. v. Nr. 13)
16 Die versunkene Glocke. Ein deutsches Märchendrama. 175 S. Bln: Fischer 1897

17 Fuhrmann Henschel. Schauspiel. 100 S. Bln: Fischer (1899)
18 Fuhrmann Henschel. Schauspiel. Neue, der Schriftsprache angenäherte Fassung. 100 S. Bln: Fischer (1899)
    (Neufassg. v. Nr. 17)
19 Helios. Dramatisches Fragment. 16 S. o. O. 1899
20 Michael Kramer. Drama in vier Akten. 130 S. Bln: Fischer 1900
21 Schluck und Jau. Spiel zu Scherz und Schimpf. 172 S. Bln: Fischer 1900
22 Der rote Hahn. Tragikomödie in vier Akten. 144 S. Bln: Fischer 1901
23 Der arme Heinrich. Eine deutsche Sage. 172 S. Bln: Fischer 1902
24 Rose Bernd. Schauspiel in fünf Akten. 154 S. Bln: Fischer 1903
25 Elga. 87 S. Bln: Fischer 1905
26 Und Pippa tanzt! Ein Glashüttenmärchen in vier Akten. 109 S. Bln: Fischer 1906
27 (Vorw.) F. Stelzhamer: Charakterbilder aus Oberösterreich. 299 S. m. Abb. Wien: Wiener Verl. (1906)
28 Gesammelte Werke. 6 Bde. 2056 S. Bln: Fischer 1906
29 Die Jungfern vom Bischofsberg. Lustspiel. 125 S. Bln: Fischer 1907
30 Griechischer Frühling. 266 S., 2 Abb. Bln: Fischer 1908
31 Kaiser Karls Geisel. Legendenspiel. 157 S. Bln: Fischer 1908
32 Griselda. 153 S. Bln: Fischer 1909
33 Der Narr in Christo Emanuel Quint. Roman. 540 S. Bln: Fischer 1910
34 (Vorw.) The Oxford Book of German Verse. Hg. H. G. Fiedler. London: Oxford Univ. Press 1911
35 Die Ratten. Berliner Tragikomödie. 212 S. Bln: Fischer 1911
36 Atlantis. Roman. 357 S. Bln: Fischer 1912
37 Gabriel Schillings Flucht. Drama. 181 S. Bln: Fischer 1912
38 Gesammelte Werke. Volksausg. in 6 Bdn. 2979 S. Bln: Fischer 1912
39 Festspiel in deutschen Reimen. 111 S. Bln: Fischer 1913
40 Lohengrin. 138 S., 15 Abb. Bln: Ullstein (= Ullstein-Jugend-Bücher 10) 1913
41 Der Bogen des Odysseus. 168 S. Bln: Fischer 1914
42 Parsival. 142 S. m. Abb. Bln: Ullstein (= Ullstein-Jugend-Bücher 14) 1914
43 Winterballade. Eine dramatische Dichtung. 180 S. Bln: Fischer (1917)
44 Der Ketzer von Soana. 165 S. Bln: Fischer 1918
45 Der weiße Heiland. Dramatische Phantasie. 203 S. Bln: Fischer 1920
46 Indipohdi. Dramatisches Gedicht. 150 S. Bln: Fischer (1920)
47 Anna. Ein ländliches Liebesgedicht. 140 S. Bln: Fischer 1921
48 Peter Brauer. Tragikomödie. 102 S. Bln: Fischer 1921
49 Das Hirtenlied. Ein Fragment. 48 S., 17 Abb. 4° Bln: Holten 1921
50 (Vorw.) L. v. Hofmann: Rhythmen. Neue Folge. Zehn Steinzeichnungen. 1 Bl. Text, 10 Taf. 2° Lpz: Dehne 1921
51 Für ein ungeteiltes deutsches Oberschlesien. Öffentliche Protestversammlung zu Berlin. Ansprache v. G. H. 32 S. Bln: Zentralverl. 1921
52 Sonette. Radiert v. H. M. Avenarius. 8 Taf. 4° Bln: Voegel (= Buch der deutschen Kleinmeister 1) 1921
53 Deutsche Wiedergeburt. Vortrag. 14 S. Wien: Bukum 1921
54 (MV) F. Nansen, G. H , M. Gorki: Rußland und die Welt. 31 S. Bln: Verl. f. Politik u. Wirtschaft 1922
55 Gesammelte Werke. Große Ausg. 12 Bde. 4962 S. Bln: Fischer 1922
56 (Einl.) H. Grünfeld: In Dur und Moll. Begegnungen und Erlebnisse aus fünfzig Jahren. 282 S., 9 Taf. Lpz: Grethlein 1923
57 Gerhart Hauptmann und die Schule. Rede G. H.'s bei seinem Besuch in der Gerhart-Hauptmann-Oberrealschule zu Breslau am 17. VIII. 1922. 7 S., 1 Abb. Breslau: Selbstverl. d. Hilfskasse d. G. H.-Oberrealschule (1923)
58 Phantom Aufzeichnungen eines ehemaligen Sträflings. 202 S. Bln: Fischer 1923
59 Ausblicke. VI, 353 S. Bln: Fischer 1924
    (Einzelausg. des 12. Bds. v. Nr. 55)
60 (Vorw.) K. Hielscher: Deutschland. Baukunst und Landschaft. XVII S., 304 S. Abb., 1 Kt. 4° Bln: Wasmuth (= Orbis terrarum) 1,3) (1924)
61 (Einl.) K. Kollwitz: Abschied und Tod. Acht Zeichnungen. 2 Bl., 8 Taf. 12° Bln: Propyläen-V. 1924
62 Fasching. 58 S. m. Abb. Bln: Fischer (= Fischer's illustrierte Bücher) 1925

63	Festaktus zur Eröffnung des Deutschen Museums. Dichtung: G. H. Musik: H. Zilcher. 18 S. Mchn: Knorr & Hirth 1925
64	Die Insel der großen Mutter oder Das Wunder von Ile des Dames. Eine Geschichte aus dem utopischen Archipelagus. 373 S. Bln: Fischer 1925
65	Veland. Tragödie. 120 S. Bln: Fischer 1925
66	Dorothea Angermann. Schauspiel. 140 S. Bln: Fischer (1926)
67	Die blaue Blume. 61 S., 14 Abb. 4⁰ Bln: Fischer (150 sign. Ex.) (1927)
68	Till Eulenspiegel. Ein dramatischer Versuch. 20 S. Lpz: Klinkhardt (= Bücherlotterie der Internationalen Buchkunstausstellung, Bd. 3) 1927
69	Des großen Kampffliegers, Landfahrers, Gauklers und Magiers Till Eulenspiegel Abenteuer, Streiche, Gaukeleien, Gesichte und Träume. 303 S. 4⁰ Bln: Fischer 1928
70	Ansprache bei der Eröffnung der Internationalen Buchkunst-Austellung Leipzig (Werkstätten der Staatl. Akademie für Graph. Künste und Buchgewerbe) Lpz 1928
71	(MV) G. H., W. Marx, A. Brecht, E. Redslob: Gedenken an Walther Rathenau. 24 S. Dresden: Reißner (= Schriften der Walther Rathenau-Stiftung 2) 1928
72	Wanda. (Der Dämon.) Roman. 277 S. Bln: Fischer 1928
73	Der Baum von Gallowayshire. 31 S. Heidelberg: Kampmann (1929)
74	Spuk. Die schwarze Maske. Schauspiel. Hexenritt. Ein Satyrspiel. 99 S. Bln: Fischer 1929
75	Buch der Leidenschaft. 2 Bde. 261, 244 S. Bln: Fischer 1930
76	Drei deutsche Reden. Mit einem Vorwort hg. H. v. Hülsen. 40 S. 4⁰ Lpz: Gesellschaft der Freunde der Deutschen Bücherei (= Jahresgabe 12, 1929) 1930
77	(Übs., Bearb.) W. Shakespeare: Die tragische Geschichte von Hamlet, Prinzen von Dänemark, in deutscher Sprache. 204 S., 25 Abb. 2⁰ Bln: Fischer (247 Ex.) (1930)
78	Die Spitzhacke. Ein phantastisches Erlebnis. 117 S. Bln: Fischer 1930
79	(Einl.) J. W. v. Goethe: Werke. 2 Bde. 932, 942 S. Bln (:Knaur 1931)
80	Die Hochzeit auf Buchenhorst. Erzählung. 117 S. Bln: Fischer 1932
81	Paralipomena zum Hirtenlied. Hg. C. F. W. Behl für die Maximilian-Ges.) 1932
82	Vor Sonnenuntergang. Schauspiel. 154 S. Bln: Fischer 1932
83	Um Volk und Geist. Ansprachen. 221 S. Bln: Fischer 1932
84	Das dramatische Werk. Gesamtausg. zum siebzigsten Geburtstag des Dichters. 6 Tle. in 2 Bdn. 1520 S., 1 Titelb. 1496 S. Bln: Fischer 1932
85	Die goldene Harfe. Schauspiel. 110 S. Bln: Fischer 1933
86	Das Meerwunder. Eine unwahrscheinliche Geschichte. 115 S., 18 Abb. Bln: Fischer 1934
87	Hamlet in Wittenberg. Schauspiel. 189 S. Bln: Fischer 1935
88	Das Hirtenlied (vollständiger Abdruck des Fragments, hg. F. A. Voigt) Breslau: Maruschke & Berendt Verl. 1935
89	Das epische Werk. 6 Tle. in 2 Bdn. 2437 S. Bln: Fischer 1935
90	Im Wirbel der Berufung. Roman. 280 S. Bln: Fischer 1936
91	Das Abenteuer meiner Jugend. 2 Bde. 502, 449 S. Bln: Fischer 1937
92	Ährenlese. Kleinere Dichtungen. 301 S. Bln: Fischer 1939
93	Die Tochter der Kathedrale. Schauspiel. 186 S. Bln: Fischer 1939
94	Ulrich von Lichtenstein. Komödie. 166 S. Bln: Fischer 1939
95	Iphigenie in Delphi. Tragödie. 108 S. Bln: Suhrkamp (1941)
96	Der Dom (Dramenfragment). Nachw. F. A. Voigt. 82 S. Chemnitz: Ges. der Bücherfreunde (= Ord. Veröff. d. Ges. d. Bücherfreunde zu Chemnitz 34) 1942
97	Magnus Garbe. Tragödie. 86 S. Bln: Fischer 1942 (zugleich in Nr. 100)
98	Der Schuß im Park. Novelle. 92 S. Bln: Fischer (1942)
99	Der große Traum. Dichtung. 160 S. 4⁰ Lpz: Insel 1942 (zugleich in Nr. 100)
100	Das gesammelte Werk. Ausg. letzter Hand zum achtzigsten Geburtstag des Dichters. 15. XI. 1942. Abt. 1. 17 Bde. Bln: Fischer 1942
101	Der neue Christophorus. Ein Fragment. Nachw. C. F. W. Behl. 179 S. Weimar: Gesellschaft der Bibliophilen 1943

102 (Einl.) R. Voigt: Das Gesicht des Geistes. Farbaufnahmen E. Retzlaff. 4 Bl., 10 Taf. 2° Bln: Metzner 1944
103 Iphigenie in Aulis. Tragödie. 112 S. Bln: Suhrkamp 1944
104 Neue Gedichte. 63 S. Bln: Aufbau-Verl. 1946
105 Die Finsternisse. Requiem. With an essay by W. A. Reichert. 282 S. 4° New York: Aurora, Hammer Press 1947
106 Mignon. Novelle. 98 S. Bln: Suhrkamp 1947
107 Agamemnons Tod. Elektra. Tragödien. 87 S. Bln: Suhrkamp 1948
108 Galahad oder Die Gaukelfuhre. Dramatische Fragmente. Hg. C. F. W. Behl. 102 S. Lichtenfels. Fränkische Bibliophilenges. (= Veröffentlichung 2) 1948
109 Die Atriden-Tetralogie. Tragödie. 270 S. Bln: Suhrkamp 1949 (Enth. Nr. 95, 103, 107)
110 Herbert Engelmann. Drama in vier Akten. Aus dem Nachlaß. Ausgeführt v. C. Zuckmayer. Beide Fassungen. 275 S. Mchn: Beck 1952
111 Winckelmann. Das Verhängnis. Roman. Vollendet u. hg. F. Thieß. 318 S. Gütersloh: Bertelsmann 1954
112 Der große Traum. Hg. H. Reisiger. Vorw. R. A. Schröder. 284 S. Gütersloh: Bertelsmann 1956
(Verm. Ausg. v. Nr. 98)

Hauser, Heinrich (1901–1955)

1 Das zwanzigste Jahr. Roman. 146 S. Potsdam: Kiepenheuer 1925
2 Brackwasser. Roman. 219 S. Lpz: Reclam (= Junge Deutsche) (1928)
3 Friede mit Maschinen. 80 S. Lpz: Reclam (= Reclam's UB. 6891) 1928
4 Donner überm Meer. 242 S. Bln: Fischer 1929
5 Schwarzes Revier. 149 S., 127 Abb. Bln: Fischer 1930
6 Die letzten Segelschiffe. Schiff, Mannschaft, Meer und Horizont. 284 S. Bln: Fischer 1930
7 Feldwege nach Chicago. 267 S. Bln: Fischer 1931
8 Noch nicht. Aufzeichnungen des Christian Heinrich Skeel. 235 S. Bln: Fischer 1932
9 Wetter im Osten. 234 S., 80 Abb. Jena: Diederichs 1932
10 Ein Mann lernt fliegen. 175 S., 79 Abb. Bln: Fischer 1933
11 Kampf. Geschichte einer Jugend. 285 S. Jena: Diederichs 1934
12 Fahrten und Abenteuer im Wohnwagen. 279 S. m. Abb. Dresden: Reißner 1935
13 Am laufenden Band. 176 S. m. Abb. Ffm: Hauserpresse 1936
14 Männer an Bord. Erzählungen. 109 S. Jena: Diederichs 1936
15 Once your enemy ... VI, 273 S. London: Methuen 1936
16 Notre Dame von den Wogen. 359 S. Jena: Diederichs 1937
17 Die Flucht des Ingenieurs. Novelle. 74 S. Lpz: Reclam (= Reclam's UB. 7348) 1937
18 Leinenzwirn. 72 S. m. Abb. Ffm: Hauserpresse 1937
19 Opel, ein deutsches Tor zur Welt. 215 S. m. Abb. u. Faks., 1 Kt. Ffm: Hauserpresse 1937
20 Australien. Der menschenscheue Kontinent. 260 S., 16 Bl. Abb. Bln: Safari-V. 1937
21 Süd-Ost-Europa ist erwacht. Im Auto durch acht Balkanländer. 285 S., 36 Bl. Abb. Bln: Rowohlt 1938
22 Battle against Time. A survey of the Germany of 1939 from the inside. VII, 386 S. New York: Scribner 1939
23 Hitler versus Germany. A survey of present-day Germany from the inside. 319 S. London: Jarrolds 1940
(Neuaufl. v. Nr. 22)
24 Kanada. Zukunftsland im Norden. Bearb. R. Jaspert. 284 S., 106 Abb., 9 Kt. Bln: Safari-V. 1940
25 Im Kraftfeld von Rüsselsheim. 219 S., 80, Abb. Mchn: Knorr & Hirth 1940
26 Time was. Death of a junker. VIII, 308 S. New York: Reynal 1942
27 The German talks back. XXIII, 215 S. New York: Holt 1945

28 Nitschewo Armada. Roman. Nach den Erinnerungen an Aage von Kohl. Die Übs. a. d. Amerik. bes. E. Duncker. 61 S. 4° Hbg: Rowohlt (= rororo) 1949
29 Meine Farm am Mississippi. 207 S. Bln: Safari-V. 1950
30 Bevor dies Stahlherz schlägt. 48 S. m. Abb. Rüsselsheim: Adam-Opel-AG 1951
31 (MV) H. H. u. A. Tritschler: Tochter Europas Düsseldorf. 148 S. 4° Düsseldorf: Schwann 1951
32 Dein Haus hat Räder. 72 S. m. Abb. Rüsselsheim: Adam-Opel-AG 1952
33 Unser Schicksal. Die deutsche Industrie. 201 S. m. Abb. Mchn, Düsseldorf: Steinebach 1952
34 Gigant Hirn. Roman. 233 S. Bln-Schöneberg: Weiss 1958

HAUSHOFER, Albrecht (1903–1945)

1 Pass-Staaten in den Alpen. V, 200 S., 4 Taf. Bln: Vowinckel 1928
2 (Hg.) Zeitschrift der Gesellschaft für Erdkunde zu Berlin. 8 Jge. 4° Bln: Reimer 1931–1939
3 Zur Problematik des Raumbegriffs. 16 S. Bln: Vowinckel (= Schriften zur Geopolitik 2) 1932
4 (Hg.) Verhandlungen und wissenschaftliche Abhandlungen des deutschen Geographentages Nr. 24–26. Breslau: Hirt 1932–1937
5 Scipio. Schauspiel. 223 S. Bln: Propyläen-V. 1934
6 Sulla. Schauspiel. 214 S. Bln: Propyläen-V. 1938
7 Augustus. Schauspiel. 197 S. Bln: Propyläen-V. 1939
8 Englands Einbruch in China. 52 S. Bln: Junker u. Dünnhaupt (= Das britische Reich in der Weltpolitik, H. 31; = Schriften d. Dt. Inst. f. aussenpolit. Forschung u. d. Hamburger Inst. f. auswärt. Politik 46) 1940
9 Moabiter Sonette. 88 S., 4 Bl. Bln: Blanvalet 1946
10 Chinesische Legende. Eine dramatische Dichtung. 126 S. Bln: Blanvalet 1949
11 Allgemeine politische Geographie und Geopolitik. Bd. 1. 362 S. Heidelberg: Vowinckel 1951

HAUSMANN, Manfred (*1898)

1 Die Frühlingsfeier. Novellen. 71 S. Bremen: Schünemann (= Die Garbe) (1924)
2 Jahreszeiten. 24 S. 4° Bremen: Schünemann (Priv.-Dr.; 200 num. Ex.) 1924
3 Orgelkaporgel. Erzählungen. 107 S. 16° Bremen: Schünemann (1925)
4 (Hg.) Alt-Hollands Kirchenbauten. Mit e. Einf. 72 S., 65 Abb. 4° Bremen: Schünemann (1926)
5 (Hg.) Die Böttcherstraße in Bremen. Eine Einführung. 32 S. m. Grundriss., 18 S. Abb. Bremen: Angelsachsen-Verl. (1927)
6 (Hg.) Alt-Hollands Bürgerbauten. Mit e. Einf. 71 S., 65 Abb. 4° Bremen: Schünemann (1927)
7 Marienkind. Ein Legendenspiel in fünf Bildern. 46 S. Bln: Bloch (= Norddeutsche Laienspiele 1) 1927
8 Die Verirrten. Zwei Novellen. 93 S. Lpz: Reclam (= Junge Deutsche) (1927)
9 Lampioon küßt Mädchen und kleine Birken. Abenteuer eines Wanderers. 258 S. Bremen: Schünemann 1928
10 Garten und Architektur. Gedanken zu Fr. Gildemeisters Gärten. (S.-A.) 5 Bl. m. Abb. 4° Braunschweig, Bln, Hbg: Westermann 1929
11 Lilofee. Ein Spiel von Liebe. 54 S. Bln: Bloch (= Norddeutsche Laienspiele 9) 1929
12 Salut gen Himmel. Roman. 330 S. Bln: Fischer 1929
13 Kleine Liebe zu Amerika. Ein junger Mann schlendert durch die Staaten. 347 S. m. Abb. Bln: Fischer 1931

14 Abel mit der Mundharmonika. Roman. 282 S. m. Abb. Bln: Fischer 1932
15 Die Frühlingsfeier. Gesammelte Novellen. 224 S. Bremen: Schünemann 1932
    (Enth. Nr. 1 u. 3)
16 Ontje Arps. Erzählung. 132 S., 12 Abb. Bln: Fischer 1934
    (Ausz. a. Nr. 8)
17 Die Begegnung. Erzählungen. 74 S. Lpz: Reclam (= Reclam's UB. 7311) 1936
18 (Vorw.) Herz, mein Herz. Liebende in der Malerei. Ein Brief als Geleitw. v. M. H. 14 S., 10 Taf. Lpz: Seemann 1936
19 Abschied von der Jugend. Roman. 295 S. m. Abb. Bremen: Schünemann 1937
20 Demeter. Erzählungen. 141 S. Bln: Fischer (= Fischer-Bücherei) 1937
21 (Einl.) Die deutsche Nordsee. Berichte und Bilder. 283 S., 82 Abb. Bln: Atlantis-V. 1937
22 Jahre des Lebens. Gedichte. 69 S. Bln: Fischer 1938
23 Mond hinter Wolken. Nachw. F. Hammer. 80 S. Eisenach: Röth (= Die Urquell-Bücher) 1938
24 Geliebtes Bremen. Eine Art von Geständnis. 30 S. Murnau: Verl. Die Wage (= Des Bücherfreundes Fahrten ins Blaue 33–34) 1939
25 Lampioon. Abenteuer eines Wanderers. 272 S. Bremen: Schünemann 1939
    (Neuaufl. v. Nr. 9)
26 Einer muß wachen. Betrachtung. 8 Bl., 1 Taf. Recklinghausen: Bitter 1940
27 Geheimnis einer Landschaft. Worpswede. Eine Betrachtung. 29 S. Bln: Fischer 1940
28 Abschied vom Traum der Jugend. Roman. 231 S. m. Abb. Bremen: Schünemann (1941)
    (Neuaufl. v. Nr. 19)
29 Dorfstraße im April. 2 Bl. Bln, Freiburg: Christophorus-V. (= Gruß-Briefe 380) (1941)
30 Gebet zur Ernte. 2 Bl. Bln, Freiburg: Christophorus-V. (= Gruß-Briefe 382) (1941)
31 Gehöft im Nebel. 2 Bl. Bln, Freiburg: Christophorus-V. (= Gruß-Briefe 384) (1941)
32 Im Gunnemoor. 2 Bl. Bln, Freiburg: Christophorus-V. (= Gruß-Briefe 383) (1941)
33 Alte Musik. Gedichte. 73 S. Bln: Fischer 1941
34 Quartier bei Magelone. Aus den Papieren des Oberleutnants Skram. 66 S. Bln: Fischer 1941
35 Sommermorgen. 2 Bl. Bln, Freiburg: Christophorus-V. (= Gruß-Briefe 381) (1941)
36 Wintergewitter. 2 Bl. Bln, Freiburg: Christophorus-V. (= Gruß-Briefe 385) (1941)
37 Füreinander. Gedichte. 77 S. Bln: Suhrkamp 1946
38 Das Worpsweder Hirtenspiel. 24 S. Göttingen: Vandenhoeck & Ruprecht (1946)
39 Geliebtes Bremen. Eine Erinnerung. 23 S. Bremen: Trüjen 1947
    (Neuaufl. v. Nr. 24)
40 Von der dreifachen Natur des Buches. Festvortrag zur Eröffnung der Ausstellung „Deutsches Buchschaffen" in Bielefeld am 7. II. 1947. 17 S. Bielefeld: Gundlach 1947
41 (MV) (H. A. Gräbke u. M. H.:) Auf zwei Engel in Sankt Annen zu Lübeck. 4 Bl. m. Abb. Lübeck: Schmidt-Römhild (1947)
42 Vorspiel. Neue Versuche. 118 S. Bln: Suhrkamp 1947
43 Blumenstück. Geschr. u. gez. E. Schumacher. 2 Bl. 4° m. Abb. Hannover: Dikreiter (= Liebhaberausgaben 2; 300 num. u. sign. Ex.) 1948
44 (Vorw.) D. Heyden: Der magische Raum. 6 Bl., 46 Taf. 4° Göttingen: Muster-Schmidt 1948
45 (Einl.) Paula Modersohn-Becker. 4 Bl. m. Abb., 10 Taf. 4° Biberach: Blüchert (= Meisterbilder) (1948)
46 (Übs.) Sappho: Lieder und Bruchstücke. 8 Bl. Hbg: Ellermann (= Das Gedicht 1948, 1) 1948

47 (Übs., Einl.) Das Erwachen. Lieder und Bruchstücke aus der griechischen Frühzeit. 127 S. Bln: Suhrkamp 1949 (Enth. u. a. Nr. 46)
48 Gesammelte Schriften in Einzelausgaben. 7 Bde. 1708 S. Ffm: Fischer 1949-1959
49 Die Gedichte. 231 S. Ffm: Fischer (= Gesammelte Schriften in Einzelausgaben) 1949
50 Martin. Geschichten aus einer glücklichen Welt. 86 S. m. Abb. Bremen: Angelsachsen-Verl. (= Die Güldenkammer) 1949
51 Zeit und Ewigkeit. 4 Bl., 1 Titelb. Kassel: Lometsch (= Priv.-Dr. d. Arche 1; 200 num. Ex.) (1949)
52 Einer muß wachen. Betrachtungen. Briefe. Gedanken. Reden. 253 S. Ffm: Fischer 1950
53 (Übs.) Liebe, Tod und Vollmondnächte. Japanische Gedichte. 65 S. Ffm: Fischer (1951)
54 Der dunkle Reigen. Ein Mysterienspiel. 106 S. Ffm: Fischer 1951
55 (Einl.) Das nordwestdeutsche Küstenland. Zusgest. u. erl. H. Busch. Übs. R. H. Lochner. 16 S., 88 S. Abb. Ffm: Umschau-Verl. (= Die deutschen Lande) 1952
56 Der Überfall. Gesammelte Erzählungen. 345 S. Ffm: Fischer (= Gesammelte Schriften in Einzelausgaben) 1952
57 Die Achterbahn. 71 S. Mchn: Piper (= Piper-Bücherei 59) 1953 (Ausz. a. Nr. 12)
58 Isabel. Geschichte um eine Mutter. 77 S. m. Abb. Gütersloh: Bertelsmann (= Das kleine Buch 56) 1953
59 Liebende lösen von der Vergebung. Roman. 195 S. Ffm: Fischer (= Gesammelte Schriften in Einzelausgaben) 1953
60 Hafenbar. Komödie. 86 S. Mchn: Kaiser (= Kirche und Theater 3) 1954
61 (Übs.) Hinter dem Perlenvorhang. Gedichte nach dem Chinesischen. 79 S. Ffm: Fischer 1954
62 (Vorw.) P. J. Redouté: Ein Rosenstrauß in zwölf farbigen Blättern. 24 S., 18 Taf. Baden-Baden: Klein (= Der Silberne Quell 3) 1954
63 (MV) M. H. u. H. Saebens: Bremen. 8 S. Text, 36 S. Abb. Bremen: Schünemann (1955)
64 (MV) W. Disney: Die Wüste lebt. Text M. H. 128 S. m. Abb. Stg: Blüchert 1955
65 Die Entscheidung. Die Rolle des „Werther" in Goethes Leben und Werk. 31 S. Kassel: Lometsch (= Die Arche 11) (1955)
66 Einer muß wachen. Neue Betrachtungen, Briefe, Gedanken und Reden. 205 S. Ffm: Fischer (= Gesammelte Schriften in Einzelausgaben) 1955 (Enth. u. a. Nr. 65)
67 (Vorw.) H. J. Kieler: Noch ist es Tag. Rußland 1941/42. 178 S. Witten, Bln: Eckart-V. 1955
68 Der Fischbecker Wandteppich. Ein Legendenspiel in fünf Akten. 95 S. Ffm: Fischer 1955
69 (MV) K. P. Karfeld: Deutschland in Farben. Ein Farbbildwerk deutscher Städte und Landschaften. Text W. Dirks, M. H., W. v. Molo u. F. Wühr. 112 S. m. Taf. 4° Düsseldorf: Karfeld 1956
70 (Einl.) Das Meer. 32 S. Text, 52 Abb. Bonn: Athenäum (= Deutsche Heimat) 1956
71 Trost im Trostlosen. Gedenkrede. 14 S. Ffm: Fischer 1956
72 Was dir nicht angehört. Erzählung. 78 S. Ffm: Fischer 1956
73 Andreas. Geschichten um Martins Vater. 79 S. m. Abb. Gütersloh: Bertelsmann (= Das kleine Buch 100) 1957
74 Aufruhr in der Marktkirche. Ein Reformationsspiel. 81 S. Ffm: Fischer 1957
75 Die Hirten. Eine weihnachtliche Betrachtung. 16 S. 4° Stg: Evang. Verl.-Werk 1957
76 (Übs.) Das Lied der Lieder, das man dem König Salomo zuschreibt. 47 S. Ffm: Fischer (1958)
77 (Vorw.) L. E. Reindl: Lichtblicke. Worte zur Zeit. 88 S., 4 Abb. Konstanz: Rosgarten-V. 1958
78 (MV) L. Eckener u. M. H.: Propheten, Apostel, Evangelisten. Bildwerke und Miniaturen. Text M. H. 88 S., 78 Abb. Konstanz: Simon & Koch 1959

79 (Nachw.) K. Takayasu: Herbstmond. Japanische Gedichte. 48 S., 7 Abb. Eßlingen: Bechtle 1959
80 Die Zauberin von Buxtehude. Ein Schauspiel. 112 S. Ffm, Bln: Fischer 1959
81 Tröstliche Zeichen. Reden und Betrachtungen. 197 S. Ffm: Fischer (= Gesammelte Schriften in Einzelausgaben) 1959 (Enth. u. a. Nr. 75)
82 Irrsal der Liebe. 104 S. Ffm: Fischer 1960

HEBBEL, Friedrich (+Dr. J. F. Franz) (1813–1863)

1 +Geschichte der Jungfrau von Orleans. 128 S. Hbg: Berendsohn (= Wohlfeilste Volksbibliothek 11) 1840
2 +Geschichte des dreißigjährigen Krieges. 128 S. Hbg: Berendsohn (= Wohlfeilste Volksbibliothek 9) 1840
3 Judith. Eine Tragödie in fünf Acten. 136, 1 S. Hbg: Hoffmann & Campe 1841
4 Gedichte. XVI, 248 S. Hbg: Hoffmann & Campe 1842
5 Genoveva. Tragödie. 234 S. Hbg: Hoffmann & Campe 1843
6 Mein Wort über das Drama! Eine Erwiderung an Professor Heiberg in Copenhagen. 40 S. Hbg: Hoffmann & Campe 1843
7 Maria Magdalene. Ein bürgerliches Trauerspiel. Nebst einem Vorwort, betreffend das Verhältnis der dramatischen Kunst zur Zeit und verwandte Punkte. XLVII, 126 S. Hbg: Hoffmann & Campe 1844
8 Der Diamant. Eine Komödie in fünf Akten. 178 S. Hbg: Hoffmann & Campe 1847
9 Neue Gedichte. X, 215 S. m. Bildn. Lpz: Weber 1848
10 Herodes und Mariamne. Eine Tragödie in fünf Acten. 202, 1 S. Wien: Gerold 1850
11 Schnock. Ein niederländisches Gemälde. VIII, 106 S., 22 Abb. 16° Lpz: Weber 1850
12 Julia. Ein Trauerspiel in drei Akten. Nebst einer Vorrede und einer Abhandlung „Abfertigung eines ästhetischen Kannegießers". XLIV, 115 S. Lpz: Weber 1851
13 Der Rubin. Ein Märchen-Lustspiel in drei Acten. 103 S. Lpz: Geibel 1851
14 Ein Trauerspiel in Sizilien. Tragikomödie in einem Act. Nebst einem Sendschreiben an H. T. Rötscher. 59 S. Lpz: Geibel 1851
15 Agnes Bernauer. Ein deutsches Trauerspiel in fünf Aufzügen. 136 S. Wien: Tendler 1855
16 Erzählungen und Novellen. 154 S. Pest: Heckenast 1855
17 Michel Angelo. Ein Drama in zwei Akten. 60 S. Wien: Tendler 1855
18 Gyges und sein Ring. Eine Tragödie in fünf Acten. 120 S. Wien: Tendler 1856
19 Gedichte. Gesamt-Ausgabe, stark vermehrt und verbessert. X, 475 S. Stg, Augsburg: Cotta 1857 (Verm. Neuaufl. v. Nr. 4)
20 Mutter und Kind. Episches Gedicht in sieben Gesängen. 211 S., 2 Bl. Hbg: Hoffmann & Campe; New York: Westermann 1859
21 Die Nibelungen. Ein deutsches Trauerspiel in drei Abtheilungen. 2 Bde. 209, 218 S. Hbg: Hoffmann & Campe 1862
22 Demetrius. Eine Tragödie. XVI, 241 S. Hbg: Hoffmann & Campe 1864
23 Sämmtliche Werke. Hg. E. Kuh u. A. Glaser. 12 Bde. Hbg: Hoffmann & Campe 1865–1867
24 Tagebücher. Mit einem Vorwort hg. F. Bamberg. 2 Bde. 331; 592 S., 2 Abb. Bln: Grote 1885–1887
25 (MV) Briefwechsel mit Freunden und berühmten Zeitgenossen. Mit Vorw. u. einem Epilog zu H's literarischem Nachlaß hg. F. Bamberg. 2 Bde. 460 S., 2 Bildn.; 616 S. Bln: Grote 1890–1892
26 Sämtliche Werke. Historisch-kritische Ausg., bes. R. M. Werner. 3 Abth. 24 Bde. Bln-Zehlendorf: Behr 1901–1907

HEBEL, Johann Peter (1760–1826)

1 Etwas über die Bevestigung des Glaubens an die göttliche Wahrheit und Güte bey den Schicksalen unglücklicher Gottesverehrer und Menschenfreunde. 30 S. Karlsruhe: Macklot 1795
2 Allemannische Gedichte. Für Freunde ländlicher Natur und Sitten. VIII, 232 S., 4 Musikbeil. Karlsruhe: Macklot 1803
3 (Hg.) Der Rheinländische Hausfreund oder: Neuer Kalender auf das Schaltjahr 1808 (auf das Jahr 1809. 1810. 1811) mit lehrreichen Nachrichten und lustigen Erzählungen. 4 Bde. 4⁰ m. Abb. Karlsruhe: Verl. d. Großherzogl. Gymnasiums 1808–1811
4 Schatzkästlein des rheinischen Hausfreundes. VIII, 296 S. Tüb: Cotta 1811 (Enth. Ausz. a. Nr. 3)
5 (Hg.) Rheinischer Hausfreund oder: Allerley Neues zu Spaß und Ernst. Kalender auf 1813 (1814. 1815. 1819). 4 Bde. 4⁰ Lahr, Pforzheim: Geiger & Katz 1813–1819
6 Allemannische Gedichte. 336 S. m. Titelb., 3 Ku. 12⁰ Aarau: Sauerländer 1820 (Verm. Neuaufl. v. Nr. 2)
7 (Bearb.) Biblische Geschichten für die Jugend bearbeitet. 2 Bde. 254, 224 S. Stg, Tüb: Cotta 1822
8 Christlicher Katechismus. Aus den hinterlassenen Papieren hg. 86 S. Karlsruhe: Müller 1828
9 Sämmtliche Werke. 8 Bde. Karlsruhe: Müller 1832–1834
10 Aus J. P. H's ungedruckten Papieren. Nachträge zu seinen Werken, Beiträge zu seiner Charakteristik. Hg. G. Längin. VIII, 223 S. Tauberbischofsheim: Lang 1882

HEER, Jakob Christoph (1859–1925)

1 Ferien an der Adria. Bilder aus Süd-Österreich. 151 S. Frauenfeld: Huber 1888
2 Blumen aus der Heimat. Schweizerdeutsche Gedichte. 101 S. 12⁰ Zürich: Müller 1890
3 Im Ballon. Fahrten des Kapitäns Spelterini. o. O. 1892
4 Führer für Luzern, Vierwaldstättersee und Umgebung. 139 S. m. Abb. u. Pl., 2 Kt. Luzern: Doleschal (1893)
5 Im Deutschen Reich. Reisebilder. 296 S. Zürich: Müller 1895
6 (MV) J. C. H. (u. a.): Der Vierwaldstätter See und die Urkantone. Pracht-Album. 331 S. m. Abb. 4⁰ Zürich, Lpz: Schröter 1898
7 Streifzüge im Engadin. 185 S. Frauenfeld: Huber 1898
8 An heiligen Wassern. Roman aus dem schweizer Hochgebirge. 399 S. Stg: Cotta (1898)
9 Schweiz. 192 S., 1 Abb., 1 Kt. Bielefeld: Velhagen & Klasing (= Land und Leute 5) 1899
10 Der König der Bernina. Roman aus dem schweizerischen Hochgebirge. 361 S. Stg: Cotta 1900
11 Felix Notvest. 385 S. Stg: Cotta 1901
12 Der Spruch der Fee. Novelle. 110 S. m. Abb. Lpz, Stg: Union 1901
13 Joggeli. Die Geschichte einer Jugend. 336 S. Stg: Cotta 1902
14 Freiluft. Bilder vom Bodensee. 210 S. Konstanz: Ackermann 1903
15 Blaue Tage. Wanderfahrten. 242 S. Konstanz: Ackermann 1904
16 Der Wetterwart. Roman. 418 S. Stg: Cotta 1905
17 Vorarlberg und Liechtenstein. Land und Leute. 194 S. m. Abb., 6 Taf. Feldkirch: Unterberger 1906
18 Laubgewind. Roman. 386 S. Stg: Cotta 1908
19 Landquart – Davos – Filisur. Chur – St. Moritz – Pontresina. Chur – Reichenau – Ilanz – Rhätische Bahn. 37 S., 3 Kt. Ffm: Exped. v. Hendschel's Telegraph (= Hendschel's Luginsland 11) 1910
20 Luzern – Bellinzona – Lugano – Mailand. Zürich – Mailand. Gotthardbahn.

40 S., 4 Kt. Ffm: Exped. v. Hendschel's Telegraph (= Hendschel's Luginsland 9) 1910
21 Da träumen sie von Lieb' und Glück! Drei Schweizer Novellen. 324 S. Stg: Cotta (1911)
22 Gedichte. (S.-A.) 10 S. Zürich: Rascher 1912
23 Die Luftfahrten des Herrn Walter Meiß und andere Novellen. Mit einer biographischen Einl. v. E. v. d. Hellen. XVI, 189 S. Stg: Cotta (= Cotta'sche Handbibliothek 174) 1912
24 Gedichte. 104 S. Stg: Cotta 1913
25 Der lange Balthasar. Dorfroman. 256 S. Stg: Cotta 1915
26 Heinrichs Romfahrt. 308 S. Frauenfeld: Huber (1915)
27 Was die Schwalbe sang. Geschichten für Jung und Alt. 311 S. Stg: Cotta 1916
28 Martin Hächlers Erlebnisse. 124 S. Stg: Cotta (= Cotta'sche Handbibliothek 192; = Tornister-Bibliothek 53) (1917)
29 Jugendfahrt und Die Geschichte eines kleinen Buches. 80 S. Frauenfeld: Huber (= Schweizerische Erzähler 24) (1918)
30 Nick Tappoli. Roman. 303 S. Stg: Cotta 1920
31 Tobias Heider. Roman. 386 S. Stg: Cotta (1922)
32 Fahrend Volk. 23 S. Mchn: Callwey (= Der Schatzgräber 112) 1922 (Ausz. a. Nr. 13)
33 Das erste Bild und andere Weihnachtsgeschichten. 16 S., 1 Abb. Bln: Schriftenvertriebsanst. (= Der Kranz 49) 1924
34 Der Held der heiligen Wasser. Nachw. E. F. Knuchel. 76 S. Lpz: Reclam (= Reclam's UB. 6501) 1924
35 Wanderungen. 31 S. Bln: Hillger (= Deutsche Jugendbücherei 168) 1924 (Ausz. a. Nr. 27)
36 Das Abenteuer im Wald. Erzählungen. 48 S. Zürich: Verein für Verbreitung guter Schriften (= Verein für Verbreitung guter Schriften Zürich, H. 137) 1925
37 Matterhornzauber. Ein Stück der „Wanderfahrten" aus des Verfassers Buch „Blaue Tage". 31 S. Konstanz: Ackermann (1927) (Ausz. a. Nr. 15)
38 Romane und Novellen. Gesamt-Ausg. 2 Reihen. 10 Bde. 3596 S., 1 Titelb. Stg: Cotta 1927
39 Am Genfersee. Ein Stück der „Wanderfahrten" aus des Verfassers Buch „Blaue Tage". 24 S. Konstanz: Ackermann (1928) (Ausz. a. Nr. 15)
40 Erinnerungen. V, 207 S., 1 Titelb. Stg: Cotta 1930

HEERMANN, Johannes (1585–1647)

1 Biblisches Christenthum. Wittenberg 1609
2 Flores ex ordorifero annuorum Evangeliorum vireto ad fontes Israëlis ... excerpti, et ... filopoëtico contexti. Olsnae Silesiorum 1609
3 Gebettbuch, darinnen hundert Gebett. Lpz 1609
4 Güldene Sterbekunst Gezeiget in zwölff Predigten ... Lpz: In Verlegung T. Riesens 1609
5 Andächtige KirchSeufftzer, Oder Evangelische Schließ-Glöcklein. Lpz 1616
6 Labores Sacri: Geistliche Kirch-Arbeit In Erklerunge aller gewöhnlichen Sonntags- vndt Vornembsten Fest-Evangelien. 3 Tle. Lpz, Breslau: Eyering & Perfert 1624–1638
7 Lehr- vnd Erinnerungs-Seulen ... In Trawr- vnd Fest-Predigten ... 3 Theile 691, 767, 576 S. 4° Breslau: Eyering & Perfert (1–2) bzw. Rostock (3) (1628)–1650
8 Exercitium Pietatis, Das ist: Inbrünstige Seufftzer, andächtige Lehr- vnd Trostsprüchlein für die liebe Jugend: Aus den Sonn- vnd Festtags-Evangelien verfasset. 12° Breslau: Müller 1630
(Bearb. v. Nr. 2)
9 Devoti Musica Cordis. Hauß- und Hertz-Musica. Das ist: Allerley geistliche Lieder ... 157 S. 12° Breslau: Müller 1630

10 Egregia et Regia Credentium Privilegia. Fünff herrliche Privilegia ... 34 Bl. Breslau: Müller 1630
11 New vmbgegossenes und verbessertes Schließ-Glöcklein. Breslau (1632) (Neuaufl. v. Nr. 5)
12 Sonntags- vnd Fest-Evangelia, durchs gantze Jahr, Auff bekandte Weisen gesetzt. 12 Bl., 312 S. 12° Breslau: Müller 1636
13 Die allerbeste und schöneste Trost- vnd Ehren-Schrifft. Lpz: Müller 1636
14 Zwölff Geistliche Lieder, jetziger Zeit nützlich zu singen. Lpz: Müller 1639
15 Teutsche Poemata. Breslau 1640
16 Sechserley Sontags-Andachten: Oder Was frome Christ-Hertzen an dem heiligen Sontage betrachten thun vnnd lassen sollen ... 16 Bl., 563 S., 9 Bl. Breslau: Jacob 1642
17 Väterlich Liebe-Gedächtniß, seinem eltesten Sohne, Samueli Heermanno, ... 9 Bg. 4° Königsberg: Hallervorde 1644
18 Buß-Leyter: Beicht-Büchlein und Communicanten-Büchlein. 18,3 Bl., 1016 S. m. Titelb. 12° Ffm: Götz 1652
19 Poetische Erquickstunden, Darinnen allerhand schöne und trostreiche Gebet ... zu finden seyn. 2 Bde. 102, 129 S. Nürnberg: Endter 1656

Hegeler, Wilhelm (1870–1943)

1 Mutter Bertha. Roman. 228 S. Bln: Fontane 1893
2 Und alles um die Liebe. Aufzeichnungen eines Philologen. 173 S. Bln: Fontane 1894
3 Pygmalion. Novellen. 145 S. Bln: Fontane 1898
4 Sonnige Tage. Roman. 225 S. Bln: Fontane 1898
5 Nellys Millionen. Ein fröhlicher Roman. 299 S. Bln: Fontane 1899
6 Ingenieur Horstmann. Roman. 475 S. Bln: Fontane 1900
7 Pastor Klinghammer. Roman. 494 S. Bln: Fleischel 1903
8 Dietrich, der Herzensbrecher. 127 S. Stg: Dt. Verl.-Anst. (= Deva-Roman-Sammlung 56) 1904
9 Kleist. 87 S., 7 Taf., 2 Faks. Bln: Schuster & Loeffler (= Die Dichtung, Bd. 20) 1904
10 Flammen. Roman. 355 S. Bln: Fleischel 1905
11 Pietro der Korsar und die Jüdin Cheirinca. 259 S. Bln: Fleischel 1906
12 Das Ärgernis. Roman. 325 S. Bln: Fischer 1908
13 Die frohe Botschaft. Roman. 517 S. Stg: Dt. Verl.-Anst. 1910
14 Des Königs Erziehung. Eine halb spasshafte Geschichte. 200 S. m. Abb. Stg: Holbein-V. 1911
15 Der Mut zum Glück. 308 S. Bln: Ullstein (= Ullstein-Bücher) 1911
16 Eros. Novellen. 243 S. Bln: Fleischel 1913
17 Tiefurt. 33 S. m. Abb. Weimar: Kiepenheuer 1913
18 Die Leidenschaft des Hofrat Horn. Roman. 320 S. Bln: Fleischel 1914
19 Die goldene Kette. Roman. 286 S. Bln: Ullstein (= Ullstein-Bücher, Bd. 66) (1915)
20 Bei unseren Blaujacken und Feldgrauen. Flandrische Erlebnisse. 161 S. Bln: Scherl (1916)
21 Der Siegeszug durch Serbien. 161 S. Bln: Scherl (1916)
22 Zwei Freunde. Roman. 277 S. Stg: Dt. Verl.-Anst. 1921
23 Der verschüttete Mensch. Roman. 254 S. Stg: Dt. Verl.-Anst. 1922
24 Otto der Schmied. Eine Geschichte für die Jugend. 153 S. m. Abb. Bln: Ullstein (1923)
25 Sonnige Tage. Erzählung. 163 S. Stg: Dt. Verl.-Anst. 1923 (Neufassg. v. Nr. 4)
26 Der Apfel der Elisabeth Hoff. Roman. 231 S. Stg: Dt. Verl.-Anst. 1925
27 (Einl.) H. v. Kleist: Sämtliche Werke. 2 Bde. LXIV, 736; 767 S. Weimar: Duncker 1925
28 Das Gerücht und andere Erzählungen. 135 S. Bln: Weltgeist-Bücher (= Weltgeist-Bücher Nr. 89–90) (1926)
29 Die zwei Frauen des Valentin Key. Roman. 263 S. Stg: Dt. Verl.-Anst. 1927
30 Goya und die Bucklige. Novelle. Mit e. Nachw. v. P. Fechter. 76 S. Lpz: Reclam (= Reclam's UB. 6871) 1928

31 Der Zinsgroschen. Roman. 382 S. Hbg: Hanseat. Verl.-Anst. 1928
32 Das Wunder von Belair. Roman. 292 S. Hbg: Hanseat. Verl.-Anst. 1931
33 Der innere Befehl. Ein Yorck-Roman. 381 S. Bln: Universitas 1936
34 Das Gewitter. Roman. 317 S. Lpz: Bohn 1939
35 Das Kastenmännchen. Erzählung. 53 S. Prag, Bln, Lpz: Noebe (= Feldpostreihe Noebe 3) 1943

HEGNER, Ulrich (1759–1840)

1 *Auch ich war in Paris. 3 Bde. 141, 159, 180 S. Winterthur: Steiner 1803–1804
2 Die Molkenkur. 154 S. m. Titelku. 12° Zürich: Orell 1812
3 Saly's Revoluzionstage. VI, 301 S. Winterthur: Steiner 1814
4 Berg-, Land- und Seereise. 124 S. 12° Zürich: Orell 1818
5 Suschen's Hochzeit oder Die Folgen der Molkenkur. 2 Tle. 158, 156 S. m. Titelku. 12° Zürich: Orell 1819
  (Forts. z. Nr. 2)
6 Hans Holbein der jüngere. VIII, 372 S., 1 Bildn. Bln: Reimer 1827
7 Gesammelte Schriften. 5 Bde. VI, 1558 S. Bln: Reimer 1828–1830
8 Beiträge zur nähern Kenntniß und wahren Darstellung J. K. Lavaters. Aus Briefen seiner Freunde an ihn und nach persönlichem Umgang. 343 S. Lpz: Weidmann 1836

HEIBERG, Hermann (1840–1910)

1 Plaudereien mit der Herzogin von Seeland. 348 S. Hbg: Grädener 1881
2 Acht Novellen. 255 S. Lpz: Friedrich 1882
3 Ausgetobt. Roman. 2 Bde. 524 S. Lpz: Friedrich 1883
4 Ernsthafte Geschichten. 396 S. Lpz: Friedrich 1883
5 Die goldene Schlange. 360 S. Lpz: Friedrich 1884
6 Ein Buch. Bd. 1. 255 S. Lpz: Friedrich 1885
7 Apotheker Heinrich. 514 S. Lpz: Friedrich 1885
8 Schriften. 12 Bde. Lpz: Friedrich 1885–1888
9 Eine vornehme Frau. 372 S. Lpz: Friedrich 1886
10 Esthers Ehe. 414 S. Lpz: Friedrich 1887
11 Aus den Papieren der Herzogin von Seeland. 419 S. Lpz: Friedrich 1887
  (Neuausg. v. Nr. 1)
12 Der Januskopf. 2 Tle. 675 S. Lpz: Friedrich 1888
13 Liebeswerben und andere Geschichten. 293 S. Lpz: Friedrich 1888
14 Menschen untereinander. 430 S. Lpz: Friedrich 1888
15 Kays Töchter. Roman. 435 S. Lpz: Friedrich 1889
  (Forts. v. Nr. 14)
16 Schulter an Schulter. Roman. 2 Bde. 703 S. Lpz: Friedrich 1889
17 Dunst aus der Tiefe. Berliner Roman. 2 Bde. 714 S. Lpz: Friedrich 1890
18 Empörte Herzen. Novellen. 359 S. Lpz: Fock 1890
19 Die Spinne. Roman. 401 S. Lpz: Friedrich 1890
20 Höchste Liebe schweigt! Novelle. 118 S. Lpz: Ottmann (= Ottmann's Bücherschatz Nr. 17–18) 1891
21 Ein Mann. Roman. 350 S. Lpz: Fock 1891
22 Drei Schwestern. Roman. 543 S. Lpz: Fock 1891
23 Todsünden. Roman. 380 S. Bln: Ver. d. Bücherfreunde (= Veröffentlichungen d. Ver. d. Bücherfreunde I, 1) 1891
24 Dunkle Geschichten. 322 S. Lpz: Fock 1892
25 (MV) Hunger. (– W. Höffer: Schwester Honora. Die Insel im See. – H. Wolff: Ein Glas Wasser. 80 S. Bln: Georgi (= Vier Novelletten; Interessante Lektüre 1) 1892
26 Wer trifft das Rechte? Roman. 2 Bde. 456 S. Lpz: Fock 1892
27 Die Familie von Stiegritz. Roman. 441 S. Lpz: Fock 1892
28 Eheleben. Roman. 472 S. Lpz: Fock 1893

29 Am Kamin. Erzählungen. 308 S. Lpz: Fock 1893
30 Blinde Liebe. Roman. 438 S. Lpz: Fock 1893
31 (MV) Das Schicksal auf Moorheide. (– K. Telmann: Ruggiero, der Brigant.) 263 S. Bln: Ver. d. Bücherfreunde (= Norddeutsche Erzähler; = Veröffentlichungen d. Ver. d. Bücherfreunde II, 8) 1893
32 Dr. Gaarz' Patienten. Roman. 437 S. Lpz: Fock 1894
33 Geschichten aus der Welt. 269 S. Lpz: Fock 1894
34 Novellen. Bd. 1. 397 S. Lpz: Fock 1894
35 Die Andere. Einmal im Himmel. Zwei Novellen. 175 S. 16⁰ Lpz: Reclam (= Reclam's UB. Nr. 3381–3382) 1895
36 Fieberndes Blut. Großstadt-Roman. 444 S. Lpz: Fock 1895
37 Frau Eva. Sechs Novellen. 123 S. 12⁰ Lpz: Fock 1895
38 Zwischen drei Feuern. Roman. 2 Tle. in 1 Bd. 342 S. Bln: Janke 1895
39 Ausgewählte Romane und Novellen. 10 Bde. Lpz: Fock 1895
40 (Hg.) Niedersachsen. Bremen: Schünemann 1895 ff.
41 (Einl.) Was soll ich lesen? Äußerungen deutscher Männer und Frauen, ges. u. hg. V. Ottmann. 67 S. 4⁰ Bln: Pfeilstücker 1895
42 Gesammelte Werke. 18 Bde. Lpz: Fock 1895–1896
43 Fluch der Schönheit. Roman. 359 S. Stg: Dt. Verl.-Anst. 1896
44 Zwischen engen Gassen. Roman. 352 S. Stg: Dt. Verl.-Anst. 1896
45 Graf Jarl. 2 Tle. in 1 Bd. 460 S. Lpz: Fock 1896
46 Aus allen Winkeln. Novellen. 336 S. Lpz: Fock 1896
47 Zwiefach getroffen. Novelle. 172 S. Breslau: Schles. Buchdr. (= Unterwegs und Daheim. Serie II, Bd. 5) 1896
48 Ein doppeltes Ich. Roman. 2 Bde. 222, 198 S. Bln: Janke 1897
49 Die Rixdorfs. Roman. 403 S. Lpz: Fock 1897
50 Daseinshumor. Geschichten. 80 S. Bln: Janke 1898
51 Grevinde. Roman. 290 S. Bln: Schall (= Veröffentlichungen d. Ver. d. Bücherfreunde VII, 7) 1898
52 Lebensbürden. Novelletten. 76 S. Bln: Janke 1898
53 Hinterm Lebensvorhang. Novelletten. 76 S. Bln: Janke 1898
54 Leiden einer Frau. Roman. 2 Bde. 193, 207 S. Breslau: Schles. Buchdr. 1898
55 Norddeutsche Menschen. Erzählungen. 79 S. Bln: Janke 1898
56 Merkur und Amor. Roman. 343 S. Lpz: Fock 1898
57 Durchbrochene Dämme. Roman. 2 Tle. in 1 Bd. 190, 199 S. Bln: Janke 1899
58 Einer vom Adel. – Seine Mutter. 2 Bde. 128, 127 S. Bln: Hillger (= Kürschner's Bücherschatz 142–143) 1899
59 Fast um ein Nichts. Roman. 2 Tle. in 1 Bd. 171, 220 S. Bln: Janke 1900
60 Vieles um Eine. Roman. 2 Bde. 212, 211 S. Dresden: Pierson 1900
61 Charaktere und Schicksale. Roman. 351 S. Bln: Schall 1901
62 Zwei Frauen. Roman. 303 S. Lpz: Lautenschläger 1901
63 Dreißig Geschichten. 377 S. Lpz: Lautenschläger 1901
64 Reiche Leute von einst. Roman. 258 S. Bln: Grote 1901
65 Am Marktplatz. Roman in Kleinstadtbildern. 148, 144 S. Freiburg i. Br., Bln: Globus V. (= Fehsenfeld's Romansammlung. Jg. 1, Bd. 23–24) 1901
66 Schuldlos belastet. Roman. 2 Tle. in 1 Bd. 185, 175 S. Bln: Janke 1901
67 Heimat. Roman. 2 Tle. in 1 Bd. 185, 173 S. Bln: Janke 1902
68 Der Landvogt von Pelworm. Der Chronik nacherzählt. 103 S. Lpz: Reclam (= Reclam's UB. Nr. 4273) 1902
69 Die schwarze Marit. Roman. 152 S. Mchn: Koch 1903
70 Seelenregungen. Roman. 293 S. Mchn: Koch 1903
71 Im Hafenwinkel. Roman. 2 Tle. in 1 Bd. 176, 199 S. Bln: Janke 1904
72 Geschichten für kleine Kinder und für Erwachsene mit Kinderherzen. 99 S. Glückstadt: Hansen 1908
73 Ulrike Behrens. Erzählung. 128 S. Bln: Seemann (= Siesta) 1909
74 Streifzüge ins Leben. Bd. 1. 124 S. Bln: Harmonie 1909
75 Auch Eine. Roman. 221 S. Glückstadt: Hansen 1910
76 Die Erben und andere Erzählungen. 96 S. Reutlingen: Ensslin (= Ensslin's Roman- u. Novellenschatz 192) 1910
77 Ringen und Kämpfen und andere Erzählungen. 96 S. Reutlingen: Ensslin (= Ensslin's Roman- u. Novellenschatz 195) 1910

Heilborn, Ernst Friedrich (1867–1941)

1. Kleefeld. Roman. 156 S. Stg: Cotta 1900
2. Novalis, der Romantiker. 228 S. Bln: Reimer 1901
3. (Hg.) Novalis. Schriften. Kritische Neuausg. auf Grund des handschriftlichen Nachlasses. 2 Tle. 484, 702 S. Bln: Reimer 1901
4. Der Samariter. Roman. 188 S. Bln: Paetel 1901
5. Ring und Stab. Zwei Erzählungen. 319 S. Bln: Paetel 1905
6. Das Tier Jehovahs. 110 S. Bln: Reimer 1905
7. Josua Kersten. Roman. 361 S. Bln: Fleischel 1908
8. Die steile Stufe. Roman. 225 S. Bln: Fleischel 1910
9. (Hg.) Das literarische Echo. Halbmonatsschrift für Literaturfreunde. Begr. J. Ettlinger. Bln: Fleischel 1911–1933
10. Die kupferne Stadt. VII, 217 S. Bln, Stg: Dt. Verl.-Anst. 1918
11. (Hg.) Ernte. Jahrbuch der Halbmonatsschrift: Das literarische Echo. 1. u. 2. Bd. 279 u. 281 S. Stg: Dt. Verl.-Anst. 1919–1920 (zu Nr. 9)
12. (Hg.) Das Fontane-Buch. Beiträge zu seiner Charakteristik. Unveröffentlichtes aus seinem Nachlaß. Das Tagebuch aus seinen letzten Lebensjahren. 227 S., 3 Bildn. Bln: Fischer 1919
13. (MH) E. H. u. E. Herzog: F. Poppenberg. Menschlichkeiten. Aus dem Nachlaß. 281 S. Bln: Gurlitt 1919
14. (Einl.) J. Rodenberg: Aus seinen Tagebüchern. XXXIII, 191 S. Bln, Stg: Dt. Verl.-Anst. 1919
15. Vom Geist der Erde. Ein Zeitbrevier. VI, 248 S. Bln, Stg: Dt. Verl.-Anst. 1921
16. Die gute Stube. Berliner Gesellgkeit im neunzehnten Jahrhundert. 231 S., 17 Taf. Wien: Rikola-V. (= Die gute alte Zeit) 1922
17. E. T. A. Hoffmann. Der Künstler und die Kunst. 202 S., 8 Taf. Bln: Ullstein 1926
18. (Hg.) Die Literatur. Monatsschrift für Literaturfreunde. Jg. 29–33, je 12 H. Stg: Dt. Verl.-Anst. 1926–1931
19. Zwischen zwei Revolutionen. Der Geist der Schinkelzeit (1789–1848). 319 S. Bln: Volksverband d. Bücherfreunde; Wegweiser-V. 1927
20. Tor und Törin. Novelle. 140 S. Lpz: Reclam (= Reclam's UB. 6756–6757) 1927
21. Zwischen zwei Revolutionen. Bd. 2: Der Geist der Bismarckzeit (1848 bis 1918). 321 S. Bln: Elsner 1929
22. (Hg.) E. Graf v. Keyserling: Baltische Romane. Beate und Mareile. Seine Liebeserfahrung. Schwüle Tage. Dumala. Wellen. 297, 301 S. Bln: Fischer (1933)
23. (Hg.) E. Graf v. Keyserling: Romane der Dämmerung. Fürstinnen. Am Südhang. Abendliche Häuser. Im stillen Winkel. 299, 243 S. Bln: Fischer (1933)
24. Deutschlandreisen in alter Zeit. 269 S. m. Abb., 1 Titelb. Ffm: Societäts-V. 1934

Heimann, Moritz (1868–1925)

1. Der Weiberschreck. Lustspiel. 134 S. Bln: Fischer 1896
2. Kritik der Kritik? 20 S. Bln: Helianthus 1903
3. Gleichnisse. Drei Novellen. 146 S. Wien: Wiener V. 1905
4. Die Liebesschule. Dramatische Dichtung. 173 S. Bln: Fischer 1905
5. Joachim von Brandt. Komödie. 167 S. Bln: Fischer 1908
6. Der Feind und der Bruder. Tragödie. 166 S. Bln: Fischer 1911
7. Aphorismen. 37 S., 1 Bildn. Bln: Donnerstags-Gesellschaft (= Veröffentlichungen der Donnerstags-Gesellschaft in Berlin 3) 1918
8. Prosaische Schriften. 5 Bde. XV, 1487 S. Bln: Fischer 1918–1926
9. Armand Carrel. Drama. 76 S. Bln: Fischer 1920
10. Wintergespinst. Zehn Novellen. 307 S. Bln: Fischer (= Prosaische Schriften 4) 1921
    (Bd. 4 v. Nr. 8)

11 Das Weib des Akiba. Ein Drama in fünf Akten. 173 S. Bln: Fischer 1922
12 Nachgelassene Schriften. Hg. O. Loerke. 311 S. Bln: Fischer (= Prosaische Schriften 5) 1926
(Bd. 5 v. Nr. 8)

Heine, Heinrich (1797–1856)

1 Gedichte. VIII, 170 S., 1 Bl. Bln: Maurer 1822
2 Tragödien, nebst einem lyrischen Intermezzo. 2 Bl., 247, 1 S. Bln: Dümmler 1823
3 Reisebilder. 4 Bde. 1370 S. Hbg: Hoffmann & Campe 1826–1831
4 Buch der Lieder. 372 S. Hbg: Hoffmann & Campe 1827
(Enth. u. a. Nr. 1 u. 2)
5 (Hg.) Kahldorf über den Adel in Briefen an den Grafen M. v. Moltke. 152 S. Nürnberg: Hoffmann & Campe 1831
6 Zur Geschichte der neueren schönen Litteratur in Deutschland. 2 Bde. 2 Bll. VI, 144; VIII, 186 S. Paris, Lpz: Heideloff & Campe 1833
7 Oeuvres. 6 Bde. Paris: Rendue 1833–1835
8 Vorrede zu Heinrich Heine's Französischen Zuständen. Nach der französischen Ausgabe erg. u. hg. VIII, 58 S. Lpz: Heideloff & Campe 1833
9 Französische Zustände. XXVI S., 1 Bl., 408 S. Hbg: Hoffmann & Campe 1833
10 Der Salon. 4 Bde. XXVIII, 332 S.; VI, 320 S.; 2 Bl., 379 S.; 2 Bl., 342 S. Hbg: Hoffmann & Campe 1834–1840
11 Die romantische Schule. VIII, 348 S. Hbg: Hoffmann & Campe 1836
(Neuaufl. v. Nr. 6)
12 (Übs.) M. de Cervantes: Der sinnreiche Junker Don Quichote von La Mancha. Übs., mit dem Leben v. M. C. u. mit einer Einl. vers. 2 Bde. LXVI, 734 S., 3 Bl.; 870 S. m. Abb. Stg: Verl. der Klassiker 1837–1838
13 Über den Denunzianten. Eine Vorrede zum dritten Theile des Salons. 39 S. Hbg: Hoffmann & Campe 1837
(zu Nr. 10)
14 Shakespeares Mädchen und Frauen. Mit Erläuterungen. 2 Bl., 228 S. m. Abb. Paris: Delloye; Lpz: Brockhaus u. Avenarius 1839
15 Über Ludwig Börne. 2 Bl., 376 S. Hbg: Hoffmann & Campe 1840
16 Deutschland. Ein Wintermärchen. XII, 143 S. Hbg: Hoffmann & Campe 1844
17 Neue Gedichte. 421 S. Hbg: Hoffmann & Campe; Paris: Dubochet 1844
18 Atta Troll. Ein Sommernachtstraum. XIV, 158 S., 3 Bl. Hbg: Hoffmann & Campe 1847
19 Politisches Glaubensbekenntniß oder: Epistel an Deutschland, geschrieben in Paris im Oktober 1832. 23 S. 16⁰ Lpz: Zirges 1848
(Neuaufl. v. Nr. 8)
20 Der Doctor Faust. Ein Tanzpoem, nebst kuriosen Berichten über Teufel, Hexen und Dichtkunst. 103 S., 1 Bl. Hbg: Hoffmann & Campe 1851
21 Gedichte. 4 Bde. Hbg: Hoffmann & Campe 1851–1857
22 Romanzero. 1 Bl., VI, 313 S. Hbg: Hoffmann & Campe 1851
23 Les Dieux en exil. VI, 92 S. Brüssel; Lpz: Kiessling 1853
24 Die verbrannten Götter. Aus dem Französischen, nebst Mittheilungen über den kranken Dichter. XVIII S., 1 Bl., 67 S. Bln: Hempel 1853
(Unberecht. Übs. v. Nr. 23)
25 Die Harzreise. 152 S. 16⁰ Hbg: Hoffmann & Campe 1853
26 Vermischte Schriften. 3 Bde. 322; XVIII, 319; 310 S. Hbg: Hoffmann & Campe 1854
27 Sämtliche Werke. Rechtmäßige Original-Ausgabe. 21 Bde., 2 Suppl. Bde. Hbg: Hoffmann & Campe 1861–1884
28 Briefe an seinen Freund Moses Moser. Hg. E. Lauer. VII, 232 S. Lpz: Wigand 1862
29 Letzte Gedichte und Gedanken. Aus dem Nachlasse des Dichters zum ersten Male veröff. A. Strodtmann. XX, 407 S. Hbg: Hoffmann & Campe 1869
(Suppl.-Bd. zu Nr. 27)

30 Memoiren und neugesammelte Gedichte, Prosa und Briefe. Mit Einl. hg. E. Engel. 359 S. Hbg: Hoffmann & Campe 1884 (2. Suppl.-Bd. zu Nr. 27)
31 Sämtliche Werke. Mit Einleitungen, erläuternden Anmerkungen und Verzeichnissen sämtlicher Lesearten v. E. Elster. 7 Bde. 4311 S. Lpz: Bibliogr. Inst. (1887–1890)
32 Sämtliche Werke in zehn Bänden. Unter Mitw. v. J. Fränkel, L. Krähe, A. Leitzmann, P. Neuburger u. J. Petersen hg. O. Walzel. 11 Bde. Lpz: Insel 1910–1920

HEINSE, Wilhelm (eig. Heintze) (1746–1803)

1 Sinngedichte. 64 S. Halberstadt: Groß 1771
2 ★Die Kirschen. 80 S. Bln (o. Verl.) 1773
3 ★(Übs.) (G. Petronius:) Begebenheiten des Enkolp. Aus dem Satyricon des Petron. 2 Bde. 48, 221; 256 S. m. Titelku. Rom (= Schwabach) 1773
4 ★Laidion oder Die Eleusinischen Geheimnisse. Erster Theil. 464 S. Lemgo: Meyer 1774
5 ★(MÜbs.) Nachrichten zu dem Leben des Franz Petrarca an seinen Werken und den gleichzeitigen Schriftstellern. Erster Band. 4 Bl., 710 S. Lemgo: Meyer 1774
6 ★(Hg.) Erzählungen für junge Damen und Dichter gesammelt und mit Anmerkungen begleitet. Komische Erzählungen. 2 Bde. 268, 1 S., 1 Bl. Lemgo: Meyer 1775
7 ★(Übs.) T. Tasso: Das befreyte Jerusalem. 4 Bde. 84 S., 2 Bl., 309 S.; 341; 285; 375 S., 1 Titelku. Mannheim: Verl. d. Herausgeber d. ausländischen schönen Geister 1781
8 (Übs.) (L. Ariosto:) Roland der Wüthende. Ein Heldengedicht von Ludwig Ariost dem Göttlichen. Aus dem Italiänischen aufs neue übersetzt. 4 Bde. 1219 S. m. Titelku. Hannover: Helwing 1782–1783
9 ★(Übs.) (G. Petronius:) Geheime Geschichte des römischen Hofs unter der Regierung des Kaisers Nero. Aus dem Lateinischen des Petron übersetzt mit einigen Anmerkungen. 2 Bde. 48, 221; 256 S. m. Titelku. Rom 1783
 (Neuaufl. v. Nr. 3)
10 Ardinghello und die glückseeligen Inseln. Eine Italiänische Geschichte aus dem sechszehnten Jahrhundert. 2 Bde. 407 S., 1 Bl.; 374 S., 1 Bl. Lemgo: Meyer 1787
11 ★(Übs.) (G. Petronius:) Buhlschaften ... der Römer unter ... Nero ... 2 Bde. Cypriper bey Ganymed 1792
 (Neuaufl. v. Nr. 9)
12 ★Ardinghello und die glückseeligen Inseln. 2 Bde. 320, 288 S. Lemgo: Meyer 1794
 (Verb. Neuaufl. v. Nr. 10)
13 ★Hildegard von Hohenthal. 3 Theile. 1 Bl., 341, 1 S., 1 Titelku.; 421, 1 S.; 368 S. Bln: Voß 1795–1796
14 ★Anastasia und das Schachspiel. Briefe aus Italien, vom Verfasser des Ardinghello. 2 Bde. VIII, 321; 278, 1 S. Ffm: Varrentrapp & Wenner 1803
15 Musikalische Dialogen. Oder: Philosophische Unterredungen berühmter Gelehrten, Dichter und Tonkünstler über den Kunstgeschmack in der Musik. Ein Nachlaß von Heinse ... 280 S. Lpz: Gräff 1805
 (Unrechtm. Dr.)
16 Sämmtliche Schriften. Hg. H. Laube. 10 Bde. Lpz: Volckmar 1838
17 Sämtliche Werke. Hg. K. Schüddekopf. 10 Bde. XL, 5297 S. Lpz: Insel 1902–1925

HEISELER, Bernt von (★1907)

1 Die Schwefelhölzer. Ein weihnachtliches Spiel. 29 S. Mchn: Kaiser (= Münchener Laienspiele 59) 1931

2 Der Gasthof in Preußen. Ein Vorspiel 1813. 50 S. Mchn: Kaiser (= Münchener Laienspiele 81) 1932
3 Henry von Heiseler. 70 S. Radolfzell: Heim-Verl. 1932
4 Kyffhäuserspiel. 27 S. Mchn: Kaiser (= Münchener Laienspiele 109) 1934
5 (Hg.) Henry v. Heiseler: Verse. 68 S. Mchn: Callwey 1935
6 Wanderndes Hoffen. Gedichte. 52 S. Mchn: Kaiser 1935
7 Schach um die Seele. Ein ritterliches Spiel. 42 S. Mchn: Kaiser (= Münchener Laienspiele 120) 1935
8 Stefan George. 64 S. Lübeck: Coleman (= Colemans kleine Biographie 67) 1936
9 (Hg., Einl.) Henry v. Heiseler: Die Werbung. Fragment. Mit einem Prolog hg. 37 S. Mchn: Callwey 1936
10 Die Unverständigen. Erzählungen. 160 S. Potsdam: Voggenreiter (1936)
11 Das laute Geheimnis. Lustspiel nach Calderon. 93 S. Mchn (:Kösel & Pustet) 1937
12 (Hg.) Henry v. Heiseler: Gesammelte Werke. 3 Bde. 814 S., 2 Taf. (Dessau:) Rauch (1937-1938)
13 Schill. Schauspiel. 84 S. Mchn (:Kösel & Pustet) 1937
14 Des Königs Schatten. Komödie. 79 S. Mchn (:Kösel & Pustet) 1938
15 Die gute Welt. Roman. 322 S. Mchn: Beckstein 1938
16 Ahnung und Aussage. 251 S. Mchn (:Kösel & Pustet) 1939
17 (Hg.) Henry v. Heiseler: Russische Erzähler. 283 S. (Dessau:) Rauch 1939
18 Kleist. 96 S., 1 Titelb. Stg: Cotta (= Die Dichter der Deutschen, Folge 3) 1939
19 Apollonia. Erzählung. 56 S. Mchn: Langen-Müller (= Die kleine Bücherei 117) 1940
20 Gedichte. Kleines Theater. 208 S. Mchn: Beckstein (1940) (Enth. u. a. Nr. 1, 2, 4, 7)
21 (Hg.) A. Puschkin: Sämtliche Dramen. Übs. Henry v. H. 184 S., 1 Titelb. 4⁰ Dessau: Rauch (600 num. Ex.) (1940)
22 Cäsar. Tragödie. 121 S. Mchn: Beckstein 1942
23 (MH) Corona. Zweimonatsschrift. Hg. A. v. Müller u. B. v. H. Folge 2, 1. 4 Hefte. 317 S. Mchn Bln: Oldenbourg 1943-1944
24 Erzählungen. 236 S. Mchn: Beckstein 1943
25 Das Neubeurer Krippenspiel. 14 S. Kassel: Bärenreiter-V. 1946
26 (Hg.) A. Puschkin: Gedichte. Übs. Henry v. H. 40 S. (Ausg. mit dt. u. russ. Text: 77 S.) Lpz: Rauch 1946
27 Der Bettler unter der Treppe. Eine deutsche Sage. 106 S. Mchn: Ehrenwirth 1947
28 Gespräche über Kunst. Über den Reim und die Reinheit der Form. Über Vers und Bühne. Über das Lustspiel. 53 S. Krefeld: Scherpe Verl. 1947
29 (Hg.) J. W. v. Goethe: Gedichte in Auswahl. 243 S. Jena: Rauch 1947
30 Der persönliche Gott. 15 S. Mchn: Kaiser (= Traktate vom wirklichen Leben 15) 1947
31 (Hg.) Abendländische Heimat. 156 S. Iserlohn: Holzwarth 1947
32 (Nachw.) H. v. Kleist: Erzählungen. 377 S. Krefeld: Scherpe Verl. 1947
33 De profundis. 14 S. Krefeld: Scherpe Verl. 1947
34 Das Ehrenwort. Erzählung. 67 S. m. Abb. Düsseldorf: Christophorus-V. 1948 (Ausz. a. Nr. 24)
35 Der Friede Gottes im Streit der Welt. Ein Vortrag. 32 S. Tüb: Furche-Verl. 1948
36 (Hg.) E. Mörike: Gedichte. 156 S. Krefeld: Scherpe-V. 1948
37 Hohenstaufentrilogie. 169 S. Bremen: Storm 1948
38 Philoktet. Nach dem Drama des Sophokles. 56 S. Mchn: Ehrenwirth 1948
39 Semiramis. Tragödie. 76 S. Bühl: Roland-V. 1948
40 Das Stephanus-Spiel. 42 S. Mchn: Evang. Presseverb. f. Bayern (= Claudius-Bücherei 1) 1948
41 Über den Dichter. Zeitalter und Aufgabe. 33 S. Ffm, Butzbach: Lembeck (= Kirche und Welt 3) 1949
42 (Hg.) J. W. v. Goethe: Gedichte und Briefe. 313 S. Braunschweig, Bln, Hbg: Westermann (= Westermanns Textausgaben) 1949
43 (Hg.) Henry v. Heiseler: Ausgewählte Werke. 342 S. Bad Salzig, Düsseldorf: Rauch 1949

44 Schauspiele. 3 Bde. 389, 379, 320 S. Gütersloh: Bertelsmann 1949–1951
45 Briefe aus Rom. 76 S. Gütersloh: Bertelsmann (= Das kleine Buch 6) 1950
46 Vera Holm. 74 S. Gütersloh: Bertelsmann (= Das kleine Buch 2) 1950
47 Spiegel im dunklen Wort. Gedichte. 85 S. Mchn: Ehrenwirth (1950) (Veränd. Neuaufl. v. Nr. 20)
48 Das Menschenbild in der heutigen Dichtung. (S.-A.) 7 S. 4° Göttingen: Vandenhoeck & Ruprecht 1951
49 Emil Strauß zum fünfundachtzigsten Geburtstag am 31. Januar 1951. 22 S., 1 Titelb. Mchn: Hanser 1951
50 Das Leben der Brigitte Weilmann. 15 S. m. Abb. Gütersloh: Rufer-Verl. (= Dein Leseheft 19) 1951
51 Ahnung und Aussage. Essays. 359 S. Gütersloh: Bertelsmann 1952 (Erw. Neuaufl. v. Nr. 16)
52 (Hg.) Lebendiges Gedicht. 505 S. Gütersloh: Bertelsmann 1952
53 Katharina – Das Ehrenwort. Zwei Erzählungen. 69 S. m. Abb. Gütersloh: Bertelsmann (= Das kleine Buch 46) 1952 (Enth. u. a. Nr. 34)
54 (MH) Die Lampe der Toten. Eine Auswahl deutscher Lyrik. Hg. B. v. H. u. R. Schneider. 79 S. Gütersloh: Bertelsmann (= Das kleine Buch 36) 1952
55 Gebete nach den Psalmen. 11 Bl. m. Abb. Gütersloh: Rufer-V. 1953
56 (Hg.) J. W. v. Goethe: Gesammelte Werke. 7 Bde. 4357 S. Gütersloh: Bertelsmann 1953–1954
57 Versöhnung. Roman. 879 S. Gütersloh: Bertelsmann 1953
58 Der Dichter als Tröster. Betrachtungen zur dichterischen Aufgabe in dieser Zeit. 130 S. Bln: Lettner-V. 1954
59 Das Fläschchen mit goldenem Saft. 15 S. m. Abb. Gütersloh: Rufer-V. (= Dein Leseheft 61) 1954
60 (Einl.) F. Hölderlin: Gesammelte Werke. Bes. R. Honsell u. H. J. Meinerts. 581 S. (Gütersloh:) Bertelsmann (1954)
61 Das Haller Spiel von der Passion. 63 S. Gütersloh: Bertelsmann (= Bertelsmann Textausgaben) 1954
62 Tage. Ein Erinnerungsbuch. 217 S. Gütersloh: Bertelsmann 1954 (Enth. u. a. Nr. 45)
63 Allerleirauh. Die Märchen, Balladen und erzählenden Gedichte. 65 S. Gütersloh: Bertelsmann (= Das kleine Buch 77) 1955
64 Eines Nachmittags im Herbst. 30 S. Kassel, Basel: Bärenreiter-Verl. (= Bärenreiter-Laienspiele 260) 1955
65 Stunde der Menschwerdung. 20 S. 4° Stg: Evang. Verl.-Werk 1955
66 (Einl.) A. Stifter: Gesammelte Werke. Hg. M. Benedikt u. H. Hornstein. 6 Bde. Gütersloh: Bertelsmann 1956–1957
67 Der Tag beginnt um Mitternacht. 118 S. Gütersloh: Bertelsmann 1956
68 Ist Vertrauen noch möglich? Eine politische Christenfibel. Geleitw. M. Krüger. 47 S. Lahr/Schwarzwald: Kaufmann (= Schriftenfolge zum Weitergeben 5) 1956
69 Gedichte. 122 S. Gütersloh: Bertelsmann 1957
70 Die Malteser. Ein Schauspiel. 78 S. Gütersloh: Bertelsmann (= Bertelsmann Textausgaben) 1957
71 (Einl.) R. Bochinger: Allein den Betern kann es noch gelingen. Eine Sammlung christlicher Lyrik. 244 S. Gütersloh: Rufer-V. (1958)
72 Lebenswege der Dichter. Vier Beiträge. 255 S. Gütersloh: Bertelsmann 1958
73 Philemon, der fröhliche Martyrer. Nach der Komödie v. J. Bidermann frei bearb. 70 S. Stg: Reclam (= Reclam's UB. 8216) 1958
74 Sinn und Widersinn. Novellen. 76 S. Gütersloh: Bertelsmann (= Das kleine Buch 113) 1958
75 (Hg.) Die heilige Zeit. Christnachtgeschichten deutscher Dichter. 308 S. Stg: Steinkopf 1958
76 (Einl.) J. v. Eichendorff: Gesammelte Werke in zwei Bänden. Hg. H. J. Meinerts. 2 Bde. 576, 584 S. Gütersloh: Mohn 1959
77 (MH) Der Kranich. Ein Jahrbuch für die dramatische, lyrische und epische Kunst. Hg. B. v. H. u. H. Fromm. 2 Jge. 159, 159 S. Stg: Steinkopf 1959 bis 1960
78 Schiller. 219 S., 7 Bl. Abb. Gütersloh: Bertelsmann 1959

79 (Hg.) Das Erlebnis der Gegenwart. Deutsche Erzähler seit 1890. 743 S. Stg: Steinkopf 1960
80 (Hg.) J. Gotthelf: Gottes dunkle Gerechtigkeit. 254 S. Stg: Steinkopf (= Steinkopfs Hausbücherei) 1960

Heiseler, Henry von (1875–1928)

1 (Übs.) R. Browning: Pippa geht vorüber. 102 S. Lpz: Insel 1903
2 Peter und Alexéj. Tragödie. 150 S. Lpz: Insel 1912
3 Der Begleiter. Erzählung. 50 S. 16° Mchn: Musarion-V. (= Die Einsiedelei) 1919
4 Grischa. Ein Trauerspiel. 54 S. Mchn: Musarion-V. (1919)
5 Die magische Laterne. Ein märchenhaftes Lustspiel von der magischen Laterne, vom Zaren Joánn, vom Bojaren Andréj und von der schönen Axinja. 106 S. Mchn: Musarion-V. 1919
6 Die drei Engel. 119 S. Mchn (: Callwey) 1926
7 Die Nacht des Hirten. Ein Adventsspiel. 22 S. Mchn: Kaiser (= Münchener Laienspiele 36) 1927
8 Der junge Parzival. Ein Hochzeitsspiel. 81 S. Mchn: Kaiser (= Münchener Laienspiele 31) 1927
9 Aus dem Nachlaß. 144 S. Chemnitz: Ges. d. Bücherfreunde 1929
10 Hochzeitsspiel. 15 S. Mchn: Kaiser (= Münchener Laienspiele 52) 1930
11 Die jungen Ritter vor Sempach. Ein Akt. 40 S. Bln: Bühnenvolksbundverl. 1930
12 Wawas Ende. Ein Dokument. 59 S. Mchn: Langen-Müller (= Die kleine Bücherei 19) 1933 (Ausz. a. Nr. 9)
13 Stefan George. 11 S. Mchn: Callwey (300 num. Ex.) 1933
14 Die Legenden der Seele. Nachgelassene Gedichte. 30 S. Mchn: Callwey 1933
15 Iskender. Eine unvollendete Dichtung. 19 S. Mchn: Callwey (175 num. Ex.) 1935
16 Alexander S. Puschkin als dramatischer Dichter. 18 S., 1 Titelb. Mchn: Callwey (300 num. Ex.) 1935
17 Verse. Hg. Bernt v. H. 68 S. Mchn: Callwey 1935
18 Die Werbung. Fragment. Mit e. Prolog hg. Bernt v. H. 37 S. Mchn: Callwey 1936
19 Gesammelte Werke. Hg. Bernt v. H. 3 Bde. 814 S., 2 Taf. (Dessau:) Rauch (1937–1938)
20 Die Kinder Godunófs. Tragödie. 80 S. Bln: Sicker (1938) (Ausz. a. Nr. 9)
21 Russische Erzähler. Hg. Bernt v. H. 283 S. (Dessau:) Rauch 1939
22 Die Botschaft. Ausgewählte Gedichte. 47 S. (Dessau:) Rauch (= Reuchlindruck 3) (1940)
23 (Übs.) A. Puschkin: Sämtliche Dramen. Hg. Bernt v. H. 184 S., 1 Titelb. Dessau: Rauch (600 num. Ex.) (1940)
24 (Übs.) A. Puschkin: Gedichte. Hg. Bernt v. H. 40 S. (Ausg. mit dt. u. russ. Text: 77 S.) Lpz: Rauch 1946
25 (Übs.) N. S. Leskov: Ausgewählte Erzählungen. 309 S, Bad Salzig, Boppard a. Rh.: Rauch 1949

Helwig, Werner (+Einar Halvid) (*1905)

1 Die Ätna-Ballade. 88 S. Bln: Rabenpresse 1934
2 Aufgang der Arbeit. Ein chorisches Spiel. 31 S., 7 Taf. Potsdam: Voggenreiter (= Spiele der Jugend- und Laienbühne 30) 1935
3 Nordsüdliche Hymnen. 36 S. Bln: Rabenpresse 1935
4 Der große Krieg. Requiem chorisch. 31 S. Potsdam: Voggenreiter (= Spiele der Jugend- und Laienbühne 32) 1935
5 Strandgut. Sieben Novellen. 61 S. Plauen: Wolff (= Graue Reihe 1) 1935

6 Raubfischer in Hellas. Roman. 245 S. Lpz: Asmus 1939
7 Der gefangene Vogel. Baskische Novelle. 70 S. Lpz: Asmus (1940)
8 Im Dickicht des Pelion. Roman. 309 S. Lpz: Asmus (1941)
9 Gegenwind. Hellas-Roman. 264 S. m. Abb. Zürich: Arche 1945
10 (Übs.) R. Kipling: Dschungel-Gedichte. Übertragen und nachgedichtet. 10 Bl., 4 Taf. Olten: Vereinigung Oltner Bücherfreunde 1945
11 (Übs.) Wortblätter im Winde. Deutsche Nachdichtung japanischer Texte. 71 S. Hbg: Goverts 1945
12 Gezeiten der Liebe. 210 S. Hbg: Claassen & Goverts 1946
13 (MÜbs.) B. A. Pil'njak: Maschinen und Wölfe. Roman aus den Jahren der russischen Revolution. Übs. a. d. Russ. M. Schillskaja unter Mitarb. v. W. H. 480 S. Zürich: Pegasus-V. 1946
14 Trinakria oder Die wunderliche Reise. 120 S. Hbg: Claassen & Goverts 1946
15 Café Gommorra. Sechs Phantasiestücke. 108 S. Darmstadt: Claassen & Roether (= Die kleine Reihe 5) 1948
16 Das Wagnis. Roman. 245 S. Hbg: Claassen & Goverts 1948
17 †Isländisches Kajütenbuch. Roman. 220 S. Zürich: Diana-V. 1950
18 Die Hellas-Trilogie. 2 Bde. 257, 290 S. Konstanz, Stg: Asmus 1951 (Enth. Nr. 6 u. 8)
19 Auf der Knabenfährte. Ein Erinnerungsbuch. 226 S. Konstanz, Stg: Asmus 1951
20 Mit Harpune und Dynamit. 201 S. m. Abb. Düsseldorf: Diederichs 1952 (Jugend-Ausg. v. Nr. 6)
21 Die Widergänger. Roman. 181 S. Düsseldorf: Diederichs 1952
22 Die Bienenbarke. Weltfahrten nach aussen und innen. 211 S. Bad Godesberg: Voggenreiter 1953
23 Der brigant giuliano. 52 S., 6 Taf., 1 Titelb. Ffm: Frankfurter Verl.-Anst. (= studio frankfurt 10) 1953
24 Reise ohne Heimkehr. Roman. 385 S. Hbg: Claassen 1953 (Forts. v. Nr. 18)
25 Die Stiefsöhne der schönen Helena. 38 S. Ffm: Eremiten-Presse (= Geist und Gegenwart) 1954
26 (MV) H. H. Jahnn u. W. H.: Neuer Lübecker Totentanz. Musik Y. J. Trede. 142 S. m. Noten. 4° Hbg: Rowohlt 1954
27 Geheimnisse des Baybachtales. 31 S. m. Abb. Bad Godesberg: Voggenreiter 1955
28 Nachtweg durch Lappland. Erzählungen. 67 S. Stg: Reclam (= Reclam's UB. 7882) 1955 (z. T. Ausz. a. Nr. 22)
29 Die singenden Sümpfe. Novelle. 76 S. Gütersloh: Bertelsmann (= Das kleine Buch 75) 1955
30 Waldregenworte. 56 S. Düsseldorf, Köln: Diederichs 1955
31 (Bearb.) Die großen Klagen des Tu Fu. Nachdichtungen. Anm. u. Nachw. A. Donath. 89 S., 8 Taf. 4° Bremen: Schünemann 1956
32 Der Traum des Gefangenen. 24 S. m. Abb. Gütersloh: Rufer-V. (= Dein Leseheft, H. 184) 1956
33 Das Steppenverhör. Roman. 161 S. Düsseldorf, Köln: Diederichs 1957
34 (Übs.) Das Affenregenmäntelchen. Japanische Sprichwörter. 62 S., 12 Abb. Mchn: Langen-Müller (= Langen-Müllers kleine Geschenkbücher 78) 1958
35 Auf der Mädchenfährte. Poetischer Liebesbriefsteller nebst Unterweisung im Schimpfen bei Bedarf. 54 S. Stierstadt/Taunus: Eremiten-Presse 1958
36 (MV) H. W. u. H. H. Jahnn: Briefe um ein Werk. 47 S. Ffm: Europ. Verl.-Anst. 1959
37 Capri. Lieblicher Unfug der Götter. 154 S. Düsseldorf, Köln: Diederichs 1959
38 Der siebente Sohn. Eine baskische Novelle. 62 S. Köln, Olten: Hegner 1959 (Neuaufl. v. Nr. 7)
39 Die Waldschlacht. Eine Saga. 126 S. Köln, Olten: Hegner 1959
40 Die Blaue Blume des Wandervogels. Vom Aufstieg, Glanz und Sinn einer Jugendbewegung. 406 S. Gütersloh: Mohn 1960
41 Capri. 48 S., 32 Taf. Mchn, Ahrbeck: Knorr & Hirth (= Das kleine Kunstbuch) 1960
42 Der smaragdgrüne Drache. 150 S. Köln, Olten: Hegner 1960

Henckell, Karl (1864–1929)

1 Umsonst. Ein sociales Nachtstück. 8 S. Bln: Issleib 1884
2 (Einl.) W. Arent: Moderne Dichtercharaktere. Einl. H. Conradi u. K. H. 320 S. Bln: Kamlah 1885
3 Poetisches Skizzenbuch. XII, 188 S. Minden: Bruns 1885
4 (MH) Quartett. Dichtungen. Hg. unter Mitwirkung v. A. Gutheil, E. Hartleben, A. Hugenberg. 151 S. Hbg: Meissner 1886
5 Strophen. VIII, 153 S. Zürich: Verl.-Mag. 1887
6 Amselrufe. Neue Strophen. 139 S. Zürich: Verl.-Mag. (1888)
7 Diorama. 266 S. Zürich: Verl.-Mag. 1890
8 Trutznachtigall. 112 S. Stg: Dietz 1891
9 Aus meinem Liederbuch. 203 S. Mchn, Bln: Schuster & Loeffler 1892
10 *(Hg.) Buch der Freiheit. 2 Bde. 603 S. Bln: Buchh. Vorwärts 1893
11 Zwischenspiel. XII, 182 S. m. Bildn. 12° Zürich: Verl.-Mag. 1894
12 Moderne Dichterabende. Zwanglose Zitatenplaudereien. 115 S. Zürich: Schröter 1895
13 (Hg.) Sonnenblumen. Flugblätter der Lyrik. 4 Jge., je 24 Nrn. Zürich, Stg: Malcomes (Jg. 1) bzw. Zürich-Rütlikon: Henckel (Jg. 2-4) 1895-1899
14 (Hg.) L. Jacoby: Cunita. Gedicht aus Indien. Volksausg. 120 S. m. Bildn. Zürich: Henckel 1896
15 Ada Negri. Vortrag. 35 S., 1 Bildn. Zürich: Henckel 1896
16 Widmungsblatt an Arnold Böcklin. 12 S., 1 Bildn. 4° Zürich: Henckell 1897
17 Gedichte. 519 S. Zürich: Henckell 1898
18 Neues Leben. Dichtungen. 1899-1900. 144 S. Zürich, Mchn: Die Lese 1900
19 Gedichte für das Volk. Auswahl. 78 S. m. Abb. Zürich, Bln: Goldschmidt 1901
20 Aus meinen Gedichten. 76 S. Zürich, Bln: Goldschmidt (1902)
21 Ausgewählte Gedichte. 2 Bde. Lpz, Bln: Goldschmidt 1903
   1. Mein Liederbuch. 200 S. m. Bildn.
   2. Neuland. 161 S.
22 Gipfel und Gründe. Neue Gedichte. 1901-1904. 175 S. Bln: Goldschmidt 1904
23 Deutsche Dichter seit Heinrich Heine. Streifzug durch fünfzig Jahre Lyrik. 178 S. m. Taf. u. Faks. Bln: Brandes (= Die Literatur 37-38) 1906
24 Mein Lied. Mit Beiträgen v. R. Strauß. 190 S. m. Bildn. Bln: Bard & Marquardt 1906
25 Schwingungen. Neue Gedichte. 1905-1906. 114 S. Bln, Mchn: Die Lese 1906
26 (Hg.) G. Pfander: Helldunkel. Gedichte und Bekenntnisse. Mit einer biogr. Einl. hg. 174 S. Bern: Francke 1908
27 Weltlyrik. Ein Lebenskreis in Nachdichtungen. VII, 160 S. Mchn, Stg: Die Lese 1910
28 Ein Lebenslied. Dichtungen. 61 S., 14 Abb. 4° Mchn-Gräfelfing: Verl. Mendelssohn-Bartholdy 1911
29 Im Weitergehn. Neue Gedichte. 123 S. Mchn, Stg: Die Lese 1911
30 Hundert Gedichte. Auswahl des Verfassers. Mit einer Selbstbiographie. 110 S. m. Bildn. Lpz: Hesse & Becker (= Hesse's Volksbücherei 903-904; = Deutsche Lyriker 15) 1914
31 Lyrik und Kultur. Neue Vorträge zu Leben und Dichtung. V, 125 S., 1 Bildn. Mchn: Hans Sachs-V. 1914
32 Weltmusik. Neue Gedichte. 135 S. Mchn: Hanfstaengl 1918
33 Ausgewählte Gedichte. IX, 123 S. Mchn: Müller 1920
34 Gesammelte Werke. Erste kritische Ausg. eigener Hand. 4 Bde. XVII, 1369 S. Mchn, Bln: Dietz 1921
35 An die neue Jugend. Zum sechzigsten Geburtstag des Dichters. Vorw. H. Schulz. 79 S., 1 Abb. 16° Mchn, Bln: Arbeiterjugend-Verl. 1923
36 Gesammelte Werke. 2., wesentl. erw. Aufl. 5 Bde. XV, 1927 S. m. Taf. u. Faks. Mchn, Bln: Dietz 1923
   (Verm. Neuaufl. v. Nr. 34)

Hensel, Luise (1798–1876)

1 (MV) L. u. Wilhelmine H.: Gedichte zum Besten der Elisabeth-Stiftung in Pankow. Hg. H. Kletke. 154 S. Bln: Rauh (1858)
2 Lieder. Hg. C. B. Schlüter. XVI, 328 S. Paderborn: Schöningh 1869
3 Briefe der Dichterin Luise Hensel. Hg. C. B. Schlüter. 250 S. Paderborn: Schöningh 1878
4 Aufzeichnungen und Briefe. Hg. H. Cardauns. 39 S. Hamm/Westf.: Breer & Thiemann 1916
5 Aus Luise Hensels Jugendzeit. Neue Briefe und Gedichte. Hg. H. Cardauns. Zum Jahrhunderttag ihrer Konversion. (8. Dezember 1818). VII, 148 S. Freiburg/Br.: Herder 1918
6 Lieder. Vollständige Ausg. Auf Grund des handschriftlichen Nachlasses bearb. H. Cardauns. 407 S. Regensburg: Habbel 1923

Henz, Rudolf (+R. Miles) (*1897)

1 +Lieder eines Heimkehrers. Gedichte. 32 S. Lpz: Xenien-V. (1920)
2 Die Landschaftsdarstellung bei Jean Paul. 190 S. Wien: Österr. Bundesverl. (= Deutsche Kultur, Literarhistor. Reihe 1) 1924
3 Unter Brüdern und Bäumen. Gedichte. 92 S. Wien: Officina Vindobonensis 1929
4 Das Wächterspiel. 46 S. Bln (:Theaterverl. Langen-Müller) 1931
5 Die Gaukler. Roman. 400 S. Mchn: Kösel & Pustet 1932
6 Die Heimkehr des Erstgeborenen. Spiel aus unseren Tagen. 88 S. Bln: Volkschaft-V. (= Aufbruch zur Volksgemeinschaft 3) 1933
7 J. Lechthaler: Eine Wiener Singmesse für das deutsche Volk. Text v. R. H. 8, 2 S. Wien: Universal-Ed. 1933
8 Dennoch Mensch . . . Roman von Krieg und Liebe. 352 S. Salzburg: Pustet 1935
9 Festliche Dichtung. Gesammelte Sprüche und Spiele. 61 S. Wien: Österr. Bundesverl. (= Schriften für den Volksbildner 30) 1935
10 Döblinger Hymnen. Gedichte. 102 S. Salzburg: Pustet 1935
11 Kaiser Joseph II. Tragödie. 145 S. Wien: Zsolnay 1937
12 Begegnung im September. Roman. 309 S. Freiburg: Alber 1939
13 Die Hundsmühle. Erzählung. 262 S. Dülmen: Laumann 1939
14 Der Kurier des Kaisers. Roman aus der Zeit der Türkennot. 512 S. Bonn: Buchgemeinde (= Unterhaltende Schriftenreihe der Buchgemeinde Bonn, Jahresreihe 1941) (1941)
15 Ein Bauer greift an die Sterne. Roman. 379 S. Bln: Buchgemeinde 1943
16 Der große Sturm. Roman. 397 S. Mchn: Alber 1943
17 Wort in der Zeit. Gedichte aus zwei Jahrzehnten. 183 S. Wien: Amandus 1945
18 Peter Anich, der Sternsucher. Roman. 374 S. Wien: Amandus-Ed. 1946 (Neuaufl. v. Nr. 15)
19 Pfingstspiel. 32 S. Wien: Amandus (= Amandus-Laienspiele 9) 1947
20 Ein Spiel von der Geburt des Herrn. 48 S. Mchn: Buchner (= Laienspiel 73) 1947
21 Die Erlösung. Passion. 72 S. Salzburg: Pallas-V. 1949
22 Die grosse Lüge. Ananias und Saphira. Hg. Kath. Jugendwerk Österreichs. 101 S. Wien: Fährmann-V. (= Spielreihen d. kath. Jugend Österreichs, Bühnenspiele 1) 1949
23 Bei der Arbeit an den Klosterneuburger Scheiben. Gedichtzyklus. 47 S. Graz, Wien, Mchn: Stiasny (= Dichtung der Gegenwart 3) 1950 (Ausz. a. Nr. 17; Bd. 3 v. Nr. 24)
24 (MH) Dichtung der Gegenwart. Hg. R. H. u. A. Weikert. Graz, Wien, Mchn: Stiasny 1950 ff. (Enth. u. a. Nr. 23)
25 Österreichische Trilogie. Klage, Preislied, Mahnung. 56 S. Wien: Herold 1950

26 Der Turm der Welt. Epos. 371 S. Wien: Herold 1951
27 Die grosse Entscheidung. Drama in fünf Akten. 82 S. Wien: Amandus 1954
28 Das Land der singenden Hügel. Roman. 347 S. Wien, Mchn: Herold 1954
29 Die ungetreuen Pächter. Ein Gleichnisspiel. 38 S. Mchn: Buchner (= Laienspiel 220) 1954
30 Die Weltreise eines Innsbrucker Schneidergesellen vor hundert Jahren. Franz Obrist. Neu aufgeschrieben u. hg. 236 S. Wien, Mchn: Herold 1955
31 Lobgesang auf unsere Zeit. Eine Auswahl neuer Gedichte. 75 S. Wien: Bergland (= Neue Dichtung aus Österreich, Bd. 15) 1956
32 Der Büßer. Einl. O. M. Fontana. 127 S. Graz, Wien: Stiasny (= Stiasny-Bücherei, Bd. 17) 1957
33 Zwischen den Zeiten. Eine Auswahl aus dem Gesamtwerk. Ausgabe zum sechzigsten Geburtstag des Dichters. 137 S., 1 Titelb. Wien: Österr. Bundesverl. 1957
34 Österreich. 368 S. m. Taf. Nürnberg: Glock & Lutz (= Geistige Länderkunde, Bd. 6) 1958

HERBERGER, Valerius (1562–1627)

1 Magnalia dei, de Iesu scripturae nucleo et medulla ... 12 Thle. Lpz: Schürer 1601–1618
2 Der Erste Theil Der Geistlichen Trawrbinden ... 7 Thle. Lpz: Schürer 1608–1621
3 Gloria Lutheri et Evangelicorum. Deß seligen Herrn D. Lutheri ... Ehrenkrone. 3 Bl., 270 S., 1 Bl. Lpz: Schürer 1609
4 Deliciae nominis Quasimodogenitorum dei patris filiorum. Die hertzliche süssigkeit des Namens der Kinder Gottes ... 5 Bl., 118 S. Lpz: Schürer 1610
5 Herzgrund quille in Mund S. Pauli und aller frommen Christen ... 4 Bl., 70 S., 1 Bl. Lpz: Schürer 1610
6 Das Himlische Jerusalem aller rechtgleubigen Christen ... 6 Bl., 315 S. Lpz: Schürer 1610
7 Jungfraw Kräntzlin, Aus dem schönen Sprüchlin Apoc. 14. ... 40 Bl. m. Noten. Lpz: Schürer 1610
8 Das geistliche Wasserkrüglin der Samaritischen Frawen ... 5 Bl., 100 S., 1 Bl. Lpz: Schürer 1610
9 Das Newe Himlische Jerusalem aller andechtigen Himmelkinder ... 4 Bl., 365 S., 1 Bl. Lpz: Schürer 1611
10 Hertz-Postilla ... 6 Bl., 584 S. 4° Lpz: Schürer 1613
11 Ehrliebender Frawen Hertz Glaß ... 2 Bl., 91 S. Lpz: Schürer 1618
12 Jesus omnium medicorum princeps ... Jesus Der Herr mein Artzt ... 2 Bl., 178 S., 4 Bl. Lpz: Schürer (1618)
13 Horoscopia passionis domini. Passionzeiger ... 5 Bl., 500 S., 1 Bl. Lpz: Schürer 1620
14 De signaculo dei vivi ... Von dem Siegel des lebendigen Gottes ... 64 Bl. Lpz: Schürer (1624)
15 Hochzeitlich Blumen Feld, zugerichtet Auff den Ehrentag des Herrn Breutigams Zachariae Schüreri ... 28 Bl. Lpz: Schürer 1625
16 Florilegium ex Paradiso Psalmorum. (– Das andere Stück Des Psalter-Paradieses. – Das dritte Stück Des Psalter-Pardises.) 3 Bde. 15 Bl., 365 S.; 8 Bl., 430 S., 1 Bl.; 12 Bl., 407 S. Lpz: Schürer 1625–1627
17 Außerlesenen absonderliche Schrifften, Als: Das Neue Himlische Jerusalem ... Verbessert und vermehrt, mit Verdeutschung des Lateins ... 8 Bl., 506 S. 10 Bl. Lpz: Schürer & Götze 1667 (Verm. u. verb. Neuaufl. v. Nr. 9)
18 Epistolische Hertz-Postilla ... 2 Thle. 12 Bl., 608 S.; 2 Bl., 242 S., 14 Bl. 4° Lpz: Gleditsch 1693
19 Sirachs Hohe Weißheit- und Sitten-Schule, Oder Jesus Sirach in XCVII. Predigten deutlich erklähret ... 4 Bl., 802 S., 25 Bl. 4° Lpz: Gleditsch 1698
20 Zweiunddreißig Leichenpredigten. Hg. K. F. Ledderhose. 340 S. Halle: Fricke 1854

Herder, Johann Gottfried (1744–1803)

1 *(Übs.) Gesang an den Cyrus. Aus dem Hebräischen übs. 4 Bl. 4° St. Petersburg 1762
2 An Ihro Hochfürstliche Durchlauchten, Den Herzog Ernst Johann, am Tage Höchst Dero Huldigung in Mitau, von J. J. Kanter, ..., Buchhändler in Mitau. 2 Bl. 2° Königsberg: Kanter 1763
3 Fragment zweener dunkeln Abendgespräche. An Herrn Kurella nach dem Tode seines Vaters. (o. Pag.) Königsberg: Kanter 1763
4 Bey dem Sarge der Hochedlen Jungfer Jungfer Maria Margaretha Kanter, redete J. G. H. 31 S. Königsberg (o. Verl.) 1763
5 *Über die Asche Königsbergs. Ein Trauergesang. 4 Bl. 4° Mitau: Liedke 1765
6 Haben wir nicht jetzt das Publikum und Vaterland der Alten? Eine Abhandlung, Zur Feier der Beziehung des neuen Gerichtshauses. 20 S. 4° Riga: Frölich 1765
7 Ode der Urne des Hochwohlgebohrnen ... Herrn Gustav Christian von Handtwig ... geweihet. 4 Bl. 4° Mitau: Liedtke (1765)
8 *Der Opferpriester. Ein Altarsgesang; der Abreise eines Freundes geheiligt. (64 Verse) Mitau (:Hartknoch) 1765
9 Als die ... Vermählung des ... Herrn Peter in Liefland zu Kurland und Sengallen Erbprinzen mit ... Frau Karoline Lowise gebohrnen Fürstinn zu Waldeck, ... wurde Kurlandes freudenvolle Hoffnung ... in einer durch ... Veichtner in die Musick gesetzten Cantate besungen. 4 Bl. 2° Mitau (o. Verl.) 1765
10 Denkmal dem Andenken ... Christine Regine Zuckerbecker ... bei ihrem Grabe geweihet. 16 S. Riga (o. Verl.) 1766
11 Kantate zur Einweihung der Katharinen Kirche auf Bickern. (o. Pag.) Riga: Frölich 1766
12 *Nachricht von einem neuen Erläuterer der H. Dreieinigkeit. 32 S. o. O. 1766
13 *Über die neuere Deutsche Litteratur. 3 Bde. 5 Bl., 180 S.; 1 Bl., S. 181–380; 1 Bl., 332 S. o. O. (Bd. 1–2) bzw. Riga: Hartknoch (Bd. 3) 1767
14 *Über Thomas Abbts Schriften. Der Torso von einem Denkmaal, an seinem Grabe errichtet. Erstes Stück. 56 S. 4° o. O. 1768
15 *Drey moralische Lieder dem moralischen Schwartz- und Berensschen Brautpaar zum freundschaftlichen Denkmahl verehret. 4 Bl. Riga: Frölich 1768
16 Kritische Wälder. Oder Betrachtungen, die Wissenschaft und Kunst des Schönen betreffend, nach Maasgabe neuerer Schriften. 1.–3. Wäldchen. 3 Bde. 288, 263, 284 S. o.O. (1–2) bzw. Riga: Hartknoch (3) 1769
17 *(Vorw.) J. Platon: Rechtgläubige Lehre, oder kurzer Auszug der christlichen Theologie, zum Gebrauche Seiner Kaiserlichen Hoheit ... Paul Petrowitsch ... Aus dem Russischen. 16 Bl., 224 S., 4 Bl. Riga: Hartknoch 1770
18 Abhandlung über den Ursprung der Sprache, welche den von der Königl. Academie der Wissenschaften für das Jahr 1770 gesetzten Preis erhalten hat. 222 S. Bln: Voß 1772
19 *(Hg., MV) Von deutscher Art und Kunst. Einige fliegende Blätter. 182 S. Hbg: Bode 1773
20 *Auszug aus einem Briefwechsel über Ossian und die Lieder alter Völker. 70 S. Hbg: Bode 1773
21 *Wie die Alten den Tod gebildet? 16 S. 4° Hannover (: Schlüter; 50 Ex.) 1774
22 *Brutus. Ein Drama zur Musik. In Musik gesetzt von dem Concertmeister Bach zu Bückeburg. 30 S. o. O. 1774
23 *Auch eine Philosophie der Geschichte zur Bildung der Menschheit. Beytrag zu vielen Beyträgen des Jahrhunderts. 190 S., 1 Bl. o.O. 1774
24 *An Prediger. Funfzehn Provinzialblätter. 118 S., 1 Bl. Lpz (, Riga: Hartknoch) 1774
25 Älteste Urkunde des Menschengeschlechts. 4 Thle. 2 Bde. 383, 1 S.; 2 Bl., 210, 1 S. 4° Riga: Hartknoch 1774–1776
26 (Hg.) Alte Volkslieder. 2 Thle. Altenburg (bzw. Riga: Hartknoch) 1774
27 Briefe zweener Brüder Jesu in unserm Kanon. Nebst einer Probe nichtiger Conjekturen übers. N. T. zum Anhange. 112 S. Lemgo: Meyer 1775
28 *Erläuterungen zum Neuen Testament aus einer neueröfneten Morgenländischen Quelle. 143 S., 1 Bl. 4° Riga: Hartknoch 1775

29 Ursachen des gesunknen Geschmacks bei den verschiednen Völkern, da er geblühet. Eine Abhandlung, welche den von der Königl. Academie der Wissenschaften für das Jahr 1773 gesetzten Preis erhalten hat. 141 S. Bln: Voß 1775
30 Gebet am Grabmaale ... der ... Gräfin von Schaumburg-Lippe, Maria Barbara Eleonora ... 4 Bl. 4⁰ Stadthagen: Althans 1776
31 *Vom Erkennen und Empfinden der menschlichen Seele. Bemerkungen und Träume. 94 S., Riga: Hartknoch 1778
32 (Bearb., Vorw.) Neu eingerichtetes Sachsen-Weimar-Eisenach- und Jenaisches Gesang-Buch, bestehend in 1192 alten und neuen Liedern ... nebst einem Gebetbuch. ... XIV S., 9 Bl., 990 S., 9 Bl.; 94 S., 1 Bl. Weimar: Hoffmann 1778
33 (Bearb., Vorw.) Neuvermehrtes Weimarisches Gesang-Buch, bestehend in 1185 alten und neuen geistlichen Liedern ... und einem Gebet- und Communion-Büchlein. 8 Bl., 868 S., 8 Bl., 64 S., 4 Bl. Weimar: Glüsing 1778
34 Lieder der Liebe. Die ältesten aus Morgenlande. Nebst vier und vierzig alten Minneliedern. 216 S. Lpz: Weygand 1778
35 *Plastik. Einige Wahrnehmungen über Form und Gestalt aus Pygmalions bildendem Traume. 141 S., 1 Bl. Riga: Hartknoch 1778
36 *(Hg.) Volkslieder. – Nebst untermischten andern Stücken. 2 Thle. 335; 36, 315 S. Lpz: Weygand 1778–1779
37 *Kantate beim Kirchgange der regierenden Herzogin Hochfürstl. Durchlaucht ... 4 Bl. 4⁰ Weimar: Hoffmann 1779
38 *MAPAN AΘA. Das Buch von der Zukunft des Herrn, des Neuen Testaments Siegel. 1 Bl., 346 S., 1 Bl. Riga: Hartknoch 1779
39 *Briefe, das Studium der Theologie betreffend. 4 Theile. 794 S. Weimar: Hoffmann 1780-1781
40 Dissertation sur l'influence des Sciences sur le Gouvernement et du Gouvernement sur les Sciences, qui a remporté le prix proposé par l'Académie Royale. des Sciences et Belles-Lettres pour l'année MDCCLXXIX. (S. 3 dt. Titel: Vom Einfluß der Regierung auf die Wissenschaften, und der Wissenschaften auf die Regierung.) 94 S. 4⁰ Bln: Decker 1780
41 *Händel's Meßias. 8 Bl. o.O. (1780)
42 *Zwo heilige Reden bey einer besondern wichtigen Veranlassung gehalten. 40 S. o.O. 1780
43 Vom Einfluß der Regierung auf die Wissenschaften, und der Wissenschaften auf die Regierung. 167 S. Bln: Decker 1781 (Neudr. v. Nr. 40)
44 (Vorw.) Jeremias Klagegesänge übersetzt und mit Anmerkungen v. J. G. Börmel. 128 S. Weimar: Hoffmann 1781
45 Osterkantate. 8 S. 4⁰ Weimar: Hoffmann 1781
46 Vom Geist der Ebräischen Poesie. Eine Anleitung für die Liebhaber derselben, und der ältesten Geschichte des menschlichen Geistes. 2 Thle. XVI, 374 S., 1 Bl.; 2 Bl., 454 S., 1 Bl. Dessau: Buchh. der Gelehrten 1782–1783
47 Kantate bei dem Kirchgange der regierenden Herzogin vom Sachsen-Weimar und Eisenach Hochfürstl. Durchlaucht, nach der Geburt des Erbprinzen. In Musik gesetzt und ... aufgeführt v. E. W. Wolf ... 4 Bl. 4⁰ Weimar: Hoffmann 1783
48 Zwo Predigten bei Gelegenheit der Geburt des Erbprinzen Karl Friedrich von Sachsen-Weimar und Eisenach ... 1 Bl., 60 S. Weimar: Hoffmann 1783
49 Rede bei der Taufe des Durchlauchtigsten Erbprinzen Carl Friedrich, Herzogs zu Sachsen-Weimar und Eisenach ... 6 Bl. 4⁰ Weimar: Glüsing 1783
50 Ideen zur Philosophie der Geschichte der Menschheit. 4 Thle. 1370 S. Riga, Lpz: Hartknoch 1784-1791
51 (Vorw.) Des Lord Monboddo Werk von dem Ursprunge und Fortgange der Sprache. Übs. E. A. Schmid. Erster Thl. 10 Bl., 456 S. Riga: Hartknoch 1784
52 Zerstreute Blätter. Sechs Sammlungen. 12 Bl., 2361 S. Gotha: Ettinger 1785–1797
53 (Vorw.) Joh. Val. Andreae Dichtungen zur Beherzigung unsers Zeitalters. LXIV, 181 S. Lpz: Göschen 1786
54 (Vorw.) Palmblätter. Erlesene morgenländische Erzählungen für die Jugend. XXVI, 262 S. Jena: Akad. Buchh. 1786

55 *Buchstaben- und Lesebuch. 18 Bl. o. O. 1787
56 Gott. Einige Gespräche. VIII, 252 S. Gotha: Ettinger 1787
57 Persepolis. Eine Muthmassung. 70 S. Gotha: Ettinger 1787
58 (Übs.) A. Pope: The Dying Christian to his Soul. An Ode ... Together with a German Translation written by Mr. Herder. 36 S. qu. 2° London: Corr & Dussek 1787
59 (Vorw.) W. G. Günther: Andachten bey der Communion. XXVIII S., 2 Bl., 136 S. Gotha: Ettinger 1789
60 Zwei Preisschriften welche die von der Königl. Akademie der Wissenschaften für die Jahre 1770 und 1773 gesetzten Preise erhalten haben. 319 S. Bln: Voß 1789
  (Neubearb. v. Nr. 18 u. 29)
61 (Einl.) Bekenntnisse merkwürdiger Männer von sich selbst. Hg. J. G. Müller, nebst einigen einleitenden Briefen v. ... H. Erster Band. 4 Bl., XL, 279 S. Winterthur: Steiner 1791
62 *Tithon und Aurora. 48 S. Gotha: Ettinger 1792
  (Ausz. a. Bd. 4 v. Nr. 52)
63 (Hg.) Briefe zu Beförderung der Humanität. Zehn Sammlungen. 1821 S. Riga: Hartknoch 1793–1797
64 Von der Auferstehung, als Glauben, Geschichte und Lehre. 184 S. Riga: Hartknoch 1794
65 Von der Gabe der Sprachen am ersten christlichen Pfingstfest. 150 S., 1 Bl. Riga: Hartknoch 1794
66 Christliche Schriften. Fünf Sammlungen. Riga: Hartknoch 1794–1798
  (Enth. Nr. 64, 65, 69, 70, 71, 74)
67 (Vorw.) Weimarisches Gesangbuch. Nebst einem Anhang, enthaltend: Einige Gebete zur öffentlichen und häuslichen Andacht. XVI, 516 S. Weimar: Hoffmann 1795
68 Terpsichore. 3 Thle. XXII S., 1 Bl., 216 S.; XIV S., S. 217–485; XVIII, 277, 1 S. Lübeck: Bohn 1795–1796
69 Vom Erlöser der Menschen. Nach unsern drei ersten Evangelien. 304 S. Riga: Hartknoch 1796
70 Von Gottes Sohn, der Welt Heiland. Nach Johannes Evangelium. Nebst einer Regel der Zusammenstimmung unsrer Evangelien aus ihrer Entstehung und Ordnung. XIV, 416 S. Riga: Hartknoch 1797
71 Vom Geist des Christenthums. Nebst einigen Abhandlungen verwandten Inhalts. XIV, 312 S. Lpz: Hartknoch 1798
72 (Vorw.) F. Majer: Zur Kulturgeschichte der Völker. Historische Untersuchungen. 2 Bde. XL, 494; XXX, 365, 1 S. Lpz: Hartknoch 1798
73 (MV) Luthers Katechismus, mit einer katechetischen Erklärung zum Gebrauch der Schulen. 26, VIII, 158 S. Weimar: Glüsing u. Halle: Ruff 1798
74 Von Religion, Lehrmeinungen und Gebräuchen. XIV, 320 S. Lpz: Hartknoch 1798
75 Confirmation Seiner Hochfürstl. Durchlaucht Carl Friedrich, Erbprinzen von Sachsen Weimar und Eisenach. 104 S. o. O. 1799
76 Verstand und Erfahrung. Eine Metakritik zur Kritik der reinen Vernunft. – Vernunft und Sprache. Eine Metakritik zur Kritik der reinen Vernunft. Mit einer Zugabe, betreffend ein kritisches Tribunal aller Facultäten, Regierungen und Geschäfte. 2 Thle. XXXII, 479; XII, 402 S. Lpz: Hartknoch 1799
77 Kalligone. Vom Angenehmen zum Schönen. 3 Thle. XLVI, 267; 276; 290 S. Lpz: Hartknoch 1800
78 (Hg.) Adrastea. 6 Bde. (12 H.) 2250 S. Lpz: Hartknoch 1801–1803
79 Aeon und Aeonis. Eine Allegorie. 28 S. o. O. 1802
80 (Hg., Vorw.) Kalidasa: Sakontala oder der entscheidende Ring. Ein indisches Schauspiel. Aus den Ursprachen Sanskrit und Prakrit ins Englische und aus diesem ins Deutsche übs. mit Erl. v. G. Forster. XLIV, 267 S. Ffm: Hermann 1803
81 Der Cid. Nach spanischen Romanzen besungen. Mit einer historischen Einl. durch J. v. Müller. S. I–LV Tüb: Cotta (= Werke zur schönen Literatur und Kunst, Bd. 3) 1805
82 Sämmtliche Werke. 45 Bde. Tüb.: Cotta 1805–1820
83 (Hg.) Stimmen der Völker in Liedern. Gesammelt, geordnet, zum Theil

übersetzt durch J. G. v. H. Neu hg. H. v. Müller. VI, 552 S. Tüb: Cotta (= Werke zur schönen Literatur und Kunst, T. 8) 1807 (Neuaufl. v. Nr. 36)
84 Admetus Haus. Der Tausch des Schicksals. Ein Kranz ehelicher Liebe und Tugend. Abgedruckt für Herders Freunde in Riga. 48 S. Mitau: Steffenhagen 1808
85 Sophron. Gesammelte Schulreden. Hg. J. G. Müller. 3 Bl., 298 S. Stg: Cotta 1810
86 Der deutsche Nationalruhm. Eine Epistel. 28 S., 2 Bl. Lpz: Hartknoch 1812
87 Sämmtliche Werke. 60 Bde. 16° Stg, Tüb: Cotta 1827–1830
88 Sämmtliche Werke. Hg. B. Suphan. 33 Bde. Bln: Weidmann 1877–1909
89 Denkmal Johann Winckelmann's. Eine ungekrönte Preisschrift aus dem Jahre 1778. Nach der Kasseler Handschrift zum ersten Male hg. u. mit literarhistorischer Einl. vers. A. Duncker. 61 S. Kassel: Kay 1882
90 Luther, ein Lehrer der Deutschen Nation. 1792. Erster Druck, hg. B. Suphan. (50 num. Ex.) 1883
91 Benjamin Franklin's Rules for a Club established in Philadelphia, übertragen und ausgelegt als Statut für eine Gesellschaft von Freunden der Humanität. 1792. Aus dem Nachlaß veröffentl. B. Suphan. 30 S. Bln: Weidmann 1883

HERMES, Johann Timotheus
(+H. Meister; T. S. Jemehr)   (1738–1821)

1 Versuch über die Ansprüche eines Christen auf die Güter des gegenwärtigen Lebens. Bln 1764
2 (Übs.) H. O. Hermes: Lettre aux personnes affligées qui pleurent en secret ce qu'elles avoient de plus cher. Bln 1766
3 (Übs.) Richter: Nouvelle méthode pour fonder sous l'eau. o. O. 1766
4 *Geschichte der Miß Fanny Wilkes. So gut als aus dem Engl. übs. 2 Bde. 376, 346 S. Lpz: Junius 1766
5 *Sophiens Reise von Memel nach Sachsen. 5 Bde. Lpz: Junius 1769–1773
6 Predigten an die Kunstrichter und Prediger. 2 Bde. Lpz: Junius 1771
7 *Sophiens Reise von Memel nach Sachsen. 6 Bde. Lpz: Junius (1774)–1776 (Verm. Neuaufl. v. Nr. 5)
8 Beitrag zu den Beweisen der Gottheit Jesu. 1 Bg. Breslau 1777
9 Gelegenheitspredigten. Breslau 1779
10 Lieder und Arien aus Sophiens Reise. Musik J. A. Hiller. Lpz 1779 (Ausz. a. Nr. 5)
11 Andachtsschriften. 2 Tle. Lpz 1781–1782
12 Predigten über die evangelischen Texte an den Sonn- und Festtagen des ganzen Jahres. 2 Bde. 5 Bl., XXLII, 808 S.; 2 Bl., 812 S. Bln, Stettin: Nicolai 1782
13 Beyträge zur Verbesserung des öffentlichen Gottesdienstes ... Lpz 1786
14 Kommunionbuch. m. Titelku. Bln 1787
15 *Für Töchter edler Herkunft. Eine Geschichte. 3 Bde. Lpz 1787
16 *Manch Hermäon im eigentlichen Sinn des Worts. 2 Bde. 366, 383 S. Wien: Hörling; Lpz: Jacobäer 1788
17 *Für Eltern und Ehelustige unter den Aufgeklärten im Mittelstande eine Geschichte. 5 Bde. 2088 S. 1789–1790
18 *Zween litterarische Märtyrer und deren Frauen. Vom Verfasser von Sophiens Reise. 2 Bde. XVI, 526; 588 S., 1 Bl. Lpz: Junius 1789
19 Predigten für die Sonntage und Feste des ganzen Jahres. Breslau, Bln, Lpz 1793
20 Neue Predigten für die Sonntage und Feste des ganzen Jahres. Breslau, Bln, Lpz 1794
21 Anhang zu den Predigten für die Sonntage und neuen Predigten. Breslau, Lpz 1796 (Anh. zu Nr. 19 u. 20)
22 *Meine, Herrn Grundleger und unserer Frauen Geschichte. 2 Bde. Lpz 1798 (Neuaufl. v. Nr. 18)

23 Lieder für die besten bekannten Kirchenmelodien. Breslau 1800
24 +Anna Winterfeld, oder Unsere Töchter eingewiesen in ihre gekränkten Rechte. Eine Geschichte in Briefen. Gotha 1801
25 (Übs.) Esmenard: An Bonaparte ... Bln, Lpz 1802
26 +Verheimlichung und Eil, oder Lottchens und ihrer Nachbarn Geschichte. 2 Bde. 496, 466 S. m. Ku. Bln: Braun 1802
27 Einzelne mit Teilnahme gehörte Stellen aus Predigten von Johann Timotheus Hermes. Breslau 1804
 (Ausz. a. Nr. 19 u. 20)
28 Zweiter Anhang zu seinen Predigten und neuen Predigten. Breslau 1807
 (Anh. zu Nr. 19 u. 20)
29 Briefe und Erzählungen. 2 Bde. Wien 1808
30 Predigten fürs Zeitbedürfnis, gehalten seit Glogaus Belagerung. Breslau 1808
31 Sammlung von Traureden. Breslau 1808
32 *Mutter, Amme und Kind, in der Geschichte Herrn Leopold Kerkers. 2 Bde. Bln 1809
33 Dritter Anhang zu seinen Predigten, neuen Predigten und Predigten fürs Zeitbedürfnis. Breslau 1817
 (Anh. zu Nr. 19, 20 u. 30)

HERMLIN, Stephan (eig. Rudolf Leder)   (*1915)

1 Zwölf Balladen von den großen Städten. 47 S. Zürich: Morgarten-V. 1945
2 (MV) J. Mihaly, L. Ajchenrand, S. H.: Wir verstummen nicht. Gedichte in der Fremde. 68 S. Zürich: Posen (1945)
3 Der Leutnant Yorck von Wartenburg. 45 S. Singen: Oberbad. Dr. u. Verl.-Anst. 1946
4 (MV) S. H. u. H. Mayer: Ansichten über einige Bücher und Schriftsteller. 198 S. Bln: Volk u. Welt (1947)
 (Erw. Ausg. v. Nr. 5)
5 (MV) S. H. u. H. Mayer: Ansichten über einige neue Schriftsteller und Bücher. 163 S. Wiesbaden: Limes 1947
6 Zweiundzwanzig Balladen. 64 S. Bln: Volk u. Welt 1947
7 (Übs.) P. Eluard: Gedichte. 67 S. Bln: Volk u. Welt 1947
8 Zwei Erzählungen. 92 S. Bln: Volk u. Welt 1947
 (Enth. Nr. 3 u. 9)
9 Reise eines Malers in Paris. 63 S. Wiesbaden: Limes 1947
10 (Übs.) B. Russell: Macht. Eine sozialkritische Studie. 264 S. Zürich: Europa V. 1947
11 Die Straßen der Furcht. 84 S. Singen: Oberbad. Verl. (1947)
12 (Übs.) Auch ich bin Amerika. Dichtungen amerikanischer Neger. 144 S. Bln: Volk u. Welt 1948
13 Russische Eindrücke. Hg. i. Auftrag d. Ges. zum Studium d. Kultur d. Sowjetunion. 75 S. Bln: Kultur u. Fortschritt (= Deutsche sehen die Sowjetunion) 1948
14 (Übs.) P. Eluard: Politische Gedichte. Vorw. L. Aragon. 58 S. Bln: Volk u. Welt 1949
15 (Übs.) P. Neruda: Beleidigtes Land. Vorw. A. Seghers. 47 S. Bln: Volk u. Welt 1949
16 (Vorw.) J. Andrzejewski: Die Karwoche. Roman. Übs. O. J. Tauschinski. 215 S. Dresden: Sachsenverl. 1950
17 (Übs.) P. Courtade: Helsingör. 266 S. Bln: Volk u. Welt 1950
18 Mansfelder Oratorium. 19 S. (Eisleben: VVB Mansfeld, Vereinigung Volkseigener Betriebe zur Produktion u. Verarbeitung von Kupfer u. Zink) 1950
19 Die Zeit der Gemeinsamkeit. Erzählungen. 191 S. Bln: Volk u. Welt (1950)
20 Die erste Reihe. 195 S. Bln: Neues Leben 1951
21 Die Zeit der Einsamkeit. Erzählung. 52 S. Lpz: Insel (= Insel-Bücherei 118) 1951
 (Ausz. a. Nr. 19)
22 (Übs.) L. Aragon: Die Viertel der Reichen. 659 S. Bln: Volk u. Welt 1952
23 Der Flug der Taube. 81 S. Bln: Volk u. Welt 1952

24 Der Kampf um eine deutsche Nationalliteratur. 30 S., 1 Titelb. Bln: Dt. Schriftstellerverband 1952
25 Die Sache des Friedens. Aufsätze und Briefe. 397 S. Bln: Volk u. Welt 1953
26 (Einl.) W. Majakowski: 150 000 000. Gedichte. Dt. v. A. E. Thoß. 124 S. Bln: Volk u. Welt 1954
27 Ferne Nähe. 132 S., 16 Taf. Bln: Aufbau-V. 1954
28 Dichtungen. 144 S. Bln: Aufbau-V. 1956
29 Wo stehen wir heute? Hg. Dt. Friedensrat, Berlin. 14 S. m. Abb. Bln: Kongreß-Verl. 1956
30 (Übs.) H. Erni, A. Bonnard: Verheißung des Menschen. A. d. Franz. 20 Bl. Abb. m. Text. 4° Bln: Volk u. Welt 1957
31 Nachdichtungen. 246 S. Bln: Aufbau-V. 1957
32 (Übs.) E. Triolet, R. Doisneau: Paris bei Tag – Paris bei Nacht. 2 Bl., 67 Bl. Abb. m. Text, 12 Taf., 1 Titelb. 4° Bln: Aufbau-V. 1958
33 Begegnungen. 1954-1959. 304 S. Bln: Aufbau-V. 1960

HERRMANN (-NEISSE), Max (1886–1941)

1 Ein kleines Leben. Gedichte und Skizzen. Straßburg 1906
2 Das Buch Franziskus. Gedichte. Bln 1911
3 Porträte des Provinz-Theaters. 14 S. Bln-Wilmersdorf: Meyer 1913
4 Sie und die Stadt. Gedichte. 102 S. Bln: Fischer 1914
5 Empörung, Andacht, Ewigkeit. Gedichte. 51 S. Lpz, Mchn: Wolff (= Der jüngste Tag 49) (1917)
6 Joseph der Sieger. Drei Bilder. 140 S., 4 S. Abb. Dresden: Kaemmerer (= Dramen der neuen Schaubühne 2) 1919
7 Die Laube der Seligen. Eine komische Tragödie. 34 S., 1 Taf. Dresden: Kaemmerer (= Dramen der neuen Schaubühne 5) 1919
8 Die Preisgabe. Gedichte. 47 S. Mchn: Mundt (= Die neue Reihe 18) 1919
9 (Hg.) J. Swift: Attacken. Eine kleine Auswahl. 40 S. Mchn: Dreiländerverl. (= Dokumente der Menschlichkeit 3) 1919
10 Verbannung. Ein Buch Gedichte. 70 S. Bln: Fischer 1919
11 Hilflose Augen. Prosadichtungen. 43 S. Wien: Strache (= Die Erzählung) 1920
12 Cajetan Schaltermann. Roman. 201 S. Mchn: Dreiländerverl. 1920
13 Der Flüchtling. Roman. 137 S. Potsdam: Kiepenheuer 1921
14 Die bürgerliche Literaturgeschichte und das Proletariat. 32 S. Bln-Wilmersdorf: Verl. d. Wochenschrift Die Aktion (= Der rote Hahn 55-56) 1922
15 Der letzte Mensch. Eine Komödie vor Weltuntergang. 19 S. Jena: Landhausverl. (= Sonderdrucke aus dem Landhausverlag 5) (1922)
16 Im Stern des Schmerzes. Ein Gedichtbuch. 95 S. Bln: Verl. Die Schmiede (300 num. Ex.) 1924
17 Die Begegnung. Vier Erzählungen. 216 S. Bln: Gottschalk 1925
18 (Hg.) Dichter für das revolutionäre Proletariat. Bd. 1: Emile Zola. 53 S. Bln-Wilmersdorf: Verl. d. Wochenschrift Die Aktion (= Der rote Hahn 59-60) 1925
19 Selbsterlebtes im Weltkrieg 1914-1919. Feindliche Fliegerangriffe auf Metz, Saarburg in Lothringen und andere Orte in der Westmark. Mein Kriegstagebuch aus dem Weltkrieg 1914-1919. 146 S. Halle 1925
20 Einsame Stimme. Ein Buch Gedichte. 174 S., 1 Bildn. 4° Bln: Wasservogel 1927
21 Der Todeskandidat. 112 S. Bln: Wasservogel (= Das gute Buch) 1927
22 Abschied. 34 S. Bln: Fechner 1928
23 Um uns die Fremde. Gedichte. Vorw. Th. Mann. VI, 98 S. Zürich: Oprecht 1936
24 Letzte Gedichte. Aus dem Nachlaß hg. Leni H. 252 S., 1 Titelb. London: Barmerlea; New York: Barthold Fles 1941
25 (MV) M. H. (u. a.): Der falsche Magier. Gedichte und Essays. 31 S. London: Freier Deutscher Kulturbund in Großbritannien (= Freie deutsche Kultur) (1943)
26 Heimatfern. Gedichte. 31 S. Bln: Aufbau-V. (1945)

Hertz, Wilhelm (von) (1835–1902)

1. Gedichte. 259 S. 16⁰ Hbg: Hoffmann & Campe 1859
2. Lanzelot und Ginevra. Episches Gedicht. 179 S. 16⁰ Hbg: Hoffmann & Campe 1860
3. (Übs.) Das Rolandslied. 163 S. Stg: Cotta 1861
4. (Übs.) Marie de France: Poetische Erzählungen nach altbretonischen Liebes-Sagen. 258 S. Stg: Kröner 1862
5. Der Werwolf. Ein Beitrag zur Sagengeschichte. 134 S. Stg: Kröner 1862
6. Hugdietrichs Brautfahrt. 58 S. 16⁰ Stg: Kröner 1863
7. (Übs.) Aucassin und Nicolette. Roman aus dem dreizehnten Jahrhundert. 77 S. 16⁰ Wien, Troppau: Kolck 1865
8. Heinrich von Schwaben. Eine deutsche Kaisersage. 72 S., 1 Titelb. 16⁰ Stg: Kröner 1867
9. Deutsche Sagen im Elsaß. 314 S. Stg: Kröner 1872
10. (Übs., Bearb.) Gottfried von Straßburg: Tristan und Isolde. Neu bearb. u. nach den altfranzösischen Tristanfragmenten des Trouvere Thomas ergänzt. 644 S. 16⁰ Stg: Kröner 1877
11. Die Nibelungensage. 39 S. Bln: Habel (= Sammlung gemeinverständlicher wissenschaftlicher Vorträge) 1877
12. Bruder Rausch. Ein Klostermärchen. 191 S. 16⁰ Stg: Kröner 1882
13. Die Sage von Parzival und dem Gral. 41 S. Breslau: Schottländer (= Deutsche Bücherei) 1882
14. (Übs.) Spielmannsbuch. Novellen in Versen aus dem zwölften und dreizehnten Jahrhundert. 448 S. Stg: Union 1886
15. Aristoteles in den Alexanderdichtungen des Mittelalters. 103 S. 4⁰ Mchn: Franz 1890
16. Gedächtnisrede auf Konrad Hofmann. 28 S. 4⁰ Mchn: Franz 1892
17. Die Sage vom Giftmädchen. 78 S. 4⁰ Mchn: Franz 1893
18. (Übs., Bearb.) Wolfram von Eschenbach: Parzival. Neu bearb. VI, 558 S. Stg: Cotta (1898)
19. Gesammelte Dichtungen. 481 S. Stg: Cotta 1900
20. Gesammelte Abhandlungen. Hg. F. v. d. Leyen. 519 S. Stg: Cotta 1905
21. Aus Dichtung und Sage. Vorträge und Aufsätze. Hg. K. Vollmöller. X, 219 S. Stg: Cotta 1907

Herwegh, Georg (1817–1875)

1. (Übs.) A. de Lamartine: Sämmtliche Werke. 6 Bde. M. 1 Bildn. 16⁰ Stg: Scheible, Rieger & Sattler 1839–1840
2. *Die deutsche Flotte. Eine Mahnung an das deutsche Volk. 1/2 Bg. Zürich, Winterthur: Liter. Comptoir 1841
3. *Gedichte eines Lebendigen. Mit einer Dedikation an den Verstorbenen. 2 Bde. 200; IV, 171 S. Zürich, Winterthur: Literar. Comptoir 1841–1843
4. Einundzwanzig Bogen aus der Schweiz. 1. Teil. IV, 336 S. Zürich, Winterthur: Literar. Comptoir 1843
5. (Übs.) A. de Lamartine: Sämmtliche Werke. 12 Bde. 193¾ Bg., 1 Bildn. 16⁰ Stg: Scheible, Rieger & Sattler 1843–1844
   (Verm. Neuaufl. v. Nr. 1)
6. Gedichte und kritische Aufsätze aus den Jahren 1839 und 1840. XVI, 172, 217 S. Bellevue bei Constanz: Bellevue 1845
7. Huldigung. Gedicht. 4 S. Bln (:Stargardt) 1848
8. Zwei Preußenlieder. 8 S. Lpz: Weller 1848

9 *Blums Tod. Gedicht eines Lebendigen. 4 S. Hersau: Schläpfer & Meisel 1849
10 Viertägige Irr- und Wanderfahrt mit der Pariser deutsch-demokratischen Legion in Deutschland und deren Ende durch die Württemberger bei Dossenbach. Hg. F. Lipp. 104 S., 1 Kt. Stg: Metzler 1850
11 Die Schillerfeier in Zürich. 15 S. Zürich: Meyer 1860
12 Bundeslied für den Allgemeinen Deutschen Arbeiterverein. o. O. 1863
13 (Übs.) W. Shakespeare: Dramatische Werke. Bd. 20, 24, 27, 29, 34, 36, 37. 7 Bde. Lpz: Brockhaus 1869–1871
14 Neue Gedichte. Hg. nach seinem Tode. VIII, 291 S. Zürich: Verl.-Mag. 1877
15 Werke in drei Teilen. Hg., mit Einl. u. Anm. vers. H. Tardel. 3 Bde. in 1. CIV, 152; 219; 211 S. m. Bildn. u. Faks. Bln: Bong (= Goldene Klassiker-Bibliothek) 1909
16 Aus Herwegh's Nachlaß. Hg. V. Fleury. LXIII, 95 S. Lausanne: Rouge 1911

HERZL, Theodor (1860–1904)

1 Neues von der Venus. Plaudereien und Geschichten. 259 S. Lpz: Freund 1887
2 Das Buch der Narrheit. 226 S. 12° Lpz: Freund 1888
3 Der Flüchtling. Lustspiel. 30 S. 16° Lpz: Reclam (= Universal-Bibliothek 2387) 1888
4 Die Glosse. Lustspiel. 39 S. Dresden: Pierson 1895
5 Das Palais Bourbon. Bilder aus dem französischen Parlamentsleben. 251 S. Lpz: Duncker & Humblot 1895
6 Der Judenstaat. Versuch einer modernen Lösung der Judenfrage. 86 S. Wien: Administr. „Die Welt" (1896)
7 Der Baseler Congress. 22 S. Wien: Administr. „Die Welt" 1897
8 Das neue Ghetto. Schauspiel. 100 S. Wien: Administr. „Die Welt" 1897
9 Unser Käthchen. Lustspiel. 142 S. Wien: Administr. „Die Welt" 1899
10 Philosophische Erzählungen. 244 S. Bln: Paetel 1900
11 Altneuland. Roman. 343 S. Lpz, Bln: Seemann (1902)
12 Feuilletons. 2 Bde. 351, 295 S. Wien: Wiener Verl. 1904
13 Solon in Lydien. Schauspiel in drei Akten. Wien, Lpz: Wiener Verl. 1904
14 Zionistische Schriften. Hg. L. Kellner. 2 Tle. in 1 Bde. 317, 315 S. Bln-Charlottenburg: Jüdischer Verl. 1905
15 Tagebücher 1895–1904. 3 Bde. V, 1929 S., 2 Taf. Bln: Jüdischer Verl. 1922–1923
16 Gesammelte zionistische Werke. 5 Bde. 3023 S., 3 Titelb., 2 Taf. Bln: Jüdischer Verl. 1934–1935
17 Herzl-Briefe. Hg., eingel. M. Georg. 90 S., 1 Titelb. Bln: Brandus (= Gestern und heute 3) (1935)

HERZMANOVSKY-ORLANDO, Fritz von (1877–1954)

1 Der Gaulschreck im Rosennetz. Eine skurrile Erzählung. 116 S. m. Abb. Wien: Wolf 1928
2 Gesammelte Werke. Hg. F. Torberg. 4 Bde. m. Abb. Mchn: Langen-Müller 1957–1963.

HESSE, Hermann (+Emil Sinclair) (1877–1962)

1 Romantische Lieder. 44 S. Dresden: Pierson 1899
2 Eine Stunde hinter Mitternacht. 84 S. Lpz: Diederichs 1899
3 Hinterlassene Schriften und Gedichte von Hermann Lauscher. IV, 83 S. Basel: Reich 1901

4 Gedichte. XII, 196 S. Bln: Grote (= Neue deutsche Lyriker 3) 1902
 5 Boccaccio. 75 S., 1 Abb., 6 Taf., 1 Faks., 75 S. 16⁰ Bln: Schuster & Löffler (= Die Dichtung 7) 1904
 6 Peter Camenzind. 260 S. Bln: Fischer 1904
 7 Franz von Assisi. 84 S., 8 Taf. 16⁰ Bln: Schuster & Löffler (= Die Dichtung 13) 1904
 8 Unterm Rad. Roman. 294 S. Bln: Fischer 1906
 9 Diesseits. Erzählungen. 308 S. Bln: Fischer 1907
10 Selma Lagerlöf. 4 S. Mchn: Langen (1907)
11 Hermann Lauscher. Hg. W. Schäfer. Für die Mitglieder des „Verbandes der Kunstfreunde in den Ländern am Rhein". 189 S. Düsseldorf: Die Rheinlande 1907 (Verm. Neuaufl. v. Nr. 3)
12 (MH) L. Thoma, H. H., A. Langen, K. Aram (Jg. 5f.: L. Thoma, H. H.): März. Halbmonatsschrift für deutsche Kultur (Jg. 5f.: Wochenschrift...) Jg. 1–6. 4⁰ Mchn: Langen 1907–1912
13 Nachbarn. Erzählungen. 317 S. Bln: Fischer 1908
14 Gertrud. Roman. 301 S. Mchn: Langen 1910
15 (MH) H. H., M. Lang, E. Strauß: Der Lindenbaum. Deutsche Volkslieder. 267 S. Bln: Fischer 1910
16 (Vorw., lose beigelegt) Die heiligen Schriften des Alten und Neuen Bundes. Übs. M. Luther. 4 Bde. Mchn: Müller 1910
17 (Hg., Einl.) E. Mörike: Ausgewählte Gedichte. 87 S., 1 Abb. (= Deutsche Lyriker 8; = Hesses Volksbücherei 598) 1911
18 Unterwegs. Gedichte. 58 S. Mchn: Müller (500 Ex.) 1911
19 Umwege. Erzählungen. 309 S. Bln: Fischer 1912
20 (Hg., Nachw.) L. A. v. Arnim, C. Brentano: Des Knaben Wunderhorn. Alte deutsche Lieder, gesammelt. Ausw. H. H. XXX, 234 S. Bln: Deutsche Bibliothek (= Deutsche Bibliothek 44) 1913
21 (Hg., Vorw.) J. Frh. v. Eichendorff: Gedichte und Novellen. X, 296 S. Bln: Deutsche Bibliothek (= Deutsche Bibliothek 59) 1913
22 (Hg., Nachw.) Jean Paul: Titan. 2 Bde. 397, 406 S. Lpz: Insel (= Bibliothek der Romane 23–24) 1913
23 Aus Indien. Aufzeichnungen von einer indischen Reise. 198 S. Bln: Fischer 1913
24 (Einl., Nachw.) J. Kerner: Die Reiseschatten. 271 S. Weimar: Kiepenheuer (= Liebhaberbibliothek 14) 1913
25 (Hg., Vorw.) Das Meisterbuch. XII, 351 S. Bln: Deutsche Bibliothek (= Deutsche Bibliothek) 1913
26 (Hg., Vorw.) Chr. Wagner: Gedichte. 110 S. Mchn: Müller 1913
27 (Hg., Vorw.) Der Zauberbrunnen. Die Lieder der deutschen Romantik. 216 S. Weimar: (= Liebhaberbibliothek 10) 1913
28 Der Hausierer. 15 S. 16⁰ Stg: Zigarettenfabrik Waldorf-Astoria (= Die farbigen Heftchen der Waldorf-Astoria 17) (1914)
29 Die Heimkehr. Erzählung. 62 S. Wiesbaden: Volksbildungsverein (= Wiesbadener Volksbücher 172) 1914 (Ausz. a. Nr. 19)
30 (MH, Nachw.) J. G. Herder, A. J. Liebeskind: Morgenländische Erzählungen (Palmblätter). Neu hg. H. H. XVI, 198 S. Lpz: Insel 1914
31 Der Lateinschüler. 61 S., 6 Abb. Hbg: Deutsche Dichter-Gedächtnis-Stiftung (= Volksbücher der Deutschen Dichter-Gedächtnis-Stiftung 38) 1914 (Ausz. a. Nr. 9)
32 (Hg., Vorw.) Lieder deutscher Dichter. Eine Auswahl der klassischen deutschen Lyrik von P. Gerhardt bis F. Hebbel. 248 S. Mchn: Langen 1914
33 Anton Schievelbeyn's ohnfreywillige Reisse nacher Ost-Indien. 15 S. Mchn: Bachmair (= Münchener Liebhaberdrucke 7; 750 Ex.) 1914
34 Roßhalde. 304 S. Bln: Fischer 1914
35 In der alten Sonne. 106 S., 16 Abb. Bln: Fischer (= Fischers illustrierte Bücher 3) 1914 (Ausz. a. Nr. 13)
36 (Hg., Mitarb.) Für Freunde guter Bücher. Ein weihnachtlicher Berater. H. 1–3. Weihnachten 1915–1917. Mchn-Pasing: Lang 1915–1917

37 (Hg., Einl.) Gesta Romanorum. Das älteste Märchen- und Legendenbuch des christlichen Mittelalters. Nach d. Übs. v. J. G. Th. Graesse. 323 S. Lpz: Insel 1915
38 Knulp. Drei Geschichten aus dem Leben Knulps. 146 S. Bln: Fischer (= Fischers Bibliothek zeitgenössischer Romane. Reihe 6, Bd. 10) 1915
39 Musik des Einsamen. Neue Gedichte. 84 S. Heilbronn: Salzer (= Salzers Taschenbücherei 11) 1915
40 (Einl.) Zum Sieg. Ein Brevier für den Feldzug. 43 S. Stg: Die Lese 1915
41 Zum Sieg. 16 S. 16° Stg: Zigarettenfabrik Waldorf-Astoria (= Die farbigen Heftchen der Waldorf-Astoria 3) (1915)
(Ausz. a. Nr. 40)
42 Unterwegs...Mit dem Anhang „Zeitgedichte". 111 S. Mchn: Müller 1915 (Erw. Neuaufl. v. Nr. 18)
43 Am Weg. 87 S. Konstanz: Reuß & Itta (= Die Zeitbücher 24) 1915
(Enth. u. a. Nr. 28)
44 Brief ins Feld. 14 S. m. Abb. 16° Mchn-Pasing: Lang (1916)
45 (Hg.) M. Claudius: Der Wandsbecker Bote. Eine Auswahl aus den Werken. 73 S. Lpz: Insel (= Insel-Bücherei 186) 1916
46 Zum Gedächtnis. Nachruf auf seinen Vater. 12 S. o. O. (Priv.-Dr.) (1916)
47 (MH) R. Woltereck, H. H.: Deutsche Internierten-Zeitung. Hg. ... Dt. Kriegsgefangenenfürsorge, Bern. H. 1–62. Bern: Francke 1916-1917
48 Hans Dierlamms Lehrzeit. Vorfrühling. 64 S. 16° Bln: Künstlerdank-Ges. (= Feldbücher 8) 1916
(Enth. u. a. Ausz. a. Nr. 38)
49 Lektüre für Kriegsgefangene. Den Gönnern und Stiftern unserer Gefangenenbibliotheken gewidmet. (S.-A.) 7 S. 1916
50 Die Marmorsäge. 56 S. Hbg: Deutsche Dichter-Gedächtnis-Stiftung (= Volksbücher der Deutschen Dichter-Gedächtnis-Stiftung 39) 1916
(Ausz. a. Nr. 9)
51 Schön ist die Jugend. Zwei Erzählungen. 118 S. Bln: Fischer (= Fischers Bibliothek zeitgenössischer Romane. Reihe 7, Bd. 9) 1916
52 (MH) (H. H., O. Schulthess, R. Woltereck:) Der Sonntagsbote für die deutschen Kriegsgefangenen (Le messager du dimanche pour les prisonniers allemands). Hg. Schweiz. Hilfsstelle für Kriegsgefangene „Pro captivis" in Bern. Red.: R. Tavel. Jg. 1–3. Bern: Francke 1916-1918
53 (Einl.) A. Welti: Gemälde und Radierungen. 51 S. m. Abb. Bln: Furche (= Liebesgabe deutscher Hochschüler 7) (1917)
54 (Vorw.) A. Bonus: Isländerbuch. Zwei Geschichten aus dem Isländerbuch. 107 S. Bern: Bücherzentrale für deutsche Kriegsgefangene (= Bücherei für deutsche Kriegsgefangene 15) (1918)
55 (MH) H. H., R. Woltereck: Bücherei für deutsche Kriegsgefangene. 22 Bde. Bern: Bücherzentrale für deutsche Kriegsgefangene (1918-1919)
56 (Vorw.) Dichtergedanken. 63 S. Bern: Bücherzentrale für deutsche Kriegsgefangene (= Bücherei für deutsche Kriegsgefangene 5) (1918)
57 (MH, MVorw.) A. Fürst, A. Moszkowski: Das kleine Buch der Wunder. 103 S. Bern: Bücherzentrale für deutsche Kriegsgefangene (= Bücherei für deutsche Kriegsgefangene 10) (1918)
58 Alte Geschichten. Zwei Erzählungen. 55 S. Bern: Bücherzentrale für deutsche Kriegsgefangene (= Bücherei für deutsche Kriegsgefangene 1) (1918)
59 (Vorw.) G. Keller: Don Correa. 64 S. Bern: Bücherzentrale für deutsche Kriegsgefangene (= Bücherei für deutsche Kriegsgefangene 2) (1918)
60 Zwei Märchen. 52 S. Bern: Bücherzentrale für deutsche Kriegsgefangene (= Bücherei für deutsche Kriegsgefangene 13) (1918)
61 (Hg., Vorw.) Aus dem Mittelalter. 64 S. Bern: Bücherzentrale für deutsche Kriegsgefangene (= Bücherei für deutsche Kriegsgefangene 19) (1918)
62 (Vorw.) W. Schäfer: Anekdoten und Sagen. 63 S. Bern: Bücherzentrale für deutsche Kriegsgefangene (= Bücherei für deutsche Kriegsgefangene 9) (1918)
63 (Vorw.) E. Strauß: Der Laufen. Musik. 47 S. Bern: Bücherzentrale für deutsche Kriegsgefangene (= Bücherei für deutsche Kriegsgefangene 6) (1918)
64 (Hg.) Alemannenbuch. 117 S. Bern: Seldwyla 1919
65 (Einl.) Ausstellung C. Amiet. Kunsthalle Bern, April-Mai 1919. Katalog. IV, 13 S. m. Abb., 22 Taf. Bern: Büchler 1919

66 (MH, MVorw.) H. H., R. Woltereck: Ein badisches Buch. 130 S. Bern: Bücherzentrale für deutsche Kriegsgefangene (= Bücherei für deutsche Kriegsgefangene 12) (1919)
67 +Demian. Die Geschichte einer Jugend. 256 S. Bln: Fischer 1919
68 Kleiner Garten. Erlebnisse und Dichtungen. 142 S. Wien: Tal (= Die zwölf Bücher, Reihe 1; 1000 Ex.) 1919
69 Märchen. 182 S. Bln: Fischer 1919
  (Enth. u. a. Nr. 60)
70 (MH) H. H., W. Stich: Ein Schwabenbuch für die deutschen Kriegsgefangenen. IV, 105 S. m. Abb. Bern: Bücherzentrale für deutsche Kriegsgefangene (= Heimatbücher für deutsche Kriegsgefangene) (1919)
71 (MH) H. H., R. Woltereck: Vivos voco. Eine deutsche Monatsschrift. Jg. 1-2. Lpz: Seemann 1919-1922
72 Zarathustras Wiederkehr. Ein Wort an die deutsche Jugend. Von einem Deutschen. 39 S. Bern: Stämpfli 1919
73 Im Pressel'schen Gartenhaus. Novelle. Einl. H. M. Elster. 22 S., 28 Bl. 4° Dresden: Lehmann (= Deutsche Dichterhandschriften 6) 1920
  (Faks. Reproduktion d. Hs.)
74 Gedichte des Malers. Zehn Gedichte. 23 S. m. Abb. Bern: Seldwyla (1000 Ex.) 1920
75 (Hg., Nachw.) Ein Luzerner Junker vor hundert Jahren. Aus den Lebenserinnerungen des X. Schnyder von Wartensee. 205 S. Bern: Benteli 1920
76 Von der Seele. Ms.-Druck für die Besucher der Stettiner Volkshochschule. Hg. E. Ackerknecht. 15 S. Stettin 1920
  (Ausz. a. Nr. 68)
77 Klingsors letzter Sommer. Erzählungen. 215 S. Bln: Fischer 1920
  (Enth. u. a. Ausz. a. Nr. 64)
78 Wanderung. Aufzeichnungen. 117 S. m. Abb. Bln: Fischer 1920
79 Elf Aquarelle aus dem Tessin. 1 Bl., 10 Taf. 4° Mchn: Recht (= Wielandmappe 1) 1921
80 Blick ins Chaos. Drei Aufsätze. 43 S. Bern: Seldwyla 1921
81 Ausgewählte Gedichte. 89 S. Bln: Fischer 1921
82 (Vorw.) M. Hunnius: Mein Onkel Hermann. Erinnerungen aus Alt-Estland. 134 S. Heilbronn: Salzer 1921
83 (Hg., Nachw.) Geschichten aus Japan. 183 S. Bern: Seldwyla (= Merkwürdige Geschichten 3) (1922)
84 (Hg., Einl.) Merkwürdige Geschichten. 5 Bde. Bern: Seldwyla 1922-1924
85 (Hg., Einl.) S. Gessner: Dichtungen. 92 S. Lpz: Haessel (= Die Schweiz im deutschen Geistesleben 2) 1922
86 (Vorw.) Jean Paul: Der ewige Frühling. Hg. C. Seelig. 375 S. m. Abb. 16° Wien: Tal 1922
87 (Hg., Nachw.) Jean Paul: Die wunderbare Gesellschaft in der Neujahrsnacht. Erzählungen. 157 S. Bern: Seldwyla (= Merkwürdige Geschichten 1) 1922
88 (Vorw.) H. Leuthold: Der schwermütige Musikant. Hg. C. Seelig. 230 S. m. Abb. Wien: Tal 1922
89 (Hg., Nachw.) Mordprozesse. 192 S. Bern: Seldwyla (= Merkwürdige Geschichten 5) 1922
90 (Hg., Nachw.) Novellino. Novellen und Schwänke der ältesten italienischen Erzähler. 203 S. Bern: Seldwyla (= Merkwürdige Geschichten 2) 1922
91 Siddhartha. Eine indische Dichtung. 147 S. Bln: Fischer 1922
92 (Hg., Nachw.) Aus Arnims Wintergarten. 182 S. Bern: Seldwyla (= Merkwürdige Geschichten 4) 1922
93 Die Offizina Bodoni in Montagnola. 16 S. Hellerau: Hegner 1923
94 Im Pressel'schen Gartenhaus. Eine Zeichnung aus dem alten Tübingen. Ms.-Dr. f. d. Besucher der Stettiner Volkshochschule. Hg. E. Ackerknecht. 26 S. Stettin 1923
  (Erstaufl. in Buchdruck v. Nr. 73)
95 (Einl.) J. W. v. Goethe: Wilhelm Meisters Lehrjahre. 704 S. Bln: Ullstein (= Werke 11) 1923
96 Italien. Verse. 23 Bl. m. Abb. 4° Bln: Euphorion (322 Ex.) 1923
97 Sinclairs Notizbuch. 109 S., 4 Abb. Zürich: Rascher (1100 Ex.) 1923

98 Brief an einen Philister. Für die Besucher der Volkshochschule u. die sonntäglichen Vorlesestunden in der Stadtbücherei. 11 S. Stettin (Ms.-Dr.) 1924 (Ausz. a. Nr. 68)
99 (Nachw.) A. Keller: Zwei altfranzösische Sagen. 206 S. Bern: Seldwyla (= Merkwürdige Geschichten 5 [vielm. 6]) 1924
100 Psychologia Balnearia oder Glossen eines Badener Kurgastes. 135 S. Montagnola (Priv.-Dr.; 300 Ex.) 1924
101 Die Verlobung. Erzählungen. 60 S. Zürich: Verein für Verbreitung guter Schriften (= Gute Schriften, Zürich 134) 1924 (Enth. Nr. 50 u. Ausz. a. Nr. 9)
102 Aufzeichnungen eines Herrn im Sanatorium. Fragment aus einem nicht ausgeführten Roman. 18 S. Wien: Phaidon 1925
103 Erinnerung an Lektüre. 31 S. (Wien:) Offizina vindobonensis (= Kalender und Werbeschrift der Buchhandlung Braumüller, Wien 1926) (1925)
104 (Hg., Nachw.) Die Geschichte von Romeo und Julia. Nach d. ital. Novellenerzählern L. da Porto u. M. Bandello. 122 S. Bln: Fischer (= Merkwürdige Geschichten und Menschen) 1925
105 (Hg.) Merkwürdige Geschichten und Menschen. 7 Bde. Bln: Fischer 1925–1927
106 (Hg., Übs., Einl.) Geschichten aus dem Mittelalter. 189 S. m. Abb. Konstanz, Landschlacht: Hönn (1925)
107 (MH, Nachw.) H. H., K. Isenberg: Hölderlin. Dokumente seines Lebens. 231 S. Bln: Fischer (= Merkwürdige Geschichten und Menschen) 1925
108 Kurgast. Aufzeichnungen von einer Badener Kur. 160 S. Bln: Fischer (= Gesammelte Werke) 1925 (Neuaufl. v. Nr. 100)
109 (MH, Nachw.) Novalis. Dokumente seines Lebens und Sterbens. 164 S. Bln: Fischer (= Merkwürdige Geschichten und Menschen) 1925
110 (Hg., Nachw.) Sesam. Orientalische Erzählungen. 159 S. Bln: Fischer (= Merkwürdige Geschichten und Menschen) 1925
111 (Vorw.) J. Swift: Lemuel Gullivers Reisen in verschiedene ferne Länder der Welt. Übs. C. Seelig. 426 S. Lpz: List (= Epikon) 1925
112 Piktors Verwandlungen. Ein Märchen. 18 S. Chemnitz: Ges. d. Bücherfreunde (= Veröffentlichungen der Gesellschaft der Bücherfreunde zu Chemnitz 21; 650 Ex.) 1925
113 Bilderbuch. Schilderungen. 320 S. Bln: Fischer (= Gesammelte Werke) 1926 (Enth. u. a. veränd. Neuaufl. v. Nr. 23)
114 (Hg., Nachw.) Blätter aus Prevorst. Eine Auswahl von Berichten über Magnetismus, Hellsehen, Geistererscheinungen usw. aus dem Kreise Justinus Kerners und seiner Freunde. 190 S. Bln: Fischer (= Merkwürdige Geschichten und Menschen) 1926
115 (Hg., Nachw.) Märchen und Legenden aus den Gesta Romanorum. 71 S. m. 16 Abb. Lpz: Insel (= Insel-Bücherei 388) 1926 (Ausz. a. Nr. 37)
116 (MH, Nachw.) H. H., K. Isenberg: Schubart. Dokumente seines Lebens. 187 S. Bln: Fischer (= Merkwürdige Geschichten und Menschen) 1926
117 (Einl.) F. Masereel: Die Idee M. 83 Abb. Mchn: Wolff (= Bilderromane in Volksausgaben) 1927
118 Die Nürnberger Reise. 124 S. Bln: Fischer 1927
119 Der Steppenwolf. 289 S. Bln: Fischer (= Gesammelte Werke) 1927
120 Verse im Krankenbett. 20 S. Bern: Stämpfli (= Priv.-Dr.) (1927)
121 Der schwere Weg. 16 S. 16° Lpz (= Bücherlotterie der Internationalen Buchkunstausstellung Leipzig 4) 1927 (Ausz. a. Nr. 69)
122 Betrachtungen. 333 S. Bln: Fischer (= Gesammelte Werke) 1928 (Enth. u. a. Ausz. a. Nr. 68, 80, 97)
123 Krisis. Ein Stück Tagebuch. 85 S. Bln: Fischer (1150 Ex.) 1928
124 Eine Bibliothek der Weltliteratur. 85 S. Lpz: Reclam (= Reclam's UB. 7003) 1929
125 Kurzgefaßter Lebenslauf. Ms.-Druck für die Besucher der Stettiner Volkshochschule. Hg. E. Ackerknecht. 27 S. Stettin: Herrcke & Lebeling 1929
126 Trost der Nacht. Neue Gedichte. 197 S. Bln: Fischer (= Gesammelte Werke) 1929

127 (Vorw.) H. Ball: Sein Leben in Briefen und Gedichten. Hg. E. Ball-Hennings. 312 S., 4 Abb. Bln: Fischer 1930
128 Diesseits. Erzählungen. 393 S. Bln: Fischer (= Gesammelte Werke) 1930 (Veränd. Neuaufl. v. Nr. 9 u. Ausz. a. Nr. 13 u. 51)
129 (MV) H. H., A. Hesse: Zum Gedächtnis unseres Vaters. 85 S. Tüb: Wunderlich 1930
   (Enth. u. a. Nr. 46)
130 Narziß und Goldmund. Erzählung. 417 S. Bln: Fischer (= Gesammelte Werke) 1930
131 Beim Einzug in's neue Haus. 27 S. Montagnola (Ms.-Dr.) 1931
132 Jahreszeiten. Zehn Gedichte. 41 S. m. 10 Abb. Zürich: Fretz (Priv.-Dr.; 500 Ex.) (= Züricher Druck 6) 1931
133 Weg nach Innen. Vier Erzählungen. 434 S. Bln: Fischer 1931
   (Enth. Nr. 77 u. 91)
134 (Hg., Einl.) J. W. v. Goethe: Dreißig Gedichte. Festgabe zum hundertsten Todestag, 22. März 1932. 65 S. 16⁰ Zürich: Lesezirkel Hottingen 1932
135 Hermann Hesse. Hg. A. Simon. 32 S. Mchn: Reinhardt (= Deutsches Schrifttum 8) 1932
136 Kastanienbäume. Übungsarbeit der Kunstgewerbeschule Aachen. 10 S. Aachen: Kunstgewerbeschule 1932
137 Die Morgenlandfahrt. Erzählung. 113 S. Bln: Fischer 1932
138 Mahnung. Erzählungen und Gedichte. 58 S. Gotha: Werkstatt der Gothaer gewerbl. Berufsschule (Ms.-Dr.; 220 Ex.) 1933
   (Enth. u. a. Ausz. a. Nr. 43 u. 122)
139 (Nachw.) F. Masereel: Geschichte ohne Worte. Ein Roman in Bildern. 69 S. Lpz: Insel (= Insel-Bücherei 433) 1933
140 Kleine Welt. Erzählungen. 380 S. Bln: Fischer (= Gesammelte Werke) 1933
   (Enth. Ausz. a. Nr. 13, 19 u. 23)
141 Vom Baum des Lebens. Ausgewählte Gedichte. 79 S. Lpz: Insel (= Insel-Bücherei 454) (1934)
142 Besinnung. Aufgezeichnet am 20. Nov. 1933 in Baden ... 3 Bl. Bln: Erasmusdruck (Priv.-Dr.; 100 Ex.) (1934)
143 (Hg., Vorw.) J. v. Eichendorff: Aus dem Leben eines Taugenichts und anders. 307 S. Bln: Deutsche Bibliothek (= Deutsche Bibliothek 59a) 1934
144 Fünf Gedichte. 5. Bl. 4⁰ Zürich: Fretz (Priv.-Dr.; 149 Ex.) 1934
145 Magie des Buches. 18 S. Bln: (Priv.-Dr.; 300 Ex.) 1934
146 Fabulierbuch. Erzählungen. 341 S. Bln: Fischer (= Gesammelte Werke) 1935
   (Enth. u. a. Nr. 73 u. Ausz. a. Nr. 58 u. 68)
147 (Nachw.) Jean Paul: Siebenkäs. 685 S. Lpz: List (= Epikon) 1935
148 (Vorw.) Falterschönheit. Exotische Schmetterlinge. Einl. A. Portmann. 22 S., 12 Taf. 4⁰ Lpz: Iris-Druck (= Iris-Bücher der Natur und Kunst) 1936
149 Das Haus der Träume. Eine unvollendete Dichtung. 85 S. Olten: Vereinigung Oltner Bücherfreunde (= Veröffentlichung der Vereinigung Oltner Bücherfreunde 1; 150 Ex.) 1936
150 (Hg., Vorw.) Ernst Morgenthaler. 23 S., 32 Taf. Zürich: Niehans 1936
151 Stunden im Garten. Eine Idylle. 63 S. qu. 8⁰ Wien: Bermann-Fischer 1936
152 Tragisch. Eine Erzählung. 15 S. Wien: Reichner 1936
153 Der Brunnen im Maulbronner Kreuzgang. 5 Bl. o. O. (Priv.-Dr.; 100 Ex.) 1937
154 Gedenkblätter. 272 S. m. 1 Taf. Bln: Fischer (= Gesammelte Werke) 1937
   (Enth. u. a. Nr. 46 u. 131)
155 Neue Gedichte. 98 S. Bln: Fischer (= Gesammelte Werke) 1937
156 Der lahme Knabe. Eine Erinnerung aus der Kindheit. Zum siebzigsten (vielm. sechzigsten) Geburtstag des Dichters. 17 S. Zürich: Fretz (Priv.-Dr.; 400 Ex.) 1937
157 Orgelspiel. 8 S. Bln: Erasmusdruck (Priv.-Dr.) 1937
158 Ein Traum Josef Knechts. Zum 2. Juli 1937. 6 Bl. (Montagnola) (Priv.-Dr.) 1937
159 (Vorw.) E. Ball-Hennings: Blume und Flamme. Geschichte einer Jugend. 320 S. Einsiedeln: Benzinger 1938
160 (Vorw.) Bunte Feier. Erzählungen und Gedichte. Hg. ,,Kreis junger Autoren", St. Gallen. IV, 121 S. m. Abb. St. Gallen: Widmer 1938

161 Aus der Kindheit des heiligen Franz von Assisi. 12 Bl. Mainz: Eggebrecht-Presse (2000 Ex.) 1938
 (Ausz. a. Nr. 146)
162 Zehn Gedichte. 14 S. (Bern: Stämpfli) (Priv.-Dr.) (1939)
163 Der Novalis. Aus den Papieren eines Altmodischen. 59 S. Olten: Vereinigung Oltner Bücherfreunde (= Veröffentlichung Oltner Bücherfreunde 6; 1221 Ex.) 1940
164 Kleine Betrachtungen. Sechs Aufsätze. 37 S. qu. 8° Bern: Stämpfli (Priv.-Dr.) (1941)
165 Die Gedichte. 448 S. Zürich: Fretz & Wasmuth 1942
 (Enth. u. a. Nr. 120)
166 Fünf Gedichte. 6 Bl. Siegburg: Schmitt (Priv.-Dr.) (1942)
167 Das Glasperlenspiel. Versuch einer Lebensbeschreibung des Magister Ludi Josef Knecht, samt Knechts hinterlassenen Schriften. 2 Bde. 452, 442 S. Zürich: Fretz & Wasmuth 1943
168 (Einl.) Jean Paul: Ausgewählte Werke. 311 S. Zürich: Scientia (1943)
169 Stufen. Noch ein Gedicht auf Josef Knechts H. H. zum 2. Juli 1943. 4 Bl. Pößneck: Bezirksschule für das graphische Gewerbe in Thüringen (Priv.-Dr.) (1943)
170 Sechs Gedichte aus dem Jahre 1944. 7 S. o. O. (Priv.-Dr.) (1944)
171 Nachruf auf Christoph Schrempf. 10 S. Zürich: Fretz & Wasmuth (Priv.-Dr.) 1944
172 Zwischen Sommer und Herbst. 11 S. Zürich: Fretz (Priv.-Dr.) 1944
173 Zwei Aufsätze. 12 S. Zürich: Fretz (Priv.-Dr.) 1945
174 Berthold. Ein Romanfragment. 100 S. Zürich: Fretz & Wasmuth 1945
175 Der Blütenzweig. Eine Auswahl aus den Gedichten. 80 S. Zürich: Fretz & Wasmuth 1945
176 (MV) Th. Mann, H. H.: Zwei Briefe. 7 S. St. Gallen: Tschudy (Priv.-Dr.; 50 Ex.) 1945
177 Friede 1914. Dem Frieden entgegen 1945. Zwei Friedens-Gedichte. 2 Bl. Murnau: Polyphylus-Presse (Priv.-Dr.) 1945
178 Maler und Schriftsteller. (S.-A.) 5 S. o. O. (1945)
179 Der Pfirsichbaum und andere Erzählungen. Werbegabe. 51 S. m. Abb. Zürich: Büchergilde Gutenberg 1945
180 Rigi-Tagebuch 1945. 24 S. Bern: Stämpfli (Priv.-Dr.) 1945
181 Traumfährte. Neue Erzählungen und Märchen. 244 S. Zürich: Fretz & Wasmuth 1945
 (Enth. u. a. Nr. 152 u. Ausz. a. Nr. 68 u. 97)
182 Ansprache in der ersten Stunde des Jahres 1946. 13 S. (Zürich:) Neue Zürcher Zeitung (Priv.-Dr.) (1946)
183 Eine Bibliothek der Weltliteratur. Mit den Aufsätzen „Magie des Buches" und „Lieblingslektüre". 95 S. Zürich: Classen (= Vom Dauernden in der Zeit 15) 1946
 (Enth. u. a. Nr. 145)
184 Brief an Adele. Februar 1946. 11 S. o. O. (Priv.-Dr.) (1946)
185 Ein Brief nach Deutschland. 4 S. o. O. (Priv.-Dr.) (1946)
186 Statt eines Briefes. 4 S. (Montagnola) (Priv.-Dr.) 1946
187 Dank an Goethe. 94 S. Zürich: Classen (= Vom Dauernden in der Zeit 19) 1946
 (Enth. u. a. Ausz. a. Nr. 95 u. 134)
188 Danksagung und moralisierende Betrachtung. 7 S. o. O. (Priv.-Dr.) (1946)
189 Der Europäer. 73 S. Bln: Suhrkamp (= Beiträge zur Humanität) 1946
 (Enth. u. a. Nr. 180, 182 u. 184)
190 Feuerwerk. Aufsatz aus dem Jahre 1930. 19 S. Olten: Vereinigung Oltner Bücherfreunde (= Priv.-Dr. der Vereinigung Oltner Bücherfreunde 30) 1946
191 Gedichte. 19 S. 2° Stg-Bad Cannstatt: Cantz 1946
192 Späte Gedichte. 6 Bl. St. Gallen: Tschudy (Priv.-Dr.) (1946)
193 Krieg und Frieden. Betrachtungen zu Krieg und Politik seit dem Jahre 1914. 265 S. Zürich: Fretz & Wasmuth 1946
 (Enth. u. a. Nr. 72, 189 u. Ausz. a. Nr. 122)
194 Kurgast. Die Nürnberger Reise. 270 S. Zürich: Fretz & Wasmuth (1946)
 (Enth. Nr. 108 u. 118)

195 Indischer Lebenslauf. 46 S. Zürich: Gute Schriften (= Gute Schriften. Zürich 223) 1946
(Ausz. a. Nr. 167)
196 Antwort auf Bittbriefe. 2 Bl. Montagnola (Priv.-Dr.) 1947
197 Der Autor an einen Korrektor. 14 S. (Bern:) Kantonales Amt f. berufl. Ausbildung (= Schriftenreihe des Kantonalen Amtes für berufliche Ausbildung 40) (1947)
198 Beschreibung einer Landschaft. Ein Stück Tagebuch. 20 S. 16⁰ Bern: Stämpfli (Priv.-Dr.) 1947
199 (Übs.) Franz von Assisi: Sonnengesang. 3 S. 4⁰ Murnau: Silomon (Priv.-Dr.; 20 Ex.) 1947
(Ausz. a. Nr. 7)
200 Gedenkblätter. 317 S. Zürich: Fretz & Wasmuth 1947
(Erw. Neuaufl. v. Nr. 154)
201 Gedichte. 19 S. 4⁰ Marbach a. Nr.: Schiller-Buchhandlung (180 Ex.) (1947)
202 Die Gedichte des jungen Josef Knecht. 22 S. o. O. (60 Ex.) (1947)
(Ausz. a. Nr. 167)
203 Geheimnisse. 23 S. Montagnola (Priv.-Dr.) 1947
204 Haus zum Frieden. Aufzeichnungen eines Herrn im Sanatorium. 35 S. Zürich: Johannes -Presse(= Festgabe für die Teilnehmer an dem 25. Jahrestag der Schweizer Bibliophilen Gesellschaft am 7./8. Juni 1947 in Zürich; 840 Ex.) 1947
205 Heumond. Aus Kinderzeiten. Erzählungen. 78 S., 2 Abb. Basel: Gute Schriften (= Gute Schriften, Basel 233) 1947
(Ausz. a. Nr. 9)
206 An einen jungen Kollegen in Japan. 9 S. (Montagnola) (Priv.-Dr.) 1947
207 Eine Konzertpause. (S.-A.) 15 S. o. O. (1947)
208 Spätsommer. Zum neuen Jahr. 1948. 8 S. qu. 8⁰ Karlsruhe: Kindt (1947)
209 Spaziergang in Würzburg. Zugunsten der Stadt Würzburg. Hg. F. X. Münzel. 6 Bl. St. Gallen: Tschudy (Priv.-Dr.) (1947)
210 Stufen der Menschwerdung. 28 S. Olten: Vereinigung Oltner Bücherfreunde (375 Ex.) 1947
211 Berg und See. Zwei Landschaftsstudien. 48 S. m. Abb. Zürich: Büchergilde Gutenberg (1948)
212 Blätter vom Tage. 15 S. Zürich: Fretz (Priv.-Dr.) 1948
213 Legende vom indischen König. 15 S. 4⁰ (Burgdorf: Jenzer, Berner Handpresse) (Priv.-Dr.) (1948)
214 Musikalische Notizen. (S.-A.) 20 S. o. O. 1948
251 Notizen aus diesen Sommertagen. (S.-A.) 2 Bl. o. O. 1948
216 Preziosität. (S.-A.) 2 Bl. o. O. 1948
217 Frühe Prosa. 303 S. Zürich: Fretz & Wasmuth 1948
(Enth. Nr. 2, 11 u. 163)
218 Die Stimmen und der Heilige. Ein Stück Tagebuch. 7 Bl. o. O.: Johannespresse (Priv.-Dr.) 1948
219 Alle Bücher dieser Welt. Ein Almanach für Bücherfreunde. 1950. Hg. K. H. Silomon. 80 S. m. Abb. Murnau: Die Waage 1949
220 Gerbersau. Hg. E. Rheinwald. O. Hartmann. 2 Bde, 409, 430 S. Tüb., Stg: Wunderlich 1949
(Enth. u. a. Ausz. a. Nr. 9, 11, 13, 43, 140, 146 u. 154)
221 Gedenkblatt für Adele. 15. August. 1875. 24. September 1949. 17 S. Zürich: Fretz (Priv.-Dr.) 1949
222 Glück. 27 S. St. Gallen: Tschudy (Priv.-Dr.) 1949
223 Aus vielen Jahren. Gedichte, Erzählungen und Bilder. X, 129 S, Bern: Stämpfli (Priv.-Dr.) 1949
224 An einen jungen Künstler. 10 S. Montagnola (Priv.-Dr.) 1949
225 Stunden am Schreibtisch. (S.-A.) 4 S. o. O. 1949
226 Brief an einen schwäbischen Dichter. Hg. W. Matheson. 16 S. Olten: Vereinigung Oltner Bücherfreunde (1950)
227 Zwei Briefe. An einen jungen Künstler. Das junge Genie. 15 S. St. Gallen: Tschudy (= Der Bogen 1) 1950
(Enth. u. a. Nr. 224)
228 Gartenfreuden. Eine Bilderfolge. Hg. K. Jud. 16 S., 15 Taf. Zürich: Die Arche (= Die kleinen Bücher der Arche 81–82) 1950

229 Das junge Genie. 14 S. St. Gallen: Tschudy (Priv.-Dr.) 1950
 (Enth. Ausz. a. Nr. 227)
230 Jugendgedichte. 187 S. Hamm: Grote 1950
 (Neuaufl. v. Nr. 4)
231 An einen „einfachen Mann aus dem arbeitenden Volk". (S.-A.) 4 S. o. O. 1950
232 Eine Auswahl. Hg. R. Buchwald. 138 S. Bielefeld, Hannover, Bln: Velhagen & Klasing (= Deutsche Ausgaben 60) (1951)
233 Bericht aus Normalien. Ein Fragment aus dem Jahre 1948. 22 S. Gelterkinden: Lustig (Priv.-Dr.) 1951
234 Briefe. 431 S. Bln, Ffm: Suhrkamp (= Gesammelte Werke) 1951
235 Eine Handvoll Briefe. 60 S., 1 Abb. Zürich: Büchergilde Gutenberg 1951
236 Erinnerung an André Gide. 21 S. St. Gallen: Tschudy (Priv.-Dr.) 1951
237 Zwei Gedichte. 4 Bl. St. Gallen: Tschudy (Priv.-Dr.) 1951
238 Glückwunsch für Peter Suhrkamp. Zum 28. März 1951. 6 S. Montagnola (Priv.-Dr.) 1951
239 Nörgeleien. (S.-A.) 2 Bl. o. O. 1951
240 Aus einem Notizbuch. 4 Bl. St. Gallen: Tschudy (Priv.-Dr.) 1951
241 Späte Prosa. 195 S. Bln: Suhrkamp (= Gesammelte Werke) 1951
 (Enth. u. a. Nr. 179, 180, 198 u. 222)
242 Klingsors letzter Sommer. Erzählung. 77 S. Wiesbaden: Insel (= Insel-Bücherei 502) 1951
 (Ausz. a. Nr. 77)
243 Die Verlobung und andere Erzählungen. 298 S. Bln, Darmstadt: Deutsche Buchgemeinschaft 1951
 (Enth. u. a. Nr. 91 u. Ausz. a. Nr. 13 u. 77)
244 Dank für die Briefe und Glückwünsche zum 2. Juli 1952. 2 Bl. Montagnola (Priv.-Dr.) (1952)
245 Gesammelte Dichtungen. 6 Bde. Bln (, Ffm): Suhrkamp 1952
246 (Hg., Einl.) J. v. Eichendorff: Novellen und Gedichte. 320 S. Mchn; Zürich: Droemer 1952
247 Herbstliche Erlebnisse. Gedenkblatt für Otto Hartmann. 20 S. St. Gallen: Tschudy (Priv.-Dr.) (1952)
248 Geburtstag. Ein Rundbrief. Juli 1952. 4 Bl. (Montagnola) (Priv.-Dr.) 1952
249 Glück. 143 S. (Wien:) Amandus 1952
 (Enth. Ausz. a. Nr. 241)
250 Großväterliches. 15 S. (St. Gallen: Tschudy; Priv.-Dr.) 1952
251 (MV) H. H., R. Mächtler, U. Münzel: Hermann Hesse als Badener Kurgast. 26 S. m. Abb. 4° St. Gallen: Tschudy (= Neujahrsblatt der Apotheke Münzel 25) 1952
252 Zwei Idyllen. 85 S. Bln, Ffm: Suhrkamp 1952
 (Enth. Nr. 151 u. 156)
253 Lektüre für Minuten. Ein paar Gedanken aus meinen Büchern und Briefen. Zu Ehren des fünfundsiebzigsten Geburtstages v. H. H. 27 S. Bern: Stämpfli (Priv.-Dr.; 1250 Ex.) 1952
254 Rückblick. Ein Fragment aus der Zeit um 1937. 4 Bl. Zürich: Fretz (Priv.-Dr.) 1952
255 (MV) H. H.: Rückblick. Ein Fragment aus der Zeit um 1937. – E. Gnefkow: H. Hesse. Biographie 1952. 143 S. m. Taf. Freiburg i. Br.: Kirchhoff 1952
 (Enth. Nr. 254)
256 (Einl.) Der Autorenabend. Dichteranekdoten von Rabelais bis Thomas Mann. 123 S., 12 Abb. Zürich: Diogenes (= Bücher des Diogenes 1) 1953
 (Enth. u. a. Ausz. a. Nr. 113)
257 (Vorw.) A. Baeschlin: Ein Künstler erlebt Mallorca. 100 S., 1 Kt., 1 Taf. Schaffhausen: Lemper 1953
258 Engadiner Erlebnisse. Ein Rundbrief. 39 S. Zürich: Fretz (Priv.-Dr.) 1953
259 Kaminfegerchen. 12 S. St. Gallen: Tschudy (Priv.-Dr.) 1953
260 Nachruf für Marulla. 1880–1953. 15 S. (St. Gallen: Tschudy; Priv.-Dr.) 1953
261 Über das Alter. 15 S. Olten: Vereinigung Oltner Bücherfreunde (= VOB-Liebhaberdruck 4) 1954
262 Beschwörungen. Rundbrief im Februar 1954. 29 S. St. Gallen: Tschudy (Priv.-Dr.) 1954

263 (MV) H. H., R. Rolland: Briefe. 118 S. m. Abb. Zürich: Fretz & Wasmuth 1954
264 Die Nikobaren. (S.-A.) 2 Bl. o. O. 1954
265 Notizblätter um Ostern. 12 S. (Montagnola) (Priv.-Dr.) 1954
266 Aquarelle aus dem Tessin. 9 S., 12 Taf. Baden-Baden: Klein (= Der silberne Quell 26) 1955
267 Beschwörungen. Späte Prosa, neue Folge. 294 S. Bln: Suhrkamp 1955
    (Enth. u. a. Nr. 233, 247, 250, 259-262 u. 265)
268 Dank für Briefe und Glückwünsche. 7 Bl. St. Gallen: Tschudy (Priv.-Dr.) (1955)
    (Ausz. a. Nr. 267)
269 Knopf-Annähen. (S.-A.) 4 S. o. O. 1955
270 (Hg.) Ein paar Leserbriefe an H. H. 40 S. Montagnola (Priv.-Dr.) 1955
271 Abendwolken. Zwei Aufsätze. Abendwolken. Bei den Massageten. 20 S., 1 Abb. St. Gallen: Tschudy (= Der Bogen 50) 1956
    (Enth. u. a. Ausz. a. Nr. 164)
272 Weltanschauliche Briefe politischer Richtung. (S.-A.) 8 S. o. O. 1956
273 Zwei jugendliche Erzählungen. 56 S. Olten: Vereinigung Oltner Bücherfreunde (= Vereinigung Oltner Bücherfreunde. Publikation 70) 1956
274 Zum Frieden. 9 S. Thal/SG: Christ (1956)
275 Wanderer im Spätherbst. 3 Bl. (Montagnola) (Priv.-Dr.) 1956
276 Weihnachtsgaben und anderes. 30 S. (Montagnola) (Priv.-Dr.) 1956
277 Wenkenhof. Eine romantische Jugenddichtung. (S.-A.) 2 Bl. o. O. 1957
278 (Vorw.) L. Zahn: Künstler auf der Höri am Bodensee. M. Ackermann, C. G. Becker, O. Dix, E. Heckel, W. Herzger, H. Kindermann, H. Makke, F. Macketanz, A. Rath, J. P. Schmitz, R. Schnorrenberg. 95 S. m. Abb. Konstanz: Simon & Koch 1956
279 Freunde. Erzählung. 106 S. Olten: Vereinigung Oltner Bücherfreunde (= Vereinigung Oltner Bücherfreunde. Publikation 75) 1957
280 Malfreude, Malsorgen. (S.-A.) 8 S. o. O. 1957
281 (Vorw.) Ernst Morgenthaler. Zum siebzigsten Geburtstag des Künstlers. 43 S. m. Abb., 33 Taf. Bern: Scherz 1957
282 (Vorw.) E. Morgenthaler: Ein Maler erzählt. Aufsätze, Reiseberichte, Briefe. 190 S. m. Abb. Zürich: Diogenes (= Atelier) 1957
283 Gesammelte Schriften. 7 Bde. Ffm: Suhrkamp 1957
    (Erw. Neuaufl. v. Nr. 245)
284 Der Trauermarsch. Gedenkblatt für einen Jugendkameraden. 21 S. St. Gallen: Tschudy (Priv.-Dr.) 1957
285 Antworten. 30 S. (St. Gallen:) Tschudy (Priv.-Dr.) 1958
286 Vier späte Gedichte. 8 S. St. Gallen: Tschudy (Priv.-Dr.) 1959
287 Chinesische Legende. 5 S. St. Gallen: Tschudy (Priv.-Dr.) 1959
288 Freund Peter. 14 S. Zürich: Fretz (Priv.-Dr.) 1959
289 Rundbrief aus Sils-Maria. 23 S. St. Gallen: Tschudy (Priv.-Dr.) 1959
290 Sommerbrief. 16 S., 1 Abb. St. Gallen: Tschudy 1959
291 Ein paar Aufzeichnungen und Briefe. 20 S. St. Gallen: Tschudy (Priv.-Dr.) 1960
292 Bericht an die Freunde. Letzte Gedichte. 51 S. Olten: Vereinigung Oltner Bücherfreunde. Publikation 85) 1960
293 An einen Musiker. 17 S. Olten: Vereinigung Oltner Bücherfreunde (= Vereinigung Oltner Bücherfreunde) (Priv.-Dr.; 400 Ex.) 1960
294 Rückgriff. 18 S. (Priv.-Dr.) St. Gallen: Tschudy 1960

Hesse, Max René (1885–1952)

1 Partenau. 256 S. Ffm: Rütten & Loening 1929
2 Morath schlägt sich durch. Roman. 605 S. Bln: Cassirer 1933
3 Morath verwirklicht einen Traum. Roman. 708 S. Bln: Cassirer 1933
    (Forts. v. Nr. 2)
4 Der unzulängliche Idealist. Roman. 598 S. Bln: Cassirer 1935
5 Dietrich und der Herr der Welt. Roman. 445 S. Bln: Krüger 1937
6 Jugend ohne Stern. Roman. 474 S. Bln: Krüger (1943)

7 Dietrich Kattenburg. Eine Roman-Trilogie. 3 Bde. 459, 403, 481 S. Hbg: Krüger 1949-1950
  (Enth. Nr. 5, 6, 9)
8 Liebe und Lüge. 536 S. Zürich: Artemis-V. 1950
9 Überreife Zeit. Roman. 481 S. Hbg: Krüger 1950
  (Bd. 3 v. Nr. 7)

Hesse, Otto Ernst (+Michael Gesell) (1891-1946)

1 Mörderin und Mutter Zeit. Ein Zyklus Zeitgedichte. 1914. 11 S. Dessau: Dünnhaupt 1915
2 Elegien der Gelassenheit. 15 S. Bln-Wilmersdorf: Meyer 1920
3 (Einl.) K. Elert: Im friderizianischen Potsdam. Sechzehn Steinzeichnungen. XIII S. Text, 16 S. Abb., 1 Bl. Text. Lpz: Haessel (= Furche-Kunstgaben 6) (1920)
4 Kämpfe mit Gott. Biblische Köpfe. Sonette zu Holzschnitten v. K. Elert. 53 S. m. Abb. Bln-Wilmersdorf: Meyer 1920
5 Das Privileg. Eine Komödie. 104 S., 9 Abb. Bln: Hoffmann & Campe (1921)
6 B. G. B. § 1312. Komödie in drei Akten. 71 S. Bln: Oesterheld 1923
7 (Hg., Einl.) Das Ruhrrevier in der deutschen Dichtung. 40 S. Bln: Zentral-Verl. 1923
8 (Nachw.) H. Lautensack: Unpaar. X, 71 S., 20 Abb. 4° Bln: Gurlitt (= Neue Bilderbücher, Reihe 6; 300 num. Ex.) 1926
9 Symphonie des Greisenalters. Vier Sätze von Immanuel Kant. 83 S. Königsberg: Gräfe & Unzer (= Ostpreußen-Bücher 5) 1928
10 Hans Friedrich Blunck. Ein Beitrag zur nordischen Renaissance. 111 S. Jena: Diederichs 1929
11 Hans Carossa. Ein Bekenntnis. 31 S. Tüb: Wunderlich (1929)
12 (MV) M. Alsberg u. O. E. H.: Voruntersuchung. Schauspiel in fünf Akten. 126 S. Bln: Bong 1930
13 Isolde Kurz. Dank an eine Frau. 25 S. Tüb: Wunderlich (1931)
14 Der Abschied. Vier Novellen um Kant. 59 S. m. Abb. Königsberg: Gräfe & Unzer (1940)
   (Neuaufl. v. Nr. 9)
15 Die schöne Jugend und die späte Zeit. Novellen. 65 S. Königsberg: Gräfe & Unzer 1942
   (Ausz. a. Nr. 9 u. 16)
16 Regina spielt Fagott. Novellen. 95 S., 6 Abb. Königsberg: Gräfe & Unzer (1942)
17 Die Panne. 31 S. Bielefeld, Lpz: Velhagen & Klasing (= Velhagen & Klasings Feldpost-Lesebogen) 1943

Heyden, Friedrich August von (1789-1851)

1 Renata. Romantisches Drama. 2 Bl., 161 S. Bln: Realschulbuchh. 1816
2 Conradin. Trauerspiel. IV, 320 S., 1 Bl. Bln: Realschulbuchh. 1818
3 Dramatische Novellen. 2 Bde. IX, 262; VII, 263 S. 16° Königsberg: Unzer 1819
4 Dichtungen. XII, 290 S. Königsberg: Unzer 1820
5 Die Gallione. Gedicht in sechs Gesängen. 213 S. Lpz: Göschen 1825
6 Der Kampf der Hohenstaufen. Trauerspiel. 1 Bl., 177 S. Bln: Reimer 1828
7 Reginald. Romantisches Gedicht in fünf Gesängen. 15 Bg. Bln: Reimer 1831
8 Die Intriguanten. Roman. 2 Bde. 222, 216 S. Lpz: Einhorn 1840
9 Randzeichnungen. Eine Sammlung von Novellen und Erzählungen. 2 Bde. 13 1/3 Bg. Lpz: Einhorn 1841
10 Theater. 3 Bde. VIII, 323; 328; 503 S. Ffm: Koenitzer 1842
11 Das Wort der Frau. Eine Festgabe. VIII, 223 S. Lpz: Einhorn 1843

12 Der neue Hyacinth. 24 1/4 Bg. Bln: Schepeler (= Elegante Bibliothek moderner Novellen 3) 1844
13 Der Schuster zu Isphahan. Neupersische Erzählung in Versen. XX, 284 S., Lpz: Brandstetter 1850
14 Die Königsbraut. Gedicht in fünf Gesängen. 64 S. 16° Lpz: Brandstetter 1851
15 Gedichte. Mit einer Biographie des Dichters hg. Th. Mundt. LII, 315 S., 1 Bl. Lpz: Brandstetter 1852

HEYKING, Elisabeth Freifr. von (1861–1925)

1 *Briefe, die ihn nicht erreichten. 269 S. Bln: Paetel 1903
2 *Der Tag Anderer. Von der Verfasserin der „Briefe, die ihn nicht erreichten". 224 S. Bln: Paetel 1905
3 Ille mihi. Roman. 2 Bde. 272, 241 S. Bln: Paetel 1912
4 Tschun. Eine Geschichte aus dem Vorfrühling Chinas. 428 S. Bln: Ullstein 1914
5 Die Orgelpfeifen. Aus dem Lande der Ostseeritter. Zwei Erzählungen. Einl. G. Litzmann. 110 S., 1 Bildn. Lpz: Reclam (= Reclam's UB. 5991) (1918)
6 Liebe, Diplomatie und Holzhäuser. Eine Balkanphantasie von einst. 346 S. Stg: Cotta 1919
7 Das vollkommene Glück. Eine Erzählung. 163 S. Bln: Scherl (1920)
8 Weberin Schuld. Novellen. III, 156 S., 1 Titelb. Bln: Grote (= Grote'sche Sammlung von Werken zeitgenössischer Schriftsteller 145) 1921
9 Tagebücher aus vier Weltteilen. 1886–1904. Hg. G. Litzmann. VII, 413 S., 1 Titelb. Lpz: Koehler & Amelang (1926)

HEYM, Georg (1887–1912)

1 Der Athener Ausfahrt. Tragödie in einem Aufzug. Würzburg: Memminger 1907
2 Der ewige Tag. 70 S. Lpz: Rowohlt 1911
3 Umbra vitae. Nachgelassene Gedichte. 71 S. Lpz: Rowohlt 1912
4 Der Dieb. Ein Novellenbuch. 145 S. Lpz: Rowohlt 1913
5 Marathon. 15 S. Bln-Wilmersdorf: Meyer 1914
6 Dichtungen. Hg. K. Pinthus u. E. Loewenson. 308 S. Mchn: Wolff 1922
7 Gesammelte Gedichte. Mit einer Darstellung seines Lebens und Sterbens. Hg. C. Seelig. 269 S. Zürich: Arche 1947
8 Marathon. Nach der Handschrift des Dichters hg u. erl. K. L. Schneider, 12 ungez. Bl., 18 S. m. Faks. 4° (Hbg:) Maximilian-Ges. 1956
    (Verm. Neuaufl. v. Nr. 5)
9 Dichtungen und Schriften. Gesamtausg. Hg. K. L. Schneider. 4 Bde. Hbg, Mchn: Ellermann 1960 ff.

HEYMEL, Alfred Walter (1878–1914)

1 In der Frühe. Gedichte und Sprüche. 67 S. Bremen: Storm 1898
2 Die Fischer und andere Gedichte. 94 S. m. Abb. 12° Bln: Schuster & Loeffler 1899
3 (MH) Die Insel. Monatsschrift. Hg. O. J. Bierbaum, A. W. H. u. R. A. Schröder. 3 Jge. 4° Bln: Schuster & Loeffler 1899–1902
4 Ritter Ungestüm. Eine Geschichte. 98 S. m. Titelb. 4° Bln, Lpz: Insel 1900
5 Der Tod des Narcissus. Dramatisches Gedicht. 50 S. 16° Bln, Lpz: Insel 1901
6 Zwölf Lieder an meine Frau. 16 Bl. Lpz: Insel 1905
7 Zeiten. Ein Buch Gedichte. 167 S. Lpz: Insel 1907
8 Spiegel, Freundschaft, Spiele. Studien. 135 S. Lpz: Insel 1908
9 Über die Förderung des Sports durch Klubhäuser. 35 S., 2 Abb., 7 Taf. Lpz, Bremen: Leuwer 1911

10 (MV) H. Esswein: Moderne Illustratoren III: Henri de Toulouse-Lautrec. Mit e. Beitrag v. A. W. H. über das graphische Werk Lautrecs. 66 S. Mchn: Piper 1912
 11 (Übs.) C. Marlowe: Eduard II. Tragödie. Einl. H. v. Hofmannsthal. X, 138 S. Lpz: Insel 1912
 12 Gesammelte Gedichte. 1895-1914. 234 S. Lpz: Insel 1914

HEYNICKE, Kurt (*1891)

 1 Rings fallen Sterne. Gedichte. 61 S. Bln: Der Sturm 1917
 2 Gottes Geigen. Gedichte. 47 S. Mchn: Roland-V. Mundt (= Die neue Reihe 9) 1918
 3 Konservenwurst und Liebe. Ein fröhlich Spiel aus der Kriegszeit. 16 S. Mühlhausen: Danner (= Danner's Vereinstheater 235) (1918)
 4 Das namenlose Angesicht. Rhythmen aus Zeit und Ewigkeit. 96 S. Lpz: Wolff (1919)
 5 Der Kreis. Ein Spiel über den Sinnen. 47 S. Bln: Reiß (1920)
 6 Die Hohe Ebene. Gedichte. 70 S. Bln: Reiß 1921
 7 Der Weg zum Ich. Die Eroberung der inneren Welt. 138 S. Celle: Kampmann 1922
 8 Eros inmitten. Erzählungen. 59 S. Rudolstadt: Greifenverl. 1925
 9 Das Meer. Schauspiel. 38 S. Lpz: Schauspiel-Verl. 1925
 10 Der Prinz von Samarkand. Ein Märchenstück nach Andersens Schweinehirt. 69 S. Lpz: Schauspiel-Verl. 1925
 11 Sturm im Blut. Erzählung. 75 S. Lpz: Kuner (1925)
 12 Kampf um Preußen. Schauspiel. 103 S. Lpz: Schauspiel-Verl. 1926
 13 Fortunata zieht in die Welt. Die Erinnerungen des Priesters Francesco. 211 S. Lpz: Reclam (= Reclam's UB. 7046-7048) (1929)
 14 Traum im Diesseits. Gedichte. 29 S. Bln: Verl. Die Rabenpresse (= Die blaue Reihe 8-9) 1932
 15 Der Fanatiker von Schönbrunn. Erzählung. 76 S. Bln: Verl. Die Rabenpresse 1933
 16 Neurode. Der Weg ins Reich. Zwei Thingspiele. 56, 49 S. Bln: Volkschaft-Verl. 1935
 17 Das Leben sagt ja. Gedichte. 90 S. Stg: Dt. Verl.-Anst. 1936
 18 Herz, wo liegst du im Quartier? Heiterer Roman. 319 S. Stg: Dt. Verl.-Anst. 1938
 19 Der Baum, der in den Himmel wächst. Heiterer Roman. 425 S. Stg: Dt. Verl.-Anst. 1940
 20 Die Hohe Ebene. 130 S. Stg, Bln: Dt. Verl.-Anst. 1941 (Verm. Neuaufl. v. Nr. 6)
 21 Die bunt bemalte Wiege. Heiterer Roman. 425 S. Bln: Eher (= Deutsche Kulturbuchreihe) 1941 (Neuaufl. v. Nr. 19)
 22 Rosen blühen auch im Herbst. Roman. 450 S. Stg, Bln: Dt. Verl.-Anst. 1942
 23 Es ist schon nicht mehr wahr. Roman. 353 S. Stg: Dt. Verl.-Anst. 1948
 24 Der goldene Käfig. 30 S. 4° Stg: Familienfreund-Verl. (= Roman-Blätter 25) 1950
 25 Der Hellseher. Roman. 259 S. Stg: Dt. Verl.-Anst. 1951
 26 Ausgewählte Gedichte. 58 S. Stg: Dt. Verl.-Anst. 1952
 27 Die Insel der Verliebten. Roman. 126 S. Hannover: Lehning (= Das Lehning-Buch 20) 1953
 28 Die Nichte aus Amerika. Lustspiel in drei Aufzügen. 88 S. Mchn: Buchner (= Für die Volksbühne) 1955

HEYSE, Paul (von) (1830-1914)

 1 *Der Jungbrunnen. Neue Märchen von einem fahrenden Schüler. VII, 218 S., 1 Abb. Bln: Duncker 1850

2 Franzeska von Rimini. Tragödie in fünf Akten. 136 S. Bln: Hertz 1850
3 Die Brüder. Eine chinesische Geschichte in Versen. 33 S. Bln: Hertz 1852
4 (MH) Spanisches Liederbuch. Hg. E. Geibel. u P. H. 295 S. 16⁰ Bln: Hertz 1852
5 Studia Romanensia. Part. I. 48 S. Bln: Hertz 1852
6 Urica. 46 S. 16⁰ Bln: Hertz 1852
7 Hermen. 281 S. 16⁰ Bln: Hertz 1854
8 Meleager. Eine Tragödie. 112 S. 16⁰ Bln: Hertz 1854
9 Die Pfälzer in Irland. Drama. o. O. 1854
10 Novellen. (1. Sammlung). 220 S. Bln: Hertz 1855
11 Die Braut von Cypern. 273 S. 16⁰ Stg: Cotta 1856
12 Romanische Inedita. 175 S. Bln: Hertz: 1856
13 Neue Novellen. (2. Sammlung). 355 S. Stg: Cotta 1858
14 La Rabbiata. 36 S. 16⁰ Bln: Hertz 1858
  (Ausz. a. Nr. 10)
15 Vier neue Novellen. (3. Sammlung). 349 S. Bln: Hertz 1859
16 Die Sabinerinnen. Tragödie. 109 S. Bln: Hertz 1859
17 Thekla. 176 S. Stg: Cotta 1859
18 (Hg., Übs.) Italienisches Liederbuch. 292 S. 16⁰ Bln: Hertz 1860
19 Ludwig der Bayer. Schauspiel. 140 S. Bln: Hertz 1862
20 Neue Novellen. (4. Sammlung). 455 S. Bln: Hertz 1862
21 Rafael. Novelle. 66 S. 16⁰ Stg: Kröner 1863
22 Dramatische Dichtungen. 38 Bde. 4682 S. Bln: Hertz (1–23) bzw. Bln: Besser (24–32) bzw. Stg: Cotta (33–38) 1864–1905
23 Elisabeth Charlotte. Schauspiel in fünf Akten. 124 S. Bln: Hertz (= Dramatische Dichtungen 1) 1864
24 Gesammelte Novellen in Versen. 261 S. Bln: Hertz 1864
25 Meraner Novellen. (5. Sammlung). 425 S. Bln: Hertz 1864
26 Hadrian. Tragödie in fünf Akten. 107 S. Bln: Hertz (= Dramatische Dichtungen 3) 1865
27 Maria Moroni. Trauerspiel in fünf Akten. 103 S. Bln: Hertz (= Dramatische Dichtungen 2) 1865
28 Hans Lange. Schauspiel in fünf Akten. 142 S. Bln: Hertz (= Dramatische Dichtungen 4) 1866
29 Fünf neue Novellen. (6. Sammlung). 400 S. Bln: Hertz 1866
30 (Bearb.) C. Gozzi: Die glücklichen Bettler. Märchen in drei Akten. 99 S. Bln: Hertz 1867
31 Novellen und Terzinen. (7. Sammlung). 413 S. Bln: Hertz 1867
32 (Übs.) W. Shakespeare: Antonius und Kleopatra. 148 S. Lpz: Brockhaus (= Dramatische Werke 3) 1867
33 Syritha. 87 S. Bln: Hertz 1867
  (Ausz. a. Nr. 31)
34 Colberg. Historisches Schauspiel in fünf Akten. 135 S. Bln: Hertz (= Dramatische Dichtungen 5) 1868
35 (Übs.) W. Shakespeare. Timon von Athen: 109 S. Lpz: Brockhaus (= Dramatische Werke 12) 1868
36 (Hg.) Antologia dei moderni poeti italiani. 369 S. Stg: Hallberger 1869
37 Moralische Novellen. (8. Sammlung). 411 S. Bln: Hertz 1869
38 Die Göttin der Vernunft. Trauerspiel in fünf Akten. 103 S. Bln: Hertz (= Dramatische Dichtungen 6) 1870
39 Gesammelte Novellen in Versen. 584 S. Bln: Hertz 1870
  (Erw. Neuaufl. v. Nr. 24)
40 Der Friede. Ein Festspiel für das Münchener Hof- und National-Theater. 27 S. Mchn: Oldenbourg 1871
41 Ein neues Novellenbuch. (9. Sammlung). 659 S. Bln: Hertz 1871
42 (MH) Deutscher Novellenschatz. Hg. P. H. u. H. Kurz. 24 Bde. Mchn: Oldenbourg 1871–1876
43 Gedichte. 335 S. Bln: Hertz (= Gesammelte Werke 1) 1872
44 (Hg.) Novellenschatz des Auslandes. 7 Bde. 2198 S. Mchn: Oldenbourg 1872
45 Gesammelte Werke. 38 Bde. 13 576 S. Bln: Hertz (1–21) bzw. Bln: Besser (22–29) bzw. Stg: Cotta (30–38) 1872–1914
46 Kinder der Welt. Roman. 3 Bde. 1020 S. Bln: Hertz (1873)

47 Ehre um Ehre. Schauspiel in fünf Akten. 116 S. Bln: Hertz (= Dramatische Dichtungen 7) 1875
48 (Übs.) G. Giusti: Gedichte. Mit e. Anhang. 328 S. Bln: Hofmann (= Allg. Verein für deutsche Literatur) 1875
49 Neue Novellen. Der Novellen 10. Sammlung. 323 S. Bln: Hertz 1875
50 Im Paradiese. Roman. 3 Bde. 897 S. Bln: Hertz (1875)
51 Elfride. Trauerspiel in fünf Akten. 117 S. Bln: Hertz (= Dramatische Dichtungen 9) 1877
52 Graf Königsmark. Trauerspiel in fünf Akten. 108 S. Bln: Hertz (= Dramatische Dichtungen 8) 1877
53 (Hg.) Italienische Novellisten. 5 Bde. Lpz: Grunow 1877–1878
54 Skizzenbuch. Lieder und Bilder. 265 S. Bln: Hertz (1877)
55 Zwei Gefangene. Novelle. 92 S. 16° Lpz: Reclam (= Universal-Bibliothek) 1878
56 (Übs.)G. Leopardi: Werke. 2 Thle. 557 S. Bln: Hertz 1878
57 Neue moralische Novellen. 11. Sammlung der Novellen. 308 S. Bln: Hertz 1878
58 Das Ding an sich und andere Novellen. 12. Sammlung der Novellen. 381 S. Bln: Hertz 1879
59 (MV) Jorinde. Novelle. (– J. Lie: Der Graue. Aus dem Norwegischen) 24 S. Stg: Kröner (= Reiselectüre) (1879)
(Enth. u. a. Ausz. a. Nr. 57)
60 Die Madonna im Ölwald. Novellen und Verse. 69 S. Bln: Hertz 1879
61 Der Salamander. Ein Tagebuch in Terzinen. 91 S. Bln: Hertz 1879
(Ausz. a. Nr. 31)
62 L'Arrabbiata. Novelle. 55 S. Bln: Hertz 1880
(Neuaufl. v. Nr. 14)
63 Verse aus Italien. Skizzen, Briefe und Tagebuchblätter. 287 S. Bln: Hertz 1880
64 Frau von F. und römische Novellen. 13. Sammlung der Novellen. 357 S. Bln: Hertz 1881
65 Das Glück von Rothenburg. Novelle. 82 S. Augsburg: Reichel (1881)
66 Novellen und Romane. 14 Bde. Bln: Hertz 1881–1886
67 Die Weiber von Schorndorf. Historisches Schauspiel in vier Akten. 116 S. Bln: Hertz (= Dramatische Dichtungen 10) 1881
68 (Hg.) Neues Münchener Dichterbuch. 341 S. Stg: Kröner 1882
69 Troubadour-Novellen. 14. Sammlung der Novellen. 347 S. Bln: Hertz 1882
70 Alkibiades. Tragödie in drei Akten. 90 S. Bln: Hertz (= Dramatische Dichtungen 12) 1883
71 Buch der Freundschaft. Novellen. 16. Sammlung der Novellen. 320 S. Bln: Hertz (1883)
72 Buch der Freundschaft. Neue Folge. 17. Sammlung der Novellen. 311 S. Bln: Hertz 1883
73 Don Juan's Ende. Trauerspiel in fünf Akten. 110 S. Bln: Hertz (= Dramatische Dichtungen 13) 1883
74 Das Recht des Stärkeren. Schauspiel in drei Akten. 120 S. Bln: Hertz (= Dramatische Dichtungen 11) 1883
75 Siechentrost. Novelle. 102 S. Augsburg: Reichel 1883
(Ausz. a. Nr. 71)
76 Unvergessbare Worte und andere Novellen. 15. Sammlung der Novellen. 307 S. Bln: Hertz 1883
(Enth. u. a. Nr. 66)
77 (MH) Neuer deutscher Novellenschatz. Hg. P. H. u. R. Laistner. 24 Bde. Mchn: Oldenbourg 1884–1888
78 Drei einaktige Trauerspiele und ein Lustspiel. 197 S. Bln: Hertz (= Dramatische Dichtungen 14) 1884
79 Gedichte. 427 S. 12° Bln: Hertz 1885
(Verm. Neuaufl. v. Nr. 43)
80 Spruchbüchlein. 216 S. 12° Bln: Hertz 1885
81 Die Hochzeit auf dem Aventin. Trauerspiel in fünf Akten. 104 S. Bln: Hertz (= Dramatische Dichtungen 16) 1886
82 Himmlische und irdische Liebe. F. U. R. I. A. – Auf Tod und Leben. Novellen. 18. Sammlung der Novellen. 316 S. Bln: Hertz 1886

83 Getrennte Welten. Schauspiel in vier Akten. 140 S. Bln: Hertz (= Dramatische Dichtungen 15) 1886
84 Der Roman der Stiftsdame. Eine Lebensgeschichte. 376 S. Bln: Hertz (1887)
85 Die Weisheit Salomo's. Schauspiel in fünf Akten. 110 S. Bln: Hertz (= Dramatische Dichtungen 17) 1887
86 Unter Brüdern. 49 S. Bln: Lassar (= E. Bloch's Theater-Korrespondenz) 1888
    (Ausz. a. Nr. 78)
87 Gott schütze mich vor meinen Freunden. Lustspiel in drei Akten. 118 S. Bln: Hertz (= Dramatische Dichtungen 18) 1888
88 Prinzessin Sascha. Schauspiel in vier Akten. 117 S. Bln: Hertz (= Dramatische Dichtungen 19) 1888
89 Villa Falconieri und andere Novellen. 19. Sammlung der Novellen. 384 S. Bln: Hertz (1888)
90 (Übs.) Italienische Dichter seit der Mitte des achtzehnten Jahrhunderts. Übersetzungen und Studien. 5 Bde. 1955 S. Bln: Hertz (1-4) bzw. Stg: Cotta (5) 1889-1905
91 Kleine Dramen. Erste Folge. 192 S. Bln: Hertz (= Dramatische Dichtungen 21) 1889
92 Kleine Dramen. Zweite Folge. 162 S. Bln: Hertz (= Dramatische Dichtungen 22) 1889
93 (Hg.) Liebeszauber. Orientalische Dichtungen. 40 S. m. Abb. 4° Mchn: Hanfstaengl 1889
94 Weltuntergang. Volksschauspiel in fünf Akten. 135 S. Bln: Hertz (= Dramatische Dichtungen 20) 1889
95 Ein überflüssiger Mensch. Schauspiel in vier Akten. 131 S. Bln: Hertz (= Dramatische Dichtungen 23) 1890
96 Novellen. Auswahl fürs Haus. 3 Bde. 945 S. Bln: Hertz 1890
97 Die schlimmen Brüder. Schauspiel in vier Akten und einem Vorspiel. 124 S. Bln: Hertz (= Dramatische Dichtungen 24) 1891
98 Weihnachtsgeschichten. 302 S. Bln: Besser (1891)
99 Marienkind. 151 S. Stg: Engelhorn (= Engelhorn's allgemeine Roman-Bibliothek VIII, 18) 1892
100 Merlin. Roman in sieben Büchern. 3 Bde. 904 S. Bln: Besser 1892
101 Wahrheit? Schauspiel in drei Akten. 97 S. Bln: Hertz (= Dramatische Dichtungen 25) 1892
102 Ein unbeschriebenes Blatt. Lustspiel in vier Akten. 119 S. Bln: Hertz (= Dramatische Dichtungen 26) 1893
103 Jungfer Justine. Schauspiel. 127 S. Bln: Hertz (= Dramatische Dichtungen 27) 1893
104 Aus den Vorbergen. Novellen. 369 S. Bln: Besser 1893
105 In der Geisterstunde und andere Spukgeschichten. 262 S. Bln: Besser 1894
106 Wolfram von Eschenbach. Festspiel. 40 S. Mchn: Münchener Neueste Nachrichten 1894
107 Über allen Gipfeln. Roman. 441 S. Bln: Besser (1895)
108 Melusine und andere Novellen. 440 S. Bln: Besser (1895)
109 Abenteuer eines Blaustrümpfchens. 130 S. m. Abb. Stg.: Krabbe (1896)
110 Einer von Hunderten und Hochzeit auf Capri. 157 S. m. Abb. 16° Stg: Franckh (= Sammlung Franckh 4) (1896)
111 Die Fornarina. Trauerspiel. 137 S. Lpz: Naumann (= Kennst du das Land? 2) 1896
112 Verratenes Glück. Emerenz. Zwei Geschichten. 131 S. m. Abb. Stg: Krabbe (1896)
113 Das Goethe-Haus in Weimar. 24 S. m. Abb. 12° Bln: Besser (1896)
114 Roland's Schildknappen oder Die Komödie vom Glück. Volksmärchen in drei Akten und einem Vorspiel. 119 S. Bln: Hertz (= Dramatische Dichtungen 28) 1896
115 Vanina Vanini. Trauerspiel in vier Akten. 136 S. Bln: Hertz (= Dramatische Dichtungen 29) 1896
116 Drei neue Einakter. 127 S. Bln: Hertz (= Dramatische Dichtungen 30) 1897
117 Neue Gedichte und Jugendlieder. 414 S. Bln: Besser (1897)
118 Männertreu. Der Sohn seines Vaters. Zwei Novellen. 158 S. m. Abb. Stg Krabbe 1897

119 Das Räthsel des Lebens und andere Charakterbilder. 320 S. Bln: Besser (1897)
120 Der Bucklige von Schiras. Komödie in vier Akten. 125 S. Bln: Hertz (= Dramatische Dichtungen 31) 1898
121 (Hg.) Martha's Briefe an Maria. Beitrag zur Frauenbewegung. Mit einem Vorw. u. Nachw. 80 S. Stg: Cotta (1898)
122 Medea. Er soll dein Herr sein. Zwei Novellen. 130 S. m. Abb. Stg: Krabbe 1898
 (Enth. u. a. Ausz. a. Nr. 49)
123 Der Sohn seines Vaters und andere Novellen. 381 S. Bln: Besser (1898)
 (Enth. u. a. Nr. 109 u. Ausz. a. Nr. 112 u. 118)
124 Die Macht der Stunde. Vroni. Zwei Novellen. 154 S. m. Abb. Stg: Krabbe 1899
125 Neue Märchen. 356 S. Bln: Besser (1899)
126 Maria von Magdala. Drama in fünf Akten. 102 S. Bln: Hertz (= Dramatische Dichtungen 32) 1899
127 Das literarische München. Fünfundzwanzig Porträtskizzen. 8 S. Text 4° Mchn: Bruckmann 1899
128 Fräulein Johann. Auf der Alm. Zwei Novellen. 148 S. m. Abb. Stg: Krabbe 1900
129 Jugenderinnerungen und Bekenntnisse. 383 S. Bln: Besser (1900)
130 Der Schutzengel. Novelle. 111 S. m. Abb. Lpz: Keil 1900
131 Das verschleierte Bild zu Sais. Drama in drei Akten. 104 S. Bln, Stg: Cotta (= Dramatische Dichtungen 33) 1901
132 Der verlorene Sohn. Erzählung. 60 S. 12° Wiesbaden: Staadt (= Wiesbadener Volksbücher 10) 1901
133 Tantalus. Mutter und Kind. Zwei Novellen. 156 S. m. Abb. Stg: Krabbe 1901
134 Gesammelte Werke. Neue Serie. 42 Bde. Stg: Cotta 1901 ff.
135 Der Heilige. Trauerspiel in fünf Akten. 125 S. Bln, Stg: Cotta (= Dramatische Dichtungen 34) 1902
136 Ninon und andere Novellen. 465 S. Stg: Cotta 1902
 (Enth. u. a. Ausz. a. Nr. 133)
137 Novellen vom Gardasee. 334 S. Stg: Cotta (= Novellen, Bd. 16; = Gesammelte Werke 30) (1902)
138 Romane und Novellen. Erste Serie: Romane. 12 Bde. 3296 S. Stg: Cotta 1902–1911
139 San Vigilio. Novelle. 159 S. m. Abb. Stg: Krabbe 1902
 (Ausz. a. Nr. 137)
140 (MH) Novellenschatz des Auslandes. Hg. P. H. u. H. Kurz. 14 Bde. Bln: Globus-V. 1903
 (Verm. Neuaufl. v. Nr. 44)
141 Moralische Unmöglichkeiten und andere Novellen. 313 S. Stg: Cotta (= Novellen, Bd. 17; = Gesammelte Werke 31) 1903
142 Ein Wintertagebuch. Gardone 1901–1902. 138 S. m. Bildn. Stg: Cotta 1903
143 Mythen und Mysterien. 278 S. Stg: Cotta 1904
144 Romane und Novellen. Zweite Serie: Novellen. 24 Bde. 7485 S. Stg: Cotta 1904–1910
145 Ein Canadier. Drama in drei Akten. 112 S. Stg: Cotta (= Dramatische Dichtungen 36) 1905
146 Sechs kleine Dramen. 240 S. Stg: Cotta (= Dramatische Dichtungen 37–38) 1905
147 Getreu bis in den Tod. Erkenne dich selbst. Zwei Novellen. 100 S. Stg: Cotta (= Cotta'sche Handbibliothek 108) 1905
 (Enth. u. a. Ausz. a. Nr. 13)
148 Die thörichten Jungfrauen. Lustspiel in drei Akten. 128 S. Stg: Cotta (= Dramatische Dichtungen 35) 1905
149 Crone Städlin. Roman. 335 S. Stg: Cotta 1905
150 Victoria Regia und andere Novellen. 322 S. Stg: Cotta 1906
151 Gegen den Strom. Eine weltliche Klostergeschichte. 266 S. Stg: Cotta 1907
152 Menschen und Schicksale. Charakterbilder. 352 S. Stg: Cotta 1908
153 Die Geburt der Venus. Roman. 325 S. Stg: Cotta 1909
154 Helldunkles Leben. Novellen. 302 S. Stg: Cotta 1909

155 Mutter und Tochter. Drama. 68 S. 16⁰ Lpz: Reclam (= Universal-Bibliothek 5144) 1909
156 König Saul. Biblische Historie in fünf Akten. 79 S. 16⁰ Lpz: Reclam (= Universal-Bibliothek 5060) 1909
157 Das Ewigmenschliche. Erinnerungen aus einem Alltagsleben von ★★★. Hg. P. H. – Ein Familienhaus. Novelle. 275 S. Stg.: Cotta 1910
158 Das Märchen von Niels mit der offenen Hand. 56 S. 16⁰ Wien: Konegen (= Konegen's Kinderbücher 3) 1910
   (Ausz. a. Nr. 125)
159 Romane und Novellen. Dritte Serie: Lyrische und epische Dichtungen. 4 Bde. 1379 S. Stg: Cotta 1911–1912
160 Der Kreisrichter. – Rita. Zwei Novellen. 124 S. Stg: Cotta (= Cotta'sche Handbibliothek 178) 1912
   (Enth. u. a. Ausz. a. Nr. 13)
161 Plaudereien eines alten Freundespaares. 274 S. Stg: Cotta 1912
162 Bruder Siechentrost. Novelle. Einer Limburger Chronik nacherzählt. 96 S. m. Abb. Augsburg: Reichel (1912)
   (Neuaufl. v. Nr. 75)
163 (Übs.) Ariosto, Lorenzino de Medici, Macchiavelli: Drei italienische Lustspiele aus der Zeit der Renaissance. 229 S., 3 Taf. Jena: Diederichs (= Das Zeitalter der Renaissance. Serie I, Bd. 9) 1914
164 Letzte Novellen. 193 S. Stg: Cotta 1914
165 (Übs.) Italienische Volksmärchen. 134 S. m. Abb. Mchn: Lehmann 1914
166 Gesammelte Werke. 3 Reihen. 15 Bde. Stg: Cotta; Bln-Grunewald: Klemm (1924)

HILDESHEIMER, Wolfgang (*1916)

1 (Übs.) F. S. Chapmann: Aktion Dschungel. Bericht aus Malaya. 532 S., 6 Bl. Abb., 1 Bl., 1 Titelb. Ffm: Verl. d. Frankfurter Hefte (1952)
2 Lieblose Legenden. 123 S. m. Abb. Stg: Dt. Verl.-Anst. 1952
3 Das ende einer welt. funk-oper. text: w. h. musik: h. w. henze. 68 S. m. Abb. u. Notenbeisp. Ffm: Frankfurter Verl.-Anst. (= studio frankfurt 11) 1953
4 (MV) P. Flora: Floras Fauna. Eine abendländische Biologie in 77 neuzeitlichen Bildern, dargest. P. F., mit überflüssigen Kommentaren versehen von W. H. 93 S. Zürich: Diogenes-V. (= Komische Kunst 2) 1953
5 Paradies der falschen Vögel. Roman. 201 S. Mchn, Wien, Basel: Desch 1953
6 Der Drachenthron. Komödie in drei Akten. 101 S. m. Abb. Mchn, Wien, Basel: Desch (= Welt des Theaters) 1955
7 Begegnung im Balkanexpreß. Nachw. G. Westphal. 30 S. Hbg: Hans Bredow-Inst. (= Hörwerke der Zeit 3) 1956
8 Ich trage eine Eule nach Athen und vier andere von P. Flora illustrierte Geschichten. 74 S. Zürich: Diogenes V. (= Diogenes Tabu) 1956
9 Spiele, in denen es dunkel wird. 213 S. Pfullingen: Neske 1958
10 Die Eroberung der Prinzessin Turandot. 83 S. Weinheim/Bergstr.: Dt. Laienspiel-Verl. (1960)
11 Herrn Walsers Raben. Nachw. G. Eich. 39 S. Hbg: Hans Bredow-Inst. (= Hörwerke der Zeit 18) 1960

HILLE, Peter (1854–1904)

1 Die Sozialisten. Roman. 395 S. Lpz: Friedrich 1886
2 Des Platonikers Sohn. Erziehungstragödie in fünf Vorgängen. Bln: Conrad 1896
3 Semiramis. 77 S. Bln: Hohenstein 1902
4 Gesammelte Werke. Hg. v. seinen Freunden. 4 Bde. Bln: Schuster & Loeffler 1904–1905
5 Cleopatra. Ein ägyptischer Roman. 92 S. m. Abb. Bln: Hohenstein 1905

6 Nachgelassene Schriften. Hg. W. Susman. Bln: Schuster & Loeffler 1905
7 Aus dem Heiligtum der Schönheit. Aphorismen und Gedichte. Mit einem einleitenden Essay hg. F. Droop. 60 S. m. Bildn. 16° Lpz: Reclam (= Universal-Bibliothek 5101) 1909
8 Gesammelte Werke. Hg. v. seinen Freunden. Einl. J. Hart. 497 S., 8 S. Abb. Bln: Schuster & Loeffler 1916
  (Veränd. Neuaufl. v. Nr. 4)
9 Das Mysterium Jesu. Nachw. A. Knoblauch. 80 S. Lpz: Insel (= Insel-Bücherei 330) 1921

HILTBRUNNER, Hermann (1893–1961)

1 Das Fundament. Eine Dichtung. 72 S. Erlenbach-Zürich: Rentsch 1920
2 Von Euch zu mir. 85 S. Zürich: Grethlein 1923
3 Nordland und Nordlicht. Träume und Erfüllungen aus Wanderjahren. 334 S. Zürich: Orell Füßli (= Die neue Schweiz 11–12) (1924)
4 Ein schweizerischer Robinson auf Spitzbergen. Die Erlebnisse vier Schiffbrüchiger in der Polarnacht. Einem Tagebuch nacherzählt. 111 S. m. Taf. Zürich: Orell Füßli (= Schweizer Jugendbücher, Bd. 11) (1925)
5 Von Sommer zu Herbst. Dichtung. 92 S. Zürich: Orell Füssli (= Die Gedichtbände der Neuen Schweiz) 1925
6 Winter und Wende. Eine Dichtung. 75 S. Zürich: Orell Füssli (= Die Neue Schweiz) 1925
7 Spitzbergen-Sommer. Ein Buch der Entrückung und Ergriffenheit. 424 S. Zürich: Orell Füssli 1926
8 Erlösung vom Gesetz. Dichtung. 73 S. Zürich: Orell Füssli 1927
9 Graubünden. Text H. H., Hg. C. Meisser. Genf, Zürich, Lpz: Grethlein 1927–1928
  1. Der Rhein. Die Landschaft seiner Jugend. VI, 222 S. m. Abb. (1927)
  2. Talschaften rechts des Rheins. VI, 230 S. m. Abb. (1928)
  3. Das Engadin und die südlichen Täler. VI, 270 S. m. Abb. (1928)
10 (Übs.) K. Hamsun: Das ewige Brausen. 68 S. Mchn: Langen (1927)
11 (Übs.) K. Hamsun: Das letzte Kapitel. Roman. 2 Bde. 310, 324 S. Lpz, Mchn: Langen (1928)
12 Werk der Welt. Dichtung. 69 S. Zürich: Orell Füssli (25 num. u. sign. Ex.) 1928
13 (Nachw.) A. K. Jovanovits: Jugoslavische Anthologie. Dichter und Erzähler. XXIV, 312 S. m. Taf. Zürich: Rascher 1932
14 Liebe zu Frankreich. Landschaftliche Erlebnisse zwischen Auvergne und Mittelmeer. 70 S. Zürich: Oprecht 1935
15 Ein Buch vom Thunersee. 153 S. St. Gallen: Schweizer Bücherfreunde (= Buch der Schweizer Bücherfreunde 3) 1936
16 Der Mensch und das Jahr. Zwölf Monatsbetrachtungen. 162 S. m. Abb. Zürich, New York: Oprecht 1939
17 Heiliger Rausch. Gedichte. 77 S. Zürich: Oprecht 1939
18 Klage der Menschheit. 80 S. Zürich: Oprecht 1940
19 Herkommen, Hingehen. 14 S., 1 Taf. Thun: Glaus 1941
20 Fallender Stern. Eine Dichtung. 90 S. Zürich, New York: Oprecht 1941
21 Zürichsee. Eine Dichtung. 80 S. Zürich: Oprecht 1942
22 Antlitz der Heimat. 252 S. Zürich, New York: Oprecht 1943
23 Heimwärts. Eine Dichtung. 83 S. Zürich: Oprecht 1943
24 Trost der Natur. 288 S. m. Abb. Herrliberg-Zürich: Bühl-V. 1943
25 (MV) E. Köhli u. H. H.: Das Wunder der Pflanze. 64 S. m. Abb. Zürich: Büchergilde Gutenberg (1943)
26 Fahrt nach Nordafrika. 74 S. Zürich: Büchergilde Gutenberg (= Die Werbegabe) (1944)
27 Das Hohelied der Berge. 384 S. Zürich: Artemis-V. 1944
28 (MV) M. Wolgensinger: Terra Ladina. Ein Bilderbuch über die Schönheit des Engadins. Text H. Hiltbrunner. 72 S., 53 Taf. 4° Zürich: Scientia-V. 1944

29 Das Bild einer bessern Welt. 47 S. Herrliberg-Zürich: Bühl (= Bühl-Verlag-Blätter 4) 1945
30 Das Blumenjahr. 112 S., 12 Abb. Zürich: Artemis 1945
31 Geistliche Lieder. 111 S. Zürich: Scientia (= Vom Dauernden in der Zeit 3) 1945
32 Wage des Jahrs. Gedichte. 14 S. Herrliberg-Zürich: Bühl (= Bühl-Verlag-Blätter 5) 1945
33 Das Grundgesetz handwerklichen Schaffens. 24 S. Zürich: Hugo Boss 1946
34 Jahr um Jahr. Gedichte. 92 S. Zürich: Classen (= Vom Dauernden in der Zeit 27) 1946
35 Fürstentum Liechtenstein. 145 S. m. Abb., 1 Kt. Zürich: Nord-V. 1946
36 Bäume. 112 S., 32 Abb. 4° Zürich: Artemis 1948
37 Glanz des Todes. 141 S. Zürich: Artemis-V. 1948
38 Solange die Erde steht ... Zwölf Monatsbetrachtungen. 95 S. Zürich: Classen (= Vom Dauernden in der Zeit) 1950
39 Spaziergänge. Vorträge. 112 S. Zürich: Classen (= Vom Dauernden in der Zeit 51) 1950
40 Auch die Ferne ist uns nah. Blick auf die grossen Landschaften der Erde. 104 S. Zürich: Classen (= Vom Dauernden in der Zeit 59) 1951
41 Zürich. 32 Bl. m. Abb. Zürich: Rascher 1953
42 Flucht aus der Tiefe. Ein Bergzyklus. 101 S. Zürich: Büchergilde Gutenberg 1954
43 Gestirnter Himmel. Eine Gedichtsammlung. 80 S. Zürich: Classen (= Vom Dauernden in der Zeit 63) 1954
44 Stimmungen. Die Gezeiten des Herzens. Radiovorträge im Studio Zürich. 32 Bl. Zürich: Rascher 1954
45 Mensch im Alltag. Teilzyklus aus der Dichtung: Immer, wenn es Abend wird. 35 S. St. Gallen: Tschudy (= Der Bogen 46) 1955
46 Wenn es Abend wird. 159 S. Zürich: Artemis 1955
47 (MV) H. P. Roth: Begegnungen mit Pferden. Mit einem „Gruss an die Pferde" von H. H. 104 S. m. Abb. 4° Zürich, Stg: Classen 1957
48 Alles Gelingen ist Gnade. Tagebücher. 1283 S. Zürich, Stg: Artemis 1958
49 Spätherbst. Eine Gedichtsammlung. 87 S. Zürich: Fretz & Wasmuth 1958
50 Schönheit im Kleinen. Betrachtungen in der Natur. 101 S. m. Abb. Zürich: Büchergilde Gutenberg 1959
51 Und das Licht gewinnt. Eine Gedichtsammlung. 178 S. Zürich: Fretz & Wasmuth 1960

HINRICHS, August (1879–1956)

1 Fest-Spiel für Turner. 29 S. Oldenburg: Bültmann (1906)
2 Tor Schlummertied. Leeder un Döntjes. 79 S. m. Abb. Oldenburg: Bültmann 1906
3 Frithjof. Ein Sagenspiel in fünf Aufzügen. 108 S. Oldenburg: Bültmann 1911
4 Das Licht der Heimat. Roman. 400 S. Lpz: Quelle & Meyer (1920)
5 Der Moorhof. Novelle. 75 S., 1 Taf. Wilhelmshaven: Friesen-V. (= Friesland-Bücherei 6) 1920
6 Der Wanderer ohne Weg. Roman. 291 S. Lpz: Quelle & Meyer 1921
7 De Aukschon. Een Kummedi in een Uptog. 60 S. Bremen-Wilhelmshaven: Friesen-V. 1922
8 Marie. Plattdütsch Drama in een Uptog. 32 S. Bremen-Wilhelmshaven: Friesen-V. 1922
9 Das Nest in der Heide. 143 S. Lpz: Quelle & Meyer (= Novellenbücherei fürs deutsche Haus) (1922)
10 Die Hartjes. Roman. 387 S. Lpz: Quelle & Meyer (1924)
11 Neue Jugend. Ein Festspiel für Turner. 32 S. Dresden: Limpert 1925
12 (Einl.) Niedersachsen. 52 S. m. Abb. Oldenburg: Dieckmann (= Unsere deutsche Heimat 2) 1925
13 Gertraudis. Drei Novellen. 138 S. Lpz: Quelle & Meyer (1927)
14 Das Volk am Meer. Roman. 403 S., 1 Kt. Lpz: Quelle & Meyer 1929

15 Aufruf zur Freude. Ein Sprech- und Bewegungschor für Turner. 28 S. Dresden: Limpert (1930)
16 Jan is König. Litjet Wiehnachsspill. 15 S. Hbg: Quickborn-V. (1930)
17 Swienskomödi. Een Buernstück in dree Ennens. 76 S. Hbg: Quickborn-V. (1930)
18 Diederk schall freen. Litje Komödi. 31 S. Hbg: Quickborn-V. (1931)
19 Wenn de Hahn kreiht. Buernkomödi. 80 S. Hbg: Quickborn-V. (1932)
20 Ausgewählte Erzählungen. 46 S. Hbg: Meißner (= Nordmark-Bücherei 20) (1934)
21 Die Stedinger. Spiel vom Untergang eines Volkes. 75 S. Oldenburg: Schulze (= Ziehbrunnen 4) 1934
22 (MV) Das Volksbuch von Jolanthe. 180 S. m. Abb. Bln: Drei Masken-V. 1935
   (Enth. u. a. hochdt. Fassg. v. Nr. 17)
23 An der breiten Straße nach West. Kriegserlebnisse. 200 S. Lpz: Quelle & Meyer 1935
24 För de Katt. Buernkomödi. 97 S. Hbg: Quickborn-V. 1938
25 Für die Katz! Komödie. 71 S. Bln: Drei Masken-V. 1938
   (Hochdt. Fassg. v. Nr. 24)
26 Tilly vor Oldenburg. Kleines Spiel im Oldenburger Schloß. 16 S. Oldenburg: Dieckmann (1939)
27 Mein erstes Buch. 276 S. Lpz: Huyke (1941)
28 Mein heiteres Buch. Fröhliche Geschichten. 160 S. Lpz: Huyke (1941)
29 Drei Bauernkomödien. 313 S. Lpz: Huyke (1943)
   (Enth. Nr. 19, 25 u. Ausz. a. Nr. 22)
30 Rund um den Lappan. Oldenburger Anekdoten. 167 S. m. Abb. Oldenburg: Stalling (1943)
31 Drei heitere Bühnenstücke. 395 S. Lpz: Huyke (1944)
32 Die krumme Straße. Roman. 400 S. Oldenburg: Huyke 1949
33 Das Wunder der heiligen Nacht. Weihnachtsgeschichten. 70 S., 4 Abb. Oldenburg: Huyke 1949
34 Kommst du heute abend? Kleine Liebesgeschichten. 128 S. Oldenburg: Huyke (1952)
35 Krach um Jolanthe. Eine Bauernkomödie. 87 S. Weinheim/Bergstr.: Deutscher Laienspiel-V. (1952)
   (Ausz. a. Nr. 22)
36 Der kluge Heini. Kleine Komödie. 22 S. Weinheim/Bergstr.: Deutscher Laienspiel-V. (1954)
37 Eines Nachts. Erzählungen. 95 S. Bremen: Döll (1955)
38 Siebzehn und zwei. Komödie in einem Akt. 69 S. Weinheim/Bergstr.: Deutscher Laienspiel-V. (1955)
39 Schwarzbrot. Ausgewählte Erzählungen. 162 S. Bremen: Schünemann (= Schünemann-Hausbücherei) 1959
40 Vörnehm un gering. 57 S. Hbg: Quickborn-V. 1959

HIPPEL, Theodor Gottlieb von
(+Johann Heinrich Friedrich Quitenbaum) (1741–1796)

1 *Sammlung von Gedichten. Königsberg 1756
2 *Rhapsodien. Königsberg 1757
3 *Das christliche Ehepaar. Dem Hippel- und Böckertschen Hochzeitstage gewidmet. 4 Bl. Königsberg: Driest (1760)
4 *Das schöne Herz J. F. N. o. O. 1760
5 *Gedanken über die Unzufriedenheit von H**W. Nebst Zuschrift, Vorrede und Motto. Zuschrift an Hrn. **. 4 Bl. 4° o. O. 1761
6 *Makulatur zum bewusten Gebrauch. 4 Bl., 47 S. Königsberg 1762
7 *Auf die Abreise des Feldpredigers Preyß nach Potsdam. o. O. 1763
8 *Rhapsodie. 30 S. Königsberg: Kanter 1763
9 Der Funckschen Gruft im Namen einiger Freunde gewidmet. 4 Bl. 4° Königsberg: Kanter (1764)

10 *Zur Verbindung seines Freundes R. mit Marianen. o. O. 1764
11 *Der Mann nach der Uhr, oder der ordentliche Mann. Ein Lustspiel in einem Aufzuge. 112 S. o. O. 1765
12 *Freimaurerreden. 163, 1 S. Königsberg: Kanter 1768
13 *Die ungewöhnlichen Nebenbuhler. Ein Lustspiel in drey Aufzügen. 140 S., 1 Bl. o. O. 1768
14 *Auf die Frage: Ist es rathsam, Missethäter durch Geistliche zum Tode vorbereiten, und zur Hinrichtung begleiten zu lassen? 29 S. Königsberg: Kanter 1769
15 *An Herrn Schefner, an meinem Geburtstage, 1770. 4 Bl. o. O. 1770
16 *Geistliche Lieder. 93 S. Bln: Haude & Spener 1772
17 *Über die Ehe. VIII, 229 S. Bln: Voß 1774
18 *Pflichten des Maurers bey dem Grabe eines Bruders. Eine Freymäurer-Rede in der Loge zu den dreyen Kronen in Königsberg. 62 S. Danzig: Flörke 1777
19 *Lebensläufe nach Aufsteigender Linie nebst Beylagen A, B, C. 3 Theile, 4 Bde. 2290 S., 15 Ku. Bln: Voß 1778–1781
20 *Mit dem Glockenschlage Zwölf. Lustspiel in drei Akten. o. O. 1786 (Bearb. v. Nr. 11)
21 *Bedencken über die Historisch Kritische Beleuchtung der Frage: Hat die Preußische Ritterschaft das Recht ein beständiges Corps zu formiren, das immerwährende Deputation zu halten und durch solche über allgemeine Landessachen Berathschlagungen anzustellen, und worauf gründet sich dasselbe? 120 S., 1 Bl., 68 S., 1 Bl. o. O. 1787
22 *Handzeichnungen nach der Natur. X, 182 S., 1 Bl. Bln: Voß 1790
23 †Zimmermann der I. und Friedrich der II. von Johann Heinrich Friedrich Quitenbaum, Bildschnitzer in Hannover, in ritterlicher Assistenz eines leipziger Magisters. 222 S. o. O. 1790
24 Das Königsbergsche Stapelrecht. Eine Geschichts- und Rechtserzählung mit Urkunden. 1 Bl., 124 S. Bln: Lagarde 1791
25 *Über die Ehe. VIII, 426 S. Bln: Voß 1792 (Verm. Neuaufl. v. Nr. 17)
26 Über die Mittel gegen die Verletzung öffentlicher Anlagen und Zierrathen 79 S. Bln: Voß 1792
27 *Nachricht, die v. K---sche Untersuchung betreffend. 134 S. Königsberg: Nicolovius 1792
28 *Über die bürgerliche Verbesserung der Weiber. 429, 1 S. Bln: Voß 1792
29 *Über die Ehe. VIII, 501 S. Bln: Voß 1793 (Verm. Neuaufl. v. Nr. 25)
30 *Kreuz- und Querzüge des Ritters A bis Z. von dem Verfasser der Lebensläufe nach aufsteigender Linie. 2 Bde. 577, 534 S. Bln: Voß 1793–1794
31 Nachlaß über weibliche Bildung. IV, 159 S. Bln: Voß 1801
32 Über Gesetzgebung und Staatenwohl. Nachlaß. VIII, 199 S. Bln: Voß 1804
33 Sämmtliche Werke. 14 Bde., 15 Ku. Bln: Reimer 1828–1839

HIRSCHFELD, Georg (1873–1942)

1 Dämon Kleist. Novellen. 179 S. Bln: Fischer 1895
2 Der Bergsee. 155 S. Dresden: Bondi 1896
3 Zu Hause. Ein Akt. 69 S. Bln: Fischer 1896
4 Die Mütter. Schauspiel. 144 S. Bln: Fischer 1896
5 Agnes Jordan. Schauspiel. 288 S. Bln: Fischer (1897)
6 Pauline. Berliner Komödie. 123 S. Bln: Fischer 1899
7 Der junge Goldner. Komödie. 232 S. Bln: Fischer 1901
8 Freundschaft. Novelle. 171 S. Bln: Fischer 1902
9 Der Weg zum Licht. Salzburger Märchendrama. 149 S. Bln: Fischer 1902
10 Nebeneinander. Schauspiel. 107 S. Bln: Fischer 1904
11 Erlebnis und andere Novellen. 123 S. Wien: Wiener Verl. (= Bibliothek moderner deutscher Autoren 3) 1905
12 Der verschlossene Garten. Novellen. 135 S. Stg: Dt. Verl.-Anst. (1905)
13 Das grüne Band. Roman aus jungem Leben. 542 S. Bln: Fischer 1906

14 Michael Lewinoffs deutsche Liebe. Novelle. 127 S. Wien: Wiener Verl. (= Bibliothek moderner deutscher Autoren 20) 1906
15 Ein Requiem. Novelle. 74 S. Lpz: Insel 1906
16 Spätfrühling. Lustspiel. 160 S. Stg: Cotta 1906
17 Das Mädchen von Lille. Roman. 307 S. Bln: Fischer 1907
18 Mieze und Maria. Komödie. 156 S. Stg: Cotta 1907
19 Der Wirt von Veladuz. Roman. 486 S. Bln: Fischer 1907
20 Hans aus einer anderen Welt. Roman. 453 S. Bln: Fischer 1909
21 Die Madonna im ewigen Schnee. Erzählung. 202 S. Bln: Schottländer 1909
22 Auf der Schaukel und andere Novellen. 342 S. Bln: Fischer 1909
23 Das zweite Leben. Drama. VI, 126 S. Bln: Fleischel 1910
24 Die Nixe vom Güldensee. Märchen der Gegenwart. 206 S. Bln: Schles. Verl.-Anst. 1910
25 Angst um Anna und andere Geschichten. 160 S. Stg: Engelhorn (= Engelhorn's allgemeine Roman-Bibliothek XXVII, 19) 1911
26 Rasten und Gefahren. Novellen. V, 170 S. Lpz: Xenien-Verl. 1911
27 Der Kampf der weißen und der roten Rose. Roman. 408 S. Stg: Dt. Verl.-Anst. 1912
28 Onkel und Tante Vantee. Roman. 278 S. Bln: Paetel 1913
29 Pension Zweifel. Roman. 200 S. Mchn: Müller 1913
30 Überwinder. Drama in vier Aufzügen. 96 S. 16⁰ Lpz: Reclam (= Universal-Bibliothek 5622) 1913
31 Das Wunder von Oberpurzelsheim. Das Recht auf den Tod. Zwei Novellen. 48 S. Lpz: Haberland (= Xenien-Bücher 9) 1913
32 Die Belowsche Ecke. Roman. 443 S. Bln: Ullstein 1914
33 Rösickes Geist. Komödie in drei Aufzügen. 69 S. 16⁰ Lpz: Reclam (= Universal-Bibliothek 5663) 1914
34 Nachwelt. Der Roman eines Starken. 411 S. Stg: Cotta 1914
35 Die deutsche Prinzessin. Roman. 363 S. Hbg: Enoch 1914
36 Der japanische Garten. Roman aus dem Jahre 1914. 288 S. Bln: Paetel 1915
37 Das Kreuz der Wahrheit. Roman. 325 S. Bln: Fischer 1915
38 Das tote Leben. Drama. 24 S. Mchn, Bln: Collignon (= Münchener Liebhaber-Drucke 9–10) 1915
39 Die geborgte Sonne. Roman. 282 S. Stg: Engelhorn (= Engelhorn's allgemeine Roman-Bibliothek XXXII, 13–14) 1916
40 Drei Reiche. Erzählungen. 94 S. Bln: Hillger (= Kürschner's Bücherschatz 1114) (1917)
41 Gottfried und Hinda. Novelle. 95 S. Bln: Hillger (= Kürschner's Bücherschatz 1156) (1918)
42 König Mooseder. Roman. 304 S. Siegen: Montanus-Verl. (= Welt und Leben-Bücher 2) 1918
43 Die japanische Ente und andere Novellen. Einl. O. Enking. 93 S., 1 Bildn. Lpz: Reclam (= Reclam's UB. 6001) (1919)
44 Die Hände der Frau Sigrüner. Roman. 380 S. Bln: Ullstein 1919
45 Der Patrizier. Ein Liebeskampf im Bürgertum. Roman. 224 S. Bln: Neufeld & Henius (= Moderne Romanbücherei 6) (1919)
46 Die Phantasiebraut. 142 S. Stg: Engelhorn (= Engelhorn's allgemeine Roman-Bibliothek XXXIV, 19) (1919)
47 Der Ruf im Manne. Novelle. 62 S. Bln: Hillger (= Kürschner's Bücherschatz 1212) (1919)
48 Das türkische Mittel. 63 S. Bln: Hillger (= Kürschner's Bücherschatz 1310) (1920)
49 Die Tanzseele. Roman. 303 S. Bln: Mosse (1920)
50 Der Unmögliche. 63 S. Bln: Hillger (= Kürschner's Bücherschatz 1263) (1920)
51 Das hohe Ziel. Eine Tragödie armer junger Leute in vier Aufzügen. 95 S. Lpz: Reclam (= Reclam's UB. 6085) (1920)
52 Der Herr Kammersänger. Roman. 232 S. Bln: Eysler (= Roman der eleganten Welt 15) 1921
53 Die Frau im Feuer. Roman. 248 S. Bln: Ullstein (= Ullstein-Bücher 147) (1922)
54 Die Jagd auf Ubbeloh. 148 S. Wien: Rikola-Verl. 1922
55 Das schöne Mädel. Roman. 238 S. Bln: Mosse 1922

56 Das Haus mit der Pergola. Ein fröhlicher Roman. 106 S. Bln: Mosaik-Verl. (= Mosaik-Bücher 23) 1923
57 Das Blut der Messalina. Roman. 288 S. Wien: Rikola-Verl. 1924
58 Otto Brahm. Briefe und Erinnerungen, mitgeteilt. 280 S., 1 Titelb. Bln: Stilke 1925
59 Der Mann im Morgendämmer. Roman. 343 S. Lpz: Reclam (= Reclam's Romanreihe) 1925
60 Frau Rietschel das Kind. Roman. 311 S. Bln: Johndorff (= Halblederabonnementsserie 3) 1925
61 Lord Byron. 199 S., 34 Abb., 1 Faks. Wien, Bln: Franke (= Menschen, Völker, Zeiten 14) 1926
62 Die Bude. Ein Theaterroman. 291 S. Bln: Wasservogel 1927
63 Opalritter. Roman. 261 S. Wien: Iris-Verl. (= Die Spiegel-Bücher 4–5) 1927
64 Der große Teppich. Roman. 289 S. Heidelberg, Baden-Baden: Merlin-Verl. (1927)
65 Das Heiligenblut. Roman. 319 S. Oldenburg: Stalling (1930)
66 Die Frau mit den hundert Masken. Roman einer Schauspielerin. 296 S. Bln: Bong (1931)

Hitzig (eig. Itzig), Julius Eduard (1780–1840)

1 (Übs.) J. A. C. de Chaptal: Die Chemie in Anwendung auf Künste und Gewerbe dargestellt. 2 Bde. XXVIII, 392; 544, XXVIII S. m. Ku. Bln: Realschulbuchh. 1808
2 (Hg.) M. de Cervantes Saavedra: La Numancia. Tragedia. 97 S. Bln: Hitzig (= Taschenbuch für Freunde der Poesie 1) (1809)
3 (Hg.) C. Gozzi: Le dieci fiabi teatrali. 3 Tle. 16⁰ Bln: Hitzig 1809–1810
4 (Hg.) L. de Camoens: Os Lusiadas. Hg. J. E. H. u. C. v. Winterfeld. XLVI, 464 S. 16⁰ Bln: Hitzig 1810
5 (Übs.) G. de Staël: Aspasia. Eine Charakterzeichnung. Aus dem Französischen. Paris, Bln: Dümmler 1811
6 (MÜbs.) G. de Staël: Deutschland. Übs. F. Buchholz, S. H. Catel, J. E. H. 3 Bde. 853 S. Bln: Hitzig 1814
7 *(Hg.) Aus Hoffmann's Leben und Nachlaß. 2 Bde. XIV, 336; 380 S. Bln: Dümmler 1823
8 *(Hg.) Lebens-Abriß Friedrich Ludwig Zacharias Werners. Von dem Herausgeber von Hoffmanns Leben und Nachlaß. 3 Bl., 164 S. Bln: Sander 1823
9 (Hg.) E. T. A. Hoffmann: Die letzten Erzählungen. Vollständig gesammelt und mit Nachträgen zu dem Werke: Aus Hoffmann's Leben und Nachlaß hg. v. dessen Verfasser. 2 Tle. XX, 432 S.; 3 Bl., 400 S. Bln: Dümmler (= Die Serapionsbrüder, Supplementbd. 1–2) 1825
10 *(Hg.) Gelehrtes Berlin im Jahre 1825. X, 326 S. Bln: Dümmler 1826
11 (Hg.) E. T. A. Hoffmann: Erzählende Schriften. 3 Bde. Stg: Franckh 1827 (A. d. Handel gez.)
12 (Hg.) Zeitschrift für die preußische Kriminalrechtspflege. 1828–1837
13 (Hg.) E. T. A. Hoffmann: Erzählende Schriften, in einer Auswahl. 18 Bde. 16⁰ Stg: Brodhag 1831
14 Das Königl. Preuß. Gesetz vom 11. Juni 1837 zum Schutz des geistigen Eigenthums. VIII, 122 S. 12⁰ Bln: Dümmler 1838
15 Über belletristische Schriftstellerei als Lebensberuf. Ein Wort der Warnung für Jung und Alt. (S.-A.) 3 Bg. Bln: Vereinsbuchh. 1838
16 (Hg.) Leben und Briefe von Adelbert von Chamisso. 2 Bde. 29½ Bg., 1 Bildn. 12⁰ Lpz: Weidmann (= A. v. Chamisso; Werke, Bd. 5–6) (1839)
17 (Hg.) E. T. A. Hoffmann: Erzählungen aus seinen letzten Lebensjahren, sein Leben und Nachlaß. 5 Bde. m. Ku. u. Faks. Stg: Brodhag (= Ausgewählte Schriften 11–15) 1839
18 (Hg.) Allgemeine Preßzeitung. 4 Jge. Lpz: Weber 1840–1843
19 (MH) Der neue Pitaval. Eine Sammlung der interessantesten Criminalgeschichten aller Länder aus älterer und neuerer Zeit. Hg. J. E. H. u. W. Häring. 12 Bde. 12⁰ Lpz: Brockhaus 1842–1847

20 Vier Variationen über ein Zeitthema. 2 Bg. Bln: Berliner Lesecabinet 1842
21 (Hg.) Vollständige Acten in der wider mich auf Denunciation des Criminalgerichts zu Berlin eingeleiteten fiscalischen Untersuchung wegen angeblicher Beleidigung dieses Gerichts durch öffentliche Kritik einer von ihm in der Schelling-Paulus'schen Angelegenheit erlassenen Verfügung. 4 Bde. Lpz: Weber (1–3) bzw. Lpz: Lorck (4) 1844–1845
22 (MV) E. T. A. Hoffmann: Briefe an Friedrich Baron de la Motte Fouqué. Mit einer Biographie Fouqué's v. J. E. H. u. e. Vorw. u. biographischen Notizen v. H. Kletke. Hg. A. Baronin de la Motte Fouqué. VI, 578 S. Bln: Adolf 1848

HOCHWÄLDER, Fritz (*1911)

1 Das heilige Experiment. Schauspiel in fünf Aufzügen. 72 S. Elgg-Zürich: Volksverl. 1947
2 Der Flüchtling. Schauspiel in drei Akten, nach einem Entwurf v. G. Kaiser. 36 S. 4° Mchn: Desch (Bühnen-Ms.) (1948)
3 Donadieu. Schauspiel in drei Akten. 83 S. Hbg: Zsolnay 1953
4 Der öffentliche Ankläger. Schauspiel in drei Akten. 97 S. Hbg: Zsolnay 1954
5 Hôtel du Commerce. Komödie in fünf Akten nach Maupassants Novelle: Boule de suif. 76 S. Elgg-Zürich: Volksverl. 1954
6 Der Flüchtling. Schauspiel in drei Akten. Nach Ideen v. G. Kaiser. 66 S. Elgg-Zürich: Volksverl. 1955
 (Neufassg. v. Nr. 2)
7 Die Herberge. Dramatische Legende in drei Akten. 89 S. Elgg-Zürich: Volksverl. 1956
8 Der Unschuldige. Komödie in drei Akten. 84 S. Elgg: Volksverl. (1958)
9 Dramen. Erster Band. 292 S. Mchn: Langen-Müller (1959)
 (Enth. u. a. Nr. 1 u. 7)
10 Esther. 85 S. Elgg: Volksverl. 1960

HODDIS, Jakob van (eig. Hans Davidsohn) (1887–1942)

1 Weltende. 28 S. Bln-Wilmersdorf: Verl. d. Wochenschrift Die Aktion (= Der rote Hahn 19) 1918
2 Weltende. Gesammelte Dichtungen. Hg. P. Pörtner. 132 S. m. Abb., 1 Bl. Abb., 1 Titelb., 2 Faks. Zürich: Arche (= Sammlung Horizont) 1958

HOECK (Hock), Theobald (+Otheblad Ockh) (1573–1618)

1 +Schönes Blumenfeldt. Auff jetzigen Allgemeinen gantz betrübten Stand. 92 Bl. 4° Lignitz im Elsaß: Schöps 1601

HÖCKER, Paul Oskar (1865–1944)

1 Auf fremder Erde. Zwei Erzählungen für die Jugend. 128 S., 5 Abb. Wesel: Düms 1892
2 Götz von Berlichingen. Kulturgeschichtliche Erzählung aus den letzten Tagen des fehdelustigen Rittertums und aus der Zeit des großen Bauernkriegs. 180 S. m. Abb. Bln, Stg: Loewe 1892
3 Der Wüstenprinz. Kulturgeschichtliche Erzählung aus der Blütezeit Altägyptens. 153 S. m. Abb. Bln: Eckstein 1892
4 Dem Glücke nach. Berliner Roman. 202 S. Bln: Eckstein (= Eckstein's Reisebibliothek 152–153) 1893

5 (Bearb.) G. Aimard: Der Fährtensucher. 192 S., 5 Abb. Wesel: Düms 1894
6 (Bearb.) J. F. Cooper: Der rote Freibeuter. 111 S., 5 Abb. Stg: Loewe 1894
7 Der Olympier. Kulturgeschichtliche Erzählung aus dem Zeitalter des Perikles. 217 S., 10 Abb. Lpz: Geibel 1894
8 Leichtsinniges Volk. Novelle. 108 S. 16⁰ Lpz: Reclam (= Universal-Bibliothek 3212) 1894
9 Cäsars Glück und Ende. Naturgeschichtliche Erzählung aus den letzten Tagen der römischen Republik. 243 S., 6 Abb. Lpz: Geibel 1895
10 Adam Riese und seine Zeit. Erzählung aus dem Erzgebirge. 166 S. m. Abb. 12⁰ Glogau: Flemming (= C. Flemming's vaterländische Jugendschriften 42) 1895
11 König Attila. Kulturgeschichtliche Erzählung aus der Völkerwanderung. 244 S., 6 Abb. Lpz: Geibel 1896
12 Polnische Wirthschaft. Roman. 411 S. Bln: Bong 1896
13 's Burgele. Erzählung aus den Alpen. 99 S. m. Abb. Stg: Krabbe 1897
14 Geldheiraten. 128 S. 12⁰ Bln: Hillger (= Kürschner's Bücherschatz 14) 1897
15 Fräulein Doktor. Humoristischer Roman. 348 S. Lpz: List (1898)
16 Feenhände. Roman. 2 Tle. in 1 Bd. 191, 200 S, Bln: Janke 1898
17 Wir Junggesellen! und andere Humoresken. 172 S. Bln: Steinitz 1898
18 Was die Leute sagen. Novelle. 196 S. Bln: Vita 1898
19 Die Frau Rat. Roman. 406 S. Lpz: List 1898
20 Der Ritter mit der eisernen Hand. Kulturgeschichtliche Erzählung aus den letzten Tagen des fehdelustigen Rittertums und aus der Zeit des großen Bauernkrieges. 128 S., 5 Abb. Stg: Loewe 1898 (Neuaufl. v. Nr. 2)
21 Sekt! Eine lustige Geschichte. 197 S. Bln: Steinitz 1898
22 Die Weihnachts-Ronde. Schwank. 34 S. Bln: Bloch (= E. Bloch's Theater-Korrespondenz 303) 1898
23 Argusaugen. 127 S. 12⁰ Bln: Hillger (= Kürschner's Bücherschatz 124) 1899
24 Vor dem Kriegsgericht. Kriminalroman. 127 S. 12⁰ Bln: Hillger (= Kürschner's Bücherschatz 179) 1900
25 Zersprungene Saiten. Novellen und Erzählungen. 171 S. Lpz: List 1900
26 Sekt! Lustspiel. 111 S. 12⁰ Stg: Unterborn 1900 (Dramat. v. Nr. 21)
27 Seekadett Tielemann. Erzählung aus dem chinesisch-japanischen Kriege. 189 S., 4 Abb. Stg: Weise 1900
28 Väterchen. Roman. 324 S. Stg: Cotta 1900
29 Letzter Flirt. Wintergeschichte. 267 S. Lpz: List 1901
30 Von mir, von Durchlaucht und Anderen. Humoresken. 137 S. Bln: Hofmann 1901
31 Weiße Seele. Roman. 235 S. Lpz: List (1901)
32 Es blasen die Trompeten! Eine Reitergeschichte. 224 S. Lpz: List (1902)
33 Prinzessin Fee. 2 Bde. 200, 195 S. m. Abb. Bln: Vobach (= Vobach's illustrierte Roman-Bibliothek II, 1. 2) 1903
34 's Zeller Trautl. 109 S. Bln: Hillger (= Kürschner's Bücherschatz 340) 1903
35 Frühlingsstürme. 158 S. Stg: Engelhorn (= Engelhorn's allgemeine Roman-Bibliothek XXI, 3) 1904
36 Närrische Käuze. 144 S. Stg: Dt. Verl.-Anst. (= Deva-Roman-Sammlung 39) 1904
37 Schwanengesang. Novelle. 144 S. Stg, Bln-Schönefeld: Unterborn (= Deutsche Erzähler 1) 1904
38 Zur Freiheit. Roman. 263 S. Bln: Vobach 1905
39 Dodi. Roman. 387 S. Bln: Paetel 1906
40 Don Juans Frau. 158 S. Stg: Engelhorn (= Engelhorn's allgemeine Roman-Bibliothek XXII, 15) 1906
41 (MH) Velhagen und Klasing's Monatshefte. Hg. P. O. H. (u. a.) 31 Jgc. Bielefeld: Velhagen & Klasing 1906-1936
42 Ich grolle nicht! Roman. 293 S. Lpz: Grethlein 1907
43 Paradiesvogel. 2 Bde. 160, 159 S. Stg: Engelhorn (= Engelhorn's allgemeine Roman-Bibliothek XXIV, 5. 6) 1907
44 Die verbotene Frucht. Roman. 282 S. Bln: Fleischel 1908
45 Prinzgemahl. 159 S. Stg: Engelhorn (= Engelhorn's allgemeine Roman-Bibliothek XXV, 23) 1909

46 Das goldene Schiff. Roman. 160 S. Stg: Engelhorn (= Engelhorn's allgemeine Roman-Bibliothek XXVI, 16) 1910
47 Die Sonne von St. Moritz. 304 S. Bln: Ullstein (= Ullstein-Bücher) 1910
48 Lebende Bilder. Roman. 2 Bde. 160, 135 S. Stg: Engelhorn (= Engelhorn's allgemeine Roman-Bibliothek XXVII, 21. 22) 1911
49 (MH) Daheim. Hg. H. v. Zobeltitz, P. O. H., J. Höffner. 5 Jge. Lpz: Daheim-Exped. 1911–1915
50 Die lachende Maske. Roman. 362 S. Bln: Ullstein 1911
51 Die Musikstudenten. Roman. 298 S. Stg: Engelhorn 1911
52 Fasching. Roman. 468 S. Bln: Ullstein 1912
53 Der Sohn des Soldatenkönigs. 163 S. m. Abb. Bln: Ullstein (= Ullstein-Jugend-Bücher 7) 1912
54 Der ungekrönte König. Roman. 317 S. Stg: Engelhorn 1913
55 Kleine Mama. 456 S. Bln: Ullstein 1913
56 Das flammende Kätchen. Roman. 317 S. Bln: Ullstein (= Ullstein-Bücher) 1914
57 An der Spitze meiner Kompagnie. Drei Monate Kriegserlebnisse. 268 S. Bln: Ullstein 1914
58 Die Meisterin von Europa. Roman. 431 S. Bln: Ullstein 1914
59 Die indische Tänzerin. Roman. 319 S. Stg: Engelhorn (= Engelhorn's allgemeine Roman-Bibliothek XXXI, 1. 2) 1914
60 Der Taugenichts. Eine Erzählung für jung und alt. 218 S., 8 Taf. Bln: Ullstein 1914
61 (MH) Weihnachten 1914. Festgabe des Daheim für unsere Krieger. Hg. H. v. Zobeltitz, P. O. H. u. J. Höffner. 40 S. m. Abb., 2 Taf. 4° Bielefeld: Velhagen & Klasing 1914
62 Die junge Exzellenz. Roman. 414 S. Bln: Ullstein 1915
63 (MH) Liller Kriegszeitung. Eine Auslese. Hg. H. u. Frh. v. Ompteda. 6 Bde. VIII, 1717 S. m. Abb. u. Taf. Bln: Vobach; Lpz: Koehler & Volckmar 1915 bis 1918
64 Das Volk in Waffen. Vaterländisches Liederspiel in vier Bildern. 108 S. Bln: Ullstein 1915
65 Ein Liller Roman. 441 S. Bln: Ullstein (1916)
66 Zwischen den Zeilen. Ein Roman in Briefen. 141 S. Stg: Engelhorn (= Engelhorn's allgemeine Roman-Bibliothek XXXII, 12) 1916
67 Drei Jahre Liller Kriegszeitung. Eine Denkschrift zum 2. XII. 1917. 67 S. m. Abb. Lille: Liller Kriegszeitung (1917)
68 Die Stadt in Ketten. Ein neuer Liller Roman. 379 S. Bln: Ullstein (1917)
69 Das glückliche Eiland. Roman. 188 S. Bln: Ullstein (= Ullstein-Bücher) 1919
70 Kinderzeit. Erinnerungen. 294 S., 1 Bildn. Bln: Ullstein 1919
71 Hans im Glück. Roman. 357 S. Bln: Ullstein (1921)
72 Der Held des Abends. Roman. 303 S. Bln: Scherl (1921)
73 Wie Schorschel Bopfinger auf Abwege geriet. Geschichten. 135 S. Stg: Engelhorn (= Engelhorn's Romanbibliothek XXXVI, 25) 1922
74 Heimatluft. Ein Roman aus der alten Potsdamer Geheimratswelt. 249 S. Bln: Ullstein (= Ullstein-Bücher 143) 1922
75 Der Mann von der Straße. Roman. 300 S. Bln: Ullstein 1922
76 (MH) Finnland. Unter Mitarbeit v. R. v. d. Goltz u. a. hg. P. O. H. 96 S., 75 Abb., 1 Kt. Bielefeld: Velhagen & Klasing (= Velhagen & Klasing's Volksbücher 152) (1923)
77 Die blonde Gefahr. Roman. 257 S. Bln: Ullstein 1923
78 Die kleine Tutt und ihre Liebhaber. Roman. 247 S. Bln: Ullstein (= Ullstein-Bücher 151) (1923)
79 Thaddäus. Der Roman eines jungen Herzens. Nach Aufzeichnungen Gustav Danneggers des Vikars. 265 S. Bln: Ullstein 1924
80 Dicks Erziehung zum Gentleman. Roman. 192 S. Bln: Scherl (1925)
81 Modell Sirene. Roman. 243 S. Bln: Scherl 1925
82 Die Frau am Quell. Roman. 229 S. Bln: Scherl 1926
83 Das ungetreue Liebespaar. Roman. 254 S. Bln: Scherl 1927
84 Im Hintergrund der schöne Fritz. Roman. 270 S. Bln: Ullstein 1928
85 Wirbelsturm auf Kuba. Roman. 224 S. Bln: Scherl 1928
86 Die Meisterspionin. Roman. 257 S. Bln: Scherl 1929

87 Wintersport. 79 S. m. Abb. Bielefeld: Velhagen & Klasing 1929
88 Der Preisgekrönte. Roman. 274 S. Bln: Ullstein 1930
89 Die sieben Stufen. Roman. 251 S. Bln: Scherl 1930
90 Den Dritten heirat' ich einmal. Roman. 247 S. Bln: Scherl 1931
91 Dina und der kleine Herzog. Roman. 244 S. Bln: Scherl 1932
92 Bettina auf der Schaukel. Roman. 257 S. Bln: Scherl 1934
93 Die reizendste Frau – außer Johanna. Roman aus der Zeit Bismarcks. 253 S. Bln: Scherl 1935
94 Die verbotene Liebe. Roman. 294 S. Salzburg: Verl. „Das Bergland-Buch" 1935
95 Paris in Baden-Baden. Roman. 259 S. Lpz: Payne 1936
96 Die Rose Feuerzauber. Ein Berliner Roman. 275 S. Bln: Scherl 1936
97 Zietenhusaren. Roman aus der Zeit Friedrichs des Großen. 299 S. Bln: Scherl 1936
98 Zwischen Hochzeit und Heirat. 255 S. Lpz: Payne 1937 (Veränd. Neuaufl. v. Nr. 62)
99 Königin von Hamburg. Roman. 288 S. Bln: Scherl 1937
100 Das kleine Feuerwerk. Roman. 251 S. Lpz: Payne 1938
101 Ich liebe Dich. Ein Grieg-Roman. 248 S., 7 Taf. Bln: Scherl (1940)
102 Gottgesandte Wechselwinde. Lebenserinnerungen eines Fünfundsiebzigjährigen. VI, 633 S., 8 Bl. Abb. Bielefeld: Velhagen & Klasing 1940
103 Schloßmusik auf Favorite. Roman. 232 S. Bln: Scherl (1943)
104 Der Kapellmeister. Roman. 181 S. Bln: Scherl 1944

HÖLDERLIN, Friedrich (1770–1843)

1 Hyperion oder der Eremit in Griechenland. 2 Bde. 160, 124 S. Tüb: Cotta 1797–1799
2 (Übs.) Sophokles: Die Trauerspiele. 2 Bde. 2 Bl., 108; 103, 1 S. Ffm: Wilmans 1804
3 Gedichte. 2 Bl., 226 S., 1 Bl. Stg, Tüb: Cotta 1826
4 Sämmtliche Werke. Hg. C. T. Schwab. 2 Bde. XIV, 213, 148; VI, 352 S. Stg, Tüb: Cotta 1846
5 Sämtliche Werke in sechs Bänden. Historisch-kritische Ausg. Unter Mitarb. v. F. Seebaß bes. N. v. Hellingrath. 6 Bde. m. Taf. u. Faks. Mchn: Müller bzw. Bln: Propyläen-V. 1913–1923
6 Sämmtliche Werke und Briefe in fünf Bänden. Kritisch-historische Ausg. v. F. Zinkernagel. 5 Bde. m. Abb. u. Faks. Lpz: Insel 1914–1926
7 Sämtliche Werke. Stuttgarter Hölderlin-Ausgabe. Große Stuttgarter Ausg. Im Auftr. d. Württ. Kultusministeriums hg. F. Beißner. 8 Bde. 4₀ Stg: Cotta 1943 ff.

HÖLTY, Ludwig Christoph Heinrich (+Town, der Sittenrichter) (1748–1776)

1 Auf den Tod Seiner Excellenz des Herrn Premierministers Gerlach Adolph Freiherrn von Münchhausen. 2 Bl. 4⁰ Göttingen 1770
2 (Übs.) R. Hurd: Moralische und politische Dialoge. Aus dem Englischen. 2 Bde. 456 S. Lpz: Weygand 1775
3 +(Übs.) Der Kenner, eine Wochenschrift, von Town dem Sittenrichter. Aus dem Englischen. 468 S. Lpz: Weygand 1775
4 ★(Übs.) Der Abentheurer. Ein Auszug aus dem Englischen. 2 Bde. 366, 310 S. Bln: Himburg 1776
5 ★(Übs.) A. A. Cooper von Shaftesbury: Philosophische Werke. Aus dem Englischen. 3 Bde. Lpz: Weygand 1776–1779
6 Sämtlich hinterlaßne Gedichte, nebst einiger Nachricht aus des Dichters Leben. Hg. A. F. Geisler. 2 Thle. u. Anh. 71 Bl., 225 S.; 2 Bl., 216 S. m. Bildn; 32 S. Halle: Hendel (1-2) bzw. o.O. (Anh.) 1782–1784 (Unrechtmäß. Ausg.)

7 Gedichte. Besorgt durch seine Freunde L. Graf zu Stolberg u. J. H. Voß. XVII, 3, 191 S. Hbg: Bohn 1783
8 Gedichte. Erste vollständige Ausgabe mit erweiterten biographischen Nachrichten literarisch-kritisch eingel. F. Voigts. XXXI, 301 S. 16⁰ Hannover: Meyer 1857
9 Gedichte. Nebst Briefen des Dichters hg. K. Halm. XXIV, 266 S. Lpz: Brockhaus 1869
10 Sämtliche Werke. Kritisch und chronologisch hg. W. Michael. 2 Bde. VIII, 326 S.; VIII, 239 S. m. Faks. Weimar: Gesellschaft der Bibliophilen 1914–1918

HOERNER, Herbert von (1884–1950)

1 Villa Gudrun. Stücke einer Sammlung. 92 S. m. Abb. Lpz: Matthes (= Zweifäusterdruck 72) 1922
2 (Übs.) S. J. Graf Witte: Erinnerungen. Einl. O. Hoetzsch. 581 S. Bln: Ullstein 1923
3 (Übs.) N. V. Gogol: Die Nase. 87 S. m. Abb. 16⁰ Lpz: Matthes (= Zweifäusterdruck 121) 1924
4 (Übs.) A. S. Puškin: Der Sargmacher. Akulina. 57 S. m. Abb. 16⁰ Lpz: Matthes (= Zweifäusterdruck 132) 1924
5 (Übs.) L. Tolstoj: Iwan der Schreckliche. Historischer Roman. 419 S. m. Taf. Lpz: Matthes (= Zweifäusterdruck 167) 1924
6 (Übs.) I. S. Turgenev: Mumu. 66 S., 8 Taf. 16⁰ Lpz: Matthes (= Zweifäusterdruck 139) 1924
7 Des Frosches Auferstehung. Eine Tier- und Tanzfabel. Chemnitz: Gesellschaft der Bücherfreunde zu Chemnitz 1927
8 Der Zauberkreis. Ein Tanzspiel mit begleitenden Versen. Chemnitz: Gesellschaft der Bücherfreunde zu Chemnitz 1928
9 Sechs Gedichte. 7 Bl. Hbg (: V. d. Blätter f. d. Dichtung) (200 Ex.) 1935
10 Bruder im Felde und andere Erzählungen. 48 S. Dresden: Limpert (= Kurzgeschichten 11) 1936
11 Die Kutscherin des Zaren. Erzählung. 79 S. Stg: Engelhorn (= Neue Engelhorn-Bücherei 3) 1936
12 Die letzte Kugel. Erzählung. 75 S. Stg: Engelhorn (= Neue Engelhorn-Bücherei 6) 1937
13 Der große Baum. Erzählung. 62 S. Stg: Engelhorn 1938
14 Der graue Reiter. Roman. 187 S. Stg: Engelhorn 1940
15 Landschaften. 52 S. m. Abb. Breslau: Gauverl. NS.-Schlesien 1942
16 Die Welle. Gedichte. 34 S. Stg: Engelhorn (1942)
17 Das Plaid. 1 gef. Bl. Helmbrecht, Ffm: Schmutter 1947
18 Die grüne Limonade. 62 S. Bln: Reimer 1952

HOFFMANN, Ernst Theodor Amadeus (1776–1822)

1 Liebe und Eifersucht. Oper in drei Akten nach Calderon's ‚Schärpe und Blume' bearb. u. in Musik gesetzt v. E. T. A. H. 2 Bde. qu. 2⁰ Warschau: 1807
2 Trois Canzonettes à 2 et à 3 voix Paroles italiennes et allemandes avec Accompagnement de Pianoforte composées par E. T. H. 15 S. qu. 2⁰ Bln: Werckmeister (1808)
3 (MV) J. v. Soden: Der Trank der Unsterblichkeit, eine romantische Oper in vier Akten, in Musik gesetzt v. E. T. H. qu. 2⁰ Bln: 1808
4 Arlequin. Ballett. qu. 2⁰ Bamberg (1811)
5 (MV) J. v. Soden: Julius Sabinus. Drama. Musik E. T. A. H. qu. 2⁰ Bamberg: (1811)
6 (MV) (F. de la Motte Fouqué:) Undine. Oper in drei Acten. (Musik E. T. A. H.) 3 Bde. qu. 2⁰ Bamberg, Dresden, Lpz: 1812–1814

7 *Fantasiestücke in Callot's Manier. Blätter aus dem Tagebuche eines reisenden Enthusiasten. Mit einer Vorrede von Jean Paul. 4 Bde. XVI, 240 S.; 1 Bl,. 360 S.; 1 Bl., 274 S.; 1 Bl., 390 S. Bamberg: Neues Leseinstitut (1–2) bzw. Bamberg: Kunz (3–4) 1814–1815
8 (Übs.) Rode, Kreutzer u. Baillot: Violinschule. 1 Bl., 65 S. 4⁰ Lpz: Breitkopf & Härtel (1814)
9 *Die Vision auf dem Schlachtfelde bei Dresden. Vom Verfasser der Fantasiestücke in Callots Manier. 16 S. Deutschland (= Bamberg: Kunz) 1814
10 *Die Elixiere des Teufels. Nachgelassene Papiere des Bruders Medardus eines Capuziners. Hg. von dem Verfasser der Fantasiestücke in Callots Manier. 2 Bde. X, 378 S., 2 Bl.; 1 Bl., 374 S. Bln: Duncker & Humblot 1815–1816
11 Arien und Gesänge der Zauber-Oper, genannt: Undine. In drei Akten, von Friedrich Baron de la Motte Fouqué, Musik v. Hoffmann. 54 S., 1 Bl. Bln 1816
(zu Nr. 6)
12 (MV) E.W. Contessa, F. de la Motte Fouqué, E. T. A. H.: Kinder-Mährchen. 2 Bde. 1 Bl., 271 S.; 1 Bl., 249 S. 12⁰ Bln: Realschulbuchh. 1816–1817
13 *Nachtstücke, herausgegeben von dem Verfasser der Fantasiestücke in Callots Manier. 2 Tle. 1 Bl., 321 S.; 1 Bl., 374 S. Bln: Realschulbuchh. 1817
14 Sechs italienische Duettinen für Sopran und Tenor mit unterlegtem deutschem Text und Begleitung des Pianoforte in Musik gesetzt v. E. T. A. H. 35 S. qu. 2⁰ Bln: Schlesinger (1819)
15 Fantasiestücke in Callot's Manier. Blätter aus dem Tagebuche eines reisenden Enthusiasten. Mit einer Vorrede von Jean Paul. 2 Tle. XXII S., 1 Bl., 262 S., 1 Bildn.; 372 S. Bamberg: Kunz 1819
(Veränd. Neuaufl. v. Nr. 7)
16 *Seltsame Leiden eines Theater-Direktors. Aus mündlicher Tradition mitgetheilt vom Verfasser der Fantasiestücke in Callots Manier. VI, 266 S. Bln: Maurer 1819
17 Die Serapions-Brüder. Gesammelte Erzählungen und Mährchen. Hg. v. E. T. A. H. 4 Bde. 2 Bl., 604 S.; 614 S.; 1 Bl., 590 S.; 1 Bl., 587 S. Bln: Reimer 1819–1821
18 Klein Zaches genannt Zinnober. Ein Mährchen herausgegeben von E. T. A. H. 231 S. Bln: Dümmler 1819
19 Lebens-Ansichten des Katers Murr nebst fragmentarischer Biographie des Kapellmeisters Johannes Kreisler in zufälligen Makulaturblättern. 2 Bde. XII, 400; 406 S. Bln: Dümmler 1820–1822
20 *(Anzeige vom Tode des Katers Murr). 1 Bl. qu. 16⁰ Bln: Hoffmann 1821
21 Prinzessin Brambilla. Ein Capriccio nach Jakob Callot. IV, 310 S., 3 Bl., 8 Ku. Breslau: Max 1821
22 *(Übs.) G. Spontini: Olimpia. Eine ernste Oper in drei Aufzügen. 63 S. Bln: Schlesinger 1821
23 Meister Floh. Ein Mährchen in sieben Abentheuern zweier Freunde. 1 Bl.,, 267 S. Ffm: Wilmans 1822
24 (MV) H. v. d. Hagen, E. T. A. H. u. H. Steffens: Geschichten, Mährchen und Sagen. 2 Bl., 215 S. Breslau: Max 1823
25 Aus Hoffmann's Leben und Nachlaß. Hg. v. d. Verfasser des Lebens-Abrisses F. L. Z. Werners. 2 Tle. XVI, 336; 380 S. Bln: Dümmler 1823
26 Die Doppeltgänger. Erzählung. (S.-A.) 1 Bl., 114 S. Brünn: Trassler 1825
27 Die letzten Erzählungen. Vollständig gesammelt und mit Nachträgen zu dem Werke: Aus Hoffmann's Leben und Nachlaß hg. v. dessen Verfasser. 2 Tle. XX, 432 S.; 3 Bl., 400 S. Bln: Dümmler (= Die Serapionsbrüder. Supplementbd. 1–2) 1825
(zu Nr. 17)
28 Ausgewählte Schriften. 10 Bde. m. Abb. u. Taf. 12⁰ Bln: Reimer 1827–1828
29 Erzählungen aus seinen letzten Lebensjahren, sein Leben und Nachlaß. Hg. Micheline H. 5 Bde. m. Ku. u. Faks. Stg: Brodhag (= Ausgewählte Schriften 11–15) 1839
(Bd. 11–15 zu Nr. 28)
30 Lied von E. T. A. H. 4 S. Altona: Hammerich 1839
31 Gesammelte Schriften. 12 Bde. m. Abb. 16⁰ Bln: Reimer 1844–1845
32 Musikalische Schriften mit Einschluß der nicht in die gesammelten Werke

aufgenommenen Aufsätze über Beethoven, Kirchenmusik etc. nebst Biographie. Hg. H. v. Ende. XXIV, 287 S. Köln, Lpz: v. Ende (1899)
33 Sämtliche Werke. Historisch-kritische Ausg. mit Einleitungen, Anmerkungen u. Lesarten v. C. G. v. Maassen. Bd. 1-4, 6-10 (unvollendet). 9 Bde. Mchn: Müller (1-7) bzw. Bln: Propyläen-V. (8) bzw. Mchn: Müller (9-10) 1908-1928
34 Werke in fünfzehn Teilen. Hg., m. Einl. u. Anm. vers. G. Ellinger. 15 Tle., 3 Bildn; 8 Taf., 1 Faks. Bln: Bong (= Goldene Klassiker-Bibliothek) 1912
35 Tagebücher und literarische Entwürfe. Mit Erl. u. ausführl. Verz. hg. H. v. Müller. Erster Band, enthaltend die Texte der Tagebücher und ein Verzeichnis der darin genannten Werke H's. CVII, 352 S. Bln: Paetel 1915
36 Kritische Ausgabe der musikalischen Werke. Hg. G. Becking. 3 H. c. O. 1922
37 Sämtliche Werke. Serapions-Ausg. in 14 Bdn. Hg. L. Hirschberg. 14 Bde., 75 Musik- u. Bildbeig. Bln: de Gruyter 1922
38 Die Maske. Ein Singspiel in drei Akten. (1799). Aufgefunden und zum ersten Mal veröffentlicht v. F. Schnapp. VII, 150 S., 4 Taf. 4⁰ Bln: Verl. f. Kunstwissensch. 1923

HOFFMANN (Hoffmann-Donner), Heinrich
(+Polykarpus Gastfenger, Heulalius von Heulenburg, Reimerich [Heinrich] Kinderlieb, Peter Struwwel)   (1809-1894)

1 Gedichte. 15 Bg. Ffm: Sauerländer 1842
2 Die Mondzügler. Komödie der Gegenwart. 86 S. Ffm: Jaeger 1843
3 +Lustige Geschichten und drollige Bilder mit farbigen schön kolorierten Tafeln für Kinder von drei bis sechs Jahren. 5 Bg., 15 Taf. Ffm: Liter.Anst. (1500 Ex.) 1845
4 Im Himmel und auf der Erde. Herzliches und Scherzliches aus der Kinderwelt. 26 S. m. Abb. 4⁰ Ffm: Liter. Anst. (1847)
5 Der Struwwelpeter. 24 Bl. m. Abb. Ffm: Liter. Anst. (1847)
  (Verm. Neuaufl. v. Nr. 3)
6 Humoristische Studien. IV, 363 S. Ffm: Liter. Anst. 1847
  (Enth. u. a. Nr. 2)
7 +Handbüchlein für Wühler oder Kurzgefaßte Anleitung in wenigen Tagen ein Volksmann zu werden. IV, 42 S. Lpz: Meier 1848
8 +Der Heulerspiegel. Mitteilungen aus dem Tagebuche des Herrn Heulalius von Heulenberg. 30 S. Lpz: Meier 1849
9 (Hg.) Der wahre und ächte Hinkende Bote für 1850 (1851). 2 Bde. 48, 24 S. m. Abb. Ffm: Jaeger 1850-1851
10 König Nußknacker und der arme Reinhold. Ein Kindermärchen in Bildern. 32 gez. Bl., 31 Abb. 8⁰ Ffm: Rütten & Loening 1851
11 Die Physiologie der Sinnes-Hallucinationen. 21 S. Ffm: Liter. Anst. 1851
12 Das Breviarium der Ehe. IV, 95 S. , 1 Titelb. 16⁰ Lpz: Brandstetter 1853
13 Bastian, der Faulpelz. Bildergeschichte für Kinder. 25 S. m. Abb. 4⁰ Ffm: Jaeger (2000 Ex.) (1854)
14 Allerseelen-Büchlein. Eine humoristische Friedhofsanthologie. 112 S. Ffm: Liter. Anst. 1858
15 Beobachtungen und Erfahrungen über Seelenstörung und Epilepsie in der Irrenanstalt zu Frankfurt am Main. 176 S. Ffm: Liter.Anst. 1859
16 +Der Badeort Salzloch, seine Jod-Brom, Eisen- und schleimig Schwefelquellen und animalischen Luftbäder nebst einer Apologie des Hasardspiels. 144 S. Ffm: Liter. Anst. 1861
17 (*Hg., MV) Ein Liederbuch für Naturforscher und Ärzte. 172 S. Ffm: Sauerländer 1867
18 Prinz Grünewald und Perlenfein mit ihrem lieben Eselein. Ein Bildermärchen. 24 S. Abb. m. Text 4⁰ Ffm: Liter. Anst. 1871
19 Auf heiteren Pfaden. Gesammelte Gedichte. XII, 342 S. Ffm: Liter. Anst. 1873
  (Verm. Neuaufl. v. Nr. 1)

20 Besuch bei Frau Sonne. Neue lustige Geschichten und drollige Bilder. Aus dem Nachlaß hg. E. u. W. Hessenberg. 16 S. m. Abb. 4° Ffm: Rütten & Loening (1924)
21 Allerlei Weisheit und Torheit. Erfahrenes und Erdachtes. Aus dem unveröffentlichten Manuskript hg. A. Neumann. 8 Bl. 4° Ffm: Englert & Schlosser (Priv.-Dr. f. d. Frankfurter Bibliophilen-Ges.; 100 Ex.) 1924

Hoffmann, Ruth (*1893)

1 Pauline aus Kreuzburg. 343 S. Lpz: List 1935
2 Dunkler Engel. 48 S. Lpz: List 1946
3 Das goldene Seil. Gedichte. 119 S. Lpz: List 1946
4 Meine Freunde aus Davids Geschlecht. 144 S. Bln: Chronos-V. 1947
5 Franziska Lauterbach. 286 S. Mchn, Lpz: List 1947
6 Umgepflanzt in fremde Sommerbeete. 127 S. Bln: Chronos-V. 1948
7 Der verlorene Schuh. Eine Geschichte vom Leben, Sterben und Lieben. 290 S. Bln: Chronos-V. 1949
8 Das reiche Tal. Schauspiel in vier Akten. 52 S. Bln: Kiepenheuer (1949)
9 Die Zeitenspindel. 239 S. Lpz, Mchn: List 1949
10 Die schlesische Barmherzigkeit. Roman. 427 S. Köln, Bln: Kiepenheuer 1950
11 Abersee oder Die Wunder der Zuflucht. Roman. 239 S. Bln: Reimer 1953
12 Poosie aus Washington. 192 S. m. Abb. Bln: Dressler 1953
13 Ich kam zu Johnny Giovanni. Roman. 179 S. Bln: Lettner-V. 1954
14 Poosie in Europa. 165 S. m. Abb. Bln: Dressler 1954
15 Zwölf Weihnachtsgeschichten aus Ferne und Nähe. 205 S. m. Abb. Bln: Lettner-V. 1954
16 Der Zwillingsweg. 286 S. Bln: Lettner-V. 1954
17 Poosie feiert Wiedersehen. 157 S. m. Abb. Bln: Dressler 1956
18 Die tanzende Sonne. 126 S. Bln: Lettner-V. 1956

Hoffmann (gen.) von Fallersleben, August Heinrich (+Henricus Custos) (1798–1874)

1 Elegie auf den Tod des Herzogs von Braunschweig. 2 Bl. 4° (Braunschweig:) Meyer 1815
2 *Deutsche Lieder. 5 Bl. o. O. 1815
3 *Bonner Burschenlieder. 6 Bl. Bonn: Weber 1819
4 (Hg.) Bonner Bruchstücke vom Otfried nebst anderen deutschen Sprachdenkmälern. XXII, 23 S., 1 Bl. 4° Bonn: v. Bruck 1821
5 (Hg.) Lieder und Romanzen. 3 Bl., 107 S. Köln: Bachem 1821
6 *Die Schöneberger Nachtigall. Das ist: lauter schöne und neue Lieder für die lieben Landleute alt und jung, die lustigen Handwerksburschen, für die braven Soldaten und Herren Studenten gleichermaßen. 47 S. Bln: Zürngibl (1822)
7 (Hg.) Bruchstücke aus Eilharts von Hoberger Tristan und Isolde, ergänzt aus der Dresdener Handschrift. 9 S. Breslau 1823
8 Hymnus theotiscus in Sanctum Georgium. 7 S. Breslau (o. Verl.) 1824
9 +Poema vetustum theotiscum Kazungalii. 2 Bl. o. O. (1824)
10 Glossarium vetus latino-germanicum codice Trevirensi primum editum. 28 S. 4° Breslau: Typis Universitatis 1825
11 *Die Schlesische Nachtigall, welche das ganze Jahr hindurch singet, oder: Kleine Sammlung von schönen neuen Liedern ... 48 S. Oels (o. Verl.) (1825) (Verm. Neuaufl. v. Nr. 6)
12 (Hg.) Althochdeutsche Glossen, gesammelt u. hg. Erste Sammlung. Nebst einer literarischen Übersicht althochdeutscher und altsächsischer Glossen. 2 Bl., XLVIII, 64 S. Breslau: Graß & Barth 1826
13 *Allemannische Lieder. 64 S. 12° Fallersleben (o. Verl.) 1826
14 Maikäferiade oder: Lieben, Lust und Leben der Maikäfer vor Einführung des Philisteriums. 16 S. Breslau: Graß & Barth (1826)

15 (Hg.) Althochdeutsches aus wolfenbüttler Handschriften. 28 S. Breslau: Graß & Barth 1827
16 Gedichte. 203 S. Breslau: Gruson 1827
17 *Kirchhofslieder, der Zwecklosen Gesellschaft gewidmet. 16 S. o. O. 1827
18 Allemannische Lieder. 96 S. 12° Breslau: Gruson 1827 (Verm. Neuaufl. v. Nr. 13)
19 *Die kleine Liedertafel zu Breslau. Erste Lieferung. Breslau: Aderholz (1827)
20 *Siebengestirn gevatterlicher Wiegen-Lieder für Frau Minna von Winterfeld. 10 S. Polnisch Neudorf: Forster & Hochheimer 1827
21 (Hg.) Willirams Übersetzung und Auslegung des Hohenliedes in doppelten Texten aus der Breslauer und Leidener Handschrift hg. u. mit einem vollständigen Wörterbuche vers. 8, LXXVIII, 78, 70 S. Breslau: Graß & Barth 1827
22 Jägerlieder mit Melodien. 32 S. Breslau: Aderholz 1828
23 *Immergrün. 24 S. 16° Breslau: Hentze 1828
24 *Muckiade oder Herrn Mucks Sonnenfahrt und Tod. Nebst einem Anhange. 32 S. Breslau: Graß & Barth 1828
25 *Sigismunda ad fidem membranae cordis sui fideliter publicata fidis chordis decantata ... 8 S. o. O. 1828
26 *Zeitlosen aus Gevatters Garten. 8 S. o. O. 1828
27 (Hg.) Monatsschrift von und für Schlesien. 2 Bde. 796 S. m. Beil. Breslau: Graß & Barth 1829
28 *Schlagschatten. Ein zweckloses Fastnachtsbüchlein. 24 S. Breslau: Gruson 1829
29 *Weinbüchlein. Zum Besten der wasserbeschädigten Schlesier hg. v. d. Zwecklosen Gesellschaft. 42 S. 12° Breslau: Max 1829
30 Horae belgicae. 12 Bde. m. Abb. u. Musikbeil. Breslau: Graß & Barth (1–2) bzw. Lpz: Brockhaus (3) bzw. Breslau: Aderholz (4–6) bzw. Lpz: Engelmann (7) bzw. Göttingen: Dieterich (8) bzw. Hannover: Rümpler (9–12) 1830–1862
31 De antiqioribus Belgarum literis. 2 Bl., 128 S., 1 Faks. Breslau: Graß & Barth (= Horae belgicae 1) 1830 (Bd. 1 v. Nr. 30)
32 *Die letzten Blumen. 10 S. o. O. (1830)
33 (Hg.) Fundgruben für Geschichte deutscher Sprache und Literatur. 2 Thle. VIII, 400 S.; 4 Bl., 339 S. Breslau: Graß & Barth (1) bzw. Breslau: Aderholz (2) 1830–1837
34 *Kalitten zu den Blumenkränzen des 20. Juni 1830. 5 Bl. o. O. (1830)
35 *Pathologische Nebenstunden. Mitgetheilt für das von Winterfeld'sche Haus- und Herzens-Archiv durch den entw. Gevatter Fra Casteghighel-Casteghaghel-Helpstenigh-Seschädstenigh. 8 S. Ingelheim: Brust (1830)
36 (MV) Poesieen der dichtenden Mitglieder des Breslauer Künstlervereins K. Geisheim, H. Grünig, H. H. v. F., K. Schall, W. Wackernagel, K. Witte. 319 S. 12° Breslau: Gosohorsky 1830
37 Handschriftenkunde für Deutschland. Ein Leitfaden zu Vorlesungen. 84 S. Breslau: Graß & Barth 1831
38 Lutheri merita de lingua Germanica. 128 S., 1 Taf. Breslau: Typis Universitatis 1831
39 Spanische Romanzen. 31 S. Salamanca (1831)
40 Johann Christian Günther. Ein literar-historischer Versuch. (S.-A.) 70 S. Breslau: Korn 1832
41 Geschichte des deutschen Kirchenliedes bis auf Luthers Zeit. Ein litterarhistorischer Versuch. IX, 206 S., 1 Musikbeil. Breslau: Graß & Barth 1832
42 Allemannische Lieder. 96 S. 12° Breslau: Aderholz 1833 (Veränd. Neuaufl. v. Nr. 13)
43 Bartholomäus Ringwaldt und Benjamin Schmolck. Ein Beitrag zur deutschen Litteraturgeschichte des XVI. und XVIII. Jahrhunderts. VIII, 88 S. Breslau: Hentze 1833
44 Holländische Volkslieder. Gesammelt und erl. Mit einer Musikbeil. XVI, 184 S. Breslau: Graß & Barth (= Horae belgicae 2) 1833 (Bd. 2 v. Nr. 30)
45 Fragmenta theotisca versionis antiquissimae evangelii S. Matthaei et aliquot homiliarum. XVI, 88 S., 1 Faks. 4° Wien: Gerold 1834

46 Gedichte. 2 Bde. VI, 290 S.; VI, 312 S. 12° Lpz: Brockhaus 1834 (Verm. Neuaufl. v. Nr. 16)
47 (Hg.) Merigarto. Bruchstücke eines bisher unbekannten deutschen Gedichts aus dem elften Jahrhundert. 1 Bl., 23 S., 1 Faks. Prag: Enders 1834
48 Adam Puschmann. Ein Beitrag zur schlesischen Litteraturgeschichte. (S.-A.) Breslau: 1834
49 (Hg.) Reineke Vos. Nach der Lübecker Ausgabe vom Jahr 1498. Mit Einleitung, Glossen und Anmerkungen. XXII, 277 S. Breslau: Graß & Barth 1843
50 (Hg.) Sumerlaten. Mittelhochdeutsche Glossen aus den Handschriften der k. k. Hofbibliothek zu Wien. VIII, 66 S. Wien: Rohrmann & Schweigerd 1834
51 Vindemia Basileensis. 2 Bl. Basel: Typis academicis (1834)
52 (Hg.) Diederic van Assenede: Floris ende Blancefloer. Mit Einl., Anm. u. Glossar. XXVIII, 174 S. Lpz: Brockhaus 1836
53 (MH) Altdeutsche Blätter. Hg. H. v. F. u. M. Haupt. 2 Bde. VI, 423; IV, 402 S. Lpz: Brockhaus 1836–1840
54 Buch der Liebe. 96 S. Breslau: Aderholz 1836
55 (Kinderlieder.) Unterrichtlich geordnete Sammlung von ein-, zwei-, dreiund vierstimmigen Sätzen, Liedern. Canons und Chorälen für Volksschulen in zwei Abtheilungen. Hg. E. Richter. 2 Bde. Breslau: Cranz 1836–1837
56 Die deutsche Philologie im Grundriß. Ein Leitfaden zu Vorlesungen. XLII, 239 S. Breslau: Aderholz 1836
57 (Hg.) Elnonensia. Monuments des langues Romane et Tudesque dans le IX. siècle, contenus dans un manuscrit de l'Abbaye de St. Amand, conservé à la Bibliothèque publique de Valenciennes, avec une traduction et des remarques par J. F. Willems. 34 S., 1 Faks. 4° Gent: Gyselynck 1837
58 Gedichte. Neue Sammlung. 148 S. Breslau: Aderholz 1837
59 (Hg.) Iter Austriacum. Altdeutsche Gedichte, größtentheils aus österreichischen Bibliotheken. 4 Bl., 339 S. Breslau: Aderholz 1837
60 Kindheit. Schönstes Geschenk für Kinder, die Clavier spielen und etwas singen. 101 S. 4° Schleusingen: Glaser (1837)
61 (Hg.) M. v. Bolkenhain: Von den Hussitenkriegen. (S.-A.) Görlitz 1839
62 Trink-Lieder. Schiller-Fest. 5 Bl. o. O. (1839)
63 Unpolitische Lieder. 2 Thle. XII, 204; X, 202 S. Hbg: Hoffmann & Campe 1840–1841
64 *Husarenlieder. 4 Bl. o. O. (1841)
65 Das Lied der Deutschen. Arrangirt für die Singstimme mit Begleitung des Pianoforte oder der Guitarre. 4 Bl. Hbg: Hoffmann & Campe; Stg: Neff 1841
66 *Das Breslauer Schillerfest 1840. 21 S. Hbg: Hoffmann & Campe 1841
67 Verzeichnis der altdeutschen Handschriften der k. k. Hofbibliothek zu Wien. XVI, 429 S. Lpz: Weidmann 1841
68 *Deutsche Lieder aus der Schweiz. 264 S. Zürich, Winterthur: Liter. Comptoir 1842
69 (MH) Schlesische Volkslieder mit Melodien. Aus dem Munde des Volkes ges. u. hg. H. v. F. u. E. Richter. VIII, 362 S. mit Singweisen. Lpz: Breitkopf & Härtel 1842
70 Vorrede zu H. v. F's politischen Gedichten aus der deutschen Vorzeit. X S. Straßburg: Schuler; Basel: Schabelitz 1842 (zu Nr. 75)
71 Zehn Actenstücke über die Amtsentsetzung des Prof. Hoffmann von Fallersleben. 30 S. Mannheim: Bassermann 1843
72 970 Bücher aus der Bibliothek des ... Breslau 1843
73 Deutsche Gassenlieder. 56 S. Zürich, Winterthur: Liter. Comptoir 1843
74 Gedichte. VI, 576 S. Lpz: Weidmann 1843 (Veränd. Neuaufl. v. Nr. 46)
75 (Hg.) Politische Gedichte aus der deutschen Vorzeit. VIII, 286 S., 1 Bildn. Lpz: Engelmann 1843
76 Fünfzig Kinderlieder. Nach Original- und bekannten Weisen mit Clavierbegleitung v. E. Richter. IV, 57 S. qu. 4° Lpz: Mayer & Wigand 1843
77 Allemannische Lieder. Nebst Worterklärungen und einer allemannischen Grammatik. IX, 127 S. Mannheim: Bassermann 1843
78 (Hg.) Breslauer Namenbüchlein, d. i. Einwohner-Namen der Haupt- und

Residenzstadt Breslau, nach Stand und Würden, und sonstigen Eigenschaften geordnet. Für Liebhaber der deutschen Sprache. 32 S. 16⁰ Lpz: Engelmann 1843
79 (Hg.) Die deutschen Gesellschaftslieder des sechzehnten und siebzehnten Jahrhunderts. Aus gleichzeitigen Quellen ges. XVIII, 306 S. Lpz: Engelmann 1844
80 Maitrank. Neue Lieder. 54 S. 16⁰, 1 Bl. 2⁰ Noten. Paris: Renardier 1844
81 Deutsche Salonlieder. 66 S. Zürich; Winterthur: Liter. Comptoir 1844
82 (Hg.) Spenden zur deutschen Litteraturgeschichte. 2 Bde. 154, 240 S. Lpz: Engelmann 1844
83 Hoffmann'sche Tropfen. 78 S. Zürich, Winterthur: Liter. Comptoir 1844
84 (Hg.) Niederländische Glossare des vierzehnten und fünfzehnten Jahrhunderts nebst einem niederdeutschen. 38 S. Lpz: Engelmann 1845 (= Horae belgicae 7) 1845
   (Bd. 7 v. Nr. 30)
85 (Hg.) Fünfzig neue Kinderlieder. Nach Original- und bekannten Weisen. Mit Clavierbegleitung v. E. Richter. 62 S. qu. 4⁰ Mannheim: Bassermann 1845
86 Bibliotheca Hoffmanni Fallerslebensis. 6¹/₈ Bg. Lpz, Magdeburg: Engelmann 1846
87 *(Hg.) Texanische Lieder. Aus mündlicher und schriftlicher Mittheilung deutscher Texaner. 46 S. San Felipe de Austin: Fuchs (1846)
88 Immanuel Kant über die religiösen und politischen Fragen der Gegenwart. 48 S. Darmstadt: Leske 1847
89 Vierzig Kinderlieder. Nach Original- und Volks-Weisen mit Clavierbegleitung. IV, 47 S. Lpz: Engelmann 1847
90 Lied eines Verbannten. 2⁰ Bln: Schlesinger (1847)
91 *Der Selige Kosmopolitische Nachtwächter. 4 Bl. o.O. (1847)
92 *Schwefeläther. 56 S. Freisingen: Michel (1847)
93 Diavolini. XXIV, 100 S. Darmstadt: Leske 1848
94 (Hg.) Adam von Itzstein: Eduard Duller. (S.-A.) 2 Bl., 108 S. Ffm: Meidinger 1848
95 *Siebenunddreißig Lieder für das junge Deutschland. Vom Verfasser der „Unpolitischen Lieder". VIII, 37 S. Lpz: Engelmann 1848
96 Deutsches Liederbuch. 56, 64, 78 S. Lpz: Verl.-Bureau 1848
   (Enth. Nr. 73, 81, 83)
97 Hundert Schullieder. Mit bekannten Volksweisen vers. u. in drei Heften hg. L. Erk. 3 Hefte. IV, 16; IV, 20; IV, 23 S. Lpz: Engelmann 1848
98 Deutsches Volksgesangbuch. II, 188 S. Lpz: Engelmann 1848
99 Zwölf Zeitlieder. – Neues Dutzend. – Noch ein Dutzend. 3 Bde. Braunschweig: Meinecke (1-2) bzw. Lpz: Hoßfeld (3) 1848–1849
100 Deutschland. Zwölf Lieder. Lpz: Breitkopf & Härtel 1849
101 Zwei neue Lieder aus der kaiserlosen Zeit. 7 S. Braunschweig 1849
102 Drei deutsche Sommerlieder. 7 S. Mannheim: Hoff 1849
103 Spitzkugeln. Zeit-Distichen. 1 Bl., 33 S. Darmstadt: Selbstverl. 1849
104 Das Parlament zu Schnappel. Nach stenographischen Berichten. 256 S. Bingerbrück: Selbstverl. 1850
105 Heimathklänge. Lieder. V, 52 S. Mainz: Wirth 1851
106 Liebeslieder. 142 S. Mainz: Wirth 1851
107 Rheinleben. Lieder. 35 S. Mainz: Wirth 1851
108 Soldatenlieder. Zwanzig Lieder mit Melodien. 36 S. Mainz: Wirth 1851
109 Loverkens. Altniederländische Lieder. 46 S. Göttingen: Dieterich (= Horae belgicae 8) 1852
   (Bd. 8 v. Nr. 30)
110 (Hg.) Hannoversches Namenbüchlein. Einwohnernamen der Königl. Haupt- und Residenz-Stadt Hannover, nach ihrer Bedeutung geordnet und erläutert. XVII, 66 S. Hannover: Rümpler 1852
111 *Soldatenleben. Lauter schöne neue Lieder für Schützen und Musketiere, für Jäger und Canoniere, für Husaren, Ulanen, Dragoner und Cürassiere, für den ganzen Wehrmannsstand in unserm lieben Vaterland. 1 Bl., 34 S. Bln: Krüger 1852
112 (Hg.) Reineke Vos. Mit Einl., Anm. u. Wörterbuch. XXVI, 223 S. Breslau: Graß & Barth 1852
   (Veränd. Neuausg. v. Nr. 49)

113   1112 ... Werke aus der Bibliothek ... Rüdesheim 1852
114   (Hg.) Epistola Adami Balsamiensis ad Anselmum. Ex codice Coloniensi. 2 Bl., 12 S. Neuwied: v. d. Beeck; Köln: Heberle; Hannover: Rümpler (1853)
115   (Hg.) Michael Vehe's Gesangbüchlein vom Jahr 1537. Das älteste katholische Gesangbuch. Nach dem Exemplar der Königl. Bibliothek zu Hannover. 2 Bl., 138 S. Hannover: Rümpler 1853
116   Die Kinderwelt in Liedern. 224 S. Mainz: Wirth 1853
117   Theophilus. Niederdeutsches Schauspiel aus einer Trierer Handschrift des fünfzehnten Jahrhunderts. Mit Einl., Anm. u. Wörterbuch. XIV, 86 S. Hannover: Rümpler 1853
118   (MH) Weimarisches Jahrbuch für deutsche Sprache, Litteratur und Kunst. Hg. H. v. F. u. O. Schade. 6 Bde. 2898 S. Hannover: Rümpler 1854–1857
119   In dulci jubilo, Nun singet und seid froh. Ein Beitrag zur Geschichte der deutschen Poesie. Mit einer Musikbeil. v. L. Erk. IV, 128 S. Hannover: Rümpler 1854
120   Kinderleben. Weihnachtsgabe. 21 S. 16° Hannover: Grimpe 1854
121   Lieder aus Weimar. 95 S. Hannover: Rümpler 1854
122   Theophilus. Niederdeutsches Schauspiel in zwei Fortsetzungen aus einer Stockholmer und einer Helmstedter Handschrift. Mit Anmerkungen. IV, 93 S. Hannover: Rümpler 1854
      (zu Nr. 117)
123   (Hg.) Antwerpener Liederbuch vom Jahre 1544. Nach dem einzigen noch vorhandenen Exemplare. VIII, 344 S., 1 Abb. Hannover: Rümpler (= Horae belgicae 11) 1856
      (Bd. 11 v. Nr. 30)
124   De vlaamsche beweging. Vorw. A. de Jager. 4 Bl., 48 S. Rotterdam: Petri 1856
125   Glossarium Belgicum. XXVI, 127 S. Hannover: Rümpler (= Horae belgicae 7) 1856
      (Neuaufl. v. Nr. 84)
126   Niederländische Volkslieder. 420 S. Hannover: Rümpler (= Horae belgicae 2) 1856
      (Neuaufl. v. Nr. 44)
127   Beiträge zu einem schlesischen Wörterbuch. 30 S. Nürnberg (o. Verl.) 1857
128   De liederen van broeder Dirck van Munster. (S.-A.) 11 S. o.O. (1857)
129   Übersicht der mittelniederländischen Dichtung. XII, 136 S. Hannover: Rümpler 1857
      (Neuaufl. v. Nr. 31)
130   Die Mundart in und um Fallersleben. (S.-A.) 46 S. Nürnberg: Campe 1858
131   Martin Opitz von Boberfeld. Vorläufer und Probe der Bücherkunde der deutschen Dichtung bis zum Jahre 1700. 32 S. Lpz: Engelmann 1858
132   Deutschland über Alles! Zeitgemäße Lieder. 63 S. Lpz: Voigt & Günther 1859
133   Fränzchens Lieder. VII, 99 S. Lübeck: Dittmar 1859
134   Unsere volksthümlichen Lieder. XL, 171 S. Lpz: Engelmann 1859
      (Ausz. a. Nr. 118)
135   Die vier Jahreszeiten. Vier Kinder-Gesangfeste. VIII, 92 S. Bln: Enslin 1860
136   *Meiner Ida. 30 S. o.O. (1860)
137   Findlinge. Zur Geschichte deutscher Sprache und Dichtung. Erster Band in vier Heften. VIII, 496 S. Lpz: Engelmann 1860
138   Das Hessenlied. 2 Bl. Kassel: Freyschmidt (1861)
139   *Raudener Maiblumen. 15 S. Breslau: Graß & Barth 1861
140   Chronicon Corbeiense. 16 S. o.O. 1862
141   *(Hg.) Frühlingslieder für die Urwähler, Wahlmänner und Fortschrittsmänner. 14 S. 16° Bln: Duncker 1862
142   Gedichte. Auswahl von Frauenhand. XII, 372 S. Hannover: Rümpler 1862
143   Vierundvierzig Kinderlieder. Mit Clavierbegleitung. Hg. C. E. Pax. 51 S. 4° Lpz: Engelmann 1862
144   Lieder für Schleswig-Holstein. 6 Sammlungen. 1863–1864
      1. Sechs Lieder für Schleswig-Holstein. 8 S. Dresden: Blochmann 1863
      2. Für Schleswig-Holstein. 8 S. Hannover: Grimpe 1863
      3. Für Schleswig-Holstein. 7 S. Hannover: Grimpe 1863

	4. Gedichte und Lieder für Schleswig-Holstein. 16 S. 12° Bln: Duncker 1863
	5. Sechs Lieder für Schleswig-Holstein. 8 S. Kassel: Freyschmidt 1864
	6. Schleswig-Holstein. 15 S. Kassel: Freyschmidt 1864
145	Casseler Namenbüchlein. Einwohner-Namen der Kurfürstlichen Haupt- und Residenzstadt Kassel, nach ihrer Bedeutung geordnet und erläutert. XVI, 76 S. Kassel: Freyschmidt 1863
146	Die vier Jahreszeiten. Vier Kinder-Gesang-Feste. 103 S. Bln: Enslin 1864
147	★Strena Corbeiensis. 23 S. 12° Corbeiae ad Visurgim 1864
148	★Egeria. 333 lateinische Sprüche mit deutscher Übersetzung. VI, 28 S. Kassel: Freyschmidt 1865
149	Dreiundvierzig Kinderlieder. Nach Original- und Volksweisen hg. H. M. Schletterer. 62 S. qu. 4° Kassel: Freyschmidt 1865
150	Rheinleben. Vierundzwanzig Lieder. Hg. H. M. Schletterer. 43 S. Neuwied, Lpz: Heuser 1865
151	(Übs.) Ruda. Polnische Volkslieder der Oberschlesier. 56 S. Kassel: Freyschmidt 1865
152	★Schneeglöckchen. Corveyer Weihnachtsgabe. 8 S. 4° Hannover: Grimpe 1865
153	Trinkspruch. 1 Bl. Neckarsteinach: Mohr 1865
154	Raudener Geburtstags-Calender auf das Jahr 1866. 24 S. 12° Schloß Corvey: Selbstverl. (1866)
155	Braunschweigisches Namenbüchlein. Einwohner-Namen der Herzogl. Haupt- und Residenzstadt Braunschweig, nach ihrer Bedeutung geordnet und erläutert. VII, 80 S. Braunschweig: Wagner (1867)
156	(Hg.) Aesopus in niederdeutschen Versen. (S.-A.) Wien 1868
157	Mein Leben. Aufzeichnungen und Erinnerungen. 6 Bde. 2140 S. Hannover: Rümpler 1868
158	Lieder der Landsknechte unter Georg und Caspar von Frundsberg. 48 S. Hannover: Rümpler 1868
159	Zwei Opern. (S.-A.) 79 S. Hannover: Rümpler 1868
160	(Hg.) Niederdeutscher Aesopus. Zwanzig Fabeln und Erzählungen aus einer Wolfenbütteler Handschrift des fünfzehnten Jahrhunderts. 83 S. Bln: Oppenheim 1870
	(Neuaufl. v. Nr. 156)
161	★La Contremarseillaise. 1 Bl. 8° Paris: Louis 1870
162	★König Wilhelm. 1 Bl. 8° o. O. (1870)
163	★Allerneueste Lieder vom Kriegsschauplatz. 2 Bl. o. O. (1870)
164	(Hg., Übs.) Tunnicius. Die älteste niederdeutsche Sprichwörtersammlung, von Antonius Tunnicius gesammelt und in lateinische Verse übersetzt. Hg. mit hochdeutscher Übs., Anm. u. Wörterbuch. 224 S. Bln: Oppenheim 1870
165	★Zum 19. April 1870. Heut und immer. 4 Bl. o. O. (1870)
166	Vaterlandslieder. Mit ein- und mehrstimmigen Weisen u. Clavierbegleitung vers. H. M. Schletterer. 66 S. 4° Hbg: Niemeyer 1871
167	Gaudeamus igitur. Eine Studie. Nebst einem Sendschreiben und Carmen an Denselben v. G. Schwetschke. 22 S. Halle: Schwetschke 1872
168	(Hg.) Henneke Knecht. Ein altes niederdeutsches Volkslied. Hg. mit der alten lateinischen Übs. u. Anm. 24 S. 4° Bln: Lipperheide 1872
169	Streiflichter. VI, 130 S. Bln: Lipperheide 1873
170	Alte und neue Kinderlieder. Nach Original- und Volksweisen mit Clavierbegleitung hg. L. Erk. 121 S. 4° Bln: Lipperheide (1873)
171	Unser Weinhaus. Weinlieder und Sprüche. 46 S. Dresden: Gräf 1875
172	Kinderlieder. Erste vollständige Ausg., bes. L. v. Donop. VII, 310 S. Bln: Grote 1877
173	Gesammelte Werke. Hg. H. Gerstenberg. 8 Bde. Bln: Fontane 1890–1893

HOFMANN von HOFMANNSWALDAU, Christian (1617–1679)

1 ★Allerhand kurtzweilige Grab-Schrifften. o. O. 1663
2 ★Hundert in kurtz-langmäßigen Vierzeiligen Reimen bestehende Grabschrifften. Zweite Ausg. 12° o. O. 1663
  (Verm. Neuaufl. v. Nr. 1)

3 *Sieges-Zeichen Der Grauen Ewigkeit. o. O. 1663
4 Spielersinnliche Sterbens-Gedanken. o. O. 1663
   (Neuaufl. Nr. 2)
5 Poetische Gedanken bei ... Olrins Hochzeit. o. O. 1666
6 *Deutsche Übersetzungen und Getichte. Breslau 1673
7 (Übs.) B. Guarini: Pastor Fido, Oder: Trauer- und Lust-Spiel, Der Getreue Schäfer genannt. 14 Bl. 4⁰ Wolfenbüttel: Weiß (1678)
8 *Deutsche Übersetzungen und Getichte. 9 Tle. Breslau: Fellgibel 1679 (–1682)
   1. Der Getreue Schäffer. 19 Bl., 207 S. , 40 Vign.
   2. Der Sterbende Socrates. 1 Bl., 151 S.
   3. Helden-Briefe. 7 Bl., 160 S., 1 Titelb.
   4. Poetische Geschicht Reden. Die erleuchtete Maria Magdalena. Die Thränen der Tochter Jephte. Die Thränen Johannis unter dem Creutze. Klage Hiobs aus dem 3. Capittel. Und Cato. 32 S.
   5. Hochzeit Gedichte. 63 S.
   6. Begräbnüß Gedichte. 72 S.
   7. Geistliche Oden und Vermischte Gedichte. 56 S.
   8. Poetische Grab-Schriften. 16 Bl.
   9. D. C. v. Lohenstein Lob-Rede. 32 Bl.
9 (MV) Herrn von Hofmannswaldau und anderer Deutschen auserlesene und bißher ungedruckte Gedichte. Hg. B. Neukirch. 7 Bde. Lpz: Fritsch (1–3 u. 5–6) bzw. Glückstadt, Lpz: Lehmann (4) bzw. Wien: Straube (7) 1695–1727
10 Rede-Ubungen, ein Werck darinnen allerhand Abdanckungs-Hochzeit- Glückwünschs- Bewillkommungs und andere vermischte Reden enthalten sind; hebst beygefügten Lob-Schrifften vornehmer Standes-Personen, entworffen v. C. Gryphio. 7 Bl., 272 S. 8 Bl. 12⁰ Lpz: Gleditsch 1702
11 Reisender Cupido ... M. Ku. Augsburg: 1703

HOFMANNSTHAL, Hugo von
(+Theophil Morren, Loris)   (1874–1929)

1 +Gestern. Studie in einem Akt, in Reimen. Den Bühnen gegenüber als Ms. gedruckt. 46 S. Wien: Verl. d. Modernen Rundschau 1891
2 +(Vorw.) A. Schnitzler: Anatol. III, 138 S. Bln: Bibl. Bureau (1892)
3 Theater in Versen. 260 S. Bln: Fischer 1899
4 Der Kaiser und die Hexe. 59 S. m. Abb. Bln: Insel bei Schuster & Loeffler (200 Ex.) 1900
5 Der Thor und der Tod. Geschrieben 1893. 40 S. Bln: Insel bei Schuster & Loeffler (510 Ex.) 1900
6 Studie über die Entwicklung des Dichters Victor Hugo. Der philosophischen Fakultät der Universität Wien überreicht behufs Erlangung der venia legendi für das Gebiet der romanischen Philologie. 66 S. Wien: Selbstverl. 1901
7 Der Tod des Tizian. Ein dramatisches Fragment. Geschrieben 1892. Aufgeführt als Totenfeier für Arnold Böcklin im Künstlerhause zu München den 14. Februar 1901. 22 S. Bln: Insel bei Schuster & Löffler (1901)
8 (Einl.) F. Grillparzer: Des Meeres und der Liebe Wellen. Textrevision O. Pniower. 126 S., 1 Taf. Bln: Fischer (= Pantheon-Ausgabe) 1902
9 Der Schüler. Pantomime in einem Aufzug. 24 S. Bln: Fischer 1902
   (Im Nov. 1901 zum 1. Mal gedr. Aufl. wurde makuliert)
10 Ausgewählte Gedichte. 41 S., 1 Abb. 4⁰ Bln: Blätter für die Kunst (300 Ex.) 1903
11 Das kleine Welttheater oder die Glücklichen. 37 S. Lpz: Insel (800 num. Ex.) 1903
12 Elektra. Tragödie in einem Aufzug. Frei nach Sophokles. 93 S. Bln: Fischer 1904
13 (Einl.) G. Flaubert: Der Roman eines jungen Mannes. Deutsch v. A. Gold u. A. Neumann. VII, 600 S. Bln: Cassirer 1904
14 (Vorw.) L. Hearn: Kokoro. Übs. a. d. Engl. B. Franzos. 290 S. m. Abb. Ffm: Rütten & Loening 1904

15 Victor Hugo. 80 S., 1 Abb., 6 Taf. Bln, Lpz: Schuster & Loeffler (= Die Dichtung 3) (1904)
    (Gek. Ausg. von Nr. 6)
16 Unterhaltungen über literarische Gegenstände. Einl. G. Brandes. V, 65 S., 2 Abb., 10 Taf. Bln: Bard, Marquardt (= Die Literatur 1) (1904)
17 (Vorw.) L. v. Hofmann: Tänze. Zwölf Orig.-Lithograph. 3 S. Text, 12 Bl. 2⁰ Lpz: Insel (200 Ex.) 1905
18 Das Märchen der 672. Nacht und andere Erzählungen. 123 S. Wien, Lpz: Wiener Verl. (= Bibliothek moderner deutscher Autoren 2) (500 Ex.) 1905
19 Das gerettete Venedig. Trauerspiel in fünf Aufzügen. Nach dem Stoffe eines alten Trauerspiels v. Th. Otway. 235 S. Bln: Fischer 1905
20 Kleine Dramen. 132 S. Lpz: Insel 1906
    (Enth. u. a. Nr. 4 u. 11)
21 Ödipus und die Sphinx. Tragödie in drei Aufzügen. 179 S. Bln: Fischer 1906
22 Kleine Dramen. 2 Bde. 128, 132 S. Lpz: Insel 1907
    (Erw. Neuaufl. v. Nr. 20, enth. u. a. Nr. 1, 5)
23 (Einl.) Die Erzählungen aus den tausendundein Nächten. Vollständige deutsche Ausg. in zwölf Bden. Auf Grund der Burtonschen engl. Ausg. besorgt F. P. Greve. 12 Bde. Lpz: Insel 1907
24 Der weiße Fächer. Ein Zwischenspiel. 32 S., 4 Taf. 4⁰ Lpz: Insel (800 Ex.) 1907
    (Ausz. a. Nr. 22)
25 Die gesammelten Gedichte. 102 S. Lpz: Insel 1907
26 Die prosaischen Schriften. Gesammelt in vier Bden (Bd. 3: Gesammelt in drei Bden). 3 Bde. Bln: Fischer 1907-1917
27 (Einl.) H. de Balzac: Die menschliche Komödie. 16 Bde. Lpz: Insel 1908-1911
28 Elektra. Tragödie in einem Aufzuge. Musik R. Strauß. Textbuch. 74 S. Bln: Fürstner 1908
    (Opernbearb. v. Nr. 12)
29 Vorspiele. 42 S. Lpz: Insel 1908
30 Der Abenteurer und die Sängerin oder Die Geschenke des Lebens. Ein Gedicht in zwei Aufzügen. 155 S. Bln: Fischer 1909
    (Ausz. a. Nr. 3)
31 Die Frau im Fenster. Ein Gedicht. 49 S. Bln: Fischer 1909
    (Ausz. a. Nr. 3)
32 (MH) Hesperus. Ein Jahrbuch v. H. v. H., R. A. Schröder, R. Borchardt. VII, 181 S. Lpz: Insel 1909
33 Die Hochzeit der Sobeide. Dramatisches Gedicht. 118 S. Bln: Fischer 1909
    (Ausz. a. Nr. 3)
34 Christinas Heimreise. Komödie. 219 S. Bln: Fischer 1910
35 Christinas Heimreise. Komödie. 159 S. Bln: Fischer 1910
    (Veränd. Neuaufl. v. Nr. 34)
36 Der Rosenkavalier. Komödie für Musik in drei Aufzügen. Musik von R. Strauß. V, 150 S. Bln, Paris: Fürstner (1910)
37 (Übs.) Sophokles: König Ödipus. Neu übs. 102 S. Bln: Fischer 1910
38 Alkestis. Ein Trauerspiel nach Euripides. 48 S. Lpz: Insel 1911
39 Die Gedichte und Kleinen Dramen. 263 S. Lpz: Insel 1911
    (Enth. u. a. Nr. 22, 25, 29)
40 Jedermann. Das Spiel vom Sterben des reichen Mannes. Erneuert. 107 S. Bln: Fischer 1911
41 Der Rosenkavalier. Komödie für Musik. 162 S. Bln: Fischer 1911
    (Buchausg. von Nr. 36)
42 Grete Wiesenthal in „Amor und Psyche" und „Das Fremde Mädchen". Szenen. 72 S. Bln: Fischer 1911
43 Ariadne auf Naxos. Oper in einem Aufzug. Zu spielen nach dem „Bürger als Edelmann" des Molière. Musik von R. Strauß. 160 S. 4⁰ Bln, Paris: Fürstner 1912
44 (Hg., Einl.) Deutsche Erzähler. 4 Bde. Lpz: Insel 1912
45 (Einl.) Chr. Marlowe: Eduard II. Tragödie. Deutsch von A. W. Heymel. X, 138 S. Lpz: Insel 1912
46 (Hg.) Das alte Spiel von Jedermann. Bemerkungen H. v. H. 43 S., 17 Figurinen, 7 Bildn. Bln: Bard 1912

47 Die Wege und die Begegnungen. 22 S. m. Abb. Bremen: Bremer Presse (= Druck der Bremer Presse 1; 200 Ex.) 1913
48 (MV) R. A. Schröder u. H. v. H.: Deutscher Feldpostgruß und österreichische Antwort. 2 Bl. Wien: Heller 1914
49 (MV) Josephslegende. Handlung von H. Graf Keßler u. H. v. H. Musik von R. Strauß. 67 S., 1 Abb. Bln: Fürstner 1914
50 (Hg.) Österreichischer Almanach. Auf das Jahr 1916. 224 S. Lpz: Insel (1915)
51 Österreichische Bibliothek. Eine Ankündigung. Lpz: Insel (1915)
52 (MH) Österreichische Bibliothek. Begr. H. v. H. im Verein mit L. Frh. v. Andrian, H. Friedjung, M. Mell u. a. 26 Bde. Lpz: Insel (1915–1917)
53 Prinz Eugen der edle Ritter. Sein Leben in Bildern. Erzählt v. H. v. H. 25 Bl., 12 Abb. qu. 4° Wien: Seidel (50 sign. Ex.) 1915
54 (Hg., Vorw.) Grillparzers Vermächtnis. Zsgest. u. m. e. Vorw. vers. H. v. H. 62 S. Lpz: Insel (= Österreichische Bibliothek 1) (1915)
55 Ariadne auf Naxos. Oper in einem Aufzuge nebst einem Vorspiel. Neue Bearb. Musik R. Strauß. Textbuch. 81 S. Bln, Paris: Fürstner 1916 (Veränd. Neuaufl. v. Nr. 43)
56 Rudolf Borchardt. Zu seiner vom Bunde deutscher Gelehrter und Künstler am 7. Dezember 1916 in der Berliner Philharmonie veranstalteten Rede. 4 S. Bln: Elsner 1916
57 Die Frau ohne Schatten. Oper in drei Akten. Musik von R. Strauß. 96 S. Bln: Fürstner 1916
58 *(Bearb.) Molière: Der Bürger als Edelmann. Komödie mit Tänzen von Molière. Freie Bühnenbearb. in drei Aufzügen. Musik R. Strauß. Textbuch. Bln: Fürstner 1918
59 Das Gespräch über Gedichte. 33 S. 4° Bln: Hyperion (250 num Ex.) 1918 (Ausz. a. Nr. 16)
60 Das Märchen der 672. Nacht. 29 S. 4° Lpz: Insel (= Veröffentlichungen der Janus-Presse 1918, 3) (200 Ex.) 1918 (Ausz. a. Nr. 18)
61 Rodauner Nachträge. 3 Bde. 114, 186, 81 S. Zürich, Lpz, Wien: Amalthea-V. (170 num. Ex.) 1918
62 (Vorw.) Reinhardt und seine Bühne. Bilder von der Arbeit des Deutschen Theaters. Hg. E. Stern, H. Herald, unter Mitwirk. v. E. Deutsch. 208 S. m. Abb. u. Taf. Bln: Eysler 1918
63 Die Frau ohne Schatten. Erzählung. 181 S. Bln: Fischer 1919 (Epische Bearb. v. Nr. 57)
64 (Übs.) Calderon: Dame Kobold. Lustspiel in drei Aufzügen. Freie Übs. für die neuere Bühne. 205 S. Bln: Fischer (= Dramen des Calderon ..., Bd. 1.) 1920
65 (Vorw.) Handzeichnungen alter Meister aus der Sammlung Dr. Benno Geiger. Text L. Planiczig u. H. Voss. (Deutsch u. englisch). 10 Mappen 2°. Wien: Amalthea (326 num. Ex.) (1920)
66 (Einl.) Ferdinand Raimund. Nach Aufzeichnungen und Briefen des Dichters und Berichten von Zeitgenossen gesammelt v. R. Smekal. XII, 59 S. Wien: Wila-V. (= Theater und Kultur 2) 1920
67 Reitergeschichten. 45 S. Wien: Strache (= Die Erzählung) (50 num. u. sign. Ex.) 1920 (Ausz. a. Nr. 18)
68 (MH) Theater und Kultur. Sammlung. Unter Mitwirkung v. H. Bahr u. H. v. H. Hg. R. Smekal. 2 Bde. 86; XII, 59 S. Wien: Wila-V. 1920
69 Der Schwierige. Lustspiel in drei Akten. 151 S. Bln: Fischer 1921
70 Ankündigung des Verlages der Bremer Presse. 7 S. o. O. 1922
71 (MH) Neue deutsche Beiträge. Unter Mitwirkung Anderer hg. H. v. H. 2 Folgen, je 3 H. 4° Mchn: Bremer Presse 1922–1927
72 Buch der Freunde. 104 S. Lpz: Insel (800 Ex.) 1922
73 Gedichte. 86 S. Lpz: Insel 1922
74 (Einl.) Griechenland. Baukunst, Landschaft, Volksleben. XIV, 176 S. Bln: Wasmuth (1922)
75 (Hg., Vorw.) Deutsches Lesebuch. Eine Auswahl deutscher Prosastücke von dem Jahrhundert 1750 bis 1850. 2 Bde. Mchn: Verl. d. Bremer Presse 1922–1923
76 (Vorw.) M. Fürstin Thurn-Taxis-Hohenlohe: Von Kaiser Huang-Li. Mär-

chen für erwachsene Kinder. 42 S. m. Abb. 4° Bln: Chryselius (200 num. u. sign. Ex.) 1922
77 Das Salzburger große Welttheater. 98 S. Lpz: Insel 1922
78 Alkestis. Drama in einem Aufzug nach Euripides. Bearb. für die Opernbühne u. Musik E. Wellesz. Op. 35. 21 S. New York: Universal-Ed. 1923 (Opernfassg. v. Nr. 38)
79 (Vorw.) V. Eftimiu: Prometheus. Tragödie in fünf Akten. In deutsche Verse gebracht v. F. Braun. 105 S. Lpz: Insel 1923
80 (Hg.) Deutsche Epigramme. Ausgew. u. hg. H. v. H. 47 S. 4° Mchn: Verl. d. Bremer Presse 1923
81 Florindo. 125 S., 25 Taf. Wien, Hellerau: Avalun-V. (= Avalun-Druck 25; 350 num. u. sign. Ex) 1923
 (Neufass. v. Nr. 35)
82 (Einl.) J. W. v. Goethe: Sämtliche Werke. Hg. nach einem v. G. Witkowski aufgestellten Gesamtplan v. K. Noch u. P. Wiegler. Bd. 4: Westöstlicher Divan und Epen. Eingel. H. v. H. u. W. v. Scholz. 635 S. Bln: Ullstein (= Pandora-Klassiker) 1923
83 (Einl.) J. W. v. Goethe: Sämtliche Werke. Bd. 8: Letzte Dramen, Singspiele, Theaterreden, Maskenzüge. Einl. E. Hardt u. H. v. H. 817 S. Bln: Ullstein (= Pandora-Klassiker) 1923
84 (Einl.) Jean Paul. Katalog einer Sammlung seiner Werke und der Schriften über ihn. Mit einer Studie: Blick auf Jean Paul v. H. v. H. Bln: Antiquariat am Lützowplatz (Reiß) 1923
85 Gesammelte Werke. 2 Reihen, je 3 Bde. Bln: Fischer 1923–1924
86 Augenblicke in Griechenland. Nachw. A. Hopp. 44 S. Regensburg, Lpz: Habbel & Neumann (= Die Weltliteratur 1924, Nr. 21) 1924
87 Ein Brief. 23 S. Darmstadt: Ernst-Ludwig-Presse. (Priv.-Dr.; 120 Ex.) 1925
 (Ausz. a. Nr. 18)
88 (MV) R. Strauß: Briefwechsel mit H. v. H. 402 S. Bln, Wien, Lpz: Zsolnay (1925)
89 Lucidor. Figuren zu einer ungeschriebenen Komödie. 29 S., 6 Taf. 4° Bln: Reiß (= Prospero-Druck 5) (250 num. Ex.) 1925
 (Ausz. a. Nr. 26)
90 (Vorw.) Europäische Revue. Hg. K. A. Prinz Rohan, W. Solf, M. Clauss. Jg. 1, H. 1. Lpz: Der neue Geist 1925
91 (Hg., Bearb.) L. van Beethoven: Die Ruinen von Athen. Ein Festspiel mit Tänzen und Chören. Neu hg. u. bearb. v. H. v. H. u. R. Strauß. 14 S. Bln, Paris: Fürstner 1925
92 (Nachw.) A. Stifter: Der Nachsommer. Eine Erzählung. Lpz: List (= Epikon) 1925
93 Der Turm. Ein Trauerspiel in fünf Aufzügen. 157 S. Mchn: Bremer Presse (260 num. u. sign. Ex.) 1925
94 Versuch über Victor Hugo. 96 S. Mchn: Bremer Presse (= Neue Deutsche Beiträge. Sonderveröffentlichung; 1200 Ex.) 1925
 (Neuaufl. v. Nr. 6)
95 (Hg., Vorw.) Deutsches Lesebuch. Eine Auswahl deutscher Prosastücke aus dem Jahrhundert 1750 bis 1850. 2 Tle. Mchn: Verl. d. Bremer Presse 1926
 (Erw. Neuaufl. v. Nr. 75)
96 Prolog zur Neueröffnung des Josefstädter Theaters. 22 S. Wien: Johannes-Presse (350 Ex.) 1926
97 Früheste Prosastücke. 20 S. Lpz: Druck. Radelli & Hille (= Jahresgabe der Gesellschaft der Freunde der Deutschen Bücherei 8) 1926
98 (Hg., Vorw.) F. v. Schiller: Selbstcharakteristik aus seinen Schriften. Nach einem älteren Vorbilde neu hg. H. v. H. 198 S. Mchn: Verl. d. Bremer Presse 1926
99 (Vorw.) Sizilien. Landschaft und Kunstdenkmäler. Abb. P. Hommel. X S., 124 S. Abb. 4° Mchn: Bruckmann 1926
100 Über Charaktere im Roman und im Drama. Gespräch zwischen Balzac u. Hammer-Purgstall in einem Döblinger Garten im Jahre 1842. 23 S. Darmstadt: Ernst-Ludwig-Presse (Priv.-Dr.; 120 Ex.) 1927
 (Ausz. a. Nr. 16)
101 Drei Erzählungen. 64 S. m. Abb. 4° Lpz: Insel (670 Ex.) 1927
 (Ausz. a. Nr. 18)

102 Das Schrifttum als geistiger Raum der Nation. Rede, gehalten im Auditorium maximum der Universität München am 10. Jan. 1927. 31 S Mchn: Bremer Presse (= Neue Deutsche Beiträge, Sonderveröffentlichung) 1927
103 Der Turm. Ein Trauerspiel. 150 S. Bln: Fischer 1927
(Veränd. Neuaufl. v. Nr. 93)
104 (Hg., Vorw.) Wert und Ehre deutscher Sprache. Gedanken einiger deutscher Männer über die deutsche Sprache. In Zeugnissen hg. H. v. H. Mchn: Verl. d. Bremer Presse 1927
105 Die ägyptische Helena. Oper in zwei Aufzügen. Musik von R. Strauß. 95 S. Bln: Fürstner 1928
106 (Vorw.) Adalbert Stifter. Ein Gedenkbuch. Hg. Adalbert-Stifter-Gesellschaft. IV, 96 S. Wien: Grünfeld 1928
107 Tagebuch-Aufzeichnungen. Neue, aus dem Nachlaß verm. Ausg. Geleitw. R. A. Schröder. 118 S. Lpz: Insel 1929
(Erw. Neuaufl. v. Nr. 72)
108 Loris. Die Prosa des jungen H. v. H. Nachw. M. Mell. 282 S. Bln: Fischer 1930
(Enth. u. a. Nr. 97)
109 Die Berührung der Sphären. Reden und Betrachtungen aus dem Nachlaß. 450 S. Wien: Bermann-Fischer 1931
110 Fragment eines Romans. Sonderabzug der ersten Veröffentlichung in der Zeitschrift Corona. 76 S. (Priv.-Dr.; 65 Ex.) (1931)
111 Andreas oder die Vereinigten. Fragmente eines Romans. Nachw. J. Wassermann. 183 S. Bln: Fischer 1932
112 Arabella. Lyrische Komödie. Musik von R. Strauß. 95 S. Bln: Fürstner 1933
113 Das Bergwerk zu Falun. (Vollst. Ausg.) 119 S. 4° Wien: Wiener Bibliophilen-Ges., Druck. d. Officina Vindobonensis (175 num. Ex.) 1933
(Erw. Ausg. v. Ausz. a. Nr. 20)
114 Semiramis. Die beiden Götter. Zwei dramatische Entwürfe aus dem Nachlaß des Dichters. 46 S. 4° Mchn: Beck (= Buch der Rupprecht-Presse 56) (150 num. Ex.) 1933
115 Nachlese der Gedichte. 152 S. Bln: Fischer 1934
116 Prolog zur Feier von Goethes 150. Geburtstag am Burgtheater zu Wien. Den Weimarer Bibliophilen anläßlich ihrer Tagung in Weimarischen Landen vom 26.-28. Mai 1934 gewidmet. 6 Bl. 4° Wien: Officina Vindobonensis 1934
117 Gesammelte Werke in drei Bden. Bln: Fischer 1934
(Veränd. Neuaufl. v. Nr. 85)
118 Dramatische Entwürfe aus dem Nachlaß. 96 S. Wien: Johannes-Presse (520 num. Ex.) 1936
119 Beethoven. Rede, gehalten an der Beethovenfeier des Lesezirkels Hottingen in Zürich am 10. Dezember 1920. Hg. W. Schuh. 28 S. Wien, Lpz, Zürich: Reichner 1938
120 Gesammelte Werke in Einzelausgaben. Hg. H. Steiner. Stockholm (1948: Amsterdam; 1949ff.: Bln, Ffm: Suhrkamp; 1953ff.: Ffm: Fischer): Bermann Fischer 1945ff.
121 Das Theater des Neuen. Eine Ankündigung. 30 S., 1 Abb. Wien: Komödie im Bindenschildverl. (= Kleine bibliophile Theatersammlung) 1947
122 Danae oder Die Vernunftheirat. Szenarium und Notizen. M. e. Geleitw. hg. W. Schuh. 51 S. Ffm: Fischer 1952

HOHBERG, Wolfgang Helmrad Frh. von (1612–1688)

1 Hirten-Lieder. o. O. (1661)
2 Die unvergnügte Proserpina. Durch ein Mitglied der Hoch-Löbl: Fruchtbringenden Gesellschaft. 8, 245, 2 Bl. Regensburg: Fischer 1661
3 Der Habspurgische Ottobert. Durch ein Mitglied der Hochlöblichen Fruchtbringenden Gesellschaft. 3 Bde. 594 Bl. Erfurt: Oeler 1663-1664
4 (Übs.) Lust- und Artzeney-Garten des Königlichen Propheten Davids. Das ist Der gantze Psalter in teutsche Verse übersetzt, samt anhangenden kurtzen

Christlichen Gebetlein ... 8 Bl., 526 S., 1 Bl., 150 Ku., 1 Titelb. Regensburg: Freysinger & Conrad 1675
5 Georgica Curiosa Aucta. Das ist umständlicher Bericht ... Von dem Adeligen Landleben ... 2 Bde. 6 Bl., 702 S., 7 Bl.; 7 Bl., 726 S., 11 Bl. 4⁰ Nürnberg: Endter 1682
6 Georgica Curiosa Aucta, Oder: Adeliches Land- und Feld-Lebens ... Neuerfundener Dritter Theil ... 3 Bl., 608 S., 15 Bl., 378 S., 14 Bl.; 110 S., 3 Bl. 4⁰ Nürnberg: Endter 1715
   (Forts. v. Nr. 5)
7 Georgica Curiosa Aucta. Das ist: Umständlicher Bericht und Klarer Unterricht Von dem vermehrten und verbesserten Adelichen Land- und Feld-Leben ... 3 Tle. 6 Bl., 870 S., 18 Bl.; 6 Bl., 858, 48 S., 17 Bl.; 5 Bl., 608 S., 15 Bl, 378 S., 11 Bl., 110 S., 3 Bl. m. Ku. 4⁰ Nürnberg: Endter 1716
   (Verm. Neuaufl. v. Nr. 5 u. 6)
8 Historia passionis et mortis Jesu Christi. Zerbst 1725

HOHLBAUM, Robert (1886–1955)

1 Aus Sturm- und Sonnentagen. Gedichte. 54 S. Lpz: Modernes Verl.-Bureau 1908
2 Ein Leben. 54 S. Lpz: Modernes Verl.-Bureau 1909
3 Der ewige Lenzkampf. Ein Studentenbuch aus alter und neuer Zeit. 233 S. Lpz: Xenien-V. 1913
   (2. Aufl. m. d. Jahresz. 1912 Lpz: Staackmann)
4 Simplicius Academicus. Eine Novelle. 40 S. Lpz: Xenien-V. (= Xenien-Bücher 13) (1913)
5 Österreicher. Ein Roman aus dem Jahre 1866. 356 S. Lpz: Staackmann 1914
6 Deutsche Gedichte. Ein Zyklus. 78 S. Lpz: Staackmann 1916
7 Das Vorspiel. Ein Roman aus Österreich. 268 S. Lpz: Staackmann 1918
8 Unsterbliche. Novellen. 176 S. Lpz: Staackmann 1919
9 Die Amouren des Magister Döderlein. Roman. 281 S. Lpz: Staackmann 1920
10 Der wilde Christian. Roman. 183 S. Wien: Rikola-V. 1921
11 Fallbeil und Reifrock. Neue Novellen. 149 S. Wien: Wiener Liter. Anst. 1921
12 Franz Karl Ginzkey. Sein Leben und Schaffen. 58 S., 4 Abb. Lpz: Staackmann 1921
13 Grenzland. Roman. 249 S. Lpz: Staackmann 1921
14 (Hg., Nachw.) J. C. Günther: Gedichte. 165 S. Wien: Rikola-Verl. 1921
15 (Hg., Vorw.) J. Kerner: Das Bilderbuch aus meiner Knabenzeit. 270 S. Wien: Rikola-V. (= Romantik der Weltliteratur) 1921
16 Über alles in der Welt. Gedichte eines Sudeten-Deutschen. 16 S. Eger: Böhmerland-V. (= Böhmerland-Flugschriften für Volk und Heimat 32) 1921
17 Zukunft. Roman. 306 S. Lpz: Staackmann 1922
18 Rudolf Hans Bartsch. Der Lebens- und Schaffensroman eines modernen Dichters. 104 S. m. Abb., 1 Faks. Lpz: Staackmann 1922
19 Deutschland. Eine Sonetten-Folge. 66 S. m. Abb. Reichenberg: Stiepel 1923
20 (Hg., z. T. Vorw.) Eulen-Bücherei. 3 Reihen. 11 Bde. Lpz: Eulen-V. 1923 bis 1925
21 Künstlernovellen. 2 Bde. 176, 191 S. Lpz: Staackmann 1923–1924
   (Enth. Nr. 8 u. 22)
22 Himmlisches Orchester. Der „Unsterblichen" neue Folge. Novellen. 191 S. Lpz: Staackmann 1923
   (Zu Nr. 8)
23 (Hg.) F. Hebbel: Tagebücher in Auswahl. 254 S. Mchn: Deutsche Meister-Verl. (= Die Bücher der Deutschen Meister) 1924
24 Von ewiger Kunst. Vier Novellen. Nachw. E. A. Mayer. 78 S. Lpz: Reclam (= Reclam's UB. 6455) (1924)
   (Ausz. a. Nr. 8 u. 22)
25 Die deutsche Passion. Roman. 294 S. Lpz: Staackmann 1924

26 Der Frühlingswalzer. Erzählung. 82 S. Reichenberg: Stiepel 1925
27 Götter auf Erden. Novellen. 91 S. Wien: Steyrermühl (= Tagblatt-Bibliothek 212–213) 1925
28 Die Herrgotts-Symphonie. Eine Bruckner-Novelle. 55 S. 16⁰ Lpz: Kistner & Siegel (= Musikalische Novellen) 1925
29 Vaterland. Ein Zyklus. 80 S. m. Abb. Lpz: Staackmann 1925
30 Der Weg nach Emmaus. Roman. 295 S. Lpz: Staackmann 1925
31 Die Pfingsten von Weimar. Roman. 275 S. Lpz: Staackmann 1926
32 Die Raben des Kyffhäuser. Der Roman der Burschenschaft und ihres Zeitalters. 392 S. Lpz: Staackmann (1927)
33 Unsterbliche. Novellen. 3 Bde. 176, 191, 212 S. Lpz: Staackmann 1927–1929 (Enth. Nr. 8, 22 u. 36)
34 Zepter und Ziegenhainer. Erzählungen. 112 S. Bln: Weltgeist-Bücher (= Weltgeist-Bücher 193–194) (1927)
35 Das Paradies und die Schlange. Ein Roman aus Südtirol. 251 S. Lpz: Staackmann (1928)
36 Sänger und Könige. 212 S. Lpz: Staackmann (= Unsterbliche, 3. Folge) 1929
 (Bd. 3 v. Nr. 33)
37 Das klingende Gift. Roman. 294 S. Lpz: Staackmann 1930
38 Winterbrautnacht. Novellen. 108 S. Karlsbad-Drahowitz: Kraft (= Ernte-Druck 1) (1929)
39 Österreicher. Ein Roman aus dem Jahre 1866. 340 S. Wels: Verl. Welsermühl 1930
 (Umarb. v. Nr. 5)
40 Die Stunde der Sterne. Eine Bruckner-Novelle. Hg. K. Plenzat. 23 S. m. Abb. Lpz: Eichblatt (= Eichblatts deutsche Heimatbücher 41) (1930)
41 König Volk. Roman aus der französischen Revolution. 490 S. Lpz: Staackmann 1931
42 Brahms – Bruckner – Strauß. 31 S. Bln: Hillger (= Deutsche Jugendbücherei 436) (1933)
43 Von deutscher Kunst. Novellen. Einf. R. Fritsche. 76 S. Wiesbaden: Volksbildungsver. (= Wiesbadener Volksbücher 254) (1933)
 (Ausz. a. Nr. 8 u. 22)
44 Der Mann aus dem Chaos. Napoleon-Roman. 357 S. Lpz: Staackmann (= Staackmanns Roman-Bibliothek 11) 1933
45 (Hg.) Heldische Prosa. 332 S. m. Abb. Lpz: Reclam 1934
46 Die Flucht in den Krieg. Erzählung. 62 S. Karlsbad: Kraft (= Volksdeutsche Reihe 2) (1935)
47 Der Held von Kolberg. 142 S., 21 Abb., 4 Taf. Stg: Loewe (= Loewes Jugend-Bücher) (1935)
48 Getrennt marschieren. Erzählung. 56 S. Mchn: Langen-Müller (= Die kleine Bücherei 52) 1935
49 Stein. Roman eines Führers. 287 S. Mchn: Langen-Müller 1935
50 Mein Leben. 64 S. Bln: Junker & Dünnhaupt (= Die Lebenden) 1936
51 Die Prager. 239 S. Bln: Junge Generation 1936
 (Umgearb. Neuaufl. v. Nr. 3)
52 Steins Ringen um Deutschland. Bes. H. Schluroff. 63 S. Mchn: Langen-Müller (= Deutsche Folge 28) 1936
 (Ausz. a. Nr. 49)
53 Fröhlicher Vormärz. Zwei Novellen. 31 S. Lpz: Schmidt & Spring (= Skalden-Bücher 31) 1936
54 Zweikampf um Deutschland. Roman. 346 S. Mchn: Langen-Müller (1936)
55 Die Ahnen des Bolschewismus. 24 S. (Reutlingen:) Deutscher Hort Verl. (= Europa, wohin? 4–5) (1937)
56 (Hg.) Aus der Sagenwelt der Donau. 106 S. m. Abb. Stg: Union (1937)
57 Der steinerne Gast. 46 S. Lpz: Schmidt & Spring (= Skalden-Bücher 50) 1938
58 Grillparzer. 94 S., 1 Titelb. Stg: Cotta (= Die Dichter der Deutschen) 1938
59 (Hg.) Die Grillparzer-Lese. 73 S., 1 Titelb. Wien: (Wiener Verl.-Ges.) (= Reihe Süd-Ost. Folge 1, 5) 1938
60 Deutsches Leid in Österreich. Fünf geschichtliche Bilder von 1848 bis 1870. 31 S. Ffm: Diesterweg (= Kranz-Bücherei 234) (1938)

61 Volk und Mann. Roman-Trilogie. 3 Bde. 373, 277, 287 S. Mchn: Langen-Müller (1938)
(Enth. Nr. 41, 44, 49)
62 Prinz Eugen. 138 S., 24 Abb. Stg: Loewe (= Loewes Jugendbücher 1301) 1939
63 Die stumme Schlacht. Roman. 275 S. Mchn: Langen-Müller 1939
64 (Hg.) Wien und das Niederdonauland. 128 S., 120 Abb., 2 Kt. 4° Bln: Bong (= Bücher der Landschaft) (1939)
65 Frühlingssturm. Charfreitag. Der Gang nach Emmaus. Pfingsten in Weimar. Die Geschichte einer deutschen Familie in zwei Jahrhunderten. Romantrilogie. 597 S. Bln: Vier Falken-V. (1940)
(Enth. Nr. 25, 30, 31)
66 Der Kurfürst. Eine Vinzenz Prießnitz-Novelle. 71 S. Lpz: Reclam (= Reclam's UB. 7473) 1940
67 Helles Abendlied. Ausgewählte Gedichte. 62 S. Mchn: Langen-Müller (= Die kleine Bücherei 124) 1941
68 Heroische Rheinreise. Novelle. 76 S. Stg: Cotta 1941
69 Die Königsparade. 127 S. Breslau: Schlesien-V. (= Schlesische Dichter sprechen zur Front) 1942
70 Balladen vom Geist. 71 S. Bln, Wien, Lpz: Bischoff 1943
71 Von den kleinen Dingen. Sonette. 63 S. m. Abb. Karlsbad: Kraft 1943
72 Das letzte Gefecht. Roman. 217 S. Mchn: Langen-Müller 1943
73 Der Herbst des Grafen von Avricourt. Zwei Erzählungen. 75 S. m. Abb. Graz: Steir. Verl.-Anst. 1943
74 Heroische Rheinreise und andere historische Novellen. 125 S. Stg: Dt. Verl.-Exped. (= Bibliothek der Unterhaltung und des Wissens. Jg. 67, Nr. 866) 1943
(Enth. u. a. Nr. 68)
75 Die Prager Studenten. 231 S. Bln: Reichel (1943)
(Umgearb. Neuaufl. v. Nr. 3)
76 Symphonie in drei Sätzen. Novellen. 56 S. Wien: Wiener Verl. (= Kleinbuchreihe Südost 34) 1943
77 Front der Herzen. Roman. 204 S. Bln, Wien, Lpz: Bischoff 1944
78 Tedeum. Ein Roman um Anton Bruckner. 388 S. Speyer: Pilger-V. 1950
79 Hellas. Ahnen des Abendlandes. Roman. 502 S. Wels: Verl. Welsermühl 1951
80 Jesus-Legende. 238 S. m. Abb. Salzburg: Rabenstein 1951
81 Sonnenspektrum. Ein Goethe-Roman in sechzehn Abschnitten. Vorw. R. Glaser. 295 S., 1 Bildn. Salzburg: Verl. Das Bergland-Buch (= Das Bergland-Buch) 1951
82 Finale in Moskau. Ein Napoleon-Roman. 348 S. Graz, Göttingen: Stocker 1952
(Neuaufl. v. Nr. 44)
83 Der Heiratsvermittler. – Die lustigen Weiber. Novellen. 71 S. Stg: Loewe (= Pro vita) 1953
84 Der Zauberstab. Roman des Wiener Musiklebens. 313 S. Graz, Göttingen: Stocker (1954)
85 Der König von Österreich. Roman der Familie Strauß. 346 S. Graz, Göttingen: Stocker 1956

Hohoff, Curt (*1913)

1 Komik und Humor bei Heinrich von Kleist. Beitrag zur Klärung der geistigen Struktur eines Dichters. 80 S. Bln: Ebering (= Germanische Studien 184) 1937
2 Der Hopfentreter. 141 S. Potsdam: Rütten & Loening 1941
3 (Hg., Nachw.) C. Brentano: Eine Auswahl. 2 Bde. 326, 309 S. Mchn: Hanser (1947)
4 Hochwasser. Erzählungen. 205 S. Mchn: Nymphenburger Verlh. 1948
5 (MH, Nachw.) Lyrik des Abendlands. 686 S. Mchn: Hanser 1948
6 Adalbert Stifter. Seine dichterischen Mittel und die Prosa des 19. Jahrhunderts. 231 S. Düsseldorf: Schwann 1949

7   (Hg., Nachw.) C. Brentano: Ausgewählte Werke. 629 S. Mchn: Hanser (1950)
    (Neuaufl. v. Nr. 3)
8   (Nachw.) F. Grillparzer: Werke. Hg. F. Rowas. 2 Bde. 718, 721 S. Mchn: Hanser 1950
9   Woina, Woina. Russisches Tagebuch. 381 S., 1 Kt. Düsseldorf, Köln: Diederichs 1951
10 Feuermohn im Weizen. Roman. 255 S. Düsseldorf: Diederichs (1953)
11 Geist und Ursprung. Zur modernen Literatur. 242 S. Mchn: Ehrenwirth (1954)
12 (Bearb.) E. Ortner: Glück und Macht der Fugger. 389 S. Mchn: Ehrenwirth 1954
13 (Hg.) Flügel der Zeit. Deutsche Gedichte 1900-1950. 187 S. Ffm, Hbg: Fischer-Bücherei (= Fischer-Bücherei 113) 1956
14 Paulus in Babylon. Roman. 255 S. Freiburg: Herder 1956
15 Heinrich von Kleist in Selbstzeugnissen und Bilddokumenten. 162 S. m. Abb. Hbg: Rowohlt (= rowohlts monographien 1) 1958
16 Die verbotene Stadt. Erzählung. 160 S. Mchn: Hanser 1958

HOLGERSEN, Alma (*1899)

1   Der Aufstand der Kinder. Eine Erzählung. 196 S. Lpz: Staackmann 1935
2   Der Wundertäter. 252 S. Lpz: Staackmann 1936
3   Zweitausend Meter über der Hölle. Ein Ski-Tagebuch. 97 S., 8 Abb. Wien: Zsolnay 1937
4   Du hast deinen Knecht nicht aus den Augen verloren. Roman. 256 S. Wien: Zsolnay 1938
5   Kinderkreuzzug. 361 S. Wien: Zsolnay 1940
6   Die goldenen Wiesen. 152 S. Bln: Frundsberg-V. 1942
7   Fahrt in den Schnee. Ein Jungmädchenbuch. 148 S. m. Abb. Paderborn: Schöningh 1943
8   Die Reise der Urgroßmutter. Roman. 160 S. Wien: Frundsberg-V. 1943
9   Großstadtlegende. 247 S. Wien: Amandus 1946
10 Geleitet sie, Engel! Erzählung. 162 S. Bln, Wien, Lpz: Zsolnay 1948
11 O Mensch wohin? Roman. 400 S. Einsiedeln, Zürich: Benziger 1948
12 Bergkinder. Eine Erzählung für Jungen und Mädchen. 205 S., 1 Titelb. Recklinghausen: Bitter 1949
13 Es brausen Himmel und Wälder. Roman. 333 S. Innsbruck, Wien: Tyrolia 1949
14 Die große Reise. 140 S. m. Abb. Wien: Jugend u. Volk 1949
15 Gesang der Quelle. Gedichte. 41 S. Wien: Zsolnay 1949
16 Berghotel. Roman. 395 S. Wien: Zsolnay 1951
17 Franziskus. 405 S. Wien, Mchn: Kirschner 1951
    (Zus.fassg. v. Nr. 2 u. 4)
18 Tonis Abenteuer. Eine Erzählung aus den Bergen für junge Mädchen. 119 S. m. Abb. Heidelberg: Ueberreuter 1952
19 Freu Dich alle Tage! 72 S. m. Abb. Wien: Zsolnay 1952
20 Bergfrühling. Ein Ski-Tagebuch. 82 S., 7 Taf. Wien, Stg: Wancura 1953
    (Neuaufl. v. Nr. 3)
21 Ferien wie noch nie. Eine Erzählung für junge Mädchen. 125 S. m. Abb. Wien, Heidelberg: Ueberreuter 1953
22 Gesang der Quelle. Roman. 271 S. Wien: Zsolnay 1953
23 Das Buch von Fatima. 392 S. Wien, Mchn: Herold-V. 1954
24 Die drei Hirtenkinder von Fatima. Erzählung für die Jugend nach Tatsachenberichten. 94 S. m. Abb. Wien, Mchn: Herold-V. 1954
25 Drei halten zusammen. 126 S. m. Abb. Wien, Heidelberg: Ueberreuter 1955
26 Die Reichen hungern. Roman. 386 S. Wien, Bln, Stg: Neff 1955
27 Das Buch von La Salette. 278 S. Wien, Mchn: Herold 1956
28 Die Kinder von La Salette. Erzählung für die Jugend. 147 S. m. Abb. Wien, Mchn: Herold 1956

29 Ein Tor öffnet sich. Roman für junge Mädchen. 131 S. m. Abb. Wien: Albrecht 1956
30 Räuberromanze. Roman. 207 S. Hbg, Wien: Zsolnay 1957
31 Das Mädchen von Lourdes. Erzählung für die Jugend. 150 S. m. Abb. Wien, Mchn: Herold 1958
32 Pietro schreibt dem lieben Gott. 70 S. m. Abb. Wien, Mchn: Herold 1959

HOLITSCHER, Arthur (1869–1941)

1 Leidende Menschen. Novellen. 126 S. Dresden: Pierson 1893
2 Weiße Liebe. Roman aus dem Quartier Latin. 280 S. Mchn: Langen 1896
3 An die Schönheit. Trauerspiel. 116 S. Mchn: Langen 1897
4 Der vergiftete Brunnen. Roman. 428 S. Mchn: Langen 1900
5 Das sentimentale Abenteuer. 208 S. Bln: Fischer 1901
6 Von der Wollust und dem Tode. 186 S. Mchn: Langen 1902
7 Charles Baudelaire. 63 S., 12 Taf., 3 Faks. Bln: Bard & Marquardt (= Die Literatur 12) (1904)
8 Leben mit Menschen. 72 S., 11 Taf. Bln: Bard (= Die Kultur 13) (1906)
9 Der Golem. Ghettolegende in drei Aufzügen. 135 S. Bln: Fischer 1908
10 Worauf wartest du? Roman. 234 S. Bln: Fischer 1909
11 Amerika heute und morgen. Reiseerlebnisse. 430 S. Bln: Fischer 1912
12 Geschichten aus zwei Welten. 225 S. Bln: Fischer 1914
13 In England – Ostpreußen – Südösterreich. Gesehenes und Gehörtes. 163 S. Bln: Fischer (= Sammlung von Schriften zur Zeitgeschichte 7) 1915
14 Das amerikanische Gesicht. 163 S. Bln: Fischer (= Sammlung von Schriften zur Zeitgeschichte 20) 1916
15 Bruder Wurm. 120 S. Bln: Fischer 1918
16 (Übs.) (O. Wilde:) Ballade des Zuchthauses zu Reading. Von C. 3. 3. 47 S. m. Abb. 16° Bln: Juncker (= Orplid-Bücher 26) (1918)
17 Schlafwandler. Erzählung. 151 S. Bln: Fischer (= Fischer's Bibliothek zeitgenössischer Romane. Reihe 8, Bd. 8) (1919)
18 Adela Bourkes Begegnung. Roman. 408 S. Bln: Fischer 1920
19 Ideale an Wochentagen. 155 S. Bln: Reiß (1920)
20 Drei Monate in Sowjet-Rußland. 255 S. Bln: Fischer 1921
21 Gesang an Palästina. 28 S., 12 Abb. 2° Bln: Voegel (= Tillgner-Druck 7) 1922
22 Stromab die Hungerwolga. Hg. Auslandskomitee zur Organisierung der Arbeiterhilfe für die Hungernden in Rußland. 75 S., 4 Abb. Bln: Vereinigung Internationaler Verl.-Anstalten 1922
23 Reise durch das jüdische Palästina. 129 S., 15 Abb., 1 Kt. Bln: Fischer 1922
24 (Hg.) Amerika. Leben, Arbeit und Dichtung. 126 S. Bln: Verl. d. Neuen Gesellschaft (= Jugendbücher der Neuen Gesellschaft 2) 1923
25 Ekstatische Geschichten. 61 S. m. Abb. 4° Bln: Tillgner (= Das Prisma 11) 1923
26 (MV) A. H. u. S. Zweig: Frans Masereel. 177 S. m. Abb. 4° Bln: Juncker (= Graphiker unserer Zeit 1) 1923
27 Lebensgeschichte eines Rebellen. Meine Erinnerungen. 2 Bde. 246 S., 1 Titelb.; 246 S. Bln: Fischer (1) bzw. Potsdam, Bln: Kiepenheuer (2) 1924–1928
28 Das Theater im revolutionären Rußland. 40 S. Bln: Volksbühnen-Verl.- u. Vertr.-Ges. (= Kunst und Volk 4) (1924)
29 Der Narrenbaedeker. Aufzeichnungen aus Paris und London. 202 S., 15 Abb. Bln: Fischer 1925
30 Ravachol und die Pariser Anarchisten. 86 S. Bln: Verl. Die Schmiede (= Außenseiter der Gesellschaft 8) 1925
31 Das unruhige Asien. Reise durch Indien – China – Japan. 341 S., 64 Abb. Bln: Fischer (1926)
32 Mein Leben in dieser Zeit. (1907–1927). 246 S. Potsdam, Bln: Kiepenheuer (= Lebensgeschichte eines Rebellen 2) 1928
 (Bd. 2 v. Nr. 27)
33 Reisen. 298 S. Potsdam, Bln: Kiepenheuer 1928

34 Es geschah in Moskau. Roman. 270 S. Bln: Fischer 1929
35 Wiedersehen mit Amerika. Die Verwandlung der USA. 181 S. Bln: Fischer 1930
36 Es geschieht in Berlin. Roman. 322 S. Bln: Fischer 1931
37 Ein Mensch ganz frei. Roman. 322 S. Bln: Fischer 1931

HOLLAENDER, Felix (1867–1931)

1 Moderne Romane. 2 Bde. Bln: Fischer 1891–1892
  1. Jesus und Judas. 364 S. 1891
  2. Magdalene Dornis. 324 S. 1892
2 (MV) F. H. u. H. Land: Die heilige Ehe. Ein modernes Schauspiel. 104 S. Bln: Fischer 1893
3 Frau Ellin Röte. Aus dem Leben einer jungen Frau. 339 S. Bln: Fischer 1893
4 Pension Fratelli. Ein kurzer Roman und Anderes. 174 S. m. Bildn. Bln: Fischer (1896)
5 Sturmwind im Westen. Berliner Roman. 314 S. Bln: Fischer 1896
6 Erlösung. Roman. 302 S. Bln: Fischer (1899)
7 Das letzte Glück. Roman. 296 S. Bln: Fischer (1899)
8 (MV) H. Hart, J. Hart, G. Landauer, F. H.: Die neue Gemeinschaft, ein Orden vom wahren Leben. Vorträge und Ansprachen. 88 S. Lpz, Jena: Diederichs (= Das Reich der Erfüllung 2) 1901
9 Der Weg des Thomas Truck. Roman. 2 Bde. 404, 421 S. Bln: Fischer 1902
10 (MV) F. H. u. L. Schmidt: Ackermann. Tragikomödie. 135 S. Bln: Fischer 1903
11 Der Baumeister. Roman. 322 S. Bln: Letto 1904
12 Traum und Tag. 345 S. Bln: Fischer 1905
13 Der Pflegesohn. Erzählungen. 136 S. Wien: Wiener Verl. (= Bibliothek moderner deutscher Autoren 13) 1906
14 Charlotte Adutti. Ein Buch der Liebe. 352 S. Bln: Wedekind 1908
15 Agnes Feustels Sohn. Roman. 341 S. Bln: Schottlaender's Schles. Verl.-Anst. (1908)
16 Die Witwe. Kleine Geschichten. 192 S. Bln: Fischer 1908
17 Unser Haus. Roman. 342 S. Bln: Reiß 1911
18 Der Eid des Stephan Huller. 470 S. Bln: Ullstein 1912
19 Die Briefe des Fräuleins Brandt. Roman. 286 S., 1 Bildn. Bln: Mosse (1918)
20 Der Tänzer. Ein Roman in drei Büchern. 398 S. Bln: Fischer 1918
21 Die Kastellanin. Roman. 247 S. Bln: Ullstein (= Ullstein-Bücher 118) (1920)
22 Salomons Schwiegertochter. Roman. 381 S. Bln: Ullstein (1920)
23 (Hg.) Festschrift zum sechzigsten Geburtstag Gerhart Hauptmanns. 16 S. m. Abb. 2° Bln: Mosse (1922)
24 Der Demütige und die Sängerin. Roman. 312 S. Bln: Ullstein (1925)
25 Gesammelte Werke. 6 Bde. 3653 S., 1 Taf. Rostock: Hinstorff (1926)
26 Das Erwachen des Donald Westhof. Roman. 325 S. Bln: Ullstein 1927
27 Baumeister Keßler. Roman. 327 S. Bln: Franke 1929 (Neuaufl. v. Nr. 11)
28 Das Schiff der Abenteuer. Roman. 280 S. Bln: Fischer 1929
29 Ein Mensch geht seinen Weg. Roman. Vorw. G. Hauptmann. 299 S., 1 Titelb. Bln: Ullstein 1931
30 Lebendiges Theater. Eine Berliner Dramaturgie. 348 S., 1 Bildn. Bln: Fischer 1932

HOLLANDER, Walther von (*1892)

1 Grenze der Erfüllung. Ein Novellenkreis. 69 S. Jena, Weimar: Lichtenstein 1920
2 (Hg.) S. Mereau: Das Blütenalter der Empfindung. Ein Roman. 101 S. Mchn: Dreiländerverl. 1920

3 Narzissos. Eine Legende vom Mann. 30 S. m. Abb. Potsdam, Bln: Voegel 1921
4 Legenden vom Mann. 87 S., 6 Abb. Bremen, Bln: Gottschalk 1923 (Enth. u. a. Nr. 3)
5 Gegen Morgen. Der Roman des Mörders Karl Rasta. 205 S. Bln: Gottschalk 1924
6 Der Eine und der Andere. Zwei kleine Romane. 212 S. Bln: Propyläen (= Das kleine Propyläen-Buch) 1925
7 Das fieberne Haus. 288 S. Bln: Ullstein 1926
8 Auf der Suche. Roman aus der Übergangszeit. 351 S. Bln: Ullstein (1927)
9 Jetzt oder nie. Roman. 267 S. Bln: Ullstein 1928
10 Schicksale gebündelt. Ein Menschenpanorama von heute. 364 S. Bln: Ullstein (= Das gelbe Ullsteinbuch) 1928
11 Die Angst zu lieben. Drei kleine Romane. 246 S. Bln: Propyläen 1930
12 Frühling in Duderstedt. 198 S. Bln: Internationale Bibliothek 1930
13 Zehn Jahre – zehn Tage. Roman. 280 S. Bln: Propyläen-V. 1930
14 Komödie der Liebe. Eine beinah tragische Ehegeschichte. 217 S. Stg: Dt. Verl.-Anst. (1931)
15 Schattenfänger. Roman einer Familie. 546 S. Stg: Dt. Verl.-Anst. 1932
16 Alle Straßen führen nach Haus. Roman. 292 S. Bln: Neff 1933
17 Die Erbin. Roman. 237 S. Bln: Scherl 1934
18 Die Liebe, die uns rettet. Roman einer Hochzeitsreise. 272 S. Bln: Scherl 1935
19 Schwestern des Herzens. Drama. Als Ms. gedr. Bln: Die Rampe 1935
20 Vorbei ... Roman aus dem Herbst 1913. 213 S. Bln (:Dt. Verl.) 1936
21 Licht im dunklen Haus. Eine Erzählung aus dem Engadin. 183 S. Bln: Dt. Verl. 1937
22 Oktober. Roman. 290 S. Bln: Propyläen 1937
23 Der Mensch über Vierzig. Neuer Lebensstil im neuen Lebensalter. 223 S. Bln: Dt. Verl. 1938
24 Therese Larotta. Roman aus dem Engadin. 206 S. Bln: Propyläen 1939
25 Das Leben zu Zweien. Ein Ehebuch. Betrachtungen und Geschichten. 317 S. Bln: Dt. Verl. 1940
26 Akazien. Roman. 231 S. Bln: Propyläen 1941
27 Der Gott zwischen den Schlachten. Die Geschichte einer Liebe aus unserer Zeit. 197 S. Bln: Propyläen 1942
28 Fibel für Erwachsene. Ausgewählte Aufsätze. 175 S. Hbg: Hammerich & Lesser 1945
29 Es wächst schon Gras darüber. Roman. 433 S. Hbg: Springer 1947
30 Kleine Dämonen. Aus den Papieren des Journalisten Ferdinand F.-B. 239 S. Hbg: Springer 1948
31 Als wäre nichts geschehen. Roman. 322 S. Flensburg, Hbg: Wolff 1951
32 (MV) H. Gottschalk: Moderne Eheprobleme. Von Ehe, Familie und Konvention. Mit einem Beitrag v. W. v. H. 469 S. Flensburg: Wolff 1951
33 Die Krise der Ehe und ihre Überwindung. 278 S. Bln: Dt. Verl. 1953 (Neufassg. v. Nr. 25) Das Leben zu Zweien
34 Bunt wie Herbstlaub. Roman einer Frau in diesem Jahrhundert. 310 S. Flensburg, Hbg: Wolff (1955)
35 Es brennt der Stern. Weihnachtserzählungen. 70 S. Heilbronn: Salzer (= Salzers Volksbücher 46) 1956
36 Nur für Erwachsene – und solche, die es werden müssen. 103 S. m. Abb. Hbg: Broschek 1957
37 Die geschenkten Jahre. Eine Betrachtung über das Altern. 115 S. m. Abb. Bln: Klieber 1957
38 (MV) W. v. H. u. K. R. v. Roques: Fibel für Manager. 153 S. m. Abb. Gütersloh: Bertelsmann 1958
39 Unser Publikum. 126 S. m. Abb. Gütersloh: Peter 1959
40 Der Mensch neben dir. Ein Spiegel unserer Industriegesellschaft. 126 S. m. Abb. Gütersloh: Bertelsmann 1960 (Neuaufl. v. Nr. 39)
41 Was wollen Sie wissen? Vom täglichen Glück. Die 101 schönsten Nachworte aus der NDR-Sendung. 251 S. Gütersloh: Mohn 1960

Hollonius, Ludwig (Anf. 17. Jh.)

1 Freimut, das ist Vom Verlornen Sohn, aus dem XV. Capittel des Evangelisten Lucae. Eine Newe Comoedia ... in Teutsche einfeltige Reime gefasset ... 83 Bl. Alten-Stettin: Rhete 1603
2 Somnium vitae humanae, das ist: Ein Newes Spiel Aus einer lustigen Geschicht von Philippo Bono. 66 Bl. Alten-Stettin: Rhete 1605

Holm, Korfiz (1872–1942)

1 (Übs.) A. Tschechoff: Ein Zweikampf. Erzählung. 143 S. Mchn: Langen (= Kleine Bibliothek Langen 7) 1897
2 Schloss Übermut. Novelle. 157 S. Mchn: Langen (= Kleine Bibliothek Langen 16) 1898
3 Arbeit. Schauspiel. 166 S. Mchn: Langen 1900
4 Mesalliancen. Zwölf Liebes- u. Ehegeschichten. 155 S. m. Titelb. Mchn: Langen (= Kleine Bibliothek Langen 31) 1901
5 Die Könige. Dramatisches Gedicht. 101 S. Mchn: Langen 1901
6 (Übs.) A. Tschechoff: Ja, die Frauenzimmer! und andere Novellen. 150 S. Mchn: Langen (= Kleine Bibliothek Langen 39) 1901
7 (Übs.) M. Gorki: Ein Verbrechen und andere Geschichten. 149 S. Mchn: Langen (= Kleine Bibliothek Langen 53) 1902
8 (Übs.) A. Tschechoff: Schatten des Todes. Aus den Papieren eines alten Mannes. Erzählung. 155 S. Mchn: Langen (= Kleine Bibliothek Langen 51) 1902
9 (Übs.) M. Gorki: Zigeuner und andere Geschichten. 144 S. Mchn: Langen (= Kleine Bibliothek Langen 61) 1903
10 (Übs.) L. N. Tolstoi: Vierzig Jahre. Kleinrussische Legende. 142 S. Mchn: Langen (= Kleine Bibliothek Langen 68) 1904
11 (Übs.) F. M. Dostojewski: Ein Werdender. Roman. 2 Bde. 530, 556 S. Mchn: Langen 1905
12 (Übs.) M. Gorki: Ein Vagabund. Erzählung. 153 S. Mchn: Langen (= Kleine Bibliothek Langen 77) 1905
13 Die Sünden der Väter und andere ironische Geschichten. 142 S. Mchn: Langen (= Kleine Bibliothek Langen 82) 1905
14 Thomas Kerkhoven. Roman. 486 S. Mchn: Langen 1906
15 (Übs.) M. Gorki: Spleen. Ein paar Tage aus dem Leben eines Müllers. Erzählung. 129 S. Mchn: Langen (= Kleine Bibliothek Langen 88) 1906
16 Hundstage. Lustspiel. 208 S., 1 Abb. Mchn: Langen 1911
17 Die Tochter. Roman in zwei Bänden. 714 S. Mchn: Langen (1911)
18 Marys großes Herz. Komödie in drei Akten. 168 S. Mchn: Langen 1913
19 Herz ist Trumph. Der Roman eines starken Mannes. VII, 482 S. Mchn: Langen 1917
20 (Übs.) N. W. Gogol: Die schönsten Kosakengeschichten. Auw. u. Einl. W. v. Molo. 224 S., 1 Abb. Mchn: Langen (1918)
21 (Übs.) N. W. Gogol: Ausgewählte Werke in zwei Bänden. 709, 719 S. Mchn: Langen (1924)
22 Das Mädchen aus der Fremde. Lustspiel in vier Akten. 239 S. Mchn: Langen 1926
23 Gesammelte Werke in Einzelausgaben. 429 S. Mchn: Langen 1928 (Neubearb. v. Nr. 19)
24 ich – kleingeschrieben. Heitere Erlebnisse eines Verlegers. 227 S. Mchn: Langen-Müller 1932
25 (MÜbs.) N. W. Gogol: Der Revisor. Komödie. Neue dt. Übs. u. Bühnenbearb. v. A. Schultz u. K. H. 174 S. Bln: Theaterverl. Langen-Müller 1933
26 Mehr Glück als Verstand. Heitere Sommergeschichte. 256 S. Bln: Grote (= Grotesche Sammlung von Werken zeitgenössischer Schriftsteller 223) 1936
27 (Übs.) G. Gunnarsson: Strand des Lebens. 310 S. Mchn: Langen-Müller (1936)

28 Farbiger Abglanz. Erinnerungen an Ludwig Thoma, Max Dauthendey und Albert Langen. 61 S. Mchn: Langen-Müller (= Die kleine Bücherei 113) 1940
 (Ausz. a. Nr. 24)
29 Vom Lauser zum Leiber. Heiteres aus meinen jungen Jahren. 61 S. Mchn: Langen-Müller (= Die kleine Bücherei 138) 1942

HOLTEI, Karl von (1798-1880)

1 (MV) T. B. v. Sydow u. K. v. H: Vermischte Gelegenheitsgedichte. Quedlinburg: Strube 1815
2 *Breslauer Commersbuch. XIV, 171 S., 2 Bl. m. Musikbeil. Breslau: Holäufer 1819
3 Sendschreiben an Herrn D. Herrmann. 12 S., 2 Bl. o. O. (1820)
4 (Hg.) Der Obernigker Bote. Eine Wochenschrift. 30 Nrn. 4° Bln: Graß & Barth 1822
5 Erinnerungen; eine Sammlung vermischter Erzählungen und Gedichte. VII, 254 S. Breslau: Graß & Barth u. Lpz: Barth 1822
6 (Hg.) Jahrbuch deutscher Nachspiele (ab 1825: Jahrbuch deutscher Bühnenspiele). 10 Jge. Breslau: Graß & Barth (Jg. 1-3) bzw. Bln: Graß & Barth (4-10) 1822-1831
7 (MH) Deutsche Blätter für Poesie, Litteratur, Kunst und Theater. Hg. K. Schall, K. v. H., F. Barth. 816 S. 4° Breslau: Graß & Barth 1823
8 Festspiele, Prologe und Theaterreden. 4 Bl., 224 S. 16° Breslau: Graß & Barth 1823
9 Wider das Theater in Breslau. 47 S. Breslau: Graß & Barth 1823
10 (Hg.) Brieftasche des Obernigker Boten. Zum Besten der durch Hagelschlag verarmten Obernigker. VIII, 88 S. Breslau: Graß & Barth 1824
11 Die Sterne. Dramatisches Gedicht in vier Akten. Als Manuskript für die Bühne gedruckt. 111 S. Bln: Quien 1824
12 Berliner in Wien. Liederposse in einem Akt. 47 S. o. O. 1825
13 *(Hg.) Blumen auf das Grab der Schauspielerin Luise von Holtei geborne Rogée. VI S., 1 Bl., 128 S. m. Bildn. Bln: Vereinsbuchh. 1825
14 Der Debütant. Vorspiel. Bln 1826
15 Die deutsche Sängerin in Paris. Schwank in einem Aufzuge. 3 Bl., 50 S. Bln: Vereinsbuchh. 1826
16 Schlußwort. 2 Bl. 4° o. O. (1826)
17 (Hg.) Monatliche Beiträge zur Geschichte dramatischer Kunst und Literatur. 3 Bde. 2 Bl., 300 S.; 2 Bl., 269 S.; 2 Bl., 259 S. Bln: Haude & Spener 1827-1828
18 Gedichte. XVI, 214 S. Bln: Haude & Spener 1827
19 Farben, Sterne, Blumen. Drei dramatische Spiele. Eine Neujahrsgabe für 1829. 2 Bl., 239 S. Bln: Trautwein (1828)
 (Enth. u. a. Nr. 11)
20 Lenore. Vaterländisches Schauspiel mit Gesang in drei Abtheilungen. 165 S. Bln: Duncker & Humblot 1829
21 *Das Lied vom Mantel. Zur Feier des 28sten August 1829. 2 Bl. Glatz: Pompejus (1829)
 (Ausz. a. Nr. 20)
22 *Worte der Weihe und Verehrung, dem einzigen Künstler Ritter N. Paganini dargebracht. Lpz: Sühring 1829
23 Schlesische Gedichte. VI, 162 S. m. Musikbeil. Bln: Haude & Spener 1830
24 Zur Begrüßung des ... Herrn Dr. Riemer aus Weimar; in der Gesellschaft der Dichterfreunde. 4 S. Bln: Nugger 1831
25 Heil dem Könige! Zwoelf preußische Lieder. 31 S. 16° Bln: Trautwein 1831
26 Rede zur Feier des Höchsten Geburtsfestes Seiner Königlichen Hoheit des Kronprinzen Friedrich Wilhelm von Preußen. 2 Bl. 4° Bln (o. Verl.) 1831
27 Beiträge für das Königstädter Theater. 2 Bde. XXXII, 306 S.; 1 Bl., 328 S. Wiesbaden: Haßloch 1832
28 Dichter und Sänger, eine Sammlung deutscher Lieder. qu. 2° Bln: Trautwein (1832)

29 *Göthe's Todtenfeier auf dem Königstädtischen Theater. 3 Bl., 42 S. Bln: Cosmar & Krause 1832
30 Ida, eine kleine Sammlung von Liedern. Als Ms. gedr. o. O. 1832
31 Erzählungen. Erstes Bändchen. 288 S. Braunschweig: Meyer 1833
32 Festlied zu Ludwig Tiecks sechzigster Geburtstagsfeier. 1/4 Bg. Bln 1833
33 Gesänge aus: Des Adlers Horst. 47 S. 16⁰ Bln: Decker (1833)
34 Dem Mai! 1 Bl. o. O. (1833)
35 *Don Juan. Dramatische Phantasie in sieben Akten; von einem deutschen Theaterdichter. VI S., 1 Bl., 336 S. Paris: Marteau 1834
36 Deutsche Lieder X, 220 S. 16⁰ Schleusingen: Glaser 1834
37 Das Vaterhaus. Breslau: Cranz 1834
38 Festlieder der vereinigten Gesellschaft für in- und ausländische schöne Litteratur in Berlin zum funfzigjährigen Jubilaeo ihres Mitgliedes F. A.v. Stägemann. 4 S. o. O. 1835
39 Deutsche Lieder. X, 238 S. 16⁰ Schleusingen: Glaser 1836
   (Verm. Neuaufl. v. Nr. 36; enth. u. a. Nr. 37)
40 Almanach für Privatbühnen. Erster Jahrgang. VIII S., 1 Bl., 311 S., 3 Bl., 48 S. Riga, Lpz: Frantzen 1839
41 Am 23ten Februar 1839 im neuen Gesellschafts-Locale der Börsenhalle zu Königsberg vorgetragen. 2 Bl. o. O. (1839)
42 Lorbeerbaum und Bettelstab, oder: Drei Winter eines deutschen Dichters. Schauspiel in drei Akten. XIV S., 1 Bl., 167 S. Schleusingen: Glaser 1840
43 Shakspear in der Heimath, oder: Die Freunde. Schauspiel in vier Akten. XIV, 178 S. Schleusingen: Glaser 1840
44 Briefe aus und nach Grafenort. 1 Bl., IV S., 1 Bl., 333 S. Altona: Hammerich 1841
45 Vierzig Jahre. 8 Bde. Bln: Lese-Cabinet (1-4) bzw. Breslau: Schulz (5-6) bzw. Bln: Adolf (7-8) 1843-1850
46 Die beschuhte Katze. Ein Mährchen in drei Akten mit Zwischenspielen. 2 Bl., 113 S. Bln: Duncker 1843
47 Gedichte. X, 412 S. Bln: Vereins-Buchh. 1844
   (Verm. Neuaufl. v. Nr. 18)
48 Üm à Mai! 2 Bl. o. O. (1845)
49 Theater. In einem Bande. 1 Bl., XI, 527 S. 4⁰ Breslau: Schulz 1845
   (Enth. u.a. Nr. 11, 12, 14, 15, 20, 29, 33, 42, 43 u. Ausz. a. Nr. 40)
50 's kümmt mit Macht! 2 Bl. Breslau: Richter (1846)
51 Stimmen des Waldes. 346 S. Breslau: Schulz 1848
52 ... Zum grünen Baum. Schauspiel in zwei Akten mit einem Nachspiel. 68 S. Bln: Fähndrich 1849
53 Beim Festmahl, durch welches den Heldengreis ... 1 Bl. o. O. 1849
54 Der Kaiser kommt! Gelegenheitsspiel in einem Acte. 28 S., 1 Bl. Graz: Kienreich 1849
55 (Bearb.) W. Shakespeare: Die Komödie der Irrungen. Bln 1849
56 (Bearb.) W. Shakespeare: Viel Lärm um Nichts. Bln 1849
57 Zum ... Stiftungsfeste des Vereins Vorwärts. 1 Bl. Bremen: Dubbers 1849
58 Die Vagabunden. Roman in vier Bänden. XVI, 1184 S. 16⁰ Breslau: Trewendt & Granier 1851
59 Christian Lammfell. Roman in fünf Bänden. 1654 S. Breslau: Trewendt & Granier 1853
60 Der Obernigker Bote. Gesammelte Aufsätze und Erzählungen in drei Bänden. 1096 S. Bln, Breslau: Trewendt 1854
61 Die mächt'ge, zauberkräft'ge Hand ... 1 Bl. o. O. (1854)
62 Zum 22. November 1854. 4 Bl. o. O. (1854)
63 Ein Schneider. Roman. 3 Bde. 980 S. Breslau: Trewendt & Granier 1854
64 Stimmen des Waldes. 356 S. 16⁰ Breslau: Trewendt 1854
   (Verm. Neuaufl. v. Nr. 51)
65 Ein vornehmer Herr, oder Zwei Freunde. Erzählung. 256, IV S. 16⁰ Prag, Wien, Lpz: Günther (= Album) 1855
66 Jung oder Alt? Original-Lustspiel in drei Akten. 88 S. Graz: Kienreich 1855
67 Ein Mord in Riga. Erzählung. 247 S. 16⁰ Prag, Wien, Lpz: Günther (= Album) 1855
68 Gedichte. VIII, IV, 448 S. Hannover: Lohse 1856
   (Verm. Neuaufl. v. Nr. 47)

69 Drei Geschichten von Menschen und Thieren. 2 Bde. 2 Bl., 226 S.; 1 Bl., 191 S. 16⁰ Lpz: Hübner 1856
70 *Mein Mozartfest. 2 Bl. o.O. (1856)
71 Schwarzwaldau. 2 Bde. 476 S. 16⁰ Prag, Wien, Lpz: Günther (= Album) 1859
72 Bei'm Grazer Volksfest. 2 Bl. o.O. (1856)
73 (Hg.) Für den Friedhof der evangelischen Gemeinde in Gratz in Steiermark. Erzählungen, vermischte Aufsätze und Gedichte. XXII, 690 S. m. Musikbeil. Braunschweig, Wien, Graz: Vieweg 1857
74 Noblesse oblige. Roman in drei Bänden. XII, 861 S. 16⁰ Prag, Wien, Lpz: Kober (= Album) 1857
75 Bilder aus dem häuslichen Leben. 2 Bde. XI, 475 S. Bln: Artist. Anst. 1858
76 Geistiges und Gemüthliches aus Jean Paul's Werken. In Reime gebracht. XV, 263 S. 16⁰ Breslau: Trewendt 1858
77 Die Töchter des Freischulzen. Erzählung. 4 Bl., 227 S. 16⁰ Prag, Wien, Lpz: Kober (= Album) 1858
78 (MV) Schillerfeier 1859. Jubel-Gedenkblatt zur Schillerfeier. 4 Bl. 4⁰ o.O. (1859)
79 Mein Christabend. 2 Bl. Glatz: Pompejus 1860
80 Die Eselsfresser. Roman in drei Bänden. 863 S. Breslau: Trewendt 1860
81 Die Vagabunden. 3 Bde. 581 S., 12 Abb. Breslau: Trewendt 1860
   (Veränd. Neuaufl. v. Nr. 58)
82 Ein Achtel vom großen Loose. 42 S. Bln: Lassar (1861)
   (Ausz. a. Nr. 40)
83 Gedichte. XVI, 605 S. Breslau: Trewendt 1861
   (Verm. Neuaufl. v. Nr. 68)
84 Herr Heiter. Liederspiel. 44 S. Bln: Lassar (1861)
   (Ausz a. Nr. 40)
85 Hans Jürge. Charakterbild. 51 S. Bln: Lassar (1861)
   (Ausz. a. Nr. 40)
86 Das Liederspiel oder: Der schottische Mantel. Liederspiel. 43 S. Bln: Lassar (1861)
   (Ausz. a. Nr. 40)
87 Dreiunddreißig Minuten in Grüneberg. Posse. 36 S. Bln: Lassar (1861)
   (Ausz. a. Nr. 40)
88 Die Perlenschnur. Liederspiel. 30 S. Bln: Lassar (1861)
   (Ausz. a. Nr. 40)
89 Erzählende Schriften. 39 Bde., 2 Suppl.-Bde. 11073, 508 S. 16⁰ Breslau: Trewendt 1861–1866
   (Enth. u. a. Nr. 45, 58, 59, 63, 67, 71, 74, 77, 80)
90 Die Wiener in Paris. Lebensbild. 63 S. Bln: Lassar (1861)
   (Ausz. a. Nr. 40)
91 Prolog zum 15. Juni 1862. 4 Bl. o.O. (1862)
92 Zur Erinnerung an den 9. Oktober 1863. 2 Bl. Breslau: Nischkowsky (1863)
93 Der letzte Komödiant. Roman, 3 Thle. XII, 1063 S. Breslau: Trewendt (= Erzählende Schriften) 1863
   (Aus Nr. 89)
94 Prolog zu der am 5. April 1863 für's Borromäum veranstalteten Wohltätigkeits-Veranstaltung. 2 Bl. o.O. (1863)
95 Sechshundert Sprüche aus Jean Paul's Werken. XV, 263 S. 16⁰ Breslau: Trewendt 1863
   (Neuausg. v. Nr. 76)
96 (Hg.) Briefe an Ludwig Tieck. 4 Bde. XVI, 1494 S. Breslau: Trewendt 1864
97 (Vorw.) A. Kahlert: Gedichte. 201 S. 16⁰ Breslau: Trewendt 1864
98 Noch ein Jahr in Schlesien. 2 Bde. VIII, 508 S. 16⁰ Breslau: Trewendt (= Erzählende Schriften) 1864
   (Anh. zu Nr. 45; Suppl.-Bd. zu Nr. 89)
99 Das Grazer Bürgercorps. Ein Festgedicht für den 9. Juli 1865. 2 Bl. o.O. (1865)
100 Schlesische Gedichte. 464 S. m. Abb. Breslau: Trewendt 1865
    (Verm. Neuaufl. v. Nr. 23)
101 Charpie. Eine Sammlung vermischter Aufsätze. 2 Bde. 6 Bl., XXVIII, 254; 266 S. Breslau: Trewendt (= Erzählende Schriften) 1866
    (Aus Nr. 89)

102 (MV) A. Grad u. K. v. H.: Preußische Kriegs- und Siegeslieder. 19 S. Breslau: Trewendt 1866
103 Haus Treustein. Roman in drei Theilen. VIII, 1080 S. Breslau: Trewendt 1866
104 Theater. Ausg. letzter Hand in sechs Bänden. VIII, 1928 S. 16⁰ Breslau: Trewendt 1867
105 (Hg.) Briefe und Blätter von Frau Therese. XXV S., 1 Bl., 268 S. Hbg., Lpz: Richter 1868
106 Erlebnisse eines Livreedieners. Roman in drei Theilen. VIII, 879 S. Breslau: Trewendt 1868
107 Eine alte Jungfer. Roman. VIII, 304 S. Breslau: Trewendt 1869
108 Gedicht zur Abschiedsfeier für den Präsidenten von Ende. 3 S. o. O. 1870
109 *An Grabes Rande. Blätter und Blumen, auf langer Wanderschaft gesammelt. VII, 96 S. Breslau: Nischkowsky 1870
110 Königslieder – alt und neu. 53 S., 1 Bl. Bln: Duncker 1870
111 Lieder eines Alten. 20 S., 1 Bl. 16⁰ Bln: Lipperheide 1870
112 Nachlese. Erzählungen und Plaudereien. 3 Bde. VII, 914 S. Breslau: Trewendt 1870–1871
113 Königslieder – alt und neu. 1 Bl., 59 S. Bln: Paetel 1871
  (Verm. Neuausg. v. Nr. 110)
114 „Nee Karle!" 1 Bl. o. O. 1871
115 „Für die Verwundeten". 1 Bl. m. Bildn. qu. 2⁰ Breslau 1871
116 (Hg.) Dreihundert Briefe aus zwei Jahrhunderten. 2 Bde. in 4 Thln. XXII, 171, 226; XVI, 183, 159 S. Hannover: Rümpler 1872
117 Simmelsammelsurium aus Briefen, gedruckten Büchern, aus dem Leben und aus ihm selbst. 2 Bde. VIII, 576 S. Breslau: Trewendt 1872
118 Seyn Se ooch scheene willkummen! 8 S. Breslau: Graß & Barth 1874
119 *An Grabes Rande. Blätter und Blumen, auf langer Wanderschaft gesammelt. 1815–1875. XVI, 266 S., 3 Bl. 16⁰ Breslau: Trewendt 1876
  (Verm. Neuausg. v. Nr. 109)
120 Fürstbischof und Vagabund. Erinnerungsblätter. 62 S., 1 Bl. Breslau: Trewendt 1882
121 Reise ins Riesengebirge (1818). Aus einer Handschrift der reichsgräflich Schaffgotsch'schen Bibliothek zu Warmbrunn hg. H. Nentwig. VII, 32 S. Warmbrunn: Leipelt 1898

HOLTHUSEN, Hans Egon (*1913)

1 Rilkes Sonette an Orpheus. Versuch einer Interpretation. XI, 195 S. Mchn: Neuer Filser-V. 1937
2 Klage um den Bruder. 8 Bl. Hbg: Ellermann (= Das Gedicht 1947, 15) 1947
3 Hier in der Zeit. Gedichte. 65 S. Mchn: Piper 1949
4 (Ausw.) F. Hölderlin: Gedichte. Hg. E. Hederer. 75 S. Bergen/Obb.: Müller & Kiepenheuer (= Die Weltliteratur. Deutschland 48–49) (1949)
5 Der späte Rilke. 64 S. Zürich: Arche 1949
6 Die Welt ohne Transzendenz. Eine Studie zu Thomas Manns „Dr. Faustus" und seinen Nebenschriften. 68 S. Hbg: Ellermann 1949
7 (MV) H. H. Biermann-Ratjen u. H. E. H.: Eine Welt ohne Transzendenz? Gespräch über Thomas Mann und seinen Dr. Faustus. 30 S. Hbg: Ellermann 1949
8 Der unbehauste Mensch. Motive und Probleme der modernen Literatur. 221 S. Mchn: Piper 1951
9 Labyrinthische Jahre. Neue Gedichte. 58 S. Mchn: Piper 1952
10 (MH) Ergriffenes Dasein. Deutsche Lyrik 1900–1950. Ausgew. v. H. E. H. u. F. Kemp. 392 S. Ebenhausen b. Mchn: Langewiesche-Brandt 1953
11 Ja und Nein. Neue kritische Versuche. 291 S. Mchn: Piper 1954
12 Autor und Leser. Rede am 8. Oktober 1955 in Frankfurt a. M. zur Eröffnung der Buchmesse. 19 S. Mchn: Piper 1955
13 Der unbehauste Mensch. Motive und Probleme der modernen Literatur. 320 S. Mchn: Piper 1955
  (Erw., neubearb. Aufl. v. Nr. 8)

14 Gutachten der Akademie der Künste zum Entwurf eines Denkmals des unbekannten politischen Gefangenen. 5 ungez. Bl., 1 Taf. Bln-Dahlem: Akademie der Künste (= Anmerkungen zur Zeit 1) 1956
15 Das Schiff. Aufzeichnungen eines Passagiers. 359 S. Mchn: Piper 1956
16 (MV) O. Söhngen, H. E. H. u. C. Graf Podewils: Totenreden für Gottfried Benn. 27 S. m. Abb., 1 Titelb. Wiesbaden: Limes 1956
17 Der spielende Mensch in der Arbeitswelt. Vortrag, gehalten anlässlich der 4. Bundestagung der Deutschen Olympischen Gesellschaft in München am 19. Oktober 1957. 14 S. Celle: Pohl (= Olympisches Feuer. Sonderdr.) 1957
18 Deutsche Literatur seit 1945. Vortrag. 40 S. Aarau: Literar. u. Leseges. Aarau (Priv.-Dr.) 1958
19 Rainer Maria Rilke in Selbstzeugnissen und Bilddokumenten. 172 S. m. Abb. Hbg: Rowohlt (= rowohlts monographien 22) 1958
20 Das Schöne und das Wahre. Neue Studien zur modernen Literatur. 305 S. Mchn: Piper 1958
21 Das Schöne und das Wahre in der Poesie. Zur Theorie des Dichterischen bei Eliot und Benn. 35 S. Bln-Friedenau: Wichern-V. (= Erkenntnis und Glaube, Bd. 19) 1960
   (Ausz. a. Nr. 20)

Holz, Arno (1863–1929)

1 Klinginsherz. Gedichte. Bln 1883
2 (Hg.) Emanuel Geibel. Ein Gedenkbuch. 356 S. Bln: Parrisius 1884
3 (MV) A. H. u. O. Jerschke: Deutsche Weisen. VI, 208 S. Bln: Parrisius 1884
4 Das Buch der Zeit. Lieder eines Modernen. 430 S. Zürich: Verl.-Mag. 1886
5 +(MV) B. P. Holmsen: Papa Hamlet. Übs. u. mit e. Einl. vers. B. Franzius. 182 S. Lpz, Bln: Issleib 1889
6 (MV) A. H. u. J. Schlaf: Die Familie Selicke. Drama. 94 S. Bln: Issleib (1890)
7 Die Kunst, ihr Wesen und ihre Gesetze. 2 Bde. 156, 93 S. Bln: Issleib (1) bzw. Bln: Schuhr (2) 1891–(1892)
8 (MV) A. H. u. J. Schlaf: Neue Gleise. Gemeinsames. In drei Theilen und einem Bande. 310 S. Bln: Fontane 1892
9 (MV) A. H. u. J. Schlaf: Der geschundene Pegasus. Eine Mirlitoniade in Versen v. A. H. und Bildern v. J. S. 51 Bl. 4° Bln: Fontane 1892
10 Berlin. Das Ende einer Zeit in Dramen. Socialaristokraten. 112 S. Rudolstadt: Mänicke & Jahn 1896
11 Phantasus. 2 H. 53, 52 S. 16° Bln: Sassenbach 1898–1899
12 Revolution der Lyrik. 118 S. Bln: Sassenbach 1899
13 Dr. Richard M. Meyer, Privatdozent der Universität Berlin, ein litterarischer Ehrabschneider. 63 S. Bln: Sassenbach 1900
14 Die Blechschmiede. 147 S. 4° Lpz: Insel 1902
15 Johannes Schlaf, ein nothgedrungenes Kapitel. 16 S. Bln, Mchn: Piper 1902
16 (Hg.) Aus Urgroßmutters Garten. Ein Frühlingsstrauß aus dem Rokoko. 238 S. Dresden, Mchn: Piper 1903
17 Lieder auf einer alten Laute. Lyrisches Portrait aus dem siebzehnten Jahrhundert. XXIV, 159 S. Lpz: Insel 1903
18 Dafnis. Lyrisches Portrait aus dem siebzehnten Jahrhundert. XX, 271 S., 1 Abb. Mchn: Piper 1904
   (Verm. Neuaufl. v. Nr. 17)
19 (MV) A. H. u. O. Jerschke: Traumulus. Tragische Komödie. 164 S. Mchn: Piper (1904)
20 Sozialaristokraten. Komödie. 112 S. Mchn: Piper 1905
   (Neuaufl. v. Nr. 10)
21 (MV) A. H. u. O. Jerschke: Frei! Eine Männerkomödie in vier Aufzügen. 161 S. Mchn, Dresden: Reissner 1907
22 Sonnenfinsternis. Tragödie. 288 S. Bln: Sassenbach (= Berlin. Die Wende einer Zeit in Dramen) 1908
   (zu Nr. 10)
23 (MV) A. H. u. O. Jerschke: Gaudeamus! Festspiel zur 350jährigen Jubelfeier der Universität Jena. 155 S. Bln: Sassenbach 1909

24 (MV) A. H. u. O. Jerschke: Büxl. Komödie in drei Akten. V, 221 S. Dresden: Reissner 1911
25 Ignorabimus. Tragödie. XIV, 454 S. Dresden: Reissner (= Berlin. Die Wende einer Zeit in Dramen) (1913)
 (zu Nr. 10)
26 Phantasus. 336 S. 2° Lpz: Insel 1916
 (Erw. Neuaufl. v. Nr. 11)
27 Flördeliese. 8 S. Bln-Wilmersdorf: Meyer (1919)
28 Seltzsame und höchst ebentheuerliche Historie von der Insul Pimperle, daran sich der Tichter offt im Traum ergezzt. 8 S. Bln-Wilmersdorf: Meyer (1919)
29 Sonnenfinsternis. Tragödie. 226 S. Bln: Bong (= Berlin. Die Wende einer Zeit in Dramen) 1919
 (Veränd. Neuaufl. v. Nr. 22)
30 Das ausgewählte Werk. 383 S., 1 Bildn., 1 Faks. Bln: Bong (1919)
31 Fünf neue Dafnis-Lieder. Hg. v. d. Werkleuten d. Officina Serpentis. 47 S. Bln-Steglitz: Tieffenbach (= Der Schatzbehalter 2) 1921
 (zu Nr. 18)
32 Li-Tai-Pe. Lied aus dem Phantasus. 6 S. 2° Bln-Wilmersdorf: Meyer (= Druck d. A. R. Meyer-Presse 4) 1921
 (Ausz. a. Nr. 26)
33 Die befreite deutsche Wortkunst. 81 S. Wien: Avalun-Verl. 1921
34 (MV) A. H. u. O. Jerschke: Deutsche Bühnenspiele. Ausg. in einem Bande. 151, 160, 220 S. Dresden: Reissner (1922)
 (Enth. Nr. 19, 21, 24)
35 Neue Dafnis-Lieder, alß welche in des berühmbten Schäffers Dafnis Omnia mea das ist Sämbtliche höchst sündhaffte sälbst verfärtigte Freß-, Sauff- & Venus-Lieder benebst angehänckten auffrichtigen und reuemüthigen Buß-Thränen biß anhero noch nicht enthalten sind. Heraußgebracht in einer einmaligen Außgabe. 91 S. Dresden: Reissner 1922
 (zu Nr. 18)
36 Phantasus. Einführungstext zu einer neuen Phantasus-Ausg. 46 S. m. Bildn. u. Titelb. 4° (Bln-Steglitz:) Officina Serpentis 1922
 (zu Nr. 26)
37 Deutsches „Dichterjubiläum". 15 S. m. Abb. 4° Bln: Werkverl. (= Druck d. Werkverlages 5) 1923
38 Pronunciamento. 37 S. 2° Bln: Werkverl. (= Druck d. Werkverlages 4) (1923)
 (zu Nr. 26)
39 Trio seraphicon. 14 S. 2° m. Titelb. Bln: Werkverl. (= Druck d. Werkverlages 1) (1923)
 (zu Nr. 26)
40 Buch der Zeit. Vorw. H. W. Fischer. XII, XVIII, 390 S., 1 Titelb. Bln: Dietz 1924
 (Endgült. Ausg. v. Nr. 4)
41 Dafnis. Lyrisches Porträt aus dem siebzehnten Jahrhundert. Endgült. Ausg. X, XX, 333 S., 1 Abb. Bln: Dietz 1924
 (Endgült. Ausg. v. Nr. 18)
42 Kindheitsparadies. 62 S. 4° Bln: Dietz 1924
43 Der erste Schultag. 54 S. Bln: Dietz 1924
44 Sozialaristokraten. Komödie. - Sonnenfinsternis. Tragödie. XIV, 398 S. Bln: Dietz (= Das Werk 5) 1924
 (Endgült. Ausg. v. Nr. 20 u. 29)
45 Das Werk. Erste Ausg. Einf. H. W. Fischer. 10 Bde. Bln: Dietz 1924–1925
46 Neun Liebesgedichte. Einf. H. W. Fischer. 46 S. m. Abb. 4° Lpz: Ges. d. Freunde d. Deutschen Bücherei (= Jahresgabe 6, 1924) (1925)
47 Phantasus. 7 Bde. Bln: Dietz 1925
 (Verm. Neuaufl. v. Nr. 26)
48 Entwurf einer „Deutschen Akademie" als Vertreterin der geeinten deutschen Geistesarbeiterschaft. Offener, sehr ausführlicher Brief und Bericht an die Öffentlichkeit. 42 S. Bln: Holten 1926
49 Zwölf Liebesgedichte. 59 S., 1 Abb. 4° Bln: Rembrandt-Verl. 1926
50 Das Werk. Monumentalausg. in zwölf Bänden. Einf. H. W. Fischer. 12 Bde. Bln: Holten (250 num. Ex.) 1926

51 (Hg.) Von Guenther bis Goethe. Ein Frühlingsstrauß aus dem Rokoko. 181 S. m. Abb. Bln: Rembrandt-Verl. (1927) (Veränd. Neuaufl. v. Nr. 16)
52 Mein Staub verstob, wie ein Stern strahlt mein Gedächtnis! Hg. A. R. Meyer. 223 S. Nürnberg: Hesperos-Verl. 1943

HOLZAMER, Wilhelm (1870–1907)

1 Meine Lieder. Gedichte. 126 S. 12⁰ Konstanz: Ackermann 1892
2 Zum Licht. Gedichte. 160 S. 12⁰ Bln: Schuster & Loeffler 1897
3 Auf staubigen Straßen. Skizzen. 103 S. Bln: Schuster & Loeffler 1897
4 Im Dorf und draußen. Neue Novellen. 178 S. Lpz, Jena: Diederichs 1901
5 Spiele. 55 S. m. Abb. Lpz, Jena: Diederichs 1901
6 Carnesie Colonna. 64 S. Lpz, Bln: Fleischel 1902
7 Der arme Lukas. Eine Geschichte in der Dämmerung. 249 S. 4⁰ Lpz, Bln: Fleischel 1902
8 Peter Nockler. Die Geschichte eines Schneiders. 173 S. Lpz, Bln: Fleischel 1902
9 Der heilige Sebastian. Roman eines Priesters. 192 S. Lpz, Bln: Fleischel (1902)
10 Die Siegesallee. Kunstbriefe an den deutschen Michel. 46 S. Lpz, Jena: Diederichs 1902
11 Die Sturmfrau. Seenovelle. 131 S. 12⁰ Lpz, Bln: Fleischel 1902
12 Inge. Ein Frauenleben. 367 S. Lpz, Bln: Fleischel 1903
13 Conrad Ferdinand Meyer. 85 S., 7 Taf., 2 Faks. Bln: Schuster & Loeffler (= Die Dichtung 23) 1904
14 Ellida Solstratten. Roman. 203 S. Bln: Fleischel 1904
15 (MV) Hessen. Fünfundvierzig Ansichten nach der Natur. Begleitende Worte W. H. 30 S. Text, 21 Taf. Ffm: Neuland 1905
16 Im Wandern und Werden. Kritische Randbemerkungen. 180 S., 5 Taf. Bln: Wiegandt 1905
17 Am Fenster und andere Erzählungen. Einl. R. W. Enzio. 228 S. m. Bildn. u. Faks. Lpz: Hesse (= Max Hesse's Volksbücherei 308–310) 1906
18 Heinrich Heine. 80 S., 8 Taf., 1 Faks. Bln: Schuster & Loeffler (= Die Dichtung 40) 1906
19 Um die Zukunft. Drama. 136 S. Bln: Fleischel 1906
20 Vor Jahr und Tag. Roman. 294 S. Bln: Fleischel 1908
21 Der Entgleiste. Roman in zwei Bänden. VII, 382; 219 S. Bln: Fleischel 1910
22 Der Held und andere Novellen. 102 S. m. Bildn. 16⁰ Lpz: Reclam (= Reclam's Novellenbibliothek 118; = Universal-Bibliothek 5200) 1910
23 Pariser Erzählungen. Aus dem Nachlaß hg. Nina Mardon-Holzamer. 231 S. Bln: Fleischel 1912
24 Gedichte. Aus dem Nachlaß hg. Nina Mardon-Holzamer. 218 S. m. Bildn. Bln: Fleischel 1912
25 Pendelschläge. Geschichten und Novellen. Aus dem Nachlaß hg. Nina Mardon-Holzamer. 259 S. Bln: Fleischel 1912

HOPFEN, Hans (1835–1904)

1 Peregretta. Roman. 293 S. Bln: Hertz 1864
2 Der Pinsel Ming's. 50 S. 16⁰ Stg: Kröner 1868
3 Verdorben zu Paris. Roman. 2 Bde. 560 S. Stg: Kröner 1868
4 Arge Sitten. Roman. 2 Bde. 434 S. Stg: Kröner 1869
5 In der Mark. Schauspiel in fünf Akten. 103 S. Bln: Bittner 1870
6 Der graue Freund. Roman. 4 Bde. 721 S. Stg: Hallberger 1874
7 Juschu. Tagebuch eines Schauspielers. 300 S. Stg: Hallberger 1875
8 (MV) Der Böswirth. Eine bayerische Dorfgeschichte. (– E. v. Waldow: Die Sonntagsgäste an der Table d'hôte.) 40 S. Stg: Kröner (= Reiselektüre, Bd. 40) 1876
9 Verfehlte Liebe. Roman. 2 Bde. 492 S. Stg: Hallberger 1876

10 Streitfragen und Erinnerungen. 406 S. Stg: Cotta 1876
11 Bayrische Dorfgeschichten. 300 S. Stg: Hallberger 1878
    (Enth. u. a. Nr. 8)
12 Der alte Praktikant. Eine bayerische Dorfgeschichte. 316 S. Stg: Hallberger 1878
13 Die Geschichten des Majors. 295 S. Bln: Schneider 1879
14 Die Heirath des Herrn von Waldenberg. Roman. 3 Bde. 912 S. Stg: Hallberger 1879
15 Kleine Leute. Drei Novellen. 366 S. Bln: Schneider 1880
16 Mein Onkel Don Juan. Eine Geschichte aus dem vorigen Jahrhundert. 2 Bde. 553 S. Bln: Wilhelmi 1881
17 Die Einsame. Zwei Novellen in einer. 2 Bde. 559 S. Dresden: Minden 1882
18 Gedichte. 284 S. Bln: Allg. Verein für deutsche Literatur 1883
19 Tiroler Geschichten. 2 Bde. Dresden: Minden 1884-1885
    1. Brennende Liebe. Eine wahre Geschichte aus Südtirol. 326 S. 1884
    2. Zum Guten. Eine Geschichte aus Südtirol. 409 S. 1885
20 Das Allheilmittel. Eine Berliner Geschichte. 311 S. Dresden: Minden 1885
21 Mein erstes Abenteuer und andere Geschichten. 139 S. Stg: Engelhorn (= Engelhorn's Allgemeine Romanbibliothek) 1886
22 Ein wunderlicher Heiliger. Eine Wiener Geschichte. 209 S. Lpz: Keil 1886
23 Der letzte Hieb. Eine Studentengeschichte. 216 S. Lpz: Keil 1886
24 Der Genius und sein Erbe. Eine Künstlergeschichte. 152 S. Stg: Engelhorn (= Engelhorn's Allgemeine Romanbibliothek) 1887
25 Robert Leichtfuß. Roman. 2 Bde. 368 S. Stg: Engelhorn (= Engelhorn's Allgemeine Romanbibliothek) 1888
26 Theater. 324 S. Bln, Hbg: Verl.-Anst. u. Dr. 1889
27 Neue Geschichten des Majors. 400 S. Bln: Paetel 1890
    (zu Nr. 13)
28 Die fünfzig Semmeln des Studiosus Taillefer. Eine Studentengeschichte. 81 S. 12° Bln: Paetel 1891
29 Der Stellvertreter. Erzählung. 279 S. Bln: Paetel 1891
30 Neues Theater. 3 Bde. Bln: Paetel 1892-1893
    1. Die Göttin der Vernunft. Trauerspiel. 175 S. 1892
    2. Helga. Schauspiel. 176 S. 1892
    3. Es hat so sollen sein. Hexenfang. Der König von Thule. 237 S. 1893
31 Glänzendes Elend. Roman. 3 Bde. 726 S. Bln: Paetel 1893
32 Im Schlaf geschenkt. Eine kleine Geschichte aus der großen Stadt. 98 S. m. Abb. 16° Bln: Eckstein 1895
33 Hotel Köpf und Übereilte Werbung. Zwei Geschichten. 267 S. m. Abb. Bln, Lpz: Müller-Mann (= Eckstein's Miniaturbibliothek 20) 1896
34 Die Siegerin. Wiener Geschichte. 159 S. Stg: Engelhorn (= Engelhorn's Allgemeine Romanbibliothek XIII, 4) 1896
35 Die Engelmacherin. 137 S. m. Bildn. Bln: Eckstein (= Eckstein's illustrierte Romanbibliothek I, 4) 1898
36 Der Väter zweie. Eine Geschichte aus dem modernen Berlin. 2 Bde. 160, 150 S. Stg: Engelhorn (= Engelhorn's Allgemeine Romanbibliothek XV, 1-2) 1898
37 Die ganze Hand. 2 Bde. 144, 157 S. Stg: Engelhorn (= Engelhorn's Allgemeine Romanbibliothek XVI, 17-18) 1900
38 Zehn oder elf? Erzählung aus dem Süden. 158 S. Stg: Engelhorn (= Engelhorn's Allgemeine Romanbibliothek XVII, 20) 1901
39 Gotthard Lingens Fahrt nach dem Glück. Roman. 416 S. Bln: Grote 1902
40 Zwei Dorfgeschichten. 109 S. Bln: Hillger (= Kürschner's Bücherschatz 385) 1904
    (Ausz. a. Nr. 11)

HORVATH, Ödön von (1901-1938)

1 Das Buch der Tänze. 40 S. Mchn: Schahin-V. 1922
2 Der ewige Spießer. Erbaulicher Roman in drei Teilen. 208 S. Bln: Propyläen-V. 1930

3 Geschichten aus dem Wiener Wald. Volksstück. 143 S. Bln: Propyläen-V. 1931
4 Italienische Nacht. Volksstück. 107 S. Bln: Propyläen-V. (1931)
5 Jugend ohne Gott. Roman. 219 S. Amsterdam: de Lange 1938
6 Ein Kind unserer Zeit. Roman. VI, 212 S. Amsterdam: de Lange 1938
7 Zeitalter der Fische. Zwei Romane in einem Bd. 205, 190 S. Wien: Bergland-V. 1953
   (Enth. Nr. 5 u. 6)
8 Der jüngste Tag. Schauspiel in sieben Bildern. 99 S. Emsdetten: Lechte (= Dramen der Zeit 15) 1955
9 Figaro lässt sich scheiden. Komödie in drei Akten. Mit e. Einf. v. T. Krischke. 90 S. Wien: Bergland-V. 1959

HOUWALD, Ernst Christoph Frh. von (1778–1845)

1 Romantische Akkorde. Hg. W. Contessa. 194 S. Bln: Dümmler 1817
2 Buch für Kinder gebildeter Stände. 3 Bde. Lpz: Göschen 1819–1824
3 Erzählungen. 4 Bl., 238 S. Dresden: Arnold 1819
4 Das Bild. Trauerspiel in fünf Akten. 4 Bl., 331 S. Lpz: Göschen 1821
5 Fluch und Segen. Drama in zwei Acten. 85 S. Lpz: Göschen 1821
6 Der Leuchtthurm. – Die Heimkehr. Zwei Trauerspiele. 2 Bl., 202 S. Lpz: Göschen 1821
7 Der Fürst und der Bürger. Ein Drama in drei Aufzügen. VIII, 168 S. 12⁰ Lpz: Göschen 1823
8 (Hg.) Der Brandenburgische Hausfreund. Ein Volkskalender. 3 Jge. Bln: Dümmler 1823–1825
9 Die alten Spielkameraden. Lustspiel in zwei Aufzügen. 87 S. Weimar: Hoffmann 1823
10 Die Feinde. Ein Trauerspiel in drei Aufzügen. 3 Bl., 222 S. Lpz: Göschen 1825
11 Vermischte Schriften. 2 Bde. 224; IV, 260 S. Lpz: Göschen 1825
12 (Hg.) C. W. Contessa: Schriften. 9 Bde. Lpz: Göschen 1826
13 Bilder für die Jugend. 3 Bde. m. 32 Ku. u. Musikbeil. Lpz: Göschen 1829–1832
14 Die Seeräuber. Ein Trauerspiel in fünf Acten. 1 Bl., 232, 1 S. Lpz: Göschen 1831
15 Abend-Unterhaltungen für Kinder. Erstes Bändchen. XVI, 134 S. Lpz: Göschen 1833
16 (Vorw.) Ein Buch für kleinere Kinder. A. d. Französ. frei übs. C. v. Mosch. VIII. 152 S. Lpz: Göschen 1838
17 Kleine Erzählungen und Schauspiele aus den Bildern für die Jugend. 344 S., 1 Titelku., 1 Musikbeil. Lpz: Göschen 1839
   (Ausz. a. Nr. 13)
18 Sämmtliche Werke. 5 Bde. LXXII, 1849 S. Lpz: Göschen 1851

HUCH, Felix (1880–1952)

1 Der junge Beethoven. Ein Roman. 345 S., 2 Abb. Ebenhausen b. Mchn: Langewiesche-Brandt (= Die Bücher der Rose) 1927
2 Beethovens Vollendung. Roman. 277 S. Ebenhausen b. Mchn: Langewiesche-Brandt (= Die Bücher der Rose) 1931
   (Forts. v. Nr. 1)
3 Mozart. Der Roman seines Werdens. 486 S., 1 Titelb. Ebenhausen b. Mchn: Langewiesche-Brandt (= Die Bücher der Rose) 1941
4 Dresdner Capriccio. Die Geschichte einer jungen Liebe. 171 S., 5 Abb. Bonn: Glöckner 1948
5 Mozart in Wien. Der Roman seiner Vollendung. 395 S., 1 Titelb. Ebenhausen b. Mchn: (Langewiesche-Brandt) (= Die Bücher der Rose) 1948
   (Forts. v. Nr. 3)
6 Der Kaiser von Mexiko. Roman. VIII, 411 S. m. Abb., 1 Titelb. Mchn: Münchner Verl. 1949

Huch, Friedrich (1873–1913)

1 Peter Michel. Ein komischer Roman. 354 S. Hbg: Janssen 1901
2 Geschwister. Roman. 260 S. Bln: Fischer 1903
3 Träume. 68 S. Bln: Fischer 1904
4 Wandlungen. Roman. 185 S. Bln: Fischer 1905
5 Mao. Roman. 229 S. Bln: Fischer 1907
6 Pitt und Fox, die Liebeswege der Brüder Sintrup. Roman. 384 S. Ebenhausen b. Mchn: Langewiesche-Brandt (= Die Bücher der Rose 8) 1909
7 Enzio. Ein musikalischer Roman. 513 S. Mchn: Mörike 1911
8 Tristan und Isolde. Lohengrin. Der fliegende Holländer. Drei groteske Komödien. 204 S. Mchn: Mörike 1911
9 Erzählungen. 188 S. m. Bildn. Mchn: Müller 1914
10 Der Gast. 36 S. Mchn: Callwey (= Der Schatzgräber 103) 1917
11 Neue Träume. 89 S. m. Abb. Mchn: Müller 1917
12 (Übs.) W. Shakespeare: Sonette. 45 S. Mchn: Müller 1921
13 Karl Wilhelm Ferdinand. Ein Roman. Nachgelassenes Bruchstück. 115 S. 4° Mchn: Beck (= 15. Buch der Rupprechtpresse) 1922
14 Der Gast. Erzählungen. 169 S. Stg: Dt. Verl.-Anst. 1925
    (Enth. u. a. Nr. 10)
15 Gesammelte Werke. Einl. Th. Mann. 4 Bde. XII, 2214 S., 1 Bildn. Stg: Dt. Verl.-Anst. 1925
16 Romane der Jugend. 187, 131, 167 S. Bln: Fischer 1934
    (Enth. Nr. 2, 4, 5)

Huch, Ricarda (+Richard Hugo) (1864–1947)

1 +Der Bundesschwur. Lustspiel. 102 S. Zürich: Art. Inst. Orell 1891
2 +Gedichte. 226 S. 12° Dresden: Pierson 1891
3 Evoë. Dramatisches Spiel. 159 S. Bln: Besser 1892
4 Die Neutralität der Eidgenossenschaft, besonders der Orte Zürich und Bern, während des spanischen Erbfolgekrieges. 286 S. Zürich: Fäsi 1892
5 Erinnerungen von Ludolf Ursleu dem Jüngeren. Roman. 344 S. Bln: Besser 1893
6 Gedichte. 247 S. Lpz: Haessel 1894
7 Die Wick'sche Sammlung von Flugblättern und Zeitungsnachrichten in der Stadtbibliothek Zürich. 20 S., 3 Taf. 4° Zürich: Fäsi (= Neujahrsblatt, hg. von der Stadtbibliothek in Zürich) 1895
8 Der Mondreigen von Schlaraffis. 152 S. 12° Lpz: Haessel 1896
9 Erzählungen. 3 Thle. Lpz: Haessel 1897
    1. Der Mondreigen von Schlaraffis. 152 S. 12°
    2. Teufeleien. 155 S. 12°
    3. Haduvig im Kreuzgang. 112 S. 12°
    (Enth. u. a. Nr. 8)
10 +Fastnachtspossen. Ein toll und ausgelassen Spiel von Hans Sachsen, weiland ehrsamen Schuhmachermeisters und Meisterpoeten in Nürenberg. 101 S. Zürich: Verl.-Mag. 1897
11 Blütezeit der Romantik. 400 S. Lpz: Haessel 1899
12 Fra Celeste und andere Erzählungen. 273 S. Lpz: Haessel 1899
13 Ausbreitung und Verfall der Romantik. 368 S. Lpz: Haessel 1902
14 Dornröschen. Märchenspiel. 74 S. Lpz, Jena: Diederichs 1902
15 Aus der Triumphgasse. Lebensskizzen. 346 S. Lpz, Jena: Diederichs 1902
16 Über den Einfluß von Studium und Beruf auf die Persönlichkeit der Frau. 52 S. Wien: Berman (= Jahresbericht des Vereins für erweiterte Frauenbildung in Wien 1903, Beil. 15 b) 1903
17 Vita somnium breve. Roman. 2 Bde. 337, 308 S. Lpz: Insel 1903
18 Gottfried Keller. 97 S., 6 Taf., 1 Faks. Bln: Schuster & Loeffler (= Die Dichtung 9) (1904)
19 Von den Königen und der Krone. 344 S. Stg: Dt. Verl.-Anst. 1904
20 Seifenblasen. Drei scherzhafte Erzählungen. 225 S. Stg: Dt. Verl.-Anst. 1905

21 Die Geschichte von Garibaldi in drei Teilen. 2 Bde. Stg: Dt. Verl.-Anst. 1906–1907
   1. Die Verteidigung Roms. 375 S. 1906
   2. Der Kampf um Rom. 371 S. 1907
22 Neue Gedichte. 63 S. Lpz: Insel 1907
23 Risorgimento. 212 S. Lpz: Insel 1908
24 Die Romantik. 2 Bde. 391, 357 S. Lpz: Haessel 1908
   (Enth. Nr. 11 u. 13)
25 Das Leben des Grafen Federigo Confalonieri. 438 S. Lpz: Insel 1910
26 Der Hahn von Quakenbrück und andere Novellen. 172 S. Bln: Schuster & Loeffler 1910
27 Der letzte Sommer. Erzählung in Briefen. 151 S. Stg: Dt. Verl.-Anst. 1910
28 Gedichte. 280 S. Lpz: Haessel 1912
   (Verm. Neuaufl. v. Nr. 6)
29 Der große Krieg in Deutschland. 3 Bde. 367, 526, 528 S. Lpz: Insel 1912–1914
30 Liebesgedichte. 65 S. Lpz: Insel (= Insel-Bücherei 22) 1912
   (Neuaufl. v. Nr. 22)
31 Lebenslauf des heiligen Wonnebald Pück. Eine Erzählung. 83 S. Lpz: Insel (= Insel-Bücherei 58) 1913
   (Ausz. a. Nr. 20)
32 Michael Unger. Roman. 487 S. Lpz: Insel 1913
   (Neuaufl. v. Nr. 17)
33 (Einl.) Carolinen's Leben in ihren Briefen. Hg. R. Buchwald. XVII, 466 S., 18 Abb. Lpz: Insel (= Memoiren und Chroniken 1) 1914
34 Natur und Geist als die Wurzeln des Lebens und der Kunst. 93 S., 1 Tab. Mchn: Reinhardt 1914
35 Wallenstein. Eine Charakterstudie. 173 S. Lpz: Insel 1915
36 Das Judengrab. Aus Bimbos Seelenwanderungen. Zwei Erzählungen. 62 S. Lpz: Insel (= Insel-Bücherei 193) (1916)
   (Enth. u. a. Ausz. a. Nr. 20)
37 Luthers Glaube. Briefe an einen Freund. 271 S. Lpz: Insel 1916
38 Der Fall Deruga. Roman. 408 S. Bln: Ullstein 1917
39 Jeremias Gotthelfs Weltanschauung. Vortrag. 72 S. Bern: Francke 1917
40 Menschen und Schicksale aus dem Risorgimento. 237 S. Lpz: Insel 1918
   (Neuaufl. v. Nr. 23)
41 Erzählungen. 2 Bde. 276, 279 S. Lpz: Haessel 1919
42 Der Sinn der Heiligen Schrift. 354 S. Lpz: Insel 1919
43 Alte und neue Gedichte. 73 S. Lpz: Insel (1920)
44 (MV) J. G. Zimmermann: Friedrichs des Großen letzte Tage. Erinnerungen. Mit Zimmermanns tragischer Biographie v. R. H. 103 S., 1 Abb., 1 Titelb. Basel: Rhein-Verl. (1920)
45 Entpersönlichung. 228 S. Lpz: Insel 1921
46 Vom Wesen des Menschen. Natur und Geist. V, 95 S., 1 Tab. Celle: Kampmann 1922
   (Neuaufl. v. Nr. 34)
47 Michael Bakunin und die Anarchie. 271 S. Lpz: Insel 1923
48 Der neue Heilige. Novellen. Nachw. W. v. d. Schulenburg. 84 S. Lpz: Reclam (= Reclam's UB. 6481) (1924)
49 Der arme Heinrich. Erzählung. 127 S. Lpz: Haessel (= Die Haessel-Reihe 12) 1924
50 Die Maiwiese. Erzählung. 44 S. Lpz: Haessel (= Die Haessel-Reihe 4) 1924
51 Teufeleien und andere Erzählungen. 159 S. Lpz: Haessel (= Die Haessel-Reihe 13) 1924
   (Enth. u. a. Ausz. a. Nr. 9)
52 Graf Mark und die Prinzessin von Nassau-Usingen. Eine tragische Biographie. 34 S. Lpz: Gesellschaft der Freunde der Deutschen Büchereien (= Jahresgabe 7. 1925) (1925)
53 Freiherr vom Stein. 143 S., 26 Abb., 1 Faks. Wien: König 1925
54 Der wiederkehrende Christus. Eine groteske Erzählung. 253 S. Lpz: Insel 1926
55 (Einl.) M. Luther: Deutsche Schriften. Ausgew., hg. L. Goldscheider. 600 S. Wien: Phaidon-Verl. 1927

56 Im alten Reich. Lebensbilder deutscher Städte. VI, 447 S. m. Abb. Lpz: Grethlein 1927
57 Stein. 142 S., 7 Abb., 1 Faks. Bln: Volksverb. d. Bücherfreunde, Wegweiser-Verl. (1928)
58 Eine Auswahl aus ihren Werken. Hg. A. Rausch. 153 S. Lpz: Freytag (= Freytag's Sammlung deutscher Schriftwerke 208) (1929)
59 Gesammelte Gedichte. 271 S. Lpz: Haessel-V. u. Insel-V. 1929
60 Neue Städtebilder. 357 S. Lpz: Grethlein (= Im alten Reich, Bd. 2) 1929 (Forts. v. Nr. 56)
61 Alte und neue Götter (1848). Die Revolution des neunzehnten Jahrhunderts in Deutschland. 546 S. Bln: Atlantis-V. 1930
62 Lebensbilder mecklenburgischer Städte. 127 S., 5 Abb. Lpz: Metelmann (1930)
63 Menschenschicksale aus dem Großen Kriege. Hg., eingel. K. Plenzat. 64 S. m. Abb. Lpz: Eichblatt (= Eichblatts deutsche Heimatbücher 39–40) (1930) (Ausz. a. Nr. 29)
64 (Einl.) Deutschland. Landschaft und Baukunst. Hg. H. Hürlimann. 320 S. m. Abb. 4⁰ Bln: Atlantis-V. (= Orbis terrarum 1, 6 a) 1931
65 Deutsche Tradition. Vortrag. 61 S. Bln: Lichtenstein 1931
66 (Einl.) Das Buch des Jahres 1932. VIII, 166 S. m. Abb. Lpz: Poeschel & Trepte 1932
67 (Hg., Einl.) A. v. Droste-Hülshoff: Ausgewählte Werke. 350 S., 1 Titelb. Lpz: Reclam (= Helios-Klassiker) (1932)
68 Die Hugenottin. Historische Novelle. 68 S. Bern: Verein Gute Schriften (= Gute Schriften, Bern. 165) 1932
69 (Einl.) J. Gotthelf: Frauenschicksal – Frauenlob. Zehn Geschichten. 318 S., 8 Abb. Erlenbach: Rentsch (1933)
70 Deutsche Geschichte. 3 Bde. Zürich, Bln: Atlantis-V. 1934–1949
    1. Römisches Reich Deutscher Nation. 394 S., 30 Abb. 4⁰ 1934
    2. Zeitalter der Glaubensspaltung. 477 S. m. Abb. 4⁰ 1937
    3. Untergang des Römischen Reiches Deutscher Nation. 306 S. m. Abb. 4⁰ (1500 num. Ex.) 1949
71 Quellen des Lebens. Umrisse einer Weltanschauung. 76 S. Lpz: Insel (= Insel-Bücherei 469) 1935
72 (Einl.) Farbfenster großer Kathedralen des zwölften und dreizehnten Jahrhunderts. Meisterwerke mittelalterlicher Glasmalerei. 18 S., 19 Taf. 4⁰ Lpz: Weller (= Irisbücher der Natur und Kunst. Sonderband) (1937)
73 Der dreißigjährige Krieg. 2 Bde. 722, 701 S. Lpz: Insel (= Zeitgenössische Erzähler) (1937) (Neuaufl. v. Nr. 29)
74 Frühling in der Schweiz. Jugenderinnerungen. 121 S., 1 Taf. Zürich: Atlantis-V. 1938
75 (Einl.) Spiel und Tanz. Frohsinn in Bildern früherer Zeiten. 11 S., 9 Taf. Lpz: Verl. „Meister der Farbe" 1939
76 Weiße Nächte. Novelle. 100 S. Zürich: Atlantis-V. (1943)
77 Herbstfeuer. Gedichte. 66 S. Lpz: Insel (= Insel-Bücherei 144) 1944
78 Mein Tagebuch. 21 S. Weimar: Spiegel-V. 1946
79 Urphänomene. 170 S. Zürich, Freiburg i. Br.: Atlantis-V. 1946
80 Der falsche Großvater. Erzählung. 66 S. (Wiesbaden:) Insel 1947
81 1848. Die Revolution des neunzehnten Jahrhunderts in Deutschland. 495 S. (Köln:) Kiepenheuer & Witsch 1948 (Neuaufl. v. Nr. 61)
82 (Einl.) Deutschland. Bilder seiner Landschaft und Kultur. 230 S. m. Abb. 4⁰ Zürich, Freiburg i. Br.: Atlantis-V. (= Orbis terrarum) 1951 (Erw. Neuaufl. v. Nr. 64)
83 Ricarda Huch. Eine Auswahl aus ihren Werken. Hg. F. Eggerding. 127 S. Bln, Hannover, Ffm: Päd. Verl. (= Kristall-Bücher 8) 1951
84 Männer und Mächte um 1848. Bes. H. Ballhausen. 129 S. Bielefeld, Hannover: Velhagen & Klasing (= Deutsche Ausgaben 54) 1952 (Ausz. a. Nr. 61)
85 (Vorw.) Altchristliche Mosaiken des vierten bis siebten Jahrhunderts. Rom, Neapel, Mailand, Ravenna. Einf. W. F. Volbach. 14 S., 14 Taf. 4⁰ Lpz: Iris-V. (= Iris-Bücher) (1952)

86 Der lautlose Aufstand. Dokumentarischer Bericht über die Widerstandsbewegung des deutschen Volkes 1933-1945. Bearb. G. Weisenborn, 348 S. Hbg: Rowohlt 1953
87 Ludolf Ursleu. 346 S. Bln, Darmstadt: Dt. Buchgem. 1954 (Neuaufl. v. Nr. 5)

Huch, Rudolf (+A. Schuster) (1862–1943)

1 *Das Berlinertum in Literatur, Musik und Kunst. Von einem Unbefangenen. 28 S. Wolfenbüttel: Zwißler 1894
2 +Der Menschenfreund. Trauerspiel. 100 S. Wolfenbüttel: Zwißler 1895
3 +Aus dem Tagebuch eines Höhlenmolches. 219 S. Lpz: Haessel 1896
4 Was liegt denn dran? Lebensbilder. III, 219 S. Lpz: Haessel 1898
5 Mehr Goethe! 170 S., 1 Abb. Bln: Meyer 1899
6 Der Kirchenbau. Lustspiel. III, 142 S. Bln: Meyer 1900
7 Aus dem Tagebuch eines Höhlenmolches. V, 226 S. Lpz: Haessel 1900 (Verm. Neuausg. v. Nr. 3)
8 Teufelslist. Eine Geschichte aus alter Zeit. 70 S. Bln: Meyer 1900
9 Kobolde im Bauernhaus. Ein Bühnenscherz. 64 S. Bln: Meyer 1901
10 Preisturnier. Ein Renaissance-Drama. 135 S. Bln: Meyer 1901
11 Hohe Schule. Zwei Novellen. IV, 136 S. Bln: Meyer 1901
12 Winterwanderung. Eisgedanken und Frühlingsahnen. 256 S. Bln: Meyer 1901
13 Hans der Träumer. Roman. 383 S. Lpz: Insel 1903
14 Krankheit. Ein Drama. 121 S. Lpz: Insel 1903
15 Eine Krisis. Betrachtungen über die gegenwärtige Lage der Literatur. 103 S. Mchn: Müller 1904
16 Der Frauen wunderlich Wesen. Roman. 310 S. Bln: Fleischel 1905
17 Komödianten des Lebens. Roman. 463 S. Bln: Fleischel 1906
18 Max Gebhard. Eine Studie. 293 S. Bln: Fleischel 1907
19 Die beiden Ritterhelm. Roman. 388 S. Mchn: Müller 1908
20 Die Familie Hellmann. Roman. 530 S. Mchn: Müller 1909
21 Die Rübenstedter. Eine Kleinstadt-Sommergeschichte. 262 S. Mchn: Müller 1910
22 Wilhelm Brinkmeyers Abenteuer, von ihm selbst erzählt. 455 S. Mchn: Müller 1911
23 Dies und Das und Anderes. V, 373 S. Mchn: Müller 1912
24 Talion. Roman. 298 S. Mchn: Müller 1913
25 Junker Ottos Romfahrt. Roman. 192 S. Mchn: Müller 1914
26 Vom Diesseits und Jenseits. IV, 372 S. Bln: Borngräber 1917
27 Germanendämmerung. 32 S. Bln: Verl. „Kraft und Schönheit" (= Germanen-Bücherei 4) 1917
28 Der tolle Halberstädter. Der Herr Kammerrat und seine Söhne. Zwei Erzählungen. 192 S. Bln: Morawe & Scheffelt 1918
29 Das unbekannte Land. Roman. 268 S. Lpz: Bücherlese-V. 1920
30 Das Lied der Parzen. Roman. 489 S. Bln: Borngräber (1920)
31 Aus einem engen Leben. Erinnerungen. 123 S., 2 Taf. Lpz: Steffler 1924
32 Altmännersommer. 108 S. Lpz: Steffler 1925
33 Hans der Träumer. 373 S. Lpz: Reclam 1925 (Neufassg. v. Nr. 13)
34 (Hg.) R. v. Ihering: Der Kampf ums Recht. 128 S. Lpz: Reclam (= Reclam's UB. 6552-6553) 1925
35 Der Herr Neveu und seine Mondgöttin. Eine kuriose Affäre aus der Perükkenzeit. 116 S. Lpz: Reclam (= Reclam's UB. 6622-6623) 1926
36 Spiel am Ufer. Ein Roman. 161 S. Ebenhausen b. Mchn: Langewiesche-Brandt (= Die Bücher der Rose) 1927
37 Anno 1902. Roman. 273 S. Hbg: Dt. Hausbücherei (= Jahresreihe 1929, Bd. 6) 1929
38 Die Fichtenauer. Eine Geschichte in Barock. 63 S. Mchn: Langen-Müller (= Die kleine Bücherei 20) 1933

39 Israel und wir. Zwiegespräch zwischen einem Alten und einem in mittleren Jahren. Volks- und Aufklärungsschrift. 76 S. Bln: Huch 1934
40 Mein Leben. 64 S. Bln: Junker & Dünnhaupt (= Die Lebenden) 1935
41 Zwiegespräche. 293 S. Mchn: Langen-Müller 1935
42 Humoristische Erzählungen. Ein Menschenfreund. Der Herr Kammerrat und seine Söhne. 144 S. Zeulenroda: Sporn 1936
43 Mein Weg. Lebenserinnerungen. 420 S. m. Abb. Zeulenroda: Sporn 1937
44 Die Tragödie Bismarck. 158 S., 16 Taf. Herrsching: Dt. Hort-V. 1938
45 Kilian und die Kobolde. Eine kuriose Geschichte. Nachw. C. Jenssen. 112 S. Bayreuth: Gauverl. (= Die kleine Glockenbücherei 15) 1942
46 William Shakespeare. Eine Studie. 91 S. Hbg: Hanseat. Verl.-Anst. (= Hanseaten-Bücherei) (1942)
47 Werke. Hg. H. Barth u. H. Langenbucher. 2 Bde. 243, 278 S. Bln: Schöneberg: Landsmann-V. 1943
  (Enth. Nr. 24 u. 30)

HUCHEL, Peter (*1903)

1 Gedichte. 100 S. Bln: Aufbau-V. 1948
2 (Hg.) Sinn und Form. Beiträge zur Literatur. Hg. Deutsche Akademie der Künste, Sektion Dichtkunst und Sprachpflege. Bln: Rütten & Loening 1949–1962

HÜLSEN, Hans von (*1890)

1 Das aufsteigende Leben. Roman. 389 S. Mchn: Hans Sachs-V. 1911
2 Die seidene Fessel. Ein Novellenbuch. 141 S. Mchn: Hans Sachs-V. 1912
3 Die Aufzeichnungen des Mörders Sigrist. 47 S. Mchn: Bachmair 1913
4 Brand im Land. Roman. 255 S. Bln: Meyer (1916)
5 Den alten Göttern zu. Ein Platen-Roman. 466 S. Bln: Morawe & Scheffelt (1918)
6 Versprengte Edelleute. 288 S. Bln: Morawe & Scheffelt (1919)
7 (MV) H. v. H. u. S. Hoechstetter: Eos und Hesperos. Zwei Novellen. 56 S. (o. O.:) Tillgner 1920
8 Kleine Agnete. Ein bürgerliches Idyll. 94 S. (o. O.:) Tillgner 1920
9 Die Malteser. Schauspiel (nach Schillers Entwurf). 90 S. (o. O.:) Tillgner 1920
10 Christophorus oder Der verschollene Liebesruf. Roman. 102 S. Bln: Mosaik-V. (= Mosaik-Bücher, Bd. 17) 1923
11 Fortuna von Danzig. Roman. 194 S. Bln: Morawe & Scheffelt 1924
12 Der Kelch und die Brüder. Roman. 363 S. Lpz: Reclam (= Reclam's Romanreihe) 1925
13 Nickel List. Die Chronik eines Räubers. 296 S. Lpz: Reclam (= Reclam's Romanreihe) 1925
14 Tage mit Gerhart Hauptmann. 39 S., 36 S. Abb. 4° Dresden: Reissner 1925)
15 Camerlingk oder der Weg durch die Macht. Roman. 365 S. Lpz: Reclam (= Reclam's Romanreihe) 1926
16 Der Finkensteinsche Orden. Novelle. Nachw. H. F. Dollinger. 66 S. Lpz: Reclam (= Reclam's UB. 6660) 1926
17 (MH) Graf A. v. Platen: Gedichte. Ausgew. v. H. v. H. u. E. Sander. 156 S. Lpz: Reclam (= Reclam's UB. 291–292) (1926)
18 Gerhart Hauptmann. 199 S. 1 Titelb. Lpz: Reclam (= Dichter-Biographien, Bd. 28; = Reclam's UB. 6811–6813) 1927
19 Güldenboden oder Erwirb es, um es zu besitzen. Roman. 387 S. Lpz: Reclam 1928
20 (Nachw.) G. Hauptmann: Die blaue Blume. Mit einem Essay: „Hauptmann als Versdichter" v. H. v. H. 60 S. Lpz: Reclam (= Reclam's UB. 6970) 1929

21 Der verschollene Liebesruf. 426 S. Bln: Dt.-Schweizer Verlagsanst. Eigenbrödler-V. 1929
(Enth. u. a. Nr. 10)
22 Der Schatz im Acker. Roman. 446 S. Bln, Lpz: Reclam 1929
23 Der Totenvogel. Geschichten aus vier Winden. 64 S. Bln: Hillger (= Kürschners Bücherschatz. Neue Reihe, Nr. 64) 1929
24 Die Bucht von Sant'Agata. Roman. 298 S. Lpz: Reclam 1932
25 Gerhart Hauptmann. Siebzig Jahre seines Lebens. 137 S., 47 Abb. Bln: Fischer 1932
26 Der siebzigjährige Gerhart Hauptmann. 30 S. Hirschberg (: Beobachter im Iser- u. Riesengebirge) (1932)
27 Ein Haus der Dämonen. Roman. 266 S. Bln: Fischer 1932
28 Eduard und Henriette. (40 S.) Bln: Aufwärts-V. (= Jede Woche ein Roman! 118) 1933
29 Freikorps Droyst. Roman aus Preußens tiefster Erniedrigung. 187 S. Bln: Scherl 1934
30 Peter Drosts drittes Leben. Roman. 250 S. Lpz: Reclam 1935
31 Schmiede des Mannes. Roman. 249 S. Lpz: Staackmann 1935
32 Die Kaiserin und ihr Grossadmiral. Roman. 222 S. Lpz: Staackmann 1936
33 Falsches Gold. Roman einer Liebe. 285 S. Lpz: Janke (= Der Quell 5) 1937
34 Die Vogelhecke an der Brüderstraße. Roman aus dem Berliner Biedermeier. 298 S. Bln: Schützen-V. 1937
35 Die Heimat der Uta Leslie. Roman. 270 S. Lpz: Janke (= Der Quell 47) 1938
36 Das Jagdhaus am Marterlsee. Roman. 221 S. Bln: Zander (1939)
37 Torlonia. „Krösus von Rom". Die Geschichte zweier Geldfürsten. 278 S., 16 Abb. Mchn: Bruckmann 1940
38 August und Ottilie. Roman einer Ehe unter Goethes Dach. 295 S. Mchn: Piper (1941)
(Neuausg. v. Nr. 27)
39 Liebesfuge am Gardasee. 64 S. Bln: Werner (= Mein neuer Roman 15) (1941)
40 Römisches Scherzo. 64 S. Bln: Werner (= Mein neuer Roman 24) (1941)
41 Die Wendeltreppe. Geschichten aus meinem Leben. 266 S., 8 Taf. Danzig: Kafemann 1941
42 Gerhart Hauptmann. Umriß seiner Gestalt. 64 S., 1 Titelb. Wien, Lpz: Ibach 1942
43 Villa Paolina. Lebensgeschichte eines merkwürdigen Hauses. 260 S., 12 Abb. Mchn: Bruckmann 1943
44 Die drei Papen. Roman. 499 S. Mchn: Piper 1943
(Neuausg. v. Nr. 22)
45 Das Teppichbeet. Ein Bündel Geschichten. 345 S. Danzig: Kafemann 1943
46 Die großen Irrlichter. Roman. 283 S. Bln-Schildow: Sicker (= Das erzählende Werk in Einzelausgaben) (1944)
47 Der Kinderschrank. 222 S. Mchn: Piper 1946
48 Freundschaft mit einem Genius. Erinnerungen an Gerhart Hauptmann. 223 S. m. Taf. Mchn: Funck 1947
49 Gerichtstag. Sonette aus dieser Zeit. Geleitw. J. Gregor. 95 S., 1 Titelb. Hbg: Morawe & Scheffelt 1947
50 (Hg.) Gerhart Hauptmann. Sieben Reden gehalten zu seinem Gedächtnis. 101 S. Goslar: V. dt. Volksbücherei (= Gerhart-Hauptmann-Schriften 2) 1947
51 Zwillings-Seele. Denkwürdigkeiten aus einem Leben zwischen Kunst und Politik. 2 Bde. 231 S., 1 Titelb.; 261 S., 3 Bl. Mchn: Funck 1947
52 Tragödie der Ritterorden. Templer, Deutsche Herren, Malteser. 259 S. m. Abb., 1 Titelb. Mchn: Münchner V. 1948
53 (Übs.) Trilussa: Die bekehrte Schlange. 54 S. Ffm: Trajanus-Presse 1951
54 (Übs.) M. Prodan: Chinesische Kunst. Ein kleiner Führer. 284 S. m. Abb., 26 Bl. Abb., 4 Taf. Olten, Freiburg i. Br.: Walter 1958
55 (Übs.) D. Dolci: Umfrage in Palermo. Nachw. W. Dirks. 291 S. Olten, Freiburg i. Br.: Walter 1959

56 (MV) H. v. H., J. Rast: Rom. Führer durch die Ewige Stadt. 407 S. m. Abb. Olten u. Freiburg i. Br.: Walter 1960
57 Römische Funde. 270 S. m. Abb. Göttingen: Musterschmidt (= Sternstunden der Archäologie) 1960

HUELSENBECK, Richard (*1892)

1 Phantastische Gebete. 16 S., 7 Abb. Zürich: Verl. Collection Dada 1916
2 Schalaben, Schalabai, Schalamezomai. 2 S. Zürich: Verl. Collection Dada 1916
3 Azteken oder Die Knallbude. Eine militärische Novelle. 54 S. Bln: Reuß & Pollack 1918
4 Die Verwandlungen. Novelle. 54 S. Bln: Verl. Die Schmiede (= Die neue Reihe 3) 1918
5 En avant Dada. Eine Geschichte des Dadaismus. 44 S. Hannover: Steegemann (= Die Silbergäule 50–51) (1920)
6 Dada siegt. Eine Bilanz des Dadaismus. 40 S. Bln: Malik-V. 1920
7 (Hg.) Dada-Almanach. 160 S. m. Abb. Bln: Reiss (1920)
8 Deutschland muß untergehen! Erinnerungen eines alten dadaistischen Revolutionärs. 13 S. Bln: Malik-V. 1920
9 Phantastische Gebete. 31 S., 13 Abb. Bln: Malik-V. 1920 (Erw. Neuaufl. v. Nr. 1)
10 Dadaistisches Manifest. 5 S. Bln: Dada-Editions 1920
11 Der neue Mensch. 2 S. Bln: Malik-V. 1920
12 Doctor Billig am Ende. Ein Roman. 129 S., 8 Abb. Mchn: Wolff 1921
13 Die freie Straße. Aufsätze und Manifeste. Bln: Verl. Die Freie Straße 1921
14 Afrika in Sicht. Ein Reisebericht über fremde Länder und abenteuerliche Menschen. 287 S. Dresden: Jess 1928
15 Der Sprung nach Osten. Bericht einer Frachtdampferfahrt nach Japan, China und Indien. 333 S. Dresden: Jess 1928
16 China frißt Menschen. V, 347 S. Zürich: Orell Füßli 1930
17 (MV) R. H. u. G. Weisenborn: Warum lacht Frau Balsam? Bln: Fischer 1932
18 Schweinfurth. Bln: Ullstein 1933
19 Der Traum vom großen Glück. Roman. 305 S. Bln: Fischer 1933
20 Die New Yorker Kantaten. Deutsch und französisch. 51 S., 6 Taf. Paris, New York: Berggruen 1952
21 Die Antwort der Tiefe. Gedichte. 50 S., 7 Abb. Wiesbaden: Limes-V. 1954
22 (MH) Die Geburt des Dada. Dichtung und Chronik der Gründer. In Zusammenarbeit mit H. Arp, R. H. u. T. Tzara hg. P. Schifferli. 191 S. m. Abb. Zürich: Arche (= Sammlung Horizont) 1957
23 Mit Witz, Licht und Grütze. Auf den Spuren des Dadaismus. 152 S. Wiesbaden: Limes-V. 1957
24 Sexualität und Persönlichkeit. Entwicklung und Bedeutung mentaler Heilmethoden. Versuch einer historischen Darstellung. 173 S. Ffm: Ullstein-Taschenbücher-Verl. (= Ullstein-Bücher 219) 1959

HUGGENBERGER, Alfred
(+Dr. Hans Meyerlein) (1867–1960)

1 Reiter-Poesie. Selbstverl. 1890
2 Die Junggesellen. Lustspiel. 72 S. Zürich: Schmidt 1893
3 Der blaue Montag oder Die mißlungene Wette. Schwank in Zürcher Mundart. 43 S. Zürich: Schmidt (= Sammlung Schweizer Dialektstücke 20) 1893
4 Lieder und Balladen. IV, 175 S. Frauenfeld: Huber 1896
5 Der letzte Landenberg auf Schloß Elgg. Schauspiel aus der Zeit der Appenzeller Stürme. 111 S. Biel: Kuhn 1897
6 Backfisch-Launen. Lustspiel. 22 S. Grüningen: Wirz 1898
7 Der Heirats-Vermittler. Lustspiel. 48 S. Grüningen: Wirz 1898

8 Ein Mann, ein Wort. Lustspiel in Zürcher Mundart. 38 S. Grüningen: Wirz 1898
9 Die drei lustigen Schneider von Bretzmühl. Schwank. 46 S. Grüningen: Wirz 1898
10 Im Kantonnement oder Zweierlei Tuch. Volks- und Militärbild. 54 S. Grüningen: Wirz 1899
11 Studenten-Streiche. Burschenstück mit Gesang. 76 S. Grüningen: Wirz 1899
12 Die Verlobung im Forsthause. Waldstücklein mit Gesang. 27 S. Grüningen: Wirz 1899
13 Die Werbung. Volksbild. 48 S. Grüningen: Wirz 1899
14 Du sollst nicht heiraten. Schwank. 28 S. Grüningen: Wirz 1900
15 Der Bauernkönig. Schauspiel mit geschichtlichem Hintergrund. 116 S. Biel: Kuhn 1902
16 Oelers Rose. Der blinde Hannes. Erzählungen. 96 S. Zürich: Verein für Verbreitung guter Schriften (= Verein für Verbreitung guter Schriften Zürich 60 a) 1905
17 Hinterm Pflug. Verse eines Bauern. 148 S. Frauenfeld: Huber 1908
18 Von den kleinen Leuten. Erzählungen aus dem Bauernleben. III, 254 S. Frauenfeld: Huber 1910
   (Enth. u. a. Ausz. a. Nr. 16)
19 (MV) (F. Marti: Fortunas Gesinde. – A. H.:) Die Scholle. 48 S. Bern: Verein für Verbreitung guter Schriften (= Verein für Verbreitung guter Schriften Bern 81) 1911
   (Enth. Ausz. a. Nr. 18)
20 ⁺De Heiri Benz wott Gemeindrot werde. Schwank. 20 S. Elgg: Volksverl. 1912
21 Das Ebenhöch. Geschichten von Bauern und ihrem Anhang. III, 266 S. Frauenfeld: Huber 1912
22 Peter Wenks Heimsuchung. Daniel Pfund. Erzählungen. 79 S. Zürich: Verein zur Verbreitung guter Schriften (= Verein zur Verbreitung guter Schriften Zürich 87) 1912
   (Enth. Ausz. a. Nr. 18 u. 21)
23 Die drei Wölfe. (S.-A.) 2 S. Zürich: Rascher 1912
24 Die Bauern von Steig. Roman. 278 S. Lpz: Staackmann 1913
25 Bauernland. Erzählungen. Einl. K. v. d. Schalk. 154 S. m. Abb. Großborstel: Dt. Dichter-Gedächtnis-Stiftung (= Hausbücherei 50) 1913
   (Enth. u. a. Ausz. a. Nr. 18 u. 21)
26 Wie Hanogg auf den Leim geht. Schwank. 15 S. Elgg: Volksverl. 1913
27 Die Stille der Felder. Neue Gedichte. 115 S. Lpz: Staackmann 1913
28 ⁺Der Wunderdoktor. Schwank. 12 S. Elgg: Volksverl. 1913
29 Dorfgenossen. Neue Erzählungen. 250 S. Lpz: Staackmann 1914
30 Dem Bollme si bös Wuche. Lustspiel. III, 113 S. Frauenfeld: Huber 1914
31 Klaus Inzuber und seine Tochter. Vorw. E. Korrodi. 79 S. Wiesbaden: Staadt (= Wiesbadener Volksbücher 180) 1915
   (Ausz. a. Nr. 29)
32 Der Hofbauer. Erzählung. 87 S. Konstanz: Reuß & Itta (= Die Zeitbücher 22) 1916
   (Ausz. a. Nr. 18)
33 Die Geschichte des Heinrich Lentz. Roman. 242 S. Lpz: Staackmann 1916
34 Daniel Pfund. 75 S. Frauenfeld: Huber (= Schweizerische Erzähler 3) 1917
   (Ausz. a. Nr. 18)
35 Aus meinem Sommergarten. Ein Strauß für die Jungen und die jung gebliebin sind. Geschichten von Tieren, Blumen und Menschen mit eingestreuten Versen. 215 S. m. Abb. Frauenfeld: Huber 1917
36 En kritische Vormittag. Schwank. 64 S. Aarau: Sauerländer 1918
37 Die heimliche Macht. Geschichten auf der Heubühne. 242 S. Lpz: Staackmann 1919
38 Der Mädchenbund. Komische Szene. 13 S. Wetzlikon: Sigrist 1919
39 Dem Bollme si bös Wuche. Bauernstück. 92 S. Aarau: Sauerländer 1919
   (Veränd. Neuaufl. v. Nr. 30)
40 De Herr im Huus. Schwank. 40 S. Aarau: Sauerländer 1920
41 Wenn der Märzwind weht. Verse aus jungen Tagen. 112 S. Frauenfeld: Huber 1920
   (Veränd. Neuaufl. v. Nr. 4)

42 Das Neinwort. Szene aus dem Grenzwachtdienst. 29 S. Aarau: Sauerländer 1920
43 Bauernköpfe. Drei Erzählungen. 55 S. Zürich: Verein für Verbreitung guter Schriften (= Verein für Verbreitung guter Schriften Zürich 123) 1921
    (Enth. Ausz. a. Nr. 21, 29, 37)
44 Der Hochzeitsschmaus und andere Ergötzlichkeiten. 114 S. m. Abb. Lpz: Staackmann 1921
45 En füürige Liebhaber. Humoristische Szene. 14 S. Aarau: Sauerländer 1921
46 Der Obigschoppe. Schwank. 21 S. Aarau: Sauerländer 1921
47 E Verlobig über de Wille. E Stückli ab em Land. 34 S. Aarau: Sauerländer 1921
48 Der Glückfinder. Der Heidenheuet. Novellen. 78 S. Lpz: Reclam (= Reclam's UB. 6281) 1922
    (Ausz. a. Nr. 37)
49 De Gschyder git nohe. Schwank. 24 S. Aarau: Sauerländer 1922
50 Der Her im Hus. Schwank. Ins Berndeutsche übs. 38 S. Aarau: Sauerländer 1922
    (Übs. v. Nr. 40)
51 Jochems erste und letzte Liebe. Humoristischer Roman. 219 S. m. Abb. Lpz: Staackmann 1922
52 D'Liebi als Arzt. Lustspiel. 47 S. Aarau: Sauerländer 1922
53 Dryßg Minute oder Alles um en Sternlitaler. Schwank. 40 S. Aarau: Sauerländer 1922
54 Sie händ wieder Eine. Dialektlustspiel. 72 S. Aarau: Sauerländer 1922
55 Öppis us em Gwunderchratte. Ein humoristisches Hausbüchlein. 120 S. m. Abb. Aarau: Sauerländer 1923
56 Lebenstreue. Neue Gedichte. 119 S. m. Abb. Lpz: Staackmann 1923
57 Dryßg Minute oder Alles um en Sternlitaler. Schwank. Ins Berndeutsche übs. 40 S. Aarau: Sauerländer 1923
    (Übs. v. Nr. 53)
58 Dur's Telephon. E Puurestückli. 30 S. Aarau: Sauerländer 1923
59 E kritische Vormittag. Schwank. I d's Bärndütsche übs. 60 S. Aarau: Sauerländer 1923
    (Übs. v. Nr. 36)
60 De modärn Betrieb oder E Protestversammlig. Schwank. 19 S. Aarau: Sauerländer 1924
61 Chom mer wänd i d'Haselnuß! Öppis zum Spiele, Ufsage und Verzelle für di jung Welt. 166 S. m. Abb. Aarau: Sauerländer 1924
62 Der Hürotskandidat. Schwank. 10 S. Aarau: Sauerländer 1924
63 Die Frauen von Siebenacker. Roman. 272 S. Lpz: Staackmann 1925
64 E Zwängerei. Ländliches Lustspiel. Berndeutsche Ausg. v. „E Verlobig über de Wille". 34 S. Aarau: Sauerländer 1925
    (Übs. v. Nr. 47)
65 Die Ersatzmusik oder Der Musikersatz. Schwank. 18 S. Elgg: Volksverl. 1926
66 Der Kampf mit dem Leben. Erzählungen. 238 S. m. Abb. Lpz: Staackmann 1926
67 Die Brunnen der Heimat. Jugenderinnerungen. 243 S. Lpz: Staackmann 1927
68 Stachelbeeri. Öppis zum Lache und zum Nohetänke. 123 S. m. Abb. Aarau: Sauerländer 1927
69 Die Weihnachtsäpfel und andere Geschichten. 50 S. Zürich: Verein für Verbreitung guter Schriften (= Verein für Verbreitung guter Schriften Zürich 148) 1927
    (Enth. u. a. Ausz. a. Nr. 67)
70 D'Epeerifrau. Hochzeitsscherz. 10 S. Elgg: Volksverl. 1928
71 Bergweibleins Hochzeit-Angebinde. Ein Zwischenspiel am Hochzeitsabend 8 S. Elgg: Volksverl. 1928
72 Vom Segen der Scholle. Ein Bauernbrevier. Mit einer biographischen Studie als Anhang: „A. H. im Spiegel seiner Werke" v. H. Kägi. 251 S. m. Abb. Lpz: Staackmann 1928
73 Liebe Frauen. Erzählungen. 202 S. Lpz: Staackmann (1929)
74 Die Frauen-Verschwörung. Schwank. 25 S. Elgg: Volksverl. 1929

75 D'Liebi dur d'Zitig oder Die verwechselten Bräute. Ländliches Lustspiel. 76 S. Aarau: Sauerländer 1929
76 Die Empörung im Mädchenzimmer. Scherz. 10 S. Elgg: Volksverl. 1930
77 Die Frauen von Siebenacker. 215 S. Lpz: Staackmann 1930 (Neubearb. v. Nr. 63)
78 Der verliebte Holzhacker. Scherzszene. 13 S. Elgg: Volksverl. 1931
79 Underem Zwerglibaum. Neue Tiermärchen. 111 S. m. Abb. Aarau: Sauerländer (1931)
80 Der wunderliche Berg Höchst und sein Anhang. Roman. 193 S. Lpz: Staackmann 1932
81 Sie sait Nai! oder E Verlobig mit Hindernisse. Schwank. 26 S. Aarau: Sauerländer 1932 (Neuaufl. v. Nr. 42)
82 Das Männlein in der Waldhütte. Neue Tiergeschichten, der Jugend erzählt. 120 S. m. Abb. Aarau: Sauerländer (1933)
83 Der Kampf mit dem Leben. 188 S. Lpz: Staackmann (= Erzähler der Gegenwart) 1934 (Veränd. Neuaufl. v. Nr. 66)
84 Pfeffermünz und Magebrot. Allerlei G'rymts und Ung'rymts. 141 S. m. Abb. Elgg: Volksverl. 1934
85 Der Acker am Herrenweg. Erzählung. 95 S. Zürich: Verein für Verbreitung guter Schriften (= Verein für Verbreitung guter Schriften Zürich 186) 1937 (Ausz. a. Nr. 21)
86 Ackerfrühling. Nachw. J. Linke. 80 S. Lpz: Staackmann (= Dichtung und Deutung) 1937
87 Die Schicksalswiese. Roman. 171 S. Lpz: Staackmann 1937
88 Das Bergbauernbuch. 67 S. m. Abb. Goslar: (Ährenlese-V.) (= Die Bücher der Ährenlese 2) (1939)
89 Erntedank. Gedichte. 179 S. Lpz: Staackmann 1939
90 Die kleine große Welt. Geschichten und Tiermärchen. 83 S. m. Abb., 1 Titelb. Bühl: Konkordia (1939)
91 Bauernbrot. Neue Erzählungen. Mit einem Anhang: Skizzen, Verse, Plaudereien. 224 S. Elgg: Volksverl. (1941)
92 Pech im Alltag. Allerlei Ergötzlichkeiten. 120 S. m. Abb. Elgg: Volksverl. 1941 (Umarb. v. Nr. 44)
93 Hinderem Huus im Gärtli. Mundartgedichte. 118 S. Aarau: Sauerländer (1942)
94 Drü gueti Werk oder D'Liebi dur d'Zytig. Ländliches Lustspiel in drei Akten. 108 S. Aarau: Sauerländer (1942) (Neuaufl. v. Nr. 75)
95 Bauernerbe. Erzählungen und Schildereien. 76 S. m. Abb. Bln: Ährenlese-V. (= Die Bücher der Ährenlese 24) 1943
96 Liebe auf dem Land. Zwei Erzählungen. 62 S. Gütersloh: Bertelsmann (1943)
97 Jakob Spöndlis Glücksfall. Erzählung. 55 S. Stg: Verl. Dt. Volksbücher (= Wiesbadener Volksbücher 183) 1943 (Ausz. a. Nr. 18)
98 Arbeit und Acker. Erzählungen. 79 S. m. Abb. Bln: Ährenlese-V. (= Die Bücher der Ährenlese 27) 1944
99 Das Glück uf Glinzengrütt. Bauernstück in drei Akten. 91 S. Elgg: Volksverl. (1944)
100 Abendwanderung. Neue Gedichte. 54 S. Amriswil: Bodensee-Verl. (1946)
101 Mühsal und Sonntag. Erzählungen und Gedichte aus dem Bauernleben. 119 S. m. Abb. Lindau: Thorbecke (= Die Bücher vom Bodensee) 1947
102 Der Ruf der Heimat. Dorf- und Ackergeschichten. 282 S. Frauenfeld: Huber 1948 (Enth. u. a. Nr. 19)
103 Die Magd von See. 44 S. m. Abb. Karlsruhe: Müller 1949
104 Die Schicksalswiese. Roman. 167 S. Elgg: Volksverl. (1950) (Neufassg. v. Nr. 87)
105 Der Bund mit dem Leben. Ausgewählte Gedichte. 226 S. Elgg: Volksverl. (1951)

106 Das freundliche Jahr. Geschichten aus Dorf und Weiler. 248 S. Elgg: Volksverl. (1954)
107 Alfred Huggenberger erzählt sein Leben. Eine innere Biographie. Hg. D. Larese. 134 S. Zürich, Mchn: Dreiflammen-Verl. 1958

HUMBOLDT, Wilhelm Frh. von (1767–1835)

1 Prozeß des Buchdrucker Unger gegen den Oberkonsistorialrath Zöllner in Censurangelegenheiten wegen eines verbotenen Buchs. XXXI, 152 S. Bln: Unger 1791
2 (Übs.) Pindaros: Zweite olympische Ode. Metrisch übs. 12 S. Bln: Unger 1792
3 (Vorw.) Friedrich Alexander v. H.: Über die unterirdischen Gasarten und die Mittel, ihren Nachtheil zu vermindern. VIII, 346 S. m. Taf. Braunschweig: Vieweg 1799
4 Ästhetische Versuche. Theil 1: Über Göthe's Herrmann und Dorothea. XXX, 360 S. Braunschweig: Vieweg 1799
5 Rom. 35 S. Bln: Haude & Spener 1806
6 (Übs.) Aeschylos: Agamemnon. Metrisch übs. XXXVII, 86 S. Lpz: Fleischer 1816
7 Berichtigungen und Zusätze zum ersten Abschnitte des zweyten Bandes des Mithridates über die Cantabrische oder Baskische Sprache. VI, 93 S. Bln: Voß 1817
8 An die Sonne. 4 S. Paris: Didot 1820
9 Prüfung der Untersuchungen über die Urbewohner Hispaniens vermittelst der Vaskischen Sprache. VIII, 192 S. 4° Bln: Dümmler 1821
10 Über die Aufgabe des Geschichtschreibers. 18 S. Bln: Dümmler 1822
11 Über das Entstehen der grammatischen Formen, und ihren Einfluß auf die Ideenentwicklung. 30 S. 4° Bln: Dümmler 1823
12 Über die Buchstabenschrift und ihren Zusammenhang mit dem Sprachbau. 28 S. 4° Bln: Dümmler 1826
13 Über die unter dem Namen Bhagavad-Gítá bekannte Episode des Mahábhárata. 64 S. Bln: Dümmler 1826
14 Über vier Aegyptische, löwenköpfige Bildsäulen in den hiesigen Königlichen Antikensammlungen. 24 S. 4° Bln: Dümmler 1827
15 Lettre à M. Abel-Rémusat, sur la nature des formes grammaticales en général, et sur le génie de la langue chinoise en particulier. VIII, 122 S. Paris: Dondey-Dupré 1827
16 Über den Dualis. 27 S. Bln: Dümmler 1828
17 An essay on the best means of ascertaining the affinities of oriental languages. Contained in a letter to Sir Alexander Johnston. 11 S. London 1828
18 (MV) Briefwechsel zwischen Schiller und W. v. H. Mit einer Vorerinnerung über Schiller und den Gang seiner Geistesentwicklung von W. v. H. 492 S. Stg, Tüb: Cotta 1830
19 Über die Verwandtschaft der Ortsadverbien mit dem Pronomen in einigen Sprachen. 26 S. 4° Bln: Dümmler 1830
20 Über die Kawi-Sprache auf der Insel Java, nebst einer Einleitung über die Verschiedenheit des menschlichen Sprachbaues und ihren Einfluß auf die geistige Entwickelung des Menschengeschlechts. 3 Bde. Bln: Dümmler 1836–1839
21 Über die Verschiedenheit des menschlichen Sprachbaues und ihren Einfluß auf die geistige Entwicklung des Menschengeschlechts. XI, 511 S. 4° Bln: Dümmler 1836
(Ausz. a. Nr. 20)
22 Gesammelte Werke. Hg. C. Brandes. 7 Bde. Bln: Reimer 1841–1852
23 Briefe an eine Freundin. 2 Thle. XXIV, 381; XXII, 312 S. Lpz: Brockhaus 1847
24 Ideen zu einem Versuch, die Gränzen der Wirksamkeit des Staats zu bestimmen. Einl. E. Cauer. XXVII, 189 S. Breslau: Trewendt 1851
25 Sonette. Vorw. Alexander v. H. XXII, 352 S. Bln: Reimer 1853

26 Abhandlungen über Geschichte und Politik. Einl. L. B. Förster. XXXVI, 94 S. Bln: Heimann 1869
27 Die sprachphilosophischen Werke. Hg. H. Steinthal. 2 Thle. 699 S. 4° Bln: Dümmler (1883–) 1884
28 Tagebuch von seiner Reise nach Norddeutschland im Jahre 1796. Hg. A. Leitzmann. X, 163 S. Bln, Weimar: Felber (= Quellenschriften zur neueren deutschen Literatur- und Geistesgeschichte 3) 1894
29 Sechs ungedruckte Aufsätze über das klassische Altertum. Hg. A. Leitzmann. LIV, 214 S. Lpz: Göschen (= Deutsche Literaturdenkmale des 18. und 19. Jahrhunderts 58–62) 1896
30 Gesammelte Schriften. Hg. Königlich Preußische Akademie der Wissenschaften. 4 Abteilungen. 17 Bde. Bln: Behr 1903–1936

Huna, Ludwig (1872–1945)

1 Erstarrte Menschen. Schauspiel. 98 S. Bln: Wolfradt 1902
2 Lockere Vögel. Vier Schelmenspiele. 128 S. Bln-Charlottenburg: Vita 1908
3 Offiziere. Soldatenroman aus jungen Tagen. 488 S. Bln-Charlottenburg: Juncker 1911
4 Monna Beatrice. Ein Liebesroman aus dem alten Venedig. 396 S. m. Abb. Lpz: Grethlein 1913
5 Der Friedensverein. Eine kriegerische Geschichte. 271 S. m. Abb. Lpz: Grethlein 1914
6 Die Harmonien im Hause Sylvanus. Ein Roman in zwei Teilen. 372 S. Lpz: Grethlein (1915)
7 Der Wolf in Purpur. 348 S. Lpz: Grethlein (1919)
8 Die Stiere von Rom. Roman. 425 S. m. Abb. Lpz: Grethlein (1920)
9 Der Stern des Orsini. Roman. 428 S. Lpz: Grethlein 1921
10 Das Mädchen von Nettuno. Roman. 479 S. Lpz: Grethlein 1922
11 Der Kampf um Gott. Ein Roman aus der Zeit der Wiedertäufer. 461 S. Lpz: Grethlein 1923
12 Wieland der Schmied. Ein nordischer Sagenroman. 332 S. Lpz: Grethlein 1924
13 Die Verschwörung der Pazzi. Ein Roman aus der Zeit der Frührenaissance. 348 S. Lpz: Grethlein 1925
14 Herr Walther von der Vogelweide. Roman von Minne und Vaterlandstreue. 397 S. Lpz: Grethlein 1926
15 Granada in Flammen. Roman. 361 S. Lpz: Grethlein 1927
16 Die Borgia-Trilogie. 3 Bde. 425, 428, 479 S. m. Abb. Lpz: Grethlein (1928) (Enth. Nr. 8, 9 u. 10)
17 Hexenfahrt. Roman. 394 S. Lpz: Grethlein 1928
18 Der Goldschmied von Segovia. Roman. 390 S. Lpz: Grethlein 1929
19 Wunder am See. Roman. 353 S. Lpz: Grethlein 1930
20 Der Mönch von San Marco. Roman. 302 S. Lpz: Grethlein 1931
21 Bartholomäusnacht. Roman. 285 S. Lpz: Grethlein 1932
22 Die Albigenserin. Roman. 339 S. Lpz: Grethlein 1933
23 Helgi. Eine nordische Liebesmär. Roman. 304 S. Lpz: Grethlein 1934
24 Die Hackenberg. Roman. 309 S. Lpz: Grethlein 1935
25 Der wilde Herzog. Roman. 363 S. Bln: Franke 1936
26 Christus-Trilogie. 3 Bde. Lpz: Janke 1938–1939
   1. Ein Stern geht auf! Die Jugend des Nazareners. 347 S. 1938
   2. Das hohe Leuchten. Die Heilstat des Nazareners. 367 S. 1938
   3. Golgatha. Der Leidensweg des Nazareners. 349 S. 1939
27 Die Kardinäle. Renaissance-Roman. 371 S. Salzburg: V. Das Bergland-Buch (= Das Bergland-Buch) 1939
28 Nacht über Florenz. Roman. 301 S. Bln: Franke (1939)
29 Der Weltklausner. Ein Buch über Gott und Welt. 189 S. Graz, Wien: Stocker (1948)
30 Linde Schönwaiz. Ein Roman aus der Zeit der Hexenverfolgungen. 415 S. Wien: Kremayr & Scheriau 1954

IFFLAND, August Wilhelm (1759–1814)

1 Albert von Thurneisen. Ein bürgerliches Trauerspiel in vier Aufzügen. 128 S. Mannheim: Schwan 1781
2 Verbrechen aus Ehrsucht. Ein ernsthaftes Familiengemählde in fünf Aufzügen. Für die Mannheimer National-Schaubühne. X, 146 S. Mannheim: Schwan 1784
3 Fragmente über Menschendarstellung auf den deutschen Bühnen. 1 Sammlung. 126 S. Gotha: Ettinger 1785
4 Die Jäger. Ein ländliches Sittengemälde in fünf Aufzügen. Auf dem hochfürstlich Meiningischen Gesellschaftstheater zum erstenmal aufgeführt den 9. März 1785. 112 S. Bln: Rottmann 1785
5 Liebe um Liebe. Ein ländliches Schauspiel in einem Aufzuge. Zum Prolog auf das Höchste Namensfest Ihro Durchl., der Frau Kurfürstin zu Pfalzbaiern. Auf der Mannheimer National-Bühne aufgeführt, den 20. November 1785. 47 S. Mannheim: Neue Hof- u. akad. Buchh. (1785)
6 Die Mündel. Ein Schauspiel in fünf Aufzügen. Auf der Mannheimer Nationalbühne zum erstenmal aufgeführt, den 25. Oktober 1784. 116 S. Bln: Rottmann 1785
7 Bewustseyn. Ein Schauspiel in fünf Aufzügen. Für die kurfürstl. Nationalbühne geschrieben, Mannheim 1786. VIII, 166 S. Bln: Rottmann 1787
8 Der Magnetismus. Nachspiel in einem Aufzug. 52 S. Mannheim: Schwan u. Götz 1787
9 Reue versöhnt. Ein Schauspiel in fünf Aufzügen. 136 S. Bln: Rottmann 1789
10 Figaro in Deutschland. Ein Lustspiel in fünf Aufzügen. Für Gesellschaftsbühnen. 212 S., 1 Titelku. Bln: Rottmann 1790
11 Liussan, Fürst von Garisene. Ein Prolog in einem Aufzuge, mit Chören. Auf das Geburtstagsfest, Ihro Durchlaucht, des regierenden Fürsten zu Nassau Saarbrücken, Herzogs zu Dillingen & c., den 3ten Jenner 1790. 56 S. Mannheim: Neue Hof- u. akad. Buchh. (1790)
12 Friedrich von Oesterreich. Ein Schauspiel aus der vaterländischen Geschichte in fünf Aufzügen. Für die Kurfürstl. Mainzischen Nationalschaubühne geschrieben. Anhang zu dem Schauspiel. XVI, 158, 30 S. Gotha: Ettinger 1791
13 Die Kokarden. Ein Trauerspiel in fünf Aufzügen. 286 S. Lpz: Göschen 1791
14 Der Eichenkranz. Ein Dialog zur Eröffnung der Frankfurter National-Schaubühne bei der Krönungsfeier Kaisers Franz des zweyten, Frankfurt am Main, den 14. Julii 1792. 29 S. (Ffm:) Brönner 1792
15 Frauenstand. Ein Lustspiel in fünf Aufzügen. 302 S. Lpz: Göschen 1792
16 Herbsttag. Lustspiel in fünf Aufzügen. 189 S. Lpz: Göschen 1792
17 Elise von Valberg. Ein Schauspiel in fünf Aufzügen. 202 S. Lpz: Göschen 1792
18 Blick in die Schweiz. Eine Reisebeschreibung. 179 S. Lpz: Göschen 1793
19 Die Hagestolzen. Ein Lustspiel in fünf Aufzügen. 214 S. Lpz: Göschen 1793
20 Die Verbrüderung. Ein Schauspiel in einem Aufzuge. Mannheim: Schwan 1793
21 Allzu scharf macht schartig. Ein Schauspiel in fünf Aufzügen. 236 S. Lpz: Göschen 1794
22 Alte Zeit und neue Zeit. Ein Schauspiel in fünf Aufzügen. 243 S. Lpz: Göschen 1794
23 Die Aussteuer. Ein Schauspiel in fünf Aufzügen. 232 S. Lpz: Göschen 1795
24 Dienstpflicht. Ein Schauspiel in fünf Aufzügen. 220 S. Lpz: Göschen 1795
25 Die Reise nach der Stadt. Ein Lustspiel in fünf Aufzügen. 284 S. Lpz: Göschen 1795
26 Scheinverdienst. Ein Schauspiel in fünf Aufzügen. Lpz: Göschen 1795
27 Der Vormund. Ein Schauspiel in fünf Aufzügen. 246 S. Lpz: Göschen 1795
28 Die Advokaten. Ein Schauspiel in fünf Aufzügen. 206 S. Lpz: Göschen 1796
29 Das Vermächtniß. Ein Schauspiel in fünf Aufzügen. 224 S. Lpz: Göschen 1796

30 Antwort des Direktor Iffland auf das Schreiben an ihn über das Schauspiel der Jude und dessen Vorstellung auf dem hiesigen Theater. 20 S. Bln: Unger 1798
31 Meine theatralische Laufbahn. 300 S., 1 Titelku. Lpz: Göschen 1798
32 Der Spieler. Ein Schauspiel in fünf Aufzügen. 168 S. Lpz: Göschen 1798
33 Der Veteran. Schauspiel in einem Aufzuge. Den 6. Jul. 1798, am Tage der Huldigung Ihro Majestät König Friedrich Wilhelm des Dritten auf dem Nationaltheater in Berlin aufgeführt. 60 S. Bln: Unger 1798
34 Dramatische Werke. 17 Bde. (Bd. 17 u. d. T.: Neue dramatische Werke). Lpz: Göschen 1798–1807
35 Achmet und Zenide. Ein Schauspiel in fünf Aufzügen. 126 S. Lpz: Göschen 1799
36 Erinnerung. Ein Schauspiel in fünf Aufzügen. 147 S. Lpz: Göschen 1799
37 Die Geflüchteten. Ein Schauspiel in einem Aufzuge. 48 S. Lpz: Göschen 1799
38 Das Gewissen. Ein bürgerliches Trauerspiel in fünf Aufzügen. 158 S. Lpz: Göschen 1799
39 Hausfrieden. Ein Lustspiel in fünf Aufzügen. 165 S. Lpz: Göschen 1799
40 Der Komet. Eine Posse in einem Aufzuge. 45 S. Lpz: Göschen 1799
41 Leichter Sinn. Ein Lustspiel in fünf Aufzügen. 136 S. Lpz: Göschen 1799
42 Der Fremde. Ein Lustspiel in fünf Aufzügen. 182 S. Lpz: Göschen 1800
43 Der Mann von Wort. Ein Schauspiel in fünf Aufzügen. 198 S. Lpz: Göschen 1800
44 Selbstbeherrschung. Schauspiel. 174 S. Lpz: Göschen 1800
45 Vaterfreude. Ein Vorspiel in einem Aufzuge. 44 S. Lpz: Göschen 1800
46 Die Höhen. Ein Schauspiel in fünf Aufzügen. 180 S. Lpz: Göschen 1801
47 Die Künstler. Ein Schauspiel in fünf Aufzügen. 216 S. Lpz: Göschen 1801
48 Das Erbtheil des Vaters. Ein Schauspiel in fünf (r. vier) Aufzügen. 171 S. Lpz: Göschen 1802
49 Die Familie Lonau. Ein Lustspiel in fünf Aufzügen. 248 S. Lpz: Göschen 1802
50 Das Vaterhaus. Ein Schauspiel in fünf Aufzügen. 195 S. Lpz: Göschen 1802
51 Die Hausfreunde. Schauspiel in fünf Aufzügen. 238 S. Bln: Oehmigke 1805
52 Wohin? Ein Schauspiel in fünf Aufzügen. 187 S. Lpz: Göschen 1806
53 (Hg.) Almanach fürs Theater. Auf das Jahr 1807–1809. 1811. 1812. Bln: Oehmigke (1809: Braunes, 1811: Salfeld, 1812: Duncker & Humblot) 1807–1812
54 (Übs., Bearb., Hg.) Beiträge für die deutsche Schaubühne. In Übers. u. Bearb. ausländischer Schauspieldichter. 4 Bde. Bln: Braunes 1807–1812
55 Die Marionetten. Lustspiel in einem Aufzuge. 74 S. Bln: Oehmigke 1807
56 Der Oheim. Lustspiel in fünf Aufzügen. 143 S. Bln: Oehmigke 1807
57 (Übs.) L. B. Picard: Die Nachbarschaft. Lustspiel in einem Aufzuge. Bln: Braunes (1807)
(Ausz. a. Nr. 54)
58 (Übs.) L. B. Picard: Rückwirkung. Lustspiel in einem Akt Bln: Braunes (1807)
(Ausz. a. Nr. 54)
59 (Übs.) L. B. Picard: Der Taufschein. Lustspiel in einem Aufzuge. Bln: Braunes 1807
(Ausz. a. Nr. 54)
60 (Übs.) L. B. Picard: Die erwachsenen Töchter. Ein Lustspiel in drei Aufzügen. Bln: Braunes (1807)
(Ausz. a. Nr. 54)
61 Die Brautwahl. Lustspiel in einem Aufzuge. Bln 1808
62 (Übs.) A. Duval: Heinrichs des Fünften Jugendjahre. Lustspiel. 118 S. Bln: Braunes (1808)
(Ausz. a. Nr. 54)
63 (Übs.) L. B. Picard: Duhautcours oder der Vergleichungscontract. Schauspiel in fünf Akten. Bln: Braunes 1808
(Ausz. a. Nr. 54)
64 Der Flatterhafte oder Die schwierige Heirath. Bln: Braunes 1809
(Ausz. a. Nr. 54)
65 Frau von Sevigné. Schauspiel in drei Aufzügen. Bln: Braunes 1809
(Ausz. a. Nr. 54)

66 Die Einung. Ein Schauspiel in einem Aufzug. 110 S. Bln: Braunes 1811
67 (Übs.) L. B. Picard: Die Müßiggänger. Ein Lustspiel. Augsburg: Jenisch & Stage (= Deutsche Schaubühne 13) (1811)
(Ausz. a. Nr. 54)
68 (Übs.) A. Duval: Der Haustyrann. 142 S. Bln: Braunes 1812
(Ausz. a. Nr. 54)
69 (Übs.) C. Goldoni: Der gutherzige Polterer. 118 S. Bln: Braunes 1812
(Ausz. a. Nr. 54)
70 Liebe und Wille. Ein ländliches Gespräch in einer Handlung. Bln: Nicolai 1814
71 Theater. Bd. 1–24 m. Abb. Wien: Pichler 1814–1819
72 Friedrichs Todtenfeier. Dramatische Nänie. Karlsruhe: Braun 1814
73 Theorie der Schauspielkunst für ausübende Schauspieler und Kunstfreunde. Hg. C. G. Flittner. 2 Bde. XXIV, 220; XVI, 187 S. Bln: Neue Societäts-Verl.-Buchh. 1815
(Neuaufl. v. Nr. 53, Jg. 1807 u. 1808)
74 Theater. 1. vollständ. Ausg. Mit Biographie. 24 Bde. Wien: Klang 1843

IHLENFELD, Kurt (*1901)

1 (MH) Die Gegenwart. Deutsche Zeit- und Streitschriften. Hg. K. I. u. F. Falk. 2 Bde. Bln: Runge 1932
2 Der religiöse Leitartikel im evangelischen Sonntagsblatt. 47 S. Bln: Ev. Preßverband für Deutschland (= Das Sonntags- und Gemeindeblatt 2) 1932
3 Öffentliche Religion. 53 S. Bln: Runge (= Gegenwart 2) 1932
4 Hungerpredigt. Deutsche Notbriefe aus der Sowjetunion. 143 S. m. Abb. Bln (:Nibelungen-V.) (= Die Notreihe 12) 1933
5 (Hg.) Preußischer Choral. Deutscher Soldatenglaube in drei Jahrhunderten. 189 S. m. Abb. Bln: Eckart (= Eckart-Kreis 12) 1935
6 (Hg.) Geistliche Gedichte. 63 S. Bln: Eckart (= Eckart-Kreis 22) 1935
7 Wir gehn dahin. Ein Trostbuch. 68 S. Bln: Eckart (= Eckart-Kreis 13) 1935
8 Deutsche Gespräche von ewigen Dingen. 176 S. Bln: Eckart (= Eckart-Kreis 27) 1936
9 (Hg.) M. Claudius: Was wir am Christentum haben. Die Botschaft des Matthias Claudius. 209 S. Bln: Eckart (= Der Eckart-Kreis 39) 1937
10 (Hg.) Der Meister. Bekenntnisse von L. Richter, H. Thoma u. R. Koch. 70 S. Bln: Eckart (= Der Eckart-Kreis 40) 1937
11 (MH) Wahrer Mensch und Gott. Ausw. d. Bilder u. Texte W. A. Koch u. K. I. 48 S. m. Abb. Bln: Eckart 1937
12 (Hg.) Die Stunde des Christentums. Eine deutsche Besinnung. 311 S. Bln: Eckart 1937
13 (Hg.) Ein deutsches Gewissen. Dank an August Winnig. 83 S., 1 Taf. Bln: Eckart 1938
14 (MH) Werke und Tage. Festschrift für Rudolf Alexander Schröder zum sechzigsten Geburtstag am 26. 1. 1938. Hg. E. L. Hauswedell u. K. I. 167 S., 1 Abb., 2 Faks. Bln: Eckart; Hbg: Hauswedell 1938
15 (Hg.) Das Buch der Christenheit. Betrachtungen zur Bibel. 359 S. Bln: Eckart 1939
16 (Hg.) M. Claudius: Freund Hein. Todesweisheit und Lebenskunst bei Matthias Claudius. 30 S. Bln: Eckart 1940
17 Erdensohn und Gotteskind. Weltlich und christlich in der deutschen Dichtung der Gegenwart. 30 S. Bln: Eckart 1940
18 (Hg.) Die Zuversicht. Hundert Gedichte aus hundert Jahren. 175 S. Bln: Eckart (= Der Eckart-Kreis 51) 1940
19 Ich seh den Stern. Ein Winter- und Weihnachtsbuch. 151 S. m. Abb. Witten: Luther-V. 1949
20 Der Schmerzensmann oder Die Weihe des Hauses. 56 S. Witten: Luther-V. 1949
21 Die goldenen Tafeln. Ein weihnachtliches Spiel. 47 S. Witten: Luther-V. (1949)
22 Wo ein Zweiglein blüht. Ein Gedichtkreis. 24 Bl. Witten: Luther-V. 1949

23 Geschichten um Bach. 54 S. Witten: Luther-V. (1950)
24 (MH) Eckart. Hg. K. I. u. H. Flügel. Jg. 20 ff. Witten, Bln: Eckart 1951 ff.
25 Poeten und Propheten. Erlebnisse eines Lesers. 431 S. Witten, Bln: Eckart 1951
26 (Hg.) S. Stehmann: Opfer und Wandlung. Gesamtwerk. 341 S. Witten, Bln: Eckart 1951
27 Wintergewitter. Roman. 812 S. Witten, Bln: Eckart 1951
28 Das dunkle Licht. Blätter einer Kindheit. 47 S. Hbg: Furche (= Furche-Bücherei 86) 1952
29 Fern im Osten wird es helle. Geschichten von drüben. 118 S. Hbg: Furche 1953
30 Rudolf Alexander Schröder. Eine Berliner Rede. 52 S. Witten, Bln: Eckart (1953)
31 Kommt wieder, Menschenkinder. Roman. 677 S. Witten, Bln: Eckart 1954
32 (Hg.) Eckart-Jahrbuch. 1955/56. 325 S. Witten, Bln: Eckart 1955
33 Eseleien auf Elba. 239 S. m. Abb. Witten, Bln: Eckart 1955
34 Die Überraschung. 15 S. Bethel b. Bielefeld: Verl.-Handl. d. Anst. Bethel (= Weihnachtserzählungen für Erwachsene 9) 1955
35 Huldigung für Paul Gerhardt. 182 S. Bln: Merseburger 1956
36 (Hg.) Ein Botschafter der Freude. Dokumente und Gedichte aus P. Gerhardts Berliner Jahren. 92 S. Bln: Merseburger 1957
37 Paul-Gerhardt-Feier der Akademie der Künste. 17 Bl., 1 Taf. Bln: Merseburger 1957
38 Rosa und der General. Eine Ballade. 114 S. Witten, Bln: Eckart (= Der Eckart-Kreis 15) 1957
39 Boten des Friedens. Ein Gedenkwort. Gedenkrede, am Volkstrauertag 1957 bei der Feier des Volksbundes Deutscher Kriegsgräberfürsorge in der Städtischen Oper Berlin gehalten. 29 S. Witten, Bln: Eckart 1958
40 Freundschaft mit Jochen Klepper. 156 S. Witten, Bln: Eckart 1958
41 Sieben Feste. Sieben Betrachtungen. 411 S. Witten, Bln: Eckart 1959
42 Unter dem einfachen Himmel. Ein lyrisches Tagebuch. 127 S. Witten, Bln: Eckart 1959
43 Der Kandidat. Roman. 357 S. Witten, Bln: Eckart 1959
44 Zeitgesicht. Erlebnisse eines Lesers. 476 S. Witten, Bln: Eckart 1960

ILG, Paul (1875–1957)

1 Skizzen und Gedichte. 192 S. Dresden: Pierson 1902
2 Lebensdrang. Roman. 260 S. Stg: Dt. Verl.-Anst. 1906
3 Gedichte. II, 123 S. m. Titelb. Bln: Wiegandt & Grieben 1907
4 Der Landstörtzer. Roman. 360 S. Bln: Wiegandt & Grieben 1909
5 Die Brüder Moor. Eine Jugendgeschichte. 344 S. Lpz: Sarasin 1912
6 Das Menschlein Matthias. Erzählung. 250 S. Stg: Dt. Verl.-Anst. 1913
7 Was mein einst war. Erzählungen. III, 201 S. Frauenfeld: Huber 1915
8 Sonntagsliebe. Novellen und Gedichte. 96 S. Konstanz: Reuß & Itta (= Rheinborn-Bücher 1) (1916)
9 Der starke Mann. Eine schweizerische Offiziersgeschichte. 260 S. Frauenfeld: Huber 1917
10 Maria Thurnheer. 77 S. Frauenfeld: Huber (= Schweizerische Erzähler 1) (1917)
11 Der Führer. Drama. 87 S. Lpz: Grethlein (1919)
12 Probus. Roman. 272 S. Zofingen: Ringier 1922
13 Im Vorübergehen. 205 S. m. Abb. Lpz: Grethlein 1923
14 Mann Gottes. Tragische Komödie in drei Akten. 91 S. Lpz: Schauspiel-V. (1924)
15 Der gute Kamerad und andere Erzählungen. 32 S. Bln: Hillger (= Deutsche Jugendbücherei 184) (1925)
16 Ein glückliches Paar. Erzählung. 222 S. m. Abb. Zürich, Lpz, Bln: Orell-Füssli (= Die Neue Schweiz) (1925)
17 Der rebellische Kopf. Skizzen und Satiren. 201 S. Frauenfeld: Huber 1927

18 Die Flucht auf der Creux du Van. Novelle. 44 S. Bern: Gute Schriften (= Gute Schriften Bern 169) 1933
19 Das Mädchen der Bastille. Roman einer Kindesliebe. 255 S. Zürich: Rascher 1933
20 Sommer auf Salagnon. Filmroman vom Genfersee. 182 S. Bern: Feuz (1937)
21 Vaterhaus. 233 S. Zürich: Rascher (1940)
22 Das Menschlein Matthias. Roman. 4 Bde. Zürich: Rascher 1941–1942 (Veränd. Neuaufl. v. Nr. 2, 4, 5, 6)
23 Der Erde treu. Ausgewählte Gedichte. 167 S. Zürich: Rascher 1943
24 Grausames Leben. Roman aus einer kleinen Stadt. 187 S. St. Gallen: Zollikofer 1944
25 Die Passion der Margarete Peter. Nach Akten dargestellt. 270 S. Zürich: Diana 1949
26 Der Hecht in der Wasserhose. Heitere Erzählungen. 275 S. m. Abb. Arbon: Eichen-Druckerei 1953

IMMERMANN, Karl (1796–1840)

1 Ein Wort zur Beherzigung. 34 S, 1 Bl. o. O. 1817
2 Letztes Wort über die Streitigkeiten der Studierenden zu Halle seit dem 4. März 1817. Eine Erwiderung auf C. A. S. Schultze: Der Arzneiwissenschaft Candidat. Nebst drei Beil. 48 S. Lpz: Klein 1817
3 Die Prinzen von Syrakus. Romantisches Lustspiel. 104 S. Hamm: Schulz u. Wundermann 1821
4 Gedichte. 184 S. m. Musikbeil. Hamm: Schulz u. Wundermann 1822
5 Die Papierfenster eines Eremiten. Hg. K. I. VIII, 185 S. Hamm: Schulz u. Wundermann 1822
6 Ein ganz frisch schön Trauerspiel von Pater Brey, dem falschen Propheten in der zweiten Potenz. Ans Licht gezogen durch K. I., ictum. 20 S. Münster: Koerdink (1822)
7 Trauerspiele. 416 S. Hamm, Münster: Schulz u. Wundermann 1822
8 Brief an einen Freund über die falschen Wanderjahre Wilhelm Meisters und ihre Beilagen. 38 S. Münster: Koerdink 1823
9 †Floia. Cortum versicale de Flois, swartibus illis deiriculis, quae omnes fere Menschos, Mannos, Weibras, Jungfras etc. behuppere et spitzibus suis Snaflis steckere et bitere solent. Auctore Gripholdo Knicknackio ex Flolandia. Editio nova. 56 S. Hammae: Schulz et Wundermann 1823
10 König Periander und sein Haus. Ein Trauerspiel. 112 S. Elberfeld: Büschler 1823
11 Das Auge der Liebe. Ein Lustspiel. 143 S, 1 Bl. Hamm: Schulz u. Wundermann 1824
12 Cardenio und Celinde. Trauerspiel in fünf Aufzügen. 166 S. Bln: Laue 1826
13 (Vorw.) (W. Scott:) Ivanhoe. Eine Geschichte v. Verf. des Waverley. Nach der neuesten Orig.-Ausg. übs. (v. d. Gräfin Ahlefeldt). 3 Tle. Hamm: Wundermann 1826
14 Über den rasenden Ajax des Sophocles. Eine ästhetische Abhandlung. 92 S. Magdeburg: Heinrichshofen 1826
15 Kaiser Friedrich der Zweite. Trauerspiel in fünf Aufzügen. 175 S. Hbg: Hoffmann & Campe 1828
16 Das Trauerspiel in Tyrol. Ein dramatisches Gedicht in fünf Aufzügen. XIV, 200 S. Hbg: Hoffmann & Campe 1828
17 Die Verkleidungen. Lustspiel in drei Aufzügen. 138 S. Hbg: Hoffmann & Campe 1828
18 Der im Irrgarten der Metrik umhertaumelnde Cavalier. Eine literarische Tragödie. 48 S. Hbg: Hoffmann & Campe 1829
19 Die Schule der Frommen. Lustspiel in drei Aufzügen. 119 S. Stg, Tüb: Cotta 1829
20 Gedichte. Neue Folge. X, 249 S. Stg, Tüb: Cotta 1830
21 Miscellen. 258 S. Stg, Tüb: Cotta 1830
22 Tulifäntchen. Ein Heldengedicht in drei Gesängen. 144 S. Hbg: Hoffmann & Campe 1830

23 Alexis. Eine Trilogie. 2 Bl., 418 S., 1 Bl., 1 Musikbeil. Düsseldorf: Schaub 1832
24 Merlin. Eine Mythe. 244 S. Düsseldorf: Schaub 1832
25 Reisejournal. 466 S. Düsseldorf: Schaub 1833
26 Gedichte. 576 S. Düsseldorf: Schaub 1835
27 Schriften. 14 Bde. Düsseldorf: Schaub (Bd. 12: Hbg: Hoffmann & Campe) 1835–1843
28 Die Epigonen. Familienmemoiren in neun Büchern. 3 Tle. Düsseldorf: Schaub 1836
29 Das Fest der Freiwilligen zu Köln am Rheine, den 3. Februar 1838. Im Auftrage des festordnenden Comités beschrieben. 108 S. Köln: Bachem 1838
30 Münchhausen. Eine Geschichte in Arabesken. 4 Tle. Düsseldorf: Schaub 1838–1839
31 (MV) Adolph Schrödter's Bild von der Flasche. Humoristisch zu deuten versucht v. K. I. u. W. Cornelius. 24 S., 1 Taf. o. O. 1840
32 Memorabilien. 3 Tle. Hbg: Hoffmann & Campe (= Schriften 12–14) 1840–1843
   (Enth. u. a. Nr. 29)
33 Tristan und Isolde. Ein Gedicht in Romanzen. VIII, 454 S. Düsseldorf: Schaub 1841
34 Dramen und Dramaturgisches. VI, 438 S. Düsseldorf: Schaub 1843
   (Enth. u. a. Nr. 3 u. 14)
35 Schriften. 10 Bde. Lpz: Klemm (1850)
36 Theaterbriefe. Hg. F. zu Putlitz. X, 114 S. Bln: Duncker 1851
37 Schriften. 13 Bde. Bln: Ehle 1854
38 Werke. Hg. R. Boxberger. 20 Tle. Bln: Hempel (1883)
39 Werke. Hg. M. Koch. Histor.-krit. Ausg. 4 Bde. Bln, Stg: Spemann (= Deutsche National-Litteratur 159–160) (1887–1888)
40 Werke. Hg. H. Maync. Krit. durchgesehene u. erläuterte Ausg. 5 Bde. Lpz, Wien: Bibl. Inst. (= Meyers Klassiker-Ausgaben) (1906)

INGLIN, Meinrad (*1893)

1 Die Welt in Ingoldau. Roman. 598 S. Stg, Bln, Lpz: Dt. Verl.-Anst. 1922
2 Über den Wassern. Erzählung und Aufzeichnungen. 102 S. Zürich, Lpz: Grethlein (= Seldwyla-Bücherei 16) 1925
3 Wendel von Euw. Roman. 215 S. Stg, Bln, Lpz: Dt. Verl.-Anst. 1925
4 Grand Hotel Excelsior. Roman. 317 S. Zürich: Orell Füssli 1928
5 Lob der Heimat. 43 S. Horgen-Zürich, Lpz: Münster-Presse (= Sammlung der Privatdrucke 4) 1928
6 Jugend eines Volkes. Fünf Erzählungen. 221 S. Horw: Montana-V. (= Vierteljahresgabe der Schweizer Buchgemeinde an ihre Mitglieder 1933, 1) 1933
7 Die graue March. 255 S. Lpz: Staackmann 1935
8 Schweizerspiegel. Roman. 1065 S. Lpz: Staackmann 1938
9 Ursprung der Eidgenossenschaft. Erzählungen aus der „Jugend eines Volkes". 79 S. Basel: Gute Schriften (= Gute Schriften Basel 209) (1941)
   (Ausz. a. Nr. 6)
10 Güldramont. Erzählungen. 228 S. Lpz: Staackmann 1943
   (Enth. u. a. veränd. Neuaufl. v. Nr. 2)
11 Die Welt in Ingoldau. Roman. Neue Fassung. 360 S. Lpz: Staackmann 1943
   (Veränd. Neuaufl. v. Nr. 1)
12 Die entzauberte Insel. Zwei Erzählungen. 61 S. Lpz: Staackmann 1944
   (Ausz. a. Nr. 10)
13 Die Lawine und andere Erzählungen. 182 S. Zürich: Atlantis 1947
14 Jugend eines Volkes. Erzählungen vom Ursprung der Eidgenossenschaft. 182 S. Zürich: Atlantis 1948
   (Veränd. Neuaufl. v. Nr. 6)
15 Werner Amberg. Die Geschichte seiner Jugend. 360 S. Zürich: Atlantis 1949
16 Das Gespenst. Erzählungen. 46 S. Bern: Gute Schriften (= Gute Schriften Bern 34) 1949
   (Ausz. a. Nr. 13)

17 (Vorw.) Der Bildhauer Hans von Matt. Eine Monographie. Hg. zum fünfzigsten Geburtstag des Bildhauers von Freunden seiner Kunst. Text J. Wyrsch. 29 S. m. Abb., 49 Taf. 4° Zürich: NZN-Verl. (= Zeitgenössisches Kunstschaffen 2) 1949
18 Ehrenhafter Untergang. Eine Erzählung aus den Tagen des Untergangs der Alten Eidgenossenschaft. 184 S. Zürich: Atlantis 1952
19 Rettender Ausweg. Anekdoten und Geschichten aus der Kriegszeit. Nachw. T. Vogel. 31 S. St. Gallen: Tschudy (= Der Bogen 31) 1953
20 Urwang. Roman. 297 S. Zürich: Atlantis 1954
21 Schweizerspiegel. Roman. 663 S. Zürich: Atlantis 1955
   (Veränd. Neuaufl. v. Nr. 8)
22 Die graue March. Roman. 199 S. Zürich: Atlantis 1956
   (Veränd. Neuaufl. v. Nr. 7)
23 Verhexte Welt. Geschichten und Märchen. 239 S. Zürich: Atlantis 1958
24 Besuch aus dem Jenseits. 59 S. Olten: Vereinigung Oltner Bücherfreunde (= Vereinigung Oltner Bücherfreunde. Publikation 87) 1960
25 Die Lawine. 8 ungez. S. Gütersloh: Mohn (= Acht Seiten Freude 169) 1960
   (Ausz. a. Nr. 13)

JACOB, Heinrich Eduard (*1889)

1 Das Leichenbegängnis der Gemma Ebria. Novellen. 179 S. Bln: Reiß 1912
2 (MV) L. N. Tolstoj: Der lebende Leichnam. Zwölf Bilder nach der Aufführung im deutschen Theater von Max Reinhardt. Hg. H. Rosenberg. 26 S. Bln-Charlottenburg: Lehmann 1913
3 Reise durch den belgischen Krieg. Ein Tagebuch. 285 S. Bln: Reiß 1915
4 Das Geschenk der schönen Erde. Idyllen. 70 S. Mchn: Roland-V. (= Die neue Reihe 2) 1918
5 Der Zwanzigjährige. Ein symphonischer Roman. 349 S. Mchn: Müller 1918
6 Beaumarchais und Sonnenfels. Schauspiel in vier Akten. 125 S. Mchn: Müller (= Theater der Gegenwart) 1919
7 Die Physiker von Syrakus. Ein Dialog. 107 S. Bln: Rowohlt 1920
8 Der Tulpenfrevel. Ein Schauspiel in fünf Akten. 111 S. Bln: Rowohlt (1920)
9 (Hg.) Der Feuerreiter. Blätter für Dichtung, Kritik, Graphik. 2 Jge. 4⁰ Bln: Voegels 1921–1922
10 Das Flötenkonzert der Vernunft. Novellen. 202 S. Bln: Rowohlt 1923
11 Die Leber des Generals Bonaparte. 80 S. m. Abb. 4⁰ Bln: Voegels (= Das Prisma 12) 1923
   (Ausz. a. Nr. 10)
12 Untergang von dreizehn Musiklehrern. Eine Erzählung. 64 S. Stg: Dt. Verl.-Anst. (= Der Falke 16) 1924
13 (Hg.) Verse der Lebenden. Deutsche Lyrik seit 1910. 211 S. Bln: Propyläen (= Das kleine Propyläen-Buch) (1924)
14 (MÜbs.) H. de Balzac: Künstler und Narren. Novellen. Übs. H. E. J. u. H. Maas. 308 S. Bln: Rowohlt (= Gesammelte Werke) (1926)
15 Dämonen und Narren. Drei Novellen. 228 S. Ffm: Rütten & Loening 1927
16 Jacqueline und die Japaner. Ein kleiner Roman. 182 S. Bln: Rowohlt 1928
17 (MH) Deutsch-französische Rundschau. Organ der Deutsch-Französischen Gesellschaft. Hg. O. Grautoff, H. E. J. (u. a.) 6 Bde. Bln-Grunewald: Rothschild 1928–1933
18 Blut und Zelluloid. Roman. 355 S. Bln: Rowohlt 1930
19 Die Magd von Aachen. Eine von siebentausend. Roman. 278 S. Bln, Wien, Lpz: Zsolnay 1931
20 Liebe in Üsküb. Roman. 238 S. Bln, Wien, Lpz: Zsolnay 1932
21 Ein Staatsmann strauchelt. Roman. 203 S. Bln, Wien, Lpz: Zsolnay 1932
22 Sage und Siegeszug des Kaffees. Die Biographie eines weltwirtschaftlichen Stoffes. 367 S. m. Abb., 28 S. Abb. Bln: Rowohlt 1934
23 Treibhaus Südamerika. Novellen. 304 S. Zürich: Bibl. zeitgenössischer Werke 1934
24 Der Grinzinger Taugenichts. Roman. 224 S. Amsterdam: Querido 1935
25 Johann Strauss und das neunzehnte Jahrhundert. Die Geschichte einer musikalischen Weltherrschaft. (1819–1917). 438 S. m. Abb. u. Notenbeisp. Amsterdam: Querido 1937
26 Six thousand years of bread. Its holy and unholy history. XIV, 399 S. m. Abb. u. Taf. Garden City, New York: Doubleday u. Doran 1944
27 The world of Emma Lazarus. 222 S., 1 Bildn., 1 Faks. New York: Schocken Books (1949)
28 Joseph Haydn: His art, times and glory. Transl. R. and C. Winston. 368 S. m. Abb. u. Notenbeisp. New York: Rinehart 1950
29 Estrangeiro.,,Der Fremdling". Ein Tropen-Roman. 328 S. Ffm: Scheffler 1915
30 Joseph Haydn. Seine Kunst, seine Zeit, sein Ruhm. Nach d. amerik. Orig. v. Verf. eingerichtete dt. Ausg. 423 S. m. Notenbeisp., 14 S. Abb. Hbg: Wegner 1952
   (Dt. Ausg. v. Nr. 28)
31 Sage und Siegeszug des Kaffees. Die Biographie eines weltwirtschaftlichen Stoffes. 366 S. m. Abb., Ktn., Skizzen u. Taf. Hbg: Rowohlt 1952
   (Neufassg. v. Nr. 22)

32 Die Geschichte des armen Fedja. 8 Bl. qu. 8° Baden-Baden: Druck. Koelblin (= Theater der Stadt Baden-Baden 4) 1953
    (Ausz. a. Nr. 2)
33 Sechstausend Jahre Brot. Nach d. amerik. Orig. v. Verf. eingerichtete dt. Ausg. 502 S., 155 Abb. Hbg: Rowohlt (1954)
    (Dt. Ausg. v. Nr. 26)
34 Mozart oder Geist, Musik und Schicksal. 466 S. m. Notenbeisp. u. Abb. Ffm: Scheffler 1955
35 Felix Mendelssohn und seine Zeit. Bildnis und Schicksal eines Meisters. 432 S. m. Notenbeisp., 6 Taf. Ffm: S. Fischer 1959
36 Johann Strauss, Vater und Sohn. Die Geschichte einer musikalischen Weltherrschaft. (1819–1917). 364 S. m. Abb. u. Notenbeisp. Bremen: Schünemann (1960)
    (Veränd. Neuaufl. v. Nr. 25)

JACOBI, Friedrich Heinrich (1743–1819)

1 *Woldemar. Eine Seltenheit aus der Naturgeschichte. 1. Band. 252 S., 1 Bl. Flensburg, Lpz: Kerten 1779
2 Vermischte Schriften. 1. Theil. 282 S., 2 Bl. Breslau: Löwe 1781
3 *Etwas das Lessing gesagt hat. Ein Commentar zu den Reisen der Päpste nebst Betrachtungen von einem Dritten. 134 S. Bln: Decker 1782
4 Über die Lehre des Spinoza in Briefen an den Herrn Moses Mendelssohn. 1 Bl., 215, 1 S., 1 Bl. Breslau: Löwe 1785
5 Wider Mendelssohns Beschuldigungen betr. die Briefe über die Lehre des Spinoza. 1 Bl., VIII, 127 S. Lpz: Göschen 1786
6 (Übs.) Alexis, oder Von dem goldenen Weltalter. 1 Bl., 144 S., 1 Bl. Riga: Hartknoch 1787
7 David Hume über den Glauben oder Idealismus und Realismus. Ein Gespräch. IX, 230 S. Breslau: Löwe 1787
8 Über die Lehre des Spinoza in Briefen an den Herrn Moses Mendelssohn. LI, 1, 440 S. Breslau: Löwe 1789
    (Verm. Neuausg. v. Nr. 4)
9 Eduard Allwill's Briefsammlung. Hg. F. H. J. mit einer Zugabe von eigenen Briefen. 1. Band. XXV, 323 S. Königsberg: Nicolovius 1792
10 Woldemar. 2 Bde. XXI S., 1 Bl., 190 S.; VI S., 1 Bl., 294 S. Königsberg: Nicolovius 1794
    (Umarb. v. Nr. 1)
11 Jacobi an Fichte. X, 106 S. Hbg: Perthes 1799
12 (Vorw.) Überflüssiges Taschenbuch für das Jahr 1800. Hg. Johann Georg Jacobi. 5, 37 S. Hbg: Perthes (1799)
13 Über drei bei Gelegenheit des Stolbergischen Übertritts zur röm. katholischen Kirche geschriebene Briefe und die unverantwortliche Gemeinmachung derselben. 12 S. (Hbg) (1802)
14 (MV) F. Koeppen: Schellings Lehre. Nebst drey Briefen verwandten Inhalts v. F. H. J. 207, 78 S. Hbg: Perthes 1803
15 Was gebieten Ehre, Sittlichkeit und Recht in Absicht vertraulicher Briefe von Verstorbenen und noch Lebenden? Eine Gelegenheitsschrift. XII, 120 S. Lpz: Göschen 1806
16 Über gelehrte Gesellschaften, ihren Geist und Zweck. Eine Abhandlung, vorgelesen bey der feyerlichen Erneuung der Königl. Akademie der Wissenschaften zu München. 78 S. 4° Mchn: Fleischmann 1807
17 Von den Göttlichen Dingen und ihrer Offenbarung. VIII, 222 S. Lpz: Fleischer 1811
18 Werke. Bd. 4–6 hg. F. Köppen u. F. Roth. 6 Bde. Lpz: Fleischer 1812–1825

JACOBI, Johann Georg (1740–1814)

1 Vindiciae Torquati Tassi. 4° Göttingen 1763
2 Der Tempel der Glückseligkeit. 19 S. 4° Mannheim 1764

JACOBI 619

3 *Poetische Versuche. 4 Bl., 71 S. Düsseldorf: Stahl 1764
4 *Leander und Seline, oder Der Paradeplatz. 12 S. Mannheim (o. Verl.) 1765
5 Programma de lectione poetarum recentiorum pictoribus commendanda. 4° Halle 1766
6 (Übs.) L. de Gongora: Romanzen. Aus dem Spanischen. Halle: Gebauer 1767
7 (MV) Briefe von den Herren Gleim und Jacobi. VIII, 366 S., 1 Bl. Bln 1768
8 Briefe von Herrn Johann Georg Jacobi. 102, 1 S. Bln (o. Verl.) 1768
9 Zwey Gedichte. Halberstadt 1768
10 An den Herrn Canonicus Gleim von Jacobi. 14 S. Halle (o. Verl.) 1768
11 An den Herrn Geheimenrath Klotz von Jacobi. 16 S. Halle (o. Verl.) 1768
12 Abschied an den Amor. 48 S. Halle (o. Verl.) 1769
13 Über den Apollo. An den Domherren von R(ochow). 16 S. Halberstadt: 1769
14 An den Herrn Canonicus Gleim. 12 S. Düsseldorf 1769
15 An die Graefinn von ***. 16 S. Halberstadt 1769
16 Legende von dem Heiligen Hippolytus und dem Seliggesprochnen Gericus. 32 S. Halberstadt: Groß 1769
17 Nachtgedanken von Jacobi. 32 S. o. O. (1769)
18 Die Winterreise. (Anh.: Das Closter.) 91 S. Düsseldorf 1769
19 Apollo unter den Hirten. Ein Vorspiel mit Arien. 31 S. Halberstadt 1770
20 An die Einwohner der Stadt Celle. 24 S. Halberstadt (o. Verl.) 1770
21 Elysium. Ein Vorspiel mit Arien, an dem Geburtsfeste Ihro Majestät der Königinn ausgeführt. 48 S. Halberstadt: Groß 1770
22 Das Lied der Grazien. Dem Geburtstage des Herrn Canonicus Gleim gewidmet. 8 S. Halberstadt 1770
23 Die Sommerreise. 87 S. Halle (:Hemmerde) 1770
24 Sämmtliche Werke. 3 Thle. 2 Bl., 276 S.; 1 Bl., 236 S.; VIII S., 1 Bl., 292 S. Halberstadt: Groß 1770-1774
25 An Aglaia. 14 S. Düsseldorf 1771
26 (MV) J. G. J. u. J. B. Michaelis: Zween Briefe, Pastor-Amors Absolution betreffend. 8 Bl. Halberstadt: Groß 1771
27 Cantate, auf das Geburtsfest des Königs. 14 S. Halberstadt: Groß 1771
28 Die ersten Menschen. 15 S. Halberstadt: Groß 1771
29 An das Publikum. 16 S. Halberstadt: Groß 1771
30 Über die Wahrheit nebst einigen Liedern. 37 S. Düsseldorf: 1771
31 (MV) J. W. L. Gleim u. J. G. J.: Zween Briefe. Des letzteren Oper: Die Dichter betreffend. 20 S. Halberstadt: Groß 1772
32 Cantate am Charfreytage. 15 S. Halberstadt: Groß 1772
33 Zwote Cantate auf das Geburtsfest des Königs. 30 S. Halberstadt: Groß, 1772
34 Die Dichter. Eine Oper, gespielt in der Unterwelt, gesehen von Jacobi. 24 S. Halberstadt 1772
35 Über den Ernst. 32 S. Halberstadt: Groß 1772
36 Zwo Kantaten auf das Geburtsfest des Königs. Halberstadt 1772
37 *Über das von dem Herrn Professor Hausen entworfene Leben des Herrn Geheimenrath Klotz. 69 S. Halberstadt: Groß 1772
38 Der Schmetterling, nebst drey Liedern. 38 S. Halberstadt: Groß 1772
39 Charmides und Theone, oder Die Sittliche Grazie. 108 S. Halberstadt: Groß 1774
40 (Hg.) Iris. Vierteljahresschrift für Frauenzimmer. 8 Bde. Düsseldorf: (1-4) bzw. Bln: Haude & Spener (5-8) 1774-1777
41 *Des Herrn Jacobi Allerley. 254 S. Ffm, Lpz (o. Verl.) 1777
42 Lieder aus der Iris. Bln 1778
   (Ausz. a. Nr. 40)
43 Auserlesene Lieder. Hg. J. G. Schlosser. 76 S. Basel: Thurneysen 1784
44 Phädon und Naide, oder Der redende Baum. Ein Singspiel in zwey Aufzügen. 3 S. Lpz: Göschen 1788
45 Trauerrede auf Kaiser Joseph den Zweyten. Freiburg 1790
46 Theatralische Schriften. Nachtrag zu seinen Sämmtlichen Werken. 1 Bl., 240 S. Lpz: Göschen 1792
   (zu Nr. 24; enth. u. a. Nr. 44)
47 Trauerrede auf Leopold II. 32 S. Freiburg: Satron 1792
48 (MH) Taschenbuch von Johann Georg Jacobi und seinen Freunden für 1795

(1796. 1798. 1799). 4 Bde. 12° Königsberg: Nicolovius (1–2) bzw. Basel (3–4) 1795–1799
49 (Übs., Hg.) Beschreibung einiger der vornehmsten geschnittenen Steine mythologischen Inhalts aus dem Kabinette des Herzogs von Orleans. 4° Zürich 1796
50 (Hg.) Überflüssiges Taschenbuch für das Jahr 1800. Vorw. Friedrich Heinrich Jacobi. 230 S. Hbg: Perthes 1800
51 (Hg.) Taschenbuch für das Jahr 1802. 214 S. Hbg: Perthes 1802
52 (Hg.) Iris. Ein Taschenbuch für 1803 (bis 1813). 11 Bde. m. Ku. 12° Zürich: Orell Füssli 1803–1813
53 Sämmtliche Werke. 8 Bde. Zürich: Orell 1807–1822
 (Verm. Neuaufl. v. Nr. 24)

JAHN, Moritz (*1884)

1 In memoriam. Sonette an gefallene Freunde. Melle (Priv.-Dr.) 1918
2 (MH) Der Grönenberg. Ein niedersächsisches Heimatblatt. Mitteilungen des Vereins für Heimatkunde im Kreise Melle. Hg. L. Bäte, M. J. 3 Jge. Melle: Haag 1920–1922
3 Boleke Roleffs. Eine niederdeutsche Erzählung. 64 S. Göttingen: Spielmeyer 1930
4 Unkepunz. Ein deutsches Gesicht. 95 S. Göttingen: Spielmeyer 1931
5 Frangula oder Die himmlischen Weiber im Wald. Erzählung. Nachw. B. v. Münchhausen. 78 S. Lpz: Reclam (= Reclam's UB. 7211) 1933
6 Ulenspegel un Jan Dood. Niederdeutsche Gedichte. 62 S. Lübeck: Westphal (= Das niederdeutsche Gesicht 3) 1933
7 (MV) Niedersächsische Erzählungen. Der Gesellschaft der Bibliophilen, Weimar e. V. zur Jahresversammlung am 26. Mai 1955 in Göttingen überreicht von der Vereinigung Göttinger Bücherfreunde. 60 S. Lpz: Druckerei Poeschel & Trepte 1935
 (Enth. u. a. Nr. 8)
8 Die Geschichte von den Leuten an der Außenfohrde. 60 S. Bln: Junge Generation 1936
9 (MH) Niederdeutscher Almanach 1938. Aus Dichtung und Kunst der Gegenwart. Hg. G. Grabenhorst u. M. J. 224 S. m. Abb., 8 Taf. Oldenburg: Stalling 1937
10 Im weiten Land. Erzählungen. 64 S. Mchn: Langen-Müller (= Die kleine Bücherei 99) 1938
11 Die Gleichen. 107 S. Mchn: Langen-Müller 1939
12 Ulenspegel un Jan Dood. Niederdeutsche Gedichte. 159 S. Mchn: Langen-Müller 1940
 (Veränd. Neuaufl. v. Nr. 6)
13 Unkepunz. Ein deutsches Gesicht. 93 S. Mchn: Langen-Müller (1941)
 (Veränd. Neuaufl. v. Nr. 4)
14 Das Denkmal des Junggesellen. Eine harmlose Geschichte. 159 S. Mchn: Langen-Müller 1942
15 De Moorfro. 79 S. Hbg: Verl. d. Fehrsgilde 1950
16 Das Wirkliche. Letzter Brief des Königlich-Westfälischen Kapitäns Rogier de Blangy. 4 Bl. Braunschweig: Druckerei Limbach 1950
17 Frangula oder Die himmlischen Weiber im Wald. Mit autobiographischem Nachw. 81 S. Stg: Reclam (= Reclam's UB. 7211) 1953
 (Veränd. Neuaufl. v. Nr. 5)
18 Ulenspegel un Jan Dood. Niederdeutsche Gedichte. Mit hochdt. Prosaübs. 123 S. Hbg: Verl. d. Fehrsgilde 1955
 (Veränd. Neuaufl. v. Nr. 12)
19 Luzifer. 60 S. m. Abb., 1 Taf. Hbg: Verl. d. Fehrsgilde 1956

JAHNN, Hans Henny (1894–1959)

1 Pastor Ephraim Magnus. Drama. 271 S. m. Abb. Bln: Fischer 1919
2 Die Krönung Richards III. Historische Tragödie. 289 S. 4° Hbg: Hanf 1921

3 Der Arzt / Sein Weib / Sein Sohn. Drama. 100 S. Klecken: Ugrino 1922
4 Die Orgel zu St. Jacobi in Hamburg. 4 S. o. O. (1922)
5 Der gestohlene Gott. Tragödie. 148 S. Potsdam: Kiepenheuer 1924
6 Medea. Tragödie. 96 S. Lpz: Schauspiel-Verl. 1926
7 Perrudja. Roman. 2 Bde. 431, 437 S. Bln: Kiepenheuer 1929
8 Der Einfluß der Schleifenwindlade auf die Tonbildung der Orgel. 16 S. Hbg: Ugrino 1931
9 Straßenecke. Ein Ort. Eine Handlung. 104 S. Bln: Kiepenheuer 1931
10 (Übs.) A. Tamási: Ein Königssohn der Sekler. Roman. Aus dem Ungarischen. 385 S. Lpz: Payne 1941
11 Armut, Reichtum, Mensch und Tier. Ein Drama. 128 S. Mchn: Weismann 1948
12 Fluß ohne Ufer. Roman in drei Teilen. 4 Bde. Mchn: Weismann (Tl. 1 u. 2) bzw. Ffm: Europ. Verl.-Anst. (Tl. 3) 1949–1961
    1. Das Holzschiff. 215 S. 1949
    2. Die Niederschrift des Gustav Anias Horn, nachdem er 49 Jahre alt geworden war. 2 Bde. 830, 743 S. 1949–1950
    3. Epilog. Aus dem Nachlaß hg. u. mit e. Nachw. vers. W. Muschg. 432 S. 1961
13 Wertvolles deutsches Kulturgut bedroht. Gutachten. 7 S. Hbg: Demokrat. Kulturbund Deutschlands, Landesverb. Wasserkante 1952
14 Spur des dunklen Engels. Drama. Musik Y. J. Trede. 176 S. m. Noten 4° Hbg: Ugrino; Mchn: Weismann (550 num. Ex.) 1952
15 Klopstocks 150. Todestag am 14. März 1953. 25 S. Mainz: Akad. d. Wissenschaften u. d. Literatur (= Akademie der Wissenschaften u. d. Literatur. Klasse der Literatur. Abhandlungen 1953, 1) 1953
16 Über den Anlaß. Vortrag. 64 S. Mchn: Weismann (= Diese Zeit im Spiegel des Geistes 4) 1954
17 Dreizehn nicht geheure Geschichten. 148 S. Hbg: Rowohlt (= rororo-Taschenbuch-Ausgabe 128) 1954
    (Enth. u. a. Ausz. a. Nr. 7 u. 12)
18 (MV) H. H. J. u. W. Helwig: Neuer Lübecker Totentanz. Musik Y. J. Trede. 142 S. m. Noten 4° Hbg: Rowohlt 1954
19 Thomas Chatterton. Eine Tragödie. 124 S. Bln, Ffm: Suhrkamp 1955
20 Die Nacht aus Blei. 117 S. Hbg: Wegner (= die mainzer reihe 2) 1956
21 Lessings Abschied. Vortrag. 42 S. Hbg: Hauswedell 1957
22 (Nachw.) R. Italiaander: Herrliches Hamburg. 352 S. m. Abb., 1 Titelb. Hbg: Broschek 1957
23 Aufzeichnungen eines Einzelgängers. Eine Auswahl aus dem Werk. Hg. R. Italiaander. 174 S. Mchn: List (= List-Bücher 146) 1959
    (Enth. u. a. Nr. 21)
24 Eine Auswahl aus seinem Werk. Einl., Hg. W. Muschg. 595 S. Olten, Freiburg i. Br.: Walter 1959
25 (MV) H. H. J. u. W. Helwig: Briefe um ein Werk. 47 S. Ffm: Europ. Verl.-Anst. 1959
26 Medea. Tragödie. 113 S. Ffm: Europ. Verl.-Anst. 1959
    (Neufassg. v. Nr. 6)

JANITSCHEK, Maria (1860–1927)

1 Legenden und Geschichten. 89 S. Stg: Union 1885
2 Im Kampf um die Zukunft. Dichtung. 63 S. Stg: Union 1887
3 Verzaubert. Eine Herzensfabel in Versen. 68 S. Stg, Mchn: Selbstverl. 1888
4 Irdische und unirdische Träume. Gedichte. 85 S. 12° Stg: Union 1889
5 Aus der Schmiede des Lebens. Erzählungen. 274 S. Bln: Zoberbier 1890
6 Gesammelte Gedichte. 186 S. 12° Stg: Union 1892
    (Enth. Nr. 1 u. 4)
7 Lichthungrige Leute. Novellen. 187 S. Dresden: Pierson 1892
8 Atlas. Novelle. 69 S. Bln: Grote 1893
9 Pfadsucher. Vier Novellen. 149 S. Bln: Grote 1894
10 Gott hat es gewollt. Aus dem Leben eines russischen Priesters. 143 S. Lpz: V. „Kreisende Ringe" 1895

11 Lilienzauber. 109 S. Lpz: V. „Kreisende Ringe" 1895
12 Im Sommerwind. Gedichte. 108 S. Lpz: V. „Kreisende Ringe" 1895
13 Ninive. Roman. 253 S. Lpz: V. „Kreisende Ringe" 1896
14 Der Schleifstein. Lebensbild. 195 S. Lpz: V. „Kreisende Ringe" 1896
15 Vom Weibe. Charakterzeichnungen. 143 S. Bln: Fischer 1896
16 Abendsonne. Roman. Bln: V. der Romanwelt 1897
17 Die Amazonenschlacht. 107 S. Lpz: V. „Kreisende Ringe" 1897
18 Gelandet. Roman. 159 S. Bln: Vita 1897
19 Kreuzfahrer. 231 S. Lpz: V. „Kreisende Ringe" 1897
20 Raoul und Irene. 112 S. Bln: Fischer (= Collection Fischer, Bd. 3) 1897
21 Ins Leben verirrt. Roman. 196 S. Bln: Fischer 1898
22 Im Sonnenbrand. – Nicht vergebens. – Der Bauernbub. – Ein Irrtum. – Der Haubenstock. – Gerichtet. – Leopold. – Eine Harzreise. 127 S. Bln: Hillger (= Kürschner's Bücherschatz, Bd. 91) 1898
23 Ueberm Thal. Novelle. 170 S. Breslau: Schles. Buchdr. 1898
24 Frauenkraft. Novellen. 283 S. Bln: Vita 1900
25 Aus alten Zeiten. Gedichte. 97 S. 12° Lpz: V. „Kreisende Ringe" 1900
26 Kinder der Sehnsucht. 216 S. Goslar: Lattmann 1901
27 Olympier. Novelle. 186 S. Breslau: Schles. Buchdr. 1901
28 Stückwerk. Roman. 211 S. Lpz: Gracklauer 1901
29 Aus Aphroditens Garten. 2 Bde. 155, 148 S. 4° Lpz: Rothbarth 1902
30 Die neue Eva. 219 S. Lpz: Rothbarth 1902
31 Auf weiten Flügeln. Novellen. 336 S. Lpz: Rothbarth 1902
32 Harter Sieg. Roman. 2 Tle. in 1 Bd. 166, 207 S. Bln: Janke 1902
33 Mimikry. Ein Stück modernes Leben. 251 S. 12° Lpz: Rothbarth 1903
34 Pfingstsonne. Novelle. 166 S. Breslau: Schles. Buchdr. 1903
35 Das Haus in den Rosen. 128 S. Bln: Hillger (= Kürschner's Bücherschatz, Bd. 481) 1905
36 Wo die Adler horsten. 154 S. Stg: Dt. Verl.-Anst. (= Deva-Roman-Sammlung, Bd. 71) 1906
37 Esclairmonde. Ihr Lieben und Leiden. 344 S. Stg: Dt. Verl.-Anst. 1906
38 Heimweh. Roman. Lpz 1907
39 Eine Liebesnacht. Roman. 305 S. Lpz: Elischer 1908
40 Irrende Liebe. Roman. 252 S. Lpz: Elischer 1909
41 Im Finstern. Roman. 323 S. Lpz: Elischer 1910
42 Gesammelte Gedichte. 130 S. Mchn, Lpz: Elischer 1910
43 Lustige Ehen. Eine Geschichte, in der sich alle kriegen. 180 S.Lpz: Elischer 1912
44 Stille Gäste. Erzählungen. 128 S. Lpz, Bln: Heilbrunn (= Bonnier's Dreißig Pfennig-Bücherei 1) 1912
45 Dinas Erweckung. Roman. 96 S. m. Abb. Bln: Hillger (= Kürschner's Bücherschatz, Bd. 969) 1914
46 Liebe, die siegt. Roman. 304 S. Lpz: Elischer 1914
47 Das Fräulein vom Monde. Roman. 116 S. Bln: Weichert (= Bibliothek zeitgenössischer Erzähler, Bd. 6) (1915)
48 Als der Mai kam. Roman. 96 S. m. Abb. Bln: Hillger (= Kürschner's Bücherschatz, Bd. 1012) (1915)
49 Die Sterne des Herrn Ezelin. Roman. 305 S. Lpz: Elischer (1915)
50 Wildes Blut. 96 S. Bln: Jakobsthal (= Herz-Bücher, Bd. 11) (1916)
51 Der rote Teufel. Roman. 224 S. Lpz: Elischer (1916)
52 Gedichte. 159 S. Bln-Schöneberg: Jacobsthal 1917
53 Kinder der Pußta. Roman. 80 S. Bln: Hillger (= Kürschner's Bücherschatz Bd. 1274) (1920)

Jean Paul

(eig. Johann Paul Friedrich Richter) (1763–1825)

1 *Grönländische Prozesse oder Satirische Skizzen. 2 Bde. 307, 1; XXII, 236 S. Bln: Voß 1783–1784
2 *Auswahl aus des Teufels Papieren nebst einem nöthigen Aviso vom Juden Mendel. 30 ungez., 542 S. o. O. 1789

3   Die unsichtbare Loge. Eine Biographie. 2 Bde. XXIV, 392; 460 S. m. Titelku. Bln: Matzdorff 1793
4   Hesperus oder 45 Hundsposttage. Eine Biographie. 3 Bde. 392; 388; 444 S., 2 Bl. Bln: Matzdorff 1795
5   Biographische Belustigungen unter der Gehirnschale einer Riesin. 1. Bändchen. VI, 266 S., 1 Bl. Bln: Matzdorff 1796
6   Blumen- Frucht- und Dornenstükke oder Ehestand, Tod und Hochzeit des Armenadvokaten F. St. Siebenkäs im Reichsmarktflecken Kuhschnappel. 3 Bde. Bln: Matzdorff 1796–1797
7   Leben des Quintus Fixlein, aus funfzehn Zettelkästen gezogen; nebst einem Mustheil und einigen Jus de tablette. XVI, 470 S. 6 Bl., 96 S. Bayreuth: Lübeck 1796
8   Geschichte meiner Vorrede zur zweiten Auflage des Quintus Fixlein. 96 S. Bayreuth: Lübeck 1797
    (zu Nr. 7)
9   Der Jubel-Senior. Ein Appendix. 397, 1 S. Lpz: Beygang 1797
10 Das Kampaner Thal oder Über die Unsterblichkeit der Seele, nebst einer Erklärung der Holzschnitte unter den zehn Geboten des Katechismus. 2 Bl., VI, 148, 212 S., 10 Abb. Erfurt: Hennings 1797
11 *Der Traum und die Wahrheit. Trost bey dem Todtenbette der verwittibten Frau Oberhofprediger-Konsistorialrath- und Superintendentin Katharine Margarethe Ellrodtin, geb. Liebhardtin, von einem Freunde. 4 ungez. Bl. Bayreuth: Hagen 1797
12 Fata und Werke vor und in Nürnberg. 2 Bde. LXVIII, 271; VIII, 342 S., 1 Bl. Lpz, Gera: Heinsius 1798
    (= Nr. 14)
13 Hesperus oder 45 Hundsposttage. Eine Biographie. 4 Bde. 398, 1; 342, 1; 352, 1; 256, 1 S. m. Bildn. u. Titelku. Bln: Matzdorff 1798
    (Verb. u. verm. Neuaufl. v. Nr. 4)
14 Palingenesien. 2 Bde. LXVIII, 271; VIII, 342 S., 1 Bl. Lpz, Gera: Heinsius 1798
15 Briefe und bevorstehender Lebenslauf. XVI S., 1 Bl., 450 S. Gera, Lpz: Heinsius 1799
16 Komischer Anhang zum Titan, Band 1 und 2. 2 Bde. 141, 1; VIII, 216 S., 1 Bl. Bln: Matzdorff 1800–1801
    (Anh. zu Nr. 18)
17 Clavis Fichtiana seu Leibgeberiana. Anhang zum ersten komischen Anhang des Titan. XVI, 174 S., 1 Bl. Erfurt: Hennings 1800
    (Anh. z. Nr. 16)
18 Titan. 4 Bde. 5 Bl., 516 S., 1 Bl.; 1 Bl., 200 S.; 2 Bl., 430 S.; 2 Bl., 571, 1 S. Bln: Matzdorff 1800–1803
19 Das heimliche Klaglied der jezigen Männer; eine Stadtgeschichte; – und die wunderbare Geselschaft in der Neujahrsnacht. XIV, 152 S. Bremen: Wilmans 1801
20 (MH, MV) Taschenbuch für 1801. Hg. F. Genz., J. P. u. J. H. Voß. 6 ungez. Bl., 162 S. m. Titelku. 16⁰ Braunschweig: Vieweg 1801
21 Flegeljahre. Eine Biographie. 4 Bde. 244, 229, 230, 311 S. Tüb: Cotta 1804–1805
22 Kleine Schriften. 2 Bde. 190, 143 S. Jena: Voigt 1804–1808
    (Unber. Dr.)
23 Vorschule der Aesthetik, nebst einigen Vorlesungen in Leipzig über die Parteien der Zeit. 3 Bde. 758 S. Hbg: Perthes 1804
24 Jean Paul's Freiheits-Büchlein; oder dessen verbotene Zueignung an den regierenden Herzog August von Sachsen-Gotha; dessen Briefwechsel mit ihm; – und die Abhandlung über die Preßfreiheit. 138 S. Tüb: Cotta 1805
25 Levana, oder Erziehungslehre. 2 Bde. 3 Bl., 320, 1 S.; 443, 1 S. Braunschweig: Vieweg 1807
26 Friedens-Predigt an Deutschland. 2 Bl., 80 S. Heidelberg: Mohr & Zimmer 1808
27 Dämmerungen für Deutschland. VIII, 248 S. Tüb: Cotta 1809
28 D. Katzenbergers Badereise; nebst einer Auswahl verbesserter Werkchen. 2 Bde. VIII, 262; 287 S. Heidelberg: Mohr & Zimmer 1809
29 Des Feldpredigers Schmelzle Reise nach Flätz mit fortgehenden Noten; nebst der Beichte des Teufels bey einem Staatsmanne. XII, 132 S. Tüb: Cotta 1809

30 Herbst-Blumine, oder Gesammelte Werkchen aus Zeitschriften. 3 Bde. XV, 192; VIII, 282; VIII, 568 S. Tüb: Cotta 1810–1820
31 Leben Fibels, des Verfassers der Bienrodschen Fibel. VIII, 358 S., 1 Bl. Nürnberg: Schrag 1812
32 Vorschule der Aesthetik. 3 Bde. Stg, Tüb: Cotta 1813
    (Verm. Neuaufl. v. Nr. 23)
33 Levana oder Erziehungslehre. 3 Bde. Stg, Tüb: Cotta 1814
    (Verb. u. verm. Neuaufl. o. Nr. 25)
34 Mars und Phöbus. Thronwechsel im Jahre 1814; eine scherzhafte Flugschrift. XX, 50 S., 1 Bl. Tüb: Cotta 1814
35 Museum. XX, 379, 1 S. Stg, Tüb: Cotta 1814
36 Ergänzblatt zur Levana. XXXVI, 11 S. Stg, Tüb: Cotta 1817
    (zu Nr. 33)
37 Politische Fastenpredigten während Deutschlands Marterwoche. XVI, 264 S. Stg, Tüb: Cotta 1817
38 Blumen- Frucht- und Dornenstükke oder Ehestand, Tod und Hochzeit des Armenadvocaten F. St. Siebenkäs im Reichsmarktflecken Kuhschnappel. 4 Bde. Bln: Realschulbuchh. 1818
    (Verm. Neuaufl. v. Nr. 6)
39 °(MV, MH) Sinngrün. Eine Folge romantischer Erzählungen. Hg. J. P. Fr. ... u. J. C. W. Uthe-Spazier, Bln: Enslin 1819.
40 Über die Zusammensetzung der deutschen Doppelwörter. Eine grammatische Untersuchung in zwölf alten Briefen und zwölf neuen Postscripten. XVI, 230 S. Stg, Tüb: Cotta 1820
41 Der Komet, oder Nikolaus Marggraf. Eine komische Geschichte. 3 Bde. XXV, 228; LIII, 262; VIII, 407 S. Bln: Reimer 1820–1822
42 Dr. Katzenbergers Badereise, nebst einer Auswahl verbesserter Werkchen. 3 Bde. Breslau: Max 1823
    (Verb. Neuaufl. v. Nr. 28)
43 Über das Immergrün unserer Gefühle. 23 S. 12° Bln: Enslin 1824
    (Ausz. a. Nr. 39)
44 Kleine Bücherschau. Gesammelte Vorreden und Rezensionen, nebst einer kleinen Nachschule zur ästhetischen Vorschule. 2 Bde. X, 244; VI, 218, 30 S. Breslau: Max 1825
45 Sämmtliche Werke. 65 Bde. Bln: Reimer 1826–1838
46 Selina, oder Über die Unsterblichkeit der Seele. 2 Bde. XIV, 186; IV, 240 S. Stg, Tüb: Cotta 1827
47 Politische Nachklänge. Wiedergedrucktes und Neues. Hg. E. Förster. VI, 144 S. 16° Heidelberg: Winter 1832
48 Levana, oder Erziehungslehre. XXVIII, 371 S. Stg, Tüb: Cotta 1845
    (Verm. Neuaufl. v. Nr. 33)
49 Der Papierdrache. Jean Paul's letztes Werk. Hg. E. Förster. 2 Bde. VIII, 300; 258 S. Ffm: Literar. Anst. 1845
50 Werke. Vollständigste Ausgabe. Nebst einer Biographie v. R. Gottschall. 60 Bde. Bln: Hempel (= Nationalbibliothek sämmtlicher deutscher Classiker) (1867–1879)
51 Die Briefe Jean Pauls. Hg., erl. E. Berend. 4 Bde. m. Taf. u. Beil. Mchn: Müller 1922–1926
52 Sämtliche Werke. Historisch-kritische Ausg. Hg. Preußische Akademie der Wissenschaften in Verbindung mit der Akademie zur wissenschaftlichen Erforschung und zur Pflege des Deutschtums (Deutsche Akademie) und der Jean Paul-Gesellschaft. Hg. E. Berend. Abt. 1: Bd. 1–17. 19.; Abt. 2: Bd. 1–5.; Abt. 3: Bd. 1–8. 31 Bde. Weimar: Böhlau (3. Abt.: Berlin: Akademie-V.) 1927–1960

JELLINEK, Oskar (1886–1949)

1 Das Burgtheater eines Zwanzigjährigen. V, 72 S. Wien: Konegen 1907
2 Der Bauernrichter. Novelle. 80 S. Lpz: Koehler & Amelang (= Amelangs Taschenbücherei 2) 1925
3 Die Mutter der Neun. Novelle. 82 S. Wien: Zsolnay 1926

4 Der Sohn. Erzählung. 78 S. Wien: Zsolnay 1928
5 Das ganze Dorf war in Aufruhr. Novellen. 263 S. Wien: Zsolnay 1930 (Enth. u. a. Nr. 2)
6 Die Seherin von Daroschitz. Novelle. 100 S. Wien: Zsolnay 1933
7 Die Geistes- und Lebenstragödie der Enkel Goethes. Ein gesprochenes Buch. 115 S. Zürich: Oprecht 1938
8 Gesammelte Novellen. Einf. F. K. Ginzkey. 377 S. Wien: Zsolnay 1950 (Enth. u. a. Nr. 1–6)
9 Gedichte und kleine Erzählungen. Nachw. R. Thieberger. 341 S. Wien: Zsolnay 1952

JELUSICH, Mirko (*1886)

1 Vater Unser 1914. 1 Bl. 2⁰ Bln: Vaterland 1914
2 Der gläserne Berg. Ein Spiel von zwei Menschen aus verschiedenen Welten. In einem Vorspiel und drei Aufzügen. 120 S. Bln, Mchn: Drei-Masken-Verl. (1917)
3 (Hg.) Der Esel. Satirische Wochenschrift. Jg. 1, 20 H. Wien: Österr. Verl.-Ges. 1918–1919
4 Der Thyrsosstab. Roman. 264 S. Wien: Leonhardt 1920
5 Caesar. Roman. 499 S. Wien: Speidel 1929
6 Don Juan. Die sieben Todsünden. Roman. 370 S. Wien: Speidel 1931
7 (Vorw.) R. von Eichthal: Miczike. 328 S. Salzburg: Das Bergland-Buch 1931
8 Der Toni und die Loidolter. 48 S. Wien: Reichsverband deutscher Sparkassen 1931
9 Der Zauber von Wien. 46 S. Wien: Fischer 1931
10 Cromwell. Roman. 489 S. Wien: Speidel 1933
11 Ersatzkultur und Kulturersatz. Vortrag. 73 S. Wien: Speidel 1933
12 Cromwell. Schauspiel. 175 S. Wien: Speidel 1934
13 Hannibal. Roman. 238 S., 3 Taf., 5 Kt. Wien: Speidel (= Romane für junge Menschen 1) 1934
14 (Hg., Einl.) Deutsche Heldendichtung. Ein Jahrtausend deutscher Geschichte in Liedern. 302 S. m. Taf. Lpz: Das neue Deutschland (1934)
15 (Bearb., Übs.) M. Ostenso: Der Ruf der Wildgänse. 428 S. Wien: Speidel 1935
16 (Hg.) Das Werk. Monatshefte (Jg. 1, H. 2ff.: Beiträge zur Pflege deutschen Schrifttums). Jg. 1–2, H. 1–3. Wien: Payer 1935–1936
17 Der Löwe. Roman. 365 S., 1 Taf. Wien: Tieck 1936
18 (Vorw.) R. von Eichthal: Der göttliche Funke. 292 S. Salzburg: Das Bergland-Buch 1937
19 Geschichten aus dem Wiener Wald. Österreichische Anekdoten gesammelt und erzählt. 81 S., 5 Taf. Wien: Tieck 1937
20 Der Ritter. Roman. 299 S., 1 Taf. Wien: Tieck 1937
21 Streit um Agnes. Erzählung aus der Stauferzeit. Nachw. R. Hohlbaum. 119 S. Lpz: Reclam (= Reclam's UB. 7346/7347) 1937
22 Caesar. Roman. Jugendausg. 48 S. Wien: Gerstel (= Männer machen die Geschichte 1) (1938)
(Ausz. a. Nr. 5)
23 Cromwell. Roman. Jugendausg. 48 S. Wien: Gerstel (= Männer machen die Geschichte 2) (1938)
(Ausz. a. Nr. 10)
24 Franz von Sickingen. Jugendausg. 48 S. Wien: Gerstel (= Männer machen die Geschichte 5) (1938)
(Ausz. a. Nr. 20)
25 Hannibal. Roman. Jugendausg. 48 S. Wien: Gerstel (= Männer machen die Geschichte 3) (1938)
(Ausz. a. Nr. 13)
26 Heinrich der Löwe. Jugendausg. 48 S. Wien: Gerstel (= Männer machen die Geschichte 4) (1938)
(Ausz. a. Nr. 17)

27 Der Soldat. Roman. 334 S., 1 Taf. Wien: Speidel 1939
28 (Vorw.) M. Stebich: Das helle Leuchten. Gedichte. 88 S. Wien: Zinnen-Verl. 1939
29 Der Traum vom Reich. Roman. 433 S. Bln: Safari (1940)
30 (Vorw.) R. von Eichthal: Die goldene Spange. 345 S. Wien: Speidel 1941
31 (Bearb.) Rotjade und Blütentraum. Ein chinesischer Liebesroman. Übs. A. v. Rottauscher. Nachdichtung d. Verse M. J. 319 S. Wien: Frick 1941
32 Eherne Harfe. Balladen und Gedichte. 84 S. m. Abb. Wien: Speidel 1942
33 Margreth und der Fremde. Erzählung. 71 S. Lpz: Reclam (= Reclam's UB. 7508) 1942
34 Samurai. Schauspiel in fünf Aufzügen. 122 S. Wien: Speidel 1943
35 Sickingen und Karl V. Hg. Die Dt. Arbeitsfront. Einf. L. Knecht. 94 S. Stg: Dt. Volksbücher (= Wiesbadener Volksbücher 294) 1943 (Ausz. a. Nr. 20)
36 Die unvollständige Kompanie. Novelle. 55 S. m. Abb. Wien: Wiener Verl. (= Kleinbuchreihe Südost F. 2, 92) 1944
37 Die Wahrheit und das Leben. Roman. 468 S. Linz, Wien, Zürich: Pilgram 1949
38 Bastion Europas. Mit e. Stadtplan aus dem Jahre 1684. 392 S. Wien: Speidel 1951
39 (MV) G. Scheuer u. M. J.: Die Maschinenbauer von Andritz. 98 S. m. Abb. u. Taf. Graz-Andritz: Andritzer Verl.-Anst. 1952
40 Scharnhorst. Roman. 335 S. Salzburg: Pilgram 1953 (Neuaufl. v. Nr. 27)
41 Talleyrand. Roman. 444 S. Wien, Bln, Stg: Neff 1954
42 Der Stein der Macht. Roman. 462 S. Salzburg, Mchn: Pilgram 1958

JENS, Walter (+Walter Freiburger) (*1923)

1 +Das weiße Taschentuch. 34 S. Hbg: Hansischer Gildenverl. 1947
2 Nein. Die Welt der Angeklagten. Roman. 277 S. Hbg, Stg, Baden-Baden: Rowohlt 1950
3 Der Blinde. 131 S. Hbg: Rowohlt 1951
4 Vergessene Gesichter. Roman. 274 S. Hbg: Rowohlt 1952
5 Hofmannsthal und die Griechen. 157 S. Tüb: Niemeyer 1955
6 Der Mann, der nicht alt werden wollte. Roman. 227 S. Hbg: Rowohlt 1955
7 Die Stichomythie in der frühen griechischen Tragödie. 104 S. Mchn: Beck (= Zetemata 11) 1955
8 Ahasver. Nachw. W. Lauterbach. 40 S. Hbg: Hans-Bredow-Inst. (= Hörwerke der Zeit 6) 1956
9 (Nachw.) Aischylos: Die Tragödien und Fragmente. Übertr. J. G. Droysen. Durchges. u. Einl. W. Nestle. LVI, 432 S. Stg: Kröner (= Kröners Taschenausgabe 152) 1957
10 Statt einer Literaturgeschichte. 216 S. Pfullingen: Neske 1957
11 Das Testament des Odysseus. 136 S. Pfullingen: Neske 1957
12 (Einl.) Euripides: Sämtliche Tragödien. Nach d. Übers. v. J. J. Donner bearb. R. Kannicht. Anm. B. Hagen. 2 Bde. XXXIX, 466; 509 S. Stg: Kröner (= Kröners Taschenausgabe 284-285) 1958
13 Ilias und Odyssee. Nacherz. W. J. 96 S. m. Abb. 4º Ravensburg: Maier 1958
14 Moderne Literatur – moderne Wirklichkeit. 37 S. Pfullingen: Neske 1958
15 Die Götter sind sterblich. 150 S. Pfullingen: Neske 1959
16 (Hg., Nachw.) Griechische Klassiker. Übertr. J. H. Voss, E. Mörike u. a. 1148 S. Mchn, Wien, Basel: Desch 1959
17 (Nachw.) I. Babel: Budjonnys Reiterarmee und anderes. Das erzählende Werk. Aus d. Russ. übs. D. Umanskij u. H. Pross-Weerth. 312 S. Olten, Freiburg: Walter 1960
18 (Nachw.) B. Brecht: Ausgewählte Gedichte. Ausw. S. Unseld. 59 S. Ffm: Suhrkamp (= suhrkamp-texte 3) 1960
19 (Nachw.) G. Eich: Die Mädchen aus Viterbo. Hörspiel. 59 S. Ffm: Suhrkamp (= suhrkamp-texte 2) 1960

20 (Hg., Einl.) (E. G. Winkler:) Eugen Gottlob Winkler. 192 S. Ffm, Hbg: Fischer (= Fischer-Bücherei 351) 1960

Jensen, Wilhelm (1837–1911)

1 Magister Timotheus. Novelle. 66 S. 16⁰ Schleswig: Schulbuchh. 1866
2 Westwardhome. Novelle. 234 S. 16⁰ Bln: Paetel 1866
3 Deutsches Land und Volk zu beiden Seiten des Oceans. Geschichte und Gegenwart. Zum Privat- u. Schulgebrauch geschildert. XVIII, 302 S., 1 Kt. Stg: Schmidt & Spring 1867
4 Die braune Erica. Novelle. 95 S. 16⁰ Bln: Paetel 1868
5 Novellen. III, 442 S. Schleswig: Schulbuchh. 1868
  (Enth. u. a. Nr. 2)
6 Lübecker Novellen. III, 205 S. Schleswig: Schulbuchh. 1868
  (Ausz. a. Nr. 5)
7 Im Pfarrdorf. Erzählung. 128 S. 16⁰ Bln: Paetel 1868
8 Posthuma. Bln: Paetel 1868
9 Das Erbtheil des Blutes. Erzählung. III, 279 S. Bln: Duncker 1869
10 Gedichte. VIII, 200 S. Stg: Kröner 1869
11 Die Juden von Cölln. Novelle aus dem deutschen Mittelalter. XI, 220 S. Flensburg: Exped. d. norddt. Zeitung 1869
12 Neue Novellen. III, 328 S. Stg: Kröner 1869
13 Unter heißerer Sonne. Novelle. 239 S. Braunschweig: Westermann (1869)
14 Dido. Tragödie in fünf Aufzügen. III, 100 S. Bln: Duncker 1870
15 Der Gesell des Meisters Mathias. Aus den Kloster-Annalen der Neuzeit. Novelle. XXXVII, 155 S. Flensburg: Exped. d. Norddt. Zeitung 1870
16 Lieder aus dem Jahre 1870. 50 S. 16⁰ Bln: Lipperheide 1870
17 Minatka. Ein Roman aus dem dreißigjährigen Kriege. 2 Bde. 298, 296 S. Braunschweig: Westermann 1871
18 Aufräumen! 67 S. 16⁰ Flensburg: Exped. d. Flensburger Norddt. Zeitung 1872
19 Eddystone. V, 176 S. Bln: Paetel 1872
20 Juana von Castilien. Tragödie in fünf Aufzügen. 205 S. Bln: Paetel 1872
21 Nordlicht. Novellen-Cyclus. 3 Bde. Bln: Paetel 1872
  (Enth. u. a. Nr. 8)
22 Trimborn & Co. Eine Weihnachts- und Sylvester-Erzählung. 212 S. 16⁰ Bln: Paetel 1872
23 Nach hundert Jahren. Ein Roman aus neuester Zeit. 4 Bde. Schwerin: Hildebrand 1873
24 Lieder aus Frankreich. XIV, 128 S. Bln: Paetel 1873
  (Verm. Neuaufl. v. Nr. 16)
25 Die Namenlosen. Roman. 3 Bde. Schwerin: Hildebrand 1873
26 Sonne und Schatten. Roman. 2 Bde. 264, 269 S. Bln: Paetel 1873
27 Drei Sonnen. 3 Bde. Schwerin: Hildebrand 1873
28 Die Insel. Ein episches Gedicht. 261 S. 16⁰ Bln: Janke 1874
29 Nymphäa. Novelle. 128 S. 16⁰ Stg: Simon 1874
30 Um meines Lebenstages Mittag. Terzinen. 75 S. 16⁰ Bln: Stilke 1875
31 Barthenia. 3 Bde. Janke 1877
32 Flut und Ebbe. Ein Roman. 2 Bde. 294, 299 S. Mitau: Behre 1877
33 Späte Heimkehr. Novelle. 96 S. 16⁰ Bln: Paetel 1877
  (Ausz. a. Nr. 5)
34 Aus dem sechzehnten Jahrhundert. Culturhistorische Novellen. 374 S. m. Abb. 4⁰ Bielefeld: Velhagen & Klasing 1877
35 Nirwana. Drei Bücher aus der Geschichte Frankreichs. Roman. 4 Bde. Breslau: Schottländer 1877
36 Sommergeschichten. 2 Bde. 311, 265 S. Bln: Nicolai 1877
37 Fragmente. Roman. 2 Bde. 300, 331 S. Breslau: Schottländer 1878
38 Holzwegtraum. Ein Sommernachtsgedicht. 97 S. 16⁰ Stg: Dt. Verl.-Anst. (1878)
39 Um den Kaiserstuhl. Ein Roman aus dem dreißigjährigen Kriege. 2 Bde. 314, 298 S. Bln: Habel 1878

40 Karin von Schweden. Novelle. 234 S. Bln: Paetel 1878
 (Neuaufl. d. 1. Bds. v. Nr. 21)
41 Aus Lübecks alten Tagen. Novelle. 119 S. 16° Bln: Paetel 1878
 (Ausz. a. Nr. 5)
42 Aus wechselnden Tagen. Gedichte. VIII, 182 S. Bln: Stilke 1878
43 Bohemund. Philinnion. Zwei Erzählungen. 78 S. Bln: Frey 1879
44 Die Liebe der Stuarts. Novelle. 28 S. Stg: Kröner (= Reiselectüre 101) (1879)
 (Ausz. a. Nr. 12)
45 Das Pfarrhaus von Ellernbrook. Ein Roman. 2 Bde. 267, 294 S. Stg: Dt. Verl.-Anst. 1879
46 Nach Sonnenuntergang. Roman in zwei Büchern. 2 Bde. 304, 260 S. Bln: Frey 1879
47 Frühlingsstürme. Neue Novellen. 2 Bde. 201, 275 S. Bln: Eckstein 1880
48 Valenzia Gradonigo. Novelle. 28 S. Stg: Kröner (= Reiselectüre 107) (1880)
 (Ausz. a. Nr. 12)
49 (MV) Das Buch Ruth. Novelle. (– O. Frh. v. Reinsberg-Düringsfeld: Festgebräuche in Oberitalien.) 24 S. Stg: Kröner (= Reiselectüre 104) (1880)
 (Enth. u. a. Ausz. a. Nr. 12)
50 Vor Sonnenwende. 131 S. 12° Breslau: Schottländer 1881
51 Stimmen des Lebens. Gedichte. XII, 155 S. Dresden: Ehlermann 1881
52 Aus stiller Zeit. Novellen. 4 Bde. Bln: Paetel 1881–1885
53 Vom heiligen römischen Reich deutscher Nation. Roman aus dem achtzehnten Jahrhundert. 3 Bde., 1 Taf. Bln: Janke 1882
54 Versunkene Welten. Historischer Roman. 2 Bde. 297, 283 S. Breslau: Schottländer 1882
55 Über die Wolken. Roman. 329 S. Lpz: Bergmann 1882
56 Metamorphosen. Roman. 379 S. Breslau: Schottländer 1883
57 Der Teufel in Schiltach. Roman. 372 S. Bln: Janke 1883
58 Der Kampf für's Reich. Tragödie in fünf Aufzügen. II, 127 S. Freiburg i. Br.: Kiepert & v. Bolschwing 1884
59 Die Pfeifer vom Dusenbach. Eine romantische Erzählung aus dem Elsaß. 2 Bde. VII, 244; 224 S. Lpz: Elischer 1884
60 Ein Skizzenbuch. 263 S., 1 Taf. Freiburg i. Br.: Kiepert & v. Bolschwing 1884
61 Vom alten Stamm. Roman. 3 Bde. Bln: Janke 1884
62 (MV) (F. Trautmann: Der Wettermacher von Frankfurt. – G. Putlitz: Die Dame mit den Hirschzähnen. – W. J.:) Lycaena Silene. 242 S. Mchn: Oldenbourg (= Neuer deutscher Novellenschatz 9) 1884
 (Enth. u. a. Ausz. a. Nr. 53)
63 In Wettolsheim. Ein dramatisches Gedicht. 43 S. Freiburg i. Br.: Kiepert & v. Bolschwing 1884
64 (MV) W. J. u. P. Heyse: Ausgewählte Novellen. 74, 58 S. Chicago: Schick (= Collection Schick 9) (1885)
 (Enth. u. a. Ausz. a. Nr. 47)
65 Das Tagebuch aus Grönland. Roman. 3 Bde. Bln: Janke 1885
66 Aus den Tagen der Hansa. Drei Novellen. 3 Bde. Freiburg i. Br.: Kiepert & v. Bolschwing 1885
67 Augen der Seele. 102 S. 16° Bln: Paetel 1886
68 Am Ausgang des Reiches. Ein Roman. 2 Bde. 404, 419 S. Lpz: Elischer 1886
69 In der Fremde. Roman in zwei Büchern. 438 S. Lpz: Elischer 1886
70 Götz und Gisela. Roman. 429 S. Bln: Berliner Verl.-Comptoir (= Romanbibliothek der Deutschen Illustrierten Zeitung 5) 1886
71 Die Heiligen von Amoltern. Novelle. 304 S. Lpz: Elischer 1886
72 (MV) W. J., Th. Storm, L. Schücking: Novellen und Skizzen. 65, 32, 33 S. Chicago: Schick (= Collection Schick 14) (1886)
 (Enth. u. a. Ausz. a. Nr. 53, Bd. 4)
73 Das Asylrecht. Roman. 2 Bde. 336, 306 S. Stg, Lpz: Dt. Verl.-Anst. 1888
74 Runensteine. Ein Roman. 428 S. Lpz: Elischer 1888
75 Aus schwerer Vergangenheit. Ein Geschichten-Cyklus. VIII, 387 S. Lpz: Elischer 1888
76 Vier Weihnachtserzählungen. 185 S. Lpz: Elischer 1888
77 Aus den Banden. Novelle. 110 S. Bln: Eckstein (= Ecksteins Reisebibliothek 53) (1889)
 (Ausz. a. Nr. 47)

78 Jahreszeiten. Ein Roman. 2 Bde. 314, 277 S. Lpz: Elischer 1889
79 Sanct-Elmsfeuer. Novellen. 300 S. Dresden, Lpz: Reißner 1889
80 Der Schwarzwald. XI, 276, 106 S. m. Abb. 4° Bln: Reuther 1889
81 Ein Ton. Novelle. 127 S. Bln: Eckstein (= Ecksteins Reisebibliothek 59) (1889)
(Ausz. a. Nr. 47)
82 Aus meiner Vaterstadt. Die Persianischen Häuser. 265 S. Breslau: Schlesische Verl.-Anst. 1889
83 Im Vorherbst. Gedichte. 162 S., 1 Faks. Lpz: Elischer 1889
84 Diana Abnoba. Eine Schwarzwaldgeschichte von der Baar. 2 Bde. 179, 189 S. m. Abb. Lpz, Dresden: Reißner 1890
85 Doppelleben. Ein Roman in zwei Büchern. 2 Tle. 278, 273 S. Lpz, Dresden: Reißner 1890
86 Die Kinder vom Oedacker. Ein Roman. 2 Bde. 297, 362 S. Lpz: Elischer 1890
87 Der Herr Senator. Novelle. 144 S. Lpz: Elischer 1890
88 (MV) Im Frühlingswald. (– A. Meinhardt: Auf dem Heilwigshof.) 170 S. Dresden: Ehlermann (= Moderne Novellen 1) 1891
89 Zwei Tagebücher. Zum Mitnehmen in die Sommerfrische. III, 165 S. Lpz: Elischer 1891
90 Hunnenblut. Eine Begebenheit aus dem alten Chiemgau. 88 S., 1 Bildn. Lpz: Reclam (= Reclam's UB. 3000) (1892)
91 Die Schatzsucher. Eine Begebenheit aus dem Jahr 1848. 442 S. Lpz, Dresden: Reißner 1892
92 Übermächte. Zwei Novellen. III, 234 S. Bln, Weimar: Felber 1892
93 Jenseits des Wassers. Roman. 2 Bde. 201, 217 S. Lpz, Dresden: Reißner 1892
94 Im Zwing und Bann. Roman. 2 Bde. 272, 281 S. Dresden: Pierson 1892
95 (Vorw.) W. Arminius (d. i. W. H. Schultze): Um den Wildsee. Schwarzwald-Novelle in Versen. VIII, 361 S. Dresden u. Lpz: Pierson 1893
96 Astaroth. Mentha. Zwei Novellen aus dem deutschen Mittelalter. 241 S. Breslau: Schottländer 1893
97 (MV) Norddeutsche Erzähler. Novellen. Bd 2: (W. J.:) Altflorentinische Tage. (– H. Seidel: Die silberne Verlobung. – J. Stinde: Martinhagen.) III, 325 S. Bln: Verein d. Bücherfreunde (= Veröffentlichungen des Vereins der Bücherfreunde. Jg. 3, 2) 1893
98 Auf der Feuerstätte. Roman. 3 Bde. Lpz, Dresden: Reißner 1893
99 Vom Wegrand. Kleine Bilder. IV, 264 S. Bln, Weimar: Felber 1893
100 Die Wunder auf Schloß Gottorp. Ein Gedächtnißblatt aus dem vorigen Jahrhundert. 256 S. Bln, Weimar: Felber 1893
101 Asphodil. Ein Roman. 2 Bde. 262, 249 S. Weimar: Felber 1894
102 Heimkunft. Roman. 2 Bde. 276, 224 S. Lpz, Dresden: Reißner 1894
103 Monika Waldvogel. 128 S. Bln: Eckstein (= Eckstein's Reisebibliothek 130) (1894)
(Ausz. a. Nr. 47)
104 Jenseits der Alpen. Novellen. V, 410 S. Dresden, Lpz: Reißner 1895
(Enth. u. a. Ausz. a. Nr. 98)
105 Chiemgaunovellen. III, 327 S. Lpz: Elischer 1895
(Enth. u. a. Nr. 91)
106 Die Erbin von Helmstede. Roman. 394 S. Dresden: Verl. d. Universum 1895
107 Ein Frühlingsnachmittag. Erzählung. 114 S. m. Abb. 12° Bln: Eckstein 1895
(Ausz. a. Nr. 47)
108 Die Katze. Ein Roman. 2 Tle. in 1 Bd. 397 S. Dresden, Lpz: Reißner 1895
109 Der Hohenstaufer Ausgang. Geschichte und Dichtung. VII, 488 S., 1 Stammtaf. Dresden, Lpz: Reißner 1896
110 Auf der Ganerbenburg. Eine tragikomische Historie. 317 S. Weimar: Felber 1896
111 Luv und Lee. Roman. 2 Bde. 288, 255 S. Weimar: Felber 1897
112 Vom Morgen zum Abend. Ausgewählte Gedichte. IX, 450 S. m. Abb. Weimar: Felber 1897
(Enth. u. a. Nr. 24)
113 Der Nachbar. Novelle. 160 S. Bln: Vita, Dt. Verl.-Haus 1897
114 Aus See und Sand. Roman. 2 Tle. in 1 Bd. 247, 247 S. Dresden, Lpz: Reißner 1897

115 Das Bild im Wasser. Roman. 435 S. Lpz, Dresden: Reißner 1898
116 Ein Heilmittel. Novelle. 128 S. Breslau: Schottländer (= Unterwegs und Daheim) 1898
117 Eine Sommermondnacht. Novelle. 250 S. 12° Dresden, Lpz: Reißner 1898
118 Iris und Genziane. 152 S. Breslau: Schottländer (= Unterwegs und Daheim) (1899)
119 (Einl.) C. Mündel: Der Kaiserstuhl. VIII, 88 S., 6 Abb., 4 Taf., 1 Kt. Straßburg: Heitz (= Streifzüge und Rastorte im Reichslande und den angrenzenden Gebieten 1) 1899
120 Die Sehnsucht. Drei Novellen. III, 180 S. Dresden, Lpz: Reißner 1899
121 Um die Wende des Jahrhunderts. 1789-1806. Roman. 2 Thle. in 1 Bd. 256, 226 S. Dresden, Lpz: Reißner 1899
122 Nacht- und Tagesspuk. Zwei Sommernovellen. III, 367 S. Dresden, Lpz: Reißner 1900
123 Die Rosen von Hildesheim. Ein Roman aus der Stauferzeit. 2 Bde. 219, 252 S. Bln, Lpz: Elischer 1900
124 Durch den Schwarzwald. Dem Prachtwerk „Der Schwarzwald" entnommen u. neu bearb. IV, 437 S. 12° Lpz: Amelang 1900
(Ausz. a. Nr. 81)
125 Heimath. Roman. 301 S. Dresden, Lpz: Reißner 1901
126 Die fränkische Leuchte. Roman. 507 S. Dresden, Lpz: Reißner 1901
127 Wilhelm Raabe. 31 S., 1 Bildn. Bln: Gose & Tetzlaff (= Moderne Essays zur Kunst und Litteratur 10) 1901
128 Eine Schuld. Roman. 390 S. Lpz: Reclam 1901
129 Im achtzehnten Jahrhundert. Zwei Novellen. 207 S. Lpz: Elischer 1902
130 Mettengespinst. Eine Novelle. 182 S. Bln: Huth (1902)
131 Brandenburg'scher Pavillon hoch! Eine Geschichte aus Kurbrandenburgs Kolonialzeit. 213 S., 6 Abb. Lpz: Elischer 1902
132 Der Schleier der Maja. Roman. 540 S. Dresden, Lpz: Reißner 1902
133 Gradiva. Ein pompejanisches Phantasiestück. 151 S. Dresden, Lpz: Reißner 1903
134 Mutterrecht. Im Talgang des Kaiserstuhls. Eine Novelle. 251 S. Bln: Schwetschke (1903)
135 Der Tag von Stralsund. Ein Bild aus der Hansezeit. 108 S., 1 Bildn. Lpz: Hesse (= Hesse's Volksbücherei 3-4) (1903)
136 Gäste auf Hohenaschau. Roman. 323 S. Dresden, Lpz: Reißner 1904
137 Vor drei Menschenaltern. Ein Roman aus dem holsteinischen Land. V, 453 S. Dresden, Lpz: Reißner 1904
138 Vor der Elbmündung. Novelle. III, 331 S. Dresden: Reißner 1905
139 Im Frühlingswald. Eine Schachpartie. Zwei Erzählungen. 131 S., 1 Bildn. Lpz: Hesse (= Hesse's Volksbücherei 218-219) 1905
(Enth. u. a. Ausz. a. Nr. 77)
140 Tamms Garten. Roman. 257 S. Lpz: Polz 1905
141 In majorem Dei gloriam. Ein Gedächtnißbuch aus dem siebzehnten Jahrhundert. 474 S. Dresden: Reißner 1905
142 Unter der Linde. 60 S. Basel: Verein für Verbreitung guter Schriften (= Verein für Verbreitung guter Schriften, Sektion Basel. Bd. 67) 1905
143 (Vorw.) R. Haaß: Nachlaß-Gedichte. IV, 156 S., 1 Bildn. Straßburg: Heitz 1906
144 Nordsee und Hochland. Zwei Novellen. IV, 400 S. Lpz: Elischer 1906
145 Unter der Tarnkappe. Ein schleswig-holsteinischer Roman aus den Jahren 1848-1850. 2 Bde. 273, 324 S. Dresden, Lpz: Reißner 1906
146 Über die Heide. 125 S., 1 Bildn. Hbg-Großborstel: Dt. Dichter-Gedächtnis-Stiftung (= Volksbücher der Deutschen Dichter-Gedächtnis-Stiftung 12) 1907
(Ausz. a. Nr. 76)
147 König Friedrich. Ein geschichtlicher Roman. 3 Bde. 749 S. Bln: Paetel 1908
148 Ein Frühlingsnachmittag. Auf der Brücke. Erzählungen. 78 S. m. Abb. Bln: Hillger (= Kürschner's Bücherschatz 640) 1908
(Ausz. a. Nr. 47 u. 105)
149 Deutsche Männer. Geschichtlicher Roman aus dem Jahre 1809. Ein Ehrenblatt zum hundertjährigen Gedächtnis. 265 S. Lpz: Grethlein 1909

150 Die Nachfahren. Ein geschichtlicher Roman. 542 S. Lpz: Elischer (1909)
151 Der Ulmenkrug. Ein Schattenspiel. 161 S. Dresden, Lpz: Reißner (= Deutsche Novellen 3) 1909
(Ausz. a. Nr. 53, Bd. 3)
152 Iris und Genziane. Die persianischen Häuser. 163 S. Bln: Schles. Verl.-Anst. Deutsche Volkskultur in Wort, Bild und Klang 7) (1910)
(Enth. Nr. 119 u. Ausz. a. Nr. 83)
153 Fremdlinge unter den Menschen. Ein Roman. 2 Bde. 274, 272 S Dresden, Lpz: Reißner 1911
154 Ausgewählte Gedichte. Vorw. Th. v. Sosnosky. XVI, 114 S. 16⁰ Lpz: Elischer 1912
155 Auf dem Vestenstein. Ein historischer Roman. 235 S. Lpz: Hesse & Becker (= Hesse's Volksbücherei 721-724) (1912)

JERSCHKE, Oskar (1861–1918)

1 (MV) A. Holz, O. J.: Deutsche Weisen. VI, 208 S. Bln: Parrisius 1884
2 Fest-Prolog zur Feier des fünfundzwanzigjährigen Jubiläums des zweiten Niederschlesischen Infanterie-Regiments Nr. 47 zu Straßburg am 4. Juli 1885. 7 S. Straßburg: Bensheimer 1885
3 (MV) A. Holz u. O. J.: Traumulus. Tragische Komödie. 164 S. Mchn: Piper 1905
4 (MV) A. Holz u. O. J.: Frei! Eine Männerkomödie in vier Aufzügen. 161 S. Mchn: Piper 1907
5 (MV) A. Holz u. O. J.: Gaudeamus! Festspiel zur dreihundertfünfzigjährigen Jubelfeier der Universität Jena. 155 S. Bln: Sassenbach 1908
6 (MV) A. Holz u. O. J.: Büxl. Komödie in drei Akten. V, 221 S. Dresden-Blasewitz: Reißner 1911
7 Mein deutsches Vaterland. Ein Schauspiel in fünf Bildern. 225 S. Mchn: Müller 1916
8 (MV) A. Holz u. O. J.: Deutsche Bühnenspiele. Ausg. in 1 Bd. 161, 160, 220 S. Dresden: Reißner (1922)
(Enth. Nr. 3, 4 u. 6)

JOHNSON, Uwe (*1934)

1 Mutmassungen über Jakob. Roman. 307 S. Ffm: Suhrkamp 1959

JOHST, Hanns (*1890)

1 Die Stunde der Sterbenden. 39 S. Lpz: Verl. d. weißen Bücher 1914
2 Der Ausländer. Ein bürgerliches Lustspiel. 101 S. Lpz: Wolff 1916
3 Der junge Mensch. Ein ekstatisches Szenarium. 90 S. Mchn: Delphin-V. 1916
4 Stroh. Eine Bauernkomödie. 88 S. Lpz: Verl. d. weißen Bücher 1916
5 Wegwärts. Gedichte. 30 S. Mchn: Delphin-V. (1916)
6 Der Anfang. Roman. 368 S. Mchn: Delphin-V. (1917)
7 Der Einsame. Ein Menschenuntergang. 79 S. Mchn: Delphin-V. (1917)
8 Rolandsruf. 40 S. Mchn: Delphin-V. (1919)
9 Der König. 94 S. Mchn: Langen 1920
10 Mutter. 38 S. Mchn: Langen 1921
11 Kreuzweg. Roman. 252 S. Mchn: Langen 1922
12 Dramatisches Schaffen. Eine Ansprache. 18 S. Chemnitz: Ges. d. Bücherfreunde (= Bekenntnisse 4) 1922
13 Propheten. Schauspiel. 79 S. Mchn: Langen 1923
14 Wechsler und Händler. Komödie. 83 S. Mchn: Langen 1923
15 Lieder der Sehnsucht. 82 S. Mchn: Langen 1924

16 Wissen und Gewissen. 106 S. Essen: Schlinghoff (= Sammlung Schollenbücher 2) 1924
17 Consuela. Aus dem Tagebuch einer Spitzbergenfahrt. 112 S. Mchn: Langen 1925
18 Die fröhliche Stadt. Schauspiel. 93 S. Mchn: Langen 1925
19 Briefe und Gedichte von einer Reise durch Italien und die Wüste. 94 S. 4⁰ Chemnitz: Ges. d. Bücherfreunde (= Jahresgabe der Gesellschaft für Bücherfreunde 1926) 1926
20 Der Herr Monsieur. Nach Holbergs „Jean de France". 50 S. Mchn: Langen 1926
21 Thomas Paine. Schauspiel. 121 S. Mchn: Langen 1927
22 Ich glaube! Bekenntnisse. 112 S. Mchn: Langen 1928
    (Enth. u. a. Nr. 16)
23 So gehen sie hin. Ein Roman vom sterbenden Adel. 358 S. Mchn: Langen 1930
24 Die Torheit einer Liebe. Roman. 188 S. Bielefeld: Velhagen & Klasing 1931
25 Ave Eva. Erzählung. 96 S. Mchn: Langen 1932
26 Propheten. Schauspiel. Für das Laienspiel bearb. R. Mirbt. 69 S. Mchn: Kaiser (= Münchener Laienspiele 87) 1932
    (Veränd. Neuaufl. v. Nr. 13)
27 Mutter ohne Tod. Die Begegnung. Zwei Erzählungen. 57 S. Mchn: Langen-Müller (= Die kleine Bücherei 17) 1933
28 Schlageter. Schauspiel. 134 S. Mchn: Langen-Müller 1933
29 Standpunkt und Fortschritt. 61 S. Oldenburg: Stalling (= Stalling-Bücherei „Schriften an die Nation" 58) 1933
30 Tohuwabohu! Hg. W. Klöpzig. 24 S. Bielefeld: Velhagen & Klasing (= Velhagen & Klasings deutsche Lesebogen 159) (1933)
31 Maske und Gesicht. Reise eines Nationalsozialisten von Deutschland nach Deutschland. 208 S. Mchn: Langen-Müller 1935
32 Meine Erde heißt Deutschland. Aus dem Leben und Schaffen des Dichters. Vorw. W. Horn. 320 S. Bln: Büchergilde Gutenberg 1938
33 Kunterbunt. Hg. S. Casper. 26 S. Bielefeld, Lpz: Velhagen & Klasing (= Velhagen & Klasings deutsche Lesebogen 159) 1938
34 Erkenntnis und Bekenntnis. Kernsätze aus den Werken und Reden. Ausgew. G. v. Kommerstädt. 43 S. Mchn: Langen-Müller (= Die kleine Bücherei 115) 1940
35 Ruf des Reiches, Echo des Volkes! Eine Ostfahrt. 133 S. Mchn: Eher 1940
36 Hanns Johst spricht zu dir. Eine Lebenslehre aus seinen Werken und Reden. (Hg. S. Casper.) 148 S. Bln: Nordland-V. 1942
37 Die Straße. Gedichte und Gesänge. 17 Bl. o. O. (= Schriftenreihe der Presseabteilung des Reichsministers Dr. Todt 1) (1942)
38 Im Tal der Sterne. Liebeslieder, Mutterlieder. 20 ungez. S. m. Abb. Mchn: Münchner Buchverl. (= Münchner Lesebogen 123) (1943)
39 Fritz Todt. Requiem. 50 S. Mchn: Eher 1943
40 Die Torheit einer Liebe. Mutter ohne Tod. 290 S. Mchn: Langen-Müller (= Deutsche Dichter der Gegenwart. Reihe 3, 4) (1943)
    (Enth. Nr. 24 u. Ausz. a. Nr. 27)
41 Erzählungen. 293 S. Mchn: Langen-Müller (1944)
    (Enth. Nr. 24, 17 u. 27)
42 Gesegnete Vergänglichkeit. Roman. 400 S. Ffm: Pandion-V. 1955

JORDAN, Wilhelm (1819–1904)

1 Glocke und Kanone. Königsberg 1841
2 Gruß an Georg Herwegh. 3 Bl. Königsberg: Voigt 1842
3 Irdische Phantasien. 116 S. Königsberg: Theile 1842
4 (MV) A. Diezmann, W. J., L. Meyer: Nachtseiten der Gesellschaft. Eine Gallerie merkwürdiger Verbrechen und Rechtsfälle. 2 Ser. 18, 8 Thle. 16⁰ Lpz: Wigand 1844–1852
5 (Übs.) L. A. Thiers: Sämmtliche historische Werke. 79 Tle. Lpz: Wigand 1844–1863

6 (Hg., Übs.) Litthauische Volkslieder und Sagen. 112 S. Bln: Springer 1844
7 Ihr träumt! Weckruf an das Ronge-berauschte Deutschland. 36 S. Lpz: Naumburg 1845
8 (Übs.) G. Sand: Lelia. Lpz: Wigand (= Sämmtliche Werke 51–56) (1845)
9 (Hg.) Die begriffene Welt. Blätter für wissenschaftliche Unterhaltung. 6 H. 192 S., 1 Taf. 4° Lpz: Wigand 1845–1846
10 Geschichte der Insel Hayti und ihres Negerstaats. Th. 1, 2, 1. 424, 158 S. Lpz: Jurany 1846–1849
11 (Übs.) G. Sand: Der Aristokrat und der Industrielle. Lpz: Wigand (= Sämmtliche Werke 72–85) (1846)
12 (Übs.) G. Sand: Der Müller von Angibault. Lpz: Wigand (= Sämmtliche Werke 72–77) (1846)
13 Schaum. Dichtungen. 412 S. Lpz: Keil 1846
14 (Übs.) P. J. Proudhon: Die Widersprüche der National-Ökonomie oder Die Philosophie der Noth. 2 Bde. 448, 487 S. Lpz: Wigand (= Die National-Ökonomen der Franzosen und Engländer 9–10) (1847)
15 (Übs.) G. Sand: Lucrezia Floriani. 179, 167 S. Lpz: Wigand (= Sämmtliche Werke. Neue Ausg. 1–2) 1847
16 Schlachtruf. Gedicht. 4 S. Bln: Springer 1848
17 Demiurgos. Ein Mysterium. 3 Thle. (Th. 1 anonym). Lpz: Brockhaus 1852 bis 1854
18 Das Interim. Prolog-Scene. VIII, 44 S. Ffm: Sauerländer 1855
19 Die Liebesleugner. Lyrisches Lustspiel. 150 S. 16° Ffm: Sauerländer 1855
20 Die Wittwe des Agis. Tragödie. XX, 111 S. Ffm: Lit. Anst. 1858
21 (Übs.) W. Shakespeare: Gedichte. LV, 422 S. Bln: Reimer 1861
22 Auf dem Friedhof in Frankfurt am 28. August 1862 (Göthe's Geburtstag). 7 S. Ffm: Keller 1862
23 (Übs.) Sophokles: Tragödien. 2 Thle. XLVIII, 664 S. Bln: Reimer 1862
24 Uhland als Sprachforscher. Stg 1863
25 (Übs.) W. Shakespeare: König Lear. 166 S. Hildburghausen: Bibl. Inst. (= Bibliothek ausländischer Klassiker in deutscher Übertragung 20) 1865
26 (Übs.) W. Shakespeare: Macbeth. 122 S. Hildburghausen: Bibl. Inst. (= Bibliothek ausländischer Klassiker in deutscher Übertragung 1) 1865
27 (Übs.) W. Shakespeare: Romeo und Julie. 135 S. Hildburghausen: Bibl. Inst. (= Bibliothek ausländischer Klassiker in deutscher Übertragung 5) 1865
28 (Übs.) H. P. Tappan: Abraham Lincoln. Rede bei der Gedächtnisfeier in der Dorotheenkirche zu Berlin, 2. Mai 1865, gehalten. IV, 36 S. Ffm: Keller 1865
29 Nibelunge. 2 Thle. 378, 390; 403 S. Ffm: Selbstverl. 1867–1874
30 (Übs.) W. Shakespeare: Cymbelin. 151 S. Hildburghausen: Bibl. Inst. (= Bibliothek ausländischer Klassiker in deutscher Übertragung 51) 1867
31 Der epische Vers der Germanen und sein Stabreim (= Nibelunge. Suppl.) III, 67 S. m. 1 Tab. Ffm: Selbstverl.; Lpz: Volckmar (1867) (zu Nr. 29)
32 (Übs.) W Shakespeare: Othello. 152 S. Hildburghausen: Bibl. Inst. (= Bibliothek ausländischer Klassiker in deutscher Übertragung 84) 1868
33 (Übs.) W. Shakespeare: König Richard III. 160 S. Hildburghausen: Bibl. Inst. (= Bibliothek ausländischer Klassiker in deutscher Übertragung 69) 1868
34 Das Kunstgesetz Homers und die Rhapsodik. VII, 95 S. Ffm: Selbstverl. 1869
35 Durchs Ohr. Lustspiel. VII, 128 S. Ffm: Selbstverl. 1870
36 Die Zweideutigkeit der Copula bei Stuart Mill. 34 S. 4° (Tüb: Fues) 1870
37 Strophen und Stäbe. 344 S. Ffm: Selbstverl. 1871
38 Arthur Arden. Schauspiel. VII, 163 S. Ffm: Selbstverl. 1872
39 (Übs., Hg.) Homer: Odyssee. XLIV, 566 S. Ffm: Selbstverl. 1875
40 Epische Briefe. 270 S. Ffm: Selbstverl.; Lpz: Volckmar 1876
41 Andachten. 237 S. Ffm: Selbstverl. 1877
42 Die Erfüllung des Christentums. VI, 331 S. Ffm: Selbstverl. 1879
43 Festspiel zur Eröffnung des neuen Theaters in Frankfurt am Main. 20 S. Ffm: Selbstverl. 1880
44 (Übs., Hg.) Homer: Ilias. XIII, 686 S. Ffm: Selbstverl. 1881
45 Sein Zwillingsbruder. Lustspiel in fünf Aufzügen. 140 S. Ffm: Selbstverl. 1883
46 Tausch enttäuscht. Lustspiel in fünf Aufzügen. 147 S. Ffm: Selbstverl. 1884

47 Festspiel zur hundertjährigen Feier der Brüder Jakob und Wilhelm Grimm. 31 S. Ffm: Selbstverl. 1885
48 Die Sebalds. Roman aus der Gegenwart. 2 Bde. 303, 316 S. Stg: Dt. Verl.-Anst. 1885
49 Zwei Wiegen. Roman. 2 Bde. 407, 395 S. Bln: Grote 1887
50 Feli Dora. XIII, 181 S. Ffm: Selbstverl. 1889
51 (Übs.) Die Edda. IV, 533 S. Ffm: Selbstverl. 1889
52 Episteln und Vorträge. V, 480 S. Ffm: Jordan 1890
53 Deutsche Hiebe. 31 S. 16⁰ Ffm: Selbstverl. 1891
54 Liebe, was Du lieben darfst. Schauspiel in drei Aufzügen. 90 S. 12⁰ Ffm: Selbstverl. 1892
55 Letzte Lieder. 244 S. 12⁰ Ffm: Selbstverl. 1892
56 Kaiser Wilhelm I. Epilog zur Enthüllung seines Standbildes am fünfundzwanzigsten Jahrestage des Frankfurter Friedens. 25 S. Ffm: Selbstverl. 1896
57 In Talar und Harnisch. VII, 219 S. Ffm: Selbstverl. 1899

JÜNGER, Ernst (*1895)

1 In Stahlgewittern. Aus dem Tagebuch eines Stoßtruppführers. IX, 181 S., 5 Abb. Hannover: Selbstverl. (Ein Teil der Aufl. überdruckt: Leisnig i. Sa.: Meier) 1920
2 Der Kampf als inneres Erlebnis. V, 116 S. Bln: Mittler 1922
3 In Stahlgewittern. Aus dem Tagebuch eines Stoßtruppführers. 283 S. Bln: Mittler 1922
   (Veränd. Neuaufl. v. Nr. 1)
4 Feuer und Blut. Ein kleiner Ausschnitt aus einer großen Schlacht. 193 S. Magdeburg: Stahlhelmverl. (= Die Grauen Bücher) (1925)
5 Das Wäldchen 125. Eine Chronik aus den Grabenkämpfen 1918. XII, 253 S. Bln: Mittler 1925
6 (MH) Arminius. Kampfschrift für deutsche Nationalisten. Hg. E. J., W. Weiß, H. Franke. Jg. 7–8, H. 37. Mchn: Arminius-V. 1926-1927
7 (Hg.) Der Aufmarsch. Eine Reihe deutscher Schriften. 2 Bde. IX, 231; XX, 69 S. Lpz: Aufmarsch-Verl.-Ges. 1926
8 (Einl.) F. G. Jünger: Der Aufmarsch des Nationalismus. XX, 69 S. Lpz: Aufmarsch-Verl.-Ges. (= Der Aufmarsch 2) 1926
   (Bd. 2. v. Nr. 7)
9 (Vorw.) F. Schauwecker: Der feurige Weg. IX, 231 S. Lpz: Aufmarsch-Verl.-Ges. (= Der Aufmarsch 1) 1926
   (Bd. 1 v. Nr. 7)
10 (MH) Standarte. Wochenschrift des neuen Nationalismus. Hg. E. J., H. Franke, F. Schauwecker, W. Kleinau. Jg. 1. Bln: Der Ring 1926
11 (MH) Der Vormarsch. Blätter der nationalistischen Jugend. Hg. E. J., W. Lass. Jg. 1. Bln: Vormarsch-V. 1927-1928
12 (Hg., MV) Die Unvergessenen. 309 S., 68 Taf. Bln: Andermann 1928
13 Das abenteuerliche Herz. Aufzeichnung bei Tag und Nacht. 263 S. Bln: Frundsberg 1929
14 (Hg., Vorw.) Der Kampf um das Reich. 320 S., 61 Abb., 1 Kt. Bln: Andermann 1929
15 (Hg.) Das Antlitz des Weltkrieges. Fronterlebnisse deutscher Soldaten. 327, VIII, 5 S. m. Abb., Taf. u. Kt. Bln: Neufeld & Henius 1930
16 (MH) Die Kommenden. Überbündische Wochenschrift der deutschen Jugend. Hg. E. J., W. Lass. Jg. 5. Flarchheim i. Th.: Die Kommenden 1930
17 (Hg., Vorw.) Krieg und Krieger. 203 S. Bln: Junker & Dünnhaupt 1930
18 (Hg., Vorw.) Luftfahrt ist not. 399 S. m. Abb. u. Taf. Lpz: Rudolph (1930)
19 (Einl.) Der gefährliche Augenblick. Eine Sammlung von Bildern und Berichten. Hg. F. Buchholtz. 199 S. m. Taf. Bln: Junker & Dünnhaupt 1931
20 (Hg., Einl.) Hier spricht der Feind. Kriegserlebnisse unserer Gegner. 319 S. m. Taf. Bln: Neufeld & Henius (= Das Antlitz des Weltkrieges 3) 1931
21 Die totale Mobilmachung. 22 S. Bln: Verl. f. Zeitkritik 1931
   (Ausz. a. Nr. 17)
22 Der Arbeiter. Herrschaft und Gestalt. 300 S. Hbg: Hanseat. Verl.-Anst. (1932)

23 Der Krieg als inneres Erlebnis. Auszüge aus den Schriften. Hg. R. Winter. 52 S. Bielefeld: Velhagen & Klasing (= Velhagen & Klasing's deutsche Lesebogen 162) (1933)
(Ausz. a. Nr. 4 u. 5)
24 (Einl.) Die veränderte Welt. Eine Bilderfibel unserer Zeit. Hg. E. Schultz. 194 S. Breslau: Korn 1933
25 Blätter und Steine. 226 S. Hbg: Hanseat. Verl.-Anst. 1934
(Enth. u. a. Nr. 21)
26 Der Krieger. Hg. G. Günther. 64 S. Ffm: Diesterweg (= Das Reich im Werden. Geschichtliche Reihe 2) 1934
(Ausz. a. Nr. 4 u. 5)
27 Lob der Vokale. 43 S. Hbg: Hanseat. Verl.-Anst. 1934
(Ausz. a. Nr. 25)
28 In Stahlgewittern. Kriegstagebuch. XV, 316 S. Bln: Mittler 1934
(Veränd. Neuaufl. v. Nr. 3)
29 Ernst Jünger, Stoßtruppführer im Weltkrieg. Hg. P. Jennrich. 55 S. Halle: Schrödel (= Mein Volk 13) 1935
(Ausz. a. Nr. 28)
30 Afrikanische Spiele. 225 S. Hbg: Hanseat. Verl.-Anst. (1936)
31 Das abenteuerliche Herz. Figuren und Capriccios. 229 S. Hbg: Hanseat. Verl.-Anst. 1938
(Neufassg. v. Nr. 14)
32 Geheimnisse der Sprache. Zwei Essays. 78 S. Hbg: Hanseat. Verl.-Anst. (= Hanseaten-Bücherei) 1939
(Ausz. a. Nr. 25)
33 Auf den Marmorklippen. 156 S. Hbg: Hanseat. Verl.-Anst. (1939)
34 Gärten und Straßen. Aus den Tagebüchern von 1939 und 1940. 218 S. Bln: Mittler 1942
35 Myrdun. Briefe aus Norwegen. Einmalige Feldpostausg. für die Soldaten ... in Norwegen. 114 S., 13 Abb. o. O. 1943
36 Der Friede. Ein Wort an die Jugend Europas und ein Wort an die Jugend der Welt. Vorw. R. van Rossum (d. i. W. Frommel). IX, 54 S. Amsterdam: (Erasmus) (= Die Argonauten) (1946)
(1. Aufl. Hbg: Hanseat. Verl.-Anst. 1945 vernichtet, nur einzelne Korrekturexpl. erhalten. Außerdem wilde Drucke 1945 ff.)
37 Atlantische Fahrt. Nur für Kriegsgefangene gedruckt. 86 S. London: Kriegsgefangenenhilfe des Weltbundes der Christlichen Vereine Junger Männer in England (= Zaunkönig-Bücher 518) (1947)
38 Sprache und Körperbau. 63 S. Zürich: Die Arche (1947)
39 Atlantische Fahrt. 102 S. Zürich: Die Arche 1948
(Reguläre Erstaufl. v. Nr. 37)
40 Ein Inselfrühling. Ein Tagebuch aus Rhodos, mit den sizilischen Tagebuch blättern „Aus der goldenen Muschel". 68 S. Zürich: Die Arche (1948)
41 Heliopolis. Rückblick auf eine Stadt. 439 S. Tüb: Heliopolis (1949)
42 Ortners Erzählung. 66 S. m. Abb. Tüb: Heliopolis 1949
(Ausz. a. Nr. 41)
43 (Vorw.) A. Horion: Käferkunde für Naturfreunde. XVI, 292 S., 169 Abb., 22 Taf. Ffm: Klostermann 1949
44 (Vorw.) H. Speidel: Invasion 1944. Ein Beitrag zu Rommels und des Reiches Schicksal. 202 S. Tüb: Wunderlich (1949)
45 Strahlungen. 648 S. Tüb: Heliopolis 1949
46 Über die Linie. 43 S. Ffm: Klostermann 1950
47 Das Haus der Briefe. 58 S., 1 Faks. Olten: Vereinigung Oltner Bücherfreunde (= Veröffentlichungen der Vereinigung Oltner Bücherfreunde 51; 628 Ex.) 1951
(Ausgeschiedenes Kapitel d. Entwürfe zu Nr. 41)
48 Am Kieselstrand. Gedruckt als Gabe des Autors an seine Freunde, Weihnachten 1951 – Neujahr 1952. 28 S. Ffm: Klostermann (250 Ex.) 1951
49 Der Waldgang. 143 S. Ffm: Klostermann 1951
50 Besuch auf Godenholm. 107 S. Ffm: Klostermann 1952
51 Drei Kiesel. Gedruckt als Gabe des Autors an seine Freunde, Weihnachten 1952 – Neujahr 1953. 16 S. Ffm: Klostermann (250 Ex.) 1952

52 E. J. Eine Auswahl. Hg. A. Mohler. 177 S. Bielefeld, Hannover, Bln, Darmstadt: Velhagen & Klasing (= Deutsche Ausgaben 58) (1953)
53 Capriccios. Eine Auswahl. Nachw. A. Mohler. 71 S. Stg: Reclam (= Reclam's UB. 7796) (1953)
    (Ausz. a. Nr. 31)
54 Der gordische Knoten. 153 S. Ffm: Klostermann 1953
55 Das Sanduhrbuch. 205 S. Ffm: Klostermann 1954
56 Geburtstagsbrief. Zum 4. November 1955. 10 S. Olten: Vereinigung Oltner Bücherfreunde (Priv.-Dr.; 250 Ex.) 1955
57 Die Herzmuschel. 2 Bl. o. O. (Priv.-Dr.) (1955)
58 Am Sarazenenturm. 155 S. Ffm: Klostermann 1955
    (Enth. u. a. Nr. 57 u. Ausz. a. Nr. 59)
59 Sonnentau. Pflanzenbilder. 68 S. Olten: Vereinigung Oltner Bücherfreunde (= Veröffentlichungen für die Vereinigung Oltner Bücherfreunde 65; 590 Ex.) 1955
    (Ausz. a. Nr. 13, 33, 35, 37, 41, 45, 58)
60 Rivarol. 200 S. Ffm: Klostermann 1956
61 Gläserne Bienen. 180 S. Stg: Klett 1957
62 San Pietro. 57 S. Olten: Vereinigung Oltner Bücherfreunde (= Vereinigung Oltner Bücherfreunde. Publikation 73; 661 Ex.) 1957
63 Serpentara. 29 S. Zürich: Bösch-Presse (275 Ex.) 1957
64 Jahre der Okkupation. 310 S. Stg: Klett 1958
65 Mantrana. Einladung zu einem Spiel. 16 S. Stg: Klett (1958)
66 An der Zeitmauer. 314 S. Stg: Klett 1959
67 (MH) Antaios. Zeitschrift für eine freie Welt. Hg. M. Eliade u. E. J. (Jährl. 6 Hefte) Stg: Klett 1959 ff.
68 Gläserne Bienen. Roman. 145 S. Reinbek b. Hbg: Rowohlt (= rororo Taschenbuch-Ausgabe 385) 1960
    (Erw. Neuaufl. v. Nr. 61)
69 Sgraffiti. (Zum fünfundsechzigsten Geburtstag des Autors – 29. März 1960.) 186 S. Stg: Klett (300 Ex.) 1960
70 Vierblätter. Mit herzlichem Dank für die mir anläßlich meines fünfundsechzigsten Geburtstages erwiesenen Aufmerksamkeiten. Wilflingen im April 1960. 1 Bl. o. O. 1960
    (Ausz. a. Nr. 69)
71 Ein Vormittag in Antibes. 52 S. Olten: Vereinigung Oltner Bücherfreunde (= Vereinigung Oltner Bücherfreunde. Publikation 86; 653 Ex.) 1960
72 Der Weltstaat. Organismus und Organisation. 75 S. Stg: Klett 1960
73 Werke in zehn Bänden. Stg: Klett (1960 ff.)

JÜNGER, Friedrich Georg (*1898)

1 Aufmarsch des Nationalismus. Hg. E. Jünger. XX, 69 S. Bln: Vormarsch-V. (= Vormarsch-Bücherei 2) 1926
2 (MV) Die Unvergessenen. Hg. E. Jünger. 399 S., 68 Taf. Bln: Andermann 1928
3 (Einl.) Das Gesicht der Demokratie. Ein Bilderwerk zur Geschichte der deutschen Nachkriegszeit. Hg. E. Schultz. VIII, 152 S. Lpz: Breitkopf & Härtel 1931
4 Gedichte. 77 S. Bln: Widerstands-V. 1934
5 Über das Komische. 95 S. Bln: Widerstands-V. 1936
6 Der Krieg. 68 S. Bln: Widerstands-V. 1936
7 Der Taurus. Gedichte. 76 S. Hbg: Hanseat. Verl.-Anst. 1937
8 Der Missouri. Gedichte. 59 S. Lpz: Insel 1940
9 Briefe aus Mondello. 1930. 52 S. Hbg: Dulk 1943
10 Griechische Götter. Apollon. Pan. Dionysos. 86 S. Ffm: Klostermann 1943
11 An Doktor Schranz in Siedlingshausen. Epistel an Enner. Epistel an Zita. 18 ungez. S. (Ffm: Klostermann) (Priv.-Dr.; 50 Ex.) (1943)
12 Drei Episteln. An Doktor Schranz in Siedlingshausen. Epistel an Enner. Epistel an Zita. 18 ungez. S. (Ffm: Klostermann) (1943)
    (= Nr. 11)

JÜNGER 637

13 Der Taurus. Gedichte. 114 S. Hbg: Hanseat. Verl.-Anst. 1943
   (Neuaufl. v. Nr. 7 u. Nr. 4)
14 Wanderungen auf Rhodos. 56 S. Hbg: Dulk 1943
15 Über die Perfektion der Technik. 155 S. Ffm: Klostermann 1944
   (Nur wenige Ex. erhalten)
16 Die Titanen. 127 S. Ffm: Klostermann 1944
17 Gedichte, dem Zyklus Das Weinberghaus entnommen. Hbg: „Zum krächzenden Sumpfkranich" (d. i. Dulk) (= Powenzdrucke 1; Priv.-Dr.) (1946)
   (Ausz. a. Nr. 23)
18 Die Perfektion der Technik. 157 S. Ffm: Klostermann 1946
   (Reguläre Erstaufl. v. Nr. 15)
19 Der Westwind. Ein Gedichtband. 88 S. Ffm: Klostermann 1946
20 Griechische Mythen. 339 S. Ffm: Klostermann 1947
   (Enth. u. a. Nr. 10 u. 16)
21 Die Perlenschnur. 37 S. Hbg: Dulk 1947
22 Die Silberdistelklause. 65 S. Hbg: Dulk 1947
23 Das Weinberghaus. 61 S. Hbg: Dulk (1947)
24 Gespräche. 144 S. Ffm: Klostermann 1948
25 Über das Komische. 136 S. Ffm: Klostermann 1948
   (Veränd. Neuaufl. v. Nr. 5)
26 Orient und Okzident. Essays. 339 S. Hbg: Dulk 1948
   (Enth. u. a. Nr. 9 u. 14)
27 Gedanken und Merkzeichen. 111 S. Ffm: Klostermann 1949
28 Gedichte. 205 S. Ffm: Klostermann 1949
   (Enth. u. a. Nr. 4, 7, 8, 19)
29 Maschine und Eigentum. 191 S. Ffm: Klostermann 1949
30 Nietzsche. 172 S. Ffm: Klostermann 1949
31 Die Perfektion der Technik. 239 S. Ffm: Klostermann 1949
   (Veränd. Neuaufl. v. Nr. 18)
32 Sprüche in Versen. 13 S. Ffm: Klostermann (Priv.-Dr.; 100 Ex.) 1949
33 Dalmatinische Nacht. Erzählungen. 267 S. Tüb: Heliopolis 1950
34 Grüne Zweige. Ein Erinnerungsbuch. 271 S. Mchn: Hanser 1951
35 Iris im Wind. Gedichte. 96 S. Ffm: Klostermann 1952
36 Die Pfauen und andere Erzählungen. 171 S. Mchn: Hanser 1952
37 Rhythmus und Sprache im deutschen Gedicht. 158 S. Stg: Klett 1952
38 Morgenländische Stadt. Gabe des Autors an seine Freunde, Weihnachten 1952 – Neujahr 1953. 16 S. Ffm: Klostermann (200 Ex.) 1952
39 Die Perfektion der Technik. 370 S. Ffm: Klostermann 1953
   (Enth. Neuaufl. v. Nr. 31 u. veränd. Neuaufl. v. Nr. 29)
40 Die Spiele. Ein Schlüssel zu ihrer Bedeutung. 236 S. Ffm: Klostermann 1953
41 Der erste Gang. Roman. 282 S. Mchn: Hanser 1954
42 Gedanken und Merkzeichen. Zweite Sammlung. 21 S. Ffm: Klostermann (Priv.-Dr.; 250 Ex.) 1954
43 (Nachw.) F. G. Klopstock: Werke in einem Band. Hg. K. A. Schleiden. 470 S. Mchn: Hanser 1954
44 Ring der Jahre. Gedichte. 174 S. Ffm: Klostermann 1954
   (Enth. Nr. 21, 22, 23)
45 Schwarzer Fluß und windweißer Wald. Gedichte. 69 S. Ffm: Klostermann 1959
46 Der weiße Hase. Erzählungen. Nachw. A. Mohler. 79 S. Stg: Reclam (= Reclam's UB. 7867) 1955
   (Ausz. a. Nr. 36)
47 Zwei Schwestern. Roman. 264 S. Mchn: Hanser 1956
48 Sprache und Kalkül. 27 S. Ffm: Klostermann 1956
49 (MÜbs.) Im Frühror. Gedichte der Ungarn. Hg. C. u. S. D. Podewils. 77 S. Mchn: Hanser 1957
50 Gedächtnis und Erinnerung. 159 S. Ffm: Klostermann 1957
51 Griechische Mythen. 336 S., 12 Taf. Ffm: Klostermann 1957
   (Veränd. Neuaufl. v. Nr. 19)
52 Dank im Gedicht. 12 S. Ffm: Klostermann 1958
53 Spiegel der Jahre. Erinnerungen. 275 S. Mchn: Hanser 1958
54 Gärten im Abend- und Morgenland. 192 S., 4 Taf., 71 Abb. 4° Mchn, Eßlingen: Bechtle 1960

55 Kreuzwege. 77 S. Olten: Vereinigung Oltner Bücherfreunde (= Publikationen der Vereinigung Oltner Bücherfreunde 89) 1960

JÜNGER, Johann Friedrich (1759–1797)

1 Huldreich Wurmsamen von Wurmfeld. Ein komischer Roman. 3 Bde. Lpz: Dyk 1781–1787
2 Die Badekur. Ein Lustspiel in zwey Akten. 126 S. Lpz: Dyk 1782
3 Der kleine Cäsar. Ein comisch-satyrischer Roman nach dem Engl. des Coventry. 2 Bde. 270, 340 S. Lpz: Dyk 1782
4 Freundschaft und Argwohn. Lustspiel in fünf Aufzügen. 190 S. Lpz: Dyk 1782
5 (Übs.) P. A. F. de Laclos: Die gefährlichen Bekanntschaften. In einigen Briefen. Aus dem Franz. 4 Thle. Lpz: Jacobäer 1783
6 Des Grafen Heinrich von Moreland merkwürdige Geschichte und Abentheuer. Nach Broke. 2 Bde. Lpz: Weygand 1783
7 Der offene Briefwechsel. Lustspiel in fünf Aufzügen. Aufgeführt im k. k. National-Hoftheater. 107 S. (Wien:) Kurzbeck 1784
8 Der blinde Ehemann. Operette in zwey Aufzügen. 78 S. Bln: Maurer 1784
9 (Hg.) F. A. Gallisch: Gedichte. 218 S. Lpz: Breitkopf & Haertel 1784
10 Der Instinct oder: Wer ist Vater zum Kinde? Lustspiel in einem Akt. 34 S. Lpz: Dyk 1785
11 Lustspiele. 5 Bde. Lpz: Dyk 1785–1789
    (Enth. u. a. Nr. 2, 4, 7)
12 Der Strich durch die Rechnung. Lustspiel in vier Akten. 120 S. Lpz: Dyk 1785
    (Ausz. a. Nr. 11)
13 Verstand und Leichtsinn. Lustspiel. Nebst einigen Bemerkungen über das Lustspiel und dessen Vorstellung. 172 S. Lpz: Dyk 1785
    (Ausz. a. Nr. 11)
14 (Übs.) P. A. F. de Laclos: Camille oder Briefe zweyer Mädchen aus unserm Zeitalter. Ein Roman. 4 Bde. Lpz: Dyk 1786
15 (Übs.) Dorvigny: Jeannot oder: Wer den Schaden hat, darf für den Spott nicht sorgen. Ein Lustspiel in einem Aufzug. Lpz: Dyk (= Allgemeine deutsche Bibliothek 92, 128) 1786
16 Vetter Jacobs Launen. Aus dem Franz. 6 Bdch. Lpz: Göschen 1786
17 Der doppelte Liebhaber. Lustspiel in drey Akten. (Nach Cibbers double Gallant). 120 S. Lpz: Dyk 1786
    (Ausz. a. Nr. 11)
18 Das Weibercomplott. Lustspiel in fünf Aufzügen nach D'Ancourt. Lpz: Dyk 1786
19 Das Kleid aus Lyon. Lustspiel in vier Akten. 144 S. Lpz: Dyk 1787
    (Ausz. a. Nr. 11)
20 Der Schein betrügt. 2 Thle. 1. Zum Glück vielleicht nur Roman. 2. Leider vielleicht nur Roman. 251, 234 S. Bln, Libau (, Lpz: Rein) 1787–1789
21 Der Revers. Ein Originallustspiel in fünf Akten. 148 S. Lpz: Dyk 1788
    (Ausz. a. Nr. 11)
22 Der Wechsel. Lustspiel in Aufzügen. Für das k. k. National-Hoftheater. 86 S. Wien: Jahn 1788
    (Ausz. a. Nr. 11)
23 Ehestandsgemälde. 338 S. Lpz: Göschen 1790
    (Enth. u. a. Ausz. a. Nr. 16)
24 Das Ehepaar aus der Provinz. Original-Lustspiel in vier Aufzügen. Lpz: Göschen 1792
25 Die Entführung. Lustspiel in drey Aufzügen. Lpz: Göschen 1792
26 Der Ton unsrer Zeiten. Lustspiel in einem Aufzuge. 64 S. Lpz: Göschen 1792
27 Comisches Theater. 3 Bde. Lpz: Göschen 1792–1795
    (Enth. u. a. Nr. 24, 25, 26)
28 Er mengt sich in alles. Ein Lustpiel nach dem Engl. in fünf Aufzügen. Frey nach Mistress Entlive. 134 S. Lpz: Göschen 1793
    (Ausz. a. Nr. 27)

29 (Übs.) Gorgys sämmtliche Werke. Frei übs. 7 Thle m. Ku. Bln: Köchly (Th. 7: Lpz: Cnobloch) 1793-1799
30 Die unvermuthete Wendung. Ein Lustspiel in vier Aufzügen. 142 S. Lpz: Göschen 1793
   (Ausz. a. Nr. 27)
31 Die Geschwister vom Lande. Ein Lustspiel in fünf Aufzügen. 175 S. Lpz: Göschen 1794
   (Ausz. a. Nr. 27)
32 Die Komödie aus dem Stegreife. Frei nach Poissin: L'impromptu de Campagne. Ein Lustspiel in einem Aufzuge. 37 S. Wien: Wallishausser 1794
   (Ausz. a. Nr. 27)
33 Maske für Maske. Lustspiel in drey Aufzügen. Nach Marivaux. 156 S. Lpz: Göschen 1794
   (Ausz. a. Nr. 27)
34 Der Melancholische. Eine Geschichte. Frei nach dem Engl. 3 Bde. Bln: Nicolai 1795-1796
35 Wilhelmine. Eine Geschichte in zwei Theilen. 1. Es ist nicht alles Gold, was glänzt. 2. Es glänzt nicht alles, was Gold ist. 246, 262 S. Bln (, Lpz: Köchly) 1795-1796
36 Fritz. Ein komischer Roman. 4 Bde. Bln (, Lpz: Sommer) 1796-1797
37 Prinz Amaranth mit der großen Nase. Eine moralische Erzählung aus den Jahrbüchern der Regierung Königs Dideltapp des Großen und dessen Gemahlinn, Kikekakel der Weisen. Nebst historischen Nachrichten von der Königin Carunkel, dem Prinzen Hampetidchen und dem Zauberer Tolpatsch. Bln (,Lpz: Sommer) 1799
38 Adolphine Rosenthal oder Der Schein betrügt. Lustspiel. Lpz: Köhler 1801
39 Der Krug geht so lange zu Wasser bis er bricht. Lustspiel in drei Aufzügen. 78 S. Regensburg: Montag 1802
40 Was seyn soll, schickt sich wohl. Original-Lustspiel in drei Aufzügen. Regensburg: Montag 1802
41 Die Charlatans oder Der Kranke in der Einbildung. Posse in drei Aufzügen. Regensburg: Montag 1803
42 Dank und Undank. Lustspiel in drey Aufzügen. Frey nach l'Ingrat des Destouches. 68 S. Wien: Wallishausser 1803
   (Ausz. a. Nr. 11)
43 Ein seltener Fall oder Die Mutter die Vertraute ihrer Tochter. Lustspiel in drei Aufzügen. 103 S. Wien: Wallishausser 1803
44 Sämmtliche Lustspiele. 13 Bde. Wien: Wallishausser 1803-1805
45 Theatralischer Nachlaß. 2 Thle. Regensburg: Montag 1803-1804
   (Enth. u. a. Nr. 39, 40, 43, 46)
46 Das Recidiv. Lustspiel in drey Aufzügen. Frey nach Marivaux. 108 S. Wien: Wallishausser 1803
47 Die beiden Figaro. Lustspiel in fünf Aufzügen. Regensburg: Montag 1804
   (Ausz. a. Nr. 45)
48 Die Flucht aus Liebe. Lustspiel in fünf Aufzügen. 102 S. Regensburg: Montag 1804
   (Ausz. a. Nr. 45)
49 Selim, Prinz von Algier. Trauerspiel in fünf Aufzügen. 94 S. Regensburg: Montag 1804
   (Ausz. a. Nr. 45)
50 Stolz und Liebe. Lustspiel in drei Aufzügen. Regensburg: Montag 1804
   (Ausz. a. Nr. 45)
51 (Übs.) Der tolle Tag oder Die Hochzeit des Figaro. Lustspiel in fünf Aufzügen. Regensburg: Montag 1804
   (Ausz. a. Nr. 45)
52 Gedichte. Hg. J. G. Eck. Lpz: Kühn 1821

JUNG, Franz (1888-1963)

1 Das Trottelbuch. 122 S. Lpz: Gerstenberg 1912
2 Kameraden...! Ein Roman. 76 S. Heidelberg: Weißbach 1913

3 Sophie. Der Kreuzweg der Demut. Ein Roman. 77 S. Bln-Wilmersdorf: Die Aktion 1915
4 Opferung. Ein Roman. 121 S. Bln-Wilmersdorf: Die Aktion (= Aktions-Bücher der Aeternisten 3) 1916
5 Saul. 55 S. Bln-Wilmersdorf: Die Aktion (= Aktions-Bücher der Aeternisten 4) 1916
6 Gnadenreiche, unsere Königin. 39 S. Lpz: Wolff (= Der jüngste Tag 42) 1918
7 Der Sprung aus der Welt. Ein Roman. 105 S. Bln-Wilmersdorf: Die Aktion (= Aktions-Bücher der Aeternisten 7) 1918
8 Jehan. 7 S. Mühlheim/Donau: Verl. d. Saturne 1919
9 Reise in Rußland. 32 S. Bln: Verl. d. Kommunistischen Arbeiterpartei Deutschlands (1920)
10 Joe Frank illustriert die Welt. 43 S. Bln-Wilmersdorf: Die Aktion (= Literarische Aktions-Bibliothek 10) 1921
11 Der Fall Gross. Novelle. 50 S. Hbg: Hanf 1921
12 Die Kanaker. – Wie lange noch? Zwei Schauspiele. 82 S. Bln: Malik (= Sammlung revolutionärer Bühnenwerke 2) 1921
13 Proletarier. Erzählung. 87 S. Bln: Malik 1921
14 Die Technik des Glücks. 2 Tle. 127, 125 S. Bln: Malik 1921–1923
15 Die rote Woche. Roman. 66 S., 9 Abb. Bln: Malik (= Die rote Roman-Serie 3) 1921
16 Annemarie. Ein Schauspiel in vier Akten mit Vorspiel und Nachspiel. 64 S. Bln: Malik (= Sammlung revolutionärer Bühnenwerke 11–12) 1922
17 An die Arbeiterfront nach Sowjetrußland. Zum Produktionskampf der Klassen. Hg. Auslandskommitee zur Organisierung der Arbeiterhilfe für die Hungernden in Rußland. 47 S. Bln: Vereinigung Internationaler Verl.-Anst. (= Arbeiterhilfe und Sowjetrußland 1) 1922
18 Arbeitsfriede. Roman. 127 S. m. Abb. Bln: Malik (= Die rote Roman-Serie 4) 1922
19 Hunger an der Wolga. 47 S. Bln: Malik 1922
20 Die Eroberung der Maschinen. Roman. 176 S. Bln: Malik (= Die rote Roman-Serie 9) 1923
21 Die Geschichte einer Fabrik. IV, 94 S. Wien: Verl. f. Literatur u. Politik 1924
22 (Hg.) Jack London. Ein Dichter der Arbeiterklasse. Übs. J. Grabisch u. E. Magnus. 143 S. Wien: Verl. f. Literatur u. Politik 1924
23 Der neue Mensch im neuen Rußland. Rückblick über die erste Etappe proletarischer Erzählungskunst. 31 S. 16° Wien: Verl. f. Literatur u. Politik 1924
24 Das geistige Rußland von heute. 142 S. Bln: Ullstein (= Wege zum Wissen 25) 1924
25 (MV) Das Vier-Männer-Buch. Erlebnisnovellen v. M. Barthel, F. J., A. Scharrer, O. Wöhrle. 320 S. m. Abb. Bln: Der Bücherkreis 1929
26 (Hg.) Gegner. (Jg. 5: Monatschrift). Jg. 5 (vielm. 1). 1931. – 4. 1933. 4° (Lpz: Klemm) 1931–1933
27 Hausierer. Gesellschaftskritischer Roman. 242 S. Bln: Konzentration A.-G., Abt. Buchverl. 1931

JUNG-STILLING, Johann Heinrich (1740–1817)

1 Specimen de historia martis Nassovico-Siegenesis quod ... pro licentia gradum doctoris ... deffendet Johannes Henricus Jung ... 52 S. 4° Argentorati: Heitzius 1772
2 Die Schleuder eines Hirtenknaben gegen den hohnsprechenden Philister den Verfasser des Sebaldus Nothanker. 104 S. Ffm: Eichenberg 1775
3 Sendschreiben an den Herrn Stadtchirurg. Hellmann zu Magdeburg, dessen Urtheil, die Lobsteinischen Staarmesser betreffend. Ffm (o. Verl.) 1775
4 Die große Panacee wider die Krankheit des Religionszweifels. 148 S. Ffm: Eichenberg 1776
5 Die Theodicee des Hirtenknaben als Berichtigung und Vertheidigung der Schleuder desselben. XII, 196 S. Ffm: Eichenberg 1776

6 Henrich Stillings Jugend. Eine wahrhafte Geschichte. 168 S. Bln, Lpz: Decker 1777
7 Oeffentlicher Anschlag bei dem Antritte des Lehrstuhls der praktischen Kameralwissenschaften ... Lautern: auf Kosten der Kameral Hohen Schule 1778
8 Henrich Stillings Jünglings-Jahre. Eine wahrhafte Geschichte. 220 S., 1 Bl. Bln, Lpz: Decker 1778
9 Henrich Stillings Wanderschaft. Eine wahrhafte Geschichte. 206 S. Bln, Lpz: Decker 1778
10 *Die Geschichte des Herrn von Morgenthau. Von dem Verfasser der Geschichte des Henrich Stillings. 2 Bde. 295, 221 S. m. Titelvign. Bln, Lpz: Decker 1779
11 Rede auf den Namenstag der Durchlauchtigsten Kurfürstin Maria Elisabeth Augusta. Vorgelesen bei der öffentlichen Versammlung der Kurpfälzischen Physisch-Oekonomischen Gesellschaft zu Lautern ... 18 S. 4° Mannheim, Lautern: im Verl. d. Kameral Hohen Schule 1779
12 Ascetische Schriften. 2 Bl., 104, 148, XII, 196 S. m. Ku. Ffm: Eichenberg 1779
13 Versuch einer Grundlehre sämmtlicher Kameralwissenschaften zum Gebrauche der Vorlesungen ... 280 S. Lautern: im Verl. d. Gesellschaft 1779
14 Daß die Kameralwissenschaft auf einer ... Hohen Schule vorgetragen werden müsse ... Lautern: auf Kosten der Kameral Hohen Schule 1780
15 *Die Geschichte Florentins von Fahlendorn. 3 Tle. 4 Bl., 256; 192; 208 S. Mannheim: Neue Hof- u. akad. Buchh. 1781–1782
16 Versuch eines Lehrbuches der Forstwirtschaft. 2 Thle. 14, 318; 354 S. Mannheim, Lautern: im Verl. d. Gesellschaft 1781–1782
17 (Hg.) Der Volkslehrer. 4 Jge. Lpz: Weygand 1781–1784
18 *Leben der Theodore von der Linden. 2 Tle. 328, 326 S. Mannheim: Neue Hof- u. akad. Buchh. 1783
19 Versuch eines Lehrbuchs der Landwirtschaft der ganzen Welt ... 456 S. Lpz: Weygand 1783
20 Theobald oder die Schwärmer eine wahre Geschichte. 2 Bde. 359, 1; 256 S. m. Titelku. Lpz: Weygand 1784
21 Gemeinnütziges Lehrbuch der Handlungswissenschaft für alle Klassen von Kaufleuten und Handlungsstudirenden. Lpz 1785
22 Lehrbuch der Vieharzneykunde. 2 Thle. 272, 292 S. Heidelberg: Pfähler 1785–1787
23 Versuch eines Lehrbuchs der Fabrikwissenschaft zum Gebrauch Akademischer Vorlesungen. 636 S. Nürnberg: Grattenauer 1785
24 Anleitung zur Cameral-Rechnungs-Wissenschaft nach einer neuen Methode des doppelten Buchhaltens ... 200 S. Lpz: Weidmann's Erben & Reich 1786
25 Antrittsrede über den Ursprung, Fortgang und die Lehrmethode der Staatswirthschaft. 32 S. Marburg: Neue Akad. Buchh. 1787
26 Blicke in die Geheimnisse der Natur-Weisheit ... XVI, 156 S. Bln, Lpz: Decker 1787
27 Jubelrede über den Geist der Staatswirthschaft, gehalten den 7ten November 1786 ... 38 S. Mannheim: Neue Hof- u. akad. Buchh. 1787
28 (Übs.) Virgils Georgica in deutsche Hexameter übersetzt. 171 S. Mannheim: Neue Hof- u. akad. Buchh. 1787
29 Eickels Verklärung, eine Scene aus der Geister Welt. 7 Bl. Elberfeld: Giesen 1788
30 Abhandlungen oeconomischen und statistischen Inhalts. 187 S. Kopenhagen, Lpz: Kröger 1788
31 Lehrbuch der Staats-Polizey-Wissenschaft. LII, 612 S., 8 Bl. Lpz: Weidmann 1788
32 Henrich Stillings häusliches Leben. Eine wahrhafte Geschichte. 275 S. Bln, Lpz: Rottmann 1789
33 Lehrbuch der Finanz-Wissenschaft. IV, 220 S. Lpz: Weidmann 1789
34 Lehrbuch der Cameral-Wissenschaft oder Cameral-Praxis. XII, 416 S. m. Ku. Marburg: Neue Akad. Buchh. (Krieger) 1790
35 (Vorw., MV) Abhandlungen des Staatswirthschaftlichen Instituts zu Marburg, Offenbach: Weiß & Brede 1791
36 Methode den grauen Star auszuziehen und zu heilen. 134 S. m. Ku. Marburg: Neue Akad. Buchh. (Krieger) 1791

37 System der Staatswirthschaft. Erster Theil. 923 S. m. Ku. Marburg: Neue Akad. Buchh. 1792
38 De originibus montium et venarum metallicarum. 16 S. Marburg: Bayrhoffer 1793
39 Über den Revolutions-Geist unserer Zeit zur Belehrung der bürgerlichen Stände. 64 S., 1 Bl. Marburg: Neue Akad. Buchh. 1793
40 Der Tod Ludwigs des Sechszehnten, Königs von Frankreich. 4 Bl. Marburg (o. Verl.) 1793
41 Das Heimweh. 4 Bde. 4 Bl., 360; VI, 382; VIII, 486; VIII, 484, 4 S. Marburg: Neue Akad. Buchh. 1794–1796
42 (Hg.) Der Graue Mann. Eine Volksschrift. 30 Stücke. Nürnberg: Raw 1795
43 Scenen aus dem Geisterreiche. 2 Bde. VI, 274; X, 293, 1 S. Ffm: Varrentrapp & Wenner 1795–1801
44 Der Schlüssel zum Heimweh. XX, 264 S. Marburg: Neue Akad. Buchh. 1796
  (zu Nr. 41)
45 (Vorw.) Die praktisch-geometrische Aufnahme der Waldungen mit der Bousole und Meßkette, Hg. H. C. Moser. Lpz: Gräff 1797
46 Staatswirthschaftliche Ideen. Erstes H. 126 S. Marburg: Neue Akad. Buchh. 1798
47 Die Pilgerreise zu Wasser und zu Lande, oder Denkwürdigkeiten der göttlichen Gnadenführung und Fürsehung in dem Leben eines Christen ... XXXVI, 452 S. Nürnberg: Raw 1799, der solche, auch besonders in seinen Reisen durch alle vier Haupttheile der Erde reichlich an sich erfahren hat. Von ihm selbst beschrieben in Briefen an einen seiner Christlichen Mitbrüder in den Jahren 1797 und 1798.
48 Die Siegsgeschichte der christlichen Religion in einer gemeinnützigen Erklärung der Offenbarung Johannis. 606, 2 S. Nürnberg: Raw 1799
49 Scenen aus dem Geisterreiche. 2 Bde. XIV, 326; X, 293, 1 S. Ffm: Varrentrapp & Wenner 1800–1801
  (Verm. Neuaufl. v. Nr. 43)
50 Lavaters Verklärung ... 32 S. Ffm: Hermann 1801
51 Sendschreiben an die Bürger Helvetiens. 14 S. Winterthur: Steiner 1802
52 Der Christliche Menschenfreund in Erzählungen für Bürger und Bauern. 4 Bde. 112, 104, 110, 110 S. Nürnberg: Raw 1803
53 Heinrich Stillings Lehr-Jahre. Eine wahrhafte Geschichte. 352 S., 1 Bildn. Bln, Lpz: Rottmann 1804
54 Erster Nachtrag zur Siegsgeschichte der christlichen Religion in einer gemeinnützigen Erklärung der Offenbarung Johannis. 238 S. Nürnberg: Raw 1805
  (zu Nr. 48)
55 Taschenbuch für Freunde des Christenthums. Auf das Jahr nach Christi Geburt 1805 (1806–1816). 12 Bde. m. Bildn. 12° Nürnberg: Raw 1805–1816
56 Heinrich Stillings Leben. 5 Bde. 151, 192, 192, 275, 352 S. Basel, Lpz: Rottmann 1806
  (Enth. Nr. 6, 8, 9, 32, 53)
57 Kleine gesammelte Schriften. 2 Bde. 278 S., 1 Bl.; 238 S., 1 Bl. Ffm (o. Verl.) 1806–1808
58 Vertheidigung gegen die schweren Beschuldigungen einiger Journalisten. 40 S. Nürnberg: Raw 1807
59 Des Christlichen Menschenfreunds Biblische Erzählungen. 14 H. Nürnberg: Raw 1808–1816
60 Theorie der Geister-Kunde, in einer Natur-Vernunft- und Bibelmäsigen Beantwortung der Frage: Was von Ahnungen, Gesichten und Geistererscheinungen geglaubt und nicht geglaubt werden müßte. XXVIII, 380 S., 1 Titelku. Nürnberg: Raw 1808
61 Apologie der Theorie der Geisterkunde veranlaßt durch ein über dieselbe abgefaßtes Gutachten des Hochwürdigen geistlichen Ministeriums zu Basel. 76 S. Nürnberg: Raw 1809
  (zu Nr. 60)
62 Antwort durch Wahrheit in Liebe auf die an mich gerichteten Briefe des Herrn Professor Sulzers in Konstanz über Katholicismus und Protestantismus. 319 S. Nürnberg: Raw 1811

63 (MV) Die Jahreszeiten. Eine Vierteljahresschrift für romantische Dichtungen. Hg. F. Baron de la Motte Fouqué. Frühlings-Heft. Mit Musik v. J. H. Jung, genannt Stilling. 3 Bl., 188 S. Bln: Hitzig 1811
64 Erzählungen. 3 Bde. 4 Bl., 219 S.; 2 Bl., 220 S.; 2 Bl., 196 S. Ffm: Hermann 1814–1815
65 Klara. Ein Gedicht. Ffm 1814
66 Lehrsätze der Naturgeschichte für Frauenzimmer. Karlsruhe: Braun 1816
67 Schatzkästlein. 310 S. qu. 8° Nürnberg: Raw 1816
68 (Vorw.) Neues christliches Schatzkästlein auf alle Tage des Jahres in einer Auswahl biblischer Kernsprüche mit Liederversen. XVI, 504 S. Stg: Steinkopf 1816
69 Heinrich Stillings Alter. Eine wahre Geschichte. Oder Heinrich Stillings Lebensgeschichte, Sechster Band. Hg. nebst einer Erzählung von Stillings Lebensende von dessen Enkel Wilhelm Schwarz ... Hierzu ein Nachwort v. Dr. F. H. C. Schwarz. 126 S., 1 Ku. Heidelberg: Mohr & Winter 1817 (Bd. 6 zu Nr. 56)
70 Leben und Tod eines christlichen Ehepaares ... Stg 1817
71 Scenen aus dem Geisterreiche. 2 Bde. XX, 372; XIV, 362 S. Ffm: Boselli 1817 (Verm. Neuaufl. v. Nr. 49)
72 Chrysäon oder Das goldene Zeitalter. In vier Gesängen nebst einigen Liedern und Gedichten. 199 S. Nürnberg: Raw 1818
73 Geschichte unseres Herrn Jesu Christi und der Gründung der christlichen Kirche durch die Apostel, nebst der Zerstörung Jerusalems. 4 Bde. 112, 110, 96, 100 S. Nürnberg: Raw (1820)
74 Gedichte. Ges., hg. W. E. Schwarz. VIII, 280 S. Ffm: Hermann 1821
75 Sendschreiben geprüfter Christen an ... Karlsruhe 1833
76 Sämmtliche Schriften. Zum erstenmale vollständig gesammelt und hg. von Verwandten, Freunden und Verehrern des Verewigten; mit einer Vorrede begleitet v. J. U. Grollmann. 14 Bde. Stg: Henne (später: Scheible) 1835–1838
77 Werke. 12 Bde. 16° Stg: Scheible 1841–1842

JUNGNICKEL, Max (*1890)

1 Aus einer Träumerwerkstatt. Gedichte. 29 S. Lpz-Gohlis: Volger 1909
2 Der Himmelsschneider. Märchenspiel in sechs Bildern. 48 S. Bln: Priber & Lammers 1913
3 Der Frühlingssoldat. Kriegszeilen. 37 S. Bln-Charlottenburg, Mchn: Wiechmann 1915
4 Vom Offiziersmantel und anderes. 15 S. Stg: Waldorf-Astoria (= Die farbigen Heftchen des Waldorf-Astoria 8) (1915)
5 Das lachende Soldatenbuch mit der Denkerstirne. 43 S. Mchn: Wiechmann 1915
6 Trotz Tod und Tränen. Ein fröhliches Buch. 134 S., 8 Taf. Mchn: Wiechmann 1915
7 Draußen im Felde. 44 S., 1 Abb. Mchn: Wiechmann 1916
8 Vom Frühling und Allerhand. 125 S., 8 Taf. Mchn: Wiechmann 1916 (Ausz. a. Nr. 7)
9 Ins Blaue hinein. Ein ganz richtiger Roman. 71 S., 12 Taf. Mchn: Wiechmann 1917
10 Peter Himmelhoch. Ein kleiner Roman. 76 S. Mchn: Wiechmann (1917)
11 Jakob Heidebuckel. 56 S. Bln-Schöneberg, Hannover: Sponholtz (1918)
12 Die blaue Marie. Spiel. 52 S. Mchn: Wiechmann 1918
13 Die Mütter. V, 32 S. Mchn: Wiechmann 1918
14 Die Mütter. Die Gefallenen. Der Heimgekehrte. Die Ärmsten. VII, 83 S. Mchn: Wiechmann 1918 (Enth. u. a. Nr. 13)
15 Aus den Papieren eines Wanderkopfes. 95 S. Bln, Hannover: Sponholtz (1918)
16 Das lachende Soldatenbuch mit der Denkerstirne. Mit der Ergänzung: Kunterbuntes Heimweh. 66 S. 1 Abb. Mchn: Wiechmann 1918 (Erw. Neuaufl. v. Nr. 5)

17 Gäste der Gasse. 83 S. Bln-Schöneberg, Lpz: Schneider (1919)
18 Das Schulgebet. 17 S. Bln: Bousset (= Und dennoch! Schriften zur deutschen Erneuerung 3) (1919)
19 (Vorw.) An geweihten Stätten und aus alten Tagen. Sechs stimmungsvolle Künstler-Natur-Aufnahmen in feinstem Kupfertiefdruck. 2 S., 1 Mappe. Bln-Steglitz: Hiemesch (= Streifzüge durch die Heimat, Mappe 1) (1919)
20 (Vorw.) Durch die Wälder, durch die Auen ... Sechs stimmungsvolle Künstler-Naturaufnahmen in feinstem Kupfertiefdruck. Geleitw. Eichendorff, Krebs, M. J. 2 S., 6 Taf. Bln-Steglitz: Hiemesch (= Streifzüge durch die Heimat, Mappe 2) (1919)
21 Der Wolkenschulze. 120 S. m. Abb. Lpz: Quelle & Meyer (1919)
22 Kirchpfennigs. Ein Leben in vier Bildern. 51 S. Bln: Oesterheld 1920
23 (Einl.) Auf dem Lande. Sechs stimmungsvolle Künstler-Natur-Aufnahmen in feinstem Kupfertiefdruck. 4 S. m. Abb., 6 Taf. Hain, Lüdenscheid: Hiemesch (= Streifzüge durch die Natur, Mappe 6) (1920)
24 Kunterbuntes Heimweh. 94 S. m. Abb. Mchn: Wiechmann 1921 (Neuaufl. v. Nr. 16)
25 Das Herz in der Laterne. Märchenspiel in fünf Bildern. 43 S. Lpz: Reclam (= Reclam's UB. 6249) 1921
26 Peter Himmelhoch und andere Dichtungen. 94 S. m. Abb. Mchn: Wiechmann 1921
(Enth. u. a. Nr. 10)
27 Peter Himmelhoch und der Sternenkantor. 55 S. m. Abb. Mchn: Wiechmann 1921
(Neuaufl. v. Nr. 10)
28 Kinder. 108 S., 1 Abb. Mchn: Wiechmann 1921
29 Menschen auf der Himmelsstraße. Roman. 89 S. Mchn: Wiechmann 1921
30 Der Puppenspieler auf der Blaumeise. 65 S. Gotha: Klotz 1922
31 (MV) Aus alten Tagen. Sechs stimmungsvolle Künstler-Naturaufnahmen in feinstem Kupfertiefdruck. Text M. J., Walter v. d. Vogelweide u. J. Frh. v. Eichendorff. 4 S., 6 Taf. Hain i. Riesengeb., Lüdenscheid: Hiemesch, Eckardt (= Streifzüge durch die Natur, Mappe 8) (1922)
32 Das müde Haus. Ein Roman. 119 S. Hann.: Sponholtz 1923
33 Das Jahr im Leben der Kinder. In zwölf Monatsbildern v. H. Friedrich, mit Versen von M. J. 13 S. Mainz: Scholz (= Scholz' Künstler-Bilderbücher) (1923)
34 Das närrische Lesebuch. 107 S. Bln: Mosaik-V. (= Mosaik-Bücher 16) 1923
35 Sorge. Dreizehn Novellen. 160 S. Wien: Konegen 1923
36 Der Vogelkantor oder die Seele des Erziehers. 31 S. Querfurt: Jaeckel 1923
37 Michael Spinnler. Roman einer Sehnsucht. 112 S. Hann.: Sponholtz (1924)
38 Kabäuschens Traumreise. Ein Märchen. 46 S., 22 Taf. 4° Mchn: Dietrich (= Dietrichs Münchener Künstler-Bilderbücher 40) 1924
39 (MV) (F. Behrendt u. M. J.:) Singvogelgeist in der Schule. 88 S. m. Taf. Breslau: Hirt 1925
40 Mein Bilderbuch. 23 S., 22 Abb. Mainz: Scholz (1925)
41 (Hg., Einl.) M. Claudius: Der Wandsbecker Bote. 46 S. 16° Jena: Verl. Buch u. Graphik (= Die Wald- und Heidebücher 1) 1925
42 (MV) Das Käthe-Kruse-Bilderbuch. Text M. J. 27 S., 12 Taf. qu. 4° Mchn: Dietrich (= Dietrichs Münchener Künstler-Bilderbücher 41) (1925)
43 Das närrische Lesebuch. 246 S. Bln: Dt. Landbuchh. 1925
(Erw. Neuaufl. v. Nr. 34)
44 Aus Wind und Himmel. Gedichte. 56 S. Hann.: Sponholtz 1925
45 Die Fahrt ins Bilderbuchhaus. Ein Märchen. 8 S. m. Abb. Mainz: Scholz 1926
46 Lichter im Wind. Roman. 235 S. Hann.: Sponholtz 1926
47 Max Jungnickel-Büchlein. 80 S. Mühlhausen: Urquell-V. (= Die Urquell-Bücher) 1926
48 Die verzauberte Schulstunde. 64 S. m. Abb. Breslau: Hirt 1926
49 Die Uhrenherberge. Ein Märchenroman. 173 S. Bln: Rembrandt-V. (= Neue europäische Erzähler) (1927)
50 Die Schnurrpfeil und die anderen. Buntes Skizzenbuch. 144 S. Bln: Buchmeister-V. 1928
51 Brennende Sense. Roman. 264 S. Bad Pyrmont: Schnelle 1928

52 Uhlenmühle. Roman. 109 S. Bad Pyrmont: Schnelle (1928)
(Neuaufl. v. Nr. 29)
53 Christian Pilgram und seine Ulrike. 32 S. Reutlingen: Enßlin & Laiblin
(= Bunte Jugendbücher 126) 1929
54 Der Rutsch ins Mauseloch. Märchenspiel in sechs Bildern. 35 S. Bln:
Bühnenvolksbund 1929
55 (MV) S. Wülfing: Dürers kleine Tochter. Hg. O. Schulze-Elberfeld. Vorw.
F. Fries. 11 S., 32 Taf. 4° Elberfeld: Wülfing 1929
56 Sorge Dreizehn. Novelle. Mit e. autobiograph. Nachw. 71 S. Lpz: Reclam
(= Reclam's UB. 7055) 1930
(Ausz. a. Nr. 35)
57 Der Jahrmarkt Gottes. Drama. 133 S. Lpz, Delitzsch: Walter 1931
58 Fillafalla. Ein Spiel. Musik H. Ernst. 31, 11 S. Lpz: Strauch (= Jugend- und
Volksbühne 693–694) (1932)
59 Der Sturz aus dem Kalender. Roman. 259 S. Lpz, Delitzsch: Walter 1932
60 Volk und Vaterland. Hg. H. Schnakenburg. 139 S., 112 Taf. Bln: Safari
1932
61 Goebbels. 92 S., 4 Abb. Lpz: Kittler (= Männer und Mächte) 1933
62 Die Meldung. 64 S. Lpz: Voigtländer 1933
63 Spielzeug als Rettungsanker. Lauenburger Spielwarenindustrie. 2 Bl.
Lauenburg/Pommern (, Lpz: Brockhaus) 1933
64 Der kalte Wolf. 126 S. Lpz: Kittler 1933
65 Gesichter im Feuer des Weltkriegs. 31 S. Bln: Hillger (= Hillgers deutsche
Jugendbücherei 557) (1935)
66 Ein kleiner Junge lacht ins Leben. 76 S. Gütersloh: Bertelsmann (= Das
kleine Buch 24) 1935
67 (Einl.) Das Papier. Eine Berufs-Chronik. Begonnen 1390 v. Ulmann Stromer, fortges. v. W. J. Dümler (u. a.). Mit e. mittelalterlichen Handwerks-Ordnung der Papiermacher . . . 141 S. m. Abb. Bln: Schnakenburg 1935
68 (Einl.) Das Karl Stirner-Buch. 70 S. m. Abb. Stg: Fink 1935
69 Die kleine Unvollendete. Geschichte einer Gemeindeschwester. 206 S. Bln:
Safari 1935
70 Klein-Tomma staunt in die Welt. 73 S. m. Abb. Gütersloh: Bertelsmann
(= Das kleine Buch 31) 1936
71 Die Schwingen der Seele. Gedanken zur Frage um die Kirche. 59 S. Weimar (:Der neue Dom) (= Schild-Reihe 3) (1936)
72 Gesichter am Wege. Begegnungen. 107 S. Stg: Steinkopf (= Erinnerungen
und Erlebnisse 2) 1937
73 Mythos des Soldaten. 63 S., 16 Abb. Bln: Deutscher Wille 1938
74 Kommando der Erde. 86 S., 16 Taf. Bln: Deutscher Wille 1939
75 Capella Maidorn. 60 S. m. Abb. Halle: NS-Lehrerbund 1939
76 Fliegende Grenadiere. 109 S., 16 Taf. Bln: Deutscher Wille (1940)
77 Das Schwert im Sternbild. Erzählung. 57 S. Freiburg i. Br.: Sturmhut-V.
1941
78 Du bist verweht, Zerline! Eine Geschichte. 156 S. Freiburg i. Br.: Sturmhut-V. 1942
79 Mythos des Soldaten. 93 S. m. Taf. Bln: Deutscher Wille 1942
(Erw. Neuaufl. v. Nr. 73)
80 Peter und die Stunde X. 111 S. Bln: Deutscher Wille (1942)
81 Steen und seine Phoebe. 79 S. Bln: Volkskraft-V.; Deutscher Wille 1943
82 Im Bett Napoleons und andere Kurzgeschichten. Skizzen. 96 S. Bln: Volkskraft-V. 1944
83 Der Sperling des Catull. Erzählung. 64 S. Freiburg i. Br.: Sturmhut-V. 1944

KAERGEL, Hans Christoph (1889–1946)

1. Gedichte. 80 S. Lpz: Volger 1912
2. Des Heilands zweites Gesicht. Eine Geschichte aus der Heide. 216 S. Bln: Furche-V. (= Neue christliche Erzähler 9) 1919
3. Der Hellseher und andere Novellen. 180 S. Bln: Furche-V. (= Neue christliche Erzähler 10) 1920
4. (MV) (W. E. Oeftering: Emil Gött. – H. C. K.:) Carl Hauptmann. 16 S. Bln: Bühnenvolksbundv. (= Dichter und Bühne, Reihe 3) 1921
5. Das Marienwunder. Roman. 340 S. Lpz: Grethlein 1921
6. Schlesiens Heide und Bergland. 44 S. 4° Schlüchtern: Neuwerk-V. (= Heimat-Bücherei 2) 1921
7. Der Traum des Urban Krain. 176 S. Trier: Lintz 1922
8. Volk ohne Heimat. Schauspiel. 80 S. Bln: Bühnenvolksbundv. (= Deutsche Heimatspiele) 1922
9. Heinrich Budschigk. Roman. 282 S. Jena: Diederichs 1925
10. (Nachw.) F. Sommer: Die Fremden. 366 S. Halle: Buchh. des Waisenhauses 1925
11. (Einl.) Reinhold Braun. 57 S. Chemnitz: Müller (= Führer zur deutschen Seele 3) 1926
12. (Bearb.) R. Heuer: Heimat und Arbeit. Lesebuch für ländliche Fortbildungsschulen. Ausgabe für Schlesien. X, 336 S. m. Abb. Witten: Zentralverl. f. Berufs- u. Fachschulen 1926
13. Wolkenkratzer. Erzählung. 182 S. Breslau: Ostdt. Verl.-Anst. 1926
14. (Nachw.) K. A. Findeisen: Das goldene Weihnachtsbuch. 159 S. Lpz: Mitteldt. Verl.-Anst. 1927
15. Die heilige Kirmes. Ein schlesisches Volksstück. 35 S. Schweidnitz: Heege 1927
16. Kreuzwege. 132 S. Bln: Vaterländ. Verl.- u. Kunst-Anst. (= Unsere deutschen Erzähler. Reihe 3, Gabe 2) 1927
17. (Hg.) Wir Schlesier. 8 Jge. 4° Schweidnitz: Heege 1927–1935
18. (Hg., Einl.) Das Hermann Stehr-Buch. Eine Auswahl aus seinen weltanschaulichen Dichtungen und Gesprächen. 168 S.,15 Taf.Lpz: Horen-V.1927
19. Das Spiel mit dem Jenseits. Erzählung. 120 S. Bln: Weltgeist-Bücher (= Weltgeist-Bücher 312–313) 1928
20. Zingel gibt ein Zeichen. Ein grotesker Roman. 340 S. Bremen: Schünemann 1928
21. (Hg., Einl.) Schlesisches Lachen. Ein bunter Kranz froher mundartlicher Dichtung. 159 S. Schweidnitz: Heege 1929
22. (Hg., Einl.) Das August Lichter-Buch. Eine Auswahl aus seinen mundartlichen Dichtungen. 116 S. Schweidnitz: Heege 1929
23. Ein Mann stellt sich dem Schicksal. Roman. 258 S. Jena: Diederichs 1929
24. (Hg.) Rübezahlkalender. Jg. 7–8. 2 Bde. 144 S. m. Abb.; 144 S. m. Abb. Schweidnitz: Heege 1929–1930
25. Deutsche irren durch die Welt. Ein volksdeutsches Spiel. 24 S. Bln: Verl. des VDA 1930
26. Schlesischer Lichtenabend. Ein Reigen mundartlicher Szenen. 29 S. Schweidnitz: Heege 1930
27. (Hg., Einl.) Das Max Heinzel-Buch. Auslese aus seinen mundartlichen Dichtungen. 150 S. Schweidnitz: Heege 1931
28. Die brennende Weihnacht. Das Haus im Walde. Zwei Weihnachtsgeschichten. 15 S. Hbg: Agentur d. Rauhen Hauses (1931)
29. Bauer unterm Hammer. Schauspiel. 79 S. Stg: Dieck 1932
30. Stille Stunde. Ein Buch aus den Wandertagen meines Lebens. 98 S. Heilbronn: Salzer 1932
31. (Hg., Einl.) Das Vaterland muß größer sein. 96 S. qu. 8° Dresden: Deutscher Buch- u. Kunstverl. 1932
32. Atem der Berge. Ein Roman aus den Alpen. 463 S. Lpz: List 1933

33 Das Buch H. C. K. Eine Auswahl aus seinen Dichtungen. Hg., eingel. H. Zerkaulen. 128 S. Schweidnitz: Heege 1933
34 Bunt die Erde unter Dir. Erzählungen. 62 S. Bln: Warneck 1933
35 (Hg.) Heimat und Volkstum. Ein deutsches Dichterbuch. 141 S. Lpz: Koehler & Amelang 1933
36 Andreas Hollmann. Schauspiel. 78 S. Lpz: Dietzmann 1933
37 Hermann Löns und seine Heide. Eine Wanderung in Bildern durch Stätten seiner Werke. 19 S. Dresden: Filmdienst-V. 1933
38 (Bearb.) Zwischen Mauern und Türmen. Festspiel, nach Fedor Sommers gleichnamigem Roman bearb. 24 S. Hirschberg: Bote aus dem Riesengebirge 1933
39 Nickel stirbt zum ersten Male. Komödie. 69 S. Lpz: Dietzmann 1933
40 Ostmark. 15 S. Lpz: Schloeßmann (= Aus Deutschlands Werden 17) 1933)
41 Der Volkskanzler. Das Leben des Führers Adolf Hitler für Jugend und Volk erzählt. 57 S. Langensalza: Beltz (= Aus deutschem Schrifttum und deutscher Kultur 439) 1933
42 Brücken zum Volk. Ein volksdeutsches Freilichtspiel. 11 S. Bln: Verl. des VDA (= Volksdeutsche Festspiele 3) 1934
43 Deutsche irren durch die Welt. Ein volksdeutsches Spiel. 19 S. Bln: Verl. des VDA (= Volksdeutsche Festspiele 4) 1934
    (Neubearb. v. Nr. 25)
44 Hockewanzel. Volksstück. 71 S. Lpz: Dietzmann 1934
45 Kamerad, rück' ein! 73 S. m. Abb. Lpz: Univ.-Verl. Noske (= Neudeutsche Jugendbücherei 2) (1934)
46 Wir ändern das Leben. 75 S. m. Abb. Lpz: Univ.-Verl. Noske (= Neudeutsche Jugendbücherei 5) (1934)
47 Das Spiel vom ersten Mai! Spiel für die deutschen Schulen. 12 S. Langensalza: Beltz (1934)
48 Die Berge warten. Erzählung aus dem Grenzland. 78 S. Jena: Diederichs (= Deutsche Reihe 29) 1935
49 Stimme der Heimat. Vier Novellen. Hg., eingel. E. Lemke. 69 S. Lpz: Quelle & Meyer (= Deutsche Novellen des neunzehnten und zwanzigsten Jahrhunderts) (1935)
    (Enth. u. a. Ausz. a. Nr. 34)
50 Bergfreiheit. 176 S., 10 Bl. Abb. Dresden: Zwinger-V. 1936
    (Enth. u. a. Ausz. a. Nr. 34)
51 Schlesisches Brauchtum. 98 S. m. Abb. Breslau: Priebatsch (= Ostmark, du Erbe meiner Väter! 4) 1936
52 Das Christkindl im Heu. Eine weihnachtliche Geschichte. – Die Wunderkugel. 15 S. Hbg: Agentur des Rauhen Hauses (= Geschichten um Weihnachten 15) (1936)
    (Enth. u. a. Ausz. a. Nr. 34)
53 Einer unter Millionen. 316 S. Bln: Verl. „Zeitgeschichte" (= Der Braune Ring) (1936)
54 Die Heimat ruft. Eine Erzählung aus den Waldenburger Bergen. 74 S. Gütersloh: Bertelsmann (= Das kleine Buch 32) (1936)
55 Die ferne Macht und andere Erzählungen. 48 S. Bln: Limpert (= Kurzgeschichten 9) 1936
56 Rübezahl. Ein Spiel aus Schlesiens Bergen. 75 S. Lpz: Dietzmann (1936)
57 Die Wetterfichten. Volksdeutsche Erzählungen. 52 S. Langensalza: Beltz (= Aus deutschem Schrifttum und deutscher Kultur 531) (1936)
58 Grenzlandnot und Grenzlandsendung. 47 S. Breslau: Oehmigke (= Deutsches Ost-Land) 1937
59 Andreas Hollmann. Tragödie eines Volkes. 70 S. Jena: Diederichs (= Deutsche Reihe 55) 1937
    (Neufassg. v. Nr. 36)
60 Das Riesengebirge. 64 S., 48 Abb. Königsberg: Gräfe & Unzer (= Deutsche Welt 3) (1937)
61 In Rothenberg geht's um. Roman. 319 S. Lpz: Janke 1937
62 Hans von Schweinichen. Volksstück. 93 S. Jena: Diederichs 1937
63 Das Tor im Osten. Ein Spiel von Burg und Dom. Hg. Heimatwerk Sachsen. 62 S. Meißen: Klinkicht 1937

64 Schaffendes Volk. Erzählungen. Eingel., hg. K. Plenzat. 68 S. Lpz: Eichblatt (= Eichblatt's Deutsche Heimatbücher 120–121) (1937)
65 Gottstein und sein Himmelreich. Roman. 313 S. Jena: Diederichs 1938
66 (Hg.) Ein Sudetendeutscher ergibt sich nicht! Ein Buch um den sudetendeutschen nationalsozialistischen Führer Hans Krebs. 165 S., 6 Bl. Abb. Breslau: Korn 1938
67 Schlesische Dichtung der Gegenwart. 227 S. Breslau: Korn 1939
68 Gebot der Erde. Erzählungen. 66 S. (Bln: Ährenlese-V.) (= Die Bücher der Ährenlese 1) (1939)
69 Seele der Heimat. Bekenntnisse. 72 S., 1 Titelb. Jena: Diederichs (= Deutsche Reihe 79) 1939
70 Blaue Berge, grüne Täler ... Bergwaldgeschichten. 302 S., 117 Abb. Bln: Franke 1940
71 (MV) H. C. u. Dieter K.: Zwischen Front und Heimat. 68 S. Jena: Diederichs (= Deutsche Reihe 107) 1940
72 Verstaubtes Herz im Pulverschnee. Ein Spiel. 82 S. o. O. 1940
73 Oskar Schwär. 91 S., 1 Abb. Dürrhennersdorf: Lausitzer Kulturv. 1940
74 (MV) H. C. u. Dieter K.: Kommando des Herzens. Briefe und Tagebuchaufzeichnungen. 113 S. Bln: Bernard & Graefe 1941
75 Der böhmische Wind. Ein Schauspiel. 82 S. Jena: Diederichs 1941
76 Das kleine bißchen Ewigkeit. 15 S. Mchn: Münchner Buchverl. (= Münchner Lesebogen 52) (1942)
77 Freunde. Roman. 463 S. Jena: Diederichs 1942
78 Himmelreich der Heimaterde. Schlesische Geschichten. 132 S. Breslau: Schlesien-V. (= Schlesische Dichter sprechen zur Front) 1942
79 Der Kurier des Königs. Schauspiel. 71 S. Jena: Diederichs 1942
80 Musik im Riesengebirge. Eine Frühlingserzählung. 70 S. Karlsbad: Kraft (= Volksdeutsche Reihe 54) 1942
81 Ewiges Schlesien. Aufsätze, Bekenntnisse und Tagebuchblätter. 134 S. Breslau: Gauverl. N. S. Schlesien (1942)
82 Peregrin Seidelmann. Erzählung. 75 S. Jena: Diederichs (= Deutsche Reihe 113) 1942
83 (Hg.) K. A. Findeisen: Ich blas auf grünen Halmen. Auswahl aus den Werken. Zum sechzigsten Geburtstag des Dichters hg. 200 S. m. Abb. Bln: Limpert 1943

KÄSTNER, Abraham Gotthelf (1719–1800)

1 *Streitschriften über das beherzte Frauenzimmer. o. O. 1742
2 Pro iustitia calculi interusurii Leibnitiani disputat praelectionesque suas indicit A. G. K. 12 S. 4° Lpz (1747)
3 (MÜbs.) J. J. Schwabe: Allgemeine Historie der Reisen zu Wasser und Lande ... Übs. A. G. K., F. W. Beer (u. a.) 21 Bde. 4° Lpz 1747–1774
4 (Übs.) Der Königl. Schwedischen Akademie ... Abhandlungen ... 1739–1779. 41 Bde. Lpz: Holle; Hbg: Grund 1749–1783
5 (Übs.) J. Hellot: Färbekunst. Altenburg: Richter 1751
6 (Hg.) G. P. Pommer: Sammlungen historischer und geographischer Merkwürdigkeiten. 544 S. Altenburg: Richter 1752
7 (Hg.) Physikalische Belustigungen. Stück 21–30, oder Bd. 3. Bln: Voss 1753
8 (Hg.) J. B. v. Rohr: Physikalische Bibliothek ... 694 S. Lpz: Wendler 1754
9 (Übs.) Anfangsgründe der Handlung. Aus dem Franz. Lpz (o. Verl.) 1755
10 (Übs.) J. Lulof: Einleitung zu den mathematischen und physikalischen Kenntniß der Erdkugel. 2 Thle. 174 S., 15 Taf.; 4° Göttingen, Lpz: Luzac 1755
11 Vermischte Schriften. 2 Bde. 255, 278 S. Altenburg: Richter 1755–1772
12 (Bearb.) R. Smith: Vollständiger Lehrbegriff der Optik ... 531 S., 21 Ku. 4° Altenburg (, Neiße: Hennings) 1755
13 Beschreibung eines russischen Calenders ... 22 Bl. o.O. 1756
14 (Übs.) Neue Versuche und Bemerkungen der Gesellschaft zu Edinburg aus der Arzneikunst und übrigen Gelehrsamkeit. 3 Bde. m. Ku. Altenburg: Richter 1756–1774

15 (Übs.) Abhandlungen der holländischen Gesellschaft der Wissenschaften zu Harlem, größtentheils übersetzt und mit einigen Anmerkungen versehen. Thl. 1. 2 St. 124 S. Altenburg: Richter 1758
16 Mathematische Anfangsgründe. 4 Tle. Göttingen: Vandenhoeck & Ruprecht 1758–1791
17 Zwo Elegien. 16 S. Göttingen: Pockwitz & Barmeier 1758
18 Versuch einer Abhandlung von den Kegelschnitten. Göttingen (o. Verl.) 1759
19 Schreiben an Herrn Matthias Butschany wegen desselben Vertheidigung seiner Algebra. 28 S. Göttingen (o. Verl.) 1761
20 Elogium Tob. Mayeri. 16 S. 4⁰ Göttingen: Rosenbusch 1762
21 Elogium J. G. G. Roedereri ... 24 S. 4⁰ Göttingen: Bossiegel 1764
22 Acht verschiedene kleine Abhandlungen. 8 Tle. 4⁰ Göttingen: Vandenhoeck & Ruprecht 1765–1779
23 Commentarius über eine Stelle des Varro Von einer der Ursachen warum die Mathematik in Deutschland immer noch für unnütz gehalten wird. 11 S. Göttingen (o. Verl.) (1765)
24 (Vorw.) G. W. v. Leibniz: Oeuvres philosophiques ... 540 S. 4⁰ Amsterdam, Lpz: Schreuder 1765
25 Nachricht von dem, was bei Anwesenheit des Herzogs von York vorgegangen. 58 S. 4⁰ Göttingen: Bossiegel 1765
26 (Übs.) J. Wilkinson: The case of Mr. Winder ... Nachricht von einer Genesung von der Paralysis. Engl. u. dt. 29 S. Göttingen: Pockwitz & Barmeier 1765
27 Sammlung einiger die Bienenzucht betreffender Aufsätze. M. Ku. Göttingen: Dieterich 1766
28 Betrachtungen über die Art wie allgemeine Begriffe im göttlichen Verstande sind ... 11 S. 4⁰ Göttingen (o. Verl.) 1767
29 Dijudicatio systematum animalium mammalium. Göttingen 1767
30 Erläuterung eines Beweisgrundes für die Unsterblichkeit der menschlichen Seele. 11 S. Göttingen: Rosenbusch 1767
31 Über die Lehre der Schöpfung aus Nichts. 58 S. Göttingen (o. Verl.) 1767
32 (Bearb. Vorw.) J. F. Maler: Geometrie und Markscheidekunst verbessert und vermehrt. Karlsruhe 1767
33 Nachricht, was bei Gegenwart des Herzogs Ferdinand vorgefallen. 70 S. Göttingen. Vandenhoeck & Ruprecht 1768
34 Einige Vorlesungen in der königlichen deutschen Gesellschaft zu Göttingen gehalten. 2 Tle. 128, 114 S. Altenburg: Richter 1768–1773
35 Lobschrift auf Gottfried Wilhelm Freyherrn von Leibnitz. Altenburg (‚Neiße: Hennings) (1769)
36 Cantate bei der Georg-Augustus-Universität über das Absterben ihres ersten Curators, Freiherrn von Münchhausen. 2 S. Göttingen: Dieterich 1770
37 *Gesinnungen eines deutschen Gelehrten bei der Erinnerung an den Minister von Münchhausen. Eine Vorlesung. 5 S. Göttingen: Dieterich (1770)
38 Ob die Physik Begriffe von der göttlichen Gerechtigkeit giebt? 12 S. 4⁰ Göttingen (o. Verl.) 1770
39 Dissertationes Mathematicae et Physicae, quas Societati ... Gottingensiannis 1756–1766 exhibuit A. G. K. VIII, 175 S., 6 Taf. Altenburg: Richter 1771
40 Ueber Tycho de Brahe Wahlspruch zu einer Vorlesung. 6 S. 4⁰ Göttingen (o. Verl.) 1771
41 Astronomische Abhandlungen. 2 Sammlungen. 442 S., 7 Taf.; 476 S., 5 Taf. m. Ku. Göttingen: Vandenhoeck & Ruprecht 1772–1774
42 Anmerkungen über die Markscheidekunst. Nebst einer Abhandlung von Höhenmessungen durch das Barometer. 440 S., 4 Ku. Göttingen: Vandenhoeck & Ruprecht 1775
43 Der Erinnerung Jh. Ph. Murray gewidmet. Eine Vorlesung. 3 ungez. Bl. 4⁰ Göttingen: Rosenbusch 1776
44 Elogium Jo. Chr. Erxleben – qui rebus humanis excessit d. 18. Aug. 1777. 12 S. 4⁰ Göttingen: Dietrich 1777
45 Ueber die Aenderung des Ganges der Penduluhren, im Sommer und im Winter. Göttingen (o. Verl.) 1778

46 (Vorw.) B. Martin: Philosophia britannica, oder Lehrbegriff der Newtonischen Weltweisheit, Sternkunde etc. A. d. Engl. Mit Bemerkungen v. A. G. K. 3 Thle. Lpz (:Vogel) 1778
47 (Vorw.) J. N. Müller: Anweisung zur Geometrie für Anfänger. 278 S., 32 Ku. Göttingen (o. Verl.) 1778
48 An Herrn Hofrath und Leibmedicus Zimmermann in Hannover. Altenburg (1780)
49 An Joh. Beckmann. 12 S. Göttingen (o. Verl.) 1781
50 (Vorw.) F. G. v. Busse: Erster Unterricht in der algebraischen Auflösung arithmetischer und geometrischer Aufgaben. 2 Thle. 346, 275 S. m. Ku. Dessau (o. Verl.) 1781–1782
51 (Vorw.) C. Chassot de Florencourt: Abhandlungen aus der juristischen und politischen Rechenkunst. 4° Altenburg, Neisse: Hennings 1781
52 Neueste großentheils noch ungedruckte Sinngedichte und Einfälle. 8 Bl., 136 S. o. O. 1781
53 (Vorw.) J. J. A. Thiele: Lehrbuch der reinen Mathematik. Thl. 1. Hannover (,Lpz: Hinrichs) 1782
54 (Vorw.) J. K. Tutenberg: Unterhaltende Betrachtungen der Himmelskörper oder des großen Weltalls. 492 S. m. Ku. Göttingen: Dieterich 1782
55 (MÜbs.) Der königl. Schwedischen Akademie ... Neue Abhandlungen 1780–1790. Übs. A. G. K., J. D. Brandis u. H. F. Link. 12 Bde. Lpz: Holle 1784–1792
   (Forts. v. Nr. 4)
56 De objecti e duob. locis dissitis visi in venienda distantia superficie terrae. 4° Erfurt: Keyser 1784
57 (Vorw.) J. M. Rödel: Abhandlung von den zufälligen Punkten in der Perspektivkunst für Werkmeister. 62 S., 8 Ku. 4° Coburg, Lpz: Fleischer 1784
58 In optica quaedam Boerhavii et Halleri commentatur A. G. K. 44 S. Lpz: Breitkopf & Härtel 1785
59 Problema ad Geometriam practicam pertinens, speciatim ad altitudines mensurandas. 4° Erfurt: Keyser 1786
60 Über den Vortrag gelehrter Kenntnisse in der deutschen Sprache. 8 S. Göttingen. Dieterich 1787
61 Elogium Alb. Ludov. Frid. Meisteri. 11 S. Göttingen: Dieterich 1789
62 Geometrische Abhandlungen. 2 Sammlungen. 580 S., 9 Taf.; 620 S., 4 Taf. Göttingen: Vandenhoeck & Ruprecht 1790–1791
   (= Abth. 3–4 d. 1 Thls. v. Nr. 16)
63 Sämmtliche mathematische Schriften. 10 Bde., 57 Ku. Göttingen 1790–1801
64 (MV) J. I. Berghaus: Geschichte der Schiffahrtskunde bei den vornehmsten Völkern des Alterthums. Mit Zusätzen u. Verbesserungen v. A. G. K. 2 Bde. u. Anh. 632, 277 S., 12 Ku., 1 Kt. Lpz (:Wienbrack) 1792–1793
65 An ... August Herzog zu Braunschweig-Oels ... Göttingen 1793
66 (Vorw.) J. W. Christiani: Die Lehre von der geometrischen und ökonomischen Vertheilung der Felder. XVIII, 154 S., 3 Tab. Göttingen: Vandenhoeck & Ruprecht 1793
67 Gedanken über das Unvermögen der Schriftsteller Empörungen zu bewirken. 32 S. Göttingen: Vandenhoeck & Ruprecht 1793
68 Fünf mathematische Abhandlungen. 32 S. 4° Erfurt: Keyser 1794
69 (Vorw.) G. E. Rosenthal: Encyclopädie aller mathematischen Wissenschaften. 12 Bde. Gotha: Ettingen 1794–1803
70 Weitere Ausführungen der mathematischen Geographie besonders in Absicht auf die sphäroidische Gestalt der Erde. XXXII, 526 S., 6 Ku.-Taf. Göttingen: Vandenhoeck & Ruprecht 1795
71 (MÜbs.) J. Brisson: Über die specifischen Gewichte der Körper. Aus dem Franz. mit Anmerkungen v. A. G. K. u. I. A. G. Blumhof. Lpz: Kühn 1795
72 (MV) A. G. K., P. J. Bruns u. E. A. W. Zimmermann: Uebersicht der Fortschritte verschiedener Theile der geographischen Wissenschaften seit dem letzten Drittheile des jetzigen Jahrhunderts bis 1790. 1 Bl., 120 S. Braunschweig (,Lpz: Vogel) 1795
73 (Vorw.) Ch. H. E. Rücker: Erläuterungen der Kästnerschen Anfangsgründe der mechanischen und optischen Wissenschaften. Lpz: Schwickert 1795

74 (MV) A. G. K. u. J. F. Kirsten: Der Erinnerung eines Kindes und seiner Mutter gewidmet. Göttingen: Vandenhoeck & Ruprecht 1796
75 Geschichte der Mathematik seit der Wiedererweckung der Wissenschaften bis an das Ende des XVIII. Jahrhunderts. 4 Bde. Göttingen: Rosenbusch 1796–1800
76 Zwei mathematische Abhandlungen, als: Berechnung über ostindische Münzen, und über ordentliche Vielecke um ein gleiches. Erfurt (: Otto) 1798
77 (Vorw.) T. G. L. Blumhof: Vom alten Mathematiker Konrad Dasypodius. 52 S. Göttingen: Vandenhoeck & Ruprecht 1798
78 Elogium Geo. Chr. Lichtenberg. 8 S. 4° Göttingen: Dieterich 1799
79 Zum Theil noch ungedruckte Sinngedichte und Einfälle. 2 Bde. X, 142; XX, 244 S. Ffm, Lpz o. Verl. (1) bzw. Schellenberg (2) 1800
80 Abhandlung wider die gänzliche Aufhebung der Todesstrafe. Lpz: Göthe 1805
81 (MV) A. G. K. u. G. S. Klügel: Philosophisch-mathematische Abhandlungen. (S.-A.) Halle: Gebauer 1807
82 Dreißig Briefe und mehrere Sinngedichte. Hg. A. v. Gehren, geb. Baldinger. 4 Bl., VIII, 127, 1 S. Darmstadt (: Leske) 1810
83 Gesammelte Poetische und Prosaische Schönwissenschaftliche Werke. 4 Bde. m. Bildn. Bln: Enslin 1841

KÄSTNER, Erhart (*1904)

1 (MH) G. Hauptmann: Sprüche. Ausw. E. K. u. E. Göpel. 6 Bl. Bln: Berthold 1941
2 Griechenland. Ein Buch aus dem Kriege. 270 S. m. Abb. Bln: Mann 1942
3 Kreta. 238 S., 1 Kt. Bln: Mann 1946
4 Zeltbuch von Tumilad. 256 S. Wiesbaden: Insel 1949
5 Ölberge, Weinberge. Ein Griechenlandbuch. 245 S., 1 Bl. m. Abb. Wiesbaden: Insel 1953 (Neufassg. v. Nr. 2)
6 (Einl.) A. Maillol: Hirtenleben. 46 S. m. Abb. Wiesbaden: Insel (= Insel-Bücherei 604) (1954)
7 Die Stundentrommel vom heiligen Berg Athos. 254 S. Wiesbaden: Insel 1956
8 (Nachw.) J. Conrad: Geschichten vom Hörensagen. 661 S. Ffm: Fischer (= Die Bücher der Neunzehn 61) 1959

KÄSTNER, Erich (+Kurtz, Melchior) (*1899)

1 Herz auf Taille. 111 S. Lpz: Weller (1928)
2 Lärm im Spiegel. 110 S. Lpz: Weller (1928)
3 Emil und die Detektive. Ein Roman für Kinder. 238 S. m. Abb. Bln: Williams (1929)
4 (MV) E. K. u. W. Trier: Arthur mit dem langen Arm. Ein Bilderbuch. 20 S. m. Abb. 4° Stg: Dt. Verl.-Anst. 1930
5 Emil und die Detektive. Theaterstück. Bln: Chronos-Verl. Mörike 1930
6 Leben in dieser Zeit. Bln: Chronos-Verl. Mörike 1930
7 Ein Mann gibt Auskunft. 112 S. Stg: Dt. Verl.-Anst. 1930
8 Pünktchen und Anton. Roman für Kinder. 223 S. m. Abb. Bln: Williams 1930
9 Fabian. Die Geschichte eines Moralisten. 332 S. Stg: Dt. Verl.-Anst. 1931
10 Der fünfunddreißigste Mai oder Konrad reitet in die Südsee. 131 S. m. Abb. Bln: Williams (1931)
11 (MV) E. K. u. W. Trier: Das verhexte Telefon. Ein Bilderbuch. 20 S. m. Abb. 4° Bln: Williams 1931
12 Gesang zwischen den Stühlen. 109 S. Stg: Dt. Verl.-Anst. (1932)
13 Pünktchen und Anton. Theaterstück. Bln: Chronos-Verl. Mörike 1932

14 Das fliegende Klassenzimmer. Roman für Kinder. 221 S. m. Abb. Stg: Perthes 1933
15 Drei Männer im Schnee. Eine Erzählung. 277 S. Zürich: Rascher 1934
16 Emil und die drei Zwillinge. Die zweite Geschichte von Emil und den Detektiven. 252 S. Zürich: Atrium (1935)
   (Forts. v. Nr. 3)
17 Till Eulenspiegel. 46 S. 4⁰ Zürich: Atrium (1935)
18 Die verschwundene Miniatur. 247 S. Zürich: Atrium (1935)
19 Dr. Erich Kästners Lyrische Hausapotheke. Ein Taschenbuch. 222 S. Zürich: Atrium (1936)
20 Georg und die Zwischenfälle. 141 S. Zürich: Atrium (1938)
21 Hier wohnt das Glück. Hg. J. H. Schouten. 120 S. Amsterdam: Meulenhoff (= Meulenhoffs Sammlung deutscher Schriftsteller 83) (1938)
22 Bei Durchsicht meiner Bücher ... Eine Auswahl aus vier Versbänden. 178 S. Stg, Hbg: Rowohlt 1946
   (Enth. Ausz. a. Nr. 1, 2, 7, 12)
23 (Hg.) Pinguin. Für junge Leute. 4 Jge. 4⁰ (Jg. 4: 2⁰) Stg: Rowohlt 1946–1949
24 (Hg.) K. Tucholsky: Gruß von vorn. Eine Auswahl. 291 S. Stg, Hbg: Rowohlt 1946
25 (Vorw.) E. Will-Halle: Du und ich im Neuaufbau! Eine nachdenkliche Bilderfibel für große und kleine Kinder. 8 Bl. m. Abb. Halle: Mitteldt. Verl.-Ges. (1947)
26 +Zu treuen Händen, Komödie. Hbg: Chronos-Verl. Mörike 1948
27 (Vorw.) H. Kesten: Glückliche Menschen. Roman. 291 S. Kassel: Schleber (1948)
28 Der tägliche Kram. Chansons und Prosa 1945–1948. 224 S. Zürich: Atrium (1948)
29 Kurz und bündig. Epigramme. 49 S. Olten: Vereinigung Oltner Bücherfreunde (= Veröffentlichung der Vereinigung Oltner Bücherfreunde 38) 1948
30 Der kleine Grenzverkehr oder Georg und die Zwischenfälle. 141 S., 8 Taf. Zürich: Atrium 1949
   (Neuaufl. v. Nr. 20)
31 Das doppelte Lottchen. Ein Roman für Kinder. 174 S. m. Abb. Zürich: Atrium 1949
32 (Vorw.) H. Meyer-Brockmann: Satiren. Fünfzig Zeichnungen. VII S., 50 Taf. 4⁰ Mchn: Weismann 1949
33 Der gestiefelte Kater. 40 S., 10 Taf. 4⁰ Zürich: Atrium 1950
34 Die Konferenz der Tiere. Ein Buch für Kinder und Kenner. Nach einer Idee von Jella Lepmann. 31 Bl. m. Abb. 4⁰ Zürich, Wien, Konstanz: Europa-V. (1950)
35 Kurz und bündig. 112 S. Zürich: Atrium-Verl. 1950
   (Erw. Neuaufl. v. Nr. 29)
36 Des Freiherrn von Münchhausen wunderbare Reisen und Abenteuer zu Wasser und zu Lande. Nacherzählt. 48 S., 10 Taf. 4⁰ Zürich: Atrium 1951
37 (MBearb.) T. S. Eliot: Old Possum's Book of practical cats. Old Possums Katzenbuch. Englisch und deutsch. Übs. W. Peterich. Nachdichtungen: E. K. (u. a.) 99 S. m. Abb. Bln, Ffm: Suhrkamp (= Bibliothek Suhrkamp 10) (1952)
38 Die kleine Freiheit. Chansons und Prosa 1949–1952. 201 S. Zürich: Atrium 1952
39 (Vorw.) P. Hazard: Kinder, Brüder, große Leute. Aus dem Französischen v. H. Wegener. 213 S., 9 Bl. Abb. Hbg: Hoffmann & Campe 1952
40 Pünktchen und Anton. Ein Kinderstück. 55 S. Weinheim/Bergstr.: Dt. Laienspiel-Verl. 1952
   (Dramat. v. Nr. 8)
41 Die Schildbürger. Nacherzählt. 47 S., 10 Taf. 4⁰ Zürich: Atrium 1954
42 Der Gegenwart ins Gästebuch. Gedichte. 162 S. Ffm: Büchergilde Gutenberg 1955
43 Die dreizehn Monate. Gedichte. 47 S. m. Abb. Zürich: Atrium (1955)
44 Eine Auswahl. 126 S. Bln: Dressler 1956
45 (Vorw.) Kindertage – Kinderseelen. Ein Bildwerk. Hg. P. Junker. Textausw. F. Henrich. 79 S. m. Abb. 4⁰ Bonn: Athenäum-V. 1956

46 Leben und Taten des scharfsinnigen Ritters Don Quichotte. Nacherzählt. 47 S. m. Abb., 11 Taf. 4° Zürich: Atrium 1956
47 Die Schule der Diktatoren. Eine Komödie in neun Bildern. 128 S. m. Abb. Zürich: Atrium 1956
48 (MV) P. Flora: Menschen und andere Tiere. An die Leine genommen von E. K. 10 S. Text, 25 ungez. Bl. Abb. Mchn: Piper (= Piper-Bücherei 109) 1957
49 Als ich ein kleiner Junge war. 176 S. m. Abb. Zürich: Atrium 1957
50 (MV) Heiteres von e. o. plauen. Begleittext E. K. 32 ungez. Bl. Abb. m. Text. Hannover: Fackelträger-V. 1957
51 Über das Nichtlesen von Büchern. Ein imaginärer Vortrag ... 10 ungez. Bl. m. Abb. Ffm: Börsenverein d. Dt. Buchhandels 1958
52 (Hg., Einl.) Deutscher Humor der Gegenwart in Wort und Bild. Heiterkeit in Dur und Moll. 341 S. m. Abb. Hannover: Fackelträger-V. 1958
53 (Hg., Einl.) Lachen, lächeln, schmunzeln. Deutscher Humor der Gegenwart in Wort und Bild, Vers und Prosa. 352 S. m. Abb. Hannover: Fackelträger-V. 1958
  (Verm. Neuaufl. v. Nr. 52)
54 (Hg., Einl.) Heiterkeit in Dur und Moll. Deutscher Humor der Gegenwart in Wort und Bild. 352 S. m. Abb. Hannover: Fackelträger-V. 1959
  (Neuaufl. v. Nr. 53)
55 (Einl.) Oh diese Katzen. Geschildert in vierunddreißig Fotos. Mit praktischen Ratschlägen v. P. Leyhausen. Zusammenstellung und Bearbeitung B. Lohse. 63 S. m. Abb. Ffm: Umschau-V. 1959
56 Gesammelte Schriften. Vorw. H. Kesten. 7 Bde. Köln: Kiepenheuer & Witsch 1959
57 (Hg.) (W. Trier:) Heiteres von Walter Trier. Text E. K. 32 ungez. Bl. Abb. m. Text, 1 Titelb. Hannover: Fackelträger-V. (= Die kleine Reihe) 1959
58 Große Zeiten – kleine Auswahl. Hg. F. Rasche. 61 S. m. Abb. Hannover: Fackelträger-V. (= Die kleine Reihe) 1959
59 (Hg.) Heiterkeit kennt keine Grenzen. Die letzten fünfzig Jahre im Spiegel des Humors des Auslands in Wort und Bild. 413 S. m. Abb. Hannover: Fackelträger-V. 1960

KAFKA, Franz (1883–1924)

1 Betrachtung. V, 99 S. Lpz: Wolff (800 num. Ex.) 1913
2 Der Heizer. Ein Fragment. 47 S., 1 Titelb. Lpz: Wolff (= Der jüngste Tag 3) 1913
3 Das Urteil. Eine Geschichte. 29 S. Lpz: Wolff (= Der jüngste Tag 34) 1916
4 Die Verwandlung. 73 S., 1 Titelb. Lpz: Wolff (= Der jüngste Tag 22–23) (1916)
5 Ein Landarzt. Kleine Erzählungen. 189 S. Mchn: Wolff 1919
6 In der Strafkolonie. Erzählung. 69 S. Lpz: Wolff (= Drugulin-Drucke 4) 1919
7 Ein Hungerkünstler. Vier Geschichten. 86 S. Bln: Verl. Die Schmiede (= Die Romane des zwanzigsten Jahrhunderts) 1924
8 Der Prozeß. Roman. Nachw. M. Brod. VIII, 411 S. Bln: Verl. Die Schmiede (= Die Romane des zwanzigsten Jahrhunderts) 1925
9 Das Schloß. Roman. 504 S. Mchn: Wolff 1926
10 Amerika. Roman. 392 S. Mchn: Wolff 1927
  (Enth. u. a. Nr. 2)
11 Beim Bau der Chinesischen Mauer. Ungedruckte Erzählungen und Prosa aus dem Nachlaß. Hg. M. Brod u. H. J. Schoeps. 266 S. Bln: Kiepenheuer 1931
12 Vor dem Gesetz. Von H. Politzer aus den Schriften Kafkas zusgest. 80 S. Bln: Schocken (= Bücherei des Schocken-Verlags 19) 1934
13 Gesammelte Schriften. Hg. M. Brod in Gemeinschaft mit H. Politzer. 6 Bde. Bln: Schocken (1–4) bzw. Prag: Mercy (5–6) 1935–1937
14 Tagebücher und Briefe. 351 S. Prag: Mercy 1937
15 Gesammelte Schriften. Hg. M. Brod. 10 Bde. New York: Schocken 1946 bis 1954

16 Gesammelte Werke. Hg. M. Brod. 9 Bde. Ffm: Fischer (1950–1958) (Lizenzausg. v. Nr. 15)

KAISER, Georg (1878–1945)

1 Die jüdische Witwe. Biblische Komödie. 164 S. Bln: Fischer 1911
2 König Hahnrei. Tragödie in fünf Akten. 167 S. Bln: Fischer 1913
3 Die Bürger von Calais. Bühnenspiel in drei Akten. 107 S. Bln: Fischer 1914
4 David und Goliath. Lustspiel in vier Akten. 87 S. o. O. (Priv.-Dr.) (1914)
5 Der Fall des Schülers Vehgesack. Eine kleine deutsche Komödie in fünf Akten. 72 S. o. O. (Priv.-Dr.) (1914)
6 Großbürger Möller. Ein gewinnendes Spiel in vier Akten. 87 S. o. O. (Priv.-Dr.) (1914)
   (Neuaufl. v. Nr. 4)
7 Der Kongreß. Komödie in drei Akten. 2 Bl., 58 S. o. O. (1914)
8 Rektor Kleist. Vier komitragische Akte. 77 S. Weimar: Wagner (120 num. Ex.) (1914)
9 Europa. Spiel und Tanz in fünf Aufzügen. 167 S. Bln: Fischer 1915
10 Von Morgens bis Mitternachts. Stück in zwei Teilen. 131 S. Potsdam: Kiepenheuer 1916
11 Der Zentaur. Lustspiel in fünf Aufzügen. 88 S. Potsdam: Kiepenheuer (1916)
12 Die Koralle. Schauspiel in fünf Akten. 135 S. Bln: Fischer 1917
13 Die Sorina. Komödie in drei Akten. 172 S. Bln: Fischer 1917
14 Die Versuchung. Eine Tragödie unter jungen Leuten aus dem Ende des vorigen Jahrhunderts in fünf Akten. 172 S. Bln: Fischer 1917
15 Claudius. Friedrich und Anna. Juana. Drei Einakter. 108 S. Weimar, Potsdam: Kiepenheuer 1918
16 Das Frauenopfer. Schauspiel in drei Akten. 157 S. Potsdam: Kiepenheuer 1918
17 Gas. Schauspiel. Schauspiel in fünf Akten. – 2. Tl. Schauspiel in drei Akten. 118, 67 S. Bln: Fischer (1) bzw. Potsdam: Kiepenheuer (2) 1918–1920
18 Juana. Einakter. 20 S. Weimar: Wagner (110 sign. Ex.) 1918
    (Ausz. a. Nr. 15)
19 Rektor Kleist. Tragikomödie in vier Akten. 77 S. Potsdam: Kiepenheuer 1918
    (Neufassg. v. Nr. 8)
20 Der Brand im Opernhaus. Ein Nachtstück in drei Aufzügen. 117 S. Bln: Fischer 1919
21 Hölle, Weg, Erde. Stück in drei Teilen. 93 S. Potsdam: Kiepenheuer (= Der dramatische Wille 2) 1919
22 Der gerettete Alkibiades. Stück in drei Teilen. 110 S. Potsdam: Kiepenheuer (1920)
23 (MV) G. K. u. P. R. Lenhard: „Er soll dein Herr sein!" Schwank in einem Akt. 20 S. Heidelberg: Hochstein (= Volkstheater 67) (1920)
24 Konstantin Strobel. Lustspiel in fünf Aufzügen. 77 S. Potsdam, Bln: Kiepenheuer 1920
    (Neufassg. v. Nr. 11)
25 (MV) Die Fibel. Mappe 1. Text H. T. Joel u. G. K. 5 Taf., 2 S. Text. Darmstadt: Lang 1921
26 Der Protagonist. Einakter. 32 S. Potsdam: Kiepenheuer (1921)
27 Kanzlist Krehler. Tragikomödie in drei Akten. 101 S. Potsdam: Kiepenheuer 1922
28 Noli me tangere. Stück in einem Vorspiel und zwei Teilen. 81 S. Potsdam: Kiepenheuer 1922
29 Die Flucht nach Venedig. Schauspiel in vier Akten. 99 S. Bln: Verl. „Die Schmiede" 1923
30 Der Geist der Antike. Komödie in vier Akten. 61 S. Potsdam: Kiepenheuer 1923
31 Gilles und Jeanne. Bühnenspiel in drei Teilen. 137 S. Potsdam: Kiepenheuer 1923

32 Nebeneinander. Volksstück 1925 in fünf Akten. 145 S. Potsdam: Kiepenheuer 1923
33 Kolportage. Komödie in einem Vorspiel und drei Akten nach zwanzig Jahren. VII, 214 S., 2 Taf. Bln: Verl. „Die Schmiede" 1924
34 Gats. Drei Akte. 103 S. Potsdam, Bln: Kiepenheuer 1925
35 Zweimal Oliver. Stück in drei Teilen. 139 S. Bln-Schöneberg: Stolle 1926
36 (MV) K. Weill: Der Protagonist. Ein-Akt-Oper v. G. K. Musik K. W. 24 S. Wien: Universal-Edition (= Universal-Edition 8388) (1926) (Vertonung v. Nr. 26)
37 Der mutige Seefahrer. Komödie in vier Akten. 79 S. Potsdam: Kiepenheuer (1926)
38 Papiermühle. Lustspiel in drei Akten. 134 S. Potsdam, Bln: Kiepenheuer 1927
39 Der Präsident. Komödie in drei Akten. 141 S. Potsdam, Bln: Kiepenheuer 1927 (Neuaufl. v. Nr. 7)
40 (MV) K. Weill: Der Zar läßt sich photographieren. Opera Buffa in einem Akt. Text G. K. Musik K. W. 115 S. Wien: Universal-Edition 1927
41 Die Lederköpfe. Schauspiel in drei Akten. 108 S. Potsdam, Bln: Kiepenheuer 1928
42 Oktobertag. Schauspiel in drei Akten. 131 S. Potsdam, Bln: Kiepenheuer 1928
43 Gesammelte Werke. 3 Bde. 423, 532, 424 S. Potsdam, Bln: Kiepenheuer 1928-1931
44 Hellseherei. Gesellschaftsspiel in drei Akten. 141 S. Bln: Kiepenheuer 1929
45 Zwei Krawatten. Revuestück in neun Bildern. 125 S., 9 Taf. Potsdam, Bln: Kiepenheuer 1929
46 Mississippi. Schauspiel. 115 S. Bln: Kiepenheuer 1930
47 Es ist genug. Roman. 344 S. Bln: Transmare-V. 1932
48 Der Silbersee. Ein Wintermärchen in drei Akten. 224 S. Bln: Kiepenheuer 1933
49 Der Gärtner von Toulouse. Schauspiel in fünf Akten. 77 S. Amsterdam: Querido-V. 1938
50 Der Schuß in die Öffentlichkeit. Vier Akte. 99 S. Amsterdam: Querido 1939
51 Alain und Elise. Schauspiel in drei Akten. 93 S. Zürich, New York: Oprecht 1940
52 Rosamunde Floris. Schauspiel in drei Akten. 94 S. Zürich, New York: Oprecht 1940
53 Der Soldat Tanaka. Schauspiel in drei Akten. 86 S. Zürich, New York: Oprecht 1940
54 Villa Aurea. Roman. 235 S. Amsterdam: Querido-V. 1940
55 Die Spieldose. Schauspiel in fünf Akten. 62 S. Basel: Reiß 1943
56 Griechische Dramen. Pygmalion. Zweimal Amphitryon. Bellerophon. Erstveröffentlichung aus dem Nachlaß. Nachw. C. v. Arx. 383 S., 2 Taf. Zürich: Artemis-V. 1948

KARSCH(IN), Anna Luise (1722–1791)

1 Zwei Oden auf den großen Brand in Glogau. 4° Glogau: Günther 1758
2 Die gedemüthigten Russen. 4 Bl. Glogau (o. Verl.) 1758
3 Siegesode Friedrich ... 2 Bl. 4° Glogau: Schweickhardt 1758
4 Friedrich der Beschützer und Liebenswürdige. 6 ungez. Bl. o. O. 1759
5 Auf den Sieg des Königs bey Torgau. 4 Bl. Glogau (o. Verl.) 1760
6 Der Einzug Friedrichs des Unüberwindlichen. 2 Bl. 4° Bln: Winter 1763
7 Gesänge bey Gelegenheit der Feyerlichkeiten Berlins. 19 Bl. 4° Bln: Winter 1763
8 *An Gott ... 2 Bl. 4° Bln: Winter 1763
9 An den König. 2 Bl. 4° Bln: Winter 1763
10 *An Ihro Majestät die Königin ... 2 Bl. 4° Bln: Winter 1763
11 *Ode bei dem jubelvollen Empfange der Königin. 2 Bl. Bln: Winter 1763
12 Poetische Einfälle. Erste Sammlung. 64 S. 16° Bln: Winter 1764

13 Auserlesene Gedichte. Hg. J. W. L. Gleim. XL, 2 Bl., 363 S. m. Bildn. Bln: Winter 1764
14 An Ihro Königliche Hoheit die Herzogin von Braunschweig in Charlottenburg. 2 Bl. Bln 1764
15 Moralische Neujahrswünsche. Bln: Winter 1764
16 Einige Oden über verschiedene hohe Gegenstände. 10 Bl. 4⁰ Bln: Winter 1764
17 Kleinigkeiten. Bln: Winter 1765
18 An ... die ... Fürstin von Anhalt-Dessau. o. O. 1767
19 *Dem Herrn Canonicus Gleim ... Bln 1767
20 An die Prinzessin Friderica ... 2 Bl. Bln: Decker 1770
21 Auf den Tod der jungen Elise. 4 Bl. Bln: Winter 1770
22 Lied der Clio. Bln 1771
23 Auf Bielefelds Tod. Bln 1771
24 Ein mütterlicher Traum. Bln (o. Verl.) 1771
25 Auf die Geburtstagsfeier Ihro ... Durchlaucht der Gemahlin des Prinzen Friedrich von Braunschweig-Wolfenbüttel. 4 S. 4⁰ Bln: Decker 1772
26 Gedichte uf die Huldigung in Neupreußen und auf die Anwesenheit der Königin von Schweden. Bln 1772
27 Neue Gedichte. 94 S. Mietau, Lpz: Hinz 1772
28 Gesang auf die Eheverbindung des Kochischen Acteurs Herrn Henkens ... mit Mademoiselle Schickin ... den 12ten April 1772. 4⁰ Bln 1772
29 Versificiertes Allerley zum neuen Jahre. Bln 1773
30 Dem fürstlichen Beylager des regierenden Landgrafen von Hessen-Kassel. 3 S. 4⁰ Bln: Decker 1773
31 An Ihro Majestät die Königin von Schweden bey der Geburtsfeyer des Prinzen Ferdinand Kgl. Hoheit, den 23. May 1773. 3 S. 4⁰ Bln: Rellstab (1773)
32 Lied an Prinz Heinrichs Königliche Hoheit in Rheinsberg. 2 Bl. Bln: Decker 1776
33 An die preußische Armee bey Eröffnung des Feldzuges 1778. 4⁰ Bln 1778
34 Lied auf die Ankunft ... Ferdinands ... Bln 1779
35 Beym heiligen Überreste des ... Barez ... Bln 1785
36 Der ... Ehegattin des ... Chodowiecky ... Bln 1785
37 *An die Helden des Alterthums. 4 Bl. Bln (o. Verl.) 1785
38 *Der Nachruhm. Bln: Decker 1785
39 Auf Leopolds Opfertod. 3 Bl. Bln: Decker 1785
40 Brief an ihren Neffen von Simmingsköld ueber den Tod Friederichs, regierenden Herzogs von Mecklenburg-Schwerin. 1 Bg. Jena 1785
41 *Allen Freunden Gleims ... Bln 1786
42 Auf Friedrichs des Zweiten Tod. Bln 1786
43 An die Sonne bey dem Leichenbegängnisse Friedrichs des Größten. 4 Bl. Bln: Decker 1786
44 Zur ersten Geburtsfeyer auf dem Thron, der regierenden Königin von Preußen gewidmet. 2 Bl. Bln (o. Verl.) 1786
45 Zuruf an den Fremdling beym Marmorsarge Friedrichs des Großen. 4 Bl. Bln: Decker 1786
46 Gedicht an die regierende Herzoginn von Würtemberg enthaltend die Bitte und den Wunsch vieler Tausenden. 2 Bl. Ffm 1787
47 Trostgesang für Neuruppin. Bln 1787
48 Zuruf an Schubarts Liebhaber in der ganzen Welt. 2 Bl. Ffm 1787
49 Gedichte, nach der Dichterin Tode nebst ihrem Lebenslauff hg. v. ihrer Tochter Caroline Louise v. Klenke geb. Karschin. XXIV, 128, 392, 1 S. m. Bildn. Bln: Diterici 1792

KASACK, Hermann (1896–1966)

1 Der Mensch. Verse. 70 S. Mchn: Roland-Verl. Dr. Mundt (= Die neue Reihe 1) 1918
2 Die Heimsuchung. Eine Erzählung. 30 S. 4⁰ Mchn: Roland-Verl. Dr. Mundt (135 Ex.) 1919
3 (Nachw.) F. Hölderlin: Hymnische Bruchstücke aus der Spätzeit. Aus der

Handschrift zum ersten Mal übertragen. 28 S. Hannover: Banas & Dette (550 Ex.) 1920
4 (Hg.) F. Hölderlin: Elegien. 61 S. Potsdam: Kiepenheuer 1920
5 Die Insel. Gedichte. 72 S. Bln: Rowohlt (1920)
6 (Hg.) P. Ludwig: Die selige Spur. Gedichte. 45 S. Mchn: Roland-Verl. Dr. Mundt (= Die neue Reihe 22) 1920
7 Die Schwester. Eine Tragödie in acht Stationen. 118 S. Bln: Rowohlt 1920
8 Die tragische Sendung. Ein dramatisches Ereignis in zehn Szenen. 102 S. Bln: Rowohlt 1920
9 Der Gesang des Jahres. 10 S. Potsdam: Verl. d. Dichtung Kiepenheuer (800 Ex.) 1921
    (Ausz. a. Nr. 5)
10 (MH, Nachw.) F. Hölderlin: Gesammelte Werke. Hg. F. Seebaß u. H. K. 4 Bde. 1398 S., 1 Titelb., 5 Faks. Potsdam: Kiepenheuer (1921)
11 Der Mensch. Verse. 62 S. Mchn: Roland-Verl. Dr. Mundt 1921
    (Verm. Neuaufl. v. Nr. 1)
12 Stadium. Eine Gedicht-Reihe. 34 S. Potsdam: Verl. d. Dichtung Kiepenheuer 1921
13 (Hg, Nachw.) F. Hölderlin: Gedichte. 302 S., 1 Titelb., 1 Faks. Potsdam: Kiepenheuer 1923
14 Vincent. Schauspiel in fünf Akten. 117 S. Potsdam: Kiepenheuer 1924
15 (MH) Kiepenheuers Tabatière. Hg. H. K. u. E. Köppen. Potsdam (Priv.-Dr.; 111 Ex.) 1925
16 Gedenkrede auf Wolf Przygode. Gesprochen 19. Dezember 1926. 30 S. Bln (Priv.-Dr.; 150 num. Ex.) 1927
17 Echo. 38 Gedichte. 47 S. Bln: Verl. Die Rabenpresse 1933
18 Tull, der Meisterspringer. 79 S. Lpz: Schneider 1935
19 Der Strom der Welt. Gedichte. 14 S. Hbg: Ellermann (= Das Gedicht. Jg. 6, Folge 7) 1940
20 (Hg., Einf.) O. Loerke: Zehn Gedichte. 15 S. Hbg: Ellermann (= Das Gedicht. Jg. 7, Folge 10) 1941
21 (Hg., Einl.) J. G. Seume: Spaziergang nach Syrakus im Jahre 1802. XX, 479 S., 1 Titelb., 1 Kt. Bln (,Ffm): Fischer (= Pantheon-Ausgabe) 1941
22 Das ewige Dasein. Gedichte. 256 S. Bln, Ffm: Suhrkamp 1943
23 (Hg.) F. Hölderlin: Gedichte. Einf. R. A. Schröder. XXVI, 306 S., 1 Titelb. Bln: Suhrkamp (= Pantheon-Ausgabe) 1943
24 (MH, Einf.) Ludwig Tieck. Hg. H. K. u. A. Mohrhenn. 2 Bde. 414, 518 S. Bln: Suhrkamp (= Die Gefährten 1-2) 1943
25 (Hg.) V. Lachmann: Das Jahr des Jünglings. 78 S. Bln: Suhrkamp 1946
26 (Hg., Nachw.) G. Kolmar: Welten. 60 S. Bln: Suhrkamp 1947
27 Die Stadt hinter dem Strom. 599 S. Bln: Suhrkamp 1947
28 Das ewige Dasein. Gedichte. 258 S. Bln, Ffm: Suhrkamp 1949
    (Verm. Neuaufl. v. Nr. 22)
29 (Nachw.) O. Loerke: Die Abschiedshand. Letzte Gedichte. 151 S. Bln: Suhrkamp 1949
30 Der Webstuhl. Erzählung. 59 S. Ffm: Suhrkamp 1949
31 (Vorw.) O. Loerke: Johann Sebastian Bach. Zwei Aufsätze. 137 S. Bln: Suhrkamp 1950
32 Oskar Loerke. Charakterbild eines Dichters. 77 S., 4 Taf. Mainz: Verl. d. Akad. d. Wiss. u. d. Literatur (= Akad. d. Wiss. u. d. Literatur. Abhandlungen. Kl. d. Literatur. Jg. 1951, 2) 1951
33 Das große Netz. Roman. 506 S. Bln, Ffm: Suhrkamp 1952
34 Fälschungen. Erzählung. 251 S. Bln, Ffm: Suhrkamp 1953
35 (Nachw.) H. Heissenbüttel: Kombinationen. Gedichte 1951-1954. 29 Bl. Eßlingen: Bechtle 1954
36 (Hg., Nachw.) O. Loerke: Gedichte. 119 S. Ffm: Fischer 1954
37 Aus dem chinesischen Bilderbuch. 49 S. m. Abb. Ffm: Suhrkamp 1955
38 (Hg.) O. Loerke: Tagebücher 1903-1939. 376 S., 8 S. Abb., 1 Titelb. Heidelberg, Darmstadt: Schneider (= Veröffentlichungen der Deutschen Akademie für Sprache und Dichtung, Darmstadt. 5) 1955
39 Die Stadt hinter dem Strom. Oratorische Oper in drei Akten. (Musik H. Vogt) 64 S. Bln, Ffm: Suhrkamp 1955
    (zu Nr. 27)

40 Mosaiksteine. Beiträge zu Literatur und Kunst. 413 S. Ffm: Suhrkamp 1956
41 (Nachw.) A. Mohrhenn: Lebendige Dichtung. Betrachtungen zur Literatur. 117 S. Heidelberg, Darmstadt: Schneider (= Veröffentlichungen der Deutschen Akademie für Sprache und Dichtung, Darmstadt. 9) 1956
42 (Hg., Nachw.) O. Loerke: Reden und kleinere Aufsätze. 79 S. Mainz: Verl. d. Akad. d. Wiss. u. d. Literatur (= Akad. d. Wiss. u. d. Literatur. Abhandlungen. Kl. d. Literatur. Jg. 1956, 5) 1957
43 Der Webstuhl. Das Birkenwäldchen. Zwei Erzählungen. Nachw. F. Martini. 67 S. Stg: Reclam (= Reclam's UB. 8052) 1957
(Enth. Nr. 30 u. Ausz. a. Nr. 40)
44 (Hg., Nachw.) P. Suhrkamp: Der Leser. Reden und Aufsätze. 211 S. Ffm: Suhrkamp (= Bibliothek Suhrkamp 55) 1960

KASCHNITZ, Marie Luise Freifr. von (*1901)

1 Liebe beginnt. Roman. 262 S. Bln: Cassirer 1933
2 Elissa. Roman. 273 S. Bln: Universitas 1937
3 Griechische Mythen. 159 S. Hbg: Claassen & Goverts 1942
4 Menschen und Dinge 1945. Zwölf Essays. 102 S. Heidelberg: Schneider (= Schriften der Wandlung 2) 1946
5 Gedichte. 173 S. Hbg: Claassen & Goverts 1947
6 (Einl.) Theatrum sanitatis. Zwölf farbige Miniaturen aus einer italienischen Handschrift der Renaissance. 15 S., 12 Taf. Baden-Baden: Klein (= Der silberne Quell 7) 1947
7 Totentanz und Gedichte zur Zeit. 89 S. Hbg: Claassen & Goverts 1947
8 (MH) Die Wandlung. Eine Monatsschrift. Unter Mitwirkung v. M. L. K. (u. a.) hg. D. Sternberger. 2 Jge. à 8 Hefte. 756, 856 S. Heidelberg: Schneider, Winter 1948-1949
9 Gustave Courbet. 182 S., 16 Abb., 1 Titelb. Baden-Baden: Klein 1949
10 Zukunftsmusik. Gedichte. 52 S. Hbg: Claassen 1950
11 Das dicke Kind und andere Erzählungen. 91 S. Krefeld: Scherpe 1952
12 Ewige Stadt. Rom-Gedichte. 13 Bl. Krefeld: Scherpe 1952
13 Engelsbrücke. Römische Betrachtungen. 293 S. Hbg: Claassen 1955
14 Das Haus der Kindheit. 145 S. Hbg: Claassen 1956
15 Neue Gedichte. 81 S. Hbg: Claassen 1957
16 Der Zöllner Matthäus. 49 S. Kassel, Basel: Bärenreiter-V. (= Bärenreiter-Laienspiele 321) 1958
17 Die Umgebung von Rom. 48 S., 32 Taf. Mchn, Ahrbeck: Knorr & Hirth (= Das kleine Kunstbuch) 1960
18 Lange Schatten. Erzählungen. 242 S. Hbg: Claassen 1960

KASSNER, Rudolf (1873-1959)

1 Die Mystik, die Künstler und das Leben. Über englische Dichter und Maler im neunzehnten Jahrhundert. Accorde. 290 S. Lpz: Diederichs 1900
2 Der Tod und die Maske. Gleichnisse. 145 S. Lpz: Insel 1902
3 Der indische Idealismus. 90 S. Mchn: Bruckmann 1903
4 (Übs.) Platon: Gastmahl. 84 S., 1 Taf. Lpz, Jena: Diederichs 1903
5 (Bearb.) A. Gide: Philoktet oder Der Traktat von den drei Arten der Tugend. Deutsche Umdichtung. 66 S. Lpz: Insel 1904
6 (Übs.) Platon: Phaidros. 96 S. Jena: Diederichs 1904
7 Die Moral der Musik. Sechs Briefe des Joachim Fortunatus an irgend einen Musiker nebst einem Vorspiel: Joachim Fortunatus' Gewohnheiten und Redensarten. XLIV, 211 S. Mchn: Bruckmann 1905
8 (Übs.) Platon: Ion, Lysis, Charmides. 126 S. Jena: Diederichs 1905
9 Denis Diderot. 65 S., 15 Taf., 1 Faks. Bln: Brandus (= Die Literatur 23) 1906
10 Motive. Essays. 190 S. Bln: Fischer 1906
11 (Übs.) Platon: Phaidon. 113 S. Jena: Diederichs 1906
12 Melancholia. Trilogie des Geistes. 258 S. Bln: Fischer 1908

13   Der Dilettantismus. 69 S. Ffm: Rütten & Loening (= Die Gesellschaft 34) 1910
14   Von den Elementen der menschlichen Größe. 58 S. Lpz: Insel 1911
15   (Übs., Nachw.) N. Gogol: Der Mantel. Novelle. 54 S. Lpz: Insel (= Insel-Bücherei 24) 1912
16   Der indische Gedanke. 49 S. Lpz: Insel 1913
17   (Übs.) L. N. Tolstoj: Der Tod des Iwan Iljitsch. Erzählung. 86 S. Lpz: Insel (= Insel-Bücherei 52) 1913
18   Die Chimäre. Der Aussätzige. 66 S. Lpz: Insel 1914
19   (Übs.) F. Dostojewskij: Der Großinquisitor. 38 S. Lpz: Insel (= Insel-Bücherei 149) 1914
20   Zahl und Gesicht. Nebst einer Einleitung: Der Umriß einer universalen Physiognomik. 239 S. Lpz: Insel 1919
21   Englische Dichter. 189 S. Lpz: Insel 1920
     (Ausz. a. Nr. 1)
22   (Übs., Vorw.) J. H. Newman: Apologie des Katholizismus. Mit einer Vorrede „Über John Henry Kardinal Newman". 94 S. Mchn: Drei Masken-V. (= Bücherei für Politik und Geschichte des Drei Masken-Verlages) 1920
23   (Übs.) N. Gogol: Taras Bulba. 149 S., 30 Abb. Wien: Rikola-V. 1922
24   Die Grundlagen der Physiognomik. 106 S. Lpz: Insel 1922
25   Essays. Aus den Jahren 1900–1922. 209 S. Lpz: Insel 1923
     (Enth. u. a. Neufassg. v. Nr. 10 u. 13)
26   (Übs., Hg.) A. S. Puschkin: Der Mohr des Zaren. Novellen. 257 S. Wien: Rikola-V. (= Romantik der Weltliteratur) 1923
27   (Übs., Nachw.) A. S. Puschkin: Pique Dame. 42 S. Lpz: Insel (= Insel-Bücherei 214) 1923
28   Die Verwandlung. Physiognomische Studien. 118 S. Lpz: Insel 1925
29   Die Mythen der Seele. 89 S. Lpz: Insel 1927
30   Narciß oder Mythos und Einbildungskraft. 155 S. Lpz: Insel 1928
31   Das physiognomische Weltbild. 263 S. 4⁰ Mchn: Delphin-V. 1930
32   Der Einzelne und der Kollektivmensch. 41 S. Bern: Gotthelf-V. (1931)
33   Physiognomik. 175 S., 1 Titelb. 32 S. Abb. 4⁰ Mchn: Delphin-V. 1932
34   Betrachtungen über den Ruhm, die Nachahmung und das Glück. 46 S. Mchn: Oldenbourg (= Schriften der Corona 11) 1934
35   Das Buch der Gleichnisse. 175 S. Lpz: Insel 1934
36   Von der Einbildungskraft. 215 S. Lpz: Insel 1936
37   (Übs., Vorw.) L. Sterne: Das Leben und die Ansichten Tristram Shandys. 729 S. Bln: Dt. Buchgem. (= Epikon) (1937)
38   Anschauung und Beobachtung zur vierten Dimension. 62 S. Bln: Verl. Die Rabenpresse (= Die Kunst des Wortes 6–7) 1938
39   Buch der Erinnerung. 365 S. Lpz: Insel 1938
40   Der Gottmensch. Gespräch und Gleichnis. 100 S. Lpz: Insel 1938
41   Die zweite Fahrt. Erinnerungen. 293 S. Erlenbach-Zürich: Rentsch 1946
42   Transfiguration. 274 S. Erlenbach-Zürich: Rentsch 1946
     (Enth. u. a. Nr. 35)
43   Wandlung. Rede. 56 S. Zürich: Speer-Verl. 1946
44   Das neunzehnte Jahrhundert. Ausdruck und Größe. 363 S. Erlenbach-Zürich: Rentsch 1947
45   Sören Kierkegaard. 67 S. Heidelberg: Pfeffer (= Die gelben Bücher) 1949
     (Ausz. a. Nr. 10)
46   Umgang der Jahre. Gleichnis, Gespräch, Essay, Erinnerung. 398 S. Erlenbach-Zürich: Rentsch 1949
47   Die Nacht des neugeborenen Lebens. Aus den Schriften. 244 S. Wiesbaden: Insel 1950
     (Enth. u. a. Ausz. a. Nr. 35)
48   Die Agonie Platons. 69 S. Olten: Vereinigung Oltner Bücherfreunde (= Veröffentlichung der Vereinigung Oltner Bücherfreunde 46) 1950
49   Die Geburt Christi. Eine Trilogie der Deutung. 225 S. Erlenbach-Zürich: Rentsch 1951
     (Enth. u. a. Nr. 32, 38, 48)
50   Von der Eitelkeit. Zwei Essays. 62 S. Wiesbaden: Insel 1951
51   Physiognomik. 215 S., 18 Bl. Abb. Wiesbaden: Insel 1951
     (Enth. Nr. 24 u. 33)

52 (Vorw.) R. M. Rilke – Marie von Thurn und Taxis: Briefwechsel. Bes. E. Zinn. 2 Bde. XXXVII, 1034 S. Zürich: Niehans & Rokitansky; (Wiesbaden:) Insel 1951
53 Das inwendige Reich. Versuch einer Physiognomik der Ideen. 146 S. Erlenbach-Zürich: Rentsch 1953
54 (Hg., Einl.) Das deutsche Antlitz in fünf Jahrhunderten deutscher Malerei. 108 S. m. Taf. 4° Zürich. Freiburg i. Br.: Atlantis-V. (= Atlantis-Museum 10) 1954
55 Der Zauberer. Gespräch und Gleichnis. 244 S. Erlenbach-Zürich, Stg: Rentsch 1955
56 Der goldene Drachen. Gleichnis und Essay. 294 S. Erlenbach-Zürich, Stg: Rentsch 1957
57 Geistige Welten. Hg. E. Pfeiffer-Belli. Vorw. C. J. Burckhardt. 189 S. Ffm: Ullstein Taschenbücher-Verl. (= Ullstein-Bücher 202) 1958
58 Der Gottmensch und die Weltseele. Drei nachgelassene Essays. 138 S., 1 Titelb. Erlenbach-Zürich, Stg: Rentsch 1960

KAYSSLER, Friedrich (1874–1945)

1 Simplicius. Tragisches Märchen in fünf Akten. 152 S. Bln: Reiss 1905
2 Der Pan im Salon. 207 S. Bln: Oesterheld 1907
3 Sagen aus Mijnhejm. 70 S. Bln: Reiss 1909
4 Schauspielernotizen. 2 Folgen. 54, 158 S. Bln: Reiss 1910–1914
5 Worte zum Gedächtnis an Joseph Kainz. 13 S. Bln: Reiss 1910
6 Kreise. Gedichte. 64 S. Bln: Reiss 1913
7 Jan der Wunderbare. Ein derbes Lustspiel in fünf Bildern. 82 S. Bln: Reiss (1917)
8 Zwischen Tal und Berg der Welle. Neue Gedichte. 93 S. Bln: Reiss 1917
9 Besinnungen aus der äußeren und inneren Welt. Aphorismen über Natur, Mensch und Kunst. XI, 133 S. Bln: Reiss 1921
10 Stunden in Jahren. Neue Gedichte. 52 S. Bln: Reiss 1924
11 (Bearb.) J. W. v. Goethe: Götz von Berlichingen. Schauspiel in fünf Aufzügen. Für die Bühne neu bearb. 94 S. Bln: Oesterheld 1925
12 Gesammelte Schriften. 3 Bde. 217, 299, 322 S. Bln, Lpz: Horen-V. (1929)
13 Wege – ein Weg. Auswahl aus Gedichten, Prosa und Aphorismen. Sonderausg. 286 S. Bln, Lpz: Horen-V. 1929
14 Von Menschentum zu Menschentum. Vier Vorträge über Schauspielkunst. 65 S. Lpz: List 1933
15 Besinnungen. 61 S. Lpz: List (= Lebendiges Wort 10) 1935
16 Wandlung und Sinn. Sechs Vorträge über Schauspielkunst. 79 S. Lpz (,Potsdam: Rütten & Loening) 1940
    (Verm. Neuaufl. v. Nr. 14)
17 Helene Fehdmer zum Gedächtnis. Gestalten ihrer Kunst. 513 S., 57 Taf. Potsdam: Rütten & Loening 1942
18 Tepe. Märchen von gestern, immer und übermorgen. 145 S. Potsdam: Rütten & Loening (1943)
    (Ausz. a. Nr. 12)
19 Wegfahrt. Gedichte, Auswahl. 130 S. Potsdam: Rütten & Loening 1943
20 Wandlung und Sinn. Künstlerarbeit und Schauspielkunst. 160 S. Potsdam: Rütten & Loening (1944)
    (Verm. Neuaufl. v. Nr. 16)
21 (MV) (P. Cornelius: Abendlied. – F. K.:) Junimärchen. 14 Bl. m. Abb. 16° Mchn: Schnell & Steiner (1947)

KECKEIS, Gustav (+Muron, Johannes) (1884–1967)

1 Von jungen Menschen. Erzählung. 117 S. Ffm: Diesterweg 1906
2 Dramaturgische Probleme im Sturm und Drang. 135 S. Bern: Francke (= Untersuchungen zur neueren Sprach- und Literaturgeschichte 11) 1907

3 (Hg.) Literarischer Handweiser. Kritische Monatsschrift. Jg. 56–67. 12 Jge., je 12 H. Freiburg: Herder 1919–1930
4 (Hg., später MH) Der Fährmann. Ein Buch für werdende Männer. 2 Bde. (Bd. 2: hg. G. K. u. J. Schmid). VIII, 412 S., 90 Abb., 7 Taf. 4°; VIII, 328 S. m. Abb. u. Kt. Freiburg: Herder (1922)–1928
5 Die bewegenden Kräfte der schönen Literatur. Ein Vortrag. 38 S. Freiburg: Herder 1922
6 +Der Vetter. Erzählung. 89 S. Lpz: Vier Quellen-V. 1922
7 (MH) Bücherei der Lebensalter. Hg. L. Weismantel, J. Antz u. G. K. 2 Bde. VII, 83 S. 4°; IX, 125 S., 1 Titelb. Freiburg: Herder (1923)–1928
8 +Die spanische Insel. Das Buch vom Entdecker Kolumbus. 2 Bde. Bln: Bühnenvolksbundverl. 1926–1928
   1. Die Fremdlinge. 347 S. 1926
   2. Der Seefahrer. 360 S. 1928
9 (Hg.) Land am Oberrhein. Alemannisches Heimatbuch. VII, 127 S. m. Abb., 1 Titelb. 4° Freiburg: Herder 1929
10 (Hg.) Der Große Herder. Nachschlagewerk für Wissen und Leben. 4., neu bearb. Aufl. v. Herders Konversationslexikon. 12 Bde., 1 Atlas. 20426 Sp. m. Abb. u. Taf. Freiburg: Herder 1931–1935
11 +Himmel überm wandernden Sand. Oasenbriefe. 154 S. Mchn: Kösel & Pustet 1931
12 +Das kleine Volk. Roman. 312 S. Einsiedeln, Zürich: Benziger 1939
13 Die fremde Zeit. Roman. 658 S. Zürich: Artemis-V. (= Glockenbücher) 1947
14 (MV) Briefe, Erinnerungen und Beiträge zum siebzigsten Geburtstag von Gustav Keckeis. Hg. B. Mariacher. 111 S., 2 Bl. Zürich: Artemis-V. 1954
15 Fedor. Roman. 336 S. Zürich, Stg: Artemis-V. 1957

KELLER, Gottfried (1819–1890)

1 „Sie kommen die Jesuiten". 1 Bl. m. Abb. o. O. (1844)
2 Gedichte. 346 S. Heidelberg: Winter 1846
3 (MH, MV) Lieder des Kampfes. Hg. S. Tobler, G. K., R. Weber u. J. Kübler, zum Besten der Hinterlassenen ... Wehrmänner. IV, 207 S. Winterthur: Hegner 1848
4 Neuere Gedichte. VIII, 207 S. Braunschweig: Vieweg 1851
5 Neuere Gedichte. VIII, 241 S. Braunschweig: Vieweg 1854
   (Verm. Neuaufl. v. Nr. 4)
6 Der grüne Heinrich. Roman. 4 Bde. 1694 S. Braunschweig: Vieweg 1854–1855
7 Die Leute von Seldwyla. Erzählungen. 523 S. Braunschweig: Vieweg 1856
8 Lied auf den Abschied des Dr. Christian Heusser bei seiner Abreise nach Brasilien ... 3 S. o. O. 1856
9 Sängergruß auf das Eidgenössische Sängerfest in Zürich 1858, gedichtet von G. K., für Männerchor komponiert v. W. Baumgartner. 2, 24, 2 S. Zürich: Hug 1858
10 Gruß an die Bremer Schützen am eidgenössischen Schützenfest zu Zürich 1859. 3 S. o. O. 1859
11 Der Schild der Waadtländer. 3 S. o. O. (1859)
12 Schweizerische Rütli- und Schillerfeier ... Aarau 1860
13 Becherlied. Gedicht. Für Männerchor komponiert v. A. Billeter. 4 S. Schaffhausen: Brodtmann 1862
14 Antiquarische Buß- und Opferhymne auf den Berchtoldstag 1864. 4 S. o. O. 1864
15 Die Damen des Gemischten Chors an F. H. 3 S. Zürich 1865
16 Zimmermannsspruch, gesprochen vom Dache der neuen Irrenanstalt des Kantons Zürich, den 6. Oktober 1866. 3 S. o. O. 1866
17 Zum Gedächtnis an Wilhelm Baumgartner. 3 S. o. O. (1867)
18 Prolog zur Feier von Beethovens hundertstem Geburtstag in Zürich. o. O. 1870
19 Sieben Legenden. 148 S. Stg: Göschen 1872

20 (MV) G. K. u. J. V. Widmann: Festlieder zum Volkstag in Solothurn, 15. Juni 1873. 4 S. o. O. 1873
21 Die Leute von Seldwyla. Erzählungen. 4 Bde. Stg: Göschen 1873–1874 (Verm. Neuaufl. v. Nr. 7)
22 Die Johannisnacht. Becherweihe der Zunftgesellschaft zur Schmieden in Zürich. 27 S. o. O. (1876)
23 Romeo und Julia auf dem Dorfe. Erzählung. 128 S. 16⁰ Stg: Göschen 1876
24 (Bearb.) Th. Scherr: Der schweizerische Bildungsfreund, ein republikanisches Lesebuch. 2. Theil. 385 S. Zürich: Orell Füßli 1877
25 Züricher Novellen. 2 Bde. 577 S. Stg: Göschen 1878
26 Der grüne Heinrich. Roman. 4 Bde. 1364 S. Stg: Göschen 1879–1880 (Neubearb. v. Nr. 6)
27 Das Sinngedicht. Novellen. 414 S. Bln: Hertz 1882
28 Cantate zur Eröffnung der Schweizerischen Landesausstellung o. O. 1883
29 Cantate zum fünfzigjährigen Jubiläum der Hochschule Zürich, gedichtet v. G. K., componiert v. C. Attenhofer. 4 S. o. O. 1883
30 Gesammelte Gedichte. XII, 502 S. Bln: Hertz 1883
31 Martin Salander. Roman. 451 S. Bln: Hertz 1886
32 Gesammelte Werke. 10 Bde. 3252 S. Bln: Hertz 1889
33 (MV) Gottfried Kellers Leben. Seine Briefe und Tagebücher. Hg. J. Bächtold. 3 Bde. 1682 S. m. Bildn. Bln: Besser (1893–1896)
34 Nachgelassene Schriften und Dichtungen. 365 S. Bln: Besser (1893)
35 Sämtliche Werke. Hg. J. Fränkel. (Ab 1943: Auf Grund des Nachlasses bes. u. mit einem wissenschaftlichen Anh. vers. C. Helbling). 22 (in 24) Bde. Bern: Benteli (bis 1927: Erlenbach b. Zürich: Rentsch) 1926–1949

KELLER, Hans Peter (*1915)

1 Die schmale Furt. Gedichte. 26 S. Hbg: Ellermann 1938
2 Sei getrost, uns braucht das Leben. Gedichte. 15 S. Hbg: Ellermann (= Das Gedicht. Jg. 8. 1942, Nr. 10) 1942
3 Zelt am Strom. Gedichte. 74 S. Ratingen: Henn-Verl. 1943
4 Magische Landschaft. 16 S. Hbg: Ellermann (= Das Gedicht. Jg. 10. 1944, Nr. 9) 1944
5 Der Schierlingsbecher. Gedichte. 40 S. Düsseldorf: Schwann 1947
6 Die Opfergrube. Gedichte. 68 S. Basel: Kolbinger 1953
7 Die wankende Stunde. Gedichte. 71 S. Wiesbaden: Limes-Verl. 1958
8 Die nackten Fenster. Neue Gedichte. 60 S. Wiesbaden: Limes-Verl. 1960

KELLER, Paul (1873–1932)

1 Gold und Myrrhe. Erzählungen und Skizzen aus dem Erzieherleben. 2 Bde. 198, 226 S. Paderborn: Schöningh (1898–1900)
2 Waldwinter. Roman. 453 S. m. Abb. Mchn: Allg. Verl.-Ges. 1902
3 Die Heimat. Roman aus den schlesischen Bergen. 337 S. Mchn: Allg. Verl.-Ges. 1903
4 In deiner Kammer. Geschichten. 245 S. Paderborn: Schöningh 1903
5 Das letzte Märchen. Ein Idyll. 368 S. Mchn: Allg. Verl.-Anst. 1905
6 (Hg.) Allgemeiner Familien-Kalender. Jg. 20–22. 3 Bde. Schweidnitz: Heege 1907–1909
7 Das Niklasschiff. Neue Erzählungen. 216 S. Paderborn: Schöningh 1907
8 (Hg.) Der gemütliche Schläsinger. Kalender für die Provinz Schlesien. Jg. 25–27. 3 Bde. Schweidnitz: Heege 1907–1909
9 Der Sohn der Hagar. Roman. 328 S. m. Bildn. Mchn: Allg. Verl.-Ges. 1907
10 (Hg.) Der Guckkasten. Die lustige Woche. Illustrierte Wochenschrift für Humor, Kunst und Leben. Jg. 4–7. 4 Bde. 4⁰ Bln: Guckkasten-V. 1908–1912
11 Die alte Krone. Roman aus Wendenland. 352 S. Mchn: Allg. Verl.-Ges. 1909
12 Die fünf Waldstädte. Ein Buch für Menschen, die jung sind. 238 S. m. Abb. Mchn: Allg. Verl.-Anst. 1910

13 (Hg.) Monatsblätter Die Bergstadt. (Ab Jg. 2: Die Bergstadt. Monatsblätter). 20 Jge. 4° Breslau: Bergstadtverl. 1912–1931
14 Stille Straßen. Ein Buch von kleinen Leuten und großen Dingen. 230 S. m. Abb. Mchn: Allg. Verl.-Ges. 1912
15 Die Insel der Einsamen. Eine romantische Geschichte. 308 S. Bln, Breslau: Bergstadtverl. (1913)
16 Gedeon. 20 S. Donauwörth: Auer (= Deutsche Jugendhefte 6) 1914
17 Ferien vom Ich. Roman. 364 S. Breslau: Bergstadtverl. (1915)
18 Grünlein. Eine deutsche Kriegsgeschichte, von einem Soldaten, einem Gnomen, einem Schuljungen, einem Hunde und einer Großmutter. Alten und jungen Leuten erzählt. 80 S. m. Abb. Breslau: Bergstadtverl. (1915)
19 Das königliche Seminartheater und andere Erzählungen. 201 S. m. Abb., 1 Taf. Breslau: Bergstadtverl. (1916)
20 Von Hause. Ein Paketchen Humor aus den Werken. V, 220 S. m. Abb. Breslau: Bergstadtverl. (1917)
21 Kinder der Zeit. Eine Szene aus dem Krieg. (S.-A.) 8 S. Breslau: Bergstadtverl. (1917)
   (Ausz. a. Jg. 5 v. Nr. 13)
22 Hubertus. Ein Waldroman. 276 S. Breslau: Bergstadtverl. (1918)
23 In fremden Spiegeln. Roman. 309 S. Breslau: Bergstadtverl. (1920)
24 Altenroda. Bergstadtgeschichten. 211 S. Breslau: Bergstadtverl. 1921
25 (Hg.) Jahrbuch der Bergstadt 1921. 104 S. m. Abb. u. Taf. Breslau: Bergstadtverl. 1921
26 Werke. 3 Serien. 5, 5, 4 Bde. Breslau: Bergstadtverl. 1922–1925
27 Die vier Einsiedler. Ein Zeitroman. 252 S. Breslau: Bergstadtverl. (1923)
28 (MV) P. K. u. K. Moser: Im Bergland erträumt. Novellen. 191 S. Graz: Moser 1924
29 Die drei Ringe. 106 S. Breslau: Bergstadtverl. 1924
30 Dorfjunge. Erzählung. 175 S. m. Abb. Breslau: Bergstadtverl. 1925
31 Marie Heinrich. Heimat-Roman. 294 S. Breslau: Bergstadtverl. 1926
32 Titus und Timotheus und der Esel Bileam. Roman. 296 S. Breslau: Bergstadtverl. 1927
33 Der Esel Bileam. Roman. 268 S. Bln: Volksverband der Bücherfreunde, Wegweiser-Verl. 1927
   (Neuaufl. v. Nr. 32)
34 „Sieh dich für!" Eine Räubergeschichte. 111 S. m. Abb. Breslau: Bergstadtverl. 1928
35 Drei Brüder suchen das Glück. Roman. 316 S. Breslau: Bergstadtverl. 1929
36 Seminartheater. 211 S. m. Abb. Breslau: Bergstadtverl. (1929)
   (Neuaufl. v. Nr. 19)
37 Ulrichshof. Roman. 239 S. Breslau: Bergstadtverl. 1929
38 Das Geheimnis des Brunnens. Roman. 265 S. Breslau: Bergstadtverl. 1930
39 Das Eingesandt. Lustiges Spiel. 15 S. Breslau: Bergstadtverl. (1931)
40 Mihel, der Rächer. Das venezianische Schloß. Roman. 256 S. Breslau: Bergstadtverl. (1931)
41 Bergkrach. Humoreske in schlesischer Mundart. 8 S. Breslau: Bergstadtverl. (1931)
42 Vergrabenes Gut. Erzählungen. 258 S. Breslau: Bergstadtverl. 1932
43 Sein zweites Leben. Liebesbriefe. 215 S. m. Taf. Bln: Behr 1934

KELLER, Paul Anton (*1907)

1 Erleben. Sonette. 30 S. Graz: Parzival-Verl. 1924
2 Gesang vor den Toren der Welt. Gedichte. 45 S. Wien: Anzengruber-Verl. 1931
3 Schloß Flamhof. Geschichte eines steirischen Edelsitzes. 24 S. m. Abb. Deutschlandsberg: Sima 1937
4 Der klingende Brunn. Gedichte. 67 S. Mchn: Langen-Müller 1938
5 Die freiherrlichen Hosen. Altsteirische Anekdoten. 152 S. m. Abb. Graz (: NS-Gauverl. u. Druckerei Steiermark) (1939)
6 (MV) (A. Silvestrelli: Franz Schubert. Das wahre Gesicht seines Lebens. –

P. A. K.:) Ein unbekanntes Bildnis Franz Schuberts und sein Maler. 340 S., 24 Taf. Salzburg: Pustet 1939
7 Die Garbe fällt. Erzählungen. 297 S. Graz: Leykam 1941
8 (Hg.) H. v. Geramb: Kinder- und Hausmärchen der Steiermark. Ges. u. erz. 298 S. m. Abb. Graz, Wien: Leykam (= Der Kranz 1) 1941
9 Das Sausaler Jahr. Ein Landschaftsbuch. 215 S. m. Abb. Graz: Leykam 1941
10 (Hg.) Der Kranz. Aus Steiermarks schöpferischer Kraft. 4 Bde. Graz: Leykam 1941–1943
 (Enth. u. a. Nr. 8)
11 Erste Liebe oder Der Kuß. Erzählung. 15 S. m. Abb. Mchn: Münchner Buchverl. (= Münchner Lesebogen 47) (1942)
12 (Hg.) Ruf von der Grenze. Ein Buch steirischer Kunst. Im Auftrag des Landeskulturwalters ges. u. gestaltet. 299 S. m. Abb. Graz, Wien: Leykam (= Der Kranz 2) 1942
 (Bd. 2 v. Nr. 10)
13 Die Blume Türkenbund. Neue Anekdoten und Begebenheiten. 150 S. m. Abb. Graz: Leykam 1943
14 Später Gast. Erzählungen. 93 S. Wien: Bischoff (= Die hundert kleinen Bücher 26) 1943
15 Lebensreise. Gedichte. 99 S. Mchn: Langen-Müller (1943)
16 (Hg.) P. Rosegger: Im Heimgarten zur Rast. Erzählungen aus drei Jahrzehnten. XV, 447 S. Graz: Leykam (= Der Kranz 4) 1943
 (Bd. 4 v. Nr. 10)
17 Gesang vor den Toren der Welt. Frühe Gedichte. 111 S. Graz, Wien: Leykam 1947
 (Veränd. Neuaufl. v. Nr. 2)
18 (Hg.) E. Goll: Im bitteren Menschenland. Nachgelassene Gedichte. XVI, 168 S., 1 Bildn. Graz, Wien: Leykam 1947
19 Der klingende Brunn. Gedichte. 92 S. Gütersloh: Bertelsmann 1948
 (Veränd. Neuaufl. v. Nr. 4)
20 Jahre, die gleich Wolken wandern. Erzählungen aus einer Kindheit. 371 S. m. Abb. Graz, Salzburg, Wien: Pustet 1948
 (Enth. u. a. Nr. 11)
21 Tiergeschichten. 84 S. Graz: Stiasny (= Dichtung der Gegenwart 10) (1948)
22 Schattenreich. Erzählungen. 70 S. Gütersloh: Bertelsmann 1949
 (Enth. u. a. Ausz. a. Nr. 14)
23 Wallfahrt zur Waldheimat. Ein Landschaftsbuch. 45 S., 32 S. Abb. Graz: Leykam 1949
24 Reisen des Glücks. 64 S. Graz: Leykam 1952
25 Der Mann im Moor. Erzählungen aus Geheimnisland. 205 S. Wien, Stg: Wancura 1953
 (Enth. u. a. Ausz. a. Nr. 14)
26 Die Teufelsmühle. Erzählung. 173 S. m. Abb. Wien: Breitschopf 1953
27 Die holde Frühe. Gedichte. 96 S. Wien: Kremayr & Scheriau 1954
28 Vom Geheimnis des Gedichts. Essay. 56 S. Wien: Wancura 1954
29 O Mensch, du wirres Saitenspiel. Anekdoten und Begebenheiten. 187 S. Wien, Stg: Wancura 1954
 (Enth. Nr. 5 u. 13)
30 Im Schatten des Kalifen. Erzählung. 219 S. Wien: Breitschopf 1954
31 Unter der alten Tanne. Märchen für größere und ganz große Kinder. 103 S. m. Abb. Wien, Stg: Wancura (= Ein Wunderhorn-Buch) 1954
 (Enth. u. a. Ausz. a. Nr. 14)
32 Eppenstein. Landschaft und Geschichte. 24 S. Judenburg: Museumsverl. 1956
33 Gefährliche Grenze. Erzählung. 235 S. m. Abb. Wien: Österr. Bundesverl. 1956
34 Väterheimat zwischen Drau und Sann. Ein Buch der Erinnerung. 247 S. m. Abb., 1 Kt. Wien, Stg: Wancura 1956
35 Gast der Erde. 173 S., 1 Titelb. Graz: Leykam 1957
36 Wie einst und immer ... Ein Spiel in einem Akt. 24 S. Wien, Mchn: Österr. Bundesverl. f. Unterricht, Wissenschaft u. Kunst (= Laienspiele 10) 1957
37 Der Traum von Achtzehnhundertneun. Tragisches Spiel. 37 S. Graz: Leykam 1958

38 Das Abenteuer im D-Zug. Erzählungen. 57 S. Krems: Buchgem. Heimatland 1959
39 (Hg.) A. Aliberti: Aus Herbst und Schweigen. Gedichte. 100 S., 1 Bildn. Wolfsberg: Ploetz 1959
40 (MV) Das Geheimnis von Schloß Pichl (– H. Steguweit: Grüße aus Schilda. – W. Preuß: Es spukt. – K. Springschmid: Der Vize-Bräutigam). 4 ungez. Bl. Gütersloh: Rufer-Verl. (= Acht Seiten Freude 144) 1959
41 (Hg.) Lyrik der Landschaft: Steiermark. 79 S. Krems: Buchgem. Heimatland 1959
42 (Hg.) A. Aliberti: Nachklang. Verse aus der Frühzeit und letzte Ernte. 99 S. Wolfsberg: Ploetz 1960
43 Geliebte Gefährten. Tiergeschichten. 147 S. Wien: Amandus-Verl. 1960
44 Gewitter der Seele. Ein Akt. 47 S. Krems: Buchgem. Heimatland 1960

KELLERMANN, Bernhard (1879–1951)

1 Yester und Li. Die Geschichte einer Sehnsucht. 324 S. Lpz: Rothbarth 1904
2 Ingeborg. Roman. 335 S. Bln: Fischer 1906
3 Der Tor. Roman. 468 S. Bln: Fischer 1909
4 Das Meer. Roman. 315 S. Bln: Fischer 1910
5 Ein Spaziergang in Japan. 272 S. Bln: Cassirer 1910
6 Sassa yo Yassa. Japanische Tänze. 135 S., 29 Abb. Bln: Cassirer 1911
7 (Übs.) B. H. Chamberlain: Allerlei Japanisches. Notizen über verschiedene japanische Gegenstände für Reisende und Andere. 596 S. Bln: Ladyschnikow 1912
8 Der Tunnel. Roman. 402 S. Bln: Fischer 1913
9 Der Krieg im Westen. Kriegsberichte. 218 S. Bln: Fischer 1915
10 Der Krieg im Argonnerwald. Geleitw. Kronprinz Wilhelm. VI, 121 S. m. Taf., 1 Kt. Bln: Bard 1916
11 Der neunte November. Roman. 475 S. Bln: Fischer 1920
12 Die Heiligen. Erzählung. 68 S. m. Abb. Bln: Fischer (= Fischers illustrierte Bücher) 1922
13 Schwedenklees Erlebnis. 206 S. Bln: Fischer 1923
14 Die Brüder Schellenberg. Roman. 461 S. Bln: Fischer 1925
15 Die Wiedertäufer von Münster. Drama in fünf Akten. 149 S. Bln: Fischer 1925
16 Auf Persiens Karawanenstraßen. 205 S., 72 Abb. Bln: Fischer 1928
17 Der Weg der Götter. Indien, Klein-Tibet, Siam. 251 S., 49 Abb. Bln: Fischer 1929
18 Die Stadt Anatol. Roman 489 S. Bln: Fischer 1932
19 Jang-tsze-kiang. Erzählung. 134 S. Bln: Fischer (= Fischer-Bücherei) 1934
20 Lied der Freundschaft. Roman. 499 S. Bln: Fischer 1935
21 Das Blaue Band. Roman. 384 S. Bln: Fischer 1938
22 Meine Reisen in Asien. Iran, Klein-Tibet, Indien, Siam, Japan. 373 S. Bln: Fischer 1940
23 Georg Wendlandts Umkehr. Roman. 386 S. Bln: Fischer 1941
24 (MV) Manifest und Ansprachen von Bernhard Kellermann (u. a.), gehalten bei der Gründungskundgebung des Kulturbundes zur demokratischen Erneuerung Deutschlands am 4. VII. 1945 im Haus des Berliner Rundfunks. 40 S. Bln: Aufbau-V. 1945
25 (MV) Was sollen wir tun? Auferstehung aus Schutt und Asche. Mit Diskussionsbeiträgen v. Th. Plivier (u. a.) 48 S. Bln: Aufbau-V. 1945
26 Der neunte November. Roman. 454 S. Bln: Aufbau-V. 1946 (Veränd. Neuaufl. v. Nr. 11)
27 Romane der Technik. Der Tunnel. Die Stadt Anatol. 695 S. Bln; Ffm: Suhrkamp (= Gesammelte Romane) 1948 (Enth. Nr. 8 u. 18)
28 (MV) B. u. Ellen Kellermann: Wir kommen aus Sowjetrußland. Hg. im Auftrag der Gesellschaft zum Studium der Sowjetunion. 57 S. Bln: Verl. „Kultur und Fortschritt" (= Deutsche sehen die Sowjetunion) 1948
29 Totentanz. 485 S. Bln: Aufbau-V. 1948

30 Lyrische Romane. Yester und Li. Ingeborg. Das Meer. 511 S. Bln, Ffm: Suhrkamp (= Gesammelte Romane) 1949
(Enth. Nr. 1, 2, 4)
31 Ausgewählte Werke in Einzelausgaben. Hg. im Auftrag der Deutschen Akademie der Künste zu Berlin v. Ellen Kellermann u. U. Dietzel. 6 Bde. Bln: Verl. Volk und Welt 1958–1960

KERNER, Justinus Christian Andreas
(+Schattenspieler Luchs) (1786–1862)

1 Dissertatio inauguralis medica sistens observata de functione singularum partium auris, quam praeside J. H. F. Autenrieth, med. Doct. ejusque Prof. publ. ord. pro gradu Doctoris medicinae publice defendet ... Ch. A. J. Kerner Ludovicopolitanus. 56 S., 1 Bl. Tüb: Hopffer 1808
2 +Reiseschatten. Von dem Schattenspieler Luchs. 268 S. Heidelberg: Braun 1811
3 (Hg., MV) Poetischer Almanach für das Jahr 1812. 296 S. Heidelberg: Braun 1812
4 (MV) J. K., F. Baron de la Motte Fouqué, L. Uhland (u. a.): Deutscher Dichterwald. 4 Bl., 248 S. Tüb: Heerbrandt 1813
5 Das Wildbad im Königreich Würtemberg. IV, 99 S. Tüb: Heerbrandt 1813
6 Über die Besetzung der Physikate durch die Wahlen der Amtsversammlungen. 35 S. Hall: Schwend 1817
7 *(Hg., Vorw.) Herzog Christophs Leben, geschrieben von seinem Beichtvater. Nach dem Drucke von 1660. 32 S. Hall: Schwend 1817
8 (Hg., MV) Romantische Dichtungen. Von Fouqué, Hebel, Kerner, Schwab, Uhland, Varnhagen u. a. 2 Bl., 296 S. Karlsruhe: Braun 1818
(Neuaufl. v. Nr. 3)
9 (Hg., Vorw.) Gedichte des Leinewebers Johann Lämmerer, vom Lämmershof bei Gschwend. VIII, 64 S. 16° Gmünd: Ritter 1819
10 Neue Beobachtungen über die in Württemberg so häufig vorfallenden tödtlichen Vergiftungen durch den Genuß geräucherter Würste. 120 S. Tüb: Osiander 1820
11 Die Bestürmung der würtembergischen Stadt Weinsberg durch die hellen christlichen Haufen im Jahre 1525 und deren Folgen für die Stadt. Aus handschriftlichen Überlieferungen der damaligen Zeit dargestellt. 32 S. Öhringen: Erbe 1822
12 Das Fettgift oder Die Fettsäure und ihre Wirkung auf den thierischen Organismus, ein Beitrag des in verdorbenen Würsten giftig wirkenden Stoffes. XXIII, 368 S. Stg: Cotta 1822
13 Geschichte zweyer Somnambülen. Nebst einigen andern Denkwürdigkeiten aus dem Gebiete der magischen Heilkunde und der Psychologie. X, 452 S. Karlsruhe: Braun 1824
14 (Vorw., MV) Dr. Weiß: Die neuesten Vergiftungen durch verdorbene Würste beobachtet an 29 Menschen in und um Murrhardt im Königreich Würtemberg. Mit Vorw. u. Anh. v. J. K. XXIV, 247 S. Karlsruhe: Braun 1824
15 Gedichte. VI, 224 S., 1 Bl. Stg, Tüb: Cotta 1826
16 Die Seherin von Prevorst. Eröffnungen über das innere Leben des Menschen und über das Hereinragen einer Geisterwelt in die unsere. 2 Bde. VIII, 328, 1; VIII, 266 ,1 S. Stg, Tüb: Cotta 1829
17 (Hg., MV) Blätter aus Prevorst. Originalien und Lesefrüchte des inneren Lebens, mitgetheilt von dem Herausgeber der Seherin von Prevorst. 12 Sammlungen. Karlsruhe: Braun 1831–1839
18 (Hg., Vorw.) Des ungarischen Arztes Harst, eines Württembergers, erprobte Behandlung der Cholera, seinen Landsleuten zugesandt. VI, 16 S. Heilbronn: Drechsler 1831
19 Sendschreiben an die Bürger des Oberamts Weinsberg, in Betreff der uns drohenden Cholera. 16 S. 12° Heilbronn: Schell 1831

20 Einige Worte in Betreff der uns drohenden Cholera, vorgetragen in der Amtsversammlung zu Weinsberg am 28. September 1831. 15 S. Heilbronn: Schell 1831
21 Die Dichtungen. Neue vollständige Sammlung in Einem Bande. VIII, 560 S. Stg, Tüb: Cotta 1834
22 Geschichte des Mädchens von Orlach. 59 S. Stg: Wachendorf 1834
23 Geschichten Besessener neuerer Zeit. Beobachtungen aus dem Gebiete kakodämonisch-magnetischer Erscheinungen. VI, 189 S. Karlsruhe: Braun 1834
24 Eine Erscheinung aus dem Nachtgebiete der Natur, durch eine Reihe von Zeugen gerichtlich bestätigt, und den Naturforschern zum Bedenken mitgetheilt. XLVI, 309 S. Stg, Tüb: Cotta 1836
25 *(Hg.) Die Gesichte des Thomas Ignaz Martin, Landmanns zu Gallardon, über Frankreich und dessen Zukunft, im Jahre 1816 geschaut. Nach dem Französischen. Eine Zugabe zu den Blättern aus Prevorst und zum Drucke befördert von dem Herausgeber derselben. 56 S. Heilbronn: Drechsler 1835
26 (MV) Alexander Fürst von Hohenlohe-Waldenburg-Schillingsfürst: Das entstellte Ebenbild Gottes in dem Menschen durch die Sünde. Dargestellt in einer Folge von Predigten zur heiligen Fastenzeit. X, 176 S. Regensburg, Landshut: Manz 1836
27 Nachricht von dem Vorkommen des Besessenseyns, eines dämonisch-magnetischen Leidens und seiner schon im Alterthum bekannten Heilung durch magisch-magnetisches Einwirken, in einem Sendschreiben an den Herrn Obermedizinalrath Dr. Schelling in Stuttgart. 70 S. Stg, Augsburg: Cotta 1836
28 Der Bärenhäuter im Salzbade. Ein Schattenspiel. 80 S. Stg: Scheible, Rieger & Sattler 1837
29 (Hg., MV) Magikon. Archiv für Beobachtungen aus dem Gebiete der Geisterkunde und des magnetischen und magischen Lebens, nebst andern Zugaben für Freunde des Innern, als Fortsetzung der Blätter aus Prevorst. 5 Bde. Stg: Ebner & Seubert 1840–1853
(Forts. z. Nr. 17)
30 Die Dichtungen. 2 Bde. VIII, 367; 339 S. Stg, Tüb: Cotta 1841
(Verm. Neuaufl. v. Nr. 21; enth. außerdem Nr. 2 u. 28)
31 Die lyrischen Gedichte. XIV, 459 S. 16⁰ Stg, Tüb: Cotta 1847
(Verm. Neuaufl. v. Bd. 1 d. Nr. 30)
32 Das Bilderbuch aus meiner Knabenzeit. Erinnerungen aus den Jahren 1786 bis 1804. VIII, 419 S. Braunschweig: Vieweg 1849
33 Der letzte Blüthenstrauß. XVI, 254 S. 32⁰ Stg: Cotta 1852
34 (Vorw.) W. Joukowsky: Das Mährchen von Iwan Zarewitsch und dem grauen Wolf. XII, 88 S. Stg: Hallberger 1852
35 Die somnambülen Tische. 64 S. Stg: Ebner & Seubert 1853
36 Die lyrischen Gedichte. XIV, 459 S. 16⁰ Stg, Tüb: Cotta 1854
(Verm. Neuaufl. v. Nr. 31)
37 (Hg.) Franz Anton Mesmer aus Schwaben, Entdecker des thierischen Magnetismus. Erinnerungen an denselben nebst Nachrichten von den letzten Jahren seines Lebens zu Meersburg am Bodensee. XII, 212 S. Ffm: Liter. Anst. 1856
38 Gedicht zu einem Bilde des Alten Schlosses in Stuttgart, geschrieben für das Jubiläums-Album seines Freundes Georg Jäger. 2 Bl. Stg: Sprandel 1858
39 Winterblüthen. VIII, 160 S. 16⁰ Stg: Cotta 1859
40 Ausgewählte poetische Werke. 2 Bde. in 1 Bd. 678 S. 12⁰ Stg: Cotta 1878
41 Kleksographien. VII, 79 S. m. Illustrationen nach Vorlagen des Verfassers. Stg: Dt. Verl.-Anst. 1890
42 (MV) Briefwechsel mit seinen Freunden. Hg. von seinem Sohn Theobald Kerner. Durch Einl. u. Anm. erl. E. Müller. 2 Bde. 584, 554 S. m. Abb. u. Faks. Stg: Dt. Verl.-Anst. 1897
43 Sämtliche Werke in acht Büchern. Neu hg. m. e. biogr. Einl. W. Heichen. 1689 S. m. Abb., Taf. u. Bildn. Bln: Weichert 1903
44 Sämtliche poetische Werke in vier Bänden. Hg. m. e. biogr. Einl. u. erl. Anm. J. Gaismaier. 1187 S. m. Abb., 3 Bildn., 1 Faks. Lpz: Hesse 1905

Kerr, Alfred (eig. Kempner) (1867–1948)

1 Godwi. Ein Kapitel deutscher Romantik. 136 S. Bln: Bondi 1898
2 Herr Sudermann, der D...Di...Dichter. 95 S. Bln: Verl. Helianthus 1903
3 Schauspielkunst. 85 S., 19 Taf. Bln: Bard & Marquardt (= Die Literatur 9) 1904
4 Das neue Drama. XVI, 312 S. Bln: Fischer (= Davidsbündler-Schriften, Reihe 1) 1905
5 (Hg.) Pan. Wochenschrift. Jg. 3. 52 Nrn. Bln-Grunewald: Hammer-V. 1912–1913
6 Die Harfe. Vierundzwanzig Gedichte. 55 S. Bln: Fischer 1917
7 Die Welt im Drama. 5 Bde. Bln: Fischer (= Gesammelte Schriften, Reihe 1) 1917
8 Die Welt im Licht. 2 Bde. XXV, 380; 392 S. Bln: Fischer (= Gesammelte Schriften, Reihe 2) 1920
9 (MV) Krämerspiegel. Zwölf Gesänge v. A. K., für eine Singstimme mit Klavierbegleitung komp. R. Strauß, opus 66. 47 Bl. m. Abb. 2° Bln: Cassirer 1921
10 Newyork und London. Stätten des Geschicks. Zwanzig Kapitel nach dem Weltkrieg. VIII, 203 S. Bln: Fischer 1923
11 O Spanien! Eine Reise. 143 S. Bln: Fischer 1924
12 Yankee-Land. Eine Reise. 207 S. Bln: Mosse 1925
13 Caprichos. Strophen des Nebenstroms. 227 S. Bln: Spaeth 1926
14 (Vorw.) Russische Filmkunst. 28 S., 144 Taf. Bln: Pollak 1927
15 Es sei wie es wolle, es war doch schön! 469 S. Bln: Fischer 1928
16 Die Allgier trieb nach Algier ... Ausflug nach Afrika. 125 S. Bln: Fischer 1929
17 Spanische Rede vom deutschen Drama oder das Theater der Hoffnung. 37 S. Bln: Fischer 1930
18 Was wird aus Deutschlands Theater? Dramaturgie der späten Zeit. 17 S. Bln: Fischer 1932
19 Eine Insel heißt Korsika ... 120 S. m. Abb. Bln: Fischer 1933
20 Die Diktatur des Hausknechts. 142 S. Bruxelles: Les Associés 1934
21 Walter Rathenau. Erinnerungen eines Freundes. 208 S. Amsterdam: Querido 1935
22 Melodien. Gedichte. 169 S. Paris: Editions nouvelles internationales 1938
23 Gedichte. 131 S. Köln, Bln: Kiepenheuer & Witsch 1955
24 Gruß an Tiere. Hg. G. F. Hering. 108 S. m. Abb. Mchn: Langen-Müller 1955

Kessel, Martin (*1901)

1 Gebändigte Kurven. Gedichte. 75 S. Ffm, Bln: Kiepenheuer (1925)
2 Betriebsamkeit. Vier Novellen aus Berlin. 175 S. Ffm, Bln: Kiepenheuer 1927
3 Eine Frau ohne Reiz. Drei Novellen aus Berlin. 158 S. Bln: Kiepenheuer 1929
  (Ausz. a. Nr. 2)
4 Herrn Brechers Fiasko. Roman. 722 S. Stg: Dt. Verl.-Anst. 1932
5 Romantische Liebhabereien. Sieben Essays nebst e. aphorist. Anh. 256 S. Braunschweig: Vieweg 1938
6 Die Schwester des Don Quijote. Eine Malergeschichte. 194 S. Braunschweig: Vieweg 1938
7 Erwachen und Wiedersehn. 140 S. Bln: Hugo 1940
8 Essays und Miniaturen. 301 S. Stg, Hbg: Rowohlt 1947
  (Verm. Neuaufl. v. Nr. 5)
9 Aphorismen. 254 S. Stg, Hbg, Baden-Baden: Rowohlt 1948
10 Die epochale Substanz der Dichtung. 22 S. 4° Mainz: Verl. d. Akademie der Wissenschaften und der Literatur (= Akademie der Wissenschaften und der Literatur. Abhandlungen. Klasse der Literatur. Jg. 1950, Nr. 3) 1950

11 Gesammelte Gedichte. 220 S. Hbg: Rowohlt 1951
12 Musisches Kriterium. Aphorismen. 28 S. Mainz: Verl. d. Akademie der Wissenschaften und der Literatur. (= Akademie der Wissenschaften und der Literatur. Abhandlungen. Klasse der Literatur. Jg. 1952, Nr. 3) 1952
13 In Wirklichkeit aber ... Satiren, Glossen, kleine Prosa. 191 S. Bln: Dressler (1955)
14 Eskapaden. Fünf Erzählungen. 187 S. Darmstadt, Bln-Spandau, Neuwied a. Rh.: Luchterhand 1959
15 Gegengabe. Aphoristisches Kompendium für hellere Köpfe. 256 S., 8 Taf. Darmstadt, Bln-Spandau, Neuwied a. Rh.: Luchterhand 1960
   (Erw. Neuaufl. v. Nr. 9)
16 Ironische Miniaturen. 41 S. Bonn: Presse des Wirtschaftsringes (Priv.-Dr.; 275 Ex.) 1960

KESSER (eig. Kaeser-Kesser), Hermann (1880–1952)

1 Luzern, der Vierwaldstättersee und der St. Gotthard. 171 S. m. Abb. Lpz: Klinkhardt & Biermann (= Stätten der Kultur 7) 1908
2 Lukas Langkofler. Das Verbrechen der Elise Geitler. Zwei Erzählungen. 247 S. Ffm: Rütten & Loening 1912
3 Die Himmelserscheinung. Erzählung. 15 S. Hbg: Kugel-V. 1913
4 Kaiserin Messalina. Eine Tragödie in drei Akten. 159 S. Bln: Hyperionverl. 1914
5 Unteroffizier Hartmann. 64 S., 1 Abb. Zürich: Rascher 1916
6 Novellen. 286 S. Frauenfeld: Huber (1916)
   (Enth. u. a. Nr. 2 u. 3)
7 Die Stunde des Martin Jochner. Ein Roman aus der vorletzten Zeit. 209 S. Lpz: Wolff 1917
8 Vorbereitung. Vier Schriften. 95 S. Frauenfeld: Huber 1918
9 Die Peitsche. Erzählende Dichtung. 66 S. m. Abb. Frauenfeld: Huber (1919)
10 Summa Summarum. Tragikomödie. 104 S. Bln: Rowohlt 1920
11 Die Brüder. Ein Drama in fünf Akten. 139 S. Bln: Rowohlt 1921
12 Revolution der Erlösung. 22 S. Basel: Rhein-V. 1921
13 (MV) Zeichnungen Ferdinand Hodlers. Mit Essay v. H. K. u. Nachw. v. A. Baur. 68 S. m. Abb. Basel: Rhein-V. 1921
14 Die Reisenden. Eine Komödie in drei Akten. 97 S. Bln: Rowohlt 1923
15 Beate. Drama. 93 S. Konstanz: Wöhrle 1924
16 Vom Chaos zur Gestaltung. 175 S., 1 Titelb. Ffm: Societäts-Dr. 1925
   (Enth. u. a. Nr. 12)
17 Lukas Langkofler. Neue Fassung 1925. 103 S. 4° Ffm: Rütten & Loening 1926
   (Neufassg. v. Nr. 2)
18 Schwester. Erzählung. 73 S. Ffm: Rütten & Loening 1926
19 Straßenmann. Novelle. 59 S. Ffm: Rütten & Loening 1926
20 Musik in der Pension. Roman. 221 S. Wien: Zsolnay 1928
21 (MV) Afrika singt. Auslese neuer Afro-Amerikanischer Lyrik. In Nachdichtungen v. H. K. (u. a.) 175 S. Wien: Speidel 1929
22 Rotation. Schauspiel. 147 S. Wien: Zsolnay 1931
23 Beethoven der Europäer. Zum 110. Todestag. 29 S. Zürich: Oprecht 1937
24 Talleyrand und Napoleon. Dramatische Chronik in Szenen. 135 S. Zürich: Oprecht 1938

KESTEN, Hermann (*1900)

1 Josef sucht die Freiheit. Roman. 199 S. Bln: Kiepenheuer 1927
2 Admet. Ein Drama in zwei Akten. 43 S. Bln: Kiepenheuer 1928
3 Maud liebt Beide. Eine Komödie für die andern. Drei Akte. 80 S. Bln: Kiepenheuer 1928

4 Babel oder Der Weg zur Macht. Dramen in drei Akten. 101 S. Bln: Kiepenheuer 1929
5 (Hg.) Vierundzwanzig neue deutsche Erzähler. 421 S. Bln: Kiepenheuer 1929
6 Die Liebes-Ehe. 207 S. Bln: Kiepenheuer 1929
7 Ein ausschweifender Mensch. Das Leben eines Tölpels. Roman. 225 S. Bln: Kiepenheuer 1929
8 Wohnungsnot oder Die heilige Familie. Schauspiel in drei Akten. 82 S. Bln: Kiepenheuer 1929
9 Einer sagt die Wahrheit. Komödie in drei Akten. 92 S. Bln: Kiepenheuer 1930
10 (MH) Neue französische Erzähler. Das Buch des jungen Frankreich. Hg. F. Bertaux u. H. K. 369 S. Bln: Kiepenheuer 1930
11 (MÜbs., Nachw.) J. Green: Leviathan. Übs. Gina Kesten u. H. K. 412 S. Bln: Kiepenheuer 1930
12 (MÜbs.) E. Bove: Ein Verrückter. Übs. H. K. u. Gina Kesten. Bln: Kiepenheuer 1931
13 (MÜbs.) H. Michaux: Meine Güter. Übs. H. K. u. Gina Kesten. Bln: Kiepenheuer 1931
14 Glückliche Menschen. Roman. 402 S. Bln: Kiepenheuer 1931
15 (Übs.) J. Romains: Der Kapitalist. Drama. Bln: Kiepenheuer 1931
16 (MV) H. K. u. E. Toller: Wunder in Amerika. Mary Baker Eddy. 89 S. Bln: Kiepenheuer 1931
17 (Übs.) J. Giraudoux: Die Abenteuer des Jérôme Bardini. Bln: Kiepenheuer 1932
18 Der Scharlatan. Roman. 583 S. Bln: Kiepenheuer 1932
19 (Hg.) Novellen deutscher Dichter der Gegenwart. 505 S. Amsterdam: de Lange 1933
20 Der Gerechte. Roman. 334 S. Amsterdam: de Lange 1934
21 (Vorw.) Allert de Lange – Jahrbuch 1934/35. Vorw. P. H. Ritter u. H. K. VIII, 185 S. Amsterdam: de Lange (1934)
22 Ferdinand und Isabella. 771 S. Amsterdam: de Lange 1936
23 (Übs.) J. Gunther: So sehe ich Asien. 659 S., 1 Kt. Amsterdam: de Lange 1938
24 König Philipp der Zweite. Roman. 559 S. Amsterdam: de Lange 1938
25 (Hg.) H. Heine: Meisterwerke in Vers und Prosa. 413 S. Amsterdam: Forum (= Forum-Bücher) 1939
26 Die Kinder von Gernika. Roman. 242 S. Amsterdam: de Lange 1939
27 (Vorw.) R. Schickele: Heimkehr. 139 S. Straßburg: Brant 1939
28 (MH) Heart of Europe. An anthology of creative writing in Europe 1920–1940. Hg. H. K. u. K. Mann. XXXVI, 970 S. New York: Fischer 1943
29 (Hg.) H. Heine: Works of Prose. 346 S. New York: Fischer 1943
30 (Vorw.) H. Heine: Germany. A Winter's Tale. XIX, 156 S. New York: Fischer 1944
31 (Übs.) St. V. Benét: Amerika. 118 S. New York: Overseas Editions 1945
32 Copernicus and his world. 408 S. New York: Roy Publishers 1945
33 (Hg.) The Blue Flower. Best stories of the Romanticists. XVI, 674 S. New York: Roy Publishers 1946
34 (Vorw.) E. Zola: The Masterpiece. 399 S. New York: Soskin 1946
35 The Twins of Nuremberg. A Novel. 616 S. New York: Fischer 1946
36 Die Zwillinge von Nürnberg. Roman. 539 S. Amsterdam: Querido-Verl. 1947
(Übs. v. Nr. 35)
37 Die Liebes-Ehe und andere Novellen. 239 S. Wien: Danubia-Verl. (1948) (Verm. Neuaufl. v. Nr. 6)
38 Die fremden Götter. Roman. 291 S. Amsterdam: Querido-Verl. 1949
39 Ich der König. – Philipp II. Roman. 684 S. Mchn: Desch 1950
(Neuaufl. v. Nr. 24)
40 (Vorw.) I. Keun: Ferdinand. 268 S. Düsseldorf: Droste 1950
41 Casanova. 773 S. m. Abb. Mchn: Desch 1952
42 (Nachw.) J. Kallinikow: Frauen und Mönche. Übs. W. E. Groeger. 640 S. Bln-Grunewald: Non Stop Bücherei (= Non Stop Bücherei) (1952)
43 Um die Krone. Der Mohr von Kastilien. Roman. 475 S. Mchn: Desch 1952

44 Meine Freunde, die Poeten. 248 S., 20 Abb. Wien, Mchn: Donau-Verl. 1953
45 Sieg der Dämonen. Ferdinand und Isabella. Roman. 435 S. Mchn: Desch 1953
   (Neuaufl. v. Nr. 22)
46 (Übs.) E. B. White: New York. Ffm: Fischer 1954
47 (Hg.) Die blaue Blume. Die schönsten romantischen Erzählungen der Weltliteratur. 807 S. Köln, Bln: Kiepenheuer & Witsch 1955
   (Dt. Ausg. v. Nr. 33)
48 Ein Sohn des Glücks. Roman. 294 S. Mchn, Wien, Basel: Desch 1955
49 (Hg. Vorw.) K. Tucholsky: Man sollte mal ... Eine Auswahl. 541 S. Ffm: Büchergilde Gutenberg 1955
50 (Hg., Vorw.) J. Roth: Werke. 3 Bde. Köln, Bln: Kiepenheuer & Witsch 1956
51 (Hg.) Unsere Zeit. Die schönsten deutschen Erzählungen des zwanzigsten Jahrhunderts. Eine Anthologie. 523 S. Köln, Bln: Kiepenheuer & Witsch 1956
52 Mit Geduld kann man sogar das Leben aushalten. Erzählungen. Nachw. W. Fehse. 99 S. Stg: Reclam (= Reclam's UB. 8015) 1957
53 Oberst Kock und andere Novellen. Amsterdam: 1957
54 (Vorw.) Die schönsten Liebesgeschichten der Welt. Hausbuch unvergänglicher Prosa. 876 S. Mchn, Wien, Basel: Desch 1957
55 Dialog der Liebe. Fünf Novellen. 70 S. Tokio: Nankodo 1958
56 (Vorw.) E. Kästner: Gesammelte Schriften in sieben Bänden. 7 Bde. Ffm: Büchergilde Gutenberg 1958
57 Dr. Schatte. – Musik. 28 S. Tokyo: Sansyusya-Verl. 1958
58 Dichter im Café. 437 S., 16 Bl. Abb. Mchn, Wien, Basel: Desch 1959
59 Meine Freunde die Poeten. 610 S. Mchn: Kindler 1959
   (Erw. Neuaufl. v. Nr. 44)
60 (Einl.) Unsere Freunde, die Autoren. 182 Porträts. 189 S. Mchn, Wien, Basel: Desch 1959
   (Enth. u. a. Ausz. a. Nr. 44)
61 Der Geist der Unruhe. Literarische Streifzüge. 346 S. Köln, Bln: Kiepenheuer & Witsch 1959
62 Bücher der Liebe. Die Romane: Josef sucht die Freiheit. – Glückliche Menschen. – Die Kinder von Gernika. – Die fremden Götter. Einl. E. Kästner. 722 S. Mchn, Wien, Basel: Desch 1960
   (Enth. Nr. 1, 14, 26, 38)
63 (Einl.) N. Jesse: Menschen in Rom. 119 S., davon S. 25–119 Abb. Gütersloh: Mohn 1960
64 Gotthold Ephraim Lessing. Ein deutscher Moralist. 19 S. Mainz: Verl. der Akademie der Wissenschaften und der Literatur (= Akademie der Wissenschaften und der Literatur. Abhandlungen. Klasse der Literatur. Jg. 1960, Nr. 1) (1960
65 (MH) R. Schickele: Werke in drei Bänden. 3 Bde. 1184, 1202, 1303 S. Köln, Bln: Kiepenheuer & Witsch (1960–1961)

KEYSERLING, Eduard Graf (1855–1918)

1 Fräulein Rosa Herz. Eine Kleinstadtliebe. Erzählung. VII, 343 S. Dresden: Minden 1887
2 Die dritte Stiege. Roman. 294 S. Lpz: Friedrich 1892
3 Ein Frühlingsopfer. Schauspiel in drei Aufzügen. 160 S. Bln: Fischer 1900
4 Der dumme Hans. Trauerspiel in vier Aufzügen. 111 S. Bln: Fischer 1901
5 Beate und Mareile. Eine Schloßgeschichte. 195 S. Bln: Fischer 1903
6 Peter Hawel. Drama in fünf Aufzügen. 176 S. Bln: Fischer 1904
7 Benignens Erlebnis. Zwei Akte. 79 S. Bln: Fischer 1906
8 Schwüle Tage. Novellen. 185 S. Bln: Fischer 1906
9 Dumala. Roman. 191 S. Bln: Fischer 1908
10 Bunte Herzen. Zwei Novellen. 251 S. Bln: Fischer 1909
11 Wellen. Roman. 253 S. Bln: Fischer 1911
12 Abendliche Häuser. Roman. 260 S. Bln: Fischer (1914)

13 Harmonie. Novelle. 91 S. m. Abb. Bln: Fischer (= Fischer's illustrierte Bücher 2) 1914 (Ausz. a. Nr. 8)
14 Am Südhang. Erzählung. 132 S. Bln: Fischer (= Fischer's Bibliothek zeitgenössischer Romane. Reihe 7, Bd. 5) (1916)
15 Fürstinnen. Erzählung. 293 S. Bln: Fischer 1917
16 Im stillen Winkel. Erzählungen. 158 S. Bln: Fischer (= Fischer's Bibliothek zeitgenössischer Romane. Reihe 8, Bd. 6) (1918)
17 Feiertagskinder. Roman. 153 S. Bln: Fischer 1919
18 Gesammelte Erzählungen in vier Bänden. Hg., eingel. E. Heilborn. 4 Bde. V, 298; V, 302; V, 300; V, 244 S. Bln: Fischer 1922

Kinau, Jakob (*1884)

1 Die See ruft. Roman. Mit einer Worterklärung. 279 S. Hbg: Glogau 1924
2 (Hg.) Gorch Fock: Sämtliche Werke in fünf Bänden. 1657 S., 5 Titelb. Hbg: Glogau 1925
3 Freie Wasser. Roman. 290 S. Hbg: Glogau 1926
4 Adjutant des Todes. Wolfs-Tagebuch. 130 S. Hbg: Quickborn-V. 1934
5 (MH) Gorch Fock: Ein Schiff! Ein Schwert! Ein Segel! Kriegs- und Bordbuch des Dichters. Aus dem unveröffentlichten Nachlaß hg. u. bearb. J. K. u. M. L. Droop. 325 S. m. Taf. Mchn: Lehmann 1934
6 Gorch Fock. Ein Leben im Banne der See. 236 S. m. Taf. Mchn: Lehmann 1935
7 Freibeuter. Roman. 316 S. Hbg: Glogau 1938
8 Der Kampf um die Seeherrschaft. Von der Hanse bis zum Weltkrieg. 239 S., 20 Gefechtskt., 32 Taf. Mchn: Lehmann 1938
9 Den Göttern aus der Hand gesprungen. Roman. 370 S. Hbg: Glogau 1939
10 Durchbruch nach Oslo. Aus dem Kriegstagebuch eines Tapferen. 32 S. m. Abb. Bln: Steiniger (= Kriegsbücherei der deutschen Jugend 42) (1940)
11 Mit Käppen Jonas auf U-Bootjagd. Vorpostenboot auf Kaperfahrt. 32 S. m. Abb. Bln: Steiniger (= Kriegsbücherei der deutschen Jugend 25) (1940)
12 Vorpostenboot „Seehund". Kriegsfahrten in Nord- und Südsee. 32 S. m. Abb. Bln: Steiniger (= Kriegsbücherei der deutschen Jugend 19) (1940)
13 Der Tiger der Fjorde. Kaperfahrten vor Norwegen. 32 S. m. Abb. Bln: Steiniger (= Kriegsbücherei der deutschen Jugend) (1941)
14 Undeichbar Land. Roman. 387 S. Hbg: Glogau 1942
15 (MH) Gorch Fock: Seefahrt ist not! Bearb., hg. J. u. Maria K. 158 S. m. Abb. Hbg: Glogau 1944
16 Leegerwall. Roman. 343 S. Hbg: Glogau 1950

Kinau, Rudolf (*1887)

1 Sternkiekers. 58 S. Hbg: Quickborn-V. (= Quickborn-Bücher 15) (1917)
2 Blinkfüer. Helle un düstere Biller. 135 S. Hbg: Quickborn-V. (1918)
3 Thees Bott dat Woterküken. 174 S. Hbg: Quickborn-V. (1919)
4 Lanterne. Een bebern Licht ut Nacht un Dok. 140 S. Hbg: Quickborn-V. (1920)
5 Strandgoot. 124 S. Hbg: Quickborn-V. (1921)
6 Büt ot de Böker. 59 S. Bremen: Nordwestdt. Dürerhaus (= Uns' Modersprak 1) (1923)
7 Hinnik Seehund. Een Stremel Störm. 169 S. Hbg: Quickborn-V. (1923) (Forts. v. Nr. 3)
8 (Einl.) Die Nordsee und ihre Küsten. 52 S., 48 S. Abb. Oldenburg: Dieckmann (= Unsere deutsche Heimat 1) 1924
9 Dörte Jessen. Een Book van Leew un Leben. 161 S. Hbg: Quickborn-V. (1925)
10 Muscheln. Stücken un Steen ut mien'n Seesack. 126 S. Hbg: Quickborn-V. 1927

11 Schreben Schrift. Een Billerbook ut Breef' un Blöd'. 158 S. Hbg: Quickborn-V. 1929
12 Jann Rögenstör. 'n Stück Diekmusik. För Jungs un Deerns von twölf Johrn an. Rutgewen v. G. Clasen u. D. Steilen. 46 S. m. Abb. Hbg: Quickborn-V. (= Uns' Modersprak 6) (1930)
13 Frische Fracht. 142 S. Hbg: Quickborn-V. 1931
14 Söbenteihn Sack Kaffee. Eeen lustig Stück Strandleben in een Törn. 23 S. Hbg: Quickborn-V. (1932)
15 Sünn in de Seils. 'n Boot vull bunte Büt ut de Beuker. 62 S. Hbg: Quickborn-V. 1933
16 Wind un Woter. Acht lütte Stücken. 46 S. Hbg: Meißner (= Nordmark-Bücherei 5) (1933)
17 Lootsenleben. 46 S. Hbg: Quickborn-V. (= Quickborn-Bücher 49) (1934)
18 (MV) Finkwarder, Gorch Fock sien Fischerinsel. Bilder v. d. Landesbildstelle Hansa, Hamburg. Text R. K. 64 S. m. Abb. Hbg: Boysen (= Bilder der niederdeutschen Heimat 3) (1936)
19 Kristoffer Kolumbus. En Spill för Kinner un Junggäst. 47 S. Hbg: Quickborn-V. (= Schul- und Jugendbühne 10) 1937
20 Kamerad und Kameradin. Bunte Bilder, Gedanken und Worte aus den Morgenfeiern im deutschen Rundfunk. 78 S. Hbg: Quickborn-V. (1939)
21 Seeräubers an Land. En Spill üm Klaus Störtebeker. 47 S. Hbg: Quickborn-V. Schul- und Jugendbühne 22) (1940)
22 Ein fröhlich Herz. 107 S. Hbg: Quickborn-V. (1941)
23 Mien bunte Tüller. 138 S. Hbg: Quickborn-V. 1948
24 Braune Segel in Sonne und Wind. Erzählung. 111 S. m. Abb. Hbg: Baken-V. (= Baken-Bücherei 1) 1951
25 Finkenwarder Geschichten. 64 S. Flensburg: Schmidt (= Flensburger Ganzschriften 13–14) 1953
26 Dat Hart vull Freid. 46 S. m. Abb. Hbg: Baken-V. (1953)
27 Sünnschien un gooden Wind! 50 mol wat ton Frei'n. 152 S. Hbg: Quickborn-V. (1953)
28 Scheune Bries'. 20 lütte Geschichten ut Blinkfüer, Strandgoot, Muscheln, Frische Fracht. 127 S. Hbg: Quickborn-V. (1954) (Ausz. a. Nr. 2, 5, 10, 13)
29 Mattgoot. De besten Fisch van'n letzten Fang. 152 S. Hbg: Quickborn-V. 1954
30 Bi uns an'n Diek. 40 nee'e Soken frisch van'n Angelhoken. 144 S. Hbg: Quickborn-V. 1955
31 Fief duppelte Släg. 134 S. Hbg: Quickborn-V. 1956
32 Mit eegen Oogen. 84 S. Hbg: Quickborn-V. 1957
33 För jeeden wat. 109 S. Hbg: Quickborn-V. (1958)
34 Mien Wihnachtsbook. 84 S. Hbg: Quickborn-V. 1958
35 Wat för Di! 156 S. Hbg: Quickborn-V. 1960

KIND, Johann Friedrich (+Oscar) (1768–1843)

1 *Lenardos Schwaermereyen. 2 Bde. 5 Bl., 256 S.; 1 Bl., 260 S., 2 Bl. m. Ku. Lpz: Heinsius 1793–1794
2 *Carlo. 236 S. m. Titelku. Züllichau: Darnmann 1801
3 *Dramatische Gemälde. Vom Verfasser der Novelle Carlo. 4 Bde. 124 S., 1 Bl.; 86 S., 1 Bl.; 62 S., 1 Bl. m. Ku. Züllichau: Darnmann 1802
4 *Natalia. Vom Verfasser der Novelle Carlo. 3 Bde. 399, 472, 470 S. m. Ku. Lpz, Züllichau, Freistadt: Darnmann 1802–1804
5 *Das Schloß Aklam. Ein dramatisches Gedicht. Von dem Verfasser des Carlo und der Natalie. 1 Bl., 152 S., 1 Bl. m. Ku. Lpz: Hartknoch 1803
6 (MV) (A. Lafontaine: Makaria. – F. K.:) Atalante. Kassandra. Drei Erzählungen. Züllichau, Freistadt: Darnmann 1803
7 +Leben und Liebe Ryno's und seiner Schwester Minona. Hg. Oscar. 2 Bde. 283, 187 S. Züllichau, Freistadt: Darnmann 1804–1805
8 Malven. 2 Bde. VIII, 248 S.; IV, 2. 249–447 m. Titelb. Züllichau, Freistadt: Darnmann 1805

9 Tulpen. 7 Bde. m. Ku. Lpz: Hartknoch 1806–1810
10 Wilhelm der Eroberer. 2 Bl., 306 S., 4 Bl. m. Titelku. Lpz, Züllichau, Freistadt: Darnmann 1806
11 Gedichte. VI, 266 S., 1 Ku. Lpz: Hartknoch 1808
12 Roswitha. 4 Bde. m. Ku. Lpz: Hartknoch 1811–1816
13 Der gute Geist. 4⁰ Dresden: Gärtner 1813
14 (MV) F. K., F. Laun, G. Schilling: Das Gespenst. Drei Erzählungen. 232 S. Dresden: Arnold 1814
15 Die Körners-Eiche. Eine Phantasie. 4⁰ Lpz 1814
16 Die Körners-Eiche und Die Deutschen Frauen. Zwei Gedichte. 20 S. Lpz: Göschen 1814
   (Enth. u. a. Nr. 15)
17 (Hg.) Die Harfe. 8 Bde. m. Ku. Lpz: Göschen 1815–1819
18 (Hg.) W. G. Becker's Taschenbuch zum geselligen Vergnügen. 18 Bde. 16⁰ Lpz: Gleditsch (1815–1818) bzw. Göschen (1819–1828) bzw. Hartmann (1829–1832) 1815–1832
19 Das Dankopfer. Eine Rede mit Chören, zur Feier des 23. Decembers 1816. 2 Bl. 4⁰ o. O. (1816)
20 (MH) Abend-Zeitung. Hg. F. K. u. Th. Hell. 10 Jge. 4⁰ Dresden: Arnold 1817–1826
21 Van Dyck's Landleben. 3 Bl., 209 S., 1 Bl., 6 Ku. Lpz: Göschen 1817
22 Gedichte. Zweite, verbesserte und vollständige Auflage. 5 Bde. m. Ku. 16⁰ Lpz: Hartknoch (1–4) bzw. Göschen (5) 1817–1825
   (Verm. Neuaufl. v. Nr. 11)
23 Der Weinberg an der Elbe. 5 Bl., 53 S. m. Ku., 7 Bl. Musikbeil. Lpz: Göschen 1817
24 Malerische Schauspiele. M. Ku. Lpz: Göschen 1817
   (Enth. Nr. 21 u. 23)
25 Lindenblüthen. 4 Bde. VI, 311; 340; 345; 350 S., 1 Bl. m. Ku. Lpz: Hartknoch 1818–1819
26 Jubel-Cantate zur Feier des fünfzigjährigen Regierungsantritts S. M. des Königs. Comp. C. M. v. Weber. Opus 58. Bln: Schlesinger (1819)
27 Zwei Kränze zum Annen-Tage. Text F. K., comp. C. M. v. Weber. Opus 53, Nr. 3. Bln: Schlesinger (1819)
28 Die Liebesgaben. Gesänge der Operette. Text F. K. 4 Bl. o. O. (1819)
29 Erzählungen und kleine Romane. 5 Bde. 1757 S. Lpz: Göschen (1–4) bzw. Grimma: Göschen-Beyer (5) 1820–1827
30 Gerhard von Kügelgen. Eine Fantasie. 18 S. 4⁰ (Lpz: Göschen) (300 Ex.) 1820
31 (MV) Arien und Gesänge der romantischen Oper: Der Freischütz. In drei Abtheilungen. Dichtung F. K. Musik C. M. v. Weber. Bln 1821
32 (Hg.) Die Muse. Monatsschrift für Freunde der Poesie und der mit ihr verschwisterten Künste. 8 H. m. Ku. Lpz: Göschen 1821–1823
33 Malerisches Schauspiel. 2 Bl., 54, 183 S., 1 Bildn. Lpz: Göschen 1821
   (Verm. Neuaufl. v. Nr. 24)
34 Theaterschriften. 4 Bde. 2 Bl., 398 S., 1 Bl.; 2 Bl., 347 S.; VI, 295; VIII, 355 S. Lpz: Göschen (1–3) bzw. Grimma: Göschen-Beyer (4) 1821–1827
35 (MV) Der Freischütz. 123 S. Lpz: Göschen 1822
   (Enth. Nr. 31)
36 Natur und Liebe. Cantate zur Feier des Augustus-Tages in Pillnitz. Für zwei Soprane, zwei Tenore und zwei Bässe mit Pianoforte v. C. M. v. Weber. Opus 61. Bln: Schlesinger (1823)
37 Liebchen von Waldkron. M. Ku. Lpz: Fleischer 1824
38 Schön Ella. Volks-Trauerspiel in fünf Acten. 1 Bl., 246 S. m. Ku. Lpz: Göschen 1825
39 (MH) Polyhymnia. Ein Taschenbuch für Privatbühnen und Freunde des Gesanges auf das Jahr 1825. Im Verein mit F. K. hg. H. Marschner. 1 Jg. XVI, 168 S., 1 Bildn. 4⁰ Lpz: Hartmann; Wien: Lithogr. Inst. (1825)
40 Erzählungen. 11 Bde. 16⁰ Wien: Mausberger (= Neueste Bibliothek 71–81) 1827
41 (MH) Dresdner Morgen-Zeitung. Hg. F. K. u. K. C. Kraukling. Nebst dramaturgischen Blättern v. L. Tieck. 2 Jge. 210, 121 Nrn. 4⁰ Dresden: Wagner 1827–1828
42 Sagen, Erzählungen und Novellen. 2 Bde. 272, 292 S. Lpz: Hartmann 1829

43 (MV) Das Nachtlager in Granada. Oper in zwei Aufzügen nach Kinds gleichnamigen Schauspiele v. C. Frh. v. Braun. Musik C. Kreutzer. 22 S. Stg: Mäntler 1834
44 (MV) Der Freischütz. Volks-Oper in drei Aufzügen. Ausgabe letzter Hand mit August Apels Schattenrisse, siebenunddreißig Original-Briefen und einem Facsimile v. C. M. v. Weber, einer biographischen Novelle, Gedichten und anderen Beilagen. 5 Bl., 272 S., 1 Bl., 1 Abb., 1 Faks. Lpz: Göschen 1843
(Verm. Neuaufl. v. Nr. 35)

KINDERMANN, Balthasar (+Kurandor) (1636–1706)

1 +Lobgesang des Zerbster Biers, in welchem die Würde, Kraft ... Liebligkeit und Mißbrauch desselben fürgestellet wird. 16 Bl. 4° Wittenberg: Borckard 1658
2 Unterthänigster Kayser-Apffel ... 30 Bl. Frankfurt/Oder: Klosemann (1660)
3 +Unglückselge Nisette. 9 Bl. 310 S., 5 Bl. m. Ku. o. O. 1660
4 Der Deutsche Redner, In welchem unterschiedene Arten der Reden auff allerley Begebenheiten enthalten sind ... 12 Bl., 389, 5 S. m. Titelku. Frankfurt a. d. Oder: Klosemann 1660
5 (Übs.) (Schuppius:) Der ungeschickte Redner ... 26 Bl. Frankfurt/Oder: Klosemann 1660
(Anh. z. Nr. 4)
6 Der Christliche Studente! 12° Wittenberg: Hartmann 1660
7 +Schoristen-Teuffel. Das Erste (Ander) Gesicht. 9 Bl., 357 S. m. Titelku. Jena: Klosemann 1661
8 +Der Regierende Bürger-Meister. Zu Ehren etlichen vornehmen Personen auffgeführt. 12° Wittenberg: 1662
9 (Übs.) C. Salustius Crispus: Römische Geschicht-Beschreibung. 24 Bl., 443 S. 12° Wittenberg: Fincelius 1662
10 Der Schüler zehen Gebot. Wittenberg: 1662
11 *Die Böse Sieben, von welcher heute zu Tag die unglückseligen Männer grausamlich geplaget werden. Durch ein Mitglied des hochlöbl. Schwanen-Ordens. 12° Zeitz: 1662
12 Zeitung aus dem Elb-Parnaß. Wittenberg 1662
13 Das Buch der Redlichen, In welchem Allerhand Gedichte und Lieder ... 8 Bl., 862 S., 8 Bl. m. Titelku. Küstrin: Dennewitz 1664
(Enth. u. a. Nr. 1)
14 +Der Deutsche Poet, Darinnen ... gelehret wird, welcher Gestalt ein zierliches Gedicht ... kan wol erfunden und ausgeputzet werden. Fürgestellet, Durch ein Mitglied des hochlöbl. Schwanen-Ordens. 16 Bl., 755, 10 S. m. Titelku. Wittenberg: Fincelius 1664
15 +Trutz Mahometer oder Türcken-Lieder, deren meiste auf wolbekannte ... Melodeyen können gesungen und gespielet werden. 191 S. Bln: Völckers 1664
16 +Neue Gesichter. 10 Bl., 78 S., 1 Bl., 78 S., 1 Bl., 280 S., 5 Bl., 30 S., 8 Bl. 111, 96 S. Wittenberg: Borckardt 1673
17 +Kinder-Postill. 12° Nürnberg 1673
18 Baumgartischer Krieg und Sieg, Bey dem ... Begräbnüß Des ... Hn. Philipp Hermann Baumgartens ... 40 S. Magdeburg: Müller (1673)
19 Teutscher Wolredner Auf allerhand Begebenheiten im Staats- und Hauswesen gerichtet ... 24 Bl., 1354, 160 S. m. Titelku. Wittenberg: Fincelius 1680
(Verm. Neuaufl. v. Nr. 4)
20 Wollüstige und verstand-lose Jugend Eines reuigen Studenten ... Sambt Den Bund Gottes mit der gläubigen Seelen. 96 S. Lpz: Heinrich 1691

KINKEL, Gottfried (1815–1882)

1 Predigten über ausgewählte Gleichnisse und Bildreden Christi, nebst Anhang einiger Festpredigten. 13 Bg. Köln: Eisen 1842

2 Gedichte. XIV, 266 S. Stg, Tüb: Cotta 1843
3 Geschichte der bildenden Künste bei den griechischen Völkern vom Anfang unserer Zeitrechnung bis zur Gegenwart. 4 Tle. 28 Taf. Bonn: Henry & Cohen 1845
4 Die altchristliche Kunst. $15^{1}/_{4}$ Bg., 8 Ku.-Taf. Bonn: Henry & Cohen 1845 (Tl. 1 v. Nr. 3)
5 Die Ahr. Landschaft, Geschichte und Volksleben. Zugleich ein Führer für Ahrreisende. $17^{1}/_{2}$ Bg., 18 Abb. Bonn: Habicht 1846
6 Otto der Schütz. Eine Rheinische Geschichte in zwölf Abenteuern. 96 S., 1 Titelb. Stg, Tüb: Cotta 1846
7 Vom Rhein. M. Abb. Essen 1847
8 Handwerk, errette Dich! oder: Was soll der deutsche Handwerker fordern und thun, um seinen Stand zu bessern? VIII, 177 S. Bonn: Sulzbach 1848
9 (MV) G. u. Johanna Kinkel: Erzählungen. IV, 464 S. Stg, Tüb: Cotta 1849
10 Der Führer durch das Ahrtal. 92 S. Bonn: Habicht 1849
11 Rede vor dem Assisenhof des Schwurgerichts zu Cöln am 2. Mai 1850. 1/2 Bg. Gera: Ilgen's Erben 1850
12 Vertheidigungsrede vor dem preußischen Kriegsgericht zu Rastatt am 4. August 1849. 15 S. Bln: Löwenherz 1850
13 Vertheidigungs-Rede vor den Geschworenen zu Cöln am 2. Mai 1850. 8 S., 1 Abb. Köln: Eisen 1850
14 Gedichte. XII, 517 S. 16⁰ Stg: Cotta 1851 (Verm. Neuaufl. v. Nr. 2)
15 König und Dichter. Stimmen der Zeit. Ein Kinkel-Album. 227 S. 16⁰ Stg, Wildbad: Sonnewald 1851
16 Rede, gehalten in London. Ffm (1851)
17 Nimrod. Trauerspiel. 198 S., 1 Bl. Hannover: Rümpler 1857
18 Festrede bei der Schillerfeier im Krystallpalast. 15 S. London: Petsch (1859)
19 Die Brüsseler Rathausbilder des Rogier van der Weyden. XXXI S. Zürich: Orell & Füßli 1867
20 Friedrich Rückert. Festrede. 23 S. Zürich: Meyer 1867
21 Gedichte. Zweite Sammlung. VI, 376 S. Stg: Cotta 1868
22 Polens Auferstehung, die Stärke Deutschlands. 49 S. Wien, Lpz: Fues 1868
23 Vorspiel zur Theater-Aufführung der Zürcher Polytechniker und Studenten zum Besten der Nothleidenden in Ostpreußen. 8 S. Zürich: Orell Füßli 1868
24 Festrede auf Ferdinand Freiligrath, gehalten zu Leipzig am 6. Juli 1867. 31 S. Lpz: Reclam 1869
25 (MV) M. Pfau u. G. K.: Beschreibung der Burg Kyburg. 21 S. m. Abb. Zürich: Höhr (= Mittheilungen d. antiquar. Ges. in Zürich) 1870
26 Die Gypsabgüsse der archäologischen Sammlung im Gebäude des Polytechnikums in Zürich. 194 S. Zürich: Schmidt 1871
27 Die Malerei der Gegenwart. 35 S. Basel: Schweighauser (= Öffentliche Vorträge, gehalten in der Schweiz) 1871
28 Euripides und die bildende Kunst. 98 S. Bln, Lpz: Teubner (= Abhandlungen zur Grammatik, Lexikographie und Litteratur der alten Sprachen) 1872
29 Der Grobschmied von Antwerpen in sieben Historien. 85 S. Stg: Cotta 1872 (Ausz. a. Nr. 21)
30 Peter Paul Rubens. 26 S. Basel: Schweighauser (= Öffentliche Vorträge, gehalten in der Schweiz) 1874
31 Das Kupferstich-Cabinet des … Polytechnikums. XXVIII S. Zürich: Orell & Füßli (1876)
32 Mosaik zur Kunstgeschichte. 467 S. Bln: Oppenheim 1876
33 Für die Feuerbestattung. Vortrag. 26 S. Bln: Staude 1877
34 Die christlichen Unterthanen in der Türkei in Bosnien und der Herzegowina. Vortrag. 40 S. Basel: Schwabe 1877
35 Der Doktor Ypokras. (S.-A.) S. 121–132. Bonn: Verein von Alterthumsfreunden im Rheinlande 1877
36 Gegen die Todesstrafe und das Attentat, sie in der Schweiz wieder einzuführen. Vortrag. 22 S. Zürich: Schmidt 1878
37 Nimrod. 101 S. Lpz: Mutze 1879 (Umarb. v. Nr. 17)

38 Tanagra. Idyll aus Griechenland. 56 S., 1 Abb. Braunschweig: Westermann (1883)
39 Selbstbiographie 1838–1848. Hg. R. Sander. XXIV, 255 S. m. Taf., 2 Bl. Faks. Bonn: Cohen (= Veröffentlichungen aus der Handschriftensammlung der Universitätsbibliothek Bonn 1) 1931

KIRSCHWENG, Johannes (1900–1951)

1 Der Überfall der Jahrhunderte. Novelle. 151 S. Mchn: Kösel & Pustet 1928
2 Der goldene Nebel. Märchen. 151 S. m. Abb. Saarlouis: Hausen 1930
3 Aufgehellte Nacht. Erzählungen. 160 S. Freiburg: Herder 1931
4 Zwischen Welt und Wäldern. Heimat an der Saar. 95 S. Saarbrücken: Saarbrücker Dr. u. Verl. 1933
5 (Bearb.) Altfridus, episcopus Monasteriensis: Das Leben des hl. Liudger. Bearb. u. z. T. neu übs. Einf. K. Koch. 56 S. Essen: Fredebeul & Koenen (= Veröffentlichung des Instituts für neuzeitliche Volksbildungsarbeit Dortmund) 1934
6 (MV) K. Busemann: Die Rückgliederung der Saar. Mit einem Bekenntnis zur Heimat v. J. K. 49 S. Ffm: Societäts-Verl. 1934
7 Der Nußbaum. Novelle. 46 S. Saarlouis: Hausen 1934
8 Geschwister Sörb. Erzählung. 56 S. Saarbrücken: Saarbrücker Dr. u. Verl. (1934)
9 Der Widerstand beginnt. 24 S. Saarlouis: Hausen 1934
10 Die blaue Kerze oder Das Geheimnis der Heimat. Erzählung. 53 S. m. Abb. Saarlautern: Hausen (1935)
11 Das wachsende Reich. Saarroman. 294 S. Bonn: Verl. d. Buchgemeinde (= Unterhaltende Schriftenreihe der Buchgemeinde Bonn 11; = Jahresreihe der Buchgemeinde Bonn 1935, 1) 1935
12 Feldwache der Liebe. Roman. 270 S. Saarlautern: Hausen 1936
13 (Hg.) J. Gotthelf: Die schwarze Spinne. Erzählung. 144 S. Saarlautern: Hausen 1936
14 Spiel vom Dichter und Volk. 29 S. Saarlautern: Hausen 1936
15 (Hg.) J. W. v. Goethe: Novelle. Das Märchen. 115 S. Saarlautern: Hausen (1937)
16 Das Haus. 16 S. Saarlautern: Hausen (= Erbgut deutschen Schrifttums 157–158) (1937)
   (Ausz. a. Nr. 4)
17 (Hg.) H. Kurz: Die beiden Tubus oder Denkwürdiger Blick-, Brief- und Wortwechsel zweier Deutschen. Erzählung. 142 S. Saarlautern: Hausen (1937)
18 Odilo und die Geheimnisse. Erzählung. 105 S. Freiburg: Herder 1937
19 Ernte eines Sommers. Erzählungen. 113 S. m. Abb. Freiburg: Herder 1938
20 Die Fahrt der Treuen. Erzählung. 295 S. m. Abb. Freiburg: Herder 1938
21 (Hg.) K. Immermann: Der Oberhof. 432 S. Saarlautern: Hausen 1938
22 Der harte Morgen. Erzählung. 78 S. Stg: Engelhorn (= Neue Engelhorn-Bücherei 9) 1938
23 Sterne überm Dorf. 143 S. m. Abb. Saarlautern: Hausen 1938
24 Der Neffe des Marschalls. Roman. 381 S. m. Abb. Freiburg: Alber 1939
25 Lieder der Zuversicht. 53 S. Mchn: Alber 1940
26 Das Tor der Freude. Roman vom Sterben des Nicolaus von Cues. 234 S. Bonn: Verl. d. Buchgemeinde (= Unterhaltende Schriftenreihe der Buchgemeinde Bonn, Jahresreihe 1940) (1940)
27 Der Trauring. Erzählung. 58 S. Jena: Diederichs (= Deutsche Reihe 95) 1940
28 Trost der Dinge. 272 S. Freiburg: Herder 1940
29 Bernhard Wiemann. Saat und Ernte. 63 S., 1 Titelb. Osnabrück: Fromm (= Schöpferische Niederdeutsche 7) (1941)
30 Kleine Köstlichkeiten. 13 S., 25 Taf. Freiburg: Herder (= Der Bilderkreis 18) 1942
31 Der ausgeruhte Vetter und andere beruhigende Geschichten. 139 S. Mchn: Alber (1942)
32 Die Jahreszeiten. 15 S., 25 Taf. Freiburg: Herder (= Der Bilderkreis 23) 1944

33 Bewahrtes und Verheißenes. 44 S. m. Taf. Saarlouis: Felten-V. 1946
34 (Hg.) Paulinus-Kalender. Trierer Bistumskalender. 144 S. m. Abb. 4° Trier: Paulinus-V. 1946
35 Spät in der Nacht. Gedichte. 66 S. Mchn: Alber 1946
36 Das unverzagte Herz. Kleine Kapitel. 141 S. Saarbrücken: Saar-Verl. 1947
37 Trostbüchlein an eine junge Frau. 31 S. Trier: Paulinus-V. 1947
38 Der Traummacher. 24 Bl. Saarbrücken: Saar-Verl. (1948)
39 Mein Saar-Brevier. Notizen und Begebenheiten aus dem schönen Saarland. 17 Bl., 11 Bl. Abb. Saarbrücken: Saar-Verl. 1949
40 Trostbüchlein für eine junge Frau. 31 S. Saarbrücken: Saar-Verl. (1949) (Neuaufl. v. Nr. 37)

KLABUND (eig. Alfred Henschke) (1890–1928)

1 °Celestina. Ein Buch Alt-Crossener Geschichten. V. A. Henschke-Klabund. III, 115 S. Crossen: Zeidler (1910)
2 Morgenrot! Klabund! Die Tage dämmern! Gedichte. 70 S. Bln: Reiß 1913
3 Kleines Bilderbuch vom Krieg. III, 12 S., 12 Taf. 4° Mchn: Goltzverl. 1914
4 Klabunds Karussel. Schwänke. 124 S. Bln: Reiß 1914
5 Soldatenlieder. 15 S. Dachau: Der Gelbe Verl. 1914
6 Der Marketenderwagen. Ein Kriegsbuch. 128 S. Bln: Reiß (1915)
7 (Hg.) Das deutsche Soldatenlied, wie es heute gesungen wird. 318 S. m. Abb. Mchn: Müller (1915)
8 Dumpfe Trommel und berauschtes Gong. Nachdichtungen chinesischer Kriegslyrik. 45 S. Lpz: Insel (= Insel-Bücherei 183) (1915)
9 Dragoner und Husaren. Die Soldatenlieder von Klabund. 51 S. Mchn: Müller 1916
  (Verm. Neuaufl. v. Nr. 5)
10 (Hg., Nachw.) A. Gryphius: Das dunkle Schiff. Auserlesene Sonette, Gedichte, Epigramme. 81 S. Mchn: Roland-Verl. 1916
11 Die Himmelsleiter. Neue Gedichte. 146 S. Bln: Reiß (1916)
12 Li tai-pe. Nachdichtungen. 48 S. Lpz: Insel (= Insel-Bücherei 201) (1916)
13 Moreau. Roman eines Soldaten. 133 S. Bln: Reiß 1916
14 Irene, oder die Gesinnung. Ein Gesang. 46 S. Bln: Reiß (1917)
15 Das ideale Kabaret. Groteske Dichtungen. Mchn: Roland-Verl. (1917)
16 Die Krankheit. Eine Erzählung. 80 S. Bln: Reiß 1917
17 (Hg.) Der Leierkastenmann. Volkslieder der Gegenwart. Aus dem Munde des Volkes gesammelt und hier zum erstenmal veröffentlicht. 39 S., 10 Taf. Bln: Reiß (1917)
18 Mohammed. Der Roman eines Propheten. 115 S., 2 Taf. Bln: Reiß (= Prospero-Drucke 2) 1917
19 Die Schießbude. Grotesken. Mchn: Roland-Verl. (1917)
20 Das Sinngedicht des persischen Zeltmachers. Neue Vierzeiler nach Omar Khayyâm. 49 S. m. Abb. Mchn: Roland-Verl. 1917
21 Bracke. Ein Eulenspiegel-Roman. 210 S. Bln: Reiß (1918)
22 Die Geisha O-sen. Geisha-Lieder. Nach japanischen Motiven. 44 S. Mchn: Roland-Verl. (= Kleine Roland-Bücher 2) 1918
23 Der Feueranbeter. Nachdichtung des Hafis. 39 S. Bln: Verl. Die Schmiede (= Kleine Roland-Bücher 12) 1919
24 Hört! Hört! Ein politisch-satirisches Gedicht. Mannheim: Verl. Der Revolutionär (= Pamphlete) 1919
25 Montezuma. Eine Ballade. 14 S. Dresden: Dresdner Verl. (= Das neuste Gedicht 19) 1919
26 Der Totengräber. Eine Szene. 22 S. Kiel: Verl. Die Schöne Rarität 1919
27 Der himmlische Vagant. Ein lyrisches Porträt des François Villon. 44 S. Mchn: Roland-Verl. 1919
28 Die gefiederte Welt. Grotesque sentimentale. 15 S. Dresden: Dresdner Verl. (= Das neuste Gedicht 17) 1919
29 Dreiklang. Ein Gedichtwerk. 106 S. Bln: Reiß (1920)
30 Hannibals Brautfahrt. Ein Schwank in drei Aufzügen und einem Nachspiel. 70 S. Bln: Reiß (1920)

31 (Vorw.) H. Heine: ... und alles für eine Kuh. Ironisch-sentimentale Gedichte. 76 S. m. Abb. Bln: Eigenbrödler-V. (1920)
32 (Hg.) Das trunkene Lied. Die schönsten Sauf- und Trinklieder der Weltliteratur. 167 S. m. Abb. u. Taf. Bln: Reiß 1920
33 Deutsche Literaturgeschichte in einer Stunde. Von den ältesten Zeiten bis zur Gegenwart. 96 S. Lpz: Dürr & Weber (= Zellenbücherei 12) 1920
34 Marietta. Ein Liebesroman aus Schwabing. 16 S. Hannover: Steegemann (= Die Silbergäule 79) (1920)
35 Die Nachtwandler. Ein Schauspiel. 71 S. Bln: Reiß (1920)
36 Der Neger. 22 S. Dresden: Dresdner Verl. (= Das neuste Gedicht 33–34) 1920
37 Die Sonette auf Irene. 35 S. Bln: Reiß (1920)
38 (MH) Der Tierkreis. Das Tier in der Dichtung aller Völker und Zeiten. Eine Anthologie, hg. K. Soffel u. K. 400 S. m. Taf. Bln: Reiß (1920)
39 Das Blumenschiff. Nachdichtungen chinesischer Lyrik. 56 S. m. Abb. Bln: Reiß (1921)
40 (Übs.) A. Daudet: Die Abenteuer des Herrn Tartarin aus Tarascon. 164 S. m. Abb. Bln: Reiß (1921)
41 Franziskus. Ein kleiner Roman. 119 S. Bln: Reiß (1921)
42 Heiligenlegenden. 82 S., 5 Abb. Lpz, Bln: Dürr & Weber (= Zellenbücherei 48) 1921
43 Kleines Klabund-Buch. Novellen und Lieder. 72 S., 1 Bildn. Lpz: Reclam (= Reclam's UB. 6251) 1921
44 (Übs.) Laotse: Sprüche. 32 S. Bln-Zehlendorf: Heyder (1921)
45 (Übs.) Wang-Siang: Das Buch der irdischen Mühe und des himmlischen Lohnes. 21 S. Hannover, Bln: Steegemann (= Die Silbergäule 109–110) 1921
46 Geschichte der Weltliteratur in einer Stunde. 111 S. Lpz, Bln: Dürr & Weber (= Zellenbücherei 52) 1922
47 Das heiße Herz. Balladen, Mythen, Gedichte. 158 S. Bln: Reiß 1922
48 Kunterbuntergang des Abendlandes. Grotesken. 154 S. Mchn, Bln: Verl. Die Schmiede 1922
49 Spuk. Roman. 141 S. Bln: Reiß (1922)
50 (Nachw.) J. Frh. v. Eichendorff: Es steht ein Berg in Feuer. 32 S. Bln-Zehlendorf: Heyder (= Wandersmann-Bücherei 15) 1923
51 (Hg.) J. W. v. Goethe: Gedichte. Auswahl. Bln-Zehlendorf: Heyder 1923
52 (Hg.) J. W. v. Goethe: Hinauf! Hymnen. 48 S. Bln-Zehlendorf: Heyder (= Wandersmann-Bücherei 20) (1923)
53 (Hg., Nachw.) H. Heine: Es fällt ein Stern herunter. Lieder und Balladen. 40 S. Bln-Zehlendorf: Heyder (= Wandersmann-Bücherei 16) 1923
54 Der letzte Kaiser. Erzählung. 29 S. Bln-Zehlendorf: Heyder (= Wandersmann-Bücherei 30) 1923
55 (Übs.) F. v. La Rochefoucauld: Gedanken zur Liebe. 29 S. Mchn: Roland-Verl. „Die Schmiede" (= Kleine Roland-Bücher 22) 1923
56 Li-Tai-Pe. Nachdichtungen. 55 S., 16 Abb. 4⁰ Lpz: Insel 1923 (Verm. Neuaufl. v. Nr. 12)
57 (Hg., Nachw.) E. Mörike: Morgenglocken. Gedichte. 32 S. Bln-Zehlendorf: Heyder (= Wandersmann-Bücherei 17) 1923
58 Pjotr. Roman eines Zaren. 166 S. Bln: Reiß 1923
59 (Bearb., Vorw.) G. d. Boccaccio: Decameron. 2 Bde. IX, 408; 337 S. m. Abb. Bln: Neufeld & Henius 1924
60 (Hg.) Weib und Weibchen. Epigramme und Sprüche deutscher Dichter von Gottfried von Straßburg bis Klabund. 79 S. m. Abb. Bln: Dr. Eysler 1924
61 Der junge Aar. Nachdichtung nach Rostand. Bln: Alberti-Verl. 1925
62 (Hg.) Der Kavalier auf den Knien und andere Liebesgeschichten aus dem alten Englischen, Französischen, Italienischen und Spanischen. 988 S. Bln-Zehlendorf: Rembrandt-Verl. (1925)
63 Der Kreidekreis. Spiel in fünf Akten nach dem Chinesischen. 102 Bl. Bln: Spaeth 1925
64 Lesebuch. Vers und Prosa. 261 S., 1 Titelb. Bln-Zehlendorf: Heyder (1925)
65 Wie ich den Sommernachtstraum im Film sehe. 40 S. m. Abb. Bln: Verl. d. Lichtbildbühne 1925
66 Das lasterhafte Leben des weiland weltbekannten Erzzauberers Christoph

Wagner, gewesenen Famuli und Nachfolgers in der Zauberkunst des Doktor Faust. Ein altes deutsches Volksstück in einem Vorspiel und fünf Akten neu ans Licht gezogen. 165 S. m. Abb. Bln: Spaeth 1925
67 Cromwell. Bln: Alberti-Verl. 1926
68 Gedichte. 234 S., 1 Titelb. Wien: Phaidon-Verl. 1926
69 (MBearb.) C. D. Grabbe: Herzog Theodor von Gothland. Eine Tragödie in fünf Akten. Rundfunkbearb. K. u. A. Braun. 119 S. Bln: Funk-Dienst (= Sende-Spiele. Jg. 3, H. 4) 1926
70 Die Harfenjule. Neue Zeit-, Streit- und Leidgedichte. 63 S. (Bln:) Verl. Die Schmiede (1927)
71 Das Kirschblütenfest. Spiel nach dem Japanischen. 112 Bl., 1 Abb. Wien: Phaidon-Verl. 1927
72 Die Romane der Leidenschaft. 342 S. Bln: Reiß 1927
    (Enth. Nr. 13, 18, 58)
73 Borgia. Roman einer Familie. 243 S. Wien: Phaidon-Verl. (1928)
74 (Vorw.) Felix Fürst Jussupoff: Rasputins Ende. Übs. D. Chasin. 264 S. Bln: Pantheon-Verl. 1928
75 Totenklage. Dreißig Sonette. II, 30 S. (Wien:) Phaidon-Verl. 1928
76 X Y Z. Spiel zu Dreien in drei Aufzügen. 68 S. Lpz: Reclam (= Reclam's UB. 6836) 1928
77 Dichtungen aus dem Osten. 3 Bde. 112, 120, 106 Bl. Wien: Phaidon-Verl. 1929
    (Enth. u. a. Nr. 22, 63, 71)
78 Rasputin. 152 S. Wien: Phaidon-Verl. 1929
79 Gesammelte Romane. 342 S. Wien: Phaidon-Verl. (1929)
80 Chansons. Streit- und Leidgedichte. 59 S. Wien: Phaidon-Verl. (= Die Gold- und Silberbücher) 1930
81 Kriegsbuch. 59 S. Wien: Phaidon-Verl. (= Die Gold- und Silberbücher) 1930
82 Literaturgeschichte. Die deutsche und die fremde Dichtung von den Anfängen bis zur Gegenwart. Neugeordnet u. erg. L. Goldschneider. 399 S. m. Abb. u. Taf. Wien: Phaidon-Verl. 1930
83 Novellen von der Liebe. 59 S. Wien: Phaidon-Verl. (= Die Gold- und Silberbücher) 1930
84 Gesammelte Werke in Einzelausgaben. 6 Bde. 2016 S. Wien: Phaidon-Verl. 1930
85 (Hg.) J. W. v. Goethe: Gedichte. 270 S. Bln: Heyder (1931)
86 Chinesische Gedichte. Nachdichtungen. Gesamt-Ausg. 130 Bl. m. Abb. Wien: Phaidon-Verl. (1933)
87 Tagebuch im Gefängnis. Einf., Nachw. u. Klabund-Schriftenverz. L. Spitzegger. 32 S. Wien, Gmunden, Zürich: Weltweiter Verl. 1946

KLAJ, Johann (+Clajus der Jüngere) (1616–1656)

1 (Übs.) A. Buchner: Joas. Der heiligen Geburt Christi zu Ehren gesungen. 4 Bl. 4° Wittenberg: Hake 1642
2 Aufferstehung Jesv Christi. 4 Bl., 43, 4 S. 4° Nürnberg: Endter 1644
3 Höllen- und Himmelfahrt Jesv Christi, nebenst darauf erfolgten Sichtbaren Außgiessung Gottes deß Heiligen Geistes. 4 Bl., 56 S., 4 Bl. 4° Nürnberg: Endter 1644
4 +(MV) Pegnesisches Schäfergedicht in den Berinorgischen Gefilden. 47 S., 1 Titelb. Nürnberg: Endter 1644
5 Weyhnacht-Andacht. Der Heiligen Geburt Christi zu ehren gesungen. 12 Bl. 4° o. O. 1644
6 Der Leidende Christvs. In einem Trauerspiele vorgestellet. 4 Bl., 72 S. 4° Nürnberg: Endter 1645
7 Engel- und Drachen-Streit. 26 Bl. 4° Nürnberg: Dümler (1645)
8 +(MV) Fortsetzung der Pegnitz-Schäferey ... 4 Bl., 104 S. 4° Nürnberg: Endter 1645
9 +(MV) Der Pegnitz Hirten Frülings Freude, Herrn M. Andre Jahnens und

Jungfer Marien Simons Myrtenfeste gewidmet, den 6. des Blumen Monats. Im Jahre 1645. 4 Bl. (Nürnberg: Endter) 1645
(Ausz. a. Nr. 8)
10 Herodes der Kindermörder, Nach Art eines Trauerspiels ausgebildet ... 4 Bl., 62 S., 1 Bl. 4⁰ Nürnberg: Endter 1645
11 Lobrede der Teutschen Poeterey ... 4 Bl., 27, 5 S. 4⁰ Nürnberg: Endter 1645
12 †(MV) Lustgedicht zu hochzeitlichem Ehrenbegängniß Herrn D. Johann Röders, und Jungfer Maria Rosina Schmidin. 2 Bl. Nürnberg: Endter 1645
13 Andachts Lieder. 14 Bl. 4⁰ Nürnberg: Sartorius 1646
14 Ehrengedicht. 4⁰ Nürnberg (1646)
15 Das ganze Leben Jesu Christi. 79 Bl. m. Titelku. Nürnberg: Fürst (1648)
16 Pegnesisches Schaefer Gedicht in den Nordgauer Gefilden angestimmt. 4 Bl. 4⁰ Nürnberg (o. Verl.) 1648
17 Weihnacht Gedichte. 24 Bl. 12⁰ Nürnberg: Dümler 1648
18 Allzufrühes Ableben ... Johann Ludwigs Pfaltzgraveus bey Rhein ... 4 Bl. Nürnberg: Endter 1649
19 Schwedisches Fried- und Freudenmahl, zu Nürnberg den 25. des Herbstmonats, im Heiljahr 1649. gehalten ... 20 Bl. 4⁰ Nürnberg: Dümler 1649
20 Eigentlicher Entwurf und Abbildung deß Gottlosen und verfluchten Zauber Festes. o. O. (1650)
21 Freudengedichte Der seligmachenden Geburt Jesu Christi, Zu Ehren gesungen. 22 Bl. 4⁰ Nürnberg: Dümler (1650)
22 Irene, das ist, Vollständige Außbildung Deß zu Nürnberg geschlossenen Friedens 1650. 4 Bl., 88 S. m. Ku., 1 Titelku. 4⁰ Nürnberg: Endter 1650
23 Geburtstag Deß Friedens, Oder rein Reimteutsche Vorbildung, Wie ... Mars ... seinen Abzug genommen ... hingegen ... Irene ... eingeholet ... worden. 4 Bl., 78 S. m. Ku., 1 Titelku. 4⁰ Nürnberg: Endter 1650
(Forts. v. Nr. 22)
24 Trauerrede über das Leiden seines Erlösers. 4 Bl., 46 S. 4⁰ Nürnberg: Endter 1650
25 Trost-Schrifft an Frau Anna Maria Schmidmayerin, eine gebohrne Heigelin. 4⁰ Nürnberg: 1650

KLEIST, Ewald Christian von (1715–1759)

1 *Der Frühling. Ein Gedicht. IV, 40 S. 4⁰ Bln: Voß 1749
2 *Der Frühling. Ein Gedicht. Nebst einem Anhang. IV, 44 S. Bln: Voß 1750
(Verm. Neuaufl. v. Nr. 1)
3 *Der Frühling. Ein Gedicht. Nebst Einem Anhang anderer Gedichte. 4 Bl., 47 S. 4⁰ Zürich: Heidegger 1751
(Verm. Neuaufl. v. Nr. 2)
4 *Gedichte von dem Verfasser des Frühlings. VI, 160 S., 1 Titelb. Bln: Voß 1756
(Enth. u. a. Nr. 1)
5 *Ode an die Preußische Armee. 2 Bl. 4⁰ o.O. 1757
6 *Neue Gedichte von dem Verfasser des Frühlings. 128 S. Bln: Voß 1758
7 *Cissides und Paches. In drey Gesängen vom Verfasser des Frühlings. 58 S., 1 Titelku. Bln: Voß 1759
8 Sämmtliche Werke. Hg. K. v. Ramler. 2 Bde. 192 S., 1 Titelku.; 192 S., 1 Titelku. Bln: Voß 1760
9 Sämmtliche Werke nebst des Dichters Leben aus seinen Briefen an Gleim. Hg. W. Körte. 2 Bde. m. Bildn. Bln: Unger 1803
10 Werke. Hg. u. m. Anm. begl. A. Sauer. 3 Bde. CIV, 384; VI, 576; VII, 383 S. 12⁰ Bln: Hempel (1883)

KLEIST, Heinrich von (1777–1811)

1 *Die Familie Schroffenstein. Ein Trauerspiel in fünf Aufzügen. 265 S. Bern, Zürich: Gessner 1803

2 Amphitryon, ein Lustspiel nach Molière. Hg. A. H. Müller. VII, 184 S. Dresden: Arnoldi (1807)
3 Penthesilea. Ein Trauerspiel. 176 S., 1 Bl. Tüb: Cotta (1808)
4 (MH, MV) Phöbus. Ein Journal für die Kunst. Hg. H. v. K. u. A. H. Müller. 1. Jg. 12 Stücke. 586 S., 7 Ku. 4° Dresden: Gärtner (Stück 1–10) bzw. Dresden: Walther (11–12) 1808
5 (Hg.) Berliner Abendblätter. 2 Jge. Bln 1810–1811
6 Erzählungen. 2 Tle. 342, 240 S. Bln: Realschulbuchh. 1810–1811
7 Das Käthchen von Heilbronn oder Die Feuerprobe. Ein großes historisches Ritterschauspiel. 198 S., 1 Bl. Bln: Realschulbuchh. 1810
8 Der zerbrochene Krug. Ein Lustspiel. 174 S., 1 Bl. Bln: Realschulbuchh. 1811
9 Germania an ihre Kinder. 4 S. 4° o. O. (1813)
10 Das erwachte Europa. Bd. 1. Bln: Achenwall 1814
11 Hinterlassene Schriften. Hg. L. Tieck. LXXVIII, 290 S. Bln: Reimer 1821
12 Gesammelte Schriften. Hg. L. Tieck. 3 Bde. Bln: Reimer 1826
13 Gesammelte Schriften. Hg. L. Tieck, rev. J. Schmidt. 3 Bde. 1517 S. 16° Bln: Reimer 1859
14 Politische Schriften und andere Nachträge zu seinen Werken. Hg. R. Köpke. XIII, 168 S. Bln: Charisius 1862
(Ausz. a. Nr. 5)
15 Werke. Kritisch durchges. u. erl. Ges.-Ausg. Im Verein mit G. Minde-Pouet u. R. Steig hg. E. Schmidt. 5 Bde. XLVI, 2293 S. Lpz: Bibliogr. Inst. 1904–1905

KLEMM, Wilhelm (+Felix Brazil) (*1881)

1 Gloria! Kriegsgedichte aus dem Feld. 84 S. Mchn: Langen (1915)
2 Verse und Bilder. 63 S. m. Abb. 4° Bln-Wilmersdorf: Die Aktion 1916
3 Aufforderung. Gesammelte Verse. 120 S. Bln-Wilmersdorf: Die Aktion (= Aktions-Lyrik 4) 1917
4 Entfaltung. Gedichtfolge. 84 S. Ffm: Kleukens-Presse (= Druck der Kleukens-Presse 2) 1919
5 Ergriffenheit. Gedichte. 129 S. Mchn: Wolff (= Drugulin-Drucke 1) (1919)
6 Traumschutt. Gedichte. 30 S. Hannover: Steegemann (= Die Silbergäule 65–66) (1920)
7 Verzauberte Ziele. Gedichtfolge. 47 S. Bln: Reiß 1921
8 +Die Satanspuppe. Verse. 62 S. Hannover: Steegemann 1922

KLEPPER, Jochen (1903–1942)

1 Der Kahn der fröhlichen Leute. Roman. 245 S. Stg: Dt. Verl.-Anst. 1933
2 Du bist als Stern uns aufgegangen. 14 S. Bln: Eckart-V. (= Neue geistliche Dichtung 1) 1937
3 Der Vater. Der Roman des Soldatenkönigs. 445, 600 S. Stg: Dt. Verl.-Anst. (1937)
4 (Hg.) In tormentis pinxit. Briefe und Bilder des Soldatenkönigs. 131 S. Stg: Dt. Verl.-Anst. 1938
5 Kyrie. Geistliche Lieder. 51 S. Bln: Eckart-V. 1938
6 Der Soldatenkönig und die Stillen im Lande. Begegnungen Friedrich Wilhelms I. mit August Hermann Francke, August Gotthold Francke, Johann Anastasius Freylinghausen, Nikolaus Ludwig Graf von Zinzendorf. 159 S. Bln: Eckart-V. (= Der Eckart-Kreis 41) 1938
7 (MV) Das halte fest. Ein Weggeleit aus Gottes Wort. Ausgelegt v. J. K., S. Stehmann, R. A. Schröder. 85 S. Bln-Steglitz: Eckart-V. (= Der Eckart-Kreis 53) 1940
8 Der christliche Roman. 29 S. Bln: Eckart-V. 1940
9 Gedichte. Olympische Sonette. Der König. 32 S. (Bln-Dahlem:) Christl. (Buch- u.) Zeitschriftenverl. (1947)
10 Das ewige Haus. Geschichte der Katharina von Bora und ihres Besitzes.

Roman-Fragment. Kapitel 1: Die Flucht der Katharina von Bora oder Die klugen und die törichten Jungfrauen. Aus dem Nachlaß unter Benützung von Tagebuchaufzeichnungen hg. u. eingel. K. Pagel. 248 S., 1 gef. Bl. Stg: Dt. Verl.-Anst. (1951)
11 Die Flucht der Katharina von Bora. Aus dem Nachlaß hg. u. eingel. K. Pagel. 247 S., 1 gef. Bl. Stg: Dt. Verl.-Anst. 1954
(Neuausg. v. Nr. 10)
12 Unter dem Schatten deiner Flügel. Aus den Tagebüchern der Jahre 1932–1942. Hg. Hildegard Klepper. Ausw., Anm., Nachw. B. Mascher. Geleitw. R. Schneider. 1171 S., 1 Titelb. Stg: Dt. Verl.-Anst. 1956
13 Überwindung. Tagebücher und Aufzeichnungen aus dem Kriege. Hg. Hildegard Klepper. Nachw. B. Mascher. 291 S., 1 Falttaf. Stg: Dt. Verl.-Anst. 1958
14 Gast und Fremdling. Briefe an Freunde. Hg. E. J. Meschke. 341 S., 1 Titelb. Witten: Eckart-V. 1960
15 Nachspiel. Erzählungen, Aufsätze, Gedichte. 154 S. Witten, Bln: Eckart-V. 1960

KLINGEMANN, Ernst August Friedrich (1777–1831)

1 Wildgraf Eckard von der Wölpe. Eine Sage aus dem vierzehnten Jahrhundert. 368 S. Braunschweig: Schröder 1795
2 Die Asseburg. Historisch-romantisches Gemälde, dramatisiert. 2 Bde. m. Ku. Braunschweig 1796-1797
3 *Die Maske. Ein Trauerspiel in vier Aufzügen. Braunschweig 1797
4 Die Ruinen im Schwarzwalde. Eine Arabeske. 2 Bde. m. Ku. Braunschweig 1798-1799
5 (Hg.) Memnon. Eine Zeitschrift. Ersten Bandes Erstes Stück. 175 S. Lpz: Rein 1800
6 Selbstgefühl. Ein Charaktergemählde in fünf Aufzügen. Braunschweig 1800
7 Romano. 2 Bde. 32, 294; 288 S. Braunschweig: Schröder 1800-1801
8 *Albano der Lautenspieler. Vom Verfasser der Maske. Mit Musik für die Guitarre von Bornhardt. 2 Bde. 300, 324 S. m. Ku. u. Musikbeil. Lpz: Rein 1802
9 Was für Grundsätze müssen eine Theaterdirection bey der Auswahl der aufzuführenden Stücke leiten? 48 S. Lpz: Rein 1802
10 Über Schillers Tragödie: Die Jungfrau von Orleans. 77 S. Lpz: Rein 1802
11 Der Schweitzerbund. 2 Bde. 200, 182 S. m. Ku. Lpz: Joachim's Litt. Mag. 1804
12 *Der Lazzaroni, oder Der Bettler von Neapel. Ein romantisches Schauspiel in fünf Akten vom Verfasser der Maske. 271 S. Hbg: Vollmer 1805
13 Heinrich von Wolfenschießen. Ein Trauerspiel in fünf Akten. Historisches Seitenstück zu Schillers Wilhelm Tell. 160 S. m. Titelku. Lpz 1806
14 Theater. 3 Bde. XII, 364; 413; XIV, 440 S. m. Musikbeil. Stg, Tüb: Cotta 1808-1820
15 Moses. Ein dramatisches Gedicht in fünf Akten. Mit einem Prologe. XVI, 229 S. Helmstädt: Fleckeisen 1812
16 *Schill, oder Das Deklamatorium von Krähwinkel. Eine Posse in drei Akten ... Helmstädt 1812
17 Zweites Marschlied für die braunschweigischen Truppen. Fürs Pianoforte v. J. H. C. Bornhardt. 4° Braunschweig 1813
18 Faust. Ein Trauerspiel in fünf Acten. 7 ungez., 182 S., 1 Titelku. Altenburg, Lpz: Brockhaus 1815
19 Don Quixote und Sancho Pansa oder: Die Hochzeit des Comacho. Dramatisches Spiel mit Gesang in fünf Aufzügen. 176 S. Lpz, Altenburg: Brockhaus 1815
20 (Bearb.) W. Shakespeare: Hamlet. Trauerspiel in sechs Aufzügen. Nach Goethes Andeutungen im Wilhelm Meister u. A. Schlegels Übersetzung für die deutsche Bühne bearb. XX, 196 S. Lpz, Altenburg: Brockhaus 1815
21 Deutsche Treue. Ein historisches Schauspiel in fünf Aufzügen. 173 S. Helmstädt: Fleckeisen 1816

22 Die Grube zur Dorothea. Ein Schauspiel in fünf Aufzügen. 157 S. Helmstädt: Fleckeisen 1817
23 Das Kreuz im Norden. Trauerspiel in fünf Akten. 176 S. Braunschweig: Meyer 1817
24 Rodrigo und Chimene. Trauerspiel in fünf Akten. 128 S. Braunschweig: Plüchart 1817
25 Über das Braunschweiger Theater und dessen jetzige Verhältnisse. Braunschweig: Lucius 1817
26 Dramatische Werke. 2 Bde., 350 S. Braunschweig: Meyer 1817–1818
(Enth. u. a. Nr. 23)
27 Kunst und Natur. Blätter aus meinem Reisetagebuche. 3 Bde., 8 Ku. Braunschweig: Meyer 1818–1828
28 Gesetzliche Ordnungen für das Nationaltheater in Braunschweig. 78 S. Braunschweig 1818
29 Vorlesungen für Schauspieler. Helmstädt 1818
30 Erinnerungsblätter. 405 S. m. Ku. Braunschweig: Meyer 1819–1828
(= Nr. 27, Bd. 3)
31 Allgemeiner deutscher Theater-Almanach für das Jahr 1822. X, 495 S., 1 Ku. Braunschweig: Meyer 1822
32 Beiträge zur deutschen Schaubühne. 2 Bl., 318 S. m. Ku. Braunschweig: Meyer 1824
(Neuausg. v. Nr. 31)
33 Ahasver. Trauerspiel in fünf Akten. X, 126 S. m. Titelku. Braunschweig: Meyer 1827
34 Bianca de Sepolcro. Trauerspiel in fünf Aufzügen. Braunschweig 1830
35 Melpomene. 222 S. m. Titelku. Braunschweig: Meyer 1830
(Enth. u. a. Nr. 34)
36 Wildgraf Eckardt von der Wölpe. Eine Sage aus dem vierzehnten Jahrhundert. Lpz 1836
(Verb. Neuaufl. v. Nr. 1)

KLINGER, Friedrich Maximilian von (1752–1831)

1 *Otto. Ein Trauerspiel. 184, 1 S. Lpz: Weygand 1775
2 *Das leidende Weib. Ein Trauerspiel. 112 S., 1 Bl. Lpz: Weygand 1775
3 *Die Neue Arria. Ein Schauspiel. 134 S. Bln: Mylius 1776
4 *Simsone Grisaldo. Ein Schauspiel in fünf Akten. 143 S. Bln: Mylius 1776
5 Sturm und Drang. Ein Schauspiel. 115 S. Bln: Decker 1776
6 Die Zwillinge. Ein Trauerspiel in fünf Aufzügen. 88 S. Hbg: Theatral. Direcktion (= Hamburgisches Theater 1) 1776
7 *Der verbannte Götter-Sohn. Erste Unterhaltungen. 15 S. (Gotha: Ettinger) 1777
8 *Orpheus eine Tragisch-Komische Geschichte. 5 Bde. 1084 S. m. Ku. Genf: Legrand 1778–1780
9 *Der Derwisch. Eine Komödie in fünf Aufzügen. 188 S. (Basel: Serini) 1780
10 *Prinz Formosos Fiedelbogen und der Prinzeßin Sanaclara Geige, oder Geschichte des großen Königs. 2 Thle. 200, 172 S. Genf: Legrand 1780
11 *Plimplamplasko, der hohe Geist. (heut Genie). Eine Handschrift aus den Zeiten Knipperdollings und Doctor Martin Luthers. 151 S. m. Ku. (Basel: Thurneysen) 1780
12 *Prinz Seiden-Wurm der Reformator oder Die Kron-Kompetenten, ein moralisches Drama. 131 S. Genf: Legrand 1780
(Ausz. a. Nr. 8)
13 Stilpo und seine Kinder. Ein Trauerspiel in fünf Akten. 196 S. Basel: Thurneysen 1780
14 Die falschen Spieler. Ein Lustspiel in fünf Aufzügen. 102 S., 1 Bl. Wien: Kurzbeck 1782
15 Elfride. Eine Tragödie. 104 S. Basel: Thurneysen 1783
16 *Die Geschichte vom Goldnen Hahn. Ein Beytrag zur Kirchen-Historie. XIV, 176 S. (Gotha: Ettinger) 1785

17 Theater. 4 Bde. 350, 372, 414, 356 S. m. Titelku. Riga: Hartknoch 1786 bis 1787
 (Enth. u. a. Nr. 3, 4, 5, 6, 7, 9, 13, 14, 15)
18 *Oriantes. Ein Trauerspiel in fünf Akten. 133 S. Ffm, Lpz (: Jacobäer) 1790
19 Neues Theater. 3 Bde. 4 Bl., 276; 286; 133 S. m. Ku. St. Petersburg: Tornow; Lpz: Jacobäer 1790
20 Bambino's sentimentalisch-politische, comisch-tragische Geschichte. 4 Bde. 268, 248, 256, 263 S. St. Petersburg, Lpz: Kriele (= Lpz: Jacobäer) 1791
 (Umarb. v. Nr. 8)
21 Fausts Leben, Thaten und Höllenfahrt in fünf Büchern. 2 Bl., 412 S. St. Petersburg: Kriele (= Lpz: Jacobäer) 1791
22 Medea in Korinth und Medea auf dem Kaukasos. Zwey Trauerspiele. 294 S. m. Ku. St. Petersburg, Lpz: Kriele (= Lpz: Jacobäer) 1791
 (Ausz. a. Nr. 17)
23 Geschichte Giafars des Barmeciden. Ein Seitenstück zu Fausts Leben, Thaten und Höllenfahrt. 2 Bde. 636 S. St. Petersburg (, Lpz: Jacobäer) 1792–1794
24 Geschichte Raphaels de Aquillas in fünf Büchern. Ein Seitenstück zu Fausts Leben, Thaten und Höllenfahrt. 1 Bl., 472 S., 2 Bl. St. Petersburg (= Lpz: Jacobäer) 1793
25 Auswahl aus Friedrich Maximilian Klingers dramatischen Werken. 2 Bde. X, 452; 356 S. Lpz: Jacobäer 1794
 (Enth. u. a. Ausz. a. Nr. 17 u. 19)
26 *Reisen vor der Sündfluth. 500 S., 1 Titelku. Bagdad (= Riga: Hartknoch) 1795
27 *Der Faust der Morgenländer, oder Wanderungen Ben Hafis, Erzählers der Reisen vor der Sündfluth. 397 S., 1 Bl., 1 Titelku. Bagdad (= Riga: Hartknoch) 1797
28 Der Schwur gegen die Ehe. Ein Lustspiel in fünf Akten. IV, 120 S. Riga: Hartknoch 1797
 (Ausz. a. Nr. 17)
29 *Sahir, Eva's Erstgeborener im Paradiese. Ein Beytrag zur Geschichte der Europäischen Kultur und Humanität. XX, 368 S. Tiflis (= Riga: Hartknoch) 1798
30 *Geschichte eines Teutschen der neusten Zeit. VI, 568 S., 1 Bl. Lpz: Hartknoch 1798
31 Der Weltmann und der Dichter. 1 Bl., 387 S. Lpz: Hartknoch 1798
32 Betrachtungen und Gedanken über verschiedene Gegenstände der Welt und der Litteratur. Nebst Bruchstücken aus einer Handschrift. 3 Bde. 415, 524, 310 S. Köln: Hammer (1–2) bzw. St. Petersburg: Hammer (3) 1803 bis 1805
33 Werke. 12 Bde. Königsberg: Nicolovius 1809–1816
34 Sämmtliche Werke. Mit einer Charakteristik und Lebensskizze Friedrich Maximilian Klingers. 12 Bde. Stg, Tüb: Cotta 1842

KLOEPFER, Hans (1867–1944)

1 Vom Kainachboden. Ein Buch der Heimat. Hg. Verein für Heimatschutz in Steiermark. V, 116 S., 1 Titelb. Graz: Moser 1912
2 Aus dem Sulmtale. Ein zweites Buch der Heimat. Hg. Verein für Heimatschutz in Steiermark. VII, 119 S. m. Abb. Graz: Leuschner & Lubensky 1922
3 Gedichte. 114 S. Graz: Leuschner & Lubensky 1924
4 Gedichte in steirischer Mundart. 102 S. Graz: Leuschner & Lubensky 1924
5 Steirisches Bilderbuch. IV, 144 S. m. Abb. Graz: Leuschner & Lubensky 1930
6 Gedichte. 176 S. Graz: Leuschner & Lubensky 1931
 (Verm. Neuaufl. v. Nr. 3)
7 Eibiswald. 328 S. m. Abb. u. Taf. 4° Graz: Leuschner & Lubensky 1933
8 Aus alter Zeit. Steirische Geschichten. 173 S. Graz: Leuschner & Lubensky 1933

9   (Hg.) H. M. Fuchs: Auf späten Wegen. Aus dem lyrischen Tagebuch eines Landarztes. 47 S. Wien: Krystall-V. (1934)
10 Neue Gedichte in steirischer Mundart. 115 S. Graz: Leuschner & Lubensky 1935
11 Aus dem Bilderbuch meines Lebens. 310 S., 1 Titelb. Graz: Alpenlandbuchh. Südmark (= Gesamtausgabe, Bd. 1) 1936
12 Gesammelte Gedichte. 222 S. Graz: Alpenlandbuchh. Südmark (= Gesamtausgabe, Bd. 2) 1936
13 Was mir die Heimat gab. 66 S. Mchn: Langen-Müller (= Die Kleine Bücherei 70) 1936
14 Sulmtal und Kainachboden. Ein steirisches Bilderbuch. 303 S. m. Abb. Graz: Alpenlandbuchh. Südmark (= Gesamtausgabe, Bd. 3) 1936 (Enth. Nr. 1 u. 2)
15 (Einl.) Das steirische Eisenbuch. Stätten der Arbeit am steirischen Eisen in alter und neuer Zeit. Hg. H. Riehl. 171 S., 150 Abb., 1 Titelb. 4° Graz: Leykam (= Steirisches Eisen 1) 1937
16 Steirische Geschichten. Gesammelte Erzählungen. 416 S. Graz: Alpenlandbuchh. Südmark (= Gesamtausgabe, Bd. 5) 1937
17 Joahrlauf. Gesammelte Gedichte in steirischer Mundart. 263 S. Graz: Alpenlandbuchh. Südmark (= Gesamtausgabe, Bd. 4) 1937
18 Bergbauern. 51 S. Jena: Diederichs (= Ostmark-Schriften) 1938
19 Erntedank. Kleine Lese aus dem dichterischen Werk. 299 S. m. Abb. Graz: Alpenlandbuchh. Südmark 1939
20 Aus der Franzosenzeit. 75 S. m. Abb. Wien: Frick (= Wiener Bücherei 2) (1939)
21 (Einl.) Das ist Graz, die Stadt im deutschen Südosten. 48 S. m. Abb. Graz: Steirische Verl.-Anst. (1939)
22 Um den Zigöllerkogel. Weststeirische Geschichten. 59 S. Wien (: Wiener Verl.-Ges.) (= Reihe Süd-Ost 2, 14) 1940
23 Gesammelte Gedichte. 234 S. Graz: Alpenlandbuchh. 1941 (Verm. Neuausg. v. Nr. 12)
24 Dahoam. Steirische Gedichte. 31 S. m. Abb. Graz: Steirische Verl.-Anst. (Einmal. num. Ausg.) 1942 (Ausz. a. Nr. 17)
25 Verspätete Liebe. Weststeirische Geschichten. 60 S. Wien: Wiener Verl. (= Kleinbuchreihe Südost 214) (1942) (Neuaufl. v. Nr. 22)
26 Von meinen Wegen. Neue Lese aus dem dichterischen Werk, ergänzt aus dem Nachlaß. 237 S. m. Abb. Graz: Alpenlandbuchh. 1950

KLOPSTOCK, Friedrich Gottlieb (1724–1803)

1 *Der Messias ein Heldengedicht. 136 S. Halle: Hemmerde 1749
2 Oden. 8 Bl. 4° Zürich (o. Verl.) 1750
3 *Der Messias. Erster Band. 4 Bl., 184 S. Halle: Hemmerde 1751
4 Ode an Gott. 8 Bl. 4° o. O. 1751
5 Ode an Ihre Majestät Friedrich V. König in Dännemark und Norwegen. 4 Bl. 4° Kopenhagen: 1751
6 Ode an den König. 4 Bl. 4° Hbg: Bohn 1752
7 *Drey Gebete, eines Freygeistes, eines Christen und eines guten Königs. 40 S. 4° Hbg: Bohn 1753
8 *Nachricht von des Messias neuer correcter Ausgabe. Kopenhagen: 1753
9 *Psalm. 4 Bl. 4° Hbg: Bohn 1753
10 *Der Messias. 2 Bde. 11 Bl., 181 S.; 7 Bl., 159 S. 4° Kopenhagen: Lillie 1755 (Verm. Neuaufl. v. Nr. 3)
11 *Der Tod Adams, ein Trauerspiel. 72 S. Kopenhagen, Lpz: Pelt 1757
12 Geistliche Lieder. 2 Thle. 26, 262, 106 S. m. Titelku. Kopenhagen: Pelt 1758–1769
13 (Hg.) Margaretha Klopstock: Hinterlassene Schriften. LXXXIV, 84 S. Hbg: ohn 1759

14 *Fragmente aus dem zwanzigsten Gesang des Messias. Als Manuskript für Freunde. 16 S. o. O. 1764
(zu Nr. 23)
15 Salomo, ein Trauerspiel. 4 Bl., 180, 4 S. Magdeburg: Hechtel 1764
16 *Rothschilds Gräber. 4 Bl. 4° Halle: Hemmerde 1766
17 *Der Messias. Dritter Band. 6 Bl., 251 S. 4° Kopenhagen: Lillie 1768
(Forts. v. Nr. 10)
18 Hermanns Schlacht. Ein Bardiet für die Schaubühne. 4 Bl., 150 S. 4° Hbg, Bremen: Cramer 1769
19 *Oden und Elegien. 160 S. Darmstadt (34 Ex.) 1771
20 *Oden. 4 Bl., 290 S., 1 Bl. Hbg: Bode 1771
(Enth. u. a. Nr. 2, 4, 5, 6, 9, 16, 19)
21 Kleine poetische und prosaische Werke. Hg. C. F. D. Schubart. 2 Bde. XLVI, 196; 238 S. Ffm; Lpz: Neue Buchhändlerges. 1771
(Unrechtm. Dr.)
22 David, ein Trauerspiel. 2 Bl., 140 S. 4° Hbg: Bode 1772
23 *Der Messias. Vierter Band. 208 S., 3 Bl., 9 Ku. Halle: Hemmerde 1773
(Forts. v. Nr. 17)
24 Die deutsche Gelehrtenrepublik. Ihre Einrichtung. Ihre Gesetze. Geschichte des letzten Landtags ... Erster Theil. 2, 70, 448 S. Hbg: Bode 1774
25 Oden und Lieder beym Clavier zu Singen. In Musik gesetzt v. Herrn Ritter Gluck. Wien: Artaria (1776)
26 Über die deutsche Rechtschreibung. 50 S. Lpz: Weygandt 1778
27 Einige Oden. 56 S. Wetzlar: Winkler 1779
(Ausz. a. Nr. 20)
28 Über Sprache und Dichtkunst. Fragmente. 3 Bde. Hbg: Herold 1779–1780
29 Der Messias. Ausgabe der letzten Hand. 2 Bde. 10 Bl. 743, 7 S. 4° Altona: Eckhardt 1780
(Neuaufl. v. Nr. 3, 10, 17, 23)
30 Ihr Tod. 2 Bl. 4° Altona: Eckhardt 1780
31 Ode an den Kaiser. 4 Bl. Greifswald (o. Verl.) 1782
32 *Hermann und die Fürsten. Ein Bardiet für die Schaubühne. 138 S. Hbg: Herold 1784
33 Die Lehrstunde. Oden. In Musik ges. v. Naumann. 2° Dresden: 1785
34 *Hermanns Tod. Ein Bardiet für die Schaubühne. 181 S. Hbg: Hofmann (1787)
35 Das Vaterunser, ein Psalm. Lpz 1790
36 Grammatische Gespräche. 307 S. Altona: Kaven 1794
37 Werke. Pracht-Ausg. 7 Bde. m. Ku. 4° Lpz: Göschen 1798–1809
38 Werke. 12 Bde. m. Ku. Lpz: Göschen 1798–1817
39 Eine Reliquie ... 6 S. Zürich: Orell 1810
40 Klopstock's Nachlaß. Hg. C. A. H. Clodius. 2 Bde. 316, 397 S. Lpz: Brockhaus 1821
41 Sämmtliche Werke. Hg. A. L. Back u. A. R. C. Spindler. 18 Bde., 1 Suppl.-Bd., 3 Erg.-Bde. 16° Lpz: Fleischer (1–18) bzw. Weimar (Suppl.) bzw. Stg: Scheible (Erg. 1–3) 1823–1839
42 Sämmtliche Werke. Erste vollständige Ausgabe. 10 Bde. 16° Lpz: Göschen 1844–1845

Kluge, Kurt (1886–1940)

1 Pacem. Ein Gedicht. Dreizehn Radierungen und dreizehn Texte. 27 Bl. 2° Lpz: Selbstverl. 1916
2 Das Grabmal. 36 S., 20 Taf. 4° Lpz: Selbstverl. 1918
3 Die antiken Großbronzen. Hg., erl. K. K. u. K. Lehmann-Hartleben. 3 Bde. 4° Bln: de Gruyter 1927
4 Die Gestaltung des Erzes und ihre technischen Grundlagen. Sammlung Kluge. 34 S., 4 Taf. Bln: de Gruyter 1928
5 Ewiges Volk. Schauspiel. 124 S. Bln: Propyläen-V. 1933
6 Die Ausgrabung der Venus. Komödie. 83 S. Bln: Arcadia-V. 1934
7 Der Glockengießer Christoph Mahr. Roman. 189 S. Stg: Engelhorn 1934

8 Die silberne Windfahne. Roman. 218 S. Stg: Engelhorn 1934
9 Die gefälschte Göttin. Erzählung. 75 S. Stg: Engelhorn (= Neue Engelhorn-Bücherei 1) 1935
10 Das Gold von Orlas. Bühnenspiel. 73 S. Bln: Arcadia-V. 1936
11 Der Nonnenstein. Novellen. 80 S. Stg: Engelhorn (= Neue Engelhorn-Bücherei 2) 1936
12 Das Flügelhaus. Roman. 188 S. Stg: Engelhorn 1937
13 Der Herr Kortüm. Roman. 745 S. Stg: Engelhorn 1938
   (Enth. u. a. Umarb. v. Nr. 7 u. 8)
14 Nocturno. Mit einem autobiographischen Nachwort. 78 S. Lpz: Reclam (= Reclam's UB. 7445) 1939
15 Wie Don Pedro zu seinem Hause kam. 15 S. Bln: Verl. d. Wage (= Des Bücherfreundes Fahrten ins Blaue 29) 1939
16 Die Zaubergeige. Roman. 221 S. Stg: Engelhorn 1940
17 Gedichte. 59 S. Stg: Engelhorn 1941
18 Das letzte Gedicht. Sonderdruck. 3 S. o. O. 1942
19 Der Gobelin. Novellen. 79 S. Stg: Engelhorn (1942)
   (Neuaufl. v. Nr. 11)
20 Grevasalvas. Die Geschichte eines entfachten Menschen. 218 S. Stg: Engelhorn 1942
21 Werke. 2 Bde. 736, 217 S. Stg: Engelhorn (1948)
22 Lebendiger Brunnen. Eine Briefauswahl. Aus den Beständen des Kurt Kluge-Archivs hg. Carla Kluge u. M. Wackernagel. 213 S., 2 Abb. Stg: Engelhorn 1952

KNAPP, Albert (1798–1864)

1 Der am Himmelfahrtstag 1827 vollendeten Frau Decan Hofacker. 7 S. 12° Stg: Eichele 1827
2 (Hg., MV) Klopstockii XV carmina latinis metris reddere tentavit, textumque vernaculum adjicit A. K. VI, 96 S. Tüb: Laupp 1828
3 Sammlung der bestehenden Verordnungen für den evangelischen deutschen Schulstand Würtembergs und die damit verbundenen Volks-Bildungs-Anstalten. VIII, 463 S. Tüb: Laupp 1828
4 Christliche Gedichte. Von seinen Freunden hg. 2 Bde. 238, 238 S. Basel: Neukirch 1829
5 Völker und Fürsten. Ein Gedicht. 22 S. Basel: Schneider 1831
6 Auf Goethe's Hingang am achtundzwanzigsten März 1832. Als Manuskript für Freunde. 23 S. Elberfeld: Hassel 1832
7 Weihe-Lied für die neue Kirche in Korb. Am 6. Mai 1832. 2 S. 12° Stg: Mäntler 1832
8 (MH, MV) Christoterpe. Ein Taschenbuch für christliche Leser auf das Jahr 1833 (1834. usw. bis 1853). 21 Bde. m. Ku. 16° Tüb: Osiander (1833–1842) bzw. Heidelberg: Winter (1843–1853) 1833–1853
   (Enth. u. a. Nr. 6)
9 Christliche Gedichte. Von seinen Freunden hg. 4 Bde. IV, 242; 240; XVI, 436; 462 S. Basel: Neukirch 1834–1835
   (Verb. Neuaufl. v. Nr. 4)
10 (Vorw.) Meine Jugendtage. Eine Erzählung. Aus dem Englischen. XII, 151 S. Tüb: Osiander 1834
11 Drei Predigten beim Eintritte und beim Abschiede gehalten. XX, 28 S. Kirchheim u. T.: Schwarz 1836
12 (Hg., Bearb.) Evangelischer Liederschatz für Kirche und Haus. Eine Sammlung geistlicher Lieder aus allen christlichen Jahrhunderten, gesammelt und nach den Bedürfnissen unserer Zeit bearb. 2 Bde. XLVI, 682; VI, 912 S. Stg, Tüb: Cotta 1837
13 (Hg.) Missionslieder für Israel gesammelt. Zum Gebrauch in Missionsstunden und Versammlungen. Hg. Verein der Freunde von Israel in Basel. 2 Bg. Basel: Schneider 1837
14 (Vorw.) Die Biographien der Bibel zur allgemeinen Belehrung. 2 Bde. VI, 384; 368 S. Stg, Lpz: Brodhag 1838

15 Hohenstaufen. Ein Cyklus von Liedern und Gedichten. XXVI, 389 S., 6 Abb. Stg, Tüb: Cotta 1839
16 Ansichten über den Gesangbuchs-Entwurf für die evangelische Kirche Württembergs. XVI, 137 S. Stg, Tüb: Cotta 1840
17 Christen-Lieder. Eine Auswahl geistlicher Gesänge aus älterer und neuerer Zeit. Ein Nachtrag zum Liederschatz. XVI, 372 S. Stg: Steinkopf 1841
 (zu Nr. 12)
18 Zwei Lieder für König und Volk am Regierungs-Jubelfest des Königs Wilhelm von Württemberg. 8 S. Stg: Belser 1841
19 (MV) Zum Andenken an das Regierungs-Jubelfest des Königs Wilhelm von Württemberg am 23. September und 31. Oktober 1841. Ein Cyklus von Liedern. 31 S. Stg: Belser 1841
20 Über die Anbetung Jesu Christi. 4 Bg. 12° St. Gallen, Bern: Huber 1842
21 Rede am Abendgottesdienst des Kirchengesangvereins nach dem Brande von Hamburg und Oellingen gehalten. 28 S. Stg: Belser 1842
22 Gedichte. Neueste Folge. XVI, 618 S. Stg, Tüb: Cotta 1843
23 Vier Missionslieder. Zum Andenken an das erste Missionsfest in Stuttgart. 12 S. Stg: Belser 1843
24 (Hg., Bearb.) G. Arnold: Geistliche Lieder. XIV, 228 S. Stg, Cannstatt: Becher & Müller 1845
25 (Hg.) N. L. v. Zinzendorf: Geistliche Gedichte. XXXII, 368 S. Stg, Tüb: Cotta 1845
26 (MV) Das Leben Jesu in zwölf Bildern. Mit Dichtungen v. A. K. 12 Taf. m. Text. Stg: Schreiber & Schill (1847)
27 (Hg., Bearb.) Evangelischer Liederschatz für Kirche und Haus. XXIV, 1356 S. Stg, Tüb: Cotta 1850
 (Umarb. v. Nr. 12)
28 Leben von Ludwig Hofacker, weiland Pfarrer zu Rielingshausen. Mit Nachrichten über seine Familie und einer Auswahl aus seinen Briefen und Circularschreiben. VI, 364 S. m. Bildn. Heidelberg: Winter 1852
29 Gedichte. XII, 723 S. Stg, Tüb: Cotta 1854
 (Enth. u. a. Umarb. e. Ausz. a. Nr. 8)
30 (Hg.) Evangelisches Gesangbuch. XII, 555 S. Lpz: Tauchnitz 1855
31 Basilika von Alpirsbach. S. M. dem König Friedrich Wilhelm IV. von Preußen zu dessen Geburtsfeste gewidmet. 10 S. Stg: Steinkopf (1857)
32 Nachruf an die selig vollendete Frau Herzogin Henriette von Württemberg, Kgl. Hoheit, geb. Prinzessin von Nassau-Weilburg. 16 S. Stg: Steinkopf (1857)
33 Zum Gedächtniß des Freiherrn Karl von Schiller, Kgl. Württembergischen Oberförsters a. D. und Großherzogl. Sächsischen Kammerherrn. 20 S. Stg: Cotta 1857
34 (Vorw.) P. F. Hiller: Neues System aller Vorbilder Jesu Christi durch das ganze alte Testament. 2 Bde. XXIV, 606; VIII, 355 S. Ludwigsburg: Riehm 1858
35 Die Kirchweihe. Karlsruhe (1858)
36 (Hg.) Lebensbild eines Jünglings. Zum Andenken an Paul Stephan Knapp. 62 S. Stg: Steinkopf 1858
37 (Hg.) Lieder einer Verborgenen. XII, 192 S. Lpz: Holtze 1858
 (Enth. u. a. Ausz. a. Nr. 8)
38 Herbstblüthen. Gedichte. VII, 437 S. Stg: Steinkopf 1859
 (Enth. u. a. Nr. 6)
39 (Übs.) H. J. Koenen: Der christliche Heidenbote. Ein Gedicht. Aus dem Holländischen. 111 S. Stg: Steinkopf 1859
40 (Hg.) H. Puchta: Gedichte. XXIV, 280 S. Stg: Steinkopf 1860
41 (Hg.) Österreichische Exulantenlieder evangelischer Christen aus der Zeit des dreißigjährigen Krieges. Mit geschichtlichem Vorwort und einem Anhang ähnlicher Lieder. 76 S. 12° Stg: Steinkopf 1861
42 Bilder der Vorwelt. Ein Cyklus von Gedichten. 210 S. Stg: Steinkopf 1862
43 Geistliche Lieder. In einer Auswahl. VIII, 200 S. Stg: Cotta 1864
44 (Hg., Bearb.) Evangelischer Liederschatz für Kirche und Haus. XXVIII, 1378 S. Stg, Tüb: Cotta 1865
 (Verm. Neuaufl. v. Nr. 27)
45 (MV) Lebensbild von Albert Knapp. Eigene Aufzeichnungen, fortgeführt

und beendigt von seinem Sohne Joseph K. VIII, 536 S., 1 Bildn. Stg: Steinkopf 1867
46 Gesammelte prosaische Schriften. 2 Bde. 280; VIII, 400 S. Stg: Steinkopf 1870–1875

KNEBEL, Karl Ludwig von (1744–1834)

1 *(Übs., Vorw.) Properz: Elegien. XVI, 210, 1 S., 1 Titelku. Lpz: Göschen 1798
2 *Sammlung kleiner Gedichte. IV, 82 S. 4° Lpz: Göschen 1815
3 *(Übs.) Lucrez: Schauergemälde der Kriegspest in Attika. Züllichau: Darnmann 1815
4 (Übs.) T. Lucretius Carus: Von der Natur der Dinge. 310 S. 4° Lpz: Göschen 1821
5 Hymnus. Zum Schluße der Jahreszeiten von Thomson. 8 S. 4° o. O. (1825)
6 Jahresblüthen von und für K. Gedruckt als Manuscript für Freunde und Freundinnen zur Feyer des 30. Novembers 1825. 11 Bl. 4° Weimar: Hoffmann (1826)
7 Lebensblüthen. Erstes Heft. 36 S. 12° Jena: Schmid 1826
8 *Saul. Trauerspiel in fünf Akten, nach Alfieri. 84 S. Ilmenau: Voigt 1829
9 Literarischer Nachlaß und Briefwechsel. Hg. K. A. Varnhagen von Ense u. Th. Mundt. 3 Bde. m. Bildn. u. Faks. Lpz: Reichenbach 1835–1836

KNEIP, Jakob (1881–1958)

1 (MV) J. K., W. L. Vershofen u. A. J. Winckler: Wir drei! Ein Gedichtbuch. 109 S. Bonn: Röhrscheid 1904
2 (MH) Quadriga. Vierteljahresschrift der Werkleute auf Haus Nyland. (Hg. J. K., W. L. Vershofen u. A. J. Winckler). 2 Jge., je 4 H. Jena: Vopelius 1912–1914
3 (MV) (J. K., W. L. Vershofen u. A. J. Winckler:) Das brennende Volk. Kriegsgabe der Werkleute auf Haus Nyland. 119 S. Jena: Diederichs 1916
4 Bekenntnis. 99 S. Lpz: Insel (= Nyland-Werk 3) 1917
5 Barmherzigkeit. 15 Bl. m. Abb. Bln: Sekretariat sozialer Studentenarbeit (= Bunte Hefte 1) (1918)
6 (MH) Nyland. Vierteljahresschrift des Bundes für schöpferische Arbeit. 2 Jge., je 4 H. Jena: Diederichs 1918–1920
(Forts. v. Nr. 2)
7 Der lebendige Gott. Erscheinungen, Wallfahrten und Wunder. 115 S. Jena: Diederichs (= Nyland-Werk 4) 1919
8 (Hg.) G. Engelke: Rhythmus des neuen Europa. Gedichte. 117 S. Jena: Diederichs (1921)
9 An Frankreich. 47 S. Köln: Gonski 1922
10 (Hg.) Dichter unserer Tage. 65 S. Köln: Schaffstein (= Schaffsteins blaue Bändchen 160) (1923)
11 Das Mirakel. 19 S., 1 Abb. Köln: Saaleck-Verl. (= Saaleck-Bücher 5) 1923
12 (Hg.) Der Gefährte. Deutsche Dichtung aus zweihundert Jahren. 441 S. Ffm: Diesterweg 1924
13 Jakob Kneip. Ausw. u. Einf. H. Saedler. 83 S., 1 Taf. M.-Gladbach: Führer-Verl. (= Die Auswahl neuerer Dichtung und Kunst 1) 1924
14 (MH) Lebensgut. Ein deutsches Lesebuch für höhere Schulen. Rheinland-Ausg. Hg. J. K. u. K. d'Ester. 6 Tle. m. Abb. u. Taf. Ffm: Diesterweg 1924 bis 1925
15 (Vorw.) G. Engelke: Briefe der Liebe. 160 S., 1 Bildn., 1 Faks. M.-Gladbach: Orplid-Verl. 1926
16 Jakob Kneip. Auswahl. IV, 54 S. M.-Gladbach: Orplid-Verl. (= Wege nach Orplid 21) (1926)
17 Bekenntnis. 174 S. Bln: Horen-V. 1927
(Verm. Neuaufl. v. Nr. 4)

18 Der lebendige Gott. 129 S. Bln: Horen-V. 1927
   (Veränd. Neuaufl. v. Nr. 7)
19 Hampit der Jäger. Ein fröhlicher Roman. 291 S. Bln: Horen-V. 1927
20 (MH) Deutsche Dichtung aus zwei Jahrhunderten. Hg. K. Dietz, J. K., A. Streuber. XI, 363 S. Ffm: Diesterweg: (= Diesterwegs Deutschkunde) 1930
21 Porta nigra oder Die Berufung des Martin Krimkorn. Roman. 429 S. Lpz: List 1932
22 Bauernbrot. Neue Gedichte. 135 S. Lpz: List 1934
23 Hunsrückweihnacht. Erzählungen. 80 S. Köln: Staufen-V. 1934
24 Ein deutsches Testament. Stimmen der Toten. 41 S. Köln: Staufen-V. 1934
   (Enth. u. a. Ausz. a. Nr. 3)
25 Das Reich Christi. 80 S. Köln: Staufen-V. (1935)
26 Der Dichter, der im Herzen deutschen Volkstums und im Reiche Christi wurzelt. 16 S. Amorbach: Burgmaier (= Werkstunden-Bücherei 29) 1935
27 Fülle des Lebens. Verserzählungen und Gedichte. 61 S. Lpz: List (= Lebendiges Wort 4) 1935
28 Feuer vom Himmel. Roman. 445 S. Lpz: List 1936
   (Forts. v. Nr. 21)
29 Bergweihnacht. Erzählungen. 80 S. m. Abb. Lpz: List 1937
   (Neuaufl. v. Nr. 23)
30 (Hg.) G. Engelke: Vermächtnis. Aus dem Nachlaß hg. 399 S., 1 Titelb., 2 Faks. Lpz: List 1937
31 Der Leyenhannes. 16 S. Saarlouis: Hausen (= Erbgut deutschen Schrifttums 162) (1937)
32 Der Kölner Dom. 23 S., 18 Bl. Abb. Köln: Staufen-V. 1939
33 Das Siebengebirge. 46 S., 12 Taf. Köln: Malzkorn 1941
34 Frau Regine. Roman. 348 S. Lpz: List 1942
35 Botschaft an die Jugend. 32 S. Düsseldorf: Schwann 1946
36 Die geistige Aufgabe am Rhein. 23 S. Mainz: Kupferberg (= Schriften des Rheinischen Kultur-Instituts) 1948
37 Bergweihnacht. 140 S. Mchn, Lpz, Freiburg i. Br.: List 1949
   (Verm. Neuausg. v. Nr. 29)
38 Licht in der Finsternis. 161 S. Köln: Pick 1949
39 Gesammelte Gedichte. 253 S. Köln: Greven 1953
40 Weltentscheidung des Geistes am Rhein. 35 S. Köln: Greven 1953
41 Johanna. Eine Tochter unserer Zeit. 176 S. Köln: Greven 1954
42 Der Apostel. Roman. 270 S. Mchn: List 1955
   (Forts. v. Nr. 28)
43 (MV) Die Eifel. 48 Bilder. Text J. K. 47 S., 48 Abb. Königstein i. T.: Langewiesche (= Langewiesche-Bücherei) (1955)
44 (MV) Die Mosel. 56 Bilder. Text J. K. 56 S., 56 Abb., 1 Kt. Königstein i. T.: Langewiesche (= Langewiesche-Bücherei) (1956)
45 Der neue Morgen. 110 S. Mchn: List 1958

KNIGGE, Adolf Frh. von
(+Maier, Joseph Aloisius u. a.) (1752–1796)

1 *Allgemeines Sistem für das Volk zur Grundlage aller Erkenntnisse für Menschen aus allen Nationen, Ständen und Religionen. Nicosia (d. i. Hanau: Schulz) 1775
2 Theaterstücke. 2 Bde. Hanau, Offenbach: Schulz 1779–1780
3 Der Roman meines Lebens in Briefen. 4 Bde. 272; XX, 232; XVI, 222; XXVIII, 324 S. Riga (1) bzw. Ffm (2–4): Andreä 1781–1783
4 *Geschichte Peter Clausens von dem Verfasser des Romans meines Lebens. 3 Bde. Riga (1–2) bzw. Ffm (3): Andreä 1783–1785
5 *Sechs Predigten gegen Despotismus, Dummheit, Aberglauben, Ungerechtigkeit, Untreue und Müßiggang. 195 S. Ffm: Andreä 1783
6 (Bearb.) Sammlung ausländischer Schauspiele, für die deutsche Bühne umgearbeitet. 2 Bde. 120, 120; 173, 207 S. Heidelberg: Pfähler 1784–1785

7 Kleine poetische und prosaische Schriften. 2 Bde. Ffm: Andreä 1784–1785
8 (Bearb.) Die Gefahren der großen Welt. Schauspiel in drei Aufzügen. 173 S. Heidelberg Pfähler 1785
   (Ausz. a. Nr. 7)
9 *Journal aus Urfstädt von dem Verfasser des Romans meines Lebens. 3 Bde. Ffm: Andreä 1785–1786
10 *Sechs Predigten über Demuth, Sanftmuth, Seelen-Frieden, Gebeth, Wohlthätigkeit und Toleranz. 166 S. Heidelberg: Pfähler 1785
11 *(Übs.) Das Gemälde vom Hofe. Lustspiel. Aus dem Französischen. Mchn: Lindauer 1786
12 (Übs.) J. J. Rousseau: Bekenntnisse. 4 Bde. Bln: Unger 1786–1790
13 *Die Verwirrung des Philosophen, oder Geschichte Ludwig von Seelbergs. 2 Bde. Ffm: Andreä 1787
14 (Hg.) Dramaturgische Blätter. 2 Jge. Hannover: Hahn 1788–1789
15 +Über Friedrich Wilhelm den Liebreichen und meine Unterredung mit Ihm. v. J. C. Meywerk. 39 S. Ffm, Lpz: Andreä 1788
16 *Philo's endliche Erklärung und Antwort auf verschiedene Anforderungen und Fragen, seine Verbindung mit dem Orden der Illuminaten betreffend. 142 S. Hannover: Ritscher (Hahn) 1788
17 *Sechs Predigten über Trost im Leiden, Bezähmung der Leidenschaften, gute Werke, Verläumdung, Bibelstudium und Schmeicheley. Ffm: Andreä 1788
18 Über den Umgang mit Menschen. 2 Bde. VIII S. 6 Bl. 270 S.; 8 Bl., 336 S. Hannover: Schmidt 1788
19 Geschichte des armen Herrn von Mildenburg, in Briefen. 3 Bde. 336, 320, 327 S. Hannover: Schmidt (1) bzw. Ritscher (2-3) 1789–1797
20 Doctor Bahrdt mit der eisernen Stirn oder Die deutsche Union gegen Zimmermann. Ein Schauspiel in 4 Aufzügen, von Freyherrn von Knigge. 1 Bl., 76 S., 2 Bl. Lpz: Barth 1790
   (stammt von A. v. Kotzebue!)
21 (Übs.) Über den gegenwärtigen Zustand des gesellschaftlichen Lebens in den vereinigten Niederlanden. Als ein Anhang zu dem Werke: Über den Umgang mit Menschen. Aus dem Holländischen übs. 147 S. Hannover: Ritscher 1790
   (zu Nr. 18)
22 Das Zauberschloß oder Geschichte des Grafen Tunger. Hannover: Hahn 1790
23 +Benjamin Noldmanns Geschichte der Aufklärung in Abyssinien, oder Nachrichten von seinem und seines Vetters Aufenthalt an dem Hofe des großen Negus oder Priester Johannes. 2 Bde. 262, 300 S. Göttingen: Dieterich 1791
24 Über den Bücher-Nachdruck. An den Herrn Johann Gottwerth Müller. 56 S. Hbg: Campe 1791
25 Die Reise nach Braunschweig. Ein comischer Roman. 1 Bl., 248 S. Hannover: Ritscher 1792
26 *Des seligen Herrn Etatsraths Samuel Konrad von Schaafskopf hinterlassene Papiere. Von seinen Erben hg. 136 S. Breslau 1792
27 *Josephs von Wurmbrand, Kays. abyssinischen Exministers, jetzigen Notarii Caes. publ. in der Reichsstadt Bopfingen, politisches Glaubensbekenntniß, mit Hinsicht auf die französische Revolution und deren Folgen. X, 173 S. Ffm, Lpz: Helwing 1792
28 Briefe, auf einer Reise aus Lothringen nach Niedersachsen geschrieben. 229 S. Hannover: Ritscher 1793
29 (Vorw.) (G. F. Niemeyer:) Der Greis an den Jüngling. 375 S. Bremen 1793
30 Über Schriftsteller und Schriftstellerey. 303 S. Hannover: Ritscher 1793
31 *Auszug eines Briefes die Illuminaten betreffend, ohne Einwilligung des Schreibers, aber gewiß in der redlichsten Absicht zum Drucke befördert von seinem Freunde. 32 S. Lpz: Schäfer 1794
   (zu Nr. 18)
32 *Geschichte des Amtsraths Gutmann, von ihm selbst geschrieben. 374 S., 1 Bl. m. Ku. Hannover: Ritscher 1794
33 *(Vorw.) (G. F. Niemeyer:) Vermächtniß an Helene von ihrem Vater von dem Verfasser des Greises an den Jüngling. 332 S. 12° Bremen 1794
34 +Reise nach Fritzlar im Sommer 1794. Auszug aus dem Tagebuch Durchaus bloß für Freunde, v. J. M. Spießglas. 1 Bl., 140 S. o. O. (1794)

35 †Etwas über die Reise nach Fritzlar. o. O. 1795
36 *Manifest einer nicht geheimen ... Verbindung ächter Freunde der Wahrheit. IV, 70 S. Braunschweig: Schulbuchh. 1795
37 (Hg.) T. Sheridan: Jonathan Swifts Leben. Übs. Philippine Freyin v. Knigge. 444 S. 8⁰ Hannover: Ritscher 1795
38 Über Eigennutz und Undank. Ein Gegenstück zu dem Buche: Über den Umgang mit Menschen. 438 S. Lpz: Jacobäer 1796
39 Schriften. 12 Bde. Hannover: Hahn 1804-1806
40 *Aus einer alten Kiste. Originalbriefe, Handschriften und Documente aus dem Nachlaß eines bekannten Mannes. 307 S. Lpz: Kollmann 1853

KNOOP, Gerhard Ouckama
(†Ouckama, Gerhard) (1861-1913)

1 Die Karburg. Fremde Erlebnisse, eigene Betrachtungen. Aus einem Tagebuch. 283 S. Mchn: Piloty & Loehle 1897
2 †Die Dekadenten. Psychologischer Roman. 316 S. Mchn: Piloty & Loehle 1898
3 †Die erlösende Wahrheit. Eine einfache Geschichte. 195 S. Mchn: Piloty & Loehle 1899
4 Das Element. Roman. 191 S. Bln, Lpz: Insel 1901
5 †Outsider. Novellen. 160 S. Dresden: Pierson 1901
6 Die Grenzen. Roman. 2 Bde. Lpz: Insel 1903-1905
   1. Sebald Soekers Pilgerfahrt. 541 S. 1903
   2. Sebald Soekers Vollendung. 163 S. 1905
7 Hermann Osleb. Roman. 290 S. Bln: Fleischel 1904
8 Nadeshda Bachini. Roman. 374 S. Bln: Fleischel 1906
9 Der Gelüste Ketten. Novellen. 235 S. Bln: Fleischel 1907
10 *Prinz Hamlet's Briefe. 208 S. Bln: Reichl 1909
11 Aus den Papieren des Freiherrn von Skarpl. 188 S. Bln: Fleischel 1909
12 Fünf Märchen. 47 S. m. Abb. 16⁰ Wien: Konegen (= Konegen's Kinderbücher 10) 1911
13 Verfalltag. Roman. 279 S. Bln: Fleischel 1911
14 Die Hochmögenden. Roman. 375 S. Bln: Fleischel 1912
15 Unter König Max. Münchener Roman. 283 S. Bln: Fleischel 1913
16 Gedichte. 51 S. Lpz: Insel 1914
17 Das A und das O. Ein Roman. 355 S. Mchn: Delphin-V. 1915

KNORR von ROSENROTH, Christian Frh. (1636-1689)

1 (Übs.) Boetius: Christlich- Vernunfft-gemesser Trost und Unterricht ... 268, 14 S. m. Titelku. 12⁰ Sulzbach: Lichtenthaler 1667
2 Coniugium Phoebi et Palladis, oder Die durch Phoebi und Palladis Vermählung erfundene Fortpflanzung des Goldes ... 4⁰ o. O. 1677
3 (Übs.) Kabbala Denudata Seu Doctrina Hebraeorum Transcendentalis Et Metaphysica ... 2 Bde. 16 Bl., 740, 312 S., 4 Bl., 255 S.; 1 Bl., 598, 478, 70 S. m. Titelku. 4⁰ Sulzbach: Lichtenthaler (1) bzw. Ffm: Zunner (2) 1677-1684
4 *Neuer Helicon mit seinen Neun Musen. Das ist Geistliche Sitten-Lieder ... 4 Bl., 262 S. m. Ku. u. Musikbeil. Nürnberg: Felsecker 1684

KOBELL, Franz von (1803-1882)

1 Charakteristik der Mineralien. 2 Bde. 255 S.; 1 Taf.; 306 S., 1 Abb. Nürnberg: Schrag 1830
2 Über die Fortschritte der Mineralogie seit Hauy. Eine öffentliche Vorlesung. 4⁰ Mchn: Lindauer 1832

3 Tafeln zur Bestimmung der Mineralien mittels chemischer Versuche. 38 S. 4° Mchn: Lindauer 1833
4 Grundzüge der Mineralogie. 347 S., 1 Taf. Nürnberg: Schrag 1838
5 Gedichte in hochdeutscher, oberbayerischer und pfälzischer Mundart. 2 H. 8, 11^1/$_2$ Bg. Mchn: Lit.-art. Anst. 1839–1841
6 Triphylin. 94 S. Mchn: Wolf 1839
7 Über den Einfluß der Naturwissenschaften, insbesondere der Chemie, auf die Technik. 38 S. Landshut: Vogel 1841
8 Die Galvanographie. Eine Methode, Tuschebilder und Zeichnungen durch galvanische Platten im Drucke zu vervielfältigen. 2^1/$_2$ Bg., 7 Taf. Mchn: Lit.-art. Anst. 1842
9 ★G'spasseln zum Octoberfest. 1 Bl., 13 S. Mchn (o. Verl.) 1842
10 Gedichte in hochdeutscher und pfälzischer Mundart. IX, 224 S. Mchn: Lit.-art. Anst.1843
   (Verm. Neuaufl. e. Ausz. a. Nr. 5)
11 (MH) Alte und neue Jägerlieder. Hg. F. v. K. u. F. Pocci. 48 S. m. Abb. Landshut: Vogel 1843
12 Erinnerungen an Berchtesgaden. 2 Bl., 160 S. Mchn: Lit.-art. Anst. 1844
   (= Nr. 13)
13 Gedichte in oberbayerischer Mundart. 10^1/$_2$ Bg. Mchn: Lit.-art. Anst. 1844
   (Verm. Neuaufl. e. Ausz. a. Nr. 5)
14 Schnadahüpfeln und Sprüchln. 88 S., 3 Bl. m. Abb. Mchn: Lit.-art. Anst. 1846
15 Die Mineralogie. Leichtfaßlich dargestellt mit Rücksicht auf das Vorkommen der Mineralien … VI, 211 S. m. Abb. 2° Nürnberg: Schrag 1847
16 Gedichte in pfälzischer Mundart. VI, 217 S. Mchn: Lit.-art. Anst. 1849
   (Verm. Neuaufl. e. Ausz. a. Nr. 10)
17 Gedichte in oberbayerischer Mundart. X, 348 S. Mchn: Lit.-art. Anst. 1850
   (Verm. Neuaufl. v. Nr. 13)
18 Skizzen aus dem Steinreiche. Geschrieben für die gebildete Gesellschaft. VI, 256 S. Mchn: Kaiser 1850
19 Über die Bildung galvanischer Kupferplatten vorzüglich zum Zweck der Galvanographie mittelst des Trommel-Apparates. 35 S. 4° Mchn: Franz 1851
20 Gedichte. (Hochdeutsch.) VIII, 222 S. 32° Mchn, Stg: Cotta 1852
   (Verm. Neuaufl. e. Ausz. a. Nr. 5)
21 Der Hansl' vo' Finsterwald. Der schwarzi Veitl. 's Kranzner-Resei. 171 S. 11 Abb. 16° Mchn, Stg: Lit.-art. Anst. 1852
22 Die Mineral-Namen und die mineralogische Nomenklatur. 161 S. Mchn, Stg: Cotta 1853
23 Denkrede auf Johann Nepom. v. Fuchs. 32 S. 4° Mchn: auf Kosten d. K. Akademie 1856
24 Die Urzeit der Erde. 92 S. Mchn: Lit.-art. Anst. 1856
25 Wildanger. Skizzen aus dem Gebiete der Jagd und ihrer Geschichte. 491 S., 12 Abb. Stg: Cotta 1859
26 Oberbayerische Lieder mit ihren Singweisen. 102 S. m. Abb. Mchn: Braun & Schneider 1860
27 Die Mineralogie. Populäre Vorträge. 258 S., 67 Abb. Ffm: Verl. f. Kunst u. Wissenschaft 1862
28 Pfälzische G'schichte'. 204 S. Mchn: Fleischmann 1863
29 Geschichte der Mineralogie. Von 1650 bis 1860. 703 S., 50 Abb., 1 Taf. Mchn: Lit.-art. Anst. (= Geschichte der Wissenschaften in Deutschland 2) 1864
30 Zur Charakteristik oberbayerischer und verwandter Dialect-Poesie. 24 S. Mchn: Wolf 1866
31 Zur Berechnung der Krystallformen. 54 S. m. Abb. Mchn: Lindauer 1867
32 G'schpiel. Volksstücke und Gedichte in oberbayerischer Mundart. 215 S. Mchn: Dempwolff 1868
33 Der Türkn-Hansl, a' Geschichtl aus'n Krieg vo' 1870. 8 S., 1 Abb. Stg: Hoffmann (1870)
34 Die Mineraliensammlung des bayerischen Staates. 35 S. 4° Mchn: Verl. d. Akad. 1872
35 Schnadahüpfeln und Gschichtln. 176 S., 29 Abb., 1 Musikbeil. Mchn: Braun & Schneider (1872)

36 Über Pflanzensagen und Pflanzensymbolik. 22 S. Mchn: Lindauer 1875
37 Erinnerungen für seine Freunde in Altengland. 1 Bl., 32 S. Mchn: Straub (1876)
38 Erinnerungen in Gedichten und Liedern. 255 S. Mchn: Braun & Schneider 1882
39 Jagd- und Weinlieder in hochdeutscher, oberbayerischer und pfälzischer Mundart. 179 S. Stg: Cotta 1889

KÖLWEL, Gottfried (1889–1958)

1 Gesänge gegen den Tod. 47 S. Lpz: Wolff (= Der jüngste Tag 17) 1914
2 Die frühe Landschaft. Gedichte und Skizzen. 50 S. Mchn: Roland-V. 1917
3 Erhebung. Neue Gedichte. 59 S. Mchn: Roland-V. (= Die neue Reihe 8) 1918
4 Bertolzhausen. 185 S. Trier: Lintz 1925
5 Volk auf alter Erde. 297 S. Mchn: Müller 1929
6 Das fremde Land. Roman. 158 S. Bln-Charlottenburg: Volksverband d. Bücherfreunde, Wegweiser-V. 1930
7 Der vertriebene Pan. Die Geschichte einer großen Liebe. 142 S. Bln: Weizinger (= Engelhorns Romanbibliothek 1931) 1930
8 Der tödliche Sommer. Buch von Liebe, Tod und Leben. 167 S. Bln: Frundsberg-V. 1931
9 Das fliegende Geld. Eine arme Kreatur Gottes. Vorw. F. Denk. 45 S. Mchn: Kösel & Pustet (= Dichter der Gegenwart 3) 1933
10 Franziska Zachez. Ein Schauspiel. 79 S. Jena: Diederichs 1934
11 Das Jahr der Kindheit. Ein Buch von goldenen und grauen Zeiten, von bunten Tieren, von seltsamen Menschen und Ereignissen. 311 S. Bln: Frundsberg-V. (1935)
12 Das Glück auf Erden. Liebesgeschichten. 122 S. Bln: Propyläen-V. 1936
13 Irdische Fülle. Gedichte. 75 S. Bln: Propyläen-V. 1937
14 Abenteuer der Jugend. Erzählungen. 44 S. Bielefeld: Velhagen & Klasing (= Velhagen & Klasings deutsche Lesebogen 241) 1938
15 Der gute Freund. Tiergeschichten. 31 S. m. Abb. Köln: Schaffstein (1938)
16 Der geheimnisvolle Wald. Roman. 137 S. Bln: Fischer (= Fischer-Bücherei) 1938
17 Die Wanderung nach Rödelsee. 56 S. Lpz: Widder-V. (= Echo der Landschaft 2) 1938
18 Der Bayernspiegel. 2 Bde. Wien: Gallus-V. 1940
  1. Die heitere Welt von Spiegelberg. 252 S.
  2. Das Tal von Lauterach. 306 S.
19 Franz Sebas. Erzählung. 122 S. Bln: Fischer (= Fischer-Bücherei) 1940 (Neuaufl. v. Nr. 7)
20 Das glückselige Jahr. Die Geschichte einer Kindheit. 276 S. Zürich: Scientia (1942) (Neuaufl. v. Nr. 11)
21 Das Fuchshofener Schelmenbüchlein. Schwänke und Schnurren. 94 S. Mühlacker: Händle 1942
22 Die schöne Welt. Erlebnisse und Gestalten. 202 S. Zürich: Scientia 1943 (Forts. v. Nr. 20)
23 Der verborgene Krug. 277 S. Wien: Gallus-V. 1944
24 Kleiner Erdenspiegel. 122 S. Hbg: Hoffmann & Campe (1947)
25 Münchner Elegien und andere Gesänge. 32 S. Bln: Nauck 1947
26 Gedichte. 72 S. Mchn: Ehrenwirth (1950)
27 Die Stimme der Grille. Erzählungen. 110 S. Mchn: Das Schiff (1950)
28 Das Himmelsgericht. Merkwürdige Ereignisse. 74 S. m. Abb. Wien: Berglandverl. 1951
29 Aufstand des Herzens. Roman. 264 S. Speyer: Pilger-V. 1952 (Neuaufl. v. Nr. 23)
30 Das zerbrochene Tabakglas und andere Weihnachtsgeschichten. 24 S. m. Abb. Gütersloh: Rufer-V. (= Dein Leseheft 131) 1955
31 Das andere Ufer. 16 S. Hbg: Agentur des Rauhen Hauses (= Feierabend 16) (1955)

32 Begegnung im Nebel. 4 ungez. Bl. Gütersloh: Rufer-V. (= Acht Seiten, Freude zu bereiten. 79) 1956
33 Das geheimnisvolle Haus. 16 S. Hbg: Agentur des Rauhen Hauses (= Die stille Stunde 2) (1956)
34 Der ewige Hirte. 4 ungez. Bl. Gütersloh: Rufer-V. (= Acht Seiten, Freude zu bereiten. 65) (1956)
35 Die alte Holzbrücke. 4 ungez. Bl. Gütersloh: Rufer-V. (= Acht Seiten, Freude zu bereiten. 72) 1956
36 Der bittere Lebkuchen und andere heitere Geschichten. 24 S. m. Abb. Gütersloh: Rufer-V. (= Dein Leseheft 149) 1956
37 Der stumme Mund. 4 ungez. Bl. Gütersloh: Rufer-V. (= Acht Seiten, Freude zu bereiten. 73) 1956
38 Der hohle Baum und andere Geschichten. 24 S. Gütersloh: Rufer-V. (= Acht Seiten, Freude zu bereiten. 93) 1957
39 Kleines Erdenstück. 4 Bl. Gütersloh: Rufer-V. (= Acht Seiten, Freude zu bereiten. 84) 1957
40 Der Findling. 4 ungez. Bl. Gütersloh: Rufer-V. (= Acht Seiten, Freude zu bereiten. 93) 1957
41 Wir Wehenden durch diese Welt. Gedichte. 139 S. Mchn: Kösel 1959
42 Im sommerlichen Gartenhaus. 4 Bl. Gütersloh: Mohn (= Acht Seiten Freude. 165) 1960
43 Als das Wunder noch lebte. Von einem Freund des Lebens, des Menschen, der Tiere und vieler Dinge, die um ihn waren. 283 S., 12 Abb. Mchn: Bassermann 1960

KÖNIG, Eberhard (1871–1949)

1 Jung Goethe. Prolog. 7 S. Itzehoe: Brodersen 1899
2 Filippo Lippi. Trauerspiel. 180 S. Bln: Fischer 1899
3 Hafbur und Signild. Für Soli, Chor und Orchester komp. K. Gleitz. Textbuch. 16 S. 12° Stg, Lpz: Seemann 1900
4 (MV) F. Rösch: Ein Heldenleben. Tondichtung für großes Orchester v. R. Strauß. Erläuterungsschrift, nebst einer umschreibenden Dichtung v. E. K. 39 S. Lpz: Leuckart 1900
5 Gevatter Tod. Ein Märchen von der Menschheit. Drama. 132 S. Bln: Fischer 1900
6 Klytaimnestra. Tragödie. 54 S. Jena: Costenoble 1903
7 König Saul. Trauerspiel. 166 S. Jena: Costenoble 1903
8 Frühlingsregen. Schelmenspiel. 152 S. Jena: Costenoble 1905
9 Meister Josef. Schauspiel. 107 S. Bln: Fleischel 1906
10 Wieland der Schmied. Dramatisches Heldengedicht. 286 S. Bln: Fleischel 1906
11 Stein. (1806–1813). Vaterländisches Festspiel. 196 S. Bln: Fleischel 1907
12 Ums heilige Grab. 201 S. Mainz: Scholz (= Mainzer Volks- und Jugendbücher 4) 1908
13 Von Hollas Rocken. Volksmärchen, neu erzählt. 93 S., 4 Abb. Mainz: Scholz 1908
14 (MV) (A. Kutscher: Schiller und wir. – E. K.:) Der Gladiator. 19 S. Lpz: Eckardt (= Wertung 12) 1909
15 „Hurrapatriotismus" und Begeisterung. Festtagsbetrachtung. 22 S. Bln: Vaterländischer Schriften-Verb. (= Schriften des Vaterländischen Schriften-Verbands 2) 1909
16 (Hg.) Sophie Schwerin. Lebensbild aus ihren eigenen hinterlassenen Papieren zusgest. v. ihrer jüngeren Schwester Amalie v. Romberg. Neu hg. E. K. XV, 568 S. Lpz: Eckardt (= Werdandi-Werke 1) 1909
17 Don Ferrante. Schauspiel. 71 S. 16° Lpz: Reclam (= Universal-Bibliothek 5217) 1910
18 Albrecht der Bär. Ein brandenburgisches Festspiel. 141 S. Lpz: Matthes (1911)
19 Der Dombaumeister von Prag. 200 S. m. Abb. Mainz: Scholz (= Mainzer Volks- und Jugendbücher 13) 1911

20 Fridolin Einsam. Die Geschichte einer Jugend. 207 S. Lpz: Matthes (1911)
21 Alkestis. Mythologisches Schelmenspiel. 144 S. Bln: Lehmann 1912
22 (MÜbs.) Friedrich II., König von Preußen: Antimachiavell und Testamente. Deutsch v. E. K., F. v. Oppeln-Bronikowski, W. Rath. X, 297 S., 14 Taf. Bln: Hobbing (= Werke 7) 1912
23 Das Volk steht auf! Erzählung aus dem Frühjahrsfeldzug 1813. XII, 256 S. m. Abb., 2 Bildn. Lpz: Volks- u. Jugendschriften-Verl. (= Volks- und Jugendschriften-Sammlung. Serie 3, Bd. 1) 1913
24 (MÜbs.) Friedrich II., König von Preußen: Briefe. In deutscher Übersetzung. Hg. M. Hein, deutsch v. F. v. Oppeln-Bronikowski u. E. K. V, 320; 285 S. m. Abb., 19 Bildn. Bln: Hobbing 1914
25 (MÜbs.) Friedrich II., König von Preußen: Dichtungen. Übs. E. K. (u. a.) 2 Tle. IX, 319 S. m, Abb., 15 Taf.; VI, 286 S. m. Abb., 12 Taf. Bln: Hobbing (= Werke 9–10) 1914
26 Aus alten Wachtstuben. 31 S. m. Abb. Reutlingen: Enßlin & Laiblin (= Bunte Bücher 131) (1914)
   (Ausz. a. Nr. 13)
27 Das Wasser des Lebens. Eine Legende. 18 S. Bln: Volkstüml. Bücherei (= Deutschvölkische Hochschulschriften 4) 1914
28 Teukros. Schauspiel in zwei Aufzügen. 77 S. Bln, Lpz: Matthes 1916
29 Von dieser und jener Welt. Legenden. 254 S. Lpz: Matthes (1916)
30 Dietrich von Bern. Bühnendichtung in drei Abenden. Lpz: Matthes (1917) bis 1922
   1. Abend: Sibich. Schauspiel in fünf Aufzügen. 280 S. (1917)
   2. Abend: Herrat. 119 S. 1920
   3. Abend: Rabenschlacht. Schauspiel in vier Aufzügen. 215 S. 1922
31 Hermoders Ritt. 41 S. Lpz: Matthes (= Das neue Spiel, 20. Druck) (1917)
32 Legenden. 82 S. Lpz: Matthes (= Das neue Spiel, 15. Druck) 1917
33 Im Mausoleum zu Charlottenburg. Gedicht. 5 S. Lpz: Matthes (1917)
34 Treue und Schläue. 48 S. Lpz: Matthes 1917
35 Die Geschichte von der silberfarbenen Wolkensaumweise. 135 S. Lpz: Matthes 1917
36 Wenn der Alte Fritz gewußt hätte ... Eine Rübezahlmär. 142 S. Lpz: Matthes 1918
37 Von des Kampfes Sinn und Segen. Bruchstücke eines deutschen Weihespiels. 15 S. 4° Lpz: Matthes (= Denkmale und Freundesdank 1) 1919
38 Wie Liesel in des Herrgotts Apotheke kam. Ein Weihnachtsspiel. 24 S. Hartenstein, Rudolstadt: Greifenverl. (1919)
39 Das Märchen vom Waldschratt. 50 S. Lpz: Matthes (1919)
40 Ritter Eisenfaust. Eine Legende. 44 S. Lpz: Matthes 1920
41 Tranion oder Das Hausgespenst. Ein Schwank in Reimen in zwei Aufzügen nach Plautus. Mit Musik v. L. Heß. 183 S. Lpz: Matthes 1922
42 Die Legende vom verzauberten König. 72 S. Stg: Greiner & Pfeiffer (1923)
43 Wehe, mein Vaterland, dir! Zeitgedichte. 90 S. Lpz: Matthes 1924
44 Die Geschichte von den Hundert Goldgulden. 63 S. Stg: Greiner & Pfeiffer (1925)
45 Thedel von Wallmoden, genannt Thedel Unverschrt. Eine bunte Mär. VII, 300 S. Stg: Greiner & Pfeiffer 1926
46 Der Mensch und Künstler: Hans Schliepmann. Gedächtnisrede. 16 S. m. Titelb. Bln: Behrs Verl. 1930
47 (MH) Urväterhort. Germanische Götter- und Heldensagen. Hg. H. v. Wolzogen u. E. K. 312 S. m. Abb. Lpz: Anton (= Aus germanischer Vorzeit 3) (1930)
48 Kolonos. Ein Weihespiel. 117 S. Hartenstein: Matthes 1934

KÖNIG, Johann Ulrich von (1688–1744)

1 Die gekrönte Würdigkeit, An Sr. HochGräfl. Excell. Herrn Grafen v. Schönborn. Bey Gelegenheit des gewöhnlichen PetriMahls ... Serenata. Musik v. Keiser. o. O. 1711

2 Die Oesterreichische Großmuth, Oder: Carolus V. Auf das Krönungsfest Caroli VI ... vorgestellet. 32 Bl. 4⁰ o. O. 1712
3 Die wieder hergestellte Ruh oder die gecrönte Tapferkeit des Heraclius ... in einem Singspiel ... vorgestellt. 30 Bl. 4⁰ o.O. 1712
4 Die entdeckte Vorstellung, Oder: Die geheime Liebe der Diana. In einem Pastoral ... vorgestellt. 30 Bl. 4⁰ Hbg: Greflinger 1712
5 Theatralische, Geistliche, Vermischte und Galante Gedichte. 14 Bl., 406 S., 1 Bl. Hbg, Lpz: Wiering 1713
   (Enth. u. a. Nr. 1, 2, 3, 4)
6 L'inganno fedele, oder: Der getreue Betrug. In einem heroischen Schäfer-Spiele ... aufgeführt. 26 Bl. 4⁰ Hbg: Greflinger 1714
7 Die gecrönte Tugend. Auf das Crönungsfest des Königs Georg Ludwig von Groß-Britannien ... 24 Bl. 4⁰ Hbg: Greflinger 1714
8 Fredegunda. In einem Musicalischen Schauspiel ... vorgestellt. 27 Bl. 4⁰ Hbg: Greflinger 1715
9 Die Römische Großmuth, Oder: Calpurnia. In einem Musicalischen Schauspiel ... aufgeführt. 25 Bl. 4⁰ Hbg: Greflinger 1716
10 Die getreue Alceste. In einer Opera ... vorgestellet. 22 Bl. 4⁰ Hbg: Jakhel 1719
11 Poetische Einfälle. Bey dem von Sr. Königl. Maj. in Pohlen und Churfl. Durchl. zu Sachsen angestellten Schnepper-Schiessen ... öffentlich vorgesagt. 280 ungez. S. 4⁰ Dresden: Stößel 1719
12 Heinrich der Vogler, Hertzog zu Braunschweig, Nachmahls Erwehlter Teutscher Kayser. In einem Singspiele ... vorgestellet. 24 Bl. 4⁰ Hbg: Jakhel 1719
13 Rhea Sylvia. In einem Singspiele ... vorgestellet. 24 Bl. 4⁰ Hbg: Jakhel 1720
14 Der geduldige Socrates. In einem Musicalischen Lustspiele ... vorgestellet. 22 Bl. 4⁰ Hbg: Jakhel 1721
15 Der sich rächende Cupido. 24 Bl. 4⁰ Hbg: Jakhel 1724
   (Ausz. a. Nr. 4)
16 Cadmus. In einem Musicalischen Schauspiele ... vorgestellt. 22 Bl. 4⁰ Hbg: Jakhel 1725
17 (Übs.) J. Pradon: Regulus. Ein Trauerspiel. Aus dem Französischen übs. o. O. (1725)
18 Schertz- und Sinn-Gedichte über die Prächtige Wirthschafft Der Schäffer, Wintzer, Gärtner und Müller, Bey dem Beschluß Des Dreßdnischen Carnevals öffentlich vorgelesen. 6 Bl. 4⁰ Dresden: Stößel 1725
19 Der Dreßdner Frauen Schlendrian. In einem Nachspiel Verfertiget. 31 S. o. O. (1725)
20 Die verkehrte Welt. Ein Lustspiel. 22 S. Hbg 1725
21 Sancio, Oder die siegende Großmuth. In einem Singspiele ... vorgestellt. 29 Bl. 4⁰ Hbg: Stromer 1727
22 Dreßdnische Carnevals-Ergötzlichkeiten, bestehend in Poetischen Einfällen über einige Königliche Schiessen, und dergleichen Schertz- und Sinn-Gedichten über die daselbst gehaltene Bauren-Wirthschafft, auf hohen Befehl verfertiget ... 18 Bl. 2⁰ Lpz: Gleditsch 1728
23 †Der Dreßdnische Mägde-Schlendrian ... o. O. 1729
24 Dreßdnische Fast-Nachts-Lustbarkeiten ... über die ... gehaltene Handwercks-Wirthschafft. 11 Bl. 2⁰ Dresden 1730
25 Das Neu-beglückte Sachsen Durch Die Erfreuliche Geburt Eines Chur-Sächs. Printzen ... 4 Bl. 2⁰ Dresden 1730
26 August im Lager. Helden-Gedicht. Erster Gesang, benannt: Die Einholung. 2 Bl., 63 S. 2⁰ Dresden: Harpeter 1731
27 Gedichte aus seinen von ihm selbst verbesserten Manuscripten gesammlet und hg. (J. C. Rost). 14 Bl., 645, 11 S. m. Titelb. Dresden: Walther 1745

KOEPPEN, Wolfgang (*1906)

1 Eine unglückliche Liebe. Roman. 258 S. Bln: Cassirer 1934
2 Die Mauer schwankt. Roman. 380 S. Bln: Cassirer 1935

3 Die Pflicht. Roman. 380 S. Bln: Universitas (1939)
   (Titelaufl. v. Nr. 2)
4 Tauben im Gras. Roman. 269 S. Stg, Hbg: Scherz & Goverts 1951
5 Das Treibhaus. Roman. 322 S. Stg: Scherz & Goverts 1953
6 Der Tod in Rom. Roman. 253 S. Stg: Scherz & Goverts 1954
7 Nach Rußland und anderswohin. Empfindsame Reisen. 336 S. Stg: Goverts 1958
8 (Hg., Einl.) P. B. Shelley: Das brennende Herz. Übs. R. Borchardt, B. Brecht (u. a.) 108 S. m. Abb. Mchn, Wien, Basel: Desch (= Im Banne des Dionysos) 1958
9 Amerikafahrt. 284 S. Stg: Goverts 1959

KÖRNER, Theodor (1791–1813)

1 Den Manen Carl Friedrich Schneiders von Seinen hier studierenden Freunden. 2 Bl. 4° Freiberg: 1809
2 *Unserm Freunde ... Biedermann. 2 Bl. Lpz 1810
3 Knospen. 3 Bl., 124, 1 S. Lpz: Göschen 1810
4 (MV) Kurze Darstellung der kirchlichen Feierlichkeit bei der Vereidung und Einseegnung des preußischen Freijägerkorps ... nebst der ... Rede von Herrn Prediger Peters. 12 Bl. Breslau: Max 1813
5 Dramatische Beiträge. 3 Bde. Wien: Wallishausser 1813–1815
6 Drei deutsche Gedichte. Lpz 1813
7 Zwölf freie deutsche Gedichte. Nebst einem Anhang. VIII, 54 S. o. O. 1813
8 Jägerlied fürs Königl. Preußische Freikorps. 2 Bl. o. O. (1813)
9 Lied zu der feyerlichen Einseegnung des k. preußischen Freycorps am 27. März 1813. 2 Bl. Breslau: Kreuzers-Scholz 1813
10 Der vierjährige Posten. Singspiel in einem Aufzug. 18 S. Wien: Wallishausser 1813
11 *An das Volk der Sachsen. Im April 1813. 1 Bl. 2° o. O. 1813
12 Für Theodor Körner's Freunde. 2 Bl., 84 S. 4° Dresden: Gärtner (1814)
13 Gedichte vor und im heiligen Kriege gesungen. 32 S. o. O. 1814
14 Leyer und Schwerdt. Einzige rechtmäßige, von dem Vater des Dichters veranstaltete Ausg. VIII, 101 S. Bln: Nicolai 1814
15 (MV) E. M. Arndt u. Th. K.: Lob teutscher Helden gesungen. 31 S. o. O. 1814
16 Poetischer Nachlaß. 2 Bde. Lpz: Hartknoch 1814–1815
17 Rosamunde. 133 S. Lpz: Hartknoch 1814
   (Ausz. a. Nr. 16)
18 Zriny. Ein Trauerspiel in fünf Aufzügen. 135 S., 2 Bl. Lpz: Hartknoch 1814
   (Ausz. a. Nr. 16)
19 Dramatische Beyträge. Von dem Vater des Verfassers besorgte Ausg. 2 Bde. Bln: Nicolai 1815
20 Leyer und Schwert. Zweite vermehrte, vom Vater des Dichters veranstaltete Ausg. VIII, 96 S. Reutlingen: Mäcken 1815
   (Verm. Neuausg. v. Nr. 14)
21 Sämmtliche Werke. Im Auftrage der Mutter des Dichters hg. u. mit einem Vorw. begl. K. Streckfuß. Rechtmäßige Gesammt-Ausg. in einem Bande. 384 S. 4° Bln: Nicolai 1834
22 Werke in vollständigster Sammlung. Nebst Briefen von und an Körner, sowie biographischen und literarhistorischen Beilagen v. A. Wolff. 4 Bde. 1134 S. Bln: Mertens 1858
23 Aus Theodor Körner's Nachlaß. Liedes- und Liebesgrüße an Antonie Adamberger. Zum erstenmal vollständig und getreu nach der eigenhändigen Sammlung des Dichters hg. F. Latendorf. XIV, 159 S. Lpz: Schlicke (1881)
24 Sieben Burschenlieder Theodor Körner's aus Freiberg, Leipzig und Wien. Zum ersten Male in urkundlicher Treue nach der eigenen Handschrift des Dichters hg. F. Latendorf. 24 S. Mchn, Lpz: Heinrichs 1886
25 Tagebuch und Kriegslieder aus dem Jahre 1813. Nach der Originalhandschrift veröff. W. E. Peschel. VIII, 107, 3 S. m. Bildn., Abb. u. Faks. Freiburg: Fehsenfeld 1893

Kokoschka, Oskar (*1886)

1 Die träumenden Knaben. 8 Bl. Abb. m. Text. 4⁰ Wien: Wiener Werkstätte 1908
2 Dramen und Bilder. Einl. P. Stefan. 63 S., 26 Taf. Lpz: Wolff 1913
3 Mörder, Hoffnung der Frauen. 16 S., 4 Abb., 1 Titelb. Bln: Verl. Der Sturm (100 Ex.) 1916
   (Ausz. a. Nr. 2)
4 Der brennende Dornbusch. Schauspiel. – Mörder, Hoffnung der Frauen. Schauspiel. 45 S. Lpz, Mchn: Wolff (= Der jüngste Tag 41) (1917)
   (Enth. Ausz. a. Nr. 2)
5 Hiob. Ein Drama. 55 S. m. Abb. 2⁰ Bln: Cassirer 1917
   (Neuaufl. e. Ausz. a. Nr. 2)
6 Vier Dramen. Orpheus und Eurydike. Der brennende Dornbusch. Mörder, Hoffnung der Frauen. Hiob. 174 S. Bln: Cassirer 1919
   (Enth. u. a. Nr. 2)
7 Der weiße Tiertöter. 16 S. Wien: Waldheim-Eberle (= Die Gefährten. Jg. 3, H. 10) 1920
8 Der gefesselte Columbus. 28 Bl. m. Abb. 2⁰ (Bln:) Gurlitt (= Die neuen Bilderbücher. Reihe 3, Bd. 6) 1921
9 Ann Eliza Reed. Erzählung und Lithographien. 18 Bl. 4⁰ Hbg: Maximilian-Ges. 1952
10 Der Expressionismus Edvard Munchs. 31 S., 2 Abb. Wien, Linz, Mchn: Gurlitt (= Kleine Gurlitt-Reihe 12) 1953
11 (MV) Thermopylae. Ein Triptychon. Texte O. K. u. W. Kern. 14, 6 S. m. Abb. 14 Taf. 2⁰ Winterthur: BW-Presse 1955
12 Schriften 1907–1955. Zusgest. u. m. Erl. u. bibliogr. Ang. hg. H. M. Wingler. 484 S., 13 Bl. Abb., 1 Titelb. Mchn: Langen-Müller 1956
13 Spur im Treibsand. Geschichten. 264 S. Zürich: Atlantis 1956
14 (Nachw.) B. Geiger: Die skurrilen Gemälde des Giuseppe Arcimboldi. Mit einer Studie v. L. Levi über Arcimboldi als Musiker. Aus dem Italienischen übs. A. Boensch. 166 S. m. Abb., 133 Abb., 1 Titelb. Wiesbaden: Limes 1960

Kolb, Annette (*1875)

1 Kurze Aufsätze. 80 S. Mchn: Putze 1899
2 (Hg., Übs.) Die Briefe der heiligen Catarina von Siena. Ausgew., eingel. u. deutsch hg. 211 S. m. Bildn. Lpz: Zeitler 1906
3 Sieben Studien. (L'âme aux deux patries). 127 S. Mchn: Jaffe 1906
4 (Übs.) G. K. Chesterton: Orthodoxie. 226 S. Mchn: Hyperion-V. 1909
5 (Übs.) Villiers de l'Isle-Adam: Edisons Weib der Zukunft. Roman. 421 S. Mchn: Hyperion-V. 1909
6 Das Exemplar. Roman. 289 S. Bln: Fischer 1913
7 Wege und Umwege. 362 S. Lpz: Verl. d. weißen Bücher 1914
8 Briefe einer Deutschfranzösin. 160 S. Bln: Reiß 1916
9 Die Last. 16 S. Zürich: Rascher 1918
10 (Hg., Nachw.) Markgräfin Wilhelmine von Bayreuth: Memoiren. 571 S., 9 Taf. Lpz: Insel (= Memoiren und Chroniken) 1920
11 Zarastro. Westliche Tage. 211 S. Bln: Fischer 1921
12 Westliche Tage. 69 S. Bln: Reiß (= Tribüne der Kunst und Zeit 26) 1922
   (Ausz. a. Nr. 11)
13 Wera Njedin. Erzählungen und Skizzen. 164 S. Bln: Propyläen-V. (= Das kleine Propyläen-Buch) (1925)
14 Spitzbögen. 103 S., 11 Abb. Bln: Fischer 1925
15 Veder Napoli e partire. Ein Bilderbuch. 45 S. m. Abb. 4⁰ Bln: Pontos-V. 1925
16 Daphne Herbst. Roman. 352 S. Bln: Fischer (1928)
17 Versuch über Briand. 217 S. m. Taf. Bln: Rowohlt 1929
18 Kleine Fanfare. 271 S. m. Taf. Bln: Rowohlt 1930
19 Beschwerdebuch. 171 S. Bln: Rowohlt 1932

20 Die Schaukel. Roman. 213 S. Wien: Bermann-Fischer (1934)
21 (Übs.) J. Giraudoux: Kein Krieg in Troja. Schauspiel in zwei Akten. 123 S. Wien: Bermann-Fischer 1936
22 Festspieltage in Salzburg. 201 S. Amsterdam: de Lange 1937
23 Mozart. 313 S., 14 Taf., 2 Faks. Wien: Bermann-Fischer 1937
24 Festspieltage in Salzburg und Abschied von Österreich. 249 S. m. Taf. Amsterdam: de Lange 1938
   (Verm. Neuaufl. v. Nr. 22)
25 Glückliche Reise. 231 S. Stockholm: Bermann-Fischer 1940
26 Franz Schubert. Sein Leben. 285 S., 1 Titelb. Stockholm: Bermann-Fischer 1941
27 König Ludwig II. und Richard Wagner. 107 S. Amsterdam: Querido-V. 1947
28 Blätter in den Wind. 256 S., 4 Taf. Ffm: Fischer 1954
29 (MV) J. Gould u. A. K.: Farbenfrohe Vogelwelt. 48 S. m. Abb. Bern: Hallwag (= Orbis pictus 23) 1956
30 Memento. 64 S. Ffm: Fischer 1960

KOLBENHEYER, Erwin Guido (1878–1962)

1 Giordano Bruno. Die Tragödie der Renaissance. VII, 210 S. Wien: Stern 1903
2 Die sensorielle Theorie der optischen Raumempfindung. IV, 81 S. Lpz: Barth 1905
3 Amor Dei. Ein Spinoza-Roman. VII, 496 S. Mchn: Müller 1908
4 Meister Joachim Pausewang. Roman. 403 S. Mchn: Müller 1910
5 Montsalvasch. Ein Roman für Individualisten. VII, 344 S. Mchn: Müller 1912
6 Ahalibama. Drei Erzählungen. 276 S. Mchn: Müller (1913)
7 Klein-Rega. 28 S. Mchn: Callwey (= Der Schatzgräber 92) 1914
8 Die Kindheit des Paracelsus. Roman. VII, 376 S. Mchn: Müller 1917
9 Wem bleibt der Sieg? 15 S. Tüb: Kloeres 1919
10 Der Dornbusch brennt. Ein Flugblatt. Gedichte für seine Heimat. 16 S. Eger: Böhmerland-V. (= Böhmerland-Flugschrift 16) 1922
11 (Hg.) J. C. v. Grimmelshausen: Der abenteuerliche Simplicissimus. Gekürzt hg. 322 S. Bln: Wegweiser-V. 1922
12 Das Gestirn des Paracelsus. Roman. V, 478 S. Mchn: Müller 1922
   (Forts. v. Nr. 8)
13 Ein Gruß vom Wege – Eurem Weg. 93 S. Rudolstadt: Greifenverl. 1923
14 Drei Legenden. 55 S. Hbg-Großborstel: Deutsche Dichter-Gedächtnis-Stiftung (= Volksbuch der Deutschen Dichter-Gedächtnis-Stiftung 49) 1923
15 Die Bauhütte. Elemente einer Metaphysik der Gegenwart. XXIV, 501 S. Mchn: Langen 1925
16 Frästeli. Ein Kapitel aus „Die Kindheit des Paracelsus". 19 S. Mchn: Callwey (= Der Schatzgräber 117) 1925
   (Ausz. a. Nr. 8)
17 Das dritte Reich des Paracelsus. Roman. 403 S. Mchn: Müller 1926
   (Forts. v. Nr. 12)
18 Das Lächeln der Penaten. Roman. 269 S. Mchn: Müller 1927
19 Paracelsus. Roman. 3 Bde. IV, 378; 483; 403 S. Mchn: Müller 1927–1928
   (Enth. Nr. 8, 12, 17)
20 Lyrisches Brevier. 141 S. Mchn: Müller 1929
21 Die Brücke. Schauspiel in vier Aufzügen. 81 S. Mchn: Müller 1929
22 Heroische Leidenschaften. Die Tragödie des Giordano Bruno. In drei Teilen. 111 S. Mchn: Müller 1929
   (Neufassg. v. Nr. 1)
23 Kämpfender Quell. (Karlsbad-Buch). 145 S., 8 Abb. Mchn: Müller 1929
24 Wenzel Tiegel. Novelle. Nachw. F. Koch. 92 S. Lpz: Reclam (= Reclam's UB. 7000) 1929
   (Neuaufl. e. Ausz. a. Nr. 6)
25 Aufruf der Universitäten (S.-A.) 7 S. Groitzsch: Reichardt 1930

26 Das Gesetz in dir. Schauspiel. 97 S. Mchn: Langen-Müller 1931
27 Jagt ihn – ein Mensch. Schauspiel in fünf Aufzügen. 98 S. Mchn: Müller 1931
28 Stimme. Eine Sammlung von Aufsätzen. 175 S. Mchn: Müller 1931
    (Enth. u. a. Nr. 9 u. 25)
29 Unser Befreiungskampf und die deutsche Dichtkunst. 23 S. Mchn: Langen-Müller 1932
30 Reps, die Persönlichkeit. Roman in einer kleinen Stadt. 235 S. Mchn: Langen-Müller 1932
31 Die Begegnung auf dem Riesengebirge. Novelle. 66 S. Mchn: Langen-Müller (= Die kleine Bücherei 4) 1933
32 Deutsches Bekenntnis. Unser Leben. Dichtungen für Sprechchöre. 14 S. Mchn: Langen-Müller 1933
33 Die volksbiologischen Grundlagen der Freiheitsbewegung. 11 S. Mchn: Langen-Müller 1933
34 (Vorw.) J. Kreis: Ringelspiel des Alltags. 149 S. m. Abb., 1 Titelb. Mchn: Langen-Müller (1933)
35 Weihnachtsgeschichten. 144 S. Mchn: Langen-Müller 1933
    (Enth. u. a. Ausz. a. Nr. 23)
36 Gregor und Heinrich. Schauspiel. 81 S. Mchn: Langen-Müller 1934
37 Der Lebensstand der geistig Schaffenden und das neue Deutschland. 26 S. Mchn: Langen-Müller 1934
38 Karlsbader Novelle. (1786). 77 S. Mchn: Langen-Müller (= Die kleine Bücherei 32) 1934
    (Ausz. a. Nr. 23)
39 Das Paracelsus-Werk. Bes. W. Linden. 2 Tle. 79, 103 S. Mchn: Langen-Müller (= Die deutsche Folge 23–24) 1934
    (Ausz. a. Nr. 8, 12, 17)
40 Arbeitsnot und Wirtschaftskrise, biologisch gesehen. 30 S. Mchn: Langen-Müller 1935
41 Lebenswert und Lebensentwicklung der Dichtkunst in einem Volke. 21 S. Mchn: Langen-Müller 1935
42 Neuland. Zwei Abhandlungen. 166 S. Mchn: Langen-Müller 1935
43 Völkerverständigung. Ansprache, gehalten im Münchner Rotary Klub. 10 S. Mchn: Rotary Klub (= Der Rotarier. Jg. 4, Sonderbeil.) 1935
44 Klaas Y, der große Neutrale. 80 S. Mchn: Langen-Müller (= Die kleine Bücherei 71) 1936
    (Enth. u. a. Nr. 7 u. Ausz. a. Nr. 14)
45 Grundfragen der Dichtung. Bes. K. Boost. Tl. 1: Dichtung und Volk. 60 S. Mchn: Langen-Müller (= Die deutsche Folge 33) 1937
    (Enth. u. a. Nr. 29 u. 41)
46 Das Kolbenheyer-Buch. Eingel., ausgew. E. Frank. 254 S., 1 Taf. Karlsbad: Kraft (1937)
47 Wie wurde der deutsche Roman Dichtung? 16 S. Mchn: Langen-Müller 1937
48 Das gottgelobte Herz. Roman aus der Zeit der deutschen Mystik. 536 S. Mchn: Langen-Müller 1938
49 Wahrheit des Lebens. Worte aus seinen Werken. Ausw. R. Meckler. 53 S. Mchn: Langen-Müller (= Die kleine Bücherei 100) 1938
50 Die Bauhütte. Grundlage einer Metaphysik der Gegenwart. 535 S. Mchn: Müller 1939
    (Neufassg. v. Nr. 15)
51 Der einzelne und die Gemeinschaft. Goethes Denkprinzipien und der biologische Naturalismus. Zwei Reden. 26 S. Mchn: Langen-Müller 1939
52 Gesammelte Werke in acht Bänden. 8 Bde. 5251 S. Mchn: Langen-Müller (1939–1941)
53 Vox humana. Gedichte. 97 S. Mchn: Langen-Müller 1940
54 Bauhüttenphilosophie. Ergänzende und erläuternde Abhandlungen. 716 S. Mchn: Langen-Müller 1942
    (zu Nr. 50)
55 Die volksbiologische Funktion des Geisteslebens und der Geistererziehung. (S.-A.) 27 S. Wien: Hölder-Pichler-Tempsky 1942
56 Kindergeschichten. 77 S. Stg: Verl. Dt. Volksbücher (= Wiesbadener Volksbücher 289) 1942

57 Zwei Reden. Das Geistesleben in seiner volksbiologischen Bedeutung. Jugend und Dichtung. 31 S. Mchn: Langen-Müller (1942)
58 Die Wiedergeburt des alten Daringer. Erzählung. 63 S. Lpz: Reclam (= Reclam's UB. 7504) (1942)
    (Ausz. a. Nr. 6)
59 (Übs.) Johannes von Saaz: Der Ackermann aus Böhmen. Hg. E. Gierach. 163 S. 4⁰ Prag: Verl. Volk und Reich 1943
60 Menschen und Götter. Dramatische Tetralogie. 451 S. 4⁰ Prag: Kolbenheyer (= Priv.-Dr.; Manuskriptdruck für Bühnen) 1944
61 Die Philosophie der Bauhütte. 864 S. Wien, Bln, Stg: Neff 1952
    (Enth. u. a. Nr. 50)
62 Wir wuchsen im Ertragen. Die sudetendeutsche Jugend Erwin Guido Kolbenheyer zum 75. Wiegenfest – 30. 12. 1952. Ausw. u. Anordnung: O. Zerlik. Hg. S. Großschmidt, R. Pozorny u. H. Schmidt. 76 S. Scheinfeld, Mfr.: Sudetendt. Verl. 1953
63 Sebastian Karst über sein Leben und seine Zeit. 3 Tle. 532, 493, 536 S. (Hbg-Harburg:) Kolbenheyer-Ges. (= Gesamtausgabe der Werke letzter Hand. Abt. 2, Bd. 3, Tl. 1–3) (1957–1958)
64 Gesamtausgabe der Werke letzter Hand. In zwei Abteilungen zu je sieben Bänden. (Hbg-Harburg; ab 1960: Nürnberg:) Kolbenheyer-Ges. 1957ff.

KOLBENHOFF, Walter (eig. Walter, Hoffmann)   (*1908)

1 Untermenschen. Roman. 219 S. Kopenhagen: Trobris 1933
2 Von unserem Fleisch und Blut. 215 S. Stockholm: Bermann-Fischer 1947
3 Heimkehr in die Fremde. Roman. 287 S. Mchn: Nymphenburger Verlh. 1949
4 (Übs.) Michiro Maruyama: Anatahan, Insel der Unseligen. Übs. a. d. engl. Fassg. 255 S. m. Abb. Bln: Blanvalet 1954
5 Die Kopfjäger. Ein Kriminalroman. 150 S. Mchn: List (= List-Bücher 154) 1960

KOLMAR (eig. Chodziesner), Gertrud   (1894–1943)

1 Gedichte. 74 S. Bln, Stg: Dt. Verl.-Anst. 1917
2 Preußische Wappen. 30 S. Bln: Die Rabenpresse 1934
3 Welten. 60 S. Bln: Suhrkamp 1947
4 Das lyrische Werk. Hergest. im Auftrag des Förderkreises der Deutschen Akademie für Sprache und Dichtung. 349 S. m. Abb. Heidelberg, Darmstadt: Schneider (= Veröffentlichungen der Deutschen Akademie für Sprache und Dichtung, Darmstadt. 6) 1955
5 Das lyrische Werk. 621 S. Mchn: Kösel 1960

KOMMERELL, Max   (1902–1944)

1 Jean Pauls Verhältnis zu Rousseau. Nach den Haupt-Romanen dargestellt. XI, 179 S. Marburg: Elwert (= Beiträge zur deutschen Literaturwissenschaft 23) 1925
2 Der Dichter als Führer in der deutschen Klassik. Klopstock, Herder, Goethe, Schiller, Jean Paul, Hölderlin. 485 S. Bln: Bondi (= Werke aus dem Kreis der Blätter für die Kunst. Geschichtliche Reihe) 1928
3 Gespräche aus der Zeit der deutschen Wiedergeburt. 52 S. 4⁰ Bln: Holten (300 num. Ex.) 1929
4 Hugo von Hofmannsthal. Antrittsvorlesung. 28 S. Ffm: Klostermann 1930
5 Jugend ohne Goethe. 37 S. Ffm: Klostermann 1931
6 Leichte Lieder. 17 Bl. Ffm: Klostermann (500 Ex.) 1931

7 (Übs.) Michelangelo Buonarroti: Dichtungen. 86 S. 4⁰ Ffm: Klostermann 1931
  8 Jean Paul. 419 S. Ffm: Klostermann 1933
  9 Das letzte Lied. 19 Bl. Ffm: Klostermann 1933
 10 Schiller als Gestalter des handelnden Menschen. 31 S. Ffm: Klostermann (= Wissenschaft und Gegenwart) 1934
 11 Dichterisches Tagebuch. 66 S. Ffm: Klostermann 1935
 12 Das Volkslied und das deutsche Lied. 51 S. Ffm: Klostermann 1936
 13 Mein Anteil. Gedichte. 47 S. Bln: Fischer 1938
 14 Das kaiserliche Blut. Drama im barocken Stil. 93 S. Ffm: Klostermann 1938
 15 Jean Paul. 432 S. Ffm: Klostermann 1939 (Verm. Neuaufl. v. Nr. 8)
 16 Geist und Buchstabe der Dichtung. Goethe, Kleist, Hölderlin. 294 S. Ffm: Klostermann 1940
 17 Der Lampenschirm aus den drei Taschentüchern. Eine Erzählung von gestern. 370 S., 2 Bl. Abb. Bln: Fischer 1940
 18 Lessing und Aristoteles. Untersuchungen über die Theorie der Tragödie. 315 S. Ffm: Klostermann (= Frankfurter wissenschaftliche Beiträge. Kulturwissenschaftliche Reihe, 2) 1940
 19 Geist und Buchstabe der Dichtung. Goethe, Schiller, Kleist, Hölderlin. 314 S. Ffm: Klostermann 1942 (Verm. Neuaufl. v. Nr. 16)
 20 Die Lebenszeiten. 44 S. Bln: Fischer 1942
 21 Gedanken über Gedichte. 503 S. Ffm: Klostermann 1943
 22 Beiträge zu einem deutschen Calderón: 2 Bde. Ffm: Klostermann 1946
    1. Etwas über die Kunst Calderóns. 267 S.
    2. (Übs.) P. Calderón de la Barca: Das Leben ist Traum. Die Tochter der Luft. 298 S.
 23 Mit gleichsam chinesischem Pinsel. 32 S. Ffm: Klostermann (1946)
 24 Die Gefangenen. Trauerspiel in fünf Akten. 131 S. Ffm: Klostermann 1948
 25 Kasperlespiele für große Leute. Nachw. A. Henkel. 147 S. m. Abb. Krefeld: Scherpe-Verl. 1948
 26 Dichterische Welterfahrung. Essays. Hg. H.-G. Gadamer. 228 S. Ffm: Klostermann 1952
 27 Hieronyma. Erzählung. 71 S. Wiesbaden: Insel (= Insel-Bücherei 591) 1954
 28 Rückkehr zum Anfang. Ausgewählte Gedichte. 72 S. Ffm: Klostermann 1956

KOMPERT, Leopold (1822–1886)

 1 Aus dem Ghetto. Geschichten. XI, 370 S. Lpz: Herbig 1848
 2 Böhmische Juden. Geschichten. V, 422 S. Wien: Manz 1851
 3 Am Pflug. 2 Bde. 608 S. Bln: Duncker 1855
 4 Neue Geschichten aus dem Ghetto. 2 Bde. 567 S. Prag, Hbg: Richter 1860
 5 Böhmische Juden-Geschichten. Novellen. V, 422 S. Prag: Kober 1860 (Neuaufl. v. Nr. 2)
 6 Geschichten einer Gasse. 2 Bde. 639 S. Bln: Gerschel 1865
 7 Die Prinzessin. Jul. Arnsteiners Beschau. Novellen. 272 S. Hbg: Richter 1866
 8 Zwischen Ruinen. Roman. 3 Bde. 717 S. Bln: Janke 1875
 9 Franzi und Heini. Geschichte zweier Wiener Kinder. 2 Bde. 481 S. Bln: Janke 1881
 10 Gesammelte Schriften. 8 Bde. Lpz: Köhler 1882
 11 Verstreute Schriften. Novellen. 296 S. Bln: Borstell 1883
 12 Sämtliche Werke in zehn Bänden. Biogr. Einl. S. Hock. 10 Bde. 3099 S., 8 Taf., 1 Faks. Lpz: Hesse & Becker 1906

KOPISCH, August (1799–1853)

 1 (MV) C. F. Langhans: Pleorama. VI, 73 ungez. S., 37 Abb., 1 Kt. Breslau: Philipp 1831

2 Gedichte. VIII, 335 S. Bln: Duncker 1836
3 (Hg., Übs.) Agrumi. Volksthümliche Poesieen aus allen Mundarten Italiens und seiner Inseln. 16¹/₃ Bg. 12⁰ Bln: Crantz 1838
4 Erinnerungen aus den ersten Tagen des Juni 1840. Drei Gedichte. 1 Bg. Bln: Schröder 1840
5 Ode an Seine Majestät den König Friedrich Wilhelm IV. 1 Bg. Bln: Schröder 1840
6 (Übs.) Dante Alighieri: Die göttliche Komödie. Metrische Übersetzung, nebst beigedr. Originaltexten, mit Erläuterungen, Abhandlungen und Register. 32 ¹/₂ Bg., 1 Bildn., 2 Kt. Bln: Enslin 1842
7 Berlin und Potsdams Urzeit. Bln 1844
8 (Hg.) J. K. A. Musäus: Teutsche Volksmärchen. Maskenzug. 19 S. Bln 1846
9 Allerlei Geister. VIII, 224 S. 12⁰ Bln: Duncker 1848
10 Beschreibung und Erklärung des Denkmals Friedrichs II. in Berlin. 16 S. Bln: Ernst 1851
11 Die Königlichen Schlösser und Gärten zu Potsdam. 220 S. 4⁰ Bln: Ernst 1854
12 Gesammelte Werke. Hg. C. Bötticher. 5 Bde. 1669 S. Bln: Weidmann 1856
13 Heitere Gedichte. Ausgew., eingel. E. Lissauer. 100 S. Bln: Concordia (= Das Erbe 4) 1909
14 Der Träumer. hg. E. Lissauer. 92 S. Weimar: Bibliophilenges. (Priv.-Dr.) 1912

KORNFELD, Paul (1889–1942)

1 Die Verführung. Eine Tragödie in fünf Akten. 204 S. Bln: Fischer 1916
2 Legende. 127 S. Bln: Fischer 1917
3 Himmel und Hölle. Eine Tragödie in fünf Akten und einem Epilog. 116 S. Bln: Fischer 1919
4 Der ewige Traum. Eine Komödie. 89 S. Bln: Rowohlt 1922
5 Palme oder Der Gekränkte. Eine Komödie in fünf Akten. 118 S. Bln: Rowohlt 1924
6 Sakuntala. Schauspiel in fünf Akten. Nach Kalidasa. 113 S. Bln: Rowohlt 1925
7 Kilian oder Die Gelbe Rose. Komödie in drei Akten. 127 S. Bln: Rowohlt 1926
8 Blanche oder Das Atelier im Garten. Roman. 639 S. Hbg: Rowohlt 1957

KORTUM, Karl Arnold (1754–1824)

1 *Der Märtyrer der Mode. Eine Geschichte satirischen Inhalts. Wesel: Röder 1778
2 Anfangsgründe der Entzifferungskunst deutscher Zifferschriften. 144 S. Duisburg: Helwing 1782
3 *Leben, Meynungen und Thaten von Hieronimus Jobs dem Kandidaten, und wie Er sich weiland viel Ruhm erwarb, auch endlich als Nachtswächter zu Sulzburg starb ... 164 S., 14 Abb. Münster, Hamm: Perrenon 1784
4 *(Hg.) Die magische Laterne, in dreimaldreißig Vorstellungen. 3 Bde. Wesel: Röder 1784–1787
5 *Adams Hochzeitsfeier. Ein komisches Gedicht. Wesel: Röder 1788 (Anh. z. Nr. 4)
6 K. A. K. ... Verteidiget die Alchimie gegen die Einwürfe einiger neuen Schriftsteller besonders des Herrn Wieglebs. 360 S. Duisburg: Helwing 1789
7 Noch ein Paar Worte über Alchimie und Wiegleb oder Erster Anhang der Vertheid-igung der Alchimie wider die Einwürfe der neuesten Gegner. 80 S. Duisburg: Helwing 1791
8 *Die Jobsiade. Ein komisches Heldengedicht in drei Theilen. 3 Bde., 5 Bl., 192 S., 7 Bl.; 191 S., 7 Bl.; 183 S. m. Abb. Dortmund: Mallinckrodt 1799 (Enth. u. a. Nr. 3)

9 C. A. K. ... über die Unschädlichkeit der Kirchhöfe und Begräbnisse in Städten und Dörfern. 62 S. Osnabrück: Blothe 1801
10 C. A. K. ... giebt von dem Nutzen und der Bereitung der Rumfordschen Suppe ausführliche Nachricht. VI S., S. 8-40. Duisburg: Helwing 1802
11 *Einfälle in frohen jungendlichen Stunden, im Kreise seiner Freunde. Vom Verfasser der Jobsiade. VIII, 104 S. Essen: Bädeker 1803
12 Beschreibung einer neuentdeckten alten germanischen Grabstätte nebst Erklärung der darin gefundenen Alterthümer; zugleich etwas zur Charakteristik alter römischer und germanischer Leichengebräuche und Gräber. 124 S,. 10 Abb., 1 Taf. Dortmund: Mallinckrodt 1804
13 Skizze einer Zeit- und Litterargeschichte der Arzneikunst von ihrem Ursprunge an bis zum Anfange des neunzehnten Jahrhunderts. Für Ärzte und Nichtärzte. 733 S. Unna: Hesselmann 1809
14 Der Thee und seine Stellvertreter. 115 S. Duisburg, Essen: Bädeker, Kürzel 1811
15 Das in der Lippe gefundene Urushorn und der Zahn des Abulabaz. Ein Beitrag zur vaterländischen Naturgeschichte der ältern Zeit. 61 S. Hagen: Gerlach 1813
16 *Kurze aber getreue Erzählung der ... Geschichte einer Somnambule, genannt Elsabe Schlunz ... 30 S. Hamm: Schulz & Wundermann (1819) (zu Nr. 8)
17 *Die Jobsiade. 3 Bde. m. 67 Abb. Hamm: Schulz & Wundermann 1824 (Verb. Neuaufl. v. Nr. 8)
18 Des Jobsiadendichters Carl Arnold Kortum Lebensgeschichte von ihm selbst erzählt. Hg. K. Deicke. VII, 82 S., 1 Abb. Dortmund: Ruhfus 1910

KOSEGARTEN, Gotthard Ludwig Theobul (+Tellow) (1758-1818)

1 *Gesänge. Stralsund 1776
2 Die wahre Größe der Fürsten. Eine Rede und Hymne an Gustafs von Schweden 31. Geburtstage. 19 Bl. Stralsund: Lorenz (1777)
3 *Melancholien. 124 S. Stralsund 1777
4 *Psalmen. Stralsund, Lpz 1777
5 *Thränen und Wonnen. 173 S. Stralsund: Struck 1778
6 Darmond und Allwina. Trauerspiel in fünf Akten. Ffm, Lpz 1779
7 Die höchste Glückseligkeit. Eine Ode. Stralsund 1779
8 Glaube und Unglaube. Stralsund 1780
9 Wahre Weisheit. Predigt. Stralsund 1779
10 Probe der verdeutschten Odyssee ... Stralsund 1780
11 Wunna oder Die Thränen des Wiedersehns. Schauspiel mit Gesang. Stralsund 1870
12 Grundgesezze der zukünftigen Welt. Predigt über das Evangelium des ersten Sonntags nach dem Fest der heiligen Dreieinigkeit in der Nikolaikirche zu Stralsund geh. 35 S. Stralsund: Struck 1785
13 De pulcro essentiali ... Lpz 1785
14 Würde, Mühen, Freuden und Lohn eines evangelischen Predigers. Trauerrede am Sarge des Weil. Hocherwürdigen Herrn August Christian Linde, Predigers zu Kasnewiz auf Rügen, am 29. Merz 1785 gehalten. 24 S. Stralsund: Struck 1785
15 Psyche. Ein Märchen des Alterthums. Lpz 1786
16 Gedichte. 2 Bde. 6 Bl., 406 S., 9 Bl.; 432 S., 3 Bl. Lpz: Gräff 1788
17 (Übs.) Pratt: Der Freudenzögling. Aus dem Englischen. 2 Bde. Lpz (1789)-1791
18 Psyche. Ein Märchen des Alterthums. 134 S. Lpz: Gräff 1789
19 Des Herrn Abendmahl. Lpz 1790
20 Rhapsodien. 3 Bde. 6 Bl., 228; XII, 360; 386 S. Lpz: Gräff 1790-1801
21 +Ewalds Rosenmonde. Beschrieben von ihm selbsten u. hg. v. Tellow. 1 Bl., 336 S. Bln: Himburg 1791

22 Hainings Briefe an Emma. 2 Bde. XII, 365; 365 S., 4 Bl. Lpz: Gräff 1791
23 (Übs.) Smith: Theorie der sittlichen Gefühle. 2 Bde. 463; VIII, 248 S. Lpz: Gräff 1791–1792
24 (Übs.) O. Goldsmith: Geschichte der Römer. 4 Bde. Lpz: Weidmann 1792–1802
25 Dissertatio theologico-aesthetica ... 38 S. Rostock: Adler 1793
26 Drey Gelegenheits-Predigten. Lpz: Wienbrack 1793
27 (Übs.) Über den Dichtergeist der heiligen Schriftsteller und Jesu Christi. Aus dem Lateinischen übs. 64 S. Greifswald: Eckhardt 1794
   (Übs. v. Nr. 25)
28 Predigten. 2 Bde. XVI, 298; 316 S. Bln: Hartmann (1) bzw. Altenkirchen, Lpz: Selbstverl. (2) 1794–1795
29 (Übs.) Goldsmith: Geschichte des Oströmischen Kaiserthums. 2 Bde. 7 Bl., 560; 386 S. Lpz: Weichmann 1795–1802
30 Eudämons Briefe an Psyche ... Lpz 1796
31 (Übs.) Geschichte der Clarisse, eines vornehmen Frauenzimmers. Aus dem Englischen verdeutscht. 8 Bde. Lpz: Gräff 1796
32 (Hg.) Eusebia. Lpz 1797
33 (Hg.) J. Gast: Geschichte Griechenland's ... 4 Bde. Lpz: Weidmann 1798
34 Poesien. 3 Bde. IV, 378; IV, 394; X, 298 S., 2 Bl; 2 Bildn. , 10 Ku. Lpz: Gräff 1798–1802
35 Adeline, Gräfin von Castel. Bln (1800)
36 (Übs.) Dyer: Der Prediger, wie er sein sollte. 323 S. m. Bildn. Lpz: Gräff 1800
37 Ebba von Medem. Eine Tragödie. 137 S. Hbg: Perthes 1800
38 *Ida von Plessen. Eine romantische Dichtung. 2 Bde. 276, 262 S. m. Ku. Dresden: Gerlach 1800
39 (Hg.) K. Nernst: Wanderungen durch Rügen. VI, 304 S. m. Titelku. Düsseldorf: Dänzer 1800
40 Brittisches Odeon. Denkwürdigkeiten aus dem Leben und den Schriften der neuesten Brittischen Dichter. 2 Bde. VI, 507, IV; 515 S. Bln: Lange 1800
41 Bianca del Giglio. 2 Bde. 200 S. m. Ku. Dresden: Gerlach (= Romantische Dichtungen 3–4) 1801
42 Blumen. XII, 188 S. Bln (o. Verl.) 1801
43 Romantische Dichtungen. 6 Bde. m. Ku. Dresden: Gerlach 1801–1803
44 (Übs.) Garnett: Reise durch die Schottischen Hochlande. 2 Bde. VIII, 352; 310 S. m. Ku. Lübeck, Lpz: Bohn 1802
45 Jucunde von Castle. Eine Geschichte aus der Vendée. Nach dem Französischen. 2 Bde. 228, 223 S. m. Ku. Neustrelitz: Albanus 1802
46 Poesien. 3 Bde. m. Ku. Lpz: Gräff 1802
   (Verb. Neuaufl. v. Nr. 34)
47 Adele Cameron. 2 Bde. 240, 272 S. m Ku. Dresden: Gerlach (= Romantische Dichtungen 5–6) 1803
48 (Übs.) Goldsmith: Geschichte der Römer von Erbauung der Stadt Rom bis auf den Untergang des abendländischen Kaiserthums. Bd. 1 u. 5. Frankenthal: Enderes 1803–1808
   (Neuaufl. v. Nr. 24)
49 Jucunde. Eine ländliche Dichtung in fünf Eklogen. 203 S., 6 Ku. Bln: Unger 1803
50 Die Inselfahrt, oder Aloysius und Agnes. Eine ländliche Dichtung in sechs Eklogen. 12 Bl., 255 S. m. Titelku. Bln: Voss 1804
51 Legenden. 2 Bde. XXII, 322; IV, 475 S. m. Titelku. Bln: Voss 1804
52 An die Erwählten des zweiten Standes. Von einem ihrer wählenden Brüder. 4 Bl. o. O. (1806)
53 Jucunde. Eine ländliche Dichtung in fünf Eklogen. 191 S. Bln: Weiß 1808
   (Verb. Neuaufl. v. Nr. 49)
54 Die Jungfrau von Nicomedia. 61 S. m. Ku. Bln: Weiß 1808
55 Rede gesprochen am Napoleons-Tage des Jahres 1809 im größern akademischen Hörsaal zu Greifswald. 38 S. Greifswald: Eckhardt (1809)
56 Aonius Palearius. ... 12, 11 S. Greifswald: Eckhardt 1811
57 Cassandra fidelis ... 23, 19 S. Greifswald: Eckhardt 1811
58 Civitas solis ... 20, 19 S. Greifswald: Eckhardt 1811
59 Doctrinae Dualismi ... 18 S. Greifswald: Eckhardt 1811

60 De ... regis Dschemschid ... clavis natalibus ... 20 S. Greifswald: Eckhardt 1811
61 De Poetarum effatis Graecorum ... 4 Bde. Greifswald: Eckhardt 1811–1812
62 Quo sensu philosophia ... Greifswald: Eckhardt 1811
63 Dichtungen. Neue Ausgabe. 8 Bde. Greifswald: Eckhardt 1812–1815
64 Die Hingebung des Leonidas. 47 S. Greifswald: Eckhardt 1812
65 Oratio ... cum magistratum academiae iniret. 15 S. Greifswald: Eckhardt 1812
66 De Auriflamma ... 14 S. Greifswald: Eckhardt 1813
67 Vaterländische Gesänge. Verfaßt im Frühling des 1813. Jahrs. 72 S. Greifswald: Eckhardt (1813)
68 Hymnus Cleanthis ... 16 S. Greifswald: Eckhardt 1813
69 Orphei Hymnus in Tellurem ... 12 S. Greifswald: Eckhardt 1813
70 Seinem ehrwürdigen Mitbruder, Herrn Diederich Hermann Biederstedt ... zum Gedächtniß-Tage seiner fünfundzwanzigjährigen verdienstvollen Amtsführung. 6 S. Greifswald: Eckhardt 1814
71 Der Tag zu Clermont. 48 S. Greifswald: Mauritius 1814
72 Das tausendjährige Gedächtniß Karls des Großen. 102 S. Lpz: Weygand 1815
73 Salvatoris Matth. 13 verbi divini. ... 27 S. Greifswald: Eckhardt 1815
74 Geschichte seines funfzigsten Lebensjahres. 301 S. Lpz: Weygand 1816
75 Denkmal ... des ... Uferbethauses. 80 S. Stralsund: Kgl. Regierungsbuchh. 1817
76 Die Ströme. Stralsund 1817
77 Die Lieder Luthers ... 130 S. Greifswald 1818
78 Die Sprüche der Sträußer-Mädchen. Hs. 31 S. Greifswald (o. Verl.) 1818
79 Dichtungen. 12 Bde. Greifswald: Univ.-Buchh. 1824–1827
   (Verm. Neuaufl. v. Nr. 63)
80 Reden und kleine prosaische Schriften. Hg. Mohnike. 3 Bde. Stralsund: Struck 1831–1832

KOTZEBUE, August von
(+Friedrich Germanus) (1761–1819)

1 Er und Sie. Vier romantische Gedichte. 63 S. Eisenach: Wittekindt 1781
2 Erzählungen. 291 S., 1 Bl. Lpz: Dyck 1781
3 Bibliothek der Journale. 2 Bde. St. Petersburg: Breitkopf 1783
4 *Lesbare Sachen beym Verdauungsgeschäfte und am Putztische. 2 Bl., 414 S., 1 Ku. St. Petersburg; Lpz: Dyk 1783
5 Der Eremit auf Formentera. Ein Schauspiel mit Gesang in zwey Aufzügen. Reval, Lpz: Kummer 1784
6 Die Leiden der Ortenbergischen Familie. 2 Tle. St. Petersburg bzw. Lpz: Kummer 1785–1786
7 (Hg.) Für Geist und Herz. Eine Monatsschrift für die nordischen Gegenden. 4 Bde. Reval: Glehn (1-3) bzw. Lpz: Breitkopf (4) 1786–1787
8 Zaide, oder Die Entthronung Muhameds des Vierten. Historische Novelle. Lpz (: Kummer) 1786
9 Fliegend Blatt, als Beylage zu der Schrift: Sophisterei in Estland. o. O. 1787
10 Kleine gesammelte Schriften. 4 Bde. Reval, Lpz: Kummer 1787–1791
11 Die väterliche Erwartung. Schauspiel mit Gesang in einem Aufzug. Reval, Lpz 1788
12 Die Geschichte meines Vaters, oder Wie es zuging, daß ich gebohren wurde. Ein Roman in zwölf Kapiteln. 164 S. Reval, Lpz: Kummer 1788
13 Ildegerte, Königin von Norwegen. Historische Novelle. Reval, Lpz: Kummer 1788
14 Adelheid von Wulfingen. Ein Denkmal der Barbarey des dreizehnten Jahrhunderts. Trauerspiel in fünf Aufzügen. 175 S. Reval, Lpz: Kummer 1789
15 Menschenhaß und Reue. Ein Schauspiel in fünf Aufzügen. 86 S., 1 Titelku. Bln: Himburg 1789
16 *Doctor Bahrdt mit der eisernen Stirn, oder Die deutsche Union gegen

Zimmermann. Ein Schauspiel in vier Aufzügen von Freyherrn von Knigge. 1 Bl., 76 S., 2 Bl. Lpz: Barth 1790
17 Die Indianer in England. Lustspiel in drey Aufzügen. Zum erstenmale aufgeführt auf dem Liebhabertheater zu Reval, im Februar 1789. 136 S. Lpz: Kummer 1790
18 Die gefährliche Wette. Ein kleiner Roman, in zwölf Kapiteln. 124 S. Lpz: Kummer 1790
19 Ausbruch der Verzweiflung. 8 Bl. Lpz: Cleve (1791)
20 Meine Flucht nach Paris im Winter 1790. Für bekannte und unbekannte Freunde geschrieben. VIII, 310 S. Lpz: Kummer 1791
21 *Philosophisches Gemälde der Regierung Ludwigs XIV., oder Ludwig XIV. vor den Richterstuhl der Nachwelt gezogen. Nach dem Französischen. Straßburg: König 1791
22 Der weibliche Jacobiner-Clubb. Ein politisches Lustspiel in einem Aufzuge. 72 S. Lpz: Kummer 1791
23 Das Kind der Liebe, oder: Der Straßenräuber aus kindlicher Liebe. Schauspiel in fünf Akten. 198 S. Lpz: Kummer 1791
24 Bruder Moritz, der Sonderling, oder Die Colonie für die Pelew-Inseln. Lustspiel in drey Aufzügen. 128 S. Lpz (o. Verl.) 1791
25 (Hg.) J. K. A. Musäus: Nachgelassene Schriften. Hg. von seinem Zögling. IV, 235 S. m. Ku. Lpz: Kummer 1791
26 Die Sonnen-Jungfrau. Ein Schauspiel in fünf Akten. 144 S., 1 Taf. o. O. (= Theatralische Sammlung, Bd. 15) 1791
27 Vom Adel. Bruchstück eines größeren historisch-philosophischen Werkes über Ehre und Schande, Ruhm und Nachruhm, aller Völker, aller Jahrhunderte. 252 S., 2 Bl. m. Ku. Lpz: Kummer 1792
28 (Übs.) G. W. v. Derschawin: Felizens Bild. Aus dem Russischen. 4° Reval, Lpz: Dyck 1792
29 Die edle Lüge. Schauspiel in einem Aufzuge. 64 S. Lpz: Kummer 1792 (Forts. v. Nr. 15)
30 Der Papagoy. Ein Schauspiel in drey Akten. 128 S. Lpz: Kummer 1792
31 (Übs.) G. W. v. Derschawin: Gedichte. Aus dem Russischen. 103 S. m. Bildn. Lpz: Kummer 1793
32 Die jüngsten Kinder meiner Laune. 6 Bde. VIII, 1964 S. Lpz: Kummer 1793-1797
33 An das Publicum von August von Kotzebue. 8 Bl. o. O. (1793)
34 Sultan Wampum, oder Die Wünsche. Ein orientalisches Scherzspiel mit Gesang in drey Acten. 84 S. Lpz: Kummer 1794
35 Armuth und Edelsinn. Lustspiel in drey Aufzügen. 164 S. Lpz: Kummer 1795
36 Graf Benjowsky oder Die Verschwörung auf Kamtschatka. Ein Schauspiel in fünf Aufzügen. 188 S. Lpz: Kummer 1795
37 Der Mann von vierzig Jahren. Lustspiel in einem Aufzuge. Nach dem Französischen des Fayan. 58 S. Lpz: Kummer 1795
38 Unpartheiische Untersuchungen über die Folgen d. französischen Revolution auf das übrige Europa. Hbg: Vollmer 1795
39 Die Negersclaven. Historisch-dramatisches Gemälde in drey Acten. 3 Bl., 139 S. Lpz: Kummer 1796
40 Die Spanier in Peru oder Rolla's Tod. Romantisches Trauerspiel, in fünf Akten. VI, 131 S. Lpz: Kummer 1796 (Forts. v. Nr. 24)
41 Die Verläumder. Ein Schauspiel in fünf Akten. 4 Bl., 216 S. Lpz: Kummer 1796
42 Die Wittwe und das Reitpferd. Eine dramatische Kleinigkeit. 52 S. Lpz: Kummer 1796
43 Schauspiele. 5 Bde. m. Ku. Lpz: Kummer 1797
44 Das Dorf im Gebirge. Schauspiel mit Gesang in zwey Akten. 1 Bl., 84 S. Wien: Schaumburg (1798)
45 Der Graf von Burgund. Schauspiel in fünf Akten. 154 S. Wien: Doll (1798)
46 Der Opfertod. Schauspiel in drey Akten. 108 S. Lpz: Kummer 1798
47 La Peyrouse. Schauspiel in zwey Akten. 76 S. Lpz: Kummer 1798
48 Falsche Schaam. Schauspiel in vier Akten. 176 S. Lpz: Kummer 1798
49 Neue Schauspiele. 23 Bde. m. Ku. Lpz: Kummer 1798-1819

50 Die Unglücklichen. Lustspiel in einem Akte. 56 S. Wien: Wallishausser 1798
51 Die Versöhnung. Schauspiel in fünf Akten. 254 S. Lpz: Kummer 1798
52 Die Verwandtschaften. Schauspiel in fünf Akten. 111 S. Wien: Wallishausser 1798
53 Der Wildfang. Lustspiel in drey Akten. 140 S. Wien: Kurzbeck 1798
54 Die Corsen. Schauspiel in vier Akten. 148 S. Lpz: Kummer 1799
55 Der hyperboreeische Esel oder Die heutige Bildung. Ein drastisches Drama, und philosophisches Lustspiel für Jünglinge, in einem Akt. 58 S., 1 Bl. Lpz: Kummer 1799
56 Die silberne Hochzeit. Schauspiel in fünf Akten. 206 S. Lpz: Kummer 1799
57 Üble Laune. Lustspiel in vier Akten. 174 S. Lpz: Kummer 1799
58 Der alte Leibkutscher Peter des Dritten. Eine wahre Anekdote. Schauspiel in einem Akte. 35 S. o. O. 1799
59 Über meinen Aufenthalt in Wien und meine erbetene Dienst-Entlassung. Nebst Beylagen. 108 S. Lpz: Kummer 1799
60 (Bearb.) J. H. D. Zschokke: Das rächende Gewissen. Ein Trauerspiel in vier Aufzügen. 100 S. Wien: Wallishausser 1799
61 (Übs.) Bouilly: Der Taubstumme oder Der Abbé de l'Épee. Historisches Drama in fünf Akten. Aus dem Französischen. 156 S. Lpz: Kummer 1800
62 Der Gefangene. Lustspiel in einem Akt. 72 S. Lpz: Kummer 1800
63 Johanna von Montfaucon. Romantisches Gemälde aus dem vierzehnten Jahrhundert, in fünf Akten. 192 S. Lpz: Kummer 1800
64 (Vorw.) Louise, oder Die unseligen Folgen des Leichtsinns. Eine Geschichte einfach und wahr. 2 Bde. Lpz: Kummer 1800
65 Der Sammtrock. Lustspiel in Einem Akt mit Gesang. 28 S. Wien: Wallishausser 1800
66 Das Schreibepult , oder Die Gefahren der Jugend. Schauspiel in vier Akten. 216 S. Lpz: Kummer 1800
67 Bayard. Schauspiel in fünf Akten. 272 S. Lpz: Kummer 1801
68 Der Besuch, oder Die Sucht zu glänzen. Lustspiel in vier Akten. 196 S. Lpz: 1801
69 Das Epigramm. Lustspiel in vier Akten. 146 S. Wien: Wallishausser 1801
70 Die kluge Frau im Walde, oder: Der stumme Ritter. Ein Zauberspiel in fünf Akten. 128 S. Wien: Wallishausser 1801
71 Gustav Wasa. Ein Schauspiel in fünf Akten. 208 S. Lpz: Kummer 1801
72 Das merkwürdigste Jahr meines Lebens. 2 Bde. 410, 383 S. Bln: Sander 1801
73 Das neue Jahrhundert. Eine Posse in Einem Akt. 90 S. Lpz: Kummer 1801
74 Die beijden Klingsberg. Lustspiel in vier Akten. 190 S.Lpz: Kummer 1801
75 Lohn der Wahrheit. Ein Schauspiel in fünf Akten. 198 S.Lpz: Kummer 1801
76 Octavia. Trauerspiel in fünf Akten. 254 S. Lpz: Kummer 1801
77 Des Teufels Lustschloß. Eine natürliche Zauber-Oper in drey Akten. Lpz 1801
78 Vituvia. Trauerspiel. Lpz 1801
79 Die Zurückkunft des Vaters. Ein Vorspiel. 51 S. Lpz: Kummer 1801
80 Kurze und gelassene Antwort auf eine lange und heftige Schmähschrift des Herrn von Masson. 111 S. Bln: Sander 1802
81 Erste und letzte Beilage zu dem Buche: Das merkwürdigste Jahr meines Lebens, als erste und letzte Antwort für einen nichtswürdigen Pasquillanten, der eigentlich keine Antwort verdient. Bln 1802
82 Das Fest der Laune, gegeben zu Weimar ... Mit Prolog, Epilog und Dialog, auch einigen anderen Nebenfeierlichkeiten. 76 S. o. O. 1802
83 Der Spiegelritter. Eine Oper in drey Aufzügen. 72 S. Wien: Goldmann 1802
84 Almanach der Chroniken für das Jahr 1804. VI, 239 S., 15 Ku. 12° Lpz: Kummer 1803
85 Almanach Dramatischer Spiele zur geselligen Unterhaltung auf dem Lande. 18 Bde. m. Ku. 16° Bln: de la Garde (1803–1807); bzw. Lpz: Kummer (1808); bzw. Riga: Hartmann (1809–1812); bzw. Lpz: Hartmann (1813–1816); bzw. Lpz: Kummer (1817–1820) 1803–1820.
86 Cleopatra. Eine Tragödie. 49 S. Bln: La Garda 1803
   (Ausz. a. Nr. 85)
87 *Expektorationen. Ein Kunstwerk und zugleich ein Vorspiel zum Alarcos. 56 S. o. O. 1803
88 (Hg., später MH) Der Freimüthige, oder Berlinische Zeitung für gebildete

und unbefangene Leser. Hg. A. v. K. 1803. – Der Freimüthige, oder Ernst und Scherz. Ein Unterhaltungsblatt. Hg. A. v. K. u. G. Merkel. 1804–1807. 5 Jge. Bln: Sander 1803–1807

89 Unser Fritz. Ein Schauspiel in Einem Akt. 66 S. Wien: Wallishausser 1803 (Ausz. a. Nr. 85)
90 Hugo Grotius. Schauspiel in vier Akten. 182 S. Lpz: Kummer 1803
91 Der Hahnenschlag. Schauspiel in Einem Akt. 34 S. Wien: Wallishausser 1803 (Ausz. a. Nr. 85)
92 Die Hussiten vor Naumburg im Jahr 1432. Ein vaterländisches Schauspiel mit Chören in fünf Akten. 138 S. Lpz: Kummer 1803
93 Das merkwürdigste Jahr meines Lebens. XVI, 416 S. m. Ku. Bln: Sander 1803
    (Verb. Neuaufl. v. Nr. 72)
94 Die deutschen Kleinstädter. Lustspiel in vier Akten. 174 S. Lpz: Kummer 1803
95 Die französischen Kleinstädter. Lustspiel in vier Akten nach Picard. 59 S. Lpz (o. Verl.) 1803
96 Die Kreuzfahrer. Schauspiel in fünf Akten. 158 S. Lpz: Kummer 1803
97 Don Ranudo de Colibrados. Lustspiel in vier Akten nach Holberg. 142 S. Lpz: Kummer 1803
98 Der Schauspieler wider Willen. Lustspiel in einem Akt nach dem Französischen. 50 S. Lpz: Kummer 1803
99 Der Wirrwarr, oder Der Muthwillige. Posse in vier Akten. 176 S. Lpz: Kummer 1803
100 Die schlaue Wittwe, oder Die Temperamente. Posse in Einem Akt. 48 S. Bln: La Garda 1803
    (Ausz. a. Nr. 85)
101 Ariadne auf Naxos. Ein tragikomisches Triodrama. 23 S. Wien: 1804
    (Ausz. a. Nr. 85)
102 (Übs.) Eduard in Schottland oder Die Nacht eines Flüchtlings. Historisches Drama in drey Akten von Duval ... 72 S. Wien: Wallishausser 1804
103 Erinnerungen aus Paris im Jahre 1804. IV, 590 S. m. Titelku. Bln: Fröhlich 1804
104 Der todte Neffe. Lustspiel in einem Akt. 46 S. Lpz: Kummer 1804
105 Pagenstreiche. Posse in fünf Aufzügen. 206 S. Lpz: Kummer 1804
106 Rübezahl. Ein Schauspiel in einem Akt. 33 S. Wien: Wallishausser 1804
    (Ausz. a. Nr. 85)
107 Die Tochter Pharaonis. Ein Lustspiel in Einem Akt. 46 S. Wien: Wallishausser 1804
    (Ausz. a. Nr. 85)
108 Die Uhr und die Mandeltorte. 13 S. Wien: Wallishausser 1804
    (Ausz. a. Nr. 85)
109 Der Vater von ungefähr. Lustspiel in einem Akt. 42 S. Wien: Wallishausser 1804
110 (Vorw.) I. B. Louret de Couvray: Die Abentheuer des jungen Faublas. Aus dem Französischen v. P. C. Weyland. 2 Bde. Lpz, Gotha: Hennings (1) bzw. Hbg: Herold (2) 1805–1810
111 (Übs.) Bouilly: Fanchon, das Leyermädchen. Vaudeville in drei Akten. Aus dem Französischen. 157 S. Lpz: Kummer 1805
112 Erinnerungen von einer Reise aus Liefland nach Rom und Neapel. 3 Bde. Bln: Fröhlich 1805
113 Mädchenfreundschaft, oder Der türkische Gesandte. Ein Lustspiel in Einem Akt. 28 S. Wien: Wallishausser 1805
    (Ausz. a. Nr. 85)
114 Heinrich Reuss von Plauen oder Die Belagerung von Marienburg. Trauerspiel in fünf Akten. 206 S. Lpz: Kummer 1805
115 Kleine Romane, Erzählungen, Anekdoten und Miscellen. 6 Bde. Lpz: Kummer 1805–1809
116 (Übs.) Molière: Die Schule der Frauen. Lustspiel in fünf Akten. 158 S. Lpz: Kummer 1805
117 Die Stricknadeln. Schauspiel in vier Akten. 126 S. Lpz: Kummer 1805
118 ★Bonaparte, der du bist im Himmel, geheiligt werde dein Nahme! 96 S. Rom: Päpstl. Buchdr. 1806

119 Carolus Magnus. Lustspiel in drey Akten. 162 S. Lpz: Kummer 1806
 (Forts. v. Nr. 94)
120 Das verlorne Kind. Ein Schauspiel in Einem Akt. 22 S. Wien: Wallishausser 1806
 (Ausz. a. Nr. 85)
121 Blinde Liebe. Lustspiel, in drey Akten. 142 S. Lpz: Kummer 1806
122 Die gefährliche Nachbarschaft. Ein Lustspiel in Einem Akt. 38 S. Wien: Wallishausser 1806
 (Ausz. a. Nr. 85)
123 Die Organe des Gehirns. Lustspiel in drey Akten. 142 S. Lpz: Kummer 1806
124 Das Schmuckkästchen, oder Der Weg zum Herzen. Schauspiel in vier Aufzügen. 84 S. Wien: Wallishausser 1806
125 (Vorw.) Statuten des deutschen Ordens. Nach dem Originalexemplar. Mit erl. Anm., ... hg. E. Hennig. 316 S. Königsberg: Nicolovius 1806
126 (Hg.) Taschenbuch auf das Jahr 1807. 12° Tüb, Stg: Cotta 1806
127 (Hg.) Die Biene. Eine Quartalschrift. 2 Jge, 4, 4 Bde. Königsberg: Nicolovius 1808–1810
128 Der Deserteur. Eine Posse in einem Akt. 41 S. Wien 1808
 (Ausz. a. Nr. 85)
129 Die Erbschaft. Schauspiel in einem Akt. 37 S. Wien 1808
 (Ausz. a. Nr. 85)
130 Das Gespenst. Romantisches Schauspiel in vier Akten. 140 S. Lpz: Kummer 1808
131 Der Leineweber. Schauspiel in einem Akt. 32 S. Wien: Wallishausser 1808
 (Ausz. a. Nr. 85)
132 Leontine. Ein Roman. 2 Bde. 328, 440 S. 2 Ku. Riga, Lpz: Hartmann 1808
133 Das Posthaus in Treuenbrietzen. Lustspiel in einem Akt. 42 S. Wien: 1808
 (Ausz. a. Nr. 85)
134 Preußens ältere Geschichte. 4 Bde. Riga: Hartmann 1808
135 Das Strandrecht. Schauspiel in einem Akt. 38 S. Wien: Wallishausser 1808
 (Ausz. a. Nr. 85)
136 Der Stumme. Lustspiel in einem Akt. 28 S. Wien: Wallishausser 1808
 (Ausz. a. Nr. 85)
137 Ubaldo. Trauerspiel in fünf Akten. 197 S. Lpz: Kummer 1808
138 Die Unvermählte. Drama in vier Aufzügen. 84 S. Wien: Wallishausser 1808
139 Der blinde Gärtner, oder Die blühende Aloe. Liederspiel. 68 S. Lpz: Kummer 1809
140 Der Gallatag in Krähwinkel. Lustspiel in drey Akten. 106 S. Wien: Wallishausser 1809
 (Neuaufl. v. Nr. 119)
141 (Hg.) Geist aller Journale. 6 Hefte. 4° Riga: Hartmann 1809
142 Das Intermezzo, oder Der Landjunker zum erstenmale in der Residenz. Lustspiel in fünf Akten. 192 S. Lpz: Kummer 1809
143 Philibert oder Die Verhältnisse. Roman. 426 S. Königsberg: Nicolovius 1809
144 Die Seeschlacht und die Meerkatze. Posse in einem Akt. 40 S. o.O. 1809
 (Ausz. a. Nr. 85)
145 Der verbannte Amor, oder Die argwöhnischen Eheleute. Lustspiel in vier Akten. 224 S. Lpz: Kummer 1809
146 Clios Blumenkörbchen. 3 Bde. m. Ku. Darmstadt: Leske 1810 (–1812)
147 Herr Gottlieb Merks, der Egoist und Criticus. Eine Burleske in zwey Aufzügen. 56 S. o.O. 1810
148 Das arabische Pulver. Posse in zwei Akten nach Holberg. 86 S. Lpz: Kummer 1810
149 Kleine gesammelte Schriften. 4 Bde. Lpz: Kummer 1810
150 Sorgen ohne Noth und Noth ohne Sorgen. Lustspiel in fünf Akten. 224 S. Lpz: Kummer 1810
151 Theater. 56 Bde. 12° Wien: Doll 1810–1820
152 Die kleine Zigeunerin. Schauspiel in vier Akten. 240 S. Lpz: Kummer 1810
153 Die Belagerung von Saragossa, oder Pachter Feldkümmels Hochzeitstag. Lustspiel in vier Akten. 174 S. Lpz: Kummer 1811
154 (Übs.) J. N. Bouilly: Geschichten für meine Töchter. 2 Bde. VIII, 248; IV, 235 S. Lpz: Hartmann 1811

155 Die neue Frauenschule. Lustspiel frei nach dem Französischen. S. 210–270 (Lpz, Augsburg: Stage) 1811
156 (Hg.) Die Grille. 3 Bde. Königsberg: Nicolovius 1811–1812 (Forts. v. Nr. 127)
157 Max Helfenstein. Lustspiel in zwei Akten. 78 S. Lpz: Kummer 1811
158 Pachter Feldkümmel von Tippelskirchen. Ein Fastnachtsspiel in fünf Akten. 158 S. Lpz: Kummer 1811
159 Die barmherzigen Brüder. Nach einer wahren, in der National-Zeitung vom Jahre 1802 aufbehaltenen Anekdote. 15 S. Wien 1812
 (Ausz. a. Nr. 85)
160 Der Flußgott Niemen und Noch Jemand. Ein Freudenspiel in Knittelversen. 16 S. o. O. 1812
161 Geschichte Kaiser Ludwigs IV. VIII, 256 S. Riga: Hartmann 1812
162 Geschichten für meine Söhne. Tüb: Cotta 1812
163 Die Ruinen von Athen. Ein Nachspiel mit Chören und Gesängen. Zur Eröffnung des neuen Theaters in Pesth. Musik L. van Beethoven. 20 S. Pesth (o. Verl.) 1812
164 Ungerns erster Wohlthäter. Ein Vorspiel mit Chören. Zur Eröffnung des neuen Theaters in Pesth verfaßt. Musik L. van Beethoven. 15 S. Pesth (o. Verl.) 1812
165 Der Brief aus Cadix. Ein Drama in drei Akten. 104 S. Lpz: Kummer 1813
166 Bela's Flucht. Ein Schauspiel in zwei Akten. 68 S. Lpz: Kummer 1813
167 Die deutsche Hausfrau. Ein Schauspiel in drei Akten. 128 S. Lpz: Kummer 1813
168 Große Hofversammlung in Paris. – +Der Abschied aus Cassel. Ein rührendes Singspiel v. F. Germanns. Steckbrief der Cassler Bürgerschaft hinter Hieronymus Napoleon nebst Signalement. 15 S. o. O. (1813)
169 Possen bey Gelegenheit des Rückzuges der Franzosen. Seitenstück zum Flußgott Niemen und Noch Jemand. 16 S. o. O. 1813
 (zu Nr. 160)
170 Ungerns erster Wohlthäter. Ein Vorspiel mit Chören. Und: Die Ruinen von Athen. Ein Nachspiel mit Chören und Gesängen. 15 S. Pesth (o. Verl.) 1813
 (Enth. Nr. 163 u. 164)
171 (Hg.) Das russisch-deutsche Volksblatt. Nr. 1–39. Erg.-Bl. 1–10. Bln: Expedition d. R.D.V. 1813
172 (Übs.) Bericht an S. M. den König von Schweden. Aus dem Französischen. 1 Bl., 37 S. 4° Königsberg: Michelsen 1814
173 An die Deutschen und an die deutschen Blätter. Lpz: Rein 1814
174 Politische Flugblätter. 2 Bde. 316; IV, 348 S. Königsberg: Nicolovius 1814–1816
175 Geschichte des deutschen Reichs, von dessen Ursprunge bis zu dessen Untergange. 4 Bde. Lpz: Kummer 1814–1832
176 Napoleon's Reise-Abentheuer. 36 S. Lpz (o. Verl.) 1814
177 Noch Jemand's Reise-Abentheuer. Eine heroische Tragi-Comödie. Das Seitenstück zum Flußgott Niemen und Noch Jemand. 2 Bl., 36 S. Königsberg: Nicolovius 1814
 (zu Nr. 160)
178 Der Schutzgeist. Eine dramatische Legende in sechs Akten nebst einem Vorspiele. 275 S. Lpz: Kummer 1814
179 (Bearb.) Cumberland: Der Westindier. Lustspiel in fünf Akten. Aufs neue für die deutsche Bühne bearb. 191 S. Lpz: Kummer 1815
180 Epilog ... am Tage ... von la belle Alliance. 8 S. (Königsberg: o. Verl.) 1815
181 Opern-Almanach für das Jahr 1815 (1817). 2 Bde. 238; VI, 250 S. m. Ku. Lpz: Kummer 1815–(1817)
182 Der Rehbock oder Die schuldlosen Schuldbewußten. Lustspiel in drei Akten. 149 S. Lpz: Kummer 1815
 (Ausz. a. Nr. 85)
183 Der Shawl. Lustspiel in Einem Akt. 32 S. Wien: Wallishausser 1815
 (Ausz. a. Nr. 85)
184 (Übs.) Kurze Übersicht der Manufakturen und Fabriken in Rußland. A. d. Russ. 24 S., 1 Bl. Königsberg: Nicolovius 1815
185 (Übs.) Generalin Bertrand: Briefe ... von der Insel St. Helena, geschrieben

an eine Freundin in Frankreich. A. d. Franz. 1 Bl., 186 S. Königsberg: Universitätsbuchh. 1816
186 Chroniken. Eine Auswahl historischer und romantischer Darstellungen aus der Vorzeit. 216 S. Lpz (o. Verl.) 1816
187 (Hg.) M. v. Kotzebue: Der russische Kriegsgefangene unter den Franzosen. IV, 299 S. Lpz: Kummer 1816
188 Des Hasses und der Liebe Rache. Schauspiel aus dem spanischen Kriege in fünf Akten. 188 S. Lpz: Kummer (1816)
189 Rudolph von Habsburg und König Ottokar von Böhmen. Historisches Schauspiel in sechs Akten. 192 S. Lpz: Kummer (1816)
190 Der Capitain Belronde. Lustspiel in drei Acten nach Picard für die deutsche Bühne bearb. 132 S. Lpz: Kummer 1817
191 Gottes-Gericht. Eine Neujahrsausgabe für erwachsene Jünglinge und Mädchen. 12⁰ Ffm: Körner 1817
192 Pudenda oder Archiv der Thorheiten unserer Zeit. VIII, 100 S. Lpz: Barter 1817
    (Ausz. a. Nr. 85)
193 (Hg.) (Kapitän Rikord:) Erzählung des Kapitän Rikord von seiner Fahrt nach den japanischen Küsten in den Jahren 1812 u. 1813 ... St. Petersburg, Lpz: Kummer 1817
194 (Bearb.) J. K. A. Musäus: Der Rothmantel. Ein Volksmärchen für die Bühne bearb., in vier Akten. 165 S. Lpz: Kummer 1817
195 (Übs.) A. v. Stourdza: Betrachtungen über die Lehre und den Geist der Orthodoxen Kirche. VIII, 207 S. A. d. Franz. Lpz: Kummer 1817
196 Der Vielwisser. Lustspiel in fünf Akten. 187 S. Lpz: Kummer 1817
197 Gedichte. 2 Bde. 207, 177 S. Wien: Wallishausser 1818
198 Gisela. Schauspiel in vier Akten. 192 S. Lpz: Kummer 1818
199 Der deutsche Mann und die vornehmen Leute. Sittengemälde in vier Akten. 176 S. Lpz: Kummer 1818
200 Das Taschenbuch. Drama in drei Akten. 104 S. Lpz: Kummer 1818
201 (Hg.) Literarisches Wochenblatt. 3 Bde. 4⁰ Weimar: Hoffmann 1818–1819
202 Menschenhaß und Reue. Ein Schauspiel in fünf Aufzügen. 166 S. Lpz: Kummer 1819
203 Magnetisiertes Scheidewasser. VIII, 100 S. Weimar: Hoffmann 1819
    (Ausz. a. Nr. 192)
204 Switrigail, ein Beytrag zu den Geschichten von Litthauen, Rußland, Polen und Preußen. VI, 170 S. Lpz: Kummer 1820
205 Aus August von Kotzebues hintergelassenen Papieren. Hg. L. J. v. Knorring. IV, 371 S. Lpz: Kummer 1821
206 Sämmtliche dramatische Werke. 44 Bde. 16⁰ Lpz: Kummer 1827–1829
207 Theater. Mit biographischen Nachrichten. Rechtmäßige Original-Aufl. 40 Bde. 16⁰ Wien: Klang u. Lpz: Kummer 1840–1841

Kraft, Werner (*1896)

1 (Hg., Nachw.) H. Heine: Gedicht und Gedanke. 84 S. Bln: Schocken (= Bücherei des Schocken Verl.) 1936
2 Worte aus der Leere. Ausgewählte Gedichte. 24 S. Jerusalem: Rothschild 1937
3 Gedichte II. 42 S. Jerusalem: Selbstverl. 1938
4 Gedichte III. 52 S. Jerusalem: Palestine Literary Guild 1946
5 (Hg.) Else Lasker-Schüler. Eine Einführung in ihr Werk und eine Auswahl. 106 S., 2 Taf. Wiesbaden: Steiner (= Akad. d. Wiss. u. d. Literatur. Schriftenreihe d. Kl. d. Literatur. Verschollene und Vergessene) 1951
6 (Hg.) Karl Kraus. Eine Einführung in sein Werk und eine Auswahl. 135 S., 3 Taf. Wiesbaden: Steiner (= Akad. d. Wiss. u. d. Literatur. Schriftenreihe d. Kl. d. Literatur. Verschollene und Vergessene) 1952
7 (Hg.) Wiederfinden. Deutsche Poesie und Prosa. Eine Auswahl. 133 S. Heidelberg: Schneider (= Veröffentlichungen d. Dt. Akad. f. Sprache u. Dichtung, Darmstadt, 4) 1954

8 Figur der Hoffnung. Ausgewählte Gedichte. 1925–1953. 127 S. Heidelberg: Schneider 1955
9 Karl Kraus. Beiträge zum Verständnis seines Werkes. 366 S., 3 Taf., 1 Bl. Faks. Salzburg: Müller 1956
10 (Nachw.) L. Strauß: Fahrt und Erfahrung. Geschichten und Aufzeichnungen. 119 S. m. Abb. Heidelberg, Darmstadt: Schneider (= Veröffentlichungen d. Dt. Akademie f. Sprache u. Dichtung, Darmstadt. 18) 1959
11 Wort und Gedanke. Kritische Betrachtungen zur Poesie. 337 S. Bern, Mchn: Francke 1959
12 Der Wirrwarr. Ein Roman. 195 S. Ffm: Fischer 1960

KRALIK, Ritter von Meyrswalden, Richard (+Roman) (1852–1934)

1 Offenbarung. Epistel. 31 S. Wien: Konegen 1883
2 Die Türken vor Wien. Ein Festspiel. 167 S. Wien: Konegen 1883
3 Adam. Ein Mysterium. 59 S. 12⁰ Wien: Konegen 1884
4 Roman. Gedichte. 108 S. Wien: Konegen 1884
5 Büchlein der Unweisheit. Gedichte. 98 S. Wien: Konegen 1885
6 Maximilian. Ein Schauspiel. 171 S. Wien: Konegen 1885
7 (MH) Deutsche Puppenspiele. Hg. R. K. u. J. Winter. 321 S. Wien: Konegen 1885
8 Das Ostaralied. Ein Wintermärchen. 20 S. Wien: Konegen 1886
9 Kunstbüchlein gerechten gründlichen Gebrauchs aller Freunde der Dichtkunst. 146 S. Wien: Konegen 1891
10 (Bearb.) J. Enikel: Fürstenbuch aus Österreich und Steiermark, erneuert. 2 Tle. 114 S. Wien: Daberkow (= Deutsch-österreichische Nationalbibliothek 121–124) 1893
11 Kraka. Lustspiel. 72 S. 12⁰ Lpz: Lit. Anst. A. Schulze (= Schriften der Iduna) 1893
12 Das Mysterium von der Geburt des Heilands. Weihnachtsspiel nach volkstümlichen Überlieferungen. 2 Tle. 189, 44 S. 12⁰ Wien: Konegen 1894
13 Weltweisheit. Versuch eines Systems der Philosophie in drei Büchern. 3 Bde. 12⁰ Wien: Konegen 1894–1896
 1. Weltwissenschaft. 175 S. 1896
 2. Weltgerechtigkeit. 198 S. 1895
 3. Weltschönheit. 223 S. 1894
14 Das Mysterium vom Leben und Leiden des Heilands. Osterfestspiel in drei Tagewerken nach volkstümlichen Überlieferungen. 3 Tle. 12⁰ Wien: Konegen 1895
 1. Die frohe Botschaft. 219, 48 S.
 2. Die Passion. 200, 40 S.
 3. Die Auferstehung. 141, 31 S.
15 (Bearb.) Das Volksschauspiel vom Doctor Faust, erneuert. 115 S. 12⁰ Wien: Konegen 1895
16 Das Wesen und die weltgeschichtliche Bedeutung des Germanenthums. 32 S. Wien: Opitz (= Stimmen aus Österreich 3) 1895
17 Prinz Eugenius, der edle Ritter. Heldengedicht, alten Volksliedern nachgesungen. 327 S. 12⁰ Wien: Konegen 1896
18 (Bearb.) P. Calderón de la Barca: Der Ruhm Österreichs. Weihfestspiel nach dem Spanischen. 50 S. 12⁰ Wien: Braumüller (= Allgemeine Bücherei 13) 1898
19 Die Erwartung des Weltgerichts. Weihfestspiel. 36 S. Wien, Ravensburg: Alber 1898
20 Kaiser Marcus Aurelius in Wien. Weihfestspiel mit Chören. 44 S. 12⁰ Wien: Braumüller (= Allgemeine Bücherei 7) 1898
21 (MB) F. Lemmermayer u. R. K.: Ein Hans Sachs-Abend. Für das Wiener Burgtheater bearb. 58 S. 12⁰ Wien: Braumüller (= Allgemeine Bücherei 9) 1898

22 Rolands Knappen. Märchenspiel. 45 S. 12⁰ Wien: Braumüller (= Allgemeine Bücherei 15) 1898
23 Rolands Tod. Heldenspiel. 50 S. 12⁰ Wien: Braumüller (= Allgemeine Bücherei 14) 1898
24 (MV) (Bericht über die gymnasiale Mädchenschule. –) Roswitha von Gandersheim. Vortrag. (– Vorkämpferinnen des Frauenstudiums in Österreich-Ungarn, Forts.) 54 S., 2 Abb. Wien: Bermann (= Jahresberichte des Vereins für erweiterte Frauenbildung in Wien 9, Beil. 5) 1898
25 Veronika. Geistliches Festspiel. 31 S. 12⁰ Wien: Braumüller (= Allgemeine Bücherei 24) 1899
26 Die soziale Bedeutung der christlichen Kunst. 13 S. Mchn: Abt 1899
27 Sokrates. Nach den Überlieferungen seiner Schule dargestellt. XXIV, 617 S. 12⁰ Wien: Konegen 1899
28 Das deutsche Götter- und Heldenbuch. 6 Bde. Stg: Roth (Bd. 1) bzw. Mchn: Allg. Verl.-Ges. (Bd. 2–6) 1900–1903
29 Kulturstudien. 372 S. 12⁰ Münster: Alphonsus-Bh. 1900
30 Altgriechische Musik. Theorie, Geschichte und sämmtliche Denkmäler. 52 S. Stg: Roth 1900
31 Die Schatzung in Bethlehem. Der zwölfjährige Jesus. Der Tod des heiligen Joseph. Drei geistliche Festspiele für die Eibesthaler Volksbühne. 36, 96 S. 16⁰ Wien, Ravensburg: Alber 1900
32 Die wunderbaren Abenteuer des Ritters Hugo von Burdigal, Herzogs von Aquitanien und der schönen Klarmunde, sowie des Elfenkönigs Oberon. Nach dem alten Sang und dessen Erneuerung durch G. Paris dem deutschen Volke wiedererzählt. 148 S., 11 Taf. 4⁰ Mchn: Allg. Verl.-Ges. 1901
33 Weihelieder und Festgedichte. 158 S. 12⁰ Münster: Alphonsus-Bh. 1901
34 Neue Kulturstudien. 372 S. 12⁰ Münster: Alphonsus-Bh. 1902 (Forts. v. Nr. 29)
35 Goldene Legende der Heiligen von Joachim und Anna bis auf Constantin den Großen. 280 S. m. Abb. 4⁰ Mchn: Allg. Verl.-Ges. 1902
36 Angelus Silesius und die christliche Mystik. 32 S. Hamm: Breer (= Frankfurter zeitgemäße Broschüren, N. F. 21, H. 11) 1902
37 Unsere deutschen Klassiker und der Katholizismus. 39 S. Hamm: Breer (= Frankfurter zeitgemäße Broschüren, N. F. 22, H. 7) 1903
38 Die Weltgeschichte nach Menschenaltern. Universalhistorische Übersicht. 37 S. Wien: Konegen 1903
39 Der Dichtertrank. Götterkomödie mit Chören. 48 S. Wien: Fromme 1904
40 Die ästhetischen und historischen Grundlagen der modernen Kunst. Drei Vorträge. 107 S. 4⁰ Wien: Schroll 1904
41 Jesu Leben und Werk. 481 S. Kempten: Kösel 1904
42 Kulturarbeiten. Der Kulturstudien dritte Sammlung. 428 S. Münster: Alphonsus-Bh. 1904 (Forts. v. Nr. 34)
43 Der heilige Leopold, Markgraf von Österreich. 125 S., 6 Taf. Kempten: Kösel (= Sammlung illustrierter Heiligenleben 3) 1904
44 Medelika. Festspiel mit Musik zur Feier des tausendjährigen Jubiläums der Stadt Mödling ... 20 S. Wien, Mödling: Thomas 1904
45 Die Ähren der Ruth. Ein geistliches Festspiel mit Chören nach Calderón. 66 S. Münster: Alphonsus-Bh. 1905
46 Das neunzehnte Jahrhundert als Vorbereitung und Erneuerung einer religiösen und nationalen Kultur. 35 S. Hamm: Breer (= Frankfurter zeitgemäße Broschüren, N. F. 24, H. 10) 1905
47 Das Veilchenfest zu Wien. Maifestspiel mit Chören. 40 S. Wien: Fromme 1905
48 Das Donaugold des heiligen Severin. Weihefestspiel mit Chören. 80 S. Steyl: Missionsdr. 1906
49 Die Geheimnisse der Messe. Geistliches Festspiel nach Calderón. 61 S. Ravensburg: Alber 1906
50 Philosophie und Leben. 28 S. Hamm: Breer (= Frankfurter zeitgemäße Broschüren, N. F. 26, H. 1) 1906
51 Gibt es ein Jenseits? 96 S. Kevelaer: Butzon (= Glaube und Wissen 11) 1907
52 Die Gralsage, ges., erneuert und erläutert. 348 S. **Ravensburg**: Alber 1907
53 (MH) Hausbrot. Märchen und Sagen, ... Lieder, Sprüche, Sitten und Ge-

bräuche, vom Volk ersonnen. Gesammelt und dem Volke unverfälscht zurückgegeben von Onkel Ludwig in Verbindung mit R. v. K. 12 Bde. Donauwörth: Auer 1907-1908

54 Kulturfragen. Der Kulturstudien vierte Sammlung. Münster, Ravensburg: Alber 1907
(Forts. v. Nr. 42)
55 Das katholische Kulturprogramm. 31 S. Hamm: Breer (= Frankfurter zeitgemäße Broschüren, N. F. 28, H. 2) 1908
56 Die Revolution. Sieben Historien. 569 S. Ravensburg: Alber 1908
57 Zur nordgermanischen Sagengeschichte. 121 S. Wien: Ludwig (= Quellen und Forschungen zur deutschen Volkskunde 4) 1908
58 Eine neue Weltperiode. Zeitgeschichtliche Betrachtungen. 23 S. Hamm: Breer (= Frankfurter zeitgemäße Broschüren, N. F. 27, H. 5) 1908
59 Heimaterzählungen. 2 Bde. VIII, 685; 695 S. Ravensburg: Alber 1909-1910 (Bd. II, 2 u. II, 3 v. Nr. 63)
60 (Übs.) J. Jörgensen: Die lieblichste Rose. A. d. Dän. 158 S. Ravensburg: Alber 1909
61 Katholizismus und Nationalität. 32 S. 16° Klagenfurt: Bh. d. St. Josef-Ver. (= Volksaufklärung 121) 1909
62 Die katholische Literaturbewegung der Gegenwart. 140 S. Regensburg: Habbel 1909
63 Gesammelte Werke. 2 Reihen, 5 Bde. Ravensburg: Alber 1909-1910
64 Homeros. Beitrag zur Geschichte und Theorie des Epos. XII, 397 S. Ravensburg: Alber (= Gralbücherei 22; = Ges. Werke, I, 1) 1910 (Bd. I, 1 v. Nr. 63)
65 Ein Jahr katholischer Literatur-Bewegung. Denkschrift. VIII, 240 S. Regensburg: Habbel 1910
66 Der heilige Parnaß. Geistliches Festspiel nach Calderón. 56 S., 1 Musikbeil. Ravensburg: Alber 1910
67 Der heilige Gral. Dramatische Dichtung. 47 S. Trier: Petrus-V. 1912
68 (MV) R. K. u. H. Schlitter: Wien. Geschichte der Kaiserstadt und ihrer Kultur. XVIII, 751 S. m. Abb. Wien: Holzhausen 1912
69 Die Befreiungskriege 1813. Festschrift zur Jahrhundertfeier. 128 S. m. Abb., 1 Kt. Wien: Gerlach & Wiedling 1913
70 Österreichische Geschichte. XIII, 629 S., 24 Abb. Wien: Holzhausen 1913
71 Der letzte Ritter. Bilder aus der Jugend Kaiser Maximilians I. Brixen: Tyrolia (= Bücherei die österreichischen Volksschriftenvereins 7) 1913
72 Johannes Scheffler (Angelus Silesius) als katholischer Apologet und Polemiker. 83 S. Trier: Petrus-V. 1913
73 Die Entscheidung im Weltkrieg. Drei Reden. 39 S. Wien: Holzhausen 1914
74 (MV) R. K. u. F. Eichert: Schwarzgelb und Schwarzweißrot. Kriegsgedichte. 2 Bde. VIII, 71; 70 S. Wien: Kirsch 1914-1916
75 Allgemeine Geschichte der neuesten Zeit. 6 Bde. Graz: Styria (= J. B. v. Weiß: Weltgeschichte, fortges. v. R. K., Bd. 23-28) 1915-1923
76 Geschichte des Weltkriegs. 1. Halbbd.: Das Jahr 1914. VIII, 362 S., 40 Abb., 2 Kt. Wien: Holzhausen (= Österreichs Ehrenbuch) 1915
77 Vom Weltkrieg zum Weltbund. Abhandlungen, Aufsätze, Gedanken und Stimmungen. 451 S. Innsbruck: Tyrolia 1916
78 Das Buch von unserm Kaiser Karl. Den österreichischen Völkern ans Herz gelegt. Hg. v. d. Monatschr. „Das neue Österreich". 177 S. Wien: Braumüller 1917
79 Dante und der Weltkrieg. 15 S. M.-Gladbach, Bln: Sekretariat sozialer Studentenarbeit (= Der Weltkrieg 81) (1917)
80 Entdeckungsgeschichte des österreichischen Staatsgedankens. 48 S. Innsbruck: Tyrolia 1917
81 Ist Italien ein Staat? 16 S. M.-Gladbach, Bln: Sekretariat sozialer Studentenarbeit (= Der Weltkrieg 76) (1917)
82 Die österreichische Kaiserkrone und Hauskrone. 67 S. m. Abb. Innsbruck: Tyrolia 1917
83 Das unbekannte Österreich. Eine Entdeckungsfahrt. IV, 88 S. Wien: Urania (= Urania-Bücherei 8) 1917
84 Ungarn. 20 S. M.-Gladbach, Bln: Sekretariat sozialer Studentenarbeit (= Der Weltkrieg 83) (1917)

85 Österreichs Wiedergeburt. 107 S. Ravensburg: Kösel & Pustet (= Bücher der Stunde 5) 1917
86 Die neue Staatenordnung in organischem Aufbau. 408 S. Innsbruck: Tyrolia 1918
87 Historische Studien zur älteren und neuesten Zeit. 501 S. Innsbruck: Tyrolia 1918
88 Die Weltliteratur im Lichte der Weltkirche. 332 S, Innsbruck: Tyrolia 1918
89 Die selige Anna Maria Taigi. Lebensskizze. 15 S., 1 Taf. Wien: Trinitarierkonvent 1919
90 Grundriß und Kern der Weltgeschichte. 447 S. Graz: Styria 1920
91 Das Leben der seligen Anna Maria Taigi, Terziarin des Ordens der allerheiligsten Dreifaltigkeit. 62 S., 1 Titelb. Wien: Trinitarierkonvent 1920
92 Weltanschauung. 46 S. Wien: Vogelsang-V. 1921
93 (Hg.) Abraham a Sancta Clara und seine Zeitgenossen. Ausw. m. Einl. 88 S. Wien: Österr. Bundesverl. (= Deutsche Hausbücherei 14) 1922
94 Grundriß und Kern der Weltgeschichte. II, 390 S. Graz: Styria 1922 (Verb. Neuaufl. v. Nr. 90)
95 (Bearb.) Julianus, der Kaiser im Bade. Ernsthafte Komödie. Neu bearb. 20 S. Wien: Vogelsang-V. (= Volkstümliche Kulturbühne, H. 2) 1922
96 (Bearb.) Das Mahl des Belsazar. Geistliches Festspiel in einem Aufzug nach P. Calderón de la Barca. Neu bearb. 18 S. Wien: Vogelsang-V. (= Volkstümliche Kulturbühne, H. 1) 1922
97 Heiliges Österreich. Geschichte, Überlieferung, Legende und Sage. Hg. Bundesvereinigung der freien christlichen Jugend Österreichs. 48 S. Wien: Vogelsang-V. 1922
98 Tage und Werke. Lebenserinnerungen. 198 S. Wien: Vogelsang-V. 1922
99 (Bearb.) Die Andacht zur heiligen Messe. Geistliches Festspiel in einem Aufzug nach P. Calderón de la Barca. Neu bearb. 19 S. Wien: Vogelsang-V. (= Volkstümliche Kulturbühne, H. 3) 1923
100 Genußsucht und Enthaltsamkeit bei den geschichtlichen Völkern. Vortrag. 14 S. Wien: Vogelsang-V. (= Katholische Lebenserneuerung, H. 1) 1923
101 Geschichte des Völkerkrieges (1914–1919). XI, 775 S. Graz: Styria 1923 (Titeldr. d. 6. Bds. v. Nr. 75)
102 Heinrich von Ofterdingens poetische Sendung. Ein romantischer Roman. 186 S. Wien: Vogelsang-V. 1923
103 Das Laienapostolat der Männer. 30 S. 16⁰ Wien: Wiener Laienapostolat 1923
104 Karl Lueger und der christliche Sozialismus. 1. Vom Beginn bis 1900. 280 S. Wien: Hilfsbund für Heimat und Volk 1923
105 Die Weltliteratur der Gegenwart. VI, 567 S. Graz: Styria 1923
106 Geschichte des Sozialismus der neuesten Zeit. Von Babeuf bis zu den Bolschewiken. IV, 448 S. Graz: Styria 1925 (Ausz. a. Nr. 75)
107 Neue Puppen- und Volksspiele. Bd. 1, H. 1–8 (je m. Anh.) Wien: Österr. Bundes-V. (= Deutsche Hausbücherei 168–175) 1925(–1926)
   1. Von Babels Turm zum deutschen Heim. 47, 11 S.
   2. Die Argonauten an der Donau. Ein Heimatspiel. 47, 12 S.
   3. Die Gründung Wiens. Ein Heimatspiel. 47, 11 S.
   4. Klingklanggloria oder Tanton und Maleie oder Die deutschen Amazonen. Ein Heimatspiel. 48, 40 S.
   5. Der verzauberte Esel und die Rosen und das gelöste Rätsel der Welt oder das entschleierte Bild von Sais. Ein Märchenspiel. 52, 11 S.
   6. Der letzte Nibelung in Wien. Ein Heimatspiel. 47, 7 S.
   7. Wundervolle Märchenwelt oder Kaiser Heraklius und seine Söhne mit den Affen und den Löwen. Ein romantisches Heimatspiel. 46, 4 S.
   8. Turandot oder der Wiener Kaspar. Ein tragikomisches Märchen nach Gozzi, Werther und Schiller. 48, 11 S.
108 Theophrastus Paracelsus. Ein Volksschauspiel. 57 S. Wien: Vogelsang-V. 1925
109 (MV) Etwas von und über Richard Kralik. Eine Auswahl aus seinen poetischen und prosaischen Werken und aus den kritischen Stimmen. 96 S. Wien: Vogelsang-V. 1926
110 Kaiser Karl von Österreich. Historische Skizze. 31 S. Wien: Hilfsbund für Heimat und Volk 1926

111 Karl Lueger. Gedächtnisrede. 13 S. m. Abb. Wien: Hilfsbund für Heimat und Volk 1926
112 Die eherne Schlange. Ein geistliches Festspiel nach Calderón. 19 S. Wien: Hilfsbund für Heimat und Volk (= Volkstümliche Kulturbühne, H. 4) 1926
113 Der halbe Freund. Ein Spiel nach Hans Sachs. 28 S. 16° Mchn: Höfling (= Höflings Jungmännerbühne 3318) (1927)
114 Neue Tage und neue Werke. Mit e. Anhang von Freundesseite. 48 S. Mchn: Höfling 1927
(Forts. v. Nr. 98)
115 (Bearb.) H. Sachs: Der Doktor mit der großen Nase. Erneuert. 16 S. 16° Mchn: Höfling (= Höflings Jungmännerbühne 3324) (1928)
116 Münchhausen. Biographischer Roman aus der Aufklärungszeit. 276, VI S. m. Abb. Neusiedl am See: Horváth (1930)
117 Mit Gott durchs Leben. Eine Hausbibel. 734 S., 1 Titelb. 4° Linz: Matt 1931
118 Geschichte der Stadt Wien und ihrer Kultur. VIII, 604 S., 604 Abb. 4° Wien: Holzhausen 1933
(Verm. Neuaufl. v. Nr. 68)
119 A. E. I. O. V. Aller Ehren ist Österreich voll. 169 S. m. Taf. Wien: Heimat 1934

KRAMER, Theodor (1897–1958)

1 Die Gaunerzinke. 64 S. Ffm: Rütten & Loening 1929
2 Wir lagen in Wolhynien im Morast ... Gedichte. 59 S. Wien: Zsolnay 1931
3 Mit der Ziehharmonika. Gedichte. 176 S., 5 Abb. Wien: Gsur 1936
4 Verbannt aus Österreich. Neue Gedichte. 48 S. London: Austrian Penclub 1938
5 Die untere Schenke. Gedichte. 67 S. Wien: Globus-V. 1946
6 Wien 1938. Die grünen Kader. Gedichte. 76 S. Wien: Globus-V. 1946
7 Vom schwarzen Wein. Ausgewählte Gedichte. Hg. M. Guttenbrunner. 111 S. Salzburg: Müller 1956
8 Einer bezeugte es ... Eingel., ausgew. E. Chojka. 128 S. Graz, Wien: Stiasny (= Stiasny-Bücherei 57) 1960

KRANEWITTER, Franz (1860–1938)

1 Lyrische Fresken. Gedichte. 125 S. 12° Innsbruck: Gassner 1888
2 Kulturkampf. Erzählende Dichtung. 120 S. Lpz: Friedrich 1890
3 Michel Gaissmayr. Tragödie aus dem Tiroler Bauernkriege von 1525. 115 S. Bln: Fischer 1899
4 Um Haus und Hof. Volksstück. 96 S. Lpz, Bln: Meyer 1899
5 Andre Hofer. Schauspiel. 94 S. Linz, Innsbruck: Selbstverl. 1902
6 (MH) Der Föhn. Tiroler Halbmonatsschrift für Literatur, Kunst und Leben. Hg. R. Brix, F. K., R. W. Polifka. Jg. 2, 24 H. 1910–1911
7 Die sieben Todsünden. Einakter-Cyklus. 6 Tle. Innsbruck: Wagner 1910 bis 1930
8 Wieland der Schmied. Schauspiel aus der deutschen Sage. 141 S. Innsbruck, Mchn: Sibler 1910
9 Gesammelte Werke. Hg. Adolf-Pichler-Gemeinde in Innsbruck. Mit e. Selbstbiographie. 827 S., 1 Titelb. Graz, Salzburg: Verl. Das Berglandbuch (= Das Berglandbuch) 1933

KRAUS, Karl (1874–1936)

1 Die demolirte Litteratur. 37 S. m. Titelb. Wien: Bauer 1897
2 Eine Krone für Zion. 31 S. Wien: Frisch 1898

3 (Hg.) Die Fackel. Jg. 1–37, Nr. 1–922. Wien: Verl. Die Fackel 1899–1936
4 Sittlichkeit und Criminalität. (Nach einem Ehebruchsprocess). (S.-A.) 24 S. Wien: Verl. Die Fackel 1902
  (Ausz. a. Nr. 3)
5 Der Fall Hervay. (S.-A.) 33 S. Wien: Verl. Die Fackel 1904
  (Ausz. a. Nr. 3)
6 Irrenhaus Österreich. (Die Affaire Coburg). (S.-A.) 23 S. Wien: Verl. Die Fackel 1904
  (Ausz. a. Nr. 3)
7 Der Prozeß Riehl. (S.-A.) 28 S. Wien: Verl. Die Fackel 1906
8 Maximilian Harden. Eine Erledigung. 36 S. Wien: Verl. Die Fackel 1907
9 Maximilian Harden. Ein Nachruf. 51 S. Wien: Rosner 1908
10 Ausgewählte Schriften. 4 Bde. Wien: Rosner (1) bzw. Mchn: Langen (2–4) 1908–1912
   1. Sittlichkeit und Kriminalität. 387 S. 1908
   2. Sprüche und Widersprüche. 292 S. 1909
   3. Die chinesische Mauer. 460 S. 1910
   4. Pro domo et mundo. V, 178 S. 1912
   (Bd. 1 enth. u. a. Nr. 4)
11 Heine und die Folgen. 45 S. Mchn: Langen 1910
12 Nestroy und die Nachwelt. Zum fünfzigsten Todestage. Gesprochen im großen Musikvereinssaal in Wien. 25 S. Wien: Jahoda & Siegel 1912
13 Worte in Versen. 9 Bde. Lpz: Verl. d. Schriften v. K. Kraus bzw. (ab 1922) Wien: Verl. Die Fackel 1916–1930
14 Die letzte Nacht. Epilog zu der Tragödie: Die letzten Tage der Menschheit. 48 S., 1 Bildn. Wien: Verl. Die Fackel 1918
   (zu Nr. 16; Sonderh. zu Nr. 3)
15 Nachts. 204 S. Lpz: Verl. d. Schriften v. K. Kraus (1918)
16 Die letzten Tage der Menschheit. Tragödie in fünf Akten mit Vorspiel und Epilog. 3 H. 122, 639 S., 1 Taf. Wien: Verl. Die Fackel (1918–1919)
   (Sonderh. zu Nr. 3)
17 Peter Altenberg. Rede. 11 S., 1 Bildn. Wien: Lányi (1919)
18 Die Ballade vom Papagei. Couplet Macabre. 9 S. 4° Wien: Lányi 1919
19 (Vorw.) F. Janowitz: Auf der Erde. 94 S. Mchn: Wolff 1919
20 Weltgericht. 2 Bde. 251, 336 S. m. Abb., Taf. u. Faks. Mchn: Verl. d. Schriften v. K. Kraus 1919
21 Ausgewählte Gedichte. 91 S. Mchn: Verl. d. Schriften v. K. Kraus 1920
22 (Bearb.) J. Nestroy: Das Notwendige und das Überflüssige. (Nach „Die beiden Nachtwandler"). Posse mit Gesang in zwei Akten. 53 S., 11 S. Musikbeil. Wien: Lányi 1920
23 Literatur oder Man wird doch da sehn. Magische Operette in zwei Teilen. 79 S., 4 S. Musikbeil. Wien: Verl. Die Fackel 1921
24 Die letzten Tage der Menschheit. Tragödie in fünf Akten mit Vorspiel und Epilog. XXIV, 792 S. m. Taf. Lpz, Wien: Verl. Die Fackel 1922
   (Buchausg. v. Nr. 16)
25 Untergang der Welt durch schwarze Magie. 496 S. Wien: Verl. Die Fackel 1922
26 Traumstück. 23 S. Wien: Verl. Die Fackel 1923
27 Wolkenkuckucksheim. Phantastisches Versspiel in drei Akten auf Grundlage der „Vögel" von Aristophanes. 120 S. Wien: Verl. Die Fackel 1923
28 Traumtheater. Spiel in einem Akt. 23 S. Wien: Verl. Die Fackel 1924
29 (Bearb.) J. Nestroy: Der konfuse Zauberer oder Treue und Flatterhaftigkeit. Zauberspiel in vier Akten. Musik A. Müller sen. Bearb. nach „Der konfuse Zauberer" und „Der Tod am Hochzeitstag". Mit e. Nachw. und e. Notenbeil. 101, XIII, 7 S. Wien: Lányi 1925
30 Die Stunde des Gerichts. (S.-A.) 32 S. (Wien: Verl. Die Fackel) (1926)
31 Epigramme. 107 S. Wien: Verl. Die Fackel 1927
32 (MV) J. Offenbach: Madame L'Archiduc. Operette. Musik v. J. O. Text nach A. Millaud v. K. K. Textbuch. 131 S. Wien: Lányi 1927
33 Offenbach-Renaissance. 11 S. Wien: Verl. Die Fackel 1927
34 Warnung in letzter Stunde. (S.-A.) 4 S. Wien: Verl. Die Fackel 1927
35 Für Sangesbrüder. (S.-A.) 4 S. Wien: Verl. Die Fackel 1928
36 Das Schoberlied. (S.-A.) 3 S. Wien: Verl. Die Fackel 1928

37 Die Unüberwindlichen. Nachkriegsdrama in vier Akten. 158 S. Wien: Verl. Die Fackel 1928
38 Der größte Feigling im ganzen Land. 12 S. Wien: Verl. Die Fackel 1929 (Sonderh. zu Nr. 3)
39 Literatur und Lüge. 367 S. m. Abb. Wien: Verl. Die Fackel 1929
40 Nächtliche Stunde. Musik E. Auerbach. Text K. K. 4 S. 4⁰ Wien: Lányi 1929
41 Die chinesische Mauer. 388 S. Wien: Verl. Die Fackel 1930 (Veränd. Neuaufl. v. Nr. 10, Bd. 3)
42 (Bearb.) W. Shakespeare: Timon von Athen. Trauerspiel in fünf Aufzügen. Nach d. Übs. v. D. Tieck für Rundfunk u. Bühne bearb. 71 S. Wien: Lányi 1930
43 (Bearb.) J. Offenbach: Perichole. Operette. Neuer Text nach zwei Fassungen von H. Meilhac und L. Halévy v. K. K. 128, XI S. Wien: Universal-Ed. 1931
44 Zeitstrophen. 204 S., 20 S. Musikbeil. Wien: Verl. Die Fackel 1931
45 (Hg.) Peter Altenberg. Auswahl aus seinen Büchern. 530 S., 2 Taf. Wien: Schroll 1932
46 (Bearb.) J. Offenbach: Vert-Vert. Komische Oper. Neuer Text nach H. Meilhac z. Charles Nuitter v. K. K. Mit Beil. der franz. Verse. 144, XII S. Wien: Verl. Die Fackel 1932
47 Adolf Loos. Rede am Grab. 3 Bl., 1 Abb. Wien: Lányi 1933
48 (Bearb.) W. Shakespeare: Sonette. Nachdichtung. 81 Bl. Wien: Verl. Die Fackel 1933
49 (Bearb.) W. Shakespeare: Dramen. Für Hörer und Leser bearb., teilweise sprachlich erneuert. 4 Bde. Wien: Lányi 1934-1935
50 Die Sprache. 396 S. Zürich: Verl. Die Fackel 1937
51 Ausgewählte Gedichte. 132 S., 1 Titelb. Zürich, New York: Oprecht 1939
52 Karl Kraus. Dokumente und Selbstzeugnisse. IV, 30 S. Zürich: Pegasus-V. 1945
53 Die dritte Walpurgisnacht. Mit e. Nachw. hg. H. Fischer. 308 S., 1 Taf. Mchn: Kösel 1952
54 Werke. Hg. H. Fischer. 10 Bde. Mchn: Kösel 1954-1962

KRELL, Max (1887-1962)

1 Der Kreditbrief. 92 S. Düsseldorf: Dietz 1915
2 Der deutsche Soldat vom Germanen bis zum Feldgrauen im Spiegel der Zeitgenossen. (98 v. Chr. bis 1914). 128 S., 8 Taf. Bln: Weiß 1915
3 Die Maringotte. Eine Erzählung. 232 S. Bln: Rowohlt 1919
4 Das Meer. Erzählung. 32 S. Hannover: Steegemann (= Die Silbergäule 27-28) 1919
5 Über neue Prosa. 80 S. Bln: Reiss (= Tribüne der Kunst und Zeit 7) (1919)
6 Entführung. 35 S., 4 Abb. Darmstadt: Die Dachstube (= Die kleine Republik 8) 1920
7 (Hg.) Die Entfaltung. Novellen an die Zeit. XV, 288 S. Bln: Rowohlt 1921
8 (Übs.) M. de Guérin: Die Bacchantin. Übs. mit Beifügung des franz. Originals. 84 S. 16⁰ Mchn: Musarion-V. (= Der Liebesgarten) (1922)
9 (MÜbs.) R. Kipling: Das Dschungelbuch. Übs. M.-H. u. M. Krell. 75 S., 15 Taf. 2⁰ Bln: Gurlitt (= Die neuen Bilderbücher, Folge 4, Ausg. A., Nr. 1-10) 1922
10 Reise in Deutschland. 95 S. Bln: Reiss 1922
11 Der Spieler Cormick. Roman. 188 S. Bln: Rowohlt 1922
12 Bilanz der Dichtung. Vortrag. 47 S. Heilbronn: Seifert 1923
13 (Hg., Einl.) M. de Cervantes Saavedra: Ausgewählte Werke. 3 Bde. 678, 735, 728 S., 1 Titelb. Mchn, Bln: Paetel (= Rösl-Klassiker) 1923
14 (Hg.) Das deutsche Theater der Gegenwart. 259 S., 24 Taf. Mchn: Paetel 1923
15 (Hg., Einl.) G. di Boccaccio: Gesammelte Werke. Übs. K. Frh. v. Beaulieu-Marconnay, S. Brentano, W. Neumann (u. a.) 5 Bde. Mchn, Bln: Paetel (= Rösl-Klassiker) 1924

16 Der Henker. Novelle. 20 S. Darmstadt: Die Dachstube (= Die kleine Republik 15) 1924
17 (Übs.) H. de Balzac: Albert Savarus. (- Kehrseite der Geschichte unserer Zeit. L'Envers de l'histoire contemporaine. Übs. H. Kaatz) 466 S. 16° Bln: Rowohlt (= H. de Balzac: Ges. Werke) (1925)
18 (Hg., Einl.) J. M. P. Roland: Aus den Tagen der Schreckensherrschaft. Memoiren der Frau Roland über die französische Revolution. 322 S., 16 Taf. Dresden, Bln: Aretz 1927
19 Orangen in Ronco. Roman. 243 S. Bln: Rowohlt 1931
20 Der Regenbogen. Roman. 176 S. Baden-Baden: Keppler 1949
21 Die Tanzmarie. Erzählung. 79 S. Baden-Baden: Keppler 1949
22 Schauspieler des lieben Gottes. Vier Begegnungen mit Italien. Novellen. 207 S. Kassel: Schleber 1950
23 Die Dame im Strohhut. Novelle. 78 S. Baden-Baden: Keppler 1952

KRETZER, Max (1854–1941)

1 Die beiden Genossen. Roman. 178 S. Bln: Kohn 1880
2 Sonderbare Schwärmer. Roman. 2 Bde. 541 S. Bln: Kogge 1881
3 Die Betrogenen. Berliner Sitten-Roman. 2 Bde. 603 S. Bln: Kogge 1882
4 Schwarzkittel oder Die Geheimnisse des Lichthofes. Wahrheit und Dichtung aus den Arbeitsstätten einer großstädtischen Fabrik. Erzählung. 175 S. m. Abb. Lpz: Spamer 1882
5 Berliner Novellen und Sittenbilder. 2 Bde. 129, 146 S. Jena: Costenoble 1883
6 Gesammelte Berliner Skizzen. 140 S. Bln: Luckhardt 1883
7 Die Verkommenen. Berliner Roman. 2 Bde. 718 S. Bln: Luckhardt 1883
8 Im Sturmwind des Socialismus. Erzählung aus großer Zeit. 205 S. Bln: Luckhardt 1884
9 Im Riesennest. Berliner Geschichten. 155 S. Lpz: Reißner 1886
10 Im Sündenbabel. Berliner Novellen und Sittenbilder. 221 S. Lpz: Reißner 1886
11 Drei Weiber. Berliner Kultur- und Sittenroman. 2 Bde. 529 S. Jena: Costenoble 1886
12 Meister Timpe. Sozialer Roman. 327 S. Bln: Fischer 1888
13 Ein verschlossener Mensch. Roman. 2 Bde. 421 S. Lpz: Reißner 1888
14 Bürgerlicher Tod. Drama. 109 S. Dresden: Pierson 1888
15 Das bunte Buch. Allerlei Geschichten. 289 S. Dresden: Pierson 1889
16 Die Bergpredigt. Roman aus der Gegenwart. 2 Bde. 494 S. Dresden: Pierson 1890
17 Onkel Fifi. 116 S. Bln: Steinitz (1890)
18 Gefärbtes Haar. Berliner Sittenbild. 87 S. Dresden, Lpz: List 1891
19 Der Millionenbauer. Roman. 2 Bde. 488 S. Lpz: Elischer 1891
20 Der Millionenbauer. Volksstück. 114 S. 16° Lpz: Reclam (= Universal-Bibliothek 2828) 1891
  (Dramat. v. Nr. 19)
21 Irrlichter und Gespenster. Volksroman. 3 Bde. 1375 S. m. Abb. Weimar:. Schriftenvertriebsanst. 1892–1893
22 Der Baßgeiger. Das verhexte Buch. Zwei Berliner Geschichten. 92 S. 16° Lpz: Reclam (= Universal-Bibliothek 3207) (1894)
23 Die Buchhalterin. Roman. 2 Thle. in 1 Bd. 381 S. Dresden: Pierson 1894
24 Die gute Tochter. Roman. 393 S. Dresden: Pierson 1895
25 Ein Unberühmter und andere Geschichten. 171 S. Dresden: Pierson 1895
26 Die Blinde. Maler Ulrich. Novellen. 117 S. Dresden, Lpz: List (1896)
27 Das Gesicht Christi. Roman aus dem Ende des Jahrhunderts. 2 Thle. in 1 Bd. 330 S. Dresden, Lpz: List (1896)
28 Frau von Mitleid und andere Novellen. 138 S. Bln: Steinitz 1896
29 Furcht vor dem Heim und andere Novellen. Berliner Geschichten. 123 S. Lpz: List (= Roman-Gallerie für Salon und Reise 17) 1897
30 Berliner Skizzen. 189 S. Bln: Duncker 1898
31 Verbundene Augen. Roman. 2 Bde. 230, 237 S. Bln: Duncker 1899

32 Der Sohn der Frau. Schauspiel. 134 S. Dresden, Lpz: List 1899
33 Großstadtmenschen. Neue Berliner Geschichten. 164 S. Bln: Fischer & Franke 1900
34 Der Holzhändler. Roman. 2 Bde. 292, 290 S. Bln: Fischer & Franke 1900
35 Die Kunst zu heirathen. Possenspiel. 134 S. Bln: Fischer & Franke 1900
36 Die Verderberin. Schauspiel. 162 S. 16° Bln: Fischer & Franke 1900
37 Warum? Roman. 363 S. Dresden, Lpz: List 1900
38 Die Madonna vom Grunewald. Roman. 358 S. m. Bildn. Lpz: List 1901
39 Das Räthsel des Todes und andere Geschichten. 289 S. Dresden, Lpz: List 1901
40 Der wandernde Thaler. Märchendichtung. 171 S. Lpz: Elischer 1902
41 Treibende Kräfte. Roman. 467 S. Bln: Verl. Continent 1903
42 Magd und Knecht. Novellen. 96 S. Bln, Lpz: Schumann (= Eckstein's moderne Bibliothek 33) 1903
43 Die Sphinx in Trauer. Roman. 245 S. Bln: Fleischel 1903
44 Familiensklaven. Roman. 376 S. Bln: Verl. Continent 1904
45 Das Armband. Erzählung. 181 S. Bln: Verl. Continent 1905
46 Der Mann ohne Gewissen. Roman. 488 S. Bln: Verl. Continent 1905
47 Was ist Ruhm? Roman. 382 S. Bln-Charlottenburg: Verl. Eigen 1905
48 Herbststurm. Erzählung. 205 S. Bln-Charlottenburg: Steinitz 1906
49 Das Kabarettferkel und andere Neue Berliner Geschichten. 183 S. Bln: Steinitz (1907)
50 Leo Lasso. Schauspiel. 128 S. Jauer, Glogau: Hellmann 1907
51 Söhne ihrer Väter. Roman. 478 S. Jauer, Glogau: Hellmann 1907
52 Das Hinterzimmer. Roman. 332 S. Jauer, Glogau: Hellmann 1908
53 Mut zur Sünde. Roman. 324 S. Glogau: Hellmann 1909
54 Reue. Roman. 210 S. Lpz: Elischer 1910
55 Mit verbundenen Augen. 208 S. Bln: Hillger (= Kürschner's Bücherschatz 760-761) 1911
 (Neuaufl. v. Nr. 31)
56 Berliner Sittenbilder. 189 S. Lpz: List 1911
 (Verb. Neuaufl. v. Nr. 5)
57 Waldemar Tempel. Roman. 382 S. Lpz: Elischer 1911
58 Ausgewählte Werke. 3 Bde. 332, 353, 324 S. Bln: Oestergaard 1911
59 Die blanken Knöpfe. Roman. 351 S. Lpz: Elischer 1912
60 Lebensbilder. 128 S. Bln: Heilbrunn (= Albert Bonnier's Dreißig-Pfennig-Bücherei 20) 1912
61 Das Mädchen aus der Fremde. Roman. 340 S. Lpz: Elischer 1913
62 Stehe auf und wandle! Roman. 349 S. Lpz: Elischer 1913
63 Gedichte. 115 S. Dresden: Reißner 1914
64 Der irrende Richter. 320 S. Dresden: Reißner (1914)
65 Berliner Geschichten. 96 S. Bln: Jacobsthal (= Herz-Bücher 5) 1916
66 Die alten Kämpen. Kriegs- und Zeitgedichte. 75 S. Bln: Concordia 1916
67 Der Nachtmensch. 64 S. Bln: Hillger (= Kürschner's Bücherschatz 1198) (1918)
68 Ignaz Serbynski. Eine polnische Geschichte. 78 S. Bln: Hillger (= Kürschner's Bücherschatz 1164) (1918)
69 Wilder Champagner. Berliner Erinnerungen und Studien. 190 S. Lpz: Elischer (1919)
70 Kreuz und Geißel. Soziale Auferstehungsgedichte und Zeitsatiren. VI, 84 S. Lpz: Elischer (1919)
71 Was das Leben spinnt. Roman. 315 S. Bln: Siwinna (1919)
72 Assessor Lankens Verlobung. Novellen. 224 S. Bln: Siwinna (= Phönix-Bücher 46) (1920)
73 In Frack und Arbeitsbluse. 311 S. Lpz: Elischer (1920)
 (Neuaufl. v. Nr. 57)
74 Fidus Deutschling, Germanias Bastard. Roman. 508 S. Dessau: Dünnhaupt 1921
75 Die Locke. Erzählung. 93 S. Bln: Mosaik-V. (= Mosaik-Bücher 7) 1922
76 Ausgewählte Novellen. 132 S. Bln-Charlottenburg: Weltgeist-Bücher (= Weltgeist-Bücher 135-136) (1926)
77 Der Rückfall des Doktor Horatius. Roman. 368 S. Lpz: Rekord-V. (1935)

KREUDER, Ernst (*1903)

1 Die Nacht des Gefangenen. Erzählungen. 191 S. Darmstadt: Wittich 1939
2 Das Haus mit den drei Bäumen. Erzählungen. 231 S. Gelnhausen-Gettenbach: Pfister & Schwab 1944
3 Die Gesellschaft vom Dachboden. Erzählung. 244 S. Stg, Hbg: Rowohlt 1946
4 Schwebender Weg. Die Geschichte durchs Fenster. Zwei Erzählungen. 106 S. m. Abb. Stg, Hbg: Rowohlt 1947
5 Die Unauffindbaren. Roman. 487 S. Stg, Hbg, Bln, Baden-Baden: Rowohlt 1948
6 Zur literarischen Situation der Gegenwart. 15 S. Mainz: Verl. d. Akad. d. Wiss. u. d. Literatur (= Akad. d. Wiss. u. d. Literatur. Abhandlungen. Kl. d. Literatur. Jg. 1951, 1) 1951
7 Herein, ohne anzuklopfen. Erzählung. 252 S. Hbg: Rowohlt 1954
8 Georg Büchner, Existenz und Sprache. 12 S. Mainz: Verl. d. Akad. d. Wiss. u. d. Literatur (= Akad. d. Wiss. u. d. Literatur. Abhandlungen. Kl. d. Literatur. Jg. 1955, 4) 1955
9 Das Geheimnis von Hartloff-Riff. 16 S. Hbg: Agentur des Rauhen Hauses (= Am Lagerfeuer 12) (1955)
10 Sommers Einsiedelei. Gedichte. 37 S. Hbg: Wegner (= die mainzer reihe. Bd. 4) 1956
11 Agimos oder Die Weltgehilfen. Roman. 400 S. Ffm: Europ. Verl.-Anst. 1959
12 Das Unbeantwortbare. Die Aufgaben des modernen Romans. 12 S. Mainz: Verl. d. Akad. d. Wiss. u. d. Literatur (= Akad. d. Wiss. u. d. Literatur. Abhandlungen. Kl. d. Literatur. Jg. 1959, 2) 1959

KRÖGER, Timm (1844–1918)

1 Eine stille Welt. Bilder und Geschichten aus Moor und Haide. 286 S. Lpz: Friedrich 1891
2 Der Schulmeister von Handewitt. 148 S. Lpz: Friedrich 1894
3 Die Wohnung des Glücks. 244 S. Bln: Schuster & Löffler 1897
4 Schuld? Novelle. 176 S. Kiel: Lipsius & Tischer 1898 (Neuaufl. v. Nr. 2)
5 Hein Wieck und andere Geschichten. 294 S. Lpz: Grunow 1899
6 Leute eigener Art. Novellen eines Optimisten. 319 S. Bln, Hbg: Janssen 1904
7 Der Einzige und seine Liebe. 121 S. Hbg: Janssen 1905
8 Klaus Groth. 85 S., 7 Taf., 2 Faks. Bln: Schuster & Löffler (= Die Dichtung 32) 1905
9 Der Schulmeister von Handewitt. 134 S. Hbg: Janssen 1905 (Neuaufl. v. Nr. 4)
10 Um den Wegzoll. Novelle. 133 S. Hbg: Janssen 1905
11 Hein Wieck. Eine Stall- und Scheunengeschichte. 124 S. Lpz: Grunow 1905 (Umarb. v. Nr. 5)
12 Mit dem Hammer. Novellen und Skizzen. 313 S. Hbg: Janssen 1906
13 Heimkehr. Skizzen aus einem Leben. 228 S. Hbg: Janssen 1906
14 Im Nebel. (S.-A.) 47 S. Wiesbaden: Staadt (= Wiesbadener Volksbücher 87) 1906
15 Die Wohnung des Glücks. 164 S. Hbg: Janssen 1906 (Neufassg. v. Nr. 3)
16 Das Buch der guten Leute. Heiles und Heiteres. Novellen. 279 S. Hbg: Janssen 1908
17 Neun Novellen. Auswahl. 138 S. Hbg: Janssen (= Hamburger Hausbibliothek 12) 1908
18 Aus alter Truhe. Novellen und Erzählungen. 294 S. Hbg: Janssen 1908
19 Des Reiches Kommen. Novellen. 193 S. Hbg: Janssen 1909
20 Ein Abschied. Zwei Erzählungen. 51 S. Wiesbaden: Staadt (= Wiesbadener Volksbücher 143) 1911

21 Dem unbekannten Gott. Novellen. 324 S., 1 Bildn., 1 Faks. Hbg: Janssen (= Novellen, Bd. 6) 1914 (Bd. 6 v. Nr. 22)
22 Novellen. Gesamtausgabe. 6 Bde. Hbg: Janssen 1914
23 Sturm und Stille. Drei Erzählungen. 43 S. Hbg, Braunschweig: Westermann 1916
24 Wa Jürn Hölk de Düwel ziteer! Mit e. Einführung in T. K.s Dichtung v. J. Bödewaldt. 88 S. Hbg: Hermes (= Niederdeutsche Bücherei 60) 1919 (Niederdt. Fassg. e. Ausz. a. Bd. 1 v. Nr. 22)
25 Du sollst nicht begehren. 135 S. Braunschweig: Westermann 1924
26 Aus dämmernder Ferne. Jugenderinnerungen. 226 S., 1 Titelb. Braunschweig: Westermann 1924
27 Daniel Dark. Aus einem Jugendland. 249 S. Braunschweig: Westermann 1925 (Ausz. a. Nr. 21)
28 Der unbekannte Gott. 224 S. Braunschweig: Westermann 1925 (Ausz. a. Nr. 21)
29 Ein Unbedingter. 111 S. Braunschweig: Westermann 1925
30 Meisternovellen. 6 Bde. Braunschweig: Westermann 1927
31 Bohnen und Speck. Neun kurze Geschichten. 116 S. Braunschweig: Westermann (1934) (Neuaufl. v. Nr. 17)

KROLOW, Karl Heinrich Gustav (*1915)

1 (MV) H. Gaupp u. K. K.: Hochgelobtes gutes Leben. Gedichte. 14 S. Hbg: Ellermann (= Das Gedicht, Jg. 9, Nr. 4) 1943
2 Gedichte. 44 S. Konstanz: Südverl. (= Neue deutsche Lyrik 1) 1948
3 Heimsuchung. 78 S. Bln: Verl. Volk und Welt 1948
4 (Hg.) Nachdichtungen aus fünf Jahrhunderten französischer Lyrik. 132 S. Hannover: Beeck 1948
5 Auf Erden. Gedichte. 32 S. Hbg: Ellermann (= Das Gedicht, 1949, Nr. 5) 1949
6 Die Zeichen der Welt. Neue Gedichte. 100 S. Stg: Dt. Verl.-Anst. 1952
7 Von nahen und fernen Dingen. Betrachtungen. 105 S. m. Abb. Stg: Dt. Verl.-Anst. 1953
8 Wind und Zeit. Gedichte. 1950–1954. 82 S. Stg: Dt. Verl.-Anst. 1954
9 Tage und Nächte. Gedichte. 64 S. Düsseldorf, Köln: Diederichs 1956
10 (Hg., Übs.) Die Barke Phantasie. Zeitgenössische französische Lyrik. 69 S. Düsseldorf, Köln: Diederichs 1957
11 (Hg.) P. Verlaine: Gedichte. In neuen Übertragungen. 79 S. Wiesbaden: Insel (= Insel-Bücherei 394) (1957)
12 (Übs.) G. Apollinaire: Bestiarium. Le Bestiaire ou Cortège d'Oorphée. Fünfundzwanzig Gedichte. 15 ungez. Bl. m. Abb. Gießen/Walltor-V. 1959
13 (MV) A. X. Gwerder: Land über Dächer. Nachgelassene Gedichte. Mit e. Beitrag: Elegien auf den Tod eines jungen Dichters v. K. K. In Verb. mit T. Federli-Gwerder a. d. Nachl. ausgew. u. hg. H. R. Hilty. 48 S. Zürich: Arche (= Die kleinen Bücher der Arche 278–279) 1959
14 Fremde Körper. Neue Gedichte. 104 S. Bln, Ffm: Suhrkamp (= Bibliothek Suhrkamp 52) 1959
15 Tessin. 15 S., 32 S. Abb. Mchn, Ahrbeck: Knorr & Hirth (= Das kleine Kunstbuch) 1959
16 (Vorw.) A. Holz: Dafnis. Freß-, Sauff- und Venuslieder. Lyrisches Porträt aus dem siebzehnten Jahrhundert. 278 S. Hannover: Verl. Literat. u. Zeitgesch. 1960

KRÜGER, Hermann Anders
(+Caligula Quitte) (1871–1945)

1 +Das Vermächtnis des Tacitus. 54 S. Lpz: Wild 1896
2 Ritter Hans. Schauspiel. 149 S. Lpz, Hbg: Janssen 1897

3 Sirenenliebe. Riviera-Roman. 213 S. Lpz, Hbg: Janssen 1897
4 Waldhüters Weihnacht. Dramatisches Festspiel für Kinder. 38 S. Lpz: Jansa 1897
5 Der junge Eichendorff. 172 S., 1 Bildn. Oppeln: Maske 1898
6 Simple Lieder. Fünfzehn Jugendgedichte. 16 S. Lpz, Hbg: Janssen 1898
7 Simple Lieder. 107 S. Oppeln: Maske 1900 (Verm. Neuaufl. v. Nr. 6)
8 Der Weg im Tal. Roman in drei Büchern. 389 S. Hbg: Janssen 1903
9 Gottfried Kämpfer. Ein herrnhutischer Bubenroman in zwei Büchern. 508 S. Hbg: Janssen 1904
10 Pseudoromantik: Friedrich Kind und der Dresdner Liederkreis. 213 S. Lpz: Haessel 1904
11 Kritische Studien über das Dresdner Hoftheater. 60 S. Lpz: Haessel 1904
12 Der Kronprinz. Dramatische Historie. 161 S. Hbg: Janssen 1907
13 Der Graf von Gleichen. Eine deutsche Tragödie. 145 S. Hbg: Janssen 1908
14 Der Kampf um Gott. Hbg: Janssen 1909
15 Kaspar Krumbholtz. Roman. 2 Tle. 355, 426 S. Hbg: Janssen 1909–1910
16 Der Kampf mit der Welt. Hbg: Janssen 1910
17 Der junge Raabe. Jugendjahre und Erstlingswerke. Nebst e. Bibliographie der Werke Raabes und der Raabeliteratur. 189 S. Lpz: Xenien-Verl. 1911
18 Diakonus Kaufung. Santa Elisa. Geschichten. 96 S. Heilbronn: Salzer 1913
19 Deutsches Literaturlexikon. Biographisches und bibliographisches Handbuch mit Motivübersichten und Quellennachweisen. VIII, 483 S. Mchn: Beck 1914
20 Die Pelzmütze. Komödie in drei Aufzügen. 112 S. Stg: Dt. Verl.-Anst. 1914
21 Sohn und Vater. Eine Jugendrechenschaft. 409 S. Braunschweig: Westermann (1922)
22 Verjagtes Volk. Eine Thüringer Waldtragödie. 136 S. Braunschweig: Westermann 1923
23 Barmherzigkeit. Ein Novellenkranz. 143, 3 S. Weimar: Böhlau 1925
24 Die sieben Räudel. Roman aus drei Zeitaltern. 591 S. Lpz (, Bremen: Schünemann) 1927
25 Unfried. 13 S. Braunschweig: Westermann (= Wie und was, 5) (1929) (Ausz. a. Nr. 9)
26 Altenburger Bibliothekswesen. 58 S. Altenburg: Bonde 1930
27 Übersicht über die Altenburg-Literatur in der hiesigen Thüringer Landesbibliothek. 24 Bl. Altenburg: Bonde 1931
28 Die ältesten Altenburger Linck- und Lutherdrucke der Thüringer Landesbibliothek zu Altenburg. 75 S. m. Abb. Altenburg: Bonde 1932
29 Fridericus-Trilogie (I. Der Kronprinz. – II. Der König. – III. Der alte Fritz). 239 S. Neudietendorf: Jansa 1936
30 Hans Nord. Geschichte eines romantischen Trotzkopfes. 335 S. Köln-Lindenthal: Stauf 1938
31 Wilhelm Raabe. 80 S., 1 Titelb. Osnabrück: Fromm (= Schöpferische Niederdeutsche 2) (1941)
32 Funken und Flammen. Zwei bedeutsame Liebesgeschichten. 64 S. Hartenstein: Matthes 1942
33 Neudietendorf und seine merkwürdige Geschichte. 31 S., 2 Abb. Bln: Preuß. Verl. u. Druckerei 1943

KUBIN, Alfred (1877–1959)

1 Facsimiledrucke nach Kunstblättern. 15 Taf., 4 S. Text 2⁰ Mchn: Hyperion-V. 1903
2 Die andere Seite. Ein phantastischer Roman. 339 S. m. Abb., 1 Pl. Mchn: Müller 1909
3 Sansara. Ein Cyklus ohne Ende. 40 Bl., 33 S. Text 2⁰ Mchn: Müller 1911
4 Die sieben Todsünden. 8 Bl., 7 Abb. 4⁰ Bln: Neumann (1914)
5 Der Prophet Daniel. Eine Folge. 36 S., 12 Taf. 4⁰ Mchn: Müller (1918)
6 Ein Totentanz. 24 Bl. 4⁰ Bln: Cassirer (1918)
7 Kritiken. 1 Bl., 18 Taf. 2⁰ Mchn: Müller (1920)

8 Wilde Tiere. 30 Taf., 1 Bl. Text qu. 2° Mchn: Hyperion-V. 1920
9 Am Rande des Lebens. Zwanzig Federzeichnungen. 8 S., 20 Bl. 2° Mchn: Piper 1921
10 Nach Damaskus. Achtzehn Steinzeichnungen. 7 S., 19 Taf. 2° Mchn: Müller 1922
11 Von verschiedenen Ebenen. 71 S. m. Abb. u. Taf. 2° Bln: Gurlitt (= Malerbücher 5; 500 Ex.) 1922
12 Zeichnungen und Aquarelle. Einl. J. Friedenthal. 4 S. 4°, 6 Taf. 2° Mchn: Allg. Verl.-Anst. 1922
13 Fünfzig Zeichnungen. 5 S., 50 Zeichn. 4° Mchn: Langen 1923
14 Zwanzig Bilder zur Bibel. 22 Bl. 4° Mchn: Piper (80 num. Ex.) 1924
15 Zeichnungen und Aquarelle. 16 S. m. Abb. 4° Wien: Neue Galerie 1924
16 Der Guckkasten. Bilder und Texte. 77 S. Wien: Verl. d. Johannes-Presse 1925
17 Rauhnacht. Zwölf Steinzeichnungen. Vorw. O. Stoessel. 7 S., 13 Taf. 2° (Bln:) Volksverband d. Bücherfreunde, Wegweiser-V. 1925
18 Dämonen und Nachtgesichte. Mit einer Selbstdarstellung des Künstlers. 62 S. m. 2 Abb., 128 Taf. 4° Dresden: Reißner 1926
19 Heimliche Welt. Einundzwanzig Federzeichnungen. 6 S., 21 Bl. qu. 4° Heidelberg, Baden-Baden: Merlin-V. (= Kubin-Bücher 3; 550 num. Ex.) (1927)
20 Mein Werk. Dämonen und Nachtgesichte. Mit e. Autobiographie. 62 S. m. 2 Abb., 128 Taf. 4° Dresden: Reißner 1931 (Neuaufl. v. Nr. 18)
21 Ali, der Schimmelhengst. Schicksale eines Tatarenpferdes. 4 Bl., 12 Taf. 2° Wien (:Verl. d. Johannes-Presse) (= Druck d. Johannes-Presse; 83 Ex.) 1932
22 Vom Schreibtisch eines Zeichners. 212 S., 72 Zeichn. Bln: Riemerschmidt 1939
23 Abenteuer einer Zeichenfeder. Einf. M. Unold. 30 S., 60 T. 4° Mchn: Piper 1941
24 Schemen. Sechzig Köpfe aus einer verklungenen Zeit. Einl. R. Billinger. 32 Bl. Königsberg: Kanter-V. (= Kanter-Bücher 54) (1944)
25 Ausstellung Alfred Kubin. Zum siebzigsten Geburtstag. Veranstaltet vom Institut für Wissenschaft und Kunst und der graphischen Sammlung Albertina, Wien 20. IX. – 31. X. 1947. 32 S. m. Abb. Wien: Jacobi (1947)
26 (MV) A. K. u. W. Wachsmuth: Ein neuer Totentanz. Text W. W. 6 Bl., 24 T. 2° Wien: Wiener Verl. 1947
27 Ein Bilder-ABC 1933. 27 Bl. m. Texten. Hbg: Maximilian-Ges. 1948
28 (MV) O. Rotterheim (d. i. O. Marischler v. Rotterheim) u. A. K.: Nüchterne Balladen. 97 S. 4° Wien: Verl. f. Wirtschaft u. Kultur Payer (1949)
29 Alfred Kubin als Buchillustrator. Hg. A. Horodisch. 51 S. m. Abb., 99 S. Abb. 4° New York: Verl. d. Aldus-Buch-Comp. 1949
30 (MV) A. K. u. W. Schneditz: Alfred Kubin und seine magische Welt. Text W. Sch. Geleitw. P. Alverdes. 55 S., 30 Abb. Salzburg: Galerie Welz 1949
31 Kollege Großmann. Eine Plauderei. 11 S., 4 Abb. Wien, Linz, Mchn: Gurlitt-V. (= Die kleine Gurlitt-Reihe 1) 1951
32 Phantasien im Böhmerwald. 4 Bl., 15 Bl. Text, 15 Bl. Abb., 1 Bl. Wien, Linz, Mchn: Gurlitt (400 num. Ex.) 1951
33 Abendrot. Fünfundvierzig unveröffentlichte Zeichnungen mit einer kleinen Plauderei über sich selbst. 17 S. m. Abb., 19 Bl. Abb. Mchn: Piper (= Piper-Bücherei 50) 1952
34 Der Tümpel von Zwickledt. Hg. W. Schneditz. 25 S., 16 Taf. 4° Wien: Österr. Staatsdruckerei (1952)
35 Alfred Kubin. Leben, Werk, Wirkung. Im Auftr. v. K. Otte, Kubin-Archiv in Hamburg, zsgest. P. Raabe. 295 S., 1 Titelb., 137 Abb., 4 Taf., 1 Faks. Hbg: Rowohlt 1957
36 Exlibris. Hg. A. Horodisch. 36 S. m. 1 Abb., 28 S. Abb., 1 Titelb. (Ffm, Würzburg:) Dt. Exlibris-Ges. (= Das Exlibris 1) 1958
37 Alfred Kubin. Hg. W. Schneditz. 47 S. m. Abb. Gütersloh: Bertelsmann (= Das kleine Buch 117) 1958
38 Dämonen und Nachtgesichte. Eine Autobiographie. Durchges. u. hg. L. Leiß. 65 S., 24 Abb. Mchn: Piper (= Piper-Bücherei 130) 1959 (Neuaufl. v. Nr. 20)

KÜGELGEN, Wilhelm von (1802–1867)

1 Drei Vorlesungen über Kunst. 5 3/4 Bg. Bremen: Heyse 1842
2 *Jugenderinnerungen eines alten Mannes. 510 S. Bln: Hertz 1870
3 Lebenserinnerungen des Alten Mannes in Briefen an seinen Bruder Gerhard 1840–1867. Bearb. u. hg. P. S. v. Kügelgen u. J. Werner. XXXII, 399 S. m. Taf. Lpz: Koehler & Amelang 1923
4 Der Dankwart. Ein Märchen. 78 S. m. Abb., 6 Taf. Stg: Belser 1924
5 Erinnerungen 1802–1867. Hg. J. Werner. 3 Bde. Lpz: Koehler & Amelang 1924–1925
   1. Jugenderinnerungen eines alten Mannes 1802–1820. Nach dem Orig.-Ms. XXIV, 360 S. m. Taf. u. Faks. 1924
   2. Zwischen Jugend und Reife des alten Mannes 1820–1840. Aus Briefen, Tagebüchern und Gedichten gestaltet. XVI, 414 S. m. Taf. u. Faks., 1 Kt. 1925
   3. Lebenserinnerungen des Alten Mannes in Briefen an seinen Bruder Gerhard 1840–1867. Bearb. u. hg. P. S. v. Kügelgen. XXXII, 399 S. m. Taf. 1925
   (Enth. u. a. Nr. 2 u. 3)

KÜHNE, Ferdinand Gustav (1806–1888)

1 Gedichte. Lpz 1831
2 Novellen. $24^1/_2$ Bg. Bln: Fincke 1831
3 Die beiden Magdalenen oder Die Rückkehr aus Rußland. $9^1/_2$ Bg. Lpz: Kayser 1833
4 (Hg.) Eine Quarantäne im Irrenhause. Novelle aus den Papieren eines Mondsteiners. $21^1/_2$ Bg. Lpz: Brockhaus 1835
5 Weibliche und männliche Charaktere. 2 Tle. 357, 385 S. Lpz: Engelmann 1838
6 Klosternovellen. 2 Bde. $21^3/_4$ Bg. Lpz: Engelmann 1838
7 Raoul. 2 Bde. $21^2/_3$Bg. Lpz: Engelmann 1838
   (Titelaufl. v. Nr. 6)
8 Die Rebellen von Irland. Novelle. 3 Bde. 12° Lpz: Engelmann 1840
9 Sospiri. Blätter aus Venedig. $14^3/_4$ Bg. Braunschweig: Westermann 1841
10 Mein Carneval in Berlin 1843. $8^1/_8$ Bg. Braunschweig: Westermann 1843
11 Porträts und Silhouetten. 2 Tle. 316, 336 S. Hannover: Klus 1843
12 (Hg.) Europa. Chronik der gebildeten Welt. 14 Jge. Lpz: Wigand 1846–1859
13 Der Schwank von der Glocke. 45 S. Jena: Frommann 1846
14 (MV) Album für's Erzgebirge. VIII, 261 S. Lpz: Brockhaus 1847
15 (Hg.) Drei Novellen. VIII, 334 S. Lpz: Reichenbach 1850
16 Deutsche Männer und Frauen. Eine Galerie von Charakteren. 417 S. Lpz: Brockhaus 1851
17 Fröbel's Tod und der Fortbestand seiner Lehre. 29 S. 4° Liebenstein: Kinder-Beschäftigungsanstalt 1852
18 Die Freimaurer. 646 S. Ffm, Bln: Janke (= Deutsche Bibliothek) 1854
19 Skizzen deutscher Städte. 3 Bde. 1855–1857
   Wien in alter und neuer Zeit. 94 S. Lpz: Brockhaus 1855
   Von Cöln bis Worms und Speyer. 143 S. Lpz, Bln: Reymann (= Conversations- und Reisebibliothek) 1856
   Prag. 90 S. Lpz: Brockhaus 1857
20 Die Verschwörung von Dublin. Drama. 148 S. Lpz: Mayer 1856
   (Dramat. v. Nr. 8)
21 Kaiser Friedrich in Prag. Lpz (1857)
22 Isaura von Castilien. Lpz (1857)
23 Kuß und Gelübde ... Lpz 1859
24 Gedichte. 245 S. Lpz, Bln: Janke 1862
   (Bd. 1 v. Nr. 25)
25 Gesammelte Schriften. 12 Bde. Lpz, Bln: Janke (1–6) bzw. Lpz: Denicke (7–12) 1862–1867

26 Mein Tagebuch in bewegter Zeit. 802 S. Lpz, Bln: Janke 1863
27 Deutsche Charaktere. 4 Bde. 1319 S. Lpz, Bln: Janke (1–3) bzw. Lpz: Denicke (4) 1864–1865
  (Bd. 4–7 v. Nr. 25)
28 Die Freimaurer. 3 Bde. 996 S. Lpz: Denicke 1867
  (Verm. Neuaufl. v. Nr. 18)
29 Römische Sonette. 54 S. Lpz: Hartknoch 1869
30 Christus auf der Wanderschaft. 215 S. 16° Lpz: Hartknoch 1870
31 Wittenberg und Rom. Klosternovellen aus Luther's Zeit. 3 Bde. 900 S. Bln: Janke 1877
32 Romanzen, Legenden, Fabeln. Neue Gedichte. 130 S. 12° Dresden: Pierson 1880
33 Empfundenes und Gedachtes. Lose Blätter aus G. K.s Schriften. Hg. E. Pierson. 262 S. Dresden: Pierson 1890

KÜRENBERG, Joachim von
(eig. Eduard Joachim von Reichel) (1892–1954)

1 °Balkanerlebnisse eines deutschen Geheimkuriers. 154 S., 14 Taf. Bln: Ullstein (= Ullstein-Kriegsbücher 25) 1917
2 Die graue Eminenz. Lebensroman des Geheimrats Fritz von Holstein. 193 S. Bln (: Universitas) 1932
3 Vierzehn Jahre vierzehn Köpfe. Betrachtung der kleinen Vergangenheit. 222 S. Bln: Universitas 1933
4 Der letzte Vertraute Friedrichs des Großen Marchese Girolamo Lucchesini. 239 S., 8 Abb. Bln: Universitas (= Preußische Geschichte in Einzeldarstellungen 2) 1933
5 Fritz von Holstein, die graue Eminenz. 243 S., 8 Abb. Bln: Universitas (= Preußische Geschichte in Einzeldarstellungen 3) 1934
  (Neuaufl. v. Nr. 2)
6 Rußlands Weg nach Tannenberg. 259 S., 8 Abb., 4 Kt. Bln: Universitas 1934
7 Johanna von Bismarck. Lebensschicksal einer deutschen Frau. 285 S., 16 Abb., 1 Faks. Bln: Keil-V. 1935
8 Krupp. Kampf um Stahl. 350 S. m. Taf. Bln: Büchergilde Gutenberg 1935
9 Menzel, die kleine Exzellenz. 280 S., 28 Abb., 3 Faks. Bln: Krüger 1935
10 Der Zauber der Mark. 226 S., 65 Abb., 1 Kt. Bln: Keil-V. (1936)
11 Der blaue Diamant. Die Geschichte eines Steines. 283 S. Zürich, Lpz: Orell Füßli 1938
12 Waffenstarrendes Mittelmeer. Zwischen Kriegshäfen und Felsfestungen. 312 S., 22 Kt. Zürich: Ausblick-V. 1939
13 War alles falsch? Das Leben Kaiser Wilhelms II. 532 S., XXXII S. Abb. Basel, Olten: Urs Graf Verl. 1940
14 Katharina Schratt. (1855–1940). Der Roman einer Wienerin. IV, 432 S., 16 Taf. Bern: Hallwag 1941
15 Das Sonnenweib. Der Juliane von Krüdener seltsame Irrfahrt. 336 S., 32 Abb. Basel: Schwabe 1941
16 Carneval der Einsamen. Venedig 1883. 359 S. Bern: Hallwag 1947
17 Die Kaiserin von Indien. 420 S. Hbg: Mölich 1947
18 Adamas. Die Geschichte eines Steines. 241 S. Hbg: Mölich 1948
  (Neuaufl. v. Nr. 11)
19 Champagner. 277 S. Hbg: Mölich 1948
20 Die tanzende Heilige. Der Juliane von Krüdener seltsame Irrfahrt. 342 S. Hbg: Mölich (1948)
  (Neuaufl. v. Nr. 15)
21 Heinrich von Kleist. Ein Versuch. 255 S. Hbg: Mölich 1948
22 Belladonna. Das gefährliche Leben der Carmen Morell. 400 S. Hbg: Hela-Produktion im Tessloff-V. 1950
23 Geld spielt keine Rolle! Ein abenteuerlicher Roman. 287 S. Papenburg/Ems: EZ-V. (= Die Goldreihe 1) 1950

24 Carol II. und Madame Lupescu. 242 S., 8 Bl. Abb. Bonn: Athenäum-V. 1952
25 Holstein. Die graue Eminenz. 271 S. Stollhamm/Oldb., Bln: Rauschenbusch 1954
   (Neubearb. v. Nr. 5)

KÜRNBERGER, Ferdinand (1821–1879)

1 Der Amerika-Müde. Amerikanisches Kulturbild. 504 S. Ffm: Meidinger 1855
2 Catilina. Drama. 280 S. Hbg: Hoffmann & Campe 1855
3 Das Goldmärchen. VII, 164 S. Pest, Wien, Lpz: Hartleben 1857
4 Ausgewählte Novellen. 401 S. Prag: Bellmann 1857
5 Novellen. 3 Bde. 347, 272, 272 S. Mchn: Merhoff 1861–1862
6 Aufruf für Schleswig-Holstein. 7 S. Mchn: Merhoff 1864
7 Erinnerungen an Szechenyi. (S.-A.) 29 S. Wien 1866
8 Siegelringe. Eine ausgewählte Sammlung politischer und kirchlicher Feuilletons. XX, 525, III S. Hbg: Meissner 1874
9 Der Haustyrann. Roman. VIII, 283 S. Wien: Rosner 1876
10 Literarische Herzenssachen. Reflexionen und Kritiken. VI, 376 S. Wien: Rosner 1877
11 Novellen. 315 S. Bln: Hertz 1878
12 Löwenblut. Novelle. Aus dem Nachlaß hg. W. Lauser. 158 S. Dresden: Minden 1892
13 Novellen. Aus dem Nachlaß des Dichters hg. W. Lauser. 315 S. Stg: Dt. Verl.-Anst. 1893
14 Eis. Aus Liebe sterben. Zwei Novellen. Aus dem Nachlasse. 83 S. 16⁰ Lpz: Reclam (= Universal-Bibliothek 3771) 1898
15 Quintin Messis. Schauspiel. 98 S. Wien: Daberkow (= Allgemeine National-Bibliothek 260–261) 1900
16 Firdusi. Drama. 80 S. Wien: Daberkow (= Allgemeine National-Bibliothek 301–302) 1902
17 Das Pfand der Treue. Bürgerliches Schauspiel. 84 S. Wien: Daberkow (= Allgemeine National-Bibliothek 303–304) 1902
18 Das Trauerspiel. Lustspiel. 86 S. Wien: Daberkow (= Allgemeine National-Bibliothek 299–300) 1902
19 Das Schloß der Frevel. Roman. Hg. K. Rosner. 2 Bde. 313, 250 S. Lpz, Bln: Seemann 1904
20 Fünfzig Feuilletons. Mit einem Präludium in Versen. 438 S. m. Bildn. Wien: Daberkow 1905
21 Dramen. 5 Bde. 446 S., 1 Faks. Wien: Daberkow 1907
22 Novellen. 12 Bde. 615 S., 2 Bildn. Wien: Daberkow 1907
   (Verm. Neuausg. v. Nr. 11)
23 Über das antik und modern Tragische. Acht Vorlesungen. Aus dem Nachlaß hg. O. E. Deutsch. 65 S. Mchn, Wien: Amalthea-V. 1910
24 Gesammelte Werke. Hg. O. E. Deutsch. Bd. 1. 2. 4. 5. 4 Bde. Mchn: Müller 1910–1914
25 Die deutsche Schillerstiftung. Aufsätze, Literaturberichte und Gutachten. Hg. O. E. Deutsch. 91 S. Mchn: Müller 1912

KUGLER, Franz (+F. Th. Erwin) (1808–1858)

1 Denkmäler der bildenden Kunst des Mittelalters in den Preußischen Staaten. 1 Bl., 8 Taf. 2⁰ Bln: Reimer 1830
2 Skizzenbuch. IV, 168, 16 S. m. Abb., Titelku. u. Musikanh. Bln: Reimer 1830
3 Architektonische Denkmäler. 2 Bde. Bln: Sachse 1831
4 Legenden. 35 S. m. Titelku. 12⁰ Bln: Petsch (1831)
5 De Werinhero ... 58 S. m. Taf. Bln: Gropius 1831

6 *(MV) (F. K. u. R. Reinick:) Liederbuch für deutsche Künstler. 304 S. m. Titelku. Bln: Vereinsbuchh. 1833
7 (Hg.) Museum. Blätter für bildende Kunst. 3 Bde. Bln: Gropius 1833–1835
8 Die Bilderhandschrift der Eneidt, in der Königl. Bibliothek zu Berlin befindlich. M. Taf. Bln (1834)
9 Von den ältesten Kunstbildungen der Christen. 13 S. Bln (o. Verl.) 1834
10 Über die Polychromie der griechischen Architectur und Sculptur und ihre Grenzen. 75 S. m. Abb. 4° Bln: Gropius 1835
11 Handbuch der Geschichte der Malerei, von Constantin dem Großen bis auf unsere Zeit. 2 Bde. 25, 25$^{1}/_{2}$ Bg. Bln: Duncker & Humblot 1837
12 †Der letzte Wendenfürst. Novelle aus den Zeiten der Gründung Berlins. 2 Bde. 195, 191 S. 12° Bln: Duncker 1837
13 Beschreibung der Kunst-Schätze von Berlin und Potsdam. 2 Bde. 21$^{3}/_{4}$, 21 Bg. Bln: Heymann 1838
14 Gedichte. VIII, 263 S. Stg, Tüb: Cotta 1840
15 Geschichte Friedrichs des Großen. Gezeichnet von Adolph Menzel. VIII, 625, 2, VIII S. m. Abb. Lpz: Weber 1840
16 Pommersche Kunstgeschichte. Nach den erhaltenen Monumenten dargestellt. 18$^{1}/_{2}$ Bg., 1 Abb. Stettin: Nicolai 1840
17 Handbuch der Kunstgeschichte. 59 Bg. Stg: Ebner & Seubert 1841
18 Über Ferdinand Kobell und seine Radirungen. 2 Bl., 12 Abb. Stg: Göpel 1842
19 Karl Friedrich Schinkel. Ein Charakteristik seiner künstlerischen Wirksamkeit. 9$^{1}/_{2}$ Bg., 1 Bildn. Bln: Gropius 1842
20 Vorlesung über die Systeme des Kirchenbaues. 23 S., 1 Taf. Bln: Ernst 1843
21 Das römische Denkmal zu Igel. (S.-A.) 5$^{1}/_{4}$ Bg., 1 Taf. Trier: Lintz 1846
22 Über die Anstalten und Einrichtungen zur Förderung der bildenden Künste … in Frankreich und Belgien. IV, 90 S. Bln: Reimarus 1846
23 Vorlesungen über das historische Museum Versailles … 23 S. Bln: Reimarus 1846
24 Handbuch der Geschichte der Malerei … Bearb. unter Mitwirk. J. Burckhardt. 2 Bde. XIV, 661; VIII, 659 S. Bln: Duncker & Humblot 1847 (Verb. u. verm. Neuaufl. v. Nr. 11)
25 Über die Kunst als Gegenstand der Staatsverwaltung. 56 S. Bln: Reimarus 1847
26 Der Doge von Venedig. 122 S. m. Musikbeil. Bln: Decker 1849
27 Zur Erinnerung an Julius Eduard Hitzig. (S.-A.) 16 S. Bln: Decker 1849
28 Jacobäa. Ein Trauerspiel in fünf Aufzügen. VIII, 184 S. Stg: Ebner & Seubert 1850
29 Und doch! 24 S. Bln: Decker 1850
30 Die Fornarina. 22 S. 16° Stg: Ebner & Seubert 1851
31 Drei Schreiben über Angelegenheiten der Bühne. 30 S. Bln: Ernst (1851)
32 Belletristische Schriften. 8 Bde. m. Musikbeil. Stg: Ebner & Seubert 1851–1852
    Hans von Baisen. Trauerspiel. 154 S.
    Doge und Dogaressa. Trauerspiel. 192 S.
    Die tatarische Gesandtschaft. Schauspiel. 184 S.
    Pertinax. Trauerspiel. 188 S.
    Kleine Dramen. 208 S.
    Jacobäa. Trauerspiel. 184 S.
    Erzählungen. 2 Bde. 334 S.
    (Enth. u. a. Nr. 28)
33 (Bearb.) J. Gailhabaud: Denkmäler der Baukunst aller Zeiten und Länder. 4 Bde. Hbg: Meissner 1852
34 Liederhefte. 5 H. 80 S. m. Ku. 4° Stg: Ebner & Seubert 1852–1853
35 Kleine Schriften und Studien zur Kunstgeschichte. 3 Tle. m. Abb. Stg: Ebner & Seubert 1853–1854
36 (MH) Argo. Belletristisches Jahrbuch für 1854. Hg. Th. Fontane u. F. K. VI, 370 S. Dessau: Katz 1854
37 Geschichte der Baukunst. 3 Bde. Stg: Ebner & Seubert 1855–1873

38 (Hg.) J. Caveda: Geschichte der Baukunst in Spanien. Übs. P. Heyse. 294 S. m. Abb. Stg: Ebner & Seubert 1858
39 Erzählungen. 2 Bde. 423 S. Stg: Ebner & Seubert 1859
   (Erw. Ausg. e. Ausz. a. Nr. 32)
40 Grundbestimmungen für die Verwaltung der Kunstangelegenheiten im preußischen Staate. Entwurf. 60 S. Bln: Schroeder 1859

KUHLMANN, Quirinus (1651–1689)

1 Unsterbliche Sterblichkeit das ist Hundert Spielersinnliche Grabeschrifften. 54 S. Liegnitz: Cundisius 1668
2 Entsprossende Teutsche Palmen Des Durchlauchtigsten und Welt-beruffenen Palmen-Ordens ... 20 S. 2⁰ Oels: Güntzel 1670
3 (Übs.) Herrn Georgens von Schöbel und Rosenfeld ... Des weit-berühmten Himlisch-Gesinntens Hermathena Peregrinatium Oder Weg-weiser der Reisenden ... Mit Hoch-teutscher Zunge nachgesprochen. 8 S. 2⁰ Jena: Müller 1671
4 Himmlische Libes-Küsse, über die fürnemsten Oerter der Hochgeheiligten Schrifft ... 72 S. Jena: Müller 1671
5 Schreiben an den Wol-ädlen Gestrengen und Hochbenamten Herrn George von Schöbel und Rosenfeld ... 12 S. 2⁰ Jena: Bauhofer 1671
6 Unsterbliche Sterblichkeit Oder Hundert Spiel-ersinnliche Virzeilige Grabeschrifften. 64 S. Jena: Müller 1671
   (Bearb. v. Nr. 1)
7 Lehrreiche Weißheit- Lehr- Hof- Tugend-Sonnenblumen Preißwürdigster Sprüche, ergetzlichster Hofreden, sinnreichester Gleichnüsse, zirlicher Andenkungsworte, und seltener Beispile ... ausgesamlet und verfertiget an ... George von Schöbel und Rosenfeld, den Himlischgesiñt. 16 Bl., 624, 96 S. Jena: Müller 1671
8 Der hohen Weißheit fürtreffliche Lehr-Hoff, in sich haltend schöne Tugendblumen, Geistlicher und Weltlicher Moral Discursen. 754 S. Jena: Steinmann 1672
   (Titelaufl. v. Nr. 7)
9 Lehrreicher Geschicht-Herold Oder Freudige und traurige Begebenheiten Hoher und Nidriger Personen ... Ausgesendet an einen Hoch-Ädlen Gestrengen Rath der Kaiserl. und Königlichen Hauptstad Breslaw. 84 Bl., 508 (r. 608), 146 S. Jena: Meuer 1673
10 (Bearb.) Jacob Behmens Duytschen Propheets Hondert en viftig Propheceyen en Openbaringen Van de gulde Lelyen- en Roosen-Tyt. Of de Glorieuse Monarchi Jesu Zijnde het XV. Capitt. Des Nieubegeesteden Behmens Qu. K. 112, 64 S. Leiden: de Haes 1674
11 Epistola De Arte Magna Sciendi Sive Combinatoria è Lugduno-Batava Romam transmissa ... 12 S. 2⁰ o. O. (1674)
12 Epistolae Duae, Prior De Arte magnâ Sciendi sive Combinatoriâ, Posterior De Admirabilibus quibusdam Inventis; è Lugduno-Batavâ Romam transmissae com Responsoria Viri in Orbe terrarum quadripartito celeberrimi AthanasI Kircheri. 52 S. 12⁰ Leiden: de Haes 1674
   (Enth. u. a. Nr. 11)
13 Neubegeisterter Böhme, begreiffend Hundert funfzig Weissagungen mit der Fünften Monarchi oder dem Jesus Reiche des Holländischen Propheten Johan Rothens übereinstimmend ... 32 Bl., 415 S. Leiden: de Haes 1674
14 Prodromus quinquennii ... scriptus ... ad virum dei Johannem III. 44 S. Leiden: de Haes 1674
15 Qu.K. Quinarii Theosophicae Epistolae Leidenses Miscellaneaeque Cum Responsoris Johannis III. Zachariae Filii ... 48 S. Groningen: Barlinck-Hoff 1675
16 Funffzehn Gesänge. 2 Bl., 43 S. Bromly: Boo 1677
17 Qu.K. Christiani Epistolarum Londinensium Catholica ... 62, 10 S. Rotterdam: Petrus à Wijnbrugge 1679
18 Quinarius seiner Schleudersteine wider den Goliathen aller Geschlechter, Völker, Zungen ... 24 S. Amsterdam 1680

19 Pariserschreiben an Hr. Johannes Rothe, Fr. Tanneke von Schwindern ... 36 S. Amsterdam: Selbstverl. 1680
20 Historisches Gesangbuch ... 532 S. Schleusingen 1681
21 Kircheriana de arte magna sciendi ... 48 S. London: Gain 1681
22 Des Christen Jesuelitens Lutetier- oder Pariser-schreiben. 122 S. London: Gain 1681
23 Responsoria De Sapientiâ Infusâ Adamaea, Salomonaeaque, circa Februarium 1676. è Lubeca Romam scripta Ad Athanasivm Kircherum. 64 S. London: Gain 1681
24 Cyrus Refrigeratorius Jerusalemitanus De Magnalibus Naturae, ultimo aevo reservatis, Ad Adeptos Magosque Orbis Terrarum. 16 S. m. Ku. London: Gain 1682
25 Qu.K. Jesuelitae Constantinopolitana de Conversione Turcarum ... 16 S. London: Gain 1682
26 Mysterium viginti unarum Septimanarum Kotterianarum ... 16 S. London: Gain 1682
27 Salomon A Kaiserstein Cosmopolita De Monarchia Jesuelitica, Ultimo aevo reservata. Ad Politicos Aulicosque Orbis Terrarum. 16 S. London 1682
28 Heptaglotta operum juvenilium. 4 Tle. o. O. (1683)
29 Testimonia Humana. 4, 46 S. London: Gain 1683
30 Der Kühlpsalter Oder Di Funffzehngesaenge. 3 Tle. 207, 1; 71, 1; 44, 6 S. m. Ku. 12° Amsterdam: Barent Janß Vogt 1684–1686
     (Enth. u. a. Nr. 16)
31 Wesentlicher Kühlpsalter das Wunder der Welt. 120 S. 12° Amsterdam 1686
     (zu Nr. 30)
32 Ein und zwanzigstes Kühl-Jubel Auß seinem Kühl-Salomon An Seine Chur-Printzliche Durchlaughtigkeit zu Brandenburg. 4 S. 2° Amsterdam: Luppius 1687
     (zu Nr. 30)
33 Drei und Zwanzigstes Kühl-Jubel Auß dem ersten Buch des Kühl-Salomons An Ihre Czarische Majestäten. 4 S. 2° Amsterdam: Luppius 1687
     (zu Nr. 30)
34 Achtes und Zwanzigstes Kühl-Jubel Auß dem Kühl-Salomon An Seine Königliche Majestät von Schweden. 4 S. 2° Amsterdam: Luppius 1687
     (zu Nr. 30)
35 Hundert ein und Dreißigster Oder ein Pariser Kühl-Psalm Auß dem 9. Buch des Kühl-Psalters An Ludewig den Virzehnden König von Frankreich. 4 S. 2° Amsterdam: Luppius 1687
     (zu Nr. 30)
36 Alckmaraker Slootischer Kühl-Psalm und 7., 10., 19. Kühl-Jubel. 16 S. Amsterdam: Luppius 1687
     (zu Nr. 30)
37 Der 8. Kühlpsalm. 8 S. Amsterdam 1687
     (zu Nr. 30)
38 Weseler Kühlpsalm, eilftes Kühljubel. 12° o. O. 1687
     (zu Nr. 30)
39 Des Kühlpsalters 10. Buch. Amsterdam 1687
     (zu Nr. 30)
40 Rundte Erklaehrung vor den Augen Jehovahs an Friedrich Breckling. (Amsterdam 1688)
41 Berlinische und Amsterdamische KühlJubel. Von Vereinigung des Luther- und Calvinthums. 18 Bl. 2° Amsterdam 1688
     (zu Nr. 30)
42 Zwei Erklährte Berlinische Kühl-Jubel von der Vereinigung des Luther- und Calvinusthums. 80 S. Amsterdam: L. de Haes 1688
     (zu Nr. 30)
43 Goettliche Offenbahrung oder Geschicht im 1674 Christjahre im Christmonath 1675 Geschriben, 1676 gemein gemacht. 32 S. Amsterdam: Selbstverl. 1688
44 Sechstes Pariserschreiben An Herrn Albert Otto Fabern, Koeniglichen Englischen Medicum. 40 S. Amsterdam: Selbstverl. 1688
45 Widerlegte Breklings worte aus zweyen Briefen an Andreas Luppius gezogen ... 24 S. Amsterdam: Luppius 1688

Kurz, Felix Joseph (gen. Bernardon) (1715–1784)

1 ★Der sich wider seinen Willen taub und stumm stellende Liebhaber ... Lustspiel. 18 Bl. Wien: Ghelen 1755
2 Eine neue Tragoedia, betitelt: Bernardon, die getreue Prinzeßin Pumphia, und HannsWurst der tyrannische Tartar-Kulikan. Nebst einer Kinder-Pantomime, betitelt: Kolekin, der glücklich gewordene Bräutigam. o.O. 1756
3 ★HansWurst. Ein Lustspiel in einem Aufzuge. 52 S. Preßburg: Landerer 1761
4 ★Die Hofmeisterinn. Wien 1764
5 ★Bernardon oder Der ohne Holz verbrannte Zauberer. Wien 1770
6 ★Ein neues pantomimisches Singspiel ...: Die Herrschaftskuchel auf dem Lande mit Bernardon dem dicken Mundkoch oder Die versoffenen Köche und die verliebten Stubenmädel. 18 S. Wien: Trattner 1770
7 ★Die Judenhochzeit oder Der krumme Teufel. Wien 1770
8 ★La serva padrona ... 131 S. Wien: Trattner 1770
9 ★Asmodeus, oder Der krumme Teufel. Wien 1771 (zu Nr. 7)
10 ★Die dankbare Fee ... Wien 1771
11 ★Paris und Helena. 48 S. Wien: Trattner 1771
12 ★Der unruhige Reichthum. 76 S. Wien: Trattner (1771)
13 ★Arlequins Geburt. Wien (1772)
14 ★Neue Comödie ... die Macht der Elemente oder ... 17 Bl. Wien: Ghelen (1772)
15 Prinzessin Pumphia und Hanswurst Kulican. Eine komische Tragödie. Zwei alte Wiener Possen zur Ergötzlichkeit auf's Neue publicirt. 124 S. 16⁰ Stg: Scheible 1856
   (Neuaufl. v. Nr. 2)

Kurz (bis 1848 Kurtz), Hermann (1813–1873)

1 (Übs.) Ausgewählte Poesien von Lord Byron, Thomas Moore, Walter Scott und Andern in teutschen Übertragungen. Reutlingen: Fischer 1832
2 ★Fausts Mantelfahrt. 32 S. 16⁰ o.O. (1834)
3 (Hg.) G. R. Widmann: Das ärgerliche Leben und schreckliche Ende des vielberüchtigten Erz-Schwarzkünstlers Johannes Fausti. 237 S., 2 Bl. m. Titelb. Nachgelassene Studenten-Novelle. Reutlingen: Kurtz 1834
4 (Übs.) M. de Cervantes Saavedra: Die vorgebliche Tante. Stg: Hallberger 1836
5 Gedichte. 204 S., 2 Bl. Stg: Hallberger 1836
6 Genzianen. Ein Novellenstrauß. VII, 385 S. Stg: Erhard 1837
7 Dichtungen. 256 S. Pforzheim: Dennig & Finck 1839
8 (Übs.) Ariosts Rasender Roland. 3 Bde. m. Abb. 16⁰ Stg: Hoffmann 1840–1841
9 Heinrich Roller oder Schillers Heimatjahre. Vaterländischer Roman. 3 Thle. 404, 4; 440; 551 S. m. Abb. Stg: Franckh 1843
10 (Übs.) F. R. de Chateubriand: Ausgewählte Werke. 12 Bde. Ulm: Stettin (Thl. 3 auch Heerbrandt & Thämel) 1844–1846
11 (Übs.) Gottfried von Straßburg: Tristan und Isolde. XIV, 595 S. Stg: Rieger 1844
12 (Übs.) Th. Moore: Das Paradies und die Peri. Mit einem Anhang Byron'scher Lieder. 16⁰ Stg: Becher 1844
13 Die Fragen der Gegenwart und das freye Wort. 324 S. 16⁰ Ulm: Heerbrandt & Thämel 1845
14 Wenn es euch beliebt: Der Kampf mit dem Drachen. Ein Ritter- und Zaubermärchen. 61 S., 1 Bl. Stg, Cannstatt: Becher & Müller 1845
15 Deutschland und seine Bundesverfassung. Augsburg 1848
16 Der Sonnenwirt. VII, 508 S. Ffm: Meidinger 1854
17 Der Weihnachtfund. 256 S. 16⁰ Ffm: Bln: Grote (= Unter dem Tannenbaum. Weihnachtgabe für 1855) 1856

18 Erzählungen. 3 Bde. 959 S. 16° Stg: Franckh 1858–1861
19 Erzählungen, Umrisse und Erinnerungen. 307 S. 16° Stg: Franckh 1861 (Bd. 3 v. Nr. 18)
20 (MV) L. Weißer: Lebensbilder aus dem klassischen Altertum. Text H. K. 392 S., 44 Abb. 2° Stg: Nitzschke 1864
21 (Übs.) M. de Cervantes Saavedra: Zwischenspiele. 185 S. Hildburghausen: Bibl. Inst. (= Bibliothek ausländischer Klassiker in deutscher Übertragung; = Spanisches Theater 2) 1868
22 Zu Shakespeares Leben und Schaffen. 155 S. Mchn: Merhoff (= Streifzüge in Literatur und Geschichte) 1868
23 (MH) Deutscher Novellenschatz. Hg. H. K. u. P. Heyse. 21 Bde. Mchn: Oldenbourg 1871–1875
24 Aus den Tagen der Schmach. Geschichtsbilder aus der Mélaczeit. 256 S. Stg: Kröner 1871
25 (MH) Novellenschatz des Auslandes. Hg. H. K. u. P. Heyse. 7 Bde. Mchn: Oldenbourg 1872–1873
26 Gesammelte Werke. Hg. P. Heyse. 10 Bde. 2236 S. Stg: Kröner 1874
27 (MV) Briefwechsel zwischen Hermann Kurz und Eduard Mörike. Hg. J. Baechtold. 172 S. Stg: Kröner 1885
28 Gesammelte kleinere Erzählungen. Einl. H. Fischer. 4 Tle. in 1 Bde. 661 S. Lpz: Hesse 1904
29 Sämtliche Werke in zwölf Bänden. Hg., Einl. H. Fischer. 12 Bde. 2075 S. m. Bildn. u. Faks. Lpz: Hesse 1904
30 Lisardo. Roman. Hg., Nachw. H. Kindermann. 180 S. Stg: Strecker & Schröder 1919

Kurz, Isolde (1853–1944)

1 (Übs.) G. Verga: Ihr Gatte, Roman. 142 S. Stg. Engelhorn (= Engelhorn's allgem. Romanbibliothek) 1885
2 Gedichte. IX, 208 S. Frauenfeld: Huber u. Stg: Göschen 1888
3 Florentiner Novellen. 359 S. Stg: Göschen 1890
4 Phantasieen und Märchen. 164 S. 12° Stg: Göschen 1890
5 Gedichte. 254 S. Stg: Göschen 1891 (Verm. Neuaufl. v. Nr. 2)
6 Italienische Erzählungen. 300 S. Stg, Lpz: Göschen 1895
7 Von dazumal. Erzählungen. 255 S. Bln: Paetel 1900
8 Unsere Carlotta. Erzählung. 82 S. 12° Lpz, Stg: Cotta 1901 (Ausz. a. Nr. 6)
9 Frutti di mare. Zwei Erzählungen. 100 S. Lpz, Stg: Cotta 1902
10 Genesung. Sein Todfeind und Gedankenschuld. Erzählungen. 232 S. Lpz, Stg: Cotta 1902
11 Die Stadt des Lebens. Schilderungen aus der florentinischen Renaissance. 288 S., 14 Taf. Lpz, Stg: Cotta 1902
12 (Hg., Vorw.) Edgar Kurz: Gedichte. XXI, 87 S. Stg: Cotta 1904
13 Neue Gedichte. 186 S. Stg: Cotta 1905
14 Im Zeichen des Steinbocks. Aphorismen. 287 S. Mchn: Müller 1905
15 Hermann Kurz. 346 S., 9 Bildn., 1 Faks. Mchn: Müller 1906
16 Lebensfluten. Novellen. 238 S. Stg: Cotta 1907
17 Die Kinder der Lilith. Gedicht. 80 S. Stg: Cotta 1908
18 Florentinische Erinnerungen. 390 S. Mchn: Müller 1910
19 Wandertage in Hellas. XIII, 249 S., 47 Taf. Mchn: Müller 1913
20 Die Humanisten. Aus den „Florentiner Novellen". Einf. H. Mörtl. 88 S. Wien: Manz (= Neuere Dichter für die studierende Jugend 61) 1914 (Ausz. a. Nr. 3)
21 Cora und andere Erzählungen. 212 S. Mchn: Müller 1915
22 Schwert aus der Scheide. Gedichte. 96 S. Heilbronn: Salzer 1916
23 Aus meinem Jugendland. 264 S. Stg: Dt. Verl.-Anst. 1918
24 Deutsche und Italiener. Ein Vortrag. 32 S. Stg: Dt. Verl.-Anst. 1919
25 Traumland. 131 S. Stg: Dt. Verl.-Anst. 1919
26 Legenden. 198 S. Stg: Dt. Verl.-Anst. 1920

27 Die Gnadeninsel. Legende. 100 S., 4 Abb. Heilbronn: Seifert (= Domina-Druck 3) 1921
28 Nächte von Fondi. Eine Geschichte aus dem Cinquecento. V, 259 S. Mchn: Beck 1922
29 Die Liebenden und der Narr. Eine Renaissance-Novelle. 127 S. Nürnberg: Schrag (= Nürnberger Liebhaber-Ausgaben 2) 1924
30 Vom Strande. Novellen. 101 S. Heilbronn: Salzer (= Salzers Taschenbücherei) 1924
31 Der Caliban. Roman. 196 S. Nürnberg: Schrag 1925
32 Der Despot. Roman. 190 S. Mchn: Müller 1925
33 Die Vermählung der Toten. 92 S. Stg: Fleischhauer & Spohn (= Kristall-Bücher) (1925)
(Ausz. a. Nr. 3)
34 Gesammelte Werke. 6 Bde. Mchn: Müller 1925
35 (Hg., Einl.) Hermann Kurz: Innerhalb Etters. Erzählungen. XV, 374 S. Tüb: Wunderlich (1926)
36 Leuke. Ein Geisterspiel. 47 S. Mchn: Müller (200 num. u. sign. Ex.) 1926
37 Meine Mutter. 83 S. Tüb: Wunderlich (1926)
38 Der Caliban und andere Erzählungen. 201 S. Stg: Dt. Verl.-Anst. 1927
(Enth. u. a. Nr. 31)
39 Die Stunde des Unsichtbaren. Seltsame Geschichten. 256 S. Lpz: Grethlein 1927
40 Der Ruf des Pan. Zwei Geschichten von Liebe und Tod. 143 S. Tüb: Wunderlich (1928)
(Enth. Ausz. a. Nr. 6)
41 Aus frühen Tagen. 108 S. Bln: Verl. Die Brücke (= Unsere deutschen Erzähler, Reihe 4, Gabe 1) 1928
42 Ein Genie der Liebe. Dem toten Freunde zur Wohnstatt. 173 S. Tüb: Wunderlich (1929)
43 Das Leben meines Vaters. XI, 256 S. Tüb: Wunderlich (1929)
(Neuaufl. v. Nr. 15)
44 Die goldenen Träume. Ein Märchen. 32 S. m. Abb. Ffm: Diesterweg (= Kranz-Bücherei, H. 52) 1929
(Ausz. a. Nr. 4)
45 Die Allegria und anderes. Hg., eingel. M. Roseno. 54 S. Lpz: Quelle & Meyer (= Deutsche Novellen des neunzehnten und zwanzigsten Jahrhunderts 51) (1931)
46 Der Meister von San Francesco. Buch der Freundschaft. 117 S. Tüb: Wunderlich 1931
47 Vanadis. Der Schicksalsweg einer Frau. Roman. 639 S. Tüb: Wunderlich 1931
48 Werthers Grab. Erzählung. 71 S. Bln: Warneck 1932
(Ausz. a. Nr. 7)
49 Gedichte. Aus dem Reigen des Lebens. 187 S. Tüb: Wunderlich 1933
50 Jugendsehnen. 31 S. Bln: Hillger (= Deutsche Jugendbücherei 446) (1933)
(Ausz. a. Nr. 21 u. 23)
51 Die Nacht im Teppichsaal. Erlebnisse eines Wanderers. 210 S. Tüb: Wunderlich 1933
52 Die Pilgerfahrt nach dem Unerreichlichen. Lebensrückschau. 698 S. Tüb: Wunderlich 1938
53 Das Haus des Atreus. 125 S. Tüb: Wunderlich 1939
54 Singende Flamme. Gedichte. 56 S. Tüb, Stg: Wunderlich (1948)

Kusenberg, Kurt (+Simplex, Hans Ohl) (*1904)

1 +A propos: Das komplizierte Dasein. 53 S. Bln: Weltkunst-V. (1932)
2 La Botella und andere seltsame Geschichten. 227 S. Stg: Rowohlt 1940
3 Der blaue Traum und andere sonderbare Geschichten. 281 S. Stg, Hbg, Baden-Baden: Rowohlt (1942)
4 Das Krippenbüchlein. 79 S. Stg: Hatje 1949
5 (Übs.) J. Prévert: Gedichte und Chansons. 112 S. Stg, Hbg, Baden-Baden: Rowohlt (1950)

6 (Vorw.) J. Effel: Die Erschaffung der Welt. In vierundachtzig Bildern für fröhliche Erdenbürger. Vorw. u. Übs. d. Unterschriften: K. K. 74 Bl., 84 Abb. Hbg: Rowohlt 1951
7 Die Sonnenblumen und andere merkwürdige Geschichten. 150 S. Hbg: Rowohlt 1951
8 (Vorw.) J. Effel: Als die Tiere noch sprachen. Ein Bilderbuch für die Jugend von acht bis achtzig Jahren. Vorw. u. Übs. d. Unterschriften: K. K. 78 Bl. m. Abb. Hbg: Rowohlt (= rororo-Taschenbuch-Ausgabe 73) 1953
9 (Vorw.) J. Effel: Der kleine Engel. 54 Bl. m. Abb. Hbg: Rowohlt 1953
10 (Einl.) W. Gilles: Bilder aus Ischia. 10 S., 12 Taf. Baden-Baden: Klein (= Der silberne Quell 8) 1953
11 (Einl.) (P. Picasso:) Picasso. Sechsundvierzig Lithographien. 15 S. m. Abb., 23 Bl. Abb. Mchn: Piper 1953
12 (Vorw.) O. Jacobsson: Adamsson. Einundfünfzig Bildgeschichten. 111 ungez. Bl. m. Abb. Hbg: Rowohlt (= rororo-Taschenbuch-Ausgabe 108) 1954
13 Mal was andres. Eine Auswahl seltsamer Geschichten. 155 S. Hbg: Rowohlt (= rororo-Taschenbuch-Ausgabe 113) 1954
14 (Vorw.) J. Effel: Die Erschaffung des Menschen. In vierundfünfzig Bildern für Adams Nachkommen. Dt. Texte: H. M. Ledig-Rowohlt. 56 Bl., 54 Abb. Hbg: Rowohlt 1955
15 Mit Bildern leben. Siebenundzwanzig Kapitel über Malerei und Malen. 127 S., 84 Abb. 4 Taf. Mchn: Piper 1955
16 (MH, Einl.) Lob der Faulheit. Ein Almanach für Manager und solche, die es nicht werden wollen. Eingelobt v. K. K. Ges. u. zsgest. unter Mitwirkung v. O. C. H. Schrader. 40 Bl. m. Abb. Ffm: Bärmeier & Nickel (= Die Schmunzelbücher) 1955
17 Wein auf Lebenszeit und andere kuriose Geschichten. 154 S. Hbg: Rowohlt 1955
18 †(Hg.) (H. Ohl:) Lob des Bettes. Eine klinophile Anthologie. Mit vielen Bett-Geschichten und schönen Bettgedichten. 179 S., 26 Abb. Hbg: Rowohlt 1956
19 Wo ist Onkel Bertram? Geschichten. Nachw. F. Luft. 76 S. Stg: Reclam (= Reclam's UB. 8013) 1956
20 Das vergessene Leben. 125 S. Gütersloh: Bertelsmann Lesering (= Kleine Lesering-Bibliothek 12) (1958)
21 (Hg.) rowohlts monographien. Hbg: Rowohlt 1958 ff.
22 (Vorw.) J. Effel: Die Erschaffung Evas. In vierundsechzig Bildern für ihre Nachkommen. Dt. Text M. Peters u. H. M. Ledig-Rowohlt. 35 Bl. Abb. m. Text: Hbg: Rowohlt 1960
23 Nicht zu glauben. Eine Auswahl kurioser Geschichten. 154 S. Hbg: Rowohlt (= rororo-Taschenbuch 363) 1960
24 Im falschen Zug und andere wunderliche Geschichten. 166 S. Hbg: Rowohlt 1960

KUTZLEB, Hjalmar (1885–1959)

1 Landfahrerbuch. 78 S. m. Abb. Lpz: Matthes (= Zweifäusterdruck 63) 1921
2 Der Zeitgenosse mit den Augen eines alten Wandervogels gesehen. V, 124 S. m. Abb. 4° Lpz: Matthes (= Zweifäusterdruck 100) 1922
3 Die Söhne der Weißgerberin. Roman. V, 333 S. m. Abb. Bln: Grote (= Grote'sche Sammlung von Werken zeitgenössischer Schriftsteller 163) 1925
4 Die Hochwächter. Ein Zeitroman. 294 S. Hbg: Hanseat. Verl.-Anst. (1927)
5 Mord an der Zukunft. III, 185 S. m. Abb. Bln: Widerstands-V. 1929
6 Steinbeil und Hünengrab. Deutschland in der Vorgeschichte. 218 S., 28 Abb. Hbg: Hanseat. Verl.-Anst. 1929
7 Schule und Erziehung. 15 S. Hbg: Deutschnationaler Handlungsgehilfen-Verband (= Stoffsammlung für die volksbürgerliche Arbeit, H. 111 b) 1931
8 Haus der Genesung. Sanatoriums-Roman. 267 S. Braunschweig: Westermann 1932
9 Die Hans Breuer-Jugendherberge in Schwarzburg im Thüringer Wald.

19 S. m. Abb. Weimar: Gau Thüringen im Reichsverband für deutsche Jugendherbergen 1933
10 Morgenluft in Schilda. Roman einer kleinen Stadt. 396 S. Braunschweig: Westermann 1933
11 Was der Spaten von der deutschen Vorzeit erzählt. Aufsätze zur deutschen Vorgeschichte. 56 S. Bielefeld: Velhagen & Klasing (= Deutsche Lesebogen 165) 1933
12 Der erste Deutsche. Roman Hermanns des Cheruskers. 578 S. Braunschweig: Westermann 1934
13 Speerkampf und Jagdzauber. Erzählungen aus deutscher Vorzeit. 114 S. m. Abb., 6 Taf. Braunschweig: Westermann (= Lebensbücher der Jugend 57) 1934
14 Arminius, Held der Teutoburger Schlacht. 64 S..m. Abb., 4 Taf. Münster: Coppenrath (= Westfalen-Bücher 6) 1935
15 Herzog Sterngucker. Roman. 272 S. Braunschweig: Westermann 1935
16 Steinbeil und Hünengrab. Hausbuch von deutscher Vorgeschichte. 205 S., 28 Abb. Hbg: Hanseat. Verl.-Anst. 1935
17 Dirk Winlandfahrer. 138 S. m. Abb. Braunschweig: Westermann 1936
18 Jost van Loyen. 31 S. Köln: Schaffstein (1936)
19 Ein Paar Reiterstiefel oder Die Schlacht bei Minden. 134 S. m. Abb., 1 Kt. Köln: Schaffstein 1936
20 Die natürliche Tochter. 63 S. Braunschweig: Westermann 1936
21 Der Turm der Zänkischen. Deutsche Geschichten. Eingel., hg. K. Plenzat. 67 S. Lpz: Eichblatt (= Eichblatt's deutsche Heimatbücher 86–87) (1936)
22 Von Heerkönigen und Heerfahrten der Germanen. 63 S. m. Abb. Köln: Schaffstein (= Schaffsteins blaue Bändchen 235) 1937
23 Das ewig närrische Herz. Erzählungen. 234 S. Bln: Reichel 1937
24 Der Raub des heiligen Hammers. 183 S. m. Abb. Köln: Schaffstein 1937
25 Das letzte Gewehr. 212 S. Bln: Reichel (1938)
26 Meister Johann Dietz, der abenteuerliche Feldscher und Barbier. 135 S. m. Abb. Köln: Schaffstein 1938
27 Bernger und Albheide. Abenteuerliche Geschichte von Göttern und Menschen. 183 S. m. Abb. Köln: Schaffstein (1939) (Neuausg. v. Nr. 24)
28 Grimmensten. Roman. 313 S. Braunschweig: Westermann 1939
29 (Hg.) F. v. Schiller: Die Jungfrau von Orleans. 123 S. Köln: Schaffstein (= Deutsche Dichtung) 1939
30 (Hg.) F. v. Schiller: Kabale und Liebe. 103 S. Köln: Schaffstein (= Deutsche Dichtung) 1939
31 (Hg.) F. v. Schiller: Die Räuber. 127 S. Köln: Schaffstein (= Deutsche Dichtung) 1939
32 (Hg.) F. v. Schiller: Maria Stuart. 135 S. Köln: Schaffstein (= Deutsche Dichtung) 1939
33 (Hg.) F. v. Schiller: Wilhelm Tell. 111 S. Köln: Schaffstein (= Deutsche Dichtung) 1939
34 (Hg.) F. v. Schiller: Wallenstein. 2 Bde. 139, 143 S. Köln: Schaffstein (= Deutsche Dichtung) 1939
35 Die Teufelsmüller. Zweierlei Leute Schicksal. 159 S. m. Abb. Köln: Schaffstein 1939
36 Zeitgenosse Linsenbarth. Roman. 361 S. Braunschweig: Westermann (1940)
37 (Hg.) G. Freytag: Bilder aus germanischer Zeit. 80 S. m. Abb. Köln: Schaffstein (= Grüne Bändchen 86) 1941
38 Fritz Vorchtenit. Die Geschichte einer Jugend. 159 S. m. Abb. Köln: Schaffstein 1941
39 Pfingstweide. Roman. 311 S. Braunschweig, Bln, Hbg: Westermann 1942
40 Der Liebenborn. 31 S. Gütersloh: Bertelsmann 1943
41 Die abenteuerliche Reise Ferdinand Bittenbübels. 219 S. m. Abb. Köln: Schaffstein 1943
42 Der Ritt nach Ohrdruf. 102 S. m. Abb. Bln: Schmidt (= Die neue Lese) 1943
43 Der Seeräuber. Zwei Erzählungen. 78 S. Bln: Reichel (1944) (Ausz. a. Nr. 23)
44 (Hg.) J. W. v. Goethe: Götz von Berlichingen mit der eisernen Hand. 135 S. Köln: Schaffstein 1949

45 (Hg.) J. W. v. Goethe: Iphigenie auf Tauris. 82 S. Köln: Schaffstein 1949
46 Das gefroren Hörnlein. Eine alte Geschichte. 59 S. Köln: Schaffstein (= Blaue Bändchen 250) 1949
47 Rabenschanz. 159 S. Köln: Schaffstein 1949
48 Im Bann der Rabenschanz. 159 S. Köln: Schaffstein 1949 (Neuausg. v. Nr. 47)
49 Der Kesselbacher Brautlauf. 106 S. Köln: Schaffstein 1950
50 Die Flucht aus Schwartenberg. 75 S. Köln: Schaffstein (= Blaue Bändchen 262) 1951
51 Geschichtserzählungen. 126 S., 78 Abb. Stg: Klett (= Lebendige Vergangenheit 1) (1952)
52 Von der schwarzen Kunst. 17 S. Düsseldorf: Ehlermann (= Am Puls der Welt 4, 2) 1952
53 Selim, der Goldschmied. Märchen von Morgen und Abend. 73 S. Köln: Schaffstein (= Blaue Bändchen 268) (1952)
54 Mutter Sprache. 24 S. Düsseldorf: Ehlermann (= Am Puls der Welt 4, 1) 1952
55 Die Lücke im Stammbaum oder Creutzberg mit dem Span. Ein humoriger Roman. 173 S. Basel, Thun, Düsseldorf: Ott 1953
56 In der Morgenröte. 106 S. Köln: Schaffstein (1953) (Neuausg. v. Nr. 49)
57 Wanderschaft und Herberge. 28 S. m. Abb. Düsseldorf: Ehlermann (= Am Puls der Welt 9, 3) 1953
58 In den blauen Montag. 115 S. Köln: Schaffstein 1954

KYBER, Manfred (1880–1933)

1 Gedichte. 103 S. 4° Lpz, Bln: Seemann 1902
2 Drei Waldmärchen. 28 S. m. Abb. Lpz, Bln: Seemann 1903
3 Coeur-As. Roman. 159 S. Bln: Krüger 1905
4 (Übs.) J. Taburno: Die Wahrheit über den Krieg! 184 S. Bln: Cronbach 1905
5 Meister Mathias. Dramatisches Gedicht. 59 S. Bln-Charlottenburg: Vita 1906
6 Nordische Geschichten. 141 S. Riga: Jonck 1909
7 Der Schmied vom Eiland. Gedichte. XI, 140 S. Bln-Charlottenburg: Vita 1909
8 Unter Tieren. 246 S. Bln-Charlottenburg: Vita 1912
9 Drei Mysterien. Der Stern von Juda. Die Neunte Stunde. Der Kelch von Avalon. 113 S. Bln-Charlottenburg: Vita 1913
10 Genius astri. Dreiunddreißig Dichtungen. 60 S. Bln: Vita (1918)
11 Das wandernde Seelchen. Der Tod und das kleine Mädchen. Zwei Märchenspiele. 50 S. Heilbronn: Seifert 1920
12 Halbmast geflaggt. Nordische Geschichten. Neue Folge. 223 S. Heilbronn: Seifert 1921 (N. F. v. Nr. 6)
13 Der Königsgaukler. Ein indisches Märchen. 63 S. m. Abb. Freising: Datterer (= Neue Märchenbücher 4) 1921
14 Märchen. V, 176 S. m. Abb. Stg, Heilbronn: Seifert 1921
15 Grotesken. 183 S. Heilbronn: Seifert 1922
16 Im Gang der Uhr. Coeur-As. Zwei Novellen. 230 S. Stg: Union (1922)
17 (Hg.) J. Swift: Gullivers Reisen in unbekannte Länder. Für die reifere Jugend bearb. K. Seifert. Neu durchges. u. hg. M. K. 323 S., zahlr. Abb. Stg: Union (= Klassische Jugendbücher des Union-Verlags) 1922
18 Einführung in das Gesamtgebiet des Okkultismus vom Altertum bis zur Gegenwart. 187 S. Stg: Union 1923
19 (Hg.) E. Th. A. Hoffmann: Nußknacker und Mausekönig. Ein Märchen. 98 S., 4 Taf. 4° Stg: Union (1923)
20 Küstenfeuer. Drama. 91 S. Heilbronn: Seifert 1923
21 Stilles Land. 66 S. Heilbronn: Seifert (1924)
22 (Hg.) Zwölf Legenden des heiligen Franziskus von Assisi und seiner Brüder.

Nach der Florentiner Handschrift übs. G. Kern-Paparella. Für die Jugend ausgew. u. bearb. M. K. 74 S. m. Abb. Stg: Union (= Klassische Jugendbücher des Union-Verlags) (1925)
23 Tierschutz und Kultur. 237 S. Heilbronn: Seifert 1925
24 (MV) (M. K.:) Das Pantoffelmännchen. (– H. Hamel: Mondscheinchen. – J. Siebe: Eichkatzens.) Märchen-Bilderbuch. 26 S., 16 Abb. 4° Stg: Union (= Märchen-Bilderbücher des Union-Verlags) (1926)
25 Unter Tieren. Band 2: Neue Tiergeschichten. 219 S. Lpz: Hesse & Becker (1926)
 (Forts. v. Nr. 8)
26 Der Mausball und andere Tiermärchen. 28 S. m. Abb. 4° Stg: Union (1927)
27 Puppenspiel. Neue Märchen. 221 S. Lpz: Hesse & Becker 1928
28 Das Land der Verheißung. 46 S. Heppenheim: Neusonnefelder Jugend (= Die neue Erde 1) (1929)
29 Die drei Lichter der kleinen Veronika. Der Roman einer Kinderseele in dieser und jener Welt. 270 S. Lpz: Hesse & Becker 1929
30 Tierschutz und Kultur. 287 S. Lpz: Hesse & Becker (1929)
 (Erw. Neuaufl. v. Nr. 23)
31 Neues Menschentum. Betrachtungen in zwölfter Stunde. 190 S. Lpz: Hesse & Becker 1931
32 Gesammelte Tiergeschichten. Unter Tieren und Neue Tiergeschichten. 314 S. Lpz: Hesse & Becker (1934)
 (Enth. Nr. 8 u. 25)
33 Gesammelte Märchen. Märchen, Puppenspiel und Der Königsgaukler. 319 S. Lpz: Hesse & Becker (1935)
 (Enth. Nr. 13, 14, 27)

KYSER, Hans (1882–1940)

1 Der Blumenhiob. Roman. 248 S. Bln: Fischer 1909
2 Einkehr. Lieder und Gedichte. 139 S. Bln: Cassirer 1909
3 Medusa. Tragödie. 158 S. Bln: Fischer 1910
4 Titus und die Jüdin. Tragödie. 101 S. Bln: Fischer 1911
5 Erziehung zur Liebe. Ein ernstes Spiel in vier Akten. 74 S. Bln: Fischer 1913
6 Charlotte Stieglitz. Ein Spiel aus den Dreißigerjahren. 84 S. Bln: Fischer 1915
7 Das Aprikosenbäumchen. Novellen. 160 S. Bln: Fischer 1920
8 (Hg.) Kultur-Bücherei. Bd. 1. 216 S., 109 Abb. 4° Bln: Ill. Filmwoche 1926
9 Das Gastmahl des Domitian. Roman. 235 S. Bln, Lpz: Horen-V. 1929
10 Prozeß Sokrates. Ein Hörspiel in vier Akten. 47 S. Bln: Hobbing (1930)
11 Es brennt an der Grenze. Deutsches Schauspiel. 104 S. Stg: Cotta 1932
12 Rembrandt vor Gericht. Romantische Komödie. 82 S. Bielefeld: Velhagen & Klasing 1933
13 Schicksal um Yorck. Schauspiel. 80 S. Bielefeld: Velhagen & Klasing (1933)
14 Lebenskampf der Ostmark. 267 S. Bielefeld: Velhagen & Klasing 1934
15 Der große Kapitän. Schauspiel. 74 S. Bielefeld: Velhagen & Klasing 1935
16 Schillers deutscher Traum. Ein Volksschauspiel. 63 S. Bielefeld: Velhagen & Klasing (1935)

LAFONTAINE, August Heinrich Julius
(+Gustav Freier, v. Selchow) (1758–1831)

1 *Carl Engelmann. Eine Geschichte in Obersachsen am Schwanze. 2 Bde. Jena: Sollner 1779–1780
2 Befreyung Roms in Dialogen. 2 Thle. Lpz: Göschen 1788
3 Brutus oder die Befreiung Roms. Lpz: Göschen (= Scenen 1) 1788 (Thl. 1 v. Nr. 5)
4 Kleomenes. Lpz: Göschen (= Scenen 2) 1788 (Thl. 2 v. Nr. 5)
5 Scenen. 2 Thle. Lpz: Göschen 1788
6 Die Gewalt der Liebe, in Erzählungen. 4 Thle. Bln: Matzdorff 1791–1794
7 (MV) K. F. Bahrdt, A. H. J. L.: Zeitschrift für Gattinnen, Mütter und Töchter. 12 Stcke. 2 Bde., Halle: Anton 1791
8 Die Gewalt der Liebe, in Erzählungen. 4 Thle. Bln: Matzdorff 1792ff. (Verm. Neuaufl. v. Nr. 6)
9 Museum für das weibliche Geschlecht. 2 Jge. Halle: Franke 1792–1793 (Forts. v. Nr. 7)
10 Moralische Erzählungen. 6 Bde. m. Abb. Bln: Voß 1794–1802
11 Antonie oder das Klostergelübde. Halle: Anton 1795
12 Kleine Erzählungen und Aufsätze. Halle: Franke 1795 (Neuauflage v. Nr. 9)
13 +Leben des Quinctius Heymeran von Flaming. 4 Bde. m. Abb. Bln: Voß 1795–1796
14 *Klara du Plessis und Klairat. Eine Familiengeschichte französischer Emigranten. Von dem Verf. des Rudolph von Werdenberg. 620 S. m. Abb., 1 Taf. Bln: Voß 1795
15 Rudolph von Werdenberg. Eine Rittergeschichte aus den Revolutionszeiten Helvetiens. Bln: Voß 1795
16 Aristomenes und Gorgus. Bln: Voß (= Sagen aus dem Alterthume 1) 1796
17 (MV) K. F. Bahrdt, A. H. J. L.: Kleine Erzählungen und Aufsätze für Gattinnen, Mütter und Töchter. 2 Thle. Halle: Anton 1796 (Neuaufl. v. Nr. 7)
18 Sagen aus dem Alterthume. 2 Thle. 466, 430 S. Bln: Voß 1796–1799
19 +Die Verirrungen des menschlichen Herzens. 2 Thle. Görlitz 1796
20 Familiengeschichten. 12 Bde. m. Abb. Bln: Sander 1797–1804 (Enth. Nr. 21, 27, 35, 36, 40, 42, 47)
21 Die Familie von Halden. 389, 390 S. Ffm (o. Verl). (=Familiengeschichten 1–2). 1797
22 Huldigung beim Regierungsantritt Königs Friedrich Wilhelm III. von Preußen. 14 S. Halle: Schwetschke (1797)
23 Liebe und Dankbarkeit. Eine französische Familiengeschichte. 93 S., 1 Abb. Bln, Lpz (o. Verl.) 1798
24 (MH) Taschenbuch für Damen. Von Huber, A. H. J. L., Pfeffel, J. P. F. Richter u. a. Für das Jahr 1799–1822. 1828–1831. Tüb: Cotta 1798–1830
25 Die Tochter der Natur. Eine Familienscene in drey Aufzügen. 144 S. Bln (o. Verl.) 1798
25 Gemälde des menschlichen Herzens. 15 Thle. m. Abb. Halle, Lpz: Ruff 1799–1809 (Enth. Nr. 29, 32, 33, 59, 65, 66)
27 Herrmann Lange. 2 Bde. 496, 473 S. 2 Abb. Bln: Sander (= Familiengeschichten 4–5) 1799
28 Liebe um Liebe. Eine Erzählung. Mannheim: Löffler 1799
29 Der Naturmensch oder Natur und Liebe. Halle, Lpz: Ruff (= Gemälde des menschlichen Herzens 1) 1799
30 Kleine Romane. Aus Zeitschriften gesammelt. Sammlung 1. Rostock: Stiller 1799

31 Romulus. 430 S. Bln: Voß (= Sagen aus dem Alterthume 2) 1799
32 Rudolph und Julie. 2 Bde. Halle, Lpz: Ruff (= Gemälde des menschlichen Herzens. 5–6) 1799
33 Der Sonderling. 3 Bde. Halle, Lpz: Ruff (= Gemälde des menschlichen Herzens 2–4) 1799
34 Theodor oder Cultur und Humanität. 2 Bde. Bln: Sander 1799
35 Leben eines armen Landpredigers. 2 Bde. m. Abb. 457, 448 S. Bln: Sander (= Familiengeschichten 7–8) 1800
36 Carl Engelmanns Tagebuch. 388 S. Bln: Sander (= Familiengeschichten 6) 1800
37 Henriette Duefort. Bln 1801
38 Mährchen, Erzählungen und kleine Romane. 2 Bde. 358, 338 S. Bln: Sander 1801
39 Kleine Romane und moralische Erzählungen. (Bd. 10–12 u. d. T.: Gesammelte kleine Romane und moralische Erzählungen). 12 Bde. m. Abb. Bln: Sander 1801–1810
40 Saint Julien. 408 S. Bln: Sander 1801
41 Aphorismen und Maximen aus dem Gebiete der Liebe, Freundschaft und praktischen Lebensweisheit. Ges. u. hg. B. W. P. Bln: Polk 1802
42 Henriette Bellmann. Ein Gemählde schöner Herzen. 2 Bde. 406, 398 S. Bln: Sander (= Familiengeschichten 9–10) 1802
43 Fedor und Marie oder Treue bis zum Tode. 394 S. Bln: Sander 1802
44 So geht es in der Welt. 3 Thle. Bln: Sander 1803–1804 (Enth. Nr. 44 u. 45)
45 Der Baron von Bergedorf oder Das Prinzip der Tugend. 291 S., 1 Taf. Bln: Sander (= So geht es in der Welt 1) 1803
46 Eduard und Margarethe oder Spiegel des menschlichen Lebens. 2 Bde. 436, 451 S. Bln: Sander (= So geht es in der Welt 2–3) 1803–1804
47 (MV) A. H. J. L., F. Kind: Makaria, Atalante und Kassandra. Drei Erzählungen. Züllichau 1803
48 Barneck und Saaldorf. 2 Bde. 406, 416 S. Bln: Sander (= Familiengeschichten 11–12) 1804–1805
49 Reisen im Alterthume. Ein Gegenstück zu den Sagen aus dem Alterthume. 2 Thle. m. Abb. Gießen (: Ferber) 1804
50 Sittenspiegel für das weibliche Geschlecht. 6 Thle. Halle: Renger 1804–1811 (Enth. u. a. Nr. 50, 63, 78)
51 Erzählungen aus dem häuslichen Leben. 2 Bde. Halle: Renger (= Sittenspiegel für das weibliche Geschlecht 3–4) 1805
52 Das Haus Bärburg oder Der Familienzwist. 375 S., 1 Taf. Bln: Sander 1805
53 Das Bekenntniß am Grabe. 3 Thle. Halle: Renger 1805
54 Dramatische Werke. Görlitz: Anton 1805
55 Die Familienpapiere oder die Gefahren des Umgangs. 2 Thle. 367, 327 S. Lpz, Bln: Sander 1806
56 Gemähldesammlung zur Veredelung des Familienlebens. 2 Thle. 470 S. Bln: Sander 1806
57 Die Prüfung der Treue oder Die Irrungen. Schauspiel. Görlitz: Anton 1806 (Ausz. a. Nr. 54)
58 Robert und Agnes oder die Herzen ohne Maske. 2 Thle. Zerbst: Füchsel 1806
59 Arkadien. 3 Bde. Halle: Ruff (= Gemälde des menschlichen Herzens 7–9) 1807
60 Kleine Aufsätze für Frauenzimmer. 2 Thle. Gießen: Müller 1807
61 Neueste Erzählungen und kleine Romane. 2 Bde. Bln 1807–1808
62 Fernando Alwarado oder Die Felsenbewohner. 193 S., 1 Taf. Lpz 1807
63 Der Familienehrgeiz. 342 S. Görlitz: Anton 1807
64 Die beiden Bräute. 3 Thle. Bln: Sander 1808–1809
65 Alnie von Riesenstein. 3 Bde. Halle: Ruff (= Gemälde des menschlichen Herzens 10–12) 1808
66 Eduard oder Der Maskenball. 3 Bde. Halle: Ruff (= Gemälde des menschlichen Herzens 13–15) 1809
67 Emma. 2 Thle. 394, 372 S. Bln: Sander 1809
68 Raphael oder Das stille Leben. Halle: Ruff 1809
69 *Die Brautschau. Von dem Verf. des Weibes, wie es ist. 2 Thle. Stg 1810

70 Wenzel Falk und seine Familie. 3 Bde. Bln: Sander 1810
71 Die Gefahren der großen Welt oder Bertha von Waldeck. 2 Thle. Halle: Ruff (= Schilderungen aus dem menschlichen Leben in Erzählungen 1-2) 1810
72 Der Hausvater oder Wie sich das liebt und warum. 3 Thle. Halle: Renger 1810
73 Amalie Horst oder Das Geheimniß glücklich zu werden. 2 Bde. 326, 322 S. Halle: Ruff 1810
74 Schilderungen aus dem menschlichen Leben in Erzählungen. 10 Bde. Halle: Ruff 1810-1819
(Enth. Nr. 71, 79, 81, 93, 95)
75 Das Testament. 3 Thle. Halle: Renger 1810
76 Bertha von Waldeck. 2 Bde. Halle: Ruff 1810
(= Nr. 71)
77 Wenzel Falk. Eine Familiengeschichte. 3 Thle., 3 Taf. Bln: Sander 1811
(Neuaufl. v. Nr. 70)
78 Natur und Kunst oder Graf Hans von Roden. 296 S., 1 Taf. Halle: Renger (= Sittenspiegel für das weibliche Geschlecht 6) 1811
79 Tinchen oder Die Männerprobe. 2 Bde. Halle: Ruff (=Schilderungen aus dem menschlichen Leben in Erzählungen 3-4) 1811
80 Bürgersinn und Familienliebe oder Tobias Hoppe. 3 Bde. Halle: Renger 1812
81 Das Moralsystem oder Ludwig von Eisach. 2 Bde. Halle, Lpz: Ruff (= Schilderungen des menschlichen Lebens 5-6) 1812
82 (MH) A. G. Eberhard, A. H. J. L.: Salina oder Unterhaltungen für die leselustige Welt. 1812, 1-4; 1816, 1-4. Halle: Renger 1812-1816
83 Walther oder Das Kind vom Schlachtfelde. 3 Bde. Halle: Renger 1813
84 Eugenie oder Der Sieg über die Liebe. 3 Thle. Halle: Renger 1814
85 Rosen. Gesammelte Erzählungen. Mannheim: Löffler 1814
86 Kampf mit den Verhältnissen oder Der Unbekannte. 3 Bde. Halle: Renger 1815
87 Der Unbekannte oder Der Kampf mit den Verhältnissen. 3 Bde., 3 Taf. Wien: Haas 1815
(Neuaufl. v. Nr. 86)
88 Er verführt seine eigene Frau. Rectors Minchen. Makaria. Drey kleine Romane. 208 S., 1 Abb. Wien: Haas 1816
89 Ida von Kiburg oder Das Verhängniß. 398 S. Bln: Sander 1816
90 Die Pfarre an der See. 3 Bde. Halle: Renger 1816
91 Agathe oder Das Grabgewölbe. 3 Thle., 3 Abb. Lpz: Fleischer (auch Wien: Haas) 1817
92 Das heimliche Gericht des Schicksals oder Rosauna. 3 Thle, 3 Taf. Halle: Renger 1817
93 Isidore oder Die Waldhütte. 2 Bde. 308, 396 S., Halle: Ruff (= Schilderungen aus dem menschlichen Leben in Erzählungen 7-8) 1817
94 Reinhold. 3 Thle. Halle: Renger 1818
95 Die beiden Freunde. 2 Thle. Halle, Lpz: Ruff (= Schilderungen aus dem menschlichen Leben in Erzählungen 9-10) 1819
96 Reinhold von Welfenstein. Ein Roman. 3 Thle. Wien, Prag: Haas 1819
(Neuaufl. v. Nr. 94)
97 Die Geschwister oder Die Reue. 2 Thle. 318, 318 S., 2 Taf. Halle: Renger 1819
98 (Komm.) Aeschylos: Tragödien. 2 Bde. 477, 298 S. Halle: Renger 1821-1822
99 Die Wege des Schicksals. 2 Thle. 256, 278 S. Halle: Renger 1820-1821
100 Die Stiefgeschwister. 3 Bde. Halle: Renger 1822
101 (Komm.) Euripides: Hecuba. 147 S. Halle: Hemmerde & Schwetschke 1826

LAGARDE, Paul Anton de (ursprüngl. Bötticher) (1827-1891)

1 °Arica. 115 S. Halle: Lippert 1851
2 °(Hg.) Epistolae Novi Testamenti coptice. 281 S. Halle: Anton 1852
3 °Wurzelforschungen. 48 S. Halle: Lippert 1852

4 (Hg.) Didascalia apostolorum syriace. 121 S. Lpz: Teubner 1854
5 De Geoponicon versione syriaca. 24 S. 4° Lpz: Teubner 1855
6 (Hg.) Reliquiae juris ecclesiastici graece. 152 S. Lpz: Teubner 1856
7 (Hg.) Reliquiae juris ecclesiastici syriace. 144 S. Lpz: Teubner 1856
8 (Hg.) Analecta syriaca. 208, 28 S. Lpz: Teubner 1858
9 (Hg.) Hippolyti quae feruntur omnia graece. 216 S. Lpz: Teubner 1858
10 (Hg.) Titi Bostreni quae servata sunt graece. 2 Bde. 128, 186 S. Bln: Hertz (1) bzw. Bln, Lpz: Teubner (2) 1859
11 (Hg.) Geoponicon quae supersunt. 120 S. Lpz: Teubner 1860
12 (Hg.) Clementis recognitiones syriace. 167 S. Lpz: Brockhaus 1861
13 (Hg.) Libri Veteris Testamenti Apocryphi syriace. 273 S. Lpz: Brockhaus 1861
14 (Hg.) Constitutiones apostolorum graece. 288 S. Lpz: Teubner 1862
15 Anmerkungen zur griechischen Übersetzung der Proverbien. 96 S. Lpz: Brockhaus 1863
16 (Hg.) Die vier Evangelien arabisch aus der Wiener Handschrift hg. 143 S. Lpz: Brockhaus 1864
17 (Hg.) Clementina. 200 S. Lpz: Brockhaus 1865
18 Gesammelte Abhandlungen. 304 S. Lpz: Brockhaus 1866
19 Materialien zur Kritik und Geschichte des Pentateuchs. 413 S. Lpz: Teubner 1867
20 Beiträge zur baktrischen Lexikographie. 80 S. Lpz: Teubner 1868
21 (Hg.) Genesis graece. 283 S. Lpz: Teubner 1868
22 (Hg.) Hieronymi quaestiones hebraicae in libro Geneseos. Lpz: Teubner 1868
23 (Hg.) Onomastica sacra. 2 Bde. 464 S. Göttingen: Rente 1870
24 (Hg.) Der Pentateuch koptisch. 504 S. Lpz: Teubner 1871
25 (Hg.) Prophetae chaldaice. 493 S. Lpz: Teubner 1872
26 (Hg.) Hagiographa chaldaice. 365 S. Lpz: Teubner 1873
27 Über das Verhältnis des deutschen Staates zur Theologie, Kirche und Religion. Ein Versuch, Nicht-Theologen zu orientieren. 63 S. Göttingen: Dieterich 1873
28 (Hg.) Psalterium iuxta Hebraeos Hieronymi. 168 S. Lpz: Teubner 1874
29 (Hg.) Psalmi I – XLIX arabice. 83 S. 4° Göttingen: Dieterich 1875
30 (Hg.) Psalterii versio Memphitica. 155 S. 4° Göttingen: Dieterich 1875
31 (Hg.) Psalterium, Iob, Proverbia arabice. 167 S. 4° Göttingen: Dieterich 1876
32 Über die gegenwärtige Lage des Deutschen Reichs. Ein Bericht. 112 S. Göttingen: Dieterich 1876
33 (Hg.) Symmicta. 2 Bde. 232, 224 S. Göttingen: Dieterich 1877–1880
34 Deutsche Schriften. 2 Bde. 256, 112 S. Göttingen: Dieterich 1878–1881
35 (Hg.) Semitica. 2 Bde. 71, 48 S. 4° Göttingen: Dieterich 1878–1879
36 Armenische Studien. 216 S. 4° Göttingen: Dieterich 1878
37 (Hg.) Orientalia. 2 Bde. 104, 64 S. Göttingen: Dieterich 1879–1880
38 (Hg.) Praetermissorum libri duo. 252 S. Göttingen: Dieterich 1879
39 Aus dem deutschen Gelehrtenleben. Aktenstücke und Glossen. 119 S. Göttingen: Dieterich 1880
40 (Hg.) Veteris testamenti ab origine recensiti fragmenta apud Syros servata quinque. Praemittitur Epiphanii de mensuris et ponderibus liber... 356 S. Göttingen: Dieterich 1880
41 Ankündigung einer neuen Ausgabe der griechischen Übersetzung des Alten Testaments. 64 S. Göttingen: Dieterich 1882
42 The question: whether marriage with a deceased wife's sister is, or is not, prohibited in the Mosaic writings, answered. 16 S. Göttingen: Dieterich 1882
43 (Hg.) Aegyptiaca. 296 S. Göttingen: Dieterich 1883
44 (Hg.) Judae Harizii macamae hebraice. 204 S. Göttingen: Dieterich 1883
45 (Hg.) Librorum Veteris Testamenti pars prior graece. 541 S. Göttingen: Dieterich 1883
46 (Hg.) Petri Hispani de lingua arabica libri duo. 440 S. Göttingen: Dieterich 1883
47 Mittheilungen, 4 Bde. 384, 388, 376, 432 S. Göttingen: Dieterich 1884–1891
48 Programm für die konservative Partei Preußens. 64 S. Göttingen: Dieterich 1884
49 Persische Studien. 216 S. 4° Göttingen: Dieterich 1884
50 Gedichte. 64 S. Göttingen: Dieterich 1885

51 Die rev. Lutherbibel des Halleschen Waisenhauses, besprochen. 40 S. Göttingen: Dieterich 1885
52 Probe einer neuen Ausgabe der lateinischen Übersetzungen des Alten Testaments. 48 S. Göttingen: Dieterich 1885
53 (Hg.) Catenae in Evangelia aegyptiacae, quae supersunt. 243 S. 4° Göttingen: Dieterich 1886
54 Erinnerungen an Friedrich Rückert. Lipman Zunz und seine Verehrer. 82 S. Göttingen: Dieterich 1886
55 Neu-Griechisches aus Klein-Asien. 68 S. 4° Göttingen: Dieterich 1886
56 Deutsche Schriften. Gesamtausgabe letzter Hand. 536 S. Göttingen: Dieterich 1886
   (Verb. Neuaufl. v. Nr. 34)
57 (Hg.) Agathangelus und die Akten Gregors von Armenien. 163 S. 4° Göttingen: Dieterich 1887
58 Juden und Indogermanen. Eine Studie nach dem Leben. 95 S. Göttingen: Dieterich 1887
59 Purim. Ein Beitrag zur Geschichte der Religion. 58 S. 4° Göttingen: Dieterich 1887
60 Am Strande. Gedichte. 52 S. Göttingen: Dieterich 1887
61 (Hg.) Giordano Bruno: Opere italiane. 2 Bde. 800 S. Göttingen: Dieterich 1888
62 Übersicht über die im Aramäischen, Arabischen und Hebräischen übliche Bildung der Nomina. 1 Bd. u. Reg. 240, 76 S. 4° Göttingen: Dieterich 1889–1891
63 Bescheinigung über den richtigen Empfang eines von Herrn O. Ritschl an mich gerichteten Offenen Briefes. 29 S. Göttingen: Dieterich 1890
64 Über die von Herrn P. Güssfeldt vorgeschlagene Reorganisation unserer Gymnasien. 34 S. Göttingen: Dieterich 1890
65 Über einige Berliner Theologen und was von ihnen zu lernen ist. 80 S. Göttingen: Dieterich 1890
66 Altes und Neues über das Weihnachtsfest. 58 S. Göttingen: Dieterich 1891
67 (Hg.) Bibliothecae syriacae. 403 S. 4° Göttingen: Dieterich 1892
68 Paul de Lagarde. 44 S. Kiel: Lipsius (= Deutsche Schriften für nationales Leben II,4) 1892
69 (Hg.) Psalterii graeci quinquagena prima. 66 S. 4° Göttingen: Dieterich 1892
70 Septuaginta-Studien. 2 Tle. 194 S. 4° Göttingen: Dieterich 1891–1892
71 Gesammelte Abhandlungen. Neudruck. XL, 304 S. Göttingen: Horstmann 1896
   (Neudr. v. Nr. 18)
72 Gedichte. Gesamtausgabe. Hg. A. de Lagarde. 115 S. Göttingen: Horstmann 1897
73 Schriften für das Deutsche Volk. 2 Bde. 520 S., 1 Taf.; XVIII, 301 S. Mchn: Lehmann 1924
   (Enth. u. a. Nr. 56)

LAMPE, Friedo (1899–1945)

1 Am Rande der Nacht. 166 S. Bln: Rowohlt 1934
2 Das dunkle Boot. Ballade. 7 Bl. Hbg: Dulk 1936
3 Septembergewitter. 138 S. (Stg:) Rowohlt 1937
4 (Hg.) Das Land der Griechen. Antike Stücke deutscher Dichter. 161 S. Bln: Die Wage (1940)
5 Von Tür zu Tür. Zehn Geschichten und eine. 258 S. Hbg: Goverts (1945)
6 Ratten und Schwäne. Roman. Mit e. Anh. Aus dem Nachlaß. Nachw. J. Pfeiffer. 181 S. Hbg: Rowohlt 1949
   (Neuaufl. v. Nr. 1)
7 Das Gesamtwerk. Am Rande der Nacht. Septembergewitter. Von Tür zu Tür. Aus dem Nachlaß. Nachw. J. Pfeiffer. 329 S. Hbg: Rowohlt 1955

Lampel, Peter Martin (1894–1964)

1 Bombenflieger. Luftabenteuerliche Geschichten. IV, 233 S. Bln: Rohr 1918
2 Heereszeppeline im Angriff. 96 S. Lpz: Reclam (= Reclam's UB. 5996) (1918)
3 Der Revolutionsoffizier. Roman aus den ersten Tagen der Reichswehr. 205 S. Bln: Verl. Es werde Licht 1920
4 Wie Leutnant Jürgens Stellung suchte. Ein Filmroman aus den Spartakustagen. 201 S. Bln: Langenscheidt (1920)
5 Bob, der Pampasflieger. Eine abenteuerliche Buschklepper- und Indianergeschichte. 132 S. m. Abb. Breslau, Oppeln: Priebatsch (1922)
6 (Hg.) Jungen in Not. Berichte von Fürsorgezöglingen. 240 S., 7 Taf. Bln: Kiepenheuer 1928
7 (MV) Giftgas. (Filmnovelle.) Ein Film nach dem Bühnenwerk von (P.) M. L.: Giftgas über Berlin. Von P. de Larue. Drehbuch: N. Sarchi. 78 S., 29 Taf. Bln: Schmidt (1929)
   (Filmfassung des nicht im Buchhandel ersch. Bühnenwerkes)
8 Verratene Jungen. Roman. 182 S. Ffm: Societäts-V. 1929
9 Revolte im Erziehungshaus. Schauspiel der Gegenwart in drei Akten. 131 S. Bln: Kiepenheuer 1929
10 Patrouillen! Erlebnisse und Bemühungen um junge Menschen. 143 S. Dresden: Reissner 1930
11 Packt an! Kameraden! Erkundungsfahrten in die Arbeitslager. 331 S. Plauen: Wolff 1932
12 Packt an! Kameraden! Erkundungsfahrten in die Arbeitslager. 187 S. Plauen: Wolff 1932
   (Gekürzte Ausg. v. Nr. 11)
13 Alarm im Arbeitslager. Schauspiel. 66 S. Lpz: Dietzmann 1933
14 Siedeln? Mensch, wie sieht das aus? Fahrten in Siedlungen und Siedlerschulen. 142 S. Bln: Rüdiger-V. 1933
15 Jörg Christoph, ein Fähnrich. Historischer Roman. 313 S. Bln, Dresden: Fischer 1935
16 Helgolandfahrer. 119 S. m. Abb. Bln: Kinderbuchverl. 1952
17 Kampf ohne Ordnung. Die Geschichte von Billy the Kid, Bandit und Volksheld von Neu-Mexiko. 413 S., 10 Abb. Weimar: Kiepenheuer 1952
18 Macht ohne Ordnung. Die Geschichte von Billy the Kid, Bandit und Volksheld von Neu-Mexiko. 144 S. Essen: Verl. Dein Buch (= Dein Roman-Buch 1953, 3) 1953
   (Neuaufl. von Nr. 17)
19 Wir fanden den Weg. 165 S. (Bln:) Verl. d. Nation (1955)
20 Drei Söhne. Ein Schauspiel der Gegenwart. Drei Akte. 56 S. Hbg: Freie Akad. d. Künste (1959)

Landgrebe, Erich (*1908)

1 Das junge Jahr. Gedichte. 48 S. Wien: Gerold 1934
2 Adam geht durch die Stadt. Roman. 280 S. Wien: Zsolnay 1936
3 Peter Halandt. Roman einer Jugend. 380 S. Wien: Zsolnay 1937
4 Die neuen Götter. Aus den Papieren des Architekten Hemrich. Roman. 269 S. Wien: Zsolnay 1939
5 Gebratene Äpfel. Zehn kleine Geschichten. 93 S. Wien: Zsolnay (= Die hundert kleinen Bücher 7) 1940
6 Michaels erster Sommer. 173 S. m. Abb. Wien: Zsolnay 1940
7 (MBearb.) Mit den Panzern in Ost und West. Hg. H. Guderian. Bd. 1: Erlebnisberichte von Mitkämpfern aus den Feldzügen in Polen und Frankreich 1939/40. Zsstllg. u. Bearb. O. Sroka u. E. L. 354 S. m. Abb. u. Kt. 4° Bln, Prag, Wien: Volk u. Reich Verl. 1942
8 Ich in Vaters Hosen. Zehn fröhliche Geschichten. 92 S. Wien, Bln: Bischoff (= Die hundert kleinen Bücher 24) 1943
9 Das Hochzeitsschiff. Ein zärtlicher Roman.211 S.Bln,Wien,Lpz: Bischoff 1944
10 Von Dimitrowsk nach Dimitrowsk. Roman. 414 S. Linz: Österr. Verl. f. Belletristik u. Wissenschaft 1948

11 Das Nachtkastl-Buch. Zwei Dutzend fröhliche Geschichten. 183 S. m. Abb. Salzburg: Verl. Das Bergland-Buch (= Das Bergland-Buch) 1949
12 (Übs.) A. Morton: Hängt den Baron! Kriminalroman. 264 S. Zürich: Schweizer Druck- u. Verlagshaus (1950)
13 (Übs.) J. Creasey: Das Todesurteil. Kriminalroman. 288 S. Zürich: Schweizer Druck- u. Verlagshaus (1951)
14 (Übs.) J. Creasey: Totentanz um Rebecca. Kriminalroman. 252 S. Zürich: Schweizer Druck- u. Verlagshaus (1951)
15 Mit dem Ende beginnt es. Roman. 353 S. Hbg: Wegner 1951 (Neufassg. v. Nr. 10)
16 Die Reise nach Pernambuco oder Die geheimnisvolle Füllfeder. 175 S., 35 Abb. Wien, Heidelberg: Ueberreuter 1951
17 (Übs.) J. Creasey: Geliebte Mörderin. Kriminalroman. 208 S. Zürich: Schweizer Druck- u. Verlagshaus (1952)
18 Die Nächte von Kuklino. Ein Nokturno. 244 S. Wien: Kremayr & Scheriau (= Orplid-Reihe) (1952)
19 Adam geht durch die Stadt. 289 S. Wien: Kremayr & Scheriau 1954 (Erw. Neuaufl. v. Nr. 2)
20 Aufruhr in Salzheim. 166 S., 20 Abb. Wien: Kremayr & Scheriau 1954
21 (Bearb.) H. Beecher-Stowe: Onkel Toms Hütte. 284 S. m. Abb. Wien: Kremayr & Scheriau 1954
22 (Übs.) J. Creasey: Die Doppelgängerin. Kriminalroman. 237 S. Zürich: Schweizer Druck- u. Verlagshaus (= SDV-Kriminalroman) (1954)
23 (Übs.) J. Creasey: Mein Kopf in der Schlinge. Kriminalroman. 238 S. Zürich: Schweizer Druck- u. Verlagshaus (=SDV-Kriminalroman) (1954)
24 (Übs.) P. LaMure: König der Nacht. Das Leben des John D. Rockefeller. 187 S. Hbg: Wegner 1954
25 In sieben Tagen. Roman. 255 S. Gütersloh: Bertelsmann 1954
26 Unsere kleine Bahn. 61 S. m. Abb. Wien, Freiburg i. Br.: Herder 1955
27 (Übs.) D. Clark: Der schwarze Blitz. Die Geschichte eines Panthers. 143 S., 16 Abb. Wien, Heidelberg: Ueberreuter 1955
28 Die falsche Prinzessin. 15 S. m. Abb. Gütersloh: Rufer-Verl. (= Dein Leseheft 89) 1955
29 (Übs.) T. Ronan: Die große Sehnsucht. Ein Australien-Roman. 352 S. Zürich: Schweizer Druck- u. Verlagshaus 1955
30 Salzheimer Zirkus. 158 S., 17 Abb. Wien: Kremayr & Scheriau 1955
31 (Übs.) P. Cecil: Der Ruf der weiten Wälder. 135 S., 13 Abb. Wien, Heidelberg: Ueberreuter 1956
32 (Übs.) P. LaMure: Liebe hat viele Namen. Roman. 421 S. Hbg: Wegner 1956
33 Die Rückkehr ins Paradies. Novelle. 70 S. Gütersloh: Bertelsmann (= Das kleine Buch 89) 1956
34 (Übs.) S. Undset: Sigurd und seine tapferen Freunde. 139 S., 12 Abb. Wien, Heidelberg: Ueberreuter 1956
35 Florian und Anna. 76 S. m. Abb. Gütersloh: Bertelsmann (= Das kleine Buch 104) 1957
36 Ein Maler namens Vincent. Roman eines leidenschaftlichen Lebens. 322 S. m. Taf. Gütersloh: Bertelsmann 1957
37 (Übs.) G. Green: Abelman oder Der Zorn des Gerechten. Roman. 505 S. Hbg: Wegner 1958
38 Das ferne Land des Paul Gauguin. Roman. 414 S., 4 Bl. Abb. Gütersloh: Bertelsmann 1959
39 (Einl.) E. Millonig: Kärnten. 62 S., 30 Abb. Mchn: Andermann (= Panorama-Bücher) 1960
40 Nur die Nacht und die Sterne. Erzählung. 80 S. Gütersloh: Mohn (= Das kleine Buch 141) 1960

LANGBEIN, August Friedrich Ernst (1757–1835)

1 Gedichte. XXII, 346 S., 2 Ku. Lpz: Dyk 1788
2 Zwey Lustspiele. Liebhaber wie sie sind und wie sie sein sollten, Die Todtenerscheinung. Lpz: Dyk 1788

3 Schwänke. 2 Bde. 224, 176 S. Dresden, Lpz: Richter 1791–1792
4 Feyerabende. 3 Bde. Lpz: Voß & Leo (1–2) bzw. Lpz: Breitkopf & Härtel (3) 1793–1798
5 Miscellen. Dresden (o. Verl.) 1793
6 (MV) A. F. E. L. u. K. H. Seyfried: Ballieder. M. Ku. Dresden: Arnold 1798
7 (MV) K. G. Cramer, Ch. H. Spieß u. A. F. E. L.: Komische Erzählungen für Freunde des Scherzes und der guten Laune. Bln (o. Verl.) 1799
8 Gedichte. 2 Bde. Lpz: Dyk 1800
   (Verm. Neuaufl. v. Nr. 1)
9 Talismane gegen die Langeweile. 3 Bde. Bln: Sander 1801–1802
10 Der graue König. Ein novantiker Roman. M. 1 Ku. Bln: Fröhlich 1803
11 Novellen. Bln: Oehmigke 1804
12 Neue Schriften. 2 Bde. Bln: Schüppel 1804
13 Der Ritter der Wahrheit. Roman. 2 Bde. Bln: Schüppel 1805
14 Die Schule der Eleganz. Posse. Bln: Schüppel 1805
   (Ausz. a. Nr. 12)
15 Thomas Kellerwurm. Roman. Bln: Schüppel 1806
16 (MH) Komus, oder Der Freund des Scherzes und der Laune. Unterhaltungsblatt. Hg. K. Müchler u. A. F. E. L. 2 Quartale. 4° Bln 1806
17 Zeitschwingen. 352 S. Bln: Schüppel 1807
18 Auserlesene Gedichte. 2 Bde. 219 S., 2 Bl.; 184 S., 3 Bl. Bln (o. Verl.) 1807
   (Nachdr. v. Nr. 17)
19 Franz und Rosalie, oder Der Krämerzwist. Roman. 334 S., 1 Bl. Bln: Schüppel 1808
20 Der Sonderling und seine Söhne. Roman. 334 S., 1 Bl. Bln: Schüppel 1809
21 Der Bräutigam ohne Braut. Roman. 322 S., 3 Bl. Bln: Schüppel 1810
22 Neuere Gedichte. VIII, 390 S. Tüb: Cotta 1812
23 Kleine Romane und Erzählungen. 2 Bde. Bln: Schüppel 1812–1814
24 (Hg.) Jocus. Ein kleiner Almanach für Freunde des Scherzes. 12° Bln: Hesselberg 1813
25 Die Kleinstädter und der Fremdling. Bln: Schüppel 1814
26 Unterhaltungen für müßige Stunden. Bln: Schüppel 1815
27 Schwänke. III, 332 S. Bln: Schüppel 1816
   (Verb. Neuaufl. v. Nr. 3)
28 (Hg.) Deutscher Liederkranz. Eine Auswahl der besten Gesänge für frohe Gesellschaften. Bln: Amelang 1820
29 Magister Zimpels Brautfahrt und andere scherzhafte Erzählungen. Bln: Schüppel 1820
30 Mährchen und Erzählungen. Bln: Schüppel 1821
31 (Hg.) Ganymeda. Fabeln, Erzählungen und Romanzen. 2 Bde. Bln: Amelang 1823
32 Jocus und Phantasus. M. 1 Ku. Bln: Schüppel 1824
33 Vacuna. Erzählungen für Freistunden, vorzüglich der Jugend. 12° Bln: Amelang 1825
34 Herbstrosen. Bln: Schüppel 1829
35 Sämmtliche Schriften. Vollständige, vom Verfasser selbst besorgte, verbesserte und vermehrte Originalausgabe letzter Hand. 31 Bde., 34 Abb. Stg: Scheible 1835–1837
36 Sämmtliche Gedichte. 4 Bde. 16° Stg: Scheible 1838
37 Sämmtliche Schriften. 16 Bde. 16° Stg: Scheible 1841
   (Verbess. Neuaufl. v. Nr. 35)
38 Die Abenteuer des Pfarrers Schmolke und Schulmeisters Bakel. M. 8 Abb. Lpz: Pönicke 1844
39 Sämmtliche Schriften. Hg. F. W. Gödike. 16 Bde. 16° Stg: Scheible 1845
40 Sämmtliche Gedichte. 4 Bde. 1045 S. Stg: Rieger 1854

Lange, Horst (*1904)

1 Zwölf Gedichte. 20 S. Bln: Verl. Die Rabenpresse 1933
2 Die Gepeinigten. Erzählung. 60 S., 3 Abb. Bln: Verl. Die Rabenpresse 1933
3 Schwarze Weide. Roman. 540 S. Hbg: Goverts 1937

4 Die Geschichte eines Gesichts. 19 S., 1 Abb. 4⁰ Bln: Stomps (= Ausgrabungen, Bekenntnisse, Curiositäten 1) 1938
 5 Gesang hinter den Zäunen. Gedichte. 31 S. Bln: Verl. Die Rabenpresse (= Die Kunst des Wortes 10) 1939
 6 Auf dem östlichen Ufer. 155 S. Bln: Frundsberg-Verl. 1939
 7 Abschied von einem Apfelbaum. 15 S. (Murnau: Verl. Die Wage) (= Fahrten des Bücherfreundes ins Blaue 36) (1940)
 8 Ulanenpatrouille. 277 S. Hbg: Goverts (1940)
 9 Das Irrlicht. Erzählung. 110 S., 32 Abb. Hbg: Goverts (1943) (Ausz. a. Nr. 6)
 10 Die Leuchtkugeln. Drei Erzählungen. 255 S. Hbg: Goverts 1944 (Enth. u. a. Ausz. a. Nr. 6)
 11 Der Ruf des Pirols. Ein Roman-Fragment. 123 S. m. Abb. Mchn: Desch 1946
 12 Die Gepeinigten. Erzählungen. 64 S. m. Abb. Ffm: Siegel-Verl. (= Begegnung der Generationen) 1947 (Erw. Neuaufl. v. Nr. 2)
 13 Windsbraut. Erzählungen. 106 S. Hbg: Claassen & Goverts 1947
 14 Gedichte aus zwanzig Jahren. 120 S. Mchn: Piper 1948 (Enth. u. a. Nr. 1 u. 5)
 15 Kephalos und Prokris. Eine Dichtung. 90 S. Mchn: Piper 1948
 16 Am Kimmerischen Strand. Erzählungen. 123 S. Mchn: Piper 1948
 17 Ein Schwert zwischen uns. Roman. 223 S. Stg, Hbg: Scherz & Goverts 1952
 18 Verlöschende Feuer. Roman. 253 S. Stg: Scherz & Goverts 1956
 19 Aus dumpfen Fluten kam Gesang. Gedichte. 57 S. Stg: Goverts 1958

LANGE, Samuel Gotthold (1711–1781)

 1* (MV) (S. G. L. u. I. Pyra:) Thyrsis und Damons freundschaftliche Lieder. (Hg. J. J. Bodmer). 88 S. Zürich: Orell 1745
 2 Freundschaftliche Briefe. Bln 1746
 3 Eine wunderschöne Historie von dem gehörnten Siegfried dem Zweiten. o. O. 1747
 4 (Übers.) Horaz: Horatzische Oden. Nebst G. T. Meiers Vorrede vom Werthe der Reime. 24, 274 S. Halle: Hemmerde & Schwetschke 1747
 5 Denkmal zweyer frühzeitig verlornen einzigen Söhne zur Erleichterung seines Herzens zum wohlverdienten Ruhm den selig Verstorbenen und den Hinterbliebenen zum Trost aufgesetzt. (Zum rühmlichen Gedächtnis des... Andreas Carl Gnügen ... wie auch des ... Christian Friedrich Silbers.) 47 S. Halle: Gebauer 1749
 6 (MV) S. G. L. (u. I. Para): Thirsis und Damons freundschaftliche Lieder. Hg. S. G. L. 208 S. Halle: Hemmerde & Schwetschke (1749) (Erw. Neuaufl. v. Nr. 1)
 7 (Übs.) Horaz: Des Quintus Horatius Flaccus Oden fünf Bücher und von der Dichtkunst ein Buch. Poetisch übs. S. G. L. (Lateinisch u. deutsch) 408 S. Halle: Gebauer 1752 (Enth. u. a. Nr. 4)
 8 Schreiben an den Verfasser der gelehrten Artikel in dem Hamburgischen Correspondenten wegen der im 178- und 179sten Stücke eingedruckten Beurtheilung der Übersetzung des Horaz. 30 S. Halle: Gebauer (1752)
 9 Poetische Betrachtungen über die sieben Worte des sterbenden Erlösers nebst anderen geistlichen Gedichten. 316 S. Halle: Gebauer 1757
 10 Die besiegten Heere. Eine Ode. Nebst dem Jubelgesange der Preußen. 47 S. Halle: Hemmerde & Schwetschke 1758
 11 (Übs.) Die Oden Davids oder poetische Übersetzung der Psalmen. Hg. S. G. L. 4 Bde. Halle: Hemmerde & Schwetschke 1760
 12 Der glorreiche Friede im Jahr 1763. 14 S. Halle: Gebauer (1763)
 13 Sendschreiben an den ... Gabriel Christoph Benjamin Mosche ... wegen des Heumannischen Erweises daß die Lehre der Reformirten Kirche von dem heiligen Abendmahle die rechte und wahre sey. 40 S. (Laublingen) 1764
 14 Denkmal ehelicher und väterlicher Liebe, seine Gattin und seinem Sohne gesetzt. 156 S. Halle (Hannover: Hahn) 1765

15 Der Comet. Mein letztes Gedicht. 16 S. Halle: Gebauer 1769
16 Sammlung gelehrter und freundschaftlicher Briefe. 2 Bde. 319; 350 S. Halle: Hemmerde 1769–1770
17 Einer Gesellschaft auf dem Lande poetische, moralische, ökonomische und kritische Beschäftigungen. 606 S. Halle: Curt 1777
18 Leben F. G. Meiers. 180 S. Halle: Gebauer 1778

LANGENBECK, Curt (1906–1953)

1 Alexander. Tragödie. 103 S. Mchn: Langen-Müller (=Sturm und Sammlung) 1934
2 Heinrich VI. Deutsche Tragödie. 110 S. Mchn: Langen-Müller 1936
3 Der getreue Johannes. Eine Dichtung für die Bühne. 59 S. Mchn: Langen-Müller (= Kleine Bücherei 73) 1937
4 Der Hochverräter. Tragisches Schauspiel. 125 S. Bln: Theaterverl. Langen-Müller (= Bücherei der dramatischen Dichtung 5) 1938
5 Das Schwert. Tragisches Drama. 99 S. Mchn: Langen-Müller 1940
6 Tragödie und Gegenwart. Die Rede des Trägers des Rheinischen Literaturpreises. 13 S. Mchn: Langen-Müller 1940
7 Wiedergeburt des Dramas aus dem Geist der Zeit. Rede. 54 S. Mchn: Langen-Müller 1940
8 Frau Eleonore. Novelle. 61 S. Mchn: Langen-Müller (= Die kleine Bücherei 133) 1941

LANGER, Anton (1824–1879)

1 Acht Tage im Polizeihause. 110 S. Wien: Dirnböck 1851
2 Dieß Buch gehört der Kaiserin! Volksstimme aus Österreich. 41 S. 12⁰ Wien: Dirnböck (1854)
3 Ein Denunciant von Anno Neun. 216 S. 16⁰ Prag, Wien, Lpz: Günther (= Album) 1854
4 Der letzte Fiaker. 3 Tle. 475 S. Wien: Hartleben 1855
5 Die Carbonari in Wien oder Der Mann mit der weißen Leber. 2 Bde. 478 S. Wien: Hartleben 1857
6 Wiener Volks-Bühne. 4 Bde. 604 S. 16⁰ Wien: Dirnböck (1859)–1864
7 Ein Grafenkind. 371 S. Wien: Lechner (= Museum) 1860
8 Ein Wiener Kostkind. Volks-Roman. 2 Bde. 664 S. 16⁰ Wien: Dirnböck 1860
9 Mein letztes Wort. Epilog, gesprochen von J. Nestroy bei seinem letzten Auftritt im Carlstheater. 13 S. Wien: Dirnböck 1860
10 Die Rose vom Jesuiterhofe. Volks-Roman. 2 Tle. 347 S. Wien: Dirnböck 1861
11 Der Tambour von der Mobilgarde. 304 S. Wien: Dirnböck 1861
12 Die Schweden vor Wien. 291 S. Wien: Dirnböck 1862
13 Der letzte Babenberger. 4 Bde. 511 S. Wien: Dirnböck (= Leih-Bibliothek I, 6–9) 1863
14 Banquier und Tänzerin. 290 S. Wien: Dirnböck 1863
15 Dämon Brandwein. 255 S. Wien: Dirnböck (= Leih-Bibliothek I,3) 1863
16 Junger Herr und alte Jungfer. 2 Bde. 322 S. Wien: Dirnböck (= Leih-Bibliothek I,4–5) 1863
17 Die Opfer des Goldes. 2 Bde. 384 S. Wien: Dirnböck (= Leih-Bibliothek I,1–2) 1863
18 Die Wiener in Konstantinopel. 45 S. Wien: Dirnböck (1863)
19 Frei bis zur Königsau. 2 Bde. 406 S. Wien: Dirnböck (= Leih-Bibliothek II, 1–2) 1865
20 Die Schwester von Neudorf. 290 S. Wien: Dirnböck (= Leih-Bibliothek II,3) 1865
21 (Hg.) Hans Jörgel's illustrierter österreichischer Volks-Kalender für Humor und Ernst auf 1866. 12. Jg. 108 S. Wien: Dirnböck (1866)
22 Ein Wiener Polizeiagent von Anno Achtundvierzig. Roman. 576 S. Wien: Dirnböck 1868

23 Der Eingemauerte. Volks-Roman. 592 S., 9 Abb. 16⁰ Bln: Burmester (= F. J. Singer's Ein-Silbergroschen-Bibliothek) 1871
24 Kaiserssohn und Baderstochter. Historischer Volks-Roman. 584 S., 9 Abb. 16⁰ Bln: Burmester (= F. J. Singer's Ein-Silbergroschen-Bibliothek) 1871
25 (MV) E. Pohl u. A. L.: Eine verfolgte Unschuld. 29 S. Bln: Lassar (= E. Bloch's Theater-Correspondenz 23) 1873
26 Der Herr Gevatter von der Straße. 22 S. Wien: Rosner (= Neues Wiener Theater) 1876
27 Vom Juristentage. Posse. 27 S. Wien: Rosner (= Neues Wiener Theater) 1876
28 D' Nandl von Ebensee. Gelegenheits-Schwank. 74 S. Wien: Rosner (= Neues Wiener Theater) 1876
29 Eine Vereinsschwester. Schwank. 32 S. Wien: Rosner (= Neues Wiener Theater) 1876
30 Der Feind im Haus. Lebensbild. 85 S. Wien: Rosner (= Neues Wiener Theater) 1878

LANGEWIESCHE, Marianne (*1908)

1 Die Ballade der Judith van Lo. Roman. 351 S. Bln: Kiepenheuer 1938
2 Die Dame in Schwarz. 72 S. Mchn: Dt. Volksverl. (1940)
3 Königin der Meere. Roman einer Stadt. 395 S., 16 Bl. Abb. Bln: v. Hugo 1940
4 Die Allerheiligen-Bucht. Roman. 211 S. Hbg: v. Hugo (1942)
5 Castell Bò. Odysseus und sein Ruder. 62 S. Überlingen: Wulff (= Kleine Reihe) 1947
6 Die Bürger von Calais. 161 S. Ffm: Suhrkamp 1949
7 Der Ölzweig. Roman. 337 S. Stg: Dt. Verl.-Anst. 1952
8 Der Garten des Vergessens. Erzählung. 138 S. Mchn: Nymphenburger Verlh. 1953
9 (MH) Psalter und Harfe. Lyrik der Christenheit. Hg. H. Coubier u. M. L. 258 S. Ebenhausen: Langewiesche-Brandt 1955
10 Venedig. 15 S., 16 Bl. Abb. Mchn, Hannover: Knorr & Hirth 1955
11 Mit Federkiel und Besenstiel. Poetische Gedanken einer Hausfrau. 183 S. m. Abb. Mchn: Heimeran 1956

LANGGAESSER, Elisabeth (1899–1950)

1 Der Wendekreis des Lammes. Ein Hymnus der Erlösung. IV, 63 S. Mainz: Matthias-Grünewald-V. 1924
2 Grenze: Besetztes Gebiet. Ballade eines Landes. 161 S. Bln: Morgenland-V. 1932
3 Proserpina. Welt einer Kindes. 175 S. Lpz: Hesse & Becker (1932)
4 Triptychon des Teufels. Ein Buch von dem Haß, dem Börsenspiel und der Unzucht. 138 S. Dresden: Jess 1932
5 (MH) Herz zum Hafen. Frauengedichte der Gegenwart. Hg. unter Mitw. v. I. Seidel. 167 S. Lpz: Voigtländer 1933
6 Die Tierkreisgedichte. 60 S. Lpz: Hegner 1935
7 Der Gang durch das Ried. Ein Roman. 310 S. Lpz: Hegner 1936
8 Rettung am Rhein. Drei Schicksalsläufe. 126 S. Lpz: Müller 1938
9 Das unauslöschliche Siegel. Roman. 528 S. Hbg: Claassen & Goverts 1964
10 Der Laubmann und die Rose. Ein Jahreskreis. 59 S. Hbg: Claassen & Goverts (1947)
11 Der Torso. 90 S. Hbg: Claassen & Goverts 1947
12 Kölnische Elegie. Geschrieben aus Anlaß der Siebenhundertjahrfeier der Grundsteinlegung des Domes zum Festakt der Stadt Köln. 10 Bl. Mainz: Matthias-Grünewald-V. (= Druck der Mainzer Presse) 1948
13 Das Labyrinth. Fünf Erzählungen. 107 S. Hbg: Claassen & Goverts 1949

14 Proserpina. Hbg: Claassen 1949
   (Unveröff. Urfassg. v. Nr. 3)
15 Märkische Argonautenfahrt. Roman. 411 S. Hbg: Claassen 1950
16 Geist in den Sinnen behaust. 199 S., 1 Taf. Mainz: Matthias-Grünewald-V. 1951
17 Gedichte. 229 S. Hbg: Claassen (= Gesammelte Werke in Einzelausgaben) 1959

LANGNER, Ilse (eig. Siebert) (*1899)

1 Die purpurne Stadt. Roman. 567 S. Bln: Fischer 1937
2 Klytämnestra. Tragödie in drei Akten. 114 S. Hbg: Mölich 1947
3 (Hg.) Kleine Kostbarkeiten. 8 Bde. Hbg: Mölich 1947-1948
4 Rodica. Eine Pariser Novelle. 186 S. Hbg: Mölich (1947)
5 Das Gionsfest. Kyoto. 55 S. Hbg: Mölich (= Kleine Kostbarkeiten) 1948
   (Aus Nr. 3)
6 Iphigenie kehrt heim. Dramatische Dichtung. 125 S. Bln: Aufbau-Verl. 1948
7 Zwischen den Trümmern. Gedichte. 59 S. Bln: Aufbau-Verl. 1948
8 (Hg.) Ewige Melodie. Hundert deutsche Gedichte. 147 S. Erfurt: Richters (1949)
9 Die purpurne Stadt. Roman. 459 S. Stg: Cotta 1952
   (Neubearb. v. Nr. 1)
10 Sonntagsausflug nach Chartres. Roman. 383 S. Hbg: Wegner 1956
11 Geboren 1899. Biographische Gedichte. Neujahrsgruß für die Freunde des Christian-Wegner-Verlages. 8 ungez. Bl. Hbg: Wegner 1959
12 Chinesisches Tagebuch. Erinnerung und Vision. 280 S. Nürnberg: Glock & Lutz 1960
13 Die Zyklopen. Roman. 607 S. Hbg: Wegner 1960

LA ROCHE, Marie Sophie von (1730-1807)

1 *Geschichte des Fräulein von Sternheim. Von einer Freundin derselben aus Original-Papieren und anderen zuverlässigen Quellen gezogen. Hg. C. M. Wieland. 2 Thle. XII, 367; 302 S. Lpz: Weidmann & Reich 1771
2 *Bibliothek für den guten Geschmack. Amsterdam, Bern 1772
3 *Der Eigensinn der Liebe und Freundschaft. Eine englische Erzählung nebst einer kleinen deutschen Liebesgeschichte. Zürich: Orell Füßli 1772
4 *Rosaliens Briefe an ihre Freundin Mariane v. St. ... V. d. Verf. des Fräulein von Sternheim. Hg. J. J. Chr. Bode. 4 Bde. Altenburg (Bd. 4: Offenbach: Brede) 1779-1781
5 *Empfindungen der Verfasserin der Geschichte des Fräuleins von Sternheim, als Joseph II. in Schwetzingen war. Wien 1782
6 *Moralische Erzählungen im Geschmacke Marmontels. 2 Sammlungen. Mannheim: Goedeke 1782-1784
7 (Hg.) Pomona für Deutschlands Töchter. Jg. 1782-1784. Speyer (: Hennings) (Jg. 4: Altenburg) 1782-1784
8 *Joseph II. nahe bei Speier im Jahre 1781. 8 S. Speier: Enderesi 1783
9 *Die glückliche Reise. Eine moralische Erzählung. Basel: Serini 1783
10 *Die zwei Schwestern. Eine moralische Erzählung. 78 S. Ffm, Lpz (o. Verl.) 1784
11 *Briefe an Lina. Als Mädchen, als Mutter. 3 Bde. Mannheim 1785-1787
12 *Waldone. Eine moralische Erzählung. Speyer 1785
13 *Neuere moralische Erzählungen. 183 S. Altenburg: Richter 1786
14 *Journal einer Reise durch die Schweiz. 435 S. Altenburg: Richter 1786
15 *Moralische Erzählungen. Nachlese zur ersten u. zweiten Sammlung. Speyer 1787
16 Journal einer Reise durch Frankreich. 590 S. Altenburg: Richter 1787
17 Freunde und Freundinnen von zwei sehr verschiedenen Jahrhunderten und die Bade-Bekanntschaften. Offenbach: Brede 1788

18 *Tagebuch einer Reise durch Holland und England. Von der Verfasserin von Rosaliens Briefen. 712 S. Offenbach: Brede 1788
19 Briefe an Lina. 1. Als Mädchen. 2. Als Mutter. 2 Bde. Lpz 1789-1794 (Erw. Neuaufl. v. Nr. 11)
20 Geschichte von Miß Lony oder Der schöne Bund. 282 S., 2 Abb. Gotha: Ettinger 1789
21 Briefe über Mannheim. 374 S. Zürich: Orell Füßli 1791
22 (Hg.) Lebensbeschreibung der Friederike Baldinger. Von ihr selbst u. hg. S. L. Offenbach: Brede 1791
23 Rosalie und Cleberg auf dem Lande. 544 S. Offenbach: Brede 1791 (Bd. 4 v. Nr. 4)
24 Erinnerungen aus meiner dritten Schweizerreise. Meinem verwundeten Herzen zur Linderung, vielleicht auch mancher trauernden Seele zum Trost geschrieben. 504 S. Offenbach: Brede 1793
25 Schönes Bild der Resignation. 2 Thle. 146, 232 S., 1 Taf. Offenbach: Brede 1795-1796
26 Mütterlicher Rath für junge Mädchen. Mannheim 1797 (Neuaufl. v. Nr. 19)
27 Erscheinungen am See Oneida. 3 Thle. m. Abb. Lpz: Gräff 1798
28 Mein Schreibtisch. An Herrn G. R. P. in D. 2 Bde. m. Abb. Lpz: Gräff 1799
29 Reise von Offenbach nach Weimar und Schönebeck im Jahre 1799 oder Schattenrisse abgeschiedener Stunden in Offenbach. 450 S. Lpz: Gräff 1800
30 Schattenrisse abgeschiedener Stunden in Offenbach, Weimar und Schönebeck. 450 S. Lpz: Gräff 1800 (= Nr. 29)
31 Schönes Bild der Resignation. 2 Bde. m. Abb. Lpz 1801 (Veränd. Neuaufl. v. Nr. 25)
32 Fanny und Julie oder Die Freundinnen. Eine romantische Geschichte. 2 Thle. m. Abb. Lpz: Gräff 1801
33 Liebe-Hütten. 2 Thle. 394, 414 S. Offenbach: Brede 1803
34 Herbsttage. 324 S. Lpz: Gräff 1805
35 Melusinens Sommerabende. Hg. C. M. Wieland. LVI, 342 S. Halle: Societäts-Buch- und Kunsthandl. 1806
36 Erinnerungen aus meinem Leben. Lpz (1807)
37 Briefe an Sophia. Nebst einem Schreiben von Lavater an Gellert. Hg. F. Horn. Bln 1820

L'ARRONGE, Adolf (eig. Aaron) (1838-1908)

1 Eine Prostituirte. 159 S. Bln: Behrend (= Eisenbahn-Unterhaltungen) 1869
2 Mein Leopold. Originalvolksstück mit Gesang. 34 S. Wien: Wallishausser (= Wiener Theater-Repertoir) 1876
3 (MV) G. v. Moser u. A. L'A.: Papa hat's erlaubt. 46 S. Bln: Lassar (= E. Bloch's Theater-Correspondenz 21) 1878
4 Dramatische Werke. 8 Bde. Bln: Lassar 1879-1886
   1. Mein Leopold. Volksstück. 163 S. 1879
   2. Hasemann's Töchter. Volksstück. 168 S. 1879
   3. Doctor Klaus. Lustspiel. 191 S. 1879
   4. Wohltätige Frauen. Lustspiel. 179 S. 1880
   5. Haus Lonei. Lustspiel. 159 S. 1882
   6. Der Compagnon. Lustspiel. 168 S. 1882
   7. Die Sorglosen. Lustspiel. 168 S. 1886
   8. Der Weg zum Herzen. Lustspiel. 163 S. 1886
   (Enth. u. a. Nr. 2)
5 (MV) H. Wilken u. A. L'A.: Kläffer. Original-Posse mit Gesang. 70 S. Bln: Kühling (= A. Kühling's Volks-Schaubühne) 1883
6 (MV) A. L'A. u. G. v. Moser: Der Registrator auf Reisen. Posse. 70 S. Bln: Lassar (= E. Bloch's Volks-Theater) 1883
7 (Bearb.) J. W. v. Goethe: Faust's Tod. Aus der Tragödie Zweitem Theil. Für die Bühne eingerichtet. 80 S. Bln: Mitscher 1889

Lasker-Schüler, Else (1876–1945)

1 Styx. Gedichte. 77 S. Bln: Juncker 1902
2 Der siebente Tag. Gedichte. 43 S. Bln-Charlottenburg: Amelang 1905
3 Das Peter Hille-Buch. 84 S. Stg: Juncker 1906
4 Die Nächte der Tino von Bagdad. 83 S., 1 Abb. Bln, Stg, Lpz: Juncker (1907)
5 Die Wupper. Schauspiel in fünf Aufzügen. 103 S. Bln: Oesterheld 1909
6 Meine Wunder. Gedichte. 68 S. Bln: Cassirer (1911)
7 Mein Herz. Ein Liebesroman mit Bildern und wirklich lebenden Menschen. 166 S. m. Abb. Mchn, Bln: Bachmair 1912
8 Hebräische Balladen. 8 Bl., 1 Abb. Bln-Wilmersdorf: Meyer (= Lyrische Flugblätter) (1913)
9 Essays. 103 S. Bln: Cassirer 1913
10 Gesichte. Essays und andere Geschichten. 173 S. Lpz: Verl. d. Weißen Bücher 1913
11 Der Prinz von Theben. Ein Geschichtenbuch. 98 S., 25 Abb., 3 Taf. Lpz: Verl. d. Weißen Bücher 1914
12 Die gesammelten Gedichte. 228 S. Lpz: Verl. d. Weißen Bücher (1917) (Enth. Nr. 1, 2, 6, 8)
13 Gesamtausgabe. 10 Bde. Bln: Cassirer 1919–1920
14 Der Malik. Eine Kaisergeschichte. 102 S. m. Abb., 5 Taf. Bln: Cassirer 1919
15 Hebräische Balladen. Der Gedichte Teil 1. 110 S. Bln: Cassirer 1920 (Erw. Neuaufl. v. Nr. 8)
16 Die Kuppel. Der Gedichte Teil 2. 117 S. Bln: Cassirer 1920
17 Der Wunderrabbiner von Barcelona. 38 S. Bln: Cassirer 1921
18 Theben. Gedichte und Lithographien. 13 Bl. 4° Ffm: Querschnitt-Verl. z. H. v. Dr. Stern (= Flechtheim-Druck 24) 1923
19 Ich räume auf! Meine Anklage gegen meine Verleger. 38 S. Zürich: Lago-V. 1925
20 Arthur Aronymus. Die Geschichte meines Vaters. 72 S. Bln: Rowohlt 1932
21 Konzert. 325 S. Bln: Rowohlt 1932
22 Das Hebräerland. 168 S., 8 Abb. Zürich: Oprecht 1937
23 Mein blaues Klavier. Neue Gedichte. 45 S. Jerusalem: Jerusalem Press (330 num. Ex.) 1943
24 Dichtungen und Dokumente. Gedichte, Prosa, Schauspiele, Briefe. Zeugnis und Erinnerung. Ausgew., hg. E. Ginsberg. 630 S., 3 Abb., 3 Taf., 1 Faks. Mchn: Kösel 1951
25 Else Lasker-Schüler. Eine Einführung in ihr Werk und eine Auswahl von W. Kraft. 106 S., 2 Taf. Wiesbaden: Steiner (= Verschollene und Vergessene) 1951
26 Briefe an Karl Kraus. Hg. A. Gehlhoff-Claes. 181 S. Köln, Bln: Kiepenheuer & Witsch (1959)
27 Gedichte 1902–1943. Hg. F. Kemp. 438 S. Mchn: Kösel (= Gesammelte Werke in drei Bänden 1.) 1959

Lasswitz, Kurd (⁺L. Velatus) (1848–1910)

1 Atomistik und Kriticismus. Ein Beitrag zur erkenntnistheoretischen Grundlegung der Physik. 111 S. Braunschweig: Vieweg 1878
2 Bilder aus der Zukunft. Zwei Erzählungen aus dem vierundzwanzigsten und neununddreißigsten Jahrhundert. 2 Bde. 259 S. 16° Breslau: Schottländer (1878)
3 Natur und Mensch. 124 S. 16° Breslau: Koebner (= Deutsche Volksschriften) 1878

4 Die Lehre Kants von der Idealität des Raumes und der Zeit, im Zusammenhange mit seiner Kritik des Erkennens allgemeinverständlich dargestellt. 246 S. Bln: Weidmann 1883
5 +Schlangenmoos. Novelle. 267 S. Breslau: Schottländer 1884
6 Geschichte der Atomistik vom Mittelalter bis Newton. 2 Bde. Hbg: Voß 1890
   1. Die Erneuerung der Korpuskulartheorie. 518 S.
   2. Höhepunkt und Verfall der Korpuskulartheorie des siebzehnten Jahrhunderts. 609 S.
7 Seifenblasen. Moderne Märchen. 261 S. Hbg: Voß 1890
8 Gustav Theodor Fechner. 207 S. Stg: Frommann (= Frommann's Klassiker der Philosophie 1) 1896
9 Auf zwei Planeten. Roman. 2 Bde. 421, 545 S. Weimar, Bln: Felber (1897)
10 (Einl.) G. Th. Fechner: Nanna oder Über das Seelenleben der Pflanzen. 301 S. Hbg: Voß 1899
11 Wirklichkeiten. Beitrag zum Weltverständnis. 444 S. Bln: Felber 1900
12 (Hg.) G. Th. Fechner: Zend-Avesta oder Über die Dinge des Himmels und des Jenseits. Vom Standpunkt der Naturbetrachtung. 2 Bde. XXII, 360; 439 S. Hbg: Voß 1901
13 Nie und Immer. Neue Märchen. 337 S. Lpz, Jena: Diederichs 1902
14 Religion und Naturwissenschaft. Vortrag. 30 S. Lpz: Elischer 1904
15 Aspira. Der Roman einer Wolke. 265 S. Lpz: Elischer 1905
16 Was ist Kultur? Vortrag. (S.-A.) 32 S. Lpz: Elischer 1906
17 Nie und Immer. Neue Märchen. 2 Bde. Lpz: Elischer 1907
   1. Homchen. 205 S.
   2. Traumkristalle. 207 S.
   (Verm. Neuaufl. v. Nr. 18)
18 Seelen und Ziele. Beitrag zum Weltverständnis. XI, 320 S. Lpz: Elischer 1908
19 Sternentau. Die Pflanze vom Neptunsmond. 377 S. Lpz: Elischer 1909

LAUBE, Heinrich (1806–1884)

1 Briefe eines Hofraths oder ... Lpz 1833
2 Politische Briefe. XI, 367 S. Lpz: Literar. Museum 1833
3 Das Junge Europa. Novelle. 3 Abth., 5 Bde. Lpz: Wigand 1833–1837
4 Das neue Jahrhundert. 2 Bde. 352, 367 S. Fürth: Korn (1) bzw. Lpz: Literar. Museum (2) 1833
   (Enth. u. a. Nr. 2)
5 Polen. XVI, 336 S. Fürth: Korn 1833
   (Ausz. a. Nr. 4)
6 Die Poeten. Novelle. 2 Bde. Lpz 1834
   (Ausz. a. Nr. 3)
7 Reisenovellen. 6 Bde. Lpz, Mannheim: Hoff 1834–1837
8 Moderne Charakteristiken. 2 Bde. XVIII, 399; 428 S. Mannheim: Löwenthal 1835
9 Liebesbriefe. Novelle. Lpz: Wigand 1835
10 (MÜbs.) V. Hugo: Burg Jargal. Dt. v. H. L. Ymbert Galloix. Dovalle. Dt. E. Beurmann Ffm: Sauerländer (= Sämmtliche Werke 7) 1836
11 *Die französische Revolution von 1789 bis 1836. Bln 1836
12 Die Schauspielerin. Novelle. 154 S. Mannheim: Hoff 1836
13 Die Bürger. Novelle. 289 S. Mannheim: Hoff 1837
   (Ausz. a. Nr. 3)
14 Das Glück. Novelle. 320 S. Mannheim: Hoff 1837
15 Die Krieger. Novelle. 2 Bde. 244, 297 S. Mannheim: Hoff 1837
   (Ausz. a. Nr. 3)
16 Neue Reisenovellen. 2 Bde. 476; XVII, 370 S. Mannheim: Hoff (= Reisenovellen 5–6 1837)
17 *Goerres und Athanasius. 65 S. Lpz: Köhler 1838
18 (Hg.) J. J. W. Heinse: Sämmtliche Schriften. 10 Bde. Lpz 1838
19 Geschichte der deutschen Literatur. 4 Bde. Stg.: Hallberger 1839–1840
20 Französische Lustschlösser. – Fontainebleau. Chambord. Eu. Pau. St. Germain. Versailles. Die Kaschba. 3 Bde., 3 Taf., 2 Ktn. Mannheim: Hoff 1840

21 Jagdbrevier. 304 S. Lpz: Wigand 1841
22 Die Bandomire. Kurische Erzählung. 2 Thle. Mitau: Reyher 1842
23 Der Prätendent. 224 S. Lpz: Teubner 1842
24 Gräfin Chateaubriant. Roman. 3 Bde. Lpz: Teubner 1843
25 (Red.) Zeitung für die elegante Welt. Jg. 33–35. Lpz: Voß 1843–1845
26 George Sand's Frauenbilder. Geschildert von H. L. XV, 169 S., 24 Taf. 4°
    Brüssel: Haumann 1845
27 Der belgische Graf. 283 S. Mannheim: Hoff 1845
28 Drei Königstädte im Norden. 2 Bde. 334, 336 S. Lpz: Weber 1845
29 Monaldeschi. Tragödie in fünf Acten und einem Vorspiele. 257 S. Lpz:
    Weber 1845
    (Ausz. a. Nr. 30)
30 Dramatische Werke. 13 Bde. Lpz: Weber 1845–1876
31 Die Karlsschüler. Schauspiel in fünf Akten. Als Ms. gedr. LXV, 247 S. Lpz:
    Weber (1846)
32 Novellen. Bd. 1–9: Reisenovellen. – Bd. 10: Paris 1847. 10 Thle. Mannheim:
    Hoff 1846–1847
    (Enth. u. a. Nr. 7)
33 Rokoko oder Die alten Herren. Lustspiel in fünf Akten. 80 S., 2 Bl. Lpz:
    Weber 1846
    (Ausz. a. Nr. 30)
34 Die Bernsteinhexe. Historisches Schauspiel in fünf Akten. Nach Meinhold's
    Hexenprozesse: Maria Schweidler. 254 S. Lpz: Weber 1847
    (Ausz. a. Nr. 30)
35 Gottsched und Gellert. Charakter-Lustspiel in fünf Akten. 308 S. Lpz:
    Weber 1847
    (Ausz. a. Nr. 30)
36 Struensee. Tragödie in fünf Akten. 228 S. Lpz: Weber 1847
    (Ausz. a. Nr. 30)
37 Paris 1847. 215 S. Mannheim: Hoff 1848
    (Ausz. a. Nr. 32)
38 Das erste deutsche Parlament. 3 Bde. 328; 317; 475 S. Lpz: Weidmann 1849
39 Prinz Friedrich. Schauspiel. Lpz: Weber (= Dramatische Werke 7) 1854
40 Graf Essex. Trauerspiel in fünf Aufzügen. Mit d. Einl. d. Dichters. 120 S.
    Lpz: Reclam (= Reclam's UB 5746) 1856
    (Ausz. a. Nr. 29)
41 Jagdbrevier. 327 S. Lpz: Haessel 1858
    (Erw. Aufl. v. Nr. 21)
42 Montrose, der schwarze Markgraf. Trauerspiel. Lpz: Weber (= Dramatische Werke 9) 1859
43 Junker Hans. 4 Bde. Lpz: Haessel (= Der deutsche Krieg, Buch 1) 1863
44 Der deutsche Krieg. Historischer Roman in drei Büchern. 9 Bde. Lpz:
    Haessel 1863–1866
45 Waldstein. Historischer Roman. 3 Bde. Lpz: Haessel (= Der deutsche Krieg,
    Buch 2) 1864
46 Herzog Bernhard. Historischer Roman. 2 Bde. Lpz: Haessel (= Der deutsche
    Krieg, Buch 3) 1866
47 Der Statthalter von Bengalen. 107 S. Wien: Selbstverl. 1867
    (Ausz. a. Nr. 30)
48 Das Burgtheater. Ein Beitrag zur deutschen Theatergeschichte. 496 S., 1 Taf.
    Lpz: Weber 1868
49 Böse Zungen. Schauspiel. 116 S. Wien: Singer (= Dramatische Werke 11)
    1868
50 Demetrius. Historisches Schauspiel in fünf Akten. Mit Benutzung des
    Schillerschen Fragments bis zur Verwandlung im zweiten Akt. Mit einer
    Einl. d. Verf. 98 S. Lpz: Selbstverl. 1869
    (Ausz. a. Nr. 30)
51 Das norddeutsche Theater. Ein neuer Beitrag zur deutschen Theatergeschichte. VIII, 266 S. Lpz: Weber 1872
52 (Bearb.) O. Feuillet: Eine vornehme Ehe. Schauspiel in vier Aufzügen und
    einem Vorspiele. 86 S. Lpz: Reclam (= Reclam's UB 554) (1873)
53 (Bearb.) D. G. Girardin: Lady Tartuffe. 87 S. Lpz: Reclam (= Reclam's
    UB 679) (1873)

54 (Bearb.) Dumanoir (eig. P. F. Pinel): Die Eine weint, die Andre lacht. Schauspiel in vier Aufzügen. 60 S. Lpz: Reclam (= Reclam's UB 580) (1874)
55 (Hg.) F. Grillparzer: Sämmtliche Werke. 10 Bde. Stg 1874
56 (Übs. u. Bearb.) V. Sardou: Die guten Freunde. 99 S. Lpz: Reclam (= Reclam's UB 708) (1874)
57 (Übs.) E. Scribe, E. Legouvé: Der Damenkrieg. Lustspiel in drei Aufzügen. 64 S. Lpz: Reclam (= Reclam's UB 337) (1874)
58 (Übs. u. Bearb.) E. Augier: Der Pelikan. Schauspiel in fünf Aufzügen. 90 S. Lpz: Reclam (= Reclam's UB 622) (1875)
59 Cato von Eisen. Lustspiel. Lpz: Weber (= Dramatische Werke 13) 1875
60 Erinnerungen. 2 Bde., 1 Taf. Wien: Braumüller (= Gesammelte Werke 1 u. 16) 1875–1882
61 Mitten in der Nacht. Posse in einem Aufzug. Nach dem Franz. 31 S. Lpz: Reclam (= Reclam's UB 525) (1875)
62 Nachsicht für alle. Komödie. Lpz: Weber (= Dramatische Werke 13) 1875
63 (Übs. u. Bearb.) J. Sandeau: Das Fräulein von Seiglière. Schauspiel in vier Aufzügen. 88 S. Lpz: Reclam (= Reclam's UB 660) (1875)
64 (Übs.) Bearb. V. Sardou: Der letzte Brief. Lustspiel in drei Aufzügen. 75 S. Lpz: Reclam (= Reclam's UB 606) (1875)
65 Gesammelte Schriften. 16 Bde. Wien: Braumüller 1875
66 Das Wiener Stadt-Theater. 226 S. Lpz: Weber 1875
67 Der Hauptmann von der Schaarwache. Lustspiel in zwei Aufzügen. Nach dem Franz. 43 S. Lpz: Reclam (= Reclam's UB 1026) (1876)
68 ★(Übs.) Th. Barrière, P. A. A. Thiboust, gen. L. Thiboust: Marmorherzen. Sitten-Schauspiel. 85 S. Wien: Verl. d. Wiener Stadttheaters 1878
69 (Übs. u. Bearb.) D. de Girardin: Die Furcht vor der Freude. Schauspiel in einem Aufzug. 39 S. Lpz: Reclam (= Reclam's UB 975) (1878)
70 (Übs.) E. Augier: Eine Demimonde-Heirat. Schauspiel in drei Aufzügen. 81 S. Lpz: Reclam (= Reclam's UB 1126) (1879)
71 Die Böhminger. Roman. 3 Bde. Stg, Lpz: Hallberger 1880
72 (Übs.) V. Sardou: Daniel Rochat. 207 S. Hbg: Hoffmann & Campe 1880
73 Entweder – oder. Eine Erzählung. 284 S. Braunschweig: Westermann 1882
74 Festrede zur fünfzigjährigen Feier Goethe's gehalten zu Wien ... 16 S. Wien: Selbstverl. 1882
75 (Hg.) G. E. Lessing: Werke. 5 Bde. 4⁰ Wien, Lpz, Prag: Bensinger (1882–1883)
76 Louison. Novelle. 248 S. Braunschweig: Westermann 1882
77 Die kleine Prinzessin. Blond muß sie sein. Novellen. 258 S., 1 Taf. Breslau: Schottländer 1883
78 Der Schatten Wilhelm. Eine geschichtliche Erzählung. 288 S. Lpz: Haessel 1883
79 Franz Grillparzers Lebensgeschichte. VIII, 177 S., 1 Taf. Stg: Cotta 1884
80 (Hg.) H. Heine: Werke. 6 Bde. o. O. (1884–1885)
81 Ruben. Ein moderner Roman. III, 230 S. Lpz: Haessel 1885
82 Theaterkritiken und dramaturgische Aufsätze. Ges., ausgew. u. m. e. Einl. vers. A. von Weilen. 2 Bde. 480 S., 4 Taf. Bln: Selbstverl. d. Ges. f. Theatergeschichte (= Schriften der Gesellschaft für Theatergeschichte 7–8) 1906
83 Gesammelte Werke. Unter Mitwirkung v. A. Hänel hg. H. H. Houben. 50 Bde. Lpz: Hesse 1908–1909

LAUCKNER, Rolf (1887–1954)

1 Gedichte. VIII, 80 S. Stg: Cotta 1912
2 Zur Geschichte und Dogmatik der reformatio in peius. Dissertation Würzburg 1913. XI, 95 S. Breslau: Schletter (=Strafrechtliche Abhandlungen 171) 1913
3 Der Umweg zum Tod. Fünf kleine Dramen aus dem großen Krieg und eine Anzahl Gespräche um den Tisch. 217 S. Stg: Cotta 1915
4 Christa die Tante. Drama. 129 S. Bln: Reiss 1918
5 Frau im Stein. Drama für Musik. 90 S. m. Abb. Bln: Reiss (1918)
6 Der Sturz des Apostels Paulus. Drama. 172 S. Bln: Reiss 1918

7 Wir Sturm und Klage. Gedichte. 45 S. Bln: Reiss 1918
 8 (Hg.) Über Land und Meer. Deutsche Illustrierte Zeitung. Jg. 62–65. 4⁰ Stg: Dt. Verl.-Anst. 1919–1923
 9 Predigt in Litauen. Drama. 143 S. Bln: Reiss 1919
10 Wahnschaffe. Drama. 271 S. Bln: Reiss (1920)
11 Sonate. Kammerspiel in drei Sätzen. 81 S. Bln: Reiss 1921
12 Schrei aus der Straße. Fünf Szenen. 95 S. Bln: Reiss 1922
13 (Bearb.) F. Schubert: Der treue Soldat. Singspiel. Nach Th. Körner ,,Der vierjährige Posten''. Die Weiberverschwörung. Singspiel. Nach J. F. Castelli ,,Der häusliche Krieg''. 29, 54 S. Mainz: Schott 1922
14 Die Reise gegen Gott. Drama. 79 S. Bln: Reiss (1923)
15 (Übs.) Kalidasa: Sakuntala. Ein indisches Schauspiel in sieben Akten. 186 S. Bln: Volksbühnen-Verl. (1924)
16 Die Entkleidung des Antonio Carossa. Komödie. 248 S. Bln: Volksbühnen-Verl. 1925
17 Matumbo. Drama in drei Akten. 143 S. Bln: Volksbühnen-Verl. (1925)
18 (Übs., Bearb.) M. Tschaikowsky: Pique Dame. Oper. Text nach einer Puschkinschen Novelle. Neu übs. u. für die deutsche Bühne bearb. R.L. 55 S. Lpz: Rather 1925
19 (Übs.) W. Shakespeare: Timon von Athen. Trauerspiel. Übertr. und für die deutsche Bühne eingerichtet R. L. 96 S. Bln: Volksbühnen-Verl. 1926
20 Satuala. Oper. Musik E. N. von Reznicek. Textbuch. 32 S. Wien: Universal-Ed. 1927
21 (Bearb.) Chr. D. Grabbe: Herzog Theodor von Gothland. Eine Tragödie. Für die moderne Bühne eingerichtet R. L. 111 S. Stg: Cotta 1928
22 Krisis. Schauspiel in drei Akten. 145 S. Stg: Cotta 1928
23 (Bearb.) C. M. von Weber: Euryanthe. Große romantische Oper. Text nach H. von Chezy von R. L. Textbuch 40 S. Stg: Cotta 1928
24 Nadja. Oper in vier Bildern. Musik E. Künnecke. Textbuch. 79 S. Bln: Charivari 1931
25 Bernhard von Weimar. Drama in vier Akten. 186 S. Mchn: Langen-Müller 1933
26 Der gespielte Faust. Goethes Faust zweiter Teil. Neue Bühnengestaltung. 109 S. Bln: Theaterverl. Langen-Müller (= Bücherei für Spiel und Theater 2) 1935
27 Der Hakim weiß es. Komödie. 126 S. Bln: Theaterverl. Langen-Müller 1936
28 Das Leben für den Staat. Charakterbild Friedrich des Großen. 157 S. m. Abb. Mchn: Bruckmann 1936
29 Der letzte Preuße. Tragödie vom Untergang eines Volkes in vier Akten. 162 S. Bln: Theaterverl. Langen-Müller 1937
30 Wanderscheidt sucht eine Frau. Komödie in vier Akten und einem Vorspiel. 126 S. Bln: Theaterverl. Langen-Müller 1938
31 Preußische Liebesgeschichte. Aus der Jugend Kaiser Wilhelms I. 203 S., 88 Abb. Mchn: Bruckmann 1939
32 Eine kleine Nachtmusik. Mozarts Erlebnis auf der Reise nach Prag. 174 S., 54 Abb. Mchn: Bruckmann 1939
33 Bismarck. Der Weg zum Reich. 220 S. m. Abb. Mchn: Bruckmann 1940
34 (Bearb.) A. Lortzing: Casanova in Murano. Oper in drei Akten. Text nach Lortzing von R. L. Für die moderne Bühne bearb. M. Lothar. 102 S. m. Abb. Bln: Oertel 1943
35 Gesammelte Werke. 6 Bde. Darmstadt: Stichnote 1952–1953

LAUKHARD, Friedrich Christian (1758–1822)

1 *Beyträge und Berichtigungen zu Doktor Bahrdts Lebensbeschreibung in Briefen eines Pfälzers. VIII, 248 S. o. O. 1791
2 *Freimüthige über Doktor Bahrdts eigne Lebensbeschreibung. 208 S. Bln, Lpz (o. Verl.) 1791
3 Leben und Schicksale, von ihm selbst beschrieben, zur Warnung für Eltern und studierende Jünglinge. 5 Bde. Halle: Michael & Bispink (1–2) bzw. Lpz: Fleischer (3–5) 1792–1794

4 *(MV) (F. H. Bispink u. F. Ch. L.:) Briefe eines preußischen Augenzeugen über den Feldzug des Herzogs von Braunschweig gegen die Neufranken im Jahre 1792. 3 Bde. Germanien (d. i. Hbg) 1794
5 Sammlung erbaulicher Geschichten für alle die, welchen es Ernst ist, das Wohl ihrer Unterthanen, Untergebenen und Mitmenschen nicht zu untergraben. 2 Tle. CII, 142 S., 4 Bl.; 145, 464 S., 5 Bl., 1 Ku. Altona: auf Kosten des Herausgebers 1796
6 Schilderung der jetzigen Reichsarmee. 254 S. Köln: Hammer 1796
7 Annalen der Universität zu Schilda, oder Bocksstreiche und Harlekinaden der gelehrten Handwerksinnungen in Deutschland. 3 Bde. 435; IV, 202; IV, 331 S. o. O. 1798–1799
8 *Leben und Thaten des Rheingrafen Carl Magnus, den Joseph II. auf zehn Jahre ins Gefängniß nach Königstein schickte. XII, 355 S. o. O. 1798
9 *Teutsch gesprochen mit Herrn Pott über seine Ausgabe der Briefe rechtschaffener Männer an den Doktor K. F. Bahrdt. o. O. 1798
10 Franz Wolfstein oder Begebenheiten eines Dummen Teufels. 2 Bde. 460, 516 S., 1 Ku. Lpz 1798
11 Der Mosellaner- oder Amicistenorden nach seiner Entstehung, inneren Verfassung und Verbreitung auf den deutschen Universitäten dargestellt ... VIII, 139 S. Halle: Cramer 1799
12 Zuchtspiegel für Adlige. Paris 1799
   (Ausz. a. Nr. 5)
13 Zuchtspiegel für Eroberungskrieger ... und Ärzte. Paris 1799
   (Ausz. a. Nr. 5)
14 Zuchtspiegel für Fürsten und Hofleute. Paris 1799
   (Ausz. a. Nr. 5)
15 Zuchtspiegel für Theologen. Paris 1799
   (Ausz. a. Nr. 5)
16 Erzählungen und Novellen. 2 Bde. XII, 427 S.; 1 Bl., 278 S. Lpz: Fleischer 1800
17 (MV) F. Ch. L. u. Dornsteg: Fasten-Ressource. 1 Bl., 110 S. Halle: Hendel 1800
18 Marki von Gebrian, oder Ränke und Schwänke eines französischen Emigranten. Ein politisch-komischer Roman. 2 Bde. VI, 264; 292 S. Lpz: Fleischer 1800
19 Astolfo, eine Banditengeschichte. 3 Bde. Pegau: Günther 1801
20 (Übs.) Bonaparte und Cromwell. Ein Neujahrsgeschenk für die Franzosen von einem Bürger ohne Vorurtheil. Aus dem Französischen. XVI, 126 S. (Lpz: Lauffer) 1801
21 Anekdotenbuch oder Sammlung unterhaltender und lehrreicher Erzählungen aus der wirklichen Welt. VIII, 248 S. Lpz 1802
22 Die Emigranten oder Geschichte des Grafen von Vitacon. 2 Bde. Pegau, Lpz 1802
23 Corilla Donatini, oder Geschichte einer empfindsamen Buhlerin. 268 S. Halle: Hendel 1804
24 Eulerkappers Leben und Leiden. Eine tragisch-komische Geschichte. 254 S. Halle: Hendel 1804
25 Lelio Bernini und Adela. Lpz: Fleischer 1805
   (Ausz. a. Nr. 16)
26 *Der Räuber seiner eigenen Braut. Lpz: Fleischer 1805
   (Ausz. a. Nr. 16)
27 Melana. Aus einem italienischen Manuscripte. VIII, 312 S. Lpz. Altenburg 1809
28 Wilhelm Steins Abentheuer von ihm selbst. 2 Bde. Altenburg, Lpz 1810
29 *Vertraute Briefe eines alten Landpredigers an einen seiner jüngeren Amtbrüder. Halle 1811

Lauremberg, Johann (+ H. Willmsen L. Rost) (1590–1658)

1 Organum analogicum, seu instrumentum proportionum ... 8 Bl. Rostock: Pedanus 1621
2 Antiquarius: In quo quaeter antiqua et obsoleta verba ... plurimi vitus Pop.

Rom. ac Graecis peculiares exponuntur ... 4 Bl., 529 S., 1 Bl. 4⁰ Lugduni: Anard 1622
3 Clavis instrumentalis Laurembergica ... 12 Bl., 1 Taf. Lpz: Rehefeld & Groß 1625
4 Satyra qua rerum bonarum abusus et vitia quaedam seculi perstring. Sorae 1630
5 Zwo Comoedien, darinnen fürgestellet I. Wie Aquila, der Regent der mitternächtigen Länder die edle Princessin Orithyiam heimführet; II. Wie d. Harpyjä von zweyen septentrionalischen Helden verjagt; und König Phineus entlediget wird. 70 Bl. 4⁰ Kopenhagen: Holst 1635
6 Triumphus Nuptialis Danicus. 124 S. 4⁰ Kopenhagen 1635
7 Gromaticae libri tres ... 4 Bl., 70 S., 4 Bl., 6 Taf. Hafniae: Moltke 1640
8 Ocium Soranum, Sive Epigrammata, Continentia varias Historias, et res scitu iucundas, ex Graecis Latinisque Scriptoribus depromptas ... 4 Bl., 111 S., 1 Taf. Hafniae: Moltke 1640
9 Arithmetica, peculiaribus observationibus ... illustrata ... 4 Bl., 223 S., 2 Bl. Sorae: Crusius 1643
10 Satyrae. Hafniae 1648
11 Triumphus Nuptialis Danicus. 124 S., 12 Bl. Anh. 4⁰ Kopenhagen 1648 (Verm. Neuaufl. v. Nr. 6)
12 +Veer Schertz Gedichte in nedderdütsch gerimet. 2 Bl., 94 S. o.O. 1652
13 Vier Scherz-Gedichte zu lustiger Zeitvertreibung aus Niedersächsischer Abfassung gehoochdeutschet von Der Dichtkunst Liebhabern. 112 Bl. o.O. 1654 (Hochdt. Übs. v. Nr. 12)
14 Graecia Antiqua. Edidit S. Puffendorf. 62 S., 1 Bl., 31 Kt. Amstelodami apud J. Janssonium (1660)

LAURENTIUS VON SCHNÜFFIS (eig. Johann Martin) (1633–1702)

1 Philoteus, Oder deß Miranten durch die Welt, vnd Hofe wunderlicher Weeg nach der Ruhseeligen Einsamkeit. 12⁰ Wien: Hautt 1678
2 Mirantischs Flötlein. Oder Geistliche Schäfferey, In welcher Christus, under dem Namen Daphnis, die in dem Sünden-Schlaff vertieffte Seel Clorinda ... zu großer Heiligkeit führet. 8 Bl., 316 S. m. Ku. Lauffenburg: Mantelin 1682
3 Mirantische Wald-Schallmey, Oder: Schul wahrer Weisheit, Welche einem Jungen Herrn und seinem Hof-Meister ... von zweyen Einsidlern gehalten worden ... 12 Bl., 398 S. m. Titelku. Konstanz: Hautt 1688
4 Mirantische Maultrummel ... Konstanz 1690
5 Deß Miranten, Eines Welt- und hoch-verwirrten Hirtens nach der Ruhseeligen Einsamkeit Wunderlicher Weeg. 10 Bl., 306 S. m. Titelku. Konstanz: Hautt 1690 (Neuaufl. v. Nr. 1)
6 Mirantische Mayen-Pfeiff. Oder Marianische Lob-Verfassung, In Welcher Clorus, ein Hirt, der Großmächtigsten Himmels-Königin und Mutter Gottes Mariae unvergleichliche Schön- Hoch- und Vermögenheit anmüthig besingt. 7 Bl., 332 S., 2 Bl. m. Ku. Dillingen: Bencard 1692
7 Futer über die Mirantische Maul-Truffiel, Oder Begriff, In welchem der jetzigen Welt thorechtes ... Beginnen ... an den Tag gegeben wird. 11 Bl., 312 S., 16 Ku. Konstanz: Parcus 1699
8 Marianische Einöd ... m. Ku. o.O. (1700)
9 Sieben Hauptschmerzen ... o.O. (1700)
10 Lusus Mirabiles Orbis Ludentis; Mirantische Wunder-Spiel der Welt; Vorstellend Die zeitliche Eitelkeit ... der Menschen. 8 Bl., 218 (r. 318) S. m. Ku. Augsburg: Maschenbauer 1707

LAUTENSACK, Heinrich (1881–1919)

1 Gedichte. 4 Bl., 1 Abb. 4⁰ Mchn: Avalun (= Avalun 4) 1901
2 Medusa. Aus den Papieren eines Mönches. 56 S. Bln: Gurlitt 1901

3   (MV) G. J. Rosenberg u. H. L.: Der Horath erzählt. 188 S. Mchn: Schupp 1902
4   (Hg.) Die elf Scharfrichter. Ein Musenalmanach. 45 S. m. Abb. Mchn: Scharfrichter-Verl. 1902
5   Cabaret. Schwank und Satire. Eigenes und nach fremden Stoffen für das Cabaret Verarbeitete. 62 S. Bln: Harmonie 1906
6   Sulamith. Lyrische Oper. Musik S. Blumenthal. 34 S. Mchn: Levy 1906
7   Fünf Gedichte. 8 S. Bln-Wilmersdorf: Meyer 1907
8   Hahnenkampf. Eine Komödie. 59 S. Bln-Wilmersdorf: Meyer 1908
9   Jud und Christ, Christ und Jud. Ein poetisches Flugblatt. 4 Bl. Bln-Wilmersdorf: Meyer (= Lyrische Flugblätter) 1908
10 (MÜbs.) L. Ch. A. de Musset: Erzählungen. Hg. M. Hahn. Übs. H. L., W. Mießner. V, VI, 328 S. Goslar: Lattmann 1908
11 (Übs.) E. L. V. M. Renard: Der Doktor Lerne. Ein Schauerroman. 344 S. Mchn: Weber; Lpz: Wolff 1909
12 (Übs.) G. Chesterton: Der Mann, der Donnerstag war. Eine Nachtmahr. Roman. 265 S. Mchn: Hyperion 1910
13 Documente der Liebesraserei. Die gesammelten Gedichte. 46 S. Bln-Wilmersdorf: Meyer 1910
14 (Übs.) G. Ohnet: Nieder mit Bonaparte. Historischer Roman. IV, 357 S., 1 Taf., 23 Abb. Bln: Bong (1911)
15 Die Pfarrhauskomödie. Carmen sacerdotale. Drei Szenen. 87 S. Bln-Wilmersdorf: Meyer 1911
16 Das Schlafzimmer. Ein neues poetisches Flugblatt. 4 Bl. Bln-Wilmersdorf: Meyer (1911)
17 (MH) Die Bücherei Meiandros. Eine Zeitschrift von sechzig zu sechzig Tagen. Hg. H. L., A. R. Meyer, A. Ruest. Red. A. Ruest. 6 Bücher. Nebst: Kritische Beiblätter 1–6. Bln-Wilmersdorf: Knorr 1912–1913
18 (Vorw.) A. R. Meyer: Das Buch Hymnen. (o. Pag.) (Bln-Wilmersdorf: Meyer) 1912
19 (MV) A. R. Meyer, H. L.: Ekstatische Wallfahrten. 31 S., 12 Abb. Bln-Wilmersdorf: Knorr (= Die Bücherei Meiandros 2) (1912)
20 (Übs.) M. Barrès: Der Mord an der Jungfrau. 29 S. Lpz: Wolff (= Der jüngste Tag 10) (1913)
21 Via Crucis. Der Text zu einer Kantate. 5 Bl. o. O. 1915
22 Das Gelübde. Schauspiel in vier Aufzügen. 92 S. Lpz: Wolff 1916
23 Die Samländische Ode. Konzipiert als Landsturmmann, Palmnicken an der Ostsee, Sommer 1915. 37 S. m. Abb., 10 Taf. 2° Bln: Gurlitt 1918
24 Frank Wedekinds Grablegung. Ein Requiem. Aus dem Nachlaß hg. A. R. Meyer. Vorw. I. Bloch. 15 S. Bln-Wilmersdorf: Meyer (1919)
25 Erotische Votivtafeln. Hg. A. R. Meyer. 32 S., 7 Taf. 4° Bln: Gurlitt (= Der Venusvogel F. 1, Bd. 6; Priv.-Dr., 700 Ex.) (1919)
26 Altbayrische Bilderbogen. Prosadichtungen. 157 S., 10 Abb. Bln: Gurlitt 1920
27 Leben, Taten und Meinungen (kurz zusammengefaßt) des sehr berühmten russischen Detektivs Maximow, Beamter zu besonderen Aufträgen im Ministerium des Innern zu St. Petersburg. 100 S. Bln: Rowohlt 1920
28 Totentanz. Hg. A. R. Meyer. 16 S. Bln-Wilmersdorf: Meyer 1923
29 Lena. Erzählung. (o. Pag.) Bln-Wilmersdorf (= Druck der Wilmersdorfer 3; 51 Ex.) 1925
30 Ruth. Fragment. 8 S. Bln-Wilmersdorf: Meyer 1925
31 Die Samländische Ode und ihre Fragmente aus dem Nachlaß. 21 S. Bln: Maximilian-Ges. 1926
    (Erw. Neuaufl. v. Nr. 23)
32 Unpaar. Nachw. u. Hg. O. E. Hesse. X, 71 S., 20 Abb. 4° Bln: Gurlitt (= Neue Bilderbücher Reihe 6; 300 Ex.) 1926

Lavant (eig. Habernig), Christine (*1915)

1   Das Kind. 52 S. Stg: Brentano-Verl. 1948
2   Das Krüglein. Erzählung. 159 S. Stg: Brentano-Verl. 1949
3   Die unvollendete Liebe. 76 S. Stg: Brentano-Verl. 1949

4 Baruscha. 229 S. Graz: Leykam 1952
5 Die Bettlerschale. Gedichte. 171 S., 1 Titelb. Salzburg: Müller 1956
6 Die Rosenkugel. 83 S. m. Abb. Stg: Brentano-Verl. 1956
7 Spindel im Mond. Gedichte. 157 S. Salzburg: Müller 1959

LAVATER, Johann Kaspar (1741–1801)

1 Der ungerechte Landvogt oder Klage eines Patrioten. 8 S. Zürich (o. Verl.) 1762
2 Zween Briefe an Herrn M. Bahrdt, betreffend seinen verbesserten Christen in der Einsamkeit. 128 S. Breslau (o. Verl.) 1764
3 (Hg.) Der Erinnerer. Monatsschrift. Jg. 1–3. Zürich: Heidegger 1765–1767
4 (Übs. u. Bearb.) Auserlesene Psalmen Davids. Zum allgemeinen Gebrauch in deutsche Reime gebracht. 2 Thle. Zürich: Bürgkli 1765–1768
5 Jesus auf Golgatha, eine heilige Ode nebst zweyen Oster-Liedern ... 13 S. Zürich: Bürgkli 1766
6 Christliches Handbüchlein oder Auserlesene Stellen der heiligen Schrift. Mit Versen begleitet. 262 S. Bern: Walthard 1767
7 (Hg.) Schweizerlieder. Von einem Mitgliede der helvetischen Gesellschaft zu Schinznach. 176 S. Bern: Walthard 1767
8 (Hg.) Schweizerlieder. Von einem Mitgliede der helvetischen Gesellschaft zu Schinznach. XXIV, 171 S. Bern: Walthard 1767
  (Verm. Aufl. v. Nr. 7)
9 Trauungsrede an Heß. 27 S. Zürich: Orell (1767)
10 *Aussichten in die Ewigkeit. In Briefen an J. G. Zimmermann. 4 Thle. Zürich: Orell, Geßner, Füßli 1768–1778
11 (Übs.) Das allgemeine Gebet des Herrn B. Hoadley in Reime gebracht. 32 S. Zürich: Bürgkli 1768
12 (Hg.) Schweizerlieder. 465 S. Bern: Walthard (1768)
  (Verm. Aufl. v. Nr. 8)
13 (Übs.) K. Bonnet: Philosophische Palingenesie oder Gedanken über den vergangenen und künftigen Zustand lebender Wesen. Als ein Anhang zu den letzten Schriften des Verf. und welcher insonderheit das Wesentliche seiner Untersuchungen über das Christenthum enthält. 2 Thle. XLVIII, 632; 424 S. Zürich: Orell, Geßner, Füßli 1769–1770
14 (Übs.) K. Bonnet: Philosophische Untersuchung der Beweise für das Christenthum. Sammt desselben Ideen von der künftigen Glückseligkeit des Menschen. XXII, 424 S. Zürich: Orell, Geßner, Füßli 1769
  (Selbst. Ausg. v. Nr. 13, Bd. 1)
15 Kurze Lebensbeschreibung Weiland Ihro Hochwürden Herrn Johann Conrad Antistes Wirz, Pfarrer zum großen Münster und Antistes der Züricherischen Gemeine. 30 S. Zürich: Ziegler 1769
16 Antwort an den Herrn Moses Mendelssohn zu Berlin. Nebst einer Nacherinnerung von M. Mendelssohn. 68 S. Bln, Stettin: Nicolai; Ffm: Eßlinger 1770
17 (MV) Briefe von M. Mendelssohn u. J. K. L. 87 S. o.O. 1770
18 Denkmal der Liebe bei dem plötzlichen Hinschied der Jungfrau Anna Schinz. 27 S. Zürich (o. Verl.) 1770
19 Nachdenken über mich selbst. 48 S. Zürich: Bürgkli 1770
20 Ode an Bodmer. 4 Bl. o.O. (1770)
21 *Ode an den seligen Professor Gellert. 8 S. (Zürich: o. Verl.) 1770
22 Ode an Gott. Für geübtere Leser. 32 S. Zürich: Orell, Geßner & Füßli 1770
23 J. K. L.'s Zueignungsschrift der Bonnetischen philosophischen Untersuchung über die Beweise für das Christenthum an Moses Mendelssohn und Schreiben an Lavater von M. Mendelssohn. 48 S. (Ffm: Andreä) 1770
  (Auszg. a. Nr. 13)
24 Die Auferstehung der Gerechten. Eine Cantate. 32 S. Zürich: Bürgkli 1771
25 (MV) I. Iselin, J. K. L.: Einige Briefe über das Basedowsche Elementarwerk. 52 S. Zürich: Bürgkli 1771
26 Etwas an Bahrdt. Breslau 1771

LAVATER 763

27 Christliches Handbüchlein für Kinder. XXXXIV, 456 S. Zürich: Bürgkli 1771
28 Fünfzig christliche Lieder. 272 S. Zürich: Orell, Geßner, Füßli 1771
29 Historische Lobrede auf Johann Jakob Breitinger, ehemaliger Vorsteher der Kirche zu Zürich. 122 S. Zürich: Bürgkli 1771
30 Rede bey der Taufe zweier Berlinischen Israeliten so durch Veranlassung der L.'schen und Mendelssohnischen Streitschriften zu wahrem Christenthum übergetreten. Samt einem kurzen Vorberichte. 64 S. Ffm, Lpz (o. Verl.) 1771
31 *Geheimes Tagebuch von einem Beobachter seiner selbst. (Bd. 1: Hg. v. Zollikofer). 2 Thle. 264; XLVI, 365 S. Lpz: Weidmann & Reich 1771–1773
32 ABC- oder Lesebüchlein zum Gebrauche der Schulen der Stadt und Landschaft. 48 S. Zürich: Bürgkli 1772
33 (MV) Erweckung zur Buße und S. Werenfels Abhandlung wider die fleischliche Sicherheit. 80 S. Ffm: Eichenberg 1772
34 Biblische Erzählungen für die Jugend. Altes und Neues Testament. 2 Bde. 15, 656; 619 S. Zürich: Orell, Geßner, Füßli 1772–1774
35 Unveränderte Fragmente aus dem Tagebuche eines Beobachters seiner Selbst, oder des Tagebuches Zweyter Teil. Nebst einem Schreiben an den Hg. derselben. 2 Bde. 205; XLII, 307 S. Lpz: Weidmann 1772–1773 (Selbst. Ausg. v. Nr. 31, Bd. 2)
36 Christliches Jahrbüchlein oder Auserlesene Stellen der heiligen Schrift auf alle Tage des Jahres. Mit kurzen Anmerkungen und Versen begleitet. 261 S. Zürich (o. Verl.) 1772
37 Lieder zum Gebrauche des Waisenhauses in Zürich. 88 S. Zürich: Ziegler 1772
38 Von der Physiognomik. (Tl.2 u. d. T.: Zweites Stück, welches einen in allen Absichten sehr unvollkommenen Entwurf zu einem Werke von dieser Art enthält). 2 Stcke. 80; 192 S. Lpz: Weidmann & Reich 1772
39 Predigten. Thl. 1. Breslau 1772
40 Taschenbüchlein für Dienstboten. 45 S. Zürich: Bürgkli (Bern: Haller) 1772
41 Predigten über das Buch Jonas. Gehalten in der Kirche am Waysenhause. 2 Bde. 254, 288 S. Winterthur: Steiner; Ffm: Eichenberg 1773
42 Vermischte Predigten. XXVIII, 477 S. Ffm: Brönner 1773
43 Sittenbüchlein für das Gesinde. 48 S. Ffm (Lpz: Gleditsch; Homburg v. d. H.: Göllner) 1773
44 Sittenbüchlein für die Kinder des Landvolks. 99 S. Homburg v. d. H.: Göllner 1773
45 (Übs.) C. Bonnet: Philosophische Untersuchung der Beweise für das Christenthum. Samt desselben Ideen von der künftigen Glückseligkeit des Menschen. Nebst J. K. L.'s Zueignungsschrift an M. Mendelssohn und daher entstandenen sämtliche Streitschriften zwischen J. K. L., M. Mendelssohn u. Dr. Kölbele. Wie auch des erstren gehaltene Rede bei der Taufe zweyer Israeliten. 355, 168, 52 S. Bayrhoffer 1774 (Erw. Neuaufl. v. Nr. 14)
46 Denkmal auf Felix Heß. 196 S. Zürich (o. Verl.) 1774
47 Biblische Erzählungen für die Jugend. Altes und Neues Testament. 552 S. Zürich: Orell, Geßner, Füeßli 1774 (Verk. Neuaufl. v. Nr. 34)
48 Fest-Predigten nebst einigen Gelegenheitspredigten. 410 S. Ffm u. Lpz: Brönner 1774
49 Gastpredigten. 106 S. Ffm: Eichenberg 1774
50 Vermischte Gedanken. Ms. für Freunde. Hg. v. e. unbekannten Freunde. 52 S. Ffm: Sommer 1774
51 Christliche Lieder. Der vaterländischen Jugend, besonders auf der Landschaft gewidmet. 52 S. Zürich: Ziegler 1774 (Enth. u. a. Nr. 11)
52 Zwo Predigten, gehalten zu Ems im Juli 1774. Ffm: Eichenberg 1774
53 Vermischte Schriften. 2 Thle. 336; 472 S. Winterthur: Steiner 1774–1781
54 Physiognomische Fragmente zur Beförderung der Menschenkenntnis und Menschenliebe. 4 Bde. m. Abb. 4° Lpz: Weidmann & Reich; Winterthur: Steiner 1775–1778
55 Freundschaft. Ein Gedicht. Hg. G**n. 16 S. Offenbach (:Brede) (1775)

56 Die Geißelung Jesu. Ein poetisches Gemälde aus der evangelischen Geschichte. Ffm, Lpz 1775
(Ausz. a. Nr. 53)
57 Der glücklich besiegte Landvogt Felix Grebel. II, 44 S. Arnheim (o. Verl.) 1775
58 Christliches Handbüchlein oder auserlesene Stellen der Heiligen Schrift. Verm. mit einem Anhang erbaulicher Gedanken. 180 S. Homburg v. d. H.: Wolf 1775
(Verm. Neuaufl. v. Nr. 27)
59 Die wesentliche Lehre des Evangeliums: die Gerechtigkeit durch den Glauben an Jesum Christum. In sechs Predigten über Apostelgeschichte X, 43. Hg. v. e. Schweizer Theologen. 140 S. Offenbach: Weiss 1775
60 Eigentliche Meinung von den Gaben des Heiligen Geistes. 3 Thle. Bremen: Cramer 1775–1777
61 Drey Predigten, gehalten zu Ems und zu Bockenheim bey Frankfurt. 61 S. Ffm, Lpz 1775
(Enth. u. a. Nr. 52)
62 *Abraham und Isaak. Ein religiöses Drama. 151 S. Winterthur: Steiner 1776
63 Zweytes Funfzig christlicher Lieder. XXII, 169 S. Zürich: Orell, Geßner, Füßli 1776
64 Casualpredigten. Mit einigen einzigen Gedichten. Hbg: Wolf 1776
65 Hundert Christliche Lieder. XVI, 350 S. Zürich: Orell, Geßner, Füßli 1776
(Neuaufl. v. Nr. 28 u. 63)
66 Zweyte Predigt über die Nachtmahlsweinvergiftung, gehalten den 24. November 1776 über Nahum III, 1. 41 S. (Zürich) (1776)
67 Schreiben an seine Freunde. Suche den Frieden und jag' ihm nach. Im März 1776. 47 S. Winterthur: Steiner 1776
68 (MV) Schreiben an seine Freunde. Nebst K. Pfennigers Appellation an den Menschenverstand. XLIV, 212 S. Ffm u. Lpz 1776
(Veränd. Neuaufl. v. Nr. 67)
69 Der Verbrecher ohne seines gleichen und sein Schicksal. Über Psalm 37, v. 10–15. Den 29. Herbstmonat 1776 auf Hochobrigkeitlichen Befehl bei Anlaß der in der Nacht am 12. Herbstmonat vor dem allgemeinen Buß- und Bethtage in der Großmünster-Kirche verübten Gräuelthat der Vergiftung des heiligen Nachtmahlweins. 54 S. Augsburg: Späth (1776)
70 Das gesegnete Andenken des Gerechten. Eine Predigt. 45 S. Zürich: Füßli 1777
71 Morgengebether und Abendgebether auf alle Tage der Woche. Samt einer Zugabe von einigen neuen Gebethern und Liedern. 239 S. Zürich: Bürgkli 1777
(Neuaufl. v. Nr. 6)
72 Zwo Predigten bey Anlaß der Vergiftung des Nachtmahlweins. Nebst einigen historischen und Poetischen Beylagen. 84 S. Lpz: Weidmann & Reich 1777
(Enth. Nr. 66. u. 69)
73 Sämmtliche Werke. Gesammlet, epitomiert u. verbessert hg. B***. Bd. 1. XIV, 368 S. m. Abb. Hbg: Buchenroider 1777
74 Abschiedspredigt von der Waisenkirche und Antrittspredigt zu dem Diaconat bei der Kirche zu St. Peter. 96 S. Winterthur: Steiner 1778
75 Anmerkungen zu einer Abhandlung über Physiognomik, nebst denen, die man im deutschen Museum und dem Merkur hierüber findet. 84 S. Lpz: Weygand 1778
76 Die Auferstehung der Gerechten. Eine Cantate. 29 S. Winterthur: Steiner 1778
77 Die Bekehrungsgeschichte der Apostel, in einer Predigt. 48 S. Ffm: Eichenberg 1778
78 *Predigten über die Existenz des Teufels und seine Wirkungen, nebst Erklärung der Versuchsgeschichte Jesu. Von einem schweizerischen Gottesgelehrten. 2 Bde. Ffm u. Lpz (o. Verl.) 1778–1781
79 Sammlung einiger Gebete auf die wichtigsten Angelegenheiten des menschlichen Lebens. 120 S. Lpz: Holle 1778
80 Christliches Handbüchlein für Kinder, nebst Gebethern und Liedern. XX, 218 S. Ffm u. Lpz (o. Verl.) 1779
(Erw. Neuaufl. v. Nr. 27)

81 Christliche Lieder. Erstes Hundert. Zweites Hundert. 2 Thle. XVI, 284, 178 S. Zürich: Orell, Geßner, Füßli 1779–1780
(Thl. 1. veränd. Neuaufl. v. Nr. 65)
82 *Jesus Messias oder die Zukunft des Herrn. Nach der Offenbarung Johannis. 230 S., 1 Abb. (Zürich: Ziegler) (1780)
83 Die Liebe gezeichnet. In vier Predigten und einigen Liedern. 144 S. Lpz: Holle 1780
84 Sechzig Lieder nach dem Zürcherischen Catechismus. Der Petrinischen Jugend zugeeignet. 143 S. Zürich: Füßli 1780
85 Predigt, gehalten den 28. May 1780 nach H. Wasers Hinrichtung über 1. Corinther 10 Cap., V. 12. Wasers Unglücklichen Briefe an seine Verwandten und einige sein Schicksal betreffende kleine Schriften. Nebst einer Predigt und Gebet über diesen Vorfall. 62 S. Schaffhausen (o. Verl.) 1780
86 (MV) J. K. L. und eines Ungenannten Urtheile über C. R. Steinbarts System des reinen Christenthums. Mit vielen Zusätzen v. J. S. Semler. 174 S. Halle: Hemmerde & Schwetschke 1780
87 (Hg.) J. H. Wasers Briefe an seine Verwandten und einige seine Schicksal betreffende kleine Schriften. 58 S. Schaffhausen (o. Verl.) 1780
(Ausz. a. Nr. 85)
88 Aussichten in die Ewigkeit. In Briefen an J. G. Zimmermann. Gmeinnütziger Auszug aus dem größeren Werke dieses Nahmens. 301 S. Zürich: Orell, Geßner, Füßli 1781
(Ausz. a. Nr. 10)
89 Poesien. Den Freunden des Verf. gewiedmet. 2 Bde. 170; 186 S. Lpz: Weidmann & Reich 1781
90 (Hg.) Der christliche Dichter. Ein Wochenblatt. Mai 1782–14. Apr. 1783. 52 Stcke. 442 S. Zürich: Ziegler 1782–1783
91 Pontius Pilatus oder die Bibel im Kleinen und der Mensch im Großen. 4 Thle. Zürich: Füßli (Th. 2.–4: Ziegler) 1782–1785
92 Predigt über den Selbstmord. 42 S. Winterthur: Steiner 1782
93 Reime zu den biblischen Geschichten des Alten und Neuen Testaments. Für die Jugend. Zürich: Orell, Geßner, Füßli 1782
(Ausz. a. Nr. 34)
94 Neue Sammlung geistlicher Lieder und Reime. 154 S. Zürich: Orell, Geßner, Füßli 1782
95 Brüderliche Schreiben an verschiedene Jünglinge. 188 S. Winterthur: Steiner 1782
96 Betrachtungen über die wichtigsten Stellen der Evangelien. Ein Erbauungsbuch für ungelehrte (Bd. 2: nachdenkende) Christen. Nach den Bedürfnissen der jetzigen Zeit. 2 Bde. 622; XVI, 765 S. Dessau u. Lpz: Buchh. d. Gelehrten (Bd. 2: Winterthur: Steiner) 1783–1790
97 Physiognomische Fragmente zur Beförderung der Menschenkenntniß und Liebe. Verkürzt hg. J. M. Armbruster. 3 Bde. m. Abb. Winterthur: Steiner 1783–1786
(Gek. Ausg. v. Nr. 54)
98 *Jesus Christus und Maria Magdalena. 8 S. o. O. (1783)
99 Jesus Messias oder die Evangelien und Apostelgeschichte in Gesängen. 4 Bde. m. Abb. Zürich: Ziegler (Winterthur: Steiner) 1783–1786
100 Lebensregeln für Jünglinge, besonders für diejenigen, welche die hohe Schule beziehen wollen. 40 S. Basel: Imhof 1783
101 Neue Messiade oder die vier Evangelien und Apostelgeschichte in Hexametern. Mit accentuierten Schriften. 4 Bde. Winterthur: Steiner 1783–1786
(Neuaufl. v. Nr. 99)
102 Predigt bei Anlaß der großen Erderschütterungen in Sicilien und Calabrien, geh. am 30. März 1783. 40 S. Zürich: Bürkli (1783)
103 Vollkommenheit, des Menschen Bestimmung und Gottes Werk. 30 S. Offenbach: Weiß & Brede 1783
104 Festpredigten. Nebst einer Gelegenheitspredigt. Ffm: Brönner 1784
(Erw. Neuaufl. v. Nr. 48)
105 Kleine poetische Gedichte. Winterthur: Steiner 1784
106 Herzenserleichterung oder Verschiedenes an Verschiedene. 376 S. St. Gallen: Reutiner 1784

107 Sämmtliche kleinere prosaische Schriften. 1763–1783. 1. Predigten. 2. Gelegenheitspredigten. 3. Briefe. 3 Bde. Winterthur: Steiner 1784–1785
108 Vermischte gereimte Gedichte. Vom Jahre 1766 bis 1785. VIII, 488 S. Winterthur: Steiner 1785
109 Predigten über den Brief des heiligen Paulus an den Philemon. 2 Bde. VIII, 480 S.; 556 S. St. Gallen: Reutiner 1785–1786
110 (Hg.) Salomo oder Lehren der Weisheit. XVI, 155 S. Winterthur: Steiner 1785
111 Lavaters Geist aus dessen eigenen Schriften gezogen. 189 S. Bln u. Stettin: Nicolai 1786
112 Geist der sämmtlichen Schriften. (Hg.) J. M. A(rmbruster). 1. Gedichte. Bd. 1. 335 S. St. Gallen: Huber 1786
113 Über Jesuitismus und Katholicismus. An Professor Meiners in Göttingen. Winterthur: Steiner 1786
114 Lied eines Christen an Christus. 14 S. (Winterthur: Steiner) (1786)
115 Nathanaél oder Die eben so gewisse als unerweisliche Göttlichkeit des Christenthums. Für Nathanaéle, Das ist, Für Menschen mit geradem, gesunden, ruhigen, truglosen Wahrheitssinne. 320 S. (Winterthur: Steiner) 1786
116 Predigt wider die Furcht vor Erderschütterungen über Psalm 46, V. 2–4. Geh. Samstagsabends d. 15. Jenner 1786. 32 S. Zürich: Bürkli 1786
117 Rechenschaft an seine Freunde. 1. An meine Freunde über Magnetismus, Cagliostro, geheime Gesellschaften und Nichtchrist, Atheist. 2. Über Jesuitismus und Catholizismus an Herrn Professor Meiners in Göttingen. 2 Blätter. 24, 84 S. Winterthur: Steiner 1786
    (Enth. u. a. Nr. 113)
118 Schreiben an seine Freunde im März 1786. Winterthur: Steiner 1786
119 Briefe von und an ihn und seine Freunde, nebst einem Briefe an Gaßner. 162 S. Bremen (o. Verl.) 1787
120 Kupfer zu Lavaters Messiade. 44 Bl., 72 Taf. M. Erl. (o. Pag.) Winterthur: Steiner 1787
121 Lieder für Leidende. 76 S. Tüb: Balz 1787
    (U. a. Ausz. a. Nr. 28)
122 Drey Lobgedichte auf den katholischen Gottesdienst und auf die Klosterandachten. Mit Anmerkungen zweier Protestanten. 52 S. Lpz: Kummer 1787
123 Morgen- und Abendgebete auf alle Tage der Woche. Nebst einer Sammlung von Gebeten. Lpz: Heinsius 1787
    (Erw. Neuaufl. v. Nr. 71)
124 Drei Pfingstpredigten über das zweite Kapitel der Apostelgeschichte. 104 S. Winterthur: Steiner 1787
125 Zu Bremen gehaltene Predigten, am 2., 4. u. 6. Julius 1786. Hinten an ein Lied für die bremischen Fischer. 144 S. Bremen: Cramer 1787
126 Protokoll über den Spiritus Familiaris Gablidone. 84 S., 1 Abb. Ffm, Lpz (o. Verl.) 1787
127 *Vermischte unphysiognomische Regeln zur Selbst- und Menschenkenntniß. 2 Bde. 224; 287 S. Zürich (o. Verl.) 1787
128 Schreiben an reisende Jünglinge. 166 S. Winterthur: Steiner 1787
    (Neuaufl. v. Nr. 95)
129 Schreiben an Herrn Professor Meiners in Göttingen über Jesuitismus und Katholicismus. 84 S. Winterthur (: Steiner) 1787
    (Neuaufl. v. Nr. 113)
130 Handbibel für Leidende. Thl. 1. 416 S. Winterthur: Steiner 1788
131 Predigten über die Versuchung Christi in der Wüste. 3 Thle. Ffm: Hermann 1788
132 Christlicher Religionsunterricht für denkende Jünglinge. H. 1. 126 S. (Winterthur: Steiner) 1788
133 Vermischte Gedichte und Verse. Als Ms. für Freunde gedruckt. (Zürich) 1789
134 Haussteuer oder Hausrath für meine neu angehenden Eheleute Johann Heinrich und Barbara Lavater. 19 S. (Lpz: Fleischer) 1789
135 Taschenbüchlein für Weise. 61 Bl. 64° Basel: Schneider 1789
136 +Zween Volkslehrer. Ein Gespräch. Nachgeschrieben v. Jonathan Asahel. 148 S. Winterthur: Steiner 1789

137 (Hg.) Antworten auf wichtige und würdige Fragen und Briefe weiser und guter Menschen. Eine Monatsschrift. 2 Bde. 592; 558 S. Bln: Rottmann 1790
138 Apostolische Ermahnungen, ein Kern der christlichen Sittenlehre. In drey Predigten über Römer 12, 7-21. 87 S. Basel: Haas 1790
139 (Hg.) Handbibliothek für Freunde (Bd. I: des menschlichen Herzens). 4 Jge. à 6 Thle. Zürich (Winterthur: Steiner) 1790-1973
140 Evangelisches Handbuch für Christen oder Worte Jesu Christi beherzigt. 396 S. Nürnberg: Raw 1790
141 Maria, die Mutter Jesum. Predigt, gehalten im Julius 1790. o. O. 1790
142 Väterliche Trauungsrede an F. H. Lavater und Jungfrau A. B. Ott. 72 S. Lpz: Schneider 1790
143 Auserlesene christliche Lieder zur Erbauung. XII, 226 S. Basel: Flick 1791
144 *(Übs., MV) Philosophische Unterhaltungen von einem französischen und einem schweizerischen Verf. (– C. F. de Nelis: Der Blinde vom Berg. – J. K. L.: Drey Gespräche über Wahrheit und Irrthum, Seyn und Schein.) 21, 321 S. Zürich: Ziegler 1791
145 (Hg., MV) Etwas über Pfennigern. 6 Stcke., je 120 S. Zürich: Näf 1792-1793
146 Auserlesene christliche Lieder. Ein Handbuch zur Erbauung und zum Nachdenken. XII, 226 S. Basel: Flick 1792
   (Neuaufl. v. Nr. 142)
147 (Hg., MV) Christliches Sonntagsblatt. 3 Bde. 218, 220, 220 S. Zürich: Bürgkli (Bd. 3: Ziegler & Weiß) 1792-1793
148 *Worte Jesu, zusammen geschrieben von einem christlichen Dichter. Zürich (100 Ex.) (1792)
149 Fragmente von einer Predigt Lavaters über die Kraft des Gebets. Mit Hülfe des Gedächtnisses aufbewahrt u. hg. von einem aufmerksamen Zuhörer und aufrichtigen Verehrer. J. G. M(aurenbrecher). Kopenhagen 1793
150 Regeln für Kinder. 126 S. Hbg (o. Verl.) 1793
151 Reise nach Copenhagen im Sommer 1793. Auszug aus dem Tagebuche. H. 1., 449 S. (Zürich) (1793)
152 Letztes Wort über ein Wort, das ich 1786 zu Halle wider Herrn Nikolai zu einigen Freunden gesagt haben soll. An Freunde. 38 S. o.O. 1793
   (Ausz. a. Nr. 139)
153 An die Aeltern Hirzel. Am Abend des Begräbnisses ihrer einzigen Tochter Regula, den 3. April 1794. 12 S. (Zürich) (1794)
154 *Joseph von Arimathia. Ein Gedicht in sieben Gesängen. 211 S. Hbg: Bachmann & Gundermann 1794
155 Monatsblatt für Freunde. Für das Jahr 1794. 12 H. (Zürich) 1794
156 (Hg.) Christliche Monatsschrift für Ungelehrte. 4 Bde. o. O. 1794-1795
157 Regeln für Kinder. Dieselben durch Beispiele erläutert v. J. M. Armbruster 303 S. St. Gallen: Huber 1794
   (Veränd. Neuaufl. v. Nr. 150)
158 Vier und zwanzig kurze Vorlesungen über die Geschichte Josephs, des Sohnes Israels. 118 S. Zürich: Ziegler & Ulrich 1794
159 Anacharsis oder vermischte Gedanken und freundschaftliche Räthe (Bd. 2: ... und Räthe der Freundschaft). 2 Bdch. 382; 351 S. (Zürich: Ziegler) 1795
160 Vermischte Erzählungen eines christlichen Dichters von Jesu Christo VI, 119 S. o. O. 1795
161 Freundschaftliche Briefe an verschiedene Freunde und Freundinnen. Geschrieben im Juni und Juli 1796. 84 S. Zürich (o. Verl.) 1796
162 Erweckung zur Lobpreisung und Dank und Vertrauen auf Gott nach abgewendeter Kriegsgefahr, den 30. Oktober 1796. Nach Verlesung eines obrigkeitlichen Manifestes, welches der Predigt vorgedruckt ist. 16 S. Zürich 1796
163 Geschenkchen an Freunde oder hundert vermischte Gedanken. VII, 62 S. o.O. 1796
164 Vermischte Lehren an seine Tochter Anna Louisa. 230 S. Zürich: Ziegler 1796
165 Vermächtniß an seine Freunde. Größtentheils Auszüge aus seinem Tagebuch vom Jahr 1796. 2 Bde. 312, 310 S. Zürich: Orell, Geßner, Füßli 1796
166 Christliche Belehrungen für Zürich, nach den Bedürfnissen der gegenwärtigen Zeit. Gehalten am ersten Sonntage nach der anerkannten allgemeinen Freyheit und Gleichheit, den 11. Hornung 1798. 24 S. Zürich 1798

167 An das Directorium der französischen Republik. IV, 31 S. Schweiz (d. i. Lpz: Wolf) 1798
168 An das Directorium der französischen Republik. Nebst einer Litanei fürs ganze Leben brauchbar. 23 S. Schweiz 1798
(Erw. Neuaufl. v. Nr. 167)
169 Das menschliche Herz. In sechs Gesängen. 256 S. Zürich: Orell, Geßner, Füßli (1798)
(Ausz. a. Nr. 139)
170 Predigt über die Pflichten des christlichen Predigers zu der gegenwärtigen Zeit der Staatsumwälzung, gehalten den 13. 5. 1798. 23 S. Basel: Decker 1798
171 Zwey merkwürdige Schreiben. 1. An den Bürger Schauenburg, Obergeneral der fränkischen Armee in der Schweiz. 2. Beschluß der Dankrede im Nahmen der Zürcher Bürgerschaft an den Herrn Bürgermeister Kilchsberger. 29 S. Zürich (o. Verl.) 1798
172 Christliches Wochenblatt für die gegenwärtige Zeit. 3 Bde. 200, 208, 199 S. o. O. 1798
173 *Wort eines freyen Schweizers an die große Nation über das Betragen derselben gegen die Schweiz. 24 S. (Lpz: o. Verl.) 1798
174 (MV) Vollständiger Brief-Wechsel zwischen J. C. L. und B. Reubell, Mitglied des Direktoriums der französischen Republik. Unterhalten im Jahr 1798. Gesammelt und zusammengetragen zu Nutz und Frommen derer, die gerne Wahrheit hören und verehren. 16, 40 S. Schweiz 1799
175 Nachricht von einem fatalen Vorfall den Pfarrer Lavater betreffend. Geschehen Donnerstags Nachmitags, den 26. 9. 1799. 2 Bl. (Zürich) 1799
176 Schreiben an das helvetische Direktorium. Gedruckt auf Befehl des Vollziehungs-Direktoriums. (Zürich: Waser) 1799
177 An das helvetische Vollziehungs-Direktorium. 4 S. o. O. 1799
(Neuaufl. v. Nr. 176)
178 Ansprüche an die Petrinische Gemeinde am Bettage, Sonntag, d. 14. Herbstmonats 1800. Nebst zwei kurzen Aufsätzen. Zürich 1800
179 Freimüthige Briefe über das Deportationswesen und seine eigene Deportation nach Basel. Nebst mancherlei Beilagen, Urkunden und der kurzgefaßten Deportationsgeschichte seiner Mitbürger und einiger anderer Schweizer. Zugeeignet allervörderst dem helvetischen Vollziehungsausschuß, sodann allen Feinden der Freyheit und Menschenrechte. 2 Thle. XX, 336; XIV, 408 S. Winterthur: Steiner 1800–1801
180 Drei Psalmen auf den bevorstehenden Bettag. Zum Besten der Hülfsbedürftigen. 16 S. Zürich (o. Verl.) 1800
181 Zürich am Ende des achtzehnten Jahrhunderts ... 8 S., 2 Abb. Zürich: Bürkli 1800
182 (MV) Briefwechsel Lavaters und Reubells vom Jahre 1798. Vollständiger und correcter hg. u. mit einer Zugabe zweener darauf beziehender Briefe vermehrt. 56 S. o. O. 1801
(Erw. Neuaufl. v. Nr. 174)
183 Johann Kaspar Lavater. Hg. Nebe. VIII, 166 S. Lpz: Gräff 1801
184 Privatbriefe von Saulus an Paullus. Hg. Nathalion a sacra Rupe. 142 S. Winterthur: Steiner 1801
185 (Hg.) Sammlung christlicher Gebether. XXXIV, 204 S. Nürnberg: Raw 1801
186 Nachgelassene Schriften. Hg. G. Geßner. 5 Bde. Zürich: Orell Füßli 1801–1802
187 Schreiben an seine Tochter Anna Louisa, welches eine Anweisung zum Briefschreiben enthält. Nebst einem vollständigen Briefsteller. 224 S. Bregenz: Brentano 1801
188 Zürich am Anfange des neunzehnten Jahrhunderts. Lavaters Schwanengesang. 6 S. Zürich: Musikalische Gesellschaft in Zürich 1801
189 Sämmtliche christliche Gebete. Bregenz: Brentano 1802
190 Ausgewählte Kanzelreden. Hg. G. Geßner. IV, 438 S. Zürich: Orell Füßli, Lpz: Jakobäer 1802
(Selbst. Ausg. v. Nr. 186, Bd. 4)
191 Physiognomischer Nachlaß. 110 S. Zürich: Orell Füßli 1802
(Selbst. Ausg. v. Nr. 186, Bd. 5)

192 Vermischte physiognomische Regeln. Ein Ms. für Freunde. 84 S. Lpz: Jakobäer 1802
193 Simeon oder Unterhaltungen für betagte Christen. Ein nachgelassenes Werkgen. 76 S. Zürich: Ziegler & Ulrich 1804
194 Die Christus-Religion oder der feste Christ, der beste Bürger. Neujahrsstück für die musikalische Gesellschaft in Basel 1796. Bln 1812
195 Vermischte Gedanken und Räthe der Freundschaft. 192 S. Ingolstadt: Altenhoven 1812
196 Zur Beherzigung. In Anleitung der fünfundneunzig Sätze von Haras. Eine Predigt, gehalten den 26. Juli 1795. Hbg: Perthes & Besser 1817
197 Allgemeine Betrachtungen über Religion und religiöse Physiognomien. Jena: Cröker 1817
198 Sprüche. In 107 Blättern. V, 107 S. Tüb: Laupp 1819
199 Worte des Herzens für Freunde der Liebe und des Glaubens. Hg. C. W. v. Hufeland. VIII, 171 S. Bln: Dümmler 1825
200 Hundert Sentenzen. Hundert Blättchen. 100 Bl. qu. 32° Basel: Schneider 1827
201 Sämmtliche Werke. 6 Bde. Augsburg, Lindau: Kranzfelder 1834–1838
202 Ausgewählte Schriften. Hg. J. K. Orelli. 8 Bde. Zürich: Schultheß 1841 bis 1844
203 Sprüche. (– Anh.: Das Stammbuch, oder Lehren der Weisheit für Jünglinge und Mädchen.) Hg. von einem Verehrer des Verf. 108 S. m. Abb. Blaubeuren: Mangold 1841
204 Predigten auf alle Sonn- und Festtage des ganzen Jahres als allgemeines Sonntags-Hausbuch. Säcular-Andenken an J. K. L.s hundertjährigen Geburtstag am 15. Nov. 1841. 2 Bde. Zürich: Hanke 1842–1845
205 Worte Väterlicher Liebe an Anna Louise Lavater auf das hl. Osterfest 1796, als sie das erste Mal zum Tisch des Herrn ging. Zusammengeschrieben in der Charwoche 1796. (Hg. E. Pasch). VIII, 86 S. Gotha: Perthes 1856
206 Des Freundes Stimme. Worte liebreicher Ermahnung an Jünglinge. 200 S. Winterthur: Steiner 1857
207 Andenken an liebe Reisende. 63 S. Basel: Bachmaier 1859 (Ergänzung zu Nr. 139, Jg. 1, Bd. 2)
208 Über Gefängniß-Seelsorge. Ein Vortrag. Hg. K. Marthaler. 24 S. Gotha: Perthes 1861
209 Gottes Vorsehung. 10 Stcke., je 4 S. Basel: Jaeger & Kober 1892
210 Die Jugendzeit dem Herrn geweiht. Freundesstimmen für Jünglinge und Jungfrauen. Hg. J. Biegler. 128 S. Reutlingen: Enßlin & Laiblin 1898
211 Lavateriana. Gesammelt u. hg. F. Behrend. 104 S. Bln: Literaturarchiv-Ges. (= Mitteilungen aus dem Litteraturarchive in Berlin, N. F. 12) (1916)

Le Fort, Gertrud von (+G. von Stark) (*1876)

1 +Jacomino, 35 S. Barmen: Wiemann (= Sammlung kleiner Volksschriften 30) 1899
2 +Prinzessin Christelchen. Hofroman. 174 S. m. Abb. Bln: Vobach 1904
3 Lieder und Legenden. 71 S. Lpz: Eckardt 1912
4 Hymnen an die Kirche. 53 S. Mchn: Theatiner-Verl. (= Theatiner-Drucke 4) 1924
5 Das Schweißtuch der Veronika. Roman. 356 S. Mchn: Kösel & Pustet 1928
6 Hymnen an die Kirche. 67 S. Mchn: Kösel & Pustet 1929 (Erw. Neuaufl. v. Nr. 4)
7 Der Papst aus dem Ghetto. Die Legenden des Geschlechtes Pier Leone. Roman. 393 S. Bln: Transmare Verl. 1930
8 Die Letzte am Schafott. Novelle. 136 S. Mchn: Kösel & Pustet 1931
9 Hymnen an Deutschland. 51 S. Mchn: Kösel & Pustet 1932
10 Die ewige Frau. Die Frau in der Zeit. Die zeitlose Frau. 157 S. Mchn: Kösel & Pustet 1934
11 Das Reich des Kindes. Legende der letzten Karolinger. 54 S. Mchn: Langen-Müller (= Kleine Bücherei 27) 1934
12 Die Magdeburgische Hochzeit. 347 S. Lpz: Insel (1938)

13 Die Opferflamme. Erzählung. 53 S. Lpz: Insel (= Insel-Bücherei 533) (1938)
14 Die Abberufung der Jungfrau von Barby. Erzählung. 100 S. Mchn: Beckstein 1940
15 Das Gericht des Meeres. Erzählung. 53 S. Lpz: Insel (= Insel-Bücherei 210) (1943)
16 Das Schweißtuch der Veronika. Roman. 2 Bde. Mchn: Beckstein 1946
   1. Der römische Brunnen. 355 S.
   2. Der Kranz der Engel. 313 S.
      (Bd. 1 Neuaufl. v. Nr. 5)
17 Die Consolata. 40 S. Wiesbaden: Insel 1947
18 Madonnen. Eine Bilderfolge. 14 S., 15 Taf. Zürich: Arche (= Die kleinen Bücher der Arche 67–68) 1948
19 Gedichte. 86 S. Wiesbaden: Insel 1949
20 Unser Weg durch die Nacht. Worte an meine Schweizer Freunde. 19 S. Wiesbaden: Insel 1949
21 (MH) Das literarische Deutschland. Zeitung der Deutschen Akademie für Sprache und Dichtung. Hg. G. v. L. F., R. A. Schröder (u. a.). Jg. 1. Heidelberg: Palladium-Verl. 1950
22 Den Heimatlosen. Drei Gedichte. 4 Bl. Mchn: Ehrenwirth (1950)
23 Die Krone der Frau. Monographie in Selbstzeugnissen. 160 S. Zürich: Arche (= Gestalten und Wege) 1950
24 Das Reich des Kindes. Die Vöglein von Theres. Zwei Legenden. 72 S. Wiesbaden: Insel (= Insel-Bücherei 111) 1950
      (Enth. u. a. Nr. 11)
25 Die Tochter Farinatas. Vier Erzählungen. 200 S. Wiesbaden: Insel 1950
      (Enth. u. a. 15 u. 17)
26 Aufzeichnungen und Erinnerungen. 141 S., 6 Bl. Abb. Einsiedeln, Zürich, Köln: Benziger 1951
27 (Vorw.) G. Greene: Vom Paradox des Christentums. Übs. E. Schnack. 160 S. Zürich: Arche (= Gestalten und Wege) 1952
28 (Geleitw.) Byzantinische Mosaiken. Torcello, Venedig, Monreale, Palermo, Cefalù. Einf. P. Meyer. 15 S. Text, 14 Taf. 4° Laupen/Bern: Iris-Verl. (= Iris-Bücher) 1952
29 Gedichte. 91 S. Wiesbaden: Insel (= Insel-Bücherei 580) 1953
      (Erw. Neuausg. v. Nr. 19)
30 Gelöschte Kerzen. Zwei Erzählungen. 119 S. Mchn: Ehrenwirth 1953
31 Plus ultra. 80 S. 4° Ffm: Trajanus-Presse (= Druck der Trajanus-Presse 5) (1953)
      (Ausz. a. Nr. 25)
32 Am Tor des Himmels. Novelle. 87 S. Wiesbaden: Insel 1954
33 Das kleine Weihnachtsbuch. 46 S. m. Abb. Zürich: Arche (= Die kleinen Bücher der Arche 199) 1954
34 Die Brautgabe. 44 S. m. Abb., 1 Titelb. Zürich: Arche (= Die kleinen Bücher der Arche 206) 1955
35 Die Frau des Pilatus. Novelle. 59 S. Wiesbaden: Insel 1955
36 (Einl.) L. v. Matt: Rom. Das Antlitz der ewigen Stadt. Dreißig Farbaufnahmen. 61 S., dav. 30 S. Abb. Mchn, Wien: Andermann (= Panorama-Bücher) 1956
37 Erzählende Schriften. 3 Bde. 662, 521, 566 S. Mchn: Ehrenwirth u. Wiesbaden: Insel 1956
38 Weihnachten. Das Fest der göttlichen Liebe. 14 S. Stg: Ev. Verlagswerk 1956
39 Der Turm der Beständigkeit. Novelle. 61 S. Wiesbaden: Insel 1957
40 Die letzte Begegnung. Novelle. 39 S. Wiesbaden: Insel 1959
41 Die Frau und die Technik. 71 S. Zürich: Arche (= Die kleinen Bücher der Arche 290–291) 1959

LEHMANN, Arthur Heinz
(+Peter Sell, A. H. Lester) (1909–1956)

1 Neue Streiche von Reineke Fuchs. Lustige Tierfabeln. 46 S. m. Abb. Lpz: Schlag (1933)

2 ...aber die richtige Frau ist Isotta! Roman. 262 S. Bln: Ross (= Bücher der Freude) 1935
3 †Al Mix ging unter die Banditen. Abenteuer-Roman. 247 S. Bln: Ross (= Bücher der Freude) 1935
4 Der tobende Hurrikan. Ein komischer Roman. 324 S. Bln: Ross (= Bücher der Freude) 1935
5 †Die lebende Mumie. Abenteuer-Roman. 235 S. Bln: Ross (= Bücher der Freude)1935
6 †Harter Kampf um Ehre und Recht. Abenteuerroman. 264 S. Bln: Ross (1936)
7 †Die Ranch der Gangster. Al Mix. Abenteuerroman. 275 S. Bln: Ross 1936
8 †Der Schatz im Sattel. Abenteuerroman. 238 S. Bln: Ross 1936
9 Methusalem auf Rädern. Humoristischer Roman. 290 S. Bln: Oestergaard 1937
10 †Der Teufel ist los in Klinkerton! Roman aus dem Wilden Westen. 296 S. Bln: Kugel-V. (= Iris-Silberreihe) 1937
11 Die Piraten von Flunderheide. Lustige Jungengeschichten. 80 S. m. Abb. Dresden: Flechsig (= Flechsig-Jugendbücher) 1938
12 Rauhbautz will auch leben. Fröhliches Buch von Pferden und Menschen. 77 S. m. Abb. Dresden: Heyne 1938
13 †Schieß, Ranger, oder stirb! Abenteuer-Roman aus Texas wildester Zeit. 280 S. Bln: Kulturelle Verl. Ges. (= Iris-Silber-Reihe) 1938
14 Winke, Winke aus dem Handgelenke. Vergnüglicher Wegweiser für Ferienreisende. 92 S. m. Abb. Weimar: Duncker 1938
15 (MV) A. H. L., G. Zeidler: Blauer Dunst macht Weltgeschichte. Kurzweiliger Lebenslauf des Tabaks. 187 S. Lpz: Kreisel 1939
16 (MV) F. Ackerl, A. H. L.: Die edlen Lippizianer und die spanische Reitschule. 246 S. m. Abb. Weimar: Duncker (1939)
17 Hengst Maestoso Austria. Liebesgeschichte zweier Menschen und eines edlen Pferdes. 189 S., 18 Taf. Dresden: Heyne 1939
18 Mensch, sei positiv dagegen! 122 S. Dresden: Heyne 1939
19 Wir sind ganz unter uns. Fröhliche Tiergeschichten. 173 S. m. Abb. Bln: Buchmeister-V. 1939
20 Die geteilte Wohnung. Roman. 282 S. Lpz: Quelle & Meyer (1939)
21 Rauhbautz wird Soldat. 126 S. m. Abb. Dresden: Heyne 1940
22 Rauhbautz hilft mit siegen. 78 S. m. Abb. Dresden: Heyne 1941
23 Die Roßheiligen. Legenden. 112 S. m. Abb. Brüssel: Dt. Verl. Die Osterlingen 1943
24 Die Unschuld zu Pferde. 88 S. m. Abb. Dresden: Heyne (1943)
25 Unteroffiziere. 63 S. m. Abb. Bln: Vogtmann (1943)
26 Das Höchste ist ein Schnalzer! Fröhliche Erlebnisse mit Wagenpferden und mit uns Menschen selber. 97 S. m. Abb. Dresden: Heyne (1944)
27 Außenseiter. Seltsame Geschichten von Menschen und Pferden. 183 S. Wien: Zwei Berge Verl. 1948
28 (Übs.) G. Balch: King, der König der wilden Pferde. 298 S., 14 Abb. Celle: Schneekluth; Kufstein, Wien: Schwingen-V. (1949)
29 Campi, der Berghengst. 227 S. m. Abb. Wien: Danubia-V. 1948
30 Die Stute Deflorata. Des Hengstes Maestoso Austria Gefährtin. Die weitere Liebesgeschichte zweier Menschen und ihrer edlen Pferde. 298 S. m. Abb. Kufstein, Wien: Schwingen-V. 1949
31 (Hg.) Das Glück dieser Erde. Bearb. J. Hahn-Butry. 303 S. m. Taf. Hbg, Mchn, Neuhaus-Oste: Siep 1949
32 (MV) H. L., H. Hömberg: Der Narr im Mond. Ein Roman von zweien in einem Bande und in Fortsetzungen unter Beigabe sehr persönlicher Meinungen. 215 S. (Klagenfurt:) Kaiser 1949
33 (Übs.) G. Balch: Der Tigerschimmel. 285 S. m. Abb. Kufstein, Wien: Schwingen-V. 1950
34 (Übs.) D. Childs Hogner: Stormy. Die Geschichte eines Wildpferdes. 179 S. m. Abb. Celle: Schneekluth; Kufstein, Wien: Schwingen-V. 1950
35 Die ewige Herde. 312 S. m. Taf. Bln: Staneck (1950)
36 Tierzirkus Pipino. 155 S. m. Abb. Wien: Schwingen-V. (1950)
37 Das Dorf der Pferde. Roman eines Jahres. 515 S., 16 Taf. Kufstein, Wien: Schwingen-V. 1951
38 (Übs.) G. Balch: Schattenstreif. Roman eines Indianer-Ponys. 304 S. m. Abb. Darmstadt: Schneekluth 1952

39 Rauhbautz. Fröhliche Erzählungen von Pferden und Menschen. 253 S. m. Abb. Darmstadt: Schneekluth (1952)
(Enth. Nr. 12 u. 21)
40 Glück auf vier Beinen. Eine heitere, unbeschwerte Menschen- und Pferdegeschichte. 239 S. Darmstadt: Schneekluth; Wien, Kufstein, Rosenheim: Schwingen-V. 1953
41 (Übs.) G. Balch: Olaf. Die Geschichte eines Elch-Hundes. 207 S. Darmstadt: Schneekluth 1955
42 Der Herrgott der Pferde. Die Streiche der sieben Roßnarren. 348 S. Darmstadt: Schneekluth 1956
43 Maestoso Orasa. Memoiren eines Lippizianer-Hengstes. 104 S. m. Abb. Bln: Staneck 1958
44 (Hg.) Roß und Reiter und so weiter. Ausw. der Texte A. H. L. 52 S., 31 Abb. qu. 8° Zürich: Diogenes-V. (= Diogenes Tabu) 1959

LEHMANN, Wilhelm (*1882)

1 Der Bilderstürmer. Roman. 187 S. Bln: Fischer 1917
2 Die Schmetterlingspuppe. Roman. 149 S. Bln: Fischer 1918
3 Weingott. Ein Roman. 194 S. Trier: Lintz 1921
4 Vogelfreier Josef. Novelle. 90 S. Trier: Lintz (= Die deutsche Novelle) 1922
5 Der Sturz auf die Erde. 91 S. Trier: Lintz 1923
6 Der bedrängte Seraph. Novelle. 55 S. Stg, Bln, Lpz: Dt. Verl.-Anst. (= Der Falke 14) 1924
7 (Übs.) R. Kipling: Kleine Geschichten aus den Bergen. 324 S. Lpz: List (= Ausgewählte Werke). (1925)
8 (MÜbs.) R. Kipling: In Schwarz und Weiß. Novellen. Ins Deutsche übertr. R. V. Scholtz u. W. L. VII, 285 S. Lpz: List (= Ausgewählte Werke) 1926
9 Die unbekannte Stimme. Hg. L. Kunz. 27 S. Bln: Die Rabenpresse 1932
10 Die Hochzeit der Aufrührer. 115 S. Bln: Fischer (= S.-Fischer-Bücherei) 1934
11 (Übs.) R. Kipling: Drei Soldaten. 223 S., 6 Abb. Lpz: List (= Die Welt der Fahrten und Abenteuer) 1934
12 (Nachw.) O. Loerke: Der Silberdistelwald. Gedichte. 155 S. Bln: Fischer 1934
13 Antwort des Schweigens. Gedichte. 45 S. Bln: Widerstands-Verl. 1935
14 Gedichte. 10 Bl. Hbg: Ellermann (= Das Gedicht Jg. 3, F. 5) 1936
15 Der grüne Gott. Ein Versbuch. 71 S. Bln: Müller 1942
16 Entzückter Staub. 42 S. Heidelberg: Schneider 1946
17 Bewegliche Ordnung. Aufsätze. 188 S. Heidelberg: Schneider 1947
18 Verführerin, Trösterin und andere Erzählungen. 171 S. Heidelberg: Schneider 1947
(Enth. u. a. Nr. 10)
19 Bukolisches Tagebuch aus den Jahren 1927 bis 1930. 161 S. Fulda: Parzeller 1948
20 Noch nicht genug. Gedichte. 46 S. Tüb: Heliopolis 1950
21 Mühe des Anfangs. Biographische Aufzeichnung. Festgabe zu W. L.s siebzigsten Geburtstag am 4. Mai 1952. 78 S. Heidelberg: Schneider 1952
22 Albrecht Goes. Träger des Lessing-Preises der Freien und Hansestadt Hamburg 1953. 32 S., 2 Taf. Hbg: Hauswedell 1953
23 Ruhm des Daseins. Roman. 356 S. Zürich: Manesse 1953
24 Dichterische Grundsituation und notwendige Besonderheit des Gedichts. 11 S. 4° Mainz: Akad. d. Wiss. u. d. Literatur (= Abhandlungen der Akademie der Wissenschaften und der Literatur. Klasse der Literatur 1953, 4) 1954
25 Überlebender Tag. Gedichte aus den Jahren 1951–1954. 37 S. Düsseldorf, Köln: Diederichs 1954
26 Dichtung als Dasein. Poetologische und kritische Schriften. 199 S. Hbg: Wegner (= der mainzer reihe 5) 1956
27 Der stumme Laufjunge. Vier Erzählungen. 76 S. Mchn: Piper (= Piper-Bücherei 97) 1956
(Enth. u. a. Ausz. a. Nr. 18)
28 Bewegliche Ordnung. Aufsätze. 207 S. Bln, Ffm: Suhrkamp (= Bibliothek Suhrkamp 35) (1956)
(Veränd. Neuaufl. v. Nr. 17)

29 (Hg., Nachw.) Th. Storm: Meistererzählungen. 805 S. Zürich: Manesse (= Manesse-Bibliothek der Weltliteratur) 1956
30 Meine Gedichtbücher. Zum fünfundsiebzigsten Geburtstag von W. L. 278 S. Ffm: Suhrkamp 1957
31 (Vorw.) A. Heismann: Sonette einer Liebenden. 75 S. Heidelberg, Darmstadt: Schneider (= Veröffentlichungen der deutschen Akademie für Sprache und Dichtung, Darmstadt 11) 1957
32 Erfahrungen mit Gedichten. 14 S. Mainz: Verl. d. Akad. d. Wiss. u. d. Literatur (= Abhandlungen der Akademie der Wissenschaften und der Literatur. Klasse der Literatur 1959, 1) 1959
33 (Hg.) Moritz Heimann. Eine Einführung in seine Werke und eine Auswahl v. W. L. 213 S., 2 Taf. Wiesbaden: Steiner (= Akademie der Wissenschaften und der Literatur. Schriftenreihe der Klasse der Literatur. Verschollene und Vergessene) 1960
34 (Nachw.) Märchen der deutschen Romantik. 385 S. Düsseldorf, Köln: Diederichs (= Diederichs Taschenausgaben 23) 1960

LEIFHELM, Hans (1891–1947)

1 Hahnenschrei. Gedichte. 69 S. Stg: Dt. Verl.-Anst. 1926
2 Gesänge von der Erde. 61 S. Mchn: Langen-Müller 1933
3 Steirische Bauern. Erzählungen und Schilderungen. 67 S. Mchn: Langen-Müller (= Die kleine Bücherei 54) 1935
4 (Hg.) Die deutschen Bergbücher. 10 Bde. Graz: Styria 1935–1938
5 (Hg.) Die deutsche Bergbücherei. 31 Bde. Graz: Styria 1935–1938
6 Menschen der Berge. 106 S. m. Abb. Graz: Styria (= Die deutschen Bergbücher 5) 1936
   (Bd. 5 v. Nr. 4)
7 Die grüne Steiermark. 124 S., 16 Taf. Graz: Styria (= Das österreichische Wanderbuch; = Die deutsche Bergbücherei 22–23) 1938
   (Bd. 22–23 v. Nr. 5)
8 Ausgewählte Gedichte. 14 S. Hbg: Ellermann (= Das Gedicht, Jg. 6, Folge 5) 1940
9 Das Dorf im Gebirge. Erzählungen und Schilderungen. 69 S. Mchn: Langen-Müller (= Die kleine Bücherei 54) 1941
   (Neuausg. v. Nr. 3)
10 Lob der Vergänglichkeit. Gedichte. 89 S. Salzburg: Müller 1949
11 Sämtliche Gedichte. Hg. N. Langer. 233 S., 1 Titelb. Salzburg: Müller 1955
12 Gesammelte Prosa. Hg. N. Langer. 249 S. Salzburg: Müller 1957

LEIP, Hans (+Li-Shan-Pe) (*1893)

1 Laternen, die sich spiegeln. Kanu- und Ufer-Geschichten. VII, 84 S. Altona: Hammerich & Lesser (1920)
2 Die Segelfähre. 148 S., 9 Taf. Altona: Hammerich & Lesser 1920
3 (Hg.) Der Almanach der Götzenpauke. Zum Kostüm-, Künstler- und Mäzenatenfest der Hamburgischen Künstlerschaft... 68 S. m. Abb. Hbg: Hammerich & Lesser 1921
4 Der betrunkene Lebenskelch. Ein Puppenspiel. Jedoch nicht für Kinder, Spießer, Gouvernanten und Ofengreise. 71 S., 11 Taf. Altona: Hammerich & Lesser 1921
5 Der Pfuhl. Roman. 290 S. Mchn: Langen 1923
6 Godekes Knecht. Roman. 351 S. Lpz u. Zürich: Grethlein 1925
7 Tinser. Roman einer Heimkehr. 326 S. Lpz, Bremen: Schünemann 1926
8 (Hg.) Die silbergrüne Dschunke. West-östliche Begegnungen. Ein Almanach. Zu dem chinesischen Feste der Hamburger Gruppe 1927. 68 S. m. Abb. u. Taf. Hbg: Asmus 1927
9 Die Nächtezettel der Sinsebal. 70 S. Hbg: Kreis-Verl. 1927
10 Der Nigger auf Scharhörn. 208 S. Hbg: Enoch 1927
11 (Vorw.) A. Rupp: Hamburg. XXIII S., 1 Taf., 128 S. Abb. 4° Hbg, Bln: Albertus-V. (= Das Gesicht der Städte) 1927

12 (MH) Almanach zur Altonaer Blankeneser Woche. Hg. E. Baumann, P. Th. Hoffmann, H. L. (Jg. 1). 1928. 93 S. m. Abb. 4° Altona: Hammerich & Lesser 1928
13 Altona, die Stadt der Parks an der Elbe. 38 S. m. Abb., 1 Kt. Altona: Hammerich & Lesser (1928)
14 Miß Lind und der Matrose. Ein kleiner Roman. 142 S. Mchn: Simplicissimus-V. 1928
15 Die Blondjäger. Ein Roman von Negern, weißen Mädchen, Gentlemen und Halunken. 338 S. Bln: Propyläen 1929
16 †Der Gaukler und das Klingelspiel. Eine Pantomime. Musik H. Erdlen. 15 S., 2 Abb., 1 Faks. Hbg: Busch (1929)
17 Herodes und die Hirten. Ein Weihnachtsspiel. Musik nach Melodien des Verf. v. W. Jansen. 33 S. Bln: Bloch (= Norddeutsche Kinderspiele 8) 1929
18 (Hg.) Kursfreies Logbuch. Im Auftrag der Hamburger Gruppe zum Allerzonen-, Wind- und Seeräuberfeste, dem Ball der Meere hg. 55 S. m. Abb. Hbg: Asmus 1929
19 Die getreue Windsbraut. Ein süß und salzig gemischtes durchweg heiteres Buch teils windiger, teils bräutlicher Geschichten. 230 S. Bremen: Schünemann 1929
20 Untergang der Juno. Eine Geschichte aus der Zeit der ostindischen Kompanie. Unter Einbeziehung des Berichtes des englischen Schiffsleutnants William Machay. 179 S. Hbg: Enoch 1930
21 Von Großstadt, hansischem Geist, Grüngürtel, Schule und guten Wohnungen in Hamburg. Gewidmet von der Schulbehörde, Hamburg 1931. 32 S. Hbg: Auerdruck 1931
22 Der Nigger auf Scharhörn. 79 S. m. Abb. Köln: Schaffstein (= Schaffsteins blaue Bändchen 205) (1931)
    (Gek. Neuaufl. v. Nr. 10)
23 Die Klabauterflagge oder Antje Potts erste und höchst merkwürdige große Fahrt. 79 S. Lpz: Insel (= Insel-Bücherei 448) (1933)
24 Die Lady und der Admiral. Roman. 374 S. Hbg: Hoffmann & Campe 1933
25 Segelanweisung für eine Freundin. 79 S. m. Abb. Hbg: Enoch 1933
26 Hamburg. 11 S., 64 S. Abb. 4° Bielefeld u. Lpz: Velhagen & Klasing 1934
27 Herz im Wind. Geschichten von der Wasserkante. 77 S. Jena: Diederichs (= Deutsche Reihe 22) 1934
28 Jan Himp und die kleine Brise. Roman. 329 S. Hbg: Enoch 1934
29 Max und Anny. Romantischer Bericht vom Aufstieg zweier Sterne. 209 S. Hbg: Broschek 1935
30 (Hg.) Das Hapagbuch von der Seefahrt. 112 S., 65 Abb., 32 Taf. 4° Mchn: Knorr & Hirth 1936
31 (Text) Wasser, Schiffe, Sand und Wind. Ein Sommerbuch von der Schönheit des Wassers. 15 Bl. m. Abb. Kassel: Lometsch (1936)
32 Fähre sieben. Roman. 312 S. Hbg: Wegner 1937
33 Die kleine Hafenorgel. Gedichte und Zeichnungen. 95 S. Hbg: Wegner 1937
34 Der Matrose und Miss Lind. 164 S. Stg: Cotta 1937
    (Neuaufl. v. Nr. 14)
35 Begegnung zur Nacht. Geschichten zwischen Süß- und Salzwasser. 214 S. m. Abb. Stg: Cotta 1938
36 Liliencron. 89 S. Stg: Cotta (= Die Dichter der Deutschen, F. 2) 1938
37 Das Schiff zu Paradeis. Zwölf Gedichte und einige Zeichnungen. 18 S. Hbg: Ellermann (= Das Gedicht. Jg. 4, H. 11) 1938
38 Die Bergung. Eine Erzählung. 144 S. Stg: Cotta 1939
39 Brandung hinter Tahiti. 89 S. Hbg: Wegner 1939
40 Ein hamburgisch Weihnachtslied. Die Könige aus dem Morgenlande. Für Freunde zum Christfest in Druck gegeben H. u. H. Dulk. 4 Bl. Hbg (1939)
41 Das Muschelhorn. Schicksal und Vollendung des Abdenas. Roman. 552 S. Stg: Cotta 1940
42 Eulenspiegel. Abwandlungen eines alten Themas in elf Gesängen. M. e. Nachw. 107 S. m. Taf. 4° Stg: Cotta (1941)
43 Idothea oder Die ehrenwerte Täuschung. Komödie. Vorw. Kläre Buchmann. XVII, 203 S. Stg: Cotta 1941
44 Die schwebende Jungfrau und andere Spiele. 243 S. Stg: Cotta 1942
45 Kadenzen. Neue Gedichte. 79 S. Stg: Cotta 1942

46 Die Laterne. Lieder und Gedichte. 97 S. Stg: Cotta 1942
47 Der Gast. Erzählung. 175 S. Stg: Cotta 1943
48 Begegnung zur Nacht. Geschichten von Häfen und Küsten. 91 S. m. Abb. Stg: Cotta (1944)
(Ausz. a. Nr. 35)
49 Das trunkene Stillesein. Elf Kadenzen und eine Anmerkung des Dichters über die Kadenz. 16 S. Hbg: Ellermann (= Das Gedicht. Jg. 10, F. 10) 1944
50 Der Widerschein. Eine Rückschau 1893–1943. Zusammenstellung u. Zwischenbemerkungen K. Buchmann 157 S. Stg: Cotta (1944)
51 Ein neues Leben. Zwei Erzählungen. 94 S. Stg: Cotta 1946
52 (Hg., Nachw.) D. v. Liliencron: Gedichte. 91 S. Stg: Cotta (1946)
53 Das Zauberschiff. The magic ship. Ein Bilderbuch. A children's book. 16 Bl. Hbg: Hammerich & Lesser 1946
54 Heimkunft. Neue Kadenzen. 12 Bl. Hbg: Ellermann (= Das Gedicht 1946/47, 6) 1947
55 Das Buxtehuder Krippenspiel. 63 S. Bln, Buxtehude: Hübener (1947)
56 Der Mitternachtsreigen. Ein Oratorium. 86 S. Hbg: Hammerich & Lesser 1947.
57 Rette die Freude. Betrachtungen zum gegenwärtigen Leben. 57 S. Flensburg, Hbg: Wolff 1947
58 Die Hafenorgel. Gedichte und Zeichnungen. 248 S. Hbg: Wegner 1948
(Verm. Neuaufl. v. Nr. 33)
59 Frühe Lieder. 61 S. m. Abb. Hbg: Verl. Hamburger Bücherei 1948
60 Abschied in Triest. Novelle. 120 S. Hbg: Wegner 1949
61 Drachenkalb singe. Roman. 298 S. Hbg: Wegner 1949
62 Lady Hamiltons Heimreise. 383 S. m. Taf. Mchn: Das Schiff (1950)
63 Barabbas. Passionspiel in einem Aufzuge. Mit e. Nachw. 47 S., 4 Abb.; 19 S. Weinheim/Bergstr.: Dt. Laienspiel-V. (= Münchener Laienspiele 200) 1952
64 Die schwebende Jungfrau. Eine magische Angelegenheit. 23 S. Rotenburg a. d. Fulda: Dt. Laienspiel-Verl. 1952
(Ausz. a. Nr. 44)
65 Die Sonnenflöte. Roman. 327 S. Braunschweig: Westermann 1952
66 Die unaufhörliche Gartenlust. Ein Brevier der Hamburger Gartenkultur und Gartenkünste seit Karl dem Großen. 141 S. m. Abb. Hbg: Wegner 1953
67 Die Groggespräche des Admirals von und zu Rabums. 155 S. m. Abb. Mchn: Braun & Schneider (= Der heitere Bücherschrank) 1953
68 Der große Fluß im Meer. Roman des Golfstroms. 403 S., 8 Taf, 5 Kt., 27 Abb. Mchn: List 1954
69 (MV) Hamburg. Das Bild einer Stadt. Portrait of a city. Images d'une ville. Imagen de una ciudad. Wiedergegeben v. H. L. u. 24 Fotografen. Hg. H. Jess. 47 S. m. Abb., 39 Bl. Taf. 4° Hbg: Hoffmann & Campe 1955
70 Hamburg. 16 S., 32 S. Abb. Mchn, Hannover: Knorr & Hirth (= Das kleine Kunstbuch 10) 1955
71 Des Kaisers Reeder. Eine Albert Ballin-Biographie (1857–1918). 333 S., 9 Bl. Abb. Mchn: Kindler 1956
72 Die Bergung. Eine Erzählung. 202 S. Mchn: Kindler 1957
(Erw. Neuaufl. v. Nr. 38)
73 Störtebeker. Drama in vier Aufzügen. Vertonungen v. W. Matthias. 60 S. Weinheim/Bergstr.: Dt. Laienspiel-V. (1957)
74 Bordbuch des Satans. Eine Chronik der Freibeuterei vom Altertum bis zur Gegenwart. 630 S., 16 Abb., 24 Taf, 9 Kt. Mchn: List 1959
75 Glück und Gischt. Erzählungen. 140 S. m. Abb. Hannover: Fackelträger-V. 1960
76 Hol über, Cherub. Ausgewählte Erzählungen. 247 S. Bremen: Schünemann (= Schünemann-Hausbücher) 1960

LEISEWITZ, Johann Anton (1752–1806)

1 *Julius von Tarent. Ein Trauerspiel. 109 S. Lpz: Weygand 1776
2 *(Übs.) Geschichte der Entdeckung der Kanarischen Inseln. Aus einer in der Insel Palma gefundenen spanischen Handschrift üb. Nebst

einer Beschreibung der Kanarischen Inseln v. G. Glas. Aus dem Englischen. 360 S. Lpz: Weygand 1777
3 Über die bei Einrichtung öffentlicher Armenanstalten zu befolgenden Grundsätze überhaupt und die Einrichtung der Armenanstalt in Braunschweig insbesondere. 4° Braunschweig 1802
4 (MV) J. A. L., J. P. Spehr u. J. H. Stähler: Das Armenwesen der Stadt Braunschweig betreffende Nachrichten. Stck. 1. 59 S. 4° Braunschweig 1803
5 *(MV) Darstellung der Grundsätze und Einrichtungen der braunschweigischen Armenanstalt in Beziehung auf die von den Herren Quartierpflegern zu übernehmenden Geschäfte. VII, 152, 112 S. Braunschweig: Vieweg 1804
6 Schriften. Zum ersten Mahle gesammelt. Hg. A. Klingemann. XXVIII, 192 S. Wien: Kaulfuß & Armbruster (= Meisterwerke deutscher Dichter und Prosaisten 12) 1816
7 Sämmtliche Schriften. Zum erstenmale vollständig gesammelt und mit einer Lebensbeschreibung des Autors eingel. Einzig rechtmäßige Gesamtausg. XXXIX, 290 S., 2 Beil. Braunschweig: Leibrock 1838

LEITGEB, Josef (1897–1952)

1 Gedichte. 111 S. Innsbruck: Brenner-Verl. 1922
2 Kinderlegende. Roman. 172 S. Bln: Cassirer 1934
3 Musik der Landschaft. Gedichte. 57 S. Bln: Verl. Die Rabenpresse (1935)
4 Christian und Brigitte. Roman. 406 S. Bln: Cassirer 1936
5 Läuterungen. Sonette. 118 S. Salzburg: Müller 1938
6 Tirol und Vorarlberg. Das Land im Gebirge. 128 S., 120 Abb., 1 Kt. 4° Bln: Bong (= Bücher der Landschaft) (1939)
7 Brief über den Süden. 36 S. Mainz: Werkstatt für Buchdruck 1941
8 Am Rande des Krieges. Aufzeichnungen in der Ukraine. 159 S. Bln: Müller 1942
9 Trinkt, o Augen. Erzählung. 88 S. m. Abb. Wien: Wiener Verl. (= Kleinbuchreihe Südost 53) 1942
10 Vita somnium breve. 1920–1940. 147 S. Mchn: Alber 1943
11 Von Blumen und Bäumen. 49 S. Wien: Wiener Verl. (= Kleinbuchreihe Südost 100) 1945
12 Von Blumen, Bäumen und Musik. 159 S. Salzburg: Müller 1947
13 Das unversehrte Jahr. Chronik einer Kindheit. 370 S. Salzburg: Müller 1948
14 (Übs.) A. de Saint-Exupéry: Brief an einen Ausgelieferten. 38 S. Boppard: Rauch 1948
15 (MH) Wort im Gebirge. Schrifttum aus Tirol. Hg. J. L., H. Lechner, F. Punt. 2 Bde. 166, 204 S. Wien: Tyrolia-Verl. 1949
16 (MÜbs.) A. de Saint-Exupéry: Der kleine Prinz. Übs. J. u. Grete L. 91 S. m. Abb. Salzig: Rauch 1950
17 Kleine Erzählungen. Eingel. H. Brunmayr. 84 S. Graz, Wien, Mchn: Stiasny (= Dichtung der Gegenwart 24) 1951
18 Lebenszeichen. 1940–1950. 95 S. Salzburg: Müller 1951
19 Sämtliche Gedichte. Einf. H. Graf. XXXII, 296 S. Salzburg: Müller 1953
20 Abschied und fernes Bild. Erzählungen und Essays. Hg. F. Punt. 435 S., 1 Titelb. Salzburg: Müller 1959
    (Enth. u. a. Nr. 7)

LENAU, Nikolaus
(eig. Nikolaus Niembsch Edler von Strehlenau) (1802–1850)

1 Gedichte. VIII, 272 S. Stg, Tüb: Cotta 1832
2 Gedichte. VIII, 383 S. Stg, Tüb: Cotta 1834
    (Verm. Neuaufl. v. Nr. 1)
3 (Hg.) Frühlingsalmanach. 2 Bde. 375, 341 S. m. Titelb., 4 Ku. 12° Stg: Brodhag 1835–1836

4 Faust. Ein Gedicht. 197 S. Stg, Tüb: Cotta 1836
    (Ausz. a. Nr. 3)
  5 Savonarola. Ein Gedicht. 3 Bl., 266 S. Stg, Tüb: Cotta 1837
  6 Neuere Gedichte. 342 S. Stg: Hallberger 1838
  7 Umrisse zu den Gedichten. 37 gez. Bl. Karlsruhe: Gutsch & Rupp 1841
  8 Die Albigenser. Freie Dichtungen. VI, 253 S. Stg: Cotta 1842
  9 Gesammelte Gedichte. 2 Bde. Stg: Cotta 1844
    (Enth. Nr. 2 u. 6)
 10 Dichterischer Nachlaß. Hg. A. Grün. XXIV, 201 S. Stg, Tüb: Cotta 1851
 11 Briefe an einen Freund. Hg. K. Mayer. XVI, 203 S., 1 Bl. Stg: Mäcken (1853)
 12 Sämtliche Werke. Hg. A. Grün. 4 Bde. m. Bildn. Stg, Augsburg: Cotta 1855
 13 Werke. Krit. durchges. u. erl. Ausg. Hg. K. Schaeffer. 2 Bde. LXXII, 460; 514 S. m. Bildn. u. Faks. Lpz: Bibliogr. Inst. 1910
 14 Sämtliche Werke und Briefe in sechs Bänden. Hg. E. Castle. 6 Bde. m. Bildn. u. Faks. Lpz: Insel 1910–1923

LENZ, Jakob Michael Reinhold (1751–1792)

  1 *Die Landplagen, ein Gedicht in Sechs Büchern: nebst einem Anhang einiger Fragmente. 112 S. Königsberg: Zeisens Witwe u. Hartung 1769
  2 *Als Sr. Hochedelgebohrnen der Herr Professor Kant, den 21sten August 1770. für die Professor-Würde disputirte: Im Namen der sämtlichen in Königsberg studirenden Cur- und Liefländer aufgesetzt von L. aus Liefland. 2 Bl. 2° Königsberg: Kanter (1770)
  3 *Anmerkungen übers Theater nebst angehängten übersetzten Stück Shakespears. 160 S. Lpz: Weygand 1774
  4 *Der Hofmeister oder Vortheile der Privaterziehung. Eine Komödie. 164 S. Lpz: Weygand 1774
  5 *Lustspiele nach dem Plautus fürs deutsche Theater. 330 S. Ffm, Lpz (: Weygand) 1774
  6 *Der neue Menoza. Oder Geschichte des cumbanischen Prinzen Tandi. Eine Komödie. 132 S. Lpz: Weygand 1774
  7 *Eloge de Feu Monsieur **nd Écrivain très célèbre en Poésie et en Prose. Dedié au beau sexe de l'Allemagne. 15 S. Hanau 1775
  8 *Menalk und Mopsus. Eine Ekloge nach der fünften Ekloge Virgils. 24 S. Ffm, Lpz (: Weygand) 1775
  9 *Meynungen eines Layen den Geistlichen zugeeignet. Stimmen des Layen auf den letzten theologischen Reichstage im Jahr 1773. 189 S. Lpz: Weygand 1775
 10 Flüchtige Aufsäzze. Hg. Kayser. 95, 1 S. Zürich: Füeßli 1776
 11 *Die Freunde machen den Philosophen. Eine Komödie. 88 S. Lemgo: Meyer 1776
 12 *Petrarch. Ein Gedicht aus seinen Liedern gezogen. 40 S. Winterthur: Steiner 1776
 13 *Die Soldaten. Eine Komödie. 119 S. Lpz: Weidmann 1776
 14 *Vertheidigung des Herrn W. gegen die Wolken von dem Verfasser der Wolken. 48 S. Lemgo: Helwing 1776
 15 *Der Engländer eine dramatische Phantasey. 72 S. Lpz: Weidmann 1777
 16 Jupiter und Schinznach. Drama per Musica. Nebst einigen bey letzter Versammlung ob der Tafel recitirten Impromptüs. 28 S. o. O. 1777
 17 Philosophische Vorlesungen für empfindsame Seelen. 72 S. Ffm, Lpz: (Weygand) 1780
 18 Gedichte verschiedenen Inhalts. 216 S., 3 Ku. Altenburg: Richter 1781
 19 (Übs.) Plesthtschejew: Übersicht des Russischen Reichs nach seiner gegenwärtigen Neu eingerichteten Verfassung. 4 Bl., 220 S. Moskau: Rüdiger 1787
 20 Pandaemonium germanicum. Eine Skizze. Aus dem handschriftliche Nachlasse des verstorbenen Dichters hg. 64 S. Nürnberg: Campe 1819
 21 Gesammelte Schriften. Hg. L. Tieck. 3 Bde. Bln: Reimer 1828
 22 Der verwundete Bräutigam. Aufgefunden u. hg. K. L. Blum. XXIV, 72 S. Bln: Duncker & Humblot 1845

23 Lyrisches aus dem Nachlaß. Aufgefunden von K. Ludwig. 140 S. Bln: Nauck 1884
24 Dramatischer Nachlaß. Zum ersten Male hg. u. eingel. K. Weinhold. 355 S. Ffm: Lit. Anst. 1884
25 Die sizilianische Vesper. Trauerspiel. Hg. K. Weinhold. 72 S. Breslau: Koebner 1887
26 Gedichte. Mit Benutzung des Nachlasses W. v. Maltzahn's hg. K. Weinhold. XXII, 328 S. Bln: Hertz 1891
27 Gesammelte Schriften. Hg. F. Blei. 5 Bde. Mchn: Müller 1909–1913
28 Gesammelte Schriften. Hg. E. Lewy. 4 Bde. Bln: Cassirer 1909
29 Über die Soldatenehen. Nach der Handschrift der Berliner kgl. Bibliothek zum ersten Male hg. K. Freye. XVI, 122 S. Lpz: Wolff 1914
30 Briefe über die Moralität der Leiden des jungen Werthers. Eine verloren geglaubte Schrift der Sturm- und Drangperiode, aufgefunden u. hg. L. Schmitz-Kallenberg. 50 S. Münster: Coppenrath 1918

LENZ, Siegfried (*1926)

1 Es waren Habichte in der Luft. 310 S. Hbg: Hoffmann & Campe 1951
2 Duell mit dem Schatten. Roman. 293 S. Hbg: Hoffmann & Campe 1953
3 So leicht fängt man keine Katze. 11 S. Hbg: Agentur des Rauhen Hauses (= Jugendland 7) (1954)
4 Der einsame Jäger. 15 S. m. Abb. Gütersloh: Rufer-Verl. (= Dein Leseheft 96) 1955
5 So zärtlich war Suleyken. Masurische Geschichten. 169 S. m. Abb. Hbg: Hoffmann & Campe 1955
6 Das schönste Fest der Welt. Hörspiel. Nachw. Ch. Ferber. 40 S. Hbg: Hans-Bredow-Institut (= Hörwerke der Zeit 7) 1956
7 Das Kabinett der Konterbande. 28 S. Hbg: Hoffmann & Campe 1956
8 Der Mann im Strom. Roman. 235 S. Hbg: Hoffmann & Campe 1957
9 Jäger des Spotts. Geschichten aus dieser Zeit. 213 S. Hbg: Hoffmann & Campe 1958
10 Brot und Spiele. Roman. 280 S. Hbg: Hoffmann & Campe 1959
11 Das Feuerschiff. Erzählungen. 280 S. Hbg: Hoffmann & Campe 1960

LEONHARD, Rudolf (+Robert Lanzer) (1889–1953)

1 Angelische Strophen. 15 S. Bln-Wilmersdorf: Meyer (1913)
2 Der Weg durch den Wald. Gedichte. 31 S. Heidelberg: Saturn-Verl. (= Lyrische Bibliothek 2) 1913
3 Barbaren. Balladen. 15 S. Bln-Wilmersdorf: Meyer 1914
4 Über den Schlachten. 16 S. Bln-Wilmersdorf: Meyer 1914
5 Aeonen des Fegefeuers. Aphorismen. 139 S. Lpz: Wolff 1917
6 (Übs.) A. France: Aufruhr der Engel. Roman. 480 S. Lpz, Mchn: Wolff (1917)
7 Beate und der große Pan. Ein Roman. 82 S. Mchn: Roland-Verl. (= Die neue Reihe 7) 1918
8 Polnische Gedichte. 38 S. Mchn, Lpz: Wolff (= Der jüngste Tag 37) 1918
9 Briefe an Margit. Gedichte. 42 S. Hannover: Steegemann (= Die Silbergäule 1–2) 1919
10 Kampf gegen die Waffe! 21 S. Bln: Rowohlt (= Umsturz und Aufbau 3) 1919
11 Katilinarische Pilgerschaft. 108 S. Mchn: Müller 1919
12 Alles und Nichts! Aphorismen. 192 S. Bln: Rowohlt 1920
13 (MV) M. Fingesten: Zehn Radierungen über das Thema Mütter. Dichtungen R. L. 9 Bl. Text, 20 Taf. 2° Bln: Neue Kunsthandlg. 1920
14 (Übs.) Maria Stuart, Königin von Schottland: Sämtliche Gedichte. 15 S. Bln-Wilmersdorf: Meyer 1921
15 Die Propheziehung. 23 S. 2°, 5 Taf. 4° Bln: Verl. d. Ges. v. Freunden neuer dt. Kunst 1922

16 (MV) R. Schlichter: Tiere. Folge 1. Sechs Lithographien. Lobgesang des Tieres und Beklagung der Opfer v. R. L. 14 Bl., 6 Taf. 2⁰ Bln: Bessmertny 1922
17 Die Insel. Gedichte einer italienischen Reise. 63 S. Bln: Verl. Die Schmiede 1923
18 Die Ewigkeit dieser Zeit. Eine Rhapsodie gegen Europa. 171 S. Bln: Verl. Die Schmiede 1924
19 (Hg.) Außenseiter der Gesellschaft. Die Verbrechen der Gegenwart. 14 Bde. Bln: Verl. Die Schmiede (1925)
20 Das nackte Leben. Sonette. 102 S. Bln: Verl. Die Schmiede 1925
21 Segel am Horizont (Towarischtsch). Schauspiel in vier Akten. VIII, 103 S. Bln: Verl. Die Schmiede 1925
22 Tragödie von heute. Fünf Akte. 244 S. Bln: Verl. Die Schmiede 1927
23 Das Wort. 75 S. Bln-Charlottenburg: Graetz (= Entr'act Bücherei 1–2) (1932)
24 Führer u. Co. Politische Komödie. 71 S. Paris: Editions du Phénix (= Phönix-Bücher 3a–3b) (1935)
25 (Übs.) R. Rolland: Botschaft an den Kongreß von Brüssel und Wie kann man den Krieg verhindern? Hg. Weltkomitee gegen Krieg und Faschismus. 46 S. Paris: Editions du Carrefour (= Schriftenreihe über Strategie und Taktik im Kampfe gegen Krieg und Faschismus 1) (1936)
26 Gedichte. Paris: Reclam (Nr. 7248; illegal) 1938
27 Spanische Gedichte und Tagebuchblätter. 63 S. Paris: Editions Prométhée 1938
28 Der Tod des Don Quijote. Geschichten aus dem spanischen Bürgerkriege. 2 Bde. 137, 129 S. Zürich: Stauffacher 1938
29 El Hel. Wolf Wolff. 34 S. (Moskau:) Meshdunarodnaja Kniga Das internationale Buch (= Kleine Volksbücherei) 1939
30 ⁺Deutschland muß leben. Gedichte. Marseille 1944
31 Deutsche Gedichte. 72 S. Bln: Dietz 1947
32 Geiseln. Tragödie. 77 S. Baden-Baden: Pallas-Verl. 1947
33 (Vorw.) G. v. Wangenheim: Die Maus in der Falle. Komödie in drei Akten. VI, 109 S., 6 Abb. Bln: Henschel 1947
34 Hausfriedensbruch. Laienspiel. Nach der Hörspielfassung „Kleiner Atombombenprozeß" bearb. G. Kaufmann. 47 S. Halle: Mitteldt. Verl. (= Laienspiele) 1951
35 Unsere Republik. 144 S. Bln: Kongreß-Verl. 1951
36 Spielzeug. Ein Laienspiel. Nach dem gleichnamigen Hörspiel des Verfassers bearb. G. Kaufmann. 64 S. Halle: Mitteldt. Verl. (= Laienspiele) 1951
37 Die Stimme gegen den Krieg. 168 S. Bln-Treptow: Dt. Funk-Verl. (= Das Hörspiel unserer Zeit 3) 1951
38 Hölderlin. Paris: Seghers 1953

Leppa, Karl Franz (*1893)

1 Herzenssachen. Ein Trost- und Wehrbüchlein für das deutsche Volk. 71 S. Budweis: Verl.-Anst. Moldavia (= Böhmerwäldler Dorfbücher 3) 1920
2 Die Bekehrung des Ellechsners. 16 S. Prag: Dt. Kulturverband (1921)
3 (Einl.) O. Ludwig: Die Heiteretei. Eine Erzählung. 275 S. m. Abb. Reichenberg: Stiepel (= Bücher der Deutschen 14) 1921
4 Kornsegen. 42 S. Passau: Waldbauer (= Böhmerwäldler Volksbücher 2) 1922
5 (Hg.) Der Waldbrunnen. Monatsschrift für das deutsche Volk. Mitteilungsblatt des deutschen Kultur-Verbandes und der Deutschen Volksbücherei-Genossenschaft. Jg. 1–4. 4 Bde. m. Abb. 4⁰ Leitmeritz: Bazant 1922–1925
6 An deutschen Gräbern. Völkische Gedichte. 16 S. Eger: Böhmerland-Verl. (= Böhmerland-Flugschrift für Volk und Heimat 36) 1923
7 Der Königsbrief. Tl. 1. 145 S. Augsburg: Stauda (= Sudetendeutsche Sammlung 1) 1925
8 (MH) Krummau im Böhmerwald. Unter Mitwirkung v. L. Bichler u. R. Giresch zsgest. 48 S. m. Abb. Reichenberg: Kraus (= Sudetendeutsche Heimatgaue 31) (1926)

9 Hans Watzlik. Sein Leben und Schaffen. 306 S. m. Bildn. u. Faks. Eger, Kassel: Stauda (= Sudetendeutsche Sammlung d. Literar. Adalbert-Stifter-Ges. in Eger 9) 1929
10 (MH) Ringendes Volkstum. Vom sudetendeutschen Wesen. Hg. K. F. L. u. J. Mühlberger. 239 S., 15 Kunstbeil., 1 Taf. Karlsbad-Drahowitz: Kraft (1931)
11 Antonia. Erzählung. 106 S. Kassel: Stauda (= Sudetendeutsche Sammlung d. Literar. Adalbert-Stifter-Ges. in Eger 23) (1932)
12 (MH) Der Ackermann aus Böhmen. Monatsschrift für das geistige Leben der Sudetendeutschen. Hg. H. Watzlik u. K. F. L. Jg. 1–6. Karlsbad: Kraft 1933–1938
13 (MH) Komm, tapfrer Deutscher! Von heldischer Art und Tat. Hg. K. F. L. u. Konrad Leppa. 223 S., 15 Abb. Karlsbad: Kraft (1934)
14 (Hg.) Volk und Leben. Sammlung sudetendeutscher Dichtung. 319 S. Karlsbad: Kraft (1936)
15 (Hg.) E. M. Arndt: Freiheitstrunken. Bildnisse und Begebnisse. 62 S. Karlsbad: Kraft (= Volksdeutsche Reihe 16) 1937
16 (Hg.) Das deutsche Erbe. Blätter für volkhafte Dichtung. Zeitschrift für den Feierabend. Jg. 1–8. Karlsbad: Kraft 1937–1944
17 Der letzte Frühling. Erzählung. 64 S. Karlsbad: Kraft (= Volksdeutsche Reihe 25) 1938
18 Brunnenrauschen. Kalendergeschichten. 61 S. Karlsbad: Kraft (= Volksdeutsche Reihe 35) (1940)
19 Der dunkle Gott. 43 S. Karlsbad: Kraft (= Westdeutsche Reihe 52) (1942)
20 Andreas Osang. Erzählung. 156 S. Karlsbad: Kraft (1942) (Neuaufl. v. Nr. 17)
21 Karl Franz Leppa. Dichter und Getreuer Eckart. 47 S. Reichenberg: Kraus 1943
22 Züricher Elegie. 47 S. Braunschweig, Bln, Hbg: Westermann (= Westermann-Reihe) 1948
23 Der Holunderbaum. Erzählung. 126 S. Hbg-Bergedorf: Stromverl. 1948 (Neuaufl. v. Nr. 20)

LERBS, Karl (1893–1946)

1 Poeta Liliputanus. Eines Knaben dichterischer Werdegang. 36 S. Bremen: Rühle & Schlenker 1906
2 Wellen. Gedichte. 2. Folge. 47 S. Bremen: Rühle & Schlenker 1912
3 (Hg.) Der Spiegel. Anekdoten zeitgenössischer deutscher Erzähler. 255 S. Potsdam: Kiepenheuer (= Liebhaber-Bibliothek 50) 1918
4 (MH) Der Wunderkelch. Ein Sammelbuch neuer deutscher Legenden. Hg. Th. Etzel u. K. L. 318 S. Heilbronn: Seifert 1920
5 (Hg.) Chorus eroticus. Neue deutsche Liebesgedichte. 117 S. Lpz, Tüb: Wunderlich 1921
6 Die Erscheinung. Novellen und Anekdoten. 143 S. Heilbronn: Seifert (1922)
7 (Übs.) E. Zola: Nana. Roman. 507 S. Lpz: Insel (= Bibliothek der Romane 80) (1922)
8 (Hg., Einl.) Das Anekdotenbuch deutscher Erzähler der Gegenwart. 267 S. Hbg: Vera-Verl. 1924
9 (Hg., Einl.) Der Griff aus dem Dunkel. Detektivgeschichten zeitgenössischer Erzähler. 2 Bde. 206, 217 S. Lpz: Singer (= Singers große Detektiv-Serie 51–52) (1924)
10 (Übs.) Sh. Anderson: Der arme Weiße. Roman. 399 S. Lpz: Insel 1925
11 (Hg.) Der Blanke Hans. Deutsche Gedichte von der salzen See. 172 S. Bremen: Friesen-Verl. 1925
12 (Übs.) Sh. Anderson: Das Ei triumphiert. Novellen. 263 S. Lpz: Insel 1926
13 Die Spende. Ein buntes Buch. 59 S. Bln: Weltgeist-Bücher (= Weltgeist-Bücher 48) (1926)
14 Die Wette gegen Unbekannt. Anekdoten und kurze Geschichten. 138 S. Bln: Bühnenvolksbundverl. 1926

15 (Übs.) Sh. Anderson: Der Erzähler erzählt sein Leben. 438 S. Lpz: Insel 1927
16 (Übs.) Sh. Anderson: Aus dem Nirgends ins Nichts. Amerikanische Novelle. 77 S. Lpz: Insel (= Insel-Bücherei 399) (1927)
17 (Übs.) J. B. Cabell: Jürgen. Eine Komödie um die Gerechtigkeit. 403 S. Lpz: Insel 1928
18 (Übs.) V. Woolf: Die Fahrt zum Leuchtturm. Roman. 289 S. Lpz: Insel (1931)
19 (Übs.) Ch. F. Andrews: Mahatma Gandhis Lehre und Tat. 420 S. Lpz: Insel (1932)
20 (Übs.) R. H. Mottram: Wesen und Geschichte der Finanzspekulation. Dt. Ausg., nach der Übs. v. K. L. bes. E. Dittrich. 407 S. Lpz: Insel 1932
21 (Übs.) D. H. Lawrence: Die Zigeuner und die Jungfrau. Novellen. 329 S. Lpz: Insel (1933)
22 (Übs.) D. H. Lawrence: Der Marienkäfer. Novellen. 282 S. Lpz: Insel (1934)
23 (Übs.) D. Cooper: Talleyrand. 495 S., 5 Taf. Lpz: Insel (1935)
24 Der blaue Leutnant. Kurzgeschichten und Anekdoten. 127 S. m. Abb. Bremen: Schünemann 1935
25 Lauter Anekdoten. Von Litaipe bis Zeppelin. 70 S., 4 Abb. Düsseldorf: Holzwarth 1936
26 (Übs.) R. L. Stevenson: Die Schatzinsel. Roman. 335 S. m. Abb. Lpz: Insel (= Die Bibliothek der Romane) (1936)
27 (Übs.) England schreibt. Briefe aus sechs Jahrhunderten. Hg. F. E. Smith Earl of Birkenhead. XIX, 328 S. Hbg: Wegner 1937
28 (MÜbs.) P. Mullen: Die Männer von Aran. Roman. Übs. K. L. u. Annelise Lerbs. 469 S. Potsdam: Rütten & Loening 1938
29 Der lachende Roland. Anekdoten aus einer alten Stadt. 2 Bde. 148 S., 10 Abb.; 128 S., 20 Abb. Bln: Kiepenheuer (= Kiepenheuer-Bücherei) (1938-1941)
30 (Übs.) A. A. Milne: Vier Tage Trubel. Vorwiegend heiterer Roman. 329 S. Bln: Kiepenheuer 1939
31 (Hg.) Die Drehscheibe. Anekdoten und Schnurren aus allen deutschen Gauen. 238 S. m. Abb. Essen: Verl. Industriedruck 1940
32 Der Völkerspiegel. Länder und Leute in lauter Anekdoten. 191 S., 12 Abb. Bln: Kiepenheuer 1940
33 (Hg.) Das lustige Bauernbuch. Fröhliche Hauspostille vom Landvolk. 343 S. m. Abb. Essen: Fels-Verl. (1942)
34 Der Griff ins All. Anekdoten und kurze Geschichten. 60 S. Bln: Knaur 1943
35 Die deutsche Anekdote. 496 S., 80 Abb. Bln: Knaur 1944
36 (Hg.) L. Börne: Lupe und Brennglas. Aphorismen. 26 S. Hbg: Morawe & Scheffelt 1946
37 Manuel. Ein abenteuerlicher Roman. 220 S. Wiesentheid: Droemer 1946
38 (Übs.) H. Melville: Bartleby. 76 S. Zürich: Arche (= Die kleinen Bücher der Arche 21) 1946
39 (Übs.) Alan Jan Herzog von Northumberland: Der Schatten über dem Moor. Novelle. 55 S. Zürich: Arche (= Die kleinen Bücher der Arche 16) 1947
40 (MBearb.) W. Shakespeare: Lustspiele. Nach der Übs. v. Schlegel-Tieck, neu bearb. K. u. Renate Lerbs. Einf. B. Sengfelder. 283 S. Wiesentheid: Droemer 1948
41 (MÜbs.) F. H. Burnett: Der kleine Lord. Übs. K. L. u. Renate Lerbs-Lienau. 241 S. m. Abb. Hbg: Morawe & Scheffelt 1949
42 Lachende Erben und andere Anekdoten nebst einer kleinen Naturgeschichte des Bremers. 246 S. m. Abb. Bremen: Schünemann 1949
43 (Übs.) H. James: Der Altar der Toten. Novelle. Hg. H. Hennecke. 59 S. Bergen/Obb.: Müller & Kiepenheuer (= Die Weltliteratur Nordamerikas 51-52) 1949
44 (Übs.) A. Maurois: Ariel oder Das Leben Shelleys. 274 S., 12 Taf. Wiesbaden: Insel (1950)
45 Manuel erkennt seine Macht. Ein abenteuerlicher Roman. 244 S. Bremen: Schünemann 1952
46 Hinter Rolands Rücken. Die achtundachtzig besten Anekdoten und Zwinkerstückchen. Ausw. W. Wien. 84 S. Bremen: Schünemann 1953
47 Bei genauer Betrachtung. Schicksals- und Eulenspiegeleien. Zsgest., Nachw. W. Wien. 132 S. Bremen: Schünemann 1957

LERNET-HOLENIA, Alexander (*1897)

1. Pastorale. 40 S. Wien: Wiener lit. Anst. 1921
2. (Übs.) Dies Büchlein sagt von hoher Minne. 52 S. Wien: Heidrich (= Wiener Einblattdrucke) 1922
3. Kanzonnair. 150 S. Lpz: Insel 1923
4. Demetrius, Haupt- und Staatsaktion. 79 S. Bln: Fischer 1926
5. Das Geheimnis Sankt Michaels. 96 S. Bln: Fischer 1927
6. Österreichische Komödie. 125 S. Bln: Fischer 1927
7. Parforce. Komödie. 109 S. Bln: Fischer 1928
8. Die nächtliche Hochzeit. Haupt- und Staatsaktion. 67 S. Bln: Fischer 1929
9. Die nächtliche Hochzeit. Roman. 247 S. Bln: Fischer 1930
10. Die Abenteuer eines jungen Herrn in Polen. Roman. 267 S. Bln: Kiepenheuer 1931
11. Kavaliere. Komödie. 70 S. Bln: Fischer (1931)
12. Ljuba's Zobel. Roman. 275 S. Bln: Kiepenheuer 1932
13. Ich war Jack Mortimer. Roman. 245 S. Bln: Fischer 1933
14. Jo und der Herr zu Pferde. Roman. 256 S. Bln: Kiepenheuer (1933)
15. Olympische Hymne. 6 Bl. 4⁰ Wien: Reichner (100 Ex.) 1934
16. Die Standarte. Roman. 362 S. Bln: Fischer (1934)
17. Die neue Atlantis. Erzählungen. 128 S. Bln: Fischer (= S. Fischer-Bücherei) 1935
18. Die goldene Horde. Gedichte und Szenen. 106 S. Wien: Reichner (600 num. Ex.) 1935
19. Szene als Einleitung zu einer Totenfeier für Rainer Maria Rilke. 11 S. Wien: Reichner (100 Ex.) 1935
    (Ausz. a. Nr. 18)
20. Die Auferstehung des Maltravers. Roman. 248 S. Wien: Reichner 1936
21. Der Baron Bagge. Erzählung. 141 S. Bln: Fischer 1936
22. Der Herr von Paris. Erzählung aus der Zeit der großen Revolution in Frankreich. 61 S. Wien: Reichner (= Zeitgenössische Dichtung 4) 1936
23. Der Mann im Hut. Roman. 362 S. Bln: Fischer 1937
24. Mona Lisa. Erzählung. 93 S. Wien: Höger-V. 1937
25. Riviera. Roman. 246 S. Bln: Fischer 1937
26. (Einl.) Greta Garbo. Ein Wunder in Bildern. 8 S., 68 Bl. Abb. 4⁰ Wien: Höger-V. 1938
27. Strahlenheim. Erzählung. 188 S. Bln: Fischer 1938
28. Ein Traum in Rot. Roman. 273 S. Bln: Fischer 1939
29. Beide Sizilien. Roman. 350 S. Bln: Suhrkamp 1942
30. Germanien. 10 Bl. Bln: Suhrkamp 1946
31. Der siebenundzwanzigste November. Erzählungen. 176 S. Wien: Amandus-Ed. 1946
32. Saul. Alkestis. Zwei Einakter. 75 S. Zürich: Pegasus-V. 1946
33. Spangenberg. Erzählungen. 95 S. Wien: Bellaria-V. (= Bellaria-Bücherei 3) 1946
34. Die Titanen. Gedichte. 54 S. Wien: Amandus-Ed. (= Turm-Schriften der österr. Kulturvereinigung) 1946
35. Die Trophae. 2 Bde. Zürich: Pegasus-V. 1946
    1. Gedichte. 152 S.
    2. Szenen. 112 S.
    (Enth. u. a. Nr. 32 u. 34)
36. Der zwanzigste Juli. Erzählung. 78 S. Wien: Erasmus-V. 1947
37. Mars im Widder. Roman. 242 S. Stockholm: Bermann-Fischer (1947)
38. Der Graf von Saint-Germain. Roman. 303 S. Zürich: Morgarten-V· 1948
39. Spanische Komödie. In drei Akten. 85 S. Wien: Bermann-Fischer 1948
40. Das Feuer. Gedichte. 89 gez. Bl. Wien: Erasmus-V. 1949
41. Drei große Liebesgeschichten. 341 S. Zürich: Morgarten-V. 1949
42. (Übs.) A. Manzoni: Die Verlobten. Nachw. G. Zoppi. 784 S. Zürich: Manesse-V. (= Manesse-Bibliothek der Weltliteratur) 1950
43. Die Inseln unter dem Winde. Roman. 271 S. Ffm: Fischer 1952
44. Die Wege der Welt. Erzählungen. 354 S. Wien: Herold-V. 1952

45 Die drei Federn. Erzählung. 63 S. m. Abb. Graz, Wien, Mchn: Stiasny (= Dichtung der Gegenwart 28) 1953
46 (MV) Monologische Kunst –? Ein Briefwechsel zwischen A. L.-H. und G. Benn. (Im Anhang: G. Benn: Nietzsche nach fünfzig Jahren. 1950.) 44 S. Wiesbaden: Limes-V. 1953
47 Die Frau im Zobel. Roman. 166 S. Mchn: List (= List-Bücher 32) 1954 (Neuaufl. v. Nr. 12)
48 Der junge Moncada. Roman. 138 S., 9 Abb. Zürich: Rascher 1954 (Ep. Fassg. v. Nr. 39)
49 Das Finanzamt. Aufzeichnungen eines Geschädigten. 157 S. Hbg, Wien: Zsolnay 1955
50 Der Graf Luna. Roman. 239 S. Wien: Zsolnay 1955
51 (Einl.) Greta Garbo. Ideal des Jahrhunderts. – Biograph. Anh.: E. Johann. 80 S., dav. S. 17–64 Abb. Wiesbaden: Limes-V. 1956
52 Das Goldkabinett. Roman. 176 S. Hbg, Wien: Zsolnay 1957 (Forts. v. Nr. 49)
53 Die vertauschten Briefe. Roman. 204 S. Hbg, Wien: Zsolnay 1958
54 (Übs.) E. Marini: Gedichte. 34 S. m. Abb. (Ffm: Fischer) 1958
55 Die Schwäger des Königs. Schauspiel in drei Akten. 76 S. Hbg, Wien: Zsolnay 1958
56 Die wahre Manon. 206 S. Hbg, Wien: Zsolnay 1959
57 Der wahre Werther. 215 S. Hbg, Wien: Zsolnay 1959
58 (Übs.) S. Loomis: Die Dubarry. 315 S. Mchn: Biederstein 1960
59 Mayerling. Erzählungen. 269 S. Hbg, Wien: Zsolnay 1960
60 Prinz Eugen. 316 S., 1 Titelb. Hbg, Wien: Zsolnay 1960

Lersch, Heinrich (1889–1936)

1 Abglanz des Lebens. Gedichte. 68 S. M.-Gladbach: Verl. d. westdt. Arbeiterzeitung 1914
2 Soldaten-Abschied. Für eine Singstimme mit Klavierbegleitung komponiert v. O. Breve. 2 Bl. 4° Mchn: Halbreiter (1914)
3 Die heilige Not. Gedichte aus der Kriegszeit. 16 S. (M.-Gladbach, Bln:) Sekretariat sozialer Studentenarbeit (= Kriegsgedichte 1) (1915)
4 Herz! Aufglühe dein Blut. Gedichte im Kriege. 116 S. Jena: Diederichs 1916
5 Mit Herz und Hand fürs Vaterland. Gedichte eines Soldaten. 23 S. M.-Gladbach, Bln: Sekretariat sozialer Studentenarbeit (= Kriegsgedichte 2) 1916
6 (MV) G. Engelke, H. L., K. Zielke: Schulter an Schulter. Gedichte von drei Arbeitern. 47 S. Jena: Vopelius 1916
7 Die toten Soldaten. Gedichte. 18 S. M.-Gladbach, Bln: Sekretariat sozialer Studentenarbeit (= Kriegsgedichte 3) 1916
8 Abglanz des Lebens. Gedichte. 124 S. M.-Gladbach: Volksvereins-V. 1917 (Erw. Neuaufl. v. Nr. 1)
9 Champagneschlacht. Gedichte aus dem Kriege. 16 S. M.-Gladbach, Bln: Sekretariat sozialer Studentenarbeit (= Kriegsgedichte 4) 1917
10 Die arme Seele. Gedichte vom Leid des Krieges. 19 S. M.-Gladbach, Bln: Sekretariat sozialer Studentenarbeit (= Kriegsgedichte 7) (1917)
11 Vergiß du deines Bruders Not. Arbeitergedichte. 14 S. Köln: Salm (= Flugblätter rheinischer Dichtung. Reihe 3, Bl. 1) 1917
12 Deutschland! Lieder und Gesänge von Volk und Vaterland. 143 S. Jena: Diederichs 1918
13 Das Land. Gedichte aus der Heimat. 19 S. M.-Gladbach, Bln: Sekretariat sozialer Studentenarbeit (= Kriegsgedichte 10) (1918)
14 Der preußische Musketier. Drei Gestalten. 16 S. M.-Gladbach, Bln: Sekretariat sozialer Studentenarbeit (= Kriegsgedichte 8) (1918)
15 Rückkehr aus dem Kriege. Gedichte. 18 S. M.-Gladbach, Bln: Sekretariat sozialer Studentenarbeit (= Kriegsgedichte 5) (1918)
16 Schulter an Schulter. Gedichte von Krieg und Arbeit. 16 S. M.-Gladbach, Bln: Sekretariat sozialer Studentenarbeit (= Kriegsgedichte 9) (1918) (Ausz. a. Nr. 6)

17 Die ewige Frau. Liebesgedichte. 15 S. Köln: Salm (= Rheinische Dichtung in Flugblättern. Sonderh. 7) 1919
18 Hauptmann und Soldaten. 20 S. M.-Gladbach: Sekretariat sozialer Studentenarbeit (= Kriegsgedichte 6) (1919)
19 Das ist es. 13 S. Chemnitz: Ges. d. Bücherfreunde (= Bekenntnisse 2) 1922
20 (Hg.) Der Augenblick. Wochenschrift für Musik, Theater, bildende Kunst, Film (Jg. 2: Eine launische Zeitschrift für Literatur und Wirtschaft). Jg. 1–2. M.-Gladbach: Immeln 1924–1925
21 Mensch im Eisen. Gesänge von Volk und Werk. 205 S. Stg: Dt. Verl.-Anst. 1925
22 Neue Erzählungen und Gedichte. IV, 90 S. M.-Gladbach, Rheydt: Orplid-V. (= Wege nach Orplid 16) (1926)
23 Capri. Dichtungen. 56 S., 60 Taf. Dresden: Jess (1927)
24 Manni! Geschichten von meinem Jungen. Aufgeschrieben vom Vater. 127 S. Stg: Dt. Verl.-Anst. 1927
25 Stern und Amboß. Gedichte und Gesänge. 84 S. 16⁰ Bln: Arbeiterjugend-V. 1927
26 Der grüßende Wald. Legenden und Geschichten. 130 S. Bln: Bühnenvolksbundverl. (= Die BVB-Bücherei 6) 1927
27 Hammerschläge. Ein Roman von Menschen und Maschinen. 261 S. Hannover: Sponholtz 1930
28 (Vorw.) E. Retzlaff: Menschen am Werk. VII, 56 S. Abb. 4⁰ Göttingen: Deuerlich 1931
29 (Einl.) Werkklasse Prof. Hein Minkenberg. Kunstgewerbeschule zu Aachen. 8 Bl. m. Abb. 4⁰ Aachen: Kunstgewerbeschule 1932
30 Hammerschläge. Ein Roman von Menschen und Maschinen. Ausw. Hg. W. Fronemann. 71 S. Köln: Schaffstein (= Schaffsteins Blaue Bändchen 215) (1933)
(Ausz. a. Nr. 27)
31 Mut und Übermut. Geschichten. 270 S. Stg, Bln: Dt. Verl.-Anst. 1934
32 Die Pioniere von Eilenburg. Roman aus der Frühzeit der deutschen Arbeiterbewegung. 317 S. Bln: Buchmeister-V. 1934
33 (MV) M. Barthel, K. Bröger, H. L.: Schulter an Schulter. Gedichte. 95 S. Bln: Volkschaft-V. 1934
34 Mit brüderlicher Stimme. Gedichte. 182 S. Stg: Dt. Verl.-Anst. 1934
35 Wir Werkleute. Geschichten und Gedichte. Mit einem Lebensbild des Dichters v. O. Metzker. 40 S. Ffm: Diesterweg (= Kranz-Bücherei 189) (1934)
36 Deutschland muß leben. Gedichtauswahl. Mit einer Lebensskizze. 66 S. Jena: Diederichs (= Deutsche Reihe 31) 1935
37 Im Pulsschlag der Maschinen. Novellen. 109 S. Bln: Junge Generation (= Bücher der jungen Generation) 1935
38 (Nachw.) M. Barthel: Sturm im Argonner Wald. Erzählung aus dem Weltkrieg. 77 S. Lpz: Reclam (= Reclam's UB. 7335) 1936
39 Briefe und Gedichte aus dem Nachlaß. Hg. Chr. Jenssen. 305 S. Hbg: Hanseat. Verl.-Anst. 1939
40 Mittelmeerreise. 93 S. Hbg: Hanseat. Verl.-Anst. (= Hanseaten-Bücherei) 1940
41 Skizzen und Erzählungen aus dem Nachlaß. Hg. Chr. Jenssen. 381 S. Hbg: Hanseat. Verl.-Anst. (1940)
42 Siegfried und andere Romane aus dem Nachlaß. Hg. Chr. Jenssen. 373 S. Hbg: Hanseat. Verl.-Anst. 1941
43 Unter den Hämmern. Erzählungen aus der Welt der Kesselschmiede. 31 S. Kevelaer: Butzon & Bercker (= Dichter und Arbeiter; = Berckers kleine Volksbibliothek. Gelbe Reihe 36) 1950

LESSING, Gotthold Ephraim (1729–1781)

1 ★(Übs.) H. v. Crebillon: Catilina. Ein Trauerspiel. Aus dem Französischen. Bln 1749
2 ★Der Eremite. Eine Erzehlung. 15 S. 4⁰ Kerapolis (d. i. Stg: Metzler) 1749
3 ★Die alte Jungfer, ein Lustspiel in drei Aufzügen. 72 S. Bln (: Voß) 1749

4 ★(Übs.) Ch. Rollin: Römische Historie von der Erbauung der Stadt Rom. Thl. 4–6. 3 Bde. Lpz, Danzig: Rüdiger 1749–1752
5 ★Tarantula. Eine Poszen Oper. Teltow an der Tyber 1749
6 ★Weiber sind Weiber. Ein Lustspiel in fünf Aufzügen. Bln 1749
7 (MH) Beyträge zur Historie und Aufnahme des Theaters, von Lessing und Chr. Mylius gemeinsam hg. 4 Tle. 12 Bl., 606 S., 4 Bl. Stg: Metzler 1750
8 ★(Übs.) P. Calderón de la Barca: Das Leben ist ein Traum. Bln 1750
9 ★Critische Nachrichten aus dem Reiche der Gelehrsamkeit. 2 Bde. Bln: Haude & Spener 1750–1751
10 ★Palaion. Comédie en un Acte. Bln 1750
11 (Übs.) M. A. Plautus: Die Gefangenen. 72 S. Stg: Metzler 1750
12 ★Kleinigkeiten. 93, 3 S. Ffm, Lpz (d. i. Stg: Metzler) 1751
13 ★Das Neueste aus dem Reiche des Witzes. 72 S. 4⁰ Bln 1751
14 ★F. M. A. de Voltaire: Kleinere historische Schriften. Aus dem Französischen. 3 Bl., 366 S. Rostock: Koppe 1752
15 ★(Übs.) Johann Huarts Prüfung der Köpfe zu den Wissenschaften ... Aus dem Spanischen. 12 Bl., 456 S., 4 Bl. Wittenberg, Zerbst: Zimmermann 1752
16 (Übs.) Des Abts von Marigny Geschichte der Araber, unter der Regierung des Califen. Aus dem Französischen. 3 Bde. 480, 580, 676 S. Bln, Potsdam: Voß 1753–1754
17 ★An impartial Foreigner's Remarks upon the present Dispute between England and Prussia ... Anmerkungen eines unpartheyischen Fremden über die gegenwärtigen Streitigkeiten zwischen England und Preußen; in einem Briefe eines Edelmanns ... 24 S. 4⁰ o. O. 1753
18 ★(Übs.) Schreiben an das Publikum. Aus dem Französischen. 3 Tle., je 16 S. Bln 1753
19 Schrifften. 6 Tle. 12⁰ Bln: Voß 1753–1755
20 Theatralische Bibliothek. 4 Tle. 7 Bl., 291 S.; 294 S., 1 Bl.; 312 S., 2 Bl.; 298 S., 1 Bl. m. Bildn. Bln: Voß 1754–1758
21 ★(Vorw.) W. Hogarth: Zergliederung der Schönheit. 14 Bl., VIII, 112 S., 2 Ku. 4⁰ Bln, Potsdam: Voß 1754
22 (Hg., Vorw.) Ch. Mylius: Vermischte Schriften, gesammelt v. G. E. L. XLVIII, 600 S. Bln: Haude & Spener 1754
23 ★(MÜbs.) Rowe: Geheiligte Andachts-Übungen. 7 Bl., 72, 304 S. Erfurt 1754
24 Ein VADE MECUM für den Hrn. Sam. Gotth. Lange, Pastor in Laublingen, in dessen Taschenformate angefertigt. 96 S. 12⁰ Bln (o. Verl.) 1754
25 Miß Sara Sampson. Ein Trauerspiel in fünf Aufzügen. 12⁰ Bln 1755
26 ★(MV) (G. E. L. u. M. Mendelssohn:) Pope, ein Metaphysiker! 2 Bl., 60 S. Danzig: Schuster 1755
27 ★(Übs.) F. Hutcheson: ... Sittenlehre der Vernunft ... 2 Bde. Lpz: Wendler 1756
28 (Übs.) W. Law: Eine ernsthafte Ermunterung an alle Christen zu einem frommen und heiligen Leben. 8 Bl., 608 S. Lpz: Weidmann 1756
29 (Vorw.) J. Thomson: Sämtliche Trauerspiele. XVI, 440 S. Lpz: Weidmann 1756
30 (MH) Bibliothek der schönen Wissenschaften und der freyen Künste. Hg. G. E. L., M. Menselssohn u. F. Nicolai. 3 Bde. Lpz: Dyck 1757–1758
31 (Übs.) S. Richardson: Sittenlehre für die Jugend. 4 Bl., 368 S., 4 Bl. m. Ku. Lpz: Weidmann 1757
32 (Vorw.) J. W. L. Gleim: Preußische Kriegslieder, in den Feldzügen 1756 und 1757, von einem Grenadier. Mit Melodieen. 8 Bl., 134 S., 1 Bl. 16⁰ Bln: Voß (1758)
33 ★Briefe die neueste Litteratur betreffend. 24 Tle. Bln: Nicolai 1759–1765
34 Fabeln. Drey Bücher. Nebst Abhandlungen mit dieser Dichtungsart verwandten Inhalts. 3 Tle. 1 Bl., XII, 250 S. m. Titelku. Bln: Voß 1759
35 (MH) F. v. Logau: Sinngedichte. Hg. K. W. Ramler u. G. E. L. XIV, 414 S., 12 Bl., 104 S. Lpz: Weidmann 1759
36 ★Philotas. Ein Trauerspiel. 64 S. Bln: Voß 1759
37 ★Sophokles. Erstes Buch. Bln: Voß 1760
38 ★(Übs.) Das Theater des Herrn Diderot. Aus dem Französischen. 2 Tle. 371, 480 S. 12⁰ Bln: Voß 1760

39 Der Misogyne, oder Der Feind des weiblichen Geschlechts. Ein Lustspiel in zwey Aufzügen. 54 S. Wien: Kraus 1762
(Ausz. a. Nr. 19)
40 Der Junge Gelehrte in der Einbildung. Ein Lustspiel in drey Aufzügen, 88 S. Wien: Gheli (1764)
(Ausz. a. Nr. 19)
41 Laokoon: oder Über die Grenzen der Mahlerey und Poesie. Erster Teil. 4 Bl., 298 S. Bln: Voß 1766
42 ★Hamburgische Dramaturgie. Ankündigung. ½ Bg. o. O. (1767)
(zu Nr. 43)
43 Hamburgische Dramaturgie. 2 Bde. 415; 410, 8 S. Hbg, Bremen: Cramer (1767–1769)
44 Lustspiele. 2 Tle. 1 Bl., 352 S.; 1 Bl., 442 S. Bln: Voß 1767
45 Minna von Barnhelm, oder Das Soldatenglück. Ein Lustspiel. 192 S. Bln: Voß 1767
(Ausz. a. Nr. 44)
46 Briefe; antiquarischen Inhalts. 2 Bde. 2 Bl., 256 S.; 276 S., 2 Ku. Bln: Nicolai 1768–1769
47 (MÜbs.) J. G. Noverre: Briefe über die Tanzkunst und über die Ballette. Aus dem Französischen. Übs. G. E. L. u. J. J. C. Bode. 1 Bl., 358 S. Hbg, Bremen: Cramer 1769
48 Wie die Alten den Tod gebildet: eine Untersuchung. 4 Bl., 87 S. m. Ku. 4° Bln: Voß 1769
49 (Hg.) Berengarius Turonensis oder Ankündigung eines wichtigen Werkes desselben ... 190 S. 4° Braunschweig: Buchhandlung des Waisenhauses 1770
50 Vermischte Schriften. 30 Bde. m. Bildn. u. Ku. Bln: Voß 1771–1790
51 (Hg.) A. Scultetus: Gedichte. Aufgefunden v. G. E. L. 100 S. Braunschweig: Buchh. des Waisenhauses 1771
52 Sinngedichte. 1 Bl., 82 S. Bln: (Voß) 1771
(Ausz. a. Nr. 50)
53 Trauerspiele. Miß Sara Sampson. Philotas. Emilia Galotti. 394 S. Bln: Voß 1772
(Enth. u. a. Nr. 25 u. 36)
54 Emilia Galotti. Ein Trauerspiel in fünf Aufzügen. 152 S. Bln: Voß 1772
(Ausz. a. Nr. 53)
55 Zur Geschichte und Litteratur. Aus den Schätzen der Herzoglichen Bibliothek zu Wolfenbüttel. 6 Tle. Braunschweig: Buchh. des Waisenhauses 1773–1781
56 ★(Hg.) Vom Alter der Oelmalerey, aus dem Theophilus Presbyter. 96 S. Braunschweig: Buchh. des Waisenhauses 1774
57 Zwey Lustspiele. Damon. Die alte Jungfer. 126 S. Ffm, Lpz: Fleischer 1775
(Enth. u. a. Nr. 3)
58 Ankündigung und Prüfung der Philosophischen Aufsätze von K. W. Jerusalem. Braunschweig 1776
(zu Nr. 59)
59 (Hg.) K. W. Jerusalem: Philosophische Aufsätze. 116 S. Braunschweig: Buchh. des Waisenhauses 1776
60 ★Über den Beweis des Geistes und der Kraft an den H. Dir. Schumann in Hannover. 16 S. Braunschweig (: Buchh. des Waisenhauses) 1777
61 ★Das Testament Johannis. Ein Gespräch. 16 S. Braunschweig (: Buchh. des Waisenhauses) 1777
62 ★Anti-Goeze. D. i. Nothgedrungener Beytrag zu den freiwilligen Beyträgen des Hrn. Past. Goeze. 11 Tle. 16 S. Braunschweig (: Buchh. des Waisenhauses) 1778
63 Nöthige Antwort auf eine sehr unnöthige Frage des Herrn Hauptpastor Goeze in Hamburg. 16 S. Wolfenbüttel 1778
64 ★Der nöthigen Antwort auf eine sehr unnöthige Frage des Herrn Hauptpastor Goeze in Hamburg Erste Folge. 16 S. o. O. 1778
(zu Nr. 63)
65 ★Axiomata, wenn es deren in dergleichen Dingen giebt, wider den Hrn. Pastor Goeze in Hamburg. 80 S. Braunschweig (: Buchh. des Waisenhauses) 1778
66 ★Eine Duplik. 157 S. Braunschweig: Buchh. des Waisenhauses 1778

67 *Ernst und Falk. Gespräche für Freymäurer. 2 Tle. 95, 61 S. Wolfenbüttel (, Göttingen: Dieterich) (1) bzw. Ffm (: Brönner) (2) 1778–1780
68 Neue Hypothese über die Evangelisten als blos menschliche Geschichtschreiber betrachtet. Wolfenbüttel 1778
69 *Eine Parabel. Nebst einer kleinen Bitte und einem eventualen Absagungsbriefe an Hrn. Pastor Goeze in Hamburg. 30 S. Braunschweig (: Buchh. des Waisenhauses) 1778
70 Von dem Zwecke Jesu und seiner Jünger. Noch ein Fragment des Wolfenbüttelschen Ungenannten. 276 S. Braunschweig (: Buchh. des Waisenhauses) 1778
71 Noch nähere Berichtigung des Mährchens von 1000 Ducaten oder Judas Ischarioth dem Zweyten. 16 S. o.O. 1779
72 Nathan der Weise. Ein Dramatisches Gedicht in fünf Aufzügen. 2 Bl. 276 S. (Bln: Voß) (1779)
73 (Hg.) Cudena: Beschreibung des Portugiesischen Amerika. 160 S. Braunschweig: Buchh. des Waisenhauses 1780
74 Die Erziehung des Menschengeschlechts. 90 S. Bln: Voß 1780
75 Doctor Faust. Ein Schauspiel. 15 S. Bln: Voß 1780
76 (Übs.) Das Theater des Herrn Diderot. 2 Bde. Bln: Voß 1781
 (Verb. Neuausg. v. Nr. 38)
77 (Hg.) Fragmente des Wolfenbüttelschen Ungenannten. 298 S. Bln: Wever 1784
78 Theatralischer Nachlaß. 2 Tle. LVI, 248; XLVI, 268 S. Bln: Voß 1784–1786
79 Theologischer Nachlaß. 288 S. Bln: Voß 1784
80 Analekten für die Litteratur. 5 Bde. Bern, Lpz: Haller 1785–1787
81 (MV) Der Schlaftrunk. Ein Lustspiel in drey Aufzügen von G. E. L., zu Ende gebracht vom Verfasser der Jugendgeschichte Karl und Sophie. 3 Bl., 106 S. Regensburg: Montag 1785
82 Übrige noch ungedruckte Werke des Wolfenbüttlischen Fragmentisten. Ein Nachlaß von G. E. L., hg. C. A. E. Schmidt. 410 S. o.O. 1787
83 Kollektaneen zur Literatur. Hg. u. weiter ausgef. J. J. Eschenburg. 2 Bde. XVI, 608; 478 S. Bln: Voß 1790
84 Die Matrone von Ephesus. Lustspiel in einem Aufzuge. Erg. K. L. Rahbek, 52 S. Mannheim: Schwan & Götz 1790
85 Sämmtliche Schriften. Hg. J. F. Schink. 32 Bd. 12° Bln: Voß (1–28) bzw. Bln, Stettin: Nicolai (29–32) 1825–1828
86 Sämmtliche Schriften. Hg. K. Lachmann. 13 Bde. Bln: Voß 1838–1840
87 Sämtliche Schriften. Hg. K. Lachmann. Neu durchges. u. verm. Aufl., bes. F. Muncker. 23 Bde. Stg (ab Bd. 12 Lpz:)Göschen (1–22) bzw. Bln: de Gruyter (23) 1886–1924
 (Verm. Neuaufl. v. Nr. 86)
88 Werke. Vollständige Ausgabe in 25 Teilen. Hg., m. Einl. u. Anm., sowie e. Gesamtreg. vers. J. Petersen u. W. v. Olshausen. 25 Bde. Bln: Bong (= Bongs goldene Klassiker-Bibliothek) 1925–1935

Leutelt, Gustav (1860–1947)

1 Schilderungen aus dem Isergebirge. 54 S. Reichenberg: Sollors 1899
2 Die Königshäuser. Erzählung aus dem Isergebirge. 295 S. Bln: Fischer 1906
3 Das zweite Gesicht. Erzählung. 204 S. Bln: Fischer 1911
4 Hüttenheimat. Ein Roman aus dem Isergebirge. 172 S. Bln: Fischer 1919
5 Aus den Iserbergen. Erzählungen. VIII, 63 S. Eger: Böhmerlandverl. (= Drei-Tannen-Druck 5) 1920
6 Der Einzieher. Eine Erzählung aus dem Isergebirge. 18 S. Kukus a. E.: „Die blaue Blume" 1925
7 Der Glaswald. Roman aus dem Isergebirge. 156 S. Gablonz: Verl. d. Leutelt-Ges. 1925
8 Das Buch vom Walde. 136 S. m. Taf. Reichenberg: Sollors 1928
9 (Vorw.) R. Karasek: Isergebirge. Sechs Holzschnitte. VIII S., 6 Taf. 4° Kassel: Stauda 1928
10 Bilder aus dem Leben der Glasarbeiter. 96 S. Gablonz: Verl. d. Leutelt-Ges. 1929
 (Enth. u. a. Nr. 6)

11 Siebzig Jahre meines Lebens. (S.-A.) 14 S. Karlsbad-Drahowitz: Kraft 1930
12 Johannisnacht. Sudetendeutsche Geschichten. 91 S. Karlsbad-Drahowitz: Kraft (= Erntedruck 4) 1931
    (Enth. u.a. Ausz. a. Nr. 5)
13 Gesammelte Werke. 3 Bde. 383, 274, 325 S. Karlsbad-Drahowitz: Kraft (1934–1936)
14 Gustav Leutelt. Hg. A. Schmidt. 61 S., 1 Titelb. Reichenberg: Kraus (= Sudetendeutsche Dichterbücher) 1938
15 Doktor Kittel. Eine Sagengestalt aus dem Isergebirge. 63 S. Karlsbad-Drahowitz: Kraft 1943

LEUTHOLD, Heinrich (1827–1879)

1 (MV) E. Geibel u. H. L.: Fünf Bücher französischer Lyrik. 268 S. Stg: Cotta 1862
2 Gedichte. Hg. J. Bächtold. 300 S. Frauenfeld: Huber 1879
3 Gedichte. Hg. J. Bächtold. III, 336 S. Frauenfeld: Huber 1880
   (Verm. Neuausg. v. Nr. 2)
4 Gedichte. Hg. J. Bächtold. XVI, 348 S. m. Bildn. Frauenfeld: Huber 1884
   (Verm. Neuausg. v. Nr. 3)
5 Gedichte. Nach den Handschriften wiederhergestellt (v. A. Schurig). 301 S. Lpz: Insel 1910
   (Verb. Neuaufl. v. Nr. 4)
6 Gesammelte Dichtungen in drei Bänden. Eingel. u. nach den Handschriften hg. G. Bohnenblust. 3 Bde. LII, 436; 379; 356 S. m. Bildn. u. Faks. Frauenfeld: Huber 1914
7 Der schwermütige Musikant. Hg. C. Seelig. 232 S. m. Abb. Zürich: Oprecht & Helbling 1934

LEWALD, Fanny (1811–1889)

1 *Clementine. 11 Bg, 12° Lpz: Brockhaus 1842
2 *Jenny. 2 Thle, 30½ Bg, 12° Lpz: Brockhaus 1843
3 *Eine Lebensfrage. Roman. 2 Thle, 28½ Bg, 12° Lpz: Brockhaus 1845
4 †Diogena. Roman von Iduna Gräfin H...H... 180 S. 12° Lpz: Brockhaus (1847)
5 Italienisches Bilderbuch. 2 Tle. 690 S. Bln: Duncker 1847
6 Prinz Louis Ferdinand. 3 Bde. Breslau: Max 1849
7 Auf rother Erde. Eine Novelle. 171 S. Lpz: Weber 1850
8 Erinnerungen aus dem Jahr 1848. 2 Bde. 577 S. Braunschweig: Vieweg 1850
9 Liebesbriefe. Aus dem Leben eines Gefangenen. Roman. 316 S. Braunschweig: Vieweg 1850
10 Dünen- und Berggeschichten. 2 Bde. 686 S. Braunschweig: Vieweg 1851
11 England und Schottland. Reisetagebuch. 2 Bde. XIV, 538; X, 649 S. Braunschweig: Vieweg 1852
12 Wandlungen. Roman. 4 Bde. Braunschweig: Vieweg 1853
13 Adele. Roman. 282 S. Bln: Janke 1855
14 Die Kammerjungfer. Roman. 3 Tle. 290 S.; 2 Bl., 336 S.; 3 Bl., 523 S. Bln: Janke 1856
15 Deutsche Lebensbilder. Erzählungen. 4 Bde. Braunschweig: Vieweg 1856
16 Die Reisegefährten. Roman. 2 Bde. 2 Bl., 418 S.; 2 Bl., 438 S. Bln: Guttentag 1858
17 Neue Romane. 5 Bde. 1473 S. Bln: Janke 1859–1864
18 Das Mädchen von Hela. 2 Tle. 609 S. Bln: Janke 1860
19 Meine Lebensgeschichte. 3 Abt., 6 Tle. 1732 S. Bln: Janke 1861–1863
20 Bunte Bilder. 2 Tle. 552 S. 16° Bln: Janke 1862
21 Gesammelte Novellen. 2 Tle. 358 S. Bln: Gerschel 1862
22 Osterbriefe für die Frauen. 141 S. Bln: Janke 1863
23 Von Geschlecht zu Geschlecht. 2 Abt. Bln: Janke 1864–1866

1. Der Freiherr. 3 Bde. 968 S. 1864
2. Der Emporkömmling. 5 Bde. 1468 S. 1866
24 Erzählungen. 3 Bde. 150, 158, 226 S. m. Abb. 16° Bln: Grote 1866–1868
25 Villa Riunione. 2 Bde. 799 S. Bln: Janke 1868
26 Sommer und Winter am Genfersee. 490 S. Bln: Janke 1869
27 (MV) F. L. u. A. Stahr: Ein Winter in Rom. 433 S. Bln: Guttentag 1869
28 Für und wider die Frauen. 156 S. Bln: Janke 1870
29 Nella. 384 S. Bln: Janke 1870
30 Die Unzertrennlichen. Pflegeeltern. Zwei Erzählungen. 256 S. Bln: Janke 1871
31 Gesammelte Werke. 12 Bde. Bln: Janke 1871–1874
32 Die Erlöserin. Roman. 3 Bde. 1105 S. Bln: Janke 1873
33 Benedikt. 2 Bde. 585 S. Bln: Janke 1874
34 Benvenuto. Ein Roman aus der Künstlerwelt. 2 Bde. 538 S. Bln: Janke 1875
35 Neue Novellen. Die Stimme des Blutes. Ein Freund in der Not. Martina. 355 S. Bln: Hertz 1877
36 Helmar. Roman. 327 S. Bln: Janke 1880
37 Reisebriefe aus Deutschland, Italien und Frankreich. 475 S. Bln: Janke 1880
38 Zu Weihnachten. Drei Erzählungen. 400 S. Bln: Janke 1880
39 Vater und Sohn. Novelle. 325 S. Stg: Dt. Verl.-Anst. 1881
40 Treue Liebe. Erzählung. 263 S. Dresden: Minden 1883
41 Stella. Roman. 3 Bde. 689 S. Bln: Janke 1883
42 Vom Sund zum Posilipp! Briefe aus den Jahren 1879–1881. 320 S. Bln: Janke 1883
43 Im Abendrot. Kaleidoskopische Erzählung in sechzehn Briefen. 181 S. Dresden: Minden 1885
44 Zwölf Bilder aus dem Leben. Erinnerungen. 399 S. Bln: Janke 1888
45 Die Familie Darner. Roman. 3 Bde. 1042 S. Bln: Janke (1888)
46 Josias. Eine Geschichte aus alter Zeit. 173 S. Lpz: Keil 1888
47 Gefühltes und Gedachtes. 1838–1888. Hg. L. Geiger. XXV, 400 S. m. Bildn. Dresden: Minden 1900
48 Fanny Lewald. Römisches Tagebuch 1845–1846. Hg. H. Spiero. 308 S., 8 Taf. Lpz, Bln: Klinkhardt & Biermann 1927

LICHNOWSKY, Mechtilde Fürstin von (1879–1958)

1 Götter, Könige und Tiere in Ägypten. 257 S. m. Abb. Lpz: Wolff 1913
2 Ein Spiel vom Tod. Neun Bilder für Marionetten. 203 S. Lpz: Wolff 1915
3 Der Stimmer. 164 S. Mchn, Lpz: Wolff 1917
4 Gott betet. 46 S. Mchn, Lpz: Wolff (= Der jüngste Tag 56) (1918)
5 Der Kinderfreund. Schauspiel in fünf Akten. 98 S. Bln: Reiß 1919
6 Geburt. 534 S. Bln: Reiß (1921)
7 Der Kampf mit dem Fachmann. 308 S. Wien: Jahoda & Siegel 1924
8 Halb und Halb. 9 S., 30 Bl. Abb. Wien: Jahoda & Siegel 1926
9 Das Rendezvous im Zoo. 72 S., 1 Abb. Wien: Jahoda & Siegel 1928
10 An der Leine. Roman. 321 S. Bln: Fischer 1930
11 Kindheit. 259 S. Wien: Bermann-Fischer (1934)
12 Delaïde. Roman. 300 S. Wien: Bermann-Fischer (1935)
13 Das rosa Haus. 152 S. Hbg: M. v. Schröder 1936 (Neuaufl. v. Nr. 3)
14 Der Lauf der Asdur. Roman. 285 S. Wien: Bermann-Fischer 1936 (Forts. v. Nr. 11)
15 Gespräche in Syboris. Tragödie einer Stadt in einundzwanzig Dialogen. 141 S. Wien: Gallus-Verl. 1946
16 Worte über Wörter. 320 S. Wien: Berglandverl.; Mchn: Liechtenstein-Verl. 1949
17 Das Rendezvous im Zoo. 86 S., 38 Abb. Eßlingen: Bechtle 1951 (Erw. Neuaufl. v. Nr. 9)
18 Zum Schauen bestellt. 300 S. Eßlingen: Bechtle 1953 (Enth. u. a. Ausz. a. Nr. 16)
19 Heute und vorgestern. 248 S., 3 Taf., 1 Titelb. Wien: Berglandverl. 1958

LICHTENBERG, Georg Christoph (+Emanuel Candidus; Paul Ehrenpreis; Conrad Photorin)   (1742–1799)

1 *Patriotischer Beytrag zur Methyologie der Deutschen. Nebst einer Vorrede über das Methyologische Studium überhaupt. 16 S. o. O. 1773
2 +Timorus, das ist Vertheidigung zweyer Israeliten, die durch die Kräftigkeit der Lavaterischen Beweisgründe und der Göttingischen Mettwürste bewogen den wahren Glauben angenommen haben von Conrad Photorin, der Theologie und Belles Lettres Candidaten. 78 S. Bln (, Lpz: Hartknoch) 1773
3 Epistel an Tobias Göbhard in Bamberg. 40 S. o. O. 1776
4 *Über Physiognomik; wider die Physiognomen. Zur Beförderung der Menschenliebe und Menschenkenntnis. 4 Bl., 93 S. Göttingen: Dieterich 1778
5 (Hg.) Göttingischer Taschenkalender. 22 Jge. Göttingen: Dieterich 1778 bis 1799
6 (MH) Göttingisches Magazin der Wissenschaften und Literatur. Hg. G. Ch. L. u. G. Forster. 6 Jge. Göttingen: Dieterich 1780–1785
7 *Fragmente von Schwänzen. Ein Beytrag zu den Physiognomischen Fragmenten. 8 S. 4° o. O. 1783
8 +Simple, jedoch authentische Relation von den curieusen schwimmenden Batterien, wie solche anno 1782 am 13. und 14. Septembris, unvermuthet zu schwimmen aufgehört nebst dem, was sich auf dem Felsen Calpe, gemeiniglich der Felsen von Gibraltar genannt, ... zugetragen. Durch Emanuelem Candidum Candidat en Poësie allemande ... 16 S. o. O. 1783
9 Ausführliche Erklärung der Hogarthischen Kupferstiche mit verkleinerten aber vollständigen Copien v. E. Riepenhausen. 5 Tle. Göttingen: Dieterich 1794–1799
10 (Hg.) J. Ch. Erxleben: Anfangsgründe der Naturlehre. M. 8 Ku. Göttingen: Vandenhoeck 1794
11 +Dornenstücke. Mannheim 1797
12 Vermischte Schriften. Nach d. Tode ges. Ludwig Christian Lichtenberg u. Fr. Kries. 9 Bde. m. Ku., 1 Bildn. Göttingen: Dieterich 1800–1806
13 Karikatur-Almanach auf 1801. Aus L.s Nachlaß. M. 8 Ku. Hbg 1801
14 Spiele des Witzes und der Laune. 129 S. Pest: Hartleben 1816
15 Ideen, Maximen und Einfälle. Nebst Charakteristik v. G. Jördens. 2 Bde. Lpz 1827
16 Vermischte Schriften. Hg. Ludwig Christian Lichtenberg u. Fr. Kries. 8 Bde. Göttingen: Dieterich 1844–1847
    (Verm. Neuausg. v. Nr. 12)
17 Gedanken und Maximen. Lichtstrahlen aus seinen Werken. Mit e. biogr. Einl. v. E. Grisebach. 266 S. Lpz: Brockhaus 1871
18 Aus Lichtenbergs Nachlaß. Aufsätze, Gedichte, Tagebuchblätter, Briefe. Zur hundertsten Wiederkehr seines Todestages (24. II. 1799) hg. A. Leitzmann. XXIII, 273 S. m. Bildn. Weimar: Böhlau 1899
19 Aphorismen. Nach den Handschriften hg. A. Leitzmann. 5 Bde. Bln: Behr (= Deutsche Literaturdenkmale des achtzehnten und neunzehnten Jahrhunderts) 1902–1908
20 Aphorismen, Briefe, Schriften. Hg. P. Requadt. XLV, 524 S., 8 Taf., 12 Abb. Stg: Kröner (= Kröners Taschenausg. 154) 1939
21 Die Bibliogenie oder Die Entstehung der Bücherwelt. Eingel., bearb. E. Volkmann. 107 S. Weimar: Ges. d. Bibliophilen (1200 Ex.) 1942
22 Gesammelte Werke. Hg., eingel. W. Grenzmann. 3 Bde. LXXXVIII, 1108; 1256 S.; 19 Bl. Ffm: Holle-Verl. 1949

LICHTENSTEIN, Alfred   (1889–1914)

1 Die Geschichte des Onkels Krause. Bln 1910
2 Die Dämmerung. Gedichte. 15 S. Bln-Wilmersdorf: Meyer 1913
3 Gedichte und Geschichten. Hg. K. Lubasch. 2 Bde. VII, 114; 85 S. Mchn: Müller 1919

Lichtwer, Magnus Gottfried (1719–1783)

1 *(Bearb.) Vier Bücher Aesopischer Fabeln in gebundener Schreib-Art. 174 S. Lpz: Deer 1748
2 (Bearb.) Vier Bücher Aesopischer Fabeln, nebst einem Anhange von Oden und Liedern. Bln 1758
   (Verm. Neuaufl. v. Nr. 1)
3 Das Recht der Vernunft in fünf Büchern. 127 S. Lpz: Breitkopf 1758
4 (Bearb.) Auserlesene, verbesserte Fabeln und Erzählungen in zweyen Büchern. Greifswald, Lpz 1761
   (Veränd. Neuaufl. v. Nr. 2)
5 Poetische Schriften. 2 Bde. 185, 252 S. m. Ku. Wien: Schraembl 1793
6 Schriften. Hg. E. L. M. v. Pott. Mit e. Vorrede u. Biographie L.s v. F. Cramer. 128 S. Halberstadt: Brüggemann 1828

Lienert, Meinrad (1865–1933)

1 Flüehblüemli. Erzehlige us dä Schwyzerbärge. 353 S. Zürich: Schmidt 1891
2 Jodler vom Meisterjuzer. Sächzg Liedli in Einsiedler und Yberger Mundart. 72 S. 16° Frauenfeld: Huber 1893
3 Geschichten aus den Schwyzerbergen. Erzählungen. 288 S. Frauenfeld: Huber 1894
4 Erzählungen aus der Urschweiz. 2 Bde. 466 S. Lpz: Haessel 1895
5 's Mirli. 73 S. 12° Frauenfeld: Huber (1896)
6 Der letzte Schwanauritter. Ein fröhlicher Sang aus der Urschweiz. 115 S. m. Abb. Frauenfeld: Huber 1896
7 Lieder der Waldfinken. 96 S. 16° Lpz: Haessel 1897
8 Geschichten aus der Sennhütte. 284 S. Frauenfeld: Huber 1899
9 Die Wildleute. Erzählungen. 333 S. Zürich: Orell Füßli 1901
10 Der Strahler. Erzählung. 194 S. Zürich: Orell Füßli 1902
11 Die Immergrünen. Zwei fröhliche Erzählungen. 129 S. Aarau: Sauerländer 1904
12 Meine erste Liebe. Claudels Erbteil. Erzählungen aus der Ur-Schweiz. 82 S. Zürich, Basel: Verein für Verbreitung guter Schriften (= Verein für Verbreitung guter Schriften Zürich, 57) 1905
13 's Juzlienis Schwäbelpfyffli. 368 S. Aarau: Sauerländer 1906
14 Das war eine goldene Zeit! Kindheitserinnerungen. 238 S. Frauenfeld: Huber (1907)
15 's Heiwili. 76 S. 16° Frauenfeld: Huber (1908)
16 Gedichte. 2 Bde. Aarau: Sauerländer 1909
   1. Dur d' Stunde us! 212 S.
   2. Wänn's dimmered. 234 S.
   (Verm. Neuaufl. v. Nr. 13)
17 Der Pfeiferkönig. Eine Zürchergeschichte. 259 S. Aarau: Sauerländer 1909
18 Das Bergspieglein. Neue Kindergeschichten. 242 S. Frauenfeld: Huber 1910
19 Das Hochmutsnärrchen. 205 S. Frauenfeld: Huber 1911
20 Der Überfall und andere Erzählungen. 31 S. m. Abb. Reutlingen: Enßlin & Laiblin (= Bunte Jugendbücher 50) 1912
21 's Schwäbelpfyffli. 3 Bde. VI, 270; VI, 328; V, 248 S. Aarau: Sauerländer 1913–1920
   (Erw. Neuaufl. v. Nr. 16)
22 Bergdorfgeschichten. III, 439 S. Frauenfeld: Huber 1914
23 Der jauchzende Bergwald. Alte und neue Geschichten. III, 322 S. Frauenfeld: Huber (1914)
24 Schweizer Sagen und Heldengeschichten. Der Jugend erzählt. VIII, 294 S. m. Abb. Stg: Levy & Müller 1914
25 Der Schellenkönig. Erzählung aus dem Schwyzer Bergland. 120 S. Zürich, Basel: Verein für Verbreitung guter Schriften (= Verein für Verbreitung guter Schriften Zürich, 93) 1914
26 Bergjugend. Erzählungen. Für die Jugend ausgew. v. d. Jugendschriften-

kommission d. schweiz. Lehrervereins. 120 S. Basel: Verein für Verbreitung guter Schriften (= Verein für Verbreitung guter Schriften Basel, C 13) 1915
27 Drei altmodische Liebesgeschichten. 79 S. Frauenfeld: Huber (= Schweizerische Erzähler 2) 1916
28 Das Gesichtlein im Brunnen. Erzählung. 185 S. Frauenfeld: Huber (1917)
29 Die Immergrünen. III, 396 S. Aarau: Sauerländer 1917 (Verm. Neuaufl. v. Nr. 11)
30 Der Weihnachtsstern. Ein schweizerisches Krippenspiel. Musik H. Huber. 96 S. Frauenfeld: Huber 1917
31 Frohfarbenfähnlein. Geschichten aus dem Bergland. 331 S. Frauenfeld: Huber 1918
32 Die Landstraße. Der Milchfälscher. Zwei Erzählungen. 55 S. Zürich: Verein für Verbreitung guter Schriften (= Verein für Verbreitung guter Schriften Zürich, 109) 1918
33 Die Stimme der Heimat. 19 S. Basel: Finckh (= Volksbücher des deutschschweizerischen Sprachvereins 6) 1918
34 Zürcher Sagen. Der Jugend erzählt. Hg. Vereinigg. d. Schul-Bibliothekare d. Stadt Zürich. 116 S. m. Abb. Zürich: Rascher 1919
35 Der Ahne. Ein Trauerspiel in drei Akten. 95 S. Aarau: Sauerländer 1921
36 Hansjörlis Fahrt nach dem Zauberwort. 310 S. Frauenfeld: Huber 1922
37 Das Ruhebänklein. Geschichten. III, 318 S. Frauenfeld: Huber 1923
38 Die Schmiedjungfer. Eine Geschichte. 184 S. Frauenfeld: Huber (1923) (Ausz. a. Nr. 22)
39 Auf alten Scheiben. Zwei Erzählungen. 65 S. m. Abb. Frauenfeld: Huber (1925)
40 Das Gespenst und andere Geschichten. 71 S. Halle a. d. S.: Schroedel (= Schroedels Jugendbücher 1, 88) (1926)
41 Das Mark im Bergholz. 288 S. Frauenfeld: Huber (1926)
42 Hol über! Die weiße Pelzkappe. Der Nachbar. Erzählungen. 48 S. Bern: Verein für Verbreitung guter Schriften (= Verein für Verbreitung guter Schriften Bern, 146) 1927
43 Der Schalk im Hirthemd. 224 S. Frauenfeld: Huber 1927
44 's Schlaraffeland. Verse. 23 S. m. Abb. Basel: Schwabe (1927)
45 Der König von England. 208 S. Frauenfeld: Huber 1928
46 Der doppelte Matthias und seine Töchter. Roman. 403 S. Bln: Grote (= Grote'sche Sammlung von Werken zeitgenössischer Schriftsteller, 178) 1929
47 Erzählungen aus der Schweizergeschichte. Nach H. Herzog. 351 S., 20 Abb. Aarau: Sauerländer (1930)
48 Die Kunst zu Illendorf. Eine Erzählung. 319 S. Bln: Grote (= Grote'sche Sammlung von Werken zeitgenössischer Schriftsteller, 193) 1931
49 Das Fähnlein. Zwei Erzählungen. 90 S., 1 Taf. Zürich, Basel: Verein für Verbreitung guter Schriften (= Verein für Verbreitung guter Schriften Zürich, 167) 1932
50 Das Glöcklein auf Rain. 367 S. Frauenfeld: Huber 1933
51 Us Härz und Heimed. Nü Värs. VII, 253 S. Aarau: Sauerländer (1933)
52 Schwyzerschlag. Zwei Erzählungen. 63 S. Basel: Verein für Verbreitung guter Schriften (= Verein für Verbreitung guter Schriften Basel, 183) 1934
53 Die Bergkirschen und andere Geschichten. 206 S. Frauenfeld: Huber 1937
54 Das blaue Wasser und andere Erzählungen. 80 S. Zürich, Basel: Verein für Verbreitung guter Schriften (= Verein für Verbreitung guter Schriften Zürich, 187) 1937
55 Die Entdeckung Amerikas. Das Bergspieglein. 32 S. m. Abb. Zürich: Schweiz. Jugendschriftenwerk (= Schweiz. Jugendschriftenwerk 89) (1940) (Enth. u. a. Ausz. a. Nr. 18)
56 Ziumarstalden. Eine Erzählung aus der Urschweiz. 111 S. Zürich, Basel: Verein für Verbreitung guter Schriften (= Verein für Verbreitung guter Schriften Zürich, 197) 1940
57 Die schöne Geschichte der alten Schweizer. 39 S., 6 Abb. Zürich: Schweizer-Spiegel-Verl. (1941)
58 Das standhafte Mariannli. Das Heldenlied. Zwei Erzählungen. 32 S. m. Abb. Zürich: Verl. Schweizerisches Jugendschriftenwerk (= Schweizerisches Jugendschriftenwerk 418) (1951)

Lienhard, Friedrich (1865–1929)

1. Lieder eines Elsässers. 88 S. 12° Bln: Lüstenöder (1888)
2. Naphtali. Drama. 192 S. Norden: Fischer 1888
3. Die weiße Frau. Novelle. 160 S. Dresden: Pierson 1889
4. Weltrevolution. Soziale Tragödie. 111 S. Dresden: Pierson 1889
5. Wasgaufahrten. 174 S. Straßburg: Schlesier 1895
6. Till Eulenspiegel. 2 Bde. Bln, Straßburg: Schlesier 1896
    1. Eulenspiegels Ausfahrt. Schelmenspiel. 67 S.
    2. Eulenspiegels Heimkehr. Trauerspiel. 45 S.
7. Gottfried von Straßburg. Schauspiel. 115 S. Straßburg: Schlesier 1897
8. Odilia. Legende in drei Aufzügen. 86 S. Straßburg: Schlesier 1898
9. Der Raub Straßburgs. 84 S. Mchn: Lehmann (= Lohmeyers vaterländische Jugendbücherei 2) 1898
10. Nordlandslieder. 128 S. 12° Straßburg: Schlesier 1899
11. Burenlieder. 39 S. Bln: Meyer (= Flugschriften der Heimat 2) 1900
12. Der Fremde. Schelmenspiel. 39 S. Bln: Meyer 1900
13. Helden. Bilder und Gestalten. 102 S. Bln: Meyer 1900
14. König Arthur. Trauerspiel. 112 S. Bln: Meyer 1900
15. Münchhausen. Lustspiel. 106 S. Bln: Meyer 1900
16. Die Schildbürger. Ein Scherzlied vom Mai. 92 S. m. Abb. Bln: Meyer 1900
17. Die Vorherrschaft Berlins. Literarische Anregungen. 52 S. Bln: Meyer (= Flugschriften der Heimat 4) 1900
18. Neue Ideale. Gesammelte Aufsätze. 271 S. Stg: Greiner & Pfeiffer 1901
19. Literatur-Jugend von heute. Eine Fastenpredigt. 28 S. Lpz, Bln: Meyer (= Grüne Blätter für Kunst und Volkstum 1) 1901
    (Ausz. a. Nr. 18)
20. Deutsch-evangelische Volksschauspiele. Anregungen. 24 S. Bln: Meyer (= Grüne Blätter für Kunst und Volkstum 3) 1901
21. Gedichte. Erste Gesamtausgabe. 283 S. Stg: Greiner & Pfeiffer 1902
22. Ahasver. Tragödie. 63 S. Stg: Greiner & Pfeiffer 1903
23. Wartburg. Dramatische Dichtung in drei Teilen. 3 Bde. Stg: Greiner & Pfeiffer 1903–1906
    1. Heinrich von Ofterdingen. Drama. 121 S. 1903
    2. Die heilige Elisabeth. Trauerspiel. 91 S. 1904
    3. Luther auf der Wartburg. Schauspiel. 115 S. 1906
24. Oberflächen-Kultur. 63 S. Stg: Greiner & Pfeiffer 1904
25. Thüringer Tagebuch. 199 S. Stg: Greiner & Pfeiffer 1904
26. Hochzeit in Schilda. Eine Frühlingsdichtung in zehn Gesängen. 103 S. Stg: Greiner & Pfeiffer (1905)
27. Schiller. 85 S., 12 Taf., 2 Faks. Bln: Schuster & Löffler (= Die Dichtung 26) 1905
28. (Hg.) Wege nach Weimar. Monatsblätter. Jg. 1–3, je 2 Bde. Stg: Greiner & Pfeiffer 1905–1908
29. Wieland der Schmied. Dramatische Dichtung. Mit e. Einl. über Bergtheater und Wielandsage. XIX, 86 S. Stg: Greiner & Pfeiffer 1905
30. Der Pandurenstein und anderes. 45 S. Wiesbaden: Staadt (= Wiesbadener Volksbücher 86) 1906
31. Das Harzer Bergtheater. (S.-A.) 17 S., 1 Taf. Stg: Greiner & Pfeiffer 1907
32. (Hg.) Friedrich der Große: Auswahl aus seinen Schriften und Briefen nebst einigen Gesprächen mit de Catt. 242 S. Stg: Greiner & Pfeiffer (= Bücher der Weisheit und Schönheit) 1907
33. Gobineaus Amadis und die Rassenfrage. (S.-A.) 52 S., 2 Bildn. Stg: Greiner & Pfeiffer 1908
34. Wesen und Würde der Dichtkunst. 54 S. Zürich: Burdeke (= Deutsche Wiedergeburt 2) 1908
35. Das klassische Weimar. 161 S. Lpz: Quelle & Meyer (= Wissenschaft und Bildung 35) 1909
36. Aus dem Elsaß des achtzehnten Jahrhunderts. VIII, 39 S. Straßburg: Bull (= Aus Schule und Leben I, 2, I) 1910
37. Oberlin. Roman aus der Revolutionszeit im Elsaß. VII, 480 S. Stg: Greiner & Pfeiffer 1910

38 Odysseus. Dramatische Dichtung. 70 S. Stg: Greiner & Pfeiffer 1911
39 (MH) Der elsässische Garten. Ein Buch von unseres Landes Art und Kunst. Hg. Fr. L., H. Pfitzner, C. Spindler. VIII, 262 S. m. Abb., Musikbeil. u. 21 Taf. Straßburg: Trübner 1912
40 Lichtland. Neue Gedichte. 106 S. Stg: Greiner & Pfeiffer 1912
41 Einführung in Goethes Faust. IV, 170 S. Lpz: Quelle & Meyer (= Wissenschaft u. Bildung 116) 1913
42 Neue Ideale nebst Vorherrschaft Berlins. Gesammelte Aufsätze. 202 S. Stg: Greiner & Pfeiffer 1913 (Verm. Neuaufl. v. Nr. 18; enth. außerdem Nr. 17)
43 Menschengestalten. 47 S. Lpz: Turm-Verl. (= Turm-Bücherei 8) (1913)
44 Der Spielmann. Roman aus der Gegenwart. 225 S. Stg: Greiner & Pfeiffer (1913)
45 Ahasver am Rhein. Trauerspiel aus der Gegenwart in drei Aufzügen. 86 S. Stg: Greiner & Pfeiffer 1914
46 Deutschlands europäische Sendung. 30 S. Stg: Greiner & Pfeiffer 1914
47 Der Einsiedler und sein Volk. 190 S. Stg: Greiner & Pfeiffer (1914)
48 Das deutsche Elsaß. 32 S. Stg: Dt. Verl.-Anst. (= Der deutsche Krieg 17) 1914
49 Odysseus auf Ithaka. 92 S. Stg: Greiner & Pfeiffer 1914 (Neubearb. v. Nr. 38)
50 Parsifal und Zarathustra. Vortrag. 46 S. Stg: Greiner & Pfeiffer (1914)
51 Heldentum und Liebe. Kriegsgedichte. 77 S. Stg: Greiner & Pfeiffer 1915
52 Lebensfrucht. Gesamtausgabe der Gedichte. 291 S. Stg: Greiner & Pfeiffer (1915)
53 (MH) Schicksale einer Verschleppten in Frankreich. Von ihr selbst erzählt. Hg. Fr. L. u. F. Kannengießer. 48 S. Straßburg: Imprimerie Strasbourgeoise 1915
54 Lesebuch. Aus Fr. L.s Werken ausgew. u. hg. P. J. Kreuzberg. 110 S. Stg: Greiner & Pfeiffer 1916
55 Schillers Gedichtentwurf „Deutsche Größe". Nach einem in Straßburg i. E. gehaltenen Vortrag. 29 S. Stg: Greiner & Pfeiffer 1916
56 Weltkrieg und Elsaß-Lothringen. 40 S. Bln: Siegismund (= Schützengraben-Bücher für das deutsche Volk 12) 1916
57 Deutsche Dichtung in ihren geschichtlichen Grundzügen dargestellt. 141 S. Lpz: Quelle & Meyer (= Wissenschaft u. Bildung 150) 1917
58 Friedrich der Große. 32 S. Straßburg: Straßburger Druckerei u. Verl.-Anst. (= Führer zu Deutschlands Größe 6) 1917
59 Jugendjahre. Erinnerungen. 198 S. m. Bildn. Stg: Greiner & Pfeiffer (1917)
60 Die Beseelung unseres Gemeinschaftslebens als Kulturaufgabe der Zeit. 7 S. Eisenach: Neuland-Verl. (= Neuland-Hefte 4) 1918
61 Phidias. Schauspiel in drei Aufzügen. 95 S. Stg: Greiner & Pfeiffer 1918
62 Wie machen wir Kunst und Philosophie nutzbar zur inneren Weiterbildung der Jugend? Nach einem am 30. Juli 1918 gehaltenen Vortrag. 8 S. Eisenach: Neuland-Verl. (= Neuland-Hefte 2) 1918
63 (MV) Auf Goethes Pfaden in Weimar. Zeichnungen v. E. Tornquist. Begleitw. Fr. L. 31 S. m. Abb. Bln: Furche-Verl. 1919
64 Der Meister der Menschheit. Beiträge zur Beseelung der Gegenwart. 3 Bde. Stg: Greiner & Pfeiffer 1919–1921
65 Westmark. Roman aus dem gegenwärtigen Elsaß. 200 S. Stg: Greiner & Pfeiffer (1919)
66 Deutscher Aufstieg. Worte für Neudeutschlands Jugend. Ausgew., eingel. P. Bülow. 18 S. Stg: Greiner & Pfeiffer (1920)
67 Neue Ideale. Gesammelte Aufsätze. 229 S. Stg: Greiner & Pfeiffer 1920 (Verm. Neuaufl. v. Nr. 42)
68 (Hg.) Der Türmer. Monatsschrift für Gemüt und Geist. Jg. 23–28. Stg: Greiner & Pfeiffer 1920–1925
69 (Einl.) F. Hein: Wasgenwald. Sechs Holzschnitte. 4 S., 6 Taf. 2° Lpz: Voigtländer (1921)
70 Wer zuletzt lacht... Ein Schloßidyll. 83 S. Stg: Greiner & Pfeiffer (1921)
71 Von Weibes Wonne und Wert. Worte und Gedanken. Hg. P. Bülow. 191 S. Lpz: Koch (1921)

72 Türmer-Beiträge aus den Jahrgängen 1–24 (Oktober 1898 bis September 1922). Als Festschrift zum 25. Jahrgang hg. P. Bülow. 105 S. Stg: Greiner & Pfeiffer 1922
(Enth. z. T. Ausz. a. Nr. 68)
73 (Einl.) Elsässisch Haus. Ein Strauß Gedichte. 76 S. m. Abb. Lpz: Eichblatt (= Eichblatt-Bücher 1) 1923
74 Wandernd Licht. Aus L.s Schriften für jeden Tag des Jahres ausgewählt. 213 S. 16° Stg: Greiner & Pfeiffer (1923)
75 Stimmen der Stille. Ges. K. Wollenhaupt. 18 S. Stg: Greiner & Pfeiffer (1923)
76 Aus Taulers Tagen. Erzählung. 45 S. Bln: de Gruyter (= Elsaßlothring. Hausbücherei 9) 1923
77 Die Bäckerin von Winstein. Schills Offiziere. Zwei Spiele für die Laienbühne. 24 S. Lpz: Strauch (= Neue Volksstücke 6) (1924)
78 Die Marseillaise. Erzählung aus den Revolutionstagen in Straßburg. Nachw. F. Sandmann. 36 S. m. Abb. Ffm: Diesterweg (= Kranz-Bücherei 17) (1924)
79 Gesammelte Werke. 3 Reihen. 15 Bde. Stg: Greiner & Pfeiffer 1924–1926
80 Das Gastgeschenk. 126 S. Bln: Vaterländ. Verl.- u. Kunstanst. (= Unsere Erzähler 1, 4) (1925)
(Enth. Ausz. a. Nr. 47)
81 Ein deutsches Krippenspiel. Musik H. Ernst. 32 S. 17 S. Musikbeil. Lpz: Strauch (= Neue Volksstücke 7) (1925)
82 Der Sängerkrieg auf der Wartburg. Ein Festspiel. 58 S. Eisenach: Freunde der Wartburg (= Freunde der Wartburg, H. 3) 1925
83 Unter dem Rosenkranz. Ein Hausbuch aus dem Herzen Deutschlands. IV, 217 S. Stg: Greiner & Pfeiffer (1925)
84 Bär und Elfe. Die Schwätzerin. Zwei Scherze. 36 S. Lpz: Strauch (= Neue Volksstücke 9) (1927)
85 Geschichte der deutschen Dichtung. Eine kurze deutsche Literaturgeschichte. 143 S. Lpz: Quelle & Meyer (= Wissenschaft u. Bildung 150) (1927)
(Neuaufl. v. Nr. 57)
86 Meisters Vermächtnis. Ein Roman vom heimlichen König. 300 S. Stg: Greiner & Pfeiffer 1927
87 Schwertweihespiel. Musik H. Ernst. 8, 7 S. Lpz: Strauch (= Jugend- und Volksbühne 527) (1927)
88 Deutscher Trostgesang. Komp. C. Dietrich. 4 S. Lpz: Strauch (1927)
89 Das Landhaus bei Eisenach. Ein Burschenschaftsroman aus dem neunzehnten Jahrhundert. V, 189 S. m. Abb. Lpz: Deichert (= Bilder aus Thüringens Vergangenheit 10) 1928
90 Die Stillen im Lande – sind auch die Starken. Betrachtungen. (S.-A.) 46 S. Stg: Greiner & Pfeiffer (1929)
91 Schwester Beate. Erzählung. 72 S. Stg: Greiner & Pfeiffer (1930)

LILIENCRON, Detlev von (1844–1909)

1 Adjutantenritte und andere Gedichte. 159 S. Lpz: Friedrich 1883
2 Knut der Herr. Drama in fünf Akten. 80 S. Lpz: Friedrich 1885
3 Eine Sommerschlacht. 351 S. Lpz: Friedrich 1886
4 Der Trifels und Palermo. Trauerspiel. 79 S. Lpz: Friedrich 1886
5 Arbeit adelt. Genrebild. 44 S. Lpz: Friedrich 1887
6 Breide Hummelsbüttel. Roman. 252 S. Lpz: Friedrich 1887
7 Die Merowinger. Trauerspiel. 114 S. Lpz: Friedrich 1888
8 Unter flatternden Fahnen. Militärische und andere Erzählungen. 287 S. Lpz: Friedrich 1888
9 Gedichte. 188 S. Lpz: Friedrich 1889
10 Der Mäcen. Erzählungen. 2 Bde. 459 S. Lpz: Friedrich 1889
11 Der Haidegänger und andere Gedichte. 132 S. Bln: Schuster & Loeffler 1890
12 Krieg und Frieden. Novellen. 152 S. Bln: Schuster & Loeffler 1891
13 Neue Gedichte. 248 S. Bln: Schuster & Loeffler 1893
14 Kriegsnovellen. 269 S. Bln: Schuster & Loeffler 1895

15 Poggfred. Kunterbuntes Epos in zwölf Cantussen. 226 S. Bln: Schuster & Loeffler 1896
16 Sämtliche Werke. 9 Bde. Bln: Schuster & Loeffler 1896–1900
17 Gesammelte Gedichte. 3 Bde. Bln: Schuster & Loeffler (= Sämtliche Werke 7–9) 1897–1900
    1. Kämpfe und Spiele. 223 S. 1897
    2. Kämpfe und Ziele. 225 S. 1897
    3. Nebel und Sonne. 251 S. 1900
        (Bd. 7–9 v. Nr. 16; Tl. 3 Neuaufl. v. Nr. 13)
18 Up ewig ungedeelt. Die Erhebung Schleswig-Holsteins im Jahre 1848. 471 S. m. Abb. Hbg: Verl.-Anst. u. Druckerei 1898
19 Mit dem linken Ellbogen. Roman. XV, 172 S. Bln: Schuster & Loeffler 1899
20 Könige und Bauern. 234 S. Bln: Schuster & Loeffler (= Sämtliche Werke 3) 1900
        (Bd. 3 v. Nr. 16)
21 Roggen und Weizen. 266 S. Bln: Schuster & Loeffler (= Sämtliche Werke 4) 1900
        (Bd. 4 v. Nr. 16)
22 Aus Marsch und Geest. 254 S. Bln: Schuster & Loeffler (1901)
23 Bunte Beute. 225 S. Bln: Schuster & Loeffler (1903)
24 Umzingelt. Der Richtungspunkt. Zwei Kriegsnovellen. (S.-A.) 45 S. 12° Wiesbaden: Staadt (= Wiesbadener Volksbücher 33) 1903
25 Das Abenteuer des Majors Glöckchen und andere Novellen. 108 S. m. Abb. Stg: Franckh (= Sammlung Franckh 32) 1904
26 Greggert Meinstorff und andere Novellen. 106 S. Bln: Hillger (= Kürschner's Bücherschatz 403) 1904
27 Poggfred. Kunterbunter Epos in vierundzwanzig Cantussen. 2 Tle. 242, 183 S. Bln: Schuster & Loeffler (= Sämtliche Werke 11–12) 1904
        (Bd. 11 u. 12 v. Nr. 16; erw. Neuaufl. v. Nr. 15)
28 Sämtliche Werke. 15 Bde. Bln: Schuster & Loeffler 1904–1908
29 Balladenchronik. 270 S. Bln: Schuster & Loeffler 1906
30 Leben und Lüge. Biographischer Roman. 303 S. Bln: Schuster & Loeffler (= Sämtliche Werke 15) 1908
        (Bd. 15 v. Nr. 28)
31 Nachlaß. 2 Bde. Bln: Schuster & Loeffler 1909
    1. Gute Nacht. Hinterlassene Gedichte. 147 S. m. Bildn.
    2. Letzte Ernte. Hinterlassene Novellen. 153 S. m. Bildn.

LILIENFEIN, Heinrich (1879–1952)

1 Die Anschauungen von Staat und Kirche im Reich der Karolinger. 155 S. Heidelberg: Winter (= Heidelberger Abhandlungen zur mittleren und neueren Geschichte 1) 1902
2 Kreuzigung. Drama. 32 S. Heidelberg: Winter 1902
3 Menschendämmerung. Schauspiel. 118 S. Heidelberg: Winter 1902
4 Die Heilandsbraut. Drama. 72 S. Heidelberg: Winter 1903
5 Maria Friedhammer. Drama. 78 S. Heidelberg: Winter (1904)
6 Modernus. Die Tragikomödie seines Lebens – aus Bruchstücken ein Bruchstück. 220 S. Heidelberg: Winter 1904
7 Berg des Ärgernisses. Tragödie. 126 S. Heidelberg: Winter (1905)
8 Heinrich Vierordt. Das Profil eines deutschen Dichters, gezeichnet zu seinem fünfzigsten Geburtstag. 70 S., 1 Bildn. Heidelberg: Winter 1905
8 Der Herrgottswarter. Drama. 119 S. Bln, Stg: Cotta 1906
10 Der Kampf mit dem Schatten. Drei Akte eines Vorspiels zum Leben. 104 S. Bln, Stg: Cotta 1906
11 Der große Tag. Schauspiel. 114 S. Bln, Stg: Cotta 1907
12 Ideale des Teufels. Eine boshafte Kulturfahrt. 242 S. Bln, Stg: Cotta 1908
13 Der schwarze Kavalier. Ein deutsches Spiel in drei Akten. – Olympias. Ein griechisches Spiel. 207 S. Bln, Stg: Cotta 1908
14 Der Stier von Olivera. Schauspiel. 135 S. Stg: Cotta 1910

15 Von den Frauen und einer Frau. Erzählungen und Geschichten. 190 S. Stg: Cotta (1911)
16 (Einl.) B. Erdmannsdörffer: Kleinere historische Schriften. 2 Bde. XXVI, 152 S. m. Bildn.; 244 S. Bln: Verl. Dt. Bücherei (= Deutsche Bücherei 120–125) 1912
17 Die große Stille. Roman. 430 S. Stg: Cotta 1912
18 Der Tyrann. Ein Drama in vier Akten. 154 S. Stg: Cotta 1913
19 Die Herzogin von Palliano. Ein Drama in drei Akten. 128 S. Stg: Cotta 1914
20 Der versunkene Stern. Roman. 465 S. Stg: Cotta 1914
21 Im stillen Garten. Erzählungen. 127 S. Heilbronn: Salzer 1915
22 Hildebrand. Ein Drama in drei Akten und einem Vorspiel. 100 S. Stg: Cotta 1917
23 Das Gericht der Schatten. Vier Einakter. 95 S. Stg: Cotta 1919
24 Und die Sonne verlor ihren Schein... Drei Erzählungen aus dem Dreissigjährigen Krieg. 120 S. Heilbronn: Salzer 1919
25 Die feurige Wolke. Roman. 381 S. Stg: Cotta 1919
26 Drei Jahre Westfront. Gedenkblätter aus dem Weltkrieg. Im Auftrag e. württemberg. Division hg. 160 S. m. Abb. Stg: Berger (1920)
27 Ein Spiel im Wind. Roman. 361 S. Stg: Cotta 1920
28 Die Überlebenden. Ein Drama in fünf Akten. 123 S. Stg: Cotta 1920
29 Der Schatz im Acker. Erzählungen. III, 108 S. Stg: Strecker & Schröder 1921
30 Wie der Uz das gelobte Land fand. 124 S. m. Abb. Stg: Thienemann (= Deutsche Zeiten) 1921
31 Cagliostro. Vier Akte aus der Tragikomödie eines Magiers. 85 S. Stg: Cotta 1922
32 Das trunkene Jahr. Roman. 316 S. Stg: Cotta 1923
33 Die Erlösung des Johannes Parricida. Ein Mysterium in drei Akten. 81 S. Stg: Cotta 1925
34 Aus Weimar und Schwaben. Dichternovellen. 87 S., 1 Titelb. Heilbronn: Salzer (= Salzers Taschenbücherei 59) 1925
35 Zwischen Dunkel und Tag und andere Erzählungen. 69 S. Bln: Weltgeist-Bücher (= Weltgeist-Bücher 61) (1926)
36 Theater. Ein Stück in drei Akten. 91 S. Stg: Cotta 1927
37 Welt ohne Seele. Roman. 221 S. Stg: Cotta 1927
38 Die Geisterstadt. Roman. 231 S. Stg: Cotta 1929
39 Nacht in Polen. 1812. Ein Drama in drei Akten. 92 S. Stg: Cotta 1929
40 Walther Klemm. (S.-A.) 16 S. m. Abb. 4° Kassel: Stauda 1930
41 Bernhard Besserer. Ulmer Reformationsfestspiel. 63 S. Ulm: Ebner (1931)
42 Das fressende Feuer. Roman. 246 S. Stg: Cotta 1932
43 Der große Karaman. Dramatische Dichtung. 78 S. Stg: Cotta 1933
44 Wieland. Novelle. 31 S. m. Abb. Bln: Wessobrunner Verl. 1933
45 Schiller und die Deutsche Schillerstiftung. Festvortrag. 48 S. Weimar: Böhlau 1934
46 Tile Kolup. Die Tragödie eines Kaisers in vier Handlungen. 86 S. Stg: Cotta 1935
47 In Fesseln – frei. Schubart-Roman. 563 S., 1 Titelb. Stg: Fleischhauer & Spohn 1938
48 Karneval ohne Ende. Schauspiel. 124 S. Stg: Cotta 1939
49 Lucas Cranach und seine Zeit. 114 S., 137 S. Abb., 1 Titelb. 4° Bielefeld, Lpz: Velhagen & Klasing 1942
50 Verklärung und andere Erzählungen. 61 S. Gotha: Engelhard-Reyher-Verl. (= Die Grüne Herzbücherei 25) 1942
51 Licht und Irrlicht. Erzählungen und Geschichten. 171 S. Gotha: Engelhard-Reyher-Verl. (1943)
52 Bettina. Dichtung und Wahrheit ihres Lebens. 178 S., 23 Abb. Mchn: Bruckmann 1949

LINDAU, Paul (1839–1919)

1 Aus Venetien. 160 S. Düsseldorf: Schaub 1864
2 Aus Paris. 229 S. Stg: Kröner 1865
3 Molière in Deutschland. 31 S. Wien: Hilberg 1867

4 *Harmlose Briefe eines deutschen Kleinstädters. 2 Bde. Lpz: Payne 1870–1871
5 *Moderne Märchen. Für große Kinder erzählt. 76 S. 16⁰ Lpz: Payne 1870
6 Kleine Geschichten. 2 Bde. 516 S. Lpz: Fleischer 1871
7 Literarische Rücksichtslosigkeiten. 302 S. Lpz: Barth (1871)
8 Molière. Eine Ergänzung der Biographie des Dichters aus seinen Werken. 102 S. Lpz: Barth 1872
9 Theater. 5 Bde. 257, 249, 278, 224, 348 S. Bln: Stilke (1–2) bzw. Bln: Freund (3–4) bzw. Breslau: Schlesw. Verl.-Anst. (5) (1873)–1888
10 Gesammelte Aufsätze. Beiträge zur Literaturgeschichte der Gegenwart. 453 S. Bln: Stilke 1875
11 Dramaturgische Blätter. Beiträge zur Kenntniß des modernen Theaters in Deutschland und Frankreich. 2 Bde. 533 S. Stg: Simon 1875
12 Vergnügungsreisen. Gelegentliche Aufzeichnungen. 228 S. 16⁰ Stg: Simon 1875
13 Nüchterne Briefe aus Bayreuth. 53 S. Breslau: Schottländer (1876)
14 Tante Therese. Schauspiel. 103 S. Bln: Freund 1876
(Ausz. a. Nr. 9)
15 Wie ein Lustspiel entsteht und vergeht. 76 S. m. Abb. 16⁰ Bln: Grothe 1876
16 Der Zankapfel. Schwank. 36 S. Bln: Lassar (= E. Bloch's Theater-Correspondenz) 1876
(Ausz. a. Nr. 9)
17 Überflüssige Briefe an eine Freundin. Gesammelte Feuilletons. 314 S. Breslau: Schottländer (1877)
18 Die kranke Köchin. Die Liebe im Dativ. Zwei ernsthafte Geschichten. 105 S. m. Abb. Stg: Hallberger (1877)
19 Alfred de Musset. 302 S. Bln: Hoffmann (= Allgem. Verein f. dt. Literatur) 1877
20 Gräfin Lea. Schauspiel. 112 S. Bln: Freund (1878)
(Ausz. a. Nr. 9)
21 Johannistrieb. Schauspiel. 140 S. Breslau: Freund 1878
(Ausz. a. Nr. 9)
22 Verschämte Arbeit. Schauspiel. 108 S. Bln: Freund 1881
(Ausz. a. Nr. 9)
23 Herr und Frau Bewer. Novelle. 247 S. Breslau: Schottländer (1882)
24 Aus dem literarischen Frankreich. 383 S. Breslau: Schottländer (1882)
25 Ferdinand Lassalle's letzte Rede. 23 S. Breslau: Schottländer (= Deutsche Bücherei) 1882
26 Bayreuther Briefe vom reinen Thoren. „Parsifal" von Richard Wagner. 60 S. Breslau: Schottländer (1883)
27 Die Ermordung des Advocaten Bernays. 46 S. Breslau: Schottländer (= Deutsche Bücherei) 1883
28 Toggenburg und andere Geschichten. 217 S. Breslau: Schottländer 1883
29 Aus der Hauptstadt. Briefe an die Köln. Zeitung. 409 S. Lpz: Dürselen (1884)
30 Mayo. Erzählung. 262 S. Breslau: Schottländer 1884
31 Helene Jung. Erzählung. 142 S. Stg: Engelhorn (= Engelhorn's allgem. Romanbibliothek) 1885
32 Aus der Neuen Welt. Briefe aus dem Osten und Westen der Vereinigten Staaten. 385 S. Bln: Salomon 1885
33 Im Fluge. Gelegentliche Aufzeichnungen. 243 S. Wiesbaden: Dürselen 1886
34 Berliner Romane. 6 Bde. Stg: Union (1886–1888)
   1. Der Zug nach dem Westen. 2 Bde. 396 S. (1886)
   2. Arme Mädchen. 2 Bde. 390 S. 1887
   3. Spitzen. 2 Bde. 530 S. (1888)
35 Interessante Fälle. Criminalprocesse aus neuester Zeit. 298 S. Breslau: Schles. Verl.-Anst. 1888
36 Wunderliche Leute. Kleine Erzählungen. 247 S. Breslau: Schles. Verl.-Anst. 1888
37 Schau- und Lustspiele. 348 S. Breslau: Schles. Verl.-Anst. (= Theater, Bd. 5) 1888
(Bd. 5 v. Nr. 9)
38 Im Fieber. Novelle. 239 S. Breslau: Schles. Verl.-Anst. 1890
39 Aus dem Orient. Flüchtige Aufzeichnungen. 296 S. Breslau: Schles. Verl.-Anst. 1890

40 Der Mörder der Frau Ziethen. Ziethen oder Wilhelm? Nachw. M. Neuda. 152 S. m. Pl. u. Grundr. Breslau: Schles. Buchdr. 1892
41 Hängendes Moos. Roman. 286 S. Breslau: Schles. Buchdr. (1892)
42 Altes und Neues aus der Neuen Welt. Ein Reise durch die Vereinigten Staaten und Mexico. 2 Bde. 733 S. Bln: Duncker 1893
43 Vater Adrian und andere Geschichten. 228 S. Breslau: Schles. Buchdr. 1893
44 Die Gehilfin. Berliner Roman. 2 Bde. 442 S. Breslau: Schles. Buchdr. (1894)
45 Vorspiele auf dem Theater. Dramaturgische Skizzen. 210 S. Dresden: Verl. d. Universum 1895
46 Eine Yachtfahrt nach Norwegen. Tage und Nächte im wilden Norden. 153 S. Bresl.: Schles. Buchdr. (= Unterwegs und Daheim 2) 1895
47 Der kleine Finger. Novelle. 155 S. Breslau: Schles. Buchdr. (= Unterwegs und Daheim, Serie II) 1896
48 (Hg.) Nord und Süd. Eine deutsche Monatsschrift. Jg. 20–28. Breslau: Schles. Buchdr. 1896–1905
49 Die Venus von Milo. Schauspiel. 115 S. Breslau: Schles. Buchdr. 1896
50 Der König von Sidon. Erzählung. 249 S. Breslau: Schles. Buchdr. (1897)
51 Der Agent. Roman. 337 S. Breslau: Schles. Buchdr. (1898)
52 Amerika-Reisen. 2 Bde. 327, 406 S. Bln: Duncker 1899
    (Titelausg. v. Nr. 42)
53 Ferien im Morgenlande. Tagebuchblätter aus Griechenland, der europäischen Türkei und Kleinasien. 287 S. Bln: Fontane 1899
54 Ein Erfolg. Lustspiel. 95 S. Bln: Bloch 1900
    (Ausz. a. Nr. 9)
55 Kleinigkeiten. 169 S. Breslau: Schles. Buchdr. 1900
56 An der Westküste Kleinasiens. Sommerfahrt auf dem Ägäischen Meer. 330 S., 15 Abb. Bln: Allg. Verf. f. dt. Literatur (1900)
57 Die beiden Leonoren. Lustspiel. 88 S. 16⁰ Lpz: Reclam (= Universal-Bibliothek 4590) 1904
    (Ausz. a. Nr. 9)
58 Der Schatten. Schauspiel. 87 S. 16⁰ Lpz: Reclam (= Universal-Bibliothek 4637) 1905
59 Der Andere. Schauspiel. 87 S. 16⁰ Lpz: Reclam (= Universal-Bibliothek 4817) 1906
60 Der Komödiant. Schauspiel. 103 S. 16⁰ Lpz: Reclam (= Universal-Bibliothek 4787) 1906
61 Die Sonne. Schauspiel. 79 S. 16⁰ Lpz: Reclam (= Universal-Bibliothek 4754) 1906
62 Die Erste. Schauspiel. 64 S. 16⁰ Lpz: Reclam (= Universal-Bibliothek 4924) 1907
63 Tragische Geschichten. 157 S. m. Abb. Stg: Krabbe 1907
64 Karl Hau und die Ermordung der Frau Josefine Molitor. 6. XI. 1906. 106 S., 1 Pl. Bln: Hofmann 1907
65 Ungeratene Kinder. Lustspiel. 88 S. 16⁰ Lpz: Reclam (= Universal-Bibliothek 4893) 1907
66 Die blaue Laterne. Berliner Roman. 2 Bde. 259; 321 S. Stg: Cotta 1907
67 Der Abend. Schauspiel. 72 S. 16⁰ Lpz: Reclam (= Universal-Bibliothek 5032) 1908
68 Die Brüder. Schauspiel. 86 S. 16⁰ Lpz: Reclam (= Universal-Bibliothek 4972) 1908
69 Ausflüge ins Kriminalistische. 272 S. m. Bildn. Mchn: Langen 1909
70 Der Held des Tages. 277 S. Bln: Concordia 1909
71 Der Herr im Hause. Lustspiel. 80 S. 16⁰ Lpz: Reclam (= Universal-Bibliothek 5102) 1909
72 (Bearb.) Drei Satiren des Lucian. Für die deutsche Bühne bearb. 69 S. 16⁰ Lpz: Reclam (= Universal-Bibliothek 5146) 1909
73 Nacht und Morgen. Schauspiel. 79 S. 16⁰ Lpz: Reclam (= Universal-Bibliothek 5087) 1909
74 Illustrierte Romane und Novellen. 10 Bde. Bln: Schles. Verl.-Anst. 1909–1912
75 „... so ich dir!" Schauspiel. 102 S., 4 Pl., 2 Musikbeil. 16⁰ Lpz: Reclam (= Universal-Bibliothek 5173) 1910
76 Nur Erinnerungen. 2 Bde. XIII, 361; X, 401 S. Stg: Cotta (1916)

Lindau, Rudolf von (1829–1910)

1 Un voyage autour du Japon. 2, 315 S. Paris: Hachette 1864
2 Die preußische Garde im Feldzuge 1870–71. 147 S. Bln: Mittler 1872
3 Erzählungen und Novellen. 2 Bde. Bln: Janke 1873
   1. Aus Japan. 161 S.
   2. Aus Frankreich. 161 S.
4 Robert Ashton. Roman. 2 Bde. 407 S. Stg: Hallberger (1877)
5 Liquidiert. Novelle. 206 S. Stg: Hallberger (1877)
6 Schiffbruch. Novellen-Cyklus. 231 S. Stg: Hallberger (1877)
7 Gordon Baldwin. Novelle. 181 S. Bln: Paetel 1878
8 Vier Novellen und andere Erzählungen. 242 S. Bln: Paetel 1878
9 Gute Gesellschaft. Roman. 2 Bde. 304 S. Breslau: Schottländer 1879
10 Peines perdues. Paris 1880
11 Die kleine Welt. Drei Novellen. 316 S. Bln: Paetel 1880
12 Der Gast. Roman. 256 S. Breslau: Schottländer 1883
13 Wintertage. Drei Erzählungen aus Frankreich. 324 S. Breslau: Schottländer 1883
14 Auf der Fahrt. Kurze Erzählungen. 254 S. Bln: Lehmann 1886
15 The Philosophers Pendulum and other stories. Edinburgh 1888
16 Zwei Seelen. Roman. 268 S. Stg: Dt. Verl.-Anst. 1888
17 Der lange Holländer. 227 S. Stg: Dt. Verl.-Anst. 1889
18 Martha. Roman. 402 S. Stg: Cotta 1892
19 Gesammelte Romane und Novellen. 6 Bde. 2035 S. m. Bildn. Bln: Fontane 1892–1893
20 Der Flirt. Novellen. 229 S. Bln: Fontane (1894)
21 Liebesheiraten. Roman. 201 S. Bln: Fontane 1894
22 Reisegefährten. Novellen. 379 S. Bln: Fontane (1894)
23 Schweigen. Neue Novellen. 128 S. Bln: Fontane (1895)
24 Aus China und Japan. Reiseerinnerungen. 405 S. Bln: Fontane 1896
25 Erzählungen eines Effendi. 184 S. Bln: Fontane 1896
26 Türkische Geschichten. 488 S. Bln: Fontane 1897
27 Der Fanar und Mayfair. Roman. 396 S. Bln: Fontane (1898)
28 Zwei Reisen in die Türkei. 146 S. Bln: Fontane 1899
29 Nach der Niederlage. Novelle. 80 S. Basel: Verein für Verbreitung guter Schriften (= Verein für Verbreitung guter Schriften Basel, 53) 1902
30 Das rote Tuch und andere Novellen. 395 S. Bln: Fleischel 1903
   (Ausz. a. Nr. 19)
31 Ein unglückliches Volk. Roman. 2 Bde. 351; 319 S., 1 Pl. Bln: Fleischel 1903
32 Alte Geschichten. Bln: Fleischel 1904
33 Erzählungen aus dem Osten. 287 S. Bln: Buchverl. fürs deutsche Haus (= Die Bücher des deutschen Hauses 98) 1909
34 Das Glückspendel. Der Gast. Novellen. 271 S. Bln: Buchverl. fürs deutsche Haus (= Die Bücher des deutschen Hauses 103) 1909
   (Enth. u. a. Ausz. a. Nr. 6)
35 Eine Nachlese. Eigenes und Fremdes. 291 S. Bln: Fleischel 1910

Lindner, Albert (1831–1888)

1 Dante Alighieri. Dramatisches Gedicht. 118 S. 16° Jena: Mauke 1855
2 Cothurnus Sophocleus. 96 S. Bln: Vogel 1860
3 William Shakespeare. Schauspiel. 122 S. 16° Rudolstadt: Froebel 1864
4 Brutus und Collatinus. Trauerspiel. 109 S. Bln: Reimer 1867
5 Stauf und Welf. Schauspiel. 186 S. 16° Jena: Costenoble 1867
6 Katharina II. Trauerspiel. 131 S. Bln: Reimer 1868
7 Corps Thuringia. Nebst einem Anhange: Das Herzogtum Lichtenhain. 108 S. Jena: Doebereiner 1870
8 Die Bluthochzeit oder Die Bartholomäusnacht. Ein Trauerspiel. 157 S. Lpz: Weber 1871
9 Don Juan d'Austria. Ein geschichtliches Trauerspiel. 115 S. Bln: Stilke 1875

10 Marino Falieri. Trauerspiel. 143 S. Lpz: Weber 1875
11 Geschichten und Gestalten. 3 Bde. 309 S. 16⁰ Lpz: Reclam (= Universal-Bibliothek) 1877
12 Das Ewig-Weibliche. Ernste und heitere Betrachtungen über Frauennatur und Frauenleben. 56 S. Lpz: Eckstein 1879
13 Der Schwan vom Avon. Culturbilder aus Alt-England. 182 S. Bln: Nord-Berliner Bh. 1881
14 Völkerfrühling. Drei historische Novellen. 434 S. Bln: Nord-Berliner Bh. (1881)
15 Das Räthsel der Frauenseele. Drei Novellen. 177 S. Bln: Nord-Berliner Bh. 1882
16 Der Reformator. Dramatische Dichtung in drei Teilen. 112 S. Lpz: Weber (1883)
17 Der Kurprinz von Brandenburg. Vaterländisches Schauspiel. Nach e. hinterlassenen Entwurf f. d. Bühne bearb. K. Grube. 63 S. m. Bildn. Halle: Hendel (= Bibliothek der Gesamtliteratur des In- und Auslandes 1439) 1901

LINGG, Hermann von (1820–1905)

1 Gedichte. (Bd. 1: Hg. E. Geibel.) 3 Bde. Stg, Tüb: Cotta 1854–1870
2 Catilina. Trauerspiel. 276 S. Mchn: Lentner 1864
3 Die Walkyren. Dramatisches Gedicht. 155 S. 16⁰ Mchn: Lentner (1864)
4 Die Völkerwanderung. Epische Dichtung. 3 Bde. III, 363; III, 373; III, 271 S. Stg: Cotta 1866–1868
5 Vaterländische Balladen und Gesänge. 189 S. Mchn: Lentner 1869
6 (Hg.) Liebesblüthen aus Deutschlands Dichterhain. 299 S. m. Abb. Düsseldorf, Hbg: Rudolphi 1869
7 Wanderungen durch die internationale Kunstausstellung in München. 64 S. Mchn: Lentner (1870)
8 Zeitgedichte. 17 S. 16⁰ Bln: Lipperheide 1870
9 Violante. Trauerspiel. 127 S. Stg: Cotta 1871
10 Die Besiegung der Cholera. Ein Satyrdrama mit Vorspiel. 60 S. 16⁰ Mchn: Beck 1873
11 Der Doge Candiano. Drama. 140 S. Stg: Göschen 1873
12 Dunkle Gewalten. Epische Dichtungen. 270 S. Stg: Göschen 1874
13 Berthold Schwarz. Dramatische Dichtung. 93 S. Stg: Göschen 1874
14 Die Sizilianische Vesper. Stg: Göschen 1876
15 Macalda. Trauerspiel. 184 S. Stg: Göschen 1877
16 Schlußsteine. Neue Gedichte. 244 S. Bln: Grote 1878
17 Byzantinische Novellen. 304 S. Bln: Janke 1881
18 Clytia. Eine Scene aus Pompeji. 32 S. Mchn: Ackermann 1883
19 (MH) Skalden-Klänge. Ein Balladenbuch zeitgenössischer Dichter. Hg. E. Gräfin Ballestrem u. H. L. 570 S. Breslau: Schottländer 1883
20 Von Wald und See. Fünf Novellen. 348 S. Bln: Janke 1883
21 Högni's letzte Heerfahrt. Nordische Scene nach einer Sage der Edda. 43 S. Mchn: Callwey 1884
22 Lyrisches. Neue Gedichte. 265 S. Teschen: Prochaska 1885
23 Die Frauen Salonas. Tragödie mit Chor. 34 S. Mchn: Ackermann 1887
24 Die Bregenzer Klause. Schauspiel. 132 S. Mchn: Ackermann 1887
25 Furchen. Neue Novellen. 354 S. Stg: Bonz 1889
26 Jahresringe. Neue Gedichte. 433 S. Stg: Cotta 1889
27 Der Herr des Feuers. Dramatisches Gedicht. 95 S. 16⁰ Mchn: Rubinverl. (1894)
28 Corsar und Doge. Trauerspiel. 76 S. 16⁰ Mchn: Rubinverl. (1896)
29 John Spielmann. Ein deutscher Freund William Shakespeares. Schwank. 28 S. 16⁰ Mchn: Rubinverl. (1896)
30 Dramatische Dichtungen. Gesamtausg. 2 Bde. 264, 250 S. Stg: Cotta 1897–1899
31 Meine Lebensreise. 188 S., 1 Bildn. Bln: Schuster & Loeffler (= Zeitgenössische Selbstbiographien 3) 1899
32 Schlußrhythmen und neueste Gedichte. 271 S. Stg: Cotta 1901
33 Ausgewählte Gedichte. Hg. P. Heyse. XVIII, 268 S. m. Bildn. Stg: Cotta 1905

Lipinsky-Gottersdorf, Hans (*1920)

1 Wanderung im dunklen Wind. Erzählung. 123 S. Göttingen: Deuerlich 1953
2 Fremde Gräser. Roman. 393 S. Göttingen: Deuerlich 1955
3 Alle Stimmen der Erde. Eine Weihnachtserzählung. 31 S. Wuppertal-Barmen: Kiefel (1955)
4 Gesang des Abenteuers. Erzählungen. 83 S. Göttingen: Vandenhoeck & Ruprecht 1956
5 (MH) Deutsche Stimmen 1956. Neue Prosa und Lyrik aus Ost und West. Hg. M. Bruns, H. L.-G. (u. a.). 367 S. Stg: Kreuz-Verl.; Halle/Saale: Mitteldt. Verl. 1956
6 Als das Wunder begann. 24 S. m. Abb. Gütersloh: Rufer-Verl. (= Dein Leseheft 178) 1956
7 Finsternis über den Wassern. Erzählung. 138 S. Göttingen: Vandenhoeck & Ruprecht 1957
8 Stern der Unglücklichen. Weihnachtsgeschichten. 105 S. Göttingen: Vandenhoeck & Ruprecht 1958
9 Das Wort der Brüderlichkeit. Hg. i. Auftr. d. Arbeits- u. Sozialministers in Nordrhein-Westfalen. 84 S. Göttingen: Vandenhoeck & Ruprecht 1958
10 Von Daniel, vom Rosenduft und dem Kissen der Zufriedenheit. 4 Bl. Gütersloh: Rufer-Verl. (= Acht Seiten Freude 152) 1959
11 Ende des Spiels. Erzählung. 79 S. Heilbronn: Salzer (= Salzers Volksbücher 64) 1959

Lippl, Alois Johannes (+Blondel vom Rosenhag) (1903–1957)

1 Totentanz. 75 S. 16° Bln: Bühnenvolksbundverl. (= Spiele deutscher Jugend) (1923)
2 Das Überlinger Münsterspiel. 130 S. 4° Heidhausen, Bln: Hoheneckverl. (= Sankt Jürg-Werkbücher) 1924
3 Introitus. Ein Spiel in drei Zeiten. 95 S. Bln: Bühnenvolksbundverl. 1926
4 Das Spiel von den klugen und törichten Jungfrauen. Ein dramatisches Gleichnis. 91 S. Bln: Bühnenvolksbundverl. (= Sankt Jürg-Werkbücher) 1926
5 Die Prinzessin auf der Erbse. Spiel. 39 S. Bln: Theaterverl. Langen-Müller 1928
6 Auferstehung. Ein Spiel. 39 S. Mchn: Höfling (= Spiel' und sing! 8003) (1931)
7 Messer Pomposo de Frascati oder Die Launen des eifersüchtigen Harlekin. Ergötzliche Abendkomödie für fünf Schauspieler und eine Tänzerin. 36 S. Bln: Theaterverl. Langen-Müller 1931
8 +Der Ritter Unserer Lieben Frau. Weihespiel. 21 S. Wien: Verl. der ,,Fahne Mariens" (1931)
9 Der heimliche Bauer. Schauspiel. 31 S. Mchn: Höfling (= Spiel' und sing! 8011) (1932)
10 Die Insel. Ein Spiel. Musik H. Wismeyer. 43 S. Mchn: Höfling (= Spiel' und sing! 8017) (1932)
11 Der Aufgang des Sterns. 31 S. Mchn: Höfling (= Spiel' und sing! 8049) (1933)
12 Die Pfingstorgel. Bayerische Moritat. 99 S. Mchn: Höfling (= Spiel' und sing! 8034) (1933)
13 Rorate coeli. Adventskantate. 26 S. Mchn: Höfling (= Spiel' und sing! 8048) (1933)
14 Schwefel, Baumöl und Zichorie oder Die drei gefühlvollen Gewürzkrämer. Lustspiel mit Gesang nach Nestroy. Musik L. Kusche. 175 S. Mchn: Höfling (= Spiel' und sing! 8052) (1934)
15 Der Passauer Wolf. Schauspiel. 15 S. Mchn: Höfling (= Spiel' und sing! 8083) (1935)
16 Der blühende Lorbeer. Schauspiel. 112 S. Mchn: Buchner (= Spiel' und sing! 8112) 1936
17 Die getreue Magd. Glockenspiel. 44 S. Mchn: Buchner (= Spiel' und sing! 8102) 1936

18 Altbairische Trilogie. 2 Bde. Mchn: Buchner 1937
   1. Die Pfingstorgel. Eine Moritat aus dem Gäuboden. 135 S.
   2. Der Holledauer Schimmel. Schelmenstück aus dem Hopfenlande. 160 S. (Enth. u. a. Nr. 15)
19 Der Engel mit dem Saitenspiel. Komödie. 175 S. Mchn: Buchner 1938
20 Das Schloß an der Donau. Komödie in drei Akten. 188 S. Mchn: Buchner 1944
21 Bauernkantate an Palmarum. 32 S. Mchn: Buchner (= Laienspiel 45) 1947
22 Das Salzburger Krippenspiel 1928. 48 S. Mchn: Buchner (= Laienspiel 27) 1947
23 Die Saldenreuther Weihnacht. Chronik und Anleitung. 225 S. Mchn: Don Bosco-Verl. 1953
24 Der unverletzliche Spiegel. Eine Chronik. 386 S. Mchn: Don Bosco-Verl. 1955
25 Der Umweg ins Glück. Roman. 198 S. Freiburg: Herder 1956
26 Ein Sprichwort im Mund wiegt hundert Pfund. Weisheit des gemeinen Mannes in Sprüchen und Reimen. 88 S. m. Abb. Mchn: Süddt. Verl. 1958

LISCOW, Christian Ludwig (1701–1760)

1 *Kurtze aber dabey deutliche und erbauliche Anmerckungen, über die Klägliche Geschichte, von der Jämmerlichen Zerstöhrung der Stadt Jerusalem ... von X. Y. Z. 24 Bl. Ffm, Lpz (: Herold) 1732
2 *Briontes der jüngere, oder Lob-Rede auf den Herrn D. Joh. Ernst Philippi, öffentlichen Professoren der deutschen Beredsamkeit auf der Universität Halle ... gehalten in der Gesellschaft der kleinen Geister ... 64 S., o. O. 1732
3 *(Übs.) Vitrea fracta, Oder des Ritters Robert Clifton Schreiben an einen gelehrten Samojeden, betreffend die seltsamen und nachdencklichen Figuren, welche Derselbe den 13. Jan. st. v. An. 1732, auf einer gefrornen Fenster-Scheibe wahrgenommen. Aus dem Englischen ins Deutsche übersetzet. 24 Bl. Ffm, Lpz (: Herold) 1732
4 *Sottises Champêtres oder Schäfer-Gedicht des Herrn Prof. Philippi, seiner Seltenheit wegen zum Druck befördert. 8 Bl. Lpz 1733
5 *Stand- oder Antritts-Rede, welche der Herr D. Joh. Ernst Philippi ... den 21. December 1732 in der Gesellschaft der kleinen Geister gehalten, ... 72 S. o. O. 1733
6 *Unpartheyische Untersuchung der Frage: Ob die bekannte Satyre, Briontes der Jüngere, ... mit entsetzlichen Religions-Spöttereyen angefüllet, und eine strafbare Schrift sey? ... 141 S. Lpz 1733
7 *Der sich selbst entdeckende X. Y. Z., Oder ... 24 Bl. Lpz 1733
8 *Eines berühmten Medici Glaubwürdiger Bericht von dem Zustande, in welchem Er Herrn Professor Philippi den 20. Junii 1734 angetroffen. 16 Bl. Merseburg 1734
9 *Die Vortrefflichkeit und Nothwendigkeit der Elenden Scribenten gründlich erwiesen. 110 S. o. O. 1734
10 *Anmerckungen in Form eines Briefes über den Abriß eines neuen Rechts der Natur, welchen der Hr. Prof. Mantzel zu Rostock ... der Welt mitgetheilet. 88 Bl. Kiel 1735
11 *Bescheidene Beantwortung der Einwürffe, welche einige Freunde des ... Philippi ... wieder die Nachricht von Dessen Tode gemacht haben ... 16 Bl. Halle 1735
12 *Sammlung Satyrischer und Ernsthafter Schriften. 2 Bde. 815 S. Ffm, Lpz: (Herold) 1739 (Enth. u. a. Nr. 1–11)
13 *Dionysius Longin vom Erhabenen Griechisch und Teutsch ... Dresden: Walther 1742
14 Liscovs Lob der schlechten Schriftsteller von einem gebeugten schlechten Schriftsteller seinen Mitbrüdern zu Gemüthe geführt. Hg. J. Stolz. 288 S. Hannover: Ritscher 1794
15 Über die Unnöthigkeit der guten Werke zur Seligkeit. Eine bescheidene

und wohlgemeinte Epistel an Hrn. M. L. Hg. aus L.s hinterlassenen Papieren. XXXII, 102 S. Lpz: Gräff 1803
16 Sämmtliche satyrische Schriften. Hg. C. Müchler. 3 Bde. Bln: Himburg 1806
(Neuaufl. v. Nr. 12)

LISSAUER, Ernst (1882–1937)

1 Der Acker. Dichtungen. 77 S. Wien: Heller 1907
2 (Hg.) Das Erbe. Sammlung ausgewählter deutscher Schriften. 4 Bde. Bln: Concordia 1908–1909
3 (Hg., Einl.) E. Mörike: Gedichte. 100 S. Bln: Concordia (= Das Erbe 1) 1908
(Bd. 1 v. Nr. 2)
4 (Hg., Einl.) A. Kopisch: Heitere Gedichte. 100 S. Bln: Concordia (= Das Erbe 4) 1909
(Bd. 4 v. Nr. 2)
5 (Hg.) A. Kopisch: Der Träumer. Weimar: Privatdr. d. Weimarer Bibliophilenges. 1912
6 Der Strom. Neue Gedichte. 115 S. Jena, Bln: Schuster & Loeffler 1912
7 Achtzehnhundertdreizehn. Ein Cyklus. 79 S., 1 Abb. Jena, Bln: Schuster & Löffler 1913
8 Worte in die Zeit. Flugblätter 1914. 3 Tle., je 4 S. Göttingen: Hapke 1914–1915
9 Der Acker. Dichtungen. 63 S. Bln, Jena: Diederichs (1916)
(Veränd. Neuaufl. v. Nr. 1)
10 Der brennende Tag. Ausgewählte Gedichte. 72 S. Bln, Jena: Diederichs 1916
11 Bach. Idylle und Mythen. 52 S. Jena: Diederichs (1919)
12 Die ewigen Pfingsten. Gesichte und Gesänge. 82 S. Jena: Diederichs 1919
13 Der inwendige Weg. Neue Gedichte. 118 S. Jena: Diederichs 1920
14 Gloria Anton Bruckner. Verse und Prosa. 65 S. Stg: Dt. Verl.-Anst. 1921
15 Eckermann. Schauspiel in vier Akten. 89 S. Bln, Stg: Dt. Verl.-Anst. 1921
16 Der Strom. Gedichte, Balladen, Gesänge. 119 S. Jena, Stg: Dt. Verl.-Anst. 1921
17 Yorck. Schauspiel in fünf Akten und einem Vorspiel. 99 S. Bln, Stg: Dt. Verl.-Anst. 1921
18 Die drei Gesichte. Drei Einakter. 91 S. Bln, Stg: Dt. Verl.-Anst. 1922
19 Kritische Schriften. Band 1: Von der Sendung des Dichters. Aufsätze. 135 S. Stg: Dt. Verl.-Anst. 1922
20 Festlicher Werktag. Aufsätze und Aufzeichnungen. 166 S. Stg: Dt. Verl.-Anst. 1922
21 (Hg., Einl.) Deutsche Balladen. Von Bürger bis zur Gegenwart. 369 S. Stg: Dt. Verl.-Anst. 1923
22 Flammen und Winde. Neue Gedichte und Gesänge. 107 S. Stg: Dt. Verl.-Anst. 1923
23 (Hg., Einl.) J. G. Fischer: Gedichte. 214 S. Stg: Cotta (1923)
24 (Hg., Einl.) Geschichten von Musik und Musikern. 308 S. Stg: Engelhorn (= Musikalische Volksbücher) 1924
25 (Hg., Einl.) H. Lingg: Gedichte. 80 S. Mchn: Callwey (= Kunstwart-Bücherei 20) 1924
26 Gewalt. Komödie in fünf Akten. 92 S. Stg: Dt. Verl.-Anst. 1925
27 Glück in Österreich. Bilder und Betrachtungen. 219 S. Ffm: Frankfurter Societäts-Druckerei 1925
28 (Hg., Nachw.) Das Kinderland im Bilde der deutschen Lyrik von den Anfängen bis zur Gegenwart. III, 216 S. m. Abb. 4° Stg: Dt. Verl.-Anst. 1925
29 (Hg., Einl.) Der heilige Alltag. Deutsche bürgerliche Dichtung 1770–1870. 327 S., 12 Taf. Bln: Propyläen-Verl. 1926
30 Auswahl aus den Dichtungen und Schriften. Lyrik, Ballade, Drama, Erzählung, Betrachtende Prosa. 90 S. Mchn: Callwey (= Kunstwart-Bücherei 38) 1926
31 Die Ewigen Pfingsten. Gesichte und Gesänge. 85 S. Stg: Dt. Verl.-Anst. 1927
(Veränd. Neuaufl. v. Nr. 12)
32 Die dritte Tafel. Legenden. 40 S. Bln: Weltgeist-Bücher Verl.-Ges. (= Weltgeist-Bücher 304) (1928)

33 Das Weib des Jephta. Drama in drei Akten. 44 S. Bln: Oesterheld 1928
34 Luther und Thomas Münzer. Drama in fünf Akten und einem Vorspiel. 87 S. Bln: Oesterheld 1929
35 Yorck. Schauspiel in fünf Akten und einem Vorspiel. 79 S. Bln: Oesterheld 1929 (Veränd. Neuaufl. v. Nr. 17)
36 (Hg., Einl.) Th. Fontane: Gedichte. 103 S. Wiesbaden (:Limbarth) (= Wiesbadener Volksbücher 229) (1930)
37 Der Weg des Gewaltigen. Drama. 116 S. 4° Chemnitz: Gesellschaft der Bücherfreunde 1931
38 Die Steine reden. Drama in drei Akten. 64 S. Wien, Lpz: Anzengruber-Verl. (= Neue Dichtung 5) 1936
39 Zeitenwende. Gedichte 1932/36. 31 S. Wien, Lpz: Anzengruber-Verl. (= Neue Dichtung 3) 1936

List, Rudolf (*1901)

1 (MH) Steirischer Almanach 1927. Hg. F. Pennerstorfer, G. Hackl u. R. L. 198 S. m. Abb. Graz: Styria (1926)
2 (Hg.) Blätter für Kunst und Schrifttum. 12 H. m. Abb. Leoben: Horst 1927–1928
3 Gedichte. 31 S. Wien: Gerstel 1932
4 Kleine Bruckner-Novelle. 29 S. Wien: Auer 1933
5 Katholische Dichtung in Österreich. Wegweiser für Bücherfreunde. 119 S. m. Taf. Wien: Österr. Büchereiverb. (= Schriftenreihe des Österr. Büchereiverb. 1) 1934
6 Tor aus dem Dunkel. Gedichte. 70 S. Wien: Zsolnay 1935
7 Mensch und Landschaft. Von zeitgenössischer deutscher Dichtung. 110 S. Wien: Auer 1936
8 Michael. Roman eines Schicksals. 275 S. Wien: Zsolnay 1936
9 Landschaftsbilder aus Niederdonau. 24 S., 8 Bl. Abb. St. Pölten: St. Pöltener Zeitungs-Verl.-Ges. (= Niederdonau, Ahnengau des Führers 9) (1940)
10 Brünn, ein deutsches Bollwerk. 48 S. m. Abb. St. Pölten: St. Pöltener Zeitungs-Verl.-Ges. (= Niederdonau, Ahnengau des Führers 79–80) 1941
11 Der große Gesang. Eine mährische Rhapsodie. 195 S. Brünn, Wien, Lpz: Rohrer 1941
12 Wort aus der Erde. Gedichte. 60 S. Brünn, Wien, Lpz: Rohrer (1941)
13 Karl Postl – Sealsfield. Leben und Werk. 48 S. m. Abb. St. Pölten: St. Pöltener Zeitungs-Verl.-Ges. (= Niederdonau, Ahnengau des Führers 87–88) (1943)
14 Glück des Daseins. Erlebnis und Betrachtung. 135 S., 1 Titelb. Olmütz: Kullil (= Aus mährischer Scholle 4) 1944
15 (Hg.) St. Joseph-Kalender. Steirischer Volkskalender. Jg. 71. 1948 – 73. 1950. 3 Bde. Graz: Styria (1947–1949)
16 Die Bergstadt Leoben. Antlitz, Geschichte, Gegenwart. 416 S. m. Abb. u. Taf. Leoben: Horst 1948
17 Herbstliches Lied. Priv.-Dr. 1948
18 Traumheller Tag. Gedichte. 62 S. Leoben: Loewe 1949
19 Beschwörung. Erzählung. 59 S. m. Abb. Leoben: Loewe 1951
20 Trost der Welt, Gedichte. 60 S. Ried im Innkreis: Oberösterr. Landesverl. 1952

Loeben, Otto Heinrich Graf von
(+Isidorus; Isidorus Orientalis) (1786–1825)

1 Zur Feier des Tages, an welchem ... Schröckh ... antrat. o. O. 1806
2 +Blätter aus dem Reisebüchlein eines andächtigen Pilgers. Mannheim: Schwan & Götz 1808

3 +Guido. XVI, 360 S. Mannheim: Schwan & Götz 1808
4 Gedichte. 445 S. Bln: Sander 1810
5 Arkadien. Ein Schäfer- und Ritterroman. 2 Bde. Bln: Sander 1811–1812
6 +Deutsche Worte über die Ansichten der Frau von Stael von unserer poetischen Literatur in ihrem Werk über Deutschland. 250 S. Heidelberg: Mohr & Zimmer 1814
7 +(Hg.) Die Hesperiden. Blüthen und Früchte aus der Heimath der Poesie und des Gemüths. 260 S. Lpz: Göschen 1816
8 Lebenskranz um eine theure Todtenurne. 16 S. o. O. 1816
9 +Der Schwan. Poesieen aus dichtrischer Jugend. 183 S. Lpz: Göschen 1816
10 Cephalus und Procris. Ein romantisch-musikalisches Drama. 130 S. Altenburg, Lpz: Brockhaus 1817
    (Ausz. a. Nr. 13)
11 +Romantische Darstellungen. Mannheim: Schwan & Götz 1817
    (Neuaufl. v. Nr. 3)
12 +Lotosblätter. Fragmente. 2 Bde. 347, 275 S. Bamberg, Lpz: Kunz 1817
13 Rosengarten. Dichtungen. 2 Bde. 306, 312 S. Altenburg, Lpz: Brockhaus 1817
14 Ritterehr und Minnedienst. Alte romantische Geschichte. Bln 1819
15 Die Irrsale Klotars und der Gräfin Sigismunda. Eine romantische Geschichte. 352 S., 1 Bl. Altenburg: Hahn 1821
16 Erzählungen. 2 Bde. 5 Bl., 191 S.; 2 Bl., 224 S. Dresden: Hilscher 1822–1824
17 Der Pilger und die Pfalzgräfin. Ein Ritterlied. Heidelberg: Mohr & Zimmer 1825

LÖNS, Hermann (+Fritz von der Leine) (1866–1914)

1 (MV) A. Garde: Menschliche Tragödie. Gedichtbuch der Gegenwart von M. Apfelstaedt, A. Garde, H. L. (u. a.) 88 S. Dresden: Pierson 1893
2 Mein goldenes Buch. Lieder. 64 Bl. 4° Hannover: Schaper 1901
3 Mein grünes Buch. Schilderungen. 160 S. Hannover: Schaper 1901
4 +Ausgewählte Werke. 79 S. Hannover: Schaper 1902
5 Mein braunes Buch. Heidebilder. 178 S. Hannover: Sponholtz 1907
6 Mein blaues Buch. Balladen und Romanzen. 157 S. m. Bildn. Hannover: Sponholtz 1909
7 Die Erhaltung unserer Tierwelt. 11 S. Mchn: Callwey (= Flugschrift des Dürer-Bundes zur ästhet. Kultur 45) 1909
8 Der letzte Hansbur. Bauernroman aus der Lüneburger Haide. 288 S. Hannover: Sponholtz 1909
9 Mümmelmann. Ein Tierbuch. 158 S. Hannover: Sponholtz 1909
10 Aus Wald und Heide. Geschichten und Schilderungen. Für die Jugend ausgew. 110 S. m. Abb. Hannover: Sponholtz 1909
11 Was da kreucht und fleucht. Ein Tierbuch. 151 S., 9 Taf. Bln: Paetel (= Sammlung belehrender Unterhaltungsschriften für die deutsche Jugend 31) 1909
12 Dahinten in der Haide. Roman. 219 S. Hannover: Sponholtz 1910
13 Der Wehrwolf. Eine Bauernchronik. 244 S. Jena: Diederichs (1910)
14 Kraut und Lot. Ein Buch für Jäger und Heger. V, 231 S. Hannover: Sponholtz 1911
15 Der zweckmäßige Meyer. Ein schnurriges Buch. 148 S. Hannover: Sponholtz 1911
16 Der kleine Rosengarten. Volkslieder. 112 S. Jena: Diederichs 1911
17 Da draußen vor dem Tore. Heimatliche Naturbilder. 198 S. Warendorf: Schnell 1911
18 Das zweite Gesicht. Eine Liebesgeschichte. 273 S. Jena: Diederichs 1912
19 Der Harzer Heimatspark. 8 S. Braunschweig: Appelhans 1912
20 Auf der Wildbahn. Jagdschilderungen. 216 S. Hannover: Sponholtz (1912)
21 Mein buntes Buch. Naturschilderungen. 163 S. Hannover: Sponholtz 1913
22 Haidbilder. IV, 180 S. Hannover: Sponholtz 1913
    (N. F. v. Nr. 5)
23 +Frau Döllmer. Humoristisch-satirische Plauderei. 95 S. Hannover, Bad Pyrmont: Gersbach (1916)

24 Aus Forst und Flur. Vierzig Tiernovellen. XVI, 319 S. m. Abb. Lpz: Voigtländer (1916)
25 Das Tal der Lieder und andere Schilderungen. V, 84 S., 10 Abb. Hannover, Bad Pyrmont: Gersbach (= Hannoversche Volksbücher 8) (1916)
26 Die Häuser von Ohlendorf. Der Roman eines Dorfes. II, 148 S. Hannover: Sponholtz (1917)
27 Löns-Gedenkbuch. 228 S. m. Abb. Hannover, Bad Pyrmont: Gersbach (1917)
28 Widu. Ein neues Tierbuch. 166 S. Hannover: Sponholtz 1917
29 Eulenspiegeleien. Hg., eingel. T. Pilf. 67 S. m. Abb., 1 Titelb. Wiesbaden: Staadt (1918)
30 Ho Rüd' hoh! III, 190 S. Hannover: Sponholtz 1918
31 Junglaub. Lieder und Gedichte. XV, 96 S., 1 Faks. Hannover, Bad Pyrmont: Gersbach (1919)
32 Wasserjungfern. Geschichten von Sommerboten und Sonnenkündern. 122 S. Lpz: Voigtländer (1919)
33 Auf der Brockenbahn. Plauderei. 16 S., 12 Abb., 1 Kt. Braunschweig: Appelhans (1920)
34 Das Lönsbuch. Novellen, Natur- und Jagdschilderungen, Heidebilder, Märchen und Tiergeschichten. Mit e. Lebensbild d. Dichters. III, 170 S. Hannover, Bad Pyrmont: Gersbach (1920)
35 Von Ost nach West. Selbstbiographie. 32 S. Bln: Schriftenvertriebsanst. (1921)
36 Sämtliche Werke in acht Bänden. Hg. F. Castelle. 8 Bde. Lpz: Hesse & Becker 1923
37 Gedanken und Gestalten. Aus dem Nachlasse hg. W. Deimann. IX, 120 S. Hannover: Sponholtz 1924
38 Für Sippe und Sitte. Aus dem Nachlasse hg. W. Deimann. XV, 122 S. Hannover: Sponholtz 1924
39 Mein niedersächsisches Skizzenbuch. Aus dem Nachlasse hg. W. Deimann. XVI, 325 S. Hannover: Sponholtz 1924
40 Einsame Heidfahrt. 103 S. Bad Pyrmont: Gersbach 1928
41 Nachgelassene Schriften. Hg. W. Deimann. 2 Bde. 491; 341, 67 S., 29 Abb. Lpz: Hesse & Becker 1928

LOERKE, Oskar (1884–1941)

1 Vineta. Erzählung. 179 S. Bln: Fischer 1907
2 Franz Pfinz. Erzählung. 141 S. Bln: Fischer 1909
3 Der Turmbau. Roman. 312 S. Bln: Fischer 1910
4 (Hg., Einl.) F. Rückert: Gedichte. Auswahl, Einl. u. Textrevision O. L. XVI, 279 S., 1 Abb. Bln: Fischer (= Pantheon-Ausgabe) (1911)
5 Wanderschaft. Gedichte. 164 S. Bln: Fischer 1911
6 Gedichte. 34 S. Bln: Donnerstags-Ges. (= Veröffentlichungen der Donnerstags-Gesellschaft 1) 1915
7 Gedichte. 179 S. Bln: Fischer 1916
   (Enth. u. a. Nr. 6)
8 Die Chimärenreiter. Novellen. 59 S. Mchn: Roland-V. (= Die neue Reihe 20) 1919
9 Das Goldbergwerk. Eine Novelle. 37 S. Mchn, Wien, Zürich: Dreiländerverl. (= Die Pforte 2) 1919
10 Der Prinz und der Tiger. Erzählung. 181 S. Bln: Fischer 1920
11 Der Oger. Roman. 344 S. Hgb: Hoffmann & Campe 1921
12 Pompeji. Eine Gedicht-Reihe. 22 S. Potsdam: Verl. d. Dichtung Kiepenheuer 1921
13 Die heimliche Stadt. Gedichte. 159 S. Bln: Fischer 1921
   (Enth. u. a. Nr. 12)
14 (Einl.) H. Heine: Der lyrische Nachlaß. Gesichtet v. E. Loewenthal. XXX, 351 S. m. Abb. u. Faks., 1 Taf. Bln: Hoffmann (= Werke in Einzelausgaben) 1925
15 (Hg., Einl.) J. W. v. Goethe: West-östlicher Divan. XXIV, 191 S., 1 Abb. Bln: Fischer (= Pantheon-Ausgabe) (1925)

16 (Einl.) Jean Paul: Des Luftschiffers Gianozzo Seebuch und andere Erzählungen, nebst einer Abhandlung als Anhang. 371 S. (Bln:) Dt. Buchgem. (1925)
17 (Hg., Einl.) Adalbert Stifter: Wald und Welt. Erzählungen. 360 S. Bln: Dt. Buchgem. (1925)
18 Zeitgenossen aus vielen Zeiten. 241 S. Bln: Fischer 1925
19 (Hg., Einl.) M. Heimann: Nachgelassene Schriften. 311 S. Bln: Fischer (= Prosaische Schriften 5) 1926
20 Der längste Tag. 145 S. Bln: Fischer 1926
21 (MV) Alfred Döblin – Im Buch – Zu Haus – Auf der Straße. Vorgestellt v. A. Döblin u. O. L. 179 S., 11 Abb. Bln: Fischer 1928
22 (Vorw.) W. Meckauer: Die Bücher des Kaisers Wutai. Roman. 283 S. Bln: Dt. Buchgemeinschaft 1928
23 (Text) E. Orlik: Slevogtiana 1902–1929. Zwölf Steinzeichnungen. 8 S., 12 Taf. 4° Bln: Cassirer 50 num. u. sign. Ex. (1928)
24 (MV) Dichtung von Dichtern gesehen. Essays von M. Heimann, H. v. Hofmannsthal u. O. L. Einl. W. Hofstaetter. 77 S. Bln: Fischer 1929
25 (Hg., Vorw.) Jahrbuch der Preußischen Akademie der Künste. Sektion für Dichtkunst. 1929. 319 S. Bln: Fischer (= Veröffentlichungen der Preußischen Akademie der Künste) 1929
26 Pansmusik. 179 S. Bln: Fischer 1929
   (Neuaufl. v. Nr. 7)
27 Atem der Erde. Sieben Gedichtkreise. 140 S. Bln: Fischer 1930
28 (Vorw.) J. M. Bauer: Achtsiedel. Roman. 333 S. Bln: Dt. Buchgemeinschaft (1931)
29 (Nachw.) D. Defoe: Robinson Crusoe. Bln: Dt. Buchgemeinschaft 1933
30 Der Silberdistelwald. Gedichte. Nachw.W. Lehmann. 155 S.Bln: Fischer 1934
31 Das unsichtbare Reich. Johann Sebastian Bach. 37 S. Bln: Fischer (1500 Ex.) 1935
32 Das alte Wagnis des Gedichts. 31 S. Bln: Die Rabenpresse (1–2) 1935
33 Der Wald der Welt. Gedichte. 147 S. Bln: Fischer 1936
34 Anton Bruckner. Ein Charakterbild. 292 S. Bln: Fischer 1938
35 Dank und Gruß an Renée Sintenis. Ffm: (Priv.-Dr.; 25 Ex.) 1938
36 Der Steinpfad. Dichtung. 25 S. Bln: Druckerei Stomps 1938
37 Magische Verse. 38 S. Bln: Fischer (1938)
38 Hausfreunde. Charakterbilder. 434 S. Bln: Fischer 1939
   (Enth. u. a. Nr. 35, Ausz. a. Nr. 4, 15, 16, 17)
39 Kärtner Sommer 1939. Bln: Druckerei Stomps (Priv.-Dr.) 1939
40 (MH, Einl.) Deutscher Geist. Ein Lesebuch aus zwei Jahrhunderten. Hg. O. L. u. P. Suhrkamp. 2 Bde. 764, 983 S. Bln: Fischer 1940
41 (Einl.) J. W. v. Goethe: Kampagne in Frankreich. XVIII, 278 S. Bln: Fischer (= Pantheon-Ausgabe) (1940)
42 Zehn gedichte. Hg. u. mit e. Vorbem. vers. H. Kasak. 15 S. Hbg: Ellermann (= Das Gedicht. Jg. 7, F. 10) 1941
43 Die Abschiedshand. Letzte Gedichte. Hg. u. Nachw. H. Kasack. 151 S. Bln: Suhrkamp 1949
   (Enth. u. a. Nr. 36 u. 39)
44 Gedichte. Auswahl. Hg. H. Kasack. 119 S. Ffm, Bln: Fischer 1954
45 Tagebücher 1903–1939. Hg. H. Kasack. 376 S. Heidelberg, Darmstadt: Schneider (= Veröffentlichungen der Deutschen Akademie für Sprache und Dichtung, Darmstadt 5) 1955
46 Reden und kleinere Aufsätze. Hg. H. Kasack. 79 S. Mainz: Verl. d. Akad. d. Wiss. u. d. Literatur (= Akademie der Wissenschaften und der Literatur, Klasse der Literatur. Abhandlungen. Jg. 1956, Nr. 5) 1957
47 Gedichte und Prosa. Hg. P. Suhrkamp. 2 Bde. 774, 709 S. Ffm: Suhrkamp 1958

LÖWEN, Johann Friedrich (1727–1771)

1 Die Spröde. Ein Schäferspiel. 32 S. Helmstedt 1748
2 ★Zärtliche Lieder und Anakreontische Scherze. VIII, 78 S., 1 Bl. Hbg: Bock 1751

3 *Poetische Nebenstunden in Hamburg mit einer Vorrede des J. D. Michaelis von dem Geschmack der morgenländischen Dichtkunst. XLVIII, 174 S., 1 Bl. Lpz: Wendler 1752
4 (Hg.) Beyträge zu den Werken des Witzes und der Sittenlehre. Hbg 1753–1755
5 *Der Christ bey den Gräbern in vierundzwanzig Poetischen Betrachtungen. 192 S. Hbg: 1753
6 Kurzgefaßte Grundsätze von der Beredsamkeit des Leibes. 48 S. Hbg: Bock 1755
7 *Ein halbes Hundert Prophezeiungen auf das Jahr 1756. Deutschland 1755
8 (Übs.) F. M. A. de Voltaire: Semiramis. o. O. 1755
9 *Das Orakel. Rostock 1756
10 *Der Schöpfer. Ein Gedicht. 4° Hbg 1756
11 Die Walpurgis Nacht. Ein Gedicht in drey Gesängen. 4 Bl., 70 S. 4° Hbg, Lpz: Grund & Holle 1756
12 *Der Billwerder. 4° Hbg, Lpz: Grund & Holle 1757
13 *Oden und Lieder. Lpz 1757
14 *Götter- und Heldengespräche. Hbg, Lpz 1759
15 Der Christ bey den Gräbern in vierundzwanzig Poetischen Betrachtungen. 188 S. Hbg 1760
   (Verm. Neuaufl. v. Nr. 5)
16 Satyrische Versuche. VIII, 184 S. Hbg, Lpz: Grund & Holle 1760
17 Poetische Werke. 2 Tle. 374 S. Hbg, Lpz: Grund & Holle 1760
18 *Romanzen mit Melodien, und einem Schreiben an den Verfasser derselben. 56 S. Hbg, Lpz: Bock 1762
19 (Hg.) J. Ch. Krüger: Poetische und Theatralische Schriften. 20 ungez., 492 S. Lpz: Weidmanns Erben & Reich 1763
20 *Mißtrauen aus Zärtlichkeit. Lustspiel in drey Aufzügen. Hbg 1763
21 (Hg.) Freye Nachrichten aus dem Reiche der Wissenschaften und der schönen Künste. Wochenschrift. Hbg 1765–1767
22 Schriften. 4 Bde. Hbg: Bock 1765–1766
23 Erste und letzte Antwort auf die ungegründete Beurtheilung des vierten Theils der Löwenschen Schriften in dem 191sten Stücke des sogenannten Hamburgischen unpartheyischen Correspondenten von diesem Jahre. Hbg 1766
24 *Die Comödie im Tempel der Jugend. Hbg 1766
25 Freundschaftliche Erinnerungen an die Kochsche Schauspielergesellschaft, bey Gelegenheit des Hausvaters des Herrn Diderots. Ffm, Lpz 1766
26 Vorläufige Nachricht von der auf Ostern 1767 vorzunehmenden Veränderung des Hamburgischen Theaters. Hbg: Bock 1766
27 *Schreiben an einen Freund über die Ackermannsche Gesellschaft. Hbg, Lpz 1766
28 *Schreiben des Ackermannschen Lichtputzers an einen Marionettenspieler, als eine Abfertigung des Schreibens an einen Freund über die Ackermannsche Schaubühne. Hbg 1766
29 (Übs.) F. M. A. de Voltaire: Mahomet der Prophet, und Die Scythen. 154 S. Lpz: Heink; Kopenhagen: Faber 1768
30 Romanzen. Nebst einigen andern Poesien. 184 S. Hbg, Bremen: Cramer 1769
31 Geistliche Lieder nebst einigen veränderten Kirchengesängen. Greifswald: Röse 1770
32 *Der Comoediant vor der Hölle. 8 Bl. 4° Ffm 1771
33 Romanzen. Nebst andern Comischen Gedichten. 142 S. Lpz: Weidmanns Erben & Reich 1771
   (Verb. Neuaufl. v. Nr. 30)

Logau, Friedrich von
(† Salomon von Golaw) (1604–1655)

1 † Erstes Hundert Teutscher Reimen-Sprüche. 58 Bl. 12° Breslau: Müller 1638
2 † Deutscher Sinn-Getichte Drey Tausend. 2 Bl., 238; 248; 262 S. Breslau: Kloßmann (1654)

3 +Auferweckte Gedichte, denen hinzugefüget Unterschiedene bisher ungedruckte poetische Gedanken. Ffm, Lpz 1702 (Nachdr. v. Nr. 2)
4 Sinngedichte. Zwölf Bücher. Mit Anmerkungen über die Sprache des Dichters hg. C. W. Ramler u. G. E. Lessing. XIV, 414 S., 12 Bl., 104 S. Lpz: Weidmann 1759 (Erw. Neuaufl. v. Nr. 2)
5 Sinngedichte. Aufs neue überarbeitet, mit drei Büchern und einer Zugabe vermehrt und mit Anmerkungen begleitet v. C. W. Ramler. 2 Thle, XIX, 738 S. Lpz: Weidmann (1791) (Verm. Neuausg. v. Nr. 4)

LOHENSTEIN, Daniel Casper von (eig. Daniel Casper) (1635–1683)

1 Cypreß-Taffel in Den unvergänglichen Gedenck-Tempel auffgehenckt oder Auß Brüderlichem Gemüthe auffgesetztes Klag-Gedichte über dem Seiner... Schwester Marien Caspari ... Hintritte ... 7 Bl. 4° Leipzig: Bauer (1652)
2 Denck- vnd Danck-Altar bey dem Heiligthume der Ewigkeit gewiedmet, oder auß kindlicher Pflicht-Schuldigkeit auffgesetztes Klag- vnd Lob-Getichte über dem ... Absterben Der ... Frauen Susannen Kasparin ... 10 Bl. 4° Breslau: Gründer (1652)
3 Ibrahim. Trauer-Spiel. 40 Bl. Leipzig: Kirchner 1653
4 Disputatio Juridica De Voluntate ... 47 S. 4° Tüb: Cellus (1655)
5 Rechts-Streit Der Schönheit und Freundligkeit umb den Siges-Krantz der Libe. Auff Deß ... Herrn Christian Bukisches ... Mit der ... Jungfrauen Anna Maria ... Hochzeit-Fest ... 6 Bl. 4° Breslau: Gründer 1657
6 Trauer- und Trost-Gedanknken über dem ... Absterben Der ... Frauen Anna gebohrener Jordanin Deß ... Herren Andreas Assigs ... 1 Bg. 2° Breslau: Gründer (1658)
7 Schuldiges Ehren-Gedächtnüß Der weiland Wolgebohrnen Frauen Frauen Maria Elisabeth Freyin von Bibran ... 1 Bg. 2° Breslau: Gründer (1660)
8 Cleopatra, Trauer-Spiel. 86 Bl. m. Titelku. Breslau: Fellgibel 1661
9 Redender Todten-Kopf Welchen Als ... Herr Matthaeus Machner ... beerdiget ward Dem Selig-Verstorbenen zu schuldigem Ehren-Gedächtnüß abbildete D. C. 1 Bg. 2° Breslau: Gründer 1662
10 Erlangte Ewigkeit Deß ... Herren Chrysostomi Scholtz ... 1 Bg. 2° Breslau: Baumann 1664
11 Agrippina. Trauerspiel. 8 Bl. 156 S. m. Titelku. Breslau: Fellgiebel 1665
12 Epicharis. Trauer-Spiel. 8 Bl., 174 S. m. Titelku. Breslau: Fellgiebel 1665
13 Seele des weiland Wol-Edelgebohrnen Gestrengen und Hochbenambten Herren George Friedrichs von Artzat und Groß-Schottkau ... 1 Bg. 2° Breslau: Baumann 1665
14 Wahrer Adel deß weiland ... Herrn Sigemund von Puchers und der Puchau ... 1 Bg. 2° Breslau: Baumann 1667
15 (Übs.) Lorentz Gratians (d. i. B. Gracian) Staats-Kluger Catholischer Ferdinand. 17 Bl., 130 S., 1 Bl. o. O. (Priv.-Dr.) (1672)
16 Ibrahim Sultan. Schauspiel auf die glückseligste Vermählung beyder Röm. Käyser- wie auch zu Hungarn und Böheim Königl. Majestäten Herrn Herrn Leopolds und Frauen Frauen Claudia Felicitas Ertzherzogin von Oesterreich ... 6 Bl., 60 S., 6 Bl. 2° Lpz, Breslau: Kanitz 1673
17 Lob-Schrifft Deß Weyland Durchlauchtigen Fürsten und Herrn Herrn George Wilhelms Hertzogens in Schlesien zu Liegnitz Brieg und Wohlau Christ-mildesten Angedenckens. 56 Bl. 2° o. O. ((Priv.-Dr.) (1676)
18 Lob-Rede Bey Des Weiland HochEdelgebohrnen Gestrengen und Hochbenambten Herrn Christians von Hofmannswaldau ... Leichbegängnüsse. 40 Bl. Breslau: Fellgibel 1679
19 Blumen. 8 Bl., 8 Bl., 144 S., 94 S., 4 Bl., 47 S. Breslau: Fellgibel 1680
20 Geistliche Gedancken über Das LIII. Capitel des Propheten Esaias. 148 S. Breslau: Fellgiebel 1680

21 Rosen. 8 Bl., 144 S. Breslau: Fellgibel 1680
(Ausz. a. Nr. 19)
22 Sophonisbe, Trauerspiel. 16 Bl. 176 S. m. Titelku. Breslau: Fellgibel 1680
23 Ibrahim Sultan, Schauspiel, Agrippina, Trauspiel, Epicharis, Trauerspiel, Und andere Poetische Gedichte ... 14 Bl., 118 S., 29 Bl., 8 Bl., 101 S., 20, 10 Bl, 127 S., 18, 20, 36 Bl., m. 3 Titelku. u. 13 Ku. Breslau: Fellgibel (1685)
(Enth. u. a. Nr. 10, 11 u. 12)
24 Großmüthiger Feldherr Arminius oder Hermann, Als Ein tapfferer Beschirmer der deutschen Freyheit Nebst seiner Durchlauchtigen Thußnelda In einer sinnreichen Staats-Liebes- und Helden-Geschichte ... vorgestellet. 2 Bde. 22 Bl., 1430 S.; 4 Bl., 1646, 51 S., 40 Bl., 2 Titelku., 18 Ku. 4° Lpz: Gleditsch 1689–1690
25 Ibrahim Bassa, Trauer-Spiel. 10 Bl., 60 S. Breslau: Fellgiebel 1689
(Neuaufl. v. Nr. 3)
26 Sämtliche Geist- und Weltliche Gedichte Nebst nöthigen Anmerckungen. 4 Bl., 830 S., 11 Ku. Lpz: Zedler 1733
(Enth. u. a. Nr. 22, 8, 19, 20, 11, 6, 16, 25)
27 Sämmtliche Poetische Werke. Lpz: Löwe 1748
(Enth. Nr. 18, 22, 8; unvollst.)

Loos, Cécile Ines (1883–1959)

1 Matka Boska. Roman. 375 S. Stg: Dt. Verl.-Anst. 1929
2 Die Rätsel der Turandot. Roman. 336 S. Stg: Dt. Verl.-Anst. 1931
3 Die leisen Leidenschaften. Ein Lied der Freundschaft. XVI, 144 S. Zürich: Rascher 1934
4 (Übs.) M. Saint-Hélier: Strohreiter. Roman. 428 S. Zürich: Morgarten-Verl. 1939
5 Der Tod und das Püppchen. Roman. 221 S. Zürich: Schweizer Bücherfreunde (= Buch der Schweizer Bücherfreunde 17) 1939
6 Hinter dem Mond. Roman. 277 S. Zürich: Atlantis-Verl. 1942
7 Konradin. Das summende Lied der Arbeit von Vater, Sohn und Enkel. Roman. 292 S. Zürich: Atlantis-Verl. 1943
8 (Übs.) Lin Yutang: Ein wenig Liebe – ein wenig Spott. 309 S., 48 Abb. Zürich: Rascher 1943
9 (Übs.) M. E. Chase: Windswept. Roman dreier Generationen. 374 S. Zürich: Rascher (1944)
10 Jehanne. Roman. 347 S. Zürich: Atlantis-Verl. 1946
11 Schlafende Prinzessinnen. Erzählung. 21 S. St. Gallen: Tschudy (= Der Bogen 4) 1950
12 Leute am See. 263 S. Zürich: Büchergilde Gutenberg (= Gildenbibliothek der Schweizer Autoren) 1951

Lorm, Hieronymus (eig. Heinrich Landesmann) (1821–1902)

1 Wien's poetische Schwingen und Federn. 260 S. Lpz: Grunow 1847
2 Gräfenberger Aquarelle. 218 S. Bln: Duncker 1848
3 Abdul. Bln (1852)
4 Ein Zögling des Jahres 1848. 3 Bde. 755 S. Wien: Zang 1855
5 Am Kamin. 2 Bde. 621 S. Bln: Berliner Verl.-Ges. 1857
6 Erzählungen des Heimgekehrten. 267 S. 12° Prag: Bellmann 1858
7 Intimes Leben. 298 S. Prag, Wien: Müller 1860
8 Novellen. 2 Bde. 711 S. Troppau: Kolck 1864
9 Gabriel Solmar oder Ein kleines deutsches Fürstenthum. 2 Bde. 607 S. Wien: Müller 1864
(Neuaufl. v. Nr. 4)
10 Gedichte. 110 S. Hbg: Richter 1870
11 °Philosophisch-kritische Streifzüge. 240 S. Bln: Mitscher 1873

12 Die Alten und die Jungen. Dramatisches Sittenbild. 38 S. 16⁰ Lpz: Reclam (= Universal-Bibliothek 617) 1875
13 Geflügelte Stunden. Kritische Dichtung. 3 Tle. Lpz: Hartknoch 1875
    1. Die Märchen der Gegenwart. Skizzen aus Zeit und Leben. 179 S.
    2. Diogenes im Tintenfaß. Studien und Essays. 180 S.
    3. Novellen und Scenen. 246 S.
14 Der Naturgenuß. Eine Philosophie der Jahreszeiten. 340 S. Bln: Hofmann (= Allgemeiner Verein für deutsche Literatur) 1876
15 Neue Gedichte. 124 S. 16⁰ Dresden: Pierson 1877
16 Todte Schuld. Roman. 2 Bde, 474 S. Stg: Hallberger (1878)
17 Späte Vergeltung. Roman. 2 Bde. 437 S. Hbg: Richter 1879
18 Gedichte. Gesammt-Ausg. 266 S. Dresden: Pierson 1880
19 Der ehrliche Name. Aus den Memoiren einer Wiener Jüdin. Roman in zwei Bänden. 399 S. Dresden: Pierson 1880
20 Der Abend zu Hause. Betrachtendes Verweilen bei Wissenschaft und Leben. 335 S. Bln: Allg. Verein f. dt. Literatur (= Allgemeiner Verein für deutsche Literatur) 1881
21 Außerhalb der Gesellschaft. Roman. 168 S. Dresden: Minden 1881
22 Wanderers Ruhebank. Erzählungen. 344 S. Lpz: Schlicke 1881
23 Ein Kind des Meeres. Roman. 243 S. Dresden: Minden 1882
24 Ein Schatten aus vergangenen Tagen. Roman. 308 S. Stg: Dt. Verl.-Anst. 1882
25 Der Naturgenuß. Ein Beitrag zur Glückseligkeitslehre. 176 S. Teschen: Prochaska 1883
26 Vor dem Attentat. Roman. 252 S. Dresden: Minden 1884
27 Der fahrende Geselle. Roman. 269 S. Lpz: Elischer 1884
28 Natur und Geist im Verhältniß zu den Culturepochen. 201 S. Teschen: Prochaska 1884
29 Die schöne Wienerin. Roman. 404 S. Jena: Costenoble 1886
30 Kleine Romane. 2 Bde. Breslau: Schles. Verl.-Anst. 1887
    1. Das Leben kein Traum. 253 S.
    2. Auf einsamem Schlosse. 327 S.
31 Die Geheimräthin. Novelle. 136 S. Bln: Conitzer (= P. v. Schönthan's Mark-Bibliothek 3) 1891
32 Die Muse des Glücks und Moderne Einsamkeit. Zwei Beiträge zur Lebensphilosophie. 78 S. 12⁰ Dresden: Minden (1893)
33 Gedichte. 400 S. Dresden: Minden 1894
    (Verm. Neuaufl. v. Nr. 10)
34 Der grundlose Optimismus. Ein Buch der Betrachtung. 329 S. Wien: Breitenstein (= Publikationen der literarischen Gesellschaft in Wien I, 4) 1894
35 Nachsommer. Neue Gedichte. 102 S. Dresden: Minden (1896)
36 (Einl.) J. Swift: „Testament". Übs., erkl. A. Friedmann. 68 S. m. Bildn. Wien: Perles 1896
37 Eine mährische Gräfin. Erzählung. 192 S. Brünn: Ver. „Deutsches Haus" 1897
38 Bekenntnisblätter. Verstreute und hinterlassene Aufzeichnungen eines Dichterphilosophen. Eingel. P. Stein. XVI, 224 S., 2 Bildn., 2 Faks. Bln: Schuster & Loeffler 1905

LOTHAR, Ernst (eig. Ernst Müller) (*1890)

1 Der ruhige Hain. Gedichte. 155 S. Mchn: Piper 1910
2 Die Einsamen. Novellen. V, 222 S. Mchn: Piper 1912
3 Italien. 7 S. Wien: Kamönenverl. (1915)
4 Österreichische Schriften. Weltbürgerliche Betrachtungen zur Gegenwart. 91 S. Mchn: Piper 1916
5 Der Feldherr. Roman. 407 S. Wien: Temsky; Lpz: Freytag 1918
6 Ich! Ein Theaterstück in vier Akten. 71 S. Mchn: Müller 1921
7 Macht über alle Menschen. Roman. Mchn: Müller 1921–1925
    1. Irrlicht der Welt. 322 S. 1921
    2. Irrlicht des Geistes. 292 S. 1923
    3. Licht. 296 S. 1925

8   Bekenntnis eines Herzsklaven. Roman. 258 S. Bln: Ullstein 1923
9   Triumph des Gefühls. Zwei Erzählungen. 100 S. Wien: Hartleben (= Österreichische Bücherei 2) (1925)
10 Gottes Garten. Ein Buch von Kindern. 190 S. Wien: Speidel (1928)
11 Drei Tage und eine Nacht. Novelle. 166 S. Wien: Speidel (1928)
12 Der Hellseher. Roman. 527 S. Wien: Zsolnay 1929
13 Der Kampf um das Herz. Roman. 333 S. Wien: Zsolnay 1930
    (Neubearb. v. Nr. 8)
14 Kleine Freundin. Roman einer Zwölfjährigen. 407 S. Wien: Zsolnay 1931
15 Kinder. Erste Erlebnisse. 185 S. Wien: Zsolnay 1932
    (Neubearb. v. Nr. 10)
16 Die Menschenrechte. Bd. 1: Die Mühle der Gerechtigkeit oder Das Recht auf den Tod. 402 S. Wien: Zsolnay 1933
17 Eine Frau wie viele oder Das Recht in der Ehe. Roman. 517 S. Wien: Zsolnay 1934
18 Romanze F-Dur. Aus dem Tagebuch eines jungen Mädchens. 306 S. Wien: Zsolnay 1935
19 Nähe und Ferne. Länder, Leute, Dinge. 269 S. Brünn, Wien, Lpz: Rohrer 1937
20 A woman is witness. 5 Bl., 304 S. New York: Doubleday 1941
21 Beneath another sun. 420 S. New York: Doubleday 1943
22 The angel with his trumpet. IX, 457 S. New York: Doubleday 1944
23 The door opens. Short stories. VIII, 188 S. New York: Doubleday 1945
24 Heldenplatz. Roman. 406 S. Cambridge/Mass.: Schoenhof 1945
25 The Prisoner. A novel. 308 S. New York: Doubleday 1945
26 Der Engel mit der Posaune. Roman eines Hauses. 634 S. Cambridge/Mass.: Schoenhof 1945
    (Dt. Übs. v. Nr. 22)
27 Die Rückkehr. Roman. 537 S. Salzburg: Verl. „Das Silberboot" 1949
28 Die Tür geht auf. Notizbuch der Kindheit. 186 S. Wien: Zsolnay 1950
    (Dt. Übs. v. Nr. 23)
29 Verwandlung durch Liebe. Roman. 456 S. Wien: Zsolnay 1951
30 Die Zeugin. Pariser Tagebuch einer Wienerin. 579 S. Wien: Danubia-Verl. (1951)
    (Dt. Übs. v. Nr. 20)
31 Das Weihnachtsgeschenk. Erzählung. 208 S. Wien: Zsolnay 1954
32 Die bessere Welt. Reden und Schriften. 205 S. Hbg, Wien: Zsolnay 1955
33 Das Wunder des Überlebens. Erinnerungen und Ergebnisse. 448 S. Hbg, Wien: Zsolnay 1960

LOTZ, Ernst Wilhelm (1890–1914)

1   Und schöne Raubtierflecken... Ein lyrisches Flugblatt. 14 S. Bln-Wilmersdorf: Meyer 1913
2   Wolkenüberflaggt. Gedichte. Nachw. Henny Lotz. 59 S. Lpz, Mchn: Wolff (= Der jüngste Tag 36) 1917
3   Prosaversuche und Feldpostbriefe. Aus dem bisher unveröffentlichten Nachlaß hg. H. Draws-Tychsen. 90 S., 2 Taf. Diessen vor Mchn: Huber (1955)

LUBLINSKI, Samuel (1868–1910)

1   Jüdische Charaktere bei Grillparzer, Hebbel und Otto Ludwig. 120 S. Bln: Cronbach 1899
2   Literatur und Gesellschaft im neunzehnten Jahrhundert. 4 Bde. Bln: Cronbach 1899–1900
    1. Die Frühzeit der Romantik. 152 S. 1899
    2. Romantik und Historizismus. 155 S. 1899
    3. Das junge Deutschland. 180 S. 1900
    4. Blüte, Epigonentum und Wiedergeburt. 186 S. 1900

3 Neu-Deutschland. Fünf Essays. 112 S. Minden: Bruns 1900
4 Gescheitert. Novellenbuch. 259 S. Dresden: Reißner 1901
5 Der Imperator. Trauerspiel. 335 S. Dresden: Pierson 1901
6 Hannibal. Tragödie. 140 S. Dresden: Reißner 1902
7 Multatuli. (Ed. Douwes Dekker). 38 S., 1 Bildn. Bln: Gose (= Moderne Essays zur Kunst und Literatur 14) 1902
8 Elisabeth und Essex. Tragödie. 167 S. Bln: Cronbach 1903
9 Die Entstehung des Judentums. 71 S. Bln-Charlottenburg: Jüd. Verl. 1903
10 Die Bilanz der Moderne. 374 S. Bln: Cronbach 1904
11 Vom unbekannten Gott. Ein Baustein. 99 S. Dresden: Reißner 1904
12 Der Polizeileutnant in der Literatur. Abwehr gegen Arno Holz. 15 S. Bln, Lpz: Verl. d. Funken (1904)
13 Charles Darwin. Eine Apologie und eine Kritik. 112 S., 1 Bildn. Lpz: Thomas (= Klassiker der Naturwissenschaften 2) 1905
14 Holz und Schlaf. Ein zweifelhaftes Kapitel Literatur-Geschichte. 63 S. Stg: Juncker 1905
15 Friedrich Schiller. Seine Entstehung und seine Zukunft. 82 S., 12 Taf., 1 Faks. Bln: Bard & Marquardt (= Die Literatur 21) 1905
16 Peter von Rußland. Tragödie. Mit e. Einl.: Der Weg zur Tragödie. 239 S. Mchn: Müller 1906
17 Die Humanität als Mysterium. 83 S. Jena: Diederichs 1907
18 Gunther und Brunhild. Tragödie. 166 S. Bln: Bard 1908
19 Shakespeares Problem im Hamlet. 88 S. Lpz: Xenien-Verl. 1908
20 Der Ausgang der Moderne. Ein Buch der Opposition. IX, 314 S. Dresden: Reißner 1909
21 Falsche Beweise für die Existenz des Menschen Jesu. (S.-A.) 21 S. Lpz, Jena: Diederichs 1910
22 Der urchristliche Erdkreis und sein Mythos. 2 Bde. Jena: Diederichs 1910
   1. Die Entstehung des Christentums aus der antiken Kultur. 258 S.
   2. Das werdende Dogma vom Leben Jesu. 188 S.
23 Kaiser und Kanzler. Tragödie. 95 S. Lpz: Xenien-Verl. 1910
24 Teresa und Wolfgang. Novelle. 60 S. Bln-Wilmersdorf: Knorr (= Die Bücherei Maiandros 1) 1912
25 Nachgelassene Schriften. Hg. Ida Lublinski. XII, 397 S. m. Bildn. Mchn: Müller 1914

Lucka, Emil (1877–1941)

1 Gaia. Das Leben der Erde. Dichtung. 112 S. Lpz: Modernes Verl.-Bureau 1903
2 Sternennächte. Dichtungen. 138 S. Lpz: Modernes Verl.-Bureau 1903
3 Otto Weininger, sein Werk und seine Persönlichkeit. 158 S. Wien: Braumüller 1905
4 Beethoven. 65 S. Wien: Stern 1906
5 Tod und Leben. Roman. 284 S. Bln: Fleischel 1907
6 Die Phantasie. Psychologische Untersuchung. 197 S. Wien: Braumüller 1908
7 Isolde Weißhand. Ein Roman aus alter Zeit. 139 S., 10 Abb. Bln: Fischer 1909
8 Eine Jungfrau. Roman. 265 S. Bln: Fleischel 1909
9 Das Unwiderrufliche. Vier Zwiegespräche. 137 S. Bln: Fleischel 1909
10 Adrian und Erika. 154 S. Bln: Fleischel 1910
11 Buch der Liebe. 63 S. Wien: Deutsch-Österr. Verl. 1912
12 Winland. Novellen und Legenden. 311 S. Wien: Deutsch-Österr. Verl. 1912
13 Die drei Stufen der Erotik. 430 S., 5 Taf. Bln: Schuster & Loeffler 1913
14 Das brennende Jahr. Vierundvierzig Kriegs-Anekdoten. 120 S. Bln: Schuster & Loeffler 1915
15 Grenzen der Seele. 430 S. Bln: Schuster & Loeffler 1916
16 Das Brausen der Berge. Roman. 413 S. Bln: Ullstein 1918
17 Die Mutter. Schauspiel in drei Aufzügen. 155 S. Mchn: Müller 1918
18 Die Verzauberten. Ein Schauspiel in fünf Aufzügen. 73 S. Bln: Schuster & Loeffler 1918

19 Grenzen der Seele. 2 Bde. Bln: Schuster & Loeffler 1919
    1. Das Tragische. 269 S.
    2. Stufen der Genialität 266 S..
    (Erw. Neuaufl. v. Nr. 15)
20 Heiligenrast. Ein Roman aus alter Zeit. 250 S. Bln: Schuster & Loeffler (1919)
21 Der Weltkreis. Ein Novellenbuch. 293 S. Stg: Dt. Verl.-Anst. (1919)
22 Ehegeschichten. 241 S. Bln: Schuster & Loeffler (1920)
23 Thule. Eine Sommerfahrt. 79 Bl. m. Abb. Wien: Frisch (= Vesperdrucke, 1. Drucklegung) (1920)
24 Winland. Erzählungen. 229 S. Bln: Schuster & Loeffler (1920)
    (Verm. Neuaufl. v. Nr. 12)
25 Fredegund. Ein Roman aus alter Zeit. 224 S. Wien: Rikola-Verl. 1921
26 Dostojewski. 82 S. Stg: Dt. Verl.-Anst. (= Dichtung und Dichter) 1924
27 Die steinernen Masken. Erzählungen. 325 S. Wien: Deutsch-Österr. Verl. 1924
28 Urgut der Menschheit. 538 S. Stg: Dt. Verl.-Anst. 1924
29 Am Sternbrunnen. Roman. 301 S.Lpz: Reclam (= Reclam's Romanreihe) 1925
30 Torquemada und die spanische Inquisition. 187 S., 27 Abb. Wien, Bln: Franke (= Menschen, Völker, Zeiten 11) 1925
31 Die Jungfernprobe oder Merkwürdige Begebenheit von der Jungfer Bar-. bara Süzel und dem Henker Giek in Meckmühl ans Licht gebracht von E. L. 60 S. m. Abb. Wien: Wolf 1926
32 Inbrunst und Düsternis. Ein Bild des alten Spaniens. 291 S. Stg: Dt. Verl.-Anst. 1927
33 Die Blumen schweigen. Erzählungen. 77 S. Lpz: Reclam (= Reclam's UB. 7002) 1929
34 Tag der Demut. Roman. 232 S. Lpz: Reclam (= Moderne Romane) (1929)
35 Fremdlinge. Roman. Eingel. F. Braun. 316 S., 1 Titelb. Graz: Dt. Vereins-Druckerei (= Das Bergland-Buch) 1930
36 Michelangelo. Ein Buch über den Genius. 357 S., 31 Taf. Bln: Neff 1930
37 Der blutende Berg. Roman aus Südtirol. 200 S. Lpz: Hesse & Becker 1931
38 Die Verwandlung des Menschen. 377 S. Zürich: Rascher 1934
39 Der Impresario. Roman. 321 S. Wien, Lpz, Zürich: Reichner 1937
40 Die große Zeit der Niederlande. 507 S., 16 Taf. Wien, Lpz, Zürich: Reichner (1937)
41 Galgenvögel von Meckmühl. Ein Dutzend Schwänke. 231 S. m. Abb. Wien: Büchergilde Gutenberg (= Gildenbibliothek österr. Autoren) 1948

LUDWIG (urspr. Cohn), Emil (1881–1948)

1 Ein Friedloser. Dramatische Dichtung. 84 S. Wien: Stern 1903
2 Ein Untergang. Drama. 178 S. Bln: Cassirer 1904
3 Napoleon. Drama. 118 S. Bln: Cassirer 1906
4 Die Borgia. Schauspiel. 287 S. Bln: Cassirer 1907
5 Der Spiegel von Shalett. Dichtung in drei Akten. 109 S. Bln: Cassirer 1907
6 Tristan und Isolde. Dramatische Rhapsodie. 192 S. Bln: Oesterheld 1909
7 Der Papst und die Abenteurer oder: Die glücklichen Gärten. Comödie. 182 S. Bln: Oesterheld (= Symphonie 3) (1910)
8 Atalanta. Tragische Dichtung in einem Akt. Ariadne auf Naxos. Ballet. 119 S. Bln: Oesterheld 1911
9 Manfred und Helena. Roman. 285 S. Bln: Fischer 1911
10 Bismarck. Ein psychologischer Versuch. 227 S., 1 Bildn. Bln: Fischer 1912
11 (Übs.) A. Brillat-Savarin: Physiologie des Geschmacks oder Betrachtungen über höhere Gastronomie. XIII, 162 S. m. Abb. Lpz: Insel 1913
12 Richard Dehmel. 147 S., 1 Bildn. Bln: Fischer 1913
13 Die Reise nach Afrika. 279 S., 42 Abb., 1 Kt. Bln: Fischer (1913)
14 Wagner oder Die Entzauberten. 316 S., 1 Bildn. Bln- Charlottenburg: Lehmann 1913
15 Friedrich, Kronprinz von Preußen. Historisches Schauspiel in zehn Bildern. 156 S. Bln: Fischer 1914

16 Der Künstler. Essays. 302 S. Bln: Fischer 1914
17 Die Fahrten der Emden und der Ayesha. Nach Erzählungen des Kapitänleutnants von Muecke, seiner Offiziere und Mannschaften. 116 S., 20 Abb. Bln: Fischer (= Sammlung von Schriften zur Zeitgeschichte 6) (1915)
18 Die Fahrten der Goeben und der Breslau. 104 S., 18 Abb. Bln: Fischer (= Sammlung von Schriften zur Zeitgeschichte 14) 1916
19 Der Kampf auf dem Balkan. Berichte aus der Türkei, Serbien und Griechenland 1915/16. 323 S. Bln: Fischer 1916
20 Bismarck. 313 S., 1 Bildn. Bln: Fischer 1917
  (Erw. Neuaufl. v. Nr. 10)
21 Diana. Roman. 287 S. Bln: Cassirer 1918
22 Diplomaten. Komödie. 108 S. Bln: Oesterheld 1919
23 Goethe. Geschichte eines Menschen. 3 Bde. m. Taf. XIV, 415; V, 352; V, 483 S. Stg: Cotta (1920)
24 Meeresstille und glückliche Fahrt. Roman. 312 S. Bln: Oesterheld 1921
25 Bismarck. Trilogie eines Kämpfers. 3 Bde. Potsdam: Kiepenheuer 1922 bis 1924
  1. Volk und Krone. Schauspiel aus den Sechzigerjahren in drei Akten. 100 S. 1924
  2. 1870. Schauspiel in fünf Akten. 98 S. 1924
  3. Die Entlassung. Ein Stück Geschichte in drei Akten. 65 S. 1922
26 (Hg.) Vom unbekannten Goethe. Eine neue Anthologie. 159 S., 1 Titelb. Bln: Rowohlt 1922
27 Am Mittelmeer. 184 S. m. Taf. Bln: Rowohlt 1923
28 Rembrandts Schicksal. 114 S. m. Taf. Bln: Rowohlt 1923
29 (Hg.) Shakespeare über unsere Zeit. Eine Anthologie auf das letzte Jahrzehnt. 90 S. Bln: Rowohlt 1923
30 (Übs.) W. Shakespeare: Sonette. 167 S. 4° Bln: Officina Serpentis; Rowohlt 1924
31 Genie und Charakter. Zwanzig männliche Bildnisse. 278 S., 20 Taf. Bln: Rowohlt 1924
32 Meeresstille. Roman eines deutschen Prinzen. 332 S. Lpz: Grethlein 1925
33 Napoleon. 695 S., 21 Taf., 1 Faks. Bln: Rowohlt 1925
34 Bismarck. Geschichte eines Kämpfers. 700 S. m. Taf. Bln, Wien: Zsolnay 1926
35 Wilhelm der Zweite. 495 S., 21 Taf. Bln: Rowohlt 1926
36 Kunst und Schicksal. Vier Bildnisse. 251 S., 8 Taf. Bln: Zsolnay 1927
37 Der Menschensohn. Geschichte eines Propheten. 275 S., 15 Abb. Bln, Wien: Zsolnay 1928
38 Tom und Sylvester. Ein Quartett. 230 S. Bln, Wien: Zsolnay 1928
39 Juli vierzehn. 246 S. Wien: Zsolnay 1929
40 Lincoln. 587 S. m. Taf., 1 Kt. Bln, Wien: Zsolnay 1930
41 Michelangelo. 153 S., 16 Taf. Bln, Wien: Zsolnay 1930
42 Historische Dramen. Bd. 1. 864 S. Bln: Kiepenheuer 1931
43 Geschenke des Lebens. Rückblick. 865 S. m. Taf. Bln: Zsolnay 1931
44 (Hg.) J. W. v. Goethe: Lebensweisheit. 311 S. Wien, Lpz: Zsolnay 1931
45 Aus meiner Werkstatt. 44 S. Wien: Zsolnay 1931
  (Ausz. a. Nr. 43)
46 Dramatische Dichtungen. 361 S. Wien: Zsolnay 1932
47 Goethe. Kämpfer und Führer. 42 S. Wien: Zsolnay 1932
48 Schliemann. Geschichte eines Goldsuchers. 351 S., 22 Taf. Wien: Zsolnay 1932
49 Führer Europas. Nach der Natur gezeichnet. 324 S. m. Taf. Amsterdam: Querido 1934
50 „Dein Dich liebender Gatte Napoleon". Briefe. Amsterdam 1935–1937
51 Gespräche mit Masaryk. Denker und Staatsmann. Mit e. Lebensbild. 349 S. m. Bildn. Amsterdam: Querido 1935
52 Hindenburg und die Sage von der deutschen Republik. 378 S. Amsterdam: Querido 1935
53 Der Nil. Lebenslauf eines Stromes. Bd. 1: Von der Quelle bis nach Aegypten. 352 S., 29 Abb., 1 Taf. 5 Kt. Amsterdam: Querido 1935
54 Die Kunst der Biographie. 92 S. Paris: Ed. du Phénix (= Phoenix-Bücher 32 a–b) 1936

55 Der Mord in Davos. 111 S. Amsterdam: Querido 1936
56 Cleopatra. Geschichte einer Königin. 304 S. Amsterdam: Querido 1937
57 (Hg.) H. v. Gerlach: Von Rechts nach Links. 275 S. Zürich: Europa-V· 1937
58 Tasso in Moscia. Moscia (Priv.-Dr.) 1937
59 Die neue heilige Allianz. Über Gründe und Abwehr des drohenden Krieges. 57 S. Straßburg: Sebastian-Brant-Verl. (1938)
60 Credo. Moscia (Priv.-Dr.) 1938
61 Zur Pandora. Moscia (Priv.-Dr.) 1938
62 Quartett. Ein unzeitgemäßer Roman. 393 S. Amsterdam: Querido 1938
63 Roosevelt. Studie über Glück und Macht. 309 S., 1 Taf. Amsterdam: Querido 1938
64 Barbaren und Musiker. Moscia (Priv.-Dr.) 1939
65 Über das Glück. Moscia (Priv.-Dr.) 1939
66 Napoleon. 450 S. Amsterdam: Forum (= Forum-Bücher) 1939
67 Tommy in Weimar. Moscia (Priv.-Dr.) 1939
68 Über das Glück und die Liebe. 175 S. Zürich, New York: Oprecht 1940
69 The Germans: Double History of a Nation. IX, 509 S. Boston: Little, Brown 1941
70 How to treat the Germans. 96 S. New York: Willard 1943
71 (MH) The torch of freedom. Twenty exiles of history. Ed. E. L. a. H. B. Kranz. VIII, 426 S. m. Abb. New York: Farrar & Rinehart 1943
72 Mackenzie King: A Portrait Sketch. 62 S. Toronto: Macmillan Comp. of Canada 1944
73 Beethoven. Life of a conquerer. 271 S. London, New York: Hutchinson(1943)
74 The Moral Conquest of Germany. 183 S. New York: Doubleday 1945
75 Gesammelte Werke. 5 Bde. Zürich: Posen 1945-1946
   1. Stalin. 200 S. 1945
   2. David und Goliath. Geschichte eines politischen Mordes. Epilog: David Frankfurter neun Jahre später. 139 S. 1945
   3. Geschichte der Deutschen. Studien über Geist und Staat. Bd. 1. 382 S., 9 Taf. 1945
   4. Geschichte der Deutschen. Studien über Geist und Staat. Bd. 2. 306 S., 9 Taf. 1945
   5. Der entzauberte Freud. 210 S. 1946
   (Bd. 3 u. 4 Übs. v. Nr. 69)
76 Doctor Freud. An analysis and a warning. 317 S. New York: Hallmann, Williams 1947
77 Othello. A novel. VII, 308 S. New York: Putnam 1947
78 Le retour d'Ulysse. Comédie en trois actes. 22 S. Paris: Les oeuvres libres (= Nouvelle serie 22) 1947
79 Geheimnisvoller Nil. Sechs Jahrtausende zwischen Mondgebirge und Mittelmeer. 466 S., 32 Taf. Mchn: Desch 1952
   (Neuaufl. v. Nr. 53)
80 Schliemann. Die Geschichte der Entdeckung des alten Troja. 320 S. Bern: Scherz 1952
   (Veränd. Neuausg. v. Nr. 48)

Ludwig, Otto (1813–1865)

1 Dramatische Werke. 2 Bde. Lpz: Weber 1853–1854
   1. Der Erbförster. 178 S. 1853
   2. Die Makkabäer. 154 S. 1854
2 Zwischen Himmel und Erde. Erzählung. 320 S. Ffm: Meidinger 1856
3 Thüringer Naturen. Charakter- und Sittenbilder in Erzählungen. Die Heiterethei und ihr Widerspiel. Zwei Erzählungen. 524 S. Ffm: Meidinger 1857
4 Gesammelte Werke. Einl. G. Freytag. 5 Bde. m. Bildn. Bln: Janke (1870)
5 Shakespeare-Studien. Hg. M. Heydrich. 541 S. Lpz, Halle: Gesenius 1871
6 Nachlaßschriften. Mit e. biograph. Einl. u. sachl. Erl. v. M. Heydrich. Bd. 1: Skizzen und Fragmente. 487 S., Lpz, Halle: Gesenius 1873
7 Das Märchen vom todten Kinde. Aus dem Nachlaß. 46,1 S. 16⁰ Bln: Janke (= Haus-Bibliothek) 1877

8 Die Rechte des Herzens (Paul und Eugenie). Trauerspiel. 79 S. 16⁰ Bln: Janke (= Haus-Bibliothek) 1877
9 Gesammelte Schriften. Hg. A. Stern u. E. Schmidt. 6 Bde. 3542 S., 1 Bildn. Lpz: Grunow 1891
10 Studien. Hg. A. Stern. 2 Bde. 1009 S. Lpz: Grunow 1892 (Verm. Neuausg. v. Nr. 5)
11 Werke in sechs Bänden. Hg. A. Bartels. Mit e. Biographie u. Charakteristik L.s. LXVIII, 1612 S., 1 Bildn., 1 Abb., 1 Faks. 12⁰ Lpz: Hesse 1900
12 Gedanken. Aus seinem Nachlaß ausgewählt u. hg. Cordelia Ludwig. 174 S. 12⁰ Lpz, Jena: Diederichs 1903
13 Sämtliche Werke in achtzehn Bänden. Unter Mitwirkung des Goethe- und Schiller-Archivs in Verbindung mit H. H. Borcherdt, C. Höfer, J. Petersen, E. Schmidt, O. Walzel hg. P. Merker. 6 Bde. m. Bildn. u. Taf. Mchn: Müller 1912–1922
14 Tiberius Gracchus. Trauerspiel. Ein Fragment. Aus dem handschriftlichen Nachlaß hg. F. Richter. XII, 51 S., 1 Faks. Breslau: Priebatsch (= Sprache und Kultur der germanischen und romanischen Völker. Dt. Texte 2) 1934

LUDWIG, Paula (*1900)

1 Die selige Spur. Gedichte. 45 S. Mchn, Bln: Verl. Die Schmiede (= Die neue Reihe, Bd. 22) 1920
2 Der himmlische Spiegel. 65 S. Bln: Fischer 1927
3 Dem dunklen Gott. Jahresgedicht der Liebe. 79 S. Dresden: Jeß 1932
4 Traumlandschaft. 93 S. m. Abb. Bln: Hoffmann 1935
5 Buch des Lebens. 300 S. Lpz: Staackmann 1936
6 Gedichte. 14 Bl. Hbg: Ellermann (= Das Gedicht. Jg. 3, Folge 13–14) (1937)
7 Gedichte. Eine Auswahl aus der Zeit von 1920 bis 1958. 77 S. Ebenhausen b. Mchn: Langewiesche-Brandt 1958

LÜTZKENDORF, Felix (*1906)

1 Der Zeppelin-Spion von York. 63 S. Lpz: Schneider 1935
2 Alpenzug. Dramatisches Gedicht. 91 S. Bln: Fischer 1936
3 Kadetten des Großen Königs. Erzählung aus dem Siebenjährigen Krieg. 241 S. Bln: Verl. Die Heimbücherei 1938
4 Märzwind. Aufzeichnungen des Leutnants Manfred Kampen und ein Nachbericht. 344 S. Bln: Fischer 1938
5 (Einl.) P. Wolff: Leipzig, du wunderschöne Stadt. Achtundvierzig Bilder. 7 S., 48 S. Abb. Lpz: Hinrichs (1938)
6 Opfergang. Tragödie des Gefühls. 95 S. Bln: Fischer 1939
7 Das Jahr tausend. Ein Mysterium. 102 S. Bln: Fischer 1940
8 Völkerwanderung neunzehnhundertvierzig. Ein Bericht aus dem Osten. 107 S. Bln: Fischer 1940
9 Söhne des Krieges. Berichte von drei Fronten. 215 S. m. Abb. Bln: Verl. Die Heimbücherei 1942
10 Wiedergeburt. Lieder aus dem Osten. 36 S. Bln: Suhrkamp (1943)
11 Friedrich der Zweite. Ein Schauspiel. 220 S. Bln: Suhrkamp 1944
12 Die dunklen Jahre. Roman. 593 S. Mchn, Wien, Basel: Desch 1955
13 Und Gott schweigt. Roman. 498 S. Wien, Mchn, Basel: Desch 1956
14 Feuer und Asche. Roman. 474 S. Wien, Mchn, Basel: Desch 1958
15 Prusso und Marion. Roman für junge Mädchen. 190 S. m. Abb. Düsseldorf: Hoch 1959
16 Sühnetermin. Roman. 319 S. Mchn, Wien, Basel: Desch 1960

LUSERKE, Martin (*1880)

1 Die Freie Schulgemeinde Wickersdorf. 23 S. Saalfeld: Freie Schulgemeinde Wickersdorf (1910)

2 Vierter Jahresbericht der freien Schulgemeinde Wickersdorf. 55 S. Jena: Diederichs 1912
3 Fünf Komödien und Fastnachtsspiele aus der Freien Schulgemeinde Wickersdorf. 167 S. Mchn: Bonsels (= Wickersdorfer Bühnenspiele. Reihe 1) 1912
4 Über die Tanzkunst. 55 S. Bln: Hesperus-V. 1912
5 Schulgemeinde. Der Aufbau der neuen Schule. 110 S. Bln: Furche-V. (= Hochschulbücherei 2) 1919
6 Warum arbeitet der Mensch? Eine sozialistische Ideologie der Arbeit. 31 S. Hann.: Freies Deutschland (= Praktischer Sozialismus 3) 1919
7 Shakespeare-Aufführungen als Bewegungsspiele. Hg. Bund für das neue Theater. Nachw. H. Brandenburg. 168 S. Heilbronn: Seifert 1921
8 Brunhilde auf Island. Ein wahrhaft romantisches Sonnenwendspiel. 72 S. Lauenburg: Saal (= Wickersdorfer Bühnenspiele. Reihe 2, Nr. 2) 1922
9 König Drosselbart. Ein Wikinger-Märchen. 72 S. Lauenburg: Saal (= Wickersdorfer Bühnenspiele. Reihe 2, Nr. 3) 1922
10 Die drei Wünsche. Ein Märchenspiel. 40 S. Lauenburg: Saal (= Wickersdorfer Bühnenspiele. Reihe 2, Nr. 1) 1922
11 Schule am Meer (Juist, Nordsee). Leitsätze. Die Gestalt einer Schule deutscher Art. 21 S. Bremen: Angelsachsen-V. 1924
12 Das Abenteuer in Tongking. Ein exotisches Spiel. 60 S. Mchn: Kaiser (= Münchener Laienspiele 10) 1925
    (Ausz. a. Nr. 3)
13 Der kupferne Aladin. Ein orientalisches mystisches Spiel. 62 S. Mchn: Kaiser (= Münchener Laienspiele 11) 1925
14 Blut und Liebe. Ein Ritter-Schauer-Drama. 52 S. Mchn: Kaiser (= Münchener Laienspiele 9) 1925
    (Ausz. a. Nr. 3)
15 B 7 Q 3.8 oder Die Geheimnisse des Drei-Kontinent-Kraftwerks Mittelländisches Meer-Totes Meer. Eine telefonisch-tellurisch-technische Groteske. 96 S. Mchn: Kaiser (= Münchener Laienspiele 12) 1925
16 Die Grundlage deutscher Sprachbildung. Mit einer Kunst der Improvisation als praktischer Hintergrund. 108 S. Bremen: Angelsachsen-V. (= Die Bücher der Schule am Meer) 1925
17 Schule am Meer. Ein Buch vom Wachsen deutscher Jugend geradeaus vom Ursprünglichen bis ins Letzte. 153 S. Bremen: Angelsachsen-V. (= Die Bücher der Schule am Meer) 1925
18 Zeltgeschichten. Fremdartige Abenteuer, von denen im Zelt und am Feuer erzählt wurde. 1. Die sieben Geschichten von Tanil und Tak. Indianische Legenden. 2. Die zwölf Geschichten von dem Helden Sar Ubo mit der silbernen Hand. 2 Bde. 101, 231 S. Bremen: Angelsachsen-V. (= Bücher der Schule am Meer) 1925–1926
19 Das unterste Gewölbe oder Die Hochzeit auf Wurmbstein. Lustig-schauriges Ritterspiel. 72 S. Mchn: Kaiser (= Münchener Laienspiele 18) 1926
20 Der unsichtbare Elefant. Märchen-Lustspiel. 73 S. Mchn: Kaiser (= Münchener Laienspiele 33) 1927
    (Ausz. a. Nr. 3)
21 Der Brunnen If. Zaubermärchen. 64 S. Mchn: Kaiser (= Münchener Laienspiele 34) 1927
22 Jugend- und Laienbühne. Herleitung von Theorie und Praxis des Bewegungsspiels aus dem Stil der Shakespearischen Schauspiele. 184 S. m. Abb., 1 Taf. Bremen: Angelsachsen-V. (= Die Bücher der Schule am Meer) 1927
23 (MH) Blätter der Außengemeinde der Schule am Meer, Juist. Juli 1929–Juli 1933 u. Nov. 1934. Begr. M. L. 16 Rundbriefe. (1, 2, 16 Hg. M. L., 3–13 Hg. P. Reiner, 14, 15 Hg. Chr. Hafner) Juist 1929–1934
24 Das Laienspiel. Revolte der Zuschauer für das Theater. 56 S. Heidelberg: Kampmann 1930
25 Sivard Einauge und andere Legenden, die in der Schule am Meer erzählt wurden. 120 S. Potsdam: Voggenreiter (= Spurbücherei 14) 1930
26 Der Turm von Famagusta. Ein Bühnenspiel zur Grundsteinlegung des Hallenbaues in der Schule am Meer auf Juist, Pfingsten 1930. 45 S., 1 Taf. Juist: Selbstverl. d. Schule am Meer 1930
27 Die kleine Flöte. Märchengroteske. 51 S. m. Abb. Mchn: Höfling (= Spiel' und sing! 8001) 1931

28 Schule am Meer. Nordseeinsel Juist. 26 S. Juist:Selbstverl.Schule am Meer 1931
29 Herbst-Kantate. 1 S. (Juist) (= Blätter der Außengemeinde. Beiblatt) 1932
30 Nachruf auf Dr. Paul Reiner, † 2. Nov. 1932. 2 Bl. Juist: Selbstverl. d. Schule am Meer 1932
31 Seegeschichten. 151 S. Potsdam: Voggenreiter (= Spurbücherei 18) 1932
32 Die Legende von dem erzwungenen Bruder. 31 S., 1 Abb. Breslau: Hirt (= Hirt's deutsche Sammlung. Literarische Abteilung, Gruppe 4, Bd. 6) 1933
    (Ausz. a. Nr. 25)
33 Groen Oie am grauen Strom und die Bauern vom Hanushof. 115 S. Potsdam: Voggenreiter (= Spurbücherei 25) 1934
34 Der Räuberjunge. Ein wildromantisches Spiel nach einem Volksmärchen. 60 S. Mchn: Kaiser (= Münchener Laienspiele 116) 1934
35 Das schnellere Schiff. 60 S. Mchn: Langen-Müller (= Die Kleine Bücherei 33) 1934
    (Ausz. a. Nr. 31)
36 Die herrliche Windbüchse. Ein Jungenstück. 76 S. Potsdam: Voggenreiter (= Spiele der Jugend- und Laienbühne 7) 1934
37 Geheimnis der See. Zwei bretonische Erzählungen. 61 S. Lpz: List (= Lebendiges Wort 7) (1935)
    (Ausz. a. Nr. 25 u. 31)
38 Hasko. Ein Wassergeusen-Roman. 429 S. m. Abb. u. Kt. Potsdam: Voggenreiter 1935
39 Von Indianern, Persern und Geusen. Seltsame Geschichten. Nachw. M. Kießig. 71 S. Köln: Schaffstein (= Schaffsteins Blaue Bändchen 222) 1935
    (Ausz. a. Nr. 18 u. 25)
40 Tapfere Jugend. 31 S. Bln: Hillger (= Deutsche Jugendbücherei 575) 1935
    (Enth. u. a. Ausz. a. Nr. 18)
41 Der Stein Manipur. Ein indisch heißes Drama. 64 S. Bln: Voggenreiter (= Spiele der Jugend- und Laienbühne 9) (1935)
42 Der kleine Schühß und andere Geschichten. Ein Buch von der Wattenküste. Nachw. M. Kießig. 94 S., 9 Abb. Lpz: Weise (= Wir ziehen durch die Welt) 1935
    (Enth. u. a. Ausz. a. Nr. 40)
43 Die Ausfahrt gegen den Tod oder Die letzte Unternehmung des Geusenadmirals. 106 S. Bln: Propyläen 1936
44 Der erzwungene Bruder. Das schnellere Schiff. Sivard Einauge. Nordlandgeschichten. 135 S. Bln: Voggenreiter 1936
    (Enth. u. Ausz. a. Nr. 25 u. 35)
45 Erzählungen und Legenden. Ausgew. u. eingel. P. Habermann. 79 S. Bielefeld: Velhagen & Klasing (= Deutsche Lesebogen 212) 1936
    (Ausz. a. Nr. 25, 31, 33)
46 Die Fahrt nach Letztesand. 43 S. Bln: Grote (= Aussaat-Bücher 7) 1936
47 Obadjah und die ZK 14 oder Die fröhlichen Abenteuer eines Hexenmeisters. Roman. 494 S. Potsdam: Voggenreiter (1936)
48 Das Schiff Satans. Bretonische Erzählungen. 122 S. Bln: Voggenreiter 1936
    (Enth. u. a. Ausz. a. Nr. 25 u. 31)
49 Der gläserne Spiegel. Ein großes Spiel für Mädelgruppen. 63 S. Potsdam: Voggenreiter (= Spiele der Jugend- und Laienbühne 39) 1936
50 Tanil und Tak. 157 S. Potsdam: Voggenreiter 1936
    (Ausz. a. Nr. 18)
51 Der Teufel mit den drei goldenen Haaren. Ein Spiel nach dem Grimmschen Märchen. 62 S. Potsdam: Voggenreiter (= Spiele der Jugend- und Laienbühne 38) 1936
52 Sar Ubos Weltfahrt. 305 S. Potsdam: Voggenreiter 1936
    (Ausz. a. Nr. 18)
53 Windvögel in der Nacht. Geschichten von der Wattenküste. 222 S. Bln: Voggenreiter 1936
    (Enth. u. a. Nr. 46 u. Ausz. a. Nr. 25, 31, 42)
54 Das betrunkene Boot. 63 S. Potsdam: Voggenreiter (= Zeltbücher 36) 1937
55 Hasko wird Geusenkapitän. Eine Geschichte aus der Zeit des niederländischen Freiheitskampfes nach dem Roman „Hasko". Ausw. u. Zusammenstellung K. Stieghorst. 31 S. Ffm: Diesterweg (= Kranzbücherei 221) (1937)
    (Ausz. a. Nr. 38)

56 Logbuch des guten Schiffs „Krake" DGIC von seiner vierten Dänemark-Fahrt 1936 nach Holtenau, rund um Seeland über Stralsund nach Kappeln (Schleswig) zurück. 78 S. Potsdam: Voggenreiter (= Zeltbücher 24) 1937
57 Das Wrack des Raubschiffs. Seegeschichten. Nachw. G. Heinrich. 75 S. Lpz: Reclam (= Reclam's UB 7372) (1937)
58 Die goldene Gans. Ein Spiel für Mädelgruppen. 68 S. Potsdam: Voggenreiter (= Spiele der Jugend- und Laienbühne 43) 1938
59 Der Gryperspuk. Eine Sage von der Wattenküste. 115 S. Mchn: Eher (= Junges Volk. Reihe Kameraden 15) (1938)
60 Krake kreuzt im Nordmeer. Logbuch 1937. 154 S., 28 Abb. Lpz: Reclam 1938
61 Der eiserne Morgen. 495 S. Potsdam: Voggenreiter (= Wikinger 1) 1938
62 Bran watet durch das Meer. Einer altkeltischen Überlieferung nacherzählt. 110 S. Stg: Cotta 1940
63 Reise zur Sage. Ein Seemannsgarn vom mündlichen Erzählen. 231 S. Potsdam: Voggenreiter 1940
64 Der schwarze Pirat. Ein heldisches Spiel. 74 S. Potsdam: Voggenreiter 1941
65 Die hohe See. 566 S. Potsdam: Voggenreiter (= Wikinger 2) 1941
66 Soldaten erzählen sich Geschichten. 12 S. Bln: Sonderdr. d. Oberkommandos d. Kriegsmarine (1941)
 (Ausz. a. Nr. 63)
67 Merkwürdige Küstengeschichten. 173 S. Lpz: Köhler & Voigtländer (= Feldpostreihe 4) (1942)
68 Der Mabh Pab. Eine wahrhaft heitere Geschichte. 126 S. Potsdam: Voggenreiter 1942
69 Ein Mann. Sechs Geschichten vom Abenteuer des Lebens. 435 S. Potsdam: Voggenreiter 1942
 (Enth. u. a. Nr. 68)
70 Ein Mann. 125 S. Potsdam: Voggenreiter (= Voggenreiter-Feldpost-Taschenhefte 1) 1942
 (Ausz. a. Nr. 69)
71 Spuk überm Strand. Geschichten vom Meer. 62 S. Gütersloh: Bertelsmann (= Kleine Feldpost-Reihe) 1942
72 Die merkwürdige Voraussage. Eine Geschichte vom Abenteuer des Lebens. 127 S. Potsdam: Voggenreiter 1942
 (Ausz. a. Nr. 69)
73 Die Dampframme. Erzählung. 93 S. Graz: Steirische Verl.-Anst. 1943
74 Der Schattenriese an der Fähre. Sage. 126 S. Potsdam: Voggenreiter 1943
 (Ausz. a. Nr. 63)
75 Strandwölfe. 31 S. Gütersloh: Bertelsmann (= Bertelsmann-Feldposthefte) (1943)
 (Ausz. a. Nr. 25 u. 53)
76 Ewige Wiederkehr. 64 S. Gütersloh: Bertelsmann (= Kleine Feldpost-Reihe) 1943
 (Ausz. a. Nr. 53)
77 Pan-Apollon-Prospero. Ein Mittsommernachtstraum, die Wintersage und der Sturm. Zur Dramaturgie von Shakespeare-Spielen. Hg. im Auftr. d. Martin-Luserke-Gesellschaft. 224 S. m. Abb., 1 Taf. Hbg: Christians 1957

Maass, Edgar (1896–1964)

1. Novemberschlacht. 107 S., 12 Abb. Oldenburg: Stalling 1935
2. Der Auftrag. 126 S., 13 Abb. Oldenburg(, Bln: Propyläen-Verl.) 1936
3. Verdun. Roman. 294 S. Bln: Propyläen-Verl. 1936
4. Werdelust. Roman. 274 S. Bln: Propyläen-Verl. 1937
5. Lessing. 95 S., 1 Titelb. Stg: Cotta (= Die Richter der Deutschen) 1938
6. Im Nebel der Zeit. Roman. 499 S. Bln: Propyläen-Verl. 1938
7. Das große Feuer. Roman. 321 S. Bln: Propyläen-Verl. 1939
8. Don Pedro und der Teufel. New York: Bobbs-Merril 1941
9. Der Traum Philipps II. New York: Bobbs-Merrill 1944
10. Kaiserliche Venus. New York: Scribner 1946
11. The Queen's Physician. 405 S. New York: Scribner 1947
12. Welt und Paradies. New York: Scribner 1949
13. Der Arzt der Königin. 453 S. Hbg, Stg: Rowohlt 1950
    (Übs. v. Nr. 11)
14. Der Traum Philipps II. 178 S. Hbg: Rowohlt (= rororo-Taschenbuch-Ausgabe 43) 1951
    (Dt. Ausg. v. Nr. 9)
15. Kaiserliche Venus. Der Liebesroman der Pauline Bonaparte. 418 S. Hbg: Rowohlt 1952
    (Dt. Ausg. v. Nr. 10)
16. Don Pedro und der Teufel. Ein Roman aus der Zeit des untergehenden Rittertums. 347 S. Hbg: Rowohlt 1954
    (Dt. Ausg. v. Nr. 8)
17. Der Fall Daubray. Roman. 153 S. Hbg: Rowohlt (= rororo-Taschenbuch-Ausgabe 224) 1957

Maass, Joachim (*1901)

1. Johann Christian Günther. Kleines dramatisches Gedicht in sieben Bildern 65 S. 4° Ffm: Englert & Schlosser 1925
2. (Übs., Hg.) Völkische Poesie und moderne Lyrik Portugals. X, 129 S. Heidelberg: Groos (= Neuere portugiesische Schriftsteller 6) 1925
3. Bohème ohne Mimi. Roman. 344 S. Bln: Fischer 1930
4. Der Widersacher. Roman. 258 S. Bln: Fischer 1932
5. Borbe. Erzählung. 61 S. Bln: Verl. Die Rabenpresse 1934
6. (MV) M. Beheim-Schwarzbach u. J. M.: Wesen und Aufgabe der Dichtung. 14 S. Hbg: Ges. d. Bücherfreunde (= Hamburger Beiträge zur Buchkunde 3) 1934
7. Auf den Vogelstraßen Europas. Lehrgang einer Leidenschaft. 335 S. m. Kt. Hbg: Broschek 1935
8. Die unwiederbringliche Zeit. Roman. 396 S. Bln: Fischer 1935
9. Stürmischer Morgen. Chronik einer deutschen Künstlerjugend. 119 S. Bremen: Schünemann 1937
10. Ein Testament. Roman. 512 S. Hbg: Goverts (1939)
11. The magic year. A novel. XII, 315 S. New York: Bermann-Fischer 1944
12. (MH) Die neue Rundschau. Jg. 56–61. Stockholm (ab Jg. 60 Amsterdam): Bermann-Fischer 1945–1950
13. Zwischen den Zeiten. Bd. 1: Das magische Jahr. Ein Roman. XLVI, 322 S. Stockholm: Bermann-Fischer 1945
    (Übs. v. Nr. 11)
14. The weeping and the laughter. 340 S. New York: Wynn 1947
15. Des Nachts und am Tage. Gedichte. 34 S. Hbg: Verl. Hamburgische Bücherei (1948)

16 Die Geheimwissenschaft der Literatur. Acht Vorlesungen zur Anregung einer Ästhetik des Dichterischen. 163 S. Bln: Suhrkamp 1949
17 Der Fall Gouffé. Ein Roman in zwei Büchern. 674 S. (Ffm:) Fischer 1952
18 Schwierige Jugend. Aufzeichnungen eines Moralisten. 125 S. Ffm: Fischer 1952
19 Schwarzer Nebel. 32 S. Hbg: H. Bredow-Inst. (= Hörwerke der Zeit 5) 1956
20 Kleist, die Fackel Preußens. Eine Lebensgeschichte. 452 S. Mchn, Wien, Basel: Desch 1957
21 (MV) Vier Fernsehspiele. Hg., eingel. H. Schwitzke. (W. Hildesheimer: Nocturno im Grand-Hotel. –) J. M.: Der Fall de la Roncière. (– C. Hubalek: Ein gefährlicher Mensch. – H. Lommer: Zur letzten Instanz.) 174 S. Stg: Cotta (= Bücherei Cotta) 1960

MACK, Lorenz (*1917)

1 Das Glück wohnt in den Wäldern... Roman. 261 S. Wien: Zsolnay 1952
2 Das gottlose Dorf. Roman. 311 S. Wien: Kremayr & Scheriau 1953
3 Räuberhauptmann Schneck. Ein Schelmenroman. 231 S. m. Abb. Wien: Kremayr & Scheriau 1954
4 Die Saat des Meeres. Roman. 184 S. Wien: Zsolnay 1954
5 Auf den Straßen des Windes. Roman. 242 S. Wien: Kremayr & Scheriau 1955
6 Die Brücke. Roman. 238 S. Einsiedeln, Zürich, Köln: Benziger 1958
7 Sohn der Erde. Roman. 308 S. Zürich, Stg: Artemis-Verl. 1959

MACKAY, John Henry (1864–1933)

1 Kinder des Hochlands. Eine Dichtung aus Schottlands Bergen. 77 S. 12° Lpz: Friedrich 1885
2 Dichtungen. 205 S. Zürich: Verl.-Mag. 1886
3 Anna Hermsdorff. Trauerspiel. 62 S. Zürich: Verl.-Mag. 1886
4 Im Thüringer Wald. Eine Wanderfahrt in Liedern. 32 S. Zürich: Verl.-Mag. 1886
5 Arma parato fero. Ein soz. Gedicht. 14 S. Zürich: Verl.-Mag. 1887
6 Schatten. Novellistische Studien. 214 S. Zürich: Verl.-Mag. 1887
7 Fortgang. Der „Dichtungen" erste Folge. 177 S. 12° Großenhain: Baumert 1888
8 *Helene. 133 S. 12° Zürich: Verl.-Mag. 1888
9 Moderne Stoffe. Zwei Berliner Novellen. 258 S. Großenhain: Baumert 1888
10 *Sturm. Gedichte. 94 S. Zürich: Verl.-Mag. 1888
11 (Übs.) Jenseits der Wasser. Übertragungen aus englischen und amerikanischen Dichtern des neunzehnten Jahrhunderts. 86 S. 12° Zürich: Verl.-Mag. 1889
12 Das starke Jahr. Der „Dichtungen" zweite Folge. 202 S. Zürich: Verl.-Mag. 1890
13 Die Anarchisten. Kulturgemälde aus dem Ende des neunzehnten Jahrhunderts. 370 S. Zürich: Verl.-Mag 1891
14 Die Menschen der Ehe. Schilderungen aus der kleinen Stadt. 92 S. Bln: Fischer 1892
15 Die letzte Pflicht. Eine Geschichte ohne Handlung. 137 S. Bln: Fischer 1893
16 Albert Schnell's Untergang. 167 S. Bln: Fischer 1895 (Forts. v. Nr. 15)
17 Wiedergeburt. Der „Dichtungen" dritte Folge. 156 S. m. Bildn. Bln, Zürich: Henckell 1896
18 Zwischen den Zielen. Prosa. 2 Bde. Bln: Fischer (1) bzw. Bln: Schuster & Loeffler (2) 1896–1903
    1. Der kleine Finger und anderes in Prosa. 124 S. 1896
    2. Der Sybarit und anderes in Prosa. 122 S. 1903

19 Gesammelte Dichtungen. 636 S. m. Bildn. Zürich: Henckel 1897
20 Max Stirner. Sein Leben und sein Werk. 160 S. m. Abb. u. Faks. Bln: Schuster & Loeffler 1898
21 (Hg.) M. Stirner: Kleine Schriften und seine Entgegnungen auf die Kritik seines Werkes „Der Einzige und sein Eigenthum". Aus den Jahren 1842–1847. 185 S. Bln: Schuster & Loeffler 1898
22 Der Schwimmer. Die Geschichte einer Leidenschaft. 404 S. Bln: Schuster & Loeffler 1901
23 (Hg.) Freunde und Gefährten. Meisterdichtungen auf einzelnen Blättern. 10 Serien, je 100 Bl. 16⁰ Bln: Schuster & Loeffler 1902
24 Gedichte. 307 S. Bln-Treptow: Zack 1909
25 Hans, mein Freund. Die Wasserratte. 46 S. Wiesbaden: Staadt (= Wiesbadener Volksbücher 131) 1910
26 Gesammelte Werke. 8 Bde. Bln: Treptow: Zack 1911
27 Der Freiheitsucher. Psychologie einer Entwickelung. XI, 260 S. Bln-Charlottenburg: J. H. Mackay (= Die Bücher der Freiheit 2; als Ms. gedr.) 1921
28 Staatsanwalt Sierlin. Die Geschichte einer Rache. 183 S. Bln: Der Stirner-Verl. 1928
29 Werke in einem Band. Im Verein mit J. H. M. hg. L. Kasarnowski. 1196 S. Bln: Der Stirner-Verl. 1928
30 Ehe. Eine Szene. 29 S. 16⁰ Bln: Radikaler Geist 1930

MAHLMANN, Siegfried August
(+Bittermann, Julius Heiter)   (1771–1826)

1 *Albano der Lautenspieler. Vom Verfasser der Maske. 2 Bde. Lpz 1802
2 Erzählungen und Märchen. 2 Bde. Lpz 1802
3 *Die Maske … o. O. (1802)
4 *Narrheit und Vernunft. 236 S. Bln: Voß 1802
5 Herodes vor Bethlehem oder Der triumphierende Viertelsmeister. Ein Schau-, Trauer- und Thränenspiel in drey Aufzügen. Als Pendant zu den vielbeweinten Hussiten vor Naumburg. 123 S. Köln (eig. Lpz): Hammer (1803)
6 *Die Lazaroni. Vom Verfasser des Romans „Albano der Lautenspieler". 2 Bde. Lpz 1803
7 *Nathan der Weise. Bln, Wien 1804
8 *Eitelkeit, dein Name ist Poet oder … M. Ku. Winterthur 1806
9 *Hannswurst und seine Familie. o. O. 1806
10 Der Hausbau. Lustspiel in Knittelversen und drei Akten. Lpz 1806
11 *Marionettentheater oder Sammlung lustiger und kurzweiliger Actionen für große und kleine Puppen. 286 S. Lpz: Voß 1806
12 (Hg.) Zeitung für die elegante Welt. 11 Jge. Lpz: Voß 1806–1816
13 Der Geburtstag. Lustspiel in drei Aufzügen. Lpz 1810
14 Neue Originallustspiele. Lpz 1810
    (Enth. u. a. Nr. 10 u. 13)
15 (Hg.) Leipziger Zeitung. 9 Jge. Lpz 1810–1818
16 Gedichte. 192 S. Halle: Renger 1825
17 Gesammelte Gedichte. 278 S. Halle, Lpz: Renger 1837
    (Verm. Neuaufl. v. Nr. 16)
18 Sämmtliche Schriften. Nebst Biographie. 8 Bde. m. Bildn. Lpz: Volckmar 1839–1840

MANN, Erika   (*1905)

1 (MV) E. u. Klaus Mann: Rundherum. 165 S., 35 Abb. Bln: Fischer (1929)
2 (MV) E. u. Klaus Mann: Das Buch von der Riviera. 185 S. m. Abb. Mchn: Piper (= Was nicht im Baedeker steht 14) 1931
3 Stoffel fliegt übers Meer. 110 S. m. Abb., 1 Titelb. Stg (: Herold-Verl.) 1932

4 Petit Christophe et son dirigeable. M. Abb. Paris: Bourrelier (1934)
5 Muck, der Zauberonkel. 112 S. m. Abb. Basel: Philograph. Verl. 1934
6 School for barbarians. 159 S. New York: Modern Age Books (1937)
7 Zehn Millionen Kinder. Die Erziehung der Jugend im Dritten Reich. Geleitw. Th. Mann. 215 S. Amsterdam: Querido 1938
8 (MV) E. u. Klaus Mann: Escape to life. IX, 384 S. Boston: Houghton Mifflin 1939
9 (MV) E. u. Klaus Mann: The other Germany. XV, 318 S. New York: Modern Age Books 1940
10 The lights go down. 282 S. m. Taf. New York: Farrar & Rinehart 1940
11 A gang for ten. VIII, 303 S. m. Abb. New York: Fischer 1942
12 Das letzte Jahr. Bericht über meinen Vater. 74 S., 3 Taf. 1 Titelb. Ffm: Fischer 1956
13 Die Zugvögel singen in Paris und Rom. 87 S. m. Abb. Mchn: Schneider 1956
14 Die Zugvögel. Sängerknaben auf abenteuerlicher Fahrt. 245 S. Bern, Stg, Wien: Scherz 1959

Mann, Heinrich (1871–1950)

1 In einer Familie. Roman. 269 S. Mchn, Bln: Schuster & Loeffler 1894
2 Das Wunderbare und andere Novellen. 177 S. 12° Mchn: Langen (= Kleine Bibliothek Langen 4) 1897
3 Ein Verbrechen und andere Geschichten. 173 S. 12° Lpz: Baum 1898
4 Im Schlaraffenland. Ein Roman unter feinen Leuten. 494 S. Mchn: Langen 1900
5 (Übs.) A. Capus: Wer zuletzt lacht... Roman. Aus dem Französischen. 433 S. Mchn: Langen 1901
6 Die Göttinnen oder Die drei Romane der Herzogin von Assy. 3 Tle. Mchn: Langen 1903
   1. Diana. 341 S.
   2. Minerva. 335 S.
   3. Venus. 318 S.
7 Die Jagd nach Liebe. Roman. 601 S. Mchn: Langen 1903
8 (Übs.) A. France: Komödiantengeschichte. Roman. Aus dem Französischen. 275 S. Mchn: Langen 1904
9 (Übs.) P. A. F. Choderlos de Laclos: Gefährliche Freundschaften. 2 Bde. 331, 293 S. 12° Bln, Lpz: Verl. d. Funken (= Kulturhistorische Liebhaber-Bibliothek 22–23) 1905
10 Flöten und Dolche. Novellen. 143 S. Mchn: Langen 1905
11 Eine Freundschaft. Gustave Flaubert und George Sand. 52 S. Mchn: Bonsels 1905
12 Professor Unrat oder Das Ende eines Tyrannen. Roman. 279 S. Mchn: Langen 1905
13 Mnais und Ginevra. 80 S. Mchn: Piper (1906)
14 Stürmische Morgen. Novellen. 150 S. Mchn, Bln: Cassirer 1906
15 Schauspielerin. Novelle. 148 S. Wien: Wiener Verl. (= Bibliothek moderner deutscher Autoren 12) 1906
16 Zwischen den Rassen. Roman. 577 S. Mchn, Bln: Cassirer 1907
17 Die Bösen. 105 S. Lpz: Insel 1908
18 Die kleine Stadt. Roman. 437 S. Lpz: Insel 1909
19 Varieté. Ein Akt. 96 S., 4 S. Musikbeil. Bln: Cassirer 1910
20 Das Herz. Novellen. 268 S. Lpz: Insel 1911
21 Die Rückkehr vom Hades. Novellen. 285 S. Lpz: Insel 1911
22 Schauspielerin. Drama in drei Akten. 145 S. Bln: Cassirer 1911
23 Die große Liebe. Drama in vier Akten. 279 S. Bln: Cassirer 1912
24 Auferstehung. Novelle. 71 S. Lpz: Insel (= Insel-Bücherei 62) 1913
25 Madame Legros. Drama in drei Akten. 164 S. Bln: Cassirer 1913
26 Gesammelte Romane und Novellen. 12 Bde. Lpz, Mchn: Wolff (1916)
27 Die Armen. Roman. 296 S. Lpz: Wolff 1917
28 Brabach. Drama in drei Akten. 197 S. Lpz: Wolff 1917

29 Bunte Gesellschaft. Novellen. 113 S. Mchn: Langen (= Langen's Markbücher 18) (1917)
30 Die Novellen. 2 Bde. V, 257; V, 409 S. Mchn: Wolff (1917)
31 Drei Akte: Der Tyrann – Die Unschuldige. – Varieté. 133 S., 4 S. Noten. Lpz: Wolff (1918)
   (Enth. u. a. Nr. 19)
32 Der Untertan. Roman. 530 S. Lpz, Mchn: Wolff (1918)
33 (MV) (G. Flaubert: Briefe an George Sand. Übs. E. v. Hollander. – H. M.:) Flaubert und die Kritik. XII, 253 S. Potsdam: Kiepenheuer (= Liebhaber-Bibliothek 22) 1919
34 Macht und Mensch. V, 278 S. Mchn: Wolff 1919
35 Der Sohn. Novelle. 16 S. Hannover: Steegemann (= Die Silbergäule 3) 1919
36 Der Weg zur Macht. Drama in drei Akten. 143 S. Mchn, Wien: Zsolnay 1919
37 (Übs.) P. A. F. Choderlos de Laclos: Schlimme Liebschaften. XIX, 559 S. Lpz: Insel 1920
   (Neuaufl. v. Nr. 9)
38 Die Ehrgeizige. Novelle. 31 S. Mchn: Roland-Verl. (= Die neue Reihe 19) 1920
39 Die Tote und andere Novellen. 87 S. Mchn: Süva (= Novellen in Gelb 3) (1920)
40 Diktatur der Vernunft. 77 S. Bln: Verl. Die Schmiede 1923
41 Abrechnungen. Sieben Novellen. 123 S. Bln: Propyläen-Verl. (= Das kleine Propyläen-Buch) (1924)
42 In einer Familie. Roman. 248 S. Bln: Ullstein (= Ullstein-Bücher 161) 1924
   (Neubearb. v. Nr. 1)
43 Der Jüngling. Novellen. 117 S. Mchn (,Wien: Zsolnay) 1924
44 Kobes. 72 S., 10 Abb. Mchn: Propyläen-Verl. 1925
45 Der Kopf. Roman. 637 S. Wien: Zsolnay (= Das Kaiserreich 2) 1925
46 Gesammelte Werke. 12 Bde. Wien: Zsolnay 1925–1932
47 (Übs., Einl.) P. A. F. Choderlos de Laclos: Gefährliche Liebschaften. 635 S. Lpz: Insel 1926
   (Neuaufl. v. Nr. 37)
48 Liliane und Paul. Novelle. 112 S. Wien: Zsolnay 1926
49 Mutter Marie. Roman. 248 S. Wien: Zsolnay (1927)
50 Eugénie oder Die Bürgerzeit. Roman. 320 S. Wien: Zsolnay 1928
51 Sieben Jahre. Chronik der Gedanken und Vorgänge 1921–1928. 558 S. Wien: Zsolnay 1929
52 Sie sind jung. 284 S. Wien: Zsolnay 1929
53 Der Tyrann. Die Branzilla. Novellen. 78 S. Lpz: Reclam (= Reclam's UB. 7001) 1929
54 Die große Sache. Roman. 406 S. Bln: Kiepenheuer 1930
55 Der Freund. Novelle. 35 S. Wien: Verl. Der Wille 1931
   (Ausz. a. Nr. 52)
56 Geist und Tat. Franzosen 1780–1930. 301 S. Bln: Kiepenheuer 1931
57 Das Kaiserreich. 2 Bde. Wien: Zsolnay 1931
   1. Der Untertan. 691 S.
   2. Der Kopf. 636 S.
   (Enth. Nr. 32 u. 45)
58 (Vorw.) A. Jamet: Der Unbekannte Soldat spricht. Übs. H. zur Mühlen. 295 S. Wien: Prager 1932
59 Ein ernstes Leben. Roman. 333 S. Wien: Zsolnay 1932
60 Das öffentliche Leben. 359 S. Bln: Zsolnay 1932
61 Die Welt der Herzen. Novellen. 342 S. Bln: Kiepenheuer 1932
62 Das Bekenntnis zum Übernationalen. 47 S. Wien: Zsolnay 1933
63 (MV) H. M. (u. a.): Gegen die Phrase vom jüdischen Schädling. (S.-A.) S. 231–412. Prag: Amboß-Verl. 1933
64 Der Haß. Deutsche Zeitgeschichte. 235 S. Amsterdam: Querido 1933
65 Ihr ordinärer Antisemitismus. 12 S. New York: Information & Service Associates (1934)
   (Ausz. a. Nr. 64)
66 Heinrich Mann und ein junger Deutscher. Der Sinn dieser Emigration. 85 S. Paris: Europ. Merkur (= Die Streitschriften des europäischen Merkur) 1934

67 (Vorw.) G. Seger: Oranienburg. Erster authentischer Bericht eines aus dem Konzentrationslager Geflüchteten. 76 S. Karlsbad: Graphia (= Probleme des Sozialismus 5) 1934
68 (Nachw.) H. A. Joachim: Die Stimme Victor Hugos. Hörspiel. 78 S. Paris: Ed. du Phénix (= Phönix-Bücher 27a–b) 1935
69 Die Jugend des Königs Henri Quatre. Roman. 624 S. Amsterdam: Querido 1935
70 Es kommt der Tag. Deutsches Lesebuch. 239 S. Zürich: Europa-Verl. 1936
71 (Vorw.) F. Fechenbach: Mein Herz schlägt weiter. Briefe aus der Schutzhaft. 63 S. St. Gallen: Kulturverl. 1936
72 (Vorw.) M. Humbert: Adolf Hitlers „Mein Kampf". Dichtung und Wahrheit. 391 S. Paris: Pariser Tageblatt 1936
73 Hilfe für die Opfer des Faschismus. Rede 1937. 14 S. Paris: Überparteil. dt. Hilfsausschuß 1937
74 Die Vollendung des Königs Henri Quatre. Roman. 798 S. Kiew: Staatsverl. der nationalen Minderheiten der USSR 1938
75 (Hg.) The living thought of Nietzsche. 145 S., 1 Bildn. London: Cassell 1939
76 Mut. Essays. 295 S. Paris: Editions du 10. V. 1939. 1939
77 (Vorw.) Der Pogrom. XV, 221 S. Zürich, Paris: Verl. f. soziale Lit. 1939
78 (Vorw.) Deutsche Stimmen zu 1789. Paris: Dt. Kulturkartell 1939
79 Lidice. Roman. 329 S. Mexico: Editorial „El libro libre" 1943
80 (MV) (H. Mühlestein: Das Erbe der Sowjetunion. – R. Rolland: Gruß der Zwanzigjahrfeier. – H. M.:) Verwirklichte Idee. 73 S. Zürich: Vereinigung Kultur und Volk (= Erbe und Gegenwart 14) 1945
81 (Vorw.) E. Busch: Lied der Zeit. Lieder, Balladen und Kantaten aus Deutschland von 1914 bis 1945. 20 S. Bln-Niederschönhausen: Verl. Lied der Zeit 1946
82 Ein Zeitalter wird besichtigt. 560 S. Stockholm: Neuer Verl. 1946
83 (Einl.) Morgenröte. Ein Lesebuch. Hg. Gründer d. Aurora-Verl. 351 S. New York: Aurora-Verl. 1947
84 Voltaire – Goethe. 29 S. Weimar: Verl. Werden und Wirken (= Die Perlenschnur. Meisteressays) 1947
85 Der blaue Engel. Roman. 256 S. Bln: Weichert (1948) (Neuaufl. v. Nr. 12)
86 Der Atem. Roman. 354 S. Amsterdam: Bermann-Fischer; Querido 1949
87 (Nachw.) V. Hugo: Dreiundneunzig. 348 S. Lpz, Mchn: List (= Romane der zeitgenössischen Weltliteratur) 1949
88 Geist und Tat. Ein Brevier. Hg. A. Kantorovicz. 43 S. Bln: Aufbau-Verl. (= Schriften an die dt. Nation) 1953
89 Eine Liebesgeschichte. Novelle. Hg. im Auftrag der Heinrich Mann-Ges. für zeitgenöss. Dichtung München. 64 S. Mchn: Weismann (= Diese Zeit im Spiegel des Geistes 3) 1953
90 Ausgewählte Werke in Einzelausgaben. Hg. im Auftr. d. Dt. Akad. der Künste zu Berlin. 12 Bde. Bln: Aufbau-Verl. 1953–1956
91 Empfang bei der Welt. Roman. 397 S. Bln: Aufbau-Verl. 1956
92 Das gestohlene Dokument und andere Novellen. 269 S. Bln: Aufbau-Verl. (= Deutsche Volksbibliothek) 1957
93 Gesammelte Werke in Einzelbänden. 8 Bde. Hbg: Claassen 1959 ff.
94 Essays. 652 S. Hbg: Claassen 1960
95 Die traurige Geschichte von Friedrich dem Großen. Fragment. Hg. v. d. Dt. Akademie der Künste zu Berlin zum zehnten Todestag von Heinrich Mann. Vorw. B. Uhse. 195 S. Bln: Aufbau-Verl. 1960

Mann, Klaus (1906–1949)

1 Anja und Esther. Ein romantisches Stück in sieben Bildern. 80 S. Bln: Oesterheld (1925)
2 Vor dem Leben. Erzählung. 195 S. Hbg: Enoch 1925
3 Kindernovelle. 109 S. Hbg, Bln: Fischer 1926
4 Der fromme Tanz. Das Abenteuerbuch einer Jugend. 296 S. Hbg: Enoch 1926

5 (MH) Anthologie jüngster Lyrik. Hg. W. R. Fehse u. K. M. 2 Bde. Hbg: Enoch 1927–1929
    (1.) Geleitw. St. Zweig. 170 S. 1927
    N. F. Geleitw. R. G. Binding. 170 S. 1929
6 Heute und Morgen. Zur Situation des jungen geistigen Europas. 39 S., 1 Titelb. Hbg, Bln: Fischer (1927)
7 (MH) Anthologie jüngster Prosa. Hg. E. Ebermayer, K. M. u. H. Rosenkranz. 283 S. Bln: Spaeth 1928
8 Abenteuer. Novellen. 164 S. Lpz: Reclam (= Junge Deutsche) (1929)
9 Alexander. Roman der Utopie. 251 S. Bln: Fischer 1929
10 (MV) Erika u. K. M.: Rundherum. 165 S., 35 Abb. Bln: Fischer (1929)
11 (MV) Erika u. K. M.: Das Buch von der Riviera. 185 S. m. Abb. Mchn: Piper (=Was nicht im Baedeker steht 14) 1931
12 Auf der Suche nach einem Weg. Aufsätze. 380 S. Bln: Transmare-Verl. 1931
13 Kind dieser Zeit. 331 S. Bln: Transmare-Verl. 1932
14 Treffpunkt im Unendlichen. Roman. 367 S. Bln: Fischer 1932
15 Je suis de mon temps. Paris: Ed. Montaigne 1933
16 (Hg.) Die Sammlung. Literarische Monatsschrift unter dem Patronat von A. Gide, A. Huxley u. H. Mann hg. K. M. 3 Jge. Amsterdam: Querido 1933–1935
17 Flucht in den Norden. Roman. 319 S. Amsterdam: Querido 1934
18 Symphonie pathétique. Ein Tschaikowsky-Roman. 368 S. Amsterdam: Querido 1935
19 Journey into freedom. 285 S. London: Gollancz 1936
20 Mephisto. Roman einer Karriere. 399 S. Amsterdam: Querido 1936
21 Vergittertes Fenster. Novelle um den Tod des Königs Ludwig II. von Bayern. 112 S. Amsterdam: Querido 1937
22 (MV) Erika u. K. M.: Escape to life. IX, 384 S. Boston: Houghton Mifflin 1939
23 Der Vulkan. Roman unter Emigranten. 721 S. Amsterdam: Querido 1939
24 (MV) Erika u. K. M.: The other Germany. XV, 318 S. New York: Modern Age 1940
25 The Turning Point. Thirtyfive years in this century. XVIII, 366 S. New York: B. B. Fischer 1942
26 André Gide and the Crisis of Modern Thought. VIII, 331 S. New York: Creative Age Pr. 1943
27 (MH) Heart of Europe. An Anthology of Creative Writing in Europe 1920–1940. Ed. K. M. a. H. Kesten. XXXVI, 970 S. New York: L. B. Fischer 1943
28 (MH) The Best of Modern European Literature. Ed. K. M. a. H. Kesten. XXXVI, 970 S. Philadelphia: Blakiston 1944
    (Neuaufl. v. Nr. 27)
29 Der siebente Engel. Drama. Zürich: Europa-Verl. 1945
30 André Gide. Die Geschichte eines Europäers. 382 S. Zürich: Steinberg 1948
    (Übs. v. Nr. 26)
31 Der Wendepunkt. Ein Lebensbericht. 551 S., 1 Titelb. (Ffm: Fischer 1952)
    (Erw. Neufassg. v. Nr. 25)

MANN, Thomas (1875–1955)

1 Der kleine Herr Friedemann. Novellen. 199 S. Bln: Fischer (= Collection Fischer 6) 1898
2 Buddenbrooks. Verfall einer Familie. Roman. 2 Bde. 566, 539 S. Bln: Fischer 1901
3 Tristan. Sechs Novellen. 264 S. Bln: Fischer 1903
4 Bilse und ich. 39 S. Mchn: Bonsels (1906)
5 Fiorenza. 170 S. Bln: Fischer 1906
6 Königliche Hoheit. Roman. 476 S. Bln: Fischer 1909
7 Der Tod in Venedig. Novelle. 145 S. Bln: Fischer 1913
8 Tonio Kröger. Novelle. 122 S. m. Abb. Bln: Fischer (= Fischer's illustrierte Bücher 1) 1914
9 (Hg.) E. v. Mendelssohn: Nacht und Tag. Roman. XVI, 283 S. Lpz: Verl. d. weißen Bücher 1914

10 Das Wunderkind. Novellen. 117 S. Bln: Fischer (= Fischer's Bibliothek zeitgenössischer Romane VI, 6) 1914
11 Friedrich und die große Koalition. 131 S. Bln: Fischer (= Sammlung von Schriften zur Zeitgeschichte 5) 1916
12 Betrachtungen eines Unpolitischen. XLVI, 611 S. Bln: Fischer 1918
13 Herr und Hund. Gesang vom Kindchen. Zwei Idyllen. 190 S. Bln: Fischer 1919
14 Pfitzners Palestrina. 30 S. Bln: Fischer 1919
 (Ausz. a. Nr. 12)
15 Gesang vom Kindchen. Eine Idylle. Mchn: Hirth (= Rupprechtpresse 9) (1920)
 (Ausz. a. Nr. 13)
16 Thomas Mann. 20 S., 49 S. Faks., 1 S., 1 Bildn. Dresden: Lehmann (= Deutsche Dichterhandschriften 1) (1920)
17 (Vorw.) Die Dichtung der Völker. Meisterwerke der russischen Erzählungskunst. Übs. A. Eliasberg. S. 289–368. Mchn: Süddeutsche Monatshefte (= Süddeutsche Monatshefte, Jg. 18, H. 5) 1921
18 Wälsungenblut. III, 89 S., nebst Mappe: 36 S. Abb., 3 S. Mchn: Phantasus-Verl. 1921
19 Bekenntnisse des Hochstaplers Felix Krull. Buch der Kindheit. 65 S., 6 Taf. 4° Wien: Rikola-Verl. 1922
20 Novellen. 2 Bde. 375, 453 S. Bln: Fischer 1922
21 Rede und Antwort. Gesammelte Abhandlungen und kleine Aufsätze. XII, 402 S. Bln: Fischer (1922)
22 Goethe und Tolstoj. Vortrag. 48 S. Aachen: Verl. „Die Kuppel" 1923
23 Von deutscher Republik. 40 S. Bln: Fischer 1923
24 Okkulte Erlebnisse. 64 S. Bln: Häger (1924)
25 Der Zauberberg. Roman. 2 Bde. 578, 629 S. Bln: Fischer (1924)
26 Bemühungen. Gesammelte Abhandlungen und kleine Aufsätze. N. F. 342 S. Bln: Fischer 1925
 (Forts. v. Nr. 21)
27 (Nachw.) J. W. v. Goethe: Die Wahlverwandtschaften. 331 S. Lpz: List (= Epikon) (1925)
28 Gesammelte Werke in zehn Bänden. 10 Bde., 1 Bildn. Bln: Fischer 1925
29 Kino. Romanfragment. 16 S. (Altenburg: Fischer) 1926
30 Lübeck als geistige Lebensform. Rede aus Anlaß der Siebenhundertjahrfeier. 55 S. Lübeck: Quitzow 1926
31 Pariser Rechenschaft. 121 S. Bln: Fischer (1926)
32 Unordnung und frühes Leid. Novelle. 127 S. Bln: Fischer (1926)
33 Ausgewählte Prosa. Hg. J. van Dam. 148 S., 1 Abb. Groningen, Haag: Wolters (= Von deutscher Art und Kunst 6) 1927
34 Die erzählenden Schriften. 3 Bde. 739, 957, 941 S. Bln: Fischer 1928
35 Zwei Festreden. 71 S. Lpz: Reclam (= Reclam's UB. 6931) 1928
36 Sieben Aufsätze. Einl. U. Peters. 110 S. Bln: Fischer 1929
37 (Einl.) Th. Fontane: Ausgewählte Werke. 6 Bde. Lpz: Reclam (= Helios-Klassiker) (1929)
38 Hundert Jahre Reclam. Festrede. 34 S., 26 Abb. 4° Lpz: Reclam (2000 num. Ex.) (1929)
39 Deutsche Ansprache. Ein Appell an die Vernunft. Rede. 31 S. Bln: Fischer 1930
40 Die Forderung des Tages. Reden und Aufsätze aus den Jahren 1925–1929. 421 S. Bln: Fischer (= Ges. Werke) 1930
41 Mario und der Zauberer. Ein tragisches Reiseerlebnis. 142 S., 13 Abb. u. Titelb. Bln: Fischer 1930
42 Thomas Mann. 31 S. Mchn: Reinhardt (= Deutsches Schrifttum 2) (1931)
43 Goethe als Repräsentant des bürgerlichen Zeitalters. Rede. 54 S. Wien: Bermann-Fischer (1932)
44 Goethe und Tolstoj. Zum Problem der Humanität. 152 S. Wien: Bermann-Fischer (1932)
 (Neubearb. v. Nr. 22)
45 Goethes Laufbahn als Schriftsteller. Vortrag. 36 S. Mchn: Oldenbourg (= Schriften der Corona 5) 1933

46 Joseph und seine Brüder. Romane. 4 Bde. Wien (bzw. Amsterdam): Bermann-Fischer (1933)–1943
   1. Die Geschichten Jaakobs. LXIV, 402 S.
   2. Der junge Joseph. 737 S.
   3. Joseph in Ägypten. 684 S.
   4. Joseph, der Ernährer. 644 S.
47 (Einl.) M. Karlweis: Jakob Wassermann. Bild, Kampf und Werke. 472 S. Amsterdam: Querido 1935
48 Leiden und Größe der Meister. Neue Aufsätze. 270 S. Wien: Bermann-Fischer (= Ges. Werke) (1935)
49 Freud und die Zukunft. Vortrag. 41 S. Wien: Bermann-Fischer 1936
50 Bekenntnisse des Hochstaplers Felix Krull. 177 S. Amsterdam: Querido 1937 (Erw. Neuaufl. v. Nr. 19)
51 Ein Briefwechsel. 16 S. Zürich: Oprecht 1937
52 Freud, Goethe, Wagner. Three Essays. VI, 211 S. New York: Knopf 1947
53 (MH) Maß und Wert. Zweimonatsschrift für deutsche Kultur. Hg. Th. M. u. K. Falke. 4 Jge. Zürich: Oprecht 1937–1940
54 Achtung, Europa! Aufsätze zur Zeit. 191 S. Stockholm: Bermann-Fischer 1938
55 Dieser Friede. 28 S. Stockholm: Bermann-Fischer 1938
56 (Vorw.) Erika Mann: Zehn Millionen Kinder. Die Erziehung der Jugend im Dritten Reich. 215 S. Amsterdam: Querido 1938
57 Vom zukünftigen Sieg der Demokratie. 45 S. Zürich: Oprecht (= Maß und Wert, Sonderh.) 1938 (zu Nr. 53)
58 Schopenhauer. 83 S. Stockholm: Bermann-Fischer (= Schriftenreihe „Ausblicke") 1938
59 Stockholmer Gesamtausgabe der Werke. 12 Bde. Stockholm: Bermann-Fischer (1938–1956)
60 Lotte in Weimar. 450 S. Stockholm: Bermann-Fischer (1939)
61 The problem of freedom. 16 S. New Brunswick: Rutgers Univ. Press 1939
62 Das Problem der Freiheit. 37 S. Stockholm: Bermann-Fischer (= Schriftenreihe „Ausblicke") 1939 (Übs. v. Nr. 61)
63 Die vertauschten Köpfe. Eine indische Legende. 230 S. Stockholm: Bermann-Fischer (1940)
64 Dieser Krieg. Aufsatz. 32 S. Stockholm: Bermann-Fischer 1940
65 War and democracy. 25 S. m. Bildn. Los Angeles: The friends of the colleges of Claremont 1940
66 (Vorw.) M. Niemöller: God is my Fuehrer. Being the last 28 sermons. 294 S. New York: Philosophical Library and Alliance Book Corp. 1941
67 (Vorw.) M. Niemöller: The Gestapo defied. Being the last 28 sermons. XI, 259 S. London: Hodge (1942) (Brit. Ausg. v. Nr. 66)
68 Order of the day. Political essays and speeches of two decades. XVI, 280 S. New York: Knopf 1942
69 Das Gesetz. Erzählung. 160 S. Stockholm: Bermann-Fischer 1944
70 Deutsche Hörer! Eine Auswahl aus den Rundfunkbotschaften an das deutsche Volk. 23 S., 1 Abb. London: Freier deutscher Kulturbund in Großbritannien (= Freie deutsche Kultur) 1944
71 The war and the future. 23 S. Washington: Library of Congress 1944
72 Adel des Geistes. Sechzehn Versuche zum Problem der Humanität. 708 S. Stockholm: Bermann-Fischer 1945
73 (Vorw.) F. M. Dostojewskij: The short novels. XX, 811 S. New York: Dial Press 1945
74 Deutsche Hörer! Fünfundfünfzig Radiosendungen nach Deutschland. 132 S. Stockholm: Bermann-Fischer 1945 (Erw. Neuaufl. v. Nr. 70)
75 (MV) K. Kerényi: Romandichtung und Mythologie. Ein Briefwechsel mit Th. M. Hg. zum siebzigsten Geburtstag des Dichters, 6. Juni 1945. 95 S. Zürich: Rhein-Verl. (= Albae vigiliae, N. F. 2) 1945
76 Grundtorheit Antibolschewismus. 7 S. (Bln:) Zentralsekretariat der SED, Abt. Werbung und Schulung 1946

77 Leiden an Deutschland. Tagebuchblätter aus den Jahren 1933 und 1934. Hg· E. Gottlieb u. F. Guggenheim. 90 S. Los Angeles: Pazifische Presse; (New York:) Rosenberg 1946
78 Vom kommenden Sieg der Demokratie. Vortrag. 40 S. Bln: Suhrkamp (= Beiträge zur Humanität) 1946
79 (MV) Th. M., F. Thieß, W. v. Molo: Ein Streitgespräch über die äußere und innere Emigration. 8 S. 4° Dortmund: Druckschriften-Vertriebsdienst (1946)
80 (Einl.) A. v. Chamisso: Gedichte. Peter Schlemihls wundersame Geschichte. XXIII, 168 S. m. Abb. u. Taf., 1 Titelb. Oldenburg, Mainz: Lehrmittel-Verl. (= Klassiker der Weltliteratur) 1947
81 Deutschland und die Deutschen. Vortrag. 40 S. Stockholm: Bermann-Fischer (= Schriftenreihe „Ausblicke") 1947
82 Essays of three decades. VII, 472 S. New York: Knopf 1947 (Übs. v. Nr. 72)
83 Doktor Faustus. Das Leben des deutschen Tonsetzers Adrian Leverkühn erzählt von einem Freunde. 806 S. Bln, Ffm: Suhrkamp 1947
84 (Einl.) F. Masereel: Jeunesse. 28 Bl. 4° Zürich: Oprecht 1948
85 Nietzsches Philosophie im Lichte unserer Erfahrung. Vortrag. 51 S. Bln: Suhrkamp 1948
86 (Hg.) A. Schopenhauer: Die Welt als Wille und Vorstellung. Gekürzte Fassg. 364 S. Zürich: Claassen (= Vom Geist der Großen 1) 1948
87 Neue Studien. 177 S. Bln, Ffm: Suhrkamp 1948
88 Ansprache im Goethejahr. Gehalten am 25. VII. 1949 in der Paulskirche zu Frankfurt am Main. 21 S. Ffm: Suhrkamp-Verl. 1949
89 Die Entstehung des Doktor Faustus. Roman eines Romans. 204 S. Amsterdam: Bermann-Fischer, Querido 1949
90 Goethe und die Demokratie. 47 S. Zürich: Oprecht 1949
91 (Einl.) A. Kantorowicz: Suchende Jugend. Briefwechsel mit jungen Leuten. 239 S. Bln: Kantorowicz (= Ost u. West-Buchreihe 9) (1949)
92 Goethe / Wetzlar / Werther. 38 S. Kopenhagen: Rosenkilde og Bagger 1950
93 (Vorw.) Klaus Mann zum Gedächtnis. 201 S., 1 Titelb. Amsterdam: Querido 1950
94 Michelangelo in seinen Dichtungen. (S.-A.) 20 S. Cellerina: Quos Ego Verl. 1950
95 Meine Zeit. 1875–1950. Vortrag. 37 S. Ffm: Fischer 1950
96 Der Erwählte. Roman. 319 S. Ffm: Fischer (= Stockholmer Gesamtausg. d. Werke) 1951
97 Lob der Vergänglichkeit. 4 Bl. (Ffm:) Fischer 1952
98 Altes und Neues. Kleine Prosa aus fünf Jahrzehnten. 795 S. Ffm: Fischer (= Stockholmer Gesamtausg. d. Werke) 1953
99 Die Begegnung. Erzählung. 75 S. Olten: Vereinigung Oltner Bücherfreunde) 1953
100 Die Betrogene. Erzählung. 126 S. Ffm: Fischer 1953
101 (Nachw.) S. Freud: Abriß der Psychoanalyse. – Das Unbehagen in der Natur. 221 S. Ffm, Hbg: Fischer (= Fischer-Bücherei 47. Bücher des Wissens) 1953
102 Gerhart Hauptmann. Rede, gehalten am 9. November 1952 im Rahmen der Frankfurter Gerhart-Hauptmann-Woche. 16 S. Gütersloh: Bertelsmann (= Das kleine Buch 52) 1953
103 Der Künstler und die Gesellschaft. Vortrag. Hg. i. Auftr. d. österr. Unesco-Komm. 39 S. Wien: Frick (= Unesco-Schriftenreihe 6) 1953
104 Bekenntnisse des Hochstaplers Felix Krull. Erzählung. 163 S. Bln: Aufbau-Verl. (= Dt. Volksbibliothek) 1954
 (Erw. Neufassg. v. Nr. 50)
105 (Vorw.) J. M. Corredor: Gespräche mit Casals. 328 S. Bern: Scherz 1954
106 Adel des Geistes. Zwanzig Versuche zum Problem der Humanität. 798 S. Bln: Aufbau-Verl. (= Gesammelte Werke 10) 1955
 (Verm. Neuaufl. v. Nr. 72; Bd. 10 v. Nr. 113)
107 Ansprache im Schillerjahr 1955. 33 S. Bln: Aufbau-Verl. 1955
108 Das Eisenbahnunglück. Novellen. Nachw. A. Knaus. 68 S. Mchn: Piper (= Piper-Bücherei 83) 1955
109 (Einl.) Die schönsten Erzählungen der Welt. Hausbuch unvergänglicher Prosa. 2 Bde. 853, 887 S. Mchn, Wien, Basel: Desch 1955–1956

110 (Vorw.) A. M. Frey: Kleine Menagerie. 102 S., 10 Abb. Wiesbaden: Limes 1955
111 (Vorw.) Und die Flamme soll euch nicht versengen. Letzte Briefe zum Tode Verurteilter aus dem europäischen Widerstand. Hg. P. Malvezzi u. G. Pirelli. Übs. U. Muth u. P. Michael. XXII, 554 S. m. Abb. Zürich: Steinberg 1955
112 Versuch über Schiller. Seinem Andenken zum 150. Todestag in Liebe gewidmet. 103 S. Bln, Ffm: Fischer 1955
113 Gesammelte Werke. 12 Bde. Bln: Aufbau-Verl. 1955
114 Zeit und Werk. Tagebücher, Reden und Schriften zum Zeitgeschehen. 843 S. Bln: Aufbau-Verl. (= Gesammelte Werke 12) 1955 (Bd. 12 v. Nr. 113)
115 (MV) A. P. Čechov: Ein Taugenichts und andere Erzählungen. Mit e. Essay v. Th. M.: Versuch über Tschechow. 227 S. Weimar: Kiepenheuer (Gustav Kiepenheuer-Bücherei 3) 1956
116 (Vorw.) H. v. Kleist: Die Erzählungen. 346 S. Ffm: Fischer (= Fischer Bücherei 135) 1956
117 Meerfahrt mit Don Quijote. 65 S. Wiesbaden: Insel (= Insel-Bücherei 637) 1956
118 Nachlese. Prosa 1951–1955. 243 S. Bln, Ffm: Fischer (= Stockholmer Gesamtausg. d. Werke) 1956
119 Thamar. 64 S. m. Abb. Ffm: Fischer 1956 (Ausz. a. Nr. 46, Bd. 4)
120 (Vorw.) F. Masereel: Mein Stundenbuch. 165 Holzschnitte. 7 ungez. Bl., 85 ungez. Bl. Abb. Mchn: List (= List-Bücher 90) 1957
121 Sorge um Deutschland. Sechs Essays. 133 S. Ffm: Fischer 1957
122 Erzählungen. 876 S. (Ffm:) Fischer (= Stockholmer Gesamtausgabe der Werke) 1958
123 Gesammelte Werke in zwölf Bänden. 12 Bde. (Bln, Ffm:) Fischer 1960

MARSCHALL, Josef (*1905)

1 Der Dämon. Eine Erzählung aus dem Leben Hugo Wolfs. 246 S. Lpz: Staackmann (= Junge Reihe 2) 1930
2 Die vermählten Junggesellen. Fröhlicher Roman um Haydn. 225 S. Lpz: Staackmann 1931
3 Der Fremde. Roman. 476 S. Bln: Vier Falken-Verl. 1940
4 Herbstgesang. Gedichte. 167 S. Düsseldorf: Vier Falken-Verl. 1949
5 Wir Lebendigen. Gedichte. 88 S. Wien, Mchn: Donau-Verl. 1952
6 Der Fremde. Roman. 358 S. Wien: Volksbuchverl. 1953 (Neufassg. v. Nr. 3)
7 Schritt in Unendliches. Gedichte. 103 S. Wien, Mchn: Donau-Verl. (1954)
8 Alles Atmende. Gedichte. 55 S. Wien: Bergland-Verl. 1955
9 Die Vertreibung aus dem Paradies. Eine Erzählung. 143 S. Wien: Borotha-Schoeler 1956

MARTENS, Kurt (1870–1945)

1 Sinkende Schwimmer. Novellistische Skizzen aus dem Strudel der Zeit. 121 S. Bln: Hochsprung 1892
2 Wie ein Strahl verglimmt. Drama. 40 S. Lpz: Wild 1895
3 Die gehetzten Seelen. Novellen. 152 S. Bln: Fontane 1897
4 Roman aus der Décadence. 286 S. Bln: Fontane 1898
5 Aus dem Tagebuch einer Baronesse von Treuth und andere Novellen. 178 S. Bln: Fontane 1899
6 Die Vollendung. Roman. 316 S. Bln: Fleischel 1902
7 Kaspar Hauser. Drama. 133 S. Bln: Fleischel 1903
8 Katastrophen. Novellen. 192 S. Bln: Fleischel 1904
9 Kreislauf der Liebe. Eine Geschichte vom besseren Menschen. 205 S. Bln: Fleischel 1906
10 Der Freudenmeister. Komödie. 148 S. Bln: Fleischel 1907

11 Drei Novellen von adeliger Lust. 161 S. Bln: Fleischel 1909
12 Literatur in Deutschland. Studien und Eindrücke. V, 193 S. Bln: Fleischel 1910
13 Deutschland marschiert. Ein Roman von 1813. 377 S. Bln: Fleischel 1913
14 Pia. Der Roman ihrer zwei Welten. 407 S. Bln: Fleischel 1913
15 Geschmack und Bildung. Kleine Essays. 247 S. Bln: Fleischel 1914
16 Verse. 15 S. Mchn: Bachmair (= Münchner Liebhaber-Druck 6) 1914
17 Die alten Ideale. Roman-Trilogie. 3 Bde. Bln, Lpz: Grethlein 1915
 1. Deutschland marschiert. Ein Roman von 1813. 377 S.
 2. Pia. Der Roman ihrer zwei Welten. 407 S.
 3. Hier und drüben. Roman. V, 253 S.
 (Enth. u. a. Nr. 13 u. 14)
18 Jan Friedrich. Der Roman eines Staatsmannes. 318 S. Lpz: Grethlein (1916)
19 Die großen und die kleinen Leiden. Novellen. 261 S. Lpz: Grethlein (1917)
20 Der Emigrant. Novelle. 31 S. Hannover: Steegemann (= Die Silbergäule, R. 1, Bd. 8–9) 1919
 (Ausz. a. Nr. 11)
21 Der Alp von Zerled. Roman. 332 S. Lpz: Grethlein (1920)
22 Schura. Novelle. 79 S. Bln: Hillger (= Kürschner's Bücherschatz 1288) 1920)
23 Schonungslose Lebenschronik. 2 Bde. Wien: Rikola-Verl. 1921–1924
 1. 1870–1900. 260 S., 1 Titelb. 1921
 2. 1901–1923. 206 S. 1924
24 (Hg.) Die Deutsche Literatur unserer Zeit. In Charakteristiken und Proben. 524 S., 31 Bildn., 7 Faks. Bln: Paetel 1921
25 Die Pulververschwörung 1603–1606. 64 S. Lpz: Dt. Verl (= Geschichten aus der Geschichte 9) 1922
26 Zwischen Sumpf und Firmament. Novellen. 215 S. Mchn: Paetel 1922
27 Abenteuer der Seele. Novelletten. Nachw. K. Neurath. 78 S. Lpz: Reclam (= Reclam's UB. 6400) (1923)
28 Des Geliebten doppelte Gestalt. Roman. 190 S. Bln: Scherl 1923
29 Blausäure. Ein Schuß im Wiener Wald. Kriminal-Novellen. 194 S. 16° Bln: Sieben Stäbe-Verl.- u. Druckerei-Ges. (1929)
30 (Hg.) Die deutsche Literatur unserer Zeit. In Charakteristiken und Proben. 528 S., 60 Abb. Bln: Franke (1933)
 (Verm. Neuaufl. v. Nr. 24)
31 Gabriele Bach. Roman einer Deutschen in Paris. 343 S. Bln: Neff 1935
32 Die Tänzerin und der Blinde. 63 S. Bln (:Limpert) (= Volkstümliche Fünfundzwanzig-Pfennig-Bücherei 11) 1935
33 Feldherr in fremdem Dienst. Schicksale des Grafen Matthias von der Schulenburg. Historische Erzählung. 93 S., 5 Abb. Lpz: Möhring (= Bücherstube 11) 1936
34 Die junge Cosima. Roman. 351 S. Lpz: Janke 1937
35 Forsthaus Ellermoor. 240 S. Dresden (:Seyfert) (= Münchmeyers Frauenroman) (1937)
36 Verzicht und Vollendung. Roman. 317 S. Bln: Steuben-Verl. 1941
37 Zwei Welten um Pia. 44 S. 4° Bln: Aufwärts-Verl. (= Jede Woche ein Roman! 439) (1941)
38 (MÜbs.) Śūdraka: Vasantasena. Schauspiel vom König Schûdraka. Aus dem ind. Urtext übs. und f. d. Bühne bearb. Herta u. K. Martens. 119 S. Bln: Die Drehbühne (Ms.) (1943)

Marti, Hugo (+ Bepp) (1893–1937)

1 Beiträge zu einem vergleichenden Wörterbuch der deutschen Rechtssprache, auf Grund des Schweizerischen Zivilgesetzbuches. 74 S. Bern: Haupt 1921
2 Das Haus am Haff. Erzählung. 164 S. Basel: Orell Füßli (1922)
3 Das Kirchlein zu den sieben Wundern. 195 S. Basel: Orell Füßli (1922)
4 Wortregister zum Schweizerischen Zivilgesetzbuch. III, 54 S. Bern: Haupt 1922
5 Balder. Sieben Nächte. 157 S. Basel: Orell Füßli (1923)

6 Ein Jahresring. Roman. 186 S. Basel: Orell Füßli (1925)
7 Der Kelch. Gedichte. 49 S. Basel: Orell Füßli (= Gedichtbände der neuen Schweiz) (1925)
8 Rumänisches Intermezzo. 159 S. Bern: Francke 1926
9 Rumänische Mädchen. Zwei Novellen. 130 S. Bern: Francke 1928
10 +Vierzig Notizblätter. (S.-A.) 104 S. Bern: Pochon-Jent 1928
11 Rainer Maria Rilke – Henrik Ibsen. Zwei Reden. 16 S. Bern: Francke (= Schriften der Freistudentenschaft Bern 3) 1928
12 Die Universität Bern. 95 S. m. Abb., Taf. u. Anh. Küßnacht: Linder 1932
13 Die Hundertjahrfeier der Universität Bern. Ein Bericht. 79 S. m. Taf. Bern: Haupt (1934)
14 Davoser Stundenbuch. 126 S. Bern: Francke 1935
15 Rudolf von Tavel. Leben und Werk. 292 S. m. Abb. u. Faks. Bern: Francke 1935
16 Der Jahrmarkt im Städtlein. Der fahrende Schüler. Die beiden Gaukler. Drei Erzählungen. 62 S. (Basel, Bern:) Verl. ,,Gute Schriften" (= Gute Schriften Bern 187) 1937
17 Eine Kindheit. 95 S. Bern: Francke (1938)

MARWITZ, Roland (+Hans Malow) (1896–1961)

1 Post von drüben. Roman. 224 S. Bln: Schützen-Verl. (= BVZ-Bücherei 19) 1936
2 Die nächste trifft ins Herz. Roman. 284 S. Oldenburg: Ritter-Verl. 1937
3 In der Hauptrolle Charlotte Lenz. 40 S. 4° Bln: Aufwärts-Verl. (= Jede Woche ein Roman! 263) (1938)
4 Alle Frauen sind dein. Roman. 317 S. Bln: Kranich-Verl. 1939
5 Wiedersehen in Venedig. Roman. 303 S. Bln: Kranich-Verl. 1940
6 ,,Morgen müssen Sie mich heiraten..." 299 S. Böhm.-Leipa: Kaiser 1941
7 Wer war Sagitta? Roman. 71 S. m. Abb. Bln: Wiking-Verl. (= Die neue Bücherei 4) (1942)
8 Nachklang. Gedichte. 33 S. Mchn: Drei-Fichten-Verl. 1946
9 Dänische Ballade. Drama. 50 S. Mchn: Drei Fichten-Verl. 1948
10 Der Funker der ,,Titanic". 32 S. m. Abb. (Hbg:) Nannen (= Die bunten Hefte 5) 1948
11 Tanz im Thermidor. Eine Komödie. 67 S. Mchn: Drei Fichten-Verl. 1948
12 Celia im Spiegel. Roman. 230 S. Klagenfurt: Buchgemeinschaft Alpenland 1949
13 Das Lächeln der Welt. Roman. 218 S. Klagenfurt: Kaiser 1949
14 +Mein Leben gehört Dir. 15 S. 4° Lübeck: Antäus-Verl. (= Der neue Roman 4) (1949)
15 Romanze um Maya. Roman. 272 S. Bonn: Schroeder 1950
16 Die Landpartie. 24 S. m. Abb. Gütersloh: Rufer-Verl. (= Dein Leseheft 195) 1957

MATTHIES, Kurt (*1901)

1 (Hg.) Das kleine Gedichtbuch. Lyrik von heute. 63 S. Mchn: Langen-Müller (= Kleine Bücherei 30) (1934)
2 (Hg.) Die festliche Weltreise des Dichters Dauthendey. Auswahl aus seinen Werken. 58 S. Mchn: Langen-Müller (= Kleine Bücherei 51) 1935
3 Literarische Begegnungen. 101 S. Hbg: Hanseat. Verl.-Anst. (= Hanseaten-Bücherei) (1941)
4 (Hg.) Das kleine Gedichtbuch. Lyrik von heute. 71 S. Mchn: Langen-Müller (= Die kleine Bücherei 30) 1942
   (Erw. Neuausg. v. Nr. 1)
5 (Hg.) J. W. v. Goethe: Aus den Gedichten. 87 S. Hbg: Stromverl. 1947
6 (Hg.) H. Heine: Lieder und Romanzen. 47 S. Hbg: Stromverl. 1947

7   Ich hörte die Lerchen singen. Ein Tagebuch aus dem Osten. 1941/45. 280 S. Mchn: Kösel 1956
8   Zwischen Stund und Stunde. Gedichte. 77 S. Mchn: Kösel 1957
9   Summe des Wanderns. 206 S. Mchn: Kösel 1959

Matthisson, Friedrich von (1761–1831)

1   Lieder. 56 S. Breslau, Dessau: Nauck; Lpz: Wienbrack 1781
2   Reliquien eines Freidenkers. 88 S. 12⁰ Bln: Hesse 1781
3   Die glückliche Familie. Ein Schauspiel. Dessau 1783
4   Gedichte. 71, 2 S. Mannheim: Neue Hof- u. akad. Buchh. 1787 (Neuaufl. v. Nr. 1)
5   Briefe. 2 Bde. 240; XIV, 216 S. Zürich: Orell 1795
6   Alins Abentheuer. 50 S., 1 Ku. 4⁰ Tüb: Cotta 1799
7   Basreliefs am Sarkophage des achtzehnten Jahrhunderts. 8 S. 4⁰ Tüb: Cotta 1799
8   Nachtrag zu Matthissons Gedichten. 92 S. m. Bildn. Zürich: Orell Füßli 1799
9   Briefe. 2 Bde. Zürich: Orell 1802 (Verb. Neuaufl. v. Nr. 5)
10 (Hg.) Lyrische Anthologie. 20 Bde. Zürich: Orell 1803–1807
11 Erinnerungen. 3 Bde. Zürich: Orell 1810–1816
12 Das Dianenfest bei Bebenhausen. VIII, 38 S. 7 S. m. Ku. u. Musikbeil. 4⁰ Zürich: Orell 1813
13 Sämmtliche Werke. 8 Bde. m. Ku. Wien: Gräffer & Härter 1815–1818
14 *Lebensabriß des höchstseligen Königs Friedrich von Württemberg ... 22 S. 4⁰ Stg: Mäntler 1816
15 Selbstbiographie. 93 S. Wien: Härter 1818
16 Gedichte. Ausgabe letzter Hand. 1 Bl., 288 S., 1 Bl. Zürich: Orell Füßli 1821
17 Schriften. Ausgabe letzter Hand. 9 Bde. m. Bildn. 12⁰ Zürich: Orell Füßli 1825–1833
18 Litterarischer Nachlaß nebst einer Auswahl von Briefen seiner Freunde. Hg. F. R. Schoch. 4 Bde. Bln: Mylius 1832

Mauthner, Fritz (1849–1923)

1   Kein Gut, kein Mut. Proverbe. 20 S. Bln: Kühling (= Theater-Mappe) 1877
2   Nach berühmten Mustern. Parodistische Studien. 2 Bde. 93, 95 S. Stg: Spemann (Bd. 1) bzw. Bern: Frobeen (2) (1878–1880)
3   Einsame Fahrten. Plaudereien und Skizzen. 126 S. Lpz: Senf 1879
4   Vom armen Franischko. Kleine Abenteuer eines Kesselflickers. 103 S. Dresden: Minden 1879
5   Kleiner Krieg. Kritische Aufsätze. 144 S. Lpz: Senf 1879
6   Die Sonntage der Baronin. Novellen. 344 S. Zürich: Schmidt 1881
7   Der neue Ahasver. Roman aus Jung-Berlin. 2 Bde. 634 S. Dresden: Minden (1882)
8   Dilettanten-Spiegel. Travestie nach Horazens Ars poetica. 102 S. Dresden: Minden (1883)
9   Gräfin Salamanca. Eine oberkärntner Sage. 68 S. 16⁰ Klagenfurt: Leon (= Kärntner Volksbücher) 1884
10 Xanthippe. 263 S. Dresden: Minden 1884
11 Aturen-Briefe. 216 S. Dresden: Minden (1885)
12 Berlin W. Drei Romane. 3 Bde. Dresden: Minden 1886–1890
    1. Quartett. Roman. 434 S. 1886
    2. Die Fanfare. Roman. 463 S. (1888)
    3. Der Villenhof. Roman. 447 S. 1890
13 Credo. Gesammelte Aufsätze. 304 S. Bln: Heine 1886
14 Der letzte Deutsche von Blatna. Erzählung. 296 S. Dresden: Minden (1887)
15 Von Keller zu Zola. Kritische Aufsätze. 153 S. Bln: Heine 1887

16 Schmock oder Die literarische Karriere der Gegenwart. Satire. 62 S. 12⁰ Bln: Lehmann 1888
17 Die erste Bank. Kleine Schul- und Feriengeschichten. 149 S. Glogau: Flemming 1889
18 (Hg.) Deutschland. Wochenschrift für Kunst, Litteratur, Wissenschaft und soziales Leben. 2 Jge. 52, 13 Nrn. 4⁰ Glogau, Bln: Lehmann 1889–1890
19 Der Pegasus. Eine tragikomische Geschichte. 444 S. Dresden: Minden 1889
20 Bekenntnisse einer Spiritistin (Hildegard Nilson). 148 S. Bln: Conitzer (= P. v. Schönthan's Mark-Bibliothek 2) 1891
21 Zehn Geschichten. 331 S. Bln, Lpz: List 1891
22 Glück im Spiel. Eine Selbstmordgeschichte. 142 S. Dresden: Minden 1891
23 (MH) Das Magazin für Litteratur. Hg. F. M. u. O. Neumann-Hofer. Jg. 60–61, je 52 Nrn. 4⁰ Bln: Union 1891–1892
24 Hypatia. Roman aus dem Altertum. 248 S. Stg: Cotta (1892)
25 Lügenohr. Fabeln und Gedichte in Prosa. 144 S. Stg: Cotta 1892
26 Tote Symbole. 46 S. Kiel: Lypsius (= Deutsche Schriften für Literatur und Kunst II, 1) 1892
27 Zum Streit um die Bühne. Ein Berliner Tagebuch. 52 S. Kiel: Lipsius (= Deutsche Schriften für Literatur und Kunst II, 5) 1893
28 Der Geisterseher. Humoristischer Roman. 300 S. Bln: Verein der Bücherfreunde (= Veröffentlichungen des Vereins der Bücherfreunde, Jg. 3, Nr. 6) 1894
29 Kraft. Roman. 2 Bde. 530 S. Dresden: Minden (1894)
30 Aus dem Märchenbuch der Wahrheit. 174 S. Stg: Cotta 1896
    (Verm. Neuaufl. v. Nr. 25)
31 Die bunte Reihe. Berliner Roman. 427 S. Mchn: Langen 1896
32 Die böhmische Handschrift. Roman. 245 S. Mchn: Langen 1897
33 Der wilde Jockey und anderes. 147 S. 12⁰ Mchn: Langen (= Kleine Bibliothek Langen 12) 1897
34 Nach berühmten Mustern. Parodistische Studien. Gesamtausgabe. 198 S. Stg: Union 1897
35 Der steinerne Riese. Eine fast wahre Geschichte. 210 S. Dresden: Minden 1897
36 Beiträge zu einer Kritik der Sprache. 3 Bde. Stg: Cotta 1901–1902
    1. Sprache und Psychologie. 657 S. 1901
    2. Zur Sprachwissenschaft. 735 S. 1901
    3. Zur Grammatik und Logik. 666 S. 1902
37 Aristoteles. 73 S., 12 Taf., 1 Kt. Bln: Bard & Marquardt (= Die Literatur 2) 1904
38 Spinoza. 76 S., 5 Taf., 1 Faks. Bln: Schuster & Loeffler (= Die Dichtung 43) 1906
39 Totengespräche. 127 S. Bln: Schnabel 1906
40 Die Sprache. 120 S. Ffm: Lit. Anst. (= Die Gesellschaft 9) 1907
41 Wörterbuch der Philosophie. Neue Beiträge zu einer Kritik der Sprache. 2 Bde. XCVI, 586; 664 S. Mchn: Müller 1910–1911
42 Schopenhauer. VII, 129 S. Mchn: Müller 1911
43 (Hg.) Bibliothek der Philosophen. Bd. 1.–12. 15. 16. 18. 15 Bde. Mchn: Müller 1912–1920
44 (Hg.) Jacobi's Spinoza-Büchlein. Nebst Replik und Duplik. XXVII, 344 S. Mchn: Müller (= Bibliothek der Philosophen 2) 1912
    (Bd. 2 v. Nr. 43)
45 (Hg.) Agrippa von Nettesheim: Die Eitelkeit und Unsicherheit der Wissenschaften und die Verteidigungsschrift. 2 Bde. LIV, 322; VII, 294 S. Mchn: Müller (= Bibliothek der Philosophen 5, 8) 1913
    (Bd. 5 u. 8 v. Nr. 43)
46 Der letzte Tod des Gautama Buddha. VII, 171 S. Mchn: Müller 1913
47 Gespräche im Himmel und andere Ketzereien. XII, 297 S. Mchn: Müller 1914
48 (Hg.) O. F. Gruppe: Philosophische Werke. I. Antäus. XXXV, 534 S. Mchn: Müller (= Bibliothek der Philosophen 12) 1914
    (Bd. 12 v. Nr. 43)
49 Der goldene Fiedelbogen. Zwei Novellen aus Böhmen. 109 S. Konstanz: Reuß & Itta (= Rheinborn-Bücher 8) (1917)

50 Erinnerungen. Bd. 1: Prager Jugendjahre. 349 S. Mchn: Müller 1918
51 Ausgewählte Schriften. 6 Bde. Stg: Dt. Verl.-Anst. (1919)
52 Der Atheismus und seine Geschichte im Abendlande. 4 Bde. Stg: Dt. Verl.-Anst. 1920–1923
53 Muttersprache und Vaterland. 73 S. Lpz: Dürr & Weber (= Zellenbücherei 38) 1920
54 Die drei Bilder der Welt. Ein sprachkritischer Versuch. Aus dem Nachlaß hg. M. Jacobs. XII, 170 S. Erlangen: Weltkreis-Verl. 1925
55 Gottlose Mystik. 130 S. Dresden: Reißner (= Schöpferische Mystik) (1925) (Enth. u. a. Ausschn. a. Nr. 41, 46, 52)

May, Karl (1842–1912)

1 (MV) K. M. u. F. C. v. Wickede: Im fernen Westen. Zwei Erzählungen aus dem Indianerleben für die Jugend. 195 S., 4 Abb. Nürnberg: Neugebauer 1879
2 (MV) (C. Bach: Ein stolzes Herz. – K. M.:) Die Wüstenräuber. 408 S. Köln: Bachem (= Bachem's Roman-Sammlung) 1885
3 (MV) K. M. u. F. C. v. Wickede: Jenseits der Felsengebirge. Zwei Erzählungen aus dem fernen Westen für die Jugend. 164 S., 4 Abb. Reutlingen: Bardtenschlager 1889 (Neuaufl. v. Nr. 1)
4 Das Goldlager. Erzählung aus dem fernen Westen. 64 S. 12⁰ Reutlingen: Bardtenschlager 1890
5 Der Hauptmann der deutschen Ansiedler. Erzählung aus dem Westen. 62 S. 12⁰ Reutlingen: Bardtenschlager 1890
6 Die Helden des Westens. Bd. 1: Der Sohn des Bärenjägers. 448 S., 16 Abb. Stg: Union 1890
7 Der gerechte Richter. Erzählung. 64 S. 12⁰ Reutlingen: Bardtenschlager 1890
8 Verwegene Thaten. Erzählung aus dem Seeleben. 64 S. 12⁰ Reutlingen: Bardtenschlager 1890
9 An den Ufern des Ohio oder Der erste Ansiedler in Kentucky. Geschichtliche Erzählung. 64 S. 12⁰ Reutlingen: Bardtenschlager 1890
10 Das blau-rote Methusalem. 546 S., 17 Abb. Stg: Union 1892
11 Gesammelte Reiseromane. 15 Bde. 12⁰ Freiburg/Br.: Fehsenfeld 1892–1895
 1. Durch Wüste und Harem. Reiseerlebnisse. 634 S. 1892
 2. Durchs wilde Kurdistan. 639 S. 1892
 3. Von Bagdad nach Stambul. 644 S. 1892
 4. In den Schluchten des Balkan. 607 S. 1893
 5. Durch das Land der Skipetaren. Reiseerlebnisse. 597 S. 1893
 6. Der Schut. 646 S. 1893
 7. 8. 9. Winnetou, der rote Gentleman. 3 Bde. 1892 u. 1893
 10. Orangen und Datteln. Reisefrüchte aus dem Orient. 665 S. 1893
 11. Am Stillen Ocean. Reiseerlebnisse. 584 S. 1894
 12. Am Rio de la Plata. Reiseerlebnisse. 676 S. 1894
 13. In den Cordilleren. Reiseerlebnisse. 584 S. 1894
 14. 15. Old Surehand. Reiseerlebnisse. 2 Bde. 1291 S. 1895
12 Tekumseh, der große Häuptling der Cherokees. 63 S. 12⁰ Stg: Bardtenschlager 1892
13 (Bearb.) G. Ferry: Der Waldläufer. 208 S., 4 Abb. 4⁰ Stg: Bardtenschlager 1893
14 Die Sklavenkarawane. 493 S., 16 Abb. Stg: Union 1893
15 Die Rose von Kaïrwan. Erzählung aus drei Erdtheilen. 352 S. Osnabrück: Wehberg 1894
16 Der Schatz im Silbersee. 521 S., 16 Abb. Stg: Union 1894
17 Reiseerzählungen. 15 Bde. Freiburg/Br.: Fehsenfeld 1895–1904
 16. 17. 18. Im Lande des Mahdi. 3 Bde. 639, 587, 572 S. 1895–1896
 19. Old Surehand. Reiseerlebnisse. 567 S. 1897
 (Forts. v. Nr. 11, Bd. 14–15)
 20. 21. 22. Satan und Ischariot. Reiseerlebnisse. 3 Bde. 551, 540, 617 S. 1897
 23. Auf fremden Pfaden. Reiseerlebnisse. 599 S. 1897

    24. Weihnacht. Reiseerzählung. 624 S. 1897
    25. Am Jenseits. Reiseerlebnisse. 595 S. 1897
    26. 27. 28. 29. Im Reiche des silbernen Löwen. Reiseerlebnisse. 4 Bde. 624, 628, 636, 645 S. 1898–1903
    30. Und Friede auf Erden. 660 S. 1904
    (Forts. v. Nr. 11)
18 Das Vermächtnis des Inka. 547 S., 16 Abb. Stg: Union 1895
19 Der Ölprinz. Erzählung. 559 S., 16 Abb. Stg: Union (1898)
20 Der schwarze Mustang. 344 S. m. Abb. 12° Stg: Union (= Kamerad-Bibliothek 1) (1899)
21 Himmelsgedanken. Gedichte. 364 S. Freiburg/Br.: Fehsenfeld 1900
22 Der Fürst der Bleichgesichter. Roman. 2 Tle. 528, 544 S. m. Abb. Dresden: Münchmeyer 1901
23 Die Königin der Wüste. Roman. 623 S. m. Abb. Dresden: Münchmeyer 1901
24 Eine deutsche Sultana. Roman. 614 S. m. Abb. Dresden: Münchmeyer 1901
25 Wanda. Novelle. 230 S. Dresden: Münchmeyer 1901
26 Der Engel der Verbannten. Roman. 800 S. m. Abb. Dresden: Münchmeyer 1902
27 Humoresken und Erzählungen. 235 S. Dresden: Münchmeyer 1902
28 Illustrierte Werke. 5 Serien, 25 Bde. Dresden: Müchmeyer 1902–1905
29 Erzgebirgische Dorfgeschichten. Erstlingswerke. Bd. 1. 648 S. Dresden: Belletrist. Verl. 1903
30 Babel und Bibel. Arabische Fantasia in zwei Akten. 203 S. Freiburg/Br.: Fehsenfeld 1906
31 Illustrierte Reiseerzählungen. 30 Bde. m. Abb. Freiburg/Br.: Fehsenfeld 1907–1912
    (Neuausg. v. Nr. 11 u. 17)
32 Abdahn Effendi. Reiseerzählung. 102 S. Stg: Neues literar. Inst. (= Bibliothek Saturn 3–4) 1909
33 Der Dukatenhof. Erzgebirgische Dorfgeschichte. 90 S. m. Abb. Graz: Styria (= Volksbücherei 215–216) 1909
34 Gesammelte Reiseerzählungen. 3 Bde. Freiburg/Br.: Fehsenfeld 1909–1910
    31. 32. Ardistan und Dschinnistan. 2 Bde. 603, 652 S. 1909
    33. Winnetou. Bd. 4. 624 S. 1910
        (Bd. 33. Forts. v. Nr. 11, Bd. 7–9)
    (Forts. v. Nr. 17)
35 Mein Leben und Streben. Selbstbiographie. Bd. 1. VII, 320 S. Freiburg/Br.: Fehsenfeld 1910
36 Schamah. Reiseerzählung. 80 S. m. Abb. Stg: Neues literar. Inst. (= Bibliothek Saturn 7) 1911
37 Gesammelte Werke. 70 Bde. Radebeul b. Dresden (ab Bd. 66 Bamberg): Karl May Verl. 1913–1960

MAYER, Karl Friedrich Hartmann (1786–1870)

1 Lieder. XVI, 320 S. Stg: Cotta 1833
2 Gedichte. XIII, 464 S. Stg: Cotta 1839
    (Verm. Neuaufl. v. Nr. 1)
3 (Hg.) N. Lenau: Briefe an einen Freund. Hg. mit Erinnerungen an den Verstorbenen. XV, 203 S. Stg: Mäcken 1853
4 Gedichte. 557 S. Stg: Cotta 1864
    (Verm. Neuaufl. v. Nr. 2)
5 Ludwig Uhland, seine Freunde und Zeitgenossen. Erinnerungen. 2 Bde. X, 274; XII, 274 S. Stg: Krabbe 1867

MECHOW, Karl Benno von (1897–1960)

1 Das Abenteuer. Ein Reiterroman aus dem großen Krieg. 254 S. Mchn: Langen 1930

2 Das ländliche Jahr. Roman. 367 S. Mchn: Langen (1930)
3 (Einl.) Unsere Pferde. Ein Buch von Roß und Reiter. Unter Mitarb. v. H. A. Aschenborn (u. a.) 186 S. m. Taf. Bln: Safari-Verl. (1931)
4 Der unwillkommene Franz. Erzählung. 53 S. Mchn: Langen-Müller (= Die kleine Bücherei 12) (1933)
5 (Einl.) H. v. Heiseler: Wawas Ende. Ein Dokument. 59 S. Mchn: Langen-Müller (= Die kleine Bücherei 19) 1933
6 Reiter im Krieg. Bes. H. Langenbucher. 63 S. Mchn: Langen-Müller (= Die deutsche Folge 6) (1933)
7 (MH) Das Innere Reich. Zeitschrift für Dichtung, Kunst und deutsches Leben. Hg. P. Alverdes u. K. B. v. M. 10 Jge. Mchn: Langen-Müller 1934-1944
8 Sorgenfrei. Erzählung. 55 S. Mchn: Langen-Müller (= Die kleine Bücherei 36) (1934)
9 Vorsommer. Roman. 341 S. Mchn: Langen-Müller (1934)
10 Das ländliche Jahr. 284 S. Mchn: Langen-Müller 1935
 (Umarb. v. Nr. 2)
11 Ernte. Erzählungen aus dem Kreislauf eines ländlichen Jahres. 85 S. m. Abb. Köln: Bachem (= Rheingold) (1936)
 (Ausz. a. Nr. 10)
12 Leben und Zeit. Aus dem Land Oberdonau. Ein Erinnerungsbuch. 150 S. Freiburg: Herder (1938)
13 (Einl.) Kamerad Pferd. Ein Buch von Roß und Reiter. Unter Mitarb. v. H. A. Aschenborn (u. a.) hg. K. Gundelach. 180 S., 16 Bl. Abb. Bln: Safari-Verl. 1940
14 Novelle auf Sizilien. 48 S. Mchn: Langen-Müller (= Die kleine Bücherei 130) 1941
15 Glück und Glas. Erzählung. 79 S. Jena. Diederichs 1942
16 Der Mantel und die Siegerin. 152 S. Jena: Diederichs 1942
17 Auf dem Wege. Eine Erzählung. 82 S. Freiburg: Herder 1956

MECKAUER, Walter (1889–1966)

1 (Hg.) Die Bergschmiede. Novellen schlesischer Dichter. 91 S. Konstanz, Lpz: Hesse & Becker (= Die Zeitbücher 41) (1916)
2 Der Intuitionismus und seine Elemente bei Bergson. Eine kritische Untersuchung. XIV, 160 S. Lpz: Meiner 1917
3 (Hg.) Das Theater in Breslau und Theodor Loewe 1892-1917. Beiträge deutscher Dichter und Künstler. 132 S., 1 Bildn. Dresden: Minden (1927)
4 (Hg.) Der Höllenfahrer. Novellen schlesischer Dichter. Tl. 2. 84 S. Konstanz, Lpz: Hesse & Becker (= Zeitbücher 83) (1918)
 (Forts. v. Nr. 1)
5 Der heimliche Sinn. Zwei lyrische Zyklen. 55 S. Konstanz: Reuß & Itta (1918)
6 Genosse Fichte. Politisches Satyrspiel in drei Akten. 61 S. Lpz: Vieweg 1919
7 (MV) Begegnungen mit einem Faun v. W. M., und andere Novellen v. M. R. Schenk. 79 S. Lpz: Vieweg (= Sternenreiterdruck 1) (1920)
8 Wesenhafte Kunst. Ein Aufbau. 64 S. Mchn: Delphin-V. (1920)
9 Der blonde Mantel. Drama. (o. O.: Norddt. Verl. f. Literatur und Kunst) (1920)
10 Herr Eßwein und der Rauch vor dem Walde. Ein tragikomisches Bilderbuch. 107 S. m. Abb. Breslau: Schles. Buchdr.- u. Verl.-Ges. 1921
11 Das glückhafte Schiff. (o. O.: Drei-Masken-Theaterverl.) (1921)
12 Krieg der Frauen. Komödie. (o. O.: Drei-Masken-Theaterverl.) (1926)
13 Die Bücher des Kaisers Wutai. Roman. Geleitwort. O. Loerke. 283 S. Bln: Dt. Buchgem. 1928
14 Schule der Erotik. Bln (: Gordon) Tribüne (1928)
15 Joschke zieht ins Feld. Bln (1932)
16 Man wundert sich über Ulrike. 40 S. 4° (Bln: Aufwärts-Verl.) (= Jede Woche ein Roman! 66) (1933)
17 L'écrivain compositeur. Petite comédie. Nice: Musicales 1939

18 Cupid under the whig. Los Angeles: Bachenheimer 1941
19 (Übs.) M. Pensa: Das deutsche Denken. Untersuchung über die Grundformen der deutschen Philosophie. 416 S. Erlenbach-Zürich: Rentsch (1948)
20 Wolfgang und die Freunde. New York: Staatszeitung 1949
21 Die Sterne fallen herab. Roman. 469 S. Mchn: Langen-Müller 1952
22 Der ewige Kalender. Altdeutsche Lebensweisheit oder Der alten Deutschen Laien-Brevier ... nach-, um- und neugedichtet und an den Tag gegeben. Geleitw. C. F. W. Behl. 253 S. Mchn: Langen-Müller 1953
23 Venus im Labyrinth. Roman. 316 S. Hattingen/Ruhr: Hundt 1953
24 Der Apfel fällt nicht weit vom Tell. Komödie. (o. O.: Drei-Masken-Verl.) (1954)
25 Mein Vater Oswald. Erzählung. Nachw. G. Pohl. 75 S. Stg: Reclam (= Reclam's UB 7856) 1954
26 (Hg.) F. Kempner: Die Nachtigall im Tintenfaß. Die erste originalgetreue Sammlung schönster Gedichte der schlesischen Nachtigall. 191 S. Mchn: Pohl 1956
27 Der Lebenspsalm. 32 S. qu. 8° Krefeld, Baden-Baden: Agis-Verl. (1957)
28 Viel Wasser floß den Strom hinab. Roman. 280 S. Mchn: Bergstadtverl. Korn 1957
29 Gassen in fremden Städten. Roman aus meinem Leben. 226 S. Mchn: Bergstadtverl. Korn 1959
30 Walter Meckauer. Mensch und Werk. Hg. J. Zeuschner. 38 S., 2 Bl. Abb., 1 Titelb. Mchn: Bergstadtverl. Korn 1959
31 Das Reich hat schon begonnen. Ein Spiel von der Ohnmacht der Macht. Mchn: Kaiser (1959)
32 Fremde Welt. 31 S. Karlsruhe: Der Karlsruher Bote (= Der Karlsruher Bote) (1959)
33 Heroisches Tagebuch. Aufzeichnungen eines Zivilisten zwischen Mittelmeer und Atlantik während der Schlacht um Frankreich 1940. 32 S. Karlsruhe: Der Karlsruher Bote 1960

MEHRING, Walter (*1896)

1 Einfach klassisch! Schall und Rauch. Eine Orestie mit glücklichem Ausgang. Ein Puppenspiel. 31 S., 3 Abb. Bln: Fürstner (1919)
2 Das politische Cabaret. Chansons, Songs, Couplets. 100 S. m. Abb. Dresden: Kaemmerer 1920
3 Das Ketzerbrevier. Ein Kabarettprogramm. 130 S. Mchn: Wolff 1921
4 Wedding-Montmerte in zehn Chansons. 29 S. m. Titelb. Bln-Wilmersdorf: Meyer 1922
5 In Menschenhaut, aus Menschenhaut, um Menschenhaut herum. Phantastika. 212 S. m. Abb. Potsdam: Kiepenheuer 1924
6 Europäische Nächte. Eine Revue in drei Akten und zwanzig Bildern. 112 S. m. Abb. Bln: Rowohlt 1924
7 Neubestelltes abenteuerliches Tierhaus. Eine Zoologie des Aberglaubens der Mystik und Mythologie vom Mittelalter bis auf unsere Zeit. 142 S. Potsdam: Kiepenheuer 1925
8 Westnordwestviertelwest oder Über die Technik des Seereisens. 78 S. m. Abb. Bln: Rowohlt 1925
9 Algier oder Die dreizehn Oasenwunder. 174 S. m. Abb. Bln: Verl. Die Schmiede (1927)
10 Paris in Brand. Roman. 239 S. Bln: Knaur (1927)
11 Die Gedichte, Lieder und Chansons. 255 S. Bln: Fischer (1929)
12 Der Kaufmann von Berlin. Ein historisches Schauspiel aus der deutschen Inflation. 165 S. Bln: Fischer (1929)
13 Arche Noah S. O. S. Neues trostreiches Liederbuch. 154 S. Bln: Fischer 1931
14 (Bearb.) J. Offenbach: Die Großherzogin von Gerolstein. Buffo-Oper v. H. Meilhac u. L. Halévy. Text. 32 S. Bln: Bote & Bock (1931)
15 Und Euch zum Trotz. Chansons, Balladen und Legenden. 125 S., 9 Abb. Paris: Europ. Merkur 1934

16 Müller. Chronik einer deutschen Sippe. Roman. 222 S. Wien: GSUR (1935)
17 Die Nacht des Tyrannen. Roman. 121 S. Zürich: Oprecht 1937
18 No road back. XXII, 163 S., 1 Abb. New York: Curl 1937
19 Arche Noah SOS. Alte und neue Gedichte, Lieder und Chansons. 162 S. Hbg:Rowohlt1951
 (Verm. Neuaufl. v. Nr. 13)
20 The lost library. 290 S. New York: Bobbs-Merrill 1951
21 Die verlorene Bibliothek. Autobiographie einer Kultur. 243 S. Hbg: Rowohlt 1952
 (Übs. v. Nr. 20)
22 (MV) Paul Klee. Text W. M. 32 S., 52 Taf. Bern: Scherz (= Scherz Kunstbücher) 1956
23 Verrufene Malerei. Von Malern, Kennern und Sammlern. Berichte aus Paris, New York, Florenz. 202 S., 20 Bl. Abb. Zürich: Diogenes-Verl. (= Atelier) 1958
24 Berlin, Dada. Eine Chronik mit Photos und Dokumenten. 100 S., 1 Titelb. Zürich: Arche (= Sammlung Horizont) 1959
25 Morgenlied eines Gepäckträgers. Hg. F. Rasche. 63 S. m. Abb. qu. 8° Hannover: Fackelträger-Verl. 1959

MEICHSNER, Dieter (*1928)

1 Versucht's noch mal mit uns. 204 S. Hbg, Stg: Rowohlt 1948
2 Weißt Du, warum? 185 S. Hbg: Rowohlt (= rororo-Taschenbuch-Ausgabe 54) 1952
3 Die Studenten von Berlin. Roman. 620 S. Hbg: Rowohlt 1954
4 ...und hätte der Liebe nicht. 32 S. qu. 8° Gelnhausen: Burckhardthaus-Verl. (1955)
5 Ein Leben. Hörspiel, vom Hessischen Rundfunk am 6. Januar 1958 ausgestrahlt. (S.-A.) S. 146–179. Ffm: Europ. Verl.-Anst. (1960)

MEIDNER, Ludwig (1884–1966)

1 Acht Köpfe. Lichtdrucke nach Zeichnungen. 8 Bl. 2° Bln: Juncker (1917)
2 (MV) Die neue Dichtung. Ein Almanach. IV, 157 S., 9 Abb. Lpz, Mchn: Wolff 1918
3 Im Nacken das Sternemeer. 82 S., 12 Taf. Lpz, Mchn: Wolff (1918)
4 Straßen und Cafés. Eine Mappe mit acht Lichtdrucken nach Zeichnungen. 3 S., 8 Taf. 2° Lpz: Wolff 1918
5 Septemberschrei. Hymnen, Gebete, Lästerungen. 77 S., 14 Abb. Bln: Cassirer 1920
6 Eine autobiographische Plauderei. 16 S., 1 Titelb., 32 Taf. Lpz: Klinkhardt & Biermann (= Junge Kunst 4) (1923)
7 Gang in die Stille. 79 S., 6 Taf. Bln: Euphorion-Verl. 1929
8 Hymnen und Lästerungen. Hg., eingel. H. M. Wingler. 63 S. Mchn: Langen-Müller (= Langen-Müllers kleine Geschenkbücher 91) 1959

MEIER, Herbert (*1928)

1 Ejiawanoko. Drei Südsee-Märchen. 16 Bl. m. Abb. 4° Zürich: Stauffacher 1953
2 Die Barke von Gawdos. Stück in drei Akten. 78 S. Zürich: Stauffacher 1954
3 Dem unbekannten Gott. Oratorium zum 125jährigen Jubiläum des Cäcilienvereins Solothurn. Musik A. Jenny. 31 S. Zürich: Arche 1956

MEINHOLD, Wilhelm (1797–1851)

 4 Siebengestirn. Gedichte. 48 S. Zürich: Arche (= Die kleinen Bücher der Arche 235–236) 1956
 5 (Übs.) G. Schehadé: Die Geschichte von Vasco. Ein Stück in sechs Bildern. 104 S. Ffm: Fischer (= theater von heute) 1958
 6 Ende September. Roman. 223 S. Einsiedeln: Benziger 1959

1 Gedichte. Lpz 1823
2 Vermischte Gedichte. 182 S. Coserow: Meinhold 1824
3 St. Ott, Bischof von Bamberg, oder: Die Kreuzfahrt nach Pommern. Ein romantisch-religiöses Epos in zehn Gesängen. XXX, 323 S. Greifswald: Koch 1826
4 Miniaturgemälde von Rügen und Usedom. 64 S. 4° Greifswald: Koch 1830
5 Proben geistlicher Lieder, größtentheils bei besonderen kirchlichen Veranlassungen gedichtet und als Gedenkbüchlein für Confirmanden zusgest. u. hg. IV, 15 S. Stralsund: Hausschildt 1834
6 Daß ein Dieb weder sich selbst noch die Seinigen liebt. Gelegenheitspredigt, am ersten heiligen Pfingsttage 1835 gehalten. 15 S. Lpz: Brockhaus (1835)
7 Gedichte. 2 Bde. IX, 164; VII, 158 S. Lpz: Brockhaus 1835
   (Verb. Neuaufl. v. Nr. 1)
8 Über den Fluch Gottes, der den Mörder schon auf dieser Erde trifft. Gelegenheitspredigt, am ersten heiligen Pfingsttage 1836 gehalten. 35 S. Lpz: Brockhaus (1836)
9 Humoristische Reisebilder von Usedom. Nebst einer Karte von Usedom. 232 S. Stralsund: Löffler 1837
10 Lieder für ehemalige Freiwillige zum fünfundzwanzigjährigen Jubelfeste der Schlacht bei Leipzig. 14 S. Stralsund: Löffler 1838
11 Schill. Eine poetische Festgabe zur fünfundzwanzigjährigen Jubelfeier der Schlacht bei Leipzig. VIII, 86 S., 1 Bildn. Pasewalk: Freyberg 1839
12 *Maria Schweidler, die Bernsteinhexe. Der interessanteste aller bisher bekannten Hexenprozesse; nach einer defecten Handschrift ihres Vaters, des Pfarrers Abraham Schweidler in Coserow auf Usedom, hg. X, 296 S., 1 Taf. Bln: Duncker & Humblot 1843
13 Athanasia oder Die Verklärung Friedrich Wilhelm des Dritten. Ein christlich-religiöses Gedicht. VIII, 252 S. Magdeburg: Heinrichshofen 1844
14 Gesammelte Schriften. 9 Bde. u. Suppl. Lpz: Weber (Bd. 8, 9 u. Suppl. Regensburg: Pustet) 1846–1859
15 Der alte deutsche Degenknopf, oder: Friedrich der Große als Kronprinz und sein Vater. Ein vaterländisch-historisches Schauspiel in fünf Aufzügen und in der Sprache des achtzehnten Jahrhunderts. – Wallenstein und Stralsund. Ein geschichtlich-historisches Schauspiel in fünf Aufzügen. 377 S. Lpz: Weber (= Gesammelte Schriften 2) 1846
   (Bd. 2 v. Nr. 14)
16 Sidonia von Bork, die Klosterhexe, angebliche Vertilgerin des gesammten herzoglich-pommerschen Regentenhauses. 3 Bde. m. 3 Bildn. Lpz: Weber (= Gesammelte Schriften 5–7) 1847–1848
   (Bd. 5–7 v. Nr. 14)
17 Die babylonische Sprachen- und Ideen-Verwirrung der modernen Presse, als die hauptsächliche Quelle der Leiden unserer Zeit. Ein freies Trutz- und Schutzwort... 62 S. Lpz: Weber 1848
18 (Hg.) Weissagung des Abtes Hermann von Lehnin um's Jahr 1234 über das Schicksale des Brandenburgischen Regentenhauses wie über den Beruf Friedrich Wilhelm IV. zum Deutschen Könige... (Nebent.: Vaticinium Lehninense, gegen alle, auch die neuesten Einwürfe gerettet, zum ersten Male metrisch übersetzt und commentiert) IV, 221 S. Lpz: Fritzsche 1849
19 Der getreue Ritter, oder: Sigismund Hager von und zu Altensteig und die Reformation. In Briefen an die Gräfin Julia von Oldofredi-Hager in Lemberg, Fortgesetzt von Aurel Meinhold. 2 Bde. VI, 432; VIII, 319 S. Regensburg: Pustet (= Gesammelte Schriften 8–9) 1852–1858
   (Bd. 8–9 v. Nr. 14)

20 Der Grenadier als General-Superintendent. Eine historische Familien-Anekdote. 20 S. Ducherow, Anklam: Verl. d. Bugenhagenstiftes, Lpz: Buchh. d. Vereinshauses (= Groschenbibliothek 1) 1884

MEISL, Karl (1775–1853)

1 Carolo Carolini, der Banditenhauptmann. Schauspiel in fünf Aufzügen, als Gegenstück zum Rinaldo Rinaldini nach dem Roman gleichen Namens frei bearb. 94 S. Wien: Schmidt 1801
2 Wilhelm Griskircher, der edle Wiener. Schauspiel mit Gesang in fünf Aufzügen ... 70 S. Wien: Schmidt 1804
3 Orpheus und Euridice, oder: So geht es im Olymp zu! Mythologische Karikatur in zwei Aufzügen ... 73 S. Wien: Tendler 1813
4 Er ist mein Mann. Szene aus dem Vendéekriege in einem Akt. Wien 1814
5 Die Kroaten in Zara. Militärisches Schauspiel in drei Akten. Wien 1814
6 Die Entführung der Prinzessin Europa, oder: So geht es im Olymp zu! Mythologische Karikatur in Knittelreimen mit Gesang in zwei Akten. 80 S. Wien: Wallishausser 1816
7 Amors Triumph. Allegorisches Gemälde mit Chören und Tänzen, in freien Versen und einem Aufzug. 15 S. Wien: Wallishausser 1817
8 Die Heirat durch die Güterlotterie. Lokales Lustspiel in einem Akt. 23 S. Wien: Wallishausser 1817
9 Die Frau Ahndl. Wien 1818
10 Der lustige Fritz, oder: Schlaf, Traum und Besserung. Märchen neuerer Zeit in zwei Akten. 84 S. Wien: Wallishausser 1819
11 *(MH) Humoristische Gedichte über die Stadt und die Vorstädte Wiens. Hg. F. X. K. Gewey u. K. M. Wien (= Komische Gedichte über die Vorstädte Wiens 5) 1820
12 Theatralisches Quodlibet oder sämtliche dramatische Beiträge für die Leopoldstädter (Bd. 9 u. 10: und Josephstädter) Schaubühne. 10 Bde. Pesth: Hartleben (Bd. 1–6) bzw. Wien: Mörschner & Jasper (7–10) 1820–1825 (Enth. u. a. Nr. 3, 4, 6, 8, 10, 18, 19, 20, 21, 22, 23, 25)
13 Die Fee aus Frankreich, oder: Liebesqualen eines Hagestolzen. Zauberspiel mit Gesang in zwei Akten. 75 S. Wien: Pichler 1822
14 (Hg.) Taschenbuch vom k. k. priv. Theater in der Leopoldstadt. 8 Jge. (9–14. 16. 17) Wien: Schmid 1822–1830
15 (MH) Humoristische Gedichte über Wien. Hg. F. X. K. Gewey u. K. M. 6 Bde. Wien: Geistinger 1824–1825
16 Neuestes theatralisches Quodlibet, oder dramatische Beiträge für die Leopoldstädter (Bd. 3 u. 4: und Josephstädter) Schaubühne. 4 Bde. Wien: Mörschner & Jasper (= Theatralisches Quodlibet 7–10) 1824–1825 (Bd. 7–10 v. Nr. 12)
17 Die Rettung durch die Sparkassa. Lokales Gemälde in drei Akten. 102 S. Wien: Strauß 1824
18 1723, 1823, 1923. Phantastisches Zeitgemälde in drei Akten. 71 S. Wien 1824
19 Die Witwe aus Ungarn. Lustspiel mit Arien und Chören, der Brockmannschen Witwe von Kecskemét frei nachgebildet, in zwei Akten. 66 S. Wien 1824
20 Arsena, die Männerfeindin. Zaubermärchen mit Gesang und Tanz in zwei Aufzügen. 66 S. Wien 1825
21 Arsenius, der Weiberfeind. Zaubermärchen mit Gesang und Tanz in zwei Akten nach dem Baliette von Vestris. 77 S. Wien 1825
22 Die Fee und der Ritter. Feenmärchen nach dem Vestrisschen Ballette gleichen Namens frei bearb. mit Gesang in zwei Akten. Wien: Wallishausser 1819
23 Das Gespenst in Krähwinkel. Posse mit Gesang in zwei Akten. 71 S. Wien 1825
24 Gisela von Bayern, erste Königin der Magyaren. Historisches Schauspiel in drei Akten. 55 S. Wien: Wallishausser 1825
25 Sechzig Minuten nach zwölf Uhr. Parodie der Melodramen in zwei Akten, mit Gesang und Tänzen. 64 S. Wien 1825

26 Österreichs Stern. Hymne ... 4 Bl. Wien: Strauß 1825
27 Das Reimspiel von Landeck. Gemälde österreichischer Untertanenliebe aus der Vorzeit in einem Akt. 31 S. Wien: Hirschfeld 1828
28 Gedicht in Nieder-Österreichischer Mundart. Bei der Entbindung der Frau Erzherzogin Sophie von einem Prinzen. Am 18. August 1830. 8 S. Wien: Sollinger 1830
29 Werthers Leiden. Wien 1830
30 Der Liebe Lohn. Festspiel mit Gesang und Tableaux in einem Akt. 24 S. Wien: Schade 1831
31 (MH) Taschenbuch vom k. k. priv. Theater in der Leopoldstadt. Hg. K. M. u. D. F. Reiberstorffer (Jg. 21–23) bzw. K. M. u. A. Schmidt (24–27). 7 Jge. Wien 1834-1840
32 Huldigungs-Lieder aus Tirol. 15 S. Innsbruck: Wagner (1838)
33 Des Wanderers Ziel. Allegorisches Vorspiel in einem Aufzug. 8 S. Wien: Wallishausser 1845
34 Politisches Evangelium für die neue Zeit Österreichs. 1 Bl. o. O. 1848
35 Der Kalife und sein Vezier. Zeitgemäßes Gedicht. 1 Bl. o. O. 1848
36 Politischer Katechismus eines neugebornen Österreichers. Wehklagen über das bestehende Gesetz, daß den Grundherrschaften die Verleihung von Gewerben übertragen ist. 1 Bl. o.O. 1848
37 Was ist gestern Neues in Wien geschehen? Morgengespräche eines wienerischen Balbiers mit seiner politischen Kundschaft. 1 Bl. o.O. 1848
38 Wie sieht es in Italien aus? 1 Bl. o.O. 1848
39 Eine Reihe von Kaiser-Liedern seit der glorreichen Thronbesteigung des Kaisers Franz Josef I. 20 S. Wien: Lell 1852
40 Gefühle und Gebete jedes echten Österreichers bei dem glücklich abgewendeten Attentate gegen Franz Josef I. 4 Bl. Wien: Schmidbauer & Holzwarth 1853
41 Ausgewählte Werke. Hg., eingel. O. Rommel. 2 Bde. XXII, 174; XII, 192 S. 16⁰ Teschen: Prochaska (= Deutsch-österreichische Klassiker-Bibliothek 10.35) 1909-1913

MEISSINGER, Karl August (1883–1950)

1 Sendschreiben an den Herrn Reichspräsidenten. Vom Geist der Paulskirche und dem Weg zum wahrhaften Deutschen Staat. 1848, 18. Mai, 1923. 16 S. 4⁰ Ffm: Englert & Schlosser (1923)
2 Das naturwissenschaftliche und das religiöse Weltbild und die Kantische Philosophie. Nach Vorträgen im Volksbildungsheim zu Frankfurt am Main. 47 S. Herborn: Oranien-Verl. 1923
3 Kant und die deutsche Aufgabe. Eine Handreichung zu Kants zweihundertstem Geburtstage. 101 S. Ffm: Englert & Schlosser 1924
4 Vergeistigung der Politik. 97 S. Ffm: Carolus-Druckerei (= Volk im Werden 4) 1924
5 (MH) Frankfurter Schul-Almanach. Hg. K. A. M. u. W. Fronemann. Jg. 1. XCVI, 112 S. m. Abb. Ffm: Englert & Schlosser 1926
6 Friedrich List, der tragische Deutsche. 334 S., 8 Taf. Lpz: List 1930
7 (MV) F. Dessauer u. K. A. M.: Befreiung der Technik. 120 S. Stg: Cotta (= Wege der Technik) 1931
8 Der Abenteurer Gottes. Roman. 340 S. Wien: Tal 1935
9 Helena, Schillers Anteil an Faust. 156 S. Ffm: Schulte-Bulmke 1935
10 Friedrich List. Der Pionier des Reichs. 214 S., 8 Taf. Lpz: List (1935) (Veränd. Neuaufl. v. Nr. 6)
11 (MV) P. Simon, K. A. M. u. O. Urbach: Zum Gespräch zwischen den Konfessionen. 49 S. Mchn: Kösel & Pustet (1939)
12 Roman des Abendlandes. 294 S., 8 Taf. Lpz: List (1939)
13 Der verborgene Stern. Roman. 463 S. Mchn: Beckstein (1941)
14 Erasmus von Rotterdam. XI, 421 S. Wien: Gallus-Verl. 1942
15 Caesars gallischer Krieg. 95 S., 1 Kt. Bln: von Decker 1944
16 Kallistos der Töpfer. Erzählung. 140 S. Mchn: Alber 1946

17　Gutenberg. Sieben Stunden Geschichte einmal anders. 135 S., 16 Taf. Bln: Williams (= Lebensbilder für junge Menschen) 1947
18　(Hg.) M. Luther: Glauben und Tun. Ein Luther-Brevier. 263 S. Mchn: Piper 1947
19　Der verborgene Stern. Roman. 321 S. Mchn: Beckstein (1947) (Neubearb. v. Nr. 13)
20　(Hg.) Bericht. Institut für Reformationsforschung e. V., München. 19 S. Gauting b. Mchn: Institut für Reformationsforschung München 1948
21　Erasmus und die öffentliche Meinung. 39 S. Bad Wörishofen: Drei Säulen-Verl. (= De Humanitate 6) 1948
22　Das Turiner Grablinnen. 47 S., 2 Bl. Abb. Gräfelfing: Gans 1949
23　Angelika Wingerath. Roman. 409 S. Tüb, Stg: Wunderlich 1949
24　Der katholische Luther. Text u. Anm. durchges. u. erg. O. Hiltbrunner. Bibliographie u. Reg. bearb. I. Mordstein. VIII, 320 S. Mchn: Lehnen; Bern: Francke 1952
25　Luther. Die deutsche Tragödie 1521. 190 S. Bern: Francke (= Sammlung Dalp 35) 1953

MEISSNER, Alfred von　　　　　　　　　　　　　　(1822–1885)

1　Gedichte. 7½ Bg. Lpz: Reclam 1845
2　Ziska. Gesänge. 15½ Bg. Lpz: Herbig 1846
3　Im Jahr des Heils 1848. Ein Gedicht. 23 S. 12⁰ Lpz: Herbig 1848
4　Revolutionäre Studien aus Paris. 2 Bde. XV, 544 S. Ffm: Liter. Anst. 1849
5　*Der Sohn des Atta Troll. Ein Winternachtstraum. 108 S. Lpz: Herbig 1850
6　Das Weib des Urias. Tragödie. 208 S. Lpz: Grunow 1851
7　Reginald Armstrong oder Die Welt des Geldes. Trauerspiel. 132 S. Lpz: Grunow 1853
8　Am Stein. Skizzenbuch vom Traunsee. 181 S. Lpz: Grunow 1853
9　Der Freiherr von Hostiwin. 2 Bde. 482 S. 16⁰ Lpz: Günther 1855
10　Der Pfarrer von Grafenried. 2 Tle. 592 S. Hbg: Hoffmann & Campe 1855
11　Heinrich Heine. 266 S. Hbg: Hoffmann & Campe 1856
12　Der Prätendent von York. Trauerspiel. 160 S. Lpz: Grunow 1857
13　Die Sansara. 4 Bde. 1084 S. 16⁰ Lpz: Grunow 1858 (Erw. Neubearb. v. Nr. 9)
14　Seltsame Geschichten. 256 S. Prag, Hbg: Richter 1859
15　Durch Sardinien. 220 S. Lpz: Grunow 1859
16　Dramatische Werke. Bd. 1: Das Weib des Urias. 160 S. 16⁰ Lpz: Grunow 1859 (Enth. Nr. 6)
17　Zur Ehre Gottes. 2 Bde. 327 S. Lpz: Grunow (1860)
18　Neuer Adel. 3 Bde. 954 S. Lpz: Grunow 1861
19　Zwischen Fürst und Volk. Die Geschichte des Pfarrers von Grafenried. 3 Bde. 692 S. Lpz: Grunow 1861 (Neuaufl. v. Nr. 10)
20　Charaktermasken. 3 Bde. 797 S. Lpz: Grunow 1862
21　Schwarzgelb. Roman. 8 Bde. 1856 S. Bln: Janke 1862–1864
22　Lemberger und Sohn. 222 S. Bln: Janke 1865
23　Novellen. 2 Bde. 439 S. Lpz: Grunow 1865
24　Babel. Roman. 4 Bde. 814 S. Bln: Janke 1867
25　Unterwegs. Reisebilder. 230 S. Lpz: Günther 1867
26　Sacro Catino. Erzählung. 242 S. Bln: Janke 1868
27　Kleine Memoiren. 154 S. Bln: Lesser (1868)
28　Die Sirene. 205 S. Bln: Janke 1868
29　Die Kinder Roms. Roman. 4 Bde. 1101 S. Bln: Janke 1870
30　Zeitklänge 1870. 22 S. 16⁰ Bln: Lipperheide 1870
31　Rococo-Bilder. Nach Aufzeichnungen meines Großvaters. 232 S. Gumbinnen: Krauseneck 1871
32　Gesammelte Schriften. 18 Bde. Lpz: Grunow 1871–1873
33　Werinherhus. Gedicht. 92 S. 16⁰ Lpz: Grunow 1872

34 Der Bildhauer von Worms. Eine Geschichte aus dem vorigen Jahrhundert. 2 Bde. 341 S. Bln: Wedekind 1874
35 Oriola. 212 S. Bln: Wedekind 1874
36 Historien. 364 S. Bln: Wedekind 1875
37 Feindliche Pole. Roman aus dem deutschen Kleinstaatenleben. 2 Bde. 684 S. Dresden: Löwenstein 1878
38 Dichtungen. 4 Bde. 739 S. Lpz: Grunow (1–3) bzw. Bln: Grote (4) 1879–1884
39 Auf und nieder. Ein Roman vom schwäbischen Meere. 3 Bde. 610 S. Bln: Janke 1880
40 Schattentanz. 2 Bde. 636 S. Zürich: Schmidt 1881
41 Die Prinzessin von Portugal. Novelle. 197 S. Breslau: Schottländer 1882
42 Norbert Norson. Leben und Lieben in Rom. 1810–1811. 319 S. Zürich: Schmidt 1883
43 Geschichte meines Lebens. 2 Bde. 291, 354 S. Teschen: Prochaska (1884)
44 Mosaik. Eine Nachlese zu den Gesammelten Werken. 2 Bde. 522 S. Bln: Paetel 1886

MEISSNER, August Gottlieb (1753–1807)

1 Das Grab des Mufti oder Die zwei Geizigen. Operette nach dem Französischen. 95 S. Lpz: Dyk 1776
2 Sophonisbe. Ein musikalisches Drama mit historischem Prolog und Chören. 32 S. Lpz: Dyk 1776
3 Der Alchymist. Operette nach dem Französischen. 79 S. Lpz: Dyk 1777
4 Arsene. Operette nach dem Französischen. 3 Bl., 73 S. Lpz: Dyk 1777
5 Der aufbrausende Liebhaber. Lustspiel nach Monvel. Lpz: Dyk 1777
6 Das dreißigjährige Mädchen. Lustspiel nach dem Französischen. 62 S. Lpz: Dyk 1777
7 Die gegenseitige Probe. Lustspiel nach Le Grand. 46 S. Lpz: Dyk 1777
8 Die wüste Insel. Singspiel nach Metastasio. 7 Bl., 34 S. Lpz: Dyk 1778
9 Der aufbrausende Liebhaber und andere Komödien. Lpz: Dyk (= Dyks komisches Theater 4–5) 1778
 (Enth. Nr. 5, 6, 7)
10 Operetten nach dem Französischen. Lpz: Dyk 1778
 (Enth. u.a. Nr. 1, 3, 4)
11 Skizzen. 14 Tle. Lpz: Dyk 1778–1796
12 Die schöne Arsene. Singspiel in vier Akten aus dem Französischen. 70 S. Stg 1779
 (Neuaufl. v. Nr. 4)
13 Destouches für Deutsche. Lpz: Weygand 1779
14 *Geschichte der Familie Frink. Erster Teil. 399 S. Lpz: Weygand 1779
15 Johann von Schwaben. Schauspiel. 4 Bl., 216 S., 1 Bl. Lpz: Breitkopf 1780
16 Molière für Deutsche. 3 Bl. 434 S. Lpz: Weygand 1780
17 Alcibiades. 4 Thle. Lpz: Breitkopf 1781–1788
18 Erzählungen und Dialogen. 3 Bde. Lpz: Breitkopf 1781–1789
19 (Hg.) Fabeln nach Daniel Holzmann, weiland Bürger und Meistersänger zu Augsburg. XXVIII, 74 S. Lpz: Breitkopf 1782
20 Leben Franz Balthasars von Brenkenhof. 192 S., 2 Tab. m. Bildn. Lpz: Breitkopf 1782
21 Lope di Vega, Lessing und Pastor Richter. Eine Anekdote aus der Unterwelt. 20 S. Lpz: Breitkopf & Härtel 1782
22 Eine Scene ... des großen Schach ... 14 S. Wien (o. Verl.) 1782
23 Der Schachspieler. Ein Lustspiel in einem Aufzuge. VIII, 70 S. Lpz: Breitkopf & Härtel 1782
24 (Übs.) Arnaud: Erzählungen. Aus dem Französischen. 2 Bde. Lpz: Breitkopf 1783–1788
25 (MH) Quartalschrift für ältere Literatur und neuere Lectüre. Hg. A. G. M. u. K. Ch. Canzler. 3 Bde. Lpz: Breitkopf 1783–1785
26 Masaniello. 3 Bl., 162 S. Lpz: Breitkopf 1784
27 Bianca Capello. Ein dramatischer Roman. 2 Bde. Lpz: Dyk 1785

28 (Übs.) Novellen des Ritters von St. Florian. 5 Bl., 226 S. Lpz: Göschen 1786
29 *Frink Sohn. Kopenhagen: Kroge 1787
30 (Hg.) Hundert Aesopische Fabeln. Für die Jugend nach verschiedenen Dichtern gesammelt. Prag: Neureutter 1791
31 (Übs.) (E. Heywood:) Der unsichtbare Kundschafter. Nach dem Englischen. 2 Bde. Bln: Maurer 1791-1794
32 Spartacus. X, 162 S. Bln: Maurer 1792
33 (Hg.) Apollo. Monatsschrift. 6 Bde. Prag, Lpz: Albrecht 1793-1798
34 Epaminondas. 1 Bl., 354 S., 1 Kt., 1 Titelku. Prag: Barth 1798
35 (Übs.) (Titus Livius:) Capua's Abfall und Strafe. XVIII, 220 S. Lpz: Dyk 1798
36 Luise, Gräfin von H...berg. 111 S. m. Ku. Lpz: Dyk 1798
37 (Übs.) Madame de Cottin: Clara von Alben. Aus dem Französischen. Prag 1799
38 Leben des Julius Cäsar. 2 Bde. 410, 706 S. Bln: Frölich 1799
93 Die ältere Ehefrau. Prag 1800
40 Laura Montaldi. Lpz 1800
41 Bruchstücke zur Biographie I. G. Naumanns. 2 Bde. 323, 424 S. m. Ku. Prag: Barth 1803-1804
42 Sämmtliche Werke. Hg. F. Kuffner 36 Bde. Wien: Doll 1811-1812

Meissner, Leopold Florian (1835-1895)

1 Aus den Papieren eines Polizei-Commissärs. Wiener Sittenbilder. 5 Bde. 519 S. 16° Lpz: Reclam (= Universal-Bibliothek 2926. 2962. 3013. 3147. 3304) 1892-1894
2 Weihnachtsspiele. Bilder aus der deutschen Geschichte zu festlichen Aufführungen für Jung und Alt. 12 Bde. Wien: Lit. Ges. 1895-1896

Mell, Max (*1882)

1 Lateinische Erzählungen. 115 S. Wien: Wiener Verl. 1904
2 Die drei Grazien des Traumes. Fünf Novellen. 75 S. Lpz: Insel 1906
3 Jägerhaussage und andere Novellen. 207 S. Bln: Paetel 1910
4 Das bekränzte Jahr. Gedichte. 64 S. Bln-Charlottenburg: Juncker 1911
5 (Übs., Einl.) E. S. Piccolomini: Briefe. LVII, 286 S., 16 Taf. Jena: Diederichs (= Das Zeitalter der Renaissance 3) 1911
6 (Hg.) Österreichische Zeiten und Charaktere. Ausgewählte Bruchstücke aus österreichischen Selbstbiographien. XXXII, 600 S., 19 Taf. Wien: Deutschösterr. Verl. 1912
7 Barbara Naderers Viehstand. Eine Novelle. 130 S. Lpz: Staackmann 1914
8 (Nachw.) Heldentaten der Deutschmeister 1697-1914. 57 S. Lpz: Insel (= Österreichische Bibliothek 2) 1915
9 (Hg.) Die österreichischen Lande im Gedicht. 83 S. Lpz: Insel (= Österreichische Bibliothek 14) 1916
10 Gedichte. 58 S. 16° Mchn: Musarion-Verl. (= Die Einsiedelei) 1919
11 Hans Hochgedacht und sein Weib. 49 S. Wien: Strache (= Die Erzählung) 1920
 (Ausz. a. Nr. 3)
12 Das Wiener Kripperl von 1919. 56 S. Wien: Wiener liter. Anst. 1921
13 Die Osterfeier. Eine Novelle in Versen. 136 S. Mchn: Musarion-Verl. 1921
14 (Hg., Vorw.) Österreichische Landschaft im Gedicht. 24 S. m. Taf. Wien: Sesam-Verl. (= Jugendhefte für Literatur und Kunst 1, 8) (1922)
15 Alfred Roller. 53 S. 16° Wien: Wiener liter. Anst. (= Die Wiedergabe 1, 2) 1922
16 (Hg.) Das Wunderbründl. 9 Bde. Wien: Rikola-Verl. (später: Wien: Speidel) 1922-1927
17 Das Apostelspiel. 55 S. 4° Mchn: Bremer Presse 1923
18 Das Schutzengelspiel. 80 S. Graz: Moser 1923

19 Das Buch von der Kindheit Jesu. 72 S. m. Abb. Wien: Rikola-Verl. (= Das Wunderbrünndl) 1924
(Aus Nr. 16)
20 Morgenwege. Erzählungen und Legenden. Nachw. M. Herzfeld. 78 S. Lpz: Reclam (= Reclam's UB. 6456) 1924
21 (Bearb.) Ein altes deutsches Weihnachtsspiel. Umgeschrieben und in kleinen Teilen ergänzt. 61 S. 4° Wien: Neue Gallerie (= Druck der Johannispresse 1) 1924
22 Das Nachfolge-Christi-Spiel. 135 S. Mchn: Bremer Presse 1927
23 Schauspiele. Das Nachfolge-Christi-Spiel. Das Apostelspiel. Das Schutzengelspiel. 298 S. Mchn: Bremer Presse 1927
(Enth. Nr. 17, 18, 22)
24 Gedichte. 84 S. m. Abb. Wien: Speidel (1928)
(Erw. Neuaufl. v. Nr. 10)
25 (Einl.) J. R. Bünker: Was mir der alte Mann erzählte. Märchen aus dem Burgenland. 119 S. M.-Gladbach: Volksvereinsverl. 1929
26 (Hg.) Loris: Die Prosa des jungen Hugo von Hofmannsthal. 282 S. Bln: Fischer 1930
27 Die Sieben gegen Theben. Dramatische Dichtung. 155 S. Lpz: Insel (1932)
28 Mein Bruder und ich. Den Erinnerungen eines alten Wieners nacherzählt. 51 S. Mchn: Langen-Müller (= Die kleine Bücherei 40) 1935
29 (Hg., Einl.) P. Rosegger: Waldheimat. 345 S. m. Abb. Lpz: Staackmann 1935
30 Das Spiel von den deutschen Ahnen. 100 S. Lpz: Insel 1935
31 (Hg., Einl.) Haus- und Volksbuch deutscher Erzählungen. 375 S. Lpz: Staackmann (1936)
32 Paradeisspiel in der Steiermark. Geschildert. 30 S. Salzburg: Pustet (100 Ex.) 1936
33 (Einl.) W. A. Mozart. Briefe. 95 S. Lpz: Insel (= Insel-Bücherei 516) (1937)
34 Das Donauweibchen. Erzählungen und Märchen. 291 S. Lpz: Insel 1938
(Enth. u. a. Nr. 28 u. Ausz. a. Nr. 20)
35 (Hg.) Stimme Österreichs. Zeugnisse aus drei Jahrhunderten. 78 S. Mchn: Langen-Müller (= Die kleine Bücherei 217) 1938
36 Steirischer Lobgesang. 235 S. Lpz: Insel 1939
37 Adalbert Stifter. 72 S. Lpz: Insel (= Insel-Bücherei 539) 1939
38 (Hg.) A. Stifter: Weisheit des Herzens. Gedanken und Betrachtungen. Ein Brevier. 116 S., 1 Titelb. Bln: Herbig 1941
39 Verheißungen. Novellen. 59 S. Lpz: Reclam (= Reclam's UB. 7584) 1943
40 Der Tänzer von St. Stephan. 48 S. Bln: Oberkommando der Wehrmacht (= Wiener Brevier; = Soldatenbücherei 79, 6) (1944)
(Ausz. a. Nr. 20)
41 (Hg., Einl.) Alpenländisches Märchenbuch. Volksmärchen aus Österreich. 264 S., 10 Bl. Wien: Amandus-Verl. 1946
42 (Einl.) (F. Grillparzer:) Österreichischer Lebenslauf. Franz Grillparzer. Der arme Spielmann. 299 S. Wien: Albrecht Dürer-Verl. 1947
43 Gabe und Dank. 155 S. Wien: Gallus-Verl. (= Bleibendes Gut 24) 1949
44 (Hg.) (A. E. Odyniec:) Besuch in Weimar. Goethes achtzigsten Geburtstag. Briefbericht eines jungen polnischen Dichters. Übs. F. Th. Bratranek. 183 S. Wien, Linz, Zürich: Pilgram-Verl. 1949
45 Das Vergelt's Gott. Ein Volksmärchen. 10 Bl. m. Abb. Wien: Bernina-Verl. (1950)
46 Der Nibelunge Not. Dramatische Dichtung in zwei Teilen. 188 S. Salzburg: Müller 1951
47 In Zauberkreisen. Werden eines Werkes. Einf. u. Zeittafel H. Brecka. 97 S. Graz, Wien, Mchn: Stiasny (= Dichtung der Gegenwart 20) 1951
48 Gedichte. 86 S. Wiesbaden: Insel 1952
(Verm. Neuaufl. v. Nr. 24)
49 Verheißungen. Ausgewählte Erzählungen. 262 S. Einsiedeln, Zürich, Köln: Benziger 1954
50 Aufblick zum Genius. Drei festliche Reden. 35 S. Innsbruck: Österr. Verl.-Anst. (1955)
51 Prolog der Bundesstaatlichen Studienbibliothek Linz am 13. Dezember 1956. 2 ungez. Bl. m. Abb. Linz: Bundesstaatl. Studienbibl. 1956

MENDELSSOHN, Moses (1729–1786)

1 Über die Empfindungen. 210 S., 3 Bl. Bln: Voß 1755
2 Philosophische Gespräche. 108 S. Bln: Voß 1755
3 (MV) M. M. u. G. E. Lessing: Pope, ein Metaphysiker! 60 S. Danzig: Schuster 1755
4 (Übs.) J. J. Rousseau: Abhandlung von dem Ursprung der Ungleichheit unter den Menschen, übs. nebst Betrachtungen über desselben Meynung von dem Ursprung der Sprache. 256 S. Bln: Voß 1756
5 (MH) Bibliothek der schönen Wissenschaften und der freyen Künste. Hg. F. Nicolai u. M. M. 4 Bde. Lpz: Dyck 1757–1760
6 Philosophische Schriften. 2 Bde. 6 Bl., 256 S.; 1 Bl., 228 S. Bln: Voß 1761
7 Dissertation qui a remporté le prix proposé par l'académie royale des sciences et belles lettres de Prusse, Sur la nature, les espèces, et les degrés de l'évidence avec les pièces qui ont concorru. 20 Tle. 4⁰ Bln: Haude & Spener 1764
8 Abhandlung über die Evidenz in metaphysischen Wissenschaften, ... 66 S. 4⁰ Bln: Haude & Spener 1764
  (Übs. v. Nr. 7)
9 Phaedon oder Über die Unsterblichkeit der Seele. In drey Gesprächen. 6 Bl., 309 S. m. Titelku. Bln, Stettin: Nicolai 1767
10 Schreiben an den Herrn Diaconus Lavater zu Zürich. 32 S. Bln, Stettin: Nicolai 1770
11 Ritualgesetze der Juden betreffend Erbsachen, Vormundschaftssachen, Testamente und Ehesachen, in so weit sie das Mein und Dein angehen. 267 S. Bln: Voß 1778
12 Manasseh ben Israel, Rettung der Juden. 64 S. Bln, Stettin: Nicolai 1782
13 (Übs.) Die fünf Bücher Mose. Erstes Buch. XVI, 317 S. Bln: Maurer 1783
14 Jerusalem, oder Über religiöse Macht und Judenthum. XCVI, 141 S. Bln: Maurer 1783
15 (Übs.) Die Psalmen. XII, 354 S. Bln: Maurer 1783
16 Abhandlung von der Unkörperlichkeit der menschlichen Seele. 85 S. Wien: Hartl 1785
  (Unrechtm. Dr.)
17 Morgenstunden, oder Vorlesungen über das Daseyn Gottes. 1. Teil. 330, 40 S. Bln: Voß 1785
18 M. Mendelssohn an die Freunde Lessings. Ein Anhang zu Herrn Jacobi Briefwechsel über die Lehre des Spinoza. Hg., Vorw. J. J. Engel. XXIV, 87 S. Bln. 1786
19 Mendelssohns kurze Abhandlung über die Unsterblichkeit der Seele. Aus dem Ebräischen übs. H. J. 34 S. Bln: Nicolai 1787
  (Ausz. a. Nr. 9)
20 Abhandlungen über das Kommerz zwischen Seele und Körper. Aus dem Ebräischen übs. S. Anschel. 63 S. Ffm (o. Verl.) 1788
21 Kleine philosophische Schriften. Mit e. Skizze seines Lebens und Charakters v. D. Jenisch hg. J. G. Müchler. 250 S. Bln: Vieweg 1789
22 Sämmtliche Werke. 12 Bde. Ofen: Burian 1819–1820
  (Unrechtm. Dr.)
23 (MV) M. Mendelssohn. Sammlung theils noch ungedruckter, theils in anderen Schriften zerstreuter Aufsätze und Briefe von ihm, an ihn und über ihn. Hg. J. Heinemann. X. 440 S. Lpz: Wolbrecht 1831
24 Sämmtliche Werke. Ausgabe in einem Bande als Nationaldenkmal. 1016 S. Wien: Schmidl & Klang 1838
25 Gesammelte Schriften. Nach den Originaldrucken und Handschriften hg. Georg Benjamin Mendelssohn. 7 Bde. m. Bildn. Lpz: Brockhaus 1843–1845
26 Schriften zur Philosophie, Aesthetik und Apologetik. M. Einl., Anm. u. e. biogr.-hist. Charakteristik M.s hg. M. Brasch. 2 Bde. 1229 S. Lpz: Voß 1880

27 Moses Mendelssohn. Ungedrucktes und Unbekanntes, hg. M. Kayserling. 65 S. Lpz: Brockhaus 1883
28 Gesammelte Schriften. Jubiläumsausgabe. Hg. I. Elbogen, J. Guttmann, E. Mittwoch. 6 Bde. (1. 2. 3, 1. 7. 11. 16) Bln: Akademie-Verl. 1929–1932

Mendelssohn, Peter de
(+Karl Johann Leuchtenberg; Elisabeth Seeger) (*1908)

1 (Übs.) C. D. Daly: Hindu-Mythologie und Kastrationskomplex. Eine psychoanalytische Studie. (S.-A.) 61 S., 1 Taf. 4⁰ Wien: Internat. Psychoanalyt. Verl. 1927
2 (Übs.) C. D. Daly: Der Menstruationskomplex. Eine psychoanalytische Studie. (S.-A.) 71 S. Wien: Internat. Psychoanalyt. Verl. 1928
3 Fertig mit Berlin? Roman. 344 S. Lpz: Reclam (= Junge Deutsche) 1930
4 Paris über mir. Roman. 373 S. Lpz: Reclam 1931
5 Schmerzliches Arkadien. 222 S. Bln: Universitas 1932
6 Das Haus Cosinsky. Roman. 377 S. Zürich: Oprecht & Helbling 1934
7 (Übs.) B. Breuer: Stärker als Liebe. 326 S. Wien: Zeitbild-Verl. 1936
8 +(Übs.) Colette: Die Katze. Roman. 247 S. Wien: Zeitbild-Verl. (1936)
9 +(Übs.) F. Prokosch: Die Asiaten. Roman einer Reise. 359 S. Wien: Passer 1936
10 (Übs.) G. Wilhelm: Wir treiben dahin. Roman. 195 S. Wien: Zeitbild-Verl. (1936)
11 +Wolkenstein oder Die ganze Welt. Roman. 618 S. Wien: Höger 1936
12 All that matters. 415 S. London: Hutchinson; New York: Holt 1938
13 Across the dark river. 384 S. London: Hutchinson; New York: Doubleday & Doran 1939
14 Fortress in the skies. 2 Bl., 284 S. New York: Doubleday & Doran 1943
15 The Nuremberg Documents. 291 S. London: Allen & Unwin 1944
16 The hours and the centuries. 304 S. London: Lane 1944
17 Japan's political warfare. 192 S. London: Allen & Unwin 1944
18 Festung in den Wolken. Erzählung. 368 S. Zürich: Amstutz & Herdeg 1946 (Übs. v. Nr. 14)
19 Die Nürnberger Dokumente. Studien zur deutschen Kriegspolitik 1937–1945. Übs. W. Lenz. 423 S. Hbg: Krüger 1948 (Dt. Ausg. v. Nr. 15)
20 Das zweite Leben. Roman aus unserer Zeit. 326 S. Bln, Hbg: Krüger (1948) (Übs. v. Nr. 12)
21 Überlegungen. Vermischte Aufsätze. 199 S. Hbg: Krüger 1948
22 Der Zauberer. Drei Briefe über Thomas Manns „Doktor Faustus" an einen Freund in der Schweiz. 48 S. Bln: Ullstein; Mchn: Kindler 1948
23 (MÜbs.) J. M. Cain: Die Rechnung ohne den Wirt. Roman. Übs. H. Spiel u. P. de M. 192 S. Hbg: Rowohlt 1950
24 Einhorn singt im Regen. Zauber und Zwiespalt der englischen Welt. 267 S. Bln: Herbig 1952
25 Der Geist in der Despotie. Versuche über die moralischen Möglichkeiten des Intellektuellen in der totalitären Gesellschaft. 281 S. Bln: Herbig 1953
26 (Übs.) L. Ross: Film. Eine Geschichte aus Hollywood. 350 S., 12 Abb. Bln: Herbig 1953
27 (Nachw.) B. Franklin: Autobiographie. Übs. F. Kapp. Bearb. E. Habersack. 334 S. Bln: Herbig 1954
28 (Vorw.) Großbritannien und Irland. C, 640 S. 32 Taf., 76 Pl., 1 Straßenkt. Paris, New York, Genf, Karlsruhe: Nagel (= Nagels Reiseführer, Deutsche Serie) 1954
29 Marianne. Der Roman eines Films und der Film eines Romans. 561 S., 10 Bl. Abb., 1 Titelb. Mchn: Kindler (1955)
30 (Übs.) W. Philipps: Kataba und Saba. Entdeckung der verschollenen Königreiche an den biblischen Gewürzstraßen Arabiens. 305 S., 16 Bl. Abb. Bln, Ffm: Fischer 1955
31 Churchill. Sein Weg und seine Welt. Bd. 1: Erbe und Abenteuer. Die Ju-

gend Winston Churchills. 1874–1914. 400 S., 1 Titelb. Freiburg: Klemm 1957
32 (Übs.) St. Runciman: Geschichte der Kreuzzüge. 3 Bde. Mchn: Beck 1957–1960
33 (Übs.) W. S. Churchill: Große Zeitgenossen. Übs. m. Nachw. u. biogr. Anh. 191 S. Ffm, Hbg: Fischer (= Fischer-Bücherei 272) 1959
34 Zeitungsstadt Berlin. Menschen und Mächte in der Geschichte der deutschen Presse. 521 S., 110 Abb., 12 Faks. Bln: Ullstein (1959)

Menzel, Gerhard (1894–1966)

1 Toboggan. Drama. 111 S. Potsdam, Bln: Kiepenheuer 1928
2 Wieviel Liebe braucht der Mensch? Beichte eines leidenschaftlichen Herzens. 159 S. Breslau: Korn 1932
3 Flüchtlinge. Erlebnis der Heimat in fernen Ländern. Roman. 347 S. Breslau: Korn 1933
4 Was werden wir dann tun? Zwei Novellen. 64 S. Bln: Eckart-Verl. (= Der Eckart-Kreis 6) 1933
5 Die Fahrt der Jangtiku. 175 S. m. Abb. Köln: Schaffstein 1937
6 Scharnhorst. Schauspiel. 64 S. Bln: Drei Masken-Verl. (1937)
7 Kehr wieder, Morgenröte. 527 S. Tüb: Heliopolis-Verl. 1952
8 (MH) A. Puschkin: Der Postmeister. Schauspiel in drei Akten. Hg. G. M. u. H. Schweikart. 100 S., 8 Taf. Mchn, Wien, Basel: Desch (= Welt des Theaters) 1959

Menzel, Herybert (1906–1945)

1 Mond und Sonne und Stern und ich. Kleine Lieder. 32 S. Lpz: Xenien-Verl. 1926
2 (Hg.) Grenzmark Posen-Westpreußen. Ein Mahnruf. 20 S. 4° Plauen: Verl. Das junge Volk (= Vom Deutschtum vor den Grenzen 2) 1928
3 Im Bann. Gedichte. 42 S. Bln: Hendriock 1930
4 Umstrittene Erde. Roman. 324 S. Bln: Hendriock 1930
5 Franz Lüdtke. 16 S. Oranienburg: Arbeitsring für ostdeutsches Schrifttum (= Flugschrift 3) 1932
6 Der Grenzmark-Rappe. Grenzmärkische Sagen, Erzählungen, Balladen und Gedichte. 102 S. Bln: Heyer 1933
7 Im Marschschritt der SA. 63 S. Bln: Heyer 1933
8 Wir sind der Sieg! 2 Bl. Lpz: Glaser (= Deutsche Sprechchöre 4) 1934
9 Die große Ernte. 15 S. Mchn: Eher (= Junges Volk; Fahrt und Feier 6) 1935
10 Das große Gelöbnis. Eine Kantate. 16 S. Mchn: Eher (= Junges Volk; Fahrt und Feier 1) 1935
11 In unsern Fahnen lodert Gott. 16 S. Mchn: Eher (= Junges Volk; Fahrt und Feier 4) 1935
12 Kämpfe um Rohrstadt. Hg., eingel. S. Müller. 38 S. Lpz: Quelle & Meyer (= Deutsche Novellen des neunzehnten und zwanzigsten Jahrhunderts 57) 1935
(Ausz. a. Nr. 4)
13 Gedichte der Kameradschaft. 57 S. Hbg: Hanseat. Verl.-Anst. 1936
(Enth. u. a. Nr. 3)
14 (MV) Grenzmark und Tirschtiegel. Hg. Kulturamt der Reichsjugendführung. Aufn. F. Wollersberger. Text H. M. 2 Bl., 12 Taf. 4° Wolfenbüttel: Kallmeyer (= So sehen wir Deutschland 1) 1937
15 Wenn wir unter Fahnen stehen. Lieder der Bewegung. 27 S. Wolfenbüttel: Kallmeyer 1937
16 Alles Lebendige leuchtet. Gedichte eines Jahrzehnts. 75 S. Hbg: Hanseat. Verl.-Anst. 1938
17 Deutschland, heiliges Deutschland! Das große Gelöbnis. 16 S. Mchn: Eher (= Der Appell 2) (1938)

18 Eine Dichterstunde. Zsgst. H. Grothe. 23 S. Hbg: Hanseat. Verl.-Anst. 1938
19 Ewig lebt die SA. Eine Feier. 16 S. Mchn: Eher (= Der Appell 7) (1938)
20 (Hg.) Das Lied der Karschin. Die Gedichte der Karschin mit einem Bericht ihres Lebens. 159 S., 2 Taf. Hbg: Hanseat. Verl.-Anst. 1938
21 Herrn Figullas Schaufenster. Heitere Geschichten. 89 S. Hbg: Hanseat. Verl.-Anst. (= Hanseaten-Bücherei) (1941)
22 Das Siebengestirn. Roman. 431 S. Hbg: Hanseat. Verl.-Anst. 1942
23 Anders kehren wir wieder. Gedichte. 45 S. Hbg: Hanseat. Verl.-Anst. 1943
24 Noch einmal Napoleon? Komödie. 120 S. Bln: Theaterverl. Langen-Müller (= Bücherei der dramatischen Dichtung 25) 1943
25 Der Pope. Eine heitere Lazarettgeschichte. 15 S. Mchn: Münchner Buchverl. (= Münchner Lesebogen 86) (1944)

MENZEL, Wolfgang (1798–1873)

1 Wahrhaftige treue Erzählung von den harten Kämpfen und endlichen Siegen der guten Sache des Turnens in einer Schule der Stadt Breslau. Breslau 1818
2 Streckverse. X, 231 S. Heidelberg: Winter 1823
3 (MH) Europäische Blätter oder Das Interessanteste aus Literatur und Leben für die gebildete Leserwelt. Hg. W. M. (u. a.) 2 Jge. 6 Bde. Zürich: Geßner 1824–1825
4 Die Geschichte der Deutschen. Für die reifere Jugend und zum Selbstunterricht faßlich beschrieben. 3 Bde. Zürich: Geßner 1824–1825
5 Voß und die Symbolik. Eine Betrachtung. 56 S. Stg: Franckh 1825
6 (Hg.) Moosrosen. Taschenbuch für 1826. 1 Bl., IV, 404 S. 16° Stg: Metzler 1826
7 Die deutsche Literatur. 2 Bde. 280, 302 S. Stg: Franckh 1828
8 Rübezahl. Ein dramatisches Mährchen. 165 S. Stg, Tüb: Cotta 1829
9 Narcissus. Ein dramatisches Mährchen. 13 Bg. Stg, Tüb: Cotta 1830
10 (Hg.) Taschenbuch der neuesten Geschichte. 5 Bde. 16° Stg, Tüb: Cotta 1830–1834
11 Reise nach Österreich im Sommer 1831. VIII, 344 S. Stg, Tüb: Cotta 1832
12 Antrag, die Regierung um ein Gesetz zu bitten. IV, 32 S. Stg: Metzler 1833
13 Geist der Geschichte. 195 S. Stg: Liesching 1835
14 Reise nach Italien im Frühjahr 1835. XVI, 350 S. Stg, Tüb: Cotta 1835
15 Die deutsche Literatur. 4 Bde. 339, 287, 387, 408 S. Stg: Hallberger 1836 (Erw. Neuaufl. v. Nr. 7)
16 Rede, gehalten am Liederkranz-Feste im Saale des Bürger-Museums, am 1. Januar 1836. 8 S. Stg: Sonnewald 1836
17 (Hg.) Deutsche Vierteljahresschrift. 11 Jge. Stg, Tüb: Cotta 1836–1846
18 (Vorw.) J. G. Knie: Pädagogische Reise durch Deutschland im Sommer 1835. 23½ Bg. Stg, Tüb: Cotta 1837
19 (MV) Der Hohenstauffen, nach der Natur aufgenommen und gemalt von C. Frommel. Mit e. histor. Text v. W. M. 1 Bg. 2° Stg: Liesching 1838
20 Europa im Jahre 1840. 192 S. Stg: Sonnewald 1839
21 Mythologische Forschungen und Sammlungen. 1. Bd. XIV, 300 S. Stg, Tüb: Cotta 1842
22 (Hg.) Elisabeth Charlotte, Prinzessin von Orleans: Briefe an die Raugräfin Luise. XVIII, 527 S. Stg: Literar. Verein (= Bibliothek des Literarischen Vereins in Stuttgart 6) 1843
23 (MH) Jahreshefte des Vereins für vaterländische Naturkunde in Württemberg. Hg. W. M. (u. a.) 19 Jge. Stg: Ebner & Seubert 1845–1863
24 In Sachen der Kirche. Neujahrsbetrachtungen. 48 S. Stg, Tüb: Cotta 1845
25 (MV) Die Heidengräber am Lupfen. Aus Auftrag des württ. Alterthumsvereins geöffnet und beschrieben von dem k. württ. Hauptmann von Dürrich u. Dr. W. M. 26 S. 2° Stg: Arnold 1847
26 Deutschlands auswärtige Politik. (S.-A.) 47 S. Stg, Tüb: Cotta 1849
27 Furore. Geschichte eines Mönchs und einer Nonne aus dem Dreißigjährigen Kriege. Ein Roman. 2 Bde. 2 Bl., 310 S., 1 Bl.; 2 Bl., 323 S. Lpz: Brockhaus 1851

28 Die Gesänge der Völker. Lyrische Mustersammlung in nationalen Parallelen. XIV, 722 S. Lpz: Mayer 1851
29 Geschichte Europas vom Beginn der französischen Revolution bis zum Wiener Congreß (1789–1815). 2 Bde. XIV, 474; VI, 535 S. Stg: Krabbe 1853
30 Die Aufgabe Preußens. 32 S. Stg: Metzler 1854
31 Christliche Symbolik. 2 Bde. XII, 540; 585 S. Regensburg: Manz 1854
32 Zur deutschen Mythologie. Bd. 1: Odin. XIV, 352 S. Stg: Neff 1855
33 Die Naturkunde im christlichen Geist aufgefaßt. 3 Bde. X, 352; 346; 410 S. Stg: Neff 1856
34 Geschichte Europas vom Sturz Napoleons bis auf die Gegenwart (1816–1856). 2 Bde. XV, 479; VIII, 486 S. Stg: Krabbe 1857–1860
35 Geschichte der letzten vierzig Jahre. (1816–1856). 2 Bde. XV, 479; VIII, 486 S. Stg: Krabbe 1857–1860 (= Nr. 34)
36 Deutsche Dichtung von der ältesten bis auf die neueste Zeit. 3 Bde. XII, 452; VI, 575; VI, 466 S. Stg: Krabbe 1858–1859
37 Vertheidigungsrede gegen die Familie Zschokke. 32 S. Stg: Krabbe 1859
38 Die letzten hundertzwanzig Jahre der Weltgeschichte (1740–1860). 6 Bde. Stg: Krabbe 1860
39 Allgemeine Weltgeschichte von Anfang bis jetzt. Neu dargestellt. 12 Bde. Stg, Halle: Tausch 1862–1863
40 Preußen und Österreich im Jahre 1866. 71 S. Stg: Krabbe 1866
41 Der deutsche Krieg im Jahr 1866, in seinen Ursachen, seinem Verlauf und seinen nächsten Folgen. 2 Bde. XIV, 434; VIII, 503 S. Stg: Krabbe 1867
42 Unsere Grenzen. IV, 268 S. Stg, Lpz: Kröner 1868
43 Kritik des modernen Zeitbewußtseins. IV, 344 S. Ffm: Heyder & Zimmer 1869
44 Die wichtigsten Weltbegebenheiten vom Ende des lombardischen Krieges bis zum Anfang des deutschen Krieges. (1860–1866). 2 Bde. XII, 450; VIII, 487 S. Stg: Krabbe 1869
45 Elsaß und Lothringen sind und bleiben unser. 95 S. Stg: Kröner 1870
46 Die vorchristliche Unsterblichkeitslehre. VI, 286 S. Lpz: Fues 1870
47 Was hat Preußen für Deutschland geleistet? V, 264 S. Stg: Kröner 1870
48 Geschichte des französischen Kriegs von 1870/71. 2 Bde. XII, 484; VII, 456 S. Stg: Krabbe 1871
49 (Vorw.) (E. Grisebach:) Der neue Tannhäuser. 99 S. 16° Bln: Dümmler 1871
50 Roms Unrecht. VIII, 471 S. Stg: Kröner 1871
51 Die wichtigsten Weltbegebenheiten vom Prager Frieden bis zum Krieg mit Frankreich (1866–1870). 2 Bde. VIII, 472; IV, 492 S. Stg: Krabbe 1871
52 Geschichte der neuesten Jesuitenumtriebe in Deutschland. (1870–1872). VIII, 534 S. Stg: Kröner 1873
53 Geschichte der deutschen Dichtung. Neue Ausgabe. Von der ältesten bis auf die neueste Zeit. 3 Bde. XII, 452; VI, 575; VI, 466 S. Lpz: Zander 1875 (Veränd. Neuausg. v. Nr. 36)
54 Denkwürdigkeiten. Hg. von dem Sohne Konrad Menzel. 3 Bücher in 1 Bde. VIII, 591 S. m. Bildn. Bielefeld, Lpz: Velhagen & Klasing 1877
55 Geschichte der Neuzeit. Vom Beginn der französischen Revolution bis zur Wiederherstellung des deutschen Reiches. 1789–1871. 13 Bde. Stg: Kröner 1877–1878
56 Nachgelassene Novellen. Hg. Konrad Menzel. Bd. 1. 178 S. Thalweil: Brennwald 1885

MERCK, Johann Heinrich
(+ Johann Heinrich Reinhart der Jüngere)   (1741–1791)

1 ★(Übs.) F. Hutcheson: Untersuchung unserer Begriffe von Schönheit und Tugend in zwo Abhandlungen. 8 Bl., 319 S. Ffm, Lpz: Fleischer 1762
2 ★(Übs.) J. Addison: Cato, ein Trauerspiel. 80 S. Ffm. Lpz.: Fleischer 1763
3 ★(Übs.) Th. Shaw: Reisen, oder Anmerkungen verschiedene Theile der Bar-

barei und Levante betreffend. XVI, 424, 22 S. m. Kt. u. Ku. Lpz: Breitkopf 1765
4 *(Hg.) F. G. Klopstock: Oden und Lieder. 160 S. Darmstadt 1771
5 *(C. J. Dorat:) Ma Philosophie. 32 S. Ffm (: Wittich) 1772
6 *(Hg.) O. Goldsmith: The Deserted Village. A Poem. 32 S. Darmstadt, Ffm: Fleischer 1772
7 +Rhapsodie. 16 S. o. O. 1773
8 *(Hg.) J. Hawkesworth: Geschichte der See-Reisen nach dem Südmeere. Von Dr. H. beschrieben und nun in einen Auszug gebracht. 2 Tle. XII, 192; 194 S., 1 Bl. Ffm, Lpz: Fleischer 1775
9 *Pätus und Arria, eine Künstler-Romanze. 15 S. Freistadt am Bodensee 1775
10 *Pätus und Arria; eine Künstler-Romanze. Und Lotte bei Werthers Grab; eine Elegie. 16 S. Lpz, Wahlheim (o. Verl.) 1775
(Enth. u. a. Nr. 9)
11 *(Hg.) P. S. Pallas: Reise durch verschiedene Provinzen des Russischen Reichs; in einem ausführlichen Auszuge. 3 Tle. m. Ku. Ffm, Lpz: Fleischer 1776–1778
12 (Hg.) C. F. Müller: Sammlung Russischer Geschichte. 5 Tle. Offenbach: Weiß 1777–1779
13 *(Hg.) Raissonirendes Verzeichniß aller Kupfer- und Eisenstiche, so durch die geschickte Hand Albrecht Dürers selbsten verfertigt worden ... Ffm, Lpz: Fleischer 1778
14 *(Hg.) P. S. Pallas: Sammlungen historischer Nachrichten über die Mongolischen Völkerschaften; in einem Auszuge. VIII, 350 S., 8 Taf., 5 Tab. Ffm: Fleischer 1779
15 Lettre à Mr. de Cruse sur les os fossiles d'éléphans et de rhinocéros, qui se trouve dans le pays de Hesse-Darmstadt. 3 Tle. 24, 28, 30 S. 4° Darmstadt: Will 1782–1786
16 *Deutsches Lesebuch für die ersten Anfänger. 96 S. m. Ku. Ffm: Varrentrapp 1790
17 *(Bearb.) Illustratio systematis sexualis Linnaei per Iohannem Miller, denuo edita ac revisa per M. B. Borckhausen, adjectis tabulis 108 ... 59 Bl., 108 Taf. 2° Darmstadt: Felsing 1792

MEREAU (Brentano), Sophie (1770–1806)

1 *Das Blüthenalter der Empfindung. 148 S. m. Titelku. Gotha: Ettinger 1794
2 Die Prinzessin von Cleves. M. Titelku. Wien: Pichler 1799
3 (Übs.) G. Boccaccio: Fiametta. Bln: Rainer 1800
4 Gedichte. 2 Bde. 151 S., m. Titelku. 169 S. Bln: Unger 1800–1802
5 (Hg.) Kalathiskos. 2 Bde. VIII, 238; IV, 252 S. Bln: Frölich 1801–1802
6 Serafine. 169 S. Bln: Unger 1802
(Bd. 2. v. Nr. 4)
7 Amanda und Eduard, ein Roman in Briefen. 2 Bde. 208, 272 S. m. Titelku. Ffm: Wilmans 1803
8 (Übs.) Die Margarethenhöle oder Die Nonnenerzählung. Aus dem Englischen. 3 Thle. 340, 283, 334 S. Bln: Unger 1803
9 (Hg.) Spanische und italienische Novellen. 2 Bde. 280, 333 S. Penig: Dienemann 1804–1806
10 Bunte Reihe kleiner Schriften. 387 S. Ffm: Wilmans 1805
11 Sapho und Phaon. Roman nach dem Englischen. 262 S. Aschaffenburg: Etlinger 1806

MERKEL, Garlieb Helwig (1769–1850)

1 Versuch über die Dichtkunst. 64 S. Riga: Hartknoch 1794
2 *(Übs.) Klatschgeschichte. Aus dem Englischen. Lpz: Hartknoch 1795
3 (Übs.) D. Hume u. J. J. Rousseau: Abhandlungen über den Urvertrag. XIV, 572 S. Lpz (o. Verl.) 1797

4 Die Letten, vorzüglich in Liefland, am Ende des philosophischen Jahrhunderts. Ein Beitrag zur Völker- und Menschenkunde. 378 S. Lpz: Gräff 1797
5 (Übs.) A. Pope: Der Lockenraub. Ein scherzhaftes Heldengedicht. 102 S. Lpz: Feind 1797
6 Die Rückkehr ins Vaterland. Ein Halbroman. VIII, 246 S. o.O. 1798
7 Die Vorzeit Lieflands, ein Denkmahl des Pfaffen- und Rittergeists. 2 Bde. VIII, 444; VIII, 496 S. m. Titelku. Bln: Voß 1798–1799
8 Briefe an ein Frauenzimmer über die neuesten Produkte der schönen Literatur in Deutschland. 4 Bde. Bln: Sander (1–2) bzw. Bln: Quien (3–4) 1800–1802
9 Erzählungen. 269 S. Bln: Sander 1800
10 ★ (Übs.) Montesquieu: Der Tempel zu Gnidos. Weimar 1800
11 ★Eine Reisegeschichte. Halbroman. 352 S. Bln: Frölich 1800
12 Sammlung von Völkergemählden nebst einem Versuch zur Geschichte der Menschheit. XLVI, 338 S. Lübeck: Bohn 1800
13 Briefe über einige der merkwürdigsten Städte im nördlichen Deutschland. VIII, 428 S. Lpz: Hartknoch 1801
14 Briefe über Hamburg und Lübeck. VIII, 428 S. Lpz: Hartknoch 1801 (Neuaufl. v. Nr. 13)
15 Randzeichnungen: ein Buch, dem der Verfasser viele Leser wünscht. XIV, 252 S. Bln: Quien 1802
16 Wannem Ymanta, eine lettische Sage. XXXVI, 188 S. Lpz: Hartknoch 1802
17 Ansichten der Literatur und Kunst unseres Zeitalters. VIII, 48 S. m. Ku. Deutschland 1803
18 ★Bruder Anton. 320 S. Lpz: Hartknoch 1803
19 (Hg.) Ernst und Scherz. Ein Unterhaltungsblatt literarischen und artistischen Inhalts. 48 Nrn., 192 S. 4° Bln: Frölich 1803
20 (MH) Der Freymüthige, oder Ernst und Scherz. Berliner Zeitung für gebildete und unbefangene Leser. Hg. A. v. Kotzebue u. G. F. H. M. 3 Jge. 4° (1804–1806; dazu Supplementblätter, 30 Nrn. 4° 1807) Bln: Frölich 1804–1807
(Forts. v. Nr. 19)
21 (Hg.) Der Zuschauer. Eine literarisch-politische Zeitschrift. 25 Jge. 4° Riga (o. Verl.) 1807–1831
22 Sämtliche Schriften. Bd. 1 u. 2: Erzählende Schriften. 2 Bde. IV, 332; VI, 318 S. Lpz, Riga: Hartmann 1808
23 Ist das Fortschreiten der Menschheit ein Wahn? Sendschreiben an Herrn Prof. Dr. Heeren. 64 S. Riga: Deubner 1810
24 Charaktere und Ansichten. Riga 1811
25 (Hg.) Zeitung für Literatur und Kunst. 2 Jge. 48, 25 Nrn. 4° Riga: Meinshausen 1811–1812
26 Skizzen aus meinem Erinnerungsbuche. 4 H. VI, 394 S. Riga, Dorpat, Lpz: Meinshausen 1812–1816
27 (Hg.) Glossen. Eine Zeitschrift: 9 Nrn. 4° Riga (o. Verl.) 1813
28 (MH, später Hg.) Ernst und Scherz, oder Der alte Freymüthige. Hg. G. H. M. u. F. W. Gubitz (später G. H. M. allein). 2 Jge. 4° Bln: Haude & Spener 1816–1817
(zu Nr. 20)
29 Über Deutschland, wie ich es nach einer zehnjährigen Entfernung wiederfand. 2 Bde. 370, 240 S. Riga 1818
30 (Hg.) Livländischer Merkur für 1818. 4 H. 256 S. Riga (o. Verl.) 1818
31 Die freien Letten und Esthen. XII, 346 S. Lpz: Hartmann 1820
32 Skizzen aus meinem Erinnerungsbuche. VI, 394 S. Riga, Dorpat: Meinshausen 1824
(Verm. Neuaufl. v. Nr. 26)
33 (Hg.) Provinzialblatt für Kur-, Liv- und Estland. Riga: Häcker 1828 ff.
34 Deutsch-Lettisches Lesebuch. Riga 1830
35 Kritische Antiken. Ein Beitrag zur Literaturgeschichte Deutschlands. 2 Tle. XII, 66 S. Riga: Götschel 1837
(Enth. u. a. Nr. 1)
36 Darstellungen und Charakteristiken aus meinem Leben. 2 Bde. XXX, 318; XIV, 382 S. Lpz: Köhler 1839–1840
37 York und Paulucci. Aktenstücke und Beiträge zur Geschichte der Conven-

tion von Tauroggen. 18.–30. December 1812. Aus dem Nachlaß G. M.s hg. J. Eckardt. 131 S. Lpz: Veit 1865
38 Garlieb Merkel über Deutschland zur Schiller-Goethe-Zeit 1797–1806. Zsgest. u. mit e. biogr. Einl. vers. J. Eckardt. 208 S. Bln: Paetel 1887
39 Thersites. Die Erinnerungen des deutsch-baltischen Journalisten Garlieb Merkel 1796–1817. Hg. u. mit Zwischenkapiteln vers. M. Müller-Jabusch. IX, 220 S. Bln: Dt. Verl.-Ges. f. Politik u. Geschichte 1921

MERKER, Emil (*1888)

1 Verzückte Erde. 29 S. Eger, Kassel: Stauda (= Sudetendt. Sammlung d. Literar. Adalbert Stifter-Ges.) 1931
2 Der junge Lehrer Erwin Moser. Stille Geschichte. 128 S. Karlsbad: Kraft (= Ernte-Druck 7) 1931
3 Der Abgrund. Zwei Erzählungen. 120 S. Kassel: Stauda (= Sudetendt. Sammlung d. Literar. Adalbert Stifter-Ges.) 1932
4 Die Kinder. Roman. 293 S. Karlsbad: Kraft 1933
5 Abrechnung in der Fremde. 290 S. Groß-Schönau: Kaiser 1934
6 Der Kreuzweg. Gedichte. 33 S., 7 Abb. Kassel: Stauda (1934)
7 Der Weg der Anna Illing. Roman aus dem Sudetenlande. 517 S. Jena: Diederichs 1938
8 Bäuerliches Jahrbüchlein. 28 Bl., 12 Abb. Jena: Diederichs (= Deutsche Reihe 90) 1939
9 Stifter. 93 S., 1 Titelb. Stg: Cotta (= Die Dichter der Deutschen, F. 3) 1939
10 Der Bogen. Gedichte. 88 S. Jena: Diederichs 1940
11 Der liebe Sommer. 71 S. Jena: Diederichs (= Deutsche Reihe 98) 1940
12 Gedichte. 15 S. Hbg: Ellermann (= Das Gedicht. Jg. 8, Nr. 1) 1941
13 Die Hochzeitsreise. Erzählung. 189 S. Böhm.-Leipa: Kaiser 1941 (Ausz. a. Nr. 5)
14 Erlebnis in den Alpen. 76 S. Böhm.-Leipa: Kaiser 1942
15 Der Winter in Buchberg. Meiner Mutter Genesungsbüchlein. 67 S. Jena: Diederichs (= Deutsche Reihe 117) 1942
16 Die wilden Geheimnisse. Roman. 576 S. Jena: Diederichs (1944)
17 Eine Handvoll. Erzählungen. 216 S., 26 Abb. Jena: Diederichs (1945)
18 Herbst. Roman. 220 S. Hbg-Bergedorf: Stromverl. 1947
19 Fahrt in das Schicksal. Zwei Novellen. 119 S. Wedel: Alster-Verl. 1948
20 Flaubert. 113 S., 1 Bildn. Urach: Port-Verl. (= Die Dichter 1) 1948
21 Im Labyrinth. Erzählungen. 256 S. Hbg-Bergedorf: Stromverl. 1948
22 Spiel der Herzen. Erzählungen und Novellen. 192 S. Ffm: Umschau-Verl. 1949
23 Die große Trunkenheit. Gedichte. 127 S. Ffm: Umschau-Verl. 1950 (Enth. u. a. Nr. 1, 6, 10)
24 (Einl.) Das deutsche Alpenland. München und die Welt der Berge. 96 S., 79 Taf. Ffm: Umschau-Verl. (= Die deutschen Lande 1; = Bayern 1) (1951)
25 Ballade am Fluß. 216 S., 26 Abb. Düsseldorf, Köln: Diederichs 1951 (Neuaufl. v. Nr. 17)
26 Unterwegs. Ein Lebensbericht. 451 S. Düsseldorf, Köln: Diederichs 1951
27 (MH) Das hat mir der Böhmische Wind verweht. Das Sudetenland im Zeugnis seiner lebenden Dichter. Hg. E. M. u. J. Mühlberger. 85 S. Düsseldorf, Köln: Diederichs (= Deutscher Osten 13) 1954
28 Front wider den Tod. Nach den Aufzeichnungen einer Rotkreuzschwester. Roman. 304 S. Augsburg: Kraft 1954
29 Das brennende Staunen. Gedichte. Ausgew. u. hg. J. Heinrich i. Auftr. d. Sudetenmannschaft, Landesgruppe Bayern. 48 S., 1 Titelb. Düsseldorf, Köln: Diederichs 1958
30 Im Widerschein des Glücks. Erzählung. 80 S. Heilbronn: Salzer (= Salzers Volksbücher 56) 1958
31 Das sanfte Gesetz. Eine Stifterbiographie. 36 S. m. Abb. Mchn: Aufstieg-Verl. 1959
32 Aufbrechende Welt. Eine Jugend in Böhmen. 231 S. Heilbronn: Salzer 1959

Meschendörfer, Adolf (1877–1963)

1 Vorträge über Kultur und Kunst. 72 S. Kronstadt: Zeidner 1906
2 (Hg.) Die Karpathen. Halbmonatsschrift für Kultur und Leben. Jg. 1–7, je 24 Nrn. Kronstadt: Zeidner 1907-1914
3 Michael Weiß, Stadtrichter von Kronstadt. Fünf Aufzüge mit einem Vorspiel. 73 S. Kronstadt, Hermannstadt: Krafft (1919)
4 Leonore. Roman eines nach Siebenbürgen Verschlagenen. 177 S. Hermannstadt: Krafft (= Ostdeutsche Erzähler) 1920)
5 (Hg.) E. Schullerus: Astern. Ausgewählte Gedichte. 70 S. Hermannstadt: Krafft & Drotleff 1926
6 (Hg.) Aus Kronstädter Gärten. Kunstleben einer sächsischen Stadt im Jahr 1930. 217 S., 32 Taf. 4° Kronstadt: Hiemesch 1930
7 Dramen. 203 S. Kronstadt: Gött 1931
   (Enth. u. a. Nr. 3)
8 Die Stadt im Osten. Roman. 377 S. Hermannstadt: Krafft & Drotleff (= Deutsche Buchgilde in Rumänien 1) 1931
9 Deutsches Leben in Siebenbürgen. Bes. W. Linden. 64 S. Mchn: Langen-Müller (= Die deutsche Folge 10) 1933
10 Der Büffelbrunnen. Roman. 353 S. Mchn: Langen-Müller 1935
11 Siebenbürgen, Land des Segens. Lebenserinnerungen, Prosa, Gedichte. 114 S. Lpz: Reclam (= Reclam's UB. 7367–7368) 1937
12 Zauber der Heimat. Zwei Erzählungen aus Siebenbürgen. 64 S. Gütersloh: Bertelsmann (= Kleine Feldpost-Reihe) 1942
13 Siebenbürgische Geschichten. 243 S. Kronstadt: Corvina-Verl. (1947)

Meyer, Alfred Richard (+Munkepunke; Meyer-Hambruch; A. Thurandt; Rosinus Cosinus der Jüngere) (1882–1956)

1 +Vicky. Verse. 31 S. Braunschweig: Bartels 1902
2 Colombine. Ein Sommernachtstraum. 15 S. Göttingen: Horstmann 1904
3 +Die Ebernburg. Novelle. 117 S. Dresden: Pierson 1905
4 Gerasselt. 94 S. Lpz: Müller-Mann 1906
5 Zwischen Sorgen und Särgen. Gedichte. 42 S. Mchn: Bonsels 1906
6 Ahrenshooper Abende. Fünf lyrische Pastelle. 5 S. Bln-Wilmersdorf: Meyer 1907
7 Berlin. Ein impressionistischer Sonettenkranz. 16 S. Bln: Verl. Neues Leben 1907
8 Nachtsonette. Ein Reigen der Leidenschaft. 16 S. Bln-Wilmersdorf: Meyer 1907
9 Barnim. Ein Finale aus dem Frauengefängnis. 92 S. Mchn: Bonsels 1908
10 Hurrah das Regiment. Ein lustiges Offiziers-, Studenten- und Theater-Fiasko. 87 S. Lpz: Müller-Mann 1909
11 Nasciturus, ein lyrisches Flugblatt. 8 S. Bln-Wilmersdorf: Meyer 1910
12 Triole. Das Tagebuch der Margot B... 87 S. Wien: Konegen 1910
13 Würzburg im Taumel. Arabesken. 30 S. Bln-Wilmersdorf: Meyer 1911
14 Das Aldegrever-Mädchen. Novelle. 60 S. Bln-Wilmersdorf: Meyer 1912
15 Das Buch Hymen. 31 S. Bln-Wilmersdorf: Meyer 1912
16 (MH) Die Bücherei Maiandros. Eine Zeitschrift von sechzig zu sechzig Tagen. Hg. H. Lautensack, A. R. M., A. Ruest. 6 Bde. u. Beil. Bln-Wilmersdorf: Knorr 1912–1914
17 (Übs.) Friedrich II., König von Preußen: Oden. Mit den Übertragungen im Versmaße der Originale v. A. R. M. V, 65 S. Mchn: Bachmair (1912)
18 (MV) A. R. M. u. H. Lautensack: Ekstatische Wallfahrten. 31 S. m. Abb. Bln-Wilmersdorf: Knorr (= Die Bücherei Maiandros 2) 1912
   (Bd. 2 v. Nr. 16)
19 Branitz. Ein Idyll. 13 S. Mchn, Bln: Bachmair (= Münchner Liebhaber-Druck 4) 1913
20 +Das Kidronsquellchen und andere trinksame Übungen. Herrn Munkepunkes Bowlenbuch, von ihm selbst. 31 S. Bln: Priber & Lemmers 1913

21 Tiger. Ein kleines Hunde- und Studenten-Epos aus Marburger und Göttinger Tagen in sieben Gesängen. 15 S. Bln-Wilmersdorf: Neyer 1913
22 Helden. Ein lyrisches Flugblatt aus den August- und Septembertagen 1914. 16 S. Bln-Wilmersdorf: Meyer 1914
23 +Tanz-PIaketten von ihm selbst. Allen Berliner Bollen herzlichst zugeeignet. 15 S. Bln-Wilmersdorf: Meyer 1914
24 Ein Landsturmmann geht seinen Gang durch Gent. 8 ungez. Bl. Gent: Privatdr. 1915
25 ,,Und ich sahe das Tier –" Ein Lyrisches Flugblatt. 8 ungez. Bl. Bln: Meyer 1915
26 Zwei Bilder. Zwei kleine Aufsätze aus ,,Der Bildermann", hg. L. Kestenberg. 1 Bl. 2⁰ o. O. (1916)
27 Vor Ypern. 95 S. Darmstadt, Mchn: Schahin-Verl. 1916
28 Flandrische Etappe. Ein Skizzenbuch. 149 S. Darmstadt, Mchn: Schahin-Verl. 1917
29 +Malzbonbons. Von ihm selbst. Im Sinne seines Freundes Palmstroem in kriegerischer Zeit verfertigt, A. R. Meyer in die Feder diktiert und durch Lettern aufs Papier gebracht Sommer 1918. 16 S. Bln-Wilmersdorf: Meyer (1918)
30 Fünf Mysterien. 59 S. Bln-Wilmersdorf: Meyer 1918
31 +Des Herrn Munkepunke gastronomische Bücherei. Von Ihm selbst. Bd. VIII, Lfg. 13: Die Vorfreude. 7 S., 1 Abb. Bln-Wilmersdorf: Meyer (1919)
32 (Hg.) Der neue Frauenlob. Die Lobenden: Ernst Angel... Die Gelobten: Alia... 22 S. m. Titelb. Bln-Wilmersdorf: Meyer (1919)
33 Die ebenso interessante wie unwahrscheinliche Geschichte des unerschrockenen Hauptmanns Klapperholz, Neffen des Mannes mit dem Holzkopf. Nach dem Manuel v. A. R. M. 48 S., 18 Abb. Bln-Wilmersdorf: Meyer (1919)
34 Grit Hegesa. Eine Huldigung. 7 S. Bln-Wilmersdorf: Meyer (1919)
35 +Mode-Zeitung Nr. 6281. Wie wir uns anziehen! 14 S., 13 Abb. Bln-Wilmersdorf: Meyer 1919
36 +Die große Umwallung. Novelle. 23 S. Bln: Meyer (1919)
37 (Hg.) Der Venuswagen. Eine Sammlung erotischer Privatdrucke mit Original-Graphik. Erste Folge. 9 Bde. 4⁰ Bln: Gurlitt (= Privatdrucke der Gurlitt-Presse) 1919–1920
38 +Ungarische Zigeunermusik. 4 ungez. Bl. m. Titelb. Bln: Meyer (1919)
39 Der Barbier von Wilmersdorf. Lyrische Groteske in vier Akten und einem Vorspiel. Musik G. W. Rössner. 7 S. Bln-Wilmersdorf: Meyer (1920)
40 (Nachw.) H.Lautensack: Altbayrische Bilderbogen. Prosadichtungen. 155 S. m. Titelb., 20 Abb. Bln: Gurlitt 1920
41 Dornburger Maskenzug. 16 S. 16⁰ Bln-Wilmersdorf: Meyer (1920)
42 +Munkepunkes Meta-Mor-Phosen. Ein Epos in fünfzehn Gesängen. 64 S. 16⁰ Bln-Wilmersdorf: Meyer 1920
43 Ossians letztes Lied. 40 S. 4⁰ o. O. 1920
44 Die Reise in die Jugend. 31 S. Bln: Hermann (= Der kleine Roman 22) 1920
45 Charlotte Bara. 40 S. m. Abb. Bln: Meyer 1921
46 (MBearb.) Das Blumenboot der Nacht. Chinesische Liebesgedichte. (Dt. Nachdichtg. A. R. M. u. E. Ulitzsch.) 46 Bl., 11 Abb. 4⁰ Bln: Gurlitt (= Das geschriebene Buch 6) 1921
47 +Des Herrn Munkepunke polychromartialisches, antierotischrückendes, philopolemineralogisches, altalkoholgigantisches, geographischeherazadisches, peripathermästhesiometrisches, anthropophilatelistisches, internatinasales, kontramunkepunktiertes Gemisch – Gemasch. 24 S. 16⁰ Bln-Wilmersdorf: Meyer 1921
48 +Des Herrn Munkepunke unfreywillig auffgesprungener Granat-Apffel des christlichen Samariters. Aus Wohlwollen zum nächsten eröffnet allen Spaßcharmanten in specie und Purschen. 8 S. Bln-Wilmersdorf: Meyer (1921)
49 (MBearb.) Kalidasa: Der indische Frühling. Sanskrit-Strophen d. Ritusaphāra. (Dt. Nachdichtg. A. R. M. u. E. Ulitzsch). 33 Bl., 11 Abb. 4⁰ Bln: Gurlitt (= Das geschriebene Buch 1) 1921
50 +Munkepunkes Moden-Mystik. 11 S. Bln-Wilmersdorf: Meyer 1921
51 +Munkepunkes Dionysos. Groteske Liebesgedichte. 31 Bl., 6 Taf. 4⁰ Bln: Gurlitt (= Das geschriebene Buch 7) 1921
52 (MBearb.) Die Rosen von Schiras. Persische Liebesgedichte. (Dt. Nachdichtg.

A. R. M. u. E. Ulitzsch.) 42 Bl., 11 Abb. 4° Bln: Gurlitt (= Das geschriebene Buch 4) 1921
53 Die Sammlung. Gedichte. 207 S. Bln-Wilmersdorf: Meyer 1921
54 (Übs.) Friedrich II., König von Preußen: Kulinarische Epistel. 7 ungez. Bl., 1 Abb. Bln: Meyer (200 Ex.) (1922)
55 +Maenz oder Maenzliches, Allzumaenzliches oder Die maenzliche Komödie. A. D. 7793 nach Erschaffung der Welt, 1687 nach der gänzlichen Zerstreuung der Juden unter Barkochba, 67 nach Aufhebung der Sklaverei in den Vereinigten Staaten von Nord-Amerika usw. 15 S. Bln-Wilmersdorf: Meyer (1922)
56 +Des Herrn Munkepunke Mikro-Enchiridion der kryptogamen Eroto-Phonetik zur stetter vbung vnnd trachtung mit vil schönen Hystorien gesetzet die vast lieplich vnd lustparlich zulesen sind. Item der kurtzweiligen Meta-Mor-Phosen zwotes vnnd newes nutzparlichs puchlein gebessert, vnd mit fleyss Corrigyert vnd mit einer Vorrede vermehrt. 16 S. Bln-Wilmersdorf: Meyer 1922
   (Verm. Neuaufl. v. Nr. 42)
57 Ritter von Gluck. Lyrische Etüde. 6 ungez. Bl. m. Titelb. o. O. 1923
58 Lady Hamilton oder Die Posen-Emma oder Vom Dienstmädchen zum Beefsteak à la Nelson. Eine ebenso romanhafte wie auch novellenschaukelnde, durchwachsene Travestie. 55 S., 8 Taf. 4° Bln: Gurlitt (= Neue Bilderbücher, Reihe 5) 1923
59 +Des Herrn Munkepunke Kleines Schmecke-Spiel. 10 ungez. Bl. o. O. 1923
60 (Übs.) P. Verlaine: Freundinnen. 12 S. o. O. (Priv.-Dr.) (1923)
61 (Bearb.) A. Tibullus: Das Buch Marathus. Elegieen der Knabenliebe. Dt. Nachdichtg. 19 S., 5 Taf. 2° Bln: Gurlitt (= Neue Bilderbücher, Reihe 5) 1923
62 Weniger feierliche, denn wesentliche Worte zum sechzigsten Geburtstag von Arno Holz gesprochen. 15 S. 4° Bln: Werk-Verl. (= Druck des Werk-Verlags 6) 1923
63 lebenslauf eines buches, sehr poetische verse nebst einem prosaischen... anhang. 31 S. m. Abb. Bln: Meyer (1924)
64 +Der große Munkepunke. Gesammelte Werke. 296 S., 1 Abb. Bln: Hoffmann & Campe 1924
65 +Ju Mu Pu, der junge Munkepunke. 220 S. m. Bildn. u. Abb. Bln: Hoffmann & Campe (= Die vergnüglichen Bücher 5) 1925
66 (MV) A. R. M. u. H. Zille: Komm, Karlineken, komm! Alte und neue Berliner Kinder-Reime. 40 Bl. 2° Bln: Gurlitt (= Die neuen Bilderbücher, Reihe 6) (1925)
67 (Hg.) Stammtischblätter der Maximiliangesellschaft für das Jahr 1926. 97 S. 7 Bl. Abb. Bln: Meyer 1926
68 +Munkepunkes neue Lachlichkeit. Der Gesellschaft der Bücherfreunde zu Chemnitz gestiftet. 31 S. o. O. (150 Ex.) 1928
69 (Hg.) Vom neuen Tanz. 10 ungez. Bl. m. Abb. 4° Bln: Meyer (1928)
70 Die Vitrine. Neue Gedichte. 14 ungez. Bl. qu. 8° Bln: Meyer (100 Ex.) 1928
71 +Des Herrn Munkepunke Cocktail- und Bowlenbuch. III, 99 S. m. Abb. Bln: Rowohlt 1929
   (Verm. Neuaufl. v. Nr. 20)
72 (Hg.) Das Horcherbuch. Bln: Weingroßhandlg. Horcher 1929
73 (Hg.) Die Anthologie. Lyrische Flugblätter des Kartells Lyrischer Autoren. 12 H. Bln: Meyer (1930)
74 Die sinnlichen Hymnen. Physiologische Psychopoesie. 16 S. Bln: Meyer (= Die Singularier, Dr. 3) 1930
75 +Tausend Prozent Jannings. Geleitw. E. Jannings. 188 S. m. Taf. Hbg: Prismen-Verl. 1930
76 (MH) Paul Scheerbart-Bibliographie. Mit einer Autobiographie des Dichters. Zusgest. K. Lubasch u. A. R. M. 15 S. Bln: Meyer (Priv.-Dr.) 1930
77 +Würzburger Stein Auslese. 8 Bl. Bln-Wilmersdorf: Kartell lyr. Autoren 1931
78 Kleines Goethe-Quintett. 24 ungez. Bl. Bln: Meyer (1932)
79 +Munkepunkes Fünfzig törichte Jungfrauen. Hg. R. Seitz. 70 S., 1 Titelb. Bln: Verl. Die Rabenpresse (= Die blaue Reihe 13–16) 1932

80 +Meersburger Burgunder. Eine vinolente Fuge. Aufgespielt von Munkepunke. 4 ungez. Bl. o. O. (1934)
81 Vom Igel zum Swinegel. Erscheinung und Wandlung. 24 S. Stg: Kohlhammer (= Beihefte der Reichsstelle für den Unterrichtsfilm) 1938
82 +Wochenend-Idylle. 16 Bl. Murnau: Verl. Die Wage (= Des Bücherfreundes Fahrten ins Blaue 27–28) (1938)
83 Die ehrliche deutsche Haut. Kerle und Käuze. 114 S. m. Abb. Bln: Propyläen-Verl. 1939
84 (MV) P. Diehl u. A. R. M.: Die Stadtmaus und die Feldmaus. 22 S. Stg: Kohlhammer (= Beihefte der Reichsstelle für den Unterrichtsfilm) 1940
85 (Hg.) Soldatenbriefe großer Männer. 320 S. Bln: Dt. Buchvertriebs- u. Verl.-Ges. (1941)
86 +Hausboot Muschepusche. Eine Erzählung im alten Zickzackbärenschinken-Ton. 204 S. m. Abb. Bln: Kranich-Verl. 1942
87 Kleines im Großen, Großes im Kleinen. Dichtungen. 96 S. Prag: Matthes 1942
88 (Hg., MV) H. Smidt: Der große Devrient. Ein deutsches Schauspielerleben. Hg., neu bearb. u. mit zwei Schlußkapiteln vers. 322 S. Bln: Kranich-Verl. (1942)
89 (Bearb.) R. Tanefiko: Sechs Wandschirme in Gestalten der vergänglichen Welt. Ein japanischer Roman. Textrevision u. Bearb. A. R. M. nach der ersten dt. Übs. v. A. Pfizmaier. 119 S. m. Abb. Bln: Kranich-Verl. (1942)
90 Viele Wege führen nach Wörlitz. 77 S. Bln: Kranich-Verl. 1942
91 Das Maul auf dem rechten Fleck. Scholaster, Poetaster und Knasterbärte. 98 S. Nürnberg: Schrag 1943
92 +Gefrorene Musik. Architekten-Anekdoten um Rossius-Rhyn herum. Ges. u. aufgeschr. Mit e. Vor- u. Nachw. v. C. Bulcke u. achtundvierzig Sinnbildern des achtzehnten Jahrhunderts. 71 S. Bln: Kranich-Verl. 1943
93 (Hg., Nachw.) A. Holz: Mein Staub verrinnt, wie ein Stern strahlt mein Gedächtnis! 223, XVIII S. Nürnberg: Hesperos-Verl. 1944
94 (Hg., Bearb.) Hermann Fürst von Pückler-Muskau: Fürst Pückler in Athen. Zugleich der Roman einer romantischen Liebe. 187 S. Bln: Dt. Buchvertriebs- u. Verl.-Ges. 1944
95 Weil es zu leben gilt. 86 S. Lübeck: Wildner 1946
96 Venezianisches Capriccio. Freund Rolf von Hoerschelmann zum Gedächtnis (1885–1947). 25 S., 1 Bildn. Hartenstein: Matthes (Priv.-Dr.) (1948)
97 die maer von der musa expressionistica, zugleich eine kleine quasiliteraturgeschichte mit über hundertdreißig praktischen beispielen. 48 S. düsseldorf: die faehre verl. 1948
98 Wenn nun wieder Frieden ist ... Neue Gedichte. 15 S. Lübeck: Selbstverl. (Ms.-Dr.) 1948
99 +Munkepunkes kleiner Appetit-Almanach. 15 S. Lübeck: Weiland 1952
100 +Munkepunkes kleine Mundorgel (Für Fortgeschrittene). Mixologisches Alphabet von A–Z. 15 S. Lübeck: Weiland 1952

MEYER, Conrad Ferdinand (1825–1898)

1 ★(Übs.) A. Thierry: Erzählungen aus den merovingischen Zeiten. 2 Thle. 509 S. Elberfeld: Friderichs 1855
2 ★Zwanzig Balladen von einem Schweizer. 145 S. Stg: Metzler 1864
3 (Übs.) E. Naville: Der himmlische Vater. 312 S. Lpz: Haessel 1865
4 Balladen. 145 S. Lpz: Haessel 1867
5 Romanzen und Bilder. IV, 123 S. 16° Lpz: Haessel 1871
6 Huttens letzte Tage. Eine Dichtung. VIII, 126 S. Lpz: Haessel 1871
7 Engelberg. Eine Dichtung. 111 S. 16° Lpz: Haessel 1872
8 Das Amulet. Novelle. 148 S. 16° Lpz: Haessel 1873
9 Georg Jenatsch. Eine alte Bündnergeschichte. 407 S. Lpz: Haessel 1876
10 Der Schuß von der Kanzel. (S.-A.) S. 24–65. Zürich: Orell & Füßli 1877
11 Denkwürdige Tage. Zwei Novellen. 195 S. Lpz: Haessel 1878 (Enth. Nr. 8 u. 10)
12 Der Heilige. Novelle. 235 S. Lpz: Haessel 1880

13 Gedichte. VIII, 335 S. Lpz: Haessel 1882
14 Jürgen Jenatsch. Eine Bündnergeschichte. 352 S. Lpz: Haessel 1882
 (Neuaufl. v. Nr. 9)
15 König und Heiliger. Novelle. III, 235 S. Lpz: Haessel 1882
 (Neuaufl. v. Nr. 12)
16 Kleine Novellen. 4 Bde. Lpz: Haessel 1882
 1. Der Schuß von der Kanzel. 105 S.
 2. Das Amulet. 85 S.
 3. Plautus im Nonnenkloster. 56 S.
 4. Gustav Adolfs Page. 84 S.
 (Enth. u. a. Nr. 8 u. 10)
17 Jürg Jenatsch. Eine Bündnergeschichte. 352 S. Lpz: Haessel 1883
 (Neuaufl. v. Nr. 14)
18 Die Leiden eines Knaben. Novelle. 99 S. Lpz: Haessel 1883
19 Die Hochzeit des Mönchs. Novelle. 2 Bl., 165 S. Lpz: Haessel 1884
20 Novellen. 2 Bde. 354, 404 S. Lpz: Haessel 1885
21 Die Richterin. Novelle. 136 S. Lpz: Haessel 1885
22 Die Versuchung des Pescara. Novelle. 222 S. Lpz: Haessel 1887
23 Angela Borgia. Novelle. 244 S. Lpz: Haessel 1891
24 Gedichte. XII, 393 S. m. Bildn. Lpz: Haessel 1892
 (Erw. Neuaufl. v. Nr. 13)
25 Unvollendete Prosadichtungen. Eingel., hg. A. Frey. 2 Tle. VII, 304 S.;
 210 S. in Faks. Lpz: Haessel 1916
26 Sämtliche Werke. Hist.-krit. Ausg., bes. H. Zeller u. A. Zäch. 15 Bde. m.
 Abb. u. Faks. Bern: Benteli 1958 ff.

MEYER-ECKHARDT, Victor (1889–1952)

1 Der Bildner. Gedichte. 127 S. Jena: Diederichs 1921
2 Das Vergehen des Paul Wendelin. Aus den letzten Tagen eines Soldaten.
 Novellen. 154 S. Braunschweig: Piepenschneider 1922
3 Dionysos. 71 S. 4° Jena: Diederichs 1924
4 Die Möbel des Herrn Berthélemy. Roman. 320 S., 1 Taf. Jena: Diederichs
 1924
5 Die Gemme. Novellen. 182 S. Jena: Diederichs 1926
6 Das Marienleben. 78 S., 6 Abb. Jena: Diederichs 1927
7 Das Glückshündlein von Adana. Eine Erzählung aus dem Morgenlande.
 137 S. m. Abb. Bln: Atlantis-Verl. 1935
8 Gedichte. 24 S. Langensalza: Beltz (= Deutsche Blätter 13) (1936)
9 Stern über dem Chaos. Heroische Novellen. 335 S. Lpz: Quelle & Meyer
 1936
10 Menschen im Feuer. Begebenheiten aus zwei Jahrtausenden. 675 S. Bln:
 Verl. Die Rabenpresse 1939
11 Orpheus. Gedichte des Lebens. 219 S. Bln: Verl. Die Rabenpresse 1939
12 An Zeus. 11 S. 4° Bln: Verl. Die Rabenpresse (= Bibliophiler Phoenix-
 Druck 2) 1939
 (Ausz. a. Nr. 11)
13 Der Graf Mirabeau. Novelle. 198 S. Bln: Verl. Die Rabenpresse 1940
14 Die Zecher von Famagusta. Räubergeschichten. 60 S. Bln: Verl. Die Rabenpresse (= Die Kunst des Wortes 23) 1940
15 Dionysos. Apollon. Zwei Zyklen. 127 S. Bln: Verl. Die Rabenpresse 1941
 (Enth. u. a. Nr. 3)
16 Die drei Hochzeiten und andere Novellen. 317 S. Bln: Dt. Buch-Gemeinschaft (1941)
17 (MV) (Th. Scheller u. V. M.-E.:) Lob der Hand. Den Freunden des Verlags
 aus Anlaß des fünfzehnjährigen Bestehens. 16 S. Bln: Verl. Die Rabenpresse
 (= Bibliophiler Phoenix-Druck 3; 373 num. Ex.) 1941
18 Über die Erkenntnis des Frommen. 63 S., 1 Titelb. Düsseldorf: Schwann
 1946
19 Der Herr des Endes. Eine Romantrilogie. 921 S. Düsseldorf: Bagel 1948
20 Madame Sodale. Roman. 438 S. Düsseldorf, Köln: Diederichs (1950)

21 Die Geschichte von den zwei Gürteln oder Die Abenteuer des Johannes Meier von Soest. 84 S. Düsseldorf, Köln: Diederichs (= Deutsche Reihe 154) 1951
(Ausz. a. Nr. 9)

MEYER-FÖRSTER, Wilhelm (+Samar Gregorow) (1862–1934)

1 +Die Saxo-Saxonen. 63 S. Bln: Eckstein (1885)
2 *Elschen auf der Universität. Vom Verfasser der „Saxo-Saxonen". 155 S. Lpz: Rauert (1886)
3 Die Fahrt um die Erde. Roman. 256 S. Stg: Dt. Verl.-Anst. 1897
4 Alltagsleute. Roman. 299 S. Bln: Fontane 1898
5 Derby. Sportroman. 264 S. Stg: Dt. Verl.-Anst. 1898
6 Eldena. Roman. 295 S. Stg: Cotta 1900
7 Karl Heinrich. Erzählung. 204 S. m. Abb. Stg: Dt. Verl.-Anst. 1900
8 Heidenstamm. Roman. 332 S. Stg: Dt. Verl.-Anst. 1901
9 Süddersen. Roman. 234 S. Stg: Dt. Verl.-Anst. 1902
10 Alt-Heidelberg. Schauspiel. 110 S., 17 Taf. Bln: Scherl 1903
(Dramat. v. Nr. 7)
11 Lena S. Roman. 284 S. Stg: Dt. Verl.-Anst. 1903
12 Die Liebe der Jugend. Erzählung. 199 S. Stg: Dt. Verl.-Anst. 1920
13 Durchlaucht von Gleichenberg. Roman. 162 S. Bln: Scherl (1923)

MEYER von KNONAU, Johann Ludwig (1705–1805)

1 Ein halbes Hundert Neuer Fabeln. Mit einer Critischen Vorrede des Verfassers der Betrachtungen über die Poetischen Gemählde. 8 Bl., 216 S. Zürich: Orell 1744

MEYERN, Wilhelm Friedrich von (1762–1829)

1 *Dya-Na-Sore, oder: Die Wanderer. 3 Bde. m. Ku. Lpz 1787–1789
2 *Die Regentschaft. Ein Trauerspiel in fünf Aufzügen. Nach dem Englischen vom Verfasser des Dya-Na-Sore. Züllichau 1795
3 Dya-Na-Sore, oder Die Wanderer. Hg. E. v. Feuchtersleben. 5 Bde. 74¼ Bg. 16⁰ Wien: Klang 1840–1841
4 Hinterlassene Kleine Schriften. Hg. mit Vorw. u. Biographie M.s E. v. Feuchtersleben. 3 Bde. 16⁰ Wien: Klang 1842

MEYR, Melchior (1810–1871)

1 Wilhelm und Rosina. 17½ Bg. Mchn: Franz 1835
2 Über die poetischen Richtungen unserer Zeit. 10¼ Bg. Erlangen: Heyder 1838
3 Zwei Kammern oder Eine? 40 S. Bln: Decker 1848
4 Franz von Sickingen. Historisches Drama. 98 S. Bln: Hertz 1851
5 Erzählungen aus dem Ries. 369 S. Bln: Springer 1856
6 Gedichte. XXXIII, 368 S. Bln: Springer 1857
7 Neue Erzählungen aus dem Ries. 344 S. Stg: Kröner 1860
8 Gott und sein Reich. 317 S. Stg: Kröner 1860
9 Vier Deutsche. Roman. 3 Bde. 1222 S. Stg: Kröner 1861
10 Herzog Albrecht. Dramatische Dichtung. 160 S. Stg: Kröner 1862
11 Karl der Kühne. Tragödie. 172 S. Stg: Kröner 1862
12 An das deutsche Volk und seine Führer. Votum über die deutsche Verfassungsfrage. 24 S. Stg: Kröner 1862

13 Emilie. Drei Gespräche über Wahrheit, Güte und Schönheit. 176 S. Mchn: Bruckmann 1863
14 Novellen. 504 S. Stg: Cotta 1863
15 Ewige Liebe. Roman. 2 Tle. 591 S. Braunschweig: Westermann 1864
16 *Gespräche mit einem Grobian. 509 S. Lpz: Brockhaus (1866)
17 Erzählungen. 310 S. Hannover: Rümpler 1867
18 *Neuestes Gespräch mit dem Grobian. Über die Aufgaben und Aussichten Deutschlands nach dem Kriege. 126 S. Lpz: Brockhaus 1867
    (Ausz. a. Nr. 16)
19 Gleich und Gleich. Erzählung. 247 S. Lpz: Keil 1867
20 Erzählungen aus dem Ries. 3 in 2 Bdn. 348, 919 S. Lpz: Brockhaus 1868
    (Verm. Neuaufl. v. Nr. 5)
21 Dramatische Werke. 242 S. Hannover: Rümpler 1868
22 Die Fortdauer nach dem Tode. 129 S. Lpz: Brockhaus 1869
23 Duell und Ehre. Roman. 2 Bde. 433 S. Lpz: Dürr 1870
24 Erzählungen aus dem Ries. Neue Folge. 409 S. Hannover: Rümpler 1870
    (N. F. v. Nr. 20)
25 Die Religion des Geistes. Religiöse und philosophische Gedichte. 240 S. Lpz: Brockhaus 1871
26 Die Religion und ihre jetzt gebotene Fortbildung. 171 S. Lpz: Brockhaus 1871
27 Gedanken über Kunst, Religion und Philosophie. Hg. M. Graf v. Bothmer u. M. Carrière. 251 S. Lpz: Brockhaus 1874
28 Melchior Meyr. Biographisches, Briefe, Gedichte. Aus dem Nachlaß und den Erinnerungen hg. M. Graf v. Bothmer u. M. Carrière. 392 S. Lpz: Brockhaus 1874
29 Der Sieg des Schwachen. Erzählung. 137 S. Bremen: Nordwestdt. Volksschriften-Verl. 1874
30 Erzählungen aus dem Ries. 4 Bde. 1489 S. Lpz: Bockhaus 1875
    (Verm. Neuaufl. v. Nr. 20)

Meyrink, Gustav (1868–1932)

1 Der heiße Soldat und andere Geschichten. 147 S. 16⁰ Mchn: Langen (= Kleine Bibliothek Langen 62) 1903
2 Orchideen. Sonderbare Geschichten. 148 S. Mchn: Langen 1904
3 Gustav Meyrink contra Gustav Frenssen. Jörn Uhl und Hilligenlei. 35 S. Mchn: Langen 1908
4 Wachsfigurenkabinett. Sonderbare Geschichten. 233 S. Mchn: Langen 1908
5 (MV) Roda Roda u. G. M.: Bubi. Lustspiel. 119 S. Bln: Schuster & Loeffler (1912)
6 (MV) Roda Roda u. G. M.: Der Sanitätsrat. Komödie. 104 S. Bln: Schuster & Loeffler 1912
7 (MV) Roda Roda u. G. M.: Die Sklavin aus Rhodus. Ein Lustspiel in drei Akten. Nach dem Eunuchus des Publius Terentius Afer. Vorw. W. Klein. Musik E. d'Albert. 114 S. Bln: Schuster & Loeffler (1912)
8 Des deutschen Spießers Wunderhorn. Gesammelte Novellen. 3 Bde. 143, 140, 145 S. Mchn: Langen 1913
    (Erw. Neuaufl. v. Nr. 1, 2, 3, 4, 9)
9 (MV) Roda Roda u. G. M.: Die Uhr. Ein Spiel in zwei Akten. VII, 54 S., 1 Abb. Bln: Schuster & Loeffler 1914
10 Der Golem. 501 S. Lpz, Mchn: Wolff (1915)
11 Der Kardinal Napellus. 16 S. Mchn, Bln: Collignon (= Münchener Liebhaber-Druck 11) 1915
12 Fledermäuse. Sieben Geschichten. 238 S. Lpz, Mchn: Wolff 1916
13 Das grüne Gesicht. Ein Roman. 388 S. Lpz, Mchn: Wolff (1916)
14 Der Löwe Alois und andere Geschichten. 78 S. m. Abb. Dachau: Einhorn-Verl. (= Die bunten Bücher 7) (1917)
15 Walpurgisnacht. Phantastischer Roman. III, 278 S. Lpz, Mchn: Wolff (1917)
16 Gesammelte Werke. 6 Bde. Lpz, Mchn: Wolff (1917)

17 Der Mann auf der Flasche. 12 S., 11 Abb. Bln-Charlottenburg: Hoennicke 1920
18 Der weiße Dominikaner. Aus dem Tagebuch eines Unsichtbaren. 291 S., 1 Titelb. Wien: Rikola-Verl. 1921
19 (Hg.) Romane und Bücher der Magie. 5 Bde. Wien: Rikola-Verl. 1921–1924
20 (Hg.) L. Bechstein: Hexengeschichten, 301 S. Wien: Rikola-Verl. 1924
21 Der violette Tod und andere Novellen. 76 S. Lpz: Reclam (= Reclam's UB. 6311) (1922)
22 An der Grenze des Jenseits. 86 S. Bln: Dürr & Weber (= Zellenbücherei 65) 1923
23 (Übs.) Ch. Dickens: Sämtliche Werke. 11 in 4 Bdn. Mchn: Musarion-Verl. (1924)
24 Die heimtückischen Champignons und andere Geschichten. 253 S. Bln: Ullstein (= Das neue Ullstein-Buch 1) (1925)
25 Goldmachergeschichten. 263 S. Bln: Scherl 1925
26 (Hg., Übs.) L. Hearn: Japanische Geistergeschichten. 195 S. Bln: Propyläen-Verl. (1925)
27 Meister Leonhard. 152 S. 16° Mchn: Hyperion-Verl. (= Die kleine Jedermanns-Bücherei 51) 1925
28 Der Engel vom westlichen Fenster. Roman. 441 S., 1 Abb. Lpz, Bremen: Schünemann 1927
29 (Übs.) G. S. Viereck u. P. Eldridge: Meine ersten zweitausend Jahre. Autobiographie des ewigen Juden. VIII, 633 S. Lpz: List 1928

MEYSENBUG, Malvida Freiin von (1816–1903)

1 (Übs.) A. Herzen: Memoiren. Hannover 1856
2 (Übs.) A. Herzen: Gesammelte Erzählungen. Thl. 1. 252 S. Hbg: Hoffmann & Campe 1858
3 *Memorien einer Idealistin. 3 Bde. 1013 S. 12° Bln: Auerbach (1876)
4 *Stimmungsbilder aus dem Vermächtniß einer alten Frau. 218 S. Lpz: Reißner 1879
5 Gesammelte Erzählungen. 223 S. Zürich: Verl.-Mag. 1885
6 *Phädra. Ein Roman von der Verfasserin der „Memoiren einer Idealistin". 3 Bde. 557 S. Lpz: Reißner 1885
7 Erzählungen aus der Legende und Geschichte für die reifere Jugend. 136 S. Gera: Hofmann 1889
8 Der Lebensabend einer Idealistin. Nachtrag zu den „Memoiren einer Idealistin". 475 S., 1 Abb. Bln: Schuster & Loeffler (1898) (zu Nr. 3)
9 Individualitäten. 579 S. Bln: Schuster & Loeffler 1901
10 Himmlische und irdische Liebe. Roman. Aus dem Nachlaß hg. G. Monod. 194 S. Bln: Schuster & Loeffler 1905
11 Gesammelte Werke. Hg. B. Schleicher. 5 Bde. Stg: Dt. Verl.-Anst. 1922

MICHAEL, Friedrich (*1892)

1 Die Anfänge der Theaterkritik in Deutschland. VI, 110 S. Lpz: Haessel 1918
2 (MH) Das deutsche Buch. Monatsschrift für die Neuerscheinungen deutscher Verleger. Hg. A. v. Löwis of Menar u. F. M. Jg. 1–11. Lpz: Verl. d. Börsenvereins d. Dt. Buchhändler 1921–1931
3 (Vorw.) Als der Großvater die Großmutter nahm. Ein Liederbuch für altmodische Leute. Hg. G. Wustmann. 621 S. Lpz: Insel 1922
4 (Bearb.) F. Hölderlin: Sämtliche Werke. Text d. krit.-hist. Ausg. v. W. Zinkernagel, in der modernen Schreibart und Zeichensetzung angenähert v. F. M. 989 S. Lpz: Insel (1923)
5 Deutsches Theater. 116 S., 31 Abb., 2 Pl., 1 Faks. Breslau: Hirt (= Jedermanns Bücherei, Abt. Literaturgeschichte) (1923)

6 (Bearb.) Buch- und Schriftwesen. (– Bibliothekswesen, bearb. H. Praesent.) Das Schrifttum des Jahres 1924. 87 S. Lpz: Verl. d. Börsenvereins Dt. Buchhändler (= Jahresberichte d. Literar. Zentralblattes über die wichtigsten wissenschaftl. Neuerscheinungen des gesamten dt. Sprachgebiets. Jg. 1. 1924, Bd. 1) 1925
7 (MH) Das deutsche Drama. In Verbindung mit F. M. (u. a.) hg. R. F. Arnold. X, 868 S. Mchn: Beck 1925
8 (Hg., Einl.) H. v. Kleist: Briefe. 287 S. Lpz: Insel (1925)
9 (Bearb.) Theatergeschichte. Musikwissenschaftl. Bearb. R. Schwartz. Das Schrifttum des Jahres 1924. 99 S. Lpz: Verl. d. Börsenvereins d. Dt. Buchhändler (= Jahresberichte d. Literar. Zentralblattes über die wichtigsten wissenschaftl. Neuerscheinungen des gesamten dt. Sprachgebiets. Jg. 1. 1924, Bd. 13) 1925
10 (Hg.) H. v. Kleist: Werke. 1187 S. Lpz: Insel 1927
11 Attentat. Chronik einer fixen Idee. 118 S. Lpz: List 1929
12 (Hg.) H. Heine: Tragödien, Reisebilder und Prosadichtungen. 918 S. Lpz: Insel (= Sämtliche Werke 2) (1929)
13 (MV) K. Heinemann: Die deutsche Dichtung. Grundriß der deutschen Literaturgeschichte. Bis zur Gegenwart fortgef. v. F. M. XI, 396 S., 32 Abb., 1 Taf. Lpz: Kröner (= Kröners Taschenausgabe 10) 1930
14 Die gut empfohlene Frau. Roman. 276 S. Ffm: Rütten & Loening 1932
15 Flucht nach Madras. Roman. 256 S. Ffm: Rütten & Loening 1934
16 Kleine Reise nach England. 77 S. Hbg: Dulk 1937
17 Freunde in der Schweiz. 69 S. Hbg: Marion v. Schröder Verl. 1939
18 Blume im All. Vier Gedichte. 8 Bl. Hbg: Dulk (1940)
19 Silvia und die Freier. Roman. 250 S. Hbg: Marion v. Schröder Verl. (1941)
20 Nachtgesichter oder Katz und Maus. Eine kleine Komödie. 21 S. Wiesbaden: Insel 1945
21 Drei Komödien. Ausflug mit Damen. Große Welt. Der blaue Strohhut. 295 S. Wiesbaden: Dieterich 1946
22 In kleinstem Kreis. 72 S. Hbg: Dulk 1947
23 Weltliteratur. Begriff und Erlebnis. 40 S. Wiesbaden: Michael 1952
24 (Hg.) Jahrhundertmitte. Deutsche Gedichte der Gegenwart. 95 S. Wiesbaden: Insel (= Insel-Bücherei 618) 1955
25 Die Treppe. Erzählung. 32 S. Ffm: Oehms-Dr. (1955)
26 Der blaue Strohhut. Komödie in fünf Aufzügen. 80 S. Stg: Reclam (= Reclam's UB. 8053) 1957
(Ausz. a. Nr. 21)

MICHEL, Robert (1876–1957)

1 Die Verhüllte. Novellen. 234 S. Bln: Fischer 1907
2 Der steinerne Mann. Roman. 220 S. Bln: Fischer 1909
3 Mejrima. Drama. 111 S. Bln: Fischer 1909
4 Mostar. 64 S. m. Abb., 27 Taf. Prag: Bellmann 1909
5 Geschichten von Insekten. 224 S. Bln: Fischer 1911
6 Fahrten in den Reichslanden. Bilder und Skizzen aus Bosnien und der Hercegovina. 195 S. m. Abb. Wien: Deutsch-österr. Verl. 1912
7 Das letzte Weinen. Novellen. 219 S. Wien: Deutsch-österr. Verl. 1912
8 Die Häuser an der Džamija. Roman. 224 S. Bln: Fischer 1915
9 Auf der Südostbastion unseres Reiches. 74 S. Lpz: Insel (= Österr. Bibliothek 11) (1915)
10 Briefe eines Hauptmanns an seinen Sohn. 185 S. Bln: Fischer 1916
11 Briefe eines Landsturmleutnants an Frauen. 142 S. Bln: Fischer 1917
12 (Hg.) F. Oberndorfer: Kasperls Kriegsdienst. Samt vier Stücken von Johannes Wurst. 126 S., 13 Abb. Graz: Leuschner & Lubensky 1917
13 Der heilige Candidus. Drama in vier Akten. 104 S. Bln: Fischer 1919
14 Gott und der Infanterist. 109 S. Bln: Fischer 1919
15 (Hg.) Die Antwortenden. Briefe der Unbekannten an den Landsturmleutnant. 96 S. Wien: Harbauer 1920
(zu Nr. 10)

16 Jesus im Böhmerwald. Roman. 275 S. Wien: Speidel 1927
17 Die geliebte Stimme. Roman. Nachw. P. Wiegler. 145 S. Lpz: Reclam (= Reclam's UB. 6913–6914) 1928
18 Menschen in Flammen. Zwanzig Kurzgeschichten. 107 S. (o. O.:) Sudetendt. Buchgem.; Karlsbad-Drahowitz: Kraft (= Erntedruck 2) (1930)
19 (Übs.) J. Weinberger: Die geliebte Stimme. Oper nach dem Roman von R. M. Text vom Komponisten. Übs. R. M. Musik J. W. 42 S. Wien: Universal-Ed. (= Universal-Edition 9395) 1930
20 Die Burg der Frauen. Ein Lied vom Wyschehrad. Roman. 239 S. Wien: Zsolnay 1934
21 Vom Hanswurst zum ersten Mann im Staat. Lieben und Leben des Fürsten Potemkin. 285 S. m. Taf. Bln: Verl. f. Kulturpolitik 1935
22 Halbmond über der Narenta. Bosnische Erzählungen. 511 S. Wien (:Wiener Verl.-Ges.) 1940
23 Slawische Weisen. 92 S. Wien: Zsolnay (= Die hundert kleinen Bücher 10) 1940
24 (Hg.) Slowakische Märchen. 70 S. m. Abb. Wien: Wiener Verl.-Ges. 1941
25 Das Ringelspiel. Erzählungen. 67 S. Wien: Wiener Verl. (= Kleinbuchreihe Südost 62) 1943
26 (Hg.) Slowakische Märchen. Nacherzählung. 255 S. m. Abb. Wien: Andermann 1944
  (Verm. Neuaufl. v. Nr. 24)
27 Die Augen des Waldes. Roman. 174 S. Wien: Scholle-Verl. 1946
28 Die allerhöchste Frau. 292 S. Wien: Amandus-Ed. 1947
29 (MH) Slowakische Märchen. Nacherz. R. M. u. C. Tandler. 310 S. m. Abb. Wien: Andermann (1947)
  (Erw. Neuaufl. v. Nr. 26)
30 Die Wila. Roman. 189 S. Wien: Scholle-Verl. 1948

MIEGEL, Agnes (1879–1964)

1 Gedichte. VI, 128 S. Stg: Cotta 1901
2 Balladen und Lieder. 89 S. Jena: Diederichs 1907
3 Gedichte und Spiele. 112 S. Jena: Diederichs 1920
4 Geschichten aus Alt-Preußen. 220 S. Jena: Diederichs 1926
5 Heimat. Lieder und Balladen. Ausgew., eingel. K. Plenzat. 54 S. Lpz: Eichblatt (= Eichblatts deutsche Heimatbücher 2–3) (1926)
6 Die schöne Malone. Erzählung. Nachw. K. Plenzat. 20 S. Lpz: Eichblatt (= Eichblatts deutsche Heimatbücher 1) 1926
7 Gesammelte Gedichte. 175 S. Jena: Diederichs (1927)
8 Spiele. 87 S. Jena: Diederichs 1927
9 Die Auferstehung des Cyriakus. Die Maar. Zwei Erzählungen. 27 S. Hg., eingel. K. Plenzat. 27 S. Lpz: Eichblatt (= Eichblatts deutsche Heimatbücher 19) (1928)
10 Kinderland. Heimat- und Jugenderinnerungen. Hg., eingel. K. Plenzat. 68 S., 2 Taf. Lpz: Eichblatt (= Eichblatts deutsche Heimatbücher 47–48) (1930)
11 Dorothee. Heimgekehrt. Zwei Erzählungen. 95 S. Königsberg: Gräfe & Unzer (= Ostpreußen-Bücher 10) 1931
12 Herbstgesang. Neue Gedichte. 96 S. Jena: Diederichs 1932
13 Heinrich Wolff. 2 Bl., 8 Taf. 4° Königsberg: Gräfe & Unzer (= Bilderhefte des deutschen Ostens 11) 1932
14 Die Fahrt der sieben Ordensbrüder. 80 S. Jena: Diederichs (= Deutsche Reihe 3) 1933
15 Der Geburtstag. Erzählung. 62 S. Stettin: Herrcke & Lebeling 1933
  (Ausz. a. Nr. 4)
16 Kirchen im Ordensland. 26 S. m. Abb. Königsberg: Gräfe & Unzer 1933
17 Der Vater. Drei Blätter eines Lebensbuches. 47 S. Bln: Eckart-Verl. (= Der Eckart-Kreis 7) 1933
18 (Vorw.) Ostpreußens Bernsteinküste. 64 S., 48 Abb. Königsberg: Gräfe & Unzer 1934

19 Gang in die Dämmerung. Erzählungen. 116 S. Jena: Diederichs 1934
20 (MV) A. M., J. Wittig (u. a.): Die Mutter. Dank des Dichters. 63 S., 5 Abb. Bln: Eckart-Verl. (= Der Eckart-Kreis 10) 1934
21 Die Schlacht von Rudau. Eine Szenenfolge. 49 S. Königsberg: Landesverein für freie Volksbildung und Wohlfahrtspflege in Ostpreußen (= Ostpreußische Spielreihe, Heimat-Spiele 1) 1934
22 Weihnachtsspiel. 34 S. m. Abb. Königsberg: Landesverein für freie Volksbildung und Wohlfahrtspflege in Ostpreußen (= Ostpreußische Spielreihe, Fest-Spiele 1) 1934
23 (MV) O. Gmelin, A. M. (u. a.): Der Augenblick. Sechs Erzählungen. 79 S. Bln: Eckart-Verl. (= Der Eckart-Kreis 14) 1935
24 Deutsche Balladen. 58 S. Jena: Diederichs (= Deutsche Reihe 23) 1935
25 (Einl.) Das alte und das neue Königsberg. Sechsundfünfzig Bilder. 16 S., 56 S. Abb. Königsberg: Gräfe & Unzer (1935)
26 Unterm hellen Himmel. 70 S. Jena: Diederichs (= Deutsche Reihe 38) (1936)
27 Katrinchen kommt nach Hause. Drei Erzählungen. Eingel., hg. K. Plenzat. 63 S. Lpz: Eichblatt (= Eichblatts deutsche Heimatbücher 100–101) (1936)
28 Das Osterwunder. Die Maar. Zwei Erzählungen. Hg., eingel. K. Plenzat. 27 S. Lpz: Eichblatt (= Eichblatts deutsche Heimatbücher 19) 1936 (Neuaufl. v. Nr. 9)
29 Noras Schicksal. Erzählungen. 143 S. Königsberg: Gräfe & Unzer (= Ostpreußen-Bücher 10) 1936 (Erw. Neuaufl. v. Nr. 11)
30 Audhumla. 110 S., 67 Abb. 4° Königsberg: Gräfe & Unzer 1937
31 Das Bernsteinherz. Erzählungen. 67 S. Lpz: Reclam (= Reclam's UB. 7345) 1937
32 Und die geduldige Demut der treuesten Freunde ... Nächtliche Stunde mit Büchern. 8 Bl. Ebenhausen: Langewiesche-Brandt (= Das Vermächtnis) 1938
33 Meine alte Lina. 16 S. Hannover: Feesche (= Gute Weggesellen 28) (1938)
34 Werden und Werk. Mit Beiträgen von K. Plenzat. 216 S., 4 Taf. Lpz: Eichblatt 1938
35 Frühe Gedichte. Erweiterte Ausgabe der Gedichte. 156 S. Stg: Cotta 1939 (Erw. Neuaufl. v. Nr. 1)
36 Heimgekehrt. Erzählung. 36 S. m. Abb. Königsberg: Gräfe & Unzer 1939 (Ausz. a. Nr. 29)
37 Das alte und das neue Königsberg. 64 S., 48 Abb. Königsberg: Gräfe & Unzer 1939 (Neubearb. v. Nr. 25)
38 Ostland. Gedichte. 49 S. Jena: Diederichs 1940
39 Im Ostwind. Erzählungen. 78 S. Jena: Diederichs (= Deutsche Reihe 101) 1940
40 Wunderliches Weben. Zwei Erzählungen. 70 S. Mchn: Langen-Müller (= Die kleine Bücherei 118) 1940
41 Ordensdome. 45 S., 4 Abb. Königsberg: Gräfe & Unzer 1941 (Erw. Neuaufl. v. Nr. 16)
42 Die gute Ernte. 32 S. m. Abb. 4° Bln: Junge Generation (= Die gute Erzählung 1) (1942)
43 Mein Bernsteinland und meine Stadt. 96 S., 32 Taf. Königsberg: Gräfe & Unzer 1944
44 Die Blume der Götter. 180 S. Düsseldorf: Diederichs 1949
45 Du aber bleibst in mir. Flüchtlingsgedichte. 34 S. Hameln: Bücherstube Seifert 1949
46 Gesammelte Gedichte. 163 S. Düsseldorf: Diederichs (1949)
47 Der Federball. 184 S. Düsseldorf, Köln: Diederichs 1951
48 Die Meinen. Erinnerungen. 60 S. Düsseldorf, Köln: Diederichs 1951
49 Ausgewählte Gedichte. 62 S. Düsseldorf: Diederichs 1952
50 Gesammelte Werke. 6 Bde. Düsseldorf, Köln: Diederichs 1952–1955
51 Die Quelle und andere Erzählungen. 243 S. Hbg, Bln: Dt. Hausbücherei 1958 (Enth. Ausz. a. Nr. 50)

52 Truso. Geschichten aus der alten Heimat. 243 S. Düsseldorf, Köln: Diederichs 1958
53 Mein Weihnachtsbuch. 144 S. Düsseldorf, Köln: Diederichs 1959

MIKELEITIS, verh. Ehlers, Edith (+Edzar Schumann) (*1905)

1 Polnische Märchen. 91 S. 16⁰ Darmstadt: Ges. Hess. Bücherfreunde (= Würfelbücherei) (1926)
2 Das andere Ufer. Roman. 288 S. Braunschweig: Westermann 1937
3 Hohe Wanderung. Erzählung. 63 S. Braunschweig: Westermann 1937
4 Die Erweckung. Aus dem Leben einer Diva. Novelle. 124 S. Braunschweig: Westermann 1939
5 Die Königin. Roman. 364 S. Braunschweig: Westermann 1940
6 Das ewige Bildnis. 386 S. Braunschweig, Bln, Hbg: Westermann (1941)
7 Der Teufel im Faß. Geschichten aus meiner Heimat. 93 S. Braunschweig, Bln, Hbg: Westermann (= Westermanns Feldpostausgabe) 1942
8 Die Sterne des Kopernikus. 150 S. Braunschweig, Bln, Hbg: Westermann (1943)
9 Das Herz ist heilig. 155 S. m. Abb. Wolfenbüttel: Heckner 1947
10 Ariel. Shelleys Vollendung. Novelle. 72 S. Heidelberg, Waibstadt: Kemper 1948
11 Die blaue Blume. Roman. 340 S. Braunschweig: Vieweg 1948
12 Titus, Rembrandts Sohn. 15 S. m. Abb. Gütersloh: Rufer-Verl. (= Dein Leseheft 16) 1951
13 Der große Mittag. 504 S. Darmstadt: Ehlers (1954)
14 Die Judaspassion. 24 S. m. Abb. Gütersloh: Rufer-Verl. (= Dein Leseheft 187) 1957

MILLER, Johann Martin (1750–1814)

1 Beytrag zur Geschichte der Zärtlichkeit. Aus den Briefen zweyer Liebenden. 168 S. Lpz: Weygand 1776
2 *Briefwechsel dreyer Akademischer Freunde. 2 Tle. VIII, 491; VIII, 547 S. Ulm: Wohler 1776-1777
3 Etwas von Höltys Charakter. Beylage zum 80sten Stück der Teutschen Chronick. 15 S. Augsburg: Stage 1776
4 Predigten für das Landvolk. 3 Bde. Lpz: Weygand 1776-1784
5 *Siegwart. Eine Klostergeschichte. 2 Tle. 1072 S. m. Ku. Lpz: Weygand 1776
6 (MH) Teutsche Chronik auf das Jahr 1777 (1778. 1779. 1780. 1781) Hg. J. M. M., K. F. Köhler, J. H. Haid, R. Laib, J. J. Gradmann. 5 Jge. Ulm: Wagner 1777-1781
7 *Siegwart. Eine Klostergeschichte. 3 Tle. 800 S. Lpz: Weygand 1777 (Verb. Neuaufl. v. Nr. 5)
8 *Geschichte Karls von Burgheim und Emiliens von Rosenau. In Briefen. Von dem Verfasser des Siegwarts. 4 Tle. 488, 518, 516, 800 S. Lpz: Weygand 1778-1779
9 (Hg.) Beobachtungen zur Aufklärung des Verstandes und Besserung des Herzens. Eine periodische Schrift. 3 Bde. Ulm: Wohler 1779-1781
10 Gedichte. 7 Bl., 479 S. Ulm: Wohler 1783
11 Karl und Karoline. Wien 1783
12 *Briefwechsel zwischen einem Vater und seinem Sohne auf der Akademie. Von dem Herausgeber des Briefwechsels dreyer akademischer Freunde. 2 Tle. 1013 S. Ulm: Wohler 1785
13 Drey Briefe über das schreckliche Erdbeben, das noch vor Ostern dieses Jahrs, besonders im Monate Februar erfolgen soll, zur Belehrung der Ulmer Bürger und Bauern. 24 S. Ulm: Wagner 1786
14 (Hg.) Die Geschichte Gottfried Walthers, eines Tischlers, und des Städtleins Erlenburg. Ein Buch für Handwerker und Leute aus dem Mittelstand. 2 Tle. 496 S. Ulm: Wohler 1786

15 Lieder mit Musik und einer Einleitung von Eschstruth. Erster Theil. Lpz: Gräff 1788
16 Predigten über verschiedene Texte und Evangelien, hauptsächlich für Stadtbewohner. XIV, 488 S. Ulm: Wohler 1790
17 Sechs Predigten bey besondern Veranlassungen gehalten. VI, 134 S. Ulm: Wohler 1795
18 *Auch Etwas über die Verweisung des Bürgers Heinzmann aus Ulm, das Benehmen des dortigen Magistrats und den Rathskonsulent Dr. Härlin. Hg. v. einem Weltbürger. 86 S. Ulm (: Stettin) 1799
19 (MV.) Zwo Predigten am Dank- und Freudenfeste wegen des geschlossenen Friedens, gehalten den 10. May 1801 die erste Morgens in der Dreyeinigkeitskirche von Johann Christoph Schmid und die zwote Abends im Münster zu Ulm von J. M. M. 64 S. Ulm: Stettin 1801
20 Trauergesang bey der feyerlichen nächtlichen Beerdigung Tit. Herrn Reichsgrafen Philipp von Arco, Chur-Pfalz Bayerschen General-Kommissairs und Präsidenten der Land-Direction in Schwaben, den edeln Hinterlassenen des Verewigten ehrerbietigst gewidmet. 1/2 Bg. 4⁰ Ulm (: Wohler) 1805

MIRBT, Rudolf (*1896)

1 (Hg.) Münchener Laienspiele. 173 H. Mchn: Kaiser, bzw. (ab 1936) Lpz: Strauch 1923–1939
2 (Bearb.) Das Urner Spiel vom Wilhelm Tell. 23 S. Mchn: Kaiser (= Münchener Laienspiele 2) (1923)
  (H. 2 v. Nr. 1)
3 Gevatter Tod. Ein Spiel der Liebe. 23 S. Mchn: Kaiser (= Münchener Laienspiele 4) (1923)
4 (MV) Zwischen den Bünden. Drei Vorträge. 64 S. Mchn: Kaiser 1924
5 Die Bürger von Calais. Das Spiel eines Volkes. 32 S. Mchn: Kaiser (= Münchener Laienspiele 8) 1925
  (H. 8 v. Nr. 1)
6 Münchener Laienspiele. 64 S. Mchn: Kaiser 1928
7 Möglichkeiten und Grenzen des Laienspiels. Ein Vortrag. 35 S. Mchn: Kaiser 1928
8 (Vorw.) Das Alsfelder Passionsspiel. 80 S. Mchn: Kaiser (= Münchener Laienspiele 38) 1928
  (H. 38 v. Nr. 1)
9 (Hg.) Der Laienspiel-Berater. Rundbriefe einer Laienspielberatungsstelle. Nr. 1. 20 S. Breslau: Schlesische Laienspiel-Beratungsstelle 1929
10 (MH) Das Laienspielbuch. Hg. I. Gentges, R. Leibrandt, R. M. u. B. Sasowski. 176 S. m. Abb., 8 S. Abb. Bln: Bühnenvolksbundverl. 1929
11 Münchener Laienspiel-Führer. 71 S. Mchn: Kaiser (1930)
  (Neuaufl. v. Nr. 6)
12 (MH) Volkstümliche Feste und Feiern. Praktischer Laienspielberater. Hg. R. M. u. O. Bruder. Jg. 1. 4 Nrn. Mchn: Kaiser 1931
13 Münchener Laienspiel-Führer. Eine Wegweisung für das Laienspiel und für mancherlei andere Dinge. 208 S., 59 Abb. Mchn: Kaiser 1931
14 Das Feiertags-Spiel. Chorisches Gegenwartsspiel. 37 S. Mchn: Kaiser (= Münchener Laienspiele 86) 1932
  (H. 86 v. Nr. 1)
15 (Hg.) Gustav Adolf. Seine deutschen Jahre in Liedern aus drei Jahrhunderten zusammengestellt. 32 S. Breslau: Priebatsch 1932
16 (MH) Handwörterbuch des deutschen Volksbildungswesens. Hg. H. Becker, G. A. Narciß u. R. M. Lfg. 1. 160 Sp. 4⁰ Breslau: Breslauer Verl. (1932)
17 Passion. Spielfolge für die Karwoche. Nach altem Passionsspielgut frei gestaltet. 36 S. Mchn: Kaiser (= Münchener Laienspiele 88) 1932
  (H. 88 v. Nr. 1)
18 Sowjetrussische Reiseeindrücke. IV, 187 S. Mchn: Kaiser (1932)
19 Die Reportage des Todes. Ernsthafte Revue. 45 S. Mchn: Kaiser (= Münchener Laienspiele 69) 1932
  (H. 69 v. Nr. 1)
20 (MH) Das deutsche Volksspiel. Blätter für Jugendspiele, Brauchtum und

Sprechchor, Volkstanz, Fest und Freizeitgestaltung. Hg. R. M. , W. Pleister u. H. Steguweit. 1. Jg. 6 H. 288 S. 4° Mchn: Kaiser; Hbg: Hanseat. Verl.-Anst.; Bln: Theaterverl. Langen-Müller 1933-1934
(Forts. v. Nr. 12)

21 (Hg.) Das deutsche Herz. Ein Volksbuch deutscher Gedichte. 289 S. Bln: Ullstein 1934

22 Münchener Laienspielführer. Wegweisung für das Laienspiel und für mancherlei andere Dinge. XXIV, 299 S., 6 Abb. 76 Taf. Mchn: Kaiser 1934
(Neubearb. v. Nr. 11)

23 (MH) Andreas Hofer. Jahrbuch des Volksbundes für das Deutschtum im Ausland 1935. Hg. R. M. u. F. Koepp. 118 S. m. Abb. Bln: Verl. Grenze und Ausland (= Jahrbücher des VDA 1) 1935

24 Stimme des Volkes. Dankkundgebung an die deutschen Abstimmgebiete. 25 S. Mchn: Kaiser (= Münchener Laienspiele 127) 1935
(H. 127 v. Nr. 1)

25 (MH) Prinz Eugen. Jahrbuch des Volksbundes für das Deutschtum im Ausland 1936. Hg. R. M. u. F. Koepp. 119 S. m. Abb., 1 Titelb. Bln: Verl. Grenze und Ausland (= Jahrbücher des VDA 2) 1936

26 (MH) Hermann Blumenau. Jahrbuch des Volksbundes für das Deutschtum im Ausland 1937. Hg. R. M. u. F. Koepp. 127 S., 16 Bl. Abb. Bln: Verl. Grenze und Ausland (= Jahrbücher des VDA 3) 1937

27 Die Judasspieler. 46 S. Lpz: Strauch (= Münchener Laienspiele 156) 1937
(H. 156 v. Nr. 1)

28 Stimme des Volkes. Dankkundgebung an die deutschen Abstimmungsgebiete. 27 S. Lpz: Strauch (= Münchener Laienspiele 127) 1938
(Neubearb. v. Nr. 24)

29 (MH) Deutsche in aller Welt. VDA-Abreißkalender. Hg. R. M. u. D. Goedicke Jg. 14, 1941. 75 Bl. m. Abb. Bln: Volksbund für das Deutschtum im Ausland 1940

30 (MH) Trotz polnischer Willkür! Aus Arbeit und Kampf der volksdeutschen Jugend im ehemaligen Polen. Hg. R. M. u. D. Goedicke. 46 S. Bln: Verl. Grenze und Ausland (= Volkstum im Kampf 5) 1940

31 (Hg.) Bärenreiter-Laienspiele. 379 H. Kassel, Basel: Bärenreiter-Verl. 1947-1962

32 (Bearb.) H. Sachs: Der Roßdieb zu Fünsing. Ein handfester Schwank. Für das Laienspiel bearb. 20 S. Kassel: Bärenreiter-Verl. (= Bärenreiter-Laienspiele 55) 1949
(H. 55 v. Nr. 31)

33 (Hg.) Die Laienspielgemeinde. Eine Zeitschrift für die Pflege unseres gemeinschaftlichen Lebens. 7 Jge. Kassel, Basel: Bärenreiter-Verl. 1950-1956

34 (Bearb.) H. Sachs: Der fahrende Schüler im Paradeis. Ein immer wieder fröhlicher Schwank. Für Laienspiel bearb. 18 S. Kassel, Basel: Bärenreiter-Verl. (= Bärenreiter-Laienspiele 120) 1950
(H. 120 v. Nr. 31)

35 (Hg.) Weihnachtsspiel aus dem Baierischen Wald. Für das Laienspiel von neuem hg. 30 S., 7 S. Notenbeil. Kassel, Basel: Bärenreiter-Verl. (= Bärenreiter-Laienspiele 114) 1950
(H. 114 v. Nr. 31)

36 Kleiner Führer durch die Bärenreiter-Laienspiele. Mit Nachträgen. 127 S. m. Abb.; 63, 47, 48 S. Kassel, Basel: Bärenreiter-Verl. 1950

37 Von der eigenen Gebärde. Ein Laienspielbuch in sechsundzwanzig Beispielen. 122 S. Mchn: Don Bosco-Verl. 1951

38 (Bearb.) H. Sachs: Das Kälberbrüten. Hans Sachsens Drei-Männer-Schwank. Wieder einmal aufpoliert v. R. M. 19 S. Kassel, Basel: Bärenreiter-Verl. (= Bärenreiter-Laienspiele 183) 1952
(H. 183 v. Nr. 31)

39 (MH) Spiel. Eine Zweimonatsschrift. Hg. H. Kaiser, R. M. u. J. Vlatten. I. Jg. 6 Nrn. Kassel: Bärenreiter-Verl. 1957
(Forts. v. Nr. 33)

40 Bärenreiter-Laienspiel-Berater. Ein Wegweiser in das darstellende Spiel und seine Nachbarschaften. 327 S. Kassel, Basel: Bärenreiter-Verl. 1959

41 Laienspiel und Laientheater. Vorträge und Aufsätze aus den Jahren 1923-1959. 174 S. Kassel, Basel, London, New York: Bärenreiter-Verl. 1960

Mitterer, Erika (*1906)

1 Dank des Lebens. Gedichte. 100 S. Ffm: Rütten & Loening 1930
2 Höhensonne. 197 S. Stg: Dt. Verl.-Anst. 1933
3 Gesang der Wandernden. Neue Gedichte. 61 S. Lpz: Staackmann 1935
4 Der Fürst der Welt. Roman. 862 S. Hbg: Marion v. Schröder Verl. 1940
5 Begegnung im Süden. Erzählung. 122 S. Hbg: Marion v. Schröder Verl. 1941
6 Die Seherin. Eine Erzählung. 89 S. Hbg: Marion v. Schröder Verl. 1942
7 Wir sind allein. Ein Roman zwischen zwei Zeiten. 539 S. Wien: Luckmann 1945
8 Zwölf Gedichte. 1933–1945. 20 S. Wien: Luckmann 1946
9 (MV) R. M. Rilke: Briefwechsel in Gedichten mit Erika Mitterer. 1924–1926. 62 S. Wiesbaden: Insel (= Aus Rainer Maria Rilkes Nachlaß 2) 1950
10 Die nackte Wahrheit. Roman. 433 S. Innsbruck: Österr. Verl.-Anst. 1951
11 Kleine Damengröße. Ein Roman im Schatten der Jugend. 301 S. Wien: Luckmann 1953
12 Wasser des Lebens. Roman. 197 S. Wien, Mchn: Herold-Verl. 1953

Möllhausen, Balduin (1825–1905)

1 Tagebuch einer Reise vom Mississippi nach den Küsten der Südsee. 496 S., 14 Ku. Lpz: Mendelssohn 1858
2 Wanderungen durch die Prärien und Wüsten des westlichen Nordamerika vom Mississippi nach den Küsten der Südsee. 492 S. Lpz: Mendelssohn 1860 (Veränd. Neuaufl. v. Nr. 1)
3 Der Halbindianer. 4 Bde. 1118 S. Jena: Costenoble 1861
4 Reisen in den Felsengebirgen Nord-Amerikas bis zum Hochplateau von Neu-Mexiko. 2 Bde. 861 S., 12 Abb. Lpz, Gera: Griesbach 1861
5 Der Flüchtling. 4 Bde. 1115 S. Jena: Costenoble 1862 (Forts. z. Nr. 3)
6 Der Mayordomo. 4 Bde. 1004 S. Jena: Costenoble 1863
7 Palmblätter und Schneeflocken. 2 Bde. 461 S. Jena: Costenoble 1863
8 Das Mormonenmädchen. 6 Bde. 893 S. 16° Jena: Costenoble (= Deutsche Romanbibliothek) 1864
9 Die Mandanenwaise. Erzählung. 2 Abt. in 4 Bdn. 1048 S. Bln: Janke 1865
10 Reliquien. 3 Bde. 688 S. Bln: Janke 1865
11 Der Meerkönig. Erzählung. 6 Bde. 1394 S. Jena: Costenoble 1867
12 Nord und Süd. Erzählungen und Schilderungen aus dem westlichen Nordamerika. 2 Bde. 410 S. Jena: Costenoble 1867
13 Der Hochlandpfeifer. Erzählung. 6 Bde. 1229 S. Jena: Costenoble 1868
14 Das Hundertguldenblatt. Erzählung. 2 Abt., 6 Bde. 1461 S. Bln: Janke 1870
15 Der Piratenlieutenant. Roman. 4 Bde. 1200 S. Bln: Janke 1870
16 Der Kesselflicker. Erzählung. 5 Bde. 1189 S. Bln, Posen: Merzbach 1871
17 Das Monogramm. Roman. 4 Bde. 1097 S. Bln: Janke 1871
18 Das Finkenhaus. Roman. 4 Bde. 1239 S. Bln: Janke 1872
19 Die Einsiedlerinnen. Roman. 4 Bde. 1007 S. Bln: Janke 1873
20 Westliche Fährten. Erzählungen und Schilderungen. 2 Bde. 566 S. Bln: Janke 1873
21 Hyänen des Capitals. Roman. 4 Bde. 1148 S. Bln: Janke 1876
22 Die Kinder des Sträflings. Roman. 4 Bde. 991 S. Bln: Janke 1876
23 Die Reiher. Roman. 3 Bde. 963 S. Bln: Janke 1878
24 Vier Fragmente. Roman. 4 Bde. 909 S. Bln: Janke 1880
25 Der Schatz von Guivira. Roman. 3 Bde. 1017 S. Bln: Janke 1880
26 Die Töchter des Consuls. Roman. 3 Bde. 794 S. Bln: Janke 1880
27 Der Fanatiker. Roman. 3 Bde. 764 S. Bln: Janke 1883
28 Der Leuchtthurm am Michigan und andere Erzählungen. 212 S. Stg: Spemann (= Collection Spemann 35) 1883
29 Der Haushofmeister. Roman. 3 Bde. 822 S. Jena: Costenoble 1884
30 Der Trader. Roman. 3 Bde. 958 S. Bln: Janke 1884

31 Wildes Blut. Erzählung. 3 Bde. 914 S. Jena: Costenoble 1886
32 Das Loggbuch des Kapitains Eisenfänger. Roman in drei Bänden. 975 S. Stg: Union 1887
33 Das Geheimnis des Hulks. Roman. 214 S. Stg: Spemann (= Collection Spemann) 1889
34 Die Familie Melville. Roman aus der Zeit des nordamerikanischen Bürgerkriegs. 3 Bde. 972 S. Lpz: Keil 1889
35 Der Fährmann am Kanadian. Roman in drei Bänden. 775 S. Stg: Union 1890
36 Haus Montague. Roman. 3 Bde. 776 S. Jena: Costenoble 1891
37 Die beiden Yachten. Roman in drei Bänden. 681 S. Stg: Union 1891
38 Die Söldlinge. Roman in drei Bänden. 743 S. Stg: Union 1892
39 Kaptein Meerrose und ihre Kinder. Erzählung in drei Bänden. 860 S. Bln: Fontane 1893
40 Der Spion. Roman in drei Bänden. 731 S. Stg: Union 1893
41 Der Talisman. Roman. 2 Bde. 752 S. Jena: Costenoble 1894
42 Die Dreilinden-Lieder. 90 S. m. Abb., 2 Bildn. Bln: Mittler 1896
43 Welche von Beiden? Roman in zwei Bänden. 268, 256 S. Stg: Union 1897
44 Der alte Korpsbursche. 128 S. 12° Bln: Hillger (= Kürschners Bücherschatz 77) 1898
45 Das Fegefeuer in Frappes Wigwam. 127 S. 12° Bln: Hillger (= Kürschners Bücherschatz 222) 1900
46 Der Postreiter. 124 S. Bln: Hillger (= Kürschners Bücherschatz 346) 1903
47 Die Verlorene. – Die Bärenhaut. 110 S. Bln: Hillger (= Kürschners Bücherschatz 389) 1904
48 Bilder aus dem Reiche der Natur. 175 S., 1 Abb., 1 Bildn. Bln: Reimer 1905
49 Sankt Elmsfeuer und andere Novellen. 112 S. Bln: Hillger (= Kürschners Bücherschatz 459) 1905
50 Der Vaquero. Roman. 343 S. m. Bildn. Stg: Union 1905
51 Illustrierte Romane, Reisen und Abenteuer. Hg. D. Theden. 3 Serien, 30 Bde. Lpz: List 1906–1913

MÖNNICH, Horst (*1918)

1 (MV) Günther u. H. Mönnich: Die Zwillingsfähre. Gedichte. 99 S. Wolfenbüttel, Bln: Kallmeyer 1942
2 Russischer Sommer. Tagebuch eines jungen Soldaten. 249 S. Riga: Aufbau-Verl. 1944
3 Die Autostadt. Roman. 414 S. Mchn, Wien: Andermann 1951
4 Der Kuckucksruf. 80 S. m. Abb. Wolfenbüttel: Kallmeyer 1951
5 Das Land ohne Träume. Reise durch die deutsche Wirklichkeit. 289 S. Braunschweig: Westermann 1954
6 Von Menschen und Städten. 159 S. m. Abb. Mchn: Bruckmann 1955
7 Erst die Toten haben ausgelernt. 176 S. Braunschweig: Westermann 1956
8 (Hg.) Guten Morgen, alte Erde. Eine Jahresgabe der Werkzeitschrift der Hoesch-Werke Dortmund ‚Werk und wir' für ihre Leser. 151 S., 8 Bl. Abb. Mchn: Verl. Mensch und Arbeit 1958

MÖRIKE, Eduard (1804–1875)

1 Maler Nolten. Novelle in zwei Theilen. 640 S., 1 Bl. Stg: Schweizerbart 1832
2 (MH) Jahrbuch schwäbischer Dichter und Novellisten. Hg. E. M. u. W. Zimmermann. 377 S., 1 Titelku. Stg: Schweizerbart 1836
3 Gedichte. VII, 236 S. Stg, Tüb: Cotta 1838
4 (Hg.) Iris. Eine Sammlung erzählender und dramatischer Dichtungen. 4 Bl., 276 S., 2 Abb. Stg: Schweizerbart 1839
5 (Hg.) Classische Blumenlese. Eine Auswahl von Hymnen, Oden, Liedern, Elegien, Idyllen, Gnomen und Epigrammen der Griechen und Römer. Nach

den besten Verdeutschungen, teilweise neubearbeitet. Mit Erklärungen für alle gebildeten Leser. Bd. 1. XII, 290, 1 S. Stg: Schweizerbart 1840
6 Idylle vom Bodensee, oder Fischer Martin und die Glockendiebe. In sieben Gesängen. 4 Bl., 138 S., 1 Bl. Stg: Schweizerbart 1846
7 Gedichte. VIII, 304 S., 2 Bl. Stg, Tüb: Cotta 1848
(Verm. Neuaufl. v. Nr. 3)
8 Das Stuttgarter Hutzelmännlein. Märchen. IV, 168 S., 1 Bl. Stg: Schweizerbart 1853
9 (Übs.) Theokritos: Bion und Moschos. Übs. E. M. u. F. Notter. VIII, 270 S. 16⁰ Stg: Hoffmann (= Neueste Sammlung ausgewählter griechischer und römischer Classiker) 1855
10 Vier Erzählungen. 167, 1 S. 16⁰ Stg: Schweizerbart 1856
11 Gedichte. 346 S. 32⁰ Stg: Göschen 1856
(Verm. Neuaufl. v. Nr. 7)
12 Mozart auf der Reise nach Prag. Novelle. 114, 1 S. Stg, Augsburg: Cotta 1856
13 ★(Hg.) F. v. Schiller: Gedichte. Auswahl für die Jugend. 178 S. Stg: Cotta 1859
14 (Übs.) Anakreon und die sogenannten anakreontischen Lieder. Revision und Ergänzung der Degenschen Übersetzung mit Erklärungen. 164 S. 16⁰ Stg: Hoffmann (= Neueste Sammlung ausgewählter griechischer und römischer Classiker) 1864
15 Gedichte. 428 S. Stg: Göschen 1867
(Verm. Neuaufl. v. Nr. 11)
16 Die Historie von der schönen Lau. 46 S., 7 Ku. 2⁰ Stg: Göschen 1873
(Ausz. a. Nr. 8)
17 Maler Nolten. Roman. Hg. J. Klaiber. 2 Bde. in 1 Bd. VII, 348; 302 S. Stg: Göschen 1877
(Neufassg. v. Nr. 1)
18 Gesammelte Schriften. 4 Bde. 1483 S. Stg: Göschen 1879
19 Gesammelte Erzählungen. 426 S. Stg, Lpz: Göschen 1894
(Neuaufl. v. Nr. 10)
20 Mörike als Gelegenheitsdichter. Aus seinem alltäglichen Leben. Mit zahlreichen erstmals gedruckten Gedichten Mörikes und Zeichnungen von seiner Hand hg. R. Krauß. 188 S. Stg: Dt. Verl.-Anst. 1895
21 Sämtliche Werke in sechs Bänden. Hg. R. Krauß. 6 in 2 Bdn. 1452 S., 1 Titelb., 5 Abb. u. Faks. Lpz: Hesse 1905
22 Werke. Krit. durchges. u. erl. Ausg. Hg. H. Maync. 3 Bde. XXIX, 506; 507; 536 S. m. Bildn. u. Faks. Lpz: Bibliogr. Inst. 1909

Moeschlin, Felix (★1882)

1 Die Königsschmieds. Roman. 359 S. Bln: Wiegandt 1909
2 Hermann Hitz. Roman. 376 S. Bln, Lpz: Sarasin 1910
3 Der Amerika-Johann. Bauernroman aus Schweden. 432 S. Lpz: Sarasin 1912
4 Brigitt Rößler und andere Erzählungen. 63 S. Zürich: Orell Füßli (= Die stille Stunde 1) (1916)
5 Schalkhafte Geschichten. 75 S. Frauenfeld: Huber (= Schweizerische Erzähler 4) 1917
6 Die Revolution des Herzens. Ein Schweizerdrama 1917. 75 S. Zürich: Rascher 1918
7 Der glückliche Sommer. Roman. 307 S. Lpz: Grethlein (1920)
8 Die vier Verliebten. Roman. 240 S. Lpz: Grethlein (1920)
9 Wachtmeister Vögeli. Roman. 382 S. Lpz: Grethlein (1922)
10 (Bearb.) J. Gotthelf: Jakobs des Handwerksgesellen Wanderungen durch die Schweiz. 389 S. Lpz: Grethlein (= Bilder deutscher Vergangenheit 11) (1923)
11 Wie Hans doch noch ein Lehrling wurde. 32 S. Bern: Verl. Schweizer Jugendschriften (= Schweizer Jugendschriften 50) (1924)
12 (Bearb.) (J. D. Wyss:) Der schweizerische Robinson. Neu bearb. 4 Tle. je 32 S., je 1 Abb. Bern: Verl. Schweizer Jugendbücher (= Schweizer Jugendbücher 4) (1924)

13 Meine Frau und ich und andere Erzählungen. 245 S. Zürich: Orell Füßli (= Schweizer Bücher 1) 1925
14 Die Vision auf dem Lofot. Roman. 258 S. Zürich: Orell Füßli 1926
15 Wir wollen immer Kameraden sein. Roman. 293 S. Lpz: Grethlein 1926
16 Das Engadin. 64 S., 52 Abb., 1 Kt. Bielefeld: Velhagen & Klasing (= Velhagen & Klasings Volksbücher 110) (1927)
17 Das erlösende Lächeln. Erzählungen. 55 S. Basel: Verein für Verbreitung guter Schriften (= Verein für Verbreitung guter Schriften Basel, 158) 1928
18 Eidgenössische Glossen. 1922–1928. 290 S. Erlenbach/Zürich: Rentsch 1929
19 Amerika vom Auto aus. Zwanzigtausend Kilometer USA. 186 S., 154 Abb. Erlenbach: Rentsch (1931)
20 Barbar und Römer. Roman. 384 S. Bern: Francke 1931
21 Die zehnte Frau. Lustspiel. 56 S. Zürich: Rascher (= Schweizer Theater) 1931
22 (Hg.) Das Flugblatt. Jg. 1., 52 Nrn. Bern: Feuz 1932
23 Hans der Ausläufer. 32 S. m. Abb. Zürich: Schweizer Jugendschriftenwerk (= Schweizer Jugendschriftenwerk 38) (1935)
24 Groß-Siedlung in Brasilien? Ein Kolonie-Plan Schweiz-Paraná. 32 S. m. Kt. Horw: Montana-Verl. 1936
25 Ich suche Land in Südbrasilien. Erlebnisse und Ergebnisse einer Studienreise. 167 S., 203 Abb. Zürich: Müller (1936)
26 Der schöne Fersen. Roman. 399 S. Zürich: Müller 1937
27 Wir durchbohren den Gotthard. 2 Bde. 496 S., 8 Taf.; 527 S., 8 Taf. Zürich: Büchergilde Gutenberg 1947–1949
28 Wie ich meinen Weg fand. 63 S. Basel: Verl. Gute Schriften (= Gute Schriften Basel, 116) 1953
29 Wohin gehen wir? 83 S. Zürich, Mchn: Dreiflammen-Verl. 1954
30 (MV) E. Hammar u. F. M.: Ich bin Dein und Du bist mein. Aus dem Briefwechsel. 615 S. Zürich, Stg: Artemis-Verl. 1955
31 Wir durchbohren den Gotthard. 714 S. Zürich, Stg: Artemis-Verl. 1957 (Umarb. v. Nr. 27)
32 Morgen geht die Sonne auf. 219 S. Zürich, Stg: Artemis-Verl. 1958

Möser, Justus (+M. O. Riese) (1720–1794)

1 Ihrem hochansehnlichen Präsidenten Hrn. J. M. Gesner Bewies am 1. Heumonat 1743 bey Antretung der academischen Regierung die deutsche Gesellschaft ihre schuldigste Hochachtung durch J. M. aus Osnabrück. 4 Bl. 2° Göttingen: Hager 1743
2 Jubelode womit ihren gnädigsten Obervorsteher ... Heinrich den Eilften ... unterthänigst besinget die Deutsche Gesellschaft in Göttingen durch J. M. 4 Bl. 2° Göttingen: Hager 1743
3 +Die weise und tapfre Regierung Seiner kgl. Maj. in Preussen ... Friedrichs besungen von M. O. Riese. 2 Bl. 2° o.O. (1743)
4 Die Gerechten und siegreichen Waffen seiner Majestät ... Georgs des Andern besungen. 12 Bl. 4° Göttingen: Hager (1743)
5 Seinem Lieben Bruder Itel Ludewig Möser Welcher den 27. Jan. 1745 im 19ten Jahr seines Alters ... entschlief ... 2 Bl. 2° Osnabrück: Kißling 1745
6 (Hg.) Ein Wochenblatt. Stück 1-50. Hannover: Schmid 1746
7 Versuch einiger Gemählde von den Sitten unserer Zeit. Vormahls zu Hannover als ein Wochenblatt ausgetheilet. Hannover: Schmid 1747
8 Arminius. Ein Trauerspiel. 79 S., 1 Bl. Hannover, Göttingen: Schmid 1749
9 Sendschreiben an Voltaire über den Charakter des Dr. Martin Luther ... Göttingen 1752
10 Der Wehrt wolgewogener Neigungen und Leidenschaften. 64 S. Hannover: Schmid 1756
11 *Unterthänigste Vorstellung und Bitte ... Mein Joseph Patridgen ... o.O. 1760
12 *Harlekin oder Vertheidigung des Groteske-Komischen. 80 S. o.O. 1761
13 *Schreiben an den Herrn Vicar in Savoyen, abzugeben bey dem Herrn Johann Rousseau. 25 S. Hbg, Lpz (o. Verl.) 1765

14 (Hg.) Wöchentliche Osnabrückische Intelligenzblätter. Osnabrück 1766–1782
15 Rechtliche Behauptung derer Gründe, worauf die von Sr. Kgl. Majestät von Großbritannien ... in Ansehung der osnabrückischen Bischofs-Wahl und der Regierungs-Einrichtung im Stifte, während der Minderjährigkeit des erwählten Herrn Bischofs Kgl. Hoheit, genommenen Massregeln gebauet sind ... 119 S. (Osnabrück) 1767
16 Osnabrückische Geschichte. 2 Bde. Osnabrück: Schmid 1768
17 Patriotische Phantasien. 4 Bde. Bln: Nicolai 1774–1778
18 Schreiben an Herrn Aaron Mendetz da Costa ... 24 S. Bremen: Cramer 1777
19 Unterthänigste Vorstellung und Bitte ... 20 S. Bremen: Cramer 1777
20 Osnabrückische Geschichte. 2 Thle. 408, 22; 228, 124 S. Bln, Stettin: Nicolai 1780
21 *Über die deutsche Sprache und Litteratur. An einen Freund, nebst einer Nachschrift die National-Erziehung der alten Deutschen betreffend. 55 S. Osnabrück: Schmidt 1781
22 *Der Coelibat der Geistlichkeit ... 24 S. Osnabrück, Lpz: Schmidt 1783
23 Vermischte Schriften von J. M. Nebst dessen Leben. Hg. F. Nicolai. 2 Bde. 109, 382; 344 S. Bln, Stettin: Nicolai 1797–1798 (Enth. Nr. 12 u. 21)
24 Die Tugend auf der Schaubühne oder Harlekins Heirath. Ein Nachspiel in Einem Aufzuge. 38 S. Bln, Stettin: Nicolai 1798
25 Sämmtliche Werke. 8 Bde. Bln, Stettin: Nicolai 1798
26 Osnabrückische Geschichte. 3. Tl.: Urkunden. Aus dem Nachlaß hg. C. Stüve. XXXII, 390 S. Bln, Stettin: Nicolai 1824
27 Sämtliche Werke. Hg. B. R. Abeken. 10 Bde. m. Ku. u. Faks. Bln: Nicolai 1842–1843
28 Sämtliche Werke. Hist.-krit. Ausgabe in 14 Bänden. Hg. Akad. d. Wiss., Göttingen. Oldenburg, Bln: Stalling 1943 ff.

Molo, Walter Reichsritter von (1880–1958)

1 Als ich die bunte Mütze trug... Erinnerungen. 134 S. Bln, Lpz: Seemann (= Seemann's kleine Unterhaltungsbibliothek 32) 1904
2 Wie sie das Leben zwangen. Roman. 298 S. Bln-Charlottenburg: Vita 1906
3 Die Geschwindigkeitsmesser an Automobilen mit Rücksicht auf ihre behördliche Einführung. 128 S. m. Abb. Bln: Boll & Pickardt 1908
4 Die Hochzeitsjunker. Sport-Novelle und andere Erzählungen. 149 S. Bln: Boll & Pickardt 1908
5 Die unerbittliche Liebe. Roman. 232 S. Bln: Schuster & Loeffler 1909
6 Klaus Tiedemann, der Kaufmann. Roman. 234 S. Bln: Fontane 1909
7 Die törichte Welt. Roman. 216 S. Bln: Schuster & Loeffler 1910
8 Der gezähmte Eros. Roman. 202 S. Bln: Schuster & Loeffler (1911)
9 Das gelebte Leben. Drama in vier Akten. 82 S. Mchn: Müller 1911
10 Wir Weibgesellen. Roman. 214 S. Bln: Schuster & Loeffler 1911
11 Die Lebenswende. Zeitroman. 234 S. Bln: Schuster & Loeffler 1912 (Neuaufl. v. Nr. 6)
12 Ums Menschentum. Ein Schiller-Roman. Tl. 1. 299 S. Bln: Schuster & Loeffler 1912
13 Totes Sein. Roman. 104 S. m. Bildn. 16⁰ Lpz: Reclam (= Reclam's UB. 5419) 1912
14 Im Titanenkampf. Ein Schiller-Roman. Tl. 2. 314 S. Bln: Schuster & Loeffler 1913 (Forts. v. Nr. 12)
15 Die Freiheit. Ein Schiller-Roman. Tl. 3. 304 S. Bln: Schuster & Loeffler (1914) (Forts. v. Nr. 14)
16 Die Mutter. Drama in vier Akten. 150 S. Mchn: Langen 1914
17 Deutsches Volk. Ein Flugblatt in jedes Haus. 4 S. Lpz: Grethlein 1914
18 Deutsch sein heißt Mensch sein! Notschreie aus deutscher Seele. 96 S. Bln, Mchn: Langen 1915

19 Deutschland und Österreich. Kriegsaufsätze. 95 S. Konstanz, Lpz: Hesse & Becker (= Die Zeitbücher 19) (1915)
20 An Frederik van Eeden und Romain Rolland. Offener Brief. 8 S. Mchn: Schmidt (1915)
21 Kriegs-Aufsätze. 28 S. Mchn: Schmidt (1915)
    (Enth. u. a. Nr. 20)
22 An unsere Seelen. Drei Flugblätter auf das Kriegsjahr 1914/1915. 8 S. Mchn: Schmidt (1915)
23 Der Infant der Menschheit. Drama in drei Akten. 120 S. Bln, Mchn: Langen 1916
24 (Hg., Einl.) (S. Lagerlöf:) Die schönsten Geschichten der Lagerlöf. Übs. M. Franzos. 232 S., 1 Bildn. Mchn: Langen (1916)
25 Sprüche der Seele. 49 S. Bln, Mchn: Langen (1916)
26 Den Sternen zu. Ein Schiller-Roman. Letzter Teil. 264 S. Bln, Mchn: Langen 1916
    (Forts. v. Nr. 15)
27 (Hg., Einl.) Weltkriegs-Geschichten. 181 S. m. Abb. Hbg-Großborstel: Dt. Dichter-Gedächtnis-Stiftung (= Der Eichenkranz 2) 1916
28 Die Erlösung der Ethel. Tragödie in vier Aufzügen. 109 S. Bln, Mchn: Langen 1917
29 Der Große Fritz im Krieg. 56 S. Stg: Cotta (= Cotta'sche Handbibliothek 194; = Tornister-Bibliothek 57) (1917)
30 Im Schritt der Jahrhunderte. Geschichtliche Bilder. 228 S. Bln, Mchn: Langen 1917
31 Die ewige Tragikomödie. Novellistische Studien. 1906–1912. 98 S. Mchn: Langen (= Langen's Mark-Bücher 17) (1917)
32 (Hg., Einl.) N. Gogol: Die schönsten Kosakengeschichten. Übs. K. Holm. 224 S., 1 Bildn. Mchn: Langen (1918)
33 Der Hauch im All. Tragödie in drei Aufzügen. 142 S. Mchn: Langen (1918)
34 Der Schiller-Roman. Vom Dichter durchges. Volks-Ausg. 2 Bde. 415, 385 S. Mchn: Langen (1918)
    (Enth. Nr. 12, 14, 15, 26)
35 (Hg., Einl.) (Ch. Sealsfield:) Die schönsten Abenteurergeschichten von Sealsfield. 192 S., 1 Bildn. Mchn: Langen 1918
36 Friedrich Staps. Ein deutsches Volksstück in vier Aufzügen. 123 S. Mchn: Langen (1918)
37 (Hg., Einl.) (A. Strindberg:) Die schönsten historischen Erzählungen von Strindberg. Übs. E. Schering. XVII, 240 S., 1 Bildn. Mchn: Langen (1918)
38 Ein Volk wacht auf. Roman-Trilogie. 3 Bde. Mchn: Langen (1918)–1922
    1. Fridericus. 274 S. (1918)
    2. Luise. Roman. 312 S. (1919)
    3. Das Volk wacht auf. 247 S. 1922
39 Die törichte Welt. Roman. Mchn: Langen (1918)
    (Veränd. Neuaufl. v. Nr. 7)
40 (Hg., Einl.) (M. Dauthendey:) Das Schönste von Max Dauthendey. 224 S., 1. Bildn. Mchn: Langen (1919)
41 Die unerbittliche Liebe. Ein kleiner sozialer Roman aus dem Jahre 1900. 98 S. Mchn: Langen (1919)
    (Veränd. Neuaufl. v. Nr. 5)
42 (Hg., Einl.) (Th. Storm:) Das Schönste von Storm. 254 S., 1 Bildn. Mchn: Langen (1919)
43 (Hg., Einl.) L. Tolstoj: Die besten Erzählungen. XII, 217 S., 1 Bildn. Mchn: Langen (= Langen's Auswahl-Bände) (1919)
44 Wallfahrer zur lieben Frau. Ein kleiner Roman. 91 S. Mchn: Langen (1919)
    (Veränd. Neuaufl. v. Nr. 10)
45 (Hg., Einl.) K. Hamsun: Erzählungen. 261 S., 1 Bildn. Mchn: Langen (= Langen's Auswahlbände 3) (1920)
46 (Hg., Einl.) (J. P. Jacobsen:) Das Schönste von Jens Peter Jacobsen. 244 S., 1 Bildn. Mchn: Langen 1920
47 Kriegs-Aufsätze. 36 S. Mchn: Schmidt 1920
    (Enth. Nr. 21 u. 22)
48 Walter von Molo. 32 S., 1 Bildn., 47 S. Faks., 2 S. Dresden: Lehmann (= Deutsche Dichterhandschriften 3) (1920)

49 Die helle Nacht. Schauspiel in drei Aufzügen. 128 S. Mchn: Langen 1920
50 (Hg., Einl.) Die schönsten Novellen unserer Romantik. 231 S., 4 Bildn. Mchn: Langen 1920
51 (Hg., Einl.) (B. Björnson:) Die schönsten Novellen von Björnson. XI, 240 S., 1 Titelb. Mchn: Langen (= Langen's Auswahlbände) 1921
52 Der Erwachende. Aus dem Schillerroman. 62 S. Bln: Hillger (= Kürschner's Bücherschatz 1342) (1921)
(Ausz. a. Nr. 34)
53 (Hg., Einl.) W. Hauff: Die schönsten Erzählungen. 254 S., 1 Titelb. Mchn: Langen 1921
54 Till Lausebums. Romantisches Lustspiel in drei Aufzügen. 219 S. Mchn: Langen 1921
55 Hans Amrung und seine Frau. 78 S. Bln: Mosaik-Verl. (= Mosaik-Bücher 1) 1922
(Enth. u. a. Nr. 29)
56 (Hg., Einl.) G. Keller: Erzählungen. 228 S., 1 Titelb. Mchn: Langen 1922
57 Die Liebes-Symphonie. Die kleinen Romane. 234 S. Mchn: Langen 1922
(Enth. Nr. 8, 39, 41, 44)
58 Luise im Osten 1806. IV, 71 S. m. Abb. Bln: Flemming & Wiscott (= Flemmings Bücher für jung und alt. Kleine Reihe 1) 1922
59 (Hg., Einl.) E. A. Poe: Die schönsten Erzählungen. Übs. E. W. Freisiler. 238 S., 1 Titelb. Mchn: Langen 1922
60 Aus Schillers Jugendzeit. 86 S. m. Abb. Köln: Schaffstein (= Schaffsteins Blaue Bändchen 152) 1922
(Ausz. a. Nr. 34)
61 (Hg.) Ch. Sealsfield: Das blutige Blockhaus. In neuer Fassung hg. 126 S., 20 Abb. Potsdam: Kiepenheuer (= Die graphischen Bücher 8) 1922
62 Im Zwielicht der Zeit. Bilder aus unseren Tagen. 176 S. Mchn: Langen 1922
(Ausz. a. Nr. 55)
63 Auf der rollenden Erde. 202 S. Mchn: Langen 1923
64 Das Fridericus Rex-Buch. Vom Dichter selbst getroffene Auswahl aus dem Roman Fridericus ... XXIV, 108 S., 23 Taf. Bln: Mörlins (1923)
(Ausz. a. Bd. 1 v. Nr. 38)
65 Friedrich der Große und sein Minister. 44 S. Langensalza: Beltz (= Aus deutschem Schrifttum und deutscher Kultur 71) (1923)
(Ausz. a. Nr. 38)
66 (Einl.) Der junge Fritz in Rheinsberg. 201 S. Bln: Ullstein (= Die Fünfzig Bücher 2) (1923)
67 (Hg.) M. Maartens: Novellen. Ausgew., eingel. W. Schumann. Übs. E. Schumann. 229 S., 1 Titelb. Mchn: Langen (= Langen's Auswahlbände 17) 1923
68 Walter von Molo. Der Mensch und das Werk. Ein Früchtekranz aus M.s Werken. 230 S. Lpz: Koch (= Vom Herzschlag meines Volkes 1) 1923
69 Ein Sieg des alten Fritz. 31 S. Bln: Hillger (= Deutsche Jugendbücherei) (1923)
70 (Hg.) A. Stifter: Erzählungen. Ausgew., eingel. J. Hofmiller. 224 S., 1 Titelb. Mchn: Langen (= Langen's Auswahlbände 16) 1923
71 (Hg.) L. v. François: Erzählungen. 186 S., 1 Titelb. Mchn: Langen (= Langen's Auswahlbände 18) (1924)
72 Vom alten Fritz. Vier Erzählungen aus dem Leben des großen Königs. 116 S., 1 Taf. 16⁰ Nürnberg: Schrag (= Nürnberger Liebhaber-Ausgaben 3) 1924
(Ausz. a. Nr. 38)
73 Fugen des Seins. 75 S., 8 Abb. 4⁰ Bln: Eigenbrödler-Verl. (550 num. Ex.) 1924
74 Lebensballade. Ein Schauspiel in zwölf Szenen. 92 S. Mchn: Langen 1924
75 (Hg., Einl.) G. de Maupassant: Die schönsten Novellen. Übs. H. M. Elster. 215 S., 1 Titelb. Mchn: Langen (= Langen's Auswahlbände 19) (1924)
76 Der Roman meines Volkes. 3 Tle. in 1 Bd. 573 S. Mchn: Langen 1924
(Neubearb. v. Nr. 38)
77 Gesammelte Werke. 3 Bde. 865, 840, 838 S., 1 Titelb. Mchn: Langen 1924
78 Bobenmatz. Roman. 225 S. Mchn: Langen 1925
79 (Hg., Einl.) H. Kurz: Erzählungen und Schwänke. 230 S., 1 Titelb. Mchn: Langen (= Langen's Auswahlbände 21) (1925)

80 Ums Menschentum. Der Roman von Schillers Jugend. 202 S. Mchn: Langen 1925
  (Veränd. Neuaufl. v. Nr. 12)
81 (Einl.) Der Rhein im Lied. Eine Sammlung der schönsten Rheinlieder. Jubiläums-Ausg. 1925. 89 S. 4° Bln: Neufeld & Henius 1925
82 (Hg.) L. Steub: Die schönsten Erzählungen. 280 S., 1 Titelb. Mchn: Langen (Langen's Auswahlbände 22) (1925)
83 (Hg., Einl.) L. Thoma: Geschichten. 248 S., 1 Bildn. Mchn: Langen (1925)
84 (Hg.) I. S. Turgenjew: Erzählungen. Ausgew., übs., eingel. S. v. Vegesack. 172 S., 1 Titelb. Mchn: Langen (= Langen's Auswahlbände 20) (1925)
85 Im ewigen Licht. Roman. 226 S. Mchn: Langen 1926
86 Die Legende vom Herrn. 320 S. Mchn: Langen 1927
87 Das wahre Glück. Roman. 364 S. Bln: Dt. Buchgem. 1928
  (Neuaufl. v. Nr. 11)
88 Mensch Luther. Roman. 304 S. Wien: Zsolnay 1928
89 Ordnung im Chaos. Schauspiel in acht Bildern. 91 S. Mchn: Langen 1928
90 Der deutschen Jugend gesagt. II, 23 S., 1 Abb. Bln: Verl. f. Buchwerbung (1929)
91 Im weiten Meer. 61 S. Hbg: Dt. Dichter-Gedächtnis-Stiftung (= Der junge Tag 2) 1929
  (Enth. u. a. Ausz. a. Nr. 77, Bd. 2)
92 Die Scheidung. Ein Roman unserer Zeit. 288 S. Wien: Zsolnay 1929
93 Zwischen Tag und Traum. Gesammelte Reden und Aufsätze. 329 S. Wien: Zsolnay 1930
94 Ein Deutscher ohne Deutschland. Friedrich List-Roman. 550 S. Bln: Holle 1931
95 Wie ich Deutschland möchte. Rede über Friedrich List. 38 S. Wien, Bln: Holle 1932
96 Deutsche Volksgemeinschaft. Ansprache. 15 S. Weimar: Fink 1932
97 Holunder in Polen. Roman. 412 S. Bln: Holle 1933
98 Der kleine Held. Roman. 391 S. Bln: Holle 1934
99 Friedrich List. Ein deutsches Prophetenleben in drei Aufzügen. 91 S. Wien, Bln: Holle 1934
100 Friedrich List. Hörspiel nach dem Friedrich List-Roman „Ein Deutscher ohne Deutschland". Eingel., hg. P. Habermann. 43 S. Bielefeld: Velhagen & Klasing (= Velhagen & Klasings dt. Lesebogen 204) (1935)
  (zu Nr. 99)
101 Eugenio von Savoy. Heimlicher Kaiser des Reichs. Roman. 397 S. Bln: Holle 1936
102 Fridericus-Trilogie. Fridericus, Luise, Das Volk. 576 S. Bln: Holle (1936)
  (Neuaufl. v. Nr. 38)
103 Aus meiner Kinderzeit. Als Stadtkind auf dem Lande. 53 S. Köln: Bachem (= Rheingold) (1936)
  (Ausz. a. Nr. 98)
104 Ein kluger Bursch ist tausend Dollar wert. Friedrich List in Amerika. 48 S. Dresden: Neuer Buchverl. (= Deutsche in aller Welt 1) 1937
105 Der endlose Zug. Gestalten und Bilder im Schnitt der Jahrhunderte. 392 S. Langensalza: Beltz (1937)
  (Enth. Nr. 30 u. 62)
106 Prinz Eugen, der edle Ritter. 49 S. Langensalza: Beltz (= Aus deutschem Schrifttum und deutscher Kultur 535) 1938
  (Ausz. a. Nr. 101)
107 Geschichte einer Seele. 628 S. Bln: Holle 1938
108 Preußen wird Deutschland. 43 S. Langensalza: Beltz (= Aus deutschem Schrifttum und deutscher Kultur 71) 1938
  (Neuaufl. v. Nr. 65)
109 Erkenntnis für uns. Aus den Werken von W. von M. 344 S., 1 Titelb. Lpz: Stufen-Verl. 1940
110 Der Feldmarschall. 78 S. m. Abb. Wien: Wiener Verl. (= Reihe Südost; Stimmen der Lebenden 17) 1940
111 Das kluge Mädchen. Roman. 392 S. Hbg: Toth 1940
112 Prinz Eugen. Hörspiel. 40 S. Bielefeld, Lpz: Velhagen & Klasing (= Velhagen & Klasings dt. Lesebogen 263) 1941

113 Ein Deutscher ohne Deutschland. 499 S. Hbg: Toth 1942
(Veränd. Neuaufl. v. Nr. 94)
114 Im Sommer. Eine Lebenssonate. Zwei Erzählungen. 60 S. Prag, Bln, Lpz: Noebe (= Feldpostreihe Noebe 7) 1943
115 Sie sollen nur des Gesetzes spotten. Erzählungen. 143 S. m. Abb. Graz: Steir. Verl.-Anst. 1943
116 Lyrisches Tagebuch. 94 S. Hbg: Toth (1943)
117 (MV) Th. Mann, F. Thies, W. von M.: Ein Streitgespräch über die äußere und innere Emigration. 8 S. 4° Dortmund: Druckschriften-Vertriebsdienst (1946)
118 Lob des Leides. 156 S. Baden-Baden: Keppler 1947
119 Der Menschenfreund. Roman. 306 S. Baden-Baden: Keppler 1948
(Enth. Nr. 63, 78, 85)
120 (Bearb.) Ch. Sealsfield: Nathan, der Squatter-Regulator. 124 S. Kempen: Thomas-Verl. 1948
121 Aus dem Murnauer Tagebuch. 26 S. Hannover: Hahn (= Dichtung und Wahrheit. Bücherei Hahn 25) 1948
(Erw. Neuaufl. v. Nr. 73)
122 (Einl.) Epictetus: Handbüchlein zum wahren Leben. Übs. H. Stich. 81 S. Lahr: Schauenburg (= Humanitas) 1949
123 (Einl.) K. Hoefelmayr: Meditationen in Formen und Farben. Nachw. B. Kroll. XII S., 20 Taf. 4° Stg: Schuler 1949
124 Die Affen Gottes. Roman der Zeit. 368 S. Bln, Bielefeld, Mchn: Schmidt 1950
125 Walter von Molo. Erinnerungen, Würdigungen, Wünsche. Zum siebzigsten Geburtstag des Dichters am 14. VI. 1950. 89 S., 1 Titelb. Bln, Bielefeld, Mchn: Schmidt 1950
126 Eugenio von Savoy. Roman. 369 S. Bln, Bielefeld, Mchn: Schmidt 1950
(Veränd. Neuaufl. v. Nr. 101)
127 (Hg.) J. W. von Goethe: Hermann und Dorothea. 100 S., 1 Titelb. Ffm: Lutzeyer (= Besitz der Erde) 1950
128 (Hg.) A. Hübscher: Sokrates. 181 S. Ffm, Bonn: Lutzeyer (= Besitz der Erde) 1950
129 (Hg.) Laotse: Das Buch von der großen Weisheit. Übs. A. Eckardt. 53 Bl., 1 Taf. Ffm: Lutzeyer (= Besitz der Erde) 1950
130 Zu neuem Tag. Ein Lebensbericht. 291 S. Bln, Bielefeld, Mchn: Schmidt 1950
131 Zwischen Tag und Traum. Gesammelte Reden und Äußerungen. 348 S. Bln, Bielefeld, Mchn: Schmidt 1950
(Erw. Neuaufl. v. Nr. 93)
132 Legende vom Herrn. 207 S. Bln, Bielefeld, Mchn: Schmidt 1951
(Veränd. Neuaufl. v. Nr. 86)
133 Ein Deutscher ohne Deutschland. Der Friedrich List-Roman. 563 S. Bln, Bielefeld, Mchn: Schmidt 1955
(Veränd. Neuaufl. v. Nr. 113)
134 So wunderbar ist das Leben. Erinnerungen und Begegnungen. 458 S., 15 Taf., 1 Titelb. Stg: Verl. Dt. Volksbücher 1957
135 Ein Stern fiel in den Staub. Heinrich von Kleist. 403 S., Stg: Verl. Dt. Volksbücher (1958)
(Neuaufl. v. Nr. 107)
136 Wo ich Frieden fand. Erlebnisse und Erinnerungen. 297 S. Mchn: Braun & Schneider 1959

MOLZAHN, Ilse (*1895)

1 Der schwarze Storch. Roman. 247 S. (Stg:) Rowohlt 1936
2 Nymphen und Hirten tanzen nicht mehr. Roman. 421 S. (Stg:) Rowohlt 1938
3 Haben Frauen Humor? Heitere Betrachtung. 210 S. Zeulenroda: Sporn 1939
4 Töchter der Erde. Roman. 587 S. Hbg: Goverts (1941)
5 Schnee liegt im Paradies. Roman. 367 S. Gütersloh: Bertelsmann 1953

Mombert, Alfred (1872–1942)

1. Tag und Nacht. Gedichte. 119 S. Heidelberg: Hörning 1894
2. Der Glühende. Gedichtwerk. 112 S. Lpz: Friedrich 1896
3. Die Schöpfung. 211 S. Lpz: Friedrich 1897
4. Der Denker. 191 S. Minden: Bruns 1901
5. Die Blüte des Chaos. 159 S. Minden: Bruns 1905
6. Der Sonne-Geist. 71 S. Bln: Schuster & Loeffler 1905
7. Aeon. Dramatische Trilogie. 3 Bde. Bln: Schuster & Loeffler 1907–1911
   1. Aeon der Weltgesuchte. Sinfonisches Drama. 103 S. 1907
   2. Aeon zwischen den Frauen. Drama. 102 S. 1910
   3. Aeon vor Syrakus. Drama. 120 S. 1911
8. Der himmlische Zecher. Ausgewählte Gedichte. 114 S. Bln: Schuster & Loeffler 1909
9. Musik der Welt aus meinem Werk. 37 S. Lpz: Insel (= Insel-Bücherei 181) (1915)
10. (MV) F. K. Benndorf: Betrachtungen. 1. Folge: Der Aeon-Mythos von Mombert. (M. e. Beil.: A. M.:) Geschichte meines Lebens. VIII, 145 S., 1 Titelb. Dresden: Giesecke 1917
11. Aus dem Gedichtwerk „Der Held der Erde". 10 S., 1 Abb. 2° Ffm: Bauersche Gießerei (Priv.-Dr.)) 1918
12. Der Held der Erde. Gedicht-Werk. 174 S. Lpz: Insel (1919) (Enth. u. a. Nr. 11)
13. Aeons Völker-Zeit ist um. Aus der dramatischen Trilogie „Aeon". 1 Bl. 2° Jena: Diederichs (= Flugblatt der Gemeinschaft „Die Pforte" 8) 1921 (Ausz. a. Nr. 7)
14. (MH) R. Dehmel: Mein Leben. Hg. G. Kirstein, A. M. u. R. Petsch. Als Hs. gedr. 45 S. 4° Lpz (: Geschäftsstelle d. Dehmel-Ges.) (= Drucke der Dehmel-Gesellschaft 2) 1922
15. Ataïr. Gedicht-Werk. 226 S. Lpz: Insel 1925
16. Der Thron der Zeit. 25 S. m. Abb. 4° Stg: Hädecke (= Diotima-Drucke) 1925
17. Aiglas Herabkunft. Drama. 73 S. Lpz: Insel (1929)
18. Aiglas Tempel. Drama. 79 S. Lpz: Insel 1931
19. Sfaira der Alte. Mythos. 2 Tle. 185, 182 S. Bln: Schocken (1) bzw. Winterthur: Vogel (2) 1936–1942
20. Der himmlische Zecher. In sieben Büchern. Große Ausgabe. 334 S. Wiesbaden: Insel 1951 (Erw. Neuaufl. v. Nr. 8)

Morgenstern, Christian (1871–1914)

1. In Phanta's Schloß. Ein Cyklus humoristisch-phantastischer Dichtungen. 74 S. Bln: Taendler 1895
2. Horatius travestitus. Ein Studentenscherz. 65 S. Bln: Schuster & Loeffler 1897
3. Auf vielen Wegen. Gedichte. 136 S. Bln: Schuster & Loeffler 1897
4. (MÜbs.) H. Ibsen: (Das Hünengrab. Die Herrin von Oestrot. Übs. E. Klingenfeld. –) Das Fest auf Solhaug. (Übs. Ch. M. – Olaf Liljekrans. Übs. E. Klingenfeld.) XXIV, 323 S. Bln: Fischer (= H. Ibsen, Sämtliche Werke in dt. Sprache 2) 1898
5. (MÜbs.) H. Ibsen: (Die Helden auf Helgeland. Übs. E. Klingenfeld. –) Komödie der Liebe. (Übs. Ch. M. – Die Kronprätendenten. Übs. A. Strodtmann). XXXI, 350 S. Bln: Fischer (= H. Ibsen, Sämtliche Werke in dt. Sprache 3) 1898
6. Ich und die Welt. Gedichte. 168 S. Bln: Schuster & Loeffler 1898
7. (Übs.) A. Strindberg: Inferno. 245 S. Bln: Bondi (= Skandinavische Bibliothek 1) 1898
8. (Übs.) H. Ibsen: Wenn wir Toten erwachen. Dramatischer Epilog. 90 S. Bln: Fischer 1900

9 Ein Sommer. Verse. 80 S. Bln: Fischer 1900
10 (Übs.) H. Ibsen: Brand – Peer Gynt. XXI, 392 S. Bln: Fischer (= H. Ibsen, Sämtliche Werke in dt. Sprache 4) 1901
11 (MÜbs.) H. Ibsen: Gedichte. Pantheon-Ausg. Übs. Ch. M., E. Klingenfeld u. M. Bamberger. Text nach der v. J. Elias u. P. Schlenther besorgten Gesamtausg. Einl., Erl. J. Collin. 172 S. m. Bildn. 16° Bln: Fischer 1902
12 Und aber ründet sich ein Kranz. 106 S. Bln: Fischer 1902
13 (Übs.) K. Hamsun: Abendröte. Schauspiel. 174 S. Mchn: Langen 1904
14 Galgenlieder. 48 S. Bln: Cassirer 1905
15 Melancholie. Neue Gedichte. 89 S. Bln: Cassirer 1906
16 (MÜbs.) B. Björnson: Gedichte. Übs. M. Bamberger, L. Fulda, Ch. M. (u. a.) Hg. J. Elias. 243 S. Mchn: Langen 1908
17 (MV) K. F. v. Freyhold: Osterbuch. Verse Ch. M. 33 S. m. Abb. 4° Bln: Cassirer 1908
18 Galgenlieder. 74 S. Bln: Cassirer 1908
 (Verm. Neuaufl. v. Nr. 14)
19 (Bearb.) J. K. A. Musäus: Die Märchen vom Rübezahl. Für die Jugend v. Ch. M. 98 S. m. Abb. Bln: Cassirer 1909
20 Einkehr. Gedichte. 99 S. Mchn: Piper 1910
21 (Übs.) K. Hamsun: Spiel des Lebens. Schauspiel. Aus dem Norwegischen. 166 S. Mchn: Langen 1910
22 Palmström. 55. S. Bln: Cassirer 1910
23 Ich und Du. Sonette, Ritornelle, Lieder. 83 S. Mchn: Piper 1911
24 Wir fanden einen Pfad. Neue Gedichte. 78 S. m. Bildn. Mchn: Piper 1914
25 Palma Kunkel. 84 S. Bln: Cassirer 1916
26 Stufen. Eine Entwicklung in Aphorismen und Tagebuch-Notizen. 275 S., 1 Bildn. Mchn: Piper 1918
27 Epigramme und Sprüche. Hg. Margareta Morgenstern. 168 S., 1 Bildn. Mchn: Piper (1919)
28 Der Gingganz. Aus dem Nachlaß hg. Margareta M. 76 S. Bln: Cassirer (1919)
 (Ausz. a. Nr. 18)
29 (MV) Der Melderbaum. (– G. Trud: Die Geschichte des „Melderbaums". Zwei Schuljahre aus dem Leben Ch. M. s.) 15 S. Bln-Wilmersdorf: Meyer (1920)
30 (Hg.) Walther von der Vogelweide: Die Gedichte. Übs. K. Simrock. 200 S. Bln: Bard (= Hortus deliciarum 1) 1920
31 Auf vielen Wegen. 163 S., 1 Titelb. Mchn: Piper 1920
 (Enth. Nr. 3 u. 23)
32 Über die Galgenlieder. 58 S. Bln: Cassirer 1921
 (zu Nr. 18)
33 Klein-Irmchen. Ein Kinderliederbuch. 41 S. m. Abb. 4° Bln: Cassirer 1921
34 Ein Kranz. 163 S. Mchn: Piper 1922
 (Verm. Neuaufl. v. Nr. 12)
35 (Übs.) D. Rein: Savitri. Dramatische Dichtung. Eine indische Legende. 61 S. Mchn: Piper 1922
36 Mensch Wanderer. Gedichte aus den Jahren 1887–1914. 281 S., 1 Titelb. Mchn: Piper 1922
 (Enth. u. a. Nr. 1, 6, 9, 20, 24)
37 Die Schallmühle. Grotesken und Parodien. Aus dem Nachlaß hg. Margareta M. 168 S., 4 Abb. Mchn: Piper 1928
38 Alle Galgenlieder. Galgenlieder. Palmström, Palma Kunkel, Gingganz. Durch 14 Gedichte a. d. Nachl. erw. und in neuer Anordnung hg. Margareta M. 327 S. Bln: Cassirer 1932
39 Böhmischer Jahrmarkt. Hg. Margareta M. 173 S. Mchn: Piper 1938
 (Verm. Neuaufl. v. Nr. 37)
40 Klaus Burrmann, der Tierweltphotograph. 12 Bl. m. Abb. Oldenburg: Stalling 1941
41 Das aufgeklärte Mondschaf. Achtundzwanzig Galgenlieder und deren gemeinverständliche Deutung durch J. Mueller. Aus dem Nachl. hg. Margareta M. 79 S. Lpz: Insel 1941
 (Veränd. Neuaufl. v. Nr. 32)

42 Liebe Sonne, liebe Erde. Ein Kinderliederbuch. 12 Bl. 4⁰ Oldenburg: Niederdt. Verlagsh. (= Nürnberger Bilderbücher) (1943)
(Neuaufl. v. Nr. 33)
43 Egon und Emilie. Neuausgabe der Grotesken und Parodien v. Margareta M. 122 S. Mchn: Piper 1950
(Neuaufl. v. Nr. 39)
44 Alle Galgenlieder. Galgenlieder, Palmström, Palma Kunkel, Gingganz. 331 S. Wiesbaden: Insel 1951
(Veränd. Neuaufl. v. Nr. 38)
45 Sausebrand und Mausbarbier. Ein Kinderliederbuch. 8 ungez. Bl. m. Abb. 4⁰ Oldenburg: Stalling (= Stalling-Bilderbuch 118) 1951

MORITZ, Karl Philipp (1756–1793)

1 Beiträge zur Philosophie des Lebens. 167 S. Bln: Wever 1780
2 Die Dankbarkeit gegen Gott ... eine Predigt. Bln: Sander 1780
3 Drei Tabellen von der Englischen Aussprache ... Bln: Sander 1780
4 Unterhaltungen mit meinen Schülern. XII, 248 S. Bln: Spener 1780
5 Vom Unterschied des Akkusativ und Dativ, oder ... – Anhang zu den Briefen vom Unterschied des Akkusativ's und Dativ's. Zusätze zu den Briefen vom Unterschied des Akkusativ's und Dativ's ... 3 Tle. 52; 24; 106 S., 1 Bl. Bln: Wever 1780
6 Anweisung zur englischen Accentuation ... 80 S. Bln: Wever 1781
7 Beiträge zur Philosophie des Lebens. 167 S. Bln: Wever 1781
(Veränd. Neuaufl. v. Nr. 1)
8 Blunt, oder Der Gast. Ein Schauspiel in einem Akt. 38 S. Bln: Wever 1781
9 Über den märkischen Dialekt. 2 Bde. 24, 36 S. Bln: Wever 1781
10 Sechs deutsche Gedichte, dem Könige von Preußen gewidmet. 16 S. Bln: Wever 1781
11 Kleine Schriften die deutsche Sprache betreffend. 4 Bl.; 52; 24; 106 S., 1 Bl.; 24, 36 S. Bln: Wever 1781
(Enth. Nr. 5 u. 9)
12 Ansichten zur Experimentalseelenlehre. Bln: Mylius 1782
13 Aussichten zu einer Experimentalseelenlehre ... 32 S. Bln: Mylius 1782
14 Rede am Geburtstage Friedrichs des Großen. Bln 1782
15 Rede am Geburtstage der Königinn von England. Bln 1782
16 *Reden, welche ... in dem grauen Kloster ... gehalten worden. Bln 1782
17 Deutsche Sprachlehre für die Damen. XVI, 560 S. m. Titelku. Bln: Wever 1827
18 Anleitung zum Briefschreiben ... Bln: Sander 1783
19 ΓΝΩΘΙ ΣΑΥΤΟΝ oder Magazin zur Erfahrungsseelenkunde ... 10 Bde. Bln: Mylius 1783–1793
20 Reisen eines Deutschen in England, im Jahr 1782. In Briefen an Herrn Direktor Gedike. 2 Bl., 272 S. Bln: Maurer 1783
21 Ideal einer vollkommenen Zeitung. 16 S. Bln: Voß 1784
22 Von der deutschen Rechtschreibung nebst vier Tabellen ... 32 S. Bln: Wever 1784
23 Englische Sprachlehre für die Deutschen. XII, 258 S., 3 Taf. Bln: Wever 1784
24 (Hg.) J. Trusler: Regeln einer feinen Lebensart ... 240 S. m. Bildn. Bln: Mylius 1784
25 Reisen eines Deutschen in England im Jahr 1782. 260 S. m. Titelku. Bln: Maurer 1785
(Verb. Neuaufl. v. Nr. 20)
26 *Anton Reiser. Ein psychologischer Roman. 5 Bde. m. Bildn. Bln: Maurer (1-4) bzw. Bln: Vieweg (5) 1785–1794
27 Versuch einer ... Kinderlogik. M. 7 Ku . Bln: Mylius 1785
28 Denkwürdigkeiten, aufgezeichnet zur Beförderung des Edlen und Schönen. 4 Bde. Bln: Unger 1786–1788
29 Andreas Hartknopf. Eine Allegorie. 160 S. Bln: Unger 1786
30 Versuch einer deutschen Prosodie. XII, 252 S. Bln: Wever 1786
31 *Fragmente aus dem Tagebuche eines Geistersehers. 116 S. Bln: Himburg 1787

32 (Hg.) Monatsschrift der Akademie der Künste ... 3 Bde. Bln: Kgl. Preuß. Akadem. Kunst- u. Buchh. 1788–1789
33 Über die bildende Nachahmung des Schönen. 52 S. Braunschweig: Schulbuchh. 1788
34 (Hg.) Italien und Deutschland. 2 Bde. 96, 96, 100, 96; 94, 96 S. Bln: Kgl. Preuß. Akadem. Kunst- u. Buchh. 1789–1793
35 Über eine Schrift des Herrn Schulrath Campe ... 48 S. Bln: Maurer 1789
36 Neuestes ABCbuch ... Bln: Schöne 1790
37 Andreas Hartknopfs Predigerjahre. 140 S. m. Titelku. Bln: Unger 1790
38 Lesebuch für Kinder ... Bln: Schöne 1790
39 ΑΝΘΟΥΣΑ oder Roms Alterthümer. Ein Buch für die Menschheit. 2 Bde., 18 Ku. Bln: Maurer 1791–1796
    1. Die heiligen Gebräuche der Römer. XX, 427 S. 1791
    2. Der Römer als Bürger und Hausvater. Ausgearb. F. Rambach. XVI, 460 S. 1796
40 Annalen der Akademie der Künste ... Bln: Unger 1791
41 Götterlehre oder Mythologische Dichtungen der Alten. XII, 320 S., 65 Ku. Bln: Unger 1791
42 Italiänische Sprachlehre ... 316 S. Bln: Wever 1791
43 Tabelle, die italienische Aussprache ... betreffend. Bln: Sander 1791
44 Vorlesungen über den Styl. Bln 1791
45 (Bearb.) A. Walker: Bemerkungen auf einer Reise durch Flandern, Deutschland, Italien und Frankreich. Bln: Voß 1791
46 (Hg.) Mythologischer Almanach für Damen. M. 12 Ku. Bln: Unger 1792
47 Vom richtigen deutschen Ausdruck oder ... 244 S. Bln: Maurer 1792
48 Grundlinien zu meinen Vorlesungen über den Styl. 260 S. Bln: Vieweg 1791
49 (Übs.) Th. Holcroft: Anna St. Ives. 5 Bde. Bln: Unger 1792–1794
50 Salomon Maimon's Lebensgeschichte. 2 Bde. 292, 284 S. m. Bildn. Bln: Vieweg 1792–1793
51 Reisen eines Deutschen in Italien. 3 Bde., 4 Ku. Bln: Maurer 1792–1793
52 Allgemeiner Deutscher Briefsteller ... VIII, 408 S. Bln: Maurer 1793
53 Die große Loge, oder Der Freimaurer ... 278 S. Bln: Felisch 1793
54 (Übs.) M. Robinson: Vancenza oder Die Gefahren der Leichtgläubigkeit. Bln: Oehmigke 1793
55 Versuch einer ... Kinderlogik ... 156 S. , 7 Ku. Bln: Mylius 1793 (Veränd. Neuaufl. v. Nr. 27)
56 Vorbegriffe zu einer Theorie der Ornamente. M. 4 Ku. Bln: Matzdorff 1793
57 Vorlesungen über den Styl oder ... 2 Bde. X, 260; X, 357 S. Bln: Vieweg 1793–1794
58 *Die symbolische Weisheit der Ägypter. XIV, 190 S. Bln: Matzdorff 1793
59 Grammatisches Wörterbuch der deutschen Sprache ... 4 Bde. Bln: Felisch 1793–1800
60 Die neue Cecilia. Letzte Blätter. 76 S. Bln: Unger 1794
61 Mythologisches Wörterbuch ... XIV, 488 S. m. Bildn. Bln: Schöne 1794
62 Launen und Phantasien. Hg. K. F. Klischnig. 375 S. m. Titelku. Bln: Felisch 1796
63 Handwörterbuch der schönen zeichnenden Künste ... Lpz, Ronneburg 1806
64 Vorlesungen über den Stil. Hg. J. J. Eschenburg. XXII, 466 S.Braunschweig: Vieweg 1808
(Veränd. Neuaufl. v. Nr. 57)

MORRÉ, Karl (1832–1897)

1 Die Familie Schneck. Volksstück mit Gesang. 118 S. Graz: Goll 1881
2 Die Frau Räthin. Charakterbild mit Gesang. 72 S. Graz: Goll 1884
3 's Nullerl. Volksstück mit Gesang. 84 S. Graz: Goll (1885)
4 Durch die Presse. Posse mit Gesang. 18 S. Bruck a. M., Graz: Goll 1885
5 Silberpappel und Korkstoppel oder Die Statuten der Ehe. Charakterbild mit Gesang. 73 S. Graz: Goll 1885
6 Der Glückselige. Posse mit Gesang. 71 S. Graz: Goll 1886

7 Die Arbeiterpartei und der Bauernstand. Ein ernstes Wort in ernster Zeit. 82 S. Graz: Leykam (1890)
8 Fürs Buckelkrax'ntrag'n. Ländliches Zeitbild mit Gesang. – A Räuscherl. Ländliches Gemälde. – Vor'n Suppenessen. Ländliches Gemälde. 84 S. Graz: Wagner 1896
9 Gedichte und humoristische Vorträge. Hg. L. Harand. 135 S. m. Bildn. Graz: Leykam 1899

MOSCHEROSCH, Johann Michael
(+Philander von Sittewald[t]) (1601–1669)

1 +(Übs.) Les Visiones de Don Francesco de Quevedo Villegas Oder Wunderbahre Satyrische Gesichte Verteuscht. 10 Bl., 681, 22 S. 12⁰ Straßburg (: Mülbe 1640)
2 +(Übs.) Visiones De Don De Quevedo. Wunderliche und Warhafftige Gesichte Philanders von Sittewalt. In welchen Aller Welt Wesen, Aller Mänschen Händel ... gesehen werden ... 2 Bde. 8 Bl., 552 S., 12 Bl.; 2 Bl., 424 S. Straßburg: Mülbe 1642–1643
   (Verm. Neuaufl. v. Nr. 1)
3 Epigrammatum Joh: Michaelis Moscherosch, Germani Centuria Prima ... 70 Bl. 16⁰ Straßburg: Mülbe 1643
4 Insomnis. Cura. Parentum. Christliches Vermächtnuß. Oder, Schuldige Vorsorg Eines Treuen Vaters ... 35 Bl., 468 S., 6 Bl. 12⁰ Straßburg: Mülbe 1643
5 +Visiones De Don De Quevedo. Das ist: Wunderliche Satyrische vnd Warhafftige Gesichte Philanders von Sittewalt ... 1068, 37 S. m. Ku. 16⁰ Ffm: Humme 1644
   (Veränd. Neuaufl. v. Nr. 2; unrechtm. Dr.)
6 (Übs.) (S. Bernhardt:) Anleitung zu einem Adelichen Leben, Erstlich ... In Frantzösischer Sprach beschrieben. Hernach Ins Wälsche vnd Deutsche vbergesetzt. 7 Bl., 733, 8 S. Straßburg: Mülbe 1645
7 +Les Visions de Don de Quevedo. Das ist: Wunderliche Satyrische vnnd Warhaftige Gesichte Philanders von Sittewaldt ... 7 Tle. 12⁰ Leyden: Weingarten 1646(–1647)
   (Verm. Neuaufl. v. Nr. 2; unrechtm. Dr.)
8 Alamodischer Politicus Welcher Heutiger Statisten Machiavellische Griff und arcana Status Sonnenklar an Tag gibt ... – Alamodischer Politici Anderer und Dritter Theil, Darinnen Die Rent-Cammer und Peinlicher Proceß abgemahlet zu finden. 2 Bde. 144 S., 6 Bl.; 144 S. 16⁰ Köln: Bingh 1647
9 Omnis Cura Parentum Christliches Vermächtnüß, oder Schuldige Vorsorg eines getreuen Vaters bei jtzigen Höchst betrübeste gefährlichsten Zeiten den seinigen zur letzten Nachricht hinderlassen. Nebenst einem Tractätlein so erstlich in Englischer Sprach beschrieben, aber nunmehr ins Teutsche übergesetzt, vnd diesen Titul Testament So eine Mutter jhrem noch vngebornen Kind gemacht, vnd hinterlassen. 12 Bl., 369 S. Straßburg (o. Verl.) 1647
   (Verm. Neuaufl. v. Nr. 4)
10 +Philander Infernalis Vivo Redivivus Apparens. Das ist: Seltzame Wunderbarliche, Visiones, Formen, Gesichter, und leibliche Gestalt. In welchen er nach tödtlichem Hintritt seinem Freund und (R)eyß-Gesellen, Expero Roberto erschienen ... 24 Bl., 932 S. Ffm: Schönwetter 1648
    (Forts. zu Nr. 7)
11 +Les Visions de Don Quevedo Philandri von Sittewaldt Complementum; Das ist, Discursus Historico Politici Don Experti Ruperti, von Wunder-Geschichten der Welt, natürlichen und übernatürlichen Sachen und Tragaedien ... 1 Bl., 776 S., 17 Bl. Ffm: Schönwetter 1648
    (Forts. zu Nr. 10)
12 (Hg.) Jacobi Wimphelingij Cis Rhenum Germania Recusa Post 148. Annos. 4 Bl., 46 S., 1 Bl. Straßburg: Pickel 1649
13 +Wunderliche und warhafftige Gesichte Philanders von Sittewald, Das ist

Straff-Schrifften Hanß-Michael Moscherosch von Wilstädt. In welchen Aller Weltwesen ... gesehen werden ... 2 Tle. 24 S., 709 S., 12 Bl.; 8 Bl., 932 S. Straßburg: Mülbe & Städel 1650
(Verm. Neuaufl. v. Nr. 2)
14 (Hg.) G. Gumpelzhaimer: L. A. Dissertatio De Politico auctior prodit ... J. M. M. 8 Bl., 129 S., 5 Bl. 16° Straßburg: Zetzner 1652
15 (Hg.) G. Gumpelzhaimer: Gymnasma de Exercitiis Academicorum ... 12 Bl., 464 S., 14 Bl. 16° Straßburg: Zetzner 1652
16 +Melanders Abschied und Philanders Glückwünschung in Straßburg den 19. Jenner 1652. 7 Bl. o. O. (1652)
17 (MH) Technologie Allemande et Françoise Das ist, Kunst-übliche Wort-Lehre, Teutsch und Frantzösisch. Vortgesetzt Durch H. C. H. 8 Bl., 656 S. 12° Straßburg: Städel 1652
18 (Bearb.) Iacobi Wimphelingi Catalogus Episcoporum Argentinensium. ad sesquiseculum desideratus. 5 Bl., 124 S., 10 Bl. Straßburg: Städel 1660
19 Centuria Prima (-Sexta) Epigrammatum J. M. M. 232 S., 1 Bl. m. Titelku. 16° Ffm: Rohner 1665
(Verm. Neuaufl. v. Nr. 3)
20 *Die Sitten der heutigen Welt auf scharfsinnige Art durchgehechelt. Köln: Hammer 1711

Mosen, Julius (1803–1867)

1 (MV) Gedichte. Jena 1822
2 Der Gang nach dem Brunnen. Eine Novelle. XII, 74 S. Lpz: In Commission der Crökerschen Buchhandlung 1825
3 Das Lied vom Ritter Wahn. IV, 150, 1 S. Lpz: Barth 1831
4 Georg Venlot. Eine Novelle mit Arabesken. 296 S. Lpz: Schumann 1831
5 Die letzten Zehn vom vierten Regiment. M. Titelb. qu. 2° Lpz 1832
6 Gedichte. VI., 184 S. Lpz: Liter. Museum 1836
7 Heinrich der Finkler, König der Deutschen. Ein historisches Schauspiel in fünf Acten. 228 S. Lpz: Liter. Museum 1836
8 Novellen. Bd. 1. Lpz: Liter. Museum 1837
9 Die Wette. Lpz 1837
10 Ahasver. Episches Gedicht. 187 S. Dresden, Lpz: Fleischer 1838
11 Der Congress von Verona. Ein Roman. 2 Bde. 49 Bg. Bln: Duncker & Humblot 1842
12 Theater. XXIV, 364 ,1 S. Stg, Tüb: Cotta 1842
13 Gedichte. X, 309 S. Lpz: Brockhaus 1843
(Verm. Neuaufl. v. Nr. 6)
14 Die Dresdener Gemälde-Gallerie in ihren bedeutungsvollsten Meisterwerken erklärt. 9 Bg., 1 Taf. Dresden, Lpz: Arnold 1844
15 (JV) J. M. u. A. Stahr: Über Goethe's Faust. 8¾ Bg. Oldenburg: Schulze 1845
16 Bilder im Moose. Novellenbuch. 2 Bde. 44 Bg. Lpz: Brockhaus 1846
17 Titania's Wahl und die glückliche Liebe. Festspiel. 14 S. Oldenburg: Schmidt 1852
18 Herzog Bernhard. Tragödie. 93 S. Lpz: Brockhaus 1855
19 Der Sohn des Fürsten. Trauerspiel. 118 S. 12° Oldenburg: Schulze 1858
20 Das Dichtergrab am Rhein. Oldenburg 1860
21 Sämmtliche Werke. 8 Bde. 3031 S. m. Bildn. u. Faks. 16° Oldenburg, Lpz: Zander 1863
22 Sämmtliche Werke. Neue verm. u. durch e. Biographie des Dichters von d. Sohn dess. bereich. Aufl. 6 Bde. 2569 S. Lpz: Friedrich 1880
(Verm. Neuaufl. v. Nr. 21)

Mosenthal, Salomon Ritter von (1821–1877)

1 Gedichte. 236 S. 16° Wien: Klang (1846)
2 Der Holländer Michel. Wien 1846

3 Eine Sklavin. 34 S. Wien: Prix 1847
4 Die lustigen Weiber von Windsor. 30 S. Bln: Bote & Bock (1849)
5 Deborah. 120 S. Lpz: Wigand; Pesth: Heckenast 1850
6 Ein deutsches Dichterleben. 48 S. Wien: Ueberreuter 1850
7 Cäcilia von Albano. Dramatisches Gedicht. 156 S. m. Bildn. u. Faks. 16⁰ Pest: Heckenast 1851
8 Der Dorflehrer. 22 S. Wien: Ueberreuter 1853
9 Dramen. Erste Folge. 276 S. m. Bildn. 16⁰ Pest: Heckenast 1853
10 Gabriele von Precy. 64 S. Wien: Ueberreuter 1853
11 Museum aus den deutschen Dichtungen österreichischer Lyriker und Epiker. 515 S. Wien: Gerold 1854
12 Düweke. Wien 1855
13 Der Goldschmied von Ulm. Wien: Ueberreuter (1855)
14 Albin. 46 S. Wien: Pichler 1856
15 Der Sonnenwendhof. 152 S. 16⁰ Lpz: Weber 1857
16 Das gefangene Bild. 107 S. Stg: Cotta 1858
17 Der Müller von Meran. Bln 1859
18 Düweke. Drama. 140 S. 16⁰ Lpz: Veit 1860
    (Veränd. Neuaufl. v. Nr. 12)
19 Die deutschen Comödianten. Drama. 156 S. 16⁰ Lpz: Weber 1863
20 Pietra. 76 S. Bln: Kolbe 1864
21 Pietra. Tragödie. 132 S. 16⁰ Lpz: Weber 1865
    (Verm. Neuaufl. v. Nr. 20)
22 Gesammelte Gedichte. 303 S. 16⁰ Wien: Gerold 1866
23 Das Landhaus in Meudon. 40 S. Wien: Geitler 1867
24 Der Schulz von Altenbüren. Schauspiel. 119 S. 16⁰ Lpz: Weber 1868
25 Isabella Orsini. Drama. 135 S. 16⁰ Lpz: Weber 1870
26 Maryna. Historisches Drama in fünf Aufzügen. 96 S. Wien: Wallishausser 1870
27 Judith. 59 S. Wien: Lewy 1871
28 Madeleine Morel. 76 S. Wien: Verl. d. Verf. 1871
29 Die lustigen Weiber von Windsor. Komisch-phantastische Oper. 55 S. 16⁰ Wien: Wallishausser 1871
30 Lambertine. Wien 1873
31 Die Sirene. Komödie in vier Aufzügen. 94 S. Wien: Wallishausser 1874
32 Die Königin von Saba. 32 S. Wien: Käpas 1875
33 Parisina. 103 S. Lpz: Mutze 1875
34 Die Lady von Gretna-Green. Breslau (1876)
35 Der Landfriede. 62 S. Bln (o. Verl.) 1877
36 Die Maccabäer. 68 S. Bln: Bote & Bock (1877)
37 Das goldene Kreuz. Bln (1878)
38 Das Volkslied. Stg: Hallberger (1878)
39 Gesammelte Werke. 6 Bde. m. Bildn. Stg: Hallberger 1878
40 Die Folkungen. Große Oper in fünf Akten. 47 S. Lpz: Kistner (1880)
41 Antonius und Kleopatra. Graz 1883
42 Moses. Lpz 1892
43 Tante Guttraud. Bilder aus dem jüdischen Familienleben. 272 S. Bln: Seemann (= Jüdischer Novellenschatz 2) 1908

Moser, Friedrich Karl Frh. von (1723–1798)

1 *Der Charakter eines Christen und ehrlichen Manns bey Hofe. 96 S. Ffm: Hutter 1751
2 Kleine Schriften zur Erläuterung des Staats- und Völkerrechts. 12 Bde. Ffm: Andreä 1751–1765
3 *Lieder und Gedichte. 142 S. Tüb: Cotta 1752
4 (Hg.) Sammlung der neuesten und wichtigsten Deduktionen in deutschen Staats- und Rechtssachen. 9 Bde. Ffm, Lpz 1752–1756
5 (Hg.) Sammlung von Reichshofratsgutachten. 6 Thle. Ffm: Andreä 1752 bis 1769
6 *Patriotische Gedanken von der Staats-Freygeisterey. 20 S. 4⁰ o. O. (1755)

7 Der Herr und der Diener geschildert mit Patriotischer Freyheit. 4 Bl., 422 S. Ffm: Raspe 1759
8 *Beherzigungen. 13 Bl., 684 S. Ffm: Knoch & Eßlinger 1761 (Forts. zu Nr. 7)
9 Der Hof in Fabeln. 6 Bl. 108 S. 12° Lpz 1762
10 *Treuherziges Schreiben eines Layen-Bruders im Reich an den Magum im Norden oder doch in Europa. 28 S. o. O. 1762
11 Daniel in der Löwen-Grube. In sechs Gesängen. 144 S. Ffm: Gebhard 1763
12 Geistliche Gedichte, Psalmen und Lieder. 256 S. Ffm: Gebhard 1763
13 Gesammelte moralische und politische Schriften. 2 Bde. 9 Bl., 531 S., 3 Bl., 536 S. Ffm: Gebhard 1763-1764
14 *Von dem Deutschen national-Geist. 108 S. o. O. 1765
15 *Reliquien. 4 Bl., 406 S., 1 Bl. Ffm: Gebhard 1766
16 Antwort auf des Herrn Inspektors Ortmann Sendschreiben an den Verfasser der Reliquien. 64 S. o. O. 1767
17 *Patriotische Briefe. 23 Bl., 432 S. o. O. 1767
18 Reliquien. Zweyter Theil. Ffm, Lpz: Belin 1767 (zu Nr. 15; enth. u. a. Nr. 16)
19 Necker. In Briefen an Herrn Iselin in Basel. 4 Bl., 456 S. o. O. 1782
20 (Hg.) Luthers Fürstenspiegel. 288 S. Ffm: Garbe 1783
21 *Doctor Leidemit; Fragmente von seiner Reise durch die Welt, seinen Gedanken, Wünschen und Erfahrungen. 336 S. Ffm: Garbe 1783
22 Patriotisches Archiv für Deutschland. 12 Bde. Ffm, Lpz (Mannheim: Schwan & Götz) 1784-1790
23 Über Regenten, Regierung und Ministers. Schutt zur Wege-Besserung des kommenden Jahrhunderts. 8 Bl., 422 S., 2 Bl. Ffm: Garbe 1784
24 Über den Diensthandel der deutschen Fürsten. 94 S. Mannheim: Schwan 1786
25 Fabeln. 264 S. 2 Ku. Mannheim: Schwan & Götz 1786
26 Geschichte der päpstlichen Nuntien in Deutschland. 2 Thle. Ffm, Lpz 1787-bis 1788
27 Über die Regierung der geistlichen Staaten von Deutschland. 220 S., 1 Titelku. Ffm, Lpz 1787
28 Neue Fabeln. 3 Bl., 118 S. 2° Mannheim: Schwan & Götz 1790
29 Neues Patriotisches Archiv für Deutschland. 2 Bde. VIII, 568 S.; 3 Bl., 561 S. Mannheim: Schwan & Götz 1792-1794 (Forts. zu Nr. 22)
30 Mannigfaltigkeiten. 2 Bde. 338, 245 S. Zürich: Orell, Geßner, Füßli & Co. 1796
31 Politische Wahrheiten. 2 Bde. 248, 323 S. Zürich: Orell, Geßner, Füßli & Co 1796

Moser, Gustav von (1825-1903)

1 Er soll dein Herr sein! 24 S. Bln: Lassar (= E. Bloch's Dilettanten-Bühne) 1858
2 Eine kleine Mondfinsterniss. 16 S. Bln: Lassar (= E. Bloch's Dilettanten-Bühne) 1858
3 Moritz Schnörche. 24 S. Bln: Lassar (= E. Bloch's Dilettanten-Bühne) 1858
4 Ein moderner Barbar. 29 S. Bln: Lassar (= E. Bloch's Dilettanten-Bühne) 1861
5 Wie denken Sie über Rußland? 23 S. Bln: Lassar (= E. Bloch's Dilettanten-Bühne) 1861
6 Ich werde mir den Major einladen. 24 S. Bln: Lassar (= E. Bloch's Dilettanten-Bühne) 1862
7 Jedem das Seine. 20 S. Bln: Lassar (= E. Bloch's Dilettanten-Bühne) 1862
8 Lustspiele. Bd. 1. 136 S. Bln: Lassar 1862
9 Aus Liebe zur Kunst. 20 S. Bln: Lassar (= E. Bloch's Dilettanten-Bühne) 1863
10 Ein Stoff von Gerson. 20 S. Bln: Lassar (= E. Bloch's Dilettanten-Bühne) 1863

11 Eine Frau, die in Paris war. 40 S. Bln: Lassar (= E. Bloch's Volkstheater) 1866
12 Wenn man Whist spielt. 21 S. 16⁰ Bln: Lassar (= E. Bloch's Dilettanten-Bühne) 1866
13 Leiden junger Frauen. 27 S. 16⁰ Bln: Lassar (= E. Bloch's Dilettanten-Bühne) 1867
14 Vernachlässigt die Frauen nicht. 22 S. 16⁰ Bln: Lassar (= E. Bloch's Dilettanten-Bühne) 1867
15 (MV) G. v. M. u. W. Drost: Eine kranke Familie. 47 S. Bln: Lassar (= E. Bloch's Volkstheater 42) 1871
16 Der Bojar, oder: Wie denken Sie über Rumänien? 22 S. Bln: Lassar (= E. Bloch's Theater-Gartenlaube 139) 1872
17 Die Gouvernante. 24 S. Bln: Kühling (Theater-Mappe 4) 1872
18 Hypothekennoth. 29 S. Bln: Lassar (= E. Bloch's Theater-Gartenlaube 149) 1872
19 Lustspiele. 22 Bde. Bln: Behr (1–18) bzw. Bln: Bloch (19–22) 1872–1897
20 Splitter und Balken. 20 S. 16⁰ Bln: Lassar (= E. Bloch's Dilettanten-Bühne) 1872
21 Das Stiftungsfest. Schwank. Die Sünderin. Lustspiel. 134 S. Bln: Behr (= Lustspiele 1) 1872
    (Bd. 1 v. Nr. 19)
22 (MV) G. v. M. u. A. v. L'Arronge: Papa hat's erlaubt. 46 S. Bln: Lassar (= E. Bloch's Theater-Correspondenz 21) (1873)
23 Ein amerikanisches Duell. 35 S. Bln: Lassar (= E. Bloch's Theater-Correspondenz 46) 1874
24 Der Elephant. 128 S. Bln: Behr (= Lustspiele 2) 1874
    (Bd. 2 v. Nr. 19)
25 Kaudel's Gardinen-Predigten. 37 S. Bln: Lassar (= E. Bloch's Theater-Correspondenz 10) (1874)
26 Ultimo. 132 S. Bln: Behr (= Lustspiele 3) 1874
    (Bd. 3 v. Nr. 19)
27 (MV) D. Kalisch u. G. v. M.: Sonntagsjäger, oder: Verplefft! Posse. Musik A. Conradi. 46 S. Bln: Lassar: (= E. Bloch's Theater-Correspondenz) 1876
28 Der Veilchenfresser. Die Versucherin. 128, 38 S. Bln: Behr (= Lustspiele 4) 1876
    (Bd. 4. v. Nr. 19)
29 Hector. Schwank. 41 S. Bln: Lassar (= E. Bloch's Theater-Correspondenz) (1877)
30 Mädchenschwüre. Der Sklave. 83, 121 S. Bln: Behr (= Lustspiele 7) 1877
    (Bd. 7 v. Nr. 19)
31 Die Raben. Reflexe. 98, 39 S. Bln: Behr (= Lustspiele 6) 1877
    (Bd. 6 v. Nr. 19)
32 Der Schimmel. Lustspiel. 39 S. Bln: Lassar (= E. Bloch's Theater-Correspondenz) 1877
33 Der Bibliothekar. Schwank. 127 S. Bln: Behr (= Lustspiele 10) 1878
    (Bd. 10 v. Nr. 19)
34 Onkel Grog. Der Hausarzt. 106, 32 S. Bln: Behr (= Lustspiele 8) 1878
    (Bd. 8 v. Nr. 19)
35 Harun al Raschid. 134 S. Bln: Behr (= Lustspiele 9) 1878
    (Bd. 9 v. Nr. 19)
36 Der Hypochonder. 130 S. Bln: Behr (= Lustspiele 5) 1878
    Bd. 5 v. Nr. 19)
37 (MV) G. v. M. u. F. v. Schönthan: Krieg im Frieden. Lustspiel. 182 S. Bln: Lassar 1881
38 Kalte Seelen. Lustspiel. 111 S. Bln: Behr (= Lustspiele 12) 1881
    (Bd. 12 v. Nr. 19)
39 (MV) G. v. M. u. F. v. Schönthan: Der Zugvogel. Schwank. 65 S. Bln: Lassar (= E. Bloch's Volks-Theater) 1881
40 (MV) G. v. M. u. F. v. Schönthan: Unsere Frauen. Lustspiel. 194 S. Bln: Lassar 1882
41 Reif-Reiflingen. Schwank. 194 S. Bln: Lassar: 1882
42 Graf Racozi. Schwank. 101 S. Bln: Behr (= Lustspiele 13) (1883)
    (Bd. 13 v. Nr. 19)

43 (MV) A. v. L'Arronge u. G. v. M.: Der Registrator auf Reisen. Posse. 70 S. Bln: Lassar (= E. Bloch's Volks-Theater) 1883
44 (MV) G. v. M. u. E. Heiden: Köpnickerstraße 120. Schwank. 102 S. 16⁰ Lpz: Reclam (= Universal-Bibliothek 1866) 1884
45 (MV) G. v. M. u. O. Girndt: Mit Vergnügen. Schwank. 116 S. Bln: Behr (= Lustspiele 14) (1884)
   (Bd. 14 v. Nr. 19)
46 Glück bei Frauen. Lustspiel. 100 S. Bln: Behr (= Lustspiele 15) (1885)
   (Bd. 15 v. Nr. 19)
47 (MV) G. v. M. u. F. v. Schönthan: Der Salontyroler. Lustspiel. 122 S. Bln: Behr (= Lustspiele 16) (1885)
   (Bd. 16 v. Nr. 19)
48 (MV) G. v. M. u. E. Thun: Die Amazone. Schwank. 97 S. Bln: Lassar (= Lustspiele 18) 1888
   (Bd. 18 v. Nr. 19)
49 Die Sünderin. Lustspiel. 36 S. Bln: Lassar (= E. Bloch's Theater-Korrespondenz) 1888
50 Die neue Gouvernante. Lustspiel. 46 S. Bln: Bloch (= E. Bloch's Theater-Korrespondenz 241) 1890
51 Fünf Dichter. Lustspiel. 40 S. Bln: Bloch (= E. Bloch's Theater-Korrespondenz 254) 1893
52 (MV) G. v. M. u. Th. v. Trotha: Militärfromm. Genrebild. 57 S. Bln: Bloch (= E. Bloch's Theater-Korrespondenz 261) 1893
53 (MV) G. v. M. u. R. Misch: Der sechste Sinn. Schwank. 36 S. Bln: Bloch (= E. Bloch's Theater-Korrespondenz 255) 1893
54 (MV) G. v. M. u. Th. v. Trotha: Ein Husarenstreich. Lustspiel. 58 S. Bln: Bloch (= E. Bloch's Theater-Korrespondenz 269) (1894)
55 Der Lebemann. Lustspiel. 117 S. Bln: Bloch (= Lustspiele 19) (1894)
   (Bd. 19 v. Nr. 19)
56 (MV) G. v. M. u. Th. v. Trotha: Nur kein Lieutenant! Lustspiel. 48 S. Bln: Bloch (= E. Bloch's Theater-Korrespodez 265) 1894
57 (MV) G. v. M. u. Th. v. Trotha: Schulden. Lustspiel. 92 S. Bln: Bloch (= Lustspiele 20) 1894
   (Bd. 20 v. Nr. 19)
58 Die Generalin. Lustspiel. 38 S. Bln: Bloch (= E. Bloch's Theater-Korrespondenz 279) 1895
59 Frau Müller. Schwank. 86 S. Bln: Bloch (= Lustspiele 21) 1895
   (Bd. 21 v. Nr. 19)
60 (MV) G. v. M. u. Th. v. Trotha: Der Militärstaat. Lustspiel. 111 S. Bln: Bloch (= Lustspiele 22) 1897
   (Bd. 22 v. Nr. 19)
61 (MV) G. v. M. u. Th. v. Trotha: Der wilde Reutlingen. Lustspiel. 117 S. Bln: Bloch 1897
62 (MV) G. v. M. u. Th. v. Trotha: Auf Strafurlaub. Lustspiel. 87 S. 16⁰ Lpz: Reclam (= Universal-Bibliothek 3899) 1898
63 (MV) G. v. M. u. O. Girndt: Most. Lustspiel. 76 S. 16⁰ Lpz: Reclam (= Universal-Bibliothek 3979) 1899
64 (MV) G. v. M. u. Th. v. Trotha: Die schöne Sünderin. Schauspiel. 96 S. 16⁰ Lpz: Reclam (= Universal-Bibliothek 4127) 1900
65 Die Leibrente. Schwank. 108 S. 16⁰ Lpz: Reclam (= Universal-Bibliothek 4198) 1901
66 Der Nimrod. Lustspiel. 84 S. 16⁰ Lpz: Reclam (= Universal-Bibliothek 4243) 1901
67 (MV) G. v. M. u. P. R. Lehnhard: Frau Ella. Lustspiel. 40 S. Mühlhausen/Th.: Danner (= Thalia 91) 1902
68 (MV) G. v. M. u. P. R. Lehnhard: Sein Fehltritt. 128 S. Mühlhausen/Th.: Danner (= Lustspiele und Schwänke 2) 1902
   Bd. 2 v. Nr. 69)
69 Lustspiele und Schwänke. 4 Bde. Mühlhausen/Th.: Danner 1902–1906
70 (MV) G. v. M. u. P. R. Lehnhard: Im Riesengebirge. Schwank mit Gesang. 40 S. Mühlhausen/Th.: Danner (= Thalia 97) 1902
71 (MV) G. v. M. u. P. R. Lehnhard: Der Schäferhund. Lustspiel. 38 S. Mühlhausen/Th.: Danner (= Thalia 90) 1902

72 (MV) G. v. M. u. P. R. Lehnhard: Die Heiratsfalle. Lustspiel. 32 S. Mühlhausen/Th.: Danner (= Thalia 103) 1903
73 (MV) G. v. M. u. E. Thun: Der tolle Hofjunker. Schwank. 80 S. Mühlhausen/Th.: Danner (= Mehrakter 10) 1903
74 (MV) G. v. M. u. P. R. Lehnhard: Der Parlamentarier. Lustspiel. 32 S. Mühlhausen/Th.: Danner (= Thalia 100) 1903
75 (MV) G. v. M. u. P. R. Lehnhard: Wie soll er heißen? Humoristisch-patriotisches Genrebild. 30 S. Mühlhausen/Th.: Danner (= Festspiele zu Kaisers Geburtstag 9) 1903
76 (Bearb.) R. Benedix: Die Dienstboten. 40 S. Mühlhausen/Th.: Danner (= Vereinstheater 136) 1904
77 (Bearb.) R. Benedix: Eigensinn. 32 S. Mühlhausen/Th.: Danner (= Vereinstheater 140) 1904
78 (MV) G. v. M. u. P. R. Lehnhard: Das Kind. Lustspiel. 40 S. Mühlhausen/Th.: Danner (= Thalia 112) 1904
79 (MV) G. v. M. u. P. R. Lehnhard: Klug wie die Schlangen! 32 S. Mühlhausen/Th.: Danner (= Thalia 110) 1904
80 (MV) G. v. M. u. P. R. Lehnhard: Der Laubfrosch. 31 S. Mühlhausen/Th.: Danner (= Thalia 108) 1904
81 (MV) G. v. M. u. P. R. Lehnhard: Die schlanke Lina. Schwank. 128 S. Mühlhausen/Th.: Danner (= Lustspiele und Schwänke 3) 1904 (Bd. 3 v. Nr. 69)
82 (MV) G. v. M. u. P. R. Lehnhard: Unsere Pauline. Schwank. 136 S. Mühlhausen/Th.: Danner (= Lustspiele und Schwänke 1) 1904 (Bd. 1 v. Nr. 69)
83 (Bearb.) R. Benedix: Ein altes Sprichwort. 32 S. Mühlhausen/Th.: Danner (= Vereinstheater 137) 1904
84 (Bearb.) R. Benedix: Versalzen. 32 S. Mühlhausen/Th.: Danner (= Vereinstheater 143) 1904
85 (MV) G. v. M. u. P. R. Lehnhard: Direktor Buchholz. Schwank. 112 S. Mühlhausen/Th.: Danner (= Lustspiele und Schwänke 4) 1906 (Bd. 4 v. Nr. 69)
86 (Bearb.) G. Belly: Monsieur Herkules. Posse. 32 S. Mühlhausen/Th.: Danner (= Thalia 123) 1906
87 Vom Leutnant zum Lustspieldichter. Lebens-Erinnerungen, hg. Hans v. Moser. 112 S. m. Bildn. Wismar: Hinstorff 1908

MOSTAR, Gerhart Herrmann (eig. Gerhart Herrmann) (*1901)

1 Der arme Heinrich. Eine Singfabel. 28 S. Bln: Bühnenvolksbundverl. (= Singfabeln 1) 1928
2 Der Aufruhr des schiefen Calm. Ein Roman. 314 S. Bln: Safari-Verl. 1929
3 Der schwarze Ritter. 95 S. Bln: Vorwärts-Verl. 1933
4 Die Geburt. Ein Spiel. 95 S. Ffm: Knecht 1947
5 Einfache Lieder. Lyrik in dieser Zeit. 56 S. Ffm: Knecht 1947
6 Meier Helmbrecht. Drama in fünf Akten. 113 S. Ffm: Knecht 1947
7 Putsch in Paris. Ein Schauspiel in fünf Akten. 170 S. Ffm: Knecht 1947
8 Der Zimmerherr. Eine Entwicklung in zwei Phasen. 156 S. Ffm: Knecht 1947
9 Schicksal im Sand. Roman. 212 S. m. Abb. Nürnberg: Liebel (1949)
10 Im Namen des Gesetzes. 293 S. Hbg: Hoffmann & Campe 1950
11 Prozesse von heute. Erlebnisse vor Gericht. 119 S. Stg: Verl. d. Turmhaus-Druckerei (= Kleine Turmhausbücher 3) 1950
12 Das Recht auf Güte. Die Geschichte einer Sammlung. Hg. v. Süddt. Rundfunk. 36 S., 2 Bl. Abb. Bln, Stg: Pontes 1951
13 Verlassen, verloren, verdammt. 349 S. Mchn: Desch 1952
14 (Hg.) Friederike Kempner. Der schlesische Schwan. 159 S., 1 Titelb. Heidenheim/Br.: Heidenheimer Verl.-Anst. 1953
15 Und schenke uns allen ein fröhliches Herz. Roman. 318 S. Hbg: Verl. d. Stern-Bücher 1954
16 Weltgeschichte höchst privat. Ein Buch von Liebe, Klatsch und sonstigen

Menschlichkeiten berichtet und berichtigt. 252 S. m. Abb. Stg: Scherz & Goverts 1954
17 Aberglaube für Verliebte. 228 S. m. Abb. Stg: Seewald & Schuler 1955
18 Bis die Götter vergehn. Eine abendländische Mythologie. 156 S. Stg: Scherz & Goverts 1955
19 (Vorw.) K. Halbritter: Rue de Plaisir. 40 Bl. m. Abb. qu. 8° Ffm: Bärmeier & Nikel (= Die Schmunzelbücher) 1955
20 Richter sind auch Menschen. Behauptet und bewiesen. 253 S. Heidenheim/Br.: Heidenheimer Verl.-Anst. 1955
21 In diesem Sinn Dein Onkel Franz. Eine Sittenlehre in sechs Episteln. 78 S. m. Abb. Stg: Scherz & Goverts 1956
22 Unschuldig verurteilt. Aus der Chronik der Justizmorde. 253 S. Stg: Scherz & Goverts 1956
23 (MV) Katinka Mostar u. G. H. M.: Was gleich nach der Liebe kommt. Katherlieschens Kochbuch. 469 S. m. Abb. Hbg: Verl. d. Stern-Bücher 1956
24 Nehmen Sie das Urteil an . . .? Menschen vor dem Richter. 254 S. Stg: Goverts 1957
25 (Vorw.) K. Halbritter: Die Wacht am Rhein. 38 ungez. Bl. Abb. m. Text qu. 8° Ffm: Bärmeier & Nikel (= Die Schmunzelbücher) 1957
26 In diesem Sinn die Großmama. Eine Erziehungsbeihilfe. 79 S. m. Abb. Stg: Goverts 1958
27 Zärtliches Spiel. 32 ungez. Bl. m. Abb. qu. 8° Hannover: Fackelträger-Verl. 1958
28 Die Arche Mostar, von ihm selbst gezimmert. Die Geschichte der Stubentiere und die Stubentiere in der Geschichte. 255 S. m. Abb. Stg: Goverts 1959
29 (MV) G. H. M. u. A. P. Weber: Kritischer Kalender. 1960. 1961. 2 Nrn. 13 Bl. 4°; 14 Bl. m. Abb. Ffm: Bärmeier & Nikel (1959)–1960
30 (MV) G. H. M. u. K. Halbritter: Spiel mit Rehen. 45 Bl. m. Abb. Ffm: Bärmeier & Nikel (= Kurzweilbücher) 1960
31 Das Wein- und Venusbuch vom Rhein. Weltgeschehn durchs Glas gesehen. 199 S. m. Abb. Bern, Stg, Wien: Scherz 1960

MÜGGE, Theodor (1806–1861)

1 Bilder aus dem Leben. Erzählungen und Novellen. 358 S. Magdeburg: Rubach 1831
2 Frankreich und die letzten Bourbonen. Übersicht der Vorfälle in Frankreich von 1815–1830. Bln: Vereinsbuchh. 1831
3 England und die Reform in ihren umwälzenden Folgen. Lpz: Michelsen 1832
4 Der Chevalier. Ein Roman. 3 Bde. 12° Lpz: Wigand 1835
5 Leben Napoleons des Großen. Bd. 1. 7 Abb. Bln: Kuhr (= Historisches Taschenbuch für die reifere Jugend) 1836
6 Novellen und Erzählungen. 3 Bde. Braunschweig: Meyer 1836
7 Die Vendéerin. Ein Roman. 3 Bde. Bln: Duncken 1837
8 Novellen und Skizzen. 3 Bde. 12° Bln: Duncken 1838
9 Tänzerin und Gräfin. Ein Roman. 2 Bde. 12° Lpz: Michelsen 1839
10 Toussaint. 4 Bde. Stg: Hoffmann 1840
11 Gesammelte Novellen. 6 Bde. Lpz: Brockhaus 1842–1843
12 Reise durch Skandinavien. 2 Abth., je 2 Bde. Hannover: Kius 1844–1845
13 Skizzen aus dem Norden. 2 Bde. 41 Bg., 1 Kt. Hannover: Kius (= Reise durch Skandinavien, Abth. 1)
(Abth. 1 v. Nr. 12)
14 Die Censurverhältnisse in Preußen. 3½ Bg. Lpz: Hermann 1845
15 Neue Novellen. 6 Bde. Hannover: Kius 1845–1846
16 Schweden im Jahre 1843. 2 Bde. 24¹⁄₆ Bg. Hannover: Kius (= Reise durch Skandinavien, Abth. 2) 1845
(Abth. 2 v. Nr. 12)
17 Streifzüge in Schleswig-Holstein. 2 Bde. 36½ Bg. Ffm: Liter. Anst. 1846
18 Die Schweiz und ihre Zustände. Reiseerinnerungen. 3 Bde. XXXII, 1047 S. Hannover: Kius 1847

19 König Jacob's letzte Tage. Novelle. 264 S. Eisleben: Kuhnt 1850
20 (Hg.) Vielliebchen. Taschenbuch. 12 Jge. 16⁰ Lpz: Baumgärtner 1850–1861
21 Der Voigt von Silt. 2 Bde. 459 S. Bln, Breslau: Trewendt (1851)
22 Der Majoratsherr. 250 S. Bln, Breslau: Trewendt 1853
23 Weihnachtsabend. 357 S. Bln, Breslau: Trewendt 1853
24 Afraja. Roman. 553 S., 3 Bl. Ffm: Meidinger (= Deutsche Bibliothek 1) 1854
25 Bilder aus dem Leben. H. 1: Samuel Wiebe. 82 S. 16⁰ Bln, Breslau: Trewendt 1854
26 Die Erbin. Roman. 2 Tle. 643 S. Bln, Breslau: Trewendt 1855
27 Neues Leben. 3 Bde. 603 S. Prag, Wien, Lpz: Günther (= Album) 1856
28 Erich Randal. 830 S. Ffm, Bln: Janke (= Deutsche Bibliothek) 1856
29 Romane. 3 Folgen. 4, 4, 10 Bde. Bln, Breslau: Trewendt 1857–1862
30 Nordisches Bilderbuch. Reisebilder. 428 S. Ffm, Breslau: Trewendt (1858)
31 Leben und Lieben in Norwegen. 2 Bde. 495 S. Ffm, Breslau: Trewendt 1858
32 Täuschung und Wahrheit. 228 S. Prag, Wien, Lpz: Günther (= Album) 1859
33 Verloren und gefunden. 2 Bde. 500 S. Ffm, Breslau: Trewendt 1859
34 Illustrierte Kriegsgeschichte von 1859. 409 S. m. Abb. Breslau: Trewendt 1860
35 Der Prophet. 3 Bde. 1014 S. Lpz: Thomas (1860–1861)
36 Arvor Spang. 2 Tle. 545 S. Ffm, Breslau: Trewendt 1860
37 Romane. Gesamtausg. 33 Bde. Breslau: Trewendt 1862–1867

MÜHLBERGER, Josef (*1903)

1 Trautenau. 23 S. m. Abb. Reichenberg: Sudetendt. Verl. (= Sudetendt. Heimatgaue 26) (1923)
2 Kukus. 29 S. m. Abb. Reichenberg: Kraus (= Sudetendt. Heimatgaue 28) (1924)
3 Balladen vom Reitergeneral Sporck. Bd. 1: Das schwarze Buch. 58 S. m. Abb. Kukus a. E.: Die blaue Blume 1925
4 Zwei Rübezahl-Schnurren. Heimische Fastnachtstücke in Hans Sachsens Art. 48 S. m. Abb. Teplitz-Schönau: Wia-Verl. (= Wächter-Bücherei 3) 1925
5 Die Teufelsbibel. Eine Legende. 54 S. m. Abb. 16⁰ Kukus a. E.: Die blaue Blume 1925
6 Gedichte. 42 S. Kukus a. E.: Die blaue Blume (100 num. Ex.) 1926
7 (MH) Witiko. Zeitschrift für Kunst und Dichtung der Literar. Adalbert Stifter-Ges. in Eger. Hg. J. M. u. J. Stauda. Jg. 1–3. Kassel: Stauda 1928–1930
8 Die Dichtung der Sudetendeutschen in den letzten fünfzig Jahren. 278 S. Kassel: Stauda (= Ostmitteldeutsche Bücherei) 1929
9 Aus dem Riesengebirge. Novellen und Erzählungen. 99 S. Eger, Kassel: Stauda (= Sudetendt. Sammlung d. Literar. Adalbert Stifter-Ges. 8) 1929
10 Singende Welt. Gedichte. 31 S. 4⁰ Kassel: Stauda 1929
11 Marie von Ebner-Eschenbach. 65 S. Eger, Kassel: Stauda (= Jahresgabe d. Literar. Adalbert Stifter-Ges. in Eger 1930; = Sudetendt. Sammlung d. Literar. Adalbert Stifter-Ges. 14) 1930
12 Fest des Lebens. Novellen. 128 S. Karlsbad: Kraft (= Erntedruck 6) 1931
13 Huss im Konzil. 287 S. Bln: Renaissance-Verl. 1931
14 (MH) Ringendes Volkstum. Vom sudetendeutschen Wesen. Hg. K. F. Leppa u. J. M. 239 S., 15 Kunstbeil., 1 Taf. Karlsbad-Drahowitz: Kraft (1931)
15 Alle Tage trugen Silberstreifen. Gedichte. 30 S. Eger, Kassel: Stauda (= Sudetendt. Sammlung d. Literar. Adalbert Stifter-Ges. 24) (1932)
16 Die Knaben und der Fluß. Erzählung. 157 S. Lpz: Insel (1934)
17 Wallenstein. Ein Schauspiel. 98 S. Lpz: Insel 1934
18 Die große Glut. Roman. 311 S. Lpz: Insel (1935)
19 Gartengedichte. (S. - A.) 30 S. Lorch, Stg: Bürger 1947
20 Die purpurne Handschrift. Drei dalmatinische Novellen. 92 S. Ulm: Aegis-Verl. 1947

21 Der Regenbogen. Gleichnisse, Legenden, Träume. 84 S. Nürnberg: Glock & Lutz (= Das Gastmahl 2) 1947
22 Gedichte. Auswahl. 239 S. (Wiesbaden:) Insel 1948
23 Türkische Novelle. Erzählung. 79 S., 1 Titelb. Bad Wörishofen: Drei Säulen-Verl. (= Das kleine Säulenbuch 10) 1948
24 Der Schatz. Eine Erzählung. 79 S. Wunsiedel: Ackermann-Verl. (= Ackermann-Reihe 1) 1949
25 Geist und Wort des deutschen Ostens. Ansprache. 20 S. Eßlingen: Bechtle 1950
26 Pastorale. Geschichte und Geschichten eines Dorfsommers. 215 S. m. Abb. Eßlingen: Bechtle 1950
27 Im Schatten des Schicksals. Der Lebensroman Peter Tschaikowskijs. 201 S. m. Abb. Eßlingen: Bechtle 1950
28 Der Galgen im Weinberg. Eine Erzählung aus unseren Tagen. 47 S. Eßlingen: Bechtle 1951
29 Verhängnis und Verheißung. Roman einer Familie. 547 S. Eßlingen: Bechtle 1952
30 Die Brücke. Drei Novellen. 109 S., 4 Abb. Eßlingen: Bechtle 1953 (Enth. u. a. Nr. 23)
31 Hugo von Hofmannsthal. Franz Kafka. Zwei Vorträge. 70 S. Eßlingen: Bechtle 1953
32 Buch der Tröstungen. 187 S. Nürnberg: Glock & Lutz 1953 (Veränd. Neuaufl. v. Nr. 21)
33 Die schwarze Perle. Tagebuch einer Kriegskameradschaft. 94 S. Eßlingen: Bechtle 1954
34 (MH) Das hat mir der Böhmische Wind verweht. Das Sudetenland im Zeugnis seiner lebenden Dichter. Hg. E. Merker u. J. M. 85 S. Düsseldorf, Köln: Diederichs (= Deutscher Osten 13) 1954
35 Märchen und Märchenhaftes. Contes, présentés par A. Schneider. 95 S. m. Abb. (Paris:) Hachette (= Classiques Hachette. Collection germanique) 1955
36 (MV) Der Schlüssel. (– W. Meckauer: Die Bürgschaft.) 16 S. Hbg: Agentur des Rauhen Hauses (= Feierabend 18) (1955)
37 Die Vertreibung. Sechs Novellen und Erzählungen. 45 S. Leinen/Heidelberg: Verl. Die Heimatbrücke (= Brünner Buchring 23) 1955
38 (MV) A. Kraft u. J. M.: Jeschken, Iser-, Riesengebirge. Ein Bilderbuch. 3 Bl. Text, 64 S. Abb. Augsburg: Kraft (= AK-Bildbände) (1956)
39 Licht über den Bergen. Roman. 374 S. Augsburg: Kraft (1956)
40 (Hg.) Aussaat. Die soziale Dichtung der Sudetendeutschen. Eine Auswahl. 91 S. m. Abb. Mchn: Verl. Die Brücke (1959)
41 Das Paradies des Herzens. Aus der Heimat der Kindheit. 32 S., 1 Titelb. Grettstadt ü. Schweinfurt: Burgberg-Verl. (= Die Burgbergwarte 24) (1959)
42 Erzählungen. 194 S. Karlsruhe: Volksbund für Dichtung (= Volksbund für Dichtung, 35. Gabe an die Mitglieder) 1960
43 Der Galgen im Weinberg. Erzählungen. 178 S. Mchn, Eßlingen: Bechtle 1960 (Enth. u. a. Nr. 28)
44 Ich wollt, daß ich daheime wär. Erzählungen der Vertreibung. 113 S. Augsburg: Kraft (1960)
45 Eine Kindheit in Böhmen. Erinnerungen. Mit e. autobiogr. Nachw. 90 S. Stg: Reclam (= Reclam's UB. 8296) 1960
46 Griechischer Oktober. Aufzeichnungen von Reisen nach Griechenland. 149 S. m. Abb. Mchn: Eßlingen: Bechtle 1960

MÜHSAM, Erich (+Emil F. Ruedebusch) (1878–1934)

1 +Die Eigenen. Tendenzroman für freie Geister. 369 S. Bln: Räde 1903
2 Die Homosexualität. 43 S. Bln: Singer (= Zur Psychologie unserer Zeit. Beitrag zur Sittengeschichte unserer Zeit 5) 1903
3 Die Wüste. Gedichte. 99 S. 16° Bln: Eisselt 1904

4 Ascona. 59 S. Locarno: Carlson 1905
5 +(MV) E. F. Ruedebusch u. H. Lenski: Lebt der Liebe! Aphorismen. 88 S. m. Titelb. Bln: Verl. „Renaissance" 1905
6 Die Psychologie der Erbtante. Eine Tanthologie aus fünfundzwanzig Einzeldarstellungen als Beitrag zur Lösung der Unsterblichkeitsfrage. 101 S. Zürich: Schmidt 1905
7 Die Hochstapler. Lustspiel. 143 S. Mchn: Piper 1906
8 Die Jagd auf Harden. 48 S. Bln-Schöneberg: Neuer biograph. Verl. 1908
9 Der Krater. 152 S. Bln: Frowein 1909
10 (Hg.) Kain. Zeitschrift für Menschlichkeit. Jg. 1–5, je 12 H. (1–4) bzw. 52 Nrn. 2⁰ (5) Mchn: Kain-Verl. 1911–1919
11 Kain-Kalender für das Jahr 1913. 62 S. Mchn: Kain-Verl. (1913)
12 Die Freivermählten. Polemisches Schauspiel in drei Aufzügen. 54 S. Mchn: Kain-Verl. 1914
13 Wüsten – Krater – Wolken. Gedichte. 231 S. Bln: Cassirer 1914 (Enth. u. a. Nr. 3 u. 9)
14 Neunzehnhundertneunzehn. Dem Andenken Gustav Landauers. 16 S. Bln: Hirsch 1919
15 Brennende Erde. Verse eines Kämpfers. 94 S. Mchn: Wolff 1920
16 Judas. Arbeiter-Drama in fünf Akten. 80 S. Bln: Malik-Verl. (= Sammlung revolutionärer Bühnenwerke 4) 1921
17 Alarm. Manifeste aus zwanzig Jahren. 100 S. Bln: Verl. „Der Syndikalist" (= Dichter und Rebellen 1) 1925
18 (Hg.) Fanal. Anarchistische Monatsschrift. Jg. 1–5, je 12 H. Bln: Mühsam 1926–1931
19 Gerechtigkeit für Max Hoelz! 78 S., 2 Abb. Bln: Verl. Rote Hilfe (1926)
20 Sammlung 1898–1928. 359 S. Bln: Spaeth 1928
21 Staatsräson. Ein Denkmal für Sacco und Vanzetti. 110 S., 1 Taf. Bln: Gilde freiheitlicher Bücherfreunde 1928
22 Von Eisner bis Leviné. Die Entstehung der bayerischen Räterepublik. Persönlicher Rechenschaftsbericht über die Revolutionsereignisse in München vom 7. XI. 1918 bis zum 13. IV. 1919. Bln: Fanal-Verl. Mühsam 1929
23 Unpolitische Erinnerungen. 54 S. Lpz: Haag-Drugulin (Priv.-Dr.) 1931
24 Die Befreiung der Gesellschaft vom Staat. Was ist kommunistischer Anarchismus? 48 S. Bln-Britz: Fanal-Verl. Mühsam (= Fanal, Sonderh.) 1932 (zu Nr. 18)
25 Namen und Menschen. Unpolitische Erinnerungen. Hg. F. A. Hünich. 256 S., 1 Taf. Lpz: Volk u. Buch-Verl. 1949

MÜLLER, Artur (+Arnolt Brecht) (*1909)

1 *(MH) Konzentrationslager. Ein Appell an das Gewissen der Welt. Ein Buch der Greuel. Die Opfer klagen an. Dachau. Brandenburg. Papenburg. 254 S. Karlsbad: Graphia (= Probleme des Sozialismus 9) 1934
2 *(Hg.) H. Wielek: Verse der Emigration. 114 S. Karlsbad: Graphia (= Braunes Deutschland 1) 1935
3 *(Hg.) J. Willenbacher: Deutsche Flüsterwitze. Das Dritte Reich unterm Brennglas. 82 S. Karlsbad: Graphia (= Braunes Deutschland 2) 1935
4 Das östliche Fenster. Roman. 218 S. Mchn: Kösel & Pustet (1936)
5 Am Rande einer Nacht. Roman. 301 S. Bln: Rowohlt 1938
6 Traumherz. Roman. 327 S. Bln: Rowohlt 1938
7 Fessel und Schwinge. Gesammelte Dramen. 390 S. Dresden: Heyne 1942
8 Ich begleite einen General. 63 S. Dresden: Heyne 1942
9 Die wahrhaft Geliebte. Novelle. 85 S. Dresden: Heyne 1943
10 Die verlorenen Paradiese. Ein Roman. 248 S. Mannheim: Keßler 1950
11 +Das vielbegehrte Sesselchen. Ein Jahr Geschichte einer europäischen Provinz. Roman. 229 S. Mannheim: Keßler 1951
12 (Vorw.) G. Kaiser: Die Bürger von Calais. Bühnenspiel in drei Akten. 111 S. Mannheim: Keßler 1952
13 (MH) Dramen der Zeit. Hg. A. M. u. H. Schlien. 41 Bde. Emsdetten/Westf.: Lechte 1953–1960

14 François Cenodoxus, der Doktor von Paris. Ein Schauspiel. 128 S. Emsdetten/Westf.: Lechte (= Dramen der Zeit 13) 1954 (Bd. 13 v. Nr. 13)
15 Die letzte Patrouille? Ein Stück deutscher Geschichte. Vorw. E. Kuby. 74 S. Emsdetten: Lechte 1958
16 Die Sonne, die nicht aufging. Schuld und Schicksal Leo Trotzkis. 509 S. Stg: Cotta 1959

Müller, Friedrich (+Ma[h]ler Müller) (1749–1825)

1 *Bacchidon und Milon, eine Idylle; nebst einem Gesang auf die Geburt des Bacchus, von einem jungen Mahler. 36 S. Ffm, Lpz (, Mannheim: Schwan) 1775
2 *Der Satyr Mopsus eine Idylle in drey Gesängen. Von einem jungen Mahler. 54 S. Ffm, Lpz (, Mannheim: Schwan) 1775
3 +Die Schaaf-Schur, eine Pfälzische Idylle. 59 S. Mannheim: Schwan 1775
4 +Balladen. 64 S. Mannheim: Schwan 1776
5 +Situation aus Fausts Leben. 35 S. m. Bildn. Mannheim: Schwan 1776
6 +Adams erstes Erwachen und erste seelige Nächte. 120 S. Mannheim: Schwan 1778
7 +Fausts Leben dramatisirt. 163 S. Mannheim: Schwan 1778
8 +Niobe ein lyrisches Drama. 96 S. Mannheim: Schwan 1778
9 +Adams erstes Erwachen und erste seelige Nächte. 111 S. Mannheim: Schwan 1779
 (Verb. Neuaufl. v. Nr. 6)
10 +Erzählungen. 1 Bl., 202 S. Mannheim: Himmel 1803 (Unrechtm. Dr.)
11 Schreiben von F. M. . . . über eine Reise aus Liefland nach Neapel und Rom von August von Kotzebue. 98 S. Deutschland (Mannheim) 1807
12 +Werke. Hg. L. Tieck, F. Batt u. Pique. 3 Bde. Heidelberg: Mohr & Zimmer 1811
13 Kritik der Schrift des Ritters von Bossi über das Abendmahl des Lenardo da Vinci. (S.-A.) S. 1137–1206 Heidelberg: Mohr & Winter 1817
14 Anrede, in Rom gehalten am 29. April 1818. 4 S. 2⁰ o. O. 1818
15 +Der hohe Ausspruch oder Chares und Fatime. Eine alt-persische Novelle. 320 S. 16⁰ Karlsruhe: Braun 1825
16 +Adonis, die klagende Venus, Venus Urania. Eine Trilogie. 288 S., 4 Abb. Lpz: Fleischer 1825
17 +Dichtungen. Mit Einl. hg. H. Hettner. 2 Bde. 1 Bl., XVI, 242 S.; 3 Bl., 220 S. Lpz: Brockhaus (= Bibliothek d. Dt. Nationalliteratur des achtzehnten u. neunzehnten Jahrhunderts) 1868
18 +Der Faun Molon. Eine Idylle. Nach d. Hs. hg. u. eingel. O. Heuer.XXXIX, 224 S., 1 Taf. Lpz: Wolff (= Aus dem Frankfurter Goethemuseum 2) 1912
19 +Idyllen. Vollst. Ausg. in 3 Bdn. unter Benutzung d. handschr. Nachl. Hg., eingel. O. Heuer. 3 Bde. LXXI, 281; V, 234; V, 316 S.; 3 Bildn., 10 Abb. Lpz: Wolff 1914
20 +Werke. Volks- und Jubiläumsausg. in zwei Bänden mit Lebensgeschichte und neuer Würdigung des Dichters und Malers, sowie bibliogr. Anh., hg. M. Oeser. 2 Bde. 280, 268 S., 1 Taf. Neustadt/Haardt: Schiller-Verl. 1916–1918

Müller (Müller-Einigen), Hans (1882–1950)

1 Das Hemdenknöpfchen. Lustspiel. 31 S. 16⁰ Lpz: Reclam (= Universal-Bibliothek 4040) 1900
2 Dämmer. Verse aus den Jahren 1899 und 1900. 80 S. Dresden: Pierson 1901
3 Der Garten des Lebens. Eine biblische Dichtung. 113 S. Stg: Cotta 1904

4   Die lockende Geige. Gedichtbuch. 109 S. Mchn: Langen 1904
5   Buch der Abenteuer. Novellen. 205 S. Bln: Fleischel 1905
6   Das stärkere Leben. Einakter-Cyklus. 165 S. Bln: Fleischel 1906
7   Die Puppenschule. Schauspiel. 138 S. Bln: Fleischel 1908
8   Geheimnisland. Novellen. 259 S. Bln: Fleischel 1909
9   Die Rosenlaute. Gedichte. 92 S. Bln: Fleischel 1909
10 Das Wunder des Beatus. Drama. 163 S. Bln: Fleischel 1910
11 Träume und Schäume. Novellen. 291 S. Bln: Fleischel 1911
12 Gesinnung. Respektlose Komödien. 260 S. Wien: Dt.-österr. Verl. 1912
13 Der reizende Adrian. Lustspiel in drei Akten. 142 S. Wien: Dt.-österr. Verl. 1913
14 Könige. Ein Schauspiel in drei Aufzügen. 142 S. Stg: Cotta 1916
15 Violanta. Oper in einem Akt. Musik E. W. Korngold. 31 S. Mainz: Schott 1916
16 Die Kunst, sich zu freuen. Gestalten, Bilder und Ergebnisse. 393 S. Stg: Cotta 1917
17 Der Schöpfer. Ein Schauspiel in vier Aufzügen. 153 S. Stg: Cotta 1918
18 Der Spiegel der Agrippina. 44 S., 12 Abb. 4° Wien: Avalun-Verl. (= Avalundruck 2) 1919
19 Die Sterne. Ein Drama in vier Aufzügen. 100 S. Stg: Cotta 1919
20 Flamme. Ein Schauspiel in drei Aufzügen. 124 S. Stg: Cotta 1920
21 Der Vampir oder Die Gejagten. Schauspiel in fünf Akten. 188 S. Wien: Rikola-Verl. 1923
22 Der Brand von Trukitzan. Erzählung. Nachw. F. Horch. 77 S. Lpz: Reclam (= Reclam's UB. 6535) 1925
23 Veronika. Ein Stück Alltag in vier Akten. 141 S. Stg: Cotta 1926
24 Die goldene Galeere. Ein Gesellschaftsstück in drei Akten. 74 S. Bln-Wilmersdorf: Bloch (Bühnen-Ms.) 1927
25 Der Dreißigjährige Krieg. 71 S. 16° Lpz: Verl. f. Kunst u. Wissenschaft Paul (= Miniatur-Bibliothek 845–847) (1927)
26 Das Wunder der Heliane. Oper in drei Akten. Musik E. W. Korngold. Opus 20. Textbuch. 61 S. Mainz: Schott 1927
27 Im Weißen Rößl. Singspiel. Musik R. Benatzky. Textbuch. 31 S. 16° Bln: (Dreiklang-Verl.) 1930
28 Morgen gehts uns gut. Sechs Bilder. Musik R. Benatzky. Gesangstexte A. Robinson (u. a.) Textbuch. 21 S. Bln: (Dreiklang-Verl.) 1932
29 Geliebte Erde. Miniatur von unterwegs. 272 S. Bern: Francke 1938
30 Eugenie. Studie eines Charakters und einer Zeit. In fünf Akten. 131 S. Wien: Saturn-Verl. (Bühnen-Ms.) 1938
31 Der Kampf ums Licht. Schauspiel in drei Akten. 99 S. Bern: Francke 1939
32 Kleiner Walzer in A Moll. Komödie in fünf Bildern. 95 S. Bern:Francke 1939
33 Das Glück, da zu sein. Ein Tagebuch. 480 S. Bern: Francke 1940
34 Der Tokaier. Komödie in drei Akten. 92 S. Bern: Francke 1941
35 Schnupf. Geschichte einer Freundschaft. 418 S. Bern: Francke 1944
36 Jugend in Wien. Erinnerungen an die schönste Stadt Europas. Kulturgeschichtlicher Roman. 599 S. Bern: Francke 1944
37 Die Menschen sind alle gleich. Drei Erzählungen. 288 S. Bern: Francke 1946
38 Der Helfer Gottes. Ein Kampf um die Liebe in zehn Stationen. Drama. 120 S. Bern: Francke 1947
39 Liebling der Grazien. Eine Komödie aus der Zeit, da man noch andere Sorgen hatte. 76 S. Bern: Francke (1950)

MÜLLER (von Itzehohe), Johann Gottwerth (1743–1828)

1   Gedichte der Freundschaft, der Liebe und dem Schmerze gesungen. 2 Tle. Helmstedt, Magdeburg: Hertel 1770–1771
2   (Hg.) Der Deutsche, eine Wochenschrift. 8 Bde. Magdeburg (später Magdeburg u. Frankfurt/Oder:) Hechtel (Bd. 1–4) bzw. Hbg (später Itzehohe u. Hbg): Müller (5–8) 1771–1776

3 Der Bürger von Condom. Itzehohe 1775
   (Verfassersch. fragl.!)
4 Der Ring. Eine komische Geschichte. Nach dem Spanischen. Itzehoe 1777
5 *Siegfried von Lindenberg. Hbg 1779
6 *Siegfried von Lindenberg. 4 Tle. m. Ku. Lpz: 1781–1782
   (Veränd. Neuaufl. v. Nr. 5)
7 *(Übs.) Geschichte der Sevaramben. Aus dem Französischen übs. vom Verfasser des Siegfried von Lindenberg. 2 Tle. Itzehoe 1783
8 *Komische Romane aus den Papieren des braunen Mannes und des Verfassers des Siegfried von Lindenberg. 8 Bde. m. Ku. Göttingen: Dieterich 1784–1791
9 *Die Herren von Waldheim, eine komische Geschichte vom Verfasser des Siegfried von Lindenberg. 4 Tle. in 2 Bdn. XXVIII, 518; 525 S. m. Ku. Göttingen: Dieterich 1784–1785
   (Bd. 1 u. 2 v. Nr. 8)
10 *Emmerich, eine komische Geschichte vom Verfasser des Siegfried von Lindenberg. 4 Bde. 497, 468, 494, 486 S. Göttingen: Dieterich 1786–1789
   (Bd. 3–6 v. Nr. 8)
11 *Straußfedern, fortgesetzt von dem Verfasser des Siegfried von Lindenberg. Bd. 2. 3. 2 Bde. Bln, Stettin: Nicolai 1790–1791
12 *Herr Thomas, eine komische Geschichte vom Verfasser des Siegfried von Lindenberg. 4 Tle. in 2 Bdn. 456, 463 S. Göttingen: Dieterich 1790–1791
   (Bd. 7 u. 8 v. Nr. 8)
13 *(Hg.) (A. v. Justi:) Bemerkungen über die Fehler unserer modernen Erziehung, von einer praktischen Erzieherinn. Hg. von dem Verfasser des Siegfried von Lindenberg. Lpz 1791
14 *Über den Verlagsraub, oder Bemerkungen über des Herrn Doktor Reimarus Vertheidigung des Nachdrucks im April des deutschen Magazins 1791. Von dem Verfasser des Siegfried von Lindenberg. Lpz 1791
15 *Selim der Glückliche, oder Der Substitut des Orimuzd. 3 Bde. XXXIX, 292; 336; 340 S. m. Ku. Bln, Stettin: Nicolai 1792
16 *Friedrich Brack, oder Geschichte eines Unglücklichen. Aus desselben eigenhändigen Papieren gezogen vom Verfasser des Siegfried von Lindenberg. 4 Bde. 312, 349, 381, 396 S. m. Ku. Bln, Stettin: Nicolai 1793–1795
17 *Sara Reinert. Eine Geschichte in Briefen, dem schönen Geschlechte gewidmet vom Verfasser des Siegfried von Lindenberg. 4 Bde. Bln, Stettin: Nicolai 1796
18 *(Bearb.) E. Becker u. A. Deken: Wilhelm Leevend, eine moralische Geschichte aus der wirklichen Welt, zur Beförderung der Menschenkunde, nach einem Niederländischen Original ... frei bearb. vom Verfasser des Siegfried von Lindenberg. 2 Bde., je 2 Tle. XVI, 344, 397; 306, 292 S. Bln: Oehmigke (1, 1) bzw. Mainz, Hbg: Vollmer (1, 2; 2, 1) bzw. Hbg u. Altona: Vollmer (2, 2) 1798–(1800)
19 *(Hg.) J. J. Dusch: Die Pupille, eine Geschichte in Briefen. Aus dem literarischen Nachlasse des Verfassers hg. u. erg. vom Verfasser des Siegfried von Lindenberg. 2 Bde. Altona 1798
20 *Novantiken. Eine Sammlung kleiner Romane, Erzählungen und Anekdoten, vom Verfasser des Siegfried von Lindenberg. Erster Band. XVI, 680 S. Braunschweig: Vieweg 1799
21 *(Übs.) E. Becker u. A. Deken: Klärchen Wildschütt, oder Die Folgen der Erziehung. Nach einem Niederländischen Originale ... frei verdeutscht vom Verfasser des Siegfried von Lindenberg. 2 Bde. 542 S. Bln: Voss 1800–1801
22 *Antoinette oder Die uneigennützige Liebe. Eine wahre Familiengeschichte, mit Digressionen geziert, aus dem Pulte des Verfassers des Siegfried von Lindenberg. X, 419 S. Ffm: Wilmans (= Romane und Erzählungen 1) 1802
23 *Ferdinand. Ein Original-Roman in vier Büchern vom Verfasser des Siegfried von Lindenberg. 2 Bde. 466, 341 S. Altona: Hammeri 1802
24 *Die Familie Benning. Eine Geschichte in zwei Bänden vom Verfasser des Siegfried von Lindenberg. Erster Band. 592 S. Altona: Hammeri 1808
25 Siegfried von Lindenberg. Neu hg. u. glossirt von Müllners Schatten. 3 Bde. m. Ku. Lpz: Nauck 1830
   (Verm. Neuausg. v. Nr. 6)

MÜLLER, Wilhelm (gen. Griechenmüller) (1794–1827)

1. (Hg.) Blumenlese aus den Minnesingern. Erste Sammlung. XLII, 171 S. Bln: Maurer 1816
2. (MV) G. Graf v. Blankensee, W. Hensel, W. M., F. Graf v. Kalckreuth, W. v. Studnitz: Bundesblüthen. IV, 251 S. Bln: Maurer 1816
3. (Übs.) Ch. Marlowe: Doktor Faustus. Tragödie. Aus dem Englischen. Vorw. L. A. v. Arnim. XXVIII, 147 S., 1 Abb. Bln: Maurer 1818
4. (Hg.) Askania. Zeitschrift für Leben, Literatur und Kunst. 6 Hefte. Dessau: Ackermann 1820
5. Rom, Römer und Römerinnen. Eine Sammlung vertrauter Briefe aus Rom und Albano mit einigen späteren Zusätzen und Belegen. 2 Bde. 4 Bl., 278 S., 1 Bl.; 5 Bl., 286 S. Bln: Duncker & Humblot 1820
6. Sieben und siebenzig Gedichte aus den hinterlassenen Papieren eines reisenden Waldhornisten. 160 S. Dessau: Ackermann 1821
7. Lieder der Griechen. 2 Bde. 32, 32 S. Dessau: Ackermann 1821–1822
8. Lieder der Griechen. 36 S. Dessau: Ackermann 1821 (Verm. Neuaufl. v. Nr. 7, Bd. 1)
9. (Hg.) Bibliothek deutscher Dichter des siebzehnten Jahrhunderts. 10 Bde. Lpz: Brockhaus 1822–1827
10. Neue Lieder der Griechen. 2 Bde. 2 Bl., 28 S.; 29 S. Lpz: Brockhaus 1823
11. Gedichte aus den hinterlassenen Papieren eines reisenden Waldhornisten. Bd. 2. XII, 172 S. Dessau: Ackermann 1824 (zu Nr. 6)
12. Neueste Lieder der Griechen. 32 S. Lpz: Voß 1824
13. Lieder des Lebens und der Liebe. XII, 172 S. Dessau: Ackermann 1824 (Neuaufl. v. Nr. 11)
14. Homerische Vorschule. Eine Einleitung in das Studium der Ilias und Odyssee. XVIII, 192 S. Lpz: Brockhaus 1824
15. (Übs.) C. Fauriel: Neugriechische Volkslieder. Übs. u. mit des franz. Hg. u. eigenen Erläuterungen vers. 2 Bde. LXXII, 120; 222 S. Lpz: Voß 1825
16. Missolunghi. 14 S. Dessau: Gedr. a. Kosten d. Verf. 1826
17. Lyrische Reisen und epigrammatische Spaziergänge. VIII, 246 S. Lpz: Voß 1827
18. (MH) Egeria. Sammlung italienischer Volkslieder, aus mündlicher Überlieferung und fliegenden Blättern. Begonnen von W. M., vollendet, nach dessen Tode hg. u. mit erl. Anm. vers. O. L. B. Wolff. XVIII, 262 S. Lpz: Fleischer 1829
19. Vermischte Schriften. Hg. u. mit e. Biographie M.s begleitet v. G. Schwab. 5 Bde. m. Bildn. 16° Lpz: Brockhaus 1830
20. Gedichte. Hg. u. mit e. Biographie M.s begleitet v. G. Schwab. 2 Bde. LXIII, 447; XI, 472 S. 16° Lpz: Brockhaus 1837 (Neuausg. v. Nr. 19, Bd. 1 u. 2)
21. Griechenlieder. Neue vollständige Ausg. XI, 170 S., 1 Bl. Lpz: Brockhaus 1844
22. Gedichte. Vollständ. krit. Ausg., bearb. J. T. Hatfield. XXI, 514 S. m. Bildn. u. Faks. Bln: Behr (= Deutsche Literaturdenkmale des achtzehnten u. neunzehnten Jahrhunderts 137) 1906

MÜLLER (gen. von Königswinter), Wolfgang (1816–1873)

1. *Junge Lieder. VII, 124 S., 3 Abb. Düsseldorf: Schreiner 1841
2. *Balladen und Romanzen. 186 S. Düsseldorf: Schreiner 1842
3. Beethoven. 8 S. Bonn: Henry & Cohen 1845
4. *Bruderschaftslieder eines Rheinischen Poeten. XII, 321 S. Darmstadt: Leske 1846
5. Rheinfahrt. 359 S. Ffm: Literar. Anst. 1846
6. Gedichte. XI, 507 S. Ffm: Literar. Anst. 1847
7. Germania. 168 S. Ffm: Literar. Anst. 1848
8. *Oden der Gegenwart. 143 S. Düsseldorf: Buddeus 1848

9 Vergangenheit und Zukunft der Kunst. 1 Bl., 28 S. Düsseldorf: Buddeus 1848
10 Zu Goethes hundertjähriger Geburtsfeier. 33 S. Düsseldorf: Buddeus 1849
11 Kinderleben in Liedern und Bildern. 6 S., 6 Taf. Düsseldorf: Schulz 1850
12 (Hg.) Düsseldorfer Künstler-Album. 16 Bde. m. Abb. Düsseldorf: Arnz (ab Jg. 10 Elkau: Bäumer) 1851–1866
13 Lorelei. 486 S. 16⁰ m. Titelb. Köln: DuMont-Schauberg (1851)
14 Die Maikönigin. 192 S. 32⁰ Stg: Cotta 1852
15 Düsseldorfer Künstler aus den letzten fünfundzwanzig Jahren. 386 S. Lpz: Barth 1854
16 Prinz Minnewin. 295 S. 16⁰ Köln: DuMont-Schauberg 1854
17 Rothmantel. 68 S. Köln: Langen 1854
18 Das Rheinbuch. 341 S. m. Abb. Brüssel, Gent, Lpz: Muquardt (1855)
19 *Höllenfahrt von Heinrich Heine. 140 S. Hannover: Rümpler 1856
20 Der Rattenfänger von St. Goar. 139 S. 16⁰ Köln: DuMont-Schauberg (1856)
21 Münchener Skizzenbuch. 155 S. Lpz: Brockhaus 1856
22 Gedenk verschollener Tage! 259 S. 16⁰ Hannover: Rümpler (1857)
23 Gedichte. 2 Bde. 483 S. 16⁰ Hannover: Rümpler 1857
(Verm. Neuaufl. v. Nr. 6)
24 Mein Herz ist am Rheine! 224 S. 16⁰ Hannover: Rümpler (1857)
25 Johann von Werth. 244 S. 16⁰ Köln: DuMont-Schauberg 1858
26 Erzählungen eines rheinischen Chronisten. 2 Bde. 417, 336 S. Lpz: Brockhaus (1860–) 1861
27 Alfred Rethel. 185 S. Lpz: Brockhaus 1861
28 Das Verhältniß des Staates zu den bildenden Künsten. 28 S. Bln: Seehagen 1861
29 Vier Burgen. 2 Bde. 690 S. Lpz: Brockhaus 1862
30 Aschenbrödel. 16 S., 6 Abb. 4⁰ Ffm: Dondorf 1863
31 Katalog der Gemäldesammlung des Museums Wallraf-Richartz in Köln. XIII, 162 S. Köln: DuMont-Schauberg 1864
32 Eine Fahrt durch's Lahnthal. 185 S. m. Abb. Wiesbaden: Kreidel 1865
33 Von drei Mühlen. 387 S. Lpz: Brockhaus 1865
34 Sie hat ihr Herz entdeckt. 30 S. Bln: Lassar (= E. Bloch's Dilettanten-Bühne) 1865
35 Zum stillen Vergnügen. Künstlergeschichten. 2 Bde. 532 S. Lpz: Brockhaus 1865
36 Märchenbuch für meine Kinder. 199 S. Lpz: Brockhaus 1866
37 Wie das Stück, so das Glück. Lustspiel in einem Akt. 1 Bl., 28 S. Bln: Bittner 1866
38 Sommertage im Siebengebirge. 171 S. Kreuznach (,Lpz): Voigtländer 1867
39 Wie die Herrschaft, so die Diener. Lustspiel in einem Akt. 1 Bl., 25 S. Bln: Bittner 1867
40 Der Pilger in Italien. Sonette. 192 S. 16⁰ Lpz: Brockhaus 1868
41 Durch Kampf zum Sieg. Zeitgedichte. 86 S. 16⁰ Bln: Lipperheide 1870
42 Dichtungen eines rheinischen Poeten. 6 Bde. Lpz: Brockhaus 1871–1876
43 Der Zauberer Merlin. Ein Gedicht. 129 S. 16⁰ Bln: Lipperheide 1871
44 Die Poesie am Rheine. 20 S. Köln: Ahn 1872
45 Dramatische Werke. 6 Bde. Wien: Rosner 1872
46 Im Rittersaal. Rheinische Historien. 329 S. Lpz: Brockhaus (= Dichtungen eines rheinischen Poeten 4) 1874
(Bd. 4 v. Nr. 42)

Müller-Guttenbrunn, Adam
(⁺Ignotus, F. J. Gerhold) (1852–1923)

1 Im Banne der Pflicht. Schauspiel. 86 S. 16⁰ Lpz: Reclam (= Universal-Bibliothek 1417) 1881
2 Des Hauses Fourchambault Ende. Schauspiel. 116 S. Breslau: Schottländer 1881

3 (Einl.) L. Stifter: Im Lenz geknickt. Proben aus dem geistigen Nachlasse. 137 S. Linz: Ebenhöch 1881
4 Frau Dornröschen. Ein Wiener Roman. 310 S. Bln: Janke 1884
5 Wien war eine Theaterstadt. 38 S. Wien: Gerold (= Gegen den Strom) (1885)
6 Die Lectüre des Volkes. 42 S. Wien: Gerold (= Gegen den Strom) (1886)
7 (Hg.) Kalender des deutschen Schulvereins für 1887 (1888 usw.–1891). 5 Jge. Wien: Pichler 1887–1891
8 (MV) G. Pawikovski u. A. M.-G.: Trost- und Trutzbüchlein der Deutschen in Österreich. Zeitgedichte. 237 S. Lpz: Liebeskind 1888
9 Gescheiterte Liebe. Novellenbuch. 269 S. Lpz: Friedrich 1889
10 Das Wiener Theaterleben. 113 S. Lpz: Spamer 1890
11 Franz Grillparzer. 15 S. Wien: Szelinski (= Volksthümliche Vorträge des allgem. niederösterr. Volksbildungsvereins 5) 1891
12 Irma. Schauspiel. 96 S. Dresden: Pierson 1891
13 Dramaturgische Gänge. 216 S. Dresden: Pierson 1892
14 Im Jahrhundert Grillparzers. Literatur- und Lebensbilder aus Österreich. 224 S. Wien, Lpz: Meyer 1893
15 Die gefesselte Phantasie. Gelegenheitsschrift zur Eröffnung des Raimund-Theaters. Mit Anh.: „Zur Geschichte der gefesselten Phantasie". 36 S., 1 Bildn. Wien: Konegen 1893
16 Deutsche Kulturbilder aus Ungarn. 184 S. m. Abb. Lpz, Bln: Meyer (1896)
17 Die Magyarin. Erzählung aus dem ungarischen Räuber-Leben. 146 S. Lpz: Meyer (= Deutsche Novellen-Bibliothek aus Österreich 4) 1896
18 Der suspendierte Theaterdirektor. 62 S. Lpz, Bln: Meyer (1896)
19 Das Raimund-Theater. Passionsgeschichte einer deutschen Volksbühne. 158 S. Wien: Perles 1897
20 Franz Grillparzer. 52 S., 1 Bildn. Wien: Daberkov (= Allgemeine National-Bibliothek 175) 1898
21 (Bearb.) Kleist's Hermannsschlacht – ein Gedicht auf Österreich. Anläßlich der Aufführungen im Kaiserjubiläums-Stadttheater erläutert und eingerichtet. 86 S. Wien: Graeser 1898
22 (Hg.) V. Kriloff u. S. K. Litwin: Söhne Israels. Drama. A. d. Russ. 96 S., 1 Taf. Wien: Schalk (= Verbotene Bühnenwerke 1) 1901
23 (Hg.) R. Bozykowski: Harte Hände. Culturbild. A. d. Poln. 99 S. Wien: Schalk (= Verbotene Bühnenwerke 2) 1902
24 Zwischen zwei Theaterfeldzügen. Neue dramatische Gänge. 227 S. m. Bildn. Linz, Wien: Deubler 1902
25 +Gärungen – Klärungen. Wiener Roman. 304 S. Wien: Deubler 1903
26 +Arbeit und Natur. Betrachtungen zur sozialen Frage. 14 S. Bln: Harwitz 1906
27 Streber & Companie. Schauspiel. 122 S. Dresden, Bln: Verl. Berlin-Wien 1906
28 +Die Dame in Weiß. Wiener Roman. 237 S. Wien: Konegen 1907
29 *Götzendämmerung. Ein Kulturbild. 337 S. Wien, Lpz: Staackmann 1908
30 Rund um den häuslichen Herd. 153 S. 16º Wien: Mohr 1909
31 Der kleine Schwab'. Abenteuer eines Knaben. 96 S. Lpz: Staackmann 1910
32 Die Glocken der Heimat. 331 S. Lpz: Staackmann 1911
33 (Einl.) Schwaben im Osten. Deutsches Dichterbuch aus Ungarn. 333 S. Heilbronn: Salzer (= Der Süden 3) 1911
34 Es war einmal ein Bischof. Roman. 334 S. Lpz: Staackmann 1912
35 (Hg.) Der schwäbische Hausfreund. Kalender für die Länder der ungarischen Krone. Jg. 1–3. 3 Bde. m. Abb. u. Beil. Temesvar: Südungar. Buchdr. 1912–1914
36 Arme Komödianten. Geschichtenbuch. 339 S. Lpz: Staackmann 1912
37 Die Ährenleserin. Erzählung. 104 S. m. Bildn. Temesvar: Polatsek (= Deutschbanater Volksbücher 2) 1913
38 Grenzen der Liebe und andere Erzählungen. 112 S. m. Abb. Bln: Hillger (= Kürschner's Bücherschatz 913) 1913
39 (Bearb.) Der Herr Gevatter. Eine geschichtliche Anekdote aus dem Banate in einem Akt. Nach A. Langer frei bearb. 32 S. Temesvar: Polatsek (= Deutschbanater Volksbücher 3) 1913
40 Deutscher Kampf. Erzählungen von Schwaben und Madjaren. Einl. P.

Schreckenbach. 295 S. m. Bildn. Großborstel: Dt. Dichter-Gedächtnis-Stiftung (= Hausbücherei d. Dt. Dichter-Gedächtnis-Stiftung 51–52) 1913
41 Der große Schwabenzug. Roman. 376 S. Lpz: Staackmann 1913
42 Das idyllische Jahr. Ein Sommerbuch. 228 S. Lpz: Staackmann 1914
43 Völkerkrieg! Österreichische Eindrücke und Stimmungen. III, 120 S. Graz: Moser 1915
44 Österreichs Beschwerdebuch. Einige Eintragungen. 88 S. Konstanz, Lpz: Hesse & Becker (= Die Zeitbücher 30) (1916)
45 Wiener Historien. 78 S. Konstanz, Lpz: Hesse & Becker (= Die Zeitbücher 54) (1916)
46 Barmherziger Kaiser! Roman. 325 S. Lpz: Staackmann (1916)
47 Kriegstagebuch eines Daheimgebliebenen! Eindrücke und Stimmungen aus Österreich-Ungarn. 308 S. Graz: Moser 1916
48 Deutsches Leben in Ungarn. 83 S. Lpz: Insel (= Österreichische Bibliothek 18) (1916)
49 (Hg.) Ruhmeshalle deutscher Arbeit in der österreichisch-ungarischen Monarchie. Hg. unter Mitw. namh. Gelehrter und Schriftsteller. VII, 524 S., 600 Abb., 22 Taf. 4⁰ Stg: Dt. Verl.-Anst. 1916
50 Alt-Wiener Wanderungen und Schilderungen. 218 S., 30 Abb. Wien: Schulbücher-Verl. (1916)
51 Joseph der Deutsche. Ein Staatsroman. 379 S. Lpz: Staackmann 1917
52 Von Eugenius bis Josephus. Ein deutsches Jahrhundert in Österreich. 3 Bde. Lpz: Staackmann 1918
   1. Der große Schwabenzug. 376 S.
   2. Barmherziger Kaiser! 325 S.
   3. Joseph der Deutsche. 379 S.
   (Enth. Nr. 41, 46, 51)
53 Meister Jakob und seine Kinder. Roman. 350 S. Lpz: Staackmann (1918)
54 Österreichs Literatur- und Theaterleben. Eine Übersicht. 91 S. Wien: Fromme (= Österreichische Bücherei 5) (1918)
55 Deutsche Sorgen in Ungarn. Studien und Bekenntnisse. V, 181 S. Warnsdorf, Nürnberg: Offenstadt & Fallheimer 1918
56 Das häusliche Glück. Ein Familienbild in drei Akten. 119 S. Lpz: Staackmann 1919
57 Sein Vaterhaus. Roman. 366 S. Lpz: Staackmann 1919
58 Wohin gehört Westungarn? 16 S., 1 Kt. Wien: Verein zur Erhaltung des Deutschtums in Ungarn (1919)
59 Dämonische Jahre. Ein Lenau-Roman. 364 S. Lpz: Staackmann 1920
60 Die schöne Lotti und andere Damen. Ein Geschichtenbuch. 251 S. Wien: Wila 1920
61 Auf der Höhe. Ein Lenau-Roman. 345 S. Lpz: Staackmann (1921)
62 Altösterreich. 247 S., 7 Taf. Wien: Rikola-Verl. (= Die gute, alte Zeit) 1922
63 Aus herbstlichem Garten. Fünf Novellen. 293 S. Lpz: Staackmann (1922)
64 Erinnerungen eines Theaterdirektors. Hg. Roderich Meinhart (d. i. Roderich M.-G.). 237 S. Lpz: Staackmann 1924
65 Der Roman meines Lebens. Aus d. Nachl. zsgest. v. s. Sohne. 323 S., 16 Abb. Lpz: Staackmann 1927
66 Lenau, das Dichterherz der Zeit. Eine Romandreiheit. 3 Bde. Lpz: Staackmann 1926
   (Enth. Nr. 57, 59, 61)
67 Wanderung durch Altösterreich. Hg. Roderich M.-G. 242 S., 49 Abb. Wien: Österr. Bunderverl. (= Deutsche Hausbücherei 165) 1928

MÜLLER(-PARTENKIRCHEN), Fritz (+Fritz Züricher) (1875–1942)

1 Die andere Hälfte. Geschichten. VI, 218 S. Bln: Fleischel 1912
2 O, Frieda! Fröhliches und Nachdenkliches. VI, 224 S. Bln: Fleischel 1912
3 Fröhliches aus dem Kaufmannsleben. 77 S. m. Bildn. u. Abb. Großborstel: Dt. Dichter-Gedächtnis-Stiftung (= Volksbücher d. Dt. Dichter-Gedächtnis-Stiftung 37) 1913
4 Zweimal ein Bub. Geschichten. VII, 187 S. Bln: Fleischel 1913

5 Alltagsgeschichten. IV, 262 S. Frauenfeld: Huber 1914
6 Kurzhosengeschichten. 117 S. m. Abb. Bln: Fleischel 1914
7 Der Bismarckfranzel und andere Geschichten. 66 S. m. Abb. Köln: Schaffstein (= Schaffstein's blaue Bändchen 69) (1915)
8 Fröhliches aus dem Krieg. 120 S. m. Bildn. u. Abb. Hbg-Großborstel: Dt. Dichter-Gedächtnis-Stiftung (= Der Eichenkranz 1) 1915
9 Hinter der Front. Kriegs-Erzählungen von zuhause. 124 S. Hagen: Rippel 1915
10 Die eisernen Kameraden. Skizzen. 140 S. Lpz: Amelang 1915
11 Mach' dei' Sach' guat! Kriegs-Anekdoten. 61 S.m. Abb. Stg (:Die Lese) (1915)
12 Der Sepp im Krieg. Bayrische Geschichten. 137 S. Hagen: Rippel (1951)
13 (MV) F. M., L. Schulze-Brück (u. a.): Wie die große Zeit kam. 90 S. Hagen: Rippel 1915
14 Bier und Brot. Eine Nahrungsvision. 4 S. Bln: Mäßigkeits-Verl. (= Kriegs-Flugblatt 9) (1916)
15 Das zweite Blühen. Geschichten. 176 S. Weinfelder: Schweizer Heimatkunst-Verl. 1916
16 Klassengold. Schulgeschichte aus dem Krieg. 125 S. Hagen: Rippel 1916
17 Das Land ohne Rücken. Erlebnisse und Geschichten aus dem Weltkrieg. 102 S. Heilbronn: Salzer 1916
18 Auf Besuch bei mir. Geschichten. 119 S. m. Abb. Stg: Niederecker 1917
19 Menschlichkeiten aus der großen Zeit. Geschichten. 135 S. m. Abb. Stg: Niederecker 1917
20 Fröhliche Wissenschaft. 109 S. Heilbronn: Salzer 1917
21 Das Beil. 31 S., 1 Bildn., 7 Abb. Großborstel: Dt. Dichter-Gedächtnis-Stiftung (= Volksbücher d. Dt. Dichter-Gedächtnis-Stiftung 46) 1918
22 Der Faden. 77 S. Bln: Hillger (= Kürschner's Bücherschatz 1173) (1918)
23 Vergnügliche Geschichten. 111 S. Hagen: Rippel 1918
24 Worauf freuen wir uns jetzt? Fröhliche Geschichten.107 S. Hagen: Rippel 1918
25 Der Querschnitt. Werdenfelser Geschichten. 86 S. Lpz: Reclam (= Reclam's UB. 6040) (1919)
26 Elf Uhr siebenundfünfzig. Ein deutsches Trostbüchel. 110 S. Hagen: Rippel 1920
27 Kramer & Friemann. Eine Lehrzeit. 346 S., 1 Bildn. Hbg: Hanseat. Verl.-Anst. (1920)
28 Tausendelf. Erzählungen. 64 S. Bln: Hillger (= Kürschner's Bücherschatz 1279) (1920)
29 Dreizehn Aktien. Geschichten von deutscher Arbeit. 133 S., 1 Bildn. Hbg: Hanseat. Verl.-Anst. 1921
30 Münchner Schulgeschichten. Der Kallix. 57 S. Mchn: Pechstein 1921
31 Fernsicht. Berggeschichten. 253 S. m. Abb. Diessen vor Mchn: Huber 1922
32 Hessing. Der Roman eines Lebens. 265 S., 1 Titelb. Mchn: Pechstein 1922
33 Passion. 99 S. m. Abb. Diessen vor Mchn: Huber 1922
34 Die Sengs. 250 S. m. Abb. Diessen vor Mchn: Huber 1922
35 Bauerngeschichten. 148 S. Bln: Brunnen-Verl. Winckler 1923
36 Frohe Jugend. Ausgewählte Geschichten. Hg. W. Steiner. 159 S. Aarau: Sauerländer 1923
37 Aufrichtigkeiten. 170 S. m. Abb. Mchn: Braun & Schneider (= Der heitere Bücherschrank 2) 1925
38 Das fröhliche Büchl. Ernst-heitere Schulbubengeschichten. 29 S. m. Abb. Ffm: Diesterweg (= Kranz-Bücherei 37) (1925)
39 Nackte Füße. Geschichten aus den bayrischen Bergen. 33 S. m. Abb. Ffm: Diesterweg (= Kranz-Bücherei 25) (1925)
40 Hinauf. Ein deutsches Trostbüchl. 30 S. m. Abb. Ffm: Diesterweg (= Kranz-Bücherei 26) (1925)
41 Ich dien'. Geschichten von der Arbeit. 38 S. m. Abb. Ffm: Diesterweg (= Kranz-Bücherei 27) (1925)
42 Der Lehrling. Kaufmannsgeschichten. 31 S. m. Abb. Ffm: Diesterweg (= Kranz-Bücherei 23) (1925)
 (Ausz. a. Nr. 27)
43 Als der Minettebrocken erwachte. Technische Geschichten. 36 S. Ffm: Diesterweg (= Kranz-Bücherei 24) (1925)
44 München. Geschichten. 228 S. Lpz: Staackmann (1925)
45 Reise in die innere Schweiz. Erlebnisse. IV, 259 S. Liestal: Lüdin 1925

46 (MV) (K. Loesch: Nürnberger Schulbubenerinnerungen aus dem Jahre 1866. – F. M.:) Der Sedanshund. Eine 1870er Geschichte. 31 S. Nürnberg: Korn (= Deutschenspiegel, F. 7) (1925)
47 Was gibst ma? Bubengeschichten. 28 S. m. Abb. Ffm: Diesterweg (= Kranz-Bücherei 38) (1925)
48 Wenn ich Millionär wäre. III, 266 S. Liestal: Lüdin 1925 (Verm. Neuaufl. v. Nr. 5)
49 Der Dreizehnte. Der Roman eines Lebens. 265 S. Mchn: Pechstein 1926 (Neuausg. v. Nr. 32)
50 Die Kopierpresse. Kaufmannsgeschichten. 221 S. m. Abb. Lpz: Staackmann (1926)
51 Warum? Fröhliche Fragen zum Nachdenken. 160 S. Lpz: Staackmann 1926
52 Halifax und Biwifax und andere Geschichten. 64 S. Bielefeld: Velhagen & Klasing (= Velhagen & Klasings Jugendbücherei 24) 1927
53 Kaum genügend. Schulgeschichten. 220 S. m. Abb. Lpz: Staackmann (1927)
54 München Zwei. Drin und Drum herum. Geschichten. Vorw. E. Engel. 223 S. m. Abb. Lpz: Staackmann 1927
55 Debitorenkonto Folio 1347 und andere Geschichten. Ein Lesebuch für den jungen Kaufmann. 202 S. Stg: Poeschel 1928
56 Das verkaufte Dorf. Roman. 287 S. m. Abb. Lpz: Staackmann (1928)
57 Frauenlob. Geschichten. 208 S. Lpz: Staackmann 1929
58 Halbkatz überzwerch. 223 S. m. Abb. Lpz: Staackmann (1929)
59 Das stille Schiff. Erzählungen. 368 S. Bln: Die Buchgemeinde 1929
60 Der Spursucher. Geschichten von draußen. 107 S. m. Abb., 1 Titelb. Breslau: Bergstadtverl. (= Bergstadtbücher für junge Menschen) 1929
61 Cannero. Geschichten von drunten. 199 S. Lpz: Staackmann 1930
62 Der Rechenfehler. Einakter. 24 S. Lpz: Strauch (= Jugend- und Volksbühne 656) (1930)
63 Schön ist's auf der Welt. Geschichten. 224 S. m. Abb. Lpz: Staackmann 1931
64 Kinder. Geschichten. 207 S. m. Abb. Lpz: Staackmann 1932
65 Gesang im Zuchthaus. Erzählungen. 157 S. Salzburg: Pustet 1933
66 Jetzt grad extra! Trotzalledem-Geschichten. 173 S. Lpz: Staackmann 1933
67 Das andere Bayern. Der Bayer kein Gaudibursch! Geschichten. 172 S. m. Abb. Mchn: Braun & Schneider 1934
68 Hü Bräundl. Fröhliche und besinnliche Geschichten. 224 S. Groß-Schönau: Kaiser 1934
69 Neujahr ist alle Tage. Vom Autor selbst bes. Ausg. 47 S. Bielefeld: Velhagen & Klasing (= Velhagen & Klasings dt. Lesebogen 201) 1934
70 Rund um den Bückeberg. Erlebnisse und Berichte vom ersten deutschen Erntedanktag am 1. 10. 1933. 64 S., 4 S. Abb., 1 Kt. Möser, Grünberg: Drescher 1934
71 Die alte Uhr. 76 S. Gütersloh: Bertelsmann (= Das kleine Buch 19) 1934
72 Die gepfändete Amalia und andere Erzählungen. 126 S. m. Abb. Augsburg: Reichel 1935
73 Die Firma. Roman. 285 S. Gütersloh: Bertelsmann 1935
74 Die Generalversammlung und andere Erzählungen. 126 S. m. Abb. Augsburg: Reichel 1935
75 Ja! Ein Fritz Müller-Buch. Vorw. E. Stemplinger. 160 S. Lpz: Staackmann 1935
76 Das wandernde Herz und andere Erzählungen. 324 S. Bln: Dt. Buchgem. 1936
77 Der große Zauberer. Ernste und fröhliche Geschichten. 157 S. Salzburg: Pustet (1936)
78 Begegnungen mit dir und mir. 125 S. Stg: Steinkopf (= Erinnerungen und Erlebnisse 1) (1937)
79 Berge. Ernste und heitere Geschichten. 207 S. Wien: Höger-Verl. 1937
80 Die Hochzeit von Oberammergau. 74 S. Gütersloh: Bertelsmann (= Das kleine Buch 38) 1937
81 In Sumatra und anderswo. Erlebte Geschichten aus Übersee. 175 S. Bln: Hilger 1937
82 Volle Wiegen. 16 S. Hannover: Feesche (= Gute Weggesellen 25) 1937
83 Bahn frei! Geschichten von deutscher Arbeit. 185 S. m. Abb. Lpz: Staackmann 1939
84 Der Kaffeekönig. Roman. 375 S. m. Abb. Gütersloh: Bertelsmann 1939

85 Heul', wenn's Zeit ist! Besinnliche und fröhliche bayrische Geschichten von drinnen und draußen. 125 S. Mchn: Bergverl. Rother (= Die Rastbücher) 1940
(Erw. Neuaufl. v. Nr. 12)
86 Das fröhliche Müller-Partenkirchen-Buch. Hg. J. Banzhaf. 220 S. Gütersloh: Bertelsmann 1940
87 Sterben sie aus? Neue Schulgeschichten. 179 S. Lpz: Staackmann (1940)
88 Die Unterschrift. Eine Leibl-Geschichte. 54 S. Innsbruck: NS-Gauverl. u. Druckerei Tirol-Vorarlberg (= Edelweiß-Bücher 4) (1940)
89 Der Pflanzer. Südsee-Geschichten. 227 S. m. Abb. Düsseldorf: Bagel 1942
90 Eisen ins Blut. 31 S. Gütersloh: Bertelsmann (= Bertelsmann-Feldposthefte) 1943
91 Lustige Geschichten. 18 S. Lpz: Reclam (= Reclam's Reihenbändchen 23) 1943
(Ausz. a. Nr. 25)
92 Die Hammerschmiede. Roman aus der Steiermark. 216 S. Halle: Tauchnitz 1943
93 Die Verschwundene. 31 S. Gütersloh: (= Bertelsmann-Feldposthefte) (1943)
94 Das wandernde Bett. 70 S. m. Abb. Duisburg: Visser 1948
95 Spurensucher auf Sumatra. 208 S. m. Abb. Düsseldorf: Hoch 1955

MÜLLER-SCHLÖSSER, Hans (1884–1956)

1 D'r jlöcklije Dag. Stimmungsbild. 19 S. Düsseldorf: Deiters (= Niederrheinische Dialekt-Bühne 3) 1911
2 Das schöne alte Düsseldorf. Gesammelte Aufsätze. 2 Bde. 151, 149 S. m. Taf. Düsseldorf: Schrobsdorff 1911-1912
3 Et äde Kömpke. Schwank. 23 S. Düsseldorf: Deiters (= Niederrheinische Dialekt-Bühne 1) 1911
4 Der König von Thule oder Die Herzverfettung. Spiel. 14 S. Düsseldorf: Deiters (= Niederrheinische Dialekt-Bühne 4) 1911
5 Et Pückelche. Schauspiel aus den 48er Jahren. 27 S. Düsseldorf: Deiters (= Niederrheinische Dialekt-Bühne 2) 1911
6 Der Bauer als Examinator. Spiel. 14 S. Düsseldorf: Deiters (= Niederrheinische Dialekt-Bühne 8) 1912
7 Düsseldorfer Geschichten. Bilder und Erinnerungen aus Alt-Düsseldorf. Tl. 1. 120 S. Düsseldorf: Schrobsdorff 1912
8 E fein Jebräu und andere Versdichtungen. 65 S. Düsseldorf: Schrobsdorff 1912
9 Kabale und Liebe oder Der abgerissene Kopf. Bürgerliches Drama. 18 S. Düsseldorf: Deiters (= Niederrheinische Dialekt-Bühne 7) 1912
10 Der Landstreicher. Lustspiel. 34 S. Düsseldorf: Deiters (= Niederrheinische Dialekt-Bühne 6) 1912
11 Woher hä et hät. Lustspiel. 16 S. Düsseldorf: Deiters (= Niederrheinische Dialekt-Bühne 5) 1912
12 Schneider Wibbel. Komödie in fünf Bildern. 70 S. Düsseldorf: Ohle 1914
13 Mäuzkes. 3 Bde., je 46 S. m. Abb. Düsseldorf: Zimmer 1916
14 Aus alten Häusern und von kleinen Leuten. 145 S. Bln, Stg: Dt. Verl.-Anst. (= Die Feldbücher) (1917)
15 Die Zinnkanne. Komödie in drei Aufzügen. 112 S. Bln, Stg: Dt. Verl.-Anst. 1917
16 Jan Krebsereuter. Seine Taten, Fahrten und Meinungen. 243 S. Bln: Reiß (1919)
17 Hopsa, der Floh. Seine Lebensgeschichte von ihm selbst erzählt. 221 S. Düsseldorf: Tietz 1922
18 Tünnes. Schwänke und Schnurren. 104 S., 20 Abb. Hannover: Steegemann (= Rheinische Miniaturen 1) 1924
19 Die Stadt Düsseldorf. Bilder und Plaudereien. 127 S. m. Taf. Düsseldorf: Dreispitz-Verl. (1925)
20 Die Bratwurst und andere Anekdoten. 81 S. Düsseldorf: Industrie-Verl. u. Druckerei 1926

21 Spaß an der Freud'. Rheinische Schnurren und Schwänke. 64 S. Lpz: Krick (= Die fidele Schachtel) 1926
22 Das Tintenmännchen und andere Erzählungen. 84 S. Düsseldorf: Industrie-Verl. u. Druckerei 1926
23 Bergerstraße 9. Kleine Geschichten. V, 299 S. Düsseldorf: Lintz 1928
24 Das Mostertpöttche. Schnurren und Schwänke. 58 S. Düsseldorf (:Vogt & Siepmann) 1934
25 Freude am Spaß. Schnurrige Sachen zum Nacherzählen. 80 S. Dresden: Rudolph 1936
26 Die Stadt an der Düssel. 309 S., 20 Taf. Düsseldorf: Droste-Verl. 1937
27 Schneider Wibbels Tod und Auferstehung. 336 S. Düsseldorf: Droste-Verl. 1938
28 Wenn es der Teufel will. Ein Stückchen Altstadt in drei Aufzügen. 71 S. Düsseldorf: Droste-Verl. 1940
29 Das Zinnkännchen. 192 S. Düsseldorf: Droste-Verl. 1941
30 Die Reise nach Schiedam. Eine heitere Geschichte. 128 S. Düsseldorf: Holzwarth-Verl. 1942
31 Finnickel verliert. 112 S. m. Abb. Lpz: Bohn (= Bohns fröhliche Bücher 7) 1943
32 Jan Krebsereuter. Seine Taten, Fahrten und Meinungen. 278 S. Düsseldorf: Drei Eulen-Verl. 1946
(Verm. Neuaufl. v. Nr. 16)
33 Sammlung interessanter Kurzgeschichten. Außerdem: Bilderrätsel, Kreuzworträtsel ... Hg. W. Weiland. 16 S. Düsseldorf: Renaissance-Verl. 1948
34 Von allerhand Wirten und Gästen. Kleine Geschichte des Gastwirtsgewerbes. 38 S. Düsseldorf: Droste-Verl. 1949
35 Wie der Düsseldorfer denkt und spricht. 273 S. Düsseldorf: Verl. Die Fähre 1952
36 Gerhard Janssen fährt nach Köln. 172 S., 8 Abb. Düsseldorf: Progreß-Verl. 1954
37 Schneider Wibbel. Roman. 234 S. Düsseldorf: Droste 1954
(Neuaufl. v. Nr. 27)

MÜLLNER, (Amadeus Gottfried) Adolf (+Modestin) (1774–1829)

1 *Die Grafen von Zedau. 2 Bde., 1 Ku. Weissenfels, Lpz 1795–1796
2 *Incest, oder Der Schutzgeist von Avignon. Ein Beitrag zur Geschichte der Verirrungen des menschlichen Geistes und Herzens. 2 Bde. Greiz: Henning 1799
3 +Sechzig Gedanken über den Entwurf zu einer neuen Gerichtsordnung für die Chursächsischen Lande ... 3 Bl., 92 S., 4 Bl. o. O. 1804
4 Dissertatio inauguralis ad leges X et XXIV codicis de procuratoribus, quam ... die IX. Septembr. a. r. s. MDCCCV publice defedet A. G. A. M. 28 S. 4° Wittenberg 1805
5 Kann ein Gerichtsherr seinen Gerichtsverwalter willkürlich des Amtes entlassen? Lpz 1805
6 (Hg.) D. G. A. Wilken: Kurzgefaßte Grundsätze zum Extrahiren und Referiren der Akten. Lpz 1806
7 Allgemeine Elementarlehre der richterlichen Entscheidungskunde ... XX, 298 S. Lpz: Graff 1812
8 Der neunundzwanzigste Februar. Ein Trauerspiel in Einem Akt. Lpz: Breitkopf & Härtel 1812
9 Der angolische Kater oder Die Königin von Golkonde. Lustspiel. Lpz 1815
10 Spiele für die Bühne. Liefg. 1. 328 S. m. Titelku. Lpz 1815
(Enth. u. a. Nr. 8 u. 9)
11 Schauspiele. 4 Bde. m. Ku. Wien 1816–1817
12 Die Schuld. Trauerspiel in vier Akten. 250 S., 4 Bl. m. Titelku. Lpz: Göschen 1816
13 Almanach für Privatbühnen. 3 Bde. m. Ku. 16° Lpz: Göschen 1817–1819

14 König Yngurd. Trauerspiel in fünf Akten. 6 Bl., 362 S., 2 Bl., 2 Ku. Lpz: Göschen 1817
15 (Nachw.) L. Brachmann: Das Gottesurteil. Rittergedicht in fünf Gesängen. Lpz: Hinrichs 1818
16 Spiele für die Bühne. 2 Bde. 388, 456 S. m. Ku. 16° Lpz: Göschen 1818–1820
17 Die Albaneserin. Trauerspiel in fünf Aufzügen. 5 Bl., 225 S., 1 Bl. 16° Stg, Tüb: Cotta 1820
18 Müllneriana. 2 Bde. Lpz: Brockhaus 1820
19 Theater. 4 Bde. 304, 332, 335, 238 S. Stg: Macklot 1820
20 Vers und Reim auf der Bühne. Ein Taschenbüchlein für Schauspielerinnen. IV, 90, 1 S. Stg, Tüb: Cotta 1822
21 (Hg.) Hekate. Ein literarisches Wochenblatt, redigirt und glossirt von Kotzebues Schatten. Nr. 1–104. 4° Lpz: Wienbrack 1823
22 Vermischte Schriften. 2 Bde. VIII, 308; 460 S. Stg, Tüb: Cotta 1824–1826
23 Kotzebues Literaturbriefe aus der Unterwelt. VIII, 272 S. Braunschweig: Vieweg 1826
24 (Hg.) Mitternachtblatt für gebildete Stände. 4 Jge. 4° Braunschweig: Vieweg (1–2) bzw. Wolfenbüttel, Lpz: Verlagscomptoir (3–4) 1826–1829
25 Dramatische Werke. 8 u. 4 Suppl.-Bde. m. Bildn. u. Faks. 16° Braunschweig: Vieweg (Bd. 1–7) bzw. Wolfenbüttel: Verlagscomptoir (Bd. 8) bzw. Meißen: Goedsche (Suppl.-Bd. 1–4) 1828–1830
26 Der Kaliber. Aus den Papieren eines Criminalbeamten. XIV, 216 S. 16° Lpz: Focke 1829
27 Die Verschwörung in Krähwinkel. Hbg 1829

Münchhausen, Börries, Frh. von (+H. Albrecht) (1874–1945)

1 Gedichte. VIII, 157 S. Göttingen: Horstmann 1897
2 (Hg.) Göttinger Musenalmanach für 1898 (1900. 1901. 1905. 1923). 5 Jge. VIII, 326; IV, 99; VIII, 187; V, 190; 244 S. m. Abb. Göttingen: Horstmann (Jge. 1898–1905) bzw. Göttingen: Hochschulverl. (Jg. 1923) 1898–1922
3 Juda. Gesänge. 93 ungez. S. m. Abb. 4° Goslar: Lattmann 1900
4 Balladen. 95 S. m. Abb. Bln: Breslauer & Meyer 1901
5 Ritterliches Liederbuch. VII, 107 S. Goslar: Lattmann 1903
6 Balladen. 132 S. 4° Goslar: Lattmann 1906
  (Verm. Neuaufl. v. Nr. 4)
7 Das ritterliche Liederbuch. V, 99 S. 4° Goslar: Lattmann 1906
  (Verm. Neuaufl. v. Nr. 5)
8 Die Balladen und ritterlichen Lieder. VI, 248 S. Bln: Fleischel 1908
  (Enth. Nr. 6 u. 7)
9 Das Herz im Harnisch. Neue Balladen und Lieder. VIII, 136 S. Bln: Fleischel 1911
  (Enth. u. a. Nr. 3)
10 Hofball. Eine Ballade für meine Jungens. 20 S. m. Abb. 4° Weimar: Kiepenheuer 1913
11 Alte und neue Balladen und Lieder. Auswahl fürs Feld. 96 S. Bln: Fleischel 1915
  (Enth. u. a. Ausz. a. Nr. 8 u. 9)
12 Die Standarte. Balladen und Lieder. VIII, 201 S. Bln: Fleischel 1916
  (Enth. u. a. Nr. 10 u. Ausz. a. Nr. 11)
13 Balladen und Lieder. Einl. H. M. Elster. 20 S., 48 S. Faks. 4° Dresden: Lehmann (= Deutsche Dichter-Handschriften 5) 1920
  (Faks. Ausz. a. Nr. 8)
14 Münchhausen-Beeren-Auslese. Eine Auswahl aus dem Gesamtwerk. VIII, 88 S. Bln: Fleischel 1920
  (Veränd. Neuaufl. v. Nr. 11; enth. u. a. Ausz. a. Nr. 12)
15 Schloß in Wiesen. Balladen und Lieder. XII, 149 S. Stg: Dt. Verl.-Anst. 1921
  (Enth. u. a. Ausz. a. Nr. 14)
16 Bayard. Ein Balladenkranz. Hg. v. Künstlerdank. 36 S., 7 Abb. Bln: Eigenbrödlerverl. 1922
  (Ausz. a. Nr. 8)

17 (Hg.) Flemmings Bücher für jung und alt. Große Reihe: 16 Bde.; Kleine Reihe: 17 Bde. Bln: Flemming & Wiskott 1922-1924
18 (Hg.) Lebensbilder aus deutscher Vergangenheit. 10 Bde. Bln: Flemming & Wiskott 1922-1924
19 Fröhliche Woche mit Freunden. 148 S. Stg: Dt. Verl.-Anst. 1922
20 Meister-Balladen. Ein Führer zur Freude. 212 S. Stg: Dt. Verl.-Anst. (= Dichtung und Dichter) 1923
21 Das Balladenbuch. 351 S. Stg: Dt. Verl.-Anst. 1924
22 Drei Idyllen. 34 S. Lpz: Ges. d. Freunde d. Dt. Bücherei (= 5. Jahresgabe d. Ges. d. Freunde d. Dt. Bücherei) 1924
23 Meine Pagenballaden. 47 S., 7 Abb. 4° Wien: Rikola-Verl. 1924
24 (Einl.) Niederdeutsches Balladenbuch. Hg. A. Janssen u. A. Schräpel. 315 S. Mchn: Callwey 1925
25 Dichtervorträge. Erfahrungen und Vorschläge. 30 S. Lpz: Börsenverein d. Dt. Buchhändler 1925
26 Das Königlich-Sächsische Garde-Reiter-Regiment von 1880-1918. XII, 394 S., 3 Taf., 1 Kt. Dresden: Baensch-Stiftung (= Erinnerungsblätter sächsischer Regimenter 32) 1926
27 (Vorw.) Deutsche Gedenk- und Weihestätten. Ein Bilderwerk. VIII, 64 S. Mchn: Lehmann 1926
28 (Hg.) Jahrbuch des Deutschen Scheffelbundes. 85 S. m. Abb., 1 Titelb. Karlsruhe: Gräff (= Jahrbücher des Scheffelbundes, N. F. 1) 1926
29 Idyllen und Lieder. 71 S. Stg: Dt. Verl.-Anst. 1928
(Enth. u. a. Ausz. a. Nr. 22)
30 Das Liederbuch. 394 S. Stg: Dt. Verl.-Anst. 1928
(Enth. alle lyr. Gedichte)
31 Lieder um Windischleuba. 62 S. m. Abb. Offenbach: Gerstung 1929
32 Die Garbe. Ausgewählte Aufsätze. 161 S. Stg: Dt. Verl.-Anst. 1933
33 Idyllen. 54 S. Mchn: Langen-Müller (= Kleine Bücherei 21) 1933
(Ausz. a. Nr. 29)
34 Geschichten aus der Geschichte, einer alten Geschlechtshistorie nacherzählt. 118 S. Lpz: Reclam 1934
35 (Vorw., MV) Sammlung deutscher Balladen von Bürger bis Münchhausen. XII, 136 S. Halle: Niemeyer 1934
36 (Hg.) Arbeiten zur Familiengeschichte der Freiherren von Münchhausen. 2 Bde. 59, 51 S. 4° Windischleuba: Selbstverl. d. Geschlechtes 1935-1937
37 Meister-Balladen. Ein Führer zur Freude. 261 S. Stg: Dt. Verl.-Anst. 1940
(Verm. Neuaufl. v. Nr. 20)
38 Das Balladenbuch. 369 S. Stg: Dt. Verl.-Anst. (1943)
(Erw. Neuaufl. v. Nr. 21)
39 Fröhliche Woche mit Freunden. 244 S. Stg: Dt. Verl.-Anst. (1943)
(Verm. Neufassg. v. Nr. 19)
40 Das dichterische Werk in zwei Bänden. Stg: Dt. Verl.-Anst. 1950-1953
1. Das Balladenbuch. Die gesammelten Balladen. 428 S. 1950
2. Das Liederbuch. Die gesammelte Lyrik. 319 S. 1953
(Enth. Nr. 30 u. 38)
41 Meister-Balladen. 264 S. Stg: Dt. Verl.-Anst. 1958
(Verm. Neuausg. v. Nr. 37)

Muhr, Adelbert (*1896)

1 Mit Faltboot, Floß und Dampfer. Eine Donaufahrt durch Niederdonau. 24 S. m. Abb. St. Pölten: St. Pöltner Zeitungs-Verl.-Ges. (= Niederdonau, Ahnengau des Führers 74) (1942)
2 Der geheimnisvolle Ostrong. 32 S. m. Abb. St. Pölten: St. Pöltner Zeitungs-Verl.-Ges. (= Niederdonau, Ahnengau des Führers 66) 1942
3 Die Reise zum Nibelungenlied. 93 S. Wien, Bln: Bischoff (= Die hundert kleinen Bücher 29) 1944
4 Der Sohn des Stromes. Ein Donauroman. 391 S. Bln, Wien, Lpz: Bischoff (1945)
5 Alt-Wien, heute. 200 S. Wien: Touristik-Verl. 1946

6 Die Stürme. Drei Novellen. 98 S. Wien: Müller (= Stimme aus Österreich) 1946
  7 Praterbuch. 237 S. m. Abb. Wien: Müller 1947
  8 Zwischen Moldau und Donau. Ein Wander- und Fluchtbuch. 186 S. Wien: Touristik-Verl. 1948
  9 (MV) O. R. Schatz: Das war der Prater. Mit e. histor. Skizze v. A. M. 31 S., 29 Taf. 4° Wien: Globus-Verl. 1949
 10 Theiß-Rhapsodie. Roman. 421 S. Wien: Zsolnay 1949
 11 Liebe auf dunklen Wegen. Roman. 192 S. Linz: Demokrat. Druck- u. Verl.-Ges. (= Die Bären-Bücher 12) (1950)
 12 Die Türkengräfin. Ein historischer Roman. 191 S. Linz: Demokrat. Druck-u. Verl.-Ges. (= Die Bären-Bücher 20) 1950
 13 Die Botschaft am Ohio. 304 S. Wien: Waldheim-Eberle (= Die bunte Reihe 7) 1952
 14 Und ruhig fließet der Rhein ... Das Reisebuch einer großen Liebe. 305 S. Hbg (,Wien): Zsolnay 1953
 15 Die Botschaft des Apfels. 32 S. Wien: Leinmüller (= Das große Abenteuer 43) (1955)
 16 Sie haben uns alle verlassen. Roman des Dampfers „Austria". 383 S. Hbg, Wien: Zsolnay 1956
 17 In der Zaubersonne der Rhône. 316 S. m. Abb. Wien: Verl. f. Jugend u. Volk 1959

MUMELTER, Hubert (*1896)

  1 Zwei ohne Gnade. Roman. 374 S. Lpz: Insel 1931
  2 Gedichte 1920–1930. 36 S. Bozen: Amonn (500 Ex.) 1933
  3 Ski-Fibel. 95 S. m. Abb. Bln: Rowohlt 1933
  4 Berg-Fibel. 96 S. m. Abb. Bln: Rowohlt 1934
  5 Skifahrt ins Blaue. 95 S. m. Abb. Bln: Rowohlt 1934
  6 Die falsche Straße. Roman. 357 S. Wien: Zsolnay 1934
  7 Skibilderbuch. 24 Bl. m. Abb. Bln: Rowohlt 1935
  8 Der Skibazillus. Eine Satire und Erzählungen. 213 S. Bln: Rowohlt 1936
  9 Oswalt und Sabina. Zwei ohne Gnade. 367 S. Lpz: Insel 1938
    (Neuaufl. v. Nr. 1)
 10 Strand-Fibel. 48 Bl. m. Abb. Bln (,Stg): Rowohlt 1938
 11 Sonne, Ski und Pulverschnee. Das Farbfotobuch vom Wintersport. 78 S., 34 Abb. Lpz: Breitkopf & Härtel 1939
 12 Schatten im Schnee. Roman. 255 S. Wien: Zsolnay (1940)
    (Forts. v. Nr. 6)
 13 Das Reich im Herzen. Erzählungen. 91 S. Innsbruck: NS-Gauverl. Tirol-Vorarlberg (1941)
 14 Dolomiten-Legende. Erzählung. 118 S. Klagenfurt: Jörgl (= Jörgls Bücherei) 1948
 15 Der Skiteufel. 24 Bl. (Wien:) Neff 1950
 16 Maderneid. Roman. 315 S. Innsbruck, Wien: Tyrolia-Verl. 1951
 17 Skifibel. 96 S. m. Abb. Mchn: Nymphenburger Verlh. 1951
    (Veränd. Neuaufl. v. Nr. 3)
 18 Gedichte 1940–1950. 46 S. Bozen: Ferrari-Auer 1952
 19 Wein aus Rätien. Dreißig Historien und Histörchen aus Südtirol. Vorw. E. Roth. 371 S. Bozen: Laurin 1954
 20 Die Herrin auf Maderneid. Roman. 288 S. Innsbruck, Wien, Mchn: Tyrolia-Verl. 1960
    (Veränd. Neuaufl. v. Nr. 16)

MUNDT, Theodor (1808–1861)

  1 Das Duett. 301 S. Bln: Dümmler 1831
  2 Madelon, oder: Die Romantiker in Paris. Eine Novelle. 246 S. 12° Lpz: Wohlbrecht 1832

3 Der Basilisk oder Gesichtstudien. Eine Novelle. Lpz: Wohlbrecht 1833
4 Die Einheit Deutschlands ... 83 S. Lpz 1833
5 (Hg.) Kritische Wälder. 252 S. Lpz: Melzer 1833
6 Moderne Lebenswirren. Briefe und Abenteuer eines Salzschreibers. 268 S. Lpz: Reichenbach 1834
7 Schriften in bunter Reihe. Lpz: Reichenbach 1834
8 (Hg.) K. L. v. Knebel: Literarischer Nachlaß und Briefwechsel. 3 Bde. m. Bildn. Lpz: Reichenbach 1835–1836
9 Madonna, oder: Unterhaltungen mit einer Heiligen. 436 S. Lpz: Reichenbach 1835
10 *Charlotte Stieglitz, ein Denkmal. IV, 314 S. m. Bildn. Bln: Veit (1835)
11 (Hg.) Literarischer Zodiacus. 2 Jge. Lpz: Reichenbach 1835–1836
12 (Hg.) Dioskuren. Für Wissenschaft und Kunst. 2 Jge. XII, 340; 392 S. Bln: Veit 1836–1837
13 Charaktere und Situationen. 2 Bde. Wismar, Lpz: Schmidt & Cossel 1837
14 Die Kunst der deutschen Prosa. XX, 415 S Bln: Veit 1837
15 (Hg.) Der Delphin. Ein Almanach. 2 Jge. m. 2 Bildn. Altona: Hammerich 1838–1839
16 *(Hg.) Der Freihafen. Gallerie von Unterhaltungsbildern ... 16 Bde., 1 Musikbeil. Altona: Hammerich 1838–1841
17 Spaziergänge und Weltfahrten. 3 Bde. Altona: Hammerich 1838–1839
18 (Hg.) Der Pilot. Allgemeine Revue der einheimischen und ausländischen Literatur- und Völkerzustände. Altona: Hammerich 1840–1843
19 Völkerschau auf Reisen. VIII, 359 S. Stg: Krabbe 1840
20 Thomas Müntzer. 3 Bde. Altona: Hammerich 1841
21 Geschichte der Literatur der Gegenwart vom Jahre 1789 bis zur neuesten Zeit. Vorlesungen. 35 Bg. Bln: Simion 1842
22 Berlin und seine Künste. 1 Bl., 67 S. Bln: Schepeler 1844
23 Carmela oder Die Wiedertaufe. Ein Roman. 11⁵/₁₂ Bg. 12⁰ Hannover: Kius 1844
24 Die Geschichte der Gesellschaft in ihren neueren Entwicklungen und Problemen. 435 S. Bln: Simion 1844
25 Lesebuch der deutschen Prosa. 41 Bg. Bln: Simion 1844
26 (Hg.) M. Luther: Politische Schriften. 4 Bde. Bln: Simion 1844
27 Kleines Skizzenbuch. 14 Bg. 16⁰ Bln: Schepeler 1844
28 Zur Universitätsfrage. 4¹/₂ Bg. Bln: Simion (= Fragen der Zeit 1) 1844
29 Ästhetik. Die Idee der Schönheit und des Kunstwerks im Lichte unserer Zeit. 25 Bg. Bln: Simion 1845
30 (Hg.) J. J. Engel: Mimik. 2 Bde. 26⁷/₈ Bg. 16⁰ Bln: Mylius 1845
31 (Hg.) J. J. Engel: Philosoph für die Welt. 2 Bde. 23¹/₂ Bg. 16⁰ Bln: Mylius 1845
32 Der heilige Geist und der Zeitgeist. 5¹/₈ Bg. Bln: Mylius 1845
33 Allgemeine Literaturgeschichte. 3 Bde. 88 Bg. Bln: Simion 1846
34 Die Götterwelt der alten Völker. 37¹/₂ Bg., 49 Abb. Bln: Morin 1846
35 Mendoza, der Vater der Schelme. 2 Bde. 25¹/₂ Bg. Bln: Mylius 1846–1847
36 Ständische Blätter. 2 H. Bln: Hirschfeld 1847
   1. Der Adel in Deutschland und Preußen in seiner politischen und ständischen Vertretung. 45 S. Bln: Hirschfeld 1847
   2. Der dritte Stand in Deutschland und Preußen in seiner politischen und ständischen Vertretung. 32 S. Bln: Hirschfeld 1847
37 Dramaturgie, oder Theorie und Geschichte der dramatischen Kunst. 2 Bde. IV, 419; IV, 430 S. Bln: Simion 1847–1848
38 Gesammelte Schriften. 2 Bde. 322, 363 S. Lpz: Berger 1847
39 Katechismus der Politik. Bln 1848
40 Die Matadore. Ein Roman aus der Gegenwart. 2 Bde. VI, 324; VI, 314 S. Lpz: Brockhaus 1850
41 Die Staatsberedtsamkeit der neueren Völker. VIII, 391 S. Bln: Gury 1850
42 Niccoló Macchiavelli und das System der modernen Politik. 318 S. Bln: Janke 1851
43 Geschichte der deutschen Stände nach ihrer gesellschaftlichen Entwicklung und politischen Vertretung. 505 S. Bln: Janke 1854
44 Ein deutscher Herzog. 248 S. Lpz: Günther 1855
45 Der Kampf um das Schwarze Meer. 333 S. Braunschweig: Westermann 1855

46 Krim-Girai, ein Bundesgenosse Friedrichs des Großen. 221 S. Bln: Schindler 1855
47 Ein französisches Landschloß. 239 S. Prag, Wien, Lpz: Günther (= Album) 1855
48 Pariser Kaiser-Skizzen. 2 Bde. 369 S. Bln: Janke 1857
49 Kleine Romane. 2 Bde. Bln: Janke 1857
50 Cagliostro in Petersburg. 214 S. Prag, Wien, Lpz: Günther (= Album) 1858
51 Graf Mirabeau. 4 Bde. 1354 S. Bln: Janke 1858
52 Paris und Louis Napoleon. 2 Bde. 484 S. Bln: Janke 1858
53 Robespierre. 3 Bde. 1035 S. Bln: Janke 1859
54 Italienische Zustände. 4 Bde. Bln: Janke 1859–1860
   1. Skizzen aus Piemont und Rom. 320 S.
   2. Rom und Pius IX. 319 S.
   3. 4. Rom und Neapel. 2 Tle. 625 S.
55 Czar Paul. 6 Bde. Bln: Janke 1861
   1. Abth. Der Großfürst. 3 Bde. 650 S.
   2. Abth. Czar Paul und sein Volk. 3 Bde. 773 S.

MUNGENAST, Ernst Moritz (1898–1964)

1 Der Mörder und der Staat. Die Todesstrafe im Urteil hervorragender Zeitgenossen. 94 S. Stg: Hädecke 1928
2 Asta Nielsen. 157 S., 27 Abb. Stg: Hädecke 1928
3 (Übs., Bearb.) L. Roggeveen: Der Radio-Detektiv. Abenteuerliche Geschichte. 175 S. m. Abb., 1 Titelb. Stg: Herold-Verl. (= Die Herold-Bücher) (1933)
4 Der Held von Tannenberg. Hindenburg-Buch für die Jugend. 111 S., 8 Abb., 1 Titelb., 1 Pl. Stg: Herold-Verl. (= Die Herold-Bücher) (1934)
5 Christoph Gardar. Roman. 602 S. Horb: Christian 1935
6 Die Halbschwester. Roman. 789 S. Dresden: Heyne (1937)
7 Der Kavalier. Roman. 523 S. Dresden: Heyne (1938)
8 Der Pedant oder Die Mädchen in der Au. Roman. 218 S. Dresden: Heyne 1939
9 Der Zauberer Muzot. Roman. 869 S. Dresden: Heyne 1939
10 (Hg.,MV) Bunkergeschichten. 172 S. Wiesbaden: Verl. Dt. Volksbücher 1940
11 Die Mädchen in der Au. 275 S. Bln: Eher (= Dt. Kulturbuchreihe 53) 1941 (Neuaufl. v. Nr. 8)
12 Willkommen oder nicht? Ein Theaterstück in fünf Akten. 84 S. Freudenstadt: Kaupert (Ms.) (1941)
13 Cölestin. Roman. 1002 S. Saarbrücken: Saar-Verl. 1949
14 Hoch über den Herren der Erde. Roman. 489 S. Saarbrücken: West-Ost-Verl. 1950
15 Der Zauberer Muzot. Roman. 688 S. Darmstadt: Schneekluth (1951) (Neubearb. v. Nr. 9)
16 Die ganze Stadt sucht Günther Holk. Roman. 279 S. Ffm: Dt. Jugendbuch-Vertrieb (1954)
17 Tanzplatz der Winde. Roman. 402 S. Stg: Cotta 1957

MUNK, Georg (eig. Paula Buber) (1877–1958)

1 Die unechten Kinder Adams. Ein Geschichtenkreis. 317 S. Lpz: Insel 1912
2 Irregang. Roman. 343 S. Lpz: Insel 1916
3 Sankt Gertrauden Minne. 133 S. Lpz: Insel 1921
4 Die Gäste. Sieben Geschichten. 143 S. Lpz: Insel 1927
5 Am lebendigen Wasser. Roman. 659 S. Wiesbaden: Insel 1952
6 Muckensturm. Ein Jahr im Leben einer kleinen Stadt. 642 S. Heidelberg: Schneider 1953

Musäus, Johann Karl August (1735–1787)

1 *Grandison der Zweite, Oder Geschichte des Herrn v. N***, in Briefen entworfen. 3 Bde. Eisenach: Wittekind 1760-1762
2 *Das Gärtnermädchen. Eine komische Oper in drey Aufzügen. 124 S. Weimar: Hoffmann 1771
3 *Physiognomische Reisen. 4 Bde. Altenburg: Richter 1778-1779
4 *Der deutsche Grandison. Auch eine Familiengeschichte. 2 Bde. Eisenach: Wittekind 1781-1782
 (Umarb. v. Nr. 1)
5 *Volksmährchen der Deutschen. 5 Bde. 4° Gotha: Ettinger 1782-1786
6 *Freund Hein's Erscheinungen in Holbein's Manier. 165 S., 25 Ku. Winterthur: Steiner 1785
7 *(Übs.) Moralische Kinderklapper für Kinder und Nichtkinder. Aus dem Französischen des Herrn Monget. VIII, 111 S. Gotha: Ettinger 1787
8 *(Hg.) Straußfedern. Erster Band. 7 Bl., 259 S. Bln, Stettin: Nicolai 1787
9 Nachgelassene Schriften. Hg. A. v. Kotzebue. VI, 235 S. m. Ku. Lpz: Kummer 1791

Muschler, Reinhold Conrad (+Reno M.) (1882–1957)

1 +(MV) E. Gilg u. R. M.: Phanerogamen. Blütenpflanzen. 172 S. m. Abb. Lpz: Quelle & Meyer (= Wissenschaft und Bildung 44) 1909
2 +(MV) K. Floericke, W. Kuhlmann, B. Lindemann u. R. M.: Strandbüchl. 115 S. m. Abb., 6 Taf. Stg: Franckh (= Naturwiss. Volksbücher 38-40) 1911
3 +A manual flora of Egypt, with a preface by P. Ascherson u. G. Schweinfurth. 2 Bde. XII, 312 S. Bln: Friedländer 1912
4 Douglas Webb. Roman. 324 S. Lpz: Grunow (1921)
5 Der lachende Tod. Roman. 272 S. Lpz: Grunow 1922
6 Bianca Maria. Roman. 686 S. Lpz: Grunow (1924)
7 Komödie des Lebens. 189 S. Ludwigsburg, Lpz: Gruner 1924
8 (Vorw.) F. Staeger: Gerhart Hauptmann. 7 S., 15 Taf. 2° Düsseldorf, Lpz: Koch (200 Ex.) (1924)
9 Richard Strauß. IX, 636 S., 1 Taf. Hildesheim: Borgmeyer (= Meister der Musik 3) (1924)
10 Friedrich der Große. Eine Entwicklungsgeschichte des Menschen. 639 S. m. Taf. Lpz: Grunow 1925
11 Die Heilandin. Fünf Legenden der Liebe. 127 S., 7 Abb. 4° Lpz: Koch (1925)
12 Ferdinand Staeger. Eine Monographie. XIX, 354 S. m. Abb. 4° Lpz: Koch (1925)
13 Der Weg ohne Ziel. Ein Nachtbuch. Roman. 659 S. Lpz: Grunow (1926)
14 Basil Brunin. Ein Roman der Anderen. 428 S. Lpz: Grunow (1928)
15 (Hg.) A. Freiin v. Droste-Hülshoff u. L. Schücking: Briefe. XXXI, 328 S. m. Taf. Lpz: Grunow 1928
16 (Hg.) L. Schücking u. L. v. Gall: Briefe. Biogr. Einl. Levin Ludwig Schücking. XXIV, 347 S. m. Taf. Lpz: Grunow 1928
17 Philipp zu Eulenburg. Sein Leben und seine Zeit. 696 S., 16 Taf. Lpz: Grunow 1930
18 Insel der Jugend. Roman. 424 S. Lpz: Grunow 1930
19 Ferdinand Staegers Kunst. 63 S. m. Abb., 24 Bl. Abb. 4° Augsburg: Filser 1931
20 Gesammeltes Werk. 6 Bde. Bln: Neff (1931)
21 Adolf Hitler unser Führer. Der deutschen Jugend geschildert. 31 S. Köln: Schaffstein (1933)
22 Liebe in Monte. Roman. 251 S. Bln: Neff 1933
23 Klaus Schöpfer. Roman. 600 S. Bln: Neff 1933
24 Tänzerin Jehudi. Roman. 426 S. Bln: Neff 1933
25 Ein deutscher Weg. Hg., eingel. E. A. Dreyer. 278 S., 2 Taf. Lpz: Voigtländer 1933
26 Das Deutsche Führerbuch. Sieger aus eigener Kraft. 269 S. m. Abb. Lpz: Goten-Verl. 1934

27 Liebelei und Liebe. Roman. 285 S. Bln: Neff 1934
28 Stätten deutscher Weihe. Zeugen großer Vergangenheit und deutscher Schicksalswende. 405 S. m. Abb. u. Taf. 4° Bln: Henius 1934
29 Die Unbekannte. Novelle. 62 S. Dresden: Heyne (1934)
30 Der Geiger. Roman. 158 S. Bln: Neff 1935
31 Nofretete. Novelle. 83 S. Bln: Neff 1935
32 Sucher und Versucher. 334 S. Lpz: Goten-Verl. 1935
33 Flucht in die Heimat. Roman. 541 S. Bln: Neff 1936
34 Ivola. Novelle. 79 S. Dresden: Heyne 1936
35 Die Welt ist voller Wunder. 333 S. Dresden: Zwinger-Verl. 1936
36 Geburt der Venus. Novelle. 115 S. Bln: Neff 1937
37 Diana Beata. Roman. 844 S. Bln: Neff 1938
38 Das Haus der Wünsche. Novelle. 139 S. Düsseldorf („Berchtesgaden): Vier-Falken-Verl. 1948
39 Fahrt in den Frühling. Roman. 364 S. Wien, Bln: Neff 1950
40 Rettung ins Leben. Roman. 759 S. Wien, Bln, Stg: Neff 1951
41 Bekenntnisse. Aphorismen aus dem Werk R. C. M.s. 75 S. Wien, Bln: Neff 1952
42 Tizian-Trilogie. 3 Bde. Wien, Bln, Stg: Neff 1952-1953
    1. Venezianische Legende. Ein Tizian-Roman. 489 S. 1952
    2. Santa Caecilia . 484 S. 1953
    3. Fremdling der Zeit. 444 S. 1953
43 Die am Rande leben. Roman. 307 S. Wien, Bln, Stg: Neff 1954
44 Gast auf Erden. Roman. 417 S. Wien, Bln, Stg: Neff 1955
45 Im Netz der Zeit. Roman. 791 S. Wien, Bln, Stg: Neff 1956

Musil, Robert (Edler von) (1880–1942)

1 Die Verwirrungen des Zöglings Törleß. 316 S. Wien, Bln: Singer 1906
2 Vereinigungen. Zwei Erzählungen. 175 S. Mchn, Bln: Fischer 1911
3 Die Schwärmer. Schauspiel in drei Aufzügen. 244 S. Dresden, Bln: Rowohlt 1921
4 Grigia. Novelle. 48 S., 6 Abb. Potsdam: Müller (= Sanssouci-Bücher 8) 1923
5 Die Portugiesin. 29 S. 4° Bln: Rowohlt 1923
6 Drei Frauen. Novellen. 167 S. Bln: Rowohlt 1924
   (Enth. u. a. Nr. 4 u. 5)
7 Vinzenz und die Freundin bedeutender Männer. Posse in drei Akten. 106 S. Bln: Rowohlt 1924
8 Rede zur Rilke-Feier in Berlin am 16. 1. 1927. 20 S. Bln: Rowohlt 1927
9 Der Mann ohne Eigenschaften. Roman. 3 Bde. (Bd. 3 a. d. Nachl. hg. Martha Musil). 1075, 605, 462 S. Bln: Rowohlt (1-2) bzw. Lausanne: Imprimerie Centrale (3) 1930-1943
10 Nachlaß zu Lebzeiten. 220 S. Zürich: Humanitas-Verl. 1936
11 Über die Dummheit. Vortrag. 47 S. Wien: Bermann-Fischer (= Ausblicke) 1937
12 Gesammelte Werke in Einzelausgaben. Hg. A. Frisé. 3 Bde. Hbg: Rowohlt 1952-1957
    1. Der Mann ohne Eigenschaften. Roman. 1671 S. 1952
    2. Tagebücher, Aphorismen, Essays und Reden. 962 S. 1955
    3. Prosa, Dramen, späte Briefe. 844 S. 1957
    (Bd. 1 verm. Neuausg. v. Nr. 9)

Mylius, Christlob (1722–1754)

1 (MH) Bemühungen zur Beförderung der Critik und des Geschmacks. Hg. Ch. M. u. J. A. Cramer. 16 Nrn. Halle (, Lpz): Hemmerde 1743-1747
2 Dem Hochedlen und Hochgelahrten Herrn M. Johann Gottfried Heinitz erklärt sich bey dessen im Aprilmonate 1743 geschehenen Verwechslung des

kamenzischen Rektorats mit dem löbauischen ein verbundener Diener Ch. M. Lpz: Breitkopf (1743)
3 *Die Ärzte ein Lustspiel. 128 S. o.O. 1745
4 (Hg.) Der Freygeist. Eine Wochenschrift. Lpz: Crull 1745
5 *Der Unerträgliche. Lustspiel. 111 S. Lpz (o. Verl.) 1746
6 (Hg.) Ermunterungen zum Vergnügen des Gemüths. 9 Nrn. Hbg: Martini 1747–1748
7 (Hg.) Der Naturforscher. Eine physikalische Wochenschrift. 78 Nrn. Lpz: Crull 1747–1748
8 *Der Kuß, oder: Das ganz neu musikalische Schäfer-Spiel, So in einer Comödie aufgeführt. Ffm, Lpz 1748
9 (Hg.) Der Schriftsteller nach der Mode. Jena: Grüth 1748
10 (Hg.) Der Wahrsager. 20 Nrn. Bln: Voß 1748
11 (MH) Beiträge zur Historie und Aufnahme des Theaters. Hg. G. E. Lessing u. Ch. M. 606 S. Stg: Metzler 1750
12 (Übs.) W. Hogarth: Zergliederung der Schönheit, die schwankenden Begriffe von dem Geschmack festzusetzen. 14 Bl., VII, 112 S., 2 Taf. 4⁰ Bln, Potsdam: Voß 1754
13 Vermischte Schriften. Gesammelt v. G. E. Lessing. XLVIII, 600 S. Bln: Haude & Spener 1754
14 Die Schäfer-Insel. Ein deutsches Lustspiel. 104 S. Wien: Krauß 1756

NABL, Franz (*1883)

1 Noch einmal...! Ein letzter Akt. 25 S. Wien: Das literar. Deutsch-Österreich 1905
2 Weihe. In drei Handlungen. III, 182 S. Wien: Konegen 1905
3 Hans Jäckels erstes Liebesjahr. Roman. 289 S. Bln: Fleischel 1908
4 Narrentanz. Novellen. VII, 272 S. Bln: Fleischel 1911
5 Ödhof. Bilder aus den Kreisen der Familie Arlet. Der Bilder erste und zweite Reihe. 2 Bde. VII, 453; 461 S. Bln: Fleischel 1911
6 Das Grab des Lebendigen. Studie aus dem kleinbürgerlichen Leben. 576 S. Bln, Stg: Dt. Verl.-Anst. 1917
7 Der Tag der Erkenntnis. Zwei niederösterreichische Erzählungen. III, 197 S. Bln, Stg: Dt. Verl.-Anst. 1919
8 Der Schwur des Martin Krist. Erzählung. 80 S. Bln: Hillger (= Kürschner's Bücherschatz 1281) (1920)
9 Die Galgenfrist. Eine erfundene und etwas aus der Form geratene Geschichte. 421 S. Bln, Stg: Dt. Verl.-Anst. 1921
10 Die Augen und andere Novellen. 159 S. Wien: Österr. Bundesverl. (= Dt. Hausbücherei 78) 1923
11 Der Tag der Erkenntnis. Novelle. Hg. v. Dürerbund. 72 S. Bln: Hendel (= Hendelbücher 2547) (1924)
    (Ausz. a. Nr. 7)
12 Trieschübel. Eine tragische Begebenheit in drei Aufzügen. 227 S. Bln: Volksbühnen-Verl.- u. Vertriebs-Ges. 1925
13 Kindernovelle. 136 S. Tüb: Wunderlich 1932
14 Ein Mann von gestern. Roman. 304 S. Wien: Fromme 1935
15 Das Meteor. Erzählungen. 126 S. Bremen: Schünemann 1935
16 Die Ortliebschen Frauen. Roman. 502 S. Bremen: Schünemann 1936
    (Neuaufl. v. Nr. 6)
17 Griff ins Dunkel. Erzählung. 59 S. Lpz: List (= Lebendiges Wort 21) 1936
18 Kindernovelle. Erzählt von Johannes Krantz. 124 S. m. Abb. Bremen: Schünemann 1936
    (Erw. Neuaufl. v. Nr. 13)
19 Der Fund. Erzählung. 175 S. Bremen: Schünemann 1937
20 Steirische Lebenswanderung. 196 S., 55 Bl. Abb. Graz (: NS-Gauverl. u. Druckerei Steiermark) 1938
21 Die Weihnachten des Dominik Brackel. – Pilatus im Credo. Erzählungen. 60 S. Wien: Wiener Verl.-Ges. (= Reihe Süd-Ost 2,1) 1938
22 (MV) Schmiedeeisen. Siebenundvierzig Bilder. Text F. N. 56 S. m. Abb. Königstein i. T.: Verl. Der Eiserne Hammer (= Der Eiserne Hammer) (1940)
23 Kleine Freilichtbühne. 101 S. Bremen: Schünemann 1943
    (Enth. u. a. Ausz. a. Nr. 4)
24 Spätlese. Gedichte für meine Freunde. 22 S. Graz: NS-Gauverl. 1943
25 (Einl.) Das ist Graz. This is Graz. Die Landeshauptstadt der Steiermark. The Capital of Styria. 64 S. m. Abb. Graz: Styria (1946)
26 Mein Onkel Barnabas. 62 S. m. Abb. Graz: Leykam (1946)
27 (Einl.) Das ist Steiermark. This is Styria. 104 S. m. Abb. Graz: Styria 1947
28 Johannes Krantz. Erzählungen in einem Rahmen. 359 S. Graz, Salzburg, Wien: Pustet 1948
    (Enth. Nr. 15, 17, 18)
29 Der Pavillon der Mamsell Ninon. 80 S. Graz: Leykam 1952
    (Ausz. a. Nr. 4)
30 (Hg., Nachw.) Marie von Ebner-Eschenbach. Eine Auswahl aus ihren Werken. 286 S. Königstein i. T.: Langewiesche (= Die Blauen Bücher) 1953
31 Das Rasenstück. 239 S. Graz: Leykam 1953

32 Johannes Krantz. Erzählungen in einem Rahmen. 391 S. Stg: Dt. Verl.-Anst. 1958
   (Erw. Neuaufl. v. Nr. 28; enth. u. a. Nr. 26)
33 (MV) Österreich. Text F. M. 224 S. m. Abb. 4° Königstein i. T.: Langewiesche 1958

Nadel, Arno (1878–1943)

1 Aus vorletzten und letzten Gründen. XV, 254 S. Bln: Fleischel 1909
2 Cagliostro. Drama in fünf Akten. 103 S. Bln: Neuer dt. Verlag 1914
3 Um dieses alles. Gedichte. 168 S. Mchn: Müller 1914
4 Adam. Drama in einem Vorspiel und vier Akten. 86 S. Lpz: Insel 1917
5 (Einl.) F. Heckendorf: Sonne. 3 S., 10 Taf. 2° Bln: Wasmuth (1919)
6 (MV) J. Budko u. A. N.: Das Jahr des Juden. Zwölf Gedichte. 23 Bl., 13 Taf. Bln: Gurlitt 1920
7 Rot und glühend ist das Auge des Juden. Die Gedichte. 30 S., 9 Taf. Bln: Gurlitt 1920
8 Jacob Steinhardt. 48 S., 34 Abb. Bln: Neue Kunsthandlg. (= Graphiker der Gegenwart 4) 1920
9 Der Sündenfall. Sieben biblische Szenen. 103 S., 1 Titelb. Bln: Jüd. Verl. 1920
10 (Übs.) S. Anski: Der Dybuk. Dramatische Legende in vier Akten. 101 S. Bln: Verl. Ost und West Winz 1921
11 Der Ton. 734 S. Lpz: Insel (1921)
12 (Übs.) Jüdische Liebeslieder (Volkslieder). Übs. u. erl. 120 S., 1 Notenbeil. Bln: Harz 1923
13 (Bearb.) Jüdische Volkslieder. Bd. 1, H. 2. 15 S. 4° Bln: Jüd. Verl. (1932)
14 Die Erlösten. Zehn Totenmasken. 21 Bl. 4° Bln: Schneider (1924)
15 Heiliges Proletariat. Fünf Bücher der Freiheit und Liebe. 181 S. Konstanz: Wörle 1924
16 Tänze und Beschwörungen des weissagenden Dionysos. 41 S. Bln: Stössinger (= Druck d. Balls d. Bücherfreunde 1) 1925
17 Cagliostro und die Halsbandgeschichte. Schauspiel in fünf Akten. 103 S. Bln: Stössinger 1926
   (Neuaufl. v. Nr. 2)
18 Drei Augen-Blicke. Der schöne Gottfried. 47 S. Bln: Düwell & Francke (= ABC-Bücher 2) 1932
19 (Hg.) Zemirôt sabat. Die häuslichen Sabbatgesänge. 65, 21 S. Bln: Schocken-Verl. (= Bücherei des Schocken-Verlags 73) 1937
20 Der weissagende Dionysos. Gedichtwerk. Nachw. F. Kemp. 691 S., 1 Titelb. Heidelberg: Schneider (= Veröffentlichungen d. Dt. Akademie für Sprache und Dichtung, Darmstadt, 16) 1959

Nadler, Karl Christian Gottfried (1809–1849)

1 Fröhlich Palz, Gott erhalt's! Gedichte in Pfälzischer Mundart. XII, 296 S., 1 Abb. Ffm: Brönner 1847

Naso, Eckart von (*1888)

1 Die Insel. Drama in vier Aufzügen. 103 S. Bln, Mchn: Drei Masken-Verl. (1918)
2 Die Chronik der Giftmischerin. 151 S. Potsdam, Bln: Kiepenheuer (= Die Liebhaberbibliothek) 1926
3 Menschen unter Glas. Roman. 291 S. Bln: Scherl 1930
4 Seydlitz. Roman eines Reiters. 334 S. Bielefeld: Velhagen & Klasing (1932)

5 Roßbach und Zorndorf. Hg. K. Lehmann. 20 S. Bielefeld: Velhagen & Klasing (= Velhagen & Klasings dt. Lesebogen 175) (1933) (Ausz. a. Nr. 4)
6 Scharffenberg. Roman eines Schauspielers. 300 S. Bln: Universitas 1935
7 Die Begegnung. Novelle. 90 S. Bielefeld: Velhagen & Klasing (1936)
8 Moltke. Mensch und Feldherr. 460 S., 4 Abb., 16 Taf., 1 Kt. Bln: Krüger (1937)
9 Preußische Legende. Geschichte einer Liebe. 218 S. Bln: Krüger 1939
10 Der Feldherr. Ausw. K. Jacoby. 79 S. m. Ktn. Bln, Lpz: Hillger (= Hillger's Dt. Bücherei 687–688) (1942) (Ausz. a. Nr. 8)
11 Der Rittmeister. 162 S. Hbg: Krüger (1942)
12 Der Halbgott. Ein Roman um Alkibiades. 413 S. Ffm: Scheffler 1949
13 Die große Liebende. Ein Roman um Ninon de Lenclos. 364 S. Ffm: Scheffler 1950
14 (Vorw.) H. Muntz: Der goldene Reiter. Ein Roman um König Harold und Herzog Wilhelm. Übs. H. Stresau. Vorw. u. geschichtl. Überblick E. v. N. 547 S. Hbg: Krüger (1952)
15 Pariser Nokturno. Chronik der Marquise von Brinvilliers. 170 S. Ffm: Scheffler 1952 (Neuaufl. v. Nr. 2)
16 Spannungen. Orléans, Worms, Jena. 140 S. Hbg: Krüger (1952)
17 Ich liebe das Leben. Erinnerungen aus fünf Jahrzehnten. 728 S., 8 Bl. Abb. Hbg: Krüger 1953
18 Heinrich Schlusnus. Mensch und Sänger. In Zsarb. m. Annemay Schlusnus. 335 S., 5 Bl. Abb., 1 Titelb. Hbg: Krüger 1957
19 Liebe war sein Schicksal. Roman um Ovid. 379 S. Hbg: Krüger 1958
20 Flügel des Eros. Roman. 354 S. Hbg: Krüger 1960

NAUBERT, Benedikte (1756–1819)

1 *Heerfort und Klärchen. 2 Bde. Ffm, Lpz 1779
2 *Geschichte Emmas, Tochter Karls des Großen, und seines Geheimschreibers Eginhard. 2 Bde. Lpz: Weygand 1785
3 *Walther von Montbarry, Großmeister des Tempelordens. 2 Bde. 504, 528 S. m. Ku. Lpz: Weygand 1786
4 *Amalgunde, Königin von Italien, oder Das Märchen von der Wunderquelle. Eine Sage aus den Zeiten Theoderichs des Großen. Lpz 1787
5 *Die Amtmännin von Hohenweiler. Eine weibliche Geschichte aus Familienpapieren gezogen. Lpz: Weygand 1787
6 *Konradin von Schwaben, oder Geschichte des Enkels Kaiser Friedrichs II. Lpz 1787
7 *Paulini Frankini oder Täuschung der Leidenschaft und Freuden der Liebe. Lpz: Weygand 1788
8 *Geschichte der Gräfin Thekla von Thurn, oder Scenen aus dem dreißigjährigen Kriege. 2 Bde. 360, 406 S. m. Ku. Lpz: Weygand 1788
9 *Hatto, Bischof von Mainz. Eine Legende des zehnten Jahrhunderts. 560 S. m. Ku. Lpz: Weygand 1788
10 *Hermann von Unna. Eine Geschichte aus den Zeiten der Vehmgerichte. 2 Thle. 328, 360 S. Lpz: Weygand 1788
11 *Graf Werner von Bernburg. Lpz: Weygand 1789
12 *Elisabeth, Erbin von Toggenburg. Oder Geschichte der Frauen von Sargans in der Schweiz. 704 S. m. Ku. Lpz: Weygand 1789
13 *Neue Volksmärchen der Deutschen. 5 Bde. Lpz 1789–1793
14 *Barbara Blomberg, vorgebliche Maitresse Kaiser Karl's V. Ein Originalroman. 2 Bde. Lpz: Weygand 1790
15 *Brunilde. Eine Anekdote aus dem bürgerlichen Leben des dreizehnten Jahrhunderts. Lpz: Weygand 1790
16 *Alf von Dülmen, oder Geschichte Kaiser Philipps und seiner Tochter. Aus den ersten Zeiten der heimlichen Gerichte. Lpz: Weygand 1790
17 *Edwy und Egilva oder Die Wunder des heiligen Dunstan. Eine altenglische Geschichte. 206 S. Lpz: Weygand 1791

18 *Gebhard, Truchseß von Waldburg, Churfürst von Köln, oder Die astrologischen Fürsten. 596 S. m. Ku. Lpz: Weygand 1791
19 *Lord Heinrich Holland, Herzog von Exeter, oder Irregeleiteter Großmuth. Eine Begebenheit aus dem Mittelalter von England. 436 S. Lpz: Weygand 1791
20 *Konrad und Siegfried von Feuchtwangen, Großmeister des deutschen Ordens. 2 Bde. Lpz: Weygand 1791
21 *Graf Rosenberg, oder Das enthüllte Verbrechen. Eine Geschichte aus der letzten Zeit des dreißigjährigen Krieges. Lpz: Weygand 1791
22 *Miß Luise Fox oder Reise einer jungen Engländerin durch einige Gegenden Deutschlands. 548 S. Lpz: Weygand 1792
23 *Philippine von Geldern, oder Geschichte Selims des Sohns Amurat. 2 Bde. 416, 552 S. m. Ku. Lpz: Weygand 1792
24 *Alme, oder egyptische Mährchen. 5 Bde. m. Ku. Bln: Reimer 1793–1797
25 *Heinrich von Plauen und seine Neffen, Ritter des deutschen Ordens. Der wahren Geschichte getreu bearb. 2 Bde. 193, 218 S. Lpz 1793
26 *Ulrich Holzer. Bürgermeister in Wien. 2 Bde. m. Ku. Lpz: Weygand 1793
27 *Lucinde oder Herrn Simon Goodwin's medizinische Leiden. 232 S. Hohenzollern: Wallishausser 1793
28 *Wallfahrten oder Erzählungen der Pilger. 1. Theil. 352 S. Lpz: Weygand 1793
   (Bd. 5 v. Nr. 13)
29 *Walter von Stadion, oder Geschichte Herzog Leopold von Österreich und seiner Kriegsgefährten. Lpz: Weygand 1794
30 *Der Bund des armen Konrads. Getreue Schilderung einiger merkwürdiger Auftritte aus den Zeiten der Bauernkriege des sechzehnten Jahrhunderts. 524 S. Lpz: Weygand 1795
31 *Friedrich der Siegreiche, Churfürst von der Pfalz, der Marc Aurel des Mittelalters. Treu nach der Geschichte bearb. 2 Bde. Lpz: Weygand 1795
32 *Velleda. Ein Zauberroman. 264 S. m. Ku. Lpz: Schäfer 1795
33 *Joseph Mendez Pinto. Eine jüdische Geschichte. 436 S. m. Ku. Lpz: Bey 1802
34 *Fontanges oder Das Schicksal der Mutter und der Tochter. Eine Geschichte. 326 S. Lpz: Graeff 1805
35 *Eudocia, Gemahlin Theodosius des Zweiten. Eine Geschichte des fünften Jahrhunderts. 2 Bde. 330, 318 S. Lpz: Graeff 1806–1807
36 *Lioba und Cilia. 156 S. Gotha: Steudel & Keil (1806)
37 *Heitere Träume in kleinen Erzählungen. 306 S. Lpz: Weygand 1806
38 *Mathurin. 156 S. Gotha: Steudel 1809
39 *Die Gräfin von Frondsberg. 532 S. Lpz: Weygand 1810
40 *Attilas Schwert, oder Die Azimuntinerinnen. Naumburg: Wild 1810
41 *Azaria. Eine Dichtung der Vorwelt. 186 S. Lpz: Weygand 1814
42 Rosalba. 2 Bde. 256, 248 S. m. Ku. Lpz: Hinrichs 1818
43 Alexis und Luise. Eine Badegeschichte. 190 S., 1 Titelku. Lpz: Hinrichs 1819
44 (Übs.) M. M. Boiardo: Rolands Abentheuer. 2 Bde. X, 360; VI, 253 S. Bln, Lpz: Nauck 1819–1820
45 Turmalin und Lacerta. Eine Reliquie des siebzehnten Jahrhunderts. 2 Bde. 192, 144 S. m. Ku. Lpz: Hinrichs 1820
46 Letzte Originalromane. 5 Bde. Lpz 1827
   (Enth. Nr. 42, 43, 45)

NEANDER, Joachim (1650–1680)

1 Joachimi Neandri Glaub- und Liebes-Übung. Auffgemuntert Durch Einfältige Bundes-Lieder und Danck-Psalmen ... 192 S. Bremen: Brauer 1680
2 Vermehrte Glaub- und Liebes-Übung, Auffgemuntert durch einfältige Bundes-Lieder ... 8 Bl., 222 S., 1 Bl. Ffm, Lpz: Andreä 1691
   (Erw. Neuaufl. v. Nr. 1)
3 Joachimi Neandri Vermehrte Glaub- und Liebes-Übung, Auffgemuntert Durch einfältige Bundes-Lieder, und Danck-Psalmen ... Ffm 1708
   (Erw. Neuaufl. v. Nr. 2)

4 Joachimi Neandri Vermehrte Glaub- und Liebes-Übung, Auffgemuntert Durch einfältige Bundes-Lieder, und Danck-Psalmen ... Elberfeld 1721 (Erw. Neuaufl. v. Nr. 3)

NEBEL, Gerhard (*1903)

1 Feuer und Wasser. 252 S. Hbg: Hanseat. Verl.-Anst. 1939
2 Vom Geist der Savanne. 89 S. Hbg: Hanseat. Verl.-Anst. (= Hanseaten-Bücherei) 1941
3 Von den Elementen. Essays. 171 S. Wuppertal: Marées-Verl. 1947
4 Vom Sinn des Buches. Vortrag zur Eröffnung der Wuppertaler Buchausstellung, 12. April 1947. 14 S. Wuppertal: Marées-Verl. 1947
5 Tyrannis und Freiheit. 431 S. Düsseldorf: Drei Eulen-Verl. 1947
6 Bei den nördlichen Hesperiden. Tagebuch aus dem Jahre 1942. 334 S., 1 Kt., 1 Sk. Wuppertal: Marées-Verl. 1948
7 Ernst Jünger und das Schicksal der Menschen. 31 S. Wuppertal: Marées-Verl. (= Schriften zur Zeit) 1948
8 An der Mosel. 134 S. m. Abb. 4° Wuppertal: Marées-Verl. 1948
9 Griechischer Ursprung. Bd. 1. 401 S. Wuppertal: Marées-Verl. 1948
10 Auf ausonischer Erde. Latium und Abruzzen. 432 S. Wuppertal: Marées-Verl. 1949
11 Ernst Jünger. Abenteuer des Geistes. 379 S. Wuppertal: Marées-Verl. 1949
12 Unter Partisanen und Kreuzfahrern. 380 S. Stg: Klett 1950
13 Weltangst und Götterzorn. Eine Deutung der griechischen Tragödie. 303 S. Stg: Klett 1951
14 Die Reise nach Tuggurt. 150 S. Stg: Klett 1952
15 Das Ereignis des Schönen. 309 S. Stg: Klett 1953
16 Phäakische Inseln. Eine Reise zum kanarischen Archipel. 189 S. Stg: Klett 1954
17 Feuer und Wasser. Ostafrikanische Bilder und Erinnerungen. 173 S. Stg: Klett 1955
(Veränd. Neuaufl. v. Nr. 1; enth. u. a. Nr. 3 u. Ausz. a. Nr. 5)
18 Die Not der Götter. Welt und Mythos der Germanen. 216 S. Hbg: Hoffmann & Campe 1957
19 An den Säulen des Herakles. Andalusische und marokkanische Begegnungen. 344 S. Hbg: Hoffmann & Campe 1957
20 Orchideen. 47 S., 24 Taf., 1 Titelb. Gütersloh: Bertelsmann (= Das kleine Buch 115) 1958
21 Homer, 353 S. Stg: Klett 1959

NESTROY, Johann Nepomuk (1801–1862)

1 Der böse Geist Lumpazivagabundus oder Das liederliche Kleeblatt. Zauberposse. 123 S. m. Titelku. Wien: Wallishausser 1835
2 Zu ebener Erde und erster Stock oder Die Launen des Glücks. Lokalposse. 82 S. m. Titelku. Wien: Wallishausser 1838
3 Eulenspiegel oder Schabernack über Schabernack. Posse mit Gesang in vier Akten. 72 S. m. Titelku. Wien: Wallishausser 1841
4 Der Talisman. Posse mit Gesang in drei Acten. 148 S., 1 Abb. Wien: Wallishausser 1841
5 Die verhängnisvolle Faschingsnacht. Posse mit Gesang. 154 S. m. Titelku. Wien: Wallishausser 1842
6 Einen Jux will er sich machen. Posse mit Gesang in vier Aufzügen. Musik A. Müller. 198 S. Wien: Wallishausser 1844
7 Glück, Mißbrauch und Rückkehr, oder die Geheimnisse des grauen Hauses. Posse in fünf Aufzügen. 167 S. Wien: Wallishausser 1845
8 Das Mädl aus der Vorstadt, oder Ehrlich währt am längsten. Posse in drei Aufzügen. 186 S. Wien: Wallishausser 1845
9 Der Zerrissene. Posse mit Gesang in drei Acten. 136 S. m. Titelku. Wien: Wallishausser 1845

10 Unverhofft. Posse mit Gesang in drei Akten. 125 S. m. Titelku. Wien: Wallishausser 1848
11 Freiheit in Krähwinkel. Posse mit Gesang in zwei Abtheilungen und drei Akten. 120 S. m. Titelku. Wien: Wallishausser 1849
12 Der Unbedeutende. Posse mit Gesang in drei Akten. 151 S. m. Titelku. Wien: Wallishausser 1849
13 Theatergʼschichten durch Liebe, Intrige, Geld und Dummheit. Posse mit Gesang in zwei Akten. 56 S. Wien: Wallishausser (1850)
14 Mein Freund. Posse mit Gesang in drei Akten. Nebst einem Vorspiele. Musik J. C. Stenzel. Wien: Lell (Ms.) (1851)
15 Kampl oder: Das Mädchen mit den Millionen und die Nätherin. Posse mit Gesang in vier Acten. Musik v. A. Müller. Wien: Prix (Ms.) 1852
16 Gesammelte Werke. Hg. V. Chiavacci u. L. Ganghofer. 12 Bde. m. Bildn. u. Faks. Stg: Bonz 1890–1891
17 Sämtliche Werke. Hist.-krit. Ausg. v. F. Brukner u. O. Rommel. 15 Bde. m. Taf. u. Titelb. Wien: Schroll 1924–1930
18 Zwölf Mädchen in Uniform. Ein gebildeter Hausknecht. Zwei erstmalig veröffentlichte Possen, aus d. Hs. hg. u. eingel. G. Pichler. 109 S. Wien: Luckmann (1944)
19 Gesammelte Werke. Hg. u. m. Erl. vers. O. Rommel. 6 Bde. Wien: Schroll 1948–1949

Neuber(in), Friederike Caroline (1697–1760)

1 Bey der hohen Vermählung Ihr. Königl. Hoheit Printz Friedrichs, Königlichen Cron-Printzens in Preussen mit Der ... Printzessin Elisabeth ... 2⁰ Hbg: Stromer (1733)
2 Ein Deutsches Vorspiel. 31 S. Lpz: Breitkopf 1734
3 Bey dem ... Geburts-Feste Ihr. Königl. Hoheit ... Carl Friderichs Erbens zu Norwegen ... 1 Bl. 2⁰ Lübeck: Willers (1736)
4 Ein deutsches Vorspiel – genannt: Die von der Weisheit wider die Unwissenheit beschützte Schauspielkunst ... Lübeck: Willers 1736
5 Bey dem hohen Geburts-Feste Ihr. Königl. Majestät Ludovici Königs in Frankreich ... Straßburg: Pauschinger 1737
6 Die Verehrung der Vollkommenheit durch die gebesserten deutschen Schauspiele ... 36 S. Straßburg: Pauschinger (1737)
7 An dem hohen Namens-Feste ... Carl Friedrichs, regier. Hertzogs zu Schleswig-Holstein ... Kiel: Bartsch 1738
8 Die Herbstfreude, ein erdichtetes deutsches Lustspiel ... Wien (1753)
9 Das Schäferfest oder Die Herbstfreude. Ein deutsches Lustspiel in Versen ... 136 S. (Wien) 1754
(Verm. Neuaufl. v. Nr. 8)

Neukirch, Benjamin (1665–1729)

1 Galante Briefe und Gedichte. 1 Bl., 79, 40 S. Coburg 1695
2 (Hg.) Herrn von Hofmannswaldau und anderer Deutscher auserlesener und bisher ungedruckter Gedichte erster (... -siebenter) theil. 7 Bde. (1695–1727)
3 Anweisung zu Briefen. 7 Bl., 589, 17 S. Lpz: Fritsch 1727
4 (Übs.) Die Begebenheiten Des Prinzen von Ithaca, oder Der seinen Vater Ulysses suchende Telemach, Aus dem Französischen des Herrn von Fénélon, In Deutsche Verse gebracht, Und Mit Mythologisch-Geographisch-Historisch- und Moralischen Anmerckungen erläutert. 3 Bde. 8 Bl., 500 S.; 6 Bl., 472 S.; 3 Bl., 304 S., 3 Bl. M. Titelb. u. 24 Ku. 4⁰ Onolzbach: Lüders (1) bzw. Ansbach, Ffm, Lpz: Rönnagel 1727–1739
5 Satyren und Poetische Briefe. 4 Bl., 184 S. Ffm, Lpz: Raspe 1732
6 Auserlesene Gedichte. Hg. J. Chr. Gottsched. 312 S. m. Bildn. Regensburg 1744
7 Deutsche Briefe. o. O. 1745

8 (Übs.) Die Begebenheiten des Prinzen von Ithaca, Oder Der seinen Vater Ulysses suchende Telemach, Aus dem Französischen des Herrn von Fénélon, in deutsche Verse gebracht. 3 Bde. 15 Bl., 448 S.; 1 Bl. 352 S.; 224 S., 23 Bl. M. Titelb. u. 24 Ku. Nürnberg: Endter & Engelbrecht 1751
(Verb. Neuaufl. v. Nr. 4)

NEUMANN, Alfred (1895–1952)

1 Die Lieder vom Lächeln und der Not. Gedichte. 111 S. Mchn: Müller 1918
2 Die Heiligen. Legendäre Geschichten. 83 S., 1 Titelb. Mchn: Müller (= Bücher der Zeit) 1919
3 Neue Gedichte. 169 S. Mchn: Müller 1920
4 Rugge. Ein Buch Erzählungen. 255 S. Mchn: Müller 1920
5 (Übs.) Alt- und neufranzösische Lyrik in Nachdichtungen. 2 Bde. 274 S., 14 Abb. Mchn: Allgem. Verl.-Anst. München 1922
6 (Hg., Übs.) A.-M.-L. de Lamartine de Prat: Girondisten und Jakobiner. In Porträts. 157 S., 40 Abb. 4° Mchn: Allgem. Verl.-Anst. München 1923
7 Die Brüder. Roman. 281 S. Warnsdorf: Strache 1924
8 Lehrer Taussig. 63 S. Ludwigsburg: Dt. Volksverl. (= Weltkaleidoskop, Bild 5) (1924)
9 (Übs.) A. de Musset: Die beiden Geliebten. Erzählungen und eine Komödie. 224 S. Mchn: Müller (= Zwei-Mark-Bücher, Serie 2) 1924
10 (Übs.) A. de Musset: Gesammelte Werke. 5 Bde. Mchn: Müller 1925
11 Der Patriot. Erzählung. 72 S. Stg: Dt. Verl.-Anst. (= Der Falke 24) 1925
12 König Haber. Erzählung. 140 S. Stg, Bln: Weizinger (= Engelhorns Romanbibliothek 992) 1926
13 Der Patriot. Drama in fünf Akten. 120 S. Stg: Dt. Verl.-Anst. (1926) (Dramat. v. Nr. 11)
14 Der Teufel. Roman. 477 S. Stg: Dt. Verl.-Anst. (1926)
15 Der Konnetabel. 224 S. Mchn: Müller (= G. Müller's Zwei-Mark-Bücher) 1927
16 Königsmaske. Drama in fünf Akten. 98 S. Stg: Dt. Verl.-Anst. 1928
17 Frauenschuh. Tragikomödie in vier Akten und einem Nachspiel. 144 S. Stg: Dt. Verl.-Anst. 1929
18 Guerra. Roman. 375 S. Stg: Dt. Verl.-Anst. (1929)
19 Rebellen. Roman. 387 S. Stg: Dt. Verl.-Anst. (1929)
20 Der Held. Roman eines politischen Mordes. 399 S. Stg: Dt. Verl.-Anst. 1930
21 Haus Danieli. Schauspiel. 89 S. Stg: Dt. Verl.-Anst. (1932) (Dramat. v. Nr. 12)
22 Narrenspiegel. Roman. 410 S. Bln: Propyläen-Verl. 1932
23 Marthe Munk. Erzählung. 38 S. Wuppertal: Plaut 1933
24 Kleine Helden. Erzählungen. 117 S. Paris: Europ. Merkur 1934
25 Sais. Ein Rätselbuch. 115 S. Wien: Saturn-Verl. 1934
26 Die Tragödie des neunzehnten Jahrhunderts. Bd. 1: Neuer Caesar. Roman. 640 S. Wien: Tal-Verl. 1934
27 (Übs.) Aus fremden Landen. Nachdichtungen franz., engl. u. ital. Lyrik. 80 S. Wien: Saturn-Verl. 1935
28 (Bearb.) A. Godoy: Passionsdrama. Nachdichtung. 120 S. Wien: Saturn-Verl. 1935
29 Rätsel-Dichtungen. 201 S. Wien: Saturn-Verl. 1935
30 Tunkal. Neue Rätsel-Dichtungen. 157 S. Wien: Saturn-Verl. 1935
31 Delphi. Neue Rätsel-Dichtungen. Lösungen. 172 S., 2 Bl. Wien: Saturn-Verl. 1936
32 (Bearb.) A. Godoy: Marcel. Nachdichtung. 84 S. Wien: Saturn-Verl. 1936
33 (Bearb.) A. Godoy: Marien-Litaneien. Nachdichtung. 62 S. Wien: Saturn-Verl. 1936
34 Kaiserreich. Der große Roman vom Höhepunkt und Sturz Napoleons III. 610 S. Amsterdam: de Lange 1936
(Forts. v. Nr. 26)

35 Königin Christine von Schweden. 416 S., 12 Abb. Wien: Tal 1936
36 (Bearb.) A. Godoy: Hosianna zum Sistrum. (Musik in Versen). Nachdichtung. 156 S. Wien: Saturn-Verl. 1937
37 (Bearb.) A. Godoy: Rom. Nachdichtung. 11 Bl. Wien: Saturn-Verl. (1937)
38 Rhodus. Neue Rätsel-Dichtungen. Lösungen. 224 S., 2 Bl. Wien: Saturn-Verl. 1937
39 Die Goldquelle. Roman. 285 S. Amsterdam: de Lange 1938
40 Die Volksfreunde. Amsterdam: de Lange 1940
 (Vernichtet)
41 Gitterwerk des Lebens. 65 S. Los Angeles: Pazif. Presse (150 Ex.) 1943
42 Es waren ihrer sechs. Roman. 451 S., 2 Bl. Stockholm: Neuer Verl. (1945)
43 (Einl.) Alain-Fournier: Der große Kamerad. 261 S. Konstanz: Asmus-Verl. (= Asmus-Bücher 1) 1946
44 Gesammelte Werke. 2 Bde. 518, 101 S. Stockholm: Neuer Verl. 1949–1950
45 Der Pakt. Roman. 518 S. Stockholm: Neuer Verl. (= Gesammelte Werke 1) 1949
 (Bd. 1 v. Nr. 44)
46 Dostojewski und die Freiheit. Eine Rede. 39 S. Amsterdam: de Lange 1950
47 Viele heißen Kain. Erzählung. 101 S. Stockholm: Neuer Verl. (= Gesammelte Werke 2) 1950
 (Bd. 2 v. Nr. 44)
48 Das Kind von Paris. Roman. 423 S. Köln, Bln: Kiepenheuer & Witsch 1952
 (Forts. v. Nr. 34; Neuaufl. v. Nr. 40)
49 (MBearb.) Krieg und Frieden. Nach dem Roman von L. Tolstoj für die Bühne nacherz. und bearb. A. N., E. Piscator u. G. Prüfer. 96 S., 1 Taf. Hbg: Rowohlt 1955

Neumann, Robert (*1897)

1 Gedichte. 57 S. Wien: Leonhardt 1919
2 Zwanzig Gedichte. 43 S. Kassel: Ahnert (= Auslanddeutsche Reihe 20) 1923
3 Mit fremden Federn. Parodien. 175 S. Stg: Engelhorn 1927
4 Die Pest von Lianova. 140 S. Stg (, Bln: Weizinger) (= Engelhorns Romanbibliothek 1008) 1927
5 Jagd auf Menschen und Gespenster. 188 S. Stg: Engelhorn (= Lebendige Welt) 1928
6 Die Blinden von Kagoll. Mit e. autobiogr. Nachw. 73 S. Lpz: Reclam (= Reclam's UB. 7013) 1929
7 Hochstaplernovelle. 187 S. Stg: Engelhorn 1930
8 Panoptikum. Bericht über fünf Ehen aus der Zeit. 175 S. Wien: Phaidon 1930
9 Passion. Sechs Dichter-Ehen. 222 S. Wien: Phaidon 1930
10 Sintflut. Roman. 475 S. Stg: Engelhorn (1930)
11 Blinde Passagiere. Bd. 2: Karriere. 188 S. Stg: Engelhorn 1931
12 Das Schiff „Esperance". Erzählung. 269 S. Wien: Zsolnay 1931
13 Unter falscher Flagge. Lesebuch der deutschen Sprache für Fortgeschrittene. 263 S. Wien: Zsolnay 1932
14 Die Macht. Roman. 585 S. Wien: Zsolnay 1932
 (Forts. v. Nr. 10)
15 Sir Basil Zaharoff. Der König der Waffen. 401 S. Zürich: Bibl. zeitgen. Werke 1934
16 Die blinden Passagiere. Novelle. 181 S. Zürich: Bibl. zeitgen. Werke 1935
17 Struensee. Doktor, Diktator, Favorit und armer Sünder. Roman. 401 S. Amsterdam: Querido 1935
18 Eine Frau hat geschrien. Roman. 486 S. Zürich: Humanitas 1938
19 By the Waters of Babylon. 356 S. London: Dent 1939
20 Twenty-three women. The Story of an International Traffic. 316 S. New York: Dial Press 1940

21 Scene in passing. 192 S. London: Dent 1942
22 The inquest. 176 S. London: Hutchinson 1944
23 An den Wassern von Babylon. Roman. 349 S. Oxford: Phaidon Press 1945 (Übs. v. Nr. 19)
24 Children of Vienna. 159 S. London: Gollancz 1946
25 Kinder von Wien. Dt. F. Becker. 201 S. Amsterdam: Querido 1948 (Übs. v. Nr. 24)
26 Tibbs. Roman. 228 S. Konstanz: Weller 1948 (Übs. v. Nr. 21)
27 Blind Man's Buff. 304 S. London: Hutchinson 1949
28 Bibiana Santis. Der Weg einer Frau. Roman. 306 S. Mchn: Desch 1950 (Übs. v. Nr. 22)
29 Mit fremden Federn. Parodien. 263 S. Mchn: Desch 1950 (Enth. Ausz. a. Nr. 3 u. 13)
30 Die Insel der Circe. Roman. 212 S. Mchn: Desch 1952 (Neufassg. v. Nr. 7)
31 Die Puppen von Poshansk. Roman. Übs. G. Goyert. 399 S. Mchn: Desch 1952
32 Sur les Pas de Morell. 287 S. Paris: Calmann-Lévy 1952
33 Der Favorit der Königin. Roman. 335 S. Mchn, Wien, Basel: Desch 1953 (Neuaufl. v. Nr. 17)
34 Mit fremden Federn. Der Parodien erster und zweiter Band. 256, 231 S. Mchn, Wien, Basel: Desch 1955 (Enth. u. a. Nr. 3)
35 Mein altes Haus in Kent. Erinnerungen an Menschen und Gespenster. 338 S. Mchn, Wien, Basel: Desch 1957
36 Die Freiheit und der General. Roman. 396 S. Mchn. Wien, Basel: Desch 1958 (Neufassg. v. Nr. 18)
37 Die dunkle Seite des Mondes. Roman. 307 S. Mchn, Wien, Basel: Desch (= Gesammelte Werke in Einzelausgaben) 1959
38 Ausflüchte unseres Gewissens. Dokumente zu Hitlers „Endlösung der Judenfrage" mit Komm. u. Bilanz der politischen Situation. 64 S. Hannover: Verl. f. Literatur u. Zeitgeschehen (= Hefte zum Zeitgeschehen 8) 1960
39 An den Wassern von Babylon. – Treibgut. Romane. 545 S. Mchn, Wien, Basel: Desch (= Gesammelte Werke in Einzelausgaben) 1960 (Enth. u. a. Nr. 23)

NEUMARK, Georg (gen. Der Sprossende) (1621–1681)

1 Betrübt verliebter doch endlich hocherfreuter Hirt Filamon wegen seiner Edlen Schäfernymfen Belliflora. Hbg: Naumann 1640
2 Keuscher Liebes-Spiegel das ist, Ein bewegliches Schauspiel von der holdseligen Kalisten und ihrem Treu-beständigen Lysandern. Thorn 1649
3 (Übs.) Verhochdeutschte Fryne Bozene. Mit beygefügten kurtzen historischen Erklährungen, der eigenen Nahmen und etlicher dunkelen Redensahrten. 4, 68 Bl. 12⁰ Danzig: in Verlegung des Authors 1651
4 (Übs.) Verhochteutschte Kleopatra. Mit beygefügten ... kurtzen Historischen Erklährungen, der eigenen Nahmen und etlicher dunkelen Redensahrten. 6, 66 Bl. m. Ku. 12⁰ Danzig: Müller 1651
5 (Übs.) Verhochteutschte Sofonisbe. Mit beygefügten Historischen Erklährungen der eigenen Nahmen und etlicher dunkelen Redensahrten. 4, 20 Bl. 12⁰ Danzig: Müller 1651
6 Die Sieben Weisen, auß Griechenland. Das ist Deroselben Historische Lebensbeschreibung auß Alten Scribenten, sonderlich aber auß dem Diog: Laertius kurtz, Lateinisch und Teutsch verfasset, und dero vornehmste Lehrsprüche in lange trochaische Zwey-Verse versetzet. 4 Bl., 80, 8 S. Danzig: Müller 1651
7 Poetisch Lobthonende Ehrenseule Welche Dem ... Herrn Wilhelm Hertzogen zu Sachsen ... beschrieben ... 8 ungez. Bl. 2⁰ Mühlhausen: Hüter 1652
8 Poetisch- und Musikalisches Lustwäldchen ... 12 Bl., 228 S. 12⁰ Hbg: Naumann 1652

9 Sieghafter David. Das ist: Kurtze Poetische Beschreibung des wunderbaren Kampfes ... 12 Bl. 2° Jena: Sengenwald 1653
10 Poetisch verhochteutschte Geschichte. Mit beygefügten kurtzen Historischen Erklärungen der eigenen Namen und etlicher tunckelen Redensahrten. Sig. A-P. Hildesheimb: Geissmar 1653
11 Poetische Leichrede von der Sterblichkeit welche den 19. Mai, den Tag vor der Fürstlichen Leichbeysetzung der ... Freulein Wilhelminen-Eleonoren, Hertzoginnen zu Sachsen ... gehalten ... 17 ungez. Bl. 4° Jena: Sengenwald 1653
12 Davidischer Regentenspiegel ... in teutsche Verse gebracht. 38 ungez. Bl. Jena: Sengenwald 1655
13 Ecloge Aretina Oder Lobschallendes Hürtengespräch, welches auf das Hochfürstliche Beylager ... des ... Herrn Moritzen, Hertzog zu Sachsen ... Und Freulein Dorotheen-Marien ... 14 ungez. Bl. 4° Jena: Sengenwald 1656
14 Ecloge Filaret oder Glükkwünschende Reimzeilen, Als ... Herr Wilhelm der Vierdte ... seinen ... Geburtstag den 11. April des 1656sten Jahrs begieng ... 6 ungez. Bl. 4° Jena: Sengenwald (1656)
15 Ecloge Filirenus Welche dem ... Hn. Friedrichen dem ältern, Hertzogen zu Sachsen ... den 18. August ... 1656 von dieser Welt abgefordert ... 8 ungez. Bl. 2° Jena: Sengenwald 1656
16 Ecloge. Florelle oder Lob- und Trost- schallendes Hirtengespräch beim Tode Eleonoren-Justinen Krausen ... 6 Bl. 4° Jena (o. Verl.) 1656
17 Fortgepflantzter Musikalisch-Poetischer Lustwald ... 3 Bde. 22 Bl., 476 S., 4 Bl.; 8 Bl., 299, 7 S.; 8 Bl., 62 S. Jena: Sengenwald 1657 (Forts. v. Nr. 8)
18 Kurtzer Inhalt des Theatralischen Aufzugs oder Gesprächspiels, Von der Lobschrift und Gemüthsgaben Des Herrn Wilhelm IV. Hertzogs zu Sachsen ... 6 ungez. Bl. 2° Weimar: Eyliker 1659
19 Glükkwünschendes Neujahr-Gedichte ... 2 ungez. Bl. 2° Weimar: Eyliker 1660
20 Gerechter Trutz in Gottes Schutz Oder Poetische Gedanken über den 71. Psalm Davids ... 4 ungez. Bl. 2° Weimar: Eyliker (1662)
21 Theatralische Vorstellung eines weisen und zugleich Tapfern Regenten. 34 Bl. 4° Weimar: Eyliker 1662
22 Poetisch-Historischer Lustgarten ... 18 Bl., 372 S. 12° Ffm: Götz 1666
23 Poetische Tafeln, Oder Gründliche Anweisung zur Teutschen Verskunst ... 14 Bl., 28, 336 S. 4° Jena: Bauhofer 1667
24 Tägliche Andachts-Opfer ... 2 Tle. Nürnberg: Hoffmann 1668
25 Der Neu-Sprossende Teutsche Palmbaum oder Ausführlicher Bericht Von der Hochlöblichen Fruchtbringenden Gesellschaft ... 480 S., 4 Bl. Nürnberg: Hoffmann 1668
26 Klag- und gestalten Sachen nach Freuden-Lied. 6 ungez. Bl. 2° Weimar: Schmied 1669
27 Der Tugendgöttin Areteen Klaglied über das höchst-betrauerliche ... Absterben ... Frauen Annen Verwittibten Hertzogin zu Schleswig ... 6 ungez. Bl. 2° Weimar: Schmied 1669
28 Christlicher Potentaten Ehren-Krohne ... 2 Tle. 18 ungez. Bl., 204; 200 S. Weimar: Müller 1675
29 Des Sprossenden unterschiedliche, So wol gottseliger Andacht; als auch zu Christlichen Tugenden aufmunternde Lieder. 142, 1 Bl. 12° Weimar: in Verlegung des Authors 1675
30 Des christlichen Frauenzimmers geistliche Perlen-Krohne ... M. 15 Ku. 32° Nürnberg 1675
31 Thränendes Haus-Kreutz, oder gestallten Sachen Klag- Lob- und Dank-Opfer ... 12 Bl. 4° Weimar: Müller 1681

NICOLAI, Friedrich (+Simon Ratzeberger jun.)   (1733–1811)

1 *Untersuchung, ob Milton sein Verlohrenes Paradies aus neuern lateinischen Schriftstellern ausgeschrieben habe. 103 S. Halle: Schwetschke 1753
2 Briefe über den itzigen Zustand der schönen Wissenschaften in Deutschland ... 205 S. Bln: Kleyb 1755

3 (MH) Bibliothek der schönen Wissenschaften und der freien Künste. Hg. F. N. u. M. Mendelssohn. Bd. 1–4. Lpz: Dyck 1757–1760
4 (MH) Briefe die neueste Litteratur betreffend. Hg. G. E. Lessing, M. Mendelssohn, F. N. (u. a.) 24 Thle. Bln, Stettin: Nicolai 1759–1765
5 Sammlung vermischter Schriften zur Beförderung der schönen Wissenschaften und der freyen Künste. 6 Bde. Bln: Nicolai 1759–1763
6 Ehrengedächtniß Herrn Ewald Christian von Kleist. 22 S. m. Bildn. 4⁰ Bln: Nicolai 1760
7 (Hg.) Allgemeine deutsche Bibliothek. 118 Bde., 21 Bde. Anh. Bln, Stettin: Nicolai (1–106) bzw. Kiel: Bohn (107–118, Anh. 1–21) 1765–1792
8 Ehrengedächtniß Herrn Thomas Abbt. An Herrn D. Johann George Zimmermann. 34 S. m. Bildn. 4⁰ Bln, Stettin: Nicolai 1767
9 (MH) Th. Abbt: Vermischte Werke. Hg. F. N. Bd. 1–3 Bln, Stettin: Nicolai 1768 (–1771)
10 Beschreibung der Königlichen Residenzstädte Berlin und Potsdam und aller daselbst befindlichen Merkwürdigkeiten. XIV, 622 S., 2 Bl., 2 Kt. Bln: Nicolai 1769
11 †Liebreiche Anrede an alle seine Mitbürger. Altona 1772
12 *Das Leben und die Meinungen des Herrn Magister Sebaldus Nothanker. 3 Bde. 231, 284, 201 S., 16 Ku. Bln, Stettin: Nicolai 1773–1776
13 An den Magum in Norden Haussäßig am alten Graben No. 758 zu Königsberg, in Preußen. 3 S. o. O. (1773)
14 *Freuden des jungen Werthers, Leiden und Freuden Werthers des Mannes. Voran und zuletzt ein Gespräch. 60 S., 2 Bl. Bln: Nicolai 1775
15 *Widerlegung der falschen Nachricht, als ob Herr Theodor Gülcher in Amsterdam ein Bräutigam sey. 12⁰ Bln 1776
16 *Eyn feyner kleyner Almanach Vol schoenerr echterr liblicherr Volckslieder, lustiger Reyen, vnndt kleglicherr Mordgeschichte, gesungen von Gabriel Wunderlich weyl. Benkelsengernn zu Dessaw, hg. v. Daniel Saeuberlich, Schusternn tzu Ritzmücken an der Elbe. 2 Bde. 176; XVI, 158 S. 12⁰ m. Titelku. u. Notenbeil. Bln, Stettin: Nicolai 1777–1778
17 *(Übs.) Th. Amory: Leben, Bemerkungen und Meynungen Johann Bunkels, nebst dem Leben verschiedener Frauenzimmer. Aus dem engländischen übs. 4 Bde., 16 Ku. Bln: Nicolai 1778
18 *Einige Zweifel über die Geschichte der Vergiftung des Nachtmahlweins, welche in Zürich 1776 geschehen seyn soll. Nebst einigen Anmerkungen betreffend Herrn Ulrichs und Herrn Lavaters Predigten über diesen Vorfall. 63 S. Bln: Nicolai 1778
19 *Ein paar Worte, betreffend Johann Bunkel und Christoph Martin Wieland. 32 S. Bln, Stettin: Nicolai 1779
20 *Noch ein paar Worte, betreffend Johann Bunkel und Christoph Martin Wieland. 40 S. Bln, Stettin: Nicolai 1779
21 *Bescheidene und freymüthige Erklärung an das Deutsche Publikum betreffend die Verbot der allgemeinen deutschen Bibliothek und vieler sonst allgemein erlaubter Bücher in den kaiserl. königl. Erblanden. 30 S. Bln (o. Verl.) 1780
22 Versuch über die Beschuldigungen, welche dem Tempelherrenorden gemacht worden, und über dessen Geheimniß; nebst einem Anhange über das Entstehen der Freymaurergesellschaft. 2 Bde. 215, 249 S. m. Ku. Bln, Stettin: Nicolai 1782
23 Beschreibung einer Reise durch Deutschland und die Schweiz, im Jahre 1781. Nebst Bemerkungen über Gelehrsamkeit, Industrie, Religion und Sitten. 12 Bde. m. Ku. Bln, Stettin: Nicolai 1783–1796
24 Nachricht von der wahren Beschaffenheit ... der Jesuiten. M. 1 Ku. Bln, Stettin: Nicolai 1784
25 Des Herrn und der Madame Nicolai in Berlin fünf und zwanzigjähriger Ehe- und Haus-Kalender ans Licht gestellt am 11. Dezember 1785. 32 Bl. m. Titelku. o. O. (1785)
26 Nachricht von den Baumeistern, Bildhauern, Kupferstechern, Malern, Stukkaturern, und anderen Künstlern welche vom dreyzehnten Jahrhundert bis jetzt in Berlin sich aufgehalten haben ... 158 S., 4 Bl. Bln, Stettin: Nicolai 1786
 (Anh. z. Nr. 10)

27 Untersuchung der Beschuldigungen des Herrn Professor Garve wider meine Reisebeschreibung durch Deutschland und die Schweiz. Bln, Stettin: Nicolai 1786
28 Verzeichniß einer Handbibliothek der nützlichsten Schriften zum Vergnügen und Unterricht, wie auch brauchbarsten klassischen Autoren und der in Deutschland gedruckten ausländischen Bücher. 291 S. Bln, Stettin: Nicolai 1787
29 Vorbericht zu der Schrift der Frau Elisa von der Recke: Nachricht von des berüchtigten Cagliostro Aufenthalte in Mitau, im Jahre 1779, und von dessen dortigen magischen Operationen. XXXII, 168 S. Bln, Stettin: Nicolai 1887
30 Anekdoten von König Friedrich dem Zweiten von Preußen, und von einigen Personen, die um ihn waren ... 6 H. Bln, Stettin: Nicolai 1788–1792
31 Öffentliche Erklärung über seine geheime Verbindung mit dem Illuminatenorden; Nebst beyläufigen Digressionen betreffend Hrn. Johann August Stark und Hrn. Johann Kaspar Lavater. 175 S., 1 Bl. Bln, Stettin: Nicolai 1788
32 Vorbericht zu Elisa von der Recke. Etwas über des Herrn Oberhofpredigers Johann August Stark Vertheidigungsschrift nebst einigen andern nöthigen Erläuterungen. 99 S. Bln, Stettin: Nicolai 1788
33 Nöthige kurze Erklärung über eine Aufforderung des Herrn Oberhofprediger Stark und eine denselben betreffende Korrespondenz. 24 S. Bln, Stettin: Nicolai 1789
34 Letzte Erklärung über einige neue Unbilligkeiten und Zunöthigungen in dem den Herrn Oberhofprediger Stark betreffenden Streite. 213 S. Bln, Stettin: Nicolai 1790
   (zu Nr. 33)
35 *Patriotische Phantasien eines Kameralisten. XVI, 182 S. Bln: Nicolai 1790
36 Freymüthige Anmerkungen über des Herrn Ritters von Zimmermann Fragmente über Friedrich den Großen ... 2 Bde. VI, 382; VI, 312 S. Bln, Stettin: Nicolai 1791–1792
37 *Zwanzig ernsthafte ... Vermahnungen an Herrn ... Marcard ... 112 S. o.O. 1792
38 Wegweiser für Fremde und Einheimische durch die Residenzstädte Berlin und Potsdam. 219 S. Bln: Nicolai 1793
   (Neuaufl. v. Nr. 10)
39 *Geschichte eines dicken Mannes. Worin drey Heurathen und drey Körbe nebst viel Liebe. 2 Bde. 284 S.; 239 S., 2 Bl. m. Ku. Bln, Stettin: Nicolai 1794
40 (Hg.) G. E. Lessing: Briefwechsel mit Karl Wilhelm Ramler, Johann Joachim Eschenburg und Friedrich Nicolai. Nebst einigen Anmerkungen über Lessings Briefwechsel mit Moses Mendelssohn. XVIII, 520 S. Bln, Stettin: Nicolai 1794
41 Anhang zu Friedrich Schiller's Musen-Almanach für das Jahr 1797. 217 S. Bln, Stettin: Nicolai (1797)
42 Leben Justus Mösers. 109 S. Bln, Stettin: Nicolai 1797
43 *Leben und Meinungen Sempronius Gundibert's, eines deutschen Philosophen. Nebst zwey Urkunden der neuesten deutschen Philosophie. 342, 1 S. m. Titelku. Bln, Stettin: Nicolai 1798
44 (Vorw.) J. Ch. Schwab: Neun Gespräche zwischen Christian Wolff und einem Kantianer über Kants metaphysische Anfangsgründe der Rechtslehre und der Tugendlehre. 196 S. Bln, Stettin: Nicolai 1798
45 Beispiel ... mehrerer Phantasmen ... Bln (1799)
46 Über meine gelehrte Bildung, über meine Kenntniß der kritischen Philosophie und meine Schriften dieselbe betreffend, und über die Herren Kant, J. B. Eberhard und Fichte. Eine Beylage zu den neun Gesprächen ... 266 S. Bln, Stettin: Nicolai 1799
   (zu Nr. 44)
47 *Vertraute Briefe von Adelheid B*** an ihre Freundin Julie S**. 242 S. Bln, Stettin: Nicolai 1799
48 *Über die Art wie vermittelst des transcendentalen Idealismus ein wirklich existirendes Wesen aus Principien konstruirt werden kann ... 66 S. Bln, Stettin: Nicolai 1801
49 *Über den Gebrauch der falschen Haare und Perrucken in alten und neuern

Zeiten. Eine Historische Untersuchung. XI, 179 S., 66 Ku. Bln, Stettin: Nicolai 1801
50 Sammlung der deutschen Abhandlungen, welche in der k. Akademie der Wissenschaften zu Berlin vorgelesen wurden in den Jahren 1801-1802. 186 S., 1 Ku. 4° Bln: Decker 1805
51 Einige Bemerkungen über den Ursprung und die Geschichte der Rosenkreutzer und Freymaurer ... XVI, 180, 68 S. m. Titelku. Bln, Stettin (o. Verl.) 1806
52 Gedächtnißschrift auf Johann Jacob Engel. 38 S. m. Bildn. Bln, Stettin: Nicolai 1806
53 Sammlung der deutschen Abhandlungen, welche in der k. Akademie der Wissenschaften zu Berlin vorgelesen wurden in den Jahren 1803-1804. 256 S., 4 Ku. 4° Bln: Decker 1806
54 Gedächtnißschrift auf Dr. Wilhelm Abraham Teller. 30 S. m. Bildn. Bln, Stettin: Nicolai 1807
55 Philosophische Abhandlungen. Größtentheils vorgelesen in der k. Akademie der Wissenschaften zu Berlin. 2 Bde. 280, 239 S. Bln, Stettin: Nicolai 1808
56 (MV) Johann Georg Sulzer: Lebensbeschreibung von ihm selbst aufgesetzt. Aus der Handschrift abgedruckt mit Anmerkungen v. J. B. Merian u. F. N. VI, 68 S. Bln, Stettin (o. Verl.) 1809
57 Gedächtnißschrift auf Johann August Eberhard. 82 S. m. Bildn. Bln, Stettin: Nicolai 1810
58 Leben und literarischer Nachlaß. Hg. L. F. G. v. Göckingk. 202, 1 S., 1 Musikbeil. Bln: Nicolai 1820

NIEBELSCHÜTZ, Wolf von (1913–1960)

1 Preis der Gnaden. 37 S. Bln: Fischer 1939
2 Verschneite Tiefen. Erzählung. 189 S. Bln: Fischer 1940
3 (MV) H. Malberg u. W. von N.: Stabsquartier Etampes. Ein Erinnerungsbuch. 32 S. m. Abb. Etampes, Paris: Séguin 1942
4 Die Musik macht Gott allein. Gedichte. 1935 bis 1942. 194 S. Bln: Suhrkamp 1942
5 Jacob Burckhardt. Ein Vortrag. 27 S. Bremen: Storm 1946
6 Goethe in dieser Zeit. Ein Vortrag. 24 S. Bremen: Storm 1946
7 Posaunenkonzert. 27 S. Hbg: Ellermann (= Das Gedicht. 1947, 3) 1947
8 Mörike. 75 S. Bremen: Storm 1948
9 Der blaue Kammerherr. Galanter Roman. 4 in 2 Bdn. 256, 211; 221, 293 S. Ffm: Suhrkamp 1949
10 (Hg.) E. Mörike: Gedichte. 247 S. Düsseldorf: Schwann (= Das Unvergängliche) 1949
11 Sternen-Musik. Gedichte. 1942–1951. 138 S. Ffm: Suhrkamp 1951
12 Robert Gerling. Ein dramatisches Kapitel deutscher Versicherungsgeschichte. 332 S. Tüb: Wunderlich 1954
13 Die weiße Kunst. 125 Jahre J. W. Zanders. 70 S., 1 Titelb. 4° Bergisch-Gladbach: Feinpapierfabrik Zanders (Priv.-Dr.) 1954
14 (Hg.) Glückliche Ernte. Jahresgabe d. Dt. Edelstahlwerke AG., Krefeld, für ihre Mitarbeiter. 160 S. m. Abb. Mchn: Verl. Mensch und Arbeit (Priv.-Dr.) 1955
15 In der Hängematte. Eine Jahresgabe der Werkzeitschrift Hoesch Werke AG., Dortmund „Werk und wir" für ihre Leser Weihnachten 1955. 160 S. m. Abb. Mchn: Verl. Mensch und Arbeit (Priv.-Dr.) 1955
16 Auswärtige Angelegenheiten. Lustspiel in drei Akten. 104 S., 2 Bl. Hösel b Düsseldorf: Selbstverl. (Priv.-Dr.) 1956
17 (MV) Provence. 15 S. Text, 32 S. Abb. Mchn, Ahrbeck, Hannover: Knorr & Hirth (= Das kleine Kunstbuch) 1956
18 Karl Goldschmidt. Lebensbild eines deutschen Unternehmers. 94 S., 1 Titelb. Essen: Goldschmidt (Priv.-Dr.) 1957
19 Knapsack. Zum fünfzigjährigen Bestehen der Knapsack-Griesheim AG. im September 1957. 88 S., 12 Taf. 4° Knapsack b. Köln: Knapsack-Griesheim AG. (Priv.-Dr.) 1957

20 Züblin-Bau. 1898–1958. 124 S. m. Abb., 50 Bl. Abb. m. Text, 2 Taf. Stg: Cotta (Priv.-Dr.) 1958
21 Die Kinder der Finsternis. 545 S., 1 Faltbl. Beil. Düsseldorf, Köln: Diederichs 1959
22 A. Stotz AG. Hundert Jahre, 1860–1960. Gesamtbearb. W. Mundorff. 41 S. m. Abb. 4° Stg: Stotz AG. (Priv.-Dr.) 1960

NIEBERGALL, Ernst Elias (+E. Streff) (1815–1843)

1 +Des Burschen Heimkehr oder Der tolle Hund. Lustspiel in vier Aufzügen. 8 Bg. Darmstadt: Diehl 1837
2 *Datterich. Lokalposse in sechs Bildern. $3^5/_8$ Bg. 12° Darmstadt: Papst 1841
3 Dramatische Werke. Hg. G. Fuchs. 342 S. Darmstadt: Bergsträsser 1894
4 Gesammelte Erzählungen. Hg. F. Harres. 256 S. Darmstadt: Vogelsberger 1896
5 Erzählende Werke. Hg. K. Esselborn. 3 Bde. XXIV, 228 S. 11 S. Faks. m. Abb.; III, 215; III, 219 S. Darmstadt: Wittich 1925

NIERITZ, Gustav (1795–1876)

1 Der kleine Bergmann oder Ehrlich währt am längsten. Zum Vergnügen und Unterricht der Jugend erzählt. 7 Bg. 16° Bln, Königsberg in d. Neumark: Vereinsbuchh. 1834
2 Betty und Toms, oder: Doktor Jenner und seine Entdeckung. Lehrreiche und anmahnende Erzählung für Kinder und Kinderfreunde. 7 Bg. Bln: Vereinsbuchh. 1834
3 Alexander Menzikoff oder: Die Gefahren des Reichthums. Eine wahre Geschichte, zur Unterhaltung in Familien-Kreisen erzählt. $9^1/_2$ Bg. Bln: Vereinsbuchh. 1834
4 Das Pommeranzen-Bäumchen. Der goldene Knopf. Das wilde Schwein. Drei historische Erzählungen. 261 S. 12° Bln: Vereinsbuchh. 1834
5 Die Schwanen-Jungfrau. Eine belehrende Sage der Vorzeit, für die Jugend erzählt. $5^1/_3$ Bg. 12° Bln: Vereinsbuchh. 1834
6 Der Druckfehler. Erzählung. 214 S. Bln: Vereinsbuchh. 1835
7 Der Riesenstiefel oder: Die Glücksspieler. Abenteuer aus dem Gewerbsleben. Für die Jugend erzählt. 7 Bg. Bln: Vereinsbuchh. 1835
8 Die Wunderpfeife, oder: Die Kinder von Hameln. Ein Mährchen. $6^1/_2$ Bg. Bln: Vereinsbuchh. 1835
9 Der Abenteurer wider Willen. Eine Erzählung aus unserer ereignißreichen Zeit. 2 Tle. $35^1/_4$ Bg. Königsberg/N.: Windolf & Striese 1837
10 Die Auswanderer. Eine Erzählung für Kinder und Kinderfreunde. 9 Bg. Bln: Vereinsbuchh. 1837
11 Der blinde Knabe. Eine Erzählung für Kinder und Kinderfreunde. $6^1/_2$ Bg. Bln: Vereinsbuchh. 1837
12 Wahrheit und Lüge. Erzählung für die Kreise der Jugend. $8^1/_4$ Bg. Bln: Vereinsbuchh. 1837
13 Der junge Trommelschläger und der gute Sohn. Eine Geschichte aus unserer Zeit, für die Jugend erzählt. 9 Bg. Bln: Vereinsbuchh. 1838
14 Astern. Ein Festgeschenk für die Jugend und deren Freunde. $18^1/_3$ Bg., 12 Abb. 12° Bln: Vereinsbuchh. 1839
(Enth. u.a. Nr. 1 u. 3)
15 Der Findling, oder: Die Schule des Lebens. Eine nützliche und unterhaltende Erzählung für die Jugend. $8^1/_4$ Bg. Bln: Vereinsbuchh. 1839
16 Das Fischermädchen von Helgoland. 6 Bg., 4 Abb. 12° Bln: Vereinsbuchh. 1839
(Ausz. a. Nr. 14)
17 Der stille Heinrich. $7^1/_4$ Bg., 4 Abb. 12° Bln: Vereinsbuchh. 1839
(Ausz. a. Nr. 14)

18 Der Pilger und der Lindwurm, oder: Die Erfindung des Schießpulvers. 5 Bg., 4 Abb. 12⁰ Bln: Vereinsbuchh. 1839
   (Ausz. a. Nr. 14)
19 Erzählungen und Novellen. 2 Bde. 36$^1/_2$ Bg. Lpz: Lehnhold 1840
20 Das vierte Gebot, oder: Die ungleichen Brüder. Erzählung für die Jugend. 190 S. m. Ku. u. Titelku. Lpz: Lehnhold 1840
21 Jugend-Bibliothek. 13 Jge., je 6 Bde. Bln: Simion 1840–1852
22 Die protestantischen Salzburger im achtzehnten Jahrhundert, vertrieben durch den Fürst-Erzbischof von Firmian. Ein Beitrag zur Geschichte christlicher Duldung. 7$^3/_4$ Bg. 12⁰ Lpz: Lehnhold 1840
23 Belisar. 7$^3/_4$ Bg. Bln: Simion 1841
   (Aus Nr. 21)
24 Clarus und Maria, oder: Des Kindes Weh, des Kindes Lust. 150 S. Bln: Simion 1841
25 Wie die arme Gertrud ihre Kinder leiblich und geistlich erzog. 8$^1/_2$Bg. Zwickau: Richter 1841
26 Die Geschwister, oder: Die Waisen und ihre Freunde. Eine Erzählung für die Jugend. Nach dem Engl. 9$^1/_2$ Bg. Bln: Simion 1841
27 Gutenberg und seine Erfindung. Eine Erzählung über Sprache, Schrift und Buchdruckerkunst. Für Jung und Alt dargestellt. 190 S. Lpz: Wöller 1841
28 Der Landprediger, oder: Gott lebet noch! Seele, was verzagst du doch? 95 S. Bln: Simion 1841
   (Neuaufl. v. Nr. 21, Bd. 1–2)
29 Die Negersklaven und der Deutsche. 8$^3/_4$ Bg. Bln: Simion 1841
30 Seppel, oder Der Synagogenbrand zu München. 10$^1/_2$ Bg. m. Titelku. Lpz: Wöller 1841
31 Der junge Soldat, oder: Arthur in Indien. Nach dem Englischen. 8$^3/_4$ Bg. Bln: Simion 1841
32 Der Strohhalm und der Schatz. Eine Jugend-Erzählung. 68 S. m. Titelb. Bln: Simion 1841
33 Acht Tage in der Fremde, oder: Die fliegende Kapelle. 8$^3/_4$ Bg. Bln: Simion 1841
34 (Hg.) Sächsischer Volkskalender für 1842 (usw. – 1850) 9 Jge. Lpz: Wigand 1841–1849
35 Der Bettelvetter, oder: Die drei Bleikugeln. Eine Jugend-Erzählung. 10$^1/_2$ Bg. Bln: Simion 1842
36 Hans Egede, der Grönlandsfahrer. Eine Jugend-Erzählung. 8$^3/_4$ Bg. Bln: Simion 1842
37 Der Johannistopf. Einiges aus dem achten Gebote. Eine Jugend-Erzählung. 8$^1/_2$ Bg. Bln: Simion 1842
38 Der Pauken-Doctor. Die Brüder. Der Exorcismusstreit. Drei Erzählungen für die erwachsene Jugend. 167 S. m. Abb. 16⁰ Lpz: Mayer 1842
39 (Hg.) Deutsches Volksbüchlein für Jung und Alt. 5 Bde. m. Abb. 16⁰ Bln: Klemann (1-4) bzw. Bln: Schultze (5) 1842–1846
   (Jg. 1844 u. 1845 = Jg. 1844 u. 1845 v. Nr. 46)
40 Der Cantor von Seeberg, oder: Pelzmütze und Gesangbuch. 149 S. Bln: Simion 1843
   (Aus Nr. 21)
41 Fedor und Luise, oder: Die Sünde der Thierquälerei. 134 S. Bln: Simion 1843
42 (MV) Glück auf! Ein Buch für die Jugend! Mit Beiträgen von Mehrern. 9 Bg. Bln: Simion 1843
43 Naomi und Christian, oder: Der arme Geiger. 8 Bg. Bln: Simion 1843
44 Der Schwede auf Rügen. Erzählung aus der Zeit des 30jährigen Krieges, insbesondere für erwachsene protestantische Christen. 6$^1/_4$ Bg. Lpz: Wöller 1843
45 Die Söhne Eduards, oder: Das fünfte Gebot. Eine Jugend-Erzählung. 9 Bg. Bln: Simion 1843
46 (Hg.) Preußischer Volkskalender für 1844 (usw. – 1850). 7 Jge. m. Abb. Bln: Klemann 1843–1849
47 Die Belagerung von Freiberg. Eine Volks- und Jugend-Erzählung. 10 Bg. Bln: Simion 1844
48 Jugendschriften. 3 Serien, je 12 Bde. Lpz: Mayer (ab S. 2, Bd. 8: Lpz: Bagel) 1844–1855

49 Mutterliebe und Brudertreue, oder: Die Gefahren einer großen Stadt. Eine Volks- und Jugenderzählung. 139 S. Bln: Simion 1844
50 Das wüste Schloß, oder: Harter Kampf – schöner Sieg. Eine Volks- und Jugenderzählung. 134 S. Bln: Simion 1844
51 Weihnachtsspenden. Fünf Erzählungen für die Jugend. 155 S., 6 Abb. Bln: Simion 1844
52 Ehrlich währt am längsten. Erzählung für die Jugend. Bln: Vereinsbuchh. 1845
 (Neuaufl. v. Nr. 1)
53 Der Leibeigene. Nips Brauchalles. Zwei belehrende Gaben für die Jugend. Bln: Vereinsbuchh. 1845
54 Georg Neumark und die Gambe, oder: Wer nur den lieben Gott läßt walten. Eine Volks- und Jugenderzählung. $8^7/_8$ Bg. Bln: Simion 1845
55 Wie die Thaten, so der Lohn. Wirkliche Begebenheit, für die Jugend erzählt. Bln: Vereinsbuchh. 1845
56 Die Belagerung von Magdeburg und Der Zimmermann von Saardam. Zwei Erzählungen. 130 S. Lpz: Mayer 1846
 (Bd. 1 d. 2. Serie v. Nr. 48)
57 Der kleine Eskimo und die Trompete, oder: Wer ist mein Nächster? $9^1/_2$ Bg. Bln: Simion 1846
58 Das verlorene Kind. Die Thurmweihe. Der Kreuzthurm zu Dresden. Der reiche Mann und der arme Lazarus. Erzählungen für Kinder und Kinderfreunde. $8^5/_8$ Bg. Lpz: Mayer 1846
 (Ausz. a. Nr. 48, Serie 1, Bd. 12)
59 Die heiligen drei Könige. Eine Doppelgeschichte für die Jugend. $15^1/_2$ Bg. Lpz: Mayer 1846
 (Bd. 2–3 v. Nr. 48, Serie 2)
60 Der reiche Mann, eine Volks- und Jugenderzählung. 10 Bg. Bln: Simion 1846
 (Ausz. a. Nr. 48, Serie 1, Bd. 12)
61 Drei Mütter zu einem Kinde. Eine Volks- und Jugenderzählung. $9^1/_8$ Bg. Bln: Simion 1846
62 Der Schmied von Ruhla. Eine Erzählung aus der Geschichte des 12. Jahrhunderts. Dem Volke und der Jugend gewidmet. $8^3/_8$ Bg. Bln: Simion 1846
63 Das Strandrecht. $8^3/_4$ Bg. Bln: Simion 1846
64 Gustav Wasa, oder: König und Bauer. Eine Erzählung aus der ersten Hälfte des 16. Jahrhunderts. $9^1/_8$ Bg. Bln: Simion 1846
65 Die Bären von Augustusburg. Eine Erzählung aus der sächsischen Geschichte des achtzehnten Jahrhunderts. 164 S. Bln: Simion 1847
66 Die Hunnenschlacht. Eine geschichtliche Erzählung aus dem zehnten Jahrhundert. 144 S. Bln: Simion 1847
 (Aus Nr. 21)
67 Die Steckenpferde oder Des Verrathes Lohn. 152 S. Bln: Simion 1847
 (Aus Nr. 21)
68 Jacob Sturm, oder: Tagebuch eines Dorfschulmeisters. Ein Buch für das Volk. 139 S. Bln: Verbh. d. allgem. dt. Volksschriften-Ver. 1847
69 Das neue Aschenbrödel. 140 S. Bln: Simion 1849
 (Aus Nr. 21)
70 Die Elementargeister. 162 S. Bln: Simion 1849
 (Aus Nr. 21)
71 Der Hirtenknabe und sein Hund, oder: Vergebet, so wird euch vergeben. 172 S. Bln: Simion 1849
 (Aus Nr. 21)
72 Des Königs Leibwache. Eine Jugenderzählung. 166 S. Bln: Simion 1849
 (Aus Nr. 21)
73 Das Testament. Eine Jugend-Erzählung. 166 S. Bln: Simion 1849
 (Aus Nr. 21)
74 (Hg.) Deutscher Volkskalender auf das Jahr 1850. 168 S., 4 Abb. Lpz: Wigand (1849)
 (Forts. v. Nr. 34)
75 Das Vorbild, oder Der Maler unter den Wilden. 162 S. Bln: Simion 1849
 (Aus Nr. 21)

76 Der Königstein, oder: Der neue Hiob. 158 S. Bln: Simion 1850
   (Aus Nr. 21)
77 Pompeji's letzte Tage. 168 S. Bln: Simion 1850
   (Aus Nr. 21)
78 Der Quäker. Eine Volks- und Jugenderzählung. 166 S. Bln: Simion 1850
   (Aus Nr. 21)
79 Der Richter, oder Zürnet und sündiget nicht. 171 S. Bln: Simion 1850
   (Aus Nr. 21)
80 (Hg.) Deutscher Volkskalender für 1851 (usw. – 1877). N. F. 27 Jge. Lpz: Wigand 1850–1876
   (Forts. v. Nr. 74)
81 Die Ausgestoßene. 174 S. Bln: Bagel 1851
   (Aus Nr. 21)
82 Die Fürstenschule. 2 Bde. 268 S. Bln: Springer 1851
83 Die Großmutter. 163 S. Bln: Simion 1851
   (Aus Nr. 21)
84 Die Nachbarn. 146 S. Lpz: Bagel 1851
85 Die beiden Schwestern, und: Die gute Tochter. 130 S. Lpz: Bagel 1851
86 Der Canarienvogel. 154 S., 4 Abb. Lpz: Klinkhardt 1852
87 Erlöse uns von dem Übel. 188 S. Bln: Bagel 1852
   (Aus Nr. 21)
88 Führe uns nicht in Versuchung. 160 S. Lpz: Bagel 1852
   (Aus Nr. 21)
89 Die Haide-Schule. 168 S., 4 Abb. Lpz: Klinkhardt 1852
   (Ausz. a. Nr. 48)
90 Jacob und seine Söhne. 142 S. Bln: Bagel 1852
91 Deutsches Jahrbuch für 1853. 104 S., 6 Abb. Lpz: Wigand 1852
92 Der Prinzenraub. 158 S. Lpz: Bagel 1852
93 Störsteffen und sein Sohn. 167 S. Lpz: Bagel 1852
94 Ein Weihnachtsbaum. 156 S. Lpz: Bagel 1852
   (Aus Nr. 21)
95 Die Hussiten vor Naumburg. 157 S. Bln: Bagel 1853
96 Liebet euch unter einander! 102 S. Lpz: Bagel (1853)
97 Paul's Tagebuch. 156 S. Lpz: Bagel 1853
98 Die rothen Strümpfe. 165 S. Lpz: Bagel 1853
99 Traugott und Hannchen. 148 S. Lpz: Bagel 1853
100 Edelmann und Bauersmann. 163 S. Lpz: Bagel 1854
101 Erdenglück und Erdennoth. 154 S. Bln: Bagel 1854
102 Köhlerbub' und Küchenjunge. 166 S. Lpz: Bagel 1855
103 Des Königs Kind. 174 S. Lpz: Bagel 1855
104 Leier und Geige. 138 S. Lpz: Bagel 1855
105 Missolunghi. 166 S. Lpz: Bagel 1855
106 Der Oheim. 128 S. Lpz: Bagel 1855
107 Der Sonderling. 148 S. Lpz: Bagel 1855
108 Die Türken vor Wien im Jahre 1683. 169 S. Lpz: Bagel 1855
109 Bruderliebe. 163 S. Lpz: Bagel 1857
110 Die drei Invaliden, oder Die Sparbüchse. 155 S. Lpz: Bagel 1857
111 Lingg von Linggenfeld. 139 S. Lpz: Bagel 1857
112 Stern, Stab und Pfeife. 161 S. Lpz: Bagel 1857
113 Eine Thräne, oder: Die Gefangene Schamyls. 164 S. Lpz: Bagel 1857
114 Der Kerkermeister von Norwich. 155 S. Lpz: Bagel 1858
115 Der Galeerensclave. 131 S. Lpz: Bagel 1859
116 Hundert, oder Kaiser, Marschall und Buchhändler. 130 S. Lpz: Bagel 1859
117 Potemkin, oder: Herr und Leibeigener. 150 S. Lpz: Bagel 1859
118 Prinzessin und Dienerin. 141 S. Lpz: Bagel 1859
119 Eloha, oder Das Schaf der Armen. 145 S. Lpz: Bagel 1860
120 Der König und der Müller. 142 S. Lpz: Bagel 1860
121 Die Pulververschwörung, oder: Die Brüder. 172 S. Lpz: Bagel 1861
122 Der verlorene Sohn. 167 S. Lpz: Bagel 1861
123 Die Unglückstage der Stadt Leyden. 162 S. Lpz: Bagel 1861
124 Die rettende Glocke. 159 S. Lpz: Bagel 1862
125 Der Quell des Glücks. 146 S. Lpz: Bagel 1862
126 Wilhelm Tell. 136 S. Lpz: Bagel 1862

127 Der Bilderdieb. 167 S. Lpz: Bagel 1863
128 Deutschlands Erniedrigung und Erhebung. 150 S. Lpz: Bagel 1863
129 Phillipp Reiff's Schicksale. Erzählung aus dem sechzehnten Jahrhundert. 144 S. Lpz: Bagel 1863
130 Zwei Könige und drei Bitten oder Die gute alte Zeit. 153 S. Lpz: Bagel 1863
131 Selbstbiographie. 474 S. Lpz: Wigand 1872

Niese, Charlotte (+Lucian Bürger) (1854–1935)

1 +Cajus Rungholt. Roman aus dem siebzehnten Jahrhundert. 282 S. Breslau: Schles. Verl.-Anst. 1886
2 Phillipp Reiff's Schicksale. Erzählung aus dem sechzehnten Jahrhundert. 48 S. Hbg: Ev. Buchh. 1886
3 +Auf halb verwischten Spuren. Eine Familiengeschichte. 166 S. Dresden: Nusser 1888
4 Erzählungen für das Volk. 256 S. Hbg: Ev. Buchh. 1890
5 +Bilder und Skizzen aus Amerika. 244 S. Breslau: Schles. Buchdr. u. Verl.-Anst. 1891
6 Aus dänischer Zeit. Bilder und Skizzen. 2 Bde. 239, 247 S. Lpz: Grunow 1892–1894
7 Eine von den Jüngsten. Erzählung für junge Mädchen. 335 S. m. Abb. Lpz: Geibel (1893)
8 Die Allerjüngste. Erzählung für junge Mädchen. 284 S., 4 Abb. Lpz: Geibel 1895
9 Licht und Schatten. Eine Hamburger Geschichte. 387 S. Lpz: Grunow 1895
10 Erika. Aus dem Leben einer einzigen Tochter. 333 S., 6 Abb. Bielefeld: Velhagen & Klasing 1896
11 Geschichten aus Holstein. 272 S. Lpz: Grunow 1896
12 Die braune Marenz und andere Geschichten. 332 S. Lpz: Grunow 1897
13 Das Dreigespann. Erzählung für junge Mädchen. 357 S., 6 Abb. Bielefeld: Velhagen & Klasing 1898
14 Auf der Heide. Roman. 493 S. Lpz: Grunow 1898
15 Der Erbe. Erzählung. 519 S. Lpz: Grunow 1899
16 Vergangenheit. Erzählung aus der Emigrantenzeit. 565 S. Lpz: Grunow 1902
17 Die Klabunkerstraße. Roman. 404 S. Lpz: Grunow 1904
18 Meister Ludwigsen. Herrn Meiers Hund. Zwei Erzählungen. 69 S. m. Abb. Bln: Meyer (= U. Meyer's Bücherei 7) 1904
19 Philipp Reiffs Schicksale und andere Geschichten. Erzählungen für das Volk. 80 S. Hbg: Ev. Buchh. 1904 (Enth. u. a. Nr. 2)
20 Gottes Wege. Erzählung für das Volk. 91 S. Hbg: Ev. Buchh. 1904
21 Georg. 16 S. Hbg: Ev. Buchh. (= Die Macht der Liebe) 1905
22 Revenstorfs Tochter und andere Erzählungen. 368 S. Lpz: Grunow 1905
23 Um die Weihnachtszeit. (S.-A.) 37 S. 12° Wiesbaden: Staadt (= Wiesbadener Volksbücher 69) 1905
24 Auf Sandberghof. Roman. 375 S. Lpz: Grunow 1906
25 Fünf ausgewählte Erzählungen. Einl. H. Krüger-Westend. 168 S. Lpz: Hesse (= M. Hesse's Volksbücherei 432–433) 1907
26 Leute von Abseits. Kleine Geschichten. 80 S. m. Abb. Bln: Meyer (= U. Meyer's Bücherei 30) 1907
27 Menschenfrühling. Erzählung. 263 S. Lpz: Grunow 1907
28 Der goldene Schmetterling. Lena Suhrs Tassenschrank. 56 S. Wiesbaden: Staadt (= Wiesbadener Volksbücher 96) 1907
29 Sommerzeit. Erzählung. 232 S. Lpz: Grunow 1907
30 Aus dem Jugendland. Erzählungen. 103 S. m. Abb. Lpz: Grunow 1908
31 Reifezeit. Erzählung. 152 S. Lpz: Grunow 1908
32 Minette von Söhlenthal. Roman. 380 S. Lpz: Grunow 1909
33 Was Michel Schneidewind als Junge erlebte. 201 S. Mainz: Scholz (= Mainzer Volks- und Jugendbücher 8) 1909
34 Römische Pilger. Roman. 392 S. Lpz: Grunow 1910

35 Mein Freund Kaspar und andere Erzählungen. 95 S. Hbg: Ev. Buchh. 1911
36 Allerhand Sommergäste und andere Geschichten. 363 S. Lpz: Grunow (1911)
37 Aus schweren Tagen. Aus Hamburgs Franzosenzeit. 196 S. m. Abb. Mainz: Scholz (= Mainzer Volks- und Jugendbücher 16) 1911
38 Die Alten und die Jungen. Roman. 564 S. Lpz: Grunow (1912)
39 Gäste und Fremdlinge und andere Erzählungen. 96 S. Hbg: Ev. Buchh. 1912
40 Allzumal Sünder. Roman. 304 S. Stg: Engelhorn (= Engelhorn's allgemeine Roman-Bibliothek XXIX, 5.6) 1912
41 Unter dem Joch des Korsen. Volksstück in fünf Aufzügen. 93 S. Lpz: Grunow 1913
42 Das Tagebuch der Ottony von Kelchberg. Roman. 236 S. Lpz: Grunow (1913)
43 Der faule Tito. Eine Geschichte aus Amerika. 32 S., 2 Abb. Basel: Verein für Verbreitung guter Schriften (= Verein für Verbreitung guter Schriften Basel 23) 1913
44 Der verrückte Flinsheim und zwei andere Novellen. Einl. K. F. Nowak. 103 S., 1 Bildn. 16° Lpz: Reclam (= Reclam's UB. 5676) 1914
 (Enth. u. a. Ausz. a. Nr. 25)
45 Die Hexe von Mayen. Roman. 248 S. Lpz: Grunow (1914)
46 Das Lagerkind. Geschichte aus dem deutschen Krieg. 192 S. m. Abb. Mainz: Scholz (= Jungmädchen-Bücher 5) 1914
47 Barbarenkinder. Eine Erzählung aus der Zeit des Weltkrieges für die weibliche Jugend. 258 S. m. Abb. Lpz: Wigand (1915)
48 Von denen, die daheim geblieben. Erzählung. 121 S. Lpz: Grunow (1915)
49 Als der Mond in Dorothees Zimmer schien. Eine Erzählung. 155 S. m. Abb. Lpz, Hbg: Hermes (1918)
50 Damals! Roman. 240 S. Lpz: Grunow 1919
51 Ein zerschlagenes Herz und andere Geschichten. Erzählungen für das Volk. 80 S. Hbg: Trümpler 1919
52 Vom Kavalier und seiner Nichte. Geschichte eines Frauenlebens, 88 S. m. Abb. Hbg: Hermes (= Niederdeutsche Bücherei 64) 1919
53 Allerlei Schicksale. Aus der Emigrantenzeit. 124 S. m. Abb. Hbg: Hermes (= Niederdeutsche Bücherei 66) 1919
54 Tante Ida und die andern. Roman. 424 S. Hbg: Hermes (= Niederdeutsche Bücherei 56) 1919
55 (MV) Die falschen Weihnachtsbäume. (-P. G. Heims: Wie „Nr. 16 Mövegrund" Weihnachten feierte.) Zwei Weihnachtsgeschichten. 16 S., 2 Abb. Bln: Schriftenvertriebsanst. (= Der Kranz 3) (1920)
 (Enth. u. a. Ausz. a. Nr. 25)
56 Tilo Brand und seine Zeit. Roman. 231 S. Lpz: Grunow (1922)
57 Am Gartenweg. Eine Geschichte von klugen und törichten Menschen. 163 S. Stg: Union (= Lichter am Weg) (1922)
58 Alte und junge Liebe. Aus den Tagen des verrückten Rex. Roman. 168 S. Hbg: Hermes 1922
59 Romane und Erzählungen. Einl. F. Castelle. 8 Bde. Lpz: Grunow 1922
60 Um die Weihnachtszeit und andere Erzählungen. 56 S. Langensalza: Beltz (= Heimaterde 7; = Aus deutschem Schrifttum und deutscher Kultur 36) (1923)
 (Enth. u. a. Nr. 23)
61 Von Gestern und Vorgestern. Lebenserinnerungen. Vorr. R. C. Muschler. 237 S., 1 Titelb. Lpz: Grunow 1924
62 Der feine Hansjakob Karrel und sein Freund. Der Teepott. 77 S. m. Abb. Bln: Flemming & Wiskott (= Flemming's Bücher für jung und alt. Kleine Reihe 13) (1924)
 (Ausz. a. Nr. 36)
63 Mamsell van Ehren. Der verrückte Flinsheim. Einl. H. Krüger-Westend. 117 S. Lpz: Hesse & Becker (1924)
 (Enth. u. a. Ausz. a. Nr. 44)
64 Er und Sie und andere Novellen. 95 S. Lpz: Koehler & Amelang (= Amelang's Taschenbücherei 9) 1925
65 Friede auf Erden. Allerlei Gedanken über Geschenke und übers Schenken.

16 S. Konstanz: Hirsch (= O du fröhliche, o du selige gnadenbringende Weihnachtszeit, N. A. 5) (1925)
66 Erst du – dann ich. Erzählung. 54 S. Bln: Burckhardthaus-Verl. (= Stern im Ring 1) 1926
67 Der Orgelpeter. Eine Weihnachtsgeschichte. Der Christbaum. 16 S. Konstanz: Hirsch (= O du fröhliche, o du selige gnadenbringende Weihnachtszeit, N. A. 18) (1926)
68 Weihnachtswunder. Eine Weihnachtserzählung. 16 S. Konstanz: Hirsch (= O du fröhliche, o du selige gnadenbringende Weihnachtszeit, N. A. 27) (1926)
69 Schloß Emkendorf. Schleswig-holsteiner Roman aus dem achtzehnten und neunzehnten Jahrhundert. 251 S. Hbg: Alster-Verl. 1928
70 Johnys Regenschirm. Mein Klaus. 48 S. Langensalza: Beltz (= Heimaterde 37; = Aus deutschem Schrifttum und deutscher Kultur 229) (1931)
71 Die Seeräuberburg. Es war gut so. Erzählungen. 32 S. m. Abb. Reutlingen: Enßlin & Laiblin (= Bunte Jugendbücher 173) 1933
(Enth. u. a. Ausz. a. Nr. 25)
72 Um Haus Wildegg. 40 S. 4⁰ Bln: Aufwärts-Verl. (= Jede Woche ein Roman 176) (1935)
73 Alles um deinetwillen. 72 S. Niedersedlitz: Vaterhaus-Verl. (= Roman für Alle 10) (1939)
74 Endlich heimgefunden. 72 S. Niedersedlitz: Vaterhaus-Verl. (= Roman für Alle 15) (1939)
75 Geheimnis um Helga. 72 S. Niedersedlitz: Vaterhaus-Verl. (= Roman für Alle 6) (1939)

Nietzsche, Friedrich Wilhelm (1844–1900)

1 De Laertii Diogenis fontibus. Ffm (1868)
2 Zur Geschichte der Theognideischen Spruchsammlung. Ffm 1868
3 Homer und die klassische Philologie. 24 S. Basel (o. Verl.) 1869
4 Beiträge zur Quellenkunde des Laertius Diogenes. 36 S. 4⁰ Basel, Lpz: Beck 1870
5 Die Geburt der Tragödie aus dem Geiste der Musik. IV, 143 S. Lpz: Fritzsch 1872
6 Unzeitgemäße Betrachtungen. 4 Stücke. Lpz: Fritzsch (1–2) bzw. Chemnitz: Schmeitzner (3–4; 4 auch London: Wohlauer) 1873–1876
   1. David Strauß, der Bekenner und der Schriftsteller. 101 S. 1873
   2. Vom Nutzen und Nachtheil der Historie für das Leben. 111 S. 1873
   3. Schopenhauer als Erzieher. 113 S. 1874
   4. Richard Wagner in Bayreuth. 98 S. 1876
7 Menschliches, Allzumenschliches. Ein Buch für freie Geister. VII, 377 S., 1 Bl. Chemnitz: Schmeitzner 1878
8 Vermischte Meinungen und Sprüche. 163 S., 4 Bl. Chemnitz: Schmeitzner 1879
   (Anh. z. Nr. 7)
9 Der Wanderer und sein Schatten. 185, 1, XXVIII S. Chemnitz: Schmeitzner 1880
   (2. Nachtr. zu Nr. 7)
10 Morgenröthe. Gedanken über die moralischen Vorurtheile. 363 S. Chemnitz: Schmeitzner 1881
11 Die fröhliche Wissenschaft. 255 S. Chemnitz: Schmeitzner 1882
12 Also sprach Zarathustra. Ein Buch für Alle und Keinen. 4 Tle. 114, 103, 119, 134 S. m. Bildn. Chemnitz: Schmeitzner (1–3) bzw. Lpz: Schmeitzner (4) 1883–1885
13 Jenseits von Gut und Böse. Vorspiel einer Philosophie der Zukunft. VI, 271 S. Lpz: Naumann 1886
14 Zur Genealogie der Moral. Eine Streitschrift. XVI, 182 S., 1 Bl. Lpz: Naumann 1887
15 Die fröhliche Wissenschaft. M. Anh.: Die Lieder des Prinzen Vogelfrei. XII, 350 S. Lpz: Fritzsch 1887
   (Verm. Neuausg. v. Nr. 11)

16 Der Fall Wagner. Ein Musikanten-Problem. VII, 57 S. Lpz: Naumann 1888
17 Götzendämmerung, oder wie man mit dem Hammer philosophirt. 144 S. Lpz: Naumann 1889
18 Werke. Hg. P. Gast. Bd. 2. 3. 4. 7. 8. 5 Bde. Lpz: Naumann 1892–1893
19 Werke. 15 Bde. Lpz: Naumann 1895–1904
20 Gedichte und Sprüche. 203 S. 12⁰ Lpz: Naumann 1898
21 Der Wille zur Macht. Versuch einer Umwerthung aller Werthe. Studien und Fragmente. XXII, 541 S. Lpz: Naumann (= Werke 15) 1901
22 Werke. 19 Bde. Lpz: Kröner (1905)–1913
23 Werke. Eingel., hg. Elisabeth Förster-Nietzsche u. R. Oehler. 11 Bde. Lpz: Kröner 1906–1913
24 Werke. 23 Bde. Mchn: Musarion-Verl. (1920)–1929
25 Die Unschuld des Werdens. Der Nachlaß. Ausgew., geordn. A. Baeumler. 2 Bde. XL, 440 S., 1 Faks.; 514 S. Lpz: Kröner (= Kröners Taschenausgabe 82–83) 1931
26 Werke und Briefe. Histor.-krit. Ges.-Ausg. Von der Stiftung Nietzsche-Archiv veranstaltet. Die Bearb. liegt i. d. Hdn. d. wiss. Ausschusses der Stiftung u. d. Vorsitz v. C. A. Emge. Werke 5, Briefe 4 Bde. Mchn: Beck 1933–1942

NOSSACK, Hans Erich (*1901)

1 Gedichte. 77 S. Hbg: Krüger 1947
2 Nekyia. Bericht eines Überlebenden. Mit e. Nachw. v. H. Goertz. 143 S. Hbg: Krüger 1947
3 Interview mit dem Tode. 254 S. Hbg: Krüger 1948
4 (Übs.) J. Cary: Des Pudels Kern. Roman. 474 S. Hbg: Krüger 1949
5 Dorothea. Berichte. 259 S. Hbg: Krüger (1950)
(Neuaufl. v. Nr. 3)
6 Der Neugierige. 66 S. Mchn: Langen-Müller (= Langen-Müller's kleine Geschenkbücher 47) 1955
7 Spätestens im November. Roman. 399 S. Bln: Suhrkamp 1955
8 Über den Einsatz. Vorgetragen in der Gesamtsitzung am 28. Juli 1956. 19 S. Mainz: Verl. d. Akad. d. Wiss. u. d. Literatur (= Abhandlungen. Akad. d. Wiss. u. d. Literatur. Klasse d. Literatur. Jg. 1956, Nr. 3) 1956
9 Die Hauptprobe. Eine tragödienhafte Burleske mit zwei Pausen. 106 S. Hbg: Wegner (= die mainzer reihe 3) 1956
10 Spirale. Roman einer schlaflosen Nacht. 371 S. Ffm: Suhrkamp 1956
11 (Übs.) G. Hanley: Dunkler Wind. Roman. 284 S. Hbg: Krüger 1957
12 (Übs.) S. Anderson: Winesburg, Ohio. Roman um eine kleine Stadt. Aus dem Amerikanischen. 193 S. Bln, Ffm: Suhrkamp (= Bibliothek Suhrkamp 44) 1958
13 Der jüngere Bruder. Roman. 387 S. Ffm: Suhrkamp 1958
14 (Übs.) H. Nicolson: Die Kunst der Biographie und andere Essays. Vier Essays. 143 S. Bln, Ffm: Suhrkamp (= Bibliothek Suhrkamp 48) 1958
15 Unmögliche Beweisaufnahme. 211 S. Ffm: Suhrkamp (= Bibliothek Suhrkamp 49) 1959
(Ausz. a. Nr. 10)
16 Freizeitliteratur. Eine Fastenpredigt. 25 S. Mainz: Verl. d. Akad. d. Wiss. u. d. Literatur (= Abhandlungen. Akad. d. Wiss. u. d. Literatur. Klasse d. Literatur. Jg. 1959, Nr. 3) 1959

NOVALIS
(eig. Friedrich Leopold Frh. von Hardenberg) (1772–1801)

1 Heinrich von Ofterdingen. Ein nachgelassener Roman. 2 Tle. 338, 78 S. Bln: Realschulbuchh. 1802
2 Schriften. 3 Tle. Bln 1802–1846

1. 2. Hg. F. Schlegel u. L. Tieck. XII, 338; 552 S. Bln: Realschulbuchh. 1802
3. Hg. L. Tieck u. E. v. Bülow. XIV, 324 S. m. Bildn. Bln: Reimer 1846
3 Sämtliche Werke. Ergänzungsband. Auf Grund d. litterar. Nachlasses hg. B. Wille. 426 S. Lpz, Jena: Diederichs 1901
4 Schriften. Hg. J. Minor. 4 Bde. m. Bildn. u. Faks. Jena: Diederichs 1907
5 Schriften. Im Verein mit R. Samuel hg. P. Kluckhohn. Nach den Hss. erg. u. neugeordn. Ausg. 4 Bde. m. Taf. u. Faks. Lpz: Bibliogr. Inst. (= Meyer's Klassiker-Ausgaben) (1929)
6 Schriften. Die Werke Friedrich von Hardenbergs. Hg. P. Kluckhohn u. R. Samuel. Zweite, nach den Handschriften erg., erw. u. verb. Aufl. in vier Bänden m. Abb. Stg: Kohlhammer 1960 ff.

NÜCHTERN, Hans (1896–1962)

1 Wie mir's tönt von ungefähr. Lieder und Balladen. 72 S. Wien: Braumüller 1918
2 Die letzte Insel. IX, 100 S. Wien: Braumüller (1919)
3 (Hg., MV) Das Buch der Dreizehn. VII, 207 S. Wien: Braumüller 1920
4 Der Haß gegen die Stadt. 96 S. Wien: Wiener Literar. Anst. 1921
5 Das unnennbare Licht. Ein Buch der seltsamen Andacht. 83 S. Wien: (Wiener Literar. Anst.) 1921
6 Der große Friede. Eine Mozartnovelle. 54 S., 4 Taf. 16⁰ Wien: Wiener Literar. Anst. 1922
7 Der stumme Kampf. Drei Roman-Novellen. Nachw. N. Miklautz. 172 S. m. Abb. Wien: Österr. Schulbücherverl. (= Deutsche Hausbücherei 118) 1924
(Enth. u. a. Nr. 4)
8 Roman einer Nacht. 69 S., 6 Abb. (Wien:) Gürth-Verl. 1924
9 Gesang vom See. 60 S. Wien: Gerstel 1932
10 Buch der Brüder von Sankt Johann. Von der Ritter Werk und Weg. 63 S. Wien: Zsolnay 1933
11 Perchtoldsdorfer Frühling. 51 S. Wien: Zsolnay 1934
12 Nur ein Schauspieler. Bericht über ein Schicksal. Novelle. 109 S. Wien: Zsolnay 1935
13 Die wilde Chronik. Ein Gesang von der Welt und der Zeit. 57 S. Wien: Zsolnay 1936
14 (Übs.) G. Fröding: Ausgewählte Gedichte. 164 S. Wien: Zsolnay 1936
15 Die Beiden im Herbst. Novellen und Gestalten. 150 S. Wien: Zsolnay 1937
16 Die Apostel. Ein Zyklus. 27 S. Wien: Amandus-Verl. 1946
17 Passion der Stille. 51 S. Graz: Querschnitt-Verl. 1946
18 Das Herz des Hidalgo. Roman einer Leidenschaft. 240 S. Wien: Müller 1947
19 Hornwerk und Glockenspiel. Ein Salzburger Spiel. 107 S. m. Abb. Wien: Donau-Verl. 1947
20 Die ewige Melodie. Roman um eine Orgel und eine große Liebe. 270 S. Wien, Zürich: Bellaria-Verl. 1947
21 Verwirrung um Inge. Eine Filmnovelle um eine Stenotypistin und eine Ehe. 60 S. Graz: Querschnitt-Verl. 1947
22 Zwischen den Zeiten. Gedichte. 46 S. Wien: Zsolnay 1950
23 Das Wunder von Mundisheim. Roman. 643 S. Graz: Leykam 1952
24 Die goldene Orgel. Roman um eine große Liebe. 275 S. Wien: Österr. Buchgem. 1955
(Neuaufl. v. Nr. 20)

OBERKOFLER, Joseph Georg (1889–1962)

1. Stimmen aus der Wüste. Sonette. 66 S. Mit e. Geleitspruch v. K. E. Hirt. Innsbruck: Tyrolia (1918)
2. Gebein aller Dinge. Gedichte. VII, 89 S. Kempten, Mchn: Kösel & Pustet 1921
3. Die Knappen von Prettau. Erzählung. 158 S. Regensburg, Mchn: Kösel & Pustet (= Hausschatzbuch 25) 1922
4. Sebastian und Leidlieb. Roman. 487 S. Innsbruck: Tyrolia (1926)
5. Triumph der Heimat. Gedichte. 107 S. Mchn: Kösel & Pustet 1927
6. Nikolausspiel. 32 S. Bln: Bühnenvolksbundverl. 1930
7. (MV) A. Defner: Das schöne Tirol. Mit e. Kulturbild über Land und Volk v. J. G. O. 199 S., 160 Abb. 4° Innsbruck: Tyrolia (1931)
8. Drei Herrgottsbuben. 234 S. Innsbruck: Tyrolia 1934
9. Nie stirbt das Land. Gedichte. 60 S. Jena: Diederichs (1937)
10. Das rauhe Gesetz. Erzählung. 75 S. Jena: Diederichs 1938
11. Das Stierhorn. Roman. 373 S. Jena: Diederichs 1938
12. Der Bannwald. Roman. 357 S. Jena: Diederichs 1939
13. Die Flachsbraut. Roman. 362 S. Jena: Diederichs 1942
14. Aus bäuerlicher Welt. 16 S. Braunschweig: Appelhans (= Der Burglöwe 1, 8) 1942
15. Und meine Liebe, die nicht sterben will... Gedichte. 16 Bl. Wien: Schmeidel 1947
16. (MV) H. Atzwanger: Südtirol. Ein Bilderbuch. Text J. G. O. 157 S. m. Abb. 4° Innsbruck, Wien: Tyrolia 1950
17. Verklärter Tag. Gedichte. 103 S. Innsbruck, Wien: Tyrolia 1950
18. (MV) J. B. Oberkofler: Marienlob und Gloriasang. Ein Bildwerk. Text J. G. O. 128 S., 46 Abb. Innsbruck, Wien, Mchn: Tyrolia 1960
19. Wo die Mutter ging. 378 S. Innsbruck, Wien, Mchn: Tyrolia 1960

OLEARIUS (eig. Oelschläger), Adam
(+Ascanius Olivarius u. a.) (1599–1671)

1. +Siegs- und Triumpf-Zeichen Gustavi Adolphi Magni, Königs in Schweden, so am 16. November 1632 in der Schlacht bei Lützen als ein Held gestanden, und mitten im Siegen gefallen, zu dessen unsterblichem Gedächtnisse aufgezeichnet durch Ascanium Olivarium. 4° Lpz 1633
2. Trauerlied auf Annen Marien, gest. 16. Juli 1633 in Leipzig. 4 Bl. Zwickau 1633
3. +Lustige Histoire, woher das Toback-Trincken komme, etwas nach dem Niederländischen beschriebn durch Ascanium de Oliva. Lpz 1635
4. Offt begehrte Beschreibung Der Newen Orientalischen Reise, So durch Gelegenheit einer Holsteinischen Legation an den König in Persien geschehen ... 546 S. m. Abb. 2° Schleswig: J. zur Glocken 1647
5. Ballet von Unbeständigkeit der weltlichen Dinge und Herrligkeit und Lobe der Tugend, auf dem Beilager Ludovici, Landgrafen von Hessen Darmstadt und Mariae Elisabethae zu Gottorp, am 27. Nov. 1650 vorgestellet. 2° o. O. 1650
6. (Übs.) Saadi: Persianischer Rosenthal In welchem viel lustige Historien scharfsinniger Reden und nützliche Regeln. 26 Bl., 196 S. 2° Hbg: Neumann 1654
7. Vermehrte Newe Beschreibung Der Muscowitischen und Persischen Reyse ... 768 S. 2° Schleswig: Holwein 1656
   (Verm. Neuaufl. v. Nr. 4)
8. Hochfürstliche ansehnliche Leichbegängniß deß Fürsten Friedrichs Erben

zu Norwegen, Hertzogs zu Schleßwig Holstein ... 2, 33 Bl., 86 Taf. qu. 2⁰ Schleswig: Holwein 1662
9 Kurtzer Begriff einer Holsteinischen Chronik. 8 Bl., 400 S., 8 Bl. Schleswig: Carsten 1663
10 Außführliche Beschreibung der Kundbaren Reyse nach Muscow und Persien ... 768 S., 17 Bl. 2⁰ Schleswig: Holwein 1663
(Verb. Neuaufl. v. Nr. 7)
11 +Historia der Cleopatra, der überaus schönen, wolberedten, aber unzüchtigen Königin in Aegypten, vorgestellt von AdOnis. o.O. 1666
12 Relation aus dem Gottorpischen Parnasse. 2⁰ o.O. 1668
13 Gottorffische Kunst-Kammer, Worinnen Allerhand ungemeine Sachen, So theils die Natur, theils künstliche Hände hervorgebracht und bereitet ... 6 Bl., 80 S. 4⁰ Schleswig: Auff Gottfried Schultzens Kosten 1674

OMEIS, Magnus Daniel (+Damon) (1646–1708)

1 +Die in Eginhard verliebte Emma. Welcher beygefügt worden Der Teutsche Paris, samt einer Zugabe von Gedichten. o.O. 1680
2 Gründliche Anleitung zur Teutschen accuraten Reim- und Dicht-Kunst, durch richtige Lehr-Art, deutliche Reguln und reine Exempel vorgestellet ... (m. Anh.:) Teutsche Mythologie. 2 Tle. 16 Bl., 368 S.; 382 S. Nürnberg: Michahell & Adolph 1704
3 +Geistliche Gedicht- und Lieder-Blumen; zu Gottes Lobe und frommer Seelen Erquickung geweihet und gestreuet von dem Pegnesischen Blumengenoßen Damon M. D. O. 6 Bl., 147 S. Nürnberg: Michahell & Adolph 1706

OMPTEDA, Georg Frh. von (+Georg Egestorff) (1863–1931)

1 +Von der Lebensstraße und andere Gedichte. 215 S. Lpz: Friedrich 1889
2 +Freilichtbilder. 238 S. Lpz, Bln: Fontane 1890
3 +Die Sünde. Geschichte eines Offiziers. 434 S. Lpz, Bln: Fontane 1891
4 Drohnen. Moderner Roman. 284 S. Bln: Fontane (1892)
5 Vom Tode. Novellen. 171 S. Bln: Fontane 1893
6 Unter uns Junggesellen. Freie Geschichten. 255 S. Bln: Fontane 1894
7 Die sieben Gernopp. Eine lustige Geschichte. 184 S. Bln: Fontane (1895)
8 Unser Regiment. Ein Reiterbild. 411 S. Bln: Fontane 1895
9 Leidenschaften. Männliche, weibliche, sächliche Geschichten. 269 S. Bln: Fontane (1896)
10 Deutscher Adel. Romane. 3 Tle. 6 Bde. Bln: Fontane (Tl. 1–2) bzw. Bln: Fleischel (Tl. 3) (1897)–1902
 1. Sylvester von Geyer. Ein Menschenleben. 2 Bde. 360, 472 S., 1 Stammtaf. (1897)
 2. Eysen. 2 Bde. 372, 294 S. (1899)
 3. Cäcilie von Sarryn. 2 Bde. 293, 336 S. 1902
11 Maria da Caza. Roman. 324 S. Bln: Fontane (1897)
12 Eheliche Liebe. Schauspiel. 131 S. Bln: Fontane 1898
13 (Übs.) G. de Maupassant: Gesammelte Werke. 2 Serien. 20 Bde. Bln: Fontane 1898–1903
14 Weibliche Menschen. Novellen. 324 S. Bln: Fontane (1898)
15 Der Zeremonienmeister. Roman. 307 S. Bln: Fontane (1898)
16 Philister über dir! Das Leiden eines Künstlers. Roman. 327 S. Bln: Fontane 1899
17 Lust und Leid. Novellen. 307 S. Bln: Fontane 1900
18 Die Radlerin. Geschichte zweier Menschen. 290 S. Bln: Fontane (1900)
19 Monte Carlo. Roman. 373 S. Bln: Fleischel 1901
20 Das schönere Geschlecht. Novellen. 414 S. Bln: Fleischel 1902
21 Traum im Süden. 166 S. Bln: Fleischel (1902)
22 Aus großen Höhen. Alpenroman. 249 S. Bln: Fleischel 1903

23 Nerven. Novellen. 391 S. Bln: Fleischel 1903
24 Denise de Montmidi. Roman. 338 S. Bln: Fleischel 1904
25 Heimat des Herzens. Roman. 439 S. Bln: Fleischel 1904
26 Der Major. – Ein Weihnachtsabend. – Das Schützenfest. (S.-A.) 440 S. 12° Wiesbaden: Staadt (= Wiesbadener Volksbücher 47) 1904
27 Herzeloïde. Roman. 352 S. Bln: Fleischel 1905
28 Ein Glücksjunge. Roman. 379 S. Bln: Fleischel 1906
29 Normalmenschen. Roman. 251 S. Bln: Fleischel 1906
30 Wie am ersten Tag. Roman. 347 S. Bln: Fleischel 1907
31 Minne. Roman. 347 S. Bln: Fleischel 1908
32 Droesigl. Roman. 373 S. Bln: Fleischel (1909)
33 Excelsior! Ein Bergsteigerleben. 424 S. Bln: Fleischel 1909
34 Benigna. Leben einer Frau. 444 S. Bln: Fleischel 1910
35 Prinzeß Sabine. Roman. 288 S. Bln: Fleischel 1910
36 Margret und Ossana. 461 S. Bln: Ullstein 1911
37 Die Tochter des großen Georgi. Theaterroman. 467 S. Bln: Fleischel 1911
38 Der zweite Schuß. Roman. 369 S. Bln: Fleischel (1912)
39 Der Venusberg. Novellen. V, 301 S. Bln: Fleischel 1912
40 Das alte Haus. Roman. 284 S. Bln: Fleischel (1913)
41 Die Tafelrunde. Reinheit. Zwei Novellen. 283 S. Bln: Fleischel 1913
42 Der Skandal. VI, 373 S. Bln: Fleischel 1914
43 (MH) Liller Kriegszeitung. Hg. P. O. Hoecker u. G. Frh. v. O. 6 Bde. Bln: Vobach (Bd. 1) bzw. Lille: Liller Kriegszeitung (Bd. 2–6) 1915–1918
44 Alle neune. 162 S. Stg: Dt. Verl.-Anst. (= Die Feldbücher) (1916)
45 Sachsen im Felde (Ostfront). 132 S. Bln: Scherl (1916)
46 Der Hof in Flandern. Roman. 344 S. Bln, Stg: Dt. Verl.-Anst. 1917
47 Der neue Blaubart. 227 S. Bln, Stg: Dt. Verl.-Anst. (1919)
48 Es ist Zeit. Tiroler Aufstand 1809. V, 416 S. m. Kt. Stg: Dt. Verl.-Anst. (1921)
49 Ernst III. Roman. 483 S. Stg: Dt. Verl.-Anst. 1925
50 Das Blut. Novelle. 115 S. Bln: Weltgeist-Bücher (= Weltgeist-Bücher 7–8) (1926)
51 Bergflucht. Ein Bekenntnis, und andere Novellen. 79 S. Bln: Hillger (= Kürschner's Bücherschatz, Neue Reihe 18) (1927)
52 Der jungfräuliche Gipfel. Roman. 308 S. Stg: Dt. Verl.-Anst. (1927)
53 Ich bin da! Roman. 224 S. Bln: Franke (1929)
54 Gräfin Ines und andere Autoren. 195 S. 16° Bln: Sieben Stäbe-Verl.- u. Druckerei-Ges. (= Bücherei moderner Autoren 13) (1929)
55 Sonntagskind. Jugendjahre eines Glücklichen. 337 S., 5 Abb. Stg: Dt. Verl.-Anst. 1929
56 Li von Dax. Roman. 271 S. Lpz: Janke 1931
57 Die kleine Zinne. Roman aus den Bergen. 313 S. Bln: Ullstein 1931
58 Bergkrieg. 263 S., 18 Abb. Bln: Traditions-Verl. Kolk 1932
59 Die schöne Gräfin Cosel. Roman. 321 S. Stg: Dt. Verl.-Anst. 1932

Opitz, Martin (1597–1639)

1 Strenarum libellus. Val. Sanftleben, Praetori et Rectori Patriae, consecratus. 8 Bl. Görlitz: Rhambau 1616
2 Aristarchus sive de contemptu Linguae Teutonicae. 13 Bl. 4° Bethaniae: J. Dörfer (1617)
3 Nobilissimi et Generos. Sponsorum Paris Christophori Georgii de Bergk ... et Annae Mariae Mutschelniciae ... Epithalamium. 4 Bl. 4° Görlitz: Rhambau 1618
4 Hipponax ad Asterien puellam formae et animi dotibus longe ambilissimam. Item Germanica quaedam ejusdem argumenti. 4° Görlitz: Rhambau 1618
5 (MV) Herrn Matthäi Ruttarti vnd Jungfraw Annä Namslerin Hochzeitslieder, von zweyen guten Freunden gestellet. 4 Bl. 4° Görlitz: Rhambau 1618
6 Epithalamium D. N. Jacobi Nicol. de Buckaw ... et Annae Mariae Geisleriae ... 4 Bl. 4° Liegnitz: Sartorius 1619

7 Auff Herrn Caspar Kirchners vnd Jungfrawen Martha Queisserin Hochzeit. 4° Straßburg: v. Heyden 1619
8 Oratio ad Serenissimum ac Potentissimum Principem Fridericum Regem Bohemiae. 12 Bl. 4° (Heidelberg:) Voegelin 1620
9 (Übs.) D. Heinsius: Lobgesang Jesu Christi des einigen und ewigen Sohnes Gottes. 16 Bl. 4° Görlitz: Rhambau 1621
10 (Übs.) D. Heinsius: Hymnus oder Lobgesang Bacchi, darinnen der gebrauch vnd mißbrauch des Weines beschrieben wird. 16 Bl. 4° Liegnitz (: o. V.) 1622
11 Lob des Feldtlebens. 8 Bl. 4° o. O. (1623)
12 Zlatna, Oder von Rhue des Gemütes. 28 Bl. 4° Liegnitz: Koch (1623)
13 Buch von der Deutschen Poeterey. In welchem alle jhre eigenschafft vnd zuegehör gründtlich erzehlet, vnd mit exempeln außgeführet wird. 42 Bl. 4° Breslau: Müller 1624
14 Die Episteln der Sonntage vnd fürnehmsten Feste des gantzen Jahres, auf die gemeinen Weisen der Psalmen gefasset. 12° o. O. 1624
15 Lobgesang Vber den Frewdenreichen Geburtstag Vnseres Herrn vnd Heilandes JEsu Christi. 16 Bl. 4° Liegnitz: Koch 1624
16 Teutsche Pöemata vnd Aristarchvs Wieder die verachtung Teutscher Sprach, Item Verteutschung D. Heinsij Lobgesangs Iesu Christ, vnd Hymni in Bachum Sampt einem anhang Mehr auserleßner getieht anderer Teutscher Pöeten. 8 Bl., 250 S. 4° Straßburg: Zetzner 1624
(Enth. u.a. Nr. 9 u. 10)
17 Illustris Domini Seyfridi Promnicii Baronis Plessensis ... Vita. 12 Bl. Brieg: Gründer 1624
18 M. Opitii Acht Bücher, Deutscher Poematum durch Ihn selber herausgegeben ... 8, 42 Bl., 244 S. m. Titelku. 4° Breslau: Müller 1625
(Erw. Ausg. v. Nr. 16)
19 Bonae memoriae serenissimae principis Dorotheae Sibyllae ex avgvsta electorvm Brandenbvrgicorvm familia ... consecrat M. O. 4 Bl. 4° o. O. (1625)
20 Bonae Memoriae ... Loysae Amoenae ... Ludovici Anhaltini ... Filiae ... 1 Bl. Wittenberg: Tham (1625)
21 (Übs.) L. A. Seneca: Trojanerinnen. 6 Bl., 96 S. 4° Wittenberg: Schürer 1625
22 (Übs.) J. Barclay: Argenis. 2 Tle. 20 Bl., 1047 S.; 15 Bl., 648 S. m. Ku. Breslau: Müller 1626–1631
23 Die Klage-Lieder Jeremiä; Poetisch gesetzt durch M. O.; sampt noch anderen seiner newen Gedichten. 16 Bl. 4° Görlitz: Rhambau 1626
24 Ad Illustriss. Dom. Dnm. Carolum Annibalem, Burggravium et Comitem Dohnae ... Carmen Panegyricum. 6 Bl. 4° Breslau: Baumann 1627
25 Dafne. Auff desz ... Herrn Georgen Landtgrafen zu Hessen ... Vnd Fräulein Sophien Eleonoren Hertzogin zu Sachsen ... Beylager: Durch Heinrich Schützen ... Musicalisch in den Schawplatz zu bringen, Auß mehrenteils eigener erfindung geschrieben von M.O. 14 Bl. 4° Breslau: Müller 1627
26 Imp. Caesari Ferdinando II. Aug. Germanico Parenti publico opt. ac felicissimo Principi Martinus Opitius Siles devotus numini Majestatique ejus. 4 Bl. 4° o. O. (1627)
27 Auff Herrn Gottfriedt Biedermannes Vnd Jungfrawen Annen Reginen Sandechin Hochzeit. 4 Bl. 4° Breslau: Baumann 1627
28 An den Edelen, Gestrengen Herren Johann Hoffmann, ... Vber der ... Frawen Magdalenen Hogelinn seiner geliebten Hausfrawen seligen Abschiedt. 3 Bl. 4° Breslau: Baumann 1627
29 (Übs.) Salomons Des hebreischen Königes Hohes Liedt; ... in deutsche Gesänge gebracht. 4 Bl., 30 S. 4° Breslau: Müller 1627
30 Auff Carol Sigismundts H. David Müllers Söhnleins Begrebniß. 3 Bl. 4° o. O. 1628
31 Jonas. 32 S. 4° Breslau: Müller 1628
32 Serenissimo duci Lignicensi principi optimo, ad Aquas Silesiacas iturienti: M. O., Celsitud. Ejus ab officiis aulae, incolumitatem et vigorem corporis precatur. 4 Bl. 4° o. O. 1628
33 M. O. vber das Leiden vnd Sterben vnseres Heilandes. Hiebevor durch Ihn lateinisch herausgegeben. 2 Bg. 12° Breslau: Müller 1628
34 Lavdes Martis. Martini Opitii Poëma Germanicum. Ad Illustriß. Dn. Dn.

Carolum Annibalem Burggravium Dohnensem. 1 Bl!., 48 S. 4° Breslau: Müller 1628
35 An Herrn David Müllern, Vber seiner geliebten Haußfrawen Marien, geborner Rhenischin, Seligen Abschiedt. 3 Bl. 4° o. O. (1628)
36 (MV) Spiegel aller Christlichen Matronen oder Ehrengedächtnüsz Der Viel Ehrentugentreichen Frawen Marien geborner Rhenischin, Herren David Müllers geliebten Haußfrawen. Von gelehrten gutten Freunden geschrieben. 46 Bl. 4° Breslau: 1628
37 (Übs.) Dionysii Catonis disticha de moribvs ad filium Ex mente Jos. Scaligeri potissimum et Casp. Barthii germanice expressa à M. O. ... 96 S. Breslau: Baumann 1629
38 (Übs.) Von der Welt Eitelkeit. Auß dem Frantzösischen. 6 Bl. 4° Breslau: Müller 1629
39 (Übs.) Hugonis Grotii De Capta Rupella Carmen Heroicum. M. O. versibus Germanicis reddidit. 4 Bl. 4° Breslau: Baumann 1629
40 (MV) Leichensermon. Nach dem ... Begräbniß der ... Jungfrawen Susannae, geborner Aichhäuserin ... 32 Bl. 4° Breslau: Baumann (1629)
41 Auff Herrn David Müllers vnd Jungfer Marthen, geborner Heininn, Hochzeit. 4 Bl. 4° o. O. (1629)
42 Amplissimo Viro, Bernhardo Gvilielmo Nüsslero de filiolo ipsi nato; 1 Bl. 2° Breslau: Baumann 1629
43 Deütscher Poëmatum Erster Theil – Anderer Theil. 2 Bde. 14 Bl., 352 S.; 4 Bl., 450 S. Breslau: Müller 1629
(Verm. Neuaufl. v. Nr. 18)
44 (Übs.) Psalmus XCI. versibus Latinis ac Germanicis expressus. 4 Bl. 4° o. O. (1629)
45 Vielgvet. 10 Bl. 4° Breslau: Müller 1629
46 O Jesu. 1 Bl. 2° o. O. 1630
47 Super Illustrissimae ducis Olsnesis, Matris Patriae, et Pietissimae Principis Obitu Martini Opitii Carmen. 4 Bl. 4° o. O. (1630)
48 Vber Den CIII. Psalm. 4 Bl. 4° Brieg: Gründer 1630
49 Schäfferey Von der Nimpfen Hercinie. 67 S. 4° Breslau: Müller 1630
50 (Übs.) Becanus redivivus, das ist, deß ... Herrn Martini Becani Handbuch: Aller dieser Zeit in der Religion Streitsachen in fünf Bücher abgetheilet:... Ffm: Schönwetter 1631
51 Auff Nicolai-Antons deß Edlen vnd Vesten Herrn Michael Flandrins Söhnleins Begräbniß. 4 Bl. 4° Breslau: Baumann 1631
52 (Übs.) H. Grotius: Von der Warheit der Christlichen Religion Auß Holländischer Sprache Hochdeutsch gegeben. 9 Bl., 159 S. 4° Breslau: Müller 1631
53 Auff Herren David Müllers geliebten Söhnleins Davidis Begräbnüß 3 Bl. 4° o. O. 1631
54 Ode Germanica ad Maecenatem suum. 4 Bl. 4° Breslau: Baumann (1631)
55 Oratio funebris, Honori et Memoriae ... Barbarae Agnetis Ducis Silesiae ... Conjugis... 6 Bl. Breslau: Baumann 1631
56 Silvarum Libri III, Epigrammatum Unus. 125 S. Breslau: Müller 1631
57 An die HochWolgeborene Fräwlein, Fräwlcin Eleonora Evsebia Burggräfin zu Dohna. 4° o. O. 1632
58 Inauguratio ... baronis a Burghaus et Stoltz ... 4 Bl. 4° Breslau: Baumann 1632
59 (MV) Funebria ... Davidis Mülleri ...Liberorvm. 34 Bl. 4° Brieg: Gründer 1632
60 (Übs.) Die Süßen Todesgedanken. Auß dem Frantzösischen des von Serre. 3 Bl, 298 S. 12° (Breslau) Müller 1632
61 Auff den seligen Abschiedt des Edlen, Gestrengen Herren Johann von Limburg, Holtzgräff genannt. 3 Bl. 4° Breslau: Baumann 1633
62 Lavdatio fvnebris memoriae ac honori ... Vlderici, potentiss. Dan. regis F ... 32 S. 4° Ffm: Merian 1633
63 *Trost Gedichte In Widerwertigkeit Desz Krieges; In vier Bücher abgetheilt ... 102 S. 4° Breslau: Müller 1633
64 An den Durchlauchten ... Herren Vldrichen, Postulirten Administratorn deß Stiffts Schwerin, Erben zue Norwegen ... Martin Opitzen von Boberfeldt Lobgetichte. 4 Bl. 4° Brieg: Gründer 1633

65 Vesvvivs. Poema Germanicum. 6 Bl., 35 S. 4° Breslau: Müller 1633
66 (MV) Bonae memoriae Dorotheae Ebeniae Georgii Flandrini in Gattem conjugis ... Anno MDCXXXIII, 8. Id. Oct. demortuae. Breslau: Baumann 1634
67 (Bearb.) Zehen Psalmen Davids Aus dem eigentlichen Verstande der Schrifft, auff anderer Psalmen vnd Gesänge gewöhnliche Weisen gesetzt. 64 S. 12° Breslau: Müller 1634
68 (Übs.) Vidi Fabri Pibracii in supremo senatu Parisiensi praesidis olim tetrasticha Gallica, Germanicis versibus expressa. 12 Bl. 4° Danzig: Hünefeld 1634
69 Prosodia Germanica, Oder ... Buch von der Teutschen Poeterey, In welchem alle ihre Eigenschafft und Zugehör gründlich erzehlet, und mit ... Exempeln ... außgeführet wird. 94 S. Breslau: Müller 1634 (Neuaufl. v. Nr. 13)
70 Auff Herren Heinrich Franckens, Vnd Jungfrawen Marien Baumannin Hochzeit. 2 Bl. 4° o.O. (1635)
71 Judith. 14 Bl. 4° Breslau: Baumann 1635
72 (MV) Johannis Seligeri ... et Helenae Catharinae Tauschiae ... nuptiis add. VI. Febr. 1635. 4° Breslau: Baumann 1635
73 Ad Dn. Sebastianum Opitium, Reip. Boleslaviensis Senatorem et civem integerrimum Sponsum novum. 1 Bl. 2° Breslau: Baumann 1635
74 (Bearb.) Der Achte, Drey vndt zwanzigste, Vier vndt Neunzigste, Hundert vier vnd zwanzigste, Hundert vndt Acht vndt zwanzigste Psalm, Auff anderer Psalmen gewöhnliche weisen gesetzt. 8 Bl. 4° o.O. 1635
75 (Bearb.) Sechs Psalmen. Auff anderer gewöhnliche Weisen gesetzt. 35 S. 12° o.O. 1635 (Enth. u.a. Ausz. a. Nr. 74)
76 Generosissimo Viro Eliae Ab Arcischow Arciszewsky ... Amorum et conjugii: cauße in Holsatiam eunti M. O. 4 Bl. 4° Thorn: Schnellboltz 1636
77 Laudatio funebris ... Fabiani lib. baronis a Cema ... 6 Bl. 2° Thorn: Schnellboltz 1636
78 Lobgeticht An die Königliche Majestät zu Polen vnd Schweden. 10 S. 2° Thorn: Schnellboltz 1636
79 Auff Herrn David Müllers seligen Abschiedt: so geschehen den 14. Merzens-Tag deß 1636. Jahres. 4 Bl. 4° Thorn: Schnellboltz (1636)
80 Panegyricus inscriptus honori ... Raphaëlis com. Lesnensis. 30 S. 2° Thorn: Schnellboltz 1636
81 Panegyricus serenissimae Suecorum ... Principis Annae ... Honori ... consecratus. 26 S., 1 Bl. 2° Thorn: Schnellboltz 1636
82 (Bearb.) Zwölf Psalmen Davids ... 65 S. 12° Breslau: Müller (1636)
83 (Übs.) Des Griechischen Tragödienschreibers Sophoclis Antigone. 4 Bl., 40 S. 4° Danzig: Hünefeldt 1636
84 Deutscher Poematum Erster Theil. – Anderer Theil. 2 Bde. 16 Bl., 697 S. o.O. 1637 (Verb. Neuaufl. v. Nr. 43)
85 Variarum lectionum liber. In quo praecipue Sarmatica. 3 Bl., 71 S. 4° Danzig: Hünefeldt 1637
86 Felicitatis augustae honoriqve nvptiar ... Vladislai IV. Pol. Svec. qve regis et Caeciliae Renatae archidvcis Avstriae. 48 S. 4° Danzig: Hünefeldt (1637)
87 Propemticon ... Principis Bogoslai Radzivilii. 2 Bl. 4° Danzig: Hünefeldt 1637
88 Poenitens. Der Bußfertige. 1 Bl. 2° o.O. (1637)
89 (Übs.) Die Psalmen Davids. Nach den Frantzösischen Weisen gesetzt. 8 Bl,. 416 S. Danzig: Hünefeldt 1637
90 (Übs., Bearb.) Arcadia der Gräfin von Pembrock; von Herrn Philippsen von Sidney. In Englischer Sprach geschrieben, auß derselben Frantzösisch, vnd auß beyden erstlich Teutsch gegeben durch Valentinum Theokritvm von Hirschberg: Jetzo allenthalben vff neu vbersehen vnd gebessert: die Gedichte aber vnd Reymen gantz anderst gemacht vnd vbersetzt. Von dem Edlen vnd Vesten M. O. V. B. ... 3 Bl., 1012 S. (Ffm:) Merian 1638
91 Auf ... Georgen Köhlers von Mohrenfeldt ... vnd ... Annen Elisabethen geborner Henrichin von Geyersberg ... zur Liegnitz angestellte Hochzeit, Martin Opitzen Glückwündschung. 4 Bl. 4° Danzig: Hünefeldt 1638
92 Weltliche Poëmata. das Erste Theil. Geistliche Poëmata. Von ihm selbst an-

jetzo zusammengelesen, verbessert vnd absonderlich herauß gegeben. 2 Bde. 573, 408 S. Breslau: Müller 1638
93 In obitum ... Petri Crugeri. 1 Bl. 4⁰ Danzig: Hünefeldt (1639)
94 Auff Georgen Kolhasen vnd Jungfr. Annen Marien geborner Willerin Hochzeitliches Ehrenfest. 3 Bl. 4⁰ Breslau: Baumann (1639)
95 (Hg., Bearb.) Florilegii variorvm epigrammatvm liber vnvs. Ex vetustis ac recentioribus Poetis congessit et versibus Germanicis reddidit. 2 Bde. 3 Bl., 42 S.; 2 Bl., 44 S. Danzig: Hünefeldt 1639
96 (Hg., Übs.) B. Jacoponi: De vanitate rerum humanarum rythmus. 4 Bl. 4⁰ o. O. (1639)
97 (Hg.) Incerti poetae Rythmus de Sancto Annone. Martinus Opitius, primus ex membrana veteri edidit et animadversionibus illustravit. 5 Bl., 67 S. Danzig: Hünefeldt 1639
98 (MÜbs.) Franc D. Rosset: Theatrum Tragicum ... vermehret ... Durch Martinum Zeillerum ... Die Fünffte Edition darinnen die Deutschen Reimen ganz anders gemacht Von ... M.O.v.B. Danzig. Hünefeldt 1640
99 Opera Poetica. Das ist Geistliche und Weltliche Poemata. Vom Autore selbst zum letzten vbersehen vnd verbessert. 2 Tle. 12 Bl., 394 S.; 336 S. 12⁰ Amsterdam: Janßon 1645–1646
(Verb. Neuaufl. v. Nr. 92)

OPPELN-BRONIKOWSKI, Friedrich von (1873–1936)

1 Erinnerungen an Richard Wrede. Nachtrag zu den letzten Preß-Vorkommnissen. 22 S. Bln: Sassenbach 1897
2 Aus dem Sattel geplaudert und Anderes. 91 S. Bln: Militär-Verl.-Anst. 1898
3 (Übs.) M. Maeterlinck: Der Schatz der Armen. 106 S. 4⁰ Florenz, Lpz: Diederichs 1898
4 (Übs.) M. Maeterlinck: Weisheit und Schicksal. 231 S. m. Abb. Lpz: Diederichs 1898
5 (Übs.) H. Lichtenberger: Richard Wagner der Dichter und Denker. 571 S. Dresden: Reißner 1899
6 (Übs.) G. de Maupassant: Vater Milon und andere Erzählungen. Neue Novellen aus dem litterarischen Nachlaß. 276 S. Bln: Goldschmidt 1899
7 (MH) Die blaue Blume. Anthologie romantischer Lyrik. Hg. F. v. O.-B. u. L. Jacobowski. LXIII, 467 S., 8 Bildn. Lpz: Diederichs 1900
8 (Übs.) H. Lichtenberger: Friedrich Nietzsche. Abriß seines Lebens und seiner Lehre. 48 S. Dresden: Reißner 1900
9 (Übs.) G. de Maupassant: Ein Abenteuer in Paris und andere Erzählungen aus dem litterarischen Nachlaß, 2. Bd. 263 S. Bln: Goldschmidt 1900
(Forts. zu Nr. 6)
10 (Hg.) M. Maeterlinck: Aglavaine und Selysette. Drama. Übs. C. Funck-Brentano. 93 S. Lpz: Diederichs 1900
11 (Übs.) M. Maeterlinck: Drei mystische Spiele. Die sieben Prinzessinnen. Alladine und Palomides. Der Tod des Tintagiles. 104 S. Lpz: Diederichs 1900
12 (Übs.) M. Maeterlinck: Drei Alltagsdramen. Der Eindringling. Die Blinden. Zu Hause. 90 S. Lpz, Jena: Diederichs 1901
13 (Übs.) M. Maeterlinck: Das Leben der Bienen. 256 S. Jena: Diederichs 1901
14 (Übs.) M. Maeterlinck: Zwei Singspiele. Blaubart und Ariane. Schwester Beatrix. 82 S. Lpz, Jena: Diederichs 1901
15 (Übs.) M. Maeterlinck: Prinzessin Maleine. 122 S. m. Bildn. Lpz, Jena: Diederichs 1902
16 (Übs.) M. Maeterlinck: Pelleas und Melisande. Eingeleitet durch zwölf Lieder. 88 S. Lpz, Jena: Diederichs 1902
17 (Übs.) M. Maeterlinck: Der begrabene Tempel. 230 S. Lpz, Jena: Diederichs 1902
18 (Übs.) G. de Maupassant: Gesammelte Werke. Illustrierte Ausg. Bd. 1. Sonntagserlebnisse eines Pariser Spießbürgers. Aus dem literarischen Nachlaß. 211 S. Bln, Lpz: Fock 1902
19 (Übs.) M. Maeterlinck: Joyzella. Schauspiel. 80 S. Jena: Diederichs 1903

20 (Übs.) M. Maeterlinck: Monna Vanna. Schauspiel. 94 S. Lpz, Jena: Diederichs (1903)
21 (Übs.) G. Rodenbach: Das tote Brügge. 153 S. 12⁰ Lpz: Fock (= Sammlung merkwürdiger Bücher der Weltliteratur 3) 1903
22 (Hg.) Stendhal: Ausgewählte Werke. 10 Bde. Jena: Diederichs 1903-1924
23 (Übs.) M. Maeterlinck: Der doppelte Garten. 194 S. Jena: Diederichs 1904
24 (Übs.) M. Maeterlinck: Das Wunder des hl. Antonius. Satirische Legende in zwei Aufzügen. 45 S. Jena: Diederichs 1904
25 (Übs.) H. de Regnier: In doppelten Banden. Roman. 404 S. Stg: Dt. Verl.-Anst. 1904
26 (Übs.) H. de Regnier: Seltsame Liebschaften. 147 S. m. Bildn. Stg: Dt. Verl.-Anst. (= Deva-Roman-Sammlung 37) 1904
27 Renaissancenovellen. Bln 1904
28 Fesseln und Schranken. Dichtung und Wahrheit aus dem Offiziersleben. 431 S. Bln: Hüpeden & Merzyn 1905
29 (Übs.) H. Lichtenberger: Heinrich Heine als Denker. 312 S. Dresden: Reißner 1905
30 Militaria. Novellen. 152 S. Dresden: Pierson 1905
31 (Übs.) E. Rostand: Die Prinzessin im Morgenland. Drama. In dt. Versen v. F. v. O.-B. 83 S. m. Bildn. Köln: Ahn 1905
32 (Übs., Einl.) G. Rodenbach: Im Zwielicht. Nachgelassene Novellen. 226 S. m. Bildn. Dresden: Reißner 1905
33 (MÜbs.) M. Maeterlinck: Gedichte. Übs. F. v. O.-B. u. K. L. Ammer. 70 S. Jena: Diederichs 1906
34 Das junge Frankreich. Kurze Übersicht über den von F. v. O.-B. in Bonn gehaltenen Vortragszyklus. 21 S. Dortmund: Ruhfus (= Mitteilungen d. Literaturhistor. Gesellschaft Bonn, Jg. 2, Sonderh. 1) 1907
35 (Übs.) M. Maeterlinck: Die Intelligenz der Blumen. 198 S. Jena: Diederichs 1907
36 (Hg.) Das junge Frankreich. Eine Anthologie deutscher Übertragungen. 123 S., 7 Bildn. Bln: Oesterheld (1908)
37 (Übs.) H. Lichtenberger: Das moderne Deutschland und seine Entwickelung. XV, 367 S. Dresden: Reißner 1908
38 Der Rebell. Roman aus dem Offiziersleben. 320 S. Bln: Buchverl. fürs dt. Haus (= Die Bücher des deutschen Hauses 31) 1908
   (Neuaufl. v. Nr. 28)
39 (Übs.) M. Maeterlinck: Maria Magdalena. Drama. 79 S. Jena: Diederichs 1909
40 (Übs.) Ch. de Coster: Tyll Ulenspiegel und Lamm Goedzak. Legende von ihren heroischen, lustigen und ruhmreichen Abenteuern im Lande Flandern und anderen Orts. 600 S. Jena: Diederichs (1910)
41 (Übs.) A. France: Erzählungen des Jacques Tournebroche. Novellen. IV, 161 S. Bln: Ladyschnikow 1910
42 (Übs.) P. Loti: Ägypten. Reisebilder. 309 S. Bln: Schuster & Loeffler 1910
43 (Übs.) Aucassin und Nicolette. Altfranzösische Liebesmär. 71 S. Lpz: Amelang 1911
44 (MÜbs.) Ch. de Coster: Flämische Legenden. Dt. M. Lamping u. F. v. O.-B. VIII, 214 S. Jena: Diederichs 1911
45 (Hg.) Deutsche Kriegs- und Soldatenlieder. Volks- und Kunstgesang (1500-1900). 320 S. m. Abb. Mchn: Mörike 1911
46 (Bearb.) Stendhal: Reise in Italien. XLVII, 445 S., 23 Ku. Jena: Diederichs 1911
47 (Übs.) G. Flaubert: Salambo. 468 S. Minden: Bruns (= Meisterromane der modernen Weltliteratur 2) 1912
48 (Übs.) A. France: Die Götter dürsten. Roman aus der französischen Revolution. 351 S. Mchn: Müller 1912
49 (Übs.) A. France: Nützliche und erbauliche Meinungen des Herrn Abbé Jérôme Coignard, gesammelt von Jacques Tournebroche. VII, 260 S. Mchn: Müller 1912
50 (Übs., z. T. MÜbs.) Friedrich II., König von Preußen: Werke. 10 Bde. Bln: Hobbing 1912-1914
51 (Übs.) N. Machiavelli: Der Fürstenspiegel. – Friedrich der Große: Der Antimachiavell. XXII, 199 S. Jena: Diederichs 1912

52 Zwischen Lachen und Weinen. Erzählungen. 248 S. m. Bildn. Bln: Hecht 1912
53 (Übs.) M. Maeterlinck: Vom Tode. 140 S. Jena: Diederichs 1913
54 (Übs.) H. Murger: Aus dem Zigeunerleben. XVII, 307 S. Bln: Dt. Bibliothek (= Deutsche Bibliothek 42) 1913
55 Stendhals Jugend. Referat – Diskussion. S. 43–76. Bonn: Cohen (= Mitteilungen der literarhistorischen Gesellschaft Bonn, Jg. 9, H. 3) 1914
56 (MH) Friedrich II., König von Preußen. Hg. F. v. O.-B. u. G. B. Volz. VII, 344 S. Bln: Hobbing 1919
57 (Übs.) M. Maeterlinck: Der fremde Gast. 244 S. Jena: Diederichs 1919
58 Zukunftsaussichten eines Welt-Luftverkehrs auf Grund praktischer Luftposterfahrungen in der Ukraine. Vortrag. 28 S. Bln: Braunbeck 1919
59 Antisemitismus? Eine unparteiische Prüfung des Problems. 72 S. Bln-Charlottenburg: Dt. Verl.-Ges. f. Politik u. Geschichte (1920)
60 Reichswirtschaftsrat und berufsständischer Gedanke. 21 S. Bln: Dt. Verl.-Ges. f. Politik u. Geschichte 1920
61 Beyle-Stendhals Lebensroman 1783–1842. 45 S. Bln-Lichterfelde: Runge (= Der Lichtkreis 10) (1922)
62 (Hg., Übs.) G. Casanova: Abenteuer und Erlebnisse in Deutschland und der Schweiz. Aus den Lebenserinnerungen. 536 S., 16 Abb. Dresden: Aretz (= Opal-Bücherei) 1922
63 (Hg., Übs.) G. Casanova: Abenteuer und Erlebnisse in Frankreich. Aus den Lebenserinnerungen. 513 S., 16 Abb. Dresden: Aretz (= Opal-Bücherei) 1922
64 (Hg., Übs.) G. Casanova: Abenteuer und Erlebnisse in Italien. Aus den Lebenserinnerungen. 2 Bde. 769 S., 16 Abb. Dresden: Aretz (=Opal-Bücherei) 1922
65 (Übs.) Friedrich II., König von Preußen: Die politischen Testamente. Einf. G. B. Volz. XX, 258 S., 1 Taf. Bln: Hobbing (= Klassiker der Politik 5) 1922
66 (Hg.) P. Loti: Galiläa. Übs. E. Philipari. Vom Hg. gründl. durchgearb. u. sprachl. ern. Ausg. 195 S. Dresden: Aretz (= Opal-Bücherei) 1922
67 (Hg.) P. Loti: Jerusalem. Übs. E. Philipari. 194 S. Dresden: Aretz (= Opal-Bücherei) 1922
68 (Übs.) P. Loti: Im Lande der Pharaonen. 244 S., 16 Taf. Dresden: Reißner (= Opal-Bücherei) 1922
69 (Hg.) P. Loti: Die Wüste. Übs. E. Philipari. 235 S., 16 Taf. Dresden: Aretz (= Opal-Bücherei) (1922)
70 Der Schwarzkünstler Cagliostro. Nach zeitgenössischen Berichten hg. 167 S. Dresden, Bln: Jüterbock (= Serapis-Bücher) (1922)
71 (MÜbs.) H. de Balzac: Ehefrieden. Novellen. Übs. F. v. O.-B. u. E. Hirschberg. 309 S. 16⁰ Bln: Rowohlt (= Ges. Werke) (1923)
72 (Hg.) W. Hauff: Märchen. 504 S. m. Abb. Bln: Volksverband d. Bücherfreunde; Wegweiser-Verl. 1923
73 (Übs.) H. de Balzac: Eine dunkle Geschichte. 328 S. 16⁰ Bln: Rowohlt (= Ges. Werke) (1924)
74 (Übs.) Die Cenci. Aus einer römischen Chronik. 96 S. 4⁰ Dresden: Aretz (= Aretz-Druck 3; 480 Ex.) (1924)
75 (Übs.) Die Chronik des Klosters Sant' Arcangelo a Bajano. 142 S. 4⁰ Dresden: Aretz (= Aretz-Druck 4) 1924
76 (Übs., Hg.) Friedrich II., König von Preußen: Das Testament des Königs. 31 S. m. Abb., 2 Bl. Faks. Bln: Volksverband d. Bücherfreunde; Wegweiser-Verl. (= Liebhaberdruck für die Freunde des Volksverbandes d. Bücherfreunde 4) 1924
77 Friedrich der Große und Wilhelmine von Baireuth. Hg., eingel. G. B. Volz. 2 Bde. 507, 403 S. m. Taf. u. Faks. Bln: Köhler 1924–1926
78 (MH) Gespräche Friedrichs des Großen. Hg. F. v. O.-B. u. G. B. Volz. VII, 336 S., 5 Taf., 64 Abb. Bln: Hobbing (1924)
79 (Übs.) P. Loti: Die letzten Tage von Peking. 277 S., 8 Taf. Dresden: Aretz (= Opal-Bücherei) (1924)
80 (Übs.) J. de Maistre: Betrachtungen über Frankreich. Über den schöpferischen Urgrund der Staatsverfassungen. Hg. P. R. Rohden. 183 S. Bln: Hobbing (= Klassiker der Politik 11) 1924

81 (Übs.) G. Raphael: Hugo Stinnes. Der Mensch. Sein Werk. Sein Wirken. VII, 218 S., 1 Titelb. Bln: Hobbing 1925
82 (MH) Das Tagebuch des Marchese Lucchesini (1780–1782). Gespräche mit Friedrich dem Großen. Hg. F. v. O.-B. u. G. B. Volz. 104 S. Mchn: Hueber (= Romanische Bücherei 5) 1926
83 Abenteuer am preußischen Hof 1700–1800. VII, 215 S., 16 Abb. Bln: Paetel 1927
84 (Übs.) Briefwechsel Friedrichs des Großen mit seinem Bruder Prinz August Wilhelm. Hg., eingel. G. B. Volz. 342 S. m. Kt., 16 Abb. Lpz: Koehler (1927)
85 (Hg., Einl.) David Ferdinand Koreff, Serapionsbruder, Magnetiseur, Geheimrat und Dichter. Lebensroman eines Vergessenen. Aus Urkunden zsgest. CLVI, 631 S., 16 Taf. Bln: Paetel (1927)
86 Schlüssel und Schwert. Ein Papstleben aus dem Cinquecento. VI, 348 S., 16 Taf. Bln: Grote (= Grote'sche Sammlung von Werken zeitgenössischer Schriftsteller 177) 1929
87 Liebesgeschichten am preußischen Hof. VII, 292 S., 32 Taf. Bln: Grote (aufgekl.: 1928) 1930
88 Archäologische Entdeckungen im zwanzigsten Jahrhundert. 167 S., 40 Abb. Lpz: Keller 1931
89 (Hg.) P. E. Müllensiefen: Ein deutsches Bürgerleben vor hundert Jahren. Selbstbiographie, hg. v. seinem Urenkel F. v. O.-B. 328 S. m. Taf. Bln: Stilke 1931
90 Gerechtigkeit! Zur Lösung der Judenfrage. 96 S. Bln: Huch 1932
91 (Hg.) Gespräche Friedrichs des Großen mit Catt. 111 S. Lpz: Insel (= Insel-Bücherei 435) (1933)
92 Die Baumeister des preußischen Staates. Leben und Wirken des Soldatenkönigs Friedrich Wilhelms I. 332 S., 16 Abb., 1 Faks. Jena: Diederichs 1934
93 Der große König als erster Diener seines Staates. Denken und Wirken Friedrichs des Großen, dargestellt nach seinen bedeutendsten Schriften, Briefen, Testamenten und Gesprächen nebst einigen persönlichen Anekdoten. 255S., 56 Abb., 31 Taf. Lpz: Seemann (1934)
94 Der alte Dessauer. Fürst Leopold von Anhalt-Dessau. Studie seines Lebens und Wirkens. 93 S., 4 Taf. Potsdam: Athenaion (= Bilder aus dem deutschen Leben) 1936
95 (Übs.) A. France: Das Hemd eines Glücklichen. 93 S. Potsdam: Rütten & Loening (= Rütten & Loening-Novellenreihe 3) 1947
96 (Übs.) Ch. de Coster: Smetse, der Schmied. 95 S. m. Abb. Hbg: Hamburger Bücherei 1948

ORTNER, Eugen (1890–1947)

1 Die Intellektuellen und der Sozialismus. 23 S. Bln: Berger (= Flugschriften des Bundes Neues Vaterland 15) (1919)
2 Französinnen ohne Geschlecht. Roman. 344 S. Bln, Lpz: Borngräber (1920)
3 Die Komödie hinter Gipfeln. 61 S. Lpz: Erdgeist-Verl. 1920
4 Uhula. 33 S., 2 Abb. 4° Mchn: Die Wende-Verl. (= Eos-Druck 10) 1921
5 Gott Stinnes. Ein Pamphlet gegen den vollkommenen Menschen. 71 S. Hannover: Steegemann 1922
6 Die Totenfeier. Vision des irren Soldaten. Uraufführung zur Feier des fünften Todestages von Karl Liebknecht und Rosa Luxemburg. Musik W. Saatmann. 14 S. Lpz: Kannegiesser 1924
7 Jean braucht ein Milieu. Drei Akte für d. Modernen. 104 S. Nürnberg (, Woltersdorf/Erkner: Der fränkische Bund) 1925
8 Meier Helmbrecht. Tragödie in drei Akten und einem Vorspiel. 94 S. Mchn: Die Wende-Verl. 1928
9 Michael Hundertpfund. Eine Tragödie in drei Akten. 61 S. m. Abb. Mchn: Franz (= Illustrierte Rundfunk-Textbücher 51) 1929
10 Insulinde oder Die Kaffeemaschine von Lebak. Schauspiel in drei Akten. 96 S. Mchn: Die Wende-Verl. 1929
11 Der Bauer geht um. 76 S. Mchn: Höfling (= Spiel und sing! 8029) (1933)

12 Albrecht Dürer. Deutsche Sehnsucht, deutsche Form. 103 S., 65 Abb. Bln: Keil 1934
13 Moor. Ein Volksstück. 96 S. Mchn: Höfling (= Spiel und sing! 8068) (1934)
14 Die Herreninsel. Männerschicksale unserer Zeit. 182 S. Mchn: Hugendubel 1935
15 Der Diamantenbaum. Komödie. 110 S. Mchn (: Buchner) (= Spiel und sing! 8122) 1937
16 Balthasar Neumann. Roman des Barock. 395 S. Mchn: Piper 1937
17 Ein Mann kuriert Europa. Der Lebensroman Sebastian Kneipps. 351 S. Mchn: Beckstein (1938)
18 Der Schrecken von Manhattan. 251 S. Bln: Buchwarte-Verl. (= Buchwarte-Kriminal-Romane) 1938
19 Geschichte der Fugger. 2 Bde. Mchn: Beckstein (1939)–1940
    1. Glück und Macht der Fugger. Der Aufstieg der Weber von Augsburg. 395 S. (1939)
    2. Das Weltreich der Fugger. Die Fürsten der Kaufleute. 381 S. 1940
20 Wenn Männer lachen. 93 S. Mühlacker: Händel (= Die Buchreihe der Erzähler) (1940)
21 Georg Friedrich Händel. Ein Roman des Barock. 550 S. Mchn: Piper 1942
22 Johann Christian Günther. Ein Roman des Barock. 403 S. Mchn: Piper 1948

ORTNER, Hermann Heinz (1895–1956)

1 Sebastianlegende. Vom Glauben und seinen Wundern. Drei Akte. 138 S. Wien: Zsolnay 1929
2 Tobias Wunderlich. Dramatische Legende. 133 S. Wien: Zsolnay 1929
3 Wer will unter die Soldaten. Ein Nebeneinander in einem Vorspiel und drei Akten. 154 S. Wien: Zsolnay 1930
4 Amerika sucht Helden. Tragische Komödie um eine Tat. 99 S. Wien: Krystall-Verl. (= Österreichisches Theater 1) 1932
5 Schuster Anton Hitt. Schauspiel. 181 S. Wien: Zsolnay 1932
6 Stefan Fadinger. Eine deutsche Bauernerhebung in drei Akten. 179 S. Wien: Zsolnay 1933
7 Beethoven. Fünf Akte. 187 S. Wien: Zsolnay 1935
8 Matthias Grünewald. Meisterlegenden und Erzählungen. 96 S. Wien: Luser 1935
9 Himmlische Hochzeit. Dramatische Dichtung. 124 S. Wien: Zsolnay 1936
10 (MV) J. Haas: Tobias Wunderlich. Oper. Text H. H. O. u. L. Andersen. 80 S. Mainz: Schott 1937
11 Isabella von Spanien. Schauspiel. 137 S. Wien: Zsolnay (1938)
12 Das Paradiesgärtlein. Komödie. 112 S. Bln: Fischer 1940
13 Veit Stoß. Dramatische Dichtung in fünf Akten. 115 S., 4 Taf. Bln: Fischer (Unverk. Bühnen-Ms.) 1941
14 Der Bauernhauptmann. Schauspiel. 81 S. Wien: Andermann 1943
15 Himmeltau. Komödie in drei Akten. 84 S. Bln: Ahn & Simrock (Unverk. Bühnen-Ms.) 1943
16 Zwei Traumspiele. Das Paradiesgärtlein. Himmlische Hochzeit. 191 S. Wien: Andermann 1943
    (Enth. Nr. 9 u. 12)
17 (Hg.) Internationale Musik-Olympiade, Salzburg. Journal der musikalischen Wettkämpfe. 2 H. 4° Salzburg: Internat. Musikfeste A. G. (1950)

OTT, Arnold (1840–1910)

1 Agnes Bernauer. Historisches Volksschauspiel mit Musik. 91 S. Stg: Bonz 1889
2 Rosamunde. Trauerspiel. 178 S. Bern, Lpz: Koehler 1892
3 Die Frangipani. Trauerspiel. 46 S. Luzern: Heller 1897
4 Karl der Kühne und die Eidgenossen. Schweizer Volksschauspiel. 225 S. Luzern: Gebhardt 1897

5 Grabesstreiter. Sagen-Tragödie. 73 S. Luzern: Gebhardt 1898
 6 Festdrama zur Vierhundertjahrfeier des Eintritts Schaffhausens in den Bund der Eidgenossen. Musik K. Flitner. 96 S. Schaffhausen: Schoch (1901)
 7 Gedichte. 200 S. m. Bildn. Bln: Fleischel 1902
 8 St. Helena. Schauspiel. Bühnen-Ausg. 132 S. Zürich: Amberger 1904
 9 Dichtungen. Ges.-Ausg. Auf Grund der Handschriften des Arnold Ott-Nachlasses in der Schweizer. Landesbibliothek bes. v. K. E. Hoffmann. 6 Bde. Bern-Bümpliz: Benteli 1945–1949

OTTEN, Karl (1889–1963)

 1 Die Reise durch Albanien 1912. 71 S., 7 Taf. Mchn: Bachmair 1913
 2 Der Sprung aus dem Fenster. Erzählungen. 41 S. Lpz, Mchn: Wolff (= Der jüngste Tag 55) 1918
 3 Die Thronerhebung des Herzens. 45 S., 1 Bildn. Bln-Wilmersdorf: Verl. d. Wochenschr. Die Aktion (= Der rote Hahn 4) 1918
 4 (MH) Der Gegner. Blätter zur Kritik der Zeit. Hg. K. O. u. J. Gumperz. 1. Jg., 12 H. Lpz: Van den Broecke 1919–1920
 5 (MH) J. T. Keller: Was sind Revolutionen? Hg. K. O. u. J. Gumperz. 12 S. Bln, Halle: Malik-Verl. (= Streitschrift d. „Gegner" 1) (1919)
 6 Lona. Roman. 228 S. Wien: Strache 1920
 7 (Hg.Einl.) G. Herwegh: Was macht Deutschland? Gedichte. 62 S. Bln: Malik-Verl. (= Malik-Bücherei 11) 1924
 8 Der Fall Strauß. 109 S. Bln: Verl. Die Schmiede (= Außenseiter der Gesellschaft 7) 1925
 9 Prüfung zur Reife. Roman eines jungen Menschen. 273 S. Lpz: List (= Der heutige Roman) 1928
10 Der schwarze Napoleon. Toussaint Louverture und der Negeraufstand auf San Domingo. 370 S. Bln: Atlantis-V. 1931
11 Torquemadas Schatten. Roman. 286 S. Stockholm: Bermann-Fischer 1938
12 A combine of aggression; masses, elite and dictatorship in Germany. VIII, 356 S. London: Allen & Unwin 1942
13 Der ewige Esel. Eine Jugenderzählung. 191 S., 16 Abb. Zürich, Freiburg: Atlantis (= Atlantis-Jugendbücher) 1949
14 (Hg.) Ahnung und Aufbruch. Expressionistische Prosa. 567 S. Darmstadt, Bln-Frohnau, Neuwied: Luchterhand 1957
15 Die Botschaft. Roman. 239 S. Darmstadt, Bln-Frohnau, Neuwied: Luchterhand 1957
16 (Hg.) Das leere Haus. Prosa jüdischer Dichter. 647 S. Stg: Cotta 1959
17 Der Ölkomplex. Schauspiel in drei Akten. XI, 99 S. Emsdetten: Lechte (= Dramen der Zeit 37) (1959)
18 (Hg.) Schrei und Bekenntnis. Expressionistisches Theater. 1012 S. Neuwied, Darmstadt, Bln-Spandau: Luchterhand 1959

OVERHOFF, Julius (*1898)

 1 Ein Buch von der Stadt Soest. 109 S. Lpz: Hegner 1935
 2 Die Pflugspur. Gedichte. 129 S. Lpz: Hegner 1935
 3 Vom Reisen. 15 S. Murnau: Verl. Die Wage (= Des Bücherfreundes Fahrten ins Blaue 1, 13) (1937)
 4 Stegreif im Sommer. Gedichte. 60 S. Lpz: Hegner 1941
 5 Eine Familie aus Megara. 99 S. Bln: Suhrkamp 1946
 6 Europäische Inschriften. 413 S. Bln, Ffm: Suhrkamp 1949
 7 Der Verrat von Afschin. Roman. 269 S. Karlruhe: Müller 1950
 8 Reise in Lateinamerika. 379 S. Bln, Ffm: Suhrkamp 1953
 9 Die Welt mit Dschingiz-Chan. 358 S., 1 Faltbl., 3 Kt. Nürnberg: Glock & Lutz 1959
10 Das Haus im Ortlosen. Erzählung aus unserm Leben. 301 S. Köln, Olten: Hegner 1960

Panizza, Oskar (1853–1921)

1 Düstre Lieder. 124 S. 16⁰ Lpz: Unflad 1886
2 Londoner Lieder. 88 S. 16⁰ Lpz: Unflad 1887
3 Dämmerungsstücke. Vier Erzählungen. 303 S. Lpz: Friedrich 1890
4 Genie und Wahnsinn. Vortrag. 32 S. Mchn: Handelsdr. u. Verl.-Anst. (= Münchener Flugschriften I, 5. 6) 1891
5 Aus dem Tagebuch eines Hundes. 104 S. m. Abb. Lpz: Fock 1892
6 Visionen. Skizzen und Erzählungen. 298 S. Lpz: Friedrich 1893
7 Der teutsche Michel und der römische Papst. Altes und Neues aus dem Kampfe des Teutschtums gegen römisch-wälsche Überlistung und Bevormundung in 666 Tesen und Zitaten. 310 S. Lpz: Friedrich 1894
8 Der heilige Staatsanwalt. Eine moralische Komödie. 30 S. Lpz: Friedrich 1894
9 Der Illusionismus und die Rettung der Persönlichkeit. Skizze einer Weltanschauung. 62 S. Lpz: Friedrich 1895
10 Das Liebeskonzil. Himmels-Tragödie. 78 S. Zürich: Verl.-Mag. 1895
11 Meine Verteidigung in Sachen ,,Das Liebeskonzil". Nebst dem Sachverständigen-Gutachten von M. G. Conrad und dem Urteil des königl. Landgerichts München I. 38 S. Zürich: Verl.-Mag. 1895
12 Abschied von München. Ein Handschlag. 15 S. Zürich: Verl.-Mag. 1897
13 Dialoge im Geiste Huttens. 146 S. 16⁰ Zürich, Paris: Verl. d. Zürcher Diskussionen 1897
14 (Hg.) Zürcher Diskussionen. 21 Bde. 4⁰ Zürich, Paris: Verl. d. Zürcher Diskussionen 1897-1900
15 Das Haberfeldtreiben im bairischen Gebirge. 104 S., 1 Taf. Bln: Fischer 1897
16 Die Krankheit Heine's. 8 S. 4⁰ Zürich, Paris: Verl. d. Zürcher Diskussionen (= Zürcher Diskussionen 1) 1897 (Bd. 1 v. Nr. 14)
17 Agnes Blannbekin, eine österreichische Schwärmerin aus dem dreizehnten Jahrhundert. 16 S. 4⁰ Zürich, Paris: Verl. d. Zürcher Diskussionen (= Zürcher Diskussionen 10–11) 1898 (Bd. 10–11 v. Nr. 14)
18 Christus in psicho-patologischer Beleuchtung. 8 S. 4⁰ Zürich, Paris: Verl. d. Zürcher Diskussionen (= Zürcher Diskussionen 5) 1898 (Bd. 5 v. Nr. 14)
19 Psichopatia criminalis. Anl., um die v. Gericht für notwendig erkannten Geisteskrankheiten psichjatrisch zu erüren und wissenschaftlich festzustellen. 48 S. Zürich, Paris: Verl. d. Zürcher Diskussionen 1898
20 Vrenelis Gärtli, eine Zürcher Begebenheit. 16 S. 4⁰ Zürich, Paris: Verl. d. Zürcher Diskussionen (= Zürcher Diskussionen 18–19) 1899 (Bd. 18–19 v. Nr. 14)
21 Nero. Tragödie. 107, XV S. Zürich, Paris: Verl. d. Zürcher Diskussionen 1899
22 Visionen der Dämmerung. Einl. H. Ruch. XV, 380 S., 2 Bildn., 16 Abb. Mchn: Müller (= Galerie d. Phantasten 3) 1914

Pannwitz, Rudolf (*1881)

1 (Hg.) Landschaftsmärchen aus Crossen an der Oder. 84 S. Crossen: Zeidler 1902
2 Prometheus. 71 S. Marburg: Kraatz 1902
3 (MV) R. P. u. L. Gurlitt: Beim göttlichen Sauhirten. Dramatisches Bild nach Homer. 44 S. Bln, Gelsenkirchen: Kannengießer 1902
4 (MH) Charon. Monatsschrift für Dichtung, Philosophie, Darstellung. Hg. R. P. u. O. zur Linde. Jg. 1–4. Bln: Charonverl. 1904–1907

5 Kultur, Kraft, Kunst. Charon-Briefe an Berthold Otto. 128 S. Lpz: Scheffer 1906
6 Der Volksschullehrer und die deutsche Sprache. 152 S. Bln: Buchverl. d. „Hilfe" 1907
7 Die Erziehung. 152 S. Ffm: Rütten & Loening (= Die Gesellschaft 32) 1909
8 Der Volksschullehrer und die deutsche Kultur. 169 S. Bln: Buchverl. d. „Hilfe" 1909
9 Das Werk der deutschen Erzieher. 345 S. Bln: Modern-pädagog. u. psycholog. Verl. 1909
10 Zur Formenkunde der Kirche. VII, 99 S., 8 Taf. Wittenberg: Ziemsen (= Die Bücher der Kirche 1) 1912
11 Werke. 2 Bde. Nürnberg: Carl 1913–1917
   1. Dionysische Tragödien. 315 S. 1913
   2. Die Freiheit des Menschen. Buch 1: Die Krisis der europäischen Kultur. VII, 261 S. 1917
12 Deutschland und Europa. Grundriß einer deutsch-europäischen Politik. VI, 76 S. Nürnberg: Carl 1918
13 Aufruf an Einen! 12 S. Nürnberg: Carl (1919)
14 Flugblätter. 10 H. Mchn-Feldafing: Carl 1919–1922
   1. An die deutschen Krieger. 9 S. 1919
   2. An die Christen. 9 S. 1919
   3. An die Jugend. Von falscher und rechter Jugend. 11 S. 1919
   4. Botschaft des Geistes an das Volk der Arbeit. 26 S. 1919
   5. An das jüdische Volk. 9 S. 1919
   6. Aufruf zum Heiligen Kriege der Lebendigen. III, 22 S. 1920
   7. Europa. 24 S. 1920
   8. Einführung in Nietzsche. 45 S. 1920
   9. Aus dem Chaos zur Gemeinschaft. 47 S. 1921
   10. Rede an die deutsche Jugend. 8 S. 1922
   (Enth. u. a. Ausz. a. Nr. 17)
15 Der Geist der Tschechen. III, 168 S. Wien: Verl. Der Friede (= Zeit- und Streitschriften 3) 1919
16 Das Kind Aion. 2 Bde. Mchn-Feldafing: Carl 1919
   1. Der erste Ring oder Der Ring der Zeit. V, 101 S.
   2. Europäische Zeitgedichte. 32 S.
17 Die deutsche Lehre. III, 420 S. Mchn-Feldafing: Carl 1919
18 Mythen. 9 H. Mchn-Feldafing: Carl 1919–1921
   1. Das Lied vom Elen. V, 171 S. 1919
   2. Psyche. 30 S. 1919
   3. Der Elf. 43 S. 1919
   5. Faustus und Helena. V, 62 S. 1920
   6. Ladinersage. 11 S. 1920
   7. Das Mädchen von den beiden Brüdern. 28 S. 1920
   8. Das Namenlose Werk. 91 S. 1920
   9. Der Gott. 103 S. 1920
   10. Logos. 306 S. 1921
19 Nachwort zu den Schriften... 12 S. Mchn-Feldafing: Carl 1919
20 Baldurs Tod. Ein Maifestspiel. 171 S. Nürnberg: Carl 1919
21 Grundriß einer Geschichte meiner Kultur 1881–1906. 65 S. Regensburg: Habbel 1921
22 Die Erlöserinnen. 206 S. Mchn-Feldafing: Carl 1922
23 Das Geheimnis. 93 S. Mchn-Feldafing: Carl 1922
24 Orplid. 108 S. Mchn-Feldafing: Carl 1923
25 Dalmatische Einsamkeiten. Zeichnungen. 25 Bl. m. Abb. Mchn-Feldafing: Carl 1924
26 Die Freiheit des Menschen. Bd. 1–2: Kosmos-Atheos. 427 S., 1 Taf. Mchn-Feldafing: Carl 1926
27 Staatslehre. Bd. 1: Lehre von den Mächten. 215 S. Mchn-Feldafing: Carl 1926
28 Urblick. 122 S. Mchn-Feldafing: Carl 1926
29 Hymnen aus Widars Wiederkehr. 32 S. Dessau: Dion-Verl. 1927
30 Das neue Leben. Erzählung. 472 S. Mchn-Feldafing: Carl 1927
31 Tonwerk. Bd. 1: Goethe-Gesänge. 4 Bl., 36 S. 4° Mchn: Carl (Faks.-Dr.) 1927

32 Kulturpädagogische Einführung in mein Werk. 60 S., 1 Taf. Lpz: Meiner (1928)
33 Trilogie des Lebens. 293 S. Mchn: Carl 1929
34 Logos, Eidos, Bios. 187 S. Mchn-Feldafing: Carl 1930
35 Die deutsche Idee Europa. 62 S. Mchn-Feldafing: Carl 1931
36 (Übs.) A. Verwey: Ausgewählte Gedichte. 70 S. Mchn-Feldafing: Carl 1933
37 Trilogie des Paradieses. 16 S. Hbg: Ellermann (= Das Gedicht, Jg. 3, Nr. 1) (1936)
38 Der Ursprung und das Wesen der Geschlechter. 87 S. Mchn-Feldafing: Carl 1936
39 (Übs., Einl.) A. Verwey: Zwölf Gedichte. 29 S. Hbg: Ellermann (= Das Gedicht, Jg. 3, Nr. 23–24) (1937)
40 Lebenshilfe. Hg. H. Trüb u. E. Jäckle. 210 S., 1 Titelb. Zürich: Niehans 1938
41 Vierteljahrdrucke. 3 Jge., je 4 H. Nürnberg: Carl 1939–1941
42 Weg des Menschen. 37 S. Amsterdam: Pantheon 1942
43 Nietzsche und die Verwandlung des Menschen. 74 S. Amsterdam: Pantheon 1943
44 (Einl.) W. v. Humboldt: Über die Grenzen der Wirksamkeit des Staates. 225 S., 1 Titelb. Nürnberg: Carl 1946
45 Die Krisis der europäischen Kultur. 207 S. Nürnberg: Carl 1947 (Neubearb. v. Nr. 11, Bd. 2)
46 Das Weltalter und die Politik. 95 S. Zürich: Origo-Verl. (= In medias res) 1948
47 Der Friede. 184 S. Nürnberg: Carl 1950
48 Der Nihilismus und die werdende Welt. Aufsätze und Vorträge. 306 S. Nürnberg: Carl 1951
49 Beiträge zu einer europäischen Kultur. VI, 265 S. Nürnberg: Carl 1954
50 Landschaft-Gedichte. Mit e. Nachw. 103 S. Nürnberg: Carl 1954
51 Aufgaben Europas. Vortrag, gehalten im Rahmen der „Geistigen Begegnungen in der Böttcherstraße" in Bremen, am 21. September 1955. 18 S. Bremen: Angelsachsen-Verl. 1956
52 König Laurin. Ein episches Gedicht. 87 S. Nürnberg: Carl 1956
53 Hermann Hesses west-östliche Dichtung. 58 S. Ffm: Suhrkamp 1957
54 Der Übergang von heute zu morgen. Aufsätze und Vorträge. 94 S. Stg: Kohlhammer 1958
55 Kadmos. 63 S. Vereinigung Oltner Bücherfreunde (= Vereinigung Oltner Bücherfreunde, Publikation 88) 1960

PAOLI, Betty (eig. Babette Elisabeth Glück)   (1815–1894)

1 Gedichte. 12½ Bg. Pesth, Preßburg: Heckenast 1841
2 Nach dem Gewitter. Gedichte. 7²/₃ Bg. 12° Pesth, Preßburg: Heckenast 1843
3 Die Welt und mein Auge. Novellen. 3 Bde. 268, 232, 272 S. 12° Preßburg: Drodtleff 1844
4 Romancero. Gedichte. 205 S. Lpz: Wigand 1845
5 Neue Gedichte. VIII, 258 S. 12° Pesth: Heckenast 1850
6 Lyrisches und Episches. 231 S. 16° Pest: Heckenast 1855
7 Wien's Gemälde-Gallerien in ihrer kunsthistorischen Bedeutung. 268 S. Wien: Gerold 1865
8 Julie Rettich. Ein Lebens- und Charakterbild. 36 S. Wien: Klemm 1866
9 Neueste Gedichte. 241 S. Wien: Gerold 1870
10 (Übs.) Th. de Banville: Gringoire. Schauspiel. 39 S. Wien: Rosner (= Neues Wiener Theater) 1872
11 Grillparzer und seine Werke. 103 S. Stg: Cotta 1875
12 (Übs.) P. Berton: Didier. Schauspiel. 28 S. Wien: Wallishauser (= Wiener Theater-Repertoir) 1879
13 Gedichte. Auswahl und Nachlaß. Hg. M. Freiin v. Ebner-Eschenbach. 292 S., 1 Bildn. Stg: Cotta 1895
14 Gesammelte Aufsätze. Eingel., hg. H. Bettelheim-Gabillon. CXIV, 310 S. Wien: Fromme (= Schriften des literarischen Vereines in Wien 9) 1908

Paquet, Alfons (1881–1944)

1 Schutzmann Mentrup und Anderes. 152 S. Köln: Schmitz 1901
2 Lieder und Gesänge. VII, 124 S. Bln: Grote (= Neue deutsche Lyriker 1) 1902
3 Anatolien und seine deutschen Bahnen. 15 S., 2 Abb., 1 Kt. Mchn: Süddt. Verl.-Anst. 1906
4 Auf Erden. Ein Zeit- und Reisebuch in fünf Passionen. 84 S. Düsseldorf: Bagel 1906
5 Das Ausstellungsproblem in der Volkswirtschaft. XVI, 353 S., 1 Pl. Jena: Fischer (= Abhandlungen des staatswissenschaftlichen Seminars zu Jena, Bd. 5, H. 2) 1908
6 Auf Erden. Ein Zeit- und Reisebuch in fünf Passionen. 143 S. Jena: Diederichs 1908 (Verm. Neuaufl. v. Nr. 4)
7 Asiatische Reibungen. Politische Studien. VI, 112 S. Mchn: Verl.-Ges. München 1909
8 Südsibirien und die Nordwestmongolei. Politisch-geographische Studie und Reisebericht. 127 S. m. Abb., 2 Kt. Jena: Fischer 1909
9 Kamerad Fleming. Roman. 280 S. Ffm: Rütten & Loening 1911
10 (Vorw.) Ku Hung-Ming: Chinas Verteidigung gegen europäische Ideen. Kritische Aufsätze. Aus. d. Chines. XV, 149 S. Jena: Diederichs 1911
11 Held Namenlos. Neue Gedichte. III, 86 S. Jena: Diederichs 1912
12 (Hg.) Jahrbuch des Deutschen Werkbundes 1912. II, 116 S., 109 Bl. m. Abb., 24 S. Jena: Diederichs 1912
13 Li oder Im neuen Osten. 318 S. Ffm: Rütten & Loening 1912
14 Limo der große beständige Diener. Ein dramatisches Gedicht in drei Aufzügen. 101 S. Ffm: Rütten & Loening 1912
15 Erzählungen an Bord. Erste Ausg. für die Mitglieder des „Frauenbundes zur Ehrung rheinländischer Dichter". 243 S. o. O. 1913
16 Der Sendling. Erzählungen und Schilderungen. Einl. H. Geffert. 143 S. m. Abb. Hbg-Großborstel: Dt. Dichter-Gedächtnis-Stiftung (= Hausbücherei 53) 1914
17 Der Kaisergedanke. 200 S. Ffm: Rütten & Loening 1915
18 Die jüdischen Kolonien in Palästina. 42 S. Weimar: Kiepenheuer (= Dt. Orient-Bücherei 9) 1915
19 Nach Osten! 26 S. Stg: Dt. Verl.-Anst. (= Der Deutsche Krieg 23) 1915
20 In Palästina. 199 S. Jena: Diederichs 1915
21 Erzählungen an Bord. 35 S. Mchn: Callwey (= Der Schatzgräber 98) 1916 (Ausz. a. Nr. 15)
22 (Hg.) En détachement de travail. 105 S., 60 Abb. Ffm: Rütten & Loening (= Aus deutschen Kriegsgefangenenlagern. Serie 4) 1917
23 Der Geist der russischen Revolution. XII, 108 S. Lpz: Wolff 1919
24 Aus dem bolschewistischen Rußland. 47 S. Ffm: Frankfurter Societäts-Druckerei (= Zur deutschen Revolution 4) 1919
25 Im kommunistischen Rußland. Briefe aus Moskau. 203 S. Jena: Diederichs 1919
26 Der Geist der russischen Revolution. XXIII, 110 S. Mchn: Wolff 1920 (Veränd. Neuaufl. v. Nr. 23)
27 Das russische Gesicht. 14 S. Heilbronn: Ulrich (= Tat und Wille) 1920
28 Die Quäker. 14 S. Ffm: Frankfurter Societäts-Druckerei 1920
29 Der Rhein als Schicksal oder Das Problem der Völker. Mit Aufsätzen v. Th. Rümelin u. E. Hanslik nebst e. Kapitel aus dem Unum Necessarium d. Joh. Amos Comenius. 158 S. Mchn: Wolff 1920
30 (Vorw.) G. D. H. Cole u. W. Mellor: Gildensozialismus. Aus d. Engl. V, 53 S. Köln: Rheinland-Verl. (= Arbeiterbücherei 1) 1921
31 Die Botschaft des Rheines. 15 S., 3 Abb. 4° Hbg: Harms (= Drucke der schönen Rarität 3) 1922
32 Delphische Wanderung. Ein Zeit- und Reisebuch. 236 S. Mchn: Drei Masken-Verl. 1922
33 (Übs., Einl.) Die Aufzeichnungen von John Woolman. Aus der Zeit der Sklavenbefreiung. 184 S. Bln: Quäkerverl. 1923

34 Drei Balladen. 81 S. Mchn: Drei Masken-Verl. (1923)
35 Fahnen. Ein dramatischer Roman. 124 S. Mchn: Drei Masken-Verl. 1923
36 (Hg., Einl.) I. V. Kirejewski: Rußlands Kritik an Europa. A. d. Russ. 93 S. Stg: Frommann (= Frommanns Philos. Taschenbücher, Gruppe 3, Bd. 5) 1923
37 Die Prophezeiungen. 168 S. Mchn: Drei Masken-Verl. 1923
38 Die Quäker. 16 S. Bln: Quäkerverl. 1923
   (Ausz. a. Nr. 40)
39 Der Rhein, eine Reise. 183 S. Ffm: Frankfurter Societäts-Druckerei 1923
40 Rom oder Moskau. Sieben Aufsätze. 135 S. Mchn: Drei Masken-Verl. 1923
41 Amerika. Hymnen, Gedichte. 75 S. Lpz: Verl. Die Wölfe (1924)
42 Frankfurt als Bücherstadt und das Rhein-Main-Gebiet als Heimat des Buchdrucks und des Buchgewerbes. Vortrag. 31 S. m. Abb. Ffm: Hanser 1924
43 Markolph oder König Salomo und der Bauer. Ein heiteres Spiel. 36 S. 16⁰ Ffm: Verl. d. Bühnenvolksbundes 1924
44 Die neuen Ringe. Reden und Aufsätze zur deutschen Gegenwart. 218 S. Ffm: Frankfurter Societäts-Druckerei 1924
45 Ausblick auf das Meer. 83 S. Stg: Fleischhauer & Spohn (= Kristall-Bücher, Reihe 3) 1925
46 (Nachw.) I. A. Gontscharow: Oblomov. Roman. A. d. Russ. 789 S. Lpz: List (= Epikon) 1925
47 Lusikas Stimme. Novelle. 46 S. Stg: Dt. Verl.-Anst. (= Der Falke 29) 1925
48 Rhein und Menschheit. 4 S. 4⁰ Wiesbaden: „Friede durch Recht" (= Flugblatt 5) 1925
49 Kamerad Fleming. Geleitw. H. M. Elster. 386 S. Bln: Dt. Buchgem. 1926
   (Verm. Neuaufl. v. Nr. 9)
50 (Hg.) W. Steinhausen: Aus meinem Leben. Erinnerungen und Betrachtungen. 199 S., 13 Abb. Bln: Furche-Verl. 1926
51 Sturmflut. Schauspiel in vier Akten (zehn Bilder). 108 S. Bln: Volksbühnen-Verl.- u. Vertr.- G.m.b.H. 1926
52 William Penn, Gründer von Pennsylvanien. Schauspiel in fünf Aufzügen. 140 S. Augsburg: Filser 1927
53 Die alte Sparcasse. Ein Hundertjahrbild der Hamburger Sparcasse von 1827. 141 S. m. Abb. 4⁰ Hbg: Trautmann 1927
54 Städte, Landschaften und ewige Bewegung. Ein Roman ohne Helden. 478 S., 1 Abb. Hbg: Dt. Dichter-Gedächtnis-Stiftung 1927
55 (MV) M. Ehrenpreis: Das Land zwischen Orient und Okzident. Spanische Reise eines Juden. Mit e. Brief an den Verf. v. A. P. II, 232 S., 35 Abb. Bln: Welt-Verl. 1928
56 Gastechnik. Bilder eines lebenswichtigen Betriebes auf Grund einer Darstellung der Hamburger Gaswerke. 82 S. m. Abb. u. Taf. 4⁰ Bln: Schröder (= Industrie-Bibliothek 24) 1928
57 Der Neckar. Ein Lebensbild zu vierzig Zeichnungen. 27 S., 40 Taf., 15 Abb. Heidelberg: Hörning 1928
58 Gesammelte Schriften. Aufsätze. Bd. 1: Antwort des Rheines. Eine Ideologie. 317 S. Augsburg: Filser 1928
59 Hamburg als Ausstellungsstadt. 16 S. Hbg: Boysen & Maasch (= Veröffentlichung d. Patriotischen Gesellschaft Hamburg) 1929
60 Frau Rat Goethe und ihre Welt. 180 S. m. Taf. Ffm: Englert & Schlosser 1931
61 Das Siebengestirn. Gedichte. 22 S. Bln: Verl. d. Rabenpresse (= Die blaue Reihe 10–11) 1932
62 (MV) A. P. (u. a.): Politik statt Religion? Rundgespräch. 47 S. Bln: Eckart-Verl. (= Der Eckart-Kreis 4) 1933
63 Freiherr vom Stein. Chor-Dichtung. 39 S. Bln: Volkschaft-Verl. (= Spiele a. d. dt. Geschichte 2) 1933
64 Und Berlin? Abbruch und Aufbau der Reichshauptstadt. (S.-A.) 45 S. m. Kt. u. Pl. Ffm: Societäts-Verl. 1934
65 Weltreise eines Deutschen. Landschaften, Inseln, Menschen, Städte. 280 S. Bln: Buchmeister-Verl. 1934
   (Neufassg. v. Nr. 54)
66 (MV) A. P., A. Garrett, E. Fuchs: Wohin führt uns Jesus Christus? Ansprachen. 64 S. Bad Pyrmont: Quäkerverl. 1934

67 Fluggast über Europa. Roman der langen Strecken. 287 S. Mchn: Knorr & Hirth 1935
68 Ballade von George Fox. 36 S. Bad Pyrmont: Quäkerverl. 1936
69 Die Religiöse Gesellschaft der Freunde. 34 S. Bad Pyrmont: Quäkerverl. (= Richard L. Cary-Vorlesung 1937) 1937
70 Der Reiter von Damaskus. 15 S. Bad Pyrmont: Quäkerverl. 1937
71 Der Frankfurter Rundhorizont. Fahrten in weiter Landschaft. 80 S. m. Abb. Ffm: Diesterweg 1937
72 Amerika unter dem Regenbogen. Farben, Konturen, Perspektiven. 339 S. Ffm: Societäts-Verl. 1938
73 (Hg.) Land voraus! 194 S., 16 Taf. Mchn: Knorr & Hirth 1938
74 Erwähnung Gottes. 47 S. Bad Pyrmont: Quäkerverl. 1939
75 Gaswelt und vier andere Essays. 84 S. Köln: Staufen-Verl. (= Staufen-Bücherei 5) 1940
76 Der Rhein. Vision und Wirklichkeit. 53 S., 80 Bl. Abb. 4° Düsseldorf: Bagel 1940
77 Spiel mit der Erdkugel. 59 S. Böhm. Leipa: Kaiser (= Kleine Reihe) 1940
78 Die Botschaft des Rheins. Erlebnis und Gedicht. 224 S. Ratingen: Herm (= Rheinische Bücherei 6) 1941
79 (Einf.) F. M. Jansen: Rheinische Städte, rheinische Burgen. 13 S., 16 Bl. Abb. Düsseldorf: Schwann (= Die Rheinbücher. Kleine Reihe 5) (1941)
80 Der Rhein. Vision und Wirklichkeit. 53 S., 168 Abb. 4° Düsseldorf: Bagel 1941 (Erw. Neuaufl. v. Nr. 76)
81 Melodie der Welt. 6 Bl. Ffm: Kramer 1946
82 Die Frankfurterin. 16 S., zahlr. Bl. Abb., 7 Bl. Ffm: Kramer 1947
83 John Woolman, ein großer Helfer. 16 S. Bad Pyrmont: Friedrich 1951
84 Gedichte. Mit e. Nachw. hg. A. v. Bernus. 89 S. Heidelberg, Darmstadt: Schneider (= Veröffentlichungen d. dt. Akademie f. Sprache u. Dichtung, Darmstadt, 8) 1956

PAULSEN, Rudolf (1883–1966)

1 (Hg.) Friedrich Paulsen: Aus meinem Leben. Jugenderinnerungen. 210 S., 6 Taf. Jena: Diederichs 1909
2 Der siebente allgemeine Tag für deutsche Erziehung (Pfingsten 1910 in Weimar). Bericht. (S.-A.) 17 S. Lpz, Bln: Scheffer 1910
3 Töne der stillen Erinnerung und der Leidenschaft zum Kommenden. Gedichte. 84 S. Lpz, Bln: Scheffer 1910
4 Gespräche des Lebens. Gedichte. 140 S. Groß-Lichterfelde, Lpz: Haessel 1911
5 Lieder aus Licht und Liebe. 62 S. Groß-Lichterfelde, Lpz: Haessel 1911
6 Otto zur Linde. Ein Kapitel aus dem deutschen Schrifttum der Gegenwart. LXXVI S. 4° Groß-Lichterfelde, Lpz: Haessel 1912
7 Christus und der Wanderer. Ein Berggespräch. 40 S. o. O. (Priv.-Dr.) 1920
8 Ewige Wiederkunft des Gleichen oder Aufwärts-Entwicklung? 24 S. Langensalza, Lpz: Haessel 1921
9 Im Schnee der Zeit. Gedichte. 127 S. Bln-Lichterfelde, Lpz: Haessel 1922
10 Und wieder geh ich unruhvoll... Liebesgedichte. 76 S. Bln-Lichterfelde (,Lpz: Haessel) 1922
11 Die kosmische Fibel. 73 S. Lpz: Haessel (= Die Meduse 1) 1924
12 Die hohe heilige Verwandlung. 86 S. Lpz: Haessel (= Die Meduse 3) 1925
13 Der Mensch an der Wage. 242 S. Lpz: Haessel (290 num. Ex.) 1926
14 Aufruf an den Engel. 225 S. Lpz: Haessel (300 num. Ex.) 1927
15 Vor der See. 33 S. Lpz: Haessel 1927
16 Das verwirklichte Bild. 190 S. Lpz: Haessel (300 num. Ex.) (1929)
17 In memoriam Berthold Otto. 16 S. Bln: Verl. d. Hauslehrers (1934)
18 Kunst und Glaube. Grundsätzliches über Malkunst in zwölf Briefen an einen jungen Maler. 133 S., 8 Abb. Potsdam: Protte 1935
19 Das festliche Wort. Gedichte. Nachw. H. Langenbucher. 54 S. Mchn: Langen-Müller (= Die kleine Bücherei 43) 1935

20 Flut und Ferne. Ein Sommerkreis von Rügen 1936. 31 S. Querfurt: Jaeckel 1936
21 Mein Leben. Natur und Kunst. 72 S. Bln: Junker & Dünnhaupt (= Die Lebenden) 1936
22 Wann der Tag getan... Gedichte. 78 S. Querfurt: Jaeckel 1936
23 Geist, Gesetz und Liebe. 61 S. Querfurt: Jaeckel 1937
24 Volk, Religion und Kunst. Auswahl aus den kulturphilosophischen Aufsätzen und aus den Gedichten. 52 S. Bielefeld: Velhagen & Klasing (= Velhagen & Klasings dt. Lesebogen 194) 1937
25 Blätter und Briefe von Otto zur Lindes Grab. 54 S. Querfurt: Jaeckel 1938
26 Wiederkehr der Schönheit. Zur bildenden Kunst. 62 S. 4° Querfurt: Jaeckel (1938)
27 Vergangenheit und Ahnung. Gedichte. 85 S. Querfurt: Jaeckel (1942)
28 Lohmer Lesebuch. 89 S. Querfurt: Jaeckel 1944
29 Musik des Alls und Lied der Erde. Gedichte. Ausw. u. Nachw. W. Arndt. 103 S. Heidelberg: Meister (1954)
30 Träume des Tritonen. Neue Gedichte. 56 S. Heidelberg: Meister 1955
31 Werte bewahrt im Wort. Neuere und ältere Gedichte. 24 S. Heidelberg: Meister 1960

Paulus, Helmut (*1900)

1 Die Geschichte von Gamelin. Roman. 363 S. Düsseldorf: Plaut 1935
2 Mutterschaft. Gedichte. 35 S. m. Abb. Düsseldorf: Plaut 1935
3 Der Auserwählte. Novelle. 64 S. Dresden: Heyne 1936
4 Der Bamberger Reiter. Novelle. 63 S. Dresden: Heyne (1936)
5 Der Ring des Lebens. Roman. 448 S. Dresden: Heyne (1937)
6 Der große Zug. Roman. 591 S. Dresden: Heyne (1938)
7 Die Trübsale des Georg Sibelius, weiland Schulmeisters zu Weidenbach. 70 S. Bln: Wichern-Verl. 1939
8 Ein Weg beginnt. Roman. 309 S. Dresden: Heyne 1940
9 Jahreszeiten. Idyllen. 60 S. Dresden: Heyne 1941
10 Elf preußische Offiziere. Novelle. 64 S. Dresden: Heyne 1941
11 Frieder und Anna. Roman. 467 S. Dresden: Heyne (1943)
    (Forts. z. Nr. 8)
12 Die kleine Gartenwelt. 32 S. Dresden: Heyne 1943
13 Geliebte Heimat. Drei Erzählungen. 60 S. Gütersloh: Bertelsmann (1943)
14 Im Zeichen des Unvergänglichen. – Elf preußische Offiziere. 79 S. Dresden: Heyne 1944
    (Enth. u. a. Nr. 10)
15 Die Träumenden. Drei Erzählungen. 235 S. Düsseldorf: Vier Falken-Verl. 1947
16 Die drei Brüder. Roman. 797 S. Düsseldorf: Vier Falken-Verl. 1949
17 Schillerstadt Marbach. 51 S., 15 Abb., 7 Taf. Marbach: Schillerbuchh. (1950)
18 Die Freibeuter. 128 S. m. Abb. Mchn, Wien: Andermann (= Andermann-Jugendbücher) 1952
19 Der Ring des Lebens. 332 S. Mchn, Wien: Andermann (1952)
    (Veränd. Neuaufl. v. Nr. 5)
20 Die tönernen Füße. Roman. 600 S. Bonn, Antwerpen, Tilburg: Vink 1953
21 Geliebte Heimat. Vier Erzählungen. 70 S. Stg: Silberburg-Verl. 1956
    (Erw. Neuaufl. v. Nr. 13)
22 amerika-ballade. 141 S. Stg: Silberburg-Verl. 1957

Penzoldt, Ernst (†Fritz Fliege) (1892–1955)

1 Dichtungen. 3 Bde. Mchn: Heimeran 1922–1924
    1. Der Gefährte. Gedichte. 30 S. 1922
    2. Idyllen. Albrecht und Gabriel. Der geflügelte Knabe. Die sieben Träume. Das Wasserrad. 36 S. 1923
    3. Der Schatten Amphion. 31 S. 1924

2 Der arme Chatterton. Geschichte eines Wunderkindes. 230 S. Lpz: Insel 1928
3 Der Zwerg. Roman. 206 S. Lpz: Reclam (= Junge Deutsche) (1928)
4 Etienne und Luise. Novelle. Mit e. autobiograph. Nachw. 69 S. Lpz: Reclam (= Reclam's UB. 7010) 1929
5 Etienne und Luise. Novelle. Neue Fassg. 71 S. Lpz: Reclam (= Reclam's UB. 7010) (1930)
(Neufassg. v. Nr. 4)
6 Die Powenzbande. Zoologie einer Familie gemeinverständlich dargestellt. 228 S. Bln: Propyläen-Verl. 1930
7 Die Portugalesische Schlacht. 192 S. Mchn: Piper 1930
8 Die Portugalesische Schlacht. Komödie der Unsterblichkeit. 133 S. Bln: Propyläen-Verl. (1931)
(Dramat. v. Nr. 7)
9 Kleiner Erdenwurm. Romantische Erzählung. 318 S. Bln: Fischer 1934
10 Idolino. Erzählung. 193 S. Bln: Fischer 1935
11 Der dankbare Patient. 119 S. Bln: Fischer 1937
12 (Einl.) L. Rosenberger: Das Ei des Columbus. Zeichnungen. 82 S., 1 Titelb. Mchn: Heimeran 1937
13 Die Leute aus der Mohrenapotheke. Roman. 167 S. Bln: Fischer 1937
(Umarb. v. Nr. 3)
14 Korporal Mombour. Eine Soldatenromanze. 47 S. Bln: Suhrkamp (1941)
15 Episteln. 132 S. m. Abb. Bln: Suhrkamp 1942
16 Die Reise in das Bücherland. Ein Büchermärchen. 30 S., 12 Abb. Mchn: Heimeran 1942
17 (MV) Jünglinge. Mit einer Betrachtung v. E. P. und erläuternden Bildtexten v. A. Wagner. 59 S. Mchn: Desch 1946
18 Nachspiel zu den „Räubern". 4 Bl. Hbg: Dulk (= Powenzdruck 2) 1946
19 Tröstung. 39 S. Bln: Suhrkamp (= Beiträge zur Humanität) 1946
20 Zugänge. 167 S. Bln: Suhrkamp 1947
21 (Einl.) H. Daumier: Götter und Helden. Fünfzig Lithographien. XIX, 50 S. Mchn: Piper (= Piper-Bücherei 50) (1948)
22 (MV) Der Diogenes von Paris, Graf Gustav von Schlabrendorf. 2 Tle. in 1 Bd. 158 S., 1 Titelb. Mchn: Heimeran 1948
1. E. P.: Die verlorenen Schuhe. Komödie.
2. I. Foerst: Der historische Schlabrendorf. Dokumente ausgew.
23 Der Kartoffel-Roman. Eine Powenziade. Hg. u. mit zahlr. strengwiss. Anm. vers. Nebst e. Taf. u. Menükt. sowie d. Stammbaum d. Familie Powenz. 44 S. Mchn: Heimeran 1948
(Ausz. a. Nr. 6)
24 Das Nadelöhr. 28 S. Mchn: Kaiser (= Traktate vom wirklichen Leben 19) 1948
25 (Vorw.) Gedicht und Geschrift. Lyrik der Gegenwart in Handschriften. X, 53 S. 4° Krefeld: Scherpe-Verl. 1949
26 Gesammelte Schriften in Einzelbänden. Red. Günter Penzoldt. 3 Bde. Ffm: Suhrkamp 1949–1952
1. Causerien. 511 S. 1949
2. Süße Bitternis. Die gesammelten Erzählungen. 616 S. 1951
3. Drei Romane. 620 S. 1952
27 (Hg.) G. Doré: Potpourri. In achtundvierzig Bildern zubereitet. 62 S. m. Abb. Mchn: Piper (= Piper-Bücherei 43) 1951
28 +Fliegenkleckse. 37 Taf., 1 Titelb. Mchn: Heimeran 1952
29 (Hg.) K. Arnold: Schwabing und Kurfürstendamm. XIII, 47 S., 55 Abb. Mchn: Piper (= Piper-Bücherei 60) 1953
30 (Hg.) Die schönsten deutschen Erzählungen. Hausbuch der deutschen Prosa ... 874 S. Mchn, Wien, Basel: Desch 1954
31 Fünfzehn Gedichte. 20 ungez. Bl. Lichtenfels: Fränk. Bibliophilen-Ges. 1954
32 (Vorw.) Stundenbuch für Letternfreunde. Besinnliches und Spitziges über Schreiber und Schrift, Leser und Buch. Hg. H. Kliemann. 186 S. 4° Bln, Ffm: Linotype-Ges. 1954
33 Squirrel. Erzählung. 178 S. Bln, Ffm: Suhrkamp 1954
34 *(Hg.) Knaurs Buch der Schwänke. Till Eulenspiegel. Die Schildbürger. Die sieben Schwaben. Schelme und Narren. 357 S., 80 Abb. Mchn: Knaur 1955

35 (MV) (E. Heimeran u. E. P.:) Für den Freundeskreis Heimeran-Penzoldt. 11 Bl. m. Abb. (Mchn: Heimeran) (1955)
36 München von Norden gesehen. Festgabe zur Münchener Hauptversammlung d. Ges. Dt. Chemiker. 8 Bl. m. Abb. Weinheim a. d. B.: Verl. Chemie 1955
37 Was der Welt ich abgeguckt. Einf. J. Eggebrecht. 58 S., 50 Abb. Mchn: Piper (= Piper-Bücherei 99) 1956
38 Die Liebende und andere Prosa aus dem Nachlaß. Hg. Friedi Penzoldt. 408 S. Ffm: Suhrkamp 1958

PERFALL, Anton Frh. von (1853–1912)

1 Dämon „Ruhm". Roman. 2 Bde. 447 S. Stg: Dt. Verl.-Anst. 1889
2 Justiz der Seele. Roman. 290 S. Stg: Dt. Verl.-Anst. 1889
3 Über alle Gewalten. Zwei Novellen. 314 S. Stg: Dt. Verl.-Anst. 1889
4 Gift und Gegengift. Roman. 420 S. Stg: Dt. Verl.-Anst. 1890
5 Harte Herzen. Zwei Erzählungen. Cens. Rassenkampf. 344 S. m. Abb. Stg: Dt. Verl.-Anst. 1890
6 Das Erdmannshaus. Roman. 360 S. Stg.: Dt. Verl.-Anst. 1891
7 Auf Irrwegen der Liebe. Drei Novellen. 323 S. Stg: Dt. Verl.-Anst. 1891
8 Anca. Eine Cirkusgeschichte. 117 S. Nauen: Freyhoff (= Deutsche Haus- und Reise-Bibliothek 2) (1892)
9 Unterwühlter Grund. Roman. 303 S. Stg: Dt. Verl.-Anst. 1892
10 Ketten. Roman. 226 S. Lpz: Keil 1892
11 Romanzero. Exotische Roman. 308 S. Stg: Dt. Verl.-Anst. 1892
12 Todtenröschen. Licht. Zwei Erzählungen. 379 S. Jena: Costenoble 1892
13 Truggeister. Roman. 238 S. Lpz: Keil 1892
14 Sein Dämon. Roman. 348 S. Bln: Bong 1893
15 Das Geheimnis der „Maria". Novelle. 110 S. Bln: Goldschmidt (= Goldschmidt's Bibliothek für Haus und Reise, N.F. 28) 1894
16 Aus Kunst und Leben. 237 S. Bln: Eckstein 1894
17 Der Scharffenstein. Roman. 302 S. Bln: Ver. d. Bücherfreunde (= Veröffentlichungen d. Ver. d. Bücherfreunde IV,I) 1894
18 Das verlorene Paradies. Roman. 322 S. Bln: Steinitz 1895
19 Die Sünde. Novelle. 127 S., 1 Titelb. 16⁰ Bln: Eckstein (1895)
20 Die Krone. Romantische Erzählung. 306 S. Bln: Schall (= Veröffentlichungen d. Vereins d. Bücherfreunde VI,I) 1896
21 Schüchterchen. Roman. 287 S. Stg: Dt. Verl.-Anst. 1896
22 Ein Weidmannsjahr. 115 S. m. Abb. Bln: Parey 1896
23 Stevens Werft. Roman. 108 S. Bln: Goldschmidt (= Goldschmidt's Bibliothek für Haus und Reise 38) 1896
24 Die Achenbacher. Roman. 307 S. Stg: Dt. Verl.-Anst. 1897
25 Ihr Glück. Novelle. 78 S. Bln: Gnadenfeld 1897
26 Jack. Der weiße Gemsbock. 123 S. 12⁰ Bln: Hillger (= Kürschner's Bücherschatz 56) 1897
27 Klippen. Roman. 159 S. Bln: Gnadenfeld 1897
28 Loni. 144 S. Lpz: Schumann (= Roman-Gallerie 1) 1897
29 Die Tragödin. 118 S. 12⁰ Bln: Hillger (= Kürschner's Bücherschatz 3) 1897
30 Wilde Triebe. 136 S. Lpz: Schumann (= Roman-Gallerie 13) 1897
31 Ein Accord. Die Libelle. Novellen. 123 S. m. Titelb. 12⁰ Bln, Lpz: Müller-Mann (= Eckstein's Miniaturbibliothek 33) 1898
32 Faiful. 154 S. m. Bildn. Bln: Eckstein (= Eckstein's illustr. Roman-Bibliothek I,1) (1898)
33 Das Glück von Tennexton. 119 S. 12⁰ Bln: Hillger (= Kürschner's Bücherschatz 70) 1898
34 Die Krone. Schauspiel. 116 S. Bln: Schall 1898
  (Dramat. v. Nr. 20)
35 Das Goldherz. Roman. 150 S. Bln: Taendler 1899
36 Der Jagdteufel. Novelle. 131 S. Bln: Dt. Verl.-Haus 1899

37 König „Erfolg". 173 S. m. Bildn. Bln: Eckstein (= Eckstein's illustr. Roman-Bibliothek II,4) (1899)
38 Die Sonne. Roman. 393 S. Bln: Taendler 1899
39 Das verkaufte Genie. Ein Sommernachtstraum. Novelle. 128 S. m. Titelb. 12⁰ Bln, Lpz: Müller-Mann (= Eckstein's Miniaturbibliothek 50) 1900
40 Pygmalion. Novelle. 107 S. Bln: Goldschmidt (= Goldschmidt's Bibliothek f. Haus u. Reise 85) 1900
41 Die Uhr. Erzählung. 77 S. 16⁰ Lpz: Reclam (= Reclam's UB. 4130) 1900
42 Der Bauer vom Wald. Novelle. 108 S. Bln: Goldschmidt (= Goldschmidt's Bibliothek f. Haus u. Reise 100) 1901
43 Der Freihof. Roman. 360 S. Stg: Bonz 1901
44 König Wiglaf. Epische Erzählung. 259 S. Breslau: Schles. Buchdr. 1901
45 Die Landstreicherin. Oberbayerische Erzählung. 141 S. m. Titelb. 12⁰ Lpz: Müller-Mann (= Eckstein's Miniaturbibliothek 63) 1901
46 Die Malschule. Novelle. 109 S. 16⁰ Mchn: Langen (= Kleine Bibliothek Langen 46) 1901
47 Aus der Schule der Ehe. Zwei Geschichten. 96 S. Bln, Lpz: Schumann (= Eckstein's moderne Bibliothek 2) 1901
48 Aus Berg und Tal. Jagdgeschichten. 185 S. m. Abb. 12⁰ Stg: Bonz 1902
49 Die Hexe von Norderoog. Novelle. 148 S. 16⁰ Mchn: Langen (= Kleine Bibliothek Langen 50) 1902
50 An der Tafel des Lebens. Roman. 455 S. Stg: Bonz 1902
51 Der Almschreck und andere Geschichten. 237 S. m. Abb. 12⁰ Stg: Bonz 1903
52 Münchner Kindeln. Roman. 374 S. Lpz: List 1904
53 Klippen. König Lear der Sümpfe. Erinnerung aus dem Westen. 144, 37 S. Bln: Vobach (= Vobach's illustr. Roman-Bibliothek II,4) 1904 (Enth. u. a. Nr. 27)
54 Kraft und Liebe. Roman. 436 S. Stg: Bonz 1904
55 Künstlerblut. Drei Novellen. 96 S. Bln, Lpz: Schumann (= Eckstein's moderne Bibliothek 36) 1904
56 Allerhand Lebendiges. 270 S. m. Abb. Stg: Bonz 1904
57 Er lebt von seiner Frau. Novelle. 149 S. Wien: Wiener Verl. (= Bibliothek moderner deutscher Autoren 8) 1905
58 Die Finsternis und ihr Eigentum. 328 S. Stg: Lutz (= Lutz' Kriminal- und Detektiv-Romane 38) 1905
59 Das Gesetz der Erde. Roman. 401 S. Stg: Bonz 1905
60 Der Kroatersteig. Roman aus dem Hochgebirge. 433 S. m. Abb. Stg: Bonz 1905
61 Lebendige Wasser. Roman. 359 S. Lpz: Reclam 1905
62 Aus meinem Jägerleben. Jagderzählungen. 221 S. Lpz: Grethlein 1906
63 Der Nachtfalter. Original-Roman. 200 S. Bln: Goldschmidt 1906
64 Jägerblut. Hochgebirgsgeschichte. 244 S. Stg: Bonz 1907
65 Der Wurmstich. Roman. 429 S. Stg: Bonz 1907
66 Gesammelte Jagd- und Berggeschichten. 341 S. Stg: Bonz 1909
67 Schloß Phantasie. Roman. 511 S. Dresden: Seyfert 1909
68 Der Jäger. Jagd-Erzählungen und Skizzen. 302 S. Lpz: Grethlein 1910
69 Seltsame Geschichten. 366 S. Stg: Bonz 1910
70 Förster Söllmann. Roman. 330 S. Bln: Parey 1911
71 Glühwurmzeit. Totenröschen. Zwei Erzählungen. 87 S. Lpz: Hesse & Becker (= Hesse's Volksbücherei 590.591) 1911 (Enth. u. a. Ausz. a. Nr. 12)
72 Die Brücke und eine andere Erzählung. 126 S. Lpz, Bln: Heilbrunn (= A. Bonnier's Dreißig-Pfennig-Bücherei 2) 1912
73 „Was du ererbt ..." Roman. 245 S. Lpz: Grethlein 1912
74 Baronin Bürgl. Ein Jagdroman. 373 S. Bln: Parey (= „Wild und Hund" 2) 1913
75 Um das Glück. Roman. 210 S. Lpz: Grethlein 1913
76 Der Trudenstein. Der Prügelmensch. Zwei Erzählungen. 172 S. 16⁰ Lpz: Reclam (= Reclam's UB. 5703-5704) 1914
77 Meine letzten Weidmannsfreuden. Nachgelassene Jagderzählungen und Skizzen. 228 S. Lpz: Grethlein 1914

PERINET, Joachim (1763–1816)

1. Kleiner Katechismus der Liebe für Junggesellen. 31 S. Paphos 1786
2. Kleiner Katechismus der Liebe für Mädchen. 32 S. Im Schlaraffenlande 1786
3. *Neunundzwanzig Annehmlichkeiten in Wien. Von einem Satyr. 87 S. o. O. 1787
4. *Sinngedichte. 46 S. Lpz (: o. Verl.) 1788
5. *Liliputanische Steuerfassionen. 104 S. Wien: Auf Kosten des Verfassers 1789
6. Der Eremit auf Formentera. Schauspiel in drei Aufzügen. 48 S. Wien: Gerold 1790
7. Der lizitirte Bräutigam, oder Großmama wider Willen. Posse in einem Aufzug. Nach dem Französ. frey bearb. 94 S. Wien: Schmidt 1791
8. Die Eifersucht nach dem Tode. Lustspiel in drei Aufzügen. S. 71–158. Wien: Schmidt 1791
9. Der Fagottist, oder Die Zauberzither. Singspiel in drei Aufzügen. Musik v. W. Müller. 70 S. Wien: Schmidt 1791
10. Kaspars Zögling oder Der Sieg der Bescheidenheit auf der Insel des Vergnügens. Original-Singspiel in zwei Aufzügen. Musik v. F. Kauer. 50 S. Wien: Schmidt 1791
11. Der Page. Lustspiel in drey Aufzügen. 151 S. Wien: Goldhann 1792
12. Pizichi oder Fortsetzung Kaspars des Fagottisten. Original-Singspiel in drei Aufzügen. Musik v. W. Müller. 112 S. Wien: Schmidt 1792
13. Die zwey Savoyarden. Singspiel in einem Aufzug aus dem Französ. 42 S. Wien: Schmidt 1792
14. Das Neusonntagskind. Komisches Singspiel in zwey Aufzügen. Musik v. W. Müller. Lpz (1794)
15. Oesterreich über Alles. Eine kleine vaterländische Szene mit Chören. Musik v. W. Müller. 39 S. Wien: Schmidt 1794
16. Die Schwestern von Prag. Schauspiel in zwei Aufzügen nach Hafner. 100 S. Wien: Schmidt 1794
17. (Bearb.) Musiktexte aus dem Lustig Lebendig. Als Singspiel in zwei Aufzügen nach dem Lustspiel des H.weil. Hafner „Etwas zum lachen im Fasching" umgearb. Musik v. W. Müller. 47 S. Wien: Schmidt 1796
18. (Bearb.) Das lustige Beylager als Singspiel in zwei Aufzügen nach Hafner's Hausregenten. Musik v. W. Müller. 88 S. Wien: Schmidt (1797)
19. Gesänge aus der Oper. Der Kopf ohne Mann: Große heroisch-komische Zauberoper in zwei Aufzügen nach der Geschichte frey bearb. Musik V. J. Wölfl. 32 S. Wien (o. Verl.) 1798
20. Orion, oder Der Fürst und sein Hofnarr. 4 Bl., 103 S. Wien (o. Verl.) 1798
21. Die Schneiderhochzeit. Lustspiel mit Gesang in zwei Aufzügen nach dem Schneider und seinem Sohn. 83 S. Wien: Binz 1798
22. Poetische Versuche. 120 S. Wien (o. Verl.) 1799
23. Theatralischer Guckkasten mit Dekorationen vergangener, gegenwärtiger und künftiger Zeit. 16 S. o. O. 1801
24. *Mozart und Schikaneder. Ein theatralisches Gespräch über die Aufführung der Zauberflöte im Stadttheater. 24 S. Wien: Alberti 1801
25. Der lustige Schusterfeyerabend. Singspiel in drei Aufzügen. 88 S. Wien: Schmidt 1802
26. Ariadne auf Naxos. Travestirt. Ein musikalisches Quodlibet in einem Aufzug. Musik v. Satzenhofen. 22 S. Wien: Schmidt 1803
27. Kasperls neu errichtetes Kaffeehaus oder Der Hausteufel. Komische Oper in drei Aufzügen, nach einem Manuscript frei bearb. Musik v. W. Müller. 90 S. Wien: Schmidt 1803
28. Orions Rückkehr zur friedlichen Insel. Gelegenheitsstück in einem Aufzug in Knittelreimen mit Gesang. Musik v. W. Müller. 68 S. Wien: Schmidt 1803
29. (Hg.) Wiener Theater-Almanach. 2 Jge. 166, 168 S. m. Taf. Wien: Riedl 1803–1804
30. Baron Baarfus oder Die Wechselthaler. Zauberoper in drei Aufzügen. Musik v. J. Schuster. 110 S. Wien: Schmidt 1804
31. (Bearb.) Die Belagerung von Ypsilon oder Evakathel und Schnudy. Eine Karrikatur in zwey Aufzügen nach Hafner, ganz neu bearb. in Knittelversen mit Gesang. Musik v. W. Müller. 70 S. Wien: Schmidt 1804

32 Der kleine Corsar oder Die Familie auf dem Gebirge. 67 S. Wien: Schmidt 1804
33 Das Loch in der Mauer. Komische Oper in einem Aufzug. Musik v. Kauer. 56 S. Wien: Schmidt 1804
34 Der schwarze Domino. Lustspiel in fünf Aufzügen. 11 S. Wien: Schmidt 1805
35 Der travestirte Telemach. 2 Thle. Musik F. Kauer. Wien: Wallishausser 1805
   1. Theil: Karrikatur mit Gesang in Knittelreimen in drei Aufzügen. 122 S.
   2. Theil: Antiope und Telemach. In zwei Aufzügen. 94 S.
36 (Bearb.) Die neue Alceste. Karrikaturoper in Knittelreimen von drei Aufzügen, nach Pauersbach und Richter neu bearb. Musik v. W. Müller. 96 S. Wien: Wallishausser 1806
37 Der weyland Casperl aus der Leopoldstadt im Reiche der Todten. Ein Gespräch in Knittelversen. 2 Bde. 24, 22 S. Wien (o. Verl.) 1806
38 Das Fest der Liebe und Freude. Singspiel mit Gesang in zwei Aufzügen. Musik v. Umlauf. 92 S. Eisenstadt (o. Verl.) 1806
39 Die Kaiserthräne. Eine Rückerinnerung an den unvergeßlichen Tag, den 16. Januar 1806. 8 S. Kaschau: Lauderer 1806
40 *Komische Lobsprüche in Blumauers Manier. 300 S. Hohenzollern: Wallishausser 1806
41 Megera. 95 S. Wien: Wallishausser 1806
42 Hamlet. Eine Karrikatur in drei Aufzügen mit Gesang in Knittelreimen. 96 S. Wien: Wallishausser 1807
43 Idas und Marpissa als travestirte Decorations-Oper in drei Aufzügen. Musik v. Tuczek. 77 S. Wien: Wallishausser 1807
44 (Bearb.) K. F. Hensler: Der Feldtrompeter. oder Wurst wider Wurst. Als Singspiel in einem Aufzug bearb. Musik v. F. Kauer. 76 S. Wien: Wallishausser 1808
45 (Bearb.) Pumphia und Kulikan. Eine Karrikatur-Oper in zwei Aufzügen nach Bernardon Kurz ganz neu bearb. in Knittelreimen. Musik v. Teyber. 90 S. Wien: Wallishausser 1808
46 Vittoria Ravelli, der weibliche Rinaldo oder Die Gondolieri. Historisch-romantisches Schauspiel in drei Aufzügen nach Boirée und Frédéric. 112 S. Wien: Wallishausser 1808
47 (Bearb.) Die neue Semiramis. Heroisch-komische Travestie-Oper in drei Aufzügen. Nach H. v. Voltaire und der Bearbeitung des Desriano neu bearb. Musik v. W. Müller. 99 S. Wien: Wallishausser 1808
48 August und Gustawina, oder Der Kopf vom Erz. Schauspiel in drei Aufzügen mit Chören und Tänzen. Musik v. Volkert. 94 S. Wien: Wallishausser 1810
49 (Bearb.) Der Geisterseher. Neu nach Schiller als Schauspiel in fünf Aufzügen mit Chören und Tänzen. 86 S. Wien: Wallishausser 1810
50 Wer weiß ob es wahr ist? oder Der Baron Krikkrak auf seinem Schlosse zu Münchhausen. Posse in einem Aufzug. 62 S. Wien: Tendler 1810
51 Aschenschlägel. Große travestirte Oper in drei Aufzügen. Musik v. Gebel. 80 S. Wien: Tendler 1812
52 Isaak. Historisches Melodrama in einem Akt nach Metastasio. Musik v. J. Fuß. 31 S. Wien: Tendler 1812
53 Kora, die Sonnenjungfrau. Karrikatur-Oper in Knittelreimen und drei Aufzügen. Musik v. J. Schuster. 124 S. Wien: Wallishausser 1813
54 Blumensträußchen an den Busen seiner Freunde gesteckt. 96 S. Lilienfeld, Schönau (o. Verl.) 1814
55 Der schwatzhafte Kuß, oder Die Thermo-Lampe. Kleinigkeit in Versen und einem Aufzug. 44 S. Eisenstadt: Stotz 1815
56 Dragon der Hund des Aubri, oder Der Wienerwald. Historisch-romantisch-komisches Drama mit Musik in zwei Aufzügen und einem Prologe als Parodie in Knittelreimen. Musik v. W. Müller. 72 S. Wien: Müller 1816
57 Hundegespräche über die theatralische Vorstellung: Der Hund des Aubri-du-Mont-Didier oder Der Wald bey Bondry. Belauscht von einem Spitzel und hg. v. dem Windspiele Lili mit dem Halsbandnahmen J. P. am Hunds Thurme. 23 S. o. O. 1816
58 Der Unterthanen Glück ist auch das Glück des Fürsten. Singspiel in zwei Aufzügen. Musik v. W. Müller. 84 S. Wien: Schmidt (1816)

Perkonig, Joseph Friedrich (1890–1959)

1 Sonntagskinder. Geschichten aus der Kärntner Mark. VI, 160 S. Klagenfurt: Leonsen 1911
2 Das Tagebuch des Lehrers Peter Blum. Novelle. Vorw. R. Peerz. VII, 117 S. Laibach: Peerz 1912
3 Die stillen Königreiche. Ein Roman. 404 S. Bln: Fleischel 1917
4 Maria am Rain. Novellen. 301 S. Bln: Fleischel 1919
5 Trio in Toskana. Ein Roman. 208 S. Bln: Fleischel 1920
6 Die Versuchungen des Herrn Heiland. 46 S. m. Abb. Bln: Hermann (= Der kleine Roman 5) 1920
7 Heimat in Not. Erlebnisse und Berichte um das Schicksal eines kärntnerischen Tales. 348 S. Klagenfurt: Kleinmayr 1921
8 (Hg.) Deutsches Südland. Eine alpenländische Monatsschrift. Jg. 1. 3 H. Klagenfurt: Verl. Dt. Südland 1921
9 Heimsuchung. Tragödie in Kärnten in zwei Akten. Nachw. F. X. Zimmermann. 77 S. Wien: Österr. Bundesverl. (= Dt. Hausbücherei 92) 1923
10 Komödie. Eine Erzählung. II, 112 S. Heilbronn: Salzer 1923
11 Liebe, Leid und Tod. Novellen. 324 S. Klagenfurt: Kleinmayr 1923
12 (Hg.) Kärnten. Ein Heimatbuch. VII, 288 S. m. Abb. Lpz: Brandstetter (= Brandstetters Heimatbücher dt. Landschaften 18) 1925
13 Landschaft um den Wörthersee. 187 S., 12 Abb. Klagenfurt: Kollitsch 1925
14 Schubert, Hendl und der Birnbaum. Eine Schubert-Novelle. 68 S., 4 Abb. 4° Lpz: Kistner & Siegel (= Musikalische Novellen) 1925 (Ausz. a. Nr. 4)
15 Siebenruh. Novelle. Nachw. M. Pirker. 79 S. Lpz: Reclam (= Reclam's UB. 6536) 1925
16 Das Volk steht auf. Wie Kärnten um seine Freiheit rang. 81 S. Wien: Hartleben (= Österreichische Bücherei 7) (1925)
17 Dorf am Acker. Ländliche Novellen. V, 248 S. Mchn: Beck 1926 (Enth. u. a. Ausz. a. Nr. 8)
18 Bergsegen. Roman. 383 S. Bln: Wegweiser-Verl. 1928
19 Ingrid Pan. Novelle. 188 S. Wien: Speidel 1928
20 (Hg.) Kampf um Kärnten (1918–1920). Ges., bearb. u. hg. 319 S. Klagenfurt: Kollitsch 1930
21 Mensch wie du und ich. Roman. 562 S. Wien: Speidel (1932)
22 Der Schinderhannes zieht übers Gebirg. 65 S. Mchn: Langen-Müller (= Die kleine Bücherei 41) 1934
23 Auf dem Berge leben. Roman. 259 S. Karlsbad: Kraft 1935 (Neuaufl. v. Nr. 18)
24 Fischer in Laurana. Erzählung. 63 S. Bln (:Limpert) (= Volkstümliche Fünfundzwanzig-Pfennig-Bücherei 3) 1935
25 Der Guslaspieler. Erzählung. 74 S. Lpz: Reclam (= Reclam's UB. 7305) 1935
26 Honigraub oder Der Hügel Sankt Joseph. Roman. 209 S. Mchn: Langen-Müller 1935
27 (Hg.) Kärnten, mein Leben für Dich! Bericht aus dem Kärntner Freiheitskampf von 1919 und 1920. Ausgew. u. geformt. 47 S. Bln: Verl. Grenze u. Ausland (= Grenzboten-Reihe) 1935
28 Kärnten, deutscher Süden. X, 179 S., 75 Taf. Graz: Leykam 1935
29 Der Steinbock. 74 S. Graz: Styria (= Dt. Bergbücherei 3) 1935
30 (Hg.) Deutsche Ostmark. Zehn Dichter und hundert Bilder lobpreisen Österreich. 107 S., 100 Abb. Graz: Leykam 1936
31 Nikolaus Tschinderle, Räuberhauptmann. 199 S. Mchn: Langen-Müller 1936
32 (MV) H. Scherer u. J. F. P.: Brauch und Tracht in Österreich. Mit e. Trachtenkunde v. J. Ringler. 167 S. m. Abb. Innsbruck (: Dt. Alpenverl.) 1937
33 (Hg.) Das verzauberte Gebirg. Das Volk in den Alpen erzählt. 250 S., 10 Abb. Innsbruck (: Dt. Alpenverl.) 1937
34 Mein Herz ist im Hochland. 161 S., 100 Abb. Graz (: NS-Gauverl. u. Druckkerei Steiermark) 1937
35 Lopud, Insel der Helden. Roman. 266 S. Mchn: Langen-Müller 1938

36 Glück im Hause Beauregard. Erzählung. 79 S. m. Abb. Wien: (Wiener Verl.-Ges.) (= Reihe Süd-Ost, Folge 2, 11) 1939
37 Die Fischer. 74 S. m. Abb. Wien: Frick (= Wiener Bücherei 7) 1940
38 Die Reise zu den Quellen. 15 S. Mchn: Münchner Buchverl. (= Münchner Lesebogen 50) (1941)
39 Ländliches Leben. 60 S. Mchn: Langen-Müller (= Die kleine Bücherei 140) 1942
40 Das Zauberbründl. Das Volk in den Alpen erzählt. 272 S., 8 Abb. Graz, Wien: Leykam (1942)
41 (Hg.) Alpenland – Donauland. 109 S., 100 Abb. Graz: Leykam 1943 (Neuaufl. v. Nr. 30)
42 (Hg.) Kärnten, Heimatland, Ahnenland. Ein Buch für die Jugend. 341 S. m. Abb. Graz: Leykam (1943)
43 (MÜbs.) I. Cankar: Im Florianital. Übs. Th. Arko u. J. F. P. 127 S. Klagenfurt: Kaiser (= Slovenische Dichtung 1) 1947
44 Kärnten, sonniges Bergland. 158 S., 128 Abb. Graz: Leykam (1947)
45 Fröhlicher Sommer. 64 S. Klagenfurt: Kaiser 1947
46 (MÜbs.) I. Tavčar: Herbstblüte. Übs. Th. Arko u. J. F. P. 142 S. Klagenfurt: Kaiser (= Slovenische Dichtung 2) (1947)
47 Im Morgenlicht. 270 S. Wien: Amandus-Edition 1948
48 Die Erweckung des Don Juan. Roman. 382 S. Wien: Amandus-Verl. 1949
49 Patrioten. Roman. 779 S. Graz, Salzburg, Wien: Pustet 1950
50 Heller Bruder, dunkle Schwester. 144 S. Zürich: Scientia-Verl.; Bln: Nauck; Wien: Gallus-Verl. 1951
51 Maturanten. Roman. 289 S. Wien: Kremayr & Scheriau (= Orplid-Reihe) 1951
52 Ev und Christopher. Roman. 236 S. Wien, Bln, Stg: Neff 1952
53 (Hg.) Europäische Dichtung aus dem Südosten. 5 Bde. Wien, Stg: Wancura 1953-1954
 (Enth. u. a. Nr. 43)
54 Vom Glück des ländlichen Lebens. 155 S., 2 Bl. Abb. Wien, Stg: Wancura 1953
55 (MÜbs.) M. Kranjek: Herr auf eigenem Grund. Übs. H. Kralj u. J. F. P. 209 S. Wien, Stg: Wancura (= Europäische Dichtung aus dem Südosten) 1953
 (Aus Nr. 53)
56 (MÜbs.) M. Kranjek: Sprung in die Welt. Übs. H. Kralj u. J. F. P. 138 S. Wien, Stg: Wancura (= Europäische Dichtung aus dem Südosten) 1953
 (Aus Nr. 53)
57 Mensch wie du und ich. Roman. 535 S. Hbg: Zsolnay 1954
 (Neufassg. v. Nr. 21)
58 Der Funder in Mölbling. Ein Kärntner Leben. Worte und Einl. J. F. P. XIV, 54 S. Hs. in Faks. m. Abb. Wien, Stg: Wancura 1955
59 Liebeslied am Meer. Roman. 305 S. Hbg: Zsolnay 1955
 (Neuaufl. v. Nr. 35)
60 (MV) K. P. Karfeld: Österreich in Farben. Text J. F. P. 40 Bl. m. Abb. 4° Wien: Österr. Staatsdruckerei 1956
61 Anekdote aus dem Jahre 1920. 8 Bl. Klagenfurt: Kleinmayr 1960
62 Ein Laib Brot, ein Krug Milch. Ländliche Novellen. Nachw. E. Nußbaum. 274 S. Hbg, Wien: Zsolnay 1960

Perutz, Leo (1884–1957)

1 Die dritte Kugel. 359 S. Mchn: Langen (1915)
2 (MV) L. P. u. P. Frank: Das Mangobaumwunder. Eine unglaubwürdige Geschichte. 207 S. Mchn: Langen (1916)
3 Zwischen neun und neun. Roman. 242 S. Mchn: Langen (1918)
4 Das Gasthaus zur Kartätsche. Eine Geschichte aus dem alten Österreich. 70 S. Mchn: Musarion-Verl. 1920
5 Der Marques de Bolibar. Roman. 278 S., 1 Abb. Mchn: Langen (1920)
6 Die Geburt des Antichrist. 129 S. Wien: Rikola-Verl. 1921

7 Der Meister des jüngsten Tages. Roman. 222 S. Mchn: Langen 1923
8 Turlupin. Roman. 183 S., 1 Titelb. Mchn: Langen 1924
9 (MV) L. P. u. P. Frank: Der Kosak und die Nachtigall. Roman. 173 S. Mchn: Knorr & Hirth (= Mi-Romane) (1927)
10 Wohin rollst Du, Äpfelchen... Roman. 277 S. Bln: Ullstein (= Die gelben Ullsteinbücher) 1928
11 Flammen auf San Domingo. Roman nach Victor Hugo's „Bug-Jargal". 244 S. Bln (:Maschler) (= Erdkreisbücher 17) 1929
12 Herr, erbarme Dich meiner! Novellen. 264 S. Wien: Phaidon-Verl. 1930
13 St. Petri-Schnee. Roman. 312 S. Wien: Zsolnay 1934
14 Der schwedische Reiter. Roman. 273 S. Wien: Zsolnay 1936
15 Nachts unter der steinernen Brücke. Ein Roman aus dem alten Prag. 237 S. Ffm: Frankfurter Verl.-Anst. 1953
16 Der Judas des Leonardo. Roman. 230 S. Hbg, Wien: Zsolnay 1959

Pestalozzi, (eig. Pestalutz) Johann Heinrich (1746–1827)

1 Zuverlässige Nachricht von der Erziehungs-Anstalt des Herrn Pestalozze. 15 S. o. O. 1778
2 ★Lienhard und Gertrud. Ein Buch für das Volk. 4 Bde. m. Ku. 1781–1787
  1. XVI, 379 S. Bln, Lpz: Decker 1781
  2. XII, 366 S. Ffm, Lpz (o. Verl.) 1783
  3. XVI, 416 S. Ffm, Lpz (o. Verl.) 1785
  4. XII, 484 S. Ffm, Lpz (o. Verl.) 1787
3 ★Christoph und Else. Mein zweytes Volks Buch. 2 Thle. 368, 270 S. Zürich, Dessau: Füessly 1782
4 ★Über Gesetzgebung und Kindermord. Wahrheiten und Träume, Nachforschungen und Bilder. 390 S. Ffm, Lpz: Auf Kosten d. Verf. 1783
5 Lienhard und Gertrud. Ein Versuch, die Grundsätze der Volksbildung zu vereinfachen. Ganz umgearbeitet. 3 Thle. 406, 384, 389 S. m. Ku. Zürich, Lpz: Ziegler 1790–1792
  (Umarb. v. Nr. 2)
6 Figuren zu meinem ABC Buch oder Zu den Anfangsgründen meines Denkens. 324 S. Basel: Flick 1797
7 ★Meine Nachforschungen über den Gang der Natur in der Entwicklung des Menschengeschlechts. 234 S. Zürich: Geßner 1797
8 An mein Vaterland! 18 S. o. O. 1798
9 Wach auf, Volk! Ein Revolutionsgespräch zwischen den Bürgern Hans und Jakob. 10 S. o. O. 1798
10 Ein Wort an die Gesetzgebenden Räthe Helvetiens. 24 S. Aarau (o. Verl.) 1798
11 Ueber den Zehnden. 44 S. Aarau: Bek 1798
12 Anweisung zum Buchstabieren- und Lesenlernen. 49 S. Bern: National-Buchdr. 1801
13 Wie Gertrud ihre Kinder lehrt. Ein Versuch, den Müttern Anleitung zu geben, ihre Kinder selbst zu unterrichten, in Briefen von H. P. 390 S. m. Bildn. Bern, Zürich: Gessner 1801
14 Ansichten über die Gegenstände, auf welche die Gesetzgebung Helvetiens ihr Augenmerk zu richten hat. 59 S. Bern: Geßner 1802
15 Buch der Mütter oder Anleitung für Mütter, ihre Kinder bemerken und reden zu lehren. H. 1. XIV, 164 S. Zürich, Bern, Geßner; Tüb: Cotta 1803
16 Fabeln. 324 S. Basel: Flick 1803
  (Titelaufl. v. Nr. 5)
17 Wochenschrift für Menschenbildung. 4 Bde. Aarau: Sauerländer 1805–1811
18 (Hg.) Journal für die Erziehung. Ersten Bandes erstes Heft. 172 S. Lpz: Graff 1807
19 Das Pestalozzische Institut an das Publikum. Eine Schutzrede gegen verläumderische Angriffe. 186 S. Iferten (o. Verl.) 1811
20 Erklärung gegen Herrn Chorherr Bremi's Drey Dutzend Bürkli'sche Zeitungsfragen. 42 S. Iferten (o. Verl.) 1812
21 An die Unschuld, den Ernst und den Edelmut meines Zeitalters und meines Vaterlandes. 276 S. Iferten: beim Verf. 1815

22 Rede von P. an sein Haus, an seinem zwei und siebzigsten Geburtstage, den 12. Jänner 1818. 173 S. Zürich: Orell & Füßli 1818
23 Sämmtliche Schriften. 15 Bde. Stg, Tüb: Cotta 1819–1826
24 Meine Lebensschicksale als Vorsteher meiner Erziehungsinstitute in Burgdorf und Iferten. IV, 251 S. Lpz: Fleischer 1826
25 Schwanengesang. Lpz 1826
26 Die Abendstunde eines Einsiedlers. Hg. J. P.Scheuenstuhl. 31 S. Erlangen: Selbstverl. d. Herausgebers 1845
27 Sämmtliche Werke. Gesichtet, vervollständigt und mit erläuternden Einleitungen vers. L. W. Seyffarth. 16 Bde. 5313 S. 12⁰ Bln: Eisenschmidt 1881
28 Sämtliche Werke. Hg. A. Buchenau, E. Spranger u. H. Stettbacher. 17 Bde. (1–9, 11–16, 18–19) Bln: de Gruyter; Zürich: Orell Füßli 1927–1960
29 Werke. Gedenkausg. zum zweihundertsten Geburtstage. Hg. P. Baumgartner. 8 Bde. Erlenbach/Zürich: Rotapfel 1944–1949
30 Gesammelte Werke. Hg. E. Boßhart, E. Dejung, L. Kempter u. H. Stettbacher. 10 Bde. m. Abb. u. Faks. Zürich: Rascher (= Schweizer Klassikerausgabe) 1944–1947

Peterich, Eckart (*1900)

1 (Hg.) Frankfurter Bücher. Reihe Idee und Geschichte. 5 Bde. Ffm: Societäts-Verl. 1937–1940
2 Kleine Mythologie. 2 Bde. Ffm: Societäts-Verl. 1937–1938
   Die Götter und Helden der Griechen. 154 S. m. Kt., 8 Bl. Abb. 1937
   Die Götter und Helden der Germanen. 185 S. m. Abb. 1938
3 Die Theologie der Hellenen. 503 S. Lpz: Hegner 1938
4 (MV) E. P. u. W. Braunfels: Kleine italienische Kunstgeschichte. 143 S., 8 Bl. Abb. Ffm: Societäts-Verl. (= Frankfurter Bücher. Reihe Idee und Geschichte 4) 1939
   (Bd. 4 v. Nr. 1)
5 (Übs.) Sonette einer Griechin. 41 S. Freiburg: Herder (1940)
6 Göttinnen im Spiegel der Kunst. XVI, 239 S. m. Abb. 4⁰ Ffm: Societäts-Verl. 1941
7 (Übs.) Der Bilderkreis. Italien. Ausg. Arte e vita. 2 Bde., je 10 S., 25 Taf. Freiburg, Rom: Herder 1942
8 Vom Glauben der Griechen. 14 S., 25 Taf. Freiburg: Herder (= Der Bilderkreis 17) (1942)
9 (Übs.) Fragmente frühgriechischer Lyrik. 76 S. Florenz: Sansoni 1943
10 Das Maß der Musen. Überlegungen zu einer Poetik. 77 S., 10 Taf. Düsseldorf: Christophorus-Verl. (1944)
11 Nausikaa. Schauspiel in fünf Aufzügen. 112 S. Freiburg: Alber 1947
12 Warum lieben wir die Griechen und wozu studieren wir ihre Geschichte? Ein Vortrag. 32 S. Ulm: Aegis-Verl. 1947
13 Gedichte. 1933–1946. 147 S. Freiburg: Herder 1949
14 Die Heimkehr. Ein erzählendes Gedicht. 79 S. Ffm: Knecht-Carolusdr. 1949
15 Liebesliederbuch. 32 S. Zürich: Arche (= Die kleinen Bücher der Arche 78) 1949
16 Der Schreiber oder Die ägyptische Finsternis. Komödie in fünf Aufzügen. 113 S. Freiburg: Alber 1949
17 (Übs.) G. Bernanos: Die tote Gemeinde. Roman. 288 S. Köln: Hegner (1950)
18 Engel. Eine Bilderfolge. 16 S., 15 Taf. Zürich: Arche (= Die kleinen Bücher der Arche 59–60) 1950
19 (MÜbs.) R. Morel: Das Leben Marias, der Mutter des Herrn, erzählt nach den Zeugnissen der Heiligen Schrift, der Geschichte und Legende. Übs. A. Probst u. E. P. 247 S. Olten: Walter (1950)
20 (Übs., Nachw.) G. Bernanos: Die begnadete Angst. 219 S. Köln: Hegner (1951)
21 (Übs.) G. Bernanos: Die Freude. Ein Roman. 320 S. Köln, Olten: Hegner (1952)
22 (MV) A. Probst u. E. P.: Kleine Chronik des Volkes Israel. 247 S., 4 Bl. Abb. Olten, Freiburg: Walter 1952

23 Pariser Spaziergänge. 232 S., 6 Taf. Mchn: Prestel-Verl. 1954
24 Italienischer Alltag. 119 S., 64 Taf. Hbg: Wegner 1955
25 (Einl.) A. Raichle: Paris. 15 S., 1 Kt., 16 Bl. Abb. Mchn, Hannover: Knorr & Hirth 1955
26 (Übs.) J. M. Sanchez-Silva: Die Legende vom kleinen glücklichen Leben und schönen Sterben des Marcelino Pan y Vino. 78 S., 44 Abb. Mchn: Süddt. Verl. 1955
27 Florenz. 15 S. Text, 32 S. Abb. Mchn, Hannover-Ahrbeck: Knorr & Hirth (= Das kleine Kunstbuch) 1956
28 Griechenland. Ein kleiner Führer. 421 S. m. Darst., 46 Bl. Abb. Olten, Freiburg: Walter 1956
29 (Übs.) L. Santucci: Esel, Weinkrug und Sandalen. 122 S. Olten, Freiburg: Walter 1956
30 (Übs.) Dante Alighieri: Die göttliche Komödie. 252 S. m. Abb. Mchn: Prestel 1957
31 Italien. Ein Führer. 3 Bde. Mchn: Prestel 1958–1963
32 (Einl.) T. Schneiders: Sardinien. Ein Bildbuch. 13 S., 75 Abb. Zürich: Fretz & Wasmuth 1958
33 Alkmene. Ein Lustspiel. 62 S. Köln, Olten: Hegner 1959
34 Ein Fischzug und andere Gedichte. 59 S. Köln, Olten: Hegner 1959
35 (MV) T. Schneiders: Kreta. Ein Bildbuch. Text E. P. 19 S., 71 Abb., 1 Kt. Zürich: Fretz & Wasmuth 1959

PETERS, Friedrich Ernst (1890–1962)

1 Totenmasken. Gedichte. 38 S. Bln: Frankfurter Verl.-Anst. 1934
2 Licht zwischen zwei Dunkeln. Gedichte. 66 S. Göttingen: Deuerlich (1938)
3 Der heilsame Umweg. Roman. 277 S. Göttingen: Deuerlich 1938
4 Formelhaftigkeit, ein Wesenszug des Plattdeutschen. Vortrag. 30 S. Wolfshagen-Scharbeutz: Westphal 1939
5 Preis der guten Mächte. Besinnung und Erinnerung. 190 S. Göttingen: Deuerlich 1940
6 Die Wiederkehr des Empedokles. Friedrich Hölderlin und Josef Weinheber. Hg. Geibel-Ges. in Lübeck. 46 S. Wolfshagen-Scharbeutz: Westphal (1940)
7 Zweierlei Gnaden. Gedichte. 99 S. Göttingen: Deuerlich 1941
8 Die schmale Brücke. Erzählung. 95 S. Hbg: Hanseat. Verl.-Anst. (= Hanseaten-Bücherei) (1942)
9 Kleine Erzählungen. 60 S. Göttingen: Deuerlich (1942)
10 Zwiegesang seliger Geister. Erzählung. 119 S. Göttingen: Deuerlich 1944
11 Blaise Pascal. Die Sternenbahn eines Menschengeistes. 167 S., 1 Titelb. Hbg: Trautmann (1946)
12 Die dröge Trina. Geschichte einer „Poahr Dangoaß". 176 S. Göttingen: Deuerlich 1946
13 Bangen und Zuversicht. Gedichte. 112 S. Göttingen: Deuerlich 1947
14 Im Dienst der Form. Gesammelte Aufsätze. 276 S. Göttingen: Deuerlich 1947
15 Erzählungen. 32 S. Flensburg: Schmidt (= Flensburger Ganzschriften 3) 1950
16 Gebild und Leben. Eine Auswahl aus den Schriften. 301 S., 1 Titelb. Schleswig: Bernaerts (1955)
17 Ausgewählte Werke. Hg. Ch. Jenssen. 2 Bde. 242, 196 S. Hbg: Hoffmann & Campe 1958

PETZOLD, Alfons (1882–1923)

1 Trotz alledem! Gedichte. Ausw., Geleitw. J. Luitpold. 32 S. Wien: Wiener Volksbuchh. 1910
2 Seltsame Musik. Gedichte. Geleitw. F. v. Meinhardt. 48 S. Wien: Daberkow 1911

3 Der Ewige und die Stunde. Gedichte. VIII, 132 S. Lpz: Erdgeist-Verl. 1912
4 Memoiren eines Auges. Skizzen eines Sehenden. 112 S. Wien: Anzengruber-Verl. 1912
5 Erde. Ein Roman. IV, 190 S. Wien: Dt.-österr. Verl. 1913
6 Heimat Welt. Dichtungen. 64 S. Wien: Wiener Volksbuchh. 1913
7 Aus dem Leben und der Werkstätte eines Werdenden. 70 S. Wien: Anzengruber-Verl. 1913
8 Krieg. 11 S. Wien: Anzengruber-Verl. 1914
9 Der heilige Ring. Neue Verse 1912–1913. 88 S. m. Bildn. Wien: Anzengruber-Verl. 1914
10 Johanna. Ein Buch der Verklärung. Gedichte. Ausw., Hg. J. Luitpold. 55 S., 4 Abb. Wien: Anzengruber-Verl. (1915)
11 Deutsche Legende. 1 Bl. 4⁰ Wien: Anzengruber-Verl. 1915
12 Volk, mein Volk... Gedichte der Kriegszeit. 66 S. Jena: Diederichs (1915)
13 Österreichische Legende. 6 S. Warnsdorf: Strache (1916)
14 Der stählerne Schrei. Neue Gedichte aus der Kriegszeit. 125 S. Warnsdorf: Strache (1916)
15 Sil, der Wanderer. Erzählungen. 92 S. Konstanz: Reuß & Itta (= Rheinborn-Bücher 2) (1916)
16 Drei Tage. IV, 81 S., 1 Bildn. Warnsdorf: Strache 1916
17 Dämmerung der Herzen. Gedichte aus der Kriegszeit 1916–1917. 76 S. Innsbruck: Wagner 1917
18 Das neue Fest. Ein Büchlein der Liebe. 57 S. Wien: Anzengruber-Verl. 1917
19 Von meiner Straße. Novellen aus der Kriegszeit meines Lebens. XII, 197 S. Warnsdorf: Strache 1917
20 Verklärung. Legende in einem Akt. 33 S. Warnsdorf: Strache 1917
21 Auferstehung. Novellen. 47 S. Villach: Kriegszeitung der k. u. k. 10. Armee (= Feldbücherei der k. u. k. 10. Armee 39) 1918
22 Franciscus von Assisi. Eine Gedichtreihe. 37 S., 8 Taf. Warnsdorf: Strache (1918)
23 In geruhigter Stunde. Neue Verse. 63 S. Lpz: Hesse & Becker (= Die Zeitbücher 87) (1918)
24 Der feurige Weg. Ein russischer Revolutionsroman. 107 S. Wien: Anzengruber-Verl. 1918
25 Der Dornbusch. Soziale Gedichte. 78 S. Wien: Strache 1919
26 Das Buch von Gott. Gedichte. 121 S. Wien: Strache 1920
27 Einkehr. Gedichte. 99 S. Wien: Strache 1920
28 Der Franzl. Geschichte einer Kindheit. 93 S. Wien: Nestroy-Verl. 1920
29 Das rauhe Leben. 508 S. Bln: Ullstein 1920
30 Menschen im Schatten. Wiener Proletariergeschichten. Einl. E. Engel. 133 S., 1 Bildn. Hbg-Großborstel: Dt. Dichter-Gedächtnis-Stiftung (= Der Eichenkranz 9) (1920)
31 Der Totschläger und andere Geschichten. 243 S. Wien: Strache 1921
32 Gesang von Morgen bis Mittag. Eine Auswahl der Gedichte. 181 S. Wien: Wila 1922
33 (MV) F. Löwen u. A. P.: Liebet die Tiere. 16 S., 8 Abb. Wien: Ges. f. graph. Industrie 1922
34 Der Pilgrim. Gedichte. 40 S. Wien: Staatl. Lehr- u. Versuchsanst. 1922
35 Gesicht in den Wolken. Gedichte. 51 S. 4⁰ Wien: Dt.-österr. Verl. 1923
36 Der Irdische. Gedichte. 44 S. Lpz: Feuer-Verl. (1923)
37 Das Lächeln Gottes. Aufzeichnungen einer Liebe. 135 S. Lpz: Feuer-Verl. (1923)
38 Sevarinde. Ein alter Abenteurer-Roman. 91 S. Wien: Interterritorialer Verl. „Renaissance" 1923
39 Totentanz. Gedichte. 43 S. Lpz: Feuer-Verl. (1923)
40 Gedichte und Erzählungen. Hg. H. Sauer. Vorw. F. Braun. 60 S. m. Abb. Wien: Dt. Verl. f. Jugend und Volk 1924
41 Das letzte Mittel und andere Geschichten. Nachw. F. K. Ginzkey. 75 S. Lpz: Reclam (= Reclam's UB. 6457) 1924
42 Das Leben des Arbeiters. Jugendweihe 1925. 72 S. Wien: Jungbrunnen 1925
43 Pfad aus der Dämmerung. Gedichte und Erinnerungen. 265 S. Wien: Wiener Verl. 1947

Pfeffel, Gottlieb Konrad (1736–1809)

1 *Der Einsiedler. Ein Trauerspiel in Versen, von einem Aufzuge. Karlsruhe 1761
2 *Der Schatz, ein Schäferspiel in einem Aufzuge. Ffm 1761
3 *Poetische Versuche in drey Büchern. 193 S. Ffm: Garbe 1761
4 *Versuch in einigen Gedichten. Ffm 1762
5 *Philemon und Baucis. Ein Schauspiel in Versen von einem Aufzug. 63 S. Straßburg: Bauer 1763
6 (Hg.) Allgemeine Bibliothek des Schönen und Guten. Basel, Colmar: Decker 1764
7 (Hg.) Magazin historique pour l'esprit et le coeur. 2 Tle. in 1 Bd. Straßburg: Bauer; Paris: Durand 1764
8 (Hg.) Historisches Magazin für den Verstand und das Herz. Straßburg: Bauer 1764
  (Dt. Ausg. v. Nr. 7)
9 *Theatralische Belustigungen nach französischen Mustern. 5 Bde. Ffm, Lpz: 1765–1774
10 *Neue Beyträge zur Deutschen Maculatur. 1. Bd. VII, 128 S. Ffm: Garbe 1766
11 *Dramatische Kinderspiele. 94 S. Straßburg, Colmar: Decker 1769
12 *Epistel an Phöbe. 16 S. o.O. 1778
13 *Lieder für die Colmarische Academie. 16 S. o.O. 1778
14 Principes du droit naturel, à l'usage de l'école militaire de Colmar. Colmar 1781
15 *Fabeln, der Helvetischen Gesellschaft gewidmet. 208 S. Basel: Thurneysen 1783
16 Poetische Versuche. 3 Bde. 190, 204, 204 S. Basel: Haas 1789–1790
17 Lehren an Egle in B(asel) 1. 16 S. Tüb: Cotta 1792
18 Patriotische Gedanken bey Octaviens Vermählung im Januar 1798. 4 S. o.O. 1798
19 Die Grotte der Melusine. Ein Traum. 4 S. o.O. 1798
20 (MH) Taschenbuch für Damen. (Jg. 1798 u. 1799 m. d. Haupttitel: Taschenkalender für Damen). Hg. L. F. Huber, A. Lafontaine, G. K. P. (u.a.). 11 Jge. 16⁰ Tüb: Cotta 1798–1808
21 Poetische Versuche. 11 Bde. m. Bildn. Stg, Tüb: Cotta 1802–1820
   (Verm. Neuaufl. v. Nr. 16)
22 Prosaische Versuche. 11 Bde. Tüb: Cotta (1–10) bzw. Basel (11) 1810–1824

Pfizer, Gustav (1807–1890)

1 Gedichte. 2 Bde. X, 349; 416 S. Stg: Neff 1831–1835
2 *Fünfzehn politische Gedichte. 3¼ Bg. Stg: Neff (1831)
3 (Übs.) G. G. Byron: Dichtungen. 4 Bde. Stg: Liesching 1835–1839
4 Martin Luther's Leben. XXIV, 911 S., 4 Abb. Stg: Liesching 1836
5 Uhland und Rückert. Ein kritischer Versuch. 4½ Bg. Stg, Tüb: Cotta 1837
6 (MÜbs.) E. L. Bulwer: Sämtliche Romane. Übs. G. P. u. F. Notter. 15 Bde. Stg: Metzler 1838–1843
7 (MÜbs.) G. P. R. James: Romane in deutschen Übertragungen. Übs. G. P. u. F. Notter. 117 Bde. Stg: Metzler 1838–1844
8 (MV) Shakespeare. Nach Roubillac's Statue ... Mit e. Charakteristik des Dichters v. G. P. 1½ Bg. m. Abb. 2⁰ Stg: Liesching 1838
9 (MV) A. Thorwaldsen: Schillers Denkmal ... Mit e. Charakteristik des Dichters v. G. P. 1 Bg. m. Abb. 2⁰ Stg (:Liesching) 1839
10 Dichtungen epischer und episch-lyrischer Gattung. VI, 338 S. Stg: Cotta 1840
11 (Bearb.) Der Nibelunge Not. 53 Bg. m. Abb. 40 Tfln, Tüb: Cotta 1842
12 Der Welsche und der Deutsche, Aeneas Sylvius Piccolomini und Gregor von Heimburg. Historisch-poetische Bilder aus dem fünfzehnten Jahrhundert. 34 Bg. Stg: Becher 1844

13 Geschichte Alexanders des Großen für die Jugend. 25 Bg., 2 Abb., 1 Kt. Stg: Liesching 1846
14 Geschichte der Griechen für die reifere Jugend. 30½ Bg. m. Titelb. Stg: Liesching 1846
15 *Gereimte Räthsel aus dem Deutschen Reich. 480 S. Bln: Reimer 1876

Philipp, (Hugo) Wolfgang (*1883)

1 (MH) Arkadien. Neue Monatsblätter für schöngeistige Litteratur. Hg. J. u. H. Ph. 12 Nrn. Bln: Arkadien-Verl. 1901–1902
2 Ver sacrum. Gedichte. 99 S. 12° Bln, Stg: Juncker 1902
3 ... Mit ihm sein Land Tirol. Ein deutsches Trauerspiel in einem Aufzug. 31 S. Bln: Sack 1918
4 Der Herr in Grün. 189 S. Bln: Kranz-Verl. 1919
5 Der Clown Gottes. Eine groteske Tragödie. 59 S. Bln: Spitzbogen-Verl. 1921
6 Die Welt im Blickpunkt. Versuch einer Kosmosophie. 211 S. Bln: Spitzbogen-Verl. (1921)
7 Der Sonnenmotor. Eine seltsame Geschichte. 52 S. Bln: Spitzbogen-Verl. 1922
8 Bocksprünge. Ein Band Grotesken. 196 S. Bln: Spitzbogen-Verl. (1923)
9 Das glühende Einmaleins. Ein Sommertagstraum. Lustspiel. VIII, 134 S. Bln: Spitzbogen-Verl. (1924)
10 Schlacht am Birnbaum. Sang von der Zeitenwende. 59 S. 4° Bln: Spitzbogen-Verl. (1931)
11 Melodie der Fremde. Lieder aus dem Exil. 32 S. Zürich: Oprecht 1945
12 Auf den Hintertreppen des Lebens. Roman. 543 S. Zürich: Oprecht 1946
13 Melodie der Heimkehr. Heimweh-Lieder. 32 S. Zürich: Schwarzenbach 1947
14 Cherub des Unheils. Tragödie in drei Aufzügen. 56 S. Wiesbaden: Limes-Verl. 1948
15 Grammatik und Schauspielkunst. Eine Funktionslehre der Sprache. 2 Bde. 192, 164 S. Wiesbaden: Limes-Verl. 1948–1951
16 Die Urform der Zauberflöte. Versuch einer Neugestaltung. 44 S. Wiesbaden: Limes-Verl. 1949
17 Apoll Lehmann. Berliner Roman. 216 S. Wiesbaden: Limes-Verl. 1960

Philippi, Fritz (1869–1932)

1 Einfache Geschichten. 104 S. Dillenburg: Seel 1899
2 Aus der Stille. Lieder. 96 S. Heilbronn: Salzer 1901
3 Hasselbach und Wildendorn. Erzählungen aus dem Westerwälder Volksleben. 196 S. Heilbronn: Salzer 1902
4 Jeremia. Dramatische Dichtung. 120 S. Heilbronn: Salzer 1905
5 Unter den langen Dächern. Neue Erzählungen vom Westerwald. 247 S. Heilbronn: Salzer 1906
6 Menschenlied. Neue Gedichte. 103 S. Heilbronn: Salzer 1906
7 Adam Notmann. Ein Leben in der Zelle. Roman. 343 S. Bln: Grote 1906
8 Westerwälder Volkserzählungen. Einl. W. Schulte v. Brühl. Bd. 1: Freibier. Das Stoppelkalb. 132 S. Wiesbaden: Behrend (= Rheinische Hausbücherei 13) 1906
9 Von der Erde und vom Menschen. Bauerngeschichten. 236 S. Heilbronn: Salzer 1907
10 Auf der Insel. Zuchthausgeschichten. 176 S. Bln-Schöneberg: Fortschritt 1910
11 Gibt es eine richterliche Instanz in Glaubensdingen? Kanzelrede zum Fall Jatho. 15 S. Wiesbaden: Staadt 1911
12 Der goldene Vogel. Drei Erzählungen. 47 S. Wiesbaden: Staadt (= Wiesbadener Volksbücher 145) 1911
  (Ausz. a. Nr. 3, 5, 10)
13 Vom Weibe bist du. Roman. 316 S. Hagen: Rippel 1911
14 Disziplin in Gewissenssachen? Kanzelrede zum Fall Traub. 14 S. Wiesbaden: Staadt 1912

15 (MV) (C. Lieber: Kirche und Bekenntnis. – F. P.:) Moderner Mensch und Kirchlichkeit. (– H. Beckmann: Staat und Kirche.) 62 S. Wiesbaden: Staadt (= Wiesbadener kirchenpolitische Vorträge 2) 1912
16 Im Netz. Schicksalsnovellen. 175 S. Hagen: Rippel 1912
17 Strafvollzug und Verbrecher. 84 S. Tüb: Mohr (= Lebensfragen 25) 1912
18 Weiße Erde. Roman. 380 S. Hagen: Rippel 1913
19 Es ist vollbracht. Predigt. 16 S. Wiesbaden: Staadt 1913
20 Hasselbach und Wildendorn. Westerwälder Bauerngeschichten. 56 S. Heilbronn: Salzer 1913
   (Verm. Neuaufl. v. Nr. 3)
21 Pfarrer Hellmund. Bürgerliches Schauspiel in fünf Akten. 95 S. Hagen: Rippel 1913
22 (MV) (E. Veesenmeyer: Jesus und Gott. – F. P.:) Jesus und der Mensch. (– H. Beckmann: Jesus und die Welt. – C. Lieber: Das Selbstbewußtsein Jesu.) VII, 112 S. Wiesbaden: Staadt (= Moderne Bibelabende 1913) 1913
23 Judas Ischariot. Drama. (S.-A.) 15 S. Hagen: Rippel 1913
24 Adams Wiederkunft. Ein neues Mysterium in fünf Bildern. 93 S. Hagen: Rippel 1913
25 (MV) (C. Lieber: Der freie Protestantismus und die Kultur. – F. P.:) Der freie Protestantismus und das Wirtschaftsleben. (– H. Beckmann: Der freie Protestantismus und die Gemeinde. – W. Luecken: Der freie Protestantismus und die Mission.) 76 S. Wiesbaden: Staadt (= Wiesbadener kirchenpolitische Vorträge 3) 1914
26 Die heimliche Stimme. Lyrik. 125 S. Hagen: Rippel 1914
27 (MV) Weihnachten. (– E. Veesenmeyer: Karfreitag. – C. Lieber: Ostern. – H. Beckmann: Pfingsten.) IV, 84 S. Wiesbaden: Staadt (= Moderne Bibelabende 1914) 1914
28 Wir aber müssen siegen! Kriegspredigt nebst einem Anhang von Kriegsliedern. 15 S. Wiesbaden: Staadt 1914
29 Wir sind das Volk des Zorns geworden. Kriegslieder. 16 S. Hagen: Rippel 1915
30 Altmutter. Bauerndrama aus der Zeit des großen Krieges in vier Aufzügen. (S.-A.) 48 S. Marburg: Verl. d. Christlichen Welt 1916
31 An der Front. Feldpredigten. 86 S. Wiesbaden: Staadt 1916
32 Aus meinem Guckkasten. Erzählungen. 104 S. Hagen: Rippel (1916)
33 Paulus und das Judentum nach den Briefen und nach der Apostelgeschichte. Nachgelassener Versuch. IV, 68 S. Lpz: Hinrichs 1916
34 Wendelin Wolf. Roman. 226 S. Hagen, Lpz: Bibliogr. Inst. (1916)
35 Weltflucht. Roman einer Siedlung. 255 S. Lpz: Weber 1920
36 Auf der Hohen Heide. Bauerngeschichten aus dem Westerwald. 299 S. Lpz, Bln: Voegel 1921
37 Erdrecht. Roman eines Weltwinkels. 259 S. m. Abb. Lpz, Bln: Voegel 1922
38 (MV) F. P., F. Meinecke u. M. Schmidt: Verfassung der Nassauischen Landeskirche. Entwurf im Anschluß an die bereits vorgeschlagenen Fassungen bearb. 50 S. Wiesbaden: Voigt 1922
39 Niemandsland. Zeitroman. 240 S. Stg: Union (1923)
40 Belial. Ein unwahrscheinlich Mensch- und Teufelsspiel in einem Vorspiel und vier Bildern. 75 S. Wiesbaden: Dioskuren-Verl. 1924
41 Mose. Ein sagenhaftes Spiel in vier Handlungen. 55 S. Wiesbaden: Dioskuren-Verl. 1924
42 Vom Pfarrer Matthias Hirsekorn und seinen Leuten. 150 S. Lpz: Weber 1924
43 Pfarrer Hirsekorns Zuchthausbrüder. Eine menschliche Geschichte. 164 S. Lpz: Weber 1925
44 Aus der andern Wirklichkeit. Predigten. 206 S. Heidelberg: Evangel. Verl. 1926
45 Aus dem Westerwald. Gesammelte Erzählungen. 445 S. Bln: Volksverb. d. Bücherfreunde, Wegweiser-Verl. 1927

PICARD, Jacob (1883–1967)

1 Das Ufer. Gedichte. 40 S. Heidelberg: Saturn-Verl. (= Lyrische Bibliothek 3) 1913

2 Erschütterung. Gedichte. 55 S. Heidelberg: Meister 1920
3 Der Gezeichnete. Jüdische Geschichten aus einem Jahrhundert. 254 S. Bln: Jüd. Buchvereinigung (= Jahresreihe 1936, 4) 1936
4 (MH) G. Kolmar: Das lyrische Werk. 349 S. m. Abb. Heidelberg, Darmstadt: Schneider (= Veröffentlichungen d. Dt. Akademie f. Sprache u. Dichtung, Darmstadt, 6) 1955

Picard, Max (1888–1965)

1 Das Ende des Impressionismus. 76 S. Mchn, Erlenbach/Zürich: Rentsch 1916
2 Expressionistische Bauernmalerei. 27, 1 S., 24 Taf. 4° Mchn: Delphin-Verl. (1918)
3 Mittelalterliche Holzfiguren. 31 S., 32 Abb. Erlenbach/Zürich: Rentsch 1920
4 Der letzte Mensch. 204 S. Wien: Tal 1921
5 Das Menschengesicht. 223 S. m. Taf. Mchn: Delphin-Verl. (1930)
6 Graphologie. 1 Bl. Lpz: Klein (= Fortschritte und Wandlungen in Wissenschaft, Leben und Weltanschauung) (1931)
7 (MV) Die Ungeborgenen. Rundgespräch. 90 S. Bln: Eckart-Verl. (= Der Eckart-Kreis 1) 1933
8 Die Flucht vor Gott. 197 S. Erlenbach/Zürich: Rentsch 1934
9 Die Grenzen der Physiognomik. 191 S., 30 Taf. Erlenbach/Zürich: Rentsch 1939
10 Die unerschütterliche Ehe. 263 S. Erlenbach/Zürich: Rentsch 1942
11 Hitler in uns selbst. 272 S. Erlenbach/Zürich: Rentsch (1946)
12 Die Welt des Schweigens. 246 S. Erlenbach/Zürich: Rentsch 1948
13 Hitler in uns selbst. 291 S. Erlenbach/Zürich: Rentsch (1949) (Verm. Neuaufl. v. Nr. 11)
14 Zerstörte und unzerstörbare Welt. 240 S. Erlenbach/Zürich: Rentsch 1951
15 Die Atomisierung in der modernen Kunst. 45 S. Hbg: Furche-Verl. (= Furche-Bücherei 90) 1954
16 Wort und Wortgeräusch. 38 S. Hbg: Furche-Verl. (= Furche-Bücherei 90) 1954
17 Ist Freiheit heute überhaupt möglich? – Einbruch in die Kinderseele. 46 S. Hbg: Furche-Verl. (= Furche-Bücherei 115) 1955
18 Der Mensch und das Wort. 201 S. Erlenbach/Zürich: Rentsch 1955
19 Die Atomisierung der Person. 39 S. Hbg: Furche-Verl. (= Furche-Bücherei 157) 1958
20 Das letzte Antlitz. Totenmasken von Shakespeare bis Nietzsche. 16 S., 16 Bl. Abb. Mchn, Ahrbeck: Knorr & Hirth (= Das kleine Kunstbuch) 1959

Pichler, Ritter von Rautenkar, Adolf (1819–1900)

1 (Hg.) Frühlieder aus Tirol. 5 Bg. 12° Innsbruck: Wagner 1846
2 Aus dem wälsch-tirolischen Kriege. 52 S. Wien: Kedt & Pierer 1849
3 Aus den März- und Oktobertagen zu Wien 1848. 47 S. Innsbruck: Wagner 1850
4 Über das Drama des Mittelalters in Tirol. 168 S. Innsbruck: Wagner 1851
5 Legenden. 15 S. Innsbruck: Wagner 1852
6 Lieder der Liebe. Innsbruck: Wagner 1852
7 Gedichte. V, 160 S. 16° Innsbruck: Wagner 1853
8 Hymnen. 39 S. 16° Innsbruck: Wagner 1855
9 Hymen. 51 S. 16° Nürnberg: Bauer & Raspe 1858
10 Polybius' Leben, Philosophie, Staatslehre. 427 S. Landshut: Thomann 1860
11 Aus den Tirolerbergen. 311 S. Mchn: Merhoff 1861
12 Rodrigo. Trauerspiel. 82 S. Innsbruck: Wagner 1862
13 (MV) (A. Moriggl: Leben und Heldentod des Grafen Ludwig von Lodron. 344 S. – A. P.:) Beiträge zur Geognosie Tirols. 48 S. Innsbruck: Wagner (= Zeitschrift des Ferdinandeums für Tirol und Vorarlberg, 3. Folge, H. 11) 1863

14 Zur Geognosie der Alpen. Innsbruck 1867
15 Allerlei Geschichten aus Tirol. 338 S. Jena: Frommann 1867
16 In Lieb' und Haß. Elegien und Epigramme. 88 S. Gera: Amthor 1869
17 Deutsche Tage. 23 S. Bln: Lipperheide 1870
18 Marksteine. Erzählende Dichtung. 229 S. 16⁰ Gera: Amthor 1874
19 Fra Serafico. 58 S. 12⁰ Innsbruck: Wagner 1879
20 Zu Literatur und Kunst. Epigramme. 30 S. 12⁰ Innsbruck: Wagner 1879
21 Vorwinter. 51 S. 12⁰ Gera: Schulverl. 1885
22 Neue Marksteine. Erzählende Dichtungen. 254 S. Lpz: Liebeskind 1890
  (Enth. u. a. Nr. 19)
23 Zu meiner Zeit. Schattenbilder aus der Vergangenheit. 334 S. Lpz: Liebeskind 1892
24 Der Einsiedler. Erzählung aus den Tiroler Bergen. 115 S. 12⁰ Lpz, Bln: Meyer (= Deutsche Novellen-Bibliothek aus Österreich 6) 12⁰ 1896
25 Kreuz und quer. Streifzüge. 303 S. Lpz, Bln: Meyer 1896
26 Spätfrüchte. Gedichte verschiedener Art. 210 S. Lpz: Meyer 1896
27 Gesammelte Erzählungen. 6 Bde, Lpz, Bln: Meyer 1897–1898
28 Jochrauten. Neue Geschichten aus Tirol. 2 Bde. 315, 244 S. Lpz, Bln: Meyer (= Gesammelte Erzählungen, 2. Sammlung) 1897
  (2. Sammlung v. Nr. 27)
29 Letzte Alpenrosen. Erzählungen aus den Tiroler Bergen. 2 Tle. 165, 168 S. Lpz, Bln: Meyer (= Gesammelte Erzählungen, 3. Sammlung) 1898
  (3. Sammlung v. Nr. 27)
30 Der Anderl und 's Resei. Faschingsschwank in Schnadahüpfeln. 31 S. Lpz, Bln: Meyer 1898
31 Tiroler Geschichten und Wanderungen. 3 Bde. Lpz, Bln: Meyer 1899
32 (MV) Die deutsche Flotte. (– P. Rosegger: Ein verhängnisvolles Laster unseres Volkes. Verzeichnis der Landesverbände und Ortsgruppen.) 24 S. Bln: Reimer (= Schriften d. Allgem. dt. Schulvereins zur Erhaltung des Deutschtums im Auslande 1) 1900
33 In Lieb' und Haß. Elegien und Epigramme aus den Alpen. 192 S. Bln, Mchn: Müller 1900
  (Verm. Neuaufl. v. Nr. 16)
34 Das Sturmjahr. Erinnerungen aus den März- und Oktobertagen 1848. Aus dem Nachlaß. 181 S. Bln, Mchn: Müller 1903
  (Enth. Nr. 2 u. 3)
35 Gesammelte Werke. 17 Bde. Mchn: Müller (1904–1908)

PICHLER, Karoline (1769–1843)

1 Gleichnisse. 136 S. Wien: Pichler 1800
2 Idyllen. 173 S. Wien: Pichler 1803
3 Leonore. Gemälde aus der großen Welt. 2 Bde. Wien: Pichler 1804
4 Agathokles. 3 Bde. 240, 224, 288 S. Wien: Pichler 1808
5 Frauenwürde. 4 Bde. Wien 1808
6 Die Grafen von Hohenberg. 2 Bde. Lpz: Fleischer 1811
7 Erzählungen. 2 Bde. o. O. 1812
8 Biblische Idyllen. 125 S. Wien: Pichler 1812
9 Olivier. Wien 1812
10 Germanicus. 154 S. Wien: Strauß 1813
11 Sämmtliche Werke. 24 Bde. m. Ku. Wien: Strauß 1813–1820
12 Gedichte. 328 S. Wien: Pichler (= Sämmtliche Werke 14) 1814
  (Bd. 14 v. Nr. 11)
13 Dramatische Dichtungen. 2 Bde. m. Ku. Wien 1815–1818
14 Neue dramatische Dichtungen. 316 S. Wien: Pichler 1818
15 Neue Erzählungen. 3 Bde. Lpz 1818–1820
16 Sämtliche Werke. 53 Bde. Wien: Pichler 1820–1843
  (Verm. Neuaufl. v. Nr. 11)
17 Die Nebenbuhler. 2 Bde. 283, 259 S. Wien: Pichler (= Sämtliche Werke 9–10) 1821
  (Bd. 9–10 v. Nr. 16)

18 Prosaische Aufsätze. 2 Bde. Wien: Pichler (= Sämtliche Werke 17–18) 1822
    (Bd. 17–18 v. Nr. 16)
19 Dramatische Dichtungen. 3 Bde. Wien: Pichler (= Sämtliche Werke 19–21) 1822
    (Verm. Neuaufl. v. Nr. 13; Bd. 19–21 v. Nr. 16)
20 Kleine Erzählungen. 10 Bde. Wien: Pichler (= Sämtliche Werke 22–31) 1822–1828
    (Bd. 22–31 v. Nr. 16)
21 Gedichte. 316 S. Wien: Pichler (= Sämtliche Werke 16) 1822
    (Bd. 16 v. Nr. 16)
22 Die Belagerung Wiens. 3 Bde. Wien: Pichler (= Sämtliche Werke 32–34) 1824
    (Bd. 32–34 v. Nr. 16)
23 Die Schweden in Prag. 3 Bde. Wien: Pichler (= Sämtliche Werke 35–37) 1827
    (Bd. 35–37 v. Nr. 16)
24 Sämtliche Werke. 60 Bde. 16° Wien: Pichler 1828–1844
25 Die Wiedereroberung von Ofen. 2 Bde. Pichler (= Sämtliche Werke 39–40) 1829
    (Bd. 39–40 v. Nr. 16)
26 Friedrich der Streitbare. 4 Bde. Wien: Pichler (= Sämtliche Werke 41–44) 1831
    (Bd. 41–44 v. Nr. 16)
27 Henriette von England, Gemahlin des Herzogs von Orleans. 295 S. Wien: Pichler (= Sämtliche Werke 45) 1832
    (Bd. 45 v. Nr. 16)
28 Elisabeth von Guttenstein. 3 Bde. Wien: Pichler (= Sämtliche Werke 47–49) 1835
    (Bd. 47–49 v. Nr. 16)
29 Zerstreute Blätter aus meinem Schreibtische. 259 S. Wien: Pichler 1836
30 Zeitbilder. 2 Bde. 316, 482 S. Wien: Pichler (= Sämtliche Werke 51–52) 1839–1841
    (Bd. 51–52 v. Nr. 16)
31 Denkwürdigkeiten aus meinem Leben. 1769–1843. Hg. F. Wolf. 4 Bde. 12° Wien: Pichler 1844

Pietsch, Johann Valentin (1690–1733)

1 Gesamlete Poetische Schrifften Bestehend aus Staats- Trauer- und Hochzeit-Gedichten, Mit einer Vorrede, Herrn le Clerc übersetzten Gedancken von der Poesie und Zugabe einiger Gedichte, von J. Ch. Gottsched. 32 Bl., 258 S. m. Ku. Lpz: Grossens Erben 1725
2 Gebundene Schriften in einer vermehrten Sammlung ans Licht gestellet von J. G. Bock. 7 Bl., 436 S., 5 Bl. m. Titelku. Königsberg: Eckart 1740

Piontek, Heinz (*1925)

1 Die Furt. Gedichte. 55 S. Eßlingen: Bechtle 1952
2 Die Rauchfahne. Gedichte. 70 S. Eßlingen: Bechtle 1953
3 Vor Augen. Proben und Versuche. 171 S. Eßlingen: Bechtle 1955
4 (MV) Horizont. H. 1. Erzählungen. 48 S. Hbg: Agentur des Rauhen Hauses (1955)
5 (MV) Ich muß nach Aquestes. (– K.-E. Nauhaus: Zwanzig Rupien.) 16 S. m. Abb. Hbg: Agentur des Rauhen Hauses (= Am Lagerfeuer 14) (1956)
6 Die Rauchfahne. Gedichte. 106 S. Eßlingen: Bechtle 1956
    (Erw. Neuaufl. v. Nr. 2; enth. u. a. Ausz. a. Nr. 1)
7 Wassermarken. Gedichte. 62 S. Eßlingen: Bechtle 1957
8 Buchstab, Zauberstab. Über Dichter und Dichtung. 153 S. Eßlingen: Bechtle 1959

9   (Hg.) Aus meines Herzens Grunde. Evangelische Lyrik aus vier Jahrhunderten. 95 S. Stg: Steinkopf (= Steinkopfs Hausbücherei) 1959
10 (Übs.) J. Keats: Gedichte. 65 S. Wiesbaden: Insel (= Insel-Bücherei 716) 1960

PLANNER-PETELIN, Rose (eig. Hedi Zöckler) (*1900)

1   Ferien in Posen. Eine Erzählung. 226 S. Bln: Verl. Grenze und Ausland 1935
2   Das heilige Band. Roman. 342 S. Bln: Propyläen-Verl. 1938
3   Der Fährmann an der Weichsel. Zwei Erzählungen. 48 S. Bln: Furche-Verl. (= Furche-Bücherei 73) 1941
4   Und dennoch blüht die Erde. Roman. 400 S. Hbg: Hanseat. Verl.-Anst. 1941
5   Kärntner Sommer. Novelle. 47 S. Bln: Furche-Verl. 1942
6   Der Wutzl. Geschichte einer merkwürdigen Freundschaft. 131 S., 12 Taf. Wiesentheid: Droemer 1946
7   Wulfenia. Roman. 540 S. Wiesentheid: Droemer 1947
8   Madonna an der Wiese. Roman. 224 S. Wiesentheid: Droemer 1948
9   Rübezahl. Die alten Sagen neu erzählt. 182 S., 4 Taf. Mchn: Droemer 1953
10 Gullivers Reisen. Dem gleichnamigen Buche von Swift für die Jugend nacherzählt. 133 S., 28 Abb., 4 Taf. Mchn: Droemer 1954
11 Der Doktor von Titinow. Geschichte einer Familie. 535 S. Göttingen: Vandenhoeck & Ruprecht 1958
12 Der seltsame Nachbar. Markus findet Freunde unter Menschen und Tieren. 163 S. m. Abb. Köln: Schaffstein 1959

PLATEN (-Hallermünde), August Graf von (1796–1835)

1   Hymne der Genien am Säcularfest der Reformation. 1 Bl. Mchn: Lentner (150 Ex.) 1817
2   Lyrische Blätter. No. 1. VIII, 152 S., 1 Bl. Lpz: Brockhaus 1821
3   Ghaselen. 38 S. Erlangen: Heyder 1821
4   Vermischte Schriften. 174 S. Erlangen: Heyder 1822
5   Neue Ghaselen. 1 Bl., 62 S. Erlangen: Junge 1823
6   *Am Grabe Peter Ulrich Kernells. 2. April 1824. 2 Bl. 4° Erlangen 1824
7   Schauspiele. Erstes Bändchen. 1 Bl., 226 S. Erlangen: Heyder 1824
8   An König Ludwig. Ode. 3 Bl. 4° Erlangen: Palm 1825
9   Sonette aus Venedig. 18 S. Erlangen: Heyder 1825
10 Die verhängnißvolle Gabel. Ein Lustspiel in fünf Akten. 69, 1 S. Stg, Tüb: Cotta 1826
11 *Ihren hochverehrtesten Gönnern am ersten Tage des Jahres 1826 in tiefster Ehrfurcht dargebracht von der dekretirten Zettelträgerin Pitz in Erlangen. 1 Bl. o.O. 1826
12 Gedichte. 303 S., 1 Bl. Stg, Tüb: Cotta 1828
13 Schauspiele. 2 Bde. 250 S. Stg, Tüb: Cotta 1828
14 Der romantische Ödipus. Ein Lustspiel in fünf Akten. 104 S. Stg, Tüb: Cotta 1829
15 Geschichten des Königreichs Neapel von 1414 bis 1443. X, 360 S., 7 Bl. m. Titelb. Ffm: Sauerländer 1833
16 Die Liga von Cambrai. Geschichtliches Drama in drei Akten. 105 S., 7 Bl. Ffm: Sauerländer 1833
17 Gedichte. 444 S. Stg, Tüb: Cotta 1834
    (Verm. Neuaufl. v. Nr. 12)
18 Die Abassiden. Ein Gedicht in neun Gesängen. X, 145 S. Stg, Tüb: Cotta 1835
19 Gedichte aus dem ungedruckten Nachlasse. Als Anhang zu den bei Cotta erschienenen Gedichten Platens. XII, 51 S. Straßburg: Literar. Comptoir 1839
20 Gesammelte Werke. In einem Bande. 438 S. m. Bildn. u. Faks. 4° Stg, Tüb: Cotta 1839

21 Gedichte aus dem ungedruckten Nachlasse. XII, 75 S. Straßburg: Schuler 1841
(Verm. Neuaufl. v. Nr. 19)
22 Gesammelte Werke. 7 Bde. m. Bildn. 12⁰ Stg, Tüb: Cotta (1–5) bzw. Lpz: Dyk (6–7) 1843–1852
23 Polenlieder. 52 S. Ffm: Literar. Anst. 1849
24 Poetischer und litterarischer Nachlaß. Ges., hg. J. Minckwitz. 2 Bde. XXIV, 282; 439 S. 16⁰ Lpz: Dyk 1852
25 August Graf von Platen. 315 S. m. Bildn. 16⁰ Kassel, Hbg: Hoffmann (= Moderne Classiker 17) 1853
26 Der Sieg der Gläubigen. Hg. C. Vogt. 44 S. Genf: Lauffer 1857
27 Tagebuch 1796–1825. Hg. V. Engelhardt u. K. Pfeufer. XIV, 288 S. Stg, Augsburg: Cotta 1860
28 Lebensregeln. 47 S. Stg: Kitzinger 1876
(Ausz. a. Nr. 20)
29 Ungedruckte Gedichte. Zur Feier des 13. Juli 1894 für Gustav Freytag in Druck gegeben. 47 S. o. O. (80 num. Ex.) 1894
30 Die Tagebücher. Aus der Handschrift des Dichters hg. L. v. Laubmann u. L. v. Scheffler. 2 Bde. XVI, 875; X, 1024 S. Stg: Cotta 1896–1900
31 Dramatischer Nachlaß. Aus den Handschriften der Münchener Hof- und Staatsbibliothek hg. E. Petzet. CXVII, 193 S. Bln: Behr (= Deutsche Literaturdenkmale des 18. und 19. Jahrhunderts 124) 1902
32 Sämtliche Werke. Histor.-krit. Ausg. m. Einschl. d. handschriftl. Nachlasses. Hg. M. Koch u. E. Petzet. 12 Bde. Lpz: Hesse & Becker 1910

PLEYER, Wilhelm (*1901)

1 Die Jugendweisen. 190 S. Weinböhla b. Dresden: Aurora-Verl. (1921)
2 (Hg.) A. K. Seidl: Geweihtes Erbe. Eine Auswahl aus den nachgelassenen Gedichten. 104 S. Prag: Verl. d. Burschenschaft „Albia" 1924
3 Aus der Spaßvogelschau. 47 S. m. Abb. Reichenberg: Jungvölk. Bund 1924
4 Aus Bauernland. Erzählungen. 82 S. Reichenberg: Jungvölk. Bund 1926
5 (Hg.) Der Hockauf. Sudetendeutsche Blätter für Humor, Satire und Kunst. Reichenberg 1926
6 Der Bärenhäuter. Das deutsche Märchen für die Puppenbühne. 22 S. Mchn: Callwey (= Schatzgräberbühne 53) 1928
7 Die Jugendweisen. Lieder und Balladen. 76 S. Karlsbad: Kraft (1929)
(Veränd. Neuaufl. v. Nr. 1)
8 Deutschland ist größer! Gedichte. 47 S. Weimar: Duncker (1932)
9 Till Scheerauer. Der Roman eines jungen Deutschen. 358 S. Weimar: Duncker 1932
10 Der Puchner. Ein Grenzlandschicksal. Roman. 363 S. Mchn: Langen-Müller 1934
11 Im Gasthaus „Zur deutschen Einigkeit". Geschichten aus Böhmen. 64 S. Mchn: Langen-Müller (= Die kleine Bücherei 82) (1937)
12 Die Brüder Tommahans. Roman. 331 S. Mchn: Langen-Müller 1937
13 Im böhmischen Wind. Aus dem Roman „Der Puchner". Bes. H. K. Roeder. 60 S. Mchn: Langen-Müller (= Die deutsche Folge 34) (1937)
(Ausz. a. Nr. 10)
14 Der Kampf um Böhmisch-Rust. Zwei Erzählungen. 57 S. Mchn: Langen-Müller (= Die kleine Bücherei 97) 1938
15 Lied aus Böhmen. Gedichte. 51 S. Mchn: Langen-Müller 1938
16 Die letzten und die ersten Tage. Verse und Tagebuchblätter von Kampf und Befreiung. 61 S. Karlsbad: Kraft (= Volksdeutsche Reihe 34) (1940)
17 Tal der Kindheit. 209 S. Mchn: Langen-Müller 1940
(Neubearb. des 1. Teils v. Nr. 9)
18 Der Gurkenbaum. Heitere Geschichten. 70 S. Mchn: Eher (= Soldaten, Kameraden! 44) (1941)
19 Kämpfen und Lachen. Erlebnisse. Mit e. Selbstdarstellung d. Verf. „Heimat und Herkunft". 75 S. Lpz: Reclam (= Reclam's UB. 7487) 1941

20 Bismarck durchreitet die Nacht. Bild eines Deutschen. 47 S. Karlsbad: Kraft (= Volksdeutsche Reihe 47) (1942)
21 Seine Bücher und die Frauen. 19 S. Mchn: Münchner Buchverl. (= Münchner Lesebogen 59) (1942)
22 Dichterfahrt durch Kampfgebiete. Ein Tagebuch. 60 S., 2 Bl. Abb. Karlsbad: Kraft (= Volksdeutsche Reihe 50) (1942)
23 Kindheit in Böhmen. 79 S. Köln: Schaffstein (= Schaffstein's Blaue Bändchen 246) 1942
  (Ausz. a. Nr. 17)
24 Der Ruf des Lebens. 31 S. Bielefeld: Velhagen & Klasing (= Velhagen & Klasings Feldpost-Lesebogen) 1943
25 Mutters Schleier. Humorige Verse. 63 S. Karlsbad: Kraft (1943)
26 Das Abenteuer Nikolsburg. Zwei Erzählungen. 62 S. Karlsbad: Kraft 1944
27 Tjawoll! Lustige und grimmige Geschichten. 63 S. Bln: Reichel (1944)
28 Lob der Frauen. Eine Rahmenerzählung. 206 S. Gütersloh: Bertelsmann 1948
29 Wir Sudetendeutschen. 430, XXXII S. m. Abb. Salzburg: Akad. Gemeinschaftsverl. (= Heimat im Herzen) 1949
30 Dennoch. Neue Gedichte. 63 S. Lochham b. Mchn: Türmer-Verl. 1951
31 Spieler in Gottes Hand. Roman. 334 S. Gießen: Hamann 1951
32 Der Heimweg. Roman. 302 S. Mchn, Wien: Andermann (1952)
  (Erw. Ausz. d. 3. Teils v. Nr. 9)
33 Aber wir grüßen den Morgen. Erlebnisse 1945–1947. 359 S. Starnberg, Wels: Verl. Welsermühl 1953
34 Lob der Frauen. Eine Rahmenerzählung. 134 S. Mchn: Türmer-Verl. 1956
  (Neufassg. v. Nr. 29)
35 Hirschau und Hockewanzel. Das Schwankbuch aus dem Sudetenland. 256 S. m. Abb. Augsburg: Kraft 1957
36 Gustav Leutelt, der Dichter des Isergebirges. Jahresgabe der Leutelges. 32 S., 6 Abb., 1 Faks. Kaufbeuren-Neugablonz: Wenzel (= Gablonzer Bücher) 1957
37 Europas unbekannte Mitte. Ein politisches Lesebuch. 254 S. Mchn, Stg: Bogen-Verl. 1957
38 Musenbusserln. Unernste Gedichte. 83 S. Mchn: Türmer-Verl. 1957
39 So tief ist keine Nacht. Geschichten und Lieder aus der Zeit. 87 S. Mchn, Stg: Bogen-Verl. (= Reihe der Jungen 2) 1957
40 (Einl.) Sudentenland. Böhmen. Ein Bilderbuch der unvergessenen Heimat mit hundert Aufnahmen. Hg. A. Kraft. 15 ungez. Bl. Text, 80 S. Abb. Augsburg: Kraft (= AK-Bildbände) (1957)
41 (MV) A. Kraft u. W. P.: Schönes Nordböhmen. Ein Bilderbuch der unvergessenen Heimat mit 154 Aufnahmen. Text W. P. 32 S., 64 Bl. Abb. Augsburg: Kraft (= AK-Bildbände) (1958)
42 Wege der Jugend. 280 S. Mchn: Bogen-Verl. 1959
  (Neubearb. d. 1. Teils v. Nr. 9)
43 Die Nacht der Sieger. 77 S. Mch: Bogen-Verl. 1960

PLIEVIER, Theodor (⁺Plivier) (1892–1955)

1 Weltwende. 8 S. Bln: Verl. d. Zwölf (1923)
2 ⁺Des Kaisers Kulis. Roman der deutschen Kriegsflotte. 398 S. Bln: Malik-Verl. (1929)
3 ⁺Zwölf Mann und ein Kapitän. Novellen. 273 S. Lpz, Bln: Neff (1929)
4 Über seine Arbeit. 15 S. Bln: Malik-Verl. 1932
5 ⁺Der Kaiser ging, die Generäle blieben. Deutscher Roman. 347 S. Bln, Prag: Malik-Verl. 1932
6 Der zehnte November 1918. Ein Kapitel aus dem gleichnamigen Roman. Bearb. A. Wenediktow. 54 S. Moskau, Leningrad: Verlagsgenossensch. ausländ. Arbeiter 1935
7 Das große Abenteuer. Roman. 442 S. Amsterdam: de Lange 1936
8 Im Wald von Compiègne. 54 S. Moskau: Iskra revoljucii (= Kleine Volksbibliothek) 1939

9 Nichts als Episode. 93 S. Moskau: Meshdvnarodnaja Kniga 1941
10 Der Igel. Die Geschichte vom Untergang einer Nazi-Bastion an der Ostfront. 31 S. London: Freier Deutscher Kulturbund in Großbritannien (1942)
11 Das Tor der Welt. Moskau 1942
12 (MV) B. Kellermann: Was sollen wir tun? Mit Diskussionsbeiträgen v. Th. P. (u. a.) 48 S. Bln: Aufbau-Verl. 1945
13 Stalingrad. Roman. 383 S. Bln: Aufbau-Verl. 1945
14 Generale unter sich. 35 S. Mainz: Ehglücksfurtner 1946
   (Ausz. a. Nr. 13)
15 Haifische. Roman. 191 S. Weimar: Kiepenheuer 1946
   (Forts. v. Nr. 16)
16 Im letzten Winkel der Erde. 219 S. Weimar: Kiepenheuer 1946
17 Das gefrorene Herz. Erzählungen. 116 S. Weimar: Kiepenheuer 1947
   (Enth. u. a. Nr. 10)
18 Eine deutsche Novelle. 108 S. Weimar: Kiepenheuer 1947
19 Einige Bemerkungen über die Bedeutung der Freiheit. Rede. 25 S., 1 Titelb. Nürnberg: Nest-Verl. 1948
20 Des Kaisers Kulis. Roman. 273 S. Konstanz, Lpz: Asmus-Verl. (= Asmus-Bücher) 1949
   (Veränd. Neuaufl. v. Nr. 2)
21 Der Seefahrer Wenzel und die Töchter der Casa Isluga. 248 S. Zürich: Büchergilde Gutenberg 1951
22 Moskau. Roman. 540 S. Mchn: Desch 1952
23 Berlin. Roman. 605 S. Mchn, Wien, Basel: Desch 1954

Pocci, Franz Graf von (1807–1876)

1 Neujahrsgruß für 1834. o. O. 1834
2 Märchen. 3 Bde. m. Abb. Mchn 1837–1839
3 (MV) F. Graf v. P. (u. a.): Geschichten und Lieder. 3 Bde. m. Abb. Mchn: Liter.-art. Anst. 1840–1845
4 *Schützenlied. Zinneberg 1840
5 *Lied des Mäßig(kei)tsvereins. 2 Bl. o. O. 1841
6 Ein Büchlein für Kinder. 7 Bg. Schaffhausen: Hurter (1842)
7 Das Mährlein von Hubertus und seinem Horn. 48 S. m. Abb., 1 Liedanh. Landshut: Vogel 1842
8 Dichtungen. XVI, 284 S. Schaffhausen: Hurter 1843
9 (MV) F. Graf v. P. u. F. v. Kobell: Alte und neue Jägerlieder. Mit Bildern und Singweisen. 3 Bg., 32 Abb. Landshut: Vogel (1843)
10 Des Reiters Rosse. 1 Bl. 2° o. O. (1843)
11 Zum Zeitvertreib. o. O. 1843
12 Blaubart. Ein Märchen, erzählt und gezeichnet. $1^{1}/_{2}$ Bg., 18 Abb. Mchn: Kaiser (1845)
13 *Der Fundevogel ... Mchn (1845)
14 * Das Gebet des Herrn ... für die Schuljugend. o. O. (1845)
15 *Old Englands Nagelfest. o. O. (1845)
16 Neues Spruchbüchlein ... 32 Bl. m. Abb. Mchn: Lindauer 1845
17 Alte und neue Studentenlieder. 62 S. m. Abb. u. Noten. Landshut: Vogel (1845)
18 König Ludwig-Album. Mchn 1850
19 Dramatische Spiele für Kinder. 93 S., 6 Abb. u. Noten. Mchn: Mey & Widmayer 1850
20 (Übs.) F. Joubert: Gedanken und Maximen. VIII, 484 S. Mchn: Kaiser 1851
21 Lustiges Bilderbuch. 5 S., 36 Abb. 4° Mchn: Braun & Schneider 1852
22 Frühlings-Laube für gute Kinder. Ffm, Konstanz: Meck (1852)
23 (MV) F. Graf v. P. u. K. v. Raumer: Alte und neue Kinder-Lieder. 48 S. m. Abb. u. Noten. Lpz: Mayer 1852
24 Die Nacht im Walde. Geschichte den Kindern zu Weihnachten erzählt. 39 S. 16° Stg: Hallberger 1852
25 Frühlings-Laube für gute Kinder. 54 S. 4° Ffm, Konstanz: Meck 1853
   (Verm. Neuaufl. v. Nr. 22)

26 Was du willst. Ein Büchlein für Kinder. 207 S. Mchn: Braun & Schneider 1853
27 (MV) F. Graf v. P. u. Reding v. Biberegg: Altes und Neues. 2 Bde. 259 S. m. Abb. Stg: Scheitlin 1855
28 Neues Kasperltheater. 104 S. m. Abb. Stg: Scheitlin 1855
29 Gevatter Tod. IV, 99 S., 1 Abb. 16⁰ Mchn: Braun & Schneider (1855)
30 Bauern-ABC. 115 S. m. Titelb. Mchn: Kathol. Bücherverl. 1856
31 Die Jahreszeiten. 52 S., 4 Abb. Stg, Mchn: Risch (1856)
32 Zwei Weihnachtsspiele. 19 S. m. Abb. Stg: Scheitlin (1856)
33 (Hg.) Münchener Album. 426 S. 16⁰ Mchn: Kaiser 1857
34 Dieß ist das Büchlein A bis Z, in welchem nach dem Alphabet zu lesen ist in einer Reih' für Jung und Alt gar Mancherlei. 116 S., 24 Abb. 16⁰ Mchn: Verl. d. Kathol. Büchervereins 1857
35 *Der Staatshämorrhoidarius. 36 S. m. Abb. 4⁰ Mchn: Braun & Schneider 1857
36 Das Ende der Romantik. 1 Bl. o. O. 1858
37 Todtentänze. 36 S., 8 Abb. Stg, Mchn: Scheitlin 1857
38 Michel der Feldbauer. Volksdrama in drei Aufzügen. Frei bearb. nach Hebels Allem. Gedichte „Der Karfunkel". 1 Bl., 64 S. Mchn: Wolf 1858
39 (MV) F. Trautmann: Ludwig Schwanthalers Reliquien. 157 S. Mchn: Merhoff 1858
40 Lustiges Komödienbüchlein. 6 Bde. m. Abb. u. Bildn. 16⁰ Mchn: Lentner (1-4) bzw. Mchn: Stahl (5-6) 1859-1877
41 Gedenkblätter als Erinnerung an das Universitäts-Studiengenossen-Fest in Landshut am 22. Juli 1860, 63 S., 1 Taf. Landshut: Wölfle 1860
42 Der Karfunkel. Volksdrama. Nach Hebels Allem. Gedicht frei bearb. 95 S. 16⁰ Mchn: Rohsold 1860 (Neuaufl. v. Nr. 38)
43 Sprüchlein mit Bildern für Kinder. 30 Abb. m. Text 32⁰ Mchn: Kaiser 1860
44 Gruß an die Abgeordneten ... Mchn 1861
45 (Übs.) Haydn: Die Heimkehr des Tobias. 21 S. Mchn: Schurich 1861
46 Der Landsknecht. VIII, 54 S. 16⁰ Mchn: Fleischmann 1861
47 Prolog ... Landau 1862
48 Todtentanz in Bildern und Sprüchen. 1 Bl., 12 S., 13 Abb. Mchn: Fleischmann (1862)
49 Der wahre Hort, oder Die Venediger Goldsucher. Drama in vier Aufzügen. 36 S. Mchn: Weisenbach 1864
50 Der Tod ... Maximilians II. ... Stg 1864
51 Lustige Gesellschaft. 59 S., 31 Abb. qu. 4⁰ Mchn: Braun & Schneider 1867
52 Herbstblätter. 225 4 S. 16⁰ Mchn: Manz 1867
53 Odoardo. Romantisches Schattenspiel in fünf Aufzügen. 47 S. 32⁰ Mchn: Ackermann 1869
54 (Übs.) F. Coppée: Silvia. 16 S. Mchn: Weisenbach (1870)
55 Giovannina. 36 S. Bln (o. Verl.) 1871
56 Den Manen Ludwigs I. ... Mchn 1871
57 Willkomm. München, 16. Juli 1871. 1 Bl. Mchn: Weisenbach 1871
58 Neues Kasperl-Theater. 1 Bl., 163 S. Stg, Lpz: Risch 1873 (Verm. Neuaufl. v. Nr. 28)
59 Zu Franz von Kobell's ... Doctorjubiläum ... Mchn 1874
60 Trinkspruch ... Mchn 1874
61 Viola tricolor. In Bildern und Versen. 8 S., 8 Abb. 2⁰ Mchn: Stroefer & Kirchner 1876
62 Puppenspiele. Ausgew., eingel. K. Schloß. 284 S. m. Abb. Mchn: Müller 1909
63 Sämtliche Kasperl-Komödien. Einzige vollst. Ausg. 6 Bde. Mchn: Etzold 1910

PODEWILS, Sophie Dorothee Gräfin (*1909)

1 Die geflügelte Orchidee. 329 S. Bln: Suhrkamp Bln: Suhrkamp (1941)
2 Friedrich Georg Jünger. Dichtung und Echo. 14 S. Hbg: Dulk 1947

3 Spur der Horen. 60 S. Hbg: Dulk 1948
4 Wanderschaft. Roman. 432 S. Bln, Ffm: Suhrkamp 1948
5 Reiter in der Christnacht. Erzählung. 50 S. Hbg: Dulk 1949
6 Der Dunkle und die Flußperle. 94 S. m. Abb. Tüb: Heliopolis-Verl. 1950
7 Die Hochzeit. Erzählung. 135 S. Pfullingen: Neske 1955
8 (Übs.) Olga, Königin von Württemberg: Traum der Jugend, goldener Stern. Aus den Aufzeichnungen der Königin Olga von Württemberg. A. d. Franz. 254 S., 13 Taf. Pfullingen: Neske 1955
9 (MH) Im Frührot. Gedichte der Ungarn. Übs. I. Aichinger, G. de Beauclair (u. a.) Hg. C. Graf Podewils u. S. D. Gräfin P. 76 S. Mchn: Hanser 1957
10 Physis und Physik. Bewegung und Wandel des Denkens. 59 S. Mchn: Oldenbourg 1959

POETHEN, Johannes (*1928)

1 Lorbeer über gestirntem Haupt. Sechs Gesänge. 16 S. Düsseldorf, Köln: Diederichs 1953
2 Risse des Himmels. Gedichte. 53 S. Eßlingen: Bechtle 1956
3 Stille im trockenen Dorn. Neue Gedichte. 70 S. Eßlingen: Bechtle 1958

POHL, Gerhart (+Silesius alter) (1902–1966)

1 Fragolfs Kreuzweg. Ein Jugendjahr. Novelle. 38 S. Lpz, Bln: Gottschalk 1921
2 Der Strophenbau im deutschen Volkslied. VIII, 219 S. Bln: Mayer & Müller (= Palaestra 136) 1921
3 Symbol Oberammergau. Eine Tragödie. 5 S. Lpz: Gottschalk (1922)
4 (Hg.) Die neue Bücherschau. Jg. 4–7. Bln: Gottschalk (4–5) bzw. Bln: Schultz (6–7) (1923–1930)
5 Deutscher Justizmord. Das juristische und politische Material zum Fall Fechenbach, zugleich die Antwort der deutschen Intellektuellen an die deutsche Republik. Nachtr. R. Payot. 73 S. Lpz: Oldenburg 1924
6 Tagebuch merkwürdiger Verführungen. 93 S. Bln: Gottschalk (1924)
7 (Einl.) U. Sinclair: Präsident der USA. Roman aus dem Weißen Hause. Übs. H. Zur Mühlen. 276 S. m. Taf. (Bln:) Universum-Bücherei f. Alle (= Universum-Bücherei für Alle 1927, 3) 1927
8 Partie verspielt. 237 S. Bln: Schultz 1929
9 Vormarsch ins zwanzigste Jahrhundert. Zerfall und Neubau der europäischen Gesellschaft im Spiegel der Literatur. 160 S. Lpz: Lindner 1932
10 Der Ruf. Geschichte des August Exner. 79 S. Lpz: Möhring (= Büchertruhe 9) (1934)
11 Die Brüder Wagemann. Roman. 296 S. Stg: Dt. Verl.-Anst. 1936
12 Der verrückte Ferdinand. Roman. 335 S. Stg: Dt. Verl.-Anst. (1939)
13 Sturz der Göttin. Das seltsame Schicksal des Fräulein Aubry. 79 S. Merseburg: Stollberg (1939)
14 Schlesische Geschichten. 114 S. Breslau: Schlesien-Verl. (= Schlesische Dichter sprechen zur Front) 1942
15 (Hg., Einl.) Unsterblichkeit. Deutsche Denkreden aus zwei Jahrhunderten. 304 S. Bln: Buchmeister-Verl. 1942
16 Der Glückspilz. 31 S. Gütersloh: Bertelsmann (1943)
17 (Hg.) G. Hauptmann: Neue Gedichte. 63 S. Bln: Aufbau-Verl. 1946
18 Die Blockflöte. Erzählung. 200 S. Stg: Dt. Verl.-Anst. 1948
19 Zwischen Gestern und Morgen. Geschichten aus zwei Jahrzehnten. 129 S. m. Abb. Bln: Chronos-Verl. 1948
20 Bin ich noch in meinem Haus? Die letzten Wochen Gerhart Hauptmanns. 114 S., 8 Taf. Bln: Lettner-Verl. 1953
21 Wieviel Mörder gibt es heute? Erzählungen. 199 S. Bln: Lettner-Verl. 1953 (Erw. Neuaufl. v. Nr. 19)

22 Engelsmasken. Erzählungen. 199 S. Bln: Lettner-Verl. 1954
    (Neuausg. v. Nr. 21)
23 Fluchtburg. Roman. 452 S. Bln: Lettner-Verl. 1955
24 †Anspruch und Wirklichkeit. Ostdeutschland in polnischer Sicht. Hg. Haus d. Ostdt. Heimat, Berlin. 15 S. Bln: Selbstverl. (1957)
25 Harter Süden. Ein Mittelmeer-Roman. 225 S. m. Abb. Bln: Lettner-Verl. 1957
    (Neuaufl. v. Nr. 18)
26 (Hg., Nachw.) C. Hauptmann: Rübezahl-Buch. 161 S. Mchn: Bergstadtverl. 1960
27 Wanderungen auf dem Athos. 123 S. m. Abb. Bln, Stg: Lettner-Verl. 1960

POLENZ, Wilhelm von (1861–1903)

1   Sühne. Roman. 2 Bde. 765 S. Dresden: Minden 1890
2   Heinrich von Kleist. Trauerspiel. 93 S. Dresden: Pierson 1891
3   Die Versuchung. Eine Studie. 173 S. Dresden, Bln: Fontane 1891
4   Die Unschuld und andere Federzeichnungen. 200 S. Dresden: Pierson 1892
5   Der Pfarrer von Breitendorf. Roman. 2 Bde. 696 S. Bln: Fontane 1893
6   Karline. Novellen und Gedichte. 174 S. Bln: Fontane 1894
7   Der Büttnerbauer. Roman. 427 S. Bln: Fontane 1895
8   Reinheit. Novellen. 207 S. Bln: Fontane 1896
9   Der Grabenhäger. Roman in zwei Bänden. 406, 344 S. Bln: Fontane (1897)
10 Andreas Bockholdt. Tragödie. 180 S. Dresden: Pierson 1898
11 Thekla Lüdekind. Die Geschichte eines Herzens. 2 Bde. 387, 360 S. Bln: Fontane (1899)
12 Wald. Novelle. 186 S. Bln: Fontane (1899)
13 Junker und Fröhner. Dorftragödie. 173 S. Bln: Fontane 1901
14 Liebe ist ewig. Roman. 412 S. Bln: Fontane 1901
15 Luginsland. Dorfgeschichten. 87 S. Bln: Fontane 1901
16 Wurzellocker. Roman in zwei Bänden. 281, 282 S. Bln: Fontane 1902
17 Das Land der Zukunft. 419 S. Bln: Fontane 1903
18 Erntezeit. Nachgelassene Gedichte. 110 S. Bln: Fontane 1904
19 Glückliche Menschen. Roman. 276 S. Bln: Fontane 1905
20 Gesammelte Werke. Einl. A. Bartels. 10 Bde. Bln: Fontane 1909

POLGAR, Alfred (1873–1955)

1   (MV) E. Friedell u. A. P.: Goethe. Eine Szene. 22 S., 1 Bildn. Wien: Stern 1908
2   Der Quell des Übels und andere Geschichten. 120 S. 16⁰ Mchn: Langen (= Kleine Bibliothek Langen 90) 1908
3   Bewegung ist alles. Novellen und Skizzen. 148 S. Ffm: Liter. Anst. 1909
4   Brahm's Ibsen. VI, 50 S. Bln: Reiß 1910
5   (MV) A. P. u. E. Friedell: Soldatenleben im Frieden. Militärstück. 52 S. m. Abb. Wien: Heller 1910
6   Hiob. Ein Novellenband. 139 S. Mchn: Langen 1912
7   (Bearb.) F. Molnár: Liliom. Vorstadt-Legende in sieben Bildern und einem szenischen Prolog. Für die dt. Bühne bearb. 216 S. Wien: Dt.-österr. Verl. 1912
8   Kleine Zeit. 135 S. Bln: Gurlitt 1919
9   Max Pallenberg. 47 S., 6 Abb. Bln: Reiß (= Der Schauspieler 9) (1921)
10 (MH) Böse Buben-Presse. Nachtblatt. 1922, Nr. 1. Wien, Mittwoch den 1. Februar. Hg. A. P. u. E. Friedell. 4 S. 2⁰ Wien (:Seidel) 1922
11 Gestern und heute. 204 S. Dresden, Bln: Kaemmerer 1922
12 (Vorw.) P. Altenberg: Der Nachlaß. 158 S., 1 Titelb. Bln: Fischer 1925
13 (Einl.) B. F. Dolbin: Die Gezeichneten des Herrn Dolbin. Literarische Kopfstücke. 8 S. m. Abb., 20 Bl. Abb. m. Text. Wien: Krystall-Verl. (1926)
14 Ja und nein. Schriften des Kritikers. 4 Bde. Bln: Rowohlt 1926–1927

1. Kritisches Lesebuch. 343 S. 1926
2. Stücke und Spieler. 342 S. 1926
3. Noch allerlei Theater. 261 S. 1926
4. Stichproben. 259 S. 1927
15 Orchester von oben. 326 S. Bln: Rowohlt (1926)
16 An den Rand geschrieben. 300 S. Bln: Rowohlt 1926
17 Ich bin Zeuge. XVI, 288 S. Bln: Rowohlt 1928
18 Hinterland. 275 S. Bln: Rowohlt 1929
19 Schwarz auf Weiß. X, 290 S. Bln: Rowohlt 1929
20 Bei dieser Gelegenheit. 356 S. Bln: Rowohlt 1930
21 (MV) Kleine Kasparspiele. Der unsterbliche Kaspar. Mit Erlaubnis d. Verf. für die Handpuppenbühne bearb. H. Schmidtverbeek. (– H. Schmidtverbeek: In der lederner Trompete. Kaspar und der Schutzmann. Zwei Handpuppenspiele.) 24 S. Lpz: Strauch (= Radirullala, Kaspar ist wieder da 14) (1930)
22 Die Defraudanten. Komödie. 117 S. Bln: Rowohlt 1931
23 Ansichten. 285 S. Bln: Rowohlt 1933
24 In der Zwischenzeit. 266 S. Amsterdam: de Lange 1935
25 Sekundenzeiger. 287 S. Zürich: Humanitas 1936
26 Handbuch des Kritikers. 120 S. Zürich: Oprecht 1938
27 Geschichten ohne Moral. 213 S. Zürich, New York: Oprecht 1943
28 Im Vorübergehen. Aus zehn Bänden erzählender und kritischer Schriften. Ausw. H. M. Ledig. 240 S. Stg: Rowohlt 1947
29 Anderseits. Erzählungen und Erwägungen. 235 S. Amsterdam: Querido 1948
30 Begegnung im Zwielicht. 244 S. Bln: Blanvalet 1951
31 (Vorw.) J. Hašek: Die Abenteuer des braven Soldaten Schwejk. A. d. Tschech. übs. G. Reimer. 517 S. m. Abb. Köln, Bln: Kiepenheuer & Witsch (1952)
32 Standpunkte. 199 S. Hbg: Rowohlt 1953
33 Im Laufe der Zeit. 167 S. Hbg: Rowohlt (= rororo-Taschenbuch-Ausg. 107) 1954
34 Fensterplatz. Hg. W. Drews. 216 S. Hbg: Rowohlt 1959

PONTEN, Josef (1883–1940)

1 Jungfräulichkeit. Ein Roman. 502 S. Stg: Dt. Verl.-Anst. 1906
2 Augenlust. Eine poetische Studie über das Erlebnis und ein Totentanzalphabet. 182 S. Stg: Dt. Verl.-Anst. 1907
3 Siebenquellen. Ein Landschaftsroman. 372 S. Stg: Dt. Verl.-Anst. 1909
4 Alfred Rethel. Des Meisters Werke in dreihundert Abbildungen. LXXVI, 202 S. m. Bildn. Stg: Dt. Verl.-Anst. (= Klassiker der Kunst 17) 1911
5 Peter Justus. Eine Komödie der Liebeshemmungen. Roman. V, 295 S. Stg: Dt. Verl.-Anst. 1912
6 (Hg.) A. Rethel: Briefe. In Auswahl hg. 189 S., 11 Taf., 1 Faks. Bln: Cassirer 1912
7 Griechische Landschaften. Ein Versuch künstlerischen Erdbeschreibens. 2 Bde. (Text. Bilder). 255 S., 1 Kt.; 132 Abb. Stg: Dt. Verl.-Anst. 1914
8 Führer durch die Karlsfresken Alfred Rethels. Aachen: 1915
9 Die Insel. Novelle. 131 S. Stg: Dt. Verl.-Anst. 1918
10 Der Babylonische Turm. Geschichte der Sprachverwirrung einer Familie. Roman. 483 S. Stg: Dt. Verl.-Anst. 1918
11 Die Bockreiter. Novelle. 135 S. Stg: Dt. Verl.-Anst. 1919
12 Der Meister. Novelle. 125 S. Stg: Dt. Verl.-Anst. 1919
13 Jungfräulichkeit. Geschichte einer Jugend und Liebe. 113 S. Stg: Dt. Verl.-Anst. 1920
(Veränd. Neuaufl. v. Nr. 1)
14 Der Knabe Vielnam. Fünf Novellen. Szenen einer Jugend. 147 S. Bln: Fischer (= Salz 1) 1921
15 (Hg.) A. Rethel: Eine Auswahl aus dem Lebenswerk des Meisters in 147 Abbildungen. XVI S., 100 Taf., 1 Titelb. 4° Stg: Dt. Verl.-Anst. (= Klassiker der Kunst) 1921

16 Der Jüngling in Masken. Fünf Erzählungen aus einem reifenden Leben. 137 S. Potsdam: Kiepenheuer (= Salz 2) 1922
17 Studien über Alfred Rethel. 72 S. m. 1 Abb., 13 S. Abb. Stg: Dt. Verl.-Anst. 1922
    (Enth. u. a. Nr. 8)
18 Der Gletscher. Eine Geschichte aus Obermenschland. 38 S. Stg: Dt. Verl.-Anst. (= Der Falke 11) 1923
19 Kleine Prosa. 192 S. Trier: Lintz (= Die deutsche Novelle) 1923
20 Die Uhr von Gold. Erzählung. 60 S. Stg: Dt. Verl.-Anst. (= Der Falke 8) 1923
21 Die Fahrt nach Aachen. 21 S., 1 Abb. Köln: Saaleck-Verl. (= Saaleck-Blätter 9) 1924
22 Griechische Landschaften. Ein Versuch künstlerischen Erdbeschreibens. 188 S. m. Abb. u. Kt. Stg: Dt. Verl.-Anst. 1924
    (Neufassg. v. Nr. 7)
23 Unterredung im Grase. 41 S. Köln: Saaleck-Verl. (250 num. u. sign. Ex.) 1924
24 Der Urwald. Erzählung. 52 S. Stg: Dt. Verl.-Anst. (= Der Falke 17) 1924
25 (MV) Architektur, die nicht gebaut wurde. Mit am Werke: H. Rosemann, H. Schmelz. 2 Bde. (Text. Tafeln). 167; 209 S. 4⁰ Stg: Dt. Verl.-Anst. 1925
26 Das Josef Ponten-Heft. IV, 76 S. M.-Gladbach: Orplid-Verl. (= Wege nach Orplid 9) 1925)
27 Der Rhein. Zwei Aufsätze. Gabe zur Feier der Tausend Jahre der Rheinlande. 52 S. Stg: Dt. Verl.-Anst. (1925)
28 (MH) Das Rheinbuch. Eine Festgabe rheinischer Dichter. Hg. J. P. u. J. Winckler. XIX, 390 S., 54 Abb. 4⁰ Stg: Dt. Verl.-Anst. 1925
29 Die luganesische Landschaft. 42 S., 12 Abb. 4⁰ Stg: Dt. Verl.-Anst. 1926
30 Die letzte Reise. Eine Erzählung. 69 S., 4 Abb. Lübeck: Quitzow 1926
    (Ausz. a. Nr. 16)
31 Aus deutschen Dörfern. Zwischen Maas und Rhein und an der Wolga. 67 S. m. Abb. Lpz: Ges. d. Freunde d. Dt. Bücherei (= Jahresgabe d. Ges. d. Freunde d. Dt. Bücherei 9) 1927
32 Römisches Idyll. 90 S. Bln: Horen-Verl. 1927
33 Europäisches Reisebuch. Landschaften, Räume, Menschen. 212 S., 20 Taf. Bremen: Schünemann 1928
34 Die Studenten von Lyon. Roman. 340 S. Dt. Verl.-Anst. (1928)
35 Seine Hochzeitsreise. 146 S., 9 Abb. Stg: Dt. Verl.-Anst. 1930
36 Volk auf dem Wege. Roman der deutschen Unruhe. 2 Bde. Stg: Dt. Verl.-Anst. (1930) – 1931
    1. Wolga, Wolga. Roman. 321 S. (1930)
    2. Rhein und Wolga. 192 S. 1931
37 Auf zur Wolga. Schicksale deutscher Auswanderer. Aus dem Roman „Wolga, Wolga". 77 S. Köln: Schaffstein (= Schaffsteins blaue Bändchen 203) (1931)
    (Ausz. a. Nr. 36, Bd. 1)
38 Landschaftsbilder. 3 Bde. Lpz: Reclam (= Reclam's UB. 7142. 7216. 7350) 1931–1937
    1. Zwischen Rhone und Wolga. Vorw. E. v. Drygalski. 69 S. 1931
    2. Aus griechischer Landschaft. 77 S. 1933
    3. Besinnliche Fahrten im Wilden Westen. 76 S. m. Kt. 1937
    (Bd. 2 Ausz. a. Nr. 22)
39 Unteroffiziersposten Bethanien legt die Waffen nieder. Das Auge des Pferdes. Hg., eingel. K. Lehmann. 34 S. Lpz: Quelle & Meyer (= Deutsche Novellen des neunzehnten und zwanzigsten Jahrhunderts 49) (1931)
    (Ausz. a. Nr. 16)
40 Bergreisegeschichten. Der Gletscher. Die letzte Reise. 63 S. Lpz: Insel (= Insel-Bücherei 427) 1932
41 Volk auf dem Wege. Roman der deutschen Unruhe. 6 Bde. Stg: Dt. Verl.-Anst. (1933)–1942
    1. Im Wolgaland. 603 S. (1933)
    2. Die Väter zogen aus. Roman. 551 S. 1934
    3. Rheinisches Zwischenspiel. 451 S. (1937)
    4. Die Heiligen der letzten Tage. Roman. 514 S. 1938

    5. Der Zug nach dem Kaukasus. 261 S. 1940
    6. Der Sprung ins Abenteuer. 392 S. 1942
       (Bd. 1 Neuaufl. d. 1. Bds. v. Nr. 36)
42. Landschaft, Liebe, Leben. Novellen. Mit einer Darstellung des Dichters vom eigenen Leben. 324 S. Bln: Dt. Buchgem. 1934
43. Wolgadeutsche. 43 S. Langensalza: Beltz (= Aus dt. Schrifttum und dt. Kultur 435) (1934)
    (Ausz. a. Nr. 41)
44. Ein Wolgadeutscher. 31 S. Bln: Hillger (= Hillger-Bücherei 540) (1934)
    (Ausz. a. Nr. 36, Bd. 1)
45. Auszug nach Wiesenbellmann. Wolgadeutsche Erzählung. Mit einem Bericht des Dichters vom eigenen Leben. 61 S. Karlsbad: Kraft (= Volksdeutsche Reihe 3) (1935)
    (Ausz. a. Nr. 41, Bd. 1)
46. Die Stunde Heidelbergs. Erzählung. 50 S. Mchn: Langen-Müller (= Kleine Bücherei 49) 1935
    (Ausz. a. Nr. 36)
47. Heilige Berge Griechenlands. 148 S., 12 Taf. Graz (:Moser) (= Deutsche Bergbücher 4) 1936
48. Der Brand von Speyer. 31 S. Köln: Schaffstein (1936)
    (Ausz. a. Nr. 41, Bd. 2)
49. Die Franzosen zerstören Speyer. 32 S. m. Abb. Reutlingen: Enßlin & Laiblin (= Bunte Bücher 251) (1936)
    (Ausz. a. Nr. 41)
50. Aus dem Eupener Land. Bilder und Geschichten. 62 S. Lpz: List (= Lebendiges Wort 19) (1936)
    (Ausz. a. Nr. 3)
51. Im Dorfe Bellmann an der Wolga. 46 S. Dresden: Neuer Buchverl. (= Deutsche in aller Welt 6) 1937
52. Grausige Heerfahrt zur Wolga. Eine Erzählung aus dem Jahre 1812. 31 S. Ffm: Diesterweg (= Kranz-Bücherei 225) (1937)
    (Ausz. a. Nr. 41, Bd. 1)
53. Novellen. 551 S. Stg: Dt. Verl.-Anst. 1937
54. Rethels Hochzeitsreise. 131 S. Bln: Fischer (= S. Fischer-Bücherei) (1939)
    (Neuaufl. v. Nr. 35)
55. Aus verlorenem Westland. Schauplätze und Vorgänge im Landschaftsroman Siebenquellen. 30 S. Langensalza: Beltz (= Aus dt. Schrifttum u. dt. Kultur 561) 1939
56. Volk am Morgenstrom. Roman. Bearb. E. Albert u. L. Nuß. 380 S. Hbg: Dt. Hausbücherei (= Dt. Hausbücherei 475) 1941
57. Die deutsche Landschaft und der deutsche Mensch. 19 S. Lpz: Reclam (= Reclam's Reihenbändchen 27) 1944
    (Ausz. a. Nr. 38, Bd. 1)
58. Noch einmal. Gedichte aus dem Nachlaß. 16 S. Hbg: Ellermann (= Das Gedicht. Jg. 10, Folge 5) 1944

Postel, Christian Heinrich (1658–1705)

1. Der große Alexander in Sidon. Komp. Ph. Foertsch. 3 Bl., 50 S. (Hbg) (1688)
2. Die heilige Eugenia oder Die Bekehrung der Stadt Alexandria zum Christenthum. Eine Oper. Nach d. Ital. 4⁰ Hbg 1688
3. Cain und Abel oder Der verzweifelnde Bruder-Mörder. Oper. 27 Bl. 4⁰ (Hbg) (1689)
4. Die betrübte und erfreute Cymbria. Operette. Auf den Herzog Christian Albrecht von Holstein. 4 Bl. 4⁰ (Hbg) 1689
5. Xerxes in Abidos. Nach d. Ital. 4⁰ Hbg 1689
6. Ancile Romanum, d. i. Des Römischen Reiches Glücks-Schild. Oper zur Krönung Josephs I. 18 Bl. 4⁰ (Hbg) 1690
7. Bajazeth und Tamerlan. 28 Bl. (Hbg) 1690
8. Thalestris, letzte Königin der Amazonen. Oper. 38 Bl. 4⁰ (Hbg) 1690

9   Die schöne und getreue Ariadne. Oper. 24 Bl. 4° (Hbg) 1691
10   Diogenes Cynicus. Oper. Nach d. Ital. 36 Bl. 4° (Hbg) 1691
11   Numa. 16 Bl. 4° (Hbg) 1691
     (Neuaufl. v. Nr. 6)
12   Der tapfere Kaiser Carolus Magnus und dessen erste Gemahlin Hermingardis. Oper. 30 Bl. (Hbg) 1692
13   Die unglückliche Liebe des Achilles und der Polixena. Oper A. d. Französ. 30 Bl. 4° (Hbg) 1692
14   Die Verstörung Jerusalems. 2 Thle. 4° Hbg 1692
15   Echo und Narcissus. 42 ungez. Bl. 4° Braunschweig (o. Verl.) (1693)
16   Der große König der Afrikanischen Wenden, Gensericus, als Roms und Carthagos Überwinder. Oper. 34 Bl. 4° (Hbg) 1693
17   (MV) Ch. H. P. u. F. C. Bressand: Porus. 34 ungez. Bl. 4° (Hbg) 1693
18   Der königliche Prinz aus Polen, Sigismund, oder Das menschliche Leben ein Traum. Nach einer holländischen Comoedie. Oper. 32 Bl. 4° (Hbg) 1693
19   Der wunderbar vergnügte Pygmalion. Oper. 30 Bl. (Hbg) 1694
20   Die glücklich wieder erlangte Hermione. Oper. Nach d. Ital. aus der Andromache des Euripides. 20 Bl. 4° (Hbg) 1695
21   Medea. 24 Bl. 4° (Hbg) 1695
22   Der geliebte Adonis. Oper. 28 ungez. Bl. 4° (Hbg: o. Verl.) (1697)
23   Die aus Hyperboreen nach Cymbrien überbrachten güldenen Äpfel. Oper auf die Vermählung Herzog Friedrichs von Holstein mit Hedwig Sophie aus Schweden. 19 Bl. 4° Hbg: Spieringk 1698
24   Alleruntertänigster Gehorsam, welcher auf dem erfreulichsten Namenstage des großen Kaisers Leopold vorgestellet ward. Ballett. Hbg: Spieringk 1698
25   Die durch Wilhelm den Großen in Britannien wieder eingeführte Irene. Oper. 12 Bl. 4° Hbg: Spieringk 1698
26   Der beim allgemeinen Weltfrieden geschlossene Tempel des Janus. Oper. 33 Bl. 4° Hbg: Spieringk 1698
27   Die wunderbar errettete Iphigenia. Oper nach Euripides. 24 Bl. 4° Hbg: Spieringk 1699
28   Am Vermählungs-Tage Königs Joseph mit der Princessin Wilhelmina Amalia vorgebildete Verbindung des großen Hercules mit der schönen Hebe. Oper. 26 Bl. 4° (Hbg :) Spieringk 1699
29   (Übs.) Die Listige Juno. Wie solch von dem Großen Homer, Im vierzehenden Buche Der Ilias Abgebildet, Nachmals von dem Bischoff zu Thessalonich Eustathius Ausgeläget, Nunmehr in Teutschen Versen vorgestellet und mit Anmärckungen erkläret Durch Ch. H. P., Beider Rechten Licent. 22 Bl., 530 S. m. Titelb. Hbg: Spieringk 1700
30   Die Wunder-schöne Psyche, auf den Geburtstag der Königin von Preußen, Sophia Charlotte. Oper. 20 Bl. 4° Hbg: Spieringk 1701
31   Pomona. 13 Bl. 4° Hbg: Spieringk 1702
32   Der Tod des großen Pans, oder Herrn Gerhard Schotten, Raths- auch Landherrn der Stadt Hamburg, welcher in einer Trauer-Musik beklagte das von ihm gestiftete und in die dreißig Jahr unterhaltene Oper-Theatrum in Hamburg. 4° Hbg: Spieringk 1702
33   Streit der vier Jahreszeiten. Komp. R. Keiser. 15 Bl. (Hbg) 1703
34   Die betrogene und nochmals vergötterte Ariadne. Komp. R. Keiser. 22 Bl. (Hbg:) Jakhel 1722
35   Der große Wittekind in einem Helden-Gedichte ... Mit einer Vorrede von Dessen Leben und Schriften ... von C. F. Weichmann. 20 Bl., 292 S., 5 Bl. Hbg: Kißner 1724

PRECZANG, Ernst (1870–1949)

1   Sein Jubiläum. Ein Bild aus dem Handwerkerleben in einem Aufzug. 30 S. 12° Bln: Bh. Vorwärts 1896
2   Töchter der Arbeit. Sozialistisches Theaterstück. 32 S. 12° Bln: Bh. Vorwärts 1898
3   Der verlorene Sohn. Sozialistisches Theaterstück. 32 S. 12° Bln: Bh. Vorwärts 1900

4 Im Hinterhause. Drama. 128 S. Mchn: Etzold 1903
5 Lieder eines Arbeitslosen. 31 S. Bln: Koselowski (1903)
6 Ein Jubiläum. Ein Bild aus dem Handwerkerleben. 30 S. Bln: Bh. Vorwärts (= Sozialistische Theaterstücke 4) 1904
7 (Hg.) Leuchtkugeln. Ernste und heitere Vortragsgedichte für Arbeiterfeste. Mit e. Anl.: Die Kunst des Vortrags. 96 S. Bln: Bh. Vorwärts 1905
8 Im Strom der Zeit. Gedichte. 164 S. Stg: Dietz 1908
9 Die Glücksbude. Erzählung. 168 S. Lpz: Haupt & Hammon 1909
10 Der Nagel. Turnerschwank in einem Aufzug. 16 S. Lpz: Arbeiter-Turnverl. (= Turnerische Lustspiele 2) 1909
11 Die Polizei als Ehestifterin. Schwank. 32 S. Bln: Bh. Vorwärts (= Sozialistische Theaterstücke 8) 1909
12 Gabriello der Fischer. Eine Burleske in vier Aufzügen. 55 S. Bln: Arion 1910
13 Sechsundsechzig Prologe für Arbeiterfeste. 161 S. Bln: Bh. Vorwärts 1911
14 Der Ausweg. Erzählung. 170 S. Bln: Bh. Vorwärts 1912
15 In den Tod getrieben. Zwei Erzählungen. 151 S. Bln: Bh. Vorwärts 1913
16 Der Bankerott. Drama in drei Akten. 86 S. Lpz: Lipinski (= Mehrakter 13) 1914
17 (Hg., Einl.) Das Vortragsbuch. Ernste und heitere Gedichte für Arbeiterfeste. Mit e. Einl.: Die Kunst des Vortrags. 144 S. Bln: Bh. Vorwärts (1920)
18 Im Strom der Zeit. Gedichte. 212 S. Bln: Dietz 1921 (Verm. Neuaufl. v. Nr. 8)
19 (Hg.) Freie Gedanken. Sprüche der Freiheit, Weisheit und Gerechtigkeit von Dichtern und Denkern aller Zungen. 256 S. m. Abb. Lpz, Bln: Verl. d. Bildungsverbandes d. Dt. Buchdrucker 1923
20 (Hg.) L. Anzengruber: Der Schatzgräber und andere Humoresken. 32 S. Zerbst: Eger (= Hausbücherei 61–64) 1924
21 (Hg., Einl.) Mark Twain: Mit heiteren Augen. Geschichten. Übs. M. Jacobi, H. Koch u. L. Ottmann. 192 S. Lpz: Büchergilde Gutenberg 1924
22 Der leuchtende Baum und andere Novellen. 215 S. m. Abb. Lpz: Büchergilde Gutenberg 1925
23 Im Satansbruch. Märchen. 32 S. m. Abb. 4° Lpz (‚Bln: Buchmeister-Verl.) 1925
24 Röte dich, junger Tag. Gedichte. 46 S. 16° Bln: Arbeiterjugend-Verl. 1927 (Ausz. a. Nr. 18)
25 Wachtmeister Pieper. Drama in drei Akten. 112 S. Lpz: Arbeiter-Theaterverl. Jahn (= Bühnen-Werke 6) 1927
26 Zum Lande der Gerechten. Der Roman einer Kindheit. 215 S. Bln (:Buchmeister-Verl.) 1928
27 Im Strom der Zeit. 224 S., 6 Abb. Bln: Buchmeister-Verl. 1929 (Verm. Neuaufl. v. Nr. 18)
28 Ursula. Die Geschichte eines kleines Mädchens. Roman. 240 S. Zürich: Büchergilde Gutenberg 1931
29 Ursel macht Hochzeit. Roman. 224 S. Zürich: Büchergilde Gutenberg 1934
30 Steuermann Padde. Roman. 240 S. Zürich: Büchergilde Gutenberg 1940
31 Severin, der Wanderer. Ein Märchen-Roman von Wassern, Wolken, Wind und Wald, von Wundern, Wund und Weh. 447 S. m. Abb. Wien: Wiener Volksbuchverl. 1949
32 Der Träumer und andere Novellen. Hg. A. Marquardt. 160 S. Lpz: Reclam (= Reclam's UB. 8192–8193) 1957

PRELLWITZ, Gertrud (1869–1942)

1 Oedipus oder Das Rätsel des Lebens. Tragödie. 139 S. Freiburg: Fehsenfeld 1898
2 Zwischen zwei Welten. Eine Weltanschauung im dramatischen Bilde. 162 S. Freiburg: Fehsenfeld 1900
3 Weltfrömmigkeit und Christentum. 73 S. Freiburg: Fehsenfeld 1901
4 Michel Kohlhas. Trauerspiel. 130 S. Freiburg: Fehsenfeld 1905
5 Der religiöse Mensch und die moderne Geistesentwicklung. Sieben Vorträge. 147 S. Bln: Schwetschke 1905

6 Vom Wunder des Lebens. 40 S. Jena: Diederichs 1909
7 Die Legenden vom Drachenkämpfer. 15 S. m. Titelb. Woltersdorf: St. Georgs-Bund 1912
8 Die Tat! Drama aus den Tagen von Tauroggen. Drei Akte. Hg. St. Georgs-Bund Woltersdorf. 68 S. Woltersdorf: St. Georgs-Bund 1912
9 Seine Welt. Lustspiel. IV, 109 S. m. Titelb. Woltersdorf: St. Georgs-Bund 1912
10 Durch welche Kräfte wird Deutschland siegen? Religiöser Vortrag. XIV, 72 S. Jena: Diederichs 1915
11 Der Kaisertraum. Ein Weihefestspiel. Entstanden im Sommer 1913. 62 S. Woltersdorf, Oberhof: Maien-Verl. 1916
12 Von der schaffenden Liebe des Lichts in uns. Eine Anleitung zum Seligwerden hienieden. Neun Briefe. 2 Folgen. 9, 10 S. Woltersdorf, Oberhof: Maien-Verl. 1917
13 Drude. 3 Bde. Oberhof: Maien-Verl. (1920)–1926
   1. Vorfrühling. 164 S. (1920)
   2. Neue Zeit. Den jungen Gottsuchern gewidmet. 148 S. 1923
   3. Flammenzeichen. 214 S. 1926
14 Mein Bekenntnis zu Muck-Lamberty. 8 S. Oberhof: Maien-Verl. (1921)
15 Deutschland! Deutschland! Die Gefangenen. 2 Tle. Oberhof: Maien-Verl. 1921
   1. Frühling. Ein Spiel. 20 S.
   2. Weihnachten. Ein Spiel, für die Jugend des neuen Deutschland geschrieben. 24 S.
16 Das Deutschlandlied. Für die neue Jugend, dem Volke zu spielen. 16 S. Oberhof: Maien-Verl. 1921
17 Vom heiligen Frühling. 4 H. 34 S. Oberhof: Maien-Verl. 1921
18 Gottesstimmen. Gedichte. Entstanden 1896–99. 19 S. Oberhof: Maien-Verl. 1921
19 Das Osterfeuer. Eine Erzählung aus der Welt des Armannentums. Niedergeschrieben 1917. 32 S. Oberhof: Maien-Verl. 1921
20 Ruth. Ein Buch von Deutschlands Not und von Deutschlands Jugend. 123 S. Oberhof: Maien-Verl. 1921
21 Was der Mensch säet, das wird er ernten. Straßenspiel. 16 S. Oberhof: Maien-Verl. 1921
22 Unsere neue Weltanschauung. 95 S. Oberhof: Maien-Verl. 1921 (Neuaufl. v. Nr. 5)
23 Schaffende. Novelle. 64 S. Oberhof: Maien-Verl. 1922
24 Vom Frühlingsschaffen. Acht Spruchkarten. Reihe 1. 8 Postk. Oberhof: Maien-Verl. 1923
25 Ein heiteres Märchenspiel. Entstanden 1922. 28 S. Oberhof: Maien-Verl. 1923
26 Des deutschen Willens Weg. 4 S. Lpz, Oberhof: Maien-Verl. (= Deutschland's Kampf 3) 1923
27 Des deutschen Willens Ziel. 4 S. Lpz, Oberhof: Maien-Verl. (= Deutschland's Kampf 1) 1923
28 Der lebendige Quell. Ein Spruch-Jahrbuch aus G. P.' Werken. zsgest. W. Plaut. 100 S. 16° Oberhof: Maien-Verl. 1924
29 Baldurs Wiederkehr. Legende. Eine Schauung vom Völkerschicksal. 57 S. Oberhof: Maien-Verl. 1924
30 Sonne über Deutschland! Roman. 276 S. Oberhof: Maien-Verl. 1926
31 Das eigene Ich. Roman. 264 S. Oberhof: Maien-Verl. 1928
32 Das Geheimnis hinter Liebe und Tod. Drei Novellen. 187 S. Oberhof: Maien-Verl. 1929
33 Lebensanfänge. Erinnerungen aus Kindheit und Jugend. 86 S. Oberhof: Maien-Verl. 1929
34 Treue. Roman. 260 S. Oberhof: Maien-Verl. 1930
35 Die Kastanienkönigin. Sternenlegende. 26 S. Oberhof: Maien-Verl. 1931
36 Pfingstflammen. Roman in Tagebuchform. 225 S. Oberhof: Maien-Verl. 1932
37 Maienspiel. 14 S. Oberhof: Maien-Verl. 1933
38 Die letzte Wala. Eine Wotanslegende. Weihespiel. 105 S. Oberhof: Maien-Verl. (1935)

Preradovic (verh. Molden), Paula von (1887–1951)

1 Südlicher Sommer. Gedichte. 103 S. Mchn: Kösel & Pustet 1929
2 Dalmatinische Sonette. 57 S. Wien: Zsolnay 1933
3 Lob Gottes im Gebirge. Gedichte. 100 S. Salzburg: Pustet 1936
4 Ein Jugendreich. Die Neuland-Schulsiedlung in Grinzing-Wien. 19 S., 16 S. Abb. Wien: Dt. Verl. f. Jugend u. Volk (1938)
5 Pave und Pero. Roman. 451 S. Salzburg: Müller 1940
6 Ritter, Tod und Teufel. Gedichte. 117 S. Innsbruck: Österr. Verl.-Anst. (1946)
7 (Übs.) M. Zundel: Das Hohelied der heiligen Messe. 272 S. Luzern: Rex-Verl. 1948
8 Königslegende. 127 S. Innsbruck: Österr. Verl.-Anst. 1950
9 Gesammelte Gedichte. Hg. E. Molden. 3 Bde. Innsbruck: Österr. Verl.-Anst. 1951–1952
   1. Verlorene Heimat. 144 S. 1951
   2. Schicksalsland. 132 S. 1952
   3. Gott und das Herz. 124 S. 1952
10 Die Versuchung des Columba. Novelle. 65 S. Salzburg: Müller 1951
11 (MV) Die Alpbacher Elegie. (– O. Molden: Die unsichtbare Generation.) 48 S., 7 Abb. Wien, Linz, Mchn: Gurlitt (= Kleine Gurlitt-Reihe 4) 1952

Presber, Rudolf (1868–1935)

1 Festspiel zum dreihundertjährigen Jubiläum des Gymnasiums zu Karlsruhe. 16 S. Karlsruhe: Braun 1886
2 Leben und leben lassen. Liederbuch. 160 S. 12° Ffm: Koenitzer 1893
3 Poveretto und andere Novellen. 219 S. Dresden: Pierson 1894
4 Das Fellahmädchen und andere Novellen. 107 S. Bln: Fontane 1896
5 Poins. „Meine Verse". 178 S. Ffm: Knauer 1896
6 Der Schuß. Schauspiel. 159 S. Stg: Cotta 1896
7 Der Vicomte. Komödie. 178 S. Stg: Cotta 1897
8 Aus dem Lande der Liebe. Gedichte. 187 S. Stg: Cotta (1901)
9 Vom Theater um die Jahrhundertwende. Zwölf Kapitel. 230 S. Stg: Greiner 1901
10 Die Diva und andere Satiren. 168 S. Bln: Verl. d. „Lustigen Blätter" 1902
11 Herbstzauber. Mondscheinscenchen. 27 S. Bln: Mayhofer (= Bunte Theater-Bibliothek 6) 1902
12 Media in vita. 187 S. 4° Stg: Cotta 1902
13 Dreiklang. Ein Buch Gedichte. 210 S. Stg: Cotta 1904
14 Das Eichhorn und andere Satiren. 91 S. 16° Lpz: Reclam (= Reclam's UB. 4715) 1905
15 Von Leutchen, die ich lieb gewann. Ein Skizzenbuch. 258 S. Bln: Concordia 1905
16 Der Untermensch und andere Satiren. 101 S. 16° Lpz: Reclam (= Reclam's UB. 4688) 1905
17 Also sprach Shakespeare. Ein Brevier. 168 S. Bln: Concordia 1906
18 (Hg.) Arena. Illustrierte Monatshefte für modernes Leben. Jg. 1–9, je 12 H. Bln: Verl. Arena bzw. Stg: Dt. Verl.-Anst. 1906–1914
19 Ein Auftakt zur Feier des achtzigsten Geburtstags des Großherzogs Friedrich von Baden. 41 S. Bln: Concordia 1906
20 Von Kindern und jungen Hunden. 263 S. Bln: Concordia (1906)
21 Spuren im Sande. Neue Gedichte. 222 S. Stg: Cotta 1906
22 Venus Anadyomene. Modernes Drama. 86 S. 16° Lpz: Reclam (= Reclam's UB. 4859) 1906
23 (Übs., Bearb.) P. Calderón de la Barca: Der Arzt seiner Ehre. Drama. 220 S. Bln: Concordia 1907
24 (Bearb.) G. Esman: Vater und Sohn. Lustspiel. 150 S. Bln-Charlottenburg: Vita 1907
25 Der Knick im Ohr. Skizzen. 117 S. Bln: Concordia (= Kleine Concordia-Bibliothek 1) 1907

26 Die sieben törichten Jungfrauen. 302 S. Bln: Concordia (1907)
27 (Hg.) Die Bücher des deutschen Hauses. 113 Bde. Bln: Buchverl. fürs deutsche Haus 1908–1910
28 Die Dame mit den Lilien. Phantastisches Lustspiel. 211 S. Bln: Concordia 1908
29 (Bearb.) G. Esman: Unsere Magdalenen. Volksschauspiel. 212 S. Bln: Concordia 1908
30 Aus Traum und Tanz. 244 S. Stg: Cotta 1908
31 (Hg.) Arena. Oktavausg. v. „Über Land und Meer". Jg. 26–31. Stg: Dt. Verl.-Anst. 1909–1915
32 Der Jünger. Das Versöhnungsfest. Zwei Akte. 185 S. Bln: Concordia 1909
33 Das Mädchen vom Nil und andere Novellen. 214 S. Bln: Concordia (1909)
34 Theater. Ein Bündel Satiren. 127 S. Bln: Concordia 1909
35 Der Vetter aus Köln. Kleine Schwänke. 128 S. Bln: Concordia 1909
36 Auge um Auge. Drei Einakter. 257 S. Stg: Dt. Verl.-Anst. 1910
37 (Hg.) Freut euch des Lebens . . .! Ein Blütenstrauß deutscher Lyrik. 236 S. Stg: Dt. Verl.-Anst. 1910
38 Späne. 175 S. Bln, Stg: Dt. Verl.-Anst. 1910
39 Von Torheit und Freude. 2 Bde. 466, 620 S. Bln, Stg: Dt. Verl.-Anst. 1910
40 Und all' die Kränze . . . Gedichte. VII, 196 S. Stg: Cotta 1911
41 Die bunte Kuh. Humoristischer Roman. 663 S. Bln, Stg: Dt. Verl.-Anst. 1911
42 Von Ihr und Ihm. Dialoge. 239 S. Stg: Dt. Verl.-Anst. 1912
43 (Hg.) Das goldene Lachen. Ein humoristischer Familienschatz in Wort und Bild . . . IV, 326 S. m. Abb., 20 Taf., 8 Faks. 4° Bln: Neufeld 1912
44 (MV) F. v. Schönthan u. R. P.: Der Retter in der Not. Lustspiel in drei Akten. 131 S. Stg: Dt. Verl.-Anst. 1913
45 Der Tag von Damaskus. Humoristische Novellen. 328 S. Stg: Dt. Verl.-Anst. 1913
46 Aus zwei Seelen. Neue Gedichte. 218 S. Stg: Dt. Verl.-Anst. 1914
47 Geweihte Stätten. Hg. F. Goerke. 112 S. m. Abb. Charlottenburg: Vita (= Leuchtende Stunden 7) 1914
48 Der Tag der Deutschen. Kriegsgedichte. 2 Bde. Stg: Dt. Verl.-Anst. (1914–1915)
   1. Der Tag der Deutschen. Kriegsgedichte. 120 S. (1914)
   2. Neue Kriegsgedichte. Der Tag der Deutschen. 137 S. (1915)
49 Vom Wege eines Weltkindes. Ein Buch Sprüche. 137 S. Stg: Dt. Verl.-Anst. 1914
50 An die Front zum deutschen Kronprinzen. 137 S., 1 Titelb. 8 Taf., 1 Notenbeil. Stg: Dt. Verl.-Anst. 1915
51 Der Don Juan der Bella Riva. Ein Geschichtenbuch. 328 S. Stg: Dt. Verl.-Anst. 1915
52 Der Rubin der Herzogin. Roman. V, 431 S. Stg: Dt. Verl.-Anst. 1915
53 (MV) Vater ist im Kriege. Ein Bilderbuch für Kinder m. . . . Versen v. R. P. Hg. Kriegskinderspende dt. Frauen. 49 S. Bln: Hillger (1915)
54 Der Weg zum Ruhm. Satiren aus dem Reiche der Kunst. 83 S. Konstanz, Lpz: Hesse & Becker (= Die Zeitbücher 17) (1915)
55 Der Brief des Grenadiers. 7 S. 16° Lpz: Wunderlich (= Der deutsche Ernst 1) (1916)
   (Ausz. a. Nr. 48)
56 Die Brücken zum Sieg. Kriegsgedichte. 159 S. m. Abb. Bln: Eysler (1916)
57 Die Dirne. 7 S. 16° Lpz: Wunderlich (= Der deutsche Ernst 3) (1916)
   (Ausz. a. Nr. 30)
58 (MV) R. P. u. L. W. Stein: Die selige Exzellenz. Lustspiel in drei Akten. 144 S. Stg: Dt. Verl.-Anst. 1916
59 Die Glocke von Gent. 5 S. 16° Lpz: Wunderlich (= Der deutsche Ernst 2) (1916)
   (Ausz. a. Nr. 48)
60 (Hg., Einl.) Der Leutnant von Knebel-Doeberitz. Hinterlassene Briefe an seine Schwester. 151 S. Bln: Neuer Berliner Volksverl. 1917
61 Notizen am Rande des Weltkrieges. 202 S. Stg: Dt. Verl.-Anst. (1917)
62 Glückliche Finder. Ein fröhliches Mysterium. 254 S. Stg: Dt. Verl.-Anst. 1918

63 Der Schatz in der Tüte. Allerlei Fröhliches aus ernster Zeit. 175 S. m. Abb. Bln: Verl. d. „Lustigen Blätter" 1918
64 Mein Bruder Benjamin. Geschichte eines leichten Lebens. 500 S. Stg: Dt. Verl.-Anst. 1919
65 (MV) J. Gilbert: Die Dose Seiner Majestät. Ein deutsches Singspiel in drei Akten von R. P. u. L. W. Stein. 35 S. Bln: Ahn & Simrock (1919)
66 Das Kohlenstäubchen. Eine lehrreiche Geschichte. 15 S. 16⁰ Bln-Steglitz: Heimat-Verl. Hiemesch (= Neuzeit-Bücher 5) (1920)
67 (MV) Else Presber: Des Lebens Mai. Sieben Orig.-Scherenschnitte, mit Orig.-Gedichten v. R. P. 4 S. Text, 6 Taf. Bln-Steglitz: Heimat-Verl. Hiemesch (1920)
68 Der Mann mit dem persönlichen Einfluß. 62 S. Bln: Hillger (= Kürschners Bücherschatz 1313) (1920)
69 Pierrot. Ein Liederbuch. 166 S., 8 Abb. 16⁰ Stg: Dt. Verl.-Anst. (1920)
70 Aus zwei Seelen. Neue Gedichte. 298 S. Stg: Dt. Verl.-Anst. 1919
(Verm. Neuaufl. v. Nr. 46)
71 (MV) R. P. u. L. W. Stein: Die Scheidungsreise. Musikalischer Schwank in drei Akten. Musik H. Hirsch. 21 S. Bln: Kollo-Verl. (1920)
72 (MV) K. Spitzweg: Sonderbare Käuze. Sechs Kunstblätter mit vier Orig.-Gedichten v. R. P. 4 S. Text, 6 Taf. Bln-Steglitz: Heimat-Verl. Hiemesch (= Wanderungen durch die heim. Kunst, 2. Mappe) (1920)
73 Das Unschuldslämmchen. Heitere Geschichten aus nicht sehr hellen Tagen. 143 S. m. Abb. Bln: Eysler (= Lustige Bücherei 33) 1920
74 Der silberne Kranich. Roman. 401 S. Stg: Dt. Verl.-Anst. 1921
75 (MV) R. P. u. L. W. Stein: Liselott von der Pfalz. Lustspiel in einem Vorspiel und drei Akten. 92 S. Lpz: Reclam (= Reclam's UB. 6207) 1921
76 Galantes Abenteuer. Geschichten. 119 S. Bln: Eysler 1922
77 (Übs.) Karlchens Reise mit Hindernissen. 20 S. m. Abb. 4⁰ Fürth: Löwensohn (1922)
78 Trotz alledem! Zeitgedichte. 115 S. Bln: Winckler 1922
79 Ernte. Eine Auswahl aus meinen Versen. XI, 277 S. Stg.: Dt.Verl.-Anst. 1923
80 (MV) R. P. u. L. W. Stein: Kreuzfeuer. Lustspiel in drei Aufzügen. 107 S. Lpz: Reclam (= Theaterbibliothek d. Vertriebsstelle d. Verbandes dt. Bühnenschriftsteller u. Bühnenkomponisten, Berlin, Bd. 4) 1924
81 Die Zimmer der Frau von Sonnenfels. Ein heiteres Novellenbuch. 313 S. Bln: Eysler 1924
82 Bücher sind wie kleine Kinder. Duett. Musik V. Corzilius. 7 S. Bln: Bloch (1925)
(Anh. z. Nr. 83)
83 Die Bücher-Fee. Ein Buchhändler-Schwank mit Musik, gestohlen von verschiedenen Komponisten. 37 S. Bln: Verl. d. Ver. Berliner Buchh. 1925
84 Der Weg zum Ruhm. Satiren aus dem Reich der Kunst. 193 S. m. Abb. Lpz: Hesse & Becker 1925
(Verm. Neuaufl. v. Nr. 54)
85 (MV) W. Bredschneider: Die Gletscherfee. Operette in drei Teilen v. R. P. u. L. W. Stein. Gesangstexte G. Bibo. Musik W. B. Für d. Rundfunk einger. C. Bronsgeest. 63 S. Bln: Funk-Dienst (= Sende-Spiele. Jg. 3, H. 17) 1926
86 (MV) J. Gilbert: Der Gauklerkönig. Operette in drei Teilen v. R. P., L. W. Stein u. H. H. Zerlett. Musik J. G. Für d. Rundfunk bearb. C. Bronsgeest. 55 S. 16⁰ Bln: Verl. Funk-Dienst (= Sende-Spiele. Jg. 2, H. 22) (1926)
87 Haus Ithaka. Roman. 491 S. Stg: Dt. Verl.-Anst. (1926)
88 Der Kampf mit dem Alltag. Ein Trost- und Trutzbuch für Leidensgenossen. 236 S., 1 Abb. Lpz, Magdeburg: Eulenspiegel-Verl. 1926
89 Der Tisch des Kapitäns. 304 S. Bln: Selle-Eysler (1926)
90 Liebe. 279 S. Bln: Selle-Eysler (1927)
91 Masken. Roman. Bln: Hackebeil (1927)
92 Der Stern über Saragossa. Ein Berliner Roman. 434 S. Bln: Selle-Eysler (1927)
93 Die Verse des Diogenes. 176 S. Bln: Brunnen-Verl. 1927
94 Heitere Geschichten aus dem Hexenkessel unserer Zeit. 282 S. Bln: Franke 1928
95 Aus der Jugendzeit... 389 S., 16 Abb. Stg: Dt. Verl.-Anst. (1928)
96 Der Mann im Nebel. Roman. 382 S. Bln: Scherl 1928

97 (Einl.) Das Deutschland-Buch. XXIV S., 296 Taf. Bln: Franke 1930
98 Effi in Halbtrauer. Ein Geschichtenbuch. 258 S. Bln: Selle-Eysler 1930
99 Frühling in Nervi. Roman. 465 S. Stg: Dt. Verl.-Anst. 1930
100 Die Hochzeit zu Kana und andere Festlichkeiten. 259 S. Bln: Selle-Eysler 1930
101 Die Witwe von Ephesus. Ein moderner Roman. 465 S. Stg: Dt. Verl.-Anst. 1930
102 Geschichten um Bübchen. Heiteres Buch für Erwachsene. 191 S. m. Abb. Bln: Selle-Eysler (= Dt. Illustr.-Roman-Bibliothek 6) 1931
103 Der Konrad und die Paula. Roman. 415 S. Stg: Dt. Verl.-Anst. 1931
104 Die Liebeslaube. Heitere Novellen. 267 S. Lpz: Goldmann (= Die heiteren Goldmann-Bücher) (1931)
105 Die Hexe von Endor. Roman. 432 S. Stg: Dt. Verl.-Anst. (1932)
106 Fräulein Müller wird am Telephon verlangt. Heiteres Geschichten-Buch. 249 S. Lpz: Goldmann (= Die heiteren Goldmann-Bücher) 1932
107 Cagliostro in Altenbühl. Roman. 337 S. m. Abb. Stg: Dt. Verl.-Anst. 1933
108 Der Zirkus mit den hundert Löwen und anderes aus meinem Tagebuch. 288 S. Bln: Neufeld & Henius (= Bunte Romane der Weltliteratur, N.R. 5) 1933
109 Ein delikater Auftrag. Ein Buch lustiger Geschichten. 223 S. Bln: Brunnen-Verl. Bischoff 1934
110 Das Horn von Thurn und Taxis. Roman. 312 S. Stg: Dt. Verl.-Anst. (1934)
111 Eine tüchtige Kraft. Roman. 265 S. Stg: Dt. Verl.-Anst. 1934
112 (MV) W. Bloem u. R. P.: Revolte in der Mottenkiste. Festspiel zur Feier des fünfundsiebzigjährigen Bestehens des Vereins Berliner Buchhändler, 20. 1. 1934. 56 S. Bln (:Elsner) 1934
113 Echo des Lebens. Auswahl der Gedichte. 305 S., 1 Taf. 4° Hannover: Oppermann 1935
114 Ich gehe durch mein Haus. Erinnerungen. 309 S. m. Abb., 8 Taf. Stg: Dt. Verl.-Anst. 1935
115 Der guten Frauen allerschönster Kranz und andere heitere Geschichten. 155 S. Bln: Neff 1935
116 Was ist mit Frau Beate? 243 S. Dresden: Reißner 1935
117 Der bunte Kreis. Die schönsten Erzählungen und Geschichten aus dem Lebenswerk eines Optimisten. 303 S. Stg: Dt. Verl.-Anst. 1937
118 Und sowas passiert alle Tage. 159 S. Bln: Siegismund (= Dt. Soldatenbücherei 11) (1940)

PRUTZ, Robert (1816–1872)

1 Beurtheilung des Commentars zum Zweiten Theile des Göthe'schen Faust von C. Loewe. (o. Pag.) Bln: Krause 1834
2 De fontibus, quos in conscribendis rebus inde a Tiberio usque ad mortem Neronis gestis auctores veteres secuti videantur. Diss. inaug. 3¼ Bg. Halae (: Anton) 1838
3 Der Göttinger Dichterbund. Entwickelung der deutschen Literaturgeschichte von Klopstock bis Göthe. VIII, 406 S. Lpz: Wigand 1840
4 Der Rhein. Gedicht. ½ Bg. Lpz: Wigand 1840
5 Gedichte. 346 S. Lpz: Wigand 1841
6 Ein Märchen. Gedicht. 4¼ Bg. Lpz: Wigand 1841
7 Badens Zweite Kammer. Drei Gedichte. 1¼ Bg. Zürich, Winterthur: Literar. Compt. 1842
8 Dem Könige von Preußen. Zum Kölner Dombaufest den 4. September 1842. Gedicht. ½ Bg. Jena: Frommann 1842
9 Kleine Schriften. 2 Bde. Lpz 1842
10 Erich, der Bauernkönig. Drama. Lpz 1843
11 Gedichte. Neue Sammlung. 12¾ Bg. 16° Zürich, Winterthur: Literar. Compt. 1843
12 (Hg.) Litterarhistorisches Taschenbuch. 6 Bde. Lpz: Wigand (1–2) bzw. Hannover: Kirs (3–6) 1843–1848
13 Carl von Bourbon. Historische Tragödie in fünf Akten. 7³/₈ Bg. Hannover: Kirs 1845

14 Geschichte des deutschen Journalismus. Zum ersten Male vollständig aus den Quellen gearb. Thl. 1. 27¼ Bg. Hannover: Kirs 1845
15 Politische Poesie der Deutschen. 13⅛ Bg. Lpz: Wigand 1845 (Ausz. a. Nr. 12)
16 Die politische Wochenstube. Eine Komödie. 150 S. Zürich, Winterthur: Literar. Compt. 1845
17 Dramaturgische Blätter. Hbg 1846
18 Moritz von Sachsen. Trauerspiel in fünf Akten. M. Einl. u. Anh. XXXVI, 171 S. Lpz: Verl.-Bureau 1847
19 Kleine Schriften. Zur Politik und Literatur. 2 Bde. 367, 380 S. Merseburg: Garcke 1847
20 Vorlesungen über die Geschichte des deutschen Theaters. VIII, 406 S.Bln: Duncker & Humblot 1847
21 Vorlesungen über die deutsche Literatur der Gegenwart. LXXXVIII, 350 S. Lpz: Mayer 1847
22 Dramatische Werke. 4 Bde. XXXVIII, 185; XXXIV, 208; LXIV, 173; XVI, 198 S. Lpz: Weber 1847–1849
23 Zehn Jahre. Geschichte der neuesten Zeit. 1840–1850. 2 Bde. XVIII, 547; 408 S. Lpz: Weber 1848–1856
24 Neue Gedichte. 248 S. Mannheim: Grohe (1849)
25 Das Engelchen. Roman. 3 Bde. 1367 S. 12⁰ Lpz: Brockhaus 1851
26 Felix. Roman. 2 Bde. 819 S. 12⁰ Lpz: Brockhaus 1851
27 Gedichte. 557 S. 16⁰ Lpz: Weber 1851
28 (MH) Deutsches Museum. Hg. R. Prutz u. K. Frenzel. 17 Jge. Lpz: Brockhaus 1851–1867
29 Die Schwägerin. 357 S. Dessau, Dresden: Ehlermann 1851
30 Taschenbuch der neuesten Geschichte. 1. Jg. Das Jahr 1849. 499 S. Dessau, Dresden: Ehlermann 1851
31 Neue Schriften. Zur deutschen Literatur- und Kulturgeschichte. 2 Bde. 670 S. Halle: Schwetschke 1854
32 Der Musikantenthurm. Roman. 3 Bde. 1085 S. Lpz: Brockhaus 1855
33 Goethe. 94 S. Lpz: Brockhaus (= Unterhaltende Belehrungen z. Förderung allg. Bildung) 1856
34 Helene. Ein Frauenleben. 3 Bde. 727 S. 16⁰ Prag, Wien, Lpz: Günther (= Album) 1856
35 Ludwig Holberg. Sein Leben und seine Schriften. 613 S. Stg, Ffm: Baer 1857
36 Aus der Heimat. 345 S. Lpz: Brockhaus 1858
37 Deutsche Dichter der Gegenwart. 446 S. 16⁰ Prag, Hbg: Richter 1859
38 Aus goldnen Tagen. Gedichte. 383 S. 16⁰ Prag, Hbg: Richter 1861
39 Menschen und Bücher. Biograph. Beitr. zur deutschen Literatur- und Sittengeschichte des 18. Jahrhunderts. 610 S. Lpz: Hinrichs 1862
40 Oberndorf. Roman. 3 Bde. 678 S. Lpz: Brockhaus 1862
41 Herbstrosen. Neue Gedichte. 218 S. 16⁰ Mchn: Merhoff (1865)
42 (Übs.) L. Holberg: Ausgewählte Komödien. A. d. Dän. 4 Bde. 873 S. Hildburghausen: Bibl. Inst. (= Bibliothek ausländischer Klassiker in deutscher Übertragung) 1869
43 Stimmen der Liebe. 16 Bl. m. 16 Abb. 2⁰ Bln: Korn 1868
44 Buch der Liebe. 280 S. 16⁰ Lpz: Keil 1869

PÜCKLER-MUSKAU, Hermann Fürst von (+Semilasso) (1785–1871)

1 (Hg.) L. Schefer: Gesänge zu dem Pianoforte. Musik vom Dichter. 138 S. qu. 2⁰ Lpz: Breitkopf & Härtel (1813)
2 *Briefe eines Verstorbenen. 4 Bde. 1830–1832
   1.2. Ein fragmentarisches Tagebuch aus England, Wales, Irland und Frankreich, geschrieben in den Jahren 1828 und 1829. XVI, 324; XIV, 397 S. m. Ku. Mchn: Franckh 1830
   3.4. Ein fragmentarisches Tagebuch aus Deutschland, Holland und Eng-

land, geschrieben in den Jahren 1826, 1827 und 1828. XXXI, 420; VIII, 423 S. m. Ku. Stg: Hallberger 1832
3 *Andeutungen über Landschaftsgärtnerei verbunden mit der Beschreibung ihrer practischen Anwendung in Muskau. 286 S. m. Atlas, 48 Abb. qu. 2⁰ Stg: Hallberger 1834
4 *Tutti Frutti. Aus den Papieren des Verstorbenen. 5 Bde. XX, 312; 362; LX, 280; 286; 308 S. Stg: Hallberger 1834
5 *Jugend-Wanderungen. Aus meinen Tagebüchern. Für mich und Andere. Vom Verfasser der Briefe eines Verstorbenen. XV, 256 S. m. Titelku. Stg: Hallberger 1835
6 +Vorletzter Weltgang von Semilasso. Traum und Wachen. Aus den Papieren des Verstorbenen. Erster Gang. Europa. 3 Bde. Stg: Hallberger 1835
7 +Semilasso in Afrika. Semilassos vorletzter Weltgang, Theil 2. Aus den Papieren des Verstorbenen. 5 Bde. XII, 275; XVI, 330; XIV, 290; X, 295; X, 314 S. m. Atlas. Stg: Hallberger 1836 (Thl. 2 zu Nr. 6)
8 *Der Vorläufer. Vom Verfasser der Briefe eines Verstorbenen. XVIII, 532 S. Stg: Hallberger 1838
9 *Südöstlicher Bildersaal. Hg. v. Verf. d. Briefe eines Verstorbenen. 3 Bde. 480, 496, 484 S. m. Abb. Stg: Hallberger 1840–1841
10 *Aus Mehemed Ali's Reich. Vom Verfasser der Briefe eines Verstorbenen. 3 Bde. IV, 368 S., 1 Kt.; 366; 344 S. Stg: Hallberger 1844
11 *Die Rückkehr. Vom Verfasser der Briefe eines Verstorbenen. 3 Bde. X, 288; 379; 455 S. m. Abb. u. Kt. Bln: Duncker 1846–1848
12 Briefwechsel und Tagebücher. Aus seinem Nachlaß hg. L. Assing. 9 Bde. Hbg: Hoffmann & Campe (1–2) bzw. Bln: Wedekind & Schwieger (3–9) 1873–1876

Pulver, Max (1889–1952)

1 Selbstbegegnung. Gedichte. 61 S. Lpz, Mchn: Wolff 1916
2 Alexander der Große. Schauspiel in einem Vorspiel und fünf Aufzügen. 128 S. Lpz, Mchn: Wolff 1917
3 Odil. Zwei Erzählungen. 54 S. Frauenfeld: Huber (= Schweizerische Erzähler 12) (1917)
4 Robert der Teufel. Ein Drama in einem Vorspiel und fünf Akten. 86 S. Lpz, Mchn: Wolff 1917
5 Christus im Olymp. Eine Epiphanie. 38 S. Mchn, Neu-Ulm: Hans Sachs-Verl. 1918
6 Igernes Schuld. Ein Kammerspiel in vier Akten. 115 S. Lpz: Insel 1918
7 Auffahrt. Neue Gedichte. 72 S. Lpz: Insel 1919
8 Zwischenspiele. Polyphem. Narzissos. 69 S. Zürich: Rascher 1919
9 (Hg.) F. v. Baader: Schriften. XV, 367 S. Lpz: Insel (= Der Dom) 1921
10 Das große Rad. Komödie in einem Vorspiel und neun Bildern. 106 S. Mchn: Drei Masken-Verl. 1921
11 (Übs.) Th. Gautier: Fortunio. 183 S. m. Abb. 4⁰ Mchn: Drei Masken-Verl. (= Obelisk-Drucke 8) 1923
12 (Übs.) P. MacOrlan: Reiterin Elsa. 174 S. Mchn: Allg. Verl.-Anst. München 1923
13 Die weiße Stimme. Gedichte. 84 S. Zürich, Basel: Orell Füßli 1924
14 (Übs.) E. Zola: Die Bestie im Menschen. 460 S. Mchn: Wolff (= Die Rougon-Macquart 17) 1924
15 Kleine Galerie. Prosa. 101 S. Zürich (:Grethlein) (= Seldwyla-Bücherei 4) (1925)
16 Arabische Lesestücke. 99 S. Zürich: Grethlein (= Seldwyla-Bücherei 11) 1925
17 Himmelspfortgasse. Roman. 328 S. Mchn, Zürich: Orell Füßli 1927
18 Symbolik der Handschrift. 295 S., 179 Faks. Zürich: Orell Füßli (1930)
19 Trieb und Verbrechen in der Handschrift. Ausdrucksbilder asozialer Persönlichkeiten. 238 S., 36 Abb. Zürich: Orell Füßli 1934
20 Neue Gedichte. 38 S. Zürich: Orell Füßli 1939
21 Menschen kennen und Menschen verstehen. 58 S. Zürich: Orell Füßli 1940

22 Selbstbesinnung. 26 S. Zürich: Orell Füßli 1940
23 Selbsterfahrung. 88 S., 3 Abb. Zürich: Orell Füßli 1941
24 Auf Spuren des Menschen. 124 S., 29 Abb. Zürich: Orell Füßli 1942
25 Person, Charakter, Schicksal. 145 S. Zürich: Orell Füßli (1944)
26 Übergang. Gedichte. 41 S. Zürich: Orell Füßli 1946
27 Intelligenz im Schriftausdruck. Eine Studie. 218 S. m. Abb. Zürich: Orell Füßli 1949
28 Erinnerungen an eine europäische Zeit. 94 S. Zürich: Orell Füßli 1953

Pump, Hans W. (1915–1957)

1 Vor dem großen Schnee. Roman. 267 S. Hbg: Claassen 1956
2 Die Reise nach Capuascale. Roman. 240 S. Hbg: Claassen 1957
3 Gesicht in dieser Zeit. Erzählungen. 193 S. Hbg: Claassen 1958

Pustkuchen(-Glanzow), Johann Friedrich Wilhelm (1793–1834)

1 Die Schlacht bey Belle-Alliance, oder Des Herzogs Tod. Eine musikalisch-declamatorische Phantasie, für das Pianoforte mit Gesang. Gedichtet v. F. P. u. in Musik gesetzt v. K. Gläser. Barmen: Gläser (1816)
2 Die Poesie der Jugend. Erzählungen, Gedanken und Lieder. X, 235 S. Lpz: Reclam 1817
3 Die Natur des Menschen und seines Erkenntnißvermögens als Fundament der Erziehung psychologisch entwickelt ... 1 Bl., XVI, 134 S. Lpz: Reclam 1818
4 Die Erlösung der Sünder durch die Leiden und den Tod unseres Herrn Jesu Christi. Wesel 1819
5 Die Perlenschnur. 2 Bde. 223, 218 S. m. Ku. Quedlinburg, Lpz: Basse 1820
6 Das Ideal der Staats-Oekonomie. Schleswig: Taubstummen-Inst. 1821
7 Die Urgeschichte der Menschheit in ihrem vollen Umfange bearb. Erster oder historischer Theil. XXX S., 1 Bl., 304 S. Lemgo: Meyer 1821
8 *Wilhelm Meisters Wanderjahre. 5 Bde., 2 Bde. Beil. Quedlinburg, Lpz: Basse 1821–1828
   1.–5. Wilhelm Meisters Wanderjahre. 5 Bde. 1821–1828
   1. Beil. Wilhelm Meisters Tagebuch. 198 S., 5 Bl. 1822
   2. Beil. Gedanken einer frommen Gräfin. 238 S. 1822
9 (Vorw.) Ludwig Pustkuchen: Novellenschatz des deutschen Volkes. 3 Bde. Quedlinburg, Lpz: Basse 1822–1823
10 Die Rechte der christlichen Religion über die Verfassung christlicher Staaten. Eine Streitschrift. VIII, 162 S. Schleswig: Kgl. Taubstummmen-Inst. 1822
11 *Der heilige Born im Jahr 1823. Vom Verfasser der Wanderjahre. Pyrmont: Uslar 1823
12 *Kleine Schriften vom Verfasser der Wanderjahre. 2 Bde. 12⁰ Bln: Reimer 1823
13 *Mein Torso. Bruchstück aus Peter Paul Zwyzke's Leben und Erfahrungen... Ffm: Varrentrapp 1823
   (Verfassersch. fragl.)
14 Historisch-kritische Untersuchung der biblischen Urgeschichte ... XVI, 178 S., 1 Bl. Halle: Grunert 1823
15 Über die Vereinigung der Lutheraner und Reformirten, mit besonderer Beziehung auf Bremen. 2 H. 36 S. Bremen: Heyse 1823
16 Grundzüge des Christenthums. 102 S. 12⁰ Hbg: Hoffmann & Campe (1824)
17 Kritik der Schulen und der pädagogischen Ultras unserer Zeit ... Bremen: Heyse 1824
18 *Wilhelm Meisters Tagebuch. 2 Bde. 188, 174 S. Lpz, Sorau: Fleischer 1824
   (Verm. Neuaufl. d. 1. Beil. v. Nr. 8)

19 Maria oder Die Frömmigkeit des Weibes. Ein Charaktergemälde. XIV, 224 S. Hbg: Hoffmann & Campe 1827
   (Neuaufl. d. 2. Beil. v. Nr. 8)
20 Die Wiederherstellung des ächten Protestantismus ... XIII, 202 S. Hbg: Hoffmann & Campe 1827
21 (Hg.) Levana. Zeitschrift für das Gesammtgebiet der Jugenderziehung. 7 H. Rinteln: Osterwald 1829
22 Kurzgefaßte Geschichte der Pädagogik. 68 S. Rinteln: Osterwald 1830
23 (Hg.) Glaubens- und Sittenlehre in wahrhaften Beispielen. Ein Lesebuch für Schule und Haus. 2 Bde. XX, 196 S., VI, 1735 S. Barmen, Schwelm: Falkenberg 1831–1833
24 Erzählungen. (S.-A.) 2 Bl., 168 S. 16⁰ Iserlohn: Langewiesche 1832
25 Kirche, Schule und Haus. Elberfeld: Büschler 1832
26 (Hg.) Viola. Taschenbuch für 1833 den Freunden des Schönen und Guten gewidmet. 268 S. Wesel: Becker (1832)
27 Abhandlungen aus dem Gebiete der Jugenderziehung. 453 S. Rinteln: Osterwald 1835
   (Titelaufl. v. Nr. 27)
28 Der Beruf des evangelischen Pfarrers nach seinem Zweck und Wesen ... 131 S. Elberfeld: Schmachtenberg 1836

PUTLITZ, Gustav Heinrich Gans, Edler Herr von und zu
(1821–1890)

1 Lustspiele. 4 Bde. 838 S. Bln: Schlesinger (1850)–1860
2 Was sich der Wald erzählt. Ein Mährchenstrauß. 68 S. m. Titelb. Bln: Duncker 1850
3 (HV) (H. Schmidt: Bruder Kain. Schauspiel. – Ch. Birch-Pfeiffer: Mazarin. Histor. Orig.-Schauspiel. – G. zu P.:) Eine Frau, die zu sich selbst kommt. (– E. Raupach: Jakobine von Holland. Histor. Schauspiel. ...) 319 S. Bln: Vereins-Bh. (= Jahrbuch Dt. Bühnenspiele, 31. Jg. 1852) 1852
4 Familien-Zwist und Frieden. Lustspiel. 49 S. Bln: Schlesinger 1853
5 Das Herz vergessen. Lustspiel. 60 S. Bln: Schlesinger 1853
   (Ausz. a. Nr. 1)
6 Arabesken. Bd. 1: Vergißmeinnicht. 52 S., 6 Abb. Bln: Paetel 1854
7 Luana. 134 S. 16⁰ Bln: Paetel 1855
8 Ungebundenes. H. 1. 256 S. Bln: Schlesinger 1856
9 Ein Hausmittel. Lustspiel. 45 S. Bln: Schlesinger 1858
   (Ausz. a. Nr. 1)
10 Badekuren. Lustspiel. 46 S. Bln: Schlesinger 1859
   (Ausz. a. Nr. 1)
11 Das Testament des Großen Kurfürsten. Schauspiel. 107 S. Bln: Paetel 1859
12 Brandenburgische Geschichten. 208 S. Stg, Bln: Paetel 1862
13 Der Aufruf an mein Volk. 40 S. Bln: Haack 1863
14 Carolina oder Ein Lied am Golf von Neapel. Liederspiel. 61 S. Bln: Schlesinger 1863
15 Don Juan de Austria. Trauerspiel. 120 S. Bln: Paetel 1863
16 Novellen. 547 S. Stg, Bln: Paetel 1863
17 Waldemar. Schauspiel. 154 S. 16⁰ Bln: Paetel 1863
18 Der Brockenstrauß. Dramatischer Scherz. 44 S. Bln: Schlesinger 1864
   (Ausz. a. Nr. 1)
19 Maienzauber. Festspiel. 34 S. 4⁰ Schwerin (:Stiller) 1864
20 Übers Meer. 29 S. Bln: Lassar (= E. Bloch's Dilettanten-Bühne) 1864
21 Wenn die Thür zuschlägt –. Lustspiel. 39 S. Bln: Schlesinger 1864
22 Wilhelm von Oranien in Whitehall. Schauspiel. 97 S. Bln: Paetel 1864
23 Die Halben. Novelle. 230 S. Bln: Wagner 1868
24 Lustspiele. Neue Folge. 4 Bde. 753 S. Bln: Behr 1869–1872
   (N. F. zu Nr. 1; enth. u. a. Nr. 13)
25 Die Alpenbraut. Novelle. 128 S. Bln: Duncker 1870

26 (Hg.) Karl Immermann. Sein Leben und seine Werke. 2 Bde. 697 S. Bln: Hertz 1870
27 Walpurgis. Novelle. 178 S. Bln: Duncker 1870
28 Funken unter der Asche. Novelle. 201 S. Bln: Paetel 1871
29 Die Nachtigall. Roman. 2 Bde. 601 S. Bln: Paetel 1872
30 Ausgewählte Werke. 6 Bde. 3059 S. Bln: Paetel 1872–1877
31 Theater-Erinnerungen. 2 Bde. 517 S. Bln: Paetel 1874
32 Croquet. Roman. 2 Bde. 522 S. Bln: Paetel 1878
33 Das Schwert des Damokles. Schwank. 31 S. Bln: Behr (1878)
   (Ausz. a. Nr. 24)
34 Eisen. Novelle. 2 Bde. 326 S. Bln: Paetel 1879
35 Rolf Berndt. Schauspiel. 128 S. Bln: Paetel 1881
36 Das Frölenhaus. Novelle. 176 S. Bln: Paetel 1881
37 Raffaella. Novelle. 117 S. 16° Stg: Richter 1881
38 Das Maler-Majorle. 234 S. Bln: Paetel 1883
39 Brandenburgische Eroberungen. Lustspiel. 40 S. Bln: Lassar (= E. Bloch's Theater-Correspondenz) 1885
   (Ausz. a. Nr. 24)
40 Mein Heim. Erinnerungen aus Kindheit und Jugend. 211 S. Bln: Paetel 1885
41 Ausgewählte Werke. Ergänzungsband. Vier Novellen. 378 S. Bln: Paetel 1888
   (zu Nr. 30; enth. u. a. Nr. 36)

PUTTKAMMER, Alberta von (1849–1923)

1 Kaiser Otto der Dritte. Schauspiel. 153 S. Glogau: Flemming 1883
2 Dichtungen. 172 S. Lpz: Schloemp 1885
3 Akkorde und Gesänge. Dichtungen. 199 S. Straßburg: Heitz 1889
4 Offenbarungen. Dichtungen. 162 S. Stg: Cotta 1894
5 Aus Vergangenheiten. Ein elsässisches Balladenbuch. 190 S. m. Abb. 4° Straßburg: Schlesier 1899
6 Leb' wohl, mein Elsaß! Abschiedsgruß. 4 S., 1 Abb. 4° Straßburg: Schlesier 1901
7 (MV) Die Aera Manteuffel. Federzeichnungen aus Elsaß-Lothringen. Unter Mitwirkung v. Maximilian v. P. 188 S. Stg: Dt. Verl.-Anst. 1904
8 D'Annunzio. 92 S., 8 Taf. Bln: Schuster & Loeffler (= Die Dichtung 15) 1904
9 Jenseits des Lärms. Dichtungen. 168 S. Bln: Schuster & Loeffler 1904
10 Mit vollem Saitenspiel. Dichtungen. 195 S. Bln: Schuster & Loeffler 1912
11 Aus meiner Gedankenwelt. Essays. 313 S. Bln: Schuster & Loeffler 1913
12 Kaiser Otto der Dritte. Schauspiel in fünf Aufzügen. 153 S. Bln: Flemming 1914
   (Veränd. Neuaufl. v. Nr. 1)
13 Merlin. Schauspiel in vier Akten und einem Vorspiel. 77 S. Bln: Schuster & Loeffler 1919
14 Mehr Wahrheit als Dichtung. Memoiren. 340 S., 4 Abb. Bln: Schuster & Loeffler (1919)

PYRA, Immanuel Jakob (1715–1744)

1 *Der Tempel Der Wahren Dichtkunst. Ein Gedicht in reimfreyen Versen von einem Mitglied der Deutschen Gesellschaft in Halle. 32 S. 4° Halle 1737
2 Ode auf I. M. Friedrich den Andern ... bey dem Antritt der Regierung. o. O. 1740
3 *(Hg.) Gedancken der unsichtbaren Gesellschaft. Wochenblatt. Halle 1741
4 *Erweis, daß die G★ttsch★dianische Sekte den Geschmack verderbe. Über die Hällischen Bemühungen zur Aufnahme der Critic. 1 Bl., 82 S. Hbg, Lpz (o. Verl.) 1743
5 *Fortsetzung des Erweises, das die G★ttsch★dianische Sekte den Geschmack

verderbe. Wegen der so genannten Hällischen Bemühungen zur Beförderung der Critik ... 1 Bl., 110 S. Bln: Schütze 1744
(zu Nr. 4)
6 *(MV) (I. J. P. u. S. G. Lange:) Thirsis und Damos freundschaftliche Lieder. Hg. J. J. Bodmer. 4 Bl., 88 S. Zürich 1745

Pyrker von Oberwart (Felsö-Eör), Johann Ladislav
(1772–1847)

1 Historische Schauspiele. 303 S. Wien: Schaumburg 1810
2 Lilienfeld's Freude am 29sten August im Jahr 1814. 3 Bl. 4° St. Pölten: Lorenz 1814
3 Tunisias. Ein Heldengedicht in zwölf Gesängen. 342 S. Wien: Beck 1820
4 Perlen der heiligen Vorzeit. 148 S. m. Ku. Ofen: Universitäts-Dr. 1821
5 Rudolph von Habsburg. Ein Heldengedicht in zwölf Gesängen. VIII, 349 S. m. Ku. Wien: Beck 1825
6 Sermo ... in solemniis canonicae sua introductionis ad clerum populumque dioecesis Agriensis die XVII. Septembris habitus. 12 S. 4° Wien: Strauß 1827
7 Das Heimweh. Die Allmacht. In Musik gesetzt ... v. F. Schubert. 11 S. m. Noten qu. 2° Wien: Haslinger (1828)
8 Sämmtliche Werke. 3 Bde. VIII, 330 S.; VIII, 333 S.; 3 Bl., 282 S. Stg, Tüb: Cotta 1832–1834
9 Bilder aus dem Leben Jesu und der Apostel. 12 Lief., 24 Abb. 4° Lpz: Teubner 1842–1843
10 Legenden der Heiligen auf alle Sonntage und Festtage des Jahres. 296 S. m. Abb. Wien: Höfel 1842
11 Oestreich. Eine Volkshymne, gesungen bei Gelegenheit des Mozart-Festes in Salzburg 1842. 4 S. Salzburg: Oberer 1842
12 Lieder der Sehnsucht nach den Alpen. VII, 67 S. Stg, Tüb: Cotta 1845
(Enth. u. a. Ausz. a. Nr. 7)
13 Lieder der Sehnsucht nach den Alpen. VII, 141 S. Stg, Tüb: Cotta 1846
(Verm. Neuaufl. v. Nr. 12)
14 Bilder aus dem neuen heiligen Bunde und Legenden. 378 S. Wien: Braumüller 1847
(Verb. Neuaufl. v. Nr. 9)

QUINDT, William (*1898)

1. Peters Dschungelferien. Was ein deutscher Junge in den Wäldern Indiens erlebte. 123 S. Stg: Franckh (1934)
2. Das hungernde Herz. Roman. 245 S. Braunschweig: Westermann 1934
3. Der Tiger Akbar. Roman. 352 S. Dresden: Moewig & Höffner (überkl.: Heyne) 1935
4. Der Wildpfad. Roman zwischen Weltstadt und Dschungel. 344 S. Dresden: Heyne 1936
5. Die Pantherbraut. Roman. 363 S. Dresden: Heyne 1937
6. Dschungelblut. 192 S. Dresden: Moewig (1938)
7. Die Straße der Elefanten. Roman. 344 S. Hbg: Broschek 1939
8. Bambino. Ein Artistenroman. 360 S. Hbg: Broschek 1940
9. Der weiße Wolf. Die Geschichte vom ersten Hund. 217 S. Bln: Palmen-Verl. 1941
10. Die Bestie. Tiergeschichten. 64 S. m. Abb. Dresden: Dt. Literatur-Verl. (1943)
11. Die fremden Brüder. Geschichten von Tieren und Menschen. 361 S. Bln: Reimer 1943
12. Curupira. Ein Abenteuerbuch vom Amazonenstrom. 126 S. m. Abb. Dresden: Dt. Literatur-Verl. (1943)
13. Sehnsucht nach Joana. Roman einer großen Nummer. 192 S. Dresden: Dt. Literatur-Verl. (1943)
14. Ewig soll Feindschaft sein. Geschichte eines Tigers. 93 S. Hbg: Melchert 1946 (Neuaufl. v. Nr. 6)
15. Mein Hund Struppke. Geschichte eines schottischen Terriers. 88 S. Hbg: Melchert 1946
16. Mein Kater Hinz. Geschichte einer Freundschaft. 85 S. Hbg: Melchert 1946
17. Mörderin Rosa. Geschichte einer Elefantin. 88 S. Hbg: Melchert 1946
18. Wolken wandern im Wind. Roman eines Sommers. 371 S. Hbg: Melchert 1948
19. Das Kind im Affenhaus. 317 S. Hbg: Hans. Gildenverl. 1949
20. Die Gefährten. Geschichte einer Tierfreundschaft. 180 S., 12 Abb. Hannover: Sponholtz (= Grüne Reihe 10) 1954
21. Götter und Gaukler. Ein neuer Roman um den Tiger Akbar. 635 S. Wien, Bln, Stg: Neff 1954
    (Forts. v. Nr. 3)
22. Der schwarze Jaguar. Eine Geschichte von der Fremdheit zwischen Mensch und Tier. 491 S. Wien, Bln, Stg: Neff 1955
23. Gerechtigkeit. Ein Roman von Menschen und Tieren. 732 S. Wien, Bln, Stg: Neff 1958

Raabe, Wilhelm (+Jakob Corvinus) (1831–1910)

1. +Die Chronik der Sperlingsgasse. 262 S. Bln: Stage 1857
2. +Ein Frühling. 426 S. 16⁰ Braunschweig: Vieweg 1858
3. +Halb Mähr, halb mehr. Erzählungen, Skizzen und Reime. 177 S. 16⁰ Bln, Stg: Moser 1859
4. +Die Kinder von Finkenrode. 288 S. 16⁰ Bln, Stg: Moser 1859
5. +Der heilige Born. 2 Bde. 268, 280 S. 12⁰ Wien, Prag, Lpz: Günther (= Album) 1861
6. +Nach dem großen Kriege. Eine Geschichte in zwölf Briefen. 228 S. 16⁰ Bln, Stg: Moser 1861
7. Unsers Herrgotts Canzlei. 2 Bde. 234, 270 S. Braunschweig: Westermann 1862
8. Verworrenes Leben. 263 S. Glogau: Flemming 1862
9. Die Leute aus dem Walde, ihre Sterne, Wege und Schicksale. 3 Bde. 292; 306; 268, 1 S. Braunschweig: Westermann 1863
10. Der Hungerpastor. Roman. 3 Bde. 268, 262, 246 S. Bln: Janke 1864
11. Drei Federn. 281 S. Bln: Janke 1865
12. Ferne Stimmen. Erzählungen. 306 S. Bln: Janke 1865
13. Abu Telfan, oder Die Heimkehr vom Mondgebirge. Roman. 3 Bde. 207, 214, 215 S. Stg: Hallberger 1868
14. Der Regenbogen. Sieben Erzählungen. 2 Bde. 258, 256 S. Stg: Hallberger 1869
15. Der Schüdderump. Roman. 3 Bde. 238, 275, 276 S. Braunschweig: Westermann 1870
16. Der Dräumling. 308 S. Bln: Janke 1872
17. Deutscher Mondschein. Vier Erzählungen. 261 S. Stg: Hallberger 1873
18. Christoph Pechlin. Eine internationale Liebesgeschichte. 2 Bde. 129, 220 S. Lpz: Günther 1873
19. Meister Autor oder Die Geschichte vom versunkenen Garten. 256 S. Lpz: Günther 1874
20. Horacker. 200 S. m. Abb. Bln: Grote (1876)
21. Krähenfelder Geschichten. 3 Bde. 240, 233, 231 S. Braunschweig: Westermann 1879
22. Wunnigel. Eine Erzählung. 208 S. Braunschweig: Westermann 1879
23. Deutscher Adel. Eine Erzählung. 198 S. Braunschweig: Westermann 1880
24. Alte Nester. Zwei Bücher Lebensgeschichten. 340 S. Braunschweig: Westermann 1880
25. Das Horn von Wanza. Eine Erzählung. 224 S. Braunschweig: Westermann (1881)
26. Fabian und Sebastian. Eine Erzählung. 235 S. Braunschweig: Westermann 1882
27. Prinzessin Fisch. Eine Erzählung. 288 S. Braunschweig: Westermann 1883
28. Pfisters Mühle. Ein Sommerferienheft. 277 S. Lpz: Grunow 1884
29. Villa Schönow. Eine Erzählung. 276 S. Braunschweig: Westermann 1884
30. Zum wilden Mann. Eine Erzählung. 107 S. 16⁰ Lpz: Reclam (= Universal-Bibliothek 200) 1885
    (Ausz. a. Nr. 21)
31. Unruhige Gäste. Roman aus dem Saekulum. 200 S. Bln: Grote 1886
32. Im alten Eisen. Erzählung. 244 S. Bln: Grote (1887)
33. Das Odfeld. Erzählung. 300 S. Lpz: Elischer (1888)
34. Der Lar. Eine Oster-, Pfingst-, Weihnachts- und Neujahrsgeschichte. 255 S. Braunschweig: Westermann (1889)
35. Stopfkuchen. Eine See- und Mordgeschichte. 284 S. Bln: Janke 1891
36. Gutmanns Reisen. 299 S. Bln: Janke 1892
37. Kloster Lugau. 309 S. Bln: Janke 1894
38. Die Akten des Vogelsangs. 320 S. Bln: Janke 1896
39. Gesammelte Erzählungen. 4 Bde. 304, 407, 402, 414 S. Bln: Janke 1896–1900

40 Hastenbeck. Erzählung. 354 S. Bln: Janke 1899
41 Die schwarze Galeere. Erzählung. 68 S. 12⁰ Wiesbaden: Staadt (= Wiesbadener Volksbücher 18) 1902
 (Ausz. a. Nr. 12)
42 Die Gänse von Bützow. Eine Historia. 138 S. Bln: Janke 1906
 (Ausz. a. Nr. 14)
43 Eulenpfingsten. Humoristische Erzählung. Einl. K. Koch. 144 S. m. Bildn. Lpz: Hesse (= M. Hesse's Volksbücherei 499–500) 1908
 (Ausz. a. Nr. 21)
44 Frau Salome. Erzählung. Mit e. Vorw. v. K. Schultes: Über mein Zusammenleben mit Wilhelm Raabe. 126 S. Lpz: Hesse (= M. Hesse's Volksbücherei 535–536) 1909
 (Ausz. a. Nr. 21)
45 Das letzte Recht. 63 S. Wiesbaden: Staadt (= Wiesbadener Volksbücher 135) 1910
 (Ausz. a. Nr. 12)
46 Altershausen. Im Auftr. d. Familie hg. u. mit e. Nachw. vers. P. Wasserfall. 256 S. Bln: Janke 1911
47 Gesammelte Gedichte. Hg. W. Brandes. 152 S. Bln: Janke 1912
48 Des Reiches Krone. Else von der Tanne. Im Siegeskranze. Drei Erzählungen. 164 S. Bln: Janke 1912
 (Ausz. a. Nr. 14 u. 17)
49 Sämtliche Werke. 3 Serien. 18 Bde. Bln-Grunewald: Verl.-Anst. f. Kunst u. Literatur 1913–(1920)
50 Sämtliche Werke. Hg. H. Klemm. 3 Serien. 15 Bde. Bln: Klemm (1935)
51 Sämtliche Werke. Im Auftrag d. Braunschweig. Wissensch. Ges. hg. K. Hoppe. Braunschweiger Ausg. Freiburg, Braunschweig: Klemm bzw. (ab 1961) Göttingen: Vandenhoeck & Ruprecht 1951 ff.

Rabener, Gottlieb Wilhelm (1719–1771)

1 *Sammlung satyrischer Schriften. 4 Bde. 212, 288, 416, 608 S. Lpz: Dyk 1751–1755
2 *Daß die Begierde, Übels von andern zu reden, weder vom Stolze, noch von der Bosheit des Herzens, sondern von einer wahren Menschenliebe, herrühre. Eine Abhandlung. 5¼ Bg. o. O. 1754
3 *(Übs.) Das Märgen vom Ersten Aprile, ausm holländischen ins hochteutsche übs. 168 S. 12⁰ Buttstädt: Frankens' Erben (1755)
4 *Satiren. 4 Bde. Lpz: Dyck 1755
 (Neuaufl. v. Nr. 1)
5 Briefe von ihm selbst gesammlet und nach seinem Tode mit einer Nachricht von seinem Leben und seinen Schriften hg. C. F. Weiße. LXXXVI, 304 S. Lpz: Dyck 1772
6 Sämmtliche Schriften. 8 Bde. m. 40 Ku. Bern 1775–1776
7 Sämmtliche Schriften. 6 Bde. m. Bildn. Lpz: Dyk 1777
8 Sämmtliche Werke. Hg. E. Ortlepp. 4 Bde. m. Bildn. Stg: Schweizerbart 1839

Rachel, Joachim (1618–1669)

1 Teutsche Satyrische Gedichte. 11 Bl., 64 S. m. Titelku. Ffm: Vogel 1664
2 Der Freund. Kopenhagen 1666
3 Teutsche Satyrische Gedichte. Kopenhagen 1666
 (Erw. Neuaufl. v. Nr. 1)
4 Der Poet. Kopenhagen 1666
5 Neue verbesserte Teutsche X Satyrische Gedichte. Ffm 1668
 (Verm. Neuaufl. v. Nr. 3)
6 (Übs.) Christlicher Glaubensunterricht oder Gespräche zwischen Vater und Sohn, mehrntheils aus dem lat. Hugonis Grotii. 12⁰ Halberstadt 1687

7 Zehn Neu verbesserte Teutsche Satyrische Gedichte. Bln: Lamprecht 1742
   (Neuaufl. v. Nr. 5)
8 Zehn Neu verbesserte und mit einem Vorbericht begleitete satyrische Gedichte. Bln 1743
   (Verm. Neuaufl. v. Nr. 7)
9 Deutsche Satyrische Gedichte. Neue verbesserte und mit dem Leben des Dichters vermehrte Ausg. v. H. Schröder. XXX, 224 S. Altona: Busch 1828
   (Verb. Neuaufl. v. Nr. 8)

RADECKI, Sigismund von (+Homunculus) (*1891)

1 (Übs.) A. Puškin: Dramatische Scenen. Ägyptische Nächte. 106 S. Bln: Frenkel (1923)
2 Der eiserne Schraubendampfer Hurricane. 250 S. Wien: Jahoda & Siegel 1929
3 Nebenbei bemerkt. 310 S. Stg: Rowohlt 1936
4 (Übs.) N. Gogol: Tote Seelen oder Tschitschikoffs Abenteuer. Ein Poem. 388 S., 100 Abb. 4° Bln (: Zander) (1938)
5 +(Hg.) Die Rose und der Ziegelstein. Anekdoten aus aller Welt. 312 S. Bln: Rowohlt 1938
6 Alles Mögliche. 268 S. Stg: Rowohlt 1939
7 Die Welt in der Tasche. 400 S. Lpz: Hegner 1939
8 (Übs.) H. Belloc: Gespräch mit einer Katze und andere Essays. 276 S. Zürich: Scientia 1940
9 (Übs.) W. Cather: Der Tod kommt zum Erzbischof. Roman. 355 S. Zürich: Scientia 1940
10 (Übs.) Der Glockenturm. Russische Verse und Prosa. 395 S. Zürich: Scientia 1940
11 Wort und Wunder. 161 S. Salzburg: Müller (1940)
12 Wie kommt das zu dem? 305 S. Stg: Rowohlt 1942
13 (Übs.) N. Gogol: Erzählungen. 358 S., 1 Titelb. 4° Bln: Zander (1943)
14 (Übs.) N. Gogol: Dramatische Werke. 406 S. 4° Bln: Zander (1943)
15 Rückblick auf meine Zukunft. 76 S. Lpz: Reclam (= Reclam's UB. 7561) 1943
16 (MÜbs.) A. Puškin: Sämtliche Erzählungen. Übs. v. R., A. Luther u. R. v. Walter. Einl. A. Luther. 496 S., 1 Titelb. Bln: Verl. d. sowjetischen Militärverwaltung in Deutschland; Jena: Rauch (1947)
17 (Hg.) L. Speidel: Ausgewählte Schriften. 337 S. Wedel: Alster-Verl. (= Meister der kleinen Form 2) 1947
18 Der runde Tag. 183 S. Zürich: Arche 1947
19 (Übs.) H. Belloc: Die Wiederherstellung des Eigentums. 193 S. Olten: Walter 1948
20 Das müssen Sie lesen! Aufsätze über Lesen, Schreiben, Drucken und verwandte Dinge. 185 S. Wien: Frick (1948)
21 (Übs.) N. Gogol: Der Mantel. 64 S. Calw: Hatje 1948
22 (Bearb.) K. Schurz: Lebenserinnerungen. 576 S. Zürich: Manesse-Verl. (= Manesse-Bibliothek der Weltliteratur) 1948
23 (Übs.) N. S. Leskov: Das Kadettenkloster. 72 S., 16 Abb. Wien: Frick (= Wiener Bücherei 19) 1949
24 Über die Freiheit. 76 S. Köln: Hegner 1950
25 (Übs.) C. S. Lewis: Wunder. Eine vorbereitende Untersuchung. 212 S. Köln, Olten: Hegner 1952
26 Was ich sagen wollte. 237 S. Köln, Olten: Hegner 1952
27 Das ABC des Lachens. Ein Anekdotenbuch zur Unterhaltung und Belehrung. 271 S. Hbg: Rowohlt (= rororo-Taschenbuch-Ausg.) 1953
28 Wie ich glaube. 275 S. Köln, Olten: Hegner 1953
29 (MV) Wird eingefahren! Autos und ihre Besitzer, gezeichnet von Bosc, Chaval, Dubout u. a. Beschrieben v. S. v. R. 47 S. m. Abb. Zürich: Diogenes-Verl. (= Diogenes Tabu) (1954)
30 Der eiserne Schraubendampfer Hurricane. 348 S. Mchn: Kösel 1955
   (Enth. Nr. 6 u. Ausz. a. Nr. 2)

31 Rede über die Presse. Gehalten auf der Herbsttagung 1955 der Gesellschaft katholischer Publizisten Deutschlands in Bad Königstein. 26 S. Heidelberg: Kerle 1956
32 Weisheit für Anfänger. 321 S. Köln, Olten: Hegner 1956
33 Bekenntnisse einer Tintenseele. 63 S. Köln, Olten: Hegner 1957
34 (Übs.) A. Čechov: Das weibliche Glück. Acht Erzählungen. 91 S. m. Abb. Zürich: Diogenes Verl. (= Diogenes Tabu) 1957
35 Das Schwarze sind die Buchstaben. 378 S. Köln: Burges 1957
36 Die Sündenbock-AG. 61 S. Köln, Olten: Hegner 1957
37 Die verlorenen Bücher. Aufsätze. 64 S. Köln, Olten: Hegner 1958
38 Der Mensch und die Mode. Mit zwei Epilogen: Die Weste, Knitterfreie Krawatten. 56 S., 12 Taf. (Mchn:) Rinn (1958)
39 (Übs.) A. Čechov: Der Bär. Der Heiratsantrag. Die Hochzeit. Drei Einakter. 64 S. Stg: Reclam (= Reclam's UB. 4454) 1959
40 (Hg., Einl.) Eva v. Radecki: Der begrabene Esel. Das Logbuch. 543 S. Köln: Burges 1959
41 Reisen, Sterne und Propheten. 83 S. m. Abb. Freiburg: Seemann (= Die Seemännchen 26) (1959)
42 Im Vorübergehen. 228 S. Mchn: Kösel (= Die Bücher der Neunzehn 56) 1959
43 (Übs.) A. Čechov: Drei Schwestern. Drama in vier Akten. 79 S. Stg: Reclam (= Reclam's UB. 4264) 1960

RÄBER, Kuno (*1922)

1 Gesicht im Mittag. 16 S. Basel: Vineta-Verl. 1950
2 Studien zur Geschichtsbibel Sebastian Francks. 93 S. Basel: Helbing & Lichtenhahn (= Basler Beiträge zur Geschichtswissenschaft 41) 1952
3 Die verwandelten Schiffe. Gedichte. 60 S. Darmstadt, Bln-Frohnau, Neuwied: Luchterhand 1957
4 Gedichte. 51 S. Hbg: Claassen 1960
5 Die Lügner sind ehrlich. Roman. 150 S. Hbg: Claassen 1960

RAFFALT, Reinhard Karl-Maria Michael (*1923)

1 Concerto Romano. Leben mit Rom. 464 S. m. Taf. Mchn: Prestel 1955
2 Eine Reise nach Neapel ... e parlare italiano. Ein Sprachkurs durch Italien. 478 S. m. Abb. Mchn: Prestel 1957
3 Die kleine und die große Überfahrt. Eine Reise zu den Menschen Buddhas. 63 S. Mchn: Süddt. Verl. 1957
4 Drei Wege durch Indien. Berichte und Gedanken über einen Erdteil. 335 S., 14 Taf. Nürnberg: Glock & Lutz 1957
5 Ein römischer Herbst. 111 S., 6 Bl. Abb. Mchn: Prestel 1958
6 Fantasia Romana. Leben mit Rom. 391 S. m. Abb. u. Taf. Mchn: Prestel 1959

RAIMUND (eig. Raimann), Ferdinand Jakob (1790–1836)

1 Sämmtliche Werke. Hg. J. N. Vogl. 4 Tle. m. Bildn. Wien: Rohrmann & Schweigert 1837
2 Der Alpenkönig und der Menschenfeind. VI, 43 S. 16⁰ Stg: Hoffmann (= Classische Theater-Bibliothek aller Nationen 29) 1868 (Ausz. a. Nr. 1)
3 Der Bauer als Millionär. IV, 37 S. 16⁰ Stg: Hoffmann (= Classische Theater-Bibliothek aller Nationen 37) 1868 (Ausz. a. Nr. 1)

4 Dramatische Meisterwerke. Mit beleuchtenden Einleitungen nebst Raimund's Leben und Wirken v. A. Zeising. XVI, VIII, 35, IV, 37, VI, 43, IV, 50 S. 16° Stg: Hoffmann 1868–1869
   (Enth. Nr. 2, 3, 5, 6)
5 Der Verschwender. 84 S. 16° Lpz: Reclam (= Universal-Bibliothek 49) 1868
   (Ausz. a. Nr. 1)
6 Der Diamant des Geisterkönigs. VIII, 35 S. 16° Stg: Hoffmann (= Classische Theater-Bibliothek aller Nationen 62) 1869
   (Ausz. a. Nr. 1)
7 Der Barometermacher auf der Zauberinsel. Zauberposse. 56 S. 16° Lpz: Reclam (= Universal-Bibliothek 805) 1876
   (Ausz. a. Nr. 1)
8 Sämmtliche Werke. Nach den Original- und Theater-Manuscripten nebst Nachlaß und Biographie hg. C. Glossy u. A. Sauer. 3 Bde. m. Bildn. Wien: Konegen 1881
9 Die gefesselte Fantasie. Original-Zauberspiel. 63 S. Prag: Weichelt (= Deutsch-österreichische National-Bibliothek 2) 1885
   (Ausz. a. Nr, 1)
10 Moisasur's Zauberfluch. Zauberspiel. 62 S. Prag: Weichelt (= Deutschösterreichische National-Bibliothek 11) 1885
   (Ausz. a. Nr. 1)
11 Die unheilbringende Krone. 86 S. Reichenbach: Weichelt (= Dramatische Werke 7; = Deutsch-österreichische National-Bibliothek 45–46) 1886
   (Ausz. a. Nr. 1)
12 Sämtliche Werke. 2 Bde. 224 , 236 S. Stg, Bln: Cotta (= Cotta'sche Bibliothek 43–44) 1895
13 Raimund-Liederbuch. Lieder und Gesänge aus F. R. s Werken. Hg., Vorw. W. A. Bauer. Bemerkungen z. Musik H. Kraus. 223 S. (Wien:) Schroll 1924
14 Sämtliche Werke. Hist.-krit. Säkularausg. v. F. Bruckner u. E. Castle. 6 Bde. Wien: Schroll 1924–1934

RAINALTER, Erwin Herbert (1892–1960)

1 Der dunkle Falter. (Selbstverl.) 1911
2 Anno dazumal und heute. Anekdote aus fünf Kriegen. 96 S. Hannover: Hübner 1916
3 Die Menagerie. Novellen. 129 S. Wien: Wila 1920
4 Der Einsatz. Novellen. 96 S. Reichenberg: Stiepel 1922
5 Die verkaufte Heimat. Roman. 228 S. Mchn: Kösel & Pustet 1928
6 (Vorw.) F. K. Ginzkey: Der von der Vogelweide. IV, 388 S., 1 Abb. Lpz: Staackmann 1929
7 Heimkehr. Roman. 253 S. Lpz: Staackmann 1931
   (Forts. v. Nr. 5)
8 Sturm überm Land. Roman. 250 S. Lpz: Staackmann 1932
9 In engen Gassen. Roman. 210 S. Lpz: Staackmann 1934
10 Der Sandwirt. Der Roman Andreas Hofers. 337 S. Wien: Zsolnay 1935
11 Der getreue Knecht. Eine Erzählung. 97 S. Wien: Zsolnay 1936
12 Das große Wandern. Roman. 263 S. Wien: Zsolnay 1936
13 Die Botin. Erzählung mit e. autobiogr. Nachw. 68 S. m. Abb. Lpz: Reclam (= Reclam's UB. 7366) (1937)
14 Gestalten und Begegnungen. Erzählungen. 213 S. Wien: Zsolnay 1937
15 In Gottes Hand. Roman. 343 S. Bln: Zeitgeschichte-Verl. (1937)
16 Die Geschichte meines Großvaters. Ein Deutscher im Morgenlande. 354 S. Wien: Zsolnay 1939
17 (Hg.) Die Ostmark erzählt. Sammelbuch junger deutscher Dichtung. 383 S. Bln: Zeitgeschichte-Verl. 1939
18 Mirabell. Der Roman einer Frau. 503 S. Wien: Zsolnay (1941)
19 Musik des Lebens. 165 S. m. Abb. Bln: Schmidt (= Die neue Lese) 1941

20 Die schöne Beatrice. Erzählungen. 95 S. Wien, Bln, Lpz: Bischoff 1942 (Ausz. a. Nr. 14)
21 Die Enkelinnen der Kleopatra. 182 S. m. Abb. Wien: Andermann 1942
22 Walzer im Mondschein. Eine Geschichte um Fanny Elßler. 70 S. Lpz: Reclam (= Reclam's UB. 7531) 1942
23 Geschichten von gestern und heute. 186 S. m. Abb. Bln: Schmidt (= Die Neue Lese) 1943
24 (Hg.) Nasr-ad Din Hwāga: Meister Nasr-eddins Schwänke. A. d. türk. Urtext übs. W. v. Camerloher. 93 S. Wien, Bln: Bischoff (= Die hundert Kleinen Bücher 25) 1943
25 (Bearb.) D. Šimonović: Salko, der Alkar. A. d. Kroat. v. C. Lucerna. 96 S. Wien, Bln, Lpz: Bischoff; Zagreb: Europa Verl. 1943
26 (Hg.) Der große Bogen. Junge deutsche Dichtung aus den Donau- und Alpenländern. 383 S. Bln: Zeitgeschichte-Verl. (1944)
(Neuaufl. v. Nr. 17)
27 Wiener Damenbrevier. 181 S. m. Abb. Wien: Andermann (1948)
(Neuaufl. v. Nr. 21)
28 Der römische Weinberg. Roman. 250 S. Bln, Wien, Lpz: Zsolnay 1948
29 Die einzige Frau. Roman. 256 S. Wien: Zsolnay 1949
30 Das Mädchen Veronika. Roman. 345 S. Wien: Zsolnay 1950
31 Wolken im Frühling. Der Roman einer Kindheit. 539 S. Wien: Gallus-Verl. 1950
32 Die verkaufte Heimat. Ein Roman in zwei Teilen. 318 S. Wien, Mchn, Zürich: Walter 1951
(Enth. Nr. 5 u. 7)
33 Die Seele erwacht. Der Roman einer Liebe. 399 S. Wien: Zsolnay 1951
34 Drei kleine Hunde. 140 S. Wien: Zsolnay 1952
35 Verstummte Melodie. 76 S. Stg: Loewe (= Pro Vita) 1953
36 Arme, schöne Kaiserin. Elisabeth von Österreich. Roman. 388 S. Hbg (, Wien): Zsolnay 1954
37 Geigen Gottes. Roman. 361 S. Hbg, Wien: Zsolnay 1956
38 Elegante Wiener Equipagen-Portraits. 64 S., 12 Taf. Stg: Schuler (= Souvenir 6) (1958)
39 Hellbrunn. Roman. 486 S. Hbg, Wien: Zsolnay 1958
(Forts. v. Nr. 18)
40 Ein Deutscher im Morgenlande. Die Geschichte meines Großvaters. 316 S. Hbg, Wien: Zsolnay 1959
(Neuaufl. v. Nr. 16)
41 Kaisermanöver. Roman. 352 S. Hbg, Wien: Zsolnay 1960

Rakette, Egon H. (*1903)

1 Morgenruf von heller Birke. Gedichte. 48 S. m. Abb. Chemnitz: Böhm 1936
2 (Hg.) W. Stanietz: Gerhart Hauptmann. Wie ich Werk und Mensch erlebte. Mit e. unveröff. Gedicht v. Hauptmann „Geheimnis". 24 S. Breslau: Korn (= Die schlesische Reihe 1) (1938)
3 Drei Söhne. Roman. 350 S. Bln: Steuben-Verl. 1939
4 Planwagen. Roman. 495 S. Bln: Steuben-Verl. (1940)
5 Anka. Ein kleiner Roman von der Oder. 89 S. Bln: Steuben-Verl. 1943
6 Heimkehrer. 242 S. Hbg: Mölich-Verl. 1947
7 Mit vierundzwanzig liegt das Leben noch vor uns. 61 S., 4 Abb. Hausham, Bonn: Haushamer Werkdr. 1952
8 (MH) Abschied und Begegnung. Fünfzehn deutsche Autoren aus Schlesien. Hg. W. Köhler u. E. H. R. 232 S. Mchn: Bergstadtverl. 1954
9 (Hg., MV) Max Tau. (– E. Alker: Über Max Tau. – M. Tau: Mein Freund Kazantzakis. Die Friedensbücherei. – E. H. R.:) Keine Zeit zu warten. 19 S., 1 Titelb. Wangen: Ritter (= Schlesische Feierstunde) (1959)
10 (Hg.) Arnold Ulitz.(– A. M. Koster: Das Bild des Menschen in der Dichtung von Arnold Ulitz. – A. Ulitz: Die Tochter der Musik. – W. Köhler: In der Hummerei zu Breslau.) 24 S., 1 Titelb. Wangen: Ritter (= Schlesische Feierstunde) (1959)

Ramler, Karl Wilhelm (1725–1798)

1 (MH) Kritische Nachrichten aus dem Reiche der Gelehrsamkeit. Hg. K. W. R. u. J. G. Sulzer. 4° Bln: Haude & Spener 1750
2 Ankündigung eines Collegii der schönen Wissenschaften und eines Collegii der Rechte. 4 Bl. 4° Bln 1752
3 Ode an Herrn Gleim und Mademoiselle Mayerin am Tage ihrer Vermählung. 2 Bl. 4° o. O. (1753)
4 Das Schachspiel. Ein Heldengedicht. 24 S. 4° o. O. 1753
5 (Übs.) Batteux: Einleitung in die Schönen Wissenschaften. 4 Bde. Lpz: Weidmann & Reich 1756–1758
6 Der Tod Jesu. Eine Kantate in die Musik gesetzt v. C. H. Graun. 16 S. Bln: Litfaß (1756)
7 Die Hirten bey der Krippe zu Bethlehem. Ein Musikalisches Gedicht. 8 S. Bln: Winter (1758)
8 Der May. Eine musikalische Idylle. 2 Bl. 4° Bln 1758
9 (MH) F. v. Logow: Sinngedichte. Mit Anm. hg. G. E. Lessing u. K. W. R. XIV, 414 S., 12 Bl., 103 S. Lpz: Weidmann & Reich 1759
10 Die Auferstehung und Himmelfahrt Jesu. 8 Bl. Hbg: Harmsen (1760)
11 Geistliche Kantaten. 4 Bl., 62 S., 1 Bl. Bln: Voß 1760
12 Lied der Nymphe Persanthëis. Kolberg den 24ten September 1760. 4 Bl. 4° o. O. 1760
13 Ode an den Fabius. Nach der Schlacht bey Torgau, den 3. November 1760. 4 Bl. 4° o. O. 1760
14 Ode an die Feinde des Königes. Den 24. Jenner 1760. 4 Bl. 4° o. O. 1760
15 ★Ode auf ein Geschütz, wodurch, am Tage der Belagerung Berlins, eine Kugel, bis mitten in die Stadt getrieben wurde. 4 Bl. 4° Bln 1760
16 Ode an Hymen. Dem Herrn Ludewig von Gask an Seinem Vermählungsfeste ... zugeeignet. 2 Bl. 4° Bln 1760
17 ★Ode an die Stadt Berlin, den 2. Jenner 1759. 4 Bl. 4° Bln 1760
18 (Hg.) M. G. Lichtwer: Auserlesene verbesserte Fabeln und Erzählungen in zweyen Büchern. 4 Bl., 136 S. Greifswald, Lpz: Weitbrecht 1761
19 Ode an Herrn C. G. Krause. Berlin, den 3ten Junius, 1762. 2 Bl. 4° Bln 1762
20 ★Ode an seinen Arzt, Berlin den 24. Jenner 1762. 2 Bl. 4° Bln 1762
21 (MV) S. Ch. Lappenberg u. K. W. R. Friedens-Lieder auf den Einzug und die Wiederkunft des Königs zu Berlin den 30. Martii 1763. 4 Bl. 4° Schwabach: Mizler (1763)
22 Ode an die Göttinn der Eintracht. Berlin den 24. Jenner 1763. 4 Bl. 4° Bln 1763
23 Ode an Hymen. 4° Bln 1763
 (Veränd. Neuaufl. v. Nr. 16)
24 Ode auf die Wiederkunft des Königes. Berlin den 30. März 1763. 4 Bl. 4° Bln 1763
25 Ode an die Muse. Berlin den 18. Jenner 1764. 4 Bl. 4° Bln 1764
26 ★Ino. Eine Kantate. 15 S. Bln (o. Verl.) 1765
27 Ptolomäus und Berenice. Berlin, den 15ten des Julius 1765. 4 Bl. 4°. Bln (o. Verl.,) 1765
28 ★Glaukus Wahrsagung. Als die Französische Flotte aus dem Hafen von Brest nach Amerika segelte. 6 Bl. 4° Bln: Voß 1765
29 (Übs.) J. Dryden: Alexanders Fest, oder die Gewalt der Musik, eine Kantate auf den Tag der Cäcilia, der Erfinderinn der Orgel. Zu der Händelischen Musik. 16 S. Bln (: Spener) 1766
30 Gedichte. 152 S. o. O. 1766
 (Unrechtm. Ausg.)
31 ★(Hg.) Lieder der Deutschen. 366 S. Bln: Winter 1766
32 An den Herrn Joh. Joach. Quanz. Berlin, den 30ten Januar, 1766. 4° Bln 1766
33 ★(Hg.) Sammlung der besten Sinngedichte der deutschen Poeten. Thl. 1. 224 S. Riga: Hartknoch 1766
34 Oden. 114 S. Bln: Voß 1767
35 Hymne an die Liebe. Breslau, im Augustmonat 1768. 4 Bl. 4° Breslau 1768
36 Geistliche Kantaten. 72 S. Bln: Voß 1768
37 Pygmalion. Eine Kantate. 16 S. o. O. 1768

38 *Ode an den Kaiser Joseph den Zweyten. 4 Bl. 4° Bln: Voß 1769
39 (Übs.) Oden aus dem Horaz. 2 Bl., 76 S. Bln: Voß 1769
40 Ode an die Venus Urania. Den 2. November 1770. 4 Bl. 4° Bln: Voß 1770
41 *Auf den Tod des preußischen Prinzen Friedrich Heinrich Karls 1767. 4 Bl. 4° Bln, Stettin: Nicolai 1770
42 Lyrische Gedichte. 4 Bl., 390 S. Bln: Voß 1772
43 (Hg.) Lyrische Bluhmenlese. 2 Bde. XVI, 444 S., 6 Bl.; XXXII, 404 S., 6 Bl. Lpz: Weidmanns Erben & Reich 1774–1778
44 (Übs.) Horazens Dichtkunst übersetzt. 144 S., 2 Bl. Basel: Flick 1777
45 Cephalus und Prokris. Ein Melodrama. 29 S. Bln: Decker 1778
46 Kriegslieder für Josephs und Friedrichs Heere. 4 Bl. 4° o.O. 1778
47 (Übs.) Auszug des Englischen Zuschauers nach einer neuen Übersetzung. 8 Bde. Bln: Reimer 1782–1783
48 (Übs.) Scherzreden aus dem Griechischen des Hierocles. 24 S. Bln: Mylius 1782
49 Fabellese. 4 Bde. Lpz: Weidmann (1–3) bzw. Bln: Maurer (4) 1783–1797
50 Cyrus und Kassandana. Ein Singspiel. 36 S. o.O. (1786)
51 Auf die Huldigung des Königs von Preußen Friedrich Wilhelms ... 5 Bl., Bln: Voß (1786)
52 *Dankopfer für den Landesvater, eine Davidische Kantate. 15 S. Bln: Unger 1787
53 (Hg.) S. Geßner: Auserlesene Idyllen in Verse gebracht. 192 S. Bln: Unger 1787
54 An den König von Preußen Friedrich Wilhelm II., als derselbe die Buchdruckerei besuchte, die mit den Werken des höchstseligen Königs beschäftigt war. 1 Bl. 2° o.O. (1787)
55 Die Krönung des Königes Friedrich Wilhelm des Zweyten. Eine Kantate, bey Gelegenheit der Jahresfeier des Preuß. Krönungsfestes. In Musik gesetzt v. B. Wessely. 15 S. Bln: Unger 1787
56 (Hg.) Marcus Valerius Martialis in einem Auszuge, latein. und deutsch. Aus den poetischen Uebersetzungen verschiedener Verfasser gesammelt. 6 Bde. Lpz: Weidmann & Reich 1787–1793
57 (Übs.) Oden aus dem Horaz. Nebst einem Anhang zweier Gedichte aus dem Katull und achtzehn Liedern aus dem Anakreon. Mit Anmerkungen. 272 S. o.O. 1787
58 Rede am Geburtsfeste des Kronprinzen von Preußen Friedrich Wilhelm, gehalten auf dem Nationaltheater in Berlin. den 3. August 1787. 3 Bl. 4° Bln: Decker 1787
59 Allegorische Personen zum Gebrauch der bildenden Künstler. 82, 31 S. m. Ku. 4° Bln: Akad. Kunst- u. Buchh. 1788
60 *Rede am Geburtsfeste I. M. der Königin Friderike Luise von Preußen. 2 Bl. Bln: Decker 1788
61 Die Bruderliebe, eine Alcäische Ode, dem Könige Friedrich Wilhelm II. bei Gelegenheit des Besuches der Erbstatthalterin der vereinigten Niederlande gewidmet. 4 Bl. 4° Bln 1789
62 (Bearb.) S. Geßners episches Schäfergedicht der Erste Schiffer in Verse gebracht. 112 S. m. Ku. Bln: Akad. Kunst- u. Buchh. 1789
63 An die regierende Königinn von Preußen, als Dieselbe die Sternwarte der Akademie der Wissenschaften besuchte. 4 Bl. 4° Bln 1789
64 Kurzgefaßte Mythologie oder Lehre von den fabelhaften Göttern, Halbgöttern und Helden des Alterthums. 3 Bde. m. Ku. Bln: Maurer 1790–1791
65 Rede am Geburtsfeste des Kronprinzen von Preußen, gehalten auf dem kgl. Nationaltheater zu Berlin, den 3. August 1790. 4° o.O. (1790)
66 Auf die Zurückkunft des Königes von Preußen Friedrich Wilhelm II. nach der Friedensvermittlung, vorgelesen in der Akad. der Künste und mechan. Wissenschaften den 25. September 1790. 3 Bl. 4° Bln: Decker 1790
67 (Hg.) Kajus Valerius Katullus in einem Auszuge, lateinisch und deutsch. 392 S. Lpz: Kummer 1793
68 Über die Bildung der Deutschen Nennwörter und Beywörter. 198 S. Bln: Maurer 1796
69 Gedächtnisrede auf Bernhard Rode. Bln: Maurer 1797
70 Kurzgefaßte Einleitung in die schönen Künste und Wissenschaften. 102 S. Görlitz: Anton 1798

71 (Übs.) Horaz: Oden. 2 Bde. X, 311; IX, 392 S. Bln: Sander 1800
72 Poetische Werke. Hg. L. F. G. Göckingk. 2 Bde. 268; VIII, 326 S., 18 Ku. 4° (gleichztg. Oktav-Ausg.: VIII, 276; VII, 325 S., 2 Titelb.; 15 Ku.) Bln: Sander 1800–1801
73 (Bearb.) Anacreons auserlesene Oden und die zwey noch übrigen Oden der Sappho. VI, 175 S. Bln: Sander 1801
74 (Übs.) Auserlesene Anmerkungen ... des Horaz von Voß. 206 S. Ffm, Lpz (o. Verl.) 1807

Rank, Joseph (1816–1896)

1 Aus dem Böhmerwalde. 310 S. Lpz: Einhorn 1842
2 Vier Brüder aus dem Volke. Ein Roman aus Österreichs jüngsten Tagen. 2 Thle. 480 S. Lpz: Brandstetter 1844
3 Waldmeister. Roman. 3 Bde. 760 S. Lpz.: Wigand 1846
4 Neue Geschichten aus dem Böhmerwalde. 330 S. Wien: Tendler 1847
5 Eine Mutter vom Lande. Erzählung. 288 S. 12° Lpz: Brockhaus 1848
6 Weißdornblüten aus dem Böhmerwalde und Wiener Volksleben. 354 S. Lpz: Hinrichs 1848
7 Moorgarden. Eine Erzählung. 230 S. Stg: Aue 1851
8 Aus dem Böhmerwalde. 3 Bde. 1255 S. 12° Lpz: Brockhaus 1852 (Enth. Nr. 1 u. 4)
9 Der poetische Pilger durch Deutschland und die Schweiz. 534 S. 16° Stg: Hallberger 1852
10 Florian. 2 Thle. 456 S. Lpz: Herbig 1853
11 Geschichten armer Leute. 243 S. Stg: Mäcken 1853
12 Schön-Minnele. 494 S. Lpz: Herbig 1853
13 Die Freunde. 2 Bde. 525 S. 16° Prag, Wien, Lpz: Günther (= Album) 1854
14 Das Hofer-Käthchen. 251 S. 16° Lpz: Brockhaus 1854
15 Kaiser Karl der Große. 62 S. Lpz: Brockhaus (= Unterhaltende Belehrungen zur Förderung allgemeiner Bildung) 1854
16 Sage und Leben. Geschichten aus dem Volk. 191 S. 16° Prag, Wien, Lpz: Günther (= Album) 1854
17 Poetisches Reise-Album. 156 S. Lpz: Brockhaus 1855
18 (Hg.) Weimarer Sonntagsblatt. 3 Jge. à 52 Nrn. 4° Weimar: Böhlau 1855–1857
19 Von Haus zu Haus. 171 S. 16° Lpz: Günther 1856
20 Sein Ideal. 234 S. Zwickau: Thost 1856
21 Achtspännig. 2 Thle. 432 S. Glogau: Flemming (1857)
22 Schillerhäuser. 191 S. Lpz: Brockhaus 1857
23 Aus Dorf und Stadt. 2 Bde. 493 S. Glogau: Flemming (1859)
24 Ausgewählte Werke. 14 Bde. 1919 S. 16° Glogau: Flemming (= Deutsche Familien-Bibliothek) 1859–1862
25 Ein Dorfbrutus. 2 Thle. 403 S. 16° Glogau: Flemming 1861
26 Aus meinen Wandertagen. 294 S. 16° Wien: Lit.-art. Anst. 1864
27 Burgei oder Die drei Wünsche. 241 S. 16° Prag, Wien, Lpz: Günther (= Album) 1865
28 Stein-Nelken. 332 S. Lpz: Weber 1867
29 (Hg.) Kleines Taschenwörterbuch der böhmischen und deutschen Sprache. Böhmisch-deutscher Theil. 416 S. 16° Prag: Haase 1867
30 Johannes Volkh. Hausmittel der Liebe. Ein guter Mensch. Drei Erzählungen. 199 S. Lpz: Günther (= Album) 1867
31 Im Klosterhof. Roman. 2 Bde. 430 S. Stg: Hallberger 1875
32 Der Seelenfänger. Roman. 215 S. Stg: Dt. Verl.-Anst. (1876)
33 Das Birkengräflein. Muckel, der Taubennarr. Zwei Dorfgeschichten. 78 S. 16° Lpz: Reclam (= Universal-Bibliothek) 1878
34 Auf Um- und Irrwegen. Lebensbilder. 107 S. m. Abb. Lpz: Spamer (= O. Spamer's neue Volksbücher) 1881
35 Erinnerungen aus meinem Leben. Hg. A. Sauer. 411 S. m. Bildn. Prag: Calve (= Bibliothek deutscher Schriftsteller aus Böhmen 5) 1896

Raschke, Martin (1905–1943)

1 (MH) Mob. Zeitschrift der Jungen. Hg. H. Graf, M. R. (u. a.) Jg. 1, H. 1. 16 S. Dresden: Braune 1925
2 Wind, Wolken, Palmen. Lieder eines Jungen. 31 S. Bln: Ziel-Verl. 1926
3 Wir werden sein. Ein Zielbekenntnis. 14 S. Bln: Ziel-Verl. (= Ziel-Bücher 1) 1926
4 (MH) Die Kolonne. Zeitung der jungen Gruppe Dresden. (Ab Jg. 2: Zeitschrift für Dichtung). Hg. A. A. Kuhnert u. M. R. Jg. 1–4. 4° Dresden: Jeß 1929–1932
5 Fieber der Zeit. Roman einer Jugend nach dem Kriege. 298 S. Dresden: Jeß 1930
6 Himmelfahrt zur Erde. 71 S. Dresden: Jeß 1930
7 (Hg.) Neue lyrische Anthologie. 120 S. Dresden: Jeß 1932
8 Der Erbe. Eine Erzählung. 262 S. Ffm: Rütten & Loening 1935
9 (MV) Das festliche Jahr. Lesebüchlein vom Königswusterhäuser Landboten. Geschrieben v. G. Eich u. M. R. 108 S. m. Abb. Oldenburg: Stalling 1936
10 (Hg.) W. Lehmann: Gedichte. 10 Bl. Hbg: Ellermann (= Das Gedicht, Jg. 3, F. 5) 1936
11 Der Wolkenheld oder Die Erziehung der Vögel. Roman. 306 S. Lpz: List 1936
12 Wiederkehr. Tagebuch einer Kindheit. 126 S. Lpz: List 1937
13 Zehn Gedichte. 15 S. Hbg: Ellermann (= Das Gedicht, Jg. 4, F. 10) 1938
14 Die Prüfung. Erzählung. 26 S. Hbg: Ellermann (= Prosa der Gegenwart 4) 1938
15 Die ungleichen Schwestern. Roman. 379 S. Lpz: List 1939
16 Die Flöten. Von der Ahnenschaft des Liedes. 30 S. Lpz: Rupert-Verl. 1940
17 (Hg.) Deutscher Gesang. Ein lyrisches Hausbuch. 336 S. Lpz: Rupert-Verl. (1940)
18 Der Pomeranzenzweig. Erzählung. 130 S. Lpz: List (1940)
19 Tagebuch der Gedanken. 204 S. Lpz: List (1941)
20 Herbstorgel. 12 Bl. Lpz: Rupert-Verl. (Schreibschr.) 1942
21 Der Arzt. 31 S. Gütersloh: Bertelsmann (= Bertelsmann-Feldposthefte) 1943
22 Simona oder Die Sinne. 181 S. Lpz: List (1943)
23 Zwiegespräche im Osten. 109 S. Lpz: List (1943)

Raupach, Ernst Benjamin Salomo
(+ Em. Leutner u. a.) (1784–1852)

1 Napoleon der Tyrann, der Unterdrücker, der Verderber Teutschlands. In einer Rede an die Teutschen dargestellt. 16 S. Dresden: Arnold 1813
2 Timoleon der Befreyer. Ein dramatisches Gedicht. 123 S. St. Petersburg: Drechsler & Halle 1814
3 An das deutsche Vaterland. 11 S. o. O. (1814)
4 Dramatische Dichtungen. 458 S. Liegnitz: Kuhlmey 1818
 (Enth. u. a. Nr. 2 u. 6)
5 Die Erdennacht. Ein dramatisches Gedicht in fünf Abtheilungen. 3 Bl., 165 S. Lpz: Cnobloch 1820
6 Die Fürsten Chawansky. 199 S. 16° Wien: Schade 1820
 (Ausz. a. Nr. 4)
7 Erzählende Dichtungen. 2 Bl., 284 S. Lpz: Cnobloch 1821
8 Die Gefesselten. Dramatische Dichtung in fünf Abtheilungen. Mit einem Prolog. 2 Bl., 220 S. Lpz: Cnobloch 1821
9 Die Königinnen. Ein dramatisches Gedicht in fünf Akten. 181 S. Lpz: Cnobloch 1822
10 +Lebrecht Hirsemenzels, eines deutschen Schulmeisters, Briefe aus und über Italien. XVI, 356 S. Lpz: Cnobloch 1823
11 Der Liebe Zauberkreis. Ein dramatisches Gedicht in fünf Acten. 130 S. Lpz: Cnobloch 1824

12 Die Freunde. Ein Trauerspiel in fünf Acten. 171 S. Lpz: Cnobloch 1825
13 Laßt die Todten ruhen! Lustspiel in drei Akten. 116 S. Hbg: Hoffmann & Campe 1826
14 Die Leibeignen, oder Isidor und Olga. Trauerspiel in fünf Akten. 146 S. Lpz: Cnobloch 1826
15 Die Bekehrten. Lustspiel in fünf Akten. 124 S. Hbg: Hoffmann & Campe 1827
16 Kritik und Antikritik. Lustspiel in vier Akten. 139 S. Hbg: Hoffmann & Campe 1827
17 Rafaële. Trauerspiel in fünf Akten. Nach einer neugriechischen Sage. 136 S. Hbg: Hoffmann & Campe 1828
18 Der versiegelte Bürgermeister. Posse in zwei Akten. Hbg: Hoffmann & Campe 1829
19 Die Tochter der Luft. Eine mythische Tragödie in fünf Akten nach der Idee des P. Calderón. 176 S. Hbg: Hoffmann & Campe 1829
20 Dramatische Werke komischer Gattung. 4 Bde. m. Bildn. Hbg: Hoffmann & Campe 1829–1835
21 Schauspiele und Trauerspiele. Erster Band. 312 S. Hbg: Hoffmann & Campe 1830
   (Enth. Nr. 16 u. 17)
22 Die Schleichhändler. Lustspiel in vier Aufzügen. 128 S. Hbg: Hoffmann & Campe 1830
23 Denk' an Cäsar! oder Schelles letztes Abenteuer. Possenspiel in fünf Akten. 192 S. Hbg: Hoffmann & Campe 1832
24 Der Wechsler. Lustspiel in drei Akten. 96 S. Hbg: Hoffmann & Campe 1832
25 Erzählungen. 14 Bg. 12° Lpz: Cnobloch 1833
26 Schelle im Monde. Ein Mährchen in vier Aufzügen und einem Vorspiele. 176 S. Hbg: Hoffmann & Campe 1833
27 Das Sonett. Lustspiel in drei Aufzügen. 100 S. Hbg: Hoffmann & Campe 1833
28 Der Stiefvater. Lustspiel in drei Aufzügen, nach Holberg. 120 S. Hbg: Hoffmann & Campe 1833
29 Die feindlichen Brüder oder: Homöopath und Allopath. Possenspiel in drei Aufzügen. 116 S. Hbg: Hoffmann & Campe 1834
30 Genoveva. Trauerspiel in fünf Aufzügen. 184 S. Hbg: Hoffmann & Campe 1834
31 Der Nibelungen-Hort. Tragödie in fünf Aufzügen, mit einem Vorspiel. 184 S. Hbg: Hoffmann & Campe 1834
32 Robert der Teufel. Romantisches Schauspiel in fünf Aufzügen. 168 S. Hbg: Hoffmann & Campe 1834
33 Der Müller und sein Kind. Volksdrama in fünf Aufzügen. 120 S. Hbg: Hoffmann & Campe 1835
34 Der Nasenstüber. Posse in drei Aufzügen. 116 S. Hbg: Hoffmann & Campe 1835
35 Tassos Tod. Trauerspiel in fünf Akten. 142 S. Hbg: Hoffmann & Campe 1835
36 Vormund und Mündel. Schauspiel in fünf Akten. 140 S. Hbg: Hoffmann & Campe 1835
37 Dramatische Werke ernster Gattung. 16 Bde. Hbg: Hoffmann & Campe 1835–1843
38 Der Zeitgeist. Possenspiel in vier Akten. 138 S. Hbg: Hoffmann & Campe 1835
39 Das Mährchen im Traum. Ein dramatisches Gedicht in drei Abtheilungen. 102 S. Hbg: Hoffmann & Campe 1836
40 Die Hohenstaufen. Ein Cyclus historischer Dramen. 8 Bde. Hbg: Hoffmann & Campe (= Dramatische Werke ernster Gattung 5–12) 1837
   (Bd. 5–12 v. Nr. 37)
41 Corona von Saluzzo. Schauspiel in fünf Akten. $8^{1}/_{2}$ Bg. Hbg: Hoffmann & Campe 1840
42 Der Prinz und die Bäuerin. Trauerspiel in fünf Aufzügen nach einer alten Novelle. $8^{3}/_{4}$ Bg. Hbg: Hoffmann & Campe 1840
43 Themisto. Eine Tragödie in fünf Akten. 8 Bg. Hbg: Hoffmann & Campe 1840

44 Cromwell. Eine Trilogie. 3 Bde. Hbg: Hoffmann & Campe 1841–1843
45 Die Schule des Lebens. Schauspiel in fünf Aufzügen nach einer alten Novelle. 12½ Bg. Hbg: Hoffmann & Campe 1841
46 +Carnevalsfeier der Hallenser Lumpia. 3 Bg., 4 Abb. Lpz: Jackowitz 1843
47 (Vorw.) Aus dem poetischen Nachlasse von Ernst Wilhelm Ackermann. XVI, 544 S. Lpz (: Reichenbach) 1848
48 Die Aufgabe der jetzigen Kammern. 14 S. Bln: Vereins-Bh. 1849
49 Mirabeau. Historisches Drama in fünf Akten und einem Vorspiel. VI, 92 S. Bln: Vereins-Bh. 1850
50 Der Aberglaube als weltgeschichtliche Macht. Vortrag, im wissenschaftlichen Verein am 14. Februar 1852 gehalten. 27 S. m. Bildn. Bln: Ver.-Buchh. 1852

Rausch, Jürgen (*1910)

1 Das Problem des Primats. Studie zum Charakter der Sittlichkeit und ihrer Stellung im Wertreich. 121 S. Bln: Junker & Dünnhaupt (= Neue deutsche Forschungen, Abt. Philosophie 2) 1934
2 Der Urteilssinn. Eine logische Untersuchung. 88 S. Bln: Junker & Dünnhaupt (= Neue deutsche Forschungen 316, Abt. Philosophie 39) 1943
3 Nachtwanderung. 158 S. Stg: Dt. Verl.-Anst. 1949
4 Ernst Jüngers Optik. 39 S. Stg: Dt. Verl.-Anst. (= Schriftenreihe des Merkur) 1951
5 In einer Stunde wie dieser. 439 S. Stg: Dt. Verl.-Anst. 1953
6 Europa im Zeitalter der unbewältigten Technik. Vortrag, gehalten im Rahmen der ,,Geistigen Begegnungen in der Böttcherstraße'' in Bremen, am 21. September 1955. 18 S. Bremen: Angelsachsen-Verl. 1956
7 Der Mensch als Märtyrer und Monstrum. Essays. 253 S. Stg: Dt. Verl.-Anst. 1957
8 Die Sünde wider die Zeit. 93 S. Hbg: v. Schröder (= Rundfunk und Buch 4) 1957

Reck-Malleczewen, Friedrich (1884–1945)

1 Mit Admiral Spee. Erzählung für die Jugend aus dem Seekrieg 1914/15. V, 166 S., 6 Abb., Stg: Levy & Müller (1915)
2 Der Admiral der roten Flagge. Erzählung für die Jugend. VIII, 186 S., 6 Abb. Stg: Levy & Müller (1917)
3 Die Fremde. Novelle. 173 S. Bln: Oesterheld 1917
4 Aus Tsingtau entkommen. Erzählung für die Jugend. 195 S., 6 Abb. Stg: Levy & Müller (1917)
5 Frau Übersee. Roman. 191 S. Bln: Mosse (1918)
6 Joannes. Eine dramatische Passion. 173 S. Mchn: Wolff (1920)
7 Die Dame aus New-York. Roman. 261 S. Bln: Mosse (1921)
8 Phrygische Mützen. 167 S. Mchn: Drei Masken-Verl. 1922
9 Monteton. Roman. 188 S. Bln: Mosse (1924)
10 Von Räubern, Henkern und Soldaten. Als Stabsoffizier in Rußland von 1917–1919. 174 S. Bln: Scherl (1925)
11 Die Siedlung Unitrusttown. Roman. 283 S. Bln: Ullstein 1925
12 Sif. Das Weib, das den Mord beging. XI, 269 S. Mchn: Drei Masken-Verl. 1926
13 Liebesreigen und Fanfaren. Roman. 155 S. Bln: Volksverband d. Bücherfreunde; Wegweiser-Verl. 1927 (Neuausg. v. Nr. 9)
14 Sven entdeckt das Paradies. Roman. 321 S. Bln: Deutsche Buchgemeinschaft 1928
15 Jean Paul Marat, Freund des Volkes. Roman. 356 S. Mchn: Drei Masken-Verl. 1929
16 Bomben auf Monte Carlo. Roman. 162 S. Bln: Scherl (= Scherls Zwei-Mark-Romane moderner Autoren 25) 1930

17 Des Tieres Fall. Das Schicksal einer Maschinerie. Roman. VII, 269 S. Mchn: Müller (1930)
18 Novellen für Ilka. 47 S. Mchn: Tukan-Verl. (= Die Tukan-Reihe 4) (1930)
19 Hundertmark. Die Geschichte einer Tiefstapelei. 286 S. Bln: Vorhut-Verl. Schlegel 1934
20 Acht Kapitel für die Deutschen. 149 S. Groß-Schönau: Kaiser 1934
21 Krach um Payta. Eine Geschichte aus Dschungel und Sumpf. 205 S. Bln: Ullstein 1935
22 Ein Mannsbild namens Prack. Roman. 231 S. Bln: Schützen-Verl. 1935
23 Sophie Dorothee, Mutter Friedrichs des Großen. 303 S., 16 Taf. Bln: Schützen-Verl. 1936
24 Bockelson. Geschichte eines Massenwahns. 318 S., 17 Abb. Bln: Schützen-Verl. 1937
25 Charlotte Corday. Geschichte eines Attentates. 324 S., 20 Abb. Bln: Schützen-Verl. (1937)
26 Der König. Eine Erzählung aus den letzten Tagen Friedrichs des Großen. 48 S. m. Abb. Bln: Weichert (= Rekord-Bibliothek 11) (1937)
27 La Paloma. Roman. 216 S. Bln: Schützen-Verl. 1937
28 Der Tag der Tuilerien. 48 S. m. Abb. Bln: Weichert (= Rekord-Bibliothek 46) (1938)
29 Urban, Tierarzt erster Klasse. 48 S. m. Abb. Bln: Weichert (= Rekord-Bibliothek 47) (1938)
30 Der Admiral der Schwarzen Flagge. Seeräuber-Geschichte. 159 S., 6 Abb. Stg: Herold-Verl. (= Die Heroldbücher) 1939
 (Veränd. Neuaufl. v. Nr. 2)
31 (Hg.) Der grobe Brief von Martin Luther bis Ludwig Thoma. 174 S. Bln: Schützen-Verl. 1940
32 Der Richter. Roman. 208 S. Bln: Scherl 1940
33 Der große Tag des Leutnants Passavant. 32 S. Bln: Nibelungen-Verl. (= Wahre Soldatenschicksale 2) 1940
34 (Hg.) Der letzte Brief. 151 S. Ffm: Lutzeyer (1941)
35 (Hg.) Briefe der Liebe aus acht Jahrhunderten. 388 S. Bln: Keil-Verl., Scherl 1943
36 Spiel im Park. Roman. 205 S. Bln: Scherl 1943
37 Das Ende der Termiten. Ein Versuch über die Biologie des Massenmenschen. Fragment. 88 S. Lorch, Stg (, Schwäb. Gmünd): Bürger 1946
38 Tagebuch eines Verzweifelten. A. d. Nachlaß hg. C. Thesing. 202 S., 1 Titelb. Lorch, Stg (, Schwäb. Gmünd): Bürger 1947
39 Diana Pontecorvo. Roman. 265 S. Bln: Knaur 1948

RECKE, Elisa(beth) von der (⁺ Elise) (1756–1833)

1 *Geistliche Lieder einer vornehmen kurländischen Dame mit Melodien von Joh. Adam Hiller. Lpz 1780
2 ⁺Elisens geistliche Lieder. 110 S. Lpz: Dyk 1783
3 Nachricht von den berüchtigten Cagliostros Aufenthalt in Mitau im Jahre 1779 und von dessen dortigen magischen Operationen. 168 S. Bln: Nicolai 1787
4 ⁺(MV) (E. v. d. R. u. S. Schwarz:) Elisens und Sophiens Gedichte. Hg. J. L. Schwarz. 280 S. Bln: Vieweg 1790
5 Bruchstücke aus Christoph Friedrich Neanders Leben. Hg. Ch. A. Tiedge. 145 S. Bln: Frölich 1801
6 Gedichte. Hg. Ch. A. Tiedge. 140 S. m. Musikbeil. Halle: Renger 1806
7 Tagebuch einer Reise durch einen Theil Deutschlands und durch Italien in den Jahren 1804 bis 1806. 4 Bde. Bln: Nicolai 1815–1817
8 Gedichte. Hg. Ch. A. Tiedge. 10 Bl., 259 S. Halle: Renger 1816
 (Verm. Neuaufl. v. Nr. 6)
9 Anhang zu den Gedichten. Halle: Renger 1816
 (zu Nr. 8)
10 Familien-Scenen oder Entwicklungen aus dem Maskenballe. Schauspiel in

vier Aufzügen. Zum Besten des Unterstützungsfonds für junge in Leipzig studierende Griechen. Lpz 1827
11 Geistliche Lieder, Gebete und religiöse Betrachtungen. Nebst einem Vorwort von Tiedge und der am Grabe der Verfasserin gesprochenen Rede von M. F. Schmaltz. 12¹/₄ Bg. Lpz: Teubner 1833
12 Elisa von der Recke. 2 Bde. Lpz: Dieterich (Bd. 1) bzw. Lpz: Weicher (Bd. 2) 1900–1902
    1. Aufzeichnungen und Briefe aus ihren Jugendtagen. Hg. P. Rachel. XLVI, 487 S. m. Abb. 1900
    2. Tagebücher und Briefe aus ihren Wanderjahren. Hg. P. Rachel. 443 S. m. Abb. 1902
13 Mein Journal. Elisas neu aufgefundene Tagebücher aus den Jahren 1791 und 1793/95. Hg., erl. J. Werner. 272 S., 1 Faks., 1 Titelb. Lpz: Koehler & Amelang 1927

REDWITZ, Oskar Frh. von (1823–1891)

1 Amaranth. XVI, 300 S. Mainz: Kirchheim 1849
2 Ein Märchen vom Waldbächlein und Tannenbaum. VI, 148 S. Mainz: Kirchheim 1850
3 Gedichte. 185 S. m. Bildn. 16⁰ Mainz: Kirchheim (1852)
4 Sieglinde. 170 S. 16⁰ Mainz: Kirchheim 1854
5 Thomas Morus. Tragödie. XII, 386 S. Mainz: Kirchheim (1856)
6 Philippine Welser. Schauspiel. 151 S. 16⁰ Mainz: Kirchheim 1859
7 Der Zunftmeister von Nürnberg. Schauspiel. 138 S. 16⁰ Mainz: Kirchheim 1860
8 Der Doge von Venedig. Tragödie. 128 S. 16⁰ Mainz: Kirchheim 1863
9 Festspiel zur Feier der fünfzigjährigen Gründung des Königlichen Max-Joseph-Stifts in München. 12 S. Mchn: Wolf 1863
10 Mit einem Königsherzen. 14 S. Mchn: Manz 1864
11 Die Gräfin von Provence. Lustspiel. 90 S. Mchn: Wolf (Ms.) 1869
12 Hermann Stark. 3 Bde. 1295 S. Stg: Cotta 1869
13 Das Lied vom neuen deutschen Reich. 275 S. Bln: Hertz (1871)
14 Psychologische Studien. Lustspiel. 1 Bl., 70 S. Meran: (Ms.) 1873
15 Schloß Monbonheur. Meran (1874)
16 Johann Tudor. Meran 1874
17 Odilo. 364 S. Stg: Cotta (1878)
18 Ein deutsches Hausbuch. 329 S. Stg: Cotta (1883)
19 Haus Wartenberg. Ein Roman. 381 S. Bln: Hertz (1884)
20 Hymen. Roman. 480 S. Bln: Hertz 1887
21 Glück. Roman. 426 S. Bln: Hertz 1890

REGER, Erik (eig. Hermann Dannenberger) (1893–1954)

1 Union der festen Hand. Roman einer Entwicklung. 587 S. Bln: Rowohlt 1931
2 Das wachsame Hähnchen. Polemischer Roman. 559 S. Bln: Rowohlt 1932
3 Schiffer im Strom. Roman. 461 S. Bln: Rowohlt 1933
4 Lenz und Jette. Chronik einer Leidenschaft. 247 S. Bln: Rowohlt 1935
5 Napoleon und der Schmelztiegel. Roman. 550 S. Bln: Rowohlt 1935
6 Heimweh nach der Hölle. Roman. 279 S. Bln: Rowohlt (1937)
7 Kinder des Zwielichts. Ein Leben in voriger Zeit. Roman. 503 S. Stg, Bln: Rowohlt 1941
8 Der verbotene Sommer. Roman. 337 S. Bln: Propyläen-Verl. (1941)
9 Vom künftigen Deutschland. Aufsätze zur Zeitgeschichte. 186 S. Bln: Blanvalet (= Beiträge zur geistigen Erneuerung 1) 1947
10 Zwei Jahre nach Hitler. Fazit 1947 und Versuch eines konstruktiven Programms aus der zwangsläufigen Entwicklung. 62 S. Hbg, Stg: Rowohlt (= Flugschriften zur Zeit) 1947

11 Urbans Erzählbuch. 483 S. Bln: Blanvalet 1949
12 Raub der Tugend. Novelle. 89 S. Bln: Argon-Verl. (= Kleine Argon-Geschenke 9) 1955

REGLER, Gustav (1898–1963)

1 Tag der Hirten. 187 S. Lübeck: Quitzow 1929
2 Wasser, Brot und blaue Bohnen. Roman. 302 S. Bln: Neuer dt. Verl. 1932
3 Der verlorene Sohn. Roman. 419 S. Amsterdam: Querido-V. 1933
4 Im Kreuzfeuer. Ein Saarroman. 312 S. Moskau, Leningrad: Verlagsgenossenschaft ausländischer Arbeiter i. d. UdSSR 1934
5 Die Saat. Roman aus den deutschen Bauernkriegen. 380 S. Amsterdam: Querido-V. 1936
6 The Great Crusade. XIII, 448 S. New York: Longmans 1938
7 The hour 13. Mexico: DYN 1942
8 Wolfgang Paalen. Mexico: DYN 1944
9 The bottomless pit. 127 S. Mexico: DYN (500 Ex.) 1944
10 Jungle hut. Mexico: DYN 1945
11 Amimitl oder Die Geburt eines Schrecklichen. 117 S. Saarbrücken: Saar-Verl. 1947
12 Vulkanisches Land. Ein Buch von vielen Festen und noch mehr Widersprüchen. 167 S. Saarbrücken: Saar-Verl. 1947
13 Sterne der Dämmerung. Roman. 282 S. Stg: Behrendt 1948
14 Verwunschenes Land Mexiko. 210 S. Mchn: List (= List-Bücher 37) 1954
15 Aretino. Freund der Frauen, Feind der Fürsten. Roman. 469 S. Stg: Scherz & Goverts 1955
16 Das Ohr des Malchus. Eine Lebensgeschichte. 528 S. Köln, Bln: Kiepenheuer & Witsch 1958

REHBERG, Hans (1901–1963)

1 Der große Kurfürst. Schauspiel. 132 S. Bln: Fischer 1934
2 Der Tod und das Reich. 23 S. Lpz: Strauch (= Sprechchorspiele 4) (1934)
3 Friedrich I. Komödie. 130 S. Bln: Fischer 1935
4 Friedrich Wilhelm I. Schauspiel. 111 S. Bln: Fischer 1935
5 Kaiser und König. Schauspiel. 111 S. Bln: Fischer 1936
6 Der Siebenjährige Krieg. Schauspiel. 111 S. Bln: Fischer 1937
7 Die Preußen-Dramen. 5 Tle. 132, 130, 111, 111, 111 S. Bln: Fischer 1937 (Enth. Nr. 1, 3, 4, 5, 6)
8 Die Königin Isabella. Schauspiel. 91 S. Bln: Fischer 1939
9 Die Preußische Komödie. In drei Tagen. 210 S. Bln: Fischer 1940
10 Suez. Faschoda. Kapstadt. Drei Hörspiele. Hg. Dt. Informationsstelle. 187 S. Bln: Fischer 1940
11 Heinrich und Anna. Drama. 144 S. Bln: Suhrkamp 1942
12 Karl V. Schauspiel. 66 S. Bln: Suhrkamp 1943
13 Die Wölfe. U-Boot-Drama. 72 S. Bln: Suhrkamp (Bühnen-Ms.) (1944)

REHFISCH, Hans José
(+Georg Turner, René Kestner, Sydney Phillips) (1891–1960)

1 Die goldenen Waffen. Tragödie. 87 S. Bln: Reiß 1913
2 Die rechtliche Natur der Enteignung. VIII, 60 S. Bln: Ebering 1916
3 Das Paradies. Eine Tragödie. 93 S. Bln: Oesterheld 1919
4 Der Chauffeur Martin. Eine Tragödie in fünf Akten. 86 S. Bln: Oesterheld 1920
5 Deukalion. Ein mythisches Drama. 74 S. Bln: Oesterheld 1921

6 Die Erziehung durch „Kolibri". Komödie in drei Akten. 119 S. Bln: Oesterheld 1922
7 Wer weint um Juckenack? Tragikomödie in fünf Akten. 75 S. Bln: Oesterheld (1924)
8 Nickel und die sechsunddreißig Gerechten. Komödie in drei Akten. 85 S. Bln: Oesterheld 1925
9 Duell am Lido. Komödie in drei Akten. 70 S. Bln: Oesterheld 1926
10 Razzia. Tragikomödie. 66 S. Bln: Oesterheld (1926)
11 Pietro Aretino. Schauspiel in drei Akten. 84 S. Bln: Oesterheld 1929
12 Der Frauenarzt. Schauspiel in drei Akten. 96 S. Bln: Oesterheld 1929
13 (Hg.) In Tyrannos. Four centuries of struggle against tyranny in Germany. A symposium. XIX, 364 S. London: Drummond 1944
14 (MV) H. J. R. u. W. Herzog: Die Affäre Dreyfus. Schauspiel. 149 S. Mchn: Desch (1951)
15 Die Hexen von Paris. Roman. Im Anh.: Ansicht der Stadt Paris aus der Zeit Ludwigs XIV. 622 S. Stg: Cotta 1951
16 Nickel und die sechsunddreißig Gerechten. Komödie. 177 S. Emsdetten: Lechte (= Drama der Zeit 10) 1954 (Neufassg. v. Nr. 8)
17 Oberst Chabert. Schauspiel in drei Akten. 130 S. Mchn, Wien, Basel: Desch (= Welt des Theaters) 1956
18 Lysistratas Hochzeit. Roman. 391 S. Wien, Mchn, Basel: Desch 1959
19 Nickel und die sechsunddreißig Gerechten. 707 S. Bln: Rütten & Loening 1960
(Enth. u. a. Nr. 7, 16, 17)

REHFUSS, Philipp Joseph von (1779–1843)

1 Über den Jüngeren Philostratus und seine Gemähldebeschreibung. 78 S. Tübingen: Heerbrandt 1800
2 *(MH) Italien. Eine Zeitschrift von zwei reisenden Deutschen. 11 H. m. Ku. Bln: Unger 1803–1805
3 (MÜbs.) V. Alfieri: Sämmtliche Trauerspiele. Übs. J. Ph. v. R. u. J. F. Tscharner. M. Bildn. Bln: Unger 1804
4 (Hg.) Italienische Miscellen. 5 Bde. Tüb: Cotta 1804–1806
5 Neuester Zustand der Insel Sicilien. XII, 244 S. m. Ku. Tüb: Cotta 1807
6 Gemählde von Neapel und seinen Umgebungen. 3 Bde. m. Ku. Zürich: Geßner 1808
7 (Hg.) Plato in Italien. Aus einer Griechischen Handschrift übersetzt. 3 Bde. m. Ku. Tüb: Cotta 1808–1811
8 Briefe aus Italien während der Jahre 1801 bis 1805. 4 Bde. Zürich: Geßner 1809–1810
9 (Bearb.) Die Brautfahrt in Spanien. Ein komischer Roman, nach Lantier. 2 Bde. 196, 204 S. Bln: Hitzig 1811
10 (Hg.) Süddeutsche Miscellen. 3 Bde. o. O. 1811–1814
11 Beschreibung meiner im Jahre 1808 über Tyrol, Oberitalien, die Schweiz und Frankreich gemachten Reise. Ffm: Varrentrapp 1812
12 Reden an das deutsche Volk. Deutschland (: d. i. Nürnberg: Riegel) 1813
13 Spanien nach eigner Ansicht im Jahre 1808 und nach unbekannten Quellen bis auf die neueste Zeit. 4 Bde. 1392 S. Ffm: Varrentrapp 1813
14 (Hg.) Die Oriflamme oder der Pariser Enthusiasmus unter Napoleon dem Großen, Kaiser der Franzosen, eine Sammlung merkwürdiger, vor der Aufführung dieser Oper in Paris eingewechselter Briefe; als ein Beytrag zu der französischen Kunst, das Volk gegen sein eignes Herz und seinen Verstand zu bearbeiten. VI, 80 S. Nancy (, Lpz: Brockhaus) 1814
15 (Hg.) Tagebuch eines deutschen Offiziers (d. i. Ludwig v. Grolman) über seinen Feldzug in Spanien im Jahre 1808. XXXII, 300 S. Nürnberg: Riegel & Wießner 1814
16 Groß-Griechenland. Gedicht. 40 S. Bonn (o. Verl.) 1815
17 Ueber das Zunft-Wesen. 67 S. Bonn: Marcus 1818
18 *Scipio Cicala. 4 Bde. Lpz: Brockhaus 1832

19 *Die Belagerung des Castells von Gozzo, oder Der letzte Assassine. Von dem Verfasser des Scipio Cicala. 2 Bde. 53¼ Bg. Lpz: Brockhaus 1834
20 *Goethe und sein Jahrhundert. (S.-A.) 7¼ Bg. Jena: Bran 1835
21 Die neue Medea. Roman. 3 Bde. Stg (: Scheible, Rieger & Sattler) 1836
22 (Bearb.) Die Denkwürdigkeiten des spanischen Hauptmanns Bernal Diaz del Castillo. 4 Bde. Bonn: Marcus 1838
23 *Scipio Cicala. 4 Bde. Lpz: Brockhaus 1840
   (Umarb. v. Nr. 18)
24 Proconsulate der neuern Zeit. 87 S. Stg: Cast 1845
25 *Der deutsche Orden im fünfzehnten Jahrhundert. Dramatische Darstellungen von dem Verfasser des „Scipio Cicala". 602 S. Bonn: Marcus 1874

REHN, Jens (eig. Otto Jens Luther) (*1918)

1 Nichts in Sicht. 141 S. Bln-Frohnau, Neuwied: Luchterhand 1954
2 Feuer im Schnee. 223 S. Darmstadt, Bln-Frohnau, Neuwied: Luchterhand 1956
3 Die Kinder des Saturn. Roman. 150 S. Darmstadt, Bln-Frohnau, Neuwied: Luchterhand 1959

REICKE, Georg (1863–1923)

1 Der Sterngucker. Drama. 30 S. Bln: Cronbach 1900
2 Winterfrühling. Gedichte. 136 S. Bln: Schuster & Loeffler 1901
3 Das grüne Huhn. Roman. 473 S. Bln: Schuster & Loeffler 1902
4 Märtyrer. Drei Einakter. 128 S. Bln: Schuster & Loeffler 1903
5 Im Spinnenwinkel. Roman aus einer kleinen Stadt. 322 S. Bln: Schuster & Loeffler 1903
6 Schusselchen. Tragikomödie. 141 S. Bln: Schuster & Loeffler 1905
7 Der eigene Ton. Roman. 487 S. Bln: Fleischel 1907
8 Sie. Komödie in vier Akten. 102 S. Bln: Reiß (1920)
9 Woge und Wind. Eine Strandnovelle in Versen. 73 S. Stg: Dt. Verl.-Anst. 1922
10 Der eiserne Engel. Berliner Roman. 316 S. Bln: Mosse (1923)
11 Georg Reicke. Ein Bürger zwischen Welt und Stadt. Aufsätze, Reden, Briefe, Gedichte. Hg., eingel. H. Spiero. IV, 306 S., 1 Titelb. Bln: Stilke 1923
12 Athene Parthenos. Tragödie. Aus dem Nachlaß. 166 S. Lpz: Scholtze 1924
13 Päpstin Jutte. Ein Mysterienspiel in einem Vorspiel und zwölf Bildern. 138 S. Lpz: Scholtze 1924

REICKE, Ilse (*1893)

1 Das schmerzliche Wunder. Ein Buch Verse. V, 72 S. Bln: Fleischel 1914
2 Der Weg nach Lohde. Roman. 306 S. Bln: Scherl (1919)
3 Frauenbewegung und -Erziehung. 162 S. Mchn, Bln: Paetel (= Philosophische Reihe 24) 1921
4 Die neue Lebensform. 156 S. Bln: Siegismund (= Die neue Welt) 1921
5 Ewige Legende. Ein Kreis von sechzehn Gesängen. 29 S. Weimar: Lichtenstein 1923
6 Das junge Mädchen. Ein Buch der Lebensgestaltung. 264 S. m. Abb. Bln: Mosse (1924)
7 Lucia ohne Talent. 192 S. Lpz: Abel & Müller (= Ausgewählte Erzählungen für junge Mädchen; = Abel & Müllers gediegene Jugendschriften) 1927
8 Das größere Erbarmen. Roman. 258 S. Bln: Deutsch-Schweizer. Verl.-Anst. 1929
9 Die Frauenbewegung. Ein geschichtlicher Überblick. 80 S. Lpz: Reclam (= Reclam's UB. 6975) 1929

10 Leichtsinn, Lüge, Leidenschaft. Ein Schicksal aus dem jüdischen Rokoko. 313 S. Dissen: Beucke-Verl. 1930 (Neuaufl. v. Nr. 2)
11 Berühmte Frauen der Weltgeschichte. Sechs Betrachtungen. 159 S. m. Taf. Bln: Herbig 1931
12 Der Weg der Irma Carus. Roman einer Frauenärztin. 257 S. Bln: Safari-Verl. (1931) (Neuaufl. v. Nr. 8)
13 (Hg.) Th. v. Gumpert: Töchter-Album. 2 Bde. 240, 240 S. m. Abb. Lpz: Schmidt & Spring (= Wir sind jung 77–78) (1932–1933)
14 (Hg.) Mutter und Kinderland. Monatlicher Ratgeber für Mütter und Kinderfreunde. Jg. 4–13. M. Beil. u. Kal. 4⁰ Bln: Safari-Verl. 1932–1941
15 (Hg.) Herzblättchens Zeitvertreib. Jahrbuch für die Kinderwelt. Bd. 76–77. 2 Bde. 144, 144 S. m. Abb. Lpz: Schmidt & Spring (1932–1933)
16 Das Schifflein Allfriede. Jugendroman. 254 S. m. Abb. Lpz: Anton (1933)
17 (Hg.) Mutter und Kind. Begleiter und Berater der jungen Mutter von heute. Folge 7. 56 Bl. m. Abb. Bln: Safari-Verl. (1935) (Folge 7 z. Nr. 14)
18 Treue und Freundschaft. Geschichte einer Familie, erzählt. 229 S. m. Abb. Jena: Frommann 1936
19 Das tätige Herz. Ein Lebensbild Hedwig Heyls. 139 S., 5 Taf. Lpz: Eichblatt (= Deutsches Frauenschaffen 3) 1938
20 Die Welle steigt, die Welle sinkt. Roman. 238 S. Bln: Zeitschriftenverl. 1938
21 Durch gute Lebensart zum Erfolg. Wegweiser. 175 S., 33 Abb. Lpz: Hesse & Becker (1939)
22 Das Brautschiff. Berlinischer Roman. 326 S. Bln: Munz (1943)
23 Das Geheimnis der Klasse. 123 S. m. Abb. Düsseldorf: Hoch 1952
24 Bertha von Suttner. Ein Lebensbild. 111 S., 1 Taf. Bonn: Röhrscheid 1952

REIMANN, Hans
(+Artur Sünder, Hanns Heinz Vampir, M. Bunge)   (*1889)

1 Die Dame mit den schönen Beinen und andere Grotesken. V, 214 S. Mchn: Müller (1916)
2 Die schwarze Liste. Ein heikles Bilderbuch. 133 S., 93 Abb. Lpz: Wolff 1916
3 Das verbotene Buch. Grotesken und Schnurren. IV, 245 S., 1 Bildn. Mchn: Müller (1917)
4 Kobolz. Grotesken. 94 S. Lpz, Mchn: Wolff (= Der jüngste Tag 39–40) (1917)
5 Der Floh. Skizzen aus Kriegszeit. 100 S. Mchn: Müller 1918
6 Das Paukerbuch. Skizzen vom Gymnasium. 125 S. Mchn: Müller 1918
7 Tyll. 330 S. Lpz, Mchn: Wolff (1918)
8 Literarisches Albdrücken. X, 107 S. m. Abb. Lpz: Matthes (= Zweifäuster-Druck 50) 1919
9 (Hg.) Der Drache. Eine ungemütliche Leipziger Wochenschrift. (Jg. 2: Eine sächsische Wochenschrift) 6 Jge. Lpz: Verl. Der Drache (Engel) 1919–1925
10 Pax. Ein friedliches Buch. IV, 213 S. Mchn: Müller 1919
11 Mit roter Tinte. 16 S. 16⁰ Lpz: Matthes 1919
12 Der lächelnde Kaktus und andere Grotesken. 143 S. Bln: Eysler (= Lustige Bücherei 36) 1920
13 Die Kloake. Ein heikles Lesebuch. XVI, 175 S. m. Abb. Mchn: Wolff 1920
14 +Die Dinte wider das Blut. Ein Zeitroman. 39 S. Hannover, Bln: Steegemann (= Die Silbergäule 132–134) 1921
15 +Die Dollarfürstin aus der Petersstraße. Ein Meß-Roman. 192 S. Lpz: Schlager-Verl. (= Weltstadt-Romane 1) 1921
16 Der Engel Elisabeth. Roman. 282 S. Bln: Ullstein (= Ullstein-Bücher 135) 1921
17 +Ewers. Ein garantiert verwahrloster Schundroman in Lumpen, Fetzen,

Mätzchen und Unterhosen. 83 S. Hannover, Bln: Steegemann (= Die Silbergäule 139–146) 1921
18 Das blinde Huhn oder genauer gesagt das linksseitig nahezu total erblindete Huhn. Der nachgelassenen Werke hoffentlich letzter Band. 63 S. Mchn: Allgem. Verl.-Anst. München 1921
19 Sächsische Miniaturen. Bd. 1. 3. 4. 5. Hannover, Bln: Steegemann (1921) –1931
20 Hedwig Courths-Mahler. Schlichte Geschichten fürs traute Heim. 200 S., 30 Abb. Bln, Hannover: Steegemann 1922
21 Mysreium Flip und Ewa. Neue Grotesken. 32 S. Lpz: Verl. „Der Drache" 1922
22 (MV) Die sächsische Volksseele in ihren Wallungen. Zehn Original-Radierungen mit Begleittext. 10 Taf., 11 Bl. 4° Pasing: Kern (1922)
23 Dr Geenij. In memoriam Friedrich August von Sachsen. 72 S. Hannover, Bln: Steegemann (= Sächsische Miniaturen 3) 1923 (Bd. 3 v. Nr. 19)
24 Mein Kabarettbuch. 82 S., 16 Abb. Hannover, Bln: Steegemann 1923
25 Von Karl May bis Max Kallenberg in sechzig Minuten. 96 S. Mchn: Wolff 1923
26 Victor Margueritte's La Garçonne Parodiert. 204 S. Wien: Verl. Renaissance (1924)
27 (Hg.) Das Stachelschwein. 6 Jge. Ffm, Bln: Verl. Die Schmiede 1924–1929
28 Sago. 195 S. Dresden: Reißner (1925)
29 Aquaria. Lohengrin. Neulehmannsland. 186 S., 41 Abb. Dresden: Reißner 1926
30 (Einl.) O. Jacobsson: Jagd und Sport. Mit e. Selbstbiogr. 64 S. m. Abb. Bln: Selle-Eysler (= Adamson 3) 1926
31 (Vorw.) P. Simmel: Hab' Sonne im Herzen. Gesammeltes Gesimmeltes. 64 S. m. Abb. Bln: Selle-Eysler 1926
32 (Hg.) O. Jacobsson: Lieder ohne Worte. Ausgew. u. mit Texten umlegt. 64 S. m. Abb. Bln: Selle-Eysler (= Adamson 4) 1927
33 Die voll und ganz vollkommene Ehe. Nach Dr. Th. van de Velde. 141 S. m. Abb. Bln: Steegemann (1928)
34 Komponist wider Willen. Humoristischer Roman. 252 S. Dresden: Reißner 1928
35 Neue sächsische Miniaturen. 253 S. m. Abb. Dresden: Reißner 1928
36 Das Buch von Leipzig. 207 S. m. Abb. Mchn: Piper (= Was nicht im „Baedeker" steht 6) 1929
37 Männer, die im Keller husten. Parodien auf Edgar Wallace. 215 S. Bln: Steegemann 1929
38 Das Buch von Frankfurt, Mainz, Wiesbaden. 207 S. m. Abb. Mchn: Piper (= Was nicht im „Baedeker" steht 9) 1930
39 Die Gaffeeganne und andere Sächsische Miniaturen. 94 S. Bln: Steegemann (= Sächsische Miniaturen 5) 1930 (Bd. 5 v. Nr. 19)
40 Das Parodienbuch. 186 S. m. Abb. Dresden: Reißner 1930
41 Vergnügliches Handbuch der deutschen Sprache.409 S.Bln:Kiepenheuer 1931
42 Lausbub in Leipzig. Jugend-Erinnerungen. 98 S., 14 Abb. Bln: Steegemann (= Sächsische Miniaturen 4) 1931 (Bd. 4 v. Nr. 19; Neuaufl. v. Nr. 6)
43 Sächsisch. 187 S. m. Abb. Mchn: Piper (= Was nicht im Wörterbuch steht 1) 1931
44 Quartett zu dritt. Alles andere als ein Roman. 277 S. Bln: Kiepenheuer 1932
45 Der wirkliche Knigge. 223 S. m. Abb. Dresden: Reißner 1933
46 Mensch, mach dir's leicht! 223 S. m. Abb. Dresden: Reißner (1935) (Neuaufl. v. Nr. 45)
47 Motorbummel durch den Orient. 266 S. m. Abb. u. Kt. Bln: Müller & Kiepenheuer 1935
48 Das Buch vom Kitsch. 179 S. m. Abb. Mchn: Piper 1936
49 Vergnügliches Handbuch der deutschen Sprache. 322 S. Mchn: Piper 1937 (Neubearb. v. Nr. 41)
50 Du, hör' mal zu! Lustiges. 157 S., 15 Abb. Bln: Siegismund (= Deutsche Soldatenbücherei A 1) 1939

51 Mit hundert Jahren noch ein Kind. Vorw. W. v. Hollander. III, 157 S. m. Abb. Bln: Schützen-Verl. 1939
52 Der Spaßvogel. 159 S. m. Abb. Bln: Curtius 1940
53 (MV) Der kleine Spaßvogel. 80 S. m. Abb. Bln: Curtius 1940
54 Liebe und Gips. 161 S. m. Abb. Bln: Frommhagen 1941
55 (MV) H. Riebau, H. R. u. M. Schmidt: Lachendes Feldgrau. 207 S. m. Abb. Bremen: Burmester 1941
56 (MV) H. R. u. H. Kossatz: Hast du Töne! 121 S., 36 Abb. Bln: Schützen-Verl. 1942
57 Die kobaltblaue Tarnkappe. Ein Lausbüberei in der Kleinstadt. 125 S. Mchn: Braun & Schneider (1942)
58 Hinter den Kulissen unserer Sprache. Eine Plauderei. 174 S. m. Abb. Mchn: Essen, Hbg: Pohl 1951
59 Literazzia. Ein Streifzug durchs Dickicht der Bücher. (Jg. 4: Unbekümmerter Streifzug durch das von Jahr zu Jahr üppiger wuchernde Dickicht der Bücher. – Jg. 7: Privatissimum über Neu-Erscheinungen auf unserem Büchermarkt und dazugehöriger Krimskrams.) 12 Jge. Mchn: Pohl (1–3) bzw. Heidenheim/Brenz: Heidenheimer Verl.-Anst. (4–12) 1952–1963
60 Fruchtsalat. Dreißig heitere Gedichte. 62 S. m. Abb. Mchn: Pohl (1954)
61 Der Leierkastenmann. Mit seiner leicht angesächselten Drehorgel. Zwei Dutzend schöne Gedichte, teils verfaßt, teils neu renoviert. 92 S., 8 Taf. Freiburg i. Br.: Klemm (= Die Seemännchen 11) (1954)
62 Reimann reist nach Babylon. Aufzeichnungen eines Spießers. 265 S. Heidenheim/Brenz: Heidenheimer Verl.-Anst. 1956
63 Hans Reimanns beinah hundertjähriger Kalender. 42 S. Offenbach: Kumm 1957
64 Der Mogelvogel. 115 S. m. Abb. Hameln: Niemeyer (1957)
65 (Hg.) Das bunte Lachbuch. Heitere deutsche Prosa. 299 S. m. Abb. Stg: Günther 1958
66 Mein blaues Wunder. Lebensmosaik eines Humoristen. 569 S. Mchn: List 1959

REIMMICHL (eig. Sebastian Rieger) (1867–1953)

1 Aus den Tiroler Bergen. Lustige und leidige Geschichten. 288 S. 12° Brixen: Bh. d. kath.-polit. Pressver. 1898
2 °Im Tirol drinn'. Neue Geschichten aus den Bergen. 374 S. 12° Brixen: Bh. d. kath.-polit. Pressver. 1900
3 °Bergschwalben. Geschichten. 243 S., 12 Abb. Innsbruck: Schwick 1902
4 Der Frauenbichler. Eine Tiroler Geschichte. 356 S. Brixen: Pressvereins-Bh. 1905
5 Mein Herz ist im Hochland. Geschichten aus den Alpen. 160 S. m. Abb. Klagenfurt: Buch- u. Kunsth. d. St. Josef-Ver. (= Bunte Geschichten 12) 1906
6 Die schwarze Frau. Erzählung aus dem Tiroler Freiheitskrieg. 205 S. Innsbruck: Schwick 1909
7 Weihnacht in Tirol. Volksbüchlein. VII, 167 S. m. Abb. Innsbruck: Schwick 1911
8 Auf unseren ewigen Bergen. Eine Geschichte aus dem großen Krieg. 292 S. m. Abb. Innsbruck: Tyrolia 1916
9 Die Glocken vom Hochwald. 360 S. Innsbruck: Tyrolia (1917)
10 Das Heimwehe. Eine Erzählung. 257 S. Innsbruck: Tyrolia (1920)
11 (Hg.) Tiroler Kalender. Jg. 11–15. Innsbruck: Tyrolia 1920–1924.
12 Alpenglühen. Geschichten aus den Bergen. 137 S. Innsbruck: Tyrolia (= Erzählungen) 1921
13 Das Geheimnis der Waldhoferin. Eine Erzählung. 232 S. Innsbruck: Tyrolia (= Erzählungen) 1922
14 Das Mädchen von St. Veit. Eine Erzählung aus dem siebzehnten Jahrhundert. 409 S. Innsbruck: Tyrolia (= Erzählungen) 1922
15 Rosengärtlein Unserer Lieben Frau. 141 S. Innsbruck: Marianischer Verl. (= Sodalenbücher 8) (1922)

16 Die Tochter des Landschelms. 378 S. Innsbruck: Tyrolia (= Erzählungen) (1922)
17 Stille und laute Wasser. Geschichten aus den Bergen. 193 S. Innsbruck: Tyrolia (= Erzählungen) 1922
18 Der Wetzsteinhans. Eine Erzählung. 176 S. Innsbruck: Tyrolia (= Erzählungen) 1922
19 Der Bergnarr und andere Geschichten aus Tirol. 93 S. Mchn: Tyrolia (= Deutscher Novellenkranz 12) (1923)
20 Das Auge der Alpen. Eine Erzählung. 329 S. Innsbruck: Tyrolia (= Erzählungen) 1924
21 Der Tuifelemaler. Eine Erzählung. 317 S. Innsbruck: Tyrolia (= Erzählungen) 1924
22 Esau und Jakob. Erzählung. 420 S. Innsbruck: Tyrolia (1925)
23 (Bearb.) Die Geschichte eines bösen Buben. 163 S. Innsbruck: Tyrolia (1925)
24 Der Kreuzkaspar. Eine Schelmen- und Abenteuergeschichte. 279 S. Innsbruck: Tyrolia (1925)
25 Der Nant. Eine lustige Studentengeschichte. 144 S. Innsbruck: Tyrolia (1925)
26 (Hg.) Reimmichls Volkskalender. Jg. 1926-1954. Innsbruck: Tyrolia (1925-1953)
27 Bergblumen. Drei Erzählungen. 357 S. Innsbruck: Tyrolia 1926
28 Die Schützen. Eine vaterländische Geschichte. 267 S. Innsbruck: Tyrolia 1926
29 Der Fahnlbua und andere Erzählungen. 152 S. m. Abb., 1 Taf. Innsbruck: Tyrolia 1928
30 Maria Schnee. Erzählung. 253 S. Innsbruck: Tyrolia 1928
31 Das Schwarzblattl. Erzählung. 258 S. Innsbruck: Tyrolia 1928
32 Der Fexpeter und andere Schwänke. 202 S. Innsbruck: Tyrolia (1929)
33 Der Geizkragen. Erzählung. 273 S. Innsbruck: Tyrolia 1929
34 Der Judas von Haldernach. Erzählung. 272 S. Innsbruck: Tyrolia 1929
35 Ritter Namenlos. Erzählung. 2 Bde, 370, 215 S. Innsbruck: Tyrolia 1929
36 Bruder und Schwesterlein. Erzählung. 196 S. Innsbruck: Tyrolia 1930
37 Das Heimchen. Roman. 284 S. Innsbruck: Tyrolia 1930
38 Prinzeß Wirbelwind. Erzählung. 239 S. Innsbruck: Tyrolia 1930
39 Der Buckel-Muckel. Erzählung. 181 S. Innsbruck: Tyrolia 1931
40 Der Wilde Jäger. Erzählung. 149 S. Innsbruck: Tyrolia 1931
41 Das Kapuzinerbübl. 192 S. Innsbruck: Tyrolia 1933
42 (Hg.) Reimmichl-Kalender 1934. 196 S., 7 Bl. m. Abb., 2 Taf. Innsbruck: Tyrolia (1933)
43 Der Sonnenring. Hausbuch für das christliche Volk. 260 S. m. Abb. Innsbruck: Tyrolia 1933
44 Bergbüchlein. 76 S. m. Taf. Innsbruck: Tyrolia 1934
45 Der Gemsenhirt. Roman. 274 S. Innsbruck: Tyrolia 1934
46 (Hg.) Der große Reimmichl-Kalender. Jg. 26. 1935. 260 S. m. Abb., 8 Bl., 2 Taf. Innsbruck: Tyrolia (1934)
47 Schellunter–Herzober. Lustige Geschichten. 199 S. Innsbruck: Tyrolia 1934
48 Heinrich der Stolze. Erzählung. 217 S. Innsbruck: Tyrolia 1935
49 Lirum, larum Löffelstiel – zum Weinen, zum Lachen, zum Lernen nicht viel. Jugendbuch. 113 S. m. Abb. Innsbruck: Tyrolia 1935
50 Die Zigeunerin. Roman. 241 S. Innsbruck (, Mchn: Kerle) 1935
51 Die gestohlene Braut. Roman. 154 S. Innsbruck (, Mchn: Kerle) 1937
52 Köpfe und Zöpfe. Lustige Geschichten. 240 S. Innsbruck (, Mchn: Kerle) 1938
53 Wo Tag und Nacht die Sonne scheint. Eine Nordlandfahrt. 191 S. Innsbruck (, Mchn: Kerle) 1938
54 Hans, der Zaunkönig. Erzählung. 249 S. Innsbruck: Marian. Verl. 1939
55 Ein lediger Bub und keiner. Eine Erzählung. 159 S. Heidelberg, Mchn: Kerle 1941
56 Die Wetterhexe. Erzählung. 181 S. Heidelberg, Mchn: Kerle 1942
57 Eine Frau und ihr Schatten. Erzählungen. 167 S. Heidelberg, Mchn: Kerle 1943
58 Die Wintersennin. Erzählung. 117 S. Heidelberg: Kerle 1946

59 Florian. Erzählung. 171 S. Innsbruck, Wien: Tyrolia (= Tyrolia-Volksromane) 1947
60 Die Großglocknermaid. Erzählung. 207 S. Innsbruck, Wien: Tyrolia (= Tyrolia-Volksromane) 1948
61 Brüderlein und Schwesterlein. Erzählung. 147 S. Innsbruck, Wien: Tyrolia 1950
62 Der Pfarrer von Hohental. Erzählung. 287 S. Innsbruck, Wien: Tyrolia (= Tyrolia-Volksromane) 1951
63 Das Lied der Königin. Ein Liebfrauenbuch. 175 S. Innsbruck, Wien, Mchn: Tyrolia 1953
64 Menschen im Walde. Erzählung. 355 S. Innsbruck, Wien, Mchn: Tyrolia (= Tyrolia-Volksromane) 1953
65 Ein verlorener Sohn. Erzählung. 183 S. Innsbruck, Wien, Mchn: Tyrolia (= Tyrolia-Volksromane) 1953
66 In Liebe und Leid. Roman. 173 S. Innsbruck, Wien, Mchn: Tyrolia (= Tyrolia-Volksromane) 1954
67 Die Geisterburg. Erzählungen. 267 S. Innsbruck, Wien, Mchn: Tyrolia (= Tyrolia-Volksromane) 1955
68 Der Almschreck. Erzählung. 157 S. Innsbruck, Wien, Mchn: Tyrolia (= Tyrolia-Volksromane) 1956
69 Der Spezial-Mair und andere Erzählungen. 242 S. Innsbruck, Wien, Mchn: Tyrolia (= Tyrolia-Volksromane) 1956
70 Bräutigam in Nöten. Lustige Geschichten. 156 S. Innsbruck, Wien, Mchn: Tyrolia (= Tyrolia-Volkromane) 1957

Reinacher, Eduard (+Alsaticus) (*1892)

1 Die arme Elisabeth. Eine Straßburger Mariengeschichte. 197 S. Straßburg: Imprimerie Strasbourgeoise 1917
2 Werwolf. Eine Dichtung. 22 S. Straßburg: Reinacher 1917
3 +(MV) Geschichte des Elsasses in kurzer Darstellung. VI, 122 S. Straßburg, Bln: Vereinigung wiss. Verleger 1918
4 Odilie. 37 S. m. Abb. Straßburg, Bln: de Gruyter (= Elsässische Vorzugsdrucke 1) 1918
5 Der Tod von Grallenfels. 78 S. m. Abb. Straßburg: Imprimerie Strasbourgeoise 1918
6 Runold. Die Geschichte einer inneren Befreiung. Erzählung. 34 S. Bln: Furche-Verl. (= Neue christliche Erzähler 6) 1919
7 Robinson. 69 S. Stg: Wöhrle 1920
8 Der Verwundete. Dramatische Szenen. 63 S. Stg: Wöhrle 1920
9 Die Hochzeit des Todes. Erzählungen und Verse. 222 S. Stg: Dt. Verl.-Anst. 1921
10 (Übs.) P. Verlaine: Beichte. 212 S. Konstanz: Wöhrle 1921
11 Der Bauernzorn. Alexia. Christine. Granne. Adrastos. Dramatische Dichtungen. 266 S. Stg: Dt. Verl.-Anst. 1922
12 Täwas. 49 S. m. Abb. 4⁰ Konstanz: Wöhrle 1922
13 Runolds Ahnen. 122 S. Dornach: Verl. f. freies Geistesleben 1923
14 Arosa. Zehn landschaftliche Gedichte. 57 S. Basel: Verl. f. freies Geistesleben (1923)
15 Todes Tanz. Eine Reihendichtung. 236 S. Stg: Dt. Verl.-Anst. 1924
16 Flock. Eine Hundegeschichte. 53 S. Stg: Dt. Verl.-Anst. (= Der Falke 30) 1925
17 Der Haß von Lichtenstein. Ein Trauerspiel. 51 S. Mchn: Kaiser (= Münchener Laienspiele 6) 1925
18 Elsässer Idyllen und Elegien. 153 S. Stg: Dt. Verl.-Anst. 1925
19 Das Elsässer Schiff mit Fracht von Bildern und Liedern. 61 S. m. Abb. Stg: Hädecke (= Farbe und Dichtung) 1925
20 Waiblingers Austrieb. Novelle. 95 S. Ffm (, Bln: Literar. Ges.) (= Iris-Bücherei) 1926
21 Harschhorn und Flöte. Gesänge aus der Schweiz. 149 S. Stg: Dt. Verl.-Anst. 1926

22 Eulogius Schneider. Lenele. 86 S. Basel: Rhein-Verl. (= Elsässische Bibliothek) 1926
23 Bürgerin Eugenie. Eine Erzählung aus dem alten Elsaß. 112 S. Mchn: Kaiser 1928
24 In den Kinderschuhen. Erinnerungen. 115 S. m. Anh. Stg: Verl. Silberburg 1928
25 Pulververschwörung. Drama in drei Akten. 62 S. Würzburg (: Pälz) (= Junge deutsche Bühne) 1928
26 (MV) O. Bruder u. E. R.: Stimme der Erde. Erzählungen. 119 S. Mchn: Kaiser 1928
27 Bohème in Kustenz. Ein komischer Roman. 258 S. Mchn: Müller 1929
28 (Einl.) R. Reimesch: Elsaß-Lothringen in sechzehn Kreidezeichnungen. VII S. m. Abb., 16 Bl. 4° Bln: Bernard & Graefe 1929
29 Lapp im Schnakenloch. Ein Spiel im Sommer. 64 S. Mchn: Kaiser (= Münchener Laienspiele 54) 1930
30 Die Löwin und der General. Spiel. 26 S. Bln (: Theaterverl. Langen-Müller) 1931
31 Der Narr mit der Hacke. 41 S. Mchn: Kaiser (= Münchener Laienspiele 68) 1931
32 Silberspäne. Gedichte. 78 S. Straßburg: Heitz (1931)
33 Der Weg nach Weihnachten. Weihnachtsmärchen in vier Akten. 32 S. Bln (: Theaterverl. Langen-Müller) 1931
34 Zykeln und Jamben. Gedichte. 71 S. Straßburg: Heitz (1931)
35 Im blauen Dunste. Gedichte. 83 S. 4° Straßburg: Heitz (1933)
36 Herr Wilhelm und sein Freund. Ein Elsässer Totentanz. 58 S. Mchn: Langen-Müller (= Die kleine Bücherei 22) 1933 (Neuaufl. v. Nr. 9)
37 Der starke Beilstein. Eine schöne elsässische Lügengeschichte. Wortgetreu aufgeschrieben. 198 S. Stg: Dt. Verl.-Anst. 1938
38 An den Schlaf. 45 S. Stg: Metzler (1939)
39 Das Gesicht der Flamme. Ein Geschichtsbuch. 78 S. Köln: Staufen-Verl. (= Staufen-Bücherei 9) (1940)
40 Am Ill und Rhein. Gesänge vom Elsaß. 168 S. Straßburg: Hünenburg-Verl. 1941
41 (MV) E. R. u. E. Bormann: Die Geschichte vom schönen Annerl. Musik L. J. Kauffmann. 47 S. Köln: Würges (1942)
42 Die Lure. Lieder im rauhen Ton von Göttern und Rittern, Narren und Betenden. 113 S. Straßburg: Hünenburg-Verl. 1942 (Neuaufl. v. Nr. 13)
43 Damals und Irgendwo. 107 S. Mühlacker: Händle (1943)
44 (Bearb.) Takeda Izumo: Die siebenundvierzig Ronin. Ein altjapanisches Heldenspiel. Für die dt. Bühne bearb. 115 S. Bln: Widukind-Verl. 1943
45 Der Taschenspiegel. 289 S. Wien: Gallus-Verl. (1943)
46 Der Millionengärtner. Lustspiel in fünf Akten. 66 S. Rotenburg a. d. Fulda: Dt. Laienspiel-Verl. (= Die Volksbühne 21) 1951
47 Der Zauberlehrling von Terradoro. Heiteres Spiel. 31 S. Weinheim/Bergstr.: Dt. Laienspiel-Verl. (= Das Volksspiel 30) 1952
48 Der Tintenbaum. Launen in Prosa. 93 S. Stg: Hünenburg-Verl. 1956
49 Der Rohrstock. Ein Schwank für Humanitäter. Gestaltet in Anlehnung an ein Hörspiel v. O. Wöhrle. 27 S. Weinheim/Bergstr.: Dt. Laienspiel-Verl. 1958
50 Silberspäne. Gedichte. 160 S. Stg-Bad Cannstatt: Reinacher 1960 (Neuaufl. v. Nr. 32)

Reindl, Ludwig Emanuel (*1899)

1 Hymnen. 31 S. 4° Mchn: Verl. d. Nietzsche-Ges. im Musarion-Verl. 1922
2 Landschaften. 22 S. Pasing b. Mchn: Bachmair 1922
3 Die Sonette vom Krieg. 22 S. 4° Mchn: Verl d. Nietzsche-Ges. im Musarion-Verl. 1922
4 Deutsche Elegien. 20 S. 4° Lpz: Reindl (Priv.-Dr.) 1924

5 Sonette. 23 S. 4⁰ Mchn: Bachmair (150 num. Ex.) 1925
6 Arno Breker. 4 Bl., 35 Taf. 2⁰ Bln: Film-Foto-Verl. (1944)
7 (Hg.) Die Erzählung. Zeitschrift für Freunde guter Literatur. Jg. 1–4, je 12 H. 4⁰ Konstanz: Südverl. 1947–1950
8 (Hg.) Hoffnung und Entsagung im deutschen Gedicht. 45 S. Konstanz: Südverl. (= Schriften des Südverlags 8) 1947
9 Tanzende. 21 S. Konstanz: Südverl. 1948
10 (Hg., Einl.) H. Carossa: Raube das Licht aus dem Rachen der Schlange. Erinnerungen und Bekenntnisse. 144 S. m. Faks., 3 Taf. Zürich: Arche (= Gestalten und Wege) 1952
11 (Einl.) E. O. Plauen: Der Vater und seine Freunde. 45 S., 41 Bl. m. Abb. Zürich: Sanssouci-Verl. 1954
12 Lichtblicke. Worte zur Zeit. 88 S., 2 Bl. Abb. Konstanz: Rosgarten-Verl. 1958
13 Herbstlaub. Gedichte. 38 S. Amriswil/Schweiz: Bodensee-Verl. 1960

Reinhart, Hans (1880–1963)

1 Frührot. Gedichte. 120 S. Zürich, Bln: Goldschmidt 1902
2 Alfred Mombert, der Denker. 36 S., 1 Bildn. Lpz: Verl. d. Funken 1903
3 Der Garten des Paradieses. Dramatische Rhapsodie aus Andersen. 54 S. Winterthur: Hoster 1909
4 Mein Bilderbuch ohne Bilder. Der Bettler. Nachtstücke. 57 S. Konstanz, Lpz: Hesse & Becker (= Die Zeitbücher 66) (1917)
5 Der Garten des Paradieses. Dramatische Rhapsodie aus Andersen. 63 S. Zürich: Rascher 1918 (Verm. Neuaufl. v. Nr. 3)
6 Gesammelte Dichtungen. 4 Bde. 214, 208, 169, 177 S. Zürich: Rotapfel-Verl. 1921–1923
7 Der Sonne-Geist von Friedrich Klose. Thematischer Führer durch das Werk. 29 S., 1 Bildn. Wien: Universal-Edition (= Universal-Edition 6139) (1922)
8 (Übs.) R. Morax: König David. Dramatischer Psalm in drei Teilen. In freier Übertr. m. verbind. Text nach den Worten d. Hl. Schrift v. H. R. Musik A. Honegger. 16 S., 1 Titelb. Lausanne: Foetisch 1923
9 (Bearb.) Ch. F. Ramuz: Die Geschichte vom Soldaten. Gelesen, gespielt und getanzt. In zwei Teilen. Musik I. Strawinsky. 32 S. Zürich: Lesezirkel Hottingen 1924
10 (MH) Aus Tag und Traum. Eine Sammlung deutsch-schweizerischer Frauen-Lyrik der Gegenwart. Hg. J. Weidenmann u. H. R. 240 S., 1 Titelb. Zürich: Rascher 1925
11 (Übs.) Das St. Galler Spiel von der Kindheit Christi. In gekürzter Fassung frei aus dem Urtext in neuschweizer. Mundart übertr. und zur Aufführung einger. 42 S. Basel: Geering 1928
12 Ausgewählte Gedichte 1899–1929. 168 S. Horgen-Zürich, Lpz: Münsterpresse (= Sammlung der Privatdrucke 12) 1929
13 (Hg.) F. Rückert: Kindertotenlieder. 37 S. Horgen-Zürich, Lpz: Münsterpresse (= Sammlung der Privatdrucke 11) 1929
14 Ausgewählte Werke. 3 Bde. 350, 337, 266 S. Horgen-Zürich: Münsterpresse 1930–1931
15 Das Gärtlein des stillen Knaben. Sieben ausgewählte Märchen und Legenden. 74 S., 7 Abb., 1 Titelb. Winterthur: Vogel 1940
16 Fünfzig Gedichte. Zum sechzigsten Geburtstag des Dichters, 18. VIII. 1940. 88 S. Winterthur: Vogel (1940)
17 Hans Reinhart in seinem Werk. 367 S., 10 Taf., 2 Bl. Noten 4⁰ Zürich: Fretz & Wasmuth 1941
18 Daglar. Ein Lebens-Mythus. 83 S., 1 Taf. Olten: Vereinigung Oltner Bücherfreunde (= Veröffentlichung der Vereinigung Oltner Bücherfreunde 11) 1942
19 (Übs.) D. de Rougemont: Niklaus von Flüe. Dramatische Legende in drei Akten. 30 S. Lausanne: Foetisch 1944

20 (MH) Ernst Uehli. Leben und Gestaltung. Festschrift zum siebzigsten Geburtstag, überr. v. Freunden und Verehrern. Hg. H. R. u. J. Hugentobler. 147 S., 6 Taf. Bern: Francke 1945
21 (MH) Emanuel von Bodman zum Gedächtnis. Hg. C. von Bodmann u. H. R. 86 S. m. Taf. St. Gallen: Tschudy 1947
22 Der Schatten. Ein Nachtstück aus Andersen in vier Akten. 75 S. (Winterthur: Vogel) (Bühnen-Ms.) (1948)
23 Das dramatische Werk. Dichtungen, Nachdichtungen, Bearbeitungen. Geleitw. R. Ullmann. 819 S. St. Gallen: Tschudy 1953

REINICK, Robert (1805–1852)

1 *Drei Umrisse nach Holzschnitten von Albrecht Dürer. Mit erläuterndem Text und Gesängen. Bln 1830
2 (MH) Liederbuch für deutsche Künstler. Hg. R. R. u. F. Kugler. 13 Bg. Bln: Vereins-Bh. 1833
3 *Lieder eines Malers mit Randzeichnungen seiner Freunde. (Bd. 2 u. 3: Deutsche Dichtungen mit Randzeichnungen deutscher Künstler). 3 Bde., 89 Abb. 4° Düsseldorf: Buddeus (1837–1844)
4 Lieder. IV, 336 S. Bln: Reimer 1844
5 Lieder und Fabeln für die Jugend. Bln 1844
6 Illustriertes A B C-Buch für große und kleine Kinder. Mit Erzählungen und Liedern. 95 S. m. Abb. 4° Lpz: Schlichte 1845
7 Deutscher Jugendkalender für 1847 (1848 usw. – 1855. 1858). 10 Bde. m. Abb. Lpz: Wigand 1847–1858
8 Die Wurzelprinzessin. Ein Kindermährchen. 36 S., 8 Abb. 4° Lpz: Wigand 1848
9 (MV) A. Rethel: Auch ein Todtentanz. Mit erkl. Text v. R. R. 6 Bl. m. Abb. qu. 2° Lpz: Schlicke 1849
10 (Übs.) J. P. Hebel: Alemanische Gedichte. Ins Hochdeutsche übertragen. 222 S. m. Abb. 16° Lpz: Wigand 1851
11 Lieder. VIII, 328 S. 16° Bln: Ernst 1852
12 Gesammelte Lieder. Lpz 1852
13 Märchen-, Lieder- und Geschichtenbuch. Gesammelte Dichtungen. 232 S. Lpz: Velhagen & Klasing 1873
14 Märchen-, Lieder- und Geschichtenbuch. Gesammelte Dichtungen. IV, 259 S. m. Abb. Lpz: Velhagen & Klasing 1873
    (Verm. Neuaufl. v. Nr. 13)
15 Geschichten und Lieder für die Jugend. Hg., Einl. R. Riemann. 232 S. 16° Lpz: Reclam (= Reclam's UB. 4851-4852) 1906

REISIGER, Hans (*1884)

1 Stille Häuser. Novellen. 208 S. Ffm: Rütten & Loening 1910
2 Maria Marleen. Roman. 213 S. Bln: Fischer 1911
3 Jakobsland. Roman. 238 S. Bln: Fischer 1913
4 Totenfeier. Oden aus dem Krieg. 63 S. Bln: Fischer 1916
5 Junges Grün. Novellen. V, 195 S. Stg: Dt. Verl.-Anst. (1919)
6 (Übs.) W. Whitman: Grashalme. Neue Auswahl. 144 S. Bln: Fischer 1919
7 Santa Catarina da Siena. Novelle. 54 S., 7 Abb. Bln: Fischer 1921
8 (Übs.) D. Defoe: Leben und wunderbare Abenteuer des Robinson Crusoe, Seemanns aus York, der achtundzwanzig Jahre lang ganz einsam auf einer unbewohnten Insel an der Küste Amerikas nahe der Mündung des großen Stromes Orinoko lebte, wohin er als einziger Überlebender der ganzen Mannschaft durch Schiffbruch verschlagen war; nebst einem Bericht über seine ebenso wunderbare Befreiung durch Piraten. Beschrieben von ihm selbst. 252 S., 60 Abb. Mchn: Hanfstaengl 1921
9 (Übs.) W. Whitman: Gesang von der offenen Landstraße. 30 S., 6 Taf. Lauenburg: Saal (1922)

10 (Übs., Hg., Einl.) W. Whitman: Werk. 2 Bde. CI, 178; 258 S. 4 Bildn. Bln: Fischer 1922
11 Von innerer Freiheit. 73 S. Celle: Kampmann 1923
12 (Übs.) H. G. Wells: Geheimkammern des Herzens. 426 S. Mchn: Wolff (= Der neue Roman) 1923
13 (Übs.) E. Carpenter: Das Wechselspiel von Liebe und Tod. Eine Studie über die menschliche Entwicklung und Verwandlung. 197 S. Prien, Celle: Kampmann 1924
14 (Hg.) Erzählerkunst. 2 Bde. XV, 271; XII, 176 S. m. Taf. Lpz: List 1925–1926
15 (Übs.) C. Farrère: Die Todgeweihten. Roman. 303 S. (Bln:) Dt. Buchgem. (1925)
16 (Hg., z. T. Übs.) R. Kipling: Ausgewählte Werke. 10 Bde. Lpz: List 1925–1927
17 (Übs., Nachw.) G. Meredith: Der Egoist. Roman. 826 S. Lpz: List (= Epikon) (1925)
18 (Übs.) L. Strachey: Queen Victoria. XV, 294 S. m. Taf. Bln: Fischer 1925
19 (Übs.) R. Kipling: Bilanz. 299 S. Lpz: List (1927)
20 (Einl.) F. Masereel: Das Werk. Sechzig Holzschnitte. 26 S., 60 S. Abb. Mchn, Bln: (Transmare-Verl.)(= Bilder-Romane) 1928
21 (Übs.) C. Sheridan: Ich, meine Kinder und die Großmächte der Welt. Ein Lebensbuch unserer Zeit. 349 S., 1 Titelb. Lpz: List (1928)
22 (Übs.) R. C. Sherriff: Die andere Seite. Drama in drei Akten. 167 S. Mchn: Drei Masken-Verl. 1929
23 (Übs.) L. Strachey: Elisabeth und Essex. Eine tragische Historie. 302 S. m. Taf. Bln: Fischer (1929)
24 (Übs.) M. Gandhi: Mein Leben. Hg. C. F. Andrews. 374 S., 1 Titelb. Lpz: Insel (1930)
25 Unruhiges Gestirn. Die Jugend Richard Wagners. 367 S. Lpz: List 1930
26 (Übs.) C. Graf Sforza: Gestalten und Gestalter des heutigen Europa. 438 S., 23 Bildn. Bln: Fischer 1931
27 (Übs.) L. Strachey: Geist und Abenteuer. Sieben Bildnisse. 316 S. Bln: Fischer 1931
28 (Übs.) A. de Saint-Exupéry: Nachtflug. Roman. 159 S. Bln: Fischer 1932
29 (Übs.) C. Graf Sforza: Europäische Diktaturen. 232 S. Bln: Fischer 1932
30 (Übs.) H. Nicolson: Friedensmacher 1919. 365 S. Bln: Fischer 1933
31 (Übs.) C. Graf Sforza: Die feindlichen Brüder. Inventur der europäischen Probleme. 226 S. Bln: Fischer 1933
32 (Übs.) R. C. Sherriff: Badereise im September. Roman. 340 S. Bln: Fischer 1933
33 (Übs.) H. Nicolson: Nachkriegsdiplomatie. Curzon: The last Phase 1919–1925. 405 S. Bln: Fischer 1934
34 (Übs.) P. Fleming: Mit mir allein. Eine Reise nach China. 324 S. m. Taf., 1 Kt. Bln: Rowohlt (1936)
35 (Übs.) R. C. Sherriff: Grüne Gartentüren. Roman. 397 S. Bln (: Suhrkamp) 1936
36 Übs.) P. Fleming: Tataren-Nachrichten. Reise von Peking nach Kaschmir. 418 S., 16 Bl. Abb., 1 Taf. Bln: Rowohlt (1937)
37 (Übs.) C. Lewis: Schütze im Aufstieg. Eine autobiographische Erzählung. 324 S. Bln: Rowohlt (1937)
38 (Übs.) E. P. O'Donnell: Das große Delta. Roman. 575 S. Wien: Bermann-Fischer 1937
39 (Übs.) Elizabeth I., Königin von England: Die Briefe der Königin Elisabeth von England 1533–1603. Hg. G. B. Harrison. 341 S., 17 Taf. Wien: Bermann-Fischer 1938
40 (Übs.) E. K. Maillart: Verbotene Reise. Von Peking nach Kaschmir. 302 S., 20 Bl. Abb., 1 Kt. Bln: Rowohlt (1938)
41 Ein Kind befreit die Königin. Nach dem Leben der Maria Stuart erzählt. 457 S. Stg: Rowohlt 1939
42 (Übs.) F. Prokosch: Sieben auf der Flucht. Roman. 464 S. Stg: Rowohlt 1939
43 (Übs.) E. K. Maillart: Turkestan solo. 312 S., 16 Bl. Abb., 1 Kt. Stg: Rowohlt (1941)

44 (Übs.) G. Valle: Meine dreißig Fliegerjahre. 258 S., 28 Bl. Abb. Lpz: List 1941
45 Johann Gottfried Herder. Sein Leben in Selbstzeugnissen, Briefen und Berichten. 351 S., 67 Abb., 1 Stammtaf. Bln: Propyläen-Verl. 1942
46 (Übs.) M. Maffii: Kleopatra. Weltgeschichte am Mittelmeer. 261 S. Lpz: List (1943)
47 (Übs.) C. Sainte-Soline: Am Berg der Lerchen. 183 S. Hbg: Claassen & Goverts 1946
48 (Übs.) C. Sainte-Soline: Irène Maurepas. 238 S. Hbg: Claassen & Goverts 1946
49 Walt Whitman. 104 S. Bln: Suhrkamp 1946
50 (Übs.) W. Whitman: Gesang von mir selbst. 74 S. Bln: Suhrkamp 1946
51 (Übs.) W. Whitman: Salut au monde. 59 S. Bln: Suhrkamp 1946 (Ausz. a. Nr. 6)
52 (Übs.) W. Whitman: Tagebuch. 1862–1864. 1876–1882. 82 S. Bln: Suhrkamp 1946
53 (MV) F. Busse: Impressionen. Sieben farbige Original-Steinzeichnungen. Text H. R. 1 Bl., 7 Taf. 2° Stg: Schuler (1948)
54 (Übs.) St. Crane: Im Rettungsboot. Erzählung. Hg. H. Hennecke. 38 S. Bergen/Obb.: Müller & Kiepenheuer (= Die Weltliteratur. Amerika, Bd. 33) 1948
55 (Übs.) F. Stark: Die Südtore Arabiens. Eine Reise in Hadhramaut. 303 S. Hbg, Stg: Rowohlt 1948
56 (Übs.) W. Whitman: Demokratische Ausblicke. 81 S. Bln: Suhrkamp 1948
57 (Übs.) W. Whitman: Auf der Brooklyn Fähre. 118 S. Bln: Suhrkamp 1949 (Ausz. a. Nr. 6)
58 (Übs.) G. Flaubert: Ein einfältig Herz. 57 S. Potsdam: Rütten & Loening (= Kleine Rütten & Loening-Bücherei) 1950
59 (MÜbs.) J.-P. Sartre: Die Mauer. Das Zimmer. Herostrat. Intimität. Die Kindheit eines Chefs. Übs. H. R. u. H. Wallfisch. 272 S. Stg, Hbg: Rowohlt 1950
60 Aeschylos bei Salamis. Erzählung. 178 S. Hbg: Rowohlt 1952
61 (Übs.) G. Flaubert: Madame Bovary. Nachw. H. Mayer. 462 S. Bln: Rütten & Loening (= Romane der Weltliteratur) 1954
62 (Hg.) G. Hauptmann: Der große Traum. Vorw. R. A. Schröder. 284 S. Gütersloh: Bertelsmann 1956
63 (Übs., Hg., Einl.) Walt Whitmans Werk. 501 S., 1 Taf. Hbg: Rowohlt 1956 (Erw. Neuaufl. v. Nr. 10)

RELLSTAB, Ludwig (+Freimund Zuschauer) (1799–1860)

1 Griechenlands Morgenröthe, in neu(e)n Gedichten. Ein Festgeschenk zum achtzehnten October. 24 S. Heidelberg u. Speier: Oßwald 1822
2 Dido. Dramatisches Gedicht in drei Abtheilungen. Musik B. Klein. 48 S. Bln (o. Verl.) 1823
3 Karl der Kühne. Trauerspiel in fünf Aufzügen. XX, 194 S. Bln: Duncker & Humblot 1824
4 Sagen und romantische Erzählungen. 3 Bde. XII, 250; VIII, 261; VI, 300 S. Bln: Laue 1825–1829
5 +Henriette oder Die schöne Sängerin. Eine Geschichte unserer Tage. 174 S Lpz: Herbig 1826
6 (Übs.) W. Scott: Über das Leben und die Werke der berühmtesten englischen Roman-Dichter. Übs. u. mit e. Anh. vers. 3 Bde. XXIV, 227; IV, 331; 227 S. Bln: Laue 1826
7 *Carl Maria von Weber. Mainz 1826
8 Gedichte. Erstes Bändchen. XVI, 246 S. Bln: Laue 1827
9 Über mein Verhältniß als Kritiker zu Herrn Spontini als Komponisten und Generalmusik-Director in Berlin nebst einem vergnüglichen Anhange. Ein Beitrag zur Kunst- und Tagesgeschichte. VIII, 149 S. Lpz: Whistling 1827
10 *Berlins Dramatische Künstler, wie sie sind. Zum Besten Aller Journal-Leser, und Theater-Direktoren. Alphabetisch geordnet u. hg. Erstes Heft ... VI, 55 S. Bln: Hayn 1829

11　Die Gemsenjäger. M. 1 Ku. o. O. (1830)
12　(Hg.) Iris im Gebiete der Tonkunst. Jg. 1–12. Bln: Trautwein 1830–1841
13　Algier und Paris im Jahre 1830. Zwei Novellen. 3 Bde. Bln: Laue 1831
14　*(MV) Arien und Gesänge aus: Irene. Große Oper in drei Aufzügen, mit Ballets v. E. Hoguet. Musik C. Arnold. 55 S. Bln (o. Verl.) 1832
15　Erzählungen, Skizzen und Gedichte. 3 Bde. Bln: Duncker & Humblot 1833 (Enth. u. a. Nr. 1)
16　1812. Ein historischer Roman. 4 Bde. XVI, 374; 365; 344; 314 S. Lpz: Brockhaus 1834
17　(Hg., MV) Berlin. Eine Wochenschrift. 2 Bde. 876 S. Bln: Duncker & Humblot 1835
18　(Vorw.) P. de Kock: Ausgewählte belletristische Schriften. Nach d. Franz. bearb. F. Riedel. 6 Bde. Potsdam: Gsellius 1835
19　Der Wildschütz. Ein Roman. 310 S. Bln: Duncker & Humblot 1835
20　(Hg., MV) Berlin und Athen. Eine Zeitschrift. 79 Nrn. 316 S. 4⁰ Bln: Duncker & Humblot 1836
21　Beurtheilung der Compositionen des Fürsten Anton Radziwill zu Goethes Faust. Aus dem diesjährigen Jahrgange der Iris, mit Bewilligung des Verfassers besonders abgedruckt. 8 S. 4⁰ Bln: Petsch (1836) (S.-A. a. Nr. 12)
22　Blumen- und Ährenlese aus meinem jüngsten Arbeits-Lustrum. Gesammelte Schriften. 2 Bde. X, 488 S.; 3 Bl., 458 S. Lpz: Brockhaus 1836
23　Genre- und Fresko-Skizzen aus Berlin und Athen. In Mappen mit fliegenden Blättern. 4 Thle. Lpz: Köhler 1836
24　Empfindsame Reisen. Nebst einem Anhang von Reise-Berichten, -Skizzen, -Episteln, -Satiren, -Elegien, -Jeremiaden usw. aus den Jahren 1832 und 1835. 2 Bde. XII, 257; 242 S. Lpz: Brockhaus 1836
25　(Übs.) C. M. Sedgwick: Erzählungen und Novellen. 6 Bde. Lpz: Köhler 1836
26　Neue empfindsame Reisen. Post- und Seestücke; Erzstufen, Intermezzos etc. 2 Bde. 316, 317 S. Lpz: Köhler 1837
27　Scherz und Ernst. Zusammengenähte Schriften. 4 Thle. Lpz: Köhler 1837 (Neuausg. v. Nr. 23)
28　Die Venetianer. Drama in fünf Akten. 135 S. Bln: Sittenfeld 1837
29　Sommerfrüchte. Gesammelte Erzählungen. 2 Thle. 38 Bg. Lpz: Köhler 1838
30　Eugen Aram. Trauerspiel in fünf Aufzügen. Bln: Reichardt 1839
31　Zur Erinnerung an den dritten August, in Gedichten. Nebst einer Abbildung Seiner verewigten Majestät im Sarge. 35 S. Bln: Trautwein 1840
32　Festspiel zur hundertjährigen Feier der Einweihung des Opernhauses. 16 S. Bln: Buchh. des Berliner Lese-Kabinetts (1842)
33　Franz Liszt. Beurtheilungen – Berichte – Lebensskizze. IV, 76 S. Bln: Trautwein 1842
34　Reise-Berichte und -Gedichte. Erinnerungen aus den Sommerwandertagen 1841. 2 Thle. XIV, 422; 380 S. Lpz: Köhler 1842
35　Sommerblumensträuße den holden Frauen gewidmet. 2 Thle. $45^{1}/_{2}$ Bg. Lpz (: Köhler) 1842
36　*Das Hoffest zu Ferrara. 15 S. 4⁰ o. O. (1843)
37　Gesammelte Schriften. 12 Bde. Lpz: Brockhaus 1843–1844
38　(MV) Arien und Gesänge aus: Ein Feldlager in Schlesien. Singspiel in drei Akten, in Lebensbildern aus der Zeit Friedrich's des Großen. In Musik gesetzt v. G. Meyerbeer. 70 S. Bln (o. Verl.) 1844
39　Paris im Frühjahr 1843. Briefe, Berichte und Schilderungen. 3 Bde. VII, 400; 444; 160 S. Lpz: Köhler 1844
40　Rede zum Feier des Allerhöchsten Geburtsfestes Seiner Majestät des Königs. Im Königlichen Schauspielhause gesprochen von Fräulein Charl. von Hagn. Berlin, den 15. October 1844. 2 Bl. 4⁰ o. O. (1844)
41　(Hg., Einl.) F. Baumann: Eram. Skizzen aus den Jugendjahren eines Veteranen. 4 Bl., 222 S., 1 Bl. Bln: Reichardt 1845
42　Ludwig Berger, ein Denkmal. VI, 165 S. Bln: Trautwein 1846
43　Gesammelte Schriften. Neue Folge. 8 Bde. Lpz: Brockhaus 1846–1848
44　Zwei Gespräche mit Seiner Majestät dem Könige Friedrich Wilhelm dem Vierten in geschichtlichen Rahmen gefaßt. Mitgetheilt. 88 S. Bln: Decker 1849

45 (MV) Der Prophet. Große Oper mit Ballett in fünf Aufzügen. Text nach E. Scribe. Musik v. Meyerbeer. 22 S. Lpz: Breitkopf & Härtel 1849
46 (MV) Die Sündfluth. Ein Oratorium in drei Abtheilungen. Musik v. H. Dam. 23 S. Bln: Brandis 1849
47 (MV) Das Tal von Andorra. Romantisch-komische Oper in drei Aufzügen nach dem Französischen des St-Georges. Musik v. Halévy. 88 S. Bln (: Bote & Bock) 1849
48 Friedrich Wilhelm Ludwig Prinz von Preußen, Statthalter von Pommern, k.preuß. General der Infanterie ... Kurzer Abriß seines Lebens und Wirkens. 14 S., 1 Bildn. Augsburg, Bln: Amelang 1850
49 Anthologie aus den Werken. Mit Biographie. 89 S. Hildburghausen: Bibliogr. Inst.; New York: Meyer (= Meyer's Groschen-Bibliothek der deutschen Classiker für alle Stände 225) (1852)
50 Berlin und seine nächsten Umgebungen in malerischen Originalansichten. Historisch-topographisch beschrieben. 152 S., 30 Taf. Darmstadt: Lange 1852
51 (MV) Der ewige Jude. Oper in fünf Aufzügen nach dem Französischen des E. Scribe. u. St-Georges. Musik v. Halévy. 48 S. Mainz: Schott 1852
52 1756, oder Die Parolebefehle. Charakter-Zeitbild in fünf Aufzügen, nebst Vorspiel. 95 S. Bln: Michaelson (Als Ms. gedr.) 1852
53 Sommermährchen in Reisebildern aus Deutschland, Belgien, Frankreich, England, Schottland im Jahr 1851. 3 Thle. XII, 346; IV, 268; VI, 270 S. Darmstadt: Lange 1852
54 Garten und Wald. Novellen und vermischte Schriften. 4 Thle. IX, 306; 302; 395; 262 S. Lpz: Brockhaus 1854
55 (MV) Der Nordstern. Große Oper in drei Aufzügen nach dem Französischen des E. Scribe. Musik v. Meyerbeer. 76 S. Bln: Schlesinger 1854
56 Berlin und seine nächsten Umgebungen in malerischen Originalansichten. Historisch-topographisch beschrieben. 401 S., 50 Taf. Darmstadt: Lange 1855
  (Erw. Neuaufl. v. Nr. 50)
57 Drei Jahre von Dreißigen. Ein Roman. 5 Bde. XXVIII, 2066 S. Lpz: Brockhaus 1858
58 Gesammelte Schriften. 24 Bde. Lpz: Brockhaus 1860–1861
  (Neuausg. v. Nr. 37 u. 43)
59 Fruchtstücke. Novellen. 2 Bde. IV, 339; 272 S. Bln: Guttentag 1861
60 Aus meinem Leben. 2 Bde. X, 302; VI, 266 S. Bln: Guttentag 1861
61 (MV) Der Prophet. Große Oper mit Ballett in fünf Aufzügen. Text nach E. Scribe. Musik v. G. Meyerbeer. 54 S. Wien: Künast 1893
  (Veränd. Neuaufl. v. Nr. 45)
62 Des Vaters Segen. Eine preußische Soldatengeschichte. Neu hg. J. P. Mauel. 36 S. Köln: Bachem (= In der Feuerpause 15) (1915)

REMARQUE, Erich Maria (eig. Erich Paul Remark)   (*1898)

1 °Die Traumbude. Ein Künstlerroman. 214 S. Dresden: Verl. d. Schönheit (= Bücherei der Schönheit 4) 1920
2 Im Westen nichts Neues. 288 S. Bln: Propyläen-Verl. (1929)
3 Der Weg zurück. 368 S. Bln: Propyläen-Verl. (1931)
4 Three Comrades. 448 S. London: Hutchinson 1937
5 Drei Kameraden. Roman. 465 S. Amsterdam: Querido-V. 1938
  (Dt. Ausg. v. Nr. 4)
6 Flotsam. 320 S. London: Hutchinson 1941
7 Liebe Deinen Nächsten. 483 S. Batavia: Querido-V.; Stockholm: Bermann-Fischer 1941
  (Dt. Ausg. v. Nr. 6)
8 Arch of Triumph. 320 S. London, New York: Hutchinson (1946)
9 Arc de Triomphe. Roman. 431 S. Zürich: Micha (1946)
  (Dt. Ausg. v. Nr. 8)
10 Der Funke Leben. Roman. 384 S. Köln, Bln: Kiepenheuer & Witsch 1952
  (Dt. Ausg. v. Nr. 11)

11 Spark of Life. 365 S. New York: Appleton-Century-Crofts (1952)
12 Zeit zu leben und Zeit zu sterben. Roman. 397 S. Köln, Bln: Kiepenheuer & Witsch 1954
13 Der schwarze Obelisk. Geschichte einer verspäteten Jugend. Roman. 483 S. Köln, Bln: Kiepenheuer & Witsch 1956

Rendl, Georg (*1903)

1 Milben-Seuche. Anleitung für die Imker zum Nachweise der Milbenseuche. 20 S. Bürmoos b. Salzburg: Rendl (= Imkers Theorie und Praxis 1) 1927
2 Der Bienenroman. 236 S. Lpz: Insel 1931
3 Darum lob ich den Sommer. Geschichte einer Liebe. 202 S. Stg: Dt. Verl.-Anst. 1932
4 Vor den Fenstern. Roman. 325 S. Stg: Dt. Verl.-Anst. 1932
5 Schuldner. Ein Evangelienspiel. 52 S. Mchn: Kaiser (= Münchener Laienspiele 93) 1933
6 Das Spiel vom Tode. 65 S. Bln: Volkschaft-Verl. (= Spiele aus dem österreichischen Kulturkreis 1) 1933
7 Arbeiter der Faust. Eingel., hg. K. Plenzat. 52 S. Lpz: Eichblatt (= Eichblatts deutsche Heimatbücher 71–72) (1934)
8 Der Berufene. Roman. 253 S. Stg: Dt. Verl.-Anst. 1934
9 Der Säemann. Ein Evangelienspiel. 37 S. Mchn: Kaiser (= Münchener Laienspiele 101) 1934
10 Satan auf Erden. Roman. 192 S. Salzburg: Pustet 1934
11 Vision vom großen Erbarmen. Erzählungen. 46 S. Bln, Kevelaer: Bercker (= Greif-Bücherei 4) (1934)
12 Vor der Ernte. Ein Evangelienspiel. 37 S. Mchn: Kaiser (= Münchener Laienspiele 100) 1934
13 Die Glasbläser. Trilogie. 3 Bde. Salzburg: Pustet 1935–1937
   1. Menschen im Moor. Roman. 252 S. 1935
   2. Die Glasbläser. Roman. 353 S. 1937
   3. Gespenst aus Stahl. Roman. 300 S. 1937
14 Märchenflüge ins Bienenland. Eine Erzählung für Kinder. 133 S., 20 Abb. Stg: Franckh (1936)
15 Dorfsommer. Ferienbuch für junge Leute. 143 S. m. Abb. Dülmen: Laumann 1937
16 Heimat Salzburg. 78 S., 8 Taf. Graz (: Moser) (= Das österreichische Wanderbuch; = Deutsche Bergbücherei 14) 1937
17 Die Tiere in den sieben Nächten. Ein Buch zwischen Sage, Mär und Wirklichkeit. 257 S. Stg: Dt. Verl.-Anst. 1937
18 Die neue Heimat. Siedlergeschichte. 47 S. Bochum: Kamp (= Deutsches Lesegut, Dreibogenreihe 252) (1938)
19 Die Majorin. Spiel für Frauen. 50 S. Mchn, Lpz: Strauch (= Münchener Laienspiele 171) 1938
20 Der heilige Wolfgang. 47 S. m. Abb. Kevelaer: Butzon & Bercker (= Aus der Gemeinschaft der Heiligen 24) 1938
21 Ein fröhlicher Mensch. Roman vom Reichtum des Lebens. 370 S. Freiburg: Alber (1939)
22 Der Eroberer Franz Xaver. Erzählt. 220 S. Freiburg: Herder 1940
23 Jetzt ist es anders... Geschichten. Eingel., hg. K. Plenzat. 64 S. Lpz: Eichblatt (= Eichblatts deutsche Heimatbücher 142–143) 1940
24 Die zwei Kater und andere Tiergeschichten. Eingel., hg. K. Plenzat. 71 S. Lpz: Eichblatt (= Eichblatts deutsche Heimatbücher 144–145) 1940
25 Die Reise zur Mutter. Roman. 283 S. Bonn: Verl. d. Buchgemeinde (= Unterhaltende Schriftenreihe der Buchgemeinde Bonn, Jahresreihe 1940) (1940)
26 Sebastian an der Straße. Eine Jungengeschichte. 93 S. m. Abb. Recklinghausen: Bitter (1940)
27 Darum lob ich den Sommer. Geschichte einer Liebe. 195 S. Salzburg: Festungsverl. 1946
   (Neubearb. v. Nr. 3)

28 Feuer am Himmel. Ein Spiel für Advent und Weihnacht. 46 S. Wien: Amandus -Ed. (= Amandus-Laienspiele 2) 1946
29 Christkönigsspiel. Ein Laienspiel. 32 S. Wien: Amandus-Ed. (= Amandus-Laienspiele 1) 1947
30 Das Gleichnis vom ungerechten Verwalter. 28 S. Mchn: Buchner (= Laienspiel 71) 1947
31 Das kleine Heiligenspiel. 34 S. Mchn: Buchner (= Laienspiel 68) 1947
32 Ich suche die Freude. Roman. 625 S. Salzburg, Wien: Festungsverl. 1947
33 Das kleine Passionsspiel. 96 S. Wien: Amandus-Ed. (= Amandus-Laienspiele 6) 1947
34 Gedichte. 53 S. Salzburg: Festungsverl. 1948
35 Die Glasbläser von Bürmoos. Romantrilogie. Neufassg. 735 S. Wien: Kremayr & Scheriau (= Orplid-Reihe) 1951 (Neufassg. v. Nr. 13)
36 Haus in Gottes Hand. 285 S. Wien: Kremayr & Scheriau (= Orplid-Reihe) 1951
37 Vinzenz von Paul. Ein festliches Spiel. 40 S. Freiburg i. Br.: Lamberts-Verl. 1951
38 Der Ungeliebte. Roman. 403 S. Wien: Kremayr & Scheriau (= Orplid-Reihe) 1952
39 Ein Mädchen. Roman. 271 S. Wien: Kremayr & Scheriau 1954
40 Ein Spiel vom Leben. 47 S. m. Abb. Mchn: Buchner (= Laienspiel 242) 1955 (Umarb. v. Nr. 6)
41 Und hättet ihr der Liebe nicht. Ein Zeitgeschehen in drei Akten. 39 S. Mchn: Buchner (= Laienspiel 233) 1955
42 Die Frau am Brunnen. Ein Spiel für Mädchen. 23 S. Mchn: Buchner 1958

RENKER, Gustav (*1889)

1 Als Bergsteiger gegen Italien. 115 S. Mchn: Rother 1918
2 Einsame vom Berge. Roman. 381 S. Mchn: Rother 1919
3 Der Abend des Heinrich Biehler. Roman. 211 S. Wien: Wila 1921
4 Heilige Berge. Ein Alpenroman. 336 S. Lpz: Grethlein 1921
5 Bauernnot. Roman. 361 S. Lpz: Grethlein (1922)
6 Der Herold des Todes. Ein phantastischer Roman. 313 S. Lpz: Grethlein 1923
7 Die Kinder vom Rosengarten. Eine Erzählung aus Bern. 131 S. m. Abb. Bln: Fleming & Wiskott (= Flemmings Bücher für jung und alt. Große Reihe, Bd. 10) 1923
8 Die Hospizwirtin. 149 S. m. Abb. Bln: Flemming & Wiskott (= Flemmings Bücher für jung und alt. Große Reihe, Bd. 15) 1924
9 Irrlichter. Seltsame Geschichten. 273 S. Lpz: Grethlein 1924
10 Der teuflische Torwart. Roman aus den Kärntner Bergen. 297 S. Breslau: Bergstadtverl. 1925
11 Das Volk ohne Heimat. Roman. 344 S. Lpz: Staackmann 1925
12 Kärntner Novellen. 91 S. Wien: Hartleben (= Österreichische Bücherei 13) (1926)
13 Der See. Roman. 316 S. Lpz: Staackmann 1926
14 Dämonen der Höhe. Roman. 317 S. Bln: Verl. d. Ges. dt. Literaturfreunde Markiewicz (1928)
15 Der Flieger. Roman. 312 S. Lpz: Staackmann 1928
16 Geschichten aus dem Wald. 75 S., 1 Titelb. Basel: Reinhardt (1928)
17 Der Hexenvogt. Roman. 342 S. Basel: Reinhardt (1929)
18 Der sterbende Hof. Roman. 264 S. Lpz: Staackmann (1929)
19 (Einl.) H. Maurus: Tiroler Hochtäler. Fünf Gemälde. 2 Bl., 5 Taf. 2° Lpz: Seemann (= Seemanns Glanzpunkte der Alpen 5) 1929
20 (Einl.) H. Maurus: Das Salzkammergut. Fünf Gemälde. 2 Bl., 5 Taf. 2° Lpz: Seemann (= Seemanns Glanzpunkte der Alpen 4) 1929
21 Die Stadt der Jugend. Ein Studentenroman aus Österreich. 249 S. Lpz: Staackmann 1929

22 Bergkristall. Roman. 227 S. Basel: Reinhardt (1930)
23 Feuer im Osten. Roman. 317 S. Lpz: Staackmann 1930
24 Der pochende Berg. Das verlorene Ich. Die Rute des Bundteufels. Einl. M. Halvorsen. 295 S. Graz, Salzburg: Verl. Das Bergland-Buch (= Das Bergland-Buch) 1931
25 Die Leute im Stein. Erzählung. 80 S. Basel: Verein „Gute Schriften" (= Verein für Verbreitung guter Schriften Basel, 168) 1931
26 (Einl.) H. Maurus: Der Bodensee. Fünf Gemälde. 2 Bl., 5 Taf. 2⁰ Lpz: Seemann (= Seemanns Glanzpunkte der Alpen 10) 1931
27 (Einl.) H. Maurus: Das Engadin mit Davos und Arosa. Fünf Gemälde. 2 Bl., 5 Taf. 2⁰ Lpz: Seemann (= Seemanns Glanzpunkte der Alpen 11) 1931
28 Symphonie und Jazz. Roman. 239 S. Lpz: Staackmann 1931
29 Das verlorene Tal. Roman von Jagd und Liebe. 242 S. Basel: Reinhardt (1931)
30 Die Lawine von Faldum. Roman aus dem Hochgebirge. 278 S. Basel: Reinhardt (1932)
31 Das Tier im Sumpf. Roman aus Afrika. 324 S. Lpz: Staackmann 1932
32 Finale in Venedig. Richard Wagner-Roman. 228 S. Lpz: Staackmann (1933)
33 Die Hirten von Rocca. Aus dem Tagebuch des Pfarrers Johannes Sartoris. 222 S. Basel: Reinhardt (1933)
34 Pfarrfrau Johanne. 61 S. Gütersloh: Bertelsmann (= Schmuckbuch 2) 1933 (Ausz. a. Nr. 16)
35 Die Flucht des Klaus Balmer. Erzählung. 125 S. Basel: Reinhardt (= Stab-Bücher) (1934)
36 Der Heimliche im schwarzen Grund. Ein Buch von Jagd, Tieren und Reisen. 295 S. Graz, Salzburg: Das Bergland-Buch (= Das Bergland-Buch) 1934
37 Der Kampf mit dem Gletscher. Roman. 210 S. Basel: Reinhardt (1934)
38 Die Mooshüttenleute. 65 S. Gütersloh: Bertelsmann (= Schmuckbuch 11) (1934)
39 Ein Schiff steuert in die Urzeit. Tiefsee-Roman. 254 S. Bremen: Burmester (1934)
40 Dämon Berg. Roman. 232 S. Graz: Styria (= Die deutschen Bergbücher 1) 1935
41 Dichter um Heinrich Mark. Roman. 215 S. Basel: Reinhardt (1935)
42 Das stille Land. Eine Soldatengeschichte. 133 S. Basel: Reinhardt (= Stab-Bücher) (1935)
43 Die Liebe des Junkers Cyrill. Eine Begebenheit in dreizehn Briefen und einem Nachspiel. 64 S. Gütersloh: Bertelsmann (= Schmuckbuch 19) (1935)
44 Fünf Männer bauen einen Weg. Ein Alpenroman. 235 S. Lpz: Reclam 1935
45 Der große Winnetou. Eine Schülergeschichte. 32 S. m. Abb. Gütersloh: Bertelsmann (= Spannende Geschichten 7) (1935)
46 Bergkrieg. Kriegstagebuch eines Bergsteigers. 79 S., 8 Taf. Graz (: Moser) (= Dt. Bergbücherei 11) 1936
47 Franzosengold. Ein Alpenroman. 277 S. Basel: Reinhardt (1936)
48 Vogel ohne Nest. Geschichte einer Jugend. 239 S. Lpz: Staackmann 1936
49 Die wandelnde Flamme. Roman. 291 S. Salzburg: Verl. Das Bergland-Buch (= Bergland-Bücherei) 1937
50 Der Herr der wilden Reiter. Eine Pizarro-Chronik aus alter Zeit. 362 S. Salzburg: Verl. Das Bergland-Buch (= Bergland-Bücherei) 1937
51 Ruf aus dem Karst. Roman. 276 S. Bln: Keil-Verl., Scherl 1937
52 Das Dorf ohne Bauer. Roman aus der Kärntner Franzosenzeit. 315 S. Salzburg: Verl. Das Bergland-Buch (= Bergland-Bücherei) 1938
53 Die Frau im Eis. Geschichte aus den Bergen. 128 S. Basel: Reinhardt (1938)
54 Schicksal in der Nordwand. Ein Bergroman. 230 S. Bln: Keil-Verl., Scherl 1938
55 Die Stadt in der Wüste. Abenteuer-Roman. 279 S. Salzburg: Verl. Das Bergland-Buch (= Bergland-Bücherei) 1938
56 Stunden der Gefahr. Ein Erlebnis-Buch. 257 S., 7 Abb. Salzburg: Verl. Das Bergland-Buch (= Bergland-Bücherei) 1939
57 Wanderer im Bergland. Erzählung aus Kärnten. 282 S. Lpz: Staackmann (= Staackmanns Roman-Bibliothek) 1939
58 Flug ins Schicksal. Novelle. 80 S. Lpz: Reclam (= Reclam's UB. 7458) 1940

59 Die Musik des Mönchs. 39 S. Zürich: Verl. Volk und Schrifttum (= Das Rätsel 1) 1940
60 Schrattenfluh. Roman aus den Bergen. 229 S. Basel: Reinhardt (1940)
61 Frau Beate und ihr Kind. Ein Alpenroman. 245 S. Basel: Reinhardt (1941)
62 Das Jägerblut. Ein Kärntner Roman. 309 S. Lpz: Staackmann 1942
63 Nordische Legende. Die Geschichte einer großen Liebe. 328 S. Zürich: Zollikon (1942)
64 Der Weg über den Berg. Ein Alpenroman. 308 S. Basel: Reinhardt (1942)
65 Bienlein und seine Tiere. Tiergeschichten. 41 S. Basel: Reinhardt (1943)
66 Das Geheimnis des Simon Hard. Ein phantastischer Roman. 263 S. Zürich: Hofmann 1943
67 Schicksal am Piz Orsalia. Roman. 272 S. Zürich: Falken-Verl. 1945
68 Das Lied der Liebe. Roman von der Treue eines Mannes. 296 S. Zürich: Falken-Verl. 1946
69 Die goldene Orgel. Alpenroman. 282 S. Basel: Reinhardt (1947)
70 Arosa nimmt – Arosa gibt. Roman. 283 S. Zürich: Ex Libris Verl. 1948
71 Der Mönch von Ossiach. Eine Geschichte aus wilder Zeit. 320 S. Villach: Baier 1948
72 Tossi. Eine Familien- und Tiergeschichte. 189 S. Basel: Reinhardt (1948)
73 Die rauchende Wand. Ein Roman von Bergen und Jagd. 290 S. Villach: Baier (1948)
74 Das geheimnisvolle Schiff. Ein utopischer Roman. 329 S. Salzburg: Verl. Das Bergland-Buch (= Bergland-Bücherei) 1949
75 Ein Schatz in Mexiko. 30 S. 4° Stg: Familienfreund-Verl. (= Roman-Blätter 27) 1950
76 Wärterhaus Elf. Roman um die Lötschbergbahn. 251 S. Basel: Reinhardt (1950)
77 Abenteuer in Albanien. Roman. 217 S. Salzburg: Verl. Das Bergland-Buch (= Das Bergland-Buch) 1951
78 Aus Federfuchsers Tintenfaß. Ernstes und Heiteres aus dem Journalistenleben. 72 S. Bern: Verl. Gute Schriften (= Gute Schriften 74) 1951
79 Der Wilde von Cazün. Ein Alpenroman. 230 S. Basel: Reinhardt (1951)
80 Das grüne Königreich. Roman. 337 S. Wien: Albrecht 1952
81 Das Mädchen mit dem Adler. Roman. 284 S. Mchn, Wien: Andermann (1952)
82 Tiergeschichten. 238 S. Bern: Scherz 1952
83 Berge im Abendlicht. Roman. 285 S. Wien: Albrecht 1953
84 Den Bergen verfallen. Ein Alpenroman. 241 S. Basel: Reinhardt (1953)
85 Die Leute vom Fischerhaus. Erzählung. 136 S. Basel: Reinhardt (= Stab-Bücher) (1953)
86 Höllriegel. Die Geschichte einer Jagdhütte. Roman. 288 S. Wien: Albrecht 1954
87 Die blauen Männer von Cimolan. Roman. 234 S. Bern: Scherz 1954
88 Das Rätsel von Ayesen. Abenteuer-Roman. 325 S. Salzburg: Verl. Das Bergland-Buch 1954
89 Der Jäger von Höllriegel. Roman. 287 S. Wien: Buchgem. Donauland (1955)
    (Neuaufl. v. Nr. 86)
90 Der verschwundene See. Gebirgsroman. 209 S. Basel: Reinhardt (1955)
91 Was der alte Teppich erzählte. Novelle. 122 S. Basel: Reinhardt (= Stab-Bücher) (1955)
92 Jan und Vitus. Ein Bärenroman aus dem wilden Karst. 253 S. Wien: Hubertusverl. Richter & Springer 1956
93 Der Teufel von Saletto. Roman. 287 S. Wien: Albrecht (1956)
94 Vermißt wird im Gebirge... Roman. 242 S. Bern: Scherz 1956
95 Berg der Einsamen. Alpenroman. 312 S., 2 Taf., 1 Titelb. Heidelberg: Keyser (1957)
96 Der unheimliche Berg. Bergroman. 264 S., 3 Taf., 1 Titelb. Heidelberg: Keyser (1957)
97 Licht im Moor. Die Aufzeichnungen des Lehrers Hans Brügger. Roman. 175 S. Basel: Reinhardt (1957)
98 Große Berge, kleine Hütten. Erlebtes und Geschautes. 283 S. m. Abb. Mchn: Bassermann 1960

Renn, Ludwig
(eig. Arnold Friedrich Vieth von Golssenau) (*1889)

1 Krieg. 415 S. Ffm: Societäts-Verl. (1928)
2 In vorderster Linie. Aus der Aisne-Champagne-Schlacht 1917. Ausw., Durchs. K. Boß. 32 S. Ffm: Diesterweg (= Kranz-Bücherei 175) 1929
 (Ausz. a. Nr. 1)
3 (MH) Die Linkskurve. Hg. L. R., J. R. Becher, A. Gabor (u. a.) Jg. 1–4. Bln: Internationaler Arbeiterverl. 1929–1932
4 Nachkrieg. 335 S. Bln. Agis-Verl. 1930
 (Forts. v. Nr. 1)
5 Rußlandfahrten. 190 S. Bln: Lasso-Verl. 1932
6 Krieg. Nachkrieg. 629 S. Leningrad: Verlagsgenossensch. ausländ. Arbeiter i. d. UdSSR 1935
 (Enth. Nr. 1 u. 4)
7 Vor großen Wandlungen. Roman. 212 S. Zürich: Europa-Verl. Oprecht 1936
8 Warfare, the Relation of War to Society. 276 S. London: Faber; New York: Oxford Univ. Press 1939
9 El arte de hacer la guerre. 222 S. Mexiko: Ediapsa 1940
 (Span. Übs. v. Nr. 8)
10 Adel im Untergang. Roman. 390 S. m. Abb. Mexiko: El Libro libre 1944
11 Adel im Untergang. 390 S. Bln: Aufbau-Verl. 1947
 (Dt. Ausg. v. Nr. 10)
12 (Übs.) E. Abreu-Gómez: Geschichte von den Maja-Indianern. 161 S. Bln: Aufbau-Verl. 1948
13 Morelia. Eine Universitätsstadt in Mexiko. 208 S. m. Abb. Bln: Aufbau-Verl. 1950
14 (Vorw.) Zwölf Holzschnitte aus Volkschina. 16 Bl. 4° Erfurt: Grafik-Verl. 1951
15 (Vorw.) O. Nerlinger: Unser Berlin, Sechs Zeichnungen vom Wiederaufbau der deutschen Hauptstadt. 7 Bl. 2° (Bln:) Verl. Das Neue Berlin 1952
16 Vom alten und neuen Rumänien. 200 S. m. Abb. Bln: Aufbau-Verl. 1952
17 Trini. Die Geschichte eines Indianerjungen. 357 S. m. Abb. Bln: Kinderbuchverl. 1954
18 Der spanische Krieg. 383 S. m. Abb. Bln: Aufbau-Verl. 1955
19 Der Neger Nobi. 92 S. m. Taf. Bln: Kinderbuchverl. 1955
20 Die Schlacht bei Guadalajara. (S.-A.) 54 S. m. Abb. (Bln:) Verl. des Ministeriums des Innern (= Für Volk und Vaterland 27) 1955
21 Herniu und der blinde Asni. 371 S. m. Abb. Bln: Kinderbuchverl. (1956)
22 Meine Kindheit und Jugend. 308 S. Bln: Aufbau-Verl. 1957
23 Krieg ohne Schlacht. Roman. 261 S. Bln: Verl. d. Nation 1957
24 Herniu und Arnim. 326 S. m. Abb. Bln: Kinderbuchverl. (1958)
25 Auftraggeber: Arbeiterklasse. Die Geschichte eines Wandbildes von Wolfgang Frankenstein. 31 S. ,52 S. Abb. Bln: Verl. Tribüne 1960

Reuter, Christian (1665– um 1712)

1 *L'Honnéte Femme Oder die Ehrliche Frau zu Plißine, In Einem Lust-Spiele vorgestellet, und aus dem Französischen übersetzt von Hilario, Nebenst Harleqvins Hochzeits- und Kind-Betterin Schmause. 2 Bl., 64, 30 S., 4 Bl., 28 S. Plißine (1695)
2 *Monsieur le Harlequin oder des Harlequins Hochzeit, vorgestellet in einem Singe Spiel. 48 S. 12° Gedruckt zu Harburg im Hochzeithauß (1695)
3 *La Maladie & la mort de l'honnete Femme, das ist: Der ehrlichen Frau Schlampampe Krankheit und Tod. In einem Lust- und Trauer-Spiele vorgestellet, und Aus dem Frantzösischen in das Teutsche übergesetzt, von Schelmuffsky Reisse-Gefährten. 78 S. o. O. 1696

4 *Schelmuffsky Curiose und Sehr gefährliche Reißebeschreibung zu Wasser vnd Land. 120 S. 12⁰ St. Malo 1696
 5 *Schelmuffskys Warhafftig Curiöse und sehr gefährliche Reisebeschreibung Zu Wasser und Lande. 2 Thle. 1696–1697
   Erster Theil, Und zwar Die allervollkommenste und accurateste Edition, in Hochteutscher Frau Mutter Sprache eigenhändig und sehr artig an den Tag gegeben von E. S. 132 S. Gedruckt zu Schelmenrode. Im Jahr 1696. Anderer Theil. 78 S., Gedruckt zu Padua eine halbe Stunde von Rom, Bey Peter Martau, 1697.
   (Erw. Neuaufl. v. Nr. 4)
 6 *Letztes Denck- und Ehren-Mahl, Der weyland gewesenen Ehrlichen Frau Schlampampe, In Einer Gedächtnüß-Sermone, aufgerichtet von Herrn Gergen. Uf Special-Befehl der Seelig Verstorbenen gedruckt. 42 S. o. O. 1697
 7 *Le Jouvanceau Charmant Seigneur Schelmuffsky, Et L'Honnéte Femme Schlampampe, representée par une Opera sur le Theatre à Hambourg. Oder Der anmuthige Jüngling Schelmuffsky, und Die ehrliche Frau Schlampampe, In einer Oper auf den Hamburgischen Theatro vorgestellet. 80 S. Hbg: Gedruckt im güldnen ABC (1697)
 8 *Graf Ehrenfried, in einem Lust-Spiele vorgestellet ... 128 S. o. O. 1700
 9 Mars und Irene. 4 Bl. 2⁰ o. O. 1703
10 Die Frolockende Spree Wolte Bey Sr. Königl. Majestät in Preussen ... Abermahl Hochfeyerlichen Crönungs-Feste, Am 18. Januarii dieses 1703. Jahres, In einer lustigen Schiffer-Music ... vorstellen Ch. R. 4 Bl. 4⁰ Bln. 1703
11 Das Glückselige Brandenburg. 2 Bl. 2⁰ o. O. 1705
12 Letzter Zuruff ... 6 Bl. 2⁰ o. O. 1705
13 *Des Harlequins Hochzeitsschmauß in einem Singe-Spiele ... 53 S. o. O. (1750)
   (Veränd. Neuaufl. v. Nr. 2)
14 Werke. Hg. G. Witkowski. 2 Bde. 342, 463 S. m. Taf. Lpz: Insel 1916

REUTER, Fritz (1810–1874)

 1 Läuschen un Riemels. Plattdeutsche Gedichte heiteren Inhalts in mecklenburgisch-vorpommerscher Mundart. X, 293 S. Treptow: Selbstverl. 1853
 2 Läuschen un Riemels. XII, 306 S. Anclam: Dietze 1856
   (Verm. Neuaufl. v. Nr. 1)
 3 Polterabendgedichte in hochdeutscher und niederdeutscher Mundart. IV, 164 S. Treptow: Selbstverl. 1855
 4 Dei Reis' nah Belligen. Poetische Erzählung in niederdeutscher Mundart. XVI, 328 S. Treptow: Selbstverl. 1855
 5 (Hg.) Unterhaltungsblatt für beide Mecklenburg und Pommern. 2⁰ Neubrandenburg: Lingnau Nr. 1–40 u. 1–13, 1.4.1855–30.3.1856
 6 Der 1. April 1856 oder Onkel Jakob und Onkel Jochen. Lustspiel in 3 Acten. Blücher in Teterow. Dramatischer Schwank in einem Act. Manuskriptdruck. 181 S. 12⁰ Greifswald, Lpz: Koch 1857
 7 Abweisung der ungerechten Angriffe und unwahren Behauptungen, welche Dr. Klaus Groth in seinen Briefen über Plattdeutsch und Hochdeutsch gegen mich gerichtet hat. 51 S. Bln: Wagner 1858
 8 *(Hg.) En poa Blomen ut Annmariek Schulten ehren Goahrn von A.W. X. 196 S. Greifswald, Lpz: Koch 1858
 9 Kein Hüsung. 223 S. Greifswald, Lpz: Koch 1858
10 Die drei Langhänse. Original-Lustspiel in drei Akten. Manuskriptdruck. 27 S. Bln 1858
11 Läuschen un Riemels. Neue Folge. Plattdeutsche Gedichte heiteren Inhalts in mecklenburgisch-vorpommerscher Mundart. 302 S. Neubrandenburg: Selbstverl. 1859
   (N. F. zu Nr. 2)
12 Festlied zum 50jährigen Advokaten-Jubiläum des Herrn Hofrath und Bürgermeisters Engel zu Röbel. o.O. 1860

13 Olle Kamellen. 7 Bde. Wismar, Ludwigslust: Hinstorff 1860–1868
   1. Twei lustige Geschichten: Woans ick tau 'ne Fru kam. – Ut de Franzosentid. 341 S. 1860
   2. Ut mine Festungstid. 318 S., 1 Bl. 1862
   3. 4. 5. Ut mine Stromtid. 3 Bde. 937 S. 1863–1864
   6. Dörchläuchting. VIII, 327 S. 1866
   7. De meckelnbörgschen Montecchi un Capuletti oder De Reis' nah Konstantinopel. 354 S. 1868
14 Hanne Nüte un de lütte Pudel. 'Ne Vagel- un Minschengeschicht. 336 S. Wismar, Ludwigslust: Hinstorff 1860
15 *(Hg.) Nige Blomen ut Annmariek Schulten ehren Goahrn. VIII, 356 S. Greifswald, Lpz: Koch 1861
16 Schurr-Murr. VII, 335 S. Wismar, Ludwigslust: Hinstorff 1861
17 Sämmtliche Werke. 15 u. 2 Erg.-Bde. Wismar, Rostock, Ludwigslust: Hinstorff (1–15) bzw. Lpz, Schwerin: Koch (E. 1–2) 1861–1878
18 Manuscript eines Romans. Hg. R. Bender. 264, LII S., 2 Taf. Halle: Selbstverl. d. Hg. 1930
   (Hochdt. Urform v. Nr. 13, Bd. 3–5)
19 Einer selbander. Ungedrucktes Novellenfragment. Hg. W. Greiner. Eisenach: Kühner (= Jahresgabe der Eisenacher Bibliophilen-Vereinigung) 1935

Reuter, Gabriele (1859–1941)

1 Glück und Geld. Roman aus dem heutigen Egypten. 285 S. Lpz: Friedrich 1888
2 Episode Hopkins. Zu spät. Zwei Studien. 256 S. Dresden: Pierson 1889
3 Kolonistenvolk. Roman aus Argentinien. 342 S. Lpz: Fock 1891
4 Aus guter Familie. Leidensgeschichte eines Mädchens. 370 S. Bln: Fischer 1895
5 Der Lebenskünstler. Novellen. 235 S. Bln: Fischer 1897
6 Frau Bürgelin und ihre Söhne. Roman. 336 S. Bln: Fischer (1899)
7 Ellen von der Weiden. Ein Tagebuch. 283 S. Bln: Fischer (1900)
8 Frauenseelen. Novellen. 260 S. Bln: Fischer 1902
9 Marie von Ebner-Eschenbach. 80 S., 7 Taf., 1 Faks. Bln: Schuster & Loeffler (= Die Dichtung 19) 1904
10 Gunhild Kersten. Novelle. 197 S. Stg: Dt. Verl.-Anst. 1904
11 Margaretes Mission. 2 Bde. 143, 142 S. Stg: Dt. Verl.-Anst. (= Deva-Roman-Sammlung 48–49) 1904
12 Das böse Prinzeßchen. Märchenspiel für Kinder. Musik M. Marschalk. 78 S. Bln: Fischer 1904
13 Liselotte von Reckling. Roman in zwei Theilen. 324 S. Bln: Fischer 1904
14 Annette von Droste-Hülshoff. 87 S., 12 Taf., 1 Faks. Bln: Bard & Marquardt (= Die Literatur 19) 1905
15 Wunderliche Liebe. Novellen. 234 S. Bln: Fischer 1905
16 Der Amerikaner. Roman. 318 S. Bln: Fischer 1907
17 Die Probleme der Ehe. 67 S. Bln: Schwetschke 1907
18 Eines Toten Wiederkehr und andere Novellen. Einl. H. Land. 104 S. m. Bildn. 16⁰ Lpz: Reclam (= Reclam's UB. 5001) 1908
19 Sanfte Herzen. Ein Buch für junge Mädchen. 255 S. Bln: Fischer 1909
20 Das Tränenhaus. Roman. 254 S. Bln: Fischer 1909
21 Frühlingstaumel. Roman. 333 S. Bln: Fischer 1911
22 Liebe und Stimmrecht. 53 S. Bln: Fischer 1914
23 Im Sonnenland. Erzählung aus Alexandrien. 111 S. Bln: Hillger (= Kürschner's Bücherschatz 950) 1914
24 Ins neue Land. 251 S. Bln: Ullstein (= Ullstein-Bücher 71) (1916)
25 Was Helmut in Deutschland erlebte. Eine Jugendgeschichte. III, 99 S. m. Abb. Gotha: Perthes (1917)
26 Vom weiblichen Herzen. Novellen. 96 S. Bln: Hillger (= Kürschner's Bücherschatz 1120) (1917)
27 Die Jugend eines Idealisten. Roman. 401 S. Bln: Fischer (1917)
28 Die Herrin. Roman. 377 S. Bln: Ullstein 1918

29 Großstadtmädel. Jugendgeschichten. 467 S. Bln: Ullstein 1920
30 Vom Kinde zum Menschen. Die Geschichte meiner Jugend. 481 S. m. Taf. Bln: Fischer 1921
31 Benedikta. Roman. 309 S. Dresden: Seyfert 1923
32 Das Tränenhaus. Roman. 138 S. Bln: Fischer (= Fischers Romanbibliothek) 1926
(Neubearb. v. Nr. 20)
33 Töchter. Der Roman zweier Generationen. 379 S. Bln: Ullstein 1927
34 Das Haus in der Antoniuskirchstraße. 191 S. Bln, Lpz: Abel & Müller (= Ausgewählte Erzählungen für junge Mädchen; = Abel & Müllers gediegene Jugendschriften) 1928
35 Irmgard und ihr Bruder. Roman. 286 S. Bln: Dt. Buchgem. 1930
36 Vom Mädchen, das nicht lieben konnte. Roman. 244 S. Bln: Ullstein (= Ullstein-Bücher, N. F. 1) 1933
37 Grete fährt ins Glück. Erzählung. 95 S. m. Abb. Bln: Weisel (= Wir jungen Mädchen) 1935
38 Grüne Ranken um alte Bilder. Deutscher Familienroman. 235 S., 16 Taf. Bln: Grote (= Grote'sche Sammlung von Werken zeitgenössischer Schriftsteller 228) 1937

REVENTLOW, Franziska Gräfin zu (1871–1918)

1 (MV) F. Gräfin zu R. u. O. E. Thossan: Klosterjungen. Humoresken. 190 S. Lpz: Fiedler 1897
2 Das Männerphantom der Frau. 8 S. 4° Zürich, Paris: Verl. d. Zürcher Diskussionen (= Zürcher Diskussionen 6) 1898
3 Viragines oder Hetären? 8 S. 4° Paris: Verl. d. Zürcher Diskussionen (= Zürcher Diskussionen 22) 1901
4 Ellen Olestjerne. Enie Lebensgeschichte. 327 S. Mchn, Bln: Schnabel 1903
5 Von Paul zu Pedro. Amouresken. 120 S. Mchn: Langen 1912
6 Herrn Dame's Aufzeichnungen oder Begebenheiten aus einem merkwürdigen Stadtteil. 192 S. Mchn: Langen 1913
7 Der Goldkomplex. Roman. 146 S. Mchn: Langen (1916)
8 Das Logierhaus zur schwankenden Weltkugel und andere Novellen. 118 S. Mchn: Langen (= Langen's Mark-Bücher 19) (1917)
9 Gesammelte Werke in einem Bande. Hg., eingel. Elise Reventlow. 1227 S., 1 Titelb. Mchn: Langen 1925

REXROTH, Franz von (*1900)

1 (Übs.) A. Rimbaud: Gedichte. Einl. R. Dereich. XIV, 109 S., 1 Abb. 4° Wiesbaden: Dioskuren-Verl. (1925)
2 (Übs.) P. Geraldy: Du und Ich. 44 S. Wiesbaden, Lpz: Dioskuren-Verl. 1926
3 Die mondsüchtige Herzogin. Gedichte. 19 Bl., 11 Taf. 4° Lpz: Heling 1930
4 Die Versuche des Professors Schöpfer. Roman. 277 S. Wiesbaden: Bechtold 1935
5 Der Landsknechtführer Sebastian Schertlin. Ein Bild seines Lebens und der beginnenden Neuzeit. IX, 358 S., 18 Taf. Bonn: Röhrscheid 1940
6 Bretagne. Kult und Dichtung. 90 S. Paris: Pariser Druckerei und Verl.-G.m.b.H. 1942
7 (Übs.) Französische Lyrik aus acht Jahrhunderten. Französisch-deutsch. 372 S. Saarbrücken: Saar-Verl. 1946
8 (Übs.) A. François-Poncet: Goethes Wahlverwandtschaften. Versuch eines kritischen Kommentars. Vorw. H. Lichtenberger. XIX, 252 S. Mainz: Kupferberg 1951
9 (Übs.) A. François-Poncet: Stendhal in Braunschweig 1807/08. Antrittsrede, gehalten am 9. Januar 1943 gelegentlich der Aufnahme als Mitglied der Akademie der Dauphiné in Grenoble. 84 S. Mainz: Kupferberg 1951
10 (Übs.) R. Pommier: Jenseits von Thule. Tausend Kilometer quer durch

Nordgrönland. 158 S., 16 Abb., 1 Kt. Wiesbaden: Brockhaus (= Reisen und Abenteuer) 1954
11 (Hg., Übs.) A. Rimbaud: Das dichterische Gesamtwerk. 296 S. Wiesbaden: Limes-Verl. 1954
12 (Übs.) J. Cassou: Dreiunddreißig Sonette aus dem Gefängnis. Französisch-deutsch. 73 S. Wiesbaden: Limes-Verl. 1957
13 (Hg., Übs.) L. Labé: Das lyrische Gesamtwerk. Französisch-deutsch. 99 S. Wiesbaden: Limes-Verl. 1957
14 Das kleine Brevier vom Weinbrand. 48 S. m. Abb. Wiesbaden: Verl. für Wirtschaftspublizistik (1960)
15 Ein ungewöhnliches Menu. Mit Übertr. a. d. Franz. 61 S. m. Abb. Wiesbaden: Verl. für Wirtschaftspublizistik (1960)

REZZORI (d'Arezzo), Gregor von (*1914)

1 (G. v. Rezori:) Flamme, die sich verzehrt. Roman. 170 S. Bln: Propyläen-Verl. (1940)
2 Rombachs einsame Jahre. Roman. 231 S. Bln: Dt. Verl. 1942
3 Rose Manzani. Roman. 178 S. Bln: Propyläen-Verl. 1944
4 (Nachw.) F. v. Stendhal: Rot und Schwarz. Roman. Übs., bearb. P. Wedekind. 570 S. Nürnberg: Mendelsohn (= Die hundert Bücher 42) 1948
5 Maghrebinische Geschichten. 190 S., 76 Abb. Hbg: Rowohlt 1953
6 Oedipus siegt bei Stalingrad. Ein Kolportageroman. 351 S. Hbg: Rowohlt 1954
7 Männerfibel. 251 S., 24 Abb. Hbg: Rowohlt 1955
8 Ein Hermelin in Tschernopol. Ein maghrebinischer Roman. 429 S. Hbg: Rowohlt 1958
9 (Einl.) Vivat Vamp! Ein Fotobuch zum Lob des Vamps von Mae West bis Marilyn Monroe, von Marlene Dietrich bis Brigitte Bardot. Mit e. gezeichn. Kommentar v. P. Flora. 120 S. m. Abb. Zürich: Diogenes-Verl. (1960)

RICHTER, Hans Werner (*1908)

1 (MH) Der Ruf. Unabhängige Blätter der jungen Generation. Hg. H. W. R. u. A. Andersch. Jg. 1. 17 Nrn. 2° Mchn: Nymphenburger Verlh. 1946–1947
2 (Hg.) Deine Söhne, Europa. Gedichte deutscher Kriegsgefangener. 128 S. Mchn: Nymphenburger Verlh. 1947
3 Die Geschlagenen. Roman. 458 S. Mchn: Desch 1949
4 Sie fielen aus Gottes Hand. Roman. 682 S. Mchn: Desch 1951
5 (Hg.) Die Literatur. Blätter für Literatur, Film, Funk und Bühne. Jg. 1. 16 Nrn. 2° Stg: Dt. Verl.-Anst. 1952
6 Spuren im Sand. Roman einer Jugend. 411 S. Wien, Mchn, Basel: Desch 1953
7 Du sollst nicht töten. Roman. 451 S. Wien, Mchn, Basel: Desch 1955
8 Linus Fleck oder der Verlust der Würde. Roman. 396 S. Mchn, Wien, Basel: Desch 1959

RICHTER, Joseph (+F. A. Obermayr) (1749–1813)

1 *(J. R. u. J. Raditschnigg v. Lerchenfeld:) Gedichte zweyer Freunde. Wien: Camesina 1775
2 *Der Falke. Ein Lustspiel in einem Aufzuge nach einer Erzählung von Hagedorn. 32 S. Wien 1776
3 *Die Feldmühle. Lustspiel in zwei Aufzügen. 40 S. Wien: b. Logenmeister (1777)
4 *Der Gläubiger. Lustspiel in zwei Aufzügen. 55 S. Wien: Kurzbeck 1777
5 *Taschenbuch für Grabennymphen. 3 Bde. m. Ku. Wien (Bd. 1) bzw. Salzburg: (2) bzw. o. O. (3) (1780)–1787

6 *Kaiserin Theresiens Wiederkehr nach der Oberwelt. Wien 1780
7 *Reise von Wien nach Paris. 87 S. Wien: Kurzbeck 1781
8 * A B C Buch für große Kinder. 3 Bde. Wien: Rehm 1782–1798
9 *Die Brieftasche. Eine locale Tagesschrift für Wien. Wien: Kurzbeck 1783–1784
10 +Bildergalerie katholischer Mißbräuche. 230 S., 22 Ku. Ffm, Lpz 1784
11 +Bildergalerie klösterlicher Mißbräuche. 262 S. Ffm, Lpz 1784
12 *Neue Legende der Heiligen. 2 Bde. m. 7 Ku. Salzburg: v. Mösle 1784
13 *Der gewöhnliche Wiener, mit Leib und Seele. Wien 1784
14 *(Hg.) Briefe eines Eipeldauers an seinen Herrn Vetter in Kakran. (1799–1801: Der wiederaufgelebte Eipeldauer. – 1802–1805: Briefe des jungen Eipeldauers. – 1814–1820: Briefe des neuangekommenen Eipeldauers. – 1820–1821: Briefe des jüngsten Eipeldauers. Hg. A. Bäuerle). 285 H. in 43 Bdn., 104 Ku. Wien: Rehm 1785–1821
15 *Wienerische Musterkarte. Ein Beytrag zur Schilderung Wiens. 6 Bde. Wien 1785
16 *Der Wienerische Zuschauer. 6 Bde. Wien: Wucherer 1785–1786
17 *Die Frau Lisel und die schöne Nanette. Ein Roman zum Lachen für die Noblesse und zum Nachdenken für den Bürger. 284 S., 1 Ku. Wien: Wucherer 1786
18 *Die Regierung des Hannswurst. 3 H. Salzburg 1786
   1. Die Regierung des Hannswurst.
   2. Das Handbillet des Hannswurst.
   3. Der Tod des Hannswurst.
19 *Das Affen-Land oder Der Doktor Fan-fa-rone. M. Titelku. Wien 1787
20 *Herr Caspar. Ein Roman wider die Hypochondrie. 261 S. m. Titelku. Wien: Wucherer 1787
21 *Die Kapuziner-Suppe. o. O. 1787
22 *Luise und Rosenfeld. Wien 1787
23 *Die Gräfin Nimmersatt aus Wien, eine sehr wahrscheinliche Geschichte. Wien 1787
24 *Die Wahrheit ohne Maske. Breslau 1787
25 *Das alte und das neue Wien ... 3 Bde. 31, 31, 27 S. Wien: Wucherer 1788
26 *Leben Friedrichs II. ... von einem freymüthigen Manne. 4 Bde. Amsterdam 1789
27 *Lebensgeschichten aus dem Zuchthaus. Wien, Lpz (1789)
28 *Die Redoute, oder Der verziehene Leichtsinn. Lustspiel in fünf Aufzügen. 94 S. Wien: Wallishausser 1790
29 *Angenehme Sommer- und Winterlektüre. 3 Bde. o. O. 1790
30 *Der deutsche Gevatter Matthies. 2 Bde. m. 4 Ku. Lpz 1791–1792
31 *Sammlung von Theaterstücken. Wien 1791
   (Enth. u.a. Nr. 2)
32 *Gedichte vom Verfasser der Eipeldauer Briefe. 3 Bde. Wien: Rehm 1794–1795
33 *Das schöne Milchmädchen und der Guckkasten. 59 S. Wien: Kurtzbeck 1796
34 *Die Geisterseherin. Komisches Singspiel in zwei Aufzügen. 76 S. Wien: Rötzel 1797
35 *Gesammelte Reise-Anekdoten der Wiener Furchtsamen auf ihrer Flucht im Monate April 1797. 104 S. Prag: v. Schönfeld (1797)
36 *Die Wahrheit in Maske. 12 H. Wien: Rehm 1798
   (Aus Nr. 14)
37 *Abgedrungene Vertheidigung des Verfassers der Eipeldauer Briefe gegen Kotzebue. 20 S. Wien: Rehm 1799
38 *Wucher und Weibertrug. Lustspiel in drei Aufzügen, 87 S. Wien: Rehm 1800
39 *Der Glücksvogel, oder Fortunatus Wunschhütl der zweyte. M. Titelku. Wien 1801
40 *Der junge Grieche oder Die entlarvte Heuchlerin. Ein Lustspiel in drey Aufzügen. Nach Voltaire frey bearb. Wien 1801
41 *Die travestirte Alceste. Komisches Singspiel in zwei Aufzügen. 80 S. Wien: Rehm 1802
42 *Die Eifersucht durch einen Schuh. Lustspiel in einem Aufzug. 46 S. Wien: Rehm 1802

43 *Das Leben des Johann Sorgenlos. Wien 1802
44 *Der verwandelte Rittmeister. Lustspiel in einem Aufzug. 39 S. Wien: Rehm 1802
45 *Das Urtheil des Paris travestirt. Singspiel in einem Aufzug. 43 S. Wien: Rehm 1802
46 *Was wirkt nicht oft ein Bancozettel? Lustspiel. 131 S. Wien: Rehm 1802
47 *Die neue Alceste. Carrikaturoper in Knittelversen von drei Aufzügen. 96 S. Wien: Wallishausser 1806
48 *Lebensgeschichte eines Flohweibchens. Wien 1808
49 *Lebensgeschichte eines Pudels. 16 S. Wien: Rehm 1808
50 *Jupiters Reise nach unserer Welt. Wien 1808
51 Gedichte. 144 S. Wien: Rehm 1809
52 *Kinder sollen Kinder sein. Eine Kinderkomödie in zwei Aufzügen. 32 S. Wien: Rehm 1809
53 Sämmtliche Schriften. 8 Bde. Wien 1809
54 *Kornelia d'Oromonte. Originalschauspiel in vier Aufzügen. 91 S. Wien: Rehm 1810
55 *Der dankbare Lieferant. Ein Originallustspiel in fünf Aufzügen. 119 S. Wien: Rehm 1810
56 *Die Zimmerherren in Wien. Original-Lustspiel in fünf Aufzügen. 111 S. Wien: Rehm 1810
57 *Die lächerlichen Projectanten. Original-Lustspiel in fünf Aufzügen. 94 S. Wien: Rehm 1811
58 *Das Räubermädchen von Baaden oder Solyman vor Wien. Schauspiel in fünf Aufzügen. 81 S. Wien: Rehm 1811
59 *Die Spielerinnen oder Der Diener dreyer Herren. Ein Lustspiel in fünf Aufzügen nach Dancourt. 110 S. Wien: Rehm 1811
60 Sämtliche Schriften. 12 Bde. Wien: Rehm 1813

Riehl, Wilhelm Heinrich von   (1823–1897)

1 Geschichte vom Eisele und Beisele. Ein sozialer Roman. 343 S. Ffm: Liter. Anst. 1848
2 Nassauische Chronik des Jahres 1848. Das ist: Die Geschichte der Erhebung des nassauischen Volkes. 98 S. Wiesbaden: Schellenberg 1849
3 Die bürgerliche Gesellschaft. 381 S. Stg: Cotta 1851
4 Die Naturgeschichte des Volkes als Grundlage einer deutschen Social-Politik. 4 Bde. Stg: Cotta (1851)–1869
   1. Land und Leute. 365 S. 1853
   2. Die bürgerliche Gesellschaft. 384 S. (1851)
   3. Die Familie. 292 S. 1855
   4. Wanderbuch. 380 S. 1869
   (Bd. 2 erw. Neuausg. v. Nr. 3; Bd. 4 als 2. Tl. v. Bd. 1)
5 Musikalische Charakterköpfe. 3 Bde. Stg: Cotta (1853)–1878
6 Hausmusik. Fünfzig Lieder deutscher Dichter in Musik gesetzt. 105 S. 2⁰ Stg: Cotta (1856)
7 Culturgeschichtliche Novellen. 456 S. Stg: Cotta 1856
8 Die Pfälzer. 408 S. Stg: Cotta 1857
9 Culturstudien aus drei Jahrhunderten. 407 S. Stg: Cotta (1859)
10 Die deutsche Arbeit. 330 S. Stg: Cotta 1861
11 Geschichten aus alter Zeit. 2 Bde. 749 S. Stg: Cotta (1863–1864)
12 Über den Begriff der bürgerlichen Gesellschaft. 16 S. 4⁰ Mchn: Franz 1864
13 Neues Novellenbuch. 444 S. Stg: Cotta 1867
14 Sämmtliche Geschichten und Novellen. 2 Bde. 10 Lfgn. 16⁰ Stg: Cotta 1871
15 (Hg.) Historisches Taschenbuch. Folge 5. Jg. 1–10. Lpz: Brockhaus 1871–1880
16 Die vierzehn Nothelfer. Novelle. 43 S. 16⁰ Lpz: Reclam (= Universal-Bibliothek 500) 1873
17 Freie Vorträge. 2 Sammlungen. 475, 532 S. Stg: Cotta 1873–(1885)
18 Aus der Ecke. Sieben neue Novellen. 486 S. Bielefeld: Velhagen & Klasing (1874)
   (Enth. u.a. Nr. 16)

19   Burg Neideck. Novelle. 64 S. 16° Lpz: Reclam (= Universal-Bibliothek) 1876
20   Neue Lieder für das Haus. 62 S. Lpz: Leuckart 1877
21   Gesammelte Geschichten und Novellen. 2 Bde. 1065 S. Stg: Cotta (= Deutsche Volks-Bibliothek) (1879)
22   Am Feierabend. Sechs neue Novellen. 464 S. Stg: Cotta 1880 (Enth. u. a. Nr. 19)
23   Musikalische Studienköpfe. Kunstgeschichtliches Skizzenbuch. 2 Bde. 306, 376 S. Stg: Cotta 1886 (Neuaufl. v. Nr. 5, Bd. 1 u. 2)
24   Lebensräthsel. Fünf Novellen. 508 S. Stg: Cotta (1888)
25   Kulturgeschichtliche Charakterköpfe. Aus der Erinnerung gezeichnet. 528 S. Stg: Cotta (1891)
26   Religiöse Studien eines Weltkindes. 472 S. Stg: Cotta (1894)
27   Ein ganzer Mann. Roman. 415 S. Stg: Cotta (1897)
28   Geschichten und Novellen. Gesamtausgabe. 7 Bde. Stg: Cotta 1898–1900

RIEMERSCHMID, Werner (1895–1967)

1   Das Buch vom lieben Augustin. Ein Roman vom unsterblichen Augustin, von der blonden Geliebten und dem Grünäugigen, vom schwarzen Dämon, vom Halbmond und von der Stadt am blauen Strom. 268 S. Wien: Speidel 1930
2   Das verzauberte Jahr. Gedichte. 91 S. Wien: Reichner (= Zeitgenössische Dichtung 2) 1936
3   Die Frösche von Sumpach. Roman. 247 S. Wien. Saturn-Verl. 1939
4   Der Bote im Zwielicht. Gedichte. 62 S. Mchn: Alber 1942
5   (MH) Italien im deutschen Gedicht. Hg. W. R. u. K. de Bruyn. 243 S. m. Taf. Mchn: Alber 1943
6   Neben den Geleisen. 80 S. m. Abb. Wien: Frick (= Wiener Bücherei 36) 1944
7   Schatten. Roman. 243 S. Wien: Luckmann 1947
8   Trakl. 109 S. Wien: Amandus-Edition 1947
9   (Übs.) J. Green: Pilger auf Erden. Novellen. 220 S. m. Abb. Wien: Thomas Morus-Presse i. Verl. Herder (1948)
10   (Hg.) Österreich im Gedicht. 213 S. Wien: Hollinek (= Österreichische Heimat 13) 1948
11   (Übs.) J. Cocteau: Taschen-Theater. 159 S., 14 Abb. Wien: Donau-Verl. 1952
12   Ergebnisse. Gedichte, Gedanken, Dichtungen in Prosa. 31 S., 3 Abb. Wien, Linz, Mchn: Gurlitt (= Kleine Gurlitt-Reihe 7) 1953
13   Zwischen Hades und Olymp. Zwei mythische Komödien. 63 S. Wien: Bergland-Verl. (= Neue Dichtung aus Österreich 12) 1955
14   Unternehmen Holzpferd. Aus den Memoiren des unpopulären Generals Th. 93 S. Wien: Bergland-Verl. (= Neue Dichtung aus Österreich 31) 1957
15   Froh gelebt und leicht gestorben. Miniaturen aus Österreich. 169 S., 12 Abb. Freiburg, Mchn: Alber 1958
16   Die Himmel wechseln. Eingel., ausgew. E. Randak. 128 S. Graz, Wien: Stiasny (= Stiasny-Bücherei 54) 1960

RIEMKASTEN, Felix (*1894)

1   Stehkragenproletarier. Roman. 313 S. Lpz: Gerstenberg (1920)
2   Das neue Volk. Roman. 192 S. Lpz: Gerstenberg 1921
3   Des Sejens Knörkel. Palmström filius. Gedichte. 84 S. Bln: Widder-Verl. 1922
4   Der Schwung hinüber. 103 S. Bln: Widder-Verl. 1922
5   Alle Tage Gloria. Geschichten von unserer Tochter Mananne. 154 S., 32 Taf. Bln: Brunnen-Verl. Bischoff (1927)

6 Der Bonze. Roman. 323 S. Bln: Brunnen-Verl. Bischoff (1930)
7 Genossen. Roman. 309 S. Bln: Brunnen-Verl. Bischoff 1931
8 Ist die Linke wirklich noch das Rechte? 79 S. Bln: Brunnen-Verl. Bischoff 1931
9 Der Götze. Roman. 402 S. Bln: Brunnen-Verl. Bischoff (1932)
10 Die alte Schuld. Novelle. 73 S. Lpz: Reclam (= Reclam's UB. 7223) 1933
11 (MV) F. R. u. R. Leutelt: Skilauf mit Lachen leicht zu lernen. 99 S. m. Taf. Mchn: Bruckmann 1933
12 Hannas neue Freundin. 78 S. Lpz: Schneider (1934)
13 (MV) H. Rothgaengel: Deutsche Jungens. Ein Bilderbuch. Mit Versen v. F. R. 8 Bl. m. Abb. Mainz: Scholz (= Das deutsche Bilderbuch 335) (1934)
14 Ein Kind lebt in die Welt hinein. Neue Geschichten vom Kind Mananne. 158 S. m. Abb. Bln: Brunnen-Verl. Bischoff 1934
 (Forts. v. Nr. 5)
15 Die Reise des Herrn Löschke. Roman. 134 S. Bln: Brunnen-Verl. Bischoff (= Aus neuer Saat 2) (1934)
16 Weggetreten. Roman. 259 S. Bln: Brunnen-Verl. Bischoff 1934
17 Babette bindet Bücher. 94 S. Lpz: Schneider 1935
18 Der Bund der Gerechten. Eine Erzählung für Kinder und Junggebliebene. 243 S. m. Abb. (Wien:) Zinnen-Verl. 1935
19 (MV) W. Krain: Komm, steig ein! Bilder aus dem Verkehrsleben. Mit Versen v. F. R. 5 Bl. m. Abb. Mainz: Scholz (1935)
20 Petereit. Des deutschen Spießers Bilderbuch. In Versen gedichtet. 77 S. m. Abb. Bln: Brunnen-Verl. Bischoff 1935
21 Wir bauen uns ein Haus, juchhei! 132 S., 23 Abb. Bln: Brunnen-Verl. Bischoff 1935
22 Drei Brüder. Roman. 260 S. Bln: Brunnen-Verl. Bischoff 1936
23 Die junge Frau Greven. Roman. 363 S. Lpz (:Huyke) (1937)
24 (MV) Die Hasensiedlung. Verse v. F. R. mit Bildern v. H. Skarbina. 9 Bl. m. Abb. Mainz: Scholz (1937)
25 Photographieren mit Lachen leicht zu lernen. 78 S. m. Abb. Mchn: Bruckmann 1937
26 Ali, der Kater. 77 S. m. Abb. Lpz: (:Huyke) 1938
27 An den Kreuzwegen. Roman. 286 S. Lpz (:Huyke) 1938
28 Die Wunschlandreise. Heiterer Roman. 249 S., 35 Abb. Bln: Scherl 1938
29 Die Erbschaft. Eine keineswegs verdrießliche Erzählung. 78 S. Lpz: Bohn (= Bohn's fröhliche Bücher 1) 1939
30 Des Gartens große Last wie Lust. 183 S. m. Abb. Bln: Wigankow 1939
31 In Gottes eigenem Land. Roman. 419 S. Lpz (:Huyke) (1939)
32 (MV) W. Krain: Unsere Lieblinge daheim und draußen. Tierbilderbuch. Mit Versen v. F. R. 5 Bl. m. Abb. Mainz: Scholz (1939)
33 Ein streitbares Mädchen. 267 S. Bln: Wigankow 1940
34 Mit Lachen geht's leichter. Heitere Lebensweisheiten. 207 S. Lpz: (Huyke) (1940)
35 (MV) K. Lindeberg: Des Kindes Spielgesellen. Tierbilderbuch. Mit Versen v. F. R. 5 Bl. m. Abb. Mainz: Scholz (1940)
36 Ein Mann ohne Aufsicht. Roman. 254 S. Bln: Schmidt (= Die neue Lese) 1940
37 Skihasenbrück. 221 S. Innsbruck: NS-Gauverl. u. Druckerei Tirol 1940
38 Diebe im Dorf. 39 S. m. Abb. Bln: Aufwärts-Verl. (= Aufwärts-Jugend-Bücherei 12) (1941)
39 Der Schulmeister. 79 S. m. Abb. Bln: Brunnen-Verl. Bischoff 1941
40 Wenn's weiter nichts ist ... 205 S. Bln: Schmidt (= Die neue Lese) 1942
41 Die Löwenverse und die anderen tierischen Verse. 63 S. m. Abb. Lpz: Huyke (1943)
42 Da kann man gar nichts gegen machen. 93 S. Bln: Schmidt (= Die neue Lese; Feldpostausg.) 1944
43 Solche und solche. Typen aus der Nazizeit. 123 S. Lahr: Schauenburg 1947
44 Das vierte Leben. Der Mensch und sein Auftrag. 109 S. Zürich: Rascher 1949
45 Der Atem, wie er heilt und hilft! Systematische Lehre über Atmen, leichte Gymnastik, Entspannen und Meditation. 71 S. Büdingen-Gettenbach: Lebensweiser-Verl. 1950
46 Erledigt, Maier, Punkt. Roman. 285 S. Düsseldorf: Vier Falken-Verl. 1950

47 Wenn die Flügel wachsen. Roman. 439 S. Oldenburg: Huyke (1950)
48 Lebe mit Freude! Der Weg zu Glück und Gesundheit. 117 S. m. Abb. Büdingen-Gettenbach: Lebensweiser-Verl. 1951
49 Harmonie der Seele. Der Weg zur Konzentration. 172 S. Büdingen-Gettenbach: Lebensweiser-Verl. 1952
50 Das Geheimnis der Stille. Der einzige Weg zur Konzentration und Meditation. 102 S. Büdingen-Gettenbach: Lebensweiser-Verl. 1953
51 Bärbels fröhliche Lehrzeit. 95 S. m. Abb. Augsburg: Schneider (1953)
52 Yoga für Sie. Lehrbuch zur praktischen Ausübung des Hatha Yoga. 213 S. m. Abb. Büdingen-Gettenbach: Lebensweiser-Verl. 1953
53 Yoga für Fortgeschrittene. 184 S. Büdingen-Gettenbach: Lebensweiser-Verl. 1954
54 Hilft Yoga auch mir? 99 S. m. Abb. Büdingen-Gettenbach: Lebensweiser-Verl. 1957
55 Der fatale Schulaufsatz. Für die Jungen und die Großen. 118 S. Zürich: Origo-Verl. 1957
56 Heilung durch den Geist. Nicht Wunder, sondern Gesetzmäßigkeit. 184 S. Bln: Schikowski 1959
57 Lebe mit Freude! Der Weg zu Glück und Gesundheit. 134 S. m. Abb. Büdingen-Gettenbach: Lebensweiser-Verl. (1960)
   (Erw. Neuaufl. v. 48)

RIEPLE, Max (*1902)

1 (Übs., Bearb.) Das französische Gedicht. Eine zweisprachige Anthologie mit Nachdichtungen. Bd. 2: Von André Chénier bis zur Gegenwart. 277 S. Konstanz: Süd-Verl. 1947
2 Land um die junge Donau. Ein besinnlicher Heimatführer. 205 S., 45 Abb. Konstanz: Süd-Verl. (1951)
3 (Übs.) Lilie und Lorbeer. Französische Dichtung des fünfzehnten bis achtzehnten Jahrhunderts. 188 S. Freiburg i. Br.: Klemm 1952
4 Ausgewählte Gedichte. 92 S. Karlsruhe: Braun 1953
5 Reiches Land am Hochrhein. Ein besinnlicher Heimatführer vom Bodensee bis Basel. 224 S., 26 Abb. Konstanz: Rosgarten-Verl. (1954)
6 Bodensee-Sonette. Nachw. W. Zentner. 67 S. m. Abb. Lahr: Schauenburg (= Silberdistel-Reihe 13) 1955
7 Damals als Kind. Nachw. W. Altwegg. 121 S. Freiburg i. Br.: Klemm 1955
8 (Bearb.) Die vergessene Rose. Die schönsten Sagen aus Baden und Württemberg. Neugestaltet. 210 S. m. Abb., 1 Titelb. Stg: Stähle & Friedel 1957
9 musik in donaueschingen. 119 S. m. Abb. konstanz: rosgarten-verl. 1959

RILKE, Rainer (René) Maria (1875–1926)

1 Leben und Lieder. Bilder und Tagebuchblätter. 90 S. 16⁰ Straßburg, Basel: Kattentidt 1894
2 Wegwarten. 3 H. Prag: Selbstverl. (1–2) bzw. Mchn, Dresden: Wegwarten-V. (3) 1895–1896
   1. Lieder, dem Volke geschenkt. 15 S.
   2. Jetzt und in der Stunde unseres Absterbens. 15 S.
   3. Deutsche moderne Dichtungen. Hg. R. M. R. u. B. Wildberg. 19 S.
3 Larenopfer. III, 106 S. 16⁰ Prag: Dominicus 1896
4 Traumgekrönt. Neue Gedichte. Bd. 1. 64 S. 12⁰ Lpz: Friesenhahn 1897
5 Advent. Gedichte. 88 S. Lpz: Friesenhahn 1898
6 Ohne Gegenwart. Drama in zwei Akten. 36 S. Bln: Entsch 1898
7 Am Leben hin. Novellen und Skizzen. 123 S. 12⁰ Stg: Bonz: 1898
8 Zwei Prager Geschichten. VII, 165 S. 12⁰ Stg: Bonz 1899
9 Mir zur Feier. Gedichte. 119 S. Bln: Meyer 1899
10 Vom lieben Gott und Anderes. An Große für Kinder erzählt. 119 S. Bln: Schuster & Loeffler 1900
11 Das Buch der Bilder. 88 S. Bln, Stg: Juncker 1902

12 Zur Einweihung der Kunsthalle am 15. Februar 1902. Festspielszene. 15 S. 4°
   o. O. 1902
13 Das tägliche Leben. Drama in zwei Akten. 85 S. Mchn: Langen 1902
14 Die Letzten. Im Gespräch. Der Liebende. Die Letzten. 75 S. 12° Bln, Stg: Juncker 1902
15 Auguste Rodin. 70 S., 8 Taf. Bln: Bard & Marquardt (= Die Kunst 10) 1903
16 Worpswede. Fritz Mackensen, Otto Modersohn, Fritz Overbeck, Hans am Ende, Heinrich Vogeler. 124 S., 122 Abb. Bielefeld: Velhagen & Klasing (= Künstler-Monographien 64) 1903
17 Geschichten vom lieben Gott. 168 S. Lpz: Insel 1904
   (Neuaufl. v. Nr. 10)
18 Das Stundenbuch, enthaltend die drei Bücher: Vom mönchischen Leben, Von der Pilgerschaft, Von der Armuth und vom Tode. 98 S. Lpz: Insel 1905
19 Das Buch der Bilder. 185 S. Bln: Juncker 1906
   (Verm. Neuaufl. v. Nr. 11)
20 Die Weise von Liebe und Tod des Cornets Christoph Rilke. 27 S., 1 Taf. Bln-Charlottenburg: Juncker 1906
21 Neue Gedichte. – Der neuen Gedichte anderer Teil. 2 Bde. 104, 125 S. Lpz: Insel 1907–1908
22 (Übs.) E. Barret Browning: Sonette nach dem Portugiesischen. 44 S. Lpz: Insel 1908
23 Die frühen Gedichte. 144 S. Lpz: Insel 1909
   (Neuaufl. v. Nr. 9)
24 Requiem. 26 S. Lpz: Insel 1909
25 Die Aufzeichnungen des Malte Laurids Brigge. 2 Bde. 191, 186 S. Lpz: Insel 1910
26 (Übs.) M. de Guérin: Der Kentauer. 31 S. Lpz: Insel 1911
27 (Übs.) Die Liebe der Magdalena. Ein französischer Sermon, gezogen durch den Abbé J. Bonnet aus dem Manuskript Q 114 der Kaiserlichen Bibliothek zu St. Petersburg. 50 S. Lpz: Insel 1912
28 (Übs.) M. Alcoforado: Portugiesische Briefe. 49 S. Lpz: Insel (= Insel-Bücherei 74) 1913
29 Erste Gedichte. 161 S. Lpz: Insel 1913
   (Enth. Nr. 3, 4, 5)
30 Das Marienleben. 28 S. Lpz: Insel (= Insel-Bücherei 43) 1913
31 Auguste Rodin. 120 S., 96 Abb. Lpz: Insel 1913
   (Erw. Neuaufl. v. Nr. 15)
32 (Übs.) A. Gide: Die Rückkehr des verlorenen Sohnes. 38 S. Lpz: Insel (= Insel-Bücherei 143) 1914
33 (Übs.) (L. Labé:) Die vierundzwanzig Sonette der Louise Labé, Lyoneserin. 1555. 49 S. Lpz: Insel (= Insel-Bücherei 222) (1917)
34 Die weiße Fürstin. Eine Szene am Meer. 31 S. Bln-Steglitz: Tieffenbach (= Der Schatzbehalter 1) 1920
   (Ausz. a. Nr. 23)
35 (Vorw.) Baltusz: Mitsou. 13 S., 4 Taf. Erlenbach-Zürich, Lpz: Rotapfel-Verl. (1921)
36 Aus der Frühzeit Rainer Maria Rilkes. Vers, Prosa, Drama. Bibl. u. Nachw. F. A. Hünich. 258 S. (Lpz:) Leipziger Bibliophilen-Abend 1921
37 (MV) R. M. R. u. L. Pritzel: Puppen. 19 S., 16 Taf. 4° Mchn: Hyperionverl. (1921)
38 Duineser Elegien. 52 S. 4° Lpz: Insel 1923
39 Die Sonette an Orpheus. Geschrieben als ein Grabmal für Wera Ouckama Knoop. 64 S. Lpz: Insel 1923
40 (Übs.) P. Valéry: Gedichte. 60 S. 4° Lpz: Insel (= Handdruck der Cranachpresse) 1925
41 Vergers suivi des Quatrains Valaisans. 91, 1 S., 1 Bildn. Paris: Éditions de la Nouvelle Revue Française 1926
42 Les fenêtres. Dix poèmes. 1 Bl., 48 ungez. S., 10 Taf. 4° Paris: Officina Sanct andreana 1927
43 Gedichte. 79 S. Lpz: Insel (= Insel-Bücherei 400) (1927)
44 Les roses. 1 Bl., 34, 3 S. o. O. 1927
45 (Übs.) P. Valéry: Eupalinos oder Über die Architektur. Eingel. durch: Die Seele und der Tanz. 208 S. Lpz: Insel 1927

46 Gesammelte Werke. 6 Bde. Lpz: Insel 1927
47 Erzählungen und Skizzen aus der Frühzeit. 474 S. Lpz: Insel 1928 (Enth. u. a. Nr. 7, 8, 14)
48 Briefe. Hg. Ruth Sieber-Rilke u. C. Sieber. 6 Bde. Lpz: Insel 1929–1937
49 Briefe an einen jungen Dichter. 54 S. Lpz: Insel (= Insel-Bücherei 406) 1929
50 Carnet de poche suivi de Poèmes dédiés aux Amis Français. 55, 2 S., 2 Bl. 4° (Paris:) Hartmann 1929
51 Ewald Tragy. Erzählung. 96 S. Mchn: Ges. d. Münchener Bücherfreunde (95 Ex.) 1929
52 Verse und Prosa aus dem Nachlaß. 61 S. 4° Lpz (: Ges. d. Freunde d. dt. Bücherei 11) 1929
53 Briefe und Tagebücher aus der Frühzeit. 1899–1902. Hg. Ruth Sieber-Rilke u. C. Sieber. 431 S. Lpz: Insel 1931
54 Über den jungen Dichter. Einige Vermuthungen über das Werden von Gedichten. 1 Bl., 21, 1 S., 1 Bl. 4°. Hbg: Priv.-Dr. d. Ges. d. Bücherfreunde Hamburg (50 Ex.) (1931)
55 Über Gott. Zwei Briefe. 61 S. Lpz: Insel (1933)
56 Bücher, Theater, Kunst. Hg. R. v. Mises. X, 304 S. Wien: Jahoda & Siegel (100 Ex.) 1934
57 Späte Gedichte. 170 S. Lpz: Insel 1934
58 Poèmes françaises. 178, 4 S. Paris: Hartmann 1935 (Enth. u. a. Nr. 41, 42, 44, 50)
59 Der Löwenkäfig. 13 S. Basel (: Linder) (= Papillons-Handdruck der Basler Gryff-Presse 10; 200 Ex.) 1947
60 Gedichte in französischer Sprache. Hg. Th. Frh. v. Münchhausen. 153 S. Wiesbaden: Insel 1949
61 Aus Rainer Maria Rilkes Nachlaß. 4 Bde. Wiesbaden: Insel 1950
  1. Aus dem Nachlaß des Grafen C. W. Ein Gedichtkreis. 40 S.
  2. Briefwechsel in Gedichten mit Erika Mitterer. 1924–1926. 62 S.
  3. Aus Taschen-Büchern und Merk-Blättern – in zufälliger Folge. 1925. 87 S.
  4. Die Briefe an Gräfin Sizzo. 1921–1926. 91 S.
62 Gedichte. 1906–1926. Sammlung der verstreuten und nachgelassenen Gedichte aus den mittleren und späteren Jahren. Hg. v. Rilke-Archiv in Verb. m. Ruth Sieber-Rilke. Bes. E. Zinn. 694 S. Wiesbaden: Insel 1953
63 Sämtliche Werke. Hg. vom Rilke-Archiv. In Verbindung mit Ruth Sieber-Rilke. bes durch E. Zinn. 6 Bde. Wiesbaden: Insel 1955–1966

RINCKART (Rinkart, Rinckhart), Martin (1586–1649)

1 Der Eißlebische Christliche Ritter, Eine newe vnd schöne Geistliche Comoedia ... 72 Bl. Eisleben: In vorlegung des Autoris vnnd Buchdruckers, gedruckt ... durch Jacobum Gaubisch 1613
2 Kurtzweilige Comedie von einer morianischen Magd. Magdeburg (1614)
3 Indulgentiarius Confusus oder Eißlebisch-Mansfeldische Jubel-Comoedia. 5 Bl., Bg. AII–PII Eisleben: Gaubisch 1618
4 Monetarius Seditiosus oder Tragoedia von Thomas Müntzern, Das ist: Der Müntzerische Bawrenkrieg ... Bg. A–Ca III. Lpz: Rehfeld & Grosse (1625).
5 Circulorum memoriae decus. Der zehnfache biblische und Kirchenhist. Local- und Gedenkring. (o. Pag.) Lpz: Rehfeld & Grosse 1629
6 Jubelcomoedie von Cusano einem teutschen Cardinal der um an. 1542 vom Augsburg. Reichstage geweissaget. Lpz 1630
7 Evangelischer Triumphgesang und Jubelfreudiger Nachklang von der lutherischen Debora ... Lpz 1630
8 Jesu Hertz-Büchlein. 12° Lpz 1636
9 Meißnische Thränensaat. 96 Bl. Lpz: Ritzsch 1637
10 Liebliche, geistliche und himmlische Brautmesse. Lpz 1642
11 Katechismuswohltaten und Katechismuslieder. Lpz 1645

Ringelnatz, Joachim (eig. Hans Bötticher) (1883–1934)

1 °Simplicissimus Künstlerkneipe und Kathi Kobus. Hg. v. Hausdichter H. Bötticher. 47 S. Mchn: Selbstverl. 1909
2 °Gedichte. 56 S. Mchn: Hans Sachs-Verl. 1910
3 °(MV) F. Kahn u. H. B.: Was Topf und Pfann' erzählen kann. Ein lustiges Märchen. 13 Bl. m. Abb. (Fürth: Löwensohn) (1910)
4 °Was ein Schiffsjungen-Tagebuch erzählt. IX, 157 S. Mchn, Stg: Die Lese (= Die Bücher der Lese) 1911
5 °(MV) H. B. u. R. J. M. Seewald: Die Schnupftabaksdose. Stumpfsinn in Versen und Bildern. 49 Bl. m. Abb. Mchn: Piper 1912
6 °Kleine Wesen. 14 S. m. Abb. 4° Eßlingen: Schreiber 1912
7 °Ein jeder lebt's. Novellen. VII, 161 S. Mchn: Langen 1913
8 Kuttel Daddeldu oder Das schlüpfrige Leid. 24 S. m. Titelb. Bln-Wilmersdorf: Meyer (1920)
9 Turngedichte. 16 S. Bln-Wilmersdorf: Meyer (1920)
10 Die gebatikte Schusterpastete. 20 S., 1 Titelb. Bln: Meyer 1921
11 Der lehrreiche, erstaunliche und gespaßige Zirkus Schnipsel! Entdeckt von Joachim Ringelnatz. H. 1. 6 Bl. Bln: Baruch (1921)
12 Fahrensleute. 30 S., 1 Abb. Ffm: Querschnitt-Verl. (= Ausgaben der Galerie Flechtheim, Druck 23) 1922
13 Janmaate. Topplastige Lieder. 31 S. m. Abb., 1 Titelb. 2° Bln, Düsseldorf: Galerie Flechtheim (= Druck des Verlags der Galerie Flechtheim 19) (1922)
14 Weit ab von Lappland. 10 Bl. m. Abb. Bln: Birkholz (= Erasmusdruck 12) 1922
15 °Die Woge. Marine-Kriegsgeschichten. 123 S. Mchn: Langen 1922
16 Kuttel Daddeldu. 124 S., 25 Abb. Mchn: Wolff 1923
17 Turngedichte. 88 S., 17 Abb. Mchn: Wolff 1923
 (Erw. Neuaufl. v. Nr. 9)
18 ...liner Roma... 53 S., 10 Abb. Hbg: Asmus 1924
19 Geheimes Kinder-Spiel-Buch. 49 S. m. Abb. Potsdam: Kiepenheuer 1924
20 Nervosipopel. Elf Angelegenheiten. 89 S. Mchn: Langen 1924
21 Reisebriefe eines Artisten. 139 S. 4° Bln: Rowohlt 1927
22 Allerdings. Gedichte. 172 S. 4° Bln: Rowohlt 1928
23 Gustav Hester. Als Mariner im Krieg. 387 S. Bln: Rowohlt 1928
24 Matrosen. Erinnerungen, ein Skizzenbuch: handelt von Wasser und blauem Tuch. 246 S. m. Abb. Bln: Internationale Bibliothek 1928
25 Flugzeuggedanken. 156 S. 4° Bln: Rowohlt 1929
26 Kinder-Verwirr-Buch. 66 S. m. Abb. Bln: Rowohlt 1931
27 Mein Leben bis zum Kriege. 354 S. Bln: Rowohlt 1931
28 Die Flasche und mit ihr auf Reisen. 178 S. Bln: Rowohlt 1932
29 Gedichte dreier Jahre. 134 S. Bln: Rowohlt 1932
30 Hundertdrei Gedichte. 95 S. Bln: Rowohlt 1933
31 Gedichte, Gedichte von Einstmals und Heute. 95 S. Bln: Rowohlt 1934
32 Kuttel Daddeldu erzählt seinen Kindern das Märchen vom Rotkäppchen und zeichnet ihnen sogar was dazu. 8 Bl. m. Abb. 4° o. O. 1935
33 Der Nachlaß. 205 S., 1 Titelb. Bln: Rowohlt 1935
34 In memoriam Joachim Ringelnatz. Eine Bibliographie, eingefügt in biographische Notizen, unveröffentlichte Gedichte und Notizen der Freunde. Hg. G. Schulze. 138 S. m. Abb., 9. Taf 4° Lpz: Poeschel & Trepte (Priv.-Dr.) 1937
35 Kasperle-Verse. Erstmalige Veröffentlichung aus dem Nachlaß. 30 S. m. Abb. Murnau: Verl. Die Wage (= Des Bücherfreundes Fahrten ins Blaue 31-32) (1939)
36 Betrachtungen über dicke und dünne Frauen. 6 Bl. m. Abb. Philadelphia: auf Kosten guter Freunde (Faks.-Dr. d. Hs.; 100 Ex.) 1940
37 Aus der Seemannskiste. 124 S., 12 Abb. Bln: Siegismund (= Dt. Soldatenbücherei 5) (1940)
38 Tiere. 78 S., 13 Abb. 4° Bln: Henssel 1949
39 und auf einmal steht es neben dir. Gesammelte Gedichte. 521 S. Bln: Henssel 1950

Rinser, Luise (*1911)

1 Die gläsernen Ringe. Eine Erzählung. 251 S. Bln: Fischer 1941
2 Tiere in Haus und Hof. 10 Bl. m. Abb. 4⁰ (Bln: Atlantis-Verl.) (= Atlantis-Kinderbücher) (1942)
3 Gefängnis-Tagebuch. 234 S. Mchn: Zinnen-Verl. 1946
4 Das Ohlstadter Kinder-Weihnachtsspiel. 32 S. Mchn: Buchner (= Laienspiel 29; Bühnen-Ms.) 1946
5 Erste Liebe. 219 S. Mchn: Desch 1946
6 Pestalozzi und wir. Der Mensch und das Werk. 39 S. Stg: Günther 1947
7 Hochebene. Ein Unterhaltungsroman. 231 S. Kassel: Schleber 1948
8 Jan Lobel aus Warschau. Erzählung. 65 S. Kassel: Schleber 1948
9 (Hg.) (J. H. Pestalozzi:) Pestalozzi. Eine Auswahl für die Gegenwart. 254 S. Stg: Günther (= Die Parthenon-Bücher) 1948
(Enth. u. a. Nr. 6)
10 Die Stärkeren. Roman. 192 S. Kassel: Schleber 1948
11 Martins Reise. 233 S. Zürich, Freiburg i. Br.: Atlantis-Verl. (= Atlantis-Kinderbücher) 1949
12 Die gläsernen Ringe. Eine Erzählung. 251 S. Bln: Suhrkamp 1949
(Neubearb. v. Nr. 1)
13 Mitte des Lebens. Roman. 350 S. Ffm: Fischer 1950
14 Sie zogen mit dem Stern. Eine Buben-Weihnacht. 39 S. Mchn: Don Bosco-Verl. 1952
15 Daniela. Roman. 318 S. Ffm: Fischer 1953
16 Eine Weihnachtsgeschichte. 15 S. Heilbronn: Salzer (= Das Samenkorn 30) (1953)
17 Die Wahrheit über Konnersreuth. Ein Bericht. 134 S., 5 Taf. Einsiedeln, Zürich, Köln: Benziger 1954
18 Der Sündenbock. Roman. 201 S. Ffm: Fischer 1955
19 Ein Bündel weißer Narzissen. Erzählungen. 264 S. Ffm: Fischer 1956
(Enth. u. a. Nr. 5 u. 8)
20 Abenteuer der Tugend. Roman. 289 S. Ffm: Fischer 1957
(Forts. v. Nr. 13)
21 (Nachw.) E., A. u. C. Brontë: Sturmhöhe. Die drei Romane „Sturmhöhe" v. Emily B., „Agnes Grey" v. Anna B. u. „Jane Eyre" v. Charlotte B. in einem Bd. übs. G. v. Sondheimer u. E. v. Arx. 714 S. Olten, Freiburg i. Br.: Walter 1958
22 Magische Argonautenfahrt. Eine Einführung in die gesammelten Werke von Elisabeth Langgässer. 10 ungez. Bl. Hbg: Claassen (1959)
23 Geh fort, wenn du kannst. 86 S. Ffm: Fischer 1959
24 Der Schwerpunkt. 212 S. Ffm: Fischer 1960

Risse, Heinz (*1898)

1 Die Flucht hinter das Gitter. 47 S. Hbg: Verl. Mein Roman (= Mein Roman 5) 1948
2 Irrfahrer. Novelle. 140 S. Hbg: Dt. Literaturverl. Melchert (= Neue Haus-Bücherei 1) 1948
3 Das letzte Kapitel der Welt. Chaos oder Einheit als Ende. 160 S. Stg: Mittelbach 1949
4 Wenn die Erde bebt. Roman. 375 S. Mchn, Lpz, Freiburg i. Br.: List 1950
5 Fledermäuse. Erzählung. 94 S. Bremen: Schünemann 1951
6 Schlangen in Genf. 93 S. Krefeld: Scherpe 1951
7 So frei von Schuld. Roman. 414 S. Mchn: List 1951
8 Die Fackel des Prometheus. Essay. 42 S. Mchn: List 1952
9 Belohne dich selbst. Fabeln. 46 S. m. Abb. Bremen: Schünemann 1953
10 Dann kam der Tag. Roman. 260 S., 1 Taf. Mchn: List 1953
11 Die Grille. Erzählungen. 82 S. Bremen: Schünemann 1953
12 Simson und die kleinen Leute. 69 S. Mchn: Langen-Müller (= Langen-Müllers kleine Geschenkbücher 17) 1954

13 Fördert die Kultur! 110 S. Mchn: Langen-Müller 1955
14 (MV) (H. Kaufmann: Der Tod des Elefanten. – H. R.:) Der schmale Grat. 16 S. Hbg: Agentur des Rauhen Hauses (= Am Lagerfeuer 10) (1955)
15 Sören, der Lump. Roman. 251 S. Mchn: Langen-Müller 1955
16 Große Fahrt und falsches Spiel. Roman. 263 S., 11 Taf. Mchn: Langen-Müller 1956
17 Wuchernde Lianen. Erzählung. 66 S. Mchn: Langen-Müller (= Langen-Müllers kleine Geschenkbücher 52) 1956
18 Paul Cézanne und Gottfried Benn. Eine Studie. 61 S. Mchn: Langen-Müller (= Langen-Müllers kleine Geschenkbücher 70) 1957
19 Das Duell mit dem Teufel. 16 S. m. Abb. Hbg: Agentur des Rauhen Hauses (= Am Lagerfeuer 19) (1957)
20 Einer zuviel. Roman. 255 S. Mchn: Langen-Müller. 1957
21 Gestein der Weisen. Essays. 109 S. Mchn: Langen-Müller 1957
22 (MV) E. Laaths u. H. R.: Immermannpreis-Reden. 32 S. Mchn: Langen-Müller 1957
23 Buchhalter Gottes. Erzählungen. 251 S. Mchn: Langen-Müller (1958)
24 Die Insel der Seligen. Ein Gespräch. 52 S. Mchn: Langen-Müller (= Langen-Müllers kleine Geschenkbücherei 8) 1958
25 Die Stadt ohne Wurzeln. Erzählung. 65 S. m. Abb. Mchn: Langen-Müller (= Langen-Müllers kleine Geschenkbücher 75) (1958)
26 Die Schiffschaukel. 56 S. Mchn: Langen-Müller (= Langen-Müllers kleine Geschenkbücher 94) 1959

Rist, Johann (1607–1667)

1 †Irenaromachia Das ist Eine Newe Tragicomoedia Von Fried vnd Krieg. Auctore Ernesto Stapelio. 71 Bl. Hbg: Rebenlein 1630
2 Musa Teutonica ... 100 Bl. Hbg: Rebenlein 1634
3 Perseus Das ist: Eine newe Tragoedia, welche ... einen Sonnenklahren Welt- vnd Hoffspiegel jedermänniglichen praesentiret und vorstellet. 8 Bl., 184 S. Hbg: Rosenbaum 1634
4 (Übs.) Capitan Spavento Oder Rodomontades Espagnolles, Das ist: Spanische Auffschneidereyen, auß dem Frantzösischen in deutsche Verß gebracht. 24 Bl. (Hbg:) Gundermann 1636
5 Philosophischer Phoenix ... 30 Bl. Hbg: Hertel 1636
6 Poetischer Lust-Garte, Das ist: Allerhand anmuthige Gedichte auch warhafftige Geschichte ... 168 Bl. 12⁰ Hbg: Hertel 1638
7 Kriegs vnd Friedens Spiegel. Das ist: Christliche, Teutsche vnd wolgemeinte Erinnerung an alle Krieges- vnd Frieden liebende Menschen, insonderheit aber an sein vielgeliebtes Vater-Land Holstein ... 66 Bl. 4⁰ Hbg: Rebenlein 1640
8 Lob- Trawr- vnd Klag-Gedicht, Vber gar zu frühzeitiges, jedoch seliges Absterben des ... Herren Martin Opitzen ... 32 Bl 4⁰ Hbg: Rebenlein 1640
9 Triumpflied, alß Christianus IV. König in Dennemarck zu Glückstatt A. 1641 anlangte ... 4⁰ Hbg 1641
10 †Des Daphnis aus Cimbrien Galathee. 15 S., 83 Bl. 12⁰ Hbg: Rebenlein (1642)
11 Rettung der Edlen Teütschen Hauptsprache, Wider alle deroselben muthwillige Verderber und alamodesirende Auffschneider ... 50 Bl. Hbg: Werner 1642
12 Hochzeitliches Ehren-Geschenck Herren Simon Timpfen ... wie auch Margarethen, Herren Henrici Sagers ... Tochter ... 4 Bl. 4⁰ Glückstadt: Koch 1643
13 Hochzeitrede An Claus Seestätt Amtmann auff Hirtzgruffel ... und Christenza Lindenau. 4 Bl. 4⁰ Hbg: Rebenlein 1643
14 Hochzeit-Rede An H. Paul Sperling, Probst auch Predigern und Regierern der Schuel zu Bordesholm und J. Agneta Catharina, H. M. Jacobi Fabricij Tochter. 4 Bl. 4⁰ Hbg: Werner 1643
15 Himlische Lieder mit sehr anmuthigen ... Melodeyen ... 5 H. Lüneburg: Stern 1643
16 Lobrede und Poetische Gedancken, über das Beylager Friderici III., Königs in Dennemarck. 4⁰ Hbg 1643

17 Lobrede Nebenst beygefügten Poetischen Gedanken über das Beylager, Welches Herr Friederich, ... Erbe zu Norwegen, Herzog zu Schleßwig ... Mit ... Fräulein Sophia Amalia, Herzoginnen zu Braunschweig und Lüneburg ... gehalten ... 4⁰ Hbg: Rebenlein 1643
18 Lob- und Trostrede über den Todt. Diet. Neubauers. 4⁰ Hbg 1643
19 Hochzeitlicher Schimpf und Ernst dem H. Johann Hagedorn, Weinhändlern, und J. Ilsen, Peter Schärtlings, Weinhändlers, Tochter. 4 Bl. 4⁰ Hbg: Werner 1643
20 †Des edlen Daphnis aus Cimbrien Besungene Florabella. 151 Bl. o. O. 1644
21 †Holsteins Erbärmliches Klag- und Jammer-Lied, Das Erste, In hundert Sätzen außgefärtiget und gesungen Durch Friedelieb von Sanfteleben. 4 Bl., 37 S. Hbg: Werner 1644
22 Starker Schild Gottes Wider die gifftige Mordpfeile falscher und verleümderischer Zungen ... 35, 15 Bl. Hbg: Werner 1644
23 Friedensposaune, mit welcher, nach wiedererlangtem Landfrieden, die Holsteinischen Fürstenthümer zur schuldigen Danckbahrkeit gegen Gott aufgemuntert werden. 20 Bl. 4⁰ Hbg: Rebenlein 1646
24 Lobrede an Christian, Grafen von Ranzou, wegen seiner neulichen Kriegshändel. 4⁰ o. O. 1646
25 Poetischer Schauplatz, Auff welchen allerhand Waaren Gute und Böse Kleine und Große Freude und Leid-zeugende zu finden. 38 Bl., 320 S. Hbg: Werner 1646
26 Das Friede wünschende Teütschland In Einem Schauspiele öffentlich vorgestellet und beschrieben Durch einen Mitgenossen der Hochlöblichen Fruchtbringenden Gesellschaft. 20 Bl., 197 S. o. O. 1647
27 Wallenstein. Ein Trauerspiel. o. O. 1647
28 Der zu seinem allerheiligsten Leiden und Sterben hingeführte und an das Kreütz geheftete Christus Jesus ... 108 Bl. m. Titelku. 12⁰ Hbg: Nauman 1648
29 †Des Daphnis aus Cimbrien Hirten Lieder vnd Gedichte. o. O. 1648 (Nachdr. v. Nr. 10)
30 Holstein vergiß eß nicht Das ist Kurtze, iedoch eigentliche Beschreibung Des erschrecklichen Ungewitters, Erdbebens und überaus grossen Sturmwindes ... 51 Bl. 4⁰ Hbg: Nauman 1648
31 Ehrengedicht Herren Joachim Hagemeiern, Oldenb. Rath und Perpetua, Herrn Philip Kopff Tochter ... 6 Bl., 2 Bl. Noten 4⁰ Hbg 1649
32 Hochzeitlicher Ehrenwunsch Herren Heinrich Krolowen, bey der Stadt Lüneburg Rath und J. Magdalenen, Herren Wilhelm Wulkowen, der Stadt Lüneburg Bürgermeisters Tochter. 4 Bl. 4⁰ Hbg: Pfeiffer 1649
33 Gedächtnißseule Nicolao Jarren, J. U. L., als er zum Bürgermeistern, und Jürgen Möllern und Lucae von Spreckelsen, als sie zu Rathsherren in Hamburg ... aufgenommen wurden. 4⁰ Hbg 1650
34 (Übs.) T. Tasso: Der Adeliche Hausvatter, Vor vielen Jahren, von dem hochgelarten Italiäner Torquato Tasso in welscher Sprache beschrieben, Hernach auß derselben, durch J. Baudoin in die Französische übergesetzt, Nunmehr aber verteütschet, in gewisse Abtheilungen verfasset, und mit nützlichen Erläuterungen vermehret und ausgezieret. 24 Bl., 235, 16 S. m. Titelku. 12⁰ Lüneburg: Stern 1650
35 Neüer Himlischer LiederSonderbahres Buch ... 26 Bl., 328 S., 2 Titelku. Lüneburg: Stern 1651
36 Sabbathische Seelenlust, Das ist: Lehr- Trost- Vermahnungs- und Warnungsreiche Lieder über alle Sontäglichen Evangelien deß gantzen Jahres ... 64, 357 S. Lüneburg: Stern 1651
37 Neüer Teütscher Parnass, Auff welchem befindlich Ehr'- und Lehr-, Schertz- und Schmertz-, Leid- und Freüden-Gewächse ... gesamlet ... v. J. R. 920 S. Lüneburg: Stern 1652
38 Die Triumphirende Liebe, umgeben Mit den Sieghafften Tugenden, In einem Ballet ... 25 Bl. 2⁰ m. Ku. Lüneburg: Stern 1653
39 Lobrede an Kaiser Ferdinand den Dritten ... 4 Bl., 136 S. 4⁰ Hbg: Rebenlein 1653
40 Unterthänigste Lobrede an ... Christian Ludowig, Hertzogen zu Braunschweig und Lüneburg ... 2⁰ Hbg: Rebenlein 1653
41 Ritterschaft des Heil. Röm. Reichs im Untern Elsaß. 4⁰ Nürnberg 1653

42 Das Friedejauchende Teutschland, Welches Vermittelst eines neuen Schauspieles ... Teutsch und treumeinentlich vorstellet J. R. 20 Bl., 262 S. Nürnberg: Endter 1653
43 Frommer und Gottseliger Christen Alltägliche HAusmusik, Oder Musikalische Andachten ... 383 S. Lüneburg: Stern 1654
44 Depositio Cornuti, Das ist: Lust- oder Freuden-Spiel ... 16 Bl. o. O. 1655
45 Neüe Musikalische Fest-Andachten Bestehende in Lehr- Trost- Vermahnungs- und Warnungsreichen Liedern, über Alle Evangelien und sonderbahre Texte ... 347 S. Lüneburg: Stern 1655
46 Neüe Musikalische Katechismus Andachten ... 310 S., 2 Titelku. Lüneburg: Stern 1656
47 Geistlicher Poetischer Schriften Erster (Zweiter, Dritter) Theil. 3 Bde. m. Titelku. Lüneburg: Stern 1657-1659
  Erster Theil, In sich begreiffend Neue Himlische Lieder, nebenst deroselben Ubersetzung in die Lateinische Sprache M. Tobias Petermans ... 511 S. m. Titelku. 12⁰ 1657
  Zweiter Theil, In sich begreiffend Neüe Sonderbare himlische Lieder, nebenst deroselben Ubersetzung ... 6 Bl., 461 S. 12⁰ 1658
  Dritter Theil, Begreiffend die Sabbahtische Seelen-Lust, Uber alle Sontägliche Evangelien des gantzen Jahres, Nunmehr von Herren M. Tobia Petermann ... in die Latinische Sprache übergesetzet. 591 S. 12⁰ 1659
  (Enth. u. a. Nr. 35 u. 36)
48 Geistlicher Poetischer Schriften Erster (Zweiter, Dritter) Theil ... 3 Bde. 288 S.; 6 Bl., 264 S.; 6 Bl., 306 S. 12⁰ Lüneburg: Stern 1657-1659
  (Verb. Neuaufl. v. Nr. 47)
49 Die verschmähete Eitelkeit Und die verlangete Ewigkeit, in 24. erbaulichen Seelengesprächen Und eben so viel Lehr-reichen Liedern ... 427 S. Lüneburg: Stern 1658
50 Honores sepulcrales. Das ist: Gebührende Trauer-Dancksagung, bey Leichbestattung der Fr. Elisabethen deß Herrn Joh. Jacob Dimpffels, Patritij von Regenspurg Frauen. 4⁰ Ffm: Spörlin 1658
51 Himlische Lieder, Mit sehr lieblichen und anmuthigen Melodeien ... 12 Bl., 352 S. m. Titelku. 12⁰ Lüneburg: Stern 1658
  (Verb. Neuaufl. v. Nr. 15)
52 +Rüstiges Vertrauen zu Gott, In äussersten Nöhten und Gefährligkeiten Poetisch auffgesetzet ... von dem Rüstigen. 1 Bl. 2⁰ o. O. 1658
53 Willkommrede an Christian, Grafen von Rantzou ... 2⁰ Hbg 1658
54 Neue Musikalische Kreutz- Trost- Lob- und Danck Schuhle, Worinn befindlich Unterschiedliche Lehr- und Trost-reiche Lieder ... 429 S. Lüneburg: Stern 1659
55 Ritterschaft der sechs Orthen in Francken. 4⁰ Nürnberg 1659
56 Dennemarck ein Erbkönigreich, an König Friedrich den dritten. 2⁰ Lüneburg: Stern 1660
57 Neues Musikalisches Seelenparadis, In sich begreiffend Die allerfürtreflichste Sprüche der heiligen Schrifft ... 506 S., 47 ungez. Bl. Lüneburg: Stern 1660
58 +Das Aller Edelste Leben Der Gantzen Welt, Vermittelst eines anmuthigen und erbaulichen Gespräches ... Beschriben und fürgestellet von Dem Rüstigen. 264 S. 12⁰ Ffm: Schiele 1663
59 +Das Aller Edelste Nass Der Gantzen Welt: Vermittelst eines anmuthigen und erbaulichen Gesprächs ... Beschrieben, und fürgestellet von Dem Rüstigen. 16 Bl., 195 S. 12⁰ Hbg: Naumann 1663
60 Jesusgebetlein über alle Sonntags- und Fest-Evangelien. 12⁰ Hbg 1664
61 Neue Hoch-heilige Paßions-Andachten In Lehr- und Trostreichen Liedern ... 62 Bl., 288 S., 2 Titelku. Hbg: Naumann 1664
62 +Die Aller Edelste Thorheit der Gantzen Welt, Vermittelst eines anmuthigen und erbaulichen Gespräches ... Beschrieben und fürgestellet von Dem Rüstigen. ... 22 Bl., 291 S. 12⁰ Hbg: Naumann 1664
63 +Die Aller Edelste Belustigung Kunst- und Tugendliebender Gemühter, Vermittelst eines anmuthigen und erbaulichen Gespräches Beschrieben und fürgestellet von Dem Rüstigen. 40 Bl., 299 S. 12⁰ Ffm: Schiele 1666
64 +Des Edlen Dafnis aus Cimbrien besungene Florabella ... 7 Bl., A-S. Hbg: Guth 1666
  (Verm. Neuaufl. v. Nr. 20)

65 †Die Aller Edelste Erfindung Der Gantzen Welt, Vermittelst eines anmutigen und erbaulichen Gespräches ... Beschrieben und fürgestellet Von dem Rüstigen. 36 Bl., 240 S. 12⁰ Ffm: Schiele 1667
66 Der verschmäheten Eitelkeit Und Der verlangeten Ewigkeit, Ander Theil, In 24 erbaulichen Seelengesprächen Und eben so viel Lehrreichen Liedern. 665 S. Ffm 1668
 (Forts. v. Nr. 49)
67 †Die alleredelste Zeit-Verkürtzung Der Gantzen Welt, Vermittelst eines anmuthigen und erbaulichen Gespräches ... Beschrieben und fürgestellet von Dem Rüstigen. 260 S. 12⁰ Ffm: Schiele 1668
68 (MV) Zweyer Weltberühmten Gelehrten Herrn Johann Risten, und Hn. Erasmi Francisci, Curieuses Recrations-Jahr, Wie alle 12. Monat desselbigen mit den erbaulichesten Discursen ... höchstergötzlich zuzubringen ... 13 Bl., 168 S.; 264 S., 24 Bl., 288 S. m. Bildn. 16⁰ Ffm, Augsburg: Kroniger & Göbel 1703
69 Dichtungen. Hg. K. Goedeke u. E. Goetze. 292 S. Lpz: Brockhaus (= Deutsche Dichter des siebzehnten Jahrhunderts 15) 1885

ROBERTHIN, Robert (1600–1648)

1 Saeculargedicht. 1 Bg. o. O. (1630)
2 Hochzeit-Lied zu Ehren Dem Christiano Rosen. 2 Bl. 2⁰ Königsberg: Segebad 1634
3 (MV) H. Albert: Arien oder Melodeyen Etlicher theils Geistlicher, theils Weltlicher, zu gutten Sitten vnd Lust dienender Lieder. 8 Thle. Königsberg: In Verlegung des Autoris 1638–1650
4 (MV) H. Albert: Poetisches Lust-Gärtlein, Darinnen schöne anmuthige Gedichte, lustige Lieder, zur Anleitung guter Tugend und höfflichen Sitten. 1 Bl., 317, 5 S. 16⁰ (Danzig: Hünefeld) 1645
5 (MV) H. Albert: Arien. Erster – Anderer Theil. 2 Bde. 4 Bl., 245, 15 S.; 272 S. Lpz: Cellarius (1) bzw. Brieg: Tschorn (2) 1657
 (Neuaufl. v. Nr. 3)

RODA RODA, Alexander
(eig. Sandor Friedrich Rosenfeld) (1872–1945)

1 (MV) Roda (d. i. S. F. R. u. Marie R.): Der König von Crucina. Komödie. 32 S. Mühlhausen/Th.: Danner (= Vereinstheater 20) 1892
2 Der gemüthskranke Husar und andere Militärhumoresken. 90 S. m. Abb. Wien: Seidel (= Militär-belletristische Bibliothek 2) 1903
3 (Bearb.) B. G. Nuschitsch: Der Gespan von Semberia. Dramat. Bearb. d. „Knez od Semherije". 15 S. Wien: Konegen 1903
4 Frau Helenens Ehescheidung. 183 S. Wien: Konegen 1904
5 Dieser Schurk', der Matkowitsch! 183 S. Wien: Konegen 1904
6 Soldatengeschichten. 2 Bde. Wien: Seidel 1904
 1. Der Mann mit dem eisernen Finger. 179 S.
 2. Soldaten. 163 S.
7 Die Sommerkönigin und andere Novellen. 150 S. Wien, Lpz: Wiener Verl. 1904
8 Adelige Geschichten. 131 S. 16⁰ Mchn: Langen (= Kleine Bibliothek Langen 86) 1906
9 Eines Esels Kinnbacke. Schwänke und Schnurren, Satiren und Gleichnisse. 144 S. Mchn, Bln: Schuster & Loeffler 1906
10 Von Bienen, Drohnen und Baronen. 281 S. Bln: Schuster & Loeffler 1908
11 Der Schnaps, der Rauchtabak und die verfluchte Liebe. 266 S. Bln: Schuster & Loeffler 1908
12 Lieber Simplicissimus! Hundert Anekdoten, 6. Folge. 125 S. 16⁰ Mchn: Langen (= Kleine Bibliothek Langen 98) 1908

13 (MV) F. Schloemp: Der gekitzelte Aeskulap. Eine kräftige Dosis medizinischer Witze und Schnurren von Ärzten, Patienten und lustigen Studenten. Unter Accouchement v. R. R. 146 S. m. Abb. Mchn: Müller (1909)
14 Der Pascha lacht. Morgenländische Schwänke. Eigenes und Echtes. 276 S. Bln: Schuster & Loeffler (1909)
15 Schummler, Bummler, Rossetummler. Balkangeschichten. 275 S. Bln: Schuster & Loeffler 1909
16 Schwefel über Gomorrha. 264 S. Bln: Schuster & Loeffler 1909 (Erw. Neuaufl. v. Nr. 9)
17 (MV) R. R. u. C. Rößler: Der Feldherrnhügel. 115 S. Bln: Schuster & Loeffler (1910)
18 Milan reitet in die Nacht. 138 S. Bln: Schuster & Loeffler 1910
19 (MH) Welthumor. Hg. A. R. R. u. Th. Etzel. 5 Bde. Bln: Schuster & Loeffler 1910–1911
20 Junker Marius. Ein Buch für Backfische. 260 S. Bln: Schuster & Loeffler 1911
21 (MV) R. R. u. G. Meyrink: Bubi. Lustspiel. 119 S. Bln: Schuster & Loeffler (1912)
22 (MH) Die Lustigen Bücher. Hg. Th. Etzel u. R. R. 3 Bde. Stg: Die Lese 1912
23 Kaiserliche Kämmerer. Adelige Geschichten, vollständige Ausg. 143 S. Bln: Schuster & Loeffler 1912 (Enth. u. a. Nr. 8)
24 (MV) R. R. u. G. Meyrink: Der Sanitätsrat. Komödie. 104 S. Bln: Schuster & Loeffler 1912
25 Fünfhundert Schwänke. 260 S., 1 Abb. Bln: Schuster & Loeffler 1912
26 (MV) R. R. u. G. Meyrink: Die Sklavin aus Rhodus. Ein Lustspiel in drei Akten. Nach dem Eunuchus des Publius Terentius Afer. Vorw. W. Klein. Musik E. d'Albert. 114 S. Bln: Schuster & Loeffler (1912)
27 Fluch deinem Dudelsack. 275 S. Bln: Schuster & Loeffler 1914
28 (MV) R. R. u. G. Meyrink: Die Uhr. Ein Schauspiel in zwei Akten. VII, 54 S., 1 Abb. Bln: Schuster & Loeffler 1914
29 Die verfolgte Unschuld. 190 S. m. Abb. Bln: Verl. d. „Lustigen Blätter" 1914
30 Russenjagd. 276 S. Wien: Konegen (1917)
31 So jung und schon ... 144 S. m. Abb. Bln: Eysler (= Lustige Bücherei 24) (1918)
32 Das Rosenland. Bulgarische Gestalter und Gestalten. 315 S., 23 Bildn. Hbg, Wien: Rikola 1918
33 Serbisches Tagebuch. 253 S., 1 Kt. Bln: Ullstein (= Ullstein-Kriegsbücher 34) 1918
34 Das letzte Kapitel. Dem Kroatischen des Sergjan Tucich nacherz. 96 S. 16⁰ Lpz, Ffm: Neuzeitbücher-Verl. 1919
35 Die Staatsgewalten. Drei lustige Akte. 103 S. Bln: Eysler 1919
36 Irrfahrten eines Humoristen 1914–1919. 263 S. Mchn: Rösl 1920
37 (MV) A. u. Marie R. R.: Die Kummerziege und andere Geschichten. 240 S. Bln: Eysler (1920)
38 Die sieben Leidenschaften. 209 S. Wien: Rikola 1921
39 ΣχFαβυλων (Schwabylon), oder Der sturmfreie Junggeselle. 335 S. Mchn, Bln: Paetel 1921
40 Die Streiche des Junkers Marius. Ein Buch für Backfische. 302 S. Mchn, Bln: Paetel 1921 (Neuaufl. v. Nr. 20)
41 Frau Tarnotzis feinster Coup und andere Geschichten. 62 S. Bln: Ullstein (= Die spannenden Bücher) (1922)
42 Morgensonne, Morgenland. Schildereien. 290 S. m. Abb. 16⁰ (Bln:) Volksverband d. Bücherfreunde; Wegweiser-Verl. 1922
43 Der Pascha lacht. Morgenländische Schwänke. 240 S. Bln: Eysler (1922) (Neufassg. v. Nr. 14)
44 (Übs.) Weisheit des Morgenlandes. Türkisch-arabisch-persische Übs. 170 S. 16⁰ Mchn: Weltbücher-Verl. 1922
45 Die vier Fräuleins von Waloff. Neuen Dichtern nacherz. 215 S. Mchn: Drei Masken Verl. (1924)
46 Ein Frühling in Amerika. 173 S. Mchn: Langen 1924

47 Die schöne Hedy Herz. 97 S. Wien: Europ. Verl. (= Die grünen Bücher des europäischen Verlags 2) 1924
48 Schummler, Bummler, Rossetummler. Südslavische Geschichten. 237 S. Bln: Eysler 1924
    (Neufassg. v. Nr. 15)
49 Der Ehegarten und andere Geschichten. 354 S. Bln: Bild- und Buchverl. 1925
50 Milan reitet in die Nacht und andere Geschichten. 218 S. Lpz: Leipziger Graph. Werke (1925)
    (Enth. u. a. Nr. 18)
51 Roda Roda erzählt. 121 S. m. Abb. Mchn: Braun & Schneider (= Der heitere Bücherschrank 1) 1925
52 Roda Rodas Roman. 641 S., 1 Abb. Mchn: Drei Masken Verl. 1925
53 Slavische Seelen. Neuen Dichtern nacherz. 215 S. Mchn: Langen (1925)
    (Titelaufl. v. Nr. 45)
54 (Hg.) C. J. Weber: Demokritos oder Hinterlassene Papiere eines lachenden Philosophen. XIV, 321 S. Wien: Rikola 1925
55 (MH) Welthumor in sechs Bänden. Hg. R. R. u. Th. Etzel. 6 Bde. Mchn: Simplicissimus-Verl. 1925
    (Erw. Neuaufl. v. Nr. 19)
56 Gift und Galle. Schwänke und Schnurren, Satiren und Gleichnisse. XII, 182 S. Magdeburg: Eulenspiegel-Verl. 1926
57 Donner und Doria. 222 S. Bln: Selle-Eysler 1927
58 Der Knabe mit den dreizehn Vätern. Ein humoristischer Roman nach B. G. Nušić. 257 S. Dresden: Reissner 1927
59 Der Schlangenbiß. Erzählungen und Schwänke. 78 S. Lpz: Reclam (= Reclam's UB. 7110) 1930
60 Die Panduren. Roman einer Landschaft. 231 S. Wien: Tal 1935
61 Die rote Weste. Ausgewählte Anekdoten. 112 S. Mchn: Freitag Verl. 1947
62 Das große Roda Roda Buch. Hg. Elsbeth Roda Roda. 674 S. Wien: Zsolnay (1949)
63 Roda Rodas Roman. 572 S., 58 Abb. Wien: Zsolnay 1950
    (Neufassg. v. Nr. 52)
64 Wilde Herren – wilde Liebe. Roman. 256 S. Wien, Bln: Neff 1953

RODENBERG (eig. Levy), Julius (1831–1914)

1 *Für Schleswig-Holstein! 2 H. Hbg: Hoffmann & Campe 1850–1851
   1. Vierzehn geharnischte Sonnette. 17 S. 16° 1850
   2. Geharnischte Sonnette. 28 S. 16° 1851
2 Fliegender Sommer. 14 S. 16° Bremen: Schlodtmann 1851
3 Dornröschen. 160 S. 16° Bremen, Lpz: Haessel 1852
4 Lieder. 252 S. Hannover: Rümpler (1853)
5 König Haralds Todtenfeier. 32 S. 16° Marburg, Ffm: Völcker (1853)
6 Der Majestäten Felsenbier und Rheinwein lustige Kriegshistorie. 60 S., 1 Abb. Hannover: Rümpler (1854)
7 Musikalischer Sonettenkranz. 19 S. Hannover: Rümpler 1855
8 Pariser Bilderbuch. 440 S. 16° Braunschweig: Vieweg 1856
9 Festchronik zur Erinnerung an die Feier der fünfundzwanzigjährigen Regierung des Herzogs Wilhelm von Braunschweig. 67 S. Braunschweig: Schulbuchh. (1856)
10 Waldmüllers Margret. 76 S. 16° Hannover: Rümpler 1856
11 Ein Herbst in Wales. 326 S. m. Musikbeil. Hannover: Rümpler 1857
12 (Übs.) P. J. de Béranger: Letzte Lieder. 1834–1851. 278 S. 16° Hannover: Rümpler 1858
13 Dramatische Idyllen. 128 S. 16° Kassel, Ffm: Goar 1858
14 Kleine Wanderchronik. 2 Bde. 456 S. Hannover: Rümpler 1858
15 Deutsche Antwort auf die welsche Frage. 12 S. Hannover: Rümpler 1859
16 Alltagsleben in London. 186 S. Bln: Springer 1860
17 Die Insel der Heiligen. Pilgerfahrt durch Irland. 2 Bde. 598 S. Bln: Janke (1860)
18 Die Harfe von Erin. 300 S. 16° Lpz: Grunow 1861

19 Verschollene Inseln. 292 S. Bln: Springer 1861
20 Stilleben auf Sylt. 153 S. 16⁰ Bln: Springer (1861) (Ausz. a. Nr. 19)
21 Das Mädchen von Korinth. Opern-Dichtung. 74 S. Bln: Lüderitz-V. 1862
22 Tag und Nacht in London. 268 S., 8 Taf. Bln: Seehagen (1862)
23 Die Straßensängerin von London. 3 Bde. 711 S. Bln: Seehagen 1863
24 Gedichte. 320 S. 16⁰ Bln: Seehagen (1864)
25 Diesseits und jenseits der Alpen. 236 S. Bln: Seehagen 1865
26 Die neue Sündfluth. 4 Bde. 988 S. Bln: Gerschel 1865
27 Die Myrthe von Killarney. 166 S. m. Abb. Bln: Grote 1867
28 Paris bei Sonnenschein und Lampenlicht. 367 S. Lpz: Brockhaus 1867
29 Ein dänisches Seebad. Vier Wochen in Helsingör. 127 S. 16⁰ Bln: Gerschel 1867
30 Aus aller Herren Länder. 172 S. Bln: Lesser (1868)
31 (MH) Der Salon für Litteratur, Kunst und Gesellschaft. Hg. E. Dohm u. J. R. 8 Jge., je 12 H. Lpz: Payne 1868–1875
32 Von Gottes Gnaden. Roman. 5 Bde. 1511 S. Bln: Gerschel (1870)
33 Kriegs- und Friedenslieder. 76 S. 16⁰ Bln: Lipperheide 1870
34 Prolog bei dem großen Concert zum Besten des Landeshilfsvereins sowie des internationalen Vereins am 3. September 1870. 4 S. 4⁰ Dresden: Meinhold 1870
35 Zur Heimkehr. Ein Festspiel zum feierlichen Einzug der Truppen in Berlin. Musik C. Eckert. 8 S. Bln: Lesser 1871
36 Lorbeer und Palme. Zwei Festspiele. 49 S. 4⁰ Bln: Lipperheide 1872
37 In deutschen Landen. Skizzen und Ferienreisen. 392 S. Lpz: Brockhaus 1873
38 Studienreisen in England. Bilder aus Vergangenheit und Gegenwart. 362 S. Lpz: Brockhaus 1873
39 (Hg.) Deutsche Rundschau. Jg. 1–40, je 12 H. m. Reg. Bln: Paetel 1874–1914
40 Wiener Sommertage. 820 S. Lpz: Brockhaus 1875
41 Ferien in England. 184 S. Bln: Paetel 1876
42 Die Grandidiers. Ein Roman aus der französischen Kolonie. 3 Bde. 864 S. Stg: Dt. Verl.-Anst. (1878)
43 Lieder und Gedichte. 312 S. 12⁰ Bln: Paetel 1880 (Neuaufl. v. Nr. 24)
44 Belgien und die Belgier. Studien und Erlebnisse während der Unabhängigkeitsfeier im Sommer 1880. 291 S. Bln: Paetel 1881
45 Heimatherinnerungen an Franz Dingelstedt und Friedrich Oetker. 236 S. Bln: Paetel 1882
46 Bilder aus dem Berliner Leben. 3 Bde. Bln: Paetel 1885–1888
    1. 2. Bilder aus dem Berliner Leben. 2 Bde. 248, 283 S. 1885–1887
    3. Unter den Linden. 344 S. 1888
47 Herrn Schellbogen's Abenteuer. Ein Stücklein aus dem alten Berlin. 244 S. Bln: Paetel 1890
48 (MV) F. Dingelstedt: Blätter aus seinem Nachlaß. Mit Randbemerkungen v. J. R. 2 Bde. 457 S. Bln: Paetel 1891
49 Klostermann's Grundstück. Nebst einigen anderen Begebenheiten, die sich in dessen Nachbarschaft zugetragen haben. 187 S. Bln: Paetel 1891
50 Bilder aus dem Berliner Leben. 164 S. Halle: Hendel (= Bibliothek der Gesamt-Litteratur des In- und Auslandes 583–584) 1892 (Ausz. a. Nr. 46)
51 Eine Frühlingsfahrt nach Malta. Mit Ausflügen in Sicilien. 244 S. Bln: Paetel 1893
52 Erinnerungen aus der Jugendzeit. 2 Bde. 221, 342 S. Bln: Paetel 1899
53 Aus der Kindheit. Erinnerungsblätter. 157 S. Bln: Paetel 1907
54 Aus seinen Tagebüchern. Ausw. Justine Rodenberg. Einf. E. Heilborn. XXIII, 191 S. Bln, Stg: Dt. Verl.-Anst. 1919

Röttger, Karl (1877–1942)

1 Glück und Anderes. Gedichte. 30 S. Wien: Verl.-Anst. Neuer Literatur und Kunst 1902

2 Das Leben, die Kunst, das Kind. Beiträge zur modernen Pädagogik. 110 S. Bremen: Schünemann 1905
3 (Hg., Einl.) Die moderne Jesusdichtung. Anthologie. L, 147 S. Mchn: Piper (= Die Fruchtschale 16) 1907
4 Kind und Gottesidee. 148 S. Bln: Modern-pädag. u. psycholog. Verl. (= Führer ins Leben 2) 1908
5 (MH) Charon. Dichtung, Philosophie, Darstellung. Hg. O. zur Linde u. K. R. 3 Jge. Groß-Lichterfelde: Charon-Verl. 1909–1911
6 Wenn deine Seele einfach wird. Gedichte. 137 S. Groß-Lichterfelde: Charon-Verl. 1909
7 Tage der Fülle. Neue Lieder und Landschaftsgedichte u. d. Kreis des Jahres. 140 S. Groß-Lichterfelde: Charon-Verl. 1910
8 (Hg.) Die Brücke. Monatsschrift für Zeitinterpretation. Jg. 1–3. Mchn: Seybold 1911–1914
9 Die Lieder von Gott und dem Tod. 134 S., Groß-Lichterfelde: Charon-Verl. 1912
10 Christuslegenden. 220 S. Groß-Lichterfelde: Charon-Verl. 1914
11 Sehnsucht und Schicksal. Eine Gedichtsammlung. 122 S. 4⁰ Groß-Lichterfelde: Charon-Verl. 1915
12 Der Eine und die Welt. Legenden von Weisheit, Wanderung, Nacht und Glück. 326 S. Mchn: Müller (1917)
13 Die Allee. Novellen. VII, 382 S. Mchn: Müller 1918
14 Die Flamme. Essays. VIII, 313 S. Mchn: Müller (1918)
15 Haß oder Das versunkene Bild des Christ. 155 S. Mchn: Müller 1918
16 Die Religion des Kindes. 99 S. Mchn: Müller (1918)
17 (Hg.) Wilhelm Schäfer. Zu seinem fünfzigsten Geburtstag. 288 S. Mchn: Müller (1918)
18 Gespaltene Seelen. Ein Kammerspiel. 87 S. Mchn: Müller 1918
19 Das Gastmahl der Heiligen. Legenden. 323 S. Mchn: Müller (= Legenden 3) 1920
20 Legenden. Bd. 1 u. 3. 2 Bde. Mchn: Müller: 1920–1928
   1. Der Eine und die Welt. 382 S. 1928
   3. Das Gastmahl der Heiligen. 323 S. 1920
   (Enth. Nr. 12 u. 19)
21 Stimmen im Raum. Erzählungen aus den Stunden der Landschaft und des Schicksals. 206 S. Mchn: Müller 1920
22 Zum Drama und Theater der Zukunft. 87 S., 4 Taf. Lpz: Matthes 1921
23 Die fernen Inseln. Aus den Tagen der Kindheit. 116 S. Lpz: Matthes 1921
24 Der Schmerz des Seins. Drei Erzählungen. 141 S. Lpz: Matthes 1921
25 Simson. Ein Drama. 54 S. Lpz: Matthes 1921
26 Das letzte Gericht. Sechs Spiele vom Leben mit einem Nachspiel „Im Jenseits". 181 S. Lpz: Matthes 1922
27 Der treue Johannes. Märchenspiel. 48 S. Groß-Lichterfelde: Charon-Verl. 1922
28 Das Kindertheater. 51 S. Ffm: Patmos-Verl. (= Schriften zur Kindererziehung und Theaterpflege) 1922
29 Die sechs Schwäne. Märchenspiel. 68 S. Lpz: Matthes 1922
30 Des Raumes Seele und des Traumes Sinn. 19 S., 1 Abb. Köln: Saaleck-Verl. (= Saaleck-Blätter 6) 1922
31 Johann Sebastian. 15 S. Stettin: Hencke & Lebeling 1924
32 Die Heimkehr. Dramatische Legende. 54 S. Mchn: Kaiser (= Münchener Laienspiele 25) 1926
33 Die heilige Elisabeth. Ein Legendenspiel. 84 S. Mchn: Callwey (= Die Schatzgräberbühne 31) (1927)
34 Das Herz in der Kelter. Roman. Vorw. W. Mahrholz. 377 S. Bln: Dt. Buchgemeinsch. 1927
35 (Hg.) Die moderne Jesus-Dichtung. Eine Anthologie. XII, 244 S., 6 Taf. Gotha: Klotz 1927
   (Neubearb. v. Nr. 3)
36 Zwischen den Zeiten. Erzählungen und Legenden. 203 S. Mchn: Müller (= Zwei Mark-Bücher 86) 1927
37 Buch der Liebe. Gedichte. 106 S. Mchn: Müller 1928
38 Buch der Mysterien. 99 S. Bln: Horen-Verl. 1929

39 Auf Sommerwegen. Nachw. Ch. Jenssen. 68 S. Hbg: Dt. Dichter-Gedächtnis-Stiftung (= Der junge Tag 10) 1929
40 Hölderlin. 127 S. 4° Chemnitz: Ges. d. Bücherfreunde (= Jahresgabe 1930, 1) 1930
41 Die Lieder von Gott und dem Tod. 126 S. Bln: Horen-Verl. 1930 (Erw. Neuaufl. v. Nr. 9)
42 (Bearb., Nachw.) G. Schwab: Fortunat und seine Söhne. Nach der Schwab'schen Erzählweise bearb. u. mit e. Nachw. sowie mit Anm. vers. 112 S., 10 Abb. Breslau: Hirt (= Hirt's deutsche Sammlung. Literar. Abt. Gr. 5, Bd. 10) (1932)
43 (Bearb., Nachw.) G. Schwab: Die schöne Magelone. Nach der Schwab'schen Erzählweise bearb. u. mit e. Nachw. sowie mit Anm. vers. 47 S., 7 Abb. Breslau: Hirt (= Hirt's deutsche Sammlung. Literar. Abt. Gr. 5, Bd. 11) (1932)
44 Das Buch der Gestirne. 332 S. Lpz: List 1933
45 Kaspar Hausers letzte Tage oder Das kurze Leben eines ganz Armen. Dokumentarischer Roman. 395 S. Wien: Zsolnay 1933
46 Der Heilige und sein Jünger. Roman, 219 S. Wien: Zsolnay 1934
47 Die Berufung des Johann Sebastian Bach. 59 S. Lpz: List (= Lebendiges Wort 3) (1935)
48 Der Heilandsweg. Legenden. 368, 7 S. Wien: Zsolnay 1935
49 Opfertat. Drei deutsche Legenden. 142 S. Lpz: List 1935
50 Dämon und Engel im Land. Roman. 384 S. Lpz: List 1936
51 „Ihr schwebt, ihr Geister, neben mir." Begegnungen mit Beethoven, Friederike von Sesenheim, Clemens Brentano, Bettina und Jean Paul. 120 S. m. Abb. Lpz: Amthor'sche Verlbh. (= Bücher der Besinnung 4) 1937
52 Die Magd. Erzählung. Eingel., hg. K. Plenzat. 38 S. Lpz: Eichblatt (= Eichblatt's deutsche Heimatbücher 118) (1937)
53 Das Unzerstörbare oder Die Vollendung des Einst. 188 S. Lpz: List 1937
54 Die Mörderin. Zwei Erzählungn. 117 S. Wien: Zsolnay (= Die hundert kleinen Bücher 13) 1940
55 Am deutschen Strom. Rheinischer Heimatgruß. 56 S. m. Abb. Bln: Ev. Preßverb. f. Deutschland (= Beschützte Heimat 6) (1940)
56 Wolfgang Amadeus Mozart. 486 S., 7 Taf. Lpz: List 1941
57 Gnade vor Recht. 61 S. Lpz: List (= Lebendiges Wort 51) (1945)

ROGGE, Alma (*1894)

1 Up de Freete. Ein plattdeutsches Lustspiel in vier Aufzügen. IV, 85 S. Hbg: Hermes (= Niederdeutsche Bücherei 41) 1918
2 De Vergantschoster. Een lustig Spill in veer Törns. 68 S. Hbg: Hermes (= Nedderdütsch Bökeri 94) 1922
3 De Straf. Pläseerlich Spill in eenem Törn. 47 S. Hbg: Hermes (= Niederdeutsche Bücherei 103) 1924
4 Das Problem der dramatischen Gestaltung im deutschen Lustspiel. 68 S. Hbg: Hermes 1926
5 Sine. Vertelln in Ollnborger Platt. 64 S. Hbg: Quickborn-Verl. (= Quickborn-Bücher 39) (1929)
6 In de Möhl. Irnstet Spill in dree Törns. 43 S. Hbg: Hermes (= Niederdeutsche Bücherei 114) 1930
7 Leute an der Bucht. Erzählungen. 126 S. Bremen: Schünemann 1935
8 Dieter und Hille. Eine Liebesgeschichte. 152 S. Bremen: Schünemann 1936
9 Hinnerk mit'n Hot. Geschichten. 124 S., m. Abb. Bremen: Schünemann 1937
10 Wangerooge. 32 S., 8 Bl. Abb. Hbg: Meißner (= Deutschlands Nordseebäder 8) (1938)
11 Twee Kisten Rum. Lustig Spill. 71 S. Hbg: Quickborn-Verl. (1939)
12 In der weiten Marsch. Erzählungen. 105 S. Bremen: Schünemann 1939
13 An Deich und Strom. Erzählungen. 62 S. Gütersloh: Bertelsmann 1943 (Enth. Ausz. a. Nr. 7 u. 12)
14 Theda Thorade. Erzählung. 147 S. Bremen: Schünemann 1948

15 (Hg.) Till Eulenspiegel. 94 S. m. Abb. Bremen: Meyer 1948
16 Der Nagel unter Lenas Fenster. Erzählungen. 183 S. Bremen: Schünemann 1949
   (Enth. u. a. Ausz. a. Nr. 7 u. 12)
17 Hochzeit ohne Bräutigam. Heiterer Roman. 307 S. Bremen: Schünemann 1952
18 Seid lustig im Leben. Erlebte Geschichten. 107 S. Bremen: Schünemann 1953
19 Diertje van Dornum und andere Erzählungen. 86 S. Lpz: Reclam (= Reclam's UB. 8113) (1955)
20 Schmuggel an der Bucht. Lustspiel in drei Akten. 99 S. Weinheim: Dt. Laienspiel-Verl. (1955)
21 Die Fahrt über den Fluß. 4 Bl. Gütersloh: Mohn (= Acht Seiten Freude 160) 1960

ROLLENHAGEN, Gabriel
(+Angelius Lohrber è Liga) (1583–1619)

1 (Übs.) Vier Bücher Wunderbarlicher biß daher vnerhörter, vnd vngleublicher Indianischer Reysen, durch die Lufft, Wasser, Land, Helle, Paradiss, vnd den Himmel. Beschrieben von Dem grossen Alexander. Dem Plinio Secundo. Dem Oratore Luciano. Vnd dem S. Brandano ... mit fleiß verteutschet durch G. R. 166 Bl. 4⁰ Magdeburg: Kirchner 1605
2 Iuvenilia. 15 Bl., 160 S., 3 Bl., 68 S., 2 Bl., 67 S. Magdeburg: Kirchner 1606
3 +Amantes amentes. Das ist Ein sehr Anmutiges Spiel von der blinden Liebe, oder wie mans Deutsch nennet von der Leffeley ... 54 Bl. Magdeburg: Braun 1609
4 Nucleus emblematum selectissimorum. 2 Bde. Ultraiecti: Janssonius 1610–1613
5 +Amantes amentes. Das ist Ein sehr Anmutiges Spiel von der blinden Liebe ... Mit einer aussbündigen schönen Tageweiss von Pyramo und Thysbe auss den Poeten Ovidio ... 64 Bl. Magdeburg: Braun 1614
   (Verm. Neuaufl. v. Nr. 3)
6 Novorum Epigrammatum Libellus singularis. 4⁰ Wittenberg 1619

ROLLETT, Hermann (1819–1904)

1 Liederkränze. 8 Bg. Wien: Gerold 1842
2 Frühlingsboten aus Österreich. Gedichte. 21½ Bg. Jena: Luden 1845
3 Deutschkatholisches Reformationslied. ¼ Bg. Weimar: Hoffmann 1845
4 Wanderbuch eines Wiener Poeten. 21 Bg. Ffm: Literar. Anst. 1846
5 Kampflieder. 16 S. Lpz: Naumburg 1848
6 Frische Lieder. VIII, 325 S. Ulm: Stettin 1848
7 (Hg.) Republikanisches Liederbuch. VIII, 168 S. 16⁰ Lpz: Naumburg 1848
8 Metternich. Gedicht. 8 S. 16⁰ Lpz: Grunow 1848
9 Ein Waldmärchen aus unserer Zeit. 31 S. 16⁰ Lpz: Verlagsbureau 1848
10 Gedichte. XVI, 351 S. Jena: Luden 1849
   (Verm. Neuausg. v. Nr. 2)
11 *Das Lied vom Blum. 14 S. Michelstadt: Expedition des Lucifer 1850
12 Frische Lieder. VIII, 343 S. Ulm: Adam 1850
   (Verm. Neuaufl. v. Nr. 6)
13 Dramatische Dichtungen. 3 Bde. 16⁰ Lpz: Weller 1851
   Die Ralunken. Dramatisches Gedicht in fünf Akten. 124 S.
   Thomas Münzer. Volks-Drama in vier Aufzügen. IV, 109 S.
   Flamingo. Ein Stück Weltkomödie. 72 S.
14 Jucunde. 198 S. Lpz: Wigand (= Bibliothek deutscher Original-Romane) 1853
15 Heldenbilder und Sagen. 160 S. 16⁰ St. Gallen: Scheitlin 1854

16 Die Kirmeß. Cyclus in zwölf Gesängen. Musik F. Abt. 24 S. Schleusingen: Glaser 1854
17 Gedichte. Auswahl. 480 S. Lpz: Wagner 1865
18 Offenbarungen. Ghaselen-Cyklus. 52 S. 16⁰ Wien: Gerold (1869)
19 Deklamazionsgedichte. I. 16 S. Baden b. Wien: Otto 1871
20 Erzählende Dichtungen. 77 S. 16⁰ Lpz: Reclam (= Universal-Bibliothek 412) 1873
21 Die drei Meister der Gemmoplastik Antonio, Giovanni, und Luigi Pichler. Eine biographisch-kunstgeschichtliche Darstellung. 68 S. Wien: Braumüller 1874
22 Beiträge zur Chronik der Stadt Baden bei Wien. 2 Bde. 247 S. m. Abb.; 64 S. Baden b. Wien: Schütze 1880–1885
23 Die Goethe-Bildnisse, biographisch-kunstgeschichtlich dargestellt. 5 Tle. 311 S. m. Abb. Wien: Braumüller 1881–1883
24 Badener Neujahrsblätter. 1885. Beitrag zur Chronik der Stadt Baden bei Wien. 64 S. Baden b. Wien: Schütze 1885 (zu Nr. 22)
25 Die Specialschriften über den Curort Baden bei Wien. Bibliographischer Beitrag zur topographisch-balneologischen Literatur Nieder-Österreichs. 27 S. Wien: Verl. d. Österr. Buchhändler-Correspondenz 1887
26 Märchengeschichten aus dem Leben. 61 S. Wien: Daberkow (= Deutsch-österreichische National-Bibliothek 129–130) 1894
27 Beethoven in Baden. 24 S., 2 Taf. Wien: Gerold (1902)
28 Begegnungen. Erinnerungsblätter 1819–1899. 212 S. Wien: Rosner 1903

ROMBACH, Otto (*1904)

1 Apostel. Ein Bühnenstück. 84 S. Heidelberg: Baden-Baden, Merlin-Verl. (Ms.) 1928
2 Der Brand im Affenhaus. Novellen. 307 S. Heidelberg, Baden-Baden: Merlin-Verl. 1928
3 Gazettenlyrik. Gedichte eines jungen Journalisten. 84 S. Heidelberg, Baden-Baden: Merlin-Verl. 1928
4 Völkerbund vis-à-vis. 64 S. Baden-Baden: Merlin-Verl. (Ms.) 1928
5 Es gärt in Deutschland. Roman. 444 S. Baden-Baden: Merlin-Verl. 1929
6 Hafen im Süden. Vier Erzählungen. 16 S. Bln: Virneburg Verl. ,,Der Aufbruch" (= Aufbruch-Bücherei 3) 1929
7 Der Trianonische Komplex. Pathetische Burleske. 42 S. Baden-Baden: Merlin-Verl. (Ms.) 1929
8 (MH) Die fesselnden Romane des Merlin-Verlages. Hg. O. R. u. R. R. Schmidt. 5 Bde. Baden-Baden: Merlin-Verl. 1929–1930
9 Ewige Wanderung. Kleiner Roman. 181 S. Bln: Verl. Die Rabenpresse 1935
10 Adrian, der Tulpendieb. Ein Schelmenroman. 422 S. Stg: Dt. Verl.-Anst. (1936)
11 Der Ikarus von Ulm. 164 S., 17 Abb. Oldenburg (, Stg: Dt. Verl.-Anst.) 1936
12 Der standhafte Geometer. Ein Roman von der jungen Donau. 428 S. Stg: Dt. Verl.-Anst. (1938)
13 Der junge Herr Alexius. Roman. 1110 S. Stg: Dt. Verl.-Anst. (1938)
14 Taraskonischer Liebestraum. Ein Schauspiel in vier Akten. 103 S. Stg, Bln: Dt. Verl.-Anst. 1943
15 Das Tulpenfieber. Einf. M. Forster. 78 S. Stg: Verl. Dt. Volksbücher (= Wiesbadener Volksbücher 296) 1943
 (Ausz. a. Nr. 10)
16 Vittorino oder Die Schleier der Welt. Roman. 600 S. Stg: Dt. Verl.-Anst. 1947
17 (Hg.) Goethe. 135 S. Stg: Mayer (= Bildner der Menschheit 1; = Mayers Taschenausgabe) 1948
18 Licht im Fenster. Schauspiel in fünf Akten. 95 S. Bln: Drei Masken-Verl. (Ms.) 1948
19 (MV) B. Cellini: Leben des Benvenuto Cellini, florentinischem Goldschmieds und Bildhauers. Von ihm selbst geschrieben. Übs. J. W. v. Goethe.

Überarb. K. Salzer. Mit e. Lebensbild v. O. R. 404 S. m. Abb. u. Taf. Stg: Schuler-Verl. 1949
20 Der Jüngling und die Pilgerin. Roman. 347 S. Stg: Dt. Verl.-Anst. 1949
21 Der Sternsaphir. Die Geschichte eines seltsamen Lebens. 202 S. Stg: Schuler-Verl. 1949
22 Cornelia und der standhafte Geometer. 469 S. Stg: Verl. Dt. Volksbücher 1952
    (Neuaufl. v. Nr. 12)
23 Gordian und der Reichtum des Lebens. 654 S. Stg: Kilpper 1952
    (Forts. zu Nr. 13)
24 (MV) Ravensburg. Aufn. T. Schneiders. Texte O. R. u. K. Bertsch. Buchgestaltung W. Schmidt. 27 Bl. m. Abb. Lindau: Thorbecke (= Bildbücherei Süddeutschland. Reihe Oberschwaben 5) 1952
25 (MV) Schönes Schwabenland. Eine Bilderschau. Hg. Landesverkehrsverband Württemberg. Planung u. Ges.-Bearb. R. H. Mühlhäuser. Text O. R. 191 S., 189 Abb., 1 Kt. Stg: Landesverkehrsverband Württemberg 1952
26 Das Mädchen aus Orplid. Roman. 300 S. Heidelberg, Marbach: Palladium-Verl. (= Bücher für alle. Jg. 3, 4) (1953)
    (Neuaufl. v. Nr. 20)
27 Auf dem Wege nach Marbach. Festvortrag zum fünfzigjährigen Jubiläum des Schillermuseums am 9. Mai 1953. 15 S., 3 Bl. Marbach: Schillermuseum 1953
28 Tillmann und das andere Leben. Roman. 469 S. Stg: Dt. Verl.-Anst. 1956
29 Tulpen-Wunder. Wanderung und Verwandlung einer Blume. Mit .. e. Plauderei über die wundersame Geschichte der Tulpe. Hg. E. Pischel. 63 S., 12 Taf. Stg: Schuler (= Souvenir 3) (1956)
30 (MV) Ludwigsburg. Die Stadt und das Schloß. Aufn. L. Windstoßer. Text O. R. u. E. Stemmler. Buchgest. G. Weidig. 51 S. m. Abb. u. Taf. Lindau: Thorbecke (= Thorbecke Bildbücher 23) 1957
31 Ägyptische Reise. Bilder und Begegnungen. 179 S., 7 Bl. Abb., 1 Titelb. Stg: Dt. Verl.-Anst. 1957
32 (MV) Heilbronn. Text O. R. 133 S. m. Abb. u. Taf. 4° Pfullingen: Neske (= Swiridoff Bildbände 6) 1959
33 Anna von Oranien. Roman. 373 S. Stg: Dt. Verl.-Anst. 1960

ROMPLER VON LÖWENHALT, Jesaias
(+Wahrmund von der Tannen) (1628–1658)

1 Erstes gebüsch Reim-getichte. 16 Bl., 240 S. 4° Straßburg: bej J. Ph. Mülben 1647

ROQUETTE, Otto (1824–1896)

1 Waldmeisters Brautfahrt. 100 S. 16° Stg, Augsburg: Cotta (1851)
2 Orion. 364 S. Bremen, Lpz: Haessel 1851
3 Liederbuch. 240 S. 16° Stg: Cotta 1852
4 Der Tag von St. Jacob. 131 S. 16° Stg: Cotta (1852)
5 Das Reich der Träume. Ein dramatisches Gedicht. 156 S. 16° Bln: Schindler (1853)
6 Herr Heinrich. 134 S. 16° Stg: Cotta (1854)
7 Haus Haidekuckuck. 197 S. 16° Bln: Schindler (1855)
8 Das Hünengrab. 390 S. Dessau, Bln: Mecklenburg 1855
9 Heinrich Falk. 3 Bde. 1032 S. Breslau: Trewendt 1858
10 Erzählungen. 369 S. Ffm: Hamacher 1859
11 Gedichte. 175 S. 16° Stg: Cotta 1859
    (Verm. Neuaufl. v. Nr. 3)
12 Leben und Dichten Johann Christian Günthers. 206 S. Stg: Cotta 1860

13 Neue Erzählungen. 362 S. Stg: Cotta 1862
14 Geschichte der Deutschen Literatur. 2 Bde. 923 S. Stg: Ebner 1862–1863
15 Susanne. 336 S. Stg: Cotta 1864
16 Waldeinsamkeit. 24 S. 16° Bln: Lassar (= E. Bloch's Dilettanten-Bühne) (1866)
17 Dramatische Dichtungen. 2 Bde. 364, 335 S. Stg: Cotta 1867–1876
18 Luginsland. Novellen. 603 S. Stg: Cotta 1867
19 Novellen. 410 S. Bln: Hertz 1870
20 Geschichte der deutschen Dichtung von den ältesten Denkmälern bis auf die Neuzeit. 2 Bde. 937 S. Stg: Ebner 1871–1872
    (Verm. Neuaufl. v. Nr. 14)
21 Welt und Haus. Novellen. 2 Bde. 797 S. Braunschweig: Westermann 1871–1875
22 Gevatter Tod. 250 S. Stg: Cotta 1873
23 Rebenkranz zu Waldmeisters silberner Hochzeit. 151 S. 16° Stg: Cotta 1876
24 Euphrosyne. Roman. 335 S. Stg: Dt. Verl.-Anst. (1877)
25 Deutsches Lesebuch für höhere Lehranstalten. 2 Bde. Bln: Parey 1877
    1. Dichtungen. 335 S.
    2. Prosa. 267 S.
26 Das Buchstabirbuch der Leidenschaft. Roman. 2 Bde. 462 S. Bln: Hertz 1878
27 Im Hause der Väter. Roman. 289 S. Bln: Paetel 1878
28 Der Maigraf. Erzählung. 140 S. Bln: Janke (1879)
    (Ausz. a. Nr. 10)
29 Die Prophetenschule. Roman. 2 Bde. 681 S. Bln: Janke 1879
30 Der Tag von St. Jakob. Ein Gedicht. 109 S. 16° Stg: Cotta 1879
    (Neubearb. v. Nr. 4)
31 Idyllen, Elegieen und Monologe. 144 S. Stg: Cotta 1882
32 Friedrich Preller. Ein Lebensbild. 343 S. Ffm: Literar. Anst. 1883
33 Inga Svendson. Erzählung. 223 S. Mchn: Richter 1883
34 Der Baum im Odenwald. Novelle. 109 S. Breslau: Schottländer 1884
    (Ausz. a. Nr. 36)
35 Das Eulenzeichen. Novelle. 168 S. Breslau: Schottländer 1884
    (Ausz. a. Nr. 36)
36 Neues Novellenbuch. 335 S. Breslau: Schottländer 1884
37 Die Tage des Waldlebens. Novelle. 117 S. Breslau: Schottländer 1884
    (Ausz. a. Nr. 36)
38 Unterwegs. Novelle. 73 S. Breslau: Schottländer 1884
    (Ausz. a. Nr. 36)
39 Wer trägt die Schuld? Novelle. 136 S. Breslau: Schottländer 1884
    (Ausz. a. Nr. 36)
40 Große und kleine Leute in Alt-Weimar. Novellen. 460 S. Breslau: Schles. Verl.-Anst. 1887
41 Über den Wolken und andere Novellen. 529 S. Dresden: Pierson 1887
42 Cesario. Erzählung in Versen. 98 S. 12° Stg: Cotta 1888
43 Der Dämmerungsverein. Lustspiel. 35 S. 16° Lpz: Reclam (= Universal-Bibliothek 2703) 1890
44 Frühlingsstimmen. Novellen. 329 S. Breslau: Schles. Verl.-Anst. 1890
45 Hanswurst. Lustspiel. 40 S. 16° Lpz: Reclam (= Universal-Bibliothek 2702) 1890
46 Der Schelm von Bergen. Lustspiel. 36 S. 16° Lpz: Reclam (= Universal-Bibliothek 2701) 1890
47 Ul von Haslach. Der fahrende Schüler. Spindel und Thyrsus. Ambrogios Beichte. Paris der Bessere. Erzählende Dichtungen. 175 S. 16° Bln: Fontane 1892
48 Siebzig Jahre. Geschichte meines Lebens. 2 Bde. 629 S. Darmstadt: Bergsträsser 1894
49 Sonderlinge. Novellen. 318 S. Breslau: Schles. Buchdr. 1895
50 Krethi und Plethi. Novelle. 142 S. Breslau: Schles. Buchdr. (= Unterwegs und Daheim. Serie 1, Bd. 7) 1896
51 Von Tag zu Tage. Dichtungen. Aus dem Nachlaß hg. L. Fulda. 366 S. 12° Stg: Cotta 1896
52 Die Reise ins Blaue. 134 S. m. Abb. 12° Lpz: Baum (1899)

Rose, Felicitas
(eig. Rose Felicitas Moersberger geb. Schliewen) (1862–1938)

1. Kerlchen. Lustige Geschichten. 180 S. Oppeln: Maske 1900
2. Provinzmädel. 10 Bde. Bln: Bong 1902–1904
   1. Kleinstadtluft. 231 S. 1902
   2. Kerlchens Lern- und Wanderjahre. 203 S. 1902
   3. Kerlchen wird vernünftig. 179 S. 1902
   4. Kerlchen als Erzieher. 176 S. 1902
   5. Kerlchen als Anstandsdame. 188 S. 1903
   6. Kerlchen als Sorgen- und Sektbrecher. 188 S. 1903
   7. Liebesgeschichten. 188 S. 1903
   8. Kerlchens Flitterwochen. 204 S. 1904
   9. Kerlchens Mutterglück. 203 S. 1904
   10. Kerlchens Ebenbild. 212 S. 1904
   (zu Nr. 1)
3. Allerhand Frohes! 180 S. Kassel: Dufayel 1907
   (Neuaufl. v. Nr. 1)
4. Heideschulmeister Uwe Karsten. Roman. 320 S. Bln: Bong 1909
5. Die Eiks von Eichen. Roman aus einer Kleinstadt. 275 S. Bln: Bong 1910
6. Bilder aus den vier Wänden. Novellen. 375 S. Bln: Bong 1911
7. Pädagogische Briefe einer Mutter. 174 S. Bln: Bong 1911
8. Drohnen. Eine Geschichte für junge und alte Nichtstuer. 235 S. Bln: Bong 1912
9. °Pastor Verden. Heideroman. 315 S. Stg: Cotta 1912
10. Meerkönigs Haus. Roman. 256 S. Bln: Bong (1917)
11. Das Lyzeum in Birkholz. Roman. 303 S. Bln: Bong (1917)
12. Der Mutterhof. Ein Halligroman. 284 S. Bln: Bong (1918)
13. Pastor Verden. Ein Heideroman. 315 S. Stg: Cotta 1918
    (Neuaufl. v. Nr. 9 unt. Pseud.)
14. Der Tisch der Rasmussens. Die Geschichte einer Familie. Roman. 312 S. Bln: Bong (1920)
15. Der graue Alltag und sein Licht. Roman. 297 S., 26 Abb. Bln: Bong 1922
16. Erlenkamp Erben. Roman. 317 S. Bln: Bong 1924
17. Rotbraunes Heidekraut. Lieder. 78 S. m. Abb. Bln: Bong 1924
18. Das Herz in der Birke. Geleitw. H. v. Wolzogen. 30 S., 1 Titelb. Bln: Bong (1925)
19. Und irgendwas für mich. 128 S. Bln: Vaterländ. Verl.- u. Kunstanst. (= Unsere Erzähler. Reihe 1, Gabe 2) (1925)
20. Die Erbschmiede. Roman. 318 S. Bln: Bong 1926
21. Der hillige Ginsterbusch. Roman. 313 S. Bln: Bong 1928
22. Die Wengelohs. Geschichte einer Postfamilie. Roman. 397 S. Bln: Bong 1929
23. Das Haus mit den grünen Fensterläden. Roman. 349 S. Bln: Bong 1930
24. Die vom Sunderhof. Roman. 344 S. Bln: Bong 1932
25. Wien Sleef, der Knecht. 353 S. Bln: Bong (1934)
26. Die jungen Eulenrieds. Roman aus Thüringen. 380 S. Bln: Bong 1936
27. Gesammelte Werke. 2 Reihen, je 4 Bde. Bln: Bong (1939)
28. Der Heidehof. Roman. 256 S. Mchn: Bong (1957)
    (Neuaufl. v. Nr. 14)

Rosegger, Peter (+P. K. = Petri Kettenfeier) (1843–1918)

1. Sittenbilder aus dem steirischen Oberlande. 262 S. Graz: Leykam 1870
2. Tannenharz und Fichtennadeln. Geschichten, Schwänke, Skizzen, Lieder in obersteierischer Mundart. 216 S. Graz: Leykam 1870
3. Zither und Hackbrett. Gedichte in obersteirischer Mundart. 170 S. 16° Graz: Leykam 1870
4. Geschichten aus Steiermark. 437 S. Preßburg: Heckenast 1871

5 Wanderleben. Skizzen. 245 S. Preßburg: Heckenast 1771
6 Das Buch der Novellen. 2 Reihen. 491, 520 S. 16⁰ Wien: Hartleben (1872 bis 1886)
7 In der Einöde. Eine Geschichte. 320 S. Preßburg: Heckenast 1872
8 Gestalten aus dem Volke der österreichischen Alpenwelt. 320 S. Preßburg: Heckenast 1872
9 (MH) Volkslieder aus Steiermark mit Melodien. Hg. P. R. u. R. Heuberger. 24 S. Preßburg: Heckenast 1872
10 Geschichten aus den Alpen. 2 Bde. 661 S. Preßburg: Heckenast 1873
11 (Hg.) Das neue Jahr. Deutscher Volkskalender für Österreich-Ungarn. Jg. 1–8. Preßburg: Heckenast 1873–1880
12 Aus dem Walde. Ausgewählte Geschichten. 276 S. m. Abb. Preßburg: Heckenast 1874
13 Die Schriften des Waldschulmeisters. 422 S. m. Kt. Preßburg: Heckenast 1875
14 Sonderlinge aus dem Volke der Alpen. 3 Bde. 759 S. Preßburg: Heckenast 1875
15 Das Volksleben in Steiermark in Charakter- und Sittenbildern dargestellt. 2 Bde. 430 S. Graz: Leykam 1875
16 Aus Wäldern und Bergen. Stille Geschichten. 230 S. 16⁰ Braunschweig: Westermann 1875
17 (Hg.) Heimgarten. Eine Monatsschrift. Jg. 1–35, je 12 H. Graz: Leykam 1876–1910
18 Streit und Sieg. Novellen. 2 Bde. 386 S. Preßburg: Heckenast 1876
19 Waldheimat. Erinnerungen aus der Jugendzeit. 397 S. Preßburg: Heckenast 1877
20 Wie sie lieben und hassen. Erzählung. 126 S. 16⁰ Bln: Janke (= Haus-Bibliothek) 1878
21 Lustige Geschichten. 267 S. Wien: Manz 1879
22 Mann und Weib. Liebesgeschichten. 2 Bde. 544 S. Wien: Manz 1879
23 Bilder von Defregger. Geschichten von Rosegger, 199 S., 13 Abb. Wien: Manz 1880
24 Aus meinem Handwerkerleben. Beitrag zur Charakteristik der Älpler. 378 S. Lpz: Duncker & Humblot 1880
25 Die Älpler, in ihren Wald- und Dorftypen geschildert. 385 S. Wien: Hartleben (1881)
26 †Vom Kreuzweg des Lebens. Novellistische Studien. Von H. Malser 279 S. Stg: Levy 1881
27 Ausgewählte Schriften. 115 Lfgn. Wien: Hartleben 1881–1891
28 Feierabende. Lustige und finstere Geschichten. 480 S. Wien: Hartleben (1882)
29 Heidepeter's Gabriel. Eine Geschichte in zwei Büchern. 326 S. Wien: Hartleben (1882)
30 Am Wanderstab. 416 S. Wien: Hartleben 1882
31 Der Gottsucher. Roman. 2 Bde. 565 S. Wien: Hartleben 1883
32 Neue Waldgeschichten. 336 S. Wien: Hartleben 1884
33 Bergpredigten. Gehalten auf der Höhe der Zeit unter freiem Himmel und zu Schimpf und Spott unseren Feinden, den Schwächen, Lastern und Irrthümern der Kultur gewidmet. 308 S. Wien: Hartleben 1885
34 Das Geschichtenbuch des Wanderers. Neue Erzählungen aus Dorf und Birg, aus Wald und Welt. 2 Bde, 642 S. Wien: Hartleben 1885
35 Sterben im Wald. Eine Erinnerung aus Kindertagen. 16 S. m. Abb. Lahr: Schauenburg (= Volks-Bibliothek des Lahrer Hinkenden Boten) 1885
36 Stoansteirisch. Vorlesungen in steierischer Mundart. 2 Bde. 216, 262 S. Graz: Leykam 1885–1889
37 Der Winkel- und der Wunderdoktor. Ein Bildchen aus dem Volke der Alpen. „Auf der Alm giebt's ka Sünd". Der letzte Schuß. Eine Geschichte aus dem Gebirge. 26 S. Lahr: Schauenburg (= Volks-Bibliothek des Lahrer Hinkenden Boten) 1885
38 (MV) Defregger-Album. Text P. R. 60 S., 80 Abb. Wien: Bondy 1886
39 Dorfsünden. 520 S. 16⁰ Wien: Hartleben (1887)
40 Höhenfeuer. Neue Geschichten aus den Alpen. 428 S. Wien: Hartleben 1887
41 Sonntagsruhe. Ein Unterhaltungs- und Erbauungsbuch ... 512 S. 16⁰ Wien: Hartleben (1887)

42 Waldferien. Ländliche Geschichten für die Jugend gewählt. 263 S. m. Abb. Wien: Hartleben 1887
43 Jakob der Letzte. Eine Waldbauerngeschichte aus unseren Tagen. 384 S. Wien: Hartleben (1888)
44 Allerhand Leute. 452 S. Wien: Hartleben 1888
45 Martin der Mann. Erzählung. 352 S. Wien: Hartleben (1889)
46 Deutsches Geschichtenbuch. Für die reifere Jugend gewählt. 327 S., 14 Abb. Wien: Hartleben 1890
47 Der Schelm aus den Alpen. Allerlei Geschichten und Gestalten, Schwänke und Schnurren. 2 Bde. 820 S. Wien: Hartleben 1890
48 Persönliche Erinnerungen an Robert Hamerling. 198 S. m. Bildn. Wien: Hartleben 1891
49 Gedichte. 190 S. m. Abb. Wien: Hartleben 1891
50 Hoch vom Dachstein. Geschichten und Schildereien aus Steiermark. 464 S. Wien: Hartleben 1891
51 Ernst und Heiter und so weiter. Für die reifere Jugend gewählt. 279 S. Wien: Hartleben 1892
52 Allerlei Menschliches. 450 S. Wien: Hartleben (1892)
53 Am Tage des Gerichts. Volksschauspiel. 122 S. Wien: Hartleben 1892
54 Aus dem Walde. Ausgewählte Geschichten für die reifere Jugend. 255 S. m. Abb. Wien: Hartleben 1892
55 Gute Kameraden. Persönliche Erinnerungen an berühmte und beliebte Zeitgenossen. 223 S., 16 Bildn. Wien: Hartleben 1893
56 Peter Mayr, der Wirt an der Mahr. Eine Geschichte aus deutscher Heldenzeit. 415 S. Wien: Hartleben (1893)
57 Ausgewählte Schriften. 30 Bde. Wien: Hartleben 1894
58 Schriften in steirischer Mundart. 3 Bde. 423, 380, 356 S. Graz: Leykam (1894)-1896
59 Spaziergänge in der Heimat. Nebst e. Anh.: Ausflüge in die Fremde. 432 S. Wien: Hartleben 1894
60 Als ich jung noch war. Neue Geschichten aus der Waldheimat. 439 S., 1 Bildn. Lpz: Staackmann 1895
61 (MV) P. R. u. H. Möbius: Aus Stadt und Land. Vier Erzählungen. 106 S. m. Abb. Dresden: Köhler: (= Köhler's illustrierte Jugend- und Volksbibliothek. Reihe 2, Bd. 24) 1895
62 Schriften. 3 Serien. 15, 14, 10 Bde. Wien: Hartleben (Serie 1 u. 2) bzw. Lpz: Staackmann (Serie 3) 1895-1907
63 Alpengeschichten. 93 S. m. Abb. Stg: Krabbe 1896
64 Der Waldvogel. Neue Geschichten aus Berg und Thal. 443 S. m. Titelb. Lpz: Staackmann 1896
65 Durch! und andere Geschichten aus den Alpen. 101 S. m. Abb. Stg: Krabbe 1897
66 Das ewige Licht. Erzählung aus den Schriften eines Waldpfarrers. 427 S. Lpz: Staackmann (1897)
67 Waldjugend. Geschichten für junge Leute von fünfzehn bis siebzig Jahren. 230 S. m. Abb., 10 Taf. Lpz: Staackmann (1898)
68 Das ewig Weibliche. Die Königssucher. 155 S. m. Abb. Stg: Krabbe 1898
69 Mein Weltleben oder Wie es dem Waldbauernbuben bei den Stadtleuten erging. 2 Folgen, 456, 376 S. m. Bildn. Lpz: Staackmann 1898-1914
70 Geschichten und Gestalten aus den Alpen. 96 S. m. Bildn. 16° Lpz: Reclam (= Universal-Bibliothek 4000) (1899)
71 Idyllen aus einer untergehenden Welt. 459 S. Lpz: Staackmann (1899)
72 Erdsegen. Vertrauliche Sonntagsbriefe eines Bauernknechtes. Kulturroman. 425 S. Lpz: Staackmann (1900)
73 Mein Himmelreich. Bekenntnisse, Geständnisse und Erfahrungen aus dem religiösen Leben. 403 S. Lpz: Staackmann (1900)
74 (Vorw.) Tirol. Sechsundvierzig photographische Ansichten. 30 Bl., 5 S. Text. Bln: Graph. Kunst-Verl. 1900
75 Das zu Grunde gegangene Dorf. Erzählung. 57 S. 12° Wiesbaden: Staadt (= Wiesbadener Volksbücher 3) 1901
76 Sonnenschein. 460 S. Lpz: Staackmann (1901)
77 (Einl.) Willkommen! Ein Herbergsbuch für unsere Gäste. 192 S. m. Abb. 4° Basel: Reinhardt 1901

78 Als ich noch der Waldbauernbub' war. Für die Jugend ausgewählt aus den Schriften. 3 Tle. 119, 123, 115 S. Lpz: Staackmann (1902)
79 (MV) (J. Dose: Der Feueranbeter. – P. R.:) Von meiner Mutter. 159 S. Kassel: Röttger (= Röttger's Volksbücherei 10) 1902
80 Eine Standrede an die Deutschen. 4 S. Hildesheim, Bln: Mäßigkeits-Verl. (= Flugblätter d. dt. Vereins gegen den Mißbrauch geistiger Getränke 2) 1902
81 Steirische Geschichten. 78 S. Graz: Styria (= Volksbücherei 29) 1903
82 Der Höllbart. Erzählung. Einl. A. Stern. 138 S. m. Bildn. Lpz: Hesse (= Hesse's Volksbücherei 61–62) 1903
83 Arme Sünder und andere Geschichten. 108 S. Bln: Hillger (= J. Kürschner's Bücherschatz 365) 1903
84 Weltgift. Roman. 402 S. Lpz: Staackmann 1903
85 Geschichten. 94 S. Bln: Hillger (= J. Kürschner's Bücherschatz 400) 1904 (Enth. u. a. Nr. 22)
86 Das Sünderglöckel. 404 S. Lpz: Staackmann 1904
87 Das Ereignis in der Schrun. 's Guderl. Die Nottaufe. 74 S. 12⁰ Wiesbaden: Staadt (= Wiesbadener Volksbücher 60) 1905
88 I. N. R. I. Frohe Botschaft eines armen Sünders. 394 S. Lpz: Staackmann 1905
89 Wildlinge. 411 S. Lpz: Staackmann 1906
90 Der Adlerwirt von Kirchbrunn. (S.-A.) 139 S. m. Bildn. Hbg: Dt. Dichter-Gedächtnis-Stiftung (= Volksbücher d. Dt. Dichter-Gedächtnis-Stiftung 19) 1907
91 Die Abelsberger Chronik. Den Schriften entnommene Sonderausg. 196 S. m. Abb. Lpz: Staackmann 1907 (Ausz. a. Nr. 62)
92 Schriften in Steirischer Mundart. Gesamtausg. in drei Bänden. Graz: Leykam 1907
   1. Zither und Hackbrett. Gedichte in steirischer Mundart. 433 S.
   2. Tannenharz und Fichtennadeln. Ein Geschichtenbuch in steirischer Mundart. 440 S.
   3. Stoansteirisch. Lustige Vorlesungen in steirischer Mundart. 439 S.
   (Enth. Nr. 2, 3, 36)
93 Nixnutzig Volk. Eine Bande paßloser Leute. 408 S. Lpz: Staackmann 1907
94 Die Försterbuben. Roman aus den steirischen Alpen. 356 S. Lpz: Staackmann 1908
95 Volksreden über Fragen und Klagen, Zagen und Wagen der Zeit. 173 S. Bln: Schwetschke 1908
96 Alpensommer. 415 S. Lpz: Staackmann 1909
97 Lasset uns von Liebe reden. Letzte Geschichten. 411 S. Lpz: Staackmann (1909)
98 Das Buch von den Kleinen... Ein Auszug aus seinen Schriften. 372 S. Lpz: Staackmann 1910
99 Die Ehestandspredigt. 27 S. Mchn: Callwey (= Der Schatzgräber 45) 1910
100 Mein Kind. Tagebuch der Mutter. Eine Anregung. 13 S. m. Anh. Stg: Schetter (1911)
101 Mein Lied. 232 S. Lpz: Staackmann 1911
102 Die beiden Hänse. Roman aus unserer Zeit. 362 S. Lpz: Staackmann 1912
103 Heimgärtners Tagebuch. 2 Folgen. 428, 405 S. Lpz: Staackmann 1913–1917
104 Gesammelte Werke. Vom Verf. neubearb. u. neueingeteilte Ausg. 40 Bde. in 4 Abt. zu je 10 Bdn. m. Bildn. Lpz: Staackmann 1913–1916
105 Erinnerungen eines Siebzigjährigen. 376 S. m. Bildn. Lpz: Staackmann (= Mein Weltleben, N. F.) 1914
   (N. F. v. Nr. 69)
106 (MV) P. R. u. O. Kernstock: Steirischer Waffensegen. 109 S. Graz: Leykam 1916
107 Als ich den Kaiser Josef suchte. Für die Jugend hg. B. Merth. 39 S., 1 Bildn. Wien: Schulbücherverl. (= Deutschösterr. Jugendhefte 17) 1917
108 Das lichte Land und allerhand. Eine späte Nachlese aus Friedenszeiten. 336 S. Lpz: Staackmann 1917
109 Abenddämmerung. Rückblicke auf den Schauplatz des Lebens. 308 S. Lpz: Staackmann (1919)

110 Der Liebste ist mein Glaube! Roman. 79 S. Bln: Hillger (= Kürschner's Bücherschatz 1303) (1920)
111 Frohe Vergangenheiten. Launige Geschichten. Vorw. Hans Ludwig Rosegger. 252 S. Lpz: Staackmann (1921)
112 Der Herrensepp und andere Erzählungen. 149 S. Lpz: Koehler & Amelang (= Amelang's Taschenbücherei 6) 1925
113 Schneiderpeterl erzählt. Aus P. K. R.s unveröffentlichten Jugendschriften. Eingel., hg. M. Mayer. VII, 196 S. m. Abb., 32 S. Faks., 32 Taf. Graz (: NS-Gauverl. u. Druckerei Steiermark) 1936

ROSEN (eig. Carlé), Erwin (1876–1923)

1 In der Fremdenlegion. Erinnerungen und Eindrücke. IX, 317 S. m. Bildn. Stg: Lutz (= Memoiren-Bibliothek II, 3) 1909
2 Der König der Vagabunden. Lustige Geschichten von amerikanischem Gelichter. 188 S. Hbg, Bln: Gutenberg-Verl. 1910
3 Zwei Jahre in der Fremdenlegion. Erinnerungen. 84 S. Köln: Schaffstein (= Schaffstein's grüne Bändchen 6) 1911
   (Ausz. a. Nr. 1)
4 Der deutsche Lausbub in Amerika. Erinnerungen und Eindrücke. 3 Bde. VIII, 302; 316; 315 S. Stg: Lutz (= Memoiren-Bibliothek IV, 1. 7. 15) 1911–1913
5 (MV) (O. Wister: Der Apachen-Überfall. – E. R. :) Wie der Wurm sich krümmte. 32 S. Bln: Hillger (= Deutsche Jugendbücherei 59) 1911
6 Yankeegeschichten. 96 S. 16⁰ Lpz: Reclam (= Reclam's UB. 5448) 1912
7 Cafard. Ein Drama aus der Fremdenlegion in vier Akten. 130 S. Mchn: Müller 1914
8 Der große Krieg. Ein Anekdotenbuch. 4 Bde. 296, 286, 296, 308 S. Stg:Lutz (= Anekdoten-Bibliothek) 1914–(1916)
9 Bismarck, der große Deutsche. Seine Größe. Seine Kraft. Sein Ernst. Sein Frohsinn. Ein Buch für ernste und heitere Stunden. 280 S., 1 Bildn. Stg: Lutz (= Anekdoten-Bibliothek 18) (1915)
10 England! Ein Britenspiegel. Schlaglichter der Kriegs-, Kultur- und Sittengeschichte. 342 S. Stg: Lutz (= Anekdoten-Bibliothek 20) (1916)
11 Der große Trick. Humoreske. 30 S. m. Abb. 16⁰ Lpz: Reclam (= Kurzweil-Büchel 4) (1919)
12 Amerikaner. 91 S. Lpz: Dürr & Weber (= Zellenbücherei 8) 1920
13 Teufel Geld. Erinnerungen und Eindrücke. 278 S. Mchn: Rösl 1920
14 Orgesch. 120 S. Bln: Scherl 1921
15 Spieler. 85 S. Lpz, Bln: Dürr & Weber (= Zellenbücherei 41) 1921
16 Allen Gewalten zum Trotz. Lebenskämpfe, Niederlagen, Arbeitssiege eines deutschen Schreibersmannes. 284 S. Stg: Lutz (= Memoiren-Bibliothek VI, 4) (1922)
17 Erlebnisbücher. Gesamt-Ausg. in 5 Bdn. Stg: Lutz (= Memoiren-Bibliothek) (1924)
   (Enth. Nr. 1, 4, 16)

ROSENOW, Emil (1871–1904)

1 Wider die Pfaffenherrschaft. Kulturbilder aus den Religions-Kämpfen des sechzehnten und siebzehnten Jahrhunderts. 2 Bde. 784 S. m. Abb. Bln: Bh. Vorwärts 1904–1905
2 Kater Lampe. Komödie. 150 S. m. Bildn. Stg: Cotta 1906
3 Die im Schatten leben. Drama. 155 S. Bln: Essig 1912
4 Gesammelte Dramen. Hg. v. seiner Frau. Biograph. Einl. Ch. Gaehde. XIV, 409 S. m. Bildn. Bln: Essig 1912
   (Enth. u. a. Nr. 2 u. 3)

Rosmer, Ernst (eig. Elsa Bernstein geb. Porges) (1866–1949)

1 Dämmerung. Schauspiel. 139 S. Bln: Fischer 1893
2 Wir Drei. Fünf Akte. 112 S. Mchn, Bln: Schuster & Loeffler 1893
3 Madonna. 173 S. Bln: Fischer 1894
4 Königskinder. Ein deutsches Märchen in drei Akten. 127 S. Bln: Fischer 1895
5 Tedeum. Gemütskomödie. 162 S. Bln: Fischer 1896
6 Themistokles. Tragödie. 142 S. Bln: Fischer 1897
7 Mutter Maria. Totengedicht in fünf Wandlungen. 96 S. 4° Bln: Fischer 1900
8 Merete. Drama. 146 S. Bln: Fischer 1902
9 °Johannes Herkner. Schauspiel. 155 S. Bln: Fischer 1904
10 Nausikaa. Tragödie. 151 S. Bln: Fischer 1906
11 Maria Arndt. Schauspiel. 119 S. Bln: Fischer 1908
12 Achill. Tragödie. 124 S. Bln: Fischer 1910

Rosner, Karl Peter (1873–1951)

1 Decadence. Novelletten. 115 S. Lpz, Bln: Schuster & Loeffler 1893
2 Gefühle. Psychopathische Fälle. 157 S. m. Titelb. Lpz, Bln: Schuster & Loeffler 1894
3 Shakspere's Hamlet im Lichte der Neuropathologie. Vortrag. 51 S. Bln: Fischer 1895
4 Auferstehung. Schauspiel. 84 S. Bln: Schuster & Loeffler 1895
5 Das Kind. Der Roman eines Studenten. 144 S. Bln: Schuster & Loeffler 1896
6 (Übs., Einl.) G. de Maupassant: Die Erbschaft. Roman. 140 S. Bln: Schuster & Loeffler 1896
7 Die dekorative Kunst im neunzehnten Jahrhundert. 140 S. Bln: Cronbach (= Am Ende des Jahrhunderts 6) (1898)
8 Taube Ehen. Schauspiel. 88 S. Bln: Schuster & Loeffler 1899
9 (MV) G. Hirth: Das deutsche Zimmer vom Mittelalter bis zur Gegenwart. 4., unter Mitwirkung v. K. R. bis zur Gegenwart erweiterte Aufl. 2 Tle. in 1 Bd. 448 S. m. Abb., 8 Taf.; 259 S. m. Abb., 12 Taf. Mchn: Hirth 1899
10 Ein Brandstifter und andere Erzählungen. 204 S. Dresden: Pierson 1902
11 Der Ruf des Lebens. Erzählung. 191 S. 12° Lpz, Bln: Seemann 1902
12 (Hg.) F. Kürnberger: Das Schloß der Frevel. Roman. 2 Bde. 313, 250 S. Lpz, Bln: Seemann 1904
13 Dietrich Hellwags Sieg. Roman. 220 S. Stg: Union 1904
14 Der böse Blick und andere Novellen. 92 S. Stg: Franckh (= Sammlung Franckh 34) 1905
15 Der Fall Versegy. Kriminalroman. 141 S. Stg: Engelhorn (= Engelhorn's allgemeine Roman-Bibliothek XXI, 23) 1905
16 Georg Bangs Liebe. Roman. 406 S. Bln: Concordia 1906
17 Rinnender Sand. Ostseegeschichten. 158 S. Bln: Concordia 1906
18 Die Mumienhand. Erzählungen. 119 S. Bln: Concordia (= Kleine Concordia-Bibliothek 3) 1907
19 Der Puppenspieler. Kriminal-Roman. 160 S. Stg: Engelhorn (= Engelhorn's allgemeine Roman-Bibliothek XXIII, 24) 1907
20 Sehnsucht. Roman. 357 S. Bln: Concordia 1907
21 Die silberne Glocke. Roman. 424 S. Lpz: Grethlein 1909
22 Der Herr des Todes. Roman. 491 S. Lpz: Grethlein 1910
23 Der Diener Dieffenbach. 293 S. Lpz: Grethlein 1911
24 Es spricht die Nacht... und andere Novellen. 206 S. Lpz: Grethlein 1911
25 Der Tod der Liebe und andere Novellen. 96 S. m. Abb. Bln: Hillger (= Kürschner's Bücherschatz 874) 1912
26 (MH) Der Greif. Cotta'sche Monatsschrift. Hg. K. R. u. E. v. d. Hellen. Jg. 1. 2 Bde. VI, 544 S., 2 Faks; VI, 528 S. Stg: Cotta 1913–1914
27 Der Sieger. 303 S. Bln: Kronen-Verl. (= Kronen-Bücher) 1913
28 Die drei Fräulein von Wildenberg. Roman. 411 S. Lpz: Grethlein 1914
29 Wir tragen das Schwert! Gedichte zum deutschen Krieg. 80 S. Stg: Cotta 1914

30 Vor dem Drahtverhau. Bilder aus dem Grabenkriege in Frankreich und Flandern. 170 S. Bln: Scherl (1916)
31 Der graue Ritter. Bilder vom Kriege in Frankreich und Flandern. 167 S. Bln: Scherl (1916)
32 Der deutsche Traum. Roman. 436 S. Stg: Cotta 1916
33 Mit der Armee von Falkenhayn gegen die Rumänen. 165 S. Bln: Scherl (1917)
34 Die Feindin. Kriegsbilder aus Frankreich und Flandern. 93 S. Lpz: Reclam (= Reclam's UB. 5931) (1917)
35 Vor der Siegfried-Stellung. Bilder aus den Frühjahrskämpfen 1917. 117 S. Bln: Scherl (1917)
36 Die große Frühlingsschlacht 1918. Tagebuchblätter. 162 S., 1 Kt. Bln: Scherl (1918)
37 (MV) W. Pape: Unser Kronprinz im Felde. Gemälde und Skizzen. Text K. R. 6 S. m. Abb., 18 Taf. 4° Bln: Scherl (1918)
38 Der Überläufer. Kriegsbilder aus Frankreich und Flandern. 100 S. Lpz: Reclam (= Reclam's UB. 5961) (1918)
39 Das Aquarium. Eine Skizze. 64 S. Bln: Hillger (= Kürschner's Bücherschatz 1253) (1919)
40 Die Beichte des Herrn Moritz von Cleven. Roman. 439 S. Stg: Cotta 1919
41 Der König. Weg und Wende. 299 S. Stg: Cotta 1921
42 Spione. Skizzen aus Frankreich. 80 S. Stg: Cotta (= Cotta'sche Handbibliothek 226) (1921)
43 (Hg.) Wilhelm, früher Deutscher Kronprinz: Erinnerungen. Aus den Aufzeichnungen, Dokumenten, Tagebüchern und Gesprächen hg. VI, 347 S., 7 S. Faks., 1 Titelb. Stg: Cotta (1922)
44 Befehl des Kaisers! Roman. 136 S. Stg: Cotta 1924
45 Der geschiedene Eros. Ein Roman für gute Menschen. 345 S. Stg: Cotta 1925
46 Die Sendung des Leutnants Coignet. Roman. 98 S. Bln: Volksverb. d. Bücherfreunde; Wegweiser-Verl. (1927)
47 Komteß Marese. Roman. 282 S. Stg: Cotta 1931
48 Die Versuchung des Joos Utenhoven. Roman einer Leidenschaft. 341 S. Stg: Cotta 1933
49 Im Zauberkreis. Roman. 384 S. Düsseldorf: Vier Falken-Verl. 1947
50 ,,Damals – – –". Bilderbuch einer Jugend. 296 S. Düsseldorf: Vier Falken-Verl. 1948

ROSSMANN, Hermann (*1902)

1 Stimmungen um Rembrandt. 95 S. m. Taf. Bln: Rembrandt-Verl. (1925)
2 Haas und Swinegel als Wandergesellen. 129 S. m. Abb. Bln: Rembrandt-Verl. (1927)
3 Klas der Fisch. 163 S. Bln: Rembrandt-Verl. (= Neue europäische Erzähler) (1927)
4 Ferne. Roman eines D-Zug-Waggons. 203 S. Bln: Rembrandt-Verl. (= Neue europäische Erzähler) 1928
5 Flieger. Drama. 71 S. Bln: Oesterheld 1932
6 Flügel. 126 S. Bln: Fischer (= S. Fischer-Bücherei) 1934
7 Kinderkrippenspiel. 24 S. Mchn: Kaiser (= Christliche Gemeindespiele 93) (1948)
8 Totentanz der Wildnis. 96 S. Mainz: Drei Brücken-Verl. 1948
9 Im Herrgottswinkel. Ein Spiel. 63 S. Kassel, Basel: Bärenreiter-Verl. (= Bärenreiter-Laienspiele 156) 1951
10 Fünf Mann – ein Brot. Ein Kriegsgefangenenspiel. 75 S. Kassel, Basel: Bärenreiter-Verl. (= Bärenreiter-Laienspiele 227) 1953
11 Die Flöte. Ein alltägliches Vorweihnachtsspiel. 51 S. Kassel, Basel: Bärenreiter-Verl. (= Bärenreiter-Laienspiele 278) 1955
12 Titanen. Drei Einakter. Shakespeares Tod. König Thoas. Dante und Beatrice. 98 S. m. Abb. Mchn, Wien, Basel: Desch (= Welt des Theaters) 1955
13 Eine Tür geht auf. Ein Spiel. 80 S. Kassel, Basel: Bärenreiter-Verl. (= Bärenreiter-Laienspiele 276) 1955

14 Drei Könige wandern. Weihnachtsspiel. 36 S. Kassel, Basel: Bärenreiter-Verl. (= Bärenreiter-Laienspiele 290) 1956
15 Mann im Mond. Dramatische Studie. 54 S. Kassel, Basel: Bärenreiter-Verl. (= Bärenreiter-Laienspiele 292) 1956
16 Die Schule sind wir. Ein Festspruch zur Schul-Einweihung. 12 S. Kassel, Basel: Bärenreiter-Verl. (= Bärenreiter-Laienspiele 306) 1957
17 Einer kam zu Gast. Ein Spiel. 42 S. Kassel, Basel: Bärenreiter-Verl. (= Bärenreiter-Laienspiele 327) 1958
18 (Hg.) Liebster!... Liebste!... Schicksale in deutschen Liebesbriefen. 61 S. Schwäb. Hall: Schwend 1958
19 Das Motorrad. Ein Spiel. 63 S. Kassel, Basel: Bärenreiter-Verl. (= Bärenreiter-Laienspiele 348) 1959
20 Stimmungen um Rembrandt. Ein Leben in Bildern. 126 S., 26 Abb. Bln: Rembrandt-Verl. 1959
   (Veränd. Neuaufl. v. Nr. 1)
21 Insel zwischen drei Erdteilen. Skizzen aus Sizilien. 168 m. S. Abb. Schwäb. Hall: Schwend 1960

Rost, Johann Christoph (1717–1765)

1 *Die Tänzerinn. 36 S. Bln: Rüdiger 1741
2 *Die gelernte Liebe. Ein Schäferspiel. Von Einer Handlung. 44 S. o. O. 1742
3 *Schäfererzählungen. 70 S. o. O. 1742
4 *Das Vorspiel. Ein Satirisch-Episches Gedicht, in fünf Büchern. 44 S. o. O. 1742
5 *Der versteckte Hammel, oder die gelernte Liebe. Ein Schäferspiel. o. O. 1743
   (Neuaufl. v. Nr. 2)
6 *Die Nachtigall. Bln 1744
7 *Versuch von Schäfer-Gedichten und andern poetischen Ausarbeitungen. 230 S. o. O. 1744
   (Verm. Neuaufl. v. Nr. 3)
8 (Hg.) J. U. v. König: Gedichte, aus seinen von ihm selbst verbesserten Manuscripten gesammlet u. hg. 14 Bl., 645 S. Dresden: Walther 1745
9 *Der Teufel an den Kunstrichter der Leipziger Schaubühne. 5 Bl. 4° Altona 1753
10 *Die schöne Nacht. 1 Bl., 14 S. m. Ku. o.O. (1754)
11 *Um göttliche Hilfe. 2 Bl. 4° o.O. (1765)
12 Des Herrn von Rost's Versuch von Schäfergedichten und andern poetischen Ausarbeitungen. 72 S. Ffm, Lpz 1767
   (Neuaufl. v. Nr. 7)
13 Des Herrn von Rost's Versuch von Schäfergedichten und andern poetischen Ausarbeitungen. 152 S. o. O. 1768
   (Verm. Neuaufl. v. Nr. 12)
14 Vermischte Gedichte. (Hg. Ch. H. Schmid, J. B. Michaelis u. J. G. Dyk.) 8 Bl., 120 S. m. Titelku. o. O. 1769
15 Zwei Schäferspiele. Doris oder die zärtliche Schäferin. Der versteckte Hammel. Kempten, Ffm, Lpz 1775
   (Enth. u. a. Nr. 5)
16 *Nuditäten. 2 Bde. m. Titelku. Padua: Pietro Tarone 1797
17 *Kleine Nuditäten oder Fantasien auf der Venusgeige. 2 Bde. Padua: Pietro Tarone (1798)

Roth, Eugen (*1895)

1 Die Dinge, die unendlich uns umkreisen. Gedichte. 42 S. Lpz, Mchn: Wolff (= Der jüngste Tag 53) (1918)
2 Erde, der Versöhnung Stern. Gedichte. 77 S. Mchn: Allg. Verl.-Anst. München (1921)

3 Der Ruf. Gedichte. 64 S. Bln, Potsdam: Der Weiße Ritter-Verl. 1923
4 Monde und Tage. 106 S. Mchn: Piper (1929)
5 (Vorw.) Oberammergau. Jubiläums-Passions-Spiele. 1634–1934. 4 Bl., 32 Taf. Mchn: Bruckmann 1934
6 Ein Mensch. Heitere Verse. 127 S. Weimar: Duncker (1935)
7 Die Frau in der Weltgeschichte. Ein heiteres Buch. 94 S., 60 Abb. Weimar: Duncker (1936)
8 Traum des Jahres. Gedichte. 95 S. Weimar: Duncker (1937)
9 Die Fremde und andere Erzählungen. 138 S. Weimar: Duncker 1938
10 Das große Los. Nach alten und neuen Berichten dargestellt. 207 S. m. Abb. Mchn: Knorr & Hirth 1938
11 Recht. Erzählung aus dem Dreißigjährigen Krieg. 61 S., 8 Abb. Weimar: Duncker (= Aus deutschen Gärten 24) 1939
12 Der Wunderdoktor. Heitere Verse. 127 S. Weimar: Duncker (1939)
13 Menschliches in Scherz und Ernst. 79 S. Lpz: Reclam (= Reclam's UB. 7486) 1941
14 Der Weg übers Gebirg. 79 S. Weimar: Duncker 1941
15 Der Fischkasten und andere Erzählungen. 66 S. Lpz: Reclam (= Reclam's UB. 7533) 1942
16 Einen Herzschlag lang. Neue Geschichten. 64 S. Gütersloh: Bertelsmann (1942)
17 Abenteuer in Banz. Novelle. 19 S. Lpz: Reclam (= Reclam's Reihenbändchen 21) 1943
18 Münchener Geschichten. 31 S. Bielefeld, Lpz: Velhagen & Klasing 1943
19 (Hg., Nachw.) J. Frh. v. Eichendorff: Eine Auswahl. 2 Bde. 375, 414 S. Mchn: Hanser (1946)
20 Die schöne Anni. Erzählungen. 134 S. Düsseldorf: Merkur-Verl. 1947 (Enth. u. a. Nr. 15)
21 Mensch und Unmensch. Heitere Verse. 142 S. Mchn: Hanser 1948
22 Tierleben. 2 Bde. 240, 296 S. m. Abb. Mchn: Hanser 1948–1949
23 Ernst und heiter. 200 S. Saarbrücken: Club d. Buchfreunde (1949)
24 (Hg., Nachw.) J. Frh. v. Eichendorff: Werke in einem Bande. 893 S. Mchn: Hanser (1950)
25 Das Schweizerhäusl und andere Erzählungen. 165 S. Mchn: Hanser 1950 (Erw. Neuaufl. v. Nr. 9)
26 Rose und Nessel. Gedichte. 87 S. Mchn: Hanser 1951
27 Abenteuer in Banz und andere Erzählungen. 153 S. Mchn: Hanser 1952 (Enth. u. a. Nr. 17)
28 Buntes Buch der Tiere. 60 S. m. Abb. quer 4° Braunschweig: Westermann 1952
29 (Hg., Einl.) J. Kreis: Kleine Großstadt. 120 S. m. Abb. Mchn: Langen-Müller 1952
30 (MV) Bayerisches Kunsthandwerk von heute. Hg. R. Poeverlein. XIX S., 142 S. Abb. Mchn: Bruckmann 1952
31 Allzeit gute Reise. 38 S. m. Abb. Ffm: Zentrale Werbestelle d. Dt. Bundesbahn (1953)
32 Vom Lotto zum Toto. 75 S. m. Abb. Mchn: Piper (= Piper-Bücherei 62) 1953 (zu Nr. 10)
33 (MV) E. R. u. E. M. Cordier: Unser deutsches Museum. 18 Bl. m. Abb. Mchn: Dt. Museum (1953)
34 Der Stachelbeeren-Till und zwei andere Bubengeschichten in Reimen. 40 S. m. Abb. Salzburg: Pilgram-Verl. 1953
35 Heitere Kneipp-Fibel. 67 S. m. Abb. Mchn: Ehrenwirth 1954
36 Mensch und Zeit. 8 Bl. m. Abb. Offenbach: Kumm (1954)
37 Der Raufhansel und andere Bubengeschichten in Reimen. 30 S. m. Abb. Salzburg: Pilgram-Verl. 1954
38 Gute Reise! Heitere Verse. 144 S. Mchn: Hanser 1954
39 (MV) Reise durch ein Jahrhundert (1955.) Hg. Bundesbahn-Werbe- u. Auskunftsamt f. d. Personen- u. Güterverkehr. Mit Honoré Daumier. Text E. R. 14 ungez. Bl. m. Abb. 4° Bln-Steglitz: Siebert (1954)
40 (Hg.) Das Schönste von München. 47 S., 15 Abb. Mchn: Nymphenburger Verlh. (= Das Schönste) 1954

41 Sammelsurium. Freud und Leid eines Kunstsammlers. 95 S., 27 Abb. Mchn: Hanser 1955
42 Simplicissimus. Ein Rückblick auf die satirische Zeitschrift. 107 S. m. Abb., 42 Bl. Abb. Hannover: Fackelträger-Verl. 1955
43 Humorapotheke. 6 Bde. Mchn: Hanser 1956–(1959)
   (1.) Die Frau in der Weltgeschichte. 94 S. 1956
   (2.) Ein Mensch. 86 S. 1957
   (3.) Mensch und Unmensch. 109 S. 1957
   (4.) Der Wunderdoktor. 96 S. 1957
   (5.) Neue Rezepte vom Wunderdoktor. 96 S. 1959
   (6.) Gute Reise. 144 S. (1959)
      (Enth. Nr. 6, 7, 12, 21, 38, 51)
44 Lausbubentag. Ein freches Bilderbuch v. J. Himpel mit Versen v. E. R. 29 Taf. Mchn: Lentz (1956)
45 Kleines Tierleben. 97 S. m. Abb. Mchn: Hanser 1956
   (Ausz. a. Nr. 22)
46 (MV, Einl.) K. Brantl u. E. R.: München. Das Herz Bayerns. 62 S., 30 Abb. Mchn, Wien: Andermann (= Panorama-Bücher) 1957
47 (Hg.) Hundert Jahre Humor in der deutschen Kunst. 92 ungez. Bl. m. Abb. Hannover: Fackelträger-Verl. 1957
48 (Einl.) J. M. Voltz: Bilder aus dem Biedermeier. 13 S., 12 Taf. Baden-Baden: Klein (= Der silberne Quell 39) 1957
49 Unter Brüdern. Geschichten von meinen Söhnen. 109 S. Mchn: Hanser (1958)
50 (MV, Einl.) Olaf Gulbransson. Maler und Zeichner. Texte E. R. u. a. 153 S., 1 Titelb. 4° Mchn: Bruckmann 1959
51 Neue Rezepte vom Wunderdoktor. Heitere Verse. 96 S. Mchn: Hanser 1959 (= Bd. 5 v. Nr. 43)
52 Der Schrift und Druckkunst Ehr und Macht von Eugen Roth in Reime bracht. 75 S. m. Abb. Bln, Ffm: Linotype 1959
53 Täglich unterwegs. Eine heitere Verkaufskunde, in Verse gesetzt. 88 S. m. Abb. Mchn-Pasing: Herbrecht (1959)
54 Auf geht's! Eine oktoberfestliche Moritat. 32 Bl. m. Abb., 1 Titelb. Hannover: Fackelträger-Verl. Schmidt-Küster 1960
55 (MV) Das Kind und sein Vater. Hg. H. Reich. Text E. R. 12 S., 66 Taf. Mchn: Reich (= Terra magica-Bildband) 1960
56 Von Mensch zu Mensch. 367 S. m. Abb. 4° (Düsseldorf:) Dt. Buchbund (1960)
57 Oberammergau. 70 S., 62 Abb. Mchn: Bruckmann 1960
58 (Vorw.) L. Thoma: Ausgewählte Werke. 3 Bde. 462, 451, 480 S. m. Titelb. Mchn: Piper 1960

Roth, Joseph (1894–1939)

1 Hotel Savoy. Ein Roman. 145 S. Bln: Verl. Die Schmiede 1924
2 Die Rebellion. Ein Roman. 138 S. Bln: Verl. Die Schmiede (= Die Romane des zwanzigsten Jahrhunderts) 1924
3 April. Die Geschichte einer Liebe. 62 S. m. Abb. Bln: Dietz 1925
4 Der blinde Spiegel. Ein kleiner Roman. 71 S. Bln: Dietz 1925
5 Die Flucht ohne Ende. Ein Bericht. 253 S. Mchn: Wolff 1927
6 Juden auf Wanderschaft. 103 S. Bln: Verl. Die Schmiede (= Berichte aus der Wirklichkeit 4) 1927
7 Zipper und sein Vater. 264 S. Mchn: Wolff 1928
8 Rechts und links. Roman. 370 S. Bln: Kiepenheuer 1929
9 Hiob. Roman eines einfachen Mannes. 300 S. Bln: Kiepenheuer 1930
10 Panoptikum. Gestalten und Kulissen. 141 S. Mchn: Knorr & Hirth 1930
11 Radetzkymarsch. Roman. 582 S. Bln: Kiepenheuer 1932
12 Der Antichrist. Roman. 248 S. Amsterdam: de Lange 1934
13 Tarabas, ein Gast auf dieser Erde. Roman. 287 S. Amsterdam: Querido 1934
14 Beichte eines Mörders, erzählt in einer Nacht. 262 S. Amsterdam: de Lange 1936

15 Die hundert Tage. Roman. 296 S. Amsterdam: de Lange 1936
16 Das falsche Gewicht. Die Geschichte eines Eichmeisters. 198 S. Amsterdam: Querido 1937
17 Le triomphe de la beauté. Paris: Nouv. litt. 1937
18 Die Kapuzinergruft. Roman. 231 S. Bilthoven: De Gemeenschap 1938 (Forts. v. Nr. 11)
19 Die Geschichte von der tausendundzweiten Nacht. Roman. 240 S. Bilthoven: De Gemeenschap 1939
20 Die Legende vom heiligen Trinker. 108 S. Amsterdam: de Lange 1939
21 Der Leviathan. 71 S. Amsterdam: Querido 1940
22 Werke in drei Bänden. (Hg. H. Kesten.) 3 Bde. XXVI, 890; 929; 849 S. Köln, Bln: Kiepenheuer & Witsch 1956

ROTHE, Hans (*1894)

1 (Übs.) W. Shakespeare: Troilus und Cressida. 147 S., 12 Abb. 4° Lpz: (Insel) (= Drucke d. Staatl. Akademie für graphische Künste u. Buchgewerbe zu Leipzig, Druck 1) 1921
2 (Übs.) W. Shakespeare: König Lear. V, 133 S. Mchn: Meyer & Jessen 1922
3 (Übs.) W. Shakespeare: Macbeth. VII, 92 S. Mchn: Meyer & Jessen 1922
4 (Übs.) W. Shakespeare: König Richard der Zweite. VI, 116 S. Mchn: Meyer & Jessen 1922
5 (Übs.) W. Shakespeare: Wie es Euch gefällt. V, 98 S. Mchn: Meyer & Jessen 1922
6 (Übs.) W. Shakespeare: Was Ihr wollt. VII, 98 S. Mchn: Meyer & Jessen 1923
7 (Übs.) W. Shakespeare: Der Kaufmann von Venedig. IV, 101 S. Mchn: Meyer & Jessen 1924
8 (Hg.) Daumier und wir. Eine Sammlung Daumierscher Lithographien, in neun Bänden. Mit Einl. u. Bildtexten hg. Bd. 1. 4–7. 5 Bde. 4° Lpz: List 1925–1928
9 (Übs.) W. Shakespeare: König Johann. IV, 101 S. Mchn: Meyer & Jessen 1925
10 (Hg.) Fünfundzwanzig Jahre Leipziger Schauspielhaus. 36 S. m. Abb. Lpz: Leipziger Schauspielhaus 1927
11 (Übs.) S. de Callias: Erbfeindschaft. Versuch einer Annäherung. Novelle. 120 S. Lpz: List 1928
12 Keiner für alle. Komödie in drei Akten. 138 S. Lpz: List (1928)
13 (Übs.) W. Shakespeare: Shakespeare in neuer Übersetzung. 3 Bde. Lpz: List (1928–1936)
   1. Lustspiele. XXXVI, 439 S., 1 Titelb.
   2. Komödien. XXIV, 511 S.
   3. Jugendwerke. 480 S.
14 Der brennende Stall. Komödie in vier Akten. 162 S. Lpz: List (1928)
15 (Übs.) E. Wallace: Der Mann, der seinen Namen änderte. 95 S. Lpz: List 1928
16 (Übs.) R. Kipling: Das kommt davon! Geschichten und Märchen. 136 S. 8 Taf. Lpz: List 1929
17 (MV) H. R. u. F. Horch: Max Reinhard. Fünfundzwanzig Jahre Deutsches Theater. Ein Tafelwerk. 2 Bde. 78 S., 138 S. Abb.; 92 S. m. Titelb. 4° Mchn: Piper 1930
18 (Bearb.) E. Wallace: Platz und Sieg. Komödie. Frei bearb. 99 S. Lpz: Goldmann (1932)
19 (Übs.) W. Shakespeare: König Heinrich der Vierte. In neuer Fassung. 141 S. Lpz: List 1934
20 (Übs.) R. Graves: Ich Claudius, Kaiser und Gott. 492 S., 2 Kt. Lpz: List (1935)
21 Der Kampf um Shakespeare. Ein Bericht. 105 S. Lpz: List 1936
22 (Übs.) A. Bailly: Der Kardinal als Diktator. 355 S., 8 Abb. Lpz: List 1937
23 *(Übs.) R. Graves: Rostbraun-gezähnt. Roman. 387 S. Lpz: List 1937
24 (Hg.) Shakespeare-Trostbüchlein für viele Lagen des Lebens. 63 S. Lpz: List (= Lebendiges Wort 27) (1937)

25 (Übs.) Oberst Lawrence geschildert von seinen Freunden. XVI, 332 S., 4 Taf. Lpz: List 1938
26 (Übs.) K. Roberts: Nordwest Passage. Roman. 610 S., 2 Kt. Lpz: List 1938
27 *(Übs.) R. Graves: Belisar von Byzanz. 468 S., 1 Kt. Lpz: List 1939
28 Ankunft bei Nacht (Die Ausländerin). Drama. 80 S. Madrid (1941)
29 (Hg.) F. J. Goya y Lucientes: Zeichnungen. 37 S., 100 Abb. 4⁰ Mchn: Piper 1943
30 El panteón de Goya. 128 S. m. Abb. Barcelona: Orbis 1944
31 (Übs.) F. Tilsley: Und doch will ich leben. Roman. 439 S. Mchn: Piper 1946
32 Sangre, nieve y ebano. 297 S. Barcelona: Janés 1947
(Enth. u. a. Nr. 28)
33 Neue Seite. Geschrieben nach elfjähriger Emigration. 133 S. Lauf: Nest-Verl. (= Uhu-Bücher 4) 1947
34 (Übs.) T. E. Lawrence: Selbstbildnis in Briefen. Hg. D. Garnett. 661 S., 1 Titelb. Mchn, Lpz: List 1948
35 Ankunft bei Nacht. Roman. 367 S. Mchn, Lpz, Freiburg i. Br.: List 1949 (Ep. Fassg. v. Nr. 28)
36 Beweise das Gegenteil. Roman. 395 S. Lpz, Mchn: List 1949
37 (Einl.) H. Bosch: Garten der Lüste. 14 S. m. Abb., 53 Taf. Mchn: Piper (= Piper-Bücherei 88) 1955
38 (Übs.) (W. Shakespeare:) Der Elisabethanische Shakespeare. Das dramatische Werk. 9 Bde. Baden-Baden: Holle 1955–1958
39 (Übs.) J. Giraudoux: Elektra. Stück in zwei Akten. 139 S. Mchn: List (= List-Bücher 141) 1959

RUBATSCHER, Maria Veronika (*1900)

1 Maria Ward. Ein kleines Buch von einer großen Frau. Geleitw. E. v. Handel-Mazzetti. 116 S., 5 Taf. Kevelaer: Butzon & Bercker 1927
2 Don Bosco. Ein Lebensbild. 81 S. m. Abb., 1 Titelb. 16⁰ Innsbruck: Rauch (= Sendboten-Broschüren 1, 31) 1929
3 Unter dem Regenbogen. Lebensbilder gottseliger Menschen. 252 S. m. Taf. Innsbruck: Rauch (= Sendboten-Bücherei 2) 1929
4 Agnes. Eine gotische Geschichte von einer Domkirchen und einem Elendhaus, von einem Meßner, einem Goldschmied und zween güldenen Jungfrauen. 46 S., 7 Taf. Mchn: Verl. Ars sacra (= Kleine Bücher für besinnliche Menschen) 1930
5 Der Lusenberger. Der Roman eines Künstlerlebens. 328 S., 16 Taf. Mchn: Kösel & Pustet 1930
6 Sonnwend. Roman. 294 S. Salzburg: Pustet 1932
7 Perle Christi. Roman einer Liebenden. Mit einem Bekenntnis zur Dichterin v. H. Hagn. 295 S. Saarbrücken: Saarbrücker Druckerei u. Verl. 1933
8 Gedämpfte Glut. Bunte Geschichten. Einf. W. Lenzen. Schluß E. Colerus-Geldern. 156 S. Saarlautern: Hausen 1934
9 Luzio und Zingarella. Erzählung. 102 S. Bln: Grote (= Grote'sche Sammlung von Werken zeitgenössischer Schriftsteller 211) 1934
10 Altgrödner Geschichten. 77 S. Heilbronn: Salzer (= Salzer's Volksbücher 5) 1935
11 Das lutherische Joggele. Roman aus dem Marterbuch der deutschen Seele. 190 S. Heilbronn: Salzer 1935
12 Wie der König seine Soldaten warb. Kleine Geschichten um ein großes Geheimnis. 101 S. Innsbruck: Rauch (1936)
13 Meraner Mär. 97 S., 15 Abb. Bln: (= Grote'sche Sammlung von Werken zeitgenössischer Schriftsteller 224) 1936
14 Die Schmerzensreiche von Capriana. 138 S., 2 Taf. Innsbruck: Rauch 1936
15 Tiroler Legende. 23 S., 4 Abb. Freiburg i. Br.: Herder 1938
16 Margarita von Cortona. Geschichte einer Liebenden. 277 S. Freiburg i. Br: Herder 1938
(Neuaufl. v. Nr. 7)

17 (Einl.) Lob sei Dir Fraue. Alte deutsche Marienlieder. 57 S. m. Abb. Freiburg i. Br.: Herder 1940
18 Der Ritt in die Liebe. Novelle. 72 S. m. Abb. Luzern: Rex-Verl. (= Rex-Kleinbücherei 15) 1947
19 (Hg., Einl.) M. Buol: Früchte der Heimat. Geschichten. 271 S. Wien: Bernina-Verl. 1948
20 Passion in Tirol. Maria Domenica Lazzari. 1815-1848. 144 S. m. Abb. Mödling b. Wien: V. St. Gabriel (1948)
(Neuaufl. v. Nr. 14)
21 Segel im Sturm. 96 S. m. Abb. Mödling b. Wien: V. St. Gabriel (= Heilige Flamme 2) (1948)
22 ,,Und sie folgten ihm..." Kleine Geschichten um ein großes Geheimnis. 140 S. m. Abb. Mödling b. Wien: V. St. Gabriel (= Heilige Flamme 4) (1948)
(Neuaufl. v. Nr. 12)
23 Dunkle Wege ins Licht. 96, 88, 144 S. m. Abb. Mödling b. Wien: V. St. Gabriel (1949)
24 Bei Gemma Galgan. 2 Bde. 323 S. m. Taf.; VIII, 427 S., 7 Bl. Abb., 1 Titelb. St. Ottilien: Eos-Verl. 1950
25 Liebeslied aus Meran. Novelle. 117 S. Wien: Herold 1950
(Neuaufl. v. Nr. 13)
26 Die Thurnwalder Mutter. Ein Frauenbild aus Tirols großer und dann so dunkler Zeit. 131 S. Wien: Bernina-Verl. 1950
27 Lino von Parma. Ein Leben der Liebe. 168 S., 4 Bl. Abb. Luzern: Rex-Verl. 1952
28 Große Herzen. Lebensbilder heroischer Christen unserer Zeit. 57 S. Wiesbaden: Credo-Verl. (= Credo-Reihe 3) 1953
29 (MH) Liebfrauenlob in Lied und Bild aus fünf Jahrhunderten. Bearb. u. hg. M. V. R. u. C. J. H. Villinger. 50 S. m. Abb. Wiesbaden: Credo-Verl. (= Credo-Reihe 12) 1953
30 Genie der Liebe – Bodelschwingh. 195 S., 3 Taf., 1 Titelb. Köln: Greven 1954
31 Konnersreuth in Südtirol. 153 S. St. Pölten: Preßvereins-Dr. (1956)
(Neuaufl. v. Nr. 20)
32 Es war einmal ein Schützenfest... Geschichten und Gestalten von Anno Neun. 152 S., 4 Taf. Innsbruck: Wagner (1958)

RUBINER, Ludwig (+Ernst Ludwig Grombeck)   (1881–1920)

1 +Die indischen Opale. Kriminalroman. 272 S. Bln: Scherl 1911
2 (MV) F. Eisenlohr, L. Hahn u. L. R.: Kriminal-Sonette. 53 S. Lpz: Wolff 1913
3 Das himmlische Licht. Gedichte. 47 S. Lpz, Mchn: Wolff (= Der jüngste Tag 33) 1916
4 Der Mensch in der Mitte. 193 S. Bln-Wilmersdorf: Verl. d. Wochenschr. Die Aktion (= Politische Aktions-Bibliothek 2) 1917
5 (Hg.) Zeit-Echo. Jg. 3. 24 H. Bümpliz-Bern: Benteli 1917-1918
6 (Hg., Einl.) L. N. Tolstoj: Tagebuch 1895-1899. Nach dem geistigen Zusammenhang ausgew. A. d. Russ. übs. Frida Jchak-Rubiner. XXXII, 240 S. Zürich: Rascher (= Europäische Bücher) 1918
7 (Hg.) Die Gemeinschaft. Dokumente der geistigen Weltwende. 278 S., 14 Taf. Potsdam: Kiepenheuer (1919)
8 Die Gewaltlosen. Drama in vier Akten. 126 S. Potsdam: Kiepenheuer (= Der dramatische Wille 1) 1919
9 (Hg.) Kameraden der Menschheit. Dichtungen zur Weltrevolution. Eine Sammlung. 176 S. Potsdam: Kiepenheuer 1919
10 (Hg., Einl. MÜbs.) F. M. A. de Voltaire: Die Romane und Erzählungen. Vollständige Ausg. 2 Bde. XX, 444 S., 11 Ku.; V, 392 S., 2 Ku. Potsdam: Kiepenheuer 1919
11 Der Mensch in der Mitte. Hg. Frida Rubiner. 175 S. Potsdam: Kiepenheuer 1920
(Erw. Neuaufl. v. Nr. 4)

RÜCKERT, Friedrich (+Freimund Raimar) (1788–1866)

1 Dissertatio philologico-philosophica de idea philologiae, quam ... publice defendet auctor F. R. 86 S. Jena 1811
2 Feierlichkeiten bei der Vermählung des durchlauchtigsten Erbprinzen Wilhelm von Nassau-Weilburg mit der durchlauchtigsten Prinzessin Louise von Sachsen-Hildburghausen, und bei ihrer Abreise von Hildburghausen. 56 S. o. O. 1813
3 +Deutsche Gedichte. 79 S. o. O. 1814
4 Deutsche Glimpf- und Schimpflieder. 4 Bl. o. O. (1814)
5 +Napoleon. Politische Komödie in drei Stücken. 2 Bde. Stg, Tüb: Cotta 1815
   1. Napoleon und der Drache. 60 S. 1815
   2. Napoleon und seine Fortuna. 92 S. 1818
6 Kranz der Zeit. Zweiter Band. 2 Bl., 358 S. Stg, Tüb: Cotta 1817 (Forts. zu Nr. 3)
7 Oestliche Rosen. 2 Bl., 466 S. Lpz: Brockhaus 1822
8 Amaryllis. Ein ländliches Gedicht. Ffm 1825
9 (Übs.) Die Verwandlungen des Ebu Seid von Serûg oder die Makâmen des Hariri in freier Nachbildung. Erster Teil. XXIV, 672 S. (Stg, Tüb:) Cotta 1826
10 (Bearb.) Nal und Damajanti. Eine indische Geschichte. VI, 246 S. 12° Ffm: Sauerländer 1828
11 (Übs.) Hebräische Propheten übersetzt und erläutert. Erste Lieferung. 144 S. Lpz: Weidmann 1831
12 (Übs.) Schi King. Chinesisches Liederbuch, gesammelt von Confucius, dem Deutschen zugeeignet von F. R. X, 360 S., 1 Bl. Altona: Hammerich 1833
13 Gesammelte Gedichte. 6 Bde. Erlangen: Heyder 1834–1838
14 Die Weisheit des Brahmanen. Ein Lehrgedicht in Bruchstücken. 6 Bde. Lpz: Weidmann 1836–1839
15 (Hg.) Sieben Bücher Morgenländischer Sagen und Geschichten. 2 Bde. 264, 348 S. Stg: Liesching 1837
16 Erbauliches und Beschauliches aus dem Morgenland. 2 Bde. 160, 160 S. 16° Bln: Bethge 1837–1838
17 (Übs.) Die Verwandlungen des Ebu Seid von Serûg oder die Makâmen des Hariri in freier Nachbildung. 2 Bde. XVI, 216; 249 S. Stg: Cotta 1837 (Verm. Neuaufl. v. Nr. 9)
18 Haus- und Jahreslieder. 2 Bde. 462, 432 S. Erlangen: Heyder (= Gesammelte Gedichte 5–6) 1838 (Bd. 5–6 v. Nr. 13)
19 (Hg.) Erlanger Musenalmanach für 1838. 312 S. 16° Erlangen: Enke 1838
20 (Bearb.) Nal und Damajanti. Eine indische Geschichte. 303 S. Ffm: Sauerländer 1838 (Verb. Neuaufl. v. Nr. 10)
21 (Übs.) Rostem und Suhrab. Eine Heldengeschichte in zwölf Büchern. (o. Pag.) 12° Erlangen: Bläsing 1838
22 Brahmanische Erzählungen. 455 S. 12° Lpz: Weidmann 1839
23 Leben Jesu. Evangelien-Harmonie in gebundener Rede. 2 Bl., 262, VIII S. Stg, Tüb: Cotta 1839
24 Gedichte. XII, 741 S. Ffm: Sauerländer 1841
25 An Robert und Clara Schumann. 1 Bl. 4° Neuseß 1842
26 (Übs.) Amrilkais, der Dichter und König. Sein Leben dargestellt in seinen Liedern. Aus dem Arabischen. 130 S. Stg: Cotta 1843
27 Gesammelte Gedichte. 3 Bde. 12° Ffm: Sauerländer 1843 (Veränd. Neuaufl. v. Nr. 13)
28 Saul und David. Ein Drama der heiligen Geschichte. 304 S. Erlangen: Heyder 1843
29 Kaiser Heinrich IV. Drama. 2 Bde. 9½, 11 Bg. Ffm: Sauerländer 1844
30 Herodes der Große. In zwei Stücken. 4 Bl., 200 S. Stg: Liesching 1844
31 Liebesfrühling. XVI, 412 S. m. Titelku. Ffm: Sauerländer 1844
32 (MV) Drei Vorreden. Rosen und Golem-Tieck. Eine tragikomische Ge-

schichte mit einer Kritik v. F. R. Hg. O. v. Skepsgardh. 3 Abth. 29¹/₄ Bg. Bln: Duncker 1844
33 Christofero Colombo oder die Entdeckung der neuen Welt. Geschichtsdrama in drei Teilen. 260, 358 S. Ffm: Sauerländer 1845
34 (Übs.) Das Leben der Hadumod, erster Äbtissin des Klosters Gandersheim, Tochter des Herzogs Liudolfs von Sachsen, beschrieben von ihrem Bruder Agius in zwei Teilen, Prosa und Versen. Aus dem Lateinischen. 5¹/₄ Bg. Stg: Liesching 1845
35 (Übs.) Hamâsa oder die ältesten arabischen Volkslieder, gesammelt v. Abu Temmâm. Übs. u. erl. 2 Bde. 428, 398 S. Stg: Liesching 1846
36 *Ein Dutzend Kampflieder für Schleswig-Holstein vom F-r. 23 S. Lpz: Brockhaus 1863
37 Sawitri. 39 S. 16⁰ Lpz: Hirzel 1866
(Ausz. a. Nr. 22)
38 Lieder und Sprüche. Aus dem lyrischen Nachlasse. VIII, 231 S. Ffm: Sauerländer 1867
39 Aus Friedrich Rückerts Nachlaß. Hg. Heinrich Rückert. 429 S. Lpz: Hirzel 1867
40 Gesammelte poetische Werke. Hg. Heinrich Rückert u. D. Sauerländer. 12 Bde. m. Bildn. Ffm: Sauerländer 1867–1869
41 Kindertodtenlieder. Aus seinem Nachlasse. 408 S. Ffm: Sauerländer 1872
42 Grammatik, Poetik und Rhetorik der Perser. Nach dem siebenten Bande das Heft Kolzum dargestellt. Neu hg. W. Pertsch. 414 S. Gotha: Perthes 1874
43 Sakuntala. Lpz 1876
44 Wettgesang zwischen Uhland und Rückert. Tüb 1876
45 Nachgelassene Gedichte und neue Beiträge zu dessen Leben und Schriften. XI, 447 S. Wien: Braumüller 1877
46 (Übs.) Saadi's Bostan aus dem Persischen übersetzt. Hg. W. Pertsch. IX, 285 S. Lpz: Hirzel 1882
47 (Übs.) Der Koran. Im Auszug übs. Hg. A. Müller. 552 S. Ffm: Sauerländer 1888
48 Poetisches Tagebuch. 1850–1866. Hg. Marie Rückert. 557 S. Ffm: Sauerländer 1888
49 (Übs.) Firdosi's Königsbuch. Aus dem Nachlaß hg. E. A. Bayer. VII, 439 S. Bln: Reimer 1890
50 Aus Saadi's Diwan. Auf Grund des Nachlasses hg. E. A. Bayer. 172 S. 12⁰ Bln, Lpz: Warnecke 1893
51 (Übs.) Saadi's Politische Gedichte. Auf Grund des Nachlasses ... hg. E. A. Bayer. 178 S. Bln: Mayer 1894
52 Werke in sechs Bänden. Hg. C. Beyer. Mit litterarischen Anmerkungen und einer Einleitung: Friedrich Rückerts Leben und Bedeutung. 6 Bde. Lpz: Fock (1896)
53 Werke in sechs Bänden. Hg. L. Laistner. 6 Bde. Stg: Cotta (1896)
54 Werke. Kritisch durchges. u. erl. Ausg. Hg. G. Ellinger. 2 Bde. LII, 379; 386 S. m. Bildn. u. Faks. Lpz: Bibliogr. Inst. 1897
55 Rückert-Nachlese. Sammlung der zerstreuten Gedichte und Übersetzungen. Hg. L. Hirschberg. 2 Bde. XI, 436; IV, 610 S., 1 Abb. Weimar: Ges. d. Bücherfreunde (Priv.-Dr.) 1910–1911
56 Napoleon, der Recensent und der Dichter. Bielefeld, Lpz (50 num. Ex.) 1911
57 Politisches Notizbuch. 172 ungedruckte Gedichte. Hg. L. Hirschberg. 149 S., 2 Faks. Bln: Schuster & Loeffler 1911
58 Der Leipziger Jahrmarkt. Im Auftrag der Erben zum erstenmal veröff. u. hg. G. Schenk. 78 S. Mchn: Sutter 1913
59 Morgenländische Sagen und Geschichten aus dem Nachlaß. Nach d. Hs. hg. L. Hirschberg. VIII, 103 S., 4 Abb. Bln-Wilmersdorf: Goldschmidt-Gabrielli 1919
60 Märzgedichte 1848. M. Bildn. Breslau 1922
61 (Übs.) Atharwaweda. Das Wissen von den Zaubersprüchen. Aus dem ungedruckten Nachlasse des Dichters zum ersten Male hg. H. Kreyenborg. XV, 229 S. 4⁰ Hannover: Lafaire (= Schriften-Reihe Kulturen der Erde, Abt. Textwerke) 1923
62 (Übs.) Die Hundert Strophen des Amaru. Aus dem Sanskrit metrisch übs.

Nach d. Hs. d. Preuß. Staatsbibliothek hg. J. Nobel. XV, 73 S., 5 Taf., 2 Faks. 4° Hannover: Lafaire 1925
63 (Übs.) M. S. Hafis: Ghaselen. Mit 42 bisher ungedruckten Übersetzungen R.s handschriftlichem Nachlasse zum ersten Male ges. hg. H. Kreyenborg. 167 S. Mchn: Hyperionverl. (= Dichtungen des Ostens 7) 1926
64 (Übs.) Hellenis. Sagen und Legenden aus der griechischen Kaisergeschichte. Aus dem ungedruckten Nachlasse zum ersten Male vollständig hg. H. Kreyenborg. XII, 61 S. Hannover: Lafaire 1927

RUEDERER, Josef (1861–1915)

1 Geopfert! Eine Episode aus dem Leben eines Offiziers. In Versen erzählt. 162 S. Lpz: Friedrich 1892
2 Ein Verrückter. Kampf und Ende eines Lehrers. 253 S. Mchn, Dresden: Bondi 1894
3 Die Fahnenweihe. Komödie. 164 S. Mchn, Dresden: Bondi 1895
4 Höllischer Spuk. Münchner Erlebnis. 60 S. Bln: Bondi 1897
5 Tragikomödien. 2 Bde. 1897–1906
Fünf Geschichten. 354 S. m. Abb. Bln: Bondi 1897
(o. Untertitel) 423 S. Mchn: Verl. d. Süddt. Monatshefte 1906
6 Wallfahrer-, Maler- und Mördergeschichten. 256 S. Bln: Bondi 1899
7 Auf drehbarer Bühne. Festspiel zur Einweihung des Münchner Prinzregenten-Theaters. (S.-A.) 12 S. Dresden: Pierson (1901)
8 Die Morgenröte. Komödie aus dem Jahre 1848. 127 S. Bln: Bondi 1905
9 München. 227 S. Stg: Krabbe (= Städte und Landschaften 1) 1907
10 Münchener Satiren. 64 S. Mchn: Müller (1907)
11 Wolkenkuckucksheim. Komödie. 160 S. Mchn: Verl. d. Süddt. Monatshefte 1909
12 Der Schmied von Kochel. Tragödie. 214 S. Mchn: Verl. d. Süddt. Monatshefte 1911
13 Das Grab des Herrn von Schefbeck. Münchner Geschichte. 74 S. Mchn: Verl. d. Süddt. Monatshefte 1912
14 Das Erwachen. Ein Münchener Roman zum Jahre 1848. Hg. Elisabeth Ruederer. 430 S. Mchn: Müller 1916

RÜTTENAUER, Benno (1855–1940)

1 Siebenschön. Ein April-Mai-Märchen in Reimen. VII, 116 S. Lpz: Liebeskind 1884
2 Sommerfarben. Optimistische Geschichten. 102 S. 16° Lpz: Reclam (= Universal-Bibliothek 2499) 1889
3 Der kleine Bolland oder Acta Sanctorum minora, das ist zwanzig frommheitere Legenden, in anmutige und höchst erbauliche deutsche Reime gebracht v. P. Hilarius à La Santa Clara, O. Q. S. F. 88 S. Bln: Schuster & Loeffler 1893
4 Unmoderne Geschichten. 293 S. Heidelberg: Weiß 1894
5 Heilige. Legenden und Historien in Prosa. 293 S. Heidelberg: Weiß 1895
6 Zeitiges und Streitiges. Ein litterarisches Skizzenbuch. 265 S. Heidelberg: Weiß 1895
7 Zwei Rassen. Roman. 340 S. Bln: Fischer 1898
8 Maler-Poeten. 91 S. Straßburg: Heitz (= Über Kunst der Neuzeit 3) 1899
9 Symbolische Kunst. Félicien Rops. Die Romantik und der Präraphaelismus. John Ruskin. Dante Gabriel Rossetti. 181 S. Straßburg: Heitz (= Über Kunst der Neuzeit 5) 1900
10 Walpurgisnächte. Am Mägdefelsen. Der Kampf mit dem Marmorbild. Meister Ambrogios Himmelfahrt. 128 S. 12° Bln: Hillger (= Kürschner's Bücherschatz 178) 1900
11 (Übs., Hg.) Aphorismen aus Stendhal. Über Schönheit, Kunst und Kultur.

Ausgezogen und in dt. Übs. zsgest. 2 Bde. XXIV, 192; 172 S. Straßburg: Heitz 1901–1904
12 Studienfahrten. Farbenskizzen mit Randglossen aus Gegenden der Kultur und Kunst. 215 S. Straßburg: Heitz (1901)
13 Der neue Troubadour. Eine Reisegeschichte. 125 S. Bln: Hillger (= Kürschner's Bücherschatz 251) 1901
14 Kunst und Handwerk. 140 S. Straßburg: Heitz (= Über Kunst der Neuzeit 7) 1902
15 Larissa. Roman einer Tänzerin. 213 S. Lpz, Bln: Seemann (= Seemann's kleine Unterhaltungsbibliothek 14–15) 1903
16 Jesus Christus als sittliches Ideal. 53 S. Mchn-Schwabing: Bonsels 1905
17 Der Kampf um den Stil. Aussichten und Rückblicke. 203 S. Straßburg: Heitz (= Über Kunst der Neuzeit 11) 1905
18 (Einl.) A. Dürer: Unserer Lieben Frauen Leben in zwanzig Holzschnitten. 4 S. Text, 20 Abb. 4° Düsseldorf, Bln: Fischer & Franke (= Hausschatz deutscher Kunst der Vergangenheit 5) 1906
19 (Einl.) Aus Cranachs Holzschnitten. 4 S. Text, 17 Taf. 4° Bln: Fischer & Franke (= Hausschatz deutscher Kunst der Vergangenheit 3) 1907
20 *Tagebuch einer Dame. 2 Tle. 239, 214 S. Mchn: Piper 1907-1909
21 (Übs.) H. de Balzac: Die dreißig sehr drolligen und sehr kuriosen Geschichten genannt Contes drolatiques des weiland Honoratus Sieur de Balzac, zum erstenmal treu und trutzig verdeutscht... 2 Bde. IX, XXI, 340; V, 307 S. m. Taf. Mchn: Piper 1908
22 Karl Haider. (S.-A.) S. 139–158 m. Abb., 6 Taf. 4° Mchn: Hanfstaengl 1908
23 Weltgeschichte in Hinterwinkel. Aus den Denkwürdigkeiten eines ehemaligen schwäbischen Ziegenhirten. 80 S. Mchn: Müller (1909)
24 Prinzessin Jungfrau. Nach den Aufzeichnungen der Fürstin. 398 S. Mchn: Müller (1910)
25 Die Enkelin der Liselotte. Eine Liebes- und Weltgeschichte. 210 S. Mchn: Müller 1912
26 Der Kardinal. Bekenntnisse eines Priesters. X, 307 S. Mchn: Müller 1912
27 (Hg., Einl.) Des Herzogs von Lauzun Memoiren. XXX, 311 S., 64 Taf. Mchn: Müller 1912
28 Graf Roger Rabutin. Die Beichte eines Leichtfertigen. 245 S. Lpz: Xenien-Verl. 1912
29 Von Einem, der sich für den Ritter Blaubart hielt. Eine Novelle. 46 S. Lpz: Haberland (= Xenien-Bücher 14) 1913
30 Am Mägdefelsen. Roman. 96 S. m. Abb. Bln: Hillger (= Willkommen 30) 1913
    (Ausz. a. Nr. 10)
31 (Hg., Einl.) Des Kardinals von Retz Denkwürdigkeiten. Nach einer alten anonymen Übs. 3 Bde. L, 427; 444; 461 S. m. Taf. u. Bildn. Mchn: Müller 1913
32 Alexander Schmälzle. Lehrjahre eines Hinterwinklers. 2 Bde. 292, 291 S. Mchn: Müller 1913
33 Tankred. Die Geschichte des verheimlichten Prinzen. 268 S. Mchn: Müller 1913
34 Bertrade. Die Chronik des Mönchs von Le Saremon. 288 S. Mchn: Müller 1918
35 Aus der Landschaft von Hinterwinkel. Sieben Erzählungen. 239 S. Konstanz: Reuß & Itta (= Die gelb-roten Bücher 6) 1920
36 Pompadour. Fünfundzwanzig historische Novellen nebst einem unhistorischen Nachtisch. 419 S. Mchn: Müller 1921
37 Die heilige Angelika und ihre unheilige Patronin. Eine tolle Geschichte. 68 S., 1 Abb. Freiburg: Heinrich (= Schnitter-Bücher. Die hohe Reihe) 1922
38 (Hg., Einl.) J. W. v. Goethe: Reimsprüche. In sinnverwandter Zusammenstellung. 142 S., 2 Taf. Stg: Strecker & Schröder 1922
39 Der Pfeifer von Niklashausen. Ein fast lustiges Vorspiel zum fränkischen Bauernkrieg. 133 S. Würzburg: Pfeiffer 1924
40 Der Blaustrumpf am Hofe. Ein Frauenspiegel aus dem Rokoko. 284 S. Mchn: Müller 1925
41 Der Gott und der Satyr. Fünf Novellen. 105 S. Bln: Weltgeist-Bücher (= Weltgeist-Bücher 237—238) 1927

42 Der nackte Kaiser. Novellen. 200 S. Mchn: Müller (= G. Müller's Zwei-Mark-Bücher) 1927
43 Frau Saga. Historien und Legenden. 329 S. Mchn: Müller 1930
44 Der Teufel als Glöckner. Vorw. F. Denk. 40 S. Mchn: Kösel & Pustet (= Dichter der Gegenwart 11) 1933

RUMOHR, Karl Friedrich von (+Joseph König) (1785–1843)

1 +Geist der Kochkunst und Reynières Küchenkalender. 13¼ Bg. Stg, Tüb: Cotta 1823
2 (Übs.) Italienische Novellen, von historischem Interesse, übersetzt u. erläutert., XIV, 205 S. Hbg: Perthes 1823
  (Bd. 2 v. Nr. 3)
3 Sammlung für Kunst und Historie. 2 Bde. 128; XIV, 205 S. Hbg: Perthes 1816–1823
  (Enth. u. a. Nr. 2)
4 Italienische Forschungen. 3 Bde. Bln, Stettin: Nicolai 1826–1831
5 Ueber Raphael und sein Verhältnis zu den Zeitgenossen. 9¾ Bg. Bln, Stettin: Nicolai 1831
6 Ueber den gemeinschaftlichen Ursprung der Baumschulen des Mittelalters. 4¾ Bg. Bln, Stettin: Nicolai 1831
7 Deutsche Denkwürdigkeiten aus alten Papieren. 4 Bde. 186, 203, 244, 168 S. Bln: Duncker & Humblot 1832
8 Drey Reisen nach Italien. VIII, 327 S. Lpz: Brockhaus 1832
9 Ein Band Novellen. – Zweiter Band Novellen. 2 Bde. 19, 16 Bg. Mchn: Franz 1833–1835
10 Schule der Höflichkeit für Alt und Jung. 2 Bde. IV, 172; V, 95 S. Stg, Tüb: Cotta 1834–1835
11 (MV) K. F. v. R. u. J. M. Thiele: Geschichte der königlichen Kupferstichsammlung zu Kopenhagen. 6⅜ Bg. Lpz: Weigel 1835
12 Kynalopekomachia der Hunde Fuchsenstreit. 150 S., 6 Abb. Lübeck: v. Rohden 1835
13 Hans Holbein der Jüngere in seinem Verhältnis zum deutschen Formschnittwesen. 8¼ Bg. Lpz (: Weigel) 1836
14 Auf Veranlassung und in Erwiderung von Einwürfen eines Sachkundigen gegen die Schrift: Hans Holbein der Jüngere... 2½ Bg., 1 Abb. Lpz (: Weigel) 1836
15 Zur Geschichte und Theorie der Formschneidekunst. 8¾ Bg., 7 Taf. Lpz: Weigel 1837
16 Historische Belege zur Reise durch die östlichen Bundesstaaten in die Lombardey und zurück... 4½ Bg. Lübeck: v. Rohden 1838
17 Untersuchung der Gründe für die Annahme: daß Maso di Finiguerra Erfinder des Handgriffes sey, gestochene Metallplatten auf genetztes Papier abzudrucken. 4 Bg. Lpz: Weigel 1841

RUNGE, Philipp Otto (1777–1810)

1 *Von einem Fischer und seiner Frau. Eine moralische Erzählung. 14 S., 1 Bl. o. O. (1808)
2 Farben-Kugel oder Konstruktion der Verhältnisse der Farben zueinander. 1 Bl., 27 S. m. Taf. 4⁰ Hbg: Perthes 1810
3 Hinterlassene Schriften von Philipp Otto Runge. Hg. von dessen ältestem Bruder. 2 Bde. 435; XII, 554 S. m. Abb., Bildn. u. Musikbeil. Hbg: Perthes 1840–1841
4 Ausgeschnittene Blumen und Thiere in Umrissen zum Nachschneiden und Nachzeichnen graviert ... 2 H. 12 Bl. qu. 2⁰ Hbg: Perthes 1843
5 Schriften, Fragmente, Briefe. Unter Zugrundelegung der von Daniel Runge herausgegebenen Hinterlassenen Schriften bes. E. Forsthoff. 706 S. m. Abb. Bln: Vorwerk 1938

Rychner, Max (1897–1965)

1 G. G. Gervinus. Ein Kapitel über Literaturgeschichte. IX, 136 S. Bern, Zürich: Grethlein 1922
2 Karl Kraus. Zum fünfundzwanzigsten Jahrestag des Erscheinens der „Fakkel". 35 S., 1 Titelb. Wien: Lányi 1924
3 Rückblick auf vier Jahrhunderte Entwicklung des Art. Institut Orell Füssli in Zürich. 178 S. m. Abb., 119 Taf. 4° Zürich (: Orell Füssli) 1925
4 (Übs.) P. Valéry: Herr Teste. 123 S. Lpz: Insel 1927
5 (Hg., Einl.) G. Keller: Gesammelte Werke in acht Bänden. Lpz: Reclam (= Helios-Klassiker) (1929)
6 (Hg., Einl.) C. F. Meyer: Werke in vier Bänden. 338, 349, 389, 315 S., 1 Titelb. Lpz: Reclam (= Helios-Klassiker) (1929)
7 (Hg.) Schriften der Neuen Schweizer Rundschau. 7 Bde. Zürich: Verl. d. Neuen Schweizer Rundschau 1929–1930
8 (Hg., Übs., Nachw.) V. Larbaud: Lob von Paris. 43 S. Zürich: Verl. d. Neuen Schweizer Rundschau (= Schriften der Neuen Schweizer Rundschau) 1930
 (Aus Nr. 7)
9 Freundeswort. Gedichte. 109 S. Bln, Zürich: Atlantis-Verl. 1941
10 Zur europäischen Literatur zwischen zwei Weltkriegen. 271 S. Zürich: Atlantis-Verl. 1942
11 Schläferin. 16 Bl. m. Abb. Zürich: Fretz & Wasmuth 1943
12 Glut und Asche. Gedichte. 72 S. Zürich: Manesse-Verl. Conzett & Huber (1945)
13 (Nachw.) Th. Fontane: Effi Briest. 500 S. Zürich: Manesse-Verl. Conzett & Huber (= Manesse-Bibliothek der Weltliteratur) (1946)
14 (Übs.) P. Valéry: Eine methodische Eroberung. 1896. 51 S., 1 Abb. Zürich, New York: Europa-Verl. 1946
15 (Hg.) J. W. v. Goethe: Gedanken und Aussprüche. 71 S. Zürich: Fretz & Wasmuth 1947
16 Zeitgenössische Literatur. Charakteristiken und Kritiken. 361 S. Zürich: Manesse-Verl. Conzett & Huber 1947
17 (Hg.) G. Ch. Lichtenberg: Aphorismen. 543 S. Zürich: Manesse-Verl. Conzett & Huber (= Manesse-Bibliothek der Weltliteratur) 1948
18 Die Ersten. Ein Epyllion. 51 S. Zürich: Manesse-Verl. Conzett & Huber 1949
19 Welt im Wort. Literarische Aufsätze. 395 S. Zürich: Manesse-Verl. Conzett & Huber 1949
20 Zur europäischen Literatur. 332 S. Zürich: Manesse-Verl. 1951
 (Erw. Neuaufl. v. Nr. 10)
21 (Nachw.) Th. Fontane: Unwiederbringlich. Roman. 415 S. Zürich: Manesse-Verl. (= Manesse-Bibliothek der Weltliteratur) (1952)
22 (Vorw., Erl.) J. W. v. Goethe: West-östlicher Divan. 600 S. Zürich: Manesse-Verl. (= Manesse-Bibliothek der Weltliteratur) 1952
23 Sphären der Bücherwelt. Aufsätze zur Literatur. 253 S. Zürich: Manesse-Verl. 1952
24 (Vorw.) Die Schweiz. Originaltext in italien. Sprache v. G. S. Filippi zsgest. XVIII, 372 S., 64 Taf., 27 Pläne. Genf, Karlsruhe, Paris, New York: Nagel (= Nagels Reiseführer. Deutsche Serie) 1953
25 Arachne. Aufsätze zur Literatur. 332 S. Zürich: Manesse-Verl. 1957
26 (Nachw.) G. Benn: Ausgewählte Briefe. 400 S. m. Faks. Wiesbaden: Limes-Verl. 1957
27 Das Buchenherz. Erzählung. 30 S. St. Gallen: Tschudy (= Der Bogen 53) (1957)
28 (Einl.) Die schönsten Schweizer Erzählungen. 511 S. Basel: Desch (1958)
29 (Nachw.) E. R. Curtius: Büchertagebuch. 119 S. Mchn: Francke (= Dalp-Taschenbuch 348) 1960
30 (Nachw.) O. Flake: Fortunat. Roman. 2 Tle. in 1 Bd. 720, 841 S. Gütersloh: Mohn 1960
31 (Einl.) Homer: Ilias und Odyssee. Übs. J. H. Voss. 692 S. Hbg: Rütten & Loening (1960)

Saalfeld (eig. vom Scheidt), Martha (*1898)

1. Gedichte. 40 S. Bln: Rauch 1931
2. Staub aus der Sahara. Schauspiel. 64 S. Bln: Rauch 1932
3. Deutsche Landschaft. 41 S. Düsseldorf: Drei Eulen Verl. 1946
4. Das süße Gras. 79 S. m. Abb. Söcking: Bachmair 1947
5. Idyll in Babensham. Erzählungen. 87 S. (Düsseldorf:) Drei Eulen Verl. 1947
6. Der Wald. 152 S. Mchn: Desch 1948
7. Pan ging vorüber. Roman. 208 S., 8 Abb. Mchn, Wien, Basel: Desch 1954
8. Anna Morgana. Roman. 277 S., 13 Abb. Mchn, Wien, Basel: Desch 1956
9. Herbstmond. Gedichte. 86 S. Mchn, Wien, Basel: Desch 1958

Saar, Ferdinand von (1833–1906)

1. Kaiser Heinrich IV. Trauerspiel in zwei Abtheilungen. 2 Bde. Heidelberg: Weiß 1865–1867
   1. Hildebrand. 223 S. 1865
   2. Heinrichs Tod. 139 S. 1867
2. Innocens. Ein Lebensbild. 84 S. 16° Heidelberg: Weiß 1866
3. Marianne. Eine Novelle. 70 S. 16° Heidelberg: Weiß 1874
4. Die Steinklopfer. Eine Geschichte. 77 S. 16° Heidelberg: Weiß 1874
5. Die Geigerin. Novelle. 73 S. 16° Heidelberg: Weiß 1875
6. Die beiden de Witt. Trauerspiel. 96 S. Heidelberg: Weiß 1875
7. Novellen aus Österreich. 277 S. Heidelberg: Weiß 1877
   (Enth. u. a. Nr. 2, 3, 4, 5)
8. Tempesta. Trauerspiel. 100 S. Heidelberg: Weiß 1881
9. Gedichte. 219 S. Heidelberg: Weiß 1882
10. Drei neue Novellen. 183 S. Heidelberg: Weiß 1883
11. Eine Wohlthat. Volksdrama. 125 S. Heidelberg: Weiß 1885
12. Thassilo. Tragödie. 141 S. Heidelberg: Weiß 1886
13. Schicksale. Drei Novellen. 271 S. Heidelberg: Weiß 1889
14. Frauenbilder. Zwei neue Novellen. 211 S. Heidelberg: Weiß 1892
15. Wiener Elegien. 47 S. 12° Heidelberg: Weiß (1893)
16. Schloß Kostenitz. Novelle. 198 S. Heidelberg: Weiß 1893
17. Herbstreigen. Drei Novellen. 277 S. 12° Heidelberg: Weiß 1897
18. Novellen aus Österreich. 2 Bde. 367, 395 S. Heidelberg: Weiß 1897
    (Verm. Neuaufl. v. Nr. 7)
19. Die Pincelliade. Poem. 81 S. 12° Heidelberg: Weiß 1897
20. Nachklänge. Neue Gedichte und Novellen. 291 S. 12° Heidelberg: Weiß 1899
21. Camera obscura. Fünf Geschichten. 210 S. Heidelberg: Weiß 1901
22. Hermann und Dorothea. Idyll in fünf Gesängen. 86 S. Kassel, Ohlau: Leichter 1902
23. Österreichische Festdichtungen. 46 S. m. Bildn. Wien: Daberkow (= Allgemeine National-Bibliothek 334) 1903
24. Tambi. (S.-A.) 44 S. 12° Wiesbaden: Staadt (= Wiesbadener Volksbücher 41) 1903
    (Ausz. a. Nr. 10)
25. Camera obscura. Acht Geschichten. 262 S. Kassel, Ohlau: Leichter 1904
    (Verm. Neuaufl. v. Nr. 21)
26. Ginevra. Die Troglodytin. Zwei Novellen. Einl. A. Bartels. 104 S. 16° Lpz: Reclam (= Universal-Bibliothek 4600) 1904
    (Ausz. a. Nr. 13 u. 14)
27. Tragik des Lebens. Vier neue Novellen. 204 S. Wien, Bln: Singer 1906
28. Sämtliche Werke in zwölf Bänden. Mit einer Biographie des Dichters von A. Bettelheim hg. J. Minor. 12 Bde., 5 Bildn., 1 Faks. Lpz: Hesse & Becker 1909

Sacher-Masoch, Leopold Ritter von
(+Charlotte Arand u. Zoë von Rodenbach)   (1836–1895)

1. Von dem hohen Werthe der agendarischen Spendeformel. 16 S. Magdeburg: Heinrichshofen 1856
2. Der Aufstand in Gent unter Kaiser Carl V. 352 S. Schaffhausen: Hurter 1857
3. Eine galizische Geschichte. 423 S. Schaffhausen: Hurter 1858
4. Ungarns Untergang und Maria von Österreich. 166 S. Lpz: Weigel 1862
5. Der Emissär. Eine galizische Geschichte. 95 S. Prag: Credner 1863
6. Ausgewählte Psalmen metrisch nachgebildet. 56 S. 16⁰ Neuwied: Heuser 1863
7. Graf Donski. 423 S. Schaffhausen: Hurter 1864 (Titelaufl. v. Nr. 3)
8. Die Verse Friedrichs des Großen. 67 S. Schaffhausen: Hurter 1864
9. Kaunitz. Roman. 2 Bde. 424 S. Prag: Fuchs 1865
10. Der letzte König der Magyaren. Roman. 3 Bde. 831 S. Jena: Costenoble (1867)
11. Aus dem Tagebuch eines Weltmannes. 223 S. Lpz: Kormann 1869
12. Die geschiedene Frau. 2 Bde. 304 S. Lpz: Kormann 1870
13. Venus im Pelz. Novelle. 188 S. Lpz: Leipziger Verl. (1870)
14. Das Vermächtnis Kains. Novellen. 2 Thle. 4 Bde. Stg: Cotta (Th. 1) bzw. Bern: Frobeen (Th. 2) 1870–1877
    1. Th. Die Liebe. 2 Bde. 929 S. 1870
    2. Th. Das Eigenthum. 2 Bde. 1065 S. 1877
15. Zur Ehre Gottes! Ein Zeitgemälde. 203 S. Lpz: Günther 1872
16. Falscher Hermelin. Kleine Geschichten aus der Bühnenwelt. 2 Bde. 285, 343 S. Lpz: Günther (1) bzw. Bern: Frobeen 1873–1879
17. Russische Hofgeschichten. Historische Novellen. 4 Bde. 917 S. Lpz: Günther 1873–1874
18. Wiener Hofgeschichten. Historische Novellen. 2 Bde. Lpz: Günther (1) bzw. Bern: Frobeen (2) 1873–1877
    1. Maria Theresia und die Freimaurer. 196 S. 1873
    2. Das Rendezvous zu Auchstedt. 201 S. 1877
19. Soziale Schattenbilder. Aus den Memoiren eines österreichischen Polizeibeamten. 274 S. Halle: Gesenius 1873
20. Unsere Sclaven. 44 S. Wien: Wallishausser (= Wiener Theater-Repertoir 279) 1873
21. Ein weiblicher Sultan. Historischer Roman. 3 Bde. 612 S. Lpz: Günther 1873
22. Über den Werth der Kritik. Erfahrungen und Bemerkungen. 88 S. Halle: Gesenius 1873
23. Liebesgeschichten aus verschiedenen Jahrhunderten. Novellen. 3 Bde. 784 S. Lpz: Günther (1 u. 2) bzw. Bern: Frobeen (3) 1874–1877
24. Der Mann ohne Vorurteil. Historisches Lustspiel. 110 S. 16⁰ Lpz: Günther 1874
25. Gute Menschen und ihre Geschichten. Novellen. 277 S. 16⁰ Lpz: Günther 1874
26. Die Messalinen Wiens. Geschichten aus der guten Gesellschaft. 328 S. Lpz: Günther 1874
27. Die Ideale unserer Zeit. Roman. 4 Bde. 856 S. Bern: Haller (1875)
28. Das Rendezvous zu Höchstädt. 34 S. 4⁰ Kröner (= Reiselectüre) 1875
29. Galizische Geschichten. Novellen. 2 Bde. 258, 293 S. Bern: Frobeen 1877–1881
30. Harmlose Geschichten aus der Bühnenwelt. 161 S. Lpz: Wartig 1878
31. Der neue Hiob. Roman. 384 S. Stg: Cotta 1878
32. Judengeschichten. 128 S. 12⁰ Lpz: Wartig 1878
33. Die Republik der Weiberfeinde. Roman. 4 Bde. 540 S. Lpz: Wartig 1878
34. Ein Mann wird gesucht. Roman. 234 S. Bln: Teschner 1879
35. Silhouetten. Novellen und Skizzen. 2 Bde. 305 S. Lpz: Schulze 1879
36. Die Ästhetik des Häßlichen. Erzählung. 118 S. Lpz: Eckstein 1880
37. Basyl der Schatzgräber und andere seltsame Geschichten. 152 S. Lpz: Wartig 1880

38 (Hg.) Auf der Höhe. Internationale Revue. 4 Jge., je 12 H. Lpz: Licht 1881–1885
39 Neue Judengeschichten. 209 S. Lpz: Morgenstern 1881
40 Das schwarze Cabinet. 166 S. Lpz: Morgenstern 1882
41 Der alte Castellan. 126 S. Lpz: Morgenstern 1882
42 Der Hajdamak. Novelle. 117 S. Lpz: Morgenstern 1882
43 Wiener Hofgeschichten. 201 S. Bln: Jacobsthal 1882
 (Veränd. Neuaufl. v. Nr. 18)
44 Basil Hymen. Novelle. 169 S. Lpz: Morgenstern 1882
45 Der Ilau. 184 S. Lpz: Morgenstern 1882
46 Der Judenraphael. 157 S. Lpz: Morgenstern 1882
47 Das Paradies am Dniestr. Novelle. 84 S. Lpz: Morgenstern 1882
48 Hasara Raba. Novelle. 174 S. Lpz: Morgenstern 1882
49 Das Testament. Novelle. 224 S. Lpz: Morgenstern 1882
50 Volksgericht. Novelle. 104 S. Lpz: Morgenstern 1882
51 Frau von Soldan. 248 S. Lpz: Morgenstern 1884
52 Amor mit dem Korporalstock. Eine Frau auf Vorposten. Zwei Novellen aus den russischen Hofgeschichten. 94 S. Bln: Jacobsthal 1885
 (Ausz. a. Nr. 17)
53 Ein Damenduell. Eine russische Hofgeschichte. 76 S. Bln: Jacobsthal 1885
 (Ausz. a. Nr. 17)
54 Frauenrache. Eine weibliche Schildwache. Zwei russische Hofgeschichten. 77 S. Bln: Jacobsthal 1885
 (Ausz. a. Nr. 17)
55 Eine Kaiserin beim Profoß. Nero im Reifrock. Zwei russische Hofgeschichten. 94 S. Bln: Jacobsthal 1885
 (Ausz. a. Nr. 17)
56 Die Kunst, geliebt zu werden. Nur die Todten kehren nicht wieder. Zwei Erzählungen aus den russischen Hofgeschichten. 93 S. Bln: Jacobsthal 1885
 (Ausz. a. Nr. 17)
57 Der neue Paris. Die Hochzeit im Eispalast. Zwei russische Hofgeschichten. 110 S. Bln: Jacobsthal 1885
 (Ausz. a. Nr. 17)
58 Sascha und Saschka. 177 S. Stg: Spemann (= Collection Spemann 87) 1885
59 Venus und Adonis. Das Märchen Potemkins. Zwei russische Hofgeschichten. 79 S. Bln: Jacobsthal 1885
 (Ausz. a. Nr. 17)
60 Die Bluthochzeit zu Kiew. Ariella. Zwei Liebesgeschichten. 82 S. Bln: Neufeld 1886
 (Ausz. a. Nr. 23)
61 Das Erntefest. Die Todten sind unersättlich. Zwei Novellen. 98 S. Bln: Neufeld 1886
 (Ausz. a. Nr. 29)
62 Polnische Ghetto-Geschichten. 180 S. Mchn: Franz 1886
63 Gläubiger als Heirathsstifter. Humoristische Novelle. 71 S. Bln: Neufeld 1886
 (Ausz. a. Nr. 25)
64 Ewige Jugend und andere Geschichten. 113 S. Bln: Neufeld 1886
 (Enth. u. a. Ausz. a. Nr. 23)
65 Liebesgeschichten aus verschiedenen Jahrhunderten. Novellen. Zweite Sammlung. 265 S. Bln: Neufeld 1886
 (N. F. zu Nr. 23)
66 Magaß, der Räuber. Unser Deputirter. Zwei galizische Geschichten. 75 S. Bln: Neufeld 1886
 (Ausz. a. Nr. 29)
67 Kleine Mysterien der Weltgeschichte. 82 S. Lpz: Schmidt 1886
68 Die verliebte Redaction. Novelle. 121 S. Bln: Neufeld 1886
 (Ausz. a. Nr. 25)
69 Eine Schlittenfahrt und andere Geschichten. 91 S. Bln: Neufeld 1886
 (Enth. u. a. Ausz. a. Nr. 29)
70 Die Seelenfängerin. Roman. 2 Bde. 636 S. Jena: Costenoble 1886
71 Zwei Soiréen der Eremitage. Diderot in Petersburg. Zwei russische Hofgeschichten. 105 S. Bln: Neufeld 1886
 (Ausz. a. Nr. 17)

72 Die letzten Tage Peter des Großen. Eine russische Hofgeschichte. 126 S. Bln: Neufeld 1886
(Ausz. a. Nr. 17)
73 Ungnade um jeden Preis. Eine russische Hofgeschichte. 74 S. Bln: Neufeld 1886
(Ausz. a. Nr. 17)
74 Aus einer andern Welt. Eine Novelle. 87 S. Bln: Neufeld 1886
(Ausz. a. Nr. 25)
75 Sabatthai Zewy. Die Judith von Bialopol. Zwei Novellen. 76 S. Bln: Neufeld 1886
(Ausz. a. Nr. 23)
76 Polnische Geschichten. 312 S. Breslau: Schles. Verl.-Anst. 1887
77 Deutsche Hofgeschichten. Geschichten aus der Zopfzeit. 89 S. Lpz: Landien 1890
78 Jüdisches Leben in Wort und Bild. 280 S., 28 Abb. 4° Mannheim: Bensheimer 1890
79 Die Schlange im Paradies. Russischer Sittenroman in drei Bänden. 675 S. Mannheim: Bensheimer 1890
80 (Hg.) Naturalistische Cabinetstücke. 2 Bde. 338 S. Mannheim: Bensheimer 1891
81 Die Einsamen. 83 S., 1 Abb. 12° Mannheim: Bensheimer 1891
82 +Tante Lotte. Ein Novellenstrauß. 249 S., 1 Abb. 12° Mannheim: Bensheimer 1891
83 Im Reich der Töne. Musikalische Novellen. 282 S., 1 Abb. 12° Mannheim: Bensheimer 1891
84 Ein weiblicher Sultan. Historischer Roman. 2 Tle. in 1 Bd. 382 S. Bln: Neufeld (1891)
85 Zu spät. Die Kartenschlägerin. Novellen. 238 S. Breslau: Schles. Buchdr. 1891
(Veränd. Neuaufl. v. Nr. 21)
86 Die Abenteuer des Frans van Mieris und andere Malergeschichten. 235 S. 12° Mannheim: Bensheimer 1892
87 Lustige Geschichten aus dem Osten. 295 S. Breslau: Schles. Buchdr. 1892
88 +Märtyrer der Liebe. Roman. 363 S. Mannheim: Bensheimer 1892
89 Malergeschichten. Novellen. 235 S. 12° Mannheim: Bensheimer 1892
(Titelaufl. v. Nr. 86)
90 Bühnenzauber. Theater-Roman in zwei Bänden. 518 S. Mannheim: Bensheimer 1893
91 (MV) L. R. v. S.-M. u. G. Kaegeler: Ein Damen-Duell. Lustspiel. 144 S. Erfurt, Braunschweig: Limbach 1893
(Dramat. v. Nr. 53)
92 Die Satten und die Hungrigen. Roman. 2 Bde. 551 S. Jena: Costenoble 1894
93 Terka. Die Maus. Maria im Schnee. 266 S. Breslau: Schles. Buchdr. 1894
94 Vom Baume des Schweigens. Tag und Nacht in der Steppe. Zwei galizische Novellen. 148 S. Bln: Neufeld (1895)
95 Eudoxia, die Sängerin, und andere galizische Geschichten. 166 S. Bln: Neufeld (1895)
96 Ein Geniestreich der Pompadour und andere Liebesgeschichten. Novellen. 91 S. Bln: Neufeld (1895)
(Enth. u. a. Ausz. a. Nr. 23)
97 Polnische Judengeschichten. 96 S. 16° Prag: Brandeis (= Jüdische Universal-Bibliothek 9) 1895
(Erw. Neuaufl. v. Nr. 62)
98 Die Keuschheits-Kommission. Novelle. 80 S. Bln: Neufeld (1895)
99 Fahrende Komödianten und andere Novellen. 142 S. Bln: Neufeld (1895)
100 Die Marchande de modes-Mädchen und andere Geschichten von den Messalinen Wiens. 113 S. Bln: Neufeld (1895)
101 Im Venusberg und andere Geschichten von den Messalinen Wiens. 95 S. Bln: Neufeld (1895)
102 Die Stumme. Turandot. 127 S. 12° Bln: Hillger (= J. Kürschner's Bücherschatz 32) 1897
103 Im Böhmerwald. Mein Freund Wodakoski. Zwei Novellen. 127 S. 16° Prag: Brandeis (= Jüdische Universal-Bibliothek 66) 1898

104 Entre nous. 128 S. 12⁰ Bln: Hillger (= J. Kürschner's Bücherschatz 92) 1898
105 Der kleine Adam (1885). 177 S. Stg: Union (= Moderne Romane aller Nationen 17) 1900
 (Tit.-Aufl. v. Nr. 58)
106 Hinterlassene Novellen. Grausame Frauen. 2 Bde. 95, 93 S. Dresden, Lpz: Leipziger Verl. 1901
107 Afrikas Semiramis. Roman. Hg. C. F. v. Schlichtegroll. 236 S. Dresden, Lpz: Leipziger Verl. 1901
108 Grausame Frauen. 6 Bde. Lpz: Leipziger Verl. 1907
 (Erw. Neuaufl. v. Nr. 106)
109 Die Liebe des Plato. 144 S., 5 Abb. Lpz: Wigand 1907
110 Mondnacht. 150 S. Lpz: Rabinowitz 1918
111 Dämonen und Sirenen. 221 S. Lpz: Wigand (= Galante Bibliothek) (1920)
112 Das Rätsel Weib. 221 S. Lpz: Wigand (= Galante Bibliothek) (1920)

Sachs, Nelly (*1891)

1 Legenden und Erzählungen. 124 S. Bln-Wilmersdorf: Mayer 1921
2 (Übs., Hg.) Von Welle und Granit. Querschnitt durch die schwedische Lyrik des zwanzigsten Jahrhunderts. 188 S. Bln: Aufbau-Verl. 1947
3 In den Wohnungen des Todes. 75 S. m. Abb. Bln: Aufbau-Verl. 1947
4 Sternverdunkelung. Gedichte. 82 S. Amsterdam: Berman-Fischer/Querido 1949
5 (Übs.) Aber auch diese Sonne ist heimatlos. Schwedische Lyrik der Gegenwart übs. u. ausgew. 63 S. Darmstadt: Georg-Büchner-Verl. (1957)
6 Und niemand weiß weiter. Gedichte. 98 S. Hbg, Mchn: Ellermann 1957
7 Flucht und Verwandlung. Gedichte. 69 S. Stg: Dt. Verl.-Anst. 1959

Sack, Gustav (1885–1916)

1 Ein verbummelter Student. Roman. 299 S. Bln: Fischer 1917
2 Ein Namenloser. Roman. 250 S. Bln: Fischer 1919
3 Gesammelte Werke in zwei Bänden. Hg. Paula Sack. Biographie H. W. Fischer. 2 Bde. 481, 328 S.; 2 Bildn., 1 Abb. Bln: Fischer 1920
4 Die drei Reiter. Gedichte 1913–1914. 106 S. Hbg, Mchn: Ellermann (1958)

Saiko, George Emmanuel (1892–1962)

1 Auf dem Floß. Roman. 617 S. Zürich: Posen-Verl. 1948
2 Der Mann im Schilf. Roman. 371 S. Hbg: v. Schröder 1955

Salis-Seewis, Johann Gaudenz Frh. von (1762–1834)

1 Gedichte. Gesammelt von seinem Freunde Matthisson. XII, 106 S. Zürich: Orell, Gessner, Füßli & Co. 1793
2 Gedichte. 139 S. m. Titelku. Zürich: Orell, Gessner, Füßli & Co. 1797
 (Verm. Neuaufl. v. Nr. 1)
3 Gedichte. VIII, 165 S. m. Ku. Zürich: Orell, Füßli & Co. 1800
 (Verm. Neuaufl. v. Nr. 2)
4 Gedichte. 180 S. Zürich: Orell, Füßli & Co. 1839
 (Verm. Neuaufl. v. Nr. 3)
5 Gedichte. Ausg. letzter Hand. 176 S. Zürich: Orell, Füßli & Co. 1843

SALLET, Friedrich von (1812–1843)

1 Gedichte. IV, 137 S. 12° Bln: Fincke 1835
2 Funken. 16° Trier: Troschel 1837
3 Contraste und Paradoxen. Novelle. Trier: Troschel 1838
4 Die wahnsinnige Flasche. Heroisches Epos in zwei Sitzungen. 16° Trier: Troschel 1838
5 Schön Irla. Ein Mährchen. 16° Trier: Troschel 1838
6 Laien-Evangelium. Jamben. III, 495 S. 16° Lpz: Volckmar 1842
7 Gesammelte Gedichte. 16° Breslau: Schulz 1843
8 Die Atheisten und Gottlosen unserer Zeit. VIII, 223 S. Lpz: Reclam 1844
9 Zur Erläuterung des zweiten Teils vom Goethe'schen Faust. Für Frauen geschrieben. Breslau: Schulz 1844
10 Sämmtliche Schriften. Hg. Th. Paur. 5 Bde. 16° Breslau: Schulz 1845–1848
11 Des Dichters Werden. Aus den kleinen poetischen Schriften und dem Nachlasse F. v. S.s zusgest. Th. Paur. 16° Breslau: Schulz (= Sämmtliche Schriften 4) 1846
   (Bd. 4 v. Nr. 10)

SALOMON, Ernst von (*1902)

1 Die Geächteten. 483 S. Bln: Rowohlt (1931)
2 Die Stadt. 395 S. Bln: Rowohlt 1932
3 Die Kadetten. 318 S. Bln: Rowohlt 1933
4 Putsch. 36 S. Ffm: Diesterweg (= Das Reich im Werden. Deutsches Schrifttum 6) 1933
   (Ausz. a. Nr. 1)
5 Die Verschwörer. 31 S. Ffm: Diesterweg (= Das Reich im Werden. Deutsches Schrifttum 7) 1933
   (Ausz. a. Nr. 1)
6 Nahe Geschichte. Ein Überblick. 122 S. Stg: Rowohlt 1936
7 (Hg.) Das Buch vom deutschen Freikorpskämpfer. 496 S. m. Abb., 8 Bl. 4° Bln: Limpert 1938
8 Boche in Frankreich. 161 S. m. Abb. Hbg: Rowohlt (= rororo-Taschenbuch-Ausgabe 13) 1950
   (Ausz. a. Nr. 9)
9 Der Fragebogen. 808 S. Hbg: Rowohlt 1951
10 (Vorw.) R. Scheringer: Das große Los. Unter Soldaten, Bauern und Rebellen. 518 S. Hbg: Rowohlt 1959
11 Das Schicksal des A. D. Ein Mann im Schatten der Geschichte. Ein Bericht. 233 S. Reinbek b. Hbg: Rowohlt 1960

SALTEN, Felix (eig. Siegmund Salzmann) (1869–1947)

1 Die Hinterbliebene. Kurze Novellen. 173 S. Wien: Wiener Verl. 1899
2 Der Gemeine. Schauspiel. 158 S. Wien: Wiener Verl. 1901
3 Die Gedenktafel der Prinzessin Anna. 110 S. Wien: Wiener Verl. 1902
4 Gustav Klimt. Gelegentliche Anmerkungen. 45 S. 12° Wien, Bln: Singer 1903
5 Die kleine Veronika. Novelle. 144 S. Bln: Fischer 1903
6 Wiener Adel. 96 S. Bln: Seemann (= Großstadt-Dokumente 14) 1905
7 Das Buch der Könige. 48 S. m. Abb. Mchn: Müller 1905
8 Der Schrei der Liebe. Novelle. 141 S. Wien: Wiener Verl. (= Bibliothek moderner Autoren 5) 1905
9 Herr Wenzel auf Rehberg und sein Knecht Kaspar Dinckel. 116 S. Bln: Fischer 1907
10 Die Geliebte Friedrichs des Schönen. Novellen. 220 S. Bln: Marquardt 1908

11 Künstlerfrauen. Ein Zyklus kleiner Romane. 155 S. Mchn: Müller 1908
12 Vom andern Ufer. Drei Einakter. 174 S. Bln: Fischer 1908
13 Das österreichische Antlitz. 276 S. Bln: Fischer 1909
14 Olga Frohgemuth. Erzählung. 144 S. Bln: Fischer (= Fischer's Bibliothek zeitgenössischer Romane, Serie 2) 1910
15 Das Schicksal der Agathe. Novellen. 158 S. Lpz: Insel 1911
16 Die Wege des Herrn. Novellen. 314 S. Wien: Deutschösterr. Verl. 1911
17 Wurstelprater. 124 S. m. Abb. Wien: Rosenbaum 1911
18 Gestalten und Erscheinungen. 313 S. Bln: Fischer 1913
19 Kaiser Max, der letzte Ritter. 121 S. m. Abb. Bln: Ullstein (= Ullstein-Jugend-Bücher 12) 1913
20 Abschied im Sturm. Novelle. 131 S. Mchn: Langen (= Langen's Kriegsbücher 12) (1915)
21 Prinz Eugen, der edle Ritter. 152 S. m. Abb. Bln: Ullstein (= Ullstein-Jugend-Bücher 17) 1915
22 Die klingende Schelle. Roman. 407 S. Bln: Ullstein 1915
23 (Einl.) Österreichische Novellen. 199 S. Wien, Bln: Ullstein (= Die fünfzig Bücher 5) 1916
24 Kinder der Freude. Drei Einakter. 204 S. Bln: Fischer 1917
25 Der alte Narr. Novellen. 221 S. Bln: Mosse (= Kronen-Bücher 48) (1918)
26 Im Namen des Kaisers. Eine historische Erzählung. 27 S. Wien: Lyra-Verl. (= Molitor's Novellenschatz 8) 1919
27 Die Dame im Spiegel. 151 S. m. Abb. u. Taf. Bln: Ullstein 1920
28 Schauen und Spielen. Studien zur Kritik des modernen Theaters. 2 Bde. Wien: Wila-Verl. Fiedler 1921
   1. Ergebnisse. Erlebnisse. 408 S.
   2. Abende. Franzosen. Puppenspiel. Aus der Ferne. 360 S.
29 Das Burgtheater. Naturgeschichte eines alten Hauses. 123 S. 16° Wien: Wila-Verl. Fiedler (= Die Wiedergabe 2, 1. 2) 1922
30 Bambi. Eine Lebensgeschichte aus dem Walde. 187 S. Bln: Ullstein 1923
31 Der Hund von Florenz. 184 S. Wien: Herz-Verl. 1923
32 Geister der Zeit. Erlebnisse. 380 S. Wien: Zsolnay 1924
33 Bob und Baby. 72 S. m. Abb. 4° Wien: Zsolnay 1925
34 Neue Menschen auf alter Erde. Eine Palästinafahrt. 276 S. Wien: Zsolnay 1925
35 Schöne Seelen... Lustspiel in einem Akt. Nachw. J. F. Wollf. 69 S. Lpz: Reclam (= Reclam's UB. 6537) 1925
36 Martin Overbeck. Der Roman eines reichen jungen Mannes. 293 S. Wien: Zsolnay 1927
37 Gesammelte Werke in Einzelausgaben. 6 Bde. Wien: Zsolnay 1928–1932
38 (Einl.) L. Karpath: Jedermann seine eigene Köchin. 222 auserlesene Kochrezepte mit Ratschlägen und einer Betrachtung über Feinschmeckerei. 216 S. Mchn: Knorr & Hirth 1930
39 Freunde aus aller Welt. Roman eines Zoologischen Gartens. 247 S., 16 Abb. Wien: Zsolnay 1931
40 Fünf Minuten Amerika. 255 S. Wien: Zsolnay 1931
41 Florian. Das Pferd des Kaisers. Roman. 329 S. Wien: Zsolnay 1933
42 Kleine Brüder. Tiergeschichten. 196 S. Wien: Zsolnay 1935
43 Bambis Kinder. Eine Familie im Walde. 279 S., 18 Abb. Zürich: Müller (1940)
44 Renni, der Retter. Das Leben eines Kriegshundes. 235 S., 18 Abb. Rüschlikon/Zürich: Müller 1941
45 Die Jugend des Eichhörnchens Perri. 187 S. m. Abb. Zürich: Müller 1942
46 Kleine Welt für sich. Eine Geschichte von freien und dienenden Geschöpfen. 208 S., 41 Abb. Zürich: Müller 1944
47 Djibi das Kätzchen. 144 S., 20 Abb. Rüschlikon/Zürich: Müller (1945)

Salus, Hugo (1866–1929)

1 Gedichte. 112 S. Mchn: Langen 1898
2 Neue Gedichte. 104 S. Mchn: Langen 1899

3 Ehefrühling. 71 S. Lpz: Diederichs 1900
 4 Reigen. 86 S. Mchn: Langen 1900
 5 Susanna im Bade. Schauspiel. 58 S. Mchn: Langen 1901
 6 Christa. Ein Evangelium der Schönheit. 77 S. (Wien:) Wiener Verl. 1902
 7 Ernte. 119 S. Mchn: Langen 1903
 8 Novellen des Lyrikers. 159 S. Bln: Fleischel 1903
 9 Neue Garben. 111 S. Mchn: Langen 1904
10 Das blaue Fenster. Novellen. 222 S. Bln: Fleischel 1906
11 Die Blumenschale. Gedichte. 104 S. Mchn: Langen 1908
12 Römische Komödie. Drei Akte. 117 S. Mchn: Langen 1909
13 Trostbüchlein für Kinderlose. 88 S. Jena: Diederichs 1909
14 (Bearb.) Andersen-Kalender 1910. Zwölf Märchen, nacherzählt. 49 S. m. Abb. 4° Wien: Munk 1910
15 Schwache Helden. Novellen. V, 215 S. Bln: Fleischel 1910
16 Glockenklang. Gedichte. 137 S. Mchn: Langen 1911
17 Die Hochzeitsnacht. Die schwarze Fahne. Zwei Novellen. 60 S. Lpz: Haberland (= Xenien-Bücher 12) 1913
    (Ausz. a. Nr. 18)
18 Seelen und Sinne. Neue Novellen. 215 S. Lpz: Xenien-Verl. 1913
19 Nachdenkliche Geschichten. Novellen. Einl. R. Reinhard. 94 S. m. Bildn. Lpz: Reclam (= Reclam's UB. 5700) (1914)
20 Der Heimatstein und andere Erzählungen. Einl. R. Reinhard. 137 S. Lpz: Hesse & Becker (= Hesse's Volksbücherei 989–990) (1915)
21 Sommerabend. Neue Prosa. 152 S. Lpz: Grunow 1916
22 Die schöne Barbara. Novelle. 32 S. 16° Wien: Lyra-Verl. (= Molitor's Novellenschatz 9) (1919)
23 Das neue Buch. Neue Gedichte. 147 S. Mchn: Langen 1919
24 Freund Kafkus. 63 S. Bln: Hillger (= Kürschner's Bücherschatz 1246) (1919)
25 Die Beschau. Eine Ghettogeschichte. 93 S. Wien, Lpz: Barth 1920
26 Der Jungfernpreis. Novelle. 63 S. Bln: Hillger (= Kürschner's Bücherschatz 1339) (1921)
27 Vergangenheit. Novellen. 80 S. Wien, Lpz: Barth 1921
    (Enth. u. a. Nr. 25)
28 Der schöne David des Michelangelo. 39 S., 1 Abb. Freiburg: Heinrich (= Schnitter-Bücher. Die hohe Reihe) 1922
    (Ausz. a. Nr. 27)
29 Klarer Klang. Gedichte. 39 Bl. 4° Wien: Rikola-Verl. 1922
30 Helle Träume. Neue Gedichte. 63 S. Mchn: Langen 1924
31 Die Harfe Gottes. Gedichte. 80 S. Wien: Phaidon-Verl. 1928

SAPHIR, Moritz Gottlieb (eig. Moses S.) (1795–1858)

 1 Freuden-Gesang zur Feyer der ... Anwesenheit unseres Landesvaters Franz des Ersten, und unserer Landesmutter Caroline Auguste. 11 S. Pest: v. Trattner 1820
 2 Poetische Erstlinge. XII, 164 S. Pest: v. Trattner 1821
 3 Poesien. 12° Wien: Tendler 1824
 4 (Hg.) Griechisches Feuer auf dem Altare edler Frauen. Ein Sommerblatt, zum Besten der Wittwen und Waisen der bedrängten Griechen. 4 H. Bln: Krause 1826
 5 (Hg.) Berliner Schnellpost für Literatur, Theater und Geselligkeit. 4 Jge. 4° Bln: Christiani (1) bzw. Bln: Laue (2), Altenburg: Hofdruckerei (3) u. Bln: Krause (4) 1826–1829
 6 (Hg.) Der Berliner Courier, ein Morgenblatt für Theater, Mode, Eleganz, Stadtleben und Localität. 3 Jge. (Bln: Krause) 1827–1829
 7 Der Eiserne Abschiedsbrief, oder Abdications-Acte eines gepeinigten und gequälten Rezensenten und Märtyrers der Wahrheit ... 45 S., 1 Bl. 16° Hbg: Hoffmann & Campe 1828
 8 (Hg.) Conditorei des Jokus oder scherzhafte Bonbons, Früchte und Confi-

türen für spaßliebende Näscher und lustige Leckermäuler. Eine Auswahl jokoser Aufsätze, Einfälle, Anekdoten und Witzspiele aus dem „Berliner Courier" und der „Berliner Schnellpost". 239 S. Lpz: Focke 1828
(Ausz. a. Nr. 5 u. 6)

9 Kommt her! oder: Liebes Publicum, trau, schau, wem. Ein humoristischer Holzschnitt mit Melodien versehen ... 28 S. Bln: Krause 1828

10 Der getödtete und dennoch lebende M. G. Saphir, oder: Dreizehn Bühnendichter und ein Taschenspieler gegen einen einzelnen Redakteur. Ein Schwank voll Wahrheit, in phlegmatischer Laune erzählt ... 32 S. Bln: Krause (1828)

11 (Hg.) Berliner Theater-Almanach auf das Jahr 1828, ein Neujahr-Geschenk für Damen. 7 Bl., 324, LX S. m. Ku. 16⁰ Bln: Cosmar & Krause 1828

12 Die Runde des großen steinernen Apoll's, aus dem Thiergarten, in der ersten Carnevals-Nacht, durch die Straßen Berlins. 55 S., 4 Bl. Bln: Krause 1829

13 Humoristisch-deklamatorische Scherze, vorgetragen von den Mitgliedern der Kgl. Bühnen ... 16 S. Bln: Krause 1829

14 Humoristische Abende ... Ein Cyclus Vorlesungen gehalten im Museum zu München. VIII, 266 S. 16⁰ Augsburg: Kranzfelder 1830

15 Abschied von Bayern. o. O. (1830)

16 (Hg.) Der Bazar für München und Bayern. Ein Frühstücks-Blatt für Jedermann und jede Frau. 4 Jge. Mchn, Augsburg: Kranzfelder 1830–1833

17 An S. M. den König von Bayern. Bei demüthigster Ueberreichung meiner „Humoristischen Abende". 2⁰ o. O. 1830

18 (Hg.) Neues Mitternachtsblatt für den Sternenhimmel der Laune und des Humors. 4⁰ o. O. 1830

19 Humoristische Glasperlen. Eine Vorlesung zum Besten der verwundeten Polen. 46 S. Mchn: Lindauer 1831

20 (Hg.) Der deutsche Horizont. Ein humoristisches Blatt für Zeit, Geist und Sitte. 4 Jge. Mchn: Jaquet 1831–1834

21 Trauer-Kleeblatt, den Napoleoniden geweiht ... 23 S. 32⁰ Mchn: Jaquet 1832

22 Gesammelte Schriften. 4 Bde. m. Bildn. Stg: Hallberger 1832

23 Neueste Schriften. 3 Bde. Mchn: Lindauer 1832

24 Drei Tage in Nürnberg, am achten großen Nationalfeste, den 25. 26. und 27. August 1833. 61 S., 1 Bl. Nürnberg: Riegel & Wießner 1833

25 Dumme Briefe, Bilder und Chargen, Cypressen, Literatur- und Humoral-Briefe. 220 S. Mchn: Jaquet 1834

26 (Hg.) Carneval- und Masken-Almanach, oder: Winter-Etui. 2 Bl., 198 S. m. Ku. 16⁰ Mchn: Jaquet 1834

27 (Hg.) Der Humorist. Eine Zeitschrift für Scherz und Ernst, Kunst, Theater, Geselligkeit und Sitte. 22 Jge. 4⁰ Wien: Grund 1837–1858

28 Offenes Schreiben an eine Freundinn, über Hahns neues Trauerspiel: Der Adept ... 31 S. Wien: Grund 1837

29 Bernsteiniana, oder Mosaik von Bernstein, gefaßt und geputzt von Saphir. 18 S. Pest: Heckenast 1838

30 (Hg.) Humoristische Damen-Bibliothek ... 6 Bde. Wien: Mausberger 1838–1841

31 Wilde Rosen, an Hertha. 2 Bl., 172 S. Wien: Mauersberger; Lpz: Hunger 1838
(Ausz. a. Nr. 30)

32 Das Lied vom Frauenherzen. 8 S. Dresden, Lpz: Arnold 1841

33 (Vorw.) J. Goldschmied: Epigrammatisch-jokose Kleinigkeiten. Wien: Grund 1843

34 M. G. Saphir am Plaudertische. Ein launiges Potpourri von Wortspielen, Anekdoten, Calembourgs, Räthseln und Impromptus des berühmten Humoristen. 48 S. Bln: Plahn 1843

35 Fliegendes Album für Ernst, Scherz, Humor und lebensfrohe Laune ... 2 Bde. 6 Bl., 370 S.; VIII, 328 S. m. Bildn. Lpz: Jackowitz 1846

36 Nachfeier der Nachdrucker zum Guttenbergfeste ... 43 S., 2 Bl. Lpz: Jackowitz 1846
(Ausz. a. Nr. 35)

37 (Hg.) Humoristisches Album für den Weihnachtsbaum. 2 Bl., 180 S., 1 Bl. 16⁰ Wien: Grund 1848

38 Ausrückungslied der National-Garde. 1 Bl. 4⁰ Wien: Klopf & Eurich 1848
39 Devisen des Vorlese-Salons: Reichs-Oberhaupt – Constitution – Deutsche Fahne ... 1 Bl. o.O. 1848
40 Ludwig Börne's Geist an Erzherzog Johann in Frankfurt a.M. 4 Bl. o.O. (1848)
41 Die Studenten beim Leichenbegängnisse der Tapfern ... 1 Bl. Linz: Eurich (1848)
42 Herz-, scherz- und schmerzhafter Sylvester-Nachtwächter für die Neujahrsnacht 1849/50, oder: Der „Humorist" und „der deutsche Michel" gießen Blei ... 88 S. m. Abb. Wien: Jasper, Hügel & Manz 1849
43 Humoristisch-satyrischer Volks-Kalender für das Jahr 1850 (1851...–1858). 8 Bde. Wien, Lpz: Jasper, Hügel & Manz 1850–1858
44 (Hg.) Conversations-Lexikon für Geist, Witz und Humor. 26 Lfgn. Dresden: Schäfer 1852
45 Ein Myrthenblatt. Zur glorreichen Vermählung ... des Herzogs von Brabant mit ... Maria Henrika, Erzherzogin von Oesterreich. Brüssel, am 20. August 1853. 2 Bl. 2⁰ (Brüssel: Kießling) 1853
46 Blaue Blätter für Humor, Laune, Witz und Satyre. 6 Bde., je 79 S. Pest, Wien, Lpz: Hartleben 1855–1856
47 Pariser Briefe über Leben, Kunst, Gesellschaft und Industrie zur Zeit der Weltausstellung im Jahre 1855 ... 2 Bl., 271 S. Pest, Wien, Lpz: Hartleben 1856
48 Der Genius als Pilger. Ein Festspiel zum Empfang des allerhöchsten Kaiserpaares im Pester deutschen Theater. Mit Musik von F. A. Doppler. Pest: Herz 1857
49 Declamations-Soirée für Ernst und Scherz, Geist und Herz. XII, 314 S. 16⁰ Pest, Wien, Lpz: Hartleben 1858
50 (MH) Conversations-Lexikon für Geist, Witz und Humor. Hg. M. G. S. u. A. Glaßbrenner. 6 Bde. Wien: Markgraf 1862
    (Verm. Neuaufl. v. Nr. 44)
51 Schriften. Cabinets-Ausgabe. 10 Bde. 2547 S. Wien, Lpz: Haessel 1862–1863
52 Humoristische Schriften. Hg. K. Meyerstein. 4 Bde. Bln: Gnadenfeld 1889
53 Humoristische Vorlesungen. Hg. K. Meyerstein. 345 S. 12⁰ Bln: Gnadenfeld 1889

Sapper, geb. Brater, Agnes (1852–1929)

1 In Wasserfluten. 24 S. 16⁰ Stg: Buchh. d. Ev. Ges. (= Immergrün) 1884
2 Für kleine Mädchen. Zehn Erzählungen. 127 S. 12⁰ Stg: Gundert 1892
3 Nach Hamburg. 24 S. 16⁰ Stg: Buchh. d. Ev. Ges. (= Immergrün 91) 1893
4 Die Mutter unter ihren Kindern. Ein Büchlein für Mütter. 208 S. 12⁰ Stg: Gundert 1895
5 Das erste Schuljahr. Erzählung für Kinder von sieben bis zwölf Jahren. 128 S. 12⁰ Stg: Gundert 1895
6 Gruß vom Rigi den Kindern daheim. Erzählungen für die Jugend. 77 S. Zürich: Orell Füßli 1896
7 Kuni. Eine Geschichte aus dem Dreißigjährigen Kriege. 24 S. 16⁰ Stg: Buchh. d. Ev. Ges. (= Immergrün) 1896
8 Gretchen Reinwald. Erlebnisse eines Schulmädchens. 2 Tle. in 1 Bd. 128, 272 S., 1 Abb. Stg: Gundert 1901
    (Enth. Nr. 5 u. 9)
9 Gretchen Reinwalds letztes Schuljahr. Erzählung für Mädchen von dreizehn bis sechzehn Jahren. 272 S., 1 Abb. Stg: Gundert 1901
10 Das kleine Dummerle und andere Erzählungen. 307 S. Stg: Gundert 1904
11 Die Familie Pfäffling. Eine deutsche Wintergeschichte. 288 S. Stg: Gundert 1907
12 Lies'chens Streiche und andere Erzählungen. 251 S. m. Abb. Stg: Gundert 1907
13 Frau Pauline Brater. Lebensbild einer deutschen Frau. 312 S., 2 Bildn. Mchn: Beck 1908

14 Werden und Wachsen. Erlebnisse der großen Pfäfflingskinder. 388 S. Stg: Gundert 1910
(Forts. v. Nr. 11)
15 In der Adlerapotheke. 32 S. m. Abb. Reutlingen: Enßlin & Laiblin (= Bunte Jugendbücher 38) 1911
(Ausz. a. Nr. 10)
16 (Hg.) J. u. W. Grimm: Märchen. Für die Jugend ausgew. VIII, 208 S. m. Abb. Stg: Levy 1911
17 Erziehen oder Werdenlassen? 332 S. Stg: Gundert 1912
18 Mutter und Tochter. Erzählung. 16 S. Stg: Verl. f. Volkskunst (= Sämann-Hefte 6) 1912
(Ausz. a. Nr. 10)
19 Das Dienstmädchen. 24 S. Lpz: Eger (= Die Entwicklungsjahre 6) 1913
20 Urschele hoch! Ein Lustspiel für das Haustheater in drei Auftritten. 12 S., 1 Abb. Stg: Verl. f. Volkskunst (= Sämann-Hefte 19) 1913
21 Kriegsbüchlein für unsere Kinder. 118 S. Stg: Gundert 1914
22 Im Thüringer Wald. 94 S., 10 Abb. Stg: Gundert 1914
(Ausz. a. Nr. 10)
23 Kriegsgeschichten. I. Kriegsbüchlein. II. Ohne den Vater. Erzählungen aus dem Kriege. 2 Bde. 118, 119 S. Stg: Gundert 1915
(Enth. Nr. 21 u. 24)
24 Ohne den Vater. Erzählung aus dem Kriege. 119 S. Stg: Gundert 1915
25 Ein geplagter Mann. 64 S. 16° Stg: Gundert (= Aus friedlicher Heimat 4) (1916)
(Ausz. a. Nr. 10)
26 Das Enkelhaus. Ein Kinderbuch. 116 S. m. Titelb. Stg: Gundert (1917)
27 Frieder. Die Geschichte vom kleinen Dummerle. 62 S. m. Abb. Stg: Gundert (1920)
(Ausz. a. Nr. 10)
28 Valentin Andreä und sein Patenkind. 15 S. Stg: Quell-Verl. (= Immergrün 244) (1922)
29 Der junge Gärtner. 15 S. Stg: Quell-Verl. (= Immergrün 245) (1922)
30 Ein Gruß an die Freunde meiner Bücher. 95 S., 1 Titelb. Stg: Gundert 1922
31 In Not bewährt. Fünf Erzählungen. 123 S. Stg: Gundert 1922
32 Regine Lenz. Ein geplagter Mann. Hoch droben. Drei Erzählungen aus „Das kleine Dummerle". 96 S. Stg: Gundert (1924)
(Ausz. a. Nr. 10)
33 Lili. Erzählung aus dem Leben eines mutterlosen Kindes. 63 S. m. Abb. Stg: Gundert (= Sonne und Regen im Kinderland 9) 1924
34 Johannes Ruhn. Feuerschau. Adlerapotheke. Drei Erzählungen aus „Das kleine Dummerle". 95 S. Stg: Gundert (1924)
(Ausz. a. Nr. 10)
35 Im Familienkreis. Kleine Lustspiele für die Jugend. 108 S. m. Abb. Stg: Gundert 1926
36 Ein Wunderkind und andere Erzählungen. Mit e. Einl. hg. F. Pferdmenges. 48 S., 1 Titelb. Bielefeld: Velhagen & Klasing (= Velhagen & Klasing's Jugendbücherei 3) (1926)
(Enth. u. a. Ausz. a. Nr. 10)
37 Die Heimkehr und andere Erzählungen aus Krieg und Frieden. 159 S., 6 Abb. Stg: Gundert 1938
(Enth. u. a. Ausz. a. Nr. 23)

Sauter, Ferdinand (1804–1854)

1 Gedichte. Mit des Dichters Lebensskizze aus dessen Nachlasse hg. J. von der Traun. 196 S. Wien: Tendler 1855
2 Gedichte aus dem Nachlaß. Vorw. K. v. Thaler. 76 S., 2 Bildn. Wien: Teufen 1895
3 Gedichte. Erste Gesamtausgabe. Hg., eingel. W. Börner. XL, 209 S., 3 Bildn. Wien, Lpz: Anzengruber Verl. 1918

SCHACK, Adolf Friedrich Graf von (1815–1894)

1 Geschichte der dramatischen Literatur und Kunst in Spanien. 3 Bde. Bln: Duncker & Humblot 1845–1846
2 (Hg.) Spanisches Theater. 2 Bde. 974 S. Ffm: Sauerländer 1845
3 (Übs.) Firdusi: Heldensagen. Zum ersten Male metrisch a. d. Pers. übs. nebst e. Einl. über das Iranische Epos. VIII, 537 S. Bln: Hertz 1851
4 (Übs.) Firdusi: Epische Dichtungen. A. d. Pers. 2 Bde. 811 S. Bln: Hertz 1853
5 Geschichte der dramatischen Literatur und Kunst in Spanien. 3 Bde. u. Nachtr. 1842, 148 S. Ffm: Baer 1854
    (Verm. Neuaufl. v. Nr. 1)
6 Nalodaya. 59 S. Stg: Cotta 1857
7 (Übs.) Stimmen vom Ganges. 266 S. 16⁰ Bln: Hertz 1857
8 (MH, MÜbs.) Romanzero der Spanier und Portugiesen. Hg. E. Geibel u. A. F. Sch. 418 S. Stg: Cotta 1860
9 (Übs.) Firdusi: Heldensagen. In deutscher Nachbildung. 439 S. Bln: Hertz 1865
    (Enth. u. a. Nr. 3)
10 Poesie und Kunst der Araber in Spanien und Sicilien. 2 Bde. 733 S. Bln: Hertz 1865
11 Gedichte. 363 S. Bln: Hertz 1867
12 Episoden. Dichtungen. 230 S. Bln: Hertz 1869
13 Durch alle Wetter. Roman in Versen. 351 S. Bln: Hertz (1870)
14 Lothar. Ein Gedicht. 289 S. Bln: Hertz 1872
15 Die Pisaner. Trauerspiel. 144 S. Bln: Hertz 1872
16 Der Kaiserbote. Cancan. Zwei politische Lustspiele. 276 S. Lpz: Brockhaus 1873
17 Nächte des Orients oder Die Weltalter. 268 S. Stg: Cotta 1874
18 Ebenbürtig. Roman in Versen. 269 S. Stg: Cotta 1876
19 Politische Schauspiele. 330 S. 16⁰ Stg: Cotta 1876
    (Neuaufl. v. Nr. 16)
20 (Übs.) Stimmen vom Ganges. Eine Sammlung indischer Sagen. Mit e. Anh.: Nalodaya. Ein indisches Gedicht in deutscher Nachbildung. 280 S. Stg: Cotta 1877
    (Enth. Nr. 6 u. 7)
21 Heliodor. Dramatisches Gedicht. 159 S. Stg: Cotta 1878
22 (Übs.) Strophen des Omar Chijam. 124 S. Stg: Cotta 1878
23 Dramatische Dichtungen. 2 Bde. Stg: Cotta 1879
    1. Timandra. Trauerspiel. 119 S.
    2. Atlantis. Trauerspiel. 155 S.
24 Weihegesänge. 229 S. Stg: Cotta (1879)
25 Meine Gemäldesammlung. 371 S. Stg: Cotta (1881)
26 Die Plejaden. Ein Gedicht. 221 S., 1 Abb. Stg: Cotta (1881)
27 Lotosblätter. Neue Gedichte. 258 S. Stg: Cotta (1882)
28 Gesammelte Werke in sechs Bänden. 3316 S. Stg: Cotta (1882–1883)
29 Gaston. Trauerspiel. 148 S. Stg: Cotta 1883
30 Tag- und Nachtstücke. 322 S. Stg: Cotta 1884
31 Memnon. Eine Mythe. 163 S. Stg: Cotta 1885
32 Walpurga. Der Johanniter. Zwei Trauerspiele. 195 S. Stg: Cotta 1887
33 Aus zwei Welten. Erzählungen und Bilder. 433 S. Stg: Cotta 1887
34 Ein halbes Jahrhundert. Erinnerungen und Aufzeichnungen. 3 Bde. 1275 S. Stg: Dt. Verl.-Anst. (1888)
35 Geschichte der Normannen in Sicilien. 2 Bde. 700 S. Stg: Dt. Verl.-Anst. 1889
36 Pandora. Vermischte Schriften. 491 S. Stg: Dt. Verl.-Anst. 1889
37 (Übs.) Orient und Okzident. 3 Bde. Stg: Cotta 1890
    1. Medschnun und Leila. Morgenländischer Liebesroman von Dschami. In dt. Nachbildung. 206 S.
    2. Camoens. Gedicht in zehn Gesängen von J. B. Almeida-Garret. Nach d. Portugies. 172 S.
    3. Raphuphansa. Indisches Gedicht von Kalidasa. In dt. Nachbildung. 167 S.

38 Iris. Erzählungen und Dichtungen. 224 S. Stg: Cotta 1891
39 Lustspiele. 223 S. Stg: Cotta 1891
40 Joseph Mazzini und die italienische Einheit. 185 S. Stg: Cotta 1891
41 Mosaik. Vermischte Schriften. 373 S. Stg: Cotta 1891
42 Weltmorgen. Gedicht. 279 S. Stg: Cotta 1891
43 Das Jahr Eintausend. Dramatisches Gedicht. 132 S. Stg: Cotta 1892
44 Sirius. Ein Mysterium. 122 S. Stg: Cotta 1892
45 (Übs., Hg.) Anthologie abendländischer und morgenländischer Dichtungen, in deutschen Nachbildungen. 2 Bde. 701 S. Stg: Cotta 1893
46 (Übs.) Die englischen Dramatiker vor, neben und nach Shakespeare. 500 S. Stg: Cotta 1893
47 Episteln und Elegieen. 233 S. Stg: Cotta 1894
48 Perspektiven. Vermischte Schriften. 2 Bde. 312, 330 S. Stg: Dt. Verl.-Anst. 1894
49 Nachgelassene Dichtungen. Hg. G. Winkler. 276 S. Stg: Cotta 1896
50 Gesammelte Werke. 10 Bde. 5080 S. m. Bildn. Stg: Cotta 1897–1899
    (Verm. Neuaufl. v. Nr. 28)

SCHAEFER (eig. Lange geb. Kraus), Oda (*1900)

1 (Hg.) S. v. Kügelgen: Stilles Tagebuch eines baltischen Fräuleins 1855/1856. 205 S., 6 Taf. Bln: Propyläen-Verl. (1936)
2 Die Windharfe. Balladen und Gedichte. 61 S. Bln: Verl. Die Rabenpresse 1939
3 Irdisches Geleit. Gedichte. 71 S. Mchn: Desch 1946
    (Enth. u. a. Ausz. a. Nr. 2)
4 Die Kastanienknospe. Erzählungen. 74 S. Mchn: Piper (= Piper-Bücherei 16) 1947
5 (Hg.) Madonnen. Ein Bildband mit Gedichten. Erl. Bildtexte A. Wagner. 125 S. m. Abb. Mchn: Desch 1947
6 Katzenspaziergang. Poetisches Feuilleton. 66 S. Mchn: Piper (= Piper-Bücherei 94) 1956
7 (Hg.) Unter dem sapphischen Mond. Deutsche Frauenlyrik seit 1900. 71 S. Mchn: Piper (= Piper-Bücherei 107) 1957
8 (Hg., Nachw.) Schwabing. Spinnete und erotische, enorme und neurotische Moritaten und Verse von Scharfrichtern und Schlawinern aus dem Münchner Künstlerviertel Wahnmoching. 83 S. m. Abb. Mchn: Piper (= Piper-Bücherei 122) 1958
9 Grasmelodie. Neue Gedichte. 66 S. Mchn: Piper 1959

SCHÄFER, Walter Erich (*1901)

1 Echnaton. Trauerspiel. 99 S. Stg: Engelhorn 1925
2 Die zwölf Stunden Gottes. 321 S. Stg: Engelhorn (1926)
3 Letzte Wandlung. Novellen. 187 S. Stg: Engelhorn 1928
4 Richter Feuerbach. Schauspiel. 60 S. Stg: Engelhorn 1931
5 Der achtzehnte Oktober. Schauspiel. 75 S. Stg: Franckh 1932
6 Das Regimentsfest. Erzählung. 63 S. Stg: Engelhorn (1933)
    (Ausz. a. Nr. 3)
7 Schwarzmann und die Magd. Schauspiel. 70 S. Stg: Engelmann 1933
8 Der Kaiser und der Löwe. Ein Schauspiel. 85 S. Lpz: Dietzmann 1935
9 Die Reise nach Paris. Lustspiel. 77 S. Lpz: Dietzmann 1936
10 Die Kette. Schauspiel. 57 S. Lpz: Dietzmann 1938
11 Theres und die Hoheit. Lustspiel. 77 S. Lpz: Dietzmann 1940
12 Der Leutnant Vary. Schauspiel. 62 S. Lpz: Dietzmann (1940)
13 Das Feuer. Schauspiel. 63 S. Lpz: Dietzmann 1943
14 Die Heimkehrer. Erzählungen. 67 S. Lpz: Staackmann 1944

SCHÄFER, Wilhelm (1868–1952)

1 Fritz und Paul auf der höheren Bürgerschule. Humoristische Erzählung. 192 S. Bln: Fontane 1894
2 Mannsleut'. Westerwälder Bauerngeschichten. 203 S. 12⁰ Elberfeld: Lucas 1894
3 Ein Totschläger. Volksstück in drei Akten. 76 S. Elberfeld: Lucas 1894
4 Lieder eines Christen. 71 S. Elberfeld: Lucas 1895
5 Nora. Eine Lebensgeschichte. 37 S. Neuwied, Lpz, Mchn: Schupp (= Kleine Studien 13) 1895
6 Jakob und Esau. Drama in fünf Akten und einem Vorspiel. 122 S. Bln: Schuster & Loeffler 1896
7 (Einl.) R. Dehmel: Zwanzig Gedichte. 89 S. m. Bildn. 12⁰ Bln: Schuster & Loeffler 1897
8 Die zehn Gebote. Erzählungen des Kanzelfriedrich. 149 S. Bln: Schuster & Loeffler 1897
9 Lerma. Bühnenspiel. 4⁰ Bln: Verl. des „Pan" 1898
10 (Hg.) Die Rheinlande. Monatsschrift für deutsche Kunst. Jg. 1–22. Düsseldorf: Bagel (Jg. 1 u. 6–22) bzw. Düsseldorf: Verl. d. Rheinlande (Jg. 2–5) 1900–1923
11 William Shakespeare. Schauspiel aus der Renaissancezeit Englands. 102 S. Zürich: Selbstverl. 1900
12 Gottlieb Mangold, der Mann in der Käseglocke. 179 S. Bln: Schuster & Loeffler 1901
13 Die Béarnaise. Eine Anekdote. 32 S. 16⁰ Bln: Schuster & Loeffler 1902
    (Ausz. a. Nr. 10)
14 (MV) Hundert Meister der Gegenwart. Proben zeitgenössischer deutscher Malerei mit erläuternden Texten. H. 7. 12. 17. 18. 19. 5 Hefte, je 5 Bl. Text u. 5 Bl. Abb. 4⁰ Lpz: Seemann 1903–1904
    (Ausz. a. Nr. 10)
15 (MV) W. Sch. u. R. Klein: Internationale Kunstausstellung Düsseldorf 1904. Achtundachtzig Abbildungen charakteristischer Werke mit Text. (S.-A.) IV, S. 309–476. 4⁰ Bln: Fischer & Franke 1904
    (Ausz. a. Nr. 10)
16 Der deutsche Künstlerbund †. (S.-A.) 26 S. Düsseldorf: Verl. der „Rheinlande" 1905
17 Der Niederrhein und das Bergische Land. 136 S., 8 Taf. Stg: Krabbe (= Städte und Landschaften 5) 1907
18 Anekdoten. 182 S. Düsseldorf: Verl. der „Rheinlande" (1908)
19 Rheinsagen. III, 120 S. m. Abb. Bln: Fischer & Franke 1908
20 Die Mißgeschickten. 91 S. Mchn: Müller 1909
21 Die Halsbandgeschichte, erzählt. 140 S. Mchn: Müller 1910
22 Wie entstanden meine Anekdoten? Vortrag. S. 203–226. Bonn: Cohen (= Mitteilungen der literarhistorischen Gesellschaft Bonn V, 7) 1910
23 Dreiunddreißig Anekdoten. VIII, 391 S. Mchn: Müller 1911
    (Enth. u. a. Nr. 13 u. 18)
24 Der verlorene Sarg und andere Anekdoten. 224 S. Mchn: Müller 1911
    (Ausz. a. Nr. 23)
25 Der Schriftsteller. 91 S. Ffm: Rütten & Loening (= Die Gesellschaft 39) 1911
26 Karl Stauffers Lebensgang. Eine Chronik der Leidenschaft. 365 S. Mchn: Müller (1912)
27 (Hg.) Bildhauer und Maler in den Ländern am Rhein. 176 S., 18 Taf. 4⁰ Düsseldorf: Bagel 1913
28 Die unterbrochene Rheinfahrt. 181 S. Mchn: Müller (1913)
29 Rheinsagen. XIII, 119 S. Mchn: Müller (1913)
    (Veränd. Neuaufl. v. Nr. 19)
30 Lebenstag eines Menschenfreundes. Ein Roman. V, 410 S. Mchn: Müller 1915
31 Anekdoten und Sagen. 63 S. Bern: Verl. d. Bücherzentrale f. dt. Kriegsgefangene (= Bücherei für deutsche Kriegsgefangene 9) 1918
    (Ausz. a. Nr. 19 u. 23)
32 Die begrabene Hand und andere Anekdoten. V, 136 S. Mchn: Müller (1918)

33 Lebensabriß. 65 S. m. Bildn. Mchn: Müller 1918
34 (Hg.) Deutsche Monatshefte. 18. Jahrgang der „Rheinlande". 12 H. Düsseldorf 1918
   (Jg. 18 v. Nr. 10)
35 Erzählende Schriften. 4 Bde. Mchn: Müller 1918
   1. Anekdoten. Novellen. VI, 403 S., 1 Bildn.
   2. Rheinsagen. Die Halsbandgeschichte. Die Mißgeschickten. Die unterbrochene Rheinfahrt. VI, 355 S.
   3. Eine Chronik der Leidenschaft. 282 S.
   4. Lebenstag eines Menschenfreundes. 411 S.
   (Enth. u. a. Nr. 18, 19, 20, 21, 28, 30)
36 Der Brief des Dichters und das Rezept des Landammanns. 14 S. 16⁰ Stettin: Herrcke & Lebeling 1920
   (Ausz. a. Nr. 32)
37 Frühzeit. Erzählungen. 174 S. Wien: Tal (= Die zwölf Bücher. Reihe 1, Bd. 10) 1921
38 Rheinische Novellen. Nachw. H. Meister. 78 S. Lpz: Reclam (= Reclam's UB. 6200) 1921
   (Ausz. a. Nr. 23)
39 (Vorw.) F. Bettingen: Gedichte. XI, 126 S. 4⁰ Mchn: Müller 1922
40 Bilder aus der Goethezeit. 19 S. Stettin: Herrcke & Lebeling 1922
   (Ausz. a. Nr. 43)
41 Bilder aus dem deutschen Mittelalter. 20 S. Stettin: Herrcke & Lebeling 1922
   (Ausz. a. Nr. 43)
42 Drei Briefe, mit einem Vorwort an die Quäker. 96 S. Mchn: Müller 1922
43 Die dreizehn Bücher der deutschen Seele. VIII, 556 S. 4⁰ Mchn: Müller (1922)
44 Der deutsche Gott. Fünf Briefe an mein Volk. 267 S. Mchn: Müller 1923
45 (Einl.) W. Steinhausen: Augenblick und Ewigkeit. 7 S., 16 Taf. Bln: Furche-Verl. 1923
46 (Hg.) F. Dostojewskij: Der Großinquisitor. Aus dem fünften Buche der „Brüder Karamasoff" abgelöst. 52 S. 4⁰ Rudolstadt: Greifenverl. 1924
47 (Bearb.) Das lied von Kriemhilds not. Nach den Angaben v. R. Uhl erneuert. 204, XXXI S. 4⁰ Mchn: Müller 1924
48 Die moderne Malerei der deutschen Schweiz. 79 S. Text, 48 S. Abb. Lpz: Haessel (= Die Schweiz im deutschen Geistesleben. Illustr. Reihe, Bd. 2) 1924
49 Zwölf Novellen. 238 S. Dachau: Einhorn.Verl. (=Bücher-Bund, Auswahl-Bd. 1925, 1) (1924)
50 (Einl.) Der Rhein. Ein Bilderbuch mit über hundert Bildern. 96 S. m. Abb. 4⁰ Dachau: Einhorn-Verl. (1924)
51 Urania. 14 S. Stettin: Herrcke & Lebeling 1924
52 Der Christbaum. Überlingen: Veith (Priv.-Dr.; 100 Ex.) 1925
53 Deutschland. Eine Rede in Köln. 88 S. Dessau: Rauch (1925)
54 Hölderlins Einkehr. Novelle. 70 S. Mchn: Müller 1925
55 Winckelmanns Ende. 180 S. 4⁰ Mchn: Müller (500 Ex.) 1925
56 Jakob Imgrund. 132 S. Chemnitz: Ges. d. Bücherfreunde (= Ordentl. Veröffentlichung 7) 1925
57 Die deutsche Judenfrage. Eine Rede in Berlin. 58 S. Mchn: Müller 1925
   (Ausz. a. Nr. 44)
58 Die Badener Kur. Novelle. 56 S. Stg: Dt. Verl.-Anst. (= Der Falke 28) 1925
59 Benno Rüttenauer zum siebzigsten Geburtstag. 18 S. Mchn: Müller 1925
60 (Nachw.) B. Rüttenauer: Weltgeschichte in Hinterwinkel. 53 S. Lpz: Reclam (= Reclam's UB. 6530) 1925
61 Das Wunder zu Kronach. 3 S. Überlingen: Veith (Priv.-Dr.) 1925
62 Neue Anekdoten. 377 S. Mchn: Müller 1926
63 Zwei Anekdoten. 16 S. m. Abb. 16⁰ Stg: Waldorf-Astoria-Zigarettenfabrik (= Waldorf-Bücherei. Reihe 3, H. 2) 1926
   (Ausz. a. Nr. 23)
64 Das Fräulein von Rincken. Novelle. 44 S. Mchn: Meisenbach & Riffarth (Priv.-Dr.) 1926
   (Ausz. a. Nr. 38)
65 Huldreich Zwingli. Deutsches Volksbuch. XIX, 381 S. Mchn: Müller 1926

66 Briefe aus der Schweiz und Erlebnis in Tirol. VI, 161 S. Mchn: Müller 1927
67 (Vorw.) Amtlicher Führer Augsburg. 160, 64 S. Augsburg: Verkehrsver. 1927
68 Rheinische Geschichten und anderes. 31 S. Bln: Hillger (= Deutsche Jugendbücherei 276) 1927
  (Ausz. a. Nr. 19 u. 23)
69 Pestalozzi. 150 S. m. Abb. Essen: Dt. Lehrerver., Prov.-Verb. Rheinland 1927
  (Ausz. a. Nr. 30)
70 (Einl.) I. Raffauf-Leeser: Gedichte. 120 S. Stg: Dt. Verl.-Anst. 1927
71 Das Religionsgespräch in Marburg. 32 S. Mchn: Müller 1927
  (Ausz. a. Nr. 65)
72 Der Rhein. Hg. Dürerbund. 31 S. o. O. (= Dt. Jugendbücherei) 1927
73 Huldreich Zwingli. Ein epischer Versuch. 506 S. 4° Weimar: Ges. d. Bibliophilen 1927
74 Ludwig Böhner gibt sein letztes Konzert. Anekdote. Mchn: Münchener Bücherfreunde (Priv.-Dr.) 1928
75 Dank des Dichters. Rede. 2 S. (Priv.-Dr.) 1928
76 Albrecht Dürer. Gedenkrede, 22 S. Chemnitz: Chemnitzer Bücherfreunde (Priv.-Dr.) 1928
77 Novellen. VII, 424 S. Mchn: Müller 1928
  (Enth. Nr. 20, 21, 54, 55, 56, 64)
78 Sommerhalde. Mein sechstes Jahrzehnt. 20 S. Chemnitz: Chemnitzer Bücherfreunde (Priv.-Dr.; 500 Ex.) 1928
79 Die Anekdoten. 396 S. Mchn: Müller 1929
80 Die rote Hanne. 8 S. Eisenach: Eisenacher Bibliophilenver. 1930
81 Der Hauptmann von Köpenick. 311 S. Mchn: Müller 1930
82 (Einl.) Das deutsche Rheinland. 23 S., 144 S. Abb., 1 Kt. 4° Bln: Atlantis-Verl. (= Atlantisbücher) 1930
83 Der Dichter und sein Volk. Rede. (S.-A.) 15 S. Kassel: Bärenreiter-Verl. 1931
84 Das fremde Fräulein. Zehn Anekdoten. 78 S. Lpz: Insel (= Insel-Bücherei 414) 1931
  (Ausz. a. Nr. 24)
85 Das Frühstück auf der Heydecksburg. o. O. (Priv.-Dr.) 1931
86 Das Haus mit den drei Türen. 191 S. Mchn: Langen-Müller (1931)
87 Wahlheimat. 98 S. Frauenfeld: Huber (= Die Schweiz im deutschen Geistesleben 71) (1931)
88 Goethes Geburtshaus. 45 S., 8 Taf. Ffm: Dt. Volksspende für Goethes Geburtsstätte 1932
89 Die Frau von Stein und andere Erzählungen. Durchges. u. m. Anm. v. G. Wolff. 21 S., 1 Bildn. Breslau: Hirt (= Hirt's deutsche Sammlung. Literar. Abt. 2, 53) (1932)
  (Ausz. a. Nr. 79)
90 Der Fabrikant Anton Beilharz und das Theresle. 211 S. Mchn: Langen-Müller 1933
91 Deutsche Reden. 258 S., 1 Titelb. Mchn: Langen-Müller 1933
92 Auf Spuren der alten Reichsherrlichkeit. 170 S., 115 Abb. Mchn: Bruckmann 1933
93 Johann Sebastian Bach. Eine Rede, gehalten auf dem 21. Deutschen Bachfeste in Bremen am 8. X. 1934. 18 S. Lpz: Breitkopf & Härtel 1934
94 Mein Leben. Rechenschaft. 39 S. Bln: Juncker & Dünnhaupt (= Die Lebenden) 1934
95 Ein Mann namens Schmitz. Novelle. 65 S. Mchn: Müller (= Kleine Bücherei 28) (1934)
96 Preußen und das Bismarckreich. Aus „Dreizehn Bücher der deutschen Seele". Bes. R. Erckmann. 65 S. Mchn: Langen-Müller (= Die deutsche Folge 21) (1934)
  (Ausz. a. Nr. 43)
97 Der deutsche Rückfall ins Mittelalter. Eine Rede. 17 S. Mchn: Langen-Müller 1934
98 Der hartnäckige Taler oder Eine literarische Nacht in Berlin. 41 S. Eisenach: Eisenacher Bücherfreunde (Priv.-Dr.; 100 Ex.) 1934

99 Johann Sebastian Bach. Rede. 14 S. Mchn: Langen-Müller 1935
100 Vom alten Blücher. 24 S. (Priv.-Dr.) 1935
101 Christophorusrede. 20 S. Mchn: Langen-Müller 1935
102 Die Fahrt in den Heiligen Abend. 47 S., 20 Abb. Mchn: Langen-Müller (= Kleine Bücherei 56) 1935
103 (Einl.) Musik. Musikanten in Bildern großer Meister. 14 S., 22 Bl. Abb. Lpz: Seemann 1935
104 Der Dichter des Michael Kohlhaas. Rede. 16 S. Mchn: Langen-Müller 1936
105 Verhehltes Leben. 48 S. Lpz: Haag (Priv.-Dr.) 1936
106 Die Posthalterin zu Vöcklabruck. 29 S. Eisenach: Eisenacher Bücherfreunde (Priv.-Dr.) 1936
107 Die Quellen des Rheins. 111 S., 56 Abb. 4° Bln: Atlantis-Verl. (1936)
108 Anckemanns Tristan. Novelle. 126 S. Mchn: Langen-Müller (1937)
109 Ausritt 1937/38. Almanach. 140 S. Mchn: Langen-Müller (1937)
110 Meine Eltern. 139 S. Mchn: Langen-Müller 1937
111 Frau Hulla. Ein Bühnenspiel. 32 S. o. O. (Priv.-Dr.) 1937 (Neuaufl. v. Nr. 9)
112 Hermann W. Schäfer. Sein Leben und Werk. Geschildert von seinem Vater. 39 S. m. Abb. 4° Mchn: Langen-Müller 1937
113 Der Siegelring von Tirol. 16 S. Eisenach: Eisenacher Bibliophilen-Verein (Priv.-Dr.) 1937
114 Wendekreis neuer Anekdoten. 264 S. Mchn: Langen-Müller (1937)
115 Sechs Streichhölzer. Zum siebzigsten Geburtstag, 20. I. 1938. 16 S. (Murnau:) Verl. Die Wage (= Des Bücherfreundes Fahrten ins Blaue 1,8) (1938)
116 Der andere Gulbransson. 31 S., 48 Taf. 4° Königsberg: Kanter-Verl. 1939
117 Der Niederrhein und das bergische Land. 112 S. Mchn: Langen-Müller 1939 (Neufassg. v. Nr. 17)
118 Theoderich, König des Abendlandes. 199 S. Mchn: Langen-Müller (1939)
119 Jan Weelm. Anekdoten. 16 S. Saarlouis: Hausen (= Erbgut deutschen Schrifttums 219) 1939
120 Aus der Zeit der Befreiungskriege. Anekdoten. Bes. K. Scheuer. 52 S. Mchn: Langen-Müller (= Die deutsche Folge 40) 1940 (Ausz. a. Nr. 43)
121 Der Enkel des Tiberius. Eine Anekdote. 18 S. Eisenach: Kühner (Priv.-Dr.) 1940
122 (Einl.) Olaf Gulbransson. Sechzig Bilder. 32 S. m. Abb. Königsberg: Kanter-Verl. (= Kanter-Bücher 19) (1940)
123 Johannes Gutenberg. Rede. 16 Bl. 4° Mainz: Werkstatt f. Buchdr. 1940
124 Hundert Histörchen. 153 S. Mchn: Langen-Müller (1940)
125 (MV) O. Brües, R. Euringer u. W. Sch.: Otto von Bismarck, gesehen von drei Dichtern. 64 S. Köln: Staufen-Verl. (= Staufen-Bücherei 16) (1941)
126 Die Handschuhe des Grafen von Brockdorff-Rantzau und andere Anekdoten. 62 S. Stg: Verl. Dt. Volksbücher (= Wiesbadener Volksbücher 271) (1941)
127 Kleine Truhe. 294 S. Mchn: Langen-Müller 1941
128 Altmännersommer. Drei Geschichten um ein Thema. 359 S. Mchn: Langen-Müller 1942 (Enth. Nr. 86, 90, 95)
129 Das deutsche Gesicht der rheinländischen Kunst. Ausgewählt aus den „Rheinlanden". Einl. O. Doderer. 194 S. Ratingen: Henn-Verl. (= Rheinische Bücherei 2) 1942
130 Goethesche Prüfung. Dankrede bei Verleihung des Goethe-Preises der Stadt Frankfurt am 28. VIII. 1941. 12 S. Mchn: Langen-Müller 1942
131 Spätlese alter und neuer Anekdoten. 244 S. Mchn: Langen-Müller 1942
132 Die Anekdoten. 575 S. Stg: Cotta 1943 (Verb. Neuaufl. v. Nr. 79)
133 Wider die Humanisten. Eine Rede, gesprochen am 7. Mai 1942 in der Wittheit zu Bremen. 19 S. Mchn: Langen-Müller 1943
134 Krieg und Dichtung. Festrede zum Dichtertreffen in Weimar am 10. X. 1942. 15 S. Mchn: Langen-Müller 1943
135 Novellen. 393 S. Mchn: Langen-Müller 1943
136 Der Rebell von Freiburg. 59 S. Gütersloh: Bertelsmann (1943)
137 Der Gottesfreund. Epische Dichtung. 275 S. Kempen: Thomas-Verl. 1948 (Enth. u. a. Nr. 56)

138 Rechenschaft. 332 S., 1 Bildn. Kempen: Thomas-Verl. 1948
(Neufassg. v. Nr. 94)
139 Grammatik des Lebens. Eine Erzählung 155 S. Mchn: Langen-Müller 1949
140 Die Biberburg. Eine Erzählung. 155 S. Mchn: Langen-Müller 1950
(Neuaufl. v. Nr. 139)
141 Das Halsband der Königin. Novellen. Die Halsbandgeschichte. Winckelmanns Ende. Die Badener Kur. Ein Mann namens Schmitz. 270 S. Augsburg: Kraft 1951
(Enth. Nr. 21, 55, 58, 95)
142 Frau Millicent. Novelle. 80 S. Stg: Verl. Dt. Volksbücher 1952
143 Die Anekdoten. Ausg. letzter Hand. 719 S. Stg: Cotta 1957

SCHÄFERDIEK, Willi (*1903)

1 Mörder für uns. Szenische Ballade in sechs Bildern. 82 S. Bonn, Bln: Klopp 1927
2 Vom Ende einer Kreatur. 14 S. Bln: Verl. Der Aufbruch (= Aufbruch-Bücherei 2) 1928
3 Ende der Kreatur. Erzählungen. 71 S. Dresden: Jeß (= Junge Reihe) 1930
(Enth. u.a. Nr. 2)
4 Zuma. Novelle. 79 S. Saarlouis: Hausen 1935
5 Der Rheinische Eulenspiegel. Ein lustiges Buch. Alten Quellen nacherzählt. 177 S. Darmstadt: Holzwarth 1936
6 Matthias Tobias. Ein rheinischer Schelmenroman. 250 S. Lpz: Bohn 1938
7 Marina zwischen Strom und Moor. Roman. 215 S. Salzburg: Pustet 1939
8 (MBearb.) A. I. Berndt: Das Lied der Front. Liedersammlung des Großdeutschen Rundfunks. Bearb. G. Kneip u. W. Sch. H. 2. 64 S. Wolfenbüttel: Kallmeyer 1940
9 Die Eierfahrt und andere Volksgeschichten. 89 S. Wien, Bln, Lpz: Bischoff 1942
10 Kleines Bilderbuch der Kindheit. 34 S. Bln: Bischoff 1944
11 Richter Lynch. 78 S. Hbg: Thespis-Verl. 1944
12 (Hg., Bearb.) F. Gerstäcker: Die Regulatoren in Arkansas. 280 S. m. Abb. Kempen: Thomas (1948)
13 Gestern so wie heute. Ernste und heitere Kalender-Geschichten. 96 S. Rheinhausen: Verl.-Anst.Rheinhausen (= Die kleine Buchtruhe) 1949
14 Der Leibarzt Seiner Majestät. Historische Erzählung. 171 S. m. Abb. Aschaffenburg: Pattloch 1951
15 Rebell in Christo. Roman. 314 S. Hattingen/Ruhr: Hundt 1953
16 (Bearb.) Deutschland im Volkslied. Siebenhundertvierzehn Lieder aus den deutschsprachigen Landschaften und aus Europa. Hg. G. Kneip. Revision d. Texte W. Sch. 419 S. m. Noten u. Abb. 4° Ffm, London, New York: Peters 1958

SCHAEFFER, Albrecht (1885–1950)

1 Amata. Wandel der Liebe. 64 S. Hannover: Ey 1911
2 Die Meerfahrt. 162 S. Lpz: Wolff 1912
3 (MV) A. Sch. u. A. Gerlach: Der Mischkrug. 16 S. Hannover: Priv.-Dr. (117 Ex.) 1912
4 (Hg., Nachw.) C. Brentano: Gedichte. 86 S. Lpz: Insel (= Insel-Bücherei 117) (1914)
5 Attische Dämmerung. 81 S. Lpz: Insel 1914
6 (Hg., Nachw.) A. v. Droste-Hülshoff: Gedichte. 77 S. Lpz: Insel (= Insel-Bücherei 139) (1914)
7 Heroische Fahrt. 93 S. Lpz: Insel 1914
8 Kriegslieder. 19 S. Hannover: Ey 1914
9 Die Mütter. Ein ernstes Stück. 111 S. Lpz: Insel 1914
10 Das Schicksal. 28 S. Hannover: Priv.-Dr. 1914

11 (Hg., Nachw.) E. M. Arndt: Gedichte. 86 S. Lpz: Insel (= Insel-Bücherei 163) (1915)
12 Des Michael Schwertlos vaterländische Gedichte. 215 S. Lpz: Insel 1915
13 Mosis Tod. Ein Mysterium. o. Pag. Hannover: Priv.-Dr. (25 Ex.) 1915
14 Rainer Maria Rilke. 58 S. Lpz: Insel (100 Ex.) 1916
15 (Hg., Nachw.) F. Hebbel: Gedichte. 79 S. Lpz: Insel (= Insel-Bücherei 59) 1917
16 (Übs.) O. Wilde: Die Ballade vom Zuchthaus zu Reading. 45 S. Lpz: Insel (=Insel-Bücherei 220) 1917
17 Gudula oder Die Dauer des Lebens. Erzählung. 214 S. Lpz: Insel (1918)
18 Josef Montfort. 454 S. Lpz: Insel (1918)
19 (MV) A. Sch. u. L. Strauß: Die Opfer des Kaisers, Kremserfahrten und die Abgesänge der hallenden Korridore. 43 S. Lpz: Insel (100 Ex.) 1918
20 (Hg., Nachw.) J. v. Eichendorff: Gedichte. 73 S. Lpz: Insel (= Insel-Bücherei 268) (1919)
21 Elli oder Sieben Treppen. Beschreibung eines weiblichen Lebens. 272 S. Lpz: Insel (1919)
22 (Hg., Nachw.) F. G. Klopstock: Oden. 61 S. Lpz: Insel (= Insel-Bücherei 283) (1919)
23 (Hg., Nachw.) N. Lenau: Gedichte. 70 S. Lpz: Insel (= Insel-Bücherei 235) (1919)
24 Der göttliche Dulder. 435 S. Lpz: Insel 1920
 (Veränd. Neuaufl. v. Nr. 2; enth. außerdem Nr. 10)
25 Helianth. Bilder aus dem Leben zweier Menschen von heute und aus der norddeutschen Tiefebene in neun Büchern dargestellt. 3 Bde. 737, 847, 827 S. Lpz: Insel (1920)–1924
26 (Hg., Nachw.) A. v. Platen: Gedichte. 80 S. Lpz: Insel (= Insel-Bücherei 305) (1920)
27 Der Raub der Persefone. Eine attische Mythe. 70 S. Lpz: Insel (= Insel-Bücherei 311) (1920)
28 Gevatter Tod. Märchenhaftes Epos in vierundzwanzig Mondphasen und einer als Zugabe. 64 S. Lpz: Insel 1922
29 Eduard Mörikes „Früh im Wagen". 46 S. Bln: Runge (= Der Lichtkreis 1) (1922)
30 Parzival. Ein Versroman in drei Kreisen. 634 S. Lpz: Insel 1922
31 Der Reiter mit dem Mandelbaum. 70 S. Chemnitz: Ges. d. Bücherfreunde 1922
32 Die Saalborner Stanzen. Eine Trilogie. 35 S. 4⁰ Lpz: Insel (= Buch der Inselpresse 3) 1922
33 Die Wand. Dramatische Phantasmagorie. 68 S. Bln: Priv.-Dr. (100 Ex.) 1922
34 Abkunft und Ankunft. 20 S. Chemnitz: Ges. d. Bücherfreunde zu Chemnitz 1923
35 Demetrius. Ein Trauerspiel in fünf Aufzügen. 179 S. Bln: Rowohlt 1923
36 Dichter und Dichtung. Kritische Versuche. 501 S. Lpz: Insel 1923
37 Das Gitter. Erzählung. 66 S. Stg: Dt. Verl.-Anst. (= Der Falke 1) (1923)
38 Hölderlins Heimgang oder Der goldene Wagen. Hg. vom Künstlerdank (Clauss Rochs-Stiftung). 38 S. 4⁰ Bln: Eigenbrödler-Verl. 1923
39 Das Kleinod im Lotos. – Die Buddha-Legende. – Frei nach dem engl. The Light of Asia or the Great Renunciation by E. Arnold. 155 S. Lpz: Insel 1923
40 Regula Kreuzfeind. 38 S. Essen, Hagen: Severin 1923
41 Legende vom verdoppelten Lebens-Alter. 27 S. Hbg: Asmus 1923
42 (MH) Leukothea. Ein Jahrbuch v. A. Sch. u. L. Strauß. 186 S. Bln: Runge (1923)
43 Lene Stelling. 43 S., 3 Abb. 4⁰ Bln: Priv.-Dr. (300 Ex.) 1923
44 Die Treibjagd. 93 S. Chemnitz: Ges. d. Bücherfreunde 1923
45 Chrysoforus oder Die Heimkehr. 81 S. Chemnitz: Priv.-Dr. (200 Ex.) 1924
46 Fidelio. Novelle. 45 S. Stg: Dt. Verl.-Anst. (= Der Falke 13) 1924
47 Die Marien-Lieder. 60 S. Lpz: Insel 1924
48 Kritisches Pro Domo (mit einer biographischen Skizze als Einleitung). 55 S. Bln: Stilke (= Schriftenreihe d. Preuß. Jahrbücher 16) 1924
49 Das Albrecht Schaeffer-Buch. Hg., Nachw. M. Rockenbach. IV, 111 S. Lpz: Kuner (= Wege nach Orplid 4) 1924

50 Die Treibjagd und zwei Legenden. 133 S. Köln: Schaffstein (= Die Neue Reihe) 3) 1924
   (Enth. u. a. Nr. 44)
51 Der Falke und die Wölfin. Zwei Erzählungen. 58 S. 4° Bln: Reimer (= Daedalus-Drucke 3) 1925
52 Die tanzenden Füße. Nachw. P. Alverdes. 132 S. Lpz: Reclam (= Reclam's UB. 6631–6632) (1925)
   (Ausz. a. Nr. 18)
53 Der Gefällige. Lustspiel in vier Akten. Frei nach Diderots „Est-il bon, est-il méchant?" 92 S. Potsdam, Bln: Kiepenheuer 1925
54 Konstantin der Große. Tragödie in fünf Aufzügen. 125 S. Bln: Rowohlt 1925
55 Das Prisma. Erzählungen und Novellen. 517 S. Lpz: Insel (1925)
   (Enth. u. a. Nr. 31, 37, 44, 46)
56 Der verlorene Sohn. Komödie in drei Aufzügen. 141 S. Lpz: Koehler & Amelang (= Amelangs Taschenbücherei 5) 1925
57 (MÜbs.) R. L. Stevenson: Quartier für die Nacht. Will von der Mühle. Zwei Erzählungen. 71 S. Lpz: Insel (= Insel-Bücherei 234) (1925)
58 (Bearb.) Eisherz und Edeljaspis oder Die Geschichte einer glücklichen Gattenwahl. Ein Roman aus der Ming-Zeit. Aus dem Chines. übs. F. Kuhn. Gestaltung der eingestreuten Verse A. Sch. 343 S. Lpz: Insel (1926)
59 (Übs.) Des Apulejus sogenannter Goldener Esel. Metamorphosen. 322 S. Lpz: Insel 1926
60 Die Schuldbrüder. 287 S., 25 Abb. Bln: Dt. Buchgem. 1926
61 Der Apfel vom Baum der Erkenntnis. Erzählung und Gleichnis. 20 S. Hbg: Weitbrecht (= Druck der Presse Oda Weitbrecht 5) 1927
62 (Übs.) Homerus: Odyssee. 589, 3 S. Bln, Lpz: Horen-Verl. 1927
63 Der goldene Wagen. Legenden und Mythen. 251 S. Lpz: Insel 1927
   (Enth. u. a. Nr. 38 u. 45)
64 Die Geschichte der Brüder Chamade. 232 S. Lpz: Insel; Bln, Lpz: Horen-Verl. 1928
   (Neuaufl. v. Nr. 60)
65 Helianth. Bilder aus dem Leben zweier Menschen und aus der norddeutschen Tiefebene in neun Büchern dargestellt. Neue Ausg. in zwei Bänden. Mit e. Vorbem. 2 Bde. 707, 705 S. Lpz: Insel 1928
   (Gek. Neuausg. v. Nr. 25)
66 (Übs.) Der Hymnus auf Demeter. 19 S. 4° Halle: Werkstätten der Stadt Halle 1928
67 Mitternacht. Zwölf Novellen. 218 S. Lpz: Insel 1928
68 Griechische Helden-Sagen. Neu erzählt nach den alten Quellen. 2 Bde. 246, 253 S. Lpz: Insel 1929–1930
69 (Übs.) Homerus: Ilias. IV, 345 S. Bln: Lambert Schneider 1929
70 Kaiser Konstantin. Eine Zeitwende. 242 S. Lpz: Insel 1929
71 (Hg.) C. F. Meyer: Gedichte. 80 S. Lpz: Insel (= Insel-Bücherei 303) (1929)
72 Die Geige. Die Rosen der Hedschra. Die seltsame Trauung. Hg. M. Roseno. 58 S. Lpz: Quelle & Meyer (= Deutsche Novellen des 19. und 20. Jahrhunderts 32) (1930)
   (Ausz. a. Nr. 55 u. 67)
73 Die Sage von Odysseus. Neu erzählt nach den ursprünglichen Motiven. 77 S. Lpz: Insel (= Insel-Bücherei 87) (1930)
74 Gedichte aus den Jahren 1915–1930. 115 S. Lpz: Insel (1931)
   (Enth. u. a. Nr. 32 u. 47)
75 Das nie bewegte Herz. 363 S. Bln: Dt. Buchgem. 1931
   (Neuaufl. v. Nr. 18)
76 Das Opfertier. Erzählungen. 217 S. Lpz: Insel (1931)
77 (MH) Roß und Reiter. Ihre Darstellung in der plastischen Kunst. In Gemeinschaft mit R. Diehl hg. A. Sch. 61 S., 37 Taf. Lpz: Insel 1931
78 Nachtschatten. Vier Novellen aus kriegerischen Zeiten. 79 S. Lpz: Insel (= Insel-Bücherei 179) (1932)
   (Ausz. a. Nr. 55, 67, 76)
79 Der Roßkamm von Lemgo. Roman. 331 S. Bln: Dt. Buchgem. 1933
80 Der General. 85 S. Ffm: Rütten & Loening (1934)
81 Das Haus am See. Zwei Trilogien. 12 S. Hbg: Verl. d. Blätter f. d. Dichtung (= Blätter f. d. Dichtung. Jg. 1, Folge 5) 1934

82 Heimgang. Novelle. 121 S. Bln: Fischer (= S. Fischer Bücherei) 1934
83 (Einl.) Heilige Stille. Stimmungsbilder aus der Natur. 4 Bl., 10 Taf. 4° Lpz: Seemann (= Seemann's farbige Künstlermappen. N. R. 105) 1934
84 Cara. 298 S. Potsdam: Rütten & Loening 1936
85 Aphaia. Weg der Götter, Völker und Zahlen. 338 S. m. Fig., 4 Bl. Abb. Potsdam: Rütten & Loening 1937
86 Ruhland. Lebensbild eines Mannes. 446 S. Potsdam: Rütten & Loening 1937
87 Heile, heile Segen. Sieben Geschichten für Kinder von drei bis fünf Jahren. 110 S., 15 Abb. Potsdam: Rütten & Loening 1937
88 Die Geheimnisse. 65 S. 4° Potsdam: Rütten & Loening 1938
89 Kaniswall. Novelle. 103 S., 2 Abb. Potsdam: Rütten & Loening 1938
90 Von Räubern und Riesen. Drei Märchen für Kinder. 63 S. Potsdam: Rütten & Loening 1938
91 Rudolf Erzerum oder Des Lebens Einfachheit. 445 S. Stockholm: Neuer Verl. (1945)
92 Cara. 209 S. Potsdam: Rütten & Loening 1948
    (Neubearb. v. Nr. 84)
93 Enak oder Das Auge Gottes. 50 S. Hbg: Honeit 1948
94 Der Auswanderer. Erzählung. 307 S. Überlingen: Wulff 1949
95 Elli. Beschreibung eines weiblichen Lebens. 287 S. Wiesbaden: Insel 1949
    (Neubearb. v. Nr. 21)
96 Janna du Coeur. Roman. 482 S. Mchn: Desch 1949
    (Neuaufl. v. Nr. 79)
97 Die goldene Klinke. 91 S. Olten: Vereinigung Oltner Bücherfreunde (= Veröffentlichungen für die Vereinigung Oltner Bücherfreunde 47) 1950
    (Erw. Neuaufl. v. Nr. 88)
98 (Übs.) F. Prokosch: Die Asiaten. Roman. 356 S. Ffm: Fischer 1952
99 Vom ursprünglichen Glauben. Gedanken eines Dichters zur modernen Theologie. 56 S. Witten: Eckart-Verl. 1953
100 Der General. 94 S. Witten: Eckart-Verl. 1954
    (Veränd. Neuaufl. v. Nr. 80)
101 Der grüne Mantel. Nachw. W. Ehlers. 69 S. Stg: Reclam (= Reclam's UB. 7863) 1955
102 Mythos. Abhandlungen über die kulturellen Grundlagen der Menschheit. Hg., Nachw. W. Ehlers. 453 S., 1 Titelb. Heidelberg, Darmstadt: Schneider (= Schöpfungsgeschichte der Menschheit 1; = Veröffentlichung der Deutschen Akademie für Sprache und Dichtung Darmstadt 15) 1958

SCHAFFNER, Jakob (1875–1944)

1 Irrfahrten. Roman. 231 S. Bln: Fischer 1905
2 Die Laterne und andere Novellen. 257 S. Bln: Fischer 1907
3 Die Erlhöferin. 182 S. Bln: Fischer (= Fischers Bibliothek zeitgenössischer Romane 1, 2) 1908
4 Hans Himmelhoch. Briefe an ein Weltkind. 181 S. Bln: Fischer 1909
5 Konrad Pilater. Roman. 548 S. Bln: Fischer 1910
6 Der Bote Gottes. Roman. 342 S. Bln: Fischer 1911
7 Die goldene Fratze. Novellen. 319 S. Bln: Fischer 1912
8 Der Fuchs. Novelle. (S.-A.) 17 S. Zürich: Rascher 1912
9 Die Irrfahrten des Jonathan Bregger. 184 S. Bln: Fischer (= Fischers Bibliothek zeitgenössischer Romane 4, 7) 1912
    (Neuaufl. v. Nr. 1)
10 Geschichte der Schweizerischen Eidgenossenschaft. 128 S. Stg: FrancKh 1915
11 Die Schweiz im Weltkrieg. 40 S. Stg: Dt. Verl.-Anst. (= Der deutsche Krieg 61) 1915
12 Das Schweizerkreuz. Novelle. 192 S. Bln: Paetel 1916
13 Der große Austrag. Kontinentale oder atlantische Zukunft? Rede. 80 S. Bln: Grote (= Schriften zur Zeit und Geschichte 6) (1917)
14 Der Dechant von Gottesbüren. Roman. 434 S. Bln: Fischer 1917
15 Grobschmiede und andere Novellen. 157 S. Bln: Fischer (= Fischers Bibliothek zeitgenössischer Romane 7, 11) 1917

16 Frau Stüssy und ihr Sohn. 55 S. Frauenfeld: Huber (= Schweizerische Erzähler 15) 1918
17 Die deutsche Auferstehung. Deutschlands Rettung durch die deutsche Erde! 26 S. Bln: Arbeitsgem. f. staatsbürgerl. u. wirtsch. Bildung (1919)
18 Die Weisheit der Liebe. 478 S. Lpz: Grethlein (1919)
19 Die Erlösung vom Klassenkampf. 104 S. Zürich: Grethlein (1920)
20 Kinder des Schicksals. Roman. 238 S. Lpz: Grethlein (1920)
21 Der Passionsweg eines Volkes 1918–1920. 91 S. Zürich: Grethlein (1920)
22 Fragen. Novellen. 156 S. Bln: Runge 1922
23 Johannes. Roman einer Jugend. 2 Bde. 270, 285 S. Stg: Union (= Meister-Romane des Union-Verlags) 1922
24 Konrad Pilater. Roman. 336 S. Stg: Union (= Meister-Romane des Union-Verlags) (1922)
  (Neufassg. v. Nr. 5)
25 Der große Seldwyler. 47 S. Bln: Runge (= Der Lichtkreis 3) (1922)
26 Das Wunderbare. Roman. 420 S. Stg: Union 1923
27 Die Mutter. Novelle. Nachw. H. M. Elster. 78 S. Lpz: Reclam (= Reclam's UB. 6500) 1924
28 Brüder. Zwei Erzählungen. 235 S. Stg: Union 1925
29 Die Glücksfischer. Roman. 620 S. Stg: Union (1925)
30 Der Kreiselspieler. Berliner Gestalten und Schicksale. 188 S. Bln: Propyläen-Verl. (= Das kleine Propyläen-Buch) (1925)
31 Die Schürze. Erzählung. 144 S. Stg: Engelhorn (= Engelhorns Romanbibliothek. Reihe 38, Bd. 20) 1925
32 Die letzte Synode. 88 S. 4° Stg: Union (= Juniperuspresse. Der neuen Reihe Druck 3) 1925
33 Gesammelte Werke. Reihe 1. 6 Bde. Stg: Union (1925)
34 Das große Erlebnis. Roman. 478 S. Stg: Union (1926)
35 Festzeiten. Drei Novellen. 85 S. 16° Nürnberg: Schrag (= Nürnberger Liebhaber-Ausgaben 8) 1927
36 Der Kreislauf. Gedichte. 134 S. Stg: Union (1927)
37 Das verkaufte Seelenheil. Eine Erzählung. 77 S. Lpz: Insel (= Insel-Bücherei 391) (1927)
  (Ausz. a. Nr. 28)
38 Verhängnisse. Novellen. 283 S. Stg: Union (1927)
39 Föhnwind. Novellen. 304 S. Stg: Union (1928)
40 Der Mensch Krone. 277 S. Stg: Union 1928
41 Die Heimat. Novelle. 148 S. Bln: Dt. Buch-Gem. 1929
42 Die Jünglingszeit des Johannes Schattenhold. Roman. 534 S. Stg: Union 1930
  (Forts. v. Nr. 23)
43 Ihr Glück – ihr Elend. Drei Frauenromane. 287 S. Wien: Zsolnay 1931
44 Wie Gottfried geboren wurde. Keller-Novelle. 71 S., 1 Taf. Zürich: Verein Guter Schriften (= Verein für Verbreitung guter Schriften Zürich 164) 1931
45 Der lachende Hauptmann. Novelle. Mit e. Nachw. „Heimat und Welt" vom Verf. 71 S. Lpz: Reclam (= Reclam's UB. 7152) 1931
46 Die Predigt der Marienburg. 147 S. Wien: Zsolnay 1931
47 Liebe und Schicksal. Novellen. 274 S. Wien: Zsolnay 1932
48 Persönlichkeit (Einheit von Werk und Leben). 36 S. Wien: Zsolnay 1933
49 Der junge Schattenhold. 79 S. Köln: Schaffstein (= Schaffsteins blaue Bändchen 213) (1933)
  (Ausz. a. Nr. 42)
50 Eine deutsche Wanderschaft. Roman. 578 S. Wien: Zsolnay 1933
  (Forts. v. Nr. 42)
51 Nebel und Träume. Novellen. 257 S. Wien: Zsolnay 1934
52 Offenbarung in deutscher Landschaft. Eine Sommerfahrt. 1934 373 S. Stg: Dt. Verl.-Anst. 1934
53 Das heimliche Alemannien. 24 S. Bln: Dt. Verl.-Anst. (= Schriften der Jungen Generation 2) 1935
54 Larissa. Roman. 364 S. Wien: Zsolnay 1935
55 Der Luftballon. Gestalten und Schicksale. 126 S. Bremen: Schünemann 1936
  (Veränd. Neuaufl. v. Nr. 30)

56 Meister-Novellen. 423 S. Wien (: Bischoff) 1936
 (Enth. u. a. Nr. 44)
57 Volk zu Schiff. Zwei Seefahrten mit der „KdF"-Hochseeflotte. 168 S., 6 Bl. Abb. Hbg: Hanseat. Verl.-Anst. 1936
58 Freies nationales Arbeitsvolk. 39 S. (Zürich:) Nationaler Front-Verl. (1937)
59 Rote Burgen und blaue Seen. Eine Ostpreußenfahrt. 152 S. m. Abb. Hbg: Hanseat. Verl.-Anst. 1937
60 Der Gang nach St. Jakob. Erzählung. 207 S. Stg: Dt. Verl.-Anst. 1937
61 Türme und Wolken. Eine Burgenfahrt. 121 S. Hbg: Hanseat. Verl.-Anst. 1937
62 Berge, Ströme und Städte. Schweizerische Heimatschau. 345 S. Stg: Dt. Verl.-Anst. 1938
63 Die Landschaft Brandenburg. 148 S. Hbg: Hanseat. Verl.-Anst. 1938
64 Die schweizerische Eidgenossenschaft und das Dritte Reich. Vortrag. 42 S. Stg: Dt. Verl.-Anst. 1939
65 Kampf und Reife. Roman. 604 S. Stg: Dt. Verl.-Anst. 1939
 (Forts. v. Nr. 50)
66 Ostpreußen. Stille und Kraft. 31 S. Bln: Hillger (= Hillger's deutsche Bücherei 652) (1939)
67 Der Aufgang des Reiches Heinrich I. 75 S. Bln: Nibelungen-Verl. (= Soldat und Staatsmann 2) 1940
68 Bekenntnisse. 155 S. Stg: Dt. Verl.-Anst. 1940
69 Der Schicksalsweg des deutschen Volkes. 75 S. Bln: Eher (= Schriftenreihe der NSDAP 3, 5) 1940
70 Der ewige Weg im Bundesbrief von 1291. 61 S. Zürich: Verl. Volk u. Schrifttum 1940
71 Die Klarinette. Erzählung. Einf. H. Langenbucher. 93 S. Wiesbaden: Verl. Dt. Volksbücher (= Wiesbadener Volksbücher 275–276) (1941)
 (Ausz. a. Nr. 65)
72 Das Liebespfand. Roman. 280 S. Bln: Dt. Verl.-Anst. (1942)
 (Umarb. v. Nr. 12)
73 Die Heimkehr. 31 S. Bielefeld, Lpz: Velhagen & Klasing 1943
74 Das Reich in uns. 203 S. Bln: Verl. Grenze u. Ausland 1943
75 Das Tag- und Nachtbuch von Glion. Ein Totenopfer. 94 S. Stg, Bln: Dt. Verl.-Anst. 1943
76 Das kleine Weltgericht. Schauspiel. 122 S. Stg, Bln: Dt. Verl.-Anst. 1943

SCHALLÜCK, Paul (*1922)

1 Wenn man aufhören könnte zu lügen. Roman. 270 S. Opladen: Middelhauve 1951
2 Ankunft null Uhr zwölf. Roman. 402 S. Ffm: Fischer 1953
3 Die unsichtbare Pforte. Roman. 243 S. Ffm: Fischer 1954
4 Weiße Fahnen im April. 16 S. m. Abb. Münster i. W.: Aschendorff; Bielefeld-Bethel: Dt. Heimatverl. (= Kleine westfälische Reihe. Gr. 6, H. 3) 1955
5 Engelbert Reinecke. Roman. 197 S. Ffm: Fischer (= Fischer Bücherei 275) 1959

SCHAPER, Edzard (Hellmuth) (*1908)

1 Der letzte Gast. Roman. 232 S. Stg: Bonz 1927
2 Die Bekenntnisse des Försters Patrik Doyle. Roman. 254 S. Stg: Bonz 1928
3 Die Insel Tütarsaar. Roman. 245 S. Lpz: Insel 1933
4 Erde über dem Meer. Roman einer kämpfenden Jugend. 232 S. Bln: Oestergaard (1934)
5 (Übs.) G. Kamban: Die Jungfrau auf Skalholt. Roman. 506 S. Lpz: Insel (1934)

6 (Übs.) G. Scott: Fant. Roman. 325 S. Lpz. Insel (1934)
7 Die Arche, die Schiffbruch erlitt. 68 S. m. Abb. Lpz: Insel (= Insel-Bücherei 471) (1935)
8 (Übs.) G. Gunnarson: Das Haus der Blinden. 78 S. Lpz: Insel (= Insel-Bücherei 474) (1935)
9 Die sterbende Kirche. Roman. 401 S. Lpz: Insel (1936)
10 Das Leben Jesu. 414 S. Lpz: Insel 1936
11 (Übs.) G. Kamban: Ich seh ein großes, schönes Land. Roman. 454 S. Lpz: Insel (1937)
12 Das Lied der Väter. 78 S. Lpz: Insel (= Insel-Bücherei 514) (1937)
13 (Übs.) S. Salminen: Katrina. Roman. 563 S. Lpz: Insel (1937)
14 (Übs.) G. Kamban: Der Herrscher auf Skalholt. Roman. 394 S. Lpz: Insel 1938
15 Der Henker. Roman. 750 S. Lpz: Insel 1940
16 (Übs.) K. Munk: Dänische Predigten. Vorw. O. Nystedt. 112 S. Stockholm: Neuer Verl. (1945)
17 (Übs.) H. Blomberg: Eva. Der Roman einer tapferen Frau. 258 S. Basel: Reinhardt (1947)
18 Semjon, der ausging, das Licht zu holen. Eine Weihnachtserzählung aus dem alten Estland. 43 S. Basel: Reinhardt (= Das kleine Buch) 1947
19 (Übs.) E. Briem: Kommunismus und Religion in der Sowjetunion. Ein Ideenkampf. 434 S. Basel: Reinhardt (1948)
20 (Übs.) F. A. Sillanpää: Das fromme Elend. Ein überstandenes Menschenschicksal in Finnland. Roman. 248 S. Zürich: Classen 1948
21 (Übs.) C. H. Tillhagen: Taikon erzählt. Zigeunermärchen und -geschichten, aufgezeichnet. 291 S., 61 Abb. Zürich: Artemis-Verl. 1948
22 Der letzte Advent. Roman. 339 S. Zürich: Atlantis-Verl. 1949
   (Forts. v. Nr. 9)
23 Der Henker. Roman. 765 S. Zürich. Atlantis-Verl. 1949
   (Veränd. Neuaufl. v. Nr. 15)
24 Der große, offenbare Tag. Die Erzählung eines Freundes. 91 S. Olten: Summa-Verl. (= Hegner-Bücherei) 1949
25 Die Freiheit des Gefangenen. Roman. 287 S. Olten: Summa-Verl. (= Hegner-Bücherei) 1950
26 (Übs.) E. Hesselberg: Kon-Tiki und ich. Text und Bilder begonnen auf dem Stillen Ozean an Bord des Floßes Kon-Tiki und beendet auf Solbakken in Borre in Norwegen. Mit e. Geleitbrief v. T. Raaby. 87 S. Zürich: Verl. der Arche (= Fahrtenbücher der Arche) 1950
27 (Übs.) A. Kivi: Die sieben Brüder. Roman. Nachw. V. A. Koskenniemi. 520 S. Zürich: Manesse-Verl. (= Manesse-Bibliothek der Weltliteratur) 1950
28 (Übs.) P. Lagerkvist: Barrabas. Roman. 223 S. Mchn: Nymphenburger Verlh. 1950
29 (Übs., Bearb.) E. Manker: Menschen und Götter in Lappland. 217 S., 32 Bl. Abb. Zürich: Morgarten-Verl. 1950
30 (Übs., Hg.) P. Moen: Der einsame Mensch. Petter Moens Tagebuch. Geschrieben im Gefängnis der Gestapo. 151 S. Zürich: Verl. der Arche (= Gestalten und Wege); (Mchn:) Nymphenburger Verlh. 1950
31 (Übs.) E. N. Ringbom: Jean Sibelius. Ein Meister und sein Werk. 208 S. m. Noten, 4 Taf. Olten: Walter (= Musikerreihe 9) 1950
32 (Übs.) Th. Solberg: Die Wanderer im Norden. Roman aus dem Leben der norwegischen Lappen. 292 S., 1 Kt. Basel: Reinhardt (1950)
33 Stern über der Grenze. 59 S. Köln: Hegner 1950
   (Neuaufl. v. Nr. 18)
34 Die Weihnachtsgeschichte. 80 S. Zürich: Verl. der Arche (= Die kleinen Bücher der Arche 120–121) 1950
   (Ausz. a. Nr. 10)
35 Die Macht der Ohnmächtigen. 300 S. Köln: Hegner (1951)
   (Forts. v. Nr. 25)
36 C. G. Mannerheim. Marschall von Finnland. Eine Rede zu seinem Gedächtnis. 30 S. Zürich: Verl. der Arche 1951
37 Der Mensch in der Zelle. Dichtung und Deutung des gefangenen Menschen. 71 S. Köln: Hegner (= Hegner-Bücherei) (1951)

38 Norwegische Reise. 47 S. Zürich: Verl. der Arche (= Die kleinen Bücher der Arche 116) 1951
39 Finnisches Tagebuch. 72 S. Zürich: Verl. der Arche (= Die kleinen Bücher der Arche 126-127) (1951)
40 Hinter den Linien. Erzählungen. 192 S. Köln: Hegner (1952)
41 (Übs.) P. Lagerkvist: Gast bei der Wirklichkeit. Roman. 250 S. Zürich: Verl. der Arche 1952
42 (Übs.) S. Mackiewicz: Der Spieler seines Lebens: F. M. Dostojewskij. 271 S., 4 Taf. Zürich: Thomas-Verl. 1952
43 Nikodemus. 64 S. Zürich: Verl. der Arche (= Die kleinen Bücher der Arche 142-143) 1952
(Ausz. a. Nr. 10)
44 (Übs.) F. A. Sillanpää: Sonne des Lebens. Roman. 291 S. Zürich: Verl. der Arche (1952)
45 Vom Sinn des Alters. Eine Betrachtung. 37 S. Zürich: Verl. der Arche (= Die kleinen Bücher der Arche 129) 1952
46 Untergang und Verwandlung. Betrachtungen und Reden. Geleitw. M. Wehrli. 160 S., 1 Titelb. Zürich: Verl. der Arche (= Gestalten und Wege) (1952)
(Enth. u. a. Nr. 36)
47 Die Insel Tütarsaar, 187 S. Köln: Hegner 1953
(Neubearb. v. Nr. 3)
48 Die Heiligen Drei Könige. 53 S. Zürich: Verl. der Arche (= Die kleinen Bücher der Arche 158) 1953
49 Der Mantel der Barmherzigkeit. Eine Erzählung. 145 S. Köln: Hegner 1953
50 (Übs.) H. Martinson: Der Weg nach Glockenreich. Roman. 388 S. Mchn: Nymphenburger Verlh. 1953
51 Um die neunte Stunde oder Nikodemus und Simon. 169 S. Köln: Hegner 1953
52 Das Christkind aus den großen Wäldern. Erzählung. 100 S., 10 Abb. Köln: Hegner 1954
(Ausz. a. Nr. 40)
53 Der Gouverneur oder Der glückselige Schuldner. 366 S. Köln: Hegner 1954
(Forts. v. Nr. 49)
54 Bürger in der Zeit und Ewigkeit. Antworten. 96 S., 2 Bl. Abb., 1 Taf., 1 Titelb. Hbg: v. Schröder (= Rundfunk und Buch 2) 1956
55 Erkundungen in gestern und morgen. 71 S. Zürich: Verl. der Arche (= Die kleinen Bücher der Arche 217-218) 1956
56 Sie mähten gewappnet die Saaten. Roman. 498 S. Köln, Olten: Hegner 1956
(Neuaufl. v. Nr. 23)
57 Die letzte Welt. Ein Roman. 190 S. Ffm: Fischer 1956
58 Attentat auf den Mächtigen. Roman. 197 S. Ffm: Fischer 1957
59 (Vorw.) Thomas von Kempen: Nachfolge Christi. Übs. H. Endrös. 235 S. Ffm: Fischer (= Fischer-Bücherei 168) 1957
60 Unschuld der Sünde. 70 S. Ffm: Fischer 1957
61 Das Wiedersehen und Der gekreuzigte Diakon. 61 S. Köln, Olten: Hegner 1957
(Enth. u. a. Ausz. a. Nr. 40)
62 Die Eidgenossen des Sommers. 62 S. Köln, Olten: Hegner 1958
63 Der Held. Weg und Wahn Karls XII. 143 S. Ffm: Fischer (= S. Fischer-Schulausgaben moderner Autoren) 1958
64 Das Tier oder Die Geschichte eines Bären, der Oskar hieß. Roman. 327 S. Ffm: Fischer 1958
65 (Einl.) P. Fleming: Kein Landsmann sang mir gleich. Zwanzig seiner Gedichte. 69 S. Köln, Olten: Hegner 1959
66 Die Geisterbahn. Eine Erzählung. 137 S. Köln, Olten: Hegner 1959

SCHAUKAL, Richard von (1874-1942)

1 Gedichte. 114 S. 12⁰ Dresden: Pierson 1893
2 Rückkehr. Ein Akt. 42 S. Dresden: Pierson 1894

3 Verse (1892–1896). 111 S. 12⁰ Brünn: Rohrer 1896
4 Meine Gärten. Einsame Verse. 128 S. Bln: Schuster & Loeffler 1897
5 (Hg.) Heinrich Heine. Sein Leben in seinen Liedern (1797–1856). 443 S. 12⁰ Bln: Fischer & Franke 1897
6 Tristia. Neue Gedichte aus den Jahren 1897–1898. 110 S. 12⁰ Lpz: Tiefenbach 1898
7 Sehnsucht. 128 S. Mchn: Verl. d. deutsch-französ. Rundschau 1900
8 Tage und Träume. Gedichte. 47 S. 12⁰ Lpz: Tiefenbach 1900
9 Intérieurs aus dem Leben der Zwanzigjährigen. 235 S. Lpz: Tiefenbach 1901
10 Das Buch der Tage und Träume. 119 S. m. Bildn. Lpz, Bln: Seemann 1920 (Verm. Neuaufl. v. Nr. 8)
11 Einer, der seine Frau besucht und andere Scenen. Dramatische Skizzen. 167 S. Linz, Wien: Selbstverl. 1902
12 Pierrot und Colombine oder Das Lied von der Ehe. Ein Reigen Verse. 63 S. Lpz, Bln: Seemann 1902
13 Von Tod zu Tod und andere kleine Geschichten. 107 S. Lpz, Bln: Seemann 1902
14 Vorabend. Ein Akt in Versen. 51 S. Lpz, Bln: Seemann 1902
15 Wilhelm Busch. 74 S., 11 Taf., 1 Faks. Bln: Schuster & Loeffler (= Die Dichtung 1) 1904
16 Ausgewählte Gedichte. 118 S. Lpz: Insel 1904
17 E. Th. A. Hoffmann. 98 S., 10 Taf., 1 Faks. Bln: Schuster & Loeffler (= Die Dichtung 12) 1904
18 Mimi Lynx. Novelle. 58 S. Lpz: Insel 1904
19 Eros Thanatos. Novellen. 263 S. Wien, Bln: Singer 1906
20 Großmutter. Ein Buch von Tod und Leben. Gespräche mit einer Verstorbenen. 229 S. Stg: Dt. Verl.-Anst. 1906
21 Kapellmeister Kreisler. Dreizehn Vigilien aus einem Künstlerdasein. Ein imaginäres Porträt. 137 S. Mchn: Müller 1906
22 Literatur. Drei Gespräche. 96 S. Mchn: Müller 1906
23 Nachdichtungen. Verlaine-Heredia. 83 S. Bln: Oesterheld 1906
24 Giorgione oder Gespräche über die Kunst. 244 S. Mchn: Müller 1907
25 Leben und Meinungen des Herrn Andreas von Balthesser, eines Dandy und Dilettanten. 183 S. Mchn: Müller 1907
26 Die Mietwohnung. Eine Kulturfrage. 44 S. m. Abb. Darmstadt: Koch 1907
27 Buch der Seele. Gedichte. IX, 113 S. Mchn: Müller 1908
28 Richard Dehmels Lyrik. 48 S. Lpz: Verl. f. Literatur, Kunst und Musik (= Beiträge zur Literatur-Geschichte 50) 1908
29 (Einl.) E. Th. A. Hoffmann: Ausgewählte Werke. 8 Bde. Lpz: Hesse 1908
30 (Übs., Einl.) P. Mérimée: Ausgewählte Novellen. 257 S. m. Bildn. Mchn: Müller 1908
31 Schlehmihle. Drei Novellen. 156 S. Mchn: Müller 1908
32 (Übs., Einl.) J. A. Barbey d'Aurevilly: Vom Dandytum und von G. Brummell. XXXVIII, 132 S., 2 Bildn. Mchn: Müller 1909
33 Verse (1892–1908). Der ausgewählten Gedichte erster Teil. – Bilder. Der ausgewählten Gedichte zweiter Teil. 2 Bde. XVI, 112; 95 S. Mchn: Müller 1909 (Enth. u. a. Nr. 16)
34 Vom Geschmack. XII, 177 S. Mchn: Müller (1910)
35 Vom unsichtbaren Königreich. Versuche (1896–1909). VIII, 229 S. Mchn: Müller 1910
36 Leben und Meinungen des Herrn Andreas von Balthesser, eines Dandy und Dilettanten. VII, 224 S. Mchn: Müller 1911 (Erw. Neuaufl. v. Nr. 25)
37 Beiläufig. 73 S. Mchn: Müller 1912
38 Neue Verse. 1908–1912. 58 S. Mchn: Müller 1912
39 Kindergedichte. Mchn: Müller 1913
40 Zettelkasten eines Zeitgenossen. Aus Hans Bürgers Papieren. 348 S. Mchn: Müller 1913
41 Herbst. Gedichte 1912–1914. 60 S. Mchn: Müller 1914
42 Kriegslieder aus Österreich 1914. 2 H. 36, 33 S. Mchn: Müller 1914–1915
43 Die Märchen von Hans Bürgers Kindheit. 111 S. Mchn: Müller (1914)

44 1914. Eherne Sonette. 42 S. Mchn: Müller 1914
45 Eherne Sonette. 1914. Gesamtausgabe. Gesichtet, verbessert und ergänzt. 110 S. Mchn: Müller 1915
   (Verm. Neuaufl. v. Nr. 44)
46 Standbilder und Denkmünzen 1914. Der Ehernen Sonette zweite und dritte Reihe. 88 S. Mchn: Müller 1915
   (Forts. v. Nr. 45)
47 Zeitgemäße deutsche Betrachtungen. 138 S. Mchn: Müller 1916
48 Dem Gedächtnis weiland Kaiser Franz Josephs I. Sieben Gedichte. 25 S. 4⁰ Wien: K. k. graph. Lehr- u. Versuchsanst. (1916)
49 Das Buch Immergrün. 189 S. Mchn: Müller 1916
50 Heimat der Seele. Gedichte 1914–1916. 81 S. Mchn: Müller 1916
51 Widmungen. 15 S. Mchn, Pasing: Bachmair (= Münchener Liebhaberdrucke I, 12) 1916
52 Heimat. 63 S., 1 Abb. Wien: Schulbücherverl. 1917
53 Kriegslieder aus Österreich. V, 46 S. Wien: Lehr- u. Versuchsanst. (1917)
   (Ausz. a. Nr. 42)
54 Gedichte. Neue Ausgabe. 432 S. Mchn: Müller 1918
55 Erlebte Gedanken. Neuer Zettelkasten. 290 S. Mchn: Müller 1918
56 Österreichische Züge. 161 S. Mchn: Müller 1918
57 (Hg.) E. Th. A. Hoffmann: Ausgewählte Dichtungen. 1. Bd.: Märchen. 2 Tle. Bln: Volksverb. d. Bücherfreunde; Wegweiser-Verl. 1920–1924
   1. Der goldene Topf. Klein Zaches. Meister Floh. 316 S. 1920
   2. Nußknacker und Mausekönig. Das fremde Kind. Die Brautwahl. Prinzessin Brambilla. Die Königsbraut. 410 S. 1924
58 (Übs.) G. Flaubert: Bücherwahn. Novelle. 20 S. Jena: Landhausverl. (= Sonderdrucke aus dem Landhausverl. 3) (1921)
59 Dionys-bácsi. Drei Novellen. 153 S. Braunschweig: Westermann 1922
60 Jahresringe! Neue Gedichte. (1918–1921) 139 S. Braunschweig: Westermann 1922
61 E. Th. A. Hoffmann. Sein Werk aus seinem Leben dargestellt. VII, 309 S., 3 Taf., 6 Faks. Wien: Amalthea-Verl. (= Amalthea-Bücherei 36–37) 1923
   (Erw. Neuaufl. v. Nr. 17)
62 Ausgewählte Gedichte (1891–1924). 243 S., 2 Bildn. Wien: Staatsdr. (= Liebhaberausgaben der Österr. Staatsdruckerei 8) (1924)
63 (Hg.) E. Th. A. Hoffmann: Der goldene Topf. Klein Zaches. Meister Floh. 376 S. Bln: Volksverb. d. Bücherfreunde; Wegweiser-Verl. (= Ausgewählte Dichtungen I, 1) 1924
   (Verb. Neuaufl. v. Nr. 57, Bd. 1)
64 (Übs.) W. Shakespeare: Der Sturm. 115 S. m. Abb. 4⁰ Wien: Staatsdr. 1925
65 Adalbert Stifter. Beiträge zu seiner Würdigung. 67 S., 1 Titelb. Augsburg: Stauda (= Sudetendeutsche Sammlung) 1925
66 Gezeiten der Seele. Gedichte. VI, 39 S., 1 Titelb. Osterwieck: Zickfeldt (= Deutsche Dichter für Jugend und Volk 7) 1926
   (Ausz. a. Nr. 27)
67 Gedanken. 193 S. Mchn: Müller 1931
   (Ausz. a. Nr. 37, 47, 55)
68 Herbsthöhe. Neue Gedichte. (1921–1933). 110 S. Paderborn: Schöningh 1933
69 Karl Kraus. Versuch eines geistigen Bildnisses. 84 S., 1 Titelb. Wien: Reinhold (= Zeitgenossen; = Kleine historische Monographien 39) 1933
70 Beiträge zu einer Selbstdarstellung. Eine Auswahl von Versuchen. 137 S., 1 Bildn. Wien: Graph. Lehr- u. Versuchsanst. (Priv.-Dr.) 1934
71 Erkenntnisse und Betrachtungen. 413 S. Lpz: Hegner 1934
72 Von Kindern, Tieren und erwachsenen Leuten. 199 S. Mchn: Hueber (= Der große Kreis 5) 1935
73 Einsame Gedankengänge. 1934–1939. 264 S. Mchn: Alber 1947
74 (Übs.) St. Mallarmé: Gedichte. Zweisprachige Ausgabe. Mit Nachw. u. Anh. 140 S. Freiburg: Alber (1947)
75 Frühling eines Lebens. Aus den Erinnerungen des Dichters. 316 S. Wien: Herold 1949

76 Musik der ruhenden Welt. Eingel., ausgew. W. Alt. 128 S. Graz, Wien: Stiasny (= Stiasny-Bücherei 72) 1960
77 Wie ganz bin ich dein eigen. Gedichte an seine Frau. Hg. Lotte von Schaukal. 55 S. Freiburg, Basel, Wien: Herder 1960

SCHAUMANN (verh. Fuchs), Ruth (*1899)

1 Die Kathedrale. Gedichte. 47 S. Mchn: Wolff (= Der jüngste Tag 83) 1920
2 Die Glasbergkinder. Ein Spiel. 54 S. Mchn: Theatiner-Verl. 1924
3 Der Knospengrund. 140 S. Mchn: Theatiner-Verl. 1924
  (Enth. u. a. Ausz. a. Nr. 1)
4 Werkblätter. Einf. P. Dörfler. IX S., 16 Taf. 4° Burg Rothenfels a.M.: Verl. Dt. Quickbornhaus 1924
5 Bruder Ginepro. Spiel. 30 S. Bln: Verl. d. Bühnenvolksbundes 1926
6 Das Passional. Gedichte. 41 S. Mchn: Kösel & Pustet (1926)
7 Der Rebenhag. Gedichte. 219 S. Mchn: Kösel & Pustet 1927
8 Die Rose. 55 S., 24 Abb. Mchn: Kösel & Pustet 1927
9 Die Kinder und die Tiere. 48 Bl., 21 Abb. Mchn: Kösel & Pustet 1929
10 Der blühende Stab. Neun Geschichten. 161 S., 9 Abb. Mchn: Kösel & Pustet 1929
11 Die geliebten Dinge. Bilder und Verse. 34 S. Mchn: Kösel & Pustet 1930
12 (MV) A. J. M. Beckert: Ein Maler deutscher Innigkeit. Zweiundvierzig Bilder v. A. J. M. B. und Die Legende von dem Maler Unserer Lieben Frau v. R. Sch. 24 Bl., 42 Abb. Kirnach-Villingen: Verl. Schulbrüder (1931)
13 Der selige Streit. Ein hohes Lied der weihnachtlichen Liebe in zwei Bildern. 30 S. Mchn: Höfling (= Höfling's Mädchenbühne 2508) 1931
14 Die Tenne. Gedichte. 236 S. Mchn: Kösel & Pustet 1931
15 Amei. Eine Kindheit. 253 S. Bln: Grote (= Grote'sche Sammlung von Werken zeitgenössischer Schriftsteller 198) (1932)
16 Glaube und Liebe. 2 Bl., 7 Taf. 2° Stg: Fink (1932)
17 Der Krippenweg. 46 S. m. Abb. Mchn: Kösel & Pustet 1932
18 Ave vom Rebenhagen. 69 S., 10 Abb. Lpz: Reclam (= Reclam's UB. 7212) 1933
19 Das Schattendäumelinchen. Spiel für die deutschen Kinder. 29 S. m. Abb. Bln: Grote 1933
20 Ruth Schaumann-Buch. Mit neuen Gedichten und einer Novelle v. R. Sch. Hg. R. Hetsch. 112 S., 85 Abb. 4° Bln: Rembrandt-Verl. (= Zeichner des Volkes 6) 1933
21 Siebenfrauen. Novellen. 199 S. Bln: Grote (= Grote'sche Sammlung von Werken zeitgenössischer Schriftsteller 203) 1933
22 Yves. Roman. 151 S. Mchn: Kösel & Pustet 1933
23 Der singende Fisch. 306 S., 20 Taf. Bln: Grote (= Grote'sche Sammlung von Werken zeitgenössischer Schriftsteller 208) 1934
24 Der Kreuzweg. Die vierzehn Stationen, gemalt. 16 Bl. Mchn: Kösel & Pustet 1934
25 Der heilige Berg. Scherenschnitt-Kartenkalender 1936. 13 Bl. m. Abb. Ellwangen: Schwabenverl. (1935)
26 (MV) Ecce Homo. Eine Passion in Meisterbildern. Dichtung v. R. Sch. 14 S., 9 Taf. Lpz: Seemann 1935
27 Der Major. Roman. 383 S. Bln: Grote (= Grote'sche Sammlung von Werken zeitgenössischer Schriftsteller 217) 1935
28 Leben eines Weibes, das Anna hieß. Eine Folge von einundzwanzig Scherenschnitten zu einem Gedicht. 24 Bl. m. Abb. 4° Bln: Grote 1936
29 Lorenz und Elisabeth. Eine schatt. Geschichte für die Jugend erzählt und gemalt. 69 S. m. Abb. Mchn: Kösel & Pustet 1936
30 Ansbacher Nänie. Novelle. 91 S. Bln: Grote (= Grote's Aussaat-Bücher 12) 1936
31 Der mächtige Herr. Holzschnitte zum Heliand. 101 S. m. Abb. Bln: Eckart-Verl. (1937)
32 (MV) Lied vom Kinde. Bildfolge zu dem Gedicht v. C. Brentano. 24 Bl. m. Abb. Freiburg: Herder 1937

33 Der Petersiliengarten. Ein Märchen. 49 S. Lpz: Insel (= Insel-Bücherei 510) (1937)
(Ausz. a. Nr. 23)
34 Der Siegelring. Gedichte. 98 S. Bln: Grote (= Grote's Aussaat-Bücher 15) 1937
35 (Hg.) H. Ch. Andersen: Märchen. Neuhg. u. ill. v. R. Sch. 388 S., 112 Abb., 8 Taf. Bln: Steiniger 1938
36 Die Geheimnisse um Vater Titus. Geistliches Jugendbuch. 110 S. m. Abb. Kevelaer: Butzon & Bercker 1938
37 Der schwarze Valtin und die weiße Osanna. Roman. 235 S. Bln: Grote (= Grote'sche Sammlung von Werken zeitgenössischer Schriftsteller 233) (1938)
38 Die Berufenen. 38 S. Mainz: Matthias Grünewald-Verl. (1939)
39 Kommt ein Kindlein auf die Welt. 10 Bl. Mainz: Matthias Grünewald-Verl. (1939)
40 Die Schattenschere. Ruth Schaumann-Scherenschnitt-Kartenkalender 1940. 13 Bl. m. Abb. Ellwangen: Schwabenverl. (1939)
41 Der Weihnachtsstern. Geschichten, Legenden und Gedichte. 138 S., 1 Titelb. Freiburg: Herder 1939
42 Der schwarze König. 47 S. Mainz: Matthias Grünewald-Verl. (1940)
43 Die Übermacht. 155 S. Mchn: Alber 1940
44 Kommt ein Kindlein auf die Welt. 12 Bl. Mainz: Matthias Grünewald-Verl. (1941)
(Verm. Neuaufl. v. Nr. 39)
45 Nun du das Leben hast ... 2 Bl. Bln, Freiburg: Christophorus-Verl. (= Gruß-Briefe 364) (1941)
46 Nun gilt der dunkle Flieder ... 2 Bl. Bln, Freiburg: Christophorus-Verl. (= Gruß-Briefe 358) (1941)
47 Die Silberdistel. Erzählung. 137 S. Bln: Grote (= Grote'sche Sammlung von Werken zeitgenössischer Schriftsteller 246) (1941)
48 Der Hirte im schönen Busch. Erzählung. 159 S. Düsseldorf: Bagel 1942
49 Kind unterm Himmel. Gedichte. 37 S. Mchn: Alber 1942
50 (MV) Lied vom Kinde. Eine Bildfolge zu dem Gedicht v. C. Brentano. 24 Bl. m. Abb. Freiburg: Herder 1942
(Verm. Neuaufl. v. Nr. 32)
51 Die Zwiebel. 79 S., 15 Abb. Lpz: Reclam (= Reclam's UB 7560) 1943
52 Die Blumen. Erzählung. 150 S. m. Abb. Heidelberg: Kerle 1945
53 Elise. 130 S. Heidelberg: Kerle 1946
54 Der Federkranz. 45 S., 1 Titelb. Heidelberg: Kerle 1946
55 Myrtil und Merula. 80 S. Baden-Baden: Bühler; Zürich: Verl. der Arche (= Die kleinen Bücher der Arche) 1946
56 Der Ölzweig. 71 S. Baden-Baden: Bühler 1946
57 Kleine Schwarzkunst. Scherenschnitte und Verse. 119 S. Heidelberg: Kerle 1946
58 Solamen. 125 S. Baden-Baden: Bühler 1946
59 Die Uhr. Roman. 266 S. Baden-Baden: Bühler 1946
60 Der Weinberg. 112 S. Heidelberg: Kerle 1946
61 Seltsame Geschichten. 317 S. Heidelberg: Kerle 1947
62 Klage und Trost. Gedichte. 156 S. Heidelberg: Kerle 1947
63 Die Vorhölle. Gedichte. 70 S. Baden-Baden: Bühler 1947
64 Ländliches Gastgeschenk. Gedichte 246 S. Heidelberg: Kerle 1948
65 Kuß und Umfangen. 40 S. m. Abb. Wilen: Wiesli (= Stern und Blume 1) 1948
66 Amei. Eine Kindheit. 371 S. Heidelberg: Kerle 1949
(Erw. Neuaufl. v. Nr. 15)
67 Muntrer Betrug. 48 S. m. Abb. Luzern: Rex-Verl. (= Rex-Kleinbücherei 35) 1949
68 Der Federkranz. Der Tränenkrug. 47 S., 1 Titelb. Heidelberg: Kerle 1949 (Enth. u. a. Nr. 54)
69 Die Hochzeit zu Kana. 62 S. Mainz: Matthias Grünewald-Verl. 1949
70 Der Jagdhund. Roman. 153 S. Bühl/Baden: Roland-Verl. 1949
71 (Einl.) R. Töpffer: Genfer Novellen. Übs. P. Saatmann. 250 S. Freiburg (,Mchn): Alber 1949

72 Die Weihnacht von Feldkirch. 23 S. Mchn: Höfling 1949
73 Der Engelberg. 37 S. Heidelberg: Kerle 1950
74 Die Mündigkeit. 72 S.m.Abb.Freiburg,Düsseldorf: Christophorus-Verl.1950
75 Die singende Witwenschaft. 108 S. m. Abb. Luzern: Caritas-Verl. 1952
76 Neli und Berni. 78 S. Düsseldorf: Hoch (1951)
77 Zwei Geschichten. Der Kniefall. Der Apothekergehilfe. 62 S. Stg: Loewe (= Pro Vita 4) (1953)
78 Die Karlsbader Hochzeit. Roman. 289 S. Freiburg: Herder 1953
79 Die Insel Cara. Der Jugend jeden Alters. 91 S. m. Abb. Mchn: Pfeiffer (1954)
80 Die Jungfrau Klar. 144 S. Bamberg: Bayer. Verl.-Anst. 1954
81 Die Kinderostern. 26 Bl., 25 Abb. Köln: Greven 1954
82 Der Wiedergefundene. 87 S. Stg: Loewe (= Pro Vita 18) 1954
83 Dreiunddreißig unter einem Hut. Tand und Flausen ... dennoch Ernst. 152 S. Freiburg: Herder 1955
84 Der Esel. Eine Christnacht-Geschichte. 15 S. Buxheim/Iller: Martin-Verl. Berger (= Das christliche Taschenbuch. Reihe Lebendiges Leben. 5) (1955)
85 Die Taube. Roman. 258 S. Heidelberg: Kerle 1955
86 Die Frau des guten Schächers. 58 S., 11 Abb. Freiburg: Herder 1956
87 Die Geächtete. 142 S. Heidelberg: Kerle 1956
   (Neuaufl. v. Nr. 53)
88 Kommt ein Kindlein auf die Welt. 15 ungez. Bl. Mainz: Matthias Grünewald-Verl. (1956)
   (Verm. Neuaufl. v. Nr. 44)
89 Die Ölsiederei. Roman. 194 S. Heidelberg: Kerle 1957
90 Akazienblüte und drei weitere Erzählungen. 79 S. Stg: Loewe (= Pro Vita 21) 1959
91 Die Haarsträhne. Roman. 159 S. Speyer: Pilger-Verl. 1959
92 Die Messe von Gethsemane. 108 S. m. Abb. Lpz: St. Benno-Verl. (= Benno-Bücher, Bd. 8) (1959)

SCHAUWECKER, Franz (*1890)

1 Der Dolch des Condottiere. Sechs Novellen. III, 188 S., 1 Bildn. Halle: Diekmann 1919
2 Im Todesrachen. Die deutsche Seele im Weltkriege. X, 373 S. Halle: Diekmann 1919
3 Ghavati. Ein Tierroman. 331 S. Halle: Diekmann 1920
4 Weltgericht. VII, 125 S. Halle: Diekmann 1920
5 Die Götter und die Welt. 349 S. Halle: Diekmann 1922
6 Hilde Roxh. Roman. 388 S. Halle: Diekmann 1922
7 Der feurige Weg. X, 232 S. Lpz: Der Aufmarsch Verl.-Ges. 1926
8 Das Frontbuch. Die deutsche Seele im Weltkriege. Vorw. E. Engel. XII, 375 S. Halle: Diekmann 1927
   (Neuaufl. v. Nr. 2)
9 Richard Holven oder Die Symbole. 343 S. Bln: Frundsberg-Verl. 1927
10 So war der Krieg. Zweihundert Kampfaufnahmen aus der Front. 137 S. m. Abb. 4° Bln: Frundsberg-Verl. 1927
11 So ist der Friede. Die Revolution der Zeit in dreihundert Bildern. 191 S. m. Abb. 4° Bln: Frundsberg-Verl. 1928
12 Aufbruch der Nation. 403 S. Bln: Frundsberg-Verl. 1930
13 Die Geliebte. Geschichte der Hilde Roxh. Roman. 336 S. Bln: Frundsberg-Verl. 1930
   (Neuaufl. v. Nr. 6)
14 (Hg.) Hunde und Katzen. Vierundzwanzig Tiernovellen v. O. Alscher (u. a.) 245 S., 24 Taf. Bln: Frundsberg-Verl. 1930
15 So war der Krieg. Zweihundertdreißig Kampfaufnahmen aus der Front. 152 S. m. Abb. Bln: Frundsberg-Verl. 1930
   (Verm. Neuaufl. v. Nr. 10)
16 (Hg., Vorw.) Mondstein. Magische Geschichten. Zwanzig Novellen v. L. Alwens (u. a.) 251 S. Bln: Frundsberg-Verl. 1930
17 Der Spiegel. Verse. 59 S. Bln: Frundsberg-Verl. 1930

18 Deutsche allein. Schnitt durch die Zeit. 343 S. Bln: Frundsberg-Verl. 1931
19 Brandenburgische Fahrt. 75 S. Oldenburg: Stalling (= Schriften der Nation 8) 1932
20 Die Entscheidung. 133 S. Bln: Volkschaft-Verl. (= Aufbruch zur Volksgemeinschaft 2) 1933
21 Krieg der Deutschen. 31 S. Lpz: Schloeßmann (= Aus Deutschlands Werden 11-12) (1933)
22 Endkampf 1918. Hg. R. Ibel. 64 S. Ffm: Diesterweg (= Das Reich im Werden. Reihe: Dt. Schrifttum 4) 1934
23 Die große Sage. Wikinger erobern die Welt. 301 S. Bln: Frundsberg-Verl. 1934
24 (MH) So war die alte Armee. Hg. E. v. Eisenhart-Rothe u. F. Sch. 271 S., 320 Abb. 4° Bln: Frundsberg-Verl. 1935
25 Soldatendienst. Hg. R. Ibel. 31 S. Ffm: Diesterweg (= Das Reich im Werden. Reihe: Dt. Schrifttum 3) 1935 (Ausz. a. Nr. 7)
26 (Hg.) Gespenster und Menschen. Übersinnliches aus unserer Zeit. Fünfundsiebzig Berichte. 165 S. Bln: Frundsberg-Verl. 1936
27 (Hg.) So erlebten wir den Krieg. Der große Krieg 1914-1918 in Einzeldarstellungen. 264 S. 4° Bln: Frundsberg-Verl. 1936
28 Kasematte R. 228 S. Lpz: Hesse & Becker (1937)
29 Wendekreis der Liebe. 81 S. m. Abb. Lpz: Hesse & Becker (1937)
30 Der Panzerkreuzer. Kriegsfahrt, Kampf und Untergang. 280 S. Bln: Nauck 1938
31 Thecumseh. Erhebung der Prärie. 287 S. Bln: Safari-Verl. 1938
32 Der große Verzicht. 136 S. Lpz: Hesse & Becker (1938)
33 Vor dem Sturmangriff. 32 S. m. Abb. Bln: Steiniger (= Kriegsbücherei der dt. Jugend 1) (1939)
34 Einer von vielen. 32 S. m. Abb. Bln: Steiniger (= Kriegsbücherei der dt. Jugend 18) (1940)
35 Füsilier Lehmann IV. 39 S. Bln: Nibelungen-Verl. (= Wahre Soldatenschicksale 1) 1940
36 Mann zwischen heute und morgen. 212 S. Lpz: Hesse & Becker (1940)
37 Der weiße Reiter. Roman. 223 S. Bln: Scherl 1944

SCHEERBART, Paul (1863-1915)

1 Das Paradies. Die Heimat der Kunst. 194 S. Bln(:Gergonne) 1889
2 ,,Ja, ... was ... möchten wir nicht Alles!" Ein Wunderfabelbuch. H. 1. 24 S. Bln: Verl. dt. Phantasten 1893
3 Ich liebe Dich! Eisenbahnroman mit sechsundsechzig Intermezzos. 296 S. Bln: Schuster & Loeffler 1897
4 Tarub, Bagdads berühmte Köchin. Arabischer Kulturroman. 285 S. Bln, Lpz: Tiefenbach 1897
5 Der Tod der Barmekiden. Arabischer Haremsroman. 208 S. Lpz: Verl. Kreis. Ringe 1897
6 Na prost! Phantastischer Königsroman. 142 S. m. Bildn. Bln: Schuster & Loeffler 1898
7 Rakkox, der Billionär. Ein Protzenroman. – Die wilde Jagd. Ein Entwicklungsroman in acht anderen Geschichten. 119 S., 1 Abb. Bln, Lpz: Insel 1900
8 Die See-Schlange. See-Roman. 228 S. 12° Minden: Bruns 1901
9 Immer mutig! Ein phantastischer Nilpferderoman in dreiundachtzig merkwürdigen Geschichten. 2 Tle. 235, 250 S. Minden: Bruns 1902
10 Liwûna und Kaidôh. Seelenroman. 131 S. Lpz: Insel 1902
11 Die große Revolution. Mondroman. 190 S. Lpz: Insel 1902
12 Der Aufgang zur Sonne. Hausmärchen. 98 S. 12° Minden: Bruns 1903
13 Kometentanz. Astrale Pantomime in zwei Aufzügen. 65 S. 12° Lpz: Insel 1903
14 Cervantes. 93 S., 8 Taf. Bln: Schuster & Loeffler (= Die Dichtung 8) (1904)
15 Der Kaiser von Utopia. Volksroman. 233 S. Bln: Eisselt 1904
16 Machtspäße. Arabische Novellen. 55 S. m. Abb. 16° Bln: Eisselt 1904

17 Revolutionäre Theater-Bibliothek. 6 Bde. 132, 96, 84, 94, 88, 93 S. m. Abb. Bln: Eisselt 1904
18 Münchhausen und Clarissa. Berliner Roman. 142 S. Bln: Oesterheld 1906
19 Jenseits-Galerie. 10 Bl. Abb., 4 Bl. Text. Bln: Oesterheld 1907
20 Die Entwicklung des Luftmilitarismus und die Auflösung der europäischen Land-Heere, Festungen und Seeflotten. Eine Flugschrift. 39 S. Bln: Oesterheld 1909
21 Kater-Poesie. 55 S. Lpz: Rowohlt 1909
22 Das perpetuum mobile. Geschichte einer Erfindung. 43 S., 1 Taf. Lpz: Wolff 1910
23 Das große Licht. Ein Münchhausen-Brevier. 154 S. Lpz: Rabinowitz 1912
24 Astrale Novelletten. 209 S. Mchn: Müller 1912
25 Lefabéndio. Ein Asteroïden-Roman. 282 S., 14 Taf. Mchn: Müller 1913
26 Glasarchitektur. 125 S. Bln: Verl. Der Sturm 1914
27 Das graue Tuch und zehn Prozent Weiß. Ein Damenroman. 246 S. Mchn: Müller (1914)
28 Die Mopsiade. 15 S. 16⁰ Bln-Wilmersdorf: Meyer (1920)
29 Von Zimmer zu Zimmer. Siebzig Schmoll- und Liebesbriefe des Dichters an seine Frau. 16 S. m. Abb. 16⁰ Bln-Wilmersdorf: Meyer 1921
30 Das Lachen ist verboten ... 4 S. Bln-Wilmersdorf: See-Igel-Verl. Nuernberger 1929

SCHEFER, Leopold (⁺Dr. Leopold Bornitz) (1784–1862)

1 *Gedichte mit Kompositionen. Hg. vom Grafen Pückler von Muskau. Erster Band. XVIII, 400 S., 1 Bl. Bln: Hayn 1811
2 Lieder. 2⁰ Lpz: Breitkopf & Härtel (1812)
3 Novellen. 5 Bde. Lpz: Voß 1825–1829
4 Ausgewählte Schriften. 9 Bde. Lpz: Voß (Bd. 1–5) bzw. Hartmann (Bd. 6–9) 1825–1835
   (Enth. Nr. 3 u. 7)
5 (MH) Mondlichter und Gasbeleuchtungen. Hg. L. Sch., K. Herloßsohn u. G. Sellen. 17¹/₂ Bg. Lpz (:Krappe) 1828
6 Kleine lyrische Werke. IV, 392 S. Ffm: Brönner 1828
   (Neuaufl. v. Nr. 1)
7 Neue Novellen. 4 Bde. Lpz: Hartmann 1831–1835
   (Bd. 6–9 v. Nr. 4)
8 Lavabecher. Novellen. 2 Bde. 428, 438 S. Stg: Hallberger 1833
9 Die Gräfin Ulfeld oder Die vier und zwanzig Königskinder. Historischer Roman. 2 Bde. 288, 216 S. Lpz: Veit 1834
10 Laienbrevier. 2 Bde. 304, 374 S. Bln: Veit 1834–1835
11 ⁺Briefe eines Liebenden. Eingel. F. Schleiermacher. 8¹/₂ Bg. Köln, Aachen: Kohnen 1836
12 Kleine Romane. 6 Bde. 16⁰ Bunzlau: Appun 1836–1837
13 (Hg.) Helena. 4 Bde. m. Ku. Bunzlau: Appun 1837–1840
14 (Hg.) (M. v. Wolff:) Die Sprache des Herzens. Vier Novellen. 15¹/₄ Bg. 12⁰ Bln: Veit 1838
15 Eroberung von Konstantinopel. Roman. 3 Bde. Bunzlau: Appun (1840)
16 Mahomet's Türkische Himmelsbriefe. 29 S. Bln: Veit 1840
17 Viel Sinne, viel Köpfe. Eine Zaubergeschichte. 1 Bl., 147 S. 16⁰ Stg: Hoffmann 1840
18 Graf Promnitz. Der Letzte des Hauses. Ein Familienstück. 1 Bl., 181 S. Cottbus: Meyer 1842
19 Göttliche Komödie in Rom. VIII, 247 S. Cottbus: Meyer 1843
20 Vigilien. VII, 330 S. Guben: Berger 1843
21 Ausgewählte Werke. 12 Bde. m. Bildn. u. Faks. 16⁰ Bln: Veit 1845–1846
22 Génévion von Toulouse. Historische Novelle. 2 Bl., 334 S. 1, Bl. Lpz: Brockhaus 1846
23 Der Weltpriester. X, 470 S. Nürnberg: Stein 1846
24 Achtzehn Töchter. Eine Frauen-Novelle. 256 S. Breslau: Kühn 1847

25 Die Sibylle von Mantua. Erzählung aus dämmeriger Zeit. 281 S. 16⁰ Hbg: Hoffmann & Campe 1852
26 *Hafis in Hellas. Von einem Hadschi. VIII, 344 S. 16⁰ Hbg: Hoffmann & Campe 1853
27 Hausreden. X, 476 S. 16⁰ Dessau: Katz 1855
28 Koran der Liebe nebst kleiner Sunna. XIX, 500 S. 16⁰ Hbg: Hoffmann & Campe 1855
29 Der Hirtenknabe Nikolaus, oder Der deutsche Kinderkreuzzug im Jahre 1212. 2 Bl., 322 S., 1 Bl. 12⁰ Lpz: Brockhaus 1857
30 Schneekönigs Kinder. Komisches Epos. Düsseldorf 1857
31 Homer's Apotheose. Erster Band. 252 S. m. Titelb. Lahr: Schauenburg 1858
32 Für Haus und Herz. Letzte Klänge. Hg. R. Gottschall. XVI, 339 S. 16⁰ Lpz: Keil 1867
33 Buch des Lebens und der Liebe. Hg. A. Moschkau. XI, 159 S. Lpz: Senf 1877

SCHEFFEL, Joseph Victor von (1826–1886)

1 Der Trompeter von Säckingen. Ein Sang vom Oberrhein. 311 S. 12⁰ Stg: Metzler 1854
2 Ekkehard. Eine Geschichte aus dem zehnten Jahrhundert. 2 Bl., XI, 463 S. Ffm: Meidinger (= Deutsche Bibliothek 7) 1855
3 Lieder aus dem Engern in Heidelberg. 16 S. Lahr: Schauenburg 1861
4 Frau Aventiure. XV, 248 S. m. Titelb. Stg: Metzler 1863
5 Das große Faß zu Heidelberg der XXIV. Versammlung deutscher Philologen und Schulmaenner zum 27. Sept. 1865 (Tischlied beim Festmahl). 8 S. 4⁰ Heidelberg: Mohr 1865
6 Lieder aus dem Engern in Heidelberg. Texte. 31 S. Heidelberg: Meder 1865 (Verm. Neuaufl. v. 3)
7 Juniperus. Geschichte eines Kreuzfahrers. IX, 64 S. m. Abb. Stg: Metzler 1866
8 Gaudeamus! Lieder aus dem Engeren und Weiteren. X, 192 S., 3 Bl. Stg: Metzler (1868)
(Neuaufl. v. Nr. 6)
9 Bergpsalmen. 52 S., 6 Taf. 4⁰ Stg: Metzler 1870
10 Der Brautwillkomm auf der Wartburg. Lyrisches Festspiel. 12 S. Weimar: Böhlau 1873
11 Festlied ... des Chr. Schmezer ... o. O. 1873
12 (MÜbs.) Waltarius. Lateinisches Gedicht des zehnten Jahrhunderts. Nach der handschriftl. Überlieferung berichtigt. Mit dt. Übertragg. u. Erl. v. J. V. Sch. u. A. Hölder. 180 S. Stg: Bonz 1874
13 (Übs.) Das Waltarilied. 63 S. m. Abb. 4⁰ Stg: Bonz 1875
(Ausz. a. Nr. 12)
14 Festlied zum 9. Sept. 1876. 3 Bl. Jubilaeumsgruß ... m. Abb. Karlsruhe 1877
15 *Urkunden der Stadt Radolfszell von 1267 bis 1793. 50 S. Radolfszell: Moriell 1878
16 Waldeinsamkeit. Dichtung zu zwölf landschaftlichen Stimmungsbildern v. J. Mařak. 39 S., 12 Abb. 2⁰ Wien: Kaeser 1878
17 Das Gabelbachlied. Der Gemeinde Gabelbach gewidmet von I. V. Sch. 4 Bl. Ilmenau: Verl. d. Gemeinde Gabelbach (1879)
18 Die Gemeinde Gabelbach. Ilmenau (1879)
19 Der Heini von Steier. Dichtung. 9 Bl., 9 Abb. 2⁰ Mchn: Ackermann 1883
20 Hugideo. Eine alte Geschichte. 37 S. 16⁰ Stg: Bonz (1884)
21 Festgedicht zum Jubiläum der Universität Heidelberg. 1386–1886. 5 faks. S. m. Bildn. 4⁰ Lahr: Schauenburg 1886
22 Fünf Dichtungen. 128 S. Stg: Bonz 1887
23 Gedichte aus dem Nachlaß. 163 S. Stg: Bonz (1887)
24 Reise-Bilder. Vorw. J. Proelss. 408 S. Stg: Bonz 1887
25 Episteln. 334 S. m. Bildn. 12⁰ Stg: Bonz 1892
26 Aus Heimat und Fremde. Lieder und Gedichte. 82 S. m. Bildn. 12⁰ Stg: Bonz 1892
27 (MV) J. V. v. Sch. u. B. v. Arndswald: Wartburg-Sprüche. Ausgew. u. an-

gebracht. Neu aufgeschrieben, vervollständigt u. hg. F. Lechleitner. 207 S. 12° Weimar: Böhlau 1892
28 Gedenkbuch über stattgehabte Einlagerung auf Castell Toblino im Tridentinischen. Juli und August 1855. 138 S. 12° Stg: Bonz 1900
29 Gesammelte Werke. Biogr. Einl. J. Proelss. 6 Bde. 277, 244, 252, 225, 259, 285 S. m. Abb. Stg: Bonz 1907
30 Nachgelassene Dichtungen. Gesamtausg. Hg. J. Proelss. 229 S. Stg: Bonz 1908
31 Werke. Kritisch durchges. u. erl. Ausg. Hg. F. Panzer. 4 Bde. m. Bildn. u. Faks. Lpz: Bibliogr. Inst. (= Meyer's Klassiker-Ausgaben) (1919)
32 Irene von Spilimberg. Romanentwurf. Hg. F. Panzer. 54 S., 1 Taf. Heidelberg: Winter (= Sitzungsberichte d. Heidelberger Akad. d. Wiss. Philos.-hist. Klasse. Jg. 1930/31, 6) 1931
33 Wartburgroman. A. d. Nachl. hg. F. Panzer. Bd. 1: Wartburggeschichten. 112 S., 2 Taf., 1 Faks. Bühl, Karlsruhe: Konkordia (= 13. Gabe d. Dt. Scheffel-Bundes an s. Mitglieder) 1937

Scheffer, Thassilo von (1873–1951)

1 Stufen. 175 S. Lpz: Friedrich 1896
2 Die Eleusinien. 86 S. 12° Bln: Schuster & Loeffler 1898
3 Seltene Stunden. 180 S. 12° Bln: Schuster & Loeffler 1898
4 Rom. Bd. 3: Die Umgebung. 159 S. m. Abb., 1 Kt. 12° Stg: Union (= Moderne Cicerone) 1903
5 Neue Gedichte. 74 S. Mchn: Piper 1907
6 Der Mensch und die Religion. X, 188 S. Lpz: Wigand (= Bibliothek der Menschheitsziele 1) 1908
7 Neapel. 205 S. m. Abb. Lpz: Klinkhardt (= Stätten der Kultur 16) 1909
8 (Hg., Einl.) Aristophanes. Dt. L. Seeger. Neu hg., eingel. u. m. Anm. vers. Th. v. Sch. 2 Bde. VII, 429; VII, 409 S. Mchn: Müller (= Klassiker des Altertums II, 7, 8) 1913
9 (MÜbs.) Friedrich II., König von Preußen: Werke. Bln: Hobbing 1913 bis 1914
    3.4. Geschichte des siebenjährigen Krieges. Übs. F. v. Oppeln-Bronikowski u. Th. v. Sch. 2 Bde. VII, 243; 214 S. m. Abb., Taf., u. Ktn. 1913
    9. Dichtungen. Erster Teil. Übs. E. König, F. v. Oppeln-Bronikowski, W. Rath u. Th. v. Sch. IX, 319 S. m. Abb. u. Taf. 1914
10 (Übs.) Homer: Ilias. IX, 557 S. Mchn: Müller (= Klassiker des Altertums II, 9) 1913
11 (MÜbs.) F. Norden: Das neutrale Belgien und Deutschland im Urteil belgischer Staatsmänner und Juristen. Übs. J. Steinmayer u. Th. v. Sch. Geleitw. J. Kohler. XVI, 96 S. Mchn: Bruckmann 1916
12 (Übs.) Homer: Odyssee. I, 418 S. Mchn: Müller (= Klassiker des Altertums II, 10) 1918
13 Die homerische Philosophie. 140 S. Mchn, Bln: Paetel (= Philosophische Reihe 33) 1921
14 Die Schönheit Homers. XVI, 238 S. m. Abb. u. Taf. Bln: Propyläen-Verl. (1921)
15 Philosophie der Ehe. 202 S. Mchn, Bln: Paetel (= Philosophische Reihe 51) 1922
16 Griechische Heldensagen. 439 S., 111 Abb., 8 Kunstbeil. Stg: Union (1924)
17 Homer und seine Zeit. 178 S., 38 Abb. Wien: König (= Menschen, Völker, Zeiten 1) 1925
18 (Übs.) E. Zola: Die Rougon-Macquart. Bd. 18: Das Geld. 617 S. Mchn: Wolff 1925
19 Römische Götter- und Heldensagen. 320 S., 40 Abb., 8 Kunstbeil. Stg: Union (1926)
20 (Übs.) Nonnos: Dionysiaka. 2 Bde. 393, XLVIII; 176 S., S. XLIX–LXXX. 4° Mchn: Bruckmann (1926–1930)
21 (Übs.) Die homerischen Götterhymnen. 113 S., 8 Taf. Jena: Diederichs 1927

22 (Hg.) L. A. Seneca: Philosophische Schriften. 2 Bde. Bln: Propyläen-Verl. (= Klassiker des Altertums II, 25. 26) (1927)
    1. Abhandlungen. Nach d. Übs. v. J. M. Moser. XXXIX, 465 S.
    2. Briefe an Lucilius. Nach d. Übs. v. A. Pauly u. A. Haakh. XIX, 528 S.
23 (Übs.) Nonnos: Die Dionysiaka. 2 Bde. 393, XLIX; 413 S., S. L–CXXXI S. 4° Mchn: Bruckmann (1929–1933)
    (Verm. Neuaufl. v. Nr. 20)
24 Germanische Göttersagen. 183 S., 12 Taf. Stg: Union 1931
25 Die Kyprien. Hellen. Epos in zwölf Gesängen. XIII, 258 S. Mchn: Beck 1934
26 Die Kultur der Griechen. Große illustrierte Phaidon-Ausg. 646 S. m. Abb., 1 Kt. 4° Wien: Phaidon-Verl. 1935
27 (Übs.) Hesiod: Sämtliche Werke. Theogonie. Werke und Tage. Der Schild des Herakles. XLIII, 190 S. Lpz: Dieterich (= Sammlung Dieterich 38) 1938
28 (Übs.) Homer: Ilias. XIX, 597 S. Lpz: Dieterich (= Sammlung Dieterich 13) 1938
    (Neufassg. v. Nr. 10)
29 (Übs.) Homer: Odyssee. XXII, 428 S. Lpz: Dieterich (= Sammlung Dieterich 14) 1938
    (Neufassg. v. Nr. 12)
30 Die Gedichte. 190 S. Bln: Dom-Verl. 1939
31 Die Legenden der Sterne im Umkreis der antiken Welt. 385 S., 3 Taf. Stg: Rowohlt (1939)
32 (Übs.) Apollonios Rhodios: Die Argonauten. XVI, 237 S. Lpz: Dieterich (= Sammlung Dieterich 90) 1940
33 Hellenische Mysterien und Orakel. 184 S., 8 Abb. Stg: Spemann 1940
34 (Übs.) (Pseudohomerus:) Der Froschmäusekrieg. Griechisch-deutsch. 62 S. Mchn: Heimeran (= Tusculum-Bücher) 1941
35 (Übs.) P. Vergilius Maro: Aeneis. XXIX, 440 S. Lpz: Dieterich (= Sammlung Dieterich 89) 1943
36 Wende und Wandlung. Zeitgedichte. 44 S. Ulm: Aegis-Verl. 1947
37 (Übs.) Die homerischen Götterhymnen. X, 96 S. Lpz: Dieterich (= Sammlung Dieterich 97) 1948
    (Neubearb. v. Nr. 21)
38 (Übs.) R. Ovidius Naso: Metamorphosen. XIX, 501 S. Wiesbaden: Dieterich (= Sammlung Dieterich 35) 1948
39 (Vorw.) J. Weisz: Der gestirnte Himmel. Die Sternbilder der Alten in zweiundvierzig Holzschnitten. XLII, 25 S. m. Abb. 4° Wiesbaden: Insel 1950

SCHEIN, Johann Hermann (1586–1630)

1 Venus Kräntzlein. Mit allerley Lieblichen vnd schönen Blumen gezieret vnnd gewunden. Oder Newe Weltliche Lieder mit 5. Stimmen, Neben etzlichen Intraden, Gagliarden vnd Canzonen, gemacht vnd componirt. 4° Wittenberg: Schürer 1609
2 Musica boscareccia Wald Liederlein Auff Italian-Villanellische Invention ... 3 Tle. m. 2 Ku. 4° Lpz: In Verlegung des Autoris 1621–1632
3 Israelis Brünlein Auserlesener Krafft Sprüchlin, Altes und Newen Testaments Von 5. und 6. Stimmen. sambt dem General Basz auf eine sonderbar Anmutige Italian. Madrigalische Manier ... 32 Bl. Lpz: In Vorlegung des Autoris 1623
4 Diletti pastorali, Hirten Lust, Von 5. Stimmen, zusampt dem Basso Continuo, Auff Madrigal-manier Componirt. 4° Lpz: Lanckisch 1624
5 Studenten-Schmauss ... Lpz 1626
6 Cantional, oder Gesangbuch ... Lpz 1627
7 Lieder und Psalmen. o. O. 1627
8 Waldlieder. Dresden 1643
    (Neuaufl. v. Nr. 2)
9 Hirtenlust. o. O. 1650
    (Neuaufl. v. Nr. 4)

SCHENK, Eduard von (1788–1841)

1 Das Recht der Dos vor Justinian. Ein historisch-civilistischer Versuch. 102 S. Landshut: Thomann 1812
2 *Gedanken und Empfindungen am Fuße des Altars zur Feyer von Ostern und Frohnleichnahm. 72 S. Mchn: Giehl 1822
3 Canovas Tod. Ein Gedicht. 21 S. Mchn: Finsterlin 1822
4 Kaiser Ludwigs Traum. Festspiel zur Feier des ersten Erscheinens Ihrer Majestäten des Königs Ludwig und der Königin Therese von Bayern im Königl. Hof- und Nationaltheater zu München am 27. März 1826. 18 S. Mchn: Lindauer 1826
5 Belisar. Romantisches Trauerspiel in fünf Aufzügen. Mchn 1827
6 Todtenfeier für Clara Vespermann. Cantate. 10 S., 1 Bl. Mchn: Lindauer 1827
7 Albrecht Dürer in Venedig. Lustspiel in einem Aufzuge. Mchn 1828
8 Schauspiele. 3 Bde. 5 Bl., 206 S.; 4 Bl., 279 S.; 4 Bl., 296 S., 1 Bl. Stg, Tüb: Cotta 1829–1835
(Enth. u.a. Nr. 4, 5, 7)
9 Rede zur feierlichen Grundsteinlegung Walhallas am 18. October 1830. 8 S. 4° Regensburg: Pustet 1830
10 Volkslied nach der Händelschen Melodie God save the king. Auf ein verziertes Blatt aus Seide gedr. o.O. (1830)
11 Rede zur ersten von Regensburgs Bürgern veranstalteten Jahresfeier der Grundsteinlegung Walhallas am 18. October 1831. 12 S. 4° Regensburg: Pustet 1831
12 Alte und neue Kunst. Allegorisches Vorspiel zu Göthe's Gedächtnißfeier. 24 S. 12° Stg, Tüb: Cotta 1832
(Ausz. a. Nr. 8)
13 Ahnen und Enkel. Festspiel zur Feier der Vermählung Sr. Hoheit des Herrn Erbgroßherzogs von Hessen mit Ihrer Königl. Hoheit der Prinzessin Mathilde von Bayern. 24 S. Regensburg: Pustet 1833
(Ausz. a. Nr. 8)
14 Rede zur feierlichen Eröffnung der Kreisgewerbeschule in Regensburg, am 7. November 1833 gehalten. 23 S. Regensburg: Pustet 1833
15 (Hg.) Charitas. 6 Bde. m. Ku. Regensburg: Pustet (1–4) bzw. Landshut: Krüll (5) bzw. Regensburg: Manz (6) 1834–1842
16 Rede zur feierlichen Eröffnung der Anstalt für Erziehung, Unterricht und Beschäftigung armer Kinder in Regensburg am 24. August 1834. 32 S. Regensburg: Pustet 1834
17 (Hg.) M. Beer: Sämmtliche Werke. XLIV, 954 S., 1 Bildn. Lpz: Brockhaus 1835
18 Biographie und Charakteristik Michael Beers. 30 S. Lpz: Brockhaus 1835
(Ausz. a. Nr. 17)
19 An die Donau, gesungen am 15. October 1835 in Regensburg. 6 S. Regensburg: Pustet 1835
20 An Se. Majestät den König Otto von Griechenland bei Allerhöchstdessen Besuch der Walhalla am 27. Juni 1836. 1 Bl. o.O 1836
21 Rede zur feierlichen Eröffnung des kgl. Schullehrerseminars in Eichstätt am 24. März 1836. 29 S. Regensburg: Pustet 1836
22 (Hg.) M. Beer: Briefwechsel. VI, 281 S. Lpz: Brockhaus 1837
23 Eintrag in Schillers Album. Stg 1837
24 Kadmos und Harmonia. Mythisches Festspiel zur Feier des ersten Erscheinens Ihrer Majestäten des Königs Otto und der Königin Amalia von Griechenland im kgl. Hoftheater zu München. 36 S. Regensburg: Pustet 1837
25 Rede bei der feierlichen Überreichung des Ludwigsordens an den kgl. Regierungsrat von Bösner, am 15. Oct. 1840. 14 S. Regensburg: Brenck 1840
26 (MV) (J. Weyden: Eduard von Schenk, ein bayrischer Dichter und Staatsmann. – E. v. Sch.:) Adolf von Nassau. Historische Tragödie. 254, CXXVII S., 1 Titelb. Graz: Wächter-Verl. (= Deutsche Quellen und Studien 10) 1932

SCHENKENDORF, Max von (1783–1817)

1 (MH) Vesta. Für Freunde der Wissenschaft und Kunst. Hg. F. Frh. v. Schrötter u. M. v. Sch. 2 Bde. Königsberg: Degen 1807
2 Studien. Erstes Heft. 122 S. 8°; Musikbeil. 12 S. qu. 2° Bln: Selbstverl. 1808
3 *Christliche Gedichte. Frommen Jungfrauen und Mägdlein zur Weihnachtsgabe. 48 S. 12° o. O. 1814
4 Die deutschen Städte. 16 S. o. O. 1814
5 Gedichte. 189 S. Stg, Tüb: Cotta 1815
6 Auf den Tod der Kaiserin Maria Ludovica Beatrix. Vier Gesänge 16 S. Ffm; Eichenberg 1816
7 Poetischer Nachlaß. Bes. A. Philipps. IV, 324 S. Bln: Eichler 1832
8 Sämmtliche Gedichte. Erste vollständige Ausg. Bes. F. Lang. XII, 394 S. Bln: Eichler 1837
9 Sämmtliche Gedichte. Mit einem Lebensabriß u. Erläuterungen hg. A. Hagen. XXXII, 548 S. Stg: Cotta 1862
(Verm. Neuaufl. v. Nr. 8)

SCHERENBERG, Christian Friedrich (1798–1881)

1 Gedichte. 148 S. 12° Bln: Enslin 1845
2 Ligny. Ein vaterländisches Gedicht. 27 S. 4° Bln: Hayn (1849)
3 Waterloo. Ein vaterländisches Gedicht. VI, 75 S. 4° Bln: Hayn 1849
4 Leuthen. 80 S. Bln: Duncker (1852)
5 Abukir, die Schlacht am Nil. 48 S. Bln: Paetel (1854)
6 Gedichte. 281 S. 16° Bln: Hayn 1869
(Verm. Neuaufl. v. Nr. 1)
7 Hohenfriedberg. 81 S. Bln: Duncker 1869

SCHICKELE, René (1883–1940)

1 Pan. Sonnenopfer der Jugend. 88 S. 12° Straßburg: Singer 1902
2 Sommernächte. Gedichte. 71 S. Straßburg: Beust 1902
3 (Hg.) Der Stürmer. Halbmonatsschrift für künstlerische Renaissance im Elsaß. 1. Jg. 9 Nrn. Straßburg: Singer 1902
4 (MH) Der Merker. Halbmonatsschrift. Hg. O. Flake u. R. Sch. 1. Jg. 18 Nrn. Straßburg (: Bongard) 1903
5 (Hg.) Das neue Magazin für Literatur, Kunst und soziales Leben. Jg. 73. 26 H. m. Abb. Bln: Verl. des neuen Magazins 1904
6 Mon Repos. 40 S. Bln: Seemann 1905
7 Der Ritt ins Leben. 1. Station: Der Traum. – 2. Station: Der Rausch. – 3. Station: Die Einkehr und das Ende. 113 S. Stg, Bln: Juncker (= A. Juncker's Sammlung moderner deutscher Lyrik 4) 1906
8 Der Fremde. 310 S. Bln: Frowein 1909
9 (Übs.) H. de Balzac: Menschliche Komödie. Bd. 10: Die Lilie im Tal. Die verlassene Frau. 413 S. Lpz: Insel 1910
10 Weiß und rot. Gedichte 148 S. Bln: Cassirer 1910
11 Meine Freundin Lo. Geschichte aus Paris. 166 S. Bln: Cassirer 1911
12 (Hg.) Die weißen Blätter. Eine Monatsschrift. Jg. 1–7, je 12 Nrn. Lpz: Verl. d. weißen Bücher (1–2) bzw. Bln: Cassirer (3–7) 1913–1920
13 Das Glück. 83 S. Bln: Juncker (= Orplidbücher 5) 1913
14 Schreie und den Boulevard. 297 S. Bln, Lpz: Verl. d. weißen Bücher 1913
15 Benkal, der Frauentröster. Roman. 194 S. Lpz: Verl. d. weißen Bücher (1914)
16 Die Leibwache. Gedichte. 102 S. Lpz: Verl. d. weißen Bücher 1914
17 Trimpopp und Manasse. Eine Erzählung. 146 S. Lpz: Verl. d. weißen Bücher 1914
18 Mein Herz, mein Land. Ausgewählte Gedichte. 105 S. Lpz, Bln: Cassirer 1915
19 Aïssé. Novelle. 31 S., 2 Abb. Mchn, Lpz: Wolff (= Der jüngste Tag 24) 1916
20 Hans im Schnakenloch. Schauspiel in vier Aufzügen. 235 S. Lpz, Bln: Cassirer (1916)

21 (Hg.) Europäische Bibliothek. 11 Bde. Zürich: Rascher 1918–1919
22 Der neunte November. Mit e. Nachw. u. Anh. 123 S. Bln: Reiss (= Tribüne der Kunst und Zeit 8) (1919)
23 Die Genfer Reise. 203 S. Bln: Cassirer 1919
24 Der deutsche Träumer. 75 S. Zürich: Rascher (= Europäische Bibliothek 8) 1919
  (Bd. 8 v. Nr. 21; Ausz. a. Nr. 23)
25 Am Glockenturm. Schauspiel in drei Aufzügen. 144 S. Bln: Cassirer 1920
26 Die Mädchen. Drei Erzählungen. 135 S. Bln: Cassirer 1920
27 Weiß und Rot. Gedichte. 148 S. Bln: Cassirer 1920
  (Erw. Neuaufl. v. Nr. 10)
28 Wir wollen nicht sterben! 269 S. Mchn: Wolff 1922
29 Die neuen Kerle. Komödie in drei Aufzügen. Mit einem Vorwort: Von Schiebern, Kriegs- und Revolutionsgewinnern und wie gewisse tüchtige Leute noch geschimpft werden. XVI, 126 S. Basel: Rhein-Verl. (= Elsässische Bibliothek 3–4) 1924
30 Ein Erbe am Rhein. Roman in zwei Bänden. 300, 315 S. Mchn: Wolff 1925
31 Das Erbe am Rhein. Roman. 3 Bde. Mchn, Bln: Fischer (1926)–1931
  1. Maria Capponi. Roman. 483 S. (1926)
  2. Blick auf die Vogesen. Roman. 498 S. (1927)
  3. Der Wolf in der Hürde. 552 S. 1931
  (Bd. 1 Neuaufl. v. Nr. 30)
32 Hans im Schnakenloch. Schauspiel in vier Aufzügen. 260 S. Mchn, Bln: Fischer 1927
  (Neufassg v. Nr. 20)
33 (Übs.) G. Flaubert: Werke. Bd. 1: Madame Bovary. Sittenbilder aus der Provinz. 483 S. Minden, Lpz: Grethlein (1928)
34 Soeur Ignace. Ein elsässisches Vergißmeinnicht aus der Kongregation der Niederbronner Schwestern. 48 S., 3 Taf. Mülhausen E.: Salvator-Verl. 1928
35 Symphonie für Jazz. Roman. 356 S. Bln: Fischer 1929
36 Elsässische Fioretti aus den Missionen. Lebensbild elsässischer Missionsschwestern. 62 S. Colmar: Verl. Alsatia 1930
37 Meine Freundin Lo. Geschichte aus Paris. 187 S. Bln: Rowohlt 1931
  (Erw. Neuaufl. v. Nr. 11)
38 Die Grenze. 218 S. Bln: Rowohlt 1932
39 Himmlische Landschaft. 118 S., 29 Abb. Bln: Fischer 1933
40 Die Witwe Bosca. Roman. 454 S. Bln: Fischer 1933
41 Liebe und Ärgernis des D. H. Lawrence. 144 S., 1 Titelb. Amsterdam: de Lange (1934)
42 Die Flaschenpost. Roman. 244 S. Amsterdam: de Lange 1937
43 Le Retour. Souvenirs inédits. 62 S. Paris: Fayard 1938
44 (Hg.) Das Vermächtnis. Deutsche Gedichte von Walther von der Vogelweide bis Nietzsche. Amsterdam: de Lange 1938
  (Gesamte Aufl. beschlagnahmt u. vernichtet)
45 (MBearb.) Forum-Bücher. Bearb. Th. Mann, R. Sch., F. Werfel, St. Zweig. 18 Bde. Amsterdam: Forum (Querido-Verl.) 1939
46 Heimkehr. A. d. franz. Original übs. F. Hardekopf. Vorw. H. Kesten. 139 S. Strasbourg: Brant 1939
  (Dt. Ausg. v. Nr. 43)
47 (Hg.) Das Vermächtnis. Deutsche Gedichte von Walther von der Vogelweide bis Nietzsche. 365 S. Freiburg: Herder 1948
  (Neuaufl. v. Nr. 44)
48 Werke in drei Bänden. Hg. H. Kesten unter Mitarbeit v. Anna Schickele. 3 Bde. 1184, 1202, 1303 S. Köln, Bln: Kiepenheuer & Witsch (1960–1961)

SCHIEBELHUTH, Hans (1895–1944)

1 Klänge des Morgens. Darmstadt 1912
2 Der kleine Kalender. 24 S. m. Abb. Darmstadt: Verl. Die Dachstube (= Die kleine Republik 5) 1919

3 Der Hakenkreuzzug. Neodadaistische Ungedichte. 20 S., 4 Abb. Darmstadt: Verl. Die Dachstube (= Die kleine Republik 9) 1920
4 Hymne des Marogampa. 14 S., 12 Abb. 4° Worpswede: Hollander-Presse (= Handdruck der Hollander-Presse, Worpswede, 1) 1921
5 Wegstern. 47 S. 4° Weimar: Paetel 1921
6 (Übs.) W. Beckford: Vathek. Eine arabische Erzählung. 99 S., 10 Taf. 4° Bln: Gurlitt (= Die neuen Bilderbücher, Reihe 5) 1924
7 (Übs.) Th. Wolfe: Schau heimwärts, Engel. Geschichte vom begrabnen Leben. Roman. 556 S. Bln: Rowohlt 1932
8 Schalmei vom Schelmenried. 89 S. m. Abb. 4° Darmstadt: Darmstädter Verl. (250 num. u. sign. Ex.) 1933
9 (Übs.) Th. Wolfe: Von Zeit und Strom. Legende vom Hunger des Menschen in der Jugend. Roman. 2 Bde. 460, 621 S. Bln: Rowohlt 1936
10 (Übs.) Th. Wolfe: Vom Tod zum Morgen. 307 S. Bln: Rowohlt (1937)
11 (Übs.) R. Wyndham: Der sanfte Wilde. Eine Sudanreise in die gemeinhin „Der Brühl" genannte Bahr-el-Ghazal-Provinz. 264 S., 24 Bl. Abb. Bln: Rowohlt (1937)
12 Gedichte nach den unsterblichen des Li-Tai-Po. 23 Bl. m. Abb. Darmstadt: Darmstädter Verl. 1948
13 (Übs.) Th. Wolfe: Das Geweb aus Erde. Eine Erzählung. 133 S. Stg, Hbg: Rowohlt 1948
  (Ausz. a. Nr. 10)
14 (Übs.) S. S. van Dine: Der Fall der Margaret Odell. Kriminalroman. 255 S. Bln: Verl. d. Druckhauses Tempelhof (= Romanreihe für Jedermann 5) 1949
15 In memoriam Hans Schiebelhuth. Gedichte. Eingel. H. Nette. 138 S. Darmstadt: Darmstädter Verl. 1949
16 (Übs.) P. Corneille: Der Lügner. Komödie. In dt. Verse übertr. 73 S. Heidelberg: Schneider (= Veröffentlichungen d. Dt. Akad. f. Sprache u. Dichtung, Darmstadt 1) 1954
17 Lyrisches Vermächtnis. Hg. F. Usinger. 96 S. Heidelberg, Darmstadt: Schneider (= Veröffentlichungen d. Dt. Akad. f. Sprache u. Dichtung, Darmstadt, 12) 1957
18 Wir sind nicht des Ufers. Gedichte aus dem Nachlaß. Hg. i. Auftr. d. Magistrats d. Stadt Darmstadt F. Usinger. 50 S. Darmstadt: Justus von Liebig-Verl. (= Darmstädter Schriften 6) 1957

SCHIEBER, Anna (1867–1945)

1 Warme Herzen. Geschichten für große und kleine Leute. 144 S. Stg: Gundert (= Sonntagsbibliothek 13) 1899
2 Was des andern ist. Eine Kindergeschichte, auch für die Großen. 127 S. Stg: Gundert (= Sonntagsbibliothek 18) 1900
3 Guckkastenbilder. Kindern und Kinderfreunden gezeichnet. 136 S. Stg: Gundert (= Sonntagsbibliothek 21) 1901
4 Sonnenhunger. Geschichten von der Schattenseite. 272 S. 12° Stg: Gundert 1903
5 Zugvögel und andere Geschichten für Kinder und Kinderfreunde. 131 S. Stg: Gundert (= Sonntagsbibliothek 35) 1905
6 Alle guten Geister ... Roman. 466 S. Heilbronn: Salzer 1907
7 Röschen, Jaköble und andere kleine Leute. Ein Geschichtenbuch für Kinder und Kinderfreunde. 255 S. m. Abb. Stg: Gundert 1907
8 Mareili. 16 S. Stg: Buchh. d. ev. Ges. (= Immergrün 157) 1909
  (Ausz. a. Nr. 5)
9 Gesammelte Immergrün-Geschichten. 269 S., 3 Abb. Stg: Buchh. d. ev. Ges. 1910
10 Allerlei Kraut und Unkraut. Gesammelte Bilder und Geschichten für große und kleine Leute. 455 S. Stg: Gundert 1910
  (Enth. Nr. 1, 2, 3, 5)
11 Im Isartal. 16 S. Stg: Buchh. d. ev. Ges. (= Immergrün 179) 1911

12 Wanderschuhe und andere Erzählungen. 242 S. Heilbronn: Salzer 1911
13 Der Glückstag der Haderkornin. Eine Erzählung. 16 S. Stg: Verl. f. Volkskunst (= Sämann-Hefte 3) 1912
14 Aus Kindertagen. 19 S. Mchn: Callwey (= Der Schatzgräber 76) 1912
(Ausz. a. Nr. 12)
15 In der Klemmbachmühle. Erzählung. 16 S. Stg: Verl. f. Volkskunst (= Sämann-Hefte 10) 1912
16 ... und hätte der Liebe nicht. Weihnächtliche Geschichten. 96 S. Heilbronn: Salzer 1912
17 Sum, sum, sum! Ein Liederbüchlein für die Mutter und ihre Kinder. 28 S. m. Abb. Heilbronn: Salzer 1912
18 Der Unnutz. Zugvögel. Erzählungen. 32 S. m. Abb. Reutlingen: Enßlin & Laiblin (= Bunte Jugendbücher 54) 1912
(Ausz. a. Nr. 1 u. 5)
19 Fröhlich, fröhlich Weihnacht überall! Drei kleine Weihnachtsspiele für Kinder mit besonderer Rücksicht auf Kindergärten. 19 S. Stg: Verl. d. ev. Ges. 1912
20 Wie die Kinder. Eine Weihnachtserzählung. 12 S. m. Abb. Stg: Verl. f. Volkskunst (= Sämann-Hefte 12) 1913
21 Jungfer Salomes Verwandtschaft. 19 S. Stg: Verl. f. Volkskunst (= Sämann-Hefte 13) 1913
22 Amaryllis und andere Geschichten. 112 S. Heilbronn: Salzer 1914
23 Heimat. Erzählungen. 222 S. Heilbronn: Salzer 1915
24 Geschichte von einer, die tat, was sie wollte. 63 S. 16⁰ Stg: Gundert (= Aus friedlicher Heimat 5) (1916)
(Ausz. a. Nr. 1)
25 Das Kind. Erzählung. 94 S. Heilbronn: Salzer 1916
26 Kriegssommer. Lose Blätter aus den Heimatberichten des Johannes Weinland, pensionierten Schullehrers in Rommelsbach, an seinen Sohn im Feld. 32 S. 16⁰ Heilbronn: Salzer (1916)
27 Der fromme Maier. 46 S. 16⁰ Heilbronn: Salzer 1916
28 Unterwegs. Tagebuchblätter eines Verstorbenen. 63 S. 16⁰ Stg: Gundert (= Aus friedlicher Heimat 1) (1916)
(Ausz. a. Nr. 4)
29 Ein Vater. Erzählung. 31 S. 4⁰ Bln: Warneck (= Für Heer und Flotte 4) 1916
(Ausz. a. Nr. 12)
30 Die neue Zeit. Der Unnutz. Erzählungen. 64 S. 16⁰ Stg: Gundert (= Aus friedlicher Heimat 2) (1916)
(Ausz. a. Nr. 1)
31 Kameraden. Eine Erzählung in Briefen. 112 S. m. Abb. Gotha: Perthes (1917)
32 Einen Sommer lang. In der Sägmühle. 55 S. Wiesbaden: Staadt (= Wiesbadener Volksbücher 189) 1917
(Ausz. a. Nr. 9)
33 Ludwig Fugeler. Roman. 367 S. Heilbronn: Salzer 1918
34 (MV) A. Sch. u. H. H. Ehrler: Unser Bekenntnis zur neuen Zeit. Gemeinsamer Vortrag, gehalten in Stuttgart am 5. 1. 1919. 21 S. Stg: Strecker & Schröder 1919
35 Die Familienbuche. 4 S., 2 Abb. Bln-Steglitz: Ev. Preßverband (1919)
36 Alte Geschichten. 103 S. Stg: Verl. d. ev. Ges. (1919)
(Enth. Nr. 13, 15, 21)
37 Zwei Kino-Konferenzen. 8 S. Stg: Verl. d. ev. Volksbundes (1919)
38 Der Lebens- und Liebesgarten. 94 S. Heilbronn: Salzer 1919
(Enth. u. a. Nr. 27)
39 Das Opfer und andere Erzählungen. 176 S. Heilbronn: Salzer 1920
40 Bruder Tod. Ein Lied vom lebendigen Leben. 90 S. Heilbronn: Salzer 1920
41 (Vorw.) M. Cauer: Lebenskunde. Briefe an junge Mädchen. VIII, 172 S. Gotha: Klotz 1921
42 (MV) A. Sch. u. E. Halden: Drei Weihnachtsgeschichten. 32 S. Steinkopf (= Steinkopf's Jugendbücherei 14) 1921
43 Annegret. Eine Kindergeschichte. 63 S. m. Abb. 16⁰ Stg: Gundert (= Sonne und Regen im Kinderland 6) 1922

44 Die Erfüllung und andere Erzählungen. 95 S. Heilbronn: Salzer (= Taschenbücherei deutscher Dichter) 1924
45 Zur Genesung. V, 221 S. Mchn: Beck (1924)
46 Das Hemd des Glücklichen. Ein Spiel. 57 S. Mchn: Beck (1924)
47 Der Narr Gottes. 53 S. m. Abb. Rudolstadt: Greifenverl. (= Die Bücher vom heimlichen Leben 3) 1924
48 Rosel. 39 S. Bln-Dahlem: Burckhardthaus-Verl. (= Aus reichen Bronnen 2) 1924
 (Ausz. a. Nr. 4)
49 Vom Innesein. 57 S. Augsburg: Bärenreiter-Verl. 1925
50 Lebenshöhe. Erzählung. 87 S. Stg: Fleischhauer & Spohn (= Kristall-Bücher) (1925)
51 Aber nicht weiter sagen! Ein Märchenbuch. 40 S., 45 Abb. Augsburg: Bärenreiter-Verl. 1926
52 Bille Hasenfuß. Wie er sich und den Gänserich bezwang. 60 S. m. Abb. 16⁰ Stg: Gundert (= Sonne und Regen im Kinderland 16) (1926)
53 Aus Gesprächen mit Martina. 120 S. Augsburg: Bärenreiter-Verl. 1926
54 (Einl.) J. P. Hebel: Biblische Geschichten aus dem alten Testament. Mit einem Brief an junge, jung gebliebene und wieder jung gewordene Menschen v. A. Sch. 104 S., 26 Abb. Tüb: Fischer 1926
55 Echte Menschen. Erzählungen für die reifere Jugend. Einf. Ch. Geyer. 68 S. Bielefeld: Velhagen & Klasing (= Velhagen & Klasing's Jugendbücherei 20) 1926
 (Enth. Nr. 13 u. Ausz. a. Nr. 16, 22, 23)
56 Drei Ranken. Eine Auswahl aus den Immergrün-Geschichten. Eingel., hg. M. Henschel. 59 S. Bielefeld: Velhagen & Klasing (= Velhagen & Klasing's Jugendbücherei 6) 1926
 (Ausz. a. Nr. 9)
57 Balladen und Lieder. 224 S. Heilbronn: Salzer 1927
58 Eh'ne wött mei Kend verkaufa. Schwäbisches Volksstück für Gemeindeabende und Vereine in zwei Szenen. 14 S. Stg: Quellverl. (1927)
59 Der Zeitungsbub. Eine Kindergeschichte. 61 S. m. Abb. 16⁰ Stg: Gundert (= Sonne und Regen im Kinderland 22) 1928
60 Geschichten von gestern und heute von mir und dir. 286 S. Heilbronn: Salzer 1930
61 Das große Ich. Roman. 185 S. Mchn: Beck 1930
62 Ein Tag aus Bimberleins Leben. 61 S. m. Abb. 16⁰ Stg: Gundert (= Sonne und Regen im Kinderland 32) 1930
63 Die Herzblüte und andere Weihnachtsgeschichten. 111 S. Heilbronn: Salzer 1931
 (Enth. u. a. Ausz. a. Nr. 39)
64 Doch immer behalten die Quellen das Wort. Erinnerungen aus einem ersten Jahrsiebent. 205 S. Heilbronn: Salzer 1932
65 Der Bändelmann. 16 S. Stg: Quellverl. (= Immergrün 152) (1934)
 (Ausz. a. Nr. 9)
66 Eine Geschichte vom Heimkommen. 16 S. Stg: Quellverl. (= Immergrün 145) (1934)
 (Ausz. a. Nr. 9)
67 Die Laute. Heilige Familie. 61 S. 16⁰ Gütersloh: Bertelsmann (= Schmuckbuch 17) (1934)
 (Ausz. a. Nr. 39 u. 49)
68 Ninetta. 16 S. Stg: Quellverl. (= Immergrün 136) (1934)
 (Ausz. a. Nr. 9)
69 Was Annegret zu helfen fand. 16 S. Stg: Quellverl. (= Immergrün 139) (1934)
 (Ausz. a. Nr. 9)
70 Aus dem Weihnachtsbilderbuch. 77 S. Heilbronn: Salzer (= Sämann-Bücherei 1) (1934)
71 Aus Zeit und Überzeit. Lose Blätter. 92 S. Heilbronn: Salzer 1934
72 Zurückgesetzt? 16 S. Stg: Quellverl. (= Immergrün 129) (1934)
73 Wachstum und Wandlung. Ein Lebensbuch. 425 S. Tüb: Wunderlich 1935

74 Aus Kindertagen. 24 S. m. Abb. Konstanz: Christl. Verl.-Anst. (= Kleine Geschichten in großem Druck 4) (1936)
(Ausz. a. Nr. 12)
75 Veronika und ihr Bruder. Eine Erzählung. 61 S. m. Abb. 16⁰ Stg: Gundert (= Sonne und Regen im Kinderland 53) 1936
76 Das Unzerbrechliche. 135 S. Tüb: Wunderlich (1937)
(Ausz. a. Nr. 45)
77 Der Weinberg. Eine Erzählung. 78 S. Bln: Eckart-Verl. (= Eckart-Kreis 34) 1937
78 Das Große Angesicht. Lebensbericht. 194 S. Tüb: Wunderlich 1938
79 Der Notpfennig. 16 S. Heilbronn: Salzer (1940)
(Ausz. a. Nr. 60)
80 Die Macht der Liebe. 125 S. Heilbronn: Salzer (1951)
(Enth. u. a. Ausz. a. Nr. 49)
81 Aller Menschen Tag und Stunde. Geschichten. 79 S. Heilbronn: Salzer (= Salzers Volksbücher 54) 1958

Schikaneder, Johann Emanuel (1751–1812)

1 Die Lyranten, oder Das lustige Elend. Operette. 60 S. Wien, Innsbruck 1776
2 Das Regenspurger Schif. Lustspiel in drei Aufzügen. 44 ungez. Bl. Salzburg (o. Verl.) 1780
3 Die Raubvögel. Schauspiel in fünf Aufzügen. 109 S. Salzburg: Mayer 1782
4 Das Laster kömmt am Tage. Schauspiel in vier Aufzügen. 120 S. Salzburg: Mayer 1783
5 Der Grandprofos. Trauerspiel in vier Aufzügen. 110 S. Regensburg: Montag 1787
6 Die beiden Antone oder Der Name thut nichts zur Sache. Komische Oper in zwei Aufzügen. Wien 1790
7 Die Zauberflöte. Große Oper in zwei Aufzügen. Musik von Mozart. 107 S. m. Titelku., 2 Ku. Wien: Alberti 1791
8 Der redliche Landmann. Ein ländliches Familien Gemälde in fünf Aufzügen. 164 S. Wien: Steinsberg 1792
9 Sämmtliche theatralische Werke. 2 Bde. 311, 352 S., 2 Titelku. Wien, Lpz: Doll 1792
10 Die Waldmänner. Wien 1793
11 Der wohlthätige Derwisch. Wien 1795
12 Der Spiegel von Arkadien. Heroisch-komische Oper in zwei Aufzügen. Musik v. F. Süßmayer. VIII, 94 S. Wien: Ochß 1795
13 Der Königssohn aus Ithaka. Große heroisch-komische Oper in zwei Aufzügen. Musik v. F. A. Hoffmeister. X, 100 S. Wien: Hoffmeister 1797
14 Der Tyroler Wastel. Komische Oper in drei Aufzügen. 132 S. Lpz: Geers 1798
15 Alexander. Große heroische Oper. Musik v. F. Teyber. 8, 84 S. Wien (o. Verl.) 1801
16 Thespis. Nachspiel in einem Aufzug. 38 S. Wien: Albert 1801
17 Thespis Traum. Vorspiel. 8 S. o. O. (1801)
18 Neue Arien, welche in der Comödie genannt die Zaubertrommel gesungen werden. o. O. (1807)
19 Schembera Herr von Boskowitz. Allegorisches Schauspiel in vier Aufzügen. 31 S. Brünn: Traßler 1808
20 Der Zauberbrunn. Eine Pantomime in zwei Aufzügen. o. O. (1808)

Schiller, (Johann Christoph) Friedrich von (1759–1805)

1 Versuch über den Zusammenhang der thierischen Natur des Menschen mit seiner geistigen ... 4 Bl., 44 S. 4⁰ Stg: Cotta (1780)
2 *Elegie auf den frühzeitigen Tod Johann Christian Weckerlins. Von seinen Freunden. 4 S. 2⁰ Stg: Mäntler 1781

3 *Die Räuber. Ein Schauspiel. 8 Bl., 222 S. Ffm, Lpz 1781
4 *Der Venuswagen. 24 S. o. O. (1781)
5 *Anthologie auf das Jahr 1782. 8 Bl., 271 S. Gedruckt in der Buchdruckerei zu Tobolsko (1782)
6 Die Räuber. Neue für die Mannheimer Bühne verbesserte Aufl. 1 Bl., 166 S. Mannheim: Schwan 1782
   (Verb. Neuaufl. v. Nr. 3)
7 Die Räuber. Ein Schauspiel in fünf Akten. 8 Bl., 208 S. Ffm, Lpz: Löffler 1782
   (Verb. Neuaufl. v. Nr. 6)
8 *(Hg.) Wirtembergisches Repertorium der Litteratur. 2 Tle. 4 Bl., 390 S. o. O. 1782
9 *Todenfeyer am Grabe des Hochwohlgebohrnen Herrn, HERRN Philipp Friderich von Rieger... 4 S. 2° Stg: Erhard (1782)
10 Die Verschwörung des Fiesko zu Genua. Ein republikanisches Trauerspiel. 4 Bl., 184 S. Mannheim: Schwan 1783
11 Kabale und Liebe ein bürgerliches Trauerspiel in fünf Aufzügen. 4 Bl., 167 S. Mannheim: Schwan 1784
12 (Hg.) Rheinische Thalia. Erstes Heft. 4 Bl., 199 S., 1 Bl. Mannheim: auf dasigem kaiserl. freien R.Postamt u. Schwan 1785
13 Trauerspiele. Zum erstenmal aufgeführt auf der Mannheimer National-Schaubühne. Die Räuber. Die Verschwörung des Fiesko zu Genua. Kabale und Liebe. 4 Bl., 167 S. Mannheim: Schwan 1785
   (Enth. Nr. 7, 10, 11)
14 An die Freude. Ein Rundgesang für freye Männer. Mit Musik. 3 ungez. Bl., 1 Musikbeil. o. O. 1786
15 (Hg.) Thalia. 4 H. Lpz: Göschen 1786–1787
   (H. 1 = Nr. 12)
16 Dom Karlos Infant von Spanien. 1 Bl., 505 S., 1 Bl. m. Titelku. Lpz: Göschen 1787
17 (Hg.) Thalia. 3 Bde., 12 H. Lpz: Göschen 1787–1791
   (Bd. 1 = Nr. 15)
18 Der Geisterseher, eine interessante Geschichte aus den Papieren des Grafen von O*** herausgegeben aus Herrn Schillers Thalia. 128 S. Bln, Lpz 1788
   (Ausz. a. Nr. 17)
19 Geschichte des Abfalls der vereinigten Niederlande von der spanischen Regierung. Erster Theil enthaltend die Geschichte der Rebellionen bis zur Utrechtischen Verbindung. 5 Bl., 387 S. Lpz: Crusius 1788
20 (Hg.) Geschichte der merkwürdigsten Rebellionen und Verschwörungen aus den mittlern und neuern Zeiten. Bearbeitet von verschiedenen Verfassern. Gesammelt u. hg. F. Sch. 1. Bd. 3 Bl., 274 S. Lpz: Crusius 1788
21 Der Geisterseher. Eine Geschichte aus den Memoires des Grafen von O**. 1 Bl., 338 S. m. Titelku. Lpz: Göschen 1789
   (Neuaufl. v. Nr. 18)
22 Was heißt und zu welchem Ende studiert man Universalgeschichte? Eine akademische Antrittsrede bey Eröffnung seiner Vorlesungen gehalten von F. Sch., Professor der Geschichte in Jena. 132 S. Jena: Akad. Buchh. 1789
23 (Übs.) Euripides: Iphigenie in Aulis. Ein Trauerspiel in fünf Aufzügen. 95 S. Köln: Langen 1790
   (Unrechtm. Dr.; Ausz. a. Nr. 17)
24 (Hg.) Allgemeine Sammlung Historischer Memoires vom zwölften Jahrhundert bis auf die neuesten Zeiten durch mehrere Verfasser übersetzt, mit den nöthigen Anmerkungen versehen, und jedesmal mit einer universalhistorischen Übersicht begleitet und hg. F. Sch. 2 Abt., 3 u. 5 Bde. m. Titelku. Jena: Mauke 1790–1793
25 (Hg.) Historischer Calender für Damen für das Jahr 1791 (1792; 1793). 3 Bde. 35 Bl., 860 S., 49 Ku. 16° Lpz: Göschen 1791–1793
26 Geschichte des dreyßigjährigen Krieges. Aus dem Calender für Damen 1791 (1792) abgedruckt. 2 Bde. 242, 300 S. Ffm 1791–1792
   (Ausz. a. Nr. 25)
27 (Vorw.) Geschichte des Maltheserordens nach Vertot von M. N. bearbeitet 2 Bde. XVI, 432; 467 S. Jena: Cuno 1792–1793
28 (Vorw.) Merkwürdige Rechtsfälle als ein Beitrag zur Geschichte der Mensch-

heit. Nach dem französischen Werke des Pitaval durch mehrere Verfasser ausgearbeitet. 4 Tle. 4 Bl., 446; 435; 414; 454 S. Jena: Cuno 1792–1795
29 Kleinere prosaische Schriften. Aus mehreren Zeitschriften vom Verfasser selbst gesammelt und verbessert. 4 Tle. 3 Bl., 410 S.; 2 Bl., 415 S.; 2 Bl., 372 S.; 2 Bl., 388 S. Lpz: Crusius 1792–1802
30 (Hg.) Neue Thalia. 4 Bde. 420, 310, 394, 336 S. Lpz: Göschen 1792–1793
31 *Über Anmuth und Würde. An Carl von Dalberg in Erfurth, 1 Bl., S. 115 bis 230. Lpz: Göschen 1793
(Ausz. a. Nr. 17)
32 Geschichte des dreyßigjährigen Krieges. Aus dem Calender für Damen 1791, 1792, 1793 abgedruckt. 3 Bde., 49 Ku. 16⁰ Lpz: Göschen 1793
(Ausz. a. Nr. 25; verm. Neuaufl. v. Nr. 26)
33 (Hg.) Die Horen eine Monatsschrift. 3 Jge., je 4 Bde. Tüb: Cotta 1795–1797
34 (Hg.) Musen-Almanach für das Jahr 1796 (1797 usw. bis 1800). 5 Bde. Neustrelitz: Michaelis (1) bzw. Tüb: Cotta (2–5) 1796–1800
35 Gedichte. 2 Tle. 3 Bl., 335 S.; 5 Bl., 358 S. Lpz: Crusius 1800–1803
36 Der Geisterseher. Aus den Memoiren des Grafen v. O***. 255 S. m. Titelku. Lpz 1800
(Verb. Neuaufl. v. Nr. 21)
37 Wallenstein ein dramatisches Gedicht. 2 Bde. Tüb: Cotta 1800
1. (Wallensteins Lager. Die Piccolomini.) 1 Bl., 238 S.
2. (Wallensteins Tod.) 2 Bl., 250 S., 1 Bl.
38 Maria Stuart ein Trauerspiel. 1 Bl., 237 S. Tüb: Cotta 1801
39 (Bearb., Übs.) W. Shakespeare: Macbeth, ein Trauerspiel. Zur Vorstellung auf dem Hof-Theater zu Weimar eingerichtet. 2 Bl., 161 S. Tüb: Cotta 1801
40 Kalender auf das Jahr 1802. Die Jungfrau von Orleans. Eine romantische Tragödie. 15 Bl., 260 S., 37 Bl. m. Titelku. 12⁰ Bln: Unger 1802
41 Die Jungfrau von Orleans. Eine romantische Tragödie. 260 S. m. Titelku., 1 Ku. 12⁰ Bln: Unger 1802
(Neuausg. v. Nr. 40)
42 Turandot, Prinzessin von China. Ein tragicomisches Märchen nach Gozzi. 2 Bl., 155 S. Tüb: Cotta 1802
43 Die Braut von Messina oder die feindlichen Brüder, ein Trauerspiel mit Chören. XIV, 162 S., 1 Bl. Tüb: Cotta 1803
44 Wilhelm Tell. Schauspiel. Zum Neujahrsgeschenk auf 1805. 2 Bl., 241 S. 12⁰ Tüb: Cotta 1804
45 Die Huldigung der Künste. Ein lyrisches Spiel. 22 S., 1 Bl. 4⁰ Tüb: Cotta 1805
46 (Übs.) J. B. Racine: Phädra. Trauerspiel. 2 Bl., 215 S. 16⁰ Tüb: Cotta 1805
47 Theater. 5 Bde. 2 Bl., 550; 651; 604; 604; 420 S., 5 Titelku. Tüb: Cotta 1805–1807
48 (Bearb.) (L.-B. Picard:) Der Parasit, oder die Kunst sein Glück zu machen. Ein Lustspiel nach dem Französischen. 111 S. Tüb: Cotta 1806
49 (Übs.) L.-B. Picard: Der Neffe als Onkel. Lustspiel in drey Aufzügen. Aus dem Französischen. 1 Bl., 74 S. Tüb: Cotta 1807
50 Sämmtliche Werke. 12 Bde. Stg, Tüb: Cotta 1812–1815
51 (MV) F. v. Sch. u. J. W. v. Goethe: Briefwechsel in den Jahren 1794–1805. 4 Tle. Stg, Tüb: Cotta 1828–1829
52 Sämmtliche Werke. 12 Bde., 13 Abb. Stg, Tüb: Cotta 1835
(Verb. Neuaufl. v. Nr. 50)
53 Die Tugend in ihren Folgen betrachtet. Rede zur Feier des Geburtsfestes der Frau Reichsgräfin von Hohenheim auf gnädigsten Befehl Seiner Herzoglichen Durchlaucht verfertigt vom Eleve Schiller. 24 S. Amberg: Klöber 1839
54 Nachlese zu Schillers sämmtlichen Werken nebst Variantensammlung. Hg. K. Hoffmeister. 4 Bde. Stg, Tüb: Cotta 1840–1841
(zu Nr. 52)
55 (Bearb.) J. W. v. Goethe: Egmont. Für die Bühne bearb. F. Sch. Hg. A. Diezmann. 1 Bl., 130 S. Stg, Augsburg: Cotta 1857
56 Aventuren des neuen Telemachus oder Leben und Exsertionen Koerners des decenten, consequenten, piquanten, u. s. f. von Hogarth in schönen illuminierten Kupfern abgefaßt und mit befriedigenden Erklärungen vers. v. Winkelmann. Rom 1786 (...Nach den Original-Zeichnungen F. v. Schs.

und der Original-Handschrift L. F. Hubers ... hg. C. Künzel). 13 Texts., 13 Taf. 4° Lpz: Payne (1862)
57 Ich habe mich rasieren lassen. Ein dramatischer Scherz. Hg. C. Künzel. 1 Bl., 55 S. Lpz: Payne (1862)
58 Dramatische Entwürfe. Hg. Emilie v. Gleichen-Russwurm. 3 Bl., 121 S. Stg: Cotta 1867
59 Sämmtliche Schriften. Hist.-krit. Ausg. Im Verein mit A. Ellisen (u. a.) hg. K. Goedeke. 17 Bde. Stg: Cotta 1867–1876
60 Briefe. Krit. Ges.-Ausg. in der Schreibweise der Originale hg. und mit Anm. vers. F. Jonas. 7 Bde. Stg: Dt. Verl.-Anst. 1892–1896
61 Sämtliche Werke. Säkular-Ausg. in sechzehn Bände. Hg. E. v. d. Hellen. 16 Bde. m. Bildn. Stg: Cotta 1904–1905
62 Werke. Nationalausg. Im Auftr. d. Goethe- u. Schiller-Archivs, des Schiller-Nationalmuseums u. d. Dt. Akademie hg. J. Petersen u. G. Fricke, 44 Bde. Weimar: Böhlau 1943 ff.

SCHIRMER, David (um 1623–1683)

1 Jesv Christi Trivmph: So den Römischen vbertroffen, Denen Freybergern aber geholffen. 12 Bl. 4° Freiberg: Beuther (1647)
2 Erstes (– Vierdtes) Rosen-Gepüsche. 12 Bl., 183 S. Hall in Sachsen: Oelschlegel 1650
3 Singende Rosen. 2° Dresden 1654
(Neuaufl. v. Nr. 2)
4 Auf David Hermann. Dresden (1655)
5 (Übs.) Des Hochgelehrten Herrn Heinrich Freders von Dantzig Lustige Frage: Ob ein Mann sein Ehe-Weib zu schlagen berechtigt sey? ... 8 Bl., 114 S., 11 Bl. Dresden: Bergen 1656
6 Poetische Rosen-Gepüsche. Von Ihm selbsten aufs fleißigste übersehen, mit einem gantz neuen Buche vermehret und in allem verbesserter heraus gegeben. 20 Bl., 506 S. Dresden: Löffler 1657
(Verb. Neuaufl. v. Nr. 3)
7 Traurige Unterthänigkeit. 2 Bl. 2° Dresden: Seyffert (1657)
8 Über Die letzten Worte Johann Georgens I. Churfürstens zu Sachsen. Von O. Sch. abgesehene Von F. Westhofen in Music gesetzte Oden. 2 Bl. 2° Dresden: Seyffert (1657)
9 Lobgesang von Jesu Christo. Lpz 1659
10 Unvergänglicher Nachruhm Welchen Der ... Frauen Magdalenen Sybillen, Hertzogin zu Sachsen ausstreuen wolte D. Sch. 2 Bl. 2° Dresden: Seyffer (1659)
11 Sonnet an Justus Sieber bei dessen Leichenrede auf Joh. Meißner, gest. 18. Febr. 1660. 4° Dresden 1661
12 An Franciscus Jünger über den am 4. Januar 1663 erfolgten Tod der Frau Christina, geb. Reuchlin. 4 Bl. o. O. (1663)
13 Poetische Rauten-Gepüsche in Sieben Büchern herausgegeben. 28 Bl., 614 S. u. Anh. Dresden: Löffler 1663
14 Auf Johann Hestius. Dresden 1664
15 Trauer- und Trost-Gedicht. 4° Dresden 1665
16 Ode. 4° Eisleben (1666)
17 Auf den Tod Maria Kundmannin geb. Weidlichin, gest. 16. Juli 1667. 4° Dresden (1667)
18 Begräbnüs-Ode. 2° Dresden (1677)
19 Unverwelkliche Johannes-Blume, mit welcher Des ... Herrn Johann Georgens des Andern, Hertzogens zu Sachsen ... Nahmens-Tag ... bekräntzen... sollen ... David Schirmer. 2 Bl. 2° Dresden: Berg 1677

SCHLAF, Johannes (1862–1941)

1 +(MV) (J. Sch. u. A. Holz:) Papa Hamlet. Von B. P. Holmsen. Übs., Einl. B. Franzius. 182 S. Lpz, Bln: Issleib 1889

2   (MV) A. Holz u. J. Sch.: Die Familie Selicke. Drama. 94 S. Bln: Issleib (1890)
3   (MV) A. Holz u. J. Sch.: Junge Leute. Roman. 288 S. Bln: Zoberbier; Lpz: Hermann 1890
4   In Dingsda. 184 S. Bln: Fischer 1892
5   (MV) A. Holz u. J. Sch.: Neue Gleise. Gemeinsames. In 3 Thln. u. 1 Bde. 310 S. Bln: Fontane 1892
6   Meister Oelze. Drama. 103 S. Bln: Fischer 1892
7   (MV) A. Holz u. J. Sch.: Der geschundene Pegasus. Eine Mirlitoniade in Versen v. A. H. u. Bildern v. J. Sch. 51 Bl. 4° Bln: Fontane 1892
8   Frühling. 95 S. Lpz: Verl. Kreisende Ringe 1896
9   Sommertod. Novellistisches. 200 S. Lpz: Verl. Kreisende Ringe 1897
10 Walt Whitman. Lyrik d. Chat noir. Paul Verlaine. 103 S. Lpz: Verl. Kreisende Ringe 1897
11 Gertrud. Drama. 57 S. Bln: Sassenbach 1898
12 Die Feindlichen. Drama. 99 S. Minden: Bruns 1899
13 Helldunkel. Gedichte. VII, 108 S. Minden: Bruns 1899
14 Novellen. 3 Bde. Bln: Fontane (1–2) bzw. Bln: Fleischel (3) 1899–1901
    1. Leonore und Anderes. 156 S. 1899
    2. Die Kuhmagd und Anderes. 212 S. 1900
    3. Frühjahrsblumen und Anderes. 127 S. 1901
15 Stille Welten. Neue Stimmungen aus Dingsda. 236 S. Bln: Fontane 1899
16 Das dritte Reich. Berliner Roman. 341 S. Bln: Fontane 1900
17 Jesus und Mirjam. Der Tod des Antichrist. 135 S. Minden: Bruns 1901
18 Der Narr und Anderes. Novellistisches. 170 S. 12° Lpz, Bln: Harmonie 1902
19 Noch einmal „Arno Holz und ich". 16 S. Bln: Messer (1902)
20 Die Suchenden. Roman. 322 S. Bln: Fleischel 1902
21 Peter Boies Freite. Roman. 336 S. Lpz, Bln: Harmonie 1903
22 Der Kleine. Berliner Roman. 491 S. Stg: Juncker 1904
23 (Übs.) A. Stifter: Studien. 2 Bde. 687, 701 S. Lpz: Insel 1904
24 Walt Whitman. 89 S., 7 Taf., 3 Faks. Bln: Schuster & Loeffler (= Die Dichtung 18) 1904
25 Die Nonne. Novellen. 125 S. Wien: Wiener Verl. (= Bibliothek moderner deutscher Autoren 7) 1905
26 Mein Roman „Der Kleine". Eine Glosse. 20 S. Stg: Juncker 1905
27 Das Sommerlied. Gedichte. 171 S., 1 Abb. Stg: Juncker (= A. Juncker's Sammlung moderner deutscher Lyrik 2) 1905
28 Mentale Suggestion. Ein letztes Wort in meiner Streitsache mit Arno Holz. 28 S. Stg, Bln: Juncker 1905
29 Emile Verhaeren. 78 S., 6 Taf., 1 Faks. Bln: Schuster & Loeffler (= Die Dichtung 38) 1905
30 Christus und Sophie. XVII, 302 S. Wien: Akad. Verl. 1906
31 Diagnose und Faksimile. Notgedrungene Berichtigung eines neuen, von Arno Holz gegen mich gerichteten Angriffes. 13 S. Mchn: Bonsels 1906
32 Kritik der Taineschen Kunsttheorie. 66 S. Wien: Akad. Verl. 1906
33 Maurice Maeterlinck. 59 S., 12 Taf., 1 Faks. Bln: Brandus (= Die Literatur 22) 1906
34 Novalis und Sophie von Kühn. Psychophysiologische Studie. 70 S. Mchn: Bonsels 1906
35 Weigand. Drama. 71 S. Mchn: Bonsels 1906
36 Walt Whitman Homosexueller? Kritische Revision einer Whitman-Abhandlung von Dr. Eduard Bertz. 71 S. Minden: Bruns 1906
37 (Übs.) H. B. Binns: Walt Whitman, ein Leben. 450 S. m. Abb. Lpz: Haessel 1907
38 Der „Fall" Nietzsche. Eine „Überwindung". 330 S. Lpz: Thomas 1907
39 Frenderchen und Anderes. Novellen. 199 S. Lpz: Grethlein 1907
40 Hermelinchen. 48 S., 4 Taf. Bln: Harmonie 1907
41 Der Krieg. 69 S., 11 Taf. Bln: Brandus (= Die Kultur 21) 1907
42 Die Kritik und mein „Fall Nietzsche". 20 S. Lpz: Thomas 1907
43 (Übs.) W. Whitman: Grashalme. In Ausw. übertr. 239 S. m. Bildn. 16° Lpz: Reclam (= Reclam's UB. 4891–4892) 1907
44 Bernoulli und der Fall Nietzsche. 40 S. Lpz: Thomas 1908

45 Von der Freiheit des „religiösen Erziehers" und der Vollendung der Religion. Entgegnung auf Horneffers: Religion und Deutschtum. 15 S. Lpz: Leipziger Verl.- u. Komiss. Bh. 1908
46 Meister Oelze. Drama. 97 S. Mchn: Müller 1908
(Veränd. Neuaufl. v. Nr. 6)
47 Der Prinz. Roman in zwei Bänden. 398, 357 S. Mchn: Müller 1908
48 Psychomonismus, Polarität und Individualität. Offener Brief an Professor Max Verworn. 27 S. Lpz: Eckardt 1908
49 Unser westeuropäisches Schisma. Ein Wort zu der modernistischen Bewegung. 27 S. Lpz: Eckardt 1908
50 (MV) (J. Sch.:) Was ist Kultur? (– R. Graf DuMoulin-Eckart: Das Suchen der Zeit.) (S.-A.) 19 S. Lpz: Leipziger Verl.- u. Kommiss.-Bh. (= Neudeutsche Kulturprobleme der Gegenwart) (1909)
51 Am toten Punkt. Roman. 425 S. Mchn: Müller (1909)
52 Das absolute Individuum und die Vollendung der Religion. 2 Thle. in 1 Bde. 589 S. Bln: Oesterheld 1910
53 Der alte Herr Weismann und andere Novellen. 284 S. Bln: Ladyschnikow (= Bibliothek Hans Bondy)1910
54 Aufstieg. Roman. 603 S. Bln: Ladyschnikow 1911
55 Religion und Kosmos. VII, 84 S. Bln: Hofmann 1911
56 Mieze. Der Roman eines freien Weibes. 307 S. Mchn: Müller 1912
57 (Übs.) E. Verhaeren: Die hohen Rhythmen. 87 S. Lpz: Insel 1912
58 Das Recht der Jugend. Erzählung. 94 S. Bln: Janke 1913
59 Tantchen Mohnhaupt und Anderes. Dingsda-Geschichten. 167 S. m. Bildn. 16⁰ Lpz: Reclam (= Reclam's UB 5626–5627) 1914
60 Mutter Lise. Roman. 403 S. Mchn: Müller (1914)
61 Professor Plassmann und das Sonnenfleckenphänomen. Weiteres zur geozentrischen Feststellung. 33 S. Hbg: Hephaestos Verl. 1914
62 Auffallende Unstichhaltigkeit des fachmännischen Einwandes. Zur geozentrischen Feststellung. 54 S. Mchn: Müller 1914
63 (Übs.) P. Verlaine: Meine Gefängnisse. 62 S. Lpz: Insel (= Insel-Bücherei 131) 1914
64 Vom Krieg, vom Frieden und dem Irrtum des Pazifismus. 54 S. Mchn: Bonsels 1918
(Neuaufl. v. Nr. 41)
65 Die Erde – nicht die Sonne. Das geozentrische Weltbild. 133 S. Mchn: Dreiländer-Verl. (1920)
66 Gedichte in Prosa. 16 S. Bln: Boll & Pickardt (= Der Strahlenkranz I, 3) 1920
67 Miele. Ein Charakterbild. 102 S. Lpz: Reclam (= Reclam's UB. 6100) (1920)
68 (MV) J. Sch., Ch. Holstein u. A. Stifter: Kinderweihnachten. 16 S. m. Abb. Bln: Schriftenvertriebsanst. (= Der Kranz 26) (1921)
69 Neues zur geozentrischen Feststellung. 52 S. Rothenfelde: Holzwarth 1921
70 Vorfrühling. Die Greisin. Erzählungen. 44 S. Hannover: Banas & Dette 1921
71 Das Gottlied. 46 S. Weimar: Fink 1922
72 Am toten Punkt. Roman. 282 S. Bln: Mosaik-Verl. (= Kultur-Romane 1) 1922
(Veränd. Neuaufl. v. Nr. 51)
73 Radium. Erzählungen. 93 S. Bln: Mosaik-Verl. (= Mosaik-Bücher 2) 1922
74 Das Johannes Schlaf-Buch. Zu seinem sechzigsten Geburtstag hg. L. Bäte, K. Meyer-Rotermund u. R. Borch. 105 S., 1 Titelb. Rudolstadt: Greifenverl. 1922
75 Seele. 13 S. Weimar, Querfurt: Burgverl. Jaeckel 1922
76 Die Wandlung. Roman. 235 S. Dessau: Dünnhaupt 1922
(Forts. v. Nr. 60)
77 Ein freies Weib. Roman. 266 S. Lpz, Bln: Keil 1922
(Neuaufl. v. Nr. 56)
78 Ein Wildgatter schlag' ich hinter mir zu ... Vaterländisches aus Dingsda. VIII, 96 S. Braunschweig: Graf 1922
79 Der Lilienstrauß. Der Ruf. Novellen. 78 S. Bremen: Schünemann (1923)
80 (MV) J. Sch. u. Ch. Francke-Roesing: Die Linden. Geleitw. W. Hegeler. 16 S. Querfurt: Jaeckel (1923)

81 Das dritte Reich. Roman. 257 S. Dresden: Reißner (= Der Gesellschaftsroman) 1923
 (Umarb. v. Nr. 16)
82 (Übs.) E. Zola: Germinal. Roman. 596 S. Lpz: Insel (= Bibliothek der
 Romane 83) (1923)
83 (Übs.) E. Zola: Die Rougon-Macquart. Bd. 15: Mutter Erde. 675 S. Mchn:
 Wolff 1923
84 (Übs.) E. Zola: Das Werk. Roman. 464 S. Lpz: Insel (= Bibliothek der
 Romane 84) (1923)
85 Der Weihnachtswunsch und anderes. Neue Erzählungen aus Dingsda. 88 S.
 m. Abb. Querfurt: Burgverl. Jaeckel (= Jahresgabe der Johannes Schlaf-
 Gemeinde 1) (1924)
86 (Übs.) H. de Balzac: Die Chouans. 385 S. Lpz: Insel (= Bibliothek der
 Romane 89) (1925)
87 (Übs.) H. de Balzac: Der Pfarrer von Tours. 85 S. Lpz: Insel (= Insel-
 Bücherei 98) (1925)
88 Deutschland. 70 S. Lpz, Querfurt: Burgverl. Jaeckel (1925)
89 Die Nacht der Planeten. 67 S. Lpz, Querfurt: Burgverl. Jaeckel (1925)
90 Die geozentrische Tatsache als unmittelbare Folgerung aus dem Sonnenfleckenphänomen. 42 S. Lpz: Hummel 1925
91 Die andere Dimension. Erzählungen. 181 S. Bln: Weltgeist-Bücher (=
 Weltgeist-Bücher 96–98) (1926)
92 (MV) (J. Sch.:) Die gute Wehr und Waffen. (– W. Schultze-Oldendorf:
 Der Faktor Wehrmacht in Staat und Wirtschaft. – O. v. Rodenberg: Die
 Zerstörung der deutschen Wehrmacht ...) 32, 32, 32 S. Bln: Verl. Deutscher Wille (= K. Haushofer: Wehrhaftigkeit; = Bücherei Deutscher
 Wille 1) (1926)
93 Drei Gedichte. 4 S. m. Abb. (Hameln:) Riege (= Bilderbogen 2) (1927)
94 Kosmos und kosmischer Umlauf. Die geozentrische Lösung des kosmi-
 schen Problems. VIII, 318 S., 36 Abb. Weimar: Doetsch 1927
95 Die Mutter. Dichtung. 30 S. Querfurt: Burgverl. Jaeckel (1927)
96 Das Spiel der hohen Linien. Dichtungen. 47 S. Weimar: Vimaria-Verl.
 1927
97 Die Sonnenvorgänge. 166 S. Querfurt: Jaeckel (= Veröffentlichung der
 Gesellschaft der Freunde Johannes Schlafs, Bd. 2) 1930
98 Neues aus Dingsda. 75 S. Querfurt: Jaeckel (1933)
99 Ausgewählte Werke. 2 Bde. Querfurt: Jaeckel (= Veröffentlichung der Gesellschaft der Freunde Johannes Schlafs) (1934–1940)
 1. Gedichte. 167 S. (1934)
 2. Dichtungen. 163 S. (1940)
100 Zur Aprioritätenlehre Kants. 18 S. Bln: Dion-Verl. 1934
101 Vom höchsten Wesen. 39 S. Bln: Dion-Verl. 1935
102 Ein wichtiges astronomisches Problem und seine Lösung. 22 S. Bln: Dion-
 Verl. 1937
103 Aus meinem Leben. Erinnerungen. 72 S., 20 Abb. Halle: Verl. d. Halli-
 schen Nachrichten (= Hallische Nachrichten-Bücherei 29) 1941

SCHLEGEL, August Wilhelm von (1767–1845)

1 De geographia Homerica commentatio, quae in concertatione civium
 academiae Georgiae Augustae IV Junii proxime ad praemium accessisse
 pronuntiata est. VIII, 198 S. Hanoverae 1788
2 (Übs.) J. Rendorp: Geheime Nachrichten zur Aufklärung der Vorfälle
 während des letzten Krieges zwischen England und Holland. 4 Bl., 312 S.
 Lpz: Brockhaus 1793
3 (Übs.) W. Shakespeare: Dramatische Werke. 9 Bde., 1 Musikbeil. Bln:
 Unger 1797–1810
4 (MH) Athenaeum. Eine Zeitschrift. Hg. A. W. u. Friedrich Schlegel.
 3 Bde. IV, 177; 180; 164 S. Bln: Vieweg (1) bzw. Bln: Frölich (2–3) 1798
 bis 1800

5 *Ehrenpforte und Triumphbogen für den Theater-Präsidenten von Kotzebue bey seiner gehofften Rückkehr ins Vaterland. VIII, 104 S. m. Musikbeil. o. O. (1800)
6 Gedichte. VI, 255 S. Tüb: Cotta 1800
7 (Übs.) H. Walpole: Historische, literarische und unterhaltende Schriften. VIII, 446 S. Lpz: Hartknoch 1800
8 (MV) A. W. u. Friedrich Schlegel: Charakteristiken und Kritiken. 2 Bde. VIII, 397; IV, 400 S. Königsberg: Nicolovius 1801
9 (Hg.) J. G. Fichte: Friedrich Nicolai's Leben und sonderbare Meinungen. Ein Beitrag zur Litteraturgeschichte des vergangenen und zur Pädagogik des angehenden Jahrhunderts. 130 S. Tüb: Cotta 1801
10 *An die Königin. Am 10. März 1802. 1 S. o. O. 1802
11 (MH) Musen-Almanach für das Jahr 1802. Hg. A. W. Sch. u. L. Tieck. VI, 293 S. 12° Tüb: Cotta 1802
12 An das Publikum. Rüge einer in der Jenaischen Allgemeinen Literatur-Zeitung begangnen Ehrenschändung. 28 S. Tüb: Cotta 1802
13 Ion ein Schauspiel. 161 S. Hbg: Perthes 1803
14 (Hg.) Spanisches Theater. 2 Bde. 536, 343 S. Bln: Unger (1) bzw. Bln: Hitzig (2) 1803–1809
15 Blumensträuße italiänischer, spanischer und portugiesischer Poesie. 1 Bl., 238 S. 16° m. Ku. Bln: Verl. d. Realschulbh. 1804
16 Prometheus. Bln 1804
17 (Hg.) Ch. W. Schütz: Lacrimas ein Schauspiel. 2 Bl., 140 S. Bln: Verl. d. Realschulbh. 1804
18 (Hg.) Pellegrin (d. i. F. de la Motte Fouqué): Dramatische Spiele. 270, 1 S. Bln: Unger 1804
19 Rom. Elegie. 19 S. 4° Bln: Unger 1805
20 Testimonia Auctorum de Merkelio, das ist: Paradiesgärtlein für Garlieb Merkel. 104 S. Köln: Hammer 1806
21 Comparaison entre la Phèdre de Racine et celle d'Euripide. 1 Bl., 108 S., 1 Bl. Paris: Tourneisen 1807
22 Vergleichung der Phädra des Racine mit der des Euripides. Übs. u. mit Anm. u. e. Anh. begl. H. J. v. Collin. XVI, 192 S. Wien: Pichler 1808 (Dt. Ausg. v. Nr. 21)
23 Über dramatische Kunst und Litteratur. Vorlesungen. 3 Bde. III, 380; XII, 300; VIII, 429 S. Heidelberg: Mohr & Zimmer 1809–1811
24 Poetische Werke. 2 Bde. 1 Bl., 335 S.; 1 Bl., 298 S., 2 Bl. Heidelberg: Mohr & Zimmer 1811
25 Werke. 3 Bde. Upsala: Bruzelius 1812 (Unrechtm. Dr.)
26 Betrachtungen über die Politik der dänischen Regierung. 46 S. o. O. 1813
27 Considérations sur la politique du gouvernement Danois. 30 S. o. O. 1813 (Übs. v. Nr. 26)
28 Proclamation Sr. Königl. Hoheit des Kronprinzen von Schweden und im Hauptquartier der vereinigten Armee von Nord-Deutschland bekannt gemachte Berichte vom Anfang der Kriegs-Operationen bis zum 10. Nov. 1813. 100 S. Göttingen: Dieterich 1813
29 Remarques sur un article de la Gazette de Leipsick du 5. octobre 1813. Relatif au prince royal de Suède. 27 S. Lpz, Altenburg: Brockhaus 1813
30 Bemerkungen über einen Artikel der Leipziger Zeitung vom 5. Oktober 1813. 32 S. o. O. 1813 (Dt. Ausg. v. Nr. 29)
31 Sur le système continentale et sur ses rapports avec la Suède. VI, 94 S. Hbg 1813
32 Über das Continentalsystem und den Einfluß desselben auf Schweden. VII, 55 S. o. O 1813 (Dt. Ausg. v. Nr. 31)
33 Réflexions sur l'état actuel de la Norvège. 17 S. London 1814
34 *Interessante Staatschriften ... Hannover 1814
35 Tableau de l'état politique et moral de l'empire français en 1813. Hannover, London 1814
36 Lettre aux éditeurs de la Bibliothèque italienne, sur les chevaux de bronze de Venise. 28 S. Florenz: Marenigh 1816

37 *Der deutsche Mann und der Patriot im Streit. 184 S. 8⁰ Philadelphia (d.i. Reutlingen: Mäken): Spottvogel (1816)
38 Rezension von Niebuhrs Römischer Geschichte. Hannover 1816
39 An Fräulein Albertine von Staël bey ihrer Vermählung. 3 Bl. 4⁰ Pisa 1816
40 (MV) Le couronnement de la Sainte Vierge, et les miracles de Saint-Dominique; Tableau de Jean de Fiesole, publié en quinze planches par Guillaume Ternite. Avec une notice sur la vie du peintre et un explication du tableau par A.-G. de Sch. M. 15 Taf. 2⁰ Paris 1817
41 Observations sur la langue et la littérature provençales. 122 S. Paris 1818
42 (MH) G. de Staël: Considérations sur les principaux événements de la révolution française, ouvrage posthume, publié par M. le Duc de Broglie et M. le Baron de Staël (u. A. W. v. Sch.), 440; 424; 395 S. Paris: Delaunay, Bossange & Masson 1818
43 (Übs.) Necker: Über den Charakter und die Schriften der Frau von Staël. XII, 338 S. Paris, London, Straßburg: Treuttel 1820
44 Corinna auf dem Vorgebirge Miseno, nach dem Roman der Frau von Staël. Gemälde von Gérard. 9 S. o.O. 1821
45 An meinen Freund Windischmann bei der Vermählung seiner Tochter Frl. Wilhelmine Windischmann mit Hrn. Ferdinand Walter. 2 Bl. 4⁰ Bonn 1821
46 *(MV) (A. W. v. Sch. u. L. Tieck:) Sonett. 1 Bl. o.O. (1821)
47 (Bearb.) Specimen novae typographiae Indicae, litterarum elegantissimorum codicum Bibliothecae Regiae Parisiensis exemplaria delineavit, caelandas, feriundas, flandas curavit A. G. Sch. 6 Bl. Paris: Crapelet 1821
48 (Hg., Vorw.) S. Bernhardi: Flore und Blanchefleur. Romantisches Gedicht in zwölf Gesängen. XXXIV, 293 S. Bln: Reimer 1822
49 Bhagavad-Gita. XXVI, 190 S. Bonn: Weber 1823
50 (Hg.) Indische Bibliothek. 3 Bde. Bonn: Weber 1823–1830
51 Ramayana, id est, carmen epicum. Prospectus. 8 S. o.O. (1823)
52 Oratio quam natalibus Friderici Guilelmi III. celebrandis die III. Augusti 1824 in academia Borussica Rhenana habuit A. G. a Sch. 17 S. 4⁰ Bonn 1824
53 Faustam navigationem regis Friderici Guilelmi III. quum navi vaporibus acta Bonnam praeterveheretur 14. Sept. ... 4 Bl. 4⁰ o.O. 1825
54 Die Huldigung des Rheines an Friedrich Wilhelm III. zum Andenken an die glückliche Schiffahrt des Königs 14. Sept. 7 Bl. 4⁰ Bonn 1825
55 Die Rheinfahrt des Königs von Preußen auf dem Cölnischen Dampfschiffe Friedrich Wilhelm zur Einweihung desselben am 14. September 1825. In lateinischer Sprache besungen von A. W. v. Sch. Nebst einer deutschen Übersetzung von Justizrath Bardua in Berlin. Für das abgebrannte Städtchen Friesack. 4 Bl. Bln: Nauck 1825
56 Viro clarissimo, Joanni Friderico Blumenbach. 4 Bl. 4⁰ Bonn 1825
57 Vorlesungen über Theorie und Geschichte der bildenden Künste. (S.-A.) 4⁰ Bln: Schlesinger 1827
58 Berichtigung einiger Mißdeutungen. 114 S. Bln: Reimer 1828
59 Die heilige Elisabeth an Augusta, Prinzessin von Preußen, Kurfürstin von Hessen. Am 1. Mai 1828 ehrerbietigst überreicht. 2 Bl. o.O. 1828
60 Kritische Schriften. 2 Bde. XXII, 436; 420 S. Bln: Reimer 1828
61 Zu Goethe's Geburtsfeier am 28. August 1829. 2 Bl. o.O. 1829
62 (MBearb.) Hitopadesas id est institutio salutaris. Textum codd. mss. collatis recensuerant et annotationes criticas adjecerunt A. G. a Sch. et Ch. Lassen. 2 Bde. XVI, 132; XVI, 203 S. Bonn: Weber 1829–1831
63 (Bearb.) Ramayana id est carmen epicum de Ramae rebus gestis poetae antiqissimi Valmicis opus. Textum codd. msr. collatis recensuit interpretationem latinam et annotationes criticas adjecit A. G. a Sch. 4 Bde. Bonn: Weber 1829–1846
64 Réflexions sur l'étude des Langues Asiatiques, suivies d'une lettre à M. Horace Hayman Wilson. XII, 205 S. Bonn: Weber 1832
65 (Vorw.) J. C. Prichard: Darstellung der Aegyptischen Mythologie. Übs. L. Haymann. Bonn: Weber 1837
66 (Hg.) Verzeichniß einer von Eduard Alton hinterlassenen Gemäldesammlung. Nebst einer Vorerinnerung und ausführlicher Beurtheilung dreier darin befindlicher Bilder. VIII, 36 S. Bonn 1840
67 Zum Empfange I. M. der Königin Elisabeth von Preußen, Bonn 14. Sept. 1842. 2 Bl. 4⁰ Bonn 1842

68 Essais littéraires et historiques. XXVI, 544 S. Bonn: Weber 1842
69 (Hg.) Spanisches Theater. Bes. E. Böcking. 2 Bde. XXXII, 393 (339) S.; 4 Bl., 400 S. Lpz: Weidmann 1845 (Veränd. Neuaufl. v. Nr. 14)
70 Oeuvres de Mr. A. G. de Sch. écrites en français et publiées par E. Böcking. 3 Bde. VI, 336; 409; VI, 341 S. m. Bildn. u. Taf. Lpz: Weidmann 1846
71 Sämmtliche Werke. Hg. E. Böcking. 12 Bde. m. Bildn. Lpz: Weidmann 1846-1847
72 Opuscula quae A. G. Sch. latine scripta reliquit, collegit et edidit E. Böcking. 441 S. Lpz: Weidmann 1848
73 Vorlesungen über schöne Litteratur und Kunst. Hg. nach der Handschrift J. Minor. 3 Bde. 370, 396, 252 S. Heilbronn: Henninger (= Deutsche Litteratur-Denkmale des 18. und 19. Jahrhunderts 17-19) 1884

SCHLEGEL, Dorothea von (1763-1829)

1 *Florentin. Ein Roman. Hg. F. Schlegel. Erster Band. 388 S. Lübeck, Lpz: Bohn 1801
2 (MH) Sammlung romantischer Dichtungen des Mittelalters. Aus gedruckten und handschriftlichen Quellen hg. F. Schlegel. 2 Bde. Lpz 1804
3 (MV) Lother und Maller. Eine Rittergeschichte aus einer ungedruckten Handschrift. Hg. u. bearb. F. Schlegel. Ffm 1805
4 (MÜbs.) G. de Staël: Corinne oder Italien. Übs. F. Schlegel. 4 Bde. Bln: Unger 1807-1808

SCHLEGEL, Friedrich von (1772-1829)

1 Die Griechen und Römer. Historische und kritische Versuche über das Klassische Alterthum. Erster Band. XXIV, 358 S. Neustrelitz: Michaelis 1797
2 Ankündigung ... einer Ausgabe der römischen ... Classiker ... 48 S. Rom (o. Verl.) 1798
3 (MH, MV) Athenaeum. Eine Zeitschrift. Hg. August Wilhelm und Friedrich Schlegel. 3 Bde. XV, 177; 180; 164 S. Bln: Vieweg (1) bzw. Bln: Frölich (2-3) 1798-1800
4 Geschichte der Poesie der Griechen und Römer. Ersten Bandes erste Abtheilung. 236 S. Bln: Unger 1798
5 Lucinde. Ein Roman. Erster Theil. 300 S. Bln: Fröhlich 1799
6 (MV) August Wilhelm und Friedrich Schlegel: Charakteristiken und Kritiken. 2 Bde. VIII, 397; IV, 400 S. Königsberg: Nicolovius 1801
7 (Hg.) (Dorothea von Schlegel:) Florentin. Ein Roman. Erster Band. 385 S. Lübeck, Lpz: Bohn 1801
8 Alarcos. Ein Trauerspiel 65 S. Bln: Unger 1802
9 (Hg.) Geschichte der Jungfrau von Orleans. Aus altfranzösischen Quellen. Mit einem Anhang aus Hume's Geschichte von England. (Übs. Dorothea von Schlegel.) 152 S. Bln: Sander 1802
10 (Hg., MV) Europa. Eine Zeitschrift. 2 Bde., je 2 St. 180, 167; 206, 146 S. Ffm: Wilmans 1803(-1805)
11 (Hg.) Geschichte der Margaretha von Valois, Gemahlin Heinrichs IV. Von ihr selbst beschrieben. Nebst Zusätzen und Ergänzungen aus den französischen Quellen v. F. Sch. 320 S. Lpz: Junius 1803
12 (MH) Sammlung romantischer Dichtungen des Mittelalters. Aus gedruckten und handschriftlichen Quellen hg. Friedrich (u. Dorothea) Schlegel. 2 Bde. IV, 294; 184 S. Lpz: Junius 1804
13 (Hg.) Lessings Gedanken und Meinungen aus dessen Schriften. Zusgest. u. erl. v. F. Sch. 3 Bde. Lpz: Junius 1804
14 (MV) Lother und Maller. Eine Rittergeschichte aus einer ungedruckten Handschrift. Hg. u. bearb. Friedrich (u. Dorothea) Schlegel. 274 S. Ffm: Wilmans 1805

15 (Hg.) Poetisches Taschenbuch für das Jahr 1805 (1806). 2 Bde. Bln: Unger 1805–1806
16 (M.Übs.) G. de Staël: Corinna oder Italien. Übs. Friedrich (u. Dorothea) Schlegel. 4 Bde. Bln: Unger 1807–1808
17 Über die Sprache und Weisheit der Indier. Ein Beitrag zur Begründung der Alterthumskunde. Nebst metrischen Übersetzungen indischer Gedichte. XVI, 324 S. Heidelberg: Mohr & Zimmer 1808
18 Gedichte. 4 Bl., 388 S., 1 Bl. Bln: Hitzig (= Sämtliche Werke, Bd. 1) 1809
19 (Hg.) Österreichische Zeitung. 52 Nrn. o. O. 1809
20 Über die neuere Geschichte. Vorlesungen gehalten zu Wien im Jahre 1810. 4 Bl., 564 S. Wien: Schaumburg 1811
21 (Hg., MV) Deutsches Museum. 4 Bde, 545, 554, 554, 547 S. Wien: Camesino 1812–1813
22 Geschichte der alten und neuen Litteratur. Vorlesungen gehalten zu Wien im Jahre 1812. 2 Bde. XVI, 302; 332 S. Wien: Schaumburg 1815
23 (Vorw.) J. P. Silbert: Dom heiliger Sänger oder Fromme Gesänge der Vorzeit. XXII, 330, 1 S. Wien, Prag: Haas 1820
24 Sämmtliche Werke. 10 Bde. Wien: Mayer 1822–1825
25 (Hg.) Concordia. Eine Zeitschrift. 1.–6. 1820–1823. 398 S., 1 Bl. Wien: Wallishausser 1823
26 Die Drey ersten Vorlesungen über die Philosophie des Lebens. Als Abdruck für die Zuhörer. 92 S. Wien: Schaumburg 1827
27 (Vorw.) N. Craigher: Poetische Betrachtungen in freien Stunden. XVIII, 216 S. Wien: Gerold 1828
28 Philosophie des Lebens. In funfzehn Vorlesungen gehalten zu Wien im Jahre 1827. 482 S. Wien: Schaumburg 1828
 (Enth. u. a. Nr. 26)
29 Philosophie der Geschichte. In achtzehn Vorlesungen gehalten zu Wien 1828. 2 Bde. XI, 338; 324 S. Wien: Schaumburg 1829
30 Philosophische Vorlesungen insbesondere über Philosophie der Sprache und des Wortes. VIII, 320 S. m. Bildn. Wien: Schaumburg 1830
31 Philosophische Vorlesungen aus den Jahren 1804 bis 1806. Nebst Fragmenten vorzüglich philosophisch-theologischen Inhalts. Aus dem Nachlaß des Verewigten hg. C. J. H. Windischmann. 2 Bde. IV, 512; X, 547 S. Bonn: Weber 1836–1837
32 Lucinde. Hg., fortges. W. Christern. 334 S. Hbg (,Lpzg): Schuberth 1842 (Verm. Neuaufl. v. Nr. 5)
33 Sämmtliche Werke. 15 Bde., 4 Suppl.-Bde. m. Bildn. Wien: Mayer (1–15) bzw. Bonn: Hanstein (Suppl. 1–4) 1846
 (Erw. Neuaufl. v. Nr. 24)
34 Friedrich Schlegel 1794–1802. Seine prosaischen Jugendschriften. Hg. J. Minor. 2 Bde. XIII, 362; XIII, 431 S. Wien: Konegen 1882
35 Kritische Friedrich Schlegel-Ausgabe. Hg. E. Behler (u. a.). 22 Bde. Paderborn: Schöningh; Zürich: Thomas-Verl. 1958 ff.

SCHLEGEL, Johann Adolf (+Hanns Görg) (1721–1793)

1 (Hg., MV) (J. A. u. J. E. Schlegel:) (ohne Titel, a. d. 1. Bl.:) Quantum est in rebus inane! 22 Bg. o. O. 1746
2 *(Hg.) Vom Natürlichen in Schäfergedichten, wider die Verfasser der Bremischen Beyträge verfertigt vom Nisus einem Schäfer in den Kohlgärten einem Dorfe vor Leipzig. Zweyte Auflage, besorgt und mit Anmerkungen vermehrt, von Hanns Görgen, gleichfalls einem Schäfer daselbst. 160 S. Zürich: Heidegger 1746
3 (Übs.) Ch. Batteux: Einschränkung der schönen Künste auf einen (einzigen) Grundsatz. XXXVI, 615 S. Lpz: Weidmann 1759
4 Erste (Zweyte, Dritte) Sammlung Geistlicher Gesänge zur Beförderung der Erbauung. 3 Bde. Lpz: Weidmann's Erben & Reich 1766–1772
5 Fabeln und Erzählungen. Zum Druck befördert v. C. Ch. Gärtner. 6 Bl., 308 S. Lpz: Dyck 1769

6 (MH) Ch. F. Gellert: Moralische Vorlesungen. Nach des Verfassers Tod hg. J. A. Sch. u. G. L. Heyer. 2 Bde. XXXVIII, 650 S. Bln, Lpz: Voß 1770
7 Vermischte Gedichte. 2 Bde. 5 Bl., VI, 344; XIV, 410 S. Hannover: Schmidt 1787–1789
8 Der Unzufriedene. Ein episches Lehrgedicht in acht Gesängen. Hannover: Hahn 1789
   (Ausz. a. Nr. 7)

Schlegel, Johann Elias (1719–1749)

1 (Hg.) Der Fremde. Eine moralische Wochenschrift. VIII, 416 S. Kopenhagen: Rothe 1745–1746
2 ★(Übs.) N. Destouches: Der Ruhmredige, ein Lustspiel in Versen, in fünf Aufzügen. Lpz 1745
3 Canut. Ein Trauerspiel. 78 S. Kopenhagen: Mumme 1746
4 (MV) (Johann Adolf und Johann Elias Schlegel:) (ohne Titel, a. d. 1. Bl.:) Quantum est in rebus inane! 22 Bg. o. O. 1746
5 Die stumme Schönheit. Ein Lustspiel in einem Aufzuge. 56 S. Kopenhagen: Rothe 1747
6 Theatralische Werke. 43, 366 S. Kopenhagen: Mumme 1747
   (Enth. u. a. Nr. 5 u. 7)
7 Der Triumph der guten Frauen. Ein Lustspiel in fünf Aufzügen. 96 S. Kopenhagen: Rothe 1748
8 Werke. Hg. Johann Heinrich Schlegel. 5 Bde. Kopenhagen, Lpz: Mumme 1761–1770

Schleich, Carl Ludwig (1859–1922)

1 Über die Aetiologie der Geschwülste. Versuch einer Analyse ihres Wesens. 18 S. Bln: Enslin 1890
2 (MV) A. Gottstein u. C. L. Sch.: Immunität Infektionstheorie und Diphtherie-Serum. Drei kritische Aufsätze. 69 S. Bln: Springer (1894)
3 Schmerzlose Operationen. Örtliche Betäubung mit indifferenten Flüssigkeiten. Psychophysik des natürlichen und künstlichen Schlafes. 256 S. m. Abb. Bln: Springer 1894
4 Neue Methoden der Wundheilung. 379 S. Bln: Springer (1897)
5 Erwiderung auf M. Blumberg's Bemerkungen über die Marmorseife ... (S.-A.) 8 S. Bln: Goldschmidt 1901
6 Hygiene der Hand und chirurgische Prophylaxe. (S.-A.) 8 S. Bln: Goldschmidt 1901
7 Atoxische Wundbehandlung. (S.-A.) 8 S. Bln: Goldschmidt 1902
8 Weiteres zur atoxischen Wundbehandlung. (S.-A.) 8 S. Bln: Goldschmidt 1902
9 Die fromme Lüge in der Medizin. (S.-A.) 7 S. Bln: Goldschmidt 1904
10 Die Selbstnarkose der Verwundeten im Krieg und Frieden. 39 S. Bln: Springer 1906
11 (Hg.) Die Heilkunde. Monatsschrift für praktische Medicin. Hg. C. L. Sch. u. J. Weiß. 3 Jge., je 12 H. Bln: Verl. Die Heilkunde 1908–1910
12 Von der Seele. Essays. 334 S. Bln: Fischer 1910
13 Es läuten die Glocken. Phantasien über den Sinn des Lebens. 422 S. m. Fig. Bln: Concordia 1912
14 Echo meiner Tage. Gedichte. 175 S. Bln: Hyperionverl. 1914
15 Aus Asklepios' Werkstatt. Plaudereien über Gesundheit und Krankheit. 268 S. Stg, Bln: Rowohlt (1916)
16 Zwei Jahre kriegschirurgische Erfahrungen aus einem Berliner Lazarett. VII, 82 S. Stg, Bln: Rowohlt 1916
17 Vom Schaltwerk der Gedanken. Neue Einsichten und Betrachtungen über die Seele. 287 S. Bln: Fischer (1916)
18 Spaziergänge in Natur und Geisteswelt. Eine Auswahl aus Werken v. Sch. Hg. F. Siebert. 77 S., 1 Bildn. Lpz: Graef (1916)

19 Erinnerungen an Strindberg nebst Nachrufen für Ehrlich und Bergmann. V, 95 S. Mchn: Müller 1917
20 (Hg.) Antenne. 3 Jge. Bln: Greve 1920-1922
21 Bewußtsein und Unsterblichkeit. Sechs Vorträge. 156 S. m. Abb. Stg, Bln: Rowohlt 1920
22 Gedankenmacht und Hysterie. 78 S. m. Abb. Bln: Rowohlt 1920
23 Aus der Heimat meiner Träume. 231 S. Bln: Greve (1920)
24 Das Ich und die Dämonien. 251 S. Bln: Fischer 1920
25 Das Problem des Todes. Vortrag. 49 S. Bln: Rowohlt (1920)
26 Die Weisheit der Freude. III, 94 S. Bln: Rowohlt 1920
27 Besonnte Vergangenheit. Lebenserinnerungen (1859-1919). 344 S., 10 Taf. Bln: Rowohlt 1921
28 Ewige Alltäglichkeiten. Gesammelte Aufsätze. 179 S. Bln: Rowohlt 1922
29 Novellen. 222 S. 16° Bln: Greve 1922
30 Dichtungen. 389 S. Bln: Rowohlt 1924
31 Aus dem Nachlaß. Hg. W. Goetz mit Unterstützung v. Frau Hedwig Schleich. 176 S. Bln: Rowohlt 1924

SCHLÖGL, Friedrich (1821-1892)

1 Wiener Blut. Kleine Culturbilder aus dem Volksleben der alten Kaiserstadt an der Donau. 398 S. Wien: Rosner (1873)
2 Alte und neue Historien von Wiener Weinkellern, Weinstuben und vom Weine überhaupt. 106 S. Wien: Hartleben 1875
3 Wiener Luft. Kleine Culturbilder aus dem Volksleben der alten Kaiserstadt an der Donau. 351 S. Wien: Rosner (1876)
   (N. F. zu Nr. 1)
4 (Hg.) Wiener Luft. Eine Wochenschrift. 10 Jge. 4° Wien: Waldheim (= Figaro. Humoristisches Wochenblatt. Beilage) 1876-1885
5 Aus Alt- und Neu-Wien. Vortrag. 32 S. Wien: Teufen 1882
6 Das kuriose Buch. Eine Spende für Gleichgesinnte und Gegner. 167 S. m. Abb. Wien: Hartleben 1882
7 Wienerisches. Kleine Culturbilder aus dem Volksleben der alten Kaiserstadt an der Donau. Neue Folge von „Wiener Blut" und „Wiener Luft". 504 S. Teschen: Prochaska (1883)
   (N. F. zu Nr. 3)
8 Über Ferdinand Sauter, den Dichter und Sonderling. Erinnerungen und Aufzeichnungen. 31 S. Wien: Engel 1884
9 Vom Wiener Volkstheater. Erinnerungen und Aufzeichnungen. 173 S. Teschen: Prochaska 1884
10 Wien. 190 S. m. Abb. u. Pl., 4 Kt. Zürich: Helvetia (= Städtebilder und Landschaften aus aller Welt) 1887
11 Von den besten Büchern. Auch ein Gutachten. 23 S. Wien: Hartleben (1889)
12 Gesammelte Schriften. Kleine Culturbilder aus dem Volksleben der alten Kaiserstadt an der Donau. Biogr. Einf. F. Lemmermeyer. 3 Bde. Wien: Hartleben 1893
   (Enth. Nr. 1, 3, 7)
13 Aus meinem Felleisen. Kreuz- und Querzüge eines Wiener Zeitungsschreibers. Touristische Studien nach Wiener Anschauungen und Empfindung. Bd. 1: A. Europäisches. I. Niederösterreich. aus Wien und Umgebung. 62 S. Wien: Daberkow (= Deutsch-österreichische National-Bibliothek 127-128) 1894

SCHMID, Christoph von (1768-1854)

1 Das Glück der guten Erziehung. Eine Kindergeschichte in Briefen. Dillingen: Brenner (1797)
2 Biblische Geschichte für die Kinder. 6 Bde. o.O. 1801
3 Christliche Gesänge zur öffentlichen Gottesverehrung. 23, 23, 24, 26, 20 S. Augsburg: Böhm (1810)

4 Genovefa. Eine der schönsten und rührendsten Geschichten des Alterthums, neu erzählt für alle guten Menschen, besonders für Mütter und Kinder. VIII, 160 S. Augsburg: Veith & Rieger 1810
5 *Die Ostereyer. Eine Erzählung zum Ostergeschenke. Von dem Verfasser der Genovefa. VI, 106 S. 12⁰ Landshut: Krüll 1816
6 Wie Heinrich von Eichenfels zur Erkenntniß Gottes kam. Eine Erzählung für Kinder und Kinderfreunde. 107 S. 12⁰ Landshut: Krüll 1818
7 Blüthen, dem blühenden Alter gewidmet. 144 S. Landshut: Krüll 1819
8 Erzählungen für Kinder und Kinderfreunde. 4 Bde. 124, 132, 140, 165 S. Landshut: Krüll 1821–1829
9 Das Blumenkörbchen. Eine Erzählung, dem blühenden Alter gewidmet. 180 S., 1 Titelku. Landshut: Krüll 1823
10 Rosa von Tannenburg. Eine Geschichte des Alterthums. Augsburg: Veith & Rieger (1825)
11 Der Weihnachtsabend. Eine Erzählung zum Weihnachtsgeschenke für Kinder. 168 S. 12⁰ Landshut: Krüll 1825
12 Das hölzerne Kreuz. (S.-A.) 32 S. 12⁰ Augsburg: Rösl 1826
13 Als der hochwürdige Bischof Ignaz Albert den gräflichen Geschwistern Max und Amalia von Taufkirchen 21. Juni 1827 ... die heil. Firmung ertheilte. Ein Gedicht. 4⁰ Augsburg: Wolff 1827
14 Eustachius. Eine Geschichte der christlichen Vorzeit, neu erzählt. 128 S. Augsburg: Wolff 1828
15 Der gute Fridolin und der böse Dietrich. Eine lehrreiche Erzählung für Eltern und Kinder. 260 S., 1 Titelku. Augsburg: Wolff 1830
16 Gesammelte Jugend- und Kinderschriften. 8 Bde. Grätz: Ferstl 1831
17 Neue Erzählungen für Kinder und Kinderfreunde. 4 Bde. Landshut: Krüll (1–3) bzw. Regensburg: Manz (4) 1832–1838
18 Die kleine Lautenspielerin. Ein Schauspiel für Kinder und Kinderfreunde. Musik D. Müller. 79 S. 12⁰ Augsburg: Wolff 1832
19 *Lehrreiche kleine Erzählungen für Kinder. Ein Lesebüchlein für Volksschulen. Vom Verfasser der biblischen Geschichte. 2 Bde. 105 S., 1 Bl. 12⁰ Rottweil: Herder 1833
20 Kleine Schauspiele für Familienkreise. 3 Bde. 119, 114, 76 S. 12⁰ Augsburg: Wolff 1833
21 Ferdinand. Die Geschichte eines jungen Grafen aus Spanien. IV, 180 S. Augsburg: Kollmann 1834
22 Homilien auf alle Sonntage des Jahres. Erster Band. 416 S. Augsburg: Schlosser 1834
23 Erzählungen, dem blühenden Alter gewidmet. 2 Bde. 2 Bl., 144 S., 6 Bl.; 158 S. Augsburg: Wolff 1836–1838
24 Die Früchte der guten Erziehung. 2 Bde. 2 Bl., 158 S.; 2 Bl., 212 S. m. Abb. u. Musikbeil. Augsburg: Wolff 1838–1840
25 Kurze Erzählungen. Ein Lehr- und Lesebuch für die deutschen Schulen in Bayern. VIII, 158 S. 12⁰ Mchn, Regensburg: Manz 1839 (Neuaufl. v. Nr. 19, Bd. 1)
26 (Hg.) (J. Scheffler:) Geistliches Vergißmeinnicht. Aus den schönsten und geistreichsten Sinnreimen von Angelus Silesius. 12⁰ o.O. 1839
27 *Der Fremde in dem Englischen Garten zu Thannhausen an der Mindel. Eine Idylle. 32 S. Augsburg: Wolff 1840
28 Blumen der Wüste. Erzählungen aus dem Leben der ersten, christlichen Einsiedler. VIII, 227, 5 S. Augsburg: Wolff 1841
29 Gesammelte Schriften. Originalausg. v. letzter Hand. 24 Bde. Augsburg: Wolff 1841–1846
30 Timotheus und Philemon. Eine Geschichte christlicher Zwillingsbrüder. VI, 153 S. Rottenburg a. N.: Bäuerle 1841
31 *Das beste Erbtheil. Eine Erzählung vom Verfasser der Ostereier. 104 S., 1 Taf. 16⁰ Regensburg: Manz 1842
32 Klara, oder Die Gefahren der Unschuld. Eine Geschichte, dem blühenden Alter gewidmet. 116 S., 1 Taf. Augsburg: Wolff 1842
33 Der Wunderarzt. Ein Mährchen zum Ostergeschenke. 92 S. Augsburg: Wolff 1844
34 Mathilde und Wilhelmine, die ungleichen Schwestern. Eine Erzählung. IV, 130 S., 1 Bl., 1 Taf. Regensburg: Manz 1846

35 Waldomir, eine alte Sage nebst zwei kleineren Erzählungen aus neuerer Zeit. 152 S., 1 Taf. 12⁰ Augsburg: Wolff 1847
36 Adelheid von Thalheim. Eine denkwürdige und rührende Geschichte aus dem vorigen Jahrhundert. Dem blühenden Alter gewidmet. 144 S., 1 Taf. Augsburg: Wolff 1848
37 Pauline, die Stifterin einer Kleinkinderschule. Erzählung. 208 S. Regensburg: Manz 1848
38 Deutsche Frauen der christlichen Vorzeit. VI S., 1 Bl., 172 S., 2 Bl. 1 Taf. Augsburg: Wolff 1849
39 Florentin Walther, ein verständiger und rechtschaffener Bauersmann. Erzählung. IV, 144 S., 1 Taf. Augsburg: Wolff 1850
40 Katholisches Gebetbuch für die Jugend. 270 S. 12⁰ Mchn: Finsterlin 1851
41 Erinnerungen aus meinem Leben. (Bd. 3 u. 4: Hg. A. Werfer). 4 Bde. VIII, 184; VIII, 200; VI, 162; IV, 344 S. m. Bildn. Augsburg: Wolff 1853–1857
42 Nachgelassene Erzählungen. Hg. A. Werfer. IV, 172 S. Augsburg, Mchn: Wolff 1856
43 Gesammelte Schriften. Orig.-Ausg. von letzter Hand, Supplemente. 2 Bde. IV, 235; 235 S. Augsburg: Wolff 1856
44 Nachgelassene Schauspiele für die Jugend und ihre Freunde. Hg. A. Werfer. 144 S. Mchn: Finsterlin 1863
45 Josaphat, Königssohn von Indien. Eine Geschichte aus dem christlichen Alterthume neu erzählt. 215 S., 1 Abb. Mchn: Finsterlin 1867

SCHMID, Hermann von (1815–1880)

1 Dramatische Schriften. 2 Bde. 853 S. Lpz: Arnold 1853
2 Alte und neue Geschichten aus Bayern. 419 S. Mchn: Merhoff 1861
3 Das Schwalberl. Bauernroman. 455 S. Mchn: Merhoff 1861
4 Mein Eden. Eine Münchner Geschichte. 320 S. Mchn: Merhoff 1862
5 Der Kanzler von Tirol. 3 Bde. 926 S. Mchn: Merhoff 1862
6 Almenrausch und Edelweiß. Erzählungen. 234 S. Bln(,Lpz: Keil) 1864
7 Bairische Geschichten aus Dorf und Stadt. 2 Bde. 524 S. Bln (, Lpz: Keil) 1864
8 Im Morgenroth. Eine Münchner Geschichte. 2 Bde. 400 S. Bln (, Lpz: Keil) 1864
9 Friedel und Oswald. Roman. 3 Bde. 951 S. Bln(, Lpz: Keil) 1866
10 Gesammelte Schriften. 32 Bde. Lpz: Keil 1867–1874
11 St. Barthelmä. 126 S. Augsburg: Kranzfelder 1868
12 Mütze und Krone. Roman. 5 Bde. 1013 S. Lpz: Günther 1869
13 (MV) H. Sch. u. K. Stieler: Aus deutschen Bergen. Ein Gedenkbuch vom bairischen Gebirge und Salzkammergut. 220 S. m. Abb. Stg: Kröner 1872
14 Die Türken in München. Roman. 2 Bde. 480 S. Lpz: Günther 1872
15 Beethoven. 45 S. Stg: Hoffmann (= Classische Theater-Bibliothek aller Nationen) 1873
16 Die Gasselbuben. Geschichte aus den bairischen Vorbergen. 135 S. Lpz: Keil (= Gesammelte Schriften 28) 1873
  (Bd. 28 v. Nr. 10)
17 Der Tatzelwurm oder Das Glöckl' von Birkenstein. 51 S. Stg: Hoffmann (= Classische Theater-Bibliothek aller Nationen) 1873
18 Der Bergwirth. Geschichte aus den bairischen Bergen. 136 S. Lpz: Keil (= Gesammelte Schriften 30) 1874
  (Bd. 30 v. Nr. 19)
19 Concordia. Eine deutsche Kaisergeschichte aus Bayern. 5 Bde. 1073 S. Lpz: Günther 1874
20 Das Münchener Kindeln. Erzählung aus der Zeit des Kurfürsten Ferdinand Maria. 189 S. Lpz: Keil (= Gesammelte Schriften 29) 1874
  (Bd. 29 v. Nr. 10)
21 Der Loder. Geschichte aus den bairischen Bergen. 188 S. Lpz: Keil (= Gesammelte Schriften 32) 1874
  (Bd. 32 v. Nr. 10)

22 Die Zuwider-Wurzen. Geschichte aus den bairischen Bergen. 143 S. Lpz: Keil (= Gesammelte Schriften 31) 1874 (Bd. 31 v. Nr. 10)
23 Die Auswanderer. 46 S. Stg: Hoffmann (= Classische Theater-Bibliothek aller Nationen) 1875
24 Columbus. Trauerspiel. 126 S. Lpz: Weber 1875
25 Vineta oder Die versunkene Stadt. 34 S. Stg: Hoffmann (= Classische Theater-Bibliothek aller Nationen) 1875
26 Der Bauernrebell. Roman aus der Tyrolergeschichte. 2 Bde. 514 S. Stg: Dt. Verl.-Anst. (1876)
27 Rose und Diestel. Schauspiel. 52 S. 12⁰ Wien: Wallishausser 1876
28 Winland oder Die Fahrt um's Glück. Erzählende Dichtung. 331 S. 12⁰ Stg: Dt. Verl.-Anst. 1877
29 Die Z'widerwurz'n. Ländliches Charakterbild. 58 S. 16⁰ Lpz: Reclam (= Universal-Bibliothek) 1878 (Veränd. Neuaufl. v. Nr. 22)
30 Der Stein der Weisen. Volksstück. 62 S. 16⁰ Lpz: Reclam (= Universal-Bibliothek) 1880
31 Wittelsbacher-Kalender, gegründet zur Erinnerung und im Jahr der siebenhundertjährigen Wittelsbacher-Feier für 1881. 81 S. m. Abb. 4⁰ Mchn: Franz (1881)
32 Gesammelte Schriften. Neue Folge. 18 Bde. Lpz: Keil (= Gesammelte Schriften 33–50) 1882–1884 (zu Nr. 10)
33 Ledige Kinder. Erzählung aus dem oberbairischen Gebirg. 124 S. Lpz: Keil (= Gesammelte Schriften 48; N. F. 16) 1884 (Bd. 48 v. Nr. 10; Bd. 16 v. Nr. 32)

SCHMID-NOERR, Friedrich Alfred (⁺F. A. Schmid) (*1877)

1 ⁺Johann Gottlieb Fichtes Philosophie und das Problem ihrer inneren Einheit. Die Frage nach der veränderten Lehre. VII, 112 S. Freiburg: Ragoczy 1904
2 Die Gefangenen. Komödie in fünf Akten. V, 120 S. Bln: Oesterheld 1908
3 ⁺Friedrich Heinrich Jacobi. Eine Darstellung seiner Persönlichkeit und seiner Philosophie als Beitrag zu einer Geschichte des modernen Wertproblems. VIII, 366 S. Heidelberg: Winter 1908
4 ⁺Mönch und Philister. Kulturprobleme im Deutschen Geistesleben der letzten zwei Jahrhunderte. Sieben Vorträge zum Verständnis der Kulturfragen unserer Gegenwart. VIII, 264 S. Heidelberg: Winter 1909
5 Auf Abbruch. Komödie. 41 S. Bln: Oesterheld (Bühnen-Ms.) 1910
6 Die Gefangenen. Komödie in drei Akten. 120 S. Bln: Oesterheld 1910 (Neubearb. v. Nr. 2)
7 Straßen und Horizonte. Gedichte. 125 S. Mchn: Verl. d. Weißen Bücher 1917
8 Ecce homo. 302 S. Lpz: Meyer & Jessen 1918
9 Denkschrift zum Entwurf einer neuen Hochschulverfassung. Im Auftrage der „Gesellschaft für neue Erziehung" ausgearb. u. verf. Nebst: Entwurf einer neuen Hochschulverfassung für die obersten Unterrichts- und Forschungsanstalten. 8, 15 S. 4⁰ Mchn: Müller 1919
10 Wie Sankt Antonii Altar zu Isenheim durch Meister Matthias Grünewald errichtet ward. Ein Gespräch. 99 S. m. Taf. 4⁰ Lpz: Joachim (= Feuerbücherei 1) 1921
11 (MV) F. A. Sch.-N. u. G. Meyrink: Der Engel vom westlichen Fenster. 441 S. Lpz: Grethlein 1927
12 Hilfe für die deutsche Sprachkunst. Aufruf zur Begründung eines „Deutschen Stifterbundverlages". 4 S. 2⁰ Bln: Geschäftsstelle des vorbereitenden Ausschusses (Horen-Verl.) 1928
13 Das Leuchterweibchen. Eine Dürernovelle. 126 S., 16 Abb. Bln: Horen-Verl. 1928
14 Frau Perchtas Auszug. Ein mystischer Roman. 442 S. Bln: Horen-Verl. 1928

15 Wie Sankt Antonii Altar zu Isenheim durch Meister Matthias Grünewald errichtet ward. Ein Gespräch. 173 S. m. Taf. u. Sk. 4° Bln: Horen-Verl. 1929 (Verm. Neuaufl. v. Nr. 10)
16 Der Drache über der Welt. Drei Märchenerzählungen in deutschen Landschaften. 330 S., 12 Abb. Bln: Duncker (1932)
17 Der Herrgotts-Turm. Erzählung. 163 S. Bln: Duncker 1933
18 Ehre und Glück des Volkes. (Kosmos, Mythos, Weltgeschichte). Drei Bücher. 217, 91 S. Mchn: Bruckmann 1933 (vor Ersch. verboten)
19 (Übs., Hg., Einl.) Meister Eckehart: Vom Wunder der Seele. Auswahl aus den Traktaten und Predigten. 76 S. Lpz: Reclam (= Reclam's UB. 7319) 1936
20 Unserer guten Frauen Einzug. Mythos der deutschen Welt. Romandichtung. 661 S. Lpz: List 1936
21 (Hg.) J. Böhme: Vom Geheimnis des Geistes. Auswahl aus den Schriften. 76 S. Lpz: Reclam (= Reclam's UB. 7378) 1937
22 Dämonen, Götter und Gewissen. Ein Versuch. 241 S. Bln: Vorwerk 1938
23 Bienchen. 72 S. Mühlacker: Elser 1939
24 Das Lächeln des Gottes. Erzählungen. 320 S. Lpz: List 1939
25 Liebe du Lebendige. 24 S. Hbg: Ellermann (= Das Gedicht. Jg. 5, Nr. 4) 1939
26 Die Glücklichen. 72 S. Mühlacker: Elser 1942 (Neuaufl. v. Nr. 23)
27 Die Lebensmutter. Drei Perchtengeschichten. 63 S. Prag, Bln, Lpz: Noebe 1944 (Ausz. a. Nr. 14)
28 Tegernseer Seelfrauenspiel. 66 S. Tegernsee: Tegernseer Konvent 1946
29 Dichterisches Gesamtwerk. Bd. 1: Das Licht der Gefangenen. Myth. Erzählungen. 621 S. Mchn, Lpz: List 1947
30 Ewige Mutter Europa. Der Mythos vom Europäer. 432 S. Oldenburg: Oldenburger Verlagshaus 1949
31 Unzerstörbares Europa. 432 S. (Düsseldorf:) Bourg-Verl. 1952 (Neuaufl. v. Nr. 30)
32 Liebe und Wandern in schwäbischer Landschaft. 12 S. Mchn: Bogen-Verl. (1952)
33 Der Kaiser im Berg. XV, 110 S. (Mchn:) Verl. Münchener Merkur 1953
34 Die Hohenstaufen. Mythos und Sage. Aufgang und Schicksal. Sinnbild und Untergang. 142 S. m. Abb., 1 Bl. Stg: Vorwerk 1955
35 (Hg.) J. Tauler: Vom gottförmigen Menschen. 78 S. Stg: Reclam (= Reclam's UB. 7871) 1955
36 Das Freiburger Drachenzahnweh. 222 S. m. Abb. Lahr: Schauenburg (= Silberdistel-Reihe 27–29) 1957
37 Der Durlacher Zwiewelewick. – Teufelsmühle. 132 S. m. Abb. Lahr: Schauenburg (= Silberdistel-Reihe 40–41) 1959

SCHMIDT, Arno (*1914)

1 Leviathan. 116 S. Hbg, Stg, Bln, Baden-Baden: Rowohlt 1949
2 Brand's Haide. Zwei Erzählungen. 258 S. Hbg: Rowohlt 1951
3 (Übs.) H. Innes: Der weiße Süden. 209 S. Hbg: Rowohlt (= rororo-Taschenbuch-Ausg. 52) 1952
4 Aus dem Leben eines Fauns. Kurzroman. 165 S. Hbg: Rowohlt 1953
5 (Übs.) P. Fleming: Die sechste Kolonne. Eine merkwürdige Geschichte aus unseren Tagen. 144 S. Hbg: Rowohlt (= rororo-Taschenbuch-Ausg. 80) 1953
6 (Übs.) N. Paterson: Ein Mann auf dem Drahtseil. – George Wilson. Zwei Erzählungen. 151 S. m. Abb. Hbg: Rowohlt (= rororo-Taschenbuch-Ausg. 86) 1953
7 die umsiedler. zwei prosastudien. 71 S. Ffm: Frankfurter Verl.-Anst. (= studio frankfurt 6) 1953
8 Kosmas oder Vom Berge des Nordens. 93 S., 1 Kt. Krefeld, Baden-Baden: Agis-Verl. (= Augenblick, Suppl.-Bd. 1) (1955)

9 (Übs.) H. Rüsch: Rennfahrer. Roman. 147 S. Hbg: Rowohlt (= rororo-Taschenbuch-Ausg. 139) 1955
10 Das steinerne Herz. Historischer Roman aus dem Jahre 1954. 287 S. Karlsruhe: Stahlberg 1956
11 Die Gelehrtenrepublik. Kurzroman aus den Rossbreiten. 225 S. Karlsruhe: Stahlberg 1957
12 (Übs.) E. Hunter: Aber wehe dem einzelnen. Roman. 451 S. Wien: Ullstein 1957
13 Dya na sore. Gespräche in einer Bibliothek. 432 S. Karlsruhe: Stahlberg 1958
14 Fouqué und einige seiner Zeitgenossen. Biographischer Versuch. 584 S., 1 Titelb. Karlsruhe: Stahlberg 1958
15 (Übs.) E. Hunter: An einem Montagmorgen. Roman. 526 S. Hbg: Nannen 1959
16 Rosen & Porree. 308 S. Karlsruhe: Stahlberg 1959
(Enth. u. a. Nr. 2, 7, 8)
17 Kaff auch Mare crisium. 346 S. Karlsruhe: Stahlberg 1960
18 (Übs.) S. Joyce: Meines Bruders Hüter. Vorw. T. S. Eliot. Einf. R. Ellmann. 347 S. Ffm: Suhrkamp 1960

SCHMIDT (von Werneuchen), Friedrich Wilhelm August (1764–1838)

1 Graf Wolf von Hohenkrähen. Eine Ballade aus den Fehdezeiten. Bln 1789
2 (MH) Neuer Berlinischer Musenalmanach. Hg. F. W. A. Sch. u. E. Ch. Bindemann. 4 Bde. m. Ku. 16° Bln: Franke (1) bzw. Bln: Hartmann (2–4) 1793–1796
3 Sechzig Gedichte. Bln: Spener 1795
4 Gedichte. IV, 306 S. m. Ku. u. Musikbeil. 12° Bln: Haude & Spener 1797
5 (MH) Kalender der Musen und Grazien auf das Jahr 1796. Hg. F. W. A. Sch. u. E. Ch. Bindemann. M. Ku. 12° Bln: Haude & Spener 1797
(Forts. v. Nr. 2)
6 (Hg.) Almanach romantisch-ländlicher Gemälde für 1798. M. Ku. u. Musikbeil. Bln: Oehmigke 1798
7 (Hg.) Almanach für Verehrer der Natur, Freundschaft und Liebe auf das Jahr 1801. 302 S. m. Ku. u. Musikbeil. Bln: Oehmigke 1801
8 (Hg.) Almanach der Musen und Grazien für das Jahr 1802. 302 S. m. Ku. u. Musikbeil. Bln: Oehmigke 1802
(Titelaufl. v. Nr. 7)
9 Neueste Gedichte, der Trauer um geliebte Tote gewidmet. 54 S. Bln, Lpz 1815

SCHMIDTBONN (eig. Schmidt), Wilhelm (1876–1952)

1 °Mutter Landstraße. Das Ende einer Jugend. Schauspiel in drei Aufzügen. 70 S. Bonn, Bln: Fleischel 1901
2 °Uferleute. Geschichten vom unteren Rhein. 371 S. Bln: Fleischel 1903
3 °Raben. Neue Geschichten vom unteren Rhein. 266 S. Bln: Fleischel 1904
4 °Die goldene Tür. Rheinisches Kleinstadt-Drama. 160 S. Bln: Fleischel 1904
5 Der Heilsbringer. Eine Legende von heute. 215 S. Bln: Fleischel 1906
6 (Hg.) Masken. Wochenschrift des Düsseldorfer Schauspielhauses. Bd. 3. 44 Nrn. IV, 752 S. Düsseldorf: Schrobsdorff 1907–1908
7 Der Graf von Gleichen. Ein Schauspiel. VII, 118 S. Bln: Fleischel 1908
8 Der Zorn des Achilles. Tragödie. VII, 154 S. Bln: Fleischel 1909
9 Hilfe! Ein Kind ist vom Himmel gefallen. Tragikomödie. V, 103 S. Bln: Fleischel 1910
10 Der spielende Eros. Vier Schwänke. Versuchung des Diogenes. Helena im Bade. Der junge Achilles. Pygmalion. V, 122 S., 4 Abb. Bln: Fleischel 1911

11 Geschichten vom untern Rhein. Einf. A. Bernt. 135 S. Wien: Manz (= Neuere Dichter für die studierende Jugend 28) 1911
12 Lobgesang des Lebens. Rhapsodien. VIII, 168 S. Bln: Fleischel 1911
13 Das Glücksschiff. Geschichte vom Rhein. Einf. G. Muschner. 135 S. m. Abb. Stg: Die Lese (= Die Bücher der Lese) 1912
14 Der verlorene Sohn. Ein Legendenspiel. 102 S. Bln: Fleischel 1912
15 Der Wunderbaum. Dreiundzwanzig Legenden. 209 S. Bln: Fleischel 1913
16 Menschen und Städte im Kriege. Fahrten aus dem Großen Hauptquartier an die Aisne, an die Küste, in die belgischen Städte. V, 153 S. Stg: Dt. Verl.-Anst. (1915)
17 Die Stadt der Besessenen. Ein Wiedertäuferspiel in drei Aufzügen. VII, 150 S. Bln, Stg: Dt. Verl.-Anst. 1915
18 Krieg in Serbien. Mit einem deutschen Korps zum Ibar. 137 S. Stg: Dt. Verl.-Anst. 1916
19 Schlaraffenland. VIII, 186 S. Stg: Dt. Verl.-Anst. (= Die Feldbücher) 1916
20 Wenn sie siegten! 29 S. Stg: Dt. Verl.-Anst. (1916)
21 Das kleine Kriegsbuch. 88 S. Lpz: Hesse & Becker (= Die Zeitbücher 63) (1917)
22 Die Flucht zu den Hilflosen. Die Geschichte dreier Hunde. 132 S. Wien: Tal (= Die zwölf Bücher. Reihe 1, Bd. 5) 1919
23 (Übs.) A. u. S. Greban: Die Passion. Mysterienspiel. Aus dem Französischen des Jahres 1452 frei übertr. V, 84 S. Stg: Dt. Verl.-Anst. 1919
24 Der Geschlagene. Schauspiel in drei Aufzügen. 105 S. Mchn: Wolff (1920)
25 Hinter den sieben Bergen. Erzählung. 78 S., 1 Bildn. Lpz: Reclam (= Reclam's UB. 6133) (1922)
26 (Nachw.) A. Ehrenstein: Dem ewigen Olymp. Novellen und Gedichte. 62 S., 1 Titelb. Lpz: Reclam (= Reclam's UB. 6235) 1921
27 Die Schauspieler. Ein Lustspiel in drei Aufzügen. 120 S. Mchn: Wolff (1921)
28 (Nachw.) Ch. Straßer: Exotische Erzählungen. 78 S. Lpz: Reclam (= Reclam's UB. 6221) 1921
29 Uferleute. Rheinische Geschichten. VII, 401 S. Stg: Dt. Verl.-Anst. 1921 (Enth. Nr. 2 u. 3)
30 Die Fahrt nach Orplid. Ein Drama unter Auswanderern in drei Aufzügen. 60 S. Bln: Reiß 1922
31 Garten der Erde. Märchen aus allen Zonen. Nacherz. V, 292 S. Wien: Tal 1922
32 Der Pfarrer von Mainz. Schauspiel. 40 S. Bln: Reiß (1922)
33 Das verzauberte Haus. 19 S., 1 Abb. Köln: Saaleck (= Saaleck-Blätter 3) 1923
34 Vier Novellen. 117 S. Köln: Saaleck (= Saaleck-Bücher 9) 1924
35 Der Verzauberte. Seltsame Geschichte eines Pelzhändlers. 270 S. Wien: Tal 1924
36 Die unerschrockene Insel. Sommerbuch aus Hiddensee. 204 S. m. Abb. u. Taf. Mchn: Drei Masken-Verl. 1925
37 (Vorw.) H. Krome: Am Rhein beim Wein! Fünfundvierzig ausgewählte deutsche Rheinlieder. 48 S. m. Abb. Mchn: Drei Masken-Verl. 1925
38 Maruf, der tolle Lügner. Märchenkomödie in fünf Aufzügen aus Tausend und eine Nacht. 97 S. Stg: Dt. Verl.-Anst. 1925
39 Die Geschichten von den unberührten Frauen. 255 S. Stg: Dt. Verl.-Anst. (1926)
40 Die Letzte. – Nur noch drei Rheinische Geschichten. 51 S., 1 Abb. Wiesbaden: Verl. d. Volksbildungsver., Limbarth (= Wiesbadener Volksbücher 202) (1926)
41 Der Pelzhändler. Seltsame Geschichte eines Verzauberten. Vorw. F. Droop. 319 S. Bln: Dt. Buchgem. 1926 (Neuaufl. v. Nr. 35)
42 Die siebzig Geschichten des Papageien. Nach dem Türkischen neu erzählt. 333 S. Stg: Dt. Verl.-Anst. 1927
43 Das Wilhelm Schmidtbonn-Buch. Hg. M. Tau. 436 S. Lübeck: Quitzow 1927
44 Der Doppelgänger. Sechs Erzählungen. 135 S. Bln: Dt. Buchgem. 1928
45 Mein Freund Dei. Geschichte einer unterbrochenen Weltreise. (auch m. d. Untertitel: Denkmal eines jungen Lastträgers.) 252 S. Stg: Dt. Verl.-Anst. (1928)

46 Rheinische Geschichten. 75 S. m. Abb. Köln: Schaffstein (= Schaffstein's Blaue Bändchen 187) (1929)
47 Rheinische Geschichten. Eingel., hg. K. Plenzat. 56 S. Lpz: Eichblatt (= Eichblatt's deutsche Heimatbücher 28–29) (1929)
48 Ein Sommerbuch. 204 S. m. Abb., 5 Taf. Bln: Die Buchgemeinde (1930)
49 Der kleine Wunderbaum. Zwölf Legenden. 67 S. Lpz: Insel (= Insel-Bücherei 410) 1930
(Ausz. a. Nr. 15)
50 Hinter den Sieben Bergen. 53 S. m. Abb. Köln (:Bachem) (= Reingold) 1931
(Ausz. a. Nr. 29)
51 Mörder. Kölner Hänneschenspiel. 24 S. Bln (:Theaterverl. Langen-Müller) 1932
52 Lebensalter der Liebe. Drei Erzählungen. 117 S. Bremen: Schünemann 1935
53 Der dreieckige Marktplatz. Roman. 305 S. Bln: Propyläen-Verl. 1935
54 An einem Strom geboren. Ein Lebensbild. 400 S. Ffm: Rütten & Loening 1935
55 Die Geschichte dreier Hunde. 141 S. m. Abb. Bln: Kiepenheuer (= Kiepenheuer-Bücherei) (1936)
(Neuaufl. v. Nr. 22)
56 (Hg.) Henriette Schmidtbonn: Die Schönheit der Bäume. Die Ausw. d. Gedichte bes. K. Rauch. 12 Bl. m. Abb. Markkleeberg: Rauch (1936)
57 Hü Lü. Roman. 272 S. Potsdam: Rütten & Loening 1937
58 Anna Brand. Roman. 294 S. Bln: Propyläen-Verl. 1939
59 Heimat. Rheinische Geschichten. 188 S. Ratingen: Heim-Verl. (= Rheinische Bücherei 13) (1942)
(Ausz. a. Nr. 2 u. 3)
60 Die tapferen Heinzelmännchen. Eine Märchenerzählung. 186 S. m. Abb. Köln: Staufen-Verl. 1943
61 Albertuslegende. 298 S. Köln: Pick (= Erzähler der Gegenwart 1) 1948
62 Freund Dei. Roman. 231 S. Wien: Österr. Buchgem. 1952
(Veränd. Neuaufl. v. Nr. 45)

SCHMIED, Wieland (*1929)

1 Von den Chinesen zu den Kindern. Notizen zur Malerei. 115 S., 1 Titelb., 1 Abb. Wien: Bergland Verl. (= Neue Dichtung aus Österreich 27–28) 1957
2 Landkarte des Windes. Gedichte. 101 S. Salzburg: Müller 1957
3 Fenster ins Unsichtbare. Zur Kunst der Christen. 150 S., 16 Taf. Nürnberg: Glock & Lutz (= Nürnberger Liebhaberausgaben) 1960
4 (Hg., Übs.) Oswald von Wolkenstein: Der mit dem einen Auge. 128 S. Graz, Wien: Stiasny (= Stiasny-Bücherei 70) 1960
5 Das Poetische in der Kunst. 154 S., 4 Taf. Nürnberg: Glock & Lutz (= Nürnberger Liebhaberausgaben) 1960
6 (Hg.) H. Schliemann: Kein Troja ohne Homer. Zwei Jahrzehnte archäologischer Forschung. Aus seinen Aufzeichnungen ausgew. u. hg. 355 S., 50 Abb., 4 Kt., 16 Taf. Nürnberg: Glock & Lutz (1960)

SCHMITTHENNER, Adolf (1854–1907)

1 Psyche. Erzählung. 288 S. 12⁰ Bielefeld: Velhagen & Klasing (1890)
2 Novellen. 506 S. Lpz: Grunow 1896
3 Was wir wollen. Vortrag. 16 S. Freiburg: Waetzel (= Landeskirchliche Vereinigung in Baden 1) 1896
4 Leonie. Roman. 370 S. Lpz: Grunow 1899
5 Neue Novellen. 439 S. Lpz: Grunow 1901
6 (MV) (E. Zahn: Die Nottaufe. Der Held. Skizzen. – A. Sch.:) Der Ad'm. 66 S. Zürich, Basel: Verein für Verbreitung guter Schriften (= Verein für Verbreitung guter Schriften Zürich 45) 1902

7 (MV) (P. Rosegger: Sein Geld will er haben. – A. Sch.:) Friede auf Erden. Andere Geschichten. 88 S. Bern, Basel: Verein für Verbreitung guter Schriften (= Verein für Verbreitung guter Schriften Bern 47) 1902
8 (MV) Das Ehe-Examen. (– F. Gaudy: Der Katzen-Raffael.) 80 S. Bern, Basel: Verein für Verbreitung guter Schriften (= Verein für Verbreitung guter Schriften Bern 55) 1904
   (Enth. Ausz. a. Nr. 5)
9 Schillers Stellung zur Religion. Vortrag. (S.-A.) 32 S. Bln: Schwetschke 1905
10 Herr, bist du's ? 90 S. m. Bildn. Göttingen: Vandenhoeck & Ruprecht (= Moderne Predigt-Bibliothek IV, 4) 1906
11 Ein Michel-Angelo. Novelle. (S.-A.) 294 S. Lpz: Grunow 1906
   (Ausz. a. Nr. 2)
12 Aus Geschichte und Leben. Erzählungen. Ausgew., hg. C. Meyer-Frommhold. 101 S. Lpz: Grunow 1907
13 Die Frühglocke. (S.-A.) 64 S. m. Bildn. Hbg: Dt. Dichter-Gedächtnis-Stiftung (= Volksbücher d. dt. Dichter-Gedächtnis-Stiftung 22) 1908
14 Das deutsche Herz. Roman. XII, 504 S. m. Bildn. Stg: Dt. Verl.-Anst. 1908
15 Die Seligpreisungen unseres Herrn, praktisch ausgelegt und aus seinem Nachlasse hg. H. Bassermann. 150 S. Tüb: Mohr 1908
16 Das Tagebuch meines Urgroßvaters. Hg. H. Daur. 163 S. m. Bildn., 7 Taf. Freiburg: Bielefeld 1908
17 Die sieben Wochentage und andere Erzählungen. 284 S. Stg: Dt. Verl.-Anst. 1909
18 Friede auf Erden. Der Seehund. Zwei Erzählungen. 15 S. Reutlingen: Enßlin & Laiblin (= Bunte Bücher 50) (1910)
   (Enth. u. a. Ausz. a. Nr. 7)
19 Vergessene Kinder. Ein letzter Band Erzählungen. 221 S. Stg: Dt. Verl.-Anst. 1910
20 Brunnenrast. Predigten. Aus dem Nachlaß ausgew. u. hg. R. Günther. VII, 421 S. m. Bildn. Stg: Verl. f. Volkskunst 1911
21 Aus Dichters Werkstatt. Aufsätze. VI, 229 S. Stg: Verl. f. Volkskunst 1911
22 Treuherzige Geschichten. Einl. A. Graf. 159 S. m. Abb., 1 Bildn. Hbg: Dt. Dichter-Gedächtnis-Stiftung (= Hausbücherei d. dt. Dichter-Gedächtnis-Stiftung 44) 1912
23 Vier Novellen. 323 S. Hbg: Janssen (= Hamburgische Hausbibliothek) 1913

Schmolck (Schmolke), Benjamin (1672–1737)

1 Heilige Flammen Der Himmlischgesinnten Seele, In Andächtigen Gebet- und Liedern angezundet ... 138 S. Görlitz, Lauban: Rohrlach & Vogel 1704
2 Geistlicher Pechweihrauch. Striegau 1706
3 Rosen nach den Dornen, oder: Derer im Herrn Entschlaffenen Erlangte Freude nach dem Leide, In einigen Begräbniß-Liedern vorgestellet. Jauer 1712
4 Der Lustige Sabbath, In der Stille zu Zion Mit Heiligen Liedern gefeyert, Nebst einem Anhange Tägl. Morgen- und Abend- Kirch- Beicht- Buß- und Abendmahls-Andachten. (Tl. 2 Hg. M. C. W. Spangenberg) 2 Tle. Jauer (Tl. 1) bzw. Breslau: Korn (Tl. 2) 1712-1740
5 Das In gebundenen Seuffzern mit Gott verbundene Andächtige Hertz, vor den Thron der Gnaden geleget. Breslau, Liegnitz: Rohrlach 1715
6 Mara und Manna, oder: Neue Sammlung von Creutz- und Trost- Klag- und Freuden-Liedern. Breslau, Liegnitz: Rohrlach 1715
7 Eines Andächtigen Hertzens Schmuck und Asche, Oder Neue Sammlung allerhand Freud- und Trauer- Lieder. Breslau, Liegnitz: Rohrlach 1716
8 Eines andächtigen Christen allerheiligste Andachts-Flammen über alle Sonn- und Festtägliche Evangelia. Bautzen 1717
9 Geistlicher Wander-Stab Des Sionitischen Pilgrims, Oder: Kurtzgefasste Gebeth- und Lieder- Andacht Derer, so in die Kirche reisen. 96 S. Schweidnitz, Jauer: Liebig; Lpz: Braun 1717
10 Andächtiger Hertzen Bethaltar zur allerheiligsten Dreyfaltigkeit. Hirschberg 1720

11 Saitenspiel des Hertzens am Tage des Herrn. Breslau, Liegnitz: Rohrlach 1720
12 J. N. J. Freuden-Oel in Traurigkeit, Oder gesammlete Klag- und Trost-Lieder. 256 S. Breslau, Liegnitz: Rohrlach 1721
13 Gott-geheiligte Morgen und Abend Andachten. 309 S. Nürnberg, Altdorf: Tauber 1721
14 J. N. J. Schöne Kleider Vor einen Betrübten Geist, Welche Denen Traurigen zu Zion In gesammelten Liedern überreicht B. Sch. 255 S. Breslau, Liegnitz: Rohrlach 1723
15 (Hg.) Das Lob-schallende Hertzens-Zion in erbaulichen Sonn- und Fest-Täglichen Cantaten Zum Gebrauch Der Pfortzheimischen Kirchen-Music Aus berühmter Dichter Geistreichen Schrifften colligirt ... 4 Bl., 160 S. Tüb: Cotta 1726
16 Sinn-reiche Trost- und Trauer- Schrifften. 3 Thle. 240, 384, 222 S. Breslau, Lpz: Rohrlach (1729) – 1730
17 Heiliger Schau-Platz Der Liebe Bey dem Kreutze Und Grabe Jesu, Eröffnet v. B. Sch. 98 S. Breslau, Liegnitz: Rohrlach 1730
18 Kleine Harffe von Zweymahl Zehn Saiten, Zu Täglichem Gebrauch Andächtiger Hertzen Gestimmet. 104 S. Schweidnitz, Lpz: Böhm (1732)
19 Der Geistliche Kirchen-Gefährte, Oder Gebet und Lieder Vor Diejenigen, Die In die Kirche reisen. 226 S. Schweidnitz: Böhm 1732
20 J. N. J. Bochim und Ehlim, Oder Neue Sammlung von Trauer- und Trost-Liedern. 276 S. Breslau, Liegnitz: Rohrlach 1733
21 J. N. J. Klage und Reigen, Oder Neue Sam̄lung Unterschiedener Freuden- Und Trauer- Auch anderer, sonderlich aber Tugend-Lieder. 274 S. Breslau, Lpz: Rohrlach (1733)
22 Neu-Jahrs-Wünsche. 96 S. 12° Schweidnitz: Böhm 1733
23 Geistlicher Pathen-Pfennig Oder Tägliche Erinnerung und Erneuerung Des Tauff-Bundes ... 96 S. Breslau: Pietsch 1733
24 Der gläubigen Seelen Andächtiges Sela Unter dem Kreutze Christi, Oder Kurtze Paßions-Seufzer. 440 S. Breslau: Rohrlach 1734
25 Buß-Opfer Christlicher Communicanten. Nürnberg 1736
26 Das Namen-Buch Christi und Der Christen, Zu Heiliger Erbauung ... 288 S. Breslau, Lpz: Pietsch (1738)
27 Das Saiten-Spiel des Hertzens, Am Tage des Herrn, Oder Sonn- und Festtägliche Cantaten, Nebst einigen andern Liedern. 213 S. Breslau: Pietsch 1738
28 Betrachtungen am Sabbath. Chemnitz 1739
29 Sämtliche Trost- und Geistreiche Schrifften, Auf Vielfältiges Begehren besonderer Liebhaber derselben Also bequem zusammen gesamlet, Und Mit einer Vorrede von des Herrn Auctoris Leben und Schrifften, auch genugsamen Registern versehen. 2 Thle. 18 Bl., 1252 S.; 7 Bl., 552, 1104 S. Tüb: Schramm 1740-1744
30 Heiliges Oel in die Flammen öffentlicher Kirchen-Andacht aus weiland Herrn Benjamin Schmolckens Pastoris Primarii und Inspectoris der Evangelischen Kirchen und Schulen von Schweidnitz gesammleten geistlichen Liedern geschöpfft und von einer wohlmeynenden Hand zugegossen nebst einer Vorrede Herrn Gottfried Balthasar Scharffs des Wohlseligen Nachfolgers im Amte. 8 Bl., 509 S. Lpz: Pietsch 1741

Schnabel, Ernst (*1913)

1 Die Reise nach Savannah. Roman. 210 S. Hbg: Goverts 1939
2 Nachtwind. 246 S. Hbg: Claassen & Goverts (1942)
3 Schiffe und Sterne. 245 S. Hbg: Goverts 1943
4 (MÜbs.) H. Melville: Moby-Dick. Übs. Th. Mutzenbecher unter Mitarb. v. E. Sch. 499 S. Hbg: Claassen (1946)
5 (MV) H. Käutner u. E. Sch.: In jenen Tagen. Geschichten eines Autos. Drehbuch. 259 S. Flensburg, Hbg: Wolff 1947
6 Thomas Wolfe. 36 S. Hbg: Hansischer Gildenverl. (= Dichter der Gegenwart 3) 1947

7 (MÜbs.) W. MacFee: Die Morgenwache. Roman. Übs. I. L. Lübbert u. E. Sch. 411 S. Hbg: Toth 1949
8 Sie sehen den Marmor nicht. Dreizehn Geschichten. 122 S. Hbg: Claassen & Goverts 1949
9 Interview mit einem Stern. Roman eines Flugs um die Erde. 108 S. m. Abb. u. Kt. Hbg: Claassen 1951
10 ein tag wie morgen. 55 S. (Ffm:) Frankfurter Verl.-Anst. (= studio frankfurt 4) 1952
11 Großes Tamtam. Ansichten vom Kongo. 76 S. m. Abb. u. Kt. Hbg: Claassen 1952
12 Die Erde hat viele Namen. Vom Fliegen in unserer Welt. 261 S. Hbg: Claassen 1955
13 Der sechste Gesang. Roman. 167 S. Ffm: Fischer 1956
14 Anne Frank. Spur eines Kindes. Ein Bericht. 156 S., 4 Bl. Abb. Ffm, Hbg: Fischer (= Fischer-Bücherei 199) 1958
15 Ich und die Könige. Projekte, Zwischenfälle und Resümees aus dem Leben des Ingenieurs D. Roman. 295 S. Ffm: Fischer 1958

SCHNABEL, Johann Gottfried (+Gisander) (1692–1752)

1 +Wunderliche Fata einiger Seefahrer, absonderlich Alberti Julii, eines geborenen Sachsens, ... auf der Insel Felsenburg. 4 Bde. Nordhausen: Groß 1731–1743
2 (Hg.) Stolbergische Sammlung neuer und merkwürdiger Weltgeschichte. Stolberg (1731–1738)
3 +Lebens- Helden- und Todes-Geschichte des berühmtesten Feldherrn Eugenii Francisci von Savoyen. 159 S. Magdeburg: Vetter 1736
4 *Der im Irr-Garten der Liebe herum taumelnde Cavalier, Oder: Reise- und Liebes- Geschichte eines vornehmen Deutschen von Adel, Herrn von St... Welcher nach vielen ... verübten Liebes-Excessen endlich erfahren müssen, wie der Himmel die Sünden der Jugend im Alter zu bestrafen pflegt. Ehedem zusammen getragen durch den Herrn E. v. H. Nunmehr aber allen Wollüstigen zum Beyspiel und wohlmeynender Warnung in behörige Ordnung gebracht, und zum Drucke befördert Von einem Ungenannten. Warnungsstadt: Leberecht 1738

SCHNACK, Anton (*1892)

1 Der Abenteurer. 18 S., 2 Abb. Darmstadt: Die Dachstube (= Die kleine Republik 7) 1919
2 Die tausend Gelächter. Gedichte. 16 S. Hannover: Steegemann (= Die Silbergäule 16) 1919
3 Strophen der Gier. 15 S. Dresden: Dresdner Verl. (= Das neuste Gedicht 22) 1919
4 Tier rang gewaltig mit Tier. Gedichte. 88 S. Bln: Rowohlt 1920
5 Kalender-Kantate. 55 S. Bln, Kevelaer: Bercker (= Greif-Bücherei 11) (1934)
6 Die fünfzehn Abenteurer. Lebensläufe und Schicksale. 104 S. Lpz: Möhring (= Büchertruhe 6) 1935
7 Kleines Lesebuch. 61 S. Lpz: List (= Lebendiges Wort 18) 1935
8 Die Flaschenpost. Ein Gedichtbuch. 97 S. Lpz: List 1936
9 Die Verstoßenen. Zwei Erzählungen. 95 S. Lpz: Möhring (= Büchertruhe 10) 1936
10 Zugvögel der Liebe. Roman. 269 S. Lpz: List 1936
11 Der finstere Franz. Roman. 219 S. Lpz: List 1937
12 Der gute Nachmittag. 78 S. Bln: Herbig (= Herbig-Bücherei) 1937
13 Die bunte Hauspostille. 296 S. Lpz: List 1938
14 Jugendlegende. 111 S. Mühlacker: Händle Verl. (Elser) (1939)
15 Begegnungen am Abend. 93 S. Mühlacker: Händle Verl. (Elser) (1940)

16 Die Angel des Robinson. 288 S. Mchn: Desch 1946
    (Veränd. Neuaufl. v. Nr. 13)
17 Arabesken um das ABC. 90 S. m. Abb. Mchn: Desch 1946
18 Mädchenmedaillons. 163 S. Bln: Herbig 1946
19 Der Annoncenleser. Gedichte. 51 S. m. Abb. Mchn: Winkler 1947
20 Mittagswein. Ein Gedichtbuch. 124 S. Hbg: Hoffmann & Campe 1948
21 Phantastische Geographie. 231 S., 10 Abb. Hbg: Hoffmann & Campe 1949
22 Das Fränkische Jahr. Für die Fränkische Bibliophilengesellschaft gedr. 132 S. Ffm: Stempel 1951
23 (Einl.) Franken. Land der Romantik. Zsgest., erl. H. Busch. 104 S. m. Abb. 4° Ffm: Umschau-Verl. (= Die deutschen Lande. Bayern 3) 1952
24 „Jene Dame, welche ..." Gedichte zu kleinen Anzeigen. 105 S. Mchn: Pohl (1953)
25 Buchstabenspiel. 84 S. Offenbach: Klingspor (= Gebr. Klingspor, Offenbach a. M., Jahresgabe 1954/55) 1954
    (Neuaufl. v. Nr. 17)
26 Die Reise aus Sehnsucht. Zwei Erzählungen. 94 S. Mühlacker: Stieglitz-Verl. (1954)
    (Enth. u. a. Ausz. a. Nr. 9)
27 Brevier der Zärtlichkeit. 12 ungez. Bl. m. Abb. 16° Ffm: Bärmeier & Nikel (= Die kleinen Schmunzelbücher) 1956
28 Flirt mit dem Alltag. 69 S. m. Abb. quer 8° Ffm: Bärmeier & Nikel (= Die Schmunzelbücher) 1956

SCHNACK, Friedrich (+Charles Ferdinand) (*1888)

1   Herauf, uralter Tag. 16 S. Mchn: Janus-Verl. 1913
2   Das kommende Reich. Gedichte. 131 S. Hellerau: Hegner 1920
3   Traumfuge. 61 S. Regensburg: Habbel 1921
4   Klingsor. Ein Zaubermärchen. 86 S. Hellerau: Hegner 1922
5   Vogel Zeitvorbei. Gedichte. 103 S. Hellerau: Hagner 1922
6   Der Zauberer. Gedichte. 62 S. Lpz: Grunow 1922
7   Die goldenen Äpfel. Ein Roman. 182 S. Hellerau: Hegner 1923
8   Die tödliche Reise. Erzählungen. 93 S. Nürnberg: Verl. Der Bund 1923
9   Das blaue Geisterhaus. Gedichte. 119 S. Hellerau: Hegner 1924
10 Die Hochzeit zu Nobis. Ein Roman. 189 S. Hellerau: Hegner 1924
11 Sebastian im Wald. Ein Roman. 234 S. Hellerau: Hegner (1926)
12 Beatus und Sabine. Ein Roman. 250 S. Hellerau: Hegner 1927
13 Die Orgel des Himmels. Ein Roman. 235 S. Hellerau: Hegner 1927
14 Das Leben der Schmetterlinge. 286 S. Hellerau: Hegner 1928
15 Das Leben der Schmetterlinge. 302 S. Dresden: Vereinigung d. Bücherfreunde 1928
    (Verm. Neuaufl. v. Nr. 14)
16 Pharao im kühlen Hause. Zwei Kapitel aus einem unveröffentlichten Roman. 23 S. 4° Hellerau: Hegner (= Gastgabe beim Festmahl 1928 der Vereinigung der Bücherfreunde in Dresden) 1928
17 Das Zauberauto. Ein Roman. 176 S. Hellerau: Hegner 1928
18 (Einl., Erl.) Das schöne Tier. 64 Bilder. 20 S., 64 S. Abb. Zürich: Orell Füssli (= Schaubücher 6) 1929
19 Goldgräber in Franken. Ein Roman. 206 S. Hellerau: Hegner 1930
20 Der Sternenbaum. Ein Roman. 213 S. Hellerau: Hegner 1930
21 Im Wunderreich der Falter. 191 S., 111 Abb. Bln: Reimer 1930
22 Auf ferner Insel. Glückliche Zeit in Madagaskar. 150 S., 69 Abb. Bln: Reimer 1931
23 Das neue Land. Roman. 238 S. Freiburg: Caritasverl. (1932)
24 Der Lichtbogen. Falterlegenden. 156 S. (Lpz: Insel) 1932
25 Im Paradies der Schmetterlinge. 79 S. m. Abb. Köln: Schaffstein (= Schaffstein's grüne Bändchen 111) 1932
    (Ausz. a. Nr. 15)
26 Schmetterlinge. Der Falter des heiligen Antonius. Zitronenfalter. Kohlweiß-

ling. Wolfsmilchschwärmer. Totenkopf. 32 S. m. Abb. Reutlingen: Ensslin & Laiblin (= Bunte Bücher 224) 1932
27 Hüter und Landpfleger. Seelenbild. 37 S. Chemnitz: Ges. d. Bücherfreunde (= Bekenntnisse, H. 18) 1933
28 Klick aus dem Spielzeugladen. Roman für das große und kleine Volk. 93 S. Lpz: Insel 1933
29 Palisander. Gedichte aus den Tropen. 56 S. Chemnitz: Ges. d. Bücherfreunde 1933
30 Der erfrorene Engel. Roman eines Mädchens. 274 S. Lpz: Insel 1934
31 (MV) J. Hübner: Das kleine Schmetterlingsbuch: Die Tagfalter. 46 S. m. Abb. Lpz: Insel (= Insel-Bücherei 213) (1934)
32 Land ohne Tränen. Eine Bilderbogengeschichte. 49 S. Lpz: Insel (= Insel-Bücherei 459) (1934)
33 (MV) W. Harwerth: Das kleine Baumbuch. Die deutschen Waldbäume. 67 S. m. Abb. Lpz: Insel (= Insel-Bücherei 316) (1935)
34 Die brennende Liebe. Roman-Trilogie der drei Lebensalter. 438 S. Lpz: Insel 1935
   (Neubearb. v. Nr. 11, 12, 13)
35 (MV) M. S. Merian: Das kleine Buch der Tropenwunder. Kolorierte Stiche. 54 S. m. Abb. Lpz: Insel (= Insel-Bücherei 351)(1935)
36 Geschichten aus Heimat und Welt. 78 S. Lpz: Insel (= Insel-Bücherei 498) (1936)
37 (MV) (W. Harwerth: Das kleine Kräuterbuch. Einheimische Heil-, Gewürz- und Duftpflanzen, nach der Natur gezeichnet. – Anh.: F. Sch.:) Kleine Kräuterkunde. Mensch und Pflanze. 58 S. m. Abb. Lpz: Insel (= Insel-Bücherei 269) (1936)
38 (MV) J. Hübner: Das kleine Buch der Nachtfalter. Kolorierte Stiche. 46 S. Lpz: Insel (= Insel-Bücherei 226) (1936)
39 (Einl.) F. M. Regenfuß: Das kleine Buch der Meereswunder. Muscheln und Schnecken. Kolorierte Stiche. 39 S. m. Abb. Lpz: Insel (= Insel-Bücherei 158) (1936)
40 Die wundersame Straße. Roman von Unruhe und Liebe. 252 S. Bln: Propyläen-Verl. 1936
41 (MV) M. Harwerth: Das kleine Pilzbuch. Einheimische Pilze nach der Natur gezeichnet. 53 S. Lpz: Insel (= Insel-Bücherei 503) (1937)
42 Sibylle und die Feldblumen. 212 S., 11 Abb. Lpz: Insel (1937)
43 Gesammelte Gedichte. 159 S. Lpz: Insel 1938
   (Enth. u.a. Nr. 29)
44 Klick und der Goldschatz. Heiterer Roman. 284 S. Lpz: Insel 1938
   (Forts. v. Nr. 28)
45 (MV) H. Lang: Das kleine Buch der Edelsteine. Farbige Bilder. 39 S. m. Abb. Lpz: Insel (= Insel-Bücherei 54) (1938)
46 Cornelia und die Heilkräuter. 161 S., 8 Abb. Lpz: Insel 1939
47 Das Waldkind. Ein kleiner Roman. 102 S. Lpz: Insel (= Insel-Bücherei 552) 1939
48 Der glückselige Gärtner. 206 S., 8 Abb. Lpz: Insel 1940
49 Große Insel Madagaskar. 196 S., 86 Abb. Bln: Reimer 1942
   (Verm. Neuaufl. v. Nr. 22)
50 Das Leben der Schmetterlinge. 206 S., 16 Abb. Lpz: Insel 1942
   (Veränd. Neuaufl. v. Nr. 15)
51 Die Kavaliere der Blumen. Das Jahr der Schmetterlinge. 170 S., 92 Abb. Bln: Palmen-Verl. 1944
52 Clarissa mit dem Weidenkörbchen. Naturdichtung. 117 S. Lpz: Insel 1945
53 Kleine Weihnachtskunde. Hg. E. P. Neumann. 12 S. Reutlingen: Oertel & Spörer (= Schriften d. Weihnachtsberg, Tübingen) 1945
54 Kleine Auslese. Gedichte mit e. Einl. IX, 16 S. Hbg: Ellermann (= Das Gedicht 1946, 47,8) 1946
55 Gärtchen im Schutt. 28 Bl. m. Abb. Ulm: Aegis-Verl. (= Kalender der Volkshochschule Ulm 1948) 1947
56 Die Traube. Gedichte und Erzählungen. 79 S. Bad Wörishofen: Drei Säulen-Verl. (= Das kleine Säulenbuch 4) 1947
57 Eine kleine Gartenillusion. Gedichte und Prosa. 24 S. m Abb. Wilen b. Wil: Wiesli (= Stern und Blume 2) 1948

58 Gesamtausgabe des poetischen Werkes. 7 Bde. Mchn: Kösel (1948)–1954
59 (Einl.) M. Hamacher: Birnau. Die Wallfahrtskirche auf dem Hügel. Ein Bildband. 144 S. m. Abb. Konstanz: Asmus 1948
60 Große Insel Madagaskar. Reisedichtung. 255 S. m. Abb. Mchn: Desch 1948 (Verm. Neuaufl. v. Nr. 49)
61 Klick auf der Goldschatz. Ein heiterer Roman. 284 S. Lpz: Insel 1948 (Veränd. Neuaufl. v. Nr. 44)
62 Die Seidenweberin. Erzählungen. 134 S. m. Abb. Flensburg, Hbg: Wolff 1948
63 Der Spielzeugladen. Zwei Bilderbogengeschichten. 89 S. m. Abb. Mchn: Desch 1948
64 sieben sträuße. 12 Bl. m. Abb. Baden-Baden: Orion-Verl. (1948)
65 Ländliches Tagebuch. 273 S. m. Abb. Mchn: Desch 1949
66 Vontaka, Stern der Steppe. Aus den Aufzeichnungen Leanders. 367 S. m. Abb. Flensburg: Wolff 1949
67 Der glückselige Gärtner. 268 S. m. Abb. Mchn: Desch 1950 (Erw. Neuaufl. v. Nr. 48)
68 Mainau, der Garten im Bodensee. 78 S., 25 Abb., 1 Kt. Konstanz: Merk 1950
69 Die Lebensjahre. Gesammelte Gedichte. 225 S. Mchn: Kösel (= Gesamtausg. der poetischen Werke 3) 1951
(Bd. 3 v. Nr. 58; erw. Neuaufl. v. Nr. 43)
70 Der Maler von Malaya. Erlebnisse in den Wäldern und an den Küsten Insulindes. 293 S. m. Abb. Hattingen: Hundt 1951
71 Der Zauberer von Sansibar. Geschichten aus Heimat und Welt. 223 S., 29 Abb. Eßlingen: Bechtle 1951
72 Das Honigfest der Blumengeister. 77 S. m. Abb. Düsseldorf: Hoch (= Düsseldorfer Jugendbücher) 1952
73 Der Mann aus Alaska. Eine Goldgräbergeschichte für jung und alt. 162 S. m. Abb. Rheinhausen: Verl.-Anst. Rheinhausen 1952
74 Der Überlinger Stadtgarten. Bäume, Blumen, Kakteen. Beschrieben. 49 S., 17 Abb., 1 Pl. Überlingen: Stadt Überlingen; Konstanz: Merk 1952
75 Unter der Tropensonne. Erlebnisse auf den malaiischen Inseln. 30 S. Bamberg: Bayer. Verl.-Anst. (= Fahrten und Abenteuer 11) 1952
(Ausz. a. Nr. 70)
76 Die wundersame Straße. Roman von Unruhe und Liebe. 231 S. Mchn, Wien: Donau-Verl. 1953
(Neubearb. v. Nr. 40)
77 Cornelia und die Heilkräuter. Naturdichtung. 178 S. Olten, Freiburg: Walter 1954
(Erw. Neuaufl. v. Nr. 46)
78 (MÜbs.) C. S. Lewis: Die böse Macht. Ein Roman. Übs. F. Sch. u. A. Günther. 371 S. Köln, Olten: Hegner 1954
79 Liebesgärtchen für Clementine. 90 S. m. Abb. Stg: Reclam (= Reclam's UB. 7816) (1954)
80 (Einl.) Der deutsche Wald. Ein Bildwerk. Textausw. J. Kühn. 87 S., 50 Abb. 4° Bonn: Athenäum-Verl. 1954
81 Wallfahrtskirche Birnau. 61 S. m. Abb. Konstanz: Merk 1954
82 (Bearb.) W. Disney: Wunder der Prärie. Nach dem Film beschrieben. 110 S. m. Abb. Stg: Blüchert 1955
83 Dorine vom Amselberg oder Der glückselige Gärtner. Roman. 197 S. Ffm, Hbg: Fischer (= Fischer-Bücherei 93) 1955
(Neuaufl. v. Nr. 67)
84 Florentine und die kleine Stadt. 224 S. Düsseldorf: Hoch 1955
85 (Einl.) Fliegende Kleinodien. Ein farbiges Falterbuch. Hg. J. E. Schuler. 194 S., 42 Taf. 4° Stg: Seewald & Schuler 1955
86 (Einl.) Geliebte Rose. Rosen, Gedichte und Novellen. 64 S., 12 Taf. Stg: Schuler (= Souvenir 1) (1955)
87 Weltreise mit Beryl. Roman für die Jugend. 215 S. Mchn: Ehrenwirth 1955
88 Aurora und Papilio. Roman der Schmetterlinge. 154 S. m. Abb., 10 Taf. Stg: Schuler 1956
89 (MV) (J. Barraband: Papageien und Paradiesvögel. Mit e. Erz. v. F. Sch.:) Der Hofstaat des Vogelhändlers. 64 S. Stg: Schuler (= Souvenir 4) (1956)
90 Dresden wie es wurde und war. 19 S., 32 S. Abb. Mchn, Hannover: Knorr & Hirth (= Das kleine Kunstbuch) 1956

91 Exotische Flora. Texte F. Sch. Hg. E. Scaioni. 93 S., 152 Abb. 4⁰ Mchn: Goldmann (= Schön ist die Welt) 1956
92 Das Buch Immergrün. 218 S. Wiesbaden: Insel 1956
93 (Einl.) M. S. Merian: Die Reise nach Surinam 1699. 63 S., 11 Taf., 1 Kt. Stg: Schuler (= Souvenir 2) 1956
94 Oswald bei den Schmetterlingen. 30 S. m. Abb. Wien: Österr. Bundesverl. 1956
95 *Die schönsten Schmetterlinge. 90 S., 73 Abb., 1 Titelb. 4⁰ Mchn: Goldmann (= Schön ist die Welt) 1956
96 Lago Maggiore. 15 S., 32 S. Abb., 1 Kt. Mchn, Ahrbeck: Knorr & Hirth (= Das kleine Kunstbuch) (1957)
97 (MV) Schöne Steine und Kristalle. 91 S. Abb. m. Text, 1 Titelb. 4⁰ Mchn: Goldmann (= Schön ist die Welt) (1957)
98 (Hg.) Der Wald. 252 S. m. Taf. 4⁰ Mchn: Kindler (= Die Landschaft als Erlebnis) (1957)
99 (Einl.) Der Wein ist des Menschen stiller Geist. Ein Bilderwerk aus Vergangenheit und Gegenwart. Hg. O. Bischoff. Folge 1. 5 ungez. Bl., 15 Falttaf. 4⁰ Neustadt: Gräber 1957
100 Das Leben der Schmetterlinge. 265 S. Olten, Köln: Hegner 1958 (Veränd. Neuaufl. v. Nr. 50)
101 Blütenwunder in den Alpen. 73 S. m. Abb. Hbg: Kronen-Verl. Cramer (= Kronen-Bücher 2) 1959
102 Liebenswertes Meisenvolk. 43 S. m. Abb. Hbg: Kronen-Verl. Cramer (= Kronen-Bücher 1) 1959
103 (Übs., Bearb.) Die Schönheit der Vögel. Texte C. Newberry. 97 S., 84 Abb., 1 Titelb. 4⁰ Mchn: Goldmann (= Schön ist die Welt) 1959
104 (Einl.) Deutschland. Süden und Mitte. Hg. A. Kraft. 61 S., 236 Abb., 12 Taf. 4⁰ Augsburg: Kraft 1960
105 (Vorw.) Oh diese Terrier. Porträt einer Hundefamilie. 64 S. m. Abb. Ffm: Umschau-Verl. (1960)
106 Das Pflanzenschauhaus in Mannheim. 36 S. m. Abb. Mannheim: Gartenbauamt der Stadt Mannheim 1960
107 Das Waldbuch. 207 S., 16 Taf. Herrenalb, Bln: Erdmann 1960

SCHNECKENBURGER, Max (1819–1849)

1 Deutsche Lieder. Ges., hg. K. Gerok. 79 S. 16⁰ Stg: Metzler 1870

SCHNEIDER, Reinhold (1903–1958)

1 (MV, Einl.) A. Grimm: Baden-Baden in hundert Zeichnungen. Mit Sonetten v. R. Sch. 135 S. m. Abb. 4⁰ Baden-Baden: Kunstverein (1928)
2 Das Leiden des Camoes oder Untergang und Vollendung der portugiesischen Macht. 242 S. Hellerau: Hegner 1930
3 Philipp der Zweite oder Religion und Macht. 343 S. Lpz: Hegner 1931
4 Portugal. Reisetagebuch. 157 S. Mchn: Langen-Müller 1931
5 Das Erdbeben. 151 S. Lpz: Hegner 1932
6 Fichte. Der Weg zur Nation. 250 S. Mchn: Langen-Müller 1932
7 Die Hohenzollern. Tragik und Königtum. 311 S. Lpz: Hegner 1933
8 Auf Wegen deutscher Geschichte. Eine Fahrt ins Reich. 131 S. Lpz: Insel 1934
9 (Hg., Einl.) Anekdoten von Friedrich dem Großen. 86 S., 12 Abb. Lpz: Insel (= Insel-Bücherei 159) (1936)
10 Das Inselreich. Gesetz und Größe der britischen Macht. 574 S. Lpz: Insel (1936)
11 (Einl.) L. v. König: Gestalt und Seele. Das Werk des Malers Leo von König. 28 S. m. Abb., 64 Taf. Lpz: Insel 1936
12 Kaiser Lothars Krone. Leben und Herrschaft Lothars von Supplinburg. 211 S. Lpz: Insel (1937)

13 (MV) Die Stunde des Christentums. Eine deutsche Besinnung. Hg. K. Ihlenfeld. 311 S. Bln: Eckart-Verl. (1937)
14 Las Casas vor Karl V. Szenen aus der Konquistadorenzeit. 203 S. Lpz: Insel (1938)
15 (MV) Das Buch der Christenheit. Betrachtungen zur Bibel. Hg. K. Ihlenfeld. 359 S. Bln: Eckart-Verl. 1939
16 Corneilles Ethos in der Ära Ludwigs XIV. Eine Studie. 100 S. Lpz: Insel 1939
17 (MV) Licht durch die Nächte. Hg. J. Maassen. 283 S. m. Abb. Freiburg: Herder 1939
18 Sonette. 63 S. Lpz: Insel (1939)
19 Elisabeth Tarakanow. Erzählung. 79 S. Lpz: Insel (= Insel-Bücherei 540) 1939
20 Theresia von Spanien. 77 S. m. Abb. Mchn: Schnell & Steiner (= Träger des Auftrags 1) (1939)
21 ,,An den Engel in der Wüste". Die Wende Clemens Brentanos. 31 S. Würzburg: Werkbund-Verl., Abt. Die Burg (= Zeugnis und Auslegung 5) 1940
22 Der Jüngling. 8 S., 25 Taf. Freiburg: Herder (= Der Bilderkreis 8) 1940
23 ,,Der Katarakt". Das Schicksal Nikolaus Lenaus. 36 S. Würzburg: Werkbund-Verl., Abt. Die Burg (= Zeugnis und Auslegung) 1940
24 Macht und Gnade. Gestalten, Bilder und Werte in der Geschichte. 330 S. Lpz: Insel 1940
25 Der Pilger. Eichendorffs Weltgefühl. 28 S. Würzburg: Werkbund-Verl., Abt. Die Burg (= Zeugnis und Auslegung) 1940
26 ,,Zur Zeit der Scheide zwischen Tag und Nacht". Der Lebenskampf der Droste. 40 S. Würzburg: Werkbund-Verl., Abt. Die Burg 1940
27 Der Abschied der Frau von Chantal. 36 S. Kolmar: Alsatia-Verl. 1941
28 Das Antlitz des Mächtigen. 12 S., 25 Taf. Freiburg: Herder (= Der Bilderkreis 13) 1941
29 Nach dem großen Kriege. Zwei Erzählungen. 84 S., 1 Taf. Kolmar: Alsatia-Verl. 1941
30 (Hg., Einl.) Das Münster in der Sternennacht. Elsässische Dichtungen des neunzehnten Jahrhunderts. 112 S. Kolmar: Alsatia-Verl. 1941
31 Der Überwinder. Der Abgrund. Der Gast. 70 S. Kolmar: Alsatia-Verl. (1941)
32 Das Vaterunser. 55 S. Kolmar: Alsatia-Verl. (1941)
33 Der Kreuzweg. 63 S. Kolmar: Alsatia-Verl. (1942)
34 St. Odilien. 15 S. Kolmar: Alsatia-Verl. (1942)
35 Ehrwürdiges Alter. 14 S., 25 Taf. Freiburg: Herder (= Der Bilderkreis 19) 1943
36 Der Dichter vor der Geschichte. Hölderlin. Novalis. 68 S. Heidelberg: Kerle (1943)
37 Jetzt ist des Heiligen Zeit. 76 S. Kolmar: Alsatia-Verl. (1943)
38 Laß uns zur Stimme Deiner Liebe werden. Worte an einen Gefallenen. 11 S. Kolmar: Alsatia-Verl. (1943)
39 Die dunkle Nacht. Sieben Erzählungen. 239 S. Kolmar: Alsatia-Verl. (1943)
40 Die Stunde des heiligen Franz von Assisi. 111 S. Kolmar: Alsatia-Verl. (1943)
41 Das Weltgericht. 14 S., 25 Taf. Freiburg: Herder (= Der Bilderkreis 22) 1943
42 Stimme des Abendlandes. Reflexionen zur abendländischen Geschichte. 151 S. Kolmar: Alsatia-Verl. (1944)
43 Auffindung des Kreuzes. 15 S. Freiburg: Herder 1945
44 Das Gebet in der Zeit. Ein Volk der Beter und Büßer. 14 S. Freiburg: Herder 1945
45 Gott der Vater und Herr. 14 S. Freiburg: Herder 1945
46 Papst Gregor der Große. 21 S. Freiburg: Herder 1945
47 Jesus Christus gestern und heute. 14 S. Freiburg: Herder 1945
48 Die Kirche in der Geschichte. 14 S. Freiburg: Herder 1945
49 Die Macht der Friedfertigen. 16 S. Freiburg: Herder 1945
50 (Nachw.) F. v. Schiller: Legt das Große in das Leben. Aus Schillers Briefen. 106 S .Mchn: Alber 1945
51 Die letzten Tage. 48 S. Zürich: Arche (= Die kleinen Bücher der Arche) 1945

52 Das Unzerstörbare. 14 S. Freiburg: Herder 1945
53 Versöhnung der Gläubigen. Daß alle eins werden. 14 S. Freiburg: Herder 1945
54 Die Verwaltung der Macht. 16 S. Freiburg: Herder 1945
55 Weihnacht der Gefangenen. 13 S. Freiburg: Herder 1945
56 Von der Würde des Menschen. 22 S. Freiburg: Herder 1945
57 Im Anfang liegt das Ende. Grillparzers Epilog auf die Geschichte. 64 S. Baden-Baden: Bühler 1946
58 Allerseelen 1946. Einem verschollenen Freunde. 24 S. Mannheim: Wohlgemuth 1946
59 Apokalypse. Sonette. 39 S. Baden-Baden: Bühler 1946
60 Duldet mutig, Millionen. 105 S. Mannheim: Wohlgemuth (1946)
61 Die neue Ehre. 24 S. Bonn: Verl. d. Borromäus-Vereins 1946
62 Kleists Ende. 31 S. Mchn: Alber 1946
63 Newmans Entscheidung. 31 S. Freiburg: Herder 1946
64 Das Erbe im Feuer. Betrachtungen und Rufe. VI, 174 S. Freiburg: Herder 1946
65 Erscheinung des Herrn. Sonette. 36 S. Waibstadt: Kempen 1946
66 Gedanken des Friedens. 152 S. Freiburg: Herder 1946
67 Der Glaube. Betrachtung. 2 Bl. Nürnberg, Bamberg, Passau: Glock & Lutz (= Görres-Lesebogen 38) 1946
68 Die Heimkehr des deutschen Geistes. Über das Bild Christi in der deutschen Philosophie des neunzehnten Jahrhunderts. 63 S. Heidelberg: Kerle (1946)
69 Macht des Geistes. 21 S. Bonn: Verl. d. Borromäus-Vereins 1946
70 Der Mensch vor dem Gericht der Geschichte. 47 S. Augsburg: Naumann (= Abendländische Reihe 1) (1946)
71 Der Priester im Kirchenjahr der Zeit. Von einem Laien. 147 S. Freiburg: Caritasverl. 1946
72 Sein Reich. 16 S. Bonn: Verl. d. Borromäus-Vereins 1946
73 Fausts Rettung. 45 S. Baden-Baden: Bühler 1946
74 (MV) (S. Hirt: Mit brennender Sorge. Das päpstliche Rundschreiben gegen den Nationalsozialismus und seine Folgen in Deutschland. M. Beil.: R. Sch.:) Geleitwort für die Sammlung Das christliche Deutschland 1933–1945. VII, 101 S. Freiburg: Herder (= Das christliche Deutschland 1933–1945. Kath. Reihe 1) 1946
75 Von der Streitmacht des Gebetes. Die Rückkehr zum Rosenkranz. 11 S. Mchn: Schnell & Steiner (1946)
76 Taganrog. Erzählung. 98 S. Freiburg: Herder 1946
77 Der Tod des Mächtigen. Erzählung. 79 S. Freiburg: Herder 1946
78 Die neuen Türme. Ausgewählte Sonette. 54 S. Wiesbaden: Insel 1946
79 Und Petrus stieg aus dem Schiff. 143 S. Baden-Baden: Bühler 1946
80 (MV) R. Sch. u. A. Delp: Verständnis der Geschichte. Geschichte als Anruf und Aufgabe. 2 Bl. Nürnberg, Bamberg, Passau: Glock & Lutz (= Görres-Lesebogen 19) 1946
81 Weltreich und Gottesreich. Drei Vorträge. 139 S. Mchn: Schnell & Steiner 1946
82 An Alle. Ein Aufruf. 16 S. Freiburg: Caritasverl. 1947
83 Im Antlitz der Not. 36 S. Bonn: Verl. d. Borromäus-Vereins 1947
84 (Hg., Einführungen) Abendländische Bücherei. 14 Bde. Freiburg: Herder 1947–1949
85 Dämonie und Verklärung. 375 S. Vaduz: Liechtenstein-Verl. (1947)
86 Der Dichter vor der heraufziehenden Zeit. 31 S. Freiburg: Herder 1947
87 (Hg.) J. Frh. v. Eichendorff: Ahnung und Gegenwart. Roman. 402 S. Vaduz: Liechtenstein-Verl. (1947)
88 Gedenkwort zum zwanzigsten Juli. 27 S. Freiburg: Herder 1947
89 Gnade der Zeit. Acht Sonette. 8 Bl. 4° Freiburg, Bln, Düsseldorf: Christophorus-Verl. 1947
90 Herz am Erdsaume. 59 S. Heidelberg: Kerle 1947
91 Das Kreuz in der Zeit. Das Vaterunser. Der Kreuzweg. Die sieben Worte am Kreuz. 149 S. Freiburg: Herder 1947
(Enth. Nr. 32, 33, 103)
92 Macht und Gewissen in Shakespeares Tragödie. 46 S. Bln: Suhrkamp (= Beiträge zur Humanität) 1947

93 Der Mensch und das Leid in der griechischen Tragödie. 31 S. Mchn: Schnell & Steiner 1947
94 Die Nacht des Heils. 168 S. Bln: Nauck 1947
95 Portugal. Ein Reisetagebuch. 149 S. Wiesbaden: Insel 1947 (Neubearb. v. Nr. 4)
96 Im Schatten Mephistos. Drei Essays. 46 S. Stg: Dt. Verl.-Anst. (= Der Deutschenspiegel 27) 1947
97 Über den Selbstmord. 39 S. Baden-Baden: Bühler 1947
98 (MH) Sieger in Fesseln. Christuszeugnisse aus Lagern und Gefängnissen. Hg. K. Hofmann, R. Sch. u. E. Wolf. 157 S. Freiburg: Herder (= Das christliche Deutschland 1933–1945. Gemeinschaftl. Reihe 1) 1947
99 Der Sinn aller Opfer. Brief in ein Kriegsgefangenenlager. 13 S. Mchn: Schnell & Steiner (1947)
100 (MV) Friedrich v. Spee: Die Trutz-Nachtigall. Auswahl mit e. Essay v. R. Sch. Zusst. d. Ged. u. Hg. R. Jardon. 50 S. Köln: Pick (= Gürzenichbücherei) 1947
101 Stolz und Verantwortung. Von der Sendung der Jugend. 31 S. Bln: Morus-Verl. 1947
102 Die Verborgenen. 13 S. Paderborn: Schöningh (1947)
103 Die sieben Worte am Kreuz. 47 S. Freiburg: Herder 1947 (Ausz. a. Nr. 91)
104 Aar mit gebrochener Schwinge. Clemens Brentano, Annette von Droste-Hülshoff. 88 S. Heidelberg: Kerle 1948 (Enth. Nr. 21 u. 26)
105 Der Abschied. Der Überwinder. Zwei Erzählungen. 102 S. Mchn: Schnell & Steiner 1948 (Enth. Nr. 27 u. 31)
106 Lessings Drama. 27 S. Mchn: Alber 1948
107 (Hg.) A. v. Droste-Hülshoff: Werke. 4 Bde. Vaduz: Liechtenstein-Verl. (1948)
108 Erworbenes Erbe. Zum Gedächtnis der Droste. 23 S. Mchn: Alber 1948
109 Die gerettete Krone. Erzählungen. 178 S. Mchn: Schnell & Steiner 1948
110 Der Kronprinz. Ein politisches Drama. 88 S. Mchn: Alber 1948
111 Schriften zur Zeit. Der Mensch vor dem Gericht der Geschichte. Fausts Rettung. Die Heimkehr des deutschen Geistes. 165 S. Baden-Baden: Bühler 1948 (Enth. Nr. 68, 70, 73)
112 Schwermut und Zuversicht. Lenau, Eichendorff. 81 S. Heidelberg: Kerle 1948 (Enth. Nr. 23 u. 25)
113 Stern der Zeit. Sonette. 97 S. Krefeld: Scherpe-Verl. 1948
114 Vom Tun der Wahrheit. 92 S. Mchn: Schnell & Steiner 1948
115 Der Widerschein. Drei Erzählungen. 72 S. Düsseldorf: Christophorus-Verl. 1948
116 (Hg.) J. Frh. v. Eichendorff: Historische und literarische Schriften. 491 S. Vaduz: Liechtenstein-Verl. (1949)
117 Eichendorff. Die Sendung des christlichen Ritters. Eine Ansprache. Mit e. Anh.: „Ewig ist das Rittertum". Gedichte v. J. v. Eichendorff. 42 S., 1 Bildn. Aschaffenburg: Pattloch (= Die schlesische Reihe 5) 1949
118 Iberisches Erbe. Das Leiden des Camoes. Philipp II. II, 376 S. Olten: Summa-Verl. (= Hegner-Bücherei) 1949 (Enth. Nr. 2 u. 3)
119 (Einl.) Paderborn. Bilder v. A. Renger-Patzsch. Kunstgeschichtl. Erl. W. Tack. XIV, 80 S. m. Abb., 3 Bl. 4° Paderborn: Schöningh 1949
120 Das Spiel vom Menschen. Belsazar. Frei gestaltet nach Calderóns „La nave del mercader" und „Cena de Baltasar". 143 S. Graz, Salzburg, Wien: Pustet 1949
121 Der Stein des Magiers und andere Erzählungen. 64 S. Heilbronn, Stg: Salzer (= Für Zeit und Ewigkeit) 1949
122 (Einl.) L. N. Tolstoj: Die zwei Brüder und das Gold und neunzehn andere Volkserzählungen. Übs. L. v. Witte. 311 S. Freiburg: Herder 1950
123 Der große Verzicht. 279 S. Wiesbaden: Insel 1950
124 Die Beter. 13 S., 25 Bl. Abb. Freiburg: Herder (= Der Bilderkreis 32) 1951

125 Vom Geschichtsbewußtsein der Romantik. Drei Essays. 51 S. Mainz: Verl. d. Akad. d. Wiss. u. d. Literatur (= Akad. d. Wiss. u. d. Literatur. Abhandlungen. Kl. d. Literatur. Jg. 1951, 5) 1951
126 Rechenschaft. Wege zur Jahrhundertmitte. 99 S. Einsiedeln: Johannes-Verl. (= Christ heute. 2, 4) 1951
127 Die Tarnkappe. 67 S. Wiesbaden: Insel (= Insel-Bücherei 486) 1951
128 Der Traum des Eroberers. Zar Alexander. 182 S. Wiesbaden: Insel 1951
129 Innozenz und Franziskus. 282 S. Wiesbaden: Insel 1952
130 (MH) Die Lampe der Toten. Eine Auswahl deutscher Lyrik. Hg. R. Sch. u. B. v. Heiseler. 79 S. Gütersloh: Bertelsmann (= Das kleine Buch 36) 1952
131 Das getilgte Antlitz. Erzählungen. 281 S. Köln, Olten: Hegner 1953
 (Enth. u. a. Nr. 5 u. 19)
132 Über Dichter und Dichtung. 346 S. Köln, Olten: Hegner 1953
 (Enth. u. a. Nr. 16, 23, 57, 62, 92, 93, 104, 108)
133 (Hg.) J. Frh. v. Eichendorff: Erzählungen. Das große Welttheater. 389 S. Wien: Bergland-Verl. 1953
134 (Hg.) J. Frh. v. Eichendorff: Aus dem Leben eines Taugenichts und Erzählungen aus romantischer Zeit. 389 S. Wien: Österr. Buchgem. 1953
135 Formen der Macht. Studien. 47 S. Nürnberg: Glock & Lutz (= Nürnberger Liebhaberausgaben) 1953
136 Franziskus. 17 S., 25 Taf. Freiburg: Herder (= Der Bilderkreis 33) 1953
137 Geschichte und Gewissen. 163 S. Bielefeld, Hannover, Bln, Darmstadt: Velhagen & Klasing (= Deutsche Ausgaben 55) (1953)
138 Herrscher und Heilige. 292 S. Köln, Olten: Hegner 1953
139 Der fünfte Kelch. Erzählungen. 289 S. Köln, Olten: Hegner 1953
 (Enth. u. a. Nr. 27, 76, 77 u. Ausz. a. Nr. 31 u. 109)
140 Begnadete Nacht. 15 S. 4° Stg: Evang. Verlagswerk (1953)
141 Quedlinburg. 19 S. (Olten:) Vereinigung Oltner Bücherfreunde (Priv.-Dr.) 1953
142 Ausgewählte Werke. 4 Bde. 281, 289, 346, 292 S. Köln, Olten: Hegner 1953
 (Enth. Nr. 131, 132, 138, 139)
143 Adel. Zum fünfundsiebzigsten Geburtstag Ottos Frh. v. Taube. 25 S. Olten: Vereinigung Oltner Bücherfreunde (Priv.-Dr.) 1954
144 Das Attentat. Hg. W. Grenzmann. 56 S. Paderborn: Schöningh (= Schöningh's Textausg. 269) (1954)
145 (MH) Du hast mich heimgesucht bei Nacht. Abschiedsbriefe und Aufzeichnungen des Widerstandes 1933–1945. Hg. H. Gollwitzer, K. Kuhn u. R. Sch. 466 S., 3 Taf. Mchn: Kaiser 1954
146 Die ewige Krone. 73 S. m. Faks. Olten: Vereinigung Oltner Bücherfreunde (= Veröffentlichung für die Vereinigung Oltner Bücherfreunde 62) 1954
147 (Hg., Einl.) Pascal. 269 S. Ffm, Hbg: Fischer (= Fischer-Bücherei 70, Bücher des Wissens) 1954
148 Der christliche Protest. Geleitw. W. Bergengruen. 148 S. Zürich: Arche (= Sammlung Gestalten und Wege) 1954
149 Später Sommer in Graz. 19 S. m. Abb. Graz: Styria 1954
150 Die Sonette von Leben und Zeit, dem Glauben und der Geschichte. 239 S. Köln, Olten: Hegner 1954
 (Neuaufl. v. Nr. 18)
151 Verhüllter Tag. 228 S. Köln, Olten: Hegner 1954
152 Wesen und Verwaltung der Macht. Vortrag. 42 S. Wiesbaden: Steiner (= Inst. f. Europ. Geschichte, Mainz. Vorträge) 1954
153 (Nachw.) W. Bergengruen: Die Zwillinge aus Frankreich. 193 S. Ffm: Verl. Das goldene Vlies (= Ullstein-Bücher 63) 1955
154 Erbe und Freiheit. 233 S. Köln, Olten: Hegner 1955
155 Petrus. 13 S., 30 Taf. Freiburg: Herder (= Der Bilderkreis 43) 1955
156 (Bearb.) M. de Unamuno: Briefwechsel mit seinem Freund, dem Landsmann Ilundain. Unter Mitarb. v. H. Benítez übs. u. hg. F. X. Niedermayer. Von R. Sch. geistesgeschichtl. unters. 368 S., 6 Taf. Nürnberg: Glock & Lutz 1955
157 Weihnachtsgabe. Zeichn. nach alten Stichen v. R. Lehmann. 64 S. Zürich: Arche (= Die kleinen Bücher der Arche 210–211) 1955
158 Die silberne Ampel. Ein Roman. 243 S. Köln, Olten: Hegner 1956

159 Der Bildungsauftrag des christlichen Dichters. 47 S. Zürich: Arche (= Die kleinen Bücher der Arche 225) 1956
160 Das Drama des Geistes in der Geschichte. Vortrag, gehalten am 15. Juni 1956, veranst. v. d. Abt. f. Religionsgeschichte. 39 S. Wiesbaden: Steiner (= Vorträge. Inst. f. europ. Geschichte Mainz, 16) 1956
161 Der Friede der Welt. 115 S. Wiesbaden: Insel 1956
162 Gedanken des Friedens. 154 S. m. Bildn. Freiburg: Herder (1956)
163 Johannes. 17 S. m. Abb., 16 Taf., 8 Bl. Abb., 1 Titelb. Freiburg: Herder (= Der Bilderkreis 46) 1956
164 (Vorw.) J. Klepper: Unter dem Schatten deiner Flügel. Aus den Tagebüchern der Jahre 1932–1942. Hg. Hildegard Klepper. Ausw., Anm., Nachw. B. Mascher. 1171 S., 1 Titelb. Stg: Dt. Verl.-Anst. 1956
165 Reinhold Schneider. Drei Ansprachen anläßlich der Verleihung des Friedenspreises des deutschen Buchhandels. 43 S. Ffm: Börsenver. d. Dt. Buchhandels 1956
166 (Hg., Einl.) Schopenhauer. 221 S. Ffm, Hbg: Fischer (= Fischer-Bücherei 134) 1956
167 (MV) G. Benn u. R. Sch:. Soll die Dichtung das Leben bessern? Zwei Reden, gehalten am 15. November 1956 im Rahmen einer öffentlichen Diskussion im Kölner Funkhaus. 39 S. Wiesbaden: Limes 1956
168 (Nachw.) (Johannes von Saaz:) Der Ackermann und der Tod. Ein Streitgespräch von Johannes von Tepl. Ins Neuhochdeutsche übs. W. Krogmann. 71 S., 5 Abb. Wiesbaden: Insel (= Insel-Bücherei 198) 1956
169 Der Balkon. Aufzeichnungen eines Müßiggängers in Baden-Baden. 182 S. 15 Abb. Wiesbaden: Insel 1957
170 (Vorw.) W. Bergengruen: Privilegien des Dichters. 95 S. m. Abb., 6 Bl. Abb., 1 Titelb. Zürich: Arche (= Sammlung Horizont) 1957
171 Europa als Lebensform. Ein Vortrag. 59 S. Köln, Olten: Hegner 1957
172 Von Fatima bis Alcobaca. 11 S. m. Abb. Nürnberg: Glock & Lutz (= Die Besinnung. Sonderdr.) 1957
173 (Nachw.) O. Ferrara: Alexander VI. Borgia. Übs. A. K. Debrunner. 525 S. Zürich, Stg: Artemis Verl. 1957
174 Heilige Frauen. 17 S., 24 Bl. Abb., 1 Titelb. Freiburg: Herder (= Der Bilderkreis 47) 1957
175 (Vorw.) H. Fronius: Imaginäre Porträts. Sechsundvierzig Zeichnungen. 63 S., davon 45 S. Abb., 1 Titelb. Mchn: Piper (= Piper-Bücherei 113) 1957
176 Die letzten Jahre des Prinzen Eugen. Ein Fragment. 56 S. Köln, Olten: Hegner 1957
177 Lissabon. 15 S., 32 S. Abb. Mchn, Ahrbeck: Knorr & Hirth (= Das kleine Kunstbuch) 1957
178 (Vorw.) A. S. Puškin: Die Hauptmannstochter. Übs. L. v. Witte. 175 S. Freiburg: Herder (1957)
       (Veränd. Neuaufl. e. Bds. v. Nr. 84)
179 Gott mehr gehorchen. Nachrufe, Erinnerungen, Briefe. (S.-A.) 15 S., 1 Titelb. Nürnberg: Glock & Lutz 1958
180 Karl V. Erbe und Verzicht. 61 S. Köln, Olten: Hegner 1958
       (Ausz. a. Nr. 154)
181 Pfeiler im Strom. IX, 414 S. Wiesbaden: Insel (= Die Bücher der Neunzehn 48) 1958
182 Die weiße Rose. 4 ungez. Bl. Gütersloh: Rufer-Verl. (= Acht Seiten Freude 123) 1958
183 (Vorw.) W. Shakespeare: Gesammelte Werke in sechs Bänden. Hg. H. J. Meinerts. (Gütersloh:) Bertelsmann 1958
184 Das Weltgericht. 13 S. Text, 12 Bl. Abb., 12 Taf., 1 Titelb. Freiburg: Herder (= Der Bilderkreis 22) (1958)
185 Winter in Wien. Aus meinen Notizbüchern 1957/58. Mit der Grabrede für R. Sch., gehalten auf dem Baden-Badener Friedhof am 10. April 1958 v. W. Bergengruen. 300 S., 7 Taf, 1 Titelb. Freiburg: Herder 1958
186 Der ferne König. Erzählungen. 296 S. Freiburg, Basel, Wien: Herder 1959
187 Innozenz der Dritte. Nachw. J. Rast. 231 S. Köln, Olten: Hegner 1960
188 Schicksal und Landschaft. Hg. C. Winterhalter. 391 S. Freiburg, Basel, Wien: Herder 1960

Schneider-Schelde (eig. Schneider), Rudolf (1890–1956)

1 °Jagd auf Toren. 64 S. Ludwigsburg: Dt. Volksverl. (= Weltkaleidoskop, Bild 2) 1923
2 °Kaber. Novelle. 69 S. Mchn: Musarion-Verl. (= Die Novelle) 1923
3 °Die Straße des Gelächters. Vierzehn Geschichten. 138 S. Stg: Chronos-Verl. 1925
4 °Ring mit rotem Stein. Novelle. 90 S. Lpz: Haessel (= Die Haessel-Reihe 22) 1926
5 Der Frauenzüchter. Roman. 315 S. Mchn: Musarion-Verl. 1928
6 Kies bekennt Farbe. Roman. 285 S. Stg („Bln: Weizinger) (= Engelhorns Romanbibliothek 1038–1039) 1930
7 In jenen Jahren. Roman. 214 S. Wien: Zeitbild-Verl. 1935
8 Zweierlei Liebe. Roman. 249 S. Wien: Zeitbild-Verl. 1936
9 Offenes Fenster. 230 S. Hbg: Krüger (1944)
10 (Hg.) Europäische Dokumente. 10 Bde. Mchn: Desch (1945)–1947
11 (Hg.) Der Schriftsteller. Zeitschrift des Schutzverbandes Deutscher Schriftsteller. Jg. 1. 12 H. Mchn: Schutzverb. Dt. Schriftsteller 1947–1948
12 (Übs.) F. M. A. de Voltaire: Candide. 185 S. m. Abb. Mchn: Desch (= Die ill. Bücher) 1949
13 Die unheimliche Krankheit. 15 S. m. Abb. Gütersloh: Rufer-Verl.(= Dein Leseheft 105) 1955
14 Ein Mann im schönsten Alter. Roman. 259 S. Hbg: Krüger 1955

Schnitzler, Arthur (1862–1931)

1 Anatol. 183 S. Bln: Fischer 1893
2 Das Märchen. Schauspiel. 111 S. Dresden: Pierson 1894
3 Sterben. Novelle. 148 S. Bln: Fischer 1895
4 Liebelei. Schauspiel in drei Akten. 142 S. Bln: Fischer 1896
5 (MV) Ein Abschied. (– M. Janitschek: Despotische Liebe. Es geistert. – K. Busse: Die häßliche Wikta.) 160 S. Breslau: Maske (= Meisterwerke der zeitgenössischen Novellistik I, 1) 1897
6 Die Frau des Weisen. Novelletten. 171 S. Bln: Fischer 1898
7 Freiwild. Schauspiel in drei Akten. 158 S. Bln: Fischer 1898
8 Der grüne Kakadu. Paracelsus. Die Gefährtin. Drei Einakter. 178 S. Bln: Fischer (1899)
9 Das Vermächtnis. Schauspiel in drei Akten. 191 S. Bln: Fischer 1899
10 Frau Bertha Garlan. Roman. 256 S. Bln: Fischer 1901
11 Lieutenant Gustl. Novelle. 80 S. m. Abb. Bln: Fischer 1901
12 Der Schleier der Beatrice. Schauspiel in fünf Akten. 215 S. Bln: Fischer 1901
13 Lebendige Stunden. Vier Einakter. 159 S. Bln: Fischer 1902
14 Reigen. Zehn Dialoge. Geschrieben Winter 1896/97. 250 S. Wien: Wiener Verl. 1903
15 Der einsame Weg. Schauspiel. 166 S. Bln: Fischer 1904
16 Die griechische Tänzerin. Novellen. 131 S. Wien: Wiener Verl. (= Bibliothek moderner deutscher Autoren 1) 1905
17 Marionetten. Drei Einakter. 148 S. Bln: Fischer 1906
18 Der Ruf des Lebens. Schauspiel. 132 S. Bln: Fischer 1906
19 Zwischenspiel. Komödie in drei Akten. 139 S. Bln: Fischer 1906
20 Dämmerseelen. Novellen. 132 S. Bln: Fischer 1907
21 Der Weg ins Freie. Roman. 491 S. Bln: Fischer 1908
22 Komtesse Mizzi oder Der Familientag. Komödie. 93 S. Bln: Fischer 1909
23 Der tapfere Cassian. Puppenspiel. 47 S. Bln: Fischer 1910 (Ausz. a. Nr. 17)
24 Der junge Medardus. Dramatische Historie. 290 S. Bln: Fischer 1910
25 Der Schleier der Pierrette. Pantomime in drei Bildern. Musik E. v. Dohnányi. Textb. 30 S. Wien: Doblinger (1910)
26 Das weite Land. Tragikomödie in fünf Akten. 174 S. Bln: Verl. d. Bibliogr. Bureaus 1911
27 Professor Bernhardi. Komödie in fünf Akten. 255 S. Bln: Fischer 1912

28 Die Hirtenflöte. 105 S., 9 Abb. Wien: Deutschösterr. Verl. 1912
29 Masken und Wunder. Novellen. 190 S. Bln: Fischer 1912
30 Gesammelte Werke. 2 Abt., 7 Bde. Bln: Fischer 1912
   1. Abt. Die erzählenden Schriften. 3 Bde. 317, 386, 460 S.
   2. Abt. Die Theaterstücke. 4 Bde. 439, 420, 347, 423 S.
31 Frau Beate und ihr Sohn. Novelle. 155 S. Bln: Fischer 1913
32 Der blinde Geronimo und sein Bruder. Erzählung. 72 S., 1 Abb. Bln: Fischer 1915
   (Ausz. a. Nr. 16)
33 Komödie der Worte. Drei Einakter. 194 S. Bln: Fischer (1915)
34 Fink und Fliederbusch. Komödie in drei Akten. 156 S. Bln: Fischer 1917
35 Doktor Gräsler, Badearzt. Erzählung. 222 S. Bln: Fischer 1917
36 Die dreifache Warnung. Legenden und Märchen unserer Zeit. Hg. E. Schläger. S. 69–72. Wien, Lpz: Wolf (1917)
   (Ausz. a. Abt. 1, Bd. 2 v. Nr. 30)
37 Casanovas Heimfahrt. Novelle. 182 S. Bln: Fischer 1918
38 Die Schwestern oder Casanova in Spa. Ein Lustspiel in Versen. Drei Akte in einem. 109 S. Bln: Fischer 1919
39 Der Mörder. Eine Novelle. 83 S., 8 Abb. 16⁰ Wien: Knepler (1922)
   (Ausz. a. Nr. 29)
40 Gesammelte Werke. 2 Abt., 9 Bde. Bln: Fischer 1922–(1923)
   1. Abt. Die erzählenden Schriften. 4 Bde. 1922
   2. Abt. Die Theaterstücke. 5 Bde. (1923)
   (Verm. Neuaufl. v. Nr. 30)
41 Fräulein Else. Novelle. 136 S. Bln: Zsolnay 1924
42 Komödie der Verführung. In drei Akten. 264 S. Bln: Fischer 1924
43 Die dreifache Warnung. Novellen. Nachw. O. Brüll. 74 S. Lpz: Reclam (= Reclam's UB. 6458) 1924
   (Enth. u. a. Ausz. a. Nr. 30, Abt. 1)
44 Die Frau des Richters. Novelle. 135 S. Bln: Propyläen-Verl. (= Das kleine Propyläen-Buch) 1925
45 Der Gang zum Weiher. Dramatische Dichtung in fünf Aufzügen. 164 S. Bln: Fischer 1926
46 Traumnovelle. 136 S., 1 Abb. Bln: Fischer 1926
47 Buch der Sprüche und Bedenken. Aphorismen und Fragmente. 235 S. Wien: Phaidon 1927
48 Der Geist im Wort und der Geist in der Tat. Vorläufige Bemerkungen zu zwei Diagrammen. 60 S., 1 Taf., 2 Diagr. Bln: Fischer 1927
49 Spiel im Morgengrauen. Novelle. 159 S. Bln: Fischer 1927
50 Gesammelte Schriften. 6 Bde. Bln: Fischer 1928-1929
51 Therese. Chronik eines Frauenlebens. 392 S. Bln: Fischer 1928
52 Im Spiel der Sommerlüfte. In drei Aufzügen. 85 S. Bln: Fischer 1930
53 Flucht in die Finsternis. Novelle. 172 S. m. Abb. Bln: Fischer (1931)
54 Traum und Schicksal. Sieben Novellen. 446 S. Bln: Fischer (1931)
55 Die kleine Komödie. Frühe Novellen. 329 S. Bln: Fischer 1932
56 Abenteurer-Novelle. 95 S., 16 Abb. Wien: Bermann-Fischer 1937
57 Über Krieg und Frieden. 45 S. Stockholm: Bermann-Fischer (= Schriftenreihe „Ausblicke") 1939
58 Gesammelte Werke in Einzelbänden. Amsterdam: Bermann-Fischer/Querido-Verl., Wien: Bermann-Fischer 1948 ff.

SCHNURRE, Wolfdietrich (*1920)

1 Rettung des deutschen Films. Eine Streitschrift. 75 S. Stg: Dt. Verl.-Anst. (= Der Deutschenspiegel 38) 1950
2 Die Rohrdommel ruft jeden Tag. 171 S. Bln, Witten: Eckart-Verl. 1950
3 Sternstaub und Sänfte. Aufzeichnungen des Pudels Ali. Hg. und nach seinen Angaben mit siebenunddreißig Zeichnungen vers. Einem erlesenen Publikum zugänglich gemacht. 169 S. m. Abb. Bln-Grunewald: Herbig 1953
4 Die Blumen des Herrn Albin. Aus dem Tagebuch eines Sanftmütigen. 112 S. m. Abb. Ffm: Bärmeier & Nikel 1955

5 Kassiber. 78 S. Ffm: Suhrkamp 1956
6 Abendländler. 109 S. m. Abb. Mchn: Langen-Müller 1957
7 Protest im Parterre. 93 S. m. Abb. Mchn: Langen-Müller 1957
8 Als Vaters Bart noch rot war. Ein Roman in Geschichten. 276 S. m. Abb. Zürich: Arche 1958
9 Barfußgeschöpfe. 58 S. m. Abb. Mchn: Steinklopfer-Verl. (= Die Komma-Reihe 1) (1958)
10 (MV) Anaximanders Ende. Kammeroper in einem Akt. Text W. Sch., Musik W. Thärichen. 15 S. Bln, Wiesbaden: Bote & Bock (Als Ms. gedr.) 1958
11 Eine Rechnung, die nicht aufgeht. Erzählungen. 190 S. Olten, Freiburg: Walter 1958
12 Das Los unserer Stadt. Eine Chronik. 279 S. Olten, Freiburg: Walter 1959
13 Die Flucht nach Ägypten. Geschichten. 64 S. Zürich: Arche (= Die kleinen Bücher der Arche 321-322) (1960)
(Ausz. a. Nr. 8)
14 Jenö war mein Freund. Geschichten. Ausw. F. Bachmann. 54 S., 3 Abb. Ffm: Hirschgraben-Verl. (= Hirschgraben-Lesereihe 1, 6) 1960
(Ausz. a. Nr. 8)
15 Man sollte dagegen sein. Geschichten. 192 S. Olten, Freiburg: Walter (= Kleine literarische Reihe) 1960

SCHÖNAICH, Christoph Otto Frh. von (1725-1807)

1 Hermann oder das befreyte Deutschland, ein Heldengedicht mit einer Vorrede von Gottsched. XVIII, 192 S. 4° Lpz: Breitkopf 1751
2 *Die ganze Aesthetik in einer Nuß, oder Neologisches Wörterbuch; als ein sicherer Kunstgriff, in vierundzwanzig Stunden ein geistvoller Dichter und Redner zu werden, und sich über alle schale und hirnlose Reimer zu schwingen ... 12 Bl., 471 S. o.O. 1754
3 Versuche in der tragischen Dichtkunst, bestehend in vier Trauerspielen, nämlich Zayde, Mariamne, Thusnelde und Zarine. 256 S. Breslau: Meyer 1754
4 *Die Ganze Aesthetik in einer Nuß, in ein Nüßchen gebracht; oder Nachlese der Neologie. o.O. 1755
(zu Nr. 2)
5 *Der ganzen Aesthetik in einer Nuß; oder des neologischen Wörterbuches Erster Anhang. 32 S. o.O. 1755
(zu Nr. 2)
6 *Erläuterungen über die ganze Aesthetik in einer Nuß, in einigen Briefen den Liebhabern der neuen ästhetischen Schreib- und Dichtungsart mitgetheilet. 144 S. Frey-Singen 1755
(zu Nr. 2)
7 *Die Nuß, oder Gnißel: ein Heldengedicht ... o.O. (1755)
8 *Ragout a la Mode oder des Neologischen Wörter-Buchs erste Zugabe von Mir selbst. 40 S. o.O. 1755
(zu Nr. 2)
9 *Sammlung von Sinngedichten. 61 S. o.O. 1755
10 *Der Sieg des Mischmasches: ein episches Gedicht; von dem Verfaßer des Gnißels. 48 S. Toßberg: Heidegger 1755
11 *Versuch einer gefallenden Satire; oder Etwas zum Lobe der Aesthetiker. 46 S. o.O. 1755
12 *Ein Mischmasch von allerley ernsthaften und lustigen Possen; der berühmten Königinn des Herzens Dulcinäa von Toboso zugeeignet. 32, 32 S. o.O. 1756
13 *Trostschreiben an den Herrn Prof. Meier über seine Kriegserklärung an dem Herrn Prof. Gottsched abgelassen von der Gesellschaft der kleinen Geister. 34 S. o.O. 1756
14 Heinrich der Vogler oder die gedämpften Hunnen, Versuch eines Heldengedichtes. M. Ku. 4° Bln 1757
15 *Oden Satyren Briefe und Nachahmungen. Lpz 1761

16 Critisches und scherzhaftes Lehr-Gebäude eines Satzes vom schönen Geschmack der Teutschen. Sorau: Hebold 1762
17 *Montezuma. Ein Trauerspiel in fünf Aufzügen. Königsberg 1763

Schönaich-Carolath, Emil Prinz von (1852–1908)

1 Lieder an eine Verlorne. 115 S. Stg: Dt. Verl.-Anst. 1878
2 Thauwasser. 207 S. 16⁰ Stg: Göschen 1881
3 Dichtungen. 142 S. Stg: Göschen 1883
4 Geschichten aus Moll. 181 S. Stg: Göschen 1884
5 Bürgerlicher Tod. Novelle. 138 S. 16⁰ Stg: Dt. Verl.-Anst. (= Literarisches Schatzkästlein 2) 1894
6 Der Freiherr. Regulus. Der Heiland der Tiere. Drei Novellen. 181 S. Lpz: Göschen 1896
7 Gedichte. 198 S. Lpz: Göschen 1903
8 Lichtlein sind wir. Die Kiesgrube. Die Wildgänse. 111 S. Lpz: Göschen 1903
9 Fern ragt ein Land … Auswahl aus den Dichtungen. 151 S. Lpz: Göschen 1907
10 Gesammelte Werke. 7 Bde. 1187 S. m. Bildn. Lpz: Göschen 1907

Schönherr, Karl (1867–1943)

1 Allerhand Kreuzköpf'. Geschichten und Gestalten aus den Tiroler Alpen. 232 S. Lpz: Haessel 1895
2 Tiroler Marterln für abg'stürzte Bergkraxler. 62 S. m. Abb. 12⁰ Lpz: Haessel 1895
3 Innthaler Schnalzer. Gedichte in Tiroler Mundart. 144 S. 12⁰ Lpz: Lit. Anst. Schulze 1895
4 Die Bildschnitzer. Eine Tragödie braver Leute. 48 S. Wien: Wiener Verl. 1900
5 Sonnwendtag. Drama. 113 S. Wien: Wiener Verl. 1902
6 Caritas. 178 S. Wien: Wiener Verl. 1905
7 Karrnerleut'. 56 S. Wien: Wiener Verl. 1905
8 Sonnwendtag. Drama. 151 S. Wien: Wiener Verl. 1905 (Neufassg. v. Nr. 5)
9 Familie. Schauspiel. 112 S. Stg: Cotta 1906
10 Erde. Eine Komödie des Lebens. 126 S. Bln: Fischer 1908
11 Das Königreich. Märchendrama. 120 S. Stg: Cotta 1908
12 Glaube und Heimat. Die Tragödie eines Volkes. 115 S. Lpz: Staackmann 1911
13 Aus meinem Merkbuch. 188 S. Lpz: Staackmann 1911
14 Der Sonnwendtag. Drama. 128 S. Lpz: Staackmann 1912 (Neubearb. v. Nr. 8)
15 Tiroler Bauern von 1809. Drama. Lpz: Staackmann 1913
16 Tiroler Bauernschwänke. Erzählt. 317 S. Bln: Ullstein (= Ullstein-Bücher) 1913
17 Schuldbuch. 141 S. Lpz: Staackmann 1913
18 Die Trenkwalder. Komödie in fünf Aufzügen. 134 S., 3 Abb. Lpz: Staackmann 1914 (Neubearb. v. Nr. 14)
19 Der Weibsteufel. Drama in fünf Akten. 115 S. Lpz: Staackmann 1914
20 Frau Suitner. Schauspiel in fünf Akten. 119 S. Lpz: Staackmann 1916
21 Volk in Not. Ein deutsches Heldenlied. 109 S. Lpz: Staackmann 1916
22 Narrenspiel des Lebens. Drama in fünf Akten. 92 S. Lpz: Staackmann 1918
23 Kindertragödie. In drei Akten. 75 S. Lpz: Staackmann 1919
24 Der Knabe mit dem Fieber. 22 S. 16⁰ Wien: Lyra-Verl. (= Molitor's Novellenschatz 5) 1919
25 Der Kampf. Ein Drama geistiger Arbeiter in drei Akten. 104 S. Lpz: Staackmann 1920

26 Maitanz. Drei Szenen. 71 S. Lpz: Staackmann 1922
27 Vivat academia. Komödie in fünf Akten. 120 S. Lpz: Staackmann 1922 (Urfassg. v. Nr. 25)
28 Es. Schauspiel in fünf Akten. 75 S. Lpz: Staackmann (1923)
29 Die erste Beicht' und andere Novellen. Nachw. A. Bettelheim. 77 S. Lpz: Reclam (= Reclam's UB. 6459) 1924
    (Ausz. a. Nr. 13 u. 17)
30 Erzählungen. 62 S. m. Titelb. Wien: Österr. Jugendrotkreuz (= Jugendrotkreuzbücher 1) (1924)
    (Ausz. a. Nr. 13)
31 Der Komödiant. Ein Vorspiel und fünf Akte. 90 S. Wien: Steyrermühl (= Tagblatt-Bibliothek 65-66) 1924
32 Die Hungerblockade. Drama in drei Akten. 93 S. Lpz: Staackmann 1925
33 Der Armen-Doktor. Schauspiel in drei Akten. 86 S. Lpz: Staackmann 1927 (Neufassg. v. Nr. 32)
34 Der Judas von Tirol. Volksschauspiel in drei Akten. 93 S. Lpz: Staackmann 1927
35 Gesammelte Werke. 4 Bde. 440, 312, 356, 315 S. m. Titelb. Wien: Speidel (1927)
36 Passionsspiel in drei Akten. 101 S. Lpz: Staackmann 1933
37 Die Fahne weht. Schauspiel. 84 S. Lpz: Staackmann 1937
38 Blockade. Schauspiel. 80 S. Wien (: Bischoff) 1938
39 Der Ehrenposten. Zwei Geschichten. 18 S. Lpz: Reclam (= Reclam's Reihenbändchen 25) 1944
    (Ausz. a. Nr. 29)
40 Gesammelte Werke. Hg. V. Chiavacci jun. 2 Bde. XXIX, 752 S., 1 Taf.; 690 S., 1 Taf. Wien: Donau-Verl. 1948

SCHOLTIS, August (*1901)

1 Ostwind. Roman der oberschlesischen Katastrophe. 353 S. Bln: Fischer 1932
2 Baba und ihre Kinder. Roman. 325 S. Bln: Cassirer 1934
3 Wilhelm Doms. Ein ostdeutsches Leben für die Kunst. 36 S., 28 Abb. Bln: Verl. Die Rabenpresse (= Neue Reihe 14-15) 1935
4 Jas, der Flieger. Roman. 237 S. Bln: Cassirer 1935
5 Dreiunddreißig Lieder aus Hultschin. 32 S. m. Abb. Bln: Verl. Die Rabenpresse (= Neue Reihe 5-6) 1935
6 Klapitko trifft immer. Ein oberschlesisches Leben in Anekdoten. 120 S. m. Abb. Bln: Verl. Die Rabenpresse 1936
7 Kleine Reisen zu großen Zielen. 64 S. Oppeln (, Breslau: Schlesien-Verl.) 1937
8 Schlesischer Totentanz. Erzählungen. 120 S., 7 Abb. Lpz: Schwarzhäupter-Verl. 1938
9 Das Eisenwerk. Roman. 356 S. Bln: Krüger 1939
10 Friedrich in Kamenz. Erzählung. 95 S. m. Abb. Karlsbad: Kraft (= Geschenkreihe) (1939)
11 Die Begegnung. Zwei Erzählungen. 121 S. Darmstadt, Bln: Vorwerk-Verl. 1940
12 Die mährische Hochzeit. 266 S. Braunschweig: Vieweg 1940
13 Die Zauberkrücke. Eine phantastische Geschichte. 109 S. m. Taf. Bln: Chronos-Verl. 1947
14 Die Fahnenflucht. Novelle. 128 S. m. Abb. Bln: Chronos-Verl. 1948
15 Ein Herr aus Bolatitz. Lebenserinnerungen. 459 S. Mchn: List 1959

SCHOLZ, Wilhelm von (*1874)

1 Frühlingsfahrt. 102 S. Mchn: Ackermann 1896
2 Hohenklingen. Eine Zeit in Bildern und Gestalten. 96 S. Mchn: Schimon & Burger 1898
3 Der Besiegte. Myst. Drama. 63 S., 1 Abb. Mchn: Schimon & Burger 1899

4 Der Gast. Ein deutsches Schauspiel. 128 S. m. Bildn. 4⁰ Mchn: Schimon & Burger 1900
5 (Hg.) A. v. Droste-Hülshoff: Auswahl aus ihren Gedichten. Mit e. Charakteristik der Dichterin. 252 S. Lpz, Jena: Diederichs 1901
6 (Hg., Einl.) J. Ch. Günther: Strophen. XXVIII, 182 S. 12⁰ Lpz: Diederichs 1902
7 Der Spiegel. 189 S. Bln: Seemann 1902
8 Droste-Hülshoff. 74 S., 8 Taf. Bln: Schuster & Loeffler (= Die Dichtung 11) 1904
9 (Hg.) Deutsches Balladenbuch, enth. die neueren deutschen Balladen des achtzehnten und neunzehnten Jahrhunderts von Bürger bis Liliencron. 628 S. Mchn: Müller 1905
10 Gedanken zum Drama und andere Aufsätze über Bühne und Literatur. 173 S. Mchn: Müller 1905
11 Hebbel. 82 S., 9 Taf., 2 Faks. Bln: Schuster & Loeffler (= Die Dichtung 28) 1905
12 Der Jude von Konstanz. Tragödie. 187 S. Mchn: Müller 1905
13 Kunst und Notwendigkeit. Vier Thesen. 16 S. Bln: Oesterheld 1906
14 Meroë. Trauerspiel. 112 S. Bln: Wedekind 1906
15 (Hg.) Heinrich Suso. Auswahl aus seinen deutschen Schriften mit d. Einl. v. J. Görres zur Ausg. v. 1829. 91, 219 S. m. Abb. Mchn: Piper (= Die Fruchtschale 14) 1906
16 Der Bodensee. Wanderungen. 140 S., 8 Abb. Stg: Krabbe (= Städte und Landschaften 3) 1907
17 (Hg.) Deutsche Dramaturgie. 3 Bde. Mchn: Müller 1907–1912
   1. Hebbel's Dramaturgie. 385 S. 1907
   2. Schiller's Dramaturgie. 460 S. 1909
   3. Kleist's, Grillparzer's, Immermann's, Grabbe's Dramaturgie. IX, 521 S. 1912
18 Deutsche Mystiker. 61 S., 10 Taf. Bln: Brandus (= Die Kultur 28) 1908
19 (Hg.) J. Frh. v. Eichendorff: Von Wald und Welt. Gedichte und Erzählungen. 448 S. m. Abb. Mchn: Langewiesche-Brandt (= Die Bücher der Rose 10) 1909
20 Die unsichtbare Bibliothek. 89 S. Mchn: Müller 1910
21 (Bearb.) F. Hölderlin: Der Tod des Empedokles. Für e. festl. Aufführung bearb. u. eingerichtet. 94 S. Lpz: Insel 1910
22 Vertauschte Seelen. Komödie der Auferstehungen. VII, 154 S. Mchn: Müller 1910
23 (Hg.) A. Ritter v. Feuerbach: Merkwürdige Verbrechen in aktenmäßiger Darstellung. 2 Bde. XVI, 361; 351 S. Mchn: Müller 1912
24 Neue Gedichte. 98 S. Mchn: Müller 1913
25 (Hg.) F. Hölderlin: Gedichte. 96 S. Lpz: Insel (= Insel-Bücherei 50) 1913
26 Der Jude von Konstanz. Trauerspiel in fünf Aufzügen. Mit Anh.: Bruchstücke e. älteren Fassg. 199 S. Mchn: Müller 1913
   (Enth. u. a. Ausz. a. Nr. 12)
27 Gefährliche Liebe. Schauspiel in fünf Aufzügen. 248 S. Mchn: Müller 1913
28 Sommertage. Skizzen, Bilder, Schilderungen vom Bodensee. 153 S., 8 Taf. Konstanz: Reuß & Itta 1914
29 (Hg.) Der deutsche Erzähler. Kurze und ganz kurze Erzählungen, von deutschen Dichtern erzählt. 666 S. Ebenhausen: Langewiesche-Brandt (= Die Bücher der Rose 21) 1915
30 Fähnrich von Braunau. Der Zweikampf. Zwei Offiziersnovellen. 57 S. Konstanz, Lpz: Hesse & Becker (= Die Zeitbücher 15) (1915)
31 Gedanken zum Drama. Neue Folge. VII, 362 S. Mchn: Müller 1915 (N. F. zu Nr. 10)
32 (Hg.) Der See. Ein Jahrtausend deutscher Dichtung vom Bodensee, ausgewählt. 372 S. Konstanz: Reuß & Itta (1915)
33 Reise und Einkehr. XI, 160 S., 8 Abb. Gotha: Perthes 1916
34 Die Unwirklichen. Sieben kurze Geschichten. 77 S. Konstanz, Lpz: Hesse & Becker (= Die Zeitbücher 47) (1916)
35 Der Dichter. Aufsätze. 115 S. Mchn: Müller 1917
36 *Die Feinde. Ein Schauspiel in vier Aufzügen, von ★★★. 158 S. Mchn: Müller 1917

37 Die Huldigung. Festspiel zum fünfundzwanzigjährigen Jubiläum des Herrn Generalintendanten Baron zu Putlitz am 16. 1. 1917. Dichtung. 17 S. Stg: Meyer-Ilschen 1917
38 Minnesang. Freie Nachdichtungen. 160 S. Mchn: Müller (1917)
39 Der Plunder von Jahrmarktsweilern. Stegreifkomödie. (S.-A.) 15 S. (Stg: Die Lese) (1917)
40 Prolog zum Nationaltag der deutschen Bühne für die sechste Kriegsanleihe 12. 4. 1917. 1 Bl. 4° Stg: Meyer-Ilschen (1917)
41 Doppelkopf. Eine Groteske für Marionetten. 42 S. m. Abb. Mchn: Müller 1918
42 Die Feinde. Schauspiel in vier Aufzügen. V, 158 S. Mchn („Lpz: Horen-Verl.) 1918
    (Neuaufl. v. Nr. 36 m. Namensang. d. Autors)
43 Das Herzwunder. Mirakelspiel in einem Aufzug. 39 S. Mchn: Müller (1918)
44 (Bearb.) J. M. R. Lenz: Drei Lustspiele nach dem Plautus. Für die heutige Bühne bearb. 141 S., 3 Taf. Mchn: Müller 1918
45 (Hg.) Das neue deutsche Novellenbuch. 397 S. Stg: Dt. Verl.-Anst. (1918)
46 Städte und Schlösser. III, 129 S., 6 Taf. Gotha: Perthes (1918)
    (N. F. v. Nr. 33)
47 Die Beichte. Erzählungen. 316 S. Mchn: Müller 1919
48 (Hg.) Stuttgarter dramaturgische Blätter. Im Auftrag des württembergischen Landestheaters hg. VI, 144 S. m. Abb. Stg: Christmann 1919-1920
49 (Bearb.) W. Shakespeare: Troilus und Kressida. Tragikomödie unter Zugrundelegung der Übs. v. M. Koch bearb., für die heutige Bühne eingerichtet u. mit Chorus-Zwischenspielen. XV, 135 S. Stg: Strecker & Schröder 1919
50 Der Bodensee. 299 S. Mchn: Müller (= Gesammelte Werke 4, 1) 1921
    (Bd. 4, 1 v. Nr. 52)
51 (Hg.) Aus dem Garten der Romantik. Verse und Bilder. 63 S., 4 Abb. Stg: Hädecke (= Farbe und Dichtung) 1921
52 Gesammelte Werke. Abt. 2, Bd. 1. 2. 3; Abt. 3, Bd. 2; Abt. 4, Bd. 1. 5 Bde. Stg, Mchn, Bln, Lpz: Horen-Verl. 1921-1923
53 Hebbel. Das Drama an der Wende der Zeit. 70 S., 2 Taf., 2 Faks. Stg: Dt. Verl.-Anst. (1922)
54 (Hg.) F. Hebbel: Gedichte. Eine Auswahl. 63 S. Stg: Hädecke (= Die Schöne Reihe) 1922
55 Das Herzwunder, Doppelkopf und andere kleine Schauspiele. VII, 178 S. Mchn, Bln: Horen-Verl. 1922
    (Enth. u. a. Nr. 41 u. 43)
56 Der Kopf im Fenster. Erzählungen und Gedichte. Geleitw. R. K. Goldschmit. 77 S., 1 Bildn. Lpz: Reclam (= Reclam's UB. 6341) (1922)
57 (Hg.) E. Mörike: Gedichte. Eine Auswahl. 63 S. Stg: Hädecke (= Die Schöne Reihe) 1922
58 (Hg.) Novalis: Werke in einem Band. 414 S., 1 Faks. Stg: Hädecke (= Diotima-Klassiker) 1922
59 Das Schloß in Würzburg. (S.-A.) 16 S. m. Abb. 4° Bln: Velhagen & Klasing (= Sonderdruck aus Velhagen & Klasing's Monatsheften 2) (1922)
60 (Hg.) Adolf v. Scholz: Erlebnisse und Gespräche mit Bismarck. 150 S. m. Faks., 1 Titelb. Stg: Cotta 1922
61 Vincenzo Trappola. Ein Novellenkreis. 62 S. Lpz: Insel (= Insel-Bücherei 344) 1922
62 (Hg.) Wenn alles blüht. Eine Frühlingsgabe in Versen und Bildern. 63 S. Stg: Hädecke (= Farbe und Dichtung) 1922
63 Der Wettlauf mit dem Schatten. Schauspiel in drei Aufzügen. 124 S. Mchn: Müller (1922)
64 Zwischenreich. VII, 304 S. Stg, Bln: Horen-Verl. (= Gesammelte Werke 3, 2) 1922
    (Bd. 3, 2 v. Nr. 52; enth. u. a. Ausz. a. Nr. 56)
65 Die Häuser. 51 S. 4° Stg, Bln: Horen-Verl. 1923
66 (Hg.) F. Hebbel: Gedichte in einem Band. 485 S. Stg: Hädecke (= Diotima-Klassiker) 1923
67 (Hg.) F. Hebbel: Werke in acht Bänden. 8 Bde. Stg: Hädecke (= Diotima-Klassiker) 1923

68 (Hg.) E. Mörike: Werke in drei Bänden. 430, 447, 429 S., 3 Faks. Stg: Hädecke (= Diotima-Klassiker) 1923
69 (Hg.) Bodenseebuch. Jg. 11–12. XVI, 154 S. m. Abb. u. Taf. 4⁰ Konstanz: Reuß & Itta 1924
70 Charlotte Donc. 90 S. Stg: Fleischhauer & Spohn (= Kristall-Bücher) (1924) (Ausz. a. Nr. 47)
71 (Hg.) J. Frh. v. Eichendorff: Werke in vier Bänden. 431, 389, 409, 409 S. m. Faks. Stg: Hädecke (= Diotima-Klassiker) 1924
72 Erzählungen. 389 S. Stg, Bln: Horen-Verl. 1924
73 Die gläserne Frau. Schauspiel in vier Aufzügen. 79 S. Stg, Bln: Horen-Verl. 1924
74 Gedichte. 287 S. Stg, Bln: Horen-Verl. 1924
75 Lebensdeutung. Einfälle, Erlebnisse, Erkenntnisse. 123 S. Stg, Bln: Horen-Verl. 1924
76 Schauspiele. 2 Tle. 367, 393 S. Stg, Bln: Horen-Verl. 1924
77 Der Totenbrautkranz. Die Nähe. 66 S. 16⁰ Stg, Bln: Horen-Verl. 1924
78 Wanderungen. 388 S., 22 Abb. Stg, Bln: Horen-Verl. 1924
(Enth. Ausz. a. Nr. 16, 28, 33, 46)
79 Gesammelte Werke. 5 Bde. 287, 367, 393, 389, 388 S. Stg, Bln: Horen-Verl. 1924
80 Der Zufall, eine Vorform des Schicksals. Die Anziehungskraft des Bezüglichen. 40 S. Stg: Hädecke 1924
81 Der Zufall, eine Vorform des Schicksals. Die Anziehungskraft des Bezüglichen. 63 S. Stg, Bln: Horen-Verl. 1924
(Verm. Neuaufl. v. Nr. 80)
82 (Hg.) J. Frh. v. Eichendorff: Von Wald und Welt. Gedichte und die Erzählung Aus dem Leben eines Taugenichts. 256 S. Ebenhausen: Langewiesche (= Die Bücher der Rose) 1925
83 Fahrten. Ein Wanderbuch. 70 S. Stg, Bln: Horen-Verl. (= Die Schöne Reihe) 1925
(Ausz. a. Nr. 78)
84 Frühe deutsche Minnelieder. Freie Nachdichtungen. 60 S. Stg, Bln: Horen-Verl. 1925
(Ausz. a. Nr. 38)
85 (Hg.) Minnesänger der Schweiz. Eine Auswahl mit freien Nachdichtungen. 128 S. Zürich (: Grethlein) (= Seldwyla-Bücherei 2) (1925)
86 (Hg.) Das Suso-Buch. Eine Auswahl aus den deutschen Schriften des Mystikers. 234 S. Stg: Hädecke (= Die Pegasus-Bücher) 1925
87 Der Unkenbrenner. 82 S. Stg: Fleischhauer & Spohn (= Kristall-Bücher) (1925)
(Ausz. a. Nr. 79)
88 (Hg.) Die Horen. Monatshefte für Dichtung, Philosophie und Kunst. Hg. H. M. Elster u. W. Storrer. Jg. 3–6, je 12 H. 4⁰ Bln, Lpz: Horen-Verl. 1926 bis 1930
89 Perpetua. Der Roman der Schwestern Breitenschmidt. 550 S. Bln, Lpz: Horen-Verl. 1926
90 Das Jahr. Gedichte. 70 S. Bln, Lpz: Horen-Verl. 1927
91 (Hg.) Der güldene Schrein. Ein Jahrbuch für gute Leser und freundwill. Buchberater. Jg. 2–3. 224, 176 S. m. Abb. Dresden: Limpert (1927–1928)
92 Das unterhaltsame Tagebuch. 297 S. Bln, Lpz: Horen-Verl. 1928
93 Das Gerücht. 63 S. Hbg: Dt. Dichter-Gedächtnis-Stiftung (= Der junge Tag 3) 1929
(Ausz. a. Bd. 3 v. Nr. 79)
94 Der Auswanderer und andere Novellen. Gedichte. Hg., eingel. J. Reiske. 59 S. Lpz: Quelle & Meyer (= Deutsche Novellen des neunzehnten und zwanzigsten Jahrhunderts 33) (1930)
95 Der Weg nach Ilok. Roman. 522 S. Bln, Lpz: Horen-Verl. 1930
96 Unrecht der Liebe. Roman. 249 S. (Lpz: List) 1931
97 (Bearb.) Über allen Zauber Liebe. Schauspiel. Freie Nachdichtung nach Calderón. 97 S. (Lpz: List) 1931
98 Das Leben ein Traum. Schauspiel. Freie Nachdichtung nach Calderón. Hg. J. Kühn. 79 S. Bielefeld: Velhagen & Klasing (= Velhagen & Klasing's dt. Lesebogen 156) 1932

99 Die Pflicht. 44 S. Lpz: List 1932
100 (Einl.) Schönes deutsches Land in Gemälden deutscher Künstler. 4 Bl., 10 Taf. 4° Lpz: Seemann (= Seemann's farbige Künstlermappen, N. R. 103) 1933
101 Berlin und Bodensee. Erinnerungen einer Jugend. 301 S., 8 Taf. Lpz: List 1934
102 Erzählungen. 389 S. Lpz: List (1934)
103 Gedichte. 328 S. Lpz: List (1934)
   (Erw. Neuaufl. v. Nr. 74)
104 Mein Leben. 54 S. Bln: Junker & Dünnhaupt (= Die Lebenden) 1934
105 Wanderungen. Erste vollständige Ausgabe der drei Bände Reise und Einkehr, Städte und Schlösser, Der Bodensee. 388 S., 48 Abb. Lpz: List (1934)
   (Veränd. Neuaufl. v. Nr. 78; enth. Nr. 16, 33, 46)
106 (MH) Die großen Deutschen. Neue deutsche Biographie. Hg. W. v. Sch. u. W. Andreas. 5 Bde. m. Abb. u. Faks. 4° Bln: Propyläen-Verl. 1935–1937
107 Untergang eines Heldenvolkes. 87 S. Oldenburg: Stalling (= Schriften an die Nation 69–70) 1935
108 Der Zufall und das Schicksal. 211 S. Lpz: List 1935
   (Erw. Neuaufl. v. Nr. 81)
109 Die Jahrhundertwende. Lebenserinnerungen. 262 S., 8 Taf. Lpz: List 1936
110 Spiel in Lüften. Sechs Gedichte und ein Aufsatz „Über das Gedicht". 9 Bl. Hbg: Ellermann (= Das Gedicht. Jg. 3, Nr. 9) 1936
111 (Einl.) L. Eckener: Meersburg. Burgchronik v. H. Naessl. 15 S., 20 Bl. Abb. Friedrichshafen: See-Verl. (1937)
112 Die Gefährten. Neue Erzählungen. 376 S. Lpz: List 1937
   (Enth. u. a. Nr. 99)
113 Renovation. Groteske. 16 S. (Furth:) Dt. Hort-Verl. (= Europa, wohin? 2) (1937)
114 (Bearb.) Der Richter von Zalamea. Schauspiel. Freie Nachdichtung nach Calderón. 77 S. Breslau: Heydebrand (= Brückenbücherei 15) 1937
115 Der klingende Sinn. 93 S. Breslau: Heydebrand (= Brückenbücherei 14) 1937
116 (Hg.) Das Buch des Lachens. Schnurren, Schwänke und Anekdoten. 341 S., 18 Abb. Bln: Dt. Verl. (1938)
117 (Hg.) A. v. Droste-Hülshoff: Werke in einem Band. 507 S. Stg: Hädecke 1938
118 Die Frankfurter Weihnacht. Schauspiel. 101 S. Bielefeld: Velhagen & Klasing (= Velhagen & Klasing's dt. Lesebogen 236) 1938
119 An Ilm und Isar. Lebenserinnerungen. 318 S., 8 Taf. Lpz: List 1939
120 Lebensjahre. Gedichte. 60 S. Bln: Propyläen-Verl. 1939
121 Abend und Nacht. Eine kleine Gedichtauswahl. 15 S. Hbg: Ellermann (= Das Gedicht. Jg. 6, Nr. 10) 1940
122 Die Liebe der Charlotte Donc. Novelle. Mit e. autobiogr. Nachw. d. Verfassers. 77 S. Lpz: Reclam (= Reclam's UB. 7460) 1940
   (Veränd. Neuaufl. v. Nr. 70)
123 Claudia Colonna. Schauspiel. 78 S. Bielefeld: Velhagen & Klasing (= Velhagen & Klasing's dt. Lesebogen 267) 1941
124 (Hg.) Das deutsche Gedicht. Ein Jahrtausend deutscher Lyrik. 640 S. Bln: Knaur 1941
125 Das deutsche große Welttheater. Dramatische Dichtung. 96 S. Lpz: List 1941
126 (Hg.) Die Ballade. Menschen und Mächte, Schicksale und Taten. 623 S. Bln: Knaur 1942
127 (MV, Bearb.) Welttheater. (W. v. Sch.:) Das große Welttheater. (– P. Calderón de la Barca:) Über allen Zauber Liebe. Das Leben ein Traum. Der Richter von Zalamea. Freie Nachschöpfung nach Calderón. 459 S. Lpz: List 1942
   (Enth. Nr. 97, 98, 114, 125)
128 (MV) H. Gradl: Deutsche Landschaft. 47 S., 80 S. Abb. Stg: Hädecke 1943
129 (Bearb.) Münchhausen. Des Freiherrn wunderbare Reisen und Abenteuer. In neuer Nacherz. hg. 107 S., 25 Abb. Bln: Knaur 1943
130 Ayatari. Schauspiel. 82 S. Bielefeld: Velhagen & Klasing 1944
   (Dramat. v. Nr. 99)
131 Die Gedichte. Gesamtausg. 251 S. Lpz: List 1944

132 Heitere Geschichten. 64 S. Lpz: List (= Lebendiges Wort 48) 1944
 (Ausz. a. Nr. 112)
133 Stürmende Jugend. Ein Schillerbildnis. 132 S. Lpz: List (1944)
134 Die Nacht der Entscheidung. Novellen und Erzählungen. Einf. F. Hammer. 130 S. Stg: Verl. Dt. Volksbücher (= Wiesbadener Volksbücher 308) 1945
135 Ewige Jugend. Zaubermärchen in neun Bildern. 153 S. Herford: Die Arche 1949
136 Irrtum und Wahrheit. Neue Aphorismen. 84 S. Gütersloh: Bertelsmann (= Das kleine Buch 19) 1950
137 Der Zufall und das Schicksal. 357 S. Mchn, Lpz, Freiburg: List (1950) (Erw. Neuaufl. v. Nr. 108)
138 (MV) Der Bodensee in siebenundvierzig Bildern. Text W. v. Sch. 47 S. m. Abb. Königstein i. T.: Langewiesche (= Langewiesche-Bücherei) (1951)
139 (Einl.) Schwarzwald und Bodensee. Erl. H. Busch. 104 S., 88 S. Abb. 4° Ffm: Umschau-Verl. (= Baden-Württemberg 1; = Die deutschen Lande 4) (1952)
140 Die ausgewählten Gedichte. 79 S. Gütersloh: Bertelsmann (= Das kleine Buch 49) 1953
141 Zwei Besucher und andere Erzählungen. 62 S. Köln: Schaffstein (= Schaffstein's Blaue Bändchen 278) 1954
142 (Hg.) Das deutsche Gedicht. Ein Jahrtausend deutscher Lyrik. 460 S. Stg: Verl. Dt. Volksbücher 1954
 (Veränd. Neuaufl. v. Nr. 124)
143 Raum über uns. Neue Gedichte. 72 S. Gütersloh: Bertelsmann (= Das kleine Buch 69) 1954
144 Das Säckinger Trompeterspiel. 60 S. Karlsruhe: Müller 1955
145 Das Drama. Wesen, Werden, Darstellung der dramatischen Kunst. VIII, 256 S. Tüb: Niemeyer 1956
146 (Einl.) Flüsse und Seen. Ein Bildwerk. Bildausw. P. Junker. Textanh. F. Henrich. 84 S., davon S. 9–50 Abb. 4° Bonn: Athenäum-Verl. (= Dt. Heimat 3) 1956
147 Goethe in der Schweiz. 41 S., 2 Abb. quer 8° Kassel: Lometsch (= Druck d. Arche 15) (1956)
148 Friedrich Schiller. Stürmende Jugend. Lebenswerk. 303 S. Mchn: Bong 1956
 (Verm. Neuaufl. v. Nr. 133)
149 Das Inwendige. Erzählungen. 312 S. Stg, Zürich, Salzburg: Europ. Buchklub (1958)
 (Enth. u. a. Nr. 61 u. 70; u. Ausz. a. Nr. 47 u. 56)
150 Der Zufall und das Schicksal. Vom Autor rev. Neuausg. 178 S. Mchn: List (= List-Bücher 133) 1959
 (Verb. Neuausg. v. Nr. 137)
151 Nur Zufälle. 171 S. 16° Freiburg: Hyperion-Verl. (= Hyperion-Bücherei) 1960

SCHOPENHAUER, geb. Trosiener, Johanna (1766–1838)

1 Carl Ludwig Fernow's Leben. IV, 428 S. m. Bildn. Tüb: Cotta 1810
2 Erinnerungen von einer Reise in den Jahren 1803, 1804 und 1805. 3 Bde. VI, 304; IV, 364; 374 S. Rudolstadt: Hof-Buch- und Kunsthandlung 1813–1817
3 (MV, Hg.) Novellen, fremd und eigen. Erster Band. 256 S. Rudolstadt: Hofbuchh. 1816
4 Reise durch das südliche Frankreich. 374 S. Rudolstadt: Hofbuchh. 1817 (Bd. 3 v. Nr. 2)
5 Reise durch England und Schottland. 2 Bde. VII, 416; VII, 440 S. Lpz: Brockhaus 1818
 (Verm. Neuaufl. v. Nr. 2, Bd. 1 u. 2)
6 Ausflucht an den Rhein und dessen nächste Umgebungen im Sommer des ersten friedlichen Jahres. 1 Bl., 296 S. Lpz: Brockhaus 1818
7 Gabriele. Ein Roman. 3 Bde. VIII, 412 S., 1 Bl.; 2 Bl., 287 S.; 2 Bl., 284 S., 1 Bl. Lpz: Brockhaus 1819–1820
8 Johann van Eyck und seine Nachfolger. 2 Bde. 4 Bl., 268 S.; 3 Bl., 206 S. Ffm: Wilmans 1822

9 Die Tante. Ein Roman. 2 Bde. 376, 408 S. Ffm: Wilmans 1823
10 Reise von Paris durch das südliche Frankreich bis Chamouny. 2 Bde. 2 Bl., 282 S.; 2 Bl., 320 S. Lpz: Brockhaus 1824
(Verm. Neuaufl. v. Nr. 2, Bd. 3)
11 Erzählungen. 8 Bde. Ffm: Sauerländer 1825–1828
12 Gabriele. Ein Roman. 3 Bde. VIII, 412 S.; 2 Bl., 287 S.; 2 Bl., 284 S. Lpz: Brockhaus 1826
(Verb. Neuaufl. v. Nr. 7)
13 Erzählungen. 12 Bde. 16⁰ Wien: Mausberger (= Neueste Bibliothek 88–99) 1827
14 Sidonia. Ein Roman. 3 Bde. Ffm: Wilmans 1827–1828
15 Novellen. 2 Bde. 274, 308 S. Ffm: Sauerländer 1830
16 Sämmtliche Schriften. 24 Bde. m. Bildn. 16⁰ Lpz: Brockhaus; Ffm: Sauerländer 1830–1831
17 Ausflug an den Niederrhein und nach Belgien im Jahre 1828. 2 Bde. 2 Bl., 316 S.; 2 Bl., 319 S. Lpz: Brockhaus 1831
18 Meine Großtante. Aus den Papieren eines alten Herrn. (S.-A.) 194 S. Stg: Hoffmann 1831
(Unrechtm. Dr.)
19 Neue Novellen. 3 Bde. Ffm: Sauerländer 1832
20 Der Bettler von Sanct Colomba. Margaretha von Schottland. Zwei Novellen. 246 S. Ffm: Sauerländer 1836
21 Die Reise nach Italien. Novelle. 285 S. Ffm: Sauerländer 1836
22 Richard Wodd. Roman. 2 Bde. 2 Bl., 430 S.; 2 Bl., 419 S. Lpz: Brockhaus 1837
23 Jugendleben und Wanderbilder. Aus J. Sch.s Nachlaß. Hg. von ihrer Tochter. 2 Bde. 2 Bl., 384 S.; 324 S., 1 Bl. Braunschweig: Westermann 1839
(Titelaufl. v. Nr. 24)
24 Nachlaß. Hg. von ihrer Tochter (Adele Schopenhauer). 2 Bde. 2 Bl., 384 S.; 2 Bl., 324 S., 1 Bl. Braunschweig: Westermann 1839
25 (MV) Damals in Weimar! Erinnerungen und Briefe von und an Johanna Schopenhauer. Hg. H. H. Houben. VIII, 358 S., 19 Taf. Lpz: Klinkhardt & Biermann 1924
26 Erinnerungen. 81 S. Mchn, Regensburg: Habbel & Naumann (= Bedrängte Ströme 3: Weichsel; = Die Weltliteratur 1924, 1) 1924

SCHOPPE, geb. Weise, Amalie
(+Adalbert von Schonen) (1791–1858)

1 (MV) A. Sch. u. F. Tarnow: Erzählungen. Lpz: Engelmann 1820
2 Die Helden und Götter des Nordens, oder: Das Buch der Sagen. Bln: Gropius 1822
3 Abendstunden der Familie Hold. X, 152, 65 S., 6 Taf. Hbg: Herold 1823
4 Eugenie. Eine Unterhaltungsschrift. 277 S. Bln: Christiani 1824
5 Lebensbilder, oder Franziska und Sophie. Roman in Briefen, besonders für Frauen und Jungfrauen. 2 Bde. VI, 284; 256 S. Lpz: Klein 1824
6 Die neue Armida. Roman. 271 S. Gera, Lpz: Heinsius 1825
7 Glück aus Leid. Roman. 2 Bde. 250, 251 S. Lpz: Kollmann 1825
8 Schicksals-Wege. Ein historischer Roman. 3 Bde. Braunschweig: Meyer 1825
9 Die Verwaisten. Roman. 2 Bde. 174, 175 S. Lpz: Heinsius 1825
10 Antonie, oder Liebe und Entsagung. Roman. 266 S. Lpz: Focke 1826
11 Die Familie Ehrenstein. X, 244 S. Hbg: Herold 1826
12 Erzählungen. Lpz: Focke 1826
13 Erzählungen aus der Gegenwart und Vergangenheit. Lpz: Focke (1826)
14 Neue Erzählungen und Mährchen für Geist und Herz. Braunschweig: Meyer (1826)
15 Die Erzählungsabende im Pfarrhause. 2 Bde. Hbg: Herold 1826
16 (Hg.) H. Freese: Erzählungen und kleine Romane. IV, 295 S. Braunschweig: Meyer 1826

17 Die Minen von Pasco. Ein Roman. 3 Bde. Lpz: Taubert 1826
18 Gran Tacaño, oder Leben und Thaten eines Erzschelms. Komischer Roman, frei nach dem Spanischen des Quevedo. 2 Bde. Lpz: Taubert 1826
19 Die Winterabende zu Sonnenfels, oder Erzählungen für die Jugend. Lpz: Hinrichs 1826
20 Bunte Bilder aus dem Jugendleben in Erzählungen, Mährchen und Gesprächen. Lpz: Taubert 1827
21 Gesammelte Erzählungen und Novellen. Frühlingsgabe – Herbstgabe. 2 Bde. 266, 260 S. Lpz: Taubert 1827–1828
22 Die Heimathlose. Roman. 2 Bde. Lpz: Taubert 1827
23 Iwan, oder die Revolution von 1762 in St. Petersburg. Historischer Roman. 2 Bde. 250, 335 S. Lpz: Taubert 1827
24 Leonhard, oder die Verirrungen des Schmerzes. Roman. 302 S. Braunschweig: Meyer 1827
25 (Bearb.) Erste Nahrung für Geist und Herz ... Frei nach dem Englischen der Early Lessons von Marie Edgeworth. 4 Bde. Heidelberg: Engelmann 1827
26 Die Auswanderer nach Brasilien, oder die Hütte am Gigitonhonha. Nebst noch anderen moralischen und unterhaltenden Erzählungen. 244 S. Bln: Amelang (1828)
27 Neue Erzählungsabende der Familie Sonnenfels. VI, 282 S. Bln: Amelang (1828)
28 Frederik und Arabella, oder: Die Erben von Kilmarnok. Historischer Roman. 2 Bde. 238, 240 S. Lpz: Taubert 1828
29 (Hg.) H. Fresse: Vier Erzählungen. Braunschweig 1828
30 Der Sang-König Hiarne. Nordlandssage. 240 S., 12 Ku. Heidelberg: Engelmann 1828
31 Lust und Lehre in unterhaltenden Mährchen und Erzählungen. Lpz: Taubert 1828
32 Kleine Mährchen-Bibliothek. 2 Bde. Bln: Matthison (1828)
33 Olivia, oder die Nebenbuhler. Ein Roman. 12° Lpz: Focke 1828
34 Wilhelm und Elfriede, oder die glücklichen Tage der Kindheit. Lpz: Taubert (1828)
35 Neue Bilder aus dem Jugendleben. 12° Lpz: Taubert 1829
36 Erzählungen der kleinen Hamburgischen Auswanderer. VIII, 188 S. 12° Lpz: Taubert 1829
37 (Bearb.) Franz und Marie, oder die unglücklichen Kinder. Eine moralische Erzählung ... nach M. Edgeworth. Heidelberg: Engelmann 1829
38 (Bearb.) Jugendleben, oder Franz und Rosamunde. Zwei moralische Erzählungen ... Nach M. Edgeworth. Heidelberg: Engelmann 1829
39 Die Pflegemutter und ihre Pflegetöchter. 12° Lpz: Taubert 1829
40 Edle Rache. Schön und häßlich, oder die beiden Schwestern. Zwei Erzählungen. 76 S. 16° Prag: Bohmann (1829)
41 Neue Nordische Sagen. 170 S., 9 Ku. Heidelberg: Engelmann 1829
42 Sontra, oder Seelen- und Sittengemälde für die reifere gebildete weibliche Jugend. VIII, 380 S. Bln: Amelang 1829
43 (Bearb.) Die schönen Tage der Kindheit in lehrreichen und unterhaltenden Erzählungen ... Nach dem Englischen der Marie Edgeworth. 320 S. Heidelberg: Engelmann 1829
44 Waldemar. Ein Roman. 2 Bde. 229, 254 S. Gera: Heinsius 1829
45 Asträa, oder Heilige Lehren im Gewande der Dichtung. Eine Sammlung moralischer Erzählungen. V, 318 S. Bln: Amelang (1830)
46 Der Bildersaal ... Oder: Geist und Herz belehrende und erheiternde Erzählungen. 188 S. 16° Bln: Amelang 1830
47 Leben Elisabeth's der Heiligen Landgräfin von Thüringen. Ein historisches Gemälde aus dem dreizehnten Jahrhundert. VIII, 288 S. Gera, Lpz: Heinsius 1830
48 König Erich der Vierzehnte und die Seinen. Historischer Roman. 2 Bde. 266, 327 S. Gera: Heinsius 1830
49 Fest-Gaben. In moralischen Erzählungen und Mährchen. 220 S. Lpz: Taubert 1830
50 Heinrich und Marie, oder die verwaisten Kinder. Eine rührende und belehrende Geschichte. 12° Lpz: Michelsen 1830

51 Der kleine Lustgarten oder belehrende und erheiternde Erzählungen. 12°
   Bln: Amelang 1830
52 Mathilde, oder Liebe über Alles. Roman. 229 S. Lpz: Taubert 1830
53 (Hg.) Iduna. Eine Zeitschrift für die Jugend beiderlei Geschlechts. 7 Jge.
   Lpz, Hbg (ab 1835 Altona) 1831–1837
54 Die Helden und Götter des Nordens ... X, 332 S., 12 Taf. Bln: Gropius 1832
55 Marie, oder Liebe bildet. Ein Roman. VI, 216 S. Lpz: Focke 1832
56 (Hg.) Sagenbibliothek, oder Volkssagen, Legenden und Mährchen der freien Reichsstädte Hamburg, Lübeck, Bremen und deren Umgebungen, nach mündlichen Überlieferungen und alten Chroniken. Hbg 1832
57 Florindo und Corralina, oder: Die beiden kleinen Savoyarden. Lpz: Cnobloch 1833
58 Volkssagen und Erzählungen. X, 332 S. Hbg: Niemeyer 1833
59 Volkssagen, Mährchen und Legenden aus Norddeutschland. M. 7 Ku. Lpz: Focke 1833
60 Briefsteller für Damen. Bln 1834
61 (Übs.) H. Dabin: Le Miroir ou cintes moraux. VIII, 250 S. Bln: Amelang 1834
62 Feierstunden oder Mährchen und Erzählungen. VII, 254 S. Lpz: Taubert 1834
63 Licht und Schatten, oder Bilder und Begebenheiten aus dem Jugendleben. 240 S. Bln: Amelang (1834)
64 Bunte Reihe, oder belehrende und unterhaltende Erzählungen aus der Jugendwelt. 240 S. Bln: Amelang 1834
65 Rosen und Dornen, gesammelt, Oder: Belehrende und unterhaltende Erzählungen. 237 S. 12° Lpz: Krappe (1834)
66 Kleines Schatzkästlein. Lpz: Krappe (1835)
67 Die beiden kleinen Seiltänzer, oder wunderbare Schicksale zweier Kinder. 214 S. Neuhaldensleben: Eyraud (1835)
68 +(Bearb.) Trifolium. Drei auserlesene Erzählungen nach dem Französischen des Alfred de Vigny. 259 S. Altona: Aue 1835
69 Die Colonisten (auf Neuholland). Ein Roman. 2 Bde. 234, 320 S. Lpz: Focke 1836
70 Denkblätter aus dem Jugendleben, in lehrreichen Erzählungen und Mährchen. 258 S. Altona: Aue (1836)
71 Neue gesammelte Erzählungen und Novellen. Wintergabe. 302 S. Lpz: Krappe (= Gesammelte Erzählungen, Bd. 3) 1836
   (= Bd. 3 zu Nr. 21)
72 Für müßige Stunden. Neue gesammelte Erzählungen und Novellen. 3 Bde. 264, 216, 221 S. Lpz: Focke 1836
73 Erzählungen für meine Töchter. VIII, 376 S. Bln: Amelang 1837
74 Anna Lapukhin. Historischer Roman. 2 Bde. XII, 220; 277 S. Lpz: Focke 1837
75 Postkutsche und Wanderstab, oder merkwürdige Reisen Hrn. Reinhards und seines Sohnes Theodor. Neu-Ruppin 1837
76 Die Verlorne. Ein Roman. 203 S. Lpz: Taubert 1837
77 Zeitlosen. Novellen und Erzählungen. 2 Bde. 242, 252 S. Lpz: Taubert 1837
78 Cyanen. Novellen und Erzählungen. 2 Bde. 264, 269 S. 12° Lpz: Taubert 1838
79 Erinnerungen aus meinem Leben, in kleinen Bildern ... 2 Bde. 3 Bl., 250 S.; 2 Bl., 284 S. Altona: Hammerich 1838
80 Zwei Veilchen. 233 S. Nordhausen: Fürst 1838
81 Marat. Historischer Roman. 2 Bde. 179, 181 S. Braunschweig: Westermann 1838
82 Octavia. Roman. 2 Bde. 219, 227 S. Lpz: Taubert 1838
83 Vittoria. Roman. 3 Bde. 224, 206, 257 S. Lpz: Taubert 1838
84 (MV) A. Sch., L. Reinhardt u. E. Janinski: Aurora. Erzählungen. Hbg: Berendsohn (1839)
85 Tycho de Brahe. Historischer Roman. 2 Bde. 199, 168 S. Lpz: Taubert 1839
86 (MV) A. Sch., L. Reinhardt u. E. Janinski: Christgabe. 250 S. 12° Hbg: Berendsohn (1839)
87 Christliche Erzählungen. 207 S. 12° Heidelberg: Engelmann 1839
88 Hundert kleine Geschichten. 12° Bln: Amelang (1839)
89 Die Rache oder Leineweber von Segovia. Historischer Roman. 2 Bde. Lpz: Taubert 1839

90 Die Schlacht bei Hemmingstedt. Historischer Roman. 2 Bde. 216, 260 S. Lpz: Taubert 1840
91 *Der hinkende Teufel in Hamburg. Aus den Papieren eines Verstorbenen. 2 Bde. 223, 227 S. Lpz: Taubert 1840
92 Elegantes Geschenk zur Fest-, Namens- und Geburtsfeier. Zugleich ein Gedenk- und Erinnerungsbüchlein für Reisende am Rhein-, Main-, Mosel- und Neckarstrande. 184 S., 112 Ku. Heidelberg: Engelmann; Lpz: Barth 1841
93 Die erste Liebe eines Prinzen. Historischer Roman. 2 Bde. 208, 180 S. Lpz: Reichenbach 1841
94 Gilles de Raiz oder die Geheimnisse des Schlosses Tiffauges. Historischer Roman. 302 S. Lpz: Reichenbach 1841
95 Maria Stuart, Königin von Schottland. 120 S. 16⁰ Hbg: Berendsohn (= Wohlfeilste Volksbibliothek 17) 1841
96 Pierre Vidal der Troubadour. Roman. 2 Bde. XIII, 207; 268 S. 12⁰ Lpz: Taubert 1841
97 Aus Haß Liebe. Roman. 2 Bde. 196, 235 S. Lpz: Fritzsche 1842
98 Myosotis. Erzählungen und Novellen. 2 Bde. 304, 284 S. Lpz: Taubert 1842
99 Bilder aus dem Familienleben ... 2 Bde. 287, 339 S. Lpz: Taubert 1843
100 (Hg.) Cornelia. Taschenbuch für deutsche Frauen. Heidelberg: Engelmann 1843
101 Robinson in Australien. IV, 244 S. 12⁰ Heidelberg: Engelmann 1843
102 Der bürgerliche Haushalt in seinem ganzen Umfange. 2 Tle. 737 S. Jena: Frommann 1844
103 Die Jüdin. Roman. 2 Bde. 274, 322 S. Lpz: Taubert 1844
104 Polixena. Historischer Roman. 3 Bde. X, 230; 206; 228 S. Jena: Luden 1844
105 Tabitha von Geyersberg. Historischer Roman. 3 Bde. 4 Bl., 226; 228; 230 S. Jena: Luden 1845
106 Der Prophet. Historischer Roman aus der Neuzeit Nord-Amerikas. 3 Bde. Jena: Luden 1846
107 Die Edelfrau von Kellingdorfen. Historischer Roman. 3 Bde. Jena: Luden 1847
108 Das Majorat. Ein Roman. 319 S. Lpz: Fritzsche 1850
109 Ferdinand und Isabella. Historischer Roman. 1467-1474. 2 Bde. 241, 258 S. Lpz: Fritzsche 1851
110 Sagenbibliothek, oder Volkssagen, Legenden und Mährchen der freien Reichsstädte Hamburg, Lübeck, Bremen und deren Umgebungen, nach mündlichen Ueberlieferungen und alten Chroniken. 2 Bde. IV, 219; IV, 243 S. Lpz: Fritzsche 1851
(Verm. Neuaufl. v. Nr. 59)
111 Der Prinz von Viana. Historischer Roman. 2 Bde. VIII, 206; 199 S. Lpz: Fritzsche 1853
112 Die kleinen Waisen oder Gottesfügungen in Menschenschicksalen. Seitenstück zu „Heinrich und Marie". 2 Bl., 187 S. Bln: Hasselberg (= Hausbibliothek der Jugend 3) (1853)
(zu Nr. 50)
113 Hundert kleine Geschichten. Das allerliebste Buch für gute kleine Kinder. 224 S. Wesel: Bagel (1855)
114 Die Holsteiner in Amerika. Eine Erzählung. 2 Bl., 175 S. 16⁰ Stg: Chelius 1858

SCHOTTEL(IUS), Justus Georg (1612–1676)

1 Lamentatio Germaniae exspirantis. Der numehr hinsterbenden Nymphen Germaniae elendeste Todesklage. 19 Bl. 4⁰ Braunschweig: Gruber 1640
2 Teutsche Sprachkunst, Darinn die Allerwortreichste, Prachtigste, reinlichste, vollkommene, Uhralte Hauptsprache der Teutschen auß ihren Gründen erhoben, dero Eigenschaften und Kunststücke völliglich entdeckt, und also in eine richtige Form der Kunst zum ersten mahle gebracht worden. Abgetheilet in Drey Bücher. 8 Bl., 655 S. Braunschweig: Gruber 1641
3 Der Teutssen Sprach Einleitung, Zu richtiger gewisheit und grundmessigem

SCHOTTEL (IUS)

vermögen der Teutschen Haubtsprache, samt beygefügten Erklärungen. 150 S., 3 Bl. Lüneburg: Dünckler 1643

4   Klagschrift über Heinr. Schmerheim, † 7. Juni 1643 in Braunschweig. o. O. (1643)
5   Auf den Tod des am 24. Nov. 1644 zu Wolfenbüttel verstorbenen Kammersecretairs Sebastian Märtens. 4⁰ Wolfenbüttel 1645
6   Teutsche Vers- oder Reim-Kunst, darin vnsere Teutsche Muttersprache So viel dero Süßeste Poesis betrift, in eine richtige form der Kunst zum ersten mahle gebracht worden. 24 Bl., 318 S. Wolfenbüttel: in Verlegung des Authoris 1645
7   Fruchtbringender Lustgarte In sich haltend Die ersten fünf Abtheilungen, Zu ergetzlichem Nutze Ausgefertigt. 8 Bl., 352 S. Lüneburg: Cubach 1647
8   Acclamatio Pro Pace Inter Christianos firmâ et fidâ ... 5 Bl. 4⁰ o.O. 1648
9   Neu erfundenes Freuden Spiel genandt Friedens Sieg. In gegenwart vieler Chur- und Fürstlicher auch anderer Vornehmen Personen, in dem Fürstl: Burg Saal zu Braunschweig im Jahre 1642. von lauter kleinen Knaben vorgestellet. (Bogen A–M) m. Ku. Wolfenbüttel: Buno 1648
10 Teutsche Sprach Kunst, Vielfaltig vermehret und verbessert, darin von allen Eigenschaften der so wortreichen und prachtigen Teutschen Haubtsprache ausführlich und gründlich behandelt wird. 24 Bl., 897 S., Reg. Braunschweig: Zilliger 1651
    (Verm. Neuaufl. v. Nr. 2)
11 Ausführliche Arbeit von der Teutschen Haubt Sprache, Worin enthalten Gemelter dieser Haubt Sprache Uhrankunft, Uhraltertuhm, Reinlichkeit, Eigenschaft, Vermögen, Unvergleichlichkeit, Grundrichtigkeit ... Abgetheilet in fünf Bücher. 18 Bl., 1466 S., Reg. 4⁰ Braunschweig: Zilliger 1663
12 Jesu Christi Nahmens-Ehr, Worin alles auf den süssen Nahmen Gottes und dessen Wort eingerichtet ... und in gebundener und ungebundener Rede verfasset ist. Zu Lobe des Nahmens Jesu, zu erweckung Gottseeliger Gedanken, zu beforderung und lieblicher vorstellung der Teutschen Sprache. 8 Bl., 512 S. Wolfenbüttel: Buno 1666
13 Eigentliche und sonderbare Vorstellung Des Jüngsten Tages und darin Künftig verhandenen Grossen und Letzten Wunder-Gerichts Gottes ... Nachdenklich in Teutscher Sprache beschrieben, mit nötigen Erklärungen. 12 Bl., 284 S. m. Ku. 4⁰ Braunschweig: Zilliger 1668
14 Ethica Die Sittenkunst oder Wollebenskunst, In Teutscher Sprache vernemlich beschrieben in dreyen Bücheren. Vorstücke, 606 S., Reg. 4⁰ Wolfenbüttel: Weiss 1669
15 De Singularibus quibusdam et antiquis In Germania Juribus et Observatis. Kurtzer Tractat Von Unterschiedlichen Rechten in Teutschland ... 7 Bl., 591, 15 S. m. Titelb. Ffm, Lpz: Grentz (1671)
16 Horrendum bellum grammaticale Teutonum antiquissimorum. Wunderbarer Ausführlicher Bericht, Welcher gestalt Vor länger als Zwey Tausend Jahren in dem alten Teutschlande das Sprach-Regiment gründlich verfasset gewesen ... 5 Bl., 94 S. 4⁰ Braunschweig 1673
17 Sonderbare Vorstellung Von der Ewigen Seeligkeit In Teutscher Sprache Nachdenklich beschrieben, Samt Kurtzem Vorberichte Von der Zeit und Ewigkeit. An stat des andren Theils ist beigefügt Eine Sterbekunst Oder Sonderliche Erinnerung Gern, recht, bald und frölig zusterben. Vorstücke, 318 S Braunschweig: Zilliger 1673
18 Harmonia quatuor Evangelistarum. Auf sonderliche Art Vernehmlich und mit ungezwungenen deutlichen Reimen oder Versen in Teutscher Sprache ausgefertigt. Braunschweig 1675
19 Grausame Beschreibung und Vorstellung Der Hölle und der Höllischen Qwal, Oder Des andern und ewigen Todes In Teutscher Sprache nachdenklich, und also vor die Augen gelegt, daß einem gottlosen Menschen gleichsam die höllischen Funken annoch in dieser Welt ins Gewissen stieben, und Rück-Gedanken zur Ewigkeit erwekken können. 32 Bl., 328 S. m. Ku. Wolfenbüttel: Buno 1676
20 Brevis et fundamentalis Manuductio ad Orthographiam et Etymologiam in lingua Germanica. Kurze und gründliche Anleitung zu der Rechtschreibung und Wortforschung in der deutschen Sprache. 240 S. Braunschweig: Zilliger 1676

21 Eigentliche und Sonderbare Vorstellung Des Jüngsten Tages und darin Künfftig verhandenen Grossen und Letzten Wunder-Gerichts Gottes ... zum andren mahl heraus gegeben, vom Authore selbst revidirt, und mit Lateinischen Summariis, auch sonst hin und wieder gemehret. 28 Bl., 285 S. Braunschweig: Zilliger 1689
(Verm. Neuaufl. v. Nr. 13)

SCHREYER, Lothar (+Angelus Pauper) (1886–1966)

1 Jungfrau. Drama. 30 S. Bln: Verl. Der Sturm (= Sturm-Bücher 14) 1917
2 Die neue Kunst. 61 S. Bln: Verl. Der Sturm (= Sturm-Bücher) 1918
3 Meer. Sehnte. Mann. 94 S. Bln: Verl. Der Sturm 1918
4 Nacht. 28 S. Bln: Verl. Der Sturm 1919
5 Kreuzigung. Spielgang Werk 7. Ausg. 2. 77 Bl. 2⁰ Hbg: Werkstatt d. Kampfbühne 1920
6 Verantwortlich. 31 S. Hbg: Hanseat. Verl.-Anst. 1922
7 (Hg.) J. Böhme: Vom dreifachen Leben des Menschen. 592 S. Hbg: Hanseat. Verl.-Anst. (= Aus alten Bücherschränken) (1924)
8 (Vorw.) Jacoba van Heemskerck. 20 S., 1 Abb., 42 S. Abb. 4⁰ Bln: Verl. Der Sturm (= Sturm-Bilderbuch 7) 1924
9 (MV) (H. Walden: Einblick in Kunst, Expressionismus, Futurismus, Kubismus. – L. Sch.:) Zur Geschichte des Sturm. 171 S. m. Abb., 1 Taf. 4⁰ Bln: Verl. Der Sturm 1924
10 (Hg., Einl.) Deutsche Mystik. 400 S. (Bln:) Dt. Buchgem. (1925)
11 (MH) Der Weg. Die Schrift der Schule. Aus den Lehrwerkstätten Malerei, Bildhauerei, Raumgestaltung ... Hg. E. Kesting u. L. Sch. 31 S. m. Abb. u. Taf. Dresden: Der Weg (1926)
12 Die bildende Kunst der Deutschen. Geschichte und Betrachtung. 406 S., 49 Abb. Hbg: Hanseat. Verl.-Anst. (1930)
13 Deutsche Landschaft. 284 S., 23 Abb. Hbg: Hanseat. Verl.-Anst. 1932
14 Der Bamberger Reiter. 72 S. Oldenburg: Stalling (= Schriften an die Nation 12) 1932
15 +Die Liebe der heiligen Elisabeth. 288 S. Freiburg: Caritasverl. 1933
16 Die Mystik der Deutschen. Vom Reich der Liebe. 262 S., 1 Titelb. Hbg: Hanseat. Verl.-Anst. 1933
17 (Hg.) Deutsche Männer. 1935. 28 Bl. Abb. m. Text 4⁰ Hbg: Agentur des Rauhen Hauses (1934)
18 Frau Uta in Naumburg. 62 S., 1 Taf. Oldenburg: Stalling (= Schriften an die Nation 26) 1934
19 Die Gottesgeburt im Menschen. Gespräch um Meister Eckehart. 131 S. Regensburg: Pustet 1935
20 +St. Ursula und die Jungfrauen. 229 S. Freiburg: Caritasverl. 1935
21 +St. Christophorus. 264 S. Freiburg: Caritasverl. 1936
22 Sinnbilder deutscher Volkskunst. 191 S. m. Abb., 8 Bl. Abb. Hbg: Hanseat. Verl.-Anst. 1936
23 +Die Werke der Barmherzigkeit. 82 S. Freiburg: Caritasverl. (= Münsterengel-Bücherei 3) 1937
24 Bildnis der Engel. Ein Schaubuch und Lesebuch. 134 S., 24 Taf. 4⁰ Freiburg: Herder (1939)
25 (Hg.) Der Weg zu Gott. Zeugnisse deutscher Mystik. Worte von Meister Eckehart, Heinrich Seuse, Johannes Tauler. 126 S. Freiburg: Caritasverl. 1939
26 (Hg.) Bildnis des Hl. Geistes. Ein Schaubuch und Lesebuch. Einl. J. Höfer. 203 S., 24 Taf. 4⁰ Freiburg: Herder 1940
27 Der Falkenschrei. Friedrich II. von Hohenstaufen. Roman. 392 S. Salzburg: Pustet 1940
28 (Hg., Einl.) Der gefangene Glanz. Aus den religiösen Werken des Paracelsus, zur vierten Jahrhundertfeier seines Todes. 185 S., 1 Titelb. Freiburg: Caritasverl. (= Antwort des christlichen Herzens 3) (1940)
29 Der Untergang von Byzanz. Roman. 337 S., 1 Kt. Graz: Pustet (1940)

30 Das Straßburger Münster. 37 S., 30 Abb. Kassel: Bärenreiter-Verl. (= Kleines Bärenreiter-Buch 5) (1941)
31 Der Isenheimer Altar. 39 S., 21 Abb. Kassel: Bärenreiter-Verl. (= Kleines Bärenreiter-Buch 9) (1942)
32 Haus des Friedens. Ursprung und Sinn des romanischen Kirchenbaus. 112 S. m. Abb. Düsseldorf: Ges. f. Buchdr. u. Verl. (= Vom Reichtum christlicher Wirklichkeit 7) 1942
33 Der Schutzengel. 16 S. Hbg: Lettenbauer (= Christliche Botschaften 3) 1946
34 Die dreifache Gottesgeburt. 15 S. Hbg: Lettenbauer (= Christliche Botschaften 4) 1947
35 (Hg.) Hamburger Jahrbuch für christliches Geistesleben. Jg. 1. 1945–1947. 278 S. Hbg: Wegner 1947
36 (Hg., Einl.) A. Dürer: Federzeichnungen. X S., 7 Bl. m. Abb. Hbg: Wegner (= Meister der Graphik 7) 1948
37 (Hg., Einl.) Frühe deutsche Holzschnitte. X, 7 S. m. Abb. Hbg: Wegner (= Meister der Graphik 1) 1948 (Bd. 1 v. Nr. 38)
38 (Hg.) Meister der Graphik. 9 Bde. m. Abb. Hbg: Wegner 1948
39 Expressionistisches Theater. Aus meinen Erinnerungen. 235 S. m. Abb. Hbg: Toth (= Hamburger Theaterbücherei 4) 1948
40 Oremus. Beter und Gebet. 203 S., 20 Abb. Düsseldorf: Bastion-Verl. (= Vom Reichtum christlicher Wirklichkeit 12) 1949
41 Die Vollendeten. Mystiker-Biographien. 123 S. Heidelberg: Kemper (= Thomas-Bücherei) 1949
42 Anbetung des göttlichen Kindes. Worte für ein Weihnachtsspiel. 30 S. Kassel, Basel: Bärenreiter-Verl. (= Bärenreiter-Laienspiele 122) 1950
43 Die heiligen Engel. 13 S., 25 Taf. u. Abb. Freiburg: Herder (= Der Bilderkreis 28) 1950
44 Kleine christliche Krankenfibel. Ein tröstliches ABC. 137 S., 1 Titelb. Freiburg: Herder 1950
45 Bildnis der Mutter Gottes. Ein Schaubuch und Lesebuch. 128 S., 64 Taf., 1 Titelb. Freiburg: Herder 1951
46 (Hg.) Kranz der Kindheit. Dichter vieler Völker sprechen vom Kind. 317 S., 17 Taf. Hbg: Wegner 1951
47 Der schauende Mensch. 13 S., 25 Bl. Abb. Freiburg: Herder (= Der Bilderkreis 33) 1951
48 Die Vogelpredigt. Ein Spiel für Kinder nach der Legende vom Hl. Franziskus. 20 S. Kassel, Basel: Bärenreiter-Verl. (= Bärenreiter-Laienspiele 149) 1951
49 (Hg.) Krone des Alters. Dichter und Weise sagen Dank dem Leben. 319 S., 17 Taf. Hbg: Wegner 1952
50 Der Sieger über Tod und Teufel. Ein Schaubuch und Lesebuch. 264 S., 24 Taf., 1 Titelb. Freiburg: Herder 1953
51 Ein Jahrtausend deutscher Kunst. 521 S. m. Abb., 10 Taf. Hbg: Wegner 1954
52 (MH) Der Sturm. Ein Erinnerungsbuch an Herwarth Walden und die Künstler aus dem Sturmkreis. Hg. L. Sch. u. N. Walden. 275 S. m. Abb., 10 Taf., 8 Bl. Abb. Baden-Baden: Klein 1954
53 Evangelisten. Farbige Buchmalerei aus dem achten und neunten Jahrhundert. Ausw. der Bilder F. Oslender. 14 S., 17 Bl. Abb. Hbg: Wittig (= Frühmittelalterliche Buchmalerei) 1955
54 Agnes und die Söhne der Wölfin. Ein Prozeß. 316 S. Freiburg: Herder 1956
55 Die Botschaft der Buchmalerei. Aus dem ersten Jahrtausend christlicher Kunst. 144 S., 18 S. Abb., 1 Titelb. Hbg: Wittig (= Der Siebenstern) 1956
56 (MH) Das Antlitz Christi. Christusbilder aus dem vierten bis zwölften Jahrhundert. Hg. F. Oslender u. L. Sch. 15 S. Text, 12 ungez. Bl., 12 Taf. Hbg: Wittig (= Frühmittelalterliche Buchmalerei) 1956
57 (Hg.) Die Sendung der Dichter. Festschrift zur Feier des vierzigsten Geburtstags der Deutschen Hausbücherei. 1916–1956. 118 S. Hbg, Bln: Dt. Hausbücherei 1956
58 Erinnerungen an Sturm und Bauhaus. Was ist des Menschen Bild? 295 S., 20 Bl. Abb. Mchn: Langen-Müller 1959
59 Lyonel Feininger. Dokumente und Visionen. 67 S., 5 Bl. Abb., 1 Titelb. Mchn: Langen-Müller (= Langen-Müller's kleine Geschenkbücher 62) 1957

60 Schaubuch zum Katechismus. Eine Bildverkündung. 159 S., 4 Bl. Abb., 30 Taf. Freiburg: Herder 1957
61 Christliche Kunst des zwanzigsten Jahrhunderts in der katholischen und protestantischen Welt. 220 S., 40 Bl. Abb. Hbg: Wegner 1959
62 Romanische Malerei. Wand- und Tafelmalereien Kataloniens aus romanischer Zeit. Ausgew. u. erl. 63 S., S. 35–63 Abb. m. Text. Bonn: Adamas-Verl. 1959
63 Das Christusbild und die Kunst des zwanzigsten Jahrhunderts. 280 S. m. Abb., 1 Titelb. Salzburg: Müller 1960

SCHREYVOGEL, Joseph
(+Thomas West, Karl August West) (1768–1832)

1 Meine Rechtfertigung gegen die Verleumdungen, die K. Hofstätter im siebenten Hefte des Magazins der Kunst und Litteratur wider mich vorbringt, als ein Vorbericht zu einem künftigen Anti-Hofstätter. 50 S. Wien: Camesina 1794
2 +Das Sonntagsblatt oder Unterhaltungen von Thomas West. 3 Jge, 6 Bde. Wien (Bd. 6 Wien, Lpz): Camesina 1807–1809
3 *Biographie Schiller's und Anleitung zur Critic seiner Werke von J. K. S. Zwey Abtheilungen. Mit einem handschriftlichen Briefe Schiller's . 1 Bl., VIII, 416 S. Wien, Lpz: bey Cath. Gräffer und Comp. Heinrich Gräff 1810
4 (MH) Karte von Dalmatien und dem Gebiete von Ragusa aus echten Quellen gezogen und bearb. M. v. T(rau)x. Hg. Sch. u. Riedl. 128 S. Wien, Pest: Kunst- u. Industrie-Comtoir 1810
5 +(Bearb.) P. Calderón de la Barca: Das Leben ein Traum. Ein dramatisches Gedicht in fünf Acten. VI, 103 S. Wien: Wallishausser 1816
6 +(Bearb.) A. Moreto: Donna Diana. Lustspiel in drei Akten. Nach dem Spanischen v. Carl August West. 1 Bl., 192 S., 1 Bl. Wien: Wallishausser 1819
7 +Gesammelte Schriften von Thomas und Karl August West. 4 Bde. Braunschweig: Vieweg 1829
8 +Don Gutierre. Trauerspiel in fünf Aufzügen. Nach Calderóns „Arzt seiner Ehre" v. Carl August West. 147 S. Wien: Wallishausser 1834
9 +Bilder aus dem Leben. Aus West's gesammelten Schriften besonders abgedruckt. 2 Bde. 26¼ Bg. 12° Braunschweig: Vieweg 1836
10 +(Bearb.) W. Shakespeare: Der Kaufmann von Venedig. Schauspiel in fünf Aufzügen. Für die Darstellung eingerichtet v. C. A. West. 104 S. Wien: Wallishausser 1841
11 +(Bearb.) W. Shakespeare: Lönig Lear. Trauerspiel in fünf Aufzügen. Für die Darstellung eingerichtet. v. C. A. West. 139 S. Wien: Wallishausser 1841
12 (Bearb.) W. Shakespeare: Othello, der Mohr von Venedig. Trauerspiel in fünf Akten. Für die Darstellung eingerichtet. 132 S. Wien: Wallishausser 1841
13 +(Bearb.) W. Shakespeare: Romeo und Julia. Trauerspiel in fünf Aufzügen. Für die Darstellung eingerichtet v. C. A. West. 84 S. Wien: Wallishausser 1841

SCHREYVOGL, Friedrich (*1899)

1 Singen und Sehnen. Gedichte. 62 S. Wien: Wallishausser 1917
2 Klingen im Alltag. Verse. 54 S. Wien: Wallishausser 1918
3 Karfreitag. Ein Akt. 33 S. Wien: Strache 1920
4 Das Lebensspiel des Amandus. Zwölf Briefe an eine geliebte Frau. 189 S. Wien: Leonhardt 1920
5 Aus unserer Seele. Eine Auswahl Gedichte. Geleitw. M. M. Rabenlechner. 17 S. Wien: Volksbund-Verl. (= Studenten-Hefte. Literar. Reihe 2) 1920
6 Der zerrissene Vorhang. Ein dramatischer Zyklus. 74 S. Wien: Wiener literar. Anst. Wila 1920

7 Friedliche Welt. Erträumtes in Versen. 94 S. m. Abb. 16⁰ Wien: Knepler 1920
8 Der Antichrist. Roman. 217 S. Wien: Verl. d. Wiener graph. Werkstätte 1921
9 Auferstehung. Eine dramatische Legende. 28 S. Wien: Löwit (= Bücher der Zeit 4) 1921
10 Flöte am Abend. 69 S. m. Abb. 16⁰ Wien: Knepler (1921)
11 (Übs., Einl.) Thomas von Aquino: Ausgewählte Schriften zur Staats- und Wirtschaftslehre. Neue Übertr. m. Anm. u. e. krit. Einf. 448 S. Jena: Fischer (= Die Herdflamme 3) 1923
12 Das Mariazeller Muttergottesspiel. 63 S. Innsbruck: Tyrolia 1924
13 Katholische Revolution. 39 S. Lpz: Der Neue Geist-Verl. 1924
14 Österreich, das deutsche Problem. Vorw. K. Hoeber. 64 S. Köln: Bachem (=Zeit- und Streitfragen der Gegenwart 15) 1925
15 Ruf in die Nacht. Worte an ein Kind. 45 S. Wien: Knepler 1925
16 Der dunkle Kaiser. Schauspiel in fünf Akten. 64 S. Wien: Pfeffer 1926
17 Nationalismus und Nation. Probleme der Gemeinschaft. 41 S. Köln: Gilde-Verl. (= Görres-Bücherei der Köln. Volkszeitung 3) 1926
18 Das brennende Schiff. Schauspiel in fünf Akten. 64 S. Wien: Pfeffer 1926
19 Die geheime Gewalt. Gedichte. 48 S. Wien: Zsolnay 1928
20 Johann Orth. Österreichische Ballade in fünf Akten. 71 S. Wien: Speidel 1928
21 Sinfonietta. Lebensspiel in zwölf Briefen an eine Frau. 143 S. Köln: Bachem (1929)
(Umarb. v. Nr. 4)
22 Tristan und Isolde. Roman von heute. 235 S. Lpz: Staackmann (= Junge Reihe 1) 1930
23 Die Entdeckung Europas. Streiflichter auf die neue Zeit. 106 S. Lpz: Staackmann 1931
24 Liebe kommt zur Macht. Roman. 404 S. Lpz: Staackmann 1932
25 Die heilige Familie. Ein christliches Spiel. 75 S. Mchn: Höfling (= Spiel' und sing! 8036) (1933)
26 Vom Glück der deutschen Sprache. 111 S. Lpz: Staackmann 1933
27 Habsburger-Legende. 159 S. Wien: Zsolnay 1933
(Umarb. v. Nr. 20)
28 (MH) G. Rendl: Das Spiel vom Tode. Hg. F. Sch. u. W. K. Gerst. 65 S. Bln: Volkschaft-Verl. (= Spiele aus dem österreichischen Kulturkreis 1) 1933
29 Tod in Genf. Schauspiel. 85 S. Lpz: Dietzmann 1933
30 Georg verschenkt Millionen. Komödie in drei Akten. 85 S. Lpz: Dietzmann 1934
31 Himmlischer Besuch. Ein Gelegenheitsspiel zu Ehren der hl. Elisabeth. 23 S. Mchn: Höfling (= Höfling's Festspiele 5428) 1935
32 Grillparzer. Roman. 522 S. Wien: Zsolnay 1935
33 Kleine Harmonielehre. Vom Menschen und seiner schönen Welt. 60 S. Breslau: Kupfer (= Brückenbücher 6) 1935
34 (Bearb.) M. Anderson: Die Königin Elisabeth. 136 S. Wien: Marton 1935
35 (Bearb.) E. Lavery: Die erste Legion. Schauspiel. 112 S. Wien: Marton 1935
36 Brigitte und der Engel. Roman für Liebende. 267 S. Wien (:Bischoff) 1936
37 (Bearb.) E. K. Iljin: Die Kaiserin ohne Land. Schauspiel in acht Bildern. 92 S. Wien, London: Pfeffer 1936
38 (Bearb.) E. Lavery: Monsignores große Stunde. Ein Akt. 50 S. Wien: Marton 1936
39 (Bearb.) J. St. Ervine: Anthony und Anna. 120 S. Wien: Eirich 1937
40 Der Gott im Kreml. Schauspiel. 127 S. Wien (:Bischoff) 1937
41 Sein Leben ein Traum. Grillparzer-Roman. 522 S. Wien (:Bischoff) 1937
(Neuaufl. v. Nr. 32)
42 (Bearb.) L. Zilahy: Die Jungfrau mit dem Lamm. Komödie. 120 S. Wien: Marton 1937
43 Heerfahrt nach Osten. Ein Nibelungenroman. 432 S. Mchn: Bruckmann 1938
44 (MV) G. Kampendonk u. F. Sch.: Die letzte Farm. Schauspiel aus Afrika. 73 S. Wien: Wiener Verl.-Anst. 1939

45 (Bearb.) M. Asztalos: Die Nacht in Siebenbürgen. Lustspiel. Für die dt. Bühne gestaltet v. F. Sch. 79 S. Lpz: Dietzmann 1940
46 (Vorw.) H. Bahr: Der Meister. Komödie in drei Akten. 94 S. Bln: Bühnenverl. Ahn & Simrock (Ms.) 1940
47 Das Liebespaar. Eine zärtliche Komödie. 73 S. Lpz: Dietzmann 1940
48 Die Nibelungen. Roman. 404 S. Bln: Zeitgeschichte-Verl. (1940) (Neuaufl. v. Nr. 43)
49 Eine Schicksalssymphonie. Roman der Wiener Jahrhundertwende. 448 S. Bln: Zeitgeschichte-Verl. (1941)
50 Die kluge Wienerin. Komödie. 92 S. Lpz: Dietzmann (1941)
51 Die weiße Dame. Lustspiel. 120 S. Bln: Ahn & Simrock 1942
52 Der Friedländer. Roman um Wallenstein. 2 Bde. 371, 350 S. Bln: Zeitgeschichte-Verl. 1943
53 Titania. Eine märchenhafte Komödie. 84 S. Lpz: Dietzmann 1943
54 Der Mann in den Wolken. Novelle. 78 S. Lpz: Reclam (= Reclam's UB. 7589) 1944
55 (Bearb.) Z. Moricz: Der kleine Mischi Nyilias. Komödie. 132 S. Wien: Zsolnay-Bühnenvertr. 1945
56 Der Sohn Gottes. Der Prozeß des Pilatus. 349 S. Graz: Querschnitt-Verl. 1948
57 (Bearb.) M. Anderson: Anna, Königin für tausend Tage. 112 S. Bln: Bloch 1951
58 (Bearb.) J. Deval: Geliebter Schatten. 108 S. Wien: Österr. Bühnenverl. 1953
59 (Bearb.) N. Manzari: Das Wunder. 54 S. Wien: Marton 1953
60 Das fremde Mädchen. Roman. 317 S. Mchn, Wien, Basel: Desch 1955
61 Zwischen Nacht und Morgen. Roman. 222 S. Wien: Österr. Diana-Verl. (1955)
62 (Bearb.) E. Lavery: Die erste Legion. Schauspiel. 128 S. Mchn: Desch 1956 (Verb. Neuaufl. v. Nr. 35)
63 Die Dame in Gold. Roman. 319 S. Wien: Desch (= Welt im Buch) 1957
64 Wir Kinder Gottes. Gedichte. 43 S. Hbg, Wien: Zsolnay 1957
65 (Hg.) F. Grillparzer: Werke in zwei Bänden. Bearb. u. gedeutet für die Gegenwart. 2 Bde. 958, 1005 S., je 8 Bl. Abb. Salzburg, Stg: Verl. Das Bergland-Buch (= Die Bergland-Buch-Klassiker) 1958
66 Bild und Sinnbild der Welt. Einl. M. Enzinger. 127 S. Graz, Wien: Stiasny (= Stiasny-Bücherei 60) 1959
67 (Hg., Nachw.) F. Raimund: Sämtliche Werke. Nach dem Text der von F. Brukner u. E. Castle besorgten Gesamtausg. 747 S. Mchn: Winkler 1960

SCHRÖDER, Friedrich Ludwig (1744–1816)

1 *Auszug und Inhalt ... Götz von Berlichingen ... vom Herrn D. Göthe ... 20 S. Hbg: Bode 1774
2 *Othello. o. O. 1776
3 (MV) Hamburgisches Theater. 4 Bde. Hbg: Bode, Verl. d. Theatral-Direction (1–3) bzw. Hbg: Herold (4) 1776–1781
4 Die Zufälle. Bln 1782
5 Adelheid von Salisbury. Ein Trauerspiel in drey Aufzügen. Nach einer Erzählung des Arnaud. 83 S. Wien: Hartmann (1783)
6 *Zufällige Gedanken ... über die widrigen Zufälle ... Bln 1783
7 Der eifersüchtige Ungetreue. Bln 1783
8 (Übs.) W. Congreve: Väterliche Rache oder Liebe für Liebe. Lustspiel aus dem Englischen. Wien 1784
9 (Übs.) O. Goldsmith: Irrthum auf allen Ecken. Lustspiel in fünf Aufzügen. 118 S. Wien 1784
10 Beytrag zur deutschen Schaubühne. 3 Bde. Bln: Decker (1–2) bzw. Bln: Rottmann (3) 1786–1790
11 Sammlung von Schauspielen für's Hamburgische Theater. 4 Bde. Schwerin, Wismar 1790–1794
12 Schreiben an die Mitglieder seiner Schaubühne. Hbg 1793

13 Materialien zur Geschichte der Freimaurerei seit der Wiederherstellung der Großen Loge in London 1717. 4 Bde. o. O. (1813)
14 Materialien zur Geschichte der Freimaurerei seit ihrer Entstehung bis 1723. Jena 1814
15 Dramatische Werke. Hg. E. v. Bülow Einl. L. Tieck. 4 Bde. Bln: Reimer 1831

SCHRÖDER, Rudolf Alexander (1878–1962)

1 (MH) Almanach der Insel für 1900. Hg. O. J. Bierbaum, A. W. Heymel, R. A. Sch. 60 ungez. S. o. O. 1899
2 (MH) Die Insel. Monatsschrift. Hg. O. J. Bierbaum, A. W. Heymel u. R. A. Sch. Jg. 1–2, je 12 Nrn. m. Abb. 4° Bln: Schuster & Loeffler 1899–1901
3 Unmut. Ein Buch Gesänge. 75 S. 4° Lpz: Insel 1899
4 Empedocles. Ein Gedicht. 124 S. Lpz: Drugulin (50 num. Ex.) 1900
5 Lieder an eine Geliebte. 72 S. Bln, Lpz: Insel 1900
6 (MH) Das Mappenwerk der Insel. Hg. O. J. Bierbaum, A. W. Heymel u. R. A. Sch. 40 Bl. o. O. 1900
7 Sprüche in Reimen. 75 S. 4° Bln, Lpz: Insel 1900
8 An Belinde. Gedichte. 343 S. Lpz: Insel 1902
9 Sonette zum Andenken an eine Verstorbene. 408 S. Lpz: Insel 1904
10 (Übs.) A. V. Beardsley: Unter dem Hügel. Eine romantische Novelle. Aus dem Englischen. 55 S. Lpz: Insel 1905
11 Der achtundzwanzigste Mai. Ein Festspiel mit Musik. 38 S. o. O. (1905)
12 Elysium. Ein Buch Gedichte. 63 S. Lpz: Insel 1906
13 (Hg.) A. W. Heymel: Zeiten. Ein Buch Gedichte. 167 S. Lpz: Insel 1907
14 Baumblüte in Werder 1906. 22 S. Lpz: Drugulin (200 Ex.) 1909
15 Hama. Gedichte und Erzählungen. 120 S. Lpz: Insel 1908
16 (Übs.) A. Pope: Der Lockenraub. Ein komisches Heldengedicht. 49 S., 9 Abb. Lpz: Insel 1908
17 (MV) Moderne Schiffsräume des Norddeutschen Lloyd. Nach Entwürfen v. B. Paul, R. A. Sch. u. F. A. O. Krüger. 36 S. m. Abb. Mchn: Bruckmann 1908
18 Die Zwillingsbrüder. Sonette. 28 ungez. S. 4° Lpz: Drugulin (100 Ex.) 1908
19 (MH) Hesperus. Ein Jahrbuch. Hg. H. v. Hofmannsthal. R. A. Sch. u. R. Borchardt. IX, 181 S. Lpz: Insel 1909
20 Der Landbau. Elegie als Epistel an Hugo von Hofmannsthal. (S.-A.) 20 ungez. S. 4° o. O. (24 num. Ex.) 1909
21 (Bearb.) Salomo: Das Hohelied. 23 S. Lpz: Insel 1909
22 Die Stunden. Sonette. (S.-A.) 12 ungez. S. 4° o. O. (30 num. Ex.) 1909
23 (Übs.) (Homeros:) Die Odyssee. Des Gesamtwerks erste Abteilung. 1.–12. Gesang. 179 S., 3 Abb. Lpz: Insel 1910
24 Deutsche Oden. (S.-A.) VII, S. 455–471. 4° Mchn (: i. Verl. d. Süddeutschen Monatshefte) (50 Ex.) 1910
25 Lieder und Elegien. 86 S. 4° Lpz: Drugulin (100 Ex.) 1911
26 Prolog zum Festabend der Hauspflege. Bremen 1911
27 (MV) R. A. Sch. u. H. Gräfin Harrach-Arco: Schokolade am Drei-Königstag. 21 S. m. Abb. Lpz: Insel 1911
28 Tivoli. Elegie als Epistel an meine Schwester Clara. (S.-A.) 16 S. 4° o. O. (50 num. Ex.) 1911
29 Elysium. Gesammelte Gedichte. 231 S. Lpz: Insel 1912 (Erw. Neuaufl. v. Nr. 12)
30 (Hg.) H. v. Hofmannsthal: Die Wege und Begegnungen. 22 S. Bremen: Bremer Presse 1913
31 Deutsche Oden. 32 S. Lpz: Insel (= Insel-Bücherei 66) 1913 (Veränd. Neuaufl. v. Nr. 24)
32 Prolog zu einer Privat-Aufführung der Oper Echo und Narziß von Christoph Ritter von Gluck, gesprochen im Bremer Stadttheater am 16. November 1913. 4 ungez. S. 4° (Mchn: Bremer Presse) 1913
33 (Hg.) Aufruf zur Gründung der Bremer Presse. 4 S. 4° Bremen (1914)

34 (MV) R. A. Sch. u. H. v. Hofmannsthal: Deutscher Feldpostgruß und österreichische Antwort. 3 S. Wien: Heller 1914
35 Heilig Vaterland. Kriegsgedichte. 39 S. Lpz: Insel 1914
36 (Übs.) G. Gezelle: Gedichte. 64 S. Lpz: Insel (= Insel-Bücherei 213) (1917)
37 (Übs.) St. Streuvels: Die Ernte. Eine Erzählung. 82 S. Lpz: Insel (= Insel-Bücherei 214) (1917)
38 (Übs.) H. Teirlinck: Johann Doxa. Szenen aus dem Leben eines Brabanter Gotikers. 70 S. Lpz: Insel (= Insel-Bücherei 217) (1917)
39 Audax omnia perpeti. Gedichte. 41 S. (Lpz: Insel) (= Buch der Insel-Presse 2) (1922)
40 Dr. Focke zum Gedächtnis. 8. Juni 1923. 4 ungez. S. 4^0 o.O. 1923
41 (Hg., Nachw.) Jean Paul: Werke. 8 Bde. Potsdam: Müller 1923
42 (Übs.) M. T. Cicero: Cato der Ältere über das Greisenalter. 76 S. Mchn: Verl. d. Bremer Presse 1924
43 (Übs.) P. Vergilius Maro: Georgika. 97 S. 4^0 Mchn: Verl. d. Bremer Presse 1924
44 Der Herbst am Bodensee. Sonette. 24 S. Mchn: Verl. d. Bremer Presse (400 Ex.) 1925
45 Widmungen und Opfer. 128 S. 4^0 Mchn: Verl. d. Bremer Presse (150 num. Ex.) 1925
46 (Hg., Nachw.) F. Schiller: Gedankenlyrik. Textrevision H. H. Borcherdt. 552, 15, XXXVI S. Mchn: Verl. d. Bremer Presse 1926
47 (Übs.) P. Vergilius Maro: Eclogae et Georgica. 1. Eclogae. Latine et germanice. IV, 113 S. 4^0 Lpz: Insel 1926
48 Bremer Bibliophile Gesellschaft. Begrüßungsworte, gesprochen zur Gründungsversammlung am 21. Juni 1927. 14 S. 4^0 Bremen: Bremer Bibliophile Ges. 1927
49 (Hg., Einl.) W. Hauff: Phantasien im Bremer Rathskeller. Ein Herbstgeschenk für Freunde des Weines. Stg: Franckh 1827. 35 S. Faks.-Dr. Lpz: Spamer 1927
50 (Einl.) Die schaffende Unterweser. Hg. Presse-Kommission des Senats der freien Hansestadt Bremen. 111 S. m. Abb. Bremen: Schünemann (1927)
51 Verse für Bremen. 30 ungez. S. 4^0 Bremen: Hauschild (250 num. Ex.) 1928
52 (Hg.) E. Gildemeister: Gedichte. 30 S. Bremen: Schünemann (350 Ex.) 1929
53 (Übs.) G. Gossaert: Gedichte. 70 S. 4^0 Mchn: Verl. d. Bremer Presse (= Drucke der Bremer Presse 24; 180 num. Ex.) 1929
54 (Einl.) H. v. Hofmannsthal: Buch der Freunde. Tagebuch-Aufzeichnungen. 118 S. Lpz: Insel 1929
55 (Hg., Nachw.) G. E. Lessing: Doctor Faust. Ein Schauspiel. Berlin 1870. 34 S. Faks.-Dr. Bremen: Engelke (150 Ex.) 1929
56 (Einl.) F. de la Motte-Fouqué: Eines deutschen Schriftstellers Halbjahrhundert. 1828. Hg. H. Kasten. 154 S. Faks.-Dr. Bremen: Engelke (500 Ex.) (1929)
57 (Hg.) Fünf Handschriften aus dem Weimarer Kreise. 8 ungez. S., 15 Bl. Faks. Bremen: Engelke (250 Ex.) 1930
58 Jahreszeiten. Ein Buch Gedichte. 50 S. 4^0 Bremen: F. d. Tagung der Bibliophilen 1930
59 Mitte des Lebens. Geistliche Gedichte. 141 S. Lpz: Insel 1930
60 Bremen. (S.-A.) S. 123-128. Zürich, Bremen (o. Verl.) 1931
61 Der Dichter und das Buch. Vortrag. (S.-A.) 30 S. 4^0 o.O. 1931
62 Der Wanderer und die Heimat. 111 S. Lpz: Insel 1931
63 Wege und Ziele der Bücherpflege. Vortrag gehalten aus Anlaß der Gründung der Bibliophilen-Gesellschaft Köln, 23. März 1930. 19 S. 4^0 Köln: DuMont-Schauberg (350 Ex.) 1931
64 Ein paar Worte über Büchersammeln, gesprochen anläßlich der Tagung der Frankfurter Bibliophilen-Gesellschaft am 22. Februar 1931. 28 S. 4^0 Ffm (:Bauer; 425 num. Ex.) 1931
65 (Einl.) J. W. v. Goethe. Sammlung E. u. Th. Keller, Bremen. XII, 82 S. 4^0 Bremen: Engelke (500 Ex.) 1932
66 Zum 6. März 1932. 16 ungez. S. o.O. (50 Ex.) 1932
67 Racine und die deutsche Humanität. 76 S. Mchn: Oldenbourg (= Schriften der Corona 2) 1932
68 Rede, gehalten am Sarge von Adele Wolde im Trauerhause zu St. Magnus am 30. Juni 1932. 12 ungez. S. o.O. (50 Ex.) (1932)

69 Abschiedsworte am Sarge Robert Voigts, gesprochen am 20. Oktober 1933. Als Ms. gedr. 12 S. Lpz: Poeschel & Trepte 1933
70 Nachklang und Andenken. 16 ungez. S. Bln: Ganymed (100 Ex.) 1933
71 Steigerungsgedichte. 8 ungez. S. o. O. (200 Ex.) (1934)
72 Gedichte. 213 S. Lpz: Insel 1935
73 (Übs.) Qu. Horatius Flaccus: Die Gedichte. Gesamtausg. Oden-Carmen Saeculare-Epoden. 264 S. Wien: Phaidon 1935
74 Aus Kindheit und Jugend. Erinnerungen und Erzählungen. 207 S. Hbg: Dt. Buch-Club 1935
75 Ein Weihnachtslied. Gedichte. 36 S. Bln: Eckart-Verl. (= Eckart-Kreis 17) 1935
76 Dichtung und Dichter der Kirche. 195 S. Bln: Eckart-Verl. (= Eckart-Kreis 28) 1936
77 (Hg., Einl.) J. Heermann: Frohe Botschaft aus seinen evangelischen Gesängen. 145 S., 1 Titelb. Bln: Eckart-Verl. (= Meister des Kirchenliedes 1; = Eckart-Kreis 30) 1936
78 Zur Naturgeschichte des Glaubens. Kunst und Religion. Zwei Betrachtungen. 46 S. Bln: Eckart-Verl. (= Eckart-Flugschriften 2) 1936
79 (Einl.) A. Rodin: Briefe an zwei deutsche Frauen. Hg. H. v. Nostitz. 167 S., 26 Taf. Bln: Holle (1936)
80 Die Ballade vom Wandersmann. 38 S. Bln (:Suhrkamp) (1937)
81 Der Herbst am Bodensee. Aus einer unveröffentlichten Sammlung Sonette. XV S. Murnau: Verl. Die Wage (= Des Bücherfreundes Fahrten ins Blaue 1,10) 1937
 (Veränd. Neuaufl. v. Nr. 44)
82 Die Kirche und ihr Lied. 31 S. Bln: Eckart-Verl. 1937
83 Ein Lobgesang. Neue Lieder für Kirche und Haus. 65 S. Bln: Eckart-Verl. (1937)
84 (Übs.) Molière: Die Schule der Frauen. Lustspiel in fünf Akten. Im Versmaß des Originals übs. 82 S. Lpz: Steyer 1937
85 (Übs.) J. Racine: Berenize. Tragödie in fünf Aufzügen. Im Versmaß des Originals übs. 66 S. Lpz: Steyer (Ms.) 1937
86 Dichter und Volk. Vortrag. 36 S. Hameln: Seifert 1938
87 Oster-Spiel. 46 S. Bln: Eckart-Verl. 1938
88 (Übs.) W. Shakespeare: Wie es euch gefällt. Lustspiel in fünf Aufzügen. 88 S. Lpz: Steyer (Ms.) 1938
89 Der Bremer Schlüssel. Worte aus der Dankrede im Goldenen Saal. 16 ungez. S. Bremen: Kasten (300 Ex.) 1938
90 (Übs.) P. Vergilius Maro: Hirtengedichte. Vom Landbau. XVIII, 157 S. Lpz: Dieterich 1939
91 Werke und Tage. Festschrift für Rudolf Alexander Schröder. Hg. E. Hauswedell u. K. Ihlenfeld. 167 S., 1 Abb., 2 Faks. Bln: Eckart-Verl.; Hbg: Hauswedell 1938
92 Die Aufsätze und Reden. 2 Bde. Bln (: Suhrkamp) 1939
 1. Vorbilder und Weggenossen. 443 S.
 2. Werke und Wirkungen. 515 S.
93 Zur Erinnerung an das vierte Buchheimer Lager der Leipziger Theologiestudenten gewidmet. (S.-A.) 4 ungez. S. Lpz: Universität, Theol. Fakultät 1939
94 (Einl.) Ewiges Gedächtnis. Worte am Grabe großer Deutscher. Sammlung u. Ordnung v. Reden R. K. Goldschmit-Jentner. 81 S. Hbg: Wegner (1939)
95 Kreuzgespräch. Geistliche Gedichte. 31 S. Bln: Eckart-Verl. (= Der Eckart-Kreis 46) 1939
96 Ein Lobgesang. Neue Lieder für Kirche und Haus. 144 S. Bln: Eckart-Verl. 1939
97 Christ ist erstanden! (S.-A.) 23 S. Bln: Eckart-Verl. 1940
98 Die weltlichen Gedichte. 470 S. Bln: Fischer 1940
99 (MV) Das halte fest! Ein Weggeleit aus Gottes Wort. Ausgel. v. J. Klepper, S. Stehmann u. R. A. Sch. 85 S. Bln: Eckart-Verl. (= Der Eckart-Kreis 53) 1940
100 (Einl.) Homeros: Ilias. Hg. J. H. Voss. 589 S. Bln: Fischer 1940
101 (Einl.) Homeros: Odyssee. Hg. J. H. Voss. 454 S. Bln: Fischer 1940

102 (Übs.) W. Shakespeare: Was ihr wollt. Komödie in fünf Akten. 128 S. Lpz: Steyer (Ms.) 1941
103 Luther und sein Lied. Vortrag. 24 S. Gütersloh: Bertelsmann (= Studien der Luther-Akademie 16) 1942
104 (Einl.) Theologisches Wörterbuch zum Neuen Testament. Hg. G. Kittel. Bd. 4. Stg: Kohlhammer (1942)
105 (MH) C. Brentano: Ausgewählte Gedichte. Unter Benutzung des handschriftlichen Nachlasses neu hg. Sophie Brentano u. R. A. Sch. 243 S., 1 Titelb. Bln: Suhrkamp (1943)
106 (Einl.) J. W. v. Goethe: Faust. 2 Tle. LXVIII, 188 S., 1 Titelb. Bln: Suhrkamp (= Pantheon-Ausgabe) 1943
107 (Einl.) G. Hauptmann: Der neue Christophorus. Ein Fragment. (Einl.: Ged. v. R. A. Sch.:) Gerhart Hauptmann zum 15. November 1942. Nachw. C. F. W. Behl. 179 S. Weimar: Gesellschaft der Bibliophilen 1943
108 (Einl.) F. Hölderlin: Gedichte. Hg. H. Kasack. XXVI, 306 S., 1 Titelb. Bln: Suhrkamp (= Pantheon-Ausgabe) 1943
109 (Übs.) Homeros: Ilias. 585 S. Bln: Suhrkamp 1943
110 (MV) (R. A. Sch.:) Geistliche Gedichte. (– W. Bergengruen: Dies irae. – R. Schneider: Apokalypse.) 95 S. (London: World's Alliance of the Young Men's Associations War Prisoners' Aid) (= Zaunkönig-Bücher) (1945)
111 Christentum und Humanismus. 39 S. Mchn: Kaiser (= Gottes Wort und Geschichte 3) 1946
112 (Übs.) T. S. Eliot: Mord im Dom. 79 S. Bln: Suhrkamp 1946
113 Auf dem Heimweg. 16 Bl. Kassel: Bärenreiter-Verl. 1946
114 Der Mann und das Jahr. Ein Nachtgespräch. Silvester 1945. 17 S. Bln: Suhrkamp (= Beiträge zur Humanität) 1946
115 Pfingstpredigt. (S.-A.) 16 S. Mchn: Kaiser (= Traktate vom Wirklichen Leben 1) 1946
116 Weihnachtslieder. 90 S. Kassel: Bärenreiter-Verl. 1946
117 Christus heute. 29 S. Mchn: Kaiser (= Traktate vom Wirklichen Leben 17) 1947
118 (Hg.) L. Denkhaus: Wir sind Gäste. Gedichte. 82 S. Stg: Oncken 1947
119 Dichten und Trachten. Vortrag. 38 S. Bln: Suhrkamp (= Beiträge zur Humanität) 1947
120 (Übs.) R. Duncan: Hier ist der Weg zum Grab. 129 S. Bln: Suhrkamp 1947
121 (Übs.) T. S. Eliot: Mord in der Kathedrale. 79 S. Wien: Amandus-Ed. 1947 (Neuausg. v. Nr. 112)
122 Gute Nacht. Lieder. 54 S. Kassel: Bärenreiter-Verl. 1947
123 Alten Mannes Sommer. 54 S. Bln: Suhrkamp 1947
124 (Bearb., Vorw.) Theologia deutsch, die lehret gar manche liebliche Erkenntnis göttlicher Wahrheit und sagt gar hohe und gar schöne Dinge von einem vollkommenen Leben. Von R. A. Sch. nach dem Pfeifferschen Text in neueres Deutsch gebracht. 153 S. Gütersloh: Bertelsmann 1947
125 Die Ballade vom Wandersmann. 45 S. Bln: Suhrkamp 1947 (Verm. Neuaufl. v. Nr. 80)
126 (Hg.) Das Buch Hiob. Dt. M. Luther. Mit Randbemerkungen v. R. A. Sch. 98 S. Mchn: Piper (= Piper-Bücherei 20) 1948
127 (Übs.) Homeros: Odyssee. 407 S. Bln: Suhrkamp 1948 (Enth. u. a. Nr. 101)
128 (Hg., Einl.) F. Schiller: Gedichte. Anm. F. Dornseiff. XXXVIII, 502 S., 1 Titelb. Bln: Suhrkamp (= Pantheon-Ausgabe) 1948
129 Stunden mit dem Wort. 123 S. Hbg: Wittig 1948
130 (Einl.) G. Unterbuchner: Heimat des Herzens. Gedichte. 101 S. Regensburg: Habbel 1948
131 Verstehst Du auch, was du liesest? Rede. 34 S. Hbg: Hauswedell 1948
132 (Hg.) Evangelischer Wegweiser. Jg. 3. 1949. 55 Bl. Hbg: Reich & Heidrich 1948
133 Ein Weihnachtslied. 8 Bl. Wuppertal(-Barmen): Westdt. Jungmännerbund 1948 (Ausz. a. Nr. 75)
134 (MÜbs.) T. S. Eliot: Der Familientag. Übs. R. A. Sch. u. P. Suhrkamp. 120 S. Bln: Suhrkamp 1949
135 Die geistlichen Gedichte. 411 S. Bln, Ffm: Suhrkamp 1949

136 Neue Gedichte. 65 S. Olten: Vereinigung Oltner Bücherfreunde (= Veröffentlichungen der Vereinigung Oltner Bücherfreunde 44) 1949
137 (Hg.) J. W. v. Goethe: Werke. 8 Bde. Bergen II/Obb.: Müller & Kiepenheuer 1948–1950
138 Goethe und Shakespeare. Vortrag. 28 S. Bochum: Schürmann & Klagges (= Shakespeare-Schriften 4) 1949
139 (Übs.) W. Shakespeare: Troilus und Cressida. Schauspiel. 194 S. m. Abb. 4° Hbg. Maximilian-Ges. 1949
140 Was bedeutet uns heute eigentlich die Bibel? Vortrag. 12 S. (Mchn:) Ev. Presseverband für Bayern 1949
141 Hymne an Deutschland. 1 Bl. o.O. 1950
142 (MH) Das literarische Deutschland. Zeitung der Deutschen Akademie für Sprache und Dichtung. Hg. G. v. LeFort, R. A. Sch. (u. a.) Jg. 1. 24 Nrn. 2° Heidelberg: Palladium-Verl. 1950
143 Goethe und wir. 49 S. Olten: Vereinigung Oltner Bücherfreunde (= Priv.-Druck für die Vereinigung Oltner Bücherfreunde) 1950
144 Über die Liebe zum Menschen. Vortrag. 37 S. Göttingen: Vandenhoeck & Ruprecht 1950
145 Zehn Abendlieder. London: Y. M. C. A. (= Zaunkönig-Bücher 526) 1951
   (Ausz. a. Nr. 110)
146 Achtzig Gedichte. Eine Auswahl aus den „Weltlichen Gedichten". 125 S. Ffm: Suhrkamp 1951
   (Ausz. a. Nr. 98)
147 Hundert geistliche Gedichte. Eine Auswahl. 137 S. Ffm: Suhrkamp 1951
   (Ausz. a. Nr. 135)
148 Unser altes Haus. Jugenderinnerungen. 113 S. Ffm: Suhrkamp (1951)
   (Ausz. a. Nr. 74)
149 Macht und Ohnmacht des Geistes. 19 S. Olten: Vereinigung Oltner Bücherfreunde (Priv.-Dr.) 1951
150 Parabeln aus den Evangelien. 93 S. Olten: Vereinigung Oltner Bücherfreunde (= Veröffentlichungen der Vereinigung Oltner Bücherfreunde 50) 1951
151 (Übs.) Paulus Apostolus: Eine Handvoll Dynamit. Die Botschaft des Römerbriefes. 16 S. m. Abb. 4° Kassel-Wilhelmshöhe: Eichenkreuz-Verl. (= Bibel-Illustrierte 2) (1951)
152 (Einl.) S. Stehmann: Opfer und Wandlung. Das Gesamtwerk. 341 S., 1 Titelb. Witten, Bln: Eckart-Verl. 1952
153 Das Sonntagsevangelium in Reimen. 154 S. Ffm: Suhrkamp 1952
154 Gesammelte Werke. 7 Bde. Bln: Suhrkamp 1952–1963
155 (MV) R. A. Sch., F. Thieß u. P. Fechter: Gerhart Hauptmann. Drei Reden, gehalten im November 1952 im Theater am Goetheplatz, Bremen, anläßlich der Gerhart Hauptmann-Festwoche. 70 S. Gütersloh: Bertelsmann 1953
156 Des Jahres doppeltes Gesicht. Rudolf Alexander-Schröder-Almanach. 79 S. Bln, Ffm: Suhrkamp 1953
157 Gerhart Hauptmann. Bremer Rede zum 15. November 1952. 28 S. 4° Mainz: Eggebrecht-Presse 1953
   (Ausz. a. Nr. 155)
158 Aus meiner Kindheit. 95 S. Olten: Vereinigung Oltner Bücherfreunde (= Veröffentlichungen der Vereinigung Oltner Bücherfreunde 57) 1953
159 Meister der Sprache. 99 S. Witten/Ruhr: Luther-Verl. 1953
160 Rainer Maria Rilke. 59 S. Zürich: Arche (= Die kleinen Bücher der Arche 144–145) 1953
161 Wir sind noch in der Hütten. Eine Auswahl geistlicher Gedichte. 172 S. Bln: Evang. Verl.-Anst. 1953
   (Ausz. a. Nr. 135)
162 Berlin einst und jetzt. Eine Rede. 38 S. Bln, Witten: Eckart-Verl. 1954
163 Emanuel Stickelberger. Rede, gehalten anläßlich der Feier zum siebzigsten Geburtstag des Dichters Emanuel Stickelberger. 21 S. Amriswil: Bodensee-Verl. 1954
164 (MV) C. Abel: Abglanz. Bilder. Graphik: K. Wolff. Gedicht: R. A. Sch. 3 Bl., 13 Bl. Abb. 4° Wuppertal: Müller (1955)
165 (Hg., Einl.) E. v. Bodenhausen: Ein Leben für Kunst und Wissenschaft. (S.-A.) S. 281–286. Köln (o. Verl.) 1955

166 (Einl.) Die Bibel in der Kunst. Das Alte Testament. Miniaturen, Gemälde, Zeichnungen, Skulpturen. Anm. H. Heimann. 235 S., davon S. 18–196 Abb., 11 Taf. 4° Köln: Phaidon-Verl. 1956
167 Reden zur Verleihung des Literaturpreises der Freien Hansestadt Bremen in den Jahren 1954 bis 1956. 40 S. Bremen: Dorn (= Monographien der Wittheit zu Bremen 2) (1956)
168 (Übs.) P. Vergilius Maro: Bucolica. Hirtengedichte. Lt. u. dt. 101 S. m. Abb. 4° Bln, Ffm: Suhrkamp 1957 (Neuaufl. e. Ausz. a. Nr. 90)
169 Fülle des Daseins. Eine Auslese aus dem Werk. Bürger, Weltmann, Christ, Mittler, Dichter. Ausgew. S. Unseld. 621 S., 2 Titelb. Bln, Ffm: Suhrkamp (= Die Bücher der Neunzehn 40) 1958
170 (Übs.) P. Vergilius Maro: Aeneide. 445 S. Bln, Ffm: Suhrkamp (1958)
171 Unverlöschliches Licht. 12 S. Stg: Ev. Verlagswerk 1958
172 (Übs.) W. Shakespeare: Sturm. Letzte Fassung. 141 S. Bln, Ffm: Suhrkamp (= Bibliothek Suhrkamp 46) 1958
173 Abendstunde. Ein Selbstbildnis in Gesprächen. Hg. L. Besch. 89 S. m. Abb. Zürich: Arche 1960

Schröer, Gustav (1876–1949)

1 Der Freibauer. Roman. 236 S. Lpz: Erdgeist-Verl. 1913
2 Drei Tage gesessen. Lustiges Volksstück in drei Aufzügen. 40 S. Hildburghausen: Gadow 1914
3 Kriegsfreiwillige und andere Erzählungen aus dem Weltkrieg. 79 S. Lpz: Hesse & Becker (= Hesse's Volksbücherei 1006) (1915)
4 Ein Barbarenstückchen und andere Erzählungen aus dem Weltkrieg. 79 S. Lpz: Hesse & Becker (= Hesse's Volksbücherei 1068) (1916)
5 Ich hatt' einen Kameraden. Roman aus Ostpreußen. 154 S. Stg: Engelhorn (= Engelhorn's Allgemeine Roman-Bibliothek. Jg. 32, Bd. 3) 1916
6 Die Kriegsanleihe der Jungen von Erbesbach und andere Erzählungen aus dem Weltkrieg. 55 S. m. Abb. Köln: Schaffstein (= Schaffstein's blaue Bändchen 79) (1916)
7 Flucht von der Murmanbahn. Nach den Berichten eines Torgauer Husaren. 201 S. Bln: Grote (= Grote'sche Sammlung von Werken zeitgenössischer Schriftsteller 127) (1917)
8 Stille Geschichten. 87 S. Potsdam: Stiftungsverl. (1918)
9 Der Heiland vom Binsenhofe. Roman. 461 S. Bln: Grote (= Grote'sche Sammlung von Werken zeitgenössischer Schriftsteller 132) (1918)
10 Peter Lorenz. Die Geschichte eines Knechtes. 256 S. Lpz: Hesse & Becker (1918)
11 Scherben am Wege. 159 S. Stg: Engelhorn (= Engelhorn's Allgemeine Roman-Bibliothek. Jg. 34, Bd. 23) 1919
12 Das Wirtshaus zur Kapelle. Roman. 312 S. Lpz: Hesse & Becker (1919)
13 Die Leute aus dem Dreisatale. Ein Roman in drei Teilen. 350 S. Lpz: Quelle & Meyer (1920)
14 Das Stärkere und andere Erzählungen. 80 S. Erfurt, Rudolstadt: Greifen-Verl. (1920)
15 Wie das Herz es ihnen eingibt. Erzählungen. 115 S. 16° Hartenstein, Rudolstadt: Greifen-Verl. 1921
16 Wilhelm Henneckes Hochzeitsreise. 108 S. Potsdam: Stiftungsverl. (1921)
17 Der Schulze von Wolfenhagen. Die Geschichte eines Dorfes. 330 S. Lpz: Quelle & Meyer 1921
18 Die Bauern von Siedel. Roman. 395 S. Lpz: Quelle & Meyer 1922
19 Der Hof im Ried. 189 S. Lpz: Quelle & Meyer (= Novellenbücherei fürs deutsche Haus) (1923)
20 Deutsche Legenden. Ein Buch der Hoffnung. 63 S. m. Abb. Halle: Heimat-Verl. für Schule und Haus 1923
21 Die Flucht aus dem Alltag. VII, 310 S. Lpz: Quelle & Meyer (1924)
22 Kinderland. Erzählungen und Skizzen aus dem Kinderleben. Nachw. W. Mühlner. 80 S. Lpz: Reclam (= Reclam's UB. 6585) 1925

23 Aus des Lebens buntem Kranze. Erzählungen. 202 S. Wülfingerode-Sollstedt: Verl. d. Bundesdt. Jugendvereine 1925
24 Der Schuß auf den Teufel. Eine Geschichte aus dem Frankenwald. 390 S. Halle: Heimat-Verl. für Schule und Haus 1925
25 Gottwert Ingram und sein Werk. Roman. 316 S. Lpz: Quelle & Meyer (1926)
26 Von Leuten, die mir begegneten. 78 S. Mühlhausen/Thür.: Urquell-Verl. (= Die Urquell-Bücher) 1926
27 Stille Menschen. 127 S. Bln: Verl. Die Brücke (= Unsere deutschen Erzähler. Reihe 2, Gabe 4) 1926
28 Der Brockhof und seine Frauen. Roman. 318 S. Lpz: Quelle & Meyer (1927)
29 Der Hohlofenbauer. Roman. 323 S. Hbg: Hanseat. Verl.-Anst. (1927)
30 Käthe Jüttners Weg ins Glück. 181 S. Bln, Lpz: Abel & Müller (= Ausgewählte Erzählungen für junge Mädchen; = Abel & Müller's gediegene Jugendschriften) (1927)
31 Heimat wider Heimat. Roman. 306 S. Gütersloh: Bertelsmann (1928)
32 Land Not. Ein Roman aus unseren Tagen. 285 S. Hbg: Hanseat. Verl.-Anst. 1928
33 (Hg.) Die Pflugschar. Halbmonatsblätter für deutsche Art. Jg. 1–4, je 24 H. Weimar: Weimarischer Verl. (1–3) bzw. Weimar: Landesbauernschafts-Verl. Thüringen (4) 1928–1931
34 Sturm im Sichdichfür. Roman. 302 S. Hbg: Hanseat. Verl.-Anst. (1928)
35 Frau Käthe Werner. Die Geschichte einer tapferen Frau. 202 S. m. Abb. Stg: Quell-Verl. (= Aus klaren Quellen 20) (1928)
36 Der rechte Erbe. Roman. 296 S. Hbg: Hanseat. Verl.-Anst. 1929
37 Der Herrgott und ein Mann. Roman. 309 S. Gütersloh: Bertelsmann 1930
38 Joachim Werner. Der Weg eines Menschen. 174 S. m. Abb. Stg: Quell-Verl. (= Aus klaren Quellen 22) 1930
39 Schicksalshände. Roman. 315 S. Gütersloh: Bertelsmann 1931
40 Wer andern eine Grube gräbt ... Lustiges Spiel. 43 S. Dresden: Ungelenk (= Neue Volks- und Laienspiele 9) 1931
41 Der fröhliche Balthasar. Erzählung. 94 S. Stg: Quell-Verl. (= Höhenwegbücherei) 1932
42 Gustav Adolf und sein Getreuer. Geschichtliche Erzählung. 168 S. Stg: Quell-Verl. (= Aus klaren Quellen 25) 1932
43 Um Mannesehre. Roman. 360 S. Gütersloh: Bertelsmann (1932)
44 Die Siedler vom Heidebrinkhofe. 189 S. Gütersloh: Bertelsmann (= Das kleine Buch 2) 1932
45 Der Bauernenkel. Roman. 383 S. Gütersloh: Bertelsmann 1933
46 Der Streiter Gottes. Ein Lutherbuch. 175 S., 1 Titelb. Stg: Quell-Verl. (= Aus klaren Quellen 26) 1933
47 Das Weihnachtslied. Christnachtgeschichten. 47 S. Bln: Acker-Verl. (= Acker-Bücherei 5) 1933
48 (Hg.) Alte Glocken – neuer Klang. Ein Weihnachtsbuch. 105 S. Hbg: Agentur des Rauhen Hauses 1934
49 Das Herz spricht. Erzählungen. 95 S. Stg: Quell-Verl. (= Höhenwegbücherei) (1934)
(Enth. Nr. 14 u. 15)
50 Volk im Schmiedefeuer. Roman. 355 S. Gütersloh: Bertelsmann (1934)
51 Wir lassen uns nicht unterkriegen! Roman. 203 S. Gütersloh: Bertelsmann (= Zielbücher) 1934
52 Die Pfingstbirke. Erzählung. 95 S. Gütersloh: Bertelsmann (= Das kleine Buch 30) 1935
53 Das gerettete Dorf und andere Erzählungen. 159 S. Dresden: Günther (1936) (Neuaufl. v. Nr. 16)
54 Die feindlichen Häuser. Erzählung. 15 S. Hbg: Agentur des Rauhen Hauses (= Geschichten um Weihnachten 18) (1936)
55 Als die Heimat starb. Eine Erzählung. 24 S. m. Abb. Konstanz: Christl. Verl.-Anst. (= Kleine Geschichten in großem Druck 3) (1936)
56 Der Vaterunser-Acker. Zwei Erzählungen. 24 S. Bln: Acker-Verl. (= Weg und Ziel 1) (1936)
57 Die Heimat erobert. 103 S. Stg: Quell-Verl. (= Höhenwegbücherei) 1937
58 Im Schatten des Helberges. Roman. 316 S. Gütersloh: Bertelsmann 1937

59 Das Schicksal der Käthe Rotermund. Roman. 306 S. Lpz (:Huyke 1937)
60 Einer Liebe Weg. 74 S. Gütersloh: Bertelsmann (= Das kleine Buch 37) (1937)
61 Der Schelm von Bruckau. Heiterer Kleinstadtroman. 328 S., 74 Abb. Gütersloh: Bertelsmann 1938
62 Die Lawine von St. Thomas. Ein Roman aus den Bergen. 358 S. Gütersloh: Bertelsmann 1939
63 Der erste deutsche Weihnachtsabend. Erzählung. 32 S. Stg: Quell-Verl. (1939)
64 Das Urlaubsgesuch. Das Bild in der Fensterscheibe. Erzählungen. 16 S. Stg: Quell-Verl. (= Erlebtes und Geschautes) 1940
65 Die Wiedes. Roman. 303 S. Lpz: Janke 1940
66 Wenn man auf den Hund kommt und sonst noch allerlei Heiteres und Nachdenkliches. 62 S. Lpz: Janke 1944
67 Der Imster von Pirk. Ein Roman aus den Bergen. 394 S. Stg: Altdorfer-Verl. 1951

Schroers, Rolf (*1919)

1 T. E. Lawrence. Schicksal und Gestalt. Biographische Studie. 198 S., 1 Titelb., 1 Kt. Bremen-Horn: Dorn 1949
2 Die Feuerschwelle. Roman. 114 S. Stg: Dt. Verl.-Anst. 1952
3 Der Trödler mit den Drahtfiguren. Roman. 281 S. Stg: Dt. Verl.-Anst. 1952
4 Jakob und die Sehnsucht. Roman. 371 S. Düsseldorf: Diederichs 1953
5 (Hg.) T. E. Lawrence: Leben ohne Legende. 184 S. Mchn: List (= List-Bücher 55) 1955
6 (Vorw.) T. E. Lawrence: Unter dem Prägestock. A. d. Engl. v. H. v. Krannhals. 241 S. Mchn: List 1955
7 In fremder Sache. Erzählung. 195 S. Köln, Bln: Kiepenheuer & Witsch 1957
8 (Übs.) G. Ballo: italienische malerei vom futurismus bis heute. 238 S. m. Abb. 4⁰ Köln: Kiepenheuer & Witsch 1958
9 Herbst in Apulien. 120 S. Köln, Bln: Kiepenheuer & Witsch 1958
10 (Hg.) Atomzeitalter. Informationen aus Politik, Wissenschaft und Technik. Jg. 1–2, je 12 H. Obenroth b. Eitorf/Sieg: Schroers (1,1–2,8) bzw. Ffm: Europ. Verl.-Anst. (2,9–2,12) 1959–1960
11 (Hg.) Auf den Spuren der Zeit. Junge deutsche Prosa. 193 S. Mchn: List (= List-Bücher 137) 1959

Schubart, Christian Friedrich Daniel (1739–1791)

1 Nänie auf das Erdbeben in Lissabon. Schwabach 1755
2 *Der gute Fürst, eine Ode auf Antonius Ignatius, Probst zu Ellwangen. 4⁰ o. O. 1762
3 Der Tod Franciscus des ersten römischen Kaisers. 12 S. 4⁰ Ulm: Bartholomäi 1765
4 Den Tod eines ehrenvollen Greisen, ... Georg Friedrich Hörners ... sollte ... besingen dessen Enkel Ch. F. D. Sch. 4 Bl. Ulm: Wagner 1765
5 Die Baadcur. 22 S. Ulm: Bartholomäi 1766
6 Ode auf des Grafen von Degenfeld-Schomburg Hochgräfliche Excellenz. 4 Bl. 2⁰ Ulm: Wagner 1766
7 Ode auf den Tod des Herrn Hof- und Regierungsrath Abbt in Bükeburg. 8 S. Ulm: Bartholomäi 1766
8 *Zaubereien. 47 S., 1 Bl. m. Abb. Ulm: Bartholomäi 1766
9 (Übs.) J. F. Herel: Drey Satiren. Aus dem Lateinischen. 135 S. Altenburg (o. Verl.) 1767
10 Todesgesänge. 10 Bl., 400, 1 S. Ulm: Bartholomäi 1767
11 Todesgesänge. Geringere, zum Besten des gemeinen Mannes veranstaltete Ausgabe. 136 S., Bl. Ulm: Bartholomäi 1767
(Ausz. a. Nr. 10)

12 *Ein Brautlied auf die Klettische und Mannerische Verbindung, welche zu Geißlingen den 27ten September 1768 vergnügt vollzogen wurde, gesungen von einem alten Nachbar. 2 Bl. 2° Ulm: Wagner (1768)
13 (Übs.) (J. F. Herel:) Auszug aus Herrn Herels kritischen Sendschreiben an Herrn Meusel in Halle die Aufnahme seiner Satiren in Moropolis betreffend. Aus dem Lateinischen. 16 S. Altenburg 1768
14 Empfindungen bey der Wahl des Hochwürdigsten Fürsten Antonius Ignatius gefürsteten Probsten und Herrn zu Ellwangen, zum Fürsten und Bischoffe des hohen Bißtums Regenspurg. 4 Bl. 4° Ulm: Wagner 1769
15 Der Christ am Rande des Grabes. In melodischen Liedern für die Schrecken des Todes und der Ewigkeit. 7 Bl., 400 S. Ulm: Bartholomäi 1770
    (Neuaufl. v. Nr. 11)
16 (Hg.) F. G. Klopstock: Kleine poetische und prosaische Werke. 2 Bde. XLVI, 196 S.; 4 Bl., 238 S. Ffm, Lpz: Verl. d. Neuen Buchhändlerges. (Stg: Metzler) 1771
    (Unrechtm. Ausg.)
17 Würtembergs Genius. Am Höchsten Geburtsfest des Durchlauchtigsten Herzogs. 4 Bl. 4° Ludwigsburg: Cotta 1772
18 (Hg.) Deutsche Chronik auf das Jahr 1774 (1775 usw. –1778). 5 Jge. Augsburg: Stage (1774) bzw. Ulm: Wagner (1775–1778) 1774–1778
19 An Herrn Diakonus Hoyer in Aalen, am Tage seiner Vermählung mit meiner Schwester Jungfer Jacobina Dorothea Schubart ... 2 Bl. 2° Augsburg: Bils 1774
20 *Der Geist Klemens XIV. samt einer Lobrede auf diesen großen Pabst und dem Schreiben des Herzogs von Kumberland aus Rom an die Lady ** in London ... als ein Anhang zum Leben Pabsts Klemens XIV. 2 Bl., 134 S. London (d. i. Nürnberg: Raspe) 1775
    (zu Nr. 22)
21 An Herrn StadtAmman Häkhel beym Tode seines Vaters des Reichs-Stadt-Ulmischen Caßiers Herrn Häkhels den 10. Jänner 1775. 2 Bl. 4° Ulm: Wagner 1775
22 *(Einl.) (Ch. H. Korn:) Leben Klemens des XIV. Römischen Pabsts ... XXXVI, 122 S., 3 Bl. Bln, Lpz 1775
23 Rabners Mantel. Als Herr Wolbach die Jungfer Frikinn freite. 2 Bl. 2° Ulm: Wagner 1775
24 *Neujahrsschilde in Versen, ausgehängt im Jenner 1775. Augsburg: v. Jenisch 1775
25 *(Hg.) Der wahre Priester. Pardon all but thyself. XVI, 188 S. o.O. 1775
26 Threnodie auf den Tod des Herrn Stadtammann Häckhels in Ulm. 2 Bl. 2° Ulm: Wagner 1775
27 (Vorw.) L. Foch: Abhandlung vom Straßenbau. 119 S. Augsburg: 1776
28 *Neueste Geschichte der Welt oder das Denkwürdigste aus allen vier Welttheilen ... auf das Jahr 1775. Vierter Theil. 4 Bl., 168 S. 4° Augsburg: Staye 1776
29 (Vorw.) (L. Ph. Hahn:) Der Aufruhr zu Pisa. Ein Trauerspiel in fünf Aufzügen. Ulm: Wohler 1776
30 Leben des Freyherrn von Ikstadt Churfürstl. Bairischen Geheimden Raths. 7 Bl., 144 S. Ulm: Stettin 1776
31 *Lied vom berühmten Zettelträgers und Tambours Friederich. 1 Bl. 2° (Ulm: Wagner) (1776)
32 Thalias Opfer. Ein Vorspiel. 16 S. 4° Ulm: Wagner 1776
33 Prolog für Demoiselle Reichard, als Emilia Galotti. 2 Bl. 4° o.O. 1776
34 Kurzgefaßtes Lehrbuch der schönen Wissenschaften von Herrn Professor Schubart. Hg. von einem seiner ehemaligen Zuhörer. 3 Bl., 112 S. Münster: Perenon 1777
35 Vorlesungen über Mahlerey, Kupferstecherkunst, Bildhauerkunst, Steinschneidekunst und Tanzkunst von Herrn Professor Schubart. Hg. von einem seiner ehemaligen Zuhörer. 43 S. Münster: Perrenon 1777
    (Ausz. a. Nr. 36)
36 Vorlesungen über die schönen Wissenschaften für Unstudierte von Herrn Professor Schubart. Hg. von einem seiner ehemaligen Zuhörer. 3 Bl., 112 S. Münster: Perenon 1777
    (Titelaufl. v. Nr. 34)

37 Originalien. 1 Bl., 260 S. m Titelku. Augsburg: Bartholomäi 1780
38 Kurzgefaßtes Lehrbuch der schönen Wissenschaften. 3 Bl., 216 S. Münster: Perennon 1781
   (Verm. Neuaufl. v. Nr. 34)
39 *Todengesang ihrem Vater und Führer dem Hochwohlgebohrnen Herrn, HERRN Philipp Friedrich von Rieger, Herzoglich-Württembergischen Generalmaior, Befehlshaber eines Infanteriebatallion, Kommendanten der Vestung Hohenasperg und Rittern des St. Karlordens, in tiefster Rührung geweiht von den sämtlichen Offiziers seines Batallions. 4 Bl. 4° Stg: Erhard 1782
40 Etwas für Clavier und Gesang. 40 S. qu. 2° Winterthur: Steiner (1783)
41 Klaggesang an mein Klavier auf die Nachricht von Minettens Tod. Hg. und den Liebhabern des Gesanges gewidmet v. Ch. F. W. Nopitsch. 5 S. 2° Augsburg: Stage 1783
42 *Grabgesang Sr. Hochwohlgebohrn Herrn Johann Jacob von Scheeler Herzoglich Wirtembergischen General-Major, Chef eines Infanterie-Regiments, und Ritter des St. Karlordens. Der am 23sten März 1784 plötzlich am Schlage starb, von sämtlichen Offiziers Seines Regiments. 2 Bl. 2° Stg: Cotta 1784
43 Klage der Wehmuth am Grabe Des zärtlichsten Gemahls und besten Vaters Herrn General-Majors von Scheeler ... 2 Bl. 2° Stg: Cotta 1784
44 Gedichte aus dem Kerker. X, 278 S. Zürich: Orell, Geßner & Füßli 1785
45 Sämmtliche Gedichte. Von ihm selbst hg. 2 Bde. 456 S., 4 Bl.; 436 S., 13 Bl. Stg: Buchdruckerei d. Herzogl. Hohen Carls-Schule 1785–1786
46 Nachricht ans Publikum. 1 Bl. 4° o. O. 1785
   (zu Nr. 45)
47 Friedrich der Einzige. Ein Obelisk. 16 S. Stg: Buchdruckerei d. Herzogl. Hohen Carls-Schule 1786
48 Friedrich der Große. Eine Hymne. 14 S., 1 Bl. o. O. 1786
49 An Friedrich Wilhelm den Zweiten. 2 Bl. Dillingen: Kälin (1786)
50 Die Gruft der Fürsten. 8 S. Bln 1786
51 Musicalische Rhapsodien. 3 H. 6 Bl., 64 S. qu. 2° Stg: Buchdruckerei d. Herzogl. Hohen Carls-Schule 1786
52 Abschieds-Lied des nach dem Cap bestimmten Herzoglich Wirtembergischen Obrist von Hügelschen Regiments. 2 Bl. o. O. (1787)
   (Ausz. a. Nr. 55)
53 (Hg.) Vaterländische Chronik. (1788–89: Vaterlandschronik; 1790–91: Chronik). 5 Jge. Stgt: Verl. d. kaiserl. Reichspostamtes 1787–1791
54 Der Durchlauchtigsten Herzogin Franciska, an Ihrem Wiegenfest geweiht 4 Bl. (Ffm) (1787)
55 Zwey Kaplieder. 4 Bl. o. O. 1787
56 Neujahrswünsche für das Jahr 1788. 27 S. qu. 8° Stg: Mäntler (1787)
57 Danubius et Nekrinos ein Bardenhymenäus. 15 S. 4° Wien: Wappler 1788
58 (MV, Vorw.) (E. F. Hübner:) Franz von der Trenk, Pandurenobrist. Dargestellt von einem Unpartheischen. Mit e. Familiengeschichte u. Vorrede v. Sch. 3 Bde. XL, 216; XXIV, 184; XXIV, 256 S. Stg: Mäntler 1788–1790
59 Die Stunde der Geburt. Ein Prolog auf das Geburtsfest des Herzogs von Wirtemberg. o. O. (1788)
60 Treize Variations pour le Clavecin ou Pianoforte. 9 S. 2° Spire: Bossler 1788
61 (Hg.) Ueber die Vereinigung der christlichen Religionsparteyen; von einem altchristlichen Wahrheitsforscher. Mit e. Vorbericht hg. XIV, 82 S. Christiania (Stg) 1788
62 Der Greis. Ein Prolog mit Gesang. Am Höchsten Namensfeste Unsers Durchlauchtigsten Herzogs Karl ... o. O. (1789)
63 Der schön Herbst-Tag; auf das Namensfest der Herzogin Franzisca von Würtemberg. Eine Poesie. o. O. 1789
64 Neujahrswünsche für das Jahr 1790. Stg (1789)
65 *(Bearb.) (P. Anfossi:) Die glücklichen Reisenden. Eine Operette aus dem Italienischen. Stg: Buchdr. d. Hohen Carlsschule 1789
66 Dem General von Bouwinghausen. 1 Bl. 12° o. O. 1790
67 Lied einer Mutter. Musikalischer Potpourri, für Liebhaber des Gesangs und Klaviers. Stg 1790

68 Die gute Mutter, auf das Geburtsfest der Herzogin Franziska von Wirtemberg. o.O. 1790
69 Oper an dem großen Nationalfest der Krönung Kaiser Leopold's des Zweyten; in drey Gedichten. Ffm 1790
70 Prolog am Namensfeste Unsers Durchlauchtigsten Herzogs CARL von Wirtemberg. 3 Bl. 4° Stg: Herzogl. Akadem. Buchdr. 1790
71 (Vorw.) J. F. Schlotterbeck: Fabeln und Erzählungen nach Phädrus, und in eigener Manier. Erstes Bändchen. XVIII, 190 S. Stg: Buchdr. d. Hohen Carlsschule 1790
72 Der Tempel der Dankbarkeit. Ein Opfer. Am höchsten Geburtsfeste des durchlauchtigsten Herzogs Karl ... o.O. (1790)
73 Schubart's Leben und Gesinnungen. Von ihm selbst, im Kerker aufgesetzt. 2 Tle. XVIII, 292; XVI, 320 S. Stg: Mäntler 1791-1793
74 Nekrine. Ein Prolog auf das Namensfest Der Durchlauchtigsten Herzogin Franziska von Wirtemberg. 4 Bl. 4° Stg: Herzogl. Akadem. Buchdr. 1791
75 Neujahrsvision an General Bouwinghausen. 1 Bl. 12° o.O. 1791
76 Schubart's Vatersegen, an seiner Tochter Juliane Kaufmann, fünfundzwanzigstem Geburtstage. 1 Bl. 4° o.O. 1791
77 Wetteifer der Liebe, Freundschaft und Hochachtung am Tage Franziskas. Eine Kantate. 12 S. 4° Stg: Herzogl. Akadem. Buchdr. 1791
78 Herrn Christian Friedrich Schubart's Abschied an seine Gattin in einer Krankheit auf der Feste Hohenasperg. Zum Singen beym Klavier durchaus in Musik gesetzt ... qu. 2° Bregenz: Brentano (1800)
79 Gedichte. Hg. Ludwig Schubart. 2 Bde. XIV, 306 S.; 3 Bl., 378 S., 1 Bl. Ffm: Hermann 1802
80 Ideen zu einer Ästhetik der Tonkunst. Hg. Ludwig Schubart. X, 382 S. Wien: Degen 1806
81 Vermischte Schriften. Hg. Ludwig Schubart. 2 Bde. 2 Bl., 440; 363 S. Zürich: Geßner 1812
82 Gedichte. Etui-Ausgabe. XVI, 144 S. 16° Aachen: Forstmann 1816
83 Sämmtliche Gedichte. 3 Bde. XVI, 336; XVI, 336; XII, 308 S. 12° Ffm: Hermann 1825
84 Schuldiktate 1767-1769. Weiland Ch. F. D. Schubart's Briefe und Aufsätze während seines Schulamts in Geißlingen, seinen Schulkindern diktirt. Göppingen (1835)
85 C. F. D. Schubart's, des Patrioten, gesammelte Schriften und Schicksale. 8 Bde. Stg: Scheible 1839-1840
86 Sämtliche Gedichte. 2 Bde. 56¹/₄ Bg., 2 Abb. 16° Stg: Scheible, Rieger & Sattler 1842
87 Gedichte. Historisch-kritische Ausgabe v. G. Hauff. 488 S., 1 Bildn. 16° Lpz: Reclam (= Universal-Bibliothek 1821-1824) (1884)

SCHÜCKING, Levin (1814–1883)

1 (Übs.) A. Brownell Jameson: Shakespeare-Frauengestalten. Charakteristiken. 356 S. Bielefeld: Velhagen & Klasing 1840
2 (MV) L. Sch. u. F. Freiligrath: Das malerische und romantische Westphalen. 74 S., 30 Abb. Lpz: Volckmar 1841
3 Der Dom zu Köln und seine Vollendung. 5²/₃ Bg. 12° Köln: Boisserée 1842
4 Das Stiftsfräulein. o.O. 1842
5 Ein Schloß am Meer. Roman. 22⅚ Bg. 12° Lpz: Brockhaus 1843
6 Gedichte. 18 Bg. Stg: Cotta 1846
7 (Hg.) Rheinisches Jahrbuch für Kunst und Poesie. 20¹/₄ Bg. m. Abb. u. Bildn. Köln: Kohnen 1846
8 Novellen. 2 Bde. 40⅞Bg. Pesth: Heckenast; Lpz: Wigand 1846
9 Die Ritterbürtigen. Roman. 3 Bde. 39¹/₃ Bg. 12° Lpz: Brockhaus 1846 (Titelaufl. v. Nr. 10)
10 Zeiten und Sitten. Roman. 2 Bde. 39¹/₃ Bg. 12° Lpz: Brockhaus 1846
11 Eine dunkle Tat. Roman. 20²/₃ Bg. 12° Lpz: Brockhaus 1846 (Forts. zu Nr. 9)

12 Eine Römerfahrt. XIV, 387 S. Koblenz: Hölscher 1848
13 Heinrich von Gagern, ein Lichtbild. 168 S. Köln: Du Mont-Schauberg 1849
14 Ein Sohn des Volkes. 2 Thle. 875 S. 12⁰ Lpz: Brockhaus 1849
15 Der Bauernfürst. 2 Bde. 803 S. Lpz: Brockhaus 1851
16 (Hg.) Helvetia. Natur, Geschichte, Sage im Spiegel deutscher Dichtung. 509 S. 12⁰ Ffm: Jügel (1851)
17 (Hg.) Italia. Deutsche Dichter als Führer jenseits der Alpen. 693 S. Ffm: Jügel (1851)
18 Die Königin der Nacht. 354 S. Lpz: Brockhaus 1852
19 (MV) L. Sch. u. L. v. Gall: Familienbilder. 2 Bde. 442 S. 16⁰ Wien („Lpz: Günther) (= Album) 1854
20 (MV) L. Sch. u. L. v. Gall: Familien-Geschichten. 2 Bde. 452 S. 16⁰ Wien („Lpz: Günther) (= Album) 1854
21 Ein Redekampf zu Florenz. Dramatisches Gedicht. 162 S. 16⁰ Bln: Schindler 1854
22 Ein Staatsgeheimnis. 3 Tle. 994 S. Lpz: Brockhaus 1854
23 Geneanomische Briefe. 139 S. 12⁰ Ffm: Winter 1855
24 Eine Eisenbahnfahrt durch Westfalen. 168 S. Lpz: Brockhaus 1855
25 Der Held der Zukunft. 288 S. Prag, Hbg: Richter (1855)
26 Von Minden nach Köln. 164 S. Lpz: Brockhaus 1856
27 Der Sohn eines berühmten Mannes. 212 S. 16⁰ Wien („Lpz: Günther) (= Album) 1856
28 Die Sphinx. 357 S. Lpz: Brockhaus 1856
29 Günther von Schwarzburg. 454 S. 16⁰ Prag („Wien: Müller) 1857
30 Paul Bronckhorst, oder Die neuen Herren. 3 Tle. 888 S. Lpz: Brockhaus 1858
31 Aus den Tagen der großen Kaiserin. 332 S. Prag („Hbg: Richter) (1858)
32 Die Rheider Burg. 2 Bde. 397 S. 16⁰ Wien („Lpz: Günther) (= Album) 1859
33 Gesammelte Erzählungen und Novellen. 6 Bde. 994 S. Hannover: Rümpler 1859–1866
34 Bilder aus Westfalen. 88 S. Elberfeld: Friderichs 1860
35 Eines Kriegsknechts Abenteuer. 2 Bde. 430 S. 16⁰ Wien („Lpz: Günther) (= Album) 1861
36 Annette von Droste. 161 S. Hannover: Rümpler 1861
37 Die Geschwornen und ihr Richter. 3 Bde. 955 S. Hannover: Rümpler 1861
38 Die Marketenderin von Köln. 3 Tle. 754 S. Lpz: Brockhaus 1861
39 Eine Actiengesellschaft. 3 Bde. 677 S. Hannover: Rümpler 1863
40 Aus der Franzosenzeit. Landeron. 272 S. 16⁰ Wien („Lpz: Günther) (= Album) 1863
41 Ausgewählte Romane. 2 Folgen. 24 Bde. 16⁰ Lpz: Brockhaus 1864–(1872)
42 Aus alter und neuer Zeit. 2 Tle. 427 S. 16⁰ Wien („Lpz: Günther) (= Album) 1864
43 Frauen und Räthsel. 2 Bde. 656 S. Lpz: Brockhaus 1865
44 (Übs.) A.-R. Lesage: Der hinkende Teufel. 2 Bde. 280 S. Hildburghausen: Bibl. Inst. (= Bibliothek ausländischer Klassiker in deutscher Übertragung) 1866
45 Eine Künstler-Leidenschaft. Novelle. 260 S. Hannover: Rümpler 1867
46 Verschlungene Wege. Roman. 3 Bde. 1124 S. Hannover: Rümpler 1867
47 Schloß Dornegge oder Der Weg zum Glück. Roman. 4 Tle. 1120 S. Lpz: Brockhaus 1868
48 Neue Novellen. 185 S. Bln: Lesser 1868
49 Die Malerin aus dem Louvre. Roman. 4 Bde. 1084 S. Hannover: Rümpler 1869
50 Filigran. 2 Folgen. 331, 479 S. Hannover: Rümpler 1870–1872
51 Luther in Rom. 3 Bde. 832 S. Hannover: Rümpler 1870
52 Jean Jacques Rousseau. 192 S. Lpz: Günther 1870
53 (Übs.) J. J. Rousseau: Bekenntnisse. 2 Tle. 800 S. Hildburghausen: Bibl. Inst. (= Bibliothek ausländischer Klassiker in deutscher Übertragung) 1870
54 Deutsche Kämpfe. Zwei Erzählungen. 2 Bde. 446 S. Lpz: Günther 1871
55 Der Kampf im Spessart. Erzählung. 242 S. 16⁰ Lpz: Brockhaus (= Ausgewählte Romane. Folge 2, Bd. 12) (1872)
    (Bd. 12 d. 2. Folge v. Nr. 41)
56 Krieg und Frieden. Novellenbuch. 3 Bde. 641 S. Lpz: Günther 1872

57 Herrn Didier's Landhaus. Roman. 3 Bde. 731 S. Hannover: Rümpler 1872
58 Wilderich. In der Löwenapotheke. 150 S. Bln: Goldschmidt (= Bibliothek für Haus und Reise) 1872
59 Die drei Freier. 60 S. 16⁰ Lpz: Reclam (= Universal-Bibliothek 548) 1873
60 Die Heiligen und die Ritter. 4 Bde. 1148 S. Hannover: Rümpler 1873
61 Aus heißen Tagen. Geschichten. 274 S. Stg: Simon 1874
62 Verschlungene Wege. Roman. 3 Tle. 608 S. Lpz: Brockhaus (= Ausgewählte Romane. Folge 2, Bd. 1-3) 1874
(Umarb. v. Nr. 46; Bd. 1-3 d. 2. Folge v. Nr. 41)
63 Das Capital. 158 S. Bln: Goldschmidt (= Bibliothek für Haus und Reise) 1875
64 Feuer und Flamme. Roman. 3 Bde. 696 S. Stg: Simon 1875
65 Der Doppelgänger. Roman. 258 S. Herzberg: Simon 1876
66 Ein Familiendrama. 306 S. Bln: Goldschmidt (= Bibliothek für Haus und Reise) 1876
67 (MV) Ein Freund in der Noth. Novelle. (– P. Alarcón: Ein guter Fischzug. A. d. Spanischen v. L. Lauser). 24 S. Stg: Kröner (= Reiselectüre) (1877)
68 Novellenbuch. 2 Bde. 580 S. Hannover: Rümpler 1877
69 Der Erbe von Hornegg. Roman. 3 Bde. 804 S. Hannover: Rümpler 1878
70 (Hg.) A. v. Droste-Hülshoff: Gesammelte Schriften. 3 Tle. 1034 S. Stg: Cotta 1879
71 Die Herberge der Gerechtigkeit. Roman. 2 Tle. 466 S. Lpz: Brockhaus 1879
72 Die Mündel des Papstes. Historisches Drama. 56 S. 16⁰ Lpz: Reclam (= Universal-Bibliothek) 1879
73 Sclaven des Herzens. Viola. Zwei Novellen. 283 S. Bln: Goldschmidt 1879
74 Das Recht des Lebenden. Roman. 3 Tle. 771 S. Lpz: Brockhaus 1880
75 Seltsame Brüder. Roman. 3 Tle. 478 S. Lpz: Brockhaus 1881
76 Wunderliche Menschen. Drei Erzählungen. 328 S. Bln: Goldschmidt 1881
77 Etwas auf dem Gewissen. 207 S. Stg: Spemann (= Collection Spemann) 1882
78 Alte Ketten. Roman. 2 Bde. 536 S. Breslau: Schottländer 1883
79 Marienthal. Erzählung. 96 S. 12⁰ Bln: Goldschmidt 1883
(Ausz. a. Nr. 76)
80 Heimatlaub. Novellen. 2 Bde. 390, 343 S. Herzberg: Simon 1884
81 Ein ehrlicher Mann. Humoristische Erzählung. 108 S. 12⁰ Bln: Goldschmidt 1884
82 Große Menschen. Roman. 3 Bde. 722 S. Breslau: Schottländer 1884
83 Zwei Novellen. Virago. In dunkler Nacht. 232 S. Bln: Goldschmidt 1885
84 Lebenserinnerungen. 2 Bde. 609 S. Breslau: Schottländer 1886
85 Recht und Liebe. Roman. 256 S. Breslau: Schottländer 1886
86 Immortellen. Novellen. 294 S. Breslau: Schles. Verl-Anst. 1887
87 Ein Kulturkämpfer. 112 S. Bln: Goldschmidt 1888
(Ausz. a. Nr. 76)
88 Novellen. 166 S. Minden: Bruns 1889

SCHULENBURG, Werner von der (1881–1958)

1 Die Chronik der Stadt Söderburg. Kleinstadt-Roman. 232 S. Bln: Concordia 1908
2 Eine Winterfahrt durch die Provence. 119 S. Bln, Dresden: Reissner 1910
3 Eulenspiegel. 99 S. Dresden: Reissner 1911
4 Stechinelli. Der Roman eines Kavaliers. 2 Bde. 230, 287 S., 1 Bildn. Dresden: Reissner 1911
5 (Übs.) J. Berchoux: Die Gastronomie oder Der Gutsherr bei Tische. 56 S. Hbg: Behrens 1912
6 Hamburg. Eine Romanreihe. 2 Bde. Dresden: Reissner 1912–1914
   1. Don Juan im Frack. Roman. 280 S. 1912
   2. Antiquitäten. Roman. 332 S. 1914
7 Die zehn katholischen Novellen. VII, 124 S. Dresden: Reissner 1912

8 Sanssouci. Lustspiel. VII, 126 S. Dresden: Reissner 1912
9 Judas. Ein Epos. 34 S., 1 Abb. Dresden: Reissner 1914
10 Deutsche Flamme. Balladen. 79 S. Dresden: Reissner 1915
11 Thomas Dingstäde. Roman aus der Zeit vor dem Kriege. VIII, 380 S. Dresden: Reissner 1916
12 Ein neues Porträt Petrarcas. Eine Studie über die Wechselwirkung zwischen Literatur und bildender Kunst zu Beginn der Renaissancezeit. 61 S., 4 Taf. Bern: Francke 1918
13 Meine Kadetten-Erinnerungen (1892–1899). Ein Beitrag zur Lösung einer Zeitfrage. 93 S. Mchn: Steinicke 1919
14 Dante und Deutschland. Europäisches Denken und die deutsche Kaiseridee im vierzehnten und im zwanzigsten Jahrhundert. Eine Betrachtung. 87 S. m. Tab. Freiburg, Stg: Guenther 1921
15 Doctor Boëtius, der Europäer. Roman. 240 S. Dresden: Reissner (= Der Gesellschaftsroman) 1922
16 Malatesta. Der Roman eines Renaissancemenschen. 197 S. m. Abb. Dachau, Lpz: Einhorn-Verl. (1923)
17 Briefe vom Roccolo. Eine Tessiner Novelle. 124 S. Dachau, Lpz: Einhorn-Verl. (1924)
18 Könige. Novelle aus dem Riesengebirge. 67 S. Hildesheim: Borgmeyer (= Der Rosenstock 12) (1925)
19 Der junge Jacob Burckhardt. Biographie, Briefe und Zeitdokumente (1818–1852). XVI, 272 S., 1 Titelb. Stg: Montana-Verl. 1926
20 (Hg.) Italien. Monatsschrift für Kultur, Kunst und Literatur. Jg. 1–3, je 12 H. 4° Heidelberg, Freiburg: Kampmann 1927 – (1930)
21 Jesuiten des Königs. Roman. 263 S. Stg: Union 1927
22 (Hg.) J. Burckhardt: Reisebilder aus dem Süden. 191 S. Heidelberg („Freiburg): Kampmann 1928
23 Land unter dem Regenbogen. 336 S. Braunschweig: Vieweg 1934
24 Zaungast der Weltgeschichte. 47 S. Lpz: Schmidt & Spring (= Skalden-Bücher 29) (1936)
25 Johann Caspar Goethe. Vater eines Genies. 78 S., 4 Bl. m. Abb. Bln: Metten (= Menschen und Menschenwerk) (1937)
26 Der graue Freund. Roman aus Übersee. 246 S. Bln: Dt. Verl. (= Uhlen-Bücher, N. F. 103) 1938
27 (Hg.) Italien. Monatsschrift der Deutsch-Italienischen Gesellschaft. Jg. 1. 12 H. VIII, 380 S. m. Abb. u. Taf. Hbg: Broschek 1942–1943
28 Hinter den Bergen. Erzählung. 180 S. Bln-Schildow: Sicker 1944
29 Artemis und Ruth. Erzählung. 105 S. Mchn: Piper (= Piper-Bücherei 12) 1947
30 (Übs.) C. Goldoni: Der Murrkopf. Komödie in drei Akten. Unter Berücksichtigung der von Goldoni hg. Fassung aus der Französischen übs. 81 gez. Bl. m. Abb. Hbg: Ges. d. Bücherfreunde (300 num. Ex.) 1947
31 Beglänzte Meere. 115 S. Stg: Körner (= Mosaik-Bücherei 2) 1947
32 Stundenbuch der Liebe. Ein Brevier für Liebende. 91 S. Stg: Körner (=Mosaik-Bücherei 3) 1948
33 Goethe. Vater und Sohn. 88 S. m. Abb. (Nürnberg): Glock & Lutz) (= Görres-Bibliothek 31) 1949 (Neufassg. v. Nr. 25)
34 Der König von Korfu. Roman. 876 S. Braunschweig, Bln, Hbg: Westermann 1950
35 Der Papagei der Konsulin. Ein heiterer Roman. 304 S. Stg: Verl. Dt. Volksbücher 1952
36 Albert Schweitzer. 10 S., 1 Taf. Pretoria: Verl. Die Eiche (= Die Eiche, Beil. 11) 1952
37 Es weht ein Wind von Afrika. Eine Erzählung von der Riviera. 100 S., 1 Titelb. Stg: Haslsteiner 1953
38 Der Genius und die Pompadour. Roman. 475 S. m. Taf. Stg: Verl. Dt. Volksbücher (1954)
39 Crème à la Cocotte. Ein heiterer Roman zwischen Pinneberg und Monte Carlo. 330 S. Flensburg: Wolff (1956)
40 Das Mädchen mit den Schifferhosen. Eine Erzählung. 186 S. Flensburg: Wolff 1957

Schulze, Ernst (1789–1817)

1 Incerti auctoris pervigilium Veneris commentario perpetuo illustratum, prooemio et lectionis varietate instructum. Dissertatio philologica, quam ... publice defendet E. Sch. 4⁰ Göttingen: Schulze 1812
2 Caecilie. Eine Geisterstimme. 8 S. Göttingen: Vandenhoeck & Ruprecht 1813
3 Gedichte von Ernst Schulze m. Musikbeil. XII, 388 S. Göttingen: Dieterich 1813
4 Cäcilia. Ein romantisches Gedicht in zwanzig Gesängen. 2 Bde. 4, XXIV, 378; 4, 365 S. m. Bildn. u. Ku. Lpz: Brockhaus 1818–1819
5 Die bezauberte Rose. Romantisches Gedicht in drei Gesängen. 190 S., 1 Bl., 6 Ku. 12⁰ Lpz: Brockhaus 1818
6 Sämmtliche poetische Schriften. Hg., eingel. F. Bouterwek. 4 Bde. Lpz: Brockhaus 1818–1820
7 Psyche. Ein griechisches Märchen in sieben Büchern. 4 S., 2 Bl., 176 S. Lpz: Brockhaus 1819
8 Vermischte Gedichte. 4, 240 S. Lpz: Brockhaus 1820
9 Sämmtliche poetische Werke. 4 Bde. Lpz: Brockhaus 1822
   (Neuausg. v. Nr. 6)
10 Sämmtliche poetische Werke. Hg. H. Marggraff. 5 Bde. Lpz: Brockhaus 1855
   (Verm. Neuaufl. v. Nr. 9)

Schulze, Friedrich August
(+Friedrich Laun, Chr. Heinrich Spieß u. a.) (1770–1849)

1 +Die grauen Brüder, oder der Bund der Schrecklichen. 254 S. Erfurt (, Hbg): Herold 1795
2 +Das kurze Bein. Erzählung. Dresden: Arnold 1796
3 +Wunderliche Fata eines Cidevant. Dresden: Arnold 1796
4 +Der Waidmann aus dem Nonnenkloster. Hbg: Herold 1796
5 *Leben, Thaten und Meinungen eines Kammerjunkers, von ihm selbst beschrieben. Dresden: Arnold 1798
6 +Das Geisterregiment, kein Roman, keine wahre Geschichte, am wenigsten eine Allegorie. Von Jeremias, nicht dem Propheten, sondern dem Farcenschreiber. Lpz: Gleditsch (Brockhaus) 1799
7 +Der Mädchenhofmeister oder das Buchzeichen. Freiberg: Craz 1800
8 +Der Mann auf Freyersfüßen. 192 S. Freiberg: Craz 1800
9 *Meine Todsünden und einige andere von minderem Belange. Roman in drei Büchern. 470 S. Dresden: Arnold 1800
   (Umarb. v. Nr. 3)
10 *Die ganze Familie wie sie sein sollte, in Roman wie er sein kann, von Chr. H. Spieß, Geschwindschreiber in der Unterwelt. 220 S. Pirna 1801
11 +Heyrathshistorien. Freiberg: Craz 1801
12 +Der Mann mit der rothen Mütze. Zwei Erzählungen. Dresden: Arnold 1801
   (Enth. Nr. 2 u. 3)
13 Der Sohn des Teufels und seine Liebschaften. Dresden 1801
14 +Gottliebs Abentheuer vor der zweiten Hochzeit. 2 Bde. Fürth (, Nürnberg: Campe) 1802
15 +Scherzhafte Bagatellen: Irrthum, und das Vogelschießen. 229 S. Lpz: Gleditsch (Brockhaus) 1802
16 +Die Braut von vier Männern. Posse in vier Aufzügen, von Seb. Ungenannt. Freiberg: Craz 1802
17 +Prinz Gelbschnabel; ein Mährchen aus Gottliebs Papieren. 288 S. Bln: Sander 1802
18 +Die Gevatterschaft. Eine Kleinigkeit. Pirna (, Dresden: Arnold) 1802
19 Das Hochzeitsgeschenk. Lustspiel in fünf Aufzügen. Pirna 1802
20 Das Kleeblatt. Drei Erzählungen. 3 Bde. Pirna 1802

21 +Leichtfertigkeiten. Von Innocens. 315 S. Pirna 1802
22 +Das Orakel, oder Strafe muß sein. 286 S. Freiberg: Craz 1802
23 +Rudolph von der Linden. 3 Bde. Freiberg: Craz 1802
24 +Das Schleppkleid; eine Kleinigkeit in hundert Capiteln. Bln: Sander 1802
25 +Lustige Erzählungen. 2 Bde. Bln: Sander 1803
26 +Historien ohne Titel. 2 Bde. Dresden: Arnold 1804–1806
27 +Die stille Jungfrau, eine wunder- und geheimnißvolle Geschichte von Teutobald. 2 Bde. Dresden: Arnold 1804
28 +Reisescenen und Abentheuer zu Wasser und zu Lande. 3 Bde. Lpz: Gleditsch (Brockhaus) 1804–1805
29 +Romanesken aus Langermanns Pulte. Lpz: Cnoblauch 1804
30 +Die Kuhpocken oder der Ehrenschnurrbart. Marionettenspiel mit lebenden Figuren, von Leberecht Lustig. Dresden: Arnold 1805
31 +Zwei Bräute für einen Mann. Dresden: Arnold 1807
32 +Gabriele d'Estrées. Trauerspiel in fünf Aufzügen. Dresden: Arnold 1807
33 +Schauspiele. Dresden: Arnold 1807
34 +Schloß Riesenstein; ein Roman mit und ohne Gespenster. 2 Bde. Lpz(,Hbg: Fort) 1807
35 +Possenspiele von Hans Helldunkel. 228 S. Lpz: Tauchnitz 1808
36 +Die seltsame Ehe. Fortsetzung des Schlosses Riesenstein, Lpz (, Hbg: Fort) 1908
  (Forts. v. Nr. 34)
37   Ich und meine Gläubiger. Hirschberg 1809
38 +Reisen und Irrthümer eines Heirathslustigen. 2 Bde. Dresden: Arnold 1809
39 +Seifenblasen. 2 Bde. Tüb: Cotta 1809–1810
40 +Die Fehdeburg. 2 Bde. Lpz (, Hbg: Fort) 1810–1811
41 +(MV) F. Laun u. J. A. Apel: Gespensterbuch. 4 Bde. Lpz: Göschen 1810 bis 1812
42 (MH) Almanach für Weintrinker. Hg. F. A. Sch. u. F. Hartmann. n. Ku. 12⁰ Lpz: Göschen 1811
43 +Der Polizeidirector. Das geheimnißvolle Verhängniß und Das Abentheuer des Barons. Lpz: Hinrichs 1812
44 +Antonie. Das schauerliche Wort und Die Blendlaterne. Drei Erzählungen. Lpz: Hinrichs 1813
45 +(Hg.) Erzählungen für Winterabende von Leander. Hg. F. Laun. 2 Bde. Lpz: Kollmann 1813
46 +Freierei und Drangsale des Doctors Schwefellebers. Nebst Anhang von den Brautbetten und der Pastete. Lpz: Hinrichs 1813
47 +Die Gestalt auf dem Grabmale. Vielleicht Gespenstergeschichte. Dresden: Hartknoch 1813
48 +(MV) F. Laun, C. Streckfuß u. G. Schilling: Der Mantel. Drei Erzählungen. Dresden: Arnold 1813
49 +Die schwarzen Augen. Lpz: Hartknoch 1814
50 +Drei Dukaten und ein Komet. 214 S. Lpz: Hartknoch 1814
51 +Kleine Erzählungen. 2 Bde. Lpz: Hartknoch 1814–1815
  (Enth. Nr. 50 u. 59)
52 +(MV) F. Kind, F. Laun u. G. Schilling: Das Gespenst. Drei Erzählungen. Dresden: Arnold 1814
53 +Kleinigkeiten. 3 Bde. Lpz: Hartknoch 1814–1817
  (Enth. u. a. Nr. 49)
54 +Die Traumdeutung. Herr Blitz und der Glückswürfel. Lpz: Hinrichs 1814
55 +Blumen und Blätter. 222 S. Lpz: Hinrichs 1815
56 *Die angstvolle Brautnacht. Dresden: Hartknoch 1815
57 +Geschichten und keine. 2 Bde. Lpz: Hartknoch 1815–1816
58 +(MV) F. Laun, W. A. Lindau u. G. Schilling: Ich und meine Frau. Drei Erzählungen. Dresden: Arnold 1815
59 +Drei Küsse und eine lange Nase. Lpz: Hartknoch 1815
  (Bd. 2 v. Nr. 51)
60 +(MV) F. Laun u. J. A. Apel: Wunderbuch. 3 Bde, 3 Ku. Lpz: Göschen 1815–1817
61 +Das Ebenbild. 332 S. Lpz: Hartknoch 1816
62 +Glitt und seine Freunde. Roman. Nürnberg: Schrag 1816
63 +Die Reise ins Schlaraffenland. Ein Fastnachtsmärchen. Lpz: Göschen 1816

64 +Drei Tage zu Pferde. Dresden (, Braunschweig: Meyer) 1816
65 +Glitts gesellige Abende. 4 Bde. Dresden, Lpz: Hartknoch 1817–1819
66 +Die Gattin zweier Könige, eine altnordische Geschichte. Bln: Schlesinger 1817
67 +Die drei Postmeisterstöchter. Lpz (: Fort) 1817
68 +Darstellungen. Bln: Schlesinger 1818
69 +Erzählungen und Schwänke. 2 Bde. Bln: Schüppel 1818–1819
70 +Gespenstergeschichten. 2 Bde. Bln: Schüppel 1818–1820
71 +Kleinstädtereien. 2 Bde. Erfurt: Keyser 1818
72 +Das Leben im Lichte und im Schatten, in einer Reihe von romantischen Erzählungen. 3 Bde. Erfurt: Keyser 1818
73 +Die Nonne. Britische Launen ... Erfurt: Keyser 1818
    (Bd. 3 v. Nr. 72)
74 +Brautproben. Komischer Roman. 286 S. Bln: Schüppel 1819
75 +Das Echo. Der Verwundete. Die schiefe Perücke. 272 S. Lpz: Hinrichs 1819
76 +Der gute Genius und die Braut. 253 S. Bln: Schüppel 1819
77 +Drei Tage im Ehestande. 160 S. Dresden (, Braunschweig: Meyer) 1819
78 +Drei Erzählungen. Lpz: Baumgärtner 1820
79 +Das Hausleben, eine Charakterzeichnung. 251 S. Dresden (, Braunschweig: Meyer) 1820
80 +Die seligen Herren und die unselige Frau. Bln: Schüppel 1820
    (Bd. 2 v. Nr. 70)
81 +Der wilde Jäger. 251 S. Dresden: Arnold 1820
82 +Des Pastors Liebesgeschichte. 276 S. Bln: Schüppel 1820
83 +Reisen im Bette; und so weiter; Kleinigkeiten. Lpz: Lehnhold 1820
84 +Die Thürmerfamilie und einige andere Kleinigkeiten. 260 S. Lpz: Lehnhold 1820
85 +Der Traum von vier Wochen. Lpz: Lehnhold 1820
86 +Meine Verlegenheiten. Ein Roman. 2 Bde. Lpz: Lehnhold 1820
87 +Glitts Erzählungen im Bade. 2 Bde. Lpz: Lehnhold 1821
88 +Novellen. 2 Bde. Ffm: Herrmann 1821
89 +Zwei Stunden auf Reisen und die Vaterpflicht. Bln: Schüppel 1821
90 +Drei Tage im Weinkeller; Kleinigkeiten. Lpz: Lehnhold 1821
91 +Welcher? Drei Geschichten verwandten Inhalts. Dresden: Arnold 1821
92 +Drei Ehen zur linken Hand. Drei Erzählungen. Lpz: Lehnhold 1822
93 +Erzählungen. 2 Bde. Dresden, Braunschweig: Meyer 1822
94 +Der Liebhaber ohne Geld. Roman. 2 Bde. Bln: Schüppel 1822
95 +Die Sparkasse. Roman. Bln: Schüppel 1822
96 +Kaspar Frühaufs Tollheiten. 306 S. Bln: Schüppel 1822
97 +Des Fürsten Geliebte. Ffm: Herrmann 1823
98 +Das Heirathsfieber, nebst drei anderen Kleinigkeiten. Lpz: Lehnhold 1823
99 +Neue Kleinigkeiten. Lpz: Lehnhold 1823
100 +Drolls Liebschaften. Erstes und letztes Dutzend Kleinigkeiten. Lpz: Lehnhold 1823
101 +Die Luftschlösser. Komischer Roman. 2 Bde. 226, 182 S. Bln: Schüppel 1823
102 +Der große Mann in Liebesnöthen. Roman. 2 Bde. Bln: Schüppel 1823
103 +Die Sache des Herzens. M. 1 Ku. Lpz: Hinrichs 1823
104 +Die schwache Stunde. Lpz: Lehnhold 1823
105 +Der Bankerott des Herzens. M. 1 Ku. Bln: Maurer 1824
106 +Der Dukatenmacher und zwei andere Kleinigkeiten. Lpz: Lehnhold 1824
107 Sebastian Kunzens Fußreise nach dem Brautgemach. Nebst einem Vorwort. 2 Bde. Lpz 1824
108 +Gedichte. 156 S. Lpz: Tauchnitz 1824
109 +Die Glücksritter. Bln: Schüppel 1824
110 +Der Kampf mit Liebe und Leben. Lpz: Lehnhold 1824
111 +Die ersten drei Myrthenzweige. Dresden: Arnold 1824
112 +Noth aus Überfluß. Ein komischer Roman. Seitenstück zu dem Roman Der Liebhaber ohne Geld. 2 Bde. Bln: Schüppel (1824)
    (zu Nr. 94)
113 +Die Schauspielerin. Lpz: Lehnhold 1824
114 +Die verhängnißvolle Treppe. Roman. Lpz: Lehnhold 1824
115 +Die zweiten drei Myrthenzweige. 171 S. Dresden; Arnold 1825
    (zu Nr. 111)

116 +Die Brunnengäste. 2 Bde. Lpz: Lehnhold 1825
117 +Der Herzog von Villa Medina. Roman. Lpz: Lehnhold 1825
118 +Die Nacht in der Hölle. Bln: Schüppel 1825
119 +Die Strohwittwe und ihre Anbeter. Lpz: Lehnhold 1825
120 +Die Zigeunerin. Roman. Lpz: Lehnhold 1825
121 +Zwanzig Erzählungen. Lpz: Hinrichs 1826
   (Enth. u. a. Ausz. a. Nr. 43, 44, 46, 75)
122 +Die Freiredoute. Roman. Lpz: Lehnhold 1826
123 +Der vornehme Fremde. Lpz: Lehnhold 1826
124 +Historisch-romantische Gemälde. 4 Bde. Dresden, Lpz: Arnold 1826–1827
   1.2. Das Verhängniß. 1826
   3.4. Johanna, Gräfin von Montfort. 1827
125 +Der Landjunker und sein Pudel. 2 Bde. Lpz: Lehnhold 1826
126 +Schwänke. 3 Bde. Lpz: Lehnhold 1826–1829
127 +Die Braut auf Reisen. 222 S. Lpz: Lehnhold 1827
128 +Familienglück. Eine Charakterzeichnung. 2 Bde. Lpz: Lehnhold 1827
129 +Der Geist des Bösen. Novellen aus den ersten Jahren des siebzehnten Jahrhunderts. Lpz: Lehnhold 1827
130 +Die schöne Nonnenmüllerin. 264 S. Bln: Schüppel 1827
131 +Der verliebte Postillion. Lpz: Lehnhold 1827
132 +Das Fürstenkind. 296 S. Lpz: Lehnhold 1828
133 +Die Hausfreunde. Bln: Schüppel 1828
134 +Die falschen Spielerinnen. 2 Bde. 156, 152 S. Lpz: Lehnhold 1828
135 +Die Stiefmutter. 2 Bde. Lpz: Lehnhold 1828
136 +Wiederklänge von Leben und Kunst. 3 Bde. 214, 208, 219 S. Lpz: Barth 1818
137 +Auswanderung, Schicksale und Heimkehr. Ein Roman auf geschichtlichem Grunde. 2 Bde. Lpz: Lehnhold 1829
138 +Die Handschuhe. Zwei Novellen. 2 Bde. Lpz: Nauck 1829
139 +Die dritte Liebe. 2 Bde. 158, 197 S. Lpz: Lehnhold 1829
140 +Die Bürger von Köln. Historisch-romantische Darstellung aus dem dreizehnten Jahrhundert. 2 Bde. Lpz: Hartmann 1830
141 +Louise von Degenfeld. Geschichtliche Novelle. Dresden: Arnold 1830
142 +Der verliebte Onkel und seine Nichten. 2 Bde. Lpz: Hartmann 1830
143 +Die Schlittenbekanntschaft, eine komische Geschichte. Lpz: Nauck 1830
144 +Der närrische Vormund, eine komische Geschichte. 216 S. Lpz: Hartmann 1831
145 +Der Selbstmord auf der Brühl'schen Terrasse. Neuhaldensleben: Eyraud 1834
146 +Die Trugbilder der Leidenschaft. Episode aus der Verschwörungsgeschichte im Februar 1832. Neuhaldensleben: Eyraud 1834
147 +Memoiren. 3 Bde. X, 160; 254; 202, 10 S. Bunzlau: Appun 1837
148 +Ludwig Philipp und Napoleon. Zum Andenken an das Jahr 1840 und dessen Jubelfeier der Buchdruckerkunst. 31 S. 4° Dresden, Lpz: Arnold 1840
149 +Gesammelte Schriften. Mit Prolog v. L. Tieck. 6 Bde. m. Bildn. Stg: Scheible, Rieger & Sattler 1843–1844
150 +Die Macht des Wortes. An die Zeitgenossen im Jahre 1845. 23 S. Dresden: Kori 1845

Schupp(ius), Johann Balthasar (+Antenor) (1610–1661)

1 Eusebia prodeumbulans. 288 S. Marburg: Chemlinus 1642
2 Aurora. 312 S. 12° Marburg: Chemlinus 1642
3 De Arte Ditescendi Dissertatio Prior ex Avellino Ad Philosophos in Germaniâ. 216 S. o. O. (1645)
4 (Bearb.) Christophori Helvici, V. C. Theatrum Historicum et Chronologicum ... a primo Mundi ad Annum 1650 ... Nunc continuatum et revisum A J.B. Sch. 11 Bl., 185 (, 15 ungez.) S. Oxford: Godwin 1651
5 Morgen- und Abendlieder, o. O. (1655)
6 Gedenk daran. Hbg 1656
7 Freund in der Noth. 6,136 S. 12° Hbg: Oosen 1657

8 +Der Rachgierige und unversöhnliche Lucidor. Erinnert und ermahnt durch Antenorn. 90 Bl. 12° Hbg: Oosen 1657
9 Ein Holländisch Pratgen. 30 Bl. 12° o.O. 1659
10 Salomo oder Vorbild eines guten Regenten ... 193 Bl. 12° Hbg: Pfeiffer 1657
11 Ambrosii Mellilambii Sendschreiben. An einem vornehmen Cavallier. Betreffend Die Schwedische und Polnische Waffen. 20 ungez. S. o. O. 1657
12 Der Bücher-Dieb. Gewarnet und ermahnet Durch J. B. Sch. 12 Bl. 12° o. O. 1658
13 Relation aus dem Parnasso, Welche bey jüngster Post Mercurius anbracht hat, von Verfolgung Antenors ... 5 Bl., 25 S. Wolfenbüttel: Bißmarck 1658
14 Erste und Eylfertige Antwort. Auff Bernhard Schmieds Discurs. 1 Bl., 70 S. 12° Altona 1659
15 Calender. 54 Bl. 12° Wolfenbüttel: Bißmarck 1659
16 +Der Geplagte Hiob Das ist, Fürstellung Des grossen Creutzträgers Hiobs ... 18 Bl., 179 S. 12° Nürnberg: Endter 1659
17 Deutscher Lucianus. 29 Bl. 12° o. O. 1659
18 +Salomo, Oder Regenten-Spiegel, Vorgestellet Auß denen eilff ersten Capitulen des ersten Buchs der Königen. 204 Bl. 12° o. O. 1659
   (Neuaufl. v. Nr. 10)
19 Eylfertiges Sendschreiben, an den Calenderschreiber zu Leipzig. 48 S. 12° o. O. 1659
20 Corinna, Die Erbare uñ scheinheilige Hure. Beschrieben, und allen Unkeuschen Leuten zur Warnung vorgestellet. 12 Bl., 164 S. 12° Lpz: Oehler 1660
21 Abgenöthigte Ehren-Rettung. 11 Bl., 216 S. 12° Lpz: Oehler 1660
22 Wolverdienter Nasenstieber. o. O. 1661
23 Schrifften. 16 Bl., 992 S. m. Titelku. Hanau (o. Verl.) 1663
24 +Ninivitischer Buß-Spiegel, vorgestellet durch Antenorn. 298 S., 3 Bl. o. O. (1667)
25 Lehrreiche Schrifften. ... 4 Bl., 970 S., 22 Bl.; 1 Bl., 495 S., 8 Bl. m. Titelku. Ffm: Wust 1677
26 Der schändliche Sabbathschänder. 19 Bl., 610 S. Hbg: Brendeke 1690
27 Register der Sünden und Laster. Hbg 1696
28 Orationes IV de laude atque utilitate belli, ineptus orator, de lana caprina, xenium s. de usu et praestantia nihili. 12° Hag. Com. 1707
29 Sämmtliche Lehrreiche Schrifften, In sieben und viertzig Tractätlein bestehende ... 2 Bde. 4 Bl., 1015 (, 45 ungez.) S.; 2 Bl., 719 (, 29 ungez.) S. Ffm: Zunnerische Erben & Jung 1719
   (Verm. Neuaufl. v. Nr. 25)

SCHUREK, Paul (1890–1962)

1 Düwel un Dichter. Drömige un smustergrinige Vertelln. 103 S. Braunschweig: Westermann 1920
2 De rode Heben. En Geschicht ut Hamborg. 127 S. Braunschweig: Westermann 1921
3 Der Hamburger Brand. Erzählung. 130 S. Hbg: Glogau 1922
4 Snaksche Geschichten. 118 S. Hbg: Hartung 1922
5 Stratenmusik. Kummedi in dree Akten. 123 S. Hbg: Hanf (= Speeldeel 8) 1922
6 Entfesselung. Ein Roman. 228 S. Bremen: Schünemann 1924
7 Vörjohrstorm. Volksstück in dree Optög. 34 S. Hbg: Selbstverl. 1924
8 Grisemumm. Een buntes Book. 126 S. m. Abb. Bremen: Schünemann 1925
9 Stratenmusik. 144 S. Hbg: Glogau 1925
   (Umarb. v. Nr. 5)
10 Käuze. De letzde Droschkenkutscher. Sylvester. Zwei niederdeutsche Komödien. 63 S. Bremen: Schünemann 1926
11 Die brennende Stadt. Erzählung. 181 S. Hbg: Glogau 1926
   (Neuaufl. v. Nr. 3)
12 Snieder Nörig. Kummedi in dree Akten. 65 S. Hbg: Selbstverl. 1927

13 Gack, de Mann, de keen Tied hett. Schwank in drei Akten. (Frei nach Holberg). Als Ms. gedr. 64 S. Hbg: Selbstverl. 1928
14 Straßenmusik. Komödie in drei Akten. Bln: Bühnenvertrieb des Verbandes deutscher Bühnenschriftsteller 1928
   (Hochdt. Fassg. v. Nr. 9)
15 Beule. Komödie in drei Akten. Bln: Bühnenvertrieb des Verbandes deutscher Bühnenschriftsteller 1929
16 Lünkenlarm. Niederdeutsche Komödie in drei Akten. 62 S. Hbg: Selbstverl. 1929
17 Silvester. Niederdeutsche Komödie in einem Akt. 31 S. Hbg: Selbstverl. 1929
   (Ausz. a. Nr. 10)
18 De letzde Droschkenkutscher. Komeedi. 31 S. Hbg: Quickborn-Verl. 1931
   (Ausz. a. Nr. 10)
19 Snieder Nörig. Komödie. 55 S. Hbg: Quickborn-Verl. 1931
   (Neubearb. v. Nr. 12)
20 Kasper kummt na Hus. Niederdeutsche Komödie. 61 S. Hbg: Quickborn-Verl. 1932
21 Pott will heiraden. Schwank (free nach Gogol). 54 S. Hbg: Quickborn-Verl. 1932
22 Kleine Ehekomödie. 59 S. Bln: Theaterverl. Langen-Müller 1933
23 Gewalten und Gestalten. Kurze Geschichten. 46 S. Hbg: Meißner (= Nordmark-Bücherei 4) (1933)
24 Tulipantjes. Komedi. 73 S. Hbg: Quickborn-Verl. 1936
25 Die blaue Tulpe. Komödie. 74 S. Bln: Theaterverl. Langen-Müller 1936
26 (Einl.) A. Ehrhardt: Fohlen auf der Weide. 48 S. m. Abb. Hbg: Ellermann 1939
27 Geld im Strumpf. Volksstück. 61 S. Bln: Theaterverl. Langen-Müller (= Theaterspiele des Volkes 11) 1939
28 Das Leben geht weiter. Roman. 356 S. Stg: Cotta 1940
29 Der Hamburger Brand. Roman. 269 S. Hbg: Glogau 1943
   (Neufassg. v. Nr. 11)
30 Begegnungen mit Ernst Barlach. 77 S. m. Abb., 1 Titelb. Hbg: Claassen & Goverts 1946
31 Der Jungbrunnen. Aus den Notizen eines Wanderers. 129 S. Wedel: Alster-Verl. (1948)
32 Bullenkopp und Stint. Komödie in einem Akt. 39 S. Rotenburg a. d. Fulda: Dt. Laienspiel-Verl. (= Deutsche Volksbühne 13) 1949
33 Nichts geht verloren. Das Forscherschicksal Robert Mayers. 202 S. Hbg: Springer 1949
34 Gack hat keine Zeit. Komödie in einem Akt. Frei nach Holberg. 47 S. Rotenburg a. d. Fulda: Dt. Laienspiel-Verl. (= Deutsche Volksbühne 12) 1950
   (Hochdt. Fassg. v. Nr. 13)
35 As ik anfüng. Wat ik wull un wat ik sull. 67 S. Hbg: Quickborn-Verl. (= Quickborn-Bücher 57) (1953)
36 Begegnungen mit Barlach. Ein Erlebnisbericht. 234 S. m. Abb., 16 Bl. Abb., 1 Titelb. Gütersloh: Rufer-Verl. 1954
   (Erw. Neuaufl. v. Nr. 30)
37 Öl aus der Hölle. 108 S. m. Abb. Hbg: Baken-Verl. (= Baken-Bücherei 7) 1959

Schwab, Gustav (1792–1850)

1 *(Hg.) Neues deutsches allgemeines Commers- und Liederbuch. VII, 270 S, Tüb: Osiander 1815
2 *(Hg.) Neues deutsches allgemeines Commers- und Liederbuch. 373 S., 5 Bl. Germania 1816
   (Verm. Neuaufl. v. Nr. 1)
3 Festa Natalitia Augustissimi ac Potentissimi Regis Württembergiae, Guilielmi ... 34 S. Stg: Maentler 1818

4 *(Hg.) Der Froschmäuseler oder Geschichte des Frosch- und Mäusekriegs, von Marx Hupfinsholz und Mäusebach, der jungen Frösche Vorsinger. Ein Volksbuch aus dem sechzehnten Jahrhundert. Mit den nöthigen Abkürzungen, sonst unverändert, neu hg. 237 S. Tüb: Osiander 1819
5 Lebens-Abriß Ihrer Majestät der am 9. Januar 1819 verewigten Königin Catharina von Württemberg. 19 S. Stg: Maentler (1819)
6 Romanzen aus dem Jugendleben Herzog Christophs von Würtemberg. Mit geschichtlichen Belegen. VI, 194 S. Stg: Cotta 1819
7 Zum 26sten September 1819. 2 ungez. Bl. Stg: Metzler 1819
8 Erinnerungen an die erhabene Catharina, der verewigten Königin von Würtemberg Majestät. 16 S. m. Titelb. Nürnberg: Schrag (1820)
9 Lied zur Feier der Verbindung des Herrn Doctor Ludwig Uhland mit der Jungfrau Emilie Vischer am 29. Mai 1820. 3 Bl. Stg. Zuckschwerdt 1820
10 De religione Sophoclis rationali pars I. Stg 1820
11 (Bearb.) Johann von Hildesheim: Die Legende von den heiligen drei Königen. Aus einer von Goethe mitgetheilten Handschrift und einer deutschen der Heidelberger Bibliothek bearb. und mit zwölf Romanzen begleitet. 222 S. Stg, Tüb: Cotta 1822
12 (Hg.) P. Fleming: Erlesene Gedichte. Aus der alten Sammlung ausgewählt und mit F.s Leben begleitet. LVI, 240 S. Stg: Cotta 1823
13 Die Neckarseite der schwäbischen Alb. Mit Andeutungen über die Donauseite, eingestreuten Romanzen und anderen Zugaben. Nebst einem naturhistorischen Anhang v. Prof. D. Schübler. VIII, 324 S., 1 Kt. Stg: Metzler 1823
14 (Bearb.) L. Uhland: De constituenda republica carmina. Latinitate et metris Horatianis vestita Venusinae Musae amatoribus offert adjecto textu vernaculo G. Sch. 38 S. 4° Stg: Cotta 1823
15 Zur Feier der Taufe Seiner Königlichen Hoheit des Kronprinzen in tiefster Ehrfurcht dargebracht von dem Stadtvater in Stuttgart ... 2 Bl. Stg: Maentler 1823
16 An den Gesang. Im Namen des Lieder-Kranzes. 1 Bl. Stg: Steinkopf (1824)
17 De Livio et Timagine, historiarium scriptonibus, aemulis. 29 S. Stg: Maentler 1824
18 (Übs.) A. de Lamartine: Auserlesene Gedichte. Metrisch übs., mit beigefügtem französischen Texte. VIII, 295 S. Stg, Tüb: Cotta 1826
19 Der Bodensee nebst dem Rheinthale von St. Luciensteig bis Rheinegg. VIII, 550 S., 2 Kt. Stg: Cotta 1827
20 (MH) Sammlung von Übersetzungen griechischer und römischer Prosaiker und Dichter. Hg. G. Sch., G. L. F. Tafel u. C. N. Osiander. Stg: Metzler 1827ff.
21 Gedichte. 2 Bde. X, 416; VIII, 370 S. Stg, Tüb: Cotta 1828–1829
22 Lebens-Abriß Ihrer Majestät der am 6ten October verewigten Königin Wittwe Charlotte Auguste Mathilde von Württemberg. 12 S. Stg: Maentler 1828
23 (Hg., MV) Die Schweiz in ihren Ritterburgen und Bergschlössern. Historisch dargestellt von vaterländischen Schriftstellern. Mit einer historischen Einl. v. J. J. Hottinger. 3 Bde. Chur: Dalp 1828–1839
24 (Übs.) A Barthélemy u. J. Méry: Napoleon in Aegypten. Gedicht in acht Gesängen. Mit dem französischen Texte. 17 Bg. 4° Stg, Tüb: Cotta 1829
25 (Hg., Vorw.) W. Hauff: Sämmtliche Schriften. 36 Bde. 16° Stg: Brodhag 1830
26 (Hg.) W. Müller: Vermischte Schriften. Hg. und mit einer Biographie Müller's begleitet. 5 Bde. 16° Lpz: Brockhaus 1830
27 Ludwig Uhland, dem Menschen, dem Bürger, dem Forscher, dem Lehrer, dem Dichter unser Lebewohl, unser Lebehoch! 2 ungez. Bl. Stg: Maentler 1830
28 (MH) Deutscher Musenalmanach für das Jahr 1833 (1834 usw. – 1838). Hg. A. v. Chamisso u. G. Sch. Jg. 4–9. Lpz: Weidmann 1833–1838
29 Sacra Natalitia Augustissimi ac Potentissimi Regis Württembergiae, Guilielmi ... 29 S. Stg: Maentler 1834
30 (Hg.) Fünf Bücher deutscher Lieder und Gedichte. Von A. v. Haller bis auf die neueste Zeit. Eine Mustersammlung mit Rücksicht auf den Gebrauch in Schulen. XIII, 737 S. Lpz: Weidmann 1835

31 (Bearb.) Die Dichter des alten Griechenlands und Roms. 2 Bde. 8, 7½ Bg. 12⁰ Stg: Beck & Fränkel (= Bibliothek für die weibliche Jugend 3-4) 1835
32 (Übs.) A. de Lamartine: Reise in den Orient. 4 Bde. Stg: Metzler 1835
33 (Hg.) Buch der schönsten Geschichten und Sagen für Alt und Jung wiedererzählt. 2 Bde. VIII, 442; VI, 648 S. Stg: Liesching 1836-1837
34 (Hg.) Deutsche Volksbücher. 3 Bde. m. Abb. Bln: Vereinsbh. 1836-1837
35 (Einl.) N. Müller: Lieder. 16½ Bg. Stg, Tüb: Cotta 1837
36 Palmsonntag 1837. Ein Gedicht auf den Tod des verewigten Seelsorgers Christian Adam Dann. 1 Bl. 2⁰ o. O. (1837)
37 *Reineke Fuchs. M. 14 Ku. Tüb 1837
38 Wanderungen durch Schwaben. VIII, 257 S., 30 Abb. Lpz: Wigand 1837
39 Gedichte. Neue Auswahl. 34¾ Bg. Stg: Cotta 1838
40 (Hg.) Die schönsten Sagen des klassischen Altertums, nach seinen Dichtern und Erzählern. 3 Bde., 6 Ku. Stg: Liesching 1838-1840
41 Der Bodensee nebst dem Rheinthale von St. Luciensteig bis Rheinegg. 38½ Bg., 2 Abb., 2 Ku. Stg: Cotta 1840
 (Verm. Neuaufl. v. Nr. 19)
42 Die Controverse des Pietismus und der spekulativen Theologie in Württemberg. (S.-A.) 80 S. Stg, Tüb: Cotta 1840
43 (MV) C. Ullmann u. G. Sch.: Der Cultus des Genius, mit besonderer Beziehung auf Schiller und sein Verhältniß zum Christenthum. Theologisch-aesthetische Erörterungen. VI, 186 S. Hbg: Perthes 1840
44 Schillers Leben in drei Büchern. XXII, 783 S. Stg: Liesching 1840
45 (Hg.) Urkunden über Schiller und seine Familie mit einem Anhange von fünf neuen Briefen, worunter ein ungedrucktes Autographon. IV, 56 S. Stg: Liesching 1840
46 (MH) F. Horn: Psyche. Aus dem Nachlasse. Ausgew. G. Sch. u. F. Förster. 3 Bde. Lpz: Teubner 1841
47 (Hg.) Die deutsche Prosa von Mosheim bis auf unsere Tage. Eine Mustersammlung mit Rücksicht auf höhere Lehranstalten. 2 Bde. 1552 S. Stg: Liesching 1842-1843
48 Ein Kirchenbesuch in Stockholm. Reisefrucht von 1841 ... 2 Bl. Stg (o. Verl.) 1845
49 Gedächtnißrede auf Frau Emilie Reinbeck, geb. Hartmann. 26 S. Stg: Metzler 1846
50 (MV) G. Sch. u. C. Klüpfel: Wegweiser durch die Litteratur der Deutschen. 23 Bg. Lpz: Mayer 1846
51 (MV) Erinnerungen an Jh. G. Aug. Hartmann aus den Mittheilungen seiner Familie zusammengestellt. Mit der Grabrede v. G. Sch. 32 S. Stg: Metzler 1849
52 (MH) Jugend-Album. Blätter für den häuslichen Kreis. Unter Mitwirkung v. G. Sch. hg. E. Niendorf. IV, 386 S. m. Abb. Stg: Hallberger 1850
53 Lebensabriß des verewigten Dr. Friedrich Degen, Königl. Württembergischen Bergraths. 16 S. Stg: Metzler (1850)
54 Gedichte. Gesichtete und neuvermehrte Ausgabe mit einer biographischen Einleitung v. G. Klee. VIII, 452 S., 1 Bildn. Gütersloh: Bertelsmann 1882
 (Verm. Neuaufl. v. Nr. 39)

SCHWEIKART, Hans (+Ole Stefani) (*1895)

1 +Der dritte Schuß. Kriminalroman. 154 S. Mchn: Müller (= Georg Müllers Kriminalromane) 1926
2 +Acht Tage Skandal. Roman. 193 S. Mchn: Knorr & Hirth 1931
3 Zwischenfall vor dem Theater. Kriminalroman. 244 S. Bln: Ullstein (= Ullstein-Bücher. N. F. 26) 1934
4 Ein Mädchen, ein Auto, ein Hund. 230 S. Lpz: Goldmann (= Goldmann's Detektiv-Roman) 1935
5 Ich brauche dich. Komödie in drei Akten. 71 S. Bln: Die Drehbühne (Ms.) 1942
6 Nebel. Ein Stück in drei Akten. 96 S. Bln-Charlottenburg: Bloch (Ms.) 1947

SCHWI(E)GER, Jakob
(+Filidor, Der Flüchtige) (1624- nach 1667)

1 Schäfferischer Gerichts-Proceß und End-Vrtheil ... Lpz 1651
2 Liebes-Grillen. Das ist Lust- und Liebes Schertz- und Ehren-Lieder, deren gar weinige aus dem Nieder-landischen übersetzet, die meisten aber aus eigener ersinnung zu Papier gebracht und in zweyen Büchern abgetheilet. 2 Tle. 12° Hbg: In Verlegung des Authoris 1654
3 Ueberschriften und Gedichte. 12° Stade 1654
4 +Des Flüchtigen Flüchtige Feld-Rosen; in unter-schiedlichen Lust-Gängen vorgestellet. 77 Bl. 12° Hbg: Carsten 1655
5 Gebets-Räuchwerk aus Koloss. 1, 9-14 in einer zu Stade gehaltenen Predigt fürgestellet. 4° Stade 1655
6 Lustiges Lust-Kämmerlein. Darinnen allerhand Anbindungs-Hochzeit- und Neu-Jahrs Gedichte zufinden. 69 S. 12° Stade: In Verlegung des Autoris 1655
7 Liebes-Grillen. Das ist Lust- und Liebes Schertz- Ehr- und Sitten-Lieder. Wiederüm von neuen dürchgesehen von Autore selbsten, vnd an vielen Orten merklichen verbessert: Zugleich auch Mit dem Anderen Theil vermehret; und bestehet also das gantze Wercklein in vier Büchern. 4 Tle. 12, 84 Bl. 12° Hbg: Guht 1656
   (Verm. Neuaufl. v. Nr. 2)
8 WandlungsLust, Welche In allerhand Anbindungs- Hochzeit- NeüJahes nnd Liebes Schäfereien bestehet. 5, 78 Bl. 12° Hbg: Carsten 1656
9 (Übs.) J. Katz: Trauungs-Betrug, unlängstin in Holland geschehen, Beschrieben in Niederländischer Sprache, übersetzt und zum andern mahl hervorgegeben. 12° Glückstadt 1659
10 Adeliche Rose. Welche den Getreüen Schäfer Siegreich, und die wankkelmühtige Adelmuht; der Edlen und keuschen Jugend vorstellet. 3 Tle. 12 Bl., 48 S. 12° Glückstadt: Koch 1659
11 Sieges-Seule, Dem Durch-läuchtigsten ... Herrn Friedrich dem Dritten, Zu Dennemark ... Könige ... Als der Unüberwindliche GOTT, Devo Maytt: am 14. und 15. Tag Winter Monatß einen herrlichen Sieg wider seine Feinde verliehen. Aufgerichtet v. J. Sch. 4 Bl. Glückstadt: Koch 1659
12 Verlachte Venus, aus Liebe der Tugend und teütsch-gesinneten Gemühtern zur ergetzung ... aufgesetzet. 30 Bl. 12° Glückstadt: Koch 1659
13 Die Verführte Schäferin Cynthie, Durch Listiges Nachstellen des Floridans: Entdekket von J. Sch. 30 Bl. 12° Glückstadt: Koch 1660
14 Sicherer Schild wider die Verläumdungspfeile. 12° Glückstadt 1660
15 Geistliche-Seelenangst zur Zeit der Anfechtung. 12° Hbg 1660
16 Die erfreuete Unschuld. Misch-Spiel. 4° o.O. 1664
17 Ernelinde oder Die Viermahl Braut Mischspiel. 2 Bl., 140 S. 4° Rudolstadt: Freyschmidt (1665)
18 Der Vermeinte Printz. Lustspiel. 4 Bl., 136 S. 4° Rudolstadt: Freyschmidt 1665
19 +Filidors Trauer- Lust- und MischSpiele. Erster Theil. 4° Jena: Neüenhahn 1665
20 Die Wittekinden. Singe- und Freuden- Spiel. 56 Bl. 4° Jena: Neuenhahn (1666)
21 Basilene. Lust-Spiel. 4° Rudolstadt: Freyschmidt 1667
22 Der betrogene Betrug. Lustspiel (dazu: Sing- und zwischen Spiel zu dem Betrogenen Betruge). 4 Bl., 78 S.; 35 S. 4° Rudolstadt: Freyschmidt 1667
23 +Filidors Erst entflammte Jugend. 10 Bl., 68 S., 1 Taf. 12° Kopenhagen: Geertsen 1667

SCHWITTERS, Kurt (+Kurt Merz Schwitters) (1887-1948)

1 Anna Blume. Dichtungen. 37 S. Hannover: Steegemann (= Die Silbergäule 39-40) 1919

2 Die Kathedrale (Merz-Antidada). Acht Lithos. 7 Bl. Hannover: Steegemann (= Die Silbergäule 41-42) (1920)
3 Kurt Schwitters. Hg. O. Nebel. 32 S., 14 Abb. 4⁰ Bln: Verl. Der Sturm (= Sturm-Bilderbuch 4) (1920)
4 Memoiren Anna Blumes in Bleie. Eine leichtfaßliche Methode zur Erlernung des Wahnsinns für Jedermann. 25 S. m. Abb. Freiburg: Heinrich (= Schnitter-Bücher. Die hohe Reihe) 1922
5 +Die Blume Anna. Die neue Anna Blume. Eine Gedichtsammlung aus den Jahren 1918-1922. 31 S. m. Abb. Bln: Verl. Der Sturm (1923)
6 (Hg.) Merz. 3 Jge. m. Abb. 4⁰ Hannover: Merzverl. 1923-1925
7 +Tran Nr. 30 Auguste Bolte (ein Lebertran). 46 S. m. Abb. Bln: Verl. Der Sturm (1923)
8 Familie Hahnepeter. 1. Hahne Peter. 16 Bl. m. Abb. 4⁰ Hannover: Aposs-Verl. (= Merz 2, 12) (1924)
 (Ausz. a. Nr. 6)
9 Die Märchen vom Paradies. Bd. 1. Der Hahne Peter. Der Paradiesvogel. Das Paradies auf der Wiese. 31 S. m. Abb. 4⁰ Hannover: Aposs-Verl. (= Merz 2, 16-17) (1924)
10 Die Scheuche. Märchen. Typografisch gestaltet. 12 S. Hannover: Aposs-Verl. 1925
11 Veilchen. Eine kleine Sammlung von Merz-Dichtungen aller Art. Hannover: Merzverl. 1931
12 Kurt Schwitters in England 1940-1948. London: Gaberbocchus Press 1958

SCULTETUS (Scholtz), Andreas (1622/23-1647)

1 Auf das Absterben der Ehefrau des Buchhändlers Jacobs in Breslau. o. O. 1640
2 Herren Nicolai Henelii Nahmenß gedächtnüß. 2 Bl. 4⁰ o. O. 1640
3 Friedens Lob- vnd Krieges Leid-Gesang. 4⁰ o. O. 1641
4 Oesterliche Triumph Posaune. 8 Bl. 4⁰ Breslau: Baumann 1642
5 Blutschwitzender und todesringender Jesu. 8 Bl. 4⁰ Breslau: Baumann (1643)
6 Gedichte. Aufgefunden von G. E. Lessing. 100 S. Braunschweig: Waisenhaus-Buchh. 1771
7 Nachlese von J. G. Jachmann. 4 Bl., 54 S. Breslau: Korn 1774
8 Zweite Nachlese, von H. Scholtz. Breslau: Korn 1783

SEALSFIELD, Charles (eig. Karl Anton Postl)
(+Charles Sidons) (1793-1864)

1 +Die Vereinigten Staaten von Nordamerika nach ihren politischen, religiösen und gesellschaftlichen Verhältnissen betrachtet. X, 247 S. Stg, Tüb: Cotta 1827
2 ★Austria as it is: or, Sketches of Continental Courts. By an Eye-witness. VIII, 288 S. London: Hurst & Chance 1828
3 ★Tokeah or The White Rose. An Indian Tale. 2 Bde. 212, 208 S. 12⁰ Philadelphia: Carey & Lea 1828
4 ★Der Legitime und die Republikaner. Eine Geschichte aus dem letzten amerikanisch-englischen Kriege. 3 Bde. Zürich: Orell & Füßli 1833
 (Erw. Übs. v. Nr. 3)
5 ★Transatlantische Reiseskizzen. 2 Bde. 8, 192; II, 176 S. Zürich: Orell & Füßli 1834
6 ★Seufzer aus Österreich und seinen Provinzen. 1 Bl., 177 S. Lpz: Literar. Museum 1834
7 ★Lebensbilder aus beiden Hemisphären. 6 Bde. Zürich: Orell & Füßli 1835-1837
 1.2. Morton oder Die große Tour. 2 Bde. 1835
  3. Ralph Doughbys Brautfahrt. 1835
 4.5. Pflanzerleben und Die Farbigen. 2 Bde. 1836
  6. Nathan, der Squatter-Regulator. 1837

8 *Der Virey und die Aristokraten oder Mexico im Jahre 1812. 3 Bde. Zürich: Orell & Füßli 1835
 9 Sturm-, Land- und Seebilder. 3 Bde. Zürich: Orell & Füßli 1838 ff.
10 *Neue Land- und Seebilder oder Die deutsch-amerikanischen Wahlverwandtschaften. 4 Bde. Zürich: Schultheß 1839–1840
11 Das Cajütenbuch oder Nationale Charakteristiken. 2 Bde. in 1 Bd. 1 Bl., 300 S.; X, 420 S., 1 Bl. Zürich: Schultheß 1841
12 *Süden und Norden. 3 Bde. Stg: Metzler 1842
13 George Howards Esqu. Brautfahrt. 2 Bde. VII, 197; 74 S. Stg: Metzler 1843 (Veränd. Neuaufl. v. Nr. 5)
14 *Lebensbilder aus der westlichen Hemisphäre. 5 Bde. Stg: Metzler 1843 (Veränd. Neuaufl. v. Nr. 8)
15 Gesammelte Werke. 18 Bde. Stg: Metzler 1843–1846
16 Die Grabesschuld. Nachgelassene Erzählungen. Mit Einl. hg. A. Meißner. 135 S. Lpz: Günther 1873
17 Österreich wie es ist oder Skizzen von Fürstenhöfen des Kontinents. Übs. V. Klarwill. 244 S., 31 Abb. Wien: Schroll 1919
18 Gesamtausgabe der amerikanischen Romane. Hg. F. Riederer. 5 Bde. Meersburg: Hendel 1937 (Enth. Nr. 4, 8, 9, 12)
19 Gesammelte Werke. Hg. E. Castle. Bd. 1, 1.2. 949 S. m. Abb. Wien: Fink 1947

SEEWALD, Richard (*1889)

 1 Tiere und Landschaften. 55 S. m. Abb. u. Taf. 2⁰ Bln: Gurlitt (= Maler-Bücher 3) 1921
 2 Reise nach Elba. 37 Bl., 24 Abb. 4⁰ Augsburg: Filser (1927)
 3 Frutti di Mare. Eine Reise durch Häfen und Inseln. 206 S., 108 Abb. Bln: Volksverb. d. Bücherfreunde; Wegweiser-Verl. (1934)
 4 Das ist des Pudels Kern. 50 S. m. Abb. Essen: Bildgut-Verl. 1934
 5 Robinson, der Sohn Robinsons oder Die vier Jahreszeiten oder Orbis pictus. 153 S. m. Abb. Mchn: Kösel & Pustet 1935
 6 Zu den Grenzen des Abendlandes. Eine Reise nach Stambul und Palästina, Cypern und Rhodos, Griechenland u. d. Archipelagus. 189 S., 160 Abb. Mchn: Manz (1936)
 7 Gestehe, daß ich glücklich bin. Ein Buch vom Glück des Mannes, in der Landschaft seines Herzens zu leben. 152 S., 44 Abb. Bern-Bümpliz, Lpz: Züst 1942
 8 Verwandlungen der Tiere. 93 S., 44 Abb. Zürich: Atlantis-Verl. 1943
 9 London. Aufzeichnungen eines Malers. 151 S., 52 Abb. Zürich: Classen 1945
10 Symbole, Zeichen des Glaubens. 157 S., 60 Abb. Luzern: Rex-Verl. (1946)
11 An die Dinge dieser Welt. Oden. 91 S., 8 Abb. Zürich: Thomas-Verl. 1947
12 Über Malerei und das Schöne. 128 S., 40 Abb. Luzern: Rex-Verl. 1947
13 Giotto. Eine Apologie des Klassischen. 160 S. m. Abb., 8 Taf. Olten: Walter (= Kämpfer und Gestalter 8) 1950
14 Traumreise oder Robinson, der Sohn Robinsons oder Die vier Jahreszeiten oder Orbis pictus. 126 S. m. Abb. Mchn: Ehrenwirth (1950) (Neuaufl. v. Nr. 5)
15 Petrus. Das Leben eines Fischers. Erzählung. 138 S., 15 Abb. 4⁰ Olten: Walter 1952
16 Glanz des Mittelmeeres. Vorw. P. Meyer. 53 S. m. Abb. Feldafing: Buchheim (= Buchheim-Bücher) 1956
17 Bilderbibel. Hundert Bilder mit Texten aus dem Alten und Neuen Testament. Die Auswahl der Texte besorgte C. Maier. 208 S., 100 Abb. Freiburg: Herder 1957
18 Die rollende Kugel. Ein Roman. 223 S. Köln, Olten: Hegner 1957
19 Das griechische Inselbuch. Aufzeichnungen eines Malers. 239 S. m. Abb. Köln, Olten: Hegner 1958

20 Ostern auf Poros. 63 S. m. Abb. Köln, Olten: Hegner 1958
21 Gestehe, daß ich glücklich bin. Ein Buch vom Glück des Mannes, in der Landschaft seines Herzens zu leben. 158 S., 49 Abb. Hinwil, Stg: Züst 1959
(Erw. Neuaufl. v. Nr. 7)
22 Der Mann, der ein Snob war. Roman. 279 S. Köln, Olten: Hegner 1959
23 Sternenkomödie. Ein Spiel für Marionetten. 63 S. m. Abb. Köln, Olten: Hegner 1959
24 Aufs Wasser geschrieben. 32 ungez. Bl. Abb. m. Text. qu. 8° Feldafing: Buchheim 1959
25 Das toskanische Hügelbuch. Aufzeichnungen eines Malers. 153 S. m. Abb. Köln, Olten: Hegner 1960
26 Odysseus, der Heimkehrer. 15 Bl. Abb. m. Text 4° Freiburg: Herder 1960
27 Der Raub der Europa. Ein Spiel für Marionetten. 62 S. m. Abb. Köln, Olten: Hegner 1960

SEGHERS, Anna (eig. Netty Radvanyi geb. Reiling)   (*1900)

1 Aufstand der Fischer von St. Barbara. Erzählung. 188 S. Bln: Kiepenheuer 1928
2 Auf dem Wege zur Amerikanischen Botschaft und andere Erzählungen. 285 S. Bln: Kiepenheuer 1930
3 Die Gefährten. Roman. 318 S. Bln, Stg: Dt. Verl.-Anst. 1932
4 Der Kopflohn. Roman aus einem deutschen Dorf im Spätsommer 1932. 265 S. Amsterdam: Querido 1933
5 Ernst Thaelmann, what he stands for. London: Workers bookshop 1934
6 Der Weg durch den Februar. 295 S. Paris: Ed. du Carrefour; Moskau: Verl.-Genossensch. ausländ. Arbeiter 1935
7 Der letzte Weg des Koloman Wallisch. Erzählung. 27 S. Paris: Ed. du Carrefour; Moskau: Verl.-Genossensch. ausländ. Arbeiter (= Vegaar-Bücherei 1) 1936
8 (MH) Neue deutsche Blätter, Paris (1937ff.)
9 Die Rettung. Roman. 511 S. Amsterdam: Querido 1937
10 Die schönsten Sagen vom Räuber Wojnok. 64 S. Moskau: Das internationale Buch 1940
11 Das siebte Kreuz. Roman aus Hitlerdeutschland. 468 S. Mexico: El libro libre 1942
12 Visado de tránsito. 335 S. Mexico: Ed. Nuevo mundo 1944
13 Der Ausflug der toten Mädchen. 126 S. New York: Aurora-Verl. 1946
14 Das siebte Kreuz. Roman aus Hitlerdeutschland. 416 S. Bln: Aufbau-Verl. 1946
(Dt. Ausg. v. Nr. 11)
15 Der Ausflug der toten Mädchen und andere Erzählungen. 196 S. Bln: Aufbau-Verl. (=Aurora-Bücherei) (1948)
(Verm. Neuaufl. v. Nr. 13)
16 Das Ende. La fin. Erzählung. 157 S. Konstanz: Weller 1948
(Ausz. a. Nr. 15)
17 Sowjetmenschen. Lebensbeschreibungen nach ihren Berichten. 90 S. Bln: Kultur und Fortschritt (= Deutsche sehen die Sowjetunion) 1948
18 Transit. Roman. 315 S. Konstanz: Weller 1948
(Übs. v. Nr. 12)
19 Die Hochzeit von Haiti. Zwei Novellen. 140 S. Bln: Aufbau-Verl. (1949)
20 Die Toten bleiben jung. Roman. 652 S. Bln: Aufbau-Verl. (1949)
21 Die Linie. Drei Erzählungen. 63 S. Bln: Aufbau-Verl. 1950
22 (Vorw.) N. Rost: Goethe in Dachau. Aus dem Holländischen v. E. Rost-Blumberg. 314 S. Zürich: Universum-Verl. (1950)
23 Die Schule des Kampfes. Škola borby. 117 S. Moskau: Verl. für fremdsprach. Literatur (= Biblioteka nemeckich pisatelej) 1950
24 Crisanta. Mexikanische Novelle. 54 S. Lpz: Insel (= Insel-Bücherei 99) 1951
25 Die Kinder. Drei Erzählungen. 67 S. Bln: Aufbau-Verl. (1951)

26 Gesammelte Werke in Einzelausgaben. 8 Bde. Bln: Aufbau-Verl. 1951–1953
27 Erzählungen. 330 S., 1 Titelb. Bln: Aufbau-Verl. (= Bibliothek fortschrittlicher deutscher Schriftsteller) 1952
28 Der Bienenstock. Ausgewählte Erzählungen in zwei Bänden. 509, 456 S. Bln: Aufbau-Verl. (= Gesammelte Werke in Einzelausgaben 7–8) 1953 (Bd. 7–8 v. Nr. 26)
29 Frieden der Welt. Ansprachen und Aufsätze. 168 S. Bln: Aufbau-Verl. 1953
30 Der Mann und sein Name. Erzählung. 161 S. Bln: Aufbau-Verl. 1953
31 Der erste Schritt. Erzählung. 128 S. Bln: Aufbau-Verl. (1953) (Ausz. a. Nr. 28)
32 (Einl.) G. Seitz: Studienblätter aus China. 10 Bl., 31 Bl. Abb. 4° Bln: Aufbau-Verl. 1953
33 (MV) A. S. (u. a.): Über unsere junge Literatur. Diskussionsmaterial zur Vorbereitung des vierten Deutschen Schriftstellerkongresses. 50 S. Bln: Dt. Schriftstellerverband (= Beiträge zur deutschen Gegenwartsliteratur 1) (1955)
34 Die große Veränderung und unsere Literatur. Ansprache zum vierten Deutschen Schriftstellerkongreß Januar 1956. 46 S. Bln: Aufbau-Verl. 1956
35 (MV) A. S., H. Marchwitza u. W. Bredel: Hilfsmaterial für den Literaturunterricht an Ober- und Fachschulen. Hg. vom Kollektiv für Literaturgeschichte. 121 S. Bln: Verl. Volk und Wissen (= Schriftsteller der Gegenwart) 1957
36 Brot und Salz. Drei Erzählungen. 149 S. Bln: Aufbau-Verl. 1958
37 (Einl.) L. N. Tolstoj. Bibliographie der Erstausgaben deutschsprachiger Übersetzungen und der seit 1945 in Deutschland, Österreich und der Schweiz in deutscher Sprache erschienenen Werke. 56 S. Lpz: Deutsche Bücherei (= Sonderbibliographie der Deutschen Bücherei 13) 1958
38 Die Entscheidung. Roman. Teil 1. 596 S. Bln: Aufbau-Verl. 1959

SEIDEL, Heinrich (1842–1906)

1 Der Rosenkönig. 100 S. 16° Breslau: Hoffmann 1871
2 Blätter im Winde. Gedichte. 171 S. 16° Breslau: Hoffmann 1872
3 Fliegender Sommer. Phantasiestücke. 179 S. 16° Breslau: Hoffmann 1873
4 Aus der Heimath. Studien. 222 S. 16° Breslau: Hoffmann 1874
5 Vorstadt-Geschichten. Humoristische Studien. 207 S. Bln: Luckhardt (1880)
6 Winterfliegen. Neue Gedichte. 128 S. 12° Bln: Luckhardt 1880
7 Jorinde und andere Geschichten. 351 S. 12° Lpz: Liebeskind 1882
8 Idyllen und Scherze. Neue Gedichte. Dritte Sammlung. 163 S. 12° Lpz: Liebeskind 1884
9 Geschichten und Skizzen aus der Heimath. 343 S. 12° Lpz: Liebeskind (1885)
   (Neuaufl. v. Nr. 4)
10 Wintermärchen. 327 S. m. Abb. Glogau: Flemming 1885
11 Die Jahreszeiten. Bilderbuch. 48 S. m. Abb. 4° Lpz: Meißner 1886
12 Allerlei aus Stadt und Land. Ein lustiges Bilderbuch. 32 Bl. m. Abb. 4° Dresden: Müller 1888
13 Der Besuch in Berlin. Bilderbuch. 16 S. m. Abb. 4° Dresden: Müller 1888
14 Der Besuch auf dem Lande. Bilderbuch. 16 S. m. Abb. 4° Dresden: Müller 1888
15 Natursänger. 207 S. m. Abb. Lpz: Elischer 1888
16 Das Volksfest. Bilderbuch. 14 S. m. Abb. 4° Dresden: Müller 1888
17 Das Wirtshaus an der Landstraße. Bilderbuch. 16 S. m. Abb. 4° Dresden: Müller 1888
18 Gesammelte Schriften. 20 Bde. Bd. 1–13 16° Lpz: Liebeskind; Bd. 14–20 12° Stg: Cotta 1888–1907
19 (MV) (A. Biese: Fritz Reuter, Heinrich Seidel und der Humor in der neueren deutschen Dichtung. Nebst Anh.: H. S.:) Selbstbiographie. 55 S. Kiel: Lipsius (= Deutsche Schriften für Litteratur und Kunst I, 5) 1891

20 Leberecht Hühnchen, Jorinde und andere Geschichten. 366 S. 16° Lpz: Liebeskind (= Ges. Schriften 1) 1894 (Neuaufl. v. Nr. 7; Bd. 1 v. Nr. 18)
21 Kinkerlitzchen. Allerlei Scherze. 172 S. 16° Lpz: Liebeskind 1895
22 Die Musik der armen Leute und andere Vorträge. 41 S. m. Musikbeil. 4° Lpz: Liebeskind 1896
23 Erzählende Schriften. 7 Bde. Stg: Cotta 1899-1900 (Enth. u. a. Bd. 1, 2, 4 u. 13 v. Nr. 18)
24 Gedichte. Gesamtausg. 343 S. Stg: Cotta 1903
25 Kinderlieder und Geschichten. 190 S. 4° Stg: Union 1903
26 Von Perlin nach Berlin. Von Berlin nach Perlin und Anderes. Aus meinem Leben. Gesamtausg. 334 S. Stg: Cotta 1903 (Enth. u. a. Bd. 13 v. Nr. 18)
27 Phantasiestücke. Gesamtausg. der in den Gesammelten Schriften, Bd. 1–14, verstreuten Märchen. 374 S. Stg: Cotta 1903 (Ausz. a. Bd. 1–14 v. Nr. 18)
28 Weihnachtsgeschichten. 128 S. Stg: Cotta (= Cotta'sche Handbibliothek 62) 1903
29 Naturbilder. Hg. Heinrich Wolfgang Seidel. 175 S. Lpz: Elischer 1909
30 (MV) Heinrich Wolfgang Seidel: Erinnerungen an Heinrich Seidel. Mit ungedruckten Briefen, persönlichen Aufzeichnungen und Mitteilungen aus dem Nachlaß. 405 S. Stg: Cotta 1912
31 Gesammelte Werke. 5 Bde. 524, 530, 565, 487, 446 S. Stg: Cotta; Bln-Grunewald: Klemm (1925)

Seidel, Heinrich Wolfgang (1876–1945)

1 (Hg.) Heinrich Seidel: Reinhard Flemmings Abenteuer zu Wasser und zu Lande. Bd. 2 und 3. 304, 323 S. Stg: Cotta (= Gesammelte Schriften 18–19) 1906
2 (Hg.) Heinrich Seidel: Ludolf Marcipanis und Anderes. Aus dem Nachlaß hg. 269 S. Stg: Cotta (= Gesammelte Schriften 20) 1907
3 (Vorw.) Antiquariatskatalog Nr. 49. (Mit Vorw.: Die Bibliothek Heinrich Seidels und sein Verhältnis zu E. T. A. Hoffmann). Bln: Graupe 1909
4 (Hg.) Heinrich Seidel: Naturbilder. 175 S. Lpz: Elischer 1909
5 (Hg.) Th. Storm: Briefe an Friedrich Eggers. Mit einer Lebensskizze von Friedrich Eggers. 142 S. Bln: Curtis 1911
6 (MV) Erinnerungen an Heinrich Seidel. Mit ungedruckten Briefen, persönlichen Aufzeichnungen und Mitteilungen aus dem Nachlaß. 405 S. Stg: Cotta 1912
7 Der Vogel Tolidan. Erzählungen. VII, 326 S. Bln: Grote (= Grote'sche Sammlung von Werken zeitgenössischer Schriftsteller 116) 1913
8 Des Königs Fahnen gehn hervor! Ein Buch Andachten. VIII, 180 S. Bln: Buchhandlung des ostdeutschen Jünglingsbundes 1914
9 (Hg.) Der Kriegskamerad. Blätter für unsere Soldaten im Felde. 4 Jge. 4° Bln: Verl. des ostdeutschen Jünglingsbundes 1914–1918
10 Ameisenberg. Die spanische Jacht. Zwei Novellen. V, 149 S. Bln: Grote 1915
11 Wege zum Sieg. Ein Andachtsbuch für die Kämpfenden im Felde und daheim. 47 S. Bln: Buchhandlung des ostdeutschen Jünglingsbundes 1915
12 (Vorw.) Heinrich Seidel: Leberecht Hühnchen. Ausgabe fürs Feld. 239 S. Stg: Cotta 1916
13 Wortverkündigung im Kriege. Vortrag. 11 S. 4° o. O. (1916)
14 Das vergitterte Fenster. Roman. 364 S. Bln: Grote (= Grote'sche Sammlung von Werken zeitgenössischer Schriftsteller 135) 1918
15 Die Varnholzer. Ein Buch der Heimat. 452 S. Bln: Grote (= Grote'sche Sammlung von Werken zeitgenössischer Schriftsteller 131) 1918
16 Das deutsche Jahr. Bilder und Erzählungen. 171 S. Eisleben: Christlicher Verein für das nördliche Deutschland 1919
17 (Hg., Einl.) Heinrich Seidel: Die Robinsoninsel und andere Geschichten. 163 S. Stg: Cotta (= Cotta'sche Handbibliothek 215) 1920

18 (Vorw.) Th. Storm: Zur Chronik von Grieshuus. Eine Erzählung. IX, 169 S. Bln: Grote 1920
19 Das Erwachen. Drei Erzählungen. 102 S. Werningerode: Paulmann (= Der goldene Reif 2) 1922
20 George Palmerstone. Die Geschichte einer Jugend. Roman. 536 S. m. Abb. Bln: Grote (= Grote'sche Sammlung von Werken zeitgenössischer Schriftsteller 149) 1922
21 Die Bedeutung des regelmäßigen Kirchenbesuchs für den Einzelnen und für die Gemeinde. Vortrag. 12 S. Bln: Christl. Zeitschriftenverein 1924
22 (MH, MV) Der deutsche Dom. Blätter aus der Neuen Kirche. Hg. H. W. S. u. K. B. Ritter. Jg. 1–4. Bln: Eichendorff-Haus 1924–1927
23 Der Mann im Alang. 57 S. Stg: Deutsche Verlags-Anstalt (= Der Falke 12) 1924
24 Genia. Erzählungen. 186 S. Bln: Bühnenvolksbundverlag (= BVB-Bücherei 5) 1927
25 (Hg.) Heinrich Seidel: Ausgewählte Erzählungen aus „Leberecht Hühnchen" und anderen Schriften. Ausgewählt und mit Angaben aus dem Leben des Verfassers sowie mit Anmerkungen versehen. 46 S., 1 Bildn. Breslau: Hirt (= Hirt's deutsche Sammlung. Literarische Abteilung. Gruppe 2, Nr. 51) 1932
26 (Hg.) Heinrich Seidel: Das Zauberklavier und andere Märchen. Ausgewählt und mit Angaben aus dem Leben des Verfassers sowie mit Anmerkungen versehen. 54 S., 1 Bildn. Breslau: Hirt (= Hirt's deutsche Sammlung. Literarische Abteilung. Gruppe 3, Nr. 21) 1932
27 Abend und Morgen. Zwei Novellen. 192 S. Bln: Grote (= Grote'sche Sammlung von Werken zeitgenössischer Schriftsteller 212) 1934
28 Gedenkrede für Willy Seidel bei der Bestattung am Silvestertage 1934. 4 Bl. (Starnberg: Selbstverl.) 1934
29 Krüsemann. Ein Roman aus der Zeit nach dem Kriege. 285 S. Bln: Grote (= Grote'sche Sammlung von Werken zeitgenössischer Schriftsteller 219) 1935
30 Das Seefräulein. 89 S. Bln: Grote (= Grote's Aussaat-Bücher 14) 1937
31 Das Unvergängliche. Erlebnis und Besinnung. 211 S. Mchn: Piper 1937
32 Theodor Fontane. 97 S. Stg: Cotta (= Die Dichter der Deutschen. Folge 4) 1940
33 Das Antlitz vor Gott. 116 S., 32 S. Abb. Hbg: Hoffmann & Campe (1941)
34 (Hg.) Th. Fontane: Gedichte. 346 S. Stg: Cotta 1941
35 Aus dem Tagebuch der Gedanken und Träume. Zum siebzigsten Geburtstag am 28. August 1946 aus dem Nachlaß hg. Ina Seidel 84 S., 1 Titelb. Mchn: Piper (= Piper-Bücherei 7) 1946
36 Elk. 86 S. Gütersloh: Bertelsmann (= Das kleine Buch. N. F. 7) 1950 (Ausz. a. Nr. 27)

Seidel, Ina (*1885)

1 Gedichte. 127 S. Bln: Fleischel 1914
2 Familie Mutz. Ein Bilderbuch. Verse v. I. S. 15 S. m. Abb. Mainz: Scholz (= Scholz'-Künstler-Bilderbücher) 1914
3 Neben der Trommel her. Gedichte. VII, 80 S. Bln, Stg: Dt. Verl.-Anst. 1915
4 Das Haus zum Monde. Roman. 264 S. Stg: Dt. Verl.-Anst. 1917
5 Weltinnigkeit. Neue Gedichte. VIII, 100 S. Bln, Stg: Dt. Verl.-Anst. 1918
6 Hochwasser. Novellen. 228 S. Stg: Dt. Verl.-Anst. 1920
7 Weltinnigkeit. Neue Gedichte. VI, 114 S. Stg: Dt. Verl.-Anst. 1921 (Verm. Neuaufl. v. Nr. 5)
8 Das Labyrinth. Ein Lebenslauf aus dem achtzehnten Jahrhundert. 388 S. Jena: Diederichs (1922)
9 Sterne der Heimkehr. Eine Junigeschichte. 334 S. Stg: Dt. Verl.-Anst. (1923) (Forts. v. Nr. 4)
10 Das wunderbare Geißleinbuch. Neue Geschichten für Kinder, die die alten Märchen gut kennen. 67 S., 20 Abb., 10 Taf. 4° Stg: Perthes 1925

11 Die Fürstin reitet. Erzählung. 98 S. Stg: Dt. Verl.-Anst. (= Der Falke 32) 1926
12 Neue Gedichte. 79 S. Dt. Verl.-Anst. 1927
13 Brömseshof. Eine Familiengeschichte. 273 S. Stg: Dt. Verl.-Anst. (1928)
14 Renée und Rainer. 131 S., 6 Abb. 4⁰ Weimar: Ges. d. Bibliophilen 1928
15 Die Brücke. Erzählungen. 115 S. Bln: Weltgeist-Bücher (= Weltgeist-Bücher 373–374) (1929) (Ausz. a. Nr. 6)
16 Der volle Kranz. Gedichte. Ausgew., eingel. K. Plenzat. 52 S. Lpz: Eichblatt (= Eichblatt's deutsche Heimatbücher 20–21) (1929)
17 Der vergrabene Schatz. Drei Erzählungen. 149 S. Bln: Dt. Buch-Gemeinsch. (= Die Schatulle 1021) 1929
18 Die Brücke und andere Erzählungen. Hg. eingel. R. Tieffenbach. 60 S. Lpz: Quelle & Meyer (= Deutsche Novellen des neunzehnten und zwanzigsten Jahrhunderts 34) 1930 (Ausz. a. Nr. 6)
19 Das Wunschkind. Roman. 2 Bde. 568, 483 S. Stg: Dt. Verl.-Anst. 1930
20 Das Geheimnis. Geschichte von Sachen allein, mit einem Hund und einer Kinderstimme am Schluß. Zwei Erzählungen. 47 S. Bln: Warneck 1931
21 Die Entwicklung der Friedensbewegung in Europa bis zur Entscheidungsstunde der Gegenwart. (S.-A.) 19 S. 4⁰ Bln: Herbig 1932
22 Die tröstliche Begegnung. Gedichte. 120 S. Stg: Dt. Verl.-Anst. (1933) (Erw. Neuaufl. v. Nr. 12)
23 (MH) Herz zum Hafen. Frauengedichte der Gegenwart. Hg. E. Langgässer u. I. S. 167 S. Lpz: Voigtländer 1933
24 Der Weg ohne Wahl. Roman. 307 S. Stg: Dt. Verl.-Anst. 1933
25 Dichter, Volkstum und Sprache. Ausgewählte Vorträge und Aufsätze. 230 S. Stg: Dt. Verl.-Anst. 1934
26 Luise, Königin von Preußen. Bericht über ihr Leben. 32 S., 16 S. m. Abb. Königstein: Der Eiserne Hammer (= Der Eiserne Hammer) (1934)
27 Das russische Abenteuer und ausgewählte Gedichte. Einf. W. Dietrich. 64 S. Paderborn: Schöningh (= Der deutsche Quell; = Schöningh's Textausg. 191) 1935
28 Meine Kindheit und Jugend. Ursprung, Erbteil und Weg. 177 S., 5 Abb. Stg: Dt. Verl.-Anst. (1935)
29 (Hg.) Willy Seidel: Der Tod des Achilleus und andere Erzählungen. 384 S., 1 Titelb. Stg: Dt. Verl.-Anst. 1936
30 Spuk in des Wassermanns Haus. Novellen. Mit e. autobiogr. Nachw. 73 S. Lpz: Reclam (= Reclam's UB. 7312) (1936)
31 Gesammelte Gedichte. 352 S. Stg: Dt. Verl.-Anst. 1937
32 Lennacker. Das Buch einer Heimkehr. 767 S. Stg: Dt. Verl.-Anst. (1938)
33 Verse. 17 S. Hbg: Ellermann (= Das Gedicht. Jg. 4, Nr. 6) 1938
34 (Einl.) Deutsche Frauen. Bildnisse und Lebensbeschreibungen. 241 S., 16 Bl. Abb. Bln: Steiniger 1939
35 Unser Freund Peregrin. Aufzeichnungen des Jürgen Brook. Erzählung. 190 S. Stg: Dt. Verl.-Anst. (1940)
36 (MH) Dienende Herzen. Kriegsbriefe von Nachrichtenhelferinnen des Heeres. Hg. I. S. u. H. Grosser. 173 S. m. Bildn. Bln: Limpert-Verl. 1942
37 Achim von Arnim. 95 S. Stg: Cotta (= Die Dichter der Deutschen) 1944
38 Bettina. 93 S. Stg: Cotta (= Die Dichter der Deutschen) 1944
39 Clemens Brentano. 103 S. Stg: Cotta (= Die Dichter der Deutschen) 1944
40 (Einl.) Briefe der Deutschen aus einem Jahrtausend. 518 S. Lpz: Reclam (1944)
41 Gedichte. 16 S. Braunschweig: Appelhans (= Der Burglöwe 2, 16) 1944
42 (Hg.) Heinrich Wolfgang Seidel: Aus dem Tagebuch der Gedanken und Träume. Zum siebzigsten Geburtstag am 28. August 1946 aus dem Nachlaß hg. 84 S., 1 Titelb. Mchn: Piper (= Piper-Bücherei 7) 1946
43 Die Vogelstube. Drei Aufsätze. 32 S. Iserlohn: Holzwarth-Verl. 1946
44 (Hg., Einl.) C. Brentano u. B. v. Arnim: Geschwisterbriefe. 84 S. Mchn: Piper (= Piper-Bücherei 24) 1948
45 (Hg., Nachw.) A. Gryphius: Gedichte. 77 S. Stg: Klett (= Anker-Bücherei 36) 1949

46 (Übs.) Th. Wolfe: Briefe an die Mutter. 471 S. Mchn: Nymphenburger Verlh. 1949
47 Philippus Sebastian Lennacker aus Lennacker. Das Buch einer Heimkehr. 63 S. Paderborn: Schöningh 1950
   (Ausz. a. Nr. 32)
48 Osel, Urd und Schummei. 77 S. Gütersloh: Bertelsmann (= Das kleine Buch. N. F. 3) 1950
49 (Hg., Einl.) Heinrich Wolfgang Seidel: Drei Stunden hinter Berlin. Briefe aus dem Vikariat 1902. 452 S., 1 Titelb. Göttingen: Deuerlich 1951
50 (Hg.) Heinrich Wolfgang Seidel: Um die Jahrhundertwende. Jugendbriefe. 325 S. Gütersloh: Bertelsmann 1952
51 Das Tor der Frühe. Roman einer Jugend. 559 S. Stg: Dt. Verl.-Anst. 1952
   (Enth. Nr. 4 u. 9)
52 (Einl.) I. Forbes-Mosse: Ferne Häuser. Erzählungen. 288 S. Stg: Dt. Verl.-Anst. 1953
53 Die Geschichte einer Frau Berngruber. Erzählung. 63 S. Gütersloh: Bertelsmann (= Das kleine Buch 53) 1953
54 Die Versuchung des Briefträgers Federweiß. Erzählung. 63 S. Mchn: Nymphenburger Verlh. 1953
55 Das unverwesliche Erbe. Roman. 418 S. Stg: Dt. Verl.-Anst. 1954
56 (MV) Ina u. Heinrich Wolfgang Seidel: Die Orange. 79 S. m. Abb. Düsseldorf: Hoch 1954
57 Die Fahrt in den Abend. Erzählung. 91 S. Stg: Dt. Verl.-Anst. 1955
58 Gedichte. 1905–1955. Festausgabe zum siebzigsten Geburtstag der Dichterin. 309 S. Stg: Dt. Verl.-Anst. 1955
59 (Einl.) S. Lagerlöf: Jerusalem. Roman. Übertr. a. d. Schwedischen. 2 Tle. in 1 Bd. 509 S. Mchn: Nymphenburger Verlh. 1955
60 Drei Dichter der Romantik. Clemens Brentano, Bettina, Achim von Arnim. 281 S. Stg: Dt. Verl.-Anst. (1956)
   (Enth. Nr. 37, 38, 39)
61 (MV) Frau und Mutter-Kalender 1957. Gedichte und Worte von I. S. 24 ungez. Bl. m. Abb. Stg: Kreuz-Verl. 1956
62 Jakobus Johannes Lennacker. Anno 1667. Mit einem Werkbericht der Dichterin und einem Nachwort von K. Nussbächer. 93 S. Stg: Reclam (= Reclam's UB. 8292) 1959
   (Enth. Ausz. a. Nr. 32)
63 Michaela. Aufzeichnungen des Jürgen Brook. 947 S. Stg: Dt. Verl.-Anst. 1959
   (Forts. v. Nr. 14)
64 Die Fürstin reitet. Erzählung. 94 S. Stg: Dt. Verl.-Anst. 1960
   (Neubearb. v. Nr. 11)
65 Drei Städte meiner Jugend. 55 S. m. Abb., 1 Titelb. Stg: Dt. Verl.-Anst. 1960
66 Ein seliges Sterben. 4 Bl. Gütersloh: Mohn (= Acht Seiten Freude 174) 1960

Seidel, Willy (1887–1934)

1 Der schöne Tag. 139 S. Mchn: Piper 1908
2 Der purpurne Fächer und andere Erzählungen. 143 S. Bln: Janke 1910
3 Absalom. Eine Legende. 219 S. Stg: Bonz 1911
4 Der Garten des Schuchân. Novellen. 311 S. Lpz: Insel 1912
5 Der Sang der Sakije. Roman. 377 S. Lpz: Insel 1914
6 Yali und sein weißes Weib. – Vom kleinen Albert. 63 S. Lpz: Insel (= Insel-Bücherei 133) 1914
7 Der Buschhahn. Ein Roman. 349 S. Lpz: Insel 1921
8 Der neue Daniel. Ausschnitt aus dem Dasein eines Deutschen. 317 S. (Bln:) Volksbund der Bücherfreunde; Wegweiser-Verl. (= Veröffentlichungen des Volksverbandes der Bücherfreunde. Jg. 3, Bd. 1) 1921
9 Der Diener der Verworfenen. Schicksal eines Ägypters von heute. 251 S. Bln: Ullstein (= Ullstein-Bücher 153) 1923

10 Das älteste Ding der Welt. 71 S., 26 Abb. 4⁰ Mchn: Musarion-Verl. 1923
11 Der Gott im Treibhaus. Ein Roman von Übermorgen. 240 S. Mchn, Bln: Buchenau & Reichert 1925
12 Der Käfig. Ein seelisches Abenteuer. 160 S. Bln: Propyläen-Verl. 1925
13 Die ewige Wiederkunft. Ein Buch exotischer Schicksale. 212 S. Bln: Propyläen-Verl. (= Das kleine Propyläen-Buch) (1925)
14 Alarm im Jenseits. Novellen. 163 S. Bln: Propyläen-Verl. (= Propyläen-Bücher) 1927
15 Schattenpuppen. Ein Roman aus Java. 252 S. Mchn: Langen 1927
16 Der Uhrenspuk und andere Geschichten. 136 S. Bln: Weltgeist-Bücher (= Weltgeist-Bücher 330–331) (1928)
17 Larven. Novelle. 74 S. m. Abb. 4⁰ Mchn: Langen 1929
18 Die magische Laterne des Herrn Zinkeisen. 477 S. Mchn: Müller (1929)
19 Die Himmel der Farbigen. Ein Bilderbuch aus zeitlosen Weltwinkeln. 149 S. Mchn: Müller 1930
20 Jossa und die Junggesellen. Ein heiterer Roman aus dem heutigen Schwabing. 229 S. Mchn: Langen 1930
21 Der Tod des Achilleus und andere Erzählungen. Nebst Briefen und Gedichten aus dem Nachlaß mit einer biographischen Einl. hg. Ina Seidel. 384 S., 1 Titelb. Stg: Dt. Verl.-Anst. 1936
22 Die Nacht der Würde. 61 S. Mchn: Langen-Müller (= Die kleine Bücherei 135) (1941)

SEIDL, Johann Gabriel (1804–1875)

1 Der Gesellschafter im Volksgarten Wien's. Hg. J. R. v. Seyfried. Wien 1824
2 Pannonia. Festspiel zur Eröffnung des großen Theaters in Pesth. Pesth: Landes 1824
3 Bei'm Anblicke der Denkmünze auf die Wieder-Genesung unseres Landesvaters im März 1826. 11 S. Wien: Gerold 1826
4 Dichtungen. 3 Bde. (1826–1828) Wien: Sollinger
5 Schillers Manen! Bilder aus dem Dichterleben. 30 S., 1 Bl. 16⁰ Wien: Wallishausser 1826
6 Wien's Umgebungen. Nach eigenen Wanderungen und mit Benützung der besten und neuesten Quellen geschildert. Ein Wegweiser für Freunde der schönen Natur. XII, 404 S., 2 Bl. 16⁰ Wien: Mörschner & Jasper 1826
7 Zur Feier der langersehnten Ankunft Sr. Majestät, Unseres allergnädigsten Landesvaters, in der landesfürstlichen Stadt Baden am 30. Juni 1827. 3 Bl. Wien: Ullrich (1827)
8 Gott erhalte Franz, den Kaiser! Hg. A. Bäuerle. Wien 1827
9 Der Maurer und der Schlosser. Romantisch-komisches Singspiel in drei Aufzügen. Nach Scribe und Delavigne … 108 S. Wien: Sollinger 1827
10 (Hg.) Aurora. Taschenbuch für das Jahr 1828 (1829. 1830. 1831. 1833. 1834 usf. – 1858) 30 Bde. 16⁰ Wien: Buchholz 1828–1858
11 Flinserln. Oest'reichischi G'stanz'ln, G'sang'ln und G'schicht'ln. 3 Bde. 16⁰ Wien: Sollinger 1828–1830
12 (Hg., MV) Der Freund des schönen Geschlechtes. 21 Jge. Wien: Buchholz 1828–1848
13 Festgedichte bey der Gelegenheit der feyerlichen Enthüllung des mit dem Bildnisse des Prinzen Johann geschmückten Monumentes der Huda Lukna. 2 Bl. Gratz 1830
14 (Übs.) Gabrieli Faërni Fabulae. Des Gabriel Faërnus Fabeln. Metrisch verdeutscht und mit biographischen und bibliographischen Einleitungen vers. XVI, 192 S., 2 Bl. Grätz: Damian & Sorge 1831
15 Die vier Menschenalter, Cantate. In Musik gesetzt v. F. Lachner. 24 S. Wien: Wallishausser 1831
16 Bifolien. 4 Bl., 262 S. Wien: Sollinger 1836
17 Brosamlin. Ein Buch für Jünglinge. 1 Bl., VI S., 1 Bl., 267 S., 1 Bl., 3 Ku. Wien: Müller 1836
18 Georginen. Gesammelte Erzählungen für Frauen. 4 Bl., 463 S. Grätz: Kienreich 1836

19 Episoden aus dem Romane des Lebens. 324 S., 1 Bl. Wien: Tendler & Schaefer 1839
20 Novelletten. 3 Bl., 295 S. Wien: Sollinger 1839
21 (Hg.) L. Halirsch: Literarischer Nachlaß. 2 Bde. Wien: Gerold 1840
22 Liedertafel. 3 Bl., 298 S. Wien: Gerold 1840
23 Wanderungen durch Tyrol und Steyermark. 2 Bde. 303, 235 S., je 30 Abb. Lpz: Wigand 1840–1841
24 Bifolien. 4 Bl., 320 S. Wien: Pfautsch 1841
    (Verm. Neuaufl. v. Nr. 16)
25 *Der neue Adler auf dem Stephansthurme 1842. Gedicht. 7 S. Wien: Tauer 1842
26 Festklang aus Oesterreich zur Feier des 13. (1.) Juli 1842 in Petersburg. Wien: Sollinger (1842)
27 (Hg.) L. Halirsch: Novellen. Aus dem Nachlaß hg. 10 Bg. 12° Wien: Gerold 1842
    (zu Nr. 21)
28 In der Hofburg zu Wien am 20. Jänner 1842, zum sechzigsten Geburtstag des Erzherzogs Johann. o. O. (1842)
29 Laub und Nadeln. 2 Bde. 3 Bl., 305 S.; 1 Bl., 299 S. Wien: Pichler 1842
30 Festgedicht zur Glockenweihe in der Karlskirche in Wien. Wien: Mausberger 1843
31 Zur Jubelfeier der Verleihung des Theresienordens an Erzherzog Karl Ludwig. Wien: Sollinger 1843
32 (Übs.) J. Ch. J. Luce de Lancival: Hector. Trauerspiel in fünf Aufzügen nach Napoleon's Plane. XII, 92 S. 16° Wien: Pfautsch 1843
33 Pentameron ... 1 Bl., IV, 365 S. Wien, Lpz: Tauer 1843
34 Gedichte in niederösterreichischer Mundart. 5 Bl., XXVIII S., 1 Bl., 352 S. Wien: Sollinger 1844
35 Carniolia. Allegorisches Festspiel zur Eröffnung des ständischen Theaters zu Laibach, am 15. Oktober 1846. Musik v. H. Proch. 16 S. o. O. (1846)
36 Gedicht, vorgetragen bei Eröffnung der Kinderbewahranstalt im Pfarrbezirk Rossau, am 3. November 1846 ... 2 Bl. 4° o. O. (1846)
37 Zur Sekundizfeier Sr. Excellenz des Patriarch-Erzbischofs L. Pyrker von Felsö-Eör. Stg: Cotta 1846
38 Zur Doppel-Feier des Restaurations-Festes und des fünfzigjährigen Aufgebots-Jubiläums der Wiener Hochschule, am 20. April 1847 ... 4 Bl. o. O. (1847)
39 Worte des Dankes zur Orgelweihe an der Karlskirche in Wien. Wien: Sollinger 1847
40 (Hg., MV) Album österreichischer Dichter. 2 Bde. IV, 486 S.; 12 Bildn; 456 S. Wien: Pfautsch & Voß 1850
41 Almer. Innerösterreichische Volksweisen. 3 Bde. 16° Wien: Gerold 1850
42 Lieder der Nacht. 1 Bl., 233 S., 2 Bl. 16° Wien: Sollinger 1851
    (Verm. Neuaufl. d. 2. Bds. v. Nr. 4)
43 Natur und Herz. XII, 404 S., 1 Bl. 16° Stg: Hallberger 1853
44 Struensee. Wien 1853
45 Nachträgliches über den Dolichenus-Cult. 31 S., 6 Taf. Wien: K.K. Hof- u. Staatsdr. 1854
46 Volkshymne. Nach der Melodie von Haydn. Text J. G. S. Durch Allerhöchstes Handbillet Seiner k. k. Apostolischen Majestät vom 27. März 1854 als authentisch erklärter Text. 1 Bl. Wien: Schweiger (1854)
47 (MV, Einl.) A. Mandl: Die Staatsbahn von Wien bis Triest mit ihren Umgebungen. Eingel. u. poetisch begleitet v. J. G. S. 316, XIV S., 30 Abb. Triest: Literarisch-arthistische Abtheilung des österreichischen Lloyd 1856
48 Prolog bei der musikalisch-deklamatorischen Akademie am 24. März 1856. o. O. (1857)
49 Worte der Begeisterung zur Feier der Geburt des Kronprinzen von Österreich. Wien: della Torre 1858
50 Festgesang zur Feier der Enthüllung des Erzherzog Karl-Monumentes am 22. Mai 1860, als am Jahrestage der Schlacht bei Aspern. Musik v. J. Herbeck. 2 Bl. Wien: Staatsdr. 1860
51 *Uebersicht der Sammlungen der k.k. Schatzkammer. 152 S. Wien: Sommer 1869

52 's letzti Fensterln. 10 S. Wien: Wallishausser 1876
(Ausz. a. Nr. 34)
53 Drei Jahrl'n nach'm letzt'n Fensterln. Eine Alpen-Scene ... 13, 3 S. Wien: Wallishausser (= Wiener Theater-Repertoir 301) 1876
(zu Nr. 52)
54 Gesammelte Schriften. Einl. J. v. d. Traun. Hg. H. Max. 6 Bde. Wien: Braumüller 1877–1881

Seume, Johann Gottfried (1763–1810)

1 *(Übs.) Honoria Warren. Roman aus dem Englischen. 2 Bde. m. 2 Titelku. Ffm, Lpz 1788
2 Sinnlichkeit Ist Nicht Liebe oder Der Mann ohne vesten Charakter. Schauspiel. 116 S. Ffm, Lpz 1791
3 Arma veterum cum nostris breviter comparata. 36 S. 4° Diss. Lpz 1792
4 Ueber Prüfung und Bestimmung junger Leute zum Militair. 80 S. Warschau: Dufour (1793)
5 Einige Nachrichten über die Vorfälle in Polen im Jahre 1794. XIV, 150 S., 1 Ku. Lpz: Martini 1796
6 Obolen. 2 Bde. 208, 208 S., 2 Titelku. Lpz: Martini 1796–1798
7 Zwey Briefe über die neuesten Veränderungen in Rußland seit der Thronbesteigung Pauls des Ersten. 112 S. Zürich, Lpz: Göschen 1797
8 Ueber das Leben und den Karakter der Kaiserin von Rußland Katharina II. Mit Freymüthigkeit und Unparteylichkeit. 160 S. Altona, Lpz: Göschen 1797
9 (MV) J. G. S. u. K. L. A. H. Frh. v. Münchhausen: Rückerinnerungen. 4 Bl., 96 S. m. Titelku. Ffm: Varrentrapp 1797
10 Gedichte. VIII, 254 S. (Lpz: Hartknoch) 1801
11 (Hg., Vorw.) J. B. v. Alxinger: Bliomberis. 507 S. m. Ku. Lpz: Göschen 1802
12 (MV) J. G. S. u. J. Ch. H. Gittermann: Zwey romantische Erzählungen. M. Titelku. Ffm: Wilmans 1802
13 Spaziergang nach Syrakus im Jahre 1802. 3 Bde. XVI, 493, 1 S. m. Titelku. Braunschweig, Lpz: Vieweg 1803
14 Ueber Bewaffnung. 124 S. Lpz: Hartknoch 1804
15 Gedichte. XVI, 286 S. m. Titelku. o. O. 1804
(Verm. Neuaufl. v. Nr. 10)
16 (Übs., Vorw.) R. Percival: Beschreibung des Vorgebirges der guten Hoffnung. Aus dem Englischen. 206 S. Weimar: Ind.-Comt. 1805
17 Mein Sommer 1805. XXVIII, 262 S. o. O. 1806
18 Miltiades. Ein Trauerspiel in fünf Aufzügen. 111 S. Lpz: Hartknoch 1808
19 Kampf gegen Morbona bey der Genesung niedergeschrieben im Februar 1809. Hg., Vorw. C. A. Tiedge. 24 S. Germanien 1809
20 Abschied und Vermächtniß nebst biographischer Skizze und einigen erläuternden Notizen. Hg. W. Lohmann. 24 S. Goslar 1810
21 Gedichte. XXIV, 336 S. o. O. 1810
(Verm. Neuaufl. v. Nr. 15)
22 Ein Nachlaß moralisch-religiösen Inhalts. Kurzes Pflichten- und Sittenbuch für Landleute. XVI, 296 S. Lpz: Göschen 1811
23 Spaziergang nach Syrakus im Jahre 1802. 3 Tle. XIV, 200; 209; 235 S. o. O. 1811
(Verm. Neuaufl. v. Nr. 13)
24 Mein Leben. 285 S. Lpz: Göschen 1813
25 Gedichte. Hg. C. A. H. Clodius. XXX, 226 S. o. O. 1815
(Verm. Neuaufl. v. Nr. 21)
26 Über Glückseligkeit und Ehre. Ein Gedicht. Mit einer Vorrede hg. G. C. Grosheim. 43 S. Kassel: Aubel 1816
27 Herzensergießungen ... Lpz 1820
28 Gesammelte Schriften. Hg. J. P. Zimmermann. 5 Bde. Wiesbaden: Schellenberg 1823–1826
29 Sämmtliche Werke. 12 Bde. 16° Lpz: Wartig 1826–1827

30 Sämmtliche Werke in einem Bande. Hg. A. Wagner. 728 S. 4° Lpz: Hartknoch 1835
31 Sämmtliche Werke. 8 Bde. 16° Lpz: Hartknoch 1839

SIEBURG, Friedrich (1893–1964)

1 Die Erlösung der Straße. Gedichte. 47 S. Potsdam: Kiepenheuer 1920
2 (Übs.) H. de Balzac: Modeste Mignon. 365 S. 16° Bln: Rowohlt (= Gesammelte Werke) 1924
3 Oktoberlegende. 154 S. Hellerau: Hegner 1924
4 (Übs., Bearb.) K. Rasmussen: Rasmussens Thulefahrt. Zwei Jahre im Schlitten durch unerforschtes Eskimoland. 511 S. m. Abb., 3 Kt. Ffm: Societäts-Verl. 1926
5 (Übs.) K. Rasmussen: Die große Jagd. Leben in Grönland. Aus dem Dänischen. 176 S., 1 Kt. Ffm: Rütten & Loening 1927
6 Gott in Frankreich? Ein Versuch. 338 S. m. Taf. Ffm (: Societäts-Verl.) 1929
7 Vergessene Historie. 2 Bde. Ffm: Societäts-Verl. 1931
  1. Frankreichs rote Kinder. 91 S. m. Taf.
  2. Vendée. 107 S. m. Taf.
8 (Einl.) S. Márai u. L. Dormándi: Zwanzig Jahre Weltgeschichte in siebenhundert Bildern. 1910–1930. 284 S. m. Abb. Bln: Transmare-Verl. 1931
9 Die rote Arktis. „Malygins" empfindsame Reise. 239 S. Ffm: Societäts-Verl. 1932
10 Es werde Deutschland. 327 S. Ffm: Societäts-Verl. 1933
11 Polen. Legende und Wirklichkeit. (S.-A.) 62 S. Ffm: Societäts-Verl. 1934
12 Robespierre. 337 S., 28 S. Abb. Ffm: Societäts-Verl. 1935
13 Neues Portugal. Bildnis eines alten Landes. 269 S., 12 Bl. Abb. Ffm: Societäts-Verl. 1937
14 Afrikanischer Frühling. Eine Reise. 413 S., 24 Taf., 1 Kt. Ffm: Societäts-Verl. 1938
15 Blick durchs Fenster. Aus zehn Jahren Frankreich und England. 319 S. Ffm: Societäts-Verl. 1939
16 Die stählerne Blume. Eine Reise nach Japan. 188 S., 8 Bl. Abb. Ffm: Societäts-Verl. (1940)
17 (MH) Die Gegenwart. Eine Halbmonatsschrift. Hg. E. Benkard, B. Guttmann, F. S. (u. a.) (ab 1949, Nr. 13: M. v. Brück, M. Freund, F. S. [u. a.]). Freiburg i. Br.: Verl. d. Gegenwart (ab 1950, Nr. 15 Ffm: Verlagshaus d. Frankfurter Societäts-Dr.) 1948–1955
18 (Übs.) H. P. Eydoux: Die Erforschung der Sahara. 182 S., 5 Taf. Freudenstadt: Schwarzwald-Verl. 1949
19 Schwarzweiße Magie. Über die Freiheit der Presse. 122 S. Tüb, Stg: Wunderlich (= Brunnen-Bücherei 5) 1949
20 Unsere schönsten Jahre. Ein Leben mit Paris. 404 S. Tüb, Stg: Wunderlich 1950
21 Was nie verstummt. Begegnungen. 263 S. Tüb: Wunderlich 1951
22 Geliebte Ferne. Der schönsten Jahre anderer Teil. 446 S. Tüb: Wunderlich 1952
   (zu Nr. 20)
23 (Übs., Hg.) G. Lenôtre: Wenn Steine reden. Wahre Geschichten aus Alt-Paris. 314 S. Heidelberg: Palladium-Verl. 1952
24 Hundertmal Gabriele. 57 S. m. Abb. Tüb: Wunderlich 1953
25 Kleine Geschichte Frankreichs. 192 S., 4 Bl. Abb. Ffm: Scheffler 1953
26 Gott in Frankreich? Ein Versuch. Erweitert durch das Kapitel: Frankreich und kein Ende. 358 S., 8 Bl. Abb. Ffm: Societäts-Verl. 1954
   (Erw. Neuaufl. v. Nr. 6)
27 Die Lust am Untergang. Selbstgespräche auf Bundesebene. 373 S. Hbg: Rowohlt 1954
28 Nur für Leser. Jahre und Bücher. 420 S. Stg: Dt. Verl.-Anst. 1955
29 Napoleon. Die hundert Tage. 435 S. Stg: Dt. Verl.-Anst. 1956
30 Lob des Lesers. 12 S. Stg: Dt. Verl.-Anst. 1958

31 (Hg., Einl.) G. de Maupassant: Meisternovellen. 881 S. Bremen: Schünemann (= Sammlung Dieterich 173) 1958
32 Robespierre. 380 S., 12 Bl. Abb. Stg: Dt. Verl.-Anst. 1958
 (Erw. Neuaufl. v. Nr. 12)
33 Chateaubriand. Romantik und Politik. 494 S. Stg: Dt. Verl.-Anst. 1959
34 Paris. Anblick und Rückblick. 92 S. Stg: Reclam (= Reclam's UB. 8293) 1959
35 Das Geld des Königs. Eine Studie über Colbert. 53 S., 1 Titelb. Stg: Dt. Verl.-Anst. 1960
36 Helden und Opfer. Fünf historische Miniaturen. 66 S. Wiesbaden: Insel (= Insel-Bücherei 714) 1960

SIMPSON, William von (1882–1945)

1 Im Sattel vom Ostseestrand bis zum Bosporus. 168 S. m. Abb. Bln: Stilke (1915)
2 Tagesfragen zur deutschen Landespferdezucht. 102 S. m. Abb., 3 Taf., 1 Stammtaf. Bln: Stilke 1917
3 Die Barrings. Roman. 793 S. Potsdam: Rütten & Loening 1937
4 Der Enkel. Roman. 643 S. Potsdam: Rütten & Loening 1939
 (Forts. v. Nr. 3)

SIMROCK, Karl (1802–1876)

1 *Die Berliner Droschke. In Trab gesetzt von einem Gardisten. Berliner Nationalepos in drei Gesängen. Lpz: Gräfe 1826
2 (Übs.) Das Nibelungenlied. 2 Bde. XX, 207; 223 S. 16° Bln: Vereinsbuchh. 1827
3 (Übs.) Hartmann von Aue: Der arme Heinrich. Ein erzählendes Gedicht, metrisch übersetzt. Nebst der Sage von Amicus und Amelius und verwandten Gedichten des Übersetzers. 9 Bg. Bln: Laue 1830
4 (MH) Bibliothek der Novellen, Märchen und Sagen. Hg. Th. Echtermeyer, L. Henschel u. K. S. 4 Bde. Bln: Fincke 1831–1832
5 Tafellieder zum 28. August 1831. 6 Bl. o. O. (1831)
6 (Übs.) Walther von der Vogelweide: Gedichte. Erl. K. S. u. W. Wackernagel. 2 Bde. 28 Bg., 1 Titelku. Bln: Vereinsbuchh. 1833.
7 Wieland der Schmied, Deutsche Heldensage. Nebst Romanzen und Balladen. VIII, 260 S. 12° Bonn: Weber 1835
8 (Hg.) Rheinsagen aus dem Munde des Volks und deutscher Dichter gesammelt. Für Schule und Wanderschaft. X, 444 S. Bonn: Weber 1837
9 (Hg.) Rheinsagen aus dem Munde des Volks und deutscher Dichter gesammelt. Für Schule und Wanderschaft. X, 472 S. Bonn: Weber 1837
 (Verm. Neuaufl. v. Nr. 8)
10 (Übs.) W. Shakespeare: Hamlet. 176 S. Lpz: Wigand (= Dramatische Werke 15) 1837
11 (Übs.) W. Shakespeare: Die Irrungen. 92 S. Lpz: Wigand (=Dramatische Werke 10) 1837
12 Das malerische und romantische Rheinland. 488 S., 60 Abb. Lpz: Wigand (= Das malerische und romantische Deutschland 9) (1838)
13 (Übs.) W. Shakespeare: Cymbeline. 160 S. Lpz: Wigand (= Dramatische Werke 36) 1838
14 (Übs.) W. Shakespeare: Die lustigen Weiber von Windsor. 160 S. Lpz: Wigand (= Dramatische Werke 37) 1838
15 (Bearb.) Deutsche Volksbücher, neu gereimt. Bd. 1: Salomon und Morolf. Ein kurzweiliges Heldengedicht. 6½ Bg., 12 Abb. Bln: Vereinsbuchh. 1839
16 (Hg., Bearb.) Deutsche Volksbücher, nach den ächtesten Ausgaben hergestellt. 5 Tle. Bln: Vereinsbuchh. (1839–1843)
 (Enth. u. a. Nr. 15)
17 (MH) Rheinisches Jahrbuch für Poesie und Kunst. Hg. F. Freiligrath, C.

Matzerath u. K. S. 2 Jge. VIII, 506; VIII, 422 S. Köln: Du Mont-Schauberg 1840–1841
18 Zwanzig Lieder von den Nibelungen. Nach Lachmanns Andeutungen wiederhergestellt. Mit einer Vorrede. 15 Bg. Bonn: Weber 1840
19 Rheinsagen aus dem Munde des Volks und deutscher Dichter gesammelt. X, 480 S. Bonn: Weber 1841
    (Verm. Neuaufl. v. Nr. 9)
20 (Hg.) Die Legende von den heiligen drei Königen. Volksbuch, der Verehrung der hl. Drei Könige im Dom zu Köln gewidmet. Zum Besten des Dombaus neu hg. 60 S. Ffm: Brönner (1842)
21 (MÜbs.) W. Shakespeare: Sämmtliche dramatische Werke. In neuen Übersetzungen v. A. Böttger, H. Döring, K. S. (u. a.). Ausgabe in einem Band. 936 S. Lpz: Wigand (1842)
    (Enth. u. a. Nr. 10, 11, 13, 14)
22 (Übs.) (W. Shakespeare:) Shakspere als Vermittler zweier Nationen. Probebd.: Macbeth. Engl. u. dt. XX, 192 S. Stg, Tüb: Cotta 1842
23 (Übs.) Wolfram von Eschenbach: Parzival und Titurel. Rittergedichte, übs. und erl. 2 Bde. 63¾ Bg. Stg: Cotta 1842
24 (Hg.) Das Heldenbuch. 6 Bde. Stg: Cotta 1843–1849
25 Gedichte. XII, 444 S. 12⁰ Lpz: Hahn 1844
26 (Hg.) Die deutschen Volksbücher, nach den ächtesten Ausgaben hergestellt. Nr. 6–58. Ffm: Brönner 1844–1851
    (Forts. v. Nr. 16)
27 (Übs.) Reineke Fuchs. Aus dem Niederdeutschen. 290 S. m. Abb. Ffm: Brönner 1845
28 (Übs.) Der ungenähte Rock, oder König Orendel, wie er den grauen Rock gen Trier brachte. Gedicht des zwölften Jahrhunderts. XXXI, 168 S. Stg, Tüb: Cotta 1845
29 (Hg.) Die deutschen Volksbücher, nach den ältesten Ausgaben hergestellt. 13 Bde. Ffm: Brönner (1845–1867)
    (Bandausg. v. Nr. 16 u. 26)
30 Doctor Johannes Faust. Puppenspiel in vier Aufzügen. VIII, 118 S. Ffm: Brönner 1846
31 *Martinslieder, hin und wieder in Deutschland gesungen von Alten und von Jungen zu Ehren des bescheidnen Manns (bei einer wohlgebratnen Gans) mit zweien Vorberichten, die manches Dunkle lichten, in Druck gegeben säuberlich durch Anserinum Gänserich. XXII, 53 S. 16⁰ (Bonn: Marcus) (1846)
32 (Übs.) Reineke Fuchs. Aus dem Niederdeutschen. XXXIV, 290 S. m. Abb. Ffm.: Brönner 1847
    (Verm. Neuausg. v. Nr. 27)
33 Der gute Gerhard. Erzählung. 146 S. 16⁰ Ffm: Brönner 1847
34 (Hg.) Kerlingisches Heldenbuch. VIII, 241 S. Ffm: Brönner 1848
35 *Die schwäbische Ilias. Ffm 1850
36 (Hg.) Das deutsche Räthselbuch. 110 S. Ffm: Brönner (1850)
37 (Hg.) Rheinsagen aus dem Munde des Volks und deutscher Dichter gesammelt. XIV, 476 S. Bonn: Weber 1850
    (Verm. Neuaufl. v. Nr. 19)
38 (Hg.) Die geschichtlichen deutschen Sagen aus dem Munde des Volks und deutscher Dichter. XII, 531 S. Ffm: Brönner 1850
39 (Hg., Übs.) Lauda Sion. Hymnos sacros antiquiores latino sermone et vernaculo edidit Carolus S. Lauda Sion. Altchristliche Kirchenlieder und geistliche Gedichte, lat. und dt. 359 S. Köln: Heberle 1850
40 (Übs.) Die Edda die ältere und die jüngere nebst den mythischen Erzählungen der Skalda übs. und mit Erläuterungen begleitet. VII, 435 S. Stg, Augsburg: Cotta 1851
41 (Hg.) Altdeutsches Lesebuch zum Gebrauche bei Vorlesungen. Mit einer mittelhochdeutschen Formenlehre. IV, 184 S. Bonn: Marcus 1851
42 Das malerische und romantische Rheinland. 384 S. m. Abb. Lpz: Haendel 1851
    (Verm. Neuaufl. v. Nr. 12)
43 (Übs.) Die Tochter Sion oder die minnende Seele. Gedicht des dreizehnten Jahrhunderts. 47 S. 12⁰ Bonn: Henry & Cohen 1851

44 (Hg.) Die deutschen Volkslieder, gesammelt v. K. S. 627 S. Ffm: Brönner (= Die deutschen Volksbücher, nach den ältesten Ausgaben hergestellt Bd. 8) 1851
    (Bd. 8 v. Nr. 29)
45 Bertha. Die Spinnerin. 152 S. 16⁰ Ffm: Brönner 1853
46 (Hg.) Handbuch der Deutschen Mythologie mit Einschluß der nordischen. XVI, 595 S. Bonn: Marcus 1853
47 (MV) Levin Schücking und Karl Simrock. Mit Biographien. 108 S. 16⁰ Hildburghausen: Bibliogr. Inst. (= Meyer's Groschen-Bibliothek der Deutschen Classiker für alle Stände 272) (1853)
48 (Hg.) Vaticinii Valae Eddici carminis antiquissimi vindiciae. 11 S. 4⁰ Bonn: Georgi 1853
49 (Hg.) Walther von der Vogelweide: Gedichte. XVIII, 294 S. 16⁰ Lpz: Hirzel 1853
    (Verb. Neuaufl. v. Nr. 6)
50 (Hg., Übs.) Altdeutsches Lesebuch in neudeutscher Sprache. Mit einer Übersicht der Literaturgeschichte. XII, 531 S. Stg, Tüb: Cotta 1854
51 (Übs.) Die Edda die ältere und die jüngere nebst den mythischen Erzählungen der Skalda übs. und mit Erläuterungen begleitet. VII, 490 S. Stg: Cotta 1855
    (Verm. Neuaufl. v. Nr. 40)
52 (Übs.) Gottfried von Straßburg: Tristan und Isolde. 2 Bde. 407, 403 S. Lpz: Brockhaus 1855
53 Legenden. IV, 240 S. 16⁰ Bonn: Weber 1855
54 Der gute Gerhard und die dankbaren Todten. Ein Beitrag zur deutschen Mythologie und Sagenkunde. XII, 180 S. Bonn: Marcus 1856
55 (Übs.) Heliand. Christi Leben und Lehre. Nach dem Altsächsischen. IV, 274 S. Elberfeld: Friederichs 1856
56 (Hg.) Das deutsche Kinderbuch. Altherkömmliche Reime, Lieder, Erzählungen, Übungen, Räthsel und Scherze für Kinder gesammelt. X, 348 S. Ffm: Brönner 1856
    (Erw. Ausz. a. Nr. 29)
57 (Nachw.) Sitten und Sagen, Lieder, Sprichwörter und Räthsel des Eifler Volkes. Hg. J. H. Schmitz. 2 Bde. XIV, 234; XIII, 152 S. Trier: Lintz 1856-1858
58 (Hg.) Till Eulenspiegels auserlesene Schwänke. Nach den ältesten Drucken hergestellt. 19 S., 8 Ku. 4⁰ Düsseldorf: Arntz (1857)
59 (Hg.) Lieder der Minnesinger. XIX, 351 S. 16⁰ Elberfeld: Friederichs 1857
60 (Hg.) Rheinsagen aus dem Munde des Volks und deutscher Dichter gesammelt. X, 480 S. Bonn: Weber 1857
    (Verm. Neuaufl. v. Nr. 37)
61 Deutsche Sionsharfe. VIII, 283 S. 16⁰ Elberfeld: Friederichs 1857
62 (Übs.) Gudrun. Deutsches Heldenlied. 460 S. 16⁰ Stg: Cotta (= Deutsche Volksbibliothek, N. F. 36-37) 1858
    (Ausz. a. Nr. 24)
63 Die Nibelungenstrophe und ihr Ursprung. Beitrag zur deutschen Metrik. VI, 102 S. Bonn: Weber 1858
64 (Hg., Übs.) Der Wartburgkrieg herausgegeben geordnet übersetzt und erläutert. III, 364 S. Stg, Augsburg: Cotta 1858
65 (Übs.) Beowulf. Das älteste deutsche Epos, übs. u. erl. IV, 203 S. Stg, Augsburg: Cotta 1859
66 Das kleine Heldenbuch. 725 S. Stg: Cotta (= Deutsche Volksbibliothek, Neue Folge) 1859
    (Ausz. a. Nr. 24)
67 Deutsche Weihnachtslieder. Eine Festgabe. XXXIV, 358 S. 16⁰ Lpz: Weigel 1859
68 (Übs.) Das Nibelungenlied. 525 S. 16⁰ Stg: Cotta (= Deutsche Volksbibliothek, N. F. 40.41.44) 1860
    (Verb. Neuaufl. v. Nr. 2)
69 (Übs.) Wolfram von Eschenbach: Parzival und Titurel. Rittergedichte, übs. u. erl. 2 Bde. 668, 606 S. 16⁰ Stg: Cotta (= Deutsche Volksbibliothek) 1862
    (Verb. Neuaufl. v. Nr. 23)
70 Gedichte. Neue Auswahl. XII, 529 S. Stg: Cotta 1863

71 (Hg.) Lieder vom deutschen Vaterland. Zur Jubelfeier der Leipziger Schlacht gesammelt XI, 227 S. Ffm: Brönner 1863
72 (Hg.) Die deutschen Sprichwörter. VII, 677 S. Ffm: Brönner (1863)
(Neuaufl. v. Nr. 29, Bd. 5)
73 (Übs.) E. Tegnér: Die Frithiofs-Sage. Mit den Abendmalskindern. V, 204 S. 16⁰ Stg: Cotta 1863
74 (Übs.) Die Edda die ältere und die jüngere nebst den mythischen Erzählungen der Skalda übs. und mit Erläuterungen begleitet. VII, 514 S. Stg: Cotta 1864
(Verb. Neuaufl. v. Nr. 51)
75 (Hg.) Handbuch der Deutschen Mythologie mit Einschluß der nordischen. X, 631 S. Bonn: Marcus 1864
(Verm. Neuaufl. v. Nr. 46)
76 Deutsche Märchen. VIII, 373 S. 16⁰ Stg: Cotta 1864
77 (Übs.) Freidanks Bescheidenheit. Ein Laienbrevier. Neudt. v. K. S. XIV, 231 S. 16⁰ Stg: Cotta 1867
78 (Übs.) W. Shakespeare: Gedichte. XXIV, 376 S. Stg: Cotta 1867
79 (MÜbs.) W. Shakespeare: Sämmtliche dramatische Werke in neuen Original-Übersetzungen v. F. Dingelstedt, W. Jordan, L. Seeger, K. S. u. H. Viehoff. 9 Bde. Hildburghausen: Bibliogr. Inst. 1867–1868
(Enth. u. a. Ausz. a. Nr. 21)
80 Drei Festlieder. 8 S. 8⁰ Bonn: Neusser 1868
81 (Bearb.) Loher und Maller. Ritterroman, erneuert v. K. S. XVIII, 291 S. Stg: Cotta 1868
82 (Hg.) Der Nibelunge liet. Vollständig mit Benutzung aller Handschriften hg. XL, 755 S. Stg: Cotta 1868
(Verb. Neuaufl. v. Nr. 68)
83 (Hg., Übs.) Lauda Sion. Auswahl der schönsten Lateinischen Kirchenhymnen mit deutscher Übersetzung v. K. S. XVI, 363 S. Stg: Cotta 1868
(Veränd. Neuaufl. v. Nr. 39)
84 (Hg.) Handbuch der Deutschen Mythologie mit Einschluß der nordischen., XII, 625 S. Bonn: Marcus 1869
(Verm. Neuaufl. v. Nr. 75)
85 Legenden. VI, 250 S. 16⁰ Bonn: Weber 1869
(Verm. Neuaufl. v. Nr. 53)
86 (Hg.) Rheinsagen aus dem Munde des Volks und deutscher Dichter gesammelt. X, 496 S. Bonn: Weber 1869
(Verm. Neuaufl. v. Nr. 60)
87 (Bearb.) Auserlesene deutsche Volksbücher. In ihrer ursprünglichen Echtheit wiederhergestellt. 2 Bde. 501, 528 S. Ffm: Winter 1869
(Ausz. a. Nr. 29)
88 Deutsche Kriegslieder 1870. 56 S. 16⁰ Bln: Lipperheide 1870
89 Die Quellen des Shakespeare in Novellen, Märchen und Sagen mit sagengeschichtlichen Nachweisungen. 2 Bde. XII, 372;IV, 346S.Bonn:Marcus 1870
(Neuaufl. v. Nr. 4, Bd. 1–3)
90 (Hg.) Walther von der Vogelweide. Hg., geordnet und erläutert. XII, 254 S. Bonn: Marcus 1870
91 (Hg.) Lieder vom Deutschen Vaterland aus alter und neuer Zeit. VIII, 277 S. 16⁰ Ffm: Winter 1871
(Verm. Neuaufl. v. Nr. 71)
92 Dichtungen. Eigenes und Angeeignetes. 492 S. Bln: Lipperheide 1872
93 (Bearb.) Sebastian Brands Narrenschiff. Ein Hausschatz zur Ergetzung und Erbauung erneut. XXX, 340 S. m. Abb., 1 Bildn. 4⁰ Bln: Lipperheide 1872
94 Faust. Das Volksbuch und das Puppenspiel, nebst einem Anhang über den Ursprung der Faustsage. VIII, 204 S. Ffm: Brönner 1873
(Enth. u. a. Nr. 30)
95 (Übs.) Die Edda die ältere und die jüngere nebst den mythischen Erzählungen der Skalda übs. und mit Erläuterungen begleitet. VII, 525 S. Stg: Cotta 1874
(Verb. Neuaufl. v. Nr. 74)
96 (Hg.) Handbuch der Deutschen Mythologie mit Einschluß der nordischen. XI, 644 S. Bonn: Marcus 1874
(Verm. Neuaufl. v. Nr. 84)

97 (Bearb.) F. v. Logau: Sinngedichte. Ausgewählt und erneut. VIII, 128 S. Stg: Meyer & Zeller 1874
98 (MH) K. Vollmoeller: Kürenberg und die Nibelungen. Eine gekrönte Preisschrift. Nebst einem Anhang: Der von Kürnberc, hg. v. K. S. 48 S. Stg: Meyer & Zeller 1874
99 (Hg.) J. W. v. Goethe: West-östlicher Divan. Mit den Auszügen aus dem Buch Kabus hg. VIII, 263 S. Heilbronn: Henninger 1875
100 (Übs.) Hartmann von Aue: Der arme Heinrich. Mit verwandten Gedichten und Sagen. XIV, 179 S. Heilbronn: Henninger (1875)
(Umarb. v. Nr. 3)
101 (Bearb.) Schimpf und Ernst nach Johannes Pauli. Als Zugabe zu den Volksbüchern erneut und ausgewählt. VIII, 319 S. Heilbronn: Henninger 1876
(zu Nr. 29)
102 (Bearb.) F. Spee: Trutznachtigall. Verjüngt v. K. S. VII, 280 S. Heilbronn: Henninger 1876
103 Verzeichniß der ... nachgelassenen Bibliothek. Bonn 1876
104 (Hg., Übs.) Italienische Novellen. VII, 274 S. Heilbronn: Henninger 1877
(Neuaufl. v. Nr. 4, Bd.4)
105 Ein kurzweilig Lesen von Till Eulenspiegel, geboren aus dem Lande Braunschweig. Was er seltsamer Possen betrieben hat seiner Tage. Lustig zu lesen. 182 S. m. Abb. Ffm: Winter 1878
106 Das deutsche Kinderbuch. Altherkömmliche Reime, Lieder, Erzählungen, Übungen, Räthsel und Scherze für Kinder gesammelt. IX, 380 S. Ffm: Winter (1879)
(Verm. Neuaufl. v. Nr. 56)
107 Der Märckische Eulenspiegel oder Hans Clauerts kurzweilige Geschichte. Sehr lustig zu lesen. 74 S., 3 Abb. Ffm: Winter 1880

Skutsch, Karl Ludwig (1905–1958)

1 Musche. Novellen. 113 S. Lpz: Reclam (= Junge Deutsche) (1929)
2 Siebengesang. 7 S. (Priv.-Dr.) 1937
3 Antike Schale. 39 S. (Priv.-Dr.) (1938)
4 Dichterische Weisung. 39 S. (Priv.-Dr.) 1939
5 Vaterländische Hymne. VIII S., 1 Bl. Bln: Dormeyer (300 Ex.) 1940
6 Das Fortleben der Antike in den Dichtern. 19 S. Bln: Mann (= Kunstwerk und Deutung 1) 1947
7 Dichterische Weisung. 143 S. (Wiesbaden:) Insel 1947
(Enth. Nr. 2, 3, 4, 5)
8 Europäische Legende. 185 S. (Wiesbaden:) Insel 1948

Söhle, Karl (1861–1947)

1 Johannes Brahms, Klavier-Konzert Nr. 2 in B-Dur, Op. 83. 18 S. Ffm, Stg: Schmitt (= Musikführer 139) 1898
2 Musikantengeschichten. V, 150 S. Florenz, Lpz: Dieterichs 1898
3 Musikanten und Sonderlinge. Neue Musikantengeschichten. VII, 190 S. Bln: Behr 1900
4 Sebastian Bach in Arnstadt. VI, 132 S. Bln: Behr 1902
5 Schummerstunde. Bilder und Gestalten aus der Lüneburger Heide. VIII, 251 S. Bln: Behr (1904)
6 Musikanten-Geschichten. Ausgabe in einem Bande. 211 S., 1 Titelb. Bln: Behr 1905
(Enth. Nr. 2 u. 3)
7 Eroica. Vorrede P. Rüthning. 49 S., 1 Titelb. Wiesbaden: Staadt (= Wiesbadener Volksbücher 99) 1907
(Ausz. a. Nr. 2)
8 Mozart. Dramatisches Zeitbild in vier Aufzügen. 123 S. Lpz: Staackmann 1907

9   Föhringer Wunderbilder. 24 S., 1 Taf. Föhr: Gmelin 1907
10 Bilder und Gestalten aus der Lüneburger Heide. 20 S. Mchn: Callwey
    (= Der Schatzgräber 68) 1911
    (Ausz. a. Nr. 5)
11 Der heilige Gral. Eine Musikantengeschichte. Mit einer Selbstbiographie.
    80 S., 1 Bildn. Lpz: Staackmann 1911
12 Sebastian Bach in Arnstadt. Ein musikalisches Kulturbild aus dem Anfang
    des achtzehnten Jahrhunderts. 139 S. Lpz: Staackmann 1912
    (Neubearb. v. Nr. 4)
13 Winkelmusikanten. 112 S. m. Abb. Bln: Hillger (= Kürschner's Bücherschatz 893) 1913
14 Der verdorbene Musikant. Roman. 298 S. Lpz: Staackmann 1918
15 Schummerstunde. Bilder und Gestalten aus der Lüneburger Heide. 216 S.
    Lpz: Staackmann 1918
    (Erw. Neuausg. v. Nr. 5)
16 (MV) (K. S.:) Friede auf Erden. (– F. Reuter: Weihnachten im Pastorhause.
    Zwei Weihnachtsgeschichten.) 16 S., 3 Abb. Bln: Schriftenvertriebsanst.
    (= Der Kranz 14) (1920)
17 Der verdorbene Musikant. Roman. 323 S. Lpz: Staackmann (1921)
    (Erw. Neuausg. v. Nr. 14)
18 Johann Sebastian Bach. 8 S. Hbg: Deutschnationaler Handlungsgehilfen-Verband (= Stoffsammlung für Vorträge und Arbeitsgemeinschaften 116)
    1922
19 Eroika. 62 S., 3 Abb. 16⁰ Lpz: Kistner & Siegel 1922
    (Veränd. Neuaufl. v. Nr. 7)
20 Die letzte Perfektionierung. Eine Bach-Novelle. 82 S., 3 Abb. 16⁰ Lpz:
    Kistner & Siegel 1924
21 Ludwig van Beethoven. 8 S. Hbg: Deutschnationaler Handlungsgehilfen-Verband (= Stoffsammlung für Vorträge und Arbeitsgemeinschaften 137)
    1926
22 Geschichten von Karl Berkebusch, dem Musikanten. Hg. K. Plenzat. 53 S.
    m. Abb. Lpz: Eichblatt (= Eichblatt's Deutsche Heimatbücher 43–44) (1930)
23 Mozart. Dramatisches Zeitbild in vier Aufzügen. 127 S. Lpz: Staackmann
    1931
    (Umarb. v. Nr. 8)

SOHNREY, Heinrich (1859–1948)

1   Die Dämmerstunde. Unterhaltungsbüchlein. Hannover: Weichelt 1879
2   (MBearb.) Deutscher Sagenschatz. Für die Schule bearb. F. Kasseber u.
    H. S. IV, 80 S. Gotha: Behrend 1885
3   Die Leute aus der Lindenhütte. Niedersächsische Walddorfgeschichten. Für
    große und kleine Leute. 2 Bde. 1886–1887
    1. Friedesinchen's Lebenslauf. 269 S. Hannover: Feesche 1887
    2. Hütte und Schloß. 232 S. Bernburg: Bacmeister 1886
4   (Hg.) Der Wartburg-Bote. Blätter für deutsches Volkstum. 12 H. Erfurt:
    Bacmeister 1888
5   (Hg.) Das Land. Zeitschrift für die sozialen und volkstümlichen Angelegenheiten auf dem Lande. Jg. 1–33. 4⁰ Bln: Trowitzsch 1893 (–1924)
6   Die hinter den Bergen. Dorfgestalten aus Hannoverland. XI, 205 S. Lpz:
    Werther 1894
7   Wie die Dreieichenleute um den Dreieichenhof kamen. 42 S. Lpz: Werther
    1894
8   Der Meineid im deutschen Volksbewußtsein. Ein volkstümlicher Vortrag,
    nebst weiteren Mitteilungen über die Eidesnot unseres Volkes. 56 S. Lpz:
    Werther 1894
9   Verschworen – verloren! Eine Volkserzählung aus dem südhannoverischen
    Berglande. III, 219 S. Lpz: Werther 1894
10 Der Zug vom Lande und die soziale Revolution. XVI, 138 S. Lpz: Werther
    1894
11 (Hg.) Die Zukunft der Landbevölkerung. Flugschriften über die sozialen,

12 Die Bedeutung der Landbevölkerung im Staate und unsere besondere Aufgabe auf dem Lande. Vortrag. 39 S. Bln: Trowitzsch 1896
13 (Hg.) Die Landjugend. Ein Jahrbuch zur Unterhaltung und Belehrung. 23 Jge. Bln: Schoenfeld (1–8) bzw. Bln: Landbuchh. (9–23) 1896–1918
14 Der alte Schuhmacher von Hübichsdorf. 64 S. Zürich: Schmidt (= Schriften des Vereins zur Verbreitung guter Schriften Bern 17) 1896
   (Ausz. a. Nr. 6)
15 Die Wohlfahrtspflege auf dem Lande. In Beispielen aus dem praktischen Leben dargestellt. Bd. 1: Hebung der sozialen und wirtschaftlichen Zustände. VIII, 224 S. Bln: Heymann (= Schriften der Centralstelle für Arbeiter-Wohlfahrtseinrichtungen 9) 1896
16 Bauernland. Ein Gespräch mit Vater Brinkhöfer über das Ansiedlungswesen in den Provinzen Posen und Westpreußen. 48 S. Bln: Trowitzsch 1897
17 Eine Wanderfahrt durch die deutschen Ansiedlungsgebiete in Posen und Westpreußen. VII, 208 S. Bln: Schoenfeldt 1897
18 Der Bruderhof. Eine bäuerliche Liebes- und Leidensgeschichte aus dem Hildesheimischen. 186 S. Bln: Meyer 1898
19 (Hg.) Kleine Dorf-Zeitung. (Auch u. d. T. „Dorfbote" und „Deutscher Dorfbote") Mit Beil.: Neues Bauernland. 3 Jge. 4° Bln: Heymann 1898–1900
20 Rosmarin und Häckerling. Bäuerliche Liebesgeschichten aus Niedersachsen. III, 181 S. Bln: Meyer 1900
21 Wegweiser für ländliche Wohlfahrts- und Heimatpflege. 343 S. Bln: Dt. Dorfschriften-Verl. 1900
22 (Hg.) Deutsche Dorf-Zeitung. Jg. 4–21 4° Bln: Dt. Dorfschriften-Verl. (Jg. 4) bzw. Bln: Dt. Verl. (5) bzw. Osterwieck: Zickfeld (6–9) bzw. Bln: Dt. Landbuchh. (10–21) 1901–1918
   (Forts. v. Nr. 19)
23 Der kleine Heinrich. Ein Waisenknabe aus dem Westen und eine Ansiedlergestalt aus der deutschen Ostmark. Zur Erläuterung einer sozialpädagogischen und nationalen Aufgabe des deutschen Volkes. 29 S. Bln: Meyer (= Grüne Blätter für Kunst und Volkstum 4) 1901
24 Der Schäferknabe aus der Lüneburger Heide. 16 S. Gütersloh: Bertelsmann (= Schneeflocken 28) 1901
25 Ein Vaterherz. 16 S. Hbg: Agentur des Rauhen Hauses (= Neuer Hausfreund 1) 1901
26 Wegweiser für ländliche Wohlfahrts- und Heimatpflege. 458 S. Bln: Dt. Verl. 1901
   (Verm. Neuaufl. v. Nr. 15)
27 Das Weihnachtsgeschenk. 14 S. Hbg: Agentur des Rauhen Hauses (= Neuer Hausfreund 5) (1901)
28 (Hg.) Dorf-Kalender für 1902 (1903 usw. – 1932). 31 Jge. Bln: Trowitzsch 1902–1932
29 Die Dorfmusikanten. Volksstück mit Gesang, Spiel und Tanz. Mit Benutzung von Heinrich Schaumbergers Musikantengeschichten. 109 S. Bln: Meyer 1902
30 Der Hunnenkönig. Wie die Waldhäuser Kaisers Geburtstag feierten. 41 S. Wiesbaden: Staadt (= Wiesbadener Volksbücher 39) 1903
   (Ausz. a. Nr. 6 u. 20)
31 Im grünen Klee – im weißen Schnee. Dorfgeschichten aus Hannover. III, 314 S. Bln: Warneck 1903
32 Die Jungfernauktion. Als die Großmutter sterben wollte. Zwei Dorfgeschichten. 77 S. Bln: Meyer (= Meyer's Bücherei 6) 1904
   (Ausz. a. Nr. 6)
33 (Hg.) Die Kunst auf dem Lande. Ein Wegweiser für die Pflege des Schönen und des Heimatsinnes im deutschen Dorfe. III, 235 S. Bielefeld: Velhagen & Klasing 1905
34 (Hg.) Bücherschatz des deutschen Dorfboten. 4 Bde. Bln: Dt. Landbuchh. 1906–1908
35 (MH) Das Glück auf dem Lande. Ein Wegweiser, wie der kleine Mann auf

einen grünen Zweig kommt. Hg. H. S. u. E. Löber. 172 S. Bln: Dt. Landbuchh. 1906
36 Das Wirtshaus auf dem Lande. Vortrag. 35 S. Bln: Mäßigkeits-Verl. 1906
37 (Hg.) Aus der sozialen Tätigkeit der preußischen Kreisverwaltungen. VIII, 321 S. Bln: Dt. Landbuchh. 1907
38 Robinson in der Lindenhütte. Geschichten aus der Jugendzeit. VII, 312 S. Bln: Warneck 1908
 (Enth. u. a. Ausz. a. Nr. 6)
39 (Hg.) Archiv für innere Kolonisation. Jg. 1–25. Bln: Dt. Landbuchh. 1909–1939
40 Düwels. Bauerndrama. 102 S. Dresden, Bln: Dt. Landbuchh. 1909
41 (MH) Feste und Spiele des deutschen Landvolkes. Hg. E. Kück u. H. S. 298 S. Bln: Dt. Landbuchh. 1909
42 Grete Lenz. Leben und Erlebnisse eines Großstadtkindes. III, 439 S. Dresden: Baensch 1909
43 (MBearb.) Deutscher Sagenschatz. Für die Schule bearb. F. Kassebeer u. H. S. XX, 276 S. Wiesbaden: Behrend 1909
 (Umarb. v. Nr. 2)
44 (Hg.) Zeitschrift für das ländliche Fortbildungswesen in Preußen. Jg. 1–27. Bln: Dt. Landbuchh. 1909–1935
45 Wenn die Sonne aufgeht. Dorfjugendgeschichten. 117 S. Bln: Dt. Landbuchh. 1910
 (Enth. Ausz. a. Nr. 38)
46 Der Zug der Landmädchen nach der Großstadt. Vortrag. 71 S. Bln: Dt. Landbuchh. 1910
47 Düwels. Ein Stück aus dem Dorfleben. 122 S. Bln: Dt. Landbuchh. 1911
 (Veränd. Neuaufl. v. Nr. 40)
48 (MH) Feste und Spiele des deutschen Landvolkes. Hg. E. Kück u. H. S. 312 S. Bln: Dt. Landbuchh. 1911
 (Neubearb. v. Nr. 41)
49 Draußen im Grünen. Dorfjugendgeschichten. 123 S. Bln: Dt. Landbuchh. 1912
 (Enth. Ausz. a. Nr. 38)
50 Dorfgeschichten. Mit einer Einführung: Die Dorfgeschichte in der deutschen Literatur v. K. Breuer. 44 S. Lpz: Turm-Verl. (= Turm-Bücherei) 1913
51 Die Lebendigen und die Toten. Erlebnisse eines Einsamen. 330 S. Bln: Dt. Landbuchh. 1913
52 Die Dorfmusikanten. Volksstück mit Gesang, Spiel und Tanz. Mit Benutzung von Heinrich Schaumbergers Musikantengeschichten. 104 S. Bln: Dt. Landbuchh. 1914
 (Verb. Neuaufl. v. Nr. 29)
53 (MBearb.) Heimat und Vaterland. Ein Schützengrabenbuch für Krieger vom Lande. Bearb. H. S. u. F. Lembke. 48 S. Bln: Siegismund 1915
54 (Hg.) Kriegsarbeit auf dem Lande. Wegweiser für ländliche Wohlfahrts- und Heimatpflege in der Kriegszeit. 157 S. Bln: Dt. Landbuchh. 1915
55 Wie Jünemanns Kürassier zu einer Braut kam und wie er sie wieder wegbrachte. 36 S. Bln: Dt. Landbuchh. 1915
56 (MH) Vaterländisches Lesebuch für Fortbildungsschulen. Hg. F. Lembke u. H. S. 256 S. Bln: Dt. Landbuchh. 1915
57 Der Hirschreiter. Ein deutsches Knaben- und Heldenbuch. 212 S. Bln: Dt. Landbuchh. 1916
58 (MH) Fürs Vaterland. Kriegslesebuch für deutsche Schulen. Hg. F. Lembke u. H. S. 256 S. Bln: Dt. Landbuchh. 1916
59 Philipp Dubenkropps Heimkehr. Eine Dorfgeschichte aus dem hannoverischen Berglande. 273 S. Bln: Dt. Landbuchh. 1917
 (Neuaufl. v. Nr. 9)
60 (Hg.) Jugendbuch für Stadt und Land. Ein Jahrbuch zur Unterhaltung und Belehrung. 164 S. m. Abb. Bln: Dt. Landbuchh. 1917
61 Osterfeuer. Mit Unterstützung des deutschen Vereins für ländliche Wohlfahrts- und Heimatpflege ... angezündet. Ein Ostergruß für Heimat und Heer. 98 S. Bln: Dt. Landbuchh. 1917
62 (Hg.) Jahrbuch für Wohlfahrtsarbeit auf dem Lande. Mit Sonderreihen:

Archiv für Landarbeitsfragen, und: Archiv für ländliches Bildungswesen. 2 Jge., je 4 H. u. Sonderr. Bln: Dt. Landbuchh. 1918–1920
63 (Hg.) Heimkehr-Kalender für die Deutschen im Ausland 1919. 170 S. Bln: Dt. Landbuchh. 1919
64 Herzen der Heimat. Geschichten aus Groß-Berlin und kleinen Dörfern. 349 S. Bln: Dt. Landbuchh. 1919
65 (Vorw.) K. Sparr: Genossenschaftsarbeit als Wohlfahrtspflege. 40 S. Bln: Dt. Landbuchh. 1919
66 (MH) Die Volkshochschule des Tages. Schriftenreihe zum Verständnis der Gegenwart. Hg. H. S. u. F. Lembke. 6 H. Bln: Landbuchh. 1919–(1920)
67 Fürs Herzbluten. Dorfjugendgeschichten. 292 S. Bln: Dt. Landbuchh. 1920
(Enth. u. a. Nr. 24)
68 (Vorw.) F. Lembke: Ländliche Volkshochschulsiedlungen. Vorw. H. S. u. W. Rein. 34 S. Langensalza: Beyer 1920
69 Der Bruderhof. Ein Dorfroman. 311 S. Bln: Dt. Landbuchh. 1921
(Neubearb. v. Nr. 18)
70 Der Knabe aus der Heide. 16 S. Bln: Schriftenvertriebsanst. (= Der Kranz 25) 1921
(Ausz. a. Nr. 67)
71 (Einl.) A. Tecklenburg: Deutscher Sagenschatz. Hervorgegangen aus dem „Deutschen Sagenschatz" v. H. S. u. F. Kassebeer. XXIV, 261 S., 5 Abb. Rostock: Behrend & Boldt (1921)
(Forts. v. Nr. 2)
72 Düwels. Ein Stück aus dem Dorfleben. 90 S. Bln: Dt. Landbuchh. 1924
(Verb. Neuaufl. v. Nr. 47)
73 Die Sollinger. Volksbilder aus dem Sollinger Walde. 392 S. Bln: Dt. Landbuchh. 1924
74 (MH) Feste und Spiele des deutschen Landvolkes. Hg. E. Kück u. H. S. 372 S. Bln: Dt. Landbuchh. 1925
(Neubearb. v. Nr. 48)
75 Das lachende Dorf. Geschichten, Schnurren und Schnacken. 234 S. Bln: Dt. Landbuchh. 1927
76 Die Geschichte vom schwarzbraunen Mädelein. 152 S. Bln: Dt. Landbuchh. 1928
77 (Hg.) Die Landjugend-Freizeit. Blätter für ländliche Lebens- und Berufsgestaltung. 10 Jge. Bln: Dt. Landbuchh. 1928–1938
78 Tschiff tchaff, toho! Gestalten, Sitten und Bräuche, Geschichten und Sagen aus dem Sollinger Walde. 394 S. Bln: Dt. Landbuchh. 1928
(Forts. v. Nr. 73)
79 Im Dorf mein Schatz. Lieder für Gesang und Klavier vertont v. M. Grabert, L. Rahlfs u. R. Falk. 28 S. 4⁰ Bln: Dt. Landbuchh. 1929
80 Fußstapfen am Meer. Ein Grenzlandroman. 374 S. Bln: Dt. Landbuchh. 1929
(Neuaufl. v. Nr. 51)
81 Gewitter. Ein dramatisches Erlebnis. 84 S. Bln: Dt. Landbuchh. 1929
82 (Hg.) Die Kunst auf dem Lande. Ein Wegweiser für die Pflege des Schönen und des Heimatsinnes im deutschen Dorfe. 192 S. m. Abb., 6 Taf. Bln: Dt. Landbuchh. 1929
(Neubearb. v. Nr. 33)
83 Wegweiser für ländliche Wohlfahrtsarbeit. 490 S. Bln: Dt. Landbuchh. 1930
(Verm. Neuaufl. v. Nr. 21)
84 Wulf Alke. Roman einer Jugend. 398 S. Bln: Dt. Landbuchh. 1933
85 (Hg.) Neues Bauerntum. Fachzeitschrift für das gesamte ländliche Siedlungswesen. N. F. des Archivs für Innere Kolonisation. Jg. 26–30. Bln: Dt. Landbuchh. 1934–1938
(N. F. v. Nr. 39)
86 Zwischen Dorn und Korn. Lebenserinnerungen. 399 S. Bln: Dt. Landbuchh. 1934
87 (Hg., Vorw.) H. Löns: Im flammenden Morgenrot. Tier-, Jagd- und Naturschilderungen, Erzählungen aus Wald und Heide, Dichtungen. 238 S. Bad Pyrmont: Gersbach (1934)
88 (Hg.) Schriften für neues Bauerntum. Neue Folge der Schriften zur För-

derung der Inneren Kolonisation. 4 Bde. Bln: Dt. Landbuchh. 1934-1940 (zu Nr. 85)
89 Die Dreieichenleute. Ausgew., eingel. A. Gloy. 31 S. S. Paderborn: Schöningh (= Schöningh's Textausgaben 196) (1935)
(Ausz. a. Nr. 6)
90 Geschichten aus Rügen. 31 S. Bln: Hillger (= Jugendbücherei 553) (1935)
91 Die Jungfernauktion. Erzählung. Mit e. autobiograph. Nachw. 79 S. Lpz: Reclam (= Reclam's UB. 7291) (1935)
(Ausz. a. Nr. 32)
92 (Hg.) Die ländliche Berufsschule. Neue Folge der Zeitschrift für das ländliche Fortbildungswesen. Jg. 1-2. Bln: Dt. Landbuchh. 1936-1937
(N. F. v. Nr. 44)
93 Die Lindenhütte. Eine schlichte Erzählung von schlichten Leuten. 230 S. St. Louis, Mo.: Lange 1936
(Ausz. a. Bd. 2 v. Nr. 3)
94 Die Sollinger. Volkskunde des Sollinger Waldgebietes. 415 S. Bln: Dt. Landbuchh. 1936
(Verm. Neuaufl. v. Nr. 73)
95 Bauernfaust und Bauerngeist. 72 S. Hannover: Meyer (= Wahre deutsche Art 2) 1937
96 Das fremde Blut. Die Geschichte vom schwarzbraunen Mädelein. 197 S. Bln: Dt. Landbuchh. 1938
(Neuaufl. v. Nr. 76)
97 (MV) (J. F. Rönne: Eine Winterreise auf den Färöern. – H. S.:) Wie eine Gemeinde ihren Diener ehrte. 16 S. m. Abb. Konstanz: Christl. Verl.-Anst. (= Frohe Jugend 8) (1938)
98 Als wir zu der Liebsten gingen. Gedichte und Erinnerungen aus jungen Tagen. Nachw. W. Stapel. 72 S. Bln: Dt. Landbuchh. 1939
99 Landflucht ist Volkstod. Ein Wort an die Lehrer zur Schulentlassung der Landjugend. 55 S. Bln: Dt. Landbuchh. 1939
100 (MV) H. S. u. H. Schröder: Der Spinntrupp im deutschen Volkstum. 191 S., 3 Bl. Abb. Bln: Dt. Landbuchh. 1939
101 Wegweiser für das Land zur Gestaltung und Bereicherung des dörflichen Lebens. 363 S. Bln: Dt. Landbuchh. 1939
(Veränd. Neuaufl. v. Nr. 83)
102 Aus Groß-Berlin und kleinen Dörfern. Erzählungen. 287 S. Bln: Dt. Landbuchh. 1943
(Veränd. Neuaufl. v. Nr. 64)

SOLGER, Reinhold (1817–1866)

1 Die Geschichte von Hanns von Katzenfingen, dem preußischen Gardelieutenant. Ein Fragment. 32 S. Bln: Vereins-Buchdr. 1848
2 Anton in Amerika. 2 Bde. 516 S. Bln: Roskowski 1862

SONNENFELS, Josef Reichsfrh. von (1733–1817)

1 Ankündigung einer deutschen Gesellschaft in Wien. 24 S. Wien: Kurzböck 1761
2 Rede von der Nothwendigkeit, seine Muttersprache zu bearbeiten. Wien 1761
3 Rede auf Maria Theresia. Wien 1762
4 Einleitungsrede in die akademischen Vorlesungen. 4° Wien 1763
5 Betrachtungen über die neun politischen Handlungsgrundsätze der Engländer … 67 S. 4° Wien: Schulz 1764
6 Das Gesicht des Sohns Sela Haschemesch, das er gesehen hat über Franzen I. 4° Wien 1764
7 (Hg.) Der Vertraute. Eine Wochenschrift. 7 St. Wien 1764

8 Xerxes, der Friedsame. Ein heroisches Schauspiel in fünf Aufzügen. 84 S. Wien: Krauß 1764
9 Vom Zusammenflusse. Eine Abhandlung. Wien 1764
10 Gedicht auf den Tod Kaiser Franz I. 4° Wien 1765
11 Grundsätze der Polizey-, Handlungs- und Finanzwissenschaft. 3 Bde. Wien: Trattner 1765–1776
12 (Hg.) Der Mann ohne Vorurtheil. Eine Wochenschrift. 3 Tle. Wien: Trattner 1765
13 Gesammelte Schriften. Erster Band. 381 S. Wien: Trattner 1765
14 Von der Unzulänglichkeit der alleinigen Erfahrung in den Geschäften der Staatswirthschaft. .. 24, 35 S. Wien: Schulz 1765
15 Schreiben an einen Freund in Klagenfurt über die Herabsetzung der Interessen. 9 Bl. Wien: Trattner 1766
16 Auf den Tod des Feldmarschall Dauns. 4° Wien 1766
17 Das Bild des Adels. Eine Rede. 20 S. Wien: Kurzböck 1767
18 (Hg.) Das weibliche Orakel. Eine Wochenschrift. Wien 1767
19 (Hg.) Theresie und Eleonore. Eine Wochenschrift. Wien 1767
20 Briefe über die Wienerische Schaubühne. IV, 436 S. Wien: Kurzböck 1768
21 Ermunterung zur Lektüre an junge Künstler. Eine Rede. Wien 1768
22 Von dem Verdienst des Portraitmalers. Eine Rede. 77 S. Wien: Kurzböck 1768
23 Versuche in politischen und ökonomischen Ausarbeitungen. Wien 1768
24 Abhandlung von der Theuerung in Hauptstädten, und dem Mittel derselben abzuhelfen. Lpz 1769
25 Vorstellungen an den Hof, daß öffentliche Ergetzungen den guten Sitten nicht zuwider laufen dürfen. Wien 1769
26 *Freimüthige Erinnerungen an die deutsche Schaubühne über die Vorstellung des Brutus. Wien 1770
27 Von der Theurung in großen Städten … 136 S. Wien: Kurzböck 1770
28 Über die Liebe des Vaterlandes. 131 S. Wien 1771
29 Über die Vorstellung des Brutus. Wien 1771
30 Über die Abschaffung der Tortur. Zürich, Wien 1772
31 Von der Bescheidenheit im Vortrage seiner Meinung. Eine Rede. 20 Bl., 48 S. Wien: Kurzböck 1772
32 Von der Urbanität eines Künstlers. Eine Rede. Wien 1772
33 Von der Verwandlung der Domänen in Bauerngüter. Wien 1773
34 Leitfaden in den Handlungswissenschaften. Wien 1776
35 Leitfaden in der Polizeywissenschaft. Wien 1776
36 Politische Abhandlungen. Wien: 1777
37 *Betrachtungen über die gegenwärtigen Angelegenheiten von Europa, von Herrn v. *** an H. 2 Tle. 40, 39 S. o. O. 1778–1779
38 Erste Vorlesung nach Marien Theresiens Tode. 46 S. Wien: Kurzböck 1780
39 Ankündigung von neun Predigten über das Vater-Unser. Wien 1781
40 Versuch über die Grundsätze des Styls in Privat- und öffentlichen Geschäften. 2 Bde. Wien 1781
41 (Hg.) Uiber die Ankunft Pius VI. in Wien. Fragment eines Briefes von ***. 30 S. Wien: v. Kurzbeck 1782
42 Erste Vorlesung in diesem akademischen Jahrgange. Hg. J. v. Retzer. 29 S. Wien: v. Kurzbeck 1782
43 Der Schlafrock. An Herrn von ** … 59 S. Regensburg (o. Verl.) 1783
44 Gesammelte Schriften. 10 Bde. m. Titelku. Wien: Baumeister 1783–1787
45 Gesammelte kleine Schriften. Lpz 1783
46 Über den Geschäftsstil. 386 S. Wien: Kurzböck 1784
47 Über die Liebe des Vaterlandes. 223 S. Wien: Baumeister 1785
48 Die Musen in Wien … o. O. 1785
49 Neuester Briefsteller auf alle Fälle. Wien 1786
50 Grundsätze der Polizey-, Handlungs- und Finanzwissenschaft. Wien 1786 (Verm. Neuaufl. v. Nr. 35)
51 *Gegen das verabscheuungswürdige Institut der Freymaurer. 48 S. Würzburg: 1786
52 Preisaufgaben der k.k. Akademie der bildenden Künste in Wien für das Jahr 1788. 18 S. Wien: Kurzböck 1788
53 Ueber die Aufgabe was ist Wucher? und welches sind die besten Mittel demselben ohne Strafgesetz Einhalt zu thun? 4° Wien 1789

54 Abhandlung über die Aufhebung der Wuchergesetze. 48 S. Wien: Kurzböck 1791
55 Vom Wucher contra Kees. Wien 1791
56 *Betrachtungen eines österreichischen Staatsbürgers an seinen Freund, veranlaßt durch das Schreiben des Herrn M. an Herrn Abbé Sabatier über die französische Republik. 103 S. Wien: Kurzböck 1793
57 Skizze des Feldmarschalls Grafen von Nostiz. Wien 1796
58 Handbuch der innern Staatsverwaltung mit Rücksicht auf die Umstände und Begriffe der Zeit. 518 S. m. Anh. Wien: Camesina 1798–1817
59 Lehrreiches Alltagsbuch zum Unterricht, Vergnügen und Nachdenken. Wien 1800
60 Über die Stimmenmehrheit bey Kriminal-Urtheilen. VIII, 112 S. Wien: Camesina 1801
61 Eine Vorlesung bey der feyerlichen Preisvertheilung an der K. K. Akademie der bildenden Künste ... 29 S. Wien: Schmidt (1801)
62 Über die am achten September erlassenen zwey Patente. 42 S. Wien: Geistinger 1810
63 Auf die Vermählung Louisens von Österreich mit Napoleon dem Großen. Eine Mythe. 3 Bl. 4⁰ Wien, Triest: Geistinger 1810
64 Ueber die öffentliche Sicherheit ... 188 S. Wien: Heubner 1817

SORGE, Reinhard Johannes (1892–1916)

1 Der Bettler. Eine dramatische Sendung. Fünf Aufzüge. 167 S. Bln: Fischer 1912
2 Guntwar. Die Schule eines Propheten. Handlung in fünf Aufzügen, einem Vorspiel und einem Nachspiel. 165 S. Kempten: Kösel 1914
3 Metanoeite. Drei Mysterien. 67 S. Kempten: Kösel & Pustet 1915
4 König David. Schauspiel. 169 S. Bln: Fischer 1916
5 Mutter der Himmel. Ein Sang in zwölf Gesängen. XIV, 47 S. Kempten: Kösel & Pustet (1917)
6 Gericht über Zarathustra. Vision. 48 S. Kempten, Mchn: Kösel & Pustet 1921
7 Mystische Zwiesprache. 49 S. Kempten, Mchn: Kösel & Pustet 1922
8 Preis der Unbefleckten. Sang über die Begebnisse zu Lourdes. 32 S. Lpz: Vier Quellen-Verl. 1924
9 Der Sieg des Christos. Eine Vision, dargestellt in dramatischen Bildern. Nachw. M. Rockenbach. 123 S. Lpz: Vier Quellen-Verl. 1924
10 Werke. Ausw., Einf. M. Rockenbach. 95 S., 1 Abb. M.-Gladbach: Führer-Verl. (= Die Auswahl aus neuerer Dichtung und Kunst 4) 1924
11 Nachgelassene Gedichte. Mit e. Nachw. v. M. Rockenbach. 86 S. Lpz: Vier Quellen-Verl. 1925
12 Der Jüngling. Die frühen Dichtungen. VII, 174 S. Kempten, Mchn: Kösel & Pustet 1925

SPANGENBERG, Wolfhart
(⁺Lycosthenes) (um 1565 – um 1636)

1 (Übs.) Thomas Naogeorgus: Jeremia. Eine Geistliche Tragoedia, in deren vast die gantze Historia vnd Leben des Propheten Jeremia begriffen: Erstlich in Lateinischer Sprach gedichtet vnd beschrieben: Jetzt aber ... in Teutsche Sprach transferirt ... 84 Bl. Straßburg: durch Thobiam Jobin 1603
2 (Übs.) Euripides: Alcestis. Eine Artige Tragoedia, darinnen ein Exempel Trewhertziger Liebe, zwischen rechten Eheleuten, vorgebildet wird. Erstlich ... in Griechischer Sprach gedichtet: Hernach durch ... Georgium Buchananum Scotum in Latein transferirt. Letzlich, Auß demselben ohngefähr inn vnser Muttersprache verteutschet. 50 Bl. Straßburg: Carolus 1604
3 (Übs.) Simson. Eine geistliche Tragoedia. Straßburg: Rihelius 1604

4 (Übs.) Euripides: Hecuba, tragoedia. Straßburg: Martin 1605
 5 *Saul. Eine Klegliche Tragoedia, vom Gottlosen Könige Saul, vnd seinem schrecklichen vndergang. Erst newlich in Lateinischer sprach beschrieben ... Allen der Lateinischen Sprach vnerfahrnen zu Lieb ... ohngefehr in vnser Mutter Sprach vertiert vnd verteutschet. 64 Bl. Straßburg: In verlegung P. Ledertz 1606
 6 +GanßKönig. Ein Kurtzweilig Gedicht, von der Martins Ganß: Wie sie zum König erwehlet, resigniert, jhr Testament gemacht, begraben, in Himmel vnd an das Gestirn komen: auch was jhr für ein Lobspruch vnd lehr Sermon gehalten worden, durch Lycosthenem Psellionoros Andropediacum. 72 Bl. Straßburg: Carolus 1607
 7 (Übs.) Andreas Saurius: Conflagratio Sodomae. Eine Erschröckliche Tragoedia, von Göttlicher Raach vnnd Fewerstraff vber Sodom vnnd vmbligende Stätte ... Erst newlich, in Lateinischer Sprach gtichtet vnd gestellet ... Straßburg: Kolb 1607
 8 Ein Lehrhafftiges Comoedi Spiel: Darinn kürtzlich vorgebildet wird, welcher massen sich, zur Zeit der verfolgung: Geist vnd Fleisch, in des Glaubens Bekendtniß pfleget zu verhalten ... Auff eines Glaubigen Eyferers Christlichs Begehren verfertigt vnd in truck gegeben durrh M. W. S. M. 40 Bl. Straßburg: Kieffer 1608
 9 (Übs.) M. A. Plautus: Comoedia, inhaltend die Empfengknüß vnd Geburt Herculis, auß dem Lateinischen verteutscht. Straßburg: Bertram 1608
10 (Übs.) Sophokles: Aiax Lorarivs. Ein Heydnische Tragoedia ... durch Josephum Scaliger in Lateinische Sprach vertieret ... Verteutscht durch M. W. S. M. 80 Bl. Straßburg: Bertram 1608
11 (Übs.) H. Hirtzwigius: Balsasar. Eine Lehrhaffte Tragoedia, von Belsazar dem letzten König der Chaldeer zu Babel: Darinnen das Schändlich Laster der Trunckenheit vnd derselben Straff: wie auch der vndergang der Ersten Monarchey der Assyrier vnd Babylonier vorgebildet wird ... erst newlich ... Lateinisch gtichtet vnd gestellet. 84 Bl. Straßburg: Bertram (1609)
12 +Anbind oder FangBrieffe, Das ist: Glückwünschunge, auff etlicher, so wol Weibs als Manspersonen, EhrenNamen vnd GeburtsTage ... 112 Bl. o.O. 1611
13 +Glückswechsel. Ein kurtzweilig Spiel, von dreyen jhres Standes überdrüssigen Personē, eim Bawren, Landsknecht vnd Pfaffen: Vnd wie es jedem nach seim Anschlag ergangen. 24 Bl. Nürnberg: Fuhrmann 1613
14 +Mammons Sold, Ein Tragoedische Vorbildung, darinnen zu sehen, wie der Abgott Mammon den Weltkindern, die jhme in der Geitzigen Geltliebe vnd Wollust dienen, pflege zu lohnen vnd abzudancken. 24 Bl. Erfurt: bey J. Singe 1614
15 +Singschul, Ein kurtzer einfeltiger Bericht, vom Vhralten herkommen fortpflantzung ... des alten löblichen Teutschen Meister-Gesangs, in gestalt einer Comödi ... als ein Gespräch zwischen sechs Personen verfasset vnd gestellet ... Nürnberg: Fuhrmann (1615)
16 +(Übs.) M. Mylius Gorlicensis: Anmütiger Weißheit Lust-Garten. Straßburg: Carolus 1621
17 +Anbind oder FangBrieffe, Das ist: Glückwünschunge, auff etlicher, so wol Weibs als Manspersonen, EhrenNamen vnd GeburtsTage ... 135 Bl. o.O. 1623
   (Verm. Neuaufl. v. Nr. 12)
18 *Esel König. Eine wunderseltzame Erzehlung, wie nämlich die Monarchei vnnd Gubernament vber die vierfüßige Thier geändert; das Königreich vmbgefallen vnd die Krone auff einen Esel gerathen ... Jetzt erst aus vhralte Cimmerischer der zeit ohnbekannter Zungen, in vnsere gemeine Mutter-Sprache verteutscht, Durch Adolf Rosen von Creutzheim. 6 Bl., 407 S. Ballenstet: bey Papyrio Schönschrifft (1625)

SPEE VON LANGENFELD, Friedrich (1591–1635)

 1 *Cautio Criminalis, Seu De Processibus Contra Sagas Liber ... 4 Bl., 398 S., 1 Bl. Rinteln: P. Lucius 1631

2 Geistlicher Unterricht zur Generalbeichte. Köln: Clemens 1631
3 Cautio Criminalis, Seu De Processibus Contra Sagas Liber, das ist Peinliche Warschawung ... gegen Zauberer, Hexen vnd Vnholden. Ffm 1649
 (Übs. v. Nr. 1)
4 Trvtz Nachtigal, Oder Geistlichs-Poetisch Lust VValdlein, Deßgleichen noch nie zuvor in Teutscher Sprach gesehen. 8 Bl., 341 S. 12° Köln: In verlag W. Friessems 1649
5 Güldenes Tvgend-Bvch, das ist, VVerck vnnd übung der dreyen Göttlichen Tugenden, deß Glaubens, Hoffnung, vnd Liebe. Allen Gottliebenden, andächtigen, frommen Seelen: vnd sonderlich den Kloster- vnd anderen Geistlichen personen sehr nützlich zu gebrauchen. 18 Bl., 774 S. 12° Köln: In verlag W. Friessems 1649
 (Enth. u. a. Ausz. a. Nr. 4)

SPENER, Philipp Jakob (1635–1705)

1 Tabulae Progonologicae, quibus Plurimorum Regum Principum Comitum Dominorum ... degunt Progenitores XXXII ... 4 Bl., 118 S. 2° Stg: Rösslin 1660
2 Theatrum Nobilitatis Europeae, Tabulis Progonologicis Praecipuorum In Cultiori Christiano Orbe Magnatum Et Illustrium Progenitores CXXIIX. LXIV Aut XXII Justo Ordine Repraesentantibus Exornatum Studio P. J. Speneri D... 4 Bde. (i. 1). Ffm: Vogel 1668 (–1678)
3 Pia Desideria: Oder Hertzliches Verlangen, Nach Gottgefälliger Besserung der wahren Evangelischen Kirchen ... Sampt Zweyer Christlicher Theologorum darüber gestellten und zu mehrer aufferbauung höchst-dienlichen Bedencken. 12 Bl., 344, 12 S. 16° Ffm: Zunner 1676
4 Das geistliche Priestertum aus göttlichem Wort Kürtzlich beschrieben und mit einstimmenden Zeugnüssen gottseelige Lehre bekräfftiget. 12° Ffm: Zunner 1677
5 Sendschreiben an Einen Christeyffrigen außländischen Theologum, betreffende die falsche außgesprengte aufflagen, wegen seiner Lehre, und so genanter Collegiorum pietatis. 115, 4 S. 16° Ffm: Zunner 1677
6 Sylloge Genealogico-Historica è Numero Praecipuorum familiarum ... 15 Bl., 891 S., 21 ungez. S. Ffm: Zunner 1677
7 Desideria pia: Oder Hertzliches Verlangen, Nach Gottgefälliger Besserung der wahren Evangelischen Kirchen ... 390 S. Ffm: Zunner 1680
 (Neuaufl. v. Nr. 3)
8 Die allgemeine Gottesgelehrtheit aller glaubigen Christen ... 16 Bl., 419, 236 S. 12° Ffm: Zunner 1680
9 Opus heraldicum. 2 Bde. m. Ku. 2° Ffm: Fridgenius 1680–1690
 1. Historia Insignium Illustrium Seu Operis Heraldici Pars Specialis.
 2. Insignium Theoria.
10 Christliche Aufmunterung Zur Beständigkeit bey der reinen Lehre des Evangelii ... 134 S., 3 Bl. Ffm: Zunner 1685
11 Der Klagen über das verdorbene Christenthum mißbrauch und rechter gebrauch, Darinnen auch Ob unsere Kirche die wahre Kirche oder Babel, und ob sich von deroselben zu trennen nöthig, gehandelt wird. Samt zweyen Anhängen ... 134 S., 3 Bl. Ffm: Zunner 1685
12 Natur und Gnade oder der Unterschied der Wercke ... 30 Bl., 384 S., 6 Bl. Ffm: Zunner 1687
13 Kurtze Catechismus-Predigten ... 4 Bl., 942 S., 20 Bl. Ffm: Zunner 1689
14 Erfordertes Theologische Bedenken ... 18 Bl. 8° Ploen: Schmidt 1690
15 Sieg Der Wahrheit und der Unschuld ... 5 Bl., 66 S. Cölln a. d. Spree: Schrey & Meyer 1692
16 Die Seligkeit der Kinder GOTTES ... 69 Bl., 427, 25 (ungez.) S. Ffm: Zunner 1692
17 Väterliches Vermahnungs-Schreiben, An Seinen lieben Sohn in Leipzig. 12 Bl. 16° Lpz: Heinrich (1692)
18 Sprüche Heiliger Schrifft, welche von welt-leuten mehrmal zur hegung, und wider die so nothwendigkeit als möglichkeit des wahren innerlichen

und thätigen Christenthums, mißbraucht zu werden pflegen, kürtzlich, aber gründlich gerettet. 19 Bl., 428 (r. 528) S., 5 Bl. 16⁰ Ffm: Zunner 1693
19 (Vorw.) (B. Köpke:) Dialogus de Templo Salomonis, Das ist: Ein Geistliches Gespräch Von Der Heiligung Und deroselben dreyen Stuffen ... Aus dem Fürbilde des Tempels Salomo, und dessen dreyen Vorhöffen ... beschrieben ... Aus der Lateinischen in die deutsche Sprach übersetzt ... Von Balthasar Köpken. 32 Bl., 258 S. 3 Bl.; 210 S., 23 Bl. Neuruppin: Mahler 1695
20 (MV) Frommer Christen erfreuliche Himmels Lust, bestehend In auserlesenen geistreichen, So theils von Herrn D. Spennern ... theils von anderen gottseligen Männern verfertiget worden. 96 S. o. O. (1696)
21 Christliche Verpflegung der Armen, Als aus Churfürstl. gnädigster Verordnung das Gassen-Bettlen in den Churfl. Residentz-Städten abgeschaft, und zu liebreicherer Versorgung der Bedürfftigen Anstalt gemacht, auch dieselbe öffentlich der Gemeinde angezeiget worden ... Sambt einem Anhang ... 12 Bl., 72, 168 S. 12⁰ Ffm: Schrey & Hartmann 1697
22 Briefe und Gutachten, gesammelt in den Theologischen Bedenken. 4 Bde. Halle: Waysen-Haus 1700-1702
23 Das nötige und nützliche Lesen Der Heiligen Schrifft, Mit Einigen dazu dienlichen Erinnerungen, In einer Vorrede über die Bibel vorgestellt. Und Nun absonderlich gedruckt. 3 Bl., 159 S. 16⁰ Ffm, Lpz: Heinich 1704
24 Vertheidigung des Zeugnüsses von der Ewigen Gottheit Unsers Herrn Jesu Christi, als des Eingebohrnen Sohns vom Vater, Von dem nun in Gott ruhenden ... Hrn. D. Ph. J. Sp. 4 Bl., 782, 48 S., 22 Bl. Ffm: Zunner 1706
25 Die Evangelische Lebens-Pflichten In einem Jahrgang der Predigten Bey den Sonn- und Fest-Täglichen ordentlichen Evangelien Aus H. Göttlicher Schrifft ... in der Furcht des Herrn vorgetragen. 2 Tle. 9 Bl., 686; 654 S. m. Bildn. u. Titelb. Ffm: Zunner 1707
26 Geistreiche Gesänge. Halle 1708
27 Consilia et iudicia theologica latina ... 3 Thle. 7 Bl., 469 S.; 216 S.; 850 S., 22 Bl. 4⁰ Ffm: Zunner 1709
28 Letzte theologische Bedencken und andere brieffliche Antworten ... 4⁰ Halle: Waysen-Hauß 1711
29 Drey Christliche Predigten von Versuchungen ... Ffm: Zunner 1712
30 Catechismus-Tabellen. Darinnen der gantze Catechismus D. Martin Luthers Deutlich und gründlich erkläret ... Aus dem Lateinischen ins Teutsche übersetzet, und mit einigen Einleitungs-Tabellen Vermehret v. I. G. Pritio, D... 9, 24, 136; 608 S., 26 Bl. m. Bildn. Ffm: Zunner & Jung 1717
31 Lehrreiche Zuschrifft an seine Frau Tochter Von denen nöthigen Pflichten Einer jeden sonderlich aber einer Priester-Frau ... Nebst einer Vorrede ... 72 S. 16⁰ Lpz: Blochberger (1731)
32 Bis anhero nur eintzeln gedruckt gewesene Kleine Geistliche Schriften, Nunmehro in einige Bände zusammengetragen, und mit des seligen Mannes Ausführlichen Lebens-Beschreibung, Historisch-Theologischen Einleitungen, auch nöthigen Vorreden und Registern versehen v. J. A. Steinmetz. 2 Tle. u. Anh. 9 Bl., 1416 S., 12 Bl. m. Bildn.; 10 Bl., 1488 S., 11 Bl.; 4 Bl., 288 S., 4 Bl. Magdeburg, Lpz: Seidel & Scheidhauer 1741-1742

Sperber, Manès (*1905)

1 Zur Analyse der Tyrannis. Das Unglück, begabt zu sein. Zwei sozialpsychologische Essais. 159 S. Paris: Science et Litterature (= Schriften zu dieser Zeit 2-3) 1939
2 Der verbrannte Dornbusch. Roman. 604 S. Mainz: Internat. Universum-Verl. (1950)
3 Plus profond que l'abîme. 327 S. 16⁰ Paris: Calmann – Lévy 1950
4 Die verlorene Bucht. Roman. 350 S. Köln, Bln: Kiepenheuer & Witsch 1955
5 Le Talon d'Achille. Essais. XXIV, 234 S. Paris: Calmann – Lévy 1957
6 Die Achillesferse. Essays. Aus dem Französischen v. S. Heintz. Die Übersetzung des Vorworts besorgte der Autor. 257 S. Köln, Bln: Kiepenheuer & Witsch 1960
(Übs. v. Nr. 5)

Speyer, Wilhelm (1887–1952)

1 Oedipus. Roman. 230 S. Bln: Cassirer 1907
2 Wie wir einst so glücklich waren! Novelle. 108 S. Mchn: Langen 1909
3 Gnade. Schauspiel mit freier Benutzung einer Novellette v. P. Busson. 119 S. Mchn: Langen 1911
4 Der Herzog, die Kokotte und der Kellner. Erzählungen. 204 S. Mchn: Langen 1912
5 Das fürstliche Haus Herfurth. Roman. 439 S. Mchn: Langen 1914
6 Er kann nicht befehlen. Ein Lustspiel in drei Aufzügen. 82 S. Mchn: Musarion-Verl. (1919)
7 Karl der Fünfte. Ein Drama in fünf Aufzügen. VI, 182 S. Mchn: Musarion-Verl. 1919
8 Der Revolutionär. Drama in drei Aufzügen. 144 S. Mchn: Musarion-Verl. 1919
9 Mynheer van Heedens große Reise. Roman. 464 S. Bln: Ullstein 1921
10 Rugby. Komödie in vier Akten. 171 S. Bln („Mchn): Drei Masken-V. 1921
11 Schwermut der Jahreszeiten. Erzählung. 310 S. Bln: Rowohlt 1922
12 Südsee. Ein Schauspiel in drei Akten. 159 S. Bln: Rowohlt 1923
13 Frau von Hanka. Roman. 334 S. Bln: Rowohlt 1924
14 Das Mädchen mit dem Löwenhaupt. Roman. 234 S. Bln: Ullstein 1925
15 Charlott etwas verrückt. Roman. 312 S. Bln: Rowohlt 1927
16 Der Kampf der Tertia. Erzählung. 237 S. Bln: Rowohlt (1928)
17 Nachtgesichte. Erzählungen und Visionen. 245 S. Lpz: Fikentscher (= Hafis-Lesebücherei 66) (1928)
18 Sibyllenlust. Roman. 385 S. Bln: Rowohlt 1928 (Veränd. Neuaufl. v. Nr. 5)
19 Es geht. Aber es ist auch danach! Ein Schauspiel in drei Akten. 120 S. Mchn: Drei Masken-Verl. 1929
20 Sonderlinge. Erzählungen. 195 S. Bln: Rowohlt 1929
21 Ich geh aus und du bleibst da. Der Roman eines Mannequins. 307 S. Bln: Rowohlt 1930
22 Die goldene Horde. Erzählung. 260 S. Bln: Williams 1931 (Forts. v. Nr. 16)
23 Roman einer Nacht. 295 S. Bln: Rowohlt 1932
24 Sommer in Italien. Eine Liebesgeschichte. 152 S. Bln: Rowohlt 1932
25 Kreuzfahrer. 164 S. Zürich: Orell Füßli 1934
26 Der Hof der schönen Mädchen. Roman aus dem Jahre 1805. 374 S. Amsterdam: Querido 1935
27 Zweite Liebe. Roman. 332 S. Amsterdam: Querido 1936
28 Die Stunde des Tigers. Eine Pfadfinder-Geschichte. 248 S. Amsterdam: Querido 1939
29 Das Glück der Andernachs. Roman. 459 S. Zürich: Micha-Verl. 1947
30 Andrai und der Fisch. Roman aus der Zeit Jesu. 316 S. Köln: Kiepenheuer & Witsch (1951)
31 Señorita Maria Teresa. Eine spanisch-kalifornische Erzählung. 96 S. Zürich: Classen (= Vom Dauernden in der Zeit 57) 1951

Spielhagen, Friedrich (1829–1911)

1 (Übs.) G. W. Curtis: Nil-Skizzen eines Howadji. 271 S. Hannover: Meyer 1875
2 (Übs.) R. W. Emerson: Englische Charakterzüge. 239 S. Hannover: Meyer 1875
3 Clara Vere. 186 S. Hannover: Meyer 1857
4 Auf der Düne. 272 S. 12° Hannover: Meyer 1858
5 (Übs.) Amerikanische Gedichte. 182 S. 16° Lpz: Staackmann (1859)
6 (Übs.) J. Michelet: Die Liebe. 386 S. Lpz: Weber (1859)
7 (Übs.) J. Michelet: Die Frau. 364 S. Lpz: Weber 1860
8 (Übs.) J. Michelet: Das Meer. 314 S. Lpz: Weber 1861

9 Problematische Naturen. 609 S. Bln, Lpz: Staackmann (1861)
10 (Übs.) W. Roscoe: Leben Lorenzo de' Medici. 239 S. Lpz: Senf (1861)
11 Durch Nacht zum Licht. 4 Bde. 1189 S. Bln, Lpz: Staackmann 1862 (Forts. v. Nr. 9)
12 Kleine Romane. 5 Bde. Bln, Lpz: Staackmann 1862–1864
  Auf der Düne. 2 Bde. 433 S. 1862
  Clara Vere. 299 S. 1862
  In der zwölften Stunde. 274 S. 1863
  Röschen vom Hofe. 328 S. 1864
  (Enth. u. a. Nr. 3 u. 4)
13 Vermischte Schriften. 2 Bde. 636 S. Bln: Janke (1863)–1868
14 Die von Hohenstein. 4 Bde. 1330 S. Bln, Lpz: Staackmann 1864
15 Gesammelte Werke. 21 Bde. Bln: Janke (1866–1867)
16 Faust und Nathan. 27 S. Bln: Duncker 1867
17 In Reih und Glied. Roman. 5 Bde. 1613 S. Bln: Janke 1867
18 Hans und Grete. Dorfgeschichte. 246 S. 16° Bln: Janke (1868)
19 Unter Tannen. Zwei Novellen. 432 S. Bln: Janke 1868
20 Die Dorfcoquette. Erzählung. 153 S. 16° Schwerin: Hildebrand (1869)
21 Hammer und Amboß. Roman. 5 Bde. 1441 S. Schwerin: Hildebrand 1869
22 Deutsche Pioniere. Eine Geschichte aus dem vorigen Jahrhundert. 364 S. Lpz: Staackmann (1870)
23 Sämtliche Werke. 10 Bde. Bln: Janke (= Nationalbibliothek neuer deutscher Dichter) 1870–1872
24 Die schönen Amerikanerinnen. Novelle. 282 S. Lpz: Staackmann (1871)
25 Sämmtliche Werke. 11 Bde. Lpz: Staackmann 1871–1874
26 Allzeit voran. Roman. 3 Bde. 950 S. Lpz: Staackmann 1872
27 Was die Schwalbe sang. Roman. 2 Bde. 566 S. Lpz: Staackmann (1873)
28 Ultimo. Novelle. 232 S. Lpz: Staackmann (1873)
29 Aus meinem Skizzenbuche. 361 S. Lpz: Staackmann 1874
30 Liebe für Liebe. Schauspiel. 160 S. 16° Lpz: Staackmann 1875
31 Hans und Grete. Schauspiel. 147 S. Lpz: Staackmann 1876
32 Sturmflut. Roman. 3 Bde. 1078 S. Lpz: Staackmann (1876)
33 (Hg.) Westermann's illustrierte deutsche Monatshefte für das gesamte geistige Leben der Gegenwart. Jg. 23–29. Braunschweig: Westermann 1878–1884
34 Von Neapel bis Syrakus. Reiseskizzen. 322 S. Lpz: Staackmann 1878
35 Das Skelet im Hause. Novelle. 254 S. Lpz: Staackmann 1878
36 Platt Land. Roman. 3 Bde. 993 S. Lpz: Staackmann 1879
37 Quisisana. Novelle. 429 S. Lpz: Staackmann (1879)
38 Angela. Roman. 2 Bde. 720 S. Lpz: Staackmann (1881)
39 Drei Erzählungen. 147 S. Lpz: Staackmann (1881)
  (Enth. u. a. Ausz. a. Bd. 8 v. Nr. 25)
40 Skizzen, Geschichten und Gedichte. 576 S. Lpz: Staackmann 1881
41 Beiträge zur Theorie und Technik des Romans. 347 S. Lpz: Staackmann 1883
42 Gerettet. Schauspiel. 176 S. Lpz: Staackmann 1884
43 Uhlenhans. Roman. 2 Bde. 738 S. Lpz: Staackmann (1884)
44 (MÜbs.) H. H. Boyesen: Novellen. Glitzer-Brita. Einer, der seinen Namen verlor. Deutsch von F. Sp. Ein Ritter von Danebrog. Deutsch v. ***. 141 S. Stg: Engelhorn (= Engelhorn's allgemeine Romanbibliothek) 1885
45 An der Heilquelle. Novelle. 432 S. Lpz: Staackmann (1885)
46 Die Philosophin. Schauspiel. 143 S. Lpz: Staackmann 1887
47 Was will das werden? Roman in neun Büchern. 3 Bde. 1314 S. Lpz: Staackmann 1887
48 Noblesse oblige. Roman in drei Büchern. 492 S. Lpz: Staackmann (1888)
49 Ein neuer Pharao. Roman. 513 S. Lpz: Staackmann (1889)
50 Finder und Erfinder. Erinnerungen aus meinem Leben. 2 Bde. 404, 447 S. Lpz: Staackmann 1890
51 Ausgewählte Romane. 3 Serien. 22 Bde. Lpz: Staackmann 1890–1893
52 (Bearb.) J. Gordon: Daphne. 160 S., 1 Bildn. Stg: Engelhorn (= Engelhorn's allgemeine Roman-Bibliothek VIII, 8) 1891
53 Aus meiner Studienmappe. Beiträge zur litterarischen Aesthetik und Kritik. 361 S. Bln: Allgemeiner Verein für Deutsche Litteratur (1891)

54 In eiserner Zeit. Trauerspiel. 139 S. Lpz: Staackmann 1891
55 Gedichte. 253 S. 12⁰ Lpz: Staackmann 1892
56 Sonntagskind. Roman. 3 Bde. 863 S. Lpz: Staackmann (1893)
57 (MV) W. v. Kaulbach: Goethe-Galerie. Mit erläuterndem Text v. F. Sp. 84 S., 21 Abb. 4⁰ Mchn: Bruckmann 1895
58 Sämmtliche Romane. Bd. 1–22, N.F. Bd. 1–7. 29 Bde. Lpz: Staackmann 1895–1904
    (Verm. Neuaufl. v. Nr. 51)
59 Stumme des Himmels. Roman in vier Büchern. 2 Bde. 667 S. Lpz: Staackmann 1895
60 Susi. Eine Hofgeschichte. 2 Bde. 304 S. Stg: Engelhorn (= Engelhorn's allgemeine Roman-Bibliothek XI, 17–18) 1895
61 Mesmerismus. Alles fließt. Zwei Novellen. 298 S. Lpz: Staackmann 1897
62 Zum Zeitvertreib. Roman. 265 S. Lpz: Staackmann 1897
63 Neue Beiträge zur Theorie und Technik der Epik und Dramatik. 359 S. Lpz: Staackmann 1898
    (Forts. v. Nr. 41)
64 Faustulus. Roman. 291 S. Lpz: Staackmann 1898
65 Herrin. Novelle. 306 S. Lpz: Staackmann (1898)
66 Neue Gedichte. 253 S. 12⁰ Lpz: Staackmann 1899
67 Opfer. Roman. 533 S. Lpz: Staackmann (1899)
68 Frei geboren. Roman. 399 S. Lpz: Staackmann (1900)
69 Selbstgerecht. Mesmerismus. Zwei Novellen. 364 S. Lpz: Staackmann (= Sämmtliche Romane. N. F. 5) 1900
    (Bd. 5 d. N. F. v. Nr. 58; enth. u. a. Ausz. a. Nr. 61)
70 Am Wege. Vermischte Schriften. 278 S. Lpz: Staackmann 1903
71 Breite Schultern. Der Vergnügungs-Kommissar. 88 S. Bln: Hillger (= Kürschner's Bücherschatz 615) 1908
    (Ausz. a. Nr. 39)
72 Erinnerungen aus meinem Leben. Durchgesehene Auswahl aus „Finder und Erfinder", mit Einleitung und Anmerkungen hg. H. Henning. 440 S., 2 Bildbeil. Lpz: Staackmann 1911
    (Ausz. a. Nr. 50)

SPIESS, Christian Heinrich (1755–1799)

1 Die drei Töchter. Lustspiel in drei Aufzügen. 91 S. Wien: beym Logenmeister 1782
2 Maria Stuart. Ein Trauerspiel in fünf Aufzügen. 119 S. Wien: Kurzbeck 1784
3 Biographien der Selbstmörder. Prag: Joachim 1785
4 General Schlenzheim und seine Familie. Schauspiel. Ffm, Lpz 1785
5 Die Mausefalle oder Die Reise nach Egypten. Lustspiel in drei Aufzügen. Prag: Schönfeld 1786
6 Das Ehrenwort. Lustspiel in vier Aufzügen. 150 S. Prag, Lpz: Schönfeld & Meißner 1790
7 Klara von Hoheneichen. Ritterschauspiel in vier Aufzügen. S. 134–301 Prag: Schönfeld 1790
8 Gesammelte Schriften. 2 Bde. m. Ku. Prag: Meißner 1790
9 Das Petermännchen. Geistergeschichte aus dem dreizehnten Jahrhundert. 2 Bde. Prag: Neureutter 1791–1792
10 Ritter Adelungen. Ritterschauspiel. 1 Bl., S. 130–250. (Wien: John) 1791
11 Stadt und Land oder Mädchen, die das Land erzogen hat, sind wie die Mädchen in der Stadt. Lustspiel in drei Aufzügen. 125 S. Prag: Schönfeld & Meißner 1792
12 Die Folgen einer einzigen Lüge. Schauspiel in vier Aufzügen. 3 Bl., 136 S. (Augsburg: Styx) 1792
13 Der Mäusefallen- und Hechelkrämer, eine Geschichte, sehr wunderbar, doch ganz natürlich. Prag: Neureutter 1792

14 Der alte Überall und Nirgends. Geistergeschichte. 2 Bde. Prag 1792–1793
15 Liebe und Muth macht Alles gut. Lustspiel in drei Aufzügen. 96 S. Prag, Lpz: Albrecht 1793
16 Oswald und Mathilde. Ritterschauspiel in drei Aufzügen. Prag 1793
17 Theatralische Werke. 2 Bde. Prag (,Lpz): Neureutter 1793
18 Friedrich, der letzte Graf von Toggenburg. Historisches Schauspiel. 158 S. (Augsburg: Styx) 1794
19 Die zwölf schlafenden Jungfrauen. Geistergeschichte. 3 Bde. m. Taf. Lpz: Leo 1794–1796
20 Die Löwenritter, eine Geschichte des dreizehnten Jahrhunderts. 4 Bde. Lpz: Leo 1794–1796
21 (Hg.) Der wahrsagende Zigeunerkalender für das Jahr 1795, zum Nutzen und Vergnügen für junge Frauenzimmer. 12⁰ Lpz 1794
22 Biographien der Wahnsinnigen. 4 Bde. m. Ku. Lpz: Voß 1795–1796
23 Reisen und Abentheuer des Ritters Benno von Elsenburg im Jahre 1225. Eine höchst wunderbare und doch keine Geistergeschichte. 3 Bde. Lpz: Voß 1795–1796
24 Leben und Thaten des Jacob von Buchenstein, Erb-, Lehn- und Gerichts-herrn auf Ober-, Mittel- und Unterbuchenstein. 3 Bde. Lpz 1796–1798
25 Meine Reisen durch die Höhlen des Unglücks und Gemächer des Jammers. 4 Bde. Lpz: Leo 1796
26 Kleine Erzählungen und Geschichten. M. Ku. Prag: Barth 1797
27 Dücos neue Reisen in die Höhlen des Unglücks und Gemächer des Jammers. Hbg: Vollmer 1797
28 Die Geheimnisse der alten Egyptier, eine wahre Zauber- und Geister-geschichte des achtzehnten Jahrhunderts. 3 Bde. Lpz: Leo 1798–1799
29 Hans Heiling, vierter und letzter Regent der Erde-, Luft-, Feuer- und Was-ser-Geister, ein Volksmährchen des zehnten Jahrhunderts. 4 Bde. Ffm, Lpz: Voß 1798
30 Georg von Treuherzen oder Der kleine Überall und Nirgends. 2 Bde. 280, 252 S. m. Ku. Prag: Barth 1798
31 (MV) Ch. H. Sp., K. G. Cramer u. A. F. E. Langbein: Komische Erzählun-gen für Freunde des Scherzes und der guten Laune. Bln 1799
32 Die zwölf schlafenden Jünglinge. Olmütz 1799
33 Die Ritter mit dem güldnen Horn. 441 S. Lpz (o. Verl.) 1799
34 Die Überraschung. Lustspiel, anwendbar bei Geburts- und Namensfesten. Lpz: Leo 1799
35 Die strahlende Jungfrau, oder Der Berggeist. Zaubergeschichte. Lpz: Joachim 1800
36 Maria Clement, die Glocke der Mitternacht. Olmütz 1800
37 Die Perücken, oder: Der Diener ist klüger als der Herr. Lustspiel in einem Aufzug. Freiberg 1801
38 Verrätherein und Eifersucht. Ein Trauerspiel in fünf Akten. 202 S. Lpz, Prag: Michaelis 1801
39 Die Löwenritter. Eine Geschichte des dreizehnten Jahrhunderts. 2 Thle. 42²/₃ Bg. Lpz: Leo 1837 (Umarb. v. Nr. 20)
40 Sämmtliche Werke. Zum erstenmal in vollständiger Sammlung hg. und mit einer Lebensbeschreibung des Verfassers begleitet von C. Schöpfer von Rodishain. 11 Bde. Nordhausen: Fürst 1840–1841

Spitta, Karl Johann Philipp (1801–1859)

1 Psalter und Harfe. Eine Sammlung christlicher Lieder zur häuslichen Er-bauung. 2 Bde. 6¹/₄, 10¹/₂ Bg. m. Titelb. 12⁰ Pirna, Lpz: Friese 1833–1843
2 Ist auch ein Unglück in der Stadt, das der Herr nicht thue? Predigt. 11 S. Dresden: Ehlermann 1852
3 Des scheidenden Predigers letzte Predigt. 14 S. Peine: Heuer 1854
4 Nachgelassene geistliche Lieder. Hg. A. Peters. 187 S. Lpz: Friese (1861)
5 Lieder aus der Jugendzeit. 248 S. 12⁰ Lpz: Naumann 1898

SPITTELER, Carl (+Carl Felix Tandem) (1845–1924)

1 +Prometheus und Epimetheus. Ein Gleichnis. 2 Tle. 411 S. Aarau: Sauerländer 1881
2 +Extramundana. 319 S. Lpz: Haessel 1883
3 Der Parlamentär. Lustspiel in vier Akten. 88 S. Basel: F. Gassmann 1889
4 +Schmetterlinge. 100 S. Hbg: Hamburger Verl.-Anst. u. Dr. 1889
5 Friedli der Kolderi. 165 S. 12° Zürich: Müller 1891
6 Der Ehrgeizige. Lustspiel in vier Aufzügen. 121 S. Bern: Lack & Scheim 1892
7 Literarische Gleichnisse. 85 S. Zürich: Müller 1892
8 Gustav. Ein Idyll. 123 S. 16° Zürich: Müller 1892
9 Balladen. 157 S. m. Bildn. Zürich: Müller 1896
10 Der Gotthard. 250 S. m. Kt. Frauenfeld: Huber 1897
11 Conrad der Leutenant. Eine Darstellung. 212 S. Bln: Vita 1898
12 Lachende Wahrheiten. Gesammelte Essays. VIII, 340 S. Florenz, Lpz: Diederichs 1898
13 Olympischer Frühling. 4 Bde. Lpz, Jena: Diederichs 1900–1905
14 Extramundana. 320 S. Jena: Diederichs 1905
   (Veränd. Neuaufl. v. Nr. 2)
15 Glockenlieder. Gedichte. 94 S. Jena: Diederichs 1906
16 Imago. 230 S. Jena: Diederichs 1906
17 Gerold und Hansli, die Mädchenfeinde. Kindergeschichte. 132 S. Jena: Diederichs 1907
18 Meine Beziehungen zu Nietzsche. 50 S. Mchn: Süddeutsche Monatshefte 1908
19 Olympischer Frühling. 2 Bde. 250, 352 S. Jena: Diederichs 1910
   (Umarb. v. Nr. 13)
20 (MV) (C. Meißner: Carl Spitteler. – C. Sp.:) Eugenia. IV, 132 S. m. Bildn. Jena: Diederichs 1912
21 Meine frühesten Erlebnisse. 158 S. Jena: Diederichs 1914
22 Unser Schweizer Standpunkt. Vortrag. 23 S. Zürich: Rascher (= Schriften für Schweizer Art und Kunst 2) (1915)
23 Gottfried-Keller-Rede, in Luzern gehalten am 26. Juli 1919. 17 S. Luzern: Wicke 1919
24 Gottfried Keller. Eine Rede. 15 S. Jena: Diederichs (= Tat-Flugschriften 37) 1920
   (Ausg. für Deutschland; zu Nr. 23)
25 Die Mädchenfeinde. Eine Kindergeschichte. 101 S. Jena: Diederichs 1920
   (Neuausg. v. Nr. 17)
26 Warum ich meinen Prometheus umgearbeitet habe. Vortrag. 8 S. Zürich: Rascher 1923
27 Prometheus der Dulder. 216 S. Jena: Diederichs 1924
   (Umarb. v. Nr. 1)
28 (MV) A. Frey u. C. Sp.: Briefe. Hg. Lina Frey. 265 S. Frauenfeld: Huber 1933
29 Gesammelte Werke. Hg. G. Bohnenblust, W. Altwegg u. R. Faesi. Bd. 1–10, 1. 2. 11 Bde. Zürich (,Stg): Artemis-Verl. 1945–1958

SPRICKMANN, Anton Matthias (1743–1833)

1 Dissertatio jvridica inauguralis de successione conjugis superstitis in bonis praedefuncti, speciatim secundum politicam Monasteriensem. 31 S. Harderovici 1769
2 An Madam Dobler. 7 S. Münster (o. Verl.) 1773
3 Der Brauttag. Oper in drei Aufzügen. o. O. (1774)
4 An den Kurfürsten Maximilian Friedrich am Tage seiner Zurückkunft. 4 ungez. Bl. Münster (o. Verl.) 1774
5 Die natürliche Tochter. Ein rührendes Lustspiel in fünf Aufzügen. 166 S. Münster: Perrenon 1774
6 (MV) A. M. Sp. u. W. Stühle: Die Wilddiebe. Eine Operette in einem Aufzuge. 20 Bl. Münster: Perrenon 1774

7 Der Tempel der Dankbarkeit. Ein Vorspiel mit Arien bey Eröffnung der Münsterischen Bühne. 23 S. Münster (o. Verl.) 1775
8 *Ueber den Grund der Verbindlichkeit bey positiven Gesetzen. 32 S. Hannover: Schmidt 1775
9 *Bericht in Sachen Cleri secundarii zu Münster ctra Seine kurfürstl. Gnaden zu Köln, als Bischofen, Fürsten zu Münster und Hochstiftliche Landstände. 61 S. o. O. (1777)
10 Eulalia. Trauerspiel in fünf Aufzügen. Lpz 1777
11 Das Mißverständnis. Ein Drama in einem Akt. 30 S. Wien: beym Logenmeister 1778
12 Der Schmuck. Ein Lustspiel in fünf Aufzügen. 127 S. Wien: beym Logenmeister 1779
13 Ueber die deutsche Geschichte und ihre Behandlung in öffentlichen Vorlesungen. 8 S. (Münster: Aschendorf) 1785
14 Maurerische Rede, welche in der sehr g. und v. [ ] (= Loge) zu den dreij Balken des neuen Tempels zu M(ünster) im vorigen Jahre den 14/2 gehalten wurde. 11 S. o.O. 5791 (d. i. 1791)
15 Ueber die geistige Wiedergeburt. Nach des Verfassers Tode hg. 57 S. Münster: Coppenrath 1835

SPUNDA, Franz (1890–1963)

1 (Übs.) F. Petrarca: Sonette. 51 S. Heidelberg: Saturn-Verl. Meister (= Die kleinen Saturnbücher 30–32) 1913
2 Hymnen. 40 S. Mchn: Müller (= Bücher der Zeit) 1919
3 Astralis. Dithyramben und Gesänge. 55 S. Wien: Strache 1920
4 (MV) E. Sach, F. Sp., E. Skrobanek, H. Steiner: Heimatgrüße. Geschichten und Gedichte. 30 S. Olmütz: Koberg (1920)
5 (Hg.) F. Petrarca: Sonette. Nach den besten Übertragungen ausgewählt. 104 S., 12 Abb. 4° Mchn: Müller 1920
6 Die Befreiung. Ein Akt. 22 S. Wien: Wiener Graph. Werkstätte 1921
7 Devachan. Magischer Roman. 219 S. m. Taf. Wien: Strache 1921
8 (Hg., Übs.) P. Aretino: Kurtisanen-Gespräche. In Ausw. übs. 160 S. m. Abb. Lpz: Wigand (= Galante Bibliothek) 1922
9 Die magische Dichter. Essays. 107 S. Lpz: Wolkenwanderer-Verl. 1923
10 (Übs.) G. Leopardi: Gedichte. 87 S. Lpz: Wolkenwanderer-Verl. 1923
11 Der gelbe und der weiße Papst. Ein magischer Roman. XVI, 306 S. Wien: Rikola-Verl. (= Romane und Bücher der Magie 4) 1923
12 (Hg.) (Philippus Aureolus Paracelsus Theophrastus Bombastus von Hohenheim:) Magische Unterweisungen des edlen und hochgelehrten Philosophen und Medici Philippi Theophrasti Bombasti von Hohenheim, Paracelsus genannt. 64 S. 4° Lpz: Wolkenwanderer-Verl. 1923
13 Gottesfeuer. Gedichte. 64 S. Lpz: Wolkenwanderer-Verl. 1924
14 (Übs.) Ossian (d. i. J. Macpherson): Werke. 2 Bde. Fingal und die kleinen Epen. – Temora und die kleinen Dichtungen. Rhythmisch übertragen. 287, 303 S. Lpz: Wolkenwanderer-Verl. 1924
15 Das ägyptische Totenbuch. Ein nekromantischer Roman. XVIII, 421 S. Wien: Rikola-Verl. (= Romane und Bücher der Magie 5) 1924
16 Paracelsus. 181 S., 31 Abb., 1 Faks. Wien: König (= Menschen, Völker, Zeiten 6) 1925
17 Griechische Reise. 327 S. m. Abb., 24 Taf. Bln: Dt. Buchgem. 1926
18 Der heilige Berg Athos. Landschaft und Legende. 267 S., 40 Taf. Lpz: Insel 1928
19 Griechische Mönche. 97 S. Mchn: Müller (= Religio) 1928
20 Baphomet. Ein alchimistischer Roman. 319 S. Oldenburg: Stalling (1930)
21 Minos oder Die Geburt Europas. Roman. 344 S. Karlsbad: Kraft 1931
22 Griechisches Abenteuer. Roman. 303 S. Karlsbad: Kraft 1932
23 Eleusinische Sonette. Gedichte einer griechischen Reise. 31 S. Bln: Die Rabenpresse 1933
24 Romulus. Roman. 473 S. Wien: Zsolnay 1934
25 Wulfila. Roman. 391 S., 1 Kt. Wien (:Bischoff) 1936

26 Alarich. Roman. 400 S. Wien (:Bischoff) 1937
27 Griechenland. Fahrten zu den alten Göttern. 415 S., 64 Taf. Lpz: Insel 1938
28 Das Reich ohne Volk. Roman. 433 S. Wien (:Bischoff) 1938
29 Tyrann Gottes. Der Roman des Papstes Bonifaz und seiner Zeit. 379 S. Wien (:Bischoff) 1940
30 Das Weltbild des Paracelsus. 271 S. m. Abb., 8 Bl. Abb. Wien: Andermann 1941
31 Der Herr vom Hradschin. Roman Kaiser Karls IV. 540 S. Wien, Bln, Lpz: Bischoff (1942)
32 Geschichte der Medici. 373 S., 48 Abb. Mchn: Bruckmann 1944
33 (Übs., Hg.) Magische Erzählungen aus Frankreich. 149 S. Villach: Stadler (= Bücher der Magie) 1948
34 Verbrannt von Gottes Feuer. Der Lebensroman Giordano Brunos. 557 S. Salzburg, Wien: Festungsverl. 1949
35 Clara Petacci. Roman um die Geliebte Mussolinis. 302 S., 1 Titelb. Berchtesgaden: Zimmer & Herzog 1952
36 Hellas' Fackel leuchtet! Roman der Philhellenen 1821. 264 S. Laichingen, Stg: Bischoff 1953
37 Römischer Karneval. Roman. 189 S. Salzburg, Straubing: Pallas-Verl. (= Pallas-Taschenbuchreihe 3) 1953
38 Giorgiones Liebeslied. Roman eines Künstlerlebens. 381 S., 8 Taf. Wien, Stg: Wancura 1955
39 Fahrt zu den alten Göttern. Ein Griechenlandbuch. 268 S., 8 Taf. Wien: Ullstein 1956
    (Veränd. Neuaufl. v. Nr. 27)
40 Herakleitos. Der Denker zwischen den Schlachten. Romandichtung. 515 S. Graz: Kienreich 1957

Stach (verh. Wackernagel), Ilse (1879–1941)

1 Wer kann dafür, daß seines Frühlings Lüfte weh'n! Gedichte. 42 S. Dresden: Pierson 1898
2 Das Christ-Elflein. Weihnachtsmärchen. Musik v. H. Pfitzner. 60 S. Bln: Ries 1906
3 Der heilige Nepomuk. Dramatische Dichtung. 53 S. Bln: Oesterheld 1909
4 Die Sendlinge von Voghera. Roman. 425 S. Kempten: Kösel 1910
5 Missa poetica. 33 S. Kempten: Kösel 1912
6 Die Beichte. 68 S. Köln: Boisserée (= Sammlung Boisserée 1) 1913
7 Hans Elderfing. Roman. 361 S. Lpz: Sarasin 1915
8 Requiem. 26 S. Kempten: Kösel & Pustet 1918
9 Genesius. Eine christliche Tragödie. 107 S. Kempten: Kösel & Pustet (1919)
10 Griseldis. Dramatische Dichtung in einem Vorspiel und drei Akten. 128 S. Kempten, Mchn: Kösel & Pustet 1920
11 Tharsicius. Ein Festspiel aus der Katakombenzeit. 40 S. (Düsseldorf: Verbandszentrale der katholischen Jugend- und Jungmännervereine Deutschlands) 1921
12 Weh' dem, der keine Heimat hat. Roman. 300 S. Mchn: Kösel & Pustet 1921
13 Melusine. Schauspiel in drei Akten. V, 130 S. Kempten, Mchn: Kösel & Pustet 1922
14 Petrus. Eine göttliche Komödie. 251 S. Kempten, Mchn: Kösel & Pustet 1924
15 Die Frauen von Korinth. Dialoge. 275 S. Breslau: Bergstadtverl. 1929
16 Der Rosenkranz. Meditationen. 80 S. Münster: Regensberg 1929
17 Non serviam. Roman. 300 S. Mchn: Kösel & Pustet (1931)
    (Neuausg. v. Nr. 12)
18 Der Petrus-Segen. Erinnerungen und Bekenntnisse. 283 S. Münster: Regensberg (1940)
19 Maranatha. Ein Bild aus dem Weihespiel Tharsicius. 17 S. Düsseldorf: Christophorus-Verl. 1948
    (Ausz. a. Nr. 11)
20 Wie Sturmwind fährt die Zeit. Gedichte aus drei Jahrzehnten. Einl. A. Ch. Wilsmann. 62 S. Münster: Regensberg (= Der Schatzkamp 5) 1948

Stadler, Ernst (1883–1914)

1 (MH) Der Stürmer. Halbmonatsschrift für künstlerische Renaissance im Elsaß. Hg. R. Schickele (u. E. St.) Jg. 1. 9 Nrn. Straßburg: Singer 1902
2 Praeludien. 92 Straßburg: Singer 1905
3 (MH) W. Shakespeare: Theatralische Werke. 8 Tle. Bln: Weidmann (= Ch. M. Wieland: Gesammelte Schriften, Abt. 2: Übersetzungen, Bd. 1–3) 1909–1911
4 Wielands Shakespeare. VII, 133 S. Straßburg: Trübner (= Quellen und Forschungen zur Sprach- und Culturgeschichte der germanischen Völker 107) 1910
5 (Hg.) Hartmann von Aue: Der arme Heinrich und zwei jüngere Prosalegenden verwandten Inhalts. Mit Anmerkungen und Abhandlungen von W. Wackernagel. Neu hg. E. St. VIII, 250 S. Basel: Schwabe 1911
6 (Übs., Einl.) Das Balzac-Buch. Erzählungen und Novellen. 556 S. m. Abb. Straßburg: Singer (= Singer-Bücher 3) 1913
7 (Übs.) F. Jammes: Die Gebete der Demut. 24 S. Lpz: Wolff (= Der jüngste Tag 9) 1913
8 Der Aufbruch, Gedichte. 84 S. Mchn: Verlag der Weißen Bücher 1914
9 Ausgewählte Gedichte. 22 S. Hbg: Ellermann (= Das Gedicht 1947, 4) 1947
10 Dichtungen. Gedichte und Übertragungen. Mit einer Auswahl der kleinen kritischen Schriften und Briefe. Eingeleitet, textkritisch durchgesehen und erläutert v. K. L. Schneider. 2 Bde. 296, 412 S. Hbg: Ellermann (1954)

Stahl, Hermann (*1908)

1 Traum der Erde. Roman. 475 S. Hbg: Hanseat. Verl.-Anst. 1937
2 Vor der angelehnten Tür. Erzählung. 132 S. m. Abb. Hbg: Hanseat. Verl.-Anst. 1937
3 Die Wurzel unter dem Gras. 89 S. Hbg: Hanseat. Verl.-Anst. 1938
4 Der Läufer. Novelle. 79 S. Jena: Diederichs (= Deutsche Reihe 89) 1939
5 Die Orgel der Wälder. Roman. 375 S. Jena: Diederichs 1939
6 Die Heimkehr des Odysseus. 265 S. Jena: Diederichs 1940
7 Überfahrt. Gedichte. 95 S. Jena: Diederichs 1940
8 Gras und Mohn. Gedichte. 65 S. Jena: Diederichs 1942
9 Licht im Brunnengrund. Erzählungen. 324 S. Jena: Diederichs 1942
10 Langsam steigt die Flut. Roman. 993 S. Jena: Diederichs 1943
11 Die Reise ins Gestern und Morgen. 15 S. Mchn: Münchner Buchverl. (= Münchner Lesebogen 78) (1946)
12 Eine ganz alltägliche Stimme. Novellen und Erzählungen. 361 S. Düsseldorf: Merkur-Verl. 1947
13 Wenn die Glocke tönt. Erzählung. 56 S. Düsseldorf: Vier Falken-Verl. 1948
14 Traum der Erde. Roman. 450 S. Düsseldorf: Schwann 1950
15 Die Spiegeltüren. Roman. 522 S. Hbg: Claassen 1951
16 Wohin du gehst. Roman. 342 S. Bremen: Schünemann 1954
17 Wolkenspur. Gedichte. 63 S. Bremen: Schünemann 1954
18 Ewiges Echospiel. Zwei Erzählungen. 106 S. Bremen: Schünemann (1955)
19 Jenseits der Jahre. Roman. 368 S. Bln: Ullstein 1958
20 Wildtaubenruf. Roman. 300 S. Bln: Ullstein 1958
21 Tage der Schlehen. Roman. 268 S. Mchn: Nymphenburger Verlh. 1960

Stamm, Karl (1890–1919)

1 Das Hohelied. Lyrische Dichtungen. 147 S., 1 Abb. Zürich: Orell Füßli 1913
2 (MV) K. St., M. Brom u. P. H. Burkhard: Aus dem Tornister. 63 S., 13 Abb. Zürich: Orell Füßli 1915

3 Der Aufbruch des Herzens. Gedichte. 70 S. Zürich: Rascher 1919
4 Dichtungen. Gesamtausg. Hg. E. Gubler. 2 Bde. 270, 192 S., 1 Bildn. Zürich: Rascher 1920

STAVENHAGEN, Fritz (1876–1906)

1 Der Lotse. Hamburger Drama. 50 S. Hbg: Gutenberg-Verl. Schultze 1901
2 Jürgen Piepers. Niederdeutsches Volksstück. 165 S. Hbg: Gutenberg-Verl. Schultze 1901
3 Grau und Golden. Hamburger Geschichten und Skizzen. 178 S. Hbg: Gutenberg-Verl. Schultze 1904
4 Mudder Mews. Niederdeutsches Drama. 121 S. Hbg: Gutenberg-Verl. Schultze 1904
5 Der dütsche Michel. Niederdeutsche Bauernkomödie. 154 S. Hbg: Gutenberg-Verl. Schultze 1905
6 De ruge Hoff. Niederdeutsche Bauernkomödie. 143 S. Hbg: Gutenberg-Verl. Schultze 1906

STEFFEN, Albert (1884–1963)

1 Ott, Alois und Werelsche. Roman. 392 S. Bln: Fischer 1907
2 Die Bestimmung der Roheit. Roman. 246 S. Bln: Fischer 1912
3 Die Erneuerung des Bundes. Roman. 205 S., 1 Abb. Bln: Fischer 1913
4 Der Auszug aus Ägypten. Drama in drei Akten. – Die Manichäer. Eine dramatische Vision in einem Vorspiel und fünf Akten. 174 S. Bln: Fischer 1916
5 Der rechte Liebhaber des Schicksals. Roman. 306 S. Bln: Fischer (1916)
6 Bauz. Zwei Erzählungen. 62 S. Frauenfeld: Huber (= Schweizerische Erzähler 6) 1917
7 Sibylla Mariana. Roman. 269 S. Bln: Fischer 1917
8 Die Heilige mit dem Fische. Sieben Novellen. 158 S. Bln: Fischer 1919
9 (Hg.) Das Goetheanum. Internationale Wochenschrift für Anthroposophie und Dreigliederung. 29 Jge., je 52 Nrn. 4° Dornach: Verl. am Goetheanum (1921)–1950
10 Weg-Zehrung. Gedichte. 107 S. Basel: Rhein-Verl. 1921
11 Die Krisis im Leben des Künstlers. 162 S. Zürich: Grethlein 1922
12 Kleine Mythen. 199 S. Lpz: Grethlein 1923
13 (MV) H. Burte, J. Fränkel, R. Rolland, A. St.: Carl Spitteler. 35 S. Jena: Diederichs 1925
14 Der Künstler zwischen Westen und Osten. V, 278 S. Zürich: Grethlein 1925
15 In memoriam Rudolf Steiner. 42 S. Landschlacht: Hoenn 1925
16 Pilgerfahrt zum Lebensbaum. 61 S. Zürich: Grethlein (= Seldwyla-Bücherei 1) (1925)
17 Das Viergetier. Drama. 118 S. Zürich: Grethlein (1925)
18 Begegnungen mit Rudolf Steiner. 169 S., 1 Titelb. Lpz: Grethlein 1926
19 Rudolf Steiners pädagogischer Kurs für Schweizer Lehrer. Ostern 1923. Vorw. C. v. Heydebrand. 43 S. Stg: Waldorf-Verl. 1926
20 Der Chef des Generalstabs. Dramatische Handlung in fünf Akten. 142 S. Dornach, Stg: Verl. für Schöne Wissenschaften 1927
21 Hieram und Salomo. Drama. 91 S. Dornach: Verl. für Schöne Wissenschaften (1927)
22 Wegzehrung. Gedichte. 201 S. Dornach (, Stg: Verl. für Schöne Wissenschaften) 1927
    (Verm. Neuaufl. v. Nr. 10)
23 Der Künstler und die Erfüllung der Mysterien. V, 261 S. Stg: Verl. für Schöne Wissenschaften 1928
24 Lebensgeschichte eines jungen Menschen. 286 S. Stg: Verl. für Schöne Wissenschaften 1928

25 Der Sturz des Antichrist. Dramatische Skizze in drei Akten. 51 S. Stg: Verl. für Schöne Wissenschaften 1928
26 Wildeisen, Roman. 314 S. Stg: Verl. für Schöne Wissenschaften 1929
27 Mani. Zwei Vorträge. 81 S. Stg: Verl. für Schöne Wissenschaften 1930
28 Gedichte. 65 S. Dornach: Verl. für Schöne Wissenschaften 1931
29 Lebenswende. Novellen. 102 S. Dornach, Stg: Verl. für Schöne Wissenschaften 1931
30 Sucher nach sich selbst. Roman. 335 S. Dornach: Verl. für Schöne Wissenschaften 1931
31 Goethes Geistgestalt. 392 S. Dornach: Verl. für Schöne Wissenschaften 1932
32 Das Todeserlebnis des Manes. Drama. 114 S. Dornach: Verl. für Schöne Wissenschaften 1934
33 Adonis-Spiel. Eine Herbstesfeier. 75 S. Dornach: Verl. für Schöne Wissenschaften 1935
34 Dramaturgische Beiträge zu den Schönen Wissenschaften. 171 S. Dornach: Verl. für Schöne Wissenschaften 1935
35 Irrfahrten des Lebens. Aus Erlebnissen und Tagebuchaufzeichnungen. Anh.: Bilder aus der Mongolei. Land und Leute. Sitten und Gebräuche. 148 S., 4 Bl. Abb., 1 Titelb. Langnau: Emmenthaler-Blatt (1935)
36 Der Tröster. Gedichte. 78 S. Dornach: Verl. für Schöne Wissenschaften 1935
37 Friedenstragödie. In fünf Akten. 146 S. Dornach: Verl. für Schöne Wissenschaften 1936
38 (MV, Übs.) A. St. u. P. MacKaye: Im andern Land. Gedichte, gegenseitig übertragen. 59 S. Dornach: Verl. für Schöne Wissenschaften 1937
39 Merkbuch. 241 S. Dornach: Verl. für Schöne Wissenschaften 1937
40 Conrad Ferdinand Meyers lebendige Gestalt. 42 S. Dornach: Verl. für Schöne Wissenschaften 1937
41 Albert Steffen, ein Schweizer Pionier im Herzen Asiens. 80 S. Bern: Gute Schriften (= Gute Schriften, Berner H. 185) 1937
(Ausz. a. Nr. 35)
42 Fahrt ins andere Land. Drama in einem Vorspiel und sieben Bildern. 130 S. Dornach: Verl. für Schöne Wissenschaften (Bühnen-Ms.) 1938
43 Buch der Rückschau. 284 S. Dornach: Verl. für Schöne Wissenschaften 1939
44 Lebensbildnis Pestalozzis. 68 S. Dornach: Verl. für Schöne Wissenschaften 1939
45 Passiflora. Ein Requiem für Felicitas. 75 S., 3 Taf. Dornach: Verl. für Schöne Wissenschaften 1939
46 Pestalozzi. Schauspiel. 145 S. Dornach: Verl. für Schöne Wissenschaften 1939
47 Frührot der Mysteriendichtung. 203 S. Dornach: Verl. für Schöne Wissenschaften 1940
48 Selbsterkenntnis und Lebensschau. 313 S. Dornach: Verl. für Schöne Wissenschaften 1940
49 Auf Geisteswegen. 202 S. Dornach: Verl. für Schöne Wissenschaften 1942
50 Geistige Heimat. 151 S. Dornach: Verl. für Schöne Wissenschaften (1942)
51 Wach auf, du Todesschläfer. Gedichte. 73 S. Dornach: Verl. für Schöne Wissenschaften (1942)
52 Der Genius des Todes. 173 S. Dornach: Verl. für Schöne Wissenschaften 1943
53 Ruf am Abgrund. Drama. 151 S. Dornach: Verl. für Schöne Wissenschaften 1943
54 Epoche. Gedichte. 95 S. Dornach: Verl. für Schöne Wissenschaften 1944
55 Krisis, Katharsis, Therapie im Geistesleben der Gegenwart. 503 S. Dornach: Verl. für Schöne Wissenschaften 1944
56 Märtyrer. Tragödie. 173 S. Dornach: Verl. für Schöne Wissenschaften 1944
57 Das Albert Steffen-Buch. Dem Dichter zu seinem sechzigsten Geburtstag... dargebracht. 10. 12. 1944. Hg. P. Bühler. 175 S. m. Taf. Basel: Birkhäuser 1944
58 Vorhut des Geistes. 241 S. Dornach: Verl. für Schöne Wissenschaften 1945
59 Karoline von Günderode. Tragödie in fünf Akten aus der Zeit der deutschen Romantik. 175 S. Dornach: Verl. für Schöne Wissenschaften 1946

60 (Einl.) M. Scholl: Betrachtungen zu Rudolf Steiners Mysteriendrama „Die Pforte der Einweihung". Aus dem Nachlaß bearb. und teilweise ergänzt v. H. Reimann. 102 S., 1 Titelb. Basel: Geering 1946
61 Wiedergeburt der schönen Wissenschaften. 227 S. Dornach: Verl: für Schöne Wissenschaften 1946
62 In memoriam Rudolf Steiner. 29 S. Engelberg: Verl. für Schöne Wissenschaften 1947
63 Novellen. 318 S. Dornach: Verl. für Schöne Wissenschaften 1947
64 Spätsaat. Gedichte. 79 S. Dornach: Verl. für Schöne Wissenschaften 1947
65 Albert Steffen. Ein Almanach als Hinweis auf vierzig Jahre Dichter-Schaffen von Freunden hg. 95 S., 1 Abb., 1 Taf. Dornach: Verl. für Schöne Wissenschaften 1947
66 Mysterienflug. 252 S. Dornach: Verl. für Schöne Wissenschaften 1948
67 Barrabas. Drama in vier Akten. 141 S. Dornach: Verl. für Schöne Wissenschaften 1949
68 Geist-Erkenntnis – Gottes-Liebe. Versuch einer Synthese von Wissenschaft, Kunst, Religion. 212 S. Dornach: Verl. für Schöne Wissenschaften 1949
69 Aus Georg Archibalds Lebenslauf und nachgelassenen Schriften. 333 S. Dornach: Verl. für Schöne Wissenschaften 1950
70 In vierzig Jahren um die Erde. Abenteuer und Erlebnisse eines Schweizer Käsers. 264 S., 16 Taf. Langnau: Emmenthaler-Blatt 1950
71 Aus der Mappe eines Geistsuchers. 395 S. Dornach: Verl. für Schöne Wissenschaften 1951
72 Tagwerden. Erste Erinnerungen. Nachw. R. B. Matzig. 15 S. St. Gallen: Tschudy (= Der Bogen 11) 1951
73 Am Kreuzweg des Schicksals. Gedichte. 94 S. Dornach: Verl. für Schöne Wissenschaften 1952
74 Alexanders Wandlung. Drama. 173 S. Dornach: Verl. für Schöne Wissenschaften 1953
75 Oase der Menschlichkeit. 434 S. Dornach: Verl. für Schöne Wissenschaften 1934
76 Krankheit nicht zum Tode. Gedichte. 87 S. Dornach: Verl. für Schöne Wissenschaften 1955
77 Altmanns Memoiren aus dem Krankenhaus. Roman. 420 S. Dornach: Verl. für Schöne Wissenschaften 1956
78 Brennende Probleme: Völkerrecht und Menschenrecht. Oasen der Menschlichkeit. Atomforscher. An die Verantwortung-Tragenden. 76 S. Dornach: Verl. für Schöne Wissenschaften 1956
79 Lin. Drama. 118 S. Dornach: Verl. für Schöne Wissenschaften 1957
80 Dreiunddreißig Jahre. 570 S. Dornach: Verl. für Schöne Wissenschaften 1959
81 Dichtung als Weg zur Einweihung. 234 S. Dornach: Verl. für Schöne Wissenschaften 1960
82 Steig auf den Parnaß und schaue. Gedichte. 80 S. Dornach: Verl. für Schöne Wissenschaften 1960

STEFFENS, Heinrich (Henrik) (1773–1845)

1 Versuche über die Mineralogie und das mineralogische Studium. Altona 1797
2 Beyträge zur innern Naturgeschichte der Erde. Erster Theil. 317 S. Freiberg: Craz 1801
3 Drei Vorlesungen über Hrn. Dr. Gall's Organlehre. 46 S. Halle: Verl. d. N. Soc. Buch- u. Kunsthdlg. 1805
4 Grundzüge der philosophischen Naturwissenschaft. In Aphorismen, zum Behuf seiner Vorlesungen. XII, 204 S. Bln: Realschulbuchh. 1806
5 Ueber die Idee der Universitäten. Vorlesungen. 155 S. Bln: Realschulbuchh. 1809
6 Geognostisch-geologische Aufsätze. Als Vorbereitung zu einer innern Naturgeschichte der Erde. 337 S. Hbg: Hoffmann 1810
7 (MV) (J. Ph. O. Runge: Farbenkugel. – H. St.:) Abhandlung über die Bedeutung der Farben in der Natur. 60 S., 1 Taf. Hbg: Perthes 1810

8   Vollständiges Handbuch der Oryktognosie. 4 Bde. Halle: Curt 1811–1824
9   Johann Christian Reil. Eine Denkschrift. 66 S. Halle: Curt 1815
10 Die gegenwärtige Zeit und wie sie geworden, mit besonderer Rücksicht auf Deutschland. 2 Bde. 843 S. Bln: Reimer 1817
11 Turnziel. Sendschreiben an den Herrn Professor Kayßler und die Turnfreunde. IX, 144 S. Breslau: Max 1818
12 Cariccaturen des Heiligsten. 2 Bde. VI, 451; VIII, 730 S., 1 Bl. Lpz: Brockhaus 1819–1821
13 Über Kotzebue's Ermordung. 35 S. Breslau: Max 1819
14 Die gute Sache. Eine Aufforderung zu sagen, was sie sei, an alle, die es zu wissen meinen, veranlaßt durch des Verfassers letzte Begegnisse in Berlin. 70 S. Lpz: Brockhaus 1819
15 Über Deutschlands protestantische Universitäten. Antwortschreiben an den Herrn Präsidenten v. Lüttwitz. 88 S. Breslau: Max 1820
16 Schriften. Alt und Neu. 2 Bde. VIII, 318; 264 S. Breslau: Max 1821
17 Anthropologie. 2 Bde. 476, 456 S. Breslau: Max 1822
18 (MV) F. v. d. Hagen, E. Th. A. Hoffmann, H. St.: Geschichten, Sagen und Mährchen. 215 S. Breslau: Max 1823
19 Von der falschen Theologie und dem wahren Glauben. Eine Stimme aus der Gemeinde. IX, 270 S. Breslau: Max 1823
20 Widerlegung der gegen ihn von dem Herrn Consistorialrath Dr. Schultz erhobenen öffentlichen Anklage. Breslau: Max 1823
21 Der Norwegische Storthing im Jahre 1824. Geschichtliche Darstellung und Actenstücke. Bln: Duncker & Humblot 1825
22 Die Familien Walseth und Leith. Ein Cyklus von Novellen. 3 Bde. Breslau: Max 1826–1827
23 Die vier Norweger. Ein Cyklus von Novellen. 6 Bde. Breslau: Max 1827–1828
24 Polemische Blätter zur Beförderung der speculativen Physik. 2 H. 166, 159 S. Breslau: Max 1829–1835
25 Die Familien Walseth und Leith. Ein Cyklus von Novellen. 5 Bde. 16⁰ Breslau: Max 1830
    (Verm. Neuaufl. v. Nr. 22)
26 Malkolm. Eine norwegische Novelle. 2 Bde. 396, 512 S. Breslau: Max 1831
27 Wie ich wieder Lutheraner wurde und was mir das Lutherthum ist. Eine Confession. 181 , 1 S. Breslau: Max 1831
28 (MV) F. Strauß, F. A. Pischon u. H. St.: Drei Reden am Tage der Bestattung des Dr. Schleiermacher am 15. Februar 1834. 2¹/₄ Bg. Bln: Reimer 1834
29 (Vorw.) M. E. v. Bulmerincq: Beiträge zur ärztlichen Behandlung mittels des mineralischen Magnetismus. 5¹/₄Bg. Bln: Hirschwald 1835
30 Ueber geheime Verbindungen auf Universitäten. Ein Fragment aus den Vorträgen über die Hodegetik. 1³/₄ Bg. Bln: Duncker & Humblot 1835
31 Gebirgs-Sagen. Als Anhang: Die Trauung, eine Sage des Nordens. 19 Bg. Breslau: Max (= Novellen, Bd. 1) 1837
    (Bd. 1 v. Nr. 32; enth. u.a. Ausz. a. Nr. 18)
32 Novellen. Gesammt-Ausgabe. 16 Bde. Breslau: Max 1837–1838
33 Die Revolution. Eine Novelle. 3 Bde. Breslau: Max 1837
34 Malkolm. 4 Bde. Breslau: Max (= Novellen, Bd. 13–16) 1838
    (Bd. 13–16 v. Nr. 32; verb. Neuaufl. v. Nr. 26)
35 Christliche Religionsphilosophie. 2 Bde. 492, 433 S. Breslau: Max 1839
36 Was ich erlebte. Aus der Erinnerung niedergeschrieben. 10 Bde. Breslau: Max 1840–1844
37 Nachgelassene Schriften. Vorw. F. W. J. v. Schelling. LXIII, 214 S. Bln: Schroeder 1846

STEHR, Hermann (1864–1940)

1 Auf Leben und Tod. Zwei Erzählungen. 202 S. Bln: Fischer 1898
2 Der Schindelmacher. Novelle. 113 S. Bln: Fischer 1899
   (Ausz. a. Nr. 1)

3 Leonore Griebel. 249 S. Bln: Fischer 1900
4 Das letzte Kind. 53 S. 4° Bln: Fischer 1903
5 Meta Konegen. Drama. 116 S. Bln: Fischer 1904
6 Der begrabene Gott. Roman. 375 S. Bln: Fischer 1905
7 Drei Nächte. Roman. 397 S. Bln: Fischer 1909
8 Geschichten aus dem Mandelhause. 189 S. Bln: Fischer 1913
9 Das Abendrot. Novellen. 242 S. Bln: Fischer 1916
10 Der Heiligenhof. Roman. 2 Bde. 319, 412 S. Bln: Fischer 1918
11 Meicke, der Teufel. Erzählung. 63 S. Bln: Hillger (= Kürschner's Bücherschatz 1234) (1919)
    (Ausz. a. Nr. 1)
12 Lebensbuch. Gedichte aus zwei Jahrzehnten. 214 S. Bln: Fischer 1920
13 Die Krähen. 198 S. Bln, Trier: Lintz 1921
14 Wendelin Heinelt. Ein Märchen. 58 S. Trier: Lintz 1923
15 Das entlaufene Herz. 100 S. Trier: Lintz (= Die deutsche Novelle) 1923
16 Peter Brindeisener. Roman. 292 S. Trier: Lintz 1924
17 Gesammelte Werke. Festausgabe zum sechzigsten Geburtstage des Dichters am 16. Februar 1924. Hg. M. Tau. 9 Bde., 1 Taf. Trier: Lintz 1924
18 Wanderer zur Höhe. Erzählungen. Nachw. P. Kaestner. 175 S., 1 Taf. Wien: Österr. Bundesverl. (= Deutsche Hausbücherei 147) 1925
19 Der Geigenmacher. Eine Geschichte. 165 S. Lpz: Horen-Verl. (1926)
20 Das Märchen vom deutschen Herzen. Drei Geschichten. 59 S., 41 Abb. Lpz: List (1926)
21 Gesammelte Werke. 12 Bde. Lpz: List (1927-1936)
22 Der Graveur. Eine Erzählung. 111 S. Bl: Dt. Buchgemeinschaft (1928)
23 Nathanael Maechler. Roman. 336 S. Bln, Lpz: Horen-Verl. 1929
24 Mythen und Mären. 239 S. Bln, Lpz: Horen-Verl. (1929)
    (Enth. u. a. Nr. 4, 14, 20)
25 Helene Sintlinger. – Die Großmutter. 66 S. Hbg: Dt. Dichter-Gedächtnis-Stiftung (= Der junge Tag 1) 1929
    (Ausz. a. Nr. 9 u. 10)
26 Die Geschichte vom Rauschen und andere Novellen. Hg., eingel. H. Roseno. 55 S. Lpz: Quelle & Meyer (= Deutsche Novellen des neunzehnten und zwanzigsten Jahrhunderts 35) (1930)
    (Ausz. a. Nr. 9 u. 24)
27 Meister Cajetan. Novelle. 135 S. Lpz: List (= Gesammelte Werke) 1931
    (aus Nr. 21)
28 Über äußeres und inneres Leben. Rede. 30 S. Bln, Lpz: Horen-Verl. 1931
29 An der Tür des Jenseits. Zwei Novellen. 61 S. Mchn: Langen-Müller (= Die kleine Bücherei 7) 1932
30 Die Nachkommen. Roman. 256 S. Lpz: List (= Gesammelte Werke) (1933)
    (aus Nr. 21)
31 Gudnatz. Eine Novelle. 87 S. Lpz: Insel (= Insel-Bücherei 62) (1934)
32 Mein Leben. 42 S. Bln: Junker & Dünnhaupt (= Die Lebenden) 1934
33 Das Haus zu den Wasserjungfern. 62 S. Lpz: List (= Lebendiges Wort 1) (1935)
    (Ausz. a. Nr. 9)
34 Der Mittelgarten. Frühe und neue Gedichte. Ausw. W. Meridies. 145 S. 4° Lpz: List (1936)
35 Das Stundenglas. Reden, Schriften, Tagebücher. 328 S. Lpz: List 1936
36 (Einl.) Schlesien. Ein Bildband. 10 S., 64 S. Abb. 4° Bielefeld: Velhagen & Klasing 1937
37 Im Zwischenreich. 48 S. Breslau: Oehmigke (= Deutsches Ost-Land) 1937
38 Der Himmelsschlüssel. Eine Geschichte zwischen Himmel und Erde. 115 S. Lpz: List 1939
39 Von Mensch und Gott. Worte des Dichters. Ausgew. E. Freitag. 62 S. Lpz: List 1939
40 Hermann Stehr und das junge Deutschland. Bekenntnis zum fünfundsiebzigsten Geburtstag des Dichters. Hg. F. Hammer. 36 S. m. Abb. Eisenach: Röth 1939
41 Das Geschlecht der Maechler. Roman einer deutschen Familie in drei Bänden. Bd. 2 u. 3. Lpz: List (1942)-1944
    2. Die Nachkommen oder Jochen Maechler. 246 S. (1942)

3. Damian oder Das große Schermesser. Roman. Hg. W. Meridies. 439 S. 1944
(Forts. v. Nr. 23; Bd. 2 veränd. Neuaufl. v. Nr. 30)
42 Droben Gnade, drunten Recht. 413 S. Lpz: List (= Das Geschlecht der Maechler. Sonderausg., Bd. 1) 1944
(Enth. Nr. 23 u. 30)
43 (MV) H. St. u. W. Rathenau: Zwiesprache über den Zeiten. Geschichte einer Freundschaft in Briefen und Dokumenten. Hg. Ursula Meridies-Stehr. 144 S. Lpz, Mchn: List 1946
44 Droben Gnade, drunten Recht. Das Geschlecht der Maechler. 560 S. Mchn: List 1952
(Veränd. Neuaufl. v. Nr. 41)
45 Das Mandelhaus. Roman. 303 S. Mchn: List 1953
(Verm. Neuaufl. v. Nr. 8)

STELZHAMER, Franz (1802–1874)

1 Lieder in obderennsischer Volksmundart. VIII, 183 S. Wien: Rohrmann & Schweigerd 1837
2 Neue Gesänge in obderennsischer Volksmundart. VIII, 352 S. Wien, Lpz: Ueberreuter 1841
3 Gedichte in obderennsischer Volksmundart. 4 Bde. Wien: Rohrmann 1844–1868
4 Prosa. 3 Bde. Regensburg: Manz 1845
  1. Mein Gedankenbuch.
  2. Sebastian, der Spaziergänger. Novellen-Zyklus.
  3. Novellen.
5 Jugend-Novellen. 104 S., 4 Abb. Pest: Heckenast 1846
6 Heimgarten. 2 Bde. VIII, 296; 277 S. Pest: Heckenast; Lpz: Wigand 1847
7 Politische Volkslieder. 47 S. Linz: Haslinger 1848
8 D' Ahnl. 154 S. Wien: Mayer 1851
9 (Hg.) Gambrinus. Humoristisches Münchener Taschenbuch für 1853/54. 132 S. Mchn: Franz 1853
10 Gedichte. 402 S. Stg: Cotta 1855
11 Liebesgürtel. Hochdeutsche Lieder. Preßburg: Heckenast (1875)
12 Aus meiner Studienzeit. Salzburger Erinnerungen. 37 S. Salzburg: Dieter 1875
13 Die Dorfschule. Ein Sittenbild aus dem Anfange des Jahrhunderts. 83 S. Wien: Pichler 1876
14 Liebesgürtel. Hochdeutsche Lieder. 358 S. Preßburg: Heckenast 1876
(Verm. Neuaufl. v. Nr. 11)
15 Ausgewählte Dichtungen. Hg. P. K. Rosegger. 4 Bde. 1499 S. 12° Wien. Hartleben 1884
16 Charakterbilder aus dem oberösterreichischen Dorfleben. 59 S. Linz: Fink 1892

STERNEDER, Hans (*1889)

1 Der Bauernstudent. Roman. 388 S. Lpz: Staackmann (1921)
2 Der Sonnenbruder. Roman. 408 S. Lpz: Staackmann (1922)
3 Der Wunderapostel. Roman. 450 S. Lpz: Staackmann (1924)
4 Die Zwei und ihr Gestirn. Roman. 330 S., 1 Taf. Lpz: Staackmann 1927
5 Der Sang des Ewigen. 62 S. Lpz: Staackmann (1928)
6 Frühling im Dorf. Tagebuch eines Besinnlichen. 269 S. Lpz: Staackmann (1929)
7 Sommer im Dorf. Tagebuch eines Besinnlichen. 440 S. m. Abb. Lpz: Staackmann 1930
(Forts. v. Nr. 6)
8 Die Neugeburt der Ehe. 211 S. Lpz: Staackmann 1931

9 Der seltsame Weg des Klaus Einsiedel. Roman. 417 S. Lpz: Staackmann 1933
10 Der Edelen Not. Vision um die Naumburger Figuren. 87 S., 12 Taf. Lpz: Staackmann 1938
11 Der Schlüssel zum Tierkreis-Geheimnis und Menschenleben. 469 S. m. Abb., 17 Bl. Abb., 1 Falttaf. Mchn: Drei-Eichen-Verl. Kissener 1956
12 Die große Verwandlung. Mysterienspiel über den Einweihungsweg. 99 S. Mchn: Drei-Eichen-Verl. Kissener 1957

STERNHEIM, Carl (1878–1942)

1 Der Heiland. Komödie. 38 S. Hbg: Hoffmann & Campe 1898
2 „Fanale!" 67 S. Dresden: Pierson 1901
3 Judas Ischarioth. Die Tragödie vom Verrat. 102 S. Dresden: Pierson 1901
4 Ulrich und Brigitte. Dramatisches Gedicht. 195 S. 16⁰ Düsseldorf, Höllriegelskeuth: Selbstverl. 1907
5 (MH) Hyperion. Zweimonatsschrift. Hg. F. Blei u. C. St. 6 H. Mchn: Hyperion-Verl. 1908–1909
6 Don Juan. Tragödie. 204 S. Lpz: Insel 1909
7 Die Hose. Ein bürgerliches Lustspiel. 196 S. Bln, Lpz: Insel 1911
8 Die Kassette. Komödie. 137 S. Lpz: Insel 1912
9 Busekow. Eine Novelle. 29 S. Lpz: Wolff (= Der jüngste Tag 14) 1914
10 Der Kandidat. Komödie in vier Aufzügen nach Flaubert. 107 S. Lpz, Mchn: Wolff 1914
11 Bürger Schippel. Komödie in fünf Aufzügen. 114 S. Lpz: Insel 1914
12 Der Snob. Komödie in drei Aufzügen. 99 S. Lpz: Insel 1914
13 Napoleon. Eine Novelle. 42 S., 3 Abb. Lpz, Mchn: Wolff (= Der jüngste Tag 19) 1915
14 1913. Schauspiel in drei Aufzügen. 100 S. m. Abb. Lpz, Mchn: Wolff 1915
15 Der Scharmante. Lustspiel mit Benutzung einer fremden Idee. 99 S. Lpz, Mchn: Wolff 1915
16 Das leidende Weib. Drama nach Friedrich Maximilian Klinger. 96 S. Lpz, Mchn: Wolff 1915
17 Die drei Erzählungen. 107 S., 14 Abb. Lpz, Mchn: Wolff 1916
   (Enth. Nr. 9, 13, 20)
18 Der Geizige. Komödie in fünf Aufzügen nach Molière. 157 S. Lpz, Mchn: Wolff 1916
19 Meta. Eine Erzählung. 42 S. Lpz, Mchn: Wolff (= Der jüngste Tag 26) 1916
20 Schuhlin. Eine Erzählung. 32 S. Lpz, Mchn: Wolff (= Der jüngste Tag 21) 1916
   (Ausz. a. Nr. 17)
21 Tabula rasa. Ein Schauspiel. 133 S. Lpz, Mchn: Wolff 1916
22 Mädchen. 151 S., 14 Abb. Lpz, Mchn: Wolff (= Die schwarzen Bücher) 1917
   (Enth. u. a. Nr. 19)
23 Perleberg. Komödie in drei Aufzügen. 112 S. Lpz, Mchn: Wolff 1917
24 Posinsky. Eine Erzählung. 65 S., 6 Abb. Bln: Harz (1917)
25 (Hg.) O. Starke: Schippeliana. Ein bürgerliches Bilderbuch. 50 Bl. Abb., 14 S. Text. Lpz, Mchn: Wolff 1917
26 Chronik von des zwanzigsten Jahrhunderts Beginn. 2 Bde. VII, 252; V, 258 S. Lpz, Mchn: Drei Masken-Verl. (1918)
   (Enth. u. a. Nr. 17, 19, 24)
27 Vier Novellen. Neue Folge der Chronik vom Beginn des zwanzigsten Jahrhunderts. 26 S., 12 Abb. Bln: Harz 1918
   (N. F. v. Nr. 26)
28 Prosa. 46 S. Bln-Wilmersdorf: Verl. d. Wochenschrift Die Aktion (= Der rote Hahn 12) 1918

29 Ulrike. Eine Erzählung. 42 S. Lpz, Mchn: Wolff (= Der jüngste Tag 50) 1918
   (Ausz. a. Nr. 26)
30 Die Marquise von Arcis. Schauspiel in fünf Aufzügen nach Diderot. 118 S. Lpz, Mchn: Wolff 1919
31 Die deutsche Revolution. 24 S. Bln-Wilmersdorf: Verl. d. Wochenschrift Die Aktion (= Der rote Hahn 33) 1919
32 Berlin oder Juste Milieu. 100 S. Mchn: Wolff 1920
33 Europa. Roman. 2 Bde. 229, 223 S. Mchn: Wolff 1920
34 Der entfesselte Zeitgenosse. Ein Lustspiel in drei Aufzügen. 89 S. Mchn: Wolff 1920
35 Fairfax. 85 S. Bln, Wien: Zsolnay 1921
35 Manon Lescaut. Ein Schauspiel. 135 S., 8 Abb., 7 Taf. Mchn: Drei Masken-Verl. 1921
37 Tasso oder Kunst der Juste Milieu. Ein Wink für die Jugend. 39 S. Bln: Reiss (= Tribüne der Kunst und Zeit 25) 1921
38 Der Abenteurer. Drei Stückchen von ihm. 100 S. Mchn: Drei Masken-Verl. 1922
39 Libussa, des Kaisers Leibroß. 67 S. Bln-Wilmersdorf: Verl. d. Wochenschrift Die Aktion (Pfemfert) 1922
40 Der Nebbich. Ein Lustspiel. 110 S. Mchn: Drei Masken-Verl. 1922
41 Gauguin und van Gogh. 72 S. Bln: Verl. Die Schmiede 1924
42 Das Fossil. Drama in drei Aufzügen. 72 S. Potsdam: Kiepenheuer 1925
43 Oscar Wilde. Sein Drama. 121 S. Potsdam: Kiepenheuer 1925
44 Chronik von des zwanzigsten Jahrhunderts Beginn. 3 Bde. Wien: Zsolnay 1926–1928
   1. Mädchen. Novellen. 195 S. 1926
   2. Napoleon. Novellen. 215 S. 1927
   3. Busekow. Novellen. 157 S. 1928
   (Erw. Neuaufl. v. Nr. 26)
45 Lutetia. Berichte über europäische Politik, Kunst und Volksleben 1926. 129 S. Wien: Zsolnay 1926
46 Die Schule von Uznach oder Neue Sachlichkeit. Ein Lustspiel in vier Aufzügen. 95 S. Wien: Zsolnay 1926
47 Vorkriegseuropa im Gleichnis meines Lebens. 222 S. Amsterdam: Querido 1936
48 Aus dem bürgerlichen Heldenleben. 2 Bde. 220, 226 S. Bln: Aufbau-Verl. 1947
49 Das dramatische Werk. 2 Bde. 286, 275 S. Bln: Aufbau-Verl. 1948

STETTENHEIM, Julius (1831–1916)

1 (Hg.) Almanach zum Lachen 8–13. 6 Jge., je 56 S. m. Abb. 16° Bln: Hofmann 1858–1863
2 Lohengrin. 46 S. Bln: Hofmann (= Humoristische Album-Blätter 2) 1859
3 Die letzte Fahrt. 22 S. 16° Bln: Lasser (= E. Bloch's Dilettanten-Bühne) 1861
4 Die Hamburger Wespen auf der internationalen landwirtschaftlichen Ausstellung. 59 S. m. Abb. Hbg: Richter 1863
5 Die Hamburger Wespen im zoologischen Garten. 58 S. m. Abb. Hbg: Richter 1863
6 (Hg.) Satirisch-humoristischer Volks-Kalender der Hamburger Wespen für 1864. 100 S. m. Abb. Hbg: Richter (1864)
7 (Hg.) Berliner Wespen. 21 Jge., je 52 Nrn. m. Abb. 4° Bln: Brigl (= Tribüne, Beil.) (bzw. Bln: Hofmann, bzw. Bln: Steinitz, bzw. Bln: Fischer) 1868–1888
8 Berliner Blaubuch aus dem Archiv der Komik. 2 Bde. 88 S. m. Abb. Bln: Brigl 1869–1870
9 Ungebetene Gäste. 27 S. 16° Bln: Lassar (= E. Bloch's Dilettanten-Bühne) 1869

10 Die Berliner Wespen im Aquarium. 64 S. m. Abb. Bln: Brigl 1869
11 Ein gefälliger Mensch. 13 S. Bln: Lassar (= E. Bloch's Theater-Gartenlaube 142) 1872
12 Wippchens sämmtliche Berichte. 16 Bde. m. Abb. 12⁰ Bln: Hofmann (1–3) bzw. Bln: Paetel (4–16) (1878)–1903
13 Unter vier Augen. Besuche des eigenen Interviewers. 136 S. Bln: Friedrich 1885
14 (Hg.) Das humoristische Deutschland. 8 Jge., je 12 H. m. Abb. 4⁰ Stg: Spemann (bzw. Stg: Union, bzw. Bln: Fischer) 1885–1893
15 Muckenich's Reden und Thaten. 140 S. Bln: Friedrich 1885
16 Bulgarische Krone gefällig? Allen denen, welche Ja sagen wollen, als Warnung gewidmet. 53 S. Lpz: Freund (1888)
17 Wippchens Gedichte. 2 Folgen. 108, 110 S. Bln: Fischer 1889–1894
18 Ein Kistchen Monopol-Cigarren. Die Kunst, eine Cigarre anzubieten. Jour fixe bei Muckenich. 48 S. m. Abb. Bln: Fischer (1889)
19 Drei komische Kerle. 64 S. 16⁰ Lpz: Verl. der Zehnpfennig-Bibliothek (= Zehnpfennig-Bibliothek 15) 1890
20 Brodlose Künste. Blicke hinter die Coulissen der Gesellschafts-Komödie. 110 S. Bln: Fischer 1890
21 Welche Frau ist die Beste? 25 S., 12 Abb. Bln: Gnadenfeld 1891
22 Humor und Komik. 232 S. Bln: Steinitz 1891
23 (Hg.) Deutsche Wespen. Humoristisch-satirisches Wochenblatt. 3 Jge., je 52 Nrn. m. Abb. 4⁰ Bln: Steinitz 1891–1893
    (Forts. v. Nr. 7)
24 Wippchen in Chicago. 112 S. Bln: Fischer 1893
25 Ein lustig Buch. 191 S. Bln: Steinitz (1894)
26 Sauer macht lustig! Ein Körbchen aus der Weinfabrik. 48 S. m. Abb. Bln: Fischer 1894
27 (Hg.) Wippchen. Jg. 1. 27 Nrn. m. Abb. Bln: Exp. d. kleinen Journals 1894
28 Tausend Ein- und Zweizeiler. 124 S. Bln: Freund 1896
29 Heitere Erinnerungen. Keine Biographie. 316 S. Bln: Fischer 1896
30 Humoresken und Satiren. 216 S. Bln: Freund 1896
31 Heiteres Allerlei. Humoristisch-satirische Feuilletons. 216 S. Bln: Freund 1898
32 Das Lied von der versunkenen Glocke und andere Parodieen. 158 S. Charlottenburg: Simson 1898
33 Burlesken. 128 S. Bln-Charlottenburg, Lpz: Lindner 1899
34 Der moderne Knigge. Leitfaden durch das Jahr und durch die Gesellschaft. 2 Bde. Bln: Hofmann 1899
    1. Leitfaden durch den Winter. 119 S.
    2. Leitfaden durch den Sommer. 118 S.
35 Lustige Gesellschaft. Komische Vorträge und humoristische Vorlesungen. 154 S. Bln: Paetel 1900
36 's Unterbrettl. Buntes Parodie- und Travestie-Theater. H. 1: Fuhrmann Henschel. 70 S. Bln: Hofmann 1901
37 Der moderne Knigge. Leitfaden durch das Jahr und durch die Gesellschaft. 4 Bde. Bln: Hofmann (1902)–1903
    1. Leitfaden durch den Winter. 119 S. (1902)
    2. Leitfaden durch den Sommer. 118 S. (1902)
    3. Leitfaden durch die Fest- und Feiertage. 120 S. 1902
    4. Leitfaden für den Verkehr mit Zeitgenossen. 117 S. 1903
    (Verm. Neuaufl. v. Nr. 34)
38 Die Ballmutter und andere Typen der Gesellschaft. Amateur-Photographien. 215 S. Bln: Fontane 1904
39 Wippchens russisch-japanischer Krieg und andere Beiträge Wippchens zur Geschichte des zwanzigsten Jahrhunderts. 159 S. Bln: Ledermann 1904
40 Nase- und andere Weisheiten. 188 S. Bln: Fontane (1904)
41 Tierisches – Allzumenschliches. Fabeln. 144 S. Bln: Fontane 1905
42 Wippchens Tage- und Nachtbuch. Mit etwas Autobiographischem des Verfassers: Allerlei Erlebtes. 207 S. m. Bildn. Bln: Pan-Verl. 1911
43 Wippchen, der Kriegsberichterstatter, über unsere Feinde. 128 S. Bln: Meyer (1915)

44 Die Kanonen machen: Bum! Bum! Nur lauter. Wippchens sämtliche Kriegsberichte. 208 S. m. Abb. Wien: Stephenson (= Die lustigen Bücher 2) 1924

STICKELBERGER, Emanuel (1884–1962)

1 (Hg.) Schweizer Blätter für Ex Libris-Sammler. 3 Jge. 4° Zürich: Amberger 1901–1904
2 Das Exlibris (Bibliothekszeichen) in der Schweiz und in Deutschland. 319 S. m. Abb., 9 Taf. Basel: Helbing & Lichtenhahn 1904
3 Schweizer Soldatenleben. Heitere Bilder. 87 S. Biel: Kuhn 1907
4 Versuch einer Geschichte der Gerberei. 95 S. m. Abb. Bln: Springer (= Bibliothek des Gerbers 1) 1915
5 Hans Waldmanns letzte Tage. Eine Episode aus der Schweizergeschichte frei erzählt. 134 S. Basel: Schwabe (1916)
6 Konrad Widerhold. Eine Hohentwieler Geschichte. IV, 264 S., 11 Abb. Basel: Reinhardt (1917)
7 Der Stein der Weisen. Eine Kaufmannsgeschichte aus dem alten Basel. 426 S. m. Abb. Basel: Reinhardt 1919
8 Des Kranichs Ende. Inimicos vestros deligite. Zwei geschichtliche Novellen. 107 S. Basel: Reinhardt (= Stab-Bücher) (1921)
9 Der Appenzellerweg 1406. (S.-A.) 7 S. m. Abb. Basel: Reinhardt 1922
10 Der Kampf mit dem Toten. Mären und Geschichten. 298 S. m. Abb. Lpz: Grethlein 1922
11 Der Papst als Brautwerber. Eine Novelle. IV, 29 S. Basel: Helbing & Lichtenhahn 1922
12 Geschichte der Familie Stickelberger von Basel seit ihrem Eintritt ins Basler Bürgerrecht bis zu des Verfassers Großvater. 162 S. m. Abb., 1 Taf. Basel (Ms.) 1923
13 Der Späher im Escorial. Erzählung. 48 S. Bern: Verein für Verbreitung guter Schriften (= Verein für Verbreitung guter Schriften Bern, 130) 1923 (Ausz. a. Nr. 10)
14 Ferrantes Gast. Neue Mären und Geschichten. 359 S. m. Abb. Lpz: Grethlein 1924
15 Nouvelles hélvétiques. 201 S. Lausanne, Genf: Payot 1925
16 Zwingli. Roman. 463 S. m. Abb. Lpz: Grethlein 1925
17 Späte Sühne. Märchen. 31 S. Bern: Verl. Schweizer Jugendschriften (= Schweizer Jugendschriften 52) (1927) (Ausz. a. Nr. 10; unrechtm. Dr.)
18 Reformation. Ein Heldenbuch. 341 S. m. Taf. Lpz, Stg: Steinkopf (1928)
19 Eröffnungsgesang, Choräle und Reformationslied aus dem Gedenkspiel zur vierhundertjährigen Jubelfeier der St. Galler Reformation. 8 S. m. Abb. Basel: Reinhardt (1929)
20 Ein Gedenkspiel zur vierhundertjährigen Jubelfeier der Basler Reformation. 112 S. Basel: Buchdr. zum Hirzen 1929
21 Gedichte. 74 S. Lpz: Grethlein (= Seldwyla-Bücherei 19) 1929
22 Der Liebestraum des Poliphilos. Eine Bibliophilen-Novelle. 45 S. m. Titelb. Basel: Buchdr. z. Hirzen (650 Ex.) 1929 (Ausz. a. Nr. 14)
23 Das glückhafte Niesen. Dat is mijn paard (Das ist mein Pferd). 54 S. Bern: Verein für Verbreitung guter Schriften (= Verein für Verbreitung guter Schriften Bern, 153) 1929 (Ausz. a. Nr. 10 u. 18)
24 Der graue Bischof. Ein historischer Roman. 302 S. Stg: Steinkopf 1930
25 Calvin. Eine Darstellung. 179 S., 6 Taf. Gotha: Ott (= Gottesruf und Lebensfahrt 1) 1931
26 Basels Humanistenzeit. (S.-A.) 11 S. 4° (Bern: Haupt) (1931)
27 Dr. Heinrich Stickelberger (1856–1931). Ein Nachruf. Als Nachschr. gedr. 29 S. Basel: Buchdr. zum Hirzen 1931
28 Die verborgene Hand. Schattenrisse zur Geschichte. 309 S., 12 Taf. Basel: Buchdr. zum Hirzen 1932

29 Deutsch-schweizerische Reformatoren. 38 S. m. Abb. Bethel: Verlh. der Anstalt Bethel (= Sonderdrucke des Monatsblattes Beth-El 11) 1932
30 Der Eierkuchen des Admirals. 16 S. Hannover: Feesche (= Gute Weggesellen 14) (1934)
31 Im Hochhus. Lese aus den Werken. Hg. zum 50. Geburtstag des Dichters. 357 S., 1 Titelb. Stg: Steinkopf 1934
32 Tile Kolup. Eine Bettlerkomödie. 86 S. m. Taf. Gütersloh: Bertelsmann 1934
33 Zwischen Kaiser und Papst. Roman um Arnold von Brescia. 319 S. Stg: Steinkopf 1934
34 Tulpenglück. Novelle. 81 S. 12⁰ Gütersloh: Bertelsmann (= Schmuckbuch 21) 1935
   (Ausz a. Nr. 31)
35 Der Kampf mit dem Toten. Novelle. 56 S. 12⁰ Gütersloh: Bertelsmann (= Schmuckbuch 24) (1936)
   (Ausz. a. Nr. 10)
36 Rudolf von Tavel. (S.-A.) S. 17–29. Basel: Reinhardt 1936
37 Im Widerschein. Neun Novellen. Nachw. E. A. Dreyer. 335 S. m. Abb. Stg: Steinkopf 1936
   (Neubearb. v. Nr. 10 u. 14)
38 Bluthochzeit. Historische Erzählung. Mit einem autobiographischen Nachwort. 71 S. Lpz: Reclam (= Reclam's UB. 7376) (1937)
   (Ausz. a. Nr. 18)
39 Der Reiter auf dem fahlen Pferd. Buch vom Mongolen Dschinggis-Khan und seinem abendländischen Gegenspieler. 446 S., 1 Kt. u. Stammtaf. Stg: Steinkopf 1937
40 (Hg.) Heißt ein Haus zum Schweizerdegen. Tausend Jahre deutsch-schweizerischen Geisteslebens. 2 Bde. 699; 751 S.; 534 Abb., 192 Taf. Olten: Walter 1939
41 Der Mann mit den zwei Seelen. Ein Holbein-Roman. 650 S., 1 Taf. Stg: Steinkopf 1942
42 Der König von Mallorka. 63 S. Gütersloh: Bertelsmann 1493
   (Ausz. a. Nr. 28 u. 31)
43 Der Magdalenenritter. Ein Roman um Arnold von Brescia. 319 S. Stg: Steinkopf 1943
44 Holbein in England. Roman. 313 S., 23 Taf. Aarau: Sauerländer 1944
   (Forts. v. Nr. 41)
45 Historische Miniaturen. 3 Bde. Aarau: Sauerländer (1944)
   1. Tod und Künstler. Der Jovius. Vor dem Sturm. 68 S.
   2. Mirabilia mundi. 65 S.
   3. Der junge Löwe. Morgarten. 64 S.
46 Novellen. 3 Bde. Aarau: Sauerländer (1944)
   1. Tulpenglück. 75 S.
   2. Das glückhafte Niesen. Inimicos vestros diligite. 79 S.
   3. Der Liebestraum des Poliphilos. 63 S.
   (Enth. u.a. Nr. 22 u. 34 u. Ausz. a. Nr. 23)
47 Holbein-Trilogie. 3 Bde. Stg: Steinkopf 1945–1949
   1. Der Mann mit den zwei Seelen. Ein Holbein-Roman. 650 S., 31 Taf. 1949
   2. Holbein in England. Roman. 300 S., 23 Taf. 1945
   3. Künstler und König. Ein Holbein-Roman. 708 S. m. Abb. 1949
   (Enth. Nr. 41, 44, 50)
48 Schweizerwein. 16 S. St. Gallen: Tschudy (250 num. Ex.) 1945
   (Bibliophil. Dr.)
49 's Dotevolk im Minschter. 8 ungez. Bl. m. Abb. Burgdorf: Jenzer (250 num. Ex.) 1946
   (Bibliophil. Dr.)
50 Künstler und König. Ein Holbein-Roman. 688 S., 39 Taf. Frauenfeld: Huber 1946
   (Forts. v. Nr. 44)
51 Blumen im Föhn. 12 S. m. Abb. Burgdorf: Berner Handpresse Jenzer (1947)
52 Neue Gedichte. 64 S. Olten: Vereinigung Oltner Bücherfreunde (= Veröffentlichung der Vereinigung Oltner Bücherfreunde 35; 730 Ex.) 1947

53 Gesammelte Werke in Einzelbänden. 13 Bde. Frauenfeld: Huber 1947–(1956)
54 Der Großmajor von Cully. Ein Bild zur Schweizergeschichte. 174 S. m. Abb. Frauenfeld: Huber 1948
55 Basels Eintritt in den Bund. Entwurf zu einem Festspiel. 51 S. m. Abb. Frauenfeld: Huber 1950
56 Lebendige Landschaft. Drei Gedichte. 8 ungez. S. qu 8° Burgdorf: Jenzer (300 num. Ex.) 1950
 (Bibliophil. Dr.)
57 Frühe Novellen. 463 S. Frauenfeld: Huber (= Gesammelte Werke in Einzelbänden 8) 1950
 (Bd. 8 v. Nr. 53)
58 Dichter im Alltag. Bilder zu einer unbekümmerten Literaturgeschichte. 485 S. Stg: Steinkopf 1952
59 Der Fabelfänger von Weiningen. 43 S., 3 Abh. Frauenfeld: Huber (250 num. Ex.) 1952
 (Bibliophil. Dr.)
60 Bunte Ufer. Gedichte. Der Großmajor von Cully. Erinnerungen. Kleine Schriften. Geleitw. M. Huber. 386 S. Frauenfeld: Huber (= Gesammelte Werke in Einzelbänden 12) 1953
 (Bd. 12 v. Nr. 53; enth. u. a. Nr. 54)
61 Liebet eure Feinde. Inimicos vestros diligite. Ich aber sage euch! Gedichte. Nachw. H. Burte. 61 S. Lahr: Schauenburg (= Silberdistel-Reihe 4) (1954)
 (Ausz. a. Nr. 46, Bd. 2)
62 Vier Novellen. Ferrantes Gast. Der Späher im Eskorial. Inimicos vestros diligite. Der Papst als Brautwerber. 128 S. Basel: Schwabe (= Sammlung Klosterberg. N. F.) 1954
 (Enth. Nr. 11, 13, 14, 61)
63 Um d' Schleefe silberets notinoh... 2 S. Basel (Priv.-Dr.) 1954
64 Der Appenzellerzug. 1406. 12 ungez. S. m. Abb. Burgdorf: Jenzer (250 num. Ex.) 1956
 (Bibliophil. Dr.)
65 Das Wunder von Leyden. Eine vergessene Mär von Herzeleid, Seelenfrühling und Glockenspiel. 264 S., 1 Kt. Neukirchen: Buchh. d. Erziehungsvereins 1956
66 Bilder und Blätter aus dem Lebensraum von Johann Joachim Brunschweiler in Hauptwil 1759–1831. 24 S., 14 Taf. Romanshorn: Bodensee-Ztg. 1957
67 Gedenktage des Geschlechtes Stickelberger von Basel. 44 ungez. Bl. 4° Uttwil a. Bodensee (Priv.-Dr.) 1957
68 Prolog zur Jahresversammlung des Schweizerischen Gemeinnützigen Frauenvereins. 3 S. Romanshorn (o. Verl.) 1957
69 (MV) E. St. u. A. Picard: Das große Sterben unserer Alpenpflanzen. 12 S Rorschach: Löpfe-Benz 1957
70 Ein Gedenkspiel zur vierhundertjährigen Jubelfeier der Reformation in St. Gallen am 22. Juni 1929. (i. Dr.) Frauenfeld: Huber 1959
71 Emanuel Stickelberger. Festgabe zum 75. Geburtstag. Hg. A.W. Martin. 197, 12 S. Frauenfeld: Huber 1959
72 Gott half uns by dem rechten stan. Ein kleines Festspiel zur fünfhunderjährigen Zugehörigkeit des Thurgaues zur Eidgenossenschaft. Musik O. Kreis. 54 S. Frauenfeld: Huber (1960)

STIELER, Karl (1842–1885)

1 Bergbleameln. Gedichte in oberbairischer Mundart. 132 S. Mchn: Braun & Schneider 1865
2 (MV) H. Schmid u. K. St.: Aus deutschen Bergen. Ein Gedenkbuch vom bairischen Gebirge und Salzkammergut. 220 S. m. Abb. 2° Stg: Kröner 1872
3 (MV) K. St., E. Paulus u. W. Kaden: Italien. Eine Wanderung von den Alpen bis zum Aetna in Schilderungen. 430 S. m. Abb. 2° Stg: Engelhorn (1875)
4 Weidmanns-Erinnerungen. 76 S. m. Abb. Mchn: Bruckmann 1875

5   (MV) K. St., W. Hackländer u. H. Wachenhusen: Rheinfahrt. Von den Quellen des Rheins bis zum Meere. 344 S. m. Abb. 2⁰ Stg: Kröner (1876)
6   Weil's mi' freut! Neue Gedichte in oberbairischer Mundart. 130 S. Stg: Bonz (1876)
7   Habt's a Schneid!? Neue Gedichte in oberbairischer Mundart. 117 S. Stg: Bonz (1877)
8   Um Sunnawend! Neue Gedichte in oberbairischer Mundart. 148 S. Stg: Bonz (1878)
9   Hochland-Lieder. 204 S. Stg: Bonz 1879
10 Neue Hochlands-Lieder. 176 S. Stg: Bonz (1881)
11 Wanderzeit. Ein Liederbuch. 94 S. 12⁰ Stg: Bonz 1882
12 In der Sommerfrisch'. Gedichte in oberbayerischer Mundart. 44 S., 20 Abb. Stg: Bonz 1883
13 A Hochzeit in die Berg'. Dichtungen in oberbayerischer Mundart. 28 S., 25 Taf. Stg: Bonz 1884
14 Kulturbilder aus Bayern. Vorw. K. Th. Heigel. 272 S. Stg: Bonz 1885
15 Ein Winter-Idyll. 47 S. Stg: Bonz (1885)
16 Drei Buschen. Weil's mi' freut! Habt's a Schneid!? Um Sunnawend. Gedichte in oberbairischer Mundart. 386 S. m. Abb. Stg: Bonz 1886 (Enth. Nr. 6, 7, 8)
17 Aus Fremde und Heimat. Vermischte Aufsätze. 420 S. Stg: Bonz 1886
18 Durch Krieg zum Frieden. Stimmungsbilder aus den Jahren 1870–1871. Vorw. F. Ratzel. 270 S. Stg: Bonz 1886
19 Natur- und Lebensbilder aus den Alpen. Vorw. M. Haushofer. 397 S. Stg: Bonz 1886
20 Von Dahoam. Dichtungen. 28 Bl. Text, 25 Abb. 4⁰ Mchn: Hanfstaengl 1887
21 Aus der Hütten. Dichtungen. 25 Bl. Text, 25 Abb. 4⁰ Mchn: Hanfstaengl (1887)
22 Reisebilder aus vergangener Zeit. 48 S. Stg: Bonz (1889)
23 Gesammelte Gedichte in oberbayrischer Mundart. 386 S. m. Titelb. Stg: Bonz 1907
24 Bilder aus Bayern. Ausgewählte Schriften. Mit Anm. hg. A. Dreyer. X, 428 S. Stg: Bonz 1908
25 Gesammelte Dichtungen (hochdeutsch). Mit einer biographischen Einleitung v. A. Dreyer. 389 S. m. Titelb. Stg: Bonz 1908
26 Gesammelte Werke. 3 Bde. 386; 389; X, 428 S. Stg: Bonz 1908

STIELER, Kaspar von

(⁺Filidor der Dorfferer, der Spate, Serotinus)   (1632–1707)

1   Christus Victor Oder Triumff, Uber die siegreiche Aufferstehung von den Todten unsers Herrn und Heylandes Jesu Christi ... Dantzig, Den 2. Aprill. des 1657sten Jahres. 4 S. 8⁰ Danzig 1657
2   ⁺Die Geharnschte Venus oder Liebes-Lieder im Kriege gedichtet mit neuen Gesang-Weisen zu singen und zu spielen gesezzet nebenst ettlichen Sinnreden der Liebe ... von Filidor dem Dorfferer. 15 Bl., 288., 7 Bl. 12⁰ Hbg: Guht 1660
3   Untertähniges Denkmahl, Frolokken und Glükkswunsch Als des ... Grafen ... Albert Antonen ... Getreue Untertahnen ... Die Erbhuldigung Den 3. Herbstmon. 1662 in Dero Gräfl. Residenz Heydekk öffentlich abgelegt, ... zugeruffen ... von mir Kaspar Stielern. 3 S. 4⁰ Jena; bey Johann Jacob Bauhöffern (1662)
4   Hochverdiente EhrenTrähnen über den ... Hintritt Des ... Herrn Hans Hermans von Biesenroth ... 15 S., 4⁰ Rudolstadt (: Freyschmidt) (1665)
5   ⁺Filidors Trauer-, Lust- und MischSpiele. Erster Theil. 1 Bl.; 4 Bl., 136 S. 4 Bl., 78 S.; 56 Bl.; 2 Bl. 140 S.; 4⁰ Jena: Neuenhahn 1665
    (Enth. u.a. Nr. 6)
    (Verfasserschaft fraglich)
6   ⁺Der Vermeinte Printz. Lustspiel, Denen Beyden Hochgräflichen Ehelich vertrauten, Als: Dem ... Grafen ... Albert Anthon ... zu Schwartzburg ...

Wie auch, Der ... Gräfin und Freulein Emilien Julianen, ... zu Barby ... Auff deren ... Beylager ... 4 Bl., 136 S. Rudolstadt: Freyschmid 1665 (Verfasserschaft fraglich)

7 +Die erfreuete Unschuldt. MischSpiel Zu untertähniger Glückwüntschender Freude über den ... frölich erlebten Geburts-Tag, der ... Gräfin ... Sophien Julianen, Gräfin zu Schwartzburg ... 1 Bl., 38, 64 S. 4⁰ o.O. 1666 (Verfasserschaft fraglich)

8 +Basilene. Lustspiel ... Dem ... Grafen ... Albert Anthonen ... zu Schwartzburg ... Als seine ... Gnaden das 26ste Jahr ihres Ruhm vollen Alters ... abgelegt, ... 81 S. 4⁰ Rudolstadt: Freyschmid 1667 (Verfasserschaft fraglich)

9 +Neu-entsprungene Wasser-Quelle, vor Gottes-ergebene, und Geistlichdürstige Seelen ... Nebst einem vollständigen Evangelischen Gesang-Büchlein, aufgeraeumet von dem Spahten ... 6 Bl., 418 S., 7 Bl., 172 S., 3 Bl. m. Titelb., 7 Ku. 16⁰ Weimar: J. H. Schmied 1670

10 +Teutsche Sekretariat-Kunst. Was sie sey, worvon sie handele ... Herausgegeben von dem Spahten. 3 Tle. in 2 Bdn. 26 Bl., 192, 528]; 1192 S., 2 Bl. m. Bildn., 2 Ku. 4⁰ Nürnberg: Hofmann 1672

11 Hoch-Fürstlicher Ehren-Altar Dem weyland Durchläuchtigsten Fürsten und Herrn, Herrn Ernsten, Herzogen zu Sachsen, Jülich, Cleve und Berg etc. Hochseligsten Gedächtnüs. 10 Bl. 2⁰ o.O. (1675)

12 +Trifolium sacrum sive Exercitium Pietatis quadripartitum ... collectore Serotino. 732 S., 14 Bl. 12⁰ Jena: Nisius 1676

13 Vortrab Des Allzeitfertigen Sekretariens. Das ist: Ein Versuch, wie allerhand Schreiben, höflich und geschicklich ... abzufaßen ... 6 Bl., 539 S. 8⁰ Nürnberg: Hofmann 1676

14 Der Allzeitfertige Secretarius Oder: Anweisung, auf was maasse ein ieder halbgelehrter ... einen guten, wolklingenden und hinlänglichen Brief schreiben und verfassen könne ... Von einem der Sekretariatskunst Ergebenen. 8 Bl., 880 S., 24 Bl. 8⁰ Nürnberg: Hofmann 1679.

15 Der Bußfertige Sünder oder Geistliches Handbüchlein. Nebst dazu gehörigen Psalmen und christlichen Liedern. 12 Bl., 901 S., 29 Bl. 16⁰ Nürnberg, Jena: Hofmann 1679

16 +Bellemperie. Trauerspiel des Spaten. 192 S. 12⁰ Jena: Nisius 1680

17 +Willmut. Lustspiel des Spaten. 8 Bl., 148, 1 S. 12⁰ (Jena: Nisius) 1680

18 +Kindermann Balthasar: Teutscher Wolredner ... eingerichtet ... gebessert und gemehret von dem Spaten. Wittenberg: Fincelii Erben 1688

19 +Herzandächtiges Bet – Beicht – und Communion-Büchlein, Worinnen Nebst inbrünstigen Gebet und Seufzern ... Schöne neue Geistreiche ... Lieder zu befinden, ... 13 Bl., 371 S. Nürnberg: Hofmann 1691

20 +Der Teutschen Sprache Stammbaum und Fortwachs, oder Teutscher Sprachschatz, Worinnen alle und iede teutsche Wurzeln oder Stammwörter ... Samt einer Hochteutschen Letterkunst, Nachschuß und teutschen Register... durch unermüdeten Fleiß in vielen Jahren gesamlet von dem Spaten. 15 Bl., 2673 Sp., 1 Bl., 243 S., 218 Bl., 40 S. Nürnberg: Hofmann 1691

21 +Zeitungs Lust und Nutz. Entworffen von dem Spaten. 2 Bl., 5 Bl., 5 Bl., 762 S., 3 Bl., 12⁰ Hbg: Schiller 1697

STIFTER, Adalbert (1805–1868)

1 Studien. 6 Bde. m. Titelb. Pesth: Heckenast; Lpz: Wigand 1844–1850
   1. Der Condor. Feldblumen. Das Heidedorf. XII, 239 S. 1844
   2. Der Hochwald. Die Narrenburg. 3 Bl., 384 S. 1844
   3. Die Mappe meines Urgroßvaters. 1 Bl., 378 S. 1847
   4. Abdias. Das alte Siegel. Brigitta. 1 Bl., 401 S. 1847
   5. Der Hagestolz. Der Waldsteig. 1 Bl., 348 S. 1850
   6. Zwei Schwestern. Der beschriebene Tännling. 2 Bl., 380 S. 1850

2 (MV) A. St., C. E. Langer, C. F. Langer (u. a.): Wien und die Wiener in Bildern aus dem Leben. XXI, 454 S., 3 Bl., 30 Taf. Pesth: Heckenast 1844

3 (Einl.) A. Gartner: Gedichte in oberösterreichischer Volksmundart. 4 Bl., 136, XXXVIII S., 1 Bl. Pesth: Heckenast; Lpz: Wigand 1848

4 Der Hagestolz. 189 S. m. Titelb. Pesth: Heckenast 1852
   (Ausz. a. Nr. 1)
 5 Der Hochwald. IV, 174 S. Pesth: Heckenast; Lpz: Wigand 1852
   (Ausz. a. Nr. 1)
 6 Abdias. 164 S. Pesth: Heckenast 1853
   (Ausz. a. Nr. 1)
 7 Über den geschnitzten Hochalter in der Kirche zu Kefermarkt. 20 S. Linz: Wimmer 1853
 8 Bunte Steine. Ein Festgeschenk. 2 Bde. 4 Bl., 268 S.; 4 Bl., 264 S. Pesth: Heckenast; Lpz: Wigand 1853
 9 (MH) Lesebuch zur Förderung humaner Bildung in Realschulen und anderen zu weiterer Bildung vorbereitenden Mittelschulen. Hg. A. St. u. J. Aprent. VIII, 360 S. Pesth: Heckenast 1854
10 Die Narrenburg. 182 S. Pesth: Heckenast 1855
   (Ausz. a. Nr. 1; Neufassg.)
11 Der Nachsommer. Eine Erzählung. 3 Bde. 483, 420, 444 S. m. Titelku. Pesth: Heckenast 1857
12 Der Weihnachtsabend. 87 S., 30 Abb. 4° Pesth: Heckenast 1864
   (Ausz. a. Nr. 8)
13 Witiko. Eine Erzählung. 3 Bde. 3 Bl., 368 S.; 2 Bl., 393 S.; 2 Bl., 408 S. m. Titelku. Pesth: Heckenast 1865–1867
14 Briefe. Hg. J. Aprent. 3 Bde. LX, 244 S., 1 Bl.; 370 S., 1 Bl.; 2 Bl., 346 S., 1 Bl. m. Bildn. Pesth: Heckenast 1869
15 Erzählungen. Hg. J. Aprent. 2 Bde. 2 Bl., 313 S.; 2 Bl., 319 S. m. Titelku. Pesth: Heckenast 1869
16 Werke: Vermischte Schriften. Hg. J. Aprent. 2 Bde. 2 Bl., 327 S.; 2 Bl., 328 S. Pesth: Heckenast 1870
17 Einige bisher noch nicht veröffentlichte Briefe Adalbert Stifters. Hg. F. Axmann. (S.-A.) 22 S. Wien: Aprent 1892
18 Werke. Mit einer Biographie des Dichters hg. O. Stoeßl. 7 in 2 Bdn. m. Bildn. Bln: Weichert 1899
19 Sämmtliche Werke. Hg. A. Sauer, F. Hüller (u. a.) Bd. 1–12 u. 14–24. Prag: Calve u. Selbstverl.; Reichenberg: Kraus (= Bibliothek deutscher Schriftsteller aus Böhmen, [später:] Bibliothek deutscher Schriftsteller aus Böhmen, Mähren und Schlesien) 1901–1939
20 Werke in sechs Teilen. Hg. R. Fürst. 3 Bde. Lpz: Hesse & Becker (1922)
21 Gesammelte Werke. 5 Bde. Lpz: Insel (1923)
22 Werke. 3 Bde. XXXII, 870; 782; XIV, 930 S. Lpz: Insel 1934
23 Früheste Dichtungen. Zum erstenmale hg. H. Micko. 59 S., 1 Bl., 2 Faks. 2° Prag: Gesellschaft deutscher Bücherfreunde in Böhmen 1937
24 Gesammelte Werke. Hg. M. Stefl. Eingel. M. Mell. 7 Bde. m. Bildn. u. Taf. Lpz: Insel 1939–1940
25 Unveröffentlichtes. Hg. M. v. Seilner u. L. Franz. 31 S. Lpz: Krah (200 num. Ex.) 1940
26 Julius. Eine Erzählung. Erstausgabe nach der Handschrift. Einf. F. Hüller. 94 S. Augsburg: Kraft 1950
27 Werke. Gesamtausgabe. Hg. M. Stefl. 9 Bde. Augsburg: Kraft (1950–1960)
28 Die Schulakten. Mit einem Anhang hg. K. Vancsa. 315 S. Nürnberg: Carl (= Schriftenreihe des Adalbert Stifter-Instituts des Landes Oberösterreich. Folge 8) 1955
29 Sämtliche Werke. Hg. G. Wilhelm. Bd. 13, 1. 2. 2 Bde. CXIII, 526 S., 4 Abb. Graz: Stiasny (= Schriftenreihe des Adalbert Stifter-Instituts des Landes Oberösterreich. Folge 12–13; = Bibliothek deutscher Schriftsteller aus Böhmen, Mähren und Schlesien) 1958–1960
   (zu Nr. 19)

STINDE, Julius (+Alfred de Valmy, J. Steinmann) (1841–1905)

1 Kurzer Katechismus der mikroskopischen Untersuchung des Schweine- und Menschenfleischs auf Trichinen. 13 S. Hbg: Richter 1866
2 Blicke durch das Mikroskop. 208 S. m. Abb. Hbg: Richter 1869

3 +In eiserner Faust. Ein Polizeiroman. 307 S. Altona: Verl.-Bur. 1872
4 Alltagsmärchen. Novelletten. 2 Bde. 300 S. Hbg: Richter 1873
5 Meistersingermotive. Eine Studie über Richard Wagner's „Meistersinger". 71 S. 16⁰ Hbg: Richter 1873
6 Naturwissenschaftliche Plaudereien. 153 S. Hbg: Richter 1873
7 Hamburger Leiden. 66 S. Altona: Verl.-Bur. (= Deutsches Theater) 1875
8 Tante Lotte. Plattdeutsches Lustspiel. 22 S. Altona: Verl.-Bur. (= Deutsches Theater) 1875
9 Die Nachtigall aus dem Bäckergang. Volksstück. 58 S. Altona: Verl.-Bur. (= Deutsches Theater) 1876
10 Die Familie Carstens. Genrebild. 20 S. Altona: Verl.-Bur. (= Deutsches Theater) 1877
11 +Die Opfer der Wissenschaft oder Die Folgen der angewandten Naturphilosophie. 90 S. Lpz: Barth 1878
12 Aus der Werkstatt der Natur! Streifzüge durch Feld und Flur, Haushalt und Leben. 3 Bde. 351 S. Lpz: Senf 1880
13 *Das Dekamerone der Verkannten. 163 S. m. Abb. 12⁰ Bln: Freund & Jeckel 1881
14 Das Rauchen. Seine Nachtheile und deren Vermeidung. Eine naturwissenschaftlich-diätetische Skizze. 24 S. Bln: Stuhr 1881
15 Waldnovellen. 168 S. Bln: Freund & Jeckel (1881)
16 Buchholzen's in Italien. Reise-Abenteuer von Wilhelmine Buchholz. 166 S. Bln: Freund & Jeckel (1883)
17 (MV) J. St. u. G. Engels: Ihre Familie. Volksstück. 59 S. Bln: Lassar (= E. Bloch's Volks-Theater) 1883
18 Die Familie Buchholz. Aus dem Leben der Hauptstadt. 210 S. Bln: Freund & Jeckel (1884)
19 *Berliner Kunstkritik, mit Randglossen von Quidam. 130 S. 12⁰ Bln: Freund & Jeckel 1884
20 Der Familie Buchholz zweiter Theil. Aus dem Leben der Hauptstadt. 185 S. Bln: Freund & Jeckel 1885
   (Forts. v. Nr. 18)
21 Der Familie Buchholz dritter Theil: Frau Wilhelmine. Aus dem Leben der Hauptstadt. 202 S. Bln: Freund & Jeckel 1886
   (Forts. v. Nr. 20)
22 Die Wandertruppe oder Das Dekamerone der Verkannten. Parodistische Theaterskizzen. 135 S. m. Abb. Bln: Freund & Jeckel 1886
23 Die Perlenschnur und Anderes. 138 S. m. Abb. Bln: Freund & Jeckel (1887)
24 Frau Buchholz im Orient. 238 S., 1 Kt. Bln: Freund & Jeckel 1888
25 Pienchens Brautfahrt. Eine Geschichte mit wenig Handlung und viel Beiwerk. 190 S. Bln: Freund & Jeckel 1891
26 Die Familie Buchholz. Aus dem Leben der Hauptstadt. 4 Bde. Bln: Freund & Jeckel (1892–1895)
   1. Die Familie Buchholz. 210 S. (1893)
   2. Der Familie Buchholz zweiter Theil. 186 S. (1892)
   3. Frau Wilhelmine. 202 S. (1894)
   4. Wilhelmine Buchholz' Memoiren. 232 S. (1895)
   (Enth. Nr. 18, 20, 21, 32)
27 Humoresken. 218 S. Bln: Freund & Jeckel 1892
28 Der Liedermacher. Roman aus Neu-Berlin. 276 S. Bln: Freund & Jeckel 1893
29 (MV) (W. Jensen: Altflorentinische Tage. – H. Seidel: Die silberne Verlobung. – J. St.:) Martinhagen. Eine Geschichte abseits der Heerstraße. 325 S. Bln: Verein der Bücherfreunde (= Norddeutsche Erzähler 2; = Veröffentlichungen des Vereins der Bücherfreunde III, 2) 1893
30 (MV) Das Torfmoor. Naturalistisches Familiendrama. Mit literarischen Beiträgen v. E. Drillquist, O. Bagger-Olsen (u. a.). 58 S. Bln: Freund & Jeckel 1893
31 Ut'n Knick. Plattdeutsches. 260 S. Bln: Freund & Jeckel 1894
32 Wilhelmine Buchholz' Memoiren. 232 S. Bln: Freund & Jeckel (= Familie Buchholz 4) (1895)
   (Bd. 4 v. Nr. 26; Forts. v. Nr. 21)
33 Hôtel Buchholz. Ausstellungs-Erlebnisse der Frau Wilhelmine Buchholz. 222 S. m. Abb. Bln: Grote 1897

34 Bei Buchholzens. Familienereignis in einem Aufzuge. 53 S. Bln: Grote 1900
35 Tante Konstanze. Norddeutsche Novellen. 274 S. Bln: Grote (1900)
36 Emma, das geheimnisvolle Hausmädchen oder Der Sieg der Tugend über die Schönheit. Parodistischer Kolportage-Roman. 224 S. m. Abb. Bln: Freund 1904
37 Die Flaschenbrüder. (S.-A.) 60 S. Wiesbaden: Staadt (= Wiesbadener Volksbücher 74) 1906
38 Heinz Treulieb und allerlei Anderes. Einl. M. Möller. 248 S. m. Bildn. Bln: Freund 1906
39 Zigeunerkönigs Sohn und andere Novelletten. 111 S. Bln: Hillger (= Kürschner's Bücherschatz 720) 1910

STOCKHAUSEN, Juliana v. (verw. Gräfin v. Gatterburg) (*1899)

1 Das große Leuchten. Ein Roman aus dem schwäbischen Bauernkriege. 2 Tle. 160, 155 S. Kempten: Kösel & Pustet (1918)
2 Brennendes Land. Der Roman des Barock in der Pfalz. 287 S. Kempten: Kösel & Pustet 1920
3 Die Lichterstadt. Roman. 408 S. Kempten, Mchn: Kösel & Pustet 1921
4 Die Soldaten der Kaiserin. Roman. 603 S. Mchn: Kösel & Pustet (1924)
5 Drei tolle Geschichten. 134 S. Mchn: Kösel & Pustet 1925
6 Episoden aus dem Bauernkriege. 80 S. Moskau: Gos. Izdatel'stvo 1926 (Ausz. a. Nr. 1)
7 (MV) E. delle Grazie, E. Gruhner u. J. v. St.: Heimlich bluten Herzen. Österreichische Frauen-Novellen. XI, 313 S. Hochdorf: Gander 1926
8 Greif. Die Geschichte eines deutschen Geschlechts. Roman. 2 Bde. Mchn: Kösel & Pustet 1927-1928
    1. Der Reiter. 310 S. 1927
    2. Das wahre Deutschland. 447 S. 1928
9 (MV) Vom nordischen Geiste. Ein Buch aus Skandinavien. Mit drei Legenden von S. Undset, übs. R. Wolfram. 264 S. Mchn: Kösel & Pustet 1930
10 Meister Albert und der Ritter. Roman. 289 S. Mchn: Kösel & Pustet 1932
11 Eine Stunde vor Tag. Roman. 351 S. Lpz: Staackmann 1933
12 Paul und Nanna. Roman. 240 S. Lpz: Staackmann 1935
13 Maria und der Maler. Erzählung. 98 S. Mchn: Hueber (= Der große Kreis 10) 1936
14 Die güldene Kette. Roman. 363 S. Mchn, Lpz: v. Hase & Koehler 1938
15 Schicksal am Meer. 185 S. Reutlingen: Enßlin & Laiblin 1939
16 Die Nacht von Wimpfen. Erzählungen. 80 S. Straßburg: Hünenburg-Verl. 1941
17 Im Zauberwald. Roman. 316 S. Lpz: v. Hase & Koehler 1943
18 Unser Herz entscheidet. Roman. 202 S. Heidelberg: Kerle 1952
19 Im Schatten der Hofburg. Gestalten, Puppen und Gespenster. Aus meinen Gesprächen mit Prinzessin Stephanie von Belgien, Fürstin von Lonyay, der letzten Kronprinzessin von Österreich-Ungarn. 280 S. m. Taf., 2 Stammtaf. Heidelberg: Kerle 1952
20 Geliebte Nanina. Erzählung. 252 S. Wiesbaden: Verl. der Greif (= Greif-Bücherei) (1954)
21 Die Ohrringe. Novelle. 77 S. Hannover: Landbuch-Verl. 1954
22 Bitteres Glück. Roman. 538 S. Hannover: Landbuch-Verl. 1955

STOESSL, Otto (1875–1936)

1 (MV) R. Scheu u. O. St.: Waare. Wiener Stück. 127 S. Lpz, Gotha: Schmidt 1897
2 (MV) R. Scheu u. O. St.: Tote Götter. Drama. 107 S. Lpz, Gotha: Schmidt 1898
3 Leile. Novelle. 140 S. Bln: Vita 1898
4 Adalbert Stifter. (S.-A.) 17 S. Bln: Weichert 1902

5 Gottfried Keller. 78 S., 11 Taf., 2 Faks. Bln: Bard & Marquardt (= Die Literatur 10) 1904
6 Kinderfrühling. Novellen. 144 S. Bln: Bard & Marquardt (= Bibliothek Bard 16-17) 1904
7 Conrad Ferdinand Meyer. 66 S., 13 Taf., 1 Faks. Bln: Brandus (= Die Literatur 25) 1906
8 In den Mauern. Erzählung. 318 S. Bln: Bard 1907
9 Sonjas letzter Name. Schelmengeschichte. 314 S. Mchn: Müller 1908
10 Negerkönigs Tochter. Erzählung. 172 S. Mchn: Müller 1910
11 Allerleirauh. Novellen. V, 187 S. Mchn: Müller 1911
12 Egon und Danitza. Erzählung. 164 S. Mchn: Müller 1911
13 Morgenrot. Roman. 420 S. Mchn: Müller 1912
14 Was nützen mir die schönen Schuhe. Eine Erzählung. 196 S. Mchn: Müller 1913
15 Lebensform und Dichtungsform. Essays. 198 S. Mchn: Müller 1914
16 Unterwelt. Novellen. V, 204 S. Mchn: Müller 1917
17 Das Haus Erath. Roman. 417 S. Lpz: Bücherlese-Verl. (1920)
18 Der Hirt als Gott. Eine dramatische Sage in drei Aufzügen. 42 S. Wien: Waldheim-Eberle (= Die Gefährten III, 5) 1920
19 Irrwege. Ein Novellenbuch. 307 S. Stg: Dt. Verl.-Anst. 1922
20 Johannes Freudensprung. Novellen. 79 S. Lpz: Reclam (= Reclam's UB. 6420) (1923)
21 Opfer. Zwei Novellen. Nachw. H. J. Holz. 75 S. Lpz: Reclam (= Reclam's UB. 6371) (1923)
22 Sonnenmelodie. Eine Lebensgeschichte. 503 S. Stg: Dt. Verl.-Anst. 1923
23 (Hg., Erl.) M. v. Schwind: Briefe. 574 S. m. Abb. u. Taf. Lpz: Bibliogr. Inst. (= Memoiren und Briefe) (1924)
24 Morgenrot. Roman. 495 S. Stg: Dt. Verl.-Anst. 1925 (Umarb. v. Nr. 13)
25 Adalbert Stifter. Eine Studie. 88 S., 1 Titelb. Stg: Dt. Verl.-Anst. (= Dichtung und Dichter) 1925
26 Nachtgeschichten. 327 S. Bln: Deutsches Buch- und Bildwerk 1926
27 Die Schmiere. Novelle. 64 S. Bln: Weltgeist-Bücher (= Weltgeist-Bücher 142) 1927
28 Antike Motive. Ein Gedichtkreis. 45 S. Wien: Officina Vindobonensis 1928
29 Spanische Reitschule. 13 S. m. Abb. 4° Wien: Officina Vindobonensis (= Handpressendruck 4) 1928
30 Menschendämmerung. Novellen. 307 S. Mchn: Langen 1929 (Erw. Neuaufl. v. Nr. 26)
31 Gesammelte Werke. 5 Bde. Wien: Saturn-Verl. 1933-1938
 1. Arcadia. 315 S. 1933
 2. Nora, die Füchsin. Eine Theatergeschichte. 244 S. 1934
 2a. Negerkönigs Tochter. 102 S. 1934
 3. Geist und Gestalt. 324 S. 1935
 4. Schöpfer. Novellen. 316 S. 1938

STOLBERG-STOLBERG, Christian Graf zu (1748–1821)

1 (MV) Christian u. Friedrich Leopold Grafen zu St.: Gedichte. Hg. H. Ch. Boie. 3 Bl., 318 S. m. Ku. Lpz: Weygand 1779
2 (Übs.) Gedichte aus dem Griechischen übersetzt. XVI, 318 S., 1 Bl. Hbg: Bohn 1782
3 (MV) Christian u. Friedrich Leopold Grafen zu St.: Schauspiele mit Choeren. Erster Theil. 2 Bl., 460, 1 S. Lpz: Göschen 1787
4 (Übs.) Sofokles übersetzt. 2 Bde. Lpz: Göschen 1787
5 Die weiße Frau. Ein Gedicht in sieben Balladen. 3 Bl., XVI, 148, 1 S. 12° Bln: Hitzig 1814
6 (MV) Christian u. Friedrich Leopold Grafen zu St.: Vaterländische Gedichte. 2 Bl., 681 S. Hbg: Perthes & Besser 1815
7 (MV) Christian u. Friedrich Leopold Grafen zu St.: Gedichte. 3 Bde. 1 Bl. 220 S., 1 Bl.; 1 Bl., 335 S.; 1 Bl., 237 S. 16° Wien: Bauer 1817 (Verm. Neuaufl. v. Nr. 1)

8 (Hg.) Friedrich Leopold Graf zu Stolberg-Stolberg: Kurze Abfertigung der langen Schmähschrift des Herrn Hofraths Voß wider ihn. Nach dem Tode des Verfassers vollendet von dem Bruder hg. Nebst einem Vorwort des Herrn Pfarrdechant Kellermann in Münster. VI, 58 S. Hbg: Perthes & Besser 1820
9 (MV) Christian u. Friedrich Leopold Grafen zu St.: Gesammelte Werke. 20 Bde. m. Ku. Hbg: Perthes & Besser 1820–1825
10 Kurzer Lebensabriß des Grafen Friedrich Leopold zu Stolberg. (S.-A.) 46 S. Lpz 1821

STOLBERG-STOLBERG, Friedrich Leopold Graf zu (1750–1819)

1 Freiheits-Gesang aus dem Zwanzigsten Jahrhundert. Manuscript für Freunde. (Zürich 1775)
2 (Übs.) Homeros: Ilias. 2 Bde. 320, 433 (r. 333) S. Flensburg, Lpz: Korten 1778
3 (MV) Christian u. Friedrich Leopold Grafen zu Stolberg: Gedichte. Hg. H. Ch. Boie. 3 Bl., 318 S. m. Ku. Lpz: Weygand 1779
4 Ueber den Tod meiner Freundin Emilie Gräfin von Schimmelmann, geb. Gräfin von Rantzau. $^1/_2$ Bg. 4⁰ o. O. 1780
5 Elegie über den Tod seiner Schwester, Henriette Friderike Gräfin von Bernstorf. $^1/_4$ Bg. o. O. (1782)
6 (MH) L. H. Ch. Hölty: Gedichte. Besorgt durch seine Freunde F. L. Gr. zu St. u. J. H. Voß. XVII, 3 S., 1 Bl., 191 S. Hbg: Bohn 1783
7 Jamben. 110 S. Lpz: Weidmanns Erben & Reich 1784
8 Timoleon. Ein Trauerspiel mit Chören. Manuscript für Freunde. Kopenhagen: Thiele 1784
9 (MV) Christian u. Friedrich Leopold Grafen zu Stolberg: Schauspiele mit Choeren. Erster Theil. 2 Bl., 460, 1 S. Lpz: Göschen 1787
10 Die Insel. 2 Bl., 250, 1 S. Lpz: Goeschen 1788
11 Reise in Deutschland, der Schweiz, Italien und Sicilien in den Jahren 1791 und 1792. 4 Bde. 3 Bl., 334, 1 S.; 335, 1; 398, 1; 398 S., 1 Bl. Königsberg, Lpz: Nicolovius 1794
12 Die Westhunnen. 8 Bl. Eutin 1794
13 Kassandra. 1 Bl. Eutin 1796
14 (Übs.) Platon: Auserlesene Gespräche. 3 Bde. Königsberg: Nicolovius 1796–1797
15 *Schreiben eines Holsteinischen Kirchspielvogts an seinen Freund in Schweden über die neue Kirchen-Agende. 75 S. Hbg (: Perthes) 1798
16 Rede bei der Einführung des Superintendenten Götschel am 8. December 1799. Eutin 1799
17 (Übs.) Aeschylos: Vier Tragödien. 2 Bl., 300 S., 2 Bl. Hbg: Perthes 1802
18 (Hg.) Zwo Schriften des heiligen Augustinus von der wahren Religion und von den Sitten der katholischen Kirche. Mit Beilagen und Anmerkungen v. F. L. Gr. zu St. 351 S. Münster, Lpz: Waldeck 1803
19 Geschichte der Religion Jesu Christi. 15 Bde. Hbg: Perthes 1806–1818
20 (Übs.) J. Macpherson: Die Gedichte von Ossian, dem Sohne Fingals. 3 Bde. 4 Bl., 326; 344; 270 S., 2 Bl. Hbg: Perthes 1806
21 (MV) Christian u. Friedrich Leopold Grafen zu Stolberg: Vaterländische Gedichte. 2 Bl., 68, 1 S. Hbg: Perthes & Besser 1815
22 Leben Alfred des Großen, Königes in England. VIII, 312 S. Münster: Aschendorff 1815
23 Ueber den Vorrang des Apostels Petrus vor den andern Aposteln und seiner Nachfolger vor den andern Bischöfen. 136 S. Hbg: Perthes 1815
24 (MV) Christian u. Friedrich Leopold Grafen zu Stolberg: Gedichte. 3 Bde. 1 Bl., 220 S., 1 Bl.; 1 Bl., 335 S.; 1 Bl., 237 S. 16⁰ Wien: Bauer 1817 (Verm. Neuaufl. v. Nr. 3)
25 (Hg., Übs.) Leben des heiligen Vincentius von Paulus nebst desselben Ordensregeln, und ein aus dem Italienischen übersetztes Gespräch der heiligen Katharina von Siena. XVI, 448 S. Münster: Aschendorff 1818

26 Mahnwort an seinen Sohn Ernst. 30. Juli 1806. Als Handschrift für Freunde. o. O. 1818
27 Drey kleine Schriften. 2 Bl., 105 S. Münster: Theissing 1818
28 Betrachtungen und Beherzigungen der Heiligen Schrift. 2 Bde. VIII, 476; VIII, 504 S. Hbg: Perthes & Besser 1819–1821
29 Kurze Abfertigung der langen Schmähschrift des Herrn Hofraths Voß wider ihn. Nach dem Tode des Verfassers vollendet von dem Bruder hg. Nebst einem Vorwort des Herrn Pfarrdechant Kellermann in Münster. VI, 58 S. Hbg: Perthes & Besser 1820
30 Ein Büchlein von der Liebe. 4 Bl., 325 S. Münster: Aschendorff 1820
31 (MV) Christian u. Friedrich Leopold Grafen zu Stolberg: Gesammelte Werke. 20 Bde. m. Ku. Hbg: Perthes & Besser 1820–1825
32 (Übs.) Die heiligen sonn- und festtäglichen Episteln und Evangelien, nebst der Leidensgeschichte des Herrn nach den Evangelisten Matthäus und Johannes. Zum Gebrauche für Kirchen und Schulen übs. Münster 1823
33 Ueber die Schaubühne. Von einem großen Verstorbenen. (S.-A.) Würzburg 1839
34 Unterricht über einige Unterscheidungslehren der katholischen Kirche (1800). Hg. G. Kellermann. 12⁰ Münster 1842
35 Die Zukunft. Ein bisher ungedrucktes Gedicht aus den Jahren 1779–1782. Nach der einzigen bisher bekannt gewordenen Handschrift hg. O. Hartwig. 58 S. Lpz: Teubner (1885)
36 (Übs.) Lyrische Übersetzung der Psalmen 78–150. Nach der Handschrift zum ersten Male hg. K. Löffler. VIII, 106 S. Münster: Coppenrath 1918

Storm, Theodor (1817–1888)

1 (MV) Th. St., T. Mommsen u. Th. Mommsen: Liederbuch dreier Freunde. VI, 170 S. Kiel: Schwers 1843
2 Sommer-Geschichten und Lieder. VIII, 152 S. Bln: Duncker 1851
3 Gedichte. 159 S., 2 Bl. 12⁰ Kiel: Schwers 1852
4 Immensee. 61 S. 16⁰ Bln: Duncker 1852
  (Ausz. a. Nr. 2)
5 Im Sonnenschein. 61 S. 16⁰ Bln: Paetel 1854
6 Ein grünes Blatt. Zwei Sommergeschichten. 2 Bl., 72 S. 16⁰ Bln: Schindler 1855
7 Gedichte. IX, 190 S. Bln: Schindler 1856
  (Verm. Neuaufl. v. Nr. 3)
8 Hinzelmeier. 62 S. 16⁰ Bln: Paetel 1857
9 (Hg.) Deutsche Liebeslieder seit Johann Christian Günther. 21 S. 16⁰ Bln: Schindler 1859
10 In der Sommer-Mondnacht. 95 S. 16⁰ Bln: Schindler 1860
   (Enth. u.a. Ausz. a. Nr. 2)
11 Drei Novellen. 99 S. 16⁰ Bln: Schindler 1861
12 Im Schloß. 97 S. 16⁰ Münster: Brunn 1863
13 Auf der Universität. 128 S. 16⁰ Münster: Brunn 1863
14 Gedichte. 224 S. 16⁰ Bln: Schindler 1864
   (Verm. Neuaufl. v. Nr. 7)
15 Lenore. 128 S. 16⁰ Münster: Brunn 1865
   (Verb. Neuaufl. v. Nr. 13)
16 Zwei Weihnachtsidyllen. 99 S., 12 Abb. 16⁰ Bln: Schindler 1865
17 Drei Märchen. 130 S. Hbg, Bln: Paetel 1866
18 Von Jenseit des Meeres. Novelle. 72 S. 16⁰ Schleswig: Schulbuchh. 1867
19 In St. Jürgen. 64 S. 16⁰ Schleswig: Schulbuchh. 1868
20 Novellen. 262 S. Schleswig: Schulbuchh. 1868
   (Enth. u.a. Nr. 18 u. Neubearb. v. Nr. 19)
21 Sämmtliche Schriften. 19 Bde. m. Bildn. Braunschweig: Westermann 1868–1889
22 (Hg.) Hausbuch aus deutschen Dichtern seit Claudius. 714 S. 16⁰ Hbg: Mauke 1870

23 Geschichten aus der Tonne. 130 S. 16° Bln: Paetel 1873
   (Neuaufl. v. Nr. 17)
24 Zerstreute Kapitel. 188 S. 16° Bln: Paetel (1873)
25 Novellen und Gedenkblätter. 200 S. 16° Braunschweig: Westermann 1874
26 Waldwinkel. Pole Poppenspäler. Novellen. 222 S. 16° Braunschweig: Westermann 1875
27 Ein stiller Musikant. Psyche. Im Nachbarhause links. Drei Novellen. 186 S. 16° Braunschweig: Westermann 1876
28 Aquis submersus. Novelle. 158 S. m. Titelb. 16° Bln: Paetel 1877
29 Carsten Curator. 107 S. 16° Bln: Paetel 1878
30 Neue Novellen. 217 S. Bln: Paetel 1878
   (Enth. Nr. 29 u. 31)
31 Renate. 101 S. 16 Bln: Paetel 1878
32 Eekenhof. Im Brauer-Hause. Zwei Novellen. 118 S. 16° Bln: Paetel 1880
33 Drei neue Novellen. 228 S. Bln: Paetel 1880
   (Enth. Nr. 32 u. 34)
34 Zur ,,Wald- und Wasserfreude". Novelle. 101 S. 16° Bln: Paetel 1880
35 Der Herr Etatsrath. Die Söhne des Senators. Novellen. 165 S. Bln: Paetel 1881
36 Die Söhne des Senators. 75 S. 16° Bln: Paetel 1881
   (Ausz. a. Nr. 35)
37 Hans und Heinz Kirch. 125 S. 16° Bln: Paetel 1883
38 Zwei Novellen. 241 S. Bln: Paetel 1883
   (Enth. u.a. Nr. 37)
39 Zur Chronik von Grieshuus. 1883–1884. 204 S. Bln: Paetel 1884
40 Gedichte. 262 S. 12° Bln: Paetel 1885
   (Erw. Neuaufl. v. Nr. 14)
41 John Riew'. Ein Fest auf Haderslevhuus. Zwei Novellen. 221 S. Bln: Paetel 1885
42 Vor Zeiten. Novellen. 516 S. Bln: Paetel 1886
   (Enth. Nr. 28, 31, 39; Ausz. a. Nr. 32, 41)
43 Bötjer Basch. Eine Geschichte. 118 S. 12° Bln: Paetel (1887)
44 Ein Doppelgänger. Novelle. 125 S. 12° Bln: Paetel 1887
45 Bei kleinen Leuten. Zwei Novellen. 208 S. Bln: Paetel 1887
   (Enth. Nr. 43 u. 44)
46 Ein Bekenntniß. Novelle. 107 S. 12° Bln: Paetel (1888)
47 ,,Es waren zwei Königskinder". 77 S. 12° Bln: Paetel 1888
48 Der Schimmelreiter. VIII, 222 S. Bln: Paetel 1888
49 Sämmtliche Werke. Neue Ausgabe in acht Bänden. 8 Bde., 4 Bildn., 4 Abb. Braunschweig: Westermann 1898
   (Neuausg. v. Nr. 21)
50 Sämmtliche Werke. Spukgeschichten und andere Nachträge zu seinen Werken. Mit Erlaubnis der Erben des Dichters hg. F. Böhme. XI, 246 S. Braunschweig: Westermann (= Sämmtliche Werke, Bd. 9) 1913
   (Bd. 9 zu Nr. 49)
51 Sämtliche Werke. Hg. A. Köster. 8 Bde. Lpz: Insel 1919–1920

STRACHWITZ, Moritz Graf von (1822–1847)

1 Lieder eines Erwachenden. 120 S. Breslau: Kern 1842
2 Neue Gedichte. VIII, 240 S. Breslau: Trewendt & Granier 1848
3 Gedichte. Gesamtausg. XIV, 346 S., 1 Abb. 16° Breslau: Trewendt & Granier 1850
   (Enth. Nr. 1 u. 2)
4 Lieder eines Erwachenden. VIII, 150 S. Breslau: Trewendt & Granier 1850
   (Erw. Neuaufl. v. Nr. 1)
5 Gedichte. 176 S. 12° Breslau: Aderholz 1898
   (Erw. Neuaufl. v. Nr. 3)
6 Sämtliche Lieder und Balladen. Mit einem Lebensbild des Dichters und Anmerkungen hg. H. M. Elster. LIV, 314 S. m. Bildn. Bln: Grote 1912

STRAMM, August (1874–1915)

1. Das Welteinheitsporto. Historische, kritische und finanzpolitische Untersuchungen über die Briefpostgebührensätze des Weltpostvereins und ihre Grundlagen. 104 S. Halle: Kaemmerer 1910
2. Die Haidebraut. 24 S. Bln: Verl. Der Sturm (= Sturm-Bücher 4) 1914
3. Rudimentär. 31 S. Bln: Verl. Der Sturm (= Sturm-Bücher 2) 1914
4. Sancta Susanna. 18 S. Bln: Verl. Der Sturm (= Sturm-Bücher 1) 1914
5. Du. Liebesgedichte. 36 S. Bln: Verl. Der Sturm 1915
6. Erwachen. 30 S. Bln: Verl. Der Sturm (= Sturm-Bücher 5) 1915
7. Kräfte. 31 S. Bln: Verl. Der Sturm (= Sturm-Bücher 8) 1915
8. Tropfblut. 44 S. 4° Bln: Verl. Der Sturm (1915)
9. Geschehen. 32 S. Bln: Verl. Der Sturm (= Sturm-Bücher 11) 1916
10. Die Unfruchtbaren. 43 S. Bln: Verl. Der Sturm (= Sturm-Bücher 12) 1916
11. Die Menschheit. 16 S. Bln: Verl. Der Sturm 1917
12. Dichtungen. 2 Bde. 149, 182 S. Bln: Verl. Der Sturm (1920–1921)
13. Welt-Wehe. 15 Bl. m. Abb. Bln: Verl. Der Sturm (= Hamburger Handdrucke 1) 1922
14. Dein Lächeln weint. Gesammelte Gedichte. Einl. Inge Stramm. 104 S. Wiesbaden: Limes-Verl. 1956
    (Enth. Nr. 5 u. 8)

STRAUSS, Emil (1866–1960)

1. Menschenwege. Erzählungen. 233 S. Bln: Fischer 1899
2. Don Pedro. Tragödie. 174 S. Bln: Fischer 1899
3. Der Engelwirt. Eine Schwabengeschichte. 200 S. Bln: Fischer 1901
4. Freund Hein. Eine Lebensgeschichte. 334 S. Bln: Fischer 1902
5. Kreuzungen. Roman. 342 S. Bln: Fischer 1904
6. Hochzeit. Drama. 163 S. Bln: Fischer 1908
7. Hans und Grete. Novellen. 248 S. Bln: Fischer 1909
8. (MH) Der Lindenbaum. Deutsche Volkslieder. Ausgew., H. Hesse, M. Lange u. E. St. 267 S. Bln: Fischer 1910
9. (Hg.) J. P. Hebel: Poetische Werke. 530 S. Lpz: Tempel-Verl. (= Tempelklassiker) (1911)
10. Der nackte Mann. 374 S. Bln: Fischer 1912
11. (Hg., Einl.) F. Hölderlin: Gedichte. XXIX, 199 S. m. Bildn. 16° Bln: Fischer (= Pantheon-Ausg.) 1914
12. Don Pedro. Tragödie. 141 S. Bln: Fischer 1914
    (Neufassg. v. Nr. 2)
13. Lorenz Lammerdien. Erstes Kapitel eines unvollendeten Romans. Dezember 1899. 46 S. 4° Bln: Fischer (= Veröffentlichungen der Donnerstags-Gesellschaft in Berlin 2) 1917
14. Emil Strauß. Liebesgabe für deutsche Kriegsgefangene. 47 S. Bern: Verl. d. Bücherzentrale für deutsche Kriegsgefangene (= Bücherei für deutsche Kriegsgefangene 6) 1918
15. Der Spiegel. 226 S. Bln: Fischer 1919
16. Der Schleier. Novelle. 46 S. Bln: Fischer 1920
17. (Vorw.) J. Burckhardt: Briefe an seinen Freund Friedrich von Preen. 1864–1893. XII, 309 S. m. Taf. Stg: Dt. Verl.-Anst. 1922
18. Vaterland. Drama. 186 S. Stg: Dt. Verl.-Anst. 1923
19. Der Laufen. Novellen. 47 S. Zürich: Gute Schriften (= Verein für Verbreitung guter Schriften Zürich 143) 1926
    (Ausz. a. Nr. 7)
20. Der Schleier. Geschichten. 310 S. Mchn: Müller (1930)
    (Enth. u. a. Nr. 16)
21. Das Riesenspielzeug. Roman. 988 S. Mchn: Langen-Müller 1935
22. Johann Peter Hebel. Leben und Briefe. 74 S. Mchn: Langen-Müller (= Die kleine Bücherei 225) 1939

23 Prinz Wieduwitt. Erzählung. 61 S. Mchn: Langen-Müller (= Die kleine Bücherei 109) (1939) (Ausz. a. Nr. 1)
24 Lebenstanz. Roman. 464 S. Mchn: Langen-Müller (1940)
25 Dreiklang. Erzählungen. 266 S. Mchn: Hanser 1949
26 Ludens. Erinnerungen und Versuche. 317 S. Mchn: Hanser 1955

Strauss, Ludwig (1892–1953)

1 Der Mittler. Novellen. 168 S. Bln: Hyperionverl. 1916
2 (MV) A. Schaeffer u. L. S.: Die Opfer des Kaisers, Kremserfahrten und die Abgesänge der hallenden Korridore. 43 S. Lpz: Insel (100 Ex.) 1918
3 Wandlung und Verkündung. Gedichte. 127 S. Lpz: Insel 1918
4 (Übs.) Ostjüdische Liebeslieder. 92 S. Bln: Welt-Verl. (= Die Weltbücher 20–21) (1920)
5 (Übs.) Ch. N. Bialik: Gedichte. Bln 1921
6 Die Flut. Das Jahr. Der Weg. Gedichte 1916–1919. 96 S. Bln: Welt-Verl. 1921
7 Das Ufer. Gedichte. 51 S. 4⁰ Bln: Laske 1922
8 (Hg., Einl.) F. M. Kaufmann: Gesammelte Schriften. 264 S., 1 Titelb. Bln: Laub 1923
9 (MH) Leukothea. Ein Jahrbuch. Hg. A. Schaeffer u. L. St. 186 S. Bln: Laub 1923
10 Tiberius. Ein Drama. 188 S. Mchn: Verl. d. Münchner Drucke (= Münchner Druck 4) 1924
11 Das Antlitz im Gestirn. Chemnitz: Ges. d. Bücherfreunde 1925
12 Ruf aus der Zeit. 13 S. 4⁰ Bln: Lambert Schneider (= Die Kreatur. Sonderdr. 1) 1927
13 Der Reiter. 64 S. Ffm: Rütten & Loening 1929
14 (MV) N. Glatzer u. L. St.: Sendung und Schicksal. Aus dem Schrifttum des nachbiblischen Judentums. 382 S., 1 Bl. Bln: Schocken (= Jüdisches Lesebuch 1) 1931
15 Nachtwache. Gedichte 1919–1933. 186 S. Hbg: Dt. Buchklub 1933
16 Das Problem der Gemeinschaft in Hölderlins „Hyperion". 67 S. Lpz: Weber (= Von deutscher Poeterey 15) 1933
17 Botschaft. Zwölf Geschichten. 78 S. Bln: Schocken (= Bücherei d. Schocken Verl. 15) 1934
18 (Hg., Übs.) Geschichtenbuch, aus dem jüdisch-deutschen Maaßebuch ausgewählt und übertragen. 80 S. Bln: Schocken (= Bücherei d. Schocken Verl. 18) 1934
19 Land Israel. Gedichte. 71 S. Bln: Schocken (= Bücherei d. Schocken Verl. 41) 1935
20 (Hg., Übs.) Jüdische Volkslieder. Aus dem Jiddischen übs. u. erl. 91 S. Bln: Schocken (= Bücherei d. Schocken Verl. 30) 1935
21 Neue Verse. Hbg 1935
22 (Übs.) J. L. Perez: Chassidische Erzählungen. Aus dem Jiddischen. Bln 1936
23 Die Zauberdrachenschnur. Märchen für Kinder. 111 S. Bln: Schocken (= Bücherei d. Schocken Verl. 69) 1936
24 Kleine Nachtwachen. Sprüche in Versen. 58 S. Bln: Schocken (= Bücherei d. Schocken Verl. 83) 1937
25 Al schlocha mismorim misefor tehihlim. Jerusalem: Aliyat 1951
26 Shaot wa-dor. Jerusalem: Bialik 1951
27 Heimliche Gegenwart. Gedichte 1933–1950. Heidelberg 1952
28 Wintersaat. Ein Buch aus Sätzen. Geleitw. M. Buber. 108 S. Zürich: Manesse-Verl. 1953
29 Bedarchej hassifruth; ijunim be' Sifruth Jisrael n' wesifruth ha' amim. Jerusalem 1959
30 Fahrt und Erfahrung. Geschichten und Aufzeichnungen. Nachw. W. Kraft. 119 S. m. Abb. Heidelberg, Darmstadt: Schneider (= Veröffentlichungen der Deutschen Akademie für Sprache und Dichtung, Darmstadt. 18) 1959

STRAUSS und TORNEY, Lulu von (1873–1956)

1 Gedichte. 164 S. 12⁰ Göttingen: Horstmann 1898
2 Bauernstolz. Dorfgeschichten aus dem Weserlande. IV, 217 S. Lpz, Bln: Seemann 1901
3 Balladen und Lieder. 158 S. 4⁰ Lpz: Seemann 1902
4 Aus Bauernstamm. Roman. 2 Tle. in 1 Bde. 186, 197 S. Bln: Janke 1902
5 Eines Lebens Sühne. Novelle. 94 S. Bln: Goldschmidt 1904
6 Das Erbe. Novelle. 100 S. Bln: Goldschmidt 1905
7 Hinter Schloß und Riegel und andere Erzählungen. Einl. O. Weltzien. 128 S., 1 Bildn. Lpz: Hesse (= M. Hesse's Volksbücherei 239–240) 1905
    (Ausz. a. Nr. 2)
8 Ihres Vaters Tochter. Roman. 311 S. Bln: Fleischel 1905
9 Die Dorfgeschichte in der modernen Literatur. 40 S. Lpz: Verl. f. Literatur, Kunst und Musik (= Beiträge zur Literaturgeschichte 7) 1906
10 Neue Balladen und Lieder. 180 S. Bln: Fleischel 1907
11 Der Hof am Brink. Das Meerminneke. Zwei Geschichten. 291 S. Bln: Fleischel 1907
12 Lucifer. Roman. 287 S. Bln: Fleischel 1907
13 Sieger und Besiegte. Novellen. 259 S. Bln: Fleischel 1909
14 Judas. Roman. 495 S. Bln: Fleischel 1911
15 Die Legende der Felsenstadt. Novelle. Einl. E. Krossa. 134 S. Wiesbaden: Behrend (= Rheinische Hausbücherei 39) 1911
    (Ausz. a. Nr. 13)
16 Aus der Chronik niederdeutscher Städte. 159 S. Stg: Franckh 1912
17 Reif steht die Saat. Neue Balladen. 108 S. Jena: Diederichs 1919
18 (Hg.) Totenklage. 8 S. Jena: Diederichs (Als Ms. gedr.) 1919
19 Der Tempel. Ein Spiel aus der Renaissance. Zur fünfundzwanzigjährigen Jubiläumsfeier des Verlages Eugen Diederichs in Jena am 16. September 1921 aufgeführt. 21 S. 4⁰ Jena: Diederichs 1921
20 Der jüngste Tag. Roman. 360 S. Jena: Diederichs (1922)
21 Das Fenster. Novelle. 145 S. Stg: Dt. Verl.-Anst. (= Der Falke 2) 1923
22 (MV) O. Soltau: Im Wettersturm. Sieben Werke. Gedenkworte v. L. v. St. u. T. 7 S., 1 Abb., 7 Taf. 4⁰ Bln: Heyder (1923)
23 (Übs.) M. Maeterlinck: Werke: Das große Rätsel. 213 S. Jena: Diederichs 1924
24 Das Leben der heiligen Elisabeth. 88 S., 21 Abb. Jena: Diederichs (= Deutsche Volkheit 28) 1926
25 Reif steht die Saat. Gesamtausgabe der Balladen und Gedichte. IV, 240 S., 1 Abb. Jena: Diederichs (1926)
    (Enth. u. a. Nr. 10 u. 17)
26 Deutsches Frauenleben in der Zeit der Sachsenkaiser und Hohenstaufen. 84 S., 8 Taf. Jena: Diederichs (= Deutsche Volkheit 42) 1927
27 Vom Biedermeier zur Bismarckzeit. Aus dem Leben eines Neunzigjährigen. 237 S., 8 Abb. Jena: Diederichs 1932
28 (Übs.) M. de la Roche: Die Brüder und ihre Frauen. Roman um Jalna. 348 S. Jena: Diederichs (1932)
29 Auge um Auge. 87 S. Jena: Diederichs (= Deutsche Reihe 5) 1933
    (Ausz. a. Nr. 13)
30 (Übs.) O. La Farge: Der große Nachtgesang. Indianische Erzählung. 277 S. Jena: Diederichs (1933)
31 (Hg.) Eugen Diederichs, Leben und Werk. Ausgewählte Briefe und Aufzeichnungen. 465 S., 8 Taf. Jena: Diederichs 1936
32 Erde der Väter. Ausgewählte Gedichte. 77 S. Jena: Diederichs (= Deutsche Reihe 34) (1936)
    (Ausz. a. Nr. 1, 3, 10)
33 (Übs.) M. de la Roche: Die Familie auf Jalna. Bd. 2: Das unerwartete Erbe. Roman. 353 S. Jena: Diederichs (1936)
    (Forts. v. Nr. 28)
34 Der Judashof. Niederdeutscher Erbhof-Roman. 394 S. Jena: Diederichs (1937)
    (Neuaufl. v. Nr. 14)

35 (Übs.) M. de la Roche: Die Familie auf Jalna. Bd. 3: Finch im Glück. Roman. 412 S. Jena: Diederichs (1937)
    (Forts. v. Nr. 33)
36 (Hg.) Angelus Silesius: Blüh auf, gefrorner Christ! 64 S. Jena: Diederichs (= Deutsche Reihe 61) (1938)
37 Auslese. 46 S. Hbg: Meissner (= Nordmark-Bücherei 35) (1938)
38 (Hg.) A. v. Droste-Hülshoff: Einsamkeit und Helle. Ihr Leben in Briefen. 78 S. Jena: Diederichs (= Deutsche Reihe 71) 1938
39 Das Kind am Fenster. Erzählung. 94 S. Jena: Diederichs (= Deutsche Reihe 63) 1938
    (Neuaufl. v. Nr. 21)
40 Schuld. Erzählung. Nachw. W. G. Oschilewski. 69 S. Lpz: Reclam (= Reclam's UB. 7459) 1940
41 Das goldene Angesicht. Gedichte. 16 S. Hbg: Ellermann (= Das Gedicht. Jg. 9, Nr. 12) 1943
42 Das verborgene Angesicht. Erinnerungen. 78 S. Jena: Diederichs (= Deutsche Reihe 139) 1943

STRITTMATTER, Erwin (*1912)

1 Ochsenkutscher. Roman. 323 S. Potsdam: Märk. Druck- u. Verl.-Ges. 1950
2 Eine Mauer fällt. Erzählungen. 190 S. Bln: Aufbau-Verl. 1953
3 Katzgraben. Szenen aus dem Bauernleben. 119 S. Bln: Aufbau-Verl. (1954)
4 (Vorw.) E. Rimkus: Erntesommer. Mit der Kamera auf einem Volksgut. Vorw. u. Bilderl. E. St. 12 S., 76 Bl. Abb. 4° Dresden: Sachsenverl. 1954
5 Tinko. Roman. 391 S. Bln: Aufbau-Verl. 1954
6 Paul und die Dame Daniel. Eine Liebesgeschichte. 148 S. m. Abb. Bln: Verl. Das Neue Berlin 1956
7 Der Wundertäter. Roman. 529 S. Bln: Aufbau-Verl. 1957
8 Katzgraben. Szenen aus dem Bauernleben. Mit einem Nachspiel „Katzgraben 1958". 139 S. Bln: Aufbau-Verl. (= Die Reihe 7) 1958
   (Verm. Neuaufl. v. Nr. 3)
9 Pony Pedro. 158 S. m. Abb. 4° Bln: Kinderbuchverl. (1959)

STROBL, Karl Hans (1877–1946)

1 Aus Gründen und Abgründen. Skizzen aus dem Alltag und von drüben. 175 S. Lpz, Bln: Fontane 1901
2 Und sieh', so erwarte ich Dich! Skizzenbuch einer reifen Liebe. 97 S. Lpz, Bln: Fontane 1901
3 Der Buddhismus und die neue Kunst. 53 S. Lpz, Bln: Fontane 1902
4 Arno Holz und die jüngstdeutsche Bewegung. 38 S., 1 Bildn. Bln: Gose (= Moderne Essays zu Kunst und Literatur 19) 1902
5 Die Vaclavbude. Prager Studentenroman. 266 S. Lpz, Bln: Fontane 1902
6 Die Weltanschauung der Moderne. 50 S. Lpz, Bln: Fontane 1902
7 Der Fenriswolf. Ein Provinzroman. 403 S. Lpz, Bln: Fontane 1903
8 Die Starken. Schauspiel. 79 S. Lpz, Bln: Fontane 1903
9 Die Eingebungen des Arphaxat. Merkwürdige Geschichten. 295 S. Minden: Bruns 1904
10 Bettina von Arnim. 161 S., 4 Taf. Bielefeld: Velhagen & Klasing (= Frauenleben 10) 1906
11 Alfred Mombert. Von Gott und vom Dichter. 62 S. Minden: Bruns 1906
12 Die gefährlichen Strahlen. Roman. 543 S. Bln: Fontane 1906
13 Bedenksame Historien. Neue Novellen. 377 S. Bln: Fontane 1907
14 Die Nibelungen an der Donau. Festspiel. 153 S. 16° Bln: Fontane 1907
15 (Hg.) (E. A. Poe:) Worte Poes. Bibliogr. M. Grolig. 236 S., 1 Bildn. Minden: Bruns (= Breviere ausländischer Denker und Dichter 7) 1907
16 (MH) B. v. Arnim: Geschichten. Hg. K. H. St. u. K. W. Fritsch. XXXII, 312 S. Bln: Fontane 1908
17 Der Schipkapaß. Roman. 391 S. Bln: Fontane 1908

18 Der brennende Berg. Roman. 435 S. Bln, Lpz: Staackmann 1909
19 Mährische Wanderungen. 132 S. m. Abb. u. Titelb. Brünn: Irrgang 1909
20 Eleagabal Kuperus. Roman. 2 Bde. 396, 413 S. Mchn: Müller (1910)
21 Romantische Reise im Orient. 361 S. m. Abb. u. Taf. Bln, Lpz: Staackmann 1910
22 Das Frauenhaus von Brescia. 216 S. Bln, Lpz: Staackmann 1911
23 Isgard Gestettner. Roman. 477 S. Wien: Deutschösterr. Verl. 1911
24 Die knöcherne Hand und Anderes. 251 S. Mchn: Müller 1911
25 Die Streiche der schlimmen Paulette oder Die Insel der Enttäuschung. Roman in Weiß und Blau. 431 S. Bln: Ullstein 1912
26 Das Wirtshaus „Zum König Przemysl". Eine Prager Geschichte. 191 S. Lpz: Staackmann 1913
27 Die vier Ehen des Matthias Merenus. Ein heiterer Roman. 341 S. Lpz: Staackmann 1914
28 Die drei Gesellen. Ein heiterer Roman. 358 S. Lpz: Staackmann 1914
29 (Hg.) Der Turmhahn. Staackmanns Halbmonatsschrift. 1. Jg. 18 Nrn. Lpz: Staackmann 1914
30 Bismarck. Roman in drei Bänden. Lpz: Staackmann 1915–1919
31 Madame Blaubart. Roman. 308 S. Lpz, Bln: Wille (= Wiking-Bücher 13) (1915)
32 Ein gute Wehr und Waffen. Mein Kriegstagebuch. 120 S. Lpz: Staackmann 1915
33 Zwischen Weichsel und Karpathen. Österreichisch-ungarische Heldenkämpfe. 215 S. 6 Abb., 1 Kt. Weimar: Kiepenheuer (= Heldenkämpfe 1914–1915, H. 3) 1915
34 Der Krieg im Alpenrot. 234 S. Bln: Ullstein (= Ullstein-Kriegsbücher 18) 1916
35 Die Kristallkugel. Neue Novellen. 352 S. Lpz: Staackmann 1916
36 Fürst Bismarck. 40 S. Straßburg: Imprimerie Strasbourgeoise (= Führer zu Deutschlands Größe 2) 1917
37 Lemuria. Seltsame Geschichten. Einl. L. Adelt. XV, 427 S., 8 Abb. Mchn: Müller (= Galerie der Phantasten 4) 1917
38 Sanctus Bacillus. Humoreske. 30 S. m. Abb. 16° Lpz: Reclam (= Kurzweil-Büchel 6) (1919)
39 Das Meisterstück. Novelle. 31 S. m. Abb. 16° Lpz: Reclam (= Kurzweil-Büchel 1) (1919)
40 Rest weg! Novellen. 2 Bde. 202, 191 S. Wien: Strache 1919–1920
41 Ludwig Anzengruber. 139 S., 19 Abb. u. Faks. Mchn: Rösl 1920
42 (Hg.) L. Anzengruber: Werke. 3 Bde. 564, 656, 603 S., 19 Abb. u. Faks. Mchn: Rösl 1920
43 Der Attentäter. Roman. 234 S. Lpz: Staackmann 1920
44 Gespenster im Sumpf. Ein phantastischer Wiener Roman. 407 S. Lpz: Staackmann 1920
45 Verlorene Heimat. Jugenderinnerungen aus deutschem Ostland. 400 S. Stg: Lutz (= Memoiren-Bibliothek. Reihe 5, Bd. 12) (1920)
46 (Hg.) Der Orchideengarten. Phantastische Blätter. 2 Jge., je 24 H. m. Abb. 4° Mchn: Dreiländerverl. (1920–1923)
47 Der Schattenspieler. Novellen. 79 S. Bln: Hillger (= Kürschner's Bücherschatz 1273) (1920)
48 Tschechen. 94 S. Lpz: Dürr & Weber (= Zellenbücherei 32) 1920
49 Umsturz im Jenseits. Phantastischer Roman. 285 S. Mchn: Rösl 1920
50 Die alten Türme. Roman. 359 S. Lpz: Staackmann 1921
51 Der dunkle Strom. Roman. 386 S. Lpz: Staackmann 1922
52 Groteske Histörchen. 2 Bde. Mchn: Deutschland-Verl. 1923
   1. Der verrückte Schwerpunkt. 163 S.
   2. Mit Dolch und Regenschirm 160 S.
53 Mächte und Menschen. 393 S. Lpz: Staackmann (= Bismarck, Bd. 2) 1923 (Neuaufl. v. Nr. 30, Bd. 2)
54 Wir hatten gebauet. Roman. 384 S. Lpz: Staackmann (1923)
55 Der Zauberkäfer. 163 S. Wien: Rikola-Verl. 1923
56 Das große Abenteuer und andere Geschichten zwischen Sonne und Schatten. 95 S. Wien: Steyrermühl (= Tageblatt-Bibliothek 98–99) 1924
57 Holzschnitte. Neue Gedichte. 184 S. Lpz: Staackmann 1924

58 (Einl.) Lebensroman Franz Ferdinands. Ein Dokument unserer Zeit. Den Tagebüchern seiner Lehrer und vertrauten Berater nacherzählt. XXXVII, 284 S., 14 Taf. Stg: Lutz (= Memoiren-Bibliothek. Reihe 5, Bd. 10) (1924)
59 Beelzebubs Meerschaumkopf. Phantastische Novellen. 117 S. Wien: Europäischer Verl. (= Die grünen Bücher des Europäischen Verlags 1) 1924
60 Rex. Geschichte eines Hundes und zweier Menschen. 212 S. Reichenberg: Stiepel 1924
61 Der betrogene Tod. Erzählung. Nachw. A. Altrichter. 74 S. Lpz: Reclam (= Reclam's UB. 6460) 1924
62 Die Wunderlaube. Geschichten aus Geheimnisland. 288 S. m. Abb. Lpz: Staackmann 1924
63 Das Geheimnis der blauen Schwerter. Roman. 245 S. Lpz: Staackmann (1925)
64 Die Eier des Basilisken. Merkwürdige Geschichten. 226 S. Reichenberg: Stiepel (1926)
65 Der Goldberg. Ein Roman aus Kärnten. 234 S. Lpz: Staackmann 1926
66 Erasmus mit der Wünschelrute. Roman. 377 S. Lpz: Staackmann 1927
67 Der Häuptling Sisanda und andere Erzählungen. 128 S. Bln-Charlottenburg: Weltgeist-Bücher (= Weltgeist-Bücher 177–178) (1927)
68 Heerkönig Ariovist. Roman. 338 S. Bln, Lpz: Koehler 1937
69 Die Insel der Enttäuschung. Ein Roman in Weiß und Blau. 253 S. Wien: Österr. Bundesverl. (= Deutsche Hausbücherei 181–182) 1927 (Neuaufl. v. Nr. 25)
70 Die Wünschelrute oder Das unsterbliche Deutschland. Eine Romandreiheit. Lpz: Staackmann 1927
    1. Die alten Türme. Roman. 359 S.
    2. Wir hatten gebauet. Roman. 384 S.
    3. Erasmus mit der Wünschelrute. Roman. 377 S.
    (Enth. Nr. 50, 54, 66)
71 Eleagabal Kuperus. Roman. 2 Bde. Bln (: Maschler) (= Erdkreis-Bücher 7–8) 1928 (Veränd. Neuaufl. v. Nr. 20)
72 K. P. Qu. Geschichten und Bilder aus dem österreichischen Kriegspressequartier. 329 S. Reichenberg: Verl. der Heimatsöhne 1928
73 Zwei Saltzenbrod. Roman. 356 S. Lpz: Staackmann 1928
74 Weihnachts-Geschichten. Hg. Dt. Volksbildungsverein in Iglau. 76 S. Iglau: Illing (1928)
75 Die Fackel des Hus. Roman. 560 S. Lpz: Staackmann (1929)
76 Der Schatz. Ein Sagenspiel. 48 S. Mchn: Callwey (= Die Schatzgräber-Bühne 59) (1929)
77 Sturm am Bosporus. 256 S. m. Abb. Wien: Glöckner-Verl. (= Glöckner-Bücher 18) 1929
78 Das Grab des weißen Königs. Roman. 279 S. Lpz: Goldmann (= Die blauen Goldmann-Bücher) 1930
79 Od. Die Entdeckung des magischen Menschen. Roman. 374 S. Lpz: Staackmann 1930
80 Prag. Geschichte und Leben einer Stadt. 29 S. m. Abb. 4° Prag: Dt. Hochschulwarte 1931
81 Prolog zur Feier des 125-jährigen Bestehens der Deutschen Technischen Hochschule in Prag. 2 Bl. Prag: Calve 1931
82 Goya und das Löwengesicht. Roman. 291 S. Lpz: Staackmann 1931
83 Die Flamänder von Prag. Roman. 316 S. Karlsbad: Kraft 1932 (Neuaufl. v. Nr. 17)
84 Die Madonna mit der Armbanduhr. Neue Novellen. Eingel. I. Ringler-Kellner. 325 S., 1 Titelb. Graz, Salzburg: Verl. Das Bergland-Buch (= Das Bergland-Buch) 1932
85 Kamerad Viktoria. Roman. 300 S. Lpz: Staackmann 1933
86 Prozeß Borowska. Tatsachenroman. 197 S. Lpz: Staackmann 1934
87 Aber Innozenz! Ein bereits durchaus heiterer Roman. 410 S. Wien: Zsolnay 1935
88 (MV) K. H. St. (u. a.): Ähren, Blumen, Sonne. Neue südmährische Lyrik. 56 S. Brünn: Winiker (1935)
89 Kaiser Rotbart. Roman. 351 S. Lpz: Quelle & Meyer 1935

90 (Hg.) Hans Sachs. Ein Blatt zur Pflege volkhafter Werte. Jg. 1. 24 H. Wien: Gerold 1935
91 Dorf im Kaukasus. Roman. 280 S. Lpz: Grethlein 1936
92 Hunzaches, der Räuber. Erzählung. 48 S. Bln: Limpert (= Volkstümliche 25-Pfennig-Bücherei 26) 1936
93 Die Runen und das Marterholz. Roman. 315 S. Dresden, Wien: Speidel 1936
94 Feuer im Nachbarhaus. Roman von übermorgen. 316 S. (Bln:) Stephenson (1938)
95 Drei Gesellen erobern die Stadt. Ein heiterer Roman. 301 S. Lpz: Janke (= Der Quell 59); Lpz: Rothbarth (= Roman-Sammlung aus Vergangenheit und Gegenwart 71) 1938
    (Neuaufl. v. Nr. 28)
96 (Hg.) P. L. Berndl: . . . . es wird ein Wein sein. Die Aufzeichnungen des Weinhauers Berndl Poldl. 214 S. Wien: Luser 1939
97 Prag. Schicksal, Gestalt und Seele einer Stadt. 66 S., 5 Bl. Abb. Wien (:Wiener Verl.-Ges.) (= Reihe Süd-Ost 1,11) 1939
98 Totenhorn-Südwand. Roman aus Österreichs Bergen. 463 S. Bln: Vier Falken-Verl. (1939)
99 Das blaue Wunder. Ein fröhliches Buch. 158 S. m. Abb. Bln: Stephenson (= Lustige Bücher-Reihe 8) 1939
100 Bismarck. Der wilde Bismarck. Mächte und Menschen. Die Runen Gottes. Roman-Trilogie. 639 S. Bln: Vier Falken-Verl. (1940)
    (Gek. Neuaufl. v. Nr. 30)
101 (Bearb., Einl.) J. Grimm: Deutsche Mythologie. 674 S. m. Abb. Wien, Lpz: Bartsch (1940)
102 Das beschwipste Karussell. Ein heiteres Buch. 157 S. m. Abb. Bln: Stephenson (= Lustige Bücher-Reihe 14) 1940
103 Ein Schicksalstag Ferdinand Raimunds. Novelle. 51 S. m. Abb. Wien (:Wiener Verl.-Ges.) (= Reihe Süd-Ost 2,13) 1940
104 Der dunkle Strom. Roman. 387 S. Lpz: Staackmann 1940
    (Neubearb. v. Nr. 51)
105 Heimkehr. Roman. 317 S., 16 Abb. Bln: Ufa-Buchverl. 1941
106 Erinnerungen. 3 Bde. Budweis, Lpz: Verl.-Anst. Moldavia (1942-1944)
    1. Heimat im frühen Licht. Jugenderinnerungen aus deutschem Ostland. 416 S. (1942)
    2. Glückhafte Wanderschaft. Heitere Lebensmitte. 399 S. (1942)
    3. Die Weltgeschichte und das Igelhaus. Vom Nachmittag des Lebens. 400 S. (1944)
       (Bd. 1 Neuaufl. v. Nr. 45)
107 Glas und Glück. Roman. 371 S. Berchtesgaden: Vier Falken-Verl. (1942)

STRUB, Urs Martin (*1910)

1 Frühe Feier. Jugendgedichte. 80 S. Luzern: Haag 1930
2 Die dreiunddreißig Gedichte. 45 S. Olten: Vereinigung Oltener Bücherfreunde (= Veröffentlichung der Vereinigung Oltner Bücherfreunde 8; = Jahresgabe der Vereinigung Oltner Bücherfreunde 1940/1941, 2; 300 num. Ex.) 1941
3 Der Morgenritt. 8 Bl., 5 Taf. Olten: Vereinigung Oltner Bücherfreunde (= Vereinigung der Oltner Bücherfreunde. Liebhaberdruck 1) 1944
4 Lyrik. 90 S. Zürich: Atlantis-Verl. 1946
5 Lyrische Texte. 72 S. Köln, Bln: Kiepenheuer & Witsch 1953
6 Die Wandelsterne. Prosadichtungen. 34 S. Köln, Bln: Kiepenheuer & Witsch 1955

STUCKEN, Eduard (1865–1936)

1 Die Flammenbraut. Blutrache. Zwei Dichtungen. 68 S. Oldenburg: Schulze 1892

2 Astralmythen. 5 Tle. 657 S. Lpz: Pfeiffer 1896–1907
3 Yrsa. Tragödie. 152 S. Bln: Fischer 1897
4 Balladen. 236 S. m. Abb. 4° Bln: Fischer 1898
5 Hine-Moa. Neuseeländische Sage in Versen. 38 S. 12° Bln: Meyer 1901
6 Beiträge zur orientalischen Mythologie. I. Ištars Höllenfahrt und die Genesis. Grün die Farbe des Mondes. Ruben im Jakobsegen. 74 S. Bln: Peiser (= Mitteilungen der vorderasiatischen Gesellschaft VII, 4) 1902
7 Gawân. Mysterium. 100 S. Bln-Halensee: Verl. Dreililien 1902
8 Lanvâl. Drama. 150 S. Bln-Halensee: Verl. Dreililien 1903
9 Die Gesellschaft des Abbé Châteauneuf. Tragikomödie. 60 S. Bln: Reiß 1908
10 Myrrha. Drama. 107 S. Bln: Reiß 1908
11 Lanzelot. Drama. 140 S. Bln: Reiß 1909
12 Astrid. Drama. 78 S. Bln: Reiß 1911
13 Romanzen und Elegien. 103 S. Bln: Reiß 1911
14 Merlins Geburt. Ein Mysterium. 118 S. Bln: Reiß 1913
15 (Übs., Bearb., Nachw.) Die Opferung des Gefangenen. Ein Tanzschauspiel der Indianer in Guatemala aus vorkolumbianischer Zeit. 36 S. Bln: Reiß 1913
16 Der Ursprung des Alphabets und die Mondstationen. IV, 52 S. Lpz: Hinrichs 1913
17 Die Hochzeit Adrian Brouwers. Ein Drama in sieben Bildern. 141 S. Bln: Reiß 1914
18 Das Buch der Träume. Gedichte. 45 S. Bln: Reiß (500 Ex.) 1916
19 Tristan und Ysolt. Ein Drama in fünf Akten. 155 S. Bln: Reiß (1916)
20 Die weißen Götter. Ein Roman. 4 Bde. 550, 348, 322, 547 S. Bln: Reiß (1918–1922)
21 Balladen. 85 S. Bln: Reiß (1920) (Veränd. Neuaufl. v. Nr. 4)
22 Das verlorene Ich. Eine Tragikomödie. 115 S. Bln: Reiß 1922
23 Saalecker Skizzenbuch. Geleitw. P. Schultze-Naumburg. 12 Bl., 6 S. 4° Bln: Reiß 1922
24 Grotesken. Fünfzig Original-Lithographien. 3 S., 50 Taf. Bln: Reiß (1923)
25 Gesammelte Werke in vier Bänden. Bd. 1: Der Gral. Ein dramatisches Epos. V, 683 S., 1 Taf. Bln: Reiß (1925)
26 Larion. Roman. 280 S. Bln: Reiß 1926
27 Polynesisches Sprachgut in Amerika und in Sumer. 127 S. Lpz: Hinrichs (= Mitteilungen der Vorderasiatisch-Aegyptischen Gesellschaft. Jg. 31, 1926, H. 2) 1927
28 Im Schatten Shakespeares. Ein Roman. 574 S. Bln: Horen-Verl. 1929
29 Giuliano. Roman. 409 S. Wien: Zsolnay 1933
30 Adilis und Gyrid. Ein Blizzard. Zwei Erzählungen. 265 S. Wien: Zsolnay 1935
31 Die Insel Perdita. Neue Gedichte und Balladen. 100 S. Wien: Zsolnay 1935
32 Die segelnden Götter. Erzählung. 119 S. Wien (: Bischoff) 1937
33 Gedichte. Das Buch der Träume. Romanzen und Elegien. Balladen. 153 S. Wien (: Bischoff) 1938 (Enth. Nr. 13, 18, 21)

STURZ, Helfrich Peter (1736–1779)

1 *Julie. Ein Trauerspiel in fünf Aufzügen. Kopenhagen, Lpz: Prost 1767
2 Erinnerungen aus dem Leben des Grafen Johann Hartwig Ernst von Bernstorff. 168 S. o. O. 1777
3 Schriften. Erste (Zweite) Sammlung. 2 Bde. 270, 414 S. m. Bildn. Lpz: Weidmann's Erben & Reich 1779–1782

SUDERMANN, Daniel (1550–1631)

1 Die gantze Summ vnnd Innhalt vnserer Seligkeit. 8 Bl. m. Abb. u. Titelku. 2° Ffm: v. d. Heyden 1618

2   Von der Tochter Sion: Das ist, Von der begnadeten liebhabenden gläubigen Seel, welche von jhrem Gemahl Jesu Christo, mit liebe uber sich von allen Irdischen Creaturen gezogen ... 4 Bl. 2⁰ o. O. (1618)
3   Ein gute Lehr Wie die Christlichen Jungfrawen ... das ist die liebhabende glaubige Seele ... o. O. 1619
4   XXV Schöne außerlesene Figuren und hohe Lehren von der Begnadeten Liebhabenden Seele, Nemlich der Christlichen Kirchen und ihr̄ē Gemahl Jesu Christo. Zum theyl auß dem hohen Lied Salomonis, wie auch auß der alten Christlichen Kirchenlehrern Schrifften gezogen. 25 Bl. 2⁰ o. O. (1620)
5   50 Schöne außerlesene Figuren und hohe Lehren von der Begnadeten Liebhabenden Seele, Nemlich der Christlichen Kirchen und ihr̄ē Gemahl Jesu Christo ... 50 Bl. 2⁰ o. O. (1620)
    (Verm. Neuaufl. v. Nr. 4)
6   50 Schöne außerlesene Sīnreiche Figuren, auch Gleichnüssen, Erklärungen Gebettlein und hohe Lehr ... in Teutsche Reimen verfaßt ... Der II. theil ... 50 Bl. 2⁰ o. O. (1620)
    (Forts. v. Nr. 5)
7   Schöne außerlesene Sinnreiche Figuren ... und hohe Lehren ... in Teutsche Reimen verfaßt ... Der III. theil ... 50 Bl. 2⁰ (Ffm:) v. d. Heyden (1621)
    (Forts. v. Nr. 6)
8   (Hg.) Eine schöne Lehr von den sieben Graden oder Staffeln der vollkommenen Liebe, in denen die Gesponß Christi wandeln soll, Anno 1489. beschriben, und jetzt von Wort zu Wort in Druck gegeben, durch D. S. 6 Bl. 2⁰ (Ffm:) v. d. Heyden 1622
9   Hohe geistreiche Lehren und Erklärungen: Uber die fürnembsten Sprüche deß Hohen Lieds Salomonis von der Liebhabenden Seele, das ist, der Christlichen Kirchen und jhrem Gemahl Jesu Christo ... 67 Bl. 2⁰ Ffm: v. d. Heyden 1622
    (Enth. u. a. Ausz. a. Nr. 4)
10 200 Gleichnisse, in welchen durch Vorstellung leiblicher Figuren gar schöne geistreiche Lehren vorgebildet werden. Straßburg 1624
11 (Gedichte.) 4 Bl. 2⁰ o. O. u. J.
12 „Der Herr Jesus Christus spricht: Ich bin der Anfang der Ich mit euch rede". 15 Bl. 2⁰ o. O. u. J.
13 J H S. Der Wunderbar Rath, Krafft Starcker Gott. Ewiger Vatter, Fridefürst. 12 Bl. 2⁰ o. O. u. J.

Sudermann, Hermann (1857–1928)

1   Im Zwielicht. Zwanglose Geschichten. 189 S. Bln: Lehmann; Stg: Cotta (1886)
2   Frau Sorge. Roman. 303 S. Bln: Lehmann; Stg: Cotta 1887
3   Geschwister. Zwei Novellen. 359 S. Bln: Lehmann; Stg: Cotta 1888
4   Die Ehre. Schauspiel. 160 S. Bln: Lehmann; Stg: Cotta (1890)
5   Der Katzensteg. Roman. 350 S. Bln: Lehmann; Stg: Cotta 1890
6   Sodom's Ende. Trauerspiel. 155 S. Bln, Stg: Cotta (1891)
7   Jolanthes Hochzeit. Erzählung. 110 S. Bln, Stg: Cotta 1892
8   Heimat. Schauspiel. 168 S. Bln, Stg: Cotta (1893)
9   Es war. Roman. 582 S. Stg: Cotta 1894
10 Die Schmetterlingsschlacht. Komödie. 170 S. Stg: Cotta 1895
11 Das Glück im Winkel. Schauspiel. 128 S. Stg: Cotta (1896)
12 Morituri: Teja. Fritzchen. Das Ewig-Männliche. 157 S. Stg: Cotta (1896)
13 Johannes. Tragödie. 158 S. Stg: Cotta (1898)
14 Die drei Reiherfedern. Dramatisches Gedicht. 156 S. Stg: Cotta (1899)
15 Johannisfeuer. Schauspiel. 164 S. Stg: Cotta (1900)
16 Drei Reden. 47 S. Stg: Cotta 1900
17 Es lebe das Leben! Drama. 172 S. Stg: Cotta 1902
18 Verrohung in der Theaterkritik. 56 S. Stg: Cotta 1902
19 Der Sturmgeselle Sokrates. Komödie. 170 S. Stg: Cotta 1903
20 Die Sturmgesellen. Ein Wort zur Abwehr. 27 S. Bln: Fontane 1903
21 Das Blumenboot. Schauspiel. 188 S. Stg: Cotta 1905

22 Stein unter Steinen. Schauspiel. 162 S. Stg: Cotta 1905
23 Rosen. Vier Einakter. Die Lichtbänder. Margot. Der letzte Besuch. Die ferne Prinzessin. 192 S. Stg: Cotta 1907
24 Das Hohe Lied. Roman. 635 S. Stg: Cotta 1908
25 Strandkinder. Schauspiel. 128 S. Stg: Cotta 1909
26 Der Bettler von Syrakus. Tragödie. 193 S. Stg: Cotta 1911
27 Die indische Lilie. 320 S. Stg: Cotta (1911)
28 Der gute Ruf. Schauspiel in vier Akten. 168 S. Stg: Cotta 1913
29 Die Lobgesänge des Claudian. Drama in fünf Aufzügen. 169 S. Stg: Cotta 1914
30 Die entgötterte Welt. Szenische Bilder aus kranker Zeit. Die Freundin. Schauspiel. Die gutgeschnittene Ecke. Tragikomödie. Das höhere Leben. Lustspiel. 333 S. Stg: Cotta (1915)
31 Litauische Geschichten. 465 S. Stg: Cotta (1917)
32 Der verwandelte Fächer und zwei andere Novellen. Einl. Th. Kappstein. 95 S., 1 Bildn. Lpz: Reclam (= Reclam's UB. 6000; = Reclam's UB., Neue Ausg.) (1918)
    (Enth. Ausz. a. Nr. 1)
33 Das höhere Leben. Komödie in vier Akten. 74 S. Stg: Cotta 1919
    (Ausz. a. Nr. 30)
34 Romane und Novellen. Gesamt-Ausgabe in sechs Bänden. 6 Bde., 1 Bildn. Stg: Cotta (1919)
35 Die Raschhoffs. Schauspiel in fünf Akten. 132 S. Stg: Cotta 1919
36 Notruf. Drama in fünf Akten. 106 S. Stg: Cotta 1920
37 Jons und Erdme. Eine litauische Geschichte. 139 S. Stg: Cotta (= Cotta'sche Handbibliothek 227) (1921)
    (Ausz. a. Nr. 31)
38 Das deutsche Schicksal. Eine vaterländische Dramenreihe. 3 Tle. Stg: Cotta 1921
    1. Heilige Zeit. Szenische Bilder in vier Akten und einem Nachspiel. 123 S.
    2. Opfer. Schauspiel in vier Akten. 97 S.
    3. Notruf. Drama in fünf Akten. 106 S.
    (Enth. u. a. Nr. 36)
39 Das Bilderbuch meiner Jugend. 404 S. Stg: Cotta 1922
40 Wie die Träumenden. Schauspiel in vier Akten und einem Vorspiel. 118 S. Stg: Cotta 1923
41 Dramatische Werke. Gesamtausgabe in sechs Bänden. 6 Bde. Stg: Cotta 1923
42 Zwischen den Wäldern. Auf eigener Scholle. 39 S. Langensalza: Beltz (= Ostland 1; = Aus deutschem Schrifttum und deutscher Kultur 80) (1924)
    (Ausz. a. Nr. 39)
43 Der tolle Professor. Roman aus der Bismarckzeit. 624 S. Stg: Cotta 1926
44 Der Hasenfellhändler. Schauspiel in vier Akten. 103 S. Stg: Cotta 1927
45 Die Frau des Steffen Tromholt. Roman. 652 S. Stg: Cotta (1928)
46 Purzelchen. Ein Roman von Jugend, Tugend und neuen Tänzen. 381 S. Stg: Cotta (1928)
47 Romane und Novellen. Gesamt-Ausgabe. 2 Reihen. 6, 4 Bde. Stg: Cotta 1930

Supper, geb. Schmitz, Auguste (1867–1951)

1 Der Mönch von Hirsau. 239 S. Stg: Greiner 1898
2 Unter dem Jesuitenhut. Erzählung aus Würzburgs düsterer Zeit. 217 S. Barmen: Wiemann (= Wiemann's Hausbibliothek 5) 1899
3 Da hinten bei uns. Erzählungen aus dem Schwarzwald. 204 S. Heilbronn: Salzer 1905
4 Der schwarze Doktor. Erzählung aus Würzburgs düsterer Zeit. 217 S. Heilbronn: Salzer 1906
   (Titelaufl. v. Nr. 2)

SUPPER 1257

5 Im Flug durch Welschland. Eine fröhliche Ferienfahrt. 126 S. Heilbronn: Salzer 1908
6 Leut'. Schwarzwalderzählungen. 189 S. Heilbronn: Salzer 1908
7 Lehrzeit. Ein Stück aus einem Leben. 322 S. Stg: Dt. Verl.-Anst. 1909
8 Holunderduft. 308 S. Mchn: Verl. Süddt. Monatshefte 1910
9 Wie der Adam starb. 16 S. Mchn: Callwey (= Der Schatzgräber 64) 1911
10 Die Hexe von Steinbronn. Einl. E. Ackerknecht. 27 S. m. Abb., 1 Bildn. Hbg: Dt. Dichter-Gedächtnis-Stiftung (= Volksbücher der Dt. Dichter-Gedächtnis-Stiftung 32) 1911
11 Der Fürst und seine Fürstin. 14 S. Stg: Verl. für Volkskunst (= Sämann-Hefte 7) 1912
12 Herbstlaub. Gedichte. 95 S. Heilbronn: Salzer 1912
13 Die neue Methode. Vier Erzählungen. 78 S. Wiesbaden: Staadt (= Wiesbadener Volksbücher 150) 1912
14 Die Mühle im kalten Grund. Roman. 323 S. Heilbronn: Salzer 1912
15 Vom Wegesrand. Erzählungen. 94 S. Heilbronn: Salzer 1913
16 Vom jungen Krieg. Erzählungen. 114 S. Hagen: Rippel 1915
17 Der Mann im Zug. Erzählungen. 310 S. Stg: Dt. Verl.-Anst. 1915
18 (MV) H. Christaller, A. Harder, S. Ch. v. Sell, A. S.: Stille Opfer. Den deutschen Frauen und Jungfrauen in großer Zeit. 97 S. Hagen: Rippel 1915
19 (MV) W. Schussen, L. Finckh, A. S., A. Dörrfuß: Zum Sieg. Ein Brevier für den Feldzug. Einf. H. Hesse. 43 S. Stg: Die Lese (1915)
20 Gottfried Fabers Weg. Erzählungen. 93 S. Konstanz: Reuß & Itta (= Rheinborn-Bücher 3) (1916)
21 Der Herrensohn. Roman. 376 S. Stg: Dt. Verl.-Anst. 1916
22 Käuze. Erzählungen. 109 S. Heilbronn: Salzer 1917
23 Hermann Lohr. Erzählung. 107 S. m. Abb. Gotha: Perthes (1917)
24 Hans Schneiders Narrheit. Wie die Annemei alt wurde. Erzählungen. 56 S. Zürich: Verein für Verbreitung guter Schriften (= Verein für Verbreitung guter Schriften Zürich Bd. 105) 1917
25 Ausgewählte Erzählungen. Einf. F. Donat. 111 S. Stg: Dt. Verl.-Anst. 1918
26 Das Glockenspiel. Gedichte. 98 S. Stg: Dt. Verl.-Anst. 1918
27 Am steinernen Kopf. Novelle. 22 S. Stg: Speck (1918)
28 Zwölfnächtespuk. 80 S. Bln: Hillger (= Kürschner's Bücherschatz 1232) (1919)
29 Sonderlinge. Kleine Geschichten. 93 S. Bln-Dahlem: Meyer 1921
30 Der Weg nach Dingsda. Erzählungen. 199 S. Stg: Dt. Verl.-Anst. 1921
31 Heimkehr. 98 S. Stg: Fleischhauer & Spohn (= Kristall-Bücher) (1924)
32 Das hölzerne Schifflein. Roman. 371 S. Stg: Dt. Verl.-Anst. (1924)
33 Der Zerlumpte. Die Schachtel der alten Mine. 31 S. Bln: Hillger (= Deutsche Jugendbücherei 210) (1925) (Ausz. a. Nr. 8)
34 (MV) Des Schusterjakobs Ältester. (– A. Sapper: In Wasserfluten.) Einl. F. Pferdmenges. 76 S. Bielefeld: Velhagen & Klasing (= Velhagen & Klasing's Jugendbücherei 22) 1927
35 Muscheln. Erzählungen. 185 S. Stg: Dt. Verl.-Anst. 1927
36 Der stärkste Zauber. 119 S. Bln (: Verl. Die Brücke) (= Unsere deutschen Erzähler. Reihe 3, Gabe 5) 1927
37 Der Heß und sein Buch. Erzählungen. 62 S. Basel: Verein für Verbreitung guter Schriften (= Verein für Verbreitung guter Schriften Basel 156) 1928 (Ausz. a. Nr. 8)
38 Auf alten Wegen. Erzählungen. 139 S. Tüb: Wunderlich (1928)
39 Der Gaukler. Roman. 348 S. Stg: Dt. Verl.-Anst. 1929
40 Die Mädchen vom Marienhof. Roman. 403 S. Stg: Dt. Verl.-Anst. 1931
41 Begegnungen. Zwei Erzählungen. Hg. W. Topp. 33 S. Bielefeld: Velhagen & Klasing (= Velhagen & Klasing's dt. Lesebogen 171) (1933) (Ausz. a. Nr. 8)
42 Hans-Albrechts Wanderschaft. 71 S. Gütersloh: Bertelsmann (= Schmuckbuch 6) (1933) (Ausz. a. Nr. 35)
43 Das Mädchen Peter und der Fremde. 284 S. Gütersloh: Bertelsmann (1936)

44 (MV) Die Umfrage. Erzählung. (– E. Pauli: Das Glück.) 24 S. Konstanz: Christl. Verl.-Anst. (= Kleine Geschichten in großem Druck 1) (1936)
45 Die große Kraft der Eva Auerstein. Roman. 306 S. Gütersloh: Bertelsmann (1937) (Neuaufl. v. Nr. 32)
46 Aus halbvergangenen Tagen. Erinnerungen. 263 S., 4 Taf. Mchn: Lehmann 1937
47 Der Krug des Brenda. Roman. 301 S. Gütersloh: Bertelsmann (1940)
48 Die von der Blumenwiese. Roman. 307 S. Gütersloh: Bertelsmann (1943)
49 Schwarzwaldgeschichten. Vorw. E. Ackerknecht. 184 S. Stg: Steinkopf 1945
50 Glücks genug. Erzählungen. 207 S. Heilbronn: Salzer 1957

SUSMAN, verh. von Bendemann, Margarete (1874–1966)

1 Mein Land. Gedichte. 107 S. Bln: Schuster & Loeffler 1901
2 Neue Gedichte. 95 S. Mchn: Piper 1907
3 Das Wesen der modernen deutschen Lyrik. 130 S. Stg: Strecker & Schroeder (= Kunst und Kultur 9) 1910
4 Vom Sinn der Liebe. 142 S. Jena: Diederichs 1912
5 Die Liebenden. Drei dramatische Gedichte. 96 S. Lpz, Mchn: Wolff (1918)
6 Die Revolution und die Frau. 9 S. Ffm: Tiedemann & Uzielli (= Das Flugblatt 4) 1918
7 Das Kruzifix. 42 S., 1 Abb. Freiburg i. Br.: Heinrich (= Schnitter-Bücher. Die hohe Reihe) 1922
8 Lieder von Tod und Erlösung. Gedichte. 114 S. Mchn: Drei Masken-Verl. 1922
9 Frauen der Romantik. 180 S., 16 Taf. Jena: Diederichs 1929
10 Das Buch Hiob und das Schicksal des jüdischen Volkes. 232 S. Zürich: Steinberg-Verl. (1946)
11 Deutung einer großen Liebe. Goethe und Charlotte v. Stein. 223 S. Zürich, Stg: Artemis-Verl. 1951
12 Gestalten und Kreise. 365 S. Stg, Konstanz: Diana-Verl. (1953)
13 Aus sich wandelnder Zeit. Gedichte. 174 S. Zürich, Stg: Diana-Verl. 1953
14 Deutung biblischer Gestalten. 143 S. Stg, Konstanz: Diana-Verl. 1955
15 Die geistige Gestalt Georg Simmels. 40 S. Tüb: Mohr (= Schriftenreihe wissenschaftlicher Abhandlungen des Leo Baeck Institute of Jews from Germany 3) 1959

SUTTNER, Bertha Freifrau von, geb. Gräfin Kinsky (+B. Oulot) (1843–1914)

1 +Inventarium einer Seele. 392 S. Lpz: Friedrich 1883
2 Ein Manuscript! 217 S. Lpz: Friedrich 1885
3 Ein schlechter Mensch. Roman. 247 S. Mchn: Heinrichs 1885
4 Daniela Dormes. 315 S. Mchn: Heinrichs 1886
5 High-life. 312 S. Mchn: Heinrichs 1886
6 Verkettungen. Novellen. 295 S. Lpz: Friedrich 1887
7 Schriftsteller-Roman. 351 S. Dresden: Pierson 1888
8 Erzählte Lustspiele. Neues aus dem High Life. 265 S. Dresden: Pierson 1889
9 Die Waffen nieder! Eine Lebensgeschichte. 2 Bde. 695 S. Dresden: Pierson (1889)
10 *Das Maschinenalter. Zukunftsvorlesungen über unsere Zeit. Von Jemand. 303 S. Zürich: Verl.-Mag. (1890)
11 Doktor Hellmuts Donnerstage. 202 S. Dresden: Pierson 1892
12 (MV) B. v. S. (u. a.): Es müssen doch schöne Erinnerungen sein! Mittheilun-

gen der österreichischen Gesellschaft der Friedensfreunde. 67 S. Wien, Bln: Wiener Verl. 1892
13 An der Riviera. Roman in zwei Bänden. 489 S. Mannheim: Bensheimer 1892
14 Eva Siebeck. Roman. 396 S. Dresden: Pierson (1892)
15 (Hg.) Die Waffen nieder! Monatsschrift zur Förderung der Friedensbewegung. 8 Jge., je 12 H. Dresden: Pierson 1892–1899
16 Im Berghause. Novelle. 121 S. Bln: Goldschmidt 1893
17 Die Tiefinnersten. Roman. 354 S. Dresden: Pierson 1893
18 Trente-et-Quarante. Roman. 303 S. Dresden: Pierson 1893
19 Die Waffen nieder! Drama in drei Akten. Bearb. K. Pauli. 120 S. Halle: Hendel (= Bibliothek der Gesamt-Litteratur des In- und Auslandes 641–642) 1893
20 (MV) F. Simon: Wehrt Euch! Ein Mahnwort an die Juden. Mit einem offenen Brief der B. v. S. an den Verfasser. Bln: Centralbuchh. 1893
21 Hanna. Roman. 365 S. Dresden: Pierson 1894
22 Vor dem Gewitter. 369 S. Wien: Breitenstein (= Publikationen der Literarischen Gesellschaft in Wien I, 1) 1894
23 Es Löwos. Eine Monographie. 139 S. Dresden: Pierson 1894
24 Phantasien über den „Gotha". 250 S. m. Bildn. 16⁰ Dresden: Pierson 1894
25 (Einl.) K. P. Arnoldson: Pax mundi. Historische Darstellung der Bestrebungen für Gesetz und Recht zwischen den Völkern. XXIV, 203 S. Stg: Strecker & Schröder 1896
26 Einsam und arm. 2 Bde. 235, 232 S. Dresden: Pierson 1896
27 (Hg.) Frühlingszeit. Eine Lenzes- und Lebensgabe, unseren erwachsenen Töchtern zur Unterhaltung und Belehrung gewidmet von den deutschen Dichterinnen der Gegenwart. 289 S. m. Bildn., 1 Abb. 4⁰ Stg, Bln: Gnadenfeld 1896
28 Krieg und Frieden. Erzählungen, Aphorismen und Betrachtungen. Zusgest., hg. L. Katscher. 190 S. Bln: Rosenbaum 1896
29 Wohin? Die Etappen des Jahres 1895. 143 S. Bln: Gutenberg-A.G. (= Publikationen des Deutschen Vereins für internationale Friedenspropaganda von 1874 zu Berlin. Bd. 3) 1896
30 Der Kaiser von Europa. Nach dem Englischen des F. A. Fawkes. 312 S. Bln: Vita 1897
31 Schmetterlinge. Novelletten und Skizzen. 246 S. Dresden: Pierson 1897
32 Schach der Qual. Ein Phantasiestück. 246 S. Dresden: Pierson (1898)
33 La Traviata. Roman. 347 S. Dresden: Pierson 1898
    (Neuaufl. v. Nr. 13)
34 ★(Hg.) Herrn Dr. Karl Freiherrn von Stengel's und Anderer Argumente für und wider den Krieg, v. N. N. 24 S. Wien, Dresden: Pierson 1899
35 Ku-i-kuk. Niemals eine Zweite. 128 S. 12⁰ Bln: Hillger (= J. Kürschner's Bücherschatz 150) 1899
36 Das Maschinenzeitalter. Zukunftsvorlesungen über unsere Zeit. 355 S. Dresden: Pierson 1899
    (Neuaufl. v. Nr. 10)
37 Die Haager Friedensconferenz. Tagebuchblätter. 311, 59 S., 1 Tab. Dresden: Pierson 1900
38 Krieg und Frieden. Vortrag. 45 S. Mchn: Schupp 1900
39 Martha's Kinder. Fortsetzung zu „Die Waffen nieder!". 411 S. Dresden: Pierson 1903
    (Forts. v. Nr. 9)
40 Briefe an einen Toten. 224 S. Dresden: Pierson (1904)
41 Ketten und Verkettungen. Donna Sol. Zwei Novellen. 95 S. Lpz: Hesse (= M. Hesse's Volksbücherei 133) 1904
42 Der Krieg und seine Bekämpfung. 32 S. Bln: Verl. Continent (= Broschüren-Folge „Continent" 6) 1904
43 Franzl und Mirzl. Langeweile. Ermenegildens Flucht. Erzählte Lustspiele. 134 S. m. Bildn. u. Faks. Lpz: Hesse (= M. Hesse's Volksbücherei 250–251) 1905
44 Der Frauenweltbund und der Krieg. 72 S. Bln: Voß 1905
45 Babies siebente Liebe und Anderes. Neue Folge der „Erzählten Lustspiele". 367 S. Dresden: Pierson 1905
    (N. F. zu Nr. 8)

46 Randglossen zur Zeitgeschichte. Das Jahr 1905. 62 S. Kattowitz: Phönix-Verl. 1906
47 Gesammelte Schriften. 12 Bde. m. Bildn. Dresden: Pierson 1906–1907
48 Zur nächsten intergouvernementalen Konferenz im Haag. 16 S. Bln: Süsserott 1907
49 Stimmen und Gestalten. 202 S. Lpz: Elischer 1907
50 Memoiren. 553 S., 3 Bildn. Stg: Dt. Verl.-Anst. 1909
51 Rüstung und Überrüstung. 71 S. Bln: Hesperus-Verl. 1909
52 Der Menschheit Hochgedanken. Roman aus der nächsten Zukunft. 431 S. m. Bildn. Bln: Verl. d. Friedens-Warte 1911
53 Die Barbarisierung der Luft. 32 S. Bln: Verl. d. Friedens-Warte (= Internationale Verständigung 6) 1912
54 Aus der Werkstatt des Pazifismus. Aus der eigenen Werkstatt. Vortragszyklus. 55 S. Wien: Heller 1912
55 Der Kampf um die Vermeidung des Weltkriegs. Randglossen aus zwei Jahrzehnten zu den Zeitereignissen vor der Katastrophe (1892–1900 u. 1907 bis 1914). Hg. A. H. Fried. 2 Bde. XX, 628; XVI, 630 S., 1 Bildn. Zürich: Art. Inst. Orell Füßli 1917

SYLVANUS, Erwin (*1917)

1 Jahresring. Erlebnisreihe der Jungen des Bannes 132 der Hitler-Jugend im Jahre 1936. 52 S. Soest (o. Verl.) 1936
2 Der ewige Krieg. Erzählung. 74 S. Bln: Holle (= Die kleinen Hollebücher 22) (1942)
3 Der Dichterkreis. 82 S. m. Abb. Wien: Frick (= Wiener Bücherei 25) 1943
4 Die Musches. Gedichte. 55 S. Hbg: Dulk 1947
5 Der Paradiesfahrer. Roman. 180 S. Hbg: Mölich 1949
6 (MÜbs.) W. Enzinck: Hier auf Erden. Gedichte. Übs. E. Barth, O. Denger E. S. (u. a.) 28 S. Zürich, Stg: Classen (1955)
7 Hirten auf unserem Felde. Ein Spiel für die Vorweihnachtszeit nach westfälischen Sagen. 20 S. Münster/Westfalen: Aschendorff; Bielefeld-Bethel: Dt. Heimat-Verl. (= Kleine westfälische Reihe. Gruppe 8: Laienspiel, H. 2) 1956
8 Korczak und die Kinder. Ein Stück. 49 S., 1 Bildn., 4 Abb. St. Gallen: Tschudy (= Die Quadrat-Bücher 1; = Forum-Reihe) 1959

SZABO, Wilhelm (*1901)

1 (Hg., Bearb.) F. Sacher: Gesammelte Schriften. 3 Bde. Wien: Krystall-Verl. 1932–1934
2 Das fremde Dorf. Gedichte. 51 S. Wien: Krystall-Verl. 1933
3 Im Dunkel der Dörfer. Gedichte. 50 S. Mchn: Alber 1940 (Enth. u. a. Ausz. a. Nr. 2)
4 Das Unbefehligte. Gedichte. 48 S. Mchn: Alber; Wien: Herder 1947
5 Herz in der Kelter. Gedichte. 104 S. Salzburg: Müller 1954
6 (Hg., Übs., Einl.) Neidhart von Reuenthal: Der große Schelm. Nach der Textausgabe von M. Haupt u. E. Wiessner. 127 S. Graz, Wien: Stiasny (= Stiasny-Bücherei 73) 1960

Talhoff, Albert (1890–1956)

1. Nicht weiter – o Herr! Ein Schrei. 79 S. Jena: Diederichs 1919
2. Passion. 23 S., 8 Abb. Jena: Diederichs 1923
3. Elmau. 18 S. Gotha: Klotz (= Publikation der Gesellschaft der Freunde von Elmau) 1927
4. Nähe. Aufzeichnungen und Gesichte. X, 43 S. Gotha: Klotz (= Das Bekenntnis) 1927
5. (Einl.) M. Thalmann: Vom Rhythmus der Neuen Welt. Amerika im Holzschnitt. V S., 24 Taf. 4° Jena: Diederichs 1927
6. Totenmal. Dramatisch-chorische Vision für Wort, Tanz, Licht. 100 S. Stg: Dt. Verl.-Anst. 1930
7. Heilige Natur. Gestalten, Landschaften und Gesichte. 411 S. Stg: Dt. Verl.-Anst. 1935
8. Messe am Meer. Mchn: Oldenbourg 1940
9. Weh uns, wenn die Engel töten. 315 S. Zürich: Rascher 1945
10. Friede. IV, 7 S. Genf: Die Auslese (1946)
11. (Vorw.) G. Meyrink: Der Golem. Ein Roman. Nachw. R. Bernoulli. XII, 306 S. Zürich: Rascher 1946
12. Der Bruders brüderlicher Gang. 325 S. Braunschweig: Schlösser 1947
13. Das Wunder. 96 S. Zürich: Rascher (= Europäische Bibliothek) 1948
14. Vermächtnis. 149 S. Erlenbach-Zürich: Rentsch 1951
15. Engelberger Alpfahrt. 7 S. Engelberg: Kur- u. Verkehrsverein (1952)
16. Der unheimliche Vorgang. Roman. 198 S. Erlenbach-Zürich: Rentsch 1952
17. Es geschehen Zeichen. Ein Spiel zwischen gestern und morgen. 100 S. Elgg, Zürich: Volksverl. (1953)
18. Soldat Niemand. Spiel zwischen dieser und jener Welt, 61 S. Zürich, Mchn: Dreiflammen-Verl. 1954
19. Passionale Vision. 20 S. Zürich, Mchn: Dreiflammen-Verl. (1954)
20. Dies irae. Zürich, Mchn: Dreiflammen-Verl. 1956
    (Neubearb. v. Nr. 18)

Tau, Max (*1897)

1. Bruno Arndt. Sein Wesen und Werk. 90 S. m. Bildn. u. Titelb. Konstanz, Lpz: Hesse & Becker (= Die Zeitbücher 98) 1920
2. (Hg.) Die Stillen. Dichtungen. XII, 519 S. Trier: Lintz 1921
3. (Hg.) Die deutsche Novelle. Eine Bücherei zeitgenössischer Dichtung. 9 Bde. Trier: Lintz 1922–1923
4. (Hg.) H. Stehr: Gesammelte Werke. 9 Bde., 1 Taf. Trier: Lintz 1924
5. (Hg.) Das Wilhelm Schmidtbonn-Buch. 436 S. Lübeck: Quitzow 1927
6. Landschafts- und Ortsdarstellung Theodor Fontanes. IV, 121 S. Oldenburg: Schulze (= Epische Gestaltung 1; = Forschungen der Literatur, Theater- und Zeitungswissenschaft 3) 1928
7. (MH) Vorstoß. Prosa der Ungedruckten. Eine Sammlung unveröffentlichter Prosa unbekannter deutscher Dichter. Hg. M. T. u. W. v. Einsiedel. 315 S. Bln: Cassirer 1930
8. (Hg.) J. Görres: Eine Auswahl aus seinen Schriften. 373 S. m. Taf. Bln: Dt. Buchgem. (1931)
9. Tro på mennesket. Oslo: Grundt Tanum 1947
10. Glaube an den Menschen. 236 S. Bln-Grunewald: Herbig 1948
    (Dt. Ausg. v. Nr. 9)
11. Denn über uns ist der Himmel. Roman. 315 S. Hbg.: Hoffmann & Campe (1955)
12. Albert Schweitzer und der Friede. Ansprache in der Feierstunde, die der Senat der Stadt Berlin zum 80. Geburtstag Albert Schweitzers am 14. Januar

1955 in der Berliner TH veranstaltete. 15 S., 9 Bl. Abb., 1 Titelb. Hbg: Meiner 1955
13 (Hg.) Die Friedensbücherei. 2 Bde. Hbg: Wegner 1956

TAUBE, Otto Frh. von (*1879)

1 (Übs.) Blütenkranz des heiligen Franciscus von Assisi. Einf. H. Thode. XXVI, 247 S. Jena: Diederichs 1905
2 (Übs.) G. d'Annunzio: In Memoriam Friedrich Nietzsche. Auf den Tod eines Vernichters. Dichtung. 27 S. Lpz: Insel 1906
3 (Übs., Einl.) W. Blake: Die Ethik der Fruchtbarkeit. Zsgest. aus seinen Werken u. Aufzeichnungen. LI, 149 S. Jena: Diederichs 1907
4 Verse. 121 S. Lpz: Modernes Verl.-Bureau 1907
5 Gedichte und Szenen. 177 S. Lpz: Insel 1908
6 (Übs.) G. Boccaccio: Das Leben Dantes. 73 S. Lpz: Insel 1909
7 Neue Gedichte. 162 S. Lpz: Insel 1911
8 Der verborgene Herbst. Roman. 421 S. Lpz: Insel 1913
9 Zur Frage deutscher Siedlung auf neuerworbenem Gebiete. Bln (: Lehmann) 1917
10 Adele und der Dichter. Novellen. 127 S. Wolgast: Kentaur-Verl. 1919
11 (Übs.) L. de Camões: Ausgewählte Sonette. 52 S. Lpz: Insel (= Insel-Bücherei 264) (1919)
12 Russische Märchen. VII, 115 S., 7 Abb. Mchn: Müller 1919
13 Die Löwenprankes. Roman. 494 S. Lpz: Insel 1921
14 (Hg.) Helene von Taube: Am russischen Hof in den Jahren der deutschen Reichsgründung. Tagebuch eines Hoffräuleins. V, 360 S. m. Taf. Bln: Kentaur-Verl. (1921)
15 (Bearb.) P. Calderón de la Barca: Der Schulze von Zalamea. Schauspiel in drei Aufzügen. 96 S. Lpz: Insel (= Insel-Bücherei 354) (1923)
16 Rasputin. 327 S., 1 Bildn. Mchn: Beck (= Stern und Unstern 1) (1924)
17 (Übs., Nachw.) N. A. Berdjaev: Der Sinn der Geschichte. Versuch einer Philosophie des Menschengeschickes. Einl. H. Graf Keyserling. 308 S. Darmstadt: Reichl 1925
18 (Übs.) F. de Stendhal: Die Kartause von Parma. 784 S. Lpz: Insel 1925
19 Das Opferfest. Roman. 580 S. Lpz: Insel 1926
20 (Übs.) F. de Stendhal: Lucien Leuwen. 921 S. Lpz: Insel 1929
21 (Hg.) B. Gracian: Hand-Orakel und Kunst der Weltklugheit. Nach der Übertragung von A. Schopenhauer neu hg. 92 S. Lpz: Insel (= Insel-Bücherei 423) (1931)
22 Der Hausgeist. Erzählung. 100 S. Mchn (: Park-Verl.) (= Schriftenreihe der Innviertler Künstlergilde) 1931
23 Baltischer Adel. Drei Novellen. 75 S. Oldenburg: Stalling (= Schriften an die Nation 3) 1932
24 (Übs.) P. Calderón de la Barca: Die Dame Kobold. 61 S. Lpz: Steyer 1935
25 (Übs.) P. Calderón de la Barca: Spanische Ballade. 68 S. Lpz: Steyer 1936
26 Die Metzgerpost. 222 S. Merseburg: Stollberg 1936
27 (Übs.) Lope F. de Vega Carpio: Die Prinzessin von León. 59 S. Lpz: Steyer 1936
28 (Übs.) A. de Vigny: Soldatenknechtschaft und Soldatengröße. 259 S. Merseburg: Stollberg 1936
29 (Einl.) Das Buch der Keyserlinge. An der Grenze zweier Welten. Lebenserinnerungen aus einem Geschlecht. 428 S., 8 Bildn. Bln: Fischer 1937
30 Das Ende der Königsmarcks. 122 S. Merseburg: Stollberg 1937
31 Wanderliebe und andere Gedichte. 77 S. Merseburg: Stollberg (1937)
32 Geschichte unseres Volkes. 2 Bde. Bln: Eckart-Verl. 1938–1942
  1. Die Kaiserzeit. 491 S. 1938
  2. Reformation und Revolution. 616 S. 1942
33 Der Fluch über Luhsen. 84 S. Merseburg: Stollberg (1939)
34 Die baltischen Märtyrer. Ein Gedenkblatt. 22 S. Bln: Eckart-Verl. 1939
35 Wirkungen Luthers. 51 S. Bln: Eckart-Verl. 1939
36 (Einl.) J. H. Jung-Stilling: Lebensgeschichte, oder dessen Jugend, Jünglings-

jahre, Wanderschaft, Lehrjahre, häusliches Leben und Alter. Eine wahrhafte Geschichte von ihm selbst erzählt. 639 S. Lpz: Reclam (= Reclam's UB. 662–667) 1940

37 (Übs.) N. Leskov: Die Gerechten. Erzählungen. Übs. O. Frh. v. T., G. v. Bodelschwingh u. S. v. Vegesack. Hg. C. H. Erkelenz. 282 S. m. Abb. Paderborn: Schöningh 1940
38 Von Spuk und Traum. 62 S. Chemnitz: Ges. d. Bücherfreunde zu Chemnitz 1940
39 (Einl.) W. v. Kügelgen: Jugenderinnerungen eines alten Mannes. 440 S. Lpz: Koehler & Amelang (1942)
40 (Hg.) W. v. Kügelgen: Lebenserinnerungen des Alten Mannes in Briefen an seinen Bruder Gerhard. Neu hg. 624 S. Lpz: Koehler & Amelang 1942
41 (Einl.) H. F. v. Meibom: Aus napoleonischer Zeit. Hg. H. J. v. Gadow. 224 S. Lpz: Koehler & Amelang 1943
42 Johannes der Evangelist. 14 S. Mchn: Kaiser (= Traktate vom wirklichen Leben 2) 1946
43 (Hg.) Klage und Jubel. Briefe um den Tod eines jungen Christen. 180 S. Mchn: Kaiser 1946
44 (Hg.) Licht der Welt. Eine Gedichtsammlung. 271 S. Mchn: Kaiser 1946
45 Heiliges Vermächtnis früher Zeugen. 15 S. Mchn: Kaiser (= Traktate vom wirklichen Leben 3) 1946
46 Gottes Wort und die Geschichte. 39 S. Mchn: Kaiser (= Gottes Wort und Geschichte 1) 1946
47 (Hg., Übs.) Russische Erzählungen. 154 S. Mchn: Ehrenwirth (1947)
48 (MÜbs.) N. S. Leskov: Der Gast beim Bauern. Weihnachtserzählungen. Übs. O. Frh. v. T. u. G. v. Bodelschwingh. Hg. C. H. Erkelenz. 95 S. m. Abb. Recklinghausen: Paulus 1947
49 Wilhelm Löhe. 15 S. Mchn: Kaiser (= Traktate vom wirklichen Leben 13) 1947
50 Vom Ufer, da wir abgestoßen. 71 S. Wiesbaden: Insel 1947
51 (Übs.) A. de Vigny: Vom Leben und Tod des Hauptmanns Renaud oder Der Rohrstock. Einf. R. Schneider. 191 S. Freiburg: Herder (= Abendländische Bücherei) 1947
52 Von den Zeichen der Zeit. 18 S. Mchn: Kaiser (= Gottes Wort und Geschichte 7) 1947
53 (Übs.) Bernhard von Clairvaux: Von Kreuzzug, Krieg und den Juden. Zwei Briefe. Lateinisch und deutsch. 33 S. Mchn: Kaiser (= Traktate vom wirklichen Leben 21) 1948
54 (Übs.) Franciscus von Assisi: Der Sonnengesang. 15 S. Eßlingen u. Zürich: Burckhardt (= Der Bogen) 1948
55 Die Wassermusik. Erzählungen. 217 S. Düsseldorf: Bagel 1948
56 (Hg.) K. Blum: Affäre Markus. Ein Tatsachenbericht. 150 S., 2 Bl. Abb. Regensburg: Habbel 1949
57 (Hg., Übs., Einl.) L. de Camões: Die Lusiaden. Zweisprachige Ausgabe. 132 S. Freiburg: Herder 1949
58 Im alten Estland. Kindheitserinnerungen. 286 S. Stg: Koehler (1949)
59 (Hg.) H. Gräfin Keyserling: Frühe Vollendung. Das Leben der Gräfin Marie Keyserling in der Erinnerung ihrer Schwester. 392 S. Bamberg: Baeßler 1949
60 Die Zukunft Israels in christlicher Schau. 29 S. Bielefeld: Bechauf 1949
61 Die Hochzeit. Erzählung. 32 S. Wuppertal: Brockhaus 1950
62 (Übs.) H. Vallotton: Elisabeth, die tragische Kaiserin. 485 S., 8 Abb. Mchn: Huber 1950
63 Wanderjahre. Erinnerungen aus meiner Jugendzeit. 343 S. Stg: Koehler 1950
64 Dr. Alltags phantastische Aufzeichnungen. 126 S. Hbg: Wittig (1951)
65 Das Drachenmärchen. 67 S. Witten, Bln: Eckart-Verl. (= Der Eckart-Kreis. N. F. 1) (1953)
66 Die letzten Hexen von Dalarne. 32 S. Lahr: Schauenburg (= Blinklicht-Heft 3) (1953)
67 (Übs.) N. S. Leskov: Der ungetaufte Pope. Erzählung. 87 S. m. Abb. Paderborn: Schöningh (= Schöningh's Textausgaben 257) 1953
68 (Nachw.) E. Graf Keyserling: Schwüle Tage und andere Erzählungen. 335 S. Zürich: Manesse (= Manesse-Bibliothek der Weltliteratur) 1954

69 (Übs.) G. de Larigaudie: Schneeflocke. Ein schöner, blauer Traum. 86 S., 8 Taf. Basel: Verl. Die Brigg 1954
70 Lob der Schöpfung. 31 S. Starnberg: Starnberger Kunstkreis 1954
71 (Übs.) H. Troyat: Der Berg der Versuchung. Roman. 199 S. Mchn: Nymphenburger Verlh. 1954
72 Brüder der oberen Schar. Gestalten aus der Welt der Bibel und der Geschichte der Kirche. 295 S. Hbg: Wittig 1955
73 Selig sind die Friedbereiter. Geistliche Gedichte und Lieder. Hg. H. Schoepke. 83 S. Bln: Evangelische Verl.-Anst. 1956
74 (Übs.) Russische Erzähler. Mit Einf. u. Bibliographien v. H. Rothe. 354 S. Hbg: Rowohlt (= Rowohlts Klassiker der Literatur und der Wissenschaft 11–12) 1957
75 (Übs.) N. S. Leskov: Der verzauberte Wanderer. 159 S. m. Abb. Hbg, Bln: Dt. Hausbücherei 1957
76 (Übs.) A. de Vigny: Glanz und Elend des Militärs. Mit einem Essay „Zum Verständnis des Werkes" und einer Bibliographie v. E. Grassi. 152 S. Hbg: Rowohlt (= Rowohlts Klassiker der Literatur und der Wissenschaft 3) (1957)
(Neuaufl. v. Nr. 28)
77 (Übs.) Tibetanisches Vogelbuch oder Der kostbare Kranz des Vogelgesetzes. Erste deutsche Übertragung. 64 S., 1 Titelb. Zürich: Arche (= Die kleinen Bücher der Arche 253–254) 1957
78 Ausgewählte Werke. 478 S. Hbg: Wittig 1958
79 (Nachw.) A. R. Lesage: Geschichte des Gil Blas von Santillana. Übs. G. Fink. Durchges. W. Widmer. 1044 S. m. Abb. Mchn: Winkler 1959
80 Der Minotaurus. 189 S. Hbg, Mchn: Siebenstern-Taschenbuch-Verl. (= Siebenstern-Taschenbuch 4) 1959
(Ausz. a. Nr. 78)
81 Goldene Tage. 37 S. Starnberg: Starnberger Kunstkreis 1959
82 Zeugnis. Gedichte. Nachw. H. Härlem. 44 S. Darmstadt: Peter-Presse (= Jahresgabe der Peter-Presse. Sonderdr.; 400 Ex.) 1960

Tavel, Rudolf von (1866–1934)

1 Der Twinghernstreit. Schauspiel. 150 S. Bern: Buchdr. d. Berner Tageblatt 1899
2 Jä gäll, so geit's. E luschtigi Gschicht us truuriger Zyt. 208 S. m. Abb. Bern: Francke 1901
3 Der Houpme Lombach. Berndeutsche Novelle. Anschließend an die Novelle „Jä gäll, so geit's". 335 S. Bern: Francke 1903
(Forts. v. Nr. 2)
4 Familie Landorfer. 3 Bde. Bern: Francke 1904–1906
 1. Jä gäll, so geit's. E luschtigi Gschicht us truuriger Zyt. 223 S. 1904
 2. Der Houpme Lombach. Berndeutsche Novelle. Anschließend an die Novelle „Jä gäll, so geit's". 336 S. 1904
 3. Götti und Gotteli. Berndeutsche Novelle. Anschließend an „Der Houpme Lombach". 332 S. 1906
(Enth. u. a. Nr. 2 u. 3)
5 Der Schtärn vo Buebebärg. E Gschicht us de trüebschte Tage vom alte Bärn. 330 S. m. Abb. Bern: Francke 1907
6 D' Frou Kätheli und ihri Buebe. Berndeutsche Erzählung. 2 Bde. 263, 215 S. Bern: Francke 1910
(Forts. v. Nr. 5)
7 Theodorich von Lerber. Lebensbild. 158 S., 5 Taf., 1 Bildn. Bern: Francke 1911
8 Gueti Gschpane. Berndeutsche Erzählung. 290 S. Bern: Francke 1912
9 Eines Vaters Liebe. Der „Bourbaki". Wie Fritz Reckholter ein stiller Mann wurde. 71 S. Bern: Verein für Verbreitung guter Schriften (= Verein für Verbreitung guter Schriften, Bern. Bd. 91) 1913
10 Bern. Seinen Besuchern geschildert. 128 S., 20 Abb., 1 Pl. Zürich: Orell Füßli (= Orell Füßli's Wandbilder 355–358) 1914

11 Heiliges Land. Rede. 16 S. Bern: Bäschlin 1915
12 Der Donnergueg. E Liebesgeschicht us schtille Zyte. Berndeutsche Erzählung. 230 S. Bern: Francke (1916)
13 (MV) Kirchliches Bezirksfest in der Kirche zu Diemtigen. Himmelfahrt 1917. Festpredigt. (– E. Wildbolz: Pflicht und Zeit. Referat). 27 S., 1 Abb. Bern: Bäschlin 1917
14 Die heilige Flamme. Eine Erzählung aus dem Bernerland. 343 S. Bern: Francke 1917
15 (Hg.) Die Garbe. Schweizer Familienblatt. 16 Jge., je 24 H. 4⁰ Basel: Reinhardt 1917-1933
16 D' Glogge vo Nüechterswyl. E Gschicht usem Bärnbiet. 41 S. Zürich: Rascher (= Schriften für Schweizer Art und Kunst 46) 1917
17 Bernbiet. Alte und neue Erzählungen. 339 S. Bern: Francke 1918
18 Heinz Tillmann. Roman. 423 S. Bern: Francke (1919)
19 Heimgefunden. Zwei Erzählungen aus dem Bernbiet. 128 S. Basel: Reinhardt (= Stab-Bücher) 1921
20 Kraftwerk und Stausee von Mühleberg in ihrer Entstehung geschildert. 100 S. m. Abb. Bern: Francke 1921
21 D' Haselmuus. E Gschicht us em Undergang vom alte Bärn. 287 S. Bern: Francke 1922
22 Simeon und Eisi. 107 S. Bern: Francke 1922
23 Di gfreutischti Frou. E Komedi i drei Akte. 115 S. Bern: Francke (= Berner Liebhaberbühne 21) 1923
24 Im alten Füfefüfzgi. Erzählung. 72 S. m. Abb. Basel: Verein für Verbreitung guter Schriften (= Verein für Verbreitung guter Schriften, Basel. Bd. 135) 1923
25 Unspunne. Wie's der Haselmuus wyter ergangen isch. 359 S. Bern: Francke 1924
    (Forts. v. Nr. 21)
26 Die Deposito-Cassa der Stadt Bern. Denkschrift zur Feier ihres hundertjährigen Bestandes 1825-1925. 114 S., 3 Taf. Bern: Büchler 1925
27 Mutter und Heldin. Nach den Aufzeichnungen der Marquise de Bonchamps frei erzählt. 125 S. Basel: Reinhardt (= Stab-Bücher) (1925)
28 Ds verlorne Lied. 383 S. Bern: Francke (1926)
29 Zwöierlei Schatzig. Bauernkomödie in zwei Aufzügen. 43 S. Bern: Francke (= Heimatschutz-Theater 31) 1926
30 Düß. Eine Pfarrergeschichte. 133 S. Basel: Reinhardt (= Stab-Bücher) (1927)
31 Veterane-Zyt. Roman. 428 S. Bern: Francke 1927
32 Am Kaminfüür. Bärndütschi Geschichte. 268 S. Bern: Francke 1928
33 Der Frondeur. Berndeutscher Roman aus dem siebzehnten Jahrhundert. 419 S. Bern: Francke 1929
34 Der Heimat einen ganzen Mann! Festspiel auf die fünfundzwanzigjährige Gründungsfeier des Bernischen Heimatschutzes. 39 S. Bern: Francke (= Heimatschutz-Theater 39) 1930
35 (Hg., Bearb.) A. Pochon: Das Berner Regiment von Erlach in königlich französischem Dienst 1671-1792. 97 S., 38 Taf. Bern: Benteli (1930)
36 Amors Rache. Eine fröhliche Erzählung aus dem Bernbiet. 141 S. Basel: Reinhardt (= Stab-Bücher) (1930)
37 Ring i der Chetti. E Läbesgschicht. 482 S. Bern: Francke 1931
38 Volk heran, zur Arbeit! Bericht über das religiöse, kirchliche und sittliche Leben der bernischen Landeskirche in den Jahren 1920-1930. 93 S. Bern: Stämpfli 1931
39 Schweizer daheim und draußen. Novellen. 323 S. Bern: Francke (1932)
40 Meischter und Ritter. 392 S. Bern: Francke 1933
41 Geschichten aus dem Bernerland. Drei Erzählungen. 137 S. Basel: Reinhardt (= Stab-Bücher) (1934)
42 Vom Wert der Tradition. 40 S. Bern: Francke (= Veröffentlichungen der Schweizer Bibliophilen-Gesellschaft, Bern) 1935
43 Wie der Goliath von Tröhlbach seinen David fand. Geschichte aus dem Bernbiet. 127 S. Basel: Reinhardt (= Stab-Bücher) (1936)
44 Gedanken. Aus Werk und Werkstatt des Erzählers. Zusammengestellt aus den Werken, nachgelassenen Papieren, Briefen und Vorträgen durch Adele von Tavel. 107 S. Bern: Francke (1937)

45 Der Landgraf und sein Sohn. Erzählung. 63 S. Zürich: Verein für Verbreitung guter Schriften (= Verein für Verbreitung guter Schriften, Zürich. Bd. 207) 1942
(Ausz. a. Nr. 39)

TERRAMARE, Georg
(eig. Georg Eisler von Terramare) (1889–1948)

1 Brutus. Dramatisches Gedicht. 76 S. Wien: Stern 1906
2 Die Stadt der Verheißung und anderes. 90 S. Wien: Konegen 1908
3 Goldafra. Dramatisches Gedicht. 109 S. Lpz: Xenien-Verl. 1910
4 Die ehemals waren. 190 S. Lpz: Staackmann 1911
5 Der Liebesgral. 312 S. Mchn: Müller 1913
6 Des Odysseus Erbe. Eine Tragödie in drei Aufzügen. 98 S. Bln: Reiß 1914
7 Ein Prinz Eugen Liedchen. 3 Bl. Wien: Heller 1914
8 Kriegsfantasie. 16 S. Mchn: Schmidt (1915)
9 Vertraut! 3 Bl. Wien: Heller 1915
10 Mutter Maria. 66 S. Bln-Wilmersdorf: Bloch 1916
11 Die stille Stunde. Komödie in drei Aufzügen. Bln-Wilmersdorf: Bloch 1916
12 Die tausendundzweite Nacht. 27 S. Wien: Lyra-Verl. (= Molitor's Novellenschatz 10) 1919
13 Matthias Graudeggers Erlebnis. 136 S. 16° Wien: Wila 1920
14 Das Mädchen von Domremy. Roman. 2 Bde. 280, 325 S. Wien: Wila 1921
15 Ein Spiel von der Geburt des Herrn, den Hirten und den Königen. 55 S., 1 Abb. Wien: Wila 1921
16 Ein Spiel vom Tode. 67 S., 15 Abb. Wien: Rikola-Verl. 1923
17 Stimmen am Wege. Ein Buch um Franz von Assisi. 116 S. Kempten, Mchn: Kösel & Pustet 1924
18 Irmelin. Drei kleine Legenden. 71 S. 16° Kempten, Mchn: Kösel & Pustet (= Das Tor) 1925
19 Die Magd von Domremy. Roman. 501 S. Mchn: Kösel & Pustet 1925 (Neubearb. v. Nr. 14)
20 Eginhardt im Märchenland. III, 82 S. m. Abb. Mchn: Kösel & Pustet 1927
21 Die Auferweckte. 71 S. m. Abb. Dülmen: Laumann 1932
22 Therese Krones. Schauspiel in vier Bildern. 62 S. Wien: Bergland-Verl. 1959

TERSTEEGEN, Gerhard (1697–1769)

1 Geistliches Blumen-Gärtlein Inniger Seelen, Oder kurtze Schluß-Reimen Betrachtungen und Lieder, Uber allerhand Warheiten des Iñwendigen Christenthums; Zur Erweckung, Stärckung und Erquickung in dem Verborgenen Leben mit Christo in Gott. Ffm, Lpz 1729
2 Der Frommen Lotterie. o.O. 1732
3 Auserlesene Lebensbeschreibungen heiliger Seelen. 3 Bde. o.O. 1733–1753
4 Geistliches Blumen-Gärtlein Inniger Seelen, Oder kurtze Schluß-Reimen Betrachtungen und Lieder, Uber allerhand Warheiten des Iñwendigen Christenthums; Zur Erweckung, Stärckung und Erquickung in dem Verborgenen Leben mit Christo in Gott. Ffm, Lpz 1738
(Verm. Neuaufl. v. Nr. 1)
5 Geistliche Brosamen. 2 Bde. Solingen 1769–1773
6 Gesammelte Briefe. 2 Bde. Solingen 1773–1775
7 Erklärung vom Glauben, von der Rechtfertigung, von dem Wesen und Nutzen der wahren Gottseligkeit, und Bericht von der Mystik ... 128 S. Tüb: Fues 1773
8 Des gottseligen Arbeiters im Weinberge des Herrn: Gerhard Tersteegen's ... gesammelte Schriften. 8 Bde. Stg: Rieger (1–2) bzw. Stg: Becher & Müller (3–8) 1844–1845
9 Geistliche Lieder und Dichtungen. Hg. K. Barthel. 100 S. Bielefeld: Velhagen & Klasing 1853

Thelen, Albert Vigoleis (*1903)

1 (Übs.) J. Teixeira de Pascoaes: Paulus, der Dichter Gottes. XXXIV, 324 S., 20 Taf. Zürich: Rascher 1938
2 (Übs.) J. Teixeira de Pascoaes: Hieronymus, der Dichter der Freundschaft. 380 S. m. Abb. Amsterdam, Lpz: Tiefland-Verl. 1941
3 (Übs.) J. Teixeira de Pascoaes: Das dunkle Wort. 90 S. Zürich: Rascher (= Europäische Bibliothek) 1949
4 Die Insel des zweiten Gesichts. Aus den angewandten Erinnerungen des Vigoleis. 990 S. (Düsseldorf:) Diederichs 1953
5 Vigolotria. 67 S. Düsseldorf, Köln: Diederichs 1954
6 Der Tragelaph. Gedichte. 43 S. Düsseldorf, Köln: Diederichs 1955
7 Der schwarze Herr Bahßetup. Ein Spiegel. 764 S. Mchn, Wien, Basel: Desch 1956
8 (Übs.) C. F. A. Bruijning u. L. Lichtfeld: Surinam. Neues Leben auf alter Erde. 165 S. m. Taf. 4⁰ (Ffm:) Fischer 1957

Thiess, Frank (*1890)

1 Cäsar Flaischlen. Ein Essay. 102 S. m. Bildn. Bln: Fleischel 1914
2 Die Stellung der Schwaben zu Goethe. VIII, 210 S. Stg: Kohlhammer (= Württembergische Vierteljahreshefte für Landesgeschichte 16) 1915
3 Lucie Höflich. 48 S., 6 Abb. Bln: Reiß (= Der Schauspieler 4) 1920
4 Der Tanz als Kunstwerk. Studien zu einer Ästhetik der Tanzkunst. 122 S., 24 Taf. Mchn: Delphin-Verl. 1920
5 Der Tod von Falern. Roman einer sterbenden Stadt. 384 S. Stg: Dt. Verl.-Anst. (1921)
6 Nikolaus W. Gogol und seine Bühnenwerke. Eine Einführung. 47 S. Bln: Schneider (= Schneider's Bühnenführer) 1922
7 Das Gesicht des Jahrhunderts. Briefe an Zeitgenossen. 272 S. Stg: Engelhorn 1923
8 Angelika ten Swaart. 181 S. Stg: Engelhorn 1923
9 Der Tanz als Kunstwerk. Studien zu einer Ästhetik der Tanzkunst. 122 S., 24 Taf. Mchn: Delphin-Verl. 1923
(Verb. Neuaufl. v. Nr. 4)
10 Die Verdammten. 671 S. Stg: Engelhorn 1923
11 Der Leibhaftige. 570 S. Stg: Engelhorn (1924)
(Forts. v. Nr. 14)
12 Der Kampf mit dem Engel. Novellen. 259 S. Stg: Engelhorn (= Engelhorn's Romanbibliothek. Reihe 38, Bd. 12–13) 1925
13 Narren. Fünf Novellen. 144 S. Stg, Bln: Weizinger (= Engelhorn's Romanbibliothek 1000) 1926
14 Das Tor zur Welt. Roman. 352 S. Stg: Engelhorn (1926)
(Forts. v. Nr. 15)
15 Abschied vom Paradies. Ein Roman unter Kindern. 128 S. Stg: Engelhorn 1927
16 Frauenraub. Roman. 257 S. Potsdam, Bln: Kiepenheuer 1927
17 Das Gesicht des Jahrhunderts. Briefe an Zeitgenossen. 272 S. Stg: Engelhorn 1927
(Veränd. Neuaufl. v. Nr. 7)
18 (Hg.) Lebendige Welt. Erzählungen und Bekenntnisse. 19 Bde. Stg: Engelhorn 1927–1935
19 Eine sonderbare Ehe. Novelle. 70 S. Lpz: Reclam (= Reclam's UB.7009) 1929
(Ausz. a. Nr. 13)
20 Erziehung zur Freiheit. Abhandlungen und Auseinandersetzungen. 384 S. Stg: Engelhorn (1929)
21 Über die Frau. 44 S. Stg: Engelhorn (1931)
(Ausz. a. Nr. 20)
22 Jugend. 4 Bde. Stg: Engelhorn (1931)
(Enth. Nr. 11, 14, 15, 24)
23 Wiedergeburt der Liebe. Die unsichtbare Revolution. Mitarb. H. Blüher (u.a.) 379 S. Wien: Zsolnay 1931

24 Der Zentaur. Roman. 793 S. Stg: Engelhorn 1931
 (Forts. v. Nr. 11)
25 Die Geschichte eines unruhigen Sommers und andere Erzählungen. 455 S. Bln: Dt. Buchgem. 1932
26 Die Zeit ist reif. Reden und Vorträge. 313 S. Wien: Zsolnay 1932
27 Johanna und Esther. Eine Chronik ländlicher Ereignisse. 582 S. Wien: Zsolnay 1933
28 Der Weg zu Isabelle. Roman. 298 S. Wien: Zsolnay 1934
29 Der ewige Taugenichts. Romantisches Spiel (nach Eichendorff). 233 S. Wien: Zsolnay 1935
30 Tsushima. Der Roman eines Seekrieges. 513 S., 4 Kt. Wien: Zsolnay 1936
31 Stürmischer Frühling. Roman unter jungen Menschen. 402 S. Wien: Zsolnay 1937
32 Die Herzogin von Langeais. Tragödie. 155 S. Wien: Zsolnay 1938
33 Die Wölfin. Erzählung. 125 S., 8 Abb. Bln: Kiepenheuer 1939
 (Ausz. a. Nr. 12)
34 Das Reich der Dämonen. Der Roman eines Jahrtausends. 693 S. Bln, Wien: Zsolnay 1941
35 Caruso. Roman einer Stimme. 2 Bde. Wien: Zsolnay (1) bzw. Hbg: Krüger (2) 1942–(1946)
 1. Neapolitanische Legende. 356 S.
 2. Caruso in Sorrent. 454 S.
36 Der Tenor von Trapani. Novelle. 74 S. Lpz: Reclam (= Reclam's UB. 7506) 1942
37 Caruso. Vortrag, gehalten am 26.II.1943 in der Deutsch-Italienischen Gesellschaft in Frankfurt am Main. 55 S. Wien, Bln, Lpz: Bischoff 1943
38 Das Reich der Dämonen. Der Roman eines Jahrtausends. 787 S. Hbg: Krüger 1946
 (Verm. Neuaufl. v. Nr. 34)
39 (MV) Th. Mann, F. Th., W. v. Molo: Ein Streitgespräch über die äußere und innere Emigration. 8 S. 4° Dortmund: Druckschriften-Vertriebsdienst (1946)
40 Despotie des Intellekts. 39 S. Kassel: Schleber (= Streitschriften 1) 1947
41 Goethe als Symbol. Vortrag, gehalten zur Eröffnung der Volkshochschulen in Cuxhaven, Hannover und Wilhelmshaven. 38 S. Braunschweig: Westermann 1947
42 (Nachw.) J. Huxley: Fortschritt und Wandlung. Ein HS.-Büchlein. Übs. H. W. Michaelsen. 23 S. Hbg: Werbering Stünings (1947)
43 Puccini. Versuch einer Psychologie seiner Musik. 185 S. Hbg: Krüger 1947
44 Geistige Revolution. – Deutsches Theater, europäisches Theater. Zwei Vorträge. 51 S. Bremen: Trüjen 1947
45 Shakespeare und die Idee der Unsterblichkeit. 37 S. Dortmund: Schwalvenberg 1947
46 Zeitwende. Drei Vorträge. 79 S., 1 Titelb. Hbg: Krüger 1947
47 Ideen zur Natur- und Leidensgeschichte der Völker. 343 S. Hbg: Krüger (1949)
48 Katharina Winter. Roman. 470 S. Köln, Hagen: Kiepenheuer 1949
 (Veränd. Neuaufl. v. Nr. 16)
49 Wir werden es nie wissen. Hg. E. Höpner u. W. Pogge van Ranken. 355 S. m. Abb. Flensburg: Wolff 1949
50 Vulkanische Zeit. Vorträge, Reden, Aufsätze. 488 S. Neustadt: Corona-Verl. 1949
51 Die Blüten welken, aber der Baum wächst. Ein Brevier für Tag und Nacht. Ausgew., Nachw. R. Italiaander. 150 S. Hbg: Zsolnay 1950
52 Goethe der Mensch. Rede. 41 S. Basel: Vineta-Verl.; Köln: Kiepenheuer & Witsch (1950)
53 Das verlorene Kind. 74 S. Bremen: Angelsachsen-Verl. (= Die Güldenkammer) (1950)
 (Ausz. a. Nr. 27)
54 Don Juans letzte Tage. 89 S., 20 Abb. 4° Wien, Linz: Gurlitt-Verl. 1950
55 Tropische Dämmerung. 269 S. Salzburg: Pilgram-Verl. 1951
 (Enth. Ausz. a. Nr. 12. u. 49)

56 Die Straßen des Labyrinths. Roman. 658 S. Hbg, Wien: Zsolnay 1951
57 Dichtung und Wirklichkeit. 14 S. Wiesbaden: Steiner (= Abhandlungen der Akademie der Wissenschaften und der Literatur. Klasse der Literatur. Jg. 1952, Nr. 1) 1952
58 (Hg.) Neue Literarische Welt. Jg. 3-4. Darmstadt, Zürich: Montana-Verl. 1952–1953
59 Der heilige Dämon. Bln: Bühnenvertr. Kiepenheuer 1953
60 (MV) R. A. Schröder, F. Th. u. P. Fechter: Gerhart Hauptmann. Drei Reden. Gehalten im November 1952 im Theater am Goetheplatz Bremen anläßlich der Gerhart Hauptmann-Festwoche. 70 S. Gütersloh: Bertelsmann 1953
61 (Vorw.) H. Zand: Die Glaskugel. Gedichte. 94 S. Wien, Mchn: Donau-Verl. 1953
62 (Hg., MV) G. Hauptmann: Winckelmann. Das Verhängnis. Roman. Vollendet u. hg. v. F. Th. 318 S. Gütersloh: Bertelsmann 1954
63 Tödlicher Karneval. Bln: Bühnenvertr. Kiepenheuer 1954
64 Über das Recht des Dichters auf freie Stoffwahl. 15 S. Mainz: Verlag der Akademie der Wissenschaften und der Literatur (= Abhandlungen der Akademie der Wissenschaften und der Literatur. Klasse der Literatur. Jg. 1954, Nr. 1) 1954
65 In Memoriam Wilhelm Furtwängler. Zwei Gedenkreden. 15 S. Wien: Zsolnay 1955
66 Geister werfen keine Schatten. Roman. 526 S. Hbg, Wien: Zsolnay 1955 (Forts. v. Nr. 56)
67 Die Wirklichkeit des Unwirklichen. Untersuchungen über die Realität der Dichtung. 163 S. Hbg: Zsolnay 1955
68 Das Menschenbild bei Knut Hamsun. Vortrag. 38 S. Mchn: Langen-Müller u. List 1956
69 Theater ohne Rampe. Stücke für Zimmertheater und Studiobühne. 213 S. Hbg: Wegner (= die mainzer reihe 1) 1956
70 Gesammelte Werke in Einzelausgaben. 6 Bde. Hbg, Wien: Zsolnay 1956–1963
71 Gäa. Roman. 516 S. Hbg, Wien: Zsolnay 1957 (Neubearb. v. Nr. 27)
72 Das Werther-Thema in Hamsuns „Mysterien". 20 S. Mainz: Verlag der Akademie der Wissenschaften und der Literatur (= Abhandlungen der Akademie der Wissenschaften und der Literatur. Klasse der Literatur. Jg. 1957, Nr. 1) 1957
73 Über die Fähigkeit zu lieben. Ausgew., Nachw. R. Italiaander. 86 S. m. Abb. Mchn: Südwest-Verl. (= Die Seemännchen 23) 1958
74 Tod und Verklärung. Zwei Romane. 370 S. Hbg, Wien: Zsolnay (= Gesammelte Werke in Einzelausgaben) 1958 (Enth. Nr. 5 u. 8)
75 Ursprung und Sinn des Ost-West-Gegensatzes. Vortrag gehalten im Rahmen der „Geistigen Begegnungen in der Böttcherstraße" in Bremen, am 7. März 1958. 22 S. Bremen: Angelsachsen-Verl. 1958
76 Die griechischen Kaiser. Die Geburt Europas. 927 S. m. Abb. u. Kt., 1 Titelb. Hbg, Wien: Zsolnay (1959) (Forts. v. Nr. 38)
77 (MV) A. Rastl: Ausseer-Land mit Dachstein. Ein Bildwerk über Leute, Landschaft und Leben. Text C. H. Watzinger u. F. Th. Mchn-Wels: Verl. Welsermühl (1959)
78 Der Bucherfolg. Ursprung und Wandel. 22 S. Mainz: Verlag der Akademie der Wissenschaften und der Literatur (= Abhandlungen der Akademie der Wissenschaften und der Literatur. Klasse der Literatur. Jg. 1959, Nr. 5) 1960
79 Die geschichtlichen Grundlagen des Ost-West-Gegensatzes. Vortrag. 61 S. Ffm, Bonn: Athenäum-Verl. (= Athenäum-Schriften 1) 1960

Thoma, Ludwig (+Peter Schlemihl) (1867–1921)

1 Agricola. Bauerngeschichten. 124 S. m. Abb. 4° Passau: Waldbauer 1897
2 (Hg.) Der Burenkrieg. Mit kurzen Biographien der hervorragendsten Heerführer nach Mitteilungen v. W. Leyds. 32 S. m. Abb. 2° Mchn: Langen 1900

3 +Grobheiten. Simplicissimus-Gedichte. 89 S. 12° Mchn: Langen 1901
 4 Assessor Karlchen und andere Geschichten. 160 S. 16° Mchn: Langen (= Kleine Bibliothek Langen 34) 1901
 5 Die Medaille. Komödie. 102 S. Mchn: Langen 1901
 6 Hochzeit. Eine Bauerngeschichte. 144 S. Mchn: Langen 1902
 7 Die Lokalbahn. Komödie. 165 S. Mchn: Langen 1902
 8 Die bösen Buben. 45 Bl. m. Abb. Mchn: Langen 1903
 9 +Neue Grobheiten. Simplicissimus-Gedichte. 112 S. 16° Mchn: Langen (= Kleine Bibliothek Langen 65) 1903
10 Das große Malöhr im Juni 1903. Wahrheitsgetreu dargestellt. 38 S. m. Abb. 4° Mchn: Langen 1903
11 Der heilige Hies. Merkwürdige Schicksale des hochwürdigen Herrn Studiosi, Soldaten und späterhin Pfarrherrn zu Rappertswyl. 43 S. m. Abb. Mchn: Langen 1904
12 Die Prinzessin Luise von Koburg oder ihre schrecklichen Erlebnisse und Flucht aus dem Irrenhause. Wahrheitsgetreu berichtet. 2 S. m. Abb. 4° Mchn: Simplicissimus-Verl. (= Simplicissimus-Flugblatt) 1904
13 Die Wilderer. 89 S. 16° Mchn: Langen (= Kleine Bibliothek Langen 70) 1904
14 Die Gräfin von Montignoso oder Liebeslust und -leid in Florenz. Wahrheitsgetreu berichtet. 2 S. m. Abb. 4° Mchn: Simplicissimus-Verl. (= Simplicissimus-Flugblatt) 1905
15 Lausbubengeschichten. Aus meiner Jugendzeit. 161 S. Mchn: Langen 1905
16 Pistole oder Säbel? und anderes. 149 S. 16° Mchn: Langen (= Kleine Bibliothek Langen 80) 1095
17 Peter Schlehmil. Gedichte. 107 S. Mchn: Langen 1906
18 Andreas Vöst. Bauernroman. 434 S. Mchn: Langen 1906
19 (MH) März. Halbmonatsschrift für deutsche Kultur. Hg. L. Th., H. Hesse, A. Langen u. K. Aram. 8 Jge. m. Abb. Mchn: Langen (1-3) bzw. Mchn: März-Verl. (4-8) 1907-1914
20 Tante Frieda. Neue Lausbubengeschichten. 152 S. m. Abb. Mchn: Langen 1907
21 Kleinstadtgeschichten. 195 S. Mchn: Langen 1908
22 Moritaten. Wahrheitsgetreu berichtet. 136 S. 16° Mchn: Langen (= Kleine Bibliothek Langen 100) 1908
23 (MV) L. Th. u. R. Geheeb: Die vierhundertelf besten Witze aus dem Simplicissimus. 116 S. Mchn: Langen 1908
24 Briefwechsel eines bayerischen Landtagsabgeordneten. 131 S. m. Abb. Mchn: Langen 1909
25 Moral. Komödie. 176 S. Mchn: Langen 1909
26 Erster Klasse. Bauernschwank. 88 S. Mchn: Langen 1910
27 Die catilinarische Verschwörung in München. 2 S. m. Abb. 2° Mchn: Simplicissimus-Verl. (= Flugblatt des Simplicissimus) 1910
28 Das aufgläste Barlahmend, fon Jozef Filser, emals kenigl. Abgeordneter. 2 S. m. Abb. 2° Mchn: Simplicissimus-Verl. (= Flugblatt des Simplicissimus) 1911
29 Lottchens Geburtstag. Lustspiel. 69 S. Mchn: Langen 1911
30 Der Münchner im Himmel. 2 S. m. Abb. 2° Mchn: Simplicissimus-Verl. (= Simplicissimus-Bilderbogen 1) 1911
31 Der Wittiber. 288 S. m. Abb. Mchn: Langen 1911
32 Das neie Barlahmend, fon Jozef Filser, kenigl. Abgeordneter. 2 S., 1 Abb. 2° Mchn: Simplicissimus-Verl. (= Flugblatt des Simplicissimus) 1911
33 Bismarck. Kirta. 19 S. Mchn: Callwey (= Der Schatzgräber 80) 1912
34 Jozef Filsers Briefwexel. 156 S. Mchn: Langen 1912
    (Forts. v. Nr. 24)
35 Münchner Karneval. Lustige Verse. 79 S., 58 Abb. Mchn: Langen 1912
36 Kirchweih. Simplicissimus-Gedichte. 100 S. 16° Mchn: Langen (= Kleine Bibliothek Langen 1911) 1912
37 Krawall. Lustige Geschichten. 317 S. Bln: Ullstein (= Ullstein-Bücher) 1912
38 Magdalena. Volksstück. 151 S. Mchn: Langen 1912
39 (MH) Bayernbuch. Hundert bayrische Autoren eines Jahrtausends. Hg. L. Th. u. G. Queri. VI, 516 S. Mchn: Langen 1913
40 Nachbarsleute. 172 S. Mchn: Langen 1913

41 Das Säuglingsheim. Burleske in einem Aufzug. 49 S. Mchn: Langen 1913
42 Die Sippe. Schauspiel in drei Aufzügen. 142 S. Mchn: Langen 1913
43 Der Postsekretär im Himmel und andere Geschichten. 315 S. Bln: Ullstein (= Ullstein-Bücher) 1914
44 Der erste August. Christnacht 1914. Zwei Einakter. 69 S. Mchn: Langen (= Langen-Kriegsbücher 5) (1915)
45 Das Aquarium und anderes. 117 S. Mchn: Langen (= Langens' Mark-Bücher 13) (1916)
46 Brautschau. Dichters Ehrentag. Die kleinen Verwandten. Drei Einakter. 168 S. Mchn: Langen 1916
47 Das Kälbchen. Der umgewendete Dichter. Onkel Peppi. Heimkehr. Novellen. 191 S. Mchn: Langen (1916)
48 (Hg.) F. v. Kobell u. K. Stieler: Petzmaier's Zitherspiel. Oberbayerisches. Eingel. O. Maußer. 46 S. Mchn: Lang (1916)
49 Geschichten. Ausgew., eingel. W. v. Molo. 248 S., 1 Bildn. Mchn: Langen (1917)
50 Heilige Nacht. Eine Weihnachtslegende. 63 S., 40 Abb. Mchn: Langen (1917)
51 Waldfrieden. Lustspiel in einem Aufzug. 58 S. Mchn: Langen (1917)
52 Altaich. Eine heitere Sommergeschichte. 394 S. Mchn: Langen (1918)
53 Gelähmte Schwingen. Lustspiel in einem Aufzug. 46 S. Mchn: Langen (1918)
54 Erinnerungen. 321 S. Mchn: Langen (1919)
55 Der Jagerloisl. Eine Tegernseer Geschichte. 192 S. Mchn: Langen 1921
56 (MH) Ignatius Taschner. Hg. L. Th. u. A. Heilmeyer. 53 S., 119 Taf., V S. 4⁰ Mchn: Langen 1921
57 Die Dachserin und andere Geschichten aus dem Nachlaß. 211 S. Mchn: Langen 1922
58 Der Ruepp. Roman. 304 S. Mchn: Langen 1922
59 Gesammelte Werke. 7 Bde. m. Titelb. Mchn: Langen 1922
60 Leute, die ich kannte. 162 S. Mchn: Langen 1923
61 Münchnerinnen. Roman. 190 S. Mchn: Langen 1923
62 Stadelheimer Tagebuch. 103 S. Mchn: Langen 1923
63 Gesammelte Werke. 7 Bde. Mchn: Langen-Müller 1933 (Erw. Neuaufl. v. Nr. 59)
64 Agricola. Bauerngeschichten. 299 S. Mchn: Piper 1948 (Erw. Neuaufl. v. Nr. 1)
65 Gesammelte Werke. Hg. A. Knaus. Einf. J. Lachner. 8 Bde. m. Titelb. Mchn: Piper 1956

THRASOLT, Ernst (eig. Joseph Matthias Tressel) (1878–1945)

1 De profundis. Geistliche Gedichte. 128 S. Kempten: Kösel 1908
2 Stillen Menschen. Gedichte aus Natur und Leben. 123 S. Kempten: Kösel 1909
3 Witterungen der Seele. Geistliche Gedichte. 132 S. Ravensburg: Alber 1911
4 (Hg.) Das heilige Feuer. Religiös-kulturelle Monatsschrift. Jg. 1. 11 H. 792 S. Warendorf: Schnell 1913–1914
5 Geistliche Kriegslieder. 68 S. Trier: Paulinus-Dr. 1915
6 (Hg.) Vom frohen Leben. Der wesentliche Mensch. Monatliche Flugschrift zur deutschen Lebens- und Volksaufartung durch Einfachheit, Geistlichkeit und Brüderlichkeit. Verantw. Ch. Imboden. Jg. 1–12, je 12 H. Bln-Weißensee: Verl. d. Scholle (Jg. 1–10) bzw. Bln: St. Christopher-Verl. (Jg. 11–12) 1921–1933
7 Behaal meech liew. Gedichte enn soarmusel-fränkischer Mondoart. VIII, 86 S. Bln-Weißensee: Verl. d. Scholle (1922)
8 Die schöne arme Magd. Volks-Balladen. 67 S. Lpz: Vier Quellen-Verl. 1922
9 In memoriam. Toten-Gedächtnislieder. 95 S. Lpz: Vier Quellen-Verl. 1922
10 Mönche und Nonnen. Legenden. 64 S. Lpz: Vier Quellen Verl. 1922
11 Gottlieder eines Gläubigen. 95 S. Mergentheim, Lpz: Vier Quellen-Verl. 1923

12 (Übs.) F. Reuter: Franzosenzeit. 237 S. Mchn: Kösel & Pustet (= Hausschatzbuch 49) 1925
13 Die Witwe. Eine Bauerngeschichte. 83 S. 16° Mchn: Kösel & Pustet (= Das Tor) 1925
14 Eia! Susanni! Ein Weihnachtsbüchlein. 29 S., 6 Taf. Mchn: Kösel & Pustet 1930
15 Heiliges Land. Ein Ehebüchlein in Versen. 48 S., 8 Taf. Mchn: Kösel & Pustet 1930
16 Dr. Carl Sonnenschein. Der Mensch und sein Werk. 405 S., 1 Titelb. Mchn: Kösel & Pustet 1930
17 Bleiwt der aalen Hämat trei. Auswahl aus dem Büchlein „Behaal meech liew". 16 S. Saarlouis: Hausen (= Erbgut deutschen Schrifttums 111) (1931) (Ausz. a. Nr. 7)
18 Nicht Krieg! Friede! Christi Friede! Ein Sprechchor. 17 S. (Bln: St.Christopher-Buchversand) 1932
19 (Hg., Einl.) K. Sonnenschein: Notizen. 335 S., 1 Titelb. Bln: Germania 1934
20 Fänk beim Bo'r unn! Gedichter enn Soar-Musel-Fränkischer Moondoart. 56 S. Bln: Thrasolt-Werke 1935
21 Das Martyrologium Germaniens. Geschichtliche Gebetslesungen zum täglichen Gedächtnis der deutschen Heiligen. 511 S. Dülmen: Laumann 1939
22 Ruf zur Liebe. Sprechchor zu einer Caritas-Feier. 2 Bl. Ffm: St. Georg-Verl. (1940)
23 Sprüche zu Priesterfeiern. 2 Bl. Ffm: St. Georg-Verl. (1940)
24 Die versäumte Arbeit. In den Jahren 1923–1932 geschriebene kritische Bemerkungen, offene Antworten und Anregungen des Herausgebers der Zeitschrift „Vom frohen Leben". 16 S. Meitingen: Kyrios-Verl. (= Werkstunden-Schriftenreihe 82) 1948

THÜMMEL, Moritz August von (1738–1817)

1 *Willhelmine, oder der vermählte Pedant. Ein prosaisches comisches Gedicht. 102 S. o. O. 1764
2 *Die Inoculation der Liebe. Eine Erzählung. 70 S. Lpz: Weidmann's Erben & Reich 1771
3 Sinngedichte. Ffm, Lpz: Schwickert 1771
4 (Übs.) J. F. Marmontel: Zemire und Azor, eine komische Oper nach dem Französischen. Lpz: Schwickert 1776
5 Kleine poetische Schriften. 120 S. Ffm, Lpz: Schneider 1782 (Enth. u. a. Nr. 4)
6 *Reise in die mittäglichen Provinzen von Frankreich im Jahr 1785 bis 1786. 10 Bde. m. Ku. Lpz: Göschen 1791–1805
7 Poetische Schriften. 7 ungez. Bl., 206 S. 12° Wien: Schrämbl 1792
8 Sämmtliche Werke. 7 Bde. m. Ku. Lpz: Göschen 1811–1820
9 Taschenbuch für Damen auf das Jahr 1817 (1818. 1819). 3 Bde. 12° Lpz: Brockhaus 1817–1819
10 Der heilige Kilian und das Liebes-Paar. Hg. F. F. Hempel. XXII, 103 S., 4 Ku. Lpz: Brockhaus 1818

TIECK, Ludwig
(+Peter Lebrecht, Gottlieb Färber) (1773–1853)

1 *Thaten und Feinheiten renommirter Kraft- und Kniffgenies. 2 Bde. 408, 334 S., 2 Titelku. Bln: Himburg 1790–1791
2 *Abdallah. Eine Erzählung. 3 Bl., 356 S., 3 Bl. m. Titelku. Bln, Lpz: Nicolai 1795
3 *Peter Lebrecht. Eine Geschichte ohne Abentheuerlichkeiten. 2 Bde. 144, 128 S. Bln, Lpz: Nicolai 1795-1796
4 *Geschichte des Herrn William Lovell. 3 Bde. 366, 434, 476 S. m. Titelku. Bln, Lpz: Nicolai 1795–1796

5 (MV) Straußfedern. Eine Sammlung kleiner Romane und Erzählungen. Bd. 4–8. 5 Bde. Bln, Stettin: Nicolai 1795–1798
6 *Der betrügliche Schein, oder: Man muß nicht glauben, was man sieht. Bln, Lpz: Nicolai 1796
7 (Bearb.) W. Shakespeare: Der Sturm. Ein Schauspiel, für das Theater bearb. Nebst einer Abhandlung über Shakespeares Behandlung des Wunderbaren. 2 Bl., 44, 104 S. Bln, Lpz: Nicolai 1796
8 +Ritter Blaubart. Ein Ammenmährchen von Peter Leberecht. 190 S. Bln, Lpz: Nicolai 1797
9 (MV) (W. H. Wackenroder u. L. T.:) Herzensergießungen eines kunstliebenden Klosterbruders. 275 S. m. Titelku. Bln: Unger 1797
10 +Der gestiefelte Kater. Ein Kindermährchen in drey Akten, mit Zwischenspielen, einem Prologe und Epiloge von Peter Leberecht. (Aus dem Italienischen.) 144 S. Bergamo: auf Kosten des Verfassers 1797
11 +(Hg.) Volksmährchen. Hg. Peter Leberecht. 3 Bde. XVI, 363; 309; 382 S., 1 Titelku. Bln: Nicolai 1797
12 *Die sieben Weiber des Blaubart. Eine wahre Familiengeschichte, hg. Gottlieb Färber. 4 Bl., 268 S. Istambul: Murusi i. J. der Hedschrah 1212 (d. i. Bln: Nicolai 1797)
13 *Der Abschied. Ein Traumspiel in zwey Aufzügen. 126 S. Bln: Langhoff 1798
14 *Alla-Moddin. 118 S. Bln: Langhoff 1798
15 *Ein Schurke über den andern oder die Fuchsprelle. Ein Lustspiel in drei Aufzügen. 150 S. Bln: Langhoff 1798
16 Franz Sternbalds Wanderungen. Eine altdeutsche Geschichte, hg. v. L. T. 2 Bde. VI, 373; 410 S. Bln: Unger 1798
17 (Übs.) M. de Cervantes Saavedra: Leben und Thaten des scharfsinnigen Edlen Don Quixote von La Mancha, 4 Bde. Bln: Unger 1799–1801
18 Romantische Dichtungen. 2 Bde. 492, 506 S. Jena: Frommann 1799–1800
19 (Hg.) W. H. Wackenroder: Phantasien über die Kunst, für Freunde der Kunst. IV, 283 S. Hbg: Perthes 1799
20 Sämmtliche Schriften. 12 Bde. Bln, Lpz: Nicolai 1799 (Unrechtm. Dr.)
21 Prinz Zerbino oder Die Reise nach dem guten Geschmack, gewissermaßen eine Fortsetzung des gestiefelten Katers. Ein Spiel in sechs Aufzügen. 422 S., 1 Bl. Lpz, Jena: Frommann 1799 (zu Nr. 10)
22 (Hg.) Poetisches Journal. 1. Jg., 1. u. 2. Stück. 494 S. Jena: Frommann 1800
23 Das Ungeheuer und der verzauberte Wald. Ein musikalisches Mährchen in vier Aufzügen. IV, 210 S. Bremen: Wilmans 1800
24 (MH) Musen-Almanach für das Jahr 1802. Hg. A. W. Schlegel u. L. T. VI, 293 S. 12° Tüb: Cotta 1802
25 (MH) (F. v. Hardenberg:) Novalis Schriften. Hg. F. Schlegel u. L. T. 2 Bde. Bln: Realschulbuchh. 1802–1805
26 (Hg., Bearb.) Minnelieder aus dem Schwäbischen Zeitalter. XXX, 286 S. m. Ku. Bln: Realschulbuchh. 1803
27 Kaiser Octavianus. Ein Lustspiel in zwei Theilen. 499 S. Jena: Frommann 1804
28 (MH) F. Müller: Mahler Müller's Werke. Hg. F. Batt, Le Pique u. L. T. 3 Bde. Heidelberg: Mohr & Zimmer 1811
29 (Hg., Übs.) Alt-Englisches Theater. Oder Supplemente zum Shakspear. 2 Bde. XXIII, 371; XIV, 348 S. Bln: Realschulbuchh. 1811
30 (Hg., Bearb.) Frauendienst, oder: Geschichte und Liebe des Ritters und Sängers Ulrich von Lichtenstein, von ihm selbst beschrieben. VIII, 287 S. Stg, Tüb: Cotta 1812
31 (Hg.) Phantasus. Eine Sammlung von Mährchen, Erzählungen, Schauspielen und Novellen. 3 Bde. Bln: Realschulbuchh. 1812–1816
32 (Hg.) Deutsches Theater, 2 Bde. XXXII, 407; XXII, 344 S. Bln: Realschulbuchh. 1817
33 Sämmtliche Werke. 30 Bde. m. Ku. Wien: Grund 1817–1824 (Unrechtm. Dr.)
34 Leben und Tod der heiligen Genoveva. Ein Trauerspiel. 256 S. Bln: Reimer 1820 (Ausz. a. Nr. 18)

35 Gedichte. 3 Bde. Dresden: Hilscher 1821–1823
36 (Hg.) H. v. Kleist: Hinterlassene Schriften. LXXVIII, 290 S. Bln: Reimer 1821
37 Der Geheimnißvolle. Novelle. 245 S. Dresden: Hilscher 1823
38 Die Gemälde. Novelle. 184 S. Dresden: Arnold 1823
39 Novellen. 7 Bde. Bln, Breslau: Reimer, Max 1823–1828
(Enth. u. a. Nr. 38, 41, 42, 43, 53)
40 (Hg., Vorw.) Shakespeare's Vorschule. 2 Bde. XLII, 420; XLIX, 366 S. Lpz: Brockhaus 1823–1829
41 Die Verlobung. Novelle. 124 S. Dresden: Arnold 1823
42 Musikalische Leiden und Freuden. Novelle. 136 S. Dresden: Arnold 1824
43 Die Reisenden. Novelle. 198 S. Dresden: Arnold 1824
44 Dramaturgische Blätter. 3 Bde. Breslau: Max (1–2) bzw. Lpz: Brockhaus (3) 1825–1852
45 Märchen und Zaubergeschichten. Bd. 1: Pietro von Abano oder Petrus Apone. Zaubergeschichte. 186 S. Breslau: Max 1825
46 (MBearb.) W. Shakespeare: Dramatische Werke. Übs. A. W. v. Schlegel, erg. u. erl. L. T. (, Dorothea Tieck u. W. Graf Baudissin). 9 Bde. Bln: Reimer 1825–1833
47 Der Aufruhr in den Cevennen. Eine Novelle in vier Abschnitten. Erster und zweiter Abschnitt. IV, 440 S. Bln: Reimer 1826
48 (Hg.) H. v. Kleist: Gesammelte Schriften. 3 Bde. Bln: Reimer 1826
49 (MH) K. W. F. Solger: Nachgelassene Schriften und Briefwechsel. Hg. L. T. u. F. v. Raumer. 2 Bde. XVI, 780; 784 S. Lpz: Brockhaus 1826
50 (Einl.) Braga. Vollständige Sammlung klassischer und volksthümlicher deutscher Gedichte aus dem achtzehnten und neunzehnten Jahrhundert. Hg. A. Dietrich. 10 Bde. Dresden: Wagner 1827–1828
51 (Übs., Vorw.) Leben und Begebenheiten des Escudero Marcus Obregon. Oder Autobiographie des Spanischen Dichters Vicente Espinel. 2 Bde. LVII, 258; 188 S. Breslau: Max 1827
52 (Vorw.) F. v. Uechtritz: Alexander und Darius. Trauerspiel. XVI, 135 S. Bln: Vereinsbuchh. 1827
53 Der Alte vom Berge, und: Die Gesellschaft auf dem Lande. Zwei Novellen. 425 S. Breslau: Max 1828
54 Die Insel Felsenburg oder wunderliche Fata einiger Seefahrer. Eine Geschichte aus dem Anfange des achtzehnten Jahrhunderts. 6 Bde. 16° Breslau: Max 1828
55 (Hg.) J. M. R. Lenz: Gesammelte Schriften. 3 Bde. CXXXIX, 336; 340; 364 S. Bln: Reimer 1828
56 Schriften. 28 Bde. Bln: Reimer 1828–1854
57 Novellenkranz. 5 Bde. m. Ku. Bln: Reimer 1831–1835
58 (Einl.) F. L. Schröder: Dramatische Werke. Hg. E. v. Bülow. 4 Bde. Bln: Reimer 1831
59 Epilog zum Andenken Goethes. Nach Darstellung der Iphigenie in Dresden den 29. März 1832. 8 Bl. Dresden (o. Verl.) (1832)
60 (Vorw.) E. v. Bülow: Das Novellenbuch, oder hundert Novellen nach alten italiänischen, spanischen, französischen, lateinischen, englischen und deutschen bearb. 4 Bde. Lpz: Brockhaus 1834–1836
61 Gesammelte Novellen. 14 Bde. Breslau: Max 1835–1842
(Verm. Neuaufl. v. Nr. 39)
62 (Hg.) Sophie Bernhardi geb. Tieck: Evremont. Roman. 3 Bde. Breslau: Max 1836
63 (Übs.) W. Shakespeare: Vier Schauspiele. 366 S. Stg, Tüb: Cotta 1836
64 Der junge Tischlermeister. Novelle in sieben Abschnitten. 2 Bde. VI, 352; 392 S., 1 Bl. Bln: Reimer 1836
65 Sämmtliche Werke. 2 Bde. m. Bildn. 4° Paris: Tétot 1837
66 (Einl.) M. de Cervantes Saavedra: Die Leiden des Persiles und der Sigismunda. A. d. Spanischen übs. Dorothea Tieck. 2 Bde. XXIV, 271; 246 S. Lpz: Brockhaus 1838
67 (Hg.) F. Berthold: König Sebastian. 2 Bde. XIV, 375 S.; 1 Bl. 325 S. Dresden, Lpz: Arnold 1839
68 Vittoria Accorombona. Ein Roman in fünf Büchern. 2 Bde. IV, 363; 290 S., 3 Bl. 16° Breslau: Max 1840
69 Gedichte. Neue Ausgabe. X, 598 S. m. Bildn. Bln: Reimer 1841

70 (Vorw.) A. A. Afzelius: Volkssagen und Volkslieder aus Schwedens älterer und neuerer Zeit. Übs. F. H. Ungewitter. 3 Bde. Lpz: Kollmann 1842
71 (Hg.) F. Berthold: Gesammelte Novellen. 2 Bde. XII, 334; 396 S. Lpz: Brockhaus 1842
72 (Hg.) K. Förster: Gedichte. 2 Bde. XX, 403; XII, 363 S. Lpz: Brockhaus 1843
73 (Bearb.) F. Laun: Gesammelte Schriften. Neu durchges., verbessert u. mit Prolog v. L. T. 1. Bd. 465 S. Stg: Scheible, Rieger & Sattler 1843
74 (Hg.) J. W. v. Goethe: Goethes ältestes Liederbuch. 20 S. Bln: Schultze 1844
75 (Vorw.) Sophokles: Sämmtliche Tragödien. Metrisch übertragen v. F. Fritze. XXIV, 76, 68, 76, 91 S. Bln: Förstner 1845
76 (MH) (F. v. Hardenberg:) Novalis Schriften. Dritter Theil. Hg. L. T. u. E. v. Bülow. XIV, 324 S. Bln: Reimer 1846
77 (Vorw.) Norwegische Volksmährchen. Ges. P. Asbjörnsen u. J. Moe. Übs. F. Bresemann. VIII, 208 S. Bln: Simion 1847
78 (Vorw.) J. Ford: Dramatische Werke. Übs. M. Wiener. 1. Bd. XII, 308 S. Bln: Simion 1848
79 (Vorw.) D. Helena: Lieder. II, 101 S. Bln: Nicolai 1848
80 Kritische Schriften. 4 Bde. Lpz: Brockhaus 1848–1852
81 Bibliotheca Tieckiana. Bln 1849
82 Epilog zur hundertjährigen Geburtsfeier Goethes. 10 S. Bln: Hertz (1849) (Veränd. Neuaufl. v. Nr. 59)
83 (Vorw.) F. Lehmann: Streit und Friede. 180 S. 16° Bln: Paetel 1851
84 Dramaturgische Blätter. Mit Vorbericht v. E. Devrient. 2 Bde. 681 S. 12° Lpz: Brockhaus (= Kritische Schriften 3–4) 1852 (Bd. 3 u. 4 v. Nr. 80)
85 (Vorw.) L. Wahl: Mährchen. 250 S. 16° Bln: Hollstein 1852
86 Die Sommernacht. Eine Jugenddichtung. Vorw. J. D. Walter. 48 S. 4° Ffm: Sauerländer 1853
87 Nachgelassene Schriften. Auswahl und Nachlese. Hg. R. Köpke. 2 Bde. 370 S. 12° Lpz: Brockhaus 1855
88 Werke. Krit. durchges. u. erl. Ausg. Hg. G. L. Klee. 3 Bde. 1418 S. m. Bildn. Lpz: Bibliogr. Inst. 1892
89 (Übs.) Mucedorus, ein englisches Drama aus Shakespeares Zeit. Hg. J. Bolte. 106 S. Bln: Gronau 1893
90 Das Buch über Shakespeare. Handschriftliche Aufzeichnung. Aus seinem Nachlaß hg. H. Lüdeke. XXVI, 524 S. Halle: Niemeyer (= Neudrucke deutscher Literaturwerke des achtzehnten und neunzehnten Jahrhunderts 1) 1920

Tiedge, Christoph August (1752–1841)

1 Die Einsamkeit. 4 Bl., 61 S. Lpz: Sommer (1792)
2 Über die Eitelkeit. 45 S. Halberstadt: Dölle 1792
3 Episteln. Erster Theil. XV, 312 S. Göttingen: Dieterich (= Schriften. Erster Band) 1796
4 Urania über Gott, Unsterblichkeit und Freiheit. Ein lyrisch-didaktisches Gedicht in sechs Gesängen. 1 Bl., IV, 227 S. m. Titelku. Halle: Renger 1801
5 Elegieen und vermischte Gedichte. 2 Bde. 5 Bl., 220 S., 7 Bl., 216 S. Halle: Renger 1803–1807
6 Urania. 1 Bl., 252 S. m. Ku. Halle: Renger 1803 (Verm. Neuaufl. v. Nr. 4)
7 Urania. Halle: Renger 1806 (Verb. Neuaufl. v. Nr. 6)
8 Frauenspiegel. 2 Bl., 191 S. Halle: Renger 1807
9 Urania. 4 Bl., 284 S. Halle: Renger 1808 (Verm. Neuaufl. v. Nr. 7)
10 Das Echo oder Alexis und Ida. Ein Ciclus von Liedern. VIII, 135 S. m. Titelku. Halle 1812
11 Denkmale der Zeit. IV S., 1 Bl., 55 S. Lpz 1814
12 Aennchen und Robert, oder der singende Baum. 1, IV Bl., 265 S. 12° Halle: Renger 1815

13 Anna Charlotte Dorothea, letzte Herzogin von Kurland. XII, 415 S. Lpz: Brockhaus 1823
14 Werke. Hg. A. G. Eberhard. 8 Bde. Halle: Renger 1823–1829
15 Werke. Hg. A. G. Eberhard. 10 Bde. Halle: Renger 1823–1833 (Verm. Neuaufl. v. Nr. 14)
16 An die Deutschen. Worte der Warnung bei Gelegenheit der neuesten Ereignisse zu Konstantinopel. Nürnberg 1826
17 Die Griechen im Kampfe mit den Barbaren. 15 S. Lpz: Brockhaus 1826
18 Wanderungen durch den Markt des Lebens. 2 Bde. Halle, Lpz: Renger 1833
19 Leben und poetischer Nachlaß. Hg. K. Falkenstein. 4 Bde. m. Bildn. 16⁰ Lpz: Teubner 1841

Titz (Titius), Johann Peter (1619–1689)

1 Sonnet oder Trost-Rede enthalten in G. D. Coschwitz Leichenrede auf Frl. Gottlieb Herrn Ernst Georg von Sparrs Töchterlein. 2 S. 4⁰ Danzig 1639
2 Des Diogenes Rede an Alexander den Großen, aus Dan. Heinsii Oration von der Stoischen Philosophie, in Deutschen Versen abgesetzt. 4⁰ Rostock 1640
3 Poematicorum jivenilium libellus. 16 ungez. Bl. Rostock: Kilius 1641
4 Zwey Bücher Von der Kunst Hochdeutsche Verse und Lieder zu machen. 175 Bl. Danzig: Hünefeld 1642
5 Zehen Geistliche Lieder. 12 Bl. 12⁰ o.O. (1642)
6 Lucretia, sampt beygefügter Historischer Erklärung der dunckeln Orter, wie auch etlichen zum gemeinen Leben dienlichen Erinnerungen. 18 Bl. 4⁰ Danzig: Hünefeld (1643)
7 (Übs.) Florilegii Oweniani Centuriae duae, in Deutschen Versen. Danzig 1643
8 *Leben auß dem Tode, oder Grabes-Heyrath zwischen Gaurin vnd Rhoden. 4⁰ Danzig 1644
9 Auf den Tod der Frau Anna Schliepf. o.O. 1644
10 Auf Heinrich Beermanns Hochzeit in Danzig. Danzig 1646
11 Poetisches Frauenzimmer nach Simonides griechischer Erfindung. o.O. 1647
12 Knemons Sendschreiben an Rhodopen, Poetisch aufgesetzt und durch vorhergehende kurtze Erzehlung der Geschichte von Rhodopen erklärt. 4⁰ o.O. (1647)
13 Auf Jacob v. Bergen, zu dessen Hochzeit. Danzig 1648
14 An Reinhold Friderici, zu dessen Hochzeit. Danzig 1648
15 An Chph. Volckmann. Danzig 1648
16 Neu-Jahrs-Gedancken, über der am Antritts-Tage Dieses grossen Hall- und Jubeljahres, von dem Wol-EhrW. Groß-Achtb. Hochgelehrten Herrn Nathanael Dilger, Der Kirchen zur H. Jungfrauen wolverordneten Pfarrherrn, daselbst gehaltenen Morgen-Predigt, Versweise verfasset. 4 Bl. o.O. 1650
17 An Georg Neumark. Hbg 1651
18 Noctium poeticarum Praemitia. 28 Bl. 12⁰ Danzig: Rhetius (1666)
19 Noctium poeticarum Manipulus, Sitophili Operâ studioque collectus. 12 Bl. 12⁰ Danzig: Rhetius 1670
20 Noctium poeticarum Manipulus, Ponetaerii Opera studioque collectus. 12 Bl. 12⁰ Danzig: Rhetius 1671
21 Eh-Gedancken: Als Die Viel Ehr- und Tugend-Reiche Jungfrau Florentina Gebohrne Krappinn, In Dantzig 1672 den 22. Winter-Monats Ihm Ehlich vertrauet worden, zusammen verfasset. 11 Bl. o.O. 1672
22 Manductio ad excerpendum. Insertae sunt observationes de vitiis latini sermonis ... (2 Tle.) Gedani: Manns Klapp 1676

Törring, Josef August Graf von (1753–1826)

1 Agnes Bernauerin. Ein vaterländisches Trauerspiel in fünf Aufzügen. 112 S. (Mchn: Fleischmann) 1780
2 Kaspar der Thorringer. Historisches Schauspiel in fünf Aufzügen. 152 S. Lpz, Wien: Kummer 1785

Toller, Ernst (1893–1939)

1. Die Wandlung. Das Ringen eines Menschen. 94 S. Potsdam: Kiepenheuer 1919
2. Gedichte der Gefangenen. Ein Sonettenkreis. 31 S. Mchn: Wolff (= Der jüngste Tag 84) (1921)
3. Masse Mensch. Ein Stück aus der sozialen Revolution des zwanzigsten Jahrhunderts. 82 S. Potsdam: Kiepenheuer 1921
4. Der Tag des Proletariats. Ein Chorwerk. Bln: Verlagsgenossenschaft Freiheit (1921)
5. Die Maschinenstürmer. Ein Drama aus der Zeit der Ludditenbewegung in England in fünf Akten und einem Vorspiel. 119 S. Lpz, Wien: Tal (= Die Zwölf Bücher. Reihe 1) 1922
6. Der deutsche Hinkemann. Eine Tragödie in drei Akten. 61 S. Potsdam: Kiepenheuer 1923
7. Der entfesselte Wotan. Eine Komödie. 61 S. Potsdam: Kiepenheuer 1923
8. Hinkemann. Eine Tragödie. 61 S. Potsdam: Kiepenheuer 1924 (Neuaufl. v. Nr. 6)
9. Das Schwalbenbuch. 55 S., 1 Bl. Potsdam: Kiepenheuer 1924
10. Vormorgen. 65 S. Potsdam: Kiepenheuer 1924
11. Die Rache des verhöhnten Liebhabers oder Frauenlist und Männerlist. Ein galantes Puppenspiel in zwei Akten frei nach einer Geschichte des Bandello. 62 S., 9 Abb. Bln: Cassirer 1925
12. Deutsche Revolution. Rede, gehalten vor Berliner Arbeitern am 8. November 1925 im Großen Schauspielhause zu Berlin. 13 S. Bln: Laub (1925)
13. Hoppla, wir leben! Ein Vorspiel und fünf Akte. 141 S. Potsdam: Kiepenheuer 1927
14. Justiz. Erlebnisse. 146 S. Bln: Laub 1927
15. (MV) Gruß ans jiddische Staatstheater. (– J. Roth: Das Moskauer jüdische Theater. – A. Goldschmidt: Das jüdische Theater in Moskau.) 23 S., 24 Taf. Bln (– Schöneberg: Stolle) (= Das Moskauer jüdische akademische Theater) 1928
16. Feuer aus den Kesseln. Historisches Schauspiel. Anh.: Historische Dokumente. 168 S. Bln: Kiepenheuer 1930
17. (MV) (E. T. u. A. Mühr:) Nationalsozialismus. Eine Diskussion über den Kulturbankrott des Bürgertums zwischen E. T. und Alfred Mühr. 35 S. Bln: Kiepenheuer 1930
18. Quer durch. Reisebilder und Reden. 296 S. m. Taf. Bln: Kiepenheuer 1930
19. Verbrüderung. Ausgewählte Dichtungen. 73 S. 16⁰ Bln: Arbeiterjugend-Verl. 1930
20. (MV) E. T. u. H. Kesten: Wunder in Amerika. Schauspiel. Bln: Kiepenheuer 1931
21. Die blinde Göttin. Schauspiel in fünf Akten. Bln: Kiepenheuer 1933
22. Eine Jugend in Deutschland. XV, 287 S., 1 Titelb. Amsterdam: Querido 1933
23. Rede auf dem PEN-Kongreß in Ragusa. Prag: Neue Weltbühne 1933
24. Masses and Man. The Problem of Non-Violence and Peace. London: Lane 1934
25. Briefe aus dem Gefängnis. 262 S. Amsterdam: Querido 1935
26. Seven plays. New York: Liveright 1935 (Enth. Übs. v. Nr. 1, 3, 5, 6, 13, 16, 21)
27. No more Peace. A Play. 166 S. New York: Farrar & Rinehart 1937
28. (MV) E. T. u. D. Johnston: Pastor Hall. A Play. New York: Random House 1939
29. Ausgewählte Schriften. Hg. Dt. Akademie der Künste zu Berlin. Die Zusammenstellung besorgte I. Schütze. Geleitw. B. Uhse u. B. Kaiser. XII, 367 S. Bln: Verl. Volk und Welt 1959

Torberg (urspr. Kantor-Berg), Friedrich (*1908)

1. Der ewige Refrain. Lieder einer Alltagsliebe. 31 S. Wien: Saturn-Verl. 1929
2. Der Schüler Gerber hat absolviert. Roman. 381 S. Wien: Zsolnay (1930)

3 und glauben, es wäre die Liebe. Roman unter jungen Menschen. 503 S. Wien: Zsolnay 1932
4 Die Mannschaft. Roman eines Sport-Lebens. 604 S. Mährisch-Ostrau: Kittl 1935
5 Abschied. Roman einer ersten Liebe. 341 S. Zürich: Humanitas 1937
6 Mein ist die Rache. 62 S. Los Angeles: Pazifische Presse (= Privatdrucke der Pazifischen Presse) 1943
7 Mein ist die Rache. Novelle. 110 S. Wien: Bermann-Fischer 1947 (Europ. Ausg. v. Nr. 6)
8 Hier bin ich, mein Vater. Roman. 348 S. Stockholm: Bermann-Fischer 1948
9 (Hg., Einl.) Zehnjahrbuch 1938–1948. 425 S. Wien, Stockholm: Bermann-Fischer 1948
10 Die zweite Begegnung. Roman. 354 S. (Ffm:) Fischer 1950
11 (Hg.) Forum. Österreichische Monatsblätter für kulturelle Freiheit. 12 Jge. Wien: Schriften der Zeit 1954–(1965)
12 Der Schüler Gerber. 332 S. Hbg, Wien: Zsolnay 1954 (Neuausg. v. Nr. 2)
13 Adenauer und die Intellektuellen. 8 S. Köln: Verl. Staat und Gesellschaft 1957
14 (Hg., Bearb., Vorw., Nachw.) F. v. Herzmanovsky-Orlando: Gesammelte Werke. 4 Bde. Mchn: Langen-Müller 1957–(1963)
15 Lebenslied. Gedichte aus fünfundzwanzig Jahren. 77 S. Mchn: Langen-Müller 1958
16 (Übs.) G. Mikes: Fernöstlicher Diwan. Eine Asienreise in achtzig Tagen. 223 S. m. Abb. Zürich: Diogenes-Verl. 1959
17 (Übs.) G. Mikes: Zwergstaaten für Anfänger. Liechtenstein, Monaco, San Marino, Andorra. 74 S. m. Abb. Zürich: Diogenes-Verl. (= Diogenes Tabu) 1959

Tovote, Heinz (1864–1946)

1 Fallobst. Wurmstichige Geschichten. 187 S. Bln: Zoberbier (1890)
2 Im Liebesrausch. Berliner Roman. 387 S. Bln: Zoberbier (1890)
3 Der Erbe. 180 S. Dresden: Pierson (1891)
4 Frühlingssturm. Berliner Liebesroman. 317 S. Bln: Fontane (1891)
5 Ich. Nervöse Novellen. 221 S. Bln: Fontane (1892)
6 Mutter! Roman. 265 S. Bln: Fontane (1892)
7 Heimliche Liebe. Novellen. 192 S. Bln: Fontane (1893)
8 Das Ende vom Liede. Roman. 318 S. Bln: Fontane (1894)
9 (Übs.) G. de Maupassant: Yvette. 192 S. Bln: Fontane (1894)
10 Heißes Blut. Novellen. 199 S. Bln: Fontane (1895)
11 Abschied. Novellen. 199 S. Bln. Fontane (1898)
12 Die rote Laterne. Novellen. 200 S. Bln: Fontane 1900 (Neuaufl. v. Nr. 11)
13 Frau Agna. Roman. 312 S. Bln: Fontane 1901
14 Die Leichenmarie. Novellen. 200 S. Bln: Fontane 1902
15 Der letzte Schritt. Roman. 213 S. Bln: Fontane 1903
16 Sonnemanns. Roman. 236 S. Bln: Fontane 1904
17 Ich lasse dich nicht! Drei Phasen eines Junggesellendramas. 116 S. Bln: Fontane 1905
18 Klein Inge. Novellen. 203 S. Bln: Fontane 1905
19 Hilde Vangerow und ihre Schwester. Roman. 361 S. Bln: Fontane 1906
20 Nicht doch! ... Harmlose Novellen. 188 S. Bln: Fontane 1908
21 Fräulein Grisebach. Roman. 347 S. Bln: Fontane 1909
22 Lockvögelchen. Novellen. 220 S. Bln: Fontane 1910
23 Zu B'fehl. Die Geschichte einer scheuen Liebe. 446 S. Bln: Ullstein 1913
24 Durchs Ziel. Roman. 367 S. Bln: Eysler (1914)
25 Aus einer deutschen Festung im Kriege. 251 S. Bln: Ullstein (= Ullstein-Kriegsbücher) 1915
26 Nimm mich hin! ... Novellen. 215 S. Bln: Eysler (= Novellen 11) (1916) (Bd. 11 v. Nr. 27)

27 Novellen. Bd. 4. 7. 11. 12. 4 Bde. Bln: Eysler 1916–1923
28 In der Irre. Die Leichenmarie und andere Novellen. 200 S. Bln: Eysler (= Novellen 7) (1918)
(Bd. 7 v. Nr. 27)
29 Romane. Bd. 5. 7. 8. 9. 11. 5 Bde. Bln: Eysler 1919–1924
30 Die Scheu vor der Liebe. Roman einer anständigen Frau. 320 S. Bln: Eysler (= Romane 9) (1921)
(Bd. 9 v. Nr. 29)
31 Brautfahrt. 191 S. Bln: Eysler (= Novellen 12) 1923
(Bd. 12 v. Nr. 27)
32 Suse Gaudi. Roman. 207 S. Bln: Eysler (1923)
33 Um Eveline. Die Geschichte einer Liebeswette. 206 S. Bln: Eysler (= Romane 11) 1924
(Bd. 11 v. Nr. 29)

TRAKL, Georg (1887–1914)

1 Gedichte. 65 S. Lpz: Wolff (= Der jüngste Tag 7–8) 1913
2 Sebastian im Traum. 92 S. Lpz, Mchn: Wolff 1915
3 Die Dichtungen. Erste Gesamtausgabe. Hg. K. Röck. 207 S. Lpz: Wolff (1919)
4 Der Herbst des Einsamen. 45 S. Mchn: Wolff (= Stundenbücher 1) 1920
5 Gesang des Abgeschiedenen. Gedichte. 55 S. Lpz: Insel (= Insel-Bücherei 436) (1933)
6 Aus goldenem Kelch. Die Jugenddichtungen. Hg. E. Buschbeck. 157 S. Salzburg: Müller 1939
7 Drei Gedichte. In ein altes Stammbuch. De profundis. Nachtlied. 7 S. 4° Basel (:Linder) (= Papillons-Handdrucke der Gryff-Presse 1) 1945
8 Die Dichtungen. Gesamtausgabe. Mit einem Anhang: Zeugnisse und Erinnerungen. Hg. K. Horwitz. 239 S. Zürich: Arche 1946
(Verb. Neuaufl. v. Nr. 3)
9 Offenbarung und Untergang. Die Prosadichtungen. 13 S., 12 Taf. 4° Salzburg: Müller 1947
10 Gesammelte Werke. Hg. W. Schneditz. 3 Bde. Salzburg: Müller (1948–1951)
1. Die Dichtungen. 206 S., 1 Titelb. (1948)
2. Aus goldenem Kelch. Die Jugenddichtungen. Erw. Neuaufl. 159 S., 1 Titelb. (1951)
3. Nachlaß und Biographie. Gedichte, Briefe, Bilder, Essays. 216 S. 1949
(Enth. u. a. Nr. 8 u. erw. Nr. 6)

TRALOW, Johannes (+Hanns Low) (*1882)

1 Das Gastmahl zu Pavia. Dramatisches Gedicht. 52 S., 3 Pl. 16° Lpz: Reclam (= Reclam's UB. 5167) 1910
2 Kain der Heiland. Roman. 201 S. Bln: Concordia 1911
3 Inge, das Drama einer Liebe. Drei Akte und ein Vorspiel. 134 S. Bln: Oesterheld 1912
4 Peter Fehrs Modelle. Schauspiel. 152 S. Bln: Concordia 1912
5 (Bearb.) Euripides: Medea. Eine Nachdichtung. 88 S. Ffm: Englert & Schlosser 1924
6 König Neuhoff. Ein Weltmann im achtzehnten Jahrhundert. Roman. 433 S., 2 Kt. Lpz: List 1929
7 Gewalt aus der Erde. Cromwell-Roman. 282 S. Bln: Universitas 1933
8 Die verliebte Mosel. Geschichten von Männern, Jungfern und Wein. 113 S., 8 Abb. Hbg: Enoch 1936
9 Wo bleibt Petermann? Roman. 320 S. Bln: Oestergaard; Bln: Kulturelle Verl.-Ges. (= Iris-Silberreihe) (1936)
10 Flibustier vor Verakruz. Roman. 305 S. Bln: Kulturelle Verl.-Ges. (= Iris-Silberreihe) (1937)
11 Trebonius erbt eine Frau. Roman. 239 S. Bln: Dt. Verl. (= Ullstein-Bücher. N.F. 93) 1937

12 Ein zweifelhafter Mensch. Kriminalroman. 241 S. Bln: Dt. Verl. (= Uhlen-Bücher. N.F. 130) 1938
13 +Schwarze Orchideen. Roman. 340 S. Bln: Kulturelle Verl.-Anst. (= Iris-Silberreihe 75) 1939
14 Die beiden Ellikotts. Roman. 328 S. Bln: Kulturelle Verl.-Ges. (= Iris-Silberreihe) 1941
15 Freibeuter und Frauen. Abenteuerroman. 314 S. Bln: Kugel-Verl. (1943) (Neuaufl. v. Nr. 10)
16 Roxelane. Roman einer Kaiserin. 608 S. Zürich: Scientia-Verl. (1944)
17 Friederike und die Freunde. Novellen. 131 S. Mchn: Drei Fichten-Verl. 1946
18 Cromwell. Der Untergang einer Diktatur. 317 S. Goslar: Dt. Volksbücherei (= Die Bücher des Volkes) 1947
  (Neuaufl. v. Nr. 7)
19 Irene von Trapezunt. Roman. 531 S. Wiesentheid: Droemer 1947
20 Wind um Tortuga. Abenteuerroman. 211 S. Wiesentheid: Droemer 1948 (Neuaufl. v. Nr. 10)
21 Rosska. Fondi. Zwei Erzählungen. 89 S. Heidelberg: Kemper 1949
22 +Die Stadt im Dschungel. Abenteuerroman. 260 S. Mchn: Drei Fichten-Verl. (= Pino-Romanreihe 8) 1949
23 +Wind aus Alaska. Kriminalroman. 272 S. Mchn: Drei Fichten-Verl. (= Pino-Romanreihe 7) 1949
24 Boykott. Roman. 284 S. Mchn: Droemer 1950
25 Malchatun. Roman einer Ehe und eines Staates. 465 S. Bln: Delta-Verl. 1952
26 Aufstand der Männer. Roman. 297 S. Bln: Verl. der Nation 1953
27 Der Eunuch. 409 S. Bln: Verl. der Nation (1956)
28 Der Beginn. 433 S., 1 Bildn. Bln: Verl. der Nation (1958)

TRAVEN, Bruno
(+Ret Marut, Traven Torsvan, Hal Croves)   (*1882/1884)

1 Das Totenschiff. Die Geschichte eines amerikanischen Seemanns. 256 S. Bln: Büchergilde Gutenberg 1926
2 Der Schatz der Sierra Madre. 213 S. Bln: Büchergilde Gutenberg 1927
3 Der Busch. 175 S. Bln: Büchergilde Gutenberg 1928
4 Land des Frühlings. 429 S., 64 S. Abb., 1 Kt. Bln: Büchergilde Gutenberg 1928
5 Die Brücke im Dschungel. 192 S. Bln: Büchergilde Gutenberg 1929
6 Die weiße Rose. 206 S. Bln: Büchergilde Gutenberg 1929
7 Die Baumwollpflücker. Roman. 278 S. Bln: Universitas 1931
8 Regierung. Roman. 350 S. Bln, Zürich: Europa-Verl. 1931
9 Der Karren. Roman. 319 S. Bln: Buchmeister-Verl. (1932)
10 Die Rebellion der Gehenkten. Roman. 264 S., 1 Taf. Zürich, Prag: Büchergilde Gutenberg 1936
11 Sonnen-Schöpfung. Indianische Legenden. 80 S. Zürich, Prag: Büchergilde Gutenberg 1936
12 Die Troza. 255 S., 1 Taf. Zürich, Prag: Büchergilde Gutenberg 1936
13 Ein General kommt aus dem Dschungel. 415 S. Amsterdam: de Lange 1940
14 Karrenreise durch die Sierra Madre. 32 S. m. Abb. 1 Kt. Bln, Lpz: Volk u. Wissen (= Volk u. Wissen Sammelbücherei. Gr. 1, Serie G, 1) 1946
  (Ausz. a. Nr. 9)
15 Öl und Land. 30 S. Göttingen: Verl. Öffentl. Leben 1947
  (Ausz. a. Nr. 6)
16 Caoba. Roman aus Mexiko. 345 S. Hbg: Krüger 1950
17 Macario. A. d. Engl. v. H. Sanders. 85 S. m. Abb. Zürich: Büchergilde Gutenberg 1950
18 Die Carreta. Roman. 299 S. Bln: Universitas 1953
  (Erw. Neubearb. v. Nr. 9)
19 Der Banditendoktor. Mexikanische Erzählungen. 210 S. Zürich: Limmat-Verl. (1958)
  (Neuaufl. v. Nr. 3)

20 Der dritte Gast und andere Erzählungen. 184 S. m. Abb. Bln: Verl. Volk u. Welt 1958
21 Aslan Norval. Roman. 383 S. Mchn, Wien, Basel: Desch 1960

TRENTINI, Albert von (1878–1933)

1 Der große Frühling. Roman. 363 S. Bln: Schuster & Loeffler 1908
2 Sieg der Jungfrau. Roman. 421 S. Bln: Schuster & Loeffler 1910
3 Lobesamgasse 13. Roman. 262 S. Bln: Schuster & Loeffler 1911
4 Comtesse Tralala. Die Geschichte einer Treue. 193 S. Bln: Schuster & Loeffler 1911
5 Südtirol. 34 S. m. Abb., 1 Kt. Bielefeld: Velhagen & Klasing (= Velhagen & Klasing's Volksbücher 56) 1912
6 Der letzte Sommer. Roman. 474 S. Bln: Schuster & Loeffler 1913
7 Stunden des Lebens. Novellen. 239 S. Bln: Schuster & Loeffler 1913
8 Candida. Roman. 404 S. Bln: Ullstein 1916
9 Unser Geist. Roman. 352 S. Bln, Stg: Dt. Verl.-Anst. 1916
10 Sachsenklemme. Geschrieben anläßlich der Jahrhundertwende der Befreiung Tirols anno 1809. 30 S. Mchn: Callwey (= Der Schatzgräber 100) (1916) (Ausz. a. Nr. 7)
11 Unser Verhältnis zu Italien. 23 S. Mchn: Callwey (= Flugschrift des Dürerbundes 156) (1916)
12 Die Möwe mit dem goldenen Ring. Erzählung. 79 S. Bln: Hillger (= Kürschner's Bücherschatz 1237) (1919)
13 Ehetag. Roman. 202 S. Heilbronn: Weber (1920)
14 Der Falke. Novelle. 80 S. Bln: Hillger (= Kürschner's Bücherschatz 1297) (1920)
15 Deutsche Braut. Roman. 428 S. Mchn, Wien: Callwey 1921
16 Nausikaa. Eine Goethe-Novelle. 92 S. Mchn: Callwey (= Kunstwart-Bücherei 8) (1922)
17 Goethe. Der Roman von seiner Erweckung. 2 Bde. 395, 381 S. Mchn: Callwey 1923
 (Enth. u.a. Nr. 16)
18 Die Geburt des Lebens. 264 S. Reichenberg: Stiepel 1924
19 Novellen. 68 S. Mchn: Callwey (= Kunstwart-Bücherei 15) 1924
20 Das Paradies. Eine Tragödie. 188 S. 4° Mchn: Callwey 1924
21 Tirol Anno 1809. Hg. vom Dürerbund. 62 S. Bln: Hendel (= Hendel-Bücher 2549) (1924)
22 Flucht ins Dunkle. Ein Lied von der Welt. 103 S. Mchn: Callwey (= Kunstwart-Bücherei 36) 1926
23 Gesammelte Werke. Bd. 1.2.10. 3 Bde. Mchn: Callwey 1927–1928
 1. Der große Frühling. Roman. 260 S. 1927
 2. Sieg der Jungfrau. Roman. 290 S. 1928
 10. Der Webstuhl. Roman. 284 S. 1927
 (Enth. u.a. Nr. 2 u. Umarb. v. Nr. 1)
24 Schöpferisches Leben. Zyklus von zwölf Betrachtungen. 59 S. Mchn: Callwey 1932
25 Erziehung zur Persönlichkeit. Ein Zyklus in acht Betrachtungen. Nach dem Tode des Dichters veröffentlicht. 121 S. Mchn: Oldenbourg 1935

TROJAN, Johannes (1837–1915)

1 Durch Feld und Wald, durch Haus und Hof. 16 S., 15 Abb. 4° Bln: Hofmann 1863
2 Onkel Schwalbe's lustige Fahrten mit dem Luftballon. 30 S. m. Abb. 4° Bln: Hofmann 1865
3 (MV) Der schwarze Peter und andere Schattenbilder v. P. Konewka, mit Reimen v. J. T. 85 S. m. Abb. Stg: Thienemann (1869)
4 Beschauliches in Bild und Spruch. 86 S. 16° Bln: Hofmann 1870

5 Beim Onkel auf dem Lande. Ein lustiges Bilderbuch. 14 S., 6 Taf. 4° Bln: Lesser 1870
 6 (MV) P. Konewka: Schattenbilder. Mit Reimen v. J. T. 20 Bl. m. Abb. 4° Stg: Hofmann (1871)
 7 (MV) Allerlei Thiergeschichten. Silhouetten v. P. Konewka. Text J. T. 17 Bl., 16 Abb. 4° Straßburg („Lahr:) Schauenburg (1872)
 8 Kinderlust. Ein Jugend-Album mit Reimen. 38 S. m. Abb. 4° Stg: Thienemann 1873
 9 Eroberungen des Augenblicks. Lustspiel. 66 S. Bln: Kühling (= Der Bühnenfreund) 1877
10 Was in diesem Jahr gut zu thun ist. 63 S. 12° Bln, Lpz: Mertens 1878
11 Gedichte. 258 S. 12° Lpz: Liebeskind 1883
12 Scherzgedichte. 271 S. 12° Lpz: Liebeskind 1883
13 (MV) J. Lohmeyer u. J. T.: Kinderhumor. 48 S. Abb. m. Text 4° Lpz: Meissner 1885
14 Prinzessin Wunderhold. Zwölf Monatsbilder aus dem Kinderleben. 28 S. m. Abb. 4° Stg: Weise 1885
15 Kleine Bilder. Ernstes und Heiteres. 200 S. Minden: Bruns 1886
16 Goldene Jahre. 16 Bl. Abb. m. Text. 16° Stg: Weise 1887
17 Das artige Kind in Haus und Schule. Ein Jugend-Album mit Reimen. 16 S. Abb. m. Text 4° Stg: Thienemann 1887
18 Von Drinnen und Draußen. Gedichte. 200 S. Minden: Bruns 1888
19 Von Strand und Heide und andere Skizzen. 232 S. Minden: Bruns 1888
20 (Hg.) Kinderreime. 160 S. m. Abb. Stg: Schmidt 1889
21 Gesellige Freuden. 24 S. m. Abb. 4° Bln: Krause 1890
22 (MV) J. T. u. J. Lohmeyer: Ein Kriegstagebuch aus dem Kladderadatsch in Ernst und Humor aus den Jahren 1870–1871. Vers und Prosa. 146 S., 1 Abb. Breslau: Wiskott 1891
23 Struwwelpeter der Jüngere. 24 S. m. Abb. 2° Stg: Weise 1891
24 Die Welt vom Fenster aus. 44 S. m. Abb. 4° Breslau: Wiskott 1891
25 Das Buch der Stände. Bilderbuch mit Versen. 22 S. Abb. m. Text 4° Hbg: Verl.-Anst. u. -Dr. 1892
26 Von Einem zum Andern. Gesammelte Erzählungen. 266 S. Bln: Freund 1893
27 (Vorw.) Für unsere Gäste. Chronik des Hausbesuchs. 152 S., 3 Abb. 4° Lpz: Cavael 1893
28 Lustige Gesellschaft. Bilderbuch für unsere Kleinen. 24 Taf. m. Text 4° Dresden: Meinhold 1893
29 Für gewöhnliche Leute. Hunderterlei in Versen und Prosa. 200 S. Bln: Freund 1893
30 Das Wustrower Königsschießen und andere Humoresken. 206 S. 16° Lpz: Liebeskind 1894
31 Hundert Kinderlieder. 160 S. Bln: Grote 1899
32 Zwei Monate Festung. 192 S. Bln: Grote 1899
33 Der Sängerkrieg zu Trarbach. Beitrag zur Geschichte des Wettbewerbs um den Preis für das beste Moselweinlied. Nebst einem Anhang, enthaltend eine Auswahl aus den nicht preisgekrönten Liedern. 231 S., 1 Abb. Trarbach: Balmer (1899)
34 (Hg.) Almanach des Kladderadatsch 1900. Eine lustige Gabe zur Jahrhundertwende. 128 S. m. Abb. Bln: Hofmann 1900
35 Auf der andern Seite. Streifzüge am Ontario-See. 236 S. Bln: Grote 1902
36 (MV) J. T., L. Holle u. L. Fürst: Austern, Hummer, Krebse, Kaviar. 77 S. m. Abb., 4 Taf. 12° Bln: Brand (= Brand's oenologische und gastrosophische Bibliothek 1) 1903
37 Berliner Bilder. Hundert Momentaufnahmen. 286 S. Bln: Grote 1903
38 (MV) E. H. Strasburger u. J. T.: Guck in die Welt! Gedichte und Erzählungen für die Kleinen. 50 S. m. Abb. 4° Eßlingen: Schreiber 1903
39 Neue Scherzgedichte. 267 S. Stg: Cotta 1903 (N.F. zu Nr. 12)
40 (MV) J. T. u. E. H. Strasburger: Ungezogenes. Ein lustiges Versbuch. 92 S. Bln: Berliner Verl. (1904)
41 Aus dem Leben. Gedichte. 258 S. Bln: Grote 1905
42 (MV) C. Lechler, J. T. u. R. H. Greinz: Das Puppenhaus. 24 S. m. Abb. Eßlingen: Schreiber 1905

43 (MV) V. Blüthgen, J. T. u. E. H. Strasburger: Unser Schatzkästlein. Kinder-Lieder. 60 S., 3 Bildn. Bln: Schall & Rentel 1906
44 Auswahl der Schriften. Hg. E. Kloß. 127 S. Stg: Greiner (= Bücher der Weisheit und Schönheit) 1907
45 (MV) Konewka-Mappe. Silhouetten v. P. K., Text J. T. 6 S. m. Abb. 4⁰ Stg: Müller 1908
46 (Einl.) Punsch- und Bowlen-Rezepte. 30 S. Harzburg: Stolle 1908
47 Aus Wald und Heide. Verse. 29 S. m. Abb. Mchn: Dieterich 1909
48 (Hg.) Die zwölf Handwerker. Nach alten Volksreimen. 27 S. m. Abb. 4⁰ Bln: Neufeld 1910
49 Aus Natur und Haus. 149 S. Wiesbaden: Staadt (= Wiesbadener Volksbücher 136) 1910
50 Aus dem Reich der Flora. VII, 214 S. m. Bildn. Bln: Grote 1910
51 Unsere deutschen Wälder. 112 S. m. Abb. Bln-Charlottenburg: Vita (= Leuchtende Stunden 1) 1911
52 Erinnerungen. 332 S. Bln: Schall (= Verein der Bücherfreunde 171) 1912
53 Fahrten und Wanderungen. 349 S. Bln: Schall (= Verein der Bücherfreunde 178) 1913
54 A B C. Verse. IV S., 25 Bl. Abb., 25 Bl. Text. 4⁰ Bln: Brandus 1916
55 Das Abenteuer im Walde und andere Dichtungen für unsere Kleinen. 48 S., 1 Bildn. Danzig: Kafemann (= Erzählungen aus dem Weichselgau 3) 1923
56 Zwergwanderschaft. 14 Bl. m. Abb. 4⁰ Dorpat („Riga: Löffler) 1925

TSCHERNING, Andreas (1611–1659)

1 Epicedia ... 4⁰ Breslau: Baumann 1633
2 Deutsche und lateinische Gedichte. 2 Bde. 4⁰ Breslau 1634
3 Lob des Weingottes. 4⁰ Rostock 1634
4 In Davidem Rhenischium A.T. affectus. Breslau 1634
5 (MV) Ch. Colerus u. A.T.: Officium Pietatis ... Dn. Davidi Rhenisio, Ecclesiastae et Professori eximio ... Ipsis Exsequiis. 6 Bl. Breslau: Baumann 1634
6 *Auf ... Hn. David Eberis ... Tochter ... Hochzeit. o.O. 1640
7 LOB der Buchdruckerey. 8 Bl. 4⁰ Breslau: Baumann 1640
8 (Übs.) Centuria Proverbiorum Alis Imperatoris Muslimici distichis Latino-Germanicis expressa, Cum Notis brevioribus. 8 Bl., 112 S. o.O. (1641)
9 Auf Frau Anna Henelin, geb. Partischin Tod. 4 Bl. Lpz: 1641
10 Ode an den WolEdlen, Gestrengen und Hochbenambten Herren Mattheus Apelles von Löwenstern auff Langenhoff ... 4 Bl. Breslau: Baumann 1641
11 Deutscher Getichte Früling. 16 Bl., 368 S., 1 Ku. Breslau: Baumann 1642 (Enth. u.a. Nr. 3, 4, 7, 9)
12 Deutscher Getichte Früling. Auffs neue übersehen und verbessert. 975 S. Rostock: Wild (1642)
(Verb. Neuaufl. v. Nr. 11)
13 Ode an Frantz Albrecht von Sachsen. 4 Bl. 4⁰ o.O. (1642)
14 Semicenturiae Schediasmatum. 24 Bl. 12⁰ Rostock: Richelius 1643
15 Schediasmatum Liber Unus. 16 Bl. Rostock 1644
16 Ode an Adolph Friedrich von Mecklenburg. 2 Bl. 4⁰ o.O. (1644)
17 Chore so bey dieser Tragedien sollen inserirt werden ... 22 Bl. 4⁰ Rostock 1646
(zu Nr. 19)
18 Deutscher Getichte Früling. Auffs neue übersehen verbessert und nachgedruckt. 12 Bl., 535 S., 1 Bl. Rostock: Wild (1646)
(Verb. Neuaufl. v. Nr. 12)
19 Judith. Rostock 1646
20 Vortrab Des Sommers Deutscher Gedichte. 96 Bl. Rostock: Keyl 1655
21 Mausoleum sive ara exequialis super obitu ... Dominae Eleonorae Mariae Ducis Megapol. ... relictae viduae ... 4 Bl. 4⁰ Rostock: Kilius 1657
22 Unvorgreiffliches Bedencken über etliche mißbräuche in der deutschen Schreib- und Sprachkunst, insonderheit der edlen Poeterey ... 14 Bl., 346 S., 4 Bl. 12⁰ Lübeck: Volck 1659

TUCHOLSKY, Kurt (+Kaspar Hauser, Peter Panter, Theobald Tiger, Ignaz Wrobel) (1890-1935)

1. Rheinsberg. Ein Bilderbuch für Verliebte. VII, 95 S., 7 Abb. 16⁰ Bln: Juncker (= Orplidbücher 3) (1912)
2. +Der Zeitsparer. Grotesken. Von I. Wrobel. 23 S. Bln: Reuß & Pollack 1914
3. +Fromme Gesänge. Von Th. Tiger. Vorw. I. Wrobel. IX, 117 S. Bln-Charlottenburg: Lehmann 1919
4. +Träumereien an preußischen Kaminen. Von P. Panter. 87 S., 7 Abb., Bln-Charlottenburg: Lehmann 1920
5. (M) Die Weltbühne. Der Schaubühne 22.-28. Jahr. Wochenschrift für Politik, Kunst, Wirtschaft. Unter Mitarb. v. K. T. gel. v. C. v. Ossietzky. Jg. 22-28, je 52 Nrn. Bln-Charlottenburg: Verl. d. Weltbühne 1926-1932
6. +Ein Pyrenäenbuch. Von P. Panter. 249 S. m. Taf. Bln: Rowohlt (1927)
7. Mit 5 PS. 380 S. Bln: Rowohlt (1928)
8. Deutschland, Deutschland über alles! Ein Bilderbuch. Montiert v. J. Heartfield. 231 S. m. Abb. Bln: Neuer Dt. Verl. 1929
9. Das Lächeln der Mona Lisa. 387 S. Bln: Rowohlt (1929)
10. Lerne lachen ohne zu weinen. 420 S. Bln: Rowohlt 1931
11. Schloß Gripsholm. Eine Sommergeschichte. 221 S. m. Abb. Bln: Rowohlt (1931)
12. Gesammelte Werke. Hg. Mary Gerold-Tucholsky u. F. J. Raddatz. 4 Bde. Reinbek b. Hbg: Rowohlt 1960-1962

TÜGEL, Ludwig (*1889)

1. Die Herren Ark und von Besch. 214 S. Bremen: Angelsachsen-Verl. (1921)
2. Kolmar. Eine Novelle, geschrieben: Ostendorf 7. II.-12. III. 1920. 62 S. Bremen: Angelsachsen-Verl. 1922
3. Jürgen Wullenwever, Lübecks großer Bürgermeister. Erzählt. 67 S., 1 Abb., 5 Taf. Jena: Diederichs (= Deutsche Volkheit 37) 1926
4. Der Wiedergänger. 371 S. Ffm: Rütten & Loening 1929
5. Die Treue. Erzählung. 205 S. Bln, Mchn: Langen-Müller 1932
6. Sankt Blehk oder Die große Veränderung. Roman. 401 S. Mchn: Langen-Müller 1934
7. Pferdemusik. Roman. 325 S. Mchn: Langen-Müller 1935
8. Frau Geske auf Trubernes. Eine Saga. 203 S. Hbg, Mchn: Hanseat. Verl.-Anst. 1936
9. Lerke. 135 S. Hbg, Mchn: Hanseat. Verl.-Anst. 1937
10. Der Brook. 123 S. Hbg: Hanseat. Verl.-Anst. 1938
11. Das Dorkumer Tief. 92 S. Hbg: Hanseat. Verl.-Anst. 1938
12. (Hg.) Die Abenteuer eines Soldaten. Des jungen Feldjägers Zeitgenosse in preußischen, französischen, englischen und sardinischen Diensten. Deutsches Schicksal unter fremden Fahnen. 269 S., 4 Taf. Dortmund: Volkschaft-Verl. 1939
13. Die Freundschaft. 288 S. Hbg: Hanseat. Verl.-Anst. (1939)
14. Die See mit ihren langen Armen. Erzählung. 88 S. Hbg: Hanseat. Verl.-Anst. (= Hanseaten-Bücherei) 1940
15. Der Kauz. Eine Erzählung von Leben, Liebe und Krieg. 92 S. Hbg: Hanseat. Verl.-Anst. 1942
16. Auf der Felsentreppe und andere Erzählungen. 317 S. Hbg: Stromverl. 1948
17. Bartholomäus Grottmanns fünfzigster Geburtstag. 61 S. Hbg: Wittig 1948
18. Das alte Pulverfaß und andere Erzählungen. 280 S. Hbg: Stromverl. (1948)
19. Die Charoniade oder Auf dem Strom des Lebens. 657 S. Hbg: Wittig 1950 (Forts. v. Nr. 7)
20. Der Ferner. 76 S. Witten: Luther-Verl. (1954)
21. Die Dinge hinter den Dingen. Phantastische Erzählungen. 262 S. Bremen: Schünemann (= Schünemann-Hausbücher) 1959

Tügel, Tetjus (eig. Otto Tügel) (*1892)

1 Mien un dien. Speel met dree Optög. IX, 68 S. Hbg: Hanf 1921
2 Nicht nur wir. Gedichte. 31 S. Hbg: Harms 1921
3 Jörn Klunkermel. Dekameronade. 23 S. m. Abb. 4⁰ Itzehoe: Martin 1928
4 Erdensingsang. Gedichte. 75 S. Bremen: Dreizack-Verl. 1930
5 Nur Gedichte. 75 S. Worpswede: Dreizack-Verl. (1930)
6 Das traurige Land. Zwanzig Bleistiftzeichnungen. 20 Taf. 4⁰ Hbg: Quickborn-Verl. (1000 Ex.) (1931)
7 Lamm im Wolfspelz. Roman. 525 S. Hbg: Toth (1941)
8 Gold im Nebel. Roman. 378 S. Hbg: Toth (1944)
9 Daß ich so schlicht verbliebe. Gedichte. 47 S. Hbg: Wegner 1946
10 Ödlandfrauen. Novellen. 241 S. Hbg: Toth 1947
11 Das Ebenbild. Novelle. 157 S. Hbg: Toth 1948
12 Gedichte. 147 S. Hbg: Toth 1949
13 Der Teufel der schönen Frauen. 317 S. Hbg: Toth 1949
14 Ein Herz kommt um. Roman. 324 S. Hbg: Tessloff 1951
15 Gold im Nebel. 324 S. Hbg: Toth 1956
  (Erw. Neuaufl. v. Nr. 8)
16 Drei Menschen abseits. Erzählung. 77 S. Bremervörde: Borgardt 1957

Tumler, Franz (*1912)

1 Das Tal von Lausa und Duron. 85 S. Mchn: Langen-Müller (= Sturm und Sammlung) 1935
2 Der Ausführende. Roman. 295 S. Mchn: Langen-Müller (1937)
3 Die Wanderung zum Strom. Erzählung und Gedichte. 74 S. Mchn: Langen-Müller (= Die kleine Bücherei 87) 1937
4 Im Jahre 38. 75 S. Mchn: Langen-Müller (= Die kleine Bücherei 105) 1939
5 Der Soldateneid. Eine Erzählung. 181 S. Mchn: Langen-Müller 1939
6 (Hg.) Ein kleines Stifter-Lesebuch. 76 S. Mchn: Langen-Müller (= Die kleine Bücherei 226) 1939
7 Österreich ist ein Land des Deutschen Reiches. 32 S. Bln: Eher (= Schriftenreihe der NSDAP., Gr. 3, Bd. 10) 1940
8 Der erste Tag. Erzählung. 97 S. Mchn: Langen-Müller (1940)
9 Anruf. Gedichte. 81 S. Mchn: Langen-Müller (1941)
10 Auf der Flucht. Eine Erzählung. 85 S. Wien, Bln: Bischoff (= Linzer Bücherei) 1943
11 Ländliche Erzählungen. 50 S. Graz: Leykam (= Salzburger Hefte 6) 1944
12 Einmal war etwas Gutes geschehen. 8 Bl. Hameln: Bücherstube Seifert (= Hamelner Drucke des Verlages der Bücherstube Seifert, Hameln. 9) 1947
13 Liebes-Lobpreisung. Ein Gedichtzyklus. 36 S. Hameln: Bücherstube Seifert 1947
14 An der Waage. Aufzeichnungen aus dem Lagerhaus. 70 S. Hameln: Bücherstube Seifert 1947
15 Landschaften des Heimgekehrten. 99 S. Wien, Linz, Zürich: Pilgram-Verl. 1948
16 (Hg.) B. Ammering: Gedichte. Aus dem Nachlaß ausgew. 62 S. Wels: Leitner 1949
17 Neuer Blick auf die Erde. Zehn Landschaften. 65 S. Hameln: Bücherstube Seifert 1949
18 (Nachw.) J. W. v. Goethe: Das St. Rochusfest zu Bingen. 59 S. m. Abb. Linz: Oberösterreichischer Landesverl. 1949
19 Der alte Herr Lorenz. Roman. 261 S. m. Abb. Salzburg: Müller 1949
20 Heimfahrt. Roman. 712 S. Salzburg, Köln, Zürich: Pilgram-Verl. 1950
21 Der erste Tag. Erzählung. 89 S. Mchn: Hanser 1951
  (Neubearb. v. Nr. 8)
22 Berlin, Geist und Gesicht. 92 S. m. Abb. Mchn, Stg: Constantin-Verl. 1953
23 Das Hochzeitsbild. Erzählung. 84 S. Salzburg: Pilgram-Verl. 1953
24 Ein Schloß in Österreich. Roman. 609 S. Mchn: Hanser 1953

25 Der Schritt hinüber. Roman. 250 S. Ffm: Suhrkamp 1956
26 Der Gardasee. 15 S. Text, 1 Kt., 32 S. Abb. Mchn, Ahrbeck: Knorr & Hirth (= Das kleine Kunstbuch) 1958
27 Der Mantel. Erzählung. 236 S. Ffm: Suhrkamp 1959
28 (Einl.) N. Jesse: Menschen in Berlin. 120 S., 96 Taf. Gütersloh: Mohn 1960
29 (MV) Ein Morgen wie jeder andere. (– P. Arène: Die Honigtöpfe.) 16 S. Hbg: Agentur des Rauhen Hauses (= Die stille Stunde 34) (1960)

Uechtritz, Friedrich von (+A. Fahne) (1800–1875)

1. Chrysostomus. Drama in fünf Aufzügen. 296 S. Brandenburg: Wiesike 1822
2. Trauerspiele. 242 S. Bln: Herbig 1823
3. Alexander und Darius. Trauerspiel in fünf Aufzügen. Mit einer Vorrede v. L. Tieck. XXVI, 135 S. Bln: Vereinsbuchh. 1827
4. Rosamunde. Ein Trauerspiel in fünf Aufzügen. 149 S. Düsseldorf: Schreiner 1834
5. Die Babylonier in Jerusalem. Dramatisches Gedicht. 178 S. Düsseldorf: Schreiner 1836
6. +Die Düsseldorfer Malerschule in den Jahren 1834, 1835 und 1836. Eine Schrift voll flüchtiger Gedanken. 178 S. Düsseldorf: Schreiner 1837
7. +Meine Schrift „Die Düsseldorfer Malerschule" und ihre Gegner. Betrachtet. 40 S. Düsseldorf: Schreiner 1837
8. Blicke in das Düsseldorfer Kunst- und Künstlerleben. 2 Bde. 452; X, 350 S. Düsseldorf: Schreiner 1839–1840
9. Ehrenspiegel des deutschen Volkes und vermischte Gedichte. 124 S. Düsseldorf: Schaub 1843
10. Albrecht Holm, eine Geschichte aus der Reformationszeit. 3 Abt. 2,3,2 Bde. 2369 S. Bln: Duncker 1852-1853
11. Der Bruder der Braut, oder Sittliche Lösung ohne rechtliche Sühne. Ein Roman. 3 Bde. 1060 S. Stg: Cotta 1860
12. Eleazar. Eine Erzählung aus der Zeit des großen jüdischen Krieges im ersten Jahrhundert n. Chr. 3 Bde. 839 S. Jena: Costenoble 1867
13. Studien eines Laien über den Ursprung, die Beschaffenheit und Bedeutung des Evangeliums nach Johannes. XVI, 595 S. Gotha: Perthes 1876

Uhland, Ludwig (1787–1862)

1. Dissertatio inauguralis juridica de juris Romani servitutum natura dividua vel individua. 44 S. Tüb: Schramm 1810
2. (MV) J. Kerner, F. Baron de la Motte Fouqué, L. U. (u.a.): Deutscher Dichterwald. 4 Bl., 248 S. Tüb: Heerbrandt 1813
3. *Denkmal Friedrichs von Harpprecht, gestorben zu Wilna, am 10. Januar 1813. Aus seinem schriftlichen Nachlasse. 110 S. Stg: Cotta 1813
4. Gedichte. 358 S. Stg, Tüb: Cotta 1815
5. *Sechs vaterländische Gedichte. 16 S. Wurtemberg 1816
6. Keine Adelkammer! Flugschrift vom Jahr 1817. 2 Bl. o.O. (1817)
7. Vaterländische Gedichte. 20 S. Tüb: Fues 1817
8. Ernst, Herzog von Schwaben. Trauerspiel in fünf Aufzügen. 157 S., 1 Bl. Heidelberg: Mohr & Winter 1818
9. Ludwig der Baier. Schauspiel in fünf Aufzügen. 156 S. Bln: Reimer 1819
10. Gedichte. 472 S. Stg, Tüb: Cotta 1820
    (Verm. Neuaufl. v. Nr. 4)
11. Walther von der Vogelweide, ein altdeutscher Dichter, geschildert v. L. U. XII, 155 S. Stg, Tüb: Cotta 1822
12. Gedichte. VI, 508 S. Stg, Tüb: Cotta 1831
    (Verm. Neuaufl. v. Nr. 10)
13. Sagenforschungen. Bd. I: Der Mythus von Thôr nach nordischen Quellen. 2 Bl., 224 S. Stg, Tüb: Cotta 1836
14. (Hg.) Alte hoch- und niederdeutsche Volkslieder, mit Abhandlung und Anmerkungen. Erster Band. 2 Abth. VIII, 1056 S. Stg, Tüb: Cotta 1844–1845
15. Dramatische Dichtungen. 291 S. Heidelberg: Winter 1846
16. (MV) Neun Reden für den Anschluß Oesterreichs an Deutschland, gehalten

in der Paulskirche von den Abgeordneten Eisenmann, Reitter, ... Uhland, ... 92 S. Ffm: Sauerländer 1848
17 Bodman. Beitrag zur schwäbischen Sagenkunde. Sonderabdruck. 64 S. Wien: Manz 1859
18 Gedichte und Dramen. 3 Bde. 939 S. 16° Stg: Cotta 1863
19 Die Todten von Lustnau. 24 S. Wien (: Gerold) 1863
20 Schriften zur Geschichte der Dichtung und Sage. 8 Bde. Stg: Cotta 1865–1873
21 Gesammelte Werke. Mit einer biographisch-litteraturhistorischen Einleitung hg. H. Fischer. 6 Bde. 1557 S. m. Bildn. Stg: Cotta (1892)
22 Tagbuch 1810–1820. Aus des Dichters handschriftlichem Nachlaß hg. J. Hartmann. 338 S. m. Bildn. u. Stammtaf. Stg: Cotta 1893
23 Werke. Kritisch durchgesehene und erläuterte Ausgabe. Hg. L. Fränkel. 2 Bde. 1034 S. m. Bildn. u. Faks. Lpz, Wien: Bibliogr. Inst. 1893
24 Gedichte. Vollständige kritische Ausgabe. Auf Grund des handschriftlichen Nachlasses bes. E. Schmidt u. J. Hartmann. 2 Bde. 478, 384 S. Stg: Cotta 1898
25 Sämtliche Werke. Mit einer litterarisch-biographischen Einleitung v. L. Holthof. XIX, 1120 S. m Bildn. Stg: Dt. Verl.-Anst. (1901)
26 Werke. Hg., mit Einleitung und Anmerkungen und mit einem Lebensbild versehen v. A. Silbermann. 3 in 2 Bdn. XCVI, 495; 289; 723 S. m Bildn., 4 Faks. Bln: Bong (= Goldene Klassiker-Bibliothek) 1908

UHSE, Bodo (1904–1963)

1 Söldner und Soldat. Roman. 326 S. Paris: Ed. du Carrefour; Moskau, Leningrad: Verlagsgenossenschaft ausländischer Arbeiter in der UdSSR 1935
2 Die erste Schlacht. Vom Werden und den ersten Kämpfen des Bataillons Edgar André. 55 S. Straßburg: Ed. Prométhée (1938)
3 Leutnant Bertram. Roman. 618 S. Mexico: El Libro libre 1943
4 (Hg.) gekabelt aus moskau. Schriftsteller und Krieg. Johannes R. Becher, Lilly Becher, Andor Gabor, Theodor Plivier, Erich Weinert, Friedrich Wolf kabeln aus Moskau. 30 S. London: Freier Deutscher Kulturbund in Großbritannien (= Freie deutsche Kultur) (1943)
5 (Übs.) V. Lombardo-Toledano: Johann Wolfgang von Goethe. 23 S. Mexico: Verl. Freies Deutschland 1944
6 Leutnant Bertram. Roman. 522 S. Bln: Verl. Volk und Welt 1947 (Dt. Ausg. v. Nr. 3)
7 Nous, les fils. 313 S. Paris: Bateau Ivre 1947
8 Wir Söhne. Roman. 267 S. Bln: Aufbau-Verl. (1948) (Dt. Ausg. v. Nr. 7)
9 Die heilige Kunigunde im Schnee und andere Erzählungen. 186 S. Bln: Aufbau-Verl. (= Aurora-Bücherei) 1949
10 (Hg.) (E. E. Kisch:) Schreib das auf, Kisch! 115 S. Lpz: Reclam (= Reclam's UB. 7675–7676) 1951
11 Die Brücke. Drei Erzählungen. 171 S. Bln: Aufbau-Verl. 1952
12 Die Patrioten. Bd. 1.: Abschied und Wiederkehr. 570 S. Bln: Aufbau-Verl. 1954
13 Tagebuch aus China. 174 S., 10 Taf. Bln: Aufbau-Verl. 1956
14 Mexikanische Erzählungen. 119 S. Bln: Aufbau-Verl. 1957
15 Die Aufgabe. Eine Kollwitz-Erzählung. Veröffentlichung der Deutschen Akademie der Künste zum vierzigsten Jahrestag der Novemberrevolution. 21 S., 8 Taf. 4° Dresden: Verl. der Kunst 1958
16 Gestalten und Probleme. 340 S. Bln: Verl. der Nation (1959)
17 Reise in einem blauen Schwan. Erzählungen. 184 S. Bln: Aufbau-Verl. (= Das Taschenbuch des Aufbau-Verlages 60) 1959
18 (MV) B. U. u. E. Claudius: Abriß der Spanienliteratur. Hg. vom Kollektiv für Literaturgeschichte. 219 S. Bln: Verl. Volk und Wissen (= Schriftsteller der Gegenwart 5) 1960
19 (MH) E. E. Kisch: Gesammelte Werke in Einzelausgaben. Hg. B. U. u. Gisela Kisch. 8 Bde. Bln: Aufbau-Verl. 1960 ff.

Ulitz, Arnold (*1888)

1. Die vergessene Wohnung. Novellen. 132 S. Mchn: Langen (= Langen's Kriegsbücher 8) (1915)
2. Die Narrenkarosse. Drei Novellen. 229 S. Mchn: Langen (1916)
3. Der Arme und das Abenteuer. Gedichte. 125 S. Mchn: Langen (1919)
4. Ararat. Roman. 440 S. Mchn: Langen 1920
5. Die Bärin. Roman. 249 S. Mchn: Langen 1922
6. Die ernsthaften Toren. Novellen. 275 S. Mchn: Langen 1922
7. Der Lotse. Gedichte. 97 S. Mchn: Langen 1924
8. Das Testament. Roman. 356 S. Mchn: Langen 1924
9. Der verwegene Beamte oder Was ist die Freiheit? Erzählung. 79 S. Stg: Dt. Verl.-Anst. (= Der Falke 22) 1925
10. Barbaren. Roman. 358 S. Mchn: Langen 1926
11. Christine Munk. Roman. 307 S. Mchn: Langen 1926
12. Der Bastard. Roman. 337 S. Bln: Ullstein 1927
13. Der Schatzwächter. Novellen. 241 S. Bln: Ullstein 1928
14. Aufruhr der Kinder. Roman. 244 S. Bln: Propyläen-Verl. (1929)
15. Boykott. Scharlach. Zwei Schülernovellen. 76 S. Lpz: Insel (= Insel-Bücherei 411) (1930)
16. Worbs. Ein komischer Roman. 250 S. Bln: Propyläen-Verl. 1930
17. Die Unmündigen. Grenzfälle aus dem Seelenleben Jugendlicher. 76 S. Lpz: Reclam (= Reclam's UB. 7149) 1931
18. Eroberer. Roman. 314 S. Bln: Keil 1934
19. Stationen der Liebe. 159 S. Bln: Krüger 1935
20. Der Gaukler von London. Roman. 588 S. Breslau: Korn 1938
21. Der große Janja. Ein Kattowitzer Roman. 355 S. Breslau: Korn 1939
22. Der wunderbare Sommer. Roman. 419 S. Breslau: Korn 1939
23. Hochzeit! Hochzeit! 85 S. Merseburg: Stollberg (1940)
24. Geschwister. Novellen. 80 S. Breslau: Gauverl. NS.-Schlesien (1941)
25. Der verlorene Ring. Novellen. 117 S. Breslau: Gauverl. NS.-Schlesien. 1941
26. Die Braut des Berühmten. Roman. 450 S. Bln: Propyläen-Verl. 1942
27. Die Reise nach Kunzendorf. Erzählung. 109 S. Breslau: Korn (1942)
28. Die graue Truhe. 160 S. Breslau: Gauverl. NS.-Schlesien 1942
29. Septembernacht. Novellen. 142 S. Breslau: Gauverl. NS.-Schlesien (1943)
30. Bitter-süße Bagatellen. 160 S. Schloß Laupheim: Steiner 1948
31. Rübezahl sucht Menschen. Ein Märchen. 16 S. m. Abb. Mimberg b. Nürnberg: Verl. der Freien Demokratischen Partei (= Schriftenreihe der Freien Demokratischen Partei 4) 1948
32. Das Teufelsrad. Erzählungen. 157 S. Schloß Laupheim: Steiner 1949
33. (Einl.) Schlesien. Erl. H. Domke. Zusammenstellung u. Bildunterschriften H. Busch. Bildredaktion H. Busch u. H. Breidenstein. 15 S. Text, S. 17–72 Abb. 4° Ffm: Umschau Verl. (= Die deutschen Lande 14) 1956
34. (MV) Arnold Ulitz. (A. M. Kosler: Das Bild des Menschen in der Dichtung von Arnold Ulitz. – A.U.:) Die Tochter der Musik. (– W. Köhler: In der Hummerei zu Breslau.) 24 S., 1 Titelb. Wangen/Allg.: Ritter (= Schlesische Feierstunde) (1959)

Ullmann, Regina (1884–1961)

1. Feldpredigt. Dramatische Dichtung. 37 S. Ffm: Demuth 1907
2. Von der Erde des Lebens. Dichtungen in Prosa. Geleitw. R. M. Rilke. 101 S. Mchn: Frauen-Verl. 1910
3. Gedichte. 69 S. Lpz: Insel 1919
4. Die Landstraße. Erzählungen. 196 S. Lpz: Insel 1921
5. Die Barockkirche, von einer Votivtafel herab gelesen und ausführlich berichtet, zugleich mit etlichen Volkserzählungen. 105 S. Zürich: Grethlein (= Seldwyla-Bücherei 5 r. 4) (1925)
6. Vier Erzählungen. 102 S. 4° Mchn (:Beck) (= Buch der Rupprecht-Presse 48) 1930

7 Vom Brot der Stillen. Erzählungen. 2 Bde. 168, 162 S. Erlenbach: Rentsch 1932
8 Der Apfel in der Kirche und andere Geschichten. 195 S. Freiburg: Herder 1934
9 Der Engelskranz. Erzählungen. 287 S. Einsiedeln, Köln: Benziger 1942
10 Madonna auf Glas und andere Geschichten. 216 S. Einsiedeln, Köln: Benziger 1944
11 (MV) Erinnerungen an Rilke. Briefe des Dichters und die Genfer Ansprache von C. J. Burckhardt für R. U. Mit der Wiedergabe von Rilkes Schriftzügen und einer Vorbemerkung von R. B. Matzig. 79 S. St. Gallen: Tschudy (1945)
12 Der ehrliche Dieb und andere Geschichten. 64 S. Basel: Verein für Verbreitung guter Schriften (= Verein für Verbreitung guter Schriften Basel, 230) 1946
13 Von einem alten Wirtshausschild. Erzählungen. 137 S. Einsiedeln, Zürich, Köln: Benziger 1949
(Enth. u.a. Ausz. a. Nr. 9)
14 (Vorw.) E. Delp: Vergeltung durch Engel und andere Erzählungen. Mit den Äußerungen R. M. Rilkes. 240 S. Freiburg, Mchn: Alber 1952
15 Schwarze Kerze. Erzählungen. 168 S. Einsiedeln, Zürich, Köln: Benziger 1954
16 Gesammelte Werke. In Zusammenarbeit mit E. Delp zusgest. 2 Bde. 438, 447 S. Einsiedeln, Zürich, Köln: Benziger 1960

Unruh, Friedrich Franz von (*1893)

1 Gesinnung. 71 S. Hbg-Bergedorf: Fackelreiter-Verl. 1924
2 Stufen der Lebensgestaltung. 149 S. Hbg-Bergedorf: Fackelreiter-Verl. 1928
3 National-Sozialismus. (Anh.: C. Busemann: Das Wirtschaftsprogramm.) 66 S. Ffm: Societäts-Verl. 1931
4 (Einf.) Johann Gottlieb Fichte. 234 S. Stg: Gutbrod (= Gestalten und Urkunden deutschen Glaubens 1) 1935
5 Hutten, der Vorkämpfer eines deutschen Aufbruchs. 61 S. Stg: Gutbrod (= Deutsches Wesen 1) 1935
6 Verlorener Posten. Schilderung aus der Loretto-Schlacht. 68 S., 6 Abb., 2 Kt. Hbg: Sieben Stäbe-Verl. 1935
7 (Hg., Einl.) Hölderlins Dichtung. Eine Auswahl. 149 S. Stg: Truckenmüller (= Gestalten und Urkunden deutschen Glaubens 3) 1937
8 Der Tod und Erika Ziska. Eine Nachkriegserzählung. 80 S. Essen: Essener Verl.-Anst. 1937
9 Die Heimkehr. Novelle. 62 S. Essen: Essener Verl.-Anst. (1938)
10 Der innere Befehl. Chronik eines Weges. 174 S. Essen: Essener Verl.-Anst. (1939)
11 Der Verräter. Geschichte eines Schicksals. 192 S. Essen: Essener Verl.-Anst. (1941)
12 Bruderdorf. Erzählung. 71 S. Essen: Essener Verl.-Anst. 1942
13 Heidrun. Eine Erzählung. 61 S. Essen: Essener Verl.-Anst. (1942)
14 Erika Ziska. Ein Buch vom Opfer. 93 S. Essen: Essener Verl.-Anst. 1942 (Neuaufl. v. Nr. 8)
15 Johann Gottlieb Fichte. 80 S. Stg: Truckenmüller (= Vermächtnis und Auftrag) (1943)
16 Friedrich Hölderlin. 85 S., 1 Taf. Stg: Truckenmüller (= Vermächtnis und Auftrag) (1943)
17 Der Patriot wider Willen. Erzählung. 64 S. Essen: Essener Verl.-Anst. 1944
18 Die Sohnesmutter. Erzählung. 108 S. Karlsruhe: Müller (1946)
19 Die jüngste Nacht. Erzählung. 64 S. Karlsruhe: Müller 1948
20 Vineta. Erzählung. 57 S. Düsseldorf (, Berchtesgaden:) Vier Falken-Verl. 1948
21 Liebe wider Willen. Erzählung. 78 S. Karlsruhe: Malsch & Vogel (1950) (Neuaufl. v. Nr. 17)

22 Nach langen Jahren. Erzählung. 89 S. Mchn: Pohl 1951
23 Der Spiegel. Eine Geschichte. 94 S. Mchn: Pohl 1951
24 Tresckow. Eine Preußische Novelle. 61 S. Mchn: Pohl 1952
25 Das Wagnis. Zwei Novellen. 89 S. Rothenburg ob der Tauber: Hegereiter-Verl. (= Die Hegereiter-Novellenreihe 7) 1955
(Enth. u. a. Nr. 9)
26 Die Apfelwiese. Novelle. 78 S. Rothenburg ob der Tauber: Hegereiter-Verl. (= Die Hegereiter-Novellenreihe 15) 1957
27 Sechs Novellen. 198 S. Karlsruhe: Volksbund für Dichtung (Scheffelbund) (= Volksbund für Dichtung - Scheffelbund. Gabe an die Mitglieder 33) 1958
(Enth. Nr. 9, 19, 22, 24, 26 v. Ausz. a. Nr. 25)
28 Nach langen Jahren. Novellen und Erzählungen. 469 S. Stg: Silberburg-Verl. Jäckh 1960
(Erw. Neuaufl. v. Nr. 22)

Unruh, Fritz von (*1885)

1 Offiziere. Ein Drama. 139 S. Bln: Reiß (= Moderne Bühne) 1912
2 Louis Ferdinand, Prinz von Preußen. Ein Drama. 138 S. Bln: Reiß 1913
3 Ein Geschlecht. Tragödie. 89 S. Lpz, Mchn: Wolff 1917
4 Vor der Entscheidung. Ein Gedicht. 14 S. Bln: Reiß (1919)
5 Opfergang. 204 S. Bln: Reiß (1919)
6 Platz. Ein Spiel. Zweiter Teil der Trilogie Ein Geschlecht. V, 159, 4 S. Mchn: Wolff 1920
(Forts. v. Nr. 3)
7 Rosengarten, 60 S. Darmstadt: Darmstädter Theater 1921
8 Stirb und Werde. Eine Ansprache zur Frankfurter Goethewoche. Ein Baustein für die Erhaltung des Frankfurter Goethehauses. 15 S. Ffm: Englert & Schlosser 1922
9 Stürme. Ein Schauspiel. 242 S. Mchn: Wolff 1922
10 Vaterland und Freiheit. Eine Ansprache an die deutsche Jugend. 16 S. Ffm: Frankfurter Societäts-Buchdruckerei 1923
11 Reden. 79 S., 1 Titelb. Ffm: Frankfurter Societäts-Buchdruckerei 1924
12 Flügel der Nike. Buch einer Reise. 403 S. Ffm: Frankfurter Societäts-Buchdruckerei 1925
13 Heinrich aus Andernach. 84 S. Ffm: Frankfurter Societäts-Buchdruckerei 1925
14 Bonaparte. Ein Schauspiel. 152 S. Ffm: Societäts-Verl. 1927
15 Phaea. Eine Komödie. 143 S. Bln: Bloch 1930
16 Zero. Komödie. 133 S. Ffm: Societäts-Verl. 1932
17 Politeia. 167 S. Paris, Wien: Borgis 1933
18 Europa, erwache! Rede. 27 S., 1 Bildn. Basel: Verlagsgenossenschaft der Europa-Union 1936
19 The end is not yet. 2 Bl., 540 S. New York: Storm 1947
20 Der nie verlor. Roman. 611 S. Bern: Hallwag 1948
(Übs. v. Nr. 19)
21 Friede auf Erden! Peace on earth. Rede. 22 Bl. Ffm: Kramer 1948
22 Rede an die Deutschen. Mit einem Geleitwort von E. Kogon. 46 S. m. Abb. Ffm: Verl. der Frankfurter Hefte in Gemeinschaft mit Verl. der Frankfurter Rundschau u. Verl. Frankfurter Neue Presse 1948
23 Seid wachsam. Eine Goethe-Rede. 28 Bl. Ffm: Kramer 1948
24 The Saint. 396 S. New York: Random House 1950
25 Fürchtet nichts. Roman. 409 S. Köln: Comel 1952
26 Die Heilige. Roman. 457 S. Braunschweig: Kleine 1952
(Übs. v. Nr. 24)
27 Wilhelmus. Drama. 85 S., 1 Titelb. Köln: Comel 1953
28 Duell an der Havel. Schauspiel. 78 S. Bln-Charlottenburg: Krüger 1954
29 Mächtig seid ihr nicht in Waffen. Reden. Mit einem Begleitwort von A. Einstein. 346 S., 3 Taf., 1 Titelb. Nürnberg: Carl 1957
30 Der Sohn des Generals. Roman. 633 S. Nürnberg: Carl 1957
31 Dramen. Nachw. G. G. Wießner. 566 S. Nürnberg: Carl 1960

Urzidil, Johannes (*1896)

1. Sturz der Verdammten. Gedichte. 43 S. Mchn: Wolff (= Der jüngste Tag 65) (1919)
2. (Hg.) K. Brand: Das Vermächtnis eines Jünglings. Vorw. F. Werfel. XI, 53 S. Wien: Strache 1921
3. (Bearb.) L. van Beethoven: Die Ruinen von Athen. Op. 113. 1812. Auf Grund des Original-Textes v. A. v. Kotzebue erneuert durch J. U. 8 S. Wien: Universal-Edition 1926
4. Die Stimme. Gedichte. 16 S. Bln: Kartell lyr. Autoren 1930
5. Goethe in Böhmen. 273 S., 40 Abb. Wien (:Passer) 1932
6. (MV) Wenceslaus Hollar, der Kupferstecher des Barock. Unter Mitarb. v. F. Sprinzels. 160 S., XLVII Bl. Abb. Wien: Passer 1936
7. Zeitgenössische Maler der Tschechen. 37 S. m. Abb. (Preßburg:) Wawra (1936)
8. (Übs.) J. Papoucěk: Dr. Eduard Beneš. Sein Leben. 304 S. Prag: Orbis-Verl. (= Beneš: Gedanke und Tat 4) 1937
9. Der Trauermantel. Eine Erzählung aus Stifters Jugend. 69 S. New York: Krause 1945
10. Über das Handwerk. 27 S. Krefeld: Agis-Verl. (= Fragen der Zeit 4) 1954
11. (Übs.) H. Doolittle (Aldington): Avon, ein Shakespearebuch. 135 S. Bln, Ffm: Suhrkamp (= Tausenddrucke 1) 1955
12. Der Trauermantel. Eine Adalbert Stifter-Novelle. 60 S. Mchn: Langen-Müller (= Kleine Geschenkbücher 49) 1955 (Dt. Ausg. v. Nr. 9)
13. Die verlorene Geliebte. 269 S. Mchn: Langen-Müller 1956
14. Die Memnonssäule. Gedichte. 65 S. Wien: Bergland-Verl. (= Neue Dichtung aus Österreich 30) 1957
15. Neujahrsrummel. Erzählungen. Mit autobiographischem Nachwort. 93 S. Stg: Reclam (= Reclam's UB. 8054) 1957
16. Denkwürdigkeiten von Gibacht. Erzählung. 62 S. Mchn: Langen-Müller (= Langen-Müller's kleine Geschenkbücher 79) 1958
17. Das Glück der Gegenwart. Goethes Amerikabild. 56 S. Zürich, Stg: Artemis-Verl. (= Goethe-Schriften 6) 1958
18. Das große Halleluja. Roman. 482 S. Mchn: Langen-Müller 1959
19. Prager Triptychon. 230 S. Mchn: Langen-Müller 1960

Usinger, Fritz (*1895)

1. Der ewige Kampf. 37 S., 2 Abb. Darmstadt: Verl. Die Dachstube (= Bücher der Dachstube 4) 1918
2. Große Elegie. 20 S., 4 Abb. 4° Darmstadt: Verl. Die Dachstube (= Die kleine Republik 10) 1920
3. Die französischen Bezeichnungen der Modehelden im achtzehnten und neunzehnten Jahrhundert. 86 S. 4° Gießen: Romanisches Seminar (= Gießener Beiträge zur Romanischen Philologie) 1921
4. Irdisches Gedicht. 33 S., 4 Taf. Darmstadt: Verl. Die Dachstube (150 num. Ex.) 1927
5. Sonette. 32 S. Friedberg (,Offenbach a.M.: Selbstverl.) (150 num. Ex.) 1927
6. Das Wort. 95 S. Darmstadt: Darmstädter Verl. 1931
7. Die Stimmen. 109 S. Darmstadt: Darmstädter Verl. (50 num. u. sign. Ex.) 1934
8. Die Geheimnisse. 120 S. Darmstadt: Darmstädter Verl. 1937
9. Geist und Gestalt. 155 S. Darmstadt (,Dessau: Rauch) 1939
10. (Hg.) Erfüllung und Grenze. Worte d. Weisg. Ges. 95 S. Dessau: Rauch 1940
11. Gedichte. 96 S. Hameln: Bücherstube Seifert 1940
12. Medusa. Aufsätze zu Bildern. 95 S., 11 Bl. Abb. Dessau: Rauch 1940
13. Geist und Gestalt. 213 S. Dessau: Rauch 1941 (Erw. Neuaufl. v. Nr. 9)
14. (Hg.) Du bist ein Mensch! Worte der Erkenntnis und Besinnung von G. Chr.

15 Lichtenberg, H P. Sturz und J. H. Merck. 62 S. m. Abb. Offenbach: Kumm (1941)
15 Hermes. 124 S. Darmstadt: Darmstädter Verl. 1942
16 Traum der Erde. Gedichte. 14 S. Hbg: Ellermann (= Das Gedicht. Jg. 8, Nr. 4) 1942
17 (Übs.) St. Mallarmé: Gedichte. Deutsch und französisch. 73 S. Dessau: Rauch (= Zweisprachen-Bücherei, Französische Reihe, Bd. 2) (1943)
18 Das Glück. 108 S. Darmstadt: Darmstädter Verl. 1947
19 (MH) C. Mierendorff: In memoriam Carlo Mierendorff. (1897–1943). Literarische Schriften. Hg. F. U. u. J. Würth. XX, 61 S., 1 Taf. Darmstadt: Darmstädter Verl. 1947
20 (Übs.) P. Valéry: Rede zu Ehren Goethes. 42 S. Jena: Rauch (= Zeugnisse europäischen Geistes 2) (1947)
21 Das Wirkliche. Aufsätze. 156 S. Darmstadt: Darmstädter Verl. 1947
22 Hesperische Hymnen. 64 S. Stg: Müller 1948
23 Veilchen. 4 Bl., 1 Abb. Offenbach: Kumm (= Sonderdruck der Bücherstube Kumm, Offenbach a.M Frühjahr 1950) 1950
24 Dank an die Mutter. Sonderdr. 3 Bl. Offenbach: Kumm 1952
25 Gesang gegen den Tod. 8 S. Ffm: Eremiten-Presse 1952
26 Zur Metaphysik des Clowns. 19 S. m. Abb. Offenbach: Kumm (1952)
27 (Hg.) A. Russo: Requiem für eine Mutter. Als Bildnis einer Totenmesse, in deutscher Sprache nachgeformt. 30 S. Offenbach: Kumm (Priv.-Dr.) 1952
28 (Vorw.) G. Apollinaire: Dichtungen. Ausgew., hg. F. Klee-Palyi. Geleitw. R. Char. Zweisprachige Ausgabe. 183 S. m. Bildn. Wiesbaden: Limes-Verl. 1953
29 Kleine Biographie des Jazz. 26 S. m. Abb. Offenbach: Kumm 1953
30 (MH) Hessische Beiträge zur deutschen Literatur. Hg. W. Engelhardt, F. U. u. H. Weis. 3 Bde. Darmstadt: Verl. Hessischer Bücherfreunde 1954–1960
31 (Hg., Nachw.) P. Corneille: Der Lügner. Komödie. In dt. Verse übs. H. Schiebelhuth. 73 S. Heidelberg: Schneider (= Veröffentlichungen der Deutschen Akademie für Sprache und Dichtung, Darmstadt. 1) 1954
32 Alfred Momberts Aeon-Trilogie. (S.-A.) 16 S. Mainz: Akad. d. Wiss. u. d. Literatur 1954
33 Fest der Geister. 8 S. Heidelberg: Lambert Schneider (= Sonderdr. i. Auftr. d. Dt. Akad. f. Sprache u. Dichtung in Darmstadt zum sechzigsten Geburtstag F. U.s am 5. 3. 1955) 1955
34 Form und Wahrheit der zeitgenössischen Literatur. 21 S. Mainz: Verl. der Akademie der Wissenschaften und der Literatur (= Akademie der Wissenschaften und der Literatur. Abhandlungen. Klasse der Literatur. Jg. 1955, Nr. 3) 1955
35 Friedrich Schiller und die Idee des Schönen. 13 S. Mainz: Verl. der Akademie der Wissenschaften und der Literatur (= Akademie der Wissenschaften und der Literatur. Abhandlungen. Klasse der Literatur. Jg. 1955, Nr. 1) 1955
36 Über den Abschied. 13 S. Mchn: Herbert Post Presse 1956
37 (Einl.) E. W. Nay: Aquarelle. 51 S., 16 Bl. Abb. Mchn: Piper (= Piper-Bücherei 90) 1956
38 Das grüne Sofa. Bedenkliches und Unbedenkliches über die Liebe, dem Leser ins Ohr geflüstert. 40 S. Offenbach: Kumm 1956
39 Niemandsgesang. 27 S. Offenbach: Kumm 1957
40 (Hg., Nachw.) H. Schiebelhuth: Lyrisches Vermächtnis. 96 S. Heidelberg, Darmstadt: Schneider (= Veröffentlichungen der Deutschen Akademie für Sprache und Dichtung, Darmstadt. 12) 1957
41 (Hg., Nachw.) H. Schiebelhuth: Wir sind nicht des Ufers. Gedichte aus dem Nachlaß. Hg. im Auftrag des Magistrats der Stadt Darmstadt. 50 S. Darmstadt: Justus von Liebig-Verl. (= Darmstädter Schriften 6) 1957
42 Walt Whitman. 21 S. Mainz: Verl. der Akademie der Wissenschaften und der Literatur (= Akademie der Wissenschaften und der Literatur. Abhandlungen. Klasse der Literatur. Jg. 1957, Nr. 2) 1957
43 Der Morgenstern. 16 S. m. Abb. Wuppertal: Werkkunstschule 1958
44 Gedanken. 20 S. m. Abb. Wuppertal: Werkkunstschule 1959
45 (Nachw.) W. Michel: Paradiesische Landschaft. 52 S. Darmstadt: Roether (= Hessische Beiträge zur deutschen Literatur) 1959 (aus Nr. 30)

46 Edgar Allan Poe. 24 S. Darmstadt: Roether (= Hessische Beiträge zur deutschen Literatur) 1959 (aus Nr. 30)
47 (Nachw.) K. Wolfskehl: Zehn Jahre Exil. Briefe aus Neuseeland 1938–1948. Hg., Einl. M. Ruben. 429 S., 1 Titelb. Heidelberg, Darmstadt: Schneider (= Veröffentlichungen der Deutschen Akademie für Sprache und Dichtung, Darmstadt, Nr. 13) 1959
48 Welt ohne Klassik. Essays. 159 S. Darmstadt: Ruether (= Hessische Beiträge zur deutschen Literatur) 1960 (aus Nr. 30)

Usteri, Johann Martin (1763–1827)

1 Gesellschaftslied „Freut euch des Lebens". (S.-A.) 2 S. Zürich: Nägeli (1793)
2 (Hg., MV) Neujahrblatt (ab H. 15: Neujahrsblatt) der Gesellschaft der Feuerwerker in Zürich auf das Jahr 1806 (1807 usw.–1827) 22 H. 4° o.O. 1806–1827
3 *(Hg., MV) Künstler Lieder. 2 Bde. 3 Bl., 113; 36 S. 12° Basel: Haas 1809
4 Der Schatz durch den Schatz. Biographie Hans Breidbachs des Goldschmidts von Fryburg, aus dem XVI. Jahrhundert. Nach einer gleichzeitigen Handschrift. 44 S., 8 Ku. 16° (Zürich, Lpz: Schiegg) (1812)
5 Die Schweizer Reise. 10 H. 4° Zürich: Allgem. Musik-Ges. 1813–1822
6 Zuruf an die Gesellschaft der Böcke am 11. Februar 1813. 2 S. o.O. 1813
7 Das Storchennest oder Der Frühlingsbote. (S.-A.) 14 S. Zug: Blunschli (1818)
8 Fahrt nach Basel, am 13. Juni 1820. 3 S. o.O. (1820)
9 Der armen Frow Zwinglin Klag. (S.-A.). 8 S. m. Ku. 16° o.O. (1820)
10 Dichtungen in Versen und Prosa. Nebst einer Lebensbeschreibung des Verfassers hg. D. Heß. 3 Bde. m. Bildn. 12° Bln: Reimer 1831
11 Der Schneider auf der Jagd. 2 S. Zürich: Trachsler 1842
12 Der Friede mit den Böcken in Zürich Ao. 4 S. o.O. (1844)
13 (Bearb.) G. Edlibach: Chronik. Mit Sorgfalt nach dem Original copirt und mit einer gleichzeitig verfertigten Abschrift genau verglichen und aus derselben vermehrt und ergänzt. Nebst einem Anhang. XVI, 279 S. 4° Zürich: Auf Veranstaltung der Antiquarischen und unter Mitwirkung der Vaterländisch-historischen Gesellschaft in Zürich dem Drucke übergeben (= Mittheilungen der Antiquarischen Gesellschaft in Zürich 4) 1846
14 Gedichte des Herrn Ratsherrn Johann Martin Usteri für seine Zunft zur Waag. 30 S., 1 Bl. o.O. 1854
15 *Liebesidylle eines Zürichers vom glückhaften Schiff auf dem Freischießen zu Straßburg im Jahre 1576. Aus einem gleichzeitigen Manuscript hg. C. Wendeler. 47 S. Halle: Niemeyer 1877
16 Dichterischer und künstlerischer Nachlaß. Hg. C. Escher. 48 S. 4° Zürich: Art. Inst. Orell Füßli (= Neujahrsblatt, hg. von der Stadtbibliothek in Zürich auf das Jahr 1896) 1896

Uz, Johann Peter (1720–1796)

1 (MÜbs.) Anakreon: Die Oden in reimlosen Versen. Nebst einigen andern Gedichten. Übs. J. N. Götz u. J. P. U. 4 Bl., 128 S., 1 Bl. Ffm, Lpz 1746
2 *Lyrische Gedichte. 56 S. Bln: Weitbrecht 1749
3 *Der Sieg des Liebesgottes. Eine Nachahmung des Popischen Lockenraubes. 30 S. Stralsund, Greifswald, Lpz: Weitbrecht 1753
4 Lyrische und andere Gedichte. Neue und um die Hälfte vermehrte Aufl. 3 Bl., 248 S. Ansbach: Posch 1755 (Verm. Neuaufl. v. Nr. 2)
5 Lyrische und andere Gedichte. 3 Bl., 248 S. Lpz: Weitbrecht 1756 (Verb. Neuaufl. v. Nr. 4)
6 (Übs.) Ode an die Weisheit. Aus dem Englischen. Bln (Ansbach) 1757

7 *Schreiben des Verfassers der Lyrischen Gedichte an einen Freund. 6 Bl. o. O. 1757
8 (Hg., Vorw.) J. F. Frh. von Cronegk: Schriften. 2 Bde. 9 Bl., 400 S.; 1 Bl., 346 S. Ansbach bzw. Lpz: Posch 1760–1761
9 *Versuch über die Kunst fröhlich zu seyn. 3 Bl., 70 S. Lpz: Dyk 1760
10 Lyrische und andere Gedichte. Neue und rechtmäßige Auflage. 3 Bl., 262 S. Ansbach, Lpz: Posch 1767
   (Verm. Neuaufl. v. Nr. 5)
11 Sämtliche Poetische Werke. 2 Bde. 352, 366 S. m. Titelku. Lpz: Dyk 1768
12 *(MÜbs.) (Quintus Horatius Flaccus:) Die Werke des Horaz. Aus dem Lateinischen. (Übs. J. P. U., J. Z. L. Junkheim u. G. L. Hirsch). 3 Bde. Ansbach 1773–1775
13 (MH) Neues Anspachisches Gesangbuch. Auf Landesfürstlichen Befehl hg. J. P. U. u. J. Z. L. Junkheim. 6 Bl., 496 S.; 8 Bl., 101 S. Ansbach: Messerer 1781
14 *(MÜbs.) (Quintus Horatius Flaccus:) Die Werke des Horaz. Aus dem Lateinischen. (Übs. J. P. U., J. Z. L. Junkheim u. G. L. Hirsch). 2 Bde. XIV, 298; XXXII, 364 S. Ansbach: Haueisen 1785
   (Verb. Neuaufl. v. Nr. 12)
15 *(MÜbs.) (Quintus Horatius Flaccus:) Die Werke des Horaz. Aus dem Lateinischen. (Übs. J. P. U., J. Z. L. Junkheim u. G. L. Hirsch). 2 Bde. XXVIII, 272; XX, 320 S. Ansbach: Haueisen 1797
   (Verb. Neuaufl. v. Nr. 14)
16 Poetische Werke von Johann Peter Uz. Nach seinen eigenhändigen Verbesserungen hg. Ch. F. Weiße. 2 Bde. 210, 260 S. m. Titelku. 4° Wien: Degen 1804
   (Verb. Neuaufl. v. Nr. 11)

Varnhagen von Ense, Karl August (1785–1858)

1. (MH) Musenalmanach auf das Jahr 1804 (1805. 1806). Hg. L. A. v. Chamisso u. K. A. V. v. E. 3 Bde. 12° Lpz: Schmidt 1804–1806
2. *Testimonia Auctorum de Merkelio, das ist: Paradiesgärtlein für Garlieb Merkel. 104 S. m. Titelku. Köln: Hammer 1806
3. (MV) K. A. V. v. E. u. W. Neumann: Erzählungen und Spiele. 364 S. Hbg: Schmidt 1807
4. *Die Versuche und Hindernisse Karl's. Eine Deutsche Geschichte aus neuerer Zeit. Erster Theil. 406 S. Bln, Lpz (o. Verl.) (1809)
5. Geschichte der hamburgischen Begebenheiten während des Frühjahrs 1813. London (d. i. Hbg: Perthes) 1813
6. Hanseatische Anregungen. Bremen 1814
7. Deutsche Ansicht der Vereinigung Sachsens mit Preußen. 66 S. Deutschland (d. i. Tüb: Cotta)1814
8. Gedichte während des Feldzugs 1813. 16 S.Friedrichstadt: Bade & Fischer 1814
9. Geschichte der Kriegszüge des Generals von Tettenborn während der Jahre 1813 und 1814. 202 S. Stg, Tüb: Cotta 1814
10. Deutsche Erzählungen. 3 Bl., 297 S. Stg, Tüb: Cotta 1815
11. (MV) Isidorus (d. i. F. A. O. H. Graf v. Loeben), K. A. V. v. E. (u. a.): Deutsche Frühlingskränze für 1815 (1816). Hg. J. P. v. Hornthal. 2 Bde. 278, 320 S., 1 Ku. Bamberg: Kunz (1) bzw. Bamberg, Würzburg: Göbhardt (2) 1815–1816
12. (Hg.) (I. P. V. Troxler:) Über die Schweiz. Von einem schweizerischen Vaterlandsfreunde. 26 S. Stg, Tüb: Cotta 1815
13. Vermischte Gedichte. IV, 203 S. 12° Ffm: Varrentrapp 1816
14. *(Vorw.) Angelus Silesius (d. i. J. Scheffler): Geistliche Sprüche. Bln: Dümmler 1820
15. (Hg.) Angelus Silesius (d. i. J. Scheffler): Geistreiche Sinn- und Schluß-Reime aus dem Cherubinischen Wandersmann. X, 108 S. Hbg: Langhoff 1822
16. *(Hg.) Goethe in den Zeugnissen der Mitlebenden. Beilage zu allen Ausgaben von Goethe's Werken. Erste Sammlung. Zum 28. August 1823. IV, 396 S. Bln: Dümmler 1823
17. Biographische Denkmale. 5 Bde. Bln: Reimer 1824–1830
18. (Hg.) (J. B. Erhard:) Denkwürdigkeiten des Philosophen und Arztes Johann Benjamin Erhard. XIV, 541 S. Stg, Tüb: Cotta 1830
19. Die Sterner und die Psitticher. Novelle. 94 S. Bln: Vereinsbuchh. 1831
20. Zur Geschichtschreibung und Litteratur. Berichte und Beurtheilungen. Aus den Jahrbüchern für wissenschaftliche Kritik und andern Zeitschriften gesammelt. IX, 618 S. Hbg: Perthes 1833
21. (Hg.) Rahel. Ein Buch des Andenkens für ihre Freunde. Als Hs. gedr. 608 S. m. Bildn. u. Faks. Bln: Duncker & Humblot 1833
22. *Angelus Silesius und Saint-Martin. IV, 232 S. 16° Bln: Veit 1834
23. (Hg.) Rahel. Ein Buch des Andenkens für ihre Freunde. 3 Bde. 588, 620, 598 S. Bln: Duncker & Humblot 1834
    (Buchausg. v. Nr. 21)
24. Leben des Generals Freiherrn von Seydlitz. 240 S. m. Bildn. Bln: Duncker & Humblot 1834
25. (MH) K. L. v. Knebel: Literarischer Nachlaß und Briefwechsel. Hg. K. A. V. v. E. u. Th. Mundt. 3 Bde. Lpz: Reichenbach 1835
26. (Vorw.) W. Neumann. Schriften. 2 Thle. 486, 468 S. Lpz: Brockhaus 1835
27. (Hg.) Gallerie von Bildnissen aus Rahel's Umgang und Briefwechsel. 2 Bde. Lpz: Reichenbach 1836
28. Leben des Generals Hans Karl von Winterfeldt. 234 S. m. Bildn. Bln: Duncker & Humblot 1836
29. *(Hg.) Ueber Rachel's Religiosität. Von einem ihrer älteren Freunde. 79 S. Lpz: Reichenbach 1836

30 Denkwürdigkeiten und vermischte Schriften. 9 Bde. Mannheim: Hoff (1–4) bzw. Lpz: Brockhaus (5–9) 1837–1859
31 Leben der Königin von Preußen Sophie Charlotte. 260 S. m. Bildn. Bln: Duncker & Humblot 1837
32 (MH) A. v. Arnim: Sämmtliche Werke. Bd. 1–3 u. 5–8. Bln: Veit 1839–1840
33 Denkwürdigkeiten und vermischte Schriften. Neue Folge. 5 Bde. Lpz: Brockhaus (= Denkwürdigkeiten und vermischte Schriften, Bd. 5–9) 1840–1859
 (Bd. 5–9 v. Nr. 30)
34 (Hg.) A F. Näke: Wallfahrt nach Sesenheim. 52 S. Bln: Duncker & Humblot 1840
35 Leben des Feldmarschalls Grafen von Schwerin. 248 S. m. Bildn. Bln: Duncker & Humblot 1841
36 Leben des Feldmarschalls Jakob Keith. 274 S. m. Bildn. Bln: Duncker & Humblot 1844
37 Biographische Denkmale. 5 Bde. Bln: Reimer 1845–1846
 (Verm. u. verb. Neuaufl. v. Nr. 17)
38 Hans von Held. Ein preußisches Karakterbild. 260 S. m. Bildn. 12⁰ Lpz: Weidmann 1845
39 (Vorw.) A. F. Bernhardi u. S. Bernhardi, geb. Tieck: Reliquien, Erzählungen und Dichtungen. Hg. Wilhelm Bernhardi. 3 Bde. 16⁰ Altenburg: Pierer 1847
40 Karl Müller's Leben und Kleine Schriften. 484 S. Bln: Reimer 1847
41 Schlichter Vortrag an die Deutschen über die Aufgabe des Tages. 15 S. Bln: Reimer 1848
42 Leben des Generals Grafen Bülow von Dennewitz. 462 S. Bln: Reimer 1853
43 (Hg.) J. G. v. Reinhold: Dichterischer Nachlaß. 2 Bde. 712 S. Lpz: Brockhaus 1853
44 (Vorw., Nachw.) F. v. Gentz: Tagebücher. 369 S. Lpz: Brockhaus 1861
45 Aus dem Nachlaß: Tagebücher. 14 Bde. Lpz: Brockhaus (1–6) bzw. Zürich („Stg' Meyer) (7–8) bzw. Hbg: Hoffmann & Campe (9–14) 1861–1870
46 Aus dem Nachlasse. Blätter aus der preußischen Geschichte. 5 Bde. 1988 S. Lpz: Brockhaus 1868–1869
47 (MV) Aus dem Nachlaß. Biographische Portraits von V. v. E. Nebst Briefen von Koreff, C. Brentano, Frau von Fouqué, H. Campan und Schulz. 351 S. Lpz: Brockhaus 1871

Varnhagen von Ense (geb. Levin), Rahel (1771–1833)

1 Rahel. Ein Buch des Andenkens für ihre Freunde. Hg. Karl August V. v. E. Als Hs. gedr. 608 S. m. Bildn. u. Faks. Bln: Duncker & Humblot 1833
2 Rahel. Ein Buch des Andenkens für ihre Freunde. Hg. Karl August V. v. E. 3 Bde. 588, 620, 598 S. Bln: Duncker & Humblot 1834
 (Buchausg. v. Nr. 1)
3 (MV) Gallerie von Bildnissen aus Rahel's Umgang und Briefwechsel. Hg. Karl August V. v. E. 2 Bde. X, 300; 260 S. Lpz: Reichenbach 1836
4 (MV) Aus dem Nachlaß Varnhagen's von Ense. Briefwechsel zwischen Varnhagen und Rahel. 6 Bde. Lpz: Brockhaus 1874–1875

Vegesack, Siegfried von (*1888)

1 (Übs.) N. Gogol: Die Nase und andere Geschichten. 217 S. Mchn, Rösl 1921
2 (Übs.) N. Leskov: Lady Macbeth von Mzensk. 143 S. Mchn-Pullach: „Süva" Südbayer. Verl.-Anst. (= Novellen in Gelb 4) 1921
3 (Übs.) N. Leskov: Der Mensch im Schilderhaus und andere Novellen. 239 S. Mchn, Rösl 1922
4 (MÜbs.) B. Mörner: Maria Aurora Königsmarck. Eine Chronik. Übs. S. v. V. u. C. Nordström. 508 S., 16 Abb. Mchn: Müller 1922
5 (Hg., Übs., Einl.) I. S. Turgenev: Erzählungen. 172 S., 1 Titelb. Mchn: Langen (= Langen's Auswahlbände 20) (1925)

6 Die kleine Welt vom Turm gesehn. Verse. 155 S. Bln: Meyer 1925
7 (Übs.) F. B. Isjagin: Der Herr ohne Hose. Eine Sammlung merkwürdiger Begebenheiten. 145 S. Ffm, Heidelberg: Iris-Verl. (= Iris-Bücherei 4) 1926
8 Der Mensch im Käfig. 60 S. Bln: Meyer 1926
9 Liebe am laufenden Band. 228 S. Bln: Universitas 1929
10 (Übs.) V. V. Nabokov-Sirin: König, Dame, Bube. Ein Spiel mit dem Schicksal. Roman. 266 S. Bln: Ullstein 1930
11 Film mit Hindernissen. Kriminalroman. 325 S. Graz, Salzburg: Verl. Das Bergland-Buch (= Zeit-Romane) 1931
12 Das fressende Haus. Roman. 334 S. Bln: Universitas 1932
13 Baltische Trilogie. 3 Bde. Bln: Universitas (1933)–1935
   1. Blumbergshof. Geschichte einer Kindheit. 222 S. (1933)
   2. Herren ohne Heer. Roman des baltischen Deutschtums. 335 S. 1934
   3. Totentanz in Livland. Roman. 331 S. 1935
14 Meerfeuer. Ein Sommer auf Rönnö. Roman. 259 S. Bln: Universitas 1936
15 Der Spitzpudeldachs und andere Tiergeschichten aus dem Bayrischen Wald. 115 S. m. Abb. Bln: Atlantis-Verl. 1936
16 Unter fremden Sternen. Reise nach Südamerika. 327 S., 79 Abb., 2 Kt. Bremen: Schünemann 1938
17 Die baltische Tragödie. Roman-Trilogie. 584 S., 1 Kt. (Bremen: Schünemann) (1938)
   (Einbänd. Neuaufl. v. Nr. 13)
18 Das Kritzelbuch. Geschichten und Gedichte. 123 S. Bremen: Schünemann 1939
19 Aufruhr in der Quebrada. Eine Erzählung aus Argentinien. 91 S. Bln: Herbig (= Herbig-Bücherei) 1940
20 Eine dunkle Geschichte. Eine Erzählung aus Paraguay. 87 S. Bremen: Schünemann 1940
21 Das Dorf am Pfahl. 19 S. Mchn: Münchner Buchverl. (= Münchner Lesebogen 118) (1941)
22 Die gestohlene Seele. Eine Erzählung aus Chile. 99 S. Mühlacker: Händle 1942
23 Der Lebensstrom. Gedichte. 49 S. Bln: Schmidt 1943
24 Kleine Hausapotheke. Tropfen, Pillen und Tabletten gegen Kopfweh, Zahnschmerzen, Bauchgrimmen, Liebesgram und üble Laune. 126 S. m. Abb. Hbg: Hammerich & Lesser (1944)
25 Soldaten hinterm Pflug. 148 S. Bln: Elsner 1944
26 Das ewige Gericht. Eine Dichtung. 67 S. Baden-Baden: Keppler (1946)
27 Der Pfarrer im Urwald. Eine Erzählung aus Brasilien. 74 S. Baden-Baden: Keppler 1947
28 Zwischen Staub und Sternen. Südamerikanische Erzählungen. 176 S. Urach: Port-Verl. 1947
29 Das Unverlierbare. Gedichte. 73 S. Flensburg, Hbg: Verl. Wolff (= Die Wellen-Reihe 4) (1947)
30 Das Weltgericht von Pisa. Eine Legende von der Macht des Bösen, der Schwäche und Schuld der Menschen und der allerbarmenden Liebe des Herrn. 109 S. Baden-Baden: Keppler 1947
31 Mein Junge. Ein Nachruf. 52 S. Hbg: Mölich 1948
32 Herr Bo fährt um die Welt. Verse für Kinder. 31 S., 29 Sbb. Säckingen: Stratz 1949
33 Versunkene Welt. Geschichte einer Kindheit. 316 S. Baden-Baden: Keppler 1949
   (Neuaufl. v. Nr. 13, Bd. 1)
34 (Übs.) N. Gogol: Der Njewski-Prospekt. 63 S. Potsdam: Rütten & Loening (= Rütten & Loening-Novellenreihe 8) 1950
35 In dem Lande der Pygmäen. 63 S. m. Abb. Tüb: Wunderlich 1953
36 Schnüllermann sieht das Leben heiter an. 39 Bl. m. Abb. Mchn: Braun & Schneider (= Die bunte Reihe) 1953
37 Geliebte Erde. 17 S. Olten: Oltener Bücherfreunde (Priv.-Dr.) 1956
38 Kleines Handgepäck. 105 S. m. Abb. Mchn: Langen-Müller 1956
   (Enth. u. a. Ausz. a. Nr. 18 u. 24)
39 (Übs.) N. Narokov: Wenn das Salz schal wird. 404 S. Graz: Styria 1956
40 Der letzte Akt. Roman. 282 S. Heilbronn: Salzer 1957

41 Der Pastoratshase. Altlivländische Idyllen. 68 S. Heilbronn: Salzer (= Salzers Volksbücher 52) 1957
42 Tanja. Drei Erzählungen aus Rußland. 173 S. Heilbronn: Salzer 1959
43 Vorfahren und Nachkommen. Aufzeichnungen aus einer altlivländischen Brieflade. 1689–1887. 461 S., 13 Taf. Heilbronn: Salzer 1960

Vershofen, Wilhelm (1878–1960)

1 (MV) J. Kneip. W. V. u. A. J. Winckler: Wir drei! Gedichtbuch. 109 S. Bonn: Röhrscheid 1904
2 Charakterisierung durch Mithandelnde in Shakespeares Dramen. 157 S. Bonn: Hanstein (= Bonner Beiträge zur Anglistik 20) 1905
3 Gedanken zur Technik des Dramas, erläutert an Shakespeares Hamlet. 37 S. Bonn: Hanstein 1907
4 (Hg.) Jenaer Vierteljahreshefte für nationale und freiheitliche Kultur. 2 Jge., 7 H. Jena: Vopelius 1909–1911
5 Die Reisen Kunzes von der Rosen, des Optimisten. 128 S. Jena: Vopelius 1910
6 Unsere Landwirtschaft. Untersuchungen und Vorschläge zum Zwecke der Erhaltung und Stärkung der Landwirtschaft insbesondere im Großherzogtum Sachsen. 46 S. Jena: Vopelius 1913
7 *Der Fenriswolf. Ein Epos aus dem Leben des Kapitals. 117 S. Jena: Diederichs 1914
8 (MV) (W. V., J. Kneip u. A. J. Winckler:) Das brennende Volk. Kriegsgabe der Werkleute auf Haus Nyland. 119 S. Jena: Diederichs 1916
9 Amerika. Drei Kapitel der Rechtfertigung. 44 S. Jena: Diederichs 1917
10 *Das Weltreich und sein Kanzler. Vom Verfasser des „Fenriswolf". 165 S. Jena: Diederichs 1917
11 Erlösung. 14 S. Jena: Diedrichs 1919
12 Tyll Eulenspiegel. Ein Spiel von Not und Torheit. 81 S. Jena: Diedrichs (= Nyland-Werke, Bd. 5) 1919
13 Außenhandelsbilanz und Valuta. 36 S. Gotha: Perthes (= Das neue Reich 11) 1920
14 (Hg.) Keramos. Monatsschrift für die gesamte Keramik. 4 Jge. Bamberg: Keramos-Verl. 1922–1925
15 Der hohe Dienst. 135 S. m. Abb. Rudolstadt: Greifenverl. 1924
16 Die Statistik der Wirtschaftsverbände. 55, 19 S., 6 Taf., 1 Kurve. Bamberg, Nürnberg: Hochschulbuchh. (= Nürnberger Beiträge zu den Wirtschaftswissenschaften 1) 1924
17 Über das Verhältnis von technischer Vernunft und wirtschaftlicher Wertung. Ein Beitrag zum Problem des Fordismus. Gemäß der Rede zur Übernahme des Rektorats der Handelshochschule Nürnberg. 22 S. Bamberg, Nürnberg: Hochschulbuchh. (= Nürnberger Beiträge zu den Wirtschaftswissenschaften 3) 1925
18 (MH, ab Bd. 56: Hg.) Nürnberger Beiträge zu den Wirtschaftswissenschaften (ab Bd. 26: Wirtschafts- und Sozialwissenschaften). Hg. W. V. u. H. Proesler. 79 Bde. Nürnberg: Hochschulbuchh. Krische (1926)–1941
19 Die Grenzen der Rationalisierung. Gesammelte Aufsätze und Vorträge. VI, 84 S. Nürnberg: Hochschulbuchh. Krische 1927
20 Die Marktverbände. 2 Tle. VIII, 181 S. m. Abb. 4° Nürnberg: Hochschulbuchh. Krische 1928
21 Swennenbrügge. Schicksal einer Landschaft. 281 S. Wiesbaden: Gericke 1928
22 (Hg.) Die Macht der Fertigware. Zweimonatsschrift für Markt- und Betriebsbeobachtung. 4 Jge., je 6 H. Bamberg: Keramos-Verl. (Jg. 1–2) bzw. Nürnberg: Inst. für Wirtschaftsbeobachtung (Jg. 3–4) 1929–1932
23 Rhein und Hudson. Elf Grotesken. VIII, 215 S. Wiesbaden, Ffm: Carolus-Dr. 1929
24 (MV) Bericht über die Sitzung des großen Ausschusses vom 10. IV. 1930 in Berlin mit den Vorträgen: (J. Wiedersum:) „Die Sperrechtsprechung des Kartellgerichts" und (W. V.:) „Kalkulation und Verbände, insbesondere

Kartelle". 56 S. 4° Bln: Kartellstelle des Reichsverbandes der deutschen Industriellen (= Schriften der Kartellstelle des Reichsverbandes der deutschen Industriellen 7) 1930
25 Wirtschaft als Schicksal und Aufgabe. X, 344 S. Darmstadt, Lpz: Koehler & Amelang 1930
26 Die Stufen zur Sozietät. Beitrag zur Lehre von den Gestalten. 50 S. m. Abb. Nürnberg: Hochschulbuchh. Krische (= Nürnberger Beiträge zu den Wirtschafts- und Sozialwissenschaften 26) 1931
  (Bd. 26 v. Nr. 18)
27 Produktionsankurbelung oder Belebung des Verbrauchs? Vortrag. 31 S. Nürnberg: Hochschulbuchh. Krische (= Die Politik von Morgen und Übermorgen 1) 1933
28 Licht im Spiegel. 90 S. Köln: Staufen-Verl. 1934
29 Poggeburg. Die Geschichte eines Hauses. 346 S. Lpz: List 1934
30 Über die betriebswirtschaftlichen und wirtschaftspolitischen Aufgaben der Organisation der gewerblichen Wirtschaft. 18 S. Ffm: Brönner (= Rhein-Main. Wirtschafts-Zeitung. Beih. 1) 1936
31 Heiliges Feuer. Fahrtenbuch. 59 S. Lpz: List (= Lebendiges Wort 31) 1937
32 Leute aus Swennenbrügge. Zwei Erzählungen. Eingel., hg. K. Plenzat. 57 S. Lpz: Eichblatt (= Eichblatt's deutsche Heimatbücher 116-117) (1937)
  (Ausz. a. Nr. 21)
33 Seltsame Geschichten. 130 S., 1 Titelb. Essen: Essener Verl.-Anst. 1938
34 Zwischen Herbst und Winter. Aus den Erinnerungen des Dirk Brüggemann. 215 S. Essen: Essener Verl.-Anst. 1938
35 (Hg.) Markt und Verbrauch. Jg. 11-15 der Monatsschrift „Die deutsche Fertigware". 5 Jge. Bln: Heymann 1939-1943
36 Figurine und Fadenführer. Der Werkstoff Porzellan in der 180jährigen Geschichte der Porzellanfabrik zu Kloster Veilsdorf, 1760-1940. 96 S., 8 Bl. Abb. Bamberg: Bamberger Verlh. 1940
37 Handbuch der Verbrauchsforschung. 2 Bde. 185, 263 S. Bln: Heymann 1940
38 Die Poggensippe. Münsterländer Geschichten. Eingel., hg. K. Plenzat. 72 S. Lpz: Eichblatt (= Eichblatt's deutsche Heimatbücher 146-147) 1940
  (Ausz. a. Nr. 29)
39 Reben, Glockengeläut. 37 S., 15 Abb. Bamberg: Bamberger Verlh. (= Kleine Bamberger Bücher 4) 1940
40 Wille und Verantwortung. 59 S. Nürnberg: Hochschulbuchh. Krische (= Nürnberger Beiträge zu den Wirtschafts- und Sozialwissenschaften 80) 1940
  (Bd. 80 v. Nr. 18)
41 Das Jahr eines Ungläubigen. 263 S. Stg, Bln: Dt. Verl.-Anst. 1942
42 Hauswerk und Siedlung. 107 S. Bln (,Detmold): Nauck 1946
43 William, der Landedelmann. 55 S. Mchn, Lpz: List (= Kleine Bücherlese 12) 1948
44 Erlebnis und Verklärung. 176 S. m. Abb. Stg: Reclam 1949
45 Die sittlichen Grundlagen der Konsumgenossenschaft. Nach einem Vortrag. 20 S. Hbg: Zentralverband deutscher Konsumgenossenschaften (= Genossenschaftliche Schriftenreihe 1) (1949)
47 (MH) Die weißen Hefte. Hg. G. Held v. W. V. 5 H. Wiesbaden: Necessitas-Verl. 1951-1956
46 Dialektik und Polarität. 30 S. Wiesbaden: Necessitas-Verl. (= Die weißen Hefte 1) 1951
  (H. 1 v. Nr. 47)
48 Das silberne Nixchen oder Tünnes und Schäl. 229 S., 1 Titelb. Wiesbaden: Necessitas-Verl. 1951
49 Die Anfänge der chemisch-pharmazeutischen Industrie. Eine wirtschaftshistorische Studie. Bd. 2 u. 3. 120, 155 S. Aulendorf: Editio Cantor 1952-1958
50 Fuchs und sein Bruder. 3 Bl. Nürnberg: Abraham (Priv.-Dr.) 1953
51 (MH) Gesellschaft für Konsumforschung e.V. Jahrbuch der Absatz- und Verbrauchsforschung. Hg. im Auftrag der Gesellschaft für Konsumforschung Berlin v. G. Bergler u. W. V. Jg. 1. Wiesbaden: Necessitas-Verl. 1954-1955
52 Über den gegenwärtigen Stand der Kiselac-Forschung. 4 Bl. Nürnberg: Abraham (Priv.-Dr.) 1954

53 Der große Webstuhl. Hg. Wilhelm Vershofen-Gesellschaft. 166 S., 1 Titelb. Wiesbaden: Necessitas-Verl. 1954
54 Anno 46. Priv.-Dr. (o.J.)
55 Es ist merkwürdig ... 72 S. Mainz: Mainzer-Verl.-Anst. 1956
56 J. D. Brenner aus London. 6 Bl. Nürnberg: Wagner (Priv.-Dr.) 1957
57 Ein Vortrag, der nie gehalten worden ist: Freie Zeit für den schöpferischen Menschen. 45 S. Ffm: Brose 1957
58 Die Marktentnahme als Kernstück der Wirtschaftsforschung. 196 S., 3 Taf. Bln, Köln: Heymann 1959
(Neuaufl. v. Nr. 37)
59 Rhein und Hudson. Dreizehn Grotesken. 217 S. Wiesbaden: Rhein. Verl.-Anst. (1959)
(Erw. Neuaufl. v. Nr. 23)
60 (MH) Der Mensch im Markt. Eine Festschrift zum sechzigsten Geburtstage von Georg Bergler. Hg. W. V., P. W. Meyer (u.a.). 464 S. m. Abb., 1 Titelb. Bln: Duncker & Humblot 1960

VESPER, Will (1882–1962)

1 Lieder. 14 S. Barmen: Langewiesche 1903
2 (MV) E. W. Bonsels, A. Brandenburg, B. Isemann u. W. V.: Die Erde. Neue Dichtungen. 74 S. Mchn-Schwabing: Bonsels 1905
3 Der Segen. Dichtungen. 79 S. Mchn: Beck 1905
4 (Hg.) Die Ernte aus acht Jahrhunderten deutscher Lyrik. 2 Bde. 480, 444 S. Düsseldorf: Langewiesche-Brandt (= Die Bücher der Rose 1. 12) 1906–1910
5 (Übs.) Hartmann von Aue: Lieder. Der arme Heinrich. Neudt. W. V. 95 S. Mchn: Beck (= Statuen deutscher Kultur 2) 1906
(Bd. 2 v. Nr. 8)
6 (Übs.) Das Hohelied Salomonis in dreiundvierzig Minneliedern. Neudt. W. V. 54 S. Mchn: Beck (= Statuen deutscher Kultur 3) 1906
(Bd. 3 v. Nr. 8)
7 (Hg.) E. Mörike: Du bist Orplid mein Land! Ausgewählte Gedichte und Erzählungen. 296 S. m. Bildn., 7 Abb. Düsseldorf: Langewiesche (= Lebende Worte und Werke 8) 1906
8 (Hg., z. T. Übs.) Statuen deutscher Kultur (später: Kleinodien deutscher Literatur). 16 Bde. Mchn: Beck 1906-1908
9 (Übs.) Tacitus: Germania. 57 S. Mchn: Beck (= Statuen deutscher Kultur 1) 1906
(Bd. 1 v. Nr. 8)
10 (Übs.) Wernher der Gärtner: Meier Helmbrecht. Neudt. W. V. 95 S. Mchn: Beck (= Statuen deutscher Kultur 8) 1906
(Bd. 8 v. Nr. 8)
11 (MV) A. Biese: Deutsche Literaturgeschichte. 3 Bde. m. Bildn. Mchn: Beck 1907-1910
12 Der Blinde. Ein Narrenspiel. 13 S. Mchn: Verl. der Schwabinger Schattenspiele (= Schwabinger Schattenspiele) 1907
13 Rokoko. Eine Komödie. Sehr frei nach dem Boccaccio. 36 S. Mchn: Verl. der Schwabinger Schattenspiele (= Schwabinger Schattenspiele) 1907
14 Neue Gedichte. Als Ms. gedr. 16 S. Nördlingen: Beck 1908
15 (MH) F. G. Klopstock: Vierundzwanzig Oden. Hg. F. Blei u. W. V. 32 Bl. Lpz: Drugulin 1911
16 Tristan und Isolde. Ein Liebesroman. Parzival. Ein Abenteuerroman. 307 S. Ebenhausen b. Mchn: Langewiesche-Brandt (= Die Bücher der Rose 15) 1911
17 (Hg.) M. de Cervantes: Leben und Taten des scharfsinnigen Ritters Don Quixote. Nach der anonymen Übertragung von 1837. 799 S. m. Abb., 1 Titelb. Mchn: Mörike (= Abenteurerromane 2) 1912
18 (Hg.) H. J. Ch. v. Grimmelshausen: Abenteuer des Dreißigjährigen Krieges. Simplicius Simplicissimus. Die Landstörtzerin Courasche. Der seltsame Springinsfeld. 826 S. m. Abb. Mchn: Mörike (= Abenteurerromane 1) 1912
19 (Hg.) Aus tausend Jahren. Deutsche Balladen und Kriegslieder. 489 S. m.

Abb. Ebenhausen b. Mchn: Langewiesche-Brandt (= Die Bücher der Rose 17) 1912

20 (Hg., Einl.) E. Mörike: Briefe. VI, 351 S. Bln: Dt. Bibliothek (= Deutsche Bibliothek 21) 1912
21 (Hg.) Fröhliche Abenteurer. Dyl Ulenspiegel, Schelmuffsky, Gulliver, Münchhausen. 599 S. Mchn: Mörike (= Abenteurerromane 3) 1913
22 (Hg.) Der junge Goethe in seinen Briefen, Gedichten und Gesprächen bis zur Ankunft in Weimar 1775. VII, 319 S. Bln: Dt. Bibliothek (= Deutsche Bibliothek 51) 1913
23 (Hg.) Goethes Sprüche in Versen und Prosa. VI, 284 S. Bln: Dt. Bibliothek (= Deutsche Bibliothek 70) 1913
24 (Hg., Einl.) Hölderlins Leben in seinen Briefen und Gedichten. VII, 284 S. Bln: Dt. Bibliothek (= Deutsche Bibliothek 47) 193
25 (Hg.) K. Immermann: Münchhausen. Eine Geschichte in Arabesken. In acht Büchern. 783 S. m. Abb. Mchn: Mörike (= Abenteurerromane) 4 1913
26 Die Liebesmesse und andere Gedichte. 199 S. Mchn: Beck 1913
27 Spiele der Liebe. Schwänke in Versen. 217 S. Mchn, Straßburg: Singer 1913
28 (Hg.) Goethes Briefwechsel mit Zelter. VII, 296 S. Bln: Dt. Bibliothek (= Deutsche Bibliothek 74) 1914
29 (Hg.) Der deutsche Psalter. Ein Jahrtausend geistlicher Dichtung. 436 S. Ebenhausen b. Mchn: Langewiesche-Brandt (= Die Bücher der Rose 20) 1914
30 Die große Schlacht. – Deutsche Musik. 2 S., 1 Abb. Mchn: Goltz (= Deutsches Flugblatt 38) 1914
31 Vom großen Krieg 1914. Gedichte. 32 S. Mchn: Beck 1915
32 Vom großen Krieg 1914/1915. Gedichte. 99 S. Mchn: Beck 1915 (Enth. u.a. Nr. 31)
33 Kriegstod. Flandern und Brabant. 2 S., 1 Abb. Mchn: Goltz (= Deutsches Flugblatt 41) (1915)
34 (Hg.) Der deutschen Seele Trost. Weltliche und geistliche Gedichte. Gesammelt. VII, 194 S. Mchn: Beck 1915
35 Der blühende Baum. Neue Lieder und Gedichte. 87 S. Mchn: Beck (1916)
36 Briefe zweier Liebenden. Gedichte. 84 S. Mchn: Beck 1916
37 Die Gefallenen. Auferstehung. Krieg und Frieden. 2 S. Mchn: Goltz (= Deutsches Flugblatt 57) (1916)
38 Martin Luthers Jugendjahre. Bilder und Legenden. V, 152 S. Mchn: Beck 1918
39 Schön ist der Sommer. Ein Buch Liebeslieder. 77 S. Mchn: Beck (1918)
40 Der Balte. Novelle. 30 S. m. Abb. 16⁰ Lpz: Reclam (= Kurzweil-Büchel 5) (1919)
(Unberecht. Dr.; vernichtet)
41 Die Liebesmesse. Dichtung für ein Chorwerk. In drei Teilen: Mann und Weib. Gott. Die Welt. Textbuch zu opus 27 v. H. Zilcher. 35 S. Lpz: Breitkopf & Härtel (= Breitkopf & Härtel's Musikbücher; Textbibliothek 414) 1919
(zu Nr. 26)
42 Annemarie. Novelle. 31 S. m. Abb. 16⁰ Lpz: Reclam (= Kurzweil-Büchel 11) (1920)
(Unber. Dr.; vernichtet)
43 Das Buch vom lieben Weihnachtsmann. Verse zu Bildern v. E. Birkenstock. 20 S. m. Abb. 4⁰ Oldenburg: Stalling (= Nürnberger Bilderbücher 7) 1920
44 Mutter und Kind. Aus dem Tagebuch einer Mutter. Gedichte. 95 S. Mchn: Beck 1920
45 Traumgewalten. Novellen. 206 S. Mchn: Beck 1920
46 Des Wiesenmännchens Brautfahrt. Verse zu Bildern v. K. Großmann. 16 S. m. Abb. 4⁰ Oldenburg: Stalling (= Nürnberger Bilderbücher 14) 1920
47 (Hg.) M. de Cervantes: Leben und Taten des scharfsinnigen Ritters Don Quixote. 299 S., 130 Abb. Oldenburg: Stalling (= Der Blumengarten 3) 1921
(Veränd. Neuaufl. v. Nr. 17)
48 Gute Geister. Märchen, Gleichnisse und Legenden. 161 S., 87 Abb. Oldenburg: Stalling (1921)

49 (Hg.) H. J. Ch. v. Grimmelshausen: Simplicius Simplicissimus. Das ist: Ausführliche Lebensbeschreibung eines seltsamen Vaganten ... 564 S. m. Abb. Lpz: Singer (= Helden und Schelme) (1921)
(Ausz. a. Nr. 18)
50 (Hg.) F. Hölderlin: Gedichte. Gesamtausgabe. 376 S. Lpz: Reclam (= Reclam's UB. 6266–6269) (1921)
51 (Nachw.) F. Hölderlin: Hyperion oder Der Eremit in Griechenland. 2 Tle. in 1 Bde. 179 S. Lpz: Reclam (= Reclam's UB. 559–560) (1921)
52 (Hg.) Die Schöne Literatur. Kritische Monatsschrift. Jg. 23–31. Lpz: Avenarius 1922–1930
53 (MV) W. V. u. P. Fechter: Lob der Armut. 111 S., 52 Abb. Bln: Furche-Verl. (= Werk und Feier 1) (1921)
54 Die Nibelungen-Sage. Erzählt. 177 S. m. Abb. Oldenburg: Stalling (= Der Blumengarten 1) (1921)
55 (Bearb.) D. Defoe: Leben und Abenteuer des Robinson Crusoe. Nach den besten deutschen Übersetzungen neuerzählt. 257 S. m. Abb. Oldenburg: Stalling (= Der Blumengarten 6) 1922
56 Die Gudrun-Sage. Erzählt. 83 S. m. Abb. Oldenburg: Stalling (1922)
57 Fröhliche Märchen. Fabeln und Ränke, Märchen und Schwänke aus aller Welt. Neuerzählt. 143 S. m. Abb. Oldenburg: Stalling (= Der Blumengarten 5) (1922)
58 Porzellan. Novellen. 249 S. m. Abb. Lpz: Haessel 1922
59 Die Wanderung des Herrn Ulrich von Hutten. Ein Tagebuch-Roman. 127 S. Mchn: Beck (1922)
60 Die ewige Wiederkehr. Novellen. 198 S. Lpz: Haessel 1922
61 (Hg.) Die Jahresernte. Auswahl jüngster deutscher Dichtung. Jg. 1–9, je IV, 192 S. Lpz: Avenarius 1923–1931
(Beil. z. Nr. 52)
62 (Hg.) Ein kurzweilig Lesen von Dyl Ulenspiegel geboren aus dem Lande zu Braunschweig. Wie er sein Leben vollbracht hat. Sechzig seiner Geschichten. Nach den Ausgaben von 1519 und 1532. 120 S. m. Abb. Oldenburg: Stalling (= Der Blumengarten 10) (1923)
63 (Hg.) R. E. Raspe: Des Freiherrn von Münchhausen wunderbare Reisen und Abenteuer zu Wasser und zu Lande. Wie er dieselben bei der Flasche im Zirkel seiner Freunde selbst zu erzählen pflegte. Zuerst gesammelt u. engl. hg. R. E. R. Übs. u. hier u. da erweitert v. G. A. Bürger. Neu hg. W. V. 96 S. m. Abb. Oldenburg: Stalling (= Der Blumengarten 9) 1923
64 (Hg.) W. v. Humboldt: Briefe an eine Freundin. 245 S., 4 Taf. Bln: Franke 1924
65 Der arme Konrad. Eine historische Erzählung. 106 S. Lpz: Haessel (= Die Haessel-Reihe 10) 1924
66 Der Pfeifer von Niclashausen. Eine historische Erzählung. 106 S. Lpz: Haessel (= Die Haessel-Reihe 9) 1924
67 (Hg.) Der Buchberater. 16 Jge. m. Abb. u. Taf. Lpz: Avenarius 1925–1940 (zu Nr. 52 u. 83)
68 Der Bundschuh zu Lehen. Eine historische Erzählung. 61 S. Lpz: Haessel (= Die Haessel-Reihe 11) 1925
69 (Hg.) A. Stifter: Die schönsten Geschichten für die Jugend. 228 S. m. Abb. Oldenburg: Stalling 1925
70 (Bearb.) Die Jugendbibel. Nach der Heiligen Schrift neuerzählt für die deutsche Jugend und das deutsche Volk. VIII, 356 S., 46 Abb., 12 Taf. Oldenburg, Bln: Gnadenfeld 1927
71 Das Recht der Lebenden. Offener Brief an den Präsidenten des Reichsgerichts Dr. W. Simons. 4 S. (Lpz: Avenarius) (1927)
72 (Bearb.) J. Swift: Lemuel Gullivers weit Reisen in fremde Länder, zu den Zwergen und zu den Riesen, zur fliegenden Insel und ins Reich der Pferde. Nach den besten alten Übersetzungen neuerzählt. 221 S. m. Abb. Oldenburg: Stalling 1927
73 Wer? Wen? Ein Lustspiel. 134 S. Lpz: Haessel 1927
74 (Einf.) In den Bergen, auf dem Wasser. Aufnahmen sportlichen Lebens in freier Landschaft. 32 S. m. Abb. Königstein i. Taunus: Verl. Der Eiserne Hammer (= Der Eiserne Hammer) (1928)
75 Der Heilige und der Papst. Novelle. 115 S. Lpz: Haessel 1928

76 (Hg., Einl.) F. Hölderlin: Werke. Ausgew. u. mit einer biographischen Einl. vers. 413 S. m. Titelb. Lpz: Reclam (= Helios-Klassiker) (1928)
77 Die Historie von Reinecke dem Fuchs. Nach dem niederdeutschen Epos von 1498. Neuerzählt. 103 S. m. Taf. Oldenburg: Stalling 1928
78 Inschriften und Gedichte. Gastgabe für die Vereinigung der Bücherfreunde in Dresden. 46 S. Hellerau: Hegner 1928
79 Das Mutterbüchlein. 31 S. m. Abb. 16° Dresden: Deleiter 1928
80 Tiermärchen aus aller Welt. Nacherzählt. 106 S. m. Abb. Oldenburg: Stalling 1928
81 Parzival. Abenteuerroman. Erzählt. 126 S. Ebenhausen b. Mchn: Langewiesche-Brandt (= Die Bücher der Rose) (1929)
    (Ausz. a. Nr. 16)
82 Das harte Geschlecht. Roman. 326 S., 8 Abb. Hbg: Dt. Hausbücherei 1931
83 Die Neue Literatur. Jg. 32–44. Lpz: Avenarius 1931–1943
    (Forts. v. Nr. 52)
84 Sam in Schnabelweide. Eine lustige Kleinstadtgeschichte. 240 S. m. Abb. Hbg: Hanseat. Verl.-Anst. 1931
85 (Hg.) Die Ernte der deutschen Lyrik. Gedichte aus achthundert Jahren. 463 S. Ebenhausen b. Mchn: Langewiesche-Brandt 1932
    (Neubearb. v. Nr. 4)
86 Die Weltenuhr. 76 S. Oldenburg: Stalling (= Schriften an die Nation 21) 1932
    (Ausz. a. Nr. 48)
87 Drei Erzählungen. Hg. O. Hartlich. 16 S. Bielefeld: Velhagen & Klasing (= Velhagen & Klasing's dt. Lesebogen 166) (1933)
88 Ein Tag aus dem Leben Goethes. Novelle. Nebst Goethes Marienbader Elegie. Hg. O. Hartlich. 24 S. Bielefeld: Velhagen & Klasing (= Velhagen & Klasing's dt. Lesebogen 161) (1933)
89 (Hg.) Deutsche Jugend. Dreißig Jahre Geschichte einer Bewegung. XV, 383 S. m. Taf. Bln: Holle 1934
90 Kranz des Lebens. Gesamtausgabe meiner Gedichte. 343 S. Mchn: Langen-Müller 1934
91 Der entfesselte Säugling. Eine komische Geschichte für Erwachsene. 157 S. Mchn: Langen-Müller 1935
92 Eine deutsche Feier. 16 S. Mchn (:Buchner) (= Spiel und sing! 8109) 1936
93 Geschichten von Liebe, Traum und Tod. Gesamtausgabe meiner Novellen. 388 S. Mchn: Langen-Müller (1937)
94 Ref, der Seefahrer. Aus dem Roman „Das harte Geschlecht". Bes. H. G. Göpfert. 77 S. Mchn: Langen-Müller (= Die deutsche Folge 36) 1937
    (Ausz. a. Nr. 82)
95 Rufe in die Zeit. Sprüche und Gedichte. 51 S. Mchn: Langen-Müller (= Die kleine Bücherei 10) (1937)
96 Kämpfer Gottes. Gesamtausg. der historischen Erzählungen. 487 S. Gütersloh: Bertelsmann 1938
97 Zu Langemarck. Wir haben ein Grab gegraben. 2 Bl. Kassel: Bärenreiter-Verl.; Reichenberg: Sudetendt. Verl. Kraus (= Bärenreiter 1365) (1938)
98 Mutter und Kind. Aus dem Tagebuch einer jungen Mutter. Gedichte. 69 S. Mchn: Langen-Müller (= Die kleine Bücherei 110) 1939
    (Veränd. Neuausg. v. Nr. 44)
99 (Hg.) Die Ernte der Gegenwart. Deutsche Lyrik von heute. Gesammelt. 2 Tle. 398 S. Ebenhausen b. Mchn: Langewiesche-Brandt 1940
100 Bild des Führers. Gedichte. 15 S. Mchn: Münchner Buchverl. (= Münchner Lesebogen 48) (1942)
101 (Hg.) Heitere Balladen. Von Bürger bis Liliencron. 77 S. Gütersloh: Bertelsmann (1943)
102 Im Flug durch Spanien. Erzählungen von einer Reise. 176 S. Gütersloh: Bertelsmann (1943)
103 Der unzufriedene Igel. Tiermärchen aus aller Welt. 63 S. Gütersloh: Bertelsmann (1943)
    (Ausz. a. Nr. 80)
104 (Hg.) Dennoch! Deutsche Gedichte. Ausgewählt. 62 S. Gütersloh: Bertelsmann (= Kleine Feldpost-Reihe) (1944)

105 (Hg., Einl.) H. J. Ch. v. Grimmelshausen: Der seltsame Springinsfeld 158 S. m. Abb. Mchn: Zinnen-Verl. 1944
(Ausz. a. Nr. 49)
106 (Hg.) Ch. Reuter: Schelmuffsky. Wahrhaftige, kuriöse und sehr gefährliche Reisebeschreibung zu Wasser und zu Lande. 220 S. m. Abb. Mchn: Zinnen-Verl. 1944
(Ausz. a. Nr. 21)
107 (Hg.) J. Gotthelf: Heitere Liebesgeschichten. 370 S. Gütersloh: Bertelsmann 1946
108 (Hg.) Unvergängliches Gedicht. Ein Hausbuch. Ordnung u. Revision d. Texte K. O. Schmidt. 482 S. Gütersloh: Bertelsmann 1947
109 (Hg.) J. Gotthelf: Geld und Geist. Roman. 435 S. Gütersloh: Bertelsmann 1947
110 (Hg.) F. Rückert: Ein Reich des Friedens. Gedichte. 238 S. Gütersloh: Bertelsmann 1948
111 (Hg.) Buch der Balladen. Bilder und Gestalten. Ein Hausbuch. Ordnung u. Revision d. Texte. K. O. Schmidt. 428 S. Gütersloh: Bertelsmann 1949
112 (Hg.) J. Gotthelf: Elsi, die seltsame Magd. Erzählungen. 238 S. Gütersloh: Bertelsmann 1949
113 Seltsame Flöte. Hundert Geschichten. 339 S. Burg Stettenfels b. Heilbronn/N.: Hünenburg-Verl. 1958
114 Kleiner Kranz des Lebens. Auswahl meiner Gedichte aus fünfzig Jahren. 133 S. Lippoldsberg: Klosterhaus-Verl. 1960
115 Zauber der Heide. Spaziergang durch den Naturschutzpark. 64 S., 32 Abb. Stg: Verl. des Vereins Naturschutzpark 1960

VIEBIG (verw. Cohn), Clara (1860–1952)

1 Barbara Holzer. Schauspiel. 83 S. Bln: Fontane 1897
2 Kinder der Eifel. Novellen. 303 S. Bln: Fontane 1897
3 Rheinlandstöchter. Roman. 563 S. Bln: Fontane 1897
4 Dilettanten des Lebens. Roman. 328 S. Bln: Fontane (1898)
5 Vor Tau und Tag. Novellen. 267 S. Bln: Fontane 1898
6 Es lebe die Kunst! Roman. 475 S. Bln: Fontane (1899)
7 Pharisäer. Komödie. 98 S. Bln: Fontane 1899
8 Das tägliche Brod. Roman in zwei Bänden. 309, 312 S. Bln: Fontane (1900)
9 Das Weiberdorf. Roman aus der Eifel. 289 S. Bln: Fontane (1900)
10 Die Rosenkranzjungfer und anderes. 275 S. Bln: Fleischel 1901
11 Am Todtenmaar. Margrets Wallfahrt. Das Miseräbelchen. Der Osterquell. Erzählungen. (S.-A.) 62 S. 12⁰ Wiesbaden: Staadt (= Wiesbadener Volksbücher 13) 1901
(Ausz. a. Nr. 2)
12 Die Wacht am Rhein. Roman. 475 S. Bln: Fleischel 1902
13 Vom Müller-Hannes. Eine Geschichte aus der Eifel. 316 S. Bln: Fleischel 1903
14 Wen die Götter lieben. Vor Tau und Tag. Novellen. 151 S. m. Abb. Stg: Krabbe 1903
(Enth. u. a. Ausz. a. Nr. 5)
15 Gespenster. Sie müssen ihr Glück machen. Zwei Novellen. 158 S. m. Abb. Stg: Krabbe 1904
16 Das schlafende Heer. Roman. 518 S. Bln: Fleischel 1904
17 Simson und Delila. Novelle. Einl. L. Schröder. 127 S. m. Bildn. u. Faks. Lpz: Hesse (= M. Hesse's Volksbücherei 129–130) 1904
18 Der Kampf um den Mann. Dramenzyklus. 160 S. Bln: Fleischel 1905
19 Naturgewalten. Neue Geschichten aus der Eifel. 276 S. Bln: Fleischel 1905
20 Einer Mutter Sohn. Roman. 387 S. Bln: Fleischel 1906
21 Absolvo te! Roman. 392 S. Bln: Fleischel 1907
22 Das Kreuz im Venn. Roman. 491 S. Bln: Fleischel 1908
23 Das letzte Glück. Schauspiel. 125 S. Bln: Fleischel 1909
24 Die vor den Toren. Roman. 438 S. Bln: Fleischel 1910
25 Die heilige Einfalt. Novellen. VII, 253 S. Bln: Fleischel 1910

26 Drei Erzählungen. Für das deutsche Volk und seine höheren Schulen hg. P. Beer. V, 102 S. Bln: Fleischel 1910
27 Eifelgeschichten: Kinder der Eifel. Vom Müller-Hannes. 476 S. Bln: Fleischel 1911 (Enth. Nr. 2 u. 13)
28 Ausgewählte Werke. 6 Bde. Bln: Fleischel 1911
29 Das Eisen im Feuer. Roman. VII, 383 S. Bln: Fleischel 1913
30 Heimat. Novellen. VII, 244 S. Bln: Fleischel (1914)
31 Eine Handvoll Erde. Roman. 297 S. Bln, Stg: Dt. Verl.-Anst. (1915)
32 Töchter der Hekuba. Ein Roman aus unserer Zeit. 347 S. Bln, Stg: Dt. Verl.-Anst. (1917)
33 Roter Mohn. Erzählung. 78 S. Bln: Hillger (= Kürschner's Bücherschatz 1180) (1918)
34 Das rote Meer. Roman. 292 S. Bln, Stg: Dt. Verl.-Anst. (1920)
35 Clara Viebig. 14 S., 1 Bildn., 52 S. Faks., II S. Dresden: Lehmann (= Deutsche Dichterhandschriften 4) (1920)
36 West und Ost. Novellen. Mit einem Vorwort der Dichterin. 157 S. m. Bildn. Lpz: Reclam (= Reclam's UB. 6129–6130) (1920)
37 Ein einfältiges Herz. Das Kind und das Venn. Ein Weihnachtsabend. Drei Erzählungen. 84 S. Wiesbaden: Volksbildungsverein; Limbarth (= Wiesbadener Volksbücher 193) 1921
38 Unter dem Freiheitsbaum. Roman. 384 S. Stg: Dt. Verl.-Anst. (1922)
39 Ausgewählte Werke. 8 Bde. Stg: Dt. Verl.-Anst. 1922
40 Menschen und Straßen. Großstadtnovellen. 229 S. Lpz: Lohmann 1923
41 Der einsame Mann. Roman. 289 S. Stg: Dt. Verl.-Anst. (1924)
42 Franzosenzeit. Zwei Novellen. 140 S. Stg: Engelhorn (= Engelhorn's Romanbibliothek. Reihe 38, Bd. 21) 1925
43 Die Passion. Roman. 414 S. Stg: Dt. Verl.-Anst. 1926
44 Die goldenen Berge. Roman. 350 S. Stg: Dt. Verl.-Anst. (1927)
45 Die Schuldige. Novelle aus der Eifel. 62 S., 1 Taf. Lahr: Schauenburg (= Schauenburg's Volksbücherei 58–61) (1927)
46 Elisabeth Reinharz' Ehe. Es lebe die Kunst! 288 S. Bln: Neufeld & Henius (= Die bunten Romane der Weltliteratur 83) (1928) (Neuaufl. v. Nr. 6)
47 Die mit den tausend Kindern. Roman. 321 S. Stg: Dt. Verl.-Anst. (1929)
48 Charlotte von Weiß. Der Roman einer schönen Frau. 283 S. Bln: Ullstein (1930)
49 Prinzen, Prälaten und Sansculotten. Roman. 357 S. Stg: Dt. Verl.-Anst. 1931
50 Menschen unter Zwang. Roman. 296 S. Stg: Dt. Verl.-Anst. 1932
51 Insel der Hoffnung. Roman. 290 S. Stg: Dt. Verl.-Anst. 1933
52 (Einl.) Mütter. Acht Bilder aus dem Leben der Mutter. 4 Bl., 8 Taf. 4° Lpz: Seemann (= Seemann's farbige Künstlermappen. N. R. 182) 1933
53 Der Vielgeliebte und die Vielgehaßte. Roman. 286 S. Stg: Dt. Verl.-Anst. (1935)
54 Berliner Novellen. 200 S. m. Abb. Bln: Verl. Das Neue Berlin 1952

VIERTEL, Berthold (1885–1953)

1 Die Spur. 58 S. Lpz: Wolff (= Der jüngste Tag 13) 1913
2 Die Bahn. Gedichte. 157 S. Hellerau: Hegner 1921
3 Karl Kraus. Ein Charakter und die Zeit. 95 S. Dresden, Bln: Kaemmerer 1921
4 Karl Kraus zum fünfzigsten Geburtstag. Rede. 8 S. Wien: Lányi (1000 num. Ex.) 1924
5 (Übs.) Euripides: Die Bacchantinnen. Frei übertr. 132 S. Hellerau: Hegner 1925
6 Die schöne Seele. Eine Komödie. 78 S. Hellerau: Hegner 1925
7 Das Gnadenbrot. 140 S. Hellerau: Hegner 1927
8 Fürchte dich nicht. Neue Gedichte. 183 S. New York: Fles 1941
9 Der Lebenslauf. Gedichte. 110 S. New York: Aurora-Verl. 1946

10 (Übs.) T. Williams: Die Glasmenagerie. 100 S. Bad Nauheim: Theaterabteilung der amerikanischen Hohen Kommission 1947
11 (Übs.) T. Williams: Endstation Sehnsucht. Drama in drei Akten. 116 S. Bad Nauheim: Theaterabteilung der amerikanischen Hohen Kommission 1949
12 Dichtungen und Dokumente. Gedichte, Prosa, autobiographische Fragmente. Ausgew., hg. E. Ginsberg. 425 S., 1 Titelb. Mchn: Kösel 1956

VIESER, Dolores
(eig. Wilhelmine Aichbichler, geb. Wieser) (*1904)

1 Das Singerlein. Die Geschichte einer jungen Seele. 347 S. Mchn: Kösel & Pustet (1928)
2 Der Gurnitzer. Ein Heldenleben aus der Türkenzeit. Roman. 318 S. Mchn: Kösel & Pustet 1931
3 Der Märtyrer und Lilotte. Roman. 400 S. Paderborn: Schöningh 1933
4 Hemma von Gurk. Roman. 460 S. Mchn: Beckstein (1938)
5 An der Eisenwurzen. Geschichten. 174 S. Klagenfurt, Wien: Leon 1948
6 Aelia, eine Frau aus Rom. Roman. 503 S. Mchn: Ehrenwirth 1952
7 Licht im Fenster. Roman. 162 S. Mödling b. Wien: St. Gabriel-Verl. (1953)
8 Der Bänderhut. 64 S. m. Abb. Wien, Stg: Wancura 1956

VISCHER, Friedrich Theodor
(+Deutobald Symbolizetti Alegoriowitsch Mystifizinsky; Philipp Ulrich Schartenmayer) (1807–1887)

1 Über das Erhabene und Komische. Ein Beitrag zu der Philosophie des Schönen. VI, 230 S. Stg: Innle & Krauß 1837
2 Kritische Gänge. 2 Bde. LIV, 287; 436 S. Tüb: Fues 1844
3 Akademische Rede zum Antritte des Ordinariats am 21. November 1844 zu Tübingen gehalten. XXXV, 28 S. Tüb: Guttenberg 1845
4 Aesthetik oder Wissenschaft des Schönen. 3 Tle. in 6 Bdn. Reutlingen, Lpz, Stg: Mäcken 1846–1857
5 Kritische Bemerkungen über den Ersten Theil von Goethe's Faust. 22 S. Stg: Meyer 1857
6 Über das Verhältniß von Inhalt und Form in der Kunst. 24 S. Stg: Meyer 1858
7 Rede zur hundertjährigen Feier der Geburt Schiller's. 20 S. Zürich: Orell Füßli 1859
8 Kritische Gänge. Neue Folge. 6 in 2 Bdn. 1226 S. Stg: Cotta 1860–1873 (N. F. zu Nr. 2)
9 +Faust. Der Tragödie dritter Teil in drei Acten. 134 S. 16° Tüb: Laupp 1862
10 *Epigramme aus Baden-Baden. 50 S. Stg: Grüninger 1867
11 +Der deutsche Krieg 1870–71. Ein Heldengedicht. 87 S. Nördlingen: Beck (1873)
12 Auch Einer. Eine Reisebekanntschaft. 2 Bde. 398, 424 S. Stg: Hallberger 1879
13 Mode und Cynismus. Beiträge zur Kenntniß unserer Culturformen und Sittenbegriffe. 108 S. Stg: Wittwer 1879
14 Altes und Neues. 3 Bde. 232, 280, 390 S. Stg: Bonz 1881–1882
15 Lyrische Gänge. 324 S. Stg: Dt. Verl.-Anst. 1882
16 Nicht I a. Schwäbisches Lustspiel. 104 S. Stg: Bonz 1884
17 Festspiel zur Uhland-Feier. 16 S. Stg: Bonz 1887
18 Altes und Neues. Neue Folge. 366 S. Stg: Bonz 1889 (N. F. zu Nr. 14)
19 Allotria. XX, 486 S. Stg: Bonz 1892 (Enth. u.a. Nr. 11 u. 16)

20 Vorträge. Hg. R. Fischer. 2 Reihen. 1, 6 Bde. Stg: Cotta 1898–1905
    I. Das Schöne und die Kunst. Zur Einführung in die Ästhetik. 308 S.,
    1 Bildn. 1898
    II. Shakespeare-Vorträge. 6 Bde. 1899–1905
21 Dichterische Werke. 5 Bde. Lpz: Verl. d. Weißen Blätter 1917

VOGL, Johann Nepomuk (1802–1866)

1   Fruchtkörner aus deutschem Grund und Boden. Ein Volksbüchlein. 110 S. 12° Wien: Adolph; Lpz: Knobloch 1830
2   Das Mädchen von Gloggnitz. Ballade. 8 S. Wien: Ludwig 1831
3   (Hg.) Theatralisches Taschenbuch vom k. k. priv. Theater in der Leopoldstadt. Jg. 19. 240 S. 12° Wien 1832
4   (Hg.) Oesterreichisches Wunderhorn. Taschenbuch der Balladen, Romanzen, Sagen und poetischen Erzählungen. VI, 323 S. 12° Wien: Verl. der Edlen von Ghelenschen Erben 1834
5   Balladen und Romanzen. (– Balladen und Romanzen. Neue Folge. – Balladen und Romanzen. Neueste Folge.) 3 Bde. 208, 170, 198 S. m. Titelku. Wien: Wallishausser 1835–1841
6   (Hg.) Frauenlob. Taschenbuch. 4 Bde. 12° Wien: Ludwig 1835–1838
7   Lyrische Blätter. IV, 158 S. Wien: Rohrmann & Schweigerd 1836
8   (Hg., MV) Der Minstrel. Taschenbuch erzählender Dichtungen. 286 S. 12° Wien: Wenedikt 1836
9   (MH) Österreichisches Morgenblatt. Zeitschrift für Vaterland, Natur und Leben. Hg. N. Österlein, L. A. Frankl u. J. N. V. 13 Jge. 4° Wien: Sollinger 1836–1848
10 Novellen. 179 S. Wien: Rohrmann 1837
11 (Hg.) F. Raimund: Sämmtliche Werke. 4 Tle. m. Bildn. Wien: Rohrmann & Schweigerd 1837
12 Volksmährchen. 233 S. Wien: Tendler 1837
13 (Hg.) Hesperiden. 7 Bde., 7 Abb. Wien 1838
14 Klänge und Bilder aus Ungarn. 146 S., 1 Taf. Wien: Tendler & Schäfer 1839
15 Der fahrende Sänger. Nachbildungen alter Legenden, Balladen und Reime. 127 S. Wien: Wallishausser 1839
16 Erzählungen eines Großmütterchens. 262 S. Wien: Tendler & Schäfer 1840
17 Neue Erzählungen und Novellen. 306 S. Wien: Wallishausser 1841
18 Der Josephsberg bei Wien und seine Schicksale. Erinnerungsblätter für den Besucher desselben; nebst einer Ballade. 15 S. (Wien: Pfautsch & Voß) (1841)
19 Neuer Liederfrühling. 145 S. Wien: Wallishausser 1841
20 (Hg.) Die ältesten Märchen der Russen. VI, 276 S. Wien: Pfautsch 1841
21 (Hg.) Thalia. Taschenbuch für das Jahr 1841 (1842 usw. bis 1857). Jg. 28–44. Wien: Dirnböck 1841–1857
22 (Hg.) Merkwürdigkeiten und Sagen aus der Umgegend Brünns. 94 S. Wien: Rohrmann 1842
23 Blätter und Trauben. Lieder für heitere Kreise mit Melodien von den vorzüglichsten Componisten Österreichs. 124 S. Wien: Strauß & Sommer 1843
24 Neueste Dichtungen. 222 S. 12° Pest: Heckenast 1843
25 Die kleine Marketenderin. Ein Liedercyklus. 51 S. Wien: Strauß & Sommer 1843
26 Lyrische Gedichte. 231 S. Wien: Rohrmann 1844
    (Verm. Neuaufl. v. Nr. 7)
27 Schatten. Neue Novellen und Erzählungen. 258 S. Wien: Jasper 1844
28 Trommel und Fahne. Ein Liedercyklus. Mit Melodien. 52 S. Wien: Jasper 1844
    (Enth. u. a. Nr. 25)
29 (Hg.) Karthäusernelken. Sagen und Legenden aus der christlichen Vorzeit. 112 S. Wien: Strauß & Sommer 1845
30 Domsagen. 89 S. m. Titelb. Wien: Haas 1845
31 Deutsche Lieder. VIII, 139 S. Jena: Mauke 1845
32 (Hg., MV) Österreichischer Volkskalender. 31 Jge. Wien: Strauß & Sommer 1845–1875

33 Balladen, Romanzen, Sagen und Legenden. Ges.-Ausg. 724 S., 1 Bildn. Wien: Wallishausser 1846
(Verm. Neuaufl. v. Nr. 5)
34 Der Kahlenberg bei Wien und seine Bewohner. 70 S. m. Ku. Wien: Strauß 1846
(Verm. Neuaufl. v. Nr. 18)
35 Klänge und Bilder aus Ungarn. 180 S. m. Abb. Wien: Strauß 1848
(Verm. Neuaufl. v. Nr. 14)
36 Schwarz, Roth, Gold. Freie Lieder. 23 S. Wien: Ueberreiter 1848
37 Soldatenlieder. Mit Singweisen. 59 S. m. Abb. Wien: Gerold 1849
38 Aus der Teufe. Bergmännische Dichtungen. Mit Singweisen. 71 S. m. Abb. 4⁰ Wien: Gerold 1849
39 Ein Gefangener in Sibirien. Drama in drei Abtheilungen. Mit Musik. Frei nach Ch. Lafont u. N. Parfait. 34 S. Wien: Edler von Scheidbauer & Holzwarth 1850
40 Der Generalsbefehl. Volksdrama in drei Abtheilungen. Mit Benützung eines älteren französischen Sujets. 91 S. Wien: Pichler (= Für Abendstunden 25) 1850
41 Scherzhaftes. 116 S. m. Abb. Wien: Sollinger 1850
42 Schnadahüpfel'n. Ein Beitrag zur österreichischen Volkspoesie. VIII, 108 S. 16⁰ Wien: Tendler 1850
43 (Hg., MV) Soldaten-Kalender. 8 Jge. Wien: Sollinger 1850–1857
44 Bilder aus dem Soldatenleben. 55 S., 15 Abb. 4⁰ Wien: Sollinger 1851
45 Das Dokument der Waise oder Seltsame Werkzeuge. Original-Volksdrama in drei Abtheilungen. 42 S. Wien: Sommer 1851
46 (Hg.) Marko Kraljevits. Serbische Heldensage. X, 208 S. Wien: Sollinger 1851
47 Blumen, Romanzen, Lieder und Sprüche. 118 S. 16⁰ Wien: Pfautsch & Voß 1852
48 Bilder aus dem Soldatenleben. 78 S., 23 Abb. 4⁰ Wien: Sollinger 1853
(Verm. Neuaufl. v. Nr. 44)
49 Domsagen. 105 S. Wien: Sollinger 1853
(Verm. Neuaufl. v. Nr. 30)
50 Kloster Neuburg. Balladen-Cyclus. 38 S., 1 Titelku. Wien: Sollinger 1854
51 Passiflora. Ein Sagenciclus. 26 Bl. 4⁰ Wien: Sommer 1854
52 Neue Gedichte. Epigrammatisches und Sprüchliches. VIII, 194 S. Lpz: Kollmann 1856
53 Soldatenlieder. 61 S. 4⁰ Wien: Gerold 1856
(Verm. Neuaufl. v. Nr. 37)
54 Poetisches Sylvesterbüchlein. 2 Bl., 88 S. m. Abb. Wien: Zaunert 1856
55 Aus der Teufe. 73 S. 4⁰ Wien: Gerold 1856
(Verm. Neuaufl. v. Nr. 38)
56 Blumen, Romanzen, Lieder und Sprüche. 130 S. 16⁰ Wien: Wallishausser 1857
(Verm. Neuaufl. v. Nr. 47)
57 Die Poesie beim Wein. 2 Bl., 138 S. 12⁰ Wien: Wallishausser 1857
58 Schenken- und Kellersagen. Altes und Neues. 90 S. Wien: Wendelin 1858
59 Volkskalender. Wien: Tendler 1858
(Nebenausg. zu Nr. 32)
60 Der erste Besuch in den Wiener Katakomben im neunzehnten Jahrhundert. Eine Jugenderinnerung. 13 S. Wien: Schweiger 1860
61 Aus dem Kinderparadiese. Gedichte für Kinder und Kinderfreunde. M. 64 Abb. Wien, Prag 1861
62 Twardowski, der polnische Faust. Ein Volksbuch. 78 S. m. Abb. 16⁰ Wien: Markgraf 1861
63 Jägerbrevier. Weidmannsscherze, Waldreime und Jägerlieder für alle Monate. IV, 80 S. Wien: Markgraf 1862
64 (Hg.) Poetisch-humoristisch-satyrischer Jägerkalender für 1862. 2 Bl. 80 S. Wien: Markgraf 1862
65 (Hg.) Humoristischer Jäger-Kalender für 1863. 20 Bl., 78 S. Wien: Markgraf 1862
(Forts. v. Nr. 64)
66 Blumen der Heimath in Bild und Lied. Der erste Frühling, wilde Rosen,

Wald, Wiese, Feld und Alpe. Dichtung. VI S., 6 Bl. Abb. 2⁰ Olmütz: Hölzel 1863
67 (Hg.) Illustrierter Jäger-Kalender für 1864. Wien: Markgraf (1864)
(Forts. v. Nr. 65)
68 Schöne Geschichten aus alter und neuer Zeit. Volksbuch mit vielen schönen Bildern. 2 Bde. 178, 180 S. m. Abb. Wien: Fromme 1865
69 Illustrierte Kalender-Geschichten aus alter und neuer Zeit. Volksbuch mit vielen Holzschnitten. 2 Bde. 174, 172 S. m. Abb. Wien: Fromme 1865
70 Aus dem alten Wien. IV, 271 S. Wien: Prandel 1865
71 Schnadahüpfln. 38 S. Wien, Prag: Daberkow (= Allgemeine National-Bibliothek 312) (1902)
(Veränd. Neuaufl. v. Nr. 42)
72 Lyrische Gedichte. Balladen und Erzählungen. XVI, 318 S. Wien: Konegen 1902
(Enth. u. a. Ausz. a. Nr. 26 u. 33)
73 Zwei Märchen. 32 S. m. Abb. 16⁰ Wien: Heller (= Neue Kinderbücher 3) 1907
74 (Hg.) Der kleine unterhaltende Deklamator. Eine Blumenlese deutscher Dichtungen für die Jugend. VIII, 248 S. Wien: Tendler o. J.
75 Entschluß und That. Drama in drei Acten. 35 S. Wien: Lell o. J.
76 Ein gebrochenes Herz. Drama in fünf Abtheilungen. 20 S. o. O. u. J.
77 Die edlen Grafen von Goeß. Historische Ballade. 4 Bl. o. O. u. J.
78 Von einer Sommerfrische in Tirol. Historisch-topographische und kulturgeschichtliche Skizze. 9 Bl. o. O u. J.
79 Die Tochter des Thürstehers. Schauspiel in drey Acten. Nach dem Französischen. (S.-A.) Wien o. J.
80 Zur fünfzigjährigen Dienst-Jubelfeier Seiner Exzellenz des Hochgeborenen Herrn Peter Grafen von Goeß. 3 Bl. o. O. u. J.

VOIGT-DIEDERICHS, Helene (1875–1961)

1 Schleswig-Holsteiner Landleute. Bilder aus dem Volksleben. 240 S. Lpz, Bln: Meyer 1898
2 Abendrot. Aus dem schleswigschen Volksleben. 156 S. Lpz: Diederichs 1899
3 Unterstrom. Gedichte. 95 S. Lpz, Jena: Diederichs 1901
4 Regine Vosgenau. Aus dem schleswigschen Volksleben. 185 S. Lpz, Jena: Diederichs 1901
5 Leben ohne Lärmen. 205 S. Jena: Diederichs 1903
6 Dreiviertel Stund vor Tag. Roman aus dem niedersächsischen Volksleben. 312 S. Jena: Diederichs 1905
7 Zwischen Lipp' und Kehlesrand. (S.-A.) 45 S. 12⁰ Wiesbaden: Staadt (= Wiesbadener Volksbücher 65) 1905
(Ausz. a. Nr. 1)
8 Die Balsaminen. Mittagstunde. (S.-A.) 45 S. 12⁰ Wiesbaden: Staadt (= Wiesbadener Volksbücher 83) 1906
9 Vorfrühling. Fünf ausgewählte Novellen. Einl. L. Schröder. 137 S. m. Bildn. u. Faks. Lpz: Hesse (= M. Hesse's Volksbücherei 269–270) 1906
10 Aus Kinderland. Erzählungen. 209 S. Jena: Diederichs 1907
11 Nur ein Gleichnis. 187 S. Jena: Diederichs 1909
12 Wandertage in England. IV, 108 S. m. Titelb. Mchn: Langen 1912
13 Luise. Eine Erzählung. 147 S. Mchn: Langen (1916)
14 Wir in der Heimat. Bilder aus der Kriegszeit. 112 S. Heilbronn: Salzer 1916
15 Zwischen Himmel und Steinen. Pyrenäenfahrt mit Esel und Schlafsack. 250 S. Mchn: Langen (1919)
16 Mann und Frau. 206 S. Jena: Diederichs (1922)
17 Regine. 150 S. Köln: Schaffstein (= Die neue Reihe 1) 1923
(Neuaufl. v. Nr. 4)
18 Fünf Geschichten aus Schleswig-Holstein. 65 S. Bln: Hendel (= Hendel-Bücher 2561) (1925)
(Ausz. a. Nr. 1 u. 5)

19 Auf Marienhoff. Vom Leben und von der Wärme einer Mutter. 139 S., 5 Abb., 8 Taf. Jena: Diederichs (1925)
20 Schleswig-Holsteiner Blut. 229 S. Jena: Diederichs 1926 (zu Nr. 1; enth. u.a. Ausz. a. Nr. 5 u. 11)
21 Schleswig-Holsteiner Leute. 205 S. Jena: Diederichs 1926 (Erw. Neuaufl. v. Nr. 1)
22 Ring um Roderich. Roman. 352 S. Jena: Diederichs 1929
23 (MV) I. Kurz, H. V.-D. u. F. v. Bodelschwingh: Von Müttern und ihrer Liebe. Aus den Lebenserinnerungen. Zusammenstellung u. Durchsicht E. Liebermann. 36 S. Ffm: Diesterweg (= Kranz-Bücherei 139) 1931 (Enth. u.a. Ausz. a. Nr. 19)
24 Eltern und Kind. Erzählungen. 31 S. Bln: Hillger (= Deutsche Jugendbücherei 418) (1932) (Ausz. a. Nr. 1 u. 16)
25 Menschen in Schleswig-Holstein. Drei Geschichten. Von der Dichterin durchgesehene Ausg. 42 S. Bielefeld: Velhagen & Klasing (= Velhagen & Klasing's dt. Lesebogen 147) (1932) (Ausz. a. Nr. 20)
26 Das Kind. 31 S. Bln: Hillger (= Deutsche Jugendbücherei 464) (1933) (Ausz. a. Nr. 20)
27 Der grüne Papagei. Geschichten von Kindern. 62 S. m. Abb. Jena: Diederichs (= Deutsche Reihe 10) 1934
28 Aber der Wald lebt. Erzählung. 75 S. Jena: Diederichs (= Deutsche Reihe 26) 1935
29 Gast in Siebenbürgen. 114 S. m. Abb. Jena: Diederichs (1936)
30 Sonnenbrot. 78 S. m. Abb. Lpz: Insel (= Insel-Bücherei 491) (1936)
31 Vom alten Schlag. Erzählungen. 77 S. Jena: Diederichs (= Deutsche Reihe 50) (1937)
32 Kinderland. 83 S. Jena: Diederichs (= Deutsche Reihe 66) 1938 (Neuaufl. v. Nr. 10)
33 (Einl.) O. Herbig: Welt des Kindes. Bilder. 28 S. m. Abb. Jena: Diederichs 1940
34 Das Verlöbnis. 380 S. Jena: Diederichs 1942
35 Strauß im Fenster. 76 S. Jena: Diederichs (= Deutsche Reihe 147) 1945
36 Der Zaubertrank. 149 S. Jena: Diederichs 1948
37 Die Bernsteinkette. Erzählungen. 80 S. Düsseldorf, Köln: Diederichs (= Deutsche Reihe 153) 1951
38 Waage des Lebens. 134 S. Düsseldorf, Köln: Diederichs 1952
39 Kinderland. 175 S. Düsseldorf, Köln: Diederichs 1955 (Erw. Neuaufl. v. Nr. 32)

VOLKMANN, Richard von (+Richard Leander) (1830–1889)

1 Bemerkungen über einige von Krebs zu trennende Geschwülste. 45 S., 2 Abb. 4⁰ Halle: Schmidt 1858
2 Neue Beiträge zur Pathologie und Therapie der Krankheiten der Bewegungsorgane. H. 1. 74 S. m. Abb. Bln: Hirschwald 1868
3 (Hg., MV) Sammlung klinischer Vorträge. 362 Bde. Lpz: Breitkopf & Härtel 1869
4 Über Kinderlähmung und paralytische Contracturen. 22 S. Lpz: Breitkopf & Härtel (= Sammlung klinischer Vorträge) 1870 (aus Nr. 3)
5 Über den Lupus. 18 S. Lpz: Breitkopf & Härtel (= Sammlung klinischer Vorträge) 1870 (aus Nr. 3)
6 +Träumereien an französischen Kaminen. 165 S. 16⁰ Lpz: Breitkopf & Härtel 1871
7 Beiträge zur Chirurgie, anschließend an einen Bericht über die Thätigkeit der chirurgischen Universitätsklinik zu Halle im Jahre 1873. 388 S. m. Abb. Lpz: Breitkopf & Härtel 1875
8 Die Resectionen der Gelenke. Thl. 1: Die Resectionen an den unteren

Extremitäten. 42 S. Lpz: Breitkopf & Härtel (= Sammlung klinischer Vorträge) 1875
(aus Nr. 3)
9 +Aus der Burschenzeit. Ein Idyll. 30 S. Halle: Niemeyer 1876
10 Über den antiseptischen Occlusivverband und seinen Einfluß auf den Heilungsprozeß der Wunden. Nebst Gratisbeil.: Herr Dr. R. U. Krönlein und seine Statistik. 54, 34 S. Lpz: Breitkopf & Härtel (= Sammlung klinischer Vorträge) 1876
(aus Nr. 3)
11 Die Behandlung der complicirten Fracturen. 54 S. Lpz: Breitkopf & Härtel (= Sammlung klinischer Vorträge) 1877
(aus Nr. 3)
12 +Gedichte. 214 S. Lpz: Breitkopf & Härtel (1878)
13 Über den Mastdarmkrebs und die Exstirpatio recti. 16 S. Lpz: Breitkopf & Härtel (= Sammlung klinischer Vorträge) 1878
(aus Nr. 3)
14 Über den Charakter und die Bedeutung der fungösen Gelenkentzündungen. 36 S. m. Abb. Lpz: Breitkopf & Härtel (= Sammlung klinischer Vorträge) 1879
(aus Nr. 3)
15 Die moderne Chirurgie. 16 S. Lpz: Breitkopf & Härtel (Sammlung klinischer Vorträge) 1882
(aus Nr. 3)
16 +Kleine Geschichten. 50 S. Lpz: Breitkopf & Härtel 1884
17 Über den primären Krebs der Extremitäten. 69 S. Lpz: Breitkopf & Härtel (= Sammlung klinischer Vorträge) 1889
(aus Nr. 3)
18 +Alte und neue Troubadour-Lieder. 110 S. 16° Lpz: Breitkopf & Härtel (1889)
19 Von Volkmann'sche Sammlung kriegschirurgischer Präparate, Abbildungen und Krankengeschichten aus dem Kriege 1870/71. Hg. Medizinal-Abtheilung des kgl. preußischen Kriegsministeriums. 131 S., dar. 53 Taf. 4° Bln: Mittler 1890
20 +Sämtliche Werke. 372 S. m. Bildn., 1 Abb. Lpz: Breitkopf & Härtel 1899

VOLLMÖLLER, Karl Gustav (1878–1948)

1 (Übs.) G. d'Annunzio: Francesca da Rimini. Tragödie in Versen. 179 S. 4° Bln: Fischer 1903
2 Catherina Gräfin von Armagnac und ihre beiden Liebhaber. 74 S. Bln: Fischer 1903
3 Parcival. Die frühen Gärten. 95 S. Bln: Fischer 1903
4 Assüs, Fitne und Sumurud. Trauerspiel. 165 S. Bln: Fischer 1904
5 Theater in Prosa. Bd. 1: Der deutsche Graf. Comoedie. 192 S. Bln: Fischer 1906
6 (Übs.) Aischylos: Oresteia. IX, 168 S. Bln: Fischer 1908
7 (Übs.) G. d'Annunzio: Vielleicht, vielleicht auch nicht. Roman. 387 S. Lpz: Insel 1910
8 Wieland. Ein Märchen in drei Akten. 211 S. Lpz: Insel 1910
9 (Übs.) G. Gozzi: Turandot. Chinesisches Märchenspiel. 118 S. Bln: Fischer 1911
10 (Übs., Bearb.) J. B. P. Molière: George Dandin oder Der beschämte Ehemann. Komödie mit Tänzen und Zwischenspielen. Neu übertragen und für die deutsche Bühne eingerichtet. 144 S. Lpz: Insel 1912
11 Das Wunder. (The Miracle). Große Pantomime. Musik E. Humperdinck. 25 S., 3 Bildn. Bln: Bote & Bock 1912
12 Das Mirakel. (Das Wunder). Große Pantomime in zwei Akten und einem Zwischenspiel. Musik E. Humperdinck. 25 S., 3 Bildn. Bln: Bote & Bock (1912)
(Titelaufl. v. Nr. 11)

13 Onkelchen hat geträumt. Eine altmodische Komödie in drei Akten nach F. M. Dostojewski. 145 S. Mchn: Musarion-Verl. 1919
14 Die Geliebte. Novelle. 57 S. Mchn: Musarion-Verl. (1920)

Voss, Johann Heinrich (1751–1826)

1 (Übs.) J. L. d'Alembert: Versuch über den Umgang der Gelehrten und Großen, über den Ruhm, die Mäcenen und die Belohnungen der Wissenschaften. 96 S. Lpz: Weygand 1775
2 (Hg.) Musenalmanach MDCCLXXV. Poetische Blumenlese auf das Jahr 1775. 233, 7 S. 16° Göttingen, Gotha: Dieterich 1775
3 (Übs.) Th. Blackwell: Untersuchung über Homers Leben und Schriften. 1 Bl., 376 S., 5 Bl. Lpz: Weygand 1776
4 (Übs.) A. Galland: Die tausend und eine Nacht, arabische Erzählungen. 6 Bde. Bremen: Cramer 1781–1785
5 (Übs.) (Homeros:) Homers Odüßee übersezt. 469 S., 8 Bl. Hbg: auf Kosten des Verfassers 1781
6 (MH) P. W. Hensler: Gedichte. Hg. J. H. V. u. Ph. G. Hensler. 5 Bl., 200 S., 3 Bl. Altona: Eckard 1782
7 (MH) L. H. Ch. Hölty: Gedichte. Bes. F. L. Graf zu Stolberg u. J. H. V. XXVIII, 3 S., 1 Bl., 191 S. Hbg: Bohn 1783
8 Vermischte Gedichte und prosaische Aufsätze. 3 Bl., 512 S. Ffm, Lpz: auf Kosten der Verlagscasse 1784
  (Unrechtm. Dr.)
9 Gedichte. 2 Bde. 5 Bl., 362 S.; 4 Bl., 336 S. Hbg: Hoffmann (1) bzw. Königsberg: Nicolovius (2) 1785–1795
10 (Übs.) P. Virgilius Maro: Landbau. XXIV, 327 S. Eutin: bei dem Verfasser; Hbg: Bohn 1789
11 Über des Virgilischen Landgedichts Ton und Auslegung. 142 S. 12° Altona: Hammerich 1791
12 (Übs.) Homeros: Werke. 4 Bde. m. Ku. Altona: Hammerich 1793
  (Enth. u. a. Umarb. v. Nr. 5)
13 Mythologische Briefe. 2 Bde. XVIII, 262; XXII, 334 S. Königsberg: Nicolovius 1794
14 Luise. Ein laendliches Gedicht in drey Idyllen. 1 Bl., 228 S. m. Ku. Königsberg: Nicolovius 1795
15 (Übs.) P. Virgilius Maro: Vierte Ekloge, übersetzt und erklärt. 118 S. Altona: Hammerich 1795
16 (Übs.) P. Virgilius Maro: Ländliche Gedichte, übersezt und erklärt. 4 Bde. m. Ku. Altona: Hammerich 1797–1800
  (Enth. Nr. 17 u. 20)
17 (Übs.) P. Virgilius Maro: Zehn erlesene Idyllen, metrisch übersezt und erklärt. 2 Bde. 276 S.; S. 277–534, 10 Bl. Altona: Hammerich 1797
18 Verwandlungen nach Publius Ovidius Naso. 2 Bde. 3 Bl., 386 S.; 2 Bl., 402 S., 1 Bl. m. Ku. Bln: Vieweg 1798
19 (Übs.) P. Virgilius Maro: Werke. 3 Bde. m. Ku. Braunschweig: Vieweg 1799
20 (Übs.) P. Virgilius Maro: Landbau. Vier Gesänge übersezt und erklärt. 2 Bde. 461 S.; S. 463–924, 27 Bl. Altona: Hammerich 1800
  (Ausz. a. Nr. 16)
21 Idyllen. 1 Bl., 386, 1 S. Königsberg: Nicolovius 1801
22 (MH, MV) Taschenbuch für 1801. Hg. F. Gentz, Jean Paul u. J. H. V. 13 Bl., 188 S., 8 Bl. m. Ku. Braunschweig: Vieweg 1801
23 Sämtliche Gedichte. 6 Bde. m. Ku. Königsberg: Nicolovius 1802
24 Sämtliche Gedichte. Prachtausg. 7 Bde. m. Ku., 1 Musikbeil. Königsberg: Nicolovius 1802
  (Enth. Nr. 23 u. 25)
25 Zeitmessung der deutschen Sprache. 1 Bl., 262 S. Königsberg: Nicolovius 1802
  (Ausz. a. Nr. 24)
26 (Übs.) Qu. Horatius Flaccus: Werke. 2 Bde. 343, 389 S. Heidelberg: Mohr & Zimmer 1806

27 Hesiods Werke und Orfeus der Argonaut. 2 Bl., 354 S. Heidelberg: Mohr & Zimmer 1806
28 (Übs.) W. Shakespeare: Othello und König Lear. XXI, 240 S. 5 Musikbeil. Jena: Frommann 1806
29 Ueber Gleims Briefsammlung und letzten Willen. IV, 56 S. Heidelberg: Mohr & Zimmer 1807
30 (Übs.) Theokritos: Bion und Moschos. 395, 3 S. Tüb: Cotta 1808
31 Ueber Götz und Ramler. Kritische Briefe. 164 S. Mannheim: Schwan & Götz 1809
32 (Übs.) Albius Tibullus und Lygdamus. Übersetzt und erklärt. XXXII, 384 S. Tüb: Cotta 1810
33 Abriß meines Lebens. Als Ms. gedr. 24 S. Rudolstadt: Fröber 1818
34 (MÜbs.) W. Shakespeare: Schauspiele. Mit Erläuterungen übs. J. H. V., Abraham Voß und Heinrich Voß. 9 Bde. Stg: Metzler 1818–1829
35 Bestätigung der Stolbergischen Umtriebe, nebst einem Anhang über persönliche Verhältnisse. 217 S., 3 Bl. Stg: Metzler 1820
36 (Übs.) Aristophanes: Werke. Metrisch übersetzt. 3 Bde. Braunschweig: Vieweg 1821
37 Voß gegen Perthes. Abweisung einer mystischen Injurienklage. – Zweite Abweisung einer mystischen Injurienklage. 2 Bde. 64, 52 S. Stg: Metzler 1822
38 Antisymbolik. 2 Bde. 4 Bl., 408 S.; 3 Bl., 460 S. Stg: Metzler 1824–1826
39 (Übs.) Des Aratos Sternerscheinungen und Wetterzeichen. Übersetzt und erklärt. VIII, 240 S. 4° Heidelberg: Winter 1824
40 (Übs.) Hymne an Demeter. Übersetzt und erläutert. X, 160 S. m. Titelku. Heidelberg: Winter 1826
41 (MV) Heinrich Voß: Aeschylus: Zum Theil vollendet v. J. H. V. XIV, 316 S. Heidelberg: Winter 1826
42 Mythologische Briefe. 5 Bde. Stg: Metzler (1–3) bzw. Lpz: Lehnhold (4–5) 1827–1834
 (Verm. Neuaufl. v. Nr. 13)
43 Kritische Blätter mit geographischen Abhandlungen. 2 Bde. 2 Bl., 586 S.; IV, 451 S., 1 Kt. Stg: Metzler 1828
44 (Übs.) S. A. Propertius: Werke. 315 S. Braunschweig: Vieweg 1830
45 Mythologische Forschungen. Aus dem Nachlaß des Johann Heinrich Voß zusgest. u. hg. H. G. Brzoska. 2 Bde. XII S., 1 Bl., 192 S.; 234 S. Lpz: Lehnhold (= Mythologische Briefe 4–5) 1834
 (Bd. 4 u. 5 v. Nr. 42)
46 Sämmtliche poetische Werke. Hg. Abraham Voß. Einzige rechtmäßige Original-Ausgabe in einem Bande. 2 Bl., XXXIX, 359 S. m. Bildn. 4° Lpz: Müller 1835
47 Anmerkungen und Randglossen zu Griechen und Römern. Hg. Abraham Voß. IV S., 2 Bl., 294 S., 1 Bl. Lpz: Müller 1838
48 Oden und Lieder. Festgabe zu seinem hundertjährigen Geburtstage. Mit Melodien. 54 ungez. Bl. 4° Düsseldorf: Voß 1851
49 Poetische Werke. 5 Thle. in 2 Bdn. 900 S. Bln: Hempel (= National-Bibliothek sämmtlicher deutscher Classiker) 1867–1869

Voß, Julius von (1768–1832)

1 *Der Friedenskongreß zu Lagado ... Lpz 1799
2 *Die travestirte Jungfrau von Orleans. Posse in zwei Akten mit Prolog und Epilog. XXVIII, 108 S. m. Titelku. Bln: Schmidt 1803
3 *Beleuchtung der vertrauten Briefe über Frankreich. VIII, 239 S. Bln: Schmidt 1804
4 Beyträge zur Philosophie der Kriegskunst. VIII, 230 S. Bln: Himburg 1804
5 *Der travestirte Nathan der Weise. Posse in zwei Akten mit Intermezzos, Chören, Tanz, gelehrtem Zweikampf in Weimar und Wien, Mord und Totschlag. – Der travestirte Alarcos. Ein Nachspiel. XXII, 193 S., 2 Ku. Bln: Schmidt 1804
6 (Hg.) Die Sphinx. 79 Nrn. Bln 1804

VOSS 1315

7 Der Bankerott. Posse in einem Akt nach einem Canevas von Federici. 48 S. Bln: Schöne 1805
8 Das gelbe Fieber. Lustspiel in zwei Aufzügen. Bln: Schmidt 1805
9 Die zwölf schlafenden Jungfrauen. Romantisches Schauspiel in vier Akten. 116 S. m. Ku. Bln: Schöne 1805
10 (Übs.) Ph. Quinault: Armida. Heroische Oper in fünf Akten. Musik Ch. W. Ritter v. Gluck. 47 S. Bln (o. Verl.) (1805)
11 Die Sternenkönigin. Romantisches Feenmärchen mit Gesang in drei Akten. 152 S. Bln: Schöne 1805
12 Für einander geschaffen. 135 S. Bln: Schmidt 1806
13 Ignaz von Jalonsky, oder Die Liebenden in der Tiefe der Weichsel. 2 Bde. m. Ku. Bln: Schmidt 1806
14 Ton des Tages. Lustspiel in drei Akten nach dem Französischen. 151 S. Bln: Starke 1806
15 Heinrich von Bülow, nach seinem Talentreichthum sowohl als seiner sonderbaren Hyper-Genialität geschildert. 132 S. Köln (Bln): Hammer 1807
16 Fragmente über Deutschlands Politik und Kriegskunst. 226 S. Bln: Schmidt 1807
17 Geschichte eines bei Jena gefangenen preußischen Officiers, nebst einem Gemälde von Berlin im Winter 1806 und 7 und einem Anhange von dramatischen Scenen. 3 Bde. m. Ku. Bln: Schöne 1807–1808
18 Lustspiele. 9 Bde. Bln: Schmidt 1807–1817
19 Was war nach der Schlacht von Jena ... 60 S. Bln: Schmidt 1807
20 Eingetroffene Weissagungen ... 67 S. Bln: Schmidt 1807
21 Florens Abentheuer in Africa und ihre Heimkehr nach Paris. M. 2 Ku. Bln: Schmidt 1808
22 Anleitung zu einer sublimen Kriegskunst ... 3 Bl., 422 S. Bln: Schmidt 1808 (Enth. u. a. Nr. 26)
23 Aufruf an die Patrioten ... 120 S. Bln: Schöne 1808
24 Hohe Aussichten der Menschheit oder Der Christenstaat. Eine politische Dichtung. 101 S. Bln: Schmidt 1808
25 Farcen der Zeit. VIII, 62, 104, 88, 56, 120 S. Bln: Weiß 1808
26 Geschichte meiner militairischen Laufbahn. Bln 1808
27 Geschichte einer Marketenderin, nebst ihren kritischen Ansichten der Feldzüge 1806 und 7. 2 Bde. 240; 210, XXI S. m. Ku. Bln: Schmidt 1808
28 Gigi. Roman. Bln 1808
29 Die Maitresse. Tragischer Roman. 349 S. Bln: Schmidt 1808
30 Neu-Berlin. Sittengemälde. Bln 1808
31 Florens Abentheuer in und außer Europa. 2 Bde. Bln 1809 (zu Nr. 21)
32 Beiträge zur deutschen Schaubühne. 1 Bl., 48 S., 1 Bl., 116 S., 152 S., 1 Taf. Bln: Schöne 1809 (Enth. Nr. 7, 9, 11)
33 Eulenspiegel im neunzehnten Jahrhundert oder Narrenwitz und Gimpelweisheit. 272 S. Deutschland (1809)
34 Roman aus dem zweiten Jahrhundert. 2 Bde. Bln 1809
35 Der kleine Krieg, oder Dienstlehre für leichte Truppen. XVI, 260 S. Bln: Schmidt 1809
36 Der Kriegsraub. Bln 1809
37 Tausend und eine Nacht der Gegenwart, oder Mährchensammlung im Zeitgewande. 4 Bde. Bln: Schmidt 1809–1811
38 Der Pseudopatriotismus. 100 S. Bln: Schmidt 1809
39 Die Tapetenwand. Ein superfeines Lustspiel nach Mad. Genlis. 76 S. Bln: Schmidt 1809
40 Künstlers Erdenwallen. 156 S. Bln: Schmidt 1810
41 Geschichte eines österreichischen Partheigängers im Jahre 1809 mit eingestreuten Bemerkungen über den letzten Krieg. Roman. 396 S. Bln: Schöne 1810
42 Der Berlinische Robinson. Eines jüdischen Bastards abentheuerliche Selbstbiographie. 2 Bde. Bln: Schmidt 1810
43 Versöhnung mit dem Schicksal, oder: Abentheuerliche Geschichte eines Dragonerofficiers. 455 S. Bln: Schmidt 1810
44 Der Flötenzauber. 86 S. Bln: Schmidt 1811

45 Nino de Santa Cruz, oder Die Engländer in Spanien. Mit Anhang: Charlotte Verdner, Schauspiel in einem Act. 2 Bde. XXIV, 264 S. Bln: Schmidt 1811
46 Edwin Pleasure, oder Die zwölf entzückenden Brautnächte. Eine Geschichte, wie es noch keine gab. 2 Bde. Bln: Schmidt 1811
47 Kleine Romane. 10 Bde. m. Ku. Bln: Schmidt 1811–(1816)
48 Travestien und Burlesken. Zur Darstellung im kleinen geselligen Verein. 2 Bl., 214 S., 6 Ku. Bln: Duncker & Humblot 1811
49 Charlotte Virier. Schauspiel in einem Akt. Nach einer wahren Begebenheit aus den Tagen der Schreckensregierung in Frankreich. 40 S. Bln: Schmidt 1811
50 Romanhafte Abentheuer des spanischen Insurgenten-Hauptmanns Don Vigo de Montinona und der Nonne Donna Cajetania de San Lucar. 456 S. Bln: Schöne (1812)
51 Der Gesandte oder Die Vermählung durch Prokuration. Ein Roman aus der Fürstenwelt. 300 S. Bln, Stettin: Nicolai 1812
52 Der Kammerherr von Ruhethal, oder Gewinn im Verlust. 340 S. Bln: Schöne 1812
53 Der Kirgisenraub oder Die jungen Greise. 430 S. Bln: Voß 1812
54 Die Pfarre. Lustspiel in vier Akten. 136 S. Bln: Schmidt 1812 (Ausz. a. Nr. 18)
55 (Hg., MV, Übs.) Neue Beyträge für das deutsche Theater. In Originalen und Übersetzungen. Bd. 1. 160, 150 S. Bln: Braunes 1813
56 Feldtaschenbuch. Bln: Curths 1813
57 Der Kosak in Berlin. Lustspiel in zwei Akten. Bln: Schmidt 1813
58 Satyren und Launen, die Zeit betrachtend. – Das Gebet des heiligen Julian. Fromm-kindlich Schauspiel in Knittelversen von drei Aufzügen nach einer Novelle des Bokkaz. 2 Bde. u. Anh. 276, 219, 79 S. Breslau: Max 1813
59 Begebenheiten zweier freiwilliger Jäger. Bln: Schmidt 1816
60 Begebenheiten einer französischen Marketenderin, endlich auf St. Helena niedergeschrieben. 2 Bde. m. Ku. Bln: Schmidt 1816
61 Bunte Gemälde mit launigem Pinsel dargestellt. 361 S. Bln: Schüppel 1816
62 Possen und Marionettenspiele zur Erheiterung in trüben Stunden. 1 Bl., 326 S. Bln: Schüppel 1816
63 *Begebenheiten eines schönen Officiers, der wie Alkibiades lebte und wie Cato starb. 316 S. Bln 1817
64 Fräulein, Mamsell und Jungfer Kunkel, oder Die Streitigkeiten in Alten-Wortklau. Ein Zeitgemälde. 390 S. Bln: Schüppel 1817
65 Geißel für Zeittorheiten in Roman-, Geschichts-, Satyre- und anderer Form. 355 S. Bln: Schüppel 1817
66 Geschichte des Herrn von Lüttenhof, oder Das neugestiftete Theater. 311 S. Bln: Schöne 1817
67 Hermione, die Uhlanenbraut, oder Der Tod beim Kreuze. 294 S. m. Titelku. Bln: Schmidt 1817
68 Theodor Quitt, oder Geschichte eines durch Lord Etmouth befreiten algierischen Sclaven. 2 Bde. 334, 317 S. Bln: Schmidt 1817
69 Jüdische Romantik und Wahrheit. Von einem getauften Israeliten. 300 S. Bln: Schmidt 1817
70 Neue dramatische Schwänke. 248 S. Bln: Schüppel 1817
71 Satyrische Zeitbilder in scharfen Umrissen nach dem Leben, oder Erzählungen, Schwänke und Possen. 2 Bde. 276, 219 S. Breslau: Max 1817 (Neuaufl. v. Nr. 58)
72 Der Einsiedler von Canossa, Oberhaupt der Bundesbrüder vom weißen Kreuz. 283 S. Bln: Schmidt 1818
73 Die Flitterwochen. Roman mit Prolog und Epilog. 366 S. Bln: Schüppel 1818
74 Gemälde der Verfinsterung in Abyssinien. Seitenstück zu Benjamin Noldmanns Geschichte der Aufklärung in Abyssinien. 315 S. Bln: Schüppel 1818
75 Geschichte und Abentheuer eines Husaren-Officiers. 344 S. m. Titelku. Bln: Schmidt 1818
76 Geschichte des Ministers Grafen von Sternthal, der mit einem französischen Haarbeutel anfing und mit einem altdeutschen Barett endete. 382 S. Bln: Schüppel 1818

77 Das Grab der Mutter in Palermo 260 S. Bln: Curths 1818
78 Die Hep Heps in Franken und andern Orten. 48 S. Bln: Schlesinger 1818
79 Alte Liebe rostet wohl. Roman nach Ayrenhof. IV, 211 S. Frankfurt a.O.: Hoffmann 1818
80 Drei Lustspiele. Bln 1818
81 Der sterbende Mönch in Peru. Eine Geschichte aus dem südamerikanischen Revolutionskriege. 2 Bde. m. Ku. Bln: Schmidt 1818
82 Der Nonnenräuber, oder Die Abtei St. Glasii in Natolien. 2 Bde. Bln: Schmidt 1818
83 *Sendschreiben eines Brandenburgers an die Bewohner Rheinpreußens bey Gelegenheit der S.D. dem Fürsten Staatskanzler übergebnen Adresse. 1 Bl., 62 S. Bln: Schüppel 1818
84 Neue launige und satyrische Dichtungen. 238 S. Frankfurt a.O.: Hoffmann 1819
85 Erzählungen von schönen deutschen Mädchen für schöne Mädchen. 356 S. Bln: Schlesinger 1819
86 Kleine Lebensgemälde und Erzählungen. 237 S. Bln: Sander 1819
87 Der deutsche Don Quixote. 374 S. Bln: Schmidt 1819
88 Rede über Blüchers Grab an die Preußen. Bln: Schmidt 1819
89 (MV) J. v. V. u. A. v. Schaden: Theaterpossen nach dem Leben. 2 Bde. VII, 242; IX, 318 S. Bln: Petri 1819–1820
90 Der Vortrag, oder So gelangt die Wahrheit zum Thron. 302 S. Bln: Schüppel 1819
91 Wolfgang und Clara, oder Die reindeutsche Erziehungsanstalt. 438 S. Bln: Sander 1819
92 Der einfältige Apotheker und das Förstergänschen. Komischer Roman, dem eine wahre Begebenheit zum Grunde liegt. 364 S. Bln: Schmidt 1820
93 Das feindliche Brautpaar. 294 S. Bln: Schüppel 1820
94 Erzählungen von schönen deutschen Jünglingen für schöne deutsche Jünglinge. 428 S. Bln: Schlesinger 1820
95 Das schöne Gespenst in fünfzigjährigen Wirkungen. Romantisches Familiengemälde. 2 Bde. 318, 294 S. Bln: Schüppel 1820
96 Die beiden Gutsherrn. Lustspiel in fünf Aufzügen. XXXV, 184 S. m. Ku. Bln: Neue Berlinische Buchh. 1820
97 (Vorw.) A. v. Schaden: Feindliche Freunde und freundliche Feinde. Roman. VIII, 325 S. Bln: Petri 1820
98 Die sechszehn Ahnen des Grafen von Luftheim. 1 Bl., 366 S. Bln: Schüppel 1821
99 Die unfehlbare Besiegung der Ottomanen. 56 S. Bln: Schüppel 1821
100 Carreau-Dame und der Gipsapoll oder Die eifersüchtigen Eheleute. 46 S. Bln: Petri 1821
101 (MV) J. v. V. u. A. v. Schaden: Düster und munter! Ein Sträußchen. 286 S. m. Titelku. Lpz: Kollmann 1821
102 Geständnisse eines unvermählt gebliebenen Fräuleins zur Warnung für junge Mädchen herausgegeben. 409 S. Bln: Schmidt 1821
103 (MV) J. v. V. u. A. v. Schaden: Lebensgemälde üppiger gekrönter Frauen der alten und neuen Zeit. Nebst moralischen Betrachtungen über den Rechtshandel der Königin von England. VI, 242 S. Bln: Petri 1821
104 Neuere Lustspiele. 446 S. Bln: Schüppel 1821
105 Die ungleichen Milchbrüder. 401 S. Bln: Schmidt 1821
106 Der Strahlower Fischzug. Volksstück mit Gesang in zwei Akten. Musik G. A. Schneider. 1 Bl., 108 S. Bln: Petri 1822
107 Der Schutzgeist. 318 S. Bln: Schüppel 1822
108 Fünf und zwanzig dramatische Spiele. Nach deutschen Sprichwörtern zur Unterhaltung für frohe Zirkel bearbeitet. 3 Bl., 388 S. m. Titelku. Bln: Schüppel 1822
109 Neue Theaterpossen nach dem Leben. XVIII, 222 S. Bln: Petri 1822
110 Faust. Trauerspiel mit Gesang und Tanz. 146 S. Bln: Petri 1823
111 Lustspiele. 9 Bde. Bln: Schmidt 1823–1827
112 Neuere Lustspiele. 7 Bde. Bln: Schlesinger 1823–1827
113 Die Moden der guten alten Zeit. Ein launiges Sittengemälde aus dem Jahre 1750. 268 S. Bln: Schüppel 1823
114 Die Schildbürger. Komischer Roman. IV, 372 S. Bln: Schüppel 1823

115 Sphinx, oder Dreißig kleine Räthsel-Lustspiele. Zur leichten Darstellung in frohen Zirkeln. 456 S. m. Titelku. Bln: Schüppel 1823
116 Trauerspiele. VI, 270 S., 1 Bl. Bln: Petri 1823
117 Auswahl neuer Lustspiele für das Kgl. Hoftheater in Berlin. VI, 405 S. Bln: Schüppel 1824
118 Der lustige Bruder. Komischer Roman. 266 S. Bln: Schüppel 1824
119 Das fünfzigjährige Dienst-Jubelfest, oder: So geht es in der Welt. 2 Bde. 224, 256 S. Bln: Schlesinger 1824
120 Die ungleichen Brüder. Komischer Roman. 302 S. Bln: Schüppel 1825
121 Der Baron und sein Hofmeister. 286 S. Bln: Schüppel 1826
122 Begebenheiten eines jungen Theologen in der Moldau und Griechenland. 306 S. Bln: Schmidt 1826
123 Das Mädchenduell. Komischer Roman. 248 S. Bln: Schüppel 1826
124 Mährchen und Erzählungen. 352 S. Bln: Petri 1826
125 Neue Possen und Marionettenspiele. Zur Erschütterung des Zwerchfells. 340 S. Bln: Schüppel 1826
126 Liancourt und Angelica, oder Das Blutbad auf St. Domingo. 239 S. Bln: Schmidt 1827
127 Die improvisirenden Mädchen. 238 S. Bln: Schüppel 1827
128 Der verwünschte Prinz. Roman. 346 S. Bln: Schüppel 1827
129 Das Geschworenengericht. 318 S. Bln: Schüppel 1828
130 Julchens Reise von Liebstadt nach Frauenburg, Klagenfurt und Grimma, oder Die Stationen der Ehe. Ein launiger Roman. 20 Bg. Bln: Förstner 1829
131 Spaniens Jungfrauen – Tribut an die Mauren. 268 S. Bln: Schüppel 1830
132 Der Großinquisitor von Portugal oder Das Erdbeben in Oporto. Roman. 15 Bg. Bln: Curths 1833

Voss, Richard (1851–1918)

1 *Nachtgedanken auf dem Schlachtfelde von Sedan. 31 S. Jena: Döbereiner 1871
2 Helena. Aus den Papieren eines verstorbenen Pessimisten. 122 S. Zürich: Verl.-Mag. 1874
3 Unfehlbar. Schauspiel. 180 S. Kassel: Kay 1874
4 Visionen eines deutschen Patrioten. 94 S. Zürich: Verl.-Mag. 1874
5 Savonarola. Trauerspiel. 128 S. Wien: Rosner 1878
6 *Scherben. Gesammelt von einem müden Manne. 2 Folgen. 212, 332 S. Zürich: Verl.-Mag. 1878
7 Frauengestalten. Edlen Frauen erzählt. 275 S. Breslau: Schottländer 1879
8 Magda. Trauerspiel. 110 S. Zürich: Verl.-Mag. 1879
9 Messalina. Eine Satyre. 284 S. Zürich: Schmidt 1881
10 Die Patricierin. Trauerspiel. 223 S. Ffm: Koenitzer 1881
11 Bergasyl. Eine Berchtesgadener Erzählung. 440 S. Ffm: Koenitzer 1882
12 Luigia Sanfelice. Trauerspiel. 118 S. Ffm: Koenitzer 1882
13 Regula Brandt. Schauspiel. 69 S. Lpz: Friedrich 1883
14 Pater Modestus. Schauspiel. 85 S. Lpz: Friedrich 1883
15 Der Mohr des Zaren. Schauspiel. Nach einem Fragment von Puschkin. 114 S. Ffm: Koenitzer 1883
16 Rafael. Eine Festgabe zur Feier seiner vierhundertjährigen Geburt, den 6. April 1883. 45 S. Ffm: Koenitzer 1883
17 Rolla. Die Lebenstragödie einer Schauspielerin. 2 Bde. 573 S. Lpz: Friedrich 1883
18 San Sebastian. 215 S. Stg: Spemann (= Collection Spemann 48) 1883
19 Römische Dorfgeschichten. 377 S. Ffm: Koenitzer 1884
20 Unehrlich Volk. Trauerspiel. 106 S. Dresden: Minden 1884
21 Die neuen Römer. Roman aus der römischen Wildniß. 2 Bde. 502 S. Dresden: Minden (1885)
22 Alexandra. Drama. 79 S. 16° Lpz: Reclam (= Universal-Bibliothek 2190) 1886
23 Die neue Circe. Eine italienische Dorfgeschichte. 262 S. Dresden: Minden 1886

24 Mutter Gertrud. Schauspiel. 70 S. 16⁰ Lpz: Reclam (= Universal-Bibliothek 2073) 1886
25 Der Sohn der Volskerin. Roman. 252 S. Stg: Bonz 1886
26 Treu dem Herrn. Schauspiel. 79 S. 16⁰ Lpz: Reclam (= Universal-Bibliothek 2100) 1886
27 Die Auferstandenen. Antinihilistischer Roman. 2 Bde. 736 S. Dresden: Minden 1887
28 Brigitta. Trauerspiel. 157 S. Dresden: Minden 1887
29 Michael Cibula. Roman. 451 S. Stg: Bonz 1887
30 Dahiel, der Konvertit. Roman. 3 Bde. 822 S. Stg: Dt. Verl.-Anst. 1888
31 Erlebtes und Geschautes. Bilder aus Italien. 462 S. Jena: Costenoble 1888
32 Kinder des Südens. Römische Geschichten. 152 S. Stg: Engelhorn (= Engelhorn's allgemeine Roman-Bibliothek) 1888
33 Wehe den Besiegten! Drama. 58 S. 16⁰ Lpz: Reclam (= Universal-Bibliothek 2371) 1888
34 Eva. Schauspiel. 86 S. 16⁰ Lpz: Reclam (=Universal-Bibliothek 2500) 1889
35 Novellen. 294 S. Bln: Freund 1889
36 Nubia. Erzählung. 201 S. Stg: Dt. Verl.-Anst. 1889
37 Die Sabinerin. Felice Feste. Die Mutter der Catonen. Römische Dorfgeschichten. 158 S. Stg: Engelhorn (= Engelhorn's allgemeine Roman-Bibliothek) 1889
38 Juliane. Roman. 224 S. Stg: Dt. Verl.-Anst. 1890
39 Der Mönch von Berchtesgaden und andere Erzählungen. 159 S. Stg: Engelhorn (= Engelhorn's allgemeine Roman-Bibliothek. Jg. 7, Bd. 15) 1891
40 Die neue Zeit. Trauerspiel. 92 S. 16⁰ Lpz: Reclam (= Universal-Bibliothek 2890) 1891
41 Der Väter Erbe. Volksstück. 96 S. 16⁰ Lpz: Reclam (= Universal-Bibliothek 2918) 1892
42 Schuldig! Drama. 76 S. 16⁰ Lpz: Reclam (= Universal-Bibliothek 2930) 1892
43 Unebenbürtig. Trauerspiel. 96 S. 16⁰ Lpz: Reclam (= Universal-Bibliothek 3001) 1892
44 Dramen. 455 S. Ffm: Koenitzer 1893
   (Enth. Nr. 10, 12, 15)
45 Jürg Jenatsch. Trauerspiel. 107 S. 16⁰ Lpz: Reclam (= Universal-Bibliothek 3052) 1893
46 Malaria. Schauspiel. 91 S. 16⁰ Lpz: Reclam (= Universal-Bibliothek 3045) 1893
47 Der Zugvogel. Schauspiel. 95 S. 16⁰ Lpz: Reclam (= Universal-Bibliothek 3096) 1893
48 Daniel Daniel. Schauspiel. 115 S. 16⁰ Lpz: Reclam (= Universal-Bibliothek 3114) 1894
49 Arme Maria. Schauspiel. 98 S. 16⁰ Lpz: Reclam (= Universal-Bibliothek 3275) 1894
50 Zwischen zwei Herzen. Schauspiel. 87 S. 16⁰ Lpz: Reclam (= Universal-Bibliothek 3404) 1895
51 Die blonde Kathrein. Märchenspiel nach Andersen. 85 S. m. Bildn. 16⁰ Lpz: Reclam (= Universal-Bibliothek 3454) 1895
52 Villa Falconieri. Die Geschichte einer Leidenschaft. 2 Bde. 144, 183 S., 1 Abb. Stg: Engelhorn (= Engelhorn's allgemeine Roman-Bibliothek. Jg. 13, Bd. 1–2) 1896
53 Der König. Schauspiel. 112 S. 16⁰ Lpz: Reclam (= Universal-Bibliothek 3456) 1896
54 Aus meinem römischen Skizzenbuch. 175 S. Lpz: Naumann (= Kennst du das Land? 7) 1896
55 Unter dem Borgia. Erzählungen aus dem römischen Mittelalter. 328 S. Bln: Janke 1897
56 Der neue Gott. Roman. 240 S. Stg: Dt. Verl.-Anst. 1898
57 Die Rächerin und andere römische Novellen. 324 S. m. Abb. 12⁰ Stg: Bonz (1898)
58 Sigurd Eckdals Braut. Roman. 261 S. m. Abb. 12⁰ Stg: Bonz (1898)
59 Das Wunder. Legendenspiel. Bühneneinrichtung. 92 S. 16⁰ Lpz: Reclam (= Universal-Bibliothek 4001) 1899

60 Amata. Neue römische Novellen. 325 S. m. Abb. 12⁰ Stg: Bonz (1900)
61 Südliches Blut. Römische Novellen. 157 S. m. Abb. Stg: Krabbe 1900
62 Der Adonis vom Molarathal und andere Novellen. 163 S. m. Abb. Stg: Krabbe 1901
63 Der gute Fra Checco und andere Novellen. 158 S. Stg: Engelhorn (= Engelhorn's allgemeine Roman-Bibliothek. Jg. 18, Bd. 7) 1901
64 Das Opfer. Erzählung. 171 S. Breslau: Schles. Buchdr. 1901
65 Psyche. Roman. 306 S. m. Titelb. Bielefeld: Velhagen & Klasing 1901
66 Allerlei Erlebtes. 188 S. m. Bildn. 12⁰ Stg: Bonz 1902
67 Römisches Fieber. Roman. 496 S. Stg: Dt. Verl.-Anst. 1902
68 Ein Königsdrama. Roman aus einem deutschen Herrscherhause. 2 Bde. 183, 164 S. Stg: Engelhorn (= Engelhorn's allgemeine Roman-Bibliothek. Jg. 20, Bd. 1-2) 1903
69 Die Leute von Valdaré. Roman aus den Dolomiten. 428 S. m. Abb. 12⁰ Stg: Bonz 1903
70 Neue römische Geschichten. 111 S. m. Abb. Stg: Union (1904)
71 Die Reise nach Mentone. Eine Geschichte von der Riviera. 2 Bde. 158, 155 S. Stg: Engelhorn (= Engelhorn's allgemeine Roman-Bibliothek. Jg. 21, Bd. 5-6) 1904
72 Samum. Roman aus dem modernen Rom. 2 Bde. 167, 224 S. Stg: Engelhorn (= Engelhorns' allgemeine Roman-Bibliothek. Jg. 22, Bd. 5-6) 1905
73 Santina und anderes Römisches. 99 S. m. Abb. Stg: Union 1905
74 Bacchanten. Römische Erzählungen. 94 S. Bln: Hillger (= Kürschner's Bücherschatz 550) 1907
75 Epilog nach der „Iphigenie" von Goethe, der letzten Aufführung im Großherzoglichen Hoftheater in Weimar, am 16. 2. 1907. 15 S. Weimar (: Grosse) (1907)
76 Wenn Götter lieben. Erzählung aus der Zeit des Tiberius. XII, 254 S. Lpz: Weber 1907
77 Die Schuldige. 2 Bde. 159, 160 S. Stg: Engelhorn (= Engelhorn's allgemeine Roman-Bibliothek. Jg. 24, Bd. 1-2) 1907
78 Das Frühlings-Märchenspiel. Festgedicht zur Eröffnung des neuen Große herzoglichen Hoftheaters in Weimar am 11. 1. 1908. 32 S. Weimar: Huschk-1908
79 Die Liebe Daria Lantes. Römischer Roman. 461 S. Stg: Dt. Verl.-Anst. 1908
80 Narzissenzauber. Das Wunderbare. Zwei römische Novellen. Einl. J.R. Haarhaus. 112 S. m. Bildn. 16⁰ Lpz: Reclam (= Reclam's UB. 4991) 1908
81 Richards Junge. (Der Schönheitssucher). Roman. 538 S. Stg: Cotta 1908
82 Alpentragödie. Roman aus dem Engadin. 403 S. Stg: Cotta 1909
83 La perduta gente. Selbsterlebtes. Mit einer eigenen biographischen Einführung. 206 S. m. Bildn. Jena: Costenoble 1909
84 Maria Botti. 100 S. 16⁰ Lpz: Reclam (= Reclam's Novellenbibliothek 46) (1910)
   (Ausz. a. Nr. 19)
85 Du mein Italien! Aus meinem römischen Leben. 426 S. Stg: Cotta 1910
86 Romeo und Julia im Albanergebirge. Römische Liebesgeschichte. 143 S. Stg: Engelhorn (= Engelhorn's allgemeine Roman-Bibliothek. Jg. 26, Bd. 20) 1910
87 Schönheit. Römischer Roman in drei Teilen. 498 S. Bln: Janke 1910
88 Der Todesweg auf den Piz Palü. 304 S. Bln: Ullstein (= Ullstein-Bücher) 1910
89 Amata. Liebesopfer. Zwei antike Erzählungen. 124 S. 16⁰ Lpz: Reclam (= Reclam's UB. 5324) 1911
   (Enth. u.a. Ausz. a. Nr. 60)
90 Römische Dorfgeschichten. 333 S. Stg: Cotta 1911
   (Verm. Neuaufl. v. Nr. 19)
91 Erdenschönheit. Ein Reisebuch. 179 S. Stg: Cotta 1911
92 Zwei Menschen. Roman. 357 S. Stg: Engelhorn 1911
93 Cenzl von der blauen Genziane. (Psyche). Roman. 165 S. Stg: Engelhorn (= Engelhorn's allgemeine Roman-Bibliothek. Jg. 28, Bd. 19) 1912
   (Neuaufl. v. Nr. 65)
94 Ägyptische Geschichten. 2 Tle. 195, 195 S. Stg: Engelhorn 1921

95 Die Herzogin von Plaisance. 141 S. Stg: Engelhorn (= Engelhorn's allgemeine Roman-Bibliothek. Jg. 29, Bd. 3) 1912
 96 Der Polyp und andere römische Erzählungen. 355 S. Stg: Cotta 1912
 97 Stärker als der Tod und zwei andere Novellen. 100 S. 16⁰ Lpz: Reclam (= Reclam's UB. 5460) 1912 (Enth. u.a. Ausz. a. Nr. 60)
 98 Kentaurenliebe. Die Toteninsel. Zwei antike Novellen. 93 S.16⁰ Lpz: Reclam (= Reclam's UB. 5551) (1913)
 99 Kundry. Die Geschichte einer Leidenschaft. 254 S. Stg: Engelhorn 1913
100 Das Mädchen von Anzio. Der Roman eines deutschen Romreisenden. 318 S. Bln: Ullstein (= Ullstein-Bücher) 1913
101 Sphinx. 310 S. m. Abb. Stg: Bonz 1913
102 Tragödien der Zeit. Roman in drei Teilen. 314 S. m. Bildn. Stg: Engelhorn (= Engelhorn's allgemeine Roman-Bibliothek. Jg. 29, Bd. 21–22) 1913
103 Deutschland, Deutschland über alles. Acht Kriegslieder. 8 Bl. Stg: Engelhorn 1914
104 Neues italienisches Novellenbuch. 2 Bde. Stg: Engelhorn (= Engelhorn's allgemeine Roman-Bibliothek. Jg. 30, Bd. 15–16) 1914
    1. Die Insel der schönen Menschen und andere Geschichten. 160 S.
    2. Die Tarantella der Carmelina und andere Geschichten. 144 S.
105 Parsifal in Monte Carlo. Ein Rivieraroman. 244 S. Stg: Engelhorn 1914
106 Der heilige Haß. Exotischer Roman. 422 S. Bln: Ullstein 1915
107 Das Modell. Roman. 198 S. Bln: Janke (= Otto Janke-Sammlung) 1915
108 Mit Weinlaub im Haar. Roman. 155 S. Stg: Engelhorn (= Engelhorn's allgemeine Roman-Bibliothek. Jg. 31, Bd. 12) 1915
109 Das große Wunder. Roman in drei Teilen. VI, 365 S. Stg: Engelhorn (1915)
110 Böser Blick und andere Geschichten aus dem Lande der Schönheit und der Treulosigkeit. 141 S. Stg: Engelhorn (= Engelhorn's allgemeine Roman-Bibliothek. Jg. 32, Bd. 19) 1916
111 Brutus, auch du! Roman in drei Teilen. XI, 394 S. Stg: Engelhorn (1916)
112 Das Haus der Grimani. Ein Roman aus Oberbayern und dem Fürstentum Monaco. 199 S. Stg: Engelhorn (1917)
113 Große Welt. Ein römischer Sittenroman. 316 S. Bln: Ullstein (= Ullstein-Bücher 85) (1917)
114 Die Erlösung. Die wundersame Geschichte eines wundersamen Menschen aus jüngster großer Zeit. XII, 418 S. Stg: Engelhorn (1918)
115 Eine Frau vom Lande. Roman. 222 S. Bln: Mosse (= Kronen-Bücher 42) (1918)
116 Aus meinem Reisebuch. Skizzen und Stimmungen. 343 S. Stg: Cotta 1918
117 Miß Maud Millers Romfahrt. Roman. 143 S. Stg: Engelhorn (= Engelhorn's allgemeine Roman-Bibliothek. Jg. 33, Bd. 24) (1918)
118 Die Sibylle von Tivoli. Eine Geschichte aus dem Sabinergebirge. 66 S. Stg: Cotta (= Cotta'sche Handbibliothek 204) (1918) (Ausz. a. Nr. 19)
119 Das verlorene Volk. Roman. 143 S. Stg: Engelhorn (= Engelhorn's allgemeine Roman-Bibliothek. Jg. 34, Bd. 7) 1918
120 Aus einem phantastischen Leben. Erinnerungen. 494 S. m. Taf. Stg: Engelhorn 1920
121 Ausgewählte Werke. 5 Bde. Stg: Engelhorn 1922

VRIES, Berend de (1883–1959)

1 Marsch und Meer. Gedichte. 88 S. Bremen-Wilhelmshaven: Friesen-Verl. (1920)
2 Borkum. Ein Inselfrühling. 38 S. m. Abb. Bremen-Wilhelmshaven: Friesen-Verl. (= Bücher im goldenen Reif) 1922
3 Die Meerorgel. Gedichte. 35 S. 16⁰ Bremen-Wilhelmshaven: Friesen-Verl. (= Friesen-Bücherei 9) 1923
4 Jahreskreis. 93 S. m. Abb. Aurich: Dunkmann 1926
5 (Vorw.) Ostfrieslands Inseln. (Borkum – Juist – Norderney – Baltrum –

Langeoog – Spiekeroog – Wangerooge). 48 S. m. Abb. Bln-Tempelhof: Universum-Verl.-Anst. (= Deutschland-Bildheft 61) (1933)
6 Braunsegel schimmern. Gedichte und kleine Geschichten. 46 S. Hbg: Meißner (= Nordmark-Bücherei 19) (1934)
7 Inselfrühling. Wanderungen auf Borkum. 48 S. m. Abb. Hbg: Meißner (= Deutschlands Nordseebäder 14) (1934) (Neuaufl. v. Nr. 2)
8 Der Pfingstbusch der Bark Confidentia. See- und Strandgeschichten. 214 S. Hbg: Meißner (1934)
9 Borkum. Siebenunddreißig Bilder mit einführendem Text. 39 S. m. Abb. Oldenburg: Schulzesche Verlh. (= Ziehbrunnen-Bildreihe 8) (1938)
10 Das Logbuch des Ostindienfahrers. 62 S. Prag, Bln, Lpz: Noebe (= Feldpostreihe Noebe 2) 1943
11 Dat Schipp „Mannigfual". Gedichten un Balladen. 70 S. Aurich: Ostfries. Landschaft 1953
12 Im Kastell zu Antwerpen. Künstleranekdoten. 88 S. m. Abb. Wolfshagen-Scharbeutz: Westphal 1955
13 Nebel über dem Wattenmeer und andere Seegeschichten. 47 S. Köln: Schaffstein (= Blaue Bändchen 281) 1955

VRING, Georg von der (*1889)

1 Südergast. Zwölf Gedichte. 24 S., 6 Abb. 4° Jever, Piesteritz: Eos-Presse (= Sonderdruck der Eos-Presse 1) 1925
2 (Übs.) F. Jammes: Die kleine Bernhardine. Roman. 121 S. Hellerau: Hegner 1927
3 Soldat Suhren. Roman. 396 S. Bln: Spaeth 1927
4 Der Zeuge. Novelle. 68 S. m. Abb. 4° Piesteritz: Eos-Presse 1927
5 Adrian Dehls. Roman. 381 S. Bln: Spaeth 1928
6 Camp Lafayette. Roman. 417 S. Bremen: Schünemann 1929
7 Verse. 96 S. Bremen: Schünemann 1930
8 Station Marotta. Roman. 325 S. Bremen: Schünemann 1931
9 Argonnerwald. Schauspiel. 78 S. Bln: Chronos-Verl. (Bühnen-Ms.) 1932
10 Der Wettlauf mit der Rose. Roman. 318 S. Stg: Union (= Bücher der Zeitwende) 1932
11 Das Blumenbuch. Lieder. 39 S. Dresden: Jeß 1933
12 (MH) Erzähle, Kamerad! Erlebnisse von Frontsoldaten. Hg. G. v. d. V. u. E. G. E. Lorenz. 6 Bde. Stg: Kohlhammer 1933-1935
13 Einfache Menschen. Erzählungen. 60 S. Oldenburg: Stalling (= Schriften an die Nation 48) 1933
14 Der Schritt über die Schwelle. Roman. 159 S. Lpz: Staackmann (= Erzähler der Gegenwart) 1933
15 Schwarzer Jäger Johanna. Roman. 276 S. Bln: Ullstein 1934
16 (Einl.) Der ewige Soldat. Zehn Bilder von Mut, Stolz, Ritterlichkeit. 4 Bl., 10 Taf. 4° Lpz: Seemann (= Seemann's farbige Künstlermappen. N. R. 107) (1934)
17 Die Geniusmuschel. Roman. 357 S. Breslau: Bergstadtverl. 1935
18 (Übs.) G. de Maupassant: Novellen. 473 S. Wien: Phaidon-Verl. 1936
19 Die Spur im Hafen. Roman. 247 S. Bln: Scherl 1936
20 Der Tulpengarten. Lieder. 11 Bl. Hbg: Ellermann (= Das Gedicht. Jg. 2, Nr. 12) 1936
21 Der Büchsenspanner des Herzogs. Aufzeichnungen des Rittmeisters Otto von Toell. Roman. 334 S. Oldenburg: Stalling 1937
22 Garten der Kindheit. Gedichte. 17 S. Hbg: Ellermann (= Das Gedicht. Jg. 3, Nr. 19-20) 1937
23 Die Werfthäuser von Rodewarden. Roman. 340 S. Oldenburg: Stalling 1937
24 Bilderbuch einer jungen Mutter. Vierundzwanzig Gedichte. 35 S., 6 Abb. Bln: Propyläen-Verl. 1938
25 Der Goldhelm oder Das Vermächtnis von Grandcoeur. Roman. 312 S., 1 Titelb. Oldenburg: Stalling (1938)

26 Die spanische Hochzeit. Roman. 260 S. Bln: Dt. Verl. 1938
 (Forts. v. Nr. 15)
27 Kinder im Süden. Erzählung. 36 S. Hbg: Ellermann (= Prosa der Gegenwart 1) 1938
28 Die kaukasische Flöte. Roman. 233 S. Stg: Franckh (1939)
29 Die Lieder des Georg von der Vring. 84 S. Oldenburg: Stalling 1939
30 Dumpfe Trommel, schlag an! Soldatenlieder. 47 S. Hbg: Goverts 1939
31 Frühwind. 62 S. Böhm. Leipa: Kaiser (= Kleine Reihe 7) 1940
32 (Übs.) P. Verlaine: Gedichte. 54 S. Bln: Riemerschmidt (1940)
33 Primeln und Tulpen. Geschichten. 32 S. Stg: Kohlhammer (= Die bunten Hefte für unsere Soldaten 55) 1941
34 (MH) Sturmschritt der Armee. Erlebnisberichte vom Entscheidungskampf im Westen. Ausgew., bearb. G. Remme u. G. v. d. V. 134 S., 12 Bl. Abb. Stg: Belser 1941
35 Junge Liebe. 31 S. Gütersloh: Bertelsmann (1942)
36 Oktoberrose. Gesammelte Gedichte. 153 S. Mchn: Piper 1942
37 Der ferne Sohn. Erzählung. 195 S. Mchn: Piper 1942
38 (Hg.) Die junge Front. Gedichte junger Soldaten. 100 S. Mchn: Piper 1943
39 Die Umworbenen. Erzählungen. 212 S. Mchn: Piper 1944
40 Verse für Minette. 62 S. Mchn: Piper 1947
41 Die Brosche Griechenland. Novelle. 86 S., 1 Titelb. Bad Wörishofen: Drei Säulen-Verl. (= Das kleine Säulenbuch 9) 1948
42 Magda Gött. Roman. 206 S. Mchn: Piper 1948
43 (Übs.) G. de Maupassant: Das Haus Tellier. Die Ideen des Herrn Oberst. Hg. W. Müller. 73 S. Stg: Klett (= Anker-Bücherei 26) 1948
44 Frank und Juliane. 30 S. 4° Stg: Familienfreund-Verl. (= Roman-Blätter 6) 1949
 (Ausz. a. Nr. 23)
45 (Übs.) G. de Maupassant: Novellen. 526 S. (Mchn:) Phaidon-Verl. (1950)
 (Veränd. Neuaufl. v. Nr. 18)
46 Das Meisterschiff. Roman. 309 S. Gütersloh: Bertelsmann 1950
 (Neuaufl. v. Nr. 23)
47 Und wenn du willst, vergiß! Roman. 409 S. Mchn: Piper 1950
48 Abendfalter. Ausgewählte Gedichte. 62 S. Mchn: Piper (= Piper-Bücherei 54) 1952
49 Der Diebstahl von Piantacon. Roman. 199 S. Mchn: Piper 1952
50 (Hg.) Du bewahrst mir dein Herz. Worte an die Mutter. 59 S. Mchn: Piper (= Piper-Bücherei 58) 1953
51 (MH) J. W. v. Goethe: Werke. Hg. R. Friedenthal u. G. v. d. V. 2 Bde. 1030, 1031 S. Mchn: Droemer (= Knaur Klassiker) (1953)
52 (Übs., Hg.) Englisch Horn. Anthologie angelsächsischer Lyrik von den Anfängen bis zur Gegenwart. 262 S. Köln: Phaidon-Verl. 1953
53 (Übs., Bearb.) J. F. Cooper: Die Lederstrumpf-Erzählungen. Der Wildtöter. Der Letzte der Mohikaner. Der Pfadfinder. Die Ansiedler. Die Prärie. 431 S. m. Abb. Mchn: Droemer 1954
54 Kleiner Faden Blau. Gedichte. 80 S. Hbg: Claassen 1954
55 (MH) Tausendmund. Europäische Balladen, Romanzen und Lieder. Hg. G. v. d. V. u. B. Wachinger. 367 S. Ebenhausen b. Mchn: Langewiesche-Brandt 1954
56 Die Wege tausendundein. 287 S. Hbg: Claassen 1955
57 Die Lieder des Georg von der Vring. 1906–1956. 207 S. Mchn: Langen-Müller 1956
 (Verm. Neuaufl. v. Nr. 29)
58 (Hg.) Unsterblich schöne Schwestern. Frauenlyrik aus drei Jahrhunderten. 208 S. Ebenhausen b. Mchn: Langewiesche-Brandt 1956
59 Der Stern über dem Strom. Feuersteins Geschenk. 16 S. Hbg: Agentur des Rauhen Hauses (= Bei allen Kindern frohe Zeit, H. 4) (1956)
60 (Nachw.) G. de Maupassant: Werke. Übs. E. Marx, H. Bartuschek u. K. Friese. 1131 S. Mchn, Wien, Basel: Desch 1957
61 (Hg.) Streich leise Saiten, Musikant. Dichter der Welt über Musik. 72 S. Mchn: Langen-Müller (= Langen-Müller's kleine Bücher 69) (1957)
62 (Übs., Nachw.) W. Blake: Gedichte. 55 S. Wiesbaden: Insel (= Insel-Bücherei 663) 1958

63 Der Jongleur. Zwölf Stories. 147 S. Mchn: Nymphenburger Verlh. (= story-bibliothek) (1958)
64 Geschichten aus einer Nuß. 200 S. Mchn: Langen-Müller 1959

VULPIUS, Christian August (+Tirso de Milano) (1762–1827)

1 Oberon und Titania, oder Jubelfeier der Versöhnung, ein Vorspiel ... 4, 44 S. Weimar: Mauke 1783
2 *Abentheuer des Ritters Palmendos. 10, 68 S. Lpz: Schneider 1784
3 *Geschichte eines Rosenkranzes. 64 S. Weimar: Hofmann 1784
4 *Eduard Rosenthal ... 2 Bde. Lpz: Schneider 1784
5 *Die Abentheuer des Prinzen Kolloandro. Nach dem Italienischen des G. A. Marini. 2 Bde. 289, 283 S. Bln: Rellstab 1785
6 Betrug über Betrug, oder Die schnelle Bekehrung. Lustspiel. 32 S. Bln: Wever 1785
7 *Gabrino, einer der abenteuerlichsten Ritterromane. 2 Bde. 2, 276; 2, 206 S. m. Titelku. 7 Musikbeil. 12° Bln: Rellstab 1785
8 *Mein Himmel. Ein Gedicht. Meine Hölle. Ein Gedicht. 2 Tle. 27, 24 S. Bln: Rellstab 1785
9 *Don Petro. Roman. Bln 1785
10 *Die Feyer im Reiche der Feen. Prolog zur Geburtstagsfeier Herzogs Ludwigs zu Braunschweig. Eisenach 1786
11 *Die Seelenwanderung. Eine Posse in zwei Aufzügen. Bln: Sander 1786
12 *Blondchens Geschichte. Ein überaus wahrscheinlicher Roman. Halle: Ruff 1787
13 Liebe und Freundschaft. Ein Schauspiel in fünf Aufzügen. 109 S. Lpz: Schneider 1787
14 *Adolph von Schönthal. Eine Geschichte dieses Jahrhunderts. Halle: Ruff 1787
15 *Meine Wanderungen. 264 S. Lpz: Schneider 1787
16 *Glossarium für das achtzehnte Jahrhundert. 158 S. Ffm, Lpz (: Andreä) (1788)
17 Die Männer der Republik. Ein Lustspiel in zwei Aufzügen. 72 S. Weißenfels, Lpz: Severin 1788
18 Sie konnt's nicht über's Herz bringen. Ein Schauspiel in fünf Aufzügen. 173 S. Weißenfels, Lpz: Severin 1788
19 *Sommer-, Tags-, Nachts- und abenteuerliche Romane. 2 Bde. 164, 158 S. Erfurt: Keyser 1788
20 *Beichten, wie sie gebeichtet wurden und vielleicht noch oft gebeichtet werden. Ein Beytrag zur Karakteristik des achtzehnten Jahrhunderts. 2 Tle. 2, 228, 2; 205 S. Rom (1) bzw. Rom, Parma, Bonn, Prag (d.i. Bayreuth: Lübeck) 1789–1791
21 Der Liebe Lohn. Schauspiel in zwei Aufzügen. 48 S. Bayreuth: Lübeck 1789
22 *Theatralische Reisen. 2 Bde. 295, 260 S. Weißenfels, Lpz: Severin 1789–1790
23 Der Schleier. Eine Operette in drei Aufzügen. In Musik gesetzt v. W. E. Wolf. 6, 110 S. Bayreuth, Lpz: Lübeck 1789
24 *Skizzen aus dem Leben galanter Damen. Ein Beitrag zur Kenntniß weiblicher Karaktere, Sitten, Empfindungen und Kunstgriffe der vorigen Jahrhunderte. 4 Bde. Regensburg: Montag 1789–1793
25 *Szenen in Paris und Versailles, während und nach Zerstörung der Bastille. Nach französischen und englischen Schriften und Kupferstichen. 5 Bde. m. Titelku. Lpz: Gräff (1789–1791)
26 Der glückliche Tag. Vorspiel zum Geburtstage des Markgrafen zu Brandenburg-Anspach. 48 S. Erlangen: Palm 1789
27 Elisinde. 96 S. Bayreuth, Lpz: Lübeck 1790 (Auszu. a. Nr. 30)
28 Leidenschaft und Liebe. Ein Trauerspiel in fünf Aufzügen. 12, 113 S. Lpz: Gräff 1790
29 Liebesproben. Originallustspiel in drei Aufzügen. 119 S. Bayreuth: Lübeck 1790
30 *Operetten. Erstes Bändchen. 6, 274 S. Bayreuth: Lübeck 1790 (Enth. u.a. Nr. 23)

31 Serafina. Ein Trauerspiel in fünf Aufzügen. 94 S. Halle: Heller 1790
32 Zauberromane. 2 Bde. 6, 278, 3; 6, 278, 3 S. m. Titelku. Hbg: Matthießen 1790–1791
33 Ehestandsproben. Lustspiel in vier Aufzügen. 112, 2 S. Bayreuth: Lübeck 1791
 (Forts. v. Nr. 29)
34 Glücksproben. Lustspiel in vier Aufzügen. 145 S. Bayreuth: Lübeck 1791
 (Forts. v. Nr. 33)
35 Drey Lustspiele. Bayreuth: Lübeck 1791
 (Enth. Nr. 29, 33, 34)
36 *Mysterien neuerer Bacchanalien. o. O. 1791
37 *Redoutenlieder. 76 S. 12⁰ o. O. 1791
38 *Die Rose. Eine tragi-komische Erzählung. 6, 202 S. Bayreuth: Lübeck 1791
39 Graf Benjowsky. Ein Original-Trauerspiel in fünf Aufzügen. 135 S. Lpz: Fleischer 1792
40 *Fernando und Kalliste. Ein spanischer Roman. 198 S. Zittau, Lpz: Schöps 1792
41 Romantische Geschichten der Vorzeit. 10 Bde. Lpz: Fleischer 1792–1798
42 (Bearb.) Das rothe Käppchen. Eine komische Operette in zwei Aufzügen. 88 S. Weimar: Hoffmann 1792
43 Luftschlösser. Ein Lustspiel in vier Aufzügen. 72 S. Schwerin, Wismar: Bödner 1792
44 *Neue Szenen in Paris und Versailles. 3 Bde. m Ku. Lpz: Gräff 1792–1793
 (Forts. v. Nr. 25)
45 Auswahl romantischer Gemälde. 2 Bde. 4, 218; VI, 250 S. Zittau, Lpz: Schöps 1793–1795
46 Hieronymus Knicker. Eine komische Operette in zwei Aufzügen. Musik von Dittersdorf. 72 S. Weimar: Hoffmann 1793
47 *Johann von Leiden. Wahre Geschichten der Vorzeit. 8, 264 S., 1 Titelku. Dresden, Lpz: Richter 1793
48 Die Portugiesen in Indien ... 2 Bde. 8, 250, 2; 232 S. Hof: Grau 1793
49 (Bearb.) Rikko. Ein Lustspiel in zwey Aufzügen nach dem Französischen. 46 S. Bln: Wever 1793
50 Der Schatz war gehoben! Eine Posse in vier Aufzügen. 70 S. Amsterdam: Röder (1793)
51 Aurora. Ein romantisches Gemälde der Vorzeit. 2 Bde. 256, 258 S., 4 Ku. Lpz: Gräff 1794–1795
52 Der betrogene Geizige, oder Wer das Glück hat, führt die Braut heim! Oper nach dem Italienischen. 4, 96 S. Lpz: Heinsius 1794
53 Figaros Hochzeit. Operette aus dem Italienischen. 110 S. Lpz: Heinsius 1794
54 Hokus Pokus! Eine komische Oper in zwei Aufzügen. 88 S. 4⁰ Lpz: Heinsius 1794
55 Opern aus verschiedenen Sprachen übersetzt und für die deutsche Bühne neu bearbeitet. 8, 110, 4, 96, 88 S. 4⁰ Lpz: Heinsius 1794
 (Enth. Nr. 52, 53, 54)
56 (Bearb.) Die Zauberflöte. Oper. Neu bearb. 104 S. m. Titelku. Lpz: Heinsius 1794
57 Zufall und Laune. Ein Lustspiel in einem Aufzuge. 48 S. Prag, Lpz: Albrecht 1794
58 Die Saal-Nixe. Eine Sage der Vorzeit. VIII, 218 S. m. Titelku., 1 Ku. Lpz: Rein 1795
59 Die neuen Arkadier ... X, 120 S. Weimar: Hoffmann 1796
60 Majolino. Ein Roman aus dem sechzehnten Jahrhundert. 2 Bde. 2, 234; 254 S. Lpz: Fleischer 1796
61 Romantische Wälder. VI, 272 S. m. Titelku. Bln, Lpz (, Hof: Grau) 1796
62 (Bearb.) Telemach, Prinz von Ithaka. Oper. Ganz neu bearb. 119 S. Weimar: Hoffmann 1797
63 *Abentheuer und Fahrten des Bürgers und Barbiers Sebastian Schnaps ... VIII, 312 S. Lpz: Kummer 1798
64 *Amalie, die schöne Solotänzerin. Seitenstück zu Aurora. 216 S. Neuburg, Aarnheim: Reichs-Commißions- und Industrie-Bureau (1798)
65 *Harlekins Reisen und Abentheuer. Nebst Beylagen. 246 S. m. Titelku. Bln: Hartmann 1798

66 *Rinaldo Rinaldini, der Räuberhauptmann. Eine romantische Geschichte unseres Jahrhunderts. 3 Bde. m. Ku. (Lpz: Gräff) 1798
67 *Fernando Fernandini. 3 Bde. Lpz: Gräff (= Rinaldo Rinaldini, Bd. 4–6) 1799 (Forts. v. Nr. 66)
68 Leonardo und Aurelia. Ein Schauspiel in fünf Aufzügen. 118 S. Bln: Hartmann 1799
69 Suwarow und die Kosaken in Italien. 236 S. m. Titelku. Lpz: Gräff (1799)
70 Das Geheimniß. Ein Schauspiel in fünf Aufzügen. 79 S. Lpz: Gräff 1800
71 *Glorioso der große Teufel. Eine Geschichte des achtzehnten Jahrhunderts. 3 Bde., 2 Ku. Rudolstadt: Langbein & Klüger 1800
72 Karl der Zwölfte bei Bender. Schauspiel in fünf Aufzügen. 117 S. Rudolstadt: Langbein & Klüger 1800
73 Rinaldo Rinaldini. Ein Schauspiel in fünf Aufzügen. 174 S. Rudolstadt: Langbein & Klüger 1800 (zu Nr. 66)
74 *Die Russen und Engländer in Neapel. Nebst einem Anhang: Anekdoten und Characterzüge von Nelson. 156 S. Lpz: Fleischer 1800
75 *Aurelia. Vom Verfasser des Rinaldo Rinaldini. 110 S. Ffm (o. Verl.) 1801
76 *Romantische Erzählungen. 2, 236, 2 S. m. Titelku. Hof: Grau 1801
77 Fürstinnen, unglücklich durch Liebe. 8, 168 S. Lpz: Fleischer 1801
78 *Sebastiano der Verkannte. 279 S. m. Titelku. Bln: Kgl. Pr. akad. Kunst-u. Buchh. 1801
79 Theodor, König der Korsen. 3 Bde. m. Ku. Rudolstadt: Langbein & Klüger 1801
80 *Orlando Orlandino, der wunderbare Abentheurer. 2 Bde. 232, 245 S. m. Titelku. Rudolstadt: Langbein & Klüger 1802
81 *Die Zigeuner. Ein Roman nach dem Spanischen. 2, 262 S. m. Titelku. Arnstadt, Rudolstadt: Langbein & Klüger 1802
82 Die Nonne im Kloster Odivelas. Ein Roman. 124 S. m. Bildn. 12° Lpz, Ffm: Simon (1803)
83 Die Sicilianer. Ein Roman. 2 Bde. VI, 218; 208 S. m. Titelku. Rudolstadt: Langbein & Klüger 1803
84 *Der Zwerg. Ein Roman. 181 S. m. Titelku. Arnstadt, Rudolstadt: Langbein & Klüger 1803
85 *Armidoro. Eine Wundergeschichte vom Verfasser des Rinaldo Rinaldini. 2 Bde. IV, 236; 222 S. Rudolstadt: Langbein & Klüger 1804
86 *Hulda, das schöne Wasserfräulein, oder: Hulda, die Nymphe der Donau, oder: Die Saalnixe. XII, 299 S., 1 Ku. Lpz: Rein 1804 (Neuaufl. v. Nr. 58)
87 *Leontino. Eine romantische Geschichte. 272 S. Arnstadt, Rudolstadt: Langbein & Klüger 1804
88 *Der Malthesser. Ein Roman. 2, 250 S. Lpz: Gräff 1804
89 Bibliothek des Romantisch-Wunderbaren. 2 Bde. 10, 272; 10, 335 S. m. Titelku. Lpz: Steinacker 1805
90 †Don Juan der Wüstling. Nach dem Spanischen des Tirso de Molina. 4, 218 S. Penig: Dienemann 1805
91 *Frau Holda Waldina, die wilde Jägerin. IV, 252 S. Arnstadt, Rudolstadt: Langbein & Klüger 1805
92 *Wellenthal. Eine romantische Geschichte unserer Zeiten; aus den Papieren der Prinzessin Natalie und der Äbtissin zu Marienau. 2, 236 S. Penig: Dienemann 1805
93 Thalheim. Eine romantische Geschichte. 309 S. 12° Erfurt: Knick 1806
94 *Geheimnisse aus der Fürsten- und Klosterwelt. 383 S. Erfurt: Müller 1809
95 Lucindora die Zauberinn. Erzählung aus den Zeiten der Mediceer. 236 S. m. Titelku. Lpz: Rein 1810
96 Die Schreckenshöhle, oder Die Leiden des jungen Miranda ... Nach dem Englischen. 96 S., 1 Titelku. Lpz: Industrie-Compt. 1810
97 Curiositäten der physisch-literarisch-artistisch-historischen Vor- und Mitwelt; zur angenehmen Unterhaltung für gebildete Leser. 10 Bde. m. Ku. Weimar: Verl. d. Landes-Industrie-Compt. 1811–1823
98 Die Vorzeit, oder Geschichte, Dichtung, Kunst und Literatur des Vor- und Mittelalters ... 4 Bde. m. Ku. Erfurt: Keyser 1817–1820

99 Historisch-literarische Unterhaltungen und Ergötzlichkeiten. 2 Bde. VIII, 188; VI, 240 S. Neustadt a.d. Orla: Wagner 1821–1822
100 *Lionardo Monte Bello, oder Der Carbonari-Bund. 2 Bde. 271, 264 S. Lpz: Wienbrack (= Rinaldo Rinaldini, Bd. 7–8) 1821
(Forts. v. Nr. 69)
101 *Bublina, die Heldin Griechenlands unserer Zeit. Vom Verfasser des Rinaldo. 2 Bde. VIII, 247; 236 S. m. Titelku. Gotha: Henning 1822
102 *Thüringische Sagen und Volksmärchen. Vom Verfasser der Saalnixe. 2 Bde. 184, 207 S. Erfurt, Gotha: Henning 1822
(Enth. u.a. Nr. 103)
103 *Truthina, das Wunderfräulein der Berge. 184 S. Erfurt, Gotha: Henning 1822
104 *Rinaldo Rinaldini, der Räuberhauptmann. 4 Bde. m. Ku. Lpz: Wienbrack 1824
(Umarb. v. Nr. 66)
105 *Thermitonia, das Buch der Geistereien. VI, 303, 1 S. Lpz: Lauffer 1825
106 *Gallerie der unterhaltendsten Geister- und Zaubergeschichten. 3 Bde. Quedlinburg, Lpz: Basse 1826
107 *Aloisio und Dianora oder Der Pilger und die Nonne ... 252 S. Quedlinburg: Basse 1826
108 *Erlinde die Ilm-Nixe. 4, 188 S. Meißen: Goedsche 1827
(zu Nr. 58)
109 Handwörterbuch der Mythologie der deutschen, verwandten, benachbarten und nordischen Völker. XIV, 352 S., 3 Abb. Lpz: Lauffer 1827

WACKENRODER, Wilhelm Heinrich
(+Ernst Winter) (1773–1798)

1 *(Übs.) Der Demokrat. Aus dem Englischen. 2 Tle. 270 S. Bln, Lpz: Nicolai 1796
2 *Das Kloster Netley. Eine Geschichte aus dem Mittelalter. 2 Bl., 202 S. Bln, Lpz: Nicolai 1796
3 *Das Schloß Montford oder Der Ritter von der weißen Rose. Bln 1796
4 *Ehrengedächtniß der Ahnherrn Albrecht Dürers ... Nürnberg: Lechner 1797
5 *(MV) (W. H. W. u. L. Tieck:) Herzensergießungen eines kunstliebenden Klosterbruders. 275 S. m. Titelku. Bln: Unger 1797
6 (MV) (L. Tieck u. W. H. W.:) Franz Sternbalds Wanderungen. Eine altdeutsche Geschichte, hg. v. L. T. 2 Bde. VI, 373; 410 S. Bln: Unger 1798
7 *(MV) (W. H. W. u. L. Tieck:) Phantasien über die Kunst, für Freunde der Kunst. Hg. L. Tieck. IV, 283 S. Hbg: Perthes 1799
8 *(MV) (W. H. W. u. L. Tieck:) Phantasien über die Kunst, von einem kunstliebenden Klosterbruder. Hg. L. Tieck. IV, 244 S. Bln: Realschulbuchh. 1814 (Veränd. Neuaufl. v. Nr. 7)
9 Werke und Briefe. Hg. F. v. d. Leyen. 2 Bde. 334, 257 S. Jena: Diederichs 1910

WAGENFELD, Karl (1869–1939)

1 'n Öhm un annere Vertellsels in mönsterlännsk Platt. 207 S. Essen: Fredebeul & Koenen 1905
2 'ne Göpps vull. Geschichten in mönsterlännsk Platt. V, 103 S. Münster: Aschendorff 1909
3 Un buten singt de Nachtigall un annere Beller un Geschichten up mönsterlännsk Platt. 170 S. Essen: Fredebeul & Koenen 1911
4 Volksmund. Plattdeutsche Sprichwörter und Redensarten des Münsterlandes in ihrer Anwendung. 140 S. Essen: Fredebeul & Koenen 1911
5 Daud un Düwel. Dichtung. 90 S. m. Abb. Hbg: Hermes 1912
6 Dat Gewitter. Drama in einem Aufzug. 25 S. Münster: Greve (= Niederdeutsche Volksbühne, H. 9) 1912
7 (MV) A. Winkelmann: Sünte Rendel oder St. Reinholdis. Eine Legende und Legendenstudie. Mit Beitrag v. K. W. u. B. Meier. 71 S. m. Abb. Münster: Regensberg 1912
8 Dat Gaap-Pulver. Komödie in einem Aufzug. 38 S. Münster: Greve (1913)
9 Krieg. Gedichte in münsterländischer Mundart. 47 S. Bocholt: Temming 1914
10 Weltbrand. Kriegsgedichte in münsterländischer Mundart. Neue Folge. 40 S. Bocholt: Temming 1915 (= Bücherei Westmünsterland) (N. F. zu Nr. 9)
11 De Antichrist. 76 S. Warendorf: Schnell (1916)
12 An'n Herd. Plattdeutsche Feldbriefe. 6 H. Warendorf: Schnell (1916–1917)
13 Hatt giegen hatt. Niederdeutsches Bauerndrama in drei Aufzügen. 55 S. m. Abb. Hbg: Hermes (= Niederdeutsche Bücherei 11) 1917
14 Jans Baunenkamps Höllenfahrt. 15 S. Warendorf: Schnell (1917) (Ausz. a. Nr. 12)
15 Wenn auch das Heimatheer durchhält. Flugblatt der Heeresverwaltung. 1 Bl. o. O. 1917
16 Usse Vader (Vater unser). Dichtung. 40 S. Bocholt: Temming 1918
17 Luzifer. 84 S. Warendorf: Schnell 1920
18 Altwestfälische Bauernhochzeit. 24 S. Warendorf: Schnell (= Flugschrift des Westfälischen Heimatbundes 5) (1921)

19 (Hg.) Heimatblätter der Roten Erde. Zeitschrift des Westfälischen Heimatbundes. Jg. 2–3. Münster: Aschendorff 1921–1922
20 (Vorw.) G. Wedepohl: Münster. Zehn Federzeichnungen. 10 Taf., 1 Bl. 4° Münster: Greve (1921)
21 Schützenfest. Aufführung in drei Bildern. 16 S. Warendorf: Schnell 1922
22 (MH) Die Heimat. Hg. K. W., F. Schmidt u. R. Klapheck. Jg. 4. Dortmund: Heimatverl. 1923
    (Enth. Forts. v. Nr. 19)
23 Sietaff. Beller un Geschichten in mönsterlännsk Platt. 144 S. Warendorf: Schnell 1923
    (Neubearb. v. Nr. 3)
24 (Hg.) Heimat-Kalender für den Landkreis Münster. Im Auftrag des Landkreises Münster hg. Jg. 1. 101 S. m. Abb. 4° Münster: Greve (1924)
25 De Vuegelfrauen-Versammlung. 47 S. m. Abb. Warendorf: Schnell 1925
26 (Hg.) Heimatblätter der Roten Erde. Zeitschrift des Westfälischen Heimatbundes. Jg. 5. Münster: Aschendorff 1926
    (Forts. v. Nr. 22)
27 In der Spinnstube. Bild einer Spinnstube aus Väterzeiten in Wort und Lied. 41 S. Bln: Dt. Landbuchh. (= Ländliche Laienspiele 2) 1934
28 Das Bilderbuch vom Münsterland. 63 S. m. Abb. u. Ktn. 4° Münster: Westfäl. Vereinsdr. 1939
29 Gesammelte Werke. Die Versdichtungen, Bühnenwerke und Erzählungen in zwei Bänden. Hg. F. Castelle u. A. Aulke. 2 Bde. 463; VI, 384 S. m. Titelb. Münster: Aschendorff 1954–1956

WAGGERL, Karl Heinrich (*1897)

1 Brot. Roman. 407 S. Lpz: Insel 1930
2 Schweres Blut. Roman. 301 S. Lpz: Insel (1931)
3 Landstreicher. Gespräch in der Nacht. 30 Bl. Wagrain, Salzburg: Waggerl 1932
4 Das Wiesenbuch. 79 S., 16 Abb. Lpz: Insel (= Insel-Bücherei 426) (1932)
5 Du und Angela. Fünf Erzählungen. 75 S. Lpz: Insel (= Insel-Bücherei 204) (1933)
    (Enth. u.a. Ausz. a. Nr. 3)
6 Das Jahr des Herrn. Roman. 326 S. Lpz: Insel (1933)
7 Mütter. Roman. 263 S. Lpz: Insel 1935
8 Wagrainer Tagebuch. 139 S. Lpz: Insel (1936)
9 Kalendergeschichten. 71 S. Lpz: Insel (= Insel-Bücherei 522) (1937)
10 (MH) Die Ostmark. Landschaft, Volk und Kunst der südostdeutschen Gaue. Hg. K. H. W. u. K. Oettinger. 2 Bde. 22 S., 52 Bl. Abb.; 26 S., 88 Bl. Abb. 4° Wien: Schroll 1939–1940
11 Eine Lanze für mich. 15 S. Bln: Warneck 1940
12 Aus der Kindheit. Freundschaft mit Büchern. 29 S., 1 Titelb. Hameln: Bücherstube Seifert (1941)
13 (Hg.) Salzburger Hefte. 8 Bde. Graz: Leykam 1943–1944
14 Aus der Heimat. 31 S. Gütersloh: Bertelsmann (= Bertelsmann Feldposthefte) (1943)
15 Feierabend. Erzählungen. 64 S. Graz: Leykam (= Salzburger Hefte 7) 1944
    (Bd. 7 v. Nr. 13)
16 Die Pfingstreise. Erzählungen. 143 S. Salzburg: Müller 1946
17 Fröhliche Armut. Erzählungen. 157 S. Salzburg: Müller (= Gesammelte Werke 3) (1948)
    (Bd. 3 v. Nr. 19)
18 Lob der Wiese. 12 Bl. Göttingen: Vandenhoeck & Ruprecht 1948
19 Gesammelte Werke. 5 Bde. Salzburg: Müller (1948–1952)
20 Über das Entstehen des „Jahr des Herrn". 23 S. Olten: Vereinigung Oltner Bücherfreunde (Priv.-Dr.) 1949
21 Drei Erzählungen. 69 S. St. Gallen: Tschudy 1950
22 Wagrainer Geschichtenbuch. Wagrainer Tagebuch. Kalendergeschichten. Das Wiesenbuch. 258 S. Salzburg: Müller (= Gesammelte Werke 2) 1950
    (Bd. 2 v. Nr. 19; enth. Nr. 4, 8, 9)

23 Heiteres Herbarium. Blumen und Verse. 51 S. m. Abb. Salzburg: Müller (1950)
24 Kleines Erdenrund. Ein Buch mit dem Dichter und über ihn. Hg. H. Arens. 106 S. m. Abb., 1 Faks. Ebenhausen b. Mchn: Langewiesche-Brandt (= Die Bücher der Rose) 1951
25 (Einl.) U. A. Georg: Drum prüfe, wer sich ewig bindet. Durch richtige Wahl zum Eheglück. 212 S. Salzburg: Pilgram-Verl. 1951
26 (Einl.) Österreich. Landschaft, Mensch und Kultur. Ein Bildband. Einführende Erläuterungen E. Widmoser. 112 S., 104 Abb. 4° Ffm: Umschau-Verl.; St. Johann/Tirol: Pinguin-Verl. 1952
27 (Vorw.) F. K. Ginzkey: Der Weg zu Oswalda. 83 S. Gmunden: Javorsky 1953
28 Und es begab sich ... Inwendige Geschichten um das Kind von Bethlehem. 55 S., 11 Abb. Salzburg: Müller (1953)
29 Kleines Einmaleins des Lebens. 16 S. Gütersloh: Rufer-Verl. (= Dein Leseheft 41) 1954
30 Die grünen Freunde. Zwei Erzählungen. 44 S. Kassel: Lometsch (= Druck der Arche 13) 1955
31 Das Lebenshaus. Eine innere Biographie. Hg. D. Larese. 152 S. m. Abb. Zürich: Arche 1955
32 (Einl.) M. Lippmann-Pawlowski: Die schönsten Alpenblumen. 28 ungez. Bl. m. Abb. Ffm: Umschau-Verl.; St. Johann/Tirol: Pinguin-Verl. 1955
33 (Hg.) Das ist die stillste Zeit im Jahr. 51 S. m. Noten, 1 Titelb. Salzburg: Müller 1956
34 Liebe Dinge. Miniaturen. 104 S. m. Abb. Salzburg: Müller (1956)
35 (Hg.) Die Landschaft als Erlebnis: Der Berg. 254 S. m. Abb. Mchn: Kindler 1957
36 Kleine Münze. 42 S. m. Abb., 1 Titelb., 1 Schallpl. Salzburg: Müller 1957
37 Wanderung und Heimkehr. 56 S., 1 Titelb. Hbg: v. Schröder (= Rundfunk und Buch 6) 1957
38 Der Leibsorger. Erzählung. 130 S. Salzburg: Müller (1958)
39 Meine Welt. Zum sechzigsten Geburtstag des Dichters ausgew. u. eingel. F. Weißkirchen. 95 S. Paderborn: Schöningh (= Schöningh's Textausgaben 186) 1958
40 Die Kunst des Müßiggangs. 53 S. m. Abb., 1 Titelb. Zürich: Arche (= Die kleinen Bücher der Arche 281–282) 1959
(Ausz. a. Nr. 31)
41 (MH) Jedermanns Stadt. Salzburg. Hg. K. H. W. u. J. Dapra. 119 S., 118 Taf. Salzburg: Residenz-Verl. 1959
42 und Friede den Menschen. Ein Krippenbuch. 99 S. m. Abb. Mchn: Prestel 1959
43 (Einl.) M. Lippmann-Pawlowski: Die schönsten Blumen in Wiese und Feld 24 S., 48 Abb. Ffm: Umschau-Verl. 1960

WAGNER, Ernst (1769–1812)

1 Willibald's Ansichten des Lebens. Ein Roman in vier Abtheilungen. 2 Bde. XVI, 248; 350 S. Meiningen, Hildburghausen 1805
2 Die reisenden Maler. Ein Roman. 2 Bde. 217, 233 S. Lpz: Göschen 1806
3 Willibald's neue Ansichten des Lebens. Gießen (, Arnstadt) 1807
(Forts. v. Nr. 1)
4 Reisen aus der Fremde in die Heimath. 2 Bde. Hildburghausen: Hanisch (1) bzw. Tüb: Cotta (2) 1808–1809
1. Mit dem Bildnisse des Herausgebers und einer wichtigen Schlußbeylage zum zehnten Briefe. 4 Bl., 476 S., 1 Bildn. 1808
2. Nebst einem Kupfer- und Notenblatt. 394 S. m. Ku. u. Musikbeil. 1809
5 Ferdinand Miller. Ein Roman. IV, 203 S. Tüb: Cotta 1809
6 Historisches ABC eines vierzigjährigen hennebergischen Fibelschützen. Ein Anhang zu den Reisen aus der Fremde in die Heimath. XVI S., 2 Bl., 232 S. Tüb: Cotta 1810
(zu Nr. 4)

7 Lebenserfahrungen und Weltansichten. 2 Bde. Ffm: Hermann 1811
8 Isidora. Ein Roman in drey Büchern. 333 S. Tüb: Cotta 1812
9 Sämmtliche Schriften. Ausgabe letzter Hand. Bes. F. Mosengeil. 12 Bde. m. Bildn., 1 Taf. 16° Lpz: Fleischer 1827-1828

WAGNER, Heinrich Leopold (1747-1779)

1 (Übs.) Der Tempel zu Gnidus. Aus dem Französischen des Herrn von Montesquieu. VIII, 78 S. Straßburg: Heitz 1770
2 *Apolls des ersten Bänkelsängers Leben und Thaten auf dieser Welt, nebst seiner letzten Willens-Ordnung, allen seinen unächten Söhnen, die nichts von ihm erhalten haben, zum Aergerniß, Dem Herrn, Herrn David Friedrich Döllin Med. Lt. aber bey Seiner Abreise von Straßburg, zur nöthigen Einsicht kund gemacht, und übergeben von einigen Seiner zärtlichsten Freunde. 4 Bl. Straßburg: Lorenz (1772)
3 *Confiskale Erzählungen. 44 S., 1 Bl. Wien: bey der Bücher-Censur (Gießen: Krieger) 1774
4 Phaeton, eine Romanze, Dem Durchlauchtigsten Fürsten und Herrn Ludwig, Fürsten von Nassau, Grafen zu Saarbrücken ... in tiefster Ehrfurcht erzehlet. 4 Bl. 4° Saarbrücken: Hofer 1774
5 Chronologisches Spiel, zum Gebrauch der Jugend, entworfen v. H. L. W. 1 Bg. zum Würfeln mit Beil. (Ffm:) bey den Eichenbergischen Erben 1775
6 *Die Königs-Krönung. Aufgeführt auf dem Theater zu Rennes in Gegenwart Ihro Durchlaucht der Prinzessin von Lamballe. 16 S. Haag (Erlangen: Walther) 1775
7 (Übs.) (Maximilian Joseph Graf von Lamberg:) Tagebuch eines Weltmannes. 2 Bde. 5 Bl., 120 S.; 126 S., 1 Bl. Ffm: bey den Eichenbergischen Erben 1775
8 *(Übs.) L.-S. Mercier: Der Schubkarn des Eßighändlers. Ein Lustspiel in drey Aufzügen. Aus dem Französischen. 99 S. Ffm: bey den Eichenbergischen Erben 1775
9 *Rheinischer MOST. Erster Herbst. 4 Bl., 183 S. o. O. 1775
10 *Prometheus Deukalion und seine Recensenten. Voran ein Prologus und zuletzt ein Epilogus. 28 S. m. Abb., 2 Bl. Göttingen (bzw. Bln, Düsseldorf, Ffm, Hbg, Lpz oder Weimar) 1775
11 *Die Reue nach der That ein Schauspiel. 140 S. Ffm: bey den Eichenbergischen Erben 1775
12 Der wohlthätige Unbekannte eine Familien-Scene. 48 S. Ffm: bey den Eichenbergischen Erben 1775
13 Q. D. B. V. Dissertatio Inauguralis Historico-Juridica De Aurea Bulla non solorum electorum sed omnium statuum consensu condita ... 20 S. 4° Argentorati: ex prelo Jonae Lorenzii 1776
14 *Die Kindermörderinn ein Trauerspiel. 120 S. Lpz: Schwickert 1776
15 *Leben und Tod Sebastian Silligs. Ein Roman für allerley Leser zur Warnung, nicht zur Nachfolge. 236 S. Ffm, Lpz 1776
16 *(Übs.) (L.-S. Mercier:) Neuer Versuch über die Schauspielkunst. Aus dem Französischen. Mit einem Anhang aus Goethes Brieftasche. 2 Bl., 508 S. Lpz: Schwickert 1776
17 *Apolls Abschied von den Musen ein allegorischer Prolog mit welchem sich Einem Hochedlen und Hochweisen Magistrat wie auch dem gesammten nach Standes Gebühr geehrten Publiko der kaiserlichen freyen Reichs-, Wahl- und Handelstadt Frankfurt am Mayn unterthänigst empfehlen wollte und sollte die Seylerische Schauspielergesellschaft. 29 S. Ffm: bey den Eichenbergischen Erben 1777
18 *Briefe die Seylerische Schauspielergesellschaft und Ihre Vorstellungen zu Frankfurt am Mayn betreffend. 238 S. Ffm: bey den Eichenbergischen Erben 1777
19 Epilog bey Eröffnung des Herrschaftlichen Theaters in Mainz, gesprochen von Madame Seyler, den 17. Juni 1777. 4 S. Mainz: Kunze (1776)
20 *(Übs.) Voltaire am Abend seiner Apotheose. Aus dem Französischen. 30 S. Ffm., Lpz 1778

21 *Evchen Humbrecht oder Ihr Mütter merkts Euch! ein Schauspiel in fünf Aufzügen. 144 S. Ffm: Garbe 1779 (Umarb. v. Nr. 14)
22 Macbeth ein Trauerspiel in fünf Aufzügen nach Schackespear. 160 S. Ffm: Garbe 1779
23 *Die neuen Schauspieler in Mannheim. Vorspiel, und Prolog welches bei Eröffnung des Mannheimer deutschen Theaters hätte gegeben werden können. 36 S. Frankenthal, Mannheim: auf Kosten des Verlegers 1779
24 Theaterstücke. 13 Bl., 144, 160 S. Ffm: Garbe 1779
25 Gesammelte Schauspiele fürs deutsche Theater. 4 Bde. Ffm: bey Eichenbergs Erben 1780
26 Gesammelte Werke in fünf Bänden. Zum ersten Male vollständig hg. L. Hirschberg. Bd. I, 1. 277 S. m. Abb. Potsdam: Hadern-Verl. 1923

WAGNER, Richard (+Wilhelm Drach) (1813–1883)

1 Rienzi, der Letzte der Tribunen. Große tragische Oper in fünf Aufzügen. Dresden: Meser (1840)
2 Der fliegende Holländer. Romantische Oper in drei Akten. Dresden: Meser (1841)
3 Tannhäuser und der Sängerkrieg auf Wartburg. Große romantische Oper in drei Akten. 48 S. Dresden: Meser 1845
4 (Bearb.) Iphigenia in Aulis. Oper in drei Akten von Gluck nach R. W.s Bearbeitung. Lpz: Breitkopf & Härtel (1847)
5 *Bianca und Giuseppe oder Die Franzosen in Nizza. Oper in vier Akten, Lpz: Breitkopf & Härtel (1848)
6 Kunst und Revolution. 60 S. Lpz: Wigand 1849
7 Das Kunstwerk der Zukunft. VIII, 233 S. Lpz: Wigand 1850
8 Lohengrin. Als Manuskript gedruckt. 19 S. 4° Weimar (1850)
9 Die Nibelungen. Weltgeschichte aus der Sage. 75 S. Lpz: Wigand 1850
10 Drei Operndichtungen nebst einer Mittheilung an seine Freunde. 352 S. Lpz: Breitkopf & Härtel 1851 (Enth. Nr. 2, 3, 8)
11 Ein Theater in Zürich. 40 S. Zürich: Schulthess 1851
12 Zwei Briefe. 48 S. Lpz: Matthes 1852
13 Lohengrin. 70 S. Lpz: Breitkopf & Härtel 1852 (zu Nr. 8)
14 Oper und Drama. 3 Bde. 194; IV, 200; IV, 247 S. Lpz: Weber 1852
15 *Der Ring des Nibelungen. 5 Bl., 159 S. o. O. (1853)
16 Ein Brief über Liszt's symphonische Dichtungen. 32 S. Lpz: Kahnt 1857
17 Tristan und Isolde. 2 Bl., 110 S. Lpz: Breitkopf & Härtel 1859
18 ,,Zukunftsmusik''. Briefe an einen französischen Freund. 53 S. Lpz: Weber 1861
19 Die Meistersinger von Nürnberg. Als Manuskript gedruckt. 140 S. Mainz: Schott 1862
20 Das Wiener Hofoperntheater. 16 S. Wien: Gerold 1863
21 Der Ring des Nibelungen. Ein Bühnenfestspiel. XXIV, 443 S. 16° Lpz: Weber 1863
22 Bericht an Seine Majestät König Ludwig II. von Bayern über eine in München zu errichtende Musikschule. 50 S. Mchn: Kaiser 1865
23 Deutsche Kunst und Politik. 42 S. Lpz: Weber 1868
24 +Herr Eduard Devrient und sein Styl. Mchn: Fritsch 1869
25 Über das Dirigiren. 86 S. Lpz: Kahnt (1869)
26 Das Judenthum in der Musik. 57 S. Lpz: Weber 1869
27 Der Ring des Nibelungen. 4 Bde. 75, 84, 98, 86 S. Mainz: Schott 1869–1874 (zu Nr. 21)
28 Beethoven. 3 Bl., 73 S. Lpz: Fritsch 1870
29 Über die Aufführung des Bühnenfestspieles ,,Der Ring des Nibelungen''. 19 S. Lpz: Fritsch 1871
30 Über die Bestimmung der Oper. Ein akademischer Vortrag. 44 S. Lpz: Fritzsch 1871

31 Lehr- und Wanderjahre. Autobiographisches. 30 S. Lpz: Wagner 1871
32 Gesammelte Schriften und Dichtungen. 10 Bde., 8 Pl. Lpz: Fritzsch 1871–1883
33 Bericht an den deutschen Wagner-Verein über die Umstände und Schicksale, welche die Ausführung des Bühnenfestspiels „Der Ring des Nibelungen" begleiten. 38 S. Lpz: Fritzsch 1872
   (Ausz. a. Bd. 9 v. Nr. 32)
34 Über Schauspieler und Sänger. 86 S. Lpz: Fritzsch 1872
35 Das Bühnenfestspielhaus zu Bayreuth. 30 S., 6 Pl. Lpz: Fritzsch 1873
   (Ausz. a. Bd. 9. v. Nr. 32)
36 Parsifal. Ein Bühnenweihfestspiel. 81 S. Mainz: Schott 1877
37 Offener Brief an Ernst von Weber, Verfasser der „Folterkammern der Wissenschaft". Über die Vivisektion. 16 S. (Bln,) Lpz: Schneider 1880
38 Was ist Deutsch? Bln 1881
39 Lebens-Bericht. 103 S. Lpz: Schlömp 1884
40 Entwürfe, Gedanken, Fragmente. Aus nachgelassenen Papieren zusammengestellt. 170 S. Lpz: Breitkopf & Härtel 1885
41 Die Feen. Mannheim (1885)
42 Jesus von Nazareth. Ein dichterischer Entwurf aus dem Jahre 1848. 100 S. Lpz: Breitkopf & Härtel 1887
43 Nachgelassene Schriften und Dichtungen. 216 S. Lpz: Breitkopf & Härtel 1895
44 Gedichte. 186 S. Bln: Grote 1905
45 Entwürfe zu: Die Meistersinger von Nürnberg, Tristan und Isolde, Parsifal. Einf. H. v. Wolzogen. 200 S. Lpz: Siegel 1907
   (zu Nr. 17, 19, 36)
46 Aus Richard Wagners Pariser Zeit. Aufsätze und Kunstberichte des Meisters aus Paris 1841. Zum ersten Male hg. u. eingel. R. Sternfeld. 2 Bde. XXXII, 58; 106 S. Bln: Verl. Dt. Bücherei (= Deutsche Bücherei 64–65) 1907
47 Mein Leben. 2 Bde. 886 S. Mchn: Bruckmann 1911
48 Gesammelte Schriften. Hg. J. Kapp. 14 Bde. m. Bildn. u. Taf. Lpz: Hesse & Becker 1914
49 Gesammelte Schriften und Briefe: Gesammelte Briefe. Hg. J. Kapp u. E. Kastner. 2 Bde. XX, 340; 478 S. m. Abb. Lpz: Hesse & Becker 1914
50 Gesammelte Schriften und Dichtungen. Hg. W. Golther. 10 Bde. in 6 Tln. m. Abb. u. Faks. Bln: Bong (= Goldene Klassiker-Bibliothek) 1914
51 Mein Leben. Vollst. erl. Ausg. Mit einer Darstellung der späteren Jahre u. e. Nachw. v. Ch. Coler. 2 Bde. 763, 624 S., je 1 Titelb. Lpz: Dieterich (= Sammlung Dieterich 119–120) 1958
   (Neuaufl. v. Nr. 47)

WAIBLINGER, Wilhelm Friedrich (1804–1830)

1 Lieder der Griechen. VIII, 58 S. Stg: Franckh 1823
2 Phaëton. 2 Tle. VIII, 158; 160 S., 1 Bl. Stg: Franckh 1823
3 Vier Erzählungen aus der Geschichte des jetzigen Griechenlands. Nebst einem Anhange. 210 S. Ludwigsburg: Nast 1826 (r. 1825)
4 Drei Tage in der Unterwelt. Ein Schriftchen das Vielen ein Anstoß sein wird, und besser anonym herauskäme. Motto: Nichts für ungut! 130 S. 12° Stg: Franckh 1826
5 Blüthen der Muse aus Rom. 1827. VI, 284 S. Bln: Reimer 1829
6 Anna Bullen, Königin von England. Trauerspiel in fünf Aufzügen. X, 212 S. Bln: Reimer 1829
7 (Hg.) Taschenbuch aus Italien und Griechenland für das Jahr 1829 (1830). 2 Bde. m. Ku. Bln: Reimer 1829–1830
   1. Rom. IV, 408 S. 1829
   2. Neapel und Rom. IV, 370 S. 1830
8 Gesammelte Werke. Mit des Dichters Leben v. H. v. Canitz. Rechtmäßige Ausgabe letzter Hand. 9 Bde. m. Bildn., 8 Ku. Hbg (, Cannstatt): Heubel 1839–1840
9 Gedichte. Hg. E. Mörike. 294 S. 12° Hbg: Heubel 1844

10 Liebe und Haß. Ungedrucktes Trauerspiel. Nach dem Manuscript hg. A. Fauconnet. VIII, 190 S. Bln-Steglitz: Behr (= Deutsche Literaturdenkmale des achtzehnten und neunzehnten Jahrhunderts Nr. 148; 3. Folge, Nr. 28) 1914
11 Friedrich Hölderlins Leben, Dichtung und Wahnsinn. 36 S. Hbg: Ellermann (= Das Gedicht. Jg. 1947, Nr. 5) 1947
12 Wandertage des jungen Waiblinger. Unveröffentlichte Landschaftsschilderungen des Dichters. Hg., eingel. H. Meyer. 36 S., 3 Abb. quer 8° Tüb: Heckenhauer 1948
13 Die Tagebücher. 1821–1826. In Zusammenarbeit mit E. Breitmeyer hg. H. Meyer. 350 S., 2 Taf., 1 Titelb. Stg: Klett (= Veröffentlichungen der Deutschen Schillergesellschaft 22) 1956

Waldeck, Heinrich Suso (eig. Augustin Popp) (1873–1943)

1 Die Legende vom Jäger und Jägerlein. 1 Buchrolle (mit 2 gedrechselten Holzstäben) 14:528 cm m. Abb. Wien: Officina Vindobonensis 1926
2 Die Antlitzgedichte. 103 S. Wien: Officina Vindobonensis 1929
3 Lumpen und Liebende. Roman. 344 S. Innsbruck: Verl.-Anst. Tyrolia 1930
4 Hildemichel. Von Menschen, Geistern, Ungeheuern. 207 S. Innsbruck: Verl.-Anst. Tyrolia 1933
5 Die milde Stunde. 95 S. Innsbruck: Verl.-Anst. Tyrolia 1933
6 Das Weihnachtsherz. 23 S. Wien: Österr. Bundesverl. 1933
7 Weihnacht beim Waldschneider. Ein Märchenspiel für Kinder. 35 S. Wien: Österr. Bundesverl. 1936
8 Marguerite. Erzählungen. 167 S. Wien: Albrecht Dürer-Verl. 1947
9 Balladen. Einf. F. S. Brenner. 43 S. m. Abb. Luzern: Rex-Verl. (= Rex-Kleinbücherei 28) 1948
10 Gesammelte Werke. Hg. F. S. Brenner. Bd. 1: Dichtungen. VII, 237 S., 1 Titelb. Innsbruck, Wien: Tyrolia-Verl. 1948

Walden, Herwarth (eig. Georg Lewin) (1878–1941)

1 Opern-Wegweiser. Personenverzeichnis, Überblick: ganz kurz gefaßte Inhaltsangabe, zur Geschichte: Lebensbeschreibung des Tondichters usw. 45 S. Bln: Schlesinger'sche Buchh. (1907–1908)
2 (Hg., Einl.) Richard Strauß. Symphonien und Tondichtungen Erl. G. Brecher, A. Hahn, H. W. (u. a.) XV, 180 S. Bln: Schlesinger'sche Buchh. (= Meisterführer 6) 1908
3 (Hg.) Der Sturm. Wochenschrift für Kultur und die Künste. Jg. 1–21. Bln: Verl. Der Sturm 1910–1932
4 Die vier Toten der Fiametta. o. O. 1911
5 Das Buch der Menschenliebe. Roman. 91 S. Bln: Verl. Der Sturm 1916
6 Gesammelte Schriften. Bd. 1: Kunstkritiker und Kunstmaler. Bln: Verl. Der Sturm 1916
7 Einblick in Kunst. Expressionismus, Futurismus, Kubismus. 175 S. m. Abb. Bln: Verl. Der Sturm (1917)
8 Weib. Komitragödie. 79 S. Bln: Verl. Der Sturm 1917
9 Die Beiden. Ein Spiel mit dem Tode. 14 S. Bln: Verl. Der Sturm 1918
10 (Hg.) Expressionismus. Die Kunstwende. Bln: Verl. Der Sturm 1918
11 Glaube. Komitragödie. 24 S. Bln: Verl. Der Sturm 1918
12 Die Härte der Weltenliebe. Roman. 91 S. Bln: Verl. Der Sturm 1918
13 Kind. Tragödie. 50 S. Bln: Verl. Der Sturm 1918
14 Erste Liebe. Spiel mit dem Leben. 13 S. Bln: Verl. Der Sturm 1918
15 Letzte Liebe. Komitragödie. 16 S. Bln: Verl. Der Sturm 1918
16 Menschen. Tragödie. 58 S. Bln: Verl. Der Sturm 1918
17 Sünde. Ein Spiel an der Liebe. 16 S. Bln: Verl. Der Sturm 1918
18 Trieb. Eine bürgerliche Komitragödie. 58 S. Bln: Verl. Der Sturm 1918
19 Die neue Malerei. Aufsätze. 30 S. Bln: Verl. Der Sturm (1919)

20 Unter den Sinnen. Roman. Bln: Verl. Der Sturm 1919
21 (MV) H. W., M. Tak van Poortvliet (u. a.): Jacoba van Heemskerck. 20 S. m. Abb. 4⁰ Bln: Verl. Der Sturm (= Sturm-Bilderbuch 7) 1924
22 Im Geschweig der Liebe. Gedichte. 62 S. Bln: Verl. Der Sturm 1925
23 (MV) H. W. u. P. A. Silbermann: Expressionistische Dichtungen vom Weltkrieg bis zur Gegenwart. 82 S. Bln: Heymann 1932
24 (Hg.) Der Durchbruch. Internationale Monatsschrift. Jg. 1. 12 H. Bln: Harnisch 1932
25 (Bearb.) L. G. Terechova u. W. G. Erdeli: Geographie. Übs. A. P. Klein. Bd. 1: Dritte Klasse. 81 S. m. Abb. u. Ktn. Engels: Dt. Staatsverl. 1934
26 (Hg.) A. P. Čechov: Ausgewählte Erzählungen. Verkürzt, krit. durchges. u. mit Anm. 69 S. Engels: Dt. Staatsverl. (= Schulbibliothek) 1935
27 (Hg.) F. Freiligrath: Ein Glaubensbekenntnis. Politische und soziale Gedichte. Krit. durchges. Auswahl mit Einl. u. Anm. 70 S. Engels: Dt. Staatsverl. (= Schulbibliothek) 1935
28 (Hg., Einl.) J. W. v. Goethe: Götz von Berlichingen mit der eisernen Hand. Mit Anm. Verkürzt u. krit. durchges. 115 S. Engels: Dt. Staatsverl. (= Schulbibliothek) 1935
29 (Hg.) N. V. Gogol: Der Revisor. Gekürzt u. mit Anm. vers. 111 S. Engels: Dt. Staatsverl. (= Schulbibliothek) 1935
30 (Hg.) H. Heine: Ausgewählte Dichtungen. Verkürzt u. mit Anm. vers. 120 S. Engels: Dt. Staatsverl. (= Schulbibliothek) 1935
31 (Hg., Einl.) G. E. Lessing: Emilia Galotti. Ein Trauerspiel in fünf Aufzügen. Verkürzt u. krit. durchges. Mit Anm. 88 S. Engels: Dt. Staatsverl. (= Schulbibliothek) 1935
32 (MV) H. W. u. L. Riwkina: Deutsche Redensarten. 127 S. Moskau: Staatsverl. f. Lehrbücher u. Pädagogik 1935
33 (Hg.) I. S. Turgenev: Skizzen aus Aufzeichnungen eines Jägers. Gekürzt u. mit Anm. vers. 59 S. Engels: Dt. Staatsverl. (= Schulbibliothek) 1935
34 (Hg.) N. G. Černyševskij: Was tun? Erzählungen v. neuen Menschen. Nach der dt. Übertragung red. u. mit Anm. vers. 71 S. Engels: Dt. Staatsverl. (= Hptw. Schulbibliothek) 1936
35 (Hg.) M. E. Saltykov: Die Kleinigkeiten des Lebens. Verkürzt u. mit Anm. vers. 67 S. Engels: Dt. Staatsverl. (= Schulbibliothek) 1936

WALDINGER, Ernst (*1897)

1 Die Kuppel. Gedichte. 120 S. Wien: Saturn-Verl. 1934
2 Der Gemmenschneider. 111 S. Wien: Saturn-Verl. 1937
3 Die kühlen Bauernstuben. Gedichte. 105 S. New York: Aurora-Verl. 1946
4 Musik für diese Zeit. Ausgewählte Gedichte. 96 S. Mchn: Weismann 1946
5 Glück und Geduld. Gedichte. 139 S. New York: Ungar 1952
6 Zwischen Hudson und Donau. Ausgewählte Gedichte. 60 S. Wien: Bergland-Verl. (= Neue Dichtung aus Österreich 44) 1958

WALLISCH, Friedrich (*1890)

1 Der Adler des Skanderbeg. Albanische Briefe aus dem Frühjahr 1914. 147 S. Wien: Waldheim-Eberle 1914
2 Die Pforte zum Orient. Unser Friedenswerk in Serbien. 209 S. Innsbruck: Verl.-Anst. Tyrolia 1917
3 Narrenspiegel der Liebe. Zwölf Erzählungen. 144 S. Lpz: Xenien-Verl. (1918)
4 Das verborgene Feuer. Vier Einakter. 218 S. Wien: Deutsch-Österr. Verl. 1919
5 Opium. Die letzte Nacht. 35 S. Wien (: Europ. Verl.) (1920)
6 (MV) F. W. u. C. Zeska: Sensation. Ein heiteres Nachtstück in einem Aufzug. 32 S. Wien: Nestroy-Verl. (1920)

7 Der rote Bart. 100 S. Wien: Europ. Verl. (= Die Novellenbücher der Wegewe 3) 1921
8 Die Pantherkatze. 72 S. Wien: Nestroy 1921
9 Der Spion. 85 S. Wien: Deutsch-Österr. Verl. 1921
10 Träume. Gesammelte Novellen. 80 S. Dresden-Winböhla: Verl. d. literar.-musikal. Monatshefte 1921
11 Die Flammenfrau. Roman. 186 S. Donauwörth: Lehner 1922
12 Genius Lump. Roman. 326 S. Wien: Europ. Verl. (1922)
13 (Hg.) M. Foges: Nachgelassene Schriften. 2 Bde. 59, 56 S. 16⁰ Wien: Europ. Verl. 1923–1924
14 Heimkehr in Gott. Ein Wille und ein Weg. 24 S. Pfullingen: Baum (= Evangelien der Seele 5) (1924)
15 Die Gewalt. Ein Frauenschicksal aus höfischer Zeit. 112 S. Wien: Europ. Verl. (= Die grünen Bücher des Europäischen Verlags 3) 1925
16 Der Atem des Balkans. Vom Leben und Sterben des Balkanmenschen. V, 191 S., 33 Abb., 1 Kt. Lpz: Hofmann 1928
17 Neuland Albanien. 163 S., 45 Abb., 1 Kt. Stg: Franckh (1930)
18 Glück und Baumwolle. 63 S. Heidenau: Verlh. Freya (= Frauen von heute 159) (1936)
19 Abenteuer in Afrika. 63 S. Heidenau: Verlh. Freya (= Frauen von heute 170) (1937)
20 Albanien und seine Postwertzeichen. 107 S., 66 Abb., 1 Kt. Wien: Bohmann 1940
21 Die Flagge Rot-Weiß-Rot. Männer und Taten der österreichischen Kriegsmarine in vier Jahrhunderten. 348 S., 38 Abb., 1 Kt. Lpz: v. Hase & Koehler 1942
22 Die Rosenburse. Historische Novellen aus der Ostmark. 78 S. m. Abb. Wien: Wiener Verl. (= Kleinbuchreihe Südost, Feldpostausgabe 96) 1944
23 (Hg.) Internationales Philatelisten-Jahrbuch. Jg. 1. 144 S. m. Abb. Wien: Bohmann 1946
24 Neunhundertfünfzig Jahre Österreich. 80 S. 89 Abb. Wien: Fiscus 1946[1]
25 Die Rosenburse. Historische Novellen aus Österreich. 95 S. m. Abb. Wien: Wiener Verl. (= Kaleidoskop 14–15) 1946 (Verm. Neuaufl. v. Nr. 22)
26 Bis zur Entscheidung. 24 S. Wien: Amadeus 1948
27 Vier Wochen Bad Ammer. Roman. 222 S. Klagenfurt: Kaiser 1948
28 Hoftheater. 48 S. Wien: Hönig (= Der Zeitroman 10) 1949
29 Der Bischof vom Bodensee. 69 S. Würzburg: Augustinus-Verl. 1951
30 Der Schmuck der Wiedstett. 433 S. Salzburg: Festungsverl. 1951
31 Das Prantnerhaus. Roman. 473 S. Wien, Stg: Wancura 1953
32 (MV) F. W. u. E. Ehehalt: Deutsch auf fröhliche Art. 192 S. Bad Homburg v. d. Höhe, Bln: Gehlen 1954
33 Der König. Roman. 365 S. Leinfelden b. Stg: Engelhorn-Verl. 1954
34 Winter in Österreich. Hg. Österr. Verkehrswerbung. Text F. W. 32 Bl. m. Abb., 1 Kt. 4⁰ Wien: Industrie- u. Fachverl. (= Der Fremdenverkehr. Sonderpubl.) (1955)
35 Das Bild der Martina. 4 ungez. Bl. Gütersloh: Rufer-Verl. (= Acht Seiten – Freude zu bereiten 92) 1957
36 (Hg.) E. C. Conte Corti: Die Wahrheit spricht das Urteil. Leben und Werk, dargest. v. F. W. 127 S. Graz, Wien: Stiasny (= Stiasny-Bücherei 23) 1957
37 Das bißchen Leben. Gespräche einer Ehe. 163 S., 20 Abb. Heidenheim: Hoffmann 1957
38 Himmelblaues Wiedersehen. Tiergeschichten aus vier Erdteilen. 127 S., 12 Abb. Wien (o. Verl.) 1957
39 Das Schiff Atlantis. 128 S., 6 Abb. Wien: Waldheim-Eberle 1957
40 (Hg., Einl.) Charles Sealsfield ... und er meinte die Freiheit. Der Dichter beider Hemisphären. 128 S. Graz, Wien: Stiasny (= Stiasny-Bücherei 8) 1957
41 Spiegel der Zeiten. 255 S. Würzburg: Augustinus-Verl. (1957)
42 Diese Tage der Freude. Ein lyrischer Lebenskreis. 68 S. Wien: Bergland-Verl. 1957
43 Vom Glück des Sammelns. 314 S. m. Abb. Nürnberg: Glock & Lutz (= Musische Bibliothek 4) 1958

44 Die Nichte des Alkalden. 95 S. Krems: Buchgem. Heimatland 1958
45 Alles über Briefmarken. Eine Briefmarkenkunde für jedermann. 94 S. m. Abb. Wien, Mchn, Zürich: Pechan (= Pechan's Perlen-Reihe 901) 1960

WALSER, Martin (*1927)

1 Ein Flugzeug über dem Haus und andere Geschichten. 174 S. Ffm: Suhrkamp 1955
2 Ehen in Philippsburg. Roman. 419 S. Ffm: Suhrkamp 1957
3 Halbzeit. Roman. 891 S. Ffm: Suhrkamp 1960
4 Hölderlin auf dem Dachboden. 15 S. Ffm: Suhrkamp (= Weihnachtsgabe 1960 des Suhrkamp-Verlags) 1960

WALSER, Robert (1878–1956)

1 Fritz Kocher's Aufsätze. 128 S., 11 Abb. Lpz: Insel (1904)
2 Geschwister Tanner. Roman. 319 S. Bln: Cassirer (1907)
3 Der Gehülfe. Roman. 392 S. Bln: Cassirer 1908
4 Gedichte. 38 S. m. Abb. Bln: Cassirer 1909
5 Jakob von Gunten. Ein Tagebuch. 208 S. Bln: Cassirer 1909
6 Aufsätze. 237 S. Lpz: Wolff 1913
7 Kleine Dichtungen. Erste Auflage hergestellt für den Frauenbund zur Ehrung rheinländischer Dichter. 312 S. Lpz: Wolff 1914
8 Geschichten. IV, 231 S. m. Abb. Lpz: Wolff 1914
9 Kleine Prosa. 202 S. Bern: Francke 1917
10 Prosastücke. 50 S. Zürich: Rascher (= Schriften für Schweizer Art und Kunst 55) 1917
11 Der Spaziergang. 85 S. Frauenfeld: Huber (= Schweizerische Erzähler 9) (1917)
12 Poetenleben. 184 S. Frauenfeld: Huber 1918
13 Komödie. 145 S. Bln: Cassirer 1919
14 Seeland. 247 S., 5 Abb. Zürich: Rascher 1919 (Enth. u.a. Nr. 11)
15 Die Rose. 176 S. Bln: Rowohlt 1925
16 Große kleine Welt. Ausgew., hg. C. Seelig. 212 S. Erlenbach: Rentsch 1937
17 Stille Freuden. Hg., Nachw. C. Seelig. 119 S. Olten: Vereinigung Oltner Bücherfreunde (= Veröffentlichung der Vereinigung Oltner Bücherfreunde 24) 1944
18 Gedichte. Neu hg. C. Seelig. 64 S. m. Abb. Basel: Schwabe (= Sammlung Klosterberg. Schweizerische Reihe) 1944 (Verm. Neuaufl. v. Nr. 4)
19 Vom Glück des Unglücks und der Armut. Hg. C. Seelig. 80 S. m. Abb. Basel: Schwabe (= Sammlung Klosterberg. Schweizerische Reihe) 1944
20 Dichterbildnisse. 59 S. Schaffhausen: Joos & Scherrer (= Tobias Stimmer-Drucke 1) 1947
21 Die Schlacht bei Sempach. Eine Geschichte. 15 S. St. Gallen: Tschudy (= Der Bogen 3) 1950
22 Dichtungen in Prosa. Hg. C. Seelig. 5 Bde. Genf, Darmstadt: Holle-Verl. (Bd. 1–3) bzw. Genf, Ffm: Kossodo (4–5) 1953–1961
23 Unbekannte Gedichte. Hg. C. Seelig. 116 S. St. Gallen: Tschudy 1958

WASER, geb. Krebs, Maria (1878–1939)

1 Die Politik von Bern, Solothurn und Basel in den Jahren 1466–1468. Zeitgeschichtliches zum Mühlhäuser Krieg. VII, 178 S. Zürich, Bern: Francke 1902
2 Henzi und Lessing. Eine historisch-literarische Studie. 57 S., 1 Taf. Bern:

Wyß (= Neujahrsblatt der literarischen Gesellschaft Bern auf das Jahr1904) 1903
3 (MH) Die Schweiz. Illustrierte Halbmonatsschrift (später: Monatsschrift). Hg. O. Waser, M. W., E. Ziegler. 16 Jge. Zürich: Verl. Die Schweiz 1904–1919
4 Nachspiel zu Schumanns „Der Rose Pilgerfahrt". Herzogenbuchsee: Dürrenmatt 1908
5 Unter dem Quittenbaum. (S.-A.) 24 S. Zürich: Rascher 1912
6 Die Geschichte der Anna Waser. Ein Roman aus der Wende des siebzehnten Jahrhunderts. 550 S. Stg: Dt. Verl.-Anst. 1913
7 Das Jätvreni. Erzählung. 50 S. Zürich: Rascher (= Schriften für Schweizer Art und Kunst 53–54) 1917
8 Scala santa. 127 S. Zürich: Rascher 1918
9 (Vorw.) F. Oschwald-Ringier: Alti Liebi. XVI, 128 S. Aarau: Sauerländer 1919
10 Von der Liebe und vom Tode. Novellen aus drei Jahrhunderten. 240 S. Stg: Dt. Verl.-Anst. 1920
11 Wir Narren von gestern. Bekenntnisse eines Einsamen. Roman. 511 S. Stg: Dt. Verl.-Anst. (1922)
12 Das Gespenst im Antistitium. Novellen. 77 S. Lpz: Reclam (= Reclam's UB. 6421) (1923)
13 Der heilige Weg. Ein Bekenntnis zu Hellas. 89 S., 6 Taf. Stg: Dt. Verl.-Anst. 1927
14 Wege zu Hodler. 96 S., 8 Taf. Zürich: Rascher 1927
15 (Einl.) L. Wenger: Was mich das Leben lehrte. Gedanken und Erfahrungen 56 S. Lpz: Grethlein (= Seldwyla-Bücherei 18) 1927
16 Josef Viktor Widmann. Vom Menschen und Dichter, vom Gottsucher und Weltfreund. Eine Darstellung. 200 S. Frauenfeld: Huber (= Die Schweiz im deutschen Geistesleben 46–47) 1927
17 Die Sendung der Frau. Ansprache. 24 S. Bern: Francke 1928
18 Wende. Der Roman eines Herbstes. 295 S. Stg: Dt. Verl.-Anst. (1929)
19 Land unter Sternen. Der Roman eines Dorfes. 295 S. Stg: Dt. Verl.-Anst. 1930
20 Begegnung am Abend. Ein Vermächtnis. 415 S., 1 Titelb. Stg: Dt. Verl.-Anst. (1933)
21 Lebendiges Schweizertum. 35 S. Zürich: Rascher 1934
22 Frauen und Schicksal. 71 S. Köln: Schaffstein (= Schaffstein's blaue Bändchen 231) 1936
  (Ausz. a. Nr. 10 u. 19)
23 Sinnbild des Lebens. 402 S. Stg: Dt. Verl.-Anst. (1936)
24 Das besinnliche Blumenjahr. Gedichte zu Aquarellen v. H. Krebs. 82 S. m. Abb. Stg: Dt. Verl.-Anst. 1938
25 Vom Traum ins Licht. Gedichte. 114 S. Stg: Dt. Verl.-Anst. 1939
26 Nachklang. Aus dem Nachlaß ausgew. O. Waser. 318 S. m. Abb., 1 Titelb. Frauenfeld, Lpz: Huber 1944
27 Gedichte, Briefe, Prosa. Hg. E. Gamper. 112 S. Zürich: Classen (= Vom Dauernden in der Zeit 23) 1946
28 Berner Erzählungen. Wende. 524 S. Frauenfeld: Huber 1959
  (Enth. u. a. Nr. 18)

WASSERMANN, Jakob (1873–1934)

1 Melusine. Liebesroman. 224 S. Mchn: Langen 1896
2 Die Juden von Zirndorf. Roman. 459 S. Mchn: Langen 1897
3 Die Schaffnerin. Die Mächtigen. Novellen. 132 S. 12° Mchn: Langen (= Kleine Bibliothek Langen 10) 1897
4 Schläfst Du, Mutter? Ruth. Novellen. 107 S. Mchn: Langen (= Kleine Bibliothek Langen 1) 1897
5 Lorenza Burgkmair. Karnevals-Stück. 64 S. 16° Mchn: Rubinverl. 1898
6 Hockenjos oder Die Lügenkomödie. 54 S. 16° Mchn: Rubinverl. 1898
7 Die Geschichte der jungen Renate Fuchs. 522 S. Bln: Fischer (1900)

8 Der Moloch. Roman. 500 S. Bln: Fischer 1903
9 Der niegeküßte Mund. Hilperich. Zwei Novellen. 135 S. Mchn, Bln: Fischer 1903
10 Die Kunst der Erzählung. 58 S., 9 Taf. Bln: Bardt & Marquardt (= Die Literatur 8) (1904)
11 Alexander in Babylon. Roman. 270 S. Bln: Fischer 1905
12 Die Juden von Zirndorf. Roman. Neubearb. Ausg. 362 S. Bln: Fischer 1906 (Neubearb. v. Nr. 2)
13 Die Schwestern. Drei Novellen. 182 S. Bln: Fischer 1906
14 Caspar Hauser oder Die Trägheit des Herzens. Roman. 558 S. Stg: Dt. Verl.-Anst. 1908
15 Der Literat oder Mythos und Persönlichkeit. 81 S. Lpz: Insel 1910
16 Die Masken Erwin Reiner's. Roman. 394 S. Bln: Fischer (1910)
17 Faustina. Ein Gespräch über die Liebe. 73 S. Bln: Fischer 1912
18 Die ungleichen Schalen. Fünf Dramen. 293 S. Bln: Fischer 1912
19 Der goldene Spiegel. Erzählungen in einem Rahmen. 331 S. Bln: Fischer 1912
20 Der Mann von vierzig Jahren. Ein kleiner Roman. 227 S. Bln: Fischer 1913
21 Donna Johanna von Castilien. 76 S. m. Abb. Mchn: Weber (= Drei-Angel-Druck 1) 1914
    (Ausz. a. Nr. 13)
22 Deutsche Charaktere und Begebenheiten. Gesammelt u. hg. 2 Bde. 287 S., 11 Taf.; XI, 239 S. Bln: Fischer (1) bzw. Wien: Rikola-Verl. (2) 1915–1924
23 Das Gänsemännchen. Roman. 606 S. Bln: Fischer 1915
24 Was ist Besitz? 22 S. Wien: Verl. Der Friede (= Zeit- und Streitschriften des „Friede" 1) 1919
25 Die Prinzessin Girnara. Weltspiel und Legende. 50 S. Wien: Strache 1919
26 Christian Wahnschaffe. Roman in zwei Bänden. Bln: Fischer 1919
    1. Eva. 433 S.
    2. Ruth. 453 S.
27 Der Wendekreis. 4 Bde. Bln: Fischer 1920–(1924)
    1. Der unbekannte Gott. Adam Urbas. Golowin. Lukardis. Ungnad. Jost. 330 S. 1920
    2. Oberlins drei Stufen und Sturreganz. 306 S. (1922)
    3. Ulrike Woytich. Roman. XI, 544 S. 1923
    4. Faber oder Die verlorenen Jahre. Roman. V, 265 S. (1924)
28 Imaginäre Brücken. Studien und Aufsätze. 189 S. Mchn: Wolff 1921
29 Die Geschichte des Grafen Erdmann Promnitz. 47 S. m. Abb. Mchn: Drei Masken-Verl. (= Obelisk-Druck 4) 1921
    (Ausz. a. Nr. 19)
30 Der Moloch. Roman. Neubearb. Ausg. 375 S. Bln: Fischer 1921
    (Neubearb. v. Nr. 8)
31 Mein Weg als Deutscher und Jude. 125 S. Bln: Fischer 1921
32 Die Gefangenen auf der Plassenburg. 69 S. m. Abb. 4° Bln: Voegels Verl. (= Das Prisma 8) 1923
    (Ausz. a. Nr. 19)
33 Der Geist des Pilgers. Drei Erzählungen. 197 S. Wien, Lpz: Reclam 1923
34 Geronimo de Aquilar. 75 S., 13 Abb. Wien, Hellerau: Avalun-Verl. (= Avalun-Druck 24) (1923)
    (Ausz. a. Nr. 19)
35 Historische Erzählungen: Alexander in Babylonien. Die Schwestern. 319 S. Bln: Fischer (= Gesammelte Werke) 1924
    (aus Nr. 37; enth. Nr. 11 u. 13)
36 Gestalt und Humanität. Zwei Reden. 169 S. Mchn: Drei Masken-Verl. 1924
37 Gesammelte Werke (in Einzelausgaben). 11 Bde. Bln: Fischer 1924–1931
38 In memoriam Ferruccio Busoni. 30 S., 2 Bl. Faks. 4° Bln: Fischer (100 num. u. sign. Ex.) 1925
39 Fränkische Erzählungen: Sabbati Zewi, ein Vorspiel. Die Juden von Zirndorf. Die Schaffnerin. Der niegeküßte Mund. 401 S. Bln: Fischer (= Gesammelte Werke) 1925
    (aus Nr. 37; enth. u.a. Nr. 3, 9, 12)
40 Die Geschichte der jungen Renate Fuchs. 383 S. Bln: Fischer (= Gesammelte Werke) (1925)
    (aus Nr. 37; veränd. Neuaufl. v. Nr. 7)

41 Laudin und die Seinen. Roman. 376 S. Bln: Fischer (= Gesammelte Werke) (1925)
  (aus Nr. 37)
42 Der Aufruhr um den Junker Ernst. Erzählung. V, 165 S., 1 Titelb. Bln: Fischer 1926
43 (Vorw.) H. Aufricht-Ruda: Die Verhandlung gegen La Roncière. Roman. 265 S. Bln: Fischer 1927
44 Das Amulett. 92 S., 1 Ku. 16° Nürnberg: Schrag (= Nürnberger Liebhaber-Ausg. 7) 1927
45 Das Gold von Caxamalca. Erzählung. Nachw. F. Zuckerkandl. 74 S. Lpz: Reclam (= Reclam's UB. 6900) 1928
  (Ausz. a. Nr. 33)
46 Lebensdienst. Gesammelte Studien, Erfahrungen und Reden aus drei Jahrzehnten. VII, 589 S. Lpz: Grethlein (1928)
47 Der Fall Maurizius. Roman. 577 S. Bln: Fischer (= Gesammelte Werke) (1928)
  (aus Nr. 37)
48 Christoph Columbus. Der Don Quichote des Ozeans. Ein Porträt. 269 S. m. Abb. u. Faks. Bln: Fischer (1929)
49 Golowin. Novelle. 133 S. Bln: Fischer (1929)
  (Ausz. a. Bd. 1 v. Nr. 27)
50 Die Lebensalter. Erwin Reiner. Leben eines jungen Mannes um 1905. – Der Mann von vierzig Jahren. Ein kleiner Roman. 441 S. Bln: Fischer (= Gesammelte Werke) (1929)
  (aus Nr. 37; enth. Neuaufl. v. Nr. 16 u. Nr. 20)
51 Hofmannsthal, der Freund. 62 S. Bln: Fischer 1930
52 Etzel Andergast. Roman. 661 S. Bln: Fischer (= Gesammelte Werke) 1931
  (aus Nr. 37; Forts. v. Nr. 47)
53 Bula Matari. Das Leben Stanleys. 272 S., 4 Abb., 1 Kt. Bln: Fischer 1932
54 Lukardis. Schauspiel in drei Akten. 139 S. Bln: Fischer 1932
  (Ausz. a. Nr. 27)
55 Rede an die Jugend über das Leben im Geiste. 43 S. Bln: Fischer 1932
56 Christian Wahnschaffe. Roman in zwei Büchern. Neubearb. Fassg. 755 S. Bln: Fischer 1932
  (Erw. Neufassg. v. Nr. 26)
57 Selbstbetrachtungen. 109 S. Bln: Fischer 1933
58 Joseph Kerkhovens dritte Existenz. Roman. 643 S. Amsterdam: Querido 1934
  (Forts. v. Nr. 52)
59 Tagebuch aus dem Winkel. Erzählungen und Aufsätze aus dem Nachlaß. 201 S. Amsterdam: Querido 1935
60 Olivia. Ein Roman. 223 S. Zürich: Verl. Neue Bücher 1937
61 Gesammelte Werke. 7 Bde. Zürich: Posen 1944–1948
62 (Vorw.) J. Conrad: Die Schattenlinie. Eine Beichte. Übs. E. McCalman. 192 S. Bln, Ffm: Suhrkamp (1948)
63 Geliebtes Herz. Briefe. Hg. A. Beranek. 149 S. Wien: Zwei Berge-Verl. 1948
64 Bekenntnisse und Begegnungen. Porträts und Skizzen zur Literatur- und Geistesgeschichte. Mit e. Nachw. hg. P. Stöcklein. 159 S. Bamberg: Verl. Bamberger Reiter 1950
  (Enth. u.a. Ausz. a. Nr. 51 u. Nr. 57)

Watzlik, Hans (1879–1948)

1 Im Ring des Ossers. Erzählungen aus der Vergangenheit des Böhmerwaldes. 211 S. Lpz: Staackmann 1913
2 Der Alp. Ein Roman. 345 S. Lpz: Staackmann 1914
3 Von deutschböhmischer Erde. Erzählungen und Gedichte. 75 S. Konstanz: Reuß & Itta (= Die Zeitbücher 31) (1916)
4 Phönix. Ein Roman. 356 S. Lpz: Staackmann (1916)
5 O Böhmen! Roman. 325 S. Lpz: Staackmann (1917)

6 Adalbert Stifter. 12 S. m. Abb. 4⁰ Lpz: Haase (= Künstler-Bilderbücher der Sammlung „Österreichs Ruhmeshalle", Reihe b) 1918
7 Die Abenteuer des Florian Regenbogner. Ein Traumbüchlein. 79 S. Lpz: Amelang 1919
8 Zu neuen Sternen. Zeitgedichte. 16 S. Eger: Böhmerland-Verl. 1919
9 Die Roßkirche. Eingel. J. Blau. 16 S. Reichenberg: Sollor (= Bücher für das Klassenlesen 12) (1920)
   (Ausz. a. Nr. 1)
10 Aus wilder Wurzel. Ein Roman. 345 S. Lpz: Staackmann 1920
11 Böhmerwald-Sagen. 94 S. m. Abb. Budweis: Verl.-Anst. Moldavia (Reitterer) (= Böhmerwälder Dorfbücher 5) 1921
12 Der flammende Garten. Gedichte. 60 S. m. Abb. Reichenberg: Stiepel 1921
13 Schloß Weltfern. Eine romantische Erzählung. 212 S. Reichenberg: Stiepel 1921
14 Wermuter. 25 S., 4 Abb. 4⁰ Reichenberg: Stiepel 1921
15 Einöder. Erzählungen. 139 S. Reichenberg: Stiepel 1922
16 Firleifanz. Reime. 33 S. m. Abb. 4⁰ Reichenberg: Stiepel 1922
17 Fuxloh oder Die Taten und Anschläge des Kaspar Dullhäubel. Ein Schelmenroman. 301 S. Lpz: Staackmann 1922
18 (MH) Deutsches Lesebuch für Bürgerschulen. Hg. H. W. (u.a.) 3 Tle. 184, 204, 222 S. m. Abb. Prag: Roland 1922
19 Zu neuen Sternen. Zeitgedichte. 19 S. Augsburg: Stauda (= Böhmerlandflugschrift 4) 1922
   (Verm. Neuaufl. v. Nr. 8)
20 Die Reise nach Ringolay. 228 S. Reichenberg: Stiepel (1923)
21 Im Berggärtlein. Eine Weile Besinnens. Vorw. J. Syrowatka. 87 S., 6 Taf. Reichenberg: Sollor (1924)
   (Enth. u.a. Ausz. a. Nr. 1)
22 An Gottes Brunnen. Legenden. 260 S. Lpz: Staackmann 1924
23 Der Dullhäubel. 99 S., 6 Abb. Teplitz-Schönau: Wia-Verl. (= Wächter-Bücherei 2) 1924
   (Ausz. a. Nr. 17)
24 (Vorw.) H. Kollibade: Sagen und Märchen aus dem Böhmerwald. Tl. 1. IV, 171 S. Reichenberg: Sudetendt. Verl. 1925
25 Des Sankt Martini Haus. Ein Nachtspiel des armen Lebens. 131 S. Reichenberg: Stiepel 1925
26 Der Räuber Toldrian. Ein Puppenspiel. 31 S. Mchn: Callwey (= Die Schatzgräber-Bühne 26) 1925
27 Rübezahls Ende. Am schwarzen See. 31 S. Bln: Hillger (= Deutsche Jugendbücherei 212) 1925
   (Ausz. a. Nr. 1 u. 22)
28 Ungebeugtes Volk. Erzählungen. Nachw. K. F. Leppa. 79 S. Lpz: Reclam (= Reclam's UB. 6538) (1925)
   (Enth. u.a. Ausz. a. Nr. 1, 15, 22)
29 Mein Wuldaland! Erzählungen, Gedichte und Aufsätze. 47 S. Oberplan: Verein Böhmerwaldmuseum (= Schriften zu Gunsten des Böhmerwaldmuseums in Oberplan) 1925
   (Enth. u.a. Ausz. a. Nr. 3)
30 St. Gunther in der Wildnis. 72 S. Mchn: Kösel & Pustet (= Münchner Jugendbücher 2) (1926)
31 Ums Herrgottswort. Ein Roman. 344 S. Lpz: Staackmann (1926)
32 Nordlicht. Eine nordische Sage. 27 S., 4 Taf. Kukus a.E.: „Die blaue Blume" 1926
33 Rodflat. Ein Walpurgisspiel. 26 S. 4⁰ Bln: Bühnenvolksbundverl. 1926
34 Stilzel, der Kobold des Böhmerwaldes. Ein Volksbuch. 73 S., 5 Abb. Jena: Diederichs (= Deutsche Volkheit 16) 1926
35 (Bearb.) König Eginhard von Böhmen. Dem alten Volksbuch für die Jugend frei nacherz. 76 S. m. Abb. Köln: Schaffstein (= Schaffstein's Blaue Bändchen 172) (1927)
36 Der wilde Eisengrein. Ein Gerücht aus den Lusenwäldern. 149 S. m. Abb. Reichenberg: Stiepel 1927
37 Das Glück von Dürrnstauden. Ein Roman. 205 S. Lpz: Staackmann 1927

38 (Einl.) A. Kraft: Heimat, liebe Heimat. Holzschnitte. 31 S. m. Abb. 4°
Karlsbad-Drahowitz: Der Zweig 1927
39 Ridibunz. Eine Lügenmäre. 193 S. m. Abb. Köln: Schaffstein 1927
40 Der Riese Gottes. Eine Legende. 91 S. Bln: Bühnenvolksbundverl. (= BVB-Bücherei 4) 1927
41 Adlereinsam. Erzählungen um Beethoven. 78 S., 1 Titelb. Regensburg: Bosse (= Von deutscher Musik 32) (1928)
42 Dämmervolk. Spukhafte Erzählungen. 212 S. Lpz: Staackmann 1928
43 Puck der Ausreißer. 25 S. m. Abb. 4° Köln: Schaffstein 1928
44 Ein bunter Strauß. Aus dem Werke des sudetendeutschen Dichters Hans Watzlik. Vorw. H. Nerad. 85 S. m. Abb. Prag: Deutscher Kulturverband (1928)
(Enth. u. a. Ausz. a. Nr. 1, 15, 21, 29, 42)
45 Böhmerwaldsagen. Erzählt. 40 S. m. Abb. Mchn: Oldenbourg (= Bayerischer Sagenhort 7) (1929)
(Enth. u. a. Ausz. a. Nr. 11)
46 Das Fräulein von Rauchenegg. Ein Roman. 200 S. Lpz: Staackmann 1929
47 (Einl.) J. Glöckner: Vom Osser zum Urwald am Kubani. 20 Abb. Eichwald: Glöckner 1929
48 Komm spiel mit! 18 S. m. Abb. Köln: Schaffstein 1929
49 Faust im Böhmerwald und zwei Legenden. Einf. G. Fittbogen. 59 S. Wiesbaden (: Limbarth) (= Wiesbadener Volksbücher 237) (1930)
50 Deutsch-böhmische Heimat. Drei Erzählungen. 31 S. m. Abb. Ffm: Diesterweg (= Kranz-Bücherei 168) 1930
(Enth. u. a. Ausz. a. Nr. 1 u. 29)
51 König Oswald und sein Rabe. 64 S. Mchn: Kösel & Pustet (= Münchener Jugendbücher 22) (1930)
52 Der Pfarrer von Dornloh. Ein Roman. 335 S. Lpz: Staackmann 1930
53 Der Riese Burlebauz und andere Märchen. 78 S. m. Abb. Köln: Schaffstein (= Schaffstein's Blaue Bändchen 201) (1931)
54 Die romantische Reise des Herrn Carl Maria von Weber. 168 S. Lpz: Staackmann 1932
55 Wo steckt Hans Überall? 13 Bl. m. Abb. 4° Köln: Schaffstein 1932
56 (MH) Der Ackermann aus Böhmen. Monatsschrift für das geistige Leben der Sudetendeutschen. Jg. 1–6. Karlsbad: Kraft 1933–1938
57 Die Leturner Hütte. Roman. 293 S. Karlsbad: Kraft 1933
58 (MV) Kranwit. Oper in drei Aufzügen. Dichtung H. W. Musik Th. Veidl. 27 S. Reichenberg: Sudetendeutscher Verl. 1933
59 Der Teufel wildert. Roman. 304 S. Lpz: Staackmann 1933
60 Die schöne Maria. Alt-bayerische Novellen. 183 S. Bln: Holle 1934
61 Heilige Saat und andere Erzählungen. Hg. E. Ströer. 22 S. Brünn: Rohrer (= Deutsches Leseheft 6) (1934)
(Ausz. a. Nr. 15)
62 Erdmut. Eine wunderbare Kindheit. 143 S. m. Abb. Köln: Schaffstein 1935
63 Die Försterei zu Hirschenried. Ein Kranz toller Geschichten. 64 S. Dresden: Limpert (= Volkstümliche 25-Pfennig-Bücherei 18) 1936
64 Der Rückzug der Dreihundert. Roman. 257 S. m. Abb. Karlsbad: Kraft 1936
65 Die Buben der Geyerflur. 183 S. m. Abb. Köln: Schaffstein 1937
66 Aus Dorn und Dickicht. Hg. J. Linke. 79 S. Lpz: Staackmann (= Dichtung und Deutung) 1937
67 Die Krönungsoper. Ein Mozart-Roman. 309 S. Karlsbad: Kraft (1937)
68 Balladen. 83 S. Lpz: Staackmann 1938
(Enth. u. a. Ausz. a. Nr. 8 u. 12)
69 Der Stilzel und der Mühlknecht. Allerlei Märchen. 77 S. m. Abb. Köln: Schaffstein (= Schaffstein's Blaue Bändchen) 1938
70 ... ackert tiefer ins umstrittne Land. Gedichte. 80 S. Karlsbad: Kraft 1939
71 Der Meister von Regensburg. Ein Albrecht Altdorfer-Roman. 457 S. Lpz: Staackmann (1939)
72 Grüner deutscher Böhmerwald. 96 S., 82 Abb. Bayreuth: Gauverl. Bayreuth (1940)
73 Die Kinder der Eva. Ein Spiel in drei Aufzügen. 90 S. Reichenberg: Kraus (= Sudetendeutsche Bühnen- und Hörspiele) 1940
74 Sudetendeutsche Reden und Aufrufe. 76 S. Oberplan (= Schriften zu Gunsten des Böhmerwaldmuseums in Oberplan 13) 1940

75 Roswitha oder Die Flucht aus Böhmen. 151 S. m. Abb. Köln: Schaffstein 1940
76 Die Bärentobler. Ein grobianisches Dorfbuch. 213 S. m. Abb. Lpz: Staackmann 1941
77 Am Toten Filz im grünen Böhmerwald. Aus dem Roman „Der Pfarrer von Dornloh". Hg. O. Beske. VI, 97 S. Bielefeld, Lpz: Velhagen & Klasing (= Velhagen & Klasing's Deutsche Ausgaben 503) 1941
    (Ausz. a. Nr. 52)
78 Hinterwäldler. Ein fröhliches Buch von Landstreichern, Wallfahrern, Bauern, Altschulmeistern, Rebellen und Riesen. 112 S. m. Abb. Bayreuth: Gauverl. Bayreuth (= Die kleine Glockenbücherei 14) 1941
79 Böhmerwaldsagen. 123 S. Winterberg, Jermer, Prag: Steinbrener 1944
    (Verm. Neuaufl. v. Nr. 11)
80 Bayrische Erzählungen. 418 S. Lpz: Staackmann 1944
81 (MV) (H. W.:) Das hölzerne Haus. (- L. H. Mally: Die Meister von Prag). 86 S. Prag, Amsterdam, Bln, Wien: Volk und Reich Verlag (= Deutsche Erzähler 3; = Prager Feldpostbücherei) 1944
82 Ein Stegreifsommer. Roman. 317 S. Karlsbad: Kraft 1944
83 Girliz und Amixel. Märchen von Sonne, Mond und Erde. 223 S. m. Abb. Köln: Schaffstein 1949
84 Hillebiegel. 71 S., 5 Abb., 1 Titelb. Regensburg: Bosse (= Regensburger Liebhaberdrucke 11) 1949
85 Venediger Männer. 15 S. Regensburg: Bosse (= Die schöne Erzählung. Regensburger Sonderdrucke 12) (1949)
86 Der blaue Falter. Märchen von Sonne, Mond und Erde. 223 S. m. Abb. Köln: Schaffstein (1954)
    (Neuaufl. v. Nr. 83)
87 Heimweh in Prag. 57 S., 1 Abb. Leimen-Heidelberg: Verl. für heimatliches Schrifttum (= Sudetendeutscher Novellenring 2) 1955
88 Romantische Symphonie. Die abenteuerliche Reise des Herrn Carl Maria von Weber. 130 S. Rothenburg/T.: Hegereiter-Verl. (= Hegereiter-Erzählungen) 1956
    (Neuaufl. v. Nr. 54)
89 Der Verwunschene. Roman. Aus dem Nachlaß veröffentlicht. 265 S. Mchn, Stg: Bogen-Verl. (1957)

WEBER, Friedrich Wilhelm (1813–1894)

1 Hermann der Prämonstratenser. Die Juden und die Kirche des Mittelalters. 304 S. Nördlingen: Beck 1861
2 Die Arminiusquelle zu Lippspringe. 75 S. Paderborn: Schöningh 1863
3 (Übs.) A. Lord Tennyson: Enoch Arden. 42 S. 16⁰ Lpz: Naumann 1869
4 (Übs.) A. Lord Tennyson: Aylmers Feld. 40 S. 16⁰ Lpz: Naumann 1869
5 (Übs.) Schwedische Lieder. Übersetzt und mit ihren Singweisen und Klavierbegleitung. 63 S. 4⁰ Paderborn: Schöningh 1872
6 (Übs.) A. Lord Tennyson: Maud. Ein Gedicht. 109 S. 16⁰ Paderborn: Schöningh (1874)
7 (Übs.) E. Tegnér: Axel. Eine poetische Erzählung. 54 S. 16⁰ Lpz: Reclam (= Universal-Bibliothek) 1876
8 Dreizehnlinden. 366 S. 16⁰ Paderborn: Schöningh 1878
9 Gedichte. 365 S. Paderborn: Schöningh (1881)
10 Marienblumen. 27 Bl., 6 Abb. 4⁰ Köln: Ahn 1885
11 Goliath. 130 S. 12⁰ Paderborn: Schöningh (1892)
12 Das Leiden unseres Heilandes. 22 Bl. Text, 12 Taf. 2⁰ Mchn: Albert 1892
13 Deklamationen und Lieder zu der Dreizehnlinden-Aufführung. Festspiel. In Musik gesetzt v. M. v. Arndts. 34 S. Krefeld: Hoffmann 1893
14 Herbstblätter. Nachgelassene Gedichte. 390 S. m. Bildn. 12⁰ Paderborn: Schöningh 1895
15 Gesammelte Dichtungen in drei Bänden. Hg. u. mit Lebensbild u. Vorw. versehen v. seinen Kindern Elisabeth u. Friedrich Wilhelm W. 3 Bde. X, 259; XII, 382; VI, 384 S.; 2 Bildn. Paderborn: Schöningh 1922

Weber, Karl Julius (+Wekhrlin junior) (1767–1832)

1 *Die Möncherei oder geschichtliche Darstellung der Klosterwelt und ihres Geistes. 3 Bde. Stg: Metzler 1819–1820
2 *Das Ritterwesen und die Templer, Johanniter und Marianer oder Deutsch-Ordens-Ritter insbesondere. 3 Bde. Stg: Metzler 1822–1824
3 +Der Geist Wilhelm Ludwig Wekhrlin's. 324 S. Stg: Metzler 1823
4 *Deutschland, oder Briefe eines in Deutschland reisenden Deutschen... 4 Bde. Stg: Franckh 1826–1828
5 *Dymokritos oder Hinterlassene Papiere eines lachenden Philosophen. Von dem Verfasser der Briefe eines in Deutschland reisenden Deutschen. 6 Bde. Stg: Brodhag 1832–1836
6 Das Papstthum und die Päpste. Ein Nachlaß des Verfassers der Möncherei... 3 Bde. Stg: Hallberger (= Sämtliche Werke 1–3) 1834 (Bd. 1–3 v. Nr. 7)
7 Sämmtliche Werke. 30 Bde., 2 Suppl.-H. Stg: Hallberger 1834–1844
8 Demokritos oder Hinterlassene Papiere eines lachenden Philosophen. 12 Bde. Stg: Brodhag 1837–1840 (Verm. Neuaufl. v. Nr. 5)
9 Demokritos oder Hinterlassene Papiere eines lachenden Philosophen. Neu durchgesehene und mit bedeutend vermehrten Erläuterungen und Übersetzungen ergänzte Ausgabe, nebst einem Fragment aus des Verfassers Leben. 6 Bde. 12° Bln: Warschauer 1890 (Verb. Neuaufl. v. Nr. 8)

Weckherlin, Georg Rudolf (1584–1653)

1 (MV) Repraesentatio Der Fürstlichen Auffzug und Ritterspil, Sobei des Durchleuchtigen... Fürsten und Herrn... Johann Friderichen Hertzogen zu Württenberg und Teckh... und Frewlin... Barbara Sophien geborne Marggravin zu Brandenburg Hochzeitlich. Ehrnfest den 6. Novemb. A. 1609... In Stutgarten... gehalten worden. 1 S., 2 Bl. Text, 240 Abb. 2° Schwäb. Gmünd: Küchler (1609)
2 Warhaffte Relation Und Historischer, Politischer, Höfflicher Discours Uber Deß Durchleuchtigen, Hochgeborenen Fürsten und Herren, Herren Johann Fridrichen, Hertzogen zu Würtenberg und Teck... Jungen Sohns Printz Friderichen Angestelter und Gehaltner... Kind Tauff... 2 Bl., 40, 65 S. 4° (Stg:) Rößlin u. Cellius 1616
3 Triumff Newlich bey der F. Kindtauf zu Stutgart gehalten. Beschriben durch G. R. W. 122 gez. S. 4° Stg: Rößlin 1616
4 Kurtze Beschreibung Deß zu Stuttgarten, bey den Fürstlichen Kindtauf vnd Hochzeit, Jüngst gehaltenen Frewden Fests, verförrtigt durch G. R. W. 1 Bl., 92 Abb., 2 Bl., 71 S. qu. 2° Tüb: Werlin 1618
5 Das Erste Buch Oden vnd Gesänge. 126 S. Stg 1618
6 Das ander Buch Oden und Gesänge. 120 S. Stg 1619 (N. F. zu Nr. 5)
7 Panegyric to the Lord Hays. Stg 1961
8 Gaistliche und Weltliche Gedichte. 8 Bl., 285 S. Amsterdam: Janssen 1641
9 Gaistliche und Weltliche Gedichte. 2 Tle. Amsterdam: Janssen 1648
  Gaistliche Gedichte. 6 Bl., 334 S.
  Weltliche Gedichte, Oder Oden vnd Gesänge. Das Erste Buch. 11 S., S. 336–876 12°
  (Verm. Neuaufl. v. Nr. 8)
10 Sämtliche Gedichte. Hg. H. Fischer. 3 Bde. 520, 552, 190 S. Tüb: Literarischer Verein (= Bibliothek des Literarischen Vereins in Stuttgart 199. 200. 245) 1893–1907

Wedekind, Frank (1864–1918)

1 Der Schnellmaler oder Kunst und Mammon. Große tragikomische Original-Charakterposse. 93 S. 12° Zürich: Verl.-Mag. 1889

2 Frühlings Erwachen. Eine Kindertragödie. 85 S. m. Bildn. Zürich: Groß 1891
3 Der Erdgeist. Eine Tragödie. 212 S. Mchn, Paris, Lpz: Langen 1895
4 Der Hänseken. Kinderepos. 27 S. m. Abb. 2⁰ Mchn, Ffm: Koenitzer 1896
5 Die Fürstin Russalka. 299 S. Mchn: Langen 1897
6 Die junge Welt. Comödie. 96 S. Mchn: Langen (1898)
7 Der Kammersänger. Drei Szenen. 68 S. Mchn: Langen (1899)
8 Der Liebestrank. Schwank. 130 S. Mchn: Langen 1900
9 Marquis von Keith. (Münchener Scenen). Schauspiel. 189 S. Mchn: Langen 1901
10 So ist das Leben. Schauspiel. 134 S. Mchn: Langen 1902
11 Lulu. Dramatische Dichtung in zwei Teilen. 1. Teil: Erdgeist. Tragödie. 196 S. Mchn: Langen 1903
   (Neuaufl. v. Nr. 3)
12 Mine-Haha. Oder Über die Erziehung der jungen Mädchen. Aus Helene Engels schriftlichem Nachlaß hg. 129 S. 16⁰ Mchn: Langen (= Kleine Bibliothek Langen 55) 1903
13 Die Büchse der Pandora. Tragödie. 387 S. Bln: Cassirer 1904
   (Forts. v. Nr. 3; „Im Dt. Reich Vernichtung ausgesprochen")
14 Hidalla oder Sein und Haben. Schauspiel. 112 S. Mchn: Etzold 1904
15 Die vier Jahreszeiten. Gedichte. 175 S. Mchn: Langen 1905
16 Die Büchse der Pandora. Tragödie. Neu bearb. u. mit e. Vorw. vers. LVIII, 83 S. Bln, Mchn: Müller 1906
   (Neubearb. v. Nr. 13)
17 Feuerwerk. Erzählungen. 192 S. Mchn: Langen 1906
18 Totentanz. Drei Szenen. 62 S. Mchn: Langen 1906
19 Der Marquis von Keith. Schauspiel. 189 S. Mchn: Müller 1907
   (Neuaufl. v. Nr. 9)
20 Musik. Sittengemälde. 109 S. Mchn: Müller 1908
21 Oaha. Schauspiel. 196 S. Bln, Mchn: Müller 1908
22 Die Zensur. Theodizee in einem Akt. 71 S. Bln, Mchn: Müller 1908
23 Der Stein der Weisen. Eine Geisterbeschwörung. 82 S. Bln: Cassirer 1909
24 Tod und Teufel. Drei Szenen. 62 S. Mchn: Müller 1909
   (Neuaufl. v. Nr. 18)
25 Mit allen Hunden gehetzt. Schauspiel. 77 S. Mchn: Müller 1910
26 In allen Sätteln gerecht. Komödie. 67 S. Mchn: Müller 1910
27 Schauspielkunst. Ein Glossarium. 52 S. Mchn: Müller 1910
28 Schloß Wetterstein. Schauspiel. 180 S. Mchn: Müller (1910)
29 In allen Wassern gewaschen. Tragödie. 86 S. Mchn: Müller 1910
30 Felix und Galathea. 15 S. Bln-Wilmersdorf: Meyer (550 Ex.) 1911
31 Karl Hetman, der Zwerg-Riese (Hidalla). Schauspiel. 112 S. Mchn: Müller 1911
   (Neuaufl. v. Nr. 14)
32 König Nicolo oder So ist das Leben. Schauspiel. 114 S. Mchn: Müller 1911
33 Franziska. Modernes Mysterium. 182 S. Mchn: Müller 1912
34 Gesammelte Werke. 9 Bde. Mchn: Müller 1912–1921
35 Simson oder Scham und Eifersucht. Dramatisches Gedicht in drei Akten. 115 S. Mchn: Müller 1914
36 Bismarck. Historisches Schauspiel in fünf Akten. 173 S. Mchn: Müller 1916
37 Till Eulenspiegel. Komödie. 141 S. Mchn: Langen-Müller 1916
   (Neuaufl. v. Nr. 21)
38 Herakles. Dramatisches Gedicht in drei Akten. 132 S. Mchn: Müller 1917
39 Überfürchtenichts. 43 S. Müller (50 Ex.) 1917
40 Lautenlieder. Dreiundfünfzig Lieder mit eigenen und fremden Melodien. Hg. A. Kutscher u. H. R. Weinhöppel. 173 S. 4⁰ Bln, Mchn: Drei Masken-Verl. 1920
41 König Nikolo oder So ist das Leben. Schauspiel in drei Aufzügen und neun Bildern mit einem Prolog. 85 S. Mchn: Müller 1920
   (Veränd. Neuaufl. v. Nr. 32)
42 Ein Genußmensch. Schauspiel in vier Aufzügen. Geleitw. F. Strich. Faksim.-Fragment. XI, 60 Bl. 4⁰ Mchn: Müller (200 Ex.) 1924

WEERTH, Georg (1822–1856)

1 Leben und Taten des Ritters Schnapphanski. Roman. II, 273 S. Hbg: Hoffmann & Campe 1849
2 Sämtliche Werke in fünf Bänden. Hg. H. Proß. 5 Bde. 319, 521, 516, 566, 571 S. m. Titelb., Taf. u. Faks. Bln: Aufbau-Verl. 1956–1957

WEGNER, Armin T. (+Johannes Selbdritt u. a.) (*1886)

1 Im Strome verloren. Lieder des Sechzehnjährigen. 12 S. o.O. (Priv.-Dr.) 1903
2 Zwischen zwei Städten. Ein Buch Gedichte im Gang einer Entwicklung. 191 S. Bln: Fleischel 1909
3 Gedichte in Prosa. Skizzenbuch aus Heimat und Wanderschaft. 218 S. Bln: Fleischel 1910
4 Höre mich reden, Anna Maria. Rhapsodie. 55 S. Bln: Fleischel 1912
5 Das Antlitz der Städte. Gedichte. VII, 109 S. Bln, Stg: Fleischel 1917
6 Der Weg ohne Heimkehr. Ein Martyrium in Briefen. X, 179 S. Bln: Fleischel 1919
7 Im Hause der Glückseligkeit. Aufzeichnungen aus der Türkei. 212 S. Dresden: Sibyllen-Verl. 1920
8 Der Ankläger. Aufrufe zur Revolution. 56 S. m. Titelb. Bln: Verl. „Der Syndikalist". Kater 1921
9 Der Knabe Hüssein. Türkische Novellen. 235 S. m. Abb. Bln: Fleischel 1921
10 (Vorw.) Der Prozeß Talaat Pascha. Stenographischer Bericht über die Verhandlung gegen den des Mordes an Talaat Pascha angeklagten armenischen Studenten Salomon Teilirian ... Mit einem Anhang ... XI, 136 S. Bln: Dt. Verl.-Ges. für Politik und Geschichte 1921
11 Das Geständnis. Roman. 285 S. Dresden: Sibyllen-Verl. 1922
12 Die Verbrechen der Stunde – die Verbrechen der Ewigkeit. Drei Reden wider die Gewalt. Mit Anh. 60 S. Bln: Verl. Neues Vaterland (= Flugschriften des Bundes Neues Vaterland 29–30) 1922
13 Die Straße mit den tausend Zielen. Dichtungen. 156 S. Dresden: Sibyllen-Verl. 1924
14 Das Zelt. Aufzeichnungen, Briefe, Erzählungen aus der Türkei. Eine Auswahl. 244 S. m. Abb. Bln: Büchergilde Gutenberg (1927)
15 Wie ich Stierkämpfer wurde und andere Erzählungen. 68 S. Bln: Weltgeist-Bücher Verl.-Ges. (= Weltgeist-Bücher 318) 1928
16 Am Kreuzweg der Welten. Eine Reise vom Kaspischen Meer zum Nil. 384 S., 22 Abb., 1 Kt. Bln: Volksverband der Bücherfreunde; Wegweiser-Verl. 1929
17 Moni oder Die Welt von unten. Der Roman eines zweijährigen Kindes. 292 S. Stg: Dt. Verl-Anst. 1929
18 Fünf Finger über dir. Bekenntnis eines Menschen in dieser Zeit. Aufgezeichnet auf einer Reise durch Rußland, den Kaukasus und Persien, Oktober bis Februar 1927/28. 361 S. Stg: Dt. Verl.-Anst. 1930
19 Jagd durch das tausendjährige Land. Eine Reise zu den jüdischen Siedlungen in Palästina und durch die Wüste Sinai. 261 S., 65 Abb. Bln: Büchergilde Gutenberg 1932
20 Maschinen im Märchenland. Tausend Kilometer durch die Mesopotamische Wüste. 172 S., 12 Abb., 1 Kt. Dresden: Sibyllen-Verl. (= Orbis Scriptus Bände) 1932
21 +Die Silberspur. Wunder der Welt auf der Fahrt durch neun Meere. 151 S. m. Abb. Ffm: Büchergilde Gutenberg 1952

WEHNER, Josef Magnus (*1891)

1 Der Weiler Gottes. 95 S., 10 Abb. 4° Mchn: Delphin-Verl. (250 Ex.) (1921)
2 Der blaue Berg. Die Geschichte einer Jugend. 294 S. Mchn: Langen 1922

3 Die mächtigste Frau. Phantastische Novellen. 101 S. Pasing vor Mchn: Simon 1922
4 Die Tropfenlegende. 36 S. 16⁰ Pasing vor Mchn: Simon (= Die kleinen Bücher der Heimkehr 1) 1923
5 Struensee. 240 S., 1 Bildn. Mchn: Beck (= Stern und Unstern 2) (1924)
6 Das Gewitter. Drama. Als Ms. gedr. Bln: Bühnenvolksbundverl. (1926)
7 Die Hochzeitskuh. Roman einer jungen Liebe. 236 S. Mchn: Müller (= Zwei Mark-Bücher 98) 1928
   (Forts. v. Nr. 2)
8 (MV) Querschnitt durch die fränkische Dichtung der Gegenwart. 206 S. Nürnberg: Frommann 1928
9 Das Hasenmaul. Erzählung. Mit einem Lebensabriß des Verfassers. (Der Autor über sich selbst). 47 S. Mchn: Tukan-Verl. (= Die Tukan-Reihe 1) 1930
10 Das Land ohne Schatten. Tagebuch einer griechischen Reise. 135 S. Mchn: Müller 1930
11 Sieben vor Verdun. Ein Kriegsroman. 309 S. Mchn: Müller 1930
12 Langemarck. Ein Vermächtnis. Worte von J. M. W., am 10. VII. 1932, zur Stunde der Übernahme des Gefallenen-Friedhofs in Langemarck durch die Deutsche Studentenschaft, gesprochen an allen deutschen Hochschulen, verbunden mit Briefen Gefallener. 79 S. Mchn: Langen-Müller 1932
13 Das unsterbliche Reich. Reden, Aufsätze. 131 S. Mchn: Langen-Müller 1933
14 Verdun. Aus „Sieben vor Verdun". Bes. H. Langenbucher. 58 S. Mchn: Langen-Müller (= Die deutsche Folge 7) 1933
   (Ausz. a. Nr. 11)
15 Die Wallfahrt nach Paris. Eine patriotische Phantasie. 266 S. Mchn: Langen-Müller 1933
16 Mein Leben. 80 S. Bln: Junker & Dünnhaupt (= Die Lebenden) 1934
17 Albert Leo Schlageter. 79 S. m. Abb. Lpz: Schneider (1934)
18 (MV) J. M. W. u. G. Siegert: . . . ums Morgenrot. Erzählungen aus dem Weltkrieg. 35 S. Langensalza: Beltz (= Frontkämpfer erzählen 4; = Aus deutschem Schrifttum und deutscher Kultur 484) (1934)
19 Geschichten aus der Rhön. 61 S. Oldenburg: Stalling (= Stalling-Bücherei „Schriften an die Nation" 71) 1935
20 Hindenburg. 108 S. Lpz: Schneider 1935
21 Das große Vaterunser. Legenden um die sieben Bitten. 136 S. Mchn: Hueber (= Der große Kreis 1) 1935
22 Stadt und Festung Belgerad. Roman. 261 S. Hbg: Hanseat. Verl.-Anst. 1936
23 Schicksal und Schuld. Zwei Erzählungen. 53 S. Fulda (:Parzeller) (= Wort und Welt 1) 1937
24 Hebbel. 89 S., 1 Titelb. Stg: Cotta (= Die Dichter der Deutschen) 1938
25 Als wir Rekruten waren. 99 S. Hbg: Hanseat. Verl.-Anst. 1938
26 Struensee. Die Schicksale des Grafen Struensee und der Königin Karoline Mathilde. 248 S., 16 Taf. Hbg: Hanseat. Verl.-Anst. 1938
   (Erw. Neuaufl. v. Nr. 5)
27 Elisabeth. Eine Erzählung. 123 S. Hbg: Hanseat. Verl.-Anst. (1939)
28 Bekenntnis zu Zeit. Ansprachen an die deutschen Menschen. 63 S. Köln: Staufen-Verl. (= Staufen-Bücherei 2) (1940)
29 Echnaton und Nofretete. Eine Erzählung aus dem alten Ägypten. Mit einem autobiographischen Nachw. des Verfassers. 76 S. Lpz: Reclam (= Reclam's UB. 7456) 1940
30 Die Eroberung von Belgrad. Aus „Stadt und Festung Belgerad". Hg. F. Kehl. 60 S. Hbg: Hanseat. Verl.-Anst. 1940
   (Ausz. a. Nr. 22)
31 Erste Liebe. Roman aus der Jugendzeit. 313 S. Hbg: Hanseat. Verl.-Anst. (1941)
   (Neuaufl. v. Nr. 2)
32 Das goldene Jahr. 55 S. m. Abb. Mchn: Münchner Buchverl. 1943
33 Vom Glanz und Leben deutscher Bühne. Eine Münchner Dramaturgie. Aufsätze und Kritiken 1933–1941. 453 S. Hbg: Hanseat. Verl.-Anst. 1944
34 Der langsame Hochzeiter. 15 S. Mchn: Münchner Buchverl. (= Münchner Lesebogen 67) (1944)
35 Der rote Ball. 31 S. Mchn: Münchner Buchverl. (= Münchner Lesebogen 131) (1948)

36 Drei Legenden. 110 S. Mchn: Schnell & Steiner 1949 (Enth. u.a. Nr. 4)
37 Blumengedichte. 42 S. Baden-Baden: Keppler 1950
38 Der schwarze Kaiser. Roman. 431 S. Mchn: Müller (1951)
39 Der schwarze Räuber von Haiti. 87 S. Freiburg i. Br.: Christophorus-Verl. 1951
40 Mohammed. Der Roman seines Lebens. 489 S. Mchn: Müller 1952
41 (Bearb.) Elly Ney. Ein Leben für die Musik. 318 S., 7 Bl. Abb. Darmstadt: Schneekluth 1952
42 Johannes der Täufer. Ein Mysterienspiel. 39 S. Mchn: Höfling (1953)
43 Die schöne junge Lilofee. Ein Wassermärchen. 114 S. Mchn: Müller 1953
44 Das Fuldaer Bonifatiusspiel. 52 S. Fulda: Parzeller 1954
45 Das Rosenwunder. Spiel in einem Aufzug um die hl. Elisabeth von Thüringen. 28 S. Weinheim/Bergstr.: Dt. Laienspiel-Verl. (= Münchener Laienspiele 60) (1954)
46 Saul und David. Ein Mysterienspiel. 64 S. Mchn: Höfling (1954)
47 Die aber ausharren bis ans Ende. Ein Legendenspiel um den alten und den jungen Tobias. 63 S. Weinheim/Bergstr. Dt. Laienspiel-Verl. (= Münchener Laienspiele 65) (1956)
48 (Übs.) W. Disney: Entdeckungsreisen im Reiche der Natur. Bd. 3: J. d'Esme: Geheimnisse der Steppe. 74 S. m. Abb. 4° Mchn: Gabler 1956
49 Der Kondottiere Gottes. Roman vom Leben des hl. Johannes von Capestrano. 295 S. Heidelberg: Kerle 1956

Weigand, Wilhelm (1862–1949)

1 Die Frankenthaler. Roman. VI, 369 S. Lpz: Elischer 1889
2 Im Exil. Novellen. 396 S. Lpz: Elischer 1890
3 Gedichte. VIII, 215 S. Lpz: Elischer 1890
4 Essays. 323 S. Mchn: Merhoff 1891
5 Rügelieder. 144 S. Mchn: Merhoff 1892
6 Der neue Adel. Lustspiel in vier Akten. 101 S. Mchn: Lukaschik 1893
7 Friedrich Nietzsche. Ein psychologischer Versuch. 116 S. Mchn: Lukaschik 1893
8 Der Wahlcandidat. Lustspiel in drei Akten. 77 S. Mchn: Lukaschik 1893
9 Die Frankenthaler. Roman. 256 S. Mchn: Lukaschik 1894
   (Umarb. v. Nr. 1)
10 Dramatische Gedichte. 329 S. Mchn: Lukaschik (1894)
11 Sommer. Neue Gedichte. 210 S. Mchn: Lukaschik 1894
12 Der Vater. Drama in einem Akt. 42 S. Mchn: Lukaschik 1894
13 Das Elend der Kritik. 126 S. Mchn: Lukaschik 1895
14 Agnes Korn. Drama in drei Akten. 100 S. Mchn: Lukaschik 1895
15 Macht. Drama in fünf Akten. 112 S. Mchn: Lukaschik 1895
16 Don Juans Ende. Lustspiel in einem Akt. 43 S. Mchn: Lukaschik 1896
17 Der zwiefache Eros. Erzählungen. 247 S. Mchn: Lukaschik 1896
18 Zwei Lustspiele. Der neue Adel. Der Wahlkandidat. 184 S. Mchn: Lukaschik 1896
   (Umarb. v. Nr. 6 u. 8)
19 Das Opfer. Schauspiel in vier Akten. 88 S. Mchn: Lukaschik 1896
20 Lorenzino. Tragödie in fünf Akten. 145 S. Mchn: Lukaschik 1897
21 Die Renaissance. Ein Dramencyclus. 2 Bde. Mchn: Lukaschik 1899
   1. Tessa. Savonarola. V, 279 S.
   2. Cäsar Borgia. Lorenzino. 276 S.
   (Enth. u.a. Nr. 20)
22 Moderne Dramen. 2 Bde. Mchn: Lukaschik 1900
   1. Der Wahlkandidat. Agnes Korn. Der neue Adel. Der Vater. IV, 287 S.
   2. Don Juans Ende. Der Dämon. Der Einzige. Der Übermensch. 311 S.
   (Enth. u.a. Nr. 6, 8, 12, 14, 16)
23 In der Frühe. Neue Gedichte. (1894–1901). 223 S. Bln: Meyer 1901
24 Florian Geyer. Ein deutsches Trauerspiel in fünf Akten. V, 143 S. Bln: Meyer 1901

25 Die Renaissance. Ein Dramencyclus. 4 Bde. 194, 171, 189, 162 S. Mchn: Müller 1901–1903
    (Verm. Neuaufl. v. Nr. 21)
26 (MH) A. Bayersdorfer: Leben und Schriften. Aus seinem Nachlaß hg. H. Mackowsky, A. Pauly, W. W. 508 S., 2 Bildn. Mchn: Bruckmann 1902
27 Die Frankenthaler. Roman. 348 S. Mchn: Meyer (1902)
    (Umarb. v. Nr. 9)
28 Stendhal. 44 S. Bln: Gose & Tetzlaff (= Moderne Essays zur Kunst und Literatur 26) 1903
29 Gedichte. Auswahl. IV, 140 S. Mchn: Müller 1904
30 Lolo. Eine Künstler-Komödie. 94 S. Mchn: Müller 1904
31 (Hg.) Süddeutsche Monatshefte. Jg. 1. 12 H. 1060 S. Mchn: Verl. der Süddeutschen Monatshefte 1904
32 Novellen. 2 Bde. 306; V, 273 S. Mchn: Müller 1904–1906
    (Enth. u.a. Ausz. a. Nr. 17)
33 Anselm, der Hartheimer. Sirene. Erzählungen. Einl. W. Holzamer. 125 S. m. Bildn. u. Faks. Lpz: Hesse (= M. Hesse's Volksbücherei 337–338) 1906
    (Ausz. a. Nr. 32)
34 (Hg., Einl.) (F. Rabelais:) Meister Franz Rabelais', der Arzeney Doctoren, Gargantua und Pantagruel. Dt. G. Regis, Neu hg. Nebst einem Lebensabriß des Übersetzers u. einer Bibliographie v. G. Pfeffer. 2 Bde. 70, 916 S. m. Bildn., 3 Beil. Mchn: Müller 1906
35 (Einl.) (F. Galiani:) Die Briefe des Abbé Galiani. A. d. Französ. v. H. Conrad. Mit Einl. u. Anm. v. W. W. 2 Bde. 97, 764 S., 6 Bildn. Mchn: Müller 1907
36 Der Abbé Galiani. III, 95 S., 1 Bildn. Mchn: Müller 1908
37 Der neue Adel. Lustspiel in drei Akten. 74 S. Mchn: Müller 1908
    (Neubearb. v. Nr. 6)
38 Der Einzige. Ein Schauspiel in vier Akten. 186 S. Mchn: Müller 1908
    (Ausz. a. Bd. 2 v. Nr. 22)
39 Der Gürtel der Venus. Eine Tragödie in fünf Akten. 186 S. Mchn: Müller 1908
40 (MH) M. de Montaigne: Gesammelte Schriften. Histor.-krit. Ausg. mit Einl. u. Anm. unter Zugrundelegung der Übertragung v. J. J. Bode hg. O. Flake u. W. W. 8 Bde. Mchn: Müller 1908–1911
41 Der verschlossene Garten. Gedichte aus den Jahren 1901–1909. 158 S. Lpz: Insel 1909
42 (MH) (A. v. Villers:) Briefe eines Unbekannten. Aus dessen Nachlaß neu hg. Karl Graf Lanckoronski u. W. W. 2 Bde. LXVIII, 434; 511 S., 2 Bildn. Lpz: Insel 1910
43 Montaigne. 280 S. Mchn: Müller 1911
44 Stendhal und Balzac. Zwei Essays. 397 S. Lpz: Insel 1911
    (Enth. u.a. Nr. 28)
45 Psyches Erwachen. Ein Schauspiel in drei Akten. 164 S. Lpz: Insel 1912
46 Die Frankenthaler. Roman. 316 S. Lpz: Insel (= Bibliothek der Romane 12) 1912
    (Umarb. v. Nr. 27)
47 Honickl von Helmhausen. Das Abenteuer des Dekans Schreck. Zwei Erzählungen. Einl. E. Liesegang. 137 S. Wiesbaden: Behrend (= Rheinische Hausbücherei 42) 1912
48 Könige. Ein Schauspiel in fünf Akten. 154 S. Lpz: Insel 1912
49 (MÜbs.) R. W. Emerson: Natur. Zwei Essays. Übs. W. W. u. Thora Weigand. 102 S. Lpz: Insel (= Insel-Bücherei 72) 1913
50 Der Ring. Ein Novellenkreis. 511 S. Lpz: Insel 1913
51 (Hg., Einl.) Louis de Rouvroy, Duc de Saint-Simon: Der Hof Ludwigs XIV. Nach den Denkwürdigkeiten des Herzogs. Dt. A. Schurig. 417 S., 34 Taf. Lpz: Insel (1913)
52 (Übs., Einl.) (F. Galiani:) Die Briefe des Abbé Galiani. LVI, 667 S., 2 Bildn. Mchn: Müller 1914
    (Veränd. Neuaufl. v. Nr. 35)
53 (Einl.) (François VI., Duc de) La Rochefoucauld: Betrachtungen oder Moralische Sentenzen und Maximen. Übs. F. Adler u. W. Willige. 84 S. Lpz: Insel (= Insel-Bücherei 126) 1914

54 Der Messiaszüchter. 54 S. Mchn: Callwey (= Der Schatzgräber 91) 1914
   (Ausz. a. Nr. 32)
55 Wendelins Heimkehr. Eine Erzählung aus der Fremdenlegion. 88 S. Lpz:
   Insel (= Insel-Bücherei 167) (1915)
56 Weinland. Novellen aus Franken. XV, 311 S. Mchn: Müller 1915
   (Enth. u. a. Nr. 47 u. Ausz. a. Nr. 32)
57 Die Löffelstelze. Roman. 477 S. Mchn: Müller (= Romane der Völker) 1919
58 Frauenschuh. Drei Novellen und eine Widmung. 297 S. Mchn: Müller 1920
   (Enth. u. a. Ausz. a. Nr. 32 u. 60)
59 Die Hexe. Eine Erzählung. 67 S. Lpz: Insel (= Insel-Bücherei 297) (1920)
60 Wunnihun. Eine Roman-Arabeske mit einer Vogelgeschichte. 413 S. Mchn:
   Müller 1920
61 Frauenschuh. Eine Novelle. 108 S., 6 Abb. Mchn: Müller 1921
   (Ausz. a. Nr. 58)
62 Der Ring. Ein Novellenkreis. 464 S. Mchn: Müller 1921
   (Veränd. Neuaufl. v. Nr. 50)
63 (MH) F. de Stendhal: Gesammelte Werke. Hg. F. Blei u. W. W. 15 Bde.
   Mchn: Müller 1921–1923
64 (Vorw.) (H. Horch:) Dem Andenken des Geheimen Justizrates Dr. Hermann
   Horch. Eine Auswahl aus seinen Vorträgen, Schriften usw. Mainz: Waizner
   1922
65 (Vorw.) H. de Balzac: Die menschliche Komödie. Deutsche Ausgabe in
   zehn Bänden. 9 Bde. Lpz: Insel 1923–1925
66 (MH, Nachw.) G. Flaubert: Gesammelte Werke. Unter Mitwirkung v.
   A. Schurig, G. Goyert, J. von der Goltz u. A. Barbey hg. W. W. 6 Bde.
   Mchn: Müller 1923
67 Stendhal. 326 S., 1 Titelb. Mchn: Müller (= Stendhal, Gesammelte Werke,
   Bd. 15) 1923
   (Bd. 15 v. Nr. 63; Ausz. a. Nr. 44)
68 Der graue Bote. Erzählungen. 225 S. Mchn: Müller (= Zwei Mark-Bücher
   19) 1924
69 (Einl.) A. Feuerbach: Ein Vermächtnis. Hg. v. seiner Mutter Henriette
   Feuerbach. 194 S. Bln: Propyläen-Verl. (= Das kleine Propyläen-Buch)
   (1924)
70 (Hg.) (F. Rabelais:) Meister Franz Rabelais', der Arzeney Doctoren, Gargantua und Pantagruel. A. d. Französ. verdeutscht G. Regis. 2 Bde. XI, 630;
   V, 479 S. m. Titelb. Bln: Propyläen-Verl. (= Werke der Weltliteratur) (1924)
   (Verm. Neuaufl. v. Nr. 34)
71 (Hg., Einl.) Louis de Rouvroy, Duc de Saint-Simon: Der Hof Ludwigs XIV.
   Nach den Denkwürdigkeiten des Herzogs. Dt. A. Schurig. 527 S. m. Taf. 4°
   Lpz: Insel 1925
   (Erw. Neuaufl. v. Nr. 51)
72 (Hg., Einl.) (A. v. Villers:) Briefe eines Unbekannten. Aus dessen Nachlaß
   neu hg. 489 S., 2 Taf. Lpz: Insel 1925
   (Ausz. a. Nr. 42)
73 Rosmarie und andere Erzählungen. 144 S. Bln: Weltgeist-Bücher (= Weltgeist-Bücher 161–162) (1927)
   (Enth. u. a. Ausz. a. Nr. 68)
74 Die ewige Scholle. Ein Roman. 631 S. Bln (, Lpz): Horen-Verl. 1927
   (zu Nr. 46)
75 Die Fahrt zur Liebesinsel. Roman. 483 S. Bln (, Lpz): Horen-Verl. 1928
76 Von festlichen Tischen. Sieben Novellen. 179 S. Bln (, Lpz): Horen-Verl. 1928
77 Die Gärten Gottes. Roman. 413 S. Lpz: Horen-Verl. 1930
   (zu Nr. 74)
78 Die rote Flut. Der Münchener Revolutions- und Rätespuk 1918/19. Roman.
   512 S. Mchn: Eher 1933
79 Der Musikantenstreik. (Der Ring des Prätendenten). Vorw. F. Denk. 47 S.
   Mchn: Kösel & Pustet (= Dichter der Gegenwart 2) 1933
   (Ausz. a. Nr. 76)
80 Helmhausen. Roman. 382 S. Bln: Steuben-Verl. 1938
81 Jean Antoine Watteau. Die Fahrt zur Liebesinsel. Historischer Roman. 478 S.
   Bln: Steuben-Verl. 1938
   (Neuaufl. v. Nr. 75)

82 Die liebe Frau von Biburg. Kleiner Roman. 114 S. Bln: Brunnen-Verl. Bischoff (= Aus neuer Saat 7) 1939
(Neufassg. e. Ausz. a. Nr. 56)
83 Menschen und Meister. 95 S. Mühlacker: Händle (Elser) (= Die Buchreihe der Erzähler) (1940)
84 Welt und Weg. Aus meinem Leben. 401 S., 1 Titelb. Bonn: Röhrscheid 1940
85 Der Ruf am Morgen. Ein Roman. 444 S. Tüb: Wunderlich (1941)
86 Venus in Kümmelburg. Ein Roman-Scherzo. 296 S. Halle: Tauchnitz 1942
87 Der graue Bote und Vatels Traum. Zwei Novellen. 64 S. Prag, Bln, Lpz: Noebe (= Feldpostreihe Noebe 12) 1944
(Enth. u.a. Nr. 68)
88 In Dur und Moll. Ein Quartett. 187 S. Mühlacker: Händle (Elser) 1944
89 Michael Schönherr. (Roman). 324 S. Mühlacker: Händle (Elser) (1944)
90 Der Ring. Schicksale um ein Familienkleinod. 640 S. Tüb: Wunderlich (1947)
(Veränd. Neuaufl. v. Nr. 62)
91 Der Abbé Galiani. Ein Freund der Europäer. 281 S. Bonn: Röhrscheid 1948
(Verm. Neuaufl. v. Nr. 35)
92 Sebastian Scherzlgeigers Fahrt nach Kautzien. Auch ein Reiseroman, halb Mär, halb mehr. 328 S. Wuppertal: Abendland-Verl. 1948
(zu Nr. 60)

Weinert, Erich (1890–1953)

1 (Hg.) Der verbogene Zeitspiegel. Jg. 1. Bln: Kugel-Verl. 1922
2 Der Gottesgnadenhecht und andere Abfälle. 15 S. Bln: Gottschalk 1923
3 Affentheater. Politische Gedichte. 48 S. Bln-Schöneberg: Hirsch 1925
4 Politische Gedichte. Bln: Wasewitz 1928
5 Erich Weinert spricht. Gedichte. 78 S. Bln: Internationaler Arbeiter-Verl. (= Neue proletarische Dichtung 3) 1930
6 Ausgewählte Gedichte. 31 S. Moskva: Gos. Učebno-Pedagogičeskoe Izd. (= Literaturno-chudožestvennaja Bibliotečka na nemeckom jazyke) 1932
7 Alltägliche Balladen. 75 S. Moskau: Staatsverl. 1933
8 Es kommt der Tag. Gedichte. Mit einem Selbstbericht „Zehn Jahre an der Rampe". 129 S. Moskau, Leningrad: Ver.-Genossensch. ausländischer Arbeiter i. d. UdSSR 1934
9 Rot Front. Gedichte dem Gedenken der ermordeten Genossen. 212 S. Kiew: Staatsverl. der nationalen Minderheiten der USSR 1936
10 Gedichte. 46 S. Moskva: Izdatel'skoe tovariščestvo inostrannych rabočich v SSSR (= Posobija po inostrannym jazykam) 1936
11 Ausgewählte Gedichte. Moskau: Staatsverl. 1936
12 (Hg.) Auf dem Podium. Sammlung von revolutionären Gedichten, die sich für den Vortrag gut eignen. Zusgest. u. mit Anl. zum Rezitieren vers. 111 S. Engels: Dt. Staatsverl. 1938
13 (Hg.) Trotz alledem. Sammelband antifaschistischer deutscher Erzähler. 300 S. Kiew: Staatsverl. der nationalen Minderheiten der USSR 1938
14 (Hg.) Dem Genius der Freiheit. Dichtungen um Stalin. 317 S., 1 Titelb. Kiew: Staatsverl. der nationalen Minderheiten der USSR 1939
15 (Übs.) Eugène Pottier und seine Lieder. Nachdichtungen. Kiew: Staatsverl. der nationalen Minderheiten der USSR 1939
16 (Übs.) Stalin im Herzen der Völker. Nachdichtungen. 62 S. Moskau: Meshdunarodnaja Kniga 1939
17 (Übs.) M. J. Lermontov: Der Dämon. 47 S. Moskau: Meshdunarodnaja Kniga (= Kleine Bibliothek) 1940
18 An die deutschen Soldaten. Gedichte. 47 S. Moskau: Fremdsprachenverl. 1942–1943
19 Stalin spricht. Gedichte. 18 S. Moskau: Verl. f. fremdsprachige Literatur 1942
20 Der Tod fürs Vaterland. 63 S. Moskau: Internationaler Buch-Verl. 1942
21 Erziehung vor Stalingrad. Fronttagebuch eines Deutschen. 45 S. New York: The German American 1943
22 (Hg.) Die fatale letzte Patrone. Und andere Beiträge v. F. Wolf (u. a.) 29 S.

London: Freier dt. Kulturbund in Großbritannien (= Freie deutsche Kultur) 1943
23 Gegen den wahren Feind. Gedichte und Verse. 102 S. Moskau: Fremdsprachenverl. 1944
24 Stalingrad Diary. 48 S. London: Central Books 1944
25 Kapitel II der Weltgeschichte. Gedichte über das Land des Sozialismus. 115 S. Bln: Dietz 1947
26 (Übs.) S. Maršak: Kinderchen im Käfig. Für deutsche Kinder in deutscher Sprache. 12 Bl. m. Abb. 4° Bln: Holz 1947
27 Rufe in die Nacht. Gedichte aus der Fremde. 1933-1943. 291 S. Bln: Verl. Volk u. Welt (1947)
28 Gedichte. 31 S. m. Abb. Bln, Lpz: Verl. Volk u. Wissen (= Volk u. Wissen. Sammelbücherei. Gr. 1, Serie H. 36) 1949
   (Ausz. a. Nr. 27)
29 (Übs.) Lieder um Stalin. Nachdichtungen aus Dichtungen der Völker der Sowjetunion. 87 S. Potsdam: Potsdamer Verl.-Ges. 1949
   (Dt. Ausg. v. Nr. 16)
30 Gedichte. Eine Auswahl. 528 S., 1 Titelb. Lpz: Verl. Volk u. Wissen (= Bibliothek fortschrittlicher deutscher Schriftsteller) 1950
31 Das Zwischenspiel. Deutsche Revue von 1918 bis 1933 Einf. B. Kaiser. XXVII, 690 S. Bln: Verl. Volk u. Welt 1950
32 Camaradas. Ein Spanienbuch. 259 S. Bln: Verl. Volk und Welt 1951
33 (Übs.) I. Franko: Ich seh ohne Grenzen die Felder liegen. Ausgewählte Dichtungen. Aus dem Ukrainischen. 137 S. Bln: Verl. Kultur u. Fortschritt 1951
34 Memento Stalingrad. Ein Frontnotizbuch. 183 S. Bln: Verl. Volk und Welt 1951
35 (Übs.) T. Ševčenko: Die Haidamaken und andere Dichtungen. Aus dem Ukrainischen. 345 S. Bln: Verl. Volk u. Welt 1951
36 (Hg., Einl.) Die Fahne der Solidarität. Deutsche Schriftsteller in der spanischen Freiheitsarmee 1936-1939. 509 S. Bln: Aufbau-Verl. (= Bibliothek fortschrittlicher deutscher Schriftsteller) 1953
37 Erich Weinert erzählt. Berichte und Bilder aus seinem Leben. Hg. R. Engel. 136 S. m. Abb. 4° Bln: Verl. Volk u. Welt 1955
38 Gesammelte Werke. Hg. im Auftrag der Deutschen Akademie der Künste Li Weinert unter Mitarbeit v. A. Kantorowicz. 9 Bde. Bln: Verl. Volk u. Welt 1955-1960
39 Der Bruder. Laienspiel. Bearb. H. Hall. 35 S., 2 Taf. Lpz: Hofmeister 1956
40 Memento Stalingrad. Frontnotizbuch – Worte als Partisanen – Aus dem Bericht über das Nationalkomitee „Freies Deutschland". Zusgest. W. Bredel. 269 S., 25 Abb., 1 Kt. Bln: Verl. Volk u. Welt 1957
   (Verm. Neuaufl. v. Nr. 34; enth. u. a. Ausz. a. Nr. 41)
41 Das Nationalkomitee „Freies Deutschland" 1943-1945. Bericht über seine Tätigkeit und seine Auswirkung. Geleitw. H. Matern. 166 S., 38 Abb. Bln: Rütten & Loening 1957
42 (MV) E. W. u. H. Thilee: Kinder, schaut mal, wie wir fliegen! Mit lustigen Versen v. E. W. 12 Bl. Abb. m. Text. Bln: Holz 1959
43 Nachdichtungen. 806 S. Bln: Verl. Volk u. Welt 1959
44 (Einl.) F. Schulze: Briefe und Aufzeichnungen aus dem Gestapo-Gefängnis in Hamburg. 140 S., 5 Abb., 2 Faks. Bln: Dietz 1959
45 Und diese Welt wird unser sein. Gedichte. Hg. H. Marquardt. 88 S. m. Abb. 4° Lpz: Reclam 1959
46 Nachgelassene Lyrik aus drei Jahrzehnten. 463 S. Bln: Verl. Volk u. Welt 1960
47 Erich Weinert. Ein Dichter unserer Zeit. Aufsätze aus drei Jahrzehnten. 271 S. m. Abb. Bln: Verl. Volk u. Welt 1960

WEINHEBER, Josef (1892-1945)

1 Der einsame Mensch. Gedichte. 75 S. Wien: Tal 1920
2 Von beiden Ufern. Gedichte. 54 S., 4 Abb. Wien: Burgverl. 1923

3 Das Waisenhaus. Roman. 288 S. Wien: Burgverl. 1925
4 Boot in der Bucht. Gedichte. 59 S. Wien: Krystall-Verl. 1926
5 Adel und Untergang. Gedichte. 130 S. Wien: Luser 1934
6 Vereinsamtes Herz. Gedichte. 61 S. Lpz: List (= Lebendiges Wort 8) 1935
7 Wien wörtlich. Gedichte. 109 S. m. Abb. Wien: Luser 1935
8 Deutscher Gruß aus Österreich. Gedichte. 52 ungez. S. Wien, Lpz: Luser 1930
9 Späte Krone. Gedichte. 127 S. Mchn: Langen-Müller (1936)
10 Kalender für das Jahr 1937. 12 Bl. 4⁰ o. O. 1937
11 O Mensch, gib acht. Erbauliches Kalenderbuch für Stadt- und Landleut. 130 S. Mchn: Langen-Müller 1937
12 Selbstbildnis. Gedichte aus zwanzig Jahren, von ihm selbst ausgewählt. 57 S. Mchn: Langen-Müller (= Die kleine Bücherei 67) (1937)
13 Zwischen Göttern und Dämonen. Vierzig Oden. 67 S. Mchn: Langen-Müller (1938)
14 Kleiner Kalender nach Gedichten von Josef Weinheber. Für gemischten a capella-Chor. Musik G. Schwarz. 14 S. Kassel: Bärenreiter-Verl. (= Bärenreiter-Ausg. 1317) (1938)
15 Kammermusik. Gedichte. 82 S. Mchn: Langen-Müller (1939)
16 (Hg.) Der Augarten. Zeitschrift des Wiener Dichterkreises. Jg. 5–7, je 12 H. Wien: Augarten-Verl. (später Wien: Bergland-Verl.) 1940–1942
17 Blut und Stahl. Drei Oden. VI, 19, 1 ungez. S. Bln-Potsdam: Stichnote (= Schriftenreihe der Presse-Abteilung des Reichsministers Dr. Todt; 100 num. u. sign. Ex.) 1941
18 Den Gefallenen. 8 Bl. Ebenhausen b. Mchn: Langewiesche-Brandt (= Das Vermächtnis) (1941)
   (Ausz. a. Nr. 9)
19 Himmelauen, Wolkenfluh. 2 Bl. Freiburg: Christophorus-Verl. (= Gruß-Briefe 363) (1941)
20 Ode an die Buchstaben. 16 ungez. S. Bln: Berthold 1942
21 Dokumente des Herzens. Aus dem Gesamtwerk ausgewählte Gedichte. 141 S. Mchn: Langen-Müller 1944
22 Gedichte. 48 S. (Bln:) Oberkommando der Wehrmacht/Awa/Abt. Inland (= Wiener Bücherei = Soldatenbücherei 79, 7) (1944)
23 Hier ist das Wort. Gedichte. 175 S. Salzburg: Müller 1947
24 Über die Dichtkunst. 103 S. Wien: Gallus-Verl. (= Bleibendes Gut) 1949
25 Würde und Ehre der geistigen Arbeit. Eine Rede. Einl. H. Leb. 31 S. Villach: Leb-Presse 1949
26 Sämtliche Werke. Hg. J. Nadler u. Hedwig Weinheber. 5 Bde. 669, 602, 911, 819, 670 S. Salzburg: Müller 1953–1956

WEINRICH, Franz Johannes (†Heinrich Lerse) (*1897)

1 Himmlisches Manifest. Ein Gesicht. 20 S. Hannover: Steegemann (= Die Silbergäule 31–32) 1919
2 Ein Mensch. Szenen vom Tode eines Menschen. 57 S. Hannover: Steegemann 1920
3 Mit Dir ertanze ich den nächsten Stern. Gedichte. 63 S. 4⁰ Bln: Verl. des Bühnenvolksbundes 1921
4 Der Tänzer unserer lieben Frau. Ein klein Legendenspiel nach altem Text. 30 S. Augsburg: Haas & Grabherr 1921
5 Spiel vor Gott. In einem Vorspiel und drei Aufzügen. 80 S. 4⁰ Ffm, Bln: Verl. des Bühnenvolksbundes 1922
6 Das Tellspiel der Schweizer Bauern. Neu v. F. J. W. 61 S. 16⁰ Bln: Verl. des Bühnenvolksbundes (= Spiele deutscher Jugend) 1923
7 Mittag im Tal. Gedichte. 81 S. Habelschwerdt: Franke 1924
8 Die Meerfahrt. Eine Erzählung. Eine Geschichte der Irrfahrten Parzivals, der auszog, den Vater zu suchen und welchen Vater er findet. 204 S. Bln: Verl. des Bühnenvolksbundes 1926
9 Die Magd Gottes. Ein Spiel von der heiligen Elisabeth. 118 S. Bln: Bühnenvolksbundverl. 1928

10 Mater ecclesia. Chorwerk in vier Teilen. 43 S. Bln: Bühnenvolksbundverl. (= Sprech-Chöre 1) 1928
11 (MV) Das Spiel von Sankt Elisabeth. Die Handlung wurde entworfen v. A. Pfeffer, in Worte gefaßt v. F. J. W., für die Bühne bearb. v. F. Budde. 61 S. Marburg a. d. L.: Elwertsche Verlh. 1928
12 Die heilige Elisabeth von Thüringen. 332 S., 1 Titelb. Mchn: Kösel & Pustet 1930
13 Der Kinderkreuzzug. Chorisches Spiel. 74 S. Mchn: Höfling (= Spiel' und sing! 8010) (1931)
14 Litanei vom Leiden Christi. Für einen Einzelsprecher und Chor. 19 S. Mchn: Höfling (= Spiel' und sing! 8002) (1931)
15 Die Löwengrube. Roman. 283 S. Mchn: Kösel & Pustet 1932
16 Rückkehr von Babylon. Tragödie. 91 S. Freiburg i.Br.: Selbstverl. 1932
17 Legende vom Glauben. Gericht über Babel. Dichtungen für Sprechchöre. 38 S. Freiburg i. Br.: Caritasverl. 1933
18 Wege der Barmherzigkeit. Gedichte. 16 Bl. m. Abb. Freiburg i. Br.: Freie Vereinigung für Seelsorgehilfe (1933)
19 Die Feier von der Gemeinschaft der Heiligen. Ein liturgisches Allerheiligen-Allerseelenspiel. 49 S. Kevelaer: Bercker (= Greif-Bücherei 10) 1934
20 Die Feier vom Königtum Jesu Christi. 36 S. Ffm: St. Georg-Verl. (= Spiele der Arbeitsgemeinschaft katholischer Dichter Sankt Georgen) 1934
21 Gesang der Wächter unter dem Kreuze. Zu sprechen am Schluß einer Kreuzeswacht in der Kirche. 3 S. Münster, Ffm: St. Georg-Verl. (= Heilige Feier 16) 1934
22 (MV) Der große Opfergang. Gliederung und Rubriken v. I. Gentges, Gebete v. U. Bomm, Dichtungen v. F. J. W., Musik v. E. L. Wittmer. 15 S. Münster, Ffm: St. Georg-Verl. (= Heilige Feier 1) 1934
23 Der Reichsapfel. Gedichte. 87 S. Kevelaer: Bercker (= Greif-Bücherei 3) (1934)
24 Der heilige Bonifatius. 50 S. m. Abb. Kevelaer: Butzon & Bercker (= Aus der Gemeinschaft der Heiligen 20) 1935
25 Sankt Elisabeth. Ruhm Deutschlands und Mutter der Armen. Eine kirchliche Feier. 23 S. Freiburg: Caritasverl. 1935
26 Die versiegelte Kuppel. Erzählungen und Dichtungen. 126 S. Mchn: Hueber (= Der große Kreis 8) 1935
27 Lob eines großen Herzens. Zur siebenhundertjährigen Wiederkehr des Tages der Heiligsprechung Sankt Elisabeths. 14 S. Freiburg i.Br.: Caritasverl. 1935
28 Die Marter unseres Herrn. Erzählung von seinen Henkern, von Menschen und Engeln. 292 S. Freiburg i.Br.: Herder 1935
29 Bleib bei uns, Maria. Eine kirchliche Feier. 31 S. Ffm: St. Georg-Verl. (= Feiergestaltungen der Arbeitsgemeinschaft katholischer Dichter Sankt Georgen) 1936
30 Das Xantener Domspiel. 79 S. Ffm: St. Georg-Verl. (= Spiele der Arbeitsgemeinschaft katholischer Dichter Sankt Georgen) 1936
31 Die Feier der Tauferneuerung. 31 S. Ffm: St. Georg-Verl. 1936
32 Das Kirchweihspiel. 31 S. Ffm: St. Georg-Verl. (= Spiele der Arbeitsgemeinschaft katholischer Dichter Sankt Georgen) 1936
33 Maranatha. Komme, Herr! Andacht im Advent. 30 S. Ffm: St. Georg-Verl. (= Spiele der Arbeitsgemeinschaft katholischer Dichter Sankt Georgen) 1936
34 Helena, Herbergswirtin und Kaiserin. Eine Szene. 11 S. Ffm: St. Georg-Verl. (= Spiele der Arbeitsgemeinschaft katholischer Dichter Sankt Georgen) 1937
    (Ausz. a. Nr. 30)
35 Die heilige Lioba. 47 S. Kevelaer: Butzon & Bercker (= Aus der Gemeinschaft der Heiligen 22) 1937
36 Lobgesang. Chorische Feier. (S.-A.) 7 S. Ffm: St. Georg-Verl. 1937
37 Das Martyrerspiel. 19 S. Ffm: St. Georg-Verl. (= Spiele der Arbeitsgemeinschaft katholischer Dichter Sankt Georgen) 1937
    (Ausz. a. Nr. 30)
38 Die Ritterweihe Siegfrieds. Eine Szene. 15 S. Ffm: St. Georg-Verl. (= Spiele der Arbeitsgemeinschaft katholischer Dichter Sankt Georgen) 1937
    (Ausz. a. Nr. 30)

39 Das Spiel vom heiligen Bonifatius. 23 S. Ffm: St. Georg-Verl. (= Spiele der Arbeitsgemeinschaft katholischer Dichter Sankt Georgen) 1937 (Ausz. a. Nr. 30)
40 Die heilige Nacht hebt an. Vorfeier der Geburt des Herrn. Dichtung v. F. J. W., Tonsatz v. A. Bersack. 7 S. Ffm: Leweke (1938)
41 Der Rosenkranz von anno Domini 1942. 133 S. Waibstadt: Kemper 1946
42 Seine Straße. Der Kreuzweg des Herrn in jener und in dieser Zeit. 58 S. Heidelberg: Kemper 1946
43 Dich geht's an, Jedermann. Ein Spiel. Musik F. Philipp. 48 S. Mchn: Buchner (= Laienspiel 5145) 1947
44 Der Empörer. Ein Spiel vom letzten Advent. 36 S. Mchn: Buchner (= Laienspiel 5144) 1947
45 Die Eroberung des Friedens. Ein Marienspiel. 66 S. Mchn: Buchner (= Laienspiel 5740) 1947
46 Die sieben Geister Gottes und die sieben Gaben. 119 S. Freiburg i.Br.: Herder 1947
47 Aus Sankt Elisabeths Jugendtagen. 50 S. Köln: Volker-Verl. (= Kleine Volker-Bücherei 4) 1947 (Ausz. a. Nr. 12)
48 Der Räuber des linken Cherubs. Ein Weihnachtsspiel. 79 S. Mchn: Buchner (= Laienspiel 5139) 1947
49 Trost in der Nacht. Gedichte. 95 S. Mchn: Verl. Alber 1947
50 Breisach gestern und heute. Geleitw. L. Wohleb. 85 S. m. Abb. Freiburg i.Br.: Bielefelds Verl. 1949
51 Elisabeth von Thüringen. 337 S., 1 Titelb. Mchn, Kempten: Kösel-Verl. 1949 (Neuaufl. v. Nr. 12)
52 Die wunderbare Herberge. Geschichten in Vers und Prosa. 236 S. Donauwörth: Verl. (Auer) Cassianeum 1950
53 Der Kreuzritter. Ein Spiel um Bernhards von Baden letzten Ritt. 20 S. Mainz: Matthias Grünewald-Verl. (= Die Spielschatztruhe 3) 1950
54 Drei Weihnachtserzählungen. 40 S. m. Abb. Bochum: Kamp (= Deutsche Gaben 26) (1953)
55 Zur frohen Hoffnung. 94 S. Ffm: Knecht 1954
56 +Der Schatz im Berg. Roman. 365 S. Freiburg i.Br.: Herder 1954
57 Das Welttheater Luzifers. Ein Spiel von heute und morgen. Als Ms. hg. v. d. Abtei Weingarten. 62 S. (Weingarten/Württ.: Martinus-Buchh.) (1956)
58 (Bearb.) Alles was Odem hat. Nachdichtungen der Psalmen. 230 S. Buxheim/Iller: Martin-Verl. 1957
59 Lobgesang auf das lebendige Brot. Sakramentsgedichte. 75 S. m. Abb., 1 Titelb. Buxheim/Iller: Martin-Verl. 1957
60 Die Psalmen. Ihre tausendjährige Geschichte und immerwährende Bedeutung. 25 ungez. Bl. Buxheim/Iller: Martin-Verl. 1957
61 Elisabeth von Thüringen. 534 S. Mchn: Kösel 1958 (Neubearb. v. Nr. 51)
62 Die Marter des Herrn. Erzählt von seinen Richtern und Henkern, von Menschen und Engeln. 274 S. Buxheim/Allgäu: Martin-Verl. (1960) (Verm. Neuaufl. v. Nr. 28)

Weise, Christian (+Catharinus Civilis u.a.) (1642–1708)

1 Ueberflüßige Gedanken der grünenden Jugend. 2 Tle. (o. Pg.) Amsterdam (o. Verl.) 1668–1674
2 +Die drey Hauptverderber in Deutschland, von Siegmund Gleichviele. 47 ungez. S. 12⁰ o. O. 1671
3 +Die drey ärgsten Ertz-Narren in der gantzen Welt, Auß vielen Närrischen Begebenheiten hervorgesucht, und allen Interessenten zu besserem Nachsinnen übergeben, durch Catharinum Civilem Im Jahr 1672. 455 S. Lpz: Fritzsche 1672
4 +Die drey ärgsten Ertz-Narren In der gantzen Welt, Auß vielen Närrischen Begebenheiten hervorgesucht, und Allen Interessenten zu besserem Nach-

sinnen übergeben, durch Catharinum Civilem. Anjetzo von denen vielfältigen Druckfehlern gereiniget und verbessert. 406 S. 12⁰ o.O. 1673
(Verb. Neuaufl. v. Nr. 3)
5 Der Grünen Jugend Nothwendige Gedancken, Denen Überflüßigen Gedancken entgegen gesetzt und Zu gebührender Nachfolge, so wol in gebundenen als ungebundenen Reden, allen curiösen Gemüthern recommendirt. 8 Bl., 687 S. Lpz: Fritzsche 1675
6 Kluger Hoffmeister, Das ist ... Nachricht, wie ein sorgfältiger Hoffmeister seine Untergebenen in den Historien unterrichten ... soll ... 9 Bl., 312 S., 1 Titelku. Ffm, Lpz: Ritzsch (1675)
7 +Die Drey Klügsten Leute in der gantzen Welt Aus vielen Schein-klugen Begebenheiten hervor gesucht, Und allen guten Freunden zu fleißiger Nachfolge vorgestellet durch Catharinum Civilem. 371 S. 12⁰ Lpz: Fritzsche 1675
8 Der politische Näscher, von R. J. O. o. O. (1676)
9 Politischer Redner, Das ist: Kurtze und eigentliche Nachricht, wie ein sorgfältiger Hofmeister seine Untergebenen zu der Wolredenheit anführen soll ... 672 S. Lpz: Gerdesi 1677
10 Der gestürzte Marggraff von Ancre. Trauerspiel am XIV. Februar 1679 in Zittau aufgeführt. 140 S. Zittau: Mieth (1679)
11 Kurzer Bericht vom politischen Näscher, wie nehmlich Dergleichen Bücher sollen gelesen, und Von andern aus gewissen Kunst-Regeln nachgemachet werden. 3 Bl., 173 S., 1 Bl. Lpz: Weidmann 1680
12 Der Tochter-Mord. Welchen Jephtha unter dem Vorwande eines Opfers begangen hat. 1679. Auff der Zittauischen Schaubühne vorgestellet. 192 S. Dresden: Mieth 1680
13 Bäuerischer Machiavellus, in einem Lust-Spiele Vorgestellet den XV. Februar 1679. 4 Bl., 127, 8 ungez. S. m. Titelku. Lpz: Mieth 1681
14 Das Ebenbild eines Gehorsamen Glaubens, Welches Abraham In der vermeinten Opfferung Isaacs beständig erwiesen. 1680 vorgestellet. 8 Bl., 185, 23 ungez. S. Zittau: Mieth 1682
15 Reiffe Gedancken, Das ist Allerhand Ehren- Lust- Trauer- und Lehrgedichte. 7 Bl., 762 S. Lpz: Weidmann 1682
16 Ein neues Lust-Spiel Von Einer zweyfachen Poeten-Zunfft. 72 ungez. S. Lpz: Weidmann 1683
17 Zittauisches Theatrum. Wie solches Anno 1682. praesentiret worden, Bestehende in drey unterschiedenen Spielen. 7 Bl., 317, 369 S. m. Titelb. Zittau: Mieth 1683
(Enth. u. a. Nr. 18)
18 Trauer-Spiel von dem Neapolitanischen Haupt-Rebellen Masaniello. o. O. 1683
19 Der Grünenden Jugend Nothwendige Gedancken, Denen Überflüssigen Gedancken entgegengesetzet ... 8 Bl., 686 S. Lpz: Gleditsch 1684
(Neuaufl. v. Nr. 5)
20 Neue Jugend-Lust, das ist Drey Schauspiele. 3 Tle. 8 Bl., 218; 208; 232 S. Ffm, Lpz: Weidmann 1684
21 Politischer Academicus, das ist Nachricht, wie ein zukünftiger Politicus seine Zeit und Geld auf der Universität wol anwenden könne. 1 Bl., 72 S. Amsterdam: Bey Adamo Regenfarb 1684
22 Neu Erleuterter Politischer Redner. 720 S. m. Titelku. Lpz: Gerdes 1684
(Verb. Neuaufl. v. Nr. 9)
23 Väterliches Testament, das ist Kurze Nachricht, wie ein zukünftiger Politicus in seinem Christenthume auff der Welt ein gut Gewissen behalten und in dem Tod die ewige Seligkeit davon bringen soll. 1 Bl., 156 S. 12⁰ o. O. (1684)
24 Politische Fragen, Das ist: Gründliche Nachricht Von der Politica, welcher Gestalt Vornehme und wolgezogene Jugend hierinne einen Grund legen ... sol ... 20 Bl., 535, 46 ungez. S. m. Titelb. Dresden: Mieth 1690
25 Lust- und Nutz der spielenden Jugend bestehend in zwey Schau- und Lust-Spielen. Vom keuschen Joseph und der Unvergnügten Seele. 248 S. Dresden, Lpz: Mieth 1690
26 Curieuse Gedancken von Deutschen Brieffen. Wie ein junger Mensch, sonderlich ein zukünftiger Politicus, Die galante Welt wol vergnügen soll. In

kurtzen ... Regeln, So dann In anständigen ... Exempeln ... vorgestellet. 2 Tle. 11 Bl., 552 S. m. Titelb. Dresden: Mieth 1691
27 Curieuse Gedancken von Deutschen Versen. 2 Tle. Lpz: Gleditsch 1691
28 Zwey Reden auf unterschiedene Trauerfälle des Hohen Chur-Hauses Sachsen. Lpz 1692
29 Zittauische Rosen bei dem Helden Grabe des Churfürsten zu Sachsen Johann Georg III. Lpz 1692
30 Politische Nachrichten von sorgfältigen Briefen. Lpz 1693
31 Der freymüthige und höfliche Redner. 6 Bl., 1184 S. u. Reg. m. Titelb. u. Noten. Lpz: Gleditsch 1693
32 Gelehrter Redner. o. O. 1693
33 (Einl.) J. W. Zincgref: Teutscher Nation Klug-ausgesprochene Weißheit, Das ist: Deren aus Teutschen Landen erwehlten und erbohrnen Päbste, Bischöffe, Kayser ... Gelehrten und jedes Standes wohlbenahmter Personen lehrreiche Sprüche ... 10 Bl., 373, 43 ungez.; 112, 8 ungez.; 507, 37 ungez. S. 12° Ffm, Lpz: Weidmann 1693
34 Comödien-Probe von wenig Personen, in einer ernsthafften Action. Nebst einer Vorrede De interpretatione dramatica. 351 S. 12° Lpz: Gerdesius 1695
35 Kluger Hoffmeister, Das ist ... Nachricht, wie ein sorgfältiger Hoffmeister seine Untergebenen in den Historien unterrichten ... soll ... 14 Bl., 321 S. m. Titelku. Lpz, Ffm: Meyer (1695)
(Verm Neuaufl. v. Nr. 6)
36 Ausführliche Fragen, über die Tugend-Lehre, Welchergestalt ein Studirender nach Anleitung der Ethica sich selbst erkennen ... 7 Bl., 616 S. m. Titelb. Lpz: Gerdesius 1696
37 Politische Fragen, das ist Gründliche Fragen von der Politica. 12° Dresden 1696
38 Der politischen Jugend erbaulicher Zeitvertreib. 12° Lpz 1699
39 Neue Proben von der vertrauten Redens-Kunst, Das ist: Drey Theatralische Stücke. 256, 192, 156, 80 S. Dresden, Lpz: Mieth & Zimmermann 1700
40 Gott ergebene Gedanken. Lpz 1703
41 Curieuser Körbelmacher wie solcher auff dem Zittauischen Theatro 1702 praesentiret worden. 192 S. Görlitz: Rohrlach 1705
42 Oratorische Fragen. 6 Bl., 752 S. u. Reg. m. Titelb. Lpz: Gleditsch 1706
43 Oratorisches Systema. Lpz 1706
44 Ungleich und gleich gepaarte Liebes-Alliance. Lustspiel. Görlitz 1708
45 Theatralische SittenLehre Oder dessen Curiöser Körbel-Macher und Triumphirende Keuschheit, Wie solche ehedem Auf dem Zittauischen Theatro praesentiret worden. 8 Bl., 288 S. Zittau: Schöps 1719
(Enth. u. a. Nr. 41 u. Ausz. a. Nr. 1)
46 Tugendlieder. Budissin 1719
47 Erbauliche Buß- und Zeit-Andachten, Bestehende In CXXX Oden, ... Aus seinen hinterlassenen, so wohl geschriebenen Collegiis als auch gedruckten Carminibus mit Fleiß zusammencolligiret. 296 S. Budissin: Richter 1720
48 Erbauliche Trost- vnd Sterbe-Andachten, Bestehende In CVII. Sterbe-Oden ... Mit allem Fleiße zusammen gesammlet, und allen Christlichen Hertzen ... gewidmet, 264 S. Budissin: Richter 1720
49 Der betrogene Betrug. 59 S. o. O. u. J.
(Ausz. a. Nr. 25)

WEISENBORN, Günther
(+Eberhard Foerster, Christian Munk) (*1902)

1 Barbaren. Roman einer studentischen Tafelrunde. 242 S. Bln: Sieben Stäbe-Verl. 1931
2 Das Mädchen von Fanö. Roman. 226 S. Bln: Kiepenheuer 1935
3 Die Furie. Roman aus der Wildnis. 398 S. Bln: Rowohlt 1937
4 +Die einsame Herde. Buch der wilden, blühenden Pampa. 234 S. Dresden: Heyne 1937

5 +Traum und Tarantel. Buch von der unruhigen Kreatur. 271 S. Dresden: Heyne 1938
6 +Die Silbermine von Santa Sabina. Roman aus Südamerika. 92 S. Bln: Curtius 1940
7 (MH) Ulenspiegel. Zeitschrift für Literatur, Kunst, Satire. Hg. H. Sandberg u. G. W. 2 Jge. 2⁰ Bln: Ulenspiegel-Verl. 1945–1947
8 Die Illegalen. Drama aus der deutschen Widerstandsbewegung. 118 S. Bln: Aufbau-Verl. 1946
9 Babel. Schauspiel in drei Akten. 171 S. Bln: Aufbau-Verl. 1947
10 Die guten Feinde. Bln: Aufbau-Verl. 1947
11 Historien der Zeit, enthaltend die Dramen: Babel, Die guten Feinde, Die Illegalen. 283 S. Bln: Aufbau-Verl. 1947
    (Enth. Nr. 8, 9, 10)
12 Memorial. Erinnerungen. 265 S. Bln: Aufbau-Verl. 1948
13 Ballade vom Eulenspiegel, vom Federle und von der dicken Pompanne. Auf dem Theater dargestellt mit Prolog und Chören und nach alten Schwänken. 81 S. Bln: Aufbau-Verl. 1949
14 Die spanische Hochzeit. Komödie. 79 S. Bln: Aufbau-Verl. 1949
15 Die Neuberin. Komödiantenstück. 64 S. Bln: Henschel 1950
16 Spiel vom Thomaskantor. Aufzuführen zu Ehren des Meisters aller Musik. Nach alten Berichten verfaßt. 31 S. Bln: Henschel 1950
17 (Hg.) Der lautlose Aufstand. Bericht über die Widerstandsbewegung des deutschen Volkes 1933–1945. Nach dem Material von Ricarda Huch. Mit e. Einl. v. M. Niemöller. 348 S. Hbg: Rowohlt 1953
18 Drei ehrenwerte Herren. Komödie. 143 S. Emsdetten/Westf.: Lechte (= Dramen der Zeit 2) 1953
19 (Hg.) Der lautlose Aufstand. Bericht über die Widerstandsbewegung des deutschen Volkes 1933–1945. Nach dem Material von Ricarda Huch u. Walter Hammer. Vermehrte u. verbesserte Neuaufl. 360 S. Hbg: Rowohlt (1954)
    (Erw. Neuaufl. v. Nr. 17)
20 Dramatische Balladen. 238 S. Bln: Aufbau-Verl. 1955
    (Enth. Nr. 8, 13, 15)
21 Der dritte Blick. Roman. 402 S. Mchn, Wien, Basel: Desch 1956
22 Das verlorene Gesicht. Die Ballade vom lachenden Mann. Schauspiel. 123 S. m. Abb. Mchn, Wien, Basel: Desch (= Welt des Theaters 1956)
23 Auf Sand gebaut. Roman. 405 S. Mchn, Wien, Basel: Desch 1956
24 Göttinger Kantate. 60 S., 10 Taf. Bln: Arani-Verl. (1958)
25 Lofter oder Das verlorene Gesicht. Die Theater-Ballade vom lachenden Mann. 131 S. m. Abb. Bln: Henschel 1959
    (Veränd. Neuaufl. v. Nr. 22)
26 Schiller und das moderne Theater. Vortrag. 26 S. m. Abb. Düsseldorf: Landesverband Nordrhein-Westfalen im Verband der Deutschen Volksbühnenvereine 1959
27 Fünfzehn Schnüre Geld. Ein altchinesisches Bühnenstück nach Chu Su-ch'en. Auf das europäische Theater gebracht. 153 S. Mchn: Desch 1959

WEISMANTEL, Leo (1888–1964)

1 Die Köhlerin im Waldsee. Ländliche Tragödie. 60 S. Lpz: Volger 1909
2 Die Hassberge. Ein Führer und Taschenhandbuch für Einheimische und Fremde. IV, 46 S. m. Abb., 1 Kt. Würzburg: Perschmann 1914
3 Die Hassberge. Landesnatur, Bevölkerung und Wirtschaftskultur. (S.-A.) III, 116 S., 6 Fig., 1 Doppeltaf. Würzburg: Kabitzsch 1914
4 Die Bettler des lieben Gottes. 112 S. m. Abb. 16⁰ Kempten: Kösel & Pustet (1918)
5 Mari Madlen. Ein Roman aus der Rhön. 423 S. Kempten: Kösel & Pustet (1918)
6 Die Kläuse von Niklashausen. Rhöner Kalendergeschichten. 90 S. Saarlouis: Hausen (= Hausen's Bücherei 78) (1919)

7 Die Reiter der Apokalypse. Drei Einakter. Hg. akadem.-literar. Gesellschaft zu Würzburg. 116 S. Würzburg, Ffm: Patmos-Verl. 1919
8 Leo Weismantel. 24 S., 1 Bildn. Würzburg, Ffm: Patmos-Verl. (= Die roten Bücher der Dichterabende 1) 1919
9 Fürstbischof Hermanns Zug in die Rhön. Eine Legende. 15 S. m. Abb. Würzburg, Ffm: Patmos-Verl. 1920
10 Der Gangolfsbrunnen. Legende. 44 S. m. Abb. Würzburg, Ffm: Patmos-Verl. 1920
11 Das Perlenwunder. Legenden und Märchen. 89 S. Essen: Fredebeul & Koenen (= Fredebeul & Koenen. Büchersammlung 4) (1920)
12 Der Wächter unter dem Galgen. Die Tragödie eines Volkes in einem Vorspiel und einem Nachspiel. 82 S. Würzburg, Ffm: Patmos-Verl. 1920
13 Der Totentanz 1921. Ein Spiel vom Leben und Sterben unserer Tage. 103 S. 4° Ffm, Bln: Bühnenvolksbundverl. 1921
14 (Hg.) Die zwölf Wegbereiter. Ein Almanach persönlicher Beratung für das Jahr 1921. 58 S. Mchn, Wien: Verl. d. Arbeitsgemeinschaft 1921
15 Die Blumenlegende. VII, 198 S. Kempten, Mchn: Kösel & Pustet 1922
16 Das unheilige Haus. Roman. 427 S. Kempten, Mchn: Kösel & Pustet 1922
17 Rudolf Schiestl. 17 S., 24 S. Abb., 2 Taf. Würzburg, Nürnberg: Verl. ,,Der Bund" (1922)
18 Das Spiel vom Blute Luzifers. 45 S. 4° Ffm, Bln: Bühnenvolksbundverl. 1922
19 Wilhelm Tell, Schillers Vermächtnis an das deutsche Volk. 116 S. Bln: Verl. d. Arbeitsgemeinschaft (= Die Bücher der Arbeitsgemeinschaft 1) 1922
20 (MH) Bücherei der Lebensalter. Hg. L. W. in Verbindung mit J. Antz u. G. Keckeis. 2 Bde. VII, 83 S., 25 Abb. 4°; IX, 125 S., 1 Titelb. Freiburg i. Br.: Herder (1923)-1925
21 Die Hexe. Eine Erzählung. 90 S. Kempten, Mchn: Kösel & Pustet 1923 (Neuaufl. v. Nr. 10)
22 Gußeiserne Leuchter. Geschichten aus alten Tagebüchern und Spinnstuben. 121 S. Mchn: Verl.-Anst. Tyrolia (= Deutscher Novellenkranz 19-20) (1923)
23 Musikanten und Wallfahrer. Erzählungen aus eigenem und fremdem Leben. V, 70 S. Freiburg i. Br.: Herder (= Der Bienenkorb) 1923
24 Die festliche Stadt. Ein Bericht. Volkschaft und Dichtung. Eine Rede über die Entwurzelung unseres Geisteslebens und die Pflege der Stammeskultur. 32 S. Nürnberg: Verl. ,,Der Bund" (= Flugschriften der Gemeinschaft fränkischer Dichter, H. 1) (1923)
25 Der närrische Freier. Roman. 92 S. Freiburg i. Br.: Herder 1924
26 Die Jugendspielscharen. 40 S. Nürnberg: Verl. ,,Der Bund" (= Flugschriften der Gemeinschaft fränkischer Dichter, H. 3) 1924
27 (Hg.) F. Graf v. Pocci: Die sechs schönsten Puppen-Komödien. Mit Spiel-Anm. hg. 272 S. m. Taf. 16° Bln: Verl. des Bühnenvolksbundes (= Bücherei erneuerter Volks- und Puppenspiele. Reihe 4) (1924)
28 (Hg.) Vaterländische Spiele. Mit Spiel-Anm. hg. 245 S., 6 Taf. 16° Ffm, Bln: Bühnenvolksbundverl. (= Bücherei erneuerter Volks- und Puppenspiele, Reihe 1) (1924)
29 Der Spielplan eines Theaters der Volkschaft. 24 S. Nürnberg: Verl. ,,Der Bund" (= Flugschriften der Gemeinschaft fränkischer Dichter, H. 2) 1924
30 Das Volk ohne Fahne. Ein Spiel vom Untergang und der Auferstehung eines Volkes. 2 Tle. Ffm, Bln: Bühnenvolksbundverl. (1924)
    1. Der Totentanz 1921. Ein Spiel vom Leben und Sterben unserer Tage. 130 S.
    2. Die Kommstunde. Ein Schicksalsspiel. 76 S. m. Fig.
    (Enth. u.a. Nr. 13)
31 Das Werkbuch der Puppenspiele. 128 S. m. Abb. Ffm, Bln: Bühnenvolksbundverl. 1924
32 Das Gänseblümlein und andere Blumenlegenden. 15 S. Saarlouis: Hausen (= Erbgut deutschen Schrifttums 9) (1925)
33 Das Hildebrandspiel. 14 S. Bln: Theaterverl. Langen-Müller (= Leo Weismantel erneuert alte Puppenspiele I, 1) (1925)
(Bd. I, 1 v. Nr. 42)

34 Das bekränzte Jahr. Ffm, Bln: Verl. des Bühnenvolksbundvereins (1925)
Die Wallfahrt nach Bethlehem. Ein Weihnachtsspiel. 67 S. m. Abb.
35 Der Kurfürst. Ein Spiel vom Vaterland. Fassung der Uraufführung in den Trierer Kaiserthermen vom 18. VII. 1925. XI, 181 S. Bln: Bühnenvolksbundverl. 1925
36 Der Kurfürst. Ein rheinisches Festspiel. XVI, 173 S. Bln: Bühnenvolksbundverl. 1925
(Veränd. Neuaufl. v. Nr. 35)
37 Der Ring. 52 S. Ffm, Bln: Theaterverl. Langen-Müller (= Leo Weismantel erneuert alte Puppenspiele I, 6) 1925
(Bd. I, 6 v. Nr. 42)
38 Die Schlacht auf dem Birkenfeld. 32 S. Ffm, Bln: Theaterverl. Langen-Müller (= Leo Weismantel erneuert alte Puppenspiele I, 3) 1925
(Bd. I, 3 v. Nr. 42)
39 Die Schule der Volkschaft. 71 S. Ffm: Carolus-Druckerei (= Volk im Werden 9) 1925
40 Das Spiel von Wilhelm Tell. 46 S. Ffm, Bln: Theaterverl. Langen-Müller (= Leo Weismantel erneuert alte Puppenspiele I, 2) 1925
(Bd. I, 2 v. Nr. 42)
41 Theophilus. 56 S. Ffm, Bln: Theaterverl. Langen-Müller (= Leo Weismantel erneuert alte Puppenspiele I, 4) 1925
(Bd. I, 4 v. Nr. 42)
42 (Bearb.) Leo Weismantel erneuert alte Puppenspiele. Reihe I, III, IV; je 6 Bde. Bln (: Theaterverl. Langen-Müller) 1925–(1926)
43 (Hg.) Bayern und die Wende der Bildung. Reden und Gegenreden zusgest. 186 S. (Würzburg:) Verlagsdruckerei Würzburg 1926
44 (MV) Th. Mann, H. Mann, L.W. (u.a.): Kampf um München als Kulturzentrum. Sechs Vorträge. 56 S. Mchn: Pflaum (1926)
45 Der Katholizismus zwischen Absonderung und Volksgemeinschaft. 84 S. (Würzburg:) Verlagsdruckerei Würzburg 1926
46 Die Kläuse von Niklashausen. Rhöner Kalendergeschichten. 120 S. m. Abb. Saarlouis: Hausen (= Hausen's Bücherei, Vorzugsdruck) 1926
(Veränd. Neuaufl. v. Nr. 6)
47 (Hg.) H. Sachs: Die sechs schönsten Fastnacht-Spiele. Mit Spielanm. hg.. 154 S. m. Taf. 16° Bln: Bühnenvolksbundverl. (= Bücherei erneuerter Volks- und Puppenspiele, Reihe 3) 1926
48 Der Geist als Sprache. Von den Grundrissen der Sprache. 152 S. Augsburg: Filser (= Schriften zur deutschen Literatur, Bd. 11) 1927
49 Die Geschichte des Richters von Orb. Erzählt. 121 S. Freiburg i. Br.: Herder 1927
50 Das alte Dorf. (Sparbrot.) Die Geschichte eines Dorfes und der Menschen, die in ihm gelebt haben. Erzählt. 453 S. Bln: Nürnberg: Sebaldus-Verl. 1928
51 Die Schule im neuen Volksstaat. (5 H.) Augsburg: Filser (= Schriften der Schule der Volkschaft für Volkskunde und Bildungswesen) 1928
1. Die Schule der Lebensalter. 143 S.
52 (Bearb.) Das Buch der heiligen Dreikönige des Jahres der Kirche und der Wunder des Doms zu Köln. Niedergeschrieben von mir: Johannes von Hildesheim dem Mönch im Jahre 1375, da ich mich dem Tode nahe weiß. Aus alten Gewölben geholt und den Menschen der Gegenwart wiedererzählt v. L.W. 128 S. m. Abb. Augsburg: Filser (= Bücherei der Adventsstube, Bd. 5) 1929
53 Schattenspielbuch. Schattenspiele des weltlichen und geistlichen Jahres und Anleitung zur Herstellung einer Schattenspielbühne und zum Schattenspiel. VI, 284 S. m. Abb., 14 Taf. Augsburg: Filser (= Bücherei der Adventsstube, Bd. 2) (1929)
54 Vom Willen deutscher Kunsterziehung. Bildschöpfungen von Kindern und Jugendlichen. 70 S. m. Abb. Augsburg: Filser 1929
55 Buch der Krippen. VII, 179 S. m. Abb. Augsburg: Filser (= Bücherei der Adventsstube, Bd. 3) 1930
56 (MH) H. Nohl, G. Kerschensteiner, A. Braig u. L.W.: Friedrich Fröbel und die Gegenwart. Vorträge. 82 S. Lpz: Quelle & Meyer (= Deutscher Fröbelverband. Bücherreihe B: Gegenwartsfragen, Bd. 3) 1930

57 Elisabeth. Geschichte eines denkwürdigen Lebens. 560 S. Nürnberg: Sebaldus-Verl. 1931
58 Die Geheimnisse der zwölf heiligen Nächte. Schattenspiel. 83 S. m. Abb. Bln: Dt. Buchvertriebs- u. Verlags-G.m.b.H. (1931)
59 (MH) Über die geistesbiologischen Grundlagen des Lesegutes der Kinder und Jugendlichen. Eine Schrift der Führung, veröffentlicht in Verbindung mit der Hg.-Gemeinschaft Buch und Volk, Düsseldorf, durch die Schule der Volkschaft für Volkskunde und Erziehungswesen v. L. W., unter Mitwirkung v. F. Fronemann, R. Reuter, Rumpf. VIII, 290 S., 1 Taf. Augsburg, Bln: Dt. Buchvertriebs- u. Verlags-G.m.b.H. 1931
60 Der Reiter des Kaisers. 22 S. Theaterverl. Langen-Müller (= Der Wächter unter dem Galgen, Vorspiel) 1931
(Zu Nr. 12)
61 Schattenspiele des weltlichen und geistlichen Jahres. 71 S. m. Abb. Bln: Dt. Buchvertriebs- u. Verlags-G.m.b.H. (1931)
(Ausz. a. Nr. 53)
62 Die Geschichte des Hauses Herkommer. 639 S. Nürnberg: Sebaldus-Verl. 1932
(Forts. v. Nr. 72)
63 (Hg.) Das Nationaltheater. Jg. 5, 3 H. Bln: Theaterverl. Langen-Müller 1932–1933
64 Nepomuk, die Räuberbande und das Fähnlein der Käuze. 152 S., 8 S. Abb. Köln: Bachem (= Länder, Abenteuer, Helden, Bd. 6; = Bücherei der Lebensalter) (1932)
65 Rebellen in Herrgotts Namen. 317 S. Bln: Dt. Buchgem. 1932
66 (Hg.) Schaubilder für ein Wunderkästchen. Entworfen v. A. Meier. 4 H., je 2 Bl., 5 Taf. Ravensburg: Maier (1932)
67 Stille Winkel in Franken. 10 S., 64 S. Abb. 4° Bielefeld: Velhagen & Klasing 1932
68 Das Oberammergauer Gelübdespiel. Zum Gedenken an ein ewiges Geschehen in der Vergänglichkeit der Zeit. XI, 217 S. Bln: Volkschaft-Verl. (= Spiele deutscher Landschaft 1) 1933
69 (MH) Gruppen-Spiele des neuen Volkstums. Spiele aus der Begegnung zwischen Dichter und Volk. Hg. L. W. u. W. K. Gerst, 2 Bde. 51, 49 S. Bln: Volkschaft-Verl. für Buch, Bühne und Film 1933
70 Maria. Erdenpilgerfahrt der heiligen Jungfrau und Gottesmutter nach den Gesichten frommer heiliger Frauen. 344 S. Nürnberg: Sebaldus-Verl. 1933
71 Die Sonnenwendfeier des jungen Deutschland. Weihespiel. 51 S. Bln: Volkschaft-Verl. für Buch, Bühne und Film (= Gruppen-Spiele des neuen Volkstums 1) 1933
(Bd. 1 v. Nr. 69)
72 Das Sterben in den Gassen. 480 S. Nürnberg: Sebaldus-Verl. 1933
(Forts. v. Nr. 50)
73 Totenfeier für die Gefallenen des Krieges. 49 S. Bln: Volkschaft-Verl. für Buch, Bühne und Film (= Gruppen-Spiele des neuen Volkstums 2) 1933
(Bd. 2 v. Nr. 69)
74 Der Erntedank. Weihespiel. 16 S. Freiburg i.Br.: Press-Verl. 1934
75 Die Geschichte vom alten Räff. Aus „Das alte Dorf" hg. A. Gloy. 56 S. Paderborn: Schöningh (= Der deutsche Quell; = Schöningh's Textausgaben 177) (1934)
(Ausz. a. Nr. 50)
76 Gespräche mit Eva. Niederschriften aus einem Tagebuch des Zufalls, gefunden und hg. 73 S. Bln, Kevelaer: Bercker (= Greif-Bücherei 1) (1934)
77 Gnade über Oberammergau. Roman. 279 S. Freiburg: Caritasverl. 1934
78 (MV) L. W. u. A. Meier: Wunderschön-Prächtige. Ein Marienleben in Liedern und Bildern. 30 S. m. Abb. Mchn: Pfeiffer (1934)
79 Wie der Heilige Geist das deutsche Volk erwählte. Ein Legendenbuch. 175 S. m. Abb., 1 Taf. Freiburg i.Br.: Caritasverl. 1935
80 Von den Grundlagen einer volkhaften Kunsterziehung. 96 S. m. Abb. 4° Düsseldorf: Schwann (= Vom Willen deutscher Kunsterziehung 1-2) 1935
81 Der Prozeß Jesu nach den Zeugenschaften der Zeit dargestellt. 430 S. Meitingen b. Augsburg: Christkönigsverl. 1935

82 Vom Main zur Donau. 10 S., 64 S. Abb. 4⁰ Bielefeld: Velhagen & Klasing 1935
83 Bauvolk am Dom. Deutsches Schicksalsbuch. 295 S. Köln: Bachem 1936
84 Mein Leben. 68 S. Bln: Junker & Dünnhaupt (= Die Lebenden) 1936
85 Dill Riemenschneider. Der Roman seines Lebens. 298 S., 1 Titelb. Freiburg i.Br., Mchn: Alber (1936)
86 Die Anbetung des Lammes. Ein Büchlein von der Reinheit des Lebens. 104 S. Innsbruck: Rauch (= Das heilige Mahl 1) (1937)
87 Eveline. Roman einer Ehe. 383 S. Bln: Verlh. Bong 1937
88 Die guten Werke des Herrn Vinzenz. Erzählt. 245 S., 4 Abb. Freiburg i.Br.: Herder 1937
89 Franz und Clara. Die Geschichte einer Liebe zweier großer Menschen. 412 S. Innsbruck: Rauch (1938)
90 Lionardo da Vinci. Geschichte eines Malers, der Gott und der Welt ins Antlitz zu schauen wagte. 427 S. Köln: Staufen-Verl. 1938
91 Die Sibylle. Geschichte einer Seherin. Visionen um den Bamberger Dom. 359 S. Augsburg: Literar. Inst. Haas 1938
92 Gericht über Veit Stoß, eines ehrsamen Rats heillos unruhiger Bürger. Die Tragödie eines Bildschnitzers. 387 S., 1 Titelb. Mchn: Alber (1939)
93 Unter dem Adventkranz. Ein Adventlese- und Werkbuch. 239 S. Wien: Volksliturg. Verl. 1939
94 Die Erben der lockeren Jeanette. Eine schöne Geschichte einer wahren Begebenheit des Lebens nacherzählt. 221 S. Wien: Gallus-Verl. 1940
95 Jahre des Werdens. Eine Jugend zwischen Dorf und Welt. 269 S. Bln: Bong 1940
96 Die Letzten von Sankt Klaren. Erzählung. 341 S. Freiburg i.Br.: Herder 1940
97 Mathis-Nithart-Roman. 3 Bde. Freiburg i. Br.: Mchn: Alber 1940–(1943)
  1. Das Totenliebespaar. Roman aus der Kindheit und den Lehrjahren des Mathis Nithart, der fälschlich Matthias Grünewald genannt wurde. 445 S., 2 Taf. 1940
  2. Der bunte Rock der Welt. Roman aus den Wander- und frühen Meisterjahren des Mathis Nithart, der fälschlich Matthias Grünewald genannt wurde. 483 S., 2 Taf. (1941)
  3. Die höllische Trinität. Roman aus den Jahren der Vollendung des Meisters Mathis Nithart, der fälschlich Matthias Grünewald genannt wurde. 562 S., 1 Titelb. (1943)
98 Venus und der Antiquar. Eine in der Hauptsache wahre und nur in nebensächlichen Dingen erlogene Geschichte. 161 S. m. Abb. Mainz: Matthias Grünewald-Verl. (1940)
99 Der Wahn der Marietta di Bernardis. 81 S. m. Abb. Mainz: Matthias Grünewald-Verl. (1940)
100 Die Leute von Sparbrot. Geschichten aus einem alten Dorfe. 344 S. Wien: Gallus-Verl. 1941
  (Neuaufl. v. Nr. 72)
101 Der Vorläufer. Roman. 229 S. Recklinghausen: Bitter 1941
  (Neuaufl. v. Nr. 65)
102 Tertullian Wolf. Die Geschichte eines Träumers. 316 S. Wien: Gallus-Verl. 1941
  (Neuaufl. v. Nr. 62)
103 Das Jahr von Sparbrot. Die Geschichte von Sitte und Brauchtum aus einem alten Dorf. 208 S. Wien: Gallus-Verl. (1943)
  (Neuaufl. v. Nr. 50)
104 Die Hochzeit des Prinzen Sebald von Dänemark. Eine Legende der Gotik. 86 S. Bln: Nauck 1946
105 Der junge Dürer. 30 S. m. Abb. Murnau/Mchn: Verl. Lux (= Lux-Lesebogen 2) (1947)
106 Die goldene Legende für die Jugend von heute. 3 Bde. Würzburg: Augustinus-Verl. 1947–1948
  1. Der Heiligste der Heiligen und seine zwölf Boten. 223 S. m. Abb. 1947
  2. Heilige in deutschen Landen. Ein Legendenbuch. 152 S., 1 Pl. 1947
  3. Heilige in aller Welt. Ein Legendenbuch. 281 S. 1948

107 Der Liebesadvokat von Athen. Erzählung. 267 S. Wien: Gallus-Verl. 1947
108 Lied aus der Rhön. Ein Leo Weismantel-Lesebuch für die Jugend. Hg. Werner Weismantel. 182 S. Kempen: Thomas-Verl. 1947
109 (Hg.) Lux-Jugend-Lesebogen. Natur- und kulturkundliche Hefte. 44 H. m. Abb. Murnau/Mchn: Verl. Lux (1947–1948)
110 Von der Panflöte zur Sphärenorgel. Wie die Orgel erfunden wurde. 31 S. m. Abb. Murnau/Mchn: Verl. Lux (= Lux-Lesebogen 1) (1947)
111 (Hg.) Gertrud Weismantel: Roß und Reiter. Studie über die Formbestände der Volkskunst. 174 S. m. Abb. Bln: Nauck (= Quellenbücher der Volkskunst 1) 1948
112 (Hg.) Die Adventsstube. Ein Lese- und Werkbuch der Advents- und Weihnachtszeit. 288 S. m. Abb. Würzburg: Augustinus-Verl. (= Das bekränzte Jahr 1) 1949
113 Der Prozeß Jesu. Nach den Zeugenschaften der Zeit dargestellt. 392 S. Würzburg: Augustinus-Verl. 1949 (Veränd. Neuaufl. v. Nr. 81)
114 Der Webstuhl. Von Bauern, Webern, Fabriklern und ihrer Not. 219 S. m. Abb. Nürnberg: Glock & Lutz 1949
115 Albrecht Dürers Brautfahrt in die Welt. Roman. 443 S., 1 Titelb. Freiburg i. Br., Mchn: Alber 1950
116 Albrecht Dürer, der junge Meister. Roman. 399 S., 4 S. Abb., 1 Titelb. Freiburg i. Br., Mchn: Alber 1950 (Forts. v. Nr. 115)
117 (MH) Musische Erziehung. Vorträge, Berichte und Ergebnisse des Kunstpädagogischen Kongresses in Fulda 1949. Hg. L. W. u. F. Hilker. 192 S. m. Noten. Stg: Klett (= Erziehungswissenschaftliche Bücherei) 1950
118 Kommentar über das Lesebuchwerk „Der Rosengarten". 3 Bde. Wiesbaden: Lesebuch-Verwaltungskommission (1950)
    1. Archiv des Deutschunterrichtes. Über die Bebilderung einer Fibel. 36 S. m. Abb., 8 Bl. Abb.
    2. Vom Wesen der Ganzheit in der Fibel-Frage. Kommentar zur Rosenfibel. 51 S.
    3. Archiv des Deutschunterrichtes. Die Behandlung eines Märchens im Deutschunterricht. 51 S. m. Abb., 14 Bl. Abb.
    (zu Nr. 119)
119 Der Rosengarten. 2 Bde., 3 Erg.-Mappen. Wiesbaden: Lesebuch-Verwaltungskommission (1950)
    1. Die Rosenfibel. 48 S. m. Abb.
    Erg.-Mappe 1. 4 Bildtaf. mit Drehscheiben, 6 Lese-Domino-Kt.
    2. 4 Bildtaf. mit Drehscheiben, 3 Märchen-Lotto-Kt., 1 Buchstaben-Bogen.
    3. 1 Leserad, 2 Buchstaben-Bogen.
    2. Wir treten auf die Kette. Ein Lesebuch für das zweite Schuljahr. 176 S. m. Abb. u. Taf.
120 (MV) Leonardo da Vinci: Frauen und Madonnen. Die „Gespräche" über die Bildnisse schrieb L. W. 52 S., 16 Abb., 2 Taf. Mchn: Obpacher Kunstverl. (= Das Kunstbüchlein 3) 1952
121 (Hg.) Der Rosengarten (1953, 1954). Kalender vom Wachstum der Bilder von Meistern, Kindern und Jugendlichen. Hg. im Auftrag der Hessischen Lesebuchstiftung. 2 Kal. 28 Bl. m. Abb. 4°; 31 Bl. m. Abb. 4° Limburg/Lahn: Limburger Vereinsdruckerei (1952–1953)
122 (MV) Stundenbuch der Dichter. Ein Gedichtband für das 5. und 6. (bzw. 7. bis 9.) Schuljahr im Rahmen des Lesebuchwerkes „Der Rosengarten". Textgestaltung und Bildbesorgung L. W. Hg. Hessische Lesebuchstiftung. 2 Bde. Wiesbaden: Verl. der Hessischen Lesebuchstiftung (= Der Rosengarten, Gedichtband) 1952
    1. Für das 5. u. 6. Schuljahr. 190 S., 15 Taf.
    2. Für das 7.–9. Schuljahr. 184 S. m. Abb., 14 Taf.
    (zu Nr. 119)
123 Das Testament Albrecht Dürers. 51 S., 13 Abb., 5 Taf. Mchn: Obpacher Kunstverl. (= Das Kunstbüchlein 5) 1953
124 (Hg.) Das werdende Zeitalter. Jg. 1958, Nr. 1. Jugenheim a. d. Bergstr.: Weltkreis-Verl.-Ges. (= Elan. Beil.) 1958

Weiss, Ernst (1884–1940)

1. Die Galeere. Roman. 277 S. Bln: Fischer 1913
2. Der Kampf. Roman. 341 S. Bln: Fischer 1916
3. Tiere in Ketten. Roman. 278 S. Bln: Fischer 1918
4. Franziska. Roman. 182 S. Bln: Fischer (= Fischer's Bibliothek zeitgenössischer Romane. Reihe 8, Bd. 11) (1919)
   (Neufassg. v. Nr. 2)
5. Mensch gegen Mensch. Roman. 255 S. Mchn: Müller (= Neue deutsche Romane) 1919
6. Stern der Dämmerung. Roman. Franta Zlin. Novelle. Der bunte Dämon. Gedicht. 71 S. Wien: Waldheim-Eberle (= Die Gefährten. Jg. 3, H. 9) 1920
7. Tanja. Drama in drei Akten. 115 S. Bln: Fischer 1920
8. Nahar. Roman. 231 S. Mchn, Bln: Rowohlt (= Tiere in Ketten. Bd. 2; = Der neue Roman) 1922
   (Forts. v. Nr. 3)
9. Tiere in Ketten. Roman. 342 S. Mchn, Bln: Rowohlt 1922
   (Neufassg. v. Nr. 3)
10. Atua. Drei Erzählungen. 185 S. Mchn, Bln: Rowohlt 1923
11. Die Feuerprobe. Roman. 115 S. m. Abb. 2° Bln: Verl. Die Schmiede (= Druck der Offizina Fabri 1) 1923
12. Hodin. Erzählung. 57 S. m. Abb. 4° Bln: Voegel (= Das Prisma 13) 1923
13. Olympia. Tragikomödie. 130 S. Bln: Verl. Die Schmiede 1923
14. Daniel. 82 S. Bln: Verl. Die Schmiede 1924
15. Der Fall Vukobrankovics. 203 S. Bln: Verl. Die Schmiede (= Außenseiter der Gesellschaft, Bd. 4) (1925)
16. Männer in der Nacht. Roman. 239 S. Bln: Propyläen-Verl. 1925
17. Boëtius von Orlamünde. Roman. 285 S. Bln: Fischer 1928
18. Das Unverlierbare. 379 S. Bln: Rowohlt 1928
19. Dämonenzug. Fünf Erzählungen. 278 S. Bln: Ullstein 1929
20. Georg Letham, Arzt und Mörder. Roman. 580 S. Wien: Zsolnay 1931
21. Der Gefängnisarzt oder Die Vaterlosen. Roman. 469 S. Mähr.-Ostrau: Kittl 1934
22. Der Geisterseher. Mähr.-Ostrau: Kittl 1934
23. Der arme Verschwender. Roman. 506 S. Amsterdam: Querido 1936
24. (Übs.) J. M. Cain: Serenade in Mexiko. 277 S. Amsterdam: Querido 1938
25. Der Verführer. Roman. 440 S. Zürich: Humanitas-Verl. 1938
26. (Übs.) H. de Balzac: Oberst Chabert. Novelle. 110 S. m. Abb. Köln: Pick (= Gürzenichbände) 1946
27. (Nachw.) R. L. Stevenson: Die Schatzinsel. Abenteurer-Roman. Übs. P. Baudisch. 354 S. Bln: Dt. Buchgem. (1947)
28. (Übs.) A. Daudet: Tartarin aus Tarascon. 297 S. m. Abb. Bln, Hbg: Dt. Buchgem. 1948

Weiss, Konrad (1880–1940)

1. Tantum dic verbo. Gedichte. 75 S. m. Abb. Lpz: Wolff (1919)
2. Die Glasfenster der ehemaligen Minoritenkirche in Regensburg (Bayer. Nationalmuseum). 7 S., 8 Taf. 4° Mchn, Bln: Harz, Schmidt (= Deutsche Kunst. Bilderhefte. Folge 1, H. 4) 1921
3. Die cumäische Sibylle. 103 S., 7 Taf. 4° Mchn: Müller 1921
4. Die kleine Schöpfung. 72 S. m. Abb. 4° Mchn: Müller (300 num. Ex.) 1926
5. Das gegenwärtige Problem der Gotik. Mit Nachgedanken über das bürgerliche Kunstproblem. 52 S. Augsburg: Filser 1927
6. Die Löwin. Vier Begegnungen. 132 S. Augsburg: Filser 1928
7. Tantalus. 80 S. m. Abb. Augsburg: Filser 1928
8. Karl Caspar. 34 S., 24 S. Abb. 4° Augsburg: Filser (= Münchner Kunstschriften 1) 1929
9. Zum geschichtlichen Gethsemane. Gesammelte Versuche. 195 S., 1 Titelb. Mainz: Grünewald-Verl. 1929

10 Das Herz des Wortes. Gedichte. 118 S. Augsburg: Filser 1929
11 Der christliche Epimetheus. 111 S. (Bln:) Runge 1933
12 (Hg.) Meister Eckhart: Die deutschen und lateinischen Werke. Die lateinischen Werke. Lieferung 1, 2, 12, 13, 18, 19/20, 27/28. Stg: Kohlhammer 1937–1962
13 Konradin von Hohenstaufen. Trauerspiel. 170 S. Lpz: Insel 1938
14 Das Sinnreich der Erde. Gedichte. 118 S. Lpz: Insel 1939
15 Gedichte. 2 Bde. 266, 316 S. Mchn: Kösel 1948–1949
16 Prosadichtungen. 164 S. Mchn: Kösel (= Hegner-Bücherei) 1948
  (Enth. Nr. 6 u. 7)
17 Regensburg. Morgenbilder der Geschichte. Mit einem Nachw. v. J. Dünninger. 70 S. Regensburg: Habbel 1948
18 Deutschlands Morgenspiegel. Ein Reisebuch in zwei Teilen. 2 Bde. 335, 270 S. m. Abb. Mchn: Kösel (= Hochlandbücherei) 1950
  (Enth. u.a. Nr. 17)
19 Das kaiserliche Liebesgespräch. 66 S. Mchn: Kösel (= Hochland-Bücherei) 1951
20 Harpyie. 42 S., 11 Abb. Mchn: Kösel 1953
21 (MV) (K. Heussi: Meister Eckhart. – K. W.:) Meister Eckharts Stellung innerhalb der theologischen Entwicklung des Spätmittelalters. 47 S. Bln: Töpelmann (= Studien der Luther-Akademie. N. F. H. 1) 1953
22 (Übs.) A. M. T. S. Boethius: Die Gedichte aus der Tröstung der Philosophie. Nachw. J. Pieper. 130 S. Bln, Ffm: Suhrkamp (= Tausenddrucke 2; 1000 num. Ex.) 1956
23 Wanderer in den Zeiten. Süddeutsche Reisebilder. Hg. F. Kemp. 222 S., 34 Bl. Abb. Mchn: Kösel 1958

WEISS, Peter (*1916)

1 Der Schatten des Körpers des Kutschers. 76 S., 7 Collagen. Ffm: Suhrkamp (= Tausenddruck 3) 1960

WEISSE, Christian Felix (1726–1804)

1 (MV) (J. Ch. Gottsched:) Ehrenmaal, welches dem weiland ... Ernst Christoph Grafen von Manteuffel ... aufgerichtet worden. Lpz (1750)
2 (Übs.) Der liebenswürdigen Mariane Begebenheiten. Aus dem Französischen. Lpz: Gleditsch 1752
3 (MÜbs.) W. Law: Weisliche Ermahnungen an alle Christen zu einem frommen und heiligen Leben. Aus dem Englischen. Übs. G. E. Lessing u. Ch. F. W. Lpz: Weidmann 1756
4 Die Poeten nach der Mode. Ein Lustspiel in drey Aufzügen. Hbg 1756
5 (Übs.) Briefe der Miß Fanny Butler. Aus dem Französischen. Lpz 1758
6 Scherzhafte Lieder. Lpz: Weidmann's Erben & Reich 1758
7 Beytrag zum Deutschen Theater. 5 Bde. Lpz 1759–1768
  (Enth. u.a. Nr. 4)
8 (Hg.) Bibliothek der schönen Wissenschaften und der freyen Künste. Bd. 5–12 u. Reg.-Bd. Lpz (1759)–1765
9 Amazonenlieder. Lpz: Weidmann's Erben & Reich 1760
10 (Übs.) de Moissy: Die neue Weiberschule. Lustspiel. Aus dem Französischen. Gotha, Göttingen: Dieterich 1761
11 (Übs.) Tyrtäus: Kriegslieder. Aus dem Griechischen. Lpz 1762
12 Beytrag zum Deutschen Theater. 5 Bde. Lpz 1765–1771
  (Verm. Neuaufl. v. Nr. 7)
13 (Hg.) Neue Bibliothek der schönen Wissenschaften und der freyen Künste. 72 u. 5 Reg.-Bde. Lpz 1765–1804
  (Forts. v. Nr. 8)
14 Richard der Dritte. Trauerspiel in fünf Aufzügen. Lpz: Dyk 1765

15　Kleine Lieder für Kinder, zur Beförderung der Tugend mit Melodien zum Singen beim Clavier. 2 Bde. 2⁰ Flensburg 1766–1767
16　(Übs.) J. Fordyce: Predigten für junge Frauenzimmer. Aus dem Englischen. 2 Bde. Lpz: Weidmann 1767
17　Die Liebe auf dem Lande. Oper. Lpz: Dyk 1767
18　Lottchen am Hofe. Komische Oper. Lpz: Dyk 1767
19　Die Matrone von Ephesus. Lustspiel. Lpz: Dyk 1767
20　*Die Befreiung von Theben ... Lpz 1768
　　(Ausz. a. Nr. 7)
21　List über List. Lustspiel. Lpz: Dyk 1768
22　Komische Opern. 3 Bde. 5 Bl., 198; 252; 290 S. – 2 Bde. Nachtr. Lpz: Dyk 1768–1772
23　Romeo und Julia. Trauerspiel. Lpz: Dyk 1768
24　*Die verwandelten Weiber, oder Der Teufel ist los. 2 Bde. Lpz: Dyk 1768
　　(Ausz. a. Nr. 22)
25　Lieder für Kinder. Mit neuen Melodien v. J. A. Hiller. Lpz: Weidmann 1768
　　(Verm. Neuaufl. v. Nr. 15)
26　Weiberklatsche, oder Ein qui pro quo. Lustspiel. Lpz: Dyk 1769
27　(Übs.) Von den Barden. Nebst Bardenliedern. Aus dem Englischen. Lpz: Dyk 1770
28　Elegie auf Gellerts Tod. Lpz 1770
29　Die Jagd. Oper. Lpz 1770
30　Der lustige Schuster oder Der Teufel ist los. Oper. Lpz: Dyk 1770
31　Walder. Ein Lustspiel nach Marmontel. Lpz: Dyk 1770
32　Beytrag zum Deutschen Theater. Erster Theil. Lpz: Dyk 1771
　　(Verb. Neuaufl. v. Nr. 7, Tl. 1)
33　Eduard der Dritte. Trauerspiel. Lpz: Dyk 1771
34　(Bearb.) H. de Guy: Literarische Reise nach Griechenland. Mit Berichtigungen v. Ch. F. W. 2 Tle. Lpz: Schwickert 1771–1772
35　(Übs.) J. H. Lambert: Jahreszeiten. Lpz 1771
36　Neues ABC-Buch, nebst einigen kleinen Übungen und Unterhaltungen für Kinder. M. Ku. Lpz 1772
37　Der Aerndtekranz. Komische Oper in drei Aufzügen. 4⁰ Lpz: Gleditsch 1772
38　Armuth und Tugend. Ein kleines Schauspiel in einem Aufzug. Lpz 1772
39　Kleine lyrische Gedichte. 3 Bde. 3 Bl., 258 S., 3 Bl.; 258 S., 1 Bl.; 251, 3 S. Lpz: Weidmann's Erben & Reich 1772
40　(Übs.) S. Mercier: Das Jahr tausend vier hundert und vierzig. Ein Traum aller Träume. Aus dem Französischen. London (d. i. Lpz: Schwickert) 1772
41　(Übs.) J. H. Lambert: Orientalische Fabeln. Lpz 1772
42　(Übs.) E. Moore: Fabeln für das schöne Geschlecht. Aus dem Englischen. Lpz (1772)
43　(Hg.) G. W. Rabener: Briefe. Nebst dessen Lebensbeschreibung nach seinem Tode gesammelt u. hg. Lpz 1772
44　(Übs.) J. F. de Saint-Lambert: Orientalische Fabeln. Aus dem Französischen. 12⁰ Lpz: Dyk 1772
45　Bibliothek für Jünglinge, oder Sittenlehre für alle Scenen des Lebens. Lpz (1773)
46　(Übs.) Johann Hennuyer, Bischof von Lisieux. Drama in drei Aufzügen. Lpz: Schwickert 1773
47　Die Jubelhochzeit. Eine komische Oper in drei Aufzügen. o. O. 1773
48　Albert. Ein Drama. Lpz 1774
49　(Übs.) H. Brooke: Julie Greenville oder Geschichte des menschlichen Herzens. Aus dem Englischen. 3 Tle. Lpz: Schwickert 1774
50　(Übs.) E. Rowe: Geheime Andachtsübungen. In Betrachtungen, Gebeten, Lobpreisungen. Hg. v. Watt etc. Aus dem Englischen. Ffm, Lpz: Hertel 1774
51　(MÜbs.) Crebillon: Catilina. Trauerspiel. Aus dem Französischen. Übs. G. E. Lessing u. Ch. F. W. Dresden: Walther 1775
52　(Hg.) Der Kinderfreund. Ein Wochenblatt. 24 Bde. m. Ku. u. Musikbeil. Lpz: Crusius 1775–1782
53　Der Geburtstag. Kleines Lustspiel in einem Aufzug. Lpz 1776
　　(Ausz. a. Nr. 52)
54　Die Geschwisterliebe. Schauspiel. Lpz 1776
　　(Ausz. a. Nr. 52)

55 Die Milchschwester. Schauspiel. Lpz 1776
(Ausz. a. Nr. 52)
56 Trauerspiele. 5 Bde. 232, 244, 246, 232, 328 S., 5 Titelku. Lpz: Dyk 1776–1780
57 Das Weihnachtsgeschenk. Kleines Lustspiel in einem Aufzug. Lpz 1776
(Ausz. a. Nr. 52)
58 (Übs.) W. Wilkes: Erinnerungen an ein junges Frauenzimmer, um sie in jedem Auftritte des Lebens glücklich zu machen, Aus dem Englischen. Lpz: Weidmann (1776)
59 Die kleine Aehrenleserin. Ein Lustspiel für Kinder in einem Aufzug. Lpz. 1777
(Ausz. a. Nr. 52)
60 Edelmuth und Niedrigkeit. Schauspiel in einem Aufzug. 52 S. Lpz. 1777
(Ausz. a. Nr. 52)
61 (Übs.) Fränkli und seine Schwester, Wanderungen. Aus dem Englischen. 4 Bde. Lpz: Weidmann 1777–1779
62 Die beiden Hüte. Lustspiel nach Marmontel. Lpz: Dyk 1777
63 Der ungezogene Knabe. Lustspiel in einem Aufzug. Lpz 1777
(Ausz. a. Nr. 52)
64 Die Mädchenschule. Kleines Spiel. Hbg 1777
(Ausz. a. Nr. 52)
65 (MV) G. W. Rabener: Sämtliche Schriften. 6 Tle. Mit des Verfassers Leben v. Ch. F. W. Lpz 1777
66 Die Schadenfreude. Ein kleines Lustspiel mit Liederchen. 35 S. Lpz 1777
(Ausz. a. Nr. 52)
67 Der gebundene Schäfer. Schäferspiel für Kinder. Lpz 1777
(Ausz. a. Nr. 52)
68 Der Abschied. Ein Schauspiel für Kinder in einem Aufzug. Lpz 1778
(Ausz. a. Nr. 52)
69 Ein kleiner Familienzwist oder Gute Kinder machen bisweilen auch gute Eltern. Schauspiel für Kinder in einem Aufzug. Lpz 1778
(Ausz. a. Nr. 52)
70 Die Schlittenfahrt. Kinderspiel in zwei Aufzügen. Lpz 1778
(Ausz. a. Nr. 52)
71 (Übs.) Evelina oder Eines jungen Frauenzimmers Eintritt in die Welt. Aus dem Englischen. 3 Tle. Lpz: Schwickert 1779
72 Die Friedensfeier oder Die unvermuthete Wiederkunft. Lustspiel in zwei Aufzügen. Lpz 1779
(Ausz. a. Nr. 52)
73 Die Ueberraschung. Lustspiel in einem Aufzug. Lpz 1779
(Ausz. a. Nr. 52)
74 Versprechen muß man halten oder: Ein guter Mensch macht andere gute Menschen. Lustspiel für Kinder in einem Aufzug. Lpz 1779
(Ausz. a. Nr. 52)
75 Die natürliche Zauberei oder Das böse Gewissen. Lustspiel in einem Aufzug. Lpz 1779
(Ausz. a. Nr. 52)
76 (Übs.) Gräfin v. Genlis: Erziehungs-Theater für junge Frauenzimmer. Aus dem Französischen. 4 Bde. Lpz: Vogel 1780–1782
77 Gute Kinder, der Eltern größter Reichthum. Schauspiel in zwei Aufzügen. Lpz 1780
(Ausz. a. Nr. 52)
78 Das junge Modefrauenzimmer. Schauspiel in einem Aufzug. Lpz 1780
(Ausz. a. Nr. 52)
79 Die jungen Spieler, oder Böse Gesellschaften verderben gute Sitten. Lustspiel. Lpz: Vogel 1781
80 Das Windspiel, oder: Die Rache. Ein Schauspiel in Zwey Aufzügen. 86 S. Lpz 1781
(Ausz. a. Nr. 52)
81 Das Denkmal in Arkadien. Ländliches Schauspiel für die Jugend in einem Aufzug. Lpz 1782
(Ausz. a. Nr. 52)
82 (Übs.) Der Spiegel. Ein periodisches Blatt. Aus dem Englischen. 3 Bde. Lpz: Vogel 1782–1783

83 (Hg.) Der Spieler. 3 Bde. Lpz 1782–1783
84 Amalia. Ein Lustspiel in fünf Aufzügen. Aufgeführt im k.k. National-Hoftheater. 95 S. Wien: zu finden beym Logenmeister 1783
   (Ausz. a. Nr. 7)
85 (Übs.) Cecilia, oder Geschichte einer reichen Waise. Aus dem Englischen. 3 Tle. Lpz: Weidmann 1783–1784
86 Lustspiele. 3 Bde. 420, 390, 396 S., 3 Titelku. Lpz: Dyk 1783
87 (Übs.) W. Mason: Der englische Garten. Ein Gedicht in vier Büchern. Aus dem Englischen. Lpz: Schwickert 1783
88 (Hg.) Briefwechsel der Familie des Kinderfreundes. 12 Bde. m. Ku. u. Musikbeil. Lpz: Crusius 1784–1792
   (Forts. v. Nr. 52)
89 Der Fanatismus, oder Jean Calas. Trauerspiel. Ffm: v. Jenisch 1785
90 *(Übs.) Hayley: Ein philosophisch-historisch- u. moralischer Versuch über die alten Jungfern. Von einem Freunde der Schwesternschaft. Aus dem Englischen. 3 Bde. Lpz: Weidmann 1786
91 (Übs.) J. Aikin: Naturkalender zum Unterricht und Vergnügen junger Leute. Aus dem Englischen. Lpz: Weidmann 1787
92 (Übs.) Dramen zur Belehrung junger Frauenzimmer, von einer englischen Dame. Aus dem Englischen. 2 Tle. Lpz: Weidmann 1787
93 (Übs.) Frau v. Helme: Clara und Emmeline, oder Der mütterliche Segen. Aus dem Englischen. Lpz: Weidmann 1789
94 Pudelnärrische Reiseabenteuer dreyer Kriegssöhne ... Lpz: Schwickert 1789
95 (Übs.) J. de Grammont: Julie: Eine rührende Geschichte. Aus dem Englischen. Lpz: Weidmann 1790
96 (Übs.) Emmeline Smith, oder Die Waise des Schlosses. Aus dem Englischen. 4 Tle. Wien: Schaumburg 1790
97 (Übs.) H. M. Williams: Julie. Aus dem Englischen. 2 Tle. Lpz: Weidmann 1791
98 Interessante ... Geschichte des Prinzen Li-Bu ... M. Ku. Lpz 1792
99 Schauspiele für Kinder. 3 Bde. Lpz: Vogel 1792
100 *(Übs.) R. Cumberland: Lehrreiche ... Aufsätze ... 2 Bde. Lpz 1793
101 *(Bearb.) Der kleine Jack. Eine Volksgeschichte. Nach dem Englischen. Bearbeitet vom Verfasser des Kinderfreundes. M. Ku. 16⁰ Lpz 1793
102 (Übs.) Barbault: Das geöffnete Schreibpult. Zum Unterricht und Vergnügen junger Personen. Aus dem Englischen. 9 Bde. m. Ku. 16⁰ Lpz: Wienbrack 1795–1803
103 (Übs.) F. Burton: Vorlesungen über weibliche Erziehung und Sitten. Aus dem Englischen. 2 Tle. m. Ku. Lpz 1795
104 *An die Freunde des Schauspiels ... o. O. 1798
105 *(Übs.) Smith: Ländliche Spaziergänge ... 4 Bde. Lpz 1800–1803
106 (Hg.) J. P. Uz: Poetische Werke. Nach seinen eigenen Verbesserungen hg. Ch. F. W. 2 Tle. Wien: Degen 1804
107 Selbstbiographie. Hg. C. E. Weiße u. S. G. Frisch. Mit Zusätzen von dem Letzteren. M. 5 Titelku. Lpz: Voß 1806
108 Lieder und Fabeln für Kinder nach seinem Wunsch gesammelt u. hg. v. E. G. Frisch. M. Titelku. Lpz: Vogel 1807

Wekhrlin, Wilhelm Ludwig
(+Anselmus Rabiosus) (1739–1792)

1 *(Übs.) Denkwürdigkeiten von Wien. Aus dem Französischen. 3 Tle. (Nördlingen: Beck) 1776–1777
2 *(Hg.) Felleisen. Nördlingen 1778
3 *Das Leben und die Narrheiten des Don Pantalone Rodriguez Papefiguira, Doktors und ehrwürdigen Bürgermeisters zu Mancha, aus dem Spanischen. Riga 1778
4 +Anselmus Rabiosus' Reise durch Ober-Deutschland. 2 Bl., 152 S. Salzburg, Lpz (d.i. Nördlingen: Beck) 1778

5 *Das Bürgermeisteramt des Harlekin, eine Fastnachtsfrazze mit Tänzen. 239 S. o. O. (1779)
6 Chronologen. Ein periodisches Werk. 12 Bde. Ffm, Lpz: Felsecker 1779–1781
7 *Ueber Wasers zwote Verurtheilung von einem Unbekannten, hg. vom Verfasser der Chronologen. 71 S. o. O. 1781
8 †Die Papageye. Eine Präsidentengeschichte ... o. O. 1782
9 *Taschenbuch der Philosophie auf das Jahr 1783. Nürnberg 1782
10 *Pantalon – Phöbus und Haschka eine Diatribe ... Salzburg, Lpz: Böhme 1784
11 Das graue Ungeheuer. 12 Bde. o. O. 1784–1787
12 Die Einwilligung der Unterthanen zum Ländertausch, ein Hirngespinst. 4 S. o. O. 1786
13 Geschichte und Apologie des Freiherrn von Meggenhofer; ein Beytrag zur Illuminatengeschichte. Nürnberg 1786
14 *(Vorw., MV) Die affenthewrliche Historia des lächerlichen Pritschmeisters und Erzgauklers Pips von Hasenfuß. 32 Bl. o. O. (1786)
15 Hyperboreische Briefe. 6 Bde. o. O. 1788–1790
16 *Das blaue Märchen ... von einem Währwolf ... o. O. 1789
17 Paragrafen. 2 Bde. 331, 294 S. o. O. 1791
18 (Hg.) Ansbachische Blätter. 33 Nrn. 4⁰ o. O. 1792

Welk, Ehm (†Thomas Trimm) (1884–1966)

1 Belgisches Skizzenbuch. 120 S. Braunschweig: Scholz 1913
2 Gewitter über Gottland. Schauspiel. 148 S. Bln: Fischer 1926
3 Kreuzabnahme. Schauspiel. 126 S. Bln: Volksbühnen-Verl. 1927
4 Michael Knobbe oder Das Loch im Gesicht. 152 S. Bln: Volksbühnen-Verl. 1931
5 Die schwarze Sonne. Leben, Schaffen und Sterben deutscher Kolonialhelden. 255 S., 16 Taf., 1 Kt. Bln: Ullstein 1933
6 Schwarzbrot. Schauspiel. 87 S. Bln: Fischer 1934
7 (Hg.) Der deutsche Wald. Sein Leben und seine Schönheit. Führer durch die Wälder unserer Heimat. 554 S. m. Abb., 40 Taf. 4⁰ Bln: Ullstein 1935
8 Die Heiden von Kummerow. Roman. 363 S. Bln: Dt. Verl. (1937)
9 Die Lebensuhr des Gottlieb Grambauer. Berichte eines einfältigen Herzens. Roman. 530 S., 12 Abb. Bln: Dt. Verl. (1938)
10 Der hohe Befehl. Opfergang und Bekenntnis des Werner Voss. 618 S. Bln: Dt. Verl. 1939
11 Die wundersame Freundschaft. Das Buch von Tier und Mensch. Mit Unterstützung von W. Hofstätter. 445 S., 16 Taf. Lpz: Reclam 1940
12 Die Fanfare im Pariser Einzugsmarsch. Eine preußische Novelle. 119 S., 17 Abb. Bln: Dt. Verl. 1942
13 Die stillen Gefährten. Gedanken über das Leben mit Tieren. 192 S. m. Abb. Bln: Limpert 1943
14 Die Gerechten von Kummerow. Roman. 468 S. Bln: Dt. Verl. 1943 (Forts. v. Nr. 8)
15 (Hg.) Th. Fontane: Parkettplatz dreiundzwanzig. Theodor Fontane über Theaterkunst, Dichtung und Wahrheit. 279 S. Bln: Henschel 1949
16 Der Nachtmann. Geschichte einer Fahrt zwischen hüben und drüben. Kein Roman. 343 S. Bln: Aufbau-Verl. 1950
17 Mein Land, das ferne leuchtet. Ein deutsches Erzählbuch aus Erinnerung und Betrachtung. 374 S., 1 Titelb. Bln: Henschel 1952
18 (MV) E. W. u. J. Sieber: Tiere – Wälder – Junge Menschen. 210 S. Schwerin: Petermänken-Verl. 1952
19 Im Morgennebel. Roman. 937 S. Bln: Verl. Volk und Welt 1953
20 Mutafo. Das ist das Ding, das durch den Wind geht. Die unglaublichen Geschichten der rühml. christlichen Seefahrer Thomas Trimm und William Steinert. Aufgezeichnet von Toby Swagger. Aus dem Slangamischen übertragen, bearb. und neu an den Tag gebracht. 300 S., 116 Abb. Bln: Eulenspiegel-Verl. 1955

21 Der Hammer will gehandhabt sein. Sieben Geschichten und eine halbe. 269 S. m. Abb. Bln: Verl. Volk und Welt 1958
22 Der Bulle von Klebbow. Ein paar Seiten aus einer Dorfchronik. 67 S. Halle/S.: Mitteldt. Verl. (= Treffpunkt heute) 1959 (Ausz. a. Nr. 21)
23 Der wackere Kühnemann aus Puttelfingen. Roman. 421 S. Bln: Eulenspiegel-Verl. 1959
24 Geliebtes Leben. Gedanken und Gedichte. Gesammelt u. hg. Agathe Lindner-Welk. 189 S., 1 Titelb. Rostock: Hinstorff 1959
25 (Bearb.) F. Reuter: Geschichte einer armen Liebe. 125 S. Rostock: Hinstorff (1960)

WELTER, Nikolaus (1871–1951)

1 Frederi Mistral, der Dichter der Provence. 356 S., 1 Bildn. Marburg: Elwert 1891
2 Siegfried und Melusine. Dramatisierte Volkssage. 144 S. 12° Bln: Concordia 1900
3 Aus alten Tagen. Balladen und Romanzen aus Luxemburgs Sage und Geschichte. 150 S. 12° Luxemburg: Huss 1900
4 Griselinde. Dichtung. 126 S. Luxemburg: Huss 1901
5 Theodor Aubanel, ein provenzalischer Sänger der Schönheit. 223 S., 1 Bildn. Marburg: Elwert 1902
6 Frühlichter. Gedichte. 116 S. Mchn: Allgem. Verl.-Ges. (1903)
7 Die Söhne des Öslings. Bauerndrama aus der Zeit der französischen Revolution. 118 S. Diekirch/Luxemburg: Schroell 1904
8 Der Abtrünnige. Ein Trauerspiel in fünf Aufzügen. 87 S. 12° Wien: Liter.-Anst. Austria 1905
9 Die Dichter der luxemburgischen Mundart. 147 S. Diekirch/Luxemburg: Schroell 1906
10 Lene Frank. Ein Lehrerinnendrama in vier Aufzügen. 76 S. 12° Wien, Bln: Liter.-Anst. Austria 1906
11 Professor Forster. Ein Trauerspiel in fünf Aufzügen. 91 S. 12° Wien, Bln: Liter.-Anst. Austria 1908
12 Geschichte der französischen Literatur. X, 324 S. Kempten: Kösel (= Sammlung Kösel 26–27) 1909
13 In Staub und Gluten. Neue Gedichte. 120 S. Lpz: Verl. für Literatur, Kunst und Musik 1909
14 Segnungen der Stunde. Aus meinem Wiener Tagebuch. 100 S., 1 Bildn. Lpz: Verl. für Literatur, Kunst und Musik 1910
15 Mansfeld. Ein Schicksalsspiel in vier Aufzügen. 103 S. 12° Diekirch: Schroell 1912
16 Hohe Sonnentage. Ein Ferienbuch aus Provence und Tunesien. IV, 381 S. 7 Taf. Kempten: Kösel 1912
17 (Hg.) Franz Bergg. Ein Proletarierleben. Bearb. u. hg. 239 S. Ffm: Neuer Frankfurter Verl. 1913
18 Hochofen. Ein Büchlein Psalmen. 65 S. Luxemburg: Welter (1913)
19 Das Luxemburgische und sein Schrifttum. 139 S. Luxemburg: Schamburger (1914)
20 1914–1915. Über den Kämpfen. Zeitgedichte eines Neutralen. 74 S. Luxemburg: Schamburger (1915)
21 1914–1915. Über den Kämpfen. Zeitgedichte eines Neutralen. 104 S. Luxemburg: Schamburger (1915) (Verm. Neuaufl. v. Nr. 20)
22 Der Abtrünnige. Ein Trauerspiel in fünf Aufzügen. 102 S. 12° Luxemburg: Soupert 1916 (Veränd. Neuaufl. v. Nr. 8)
23 D'Vadronser. E Stéck aus dem Lewen an 1 Akt. 24 S. Luxemburg: Linden & Hansen (= Letzeburger Allerlé 7) 1918
24 Dantes Kaiser. Geschichtliches Charakterspiel in fünf Aufzügen. 139 S. Mchn: Müller 1922

25 Im Dienste. Erinnerungen aus verworrener Zeit. 236 S. Luxemburg: St. Paulus-Druckerei (1925)
26 Mit Kranz und Palme. Erinnerungsblätter. 71 S. Luxemburg: St. Paulus-Druckerei (1925)
27 Gesammelte Werke. 5 Bde. 287; 251; 267; 271; VII, 271 S. Braunschweig: Westermann (1925)
28 Im Werden und Wachsen. Aus dem Leben eines armen Dorfjungen. V, 209 S. Braunschweig: Westermann (1926)
29 Geschichte der französischen Literatur von den Anfängen bis zur Gegenwart mit besonderer Berücksichtigung des neunzehnten und zwanzigsten Jahrhunderts. XI, 476 S. Mchn: Kösel & Pustet (= Sammlung Kösel 106–108) 1928
 (Verm. Neuaufl. v. Nr. 12)
30 Mundartliche und hochdeutsche Dichtung in Luxemburg. XIV, 396 S. Luxemburg: St. Paulus-Druckerei 1929
31 Das Luxemburgische und sein Schrifttum. 158 S. m. Abb. Luxemburg: Soupert 1929
 (Veränd. Neuaufl. v. Nr. 19)
32 Mariensommer. Ein Büchlein Lieder. 59 S. Saarlouis: Hausen (1929)
33 (Hg.) M. Rodange: Dem grow Sigfrid seng Goldkoummer. E Komëdesteck a 5 Acten. Mit einer literaturgeschichtlichen Einführung hg. 126 S. Luxemburg: Linden & Hansen 1929
34 Die Braut oder Das Mädchen von Grevenmacher. Ein geschichtliches Spiel in drei Aufzügen. 100 S. 12⁰ Luxemburg: St. Paulus-Druckerei 1931
35 Goethes Husar. Aus seinem Leben. Dichtung und Wahrheit in drei Aufzügen. 86 S. Luxemburg: Linden & Hansen 1932
36 Im Werden und Wachsen. Aus einer Kindheit. 214 S. Luxemburg: St. Paulus-Druckerei 1933
 (Verb. Neuaufl. v. Nr. 28)
37 Frauen. Eine dramatische Schicksalsreihe in drei Folgen. Luxemburg: St. Paulus-Druckerei 1934
 1. Mädchen. Drei Einakter. 100 S.
 2. Schwestern! Ein Schauspiel. 101 S.
 3. Mütter. Drei Einakter. 110 S.
38 Aus Heimat und Kindheit. Geschichten und Erinnerungen. 32 S. Saarlouis: Hausen (= Erbgut deutschen Schrifttums 141–142) 1934
39 In der Abendsonne. Zwiegesang. 59 S. Saarlouis: Hausen (1935)
 (Neuaufl. v. Nr. 32)
40 Freundschaft und Geleit. Erinnerungen. 125 S., 15 Taf. Luxemburg: St. Paulus-Druckerei 1936
41 Luxemburg. Vaterländischer Weihgesang. Vertont v. A. Foos. 35 S. Luxemburg: St. Paulus-Druckerei 1936
42 Das Luxemburgische und sein Schrifttum. 202 S. m. Abb. Luxemburg: Soupert 1938
 (Verm. Neuaufl. v. Nr. 31)
43 Die Söhne des Öslings. Bauerndrama aus der Zeit der französischen Revolution. 75 S. Luxemburg: St. Paulus-Druckerei 1938
 (Verb. Neuaufl. v. Nr. 7)
44 Festschréft dem Nik Welter fir sei 75. Geburtsdag iwerrêcht. 140 S. m. Taf. Luxemburg: St. Paulus-Druckerei 1946

WENTER, Josef (1880–1947)

1 Heinrich IV., Deutscher Kaiser. Ein Schauspiel in zwei Teilen. Tl.2: Der Untergang. 38 S. Innsbruck: Inn-Verl. 1925
2 Monsieur, der Kuckuck, der Sonderbare. 171 S. m. Abb. Breslau: Bergstadtverl. Korn 1930
3 Laikan. Der Roman eines Lachses. 234 S. Mchn: Kösel & Pustet 1931
4 Spiel um den Staat. In neun Bildern. 73 S. Wien: Gerstel (Bühnen-Ms.) 1932
5 Mannsräuschlin. Roman eines Wildpferdes. 337 S. Bln: Dt. Buchgem. 1933

6 Spiel um den Staat. Roman. 250 S. Braunschweig: Westermann 1933 (Roman zu Nr. 4)
7 Saul. Roman. 614 S. Mchn: Piper 1935
8 Tiergeschichten. 62 S. Bln, Kevelaer: Berckcr (= Greif-Bücherei 14) (1935)
9 Der Kanzler von Tirol. Die Landgräfin von Thüringen. Zwei Dramen. 186 S. Wien: Zsolnay 1936
10 Salier und Staufer. Kämpfer der Kaiserzeit. 254 S. Mchn: Piper 1936
11 Im heiligen Land Tirol. 80 S., 8 Taf. (Graz: Moser) (= Das österreichische Wanderbuch; = Die deutsche Bergbücherei 20) 1937
12 Tiere und Landschaften. Erzählungen. 155 S. Wien: Zsolnay 1937
13 Der deutsche Heinrich. Der sechste Heinrich. Zwei Schauspiele. 198 S. Wien: Zsolnay 1938
14 Situtunga. Roman eines Wildpferdes. 337 S. Mchn: Piper 1938 (Neuaufl. v. Nr. 5)
15 Die schöne Welserin. Schauspiel. 110 S. Wien: Zsolnay 1938
16 Barbarossa in Italien. Historische Novelle. 32 S. Ffm: Diesterweg (= Kranz-Bücherei 236) (1939) (Ausz. a. Nr. 10)
17 Die schönsten Tiergeschichten. 87 S. Wien: Zsolnay (= Die hundert kleinen Bücher 8) 1940
18 (MV) J. W. u. A. E. Frauenfeld: Michel Geismair. Schauspiel in drei Akten. 99 S. Mchn: Piper (1941)
19 Leise, leise, liebe Quelle. Eine Kindheit. 280 S. Mchn: Piper 1941
20 (MV) S. Moser: Das Land in den Bergen. Vom Wehrbauer zum Gebirgsjäger. Ein Bildwerk. Text J. W. 192 S. m. Abb. Innsbruck: Dt. Alpenverl. 1942
21 Die Landgräfin von Thüringen. Schauspiel in drei Akten. 114 S. Innsbruck, Wien: Tyrolia-Verl. (= Tyrolia-Bibliothek) 1947 (Ausz. a. Nr. 9)

WERFEL, Franz (1890–1945)

1 Der Weltfreund. Gedichte. 116 S. Bln-Charlottenburg: Juncker (4000 Ex.) 1911
2 (MH) Der jüngste Tag. Neue Dichtungen. Hg. F. W., W. Hasenclever u. K. Pinthus. 86 Bde. Lpz: Wolff 1913–1921
3 Die Versuchung. Ein Gespräch des Dichters mit dem Erzengel und Luzifer. 31 S. Lpz: Wolff (= Der jüngste Tag 1) 1913 (Bd. 1 v. Nr. 2)
4 Wir sind. Neue Gedichte. 127 S. Lpz: Wolff 1913
5 Einander. Oden, Lieder, Gestalten. 107 S. Lpz, Mchn: Wolff 1915
6 (Bearb.) Euripides: Die Troerinnen. 127 S. Lpz, Mchn: Wolff (1915)
7 Gesänge aus den drei Reichen. Ausgewählte Gedichte. 110 S. Lpz, Mchn: Wolff (= Der jüngste Tag 29–30) (1917) (Bd. 29–30 v. Nr. 2)
8 Der Weltfreund. Erste Gedichte. 114 S. Lpz: Wolff 1918 (Verb. Neuaufl. v. Nr. 1)
9 Der neue Daimon. Sonderheft Franz Werfel. 32 S. Wien: Genossenschafts-Verl. (1919)
10 Der Gerichtstag in fünf Büchern. 309 S. Lpz, Mchn: Wolff (1919)
11 Nicht der Mörder, der Ermordete ist schuldig. Eine Novelle. 269 S. Mchn: Wolff 1919
12 Der Besuch aus dem Elysium. Romantisches Drama in einem Aufzug. (S.-A.) 23 S. Mchn: Wolff 1920
13 (MÜbs.) O. Březina: Winde von Mittag nach Mitternacht. In deutscher Nachdichtung von E. Saudek u. F.W. 55 S. Mchn: Wolff (= Drugulin-Drucke. N. F. 9) (1920)
14 Spiegelmensch. Magische Trilogie. 224 S. Mchn: Wolff 1920
15 Spielhof. Eine Phantasie. 61 S. Mchn: Wolff 1920
16 Bocksgesang. In fünf Akten. 160 S. Mchn: Wolff 1921

17 (Vorw.) K. Brand: Das Vermächtnis eines Jünglings. Hg. J. Urzidil. XI, 53 S. Wien: Strache 1921
18 Arien. 43 S. Mchn: Wolff (= Stundenbücher 9) (1922)
19 Dichtungen. Bd. 6. 9. 10. 3 Bde. Mchn: Wolff 1922–1923
20 Schweiger. Ein Trauerspiel in drei Akten. 155 S. Mchn: Wolff (= Dichtungen 9) 1922
(Bd. 9 v. Nr. 19)
21 Beschwörungen. 109 S. Mchn: Wolff (= Dichtungen 10) 1923
(Bd. 10 v. Nr. 19)
22 (MÜbs.) O. Březina: Musik der Quellen. Übs. E. Saudek u. F. W. 80 S. 4° Mchn: Wolff 1923
23 Die Mittagsgöttin. Ein Zauberspiel. 75 S. Mchn: Wolff (= Dichtungen 6) (1923)
(Bd. 6 v. Nr. 19)
24 Juarez und Maximilian. Dramatische Historie in drei Phasen und dreizehn Bildern. 197 S. Bln, Wien: Zsolnay 1924
25 Verdi. Roman der Oper. 573 S. Wien: Zsolnay (1924)
26 Paulus unter den Juden. Dramatische Legende in sechs Bildern. 187 S. Wien: Zsolnay 1926
27 (Hg., Einl.) G. Verdi: Briefe. Übs. P. Stefan. 392 S., 3 Taf. Wien: Zsolnay 1926
28 (Bearb.) G. Verdi: Die Macht des Schicksals. (La Forza del destino). Oper in einem Vorspiel und drei Akten (acht Bildern). Dem Italienischen des F. M. Piave nachgedichtet und für die deutsche Opernbühne bearb. 101 S. Lpz: Ricordi (Ms.) (1926)
29 Gedichte. 467 S., 1 Taf. Wien: Zsolnay (= Gesammelte Werke) 1927
(aus Nr. 32)
30 Geheimnis eines Menschen. Novellen. 316 S. Wien: Zsolnay (1927)
31 Der Tod des Kleinbürgers. Novelle. 112 S. m. Abb. Wien: Zsolnay (1927)
32 Gesammelte Werke. 8 Bde. Wien: Zsolnay 1927–1937
33 Der Abituriententag. Die Geschichte einer Jugendschuld. 325 S. Wien: Zsolnay (1928)
34 Barbara oder Die Frömmigkeit. 811 S. Wien: Zsolnay (= Gesammelte Werke) 1929
(aus Nr. 32)
35 Dramatische Dichtungen. Die Troerinnen. Juarez und Maximilian. Paulus unter den Juden. 468 S. Wien: Zsolnay (= Gesammelte Werke) 1929
(aus Nr. 32; enth. Nr. 6, 24, 26)
36 (Bearb.) G. Verdi: Simone Boccanegra. Lyrische Tragödie in einem Vorspiel und drei Akten. Dem Italienischen des F. M. Piave frei nachgedichtet und für die deutsche Opernbühne bearb. 84 S. Lpz: Ricordi 1929
37 Das Reich Gottes in Böhmen. Tragödie eines Führers. 207 S. Wien: Zsolnay 1930
38 Die Geschwister von Neapel. Roman. 498 S. Wien: Zsolnay 1931
39 Realismus und Innerlichkeit. Flammender Aufruf des großen Dichters. Rede. 35 S. Wien: Zsolnay 1931
40 Kleine Verhältnisse. Novelle. 111 S. Wien: Zsolnay 1931
41 Das Geheimnis des Saviero. Novelle. 68 S. Lpz: Reclam (= Reclam's UB. 7184) (1932)
(Ausz. a. Nr. 30)
42 Reden und Schriften. Können wir ohne Gottesglauben leben? 73 S. Wien: Zsolnay 1932
43 (MBearb.) G. Verdi: Don Carlos. Oper von M. und C. DuLocle. Textl. neu gefaßt und unter Mitwirkung von F. W. für die deutsche Bühne bearb. L. Wallerstein. 62 S. Lpz: Ricordi 1932
44 Die vierzig Tage des Musa Dagh. Roman. 2 Bde. 556, 583 S. Wien: Zsolnay (= Gesammelte Werke) 1933
(aus Nr. 32)
45 Schlaf und Erwachen. Neue Gedichte. 130 S. Wien: Zsolnay 1935
46 Der Weg der Verheißung. Ein Bibelspiel. 127 S. Wien: Zsolnay, Theater-Abt. 1935
47 (Vorw.) S. Lewin: Und er kehrte heim. Aus dem Jiddischen v. M. Kemp. 349 S. Wien, Jerusalem: Löwit 1936

48 The Eternal Road. A Drama in four Parts. XI, 144 S. New York: The Viking Press 1936
49 *(Vorw.) P. Bezruk: Schlesische Lieder. Übs. R. Fuchs. 171 S. Lpz, Mährisch-Ostrau: Kittl (1937)
50 Höret die Stimme. Roman. 756 S. Wien: Zsolnay 1937
51 In einer Nacht. Ein Schauspiel. 109 S. Wien: Zsolnay (Bühnen-Ms.) 1937
52 Von der reinsten Glückseligkeit des Menschen. 50 S. Stockholm: Bermann-Fischer 1938
53 (Vorw.) Ö. v. Horvath: Ein Kind unserer Zeit. Roman. VI, 212 S. Amsterdam: de Lange 1938
54 Gedichte aus dreißig Jahren. 251 S. Stockholm: Bermann-Fischer 1939
55 Der veruntreute Himmel. Die Geschichte einer Magd. 414 S. Stockholm: Bermann-Fischer 1939
56 Eine blaßblaue Frauenschrift. 155 S. Buenos Aires: Estrella 1941
57 Das Lied von Bernadette. Roman. 506 S. Stockholm: Bermann-Fischer u. London: Hamilton (1941)
58 Die wahre Geschichte vom wiederhergestellten Kreuz. Los Angeles: Pazif. Press (250 num. Ex.) 1942
59 Jacobowsky und der Oberst. Komödie einer Tragödie in drei Akten. 129 S. Stockholm: Bermann-Fischer 1944
60 Poems. XII, 119 S. Princeton: Univ. Press 1945
61 Gedichte aus den Jahren 1908 bis 1945. Hg. E. Gottlieb u. F. Guggenheim. 166 S. Los Angeles: Pazif. Press (Priv.-Dr.) 1946
62 Schönste Gedichte. 167 S. New York: Rosenberg 1946
63 Stern der Ungeborenen. Ein Reiseroman. 659 S. Stockholm: Bermann-Fischer 1946
64 Zwischen oben und unten. 369 S. Stockholm: Bermann-Fischer 1946
65 Die Kämpfe der Schwachen. Aus dem Roman „Die vierzig Tage des Musa Dagh". 109 S. Wien: Globus-Verl. (= Tagblatt-Bibliothek 1273–1276) 1947 (Ausz. a. Nr. 44)
66 Erzählungen aus zwei Welten. Hg. A. D. Klarmann. 3 Bde. (Bd. 1: Krieg und Nachkrieg). Stockholm, Amsterdam: Bermann-Fischer (Querido-Verl.) (1–2) bzw. Ffm: Fischer (3) (=Gesammelte Werke) 1948-1954 (aus Nr. 68)
67 Zehn Gedichte. Für die Freunde gedruckt. 14 Bl. Lpz: Werkstätten der Akademie für Grafik und Buchkunst 1948 (Ausz. a. Nr. 4 u. 8)
68 Gesammelte Werke. Hg. A. D. Klarmann, 13 Bde. Stockholm, Amsterdam: Bermann-Fischer (Querido-Verl.) (bzw. später: Ffm: Fischer) 1948–1962
69 Jeremias. Höret die Stimme. Roman. 552 S. Ffm, Bln: Fischer (= Gesammelte Werke) 1956 (aus Nr. 68; Neuaufl. v. Nr. 50)
70 Die Dramen. Hg. A. D. Klarmann. 2 Bde. 566, 519 S. Ffm: Fischer (= Gesammelte Werke) 1959 (aus Nr. 68)

WERNER, Zacharias (1768–1823)

1 Vermischte Gedichte. 4 Bl., 103 S. Königsberg: auf Kosten des Verfassers 1789
2 (Übs) A. A. L. de Lehndorff-Bandels: Traité des mésalliances. Traduit sur l'original Latin, avec des annotations pratiques par Z. W. 4 Bl., 118 S. Bln: Unger 1792
3 *Die Söhne des Thales. Ein dramatisches Gedicht. 2 Bde. IV, 346; IV, 424 S., 2 Titelku. Bln: Sander 1803–1804
4 Maurer-Leben. Den beyden gerechten und vollkommen Sanct-Johannis L. L. zum goldenen Leuchter und Fr. W. zur Säule gewidmet am Neujahr 1805 von den dienenden B. B. 2 Bl. Warschau: Ragoczy (1805)
5 *Das Kreuz an der Ostsee. Ein Trauerspiel. Vom Verfasser der Söhne des Thales. Erster Theil: Die Brautnacht. XX, 291 S., 2 Musikbeil. Bln: Sander 1806

6 *Einige Worte an das Publicum über das Schauspiel die Weyhe der Kraft. Vom Verfasser desselben. 32 S. Bln 1806
7 *Martin Luther, oder Die Weihe der Kraft. Eine Tragödie vom Verfasser der Söhne des Thales. XXIV, 379 S., 5 Ku., 1 Musikbeil. Bln: Sander 1807
8 Die Söhne des Thales. 2 Bde. m. Ku. Bln: Sander 1807–1809
 (Verb. Neuaufl. v. Nr. 3)
9 *Historischer Vorbericht zum ersten Theile der Söhne des Thals genannt: die Templer auf Cypern. Ein Ordensgemälde in fünf Akten. Vom Verfasser. 32 S. Bln: Sander 1807
10 Attila, König der Hunnen. Eine romantische Tragödie in fünf Akten. 255 S., 5 Ku. Bln: Realschulbuchh. 1808
11 *Lied der heiligen drei Könige aus der Nibelungen Land. Zum 30. Jänner 1809. 4 Bl. 4⁰ o.O. (1809)
12 Werners Klagen um seine Königinn, Luisa von Preußen. Rom, den 4ten August 1810. 4 Bl. 4⁰ Rom (= Bln; Haude & Spener) 1810
13 Wanda, Königin der Sarmaten. Eine romantische Tragödie mit Gesang in fünf Akten. 124 S. Tüb: Cotta 1810
14 Kriegslied für die zum heiligen Kriege verbündeten deutschen Heere. 8 S. Ffm: Wenner 1813
15 Te Deum zur Einnahme von Paris. 8 S. 4⁰ Ffm: Andreä 1813
16 Theater. Wörtlich nach der Original-Ausgabe. 6 Bde. Wien: Wallishausser 1813–1815
 (Enth. Nr. 5, 7, 8, 10, 13, 19)
17 Te Deum zur Feyer der Einnahme von Paris durch die zum heiligen Kriege verbündeten Heere nach dem lateinischen Hymnus der heiligen Kirchenlehrer Ambrosius und Augustinus. Mit beygefügtem Urtext. 8 S. Ffm: Andreä 1814
 (Veränd. Neuaufl. v. Nr. 15)
18 Die Weihe der Unkraft. Ein Ergänzungsblatt zur deutschen Haustafel. 40 S. Ffm: Andreä 1814
 (zu Nr. 7)
19 Cunegunde die Heilige, Römisch-Deutsche Kaiserin. Ein romantisches Schauspiel in fünf Akten. VIII, 220 S. Lpz, Altenburg: Brockhaus 1815
20 Der vierundzwanzigste Februar. Eine Tragödie in Einem Akt. 173 S., 1 Bl. Lpz, Altenburg: Brockhaus 1815
21 Predigt. Vorgetragen bey dem jährlichen Dankfeste des Handlungs-Kranken-Instituts in der Kapelle des heiligen Schutzpatrons Joseph am Pfingstmontage den 15. May 1815. 20 S. Wien: Gerold 1815
22 Theater. Wörtlich nach der Original-Ausgabe. Zweyte durchgängig vermehrte und verbesserte Auflage. 6 Bde. Wien: Grund 1816–1818
 (Verm. Neuaufl. v. Nr. 16; unrechtm. Dr.)
23 Geistliche Uebungen für drey Tage. 50 S. 12⁰ Wien: Wallishausser 1818
24 Lied, zum Gedächtnisse des Hochwürdigsten, Hochseligen Herrn, Sigismund Anton, aus dem Hause der Grafen von Hohenwart in Gerlachstein, Fürst-Erzbischof zu Wien ... Im Namen seiner Getreuen gedichtet. 8 S. Wien: Wallishausser 1820
25 Die Mutter der Makkabäer. Tragoedie in fünf Akten. XVIII, 226 S. m. Titelku. Wien: Wallishausser 1820
26 (Vorw.) Thomas a Kempis: Von der Nachfolge Christi. Übs. J. P. Silbert. Wien: Wallishausser 1822
27 Die Posaunen des Weltgerichts. Eine Predigt. Vorw. J. G. v. Oettel. 29, 3 S. Würzburg: Ettlinger 1825
28 Nachgelassene Predigten. Gehalten in den Jahren 1814 bis 1816 in Wien, so wie in und bei Aschaffenburg. VIII, 350 S., 1 Bl. Wien: Wallishausser 1836
29 Der christ-katholische Glaube und seine beseligende Gotteskraft. Für Freunde höherer religiöser Erkenntniß in zweiundfünfzig Predigten dargestellt v. Z. W., und aus seinem handschriftlichen Nachlasse hg. von seinen Freunden. 3 Bde. Grimma: Verl.-Compt. (= Ausgewählte Schriften 11–13) 1840–1841
 (Bd. 11–13 v. Nr. 30)
30 Ausgewählte Schriften. Aus seinem handschriftlichen Nachlasse hg. v. seinen Freunden. Einzige rechtmäßige Gesammtausg. 15 Bde. Grimma: Verl.-Compt. 1840–1841

31 Sämmtliche Werke. 13 Bde. Grimma: Verl.-Compt. (1842)
   (Titelaufl. v. Nr. 30)
32 Die Tagebücher des Dichters Zacharias Werner. Hg., erl. O. Floeck. 2 Bde. XXXVIII, 261; 325 S. Lpz: Hiersemann (= Bibliothek des Literarischen Vereins in Stuttgart, Sitz Tübingen, Bd. 289-290) 1939-1940

WERNICKE, Christian (1661-1725)

1 Die vom Himmel-Aganippen herstammende Krippē-Klippen Beehret Mit ungeschickten Lippen Christian Wernigcke. 12 Bl. Elbing: gedruckt v. Achatz Corellen 1678
2 Uberschriffte Oder Epigrammata, In Kurtzen Satyren, Kurtzen Lob-Reden und Kurtzen Sitten-Lehren bestehend ... 79 S. Amsterdam: Brockman 1697
3 Uberschrifte Oder Epigrammata In acht Büchern, Nebst einem Anhang von etlichen Schäffer-Gedichten, Theils aus Liebe der Poësie, theils auß Haß des Müssiggangs geschrieben ... 8 Bl., 186 S. Hbg: Hertel 1701
   (Verm. Neuaufl. v. Nr. 2)
4 *Ein Heldengedicht Hans Sachs genannt, aus dem Englischen übersetzt von dem Verfasser der Ueberschriften und Schaefergedichte, nebst einigen nöthigen Erklärungen des Uebersetzers. 22 ungez. S. 2° (Hbg,) Altona: Reymers 1702
5 Poetischer Versuch, In einem Helden-Gedicht Und etlichen Schäffer-Gedichten, Mehrentheils aber in Ueberschrifften bestehend. 16 Bl., 422 S. Hbg: Hertel 1704
   (Enth. u.a. Nr. 4)
6 Poetische Versuche in Ueberschriften, wie auch in Helden- und Schäfergedichten. Neue und verbesserte Aufl. Zürich 1749
   (Verb. Neuaufl. v. Nr. 5)

WERTHES, Friedrich August Clemens (1748-1817)

1 *Hirtenlieder, von F. A. C. W. und der verklagte Amor ein Fragment von dem Verfasser der Musarion. 130 S. Lpz: Müller 1772
2 Abhandlung über den Atys des Katull. 70 S. Münster: Perrenon 1774
3 *Lieder eines Mädchens beim Singen und Clavier. 40 S. Münster: Perrenon 1774
4 Orpheus, ein Singspiel. Bern: Typogr. Soc. 1775
5 (Übs.) C. Graf Gozzi: Theatralische Werke. Aus dem Italienischen. 5 Bde. Bern: Typogr. Soc. 1777-1779
6 (Übs.) L. Ariosto: Der rasende Roland. 355 S. m. Ku. Bern: Typ. Soc. 1778
7 *Geschichte des Schicksals der Freymäurer in Neapel. Ffm, Lpz 1779
8 Begebenheiten Eduard Bomstons in Italien. Ein Roman in Briefen. 384 S. Altenburg: Richter 1782
9 Der rechtschaffene Unterthan. Schauspiel nach dem Englischen. Stg: Metzler 1782
10 Rede bey dem Antritt des öffentlichen Lehramts der schönen Wissenschaften auf der Universität von Pest. 8 Bl. Pest u. Ofen: Weingand & Köpf 1784
11 Rudolph von Habspurg. Ein Schauspiel in fünf Aufzügen. 108 S. Wien: Hartmann 1785
12 *Doktor Barthel. Lustspiel. 110 S. Augsburg: Stage 1786
13 Niklas Zrini oder Die Belagerung von Sigeth. Ein historisches Trauerspiel in drey Aufzügen. 85 S. Wien: Krauß 1790
14 Kirchengesänge auf das am ersten May 1791 von den Protestanten in Ungarn zu feyernde Religionsfest für das evangelische Bethaus zu Pest verfertigt. 8 Bl. o.O. 1791
15 (MÜbs.) Margaritha, der Königin von Navarra romantische Erzählungen ... Übs. F. A. C. W. u. J. Ith. Bern: Typogr. Soc. 1791
16 Conradin von Schwaben. Ein Trauerspiel in fünf Aufzügen. 152 S. Tüb: Cotta 1800

17 Das Pfauenfest. Ein Singspiel in zwei Akten. 70 S. Stg: Metzler 1800
18 Hermione. Ein Schauspiel mit Gesang. 112 S. Stg: Metzler 1801
19 Die Klause. Ein erzählendes Gedicht. 128 S. Stg: Metzler 1801
20 Sieben Heroen in sieben Gesängen. 249 S. Augsburg: Wolff 1816

WETZEL, Friedrich Gottlob (1779–1819)

1 Kleon, der letzte Grieche, oder Der Bund der Mainoten. Zwickau: Schumann 1802
2 Gedichte. Erster Band: Strophen. Lpz: Märker 1803
3 *Die Nachtwachen des Bonaventura. 2 Bl., 296 S., 1 Bl. Penig: Dienemann 1805
4 *Rhinozeros. Ein lyrisch-didaktisches Gedicht in einem Gesange. Nürnberg: Stein 1810
5 Schriftproben. Mythen, Romanzen, lyrische Gedichte. 4 Bl., 149 S. Bamberg: Kunz 1814
6 Aus dem Kriegs- und Siegesjahre Achtzehnhundert Dreyzehn. Vierzig Lieder nebst Anhang. X, 124 S. Lpz, Altenburg: Brockhaus 1815
7 Prolog zum Großen Magen. 71 S. Lpz, Altenburg: Brockhaus 1815
8 Jeanne d'Arc. Trauerspiel in fünf Aufzügen. 192 S. Lpz, Altenburg: Brockhaus 1817
9 Hermannfried, letzter König von Thüringen. Trauerspiel in fünf Aufzügen. 123 S. Bln: Realschulbuchh. 1818
10 Gesammelte Gedichte und Nachlaß. Hg. Z. Funck. XXIV, 455 S. Lpz: Brockhaus 1838

WEYRAUCH, Wolfgang (*1907)

1 Der Main. Eine Legende. 118 S., 27 Abb. Bln: Rowohlt 1934
2 Strudel und Quell. Roman. 220 S. Bln: Rowohlt 1938
3 Ein Band für die Nacht. Novellen. 283 S. Lpz: Payne 1939
4 Eine Inselgeschichte. 89 S. Bln: Herbig 1939
5 (Hg.) 1940. Junge deutsche Prosa. 375 S. Bln: Herbig 1940
6 (Hg.) Das Berlin-Buch. 302 S. Lpz: Payne 1941
7 Das Liebespaar. Eine Erzählung und ein Zwiegespräch. 111 S. Lpz: Payne 1943
8 Auf der bewegten Erde. 31 S. Bln: Herbig 1946
9 Von des Glücks Barmherzigkeit. Gedichte. 77 S. Bln: Aufbau-Verl. (1946)
10 Die Liebenden. Erzählung. 115 S. Mchn: Desch 1947
11 (Hg.) Die Pflugschar. Sammlung neuer deutscher Dichtung. 402 S. Bln: Aufbau-Verl. 1947
12 Die Davidsbündler. 59 S. Hbg, Stg: Rowohlt 1948
13 Lerche und Sperber. Gedichte. 49 S. Mchn: Piper 1948
14 (Hg.) Lesebuch für Erwachsene. 304 S. Schwäb. Gmünd: Bürger-Verl. 1948
15 (Hg.) Tausend Gramm. Sammlung neuer Geschichten. 221 S. Hbg, Stg, Baden-Baden: Rowohlt 1949
16 An die Wand geschrieben. Gedichte. 114 S. Hbg: Rowohlt 1950
17 Bitte meiner älteren Tochter. Nachw. W. Gurlitt. 14 Bl., 10 Abb. Wien, Linz, Mchn: Gurlitt (= Kleine Gurlitt-Reihe 3) 1952
18 die feuersbrunst. 36 S. Karlsruhe: verl. d. fragmente (= fragmente 2) 1952
19 bericht an die regierung. 106 S. Ffm: Frankfurter Verl.-Anst. (= studio frankfurt 8) 1953
20 die minute des negers. 84 S. Hbg: Rowohlt 1953
21 Gesang um nicht zu sterben. Neue Gedichte. 75 S. Hbg: Rowohlt 1956
22 Nie trifft die Finsternis. Gedichte. 37 S. Bln: Verl. Volk und Welt (= Antwortet uns! 5) 1956
23 Anabasis. Nachw. H. Schmitthenner. 40 S. Hbg: Verl. Hans Bredow-Inst. (= Hörwerke der Zeit 15) 1959

24 (Hg.) Expeditionen. Deutsche Lyrik seit 1945. 168 S. Mchn: List (= List-Bücher 140) 1959
25 Mein Schiff, das heißt Taifun. Erzählungen. 178 S. Olten, Freiburg i.Br.: Walter 1959
26 (Hg.) Ich lebe in der Bundesrepublik. Fünfzehn Deutsche über Deutschland. 143 S. Mchn: List (= List-Bücher 163) 1960
27 (MÜbs.) J. Jean-Charles: Schrei, wenn du kannst. Aus dem Französischen. Übs. Margot u. Wolfgang Weyrauch. 186 S., 8 Bl. Abb. Bonn: Verl. d. Europäischen Bücherei Hieronimi 1960

WIBBELT, Augustin (†Ivo) (1862–1947)

1 Drücke-Möhne. Lustige Geschichte in Münsterländer Mundart. 388 S. Münster: Seiling 1898
2 Joseph von Görres als Literarhistoriker. 76 S. Köln (: Bachem) 1899
3 *Mein Heiligtum. Aus dem Tagebuch eines jungen Priesters. 127 S. Mainz: Kirchheim 1899
4 Wilde Blumen. Gedichte für die junge Welt. 75 S. m. Abb. Essen: Fredebeul & Koenen 1900
5 Wildrups Hoff. Erzählung in Münsterländer Mundart. 177 S.m. Abb. Essen: Fredebeul & Koenen 1900
6 Im bunten Rock. Aus meinem Tagebuch. 154 S. Essen: Fredebeul & Koenen 1901
7 De Strunz. Erzählung in Münsterländer Mundart. 278 S. Essen: Fredebeul & Koenen 1902
8 Wildrups Hoff. – Mariechen Wildrups. Erzählung in Münsterländer Mundart. 258 S. m. Abb. Essen: Fredebeul & Koenen 1902
 (Verm. Neuaufl. v. Nr. 5)
9 Hus Dahlen. Erzählung in Münsterländer Mundart. 267 S. Essen: Fredebeul & Koenen 1903
10 (Hg.) Glöcklein, geläutet für brave Kinder. Illustrierte Zeitschrift für die katholische Schuljugend. Wegweiser zu zeitlichem und ewigem Glück. Jg. 1–17, je 24 Nrn. Münster: Alphonsus-Bücherei (1904)–1921
11 De lesten Blomen. Vertellsels ut'n Mönsterlanne. 238 S. Essen: Fredebeul & Koenen 1905
12 Schulte Witte. Erzählung in Münsterländer Mundart. 2 Tle. 286, 292 S. Essen: Fredebeul & Koenen 1905
13 Drüke-Möhne. Lustige Geschichte in Münsterländer Mundart. 3 Tle. 351, 335, 359 S. Essen: Fredebeul & Koenen 1906
 (Verm. Neuaufl. v. Nr. 1)
14 Windhok. Kleinstadt-Geschichten. 354 S. Essen: Fredebeul & Koenen 1906
15 De Pastor von Driebeck. Erzählung in niederdeutscher Mundart. 309 S. Essen: Fredebeul & Koenen 1908
16 Wilde Blumen. Gedichte für die junge Welt. 205 S. m. Abb. Essen: Fredebeul & Koenen 1909
 (Verm. Neuaufl. v. Nr. 4)
17 (Hg.) De Kiepenkerl. Westfälischer Volkskalender für 1910 (1911, 1912). 3 Jge. m. Abb. u. Taf. Essen: Fredebeul & Koenen (1909–1911)
18 Måten-Gaitlink. Gedichte in Münsterländer Mundart. 256 S. m. Bildn. Essen: Fredebeul & Koenen 1909
19 Nazareth. Festgabe für die Erste heilige Kommunion und ein Pilgerbuch fürs Leben. 187 S. Essen: Fredebeul & Koenen 1909
20 Das Buch der vier Quellen. 206 S. Warendorf: Schnell (1910)
21 Mein erstes Beicht- und Kommunionbüchlein. 128 S., 1 Abb. 16⁰ Kevelaer: Butzon 1911
22 *Das kleine Brot der Engel für Kinder. Schlichte Gebete für Kinder von sieben bis zwölf Jahren nebst einer Kommunionandacht für diejenigen Kinder, welche früh die heilige Kommunion empfangen dürfen. 189 S. m. Abb. 16⁰ Kevelaer: Thum 1911
23 De Järfschopp. Erzählung in Münsterländer Mundart. 322 S. Essen: Fredebeul & Koenen 1911

24 Ein Trostbüchlein vom Tode. Auch ein Buch der Freude. 180 S. Warendorf: Schnell 1911
25 Augustin Wibbelt. 64 S., 2 Bildn. Warendorf: Schnell (= Die Freude) 1911
26 Dat veerte Gebott. Erzählung in Münsterländer Mundart. 358 S. Essen: Fredebeul & Koenen 1912
27 (Bearb.) J. B. v. Hirscher: Betrachtungen über die sonntäglichen Evangelien des Kirchenjahres. VIII, 508 S. Limburg: Limburger Antiquariat u. Verl. (= Sammlung älterer und neuerer Werke aus dem Gebiete der Ascese, Homiletik, Katechese in wohlfeilen Ausgaben, Bd. 4) 1912
28 Pastraoten-Gaoren. Gedichte in Münsterländer Mundart. 208 S. m. Bildn. Essen: Fredebeul & Koenen 1912
29 Ein Sonnenbuch. 352 S. Warendorf: Schnell 1912
30 (Bearb.) H. Keiter: Die Kunst Bücher zu lesen. 176 S. Essen: Fredebeul & Koenen 1913
31 Im bunten Rock. Aus meinem Tagebuche. 205 S. Essen: Fredebeul & Koenen 1913
    (Verm. Neuaufl. v. Nr. 6)
32 Was die Freude singt. Eine Auswahl von alten und neuen Gedichten. 352 S. Warendorf: Schnell 1913
33 Ein Herbstbuch. 272 S. m. Abb. Warendorf: Schnell 1914
34 Die Maiandacht. Betrachtungen und Gebete zur Verehrung der allerseligsten Jungfrau Maria. 96 S. Essen: Fredebeul & Koenen 1914
35 Neujahrsbrief an die Soldaten im Felde. 12 S. 16⁰ M.-Gladbach: Kühlen (1914)
36 Auf dem Pennale. Tagebuch-Blätter. 152 S. Essen: Fredebeul & Koenen 1914
37 Die große Volksmission Gottes. Ein ernster Mahnruf in schwerer Zeit. 48 S. Warendorf: Schnell 1914
38 Weihnachtsbrief an die Soldaten im Felde. 12 S., 1 Abb. 16⁰ M.-Gladbach: Kühlen (1914)
39 Weine nicht! Ein Wort des Trostes an die Hinterbliebenen der gefallenen Krieger mit einem Anhang von Gebeten. 47 S., 4 Abb. 16⁰ M.-Gladbach: Kühlen 1914
40 Plattdeutsche Feldpostbriefe. 10 Nrn., je 4 S. Warendorf: Schnell (1915–1916)
41 Ein Heimatbuch. Worte des Trostes und der Mahnung. XI, 365 S. Warendorf, Lpz: Vier-Quellen-Verl. (1915)
42 Herz-Jesu-Brief an die Soldaten im Felde. 12 S. 16⁰ M.-Gladbach: Kühlen (1915)
43 Kriegsandacht. Betrachtungen und Gebete für daheim und fürs Feld. 107 S. m. Abb. 16⁰ M.-Gladbach: Kühlen (1915)
44 Kriegsbrief an die deutschen Frauen. 12 S. 16⁰ M.-Gladbach: Kühlen (1915)
45 Kriegsbrief an die Kommunionkinder. 11 S., 1 Abb. 16⁰ M.-Gladbach: Kühlen (1915)
46 Kriegsbrief an das deutsche Volk. 12 S. 16⁰ M.-Gladbach: Kühlen (1915)
47 Kriegsbriefe. Erste Sammlung: Weihnachtsbrief. Passionsbrief. Osterbrief. Pfingstbrief. Herz-Jesu-Brief. Brief an die Kommunionkinder. III, 12, 12, 11, 12, 12, 11 S. 16⁰ M.-Gladbach: Kühlen (1915)
    (Enth. Nr. 38, 42, 45, 49, 50, 51)
48 Memento. Erwägungen und Gebete zum Troste der gefallenen Krieger. 48 S. m. Abb. 16⁰ M.-Gladbach: Kühlen (1915)
49 Osterbrief an die Soldaten im Felde. 11 S. 16⁰ M.-Gladbach: Kühlen (1915)
50 Passionsbrief an die Soldaten im Felde. 12 S. 16⁰ M.-Gladbach: Kühlen (1915)
51 Pfingstbrief an die Soldaten im Felde. 12 S. 16⁰ M.-Gladbach: Kühlen (1915)
52 Rosenkranzbrief an die Soldaten im Felde. 12 S. 16⁰ M.-Gladbach: Kühlen (1915)
53 Soldatenspiegel. 31 S., 1 Abb. 16⁰ M.-Gladbach: Kühlen (1915)
54 De graute Tied. Kriegsgedichte in Münsterländer Mundart. 56 S. Essen: Fredebeul & Koenen (1915)
55 Aus der Tiefe. Kriegsgebete, daheim und im Felde zu beten. 48 S. m. Abb. 16⁰ M.-Gladbach: Kühlen (1915)
56 (MV) (A. W.:) Ein Wort der Aufmunterung an die verstümmelten Krieger

mit Gebeten. (– N. Thomé: Praktische Winke). 48 S. m. Abb. 16⁰ M.-Gladbach: Kühlen (= Verzage nicht!) (1915)
57 Armenseelentrost. Fünfzig Kirchenbesuche zur Gewinnung der vollkommenen Ablässe am Allerseelentage. 96 S. 16⁰ Warendorf, Lpz: Vier-Quellen-Verl. (1916)
   Kriegs-Braut. Plattdütske Feldpostbrefe. 2 H., je 46 S. Warendorf: Schnell
58 (1916–1917)
59 Triduum vom 29. VI. bis 1. VII. 1916. Drei vollständige Abendandachten mit Betrachtung und Gebeten, nebst einem Anhang von Liedern. (Die Weihe Deutschlands an das Herz Jesu). 32 S. 16⁰ Warendorf: Schnell (1916)
60 Die Herz-Jesu-Freitage. Gebete und Betrachtungen für die ersten Freitage im Monat. 88 S. 16⁰ Warendorf, Lpz: Vier-Quellen-Verl. (1917)
61 Passionsbüchlein zur Verehrung des bitteren Leidens und Sterbens unseres Herrn und Heilandes Jesus Christus. 103 S. 16⁰ Warendorf, Lpz: Vier-Quellen-Verl. (1917)
62 Portiunkulabüchlein. Fünfzig Kirchenbesuche zur Gewinnung der Portiunkula-Ablässe. 80 S. 16⁰ Warendorf, Lpz: Vier-Quellen-Verl. (1917)
63 Ein Spruchbuch. 110 S. Warendorf, Lpz: Vier-Quellen-Verl. (1917)
64 Ein Skizzenbuch. 77 S. Warendorf, Lpz: Vier-Quellen-Verl. (1918)
65 Ut de feldgraoe Tied. En Vertellsel ut'n Mönsterlane. 2 Tle. VII, 277; V, 316 S. Essen: Fredebeul & Koenen (1918)
66 Mein erstes Beicht- und Kommunion-Büchlein. 128 S. m. Titelb. 16⁰ Kevelaer: Butzon & Bercker (1919)
   (Verm. Neuaufl. v. Nr. 21)
67 Ein Familienbuch. 320 S. Warendorf, Lpz: Vier-Quellen-Verl. 1919
68 Ein Heimatbuch. 272 S. Warendorf, Lpz: Vier-Quellen-Verl. (1919)
   (Veränd. Neuaufl. v. Nr. 41)
69 Jesus, der göttliche Kinderfreund. Gebetbüchlein mit Beicht- und Kommunionandacht. 128 S., 1 Titelb. 16⁰ Kevelaer: Butzon & Bercker (1919)
70 In't Kinnerparadies. 77 S. Warendorf, Lpz: Vier-Quellen-Verl. (1919)
71 (MH) Münsterland. Monatsschrift für Heimatpflege. Hg. K. Becker, J. Francke, G. Löcken u. A. W. 4 Jge. m. Abb. u. Taf. Bocholt: Temming 1919–1922
72 Trost in Trübsal. Gebete und Betrachtungen für die Tage der Bedrängnis. 60 S. 16⁰ Warendorf, Lpz: Vier-Quellen-Verl. (1919)
73 Arzneibüchlein für die kranke Welt. Belehrungen für katholische Christen. Mit vollständigem Gebetbuche, XVI, 443 S., 1 Titelb. 16⁰ Kevelaer: Bercker 1920
74 (Hg.) Die christliche Familie. Wochenschrift für das katholische Volk. Jg. 35–54, je 52 Nrn. Essen: Fredebeul & Koenen 1920–1939
75 Brot der Engel. Gebet- und Betrachtungsbuch für alle Verehrer des hochheiligen Sakramentes. Nebst Anzugsg Betrachtungen und Besuchungen. 576 S., 1 Titelb. 16⁰ Kevelaer: Butzon & Bercker 1921
   (Verm. Neuaufl. v. Nr. 22)
76 Ein Büchlein vom Walde. 208 S. Lpz: Vier-Quellen-Verl. 1921
77 Ein Buch vom Himmel. 326 S. Lpz: Vier-Quellen-Verl. 1921
78 Hillgenbeller. 96 S. Warendorf: Heimatverl. d. Schnell'schen Buchh. 1921
79 Ein Spruchbuch. Gereimtes und Ungereimtes. 137 S. Lpz: Vier-Quellen-Verl. (1921)
   (Verm. Neuaufl. v. Nr. 63)
80 Die gute, alte Zeit. 2 S., 6 Abb. Moers: Steiger (= Heimatbilder, 3. Folge) 1921
81 Ein Buch vom Morgenrot. 267 S. Lpz: Vier-Quellen-Verl. (1922)
82 Ein Marienbuch für die weibliche Jugend. 209 S. Lpz: Vier-Quellen-Verl. (1924)
83 Kleinkraom. Vertellsels in Mönsterländsk Platt. 192 S. Bocholt: Temming & Heilborn (1925)
84 Die goldene Schmiede. Ein Marienleben. 166 S. m. Abb. Einsiedeln: Benziger 1925
85 Sünte Michel. 93 S. Essen: Fredebeul & Koenen 1925
86 Einsiedlers Weihnachten. Ein Weihnachts-Märchenspiel für die Jugend in einem Akt. 15 S. Münster: Greve (= Neues Vereins-Theater 129) (1926)

87 Bauernlieder. 31 S. 16⁰ Oelde: Holterdorf (1927)
88 Drei Kommunion-Andachten in Wechselgebeten, anschließend am hl. Meßopfer zum Gebrauch bei gemeinsamer Kommunionfeier. 55 S. 16⁰ Essen: Fredebeul & Koenen (1929)
89 Stille Schönheit. Heimatbilder. 207 S. Warendorf: Heine (1929)
90 In der Waldklause. Märchen für kleine und große Kinder. 3 Bde. Warendorf: Heine (1929-1932)
   1. Erlebnisse des Waldbruders im ersten Jahre. 174 S. m. Abb. (1929)
   2. Erlebnisse des Waldbruders im zweiten Jahre. 221 S. m. Abb. 1930
   3. Erlebnisse des Waldbruders im dritten Jahre. 236 S. m. Abb. (1932)
91 Wechselgebete zur Vorbereitung auf die Erste heilige Kommunion dem kindlichen Verständnisse angepaßt. 48 S. 16⁰ Kempen/Rh.: Thomasdr. (1929)
   (zu Nr. 88)
92 Sonnen-Aufgang. Ein Buch für Kommunionkinder. 106 S. m. Abb. Essen: Fredebeul & Koenen (1930)
93 Nur ein Viertelstündchen! Plaudereien. 250 S. Essen: Fredebeul & Koenen (1930)
94 Frohe Botschaft. Homilien über die Evangelien der Sonn- und Feiertage. 3 Bde. 248, 216, 191 S. Limburg: Steffen 1931-1932
95 Bücher der Freude. 2 Bde. Lpz: Vier-Quellen-Verl. 1931
   1. Ein Heimatbuch. 199 S.
   2. Ein Marienbuch für die weibliche Jugend. 209 S.
      (Enth. Nr. 68 u. 82)
96 Die goldene Schaukel. Plaudereien. 311 S. Essen: Fredebeul & Koenen (1931)
97 Gotteslerche. Gebetbüchlein für die Allerkleinsten. 64 S. m. Abb. Kevelaer: Bercker 1933
98 Aobend-Klocken. Gedichte in Münsterländer Mundart. 128 S. Essen: Fredebeul & Koenen (1934)
99 Der gute Hirt. Ein Buch für Kommunionkinder. 92 S. m. Abb. Essen: Fredebeul & Koenen (1934)
100 (Hg., später MH) Der Kinderfreund im Sakrament. Zeitschrift für Kommunionkinder. Hg. A.W. (später: A.W. u. J. Könn). 4 Jge., je 12 Nrn. Essen: Fredebeul & Koenen 1935-1938
101 Martha und Maria. Handbuch für Pfarrhaushälterinnen. 126 S. Paderborn: Bonifacius-Dr. 1935
102 (Hg.) Morgenrot. Wochenschrift zur Pflege von Unterhaltung, Wissen und Volkstum. Jg. 1. 52 H. m. Abb. 4⁰ Essen: v. Chamier 1937
103 Die Erbschaft. Eine heiter-herzhafte Bauerngeschichte. Übs. H. Lentz. 272 S. m. Abb. Essen: Industriedruck Spael 1940
   (Hochdt. Übs. v. Nr. 23)
104 Missa cantata. Geistliche Gedichte im Anschluß an die Meßliturgie. 149 S. Paderborn: Bonifacius-Dr. 1940
105 Das vierte Gebot. Roman. Übs. W. Spael. 264 S. m. Abb. Essen: Spael (1941)
   (Hochdt. Übs. v. Nr. 26)
106 Pilgerfahrt. Eine Gabe für die lieben Kommunionkinder. 100 S. m. Abb. Essen: Wibbelt (1941)
107 Der versunkene Garten. Lebens-Erinnerungen. 363 S., 1 Titelb. Essen: Wibbelt (1946)
108 Waldbruders Reise durch den Weltenraum. Ein Märchenbuch. 127 S. m. Abb., 4 Taf. Essen: Fredebeul & Koenen 1949
   (zu Nr. 90)
109 Zwerge, Zauberer und Teufel. Waldbruders neue Abenteuer. 210 S. m. Abb., 2 Taf. Essen: Fredebeul & Koenen 1950
   (zu Nr. 90)
110 Der freundliche Schutzmann. Waldbruders Abenteuer in der Stadt. 191 S. m. Abb. Essen: Fredebeul & Koenen 1951
   (zu Nr. 90)
111 Wenn alle untreu werden... Waldbruders neue Abenteuer. 84 S., 10 Abb., 1 Taf. Essen: Fredebeul & Koenen 1952
   (zu Nr. 90)

WICHERT, Ernst (1831–1902)

1. Unser General York. Schauspiel. 205 S. 16⁰ Bln: v. Decker 1858
2. Hinterm Rücken. Lustspiel. Bln 1859
3. Der Withing von Samland. 164 S. 16⁰ Bln: v. Decker 1860
4. Licht und Schatten. Schauspiel. 136 S. 16⁰ Bln: v. Decker 1861
5. (MH) Altpreußische Monatsschrift. Hg. E.W. u. R. Reikke. 39 Jge., je 8 H. Königsberg: Beyer (1–2 u. 8–39) bzw. Königsberg: Theil (3–7) 1864–1902
6. Aus anständiger Familie. 3 Bde. 780 S. Bln: Janke 1866
7. Ihr Taufschein. 30 S. 16⁰ Bln: Lassar (= E. Bloch's Dilettantenbühne) 1867
8. Ein häßlicher Mensch. Roman. 2 Bde. 390 S. Bln: Janke 1868
9. Das eiserne Kreuz. Lebensbild in einem Aufzug. 22 S. Bln: Lassar 1870
10. Rosa Lichtwart. Novelle. 311 S. Bln: May 1871
11. Kleine Romane. 3 Bde. 989 S. Bln: Janke 1871
12. Der Narr des Glücks. 70 S. Bln: Lassar (= E. Bloch's Volks-Theater 41) 1871
13. Hinter den Coulissen. Roman. 3 Bde. 953 S. Bln: Janke 1872
14. In Feindesland. 22 S. Bln: Lassar (= E. Bloch's Theater-Gartenlaube 141) 1872
15. Die Arbeiter. Roman. 368 S. Bielefeld: Velhagen & Klasing 1873
16. Wider den Erbfeind und andere Erzählungen. 3 Bde. 794 S. Bln: Janke 1873
17. Moritz von Sachsen. Trauerspiel. 88 S. Bln: Janke 1873
18. Ein Schritt vom Wege. 66 S. Lpz: Lassar (= E. Bloch's Volks-Theater 44) 1873
19. Dramatische Werke. Erster Band. 2 Tle. Bln: Lassar 1873
    1. Ein Schritt vom Wege. Lustspiel. 66 S.
    2. Der Narr des Glücks. Lustspiel. 70 S.
    (Enth. Nr. 12 u. 18)
20. Biegen oder brechen! Lustspiel. 94 S. 16⁰ Lpz: Reclam (= Universal-Bibliothek 520) 1874
21. Die Fabrik zu Niederbronn. Schauspiel. 77 S. 16⁰ Lpz: Reclam (= Universal-Bibliothek 569) 1874
22. Die Realisten. Lustspiel. 93 S. 16⁰ Lpz: Reclam (= Universal-Bibliothek 539) 1874
23. An der Majorsecke. Lustspiel. 36 S. 16⁰ Lpz: Reclam (= Universal-Bibliothek 690) 1875
24. Das grüne Thor. Roman. 3 Bde. 727 S. Jena: Costenoble 1875
25. Als Verlobte empfehlen sich. Lustspiel. 29 S. 16⁰ Lpz: Reclam (= Universal-Bibliothek 650) 1875
26. Die Frau für die Welt. Schauspiel. 92 S. 16⁰ Lpz: Reclam (= Universal-Bibliothek 736) 1876
27. Schuster Lange. Störungen. Gesammelte Novellen. 2 Bde. 459 S. Jena: Costenoble 1876
28. Für todt erklärt. Erzählung. 152 S. 16⁰ Lpz: Reclam (= Universal-Bibliothek 1117) 1876
29. Die Stimme der Natur. Schauspiel. 78 S. 16⁰ Lpz: Reclam (= Universal-Bibliothek 925) 1877
30. Die gnädige Frau von Paretz. Dramolet. 41 S. 16⁰ Lpz: Reclam (= Universal-Bibliothek 1070) 1878
31. Ein starkes Herz. Roman. 3 Bde. 1199 S. Jena: Costenoble (1878)
32. Am Strande. Erzählung. 66 S. 16⁰ Lpz: Reclam (= Universal-Bibliothek 1227) 1879
33. Der Freund des Fürsten. Lustspiel. 86 S. 16⁰ Lpz: Reclam (= Universal-Bibliothek 1209) 1880
34. Eine Geige. Drei Weihnachten. Zwei Erzählungen. 93 S. 16⁰ Lpz: Reclam (= Universal-Bibliothek 1370) 1880
35. Littauische Geschichten. Zwei Folgen. 348, 389 S. Lpz: Reißner 1881–1890
36. Heinrich von Plauen. Historischer Roman in drei Bänden. 1260 S. Lpz: Reißner 1881
37. Rauschen. Ein Strand-Idyll. 202 S. Lpz: Reißner 1881
38. Der geheime Secretär. Lustspiel. 82 S. 16⁰ Lpz: Reclam (= Universal-Bibliothek 1463) 1881

39 Nur Wahrheit! Sie verlangt ihre Strafe. Zwei Erzählungen. 86 S. 16⁰ Lpz: Reclam (= Universal-Bibliothek 1500) 1881
40 Aus dem Leben. Erzählungen. 2 Bde. 597 S. Lpz: Reißner 1882
41 Peter Munk. Volksschauspiel. 127 S. Lpz: Reißner 1882
42 Ein kleines Bild. Novelle. 243 S. Jena: Costenoble (1883)
43 Hohe Gönner. Eine Komödie. 318 S. Lpz: Reißner 1883
44 Eine vornehme Schwester. Roman. 288 S. Breslau: Schottländer 1883
45 Sommergäste. Zwei Humoresken. 125 S. Lpz: Reißner 1883
46 Die Bekenntnisse einer armen Seele. Lustspiel. 41 S. 16⁰ Lpz: Reclam (= Universal-Bibliothek 1885) 1884
47 Die Braut in Trauer. Erzählung. 184 S. Lpz: Reißner 1884
48 Unter einer Decke. Novellen. 283 S. Lpz: Reißner 1884
49 Fünfundzwanzig Dienstjahre. Lustspiel. 26 S. 16⁰ Lpz: Reclam (= Universal-Bibliothek 2050) 1885
50 Von der deutschen Nordost-Mark. Vier preußische Historien. 406 S. Lpz: Reißner 1885
51 Der Sohn seines Vaters. Novelle. 213 S. Bln: Goldschmidt 1885
52 Dido. Scherzspiel. 26 S. 16⁰ Lpz: Reclam (= Universal-Bibliothek 2143) 1886
53 Der Große Kurfürst in Preußen. Vaterländischer Roman. 3 Abth., 5 Bde. Lpz: Reißner 1886-1887
   1. Konrad Born. 503 S. 1886
   2. Der Schöppenmeister. 2 Bde. 587 S. 1886
   3. Christian Ludwig von Kalckstein. 2 Bde. 668 S. 1887
54 Mutter und Tochter. Eine littauische Geschichte. 115 S. Lpz: Reißner 1886
55 Aus verstreuter Saat. Roman. 235 S. Lpz: Reißner 1886
56 Entgleist. Novelle. 48 S. m. Abb. Lpz: Reißner 1887
57 Die Wassernixe. Novelle. 48 S. m. Abb. Lpz: Reißner 1887
58 Suam cuique. Roman. 2 Bde. 416 S. Lpz: Reißner 1888
59 Eins zum Andern. Novellen. 289 S. Lpz: Reißner 1889
60 Das Grafenkind und andere Novellen. 260 S. Bln: Paetel 1889
61 Der Mann der Freundin. Lustspiel. 37 S. 16⁰ Lpz: Reclam (= Universal-Bibliothek 2660) 1890
62 Post festum. Lustspiel. 36 S. 16⁰ Lpz: Reclam (= Universal-Bibliothek 2650) 1890
63 Tileman von Wege. Historischer Roman. 3 Bde. 917 S. Lpz: Reißner 1890
64 Die talentvolle Tochter. Lustspiel. 101 S. 16⁰ Lpz: Reclam (= Universal-Bibliothek 2733) 1890
65 Schule und Leben. Novellen. 311 S. Lpz, Dresden: Reißner 1891
66 Der jüngste Bruder. Sozialer Roman. 2 Bde. 384 S. Lpz, Dresden: Reißner 1892
67 Bei frommen Hirten. Komische Oper. Musik O. Fiebach. 395 S. 16⁰ Lpz: Reclam (= Universal-Bibliothek 2999) 1892
68 Sein Kind. Schauspiel. 84 S. 16⁰ Lpz: Reclam (= Universal-Bibliothek 3011) 1892
69 Die Taube auf dem Dache. Roman. 310 S. Stg: Dt. Verl.-Anst. 1892
70 Nur ein Jude! Das Grundstück. Neue littauische Geschichten. 234 S. Lpz, Dresden: Reißner 1893
71 Marienburg. 86 S. 16⁰ Lpz: Reclam (= Universal-Bibliothek 3357) (1893)
72 Herr von Müller. Roman. 2 Bde. 454 S. Lpz, Dresden: Reißner 1893
73 Aus eigenem Recht. Vaterländisches Schauspiel. 143 S. Lpz, Dresden: Reißner (1893)
74 (MV) F. Dahn, E.W. u. L. Goldoni: Gratulationsgedichte gelegentlich der fünfzigjährigen Jubelfeier der Alterthumsgesellschaft Prussia 1844-1894. 8 S. Königsberg (: Beyer) 1894
75 Frauengestalten. Drei Novellen. 235 S. Dresden: Reißner 1894
76 Blinde Liebe. Novelle. 260 S. Lpz, Dresden: Reißner 1895
77 Andrer Leute Kinder. Zwei Novellen. 263 S. 12⁰ Lpz, Dresden: Reißner 1895
78 Die verlorene Tochter. Humoreske. 79 S. Dresden: Reißner 1895
79 Im Dienst der Pflicht. Schauspiel. 110 S. Dresden: Reißner 1896
80 Die Schwestern. Eine litauische Geschichte. 170 S. Dresden: Reißner 1896
81 Gesammelte Werke. 18 Bde. Dresden: Reißner 1896-1902

82 Herrenmoral. Roman. 235 S. Dresden: Reißner 1897
83 Ein Komödiant. Erzählung. 86 S. 16⁰ Lpz: Reclam (= Universal-Bibliothek 3878) 1898
84 Monte Carlo und andere Geschichten. 268 S. 12⁰ Dresden: Reißner 1898
85 Vom alten Schlage. Roman in drei Büchern. 3 Bde. 186, 184, 248 S. Dresden: Reißner 1898
86 Die Gräfin von Schwerin. Historisches Schauspiel. Bühnenbearb. 78 S. 16⁰ Lpz: Reclam (= Universal-Bibliothek 3973) 1899
87 Die glückliche Insel. Puppenspiel. 59 S. 16⁰ Lpz: Reclam (= Universal-Bibliothek 3914) 1899
88 Minister a.D. Roman. 366 S. Dresden: Reißner 1899
89 Richter und Dichter. 304 S., 1 Bildn. Bln: Schuster & Loeffler (= Zeitgenössische Selbstbiographien 2) 1899
90 Das Duell. Der Väter Sünden. Novellen. 284 S. Dresden: Reißner 1900
91 Getrennte Wege. Roman. 2 Bde. 316, 442 S. Dresden: Reißner 1900
92 Der Hinkefuß und andere Novellen. 248 S. Dresden: Reißner 1901
93 Der zerbrochene Krummstab. Novelle. 164 S. Dresden: Reißner 1902
94 Der Schaktarp. Eine littauische Geschichte. 99 S. Zürich, Basel: Verein für Verbreitung guter Schriften (= Verein für Verbreitung guter Schriften Zürich 47) 1902
95 Die Thorner Tragödie. Roman. 239 S. Dresden: Reißner (= Gesammelte Werke, Bd. 18) 1902 (Bd. 18 v. Nr. 81)
96 Des Königs Dank. Schauspiel. 71 S. 16⁰ Lpz: Reclam (= Universal-Bibliothek 4458) 1903
97 Geschichten im Schnee. 249 S. Dresden: Reißner 1903
98 Gedichte und Sprüche. 122 S. Dresden: Reißner 1904
99 Mütter. Zwei Novellen. 290 S. Dresden: Reißner 1904
100 (MV) (M. v. Ebner-Eschenbach: Uneröffnet zu verbrennen. – O. Schubin: Blanche. – E. W.:) Ein Wohltäter. 91 S. Bln: Exp. der Deutschen Bücherei (= Deutsche Bücherei 25) 1905
101 Der Wilddieb. (S.-A.) 144 S. m. Bildn. Hbg-Großborstel: Deutsche Dichter-Gedächtnis-Stiftung (= Volksbücher der Deutschen Dichter-Gedächtnis-Stiftung 13) 1907
102 Gesammelte Werke. Hg., eingel. Paul Wichert. 3 Bde. 323, 393, 261 S. Königsberg: Gräfe & Unzer 1926–1927

WICKERT, Erwin (*1915)

1 Fata Morgana über den Straßen. 231 S. m. Abb. Lpz: Strauch 1938
2 Das Paradies im Westen. Roman. 299 S. Stg: Hohenstaufen-Verl. 1939
3 Die Adamowa. Geschichte. 131 S. Stg: Hohenstaufen-Verl. 1940
4 Du mußt dein Leben ändern. Roman. 331 S. Stg: Dt. Verl-.Anst. 1949
5 Dramatische Tage in Hitlers Reich. 400 S. Stg: Steingrüben-Verl. 1952
6 Die Frage des Tigers. Erzählung. 62 S. Gütersloh: Bertelsmann (= Das kleine Buch 82) 1955
7 Cäsar und der Phönix. Vier Hörspiele. 173 S. Stg: Steingrüben-Verl. 1956
8 Hiroshima. Bericht aus der Stadt, die der Atombombe zum Opfer fiel. 19 S. Weinheim/Bergstr.: Dt. Laienspiel-Verl. (= Lesesszenen und Lesespiele, H. 2) (1959)
9 Jahre des Wahns. Ein Aufriß der deutschen Ostpolitik zwischen 1939 und 1945. 29 S. Weinheim/Bergstr.: Dt. Laienspiel-Verl. (= Lesesszenen und Lesespiele, H. 16) (1959)
10 Hitlers Machtergreifung. Die Vorgeschichte des 30. Januar 1933. 30 S. Weinheim/Bergstr.: Dt. Laienspiel-Verl. (= Lesesszenen und Lesespiele, H. 15) (1959)
11 Der Klassenaufsatz. – Alkestis. Zwei Hörspiele. Mit einem autobiographischen Nachwort. 73 S. Stg: Reclam (= Reclam's UB. 8443) 1960
12 Robinson und seine Gäste. Nachw. L. Giesz. 36 S. Hbg: Verl. Hans Bredow-Inst. (= Hörwerke der Zeit 16) 1960

WIDMANN, Joseph Viktor
(+Messer Lodovico Ariosto Helvetico) (1842–1911)

1. Der geraubte Schleier. Dramatisiertes Märchen nach Musäus. 198 S. Winterthur: Steiner 1864
2. *Erasmus von Rotterdam. Historisches Spiel aus der Reformationszeit. 35 S. Winterthur: Steiner 1865
3. Iphigenie in Delphi. Schauspiel. 99 S. Winterthur: Steiner 1865
4. Arnold von Brescia. Trauerspiel. 232 S. 16° Frauenfeld: Huber 1867
5. Orgetorix. Trauerspiel. 138 S. 16° Frauenfeld: Huber 1867
6. Buddha. Dichtung. 259 S. Bern: Dalp 1869
7. +Kalospinthechromokrene oder Der Wunderbrunnen von Is. Ein „Ritt in's alte romantische Land" mit manchen Rösselsprüngen in die modernste Gegenwart. Ausgeführt als epische Dichtung von Messer Lodovico Ariosto Helvetico. 205 S. 16° Frauenfeld: Huber 1872
8. Der Widerspänstigen Zähmung. Oper. Musik H. Götz. 23 S. o.O. 1872
9. Das Festgedicht. Komödie. 55 S. Bern: Dalp 1873
10. Mose und Zipora. Ein himmlisch-irdisches Idyll. 175 S. Bln: Springer 1874
11. An den Menschen ein Wohlgefallen. Pfarrhausidyll. 138 S. Frauenfeld: Huber 1875
12. Die Königin des Ostens. Schauspiel. 162 S. 16° Zürich: Schmidt 1880
13. Oenone. Trauerspiel. 138 S. 16° Zürich: Schmidt 1880
14. Rektor Müslins italienische Reise. 269 S. Zürich: Schmidt 1881
15. Aus dem Fasse der Danaiden. Zwölf Erzählungen. 543 S. Zürich: Schmidt 1884
16. Der Redakteur. Als Mädchen. Zwei spanische Novellen. 128 S. 16° Lpz: Reclam (= Universal-Bibliothek 1926) 1884
17. Spaziergänge in den Alpen. Wanderstudien und Plaudereien. 270 S. Frauenfeld: Huber 1885
18. Amoretten. Vier Erzählungen. 200 S. Zürich: Schmidt 1887 (Ausz. a. Nr. 15)
19. Nach wirklichen Begebenheiten. Vier Erzählungen. 241 S. Zürich: Schmidt 1887 (Ausz. a. Nr. 15)
20. Gemüthliche Geschichten. Vier Erzählungen. 101 S. Zürich: Schmidt 1887 (Ausz. a. Nr. 15)
21. Jenseits des Gotthard. Menschen, Städte und Landschaften in Ober- und Mittel-Italien. 343 S. Frauenfeld: Huber 1888
22. Die erste Nacht, oder: Die letzten Consequenzen. Ein Nachspiel zu Galeotto. Drama v. J. Echegaray. 30 S. Breslau: Schles. Verl.-Anst. 1888
23. Die Patrizierin. Lebensbild aus der modernen Gesellschaft. 272 S. Bern: Schmid 1888
24. Gemüthliche Geschichten. Zwei Erzählungen aus einer schweizer Kleinstadt. 436 S. Bln: Paetel 1890
25. Touristennovellen. 343 S. Stg: Cotta 1892
26. Jenseits von Gut und Böse. Schauspiel. 152 S. Stg: Cotta 1893
27. (MV) F. Mottl: Fürst und Sänger. Oper. Dichtung nach Idee und Plan des Komponisten in Versen v. J. V. W. 31 S. Bln: Fürstner 1893
28. Jung und Alt. Zwei Novellen in Romanzen. 108 S. 12° Lpz: Liebeskind 1894
29. Bin der Schwärmer. Idyll. 70 S. m. Abb. 16° Frauenfeld: Huber (1895)
30. Der greise Paris. Dramatische Plauderei in einem Akt. 27 S. Bln: Entsch 1895
31. Die Weltverbesserer und andere Geschichten. 308 S. Wien: Breitenstein (= Novellenbuch 2; = Publikationen der literarischen Gesellschaft in Wien. Jg. 3, Bd. 1) 1896
32. Maikäferkomödie. 212 S. m. Abb. 12° Frauenfeld: Huber 1897
33. Sommerwanderungen und Winterfahrten. 372 S. Frauenfeld: Huber 1897
34. Johannes Brahms in Erinnerungen. 180 S. Bln: Paetel (1898)
35. Sizilien und andere Gegenden Italiens. Reiseerinnerungen. 338 S. Frauenfeld: Huber 1898

36 Moderne Antiken. Lysanders Mädchen. Historisches Lustspiel. – Oenone. Drama. 224 S. 12⁰ Frauenfeld: Huber 1901
   (Enth. u. a. Neubearb. v. Nr. 13)
37 Die Muse des Aretin. Drama. 185 S. Frauenfeld: Huber 1902
38 Festakt zu Eröffnung des neuen Stadttheaters in Bern 1903. 18 S. Bern: Francke 1903
39 Calabrien – Apulien und Streifereien an den oberitalienischen Seen. 272 S. Frauenfeld: Huber 1904
40 Der Heilige und die Tiere. 187 S. Frauenfeld: Huber 1905
41 Aus dem andern Weltteil. Zwei Erzählungen. 215 S. Basel: Verein für Verbreitung guter Schriften 1906
42 Du schöne Welt! Neue Fahrten und Wanderungen in der Schweiz und in Italien. 247 S. Frauenfeld: Huber (1907)
43 Gedichte. VIII, 192 S. m. Bildn. Frauenfeld: Huber 1912
44 Der Gorilla. Eine Pariser Künstlergeschichte. (S.-A.) 9 S. Zürich: Rascher 1912
45 Das Picknick. Die Hängematte. Rektor Müslins erste Liebe. Erzählungen. 76 S. Bern, Basel: Verein für Verbreitung guter Schriften (= Verein für Verbreitung guter Schriften Bern, Bd. 86) 1912
46 Ausgewählte Feuilletons. Hg. Max Widmann. XV, 267 S. Frauenfeld: Huber 1913
47 Ein Doppelleben und andere Erzählungen. 175 S. Bern: Francke 1915
48 Jugendeselei und andere Erzählungen. 167 S. Bern: Francke 1915
49 Doktor Wilds Hochzeitsreise. Erzählung. 154 S. Basel: Rhein-Verl. 1923

WIECHERT, Ernst (+Ernst Barany Bjell)   (1887–1950)

1 +Die Flucht. Roman. 214 S. Bln: Concordia 1916
2 Der Wald. Roman. VII, 263 S. Bln: Grote (= Grote'sche Sammlung von Werken zeitgenössischer Schriftsteller 150) 1922
3 Der Totenwolf. Roman. 257 S. Regensburg: Habbel & Naumann 1924
4 Die Legende vom letzten Wald. 43 S., 1 Bildn. Regensburg, Bln: Grote 1925
5 Die blauen Schwingen. Roman. V, 197 S. Regensburg, Lpz: Der Aufmarsch (= Die Sammlung. Jg. 1925, Bd. 2) 1925
6 Der Knecht Gottes Andreas Nyland. Roman. VII, 451 S. Bln: Grote (= Grote'sche Sammlung von Werken zeitgenössischer Schriftsteller 167) 1926
7 Der silberne Wagen. Novellen. V, 250 S. Bln: Grote (= Grote'sche Sammlung von Werken zeitgenössischer Schriftsteller 173) 1928
8 Die kleine Passion. Roman. 365 S. Bln: Grote (= Grote'sche Sammlung von Werken zeitgenössischer Schriftsteller 179) 1929
9 Die Flöte des Pan. Novellen. VII, 234 S. Bln: Grote (= Grote'sche Sammlung von Werken zeitgenössischer Schriftsteller 188) 1930
10 Geschichte eines Knaben. 93 S. Tüb: Wunderlich (1930)
   (Ausz. a. Nr. 7)
11 Jedermann. Geschichte eines Namenlosen. 243 S. Mchn: Langen-Müller 1932
   (Forts. v. Nr. 8)
12 Die Magd des Jürgen Doskocil. Roman. 221 S. Mchn: Langen-Müller 1932
13 Soldat Namenlos, aus „Jedermann". Bes. H. Langenbucher. 44 S. Mchn: Langen-Müller (= Die deutsche Folge 8) 1933
   (Ausz. a. Nr. 11)
14 Das Spiel vom deutschen Bettelmann. 41 S., 11 Abb. Mchn: Langen-Müller (= Die kleine Bücherei 18) 1933
15 (Einl.) W. Fries: Die Fischer. Eine Geschichte in Bildern. 8 Bl., 18 Taf. 4⁰ Zürich: Rascher 1934
16 Die Majorin. Eine Erzählung. 225 S. Mchn: Langen-Müller 1934
17 Der Todeskandidat. La Ferme morte. Der Vater. Drei Erzählungen. 57 S. Mchn: Langen-Müller (= Die kleine Bücherei 37) 1934
18 (Einl.) W. Engelhardt: Ein Memelbilderbuch. 94 S. m. Abb., 1 Kt. 4⁰ Bln: Verl. Grenze und Ausland 1935
19 Hirtennovelle. 90 S. Mchn: Langen-Müller (1935)
20 Der Kinderkreuzzug. Mit einem Abriß über Leben und Werk des Dichters

v. K. Krippendorf. 50 S. Bln: Grote (= Grotes Aussaat-Bücher 3) 1935 (Ausz. a. Nr. 7)
21 Der verlorene Sohn. Schauspiel. 56 S. Mchn: Langen-Müller 1935
22 Von den treuen Begleitern. 17 S. Hbg: Ellermann (= Das Gedicht. Jg. 3, Nr. 15–16) 1936
23 Der Dichter und die Jugend. 14 Bl. Mainz: Werkstatt für Buchdruck (1936)
24 Das heilige Jahr. Fünf Novellen. 71 S. Bln: Grote (= Grotes Aussaat-Bücher 10) (1936)
25 Wälder und Menschen. Eine Jugend. 250 S. Mchn: Langen-Müller (1936)
26 „Eine Mauer um uns baue..." 6 Bl. 2° Mainz: Werkstatt für Buchdruck 1937
27 (Einl.) Von Mutter und Kind. Bilder alter und neuer Meister. 10 S., 10 Taf., 3 Bl. Lpz: Seemann 1937
28 Atli der Bestmann. Tobias. Zwei Erzählungen. 55 S. Bln: Grote (= Grotes Aussaat-Bücher 19) 1938
29 In der Heimat. 16 Bl., 72 Bl. Abb., 1 Titelb. 4° Mchn: Piper 1938
30 Vom Trost der Welt. „Eine Mauer um uns baue..." 35 S. 4° Mainz: Werkstatt für Buchdruck 1938 (zu Nr. 26)
31 Das einfache Leben. Roman. 389 S. Mchn: Langen-Müller (1939)
32 Der ewige Stern. Eine Adventsgeschichte. 7 Bl. Mainz: Werkstatt für Buchdruck u. Verl. 1940
33 Tobias und andere ausgewählte Prosa. 136, 8 S. Groningen, Batavia: Wolters (= Von deutscher Art und Kunst) (1942) (Enth. u.a. Ausz. a. Nr. 28)
34 (MV) (A. Stifter: Der heilige Abend. – E.W.:) Das Weihnachtsfest. (– S. Lagerlöf: Gottesfriede.) 78 S. Basel: Verein für Verbreitung guter Schriften (= Verein für Verbreitung guter Schriften Basel, Bd. 202) (1944)
35 Demetrius und andere Erzählungen. 94 S. Zürich: Scientia-Verl. (= Vom Dauernden in der Zeit 2) (1945)
36 Der Dichter und die Zeit. Rede, gehalten am 16.IV.1935 im Auditorium Maximum der Universität München. Mit einem Vorw. des Herausgebers F. Witz. 29 S. Zürich: Artemis-Verl. (= Schriften zur Zeit 9) 1945
37 Die Jerominkinder. Roman. 2 Bde. 519, 458 S. Mchn: Desch 1945–1947
38 Rede an die deutsche Jugend 1945. 47 S. Mchn: Zinnen-Verl. (= Europäische Dokumente 1) 1945
39 Der weiße Büffel oder Von der großen Gerechtigkeit. 109 S. Mchn: Desch 1946
40 Der brennende Dornbusch. 48 S. Zürich: Arche (= Die kleinen Bücher der Arche 13) 1946
41 An die deutsche Jugend. Drei Reden und ein Aufsatz. 89 S. London: World's Alliance of the Young Men's Christian Associations War Prisoner's Aid (= Zaunkönig-Bücher 512) (1946)
42 Über Kunst und Künstler. Aus einer ungesprochenen Rede. 16 S. Hbg: Ellermann (= Das Gedicht. 1946/47, Nr. 1) 1946
43 Märchen. 2 Bde. XII, 333; 314 S. m. Abb. Zürich: Rascher 1946
44 Okay oder Die Unsterblichen. Eine ernsthafte Komödie in drei Aufzügen. 111 S. Zürich: Artemis-Verl. 1946
45 Totenmesse. 42 S. Zürich: Rascher (= Europäische Bibliothek) 1946
46 Der Totenwald. Ein Bericht. 170 S. Zürich: Rascher 1946
47 Erzählungen. 138 S. Düsseldorf: Schwann (= Bücherei der Jugend 2) 1947
48 Die Gebärde. Der Fremde. 47 S. Zürich: Arche (= Die kleinen Bücher der Arche 40) 1947
49 Rede an die Schweizer Freunde 1947. 14 S. Zürich: Rascher 1947
50 Der große Wald. 41 S. Olten: Vereinigung Oltner Bücherfreunde (= Veröffentlichungen der Vereinigung Oltner Bücherfreunde 36) 1947
51 Jahre und Zeiten. Erinnerungen. 452 S. Erlenbach/Zürich: Rentsch (1948) (Forts. v. Nr. 25)
52 Das zerstörte Menschengesicht. Rede an der Goethe-Feier in Stäfa (Zürich) am 22.IX.1947. 36 S. Olten: Vereinigung Oltner Bücherfreunde (= Veröffentlichungen der Vereinigung Oltner Bücherfreunde 37; 1150 Ex.) 1948
53 Der Richter. Erzählung. 45 S. Zürich: Arche (= Die kleinen Bücher der Arche 56) 1948

54 Das Antlitz der Mutter. Eine Bilderfolge. 16 S., 15 Taf. Zürich: Arche (= Die kleinen Bücher der Arche 88–89) 1949
55 Die Mutter. Eine Erzählung. 47 S. Zürich: Arche (= Die kleinen Bücher der Arche 97) 1949
56 Missa sine nomine. Roman. 557 S. Erlenbach/Zürich: Rentsch 1950
57 Der Exote. Roman. 224 S. Mchn: Desch 1951
58 Vom bleibenden Gewinn. Ein Buch der Betrachtung. Mit einer Würdigung des Dichters von R. Schneider. 159 S., 1 Bildn. Zürich: Arche (= Sammlung Gestalten und Wege) 1951
59 Die letzten Lieder. 64 S. Zürich: Arche 1951
60 Der Vater. Drei Erzählungen. 68 S. Mchn: Desch 1951 (Neuaufl. v. Nr. 17)
61 Sämtliche Werke in zehn Bänden. 10 Bde. Wien, Mchn, Basel: Desch 1957

WIED, Martina (eig. Alexandrine Martina Augusta Schnabl verh. Weisl) (1882–1957)

1 Bewegung. Gedichte. 87 S. Wien: Strache 1919
2 Rauch über Sanct Florian oder Die Welt der Mißverständnisse. Roman. 646 S. Wien: Fromme (1937)
3 (Übs.) W. Cohn: Chinesische Malerei. Einl. M. David. 30 S. m. Abb. 4° London: Phaidon Press 1947
4 Das Einhorn. Aus dem Tagebuch eines schottischen Malers in Italien. 290 S. Wien: Ullstein 1948
5 Kellingrath. Roman. 374 S. Innsbruck: Österr. Verl.-Anst. 1950
6 Das Krähennest. Begebnisse auf verschiedenen Ebenen. 603 S. Wien: Herold 1951
7 Brücken ins Sichtbare. Gedichte. 152 S. Innsbruck: Österr. Verl.-Anst. 1952
8 Die Geschichte des reichen Jünglings. Roman. 794 S. Innsbruck: Österr. Verl.-Anst. 1952
9 Der Ehering. Erzählung. 277 S. Innsbruck: Österr. Verl.-Anst. 1954
10 Das unvollendete Abenteuer. Eine Novelle. 59 S. Wien: Bergland-Verl. (= Neue Dichtung aus Österreich 7) 1955

WIELAND, Christoph Martin (1733–1813)

1 *Lobgesang auf die Liebe. Halle: Hemmerde 1751
2 *Anti-Ovid, oder Die Kunst zu lieben. Mit einem Anhang Lyrischer Gedichte. 62 S. Amsterdam (d.i. Heilbronn) 1752
3 *Zwölf Moralische Briefe in Versen. 8 Bl., 166 S. Ffm, Lpz (d.i. Heilbronn: Eckebrecht) 1752
4 *Erzaehlungen. 3 Bl., 124 S. 4° Tüb: Löffler 1752 (gleichz. Ausg. Heilbronn: Eckebrecht 1752)
5 *Der Fryhling. 16 S. 4° Tüb: Löffler 1752
6 *Hymne. 4 Bl. 4° o. O. (1752)
7 *Die Natur der Dinge in sechs Büchern. Vorw. G. F. Meier. 4, 9 Bl., 164 S. Halle: Hemmerde 1752
8 *Schreiben an Herrn *** von der Würde und der Bestimmung eines schönen Geistes. 11 S. 4° Zürich: Geßner 1752
9 *Abhandlung von den Schönheiten des Epischen Gedichts Der Noah ... Von dem Verfasser des Lehrgedichts „Ueber die Natur der Dinge". 404 S. Zürich: Geßner 1753
10 *Der gepryfte Abraham. Ein Gedicht in vier Gesängen. 2 Bl., 75 S. 4° Zürich: Orell 1753
11 (Vorw.) J. J. Bodmer: Die Synd-Flut. Ein Gedicht in fynf Gesängen. 108 S. 4° Zürich: Heidegger 1753

12 *Briefe von Verstorbenen an Hinterlassene Freunde. 120 S. 4⁰ Zürich: Orell 1753
13 *Gebet eines Christen. Von dem Verfasser des Gebets eines Deisten. 4 S. 4⁰ Bln 1753
14 *Gebet eines Deisten. Veranlaßt durch das Gebet eines Freygeistes. 4 S. 4⁰ Bln 1753
15 *Lobgesang auf die Liebe. 16 S. Zürich: Geßner 1753
(Verb. Neuaufl. v. Nr. 1)
16 *Plan Von einer neuen Art, von Privat-Unterweisung. 8 ungez. S. 4⁰ o.O. (1753)
17 (Vorw.) J. J. Bodmer: Gedichte in gereymten Versen. 164 S. Zürich: Orell 1754
18 *(MV) (J. J. Bodmer: Der erkannte Joseph und der keusche Joseph ...) Samt verschiedenen Briefen yber die einfyhrung des Chemos und den character Josephs, in dem Gedichte Joseph und Zulika. 132 S. 4⁰ Zürich: Orell 1754
19 *Erinnerungen an eine Freundin. 16 S. 4⁰ Zürich: Orell 1754
20 *Hymnen. Von dem Verfasser des gepryften Abrahams. 28 S. Zürich: Orell 1754
21 *Ode auf die Auferstehung Jesu. 14, 1 S. 4⁰ Zürich: Geßner 1754
22 *Ode auf die Geburt des Erlösers. 15 S. 4⁰ Zürich: Geßner 1754
23 *Ankündigung einer Dunciade für die Deutschen. Nebst dem verbesserten Hermann. 102 S. 4⁰ Ffm, Lpz 1755
24 *Betrachtungen Über den Menschen, Nebst einer allegorischen Geschichte der menschlichen Seele. 48 S. 4⁰ Zürich: Geßner 1755
25 *Fragmente in der erzaehlenden Dichtart; Von verschiedenem Innhalte. Mit einigen andern Gedichten. 2 Bl., 132 S. 4⁰ Zürich: Orell 1755
26 *(MV) (Ch. M. W. u. S. Geßner:) Edward Grandisons Geschichte in Görlitz. 124 S. Bln: Voß 1755
27 *Hymnen auf die Allgegenwart und Gerechtigkeit GOttes. 56 S. 4⁰ Zürich: Orell 1756
28 *Sympathien. As Soul approuches Soul. 158 S. o.O. 1756
29 *(MV) Beurtheilung der Schrift, die im Jahr 1755. den Preiß von der Academie zu Berlin erhalten hat. Nebst einem Schreiben an den Verfasser der Dunciade für die Deutschen. 24 S. 4⁰ Ffm, Lpz 1757
30 *Empfindungen eines Christen ‚Lobe den Herrn du meine Seele'. 17 ungez. Bl. Zürich: Orell 1757
31 *Ode zum dankbaren Andenken eines Erlauchten und Verdienstvollen Staatsmanns in der Republick Zürich. 11 S. 4⁰ Zürich: Geßner 1757
32 *Auf das Bildniß des Königs von Preußen von Herrn Wille. 4 S. 4⁰ Zürich: Geßner 1758
33 Lady Johanna Gray. Ein Trauer-Spiel. 2 Bl., 108 S. Zürich: Heidegger 1758
34 *Plan einer Academie, zur Bildung des Verstandes und Herzens junger Leute. Nebst Gedanken über den patriotischen Traum, von einem Mittel, die veraltete Eidgenoßschaft wieder zu verjüngen. 100 S. o.O. 1758
35 Sammlung einiger prosaischen Schriften. 3 Bde. 252, 288, 197 S. Zürich: Orell 1758
36 Cyrus. Ein Fragment in fünf Gesängen. 14, 80 S. Zürich: Geßner 1759
37 Araspes und Panthea. Eine moralische Geschichte in einer Reyhe von Unterredungen. XVI, 262 S. Zürich: Orell 1760
38 *Clementina von Porretta. Ein Trauerspiel. Von dem Verfasser der Lady Johanna Gräy. 10, 228 S. Zürich: Orell Füßli 1760
39 Poetische Schriften. 3 Bde. XXIV, 327; 304; 285 S. m. Titelku. Zürich: Orell & Geßner 1762
40 (Übs.) W. Shakespeare: Theatralische Werke. Aus dem Englischen. 8 Bde. m. Titelku. Zürich: Orell & Geßner 1762-1766
41 Sammlung Prosaischer Schriften. 2 Bde. 280, 348 S., 2 Titelb. Zürich: Orell & Geßner 1763-1764
(Neuaufl. v. Nr. 35)
42 *Der Sieg der Natur über die Schwärmerey, oder Die Abentheuer des Don Sylvio von Rosalva. Eine Geschichte worinn alles Wunderbare natürlich zugeht. 2 Bde. 7 Bl., 618 S., 2 Bl. Ulm: Bartholomäi 1764
43 *Comische Erzählungen. IV, 227 S. o.O. 1765

44 *Geschichte des Agathon. Aus einer alten griechischen Handschrift. 2 Bde. 8 Bl., 392; 353 S. Ffm, Lpz (d.i. Zürich: Orell & Geßner) 1766–1767
45 *Idris. Ein Heroisch-comisches Gedicht. Fünf Gesänge. 298 S. Lpz: Weidmann's Erben & Reich 1768
46 *Musarion, oder Die Philosophie der Grazien. Ein Gedicht, in drey Büchern. 96 S. Lpz: Weidmann's Erben & Reich 1768
47 Die Geschichte der Biribinkers. 2 Bl., 129 S. Ulm: Bartholomäi 1769
48 *Musarion, oder Die Philosophie der Grazien. Ein Gedicht, in drey Büchern. XX, 128 S. Lpz: Weidmann's Erben & Reich 1769
   (Erw. Neuaufl. v. Nr. 46)
49 *Beyträge zur Geheimen Geschichte des menschlichen Verstandes und Herzens. Aus den Archiven der Natur gezogen. 2 Bde. 272, 232 S., 1 Ku. Lpz: Weidmann's Erben & Reich 1770
50 *Combabus. Eine Erzählung. 62 S. Lpz: Weidmann's Erben & Reich 1770
51 *Die Grazien. Ein Gedicht in sechs Büchern. 206 S. Lpz: Weidmann's Erben & Reich 1770
52 Poetische Schriften. 3 Bde. 352, 288, 288 S. Zürich: Orell & Geßner 1770
   (Verb. Neuaufl. v. Nr. 39)
53 *ΣΩΚΡΑΤΗΣ ΜΑΙΝΟΜΕΝΟΣ oder die Dialogen des Diogenes von Sinope. Aus einer alten Handschrift. 304 S., 4 Ku. Lpz: Weidmann's Erben & Reich 1770
54 *Der Neue Amadis. Ein comisches Gedicht in Achtzehn Gesängen. 2 Bde. 264 S., 1 Bl.; 236 S., 1 Bl., 18 Ku. Lpz: Weidmann's Erben & Reich 1771
55 (Hg.) (M. S. von LaRoche:) Geschichte des Fräuleins von Sternheim. Von einer Freundin derselben aus Original-Papieren und anderen zuverlässigen Quellen gezogen. 2 Bde. XXII, 367; 302 S. Lpz: Weidmann's Erben & Reich 1771
56 Prosaische Schriften. 2 Bde. 280, 348 S. Zürich: Orell, Geßner & Füßli 1771–1772
   (Veränd. Neuaufl. v. Nr. 41)
57 *Die Abentheuer des Don Sylvio von Rosalva. 2 Bde. VIII, 414; 432 S. m. Ku. Lpz: Weidmann's Erben & Reich 1772
   (Neuaufl. v. Nr. 42)
58 *Aurora ein Singspiel in einem Aufzug auf das höchste Geburtsfest der Durchlauchtigsten Herzogin Regentin von Sachsen-Weimar und Eisenach. 26 S. 4° o. O. 1772
59 *Gedanken über eine alte Aufschrift. 62 S. Lpz: Weidmann's Erben & Reich 1772
60 Kleine Schriften. XII, 176 S. Amsterdam: auf Kosten der Gesellschaft C. V. S. P. B. 1772
   (Nachdr.)
61 *Der Goldene Spiegel, oder Die Könige von Scheschian, eine wahre Geschichte. Aus dem Scheschianischen übersetzt. 4 Bde. XXIV, 226; 238; XVI, 228; 231, 1 S., 4 Ku. Lpz: Weidmann's Erben & Reich 1772
62 *Agathon. Quid Virtus et quid Sapientia possit. 4 Bde., 4 Ku. Lpz: Weidmann's Erben & Reich 1773
   (Neuaufl. v. Nr. 44)
63 *Alceste. Ein Singspiel in fünf Aufzügen. 88 S. Lpz: Weidmann's Erben & Reich 1773
64 (Hg., MV) Der Teutsche Merkur. 68 Bde. Weimar: Hoffmann; Lpz: Göschen 1773–1789
65 Die Abderiten. Eine sehr wahrscheinliche Geschichte vom Herrn Hofrath Wieland. 198 S. Weimar: Hoffmann 1774
66 Des Herrn Wieland(s) Allerley. 3 Bde. 238, 240, 240 S. m. Ku. Ffm, Lpz: Auf Kosten der Gesellschaft 1774–1777
67 Der verklagte Amor, ein Gedicht in vier Büchern. 94 S. Weimar: Hoffmann 1774
68 *An Psyche. 24 S. o. O. 1774
69 Sammlung der Kleinern Werke. 163 S. Biel: Heilmann 1774
   (Nachdr.; enth. u. a. Nr. 50, 63, 67)
70 Stilpon oder Die Wahl eines Oberzunftmeisters von Megara. Eine Unterredung. 62 S. Ffm, Lpz 1775
   (Nachdr.)

71 Lady Johanna Gray. Ein Trauer-Spiel. 99 S. Zürich: Orell, Geßner & Füßli 1776
(Neudr. v. Nr. 33)
72 Neueste Gedichte vom Jahre 1770–77. 2 Bde. III, 220; 252 S. Weimar: Hoffmann 1777–1779
73 Bonifaz Schleicher oder Kann man ein Heuchler seyn, ohne es selbst zu wissen? Ein biographisches Fragment. 38 S. Hanau, Ffm, Lpz 1777
(Nachdr.)
74 (MV) Rosamund. Ein Singspiel, in drey Aufzügen, v. Ch. M. W. u. Schweizer. 37 ungez. Bl. Weimar: Hoffmann 1778
75 ★Oberon. Ein Gedicht in vierzehn Gesängen. 156 ungez. Bl. Weimar: Hoffmann 1780
76 Geschichte der Abderiten. 2 Bde. 416, 351 S., 2 Titelks. Lpz: Weidmann's Erben & Reich 1781
(Umarb. v. Nr. 65)
77 (Übs.) (Qu. Horatius Flaccus:) Horazens Briefe aus dem Lateinischen übersetzt und mit historischen Einleitungen und andern nöthigen Erläuterungen versehen. 2 Bde. 8 Bl., 304; 261 S. Dessau: Buchh. d. Gelehrten 1782
78 ★Clelia und Sinibald. Eine Legende aus dem zwölften Jahrhundert. 1 Bl., 182 S. Weimar: Hoffmann 1784
79 Auserlesene Gedichte. 7 Bde. Lpz: Weidmann's Erben & Reich 1784–1789
80 Werke. 2 Bde. 352, 288 S. Troppau: im Verl. der Kompagnie 1784
(Nachdr.)
81 Kleinere prosaische Schriften. 2 Bde. 16⁰ Lpz: Weidmann's Erben & Reich 1785–1786
(Verb. Neuaufl. v. Nr. 56)
82 (Vorw.) Allgemeine Damenbibliothek. 3 Bde. Lpz: Weidmann's Erben & Reich 1786
83 (MV, MÜbs., MBearb.) Dschinnistan, oder Auserlesene Feen- und Geister-Mährchen. Theils neu erfunden, theils neu übersezt und umgearbeitet v. Ch. M. W., F. Hildebrand von Einsiedel u. J. A. Liebeskind. 3 Bde. XVI, 322; 322; XII, 351 S., 1 Bl. Winterthur: Steiner 1786–1789
84 (Übs.) (Qu. Horatius Flaccus:) Horazens Satyren, aus dem Lateinischen übersetzt und mit Einleitungen und erläuternden Anmerkungen vers. 2 Bde. 308, 352 S. Lpz: Weidmann's Erben & Reich 1786
85 (Übs.) (Lukianos:) Lucians von Samosata Sämmtliche Werke. Aus dem Griechischen übersetzt und mit Anmerkungen und Erläuterungen vers. 6 Bde. Lpz: Weidmann's Erben & Reich 1788–1789
86 Gedanken von der Freyheit über Gegenstände des Glaubens zu philosophieren. 174 S. Lpz: Göschen 1789
87 (MÜbs.) (Qu. Horatius Flaccus:) Die Dichtkunst des Horaz, übersetzt und erklärt v. K. W. Ramler; in Versen v. Ch. M. W. 308 S., 1 Bl. Basel: Flick 1789
88 (Hg.) (J. H. Meister:) Von der natürlichen Moral. Aus dem Französischen des Herrn M** von Herrn Sch** (d.i. J. G. Schultheß) übs. Hg. mit einigen Anmerkungen begleitet v. Ch. M. W. XXXII, 246 S. Lpz: Göschen 1789
89 (MH) Historischer Calender für Damen für das Jahr 1790. Hg. J. W. v. Archenholtz u. Ch. M. W. 350 S. m. Ku. Lpz: Göschen 1790
90 (MH, MV) Neuer teutscher Merkur. Hg. Ch. M. W., K. L. Reinhold u. K. A. Böttiger. 84 Bde. Weimar: Hoffmann 1790–1810
(Forts. v. Nr. 64)
91 Geheime Geschichte des Philosophen Peregrinus Proteus. 2 Bde. 352, 424 S. m. Ku. Lpz: Göschen 1791
92 Neue Götter-Gespräche. 268 S. m. Titelku. Lpz: Göschen 1791
93 (Hg.) (Mlle. de Lussan:) Thessalische Zauber- und Geistermärchen. Aus dem Französischen der Mdlle. Lussan übs. J. S. G. S. 2 Bde. 16⁰ Zittau, Lpz 1792
94 Sämmtliche Werke. 36 Bde., 36 Ku. Lpz: Göschen 1794–1802
95 (Hg.) Attisches Museum. 4 Bde. Zürich, Luzern: Geßner, Lpz: Wolf 1796–1803
96 Sämmtliche Werke. 86 Bde. m. Ku. 12⁰ Wien: Schrämbl 1797–1808
(Nachdr.)

97 Agathodämon in sieben Büchern. Aus einer alten Handschrift. 476 S. Lpz: Göschen 1799
    (Titelaufl. d. 32. Bds. v. Nr. 94)
98 Gespräche unter vier Augen. 437 S. Lpz: Göschen 1799
    (Titelaufl. d. 31. Bds. v. Nr. 94)
99 Aristipp und einige seiner Zeitgenossen. 4 Bde. Lpz: Göschen 1800–1801
    (Titelaufl. d. Bde. 33–36 v. Nr. 94)
100 (Vorw.) S. Ch. A. Lütkemüller: Aimar und Lucinde. 2 Bde. 230, 347 S. Braunschweig: Vieweg 1802
101 (Übs.) Euripides: Ion. Aus dem Griechischen übs. u. erl. Lpz 1803
102 An die liebenswürdige Prinzessin von Weimar. Am 8. Juli 1803. 2 Bl. o. O. (1803)
103 (MH) Taschenbuch auf das Jahr 1804. Hg. Ch. M. W. u. J. W. v. Goethe. IV, 152 S. 12° Tüb: Cotta (1803)
104 (Hg.) Taschenbuch für 1804. Menander und Glycerion. VI, 146 S. 12° Tüb: Cotta (1803)
105 (Hg.) Ludwig Wieland: Erzählungen und Dialogen. 2 Bde. Lpz: Göschen (1) bzw. Zürich: Geßner (2) 1803
106 Krates und Hipparchia ein Seitenstück zu Menander und Glycerion. Zum Neujahrs-Geschenk auf 1805. 192 S. 12° Tüb: Cotta (1804)
    (zu Nr. 104)
107 (Hg., Bearb.) J. A. Musäus: Die deutschen Volksmährchen. 5 Bde. Gotha: Ettinger 1804–1805
108 (Übs.) Euripides: Helena. Aus dem Griechischen. Zürich 1805
109 (Hg.) Euthanasia. Drey Gespräche über das Leben nach dem Tode, veranlaßt durch D. J. K. W★★ls Geschichte der wirklichen Erscheinung seiner Gattin nach ihrem Tode. 264 S. Lpz: Göschen 1805
    (Titelaufl. d. 37. Bds. v. Nr. 94)
110 (MH) Journal für deutsche Frauen von deutschen Frauen geschrieben Bes. Ch. M. W., F. v. Schiller, F. Rochlitz u. J. G. Seume. 4 Bde. Lpz: Göschen 1805–1806
111 (MH) Neues Attisches Museum. Hg. Ch. M. W., J. J. Hottinger u. F. Jacobs. 3 Bde. Zürich, Lpz 1805–1811
    (Forts. v. Nr. 95)
112 (Hg., Vorw.) M. S. v. LaRoche: Melusinens Sommer-Abende. X, LVI, 342 S. 12° Halle: Verl. d. Societäts-Buch- u. Kunsthdlg. 1806
113 (Hg.) (F. L. Dulon:) Dülons, des blinden Flötenspielers, Leben und Meynungen, von ihm selbst bearbeitet. 2 Bde. 439, 431 S. Zürich: Geßner 1807–1808
114 (Übs.) M. Tullius Cicero: Sämmtliche Briefe übersetzt und erläutert. Vollendet und zum Druck befördert v. F. O. Gräter. 7 Bde. Zürich: Geßner 1808–1821
115 Tafel-Lied, gesungen bei Wielands Einführung als Frey-Maurer … o. O. 1809
116 ★An die Durchlauchtige Prinzessin Caroline. Am 19. Januar 1810. 1 Bl. o. O. 1810
117 ★Merlins weissagende Stimme aus seiner Gruft im Walde Brosseliand am 16. Februar 1786. Ihro Kaiserlichen Hoheit der durchlauchtigsten Frau Großfürstin Maria Pawlowna, vermählten Erbprinzessin von Sachsen-Weimar am 16. Februar 1810 unterthänigst zu Füßen gelegt. 4 Bl. 4° o. O. 1810
118 Ueber das Fortleben im Andenken der Nachwelt. 16 S. o. O. (1812)
119 (Übs.) Aristophanes: Die Ritter oder Die Demagogen. Die Vögel. M. Titelku. Wien: Doll 1813
120 Singspiele und Abhandlungen. VI, 287 S. Karlsruhe: Bureau der deutschen Classiker 1815
121 Sämmtliche Werke. Hg. J. G. Gruber. 53 Bde., 52 Ku. Lpz: Göschen 1818–1828
122 Sämmtliche Werke. 36 Bde. m. Ku. 16° Lpz: Göschen 1839–1840
123 Werke. Nebst der Biographie Wieland's hg. H. Düntzer. 40 Tle. Bln: Hempel (1867–1879)
124 Geschichte der Gelehrtheit von Ch. M. W. seinen Schülern dictiert (1757). Hg. L. Hirzel. XII, 81 S. Frauenfeld: Huber (= Bibliothek älterer Schriftwerke der deutschen Schweiz. Serie 2, H. 3) 1891
125 Gesammelte Schriften. Hg. von der Deutschen Kommission der Kgl. Preußischen Akademie der Wissenschaften. 22 Bde. Bln: Weidmann 1909ff.

Wieland, Ludwig (1777–1819)

1 *Lustspiele. Zürich: Geßner 1802
2 Erzählungen und Dialogen. Hg. Christoph Martin Wieland. 2 Bde. Lpz: Göschen (1) bzw. Zürich: Geßner (2) 1803
3 (Bearb.) Evelina oder Das Burggespenst. Ein romantisches Drama in drei Aufzügen nach dem Englischen des Castle Spectre für die deutsche Bühne bearb. Braunschweig 1804
4 Lustspiele. 327 S. Braunschweig: Vieweg 1805
5 Die Belagerten. Ein Schauspiel. Wien 1814
6 Bemerkungen gegen die Schrift des Geheimenrath Schmalz zu Berlin über politische Vereine. 24 S. Erfurt: Keyser 1815
7 (Hg.) Christoph Martin Wieland: Auswahl denkwürdiger Briefe. 2 Bde. 68 Bl., 318 S.; 1 Bl., 227 S. Wien: Gerold 1815
8 Ueber die Schmalzische Vertheidigungsschrift gegen Herrn Staatsrath Niebuhr. Ein Gespräch. 24 S. Erfurt: Keyser 1816

Wienbarg, Ludolf
(+Ludolf Vineta, Friedrich Radewell, Freimund) (1802–1872)

1 De primitivo idearum Platonicarum sensu. 36 S. Altona: Aue, Busch 1829
2 +Paganini's Leben und Charakter ... m. Bildn. Hbg: Hoffmann & Campe 1830
3 +(Übs.) Pindaros: Jason, übersetzt und erläutert. 32 S. Hbg: Hoffmann & Campe 1830
4 Holland in den Jahren 1831 und 1832. 2 Bde. 232, 180 S. Hbg: Hoffmann & Campe 1833
5 Aesthetische Feldzüge. Dem jungen Deutschland gewidmet. X, 308 S. Hbg: Hoffmann & Campe 1834
6 Soll die plattdeutsche Sprache gepflegt oder ausgerottet werden? IV, 44S. Hbg: Hoffmann & Campe 1834
7 Zur neuesten Litteratur. 166 S. Mannheim: Loewenthal 1835
8 Menzel und die junge Litteratur. 26 S. Mannheim: Löwenthal 1835
9 Wanderungen durch den Thierkreis. VIII, 220 S. Hbg: Hoffmann & Campe 1835
10 Tagebuch von Helgoland. X, 253 S. Hbg: Hoffmann & Campe 1838
11 Geschichtliche Vorträge über altdeutsche Sprache und Litteratur. VIII, 151 S. Hbg: Hoffmann & Campe 1838
12 Die Dramatiker der Jetztzeit. 112 S. Altona: Aue 1839
13 (Übs.) R. Ch. Rask: Kurzgefaßte Anleitung zur altnordischen oder altisländischen Sprache. XIV, 82 S. Hbg: Hoffmann & Campe 1839
14 +Tyll Eulenspiegel. Comödie von Friedrich Radewell. VIII, 288 S. Hbg: Hoffmann & Campe 1840
15 +Die Passion. Kirchliches Festspiel. Weimar: Voigt 1840
16 Quadriga. XIV, 356 S. Altona: Aue 1840
  (Titelaufl. v. Nr. 17)
17 Vermischte Schriften. Bd. 1. XIV, 356 S. Altona: Aue 1840
18 Hamburg und seine Brandtage. VI, 62 S., 5 Abb. Hbg: Kittler 1843
19 Der dänische Fehdehandschuh. 21 Bg. Hbg: Hoffmann & Campe 1846
20 Die Volks-Versammlung zu Nortorf am 14. September 1846. 33 S. Hbg: Hoffmann & Campe 1846
21 Das dänische Königsgesetz oder Das in Dänemark geltende Grundgesetz. VI, 159 S. Hbg: Hoffmann & Campe 1847
22 Krieg und Frieden mit Dänemark. Ein Aufruf an die deutsche Nationalversammlung. 24 S. Ffm: Oehler 1848
23 Der diesjährige Dänenkrieg und sein Ausgang – bis auf weiter. 28 S. Schleswig: Bruhn 1849

24 Darstellungen aus den schleswig-holsteinischen Feldzügen. 2 Bde. 156, 210 S. 12° Kiel: Schröder 1850–1851
25 Das Geheimniß des Wortes. XIV, 230 S. 12° Hbg, Stg: Aue 1852
26 (Hg.) Armin. Wochenschrift für die reife Jugend. 1. Jg. Hbg: Nolte 1854
27 Die plattdeutsche Propaganda und ihre Apostel. Von Freimund. 36 S. Hbg: Hoffmann & Campe 1860
28 Die beiden Friedriche. 7 S. Hbg 1861
29 Geschichte Schleswigs. 2 Bde. 96, 165 S. Hbg: Meißner 1861–1862
30 Der Antheil Dänemarks und der dänischen Behörden an Hamburg's Schicksal im Frühjahr 1813. 16 S. Hbg, Gotha: Haendcke 1863

WILBRANDT, Adolf von (1837–1911)

1 Heinrich von Kleist. 422 S. Nördlingen: Beck 1863
2 Geister und Menschen. Roman. 3 Bde. 1047 S. Nördlingen: Beck 1864
3 (Übs.) Sophokles und Euripides: Ausgewählte Dramen. Mit Rücksicht auf die Bühne übertragen. 2 Bde. 730 S. 16° Nördlingen: Beck 1866–1867
4 Der Lizentiat. Roman. 3 Bde. Nordhausen: Büchting 1868
5 Novellen. 367 S. Bln: Hertz 1869
6 Hölderlin, der Dichter des Pantheismus. Mchn 1870
7 Neue Novellen. 376 S. Bln: Hertz 1870
8 Dramatische Schriften. 2 Bde. Bln: Lassar 1870
    1. Unerreichbar. 37 S.
    2. Der Graf von Hammerstein. 91 S.
9 Gracchus, der Volkstribun. Trauerspiel. 101 S. Wien: Rosner 1872
10 Die Maler. Lustspiel. 88 S. Wien: Rosner 1872
11 Die Vermählten. Lustspiel. 78 S. Wien: Rosner 1872
12 Jugendliebe. Lustspiel. 43 S. Wien: Rosner 1873
13 Arria und Messalina. Trauerspiel. 126 S. Wien: Rosner 1874
14 Giordano Bruno. Trauerspiel. 100 S. Wien: Rosner 1874
15 Gedichte. 253 S. 16° Wien: Rosner 1874
16 Der Kampf ums Dasein. Lustspiel. 116 S. Wien: Rosner 1874
17 Durch die Zeitung. Lustspiel. 43 S. Wien: Rosner 1874
18 Fridolin's heimliche Ehe. 223 S. Wien: Rosner 1875
19 Ein neues Novellenbuch. Dritte Sammlung der Novellen. 341 S. Wien: Rosner 1875
20 Nero. Trauerspiel. 146 S. Wien: Rosner 1876
21 Die Wege des Glücks. Lustspiel. 154 S. Wien: Rosner 1876
22 Kriemhild. Trauerspiel. 118 S. Wien: Rosner 1877
23 Die Reise nach Riva. Trauerspiel. 107 S. Wien: Rosner 1877
24 (MV) (E. v. Dincklage-Campe: Erich Lennep. – A. v. W.:) Der Lootsenkommandeur. (Zwei Erzählungen. 117 S.) Bremen: Nordwestdeutscher Volksschriften-Verl. 1878
25 Der Thurm in der Stadtmauer. Lustspiel. 119 S. Wien: Künast 1879
26 Meister Amor. Roman in zwei Bänden. 505 S. Wien: Rosner 1880
27 Robert Kerr. Trauerspiel. 130 S. Wien: Rosner 1880
28 Novellen aus der Heimath. 2 Bde. 445 S. Breslau: Schottländer 1882
    (Enth. u.a. Ausz. a. Nr. 24)
29 Assunta Leoni. Schauspiel. 116 S. Wien: Künast 1883
30 Die Tochter des Herrn Fabricius. Schauspiel. 100 S. Wien: Künast 1883
31 Der Verwalter. Die Verschollenen. Novellen. 327 S. Breslau: Schottländer 1884
32 Der Wille zum Leben. Untrennbar. Novellen. 160 S. Stg: Engelhorn (=Engelhorn's allgemeine Romanbibliothek) 1885
33 Neue Gedichte. 229 S. Stg: Cotta 1889
34 Gespräche und Monologe. Sammlung vermischter Schriften. 347 S. Stg: Cotta 1889
    (Enth. u.a. Nr. 36)
35 Der Meister von Palmyra. Dramatische Dichtung. 174 S. Stg: Cotta 1889
36 Friedrich Hölderlin. Fritz Reuter. Zwei Biographieen. 146 S. Dresden: Ehlermann (= Führende Geister 2) 1890

WILBRANDT 1395

37 Adams Söhne. Roman. 456 S. Bln: Hertz (1890)
38 Hermann Ifinger. Roman. 356 S. Stg: Cotta (1892)
39 Der Dornenweg. Roman. 318 S. Stg: Cotta 1894
40 Beethoven. 31 S. 16° Stg: Cotta 1895
41 (Bearb.) J. W. v. Goethe: Faust. Tragödie. Für die Bühne in drei „Abenden" eingerichtet v. A. v. W. 344 S. Wien: Breitenstein (= Publikationen der literarischen Gesellschaft in Wien II, 3) 1895
42 Die Osterinsel. Roman. 443 S. Stg: Cotta 1895
43 Die Rothenburger. Roman. 266 S. Stg: Cotta (1895)
44 Die Eidgenossen. Schauspiel. 168 S. Stg: Cotta 1896
45 Vater und Sohn und andere Geschichten. 322 S. Stg: Cotta (1896)
46 Schleichendes Gift. Roman. 280 S. Stg: Cotta (1897)
47 Hildegard Mahlmann. Roman. 407 S. Stg: Cotta 1897
48 Die glückliche Frau. Roman. 257 S. Stg: Cotta (1898)
49 Vater Robinson. Roman. 259 S. Stg: Cotta (1898)
50 Erika. Das Kind. Erzählungen. 405 S. Stg: Cotta (1899)
51 Der Sänger. Roman. 484 S. Stg: Cotta (1899)
52 Feuerblumen. Roman. 367 S. Stg: Cotta (1900)
53 Franz. Roman. 452 S. Stg: Cotta (1900)
54 Hairan. Dramatische Dichtung. 166 S. Stg: Cotta 1900
55 Das lebende Bild und andere Geschichten. 345 S. Stg: Cotta 1901
56 Ein Mecklenburger. Roman. 272 S. Stg: Cotta 1901
57 Heinrich von Kleist's.Leben. 64 S. 12° Lpz: Verl. von Hempel's Klassiker-Ausgaben (= Hempel's Klassiker-Bibliothek 661) 1902
    (zu Nr. 1)
58 Villa Maria. Roman. 232 S. Stg: Cotta 1902
59 (Übs.) P. Calderón.de la Barca: Der Richter von Zalamea. Schauspiel. Für die deutsche Bühne übs. 91 S. Stg: Cotta (= Cotta'sche Handbibliothek 42) 1903
60 Familie Roland. Roman. 339 S. Stg: Cotta 1903
61 Der Rosengarten. Novelle. 111 S. m. Abb. Lpz, Stg: Union 1903
62 (Übs.) Sophokles: Ausgewählte Tragödien. König Oedipus. Oedipus in Kolonos. Antigone. Elektra. Mit Rücksicht auf die Bühne übertr. 343 S. m. Titelb. Mchn: Beck (1903)
    (Enth. Ausz. a. Nr. 3)
63 Timandra. Trauerspiel. 134 S. Stg: Cotta 1903
64 Fesseln. Roman. 300 S. Stg: Cotta 1904
65 Große Zeiten und andere Geschichten. 366 S. Stg: Cotta 1904
66 Erinnerungen. 258 S. m. Bildn. Stg: Cotta 1905
67 Irma. Roman. 300 S. Stg: Cotta 1905
68 Ulrich Braeker, der arme Mann in Tockenburg. 26 S. Lpz: Verl. für Literatur, Kunst und Musik (= Beiträge zur Literatur-Geschichte 18) 1906
69 Die Schwestern. Roman. 242 S. Stg: Cotta 1906
70 Lieder und Bilder. 253 S. Stg: Cotta 1907
71 Sommerfäden. Roman. 316 S. Stg: Cotta 1907
72 Aus der Werdezeit. Erinnerungen. Neue Folge. 224 S. Stg: Cotta 1907
    (Forts. v. Nr. 66)
73 Dämonen und andere Geschichten. 297 S. Stg: Cotta (1908)
    (Neuaufl. v. Nr. 19)
74 König Teja. Trauerspiel. Mit einer biographischen Einl. v. K. Vogt. 93 S. m. Bildn. 16° Lpz: Reclam (= Reclam's UB. 4994) 1908
75 Am Strom der Zeit. Roman. 281 S. Stg: Cotta 1908
76 Opus dreiundzwanzig und andere Geschichten. 332 S. Stg: Cotta 1909
77 (Hg.) Rund ums Mittelmeer. Reisebriefe an einen Freund. 191 S. Stg: Cotta 1909
78 Hiddensee. Roman. 262 S. Stg: Union 1910
79 Adonis und andere Geschichten. 316 S. Stg: Cotta (1911)
80 Der Mitschuldige. 120 S. m. Abb., 1 Bildn. Hbg: Deutsche Dichter-Gedächtnis-Stiftung (= Volksbücher der Deutschen Dichter-Gedächtnis-Stiftung 33) 1911
    (Ausz. a. Nr. 28)
81 Die Tochter. Roman. 231 S. Stg: Cotta 1911

WILDENBRUCH, Ernst von (1845–1909)

1. Die Philologen am Parnaß oder Die Vivisektoren. Ein Satirspiel. 56 S. Bln: Stilke 1869
2. Vionville. Ein Heldenlied. 55 S. Bln: Stilke (1874)
3. Sedan. Ein Heldenlied. 83 S. Ffm: Waldmann 1875
4. Lieder und Gesänge. 242 S. 12⁰ Bln: Stilke 1877
5. Der Meister von Tanagra. Eine Künstlergeschichte aus Alt-Hellas. 140 S. Bln: Steinitz (1880)
6. Harold. Trauerspiel. 160 S. Bln: Freund (1882)
7. Die Karolinger. Trauerspiel. 124 S. Bln: Freund (1882)
8. Der Menonit. Trauerspiel. 111 S. Bln: Freund (1882)
9. Novellen. Francesca von Rimini. Vor den Schranken. Brunhilde. 288 S. Bln: Freund (1882)
10. Väter und Söhne. Schauspiel. 143 S. Bln: Freund 1882
11. Opfer um Opfer. Schauspiel. 150 S. Bln: Freund 1883
12. Dichtungen und Balladen. 112 S. Bln: Freund 1884
13. Kinderthränen. 111 S. 12⁰ Bln: Freund (1884)
14. Christoph Marlow. Trauerspiel. 118 S. Bln: Freund 1884
15. Die Herrin ihrer Hand. Schauspiel. 123 S. Bln: Freund 1885
16. Neue Novellen. Das Riechbüchschen. Die Danaide. Die heilige Frau. 176 S. Bln: Freund (1885)
17. Das neue Gebot. Schauspiel. 176 S. Bln: Freund 1886
18. Humoresken und Anderes. 245 S. Bln: Freund (1886)
19. Der Astronom. Erzählung. 153 S. Bln: Freund 1887
20. Der Fürst von Verona. Trauerspiel in fünf Akten. 166 S. Bln: Freund 1887
21. Lieder und Balladen. 214 S. Bln: Freund 1887 (Neuaufl. v. Nr. 12)
22. Unser Fritz. Gedicht. 4 S. 4⁰ Bln: Kühn 1888
23. Unser Kaiser Wilhelm. Gedicht. 8 S. 4⁰ Bln: Freund 1888
24. Die Quitzow's. Schauspiel in vier Akten. 195 S. Bln: Freund 1888
25. Der Generalfeldoberst. Ein Trauerspiel im deutschen Vers. 232 S. Bln: Freund (1889)
26. Die Haubenlerche. Schauspiel. 179 S. Bln: Freund 1891
27. Der neue Herr. Schauspiel. 222 S. Bln: Freund 1891
28. Francesca von Rimini. Novelle. 144 S., 1 Abb. Bln: Freund 1892 (Ausz. a. Nr. 9)
29. Das heilige Lachen. Märchen-Schwank. 152 S. Bln: Freund 1892
30. Meister Balzer. Schauspiel. 160 S. Bln: Freund 1893
31. Das edle Blut. Erzählung. 80 S. 16⁰ Bln: Freund 1893
32. Das wandernde Licht. Novelle. 160 S. Stg: Engelhorn (= Engelhorn's allgemeine Roman-Bibliothek. Jg. 10, Bd. 3) 1893
33. Eifernde Liebe. Roman. 324 S. Bln: Freund 1893
34. Schwester-Seele. Roman. 467 S. Stg: Cotta (1893)
35. Besinnt Euch! Ein Mahnwort. 12 S. Bln: Freund 1895
36. Der Zauberer Cyprianus. Legende. 320 S. Bln: Grote 1896
37. Claudias Garten. Eine Legende. 108 S., 1 Abb. 16⁰ Bln: Freund 1896
38. Heinrich und Heinrichs Geschlecht. Tragödie. 320 S. Bln: Grote 1896
39. Jungfer Immergrün. Volksstück. 48 S. Bln: Grote 1896
40. Der Junge von Hemmersdorf. Volksstück. 128 S. Bln: Grote 1896
41. Tiefe Wasser. Fünf Erzählungen. 328 S. Bln: Grote 1897
42. Willehalm. Dramatische Legende. 112 S. Bln: Grote 1897
43. Unser Bismarck. Gedicht. 4 S. 4⁰ Bln: Grote 1898
44. (Vorw.) A. Hertel: Die alte Kaiserstadt Goslar. Zwölf Aquarelle mit begleitendem Text v. M. Jordan. 15 Bl., 12 Abb. 2⁰ Goslar, Bln: Jaeger 1898
45. Gewitternacht. Tragödie. 232 S. Bln: Grote 1899
46. Neid. Erzählung. 186 S. 12⁰ Bln: Grote (1900)
47. Die Tochter des Erasmus. Schauspiel. 184 S. Bln: Grote 1900
48. Unter der Geißel. Erzählung. 184 S. 12⁰ Bln: Grote 1901
49. Der Generalfeldoberst. Ein Vorwort zur Aufführung. 15 S. Weimar: Böhlau 1901 (zu Nr. 25)

50 Großherzog Carl Alexander †. Gedenkblatt zum 5.1.1901. (S.-A.) 15 S. Weimar: Böhlau 1901
51 Lachendes Land. Humoresken und Anderes. 247 S. Bln: Grote 1901 (Neuaufl. v. Nr. 18)
52 König Laurin. Tragödie. 233 S. Bln: Grote 1902
53 Vice-Mama. Erzählung. 306 S. 12⁰ Bln: Grote 1902
54 Ein Wort über Weimar. 27 S. Bln: Grote 1903
55 Der unsterbliche Felix. Hauskomödie. 184 S. Bln: Grote 1904
56 Aus Liselottes Heimat. Ein Wort zur Heidelberger Schloßfrage. 59 S. m. Abb., 1 Bildn. Bln: Grote 1904
57 Semiramis. Erzählung. 320 S. Bln: Grote 1904
58 Heros, bleib bei uns! Gedicht zum Hundertjahrestag von Schillers Heimgang. 11 S. Bln: Grote 1905
59 Das schwarze Holz. Roman. 357 S. Bln: Grote 1905
60 Die Lieder des Euripides. Schauspiel mit Musik. 100 S. m. Abb. Bln: Grote 1905
61 Das deutsche Drama, seine Entwicklung und sein gegenwärtiger Stand. 49 S. Lpz: Verlag für Literatur, Kunst und Musik (= Beiträge zur Literatur-Geschichte 6) 1906
62 Lukrezia. Roman. 530 S. Bln: Grote 1907
63 Die Rabensteinerin. Schauspiel. 139 S. Bln: Grote 1907
64 Das Hohelied von Weimar. Festspiel. 45 S. Bln: Grote 1908
65 Deutsches Neujahr 1909. 4 S. Bln: Grote 1908
66 Letzte Gedichte. XI, 293 S. Bln: Grote 1909
67 Der deutsche König. Schauspiel. 116 S. Bln: Grote 1909
68 Die letzte Partie. Zwei Erzählungen. 225 S. Bln: Grote 1909
69 Blätter vom Lebensbaum. X, 484 S., 1 Bildn. Bln: Grote 1910
70 Gesammelte Werke. Hg. B. Litzmann. 3 Reihen, 16 Bde. Bln: Grote 1911-1924
71 Ermanarich der König. Tragödie in fünf Aufzügen. VII, 142 S. Bln: Grote 1918

WILDERMUTH, geb. Rooschütz, Ottilie (1817–1877)

1 Bilder und Geschichten aus dem schwäbischen Leben. VI, 410 S. Stg: Krabbe 1852
2 Neue Bilder und Geschichten aus Schwaben. VIII, 406 S., 1 Bl. Stg: Krabbe 1854
3 Aus der Kinderwelt. Ein Buch für jüngere Kinder. 36 S., 10 Taf. Stg: Hallberger 1854
4 Olympia Morata. 175 S. Stg: Risch 1854
5 Erzählungen und Mährchen für die Jugend. 308 S. 4⁰ Stg: Risch 1855
6 Aus dem Frauenleben. VI, 352 S. Stg: Krabbe 1855
7 Auguste. Ein Lebensbild. 200 S. 16⁰ Stg: Kröner (1857)
8 Die Heimath der Frau. 347 S. Stg: Krabbe 1859
9 (MV) O., W., E. Polko u. L. Esche: Erzählungen für den Sylvesterabend. 108 S. 16⁰ Bln, Halle: Gesenius (1860)
10 Sonntag-Nachmittage daheim. Betrachtungen für häusliche Erbauung. Nach dem Englischen. 268 S. 16⁰ Stg: Krabbe 1860
11 (Vorw.) Der weibliche Beruf. Gedanken einer Frau. Frei nach dem Englischen v. A. v. Wächter. VII, 303 S. Stg: Kröner 1861
12 Aus Schloß und Hütte. Erzählungen für Kinder. 262 S., 6 Abb. Stg: Krabbe (1861)
13 Im Tageslicht. 371 S. Stg: Krabbe 1861
14 Werke. 8 Bde. 2343 S. 16⁰ Stg: Krabbe 1862
15 Dichtungen. 56 S. 16⁰ Basel: Bahnmaier 1863
16 Lebensräthsel, gelöste und ungelöste. 368 S. Stg: Kröner 1863
17 Jugendgabe. 286 S., 6 Abb. Stg: Kröner 1864
18 Kindergruß. Erzählungen für Kinder. 293 S., 6 Abb. Stg: Kröner 1864
19 Von Berg und Thal. 262 S., 6 Abb. Stg: Kröner 1865 (Neuaufl. v. Nr. 5)
20 Erzählungen. 63 S. Zwickau: Döhner 1866

21 Der Einsiedler vom Walde. 44 S., 1 Abb. 16⁰ Lpz: Kunze 1867
22 Perlen aus dem Sande. 384 S. 16⁰ Stg: Krabbe 1867
23 Für Freistunden. Erzählungen für die Jugend. 290 S., 6 Abb. Stg: Krabbe (1869)
24 Zur Dämmerstunde. Erzählungen. 355 S. 16⁰ Stg: Kröner 1871
25 Jugendschriften. 22 Bde. Stg: Kröner (1-16) bzw. Stg: Union (17-22) 1871-1900
   1. Ein einsam Kind. Die Wasser im Jahre 1824. Zwei Erzählungen. 126 S. 16⁰
   2. Drei Schulkameraden. Der Spiegel der Zwerglein. Zwei Erzählungen. 128 S. 16⁰
   3. Eine seltsame Schule. Bärbeles Weihnachten. Zwei Erzählungen. 124 S. 16⁰
   4. Eine Königin. Der Kinder Gebet. Zwei Erzählungen. 120 S. 16⁰
   5. Spätes Glück. Die drei Schwestern vom Wald. Zwei Erzählungen. 122 S. 16⁰
   6. Die Ferien auf Schloß Bärenburg. Der Sandbub' oder Wer hat's am besten? Zwei Erzählungen. 128 S. 16⁰
   7. Cherubino und Zephirine. Kann sein, 's ist auch so recht. Zwei Erzählungen. 128 S. 16⁰
   8. Brüderchen und Schwesterchen. Der Einsiedler im Walde. Zwei Erzählungen. 128 S. 16⁰
   9. Der Peterli von Emmenthal. Zwei Märchen für die Kleinsten. 18 S. 16⁰
   10. Krieg und Frieden. Emmas Pilgerfahrt. Zwei Erzählungen. 143 S. 16⁰
   11. Das braune Lenchen. Des Königs Pathenkind. Zwei Erzählungen. 126 S. 16⁰
   12. Nach Regen Sonnenschein. Frau Luna. Das Bäumlein im Walde. Drei Erzählungen. 122 S. 16⁰
   13. Die Nachbarskinder. Kordulas erste Reise. Balthasars Äpfelbäume. 128 S. 16⁰
   14. Die wunderbare Höhle. Das Steinkreuz. Unsre alte Marie. 126 S. 16⁰
   15. Der kluge Bruno. Eine alte Schuld. Heb' auf, was Gott dir vor die Thüre legt. 128 S. 12⁰
   16. Elisabeth. Die drei Christbäume. Klärchens Genesung. Das Feenthal. 122 S. 12⁰
   17. Vom armen Unstern. Eine wahrhafte Geschichte. 130 S., 4 Abb. 16⁰
   18. Es ging ein Engel durch das Haus. Des Herrn Pfarrers Kuh. Die erste Seefahrt. Drei Erzählungen. 126 S., 4 Abb. 16⁰
   19. Schwarze Treue. Erzählung. 126 S., 4 Abb. 16⁰
   20. Das Osterlied. Die Kinder der Heide. Zwei Erzählungen. 128 S., 4 Abb. 16⁰
   21. Hinauf und Hinab. Erzählung. 120 S., 4 Abb. 16⁰
   22. Der rote Hof. Eine Geschichte aus der Marsch. 120 S., 4 Abb. 16⁰
26 Kinder-Glückwünsche. 3 Bde. 16⁰ Lpz: Expedition des Allgemeinen Wochenberichts 1874-1875
   1. Zum Geburtstag. 70 S. 1874
   2. Zu Weihnachten und Neujahr. 59 S. 1875
   3. Zu Polterabend und Hochzeit. 60 S. 1875
27 Aus Nord und Süd. Erzählungen. 262 S., 6 Abb. Stg: Kröner 1874
28 (Hg.) Der Jugendgarten. Eine Festgabe für die deutsche Jugend. 10 Bde. m. Abb. Stg: Kröner 1876-1885
29 Mein Liederbuch. Gedichte. Hg. Agnes Willms. 299 S. Stg: Kröner 1877
30 Beim Lampenlicht. Erzählungen. Aus ihrem Nachlaß gesammelt v. A. Willms. 396 S. Stg: Kröner 1878
31 Gesammelte Werke. Hg. von ihrer Tochter Adelheid Wildermuth. 10 Bde. Stg: Union 1891-1894

WILDGANS, Anton (1881-1932)

1 Vom Wege. Gedichte. IV, 47 S. Dresden: Pierson 1903
2 Herbstfrühling. Verse. 76 S. Bln-Charlottenburg: Juncker 1909

3 Und hättet der Liebe nicht... Ein Cyclus neuer Gedichte. 83 S. Bln-Charlottenburg: Juncker 1911
4 In Ewigkeit, amen... Ein Gerichtsstück in einem Akt. 64 S. Lpz: Staackmann 1913
5 Die Sonette an Ead. 36 S. Lpz: Staackmann 1913
6 Allerseelen. Ein Requiem für die gefallenen Helden. 5 S. Wien: Heller 1914
7 Armut. Ein Trauerspiel. 150 S. Lpz: Staackmann 1914
8 Das große Händefalten. Ein Gebet für Österreichs Volk und Kämpfer. 6 S. Wien: Heller 1914
9 Ihr Kleingläubigen! Eine Laienpredigt für Daheimgebliebene. 6 S. Wien: Heller 1914
10 Legende. Aus dem Alltag des Krieges. 7 S. Wien: Heller 1914
11 Heilige Nacht! Ein zeitgemäßer Prolog zu einem alten Weihnachtsspiel. 5 S. Wien: Heller 1914
12 Vae victis! Ein Weihelied den verbündeten Heeren. 6 S. Wien: Heller 1914
13 (MV) M. Adler, R. Eisler, A.W. (u.a.): Festschrift für Wilhelm Jerusalem zu seinem sechzigsten Geburtstag von Freunden, Verehrern und Schülern. III, 224 S. Wien: Braunmüller 1915
14 Österreichische Gedichte. 41 S. Lpz: Insel (= Österreichische Bibliothek 12) 1915
   (Enth. u.a. Nr. 6, 8, 9, 10, 11, 12, 15)
15 Infanterie! Ein Gedicht, gewidmet dem Volke in Waffen. 6 S. Wien: Heller (= Flugblatt 7) 1915
16 Liebe. Eine Tragödie. 133 S. Lpz: Staackmann (1916)
17 Dreißig Gedichte. 62 S. Konstanz: Reuß & Itta (= Die Zeitbücher 64) 1917
18 Mittag. Neue Gedichte. 101 S. Lpz: Staackmann (1917)
19 Dies irae. Eine Tragödie. 210 S. Lpz: Staackmann 1918
20 Die bürgerlichen Dramen. Armut. Liebe. Dies irae. 3 Bde. 150, 133, 210 S. Lpz: Staackmann 1920
   (Enth. Nr. 7, 16, 19)
21 Kain. Ein mythisches Gedicht. 101 S. Lpz: Staackmann 1920
22 Ausgewählte Gedichte. 59 S. 16° Bln-Charlottenburg: Juncker (= Orplidbücher 50) 1921
23 Die sämtlichen Gedichte. Herbstfrühling. Mittag. Und hättet der Liebe nicht... 3 Bde. 95, 101, 83 S. Lpz: Staackmann (1923)
   (Enth. 2, 3, 18)
24 (Übs.) Sonette aus dem Italienischen. LI S. Lpz: Staackmann 1924
25 Wiener Gedichte. 87 S. m. Abb. 4° Wien: Rikola-Verl. (1926)
26 Ich bin ein Kind der Stadt. 3 S. 4° Wien: Rikola-Verl. 1926
   (Ausz. a. Nr. 25)
27 Kirbisch oder Der Gendarm, die Schande und das Glück. Ein episches Gedicht. 215 S. 4° Lpz: Staackmann 1927
28 Gedichte um Pan. 71 S., 1 Taf. 4° Wien: Speidel 1928
29 Musik der Kindheit. Ein Heimatbuch aus Wien. 259 S. Lpz: Staackmann 1928
30 Buch der Gedichte. 234 S. Lpz: Staackmann 1929
   (Verm. Neuaufl. v. Nr. 23)
31 Rede über Österreich. 39 S. Wien: Speidel 1930
32 Gesammelte Werke. 5 Bde. 309 S., 1 Taf.; 257; 361; 347; 269 S. Lpz: Staackmann 1930
33 An einen Freund. Hg. F. Winterholler. 52 S., 1 Bildn., 1 Faks. Wien: Speidel 1932
34 Ich beichte und bekenne... Aus dem Nachlaß hg. Lilly Wildgans. 263 S., 1 Titelb. Lpz: Staackmann (= Gesammelte Werke) 1933
   (zu Nr. 32)
35 Sämtliche Werke. Historisch-kritische Ausgabe in acht Bänden. Unter Mitwirkung v. O. Rommel hg. Lilly Wildgans. 7 Bde. m. Titelb. Wien: Bellaria-Verl.; Salzburg: Pustet 1948–(1958)
36 Der junge Wildgans. Aus dem literarischen Nachlaß des Dichters. 462 S. Wien: Bellaria; Graz: Pustet (= Sämtliche Werke, Sonderausgabe) 1951
   (zu Nr. 37)
37 Gedichte. 232 S., 1 Titelb. Wien: Kremayr & Scheriau 1953

WILLAMOV, Johann Gottlieb (1736–1777)

1 *Dithyramben. 76 S. Bln: Birnstiel 1763
2 *Sammlung, oder nach der Mode: Magazin von Einfällen. 96 S. Breslau, Lpz: Horn 1763
3 Demonstrata veritas iudicii Youngiani de logica Pindari. 2½ Bg. 4° (u. 2°) Thorn 1763
4 *Die teutsche Athene, eine Ode an Herrn K***. 16 S. Bln: Birnstiel 1765
5 *Dialogische Fabeln in zwey Buechern, von dem Verfasser der Dithyramben. 93 S. Bln: Birnstiel 1765
6 *Zwo Oden von dem Verfasser der Dithyramben. 16 S. Bln: Birnstiel 1765
7 De Ethopoeia comica Aristophanis libellus. 54 S. Bln: Birnstiel 1766
8 Idyllen. 78 S. Bln, Stralsund: Langs 1766
9 *(Übs.) Ὁμήρου Βατραχομυομαχια: Watrachomyomachie, oder Krieg der Frösche und Mäuse. Griechisch und deutsch. 4 Bl., 38 S., 1 Ku. St. Petersburg: Kaiserl. Akad. d. Wiss. 1771
10 *(Hg.) Spaziergänge. Eine Wochenschrift. 26 Bg. St. Petersburg: Schnoor 1772
11 Sämmtliche Poetische Schriften. Erster Band. 6 Bl., 254 S. Lpz: Schwickert 1779
12 Poetische Schriften. 8 Bl., 254 S. Karlsruhe: Schmieder (= Sammlung der besten deutschen prosaischen Schriftsteller und Dichter 114) 1783 (Enth. Nr. 5 u. 11)
13 Sämmtliche poetische Schriften. 2 Bde. 12 Bl., 175 S.; 6 Bl., 216 S. m. Ku. Wien: Schraembl (= Sammlung der vorzüglichsten Werke deutscher Dichter und Prosaisten 36–37) 1793–1794 (Nachdr. v. Nr. 12)

WILLE, Bruno (1860–1928)

1 Der Phänomenalismus des Thomas Hobbes. 26 S. Kiel (:Lipsius) 1888
2 Der Tod. Vortrag. 12 S. Bln (:Rubenow) 1889
3 (MV) E. Vogtherr u. B. W.: Ansprachen zur Feier der Jugendaufnahme in der freireligiösen Gemeinde (zu Berlin). 30 S. Bln (:Rubenow) 1890
4 Die sittliche Erziehung. Vortrag. 14 S. Bln (:Rubenow) 1890
5 Das Leben ohne Gott. Vortrag. 19 S. Bln (:Rubenow) 1890
6 Die „Beweise" vom Dasein Gottes. Vortrag. 16 S. Bln (:Rubenow) 1891
7 Lehrbuch für den Jugendunterricht freier Gemeinden. 3 Tle. 12° Bln (:Rubenow) 1891–1892
   1. Gedichte, Lieder und Sprüche. 79 S. 1891
   2. Moral. Geschichten und Fabeln. 112 S. 1891
   3. Kulturbilder, alte und neue Weltanschauung. 375 S. 1892
8 Einsiedler und Genosse. Soziale Gedichte nebst einem Vorspiel. 103 S. Bln: Fischer 1894
9 Philosophie der Befreiung durch das reine Mittel. Beitrag zur Pädagogik des Menschengeschlechts. 399 S. Bln: Fischer 1894
10 Die freireligiöse Gemeinde zu Berlin. Geschichtlicher Rückblick. Zur Erinnerung an die fünfzigjährige Jubelfeier 1845–1895. 34 S. m. Bildn. Bln (:Rubenow) 1895
11 (Hg.) Die freie Jugend. Freireligiöse Wochenschrift für die Kinder des Volkes. 14 Jge. Bln (:Hoffmann) 1895–1909
12 Sibirien in Preußen. Auf administrativem Wege – ohne Richterspruch – als religiöser und politischer Ketzer hinter Schloß und Riegel gebracht. Weckruf aus dem Gefängnis. 71 S. Stg: Lutz 1896
13 Einsiedelkunst aus der Kiefernhaide. 182 S. m. Abb. Bln: Schuster & Loeffler 1897
14 Materie nie ohne Geist. Vortrag. 38 S. Bln: Akadem. Verl. f. soc. Wiss. 1901
15 Offenbarungen des Wacholderbaums. Roman eines Allsehers. Erster Band. 336 S. Lpz: Diederichs 1901
16 Die freie Hochschule als Mittel zur Steigerung unserer Volkskultur. Fest-

rede. 34 S. Eisenach, Lpz: Thür. Verl.-Anst. (= Bibliothek für modernes Geistesleben I, 1) 1902
17 Die Christus-Mythe als monistische Weltanschauung. 120 S. 16⁰ Bln: Vita 1903
18 Die Sagenhalle des Riesengebirges (Schreiberhau). Der Mythus von Wotan – Rübezahl in Werken der bildenden Kunst. Erläuterung v. B. W. 16 S. m. Abb. 4⁰ Lpz (,Warmbrunn: Leipelt) 1903
19 Auferstehung. Ideen über den Sinn des Lebens. Nach einem Vortrag. 15 S. Schmargendorf-Bln: Verl. „Renaissance" (= Flugschriften des Giordano Bruno-Bundes 2) 1904
20 Die Sagenhalle des Riesengebirges. Der schlafende Wotan. Erläuterung v. B.W. 16 S., 2 Abb. Bln, Mittel-Schreiberhau: Verl. Sagenhalle 1904 (zu Nr. 18)
21 Das lebendige All. Idealistische Weltanschauung auf naturwissenschaftlicher Grundlage im Sinne Fechners. 84 S. Hbg: Voß 1905
22 (Hg., Einl.) Darwin's Weltanschauung, von ihm selbst dargestellt. Geordnet und eingeleitet v. B.W. XXIV, 219 S. Heilbronn: Salzer (= Die Führer der geistigen Strömungen der Gegenwart 1) 1906
23 Der heilige Hain. Ausgewählte Gedichte. 184 S. m. Bildn. Jena: Diederichs 1908
24 Die Abendburg. Chronika eines Goldsuchers in zwölf Abenteuern. 524 S. Jena: Diederichs 1909
25 (MV) (W. Bölsche: Darwins Vorgänger. – M. Apel: Darwinismus und Philosophie. – B. W.:) Wie die Natur zweckmäßig bildet. (– E. David: Darwinismus und soziale Entwicklung. – R. Penzig: Darwinismus und Ethik. – F. Naumann: Religion und Darwinismus). 123 S. Bln-Schöneberg: Buchverl. der „Hilfe" (= Darwin, seine Bedeutung im Ringen um Weltanschauung und Lebenswert; = Moderne Philosophie 4) 1909
26 Die freie Jugend. Für Freidenker-Familien hg. 4 Bde. Bln: Hoffmann 1909–1910
27 (Hg.) Unsere großen Dichter und Schätze aus ihren Werken. Ein Hausbuch für das deutsche Volk. 4 Bde. m. Bildn. Bln: Märk. Verl.-Anst. 1910-1911
28 (Hg.) Die Weltdichter fremder Zungen und Schätze aus ihren Werken in deutscher Nachdichtung. Von den Veden bis Tolstoi. 2 Bde. 306 S. m. Bildn. u. Abb.; IV, 355 S. Bln: Märk. Verl.-Anst. 1911–1912
29 Lebensweisheit. Eine Deutung unseres Daseins in Aussprüchen führender Geister. IV, 359 S. m. Bildn. Bln: Bong (= Bong's Schön-Bücherei) 1913
30 Das Gefängnis zum Preußischen Adler. Eine selbsterlebte Schildbürgerei. Mit einem Bild des Gefängnisses. 242 S. Jena: Diederichs 1914
31 Die freie Jugend. Für Freidenker-Familien hg. im Auftrag der freireligiösen Gemeinde Berlin. 184 Bde. Bln: Hoffmann (1914–1918) (Verm. Neuaufl. v. Nr. 26)
32 (Hg.) Und gib uns Frieden. Ein Buch weltlicher Andacht aus deutschen Dichtern. 342 S. Bln: Bong (1916)
33 (Hg.) Der Freidenker. Für alle Freunde der Gedanken- und Gewissensfreiheit. Zeitschrift des deutschen Freidenkerbundes und des Bundes freier religiöser Gemeinden. 2 Jge., je 24 Nrn. 4⁰ Mchn bzw. Lpz: Dt. Freidenkerbund 1920-1921
34 (Vorw.) Deutscher Geist und Judenhaß. Ein Werk des Volkskraft-Bundes. Äußerungen nichtjüdischer Zeitgenossen. Zusgest. P. A. Silbermann. 141 S. Bln: Kultur-Verl. 1920
35 Der Glasberg. Roman einer Jugend, die hinauf wollte. 524 S. Bln: Ullstein (1920)
36 Aus Traum und Kampf. Mein sechzigjähriges Leben. 35 S. Bln: Kultur-Verl. (= Wie ich wurde 3) (1920)
37 Hölderlin und seine heimliche Maid. Roman. 186 S. Dresden: Reißner 1921
38 Legenden von der heimlichen Maid. 176 S. Dresden: Reißner 1922
39 Die Maid von Senftenau. Ein Bodensee-Roman. 260 S. Dresden: Reißner 1922
40 Die heimliche Maid. Gesammelte Romane und Legenden in drei Bänden. Dresden: Reißner (1927)
 (Enth. Nr. 37, 38, 39)

41 Gesammelte Werke. Aus dem Nachlaß hg. Emmy Wille. 3 Bde. Pfullingen: Baum (1929)–1930
    1. Der Ewige und seine Masken. IV, 448 S. (1929)
    2. Der Maschinenmensch und seine Erlösung. Roman. 317 S. 1930
    3. Philosophie der Liebe. 429 S. 1930
42 (Hg., Einl.) J. W. v. Goethe: Krone des Lebens. Gedichte. 362 S. Bln: Deutsche Bibliothek (= Deutsche Bibliothek 100) (1934)
43 (Hg., Einl.) A. Stifter: Der Hochwald und andere Waldgeschichten. 322 S. Bln: Deutsche Bibliothek (= Deutsche Bibliothek 63) (1934)

WILLKOMM, Ernst Adolf (1810–1886)

1 Bernhard, Herzog von Weimar. Trauerspiel in fünf Aufzügen. Lpz: Berger 1833
2 Julius Kühn. Eine Novelle. 2 Bde. Lpz: Berger 1833
3 Buch der Küsse. Dreiunddreißig Gedichte. 12° Lpz: Berger 1834
4 Erich XIV. König von Schweden. Ein dramatisches Gedicht in drei Theilen. Lpz: Berger 1834
5 Civilisationsnovellen. Erster Band. Lpz: Wunder's Verl.-Mag. 1837
6 (MH) Jahrbuch für Drama, Dramaturgie und Theater. Hg. E. A. W. u. A. Fischer. 2 Bde. m. Bildn. 4° Lpz: Wunder's Verl.-Mag. 1837–1839
7 Die Europamüden. Modernes Lebensbild. 2 Thle. 357, 278 S. Lpz: Wunder's Verl.-Mag. 1838
8 Lord Byron. Ein Dichterleben. Novellen. 3 Bde. Lpz: Engelmann 1839
9 Der Traumdeuter. Ein Roman. 366 S. Stg: Hoffmann 1840
10 Grenzen, Narren und Lootsen. Eine Sammlung von Novellen, Land- und Seebildern. 3 Thle. Lpz: Kollmann 1842
11 Die Denkwürdigkeiten eines österreichischen Kerkermeisters. Nach wahren Begebenheiten erzählt. 12° Lpz: Reclam 1843
12 Eisen, Gold und Geist. Ein tragikomischer Roman. 3 Thle. Lpz: Kollmann 1843
13 Sagen und Mährchen aus der Oberlausitz, nacherzählt. 2 Thle. 204, 272 S., 9 Abb. 12° Hannover: Kius 1843
14 Der deutsche Bauer. Ein Volksbuch auf das Jahr 1844. M. Bildn. u. Abb. Lpz: Kollmann 1844
15 Schattenrisse aus dem Volks- und Fürstenleben. Novellen und Wanderskizzen. Lpz: Kollmann 1844
16 Wallenstein. Historischer Roman. 4 Thle. Lpz: Kollmann 1844
17 Weiße Sclaven oder Die Leiden des Volkes. Ein Roman. 5 Thle. Lpz: Kollmann 1845
18 Blitze. Novellen, Schilderungen und Skizzen. 2 Bde. Lpz: Kollmann 1846
19 Die Nachtmahlsbrüder in Rom. Ein Roman. 3 Thle. Lpz: Kollmann 1847
20 Italienische Nächte. Reiseskizzen und Studien. 2 Bde. Lpz: Fleischer 1847
21 Ein Brautkuß. Irische Novelle. 2 Thle. 468 S. Lpz: Fleischer 1848
22 Wanderungen an der Nord- und Ostsee. VI, 102 S., 30 Abb. Lpz: Haendel 1850
23 Handbuch für Reisen durch das Riesengebirge. 166 S., 28 Abb. Lpz: Haendel (1853)
24 Im Wald und am Gestade. 265 S. Dessau: Katz 1854
25 Die Familie Ammer. 3 Thle. 724 S. Ffm (,Bln: Janke) (= Deutsche Bibliothek) 1855
26 Von Berlin nach Hamburg. 146 S. Lpz: Brockhaus 1855
27 Novellen und Erzählungen. 2 Bde. 512 S. Hannover: Rümpler 1856
28 Peter Pommering. 2 Bde. 486 S. 16° Prag, Wien, Lpz: Günther (= Album) 1856
29 Banco. 2 Thle. 778 S. Gotha, Lpz: Zieger 1857
30 Rheder und Matrose. 652 S. Ffm (, Bln: Janke) (= Deutsche Bibliothek; = Belletristische Hausbibliothek) 1857
31 Meteore. 2 Bde. 506 S. Nordhausen: Büchting 1858
32 Dichter und Apostel. 2 Bde. 786 S. Ffm, Bln: Janke 1859
33 Am häuslichen Herd. 2 Bde. 409 S. Gotha (, Lpz: Hirt) 1859

34 Neue Novellen. 2 Bde. 495 S. Nordhausen: Büchting 1859
35 Mosaik. 2 Bde. 480 S. Lpz: Pfefferkorn 1860
36 Verirrte Seelen. 3 Thle. 1234 S. Lpz: Brockhaus 1860
37 Die Töchter des Vatican. 3 Bde. 874 S. Lpz: Thomas 1860
38 Männer der That. Roman. 4 Thle. 1076 S. Lpz: Thomas 1861
39 Moderne Sünden. 3 Bde. 727 S. Nordhausen: Büchting 1861
40 Im Bann und Zauber von Leidenschaft und Wahn, von Ernst und Scherz. 3 Bde. 914 S. Lpz: Thomas 1862
41 Am grünen Tische. 2 Bde. 383 S. Lpz: Luppe 1862
42 Aus deutschen Gauen in Nord und Süd. 305 S. Gotha (, Lpz: Hirt) 1863
43 Auf zerborstener Erde. 191 S. 16° Ffm: Strauß (= Novellen-Bibliothek) 1863
44 Stalaktiten. Erzählungen in gebrochenem Licht. 2 Bde. 398 S. Gotha, Lpz: Hirt 1863
45 Aus alter und neuer Zeit. 2 Bde. 474 S. Lpz: Luppe 1864
46 Frau von Gampenstein. 3 Bde. 542 S. Lpz: Günther (= Album) 1865
47 Der letzte Trunk. 262 S. Bln: Janke 1865
48 Gesellen des Satans. Roman. 2 Abth. Jena: Costenoble (1867)
 1. Die Saat des Bösen. 3 Bde. 851 S.
 2. Die Schnitter. 3 Bde. 792 S.
49 Ein Stiefkind des Glücks. 3 Bde. 600 S. Lpz: Günther (= Album) 1867
50 Die Welt des Scheines. Erzählungen. 2 Bde. 657 S. Gera: Issleib 1869
51 Im Glück verwildert. Roman. 3 Bde. 566 S. Bln: Wedekind 1873
52 Wunde Herzen. Roman. 3 Bde. 663 S. Bln: Wedekind 1874
53 (MV) (E. A. W.:) Das gefährliche Vielliebchen. (– H. Haardt: Mexikanische Erinnerungen.) 28 S. m. Abb. Stg: Kröner (= Reiselectüre) (1879)

WINCKELMANN, Johann Joachim (1717–1768)

1 Gedancken über die Nachahmung der Griechischen Wercke in der Mahlerey und Bildhauer-Kunst. 4 Bl., 40 S. 4° o. O. 1755
2 Gedancken über die Nachahmung der Griechischen Werke in der Malerey und Bildhauerkunst. 172 S. 4° Lpz, Dresden: Walther 1756 (erw. Neuaufl. v. Nr. 1)
3 Description des pierres gravées du feu Baron de Stosch dédiée à son Eminence Monseigneur le Cardinal Alexandre Albani par M. l'abbé Winckelmann bibliothécaire de son éminence. 4 Bl., XXXII, 596 S., 16 Bl. 8 Taf. 4° Florenz: Bonducci 1760
4 Anmerkungen über die Baukunst der Alten. 8 Bl., 68 S., 4 Bl. 4° Lpz: Dyck 1762
5 Sendschreiben von den Herculanischen Entdeckungen. An den ... Reichsgrafen von Brühl. 96 S. 4° Dresden: Walther 1762
6 Abhandlung von der Fähigkeit der Empfindung des Schönen in der Kunst, und dem Unterrichte in derselben. 32 S. 4° Dresden: Walther 1763
7 Geschichte der Kunst des Alterthums. 2 Thle. LII, 431 S., 6 Bl., 25 Ku. 4° Dresden: Walther 1764
8 Nachrichten von den neuesten Herculanischen Entdeckungen. An Hn. Heinrich Füssli aus Zürich. 53 S. 4° Dresden: Walther 1764
9 Versuch einer Allegorie, besonders für die Kunst. X, 158 S., 6 Bl. 4° Dresden: Walther 1766
10 Anmerkungen über die Geschichte der Kunst des Alterthums. 2 Thle. XVI S. 3 Bl. 127 S. 6 Bl. 4° Dresden: Walther 1767
11 Monumenti antichi inediti spiegati ed illustrati. 2 Bde. XXIV, C III; 368 S., 208 Abb. auf Taf. 2° Rom: Selbstverlag 1767
12 Werke. Hg. C. L. Fernow, H. Meyer, J. Schulz (u. C. G. Siebelis). 9 Bde. – Nachtrag. Hg. F. Förster. 3 Bde. Dresden: Walther (1–9) bzw. Bln: Schlesinger (10–12) 1808–1825
13 Briefe. Hg. F. Förster. 3 Bde. Bln: Schlesinger (= Werke, Bd. 10–12) 1824–1825 (Bd. 10–12 v. Nr. 12)
14 Sämtliche Werke. Einzige vollständige Ausgabe v. J. Eiselein. 12 Bde., 67

Taf., m Bildn. u. Faks., 2 Atlanten 2⁰ Donaueschingen: Verl. deutscher Classiker (1–12) bzw. Donaueschingen: Velten (2 Atl.) 1825–1835
15 Werke. Einzig rechtmäßig Original-Ausgabe. 2 Bde. L, 585 S. 45 Taf.; IV, VI, 676 S. 24 Taf. m. Ku. 4⁰ Stg: Hoffmann 1847
16 Kleine Schriften und Briefe. Hg. H. Uhde-Bernays. 2 Bde. 297 S., 10 Taf.; 339 S. 12 Taf. Lpz: Insel 1925
17 Briefe. In Verbindung mit H. Diepolder hg. W. Rehm 4 Bde. Bln: de Gruyter 1952–1957
18 Kleine Schriften und Briefe. Hg. im Auftrag des Instituts für Angewandte Kunst, Berlin. Ausw., Einf. u. Anm. v. W. Senff. XI, 474 S., 12 Taf., 1 Titelb. Weimar: Böhlau 1960

WINCKLER, Josef (1881–1966)

1 (MV) J. W., J. Kneip u. W. Vershofen: Wir drei! Ein Gedichtbuch. 109 S. Bonn: Röhrscheid 1904
2 (Hg.) Quadriga. Vierteljahrsschrift der Werkleute auf Haus Nyland. 2 Jge., je 4 H. Jena: Vopelius 1912–1914
3 *Eiserne Sonette. 47 S. Lpz: Insel (= Insel-Bücherei 134; = Nyland-Werke, Bd. 1) 1914
4 Mitten im Weltkrieg. 106 S. Lpz: Insel (= Nyland-Werke, Bd. 2) 1915
5 (MV) J. W., J. Kneip u. W. Vershofen: Das brennende Volk. Kriegsgabe der Werkleute auf Haus Nyland. 119 S. Jena: Diederichs 1916
6 Ozean. Des deutschen Volkes Meergesang. 148 S., 2 Taf. Jena: Diederichs 1917
7 (Hg.) Nyland. Vierteljahrsschrift des Bundes für schöpferische Arbeit. Jg. 1 u. 2, je 4 H. Jena: Diederichs 1918–1920
 (Forts. v. Nr. 2)
8 Der Rheinische Maler F. M. Jansen. 11 S., 2 Abb. Lpz: Seemann 1921
9 Der tolle Bomberg. Ein westfälischer Schelmenroman. 397 S. Stg: Dt. Verl.-Anst. (1922)
10 Irrgarten Gottes oder Die Komödie des Chaos. 111 S. 4⁰ Jena: Diederichs 1922
11 Der chiliastische Pilgerzug. Die Sendung eines Menschenapostels. 300 S. Stg: Dt. Verl.-Anst. 1923
12 Der Ruf des Rheins. 96 S. Köln: Saaleck-Verl. (= Saaleck-Bücher 6) 1923
13 Der Weltmensch. 19 S. Köln: Saaleck-Verl. (= Saaleck-Blätter 2) 1923
14 Trilogie der Zeit. 154 S. Rudolstadt: Greifenverl. 1924
15 (MH) Schwarzer Greif 1925. Ein Almanach. Unter Mitarbeit v. J. W. hg. K. Dietz. VII, 216 S., 50 Abb. Rudolstadt: Greifenverl. 1925
16 (MH) Das Rheinbuch. Eine Gabe rheinischer Dichter. Hg. J. Ponten u. J. W. XIX, 390 S., 54 Abb. 4⁰ Stg: Dt. Verl.-Anst. 1925
17 (Hg.) De olle Fritz. Verschollene Schwänke und Legenden voll phantastischer Abenteuerlichkeit und schnurriger Mythe, gesammelt u. hg. als Niederdeutsches Andachtsbüchlein. 100 S. m. Abb. Bremen: Schünemann 1926
18 (Einl.) Deutsche Heimat. Bilder aus Stadt und Land. Hg. M. P. Block u. W. Lindner. Mit Geleitw. v. H. Stehr u. J. W. XXIII, 296 S. m. Abb. Bln: Deutsche Buchgemeinschaft 1926
19 Die große Kiepenkerlkirmes. 16 S. 16⁰ Stg: Waldorf-Astoria-Zigarettenfabrik (= Waldorf-Bücherei. Reihe 6, H. 2) 1926
 (Ausz. a. Nr. 21)
20 (MV) (H. Lersch: Neue Erzählungen und Gedichte. – J. W.:) Der Lersch. (– G. H. Brand: Heinrich Lersch oder Der Weg von draußen nach innen). IV, 90 S. Gladbach-Rheydt: Orplid-Verl. (= Wege nach Orplid 16) (1926)
21 Pumpernickel. Menschen und Geschichten um Haus Nyland. XI, 488 S. Stg: Stg. Verl.-Anst. 1926
22 Ein Streich des tollen Bomberg. 16 S. 16⁰ Stg: Waldorf-Astoria-Zigarettenfabrik (= Waldorf-Bücherei. Reihe 3, H. 3) 1926
 (Ausz. a. Nr. 9)
23 Schelmenstreiche des „tollen Bomberg". 16 S. Duisburg: Bund der freien

Schulgemeinschaften, Bezirksverband Düsseldorf (= Neue Jugend-Bücherei, H. 4) 1927
(Ausz. a. Nr. 9)
24 Im Teufelssessel. Erzählungen. 351 S. Stg: Dt. Verl.-Anst. 1928
25 Des verwegenen Chirurgus weltberühmbt Johann Andreas Doctor Eisenbart ... Tugenden und Laster ..., getreulich dargestellt ... 590 S., 1 Titelb. Stg: Dt. Verl.-Anst. 1929
26 Im Banne des zweiten Gesichts. Schicksale und Gestalten um Haus Nyland. Nachw. H. M. Elster. 381 S. m. Taf. Bln: Deutsche Buch-Gemeinschaft (= Veröffentlichung der Deutschen Buch-Gemeinschaft 335) 1930
(Veränd. Neuaufl. v. Nr. 21)
27 Das heilige Brot. Ein Kinderbrevier. Hg. F. Muckermann. 60 S. Münster: Helios-Verl. (1930)
28 Eiserne Welt. 102 S. Stg: Dt. Verl.-Anst. 1930
(Neuaufl. v. Nr. 3)
29 Bischof Emmanuel von Ketteler. 46 S. m. Abb. Köln (: Bachem) (= Rheingold) 1931
(Ausz. a. Nr. 21)
30 Narrenkönige. Geschichten vom tollen Bomberg und seinen Kumpanen. 55 S. Langensalza: Beltz (= Aus deutschem Schrifttum und deutscher Kultur 351) (1932)
(Ausz. a. Nr. 9)
31 Der Großschieber. Roman mit Kommentaren. 437 S. Bln: Brunnen-Verl. Bischoff 1933
32 Ein König in Westfalen. Roman einer Staatsgroteske in Deutschland. 427 S. Stg: Dt. Verl.-Anst. 1933
33 (Hg.) Der Alte Fritz. Ein niederdeutscher Volksmythus. 358 S. Stg: Dt. Verl.-Anst. 1934
(Hochdt. Fassg. v. Nr. 17)
34 Die Weinheiligen. Eine fröhliche Legende. 78 S. m. Abb. Köln: Staufen-Verl. 1934
35 Adelaïde. Beethovens Abschied vom Rhein. Erzählung. 134 S. Stg: Dt. Verl.-Anst. 1936
36 Bauernsage vom Alten Fritz. Hg. W. Hofstaetter. 48 S. Langensalza: Beltz (= Aus deutschem Schrifttum und deutscher Kultur 534) (1936)
(Ausz. a. Nr. 33)
37 Wo der deutsche Wein wächst. 64 S., 48 Abb. Königsberg: Gräfe & Unzer (= Deutsche Welt 1) (1937)
38 Triumph der Torheit. Fröhliche Legenden. 226 S. m. Abb. Stg: Dt. Verl.-Anst. 1938
(Enth. u.a. Nr. 34)
39 Die goldene Kiepe. Die Welt ist voll Geschichten. 416 S. Bln: Steuben-Verl. 1939
40 Das Mutter-Buch. 397 S. Stg: Dt. Verl.-Anst. (1939)
41 Im Schoß der Welt. 357 S. Stg: Dt. Verl.-Anst. 1940
42 Joseph Winckler erzählt Schwänke vom Doktor Eisenbart, vom Pumpernickel und vom Alten Fritz. 256 S. Bln: Siegismund (1941)
(Enth. Ausz. a. Nr. 9, 21, 33)
43 Die fröhliche Weinreise. 68 S. m. Abb. Köln: Staufen-Verl. (= Staufen-Bücherei 37) (1942)
(Neuaufl. v. Nr. 34)
44 Das bunte Brevier. Ein ernst-fröhliches Buch von den letzten Dingen. 271 S. Wuppertal: Abendland-Verl. 1947
(Enth. u.a. Ausz. a. Nr. 39)
45 Bischof Emmanuel von Ketteler. 48 S. Köln: Volker-Verl. (= Kleine Volker-Bücherei 3) 1947
(Veränd. Neuaufl. v. Nr. 29)
46 Der kleine Topf. Erzählungen. 110 S. Düsseldorf: Die Fähre 1947
47 (MH) Rheinisches Athenäum. Jahrbuch für rheinische Dichtung. Hg. D. H. Sarnetzki u. J. W. Jg. (1). 1948. Gedächtnis der Toten. 314 S. m. Abb. Köln: Pick 1948
48 Fest der Feste. Weihnachtsfeiern auf Haus Nyland. 253 S. Stg: Dt. Verl.-Anst. 1948

49 Die Schöpfungs-Feier. Gedichte. 70 S. Karlsruhe: Schwerdtfeger-Verl. 1949
(Ausz. a. Nr. 40)
50 Mütter retten die Welt. Ein Buch der Liebe. Mit einem Nachwort über das Leben und Schaffen des Dichters v. H. M. Elster. 426 S. Düsseldorf: Deutscher Bücherbund 1950
(Ausz. a. Nr. 41)
51 Der Westfalenspiegel. 382 S., 1 Titelb. Dortmund: Ardey-Verl. 1952
52 So lacht Westfalen. Auch eine Philosophie. 103 S. Honnef/Rh.: Peters (1955)
53 Die Wandlung. Ausgewählte Gedichte. Folge 1. 109 S. Stg: Dt. Verl.-Anst. 1957
54 Ausgewählte Werke. Westfälische Dichtungen in vier Bänden. Emsdetten: Lechte 1960–1963
(Enth. u. a. Nr. 21, 32, 40, 41, 48, 51, 52)

WINDTHORST, Margarete (1884–1958)

1 Gedichte. 170 S. Stg: Dt. Verl.-Anst. 1911
2 Die Seele des Jahres. 239 S. M.-Gladbach: Volksvereins-Verl. 1919
3 Das Jahr auf dem Gottesmorgen. Novellen. 384 S. Augsburg: Haas & Grabherr (= Die neue Bücherei 1) 1921
4 Zwergen-Musik. Ein Märchenbuch für besinnliche Leute. 142 S. m. Abb. Bad Pyrmont: Gersbach 1921
5 Wenn der Gärtner kommt. 114 S. M.-Gladbach: Volksvereins-Verl. 1922
6 Die Tau-Streicherin. Roman. 278 S. Bln: Grote (= Grote'sche Sammlung von Werken zeitgenössischer Schriftsteller 152) 1922
7 Der Basilisk. Roman aus der westfälischen Adelswelt. 299 S. Bln: Grote (= Grote'sche Sammlung von Werken zeitgenössischer Schriftsteller 160) 1924
8 Die Verkündigung. Erzählung. 100 S. M.-Gladbach: Führer-Verl. 1924
9 Die Nacht der Erkenntnis. Erzählung. 68 S. M.-Gladbach: Führer-Verl. (1925)
10 Höhenwind. Dichtung. 66 S., 57 Abb. M.-Gladbach: Führer-Verl. 1926
11 Kinderland. Erzählungen. 95 S. Münster/Westf.: Aschendorff (= Unsere Erzähler 45) (1927)
12 Die Sonnenseherin. Erzählung. 68 S. M.-Gladbach: Führer-Verl. (1928)
13 Drei Gärten. Ein Märchenspiel. 32 S. Warendorf: Heine (1930)
14 Das grüne Königreich. Buch für junge Menschen. 174 S. m. Abb. Warendorf: Heine (1930)
15 Die Sonnwendnacht. Ein Gartenspiel. 20 S. Warendorf: Heine (1930)
16 Salomons Weisung. Ein Frühlingsspiel nach einer alten Legende. 24 S. Warendorf: Heine (1930)
17 Und hat ein Blümlein 'bracht. Weihnachtsspiel. 55 S. Mchn: Höfling (= Höfling's Mädchenbühne 2533) (1932)
18 Die Sieben am Sandbach. Roman. 348 S. Bln: Grote (= Grote'sche Sammlung von Werken zeitgenössischer Schriftsteller 230) 1937
19 Die Lichtboten. Ein Geschichtenkreis. 98 S. Bln: Grote (= Grotes Aussaat-Bücher 18) 1938
20 Mit Lust und Last. Roman. 355 S. Bln: Grote (= Grote'sche Sammlung von Werken zeitgenössischer Schriftsteller 244) 1940
(zu Nr. 18)
21 (Hg.) Mär und Mythe. Deutsche Balladen und Gesänge. 79 S. Bln: Grote 1943
22 Hoftöchter. Erzählungen. 290 S. Kempen: Thomas-Verl. 1947
23 Das erwählte Land. Eine Geschichte in Tagebuchblättern. 142 S. Kempen: Thomas-Verl. 1947
24 Menschen und Mächte. Zwei Erzählungen. 179 S. Kempen: Thomas-Verl. 1948
25 Zu Erb und Eigen. Roman. 426 S. Kempen: Thomas-Verl. 1949
(zu Nr. 20)
26 Mit Leib und Leben. Roman. 374 S. Kempen: Thomas-Verl. 1949
(Neuaufl. v. Nr. 18)

27 Das lebendige Herz. Aufzeichnungen vor Tau und Tag von Hyacinth Henricus Holm. 423 S. Hamm/Westf.: Grote 1952
28 Weizenkörner. Erlebtes und Erlauschtes. 190 S., 1 Titelb. Bielefeld: Dt. Heimat-Verl. 1954
29 Die Heide. 24 S. m. Abb. Münster/Westf.: Aschendorff; Bielefeld-Bethel: Dt. Heimat-Verl. Gieseking (= Kleine westfälische Reihe. Gruppe I, H. 4) 1959

WINKLER, Eugen Gottlob (1912–1936)

1 Die Freundin des Prinzen Eugen. 8 Bl. (Murnau: Verl. Die Wage) (= Des Bücherfreundes Fahrten ins Blaue. Jg. 1, H. 3) (1937)
2 Gesammelte Schriften. Hg. H. Rinn u. J. Heitzmann. 2 Bde. (Dessau:) Rauch 1937
  1. Gestalten und Probleme. 300 S.
  2. Dichterische Arbeiten. 324 S.
3 Gestalten und Probleme. 166 S., 1 Titelb. (Dessau:) Rauch 1939 (Gek. Neuaufl. d. 1. Bds. v. Nr. 2)
4 Der späte Hölderlin. 51 S. Dessau: Rauch 1943
5 Briefe. 1932–1936. Hg., eingel. W. Warnach. 255 S., 1 Titelb., 4 Bl. Faks. Bad Salzig: Rauch 1949
6 Dichtungen, Gestalten und Probleme. Nachlaß. In Verbindung mit H. Rinn u. J. Heitzmann hg. W. Warnach. 547 S. Pfullingen: Neske 1956 (Verm. Neuaufl. v. Nr. 3)

WINNIG, August (1878–1956)

1 Preußischer Kommiß. Soldatengeschichten. 166 S. m. Abb. Bln: Buchh. Vorwärts 1910
2 Der große Kampf im deutschen Baugewerbe 1910. Im Auftrag des Verbandsvorstandes des deutschen Bauarbeiterverbandes. VII, 288 S. Hbg, Bln: Buchh. Vorwärts 1911
3 (Bearb.) Kalender des deutschen Bauarbeiterverbandes. 11 Jge. Hbg: Paeplow 1913-1923
4 Der Burgfrieden und die Arbeiterschaft. 19 S. Bln-Karlshorst: Internationale Correspondenz (Baumeister) (= Kriegsprobleme der Arbeiterklasse, H. 19) 1915
5 Zur Neuorientierung der deutschen Sozialdemokratie. 19 S. Bln-Karlshorst: Internationale Correspondenz (Baumeister) (= Kriegsprobleme der Arbeiterklasse, H. 10) 1916
6 Die deutschen Gewerkschaften im Kriege. 36 S. Stg: Dt. Verl.-Anst. (= Der deutsche Krieg, H. 87) 1917
7 Gewerkschaften und Kriegsteilnehmer-Organisation. Einwände und Berichtigungen. 16 S. 16⁰ Bln: Buchh. Vorwärts (= Schriften des Bundes der Kriegsbeschädigten und ehemaligen Kriegsteilnehmer, H. 2) 1917
8 Der englische Wirtschaftskrieg und das werktätige Volk Deutschlands. 40 S. Bln: Bund deutscher Gelehrter und Künstler (Hobbing) (= Um Deutschlands Zukunft, H. 3) 1917
9 Die deutsche Arbeiterschaft im vierten Kriegsjahr. Vortrag, gehalten in der Reihe der Hamburger Vorträge zum Weltkrieg. 16 S. Hbg: Grefe & Tiedemann (= Archiv der Hamburgischen Gesellschaft für Wohltätigkeit, H. 12) 1918
10 Frührot. Die Schulzeit des Maurergesellen. 255 S. m. Abb. Magdeburg: Pfannkuch 1919
11 (Hg.) Morgen. Ostpreußische Wochenschrift (ab Jg. 1, H. 40: Eine deutsche Wochenschrift). Jg. 1–2. 52, 14 H. Königsberg: Winnig 1920-1921
12 Urkunden über mein Verhalten zur Gegenregierung. 15 S. Königsberg: Selbstverl. (Priv.-Dr.) 1920

13 Am Ausgang der deutschen Ostpolitik. Persönliche Erlebnisse und Erinnerungen. 126 S. Bln: Staatspolit. Verl. 1921
    (Ausz. a. Nr. 11)
14 Volkspolitik und Parteipolitik. Nach einem Vortrage. 32 S. Bln: Der Firn (= Der Firn, Sonderh. 4) 1921
15 Die Hauptberufe des Baugewerbes. Maurer, Zimmerer, Dachdecker. IV, 45 S. Mannheim: Bensheimer (= Schriften des Berufskundlichen Ausschusses bei der Reichsarbeitsverwaltung, H. 1) 1923
16 Frührot. Ein Buch von Heimat und Jugend. 480 S. Stg: Cotta 1924
    (Erw. Neuaufl. v. Nr. 10)
17 (Bearb.) Kalender Deutscher Baugewerksbund. 7 Jge. Hbg: Paeplow (später Bln: Dt. Baugewerksbund) 1924–1930
18 Befreiung. 32 S. Mchn: Milavida-Verl. (1926)
19 Der Glaube an das Proletariat. 39 S. Mchn: Milavida-Verl. 1926
20 Die geschichtliche Sendung des deutschen Arbeitertums. Die deutsche Außenpolitik. Vortrag. 16 S. Halle/Saale: Mitteldeutsche Verlags-A.G., Abt. Buch-Verl. 1926
21 (MH) Widerstand. Zeitschrift für nationalrevolutionäre Politik. Hg. E. Niekisch u. A. W. 5 Jge., je 12 H. Dresden: Widerstands-Verl. 1926–1930
22 Die ewig grünende Tanne. Sieben Geschichten. 131 S. Hbg: Hanseat. Verl.-Anst. (1927)
23 Das Reich als Republik. 1918–1928. III, 361 S. Stg: Cotta 1928
24 Vierhundert Tage Ost-Preußen. 79 S. Dresden: Volksstaat-Dr. (1928)
25 Vom Proletariat zum Arbeitertum. 219 S. Hbg: Hanseat. Verl.-Anst. 1930
26 Das Reich als Republik. 1918–1928. XIV, 386 S. Stg: Cotta 1930
    (Erw. Überarb. v. Nr. 23)
27 Der weite Weg. 447 S. Hbg: Hanseat. Verl.-Anst. 1932
    (Forts. v. Nr. 16)
28 Wir hüten das Feuer. Aufsätze und Reden aus zehn Jahren. (1923–1933). 305 S. Hbg: Hanseat. Verl.-Anst. 1933
29 Gerdauen ist schöner. 16 S. Hannover: Feesche (= Gute Weggesellen 13) (1933)
30 Aus meinem Leben. 79 S. Köln: Schaffstein (= Schaffstein's Blaue Bändchen 216) (1933)
    (Ausz. a. Nr. 16 u. 27)
31 Die ewig grünende Tanne. Zehn Geschichten. 142 S. Hbg: Hanseat. Verl.-Anst. (1933)
    (Erw. Neuaufl. v. Nr. 22)
32 Der Arbeiter im Dritten Reich. 46 S. Bln: Buchholz & Weisswange 1934
33 Heimkehr. Erinnerungen 1918–1923. 409 S. Hbg: Hanseat. Verl.-Anst. 1935
    (Forts. v. Nr. 27)
34 Arbeiter und Reich. 2 Bde. Lpz: Teubner (= Erbe und Verpflichtung) 1937
    1. Auf falscher Bahn. 52 S. m. Abb.
    2. Die große Prüfung. 62 S. m. Abb.
35 Europa. Gedanken eines Deutschen. 89 S. Bln: Eckart-Verl. 1937
36 Gespräch vom Glauben. (S.-A.) 13 S. Bln: Eckart-Verl. 1937
37 Die Hand Gottes. 127 S. Bln: Warneck 1938
38 Im Kreis verbunden. Erzählungen. Mit einem autobiographischen Nachw. 77 S. Lpz: Reclam (= Reclam's UB. 7390) 1938
    (Enth. u.a. Ausz. a. Nr. 29)
39 Morgenrot einer Jugend. Auswahl aus Winnigs Buch von Heimat und Jugend „Frührot". Hg. W. Schmidt. 116 S. Langensalza: Beltz (= Aus deutschem Schrifttum und deutscher Kultur 554–555) 1938
    (Ausz. a. Nr. 16)
40 Wunderbare Welt. Roman. 337 S. Hbg: Hanseat. Verl.-Anst. (1938)
41 In Gottes Hand. 2 Bl. Bln: Ostwerk-Verl. (= Soldatenbriefe 1) (1939)
42 (Hg.) Das feste Herz. Eine Gabe deutscher Erzähler. 223 S. Gütersloh: Bertelsmann 1939
43 Als ich noch Maurergesell war. Vorkriegserlebnisse eines Deutschen. 98 S. Hbg: Hanseat. Verl.-Anst. (= Hanseaten-Bücherei) (1939)
    (Ausz. a. Nr. 27)
44 Der deutsche Ritterorden und seine Burgen. 110 S. m. Abb. 4° Königstein: Langewiesche (= Die blauen Bücher) 1939

45 Wie ich das Weihnachtswunder suchte. 11 S. Bln: Wichern-Verl. (1939)
46 Käuze und Schelme. 126 S. Bln: Warneck 1940
47 Vom Proletariat zum Arbeitertum. 170 S. Hbg: Hanseat. Verl.-Anst. 1940 (Verm. Neuaufl. v. Nr. 25)
48 Das Unbekannte. 77 S. Bln: Warneck (1940)
49 (MH) Was wir dem Vaterunser verdanken. Hg. H. Claudius u. A. W. (S.-A.) 15 S. Bln: Eckart-Verl. (1940)
50 (Hg.) Das Erlebnis. Eine Gabe deutscher Erzähler. 206 S. Gütersloh: Bertelsmann (1941)
51 In der Höhle. 63 S. Gütersloh: Bertelsmann 1941
52 Das Buch Wanderschaft. 329 S., 10 Abb. Hbg: Hanseat. Verl.-Anst. (1942)
53 Stiegel, der Holzhauer. Erzählung. 74 S. Lpz: Reclam (= Reclam's UB. 7556) 1943
54 Rund um Hitler. Aus zwanzig Jahren Erfahrungen und Erinnerungen. 238 S., 1 Titelb. London: World's Alliance of the Young Men's Christian Associations War Prisoner's Aid) (= Zaunkönig-Bücher 529) (1946)
55 Aus zwanzig Jahren. (1925-1945). 215 S. Hbg: Wittig (1948)
56 Kindheit und Jugend. 48 S. Weinheim/Bergstr.: Beltz (= Heimaterde, Bd. 5) (1952)
57 Morgenstunde. 4 ungez. Bl. Gütersloh: Rufer-Verl. (= Acht Seiten, Freude zu bereiten. Nr. 83) 1957
58 Morgenstunde. Gesammelte Erzählungen. 367 S. Hbg: Wittig (= Der Siebenstern) 1958
(Enth. u. a. Nr. 57)

WITTIG, Joseph (1879–1949)

1 Papst Damasus I. Quellenkritische Studien zu seiner Geschichte und Charakteristik. 111 S. Freiburg/Br.: Herder (= Römische Quartalschrift für christliche Alterthumskunde und für Kirchengeschichte. Suppl.-H. 14) 1902
2 Die altchristlichen Skulpturen im Museum der deutschen Nationalstiftung am Campo Santo in Rom. Festschrift zur Silberhochzeit des deutschen Kaiserpaares. 143 S. m. Abb., 6 Taf. 2° Freiburg/Br.: Herder (= Römische Quartalschrift für christliche Alterthumskunde und für Kirchengeschichte. Suppl.-H. 15) 1904
3 (MV) J. W., W. Schwierholz, H. Zeuschner u. O. Scholz: Ambrosiaster-Studien. X, 108 S. Breslau: Aderholz (= Kirchengeschichtliche Abhandlungen 8) 1909
4 Die Friedenspolitik des Papstes Damasus I. und der Ausgang der arianischen Streitigkeiten. XXVI, 241 S. Breslau: Aderholz (= Kirchengeschichtliche Abhandlungen 10) 1912
5 Das Papsttum, seine weltgeschichtliche Entwicklung und Bedeutung. In Wort und Bild dargestellt. 192 S. m. Abb. 4° Hbg: Carly 1913
6 (MH) W. Lampen: Thiofrid von Echternach. Eine philologisch-historische Studie. Hg. J. W. u. F. X. Seppelt. IX, 84 S. Breslau: Aderholz (= Kirchengeschichtliche Abhandlungen 11) 1920
7 Ein Apostel der Karitas. Der Breslauer Domherr Robert Spiske und sein Werk. Für die Kongregation der Ehrwürdigen Schwestern von der heiligen Hedwig zur Hundert-Jahr-Feier des Geburtstages ihres Stifters und geistlichen Vaters verf. 128 S., 1 Titelb. Breslau: Verl. des Mutterhauses der Schwestern von der heiligen Hedwig, König 1921
8 Des heiligen Basilius des Großen geistliche Übungen auf der Bischofskonferenz von Dazimon 374-375 im Anschluß an Isaias 1-16. VIII, 90 S. Breslau: Müller & Seiffert (= Breslauer Studien zur historischen Theologie, Bd. 1) 1921
(Bd. 1 v. Nr. 11)
9 Leinenweberglauben. (S.-A.) 12 S. Paderborn: Junfermann (= Flugblätter katholischer Erneuerung 3) (1921)
10 (Bearb.) G. Rauschen: Grundriß der Patrologie mit besonderer Berücksichtigung des Lehrgehalts der Väterschriften. XV, 330 S. Freiburg/Br.: Herder 1921

11 (MH) Breslauer Studien zur historischen Theologie. Neue Folge der Kirchengeschichtlichen Abhandlungen. Hg. J. W. u. F. X. Seppelt. 3 Bde. Breslau, Habelschwerdt: Franke 1921-1924
(N. F. z. Nr. 6)
12 Herrgottswissen von Wegrain und Straße. Geschichten von Webern, Zimmerleuten und Dorfjungen. VII, 246 S. Freiburg/Br.: Herder (= Bücher für Seelenkultur) 1922
13 Der Osterfeldgang. (S.-A.) 11 S. Paderborn: Junfermann (= Flugblätter katholischer Erneuerung 8) (1922)
14 Das Schicksal des Wenzel Böhm. Eine Herrgottsgeschichte. 162 S. Habelschwerdt: Franke (= Deutsche Heimatbücher 2) 1922
15 (MH) Bücher der Wiedergeburt. Hg. E. Laslowsky, J. W. u. R. Jokiel. 16 Bde. Habelschwerdt: Franke 1923-1925
16 Meine ,,Erlösten'' in Buße, Kampf und Wehr. 131 S. Habelschwerdt: Franke (= Bücher der Wiedergeburt 2) (1923)
(Bd. 2 v. Nr. 15)
17 Wiedergeburt. 77 S. Habelschwerdt: Franke (= Bücher der Wiedergeburt 1) 1923
(Bd. 1 v. Nr. 15)
18 Bergkristall. Erzählungen. 135 S., 21 Taf. Habelschwerdt: Franke (1924)
19 Die Kirche im Waldwinkel und andere Geschichten vom Glauben und vom Reiche Gottes. 292 S. Kempten, Mchn: Kösel & Pustet (1924)
20 Aus der schönen Grafschaft. 51 S., 50 Taf. 4° Habelschwerdt: Franke (1925)
21 Leben Jesu in Palästina, Schlesien und anderswo. 2 Tle. VIII, 513; V, 464 S. Kempten, Mchn: Kösel & Pustet (1925)
22 (MH) Die Kreatur. Eine Zeitschrift, hg. M. Buber, V. v. Weizsäcker u. J. W. Jg. 1-3, je 4 H. m. Abb. Bln: Lambert Schneider 1926-1929
23 Osterbrunnen. 80 S., 1 Abb. 16° Elberfeld: Bergland-Verl. (= Elfen-Büchlein. Reihenfolge 41) (1926)
24 (MH) Das Alter der Kirche. Aufsätze, Kapitel und Akten. 2 Bde. XI, 977, LII; XI, 260 S. Bln: Lambert Schneider 1927
25 Gesamtausgabe. 6 Bde. m. Titelb. u. Taf. Gotha (,Heilbronn: Salzer) 1928-1929
26 Der Ungläubige und andere Geschichten vom Reiche Gottes und der Welt. VII, 320 S., 1 Titelb. Gotha (, Heilbronn: Salzer) (= Gesamtausg., Bd. 3) 1928
(Bd. 3 v. Nr. 25)
27 Aussichten und Wege. VII, 306 S. Gotha (, Heilbronn: Salzer) (= Gesamtausg., Bd. 6) 1929
(Bd. 6 v. Nr. 25)
28 Höregott. Ein Buch vom Geiste und vom Glauben. VII, 415 S., 2 Taf. Gotha (, Heilbronn: Salzer) (= Gesamtausg., Bd. 5) (1929)
(Bd. 5 v. Nr. 25)
29 Tröst mir mein Gemüte. Ein Weihnachtsbuch. 214 S. Heilbronn: Salzer 1930
30 Die Heimhüter. 15 S. Hbg: Agentur des Rauhen Hauses (= Neue Weihnachtshefte 10) (1931)
31 Michel Gottschlichs Wanderung. 122 S. Heilbronn: Salzer (= Salzers Taschenbücher 71) 1931
32 Getröst, getröst, wir sind erlöst! Ein Buch von den Osterzeiten des Lebens. 134 S. Heilbronn: Salzer 1932
33 Das verlorene Vaterunser. Acht Geschichten. 157 S. Heilbronn: Salzer 1933
34 (MV) A. Miegel, J. W. (u. a.): Die Mutter. Dank des Dichters. 63 S., 5Abb. Bln: Eckart-Verl. (= Eckart-Kreis 10) 1934
35 Das Spiel zum Erntefest. 24 S. Breslau: Littmann (= Hilfen zum Aufbau sinnerfüllter Feste) (1934)
36 Toll-Annele will nach Albendorf und andere Geschichten, Gestalten und Gedanken. 214 S., 1 Taf. Neurode: Klambt 1938
37 Vom Warten und Kommen. Adventbriefe. 93 S. Lpz: Klotz (1938)
38 Volksglaube und Volksbrauch in der Grafschaft Glatz. Fünfunddreißig Kapitel aus der Arbeit des Neuroder Volksbildungswerkes. 110 S., 5 Abb. Neurode: Klambt 1939
39 Das neue Antlitz. 207 S. Kempen: Thomas-Verl. (1947)
(Neuaufl. v. Nr. 18)

40 Gold, Weihrauch und Myrrhe. Geschichten aus der verlorenen Heimat. 184 S., 1 Titelb. Köln-Lindenthal: Drei Königen-Verl. Sattler 1948
41 Karfunkel. Weltliche Unterhaltungen und Skizzen für die heilige Weihnachtszeit. 95 S. Münster: Regensberg 1948
42 Novemberlicht. Drei Skizzen über Allerseelen, Totensonntag, okkulte Erfahrungen und den Auferstehungsleib. 73 S. Kempen: Thomas-Verl. 1948
43 Ein Geigenspiel. Aus einer unvollendeten Fortsetzung von „Michel Gottschlichs Wanderung". 12 S. Schmölln/Thür.: Böckel (1949) (zu Nr. 31)
44 Roman mit Gott. Tagebuchblätter der Anfechtung. VII, 231 S. m. Taf., 1 Titelb. Stg: Klotz 1950
45 Kommt, wir gehn nach Bethlehem. Weihnachtliche Geschichten. 78 S. Heilbronn: Salzer (= Salzers Volksbücher 41) 1952

WITTKOP, Justus Franz (*1899)

1 Das Opfer des Kyrill Beg. Der abenteuerliche Roman eines wandernden Volkes. 250 S. Bln: Zeitschriften-Verl. 1935
2 Die Todesfracht der „Sudja Sari". Abenteuer-Roman. 214 S. Lpz: Goldmann (= Goldmanns Roman-Bibliothek 47) 1936
3 Irgendein Herr Brown. Roman. 224 S. Bln: Buch- und Tiefdruck g.m.b.H. (Schützen-Verl.) (= BVZ-Bücherei 37)1938
4 Verfemte Schiffe. Roman aus Westindiens Piratenzeit. 381 S. Bln: Volksverband der Bücherfreunde, Wegweiser-Verl. (= Allgemeine Jahresreihe des Volksverbandes der Bücherfreunde 21, Bd. 2) 1939
5 Badearzt Dr. Fehdgesell. 44 S. 4° Bln: Aufwärts-Verl. (= Jede Woche ein Roman! 446) (1941)
6 Fortuna und der Bruder des Schlafs. Roman vom Ursprung einer Familie. 382 S. Nürnberg: Schrag 1941
7 Piraten-Schiffe. Ein Roman aus Westindiens Seeräuberzeit. 358 S. Lpz, Wien, Mchn: Zinnen-Verl. 1941 (Neuaufl. v. Nr. 4)
8 Gullivers letzte Reise. Die Insel der Vergänglichen. Roman. 488 S. Nürnberg: Schrag (1941)
9 Der Frevel der Venus. Eine Legende. 158 S. m. Abb. Wien, Mchn, Lpz: Zinnen-Verl. 1943
10 Nächte neben der Tür. Erzählungen. 223 S. Wien, Mchn, Lpz: Zinnen-Verl. 1943
11 Pariser Tagebuch. 125 S. Mchn: Desch 1948
12 Unterm karibischen Mond. Ein Roman aus Westindiens Seeräuberzeit. 416 S. Mchn: Desch 1949 (Neuaufl. v. Nr. 7)
13 (Übs.) R. Hardy: Bitter war der Sieg. Roman. 384 S. Wien, Mchn, Basel: Desch 1956
14 Das war Scaramouche. Die Lebensgeschichte des Tiberio Fiorelli, seine Schwänke, Liebschaften und ergötzlichen Mißgeschicke. 204 S. Zürich, Stg: Classen 1957
15 (MH, Einl.) J. A. Rimbaud: Flammende Morgenröte. Einl. u. Auswahl aus dem Werk des Dichters: G. Ménardeau u. J. F. W. Übs. a. d. Französ. W. Küchler. 138 S., davon S. 33–48 Abb. Mchn, Wien, Basel: Desch (= Im Banne des Dionysos) 1958
16 Ruf der Eule. Roman einer Schicksalsstunde Napoleons. 298 S. Mchn, Wien, Basel: Desch 1960

WITTSTOCK, Erwin (1899–1962)

1 Zineborn. Geschichten aus Siebenbürgen. 191 S. Hermannstadt: Krafft & Drotleff 1927

2 Die Liquidierung des sächsischen Nationalvermögens und die Enteignung der Sieben-Richter-Waldungen. 175 S. Schäßburg: Markusdruckerei (1931)
3 Bruder, nimm die Brüder mit. Roman. 433 S. Mchn: Langen-Müller 1934
4 Die Freundschaft von Kockelburg. Erlebnisse der Sieben. 268 S. Mchn: Langen-Müller 1936
5 Station Onefreit. Herz an der Grenze. Zwei Erzählungen. 59 S. Mchn: Langen-Müller (= Die kleine Bücherei 72) (1936)
6 Das Begräbnis des Maio. Novelle. Mit einem Nachwort „Heimat und Herkunft" vom Verfasser. 71 S. Lpz: Reclam (= Reclam's UB. 7375) 1937
7 Die Bergschüler von Kockelburg. Aus „Die Freundschaft von Kockelburg". Bes. G. Becherer. 54 S. Mchn: Langen-Müller (= Die deutsche Folge 37) 1937 (Ausz. a. Nr. 4)
8 Miesken und Riesken. Erzählung. 54 S. Mchn: Langen-Müller (= Die kleine Bücherei 83) 1937
9 ... abends Gäste ... Gestalten und Geschichten. 316 S. Mchn: Langen-Müller (1938)
10 Der Hochzeitsschmuck. Erzählung. 139 S. Mchn: Langen-Müller (1941)
11 Königsboden. 548 S. Mchn: Langen-Müller (= Deutsche Dichter der Gegenwart. Reihe 4, Bd. 6) 1943
12 Die Hexensalbe. Die unruhige Wohnung. 98 S. Prag: Volk und Reich Verl. (= Prager Feldpost-Bücherei) 1944
13 Wäschestrick und Friedenspfeife. Die Eibe. 62 S. Prag, Amsterdam, Bln, Wien: Volk und Reich Verl. (= Prager Feldpost-Bücherei) 1944
14 Die Schiffbrüchigen. Novelle. 126 S. Hbg: Hoffmann & Campe 1949
15 Das Herodesspiel. Erzählung. 16 S. Graz, Wien, Mchn: Stiasny (= Österreichischer Lesebogen 3) 1954
16 Freunde. Erzählungen. 187 S. Bukarest: Jugendverl. 1956
17 Die Begegnung. Novelle. 64 S. Bln: Union-Verl. (1958)
18 Einkehr. Novellen und Erzählungen. 214 S. m. Abb. Bln: Union-Verl. (= Die Perlenkette, Bd. 30) 1958
19 Der verlorene Freund. Erzählungen. 165 S. Bln: Verl. Neues Leben 1958
20 Der Viehmarkt von Wängersthuel. 130 S. Bln: Union-Verl. (1958)

WOLF, Friedrich (1888–1953)

1 Das bist Du. Ein Spiel in fünf Verwandlungen. 74 S., 4 S. Abb. Dresden: Kaemmerer (= Dramen der neuen Schaubühne 4) (1919)
2 Der Unbedingte. Ein Weg in drei Windungen und einer Überwindung. 84 S., 4 S. Abb. Dresden: Kaemmerer (= Dramen der neuen Schaubühne 6) 1919
3 Fahrt. Gedichte. 32 S. Dresden: Kaemmerer 1920
4 Die schwarze Sonne. Eine Komödie. 141 S. Bln: Rowohlt 1921
5 Elemente. Fegfeuer. Flut. Äther. Drei Einakter. 80 S. Ludwigsburg, Stg: Chronos-Verl. 1922
6 Der arme Konrad. Tragödie aus der Bauernrevolte 1514. 143 S. Ludwigsburg, Stg: Chronos-Verl. 1924
7 Mohammed. Ein Oratorium. Geschrieben im Flandernsommer 1917. 71 S. 4⁰ Ludwigsburg, Stg: Chronos-Verl. 1924
8 Das Heldenepos des Alten Bundes aufgespürt und in deutschen Worten. 143 S. Stg: Dt. Verl.-Anst. 1924
9 Kreatur. Roman der Zeit. 251 S. Hannover: Sponholtz (1925)
10 Der Mann im Dunkel. Komödie. 79 S. Stg: Chronos-Verl. 1925
11 Der Sprung durch den Tod. Eine Erzählung. 58 S. Stg: Dt. Verl.-Anst. (= Der Falke 23) 1925
12 Kolonne Hund. Ein Schauspiel. 102 S. Stg: Dt. Verl.-Anst. 1927
13 Kampf im Kohlenpott. Novellen. 295 S. Stg: Dt. Verl.-Anst. 1928
14 Kunst ist Waffe. Eine Feststellung. 17 S. Bln: Arbeitertheaterbund Deutschlands 1928
15 Die Natur als Arzt und Helfer. Das neue naturärztliche Hausbuch. 658 S.,

455 Abb., 8 Taf., m. Rezeptanh. u. zerlegbaren Modellen. Stg: Dt. Verl.-Anst. (1928)
16 (MV) L. Mar u. F. W.: Schlank und gesund. Ein natürlicher Weg zur Beseitigung heutigen Kultursiechtums. 20 S., 16 Abb. Stg: Süddt. Verlagshaus 1928
17 Cyankali. § 218. Drama. 93 S. Bln: Internationaler Arbeiter-Verl. (= Das neue Drama, Bd. 1) 1929
18 Herunter mit dem Blutdruck. Die wirksamste Verhütung der Arterienverkalkung und des Schlaganfalls. 20 S., 8 S. Abb. Stg: Süddt. Verlagshaus 1929
19 Schütze dich vor dem Krebs. Seine wirksame Verhütung und operationslose Behandlung. 21 S., 8 S. Abb. Stg: Süddt. Verlagshaus 1929
20 Hörspiele. SOS ... Rao Rao ... Foyn „Krassin" rettet „Italia". John D. erobert die Welt. 116 S. Stg: Dt. Verl.-Anst. 1930
21 Dein Magen kein Vergnügungslokal sondern eine Kraftzentrale. Durch Selbsthilfe guter Stoffwechsel, gesundes Blut, keine Magen-Darmkrankheiten. 23 S., 17 Abb. Stg: Süddt. Verlagshaus 1930
22 Die Matrosen von Cattaro. 117 S. Bln, Wien, Zürich: Internationaler Arbeiter-Verl. (= Das neue Drama, Bd. 3) 1930
23 Der schwache Punkt der Frau. Die wichtigsten Frauenleiden, ihr Wesen, ihre Verhütung, ihre Behandlung. 22 S., 20 Abb. Stg: Süddt. Verlagshaus 1930
24 Trotz Tempo 1000 ... gesund. Dein Recht auf Gesundheit. Dein Weg zur Gesundheit. Die Volks-Gesundheits-Schule. 87 S., 53 Abb., 3 Taf. Radebeul: Madaus 1930
25 Bauer Baetz. Schauspiel vom deutschen Bauern anno 1932. 111 S. Stg: Schuler 1932
26 (Vorw.) M. Ruben-Wolf: Abtreibung oder Verhütung. Mit einem Nachw. v. A. Apfel. 16 S. Bln: Internationaler Arbeiter-Verl. (1933)
27 Floridsdorf. Ein Schauspiel von den Februarkämpfen der Wiener Arbeiter. M. Anh. 130 S., 2 Bl. Noten. Moskau: Verl.-Genossenschaft ausländischer Arbeiter i. d. UdSSR; Zürich: Oprecht & Helbling 1935
28 Doktor Mamlocks Ausweg. (Nebentitel: Professor Mamlok.) Tragödie der westlichen Demokratie. 80 S. Moskau: Verl.-Genossenschaft ausländischer Arbeiter i. d. UdSSR; Zürich: Oprecht & Helbling 1935
29 Fort Brimont-Galizyno. S. 91-95 Moskau: Verl. für Schöne Literatur 1936
30 Die Nacht von Béthineville. Erzählung. 39 S. Moskau: Verl.-Genossenschaft ausländischer Arbeiter i.d. UdSSR (= Vegaar-Bücherei 9) 1936
31 Von New York bis Shanghai. Eine politische Revue gegen den imperialistischen Krieg. 147 S. m. Noten. Engels: Dt. Staatsverl. 1936
32 Das Trojanische Pferd. Ein Stück vom Kampf der Jugend in Deutschland. 135 S. Moskau: Verl.-Genossenschaft ausländischer Arbeiter i.d. UdSSR 1937
33 (Übs., Bearb.) V. V. Višnevskij: Die optimistische Tragödie. Schauspiel in drei Akten. 94 S. Moskau: Verl.-Genossenschaft ausländischer Arbeiter i.d. UdSSR 1937
34 Zwei an der Grenze. Roman. 386 S. Zürich, New York: Oprecht 1938
35 Gefährlicher Beifall. Erzählungen. 80 S. Moskau: Verl. sowjet. Schriftsteller 1941
36 KZ Vernet. 63 S. Moskau: Verl. Das Internationale Buch 1941
37 Sieben Kämpfer vor Moskau. 126 S. Moskau: Verl. f. fremdsprach. Literatur 1942
38 Zwei Kämpfer vor Moskau. 32 S. Moskau: Verl. f. fremdsprach. Literatur (= Schritt für Schritt, H. 6) 1942
   (Ausz. a. Nr. 37)
39 Der Kirschbaum. Moskau: Verl. f. fremdsprach. Literatur 1942
40 Der Russenpelz. Eine Erzählung aus Deutschland 1941-42. 156 S. Moskau: Verl. f. fremdsprach. Literatur 1942
41 Heimkehr der Söhne. Eine Novelle. 132 S. Moskau: Verl. f. fremdsprach. Literatur 1944
42 Das Öhmchen. Erzählung. Moskau: Verl. für Schöne Literatur 1944
43 Beaumarchais oder Die Geburt des „Figaro". Ein Schauspiel in elf Bildern. 106 S. Bln: Aufbau-Verl. 1946

44 Dramen. 2 Bde. Bln: Aufbau-Verl. 1946
   1. Empörung: Der arme Konrad. Beaumarchais. Die Matrosen von Cattaro. Kolonne Hund. 353 S.
   2. Besinnung: Professor Mamlock. Patrioten. Doktor Wanner. Was der Mensch säet... 314 S.
   (Enth. u.a. Nr. 6, 12, 22, 27, 43)
45 Drei Dramen. 1942–1945. Patrioten. Doktor Wanner. Was der Mensch säet... 246 S. Bln: Aufbau-Verl. 1946
   (Enth. Ausz. a. Nr. 44, Bd. 2)
46 Lucie und der Angler von Paris. Novellen. 174 S. Bln: Aufbau-Verl. 1946
47 Märchen für große und kleine Kinder. 111 S. m. Abb. Bln: Aufbau-Verl. 1946
48 (Vorw.) J. R. Bloch: Toulon. Französische Geschichte in drei Epochen. Übs. F. F. Treuberg. VIII, 120 S. Bln: Henschel (= Internationale Dramatik 2) 1947
49 Dramen. 4 Bde. Bln: Aufbau-Verl. 1947–1949
   1. Aufbruch: Das bist du. Mohammed. Tamar. Die schwarze Sonne. 224 S. 1949
   2. Frauen: Cyankali. Tai Yang erwacht. Die letzte Probe. Laurencia. 302 S. 1947
   3. Empörung: Der arme Konrad. Beaumarchais. Die Matrosen von Cattaro. Kolonne Hund. 353 S. 1947
   4. Besinnung: Professor Mamlock. Patrioten. Doktor Wanner. Was der Mensch säet... 314 S. 1947
   (Verm. Neuaufl. v. Nr. 43)
50 Kiki. Geschichte eines Hundes. 16 S. m. Abb. Bln, Lpz: Verl. Volk und Wissen (= Volk und Wissen Sammelbücherei. Bd. 1, D, 12) 1947
   (Ausz. a. Nr. 46)
51 Die Nachtschwalbe. Dramatisches Nocturno. Musik M. Blacher. Op. 27. 36 S. Bln: Bote & Bock 1947
52 (MV) P. Ronge: Problem § 218. Mit einem Beitrag v. F. W. 39 S. Rudolstadt: Greifenverl. (= Das aktuelle Traktat 2) (1947)
53 Vox humana. Verse. 74 S. Rudolstadt: Greifenverl. 1947
54 Zeitprobleme des Theaters. Die kulturpolitische Situation und die Bedeutung der Volksbühne. 58 S. m. Abb. Bln: Henschel (= Veröffentlichung des Bundes Deutscher Volksbühnen) (1947)
55 Jules. 62 S. m. Abb. Bln: „Lied der Zeit" (= Kleine LDZ-Bücherei) 1948
56 (Vorw.) N. Assanov (u.a.): Sieg des Lebens und andere Erzählungen. Eine Auswahl ernster und heiterer russischer Reportagen. 309 S. Bln: Dietz 1949
57 (Vorw.) P. A. C. de Beaumarchais: Der tolle Tag oder Figaros Hochzeit. Drama. 132 S., 4 Taf. Bln: Volk. u. Wissen Verl. 1949
58 Bitte der Nächste! Dr. Isegrimms Rezeptfolgen. Ein Beitrag zur Deutschen Geschichte und Naturgeschichte. 75 S., 10 Abb. Rudolstadt: Greifenverl. (1949)
59 (MV) F. W. (u.a.): Von der Filmidee zum Drehbuch. 80 S. Bln: Henschel 1949
60 Kiki und Cora Buntauge. Zwei Hundegeschichten. 40 S. Bln: Holz 1949
   (Ausz. a. Nr. 46; enth. u.a. Nr. 50)
61 Lucie und der Angler von Paris. Kurzgeschichten und Erzählungen. Frankreich 1914/18 und 1939/41. 195 S. Bln: Aufbau-Verl. 1949
   (Erw. Neuaufl. v. Nr. 46)
62 (Hg.) Volk und Kunst. Monatsschrift des Bundes Deutscher Volksbühnen für Theater, Laienspiel, Volksmusik, Chorwesen und Tanz. Jg. 1. 9 Nrn. Bln: Henschel 1949
63 (Vorw.) A. Lex-Nerlinger: Die harte Straße. 1918–1949. Zeichnungen. 2 Bl., 16 Taf. 2° Weimar: Grafik-Verl. Mock im Thüringer Volksverl. (1950)
64 Märchen für große und kleine Kinder. 128 S. m. Abb. Bln: Aufbau-Verl. 1950
   (Erw. Neuaufl. v. Nr. 47)
65 So fing es an! Zwei Szenen. 55 S. Halle: Mitteldt. Verl. (= Laienspiele) 1950
66 Bummi. Tiergeschichten für große und kleine Kinder. 183 S. m. Abb. Bln: Aufbau-Verl. 1951

67 Lilo Herrmann. Die Studentin von Stuttgart. Ein biographisches Poem. 32 S. Bln: VVN-Verl. 1951
68 Die Unverlorenen. Zwei Romane. 332 S. Bln: Aufbau-Verl. 1951
69 Ausgewählte Werke in Einzelausgaben. Hg. Else Wolf u. W. Pollatschek. 14 Bde. Bln: Aufbau-Verl. (1951)–1960
70 Erzählungen, Kurzgeschichten, Sketchs. 447 S. Bln: Aufbau-Verl. 1952
71 Menetekel oder Die fliegenden Untertassen. Roman. 439 S. Bln: Aufbau-Verl. 1952
72 Maxim Gorki. Revolutionärer Romantiker und sozialistischer Realist. Festrede zum fünfundachtzigsten Geburtstag Maxim Gorkis. 47 S., 10 Bl. Abb. Bln: Henschel 1953
73 Thomas Münzer, der Mann mit der Regenbogenfahne. Ein Schauspiel. 175 S., 13 Abb. Bln: Aufbau-Verl. 1953
74 Ausgewählte Gedichte. Die Ausw. bes. W. Pollatschek im Einvern. m. Else Wolf. 110 S. Bln: Aufbau-Verl. 1954
75 Gesammelte Dramen. Fünfter Band. 583 S. Bln: Aufbau-Verl. 1955 (zu Nr. 49)
76 Fabeln. Hg. Else Wolf u. W. Pollatschek. 52 S. m. Abb. Bln: Holz (1957)
77 Die Nacht von Béthineville. 178 S. Bln: Aufbau-Verl. 1959 (Enth. u. a. Nr. 30)
78 Das Schiff auf der Donau. Ein Drama aus der Zeit der Okkupation Österreichs durch die Nazis. 134 S. Bln: Henschel (= Zeitgenössische Dramatik) 1960
79 Gesammelte Werke in sechzehn Bänden. Hg. Else Wolf u. W. Pollatschek. 16 Bde. Bln: Aufbau-Verl. 1960–1967

WOLFENSTEIN, Alfred (1883–1945)

1 Die gottlosen Jahre. Gedichte. 87 S. Bln: Fischer 1914
2 Die Freundschaft. Neue Gedichte. 156 S. Bln: Fischer 1917
3 Der Lebendige. Novellen. 51 S. Mchn: Roland-Verl. Mundt (= Die neue Reihe 6) 1918
4 Die Nackten. Eine Dichtung. 22 S. Mchn, Lpz: Wolff (= Der jüngste Tag 51) (1918)
5 (Hg., Vorw.) Die Erhebung. Jahrbuch für neue Dichtung und Wertung. 2 Bde. IV, 422; VII, 385 S., 15 Abb. Bln: Fischer (1919)–1920
6 Menschlicher Kämpfer. Ein Buch ausgewählter Gedichte. 79 S. Bln: Fischer 1919
7 Der gute Kampf. Eine Dichtung. 23 S., 5 Abb. Dresden: Dresdner Verl. (= Das neuste Gedicht 39–41) 1920 (Ausz. a. Nr. 2)
8 (Hg., Übs.) G. de Nerval: Erzählungen. 3 Bde. 119, 103, 134 S., 1 Titelb. Mchn: Drei Masken-Verl. 1921
9 Sturm auf den Tod. Drama in einem Akte. Bln: Die Schmiede 1921
10 Der Mann. Szenische Dichtungen. 72 S., 1 Abb. Freiburg i. Br.: Heinrich (= Schnitter-Bücher. Die hohe Reihe) 1922
11 (Übs.) P. B. Shelley: Dichtungen. 95 S., 1 Titelb. Bln: Cassirer 1922
12 Umkehr. Drama in einem Akt. Bln: Die Schmiede 1922
13 Jüdisches Wesen und neue Dichtung. 54 S. Bln: Reiss (= Tribüne der Kunst und Zeit 29) 1922
14 Mörder und Träumer. Drei szenische Dichtungen. 58 S. Bln: Verl. Die Schmiede 1923
15 Der Flügelmann. Eine Dichtung. 20 S. m. Abb. Dessau: Rauch 1924
16 (Übs., Hg.) H. Sanson: Denkwürdigkeiten der Scharfrichterfamilie Sanson. 363 S. Mchn, Bln: Paetel 1924
17 (Übs., Bearb.) P. B. Shelley: Die Cenci. Drama in fünf Akten. 105 S. Bln: Cassirer 1924
18 Unter den Sternen. Novelle. 19 S. Dessau: Rauch 1924
19 Henkersdienst. Drei Einakter. Bln: Die Schmiede 1925
20 (Übs.) V. Hugo: Dreiundneunzig (1793). Roman. Nachw. H. Mann. 436 S. Lpz: List (= Epikon) (1925)

21 (Übs.) V. Hugo: Der letzte Tag eines Verurteilten. 80 S. Bln: Malik-Verl. (= Malik-Bücherei, Bd. 9) 1925
22 Der Narr der Insel. Drama in acht Bildern. 100 S. Bln-Schöneberg: Buchvertr. Stolle 1925
23 (Übs.) P. Verlaine: Armer Lelian. Gedichte der Schwermut, der Leidenschaft und der Liebe. 79 S., 1 Titelb. Bln: Cassirer 1925
24 Bäume in den Himmel. Drama in drei Akten. 102 S. Bln-Schöneberg: Buchvertr. Stolle 1926
25 Bewegungen. Eine Auswahl Dichtungen. 35 S. Bln: Fechner 1928
26 Celestina. Schauspiel in zwei Teilen. 93 S. Bln: Chronos-Verl. 1929
27 Die Nacht vor dem Beil. Drama in neun Bildern. 62 S. Stg: Dt. Verl.-Anst. 1929
28 (Übs., Hg.) A. Rimbaud: Leben, Werke, Briefe. 282 S., 4 Taf., 1 Faks. Bln: Internationale Bibliothek 1930
29 (Hg.) Hier schreibt Paris. Sammelwerk von heute. 334 S. Bln (: Globus-Verl.) 1931
30 Die gefährlichen Engel. Dreißig Geschichten. 154 S. Mährisch-Ostrau, Lpz: Kittl 1936
31 (Hg.) Stimmen der Völker. Die schönsten Gedichte aller Zeiten und Länder. 472 S. Amsterdam: Querido-Verl. 1938
32 (Übs.) E. Brontë: Umwitterte Höhen. Roman. Aus dem Englischen. 335 S. Zürich: Büchergilde Gutenberg (1941)

Wolff, Julius (1834–1910)

1 Aus dem Felde. Kriegslieder. 80 S. 16° Bln: Lipperheide 1871
2 (Hg.) (W. Shakespeare:) Goldene Worte aus Shakespeares dramatischen Werken. 270 S. Bln: Lipperheide 1872
3 Till Eulenspiegel redivivus. Ein Schelmenlied. 259 S. Bln: Grote 1874
4 Der Rattenfänger von Hameln. Eine Aventiure. 223 S. Bln: Grote 1875
5 Der Wilde Jäger. Eine Waidmannsmär. 245 S. Bln: Grote (1877)
6 Schauspiele. Kambyses. Die Junggesellensteuer. 245 S. Bln: Grote 1877
7 Drohende Wolken. Schauspiel. 125 S. Bln: Grote 1879
8 Tannhäuser. Ein Minnesang. 2 Bde. 540 S. Bln: Grote 1880
9 Singuf. Rattenfängerlieder. 233 S. Bln: Grote (1881)
10 Der Sülfmeister. Eine alte Stadtgeschichte. 2 Bde. 651 S. Bln: Grote (1883)
11 Der Raubgraf. Eine Geschichte aus dem Harzgau. 444 S. Bln: Grote 1884
12 Lurlei. Eine Romanze. 330 S. Bln: Grote 1886
13 Das Recht der Hagestolze. Eine Heirathsgeschichte aus dem Neckarthal. 415 S. Bln: Grote (1888)
14 Die Pappenheimer. Ein Reiterlied. 343 S. Bln: Grote (1889)
15 Renata. Eine Dichtung. 384 S. Bln: Grote (1891)
16 Der fliegende Holländer. Seemannssage. 191 S. Bln: Grote (1892)
17 Das schwarze Weib. Roman aus dem Bauernkriege. 358 S. Bln: Grote (1894)
18 Aus dem Felde. Nebst einem Anhang: Im neuen Reich. 120 S. Bln: Grote 1895
   (Erw. Neuaufl. v. Nr. 1)
19 Assalide. Dichtung aus der Zeit der provençalischen Troubadours. 351 S. Bln: Grote 1896
20 (Einl.) Wilhelm I., der Große, Deutschlands Helden-Kaiser. 54 S. m. Abb., 20 Bildn. 4° Mchn: Bruckmann 1897
21 Der Landsknecht von Cochem. Ein Sang von der Mosel. 356 S. Bln: Grote (1898)
22 Der fahrende Schüler. Dichtung. 371 S. Bln: Grote (1900)
23 Die Hohkönigsburg. Eine Fehdegeschichte aus dem Wasgau. 416 S. Bln: Grote 1902
24 Zweifel der Liebe. Roman aus der Gegenwart. 454 S. Bln: Grote 1904
25 Das Wildfangrecht. Eine pfälzische Geschichte. 331 S. Bln: Grote 1907
26 Der Sachsenspiegel. Geschichte aus der Hohenstaufenzeit. 394 S. Bln: Grote 1909

27 Sämtliche Werke. Hg. mit einer Einl. und Biographie J. Lauff. 2 Serien, 18 Bde. Lpz: List 1912–1913
  1. Serie: Romane. Bd. 1–8. 1912
  2. Serie: Lyrische Epen, Gedichte, Sprüche, Schauspiele. Bd. 9–18. 1913

WOLFSKEHL, Karl (1869–1948)

 1 Ulais. 78 S. Bln: Verl. d. Blätter f. d. Kunst 1897
 2 (MH, Einl.) Deutsche Dichtung. Hg., eingel. K. W. u. St. George. 3 Bde. Bln: Bondi (1901–1903)
  1. Jean Paul. 102 S.
  2. Goethe. 101 S.
  3. Das Jahrhundert Goethes. 189 S.
 3 Gesammelte Dichtungen. 135 S. Bln: Bondi 1903
 4 Maskenzug. Bln: Verl. d. Blätter f. d. Kunst 1904
 5 (MH, MÜbs.) Die trunkene Mette. Hg., Übs. K. W. u. E. Schulte-Skathaus. Mchn: Gesellschaft Münchener Bibliophilen 1904
 6 Saul. Bln: Verl. d. Blätter f. d. Kunst 1905
 7 Wolfdietrich und die rauhe Els. Mchn: Verl. d. Schwabinger Schattenspiele 1907
 8 Thors Hammer. Mchn: Verl. d. Schwabinger Schattenspiele 1908
 9 (MH, Übs.) Älteste deutsche Dichtungen. Hg. K. W. u. F. v. d. Leyen. 110 S. Lpz: Insel 1909
10 Sanctus. Orpheus. Bln: Verl. d. Blätter f. d. Kunst 1909
11 (Übs.) Archipoeta: Gedichte des Archipoeta an Kaiser Friedrich Barbarossa und seinen Kanzler. Nach J. Grimm's Ausgabe. 2 Tle. Mchn: Beck (= Buch der Rupprechtspresse 13) 1921
12 (Übs.) Der Weinschwelg. Gedicht des dreizehnten Jahrhunderts. Nach Wackernagels Text. Deutsche Umdichtung v. K. W. 43 S. 4⁰ Mchn: Beck (= Buch der Rupprechtspresse 14) 1921
13 (Hg.) Novalis (d.i. F. L. v. Hardenberg): Die mystischen Gedichte. 46 S. Mchn: Beck (= Buch der Rupprechtspresse 17) 1922
14 (Übs.) Ch. de Coster: Die Geschichte von Ulenspiegel und Lamme Goedzak und ihren heldenmäßigen, fröhlichen und glorreichen Abenteuern im Lande Flandern und anderwärts. Vorklang v. R. Rolland. 2 Bde. 497, 538 S. m. Abb. 4⁰ Bln: Transmare Verl. 1926
15 (Übs.) Drei französische Weinlieder. o.O. (= Almanach der Rupprecht-Presse) 1926
16 (Einl.) Deutsche Barockliteratur. Katalog der Sammlung V. Manheimer. Mchn: 1927
17 (MH) O. Kohnstamm: Erscheinungsformen der Seele. Arbeiten über Psychopathologie und Psychotherapie, Ausdruckslehre und über die Selbstbesinnung des Unbewußten in der Hypnose. Unter Mitwirkung v. R. Laudenheimer u. K. W. hg. G. R. Heyer. 571 S., 1 Titelb. Mchn: Reinhardt 1927
18 Der Umkreis. 118 S. Bln: Bondi 1927
19 (MH) Das Buch vom Wein. Aus allen Zeiten und Breiten gesammelt. Hg. C. S. Gutkind u. K. W. VIII, 527 S., 65 Abb., 70 Taf. Bln: Hyperion-Verl. 1927
20 (Hg., Vorw.) Zweiunddreißig zum Fünfzigsten. Festgabe zum 16. X. 1928 für F. H. Ehmcke. Zusstellg. u. Vorspruch v. K. W. Satzanordnung u. Grundidee v. O. Scheiner. II, 35 Bl. Mchn (: Beck'sche Verlh.) 1928
21 Die Menschwerdung. Ein Urbegebnis vor aller Zeit. Mchn: Gedr. als Festgabe von Freunden 1929
22 (MH, Einl.) Der Liebe Wechselsang. Um Goethes Diwan. Eingel. u. dargereicht v. K. W. u. O. Schreiner. o.O. 1929
23 Bild und Gesetz. Gesammelte Abhandlungen. 230 S. (Bln,) Solothurn: Buchdr. Vogt-Schild 1930
24 (Übs.) Delamain: Pourquoi les oiseaux chantent. Lpz: Bibliogr. Inst. 1930
25 (Übs.) B. Russell: Wissen und Wahn. Skeptische Essays. V, 318 S. Mchn: Drei Masken-Verl. 1930

26 Triumph der Eitelkeit. o.O. (= Bibliophiler Druck zum großen Fest des Münchner Bundes) 1930
27 Bücher, Bücher, Bücher, Bücher. Elemente der Bücherliebeskunst. Mit Beiträgen v. C. v. Faber du Faur u. E. Preetorius. 103 S. Mchn (: Beck) (= Buch der Rupprecht-Presse 51) 1932
28 Gibt es überhaupt Erstausgaben? 7 S. Wien: Reichner (100 Ex.) 1933 (Ausz. a. Nr. 27)
29 Die Stimme spricht. 51 S. Bln: Schocken (= Bücherei des Schocken-Verlags 17) (1934)
30 Die Stimme spricht. Erweitertes Werk. LXXIX S. Bln: Schocken-Verl. (1936)
(Verm. Neuaufl. v. Nr. 29)
31 An die Deutschen. Gedicht. 20 S. Zürich: Origo-Verl. 1947
32 Hiob oder Die vier Spiegel. Nachgelassene Gedichte. Mit einem Nachw. v. W. Haas. 30 S. Hbg: Claassen 1950
33 Sang aus dem Exil. Gedicht. 79 S. Zürich: Origo-Verl. (1950)
34 Karl Wolfskehl-Gedenkheft. 116 S. m. Abb. u. Faks. Darmstadt: Gentner (= Agorá 4) 1955
35 Zehn Jahre Exil. Briefe aus Neuseeland 1938–1948. Hg., eingel. M. Ruben. Mit einem Nachw. v. F. Usinger. 429 S., 1 Titelb. Heidelberg, Darmstadt: Schneider (= Veröffentlichungen der Deutschen Akademie für Sprache und Dichtung Darmstadt, 13) 1959
36 Kalon bekawod namir. Aus Schmach wird Ehr. 150 S., 4 Bildn., 1 Faks. Amsterdam: Castrum Peregrini Presse 1960
37 Gesammelte Werke. Hg. M. Ruben u. C. V. Bock. 2 Bde. Hbg: Claassen 1960
   1. Dichtungen. Dramatische Dichtungen. 416 S.
   2. Übertragungen. Prosa. 625 S.

WOLTERS, Friedrich (1876–1930)

1 (MV) F. W. u. F. Andreae: Arkadische Launen. 84 S. Bln: Calvary 1908
2 Herrschaft und Dienst. 68 S. m. Abb. 2° Bln: Einhorn-Presse (500 num. Ex.) 1909
3 (Übs.) Minnelieder und Sprüche. Übertragungen aus den deutschen Minnesängern des zwölften bis vierzehnten Jahrhunderts. 159 S. Bln: v. Holten 1909
4 (MH) Jahrbuch für die geistige Bewegung. Hg. F. Gundolf u. F. W. 3 Jge. 145; 158; VIII, 154 S. Bln: v. Holten 1910–1912
5 Melchior Lechter. (S.-A.) 54 S. m. Abb., 9 Taf. 4° Mchn: Hanfstaengl 1911
6 Wandel und Glaube, 92 S. Bln: Verl. der Blätter für die Kunst 1911
7 (Übs.) Hymnen und Sequenzen. Übertragungen aus den lateinischen Dichtern der Kirche vom vierten bis fünfzehnten Jahrhundert. 207 S. Bln: v. Holten 1914
8 Urkunden und Actenstücke zur Geschichte der inneren Politik des Kurfürsten Friedrich Wilhelm von Brandenburg. Tl. 1: Geschichte der brandenburgischen Finanzen in der Zeit von 1640 bis 1697. Bd. 2: Die Zentralverwaltung des Heeres und der Steuern. XXIV, 600 S., 4 Tab. Mchn: Duncker & Humblot 1915
9 (MH) Die Heldensagen der germanischen Frühzeit. Hg. F.W. u. C. Petersen. VIII, 315 S. Breslau: Hirt (= Werke der Schau und Forschung aus dem Kreise der Blätter für die Kunst) (1922)
10 (Übs.) Hymnen und Lieder der christlichen Zeit. 3 Bde. Bln: Bondi 1922 bis 1923
(Enth. u.a. Nr. 3 u. 7)
11 (MH) Stimmen des Rheines. Ein Lesebuch für die Deutschen. Hg. F. W. u. W. Elze. 320 S. Breslau: Hirt 1923
12 Der Wandrer. Zwölf Gespräche. 71 S. Bln: Bondi 1924
13 (Hg.) Der Deutsche. Ein Lesewerk. 5 Bde., 9 Tle. Breslau: Hirt 1925–1927
14 Der Donauübergang und der Einbruch in Serbien durch das vierte Reservekorps im Herbst 1915. 114 S., 1 Kt. Breslau: Hirt 1925

15 Goethe als Erzieher zum vaterländischen Denken. Rede. 24 S. Altona: Hammerich & Lesser (= Veröffentlichungen der Schleswig-holsteinischen Universitätsgesellschaft und Studentenhilfe, Ortsgruppe Altona, H. 1) 1925
16 (MH) Die Heldensagen der germanischen Frühzeit. Durch einen Anhang vermehrte Aufl. Hg. F. W. u. C. Petersen. VIII, 331 S. Breslau: Hirt (= Werke der Schau und Forschung aus dem Kreise der Blätter für die Kunst) 1925
(Verm. Neuaufl. v. Nr. 9)
17 Vier Reden über das Vaterland. 171 S. Breslau: Hirt (= Werke der Schau und Forschung aus dem Kreise der Blätter für die Kunst) 1927
18 Stefan George und die Blätter für die Kunst. Deutsche Geistesgeschichte seit 1890. 589 S. m. Taf. 4° Bln: Bondi (= Werke aus dem Kreis der Blätter für die Kunst. Geschichtliche Reihe) 1930

WOLZOGEN, Ernst Ludwig Frh. von (1855–1934)

1 (Übs., Bearb.) R. B. Sheridan: Die Nebenbuhler. Lustspiel in fünf Aufzügen. Frei übs. und für die deutsche Bühne bearb. 90 S. 16° Lpz: Reclam (= Universal-Bibliothek 680) 1875
2 Um dreizehn Uhr in der Christnacht. Eine Weihnachtsgeschichte. 101 S. 16° Lpz: Eckstein 1879
3 Immaculata. Erzählung. III, 160 S. Lpz: Reißner 1881
4 (Übs.) Hans von Wolzogen: Guide through the music of Richard Wagners „The Ring of the Nibelung". 79 S. Lpz: Senf 1882
5 (Bearb.) M. de Cervantes Saavedra: Leben und Taten des scharfsinnigen Edlen Don Quijote von der Mancha. 2 Bde. XV, 299; VIII, 392 S. m. Abb. 2° Bln: Schmidt & Sternaux 1883–1884
6 Wilkie Collins. Ein biographisch-kritischer Versuch. 184 S. Lpz: Unflad 1885
7 George Eliot. Eine biographisch-kritische Studie. VI, 228 S. Lpz: Unflad 1885
8 Die Miether des Herrn Thaddeus oder Die braunschweigische Frage. Eine mecklenburgische Geschichte. 68 S. 12° Lpz: Werther (= Was Ihr wollt-Bibliothek) 1885
9 (Hg.) (H. v. Schweinichen:) Des schlesischen Ritters Hans von Schweinichen eigene Lebensbeschreibung. XII, 244 S. Lpz: Unflad 1885
10 Heiteres und Weiteres. Kleine Geschichten. VII, 234 S. Stg: Spemann 1886
11 Basilla. Ein thüringischer Roman. 322 S. Stg: Spemann 1887
12 Der rote Franz. Roman. 159 S. Bln: Dominik 1888
13 Die Kinder der Excellenz. Roman. 159 S. Stg: Engelhorn (= Engelhorn's allgemeine Romanbibliothek) 1888
14 Die tolle Komteß. Roman in zwei Bänden. 159, 164 S. Stg: Engelhorn (= Engelhorn's allgemeine Romanbibliothek) 1889
15 Er photographirt. Eine nervöse Geschichte in Versen. 23 S. m. Abb. Bln: Fischer 1890
16 Die kühle Blonde. Berliner Sittenbild in zwei Bänden. 164, 151 S. Stg: Engelhorn (= Engelhorn's allgemeine Romanbibliothek. Jg. 7, Bd. 12–13) 1891
17 Blau Blut. Eine Romanreihe. 3 Bde. Stg: Engelhorn (= Engelhorn's Romanbibliothek, Salon-Ausg.) 1892
   1. Schwertadel (auch u.d.T.: Die Kinder der Excellenz). X, 159 S.
   2. Landadel (auch u.d.T.: Die tolle Komteß). 2 Tle. in 1 Bde. 159, 164 S.
   3. Hofadel (auch u.d.T.: Der Thronfolger). 2 Tle. in 1 Bde. 160, 152 S.
   (Enth. Nr. 13, 14, 20)
18 Erlebtes, Erlauschtes und Erlogenes. VII, 331 S. Bln: Fontane (1892)
19 Das Lumpengesindel. Tragikomödie in drei Aufzügen. 80 S. Bln: Fontane 1892
20 Der Thronfolger. Roman in zwei Bänden. 160, 152 S. Stg: Engelhorn (= Engelhorn's allgemeine Romanbibliothek. Jg. 8, Bd. 12–13) 1892
(aus Nr. 17)

21 (MV) E. L. v. W. u. W. Schumann: Die Kinder der Excellenz. Lustspiel in vier Aufzügen. 88 S. 16° Lpz: Reclam (= Universal-Bibliothek 3027) 1893 (Dramat. v. Nr. 13)
22 Das gute Krokodil und andere Geschichten aus Italien. 303 S. Bln: Fontane (1893)
23 Die Entgleisten. Eine Katastrophe in sieben Tagen, nebst einem Vorabend. 347 S. Bln: Fontane (1894)
24 Fahnenflucht. Novelle. 113 S. Bln: Fontane (1894)
25 Die Erbschleicherinnen. Roman in zwei Bänden. 160, 160 S. Stg: Engelhorn (= Engelhorn's allgemeine Romanbibliothek. Jg. 12, Bd. 1-2) 1895
26 Links um kehrt schwenkt – Trab! Ein ernstes Mahnwort an die herrschenden Klassen und den deutschen Adel insbesondere. 40 S. Bln: Fontane (1895)
27 Daniela Weert. Schauspiel in vier Akten. 99 S. Bln: Fontane 1895
28 Ecce ego. Erst komme ich! Roman. 430 S. Bln: Fontane (1896)
29 Die Gloriahose. 's Meikatel und der Sexak. Zwei Geschichten. 87 S. m. Abb. Stg: Krabbe (1897)
30 Der Kraft-Mayr. Humoristischer Musikanten-Roman. Dem Andenken Franz Liszts gewidmet. 2 Bde. in 1 Bde. 160, 158 S. Stg: Engelhorn (= Engelhorn's allgemeine Romanbibliothek. Jg. 14, Bd, 1-2) 1897
31 Unjamwewe. Komödie in vier Aufzügen. 104 S. Bln: Fontane 1897
32 Geschichten von lieben süßen Mädeln. Novellen. VII, 167 S. Bln: Fontane (1898)
33 (MV) L. Ganghofer, F. v. Ostini, E. L. v. W. u. M. Haushofer: Gevatterstücke vom Wiegenfeste der Münchener Literarischen Gesellschaft. 19. Dezember 1897. 32 S. Mchn: Ackermann 1898
34 Vom Peperl und andere Raritäten. 148 S. 12° Mchn: Langen (= Kleine Bibliothek Langen 13) 1898
35 Das dritte Geschlecht. Roman. 171 S. m. Bildn. Bln: Eckstein (= Eckstein's illustrierte Roman-Bibliothek. Jg. 2, Bd. 1) (1899)
36 Das Wunderbare. Novelle. 192 S. Bln: Fischer 1899
37 (MV) O. J. Bierbaum, R. Dehmel, E. L. v. W. (u.a.): Deutsche Chansons. Brettl-Lieder. 223 S. m. Bildn. 16° Bln: Schuster & Loeffler 1900
38 Ein königliches Weib und andere Geschichten vom Münchener Fasching. 92 S. m. Abb. Stg: Krabbe 1900
39 Feuersnot. Ein Singgedicht in einem Akt. Musik R. Strauß. 47 S. Bln: Fürstner 1901
40 Die arme Sünderin. Roman. 2 Bde. in 1 Bde. 160, 159 S. m. Bildn. Stg: Engelhorn (= Engelhorn's allgemeine Romanbibliothek. Jg. 18, Bd. 12) 1901
41 Ein unbeschriebenes Blatt. Lustspiel in drei Aufzügen. Bühneneinrichtung. 88 S. 16° Lpz: Reclam (= Universal-Bibliothek 4338) 1902
42 (MV) E. L. v. W. u. Elsa Laura von Wolzogen: Eheliches Andichtbüchlein. VII, 80 S. m. Abb. Bln: Fontane 1903
43 Was Onkel Oskar mit seiner Schwiegermutter in Amerika passierte. 92 S. Bln: Fontane 1904
44 Seltsame Geschichten. V, 156 S. Bln: Fontane 1906
45 Der Kraftmayr. Lustspiel in vier Akten nach dem gleichnamigen Roman. 169 S. Bln: Vita 1906 (Dramat. v. Nr. 30)
46 Der Topf der Danaiden und andere Geschichten aus der deutschen Bohême. 383 S. Bln: Fontane (1906)
47 (MV) E. L. v. W. (u.a.): Der Trottl und das Gansl, und andere Autoren und Skizzen. 159 S. m. Abb. Gr.-Lichterfelde-Ost: Langenscheidt (= Sammlung moderner Meisterskizzen 1) 1906
48 Verse zu meinem Leben. 194 S. m. Bildn. Bln: Fontane 1907
49 Ansichten und Aussichten. Ein Erntebuch. Gesammelte Studien über Musik, Literatur und Theater. XVI, 399 S. Bln: Fontane 1908
50 Augurenbriefe. Bd. 1. XII, 162 S. Bln: Fontane 1908
51 Der Bibelhase. Eine Begebenheit aus Fridericianischer Zeit. 200 S. Stg: Engelhorn 1908
52 Die Gloriahose und andere Novellen. 304 S. Bln: Buchverl. fürs deutsche Haus (= Die Bücher des deutschen Hauses 52) 1908 (Enth. u.a. Ausz. a. Nr. 29)

53 Die Großherzogin a. D. Roman. 425 S. Bln: Fontane 1908
54 Aus Schnurrpfeifers Lügensack. Zehn Märlein für gescheite Kinder. 188 S. Lpz: Moeser 1908
55 Die Maibraut. Ein Weihespiel in drei Handlungen. Musik A. Rother. IX, 86 S. Bln: Fontane (= Der Weg des Kreuzes, Tag 1) (1909)
56 Der unverstandene Mann. Komödie in drei Aufzügen. VIII, 72 S. Bln: Fontane 1909
57 (MV) H. Bahr, O. J. Bierbaum, E. L. v. W. (u.a.): Der Roman der Zwölf. 431 S. m. Bildn. Bln: Mecklenburg 1909
58 Da werden Weiber zu Hyänen. Novellen. V, 240 S. Bln: Fontane 1909
59 Mein erstes Abenteuer und andere Novellen. 303 S. Bln: Ullstein (= Ullstein-Bücher) 1910
60 Leidige Schönheit. Roman im Laufschritt. 104 S. m. Abb. Bln: Schottlaender's schles. Verl.-Anst. 1910
61 Der Erzketzer. Roman vom Leiden des Wahrhaftigen. 2 Bde. 321, 337 S. Bln: Fontane 1911
62 Das Kaisermanöver und andere Erzählungen. 96 S. Bln: Hillger (= Kürschner's Bücherschatz 769) 1911
63 (MV) K. Söhle, R. H. Bartsch, W. Schmidtbonn u. E. L. v. W.: Novellenbuch. Bd. 8: Musikergeschichten. 159 S. Hbg: Deutsche Dichter-Gedächtnis-Stiftung (= Hausbücherei der deutschen Dichter-Gedächtnis-Stiftung 38) 1911
64 Der Dichter in Dollarica. Blumen-, Frucht- und Dornenstücke aus dem Märchenlande der unbedingten Gegenwart. XV, 289 S. Bln: Fontane 1912
65 Lustige Geschichten. 32 S. Bln: Adler-Bibliothek 1912
66 Der Herr in hohen Stiefeln und andere Humoresken. 111 S. m. Abb. Bln: Hillger (= Kürschner's Bücherschatz 890) 1912
67 Der Lebensretter und andere Erzählungen. 96 S. Bln: Hillger (= Kürschner's Bücherschatz 825) 1912
68 Eine fürstliche Maulschelle. Spiel in fünf Aktussen. Aus des schlesischen Ritters Hans von Schweinichen eigener Lebensbeschreibung gezogen. 127 S. Bln: Fontane 1912
 (zu Nr. 9)
69 (Bearb.) Des Freiherrn von Münchhausen wunderbare Reisen und Abenteuer. Nach der deutschen Ausgabe von G. A. Bürger für die junge Welt von heute bearb. 143 S. m. Abb. Bln: Ullstein (= Ullstein-Jugend-Bücher 4) 1912
70 Daniel in der Löwengrube. Burleske Oper in drei Akten. Bearb. I. Friedländer. Musik A. Nikisch. 64 S. Bln: Harmonie 1914
71 Peter Karn. Leben, Lieben und Leiden eines deutschen Musikanten. 315 S. Stg: Engelhorn (= Engelhorn's allgemeine Romanbibliothek. Jg. 31, Bd. 5-6) 1914
72 König Karl. Ein Trauerspiel in drei Aufzügen und einem Vorspiel: Das Völklein auf der Heide. X, 123 S. Darmstadt: Bergsträßer (= Der Weg des Kreuzes, Tag 2) 1914
 (zu Nr. 55)
73 Das Kuckucksei und andere lustige Geschichten. 319 S. Bln: Ullstein (= Ullstein-Bücher) 1914
74 (MV) R. Eucken u. E. L. v. W.: Wir „Barbaren". Anekdoten und Begebenheiten aus dem Weltkriege. Hg. K. Quenzel. 88 S. Lpz: Hesse & Becker 1915
75 Landsturm im Feuer. 252 S. Bln: Ullstein (= Ullstein-Kriegsbücher) 1915
76 Das Mädchen mit den Schwänen. Die Sühne der großen Stunde. Die heilige Maske. Drei Geschichten. 248 S. Bln: Ullstein 1916
77 (MV) (E. L. v. W.:) Die Feuertaufe. (– E. Blumenthal: Die große Schlacht.) 30 S. Bln: Hillger (= Deutsche Jugendbücherei 117) (1917)
78 Die Peitsche. Ein Schauspiel aus der Gegenwart in drei Aufzügen. Bühneneinrichtung. 71 S., 2 Dekorationspl. Lpz: Reclam 1918
79 Die verdammte Liebe. Roman. 507 S. Siegen: Montanus-Verl. 1919
80 Wegweiser zu deutschem Glauben. Versuch einer gemeinverständlichen Darstellung der wesentlichsten Gesichtspunkte der deutsch-religiösen Gemeinden und Verbände. 41 S. Oranienburg-Eden: Verl. Deutsches Ordens-Land (= Aus dem Jungborn, 4. Folge) 1919

81 Harte Worte, die gesagt werden müssen. 24 S. Lpz: Hammer-Verl. (= Hammer-Schriften 16) (1919)
82 Engländer. 86 S. Lpz: Dürr & Weber (= Zellenbücherei 7) 1920
83 Offenes Sendschreiben an den christlichen Adel deutscher Nation. 21 S. Lpz: Hammer (= Hammer-Schriften 23) 1920
84 (Übs.) Das gut alt teutsch Schwankbuch. Das ist Artige Mären und lose Schwänklein von mutwilligen Rittern, schelmischen Pfaffen und Scholaren, als auch gelustigen Weiblein, schlimmen und lieben, alten und jungen, wie unsere Altvordern zur Zeit des Minnesanges sie gesungen und gesagt haben. Aus dem Mittelhochdeutschen sinngetreu, gereimt und ungereimt, in unserer Zeiten Sprache übertr. 145 S. m. Abb. 4° Wolfenbüttel: Verl. der Freude 1922
85 Mein Vortragsbuch. Ernste und heitere Vortragsstücke. 94 S. Mchn: Universal-Verl. 1922
86 Wie ich mich ums Leben brachte. Erinnerungen und Erfahrungen. 327 S. Braunschweig: Westermann (1923)
87 Lauensteiner Hexameron oder Die Geschichte der sechs Knasterbärte von hüben und drüben. 153 S. Wolfenbüttel: Verl. der Freude 1924
88 Sem – der Mitbürger. Roman. 255 S. Bln: Brunnen-Verl. Winckler (= Neue deutsche Romane) (1924)
89 Süddeutsche Geschichten. Das dritte Geschlecht. Der Topf der Danaiden. 321 S. Braunschweig: Westermann (1925)
(Enth. Ausz. a. Nr. 35 u. 46)
90 Wenn die alten Türme stürzen. Roman. 303 S. Bln: Eysler 1925
91 Norddeutsche Geschichten. 291 S. Braunschweig: Westermann (1926)
(Enth. u.a. Nr. 24 u. Ausz. a. 66)
92 Fausti Himmelfahrt oder Der deutsche Teufel. Dramatisches Gedicht in sechs Bildern. 114 S. Halle: Sonnemann (= Der Weg des Kreuzes, Tag 3) 1926
(zu Nr. 72)
93 Das Schlachtfeld der Heilande. Roman. 308 S. Magdeburg (‚Bln:) Frundsberg-Verl. 1926
94 (Einl.) E. L. Suckelborst: Essiggurken-Gedichte. 94 S. m. Abb. Bln: Schlieffen-Verl. (1927)

Wolzogen, Karoline Freifrau von (1763–1847)

1 *Agnes von Lilien. 2 Bde. 430; X, 390 S. Bln: Unger 1798
2 *Walther und Nanny. Eine Schweitzergeschichte. Bln 1802
3 *Erzählungen von der Verfasserin der Agnes von Lilien. 2 Bde. Stg: Cotta 1826–1827
4 *Schillers Leben, verfaßt aus Erinnerungen der Familie, seinen eigenen Briefen und den Nachrichten seines Freundes Körner. 2 Bde. VI, 403; 312 S. Stg, Tüb: Cotta 1830
5 *Cordelia. Von der Verfasserin der Agnes von Lilien. 2 Bde. 380, 332 S. Lpz: Brockhaus 1840
6 *Aus einer kleinen Stadt, erzählt von F. v. W. 17¾ Bg. 12° Lpz: Brockhaus 1842
7 Literarischer Nachlaß. Hg. K. Hase. 2 Bde. XI, 486; IV, 479 S. Lpz: Breitkopf & Härtel 1848–1849

Wyss, Johann David (1743–1818)

1 Der Schweizerische Robinson oder Der schiffbrüchige Schweizer-Prediger und seine Familie. Ein lehrreiches Buch für Kinder und Kinder-Freunde zu Stadt und Land. Hg. Johann Rudolf Wyß. 4 Bde. m. Ku. Zürich: Orell Füßli 1812–1827

Wyss, Johann Rudolf (1782–1830)

1. Die Anwendung der Bildungsjahre künftiger Religionslehrer. 32 S. Bern: Haller 1800
2. Burkard von Unspunnen und Berchtold von Zäringen. Eine Romanze. 8 S. Bern: Haller 1805
3. Ueber das gegenseitige Verhältniß der Moral und der Religion. Eine öffentliche Vorlesung. 29 S. Zürich: Orell Füßli 1806
4. Schönheit und Kunst, gewidmet der Schweizerischen Künstlergesellschaft. 24 S. Zürich: Orell Füßli 1809
5. (MH) Alpenrosen. Ein Schweizer-Almanach (ab 1821: Schweizer-Taschenbuch). Hg. G. J. Kuhn, J. R. W. (u. a.). 20 Jge. m. Ku. 16⁰ Bern: Burgdorfer und Lpz: Schmid 1811–1830
6. *(MV) (F. Schiller, G. J. Kuhn, J. R. W. u.a.:) Kriegslieder, gesammelt für das Artillerie-Camp im Sommer 1811. 1 Bl., 24 S. Bern: Maurhofer & Dellenbach 1811
7. Vorlesungen über das höchste Gut. Ein moralisches Handbuch für gebildete Leser. 2 Thle. XII, 303; 302 S. Stg, Tüb: Cotta 1811
8. (Hg.) Johann David Wyß: Der Schweizerische Robinson oder Der schiffbrüchige Schweizer-Prediger und seine Familie. Ein lehrreiches Buch für Kinder und Kinder-Freunde zu Stadt und Land. 4 Bde. m. Ku. Zürich: Orell Füßli 1812–1827
9. Idyllen, Volkssagen, Legenden und Erzählungen aus der Schweiz. 2 Bde. XVIII, 336; VIII, 416 S. m. Ku. Bern: Burgdorfer und Lpz: Schmid 1815–1822
10. Reise in das Berner Oberland. 2 Bde. u. Handatlas. XII, 404 S. m. Ku.; 1 Bl., VII S., S. 405–914; 84 S. m. Ku., 10 Kt. Bern: Burgdorfer 1816–1817
11. (Hg.) Scizze einer mahlerischen Reise durch die Schweiz. Aus dem Englischen eines Ungenannten. Hg. mit einigen Anmerkungen und einem doppelten Anhange. 4 Bl., 154 S. Bern: Burgdorfer 1816
12. (Hg.) Sammlung von Schweizer-Kühreigen und Volksliedern. 2 Bl., XX, 136 S. 4⁰ Bern: Burgdorfer 1818
13. (MH) C. Justinger: Berner-Chronik von Anfang der Stadt Bern bis in das Jahr 1421. Hg. E. Stierlin, Helfer am Münster, u. J. R. W., Professor der Philosophie in Bern. XVI, 404 S. Bern: Haller 1819
14. Lieder. 8 S. o. O. (1819)
    (Enth. u.a. Ausz. a. Nr. 6)
15. (MH) B. Tschachtlan: Berner-Chronik von dem Jahre 1421 bis in das Jahr 1466. Hg. E. Stierlin u. J. R. W. XXIV, 350 S. Bern: Haller 1820
16. (MH) V. Anshelm, genannt Rüd: Berner-Chronik von Anfang der Stadt Bern bis 1526. Hg. E. Stierlin u. J. R. W. 4 Bde. Bern: Haller 1825–1829
17. (Hg.) Texte zu der Sammlung von Schweizer-Kühreigen und Volksliedern. 152 S. Bern: Burgdorfer 1826
    (Verm. Neuaufl. v. Nr. 12)
18. (Hg.) A. v. Haller: Versuch schweizerischer Gedichte, begleitet mit der Lebensbeschreibung des Verfassers. Durchges. u. bes. v. J. R. W. LXXX, 287 S. Bern: bey der topographischen Gesellschaft 1828
19. Ueber Weltbürger-Sinn und Vaterlands-Sinn im Studium der Wissenschaften. VI, 90 S. Bern: Stämpfli 1831

ZACHARIAE, Justus Friedrich Wilhelm (1726–1777)

1 *Gedicht dem Gedächtnisse des Herrn von Hagedorn gewidmet. 19 S. 4°
   Braunschweig: Schröder (1754)
2 *Scherzhafte Epische Poesien nebst einigen Oden und Liedern. 8 Bl., 446 S.
   m. Ku. Braunschweig, Hildesheim: Schröder (1754)
3 *Die Poesie, und Germanien. Ein Gedicht. 19 S. 4° Bln (o. Verl.) 1755
4 Die Pilgrime auf Golgatha. Ein musikalisches Drama. 31 S. 4° Braunschweig:
   Schröder (1756)
5 Die Tageszeiten. Ein Gedicht, In vier Büchern. 6, 134 S. m. Ku. 4° Rostock,
   Lpz: Kuppe 1756
6 Der Tempel des Friedens. 20 S. 4° Braunschweig: Schröder (1756)
7 Lagosiade, oder Die Jagd ohne Jagd. Ein scherzhaftes Heldengedicht. (S.-A.)
   42 (r. 24) S. Lpz (o. Verl.) 1757
8 Murner in der Hölle. Ein scherzhaftes Heldengedicht. 42 S. m. Ku. 4°
   Rostock: Koppe 1757
9 Die vier Stufen des Weiblichen Alters. Ein Gedicht in vier Gesängen. 32 S.
   4° Rostock: Koppe 1757
10 DieTageszeiten.Ein Gedicht, In vier Büchern.6,134 S.4° Rostock:Koppe 1757
   (Verb. Neuaufl. v. Nr. 5)
11 (Übs.) (J. Milton:) Das Verlohrne Paradies. Aus dem Englischen Johann
   Miltons in Reimfreye Verse übs., und mit eigenen sowohl als andrer Anmerkungen
   begleitet. 2 Bde. in 1 Bd. 266 S. m. Ku. Altona: Iversen 1760
12 Sammlung einiger musicalischen Versuche. 2 Bde. 2° o. O. 1760–1761
13 Die Schöpfung der Hölle. Nebst einigen andern Gedichten. 4 Bl., 94, 2 S. 4°
   Altenburg: Richter 1760
14 Scherzhafte Epische und Lyrische Gedichte. 2 Bde. 12 Bl., 544 S. Braunschweig,
   Hildesheim: Schröder 1761
   (Verb. Neuaufl. v. Nr. 2)
15 (Hg.) Braunschweigische Intelligenzblätter. Mit Beiblatt: Gelehrte Beyträge.
   o. O. 1761–1774
16 Der Tempel des Friedens. 23 S. 4° Braunschweig: Schröder 1762
   (Verb. Neuaufl. v. Nr. 6)
17 Poetische Schriften. 9 Bde. m. Titelku. 12° o. O. (1763–1765)
18 Cortes. Erster Band. 8 Bl., XXXII, 210, 10 S. m. Titelku. Braunschweig:
   Fürstl. Waisenhaus-Buchh. 1766
19 *Die schöne Russinn, oder Wunderbare Geschichte der Azema. 4 Bl., 358 S.
   Braunschweig: Waisenbuchh. 1766
20 (Hg.) Auserlesene Stücke der besten Deutschen Dichter von Opitz bis auf
   gegenwärtige Zeiten. 2 Bde. 416; LXIV, 424 S. Braunschweig: Waisenhausbuchh.
   1766–1771
21 (Übs.) (R. Paltock:) Die Fliegenden Menschen oder Wunderbare Begebenheiten
   Peter Wilkins. 3 Bl., 302 S. Braunschweig: Vieweg 1767
22 Murner in der Hölle. Ein scherzhaftes Heldengedicht. 1 Bl., 42 S. 4° Rostock:
   Koppe 1767
   (Verb. Neuaufl. v. Nr. 8)
23 (Hg.) (G. S. v. Lucke:) Olint und Sophronia, ein Gedicht in drey Gesängen;
   nebst einem Anhange einiger anderer Gedichte. VIII, 56 S. Braunschweig:
   Waisenhausbuchh. 1767
24 Die Schöpfung der Hölle. Nebst einigen andern Gedichten. 4 Bl., 84 S. 4°
   Altenburg: Richter 1767
   (Verb. Neuaufl. v. Nr. 13)
25 Die vier Stufen des Weiblichen Alters. Ein Gedicht in vier Gesängen. 7 Bl.,
   32 S. 4° Rostock: Koppe 1767
   (Verb. Neuaufl. v. Nr. 9)
26 Die Tageszeiten. Ein Gedicht. In vier Büchern, 4, 120 S. 4° Rostock, Lpz:
   Koppe 1767
   (Verb. Neuaufl. v. Nr. 10)

27 (Hg.) (E. F. Frh. v. Gemmingen:) Poetische und Prosaische Stücke von dem Freyherrn von G★★★. 6 Bl., 164 S. Braunschweig: Waisenhausbuchh. 1769
28 Der Adel des Herzens, oder Die ausgeschlagene Erbschaft. Ein Nachspiel. 30 S. Hbg, Bremen: Cramer 1770
29 Fabeln und Erzehlungen in Burcard Waldis' Manier. 4 Bl., LV S., 2 Bl., 144 S. Ffm, Lpz (o. Verl.) 1771
30 ★Zwey schöne Neue Mährlein. als I. Von der schönen Melusinen; einer Meerfey. II. Von einer untreuen Braut, die der Teufel hohlen sollen der lieben Jugend und dem ehrsamen Frauenzimmer zu beliebiger Kurzweil in Reime verfasset. 60 S. Braunschweig, Lpz (o. Verl.) 1772
31 Tayti, oder Die glückliche Insel. 28 S. Braunschweig: Waisenhaus-Bh. 1777
32 Hinterlassene Schriften. Hg. und mit einer Nachricht von des Verfassers Leben und Schriften begleitet v. J. J. Eschenburg. XXXII, 110 S. Brandenburg: Verl. d. Fürstl. Waysenhaus-Buchh. 1781
(zu Nr. 17; enth. u. a. Nr. 30)

ZAHN, Ernst (1867–1952)

1 Herzens-Kämpfe. Eine Erzählung aus den Schweizer Bergen. 199 S. Zürich: Schröter 1893
2 In den Wind! Vermischte Gedichte. VIII, 134 S. Luzern: Keller 1894
3 Bergvolk. Drei Novellen. VII, 308 S. Zürich: Schröter 1897
4 Erni Behaim. Ein Schweizer Roman aus dem fünfzehnten Jahrhundert. 382 S. Stg: Dt. Verl.-Anst. 1898
5 Neue Bergnovellen. VII, 258 S. Frauenfeld: Huber 1898
6 Sabine Rennerin. Ein Schauspiel. IV, 151 S. Frauenfeld: Huber 1899
7 Menschen. Neue Erzählungen. 391 S. Stg: Dt. Verl.-Anst. 1900
8 Echo! Novellen und Skizzen. V, 140 S. 12° Luzern: Keller 1901
9 Herrgottsfäden. Roman. 327 S. Stg: Dt. Verl.-Anst. 1901
10 Albin Indergand. Roman. VII, 325 S. Frauenfeld: Huber 1901
11 Der Jodelbub und anderes. VII, 115 S. m. Abb. 12° Frauenfeld: Huber 1902
12 Kämpfe. Eine Erzählung aus den Schweizer Bergen. 223 S. Zürich: Schröter 1902
(Neuaufl. v. Nr. 1)
13 Die Nottaufe. Der Held. Skizzen. – A. Schmitthenner. 66 S. Zürich: Verein für Verbreitung guter Schriften (= Verein für Verbreitung guter Schriften. Zürich 45) 1902
14 Bergkinder. Drei Skizzen. 40 S. Zürich: Verein für Verbreitung guter Schriften (= Verein für Verbreitung guter Schriften. Zürich 52) 1903
15 Fastnachts- und Kirchweihfahrten von und nach Uri im 15. und 16. Jahrhundert, mit besonderer Berücksichtigung des Besuches der Zürcher in Altdorf im Jahre 1487. v.E.Z. – Inventarium des Zeüghaußes zu Ury. – Uri-Rheinau. v. E. Wymann. 100 S. m. Abb. u. 2 Taf. 4° Altdorf: Buchdr. Gisler (= Historisches Neujahrsblatt 11) 1904
16 Schattenhalb. Drei Erzählungen. 368 S. Stg: Dt. Verl.-Anst. 1904
17 Die Clari-Marie. Roman. 326 S. Stg: Dt. Verl.-Anst. 1905
18 Firnwind. Neue Erzählungen. 294 S. Stg: Dt. Verl.-Anst. 1906
19 Helden des Alltags. Ein Novellenbuch. 400 S. Stg: Dt. Verl.-Anst. 1906
20 Verena Stadler. Einl. H. E. Jenny 144 S. Wiesbaden: Behrend (= Rheinische Hausbücherei 16) 1906
21 Vier Erzählungen aus den „Helden des Alltags". Für die Jugend ausgewählt durch den Nürnberger Jugendschriftenausschuß. 91 S. Stg: Dt. Verl.-Anst. 1907
(Ausz. a. Nr. 19)
22 Lukas Hochstraßers Haus. Ein Roman. 302 S. Stg: Dt. Verl.-Anst. 1907
23 Die Mutter. 66 S. m. Bildn. Hbg-Großborstel: Dt. Dichter-Gedächtnis-Stiftung (= Volksbücher der deutschen Dichter-Gedächtnis-Stiftung 20) 1907
(Ausz. a. Nr. 18)

24 Der Lästerer. 97 S. Wiesbaden: Staadt (= Wiesbadener Volksbücher 117) 1908
(Ausz. a. Nr. 5)
25 Die da kommen und gehen! Ein Buch von Menschen. 326 S. Stg: Dt. Verl.-Anst. 1909
26 Vier Erzählungen. 56 S. m. Bildn. Bern: Verein für Verbreitung guter Schriften (= Verein für Verbreitung guter Schriften. Bern 74) 1909
27 Die Geschwister. Der Geiß-Christeli. 31 S. Bln: Hillger (= Deutsche Jugendbücherei 15) 1909
28 Gesammelte Werke. Serie 1. 10 Bde. Stg: Dt. Verl.-Anst. 1909
(Enth. Nr. 3, 4, 7, 9, 12, 16, 17, 18, 19, 22)
29 Einsamkeit. 353 S. Stg: Dt. Verl.-Anst. 1910
30 Gedichte. XI, 150 S. Stg: Dt. Verl.-Anst. 1910
31 (MV) Als unsre großen Dichter noch kleine Jungen waren. Selbsterzählte Jugenderinnerungen von G. Engel, O. Ernst, G. Falke, L. Fulda, J. C. Heer, R. Herzog, K. Rosner, R. Voß, A. Wilbrandt, E.Z. 193 S. Lpz: Walther 1911
32 Die Frauen von Tannò. Roman. Stg: Dt. Verl.-Anst. 1911
33 Die Säge von Mariels. Einl. E. Petzet. 139 S. Wiesbaden: Behrend (= Rheinische Hausbücherei 407) 1911
34 Der Büßer. Novelle. Einl. J. G. Sprengel. 112 S. Wien: Manz (= Neuere Dichter für die studierende Jugend. Serie 4, Bd. 45) 1912
35 Erzählungen aus den Bergen für die Jugend. Aus seinen Werken ausgew. 130 S. m. Abb. Stg: Dt. Verl.-Anst. 1912
36 Der Schatten. Einl. R. M. Meyer. 157 S. m. Abb. Hbg-Großborstel: Dichter-Gedächtnis-Stiftung (= Hausbücherei der deutschen Dichter-Gedächtnis-Stiftung 43) 1912
(Ausz. a. Nr. 16)
37 Was das Leben zerbricht. Ein Buch. 451 S. Stg: Dt. Verl.-Anst. (= Bibliothek zeitgenössischer Autoren) 1912
38 Der Apotheker von Klein-Weltwil. Ein Roman. 396 S. Stg: Dt. Verl.-Anst. (= Bibliothek zeitgenössischer Autoren) 1913
39 Uraltes Lied. Erzählungen. 458 S. Stg: Dt. Verl.-Anst. 1914
40 Der Vierwaldstätter See. 34 S., 31 Abb., 1 Kt. Bielefeld: Velhagen & Klasing (= Velhagen und Klasing's Volksbücher 114) 1914
41 Einmal muß wieder Friede werden! Erzählungen und Verse. 199 S. Stg: Dt. Verl.-Anst. 1916
42 Leonz und Lisabeth. Erzählung. 16 S. Bln: Warneck (= Für Heer und Flotte 1) (1916)
43 Die Liebe des Severin Imboden. Roman. 336 S. Stg: Dt. Verl.-Anst. 1916
44 Der andere Weg. Erzählung. 72 S. 16⁰ Bern: Verein für Verbreitung guter Schriften (= Verein für Verbreitung guter Schriften. Bern 100) 1916
(Ausz. a. Nr. 37)
45 Bergland. Vier Dichtungen. 114 S. Stg: Dt. Verl.-Anst. 1917
46 Cäcilia. Eine Erzählung. 56 S. Bln: Warneck 1917
47 Das Muttergöttesli. Eine Erzählung. 96 S. Basel: Verein für Verbreitung guter Schriften (= Verein für Verbreitung guter Schriften. Basel 112) 1917
48 Nacht. Eine Erzählung. 224 S. Stg: Dt. Verl.-Anst. 1917
49 Der Tag der Perpetua und andere Erzählungen. Einl. K. Quenzel. 96 S. m. e. Bildn. u. e. Hs. Lpz: Hesse & Becker (= Hesse's Volksbücherei 1151–52) (1917)
50 Der Gerngroß. Erzählung. 104 S. Hagen: Rippel (= Rippels deutsche Hausbücher) 1918
51 Das zweite Leben. Eine Erzählung. 252 S. Stg: Dt. Verl.-Anst. 1918
52 Schicksale. Novellen. 82 S. Konstanz, Lpz: Hesse & Becker (= Die Zeitbücher 89) (1918)
53 Johannes A Pro. Ein Schauspiel in drei Akten. 54 S. Stg: Dt. Verl.-Anst. 1919
54 St. Gotthard. Eine Geschichte aus vergangener Zeit. 78 S. Bln: Hillger (= Kürschner's Bücherschatz 1229) (1919)
55 Stephan der Schmied. Erzählung. Mit e. Vorw. 151 S. m. Bildn. Lpz: Reclam (= Reclam's UB. 6061) (1919)
56 Lotte Eßlingers Wille und Weg. Eine Erzählung. 290 S. Stg: Dt. Verl.-Anst. 1919

57 Keine Brücke. Erzählung. 78 S. Bln: Hillger (= Kürschner's Bücherschatz 1262) (1920)
58 (MV) Dorfleute. Dorfgeschichten deutscher Meistererzähler. Mit Beiträgen v. H. Sudermann, K. Söhle, C. Viebig, E. Z., R. Greinz, W. Holzamer. Hg. W. Hochgreve. 196 S. Bln: Behr (1920)
59 Die stillen Gewalten. Eine Erzählung. 87 S. Basel: Verein für Verbreitung guter Schriften (= Verein für Verbreitung guter Schriften. Basel 126) 1920
60 Schweizer. 82 S. Lpz: Dürr & Weber (= Zellenbücherei 6) 1920
61 Die Schießnarren. Erzählung. 78 S. Bln: Hiller (= Kürschner's Bücherschatz 1305) (1920)
62 Der sinkende Tag. Sechs Erzählungen. 325 S. Stg: Dt. Verl.-Anst. 1920
63 Wie dem Kaplan Longius die Welt aufging. Mit Geleitgedicht: An die Andern. 22 S. 16⁰ Bln: Hiemesch (= Neuzeit-Büchlein 6) (1920)
64 Jugendtag. Ein Lesebuch. 156 S. m. Abb. Stg: Dt. Verl.-Anst. 1921
65 Zwei Straßen. Erzählung aus einer Schweizer Sommerfrische. 62 S. Bln: Hillger (= Kürschners Bücherschatz 1320) (1921)
66 Tito. Erzählung aus dem Tessin. 141 S. Basel: Reinhardt (= Stabbücher) (1921)
67 Jonas Truttmann. Roman. 431 S. Stg: Dt. Verl.-Anst. (1921)
68 Adi, der Narr. Novelle. 64 S. Bln: Hillger (= Kürschners Bücherschatz 1359) (1922)
69 Im Hause des Witwers. Erzählung. 79 S. Zürich: Verein für Verbreitung guter Schriften (= Verein für Verbreitung guter Schriften. Zürich 125) 1922 (Ausz. a. Nr. 62)
70 Das Licht. Sechs kleine Novellen. 201 S. Stg: Dt. Verl.-Anst. 1922
71 (MV) (E. Z.:) Kunis Heilung. (– L. Anzengruber: Das Wünschen.) 16 S. Bln: Schriftenvertriebsanst. (= Der Kranz 34) (1923)
72 Blancheflur. Eine Erzählung. 258 S. Stg: Dt. Verl.-Anst. (1924)
73 Der Büser. Der Guet. Zwei Erzählungen. 185 S. Mchn: Kösel & Pustet (= Hausschatzbuch 31) 1924 (Enth. Nr. 34)
74 Neue Bergnovellen. 299 S. Stg, Bln, Lpz: Dt. Verl.-Anst. 1925 (Neuaufl. v. Nr. 5)
75 Die Bußfahrt der Prinzessin. Ein Weihnachtsmärchen in vier Akten. 56 S. Stg: Dt. Verl.-Anst. 1925
76 Erzählungen und Dichtungen. 119 S. Dresden: Schriftenhauptstelle des Sächs. Pestalozzi-Vereins (= Aus deutscher Heimat 5) 1925
77 Die Gazelle. Eine Erzählung. 103 S. Zürich: Orell Füßli (= Orell Füßlis Schweizer Erzähler 18) 1925
78 Gesammelte Werke. Ill. Ausg. Serie 2. 10 Bde. Stg: Dt. Verl.-Anst. 1925 (Enth. u.a. Nr. 5, 10, 11, 25, 29, 32 ,37, 38, 39, 43)
79 Schritte ins Dunkel. Vier Novellen. 116 S. Bln: Verl. Die Brücke (= Unsere deutschen Dichter 2,2) 1926
80 Frau Sixta. Ein Roman aus den Bergen. 319 S. Stg: Dt. Verl.-Anst. 1926
81 Die schönsten Erzählungen. VIII, 221 S. Stg: Dt. Verl.-Anst. 1927
82 Die Hochzeit des Gaudenz Orell. Roman. 304 S. Stg: Dt. Verl.-Anst. 1927
83 Der Liberi. Die Geschichte einer Ehe. Mit einer Lebensbeschreibung. 168 S. Hbg: Dt. Dichter-Gedächtnis-Stiftung (= Die Hausbücher der Deutschen Dichter-Gedächtnis-Stiftung 68) (1927) (Ausz. a. Nr. 39)
84 Brettspiel des Lebens. Roman. 298 S. Stg: Dt. Verl.-Anst. (1928)
85 Tochter Dodais. Roman. 323 S. Stg: Dt. Verl.-Anst. (1928)
86 Gewalt über ihnen. Roman 334 S. Stg: Dt. Verl.-Anst. 1929
87 Der Besuch. Die Beiden und Florentin. Erzählungen. 63 S. Bln: Warneck 1930 (Ausz. a. Nr. 70)
88 Pietro, der Schmuggler. Roman. 337 S. Stg: Dt. Verl.-Anst. 1930
89 Novellen. Ausw., Einl. W. Biehler. 55 S. Paderborn: Schöningh (= Ferd. Schöninghs Dombücherei 97) (1931)
90 Sieger und Besiegte des Lebens. Novellen. 337 S. Stg: Dt. Verl.-Anst. 1931
91 Der Fährmann Adrian Risch. Roman. 283 S. Stg: Dt. Verl.-Anst. 1932
92 Der Sommervogel und andere Erzählungen. 32 S. Zürich: Verein Gute Schriften (= Gute Schriften. Zürich 166) 1932

93 Ins Unendliche. Erzählungen. 31 S. Bln: Hillger (= Deutsche Jugendbücherei 434) (1932)
    (Ausz. a. Nr. 18 u. 39)
94 Die letzten Glocken. Neue Gedichte. 119 S. Stg: Dt. Verl.-Anst. 1933
95 Der „Guet". Erzählung. Hg. A. Laudien. 46 S. Bielefeld: Velhagen & Klasing (= Velhagen & Klasings deutsche Lesebogen 160) (1933)
    (Ausz. a. Nr. 73)
96 Die guten Kameraden. Erzählungen für die Jugend. Ausw. u. Nachw. W. Fronemann. 151 S. m. Abb. Stg: Dt. Verl.-Anst. 1933
97 Das Kreuz. Erzählung. 207 S. Gütersloh: Bertelsmann (= Zielbücher) 1933
98 Der Lehrer von Oberwald. Der Unglückssenn. 32 S. m. Abb. Reutlingen: Enßlin & Laiblin (= Bunte Jugendbücher 176) 1933
    (Ausz. a. Nr. 7 u. 25)
99 Einsturz. Zwei Erzählungen. 88 S. Zürich: Gute Schriften (= Gute Schriften. Zürich 174) 1934
100 Steigende Wasser. Roman. 286 S. Stg: Dt. Verl.-Anst. 1934
101 Es fährt vorbei. Erzählungen. 128 S. Basel: Reinhardt (= Stab-Bücher) (1935)
102 Der Weg hinauf. Roman. 367 S. Stg: Dt. Verl.-Anst. 1935
103 Wille und Schicksal. Roman. 336 S. Stg: Dt. Verl.-Anst. 1936
104 Ins dritte Glied. Roman. 316 S. Stg: Dt. Verl.-Anst. 1937
105 Hans. Tiergeschichten für Kinder. 29 S. m. Abb. Mainz: Scholz (= Scholz' Bilderlesebücher) (1937)
106 Der Schützenkönig. Novelle. 104 S. Stg: Dt. Verl.-Anst. 1937
107 Am Abend. 15 S. Hannover: Feesche (= Gute Weggesellen 26) (1938)
108 Hoch über das Tal. Roman. 265 S. Stg: Dt. Verl.-Anst. (1938)
109 Die tausendjährige Straße. Roman. 311 S. Stg: Dt. Verl.-Anst. 1939
110 Dreiklang der Liebe. 330 S. Stg: Dt. Verl.-Anst. 1940
111 Macht der Heimat. Roman. 308 S. Stg: Dt. Verl.-Anst. 1941
112 Quintett. Eine Melodie. 280 S. Stg, Bln: Dt. Verl.-Anst. 1942
113 Von den dunklen Schatten und dem kleinen Licht. Erzählungen. 124 S. Basel: Reinhardt (= Stab-Bücher) 1942
114 Die große Lehre. Roman. 252 S. Stg, Bln: Dt. Verl.-Anst. 1943
115 Nely. Novelle. 63 S. Prag, Bln, Lpz: Noebe (= Feldpostreihe Noebe 9) 1943
116 So geht es in der Welt. Zwei Erzählungen. 114 S. Basel: Reinhardt (= Stab-Bücher) (1943)
117 Das heimliche Leuchten. Erzählungen. 125 S. Stg: Dt. Verl.-Expedition (= Bibliothek der Unterhaltung und des Wissens, Jahrg. 68, Nr. 878) (1944)
118 Anna Kaulen. Erzählung. 55 S. Zürich: Gute Schriften (= Gute Schriften, Zürich 218) 1945
119 Melodie. Novellen und Skizzen. 108 S. Frauenfeld: Huber 1945
120 Tiergefährten. Erzählungen. 112 S Basel: Reinhardt (= Stab-Bücher) (1945)
121 Ein Läuten. Neue Gedichte. 65 S. Olten: Vereinigung Oltner Bücherfreunde (= Veröffentlichung der Vereinigung Oltner Bücherfreunde 32) 1946
122 Mann des Friedens. Roman. 253 S. Frauenfeld: Huber 1946
123 Mütter. Roman. 252 S. Zürich: Rascher 1946
124 Der Zurmühlen-Kari. Eine Erzählung. 192 S. Zürich: Rascher 1946
125 Spiel der Liebe. Roman. 280 S. Wien: Fromme 1947
126 Vorbei! Vorbei! Jugenderinnerungen. 72 S. Zürich: Gute Schriften (= Gute Schriften. Zürich 224) 1947
127 Vom Dämmern und vom Tagen. 482 S. Stg: Dt. Verl.-Anst. 1948
128 Ernte des Lebens. Erzählungen. 265 S. Stg: Dt. Verl.-Anst. 1948
127 Wanderer. Sechs kleine Novellen. 106 S. Basel: Reinhardt (= Stab-Bücher) (1948)
130 Erzählungen aus dem Jugendleben. 52 S. m. Abb. Meitingen: Kyrios-V. (= Internationale Jugendschriften 3) 1949
131 Weltflucht. Eine Dichtung. 61 S. Zürich: Artemis 1949
132 Welt im Spiegel. 165 S. Stg: Dt. Verl.-Anst. 1951
133 Wolken und Sonne. 212 S. Stg: Dt. Verl.-Anst. 1952
134 Marzeline vom Rat. 107 S. m. Abb. Reutlingen: Bardtschlager 1954
135 Cornelia. 110 S. Reutlingen: Bardtenschlager 1955

Zech, Paul (†Timm Borah) (1881–1946)

1 Waldpastelle. Sechs Gedichte. 6 S. Bln-Wilmersdorf: Meyer (= Lyrische Flugblätter) 1910
2 (MV) C. Grunewald, L. Fahrenkrog, J. A. Vetter, P. Z.: Das frühe Geläut. Gedichte. 14 S. Bln-Wilmersdorf: Meyer 1911
3 Rainer Maria Rilke. 67 S. Bln: Borngräber (1912)
4 Schollenbruch. 64 S. Bln-Wilmersdorf: Meyer 1912
5 (MV) Fanale. Gedichte der rheinischen Lyriker R. M. Cahén, J. Th. Kuhlemann, P. Mayer, B. Quandt, R. R. Schmidt, P. Z. 62 S. Heidelberg: Saturn-Verl. 1913
6 (MH) Das neue Pathos. Hg. H. Ehrenbaum-Degele, R. R. Schmidt, P. Z. 1914. 2⁰ u. 4⁰ Bln-Steglitz: Officina Serpentis 1913-1920
7 Das schwarze Revier. 15 S. Bln-Wilmersdorf: Meyer (= Lyrische Flugblätter) (1913)
8 Schwarz sind die Wasser der Ruhr. Gesammelte Gedichte aus den Jahren 1902-1910. 48 S. Bln-Wilmersdorf: Druckerei d. Bibliophilen 1913
9 Die Sonette aus dem Exil. 10 Bl. 4⁰ Bln: Officina Serpentis (1913)
10 Die eiserne Brücke. Neue Gedichte. 105 S. Lpz: Die weißen Bücher 1914
11 (Übs.) L. Deubel: Die rot durchrasten Nächte. Acht Sonette. 12 Bl. Bln-Steglitz: Officina Serpentis 1914
12 (Hg.) Jahrbuch der Zeitschrift Das neue Pathos. 1914/15. 1917/18, 1919. 2⁰ u. 4⁰ Bln-Steglitz: Officina Serpentis 1914-1919
13 (Übs.) S. Mallarmé: Nachmittagstraum eines Fauns. 16 S. 4⁰ Bln (Priv.-Dr.) 1914
14 Der schwarze Baal. Novellen. III, 95 S. Lpz: Die weißen Bücher 1917
15 Helden und Heilige. Balladen aus der Zeit. 31 S. Bln: Drugulin in Komm. 1917
16 (Übs.) E. Verhaeren: Die wogende Saat. 101 S. Lpz: Insel 1917
17 Gelandet. Ein dramatisches Gedicht. 1916/17. 30 S. Laon: Revillon-Presse 1918
18 Vor Cressy an der Marne. Gedichte eines Frontsoldaten namens Michel Micael. 24 S. Laon: Revillon-Presse 1918
19 Der feurige Busch. Neue Gedichte. 1912-1917. 125 S. Mchn: Musarion-Verl. (1919)
20 Das Grab der Welt. Eine Passion wider den Krieg auf Erden. 204 S. Bln: Hoffmann & Campe (= Die junge Dichtung 1) 1919
21 (Übs., Bearb.) S. Mallarmé: Herodias. Ein Fragment. 21 S. Bln (Priv.-Dr.; 50 Ex.) 1919
22 Das Ereignis. Neue Novellen. 225 S. Mchn: Musarion (1920)
23 Golgatha. Eine Beschwörung zwischen zwei Feuern. 136 S. Hbg, Bln: Hoffmann & Campe 1920
24 Das Terzett der Sterne. Ein Bekenntnis in drei Stationen. 48 S. Mchn: Wolff (= Drugulin-Drucke, N. F. 7) 1920
25 Der Wald. 60 S. Dresden: Sibyllen-Verl. (1920)
(Erw. Neuaufl. v. Nr. 1)
26 Verbrüderung. Ein Hochgesang unter dem Regenbogen in fünf Stationen. 109 S. Bln: Hoffmann & Campe (= Die Jacobsleiter. Ein heroisches Quartett 3 (= Sebastian oder die vier Weltkreise eines Geschlagenen 3)) 1921
27 Das schwarze Revier. Gedichte. 58 S. Mchn: Musarion-Verl. 1922
(Verm. Neuaufl. v. Nr. 7)
28 (Übs.) H. de Balzac: Tante Lisbeth (= Gesammelte Werke). 2 Bde. 335, 325 S. Bln: Rowohlt (1923)
29 (Hg.) Der Mann am Kreuz. Geschichten zeitgenössischer Erzähler von Rhein und Ruhr. 173 S. Bln: Zentralverl. (1923)
30 Omnia mea mecum porto. Die Ballade von mir. Hg. die Werkleute der Officina Serpentis. 20 S. (Bln: Rowohlt) (= Der Schatzbehalter 4) 1923
31 Die ewige Dreieinigkeit. Gedichte. 114 S. Rudolstadt: Greifenverl. 1924
32 Erde. Die vier Etappen eines Dramas zwischen Rhein und Ruhr. 136 S. Lpz: Schauspiel-Verl. (1924)
33 Das Rad. Ein tragisches Maskenspiel 64 S. Lpz: Schauspiel-Verl. (= Sebastian oder die vier Weltkreise eines Geschlagenen 1) 1924

34 Die Reise um den Kummerberg. Erzählung. 178 S. Rudolstadt: Greifenverl. 1924
35 (Übs.) J.-A. Rimbaud: Erleuchtungen. Gedichte in Prosa. 33 S. 4° Lpz: Wolkenwanderer-Verl. (= Der Schatzbehalter 5) 1924
36 Das trunkene Schiff. Eine szenische Ballade. 148 S. Lpz: Schauspiel-Verl. (1924)
37 Steine. Ein tragisches Finale in sieben Geschehnissen 96 S. Lpz: Schauspiel-Verl. (= Sebastian oder die vier Weltkreise eines Geschlagenen 4) 1924
38 (MH) Das dramatische Theater. Eine Monatsschrift für Theater, Literatur und Künste. Hg. F. A. Angermeyer, P. Z. (Jg. 1) 1924. Lpz: Schauspiel-Verl. 1924
39 Der Turm. Sieben Stufen zu einem Drama 139 S. Lpz: Schauspiel-Verl. (= Sebastian oder die vier Weltkreise eines Geschlagenen 2) 1924
40 Die Geschichte einer armen Johanna 192 S. Bln: Dietz (= Stiefkinder Gottes). 1925
41 (Hg., Einl.) C. Grabbe: Werke in Auswahl. 2 Bde. XLIV, 366; 378 S. Bln: Volksbühnen-Verl. 1925
42 Peregrins Heimkehr. Ein Roman in sieben Büchern. 385 S. Bln: Dietz 1925
43 (Übs., Bearb.) Henry-Marx: Triumph der Jugend. Ein Schauspiel in drei Akten. 154 S. Lpz: Schauspiel-Verl. 1925
44 Das törichte Herz. Vier Erzählungen. 254 S. Bln: Dietz 1925
45 Die Mutterstadt. Die unterbrochne Brücke. Zwei Erzählungen. 56 S. 16° Kempten, Mchn: Kösel & Pustet (= Das Rohr) (1925)
46 (Übs.) J.-A. Rimbaud: Das Werk. 250 S. Lpz: Wolkenwanderer-Verl. 1925
47 Ich bin du oder die Begegnung mit dem Unsichtbaren. Roman. 130 S. Lpz: Wolkenwanderer-Verl. 1926
48 Jean-Arthur Rimbaud. Ein Querschnitt durch sein Leben und Werk. 135 S. Lpz: Wolkenwanderer-Verl. 1927
(Ausz. a. Nr. 46)
49 (Übs., Hg.) J.-A. Rimbaud: Das gesammelte Werk. 330 S. m. Taf. Lpz: Wolkenwanderer-Verl. 1927
(Veränd. Neuaufl. v. Nr. 46)
50 Rainer Maria Rilke. Ein Requiem. 33 S. Bln: Officina Serpentis 1927
51 (Übs.) J.-A. Rimbaud: Das trunkene Schiff. Ballade. 21 S. m. Abb. 4° Bochum: Schacht (= Die Schacht-Maler 2) 1928
52 Das Baalsopfer. 61 S. Hbg, Dresden: Limpert 1929
(Enth. u.a. Ausz. a. Nr. 14)
53 Rotes Herz der Erde. Ausgewählte Balladen, Gedichte, Gesänge. Vorw. W. G. Oschilewski. 89 S. 16° Bln: Arbeiterjugend-Verl. 1929
54 Morgenrot leuchtet! Augsburger Festspiel für Einzelstimmen, Sprech-, Tanz- und Bewegungschöre. 57 S. Augsburg: Heber in Komm. 1930
55 Rainer Maria Rilke. Der Mensch und das Werk. 258 S., 1 Bildn. Dresden: Jess 1930
(Erw. Aufl. v. Nr. 3)
56 Neue Balladen von den wilden Tieren. 84 S. Dresden: Jess (1930)
57 (Übs.) F. Villon: Die Balladen und lasterhaften Lieder des Herrn François Villon. 152 S. m. Abb. Weimar: Lichtenstein 1931
58 +Berlin im Licht oder Gedichte linker Hand. Geschrieben für einen Herrn Smith. 51 S. Bln: Die Rabenpresse 1932
59 Terzinen für Thino. 18 S. (Bln:) Die Rabenpresse (= Die blaue Reihe 3) 1932
60 Das Schloß der Brüder Zanowsky. Eine unglaubwürdige Geschichte. 74 S. (Bln:) Die Rabenpresse 1933
61 Bäume am Rio de la Plata. 30 S. Buenos Aires: Transmare-Verl. (1935)
62 Neue Welt. Verse der Emigration. 109 S. Buenos Aires: Quadriga 1939
63 ... Ich suchte Schmied ... und fand Malva wieder. 94 S. Buenos Aires: Estrella (= Sternenbücher 2) (1941)
64 Stefan Zweig. Eine Gedenkschrift. 43 S. Buenos Aires: Quadriga (Priv.-Dr.; 300 Ex.) 1943
65 Die schwarze Orchidee. Indianische Legenden. Nacherzählt v. P. Z. 75 S. m. Abb. Bln: Zech (= Legenden und Fabeln der Völker) 1947
66 (Übs.) L. Labé: Die Liebesgedichte einer schönen Lyoneser Seilerin namens Louize Labé. Den vierundzwanzig Sonetten d. Erstausg. v. 1555 deutsch nachgedichtet. Nachw. K. E. Meurer. 31 S. Bln: Zech (1948)

67 +Occla, das Mädchen mit den versteinerten Augen. Eine indianische Legende. Nacherzählt. 46 S. Ffm: Schauer 1948
68 (Übs.) J.-A. Rimbaud: Das Herz unter der Soutane. 64 S., 1 Abb. Lorch, Stg: Bürger 1948
69 Sonette aus dem Exil. 31 S., 1 Abb. Bln: Zech 1948 (Erw. Neuaufl. v. Nr. 9)
70 Balladen von den Tieren. 6 Bl. Bln: Zech 1949
71 Paul Verlaine und sein Werk. 43 S. Bln: Zech 1949
72 (Übs.) J. Icaza: Huasi-Pungo. Ruf der Indios. 341 S. m. Abb. Rudolstadt: Greifenverl. 1952
73 Kinder vom Paraná. Roman. 459 S. m. Abb. Rudolstadt: Greifenverl. 1952
74 Das rote Messer. Begegnungen mit Tieren und seltsamen Menschen. 174 S. m. Abb. Rudolstadt: Greifenverl. 1953
75 Die Vögel des Herrn Langfoot. Roman. 191 S. m. Abb. Rudolstadt: Greifenverl. 1954
76 Die grüne Flöte vom Rio Beni. Indianische Liebesgeschichten. 271 S. m. Abb. Rudolstadt: Greifenverl. 1955
77 Die Ballade von einer Weltraumrakete. 10 Bl. 4° Bln-Friedenau: Trias-Verl. 1958
78 Abendgesänge und Landschaft der Insel Mara-Pampa. 30 S. Kronenburg/Eifel: Zech 1960
79 Die ewigen Gespräche. Deutsche Variationen nach Themen von Ch. Péguy. 48 S. 4° Bln: Zech 1960
80 Die Sonette vom Bauern. 21 S. 4° Bln: Zech 1960

ZEDLITZ, Joseph Christian Frh. von (1790–1862)

1 Turturell. Trauerspiel in fünf Aufzügen. 119 S. Wien: Wallishausser 1821
2 Zwey Nächte in Valladolid. Trauerspiel in fünf Aufzügen. 112 S. 12° Wien: Wallishausser 1825
3 Liebe findet ihre Wege. Lustspiel in vier Aufzügen. 126 S. Wien: Wallishausser 1827
4 Todtenkränze. Canzone. 5 Bl., 113 S. m. Bildn. Wien: Wallishausser 1828
5 Dramatische Werke. 4 Thle. 117, 210, 254, 206 S. Stg: Cotta 1830–1836
6 Todtenkränze. Canzone. VIII, 142 S. m. Bildn. Wien: Wallishausser 1831 (Verm. Neuaufl. v. Nr. 4)
7 Gedichte. VI, 392 S. Stg, Tüb: Cotta 1832
8 (Übs.) G. G. N. Lord Byron: Ritter Harold's Pilgerfahrt. Aus dem Englischen. Im Versmaß des Originals übs. XVI, 382 S. Stg, Tüb: Cotta 1836
9 (Hg.) Almanach fürs Lustspiel. Erster Jahrgang. 381 S. Stg: Hallberger 1839
10 Gedichte. VIII, 451 S., 1 Bl. Stg, Tüb: Cotta 1839 (Verm. Neuaufl. v. Nr. 7)
11 Waldfräulein. Ein Mährchen in achtzehn Abentheuern. XII, 169 S. Stg, Tüb: Cotta 1843
12 Soldaten-Büchlein. Der österreichisch-italienischen Armee gewidmet. (Bd. 2 mit dem Nebentitel: Denkstein für Lebende und Tote). 2 Bde. 78 S.; 3 Bl., 79 S. Wien: Gerold 1849–1850
13 Altnordische Bilder. Ingvelde Schönwang. Svend Felding. 212 S. Stg, Tüb: Cotta 1850

ZEMP, Werner (1906–1959)

1 Gedichte. 12 Bl. Hbg: Ellermann (= Das Gedicht. Jg. 3, Nr. 11) (1937)
2 Mörike. Elemente und Anfänge. 163 S. Frauenfeld: Huber (= Wege zur Dichtung 33) 1939
3 (Übs.) P. Valéry: Erinnerungen an Degas. 192 S., 8 Taf. Zürich: Fretz & Wasmuth 1940
4 Gedichte. 67 S. Zürich: Atlantis-Verl. 1943
5 (MH) Freundesgabe für Eduard Korrodi zum sechzigsten Geburtstag. Hg. H. Barth, F. Ernst. W. Z. (u.a.). 288 S. Zürich: Fretz & Wasmuth 1945

6 (Hg., Nachw.) E. Mörike: Gedichte und Erzählungen. 590 S. Zürich: Manesse-Verl. Conzett & Huber (= Manesse-Bibliothek der Weltliteratur) 1945
7 (Hg., Einl.) E. Mörike: Briefe. 470 S., 10 Taf. Zürich: Manesse-Verl. Conzett & Huber (= Manesse-Bibliothek der Weltliteratur) 1949
8 (Übs.) P. Valéry: Tanz, Zeichnung und Degas. 166 S. m. Taf. Ffm: Suhrkamp (= Bibliothek Suhrkamp 6) (1952)
   (Neuaufl. v. Nr. 3)
9 Gedichte. 80 S. Zürich: Atlantis-Verl. (1955)
   (Erw. Neuaufl. v. Nr. 4)
10 Das Hochtal. Gedichte. 55 S. Faks. Olten: Vereinigung Oltner Bücherfreunde (= Vereinigung Oltner Bücherfreunde, Publ. 71) 1956

ZERKAULEN, Heinrich (1892–1954)

1 Weiße Astern. Verse und Märchen. 61 S. Wiesbaden: Bechthold 1912
2 Hans Heiners Fahrt ins Leben. Eine Geschichte. 52 S. Mchn-Gladbach: Sekretariat sozialer Studentenarbeit (= Studenten-Bibliothek 15) 1913
3 Blühende Kränze. Neue Verse und Märchen. Vorw. M. Geißler. 99 S. Wiesbaden: Rauch 1914
4 Daheim und im Feld. Der Kriegslieder drittes Heft. 16 S. Mchn-Gladbach: Sekretariat sozialer Studentenarbeit 1915
5 Granatsplitter. 23 S. Mchn-Gladbach: Sekretariat sozialer Studentenarbeit (= Kriegsskizzen 3) 1915
6 Leyer und Schwert. Kriegsgedichte. 15 S. Mchn-Gladbach: Sekretariat sozialer Studentenarbeit (1915)
7 In Reih und Glied. Neue Kriegsgedichte. 15 S. Mchn-Gladbach: Sekretariat sozialer Studentenarbeit 1915
8 Wandlung. Mein Kriegsbuch 1914/15. Hg. Sekretariat für soziale Studentenarbeit. 88 S. Mchn-Gladbach: Volksvereins-V. (1916)
9 Liebe schöne Laute! Neue Lieder. 14 S. Köln: Salm (= Flugblätter rheinischer Dichtung. Reihe 3,3) 1917
10 (Vorw.) F. Müller: Das wandernde Bett. Ein Märchen. 55 S. Wiesbaden: Staadt (= Wiesbadener Volksbücher 70) 1918
11 Die Spitzweg-Gasse. Ein Tagebuch aus Sommer und Sonne. 83 S. Kempten: Kösel & Pustet (1918)
12 Einig Volk. Ein Beitrag zur Psychologie unserer Kriegslyrik. 16 S. Mchn-Gladbach: Sekretariat sozialer Studentenarbeit (= Der Weltkrieg 61) (1918)
13 (Hg.) Almanach 1919 der vereinigten Stadttheater Essens. 63 S. m. Abb. u. Taf. Essen: Fredebeul & Koenen 1919
14 Mit dem Fiedelbogen. Gesammelte Verse. 74 S. Essen: Fredebeul & Koenen (= Fredebeul & Koenen. Büchersammlung 2) (1919)
15 Allerhand Käuze. Gesammelte Geschichten. 135 S. Saarlouis: Hausen (= Hausen's Bücherei 58) (1919)
16 Der wandernde Sonntag. Geschichten aus dem Alltag. 81 S. Kempten: Kösel & Pustet (1919)
17 (Hg.) Almanach 1920 der Essener städtischen Bühnen. 153 S. m. Abb. Essen: Fredebeul & Koenen 1920
18 Der Leuchtturm. Ballade in einem Aufzug. 20 S. Würzburg: Patmos-V. 1920
19 Ursula Bittgang. Die Chronik eines Lebens. 87 S. Warendorf: Schnell (1921)
20 (Hg.) Jahrbuch der Essener Städtischen Bühnen 1921/22. 96 S. m. Abb. Essen: Verl. d. Essener Konzertdirektion 1921
21 Der kleine Umweg. Eine Erzählung. 118 S. Kempten, Mchn: Kösel & Pustet 1921
22 Mit Federkiel und Tintenklecks. Menschen, Fahrten, Zwischenklänge. 153 S. Warendorf: Schnell 1922
23 (Hg., Einl.) W. Hauff: Märchenreich. Aus den Erzählungsschätzen ausgew. u. eingel. 111 S. m. Abb. Mchn: Seybold (= Unsere Kinderdichter 10) 1922
24 (Einl.) E. T. A. Hoffmann: Die Nürnberger Novelle. 147 S. Warendorf: Schnell 1922

25 Theodor Körners Liebesfrühling. 47 S. Bln: Runge (= Der Lichtkreis 12) 1923
26 Lieder vom Rhein. 43 S. Warendorf: Schnell 1923
27 Der Tag in Blüten. Eine Geschichte. 99 S. Warendorf: Schnell 1923
28 Rund um die Frau. Kleine Geschichten. 58 S. Hildesheim: Borgmeyer (1924)
29 Die Insel Thule. Eine Erzählung aus Deutschlands Not. 82 S. Warendorf: Schnell 1924
30 (MV) Christlicher Familien-Kalender. Hg. G. Fellmann. Jg. 32, 1926. 137 S. m. Abb. Essen: Fredebeul & Koenen 1925
31 Rautenkranz und Schwerter. Roman aus dem Barock August des Starken. 391 S. Bremen: Schünemann 1927
32 Nymphe Emale. 15 S. 16⁰ Stg: Waldorf-Astoria Zigarettenfabrik (= Waldorf-Bücherei Serie 26,8) 1928
33 Die Welt im Winkel. Roman. 278 S. Breslau: Bergstadt-V. 1928
34 Dresden. Bilderprospekt. 1 S., 23 Taf. Dresden: Städt. Verkehrsamt 1929
35 Das offene Fenster. Ausgewählte Verse. 170 ungez. S. Hellerau: Hegner (= Sondergabe für die Mitglieder der Vereinigung der Bücherfreunde in Dresden) 1929
36 Reisen und Wandern. Ein Festspiel. 16 S. Dresden: Limpert 1929
37 (Hg.) Almanach zum Presseball. 60 S. Dresden: Limpert 1930
38 Dresden, Deutschlands wundervolle Kunststadt. Hg. Städt. Verkehrsamt u. d. Internat. Hygiene-Ausstellung. 56 S. m. Abb. Dresden: Limpert 1930
39 (Hg.) Erinnerung an Dresden 1930. Ein Taschenbuch für Freunde Dresdner Kunst und Kultur. 71 S. m. Taf. Dresden: Heling 1930
40 (Hg.) Das Deutsche Hygiene-Museum und die Internationale Hygiene-Ausstellung, Dresden 1930. 180 S. m. Abb. 4⁰ Dresden: Jess 1930
41 Musik auf dem Rhein. Ein Roman. 331 S. Freiburg i. Br.: Herder 1930
42 Tage auf Rügen. Gedichte. 16 ungez. S., 1 Abb. Dresden: Reinhold (= Handgearbeitete Bücher) (1930)
43 Osternothafen. Roman. 381 S. Bln: Wegweiser-V. (= Volksverband der Bücherfreunde. Allgemeine Jahresreihe 13,2) 1931
44 Max Dreyer. Der Dichter und sein Werk. 64 S. m. Taf. Lpz: Staackmann 1932
45 Segenswünsche. Erzählungen. 135 S. Glatz: Glatzer Bücherstube 1932
46 August der Starke. Zum zweihundertsten Todestag. 28 S. Großenhain: Berufsschule 1933
47 Bad Elster, mit Künstleraugen gesehen. 16 ungez. S. Bad Elster: Badedirektion 1933
48 Die heimliche Fürstin. Roman. 254 S. Freiburg: Herder 1933
49 Jugend von Langemarck. Schauspiel. 71 S. Lpz: Dietzmann (= Zeitgenössische Dramen 1) 1933
50 (Hg., Einl.) H. C. Kaergel: Das Buch Hans Christoph Kaergel. Auswahl aus seinen Dichtungen. 128 S. Schweidnitz: Heege 1933
51 Anna und Sigrid. Roman einer Ehe. 270 S. Bln: Holle 1934 (Neuaufl. v. Nr. 43)
52 Hörnerklang der Frühe. Roman. 317 S. Bln: Hochwart-V. 1934
53 Sächsische Königsschlösser. 11 S., 64 S. Abb. 4⁰ Bielefeld: Velhagen & Klasing 1934
54 Melodie des Blutes. 87 S. m. Abb. Lpz: (Abel & Müller) (= Neudeutsche Jugendbücherei 3) (1934)
55 Die kulturpolitische Sendung der deutschen Zeitung. 31 S. Lpz: Noske (= Gestalten und Erscheinungen der politischen Publizistik 2) (1934)
56 Die Spitzweggasse. Novellen. 238 S. Bln: Holle 1934 (Enth. Nr. 11, 19, 21 u. 27)
57 Beethoven in Amsterdam. Eine Erzählung. 57 S. Mchn: Hueber (= Der große Kreis 7) 1935
58 Der arme Kumpel Doris. Roman. 285 S. Bln: Franke 1935
59 Die Elfenbeinfigur und andere Erzählungen. 46 S. Bln: Moewig & Höffner (= Kurzgeschichten 5) (1935)
60 Der Sprung aus dem Alltag. Eine Komödie in drei Akten. 92 S. Lpz: Dietzmann 1935
61 Gesegneter Tag. Gesamtausg. der Gedichte. 105 S. Mchn: Hueber (= Der große Kreis 3) 1935

62 Unrast und Ziel. Hg., eingel. E. Lemke. 54 S. Lpz: Quelle & Meyer (= Deutsche Novellen des neunzehnten und zwanzigsten Jahrhunderts 58) (1935)
63 Blau ist das Meer ... Eine Erzählung aus der deutschen Kriegsmarine. 109 S. Lpz: Quelle & Meyer (1936)
64 (Hg.) Der goldene Born. Die Romanzeitung für alle. Jg. 1–5. 4° Lpz: Janke 1936–1941
65 Zwischen drei Herzen. Erzählung. 64 S. Dresden: Limpert (= Volkstümliche 25-Pfennig-Bücherei 22) 1936
66 Miniaturen in weiß und grün. 176 S. m. Abb. Dresden: Zwinger-V. 1936
67 Der Reiter. Schauspiel. 167 S. Lpz: Dietzmann 1936
68 Wunder unterwegs. Geschichten aus dem Alltag. 236 S. Lpz: Payne 1936
69 (Hg.) Zehn Dichter, zehn Landschaften. 253 S. m. Abb. Lpz: Janke (= Bamberger Dichterkreis 1) 1937
70 Eine Dichterstunde. Zusgest. H. Grothe. 24 S. Hbg: Hanseat. Verl.-Anst. 1937
71 Fahrten mit der Kriegsmarine. Der deutschen Jugend gewidmet. 74 S. m. Abb. Lpz: Abel & Müller (1937)
72 Kriegsfreiwilliger von anno vierzehn. 38 S. Bln: Oehmigke (= Deutsches Ost-Land) 1937
73 Der Strom der Väter. Roman aus der rheinischen Heimat. 268 S. Lpz: Quelle & Meyer 1937
  (Veränd. Neuaufl. v. Nr. 33)
74 Herr Lukas aus Kronach. Roman. 254 S. Lpz: Quelle & Meyer (1938)
75 Der Spiegel im Herzen. Neue Geschichten aus dem Alltag. Einf. J. Theele. 61 S. Fulda: Parzeller (= Wort und Welt 6) 1938
76 Brommy. Schauspiel. 95 S. Lpz: Dietzmann 1939
77 Erlebnis und Ergebnis. 113 S. Mchn: Dt. Volksverl. 1939
78 Komm mit nach Madeira. 66 S. m. Abb. Dresden: Nationalsoz. Verl. f. d. Gau Sachsen 1939
79 (Hg.) Tafelrunde bei E. T. A. Hoffmann. 233 S., 15 Taf. Lpz: Janke (= Bamberger Dichterkreis 2) 1939
80 (Hg.) Dichter grüßen die Front. 222 S., 10 Taf. Mchn: Dt. Volksverl. 1940
81 Die Dramen. 381 S. Lpz: Quelle & Meyer (1940)
  (Enth. Nr. 49, 67, 76 u. 60)
82 Doris Malten. Roman. 219 S. Lpz: Quelle & Meyer (1940)
  (Neuaufl. v. Nr. 58)
83 Zehn Jahre NS-Verlag für den Gau Sachsen. Bilder einer Entwicklung. Nach Erlebnis- und Augenzeugen-Berichten und unter Benutzung des Verlags-Archivs. 121 S. m. Abb., Anh. Dresden: NS-Verl. f. d. Gau Sachsen 1940
84 Das Köln-Aachner Land. 64 S. m. Abb. 4° Düsseldorf: Schwann (= Rheinische Landschaft 3) 1940
85 Narren von gestern, Helden von heute! Roman um die erste deutsche Kriegsmarine. 245 S. m. Abb. Bln: Die Heimbücherei 1940
86 Straße fünfzig. Eine Erzählung aus Norwegen. 180 S. m. Abb. Bln: Verl. Die Wehrmacht 1941
87 Der Tag von Eckernförde. 15 S. Mchn: Münchner Buchverl. (= Münchner Lesebogen 70) 1941
88 Die Brücke. Eine Auswahl aus seinem Schaffen. Einf. H. Wanderscheck. 229 S. m. Abb. Bln: Die Heimbücherei 1942
89 Heimat und Weite. Erzählungen. 406 S. Lpz: Huyke (1942)
90 (MV) (L. H. Mally: Das Spatzenparadies. – H. Z.:) Die Begegnung von Teplitz. (– H. Herch: Der schwarze Reiter von Eger.) 95 S. Prag, Amsterdam, Bln: Wien: Volk u. Reich Verl. (= Deutsche Erzähler 2) (= Prager Feldpostbücherei) 1943
91 (Hg.) Deutschland und sein Reiter. Der Bamberger Dichterkreis grüßt Front und Heimat. 231 S. Mchn: Dt. Volksverl. (= Bamberger Dichterkreis 4) 1943
92 Der feurige Gott. Roman des Wiener Beethoven. 418 S. Lpz: Huyke (1943)
93 Die Reise nach Prag und andere Erzählungen. 64 S. Prag, Bln, Lpz: Noebe (= Feldpostreihe Noebe 5) 1943

94 Das Pelzchen. Eine Rubens-Erzählung. 112 S. Bautzen: Huyke (1944)
95 Zwischen Nacht und Tag. Erlebnisse aus dem Camp 94. 263 S. Mchn: Mühlberger 1951

Zernatto, Guido (1903–1943)

1 (Hg.) Kärntner Monatshefte. Jg. 1. 12 H. m. Musik-Beil. Villach: Baier 1925–1926
2 Gelobt sei alle Kreatur. Gedichte. 45 S. Dresden: Jeß (= Die junge Reihe) 1930
3 Die Sonnenuhr. Gedichte. 58 S. Lpz: Staackmann 1933
4 Sinnlose Stadt. Roman eines einfachen Menschen. 270 S. Lpz: Staackmann 1934
5 (MH) Ich bin ein Österreicher! Hg. J. Neumair u. G. Z. 102 S. m. Abb., 1 Taf. Wien: Österr. Bundesverl. 1935
6 Die Wahrheit über Österreich. 330 S. New York, Toronto: Longmans & Green 1938
7 Gedichte. Gesamtausg. 135 S., 1 Titelb. Klagenfurt, Wien: Leon 1950

Zerzer, Julius (*1889)

1 Balladen. 71 S. Bln-Friedenau: Fischer 1909
2 Kriegsmesse 1914. 34 S. Jena: Diederichs 1914
3 Das Drama der Landschaft. 136 S. Graz: Leuschner & Lubensky 1925
4 Johannes. Eine Faust-Legende. 169 S. Mchn: Müller (= Zwei-Mark-Bücher 83) 1927
5 Stifter in Kirchschlag. Eine Erzählung. 352 S. Mchn: Müller 1929
6 Die Heimsuchung. Vier Legenden. 323 S. Mchn: Langen-Müller 1931
7 Vor den Bergen. Neue Gedichte. 75 S. Mchn: Langen-Müller 1932
8 Das Bild des Geharnischten. Erzählung. 58 S. Mchn: Langen-Müller (= Die kleine Bücherei 29) 1934
9 Die Himmelsrute. Erzählungen. 197 S. Wien, Zürich: Bellaria-V. (= Bellaria-Bücherei 7–8) (1946)
   (Enth. u.a. Nr. 8)
10 Die weite Sicht. Neue Gedichte. 67 S. Linz: Muck 1946
11 (Einl.) F. X. Weidinger: Oberösterreich. I: Bad Ischl. 1 Bl., 10 Taf. 4⁰ Bad Ischl: Selbst-Verl. 1949
12 Der Kronenerbe. Roman. 401 S. Linz: Oberösterreichischer Landesverl. 1953

Zesen, Philipp von (Der Färtige)
(+Ritterhold von Blauen) (1619–1689)

1 Melpomene Oder Trauer- vnd Klaggedichte, Vber das vnschuldigste vnd bitterste Leiden vnd sterben Jesu Christ. 6 Bl. 4⁰ Hall: bey P. Schmieden 1638
2 Gebundene Dank- lob- und abschiedsrede vom nutz und währte des Saltzes an die Hällischen Salanen. Halle 1639
3 Hochdeutscher Helikon oder Grund richtige Anleitung zur hochdeutschen Dicht- vnd Reimkunst, wie ein hochdeutsches Reimband und Gedicht auf allerley Art ohne Fehler recht und zierlich zu verfassen sey, sammt einem richtigen Anweise der gleichlautenden männlichen und weiblichen Reimwörter. Wittenberg 1640
4 Deutschen Helicons Erster und Ander Theil, Oder Unterricht, wie ein Deutscher Vers und Geticht auf mancherley Art ohne fehler recht zierlich zu schreiben ... 2 Bde. 13 Bl., 78 S., 85 Bl.; 15, 8 Bl., 170 S., 27 Bl. Wittenberg: Röhner 1641
   (Verm. Neuaufl. v. Nr. 3)

5 Himlische Klio, das ist etliche Freudengedichte auf die Gebuhrtsnacht unsers neugebohrnen Jesuleins. Hbg 1641
6 Frühlingslust, oder Lob- und Liebeslieder. 11, 4 Bl., CXXXIV S. 12⁰ Hbg (o. Verl.) (1642)
7 Gebundene Lob-Rede Von der Hochnütz- und Löblichen zweyhundert-Jährigen Buchdrückerey-Kunst, Wenn, wo, wie und durch wen sie erfunden worden: Bey Volckreicher Versamlung und Einführung eines neuen Drücker Gesellens Michael Pfeiffers, öffentlich gehalten. XXX, 11 S. Hbg: Rebenlein 1642
8 Poetischer Rosen-Wälder Vorschmack oder Götter- und Nymfen-Lust, Wie sie unlängst in dem Heliconischen Gefilde vollbracht, auff Lieb- und Lobseeliges Ansuchen Einer dabey gewesenen Nymfen kürtzlich entworffen. 6 Bl., 86 S. Hbg: Gunderman 1642
9 Hochdeutsche Sprachübung oder vnvorgreifliches Bedenken über die hochdeutsche Hauptsprache vnd derselben Schreibrichtigkeit. XCIII S. Hbg: Werner 1643
10 Die ... Historia Von Lysandern Vnd Kallisten ... Leyden 1644
11 Liebes-beschreibung Lysanders und Kalisten. 4 Bl., 437 S. 12⁰ Amsteldam (d.i. Amsterdam): Elsevier (r. Elzevier) 1644
12 Lustinne, Das ist, Gebundene Lust-Rede von Kraft und Wirkung der Liebe. 2 Bl., 20 S. 4⁰ Hbg: Werner 1645
13 †Ritterholds von Blauen Adriatische Rosemund. Last hägt Lust. 8 Bl., 368 S. 12⁰ Amsteldam (d.i. Amsterdam): Elzevier 1645
14 (Übs.) (M. de Scudery:) Ibrahims oder Des Durchleuchtigen Bassa und Der Beständigen Isabellen Wunder-Geschichte. 4 Thle. 22, 666 S. 12⁰ Amsteldam (d.i. Amsterdam): Elzevier 1645
15 Afrikanische Liebesgeschichte vom Kleomedes und Sofonisbe. 3 Bde. Amsterdam: Elzevier 1646-1647
16 (Bearb.) Roselieb, das ist ein Waldspiel in Reimloser rede, fast nach Torkw. Tassens Amintas umgesetzet. 68 S. Hbg: Werner 1646
17 (Übs.) (François Du Soucy de Gerzan:) Die Afrikanische Sofonisbe. 3 Bde. in 1 Bd. 6 Bl., 880 S. m. Ku. 12⁰ Amsterdam: Elzevier 1647
18 Deliciae vernales, das ist etliche aus Phil. Caesii Lob- und Liebes-Liedern liebliche Märtzoden mit Melodeyen von den Musis abgesungen. 4⁰ Erfurt 1647
   (Ausz. a. Nr. 6)
19 (Hg.) Matthiae Dögens Heutiges tages Übliche Kriges Bau-Kunst, Mit vilen ausserläsenen so wol alten als neuen geschichten bewähret: und mit den vornämsten Fästungen der Christenheit lehr-bilds-weise ausgezieret. 4 Bl., 474 S. 2⁰ Amsteldam (d.i. Amsterdam): Elzevier 1648
20 Kurze doch gründliche Anleitung zur Höflichkeit. 12⁰ Hbg 1649
21 (Übs.) (A. Buchner:) Zweifache Rede, welche Karl der erste, König in Engelland, bei seinem über ihn gefälleten Todesurteile vorbringen können. 4⁰ Wittenberg 1649
22 Dichterische Jugend-Flammen in etlichen Lob- Lust- und Liebesliedern zu lichte gebracht. (Nebent.: Dichterische Liebesflammen.) 180 S. 16⁰ Hbg: Naumann 1651
23 Dichterische Jugend- und Liebesflammen in etlichen Lob- Lust- und Liebesliedern mit artigen Sangweisen. 180 S. Hbg: Naumann 1651
   (Neuaufl. v. Nr. 22)
24 Der Schweden und Gotten Göttliche Kristine, ein Königliches Lobgedicht. 2⁰ Hbg 1651
25 Rosen-mând: das ist in ein und dreissig gesprächen Eröfnete Wunderschachtel zum unerschätzlichen Steine der Weisen ... 11 Bl., 232 S., 17 Bl. Hbg: Pape 1651
26 Gekreutzigter Liebsflammen oder Geistlicher Gedichte Vorschmack. 4 Bl., 76 S. 12⁰ Hbg: Pape 1653
27 Meienlied der Durchleuchtigsten Eleonore Keiserlicher Majestäht zu ehren gesungen. 2⁰ Regensburg 1653
28 Güldener Regen, über die Deutsche, durch den Göttlichen Ferdinand, itzund in Regensburg berufene Danae, von oben herab ausgegossen, an S. Keiserl. Maj. 4⁰ Regensburg 1653
29 Durch-aus vermehrter ... hochdeutscher Helikon oder Grund-richtige An-

leitung zur Hochdeutschen Dicht- und Reim-kunst. 4 Thle. m. Titelku. Jena, Bln: Reihel 1656 (Verm. Neuaufl. v. Nr. 3)

30 (Hg.) Moralia Horatiana: Das ist Die Horatzische Sitten-Lehre, Aus der Ernst-sittigen Geselschaft der alten Weise-meister gezogen, und mit ... erklärungen und andern anmärkungen vorgestellet ... und in reiner Hochdeutscher sprache zu lichte gebracht. 6 Bl., 120 S. 4⁰ Amsterdam: Danker 1656

31 Frauenzimmers Buß- Beicht- und Beht-Buͤchlein ... 4 Bl., 52 S. 12⁰ Amsterdam: Konrad; Hbg: Dose (1657)

32 Frauenzimmers Gebeht-Buch ... 8 Bl., 124 S. 12⁰ Amsterdam: Konrad; Hbg: Dose 1657

33 Geistliche Seelenlust, das ist Wechselgesänge zwischen dem Himlischen Bräutigam und seiner Braut, mit P. Meiers Sangweisen. 12⁰ Amsterdam 1657

34 Salomons Des Hebräischen Königs Geistliche Wollust, oder hohes Lied in Palmen- oder Dattel-Reime, mit J. Schoopens neuen Sangweisen, auch kurzen reimlosen Erklärungen des geistlichen Verstandes: beides nach Art der Gesprächspiele auf öffentlicher Schauburg vorgestellet. 10 Bl., 148 S., 6 Bl. 12⁰ Amsterdam: Kunraht 1657 (Veränd. Ausz. a. Nr. 4)

35 Mythologie oder Von der Heydnischen Gottheit Herkunft. Nürnberg 1658

36 Neues Buß- und Gebätt-buch ... 345 S. Schaffhausen: Suter 1660

37 Leo Belgicvs, Hoc est, Succincta, ac dilucida Narratio Exordii, progressus, ac denique ad summam perfectionem redacti stabiliminis, et interioris formae, ac status, Reipublicae foederatarum Belgii Regionum: Cui accesserunt et Aditamenta. 12 Bl., 346 S. Amsterdam: Elzevier 1660

38 Die verschmähte, doch wieder erhöhte Majestäht; das ist, Kurtzer Entwurf der Begäbnüsse Karls des Zweiten Königs von Engelland, Frankreich, Schotland und Irland :... 3 Bl., 424 S. 12⁰ Amsterdam: Nosch 1661

39 Coelvm Astronomico-Poeticvm sive Mythologicum Stellarvm fixarvm ... svccincta descriptio. 10 Bl., 379 S. Amsterdam: Blaeu 1662

40 Trost-Schrift über die seelige Sterbligkeit des Wol edlen, Vesten und Hochgelehrten Herrn Daniel Weimans ... Gehr. Rahts, und Kantzlers im Hertzogtuhm Kleve ... An Desselben hinterlaßene betrübte Frau Witwe: Welcher beigefügt ein Grabe-gesang fast eben desselbigen inhalts. 23 S. Amsterdam: Webber 1662

41 BEschreibung der Stadt Amsterdam: Darinnen von Derselben ersten ursprunge bis auf gegenwärtigen Zustand ... vor augen gestellet werden. 4 Bl., 398 S., 12 Bl. m. Ku. 4⁰ Amsterdam: Nosch 1664

42 Geistliche Feld- und Garten-Betrachtung. Amsterdam 1664

43 Flüchtigkeit des Menschlichen Lebens. Amsterdam 1664

44 Sendeschreiben an den Kreutztragenden, der Hochpreiswürdigsten Rosenzunft Mitglied, im 1664 jahre abgelauffen, darinnen, nebenst vielen die Hochdeutsche Dichtkunst, und Sprache selbst betreffenden Geheimnüssen, etliche zu wissen nöhtige Anmärkungen über das berufene Ristische Lied, Höhr, Him̅el, was mein trauriges hertze, u.a.m., einverleibet zu finden: Allen der Hochdeutschen Sprachübung Liebhabern zum erspriesslichen nutzen in den druk gegeben durch den Wohlriechenden, der Höchstpreiswürdigen Deutschgesinnten Geselschaft Mitgenossen. 48 S. o.O. (1664)

45 Des Weltlichen Standes Handlungen, und Vrteile wider den Gewissenszwang in Glaubenssachen, aus den Geschichten der Keiser, Könige, Fürsten und anderer Weltlichen Obrigkeiten ... zur betrachtung, und lehre zu tage gegeben. 9 Bl., 217 S. Amsterdam: Kunrad 1665

46 Des Kristlichen Frauenzimmers Tugendwekker, oder Geistliches Weihrauchfaß, vol allerhand Tugendgebähte. Amsterdam 1665

47 Des Geistlichen Standes Vrteile wider den Gewissenszwang in Glaubenssachen, aus den alten der fürnehmsten Kirchenlehrer, und neuen nachmaliger, selbst heutiges tages GOttesgelehrter Geistlichen Schriften zusammen gesamlet und ... Glaubensklüglern zum Lehrspiegel ans Licht gegeben. 20 Bl., 148 S., 2 Bl. Amsterdam: Kunrad 1665

48 Mühsäligkeit des Menschlichen Lebens. Amsterdam 1666

49 (Übs.) G. Fournier: Handbuch der itzt üblichen Kriegs-baukunst, Aus den

gestalten der besten und itziger Zeit berühmtesten Festungen gezogen ... 2 Bl., 138 S., 107 Bl. Ku. Amsterdam: v. Waesberge & Weyerstraet 1667

50 (Übs.) (M. de Scudery:) Ibrahim ... Anfangs In Frantzösischer Sprach beschrieben von Dem Weltberühmten Herrn von Scudery: Anitzo aber in unsere Hochteutsche Sprach übersetzet, und mit einem Kurtzen Inhalt über jedes Buch vermehret. 1092 S. 12° Zweibrücken: Frantz 1667
  (Verm. Neuaufl. v. Nr. 14)
51 Schöne Hamburgerin. 20 Bl. o.O. 1668
52 Hochdeutsche Helikonische Hechel oder des Rosenmondes zweite Woche... 8 Bl., 123, 5 S. 12° Hbg: Guht 1668
  (zu Nr. 25)
53 Die Reinweisse Hertzogin, auf Gnädigsten befehl besungen. 16 Bl. o.O. 1668
54 (Übs.) W. Goerer: Anweisung zur algemeinen Reis- und Zeichenkunst ... 12 Bl., 84 S. 12° Hbg: Nauman & Wolf 1669
55 Das Hochdeutsche Helikonische Rosentahl, das ist, Der höchstpreiswürdigen Deutschgesinneten Genossenschaft Erster oder Neunstämmiger Rosen-Zunft Ertzschrein ... ausgefärtiget durch Den Färtigen. 132 S. (Amsterdam:) Konrad 1669
56 Assenat; das ist Derselben und des Josefs Heilige Stahts- Lieb- und Lebensgeschicht. 7 Bl., 532 S., 10 Bl., 30 Ku. Amsterdam: v. Hagen 1670
57 (Hg.) Umbständliche und Eigentliche Beschreibung von Africa, Und denen darzugehörigen Königreichen und Landschaften, als Egypten, Barbarien, Lybien, Biledelgerid, dem Lande der Negros, Guinea, Ethiopien, Abyßina, und den Africanischen Insulen: zusamt deren Verschiedenen Nahmen, Grenzen, Städten, Flüssen, Gewächsen, Thieren, Sitten, Trachten, Sprachen, Reichthum, Gottesdienst und Regierung ... Auß unterschiedlichen neuen Land- und Reisebeschreibungen mit fleiß zusammen gebracht Durch O. Dapper. 2 Thle. 6 Bl., 695 S.; 101 S. m. Ku. u. Titelku. Amsterdam: v. Meurs 1670
58 (Hg.) Denckwürdige Gesandtschafften der Ost-Indischen Gesellschaft in den Vereinigten Niederländern, an unterschiedliche Keyser von Japan: ... Aus den Schriften und Reyseverzeichnüssen gemelter Gesanten gezogen, Durch Arnold Montanus. 4 Bl., 443 S. 2° Amsterdam: v. Meurs 1670
59 Kriegslieder, bei betrachtung der Himlischen Krigshelden am H. Engelfeste verfasset. Hbg 1670
60 Dichterisches Rosen- und Liljentahl, mit mancherlei Lob- lust- schertz- schmertz- leid und freuden-liedern gezieret. 8 Bl., 433 S. Hbg: Rebenlein 1670
61 (Übs.) J. v. Beverwyck: Schatz der Gesundheit ... mit ahrtigen Reimen Ritter Jakob Katsens ... aus dem Niederdeutschen verhochdeutschet, und nach der Hochdeutschen Landesahrt eingerichtet. 258, 381 S. 2° Amsterdam: Blau 1671
62 (Übs.) J. v. Beverwick: Schatz der Ungesundheit ... Aus dem Niederdeutschen verhochdeutschet. 2° Amsterdam 1671
63 (Übs.) A. Manesson Mallet: Kriegsarbeit Oder Neuer Festungsbau, so wohl der Lehrsatzmäßige, als Unlehrsatzmäßige, in drei Teilen abgehandelt. 3 Bde. 12 Bl., 132 S., 2 Bl.; 12 Bl., 197 S.; 8 Bl., 272 S. Amsterdam: v. Meurs 1672
64 Drey-gestimmter Zesischer Salomon. 3 Bde. m. Musikbeil. Bern 1674
65 Neues Buß- und Gebätt-buch ... 4 Bl., 361 S. Schaffhausen: Rieding 1675
  (Verm. Neuaufl. v. Nr. 36)
66 Der Himmlischen Haupt-Tugenden Dreiling. Nürnberg 1675
67 (Bearb.) Andächtiger Lehr-Gesänge von Kristus Nachfolgung und Verachtung aller eitelkeiten der Welt, erstes Mandel, Aus dem Seeligen Thomas von Kempis gereimet ... 51 Bl. Magdeburg: Hofmann 1675
68 Der Hoch-preis-würdigen Deutschgesinneten Genossenschaft Erster zwo Zünfte, nähmlich der Rosen- und Liljen-Zunft sämtlicher Zunftgenossen Zunft- Tauf- und Geschlächts-Nahmen, samt ihren Zunftzeichen, und Zunftsprüchen ... 16 Bl. Hbg: Lichtenstein 1676
69 Niederländischer Leue: Das ist, Kurtzer, doch grundrichtiger Entwurf Der innerlichen Gestalt und Beschaffenheit des Staht-wesens der sieben Vereinigten Niederländer ... 516 S. 12° Nürnberg: Hofmann 1677
  (zu Nr. 37)

70 Reise-Lieder zu Wasser und Lande, für Schif- Fuhr- und Handels-Leute, wie auch andere über Land und Wasser Reisende. 8 Bl. Hbg: Lichtenstein 1677
71 Das erste an ihn abgelassene Sendschreiben des ... Herrn M. Joh. Hofmannes ... beantwortet ... 2 Bl. Hbg (o. Verl.) 1677
72 Lobklingende Ruhm- und Nahmen-Reime. 2 Bl. Hbg (o. Verl.) 1678
73 (MV) (Ph. v. Z., D. Klesch u. Ch. Klesch:) Dreyfache Ruhm- und Ehren-Krohne, von Rosen, Liljen und Nägelein gebunden und ... Herrn Filip Jakob Zeitern und Herrn Johann Kaspar Keßlern ... von dem ... Färtig Wohlsetzenden, Kräfftigst-Huldenden, und Dichtenden aus Hamburg und Jehna zu einem glückseeligen Neuen Jahr übersendet ... 2 Bl. 4° Jena: Bauhofer 1679
74 Simson, eine Helden- und Liebes-Geschicht. 6 Bl., 593, 3 S. Nürnberg: Hofmann 1679
75 Des Hochdeutschen Helikonischen Liljentahles, das ist der Hochpreiswürdigen Deutschgesinneten Genossenschaft Zweiter oder Siebenfacher Liljen-Zunft Vorbericht, ausgefertigt durch den Färtigen. 1 Bl., 59, 2 S. Amsterdam: auf Kosten der Genossenschaft 1679
76 Zugabe oder Anmärkungen über seinen Simson, zur nohtwendigen Erklähr- und Bewährung etlicher Dunkelen und sonderlichen Reden desselben, den Liebhabern zum besten ins Lichte gegeben. 189 S. Nürnberg: Hofmann 1679
   (zu Nr. 74)
77 Prirau, oder Lob des Vaterlandes. 116 S., 5 Bl. Amsterdam: auf Kosten der Genossenschaft 1680
78 Reimsalaht, welchen bei dem Kröhnungsmahle des Wohlgebohrnen Dichtmeisters, Herrn Georg Zacharias Hilten ... unter dem Zunftnahmen des Geliebten ... nach Desselben ... volzogener Dichterkröhnung zu deren mehrer bekräftigung aufsetzte der Färtig-Wohlsetzende. 2 Bl. 4° Amsterdam: Konrad 1681
79 Die frühleuchtende Dichterkunst des sonderlich wohlgeahrteten und mit dem Lichte des Verstandes herlich ausgeschmükten Jünglings, Esdras Markus Lichtensteines, der die Gottesgelehrtheit, samt der Ebräischen Ertz- und anderen Haupt-Sprachen, zum Grundziele seiner Geflissenheit erkohren, kröhnete und belehnete, Kraft verliehener Röm. Keiserl. Volmacht, am hochheiligen Jesus Tage des 1684sten Heiljahrs, mit dem immergrühnenden Lorbeerkrantze und herrlich leuchtendem Dichterglantze Der Färtig-Wohlsetzende. 8, 5 Bl. Hbg: Lichtenstein (1684)
80 Drei Danklieder, aus den drei Schriftsprüchen, die in der Früh- Hoch- und Nachmittags-Predigt der itzt angestellten Hamburgischen Dank- und Freuden-Festes Wegen des am 6ten und 9ten Aerntmohndes wieder den Erbfeind der Kristenheit, den Türken, erhaltenen herrlichen Sieges, zu erklähren erwählet worden. Kurtzbündig verfasset. 2 Bl. o. O. 1685
81 Der gantzen hochpreiswürdigen deutschgesinnten Genossenschaft samtlich von 1643 bis 1685 nach meinem einverleibten Zunftgenossen Zunft- Tauf- und Geschlechtsnamen. Wittenberg 1685
   (zu Nr. 68)
82 (Übs.) Die Horazischen Nachgesänge, in einer darüber gehaltenen Lehrgesellschaft zu erst durch eine eigendliche Wortverdeutschung und darnach durch eine ausgeführte Worterklährung beides in reiner Hochdeutschen ungereimten rede vorgetragen. Wittenberg 1687
83 Der erdichteten Heidnischen Gottheiten, wie auch Als- und Halb-Gottheiten Herkunft und Begäbnisse, den Liebhabern nicht allein der Dicht- Bild- und Mahler-Kunst, sondern auch der gantzen Welt- und Gottes-Gelehrtheit zu erleuterung ihres verstandes zu wissen nöthig, kurtzbündig beschrieben. 12 Bl., 790 S., 106 Bl. Nürnberg: Hofmann 1688

ZIGLER UND KLIPHAUSEN, Heinrich Anshelm von (1663–1696)

1 Die Asiatische Banise, Oder Das blutig doch muthige Pegu, ... Alles in Historischer und mit dem Mantel einer annehmlichen Helden- und Liebesgeschichte bedeckten Wahrheit beruhende. M. Ku. Lpz 1689

2 Helden-Liebe Der Schrifft Alten Testaments in sechzehn anmuthigen Poëtischen Wechsel-Schrifften vorgestellet und ausgearbeitet. 170, 1 Bl., 18 Ku. Lpz 1691
3 Täglicher Schau-Platz der Zeit, Auff welchem sich Ein iedweder Tag durch das gantze Jahr mit seinen merckwürdigen Begebenheiten, so sich vom Anfange der Welt, biß auf diese ietzige Zeiten, an demselben zugetragen ... 8 Bl., 1492 S., 8 Bl. m. Titelku. 2° Lpz: Gleditsch 1695
4 Historisches Labyrinth der Zeit, Darinnen die denckwürdigsten Welt-Händel, Absonderlich aber die richtigsten Lebens-Beschreibungen aller ietzt-lebenden und verstorbenen Könige in Europa ... sämt vielen ergötzlichen Grab-Schrifften und Poesien ... – Continuirter Historischer Schau-Platz und Labyrinth der Zeit ... Erste Fortsetzung. 2 Bde. 5 Bl., 1352 S., 28 Bl.; 10 Bl., 1401 S., 4 Bl. m. Titelku. 2° Lpz: Gleditsch 1701–1718
5 Heldenliebe der Schrifft Alten Testaments in sechzehn anmuthigen Liebes-Begebenheiten. M. Ku. Lpz 1734
(Veränd. Neuaufl. v. Nr. 2)

ZILLICH, Heinrich (*1898)

1 Attilas Ende. Eine Novelle. 128 S. Kronstadt: Kerschner 1923
2 Wälder und Laternenschein. Eine Novelle. 88 S. Hermannstadt: Krafft 1923
3 Die Strömung. 56 S. Mediasch: Reissenberger 1924
4 (Übs.) L. György: Das geistige Leben der siebenbürgischen Ungarn seit 1919. 7 S. Klausenburg: Markusdruckerei (1925)
5 (Hg.) Klingsor. Siebenbürgische Zeitschrift. Jg. 1–16. Kronstadt: Klingsor-V. (später: Kronstadt: Zillich u. Hermannstadt: Zillich) 1924–39
6 Kronstadt. 52 S. m. 8 Abb. 4° Kronstadt: Klingsor-V. 1925
7 Siebenbürgische Flausen. Eine Sammlung lustiger siebenbürgischer Begebenheiten. 146 S. m. Abb. Kronstadt, Hermannstadt: Krafft & Dortleff (1925)
8 (Hg.) Siebenbürgische Kunstbücher. 1.2. Kronstadt: Klingsor-V. (1926 bis 1927)
9 Strömung und Erde. Gedichte. 79 S. Kronstadt: Klingsor-V. 1929
(Enth. u.a. Ausz. a. Nr. 3)
10 Der Toddergerch und andere Geschichten. 244 S. Schäßburg: Markusdruckerei (1930)
11 Vom Wesen Kronstadts. 16 S. Hermannstadt: Siebenbürgisch-Deutsches Tageblatt 1931
12 Der Zigeuner. Novelle. 34 S. Schäßburg: Markusdruckerei 1931
13 Sturz aus der Kindheit. Novellen. 192 S. Lpz: Staackmann (= Erzähler der Gegenwart) 1933
(Enth. u.a. Nr. 2 u. 12)
14 Der Urlaub. 40 S. Mchn: Langen-Müller (= Die kleine Bücherei 24) 1933
15 Festschrift zum Zehnjahresfest der Siebenbürgischen Zeitschrift Klingsor. 90 S. m. Taf. Kronstadt: Verl. d. Markusdruckerei 1934
16 Die gefangene Grille und andere siebenbürgische Erzählungen. 79 S. Köln: Schaffstein (= Schaffsteins blaue Bändchen 220) 1935
17 Komme, was will. Gedichte. 96 S. Mchn: Langen-Müller 1935
(Enth. u.a. Ausz. a. Nr. 9)
18 Die Reinerbachmühle. Eine Erzählung aus Siebenbürgen. Mit e. autobiogr. Nachw. 69 S. Lpz: Reclam (= Reclam's UB. 7304) (1935)
19 Zwischen Grenzen und Zeiten. Roman. 645 S. Mchn: Langen-Müller 1936
20 Der baltische Graf. 49 S. m. 10 Abb. Mchn: Langen-Müller (= Die kleine Bücherei 75) 1937
21 Siebenbürgische Jugend im Weltkrieg. Hg. G. Becherer. 86 S. Mchn: Langen-Müller (= Die deutsche Folge 38) 1937
(Ausz. a. Nr. 19)
22 Attilas Ende. Erzählung. 104 S. Mchn: Langen-Müller 1938
(Veränd. Neuaufl. v. Nr. 1)
23 Der Weizenstrauß. Roman. 242 S. Mchn: Langen-Müller (1938)
24 (Vorw.) Volksmärchen aus Siebenbürgen. 78 S. Jena: Diederichs (= Deutsche Reihe 84) 1939

25 Flausen und Flunkereien. Lustige Geschichten aus Siebenbürgen. 219 S. Mchn: Langen-Müller 1940
26 Krippe-Lore und der Feuermann. Eine Geschichte für Kinder. 87 S. m. Abb. Mchn: Langen-Müller 1940
27 (Hg.) Das Flügelroß. Kunstjahrbuch des Reichsgaues Salzburg 1. 203 S., 8 S. Abb. Salzburg: Das Bergland-Buch (= Das Bergland-Buch) 1941
28 Siebenbürgen und seine Wehrbauten. Mit e. Darst. d. Baugeschichte v. H. Phlebs. 111 S. m. Abb. 4° Königstein, Lpz: Langewiesche (= Die blauen Bücher) 1941
29 Kunstausstellung Deutsche Künstler aus Rumänien. (Katalog.) 15 S. m. Abb. (Stg:) Volksbund f. d. Deutschtum i. Ausland, Gauverband Württemberg (1942)
30 Die fröhliche Kelter. Eine Siebenbürger Auslese. Allerlei Schnurren, Schwänke und Histörchen. 124 S. Stg: Dt. Verl.-Expedition (= Bibliothek der Unterhaltung und des Wissens. Jg. 67, Bd. 865) 1943
    (Enth. u. a. Ausz. a. Nr. 25)
31 Die ewige Kompanie. 30 S. Bln, Lpz: Hillger (= Hillgers deutsche Bücherei 678) (1943)
32 Gabe an die Freunde an meinem fünfzigsten Geburtstag. 20 S. Gütersloh: Bertelsmann 1948
33 Grünk oder Das große Lachen. Roman. 556 S. Braunschweig, Bln, Hbg: Westermann 1949
34 (Hg.) Wir Siebenbürger. 393, XXXII S. m. Abb. Salzburg: Akad. Gemeinschaftsverl. (= Heimat im Herzen) 1949
35 (Hg.) Bekenntnis zu Josef Weinheber. Erinnerungen seiner Freunde. 257 S. Salzburg: Akad. Gemeinschaftsverl. 1950
36 Krippe-Lor und seine fröhlichen Spießgesellen. Eine lustige Kindergeschichte. 105 S. m. Abb. Worpswede: Reitze 1950
    (Neuaufl. v. Nr. 26)
37 Der Schicksalsweg der Siebenbürger Sachsen. Festansprache bei der Achthundertjahrfeier der Siebenbürger Sachsen am 21. Oktober 1950 zu München. 28 S. Mchn: Kultureller Arbeitskreis der deutschen Heimatvertriebenen in Bayern, Verb. d. Siebenbürger Sachsen in Deutschland 1950
38 (Hg.) Den Gefallenen. Ein Buch des Gedenkens und des Trostes. Hg. Volksbund Dt. Kriegsgräberfürsorge e. V. 156 S., XXXI S. Abb. Mchn, Salzburg: Akad. Gemeinschaftsverl. 1952
39 (MV) K. P. Karfeld: Argentinien. Ein Farbbildwerk. Text H. Hell u. H. Z. 31 S., 22 Taf. 4° Neumünster: Apollo-V. (1953)
40 (MV) K. P. Karfeld: Brasilien. Ein Farbbildwerk. Text M. V. L. Filho u. H. Z. 31 S., 22 Taf. 4° (Neumünster, Düsseldorf:) Apollo-V. (1953)
41 (MV) K. P. Karfeld: Deutschland. Glaube, Liebe, Hoffnung. Ein Farbbildwerk deutscher Städte und Landschaften. Text H. Z. u. a. 30 S., 10, 20 Bl. 2° Zürich: Karfeld; (Neumünster, Düsseldorf :) Apollo-V. (1953)
42 Der Sprung im Ring. Roman. 283 S. Mchn, Wien: Andermann 1953
43 Siebenbürgen. Ein Bilderbuch. 36 Bl., 72 Abb. Augsburg: Kraft 1955
44 Die Schicksalsstunde. 305 S. Wien, Stg: Wancura 1956
    (Enth. u. a. Nr. 14 u. 20)
45 Sturm des Lebens. 260 S. Wien, Stg: Wancura 1956
    (Enth. Nr. 13 u. 18)
46 (Hg. u. Bearb.) Siebenbürgisch-sächsische Heimatfibel für jung und alt. 175 S. Mchn: Meschendörfer 1957
47 Siebenbürgen, ein abendländisches Schicksal. Mit einer geschichtlichen Darstellung der siebenbürgischen Wehrbaukunst v. H. Phleps. 110 S. m. Abb. 4° Königstein im Taunus: Langewiesche (= Die blauen Bücher) 1957
    (Neuaufl. v. Nr. 28)
48 Stina. 32 S. Wien: St. Gabriel-V.; Kaldenkirchen: Steyler (= Frische Saat 81) (1958)

ZINCGREF, Julius Wilhelm (1591–1635)

1 (z. T. Übs.) Facetiae Pennalivm, Das ist, Allerley lustige Schulbossen, auß Hieroclis facetiis Philosophorum zum theil verdeutschet, vnd zum theil auß

dem täglichen Prothocollo der heutigen Pennal zusammen getragen. Mit sampt etlichen angehengten vnterschiedlichen Charakterismis oder Beschreibungen der Pennalismi, Pedantismi vnd Stupiditatis oder der Stockheiligkeit. 42 S. 4° o.O. 1618

2 Emblematvm Ethico-Politicorvm Centuria. 110 Bl., 100 Ku. o.O. 1619
 (Veränd. Neuaufl. v. Nr. 3)
3 Fahnenbilder. M. Ku. Straßburg 1619
4 Newe Zeitungen Von vnterschiedlichen Orten: Das ist, Die alte Warheit mit eim newen Titul. 4 Bl. 4° o.O. 1619
5 Warhaffte Newe Zeitungen, Von vnterschiedlichen Orten vnd Landen: Das ist: Die alte Warheit mit eim newen Titul. Vermehrt vnd auch verbessert. 8 Bl. 4° o.O. 1620
 (Verm. Neuaufl. v. Nr. 4)
6 (Hg.) M. Opitz: Teutsche poëmata vnd Aristarchvs Wieder die verachtung Teutscher Sprach... 8 Bl., 240 S. 4° Straßburg: Zetzner 1624
7 Sapientia picta, Das ist, Künstliche Sinnreiche Bildnussen vnd Figuren, dariñen denkwürdige Sprüch und nützliche Lehren im Politischen und gemeinen Wesen durch hundert schöne newe Kupferstück vorgebildet, entworffen, und durch deutsche Reyme erkläret werden. So auch zu einem Staṁ oder Wappen Büchlein füglich zugebrauchen. 104 Bl., 100 Ku. Ffm: Ammon & Marschall 1624
 (Neuaufl. v. Nr. 2)
8 Eine Vermahnung zur Dapfferkeit, Nach form, vnd art der Elegien des Griechischen Poeten Tyrtaei, welche der Lacedaemonier Feldst Obersten jhren Bürgern vnd Soldaten, ehe sie ins Treffen giengen, vorzulesen pflegten. 4 Bl. 4° o.O. 1625
9 Der Teutschen Scharpfsinnige kluge Sprüch. 20 Bl., 452 S., 1 Bl. Straßburg: Rihel 1626
10 (z.T. Übs.) Vermehrte Schuelbossen... 105 S. 4° o.O. 1627
 (Verm. Neuaufl. v. Nr. 1)
11 Der Teutschen Scharpfsinnige kluge Sprüch, Apophthegmata genant. – Teutscher Nation Denckwürdiger Reden Apophthegmata genant, Anderer Theil. 2 Bde. 20 Bl., 452 S.; 9 Bl., 163 S. Straßburg: Rihel 1628–1631
 (Verm. Neuaufl. v. Nr. 9)
12 Soldaten Lob, Oder Vnvberwindlicher Soldaten Trutz, Von Eigenschafften, vnd vortrefflichen, vnvberwindlichen Dapfferkeit der Edlen Soldaten, so mit vnerschrockenem Hertzen vnd Frewdigkeit, zu hindertreibung deß von dem Feind, dem Vaterland angeträweten Vntergangs, jhr Leben Ritterlich wagen, vnd in Gefahr setzen. Nach Art der Verß des vhralten Griechischen Poeten Tyrtaei, durch welche die Spartaner jhre Kriegsknecht zum Streit vorzubereiten vnd zur Dapfferkeit zu ermahnen pflegten. Gestellet durch H. J. W. Z., Doct. In der Belägerung Heydelberg, Im Jahr 1622. 4 Bl. 4° Ffm: Weiß 1632
13 Quotlibetisches Weltkefig. Darinn gleichsam, alß in einem Spiegel, daß gegenwärtige Weltgetümmel, gehümmel vnd getrümmel, wüten vnd toben, liegen triegen vnd kriegen, jrren wirren vnd sinceriren, Schwarm vnd Alarm, zusehen. 4 Bl. 4° o.O. (1632)
14 Quotlibetisches Welt und Hummel Kefig: Darinn gleichsam, alß in einem Spiegel, daß gegenwärtige Weltgetümmel... zusehen. 22 S. 4° o.O. 1632
 (Verm. Neuaufl. v. Nr. 13)
15 Fahnenbilder, das ist, Sinnreiche Figuren vnd Sprüch, von Tugenden vnd Tapfferkeit Heroischer Persohnen, in Fahnen, Cornetten, Libereyen, Trompeten, vnd dergleichen zu gebrauchen... 100 Bl., 100 Ku. Ffm: Ammon 1633
 (Neuaufl. v. Nr. 7)
16 (z.T. Übs.) Newlich vermehrte Pennal- vnd Schul-Possen. 36 Bl. 4° o.O. 1643
 (Verm. Neuaufl. v. Nr. 10)
17 (z.T. Übs.) Newlich vermehrte Pennal- vnd Schul-Possen, oder Geschichte, Das ist: Allerley kurtzweilige Facetiae Pennalium, Ex Hieroclis Facetiis Philosophorum zum Theil verteutschet, und zum theil auß dem täglichen Prothocollo der heutigen Pennäl und Bachanten... durch einen Liebhaber der Historischen Schwencke und Zeitvertreiberey zum Druck befördert... 28 Bl. 4° o.O. 1652
 (Verm. Neuaufl. v. Nr. 16)

Zinner, Hedda (*1907)

1 Unter den Dächern. Gedichte. 101 S. Moskau: Verl.-Genossenschaft ausländischer Arbeiter i. d. UdSSR 1936
2 Geschehen. Gedichte. 61 S. (Moskau:) Meshdunarodnaja Kniga (Das internationale Buch) 1939
3 Freie Völker – freie Lieder. Eine Auswahl alter und neuer Volkslieder und Gedichte aus der Sowjetunion. Moskau: Verl.-Genossenschaft ausländischer Arbeiter i. d. UdSSR 1939
4 Caféhaus Payer. Schauspiel in drei Akten. 109 S. Bln: Aufbau-Bühnen-Vertr. (Bühnen-Ms.) 1945
5 Fern und nah. Gedichte und Lieder. 73 S. Weimar: Kiepenheuer 1947
6 Alltag eines nicht alltäglichen Landes. 2 Bde. m. Taf. Bln: Verl. Kultur und Fortschritt (1950–1953)
7 (Übs.) S. Maršak: Mister Twister. 16 Bl. m. Abb. Bln, Dresden: Kinderbuchverl. (= Unsere Welt, Gr. 1) 1950
8 Freie Völker – freie Lieder. Weimar: Kiepenheuer 1951 (Dt. Ausg. v. Nr. 3)
9 Der Teufelskreis. Schauspiel in fünf Akten. 209 S. Bln: Henschel 1953
10 Wir fahren nach Moskau. Bln: Kinderbuchverl. 1953
11 Nur eine Frau. Roman. 328 S. Bln: Henschel 1954
12 Lützower. Schauspiel in fünf Akten. 115 S. Bln: Henschel (= Zeitgenössische Dramatik) 1958
13 Was wäre, wenn...? Komödie in drei Akten. 87 S. Bln: Henschel (= Zeitgenössische Dramatik) 1959

Zobeltitz, Fedor von (1857–1934)

1 Fürst Bismarck. Ein Lebensbild für Volk und Heer. 41 S. Bln: Militaria 1881
2 Fähnrichs-Geschichten. Lose Blätter in lockeren Reimen. 99 S. Hannover: Helwing 1881
3 Feldmarschall Graf Moltke. Ein Lebensbild für Volk und Heer. 42 S. Bln: Militaria 1881
4 Die Perrücke der Prinzessin Narischkin. Eine abenteuerliche Geschichte aus dem Rococo. Roman. 2 Bde. 459 S. Bln: Luckhardt 1883
5 Märkischer Sand. Brandenburgisch-preußische Historietten. 236 S. Lpz: Reißner 1884
6 Karadi-nisa. Roman. 236 S. Minden: Bruns 1887
7 Flittergold. Roman aus dem Offiziersleben der Gegenwart. 444 S. Jena: Costenoble 1888
8 Das Nessusgewand. Roman. 2 Bde. 638 S. Stg: Dt. Verl.-Anst. 1888
9 In der Welt verloren. Roman nach den Aufzeichnungen eines Konsulatsbeamten. 2 Bde. 564 S. Jena: Costenoble 1889
10 Ich als Modell und Anderes. Kleine Geschichten. 128 S. Bln: Eckstein (= Eckstein's Reisebibliothek) 1890
11 Bis in die Wüste. Roman aus zwei Welten. 3 Thle. in 1 Bd. 420 S. Bln: Janke 1892
12 Der Telamone. Roman aus der Artistenwelt. 499 S. m. Abb. Bln: Ver. d. Bücherfreunde (= Veröffentlichung d. Ver. d. Bücherfreunde. Jg. 2, Bd. 5) 1893
13 Die Johanniter. Roman. 427 S. Jena: Costenoble 1894
14 Die Pflicht gegen sich selbst. Roman. 2 Bde. 694 S. Bln: Dt. Verlh. Bong 1894
15 Ohne Geläut. Schauspiel. 97 S. Dresden: Pierson 1895
16 Der kleine Pastor und andere Novellen. 304 S. Dresden: Pierson 1895
17 Die Tierbändigerin. Novelle. 108 S. Bln: Fontane (1895)
18 Unter dem roten Adler. Zwei brandenburgische Geschichten. 133 S. Bln: Janke 1896
19 Das eigene Blut. Märkisches Bauernstück. 67 S. Bln: Fleischel 1896
20 Das zweite Geschlecht. Roman. 3 Bde. 255, 238, 229 S. Bln: Janke 1896
21 Ein Schlagwort der Zeit. Roman. 2 Bde. 286, 288 S. Bln: Fontane 1896

22 An der Wende. Zwei Geschichten. 140 S. Bln: Janke 1896
23 Heilendes Gift. Roman. 2 Bde. 265, 319 S. Jena: Costenoble 1897
24 (Hg.) Zeitschrift für Bücherfreunde. Monatshefte für Bibliophile und verwandte Interessen. Jg. 1-12, je 12 H. m. Abb. u. Beil. Bielefeld: Velhagen & Klasing 1897-1909
25 Die Armutsprobe. Roman in zwei Bänden. 258, 244 S. Stg: Union 1898
26 Die Intriganten. Brandenburgisch-preußischer Roman. 3 Bde. 274, 286, 263 S. Bln: Janke 1898
27 Ironie des Schicksals. Roman. 397 S. Bln: Gnadenfeld 1898
28 Knospenzauber. Erzählung. 139 S. Bln: Janke 1898
29 Aus tiefem Schacht. Roman. 391 S. Stg: Dt. Verl.-Anst. (1898)
30 Der gemordete Wald. Bauernroman aus der Mark. 403 S. Stg: Dt. Verl.-Anst. 1898
31 Der Kurier des Kaisers. Abenteuer eines jungen Deutschen in Mexiko. Erzählung für die reifere Jugend. 168 S. m. Abb. 16⁰ Bielefeld: Velhagen & Klasing (= Velhagen & Klasing's Jugendbibliothek 1) 1899
32 Neue Waffen. Schauspiel. 133 S. Bln: Fontane 1899
33 Besser Herr als Knecht. Roman. 402 S. Bln: Fontane 1900
34 Das Heiratsjahr. Lustspiel-Roman. 2 Bde. 160, 157 S. Stg: Engelhorn (= Engelhorn' allgemeine Romanbibliothek. Jg. 16, Bd. 13-14) 1900
35 Der Herr Intendant. Geschichte einer Hoftheatersaison. Roman. 318 S. Bln: Elsner (1901)
36 Albine. Roman. 288 S. Bln: Eckstein (1902)
37 Der Backfischkasten. Eine fröhliche Sommergeschichte. 2 Bde. 160, 158 S. Stg: Engelhorn (= Engelhorn's allgemeine Romanbibliothek. Jg. 19, Bd. 1-2) 1902
38 Berlin und die Mark Brandenburg. 191 S., 1 Kt. Bielefeld: Velhagen & Klasing (= Land und Leute 14) 1902
39 Die Freibeuter. Ein Roman vor hundert Jahren. 2 Bde. 271, 368 S. Bln: Fleischel 1902
40 Die papierne Macht. 2 Bde. 168, 150 S. Stg: Engelhorn (= Engelhorn's allgemeine Romanbibliothek. Jg. 18, Bd. 17-18) 1902
41 Märkische Romane. 2 Bde. Stg: Dt. Verl.-Anst. 1902
    1. Der gemordete Wald. 403 ñ.
    2. Aus tiefem Schacht. 391 S.
    (Enth. Nr. 29 u. 30)
42 Trude Alberti. Roman. 257 S. m. Abb. Stg: Krabbe 1903
43 (Hg.) Neudrucke literarhistorischer Seltenheiten. 9 Bde. m. Faks. u. Taf. Bln: Frensdorff 1904-1906.
44 Tyrannen des Glücks. Lustspiel. Bühneneinrichtung. 93 S. 16⁰ Lpz: Reclam (= Universal-Bibliothek 4604) 1904
45 Unter der Dornenkrone. 2 Bde. 128, 128 S. Bln: Hillger (= Kürschner's Bücherschatz 433-434) 1905
46 (Hg., Vorw.) Die Jungfrau von Orleans. Ein heroisch-komisches Gedicht in sechzehn Gesängen nach Voltaire. Berlin und Leipzig 1809. (Neudr.) XVII, 4, 434 S. Bln: Frensdorff (= Neudrucke literarhistorischer Seltenheiten 3) 1905
    (Bd. 3 v. Nr. 43)
47 „Kreuz wende dich". 2 Bde. 156, 160 S. Stg: Engelhorn (= Engelhorn's allgemeine Romanbibliothek. Jg. 21, Bd. 17-18) 1905
48 Die arme Prinzessin. 2 Bde. 183, 172 S. Stg: Engelhorn (= Engelhorn's allgemeine Romanbibliothek. Jg. 22, Bd. 1-2) 1905
49 Dem Wahren, Edlen, Schönen. Großstadtroman. 296 S. Bln: Fleischel 1905
50 Höhenluft. Tragikomischer Roman. 2 Tle. in 1 Bd. 208, 319 S. Lpz: Reclam 1906
51 Zwei Küsse. Der kleine Pastor. 164 S. m. Abb. Stg: Krabbe 1906
    (Enth. u.a. Ausz. a. Nr. 16)
52 Eine Welle von drüben. Roman. 2 Bde. 501, 475 S, Bln: Fleischel 1906
53 Das Gasthaus zur Ehe. Roman. 458 S. Bln: Fleischel 1907
54 Tröst-Einsamkeit. Der Roman eines Jahres. 457 S. Bln: Fleischel 1908
55 Eva, wo bist du? Roman. 479 S. Stg: Engelhorn 1909
56 Eine frivole Idee und Anderes. 152 S. m. Abb. Stg: Krabbe 1909
57 Die Abenteuer. 223 S.Bln: Hillger(=Krüschner's Bücherschatz 750-751)1910

58 (Hg.) Briefe deutscher Frauen. 539 S., 20 Bildn. Bln: Ullstein 1910
59 Friedel halb-süß. Ein Sektroman. 433 S. Bln: Fleischel 1910
60 Das nette Mädel. Roman. 417 S. Bln: Fleischel 1910
61 Meerkatz. Roman. 420 S. Stg: Engelhorn 1910
62 Ein Schlagwort der Zeit. Roman. 276 S., 10 Abb. Stg: Krabbe 1911
63 Die Spur des Ersten. 485 S. Bln: Ullstein (1911)
64 Ein Bummel um die Welt. Augenblicksbilder und Eindrücke. 299 S. Bln: Stilke 1912
65 Unsichtbare Hände. Roman. 232 S. Bln: Hillger (= Kürschner's Bücherschatz 843–844) 1912
66 (Hg.) Der Kampf um Troja, wiedererzählt. 142 S. m. Abb. Bln: Ullstein (= Ullstein-Jugend-Bücher 5) 1912
67 Drei Mädchen am Spinnrad. Roman von glücklichen Leuten. 451 S. Bln: Fleischel 1912
68 Pflicht. Roman. 334 S. m. Abb. Stg: Krabbe 1912
69 Der starke Fritz. (Der Telamone). Roman. 319 S. Bln: Kronen-Verl. (= Kronen-Bücher) (1913) (Neuaufl. v. Nr. 12)
70 Die Glücksfalle. Roman. 456 S. Bln: Ullstein (1913)
71 Die Hetzjagd. Roman. 382 S. Bln: Fleischel 1913
72 Unter dem roten Adler und andere Erzählungen. III, 412 S. Bln: Janke 1914 (Enth. u.a. Nr. 18)
73 Das Geschlecht der Schelme. Roman. 491 S. Bln: Ullstein 1914
74 Heinz Stirlings Abenteuer. Eine Erzählung für die reifere Jugend. 3 Bde. Bln: Ullstein 1915–1916
75 Cap Trafalgar. Eines deutschen Hilfskreuzers Glück und Ende. Erzählt. 298 S. m. Taf. Stg: Engelhorn 1915
76 Das vorschnell vermählte Ehepaar. Eine unruhige Kriegsgeschichte. 284 S. Bln: Ullstein (= Ullstein-Bücher 70) (1915)
77 (MV) L. Kasimir: Belgien 1915. Ein Skizzenbuch. Text F. v. Z. 40 S. m. Abb., 30 Taf. 4° Mchn: Hanfstaengl (1915)
78 Kriegsfahrten eines Johanniters mit friedlichen Zwischenspielen. 251 S. Bln: Ullstein 1915
79 Eine junge Dame von Welt. Roman. 412 S. Bln: Ullstein 1917
80 Der Herd in der Fremde. Ein Gesandtschafts-Roman. 410 S. Bln: Ullstein 1917
81 Steppke. Geschichte eines russischen Jungen in deutscher Kriegsgefangenschaft. 121 S. Ffm: Literar. Anst. Rütten & Loening 1917
82 Die Junker. Roman. 444 S. Bln: Ullstein 1918
83 Der Klapperstorchverband. Ein Lustspiel-Roman. 254 S. Bln: Ullstein (= Ullstein-Bücher 113) (1919)
84 Die Romantik zu Pferde und andere Geschichten. 79 S. Bln: Hillger (= Kürschner's Bücherschatz 1243) (1919)
85 Die von Schebitz. Geschichte einer Adelsfamilie im Revolutionsjahr. 380 S. Bln: Ullstein 1920
86 Das Expresskind. Eine heitere Geschichte. 253 S. Bln: Ullstein (= Ullstein-Bücher 138) 1921
87 Kuriose Geschichte. Roman. 315 S. Bln: Ullstein (= Ullstein-Bücher 192) (1921)
88 Der Beutezug der Liebe. Roman. 347 S. Bln: Ullstein 1922
89 Chronik der Gesellschaft unter dem letzten Kaiser. 2 Bde. 312, 295 S. Hbg: Alster-Verl. 1922
90 Die Unverantwortlichen. Roman. 379 S. Bln: Ullstein (1922)
91 Die Entthronten. Roman. 316 S. Bln: Ullstein 1923
92 Das Spiel mit dem Abenteuer. Erzählung für die reifere Jugend. 144 S. m. Abb. Bln: Ullstein (1923)
93 Im Kampf mit Raubrittern. Historische Novelle. 32 S. Zerbst: Eger (= Neue deutsche Hausbibliothek, Bd. 12) 1924
94 Die rote Kaschgar. Roman. 310 S. Bln: Ullstein 1924
95 (Hg.) Die alten Volksbücher, nach den ältesten Druckvorlagen übertragen und mit neuen Figuren. 2 Bde. 176 S., 15 Taf.; 169 S. Hbg: Alster-Verl. 1924–1925
96 Wein, Weib, Gesang. Ein feuchtfröhliches Plauderbuch. 60 S., 57 Abb. Bln: Prisma-Verl. 1924

97 Theaterroman. (Dem Wahren, Edlen, Schönen). Roman. 285 S. Stg: Engelhorn (= Engelhorn's Romanbibliothek. Reihe 38, Bd. 9–10) 1925 (Neuaufl. v. Nr. 49)
98 Das Fräulein und der Levantiner. Roman. 316 S. Bln: Ullstein (= Das neue Ullstein-Buch 11) 1926
99 Die Ruferin. Ein Künstlerroman von heute. 316 S. Bln: Ullstein (= Die gelben Ullstein-Bücher 8) 1927
100 Die Zwei in der Sonne. Roman. 272 S. Stg, Bln: Weizinger (= Engelhorn's Romanbibliothek 1013–1014) 1927
101 Die Erben von Groß-Quirlitz. Roman. 316 S. Bln: Ullstein (= Die gelben Ullstein-Bücher 32) 1928
102 Ausgewählte Romane. 10 Bde. Lpz: Fikentscher (= Hafis-Ausg.) (1928) (Enth. Nr. 33, 35, 63, 70, 71, 73, 80, 88, 91, 98)
103 Der Mann im feurigen Ofen. Roman. 338 S. Stg: Dt. Verl.-Anst. 1929
104 Dagmar springt in die Freiheit. Roman. 306 S. Bln: Ullstein 1930
105 Die unruhigen Mädchen. Roman. 309 S. Bln: Ullstein 1931
106 Im Zickzack durch die Liebe. Roman. 268 S. Bln: Scherl 1931
107 Die Brüder Larsen. Roman. 250 S. Bln: Ullstein (= Die gelben Ullstein-Bücher 164) 1933
108 Vier von den Quitzows. Märkischer Roman. 336 S., 8 Abb. Bln: Scherl 1933
109 Ich hab so gern gelebt. Die Lebenserinnerungen. 256 S., 16 Taf. Bln: Ullstein 1934
110 Der Herr aus Java. Tragikomischer Roman. 314 S. Oldenburg: Ritter-Verl. 1936

Zoff, Otto (1890–1963)

1 Das Haus am Wege. Roman. 215 S. Ffm: Liter. Anst. Rütten & Loening 1913
2 (Hg., Einl.) Alte deutsche Marien- und Weihnachtslieder. Mit Anm. u. Einf. vers. III, 92 S., 5 Abb. Weimar: Kiepenheuer (= Liebhaberbibliothek 16) 1913
3 (Hg.) „... Ja, das Heieraten stellt mir an ...". Ehestands- und Junggesellenlieder, gesammelt u. mit einem Nachweis über die Entstehung vers. VI, 75 S., 39 Abb. Bln: Morawe & Scheffelt 1914
4 (Hg.) Französische Liebesbriefe. Hg. u. mit Anmerkungen vers. O. Z. Übs. Mimi Zoff. 304 S., 16 Bildn. Weimar: Kiepenheuer 1914
5 (Hg.) 1809. Dokumente aus Österreichs Krieg gegen Napoleon. 72 S. Lpz: Insel (= Österreichische Bibliothek 6) (1915)
6 (Übs., Einl.) Die Briefe des Peter Paul Rubens. 555 S., 1 Bildn., 11 Taf. Wien: Schroll 1918
7 (Hg.) Deutsche Dorfgeschichten. 251 S., 4 Abb. Potsdam: Kiepenheuer (= Liebhaberbibliothek 47) 1918
8 (MH) Kerker und Erlösung. Ein Trauerspiel in fünf Akten. 67 S. Mchn: Müller 1918
9 (MH) Deutsche Mädchenlieder aus alter und neuer Zeit. Hg. Mimi u. O. Z. 277 S. Mchn: Müller (1918)
10 (Hg.) Deutsche Kleinstadtgeschichten. II, 277 S., 8 Abb. Potsdam: Kiepenheuer (= Liebhaberbibliothek 53) 1919
11 Der Schneesturm. Ein Trauerspiel in fünf Akten. VII, 55 S. Mchn: Müller (= Theater der Gegenwart) 1919
12 Der Winterrock. Roman. 301 S. Mchn: Müller (= Neue deutsche Romane) 1919
13 (Hg.) Das Anekdotenbuch. Die schönsten und unterhaltendsten Anekdoten aus allen Zeiten. 254 S. Mchn, Bln: Wertbuchh. (1920)
14 Gedichte. 69 S. Wien: Tal (= Die zwölf Bücher, Reihe 1) 1920
15 (Hg.) Der Schauspieler. Eine Monographiensammlung. Bd. 1–4 m. Abb. Bln: Reiß (1920)
16 Das Leben des Peter Paul Rubens. 57 S., 20 Taf. 4º Mchn: Allgem. Verl.-Anst. 1922
17 (Hg., Einl.) P. Brueghel: Die sieben Todsünden und die sieben Haupttugenden. 7 S., 14 Bl. Potsdam: Kiepenheuer (1923)

18 (Bearb.) J. Frh. v. Eichendorff: Die Freier. Lustspiel in drei Aufzügen in freier Bearb. 59 S. Lpz: Reclam (= Reclam's UB. 6419) 1923
19 (Hg., Einl.) Die Handzeichnung. Bd. 1: Michelangelo Buonarroti: Die Handzeichnungen. In Auswahl hg. XVIII S. m. Abb., 85 S. Abb. 4⁰ Potsdam: Kiepenheuer 1923
20 (Bearb.) P. Calderón de la Barca: Die Andacht zum Kreuze. Schauspiel in drei Aufzügen. Nachdichtung. 89 S. Potsdam: Kiepenheuer 1925
21 Die Liebenden. Roman. 382 S. Bln-Charlottenburg: Volksverband d. Bücherfreunde, Wegweiser-Verl. 1929
22 Rosen und Vergißmeinnicht. Komödie in drei Akten. 108 S. Bln: Drei-Masken-Verl. 1929
23 Die Hugenotten. Geschichte eines Glaubenskampfes. 380 S., 10 Taf. Wien: Tal 1937
24 They shall inherit the earth. XII, 258 S. New York: Day 1943
25 (Hg.) Die großen Komponisten. Gesehen von ihren Zeitgenossen. 343 S. Bern: Scherz 1952
26 König Hirsch. Komödie in drei Akten frei nach Carlo Gozzi. 73 S. Wien: Bergland-Verl. (= Neue Dichtung aus Österreich 60) 1959
27 Die Glocken von London. Ein Traumspiel in achtzehn Szenen frei nach Charles Dickens. 62 S. Wien: Bergland-Verl. (= Neue Dichtung aus Österreich 77) 1960

ZOLLINGER, Allbin (1895–1941)

1 Die Gärten des Königs. 260 S. Lpz: Grethlein (1921)
2 Die verlorene Krone. Märchen. 218 S. m. Abb. Lpz: Grethlein (1922)
3 Der halbe Mensch. Roman. 279 S. Lpz: Grethlein 1929
4 Gedichte. 120 S. Zürich: Rascher 1933
5 Sternfrühe. Neue Gedichte. 130 S. Zürich: Morgarten-Verl. 1936
6 Stille des Herbstes. Gedichte. 144 S. m. Abb. Zürich: Morgarten-Verl. (1938)
7 Haus des Lebens. Gedichte. 103 S. Zürich: Atlantis-Verl. 1939
8 Die große Unruhe. Roman. 322 S. Zürich: Atlantis-Verl. 1939
9 Pfannenstiel. 2 Bde. Zürich: Atlantis-Verl. 1940-1942
   1. Pfannenstiel. Die Geschichte eines Bildhauers. 261 S. 1940
   2. Bohnenblust oder Die Erzieher. 306 S. 1942
10 Der Fröschlacher Kuckuck. Leben und Taten einer Stadt in zwanzig Abenteuern. 130 S. m. Abb. Zürich: Atlantis-Verl. 1941
11 Das Gewitter. Novelle. 139 S. Zürich: Atlantis-Verl. 1943
12 Labyrinth der Vergangenheit. 16 S. St. Gallen: Tschudy (= Der Bogen 2) 1950
13 Kieselsteine. Kleine Prosa. 23 S. St. Gallen: Tschudy (= Der Bogen 38) 1954

ZSCHOKKE, Heinrich Daniel
(†Johann von Magdeburg; L. Weber) (1771–1848)

1 *Graf Monaldeschi oder Männerbund und Weiberwuth. Trauerspiel in fünf Aufzügen. 4 Bl., 156 S. Küstrin: Oehmigke 1790
2 *Die schwarzen Brüder. Eine abentheuerliche Geschichte von M. I. R. 3 Bde. (1791)–1795
   1. 6 Bl., 236 S. Bln, Frankfurt/Oder: Kunze (1791)
   2. 6 Bl., 306 S. o. O. 1793
   3. 4 Bl., 300 S. Lpz, Frankfurt/Oder: Apitz 1795
3 *Der Schriftstellerteufel. Bln 1791
4 †Schwärmerey und Traum in Fragmenten, Romanen und Dialogen von Johann von Magdeburg. 2 Bde. VIII, 304; VI, 344 S. Stettin: Kaffke 1791-1794
5 *Die Bibliothek nach der Mode. Erstes Bändchen. 248 S. Frankfurt/Oder: Kunze 1793

6 Dissertatio hypothesium diiudicationem criticam sistens. 4° Frankf./Oder 1793
7 *(MH) Frankfurter Ephemeriden für Weltbürger. (Hg. H. D. Z. u. a.) Frankfurt/Oder: Apitz 1793
8 Ideen zur psychologischen Aesthetik. XXIV, 396, 12 S. Bln, Frankfurt/Oder: Kunze 1793
9 *Aballino der große Bandit. 156, VI S. 12° Frankfurt/Oder, Lpz: Apitz 1794
10 *Charlotte Corday, oder Die Rebellion von Calvados. Ein republikanisches Trauerspiel in vier Akten vom Verfasser des ‚Abellino'. 130 S. Stettin: Kaffke 1794
11 Literarisches Pantheon. 2 Bde. Lpz, Frankfurt/Oder: Apitz 1794
12 *Die sieben Teufelsproben. Eine ehrwürdige Legende für Katholiken und Protestanten. 172 S. Stettin: Kaffke 1794
   (Verfassersch. fragl.)
13 *Aballino, der große Bandit. Ein Trauerspiel in fünf Aufzügen, nach der Geschichte dieses Namens von demselben Verfasser. VI, 192 S. Lpz, Frankfurt/Oder: Apitz 1795
   (Dramat. v. Nr. 9)
14 Der Freiheitsbaum. Lustspiel. Frankfurt/Oder: Apitz 1795
15 *Kuno von Kyburg nahm die Silberlocke des Enthaupteten und ward Zerstörer des heimlichen Vehmgerichts. Eine Kunde der Väter, erzählt vom Verfasser der schwarzen Brüder. 2 Bde. 280, 312 S., 1 Ku. Bln: Maurer 1795–1799
16 *Die Männer der Finsterniß. Roman und kein Roman. Ein modernes Clairobscüre für Seher und Zeichendeuter. Vom Verfasser der schwarzen Brüder. Dämmerung. 268 S. Lpz, Frankfurt/Oder: Apitz 1795
   (Neuaufl. v. Nr. 2)
17 *Aballino, der große Bandit. Ein Traumspiel in fünf Aufzügen... VI, 204 S. Lpz, Frankfurt/Oder: Apitz 1796
   (Veränd. Neuausfl. v. Nr. 13)
18 *Arkadien, oder Gemälde nach der Natur, gesammelt auf einer Reise von Berlin nach Rom. VIII, 280 S. 16° Bayreuth: Lübeck's Erben 1796
19 *Coronata oder Der Seeräuberkönig auf Coronata. Vom Verfasser des Aballino. 422 S. Bayreuth: Lübeck's Erben 1796
20 *Julius von Sassen. Ein Trauerspiel in vier Aufzügen vom Verfasser des Aballino. 166 S. Zürich: Orell, Geßner & Füßli 1796
21 Salomonische Nächte. Bd. I. 280 S. m. Ku. o. O. 1796
22 Über die Schul- und Erziehungsanstalt zu Reichenau, bei Chur. In einem Sendschreiben an den Herrn Gymnasiarch Michael von Wagner, zu Bern... 16 S. o. O. 1796
23 Stephan Bathori, König von Polen. Ein historisch-romantisches Gemählde in zwei Büchern. XVI, 494 S., 4 Bl. Bayreuth: Lübeck's Erben 1796
24 *Meine Wallfahrt nach Paris... 2 Bde. 396, 571 S. Zürich: Orell & Füßli (1 bzw. o. O. (2) 1796–1797
25 *(Hg.) Kleine Erzählungen zur angenehmen Unterhaltung für solche, die es mit der wirklichen Welt halten. Gesammelt von M.I.R. 123 S. Lpz: Linke 1797
   (Verfassersch. fragl.)
26 Die drey ewigen Bünde im hohen Rhätien. Historische Skizze. 2 Bde. XXII, 244; 206 S. Zürich: Orell, Geßner & Füßli 1798
27 Freie Bündner, verlaßt die braven Schweizer nicht! Nothwendiger und letzter Zuruf an biedere, nachdenkende Vaterlandsfreunde... 16 S. Chur: Otto 1798
28 *Mißverständniß. Ein Schauspiel in vier Aufzügen von dem Verfasser des Aballino. 94 S. m. Titelku. Augsburg: Stage 1798
   (Verfassersch. fragl.)
29 Schreiben... an die Patrioten Graubündens... 4° o. O. (1798)
30 *Das neue und nützliche Schulbüchlein, zum Gebrauch und Unterricht für die wißbegierige Jugend im Bündnerlande... Verfasset und hg. von einem Freunde der guten und fleißigen Kinder des Bündnerlandes. Auf Kosten wohlthätiger Bündner. 158 S. Malans: Berthold 1798
31 Soll Bünden sich an die vereinte Schweiz schließen? Soll Bünden ein eigner Staat bleiben? Ein vaterländisches Wort an das freie Bündnervolk und dessen Regierung... 16 S. Chur: Otto 1798
32 *Verfassung der Litterarischen Societaet des Cantons Lucern, zur Beförderung

der Aufklärung, des Gemeingeistes und der Industrie in Helvetien. 8 S. Luzern: Meyer (1798)
33 Die Zauberinn Sidonia. Schauspiel in vier Aufzügen. 6 Bl., 143 S. Bln: Maurer 1798
34 Zuschrift des Herrn Dr. Heinrich Zschokke, an den Hochlöblichen Landtag der Republik Graubünden, in Chur versammelt ... 10 S. Chur: Otto 1798
35 Kurze, doch deutliche Anweisung für Schullehrer auf dem Lande, wie sie ihre Jugend wohl unterrichten, und die Anfangsschulen so einrichten können, daß dieselben zur Ehre Gottes, zum Nutzen des Vaterlandes und zur zeitlichen und ewigen Wohlfahrt der Kinder gereichen mögen ... 16 S. Luzern: Meyer 1799
36 (Hg., MV) Der helvetische Genius. Eine periodische Schrift. 2 Thle. XII, 192; 184 S. Luzern, Zürich: Geßner 1799
37 Rechenschaft und Verzeichniß der freywilligen Beyträge edler Schweizer und Schweizerinnen zur Unterstützung der leidenden Menschheit im Kanton Waldstätten ... 55 S. 4° Luzern: Meyer 1799
38 Kleine Schriften. 2 Bde. IV, 304; IV, 344 S. Stettin: Kaffke 1800
(Titelaufl. v. Nr. 4)
39 Geschichte vom Kampf und Untergang der schweizerischen Berg- und Waldkantone, besonders des alten eidgenössischen Kantons Schwyz. XXVIII, 362 S. Bern, Zürich: Geßner 1801
40 *Vignetten, gezeichnet vom Verfasser des Aballino. IV, 284 S. m. Ku. Basel: Flick 1801
41 *Alamontade der Galeeren-Sklav. Vom Verfasser des Aballino. 2 Bde. 4 Bl., 216 S., 1 Bl.; 261, 3 S. m. Titelku. Zürich: Orell & Füßli 1803
(Titelaufl. v. Nr. 44)
42 (Hg.) Historische Denkwürdigkeiten der helvetischen Staatsumwälzung. Gesammelt u. hg. 3 Bde. XXII, 330; X, 353; XIV, 346 S. Winterthur: Steiner 1803–1805
43 Hippolyt und Roswida. VI, 174 S. 12° Zürich: Orell & Füßli 1803
44 *Lebensgemälde vom Verfasser des Aballino. 2 Bde. 4 Bl., 216 S., 1 Bl.; 261, 3 S. m. Titelku. Zürich: Orell & Füßli 1803
45 * Die Nonne. Vom Verfasser des Aballino. Ffm 1803
(Verfassersch. fragl.)
46 Schattirungen. 1 Bl., 388 S. m. Ku. Basel: Flick 1803
47 Die Alpenwälder. Für Naturforscher und Forstmänner. 238 S. Tüb: Cotta 1804
48 Die einsame Larve. Trauerspiel in fünf Akten. 290 S. Bayreuth: Lübeck's Erben 1804
49 Der Marschall von Sachsen. Schauspiel in vier Aufzügen. 236 S. Bayreuth: Lübeck's Erben 1804
(Ausz. a. Nr. 51)
50 *Die Prinzessin von Wolfenbüttel. Vom Verfasser des Alamontade ... 2 Bde. 220, 288 S. Zürich: Orell & Füßli 1804
51 Schauspiele, Erster Band. 2 Thle. 236, 290 S. Bayreuth: Lübeck's Erben 1804
52 *Giulio degli Obizzi oder Aballino unter den Calabresen ... 2 Bde. 230, 280 S. Basel, Aarau: Flick 1805–1806
(Forts. v. Nr. 17)
53 (MH, MV) Isis. Eine Monatsschrift deutscher und schweizerischer Gelehrten. Hg. H. D. Z. (u.a.) Zürich 1805–1806
54 (Bearb.) Molière: Lustspiele und Possen. Für die deutsche Bühne von H. Z. 6 Bde. Zürich: Geßner 1805–1806
55 (Bearb.) Molière: Tartüffe in Deutschland. In fünf Aufzügen. 120 S. Zürich: Geßner 1805
(Ausz. a. Nr. 54)
56 Der schweizerische Gebürgs-Förster. Oder deutliche und genaue Anweisung für Forstbediente usw. 2 Bde. 308, 340 S. Basel, Aarau: Flick 1806
57 (Hg.) Miscellen für die neuste Weltkunde. 7 Bde. 4° Aarau: Sauerländer 1807–1813
58 *Wird die Menschheit bei den politischen Umwälzungen unseres Weltheils gewinnen oder verlieren? 4° Gera: Heinsius 1807
59 Die einsame Wohnung oder Das Archiv des Bundes. Vom Verfasser der schwarzen Bruder (Thl. 2: Brüder). 2 Thle. Bln: auf Kosten des Verfassers 1807
(Verfassersch. fragl.)

60 (Übs., MV) (St.-F. Comtesse de Genlis:) Belisar. Aus dem Französischen der Frau von Genlis. Begleitet von einer biographischen Skizze des Feldherrn v. H. Z. 318 S. Aaarau: Sauerländer 1808
61 *(Hg.) Stunden der Andacht zur Beförderung wahren Christenthums und häuslicher Gottesverehrung. Jg. 1–8. Aarau: Sauerländer 1809–1816
62 Der Krieg Österreichs gegen Frankreich und den rheinischen Bund im Jahre 1809. Ein historischer Überblick... 100 S. Aarau: Sauerländer (1810)
  (Ausz. a. Nr. 57)
63 (MH, MV) Erheiterungen. Eine Monatschrift für gebildete Leser. Hg. H. Z. (u.a.) 17 Jge. Aarau: Sauerländer 1811–1827
64 Der Feuergeist. Eine Geschichte aus dem 16. Jahrhundert, getreu nach einer alten Handschrift des Herrn G. L. W. in Landsberg. 231 S. Aarau: Sauerländer 1812
  (Ausz. a. Nr. 63)
65 Der Baierischen Geschichte erstes und zweites (drittes und viertes – fünftes – sechstes und letztes) Buch. 4 Bde. XX, 504; XVI, 520; XII, 572; XXIV, 450 S. Aarau: Sauerländer 1813–1818
66 Der Krieg Napoleons gegen den Aufstand der spanischen und portugiesischen Völker. Erster Theil. 290 S. Aarau: Sauerländer 1813
  (Ausz. a. Nr. 57)
67 (Hg.) Reise auf die Eisgebirge des Kantons Bern und Ersteigung ihrer höchsten Gipfel im Sommer 1812. 45 S., 1 Kt. Aarau: Sauerländer 1813
  (Ausz. a. Nr. 57)
68 Von der Freiheit und den Rechten der Kantone Bern. Aargau und Waadt. 24 S. Aarau: Sauerländer 1814
69 Über die Salzquellen im Sulzthal des Kantons Aargau. Eine Vorlesung. Statistischer Abriß des Cantons Aargau, ein Neujahrsgeschenk für Aargauer Jünglinge. o. O. 1816
70 Geschichte des Freystaats der drey Bünde im hohen Rhätien. VIII, 438 S. Zürich: Orell & Füßli 1817
  (Umarb. v. Nr. 26)
71 *Das Goldmacher-Dorf. Eine anmuthige und wahrhafte Geschichte vom aufrichtigen und wohlerfahrnen Schweizerboten. 210 S. Aarau: Sauerländer 1817
72 (Hg.) Ueberlieferungen zur Geschichte unserer Zeit. 7 Jge. 4° Aarau: Sauerländer 1817–1823
73 Kleine Erzählungen und Gedichte für Erholungsstunden. Aus den beliebten Erheiterungen besonders abgedruckt. 4 Bde. Aarau: Sauerländer 1818
  (Ausz. a. Nr. 63)
74 *Andachtsbuch einer christlichen Familie zur häuslichen Gottesverehrung... 4 Bde. Aarau: Sauerländer 1819
  (Verm. Neuaufl. v. Nr. 61)
75 *Andachtsbuch für die erwachsene Jugend. Söhnen und Töchtern gewidmet vom Verfasser der Stunden der Andacht. Aarau: Sauerländer 1819
  (Neuaufl. v. Nr. 61)
76 Leitfaden für Vorträge über Staatswirtschaft im Lehrverein. Aarau: Sauerländer 1819
77 *Das Reich Jesu auf Erden... 560 S. Aarau: Sauerländer 1819
  (Neuaufl. v. Nr. 61)
78 Anleitung zur zweckmäßigen Anordnung und richtigen Beurtheilung der Blitzableiter. 22 S., 1 Taf. Aarau: Sauerländer 1821
79 Der Baierischen Geschichten erstes (bis sechstes und letztes) Buch. 4 Bde. XXXII, 496; VIII, 540; VIII, 448 S., 8 Bl.; 1 Bl., 354 S. Aarau: Sauerländer 1821
  (Verb. Neuaufl. v. Nr. 65)
80 Des Schweizerlands Geschichten für das Schweizervolk. 330 S. Aarau: Sauerländer 1822
81 Die Wirren des Jahrhunderts und des Jahres. 43 S. Aarau: Sauerländer 1823
82 Betrachtung einer großen Angelegenheit des eidgenössischen Vaterlandes. 24 S. 4° Aarau: Sauerländer 1824
83 Bilder aus der Schweiz. 5 Bde. 16° Aarau: Sauerländer 1824–1826
84 Ausgewählte Schriften. 40 Bde. 16° Aarau: Sauerländer 1825–1828

85	Die farbigen Schatten, ihr Entstehen und Gesetz. Vorlesung, gehalten in der naturforschenden Gesellschaft zu Aarau den 10. Januar 1826. 61 S. Aarau: Sauerländer 1826
86	Abellino. Schauspiel in fünf Aufzügen. 334 S. 16⁰ Aarau: Sauerländer 1828 (Neubearb. v. Nr. 17)
87	(Einl.) Th. v. Haupt: Unsere Vorzeit. 4 Bde. 16⁰ Ffm: Sauerländer 1828
88	Lieder der Gesellschaft für vaterländische Cultur im Canton Aargau. 1 Bg. o. O. (1829)
89	Rede an die Helvetische Gesellschaft zu Schinznach. (S.-A.) 32 S. Aarau: Sauerländer 1829
90	Der Creole. Eine Erzählung. 354 S. Aarau: Sauerländer 1830
91	Ausgewählte Dichtungen, Erzählungen und Novellen. 10 Bde. Aarau: Sauerländer 1830 (Ausz. a. Nr. 84)
92	Ueber die grundlosen Drohungen, daß sich fremde Mächte in die Angelegenheiten unserer Kantone einmischen können. Aarau: Sauerländer 1830
93	Der Kanton Aargau neben den andern. (S.-A.) Aarau: Sauerländer 1830
94	Ausgewählte historische Schriften. 16 Bde. 16⁰ Aarau: Sauerländer 1830 (Ausz. a. Nr. 84)
95	*Allgemeiner Bericht über die, in Bezug auf Verfassungsbesserung und Gesetzgebung eingekommenen, Bittschriften, Anträge und Wünsche, dem Verfassungsrath des Kantons Aargau abgestattet. 22 S. (Aarau: Sauerländer) (1831)
96	(MH) Prometheus. Für Licht und Recht ... Hg. H. Z. (u.a.) 3 Bde. VIII, 294; 328; 299 S. Aarau: Sauerländer 1832–1833
97	(Hg.) P. Usteri: Kleine gesammelte Schriften. XIV, 428 S. Aarau: Sauerländer 1832
98	(Hg.) C. G. Jochmann: Reliquien. Aus seinen nachgelassenen Papieren. 3 Bde. VIII, 338; 324; 244 S. Hechingen: Ribler 1836–1838
99	Ausgewählte Novellen und Dichtungen. 8 Bde. Aarau: Sauerländer 1836 (Verm. Neuaufl. v. Nr. 91)
100	(MV) Die klassischen Stellen der Schweiz und deren Hauptorte in Originalansichten dargestellt. Gezeichnet v. G. A. Müller, auf Stahl gestochen v. H. Winkles in London und den besten englischen Künstlern. Mit Erläuterungen v. H. Z. 432 S., 86 Abb. Karlsruhe, Lpz: Kunst-Verl. Creuzbauer 1836
101	Volksbildung ist Volksbefreiung! Eine Rede gehalten in der Versammlung des schweizerischen Volksbildungsvereins zu Laufen den 10. April 1836. 32 S. Sissach: Aktien-Buchdr. 1836
102	(Hg.) Die Branntweinpest. Eine Trauergeschichte zur Warnung und Lehre für Reich und Arm, Alt und Jung. 84 S. Aarau: Sauerländer 1837
103	(Hg.) Die Branntweinpest. Eine Trauergeschichte zur Warnung und Lehre für Reich und Arm, Alt und Jung. 84 S. Aarau: Sauerländer 1837 (Verb. Neuaufl. v. Nr. 102)
104	Ausgewählte Novellen und Dichtungen. 16 Bde. Aarau: Sauerländer 1838–1839 (Verm. Neuaufl. v. Nr. 99)
105	Kurze Geschichte des Vaterlandes für schweizerische Anfangsschulen und Taubstummenanstalten. 23 S. Aarau: Sauerländer 1839
106	(Hg., Übs.) R. Töpffer: Genfer Novellen. Nach dem Französischen. 2 Bde. 249 S., 1 Bl.; 235 S., 2 Bl. Aarau: Sauerländer 1839
107	Die Allmacht Gottes in den Werken der Natur. Ein Volksbuch zur wahren Erkenntniß Gottes ... 180 S. 4⁰ Aarau: Sauerländer 1840
108	*Die römische Curie und die kirchlichen Wirren in der Schweiz. Gegenstück zu den kirchlichen Wirren Europas. 43 S. Offenbach: Kohler & Teller 1841
109	Ausgewählte Novellen und Dichtungen. 6 Bde. Aarau: Sauerländer 1841 (Verb. Neuaufl. v. Nr. 104)
110	Lichtstrahlen, beleuchtend Religion, Christenthum und Welt, aus H. Zschokke's Werken. Gesammelt und mit dessen Zustimmung allen Freunden des Gerechten, Wahren und Guten dargeboten v. G. Rittschlag. XII, 124 S. Weimar: Voigt 1842
111	Eine Selbstschau. 2 Bde. 4 Bl., 358 S., 1 Bl., 338 S. m. Bildn. Aarau: Sauerländer 1842

112 Ausgewählte Novellen und Dichtungen. 10 Bde. 16⁰ Aarau: Sauerländer 1843
(Verm. Neuaufl. v. Nr. 109)
113 Aehrenlese. 4 Bde. 12⁰ Aarau: Sauerländer 1844–1847
114 Meister Jordan, oder Handwerk hat goldenen Boden. Ein Feierabendbüchlein für Lehrlinge, verständige Gesellen und Meister. 184 S. 12⁰ Aarau: Sauerländer 1845
115 (Hg., Übs.) R. Töpffer: Genfer Novellen. Nach dem Französischen. Aarau: Sauerländer 1845
(Verm. Neuaufl. v. Nr. 106)
116 Gesammelte Volksschriften. Für Volksbibliotheken und Lesevereine zu Stadt und Land... 3 Bl., 280 S., 1 Bl. Aarau: Sauerländer 1846
117 Familien-Andachtsbuch. Aus den „Stunden der Andacht" zum Besten minderbemittelter Personen und Haushaltungen umgearbeitet und zusammengeordnet von deren Verfasser. IV, 515 S. Aarau: Sauerländer 1848
(aus Nr. 61)
118 (Hg.) Feldblumen. Eine andere Selbstschau in poetischen Gedenkblättern. (Hg. Emil Zschokke). VIII, 142 S. 16⁰ Ffm: Sauerländer 1850
119 Novellen und Dichtungen. 15 Bde. 16⁰ Aarau: Sauerländer 1851–1853
(Verm. Neuaufl. v. Nr. 112)
120 Gesammelte Schriften. 3 Abth., 35 Bde. 16⁰ Aarau: Sauerländer 1851–1854
121 Gesammelte Schriften. 36 Bde. 16⁰ Aarau: Sauerländer 1856–1859
(Verm. Neuaufl. v. Nr. 120)
122 (MV) Die Schweiz, geschildert in ihren klassischen Stellen... 336 S., 72 Abb. Stg: Scheitlin 1857
(Neubearb. v. Nr. 100)
123 Sämmtliche Novellen. 12 Bde. Bln: Merten (1863)

ZUCHARDT, Karl (*1887)

1 Ein König und ein Grande. Spanische Historien. 61 S. Breslau (: Heydebrand-Verl.) (= Brückenbücherei 4) 1935
2 Erbschaft aus Amerika. Komödie. 85 S. Lpz: Dietzmann-Verl. 1936
3 Frisch verloren, halb gewonnen! Lustspiel. 105 S. Lpz: Dietzmann-Verl. 1937
4 Die Prinzipalin. Komödie. 84 S. Lpz: Dietzmann-Verl. 1938
5 Könige und Masken. Erzählungen. 220 S. Essen: Essener Verl.-Anst. (1941)
6 Held im Zwielicht. Ein Drama. 100 S. Essen: Essener Verl.-Anst. 1942
7 Umwege des Schicksals. Erzählungen. 159 S. Essen: Essener Verl.-Anst. (1944)
8 Primanerin Ruth Hofbaur. Roman aus dem Jahre 1929. 247 S. Westheim, Ziemetshausen: Wiborada-Verl. Rost & Dietrich 1947
9 Das Mädchen Salud. Spanische Begegnungen. 103 S. m. Abb. Ziemetshausen: Wiborada-Verl., Abt. Dietrich 1948
10 Cäsars Traum. Eine ernsthafte Komödie. 96 S. Memmingen: Dietrich 1948
11 Der Spießrutenlauf. Roman. 478 S. Halle/Saale: Mitteldt. Verl. 1954
12 (Bearb.) G. Büchner: Leonce und Lena. 189 S. m. Abb. Lpz: Hofmeister 1955
13 (Bearb.) G. Büchner: Woyzeck. 98 S. m. Abb. Lpz: Hofmeister 1955
14 Wie lange noch, Bonaparte? Roman einer Verschwörung. 690 S. Halle/Saale: Mitteldt. Verl. 1956
15 Stirb, du Narr! Roman. 644 S. Halle/Saale: Mitteldt. Verl. 1960

ZUCKMAYER, Carl (*1896)

1 Kreuzweg. Drama. 122 S. Mchn: Wolff 1921
2 Der fröhliche Weinberg. Lustspiel in drei Akten. 112 S. Bln: Propyläen (1925)
3 Der Baum. Gedichte. 60 S. Bln: Propyläen 1926

4 Ein Bauer aus dem Taunus und andere Geschichten. 161 S. Bln: Propyläen (= Propyläen-Bücher) 1927
5 Schinderhannes. Schauspiel in vier Akten. 146 S. Bln: Propyläen 1927
6 Katharina Knie. Ein Seiltänzerstück in vier Akten. 151 S. Bln: Propyläen 1929
7 Der Hauptmann von Köpenick. Ein deutsches Märchen in drei Akten. 189 S. Bln: Propyläen (1930)
8 Kakadu-Kakada. Ein Kinderstück. 172 S. Bln: Propyläen (1930)
9 Die Affenhochzeit. Novelle. 101 S. m. Abb. Bln: Propyläen 1932
10 Gerhart Hauptmann. Rede zu seinem siebzigsten Geburtstag, gehalten bei der offiziellen Feier der Stadt Berlin. 4 S. o. O. (Priv.-Dr.) 1932
11 Eine Liebesgeschichte. 97 S., 21 Abb. Bln: Fischer 1934
12 Der Schelm von Bergen. Ein Schauspiel. 133 S. Bln: Propyläen 1934
13 Salwàre oder Die Magdalena von Bozen. Roman. 355 S. Wien: Bermann-Fischer 1936
14 Ein Sommer in Österreich. Erzählung. 198 S. Wien: Bermann-Fischer 1937
15 Pro domo. 96 S. Stockholm: Bermann-Fischer (= Schriftenreihe Ausblicke) 1938
16 Herr über Leben und Tod. 168 S. Stockholm: Bermann-Fischer 1938
17 Second Wind. With an introduction by D. Thompson. Translated by E. R. Hapgood. XVII, 289 S. Toronto: Doubleday 1940
18 Carlo Mierendorff. Porträt eines deutschen Sozialisten. Gedächtnisrede, gesprochen am 12. 3. 1944 in New York. New York: Selbstverl. (1944)
19 Der Seelenbräu. Erzählung. 153 S. Stockholm: Bermann-Fischer 1945
20 Des Teufels General. Drama in drei Akten. 167 S. Stockholm: Bermann-Fischer 1946
21 (MV) K. O. Paetel: Deutsche innere Emigration. Anti-nationalsozialistische Zeugnisse aus Deutschland. Mit Orig.-Beiträgen von C. Z. und D. Thompson. 115 S. New York: F. Krause (= Dokumente des anderen Deutschland 4) 1946
22 Gesammelte Werke. 4 Bde. Stockholm: Bermann-Fischer 1947–1952
   (Enth. Nr. 23, 24, 28, 30)
23 Die deutschen Dramen. Schinderhannes. Der Hauptmann von Köpenick. Des Teufels General. 397 S. Stockholm: Bermann-Fischer (= Gesammelte Werke) 1947
   (Enth. Nr. 5, 7 u. 20)
24 Gedichte. 1916–1948. 139 S. Amsterdam: Bermann-Fischer (= Gesammelte Werke) 1948
25 Die Brüder Grimm. Ein deutscher Beitrag zur Humanität. 66 S. Ffm: Suhrkamp (= Beiträge zur Humanität) 1948
26 Barbara Blomberg. Ein Stück in drei Akten mit Vorspiel und Epilog. 226 S. Amsterdam, Wien: Bermann-Fischer 1949
27 Der Gesang im Feuerofen. Drama in drei Akten. 156 S. Ffm, Bln: Fischer 1950
28 Komödie und Volksstück. Der fröhliche Weinberg. Katharina Knie. Der Schelm von Bergen. 275 S. Ffm, Bln: Fischer (= Gesammelte Werke) 1950
   (Enth. Nr. 2, 6 u. 12)
29 (Vorw.) Ö. Horváth: Ein Kind unserer Zeit. Vorw. F. Werfel, Gedächtnisrede v. C. Z. 190 S. Wien: Berglandverl. 1951
30 Die Erzählungen. 310 S. Ffm, Bln: Fischer (= Gesammelte Werke) 1952
   (Enth. u. a. Nr. 4, 9, 11, 19)
31 (MV) G. Hauptmann: Herbert Engelmann. Drama in vier Akten. Aus dem Nachlaß. Ausgeführt von C. Z. Beide Fassungen. 275 S. Mchn: Beck 1952
32 Die langen Wege. Ein Stück Rechenschaft. Rede. 79 S. Ffm: Fischer 1952
33 Ulla Winblad oder Musik und Leben des Carl Michael Bellman. 120 S., 3 Bl. Noten. Ffm, Bln: Fischer 1953
34 Engele von Loewen. Erzählungen. 96 S. Zürich: Classen (= Vom Dauernden in der Zeit 72) 1955
   (Ausz. a. Nr. 30)
35 Das kalte Licht. Drama in drei Akten. 162 S. Ffm: Fischer (= Theater von heute) 1955
36 Fünfzig Jahre Düsseldorfer Schauspielhaus, 1905–1955. Hg. Düsseldorfer Schauspielhaus. 47 S. o. O. 1955

37 Ein Blick auf den Rhein. Rede, gehalten bei der feierlichen Verleihung der Würde eines Doktor honoris causa der Philosophischen Fakultät der Universität Bonn am 10. Mai 1957. Einf. B. v. Wiese und Kaiserswaldau. 40 S. Bln: Hanstein (= Bonner akademische Reden 18) 1957
38 (Einl.) W. Krauss: Das Schauspiel meines Lebens. Einem Freund erzählt. 258 S., 9 Abb. Stg: Goverts 1958
39 Die Fastnachtsbeichte. Eine Erzählung. 219 S. (Ffm:) Fischer 1959
40 Die Magdalena von Bozen. Roman. 207 S. Ffm, Hbg: Fischer Bücherei (= Fischer-Bücherei 282) 1959 (Neuausg. v. Nr. 13)
41 Ein Weg zu Schiller. 79 S. Ffm: Fischer 1959
42 Gedichte. 151 S. Ffm: Fischer 1960
43 Gesammelte Werke. 4 Bde. (Bln, Ffm:) Fischer 1960
44 (Vorw.) I. Engelsing-Malek: Amor Fati in Z.s Dramen. 221 S. Konstanz: Rosgarten-V. 1960

Zur Bentlage, Margarete
(anf. Schiestl-Bentlage, verh. List) (1891–1954)

1 Unter den Eichen. Aus dem Leben eines deutschen Stammes. 293 S. Lpz: List 1933
2 Das blaue Moor. 366 S. Lpz: List 1934
3 Gert Ruwe. 58 S. Lpz: List (= Lebendiges Wort 5) (1935) (Ausz. a. Nr. 1)
4 Der Liebe Leid und Lust. 267 S. Lpz: List 1936
5 Bernats Heimkehr und Ehe. Novelle. Mit einem autobiogr. Nachw. v. A. Finsterer. 72 S. m. Abb. Lpz: Reclam (= Reclam's UB. 7391) (1938) (Ausz. a. Nr. 1)
6 Die Verlobten. Roman um sechs Besuche. 253 S. Lpz: List 1938
7 Die Kappen. Erzählung. 104 S. m. Abb. Lpz: List (1939) (Ausz. a. Nr. 1)
8 Räuber und Soldaten oder Der „böse" Gustav. 185 S. m. Abb. Lpz: List 1939
9 Hohages Töchter. Eine Soldatengeschichte. 53 S. Lpz: List (1940) (Ausz. a. Nr. 1)
10 Irrfahrt bei Leipzig. 79 S. Lpz: List (1941)
11 Die erste Nacht. 93 S. Lpz: List (1941)
12 August. 64 S. Lpz: List (= Lebendiges Wort 46) (1944) (Ausz. a. Nr. 1)
13 Geheimnis um Hunebrook. 338 S. Lpz: List (1944)
14 Durchsonnte Nebel. 243 S. Mchn: List 1946
15 Am Rande der Stadt. 268 S. Mchn, Freiburg i. Br.: List 1949
16 Der schöne Jütter. 36 S. Mchn: List (1951)
17 Das Tausendfensterhaus. Roman. 379 S. Mchn: List 1954

Zur Linde, Otto (1873–1938)

1 Gedichte, Märchen, Skizzen. 204 S. Dresden: Pierson 1901
2 Fantoccini. 232 S. Dresden: Pierson 1902
3 (Hg.) C. Ph. Moritz: Reisen eines Deutschen in England im Jahre 1782. XXXIII, 167 S. Bln: Behr (= Deutsche Literaturdenkmale des achtzehnten und neunzehnten Jahrhunderts 126) 1903
4 (MH, später Hg.) Charon. Monatsschrift: Dichtung, Philosophie, Darstellung. Hg. R. Pannwitz u. O. z. L. (ab 1907: Hg. O. z. L.) Jg. 1–11, je 12 H. Bln, Lpz (ab 1907: Groß-Lichterfelde): Charonverl. 1904–1914
5 Die Kugel. Eine Philosophie in Versen. Erster Band. 64 S. Groß-Lichterfelde: Charonverl. 1909

6 Gesammelte Werke. Abth. 1: Gesammelte Gedichte. 10 Bde. Bln-Lichterfelde: Charonverl. 1910-1924
   1. Thule Traumland. 142 S. 1910
   2. Album und Lieder der Liebe und Ehe. 142 S. 1910
   3. Stadt. Vorstadt. Park. Landschaft. Meer. 142 S. 1911
   4. Charontischer Mythus. 142 S. 1913
   5. Wege, Menschen und Ziele. 143 S. 1913
   6. Das Buch Abendrot. 1920
   7. 8. Lieder des Leids. 287 S. 1924
   9. 10. Denken, Zeit und Zukunft. 288 S. 1924
7 Arno Holz und der Charon. Zugleich ein Versuch einer Einführung in das tiefere Verständnis vom Wesen des Charon. IV, CLV S. Bln-Lichterfelde: Charonverl. 1911
8 (Hg., MV) Charon-Nothefte. Der Kompaß. 13 H., 176 S. Groß-Lichterfelde: Charonverl. 1920-1922
9 Die Hölle. S. 33-176. Groß-Lichterfelde: Charonverl. (= Charon-Nothefte 3-13) 1921-1922
   (H. 3-13 v. Nr. 8)
10 Die Kugel. Eine Philosophie in Versen. 148 S. Mchn: Piper 1923
   (Verm. Neuaufl. v. Nr. 5)

ZWEIG, Arnold (*1887)

1 Der Englische Garten. Sonette. Mchn: Hyperion 1910
2 Aufzeichnungen über eine Familie Klopfer. Das Kind. Zwei Erzählungen. 132 S. Mchn: Langen (= Kleine Bibliothek Langen 110) 1911
3 Die Novellen um Claudia. Ein Roman. III, 220 S. Lpz: Wolff 1912
4 Abigail und Nabal. Tragödie in drei Akten. 124 S. Lpz: Rowohlt 1913
5 Die Bestie. Erzählungen. 111 S. Mchn: Langen (= Langen's Kriegsbücher 3) (1914)
6 Ritualmord in Ungarn. Jüdische Tragödie in fünf Aufzügen. 125 S. Bln: Hyperion 1914
7 Geschichtenbuch. 236 S. Mchn: Langen (1916)
8 Bennarône. Eine Geschichte. 58 S. Mchn: Roland-V. (= Die neue Reihe 5) 1918
9 Die Sendung Semaels. Jüdische Tragödie in fünf Aufzügen. 143 S. Lpz: Wolff 1918
   (Veränd. Neuaufl. v. Nr. 6)
10 (Hg., Einl.) G. Büchner: Sämtliche poetische Werke, nebst einer Auswahl seiner Briefe. LVIII, 338 S. Mchn: Paetel (= Rösl-Klassiker) 1918
11 Abigail und Nabal. Tragödie. 102 S. Mchn: Wolff 1920
   (Veränd. Neuaufl. v. Nr. 4)
12 Das ostjüdische Antlitz. 110 S. 50 Abb. Bln: Welt-V. (1920)
13 Entrückung und Aufruhr. Zwölf Gedichte, handschriftlich. Nebst einem Brief als Vorw. u. einem Nachw. 1920. 17 Bl., 13 Taf. 2° Ffm, Bln: Tiedemann 1920
14 Drei Erzählungen. 97 S. Bln: Welt-V. 1920
   (Enth. u.a. Nr. 2)
15 (Hg., Einl.) H. v. Kleist: Sämtliche Werke. 4 Bde. Mchn, Bln: Paetel (= Rösl-Klassiker) 1923
16 (Hg., Einl.) G. E. Lessing: Gesammelte Werke. 3 Bde. Bln: Voegels (= Tillgners Klassiker) 1923
17 Gerufene Schatten. 64 S. m. Abb. 4° Bln: Tillgner 1923
18 Zweites Geschichtenbuch. 197 S. Mchn: Langen 1923
19 (Einl.) M. Sturmann: Althebräische Lyrik. Nachdichtungen. 197 S. Mchn: Allg. Verl.-Anst. 1923
20 Frühe Fährten. 203 S. Bln: Spaeth 1925
21 Das neue Kanaan. Eine Untersuchung über Land und Geist. 41 S., 15 Taf. 2° Bln: Horodisch & Marx 1925
22 Lessing. Kleist. Büchner. Drei Versuche. 195 S. Bln: Spaeth 1925
   (Ausz. a. Nr. 10, 15, 16)

23 Regenbogen. Erzählungen. 442 S. Bln: Spaeth 1925
24 Die Umkehr des Abtrünnigen. Schauspiel. 96 S. Darmstadt: Soncino-Ges. (= Publikation der Soncino-Ges.) 1925
25 Der Spiegel des großen Kaisers. Novelle. 129 S. Potsdam, Bln: Kiepenheuer (= Die Liebhaberbibliothek) 1926
26 Caliban oder Politik und Leidenschaft. Versuch über die menschlichen Gruppenleidenschaften, dargetan am Antisemitismus. 370 S. Potsdam, Bln: Kiepenheuer 1927
27 Juden auf der deutschen Bühne. 301 S., 16 Taf. Bln: Der Heine-Bund (= Der Heine-Bund 4) 1927
28 Der Streit um den Sergeanten Grischa. Roman. 556 S. Potsdam, Bln: Kiepenheuer 1927
29 Die Umkehr. Schauspiel in fünf Akten. 88 S. Potsdam, Bln: Kiepenheuer 1927
(Neuaufl. v. Nr. 24)
30 Herkunft und Zukunft. Zwei Essays zum Schicksal eines Volkes. 231 S. m. Taf. Wien: Phaidon (1928)
(Enth. Nr. 12. u. 21)
31 Pont und Anna. 211 S. Potsdam: Kiepenheuer 1928
32 Die Aufrichtung der Menorah. Entwurf einer Pantomime. Nachw. M. Sturmann. Der Soncino-Ges. zur Jahresversammlung gestiftet. 8 Bl. 4° Bln: Aldus-Druck 1930
33 (Hg., Einl.) O. Wilde: Werke. 2 Bde. 700, 696 S. Bln: Knaur 1930
34 Junge Frau von 1914. Roman. 465 S. Bln: Kiepenheuer 1931
35 Knaben und Männer. Achtzehn Erzählungen. 395 S. Bln: Kiepenheuer 1931
36 Mädchen und Frauen. Vierzehn Erzählungen. 406 S. Bln: Kiepenheuer 1931
37 (MV) A. Z., A. Schaeffer, W. Goetz: Goethe in neuer Dichtung. Erinnerungsgabe zum 22. März 1932 für die Mitglieder der Ortsgruppe Berlin der Goethe-Ges. 146 S. Bln.- Charlottenburg: Wegweiser-V. 1932
38 De Vriendt kehrt heim. Roman. 343 S. Bln: Kiepenheuer 1932
39 (MV) A. Z, L. Feuchtwanger: Die Aufgabe des Judentums. 62 S. Paris: Europäischer Merkur (= Die Streitschriften des Europäischen Merkur 1) 1933
40 Spielzeug der Zeit. Erzählungen. 259 S. Amsterdam: Querido 1933
41 Bilanz der deutschen Judenheit 1933. Ein Versuch. 318 S. Amsterdam: Querido 1934
42 Erziehung vor Verdun. Roman. 627 S. Amsterdam: Querido 1935
43 Einsetzung eines Königs. 574 S. Amsterdam: Querido 1937
44 Versunkene Tage. Roman aus dem Jahre 1908. 322 S. Amsterdam: Querido 1938
45 (Hg.) Spinoza: The living Thoughts of Spinoza. 162 S. m. Abb. New York, Toronto: Longmans, Green (= The living thoughts library) 1939
46 ha-Kardon shel Wandsbek (Das Beil von Wandsbek, hebräisch). 453 S. Merhavya: „Sifriat Poalim" – Worker's Book Guild (Hashomer Hatzair) Palestine 1943
47 Das Beil von Wandsbek. Roman. 1938–1943. 682 S. Stockholm: Neuer Verl. 1947
48 Ein starker Esser. 45 S. Wien: Verkauf 1947
49 Allerleirauh. Geschichten aus dem gestrigen Zeitalter. 263 S. m. Abb. Bln: Aufbau 1949
50 Frühe Fährten. Geschichten von Kindern und jungen Leuten. 135 S. Halle: Mitteldt. Verl. 1949
51 (Vorw.) L. Feuchtwanger: Auswahl. 361 S. Rudolstadt: Greifen-V. 1949
52 Die Kulturschaffenden und der Kampf um den Frieden. 16 S. Bln: Kulturbund zur demokratischen Erneuerung Deutschlands 1949
53 (Vorw.) K. Schnog: Zeitgedichte. 168 S. Bln: Allg. dt. Verl. 1949
54 Der Spiegel des großen Kaisers. 113 S. Lpz: Reclam 1949
(Veränd. Neuaufl. v. Nr. 25)
55 Stufen. Fünf Erzählungen aus der Übergangswelt. 239 S. Bln: Kantorowicz (= Ost- und West-Buchreihe 10) 1949
56 Über den Nebeln. Eine Tatra-Novelle. 133 S. Halle: Mitteldt. Verl. 1950
57 Verklungene Tage. Roman. 273 S. Mchn: Desch 1950
(Neuaufl. v. Nr. 44)

58 (MV) Johannes R. Becher. Zum sechzigsten Geburtstag des Dichters. Ausstellung Mai – Juni 1951. 40 S. Bln: Dt. Akad. d. Künste 1951
59 Fahrt zum Acheron. 121 S. Bln: VVN-Verl. 1951
60 (Vorw.) Katalog der Internationalen Kunstausstellung. 15 S. Bln: Dt. Akad. d. Künste 1951
61 Der Elfenbeinfächer. 283 S. Bln: Aufbau-Verl. (= Ausgewählte Novellen 1) 1952
62 Familie Klopfer. Erzählung. 87 S. Lpz: Insel (= Insel-Bücherei 370) 1952 (Neufassg. v. Nr. 2)
63 Rede zur Eröffnung der Deutschen Bauakademie. 4 S. Bln: Dt. Bauakad. 1952
64 Westlandsaga. Erzählung. 135 S. Bln: Rütten & Loening (= Kleine R. & L.-Bücherei) 1952 (Neufassg. v. Nr. 5)
65 Gruß an Christian Morgenstern. 4 Bl. Lpz: Insel 1953
66 Die Feuerpause. Roman. 428 S. Bln: Aufbau-Verl. 1954
67 Der Regenbogen. 359 S. Bln: Aufbau-Verl. (= Ausgewählte Novellen 2) 1955
68 Soldatenspiele. Drei dramatische Historien. 249 S. Bln: Aufbau-Verl. (= Bühnenstücke 1) 1956
69 Früchtekorb. Jüngste Ernte. Aufsätze. 191 S. Rudolstadt: Greifenverl. (1956)
70 Die Zeit ist reif. 599 S. Bln: Aufbau-Verl. (= Ausgewählte Werke in Einzelausgaben 1) 1957
71 (Vorw.) Im Feuer vergangen. Tagebücher aus dem Ghetto. A. d. Poln. übertr. V. Mika. 608 S. Bln: Rütten & Loening 1958
72 Fünf Romanzen. Hg. v. d. Pirckheimer-Ges. im Dt. Kulturbund. 31 S. Bln: Aufbau-Verl. 1958
73 (Vorw.) A. C. Dies: Biographische Nachrichten von Joseph Haydn. Nach mündlichen Erzählungen desselben entworfen u. hg. Mit Anm. u. e. Nachw. neu hg. H. Seeger. 232 S, 8 Taf. Bln: Henschel 1959
74 Essays. Bd 1. Literatur und Theater. 399 S. Bln: Aufbau-Verl. (= Ausgewählte Werke in Einzelausgaben 15) 1959 (Enth. u.a. Nr. 22)

Zweig, Max (*1892)

1 Ragen. Tragödie in fünf Akten. 96 S. Bln: Oesterheld 1925
2 Die Marranen. Schauspiel in drei Akten. 95 S. Prag: Selbstverl. 1938
3 Saul. Jerusalem: Jugend- u. Pionier-Verl. 1951

Zweig, Stefan (1881–1942)

1 Silberne Saiten. Gedichte. 88 S. Bln: Schuster & Loeffler 1901
2 (MÜbs., Vorw.) Ch. Baudelaire: Gedichte in Vers und Prosa. Übs. S. Z. u. C. Hoffmann. 152 S. Lpz: Seemann 1902
3 (Hg., Einl.) P. Verlaine: Gedichte. Eine Anthologie der besten Übersetzungen. 122 S. Bln, Lpz: Schuster & Loeffler 1902
4 (Einl.) A. L. C. Lemonnier: Die Liebe im Menschen. Übs. P. Adler. VIII, 202 S. Lpz: Rothbarth (= Kulturhistorische Liebhaber-Bibliothek 10) 1903
5 (Einl.) E. M. Lilien: Sein Werk. 352 S. m. Abb. 4º Bln: Schuster & Loeffler 1903
6 Die Liebe der Erika Ewald. Novellen. VI, 179 S. m. Abb. Bln: Fleischel 1904
7 (Übs.) E. Verhaeren: Ausgewählte Gedichte. 90 S. m. Abb. Bln: Schuster & Loeffler (350 num., 25 handschr. sign. Ex.) 1904
8 Verlaine. 83 S., 8 Taf., 1 Faks. Bln: Schuster & Loeffler (= Die Dichtung 30) (1905)
9 Die frühen Kränze. 2 Bl., 84 S. Lpz: Insel 1906
10 (Übs.) A. B. H. Russell: Die visionäre Kunstphilosophie des William Blake. 30 S. Lpz: Zeitler 1906

11 (Einl.) A. Rimbaud. Leben und Dichtung. Übs. K. L. Ammer. 2 Bl., 233 S. Lpz: Insel 1907
12 Tersites. Ein Trauerspiel in drei Aufzügen. 139 S. m. Abb. Lpz: Insel 1907
13 (Hg., Einl.) Balzac. Sein Weltbild aus den Werken. 250 S. Stg: Lutz (= Aus der Gedankenwelt großer Geister 11) (1908)
14 (Übs.) E. Verhaeren: Helenas Heimkehr. Dem unveröffentlichten Manuskript nachgedichtet. 72 S. Lpz: Insel (300 Ex.) 1909
15 (Einl.) Ch. Dickens: Ausgewählte Romane und Novellen. 12 Bde. Lpz: Insel 1910–1913
16 (Vorw.) C. Lemonnier: Warum ich Männerkleider trug. Erlebnisse einer Frau. Übs. P. Cornelius. Bln-Charlottenburg: Juncker (= Lemonnier: Ausgewählte Werke, Bd. 1). VIII, 391 S. (1910)
17 Emile Verhaeren. 3 Bl., 219 S. Lpz: Insel 1910
18 (Übs.) E. Verhaeren: Drei Dramen. 2 Bl., 192 S. Lpz: Insel 1910
19 (Übs.) E. Verhaeren: Ausgewählte Gedichte. 2 Bl., 142 S. Lpz: Insel 1910 (Erw. Aufl. v. Nr. 7)
20 Erstes Erlebnis. Vier Geschichten aus Kinderland. VII, 230 S. Lpz: Insel 1911
21 (Einl.) L. Hearn: Das Japanbuch. Eine Auswahl aus L. Hearns Werken. 4 Bl., 310 S. Ffm: Rütten & Loening 1911
22 (Übs.) E. Verhaeren: Hymnen an das Leben. 60 S. Lpz: Insel (1911)
23 Das Haus am Meer. Ein Schauspiel in zwei Teilen (drei Aufzügen). 170 S. Lpz: Insel 1912
24 (Übs.) E. Verhaeren: Rembrandt. 112 S., 80 Taf. Lpz: Insel 1912
25 Der verwandelte Komödiant. Ein Spiel aus dem deutschen Rokoko. 65 S. Lpz: Insel 1913
26 (Einl.) P. Mayer: Wunden und Wunder. Gedichte. 40 S. Heidelberg: Saturn-V. (= Lyrische Bibliothek 1) 1913
27 (Übs.) E. Verhaeren: Ausgewählte Gedichte. 174 S. Lpz: Insel 1913 (Verm. Neuaufl. v. Nr. 19)
28 (Übs.) E. Verhaeren: Rubens. 84 S., 95 Taf. Lpz: Insel 1913
29 Brennendes Geheimnis. Erzählung. 79 S. Lpz: Insel (= Insel-Bücherei 122) 1914
    (Ausz. a. Nr. 20)
30 (Nachw.) A. Mercereau: Worte vor dem Leben. 154 S. Lpz: Insel 1914
31 Erinnerungen an Emile Verhaeren. 91 S. Wien: Priv.-Druck (100 Ex.) 1917
32 Jeremias. Eine dramatische Dichtung in neun Bildern. 216 S. Lpz: Insel 1917
33 Das Herz Europas. Ein Besuch im Genfer Roten Kreuz. 16 S. 4° Zürich: Rascher 1918
34 (Übs.) R. Rolland: Den hingeschlachteten Völkern! 15 S. 4° Zürich: Rascher 1918
35 Fahrten. Landschaften und Städte. 124 S. Lpz, Wien: Tal (= Die zwölf Bücher, Reihe 1) 1919
36 Legende eines Lebens. Ein Kammerspiel in drei Aufzügen. 152 S., 1 Bl. Lpz: Insel 1919
37 (Übs.) R. Rolland: Die Zeit wird kommen. Drama in drei Akten. 94 S. Lpz, Wien: Tal 1919
38 (Hg., Bearb., Einl.) J. J. Rousseau: Emil oder über die Erziehung. 289 S., 8 Taf. 4° Potsdam: Kiepenheuer (500 Ex.) 1919
39 Tersites. Ein Trauerspiel in drei Aufzügen. 119 S. Lpz: Insel 1919 (Veränd. Neuaufl. v. Nr. 12)
40 Angst. 48 S. m. Abb. Bln: Hermann (= Der Kleine Roman 19) 1920
41 Marceline Desbordes-Valmore. Das Lebensbild einer Dichterin. 351 S., 1 Taf. Lpz: Insel 1920
42 (Einl.) A. Latzko: Le dernier homme. Version nouvelle. 116 S. m. Abb. (Paris:) Sablier (806 Ex.) 1920
43 (MÜbs.) M. Marx: Weib. Vorw. H. Barbusse. Übs. F. M. Winternitz-Zweig. VI, 258 S. Basel: Rhein-V. 1920
44 Drei Meister. Balzac, Dickens, Dostojewski. 220 S. Lpz: Insel 1920
45 (MÜbs.) A. Suarès: Cressida. Übs. E. Rieger. 130 S. Lpz, Wien, Zürich: Tal (= Die zwölf Bücher, Reihe 2) 1920
46 Der Zwang. Eine Novelle. 85 S. m. 10 Abb. Lpz: Insel (470 Ex.) 1920
47 (Einl.) F. M. Dostojewski: Sämtliche Romane und Novellen. 25 Bde. Lpz: Insel 1921

48 Romain Rolland. Der Mann und das Werk. 266 S., 6 Abb., 3 Faks. Ffm: Rütten & Loening 1921
49 Amok. Novellen einer Leidenschaft. 295 S. Lpz: Insel 1922
50 Die Augen des ewigen Bruders. Eine Legende. 64 S. Lpz: Insel (= Insel-Bücherei 349) (1922)
51 (Übs.) R. Rolland: Clérambault. Geschichte eines freien Gewissens im Kriege. 333 S. Ffm: Rütten & Loening 1922
52 (Hg., Einl.) P. Verlaine: Gesammelte Werke. 2 Bde. 359, 415 S. Lpz: Insel 1922
53 (Vorw.) F. Hellens: Bass-Bassina-Bulu. Roman. VIII, 337 S. Bln: Juncker (1923)
54 (MV) S. Z., A. Holitscher, Frans Masereel. 177 S. m. Abb. 4° Bln: Juncker (= Graphiker unserer Zeit 1) (1923)
55 (Hg., Einl.) Ch.-A. de Sainte-Beuve: Literarische Portraits aus dem Frankreich des siebzehnten bis neunzehnten Jahrhunderts. 2 Bde. 414, 415 S., 20 Abb. Ffm, Bln: Frankfurter Verl.-Anst. (1923)
56 (Nachw.) H. Bahr: Die schöne Frau. Novellen. 77 S. Lpz: Reclam (= Reclam's UB. 6451) 1924
57 (Vorw. u. Bearb.) F. R. A. Vcte. de Chateaubriand: Romantische Erzählungen. 186 S. Wien: Rikola (= Romantik der Weltliteratur) 1924
58 Die gesammelten Gedichte. 153 S. Lpz: Insel 1924
59 (Nachw.) F. K. Ginzkey: Brigitte und Regine und andere Dichtungen. 77 S. Lpz: Reclam (= Reclam's UB. 6453) (1924)
60 (Einl.) O. Heuschele: Briefe aus Einsamkeiten. Drei Kreise. 127 S. Bln: Juncker 1924
61 (Nachw.) J. P. Jacobsen: Niels Lyhne. 226 S. Lpz: List (= Epikon) (1925)
62 Der Kampf mit dem Dämon. Hölderlin, Kleist, Nietzsche. 324 S. Lpz: Insel 1925
63 (Vorw.) H. Prager: Die Weltanschauung Dostojewskis. 215 S. Hildesheim: Borgmeyer (1925)
64 (Vorw.) E. Renan: Jugenderinnerungen. 320 S. Ffm: Frankfurter Verl.-Anst. 1925
65 (Bearb.) B. Jonson: Volpone. Eine lieblose Tragödie in drei Akten. Frei bearb. 148 S., 6 Abb. Potsdam, Bln: Kiepenheuer (= Die kleine Liebhaberbibliothek) 1926
66 (MH, MV) Liber amicorum Romain Rolland. Romain Rolland sexagenario ex innumerabilibus amicis paucissimi grates agunt. Hunc librum curaverunt edendum M. Gorkij, G. Duhamel, S. Z. 406 S. m. Taf. Erlenbach-Zürich: Rotapfel (1926)
67 (Vorw.) Anthologie jüngster Lyrik. Hg. W. R. Fehse u. K. Mann. 2 Bl., 170 S. Hbg: Enoch (1927)
68 (Vorw.) M. Brod: Tycho Brahes Weg zu Gott. 362 .S Bln: Dt. Buchgemeinschaft 1927
69 Der Flüchtling. Episode vom Genfer See. 24 S. Lpz (= Bücherlotterie der Internationalen Buchkunstausstellung, Leipzig 1927, Bd. 1) 1927
70 (Hg., Einl.) J. W. v. Goethe: Gedichte. Eine Auswahl. 255 S. Lpz: Reclam (1927)
71 Die Kette. Ein Novellenkreis. Drei Ringe (= 3 Bde.) Lpz: Insel 1927 (Enth. Nr. 20, 49, 74)
72 Die unsichtbare Sammlung. Eine Episode aus der deutschen Inflation. 22 S. Bln. Sonderdr. f. d. Bibliophilen (250 Ex.) 1927
73 Sternstunden der Menschheit. Fünf historische Miniaturen. 79 S. Lpz: Insel (= Insel-Bücherei 165) (1927)
74 Verwirrung der Gefühle. Drei Novellen. 274 S. Lpz: Insel 1927
75 Abschied von Rilke. Eine Rede. 30 S. Tübingen: Wunderlich (1928)
76 Drei Dichter ihres Lebens. Casanova. Stendhal. Tolstoi. 380 S. Lpz: Insel 1928
77 Jeremias. Eine dramatische Dichtung in neun Bildern. 191 S. Lpz: Insel 1928 (Neubearb. v. Nr. 32)
78 Reise nach Rußland. (S.-A.) 38 S. o.O. (1928)
79 (Vorw.) G. Robakidse: Das Schlangenhemd. Ein Roman des georgischen Volkes. II, III, 223 S. Jena: Diederichs 1928
80 (Nachw.) O. Baum: Nacht ist umher. Erzählung. 69 S. Lpz: Reclam (= Reclam's UB. 7005) (1929)

81 Kleine Chronik. Vier Erzählungen. 93 S. Lpz: Insel (= Insel-Bücherei 408) (1929)
   (Enth. u. a. Nr. 69 u. 72)
82 Joseph Fouché. Bildnis eines politischen Menschen. 334 S., 6 Taf. Lpz: Insel 1929
83 (Einl.) E. T. A. Hoffmann: Princesse Brambilla. Caprice. Trad. A. Hella, O. Bournac. X, 244 S. m. Abb. Paris, Neuchâtel: Attinger 1929
84 Das Lamm des Armen. Tragikomödie in drei Akten (neun Bildern). 138 S. Lpz: Insel 1929
85 (Nachw.) R. Specht: Florestan Kestners Erfolg. Eine Erzählung aus den Wiener Märztagen. 136 S. Lpz: Reclam (= Reclam's UB. 7038–7039) 1929
86 Der Zwang. Phantastische Nacht. Novellen. 126 S., 15 Abb. Wien: Der Strom (= Die Roman-Rundschau 2) 1929
   (Enth. Nr. 46 u. Ausz. a. Nr. 49)
87 Buchmendel. 30 S. 4⁰ (o. O. :) Officina Serpentis 1930
   (Ausz. a. Nr. 81)
88 Rahel rechtet mit Gott. Legende. 20 Bl., 2 Abb. Bln: Aldus Druck (= Mitgliedsgabe der Soncino-Ges. zur Jahresversamml., 370 Ex.) (1930)
89 (Einf.) O. Zarek: Begierde. Roman einer Weltstadtjugend. 703 S. Wien: Zsolnay (1930)
90 (Einf.) M. Gorki: Erzählungen. Aus dem Russischen übertragen von A. Luther. 302 S. Lpz: Insel 1931
91 Ausgewählte Gedichte. 80 S. Lpz: Insel (= Insel-Bücherei 422) 1931
92 Die Heilung durch den Geist. Mesmer, Mary Baker-Eddy, Freud. 447 S. Lpz: Insel 1931
93 (Einl.) W. A. Mozart: Ein Brief an sein Augsburger Bäsle. Priv.-Dr. Salzburg 1931. Wien: Jaffé und Waldheim-Eberle. 4 S. Faks., 12 S. Text 4⁰ (50 Ex.) 1931
94 (Einf.) M. Zodykow: Stimme aus dem Dunkel. Ausw. von Gedichten und Prosa. 100 S. Bln: Lehmann (1931)
95 (Übs.) H. Barbusse: Die Schutzflehenden. Roman einer Vorkriegsjugend. 247 S. Zürich: Rascher 1932
96 (Einl.) J. R. Bloch: Vom Sinn unseres Jahrhunderts. Übs. P. Amann. 306 S. Bln: Zsolnay 1932
97 Marie Antoinette. Bildnis eines mittleren Charakters. 639 S., 10 Taf. Lpz: Insel 1932
98 Die schweigsame Frau. Komische Oper frei nach B. Jonson. Musik v. R. Strauß (Textbd.) 110 S. Bln: Fürstner 1935
99 Maria Stuart. 524 S. m. Taf. Lpz: Insel 1935
100 Sinn und Schönheit der Autographen. 13 S. Lpz: Insel 1935
101 (Einl.) P. Stefan: Arturo Toscanini. 72 S., 54 Abb. Wien: Reichner 1935
102 Arturo Toscanini. Ein Bildnis. 13 S. Lpz: Insel 1935
    (S.-A. v. Nr. 101)
103 Triumph und Tragik des Erasmus von Rotterdam. 228 S., 12 Taf. Lpz: Insel 1935
104 Baumeister der Welt. Drei Meister. Der Kampf mit dem Dämon. Drei Dichter ihres Lebens. 650 S. Lpz: Insel 1936
    (Enth. Nr. 44, 62, 76)
105 Castellio gegen Calvin oder Ein Gewissen gegen die Gewalt. 333 S. Wien, Lpz, Zürich: Reichner 1936
106 Gesammelte Erzählungen. 2 Bde. 487, 464 S. Wien, Lpz, Zürich: Reichner 1936
    (Enth. u. a. Nr. 71)
107 (Vorw.) J. Leftwich: What will happen to the Jews? XII, 268 S. London: King 1936
108 Georg Friedrich Händels Auferstehung. Eine historische Miniatur. 58 S. m. Abb. Wien, Lpz, Zürich: Reichner 1937
109 Begegnungen mit Menschen, Büchern, Städten. 478 S. Wien, Lpz, Zürich: Reichner 1937
110 Der begrabene Leuchter. 127 S. m. Abb. Wien, Lpz, Zürich: Reichner 1937
111 (Einl.) P. Leppin: Helldunkle Strophen. Gedichte. 56 S. m. Abb. Prag: Werner (= Leppin: Prager Rhapsodie 1) 1938

112 Magellan. Der Mann und seine Tat. 370 S. m. Taf. Wien, Lpz, Zürich: Reichner 1938
113 (Einl.) E. Relgis: Muted voices. Transl. R. Freeman-Ishill. 200 S. m. Abb. Berkeley Heights, N. J.: Oriole Press 1938
114 (Einl.) Rainer Maria Rilke. Aspects of his mind and poetry. Ed. W. Rose, G. C. Houston. 183 S. London: Sidgwick & Jackson 1938
115 Ungeduld des Herzens. Roman. 443 S. Stockholm: Bermann-Fischer; Amsterdam: de Lange 1938
116 (Hg.) L. N. Tolstoj: Les Pages immortelles de Tolstoj. Texte de S. Z. Trad.: J. Angelloz. 235 S. Paris: Corrêa (= Les Pages Immortelles) 1939
117 Worte am Sarge Sigmund Freuds. Gesprochen am 16. September 1939 im Krematorium London. 6 Bl. Amsterdam: de Lange 1939
118 (MÜbs.) E. Edman: Ein Schimmer Licht im Dunkel. Übertr. von R. Friedenthal. 65 S. Stockholm: Bermann-Fischer (= Schriftenreihe Ausblicke) 1940
119 (Vorw.) The Jewish Contribution to civilization. Ed. C. A. Stonehill. A collection of books formed and offered by C. A. Stonehill, Ltd. 198 S. m. Abb. Birmingham: Press of Juckes 1940
120 Brasilien, ein Land der Zukunft. 293 S. Stockholm: Bermann-Fischer 1941
121 Brazil, Land of the Future. New York: Viking Press 1941
122 Schachnovelle. 116 S. Stockholm: Bermann-Fischer 1941
123 Amerigo. Die Geschichte eines historischen Irrtums. 132 S. Stockholm: Bermann-Fischer 1942
124 (Einl.) C. Goll: My sentimental zoo. Animal stories. Transl. M. de Huyn. 125 S. m. Abb. Mount Vernon, N.Y.: The Peter Pauper Press (1942)
125 Die Welt von gestern. Erinnerungen eines Europäers. 493 S. Stockholm: Bermann-Fischer 1942
126 Zeit und Welt. Gesammelte Aufsätze und Vorträge 1904–1940. Hg. u. Nachw. R. Friedenthal. 401 S. Stockholm: Bermann-Fischer 1943
127 Legenden. 249 S. Stockholm: Bermann-Fischer 1945
 (Enth. u.a. Nr. 88 u. 110)
128 Balzac. Aus dem Nachl. Hg. u. Nachw. R. Friedenthal. 526 S., 9 Taf. Stockholm, Amsterdam: Bermann-Fischer 1946
129 (Nachw.) M. Hermann-Neisse: Erinnerung und Exil. Gedichte. 151 S. Zürich: Oprecht 1946
130 Ausgewählte Novellen. Stockholm: Bermann-Fischer 1946
131 (Vorw.) V. Errante: Lenau. Geschichte eines Märtyrers der Poesie. Übs. C. Rau. 359 S. Mengen: Heine 1948
132 Sternstunden der Menschheit. Zwölf historische Miniaturen. 244 S. Bln, Ffm: Suhrkamp (= S.Fischers Bibliothek 3) 1949
 (Enth. u.a. Nr. 73 u. 108)

VERWEISREGISTER

für Pseudonyme und bürgerliche Namen, soweit sie nicht für die alphabetische Einordnung zugrundegelegt wurden

Aaron, Adolf →L'Arronge, A.
Adamus, Franz →Bronner, F.
Aichbichler, Wilhelmine →Vieser, D.
Akunian, Ilse →Frapan, I.
Albin, St. →Arnim, B. v.
Albrecht, H. →Münchhausen, B. Frh. v.
Alsaticus →Reinacher, E.
Angelus Pauper →Schreyer, L.
Anselmus Rabiosus →Wekhrlin, W. L.
Antenor →Schupp(ius), J. B.
Arand, Charlotte →Sacher-Masoch, L. Ritter v.
Asmus →Claudius, M.
Auer →Blumauer, J. A.
Auersperg, Anton Alexander Graf von →Grün, A.

Baruch, Löb →Börne, L.
Bendemann, Margarete von →Susman, M.
Bepp →Marti, H.
Bernardon →Kurz, F. J.
Bernstein, Elsa →Rosmer, E.
Betulius, Siegmund von →Birken, S. v.
Biedermann, Felix →Dörmann, F.
Bittermann →Mahlmann, S. A.
Bitzius, Albert →Gotthelf, J.
Bjell, Ernst Barany →Wiechert, E.
Blau, Sebastian →Eberle, J.
Blauen, Ritterhold von →Zesen, Ph. v.
Blondel vom Rosenhag →Lippl, A. J.
Blum, Adolph →Gleich, J. A.
Bötticher, Hans →Ringelnatz, J.
Bötticher, Paul Anton →Lagarde, P. A. de
Borah, Tim →Zech, P.
Bornitz, Dr. Leopold →Schefer, L.
Brater, Agnes →Sapper, A.
Brazil, Felix →Klemm, W.
Brecht, Arnolt →Müller, A.
Breden, Christiane von →Christen, A.
Brennglas, Adolf →Glassbrenner, A.
Brentano, Sophie → Mereau, S.
Bruder Fatalis →Castelli, I. V. F.
Buber, Paula →Munk, G.
Bürger, Lucian →Niese, Ch.
Bulwer, E. L. →Gutzkow, K.
Bundtschuch, Peter Thomas →Dietzenschmidt, A.
Bunge, M. →Reimann, H.
Burggraf, Waldfried →Forster, F.

Candidus, Emanuel →Lichtenberg, G. Ch.
Carlé, Erwin →Rosen, E.
Casper, Daniel →Lohenstein, D. C. v.
Catharinus Civilis →Weise, Ch.
Charles Ferdinand →Schnack, F.
Chauber, Theobald →Auerbach, B.
Chodziesner, Gertrud →Kolmar, G.
Civilis, Catharinus →Weise, Ch.
Clajus der Jüngere →Klaj, J.
Clauren, H. →Hauff, W.
Clemens, Bruno →Brehm, B.
Cohn, Clara →Viebig, C.
Cohn, Emil →Ludwig, E.
Corvinus, Jakob →Raabe, W.
Croves, Hal →Traven, B.
Custos, Henricus →Hoffmann von Fallersleben, A. H.
Czapski, Veronika →Erdmann, V.

Damon →Omeis, M. D.
Dannenberger, Hermann →Reger, E.
Davidsohn, Hans →Hoddis, J. v.
Dellarosa, Ludwig →Gleich, J. A.
Deutobald Symbolizetti Alegoriowitsch Mystifizinsky →Vischer, F. Th.
Dietz, Gertrud →Fussenegger, G.
Dimt, Christine → Busta, Ch.
Ditzen, Rudolf →Fallada, H.
Döring, Fritz →Busse, C.

Doroslovac, Milutin →Dor, M.
Drach, Wilhelm →Wagner, R.
Dudelsack, Wendelin →Findeisen, K. A.

Egestorff, Georg →Ompteda, G. Frh. v.
Ehlers, Edith →Mikeleitis, E.
Ehrenpreis, Paul →Lichtenberg, G. Ch.
Eisler von Terramare, Georg →Terramare, G.
Elisabeth, Königin von Rumänien → Carmen Sylva
Elise → Recke, E. v. d.
Emanuel Candidus →Lichtenberg, G. Ch.
Emmeran, Eusebius →Daumer, G. F.
Emmrich, Curt →Bamm, P.
Engländer, Richard →Altenberg, P.
Enkelin der Karschin →Chezy, H. v.
Erich, Otto →Hartleben, O. E.
Erwin, F. Th. →Kugler, F.

Färber, Gottlieb →Tieck, L.
Färtige, Der →Zesen, Ph. v.
Fahne, A. →Uechtritz, F. v.
Fatalis, Bruder →Castelli, I. V. F.
Federfechter, Greger →Finckelthaus, G.
Felix Montanus →Bacmeister, E.
Ferdinand, Charles →Schnack, F.
Filidor →Schwi(e)ger, J.
Filidor der Dorfferer →Stieler, K. v.
Fliege, Fritz →Penzoldt, E.
Floridan →Birken, S. v.
Flüchtige, Der →Schwi(e)ger, J.
Foerster, Eberhard →Weisenborn, G.
Franz, Dr. J. F. →Hebbel, F.
Frauenlob der jüngere →Haug, J. Ch. F.
Freiburger, Walter →Jens, W.
Freienthal, Reinhold von →Grob, J. v.
Freier, Gustav →Lafontaine, A. H. J.
Freimund →Wienbarg, L.
Frey, Friedrich Hermann →Greif, M.
Frey, Karl →Falke, K.
Freyenthal, Ernst Warnmund von → Grob, J. v.
Friedeleben, Amadeus von →Franckenberg, A. v.
Friedrich Germanus →Kotzebue, A. v.
Friedrich-Freksa, Kurt →Freksa, F.

Fritz von der Leine →Löns, H.
Fuchs, Ruth →Schaumann, R.
Fuchsmund, Ferdinand →Gregorovius, F.

Ganter, Christoph Erik →Elwenspoek, C.
Gastfenger, Polykarpus →Hoffmann, H.
Gatterburg, Juliana Gräfin von →Stockhausen, J. v.
Ger, Karl Gustav →Frieberger, K.
Gerhold, F. J. →Müller-Guttenbrunn, A.
Germanus, Friedrich →Kotzebue, A. v.
Gesell, Michael →Hesse, O. E.
Gisander →Schnabel, J. G.
Gizycki, Lily von →Braun, L.
Glück, Babette Elisabeth →Paoli, B.
Görg, Hanns →Schlegel, J. A.
Golaw, Salomon von →Logau, F. v.
Golssenau, Arnold Friedrich Vieth von →Renn, L.
Gordon, Glenn →Habeck, F.
Grabe, Reinhold Th. →Brenner, H. G.
Grau, Franz →Gurk, P.
Gregorow, Samar →Meyer-Förster, W.
Greif, Andreas →Gryphius, A.
Griechenmüller →Müller, W.
Grombeck, Ernst Ludwig →Rubiner, L.
Gruber, Ludwig →Anzengruber, L.

Habernig, Christine →Lavant, Ch.
Häring, Heinrich Georg Wilhelm → Alexis, W.
Haindl, Marie-Luise →Fleisser, M.
Halvid, Einar →Helwig, W.
Hamlet, P. P. →Genée, R.
Hammer, Peter →Görres, J. J. v.
Hans am See →Hansjakob, H.
Hardenberg, Friedrich Leopold Frh. von →Novalis
Hauser, Kaspar →Tucholsky, K.
Heiter, Julius →Mahlmann, S. A.
Helvetico, Messer Lodovico Ariosto → Widmann, J. V.
Henricus Custos →Hoffmann von Fallersleben, A. H.
Henschke, Alfred →Klabund
Hermann, Georg →Borchardt, G. H.
Herrmann, Gerhart →Mostar, G. H.

Heulalius von Heulenburg →Hoffmann, H.
Heun, Karl Gottlieb →Clauren, H.
Hilarius, Jocosus →Bürger, G. A.
Hoffmann, Walter →Kolbenhoff, W.
Homunculus →Radecki, S. v.
Hophthalmos, Fr. →Haug, J. Ch. F.
Hugo, Richard →Huch, R.

Ignotus →Müller-Guttenbrunn, A.
Ipse, Henrik →Hartleben, O. E.
Isidorus →Loeben, O. H. Graf v.
Isidorus Orientalis →Loeben, O. H. Graf v.
Itzig, Julius Eduard →Hitzig, J. E.
Ivo →Wibbelt, A.

Jemehr, T. S. →Hermes, J. T.
Jocosus Hilarius →Bürger, G. A.
Jodok →Gumppenberg, H. Frh. v.
Johann von Magdeburg →Zschokke, H. D.

Kaeser-Kesser, Hermann →Kesser, H.
Kantor-Berg, Friedrich →Torberg, F.
Kempner, Alfred →Kerr, A.
Kestner, René →Rehfisch, H. J.
Kiehtreiber, Albert Conrad →Gütersloh, P. A. v.
Kinau, Hans → Fock, G.
Kinderlieb, Reimerich (Heinrich) → Hoffmann, H.
Kinsky, Bertha Gräfin von →Suttner, B. Frfr. v.
König, Joseph →Rumohr, K. F. v.
Kosmas →Castelli, I. V. F.
Kotta, Leo F. →Flake, O.
Kraus, Oda →Schaefer, O.
Krebs, Maria →Waser, M.
Kretschman, Lily →Braun, L.
Kuhbier, Heinz →Coubier, H.
Kurandor →Kindermann, B.
Kurtz, Melchior →Kästner, E.

Lackmann, Aloysia Elisabeth → Andreae, I.
Landesmann, Heinrich →Lorm, H.
Lange, Oda →Schaefer, O.
Lazang, Iwan →Goll, Y.

Lanzer, Robert →Leonhard, R.
Laun, Friedrich →Schulze, F. A.
Leander, Richard →Volkmann, R. v.
Lebrecht, Peter →Tieck, L.
Leder, Rudolf →Hermlin, St.
Legendre, H. →Coubier, H.
Leine, Fritz von der →Löns, H.
Lerse, Heinrich →Weinrich, F. J.
Lester, A. H. →Lehmann, A. H.
Leuchtenberg, Karl Johann →Mendelssohn, P. de
Leutner, Em. →Raupach, E. B. S.
Levien, Ilse →Frapan, I.
Levin, Rahel →Varnhagen von Ense, R.
Levy, Julius →Rodenberg, J.
Lewin, Georg →Walden, H.
Li-Shan-Pe →Leip, H.
Linke-Poot →Döblin, A.
List, Margarete →Zur Bentlage, M.
Löb Baruch →Börne, L.
Lohrber è Liga, Angelius →Rollenhagen, G.
Longeville, Jean →Goll, Y.
Loris →Hofmannsthal, H. v.
Lorm, Edmund →George, S.
Lou, Henry →Andreas-Salomé, L.
Low, Hanns →Tralow, J.
Luther, Otto Jens →Rehn, J.
Lycosthenes →Spangenberg, W.

Magdeburg, Johann →Zschokke, H. D.
Maier, Joseph Aloisius →Knigge, A. Frh. v.
Ma(h)ler Müller →Müller, F.
Malow, Hans →Marwitz, R.
Maria →Brentano, C.
Martin, Johann →Laurentius von Schnüffis
Marut, Ret →Traven, B.
Maurizius, Pfaffe →Hartmann, M.
Megerle, Ulrich →Abraham a Santa Clara
Meister, H. →Hermes, J. T.
Merz Schwitters, Kurt →Schwitters, K.
Messer Ludovico Ariosto Helvetico → Widmann, J. V.
Meyer-Hambruch →Meyer, A. R.
Meyerlein, Dr. Hans →Huggenberger A.

Milano, Tirso de →Vulpius, Ch. A.
Miles, R. →Henz, R.
Modestin →Müllner, (A. G.) A.
Möbius, Martin →Bierbaum, O. J.
Moering, Richard →Gan, P.
Moersberger, Rose Felicitas →Rose, F.
Molden, Paula →Preradovic, P. v.
Momus →Anzengruber, L.
Montanus, Felix →Bacmeister, E.
Morren, Theophil →Hofmannsthal, H. v.
Müller, Ernst →Lothar, E.
Münch-Bellinghausen, Eligius Franz Joseph Frh. von →Halm, F.
Munk, Christian →Weisenborn, G.
Munkepunke →Meyer, A. R.
Muron, Johannes →Keckeis, G.
Mystifizinsky, Deutobald Symbolizetti Alegoriowitsch →Vischer, F. Th.

Niembsch Edler von Strehlenau, Nikolaus →Lenau, N.

Obermayer →Blumauer, J. A.
Obermayr, F. A. →Richter, J.
Ockh, Otheblad →Hoeck, Th.
Ohl, Hans →Kusenberg, K.
Olivarius, Ascanius →Olearius, A.
Orientalis, Isidorus →Loeben, O. H. Graf v.
Oscar →Kind, J. F.
Otheblad Ockh →Hoeck, Th.
Ouckama, Gerhard →Knoop, G. O.
Oulot, B. →Suttner, B. Frfr. v.

Panter, Peter →Tucholsky, K.
Pauper, Angelus →Schreyer, L.
Pellegrin →Fouqué, F. Frh. de la Motte
Pfaffe Maurizius →Hartmann, M.
Philander von Sittewald(t) →Moscherosch, J. M.
Phillips, Sydney →Rehfisch, H. J.
Photorin, Conrad →Lichtenberg, G. Ch.
P. K. (= Petri Kettenfeier) →Rosegger, P.
Polykarpus Gastfenger →Hoffmann, H.
Popp, Augustin →Waldeck, H. S.
Porges, Elsa →Rosmer, E.
Postl, Karl Anton →Sealsfield, Ch.

Quitenbaum, Johann Heinrich Friedrich →Hippel, Th. G. v.
Quitte, Caligula →Krüger, H. A.

Rabiosus, Anselmus →Wekhrlin, W. L.
Radewell, Friedrich →Wienbarg, L.
Radvanyi, Netty →Seghers, A.
Raimar, Freimund →Rückert, F.
Ratzeberger jun., Simon →Nicolai, F.
Rausch, Albert H. →Benrath, H.
Rebhu, Jan →Beer, J.
Reckenlob, M. →Bodenstedt, F. v.
Reichel, Eduard Joachim von →Kürenberg, J. v.
Reiling, Netty →Seghers, A.
Reimerich Kinderlieb →Hoffmann, H.
Reinhart der Jüngere, Johann Heinrich →Merck, J. H.
Richter, Johann Paul Friedrich →Jean Paul
Rieger, Sebastian →Reimmichl
Riese, M. O. →Möser, J.
Ritterhold von Blauen →Zesen, Ph. v.
Rodenbach, Zoë von →Sacher-Masoch, L. Ritter v.
Rodt, Rudolf →Eichrodt, L.
Römer, Dr. →Deinhardstein, J. L. F.
Roman →Kralik, Ritter v. Meyrswalden, R.
Rooschütz, Ottilie →Wildermuth, O.
Rosenfeld →Castelli, I. V. F.
Rosenfeld, Sandor Friedrich →Roda Roda, A.
Rosenhag, Blondel vom →Lippl, A. J.
Rosinus Cosinus der Jüngere →Meyer, A. R.
Rost, L. →Lauremberg, J.
Rudolf, Carl →Gottschall, C. R. v.
Rübezahl →Dulk, A. F. B.
Ruedebusch, Emil F. →Mühsam, E.
Rusticocampius →Bauernfeld, E.

Salice-Contessa →Contessa
Salzmann, Siegmund →Salten, F.
St. Albin →Arnim, B. v.
Schartenmayer, Philipp Ulrich →Vischer, F. Th.

VERWEISREGISTER

Schattenspieler Luchs →Kerner, J. Ch. A.
Scheffler, Johann →Angelus Silesius
Scheidt, Martha vom →Saalfeld, M.
Schelle-Noetzel, A. H. →Bronnen, A.
Schiestl-Bentlage, Margarete →Zur Bentlage, M.
Schlehmihl, Peter →Thoma, L.
Schliewen, Rose Felicitas →Rose, F.
Schmid, Eduard →Edschmid, K.
Schmid, Friedrich Alfred →Schmid-Noerr, F. A.
Schmidt, Otto Ernst →Ernst, O.
Schmidt, Wilhelm →Schmidtbonn, W.
Schmied-Kowarzik, Gertrud →Brinkken, G. v. d.
Schmirger, Gertrud →Ellert, G.
Schmitz, Auguste →Supper, A.
Schnabl, Alexandrine Martina Augusta →Wied, M.
Scholtz, Andreas →Scultetus, A.
Schonen, Adalbert von →Schoppe, A.
Schumann, Edzar →Mikeleitis, E.
Schuster, A. →Huch, R.
Seeger, Elisabeth →Mendelssohn, P. de
Seladon →Greflinger, G.
Selbdritt, Johannes →Wegner, A. T.
Selchow, von →Lafontaine, A. H. J.
Sell, Peter →Lehmann, A. H.
Semilasso →Pückler-Muskau, H. Fürst v.
Serena →Fouqué, K. Freiin de la Motte
Serotinus →Stieler, K. v.
Severus →Eschmann, E. W.
Sidons, Charles →Sealsfield, Ch.
Siebert, Ilse →Langner, I.
Silesius alter →Pohl, G.
Simplex →Kusenberg, K.
Sinclair, Emil →Hesse, H.
Sined der Barde →Denis, J. N. C. M.
Sittenfeld, Conrad →Alberti, C.
Sittewald(t), Philander von →Moscherosch, J. M.
Spate, Der →Stieler, K. v.
Spieß, Chr. Heinrich →Schulze, F. A.
Sprossende, Der →Neumark, G.
Stark, Gertrud von →Le Fort, G. v.

Stefani, Ole →Schweikart, H.
Steinmann, J. →Stinde, J.
Stille, C. A. →Castelli, I. V. F.
Streff, E. →Niebergall, E. E.
Strefon →Harsdörf(f)er, G. Ph.
Strehlenau, Nikolaus Niembsch Edler von →Lenau, N.
Strübe, Hermann →Burte, H.
Struwwel, Peter →Hoffmann, H.
Stuart, C. F. →Flaischlen, C.
Sünder, Artur →Reimann, H.
Symbolizetti Alegioriowitsch Mystifizinsky, Deutobald →Vischer, F. Th.

Tagger, Theodor →Bruckner, F.
Talander →Bohse, A.
Tandem, Carl Felix →Spitteler, C.
Tannen, Wahrmund von der →Rompler von Löwenhalt, J.
Tellow →Kosegarten, G. L. Th.
Thor, Tristan →Goll, Y.
Thurandt, A. →Meyer, A. R.
Tian →Günderode, K. v.
Tiefbohrer, Immanuel →Gumppenberg, H. Frh. v.
Tiger, Theobald →Tucholsky, K.
Tirso de Milano →Vulpius, Ch. A.
Torsi, Tristan →Goll, Y.
Torsvan, Traven →Traven, B.
Town, der Sittenrichter →Hölty, L. Ch. H.
Tressel, Joseph Matthias →Thrasolt, E.
Trimm, Thomas →Welk, E.
Trosiener, Johanna →Schopenhauer, J.
Turner, Georg →Rehfisch, H. J.
Tyll →Eberle, J.
Tyll Uller →Duysen, P.

Uller, Tyll →Duysen, P.
Ursinus, August Friedrich →Eschenburg, J. J.

Valmy, Alfred de →Stinde, J.
Vampir, Hanns Heinz →Reimann, H.
Velatus, L. →Lasswitz, Kurd
Vieth von Golssenau, Arnold Friedrich →Renn, L.
Vineta, Ludolf →Wienbarg, L.

Wackernagel, Ilse →Stach, I.
Wahrmund, Sincerus →Feind, B.
Wahrmund von der Tannen →Rompler von Löwenhalt, J.
Walden, Heinrich →Gleich, J. A.
Weber, L. →Zschokke, H. D.
Weise, Amalie →Schoppe, A.
Weisl, Alexandrine Martina Augusta →Wied, M.
Wekhrlin junior →Weber, K. J.
West, Karl August →Schreyvogel, J.
West, Thomas →Schreyvogel, J.
Wieser, Wilhelmine →Vieser, D.

Willmsen, H. →Lauremberg, J.
Winter, Ernst →Wackenroder, W. H.
Witkowski, Maximilian Felix →Harden, M.
Wokrauliczek, Franta →Ebert, K. E. Ritter v.
Wrobel, Ignaz →Tucholsky, K.

Zöckler, Hedi →Planner-Petelin, R.
Züricher, Fritz →Müller(-Partenkirchen), F.
Zuschauer, Freimund →Rellstab, L.